D1694313

GERKE
BÖRSEN
LEXIKON

GERKE BÖRSEN LEXIKON

von
Wolfgang Gerke

Bibliografische Information Der Deutschen Bibliothek
Die Deutsche Bibliothek verzeichnet diese Publikation in der Deutschen
Nationalbibliografie; detaillierte bibliografische Daten sind im Internet über
<http://dnb.ddb.de> abrufbar.

1. Auflage Oktober 2002

Alle Rechte vorbehalten
© Betriebswirtschaftlicher Verlag Dr. Th. Gabler GmbH, Wiesbaden 2002

Lektorat: Katrin Alisch / Stephanie Rahmede

Der Gabler Verlag ist ein Unternehmen der
Fachverlagsgruppe BertelsmannSpringer.
www.gabler.de

Das Werk einschließlich aller seiner Teile ist urheberrechtlich geschützt. Jede Verwertung außerhalb der engen Grenzen des Urheberrechtsgesetzes ist ohne Zustimmung des Verlags unzulässig und strafbar. Das gilt insbesondere für Vervielfältigungen, Übersetzungen, Mikroverfilmungen und die Einspeicherung und Verarbeitung in elektronischen Systemen.

Die Wiedergabe von Gebrauchsnamen, Handelsnamen, Warenbezeichnungen usw. in diesem Werk berechtigt auch ohne besondere Kennzeichnung nicht zu der Annahme, dass solche Namen im Sinne der Warenzeichen- und Markenschutz-Gesetzgebung als frei zu betrachten wären und daher von jedermann benutzt werden dürften.

Umschlaggestaltung: Regine Zimmer, Dipl.-Designerin, Wiesbaden
Druck und buchbinderische Verarbeitung: Legoprint, Lavis
Gedruckt auf säurefreiem und chlorfrei gebleichtem Papier
Printed in Italy

ISBN 3-409-14603-2

Vorwort

Oft verbergen sich hinter wissenschaftlich klingenden Börsenbegriffen einfach zu erklärende Börsengeschäfte. Wir Börsianer lieben die Verfremdung unserer Sprache, um uns mit einer Aura des schwer erlernbaren Spezialistenwissens zu umgeben. Während im 19. Jahrhundert die Huldigung des Französischen unter den Börsianern als schick galt, prägen wir heute mit Amerikanismen die Börsensprache. Mit der Popularisierung des Börsengeschehens schleicht sich außerdem eine Vulgarisierung in die Börsenkommunikation ein. Unsere Wortwahl wird plastischer, deftiger und spaßiger. Plain Vanillas, Butterflies, Hedges, Fallen Angels und Bunny Bonds sind beredte Zeugnisse dieses Börsenjargons.

Trotz Computerisierung wird das Börsengeschehen durch Menschen geprägt. Wir erfinden ständig neue Finanztitel und benutzen in unserer zunehmend internationalen Kommunikation eine lebendige und weltweit akzeptierte Börsensprache. Hektische Volatilität der Börsenkurse, Tipps von Börsengurus, Lemmingeverhalten der Anleger und Milchmädchenhaussen sind längst nicht mehr einem kleinen Kreis von spezialisierten Börsianern vorbehaltene Phänomene. Immer mehr Bürger investieren ihre Altersvorsorge direkt oder über Versicherungen, Pensionskassen und Fonds in Aktien. Sie leiden mit, wenn die Aktienkurse einbrechen und bejubeln ihre Anlageerfolge. Das Börsengeschehen stellt einen festen Bestandteil unseres gesellschaftlichen Lebens dar. Deshalb versuche ich seit vielen Jahren mit meinen öffentlichen Kommentaren allen Bürgern in allgemein verständlicher Sprache das Geschehen an den Finanzmärkten zu erklären. Mit dem Börsenlexikon soll jetzt mein lang gehegter Wunsch nach Entmythologisierung der Börsensprache in Erfüllung gehen. Am Börsengeschehen interessierte Privatanleger, Studenten und Profis erhalten mit dem Lexikon ein hoffentlich gut verständliches Nachschlagewerk.

Was nach Fertigstellung des Börsenlexikons selbstverständlich klingt, erlebte ich als langjährige, harte Knochenarbeit. Diese Leidensphase hätte ich ohne umfangreiche Hilfe zahlreicher Studenten, Mitarbeiter und Autoren nicht durchgestanden. Neben Dipl. Kfm. Enno Braune hat insbesondere Dipl. Kfm. Marcus Wimmer die Arbeit am Lexikon vorangetrieben. Marcus Wimmer war Motivator, Organisator und erster Kopf der wichtigen Qualitätskontrolle. Ich danke den Autoren, die mit großer Sachkenntnis und Sorgfalt Schwerpunktbeiträge und Sachgebiete verfasst haben. In Eigenverantwortung verblieben mir 4.200 Börsenbegriffe. Meiner verlegerischen Betreuerin Claudia Splittgerber danke ich für die besondere Würdigung dieser Arbeit. Dem Gabler Verlag ist es gelungen, den vereinbarten günstigen Preis zu halten, obwohl ich ihm in den Jahren des Schreibens am Lexikon immer mehr Seiten abverlangt habe. Dabei trieb mich die Vorstellung, dass die Nutzer des Nachschlagewerkes bei einzelnen Börsenbegriffen sehr unterschiedliche Erklärungstiefen wünschen. Herausgekommen ist ein Lexikon, das in Abhängigkeit von den vermuteten Nutzerbedürfnissen zwischen kurzen Begriffsbestimmungen, vertiefenden Erläuterungen und Schwerpunktbeiträgen wechselt, und dabei häufig die Funktion eines spezialisierten Fremdwörterlexikons mit übernimmt.

Abschließend äußere ich eine ausgefallene Bitte an Sie als kritischen Leser. Obwohl ich lernen musste, dass mein Börsenlexikon angesichts des Wandels in den Finanzmärkten nie ganz fertig wird, musste ich es schweren Herzens schließlich doch dem Verleger abliefern. Schon heute überarbeite ich mögliche Fehler, Streichungen und neue Börsenbegriffe. Sie können mir bei der wichtigen Pflege des Börsenlexikons helfen, indem Sie mir Ihre Ergänzungen unter boersenlexikon@prof-gerke.de übermitteln.

Nürnberg, im Oktober 2002   Prof. Dr. Wolfgang Gerke

Sachgebietsverantwortliche

Die Stichwörter bzw. Schwerpunktbeiträge zu den Themenbereichen wurden von den nachfolgend aufgeführten Personen bearbeitet.

Dipl.-oec. **Sebastian Aschenbrenner**, Wissenschaftlicher Mitarbeiter am Lehrstuhl für Versicherungswissenschaft, Universität Karlsruhe.
Sachgebiet: Asset Management und Kapitalanlagen.

Prof. Dr. **Matthias Bank**, CFA, Professor für Banking & Finance, Leopold-Franzens Universität Innsbruck.
Sachgebiet: Betriebliche Pensionsfonds.

Prof. Dr. Dr. hc. **Theodor Baums**, Professor für Bankrecht, Johann-Wolfgang-Goethe Universität Frankfurt am Main.
Unter Mitarbeit von Assessor Mario Hecker.
Sachgebiet: Insiderrecht.

Udo Behrenwaldt, Sprecher der Geschäftsführung der DWS Investment GmbH und CEO Europe der Deutsche Asset Management, Frankfurt a.M.
Sachgebiet: Asset Management.

Andreas R. Dombret, Managing Director, Co-Sprecher der Investmentbank Rothschild in Deutschland, Frankfurt.
Unter Mitarbeit von Dr. Joachim Häcker.
Sachgebiet: Mergers & Acquisitions (M&A).

Prof. Dr. **Guido Eilenberger**, Professor für Bankbetriebslehre und Finanzwirtschaft, Universität Rostock.
Sachgebiete: Bankgeschäfte und Allfinanz.

Roland Eller, | Training | Consulting | Asset Management | Frankfurt a. M.
Unter Mitarbeit von Björn Lorenz, Christian Eck, Daniel Markus, Hendryk Braun Ronny Parchert.

Dr. **Oliver Everling**, Geschäftsführer Everling Advisory Services, Alzenau.
Unter Mitarbeit von Stephanie Gareis.
Sachgebiet: Rating.

Prof. Dr. **Wolfgang Gerke**, Professor für Bank- und Börsenwesen, Universität Erlangen-Nürnberg.
Sachgebiete: Aktienhandel, ausländische Börsen, Börsenorganisation, Börsensegmente, Compliance, Computerbörsen, Devisen, Europäische Währungsunion, EWS, Financial Accounting, Handel, Jahresabschlussprüfung, nationale und internationale Organisationen, Steuern.

Prof. Dr. **Hermann Göppl**, Professor für Finanzwirtschaft und Banken, Institut für Entscheidungstheorie und Unternehmensforschung, Universität Karlsruhe.
Sachgebiete: Aktien und Indizes.

Dr. **Bastian Güttler**,
Sachgebiet: Kurse, Kursnotizen.

Prof. Dr. **Dirk Hachmeister**, Professor für Allgemeine Betriebswirtschaftslehre, Universität Leipzig.
Sachgebiet: Rechnungswesen.

Prof. Dr. **Franz Häuser**, Professor für Bürgerliches Recht, Bank- und Börsenrecht, Arbeitsrecht, Universität Leipzig.
Sachgebiet: Recht, Unternehmensverwaltung.

Prof. Dr. **Harald Hermann**, Professor für Privat- und Wirtschaftsrecht, Universität Erlangen-Nürnberg.
Sachgebiet: Recht.

Prof. Dr. Dr. Dr. h.c. mult. **Klaus J. Hopt**, Geschäftsführender Direktor des Max-Planck-Instituts für ausländisches und internationales Privatrecht, Hamburg.
Unter Mitarbeit von Dr. Harald Baum.
Sachgebiet: Börsen- und Börsenrechtsreform.

Dr. **Bernhard Jünemann**, Stellvertretender Chefredakteur der Zeitschrift Börse Online, München.
Sachgebiet: Börsenpsychologie.

Christoph Lachmann, Geschäftsführer der State Street Bank GmbH, München.
Sachgebiet: Clearing.

Dr. **Manfred Laux**, Hauptgeschäftsführer des Bundesverbandes Deutscher Investmentgesellschaften a.D. Frankfurt.
Sachgebiet: Investmentsparen.

Prof. Dr. **Hermann Locarek-Junge**, Professor für Finanzwirtschaft und Finanzdienstleistungen, Technische Universität Dresden.
Sachgebiet: Risiko, Risikopolitik Aktienanalyse.

Prof. Dr. **Otto Loistl**, Vorstand des Instituts für Finanzierung und Finanzmärkte an der Wirtschaftsuniversität Wien.
Unter Mitarbeit von Dr. Christopher Casey.
Sachgebiet: Fundamentalanalyse.

Prof. Dr. **Hermann Meyer zu Selhausen**, Universitätsprofessor, Vorstand des Seminars für Bankwirtschaft, Ludwig-Maximilians-Universität München.
Sachgebiet: Börseninformationssysteme.

Prof. Dr. **Stephan Paul**, Professor für Finanzierung und Kreditwirtschaft, Ruhr-Universität-Bochum.
Unter Mitarbeit von Dr. Andreas Horsch, Christian Brütting, Nicolas Weber.

Friedrich Pfeffer, Geschäftsführer der ADIG Investment GmbH, München.
Sachgebiet: Renten

Prof. Dr. **Klaus Röder**, Professor für Betriebswirtschaftslehre, insbesondere Finanzierung, Westfälische Wilhelms-Universität Münster.
Sachgebiet: Terminbörsen, Rohstoffbörsen.

Prof. Dr. **Bernd Rudolph**, Universitätsprofessor, Vorstand des Seminars für Kapitalmarktforschung und Finanzierung, Ludwig-Maximilians-Universität München.
Sachgebiet: Wertpapiere, Securitisation.

August Schäfer, Leiter der Handelsüberwachungsstelle der Frankfurter Wertpapierbörse/Eurex Deutschland a.D., Frankfurt.
Sachgebiet: Börsenhandelsaufsicht.

Prof. Dr. **Henner Schierenbeck**, Ordinarius für Bankmanagement und Controlling an der Universität Basel.
Sachgebiet: Value at Risk (VaR).

Karl Matthäus Schmidt, Vorstandsvorsitzender Consors Discount-Broker AG, Nürnberg.
Sachgebiet: Discount Brokerage.

Dr. **Michael Schröder**, Forschungsbereichsleiter der Abteilung Internationale Finanzmärkte, Finanzmanagement und Makroökonomie, Zentrum für Europäische Wirtschaftsforschung GmbH (ZEW), Mannheim.
Unter Mitarbeit von Erik Lüders und Dr. Peter Westerheide
Sachgebiet: Finanzinnovationen.

Dr. **Hans-Dieter Schulz**, Chartanalyst, Mitherausgeber der Hoppenstedt Charts, Darmstadt.
Sachgebiet: Technische Analyse.

Prof. Dr. **Rüdiger von Rosen**, Geschäftsführender Vorstand des Deutschen Aktieninstituts e.V., Frankfurt a.M.
Sachgebiete: Namensaktie, Börsenhandel.

Prof. Dr. **Mark Wahrenburg**, Professor für Bankbetriebslehre, Frankfurt a. M.
Sachgebiet: Handelsstrategien.

Prof. Dr. **Ekkehard Wenger**, Professor für Unternehmensfinanzierung, Bank- und Kreditwirtschaft, Würzburg.
Sachgebiet: Shareholder Value.
Unter Mitarbeit von Dr. Leonhard Knoll.

Dipl.-Kfm. **Marcus Wimmer**, Wissenschaftlicher Mitarbeiter am Lehrstuhl für Bank- und Börsenwesen, Nürnberg.
Sachgebiet: Unternehmensfinanzierung.

Verzeichnis der Schwerpunktbeiträge

Aktienindizes
Prof. Dr. Göppl, Hermann   S.   20

Allfinanz
Prof. Dr. Eilenberger, Guido   S.   35

Asset Management
Behrenwaldt, Udo   S.   64

Börsenhandelsaufsicht
Schäfer, August   S. 134

Börseninformationssysteme
Prof. Dr. Meyer zu Selhausen, Hermann   S. 141

Börsenpsychologie
Dr. Jünemann, Bernhard   S. 149

Börsen- und Börsenrechtsreform
Prof. Dr. Dr. Dr. h.c. mult. Hopt, Klaus J. / Dr. Baum, Harald   S. 155

Chinese Walls
Prof. Dr. Gerke, Wolfgang   S. 190

Discount-Brokerage
Schmidt, Karl-Matthäus   S. 231

Finanzinnovationen
Dr. Schröder, Michael   S. 314

Fundamentalanalyse
Prof. Dr. Loistl, Otto / Dr. Casey, Christopher   S.   335

Handelsstrategien
Prof. Dr. Wahrenburg, Mark   S.   387

Insiderrecht
Prof. Dr. Dr. hc. Baums, Theodor / Hecker, Mario   S.   419

Investmentsparen
Dr. Laux, Manfred   S.   441

Mergers & Acquisitions
Dombret, Andreas R.   S.   530

Namensaktie
Prof. Dr. von Rosen, Rüdiger   S.   557

Pensionsfonds, betriebliche
Prof. Dr. Bank, Matthias, CFA   S.   610

Rating
Dr. Everling, Oliver   S.   655

Risikopolitik
Prof. Dr. Locarek-Junge, Hermann   S.   683

Securitisation
Prof. Dr. Rudolph, Bernd   S.   710

Shareholder Value
Prof. Dr. Wenger, Ekkehard   S.   717

Technische Analyse

Dr. Schulz, Hans-Dieter   S.   757

Grundlagen der Unternehmensfinanzierung

Dipl.-Kfm. Wimmer, Marcus   S.   796

Value at Risk (VaR)

Prof. Dr. Schierenbeck, Henner   S.   809

A, *Geld, Argent*; bezeichnet eine in französischen → Kurszetteln verwendete Abkürzung für → Geld. – Vgl. auch → Kurszusätze.

AAA, *Triple A*; → Ratingsymbole.

Abandonment, *Optionsaufgabe*. 1. bezeichnet den Rücktritt von einem stornierbaren → Forward-Kontrakt. – 2. bezeichnet eine verfallene, nicht ausgeübte → Option.

abandonnieren, *aufgeben, to abandon*. A. bedeutet, auf ein bestimmtes Recht zu verzichten, um sich von einer mit diesem Recht verknüpften Verpflichtung zu befreien. – Vgl. auch → Abandonrecht.

Abandonrecht, *right of abandonment*. Das A. birgt für seinen Inhaber die Möglichkeit, auf ein bestimmtes Recht zu verzichten, um sich von der damit verknüpften Verpflichtung zu befreien. Bei → Börsentermingeschäften bezeichnet es das Recht, am Erklärungstag etwa vom Kauf bzw. der Lieferung kontrahierter Aktien oder Waren zurückzutreten. Im Aktienrecht bedeutet das A. im Falle der Umwandlung einer GmbH in eine Aktiengesellschaft das Recht für den Aktionär, seine Aktien der Gesellschaft zur Verfügung zu stellen. Dieses Recht steht ihm jedoch nur dann zu, wenn er zuvor seinen Widerspruch gegen die Umwandlung zu Protokoll gegeben hat. Übt der Aktionär dieses A. aus, so sind die Aktien für seine Rechnung öffentlich zu versteigern.

Abberufung von Aufsichtsratsmitgliedern der AG, *recall /dismissal / withdrawal of supervisory board members*. Eine Abberufung von Aufsichtsratsmitgliedern ist durch eine empfangsbedürftige Willenserklärung der → Hauptversammlung, des Entsendungsberechtigten oder des Gerichts möglich. Bei einer Abberufung eines in den → Aufsichtsrat gewählten → Aktionärsvertreters, wird in der HV eine 3/4-Mehrheit benötigt, sofern die Satzung für einen derartigen Beschluss nicht eine geringere Mehrheitsanforderung vorsieht. Über die jeweilige Mehrheitserfordernis hinaus bedarf die Abberufung keines wichtigen Grundes. Die Abberufung von Arbeitnehmervertretern im Aufsichtsrat kann nur nach Maßgabe der jeweils geltenden Mitbestimmungsregeln erfolgen. Bei Vorliegen eines wichtigen Grundes ist auch eine gerichtliche Abberufung möglich. Dies bedarf jedoch eines Antrags durch den Aufsichtsrat(-rest) oder auch durch eine → Aktionärsminderheit. Der wichtige Grund muss dabei in der Person des betroffenen Aufsichtsratsmitglieds liegen.

Abberufung von Vorstandsmitgliedern der AG, *recall of managing board members*. Bei wichtigem Grund kann der → Aufsichtsrat die Bestellung zum Vorstandsmitglied widerrufen. Als Gründe hierfür kommen grobe Pflichtverletzung, Unfähigkeit oder Vertrauensentzug der → Hauptversammlung in Betracht.

Abbröckeln (der Kurse), *to ease off*; bezeichnet eine kurzfristige, von leichten und langsamen Kursrückgängen geprägte → Börsentendenz.

Aberdepot, *Aververwahrung, deposit of fungible securities*; Bezeichnung für eine Form der → Verwahrung von Wertpapieren, bei der der Kunde kein Eigentum an den → Wertpapieren, sondern einen schuldrechtlichen Anspruch auf Herausgabe gleichartiger Effekten besitzt. Im Konkursfall des Verwahrers (→ Verwahrerkonkurs) hat der Depotkunde lediglich einen Anspruch zur

1

Abfallanleihen

Befriedigung aus der → Konkursmasse, da kein Anspruch auf Aussonderung besteht.

Abfallanleihen, → Junk Bonds.

Abfindung außenstehender Aktionär, → außenstehende Aktionäre, Abfindung.

Abfindungsangebot. Ein A. wird → Aktionären unterbreitet, wenn sie ihre → Aktien gegen eine → (Bar-)Abfindung verlieren sollen oder wenn sie das Recht haben, ihre Aktien gegen eine Abfindung aufzugeben. In dem Abfindungsangebot sind die nicht selten gesetzlich festgelegten Einzelheiten der Abfindung, insbesondere die Höhe des Abfindungsbetrags und die Art der Durchführung der Abfindung niedergelegt. Solche Angebote müssen in → Beherrschungs- und Gewinnabführungsverträgen den außenstehenden Aktionär zu ihrer Sicherung (§ 304 AktG), beim Ausschluss von Minderheitsaktionären nach §§ 327a ff. AktG, ferner widersprechenden Anteilsinhabern in Verschmelzungsverträgen (§ 29 UmwG) und beim Rechtformwechsel (§ 207 UmwG) unterbreitet werden. Die Angemessenheit der Abfindung unterliegt meistens der gerichtlichen Kontrolle in einem sog. Spruchstellenverfahren (§§ 306, 327f AktG; §§ 34, 212, 225 UmwG).

Abfindungsbilanz, *compensation balance sheet*. Bezeichnung für eine außerordentlich aufgestellte → Bilanz, die die Basis für die Ermittlung der Abfindungshöhe für aus dem Unternehmen ausscheidende → Gesellschafter ist.

Abgabenordnung (AO), *German Fiscal Code*. Die A. vom 16.03.1976, zuletzt geändert am 22.12.1999, enthält grundlegende Vorschriften für die einzelnen Steuern über das Besteuerungsverfahren, das Steuerschuldrecht und das Steuerstrafrecht sowie das Recht der Steuerordnungswidrigkeiten. Sie wird daher auch als Grund- oder Mantelgesetz des Steuerrechts bezeichnet.

Abgabesatz, *selling rate*. Als A. wird der → Diskont bezeichnet, mit dem die → Deutsche Bundesbank im Auftrag der → Europäischen Zentralbank bestimmte → Geldmarktpapiere im Rahmen ihrer → Offenmarktgeschäfte am Markt zum Kauf anbietet. Die A. sind der Wirtschaftspresse zu entnehmen und werden auch in den → Monatsberichten der Bundesbank und EZB veröffentlicht. – Gegensatz: → Rücknahmesatz.

Abgeld, *Disagio, discount, disagio*. Das A. ist bei → Wertpapieren die Spanne, um die ihr Kurs (Preis) unter dem → Nennwert des Wertpapiers liegt bzw. bei Krediten der Unterschiedsbetrag zwischen dem Rückzahlungs- und dem niedrigeren Ausgabebetrag. Üblich ist eine Notierung des A. in Prozent vom → Nominalbetrag bzw. vom Tilgungsbetrag. – Bei Devisengeschäften bezeichnet das A. die Spanne, um die der Preis einer Währung, ausgedrückt in Währungseinheiten einer anderen Währung, hinter dem entsprechenden Wechselkurs zurückbleibt. – Über die Ausweisung eines A. erfolgt bei Emissionen von → Schuldverschreibungen eine Feinanpassung der Effektivverzinsung an das Marktzinsniveau. → Aktien dürfen gemäß § 9 I AktG nicht mit einem A. ausgegeben werden (Verbot der Unterpari-Emission). Bei Darlehen wird das A. auch → Damnum oder Damno genannt. – Vgl. auch → Emissionsdisagio. – Gegensatz: → Aufgeld.

abhängiges und herrschendes Unternehmen, *dependent/controlled and controlling/dominant enterprise*. Abhängige Unternehmen sind rechtlich selbständige Unternehmen, auf die ein anderes Unternehmen (herrschendes Unternehmen) einen unmittelbaren oder mittelbaren Einfluss ausüben kann. Abhängigkeit wird vermutet (→ Abhängigkeitsvermutung), wenn sich ein Unternehmen im Mehrheitsbesitz eines anderen befindet. Auch eine → Minderheitsbeteiligung kann zu einer Abhängigkeit führen, sofern sich aufgrund mangelnder Hauptversammlungspräsenz Mehrheitsbeschlüsse regelmäßig mittels dieser Beteiligung durchsetzen lassen. Eine rein wirtschaftliche Abhängigkeit, z.B. durch Kreditverträge, begründet dagegen keinen herrschenden Einfluss durch das andere Unternehmen im Sinne des Aktienrechts.

Abhängigkeitsbericht, *dependent company report, dependence report*. Besteht zwischen → abhängigem und herrschendem Unternehmen kein Beherrschungsvertrag (→ Beherrschungs- und Gewinnabführungsvertrag), hat der Vorstand der abhängigen Gesellschaft in den ersten drei Monaten des

Geschäftsjahres einen Bericht über die Beziehung der Gesellschaft zu verbundenen Unternehmen aufzustellen. In dem Bericht sind sämtliche im vorangegangenen Geschäftsjahr getätigten Rechtsgeschäfte mit dem herrschenden Unternehmen bzw. einem diesem verbundenen Unternehmen sowie auf dessen Veranlassung hin getätigte Rechtsgeschäfte darzulegen.

Abhängigkeitsvermutung, *presumption of dependency.* Abhängigkeit liegt nach § 17 I AktG vor, wenn auf ein Unternehmen unmittelbar oder mittelbar durch ein anderes Unternehmen (herrschendes Unternehmen) ein beherrschender Einfluss ausgeübt werden kann. Bei Vorliegen einer → Mehrheitsbeteiligung i.S.d. § 16 AktG wird die Abhängigkeit des in Mehrheitsbesitz stehenden Unternehmens von dem anderen Unternehmen vermutet (§ 17 II AktG).

Ablehnung eines Zulassungsantrags, *defeat of a stock exchange approval.* Der Zulassungsantrag (→ Zulassungsantrag für Wertpapiere) einer Wertpapieremission kann ohne Angabe von Gründen durch die → Zulassungsstelle der Börse abgelehnt werden. Beschwerdeverfahren sind in den jeweiligen → Börsenordnungen geregelt.

Abnahmepflicht, *obligation to take delivery.* Ist ein Käufer durch Vertrag zur Annahme eines Wertpapiers verpflichtet, so kann bei Annahmeverzug gemäß § 373 HGB nach vorheriger Androhung anderweitig verkauft werden. Bei Abnahme erfolgt der Gefahrenübergang auf den Käufer.

Abrechnungspreis, → Settlement Price.

Abrechnung von Börsenaufträgen, *clearing/settlement of orders.* In Form einer detaillierten und zumeist schriftlich ausgefertigten Abrechnung bestätigt ein vom Kunden mit der Abwicklung eines → Kauf- oder → Verkaufsauftrages für Wertpapiere beauftragtes → Kreditinstitut die Ausführung einer → Transaktion. Die Abrechnung umfasst neben den persönlichen Daten des Auftraggebers die dem Auftrag zugrundeliegende Stückzahl bzw. den Nennwert der entsprechenden Wertpapiere, den sich ergebenden → Kurswert, die bei der Abwicklung des Auftrags anfallenden Gebühren (→ Maklercourtage, → Provision, → Spesen)

Abschlag vom Börsenkurs

und bei der Abrechnung → festverzinslicher Wertpapiere zusätzlich noch die sich ergebenden → Stückzinsen.

Abrechnungsverkehr der Clearstream International, vgl. → Clearstream International, clearing system, → Central Application for Settlement, Clearing and Depository Expansion und → Clearing.

ABS, Abk. für → Asset Backed Securities.

Absatzkennzahlen, *sales ratios*; setzen den → Umsatz eines Unternehmens in Relation zu anderen Größen wie dem durchschnittlichen Lagerbestand, dem Forderungsbestand, der Umschlagsdauer, dem Gesamtgewinn oder einzelnen Kostenfaktoren (z.B. Verkaufsfläche, Verkaufspersonal).

Abschlag, *Abgeld, discount.* 1. Allgemein: Bezeichnung für die Differenz zwischen dem → Paritätskurs, Nennwert oder Rückzahlungsbetrag und dem niedrigerem Auszahlungsbetrag oder realisierten Kurs. – Gegensatz: → Aufschlag. – 2. Kreditmarkt: Im Zusammenhang mit → Darlehen sind vor allem die Termini → Damnum für die Kreditgeber und → Disagio für die Kreditnehmer gebräuchlich. – 3. *markdown*; Wertpapiermarkt: Bezeichnung für die Berücksichtigung von Dividendenzahlungen (→ Dividendenabschlag), der Ausgabe von Bezugsrechten (→ Bezugsrechtsabschlag), der Ausgabe von Berichtigungsaktien (→ Kursabschlag) oder anderen Zahlungen, den Bewertungen von Wertpapieren. – 4. Terminmarkt: Bezeichnung für die positive Kursdifferenz zwischen dem → Kassakurs und dem niedrigerem → Terminkurs. Ferner werden die dem Leerverkäufer entstehenden Zusatzkosten bei der Verlängerung von → Termingeschäften (→ Leerverkauf) auf einen späteren Termin ebenfalls als A. oder → Deport bezeichnet. Diese Kosten werden in Relation zu der zu Grunde liegenden Position als Deportsatz bezeichnet. – Gegensatz: → Report.

Abschlag vom Börsenkurs, *markdown of exchange quotations.* 1. Durch Abtrennung von Rechten (→ Bezugsrecht, → Berichtigungsaktien) oder Zahlungsansprüchen (→ Zinsen, → Dividenden) hervorgerufener Kursrückgang von → Aktien und → Genussscheinen. Bei → Anleihen wird durch die

3

Abschlagsdividende

Berechnung von → Stückzinsen ein A.v.B. verhindert. – 2. Betrag, um den der Börsenkurs unter einem Referenzwert (z.B. → Nominalbetrag) zurückbleibt.

Abschlagsdividende, → *Interimsdividende, a-conto-Dividende, interim dividend*; Vorauszahlung auf die jährlich anfallende Dividendenausschüttung.

Abschlagszahlung auf den Bilanzgewinn der AG, *Zwischendividende, interim dividend*; Bezeichnung für die unterjährige Vorauszahlung dividendenmäßiger → Gewinnausschüttungen, die vor Abschluss des → Geschäftsjahres auf Basis der laufenden Erfolgsrechnung festgelegt wird. Zum Ende des Geschäftsjahres erfolgt die Anpassung der → Ausschüttung über die → Schlussdividende. V.a. in den USA ist dies, zumeist in Form einer → Quartalsdividende, eine gängige Form der Vorauszahlung auf den → Jahresabschluss.

Abschlusskurse, *contract prices*. A. sind bezahlte → Börsenkurse, denen Geschäftsabschlüsse zu Grunde liegen; Gegensatz: → Geld- und → Briefkurse, zu denen zwar Nachfrage bzw. Angebot bestand, jedoch kein Umsatz zustande kam.

Abschlussprüfer bei der AG, *auditor*; ist entweder ein → Wirtschaftsprüfer oder eine → Wirtschaftsprüfungsgesellschaft, welche die Prüfung des → Jahresabschlusses und des Lageberichtes (→ Lagebericht der AG) vornimmt. Ausgenommen von dieser Regelung sind lediglich solche Unternehmen, bei denen es sich um eine → kleine AG nach § 267 I HGB handelt. In die Prüfung des Jahresabschlusses ist die Buchführung einzubeziehen. Zu prüfen ist, ob gesetzliche Regelungen sowie Vorschriften nach dem Gesellschaftsvertrag und der Satzung eingehalten wurden. Erfolgt keine Prüfung, so kann der Jahresabschluss der Gesellschaft nicht festgestellt werden. Gewählt wird der Abschlussprüfer durch die Gesellschafter. Handelt es sich bei der zu prüfenden AG um ein Kreditinstitut, so sind die ergänzenden Vorschriften nach § 28 und § 29 KWG zu beachten.

Abschlusstestat, → Bestätigungsvermerk.

Abschlussvermittler, *acquisition agent*. Die Tätigkeit des A. besteht in der Anschaffung bzw. Veräußerung von → Wertpapieren, → Geldmarktinstrumenten, → Derivaten, → Devisen sowie Rechnungseinheiten im fremden Namen für Rechnung eines Dritten. Wird die Abschlussvermittlung gewerbsmäßig oder in einem Umfang erbracht, der einen in kaufmännischer Weise eingerichteten Geschäftsbetrieb erfordert, so ist der A. grundsätzlich als Finanzdienstleistungsunternehmen zu qualifizieren. In diesen Fällen unterliegt der A. der Zulassung und Aufsicht durch das → Bundesaufsichtsamt für das Kreditwesen (BAKred).

Abschreibungen, *depreciation*. A. erfassen und verrechnen die Wertminderung von Vermögensgegenständen. – Beim → Anlagevermögen wird im Handelsrecht zwischen planmäßigen A. und außerplanmäßigen A. (§ 253 II HGB) unterschieden. Planmäßige A. verteilen die Anschaffungs- oder Herstellungskosten des abnutzbaren → Anlagevermögens nach der Zeit oder ihrer Nutzung auf die Dauer der voraussichtlichen Verwendung. Außerplanmäßige A. schreiben abnutzbares und nicht abnutzbares Anlagevermögen auf den am Stichtag geltenden niedrigeren → beizulegenden Wert ab. Bei nur vorübergehender Wertminderungen besteht ein Wahlrecht für außerplanmäßige A. → Kapitalgesellschaften dürfen außerplanmäßige A. bei nur vorübergehender Wertminderung nur beim Finanzlagevermögen vornehmen. – Beim → Umlaufvermögen erfolgen A. (§ 253 III HGB) auf den Börsen- oder Marktpreis bzw. den niedrigeren → beizulegenden Wert (Pflicht) oder zur Antizipation zukünftiger Wertschwankungen (Wahlrecht). – Nicht publizitätspflichtige Einzelkaufleute und → Personengesellschaften können A. im Rahmen vernünftiger kaufmännischer Beurteilung vornehmen (§ 253 IV HGB). Steuerliche Sonderabschreibungen sind nach dem Handelsgesetz zulässig (§ 254 HGB). – Vgl. → Abschreibungsmethoden.

Abschreibungskennzahlen, *Abschreibungskennziffern, depreciation ratios*; bezeichnen die im Rahmen der → Bilanzanalyse verwendeten Beziehungszahlen, die die → Abschreibungen eines Unternehmens ins Verhältnis zu verschiedenen anderen Positionen der → Bilanz setzen. Sie geben Aufschluss darüber, wie die Unternehmen die auflaufenden Abschreibungen innerhalb ihrer Reinvestitionstätigkeit einsetzen. Das Verhältnis aus Abschreibungen auf Sachanlagen zu Sachanlagenzugänge gibt demnach an, in welchem Umfang ein Unternehmen neuangeschaffte Sachanlagen eines Geschäftsjahres aus dem angefallenen Abschreibungsvolumen auf Sachanlagen finanzieren konnte.

Abschreibungsmethoden, *depreciation methods.* 1. Lineare Abschreibung: Kennzeichen der linearen Abschreibung ist ein gleichbleibender Abschreibungssatz vom Ausgangswert, wodurch gleichbleibende Jahresabschreibungsbeträge entstehen. Dieses Verfahren hat den Vorzug der einfachen Berechnungsweise, führt aber nur selten zu entwertungskonformer Vermögenswertdarstellung, da i.d.R. in späteren Nutzungsjahren die Abnutzungserscheinungen verstärkt auftreten. Risiken der wirtschaftlichen Veralterung werden nur unvollkommen berücksichtigt. – 2. Degressive Abschreibung: Bei einer arithmetisch-degressiven A. sinkt der Abschreibungsbetrag jedes Jahr um einen gleichen Betrag. Bei der geometrisch-degressiven A. wird ein jährlich konstanter Prozentsatz vom → Restbuchwert des Vorjahres abgeschrieben (Buchwertabschreibung). Weil der Restbuchwert im Zeitablauf kleiner wird, sinken die Abschreibungsbeträge. Die degressiven Verfahren berücksichtigen künftige Entwertungsrisiken durch die betonte Aufwandsvorverlagerung in die ersten Jahre besser als die lineare Methode. – 3. Weitere Methoden: Bei einer progressiven A. steigen die Abschreibungsbeträge im Zeitablauf. Sie ist handelsrechtlich nur in den Ausnahmefällen von Investitionen zulässig, die eine beträchtliche Anlaufzeit bis zur vollen Nutzenabgabe haben (Großanlagen, Hotelbetriebe). Bei einer nutzungs- oder leistungsabhängigen A. wird ein erwartetes Nutzungspotential (beispielsweise. Kilometerleistung) geschätzt. Die Abschreibung entspricht der Verminderung des Nutzungspotentials. Die Jahresabschreibungsbeträge entsprechen also der tatsächlichen technischen Abnutzung, das Risiko wirtschaftlicher Entwertung wird allerdings nicht berücksichtigt. – 4. Kombinationen: Häufig werden degressive und lineare Abschreibungen kombiniert. Dabei erfolgt ein Übergang von der degressiven auf die lineare A., wenn die aus der Verteilung des Restbuchwerts auf die Restnutzungsdauer ermittelten Abschreibungsbeträge nach der linearen Methode größer sind als nach degressiver Abschreibung.

Abschwächung, *decline, easing*; Ausdruck für eine an einer → Börse beobachtbare Tendenz mit kurzfristig leicht zurückgehenden → Kursen.

Absetzung für Abnutzung (AfA), *tax depreciation/writeoff.* Die Anschaffungs- bzw. Herstellungskosten von Vermögensgegenständen müssen nach steuerlichen Vorschriften auf die Nutzungsjahre verteilt werden. Man unterscheidet dabei zwischen planmäßigen und außerplanmäßigen → Abschreibungen. Entscheidend für die Abschreibungshöhe sind die Anschaffungs- bzw. Herstellungskosten, die betriebsgewöhnliche Nutzungsdauer und die Abschreibungsmethode (linear, degressiv, progressiv).

Absicherungsfonds, *protection fund*; A. zielen darauf ab, Kursrisiken die aus der Anlage in Aktien oder Rentenwerten resultieren entweder vollständig oder zum Teil zu eliminieren. Der Schutz wird dabei durch den Einsatz von Optionen und/oder Futures erreicht. Die Kosten hierfür gehen dabei zu Lasten der Rendite des Fonds. A. werden zum Teil auch als Airbag-Fonds bezeichnet.

Absichtserklärung bei Investmentfonds. Eine A. ermöglicht es dem Anleger, einen bestimmten Geldbetrag in mehreren Teilbeträgen zu verringerten Ausgabekosten in → Investmentanteilen anzulegen, dabei werden nach Anlagebeträgen gestaffelte Ausgabeaufschläge (→ Ausgabeaufschlag bei Fonds) vorausgesetzt. Dies muss innerhalb eines festgelegten Zeitraumes geschehen und wird in einer schriftlichen A. des Kunden festgehalten. Der Kunde zahlt somit bei jedem Teilbetrag den für den Gesamtbetrag gültigen günstigeren Ausgabeaufschlag. Sollte der Anleger sich nicht an seine Erklärung halten und den Vertrag nicht erfüllen, so wird die Differenz nachträglich erhoben.

Absolute Priority Rule, amerikanische Vorgehensweise bei der → Liquidation von Unternehmen, die → Konkurs angemeldet haben. Diese Regel bestimmt die Reihenfolge, in der die noch ausstehenden Verbindlichkeiten des Unternehmens aus der → Konkursmasse bedient werden. Sie besagt insbe-

Abstimmungsverhalten in der Hauptversammlung

sondere, dass Fremdkapitalgeber vor den Eigenkapitalgebern bedient werden.

Abstimmungsverhalten in der Hauptversammlung, *voting behavior at the general meeting of shareholders*. → Hauptversammlungsbeschlüsse werden gefasst, indem über Vorschläge abgestimmt wird. Neben der Zustimmung und Ablehnung ist für den einzelnen → Aktionär auch eine → Stimmenthaltung möglich. Aufgrund der im allgemeinen bei deutschen Aktiengesellschaften vorzufindenden → Mehrheitsverhältnisse wird im Regelfall im Sinne der Verwaltung abgestimmt.

Abstimmung von Aktionären über Wahlvorschläge, *shareholders' voting on election proposals*. Die A.v.A.ü.W. erfolgt in der vom Vorsitzenden der Hauptversammlung bestimmten Reihenfolge. Dies kann dazu führen, dass es nicht zur Abstimmung über einzelne Wahlvorschläge kommt, weil die Vorschläge des Aufsichtsrats bereits angenommen wurden. Um dies zu verhindern ist gesetzlich bestimmt, dass über den Wahlvorschlag eines Aktionärs zuerst abgestimmt werden muss, wenn der Aktionär den mitgeteilten Antrag in der Hauptversammlung wiederholt und eine Minderheit von 10% des vertretenen Grundkapitals dies verlangt.

Abtretung, → Zession.

Abtretung von Forderungen, *Forderungszession/-abtretung, assignment of receivables*. Eine Forderung kann vertraglich vom Gläubiger (Zedent) an einen Dritten (Zessionar) übertragen werden, wodurch dieser an die Stelle des bisherigen Gläubigers tritt (§ 398 BGB). Zur Abtretung (→ Zession) eignen sich sowohl bereits bestehende als auch künftig entstehende Forderungen. A.v.F. werden insbesondere zur Kreditbesicherung eingesetzt. – Es lassen sich zwei Formen der A.v.F. unterscheiden. Bei der stillen Zession geschieht die Abtretung ohne Benachrichtigung des (Dritt-) Schuldners, so dass dieser die Forderung gegenüber dem Zedenten begleicht, der den Betrag an den Zessionar weiterleiten muss. Dagegen wird bei der offenen Zession der Schuldner benachrichtigt, so dass dieser nur noch an den Zessionar mit befreiender Wirkung zahlen kann. – Unzulässig ist eine A.v.F. bei unpfändbaren Forderungen oder wenn dies gesetzlich bzw. vertraglich ausgeschlossen wird (§§ 399, 400, 411 BGB). – Vgl. auch → Verpfändung.

Abwärtsbewegung, *downward movement*; bezeichnet Kursrückgänge, die über einen längeren Zeitraum hinweg anhalten. Der → Chart des betroffenen → Wertpapiers weist eine negative Steigung auf. – Gegensatz: → Aufwärtsbewegung.

Abweichungsindikator, *divergence indicator*; misst die Differenz einer Variable zu einer zuvor festgelegten Referenzgröße. – Im Rahmen des früheren Europäischen Währungssystems (EWS) Bezeichnung für die Abweichung einer Währung von ihrem → ECU-Leitkurs.

Abwertung, *Devalvation, Devaluation, depreciation, devaluation*, stellt die Anhebung des Preises einer ausländischen Währungseinheit ausgedrückt in inländischer Währung dar. Somit erfolgt bei einer Preisnotierung (Inländische Währungseinheiten pro ausländische Geldeinheit) eine Erhöhung des Wechselkurses, während bei Mengennotierungen (Ausländische Geldeinheiten pro inländische Währungseinheit) eine Senkung eintritt. Als nominale Abwertungen werden Devalvationen bezeichnet, die mit der Entwicklung der Kaufkraft zweier Ökonomien gleichlaufen, während reale Abwertungen den Außenwert einer inländischen Währungseinheit im Vergleich zur Entwicklung ihres Binnenwertes überproportional reduzieren. Folge hiervon ist die Verteuerung von Importen, während Exporte verbilligt werden (beggar my neighbour). Im Rahmen fester Wechselkurse stellen reale Abwertungen eine handelspolitische Option für die Regierung respektive die Zentralbank dar, um bspw. eine defizitäre Zahlungsbilanz auszugleichen. In einem System flexibler Wechselkurse bestimmen Marktgegebenheiten die preisliche Relation zweier Währungen, mit der Folge entsprechender Auf- und Abwertungen. Ggs. → Aufwertung

Abwertungsgewinn (-verlust), *depreciation profit (loss)*; wird der Gewinn respektive Verlust bezeichnet, der aus einer Fremdwährungsposition resultiert, wenn zwischen deren Aufbau und Auflösung eine Auf- bzw. Abwertung der Fremdwährung (Ab- bzw.

Aufwertung der inländischen Währung) erfolgte.

Abwicklung, *Liquidation, Auseinandersetzung, winding up, liquidation*. Nach der Auflösung einer Handelsgesellschaft erfolgt die A. Der Eintritt eines Auflösungsgrundes bedeutet jedoch noch nicht die Beendigung der Gesellschaft. Die aufgelöste Gesellschaft muss noch ihre Beziehungen zu Dritten abwickeln. Im Falle dass das Unternehmen eine → Personengesellschaft ist, muss die am Gesellschaftsvermögen bestehende Gesamthandsgemeinschaft aufgelöst werden, bei → juristischen Personen muss das dieser zustehende Vermögen verteilt werden. Bis zur Beendigung der Gesamthandsgemeinschaft bzw. bis zur vollständigen Verteilung ihres Vermögens bleibt die Gesellschaft als Abwicklungsgesellschaft in ihrer bisherigen Rechtsform bestehen. Der ursprüngliche Zweck der Gesellschaft entfällt und wird ersetzt durch den der Vermögensauseinandersetzung. Die Gesellschaft wird unter Beibehaltung ihrer Identität von einer werbenden Gesellschaft zur Liquidationsgesellschaft mit dem Firmenzusatz „in Liquidation" (i.L.) oder „in Abwicklung" (i.A.). Bei juristischen Personen sind Art und Durchführung der A. zwingend vorgeschrieben (Gläubigerschutz), da bei diesen nur das Gesellschaftsvermögen haftet. Bei Personengesellschaften dagegen gibt es keine zwingenden Vorschriften, da die → Gesellschafter persönlich haften. Die A. findet hier vornehmlich im Interesse der Mitglieder statt. – Vgl. → Abwicklungsbilanz und → Auflösung der AG.

Abwicklungsbilanz, *liquidating balance sheet, winding-up accounts*. Im Rahmen der → Abwicklung werden Abwicklungseröffnungs- und Abwicklungsschlussbilanz aufgestellt. Die Vermögenswerte des Unternehmens werden mit dem voraussichtlichen Veräußerungserlös in der Abwicklungseröffnungsbilanz bilanziert. Nach der Veräußerung wird die Abwicklungsschlussbilanz für die Vermögensverteilung und die Rechnungslegung der Abwickler herangezogen.

Abwicklungsgeschäft, bezeichnet ein Geschäft nach Ausführung eines Auftrages zwischen dem → Kommissionär und seinem Auftraggeber und ist damit ein Bestandteil des → Kommissionsgeschäfts. Es dient der Übertragung der vom Kommissionär im eigenen Namen erworbenen Rechtspositionen auf den → Kommittenten.

Abzinsung, *abzinsen, Diskontierung, diskontieren, discounting (process), discount*; Ermittlung des → Barwertes oder → Kapitalwertes einer Zahlung oder mehrerer Zahlungen durch Anwendung der → Zinsrechnung. Der Betrag einer Zahlung wird mit dem zum jeweiligen Zahlungszeitpunkt konformen → Abzinsungsfaktor multipliziert. – Gegensatz: → Aufzinsung.

Abzinsungsfaktor, *Diskontierungsfaktor, discount factor, conversion factor in compound discounting*; Größe, mit der ein zu einem zukünftigen Zeitpunkt fälliger Betrag multipliziert werden muss, um seinen heutigen Wert (→ Barwert), zu errechnen. Der A. ist der Kehrwert des → Aufzinsungsfaktors q, der sich als:

$$q = 1 + \tfrac{p}{100},$$

mit p als zur Zeitspanne gehörigem Prozentzinssatz bestimmen lässt. Somit bestimmt sich der A. d als

$$d = \frac{1}{q} = \frac{1}{1 + \tfrac{p}{100}}.$$

Für den Fall, dass ein bestimmter konstanter Jahreszinssatz unterstellt wird, ergibt sich der A. zinseszinslich als

$$d_n = \frac{1}{q^n} = \frac{1}{(1 + \tfrac{p}{100})^n},$$

wobei nunmehr p den Prozentzinssatz p.a., n die Laufzeit in Jahren und d_n den A. bezeichnet.

Abzinsungspapier, *discounted bond, discounted paper*. A. sind ohne laufende Couponzahlungen ausgestattete Anleihen, die bei Fälligkeit vom Emittenten zum → Nominalwert zurückgezahlt werden. Ihr → Ausgabepreis wird mit einem Diskontabschlag ermittelt, der Zins und Zinseszins für die Gesamtlaufzeit enthält, so dass mit der endfälligen Nominalwerttilgung die gesamten thesaurierten Zinsen und Zinseszinsen an den Investor ausbezahlt werden. Für den Anleger bieten A. den Vorteil, dass die Wiederanlage laufender Kuponzahlungen entfällt. Die meisten → Zero-Bonds fallen unter

Abzugskapital

den Begriff der A. Aufgrund der einmaligen Zinszahlung am Laufzeitende weist der Marktpreis eines A. eine sehr hohe Sensitivität gegenüber Veränderungen des Marktzinsniveaus auf, d.h. bei Marktzinserhöhungen bzw. -senkungen während der → Laufzeit sinkt bzw. steigt der Marktpreis stärker als der von vergleichbaren Kuponanleihen. Für die Investition in A. sind häufig auch steuerliche Gründe ausschlaggebend. – Vgl. auch → Aufzinsungspapier.

Abzugskapital, *capital items deducted from total*; Bezeichnung für dem Unternehmen scheinbar zinslos zur Verfügung stehendes → Fremdkapital, das v.a. zur Bestimmung des → betriebsnotwendigen Vermögens erforderlich ist. Zum A. zählen u.a. Lieferantenkredite und Kundenanzahlungen.

Accelerated Depreciation, *degressive Abschreibung*; bezeichnet ein Abschreibungsverfahren, bei dem die Anschaffungs- oder Herstellungskosten eines Anlagegutes durch sinkende Abschreibungsbeträge auf die Nutzungsdauer verteilt werden. Da in den ersten Jahren der Nutzung höhere → Abschreibungen ausgewiesen werden, sinkt der → Buchwert der Anlage anfangs stärker als gegen Ende der Nutzungsdauer. Gleichzeitig tritt ein Steuerstundungseffekt ein, der bewirkt, dass in den ersten Nutzungsjahren geringere Steuerzahlungen anfallen, als in den späteren Jahren. Ist darüber hinaus die Abnutzung des Anlagegutes während der Nutzungsdauer konstant, findet im Vergleich zur linearen Abschreibung eine Gewinnverlagerung in die Zukunft statt.– Vgl. auch: → Abschreibungsmethoden.

Access Point, *Verknüpfungspunkt*; bezeichnet eine Schnittstelle, über die professionelle Handelsteilnehmer an eine → elektronische Handelsplattform angeschlossen werden.

Accord, → Vertrag.

Account. 1. Abrechnung; Bezeichnung für eine in regelmäßigem Rhythmus für den Kunden anzufertigende Abrechnung, z.B. im Wertpapierbereich. – 2. Bankkonto; anglo-amerikanische Bezeichnung für ein bei einem → Kreditinstitut geführtes → Bankkonto.

Accountant. – 1. Buchhalter; anglo-amerikanische Bezeichnung für einen Fachmann im betrieblichen Rechnungswesen. – 2. Wirtschaftsprüfer; i.d.R. freiberuflicher Wirtschaftssachverständiger, der durch öffentliche Bestellung eingesetzt wird und dem die Prüfung und Bestätigung der → Jahresabschlüsse von Unternehmen obliegt.

Account Day, *pay day, Abrechnungstermin, Liquidationstermin*; Erfüllungstag von → Termingeschäften.

Accounting, → Rechnungslegung.

Accounting Rate of Return (ARR), → rechnerische Rendite.

Accounting Standards, *accounting rules accounting principles, Bilanzierungsgrundsätze, Rechnungslegungsprinzipien*; ein von der angelsächsischen → Rechnungslegung geprägter Begriff für die in der Bilanzierung zu verwendenden Grundsätze, die aufgrund der zunehmenden weltweiten Aktivität zahlreicher Unternehmen, auf internationaler Ebene harmonisiert werden sollen. Ein Ansatzpunkt dazu bilden die vom International Accounting Standards Committee (IASC) erlassenen → International Accounting Standards (IAS), die eine Annäherung der verschiedenen nationalen Rechnungslegungsprinzipien anstreben. Ziel dabei ist es, die → Kapitalbeschaffung für die Unternehmen auf den → internationalen Kapitalmärkten dadurch zu erleichtern, dass bei der Kapitalaufnahme im Rahmen eines → listing, die Erstellung des bis dahin erforderlichen doppelten → Jahresabschlusses überflüssig wird und nur noch ein weltweit gültiger Jahresabschluss zu erstellen ist. Die Rechnungslegung nach IAS verfolgt als zentrale Aufgabe, die Versorgung der → Investoren und damit auch der anderen → Bilanzadressaten mit entscheidungsrelevanten Informationen über die Vermögens-, Finanz- und Ertragslage des Unternehmens. Daher finden gläubigerschutzorientierte Ansätze, wie bspw. die Beschränkung des → ausschüttungsfähigen Gewinns, sowie rein steuerliche Bewertungsvorschriften im IAS-Abschluss keine Anwendung. Neben den IAS gehören auch die US-amerikanischen → Generally Accepted Accounting Principles (US-GAAP) zu den international anerkannten Rechnungslegungsnormen, die zugleich ein Vorbild für viele IAS-Regeln darstellen.

acheter, *kaufen, to buy*; Bezeichnung für den Kauf von Wertpapieren. Besonders in der Schweiz zur Fehlervermeidung beim → Telefonhandel gebräuchlich. – Gegensatz: → vendre.

a-conto-Dividende, vgl. → Abschlagsdividende und → Interimsdividende.

Acquisition, → Unternehmensübernahme.

action à dividende prioritaire, → Prioritätsaktien.

Active Management, *asset management*; bezeichnet eine aktive Anlagestrategie, deren Erfolg durch Gegenüberstellung einer → Benchmark zu beurteilen ist. Hierfür wird häufig ein → Aktienindex zugrunde gelegt. Der Begriff „active" bezieht sich dabei nicht auf die Handlungshäufigkeit innerhalb eines → Portfolios, sondern auf die aktive Entscheidung bezüglich der Wertpapierauswahl. Die Aktienselektion (→ Stock Picking) sowie die zeitliche → Diversifikation von Investments sind die Grundlagen des A.M. Unter der Aktienselektion versteht man die gezielte Auswahl einzelner → Wertpapiere. Diese Auswahl erfolgt unter den Aspekten → Risiko und → Rendite (→ Portefeuilletheorie). Auch die zeitliche Diversifikation, d.h. das optimale Timing des Ein- bzw. Ausstiegs ist Bestandteil dieser Anlagestrategie. Konträr zum A.M. steht das → Passive Management, bei dem ein bestimmter Index nachgebildet wird.

Actuals, *effektive/physische Ware*; Instrumente, die die Grundlage für → Terminkontrakte bilden. Beispiele hierfür sind Zinstitel, → Devisen, → Indizes, oder Waren wie Agrarprodukte, Rohstoffe, Edelmetalle.

Ad-hoc-Mitteilung, *ad hoc notification*. Nach §15 WpHG ist der → Emittent von → Wertpapieren, die an den inländischen → Börsen zum → Handel zugelassen sind, zur → Ad-hoc-Publizität, d.h. zur unverzüglichen Veröffentlichung und Mitteilung kursbeeinflussender Tatsachen, verpflichtet. Ziel ist die Vermeidung von → Insider-Informationen und → Insidergeschäften. Die

Ad-hoc-Publizitätspflicht

A.-h.-M. sind in mindestens einem → Börsenpflichtblatt zu veröffentlichen.

Ad-hoc-Publizität, *ad hoc disclosure*. Zusätzlich zum Jahres- und Zwischenabschluss sind börsennotierte Gesellschaften unregelmäßig gemäß § 44a BörsG zur A. verpflichtet. Hiernach sind alle den Anlegern nicht bekannten Tatsachen unverzüglich zu veröffentlichen, die im Tätigkeitsbereich des Managements angefallen sind und die wegen ihrer Auswirkungen auf die Vermögens- und Finanzlage oder den allgemeinen Geschäftsverlauf zu erheblichen Aktienkursänderungen führen können oder, im Fall zugelassener → Anleihen, die Fähigkeit des → Emittenten, seinen Verpflichtungen nachzukommen, beeinträchtigen können. Für den gesamten Inhalt der Meldungen ist das jeweilige Unternehmen verantwortlich. Die A. soll die Aktienmarktteilnehmer vor den möglichen Risiken eines → Insiderhandels schützen, indem durch sie eine gleichmäßige Informationsversorgung aller Marktteilnehmer gewährleistet wird. Ist dies durch die A. nicht möglich, wird die Aktie des betroffenen Unternehmens kurzfristig vom Handel ausgesetzt. Für Investoren, die → Intraday-Handel betreiben ist die A. sehr wichtig, weil Aktienkurse darauf i.d.R. sehr stark reagieren. – Vgl. auch → Publizität, → Ad-hoc-Publizitätspflicht und → Publizitätspflichten der börsennotierten Aktiengesellschaften.

Ad-hoc-Publizitätspflicht, *ad hoc disclosure requirement of listed companies*; Verpflichtung des → Emittenten eines zum Handel mit amtlicher Notierung oder zum Handel mit nicht-amtlicher Notierung (→ Geregelter Markt) zugelassenen Wertpapiers zur → Ad-hoc-Publizität (§ 15 WpHG). Die A. soll die Funktionsfähigkeit der Märkte verbessern und der Bekämpfung von → Insidergeschäften dienen. – Zu veröffentlichen sind neu eingetretene Tatsachen, d.h. dem Beweis zugängliche, gegenwärtige oder vergangene Zustände oder Geschehnisse. Es muss sich um Tatsachen handeln, die ihren Ursprung in der Sphäre des Emittenten haben oder ihm anderweitig zuzurechnen sind, und zwar unabhängig davon, ob sie einen inländischen oder einen ausländischen Unternehmensteil betreffen. – Derartige Tatsachen sind nur publizitätspflichtig, wenn sie wegen ihrer wahrscheinlich zu erwartenden Auswirkungen auf die Vermögens- und Finanzlage

Ad-hoc-Publizitätspflicht, Befreiung

oder auf den allgemeinen Geschäftsverlauf des Emittenten geeignet sind, den Börsenkurs erheblich zu beeinflussen, oder im Fall von → Schuldverschreibungen die Fähigkeit des Emittenten, seinen Verpflichtungen nachzukommen, beeinträchtigen können. – Auswirkungen auf die Vermögens- und Finanzlage hat eine Tatsache, wenn ihr Eintreten nach den Grundsätzen der ordnungsgemäßen Buchführung einen Buchungsvorgang für den handelsrechtlichen Jahresabschluss auslöst oder ein damit zusammenhängender Buchungsvorgang infolge der Realisierung von Gewinnen zu erwarten ist (§ 243 HGB). Auswirkungen auf den allgemeinen Geschäftsverlauf hat eine Tatsache, deren Eintreten im Lagebericht des Emittenten (§ 289 HGB) angegeben werden müsste. Die Eignung der Tatsache, den Börsenkurs erheblich zu beeinflussen, ist dann anzunehmen, wenn aufgrund der konkreten Situation am Markt damit zu rechnen ist, dass der Kurs des Wertpapiers von der letzten Notierung um einen für jedes Wertpapier gesondert zu bestimmenden Schwellenwert nach oben oder unten abweichen wird. Der anzusetzende Schwellenwert ist anhand des Kurses des Wertpapiers in der Vergangenheit zu bestimmen. Regelmäßig ist von einer erheblichen Kursabweichung dann auszugehen, wenn durch den Kursmakler nach den Geschäftsordnungen der Börse eine → Plus- und Minusankündigung zu erfolgen hat. Da es nur auf die Eignung der Tatsache zur Kursbeeinflussung ankommt, wird dem Emittenten eine Prognose in bezug auf die Entwicklung des Börsenkurses abverlangt. – Eine Tatsache die geeignet ist, die Fähigkeit des Emittenten seinen Verpflichtungen aus Schuldverschreibungen nachzukommen, zu beeinträchtigen, liegt vor, wenn Anlass besteht, die Kreditwürdigkeit des Emittenten negativ zu beurteilen. – Notwendig und ausreichend, um die A. zu erfüllen, ist die Herstellung der → Bereichsöffentlichkeit durch Veröffentlichung der publizitätspflichtigen Tatsachen in einem überregionalen → Börsenpflichtblatt oder über ein → elektronisches Informationssystem. Vor der Veröffentlichung hat der Emittent die zu veröffentlichende Tatsache der Geschäftsführung der Börsen, an den das Wertpapier zum Handel zugelassen ist, und dem → Bundesaufsichtsamt für den Wertpapierhandel (BAWe) mitzuteilen. Die Veröffentlichung selbst ist ebenfalls mitzuteilen. – Die Einhaltung der Vorschriften zur A. wird vom BAWe überwacht. Es kann von den Emittenten Auskünfte und die Vorlage von Urkunden verlangen sowie deren Grundstükke und Geschäftsräume betreten, soweit dies zur Überwachung der A. erforderlich ist. – Vgl. auch → Publizität, → Publizitätspflichten der börsennotierten Aktiengesellschaften, → Ad-hoc-Publizitätspflicht, Befreiung, → Ad-hoc-Publizitätspflicht, elektronisches Informationssystem, → Ad-hoc-Publizitätspflicht, Folgen von Pflichtverletzungen.

Ad-hoc-Publizitätspflicht, Befreiung, *ad hoc disclosure requirement, exemption.* Eine Befreiung von der → Ad-hoc-Publizitätspflicht kann gemäß § 15 I S. 2 WpHG durch das → Bundesaufsichtsamt für den Wertpapierhandel (BAWe) erfolgen, wenn die Veröffentlichung der Tatsache geeignet ist, den berechtigten Interessen des → Emittenten zu schaden. Erforderlich ist die Feststellung, dass im jeweiligen Einzelfall die durch die Veröffentlichung drohenden Nachteile für den Emittenten schwerer wiegen als das Informationsinteresse des Kapitalmarktes.

Ad-hoc-Publizitätspflicht, elektronisches Informationssystem, *ad hoc disclosure requirement, electronic dissemination system.* → Emittenten genügen ihrer → Ad-hoc-Publizitätspflicht durch Veröffentlichung der davon betroffenen Tatsache über ein elektronisch betriebenes Informationssystem nur, wenn dieses in den → Bereichsöffentlichkeit weit verbreitet ist. Informationssysteme, die diesen Anforderungen entsprechen sind neben Nachrichtenagenturen der von verschiedenen Fernsehanstalten angebotene Videotext sowie das Internet, soweit die Veröffentlichung auf im Kreis der Marktteilnehmer bekannten Seiten erfolgt. Die Veröffentlichung über elektronische Informationssysteme kann einer Servicegesellschaft übertragen werden (→ Deutsche Gesellschaft für Ad-hoc-Publizität mbH).

Ad-hoc-Publizitätspflicht, Folgen von Pflichtverletzungen. Ein Verstoß gegen die → Ad-hoc-Publizitätspflicht kann keine zivilrechtlichen Schadensersatzansprüche Dritter begründen (§ 15 IV S. 1 WpHG). Ansprüche aus anderen Rechtsgrundlagen werden davon nicht berührt (§ 15 VI 2

WpHG). – Die schuldhafte Verletzung der Ad-hoc-Publizitätspflicht und der damit verbundenen Veröffentlichungs- und Mitteilungspflichten stellen Ordnungswidrigkeiten dar, die abhängig vom Einzelverstoß mit Bußgeldern bis zu eineinhalb Mio Euro geahndet werden können (§ 39 WpHG). Geldbußen können gegen die verantwortlichen Personen im Unternehmen, aber auch gegen den → Emittenten selbst festgesetzt werden. – Nachhaltige Verstöße gegen die Ad-hoc-Publizitätspflicht können zum Widerruf der Zulassung eines Wertpapiers zur amtlichen Notierung führen (§ 44d BörsG).

Adjustable Rate Preferres Stocks, (ARPS), sind Vorzugsaktien, deren → Dividende periodisch an einen Marktzins, z.B. von → Treasury Bills, zzgl. Einer festgelegten Menge angepasst wird.

adjustieren, *to adjust;* bezeichnet das Anpassen von Zahlenwerten und Werteinflussgrößen. Diese Vorgehensweise kommt beispielsweise bei der Ermittlung der → Duration, oder des → Betafaktors zur Anwendung.

AD-Linie, Abk. für → Advance-Decline-Linie.

ADR, Abk. für → American Depositary Receipt.

Adresse, *address*; Bezeichnung für Marktteilnehmer, die Auskunft gibt über dessen Qualität. Je nach → Bonität und → Kreditwürdigkeit des Teilnehmers erfolgt eine Eingruppierung in zwei Klassen. Diese Einstufung hat Auswirkungen auf Preise und Konditionen, die dem Marktteilnehmer gestellt werden. Eine → erste, bzw. gute A. erhält bessere Konditionen, als Marktteilnehmer mit zweiter, bzw. schlechter Adresse.

Adressenausfallrisiko, → Ausfallrisiko.

Adressenliste, *list of addresses.* Auflistung aller Adressen, die Aufschluss darüber gibt, in welche Bonitätsklasse die → Adresse, bzw. der Marktteilnehmer, eingeordnet ist. Eine A. wird zur besseren Ermittlung von Preisen und Konditionen v.a. bei großen Instituten eingesetzt.

ADS, Abk. für → American Depositary Share.

Advanced Pricing, vorgezogene Evaluierung des → Emissionspreises durch den → Konsortialführer beim → Börsengang.

Advance-Decline-Linie (AD-Linie), *Fortschritt-Rückschritt-Linie.* Die AD-Linie ist eine graphische Hilfsdarstellung, die als Ergänzung zu Kursgrafiken (→ Charts) in der → Technischen Aktienanalyse verwendet wird. Durch sie wird eine Kursentwicklung bestätigt (Chart und AD-Linie verlaufen in die gleiche Richtung) oder eine Kursumkehr vorhergesagt (AD-Linie und Chart verlaufen gegensätzlich). Durch die AD-Linie wird die Zahl der Kursveränderungen, die → Advance-Decline-Zahl (AD-Zahl), auf einem Markt über einen Zeitraum abgebildet, ohne die Höhe der Umsätze zu berücksichtigen (vgl. hierzu → On-Balance-Volume). Die Entwicklung der AD-Linie erfolgt rechnerisch additiv, d.h. indem folgende die jeweiligen AD-Zahlen aufeinander folgender Tage kumuliert werden. Auf den letzten Wert der AD-Linie wird die jeweils aktuelle AD-Zahl addiert.

Advance-Decline-Zahl (AD-Zahl), *Fortschritt-Rückschritt-Zahl;* → Indikator aus der → Technischen Aktienanalyse, der die Differenz zwischen der Zahl gestiegener und der Zahl gefallener Kurse (Titel) an einer Börse oder aus einem → Index für einen bestimmten Handelstag bezeichnet. Im Gegensatz zu Kursindizes, welche die Höhe der Kursveränderungen berücksichtigen und Indikatoren, welche den Umsatz einbeziehen, hängt die A. nur von der Richtung der Kursänderung ab. Unveränderte Kurse bleiben unberücksichtigt. Sind z.B. an einem Tag aus dem DAX 100 gegenüber dem Vortag 70 Werte gestiegen, 20 gefallen und 10 unverändert, so beträgt die AD-Zahl 70 – 20 = 50. Die graphische Darstellung der A. ist die → Advance-Decline-Linie (AD-Linie).

Adverse Selection, Akerlof-Problem. Wenn die durch den Marktmechanismus erzeugten Preise, in denen eine Qualitätsbewertung zum Ausdruck kommt, zu stark vereinheitlichen und damit die Würdigung von Qualitätsunterschieden einebnen, sehen sich die Anbieter überdurchschnittlicher Qualität benachteiligt und verlassen den Markt. Es verbleiben nur noch die Anbieter

Advisory Letter

minderer Qualität, die mit einem relativ zu hohen Preis belohnt werden. Somit hat eine Gegenauswahl bzw. Negativauslese stattgefunden, die nach Akerlof als A.S. bezeichnet wird. Der Marktpreis wird in der nächsten Betrachtungsperiode sinken und die obige Ausgangssituation ist auf niedrigerem Niveau erneut vorhanden. Dieser Prozess kann sich bis zum völligen Marktversagen wiederholen. Akerlof hatte diesen Zusammenhang für den Gebrauchtwagenmarkt dargestellt, auf dem die Gefahr bestehe, aufgrund von → Informationsasymmetrie im Hinblick auf die Produktqualität für „lemons" (Zitronen, also Fahrzeuge schlechter Qualität) ungerechtfertigte Preise entrichten zu müssen.

Advisory Letter, *Börsenbrief, Ratgeber für Finanzen*; Informationsquelle mit Schwerpunkt → Finanzanalyse, welche an Abonnenten ausgeben wird. A.L. können auf einzelne Marktsegmente, z.B. → Neuer Markt, oder nach Art der Analyse, z.B. → Chart-Analyse oder → Fundamentalanalyse, ausgelegt sein. Früher häufig nur in Form von Printmedien erhältlich, werden A.L. mittlerweile verstärkt über das Internet, Telefon, Telefax vertrieben.

AD-Zahl, Abk. für → Advance-Decline-Zahl.

AERFC, Abk. für → Association of European Regional Financial Centres.

AEX, Abk. für → Amsterdamer Exchanges.

AfA, Abk. für → Absetzung für Abnutzung.

AFBD, Abk. für → Association of Futures Brokers and Dealers.

Affidavit, *Lieferbarkeitsbescheinigung, certificate of deliverability, affidavit*. Ein A. ist eine schriftliche Bescheinigung, die den rechtmäßigen Erwerb und die Börsengängigkeit eines speziellen → Wertpapiers bestätigt. Das normalerweise von einer Bank ausgestellte A. wurde v.a. in der Zeit unmittelbar nach Ende des Zweiten Weltkrieges häufig eingesetzt. – Vgl. auch → lieferbares Wertpapier.

After Market, *after hours*, bezeichnet den → nachbörslichen Handel mit → Wertpapieren.

After-hours Trading, → Nachbörse.

Agency-Futures, → Futures, deren Underlying langfristige → Anleihen erstklassiger Emittenten, z.B. → Fannie Mae, sind.

Agency-Theorie, *agency theory*. Die A. untersucht Interessenkonflikte zwischen Vertragsparteien. Dabei wird der Tatsache Rechnung getragen, dass die Manager eines Unternehmens (Agenten) nicht ausschließlich im Interesse der Eigentümer (Prinzipale), sondern i.d.R. auch zu ihrem eigenen Vorteil handeln. Da aufgrund von Informationsasymmetrien die Überwachung des Managements durch die Eigentümer nur eingeschränkt möglich ist, kann dies zu suboptimalen Entscheidungen aus Sicht der Eigentümer führen (→ Informationseffizienz von Finanzmärkten). Durch geeignete Vertragsgestaltung sollen die so entstehenden Agency-Kosten verringert werden. Eine verstärkte Überwachung (→ Monitoring) oder eine Selbstbindung des Managements (→ Bonding) können die Agency-Kosten auf ein Minimum (Residual Losses) reduzieren. – Die A. steht im Gegensatz zur klassischen Finanzierungstheorie, die davon ausgeht, dass Entscheidungen des Managements unabhängig von den Interessen der Investoren getroffen werden können. – Weitere Interessenkonflikte können zwischen Fremdkapitalgebern und den Eigentümern beziehungsweise dem Management bestehen. Insbesondere bei einem hohen → Verschuldungsgrad steigt das Interesse der Eigentümer an riskanten Investitionen. Durch eine höhere Konkurswahrscheinlichkeit und eine intensivere Kreditüberwachung steigen die Fremdkapitalkosten um einen entsprechenden Risikoaufschlag (→ Risikoprämie). Dieser Risikoaufschlag stellt ebenfalls Agency-Kosten dar. Durch eine transparente → Publizitätspolitik können diese Kosten verringert werden.

Agent Bank, *Agent*; bezeichnet jene Bank, die bei → Wertpapieremissionen, bei der → Syndizierung von Krediten und bei der Begebung von → Euro Note Facilities, das → Konsortium führt.

Aggregationsverfahren des Value at Risk. Der → Value at Risk (VaR) kann mittels verschiedener Methoden als Kenngröße ermittelt werden, die das Wertänderungsrisiko von Wertpapierpositionen beschreibt. Es existieren mehrere Aggregationsverfahren, um den Value at Risk verschiedener Risikofaktoren zusammenzufassen. Zu nennen sind hier: → Simple Sum, → RSSQ, → VCV, → Short Hand.

aggressive Aktien, *aggressive shares*; → Aktien, die an Kursauf- und Kursabschwüngen stärker partizipieren als der Gesamtmarkt. A.A. haben einen → Betafaktor über Eins. Wegen des höheren (systematischen) → Risikos sollte ihre mittlere Rendite höher sein als die durchschnittliche Marktrendite. – Gegensatz: → defensive Aktien.

aggressive Fonds, *aggressive funds*; → Sondervermögen, die einen überwiegenden Teil ihrer Mittel kurzfristig in Finanztitel hoher → Volatilität investieren. Ziel dieser → Anlagepolitik ist weniger die Erzielung langfristiger Wertzuwächse und stetiger Ausschüttungen als vielmehr die Ausnutzung kurzfristiger Kursentwicklungen. Ferner wird, soweit es die Anlagegrundsätze der jeweiligen Volkswirtschaften erlauben, Fremdkapital aufgenommen, um eine Hebelwirkung zu erreichen.

AG i.L., *Aktiengesellschaft in Liquidation, stock corporation in liquidation*; vgl. → Abwicklung.

Agio, → Aufgeld.

Agio bei Devisen, → Report.

Agio bei Wertpapieren, *Aufgeld bei Wertpapieren, premium of securities, agio of securities*. Das A.b.W. ist die meist in Prozent angegebene positive Differenz, um die der aktuell zu zahlende Marktpreis eines → Wertpapiers über seinem → Nennwert notiert. – Das Agio kann beim Kauf oder bei der Tilgung von Wertpapieren auftreten. Im Falle des Kaufes zahlt der Erwerber das Agio zusätzlich zum Nennwert an den → Emittenten, im Tilgungsfall zahlt der Emittent das Agio zusätzlich zum Nennwert an den Gläubiger des Wertpapiers. – Bei → Aktienemissionen wird das A.b.W. in die gesetzliche → Kapitalrücklage eingestellt und somit Teil des bilanziellen Eigenkapitals der → Aktiengesellschaft (AG). → Schuldverschreibungen werden i.d.R. nicht mit Agio begeben. – Vgl. auch → Aufgeld, Agiopapiere. – Gegensatz: → Abgeld.

Agiopapiere, *Aufzinsungspapiere, Agioanleihen, premium bonds*; verzinsliche → Wertpapiere, die zum Nennwert (→ pari) emittiert werden und bei Rückzahlung neben dem eingesetzten Kapital auch Zinsen und Zinseszinsen enthalten. Die Rückzahlung erfolgt mit einem Agio, d.h. über → pari. – Gegensatz: → Abzinsungspapiere.

Agioschätze, sind → Schatzanweisungen, die zu mehr als → pari (100%) zurückgezahlt werden.

Agiotage, *agiotage*; bewusstes Ausnutzen von kurzfristigen Kursschwankungen zur Gewinnerzielung. A. findet häufig bei Neuemissionen statt. Durch den spekulativen Charakter gilt A. oft als unseriös.

Agio-Zero Bond, bezeichnet eine spezielle Form von → Zero-Bonds, die zu → pari (100%) emittiert werden und am festgelegten Rückzahlungstermin (→ Rückzahlungstermin von Anleihen), zzgl. der aufgelaufenen → Zinsen, zurückgezahlt werden.

AIBD, Abk. für Association of International Bond Dealers, die in die → International Securities Market Association (ISMA) umbenannt wurde.

AIMR, → Association for Investment Management and Research.

Airbag-Fonds, → Absicherungsfonds.

Akerlof-Problem, → Adverse Selection.

Akkreditivgeschäft, *documentary credit business*; bezeichnet ein abstraktes Zahlungsversprechen seitens der → Kreditinstitute, aufgrund eines gestellten Akkreditivs, dem Begünstigten einen Geldbetrag gegen Legitimationsnachweis (Barakkreditiv) oder gegen Vorlage bestimmter Dokumente (Dokumentenakkreditiv) auszuzahlen. Das A. kann widerruflich oder unwiderruflich, befristet oder unbefristet sein und ist als Finanzierungs- und Zahlungssicherungsinstrument im Außenhandel von besonderer Bedeutung.

Akkumulationsrecht

Akkumulationsrecht, einem Fondskäufer von einigen → Kapitalanlagegesellschaften gewährtes Recht, bereits vorhandene Anteile des entsprechenden → Fonds anrechnen zu lassen, um einen günstigeren → Ausgabeaufschlag zu erhalten.

AktG, Abk. für → Aktiengesetz.

Aktie, *share, stock*. Das Grundkapital der Aktiengesellschaft (AG) ist nach § 1 II AktG in A. zerlegt. Der Name ist lateinischen Ursprungs (agere, actio) und war zunächst als action bzw. actie in Frankreich bzw. in den Niederlanden gebräuchlich. Die A. ist ein Bruchteil des Grundkapitals der AG. Sie ist ein Wertpapier, das die Mitgliedschaft des → Aktionärs verkörpert. Äußerlich besteht die A. (→ Aktie, äußere Beschaffenheit) aus dem → Aktienmantel als eigentlicher → Aktienurkunde und dem Dividendenbogen mit einem → Erneuerungsschein. A. können als → Nennwertaktien oder als → Stückaktien ausgegeben werden. Der Mindestnennbetrag beträgt in Europa direkt oder indirekt 1 Euro. – Das AktG erlaubt verschiedene → Aktiengattungen. Jede → Stammaktie gewährt das Stimmrecht, → Vorzugsaktien können stimmrechtslos sein. Aus der Mitgliedschaft des → Aktionärs folgen Rechte und Pflichten. Die Hauptpflicht besteht in der Leistung der Kapitaleinlage, auf die die Teilnahme am Verlust beschränkt ist. Die Rechte aus der → Stammaktie sind das Recht zur Teilnahme an der Hauptversammlung und das Stimmrecht in der Hauptversammlung (auch über Depotbanken), das Recht auf Anteil am Gewinn (→ Dividende) und am Liquidationserlös, → Bezugsrecht auf neue (junge) Aktien bei Kapitalerhöhung, → Bezugsrecht auf Wandelobligationen, auf Gewinnschuldverschreibungen und auf → Genussrechte. → Vorzugsaktien können zum Ausgleich für fehlendes Stimmrecht vermögensrechtlich verschiedenartig ausgestattet werden. Mehrstimmrechte sind generell unzulässig (§ 12 II AktG). – Die A. können auf den Inhaber (→ Inhaberaktie) oder auf den Namen (→ Namensaktie) ausgestellt werden. Die Übertragung der Inhaberaktien erfolgt formlos, die der Namensaktie muss im → Aktienbuch verzeichnet werden. In besonderen Fällen begibt die AG → vinkulierte Namensaktien, deren Übertragung vom Vorstand genehmigt werden muss. – Die A. ist einerseits ein Finanzierungsinstrument der Unternehmung, wodurch sie unkündbares Eigenkapital erhält. Anderseits ist sie ein Anlageinstrument für private und institutionelle Anleger. Die A. ist ein → vertretbares Wertpapier, das kleingestückelt ist. Die Vertretbarkeit bzw. Fungibilität der A. ermöglicht Käufe und Verkäufe über die Börse. Infolgedessen können die Anleger ihre Kapitalbindung zeitlich beliebig planen. Es findet eine Substitution der Kapitalgeber statt, so dass das Kapital der AG dauerhaft zur Verfügung steht. Derart erfolgt eine Fristentransformation. Die kleine Stückelung der Aktien führt über die Mobilisierung vieler kleiner Sparbeträge zur Aufbringung großer Summen von Eigenkapital. – Die → Aktionäre erwarten für das → Risiko der A. eine Rendite (→ Aktie, Gesamtertrag), die über dem Kapitalmarktzins liegt. Diese Erwartung wird i.a. nur mittelfristig erfüllt, kurzfristig können Aktienrenditen deutlich negativ oder positiv sein. Nach dem Grad der ex ante Unsicherheit bezüglich der Aktienrendite unterscheidet man → defensive und → aggressive A.

Aktie als Anlageobjekt, *share/stock as an object of investment*. Aktien verkörpern wirtschaftlich und rechtlich Anteilsrechte, d.h. Bruchteilseigentum, an einer → Aktiengesellschaft (→ Eigenkapital). → Aktionäre sind demnach an dem Gewinn und Verlust der AG beteiligt. An den Verlusten ist der Aktionär bis zum vollen Wert seiner Aktien beteiligt, am Gewinn der AG durch den Anspruch auf einen Teil des Gewinns in Form der → Dividende. Durch Kurssteigerungen der Aktie besteht für Aktionäre eine weitere Möglichkeit bei Veräußerung einen Gewinn zu realisieren. Zudem hat der Aktionär Anspruch auf die Beibehaltung der Quote seiner Beteiligung (→ Verwässerungsschutz) am gesamten Vermögen durch → Bezugsrechte und meist auf → Mitbestimmung in der → Hauptversammlung der AG (→ Vorzugsaktie). – Vgl. auch → Aktien als Kapitalanlage, steuerlich Aspekte.

Aktie als Spekulationsobjekt, *stocks as speculative investments*. Wird der Aktienkauf in spekulativer Hinsicht betrieben, steht meist die Erzielung von schnellen Kursgewinnen über einen kurzen Anlagezeitraum im Vordergrund. Die Dividende spielt dabei eine untergeordnete Rolle. Zu berücksichtigen sind allerdings steuerliche Aspekte, v.a.

Aktien als Kapialanlage, steuerliche Aspekte

die Steuerbarkeit von Kursgewinnen bei Realisierung innerhalb der → Spekulationsfrist. – Vgl. auch → Aktien als Kapitalanlage, steuerliche Aspekte.

Aktie, äußere Beschaffenheit. Die Aktie hat drei Bestandteile: den → Aktienmantel, den → Bogen und den → Talon. Der Aktienmantel ist die Aktienurkunde, aus der sich die Rechte und Verpflichtungen des Aktionärs ergeben. Der Bogen besteht aus den Dividendenscheinen, die zum Erhalt der Dividende abgetrennt und bei der AG eingereicht werden. Der Talon bzw. Erneuerungsschein befindet sich am unteren Rand des Bogens. Er wird zum Bezug eines neuen Bogens benutzt.

Aktie, Gesamtertrag, *share, total revenue*. Der Gesamtertrag aus einer Aktie während der Anlagezeit setzt sich aus den erhaltenen Dividenden, eventuellen Erlösen aus dem Verkauf von → Bezugsrechten sowie der Differenz zwischen dem Kauf- und Verkaufskurs der Aktie zusammen. Hiervon sind die Transaktionskosten bei Kauf und Verkauf der Aktie sowie bei Einlösung von Dividendenscheinen und Bezugsrechten sowie → Depotgebühren abzuziehen. – Steuern beeinflussen diesen Gesamtertrag je nach Steuersystem (→ Erträge aus Aktien, Besteuerung). Auf Basis des Gesamtertrags nach Steuer berechnet man die → Aktienrendite. Beim Vergleich der Aktienrenditen ist das Aktienrisiko zu berücksichtigen.

Aktien als Kapialanlage, steuerliche Aspekte, *investments in shares, taxation aspects*. Hinsichtlich der Besteuerung muss man zwischen → Dividenden und → Kursgewinnen differenzieren. – 1. Dividenden und sonstige Bezüge aus Aktien sind nach § 20 I Nr. 1 EStG einkommensteuerpflichtig. Die Einkommensteuer (ESt) wird durch Abzug der → Kapitalertragsteuer (KapESt) von der ausgeschütteten Dividende erhoben. Die KapESt beträgt 20% des ausgeschütteten Betrags (→ Bardividende). Der Steuersatz erhöht sich auf 25%, wenn die KapESt von der Gesellschaft übernommen wird (→ Kapitalertragsteuersätze). Die KapESt wird von der Gesellschaft an die Finanzverwaltung abgeführt. Der einbehaltene Betrag stellt beim Aktionär eine Vorauszahlung auf seine ESt dar, d.h. die einbehaltene KapESt wird auf die Steuerschuld des Aktionärs im Rahmen seiner ESt-Veranlagung angerechnet. – Seit der Unternehmenssteuerreform 2001 ist die KSt allerdings keine Vorauszahlung mehr auf die ESt. Bei Dividendenausschüttung kommt es auf Ebene der Kapitalgesellschaft zu einer Definitivbelastung in Höhe von 25%, falls der Eigentümer eine natürliche Person ist. Beim Anteilseigner unterliegen die Dividenden nur noch zur Hälfte der Einkommensteuer (→ Halbeinkünfteverfahren). Aktionäre, die nicht zur ESt veranlagt werden und dies der depotführenden Bank durch Vorlage einer → Nichtveranlagungsbescheinigung nachgewiesen haben, erhalten die Dividende ohne Abzug von KapESt ausgezahlt. Das gleiche gilt, wenn der Bank ein → Freistellungsauftrag erteilt wird. – 2. Bei der Besteuerung von Kursgewinnen aus dem Verkauf von Aktien muss zwischen Anteilen im Betriebsvermögen und Anteilen im Privatvermögen differenziert werden. Die Veräußerung von Anteilen im Betriebsvermögen ist grundsätzlich steuerpflichtig, während private Veräußerungsgewinne grundsätzlich steuerfrei sind. Abweichend von diesem Grundsatz werden folgende Sachverhalte behandelt: a) Die Veräußerung von Anteilen einer Kapitalgesellschaft, die von einer Körperschaft gehalten werden, ist ab 2002 mit Einschränkungen steuerfrei. Diese umstrittene Regelung wurde besonders zum Zweck der Entflechtung der → Deutschland AG eingeführt. b) Im Gegensatz dazu werden in folgenden Fällen Gewinne aus der Veräußerung von Kapitalgesellschaften im Privatvermögen natürlicher Personen nach dem Halbeinkünfteverfahren besteuert: Gewinne aus Anteilsveräußerungen natürlicher Personen werden künftig schon steuerpflichtig sein, wenn der Anteilseigner innerhalb der letzten fünf Jahre zu mindestens einem Prozent beteiligt war. Weiterhin sind private Veräußerungsgewinne einkommensteuerpflichtig, wenn der Zeitraum zwischen Anschaffung der Aktien und ihrer Veräußerung nicht mehr als ein Jahr beträgt oder wenn der Verkauf früher erfolgt als der Erwerb (→ Spekulationsfrist, einkommensteuerlich). Verluste aus privaten Veräußerungsgeschäften dürfen nicht mit Einkünften aus anderen Einkunftsarten verrechnet werden, aber es besteht seit 1.1.1999 die Möglichkeit, Verluste mit Spekulationsgewinnen des unmittelbar vorangegangenen Veranlagungszeitraumes oder folgender Jahre auszugleichen. Wenn die Veräußerungs-

15

Aktien, Verwahrungskosten

winne im Kalenderjahr insgesamt weniger als 500 Euro betragen, dann bleiben sie steuerfrei. – Vgl. auch → Besteuerung der Erträge aus Wertpapieren und → Besteuerung von Wertpapiergeschäften.

Aktien, Verwahrungskosten, → Verwahrungskosten.

Aktienanalyse, *equity research*. Die traditionelle A. beinhaltet die methodische Erfassung historischer, aktueller und prognostizierter Daten und die darauf basierende → Aktienbewertung, → Unternehmensbewertung und die Bewertung von Aktienmärkten, um Entscheidungen über Aktienauswahl (→ Stock-Picking) und Kauf- bzw. Verkaufszeitpunkt (→ Timing) treffen zu können. Die moderne A. beinhaltet die Analyse und Bewertung auf Basis der Kapitalmarkttheorie (→ Asset Allocation und → Portfolio Selection). – Man unterteilt die traditionelle A. in die → Fundamentalanalyse und die → Technische Analyse (→ Chart-Analyse, → Moderne Technische Analyse). Beide werden als Markt-, Branchen- und Einzelwertanalyse durchgeführt. – 1. Die Fundamentalanalyse besteht aus Analyse und Prognose (→ Kursprognose). Sie stützt sich auf Unternehmens- und Marktdaten (z.B. Gewinn, Umsatz, Wachstum), die Einfluss auf den Börsenkurs haben (→ kursbestimmende Faktoren am Aktienmarkt). Sie versucht, den → inneren Wert der Aktie zu ermitteln. Liegt der innere Wert einer Aktie unter dem aktuellen Börsenkurs, wird die Aktie als überbewertet bzw. übertuert angesehen (→ Überbewertung). Liegt der innere Wert über dem Börsenkurs, wird die Aktie als unterbewertet und damit als preiswert angesehen (→ Unterbewertung). – 2. Die → Technische A. bedient sich graphischer Darstellungen von Kurs- und Umsatzverläufen (z.B. → Linienchart, → Point & Figure Chart, daher auch die Bezeichnung → Chart-Analyse) und technischer → Indikatoren (z.B. → Relative-Stärke-Index) und verwendet Kurs- und Umsatzdaten der Börse. Die → Chartisten ziehen Schlüsse über die zukünftige Kursentwicklung aus der Interpretation typischer Kursverläufe (→ Trendformationen, → Umkehrformation) sowie → gleitender Durchschnitte und der in den Charts enthaltenen Linien und Zonen (z.B. → Trendlinien, → Unterstützungslinie, usw.). – 3. Psychologische Faktoren der Kursprognose (→ Börsenpsychologie): Auch die Technische A. beruht indirekt auf Verhaltensmustern der Anleger, die sich in typischen Kursverläufen ausdrücken. Die psychologisch fundierte A. (Teil der → Behavioral Finance) versucht direkt herauszufinden, wie Marktteilnehmer marktbestimmende Veränderungen (→ kursbestimmende Faktoren am Aktienmarkt) wahrnehmen, interpretieren und gewichten. Bei kurzen Zeiträumen der Kursprognose haben psychologische Gesetzmäßigkeiten der Informationsverarbeitung der Anleger besonderes Gewicht. Eine umfassende A. besteht deshalb nicht nur aus der Fundamentalanalyse und der Technischen A., sondern beinhaltet eine Untersuchung aller für künftige Kursbewegungen wichtigen, auch psychologischen Faktoren.

Aktienanleihe *reverse convertibles*; → Anleihen mit einer über dem Marktzins (→ Marktzinssätze) liegenden garantierten → Verzinsung, deren → Rückzahlung entweder zum → Nennwert oder in → Aktien erfolgt. Bei diesen auch als Cash-or-Share-Anleihen oder Reverse Convertibles bekannten Anleiheart verkauft der → Emittent → Put Optionen auf die zugrundeliegende Aktie und generiert so einen über dem Marktzins liegenden → Kupon. Das → Risiko aus dem Put wird an den → Investor weitergegeben. Der Emittent hat das Recht, die Anleihe entweder zum → Nennbetrag oder in Form von Aktien zu tilgen. Der Investor hält demnach eine Kaufposition in der Anleihe und eine Verkaufsposition im Put. Die Art der Rückzahlung ist abhängig vom Kurs der zugrundeliegenden Aktie kurz vor → Fälligkeit der A. Liegt der Aktienkurs über dem Basispreis des Puts, erhält der Investor das → Nennkapital zurück; liegt der Aktienkurs unter dem Basispreis, wird die Anleihe durch Andienung von Aktien (→ Andienung von Wertpapieren) getilgt. Während die Anzahl der eventuell anzudienenden Aktien in den → Emissionsbedingungen festgelegt wird, hängt der Gegenwert an Aktien vom Marktniveau kurz vor Fälligkeit ab. Der Investor erhält demnach im ungünstigsten Fall lediglich den garantierten Kupon zurück. Im besten Fall notiert die Aktie bei Rückzahlung der Anleihe nahe am ursprünglichen Kursniveau bei → Emission, so dass die Anlage in die A. im Vergleich zu einer Direktinvestition in die entsprechende Aktie vorteilhafter ausfällt. A. werden verstärkt in

Aktienbewertung

Zeiten hoher Optionsvolatilitäten emittiert, in denen Optionen hohe → Prämien aufweisen. Je teurer die Puts verkauft werden können, desto höher ist tendenziell sowohl der mögliche Kupon wie auch die mögliche → Marge der Banken. Inzwischen werden A. in einer Vielzahl von Varianten angeboten, so z.B. als Double-Reverse-Convertibles mit zwei zugrundeliegenden Aktien oder als Knock-In-Reverse-Convertibles. Bei letzeren wird der zugrundeliegende Put nur dann aktiviert, wenn der Aktienkurs während der Anleihelaufzeit einen unter dem Basispreis liegenden Knock-In-Kurs erreicht bzw. unterschreitet.

Aktienarten, *types of shares*. → Aktien können in mehrfacher Hinsicht unterschieden werden. Nach der Art der verbrieften Rechte gibt es die → Stammaktie und die → Vorzugsaktie. Die → Inhaberaktie und die → Namensaktie werden beim Eigentumswechsel verschieden übertragen. Nach dem Anteil am Grundkapital der AG unterscheiden sich gemäß § 8 AktG → Nennwertaktien und → Stückaktien. Weiterhin gibt es folgende A.: → Berichtigungsaktien, → Globalaktien, Groß- und Kleinaktien, sowie → Belegschaftsaktien.

Aktienausgabekurs, *stock issue price*; bezeichnet den Kurs, zu dem die → Aktien bei einem Börsengang → (Initial Public Offering) oder einer → Kapitalerhöhung (→ Selbstfinanzierung) einer → Aktiengesellschaft emittiert werden. Dabei darf der A. nicht unterhalb des → Nennwerts der Aktie liegen (Verbot der Unterpari-Emission). − Vgl. auch → Emissionspreis.

Aktienausgabe, ordungswidrige, *issue of shares, illegal*; liegt vor, wenn Gründer oder Mitglieder der → Organe einer AG bei der Ausgabe von Aktien gegen die entsprechenden Vorschriften des AktG verstoßen. Die Verstöße lösen i.d.R. Schadensersatzansprüche aus.

Aktienausgabe, verbotene, *issue of shares, unlawful*; im AktG ist bestimmt, dass Aktien nicht vor Eintragung von Gründung und Kapitalerhöhungen in das → Handelsregister ausgegeben werden dürfen. Im Fall der Gründung und der → Kapitalerhöhung gegen Einlagen muss der eingeforderte Betrag (§§ 36, 36a, 188, 191 AktG) ordnungsgemäß eingezahlt worden sein. Im Fall der → bedingten Kapitalerhöhung muss die volle Leistung des Gegenwertes (§ 199 AktG) vor Ausgabe der → neuen Aktien bzw. → Bezugsaktien erfolgen. Diese Vorschriften gelten auch für → Zwischenscheine.

Aktienausstattung, → Ausstattung von Aktien.

Aktienbanken, *joint stock banks, bank corporations*; Banken, die in der Rechtsform der → Aktiengesellschaft (AG) oder der → Kommanditgesellschaft auf Aktien (KGaA) firmieren, v.a. → Großbanken und → Regionalbanken.

Aktienbewertung, *stock pricing*. In einem effizienten Kapitalmarkt (→ Effizienzmarkttheorie) entspricht der Wert einer Aktie stets ihrem Börsenkurs, der sich im Marktgleichgewicht ergibt. Für den einzelnen Investor sollte die A. deshalb nicht erforderlich sein, da er von den Ergebnissen der A. anderer, z.B. institutioneller Anleger indirekt über deren Angebot und Nachfrage oder direkt über ihre Empfehlungen profitiert. − Aktien verbriefen ihrem Eigentümer ein wirtschaftliches und rechtliches Eigentumsrecht an einem Unternehmen, das mit besonderen Mitgliedschaftsrechten verbunden ist (→ Mitgliedschaftsrechte des Aktionärs). Jeder Aktionär erhält einen Anteil aller künftigen Gewinne (als → Dividenden oder als Wertsteigerung). Bei → Liquidation wird der Erlös unter den Aktionären aufgeteilt. Außerdem haben Aktionäre ein → Bezugsrecht für → junge Aktien aus → Kapitalerhöhungen. Besondere Rechte sind das → Auskunftsrecht in der Hauptversammlung der AG und ein Anfechtungsrecht. → Stammaktien beinhalten auch ein Stimmrecht, → stimmrechtslose Vorzugsaktien hingegen eine Vorab- oder → Überdividende. Je nach → Mehrheitsverhältnissen kann diesen Rechten ein unterschiedlicher Wert zukommen. Stimmrechte sind für Kleinaktionäre i.d.R. wertlos. Anders als bei → Anleihen (→ Anleihebewertung) hängt der Ertrag aus der Anlage für den Aktionär von den Erfolgsaussichten der AG ab, an der er beteiligt ist. Diese sind von der gesamtwirtschaftlichen Entwicklung und der Marktposition des Unternehmens selbst abhängig. A. ist deshalb hauptsächlich → Unternehmensbewertung. Jedoch kann ein Aktionär auch davon profitieren, wenn er eine Aktie zu niedrigen Kursen kauft und nach einer positiven Entwicklung der Rahmenbedingungen zu einem höheren Kurs verkauft. Ein Profit ist auch möglich, wenn ein Übernahmeangebot eines anderen Unternehmens aufgrund des → Ertragswertes oder des → Substanzwertes über dem Börsenkurs liegt. Von einem hohen Substanzwert profitieren die Aktionäre ansonsten allenfalls bei Liquidation. Die A. umfasst deshalb auch die Bewertung möglicher Sondersituationen und die → Kursprognose. Verschiedene Bewertungsziffern dienen zur vereinfachten A. auf Basis der Erträge, etwa die fundamentalanalytischen Kennzahlen wie → Dividendenrendite, → Kurs-Gewinn-Verhältnis (KGV) und → Kurs-Cash-Flow-Verhältnis. Diese werden mit den Werten ähnlicher Unternehmen oder vergangenen Werten für das gleiche Unternehmen verglichen, um eine relative Bewertung der Aktie zu erhalten. – Vgl. auch → Aktienanalyse, → Finanzanalyse und → Fundamentalanalyse.

Aktienbezugsrechte als Vergütungsbestandteil. Im Rahmen der Gewinnbeteiligung von Arbeitnehmern werden diesen → Bezugsrechte auf Aktien der Unternehmung gegeben (§§ 192 ff. AktG). In diesem Fall ist das → Bezugsrecht der → Aktionäre ausgeschlossen. – Vgl. auch → Aktienoptionen.

Aktienbuch, *Aktienregister, share/stock register*. Im A. erfolgt die Eintragung von → Namensaktien unter Angabe des Namens, des Wohnorts und des Berufs des → Aktionärs. Das A. wird von der Gesellschaft geführt und ist gegenwärtig noch für jeden Aktionär einsehbar. Gegenüber der Gesellschaft können Rechte aus Namensaktien nur von eingetragenen Aktionären geltend gemacht werden.

Aktien einer herrschenden Gesellschaft, *shares of a ruling company*; Bezeichnung für die → Aktien eines Unternehmens, das auf ein anderes Unternehmen einen beherrschenden Einfluss, z.B. aufgrund eines → Beherrschungsvertrages nach § 291 I S. 1 AktG oder einer → Mehrheitsbeteiligung nach § 16 AktG, ausübt. Die Aktien sind beim beherrschten Unternehmen als Aktivposten in der → Bilanz aufzuführen.

Aktieneinziehung, → Einziehung von Aktien.

Aktienemission, *Aktienausgabe, issue of shares/stocks, equity launch*; bezeichnet die Ausgabe von → Aktien an der → Börse im Rahmen einer → Beteiligungsfinanzierung bzw. die Ausgabe zusätzlicher Aktien bei einer → Kapitalerhöhung (→ Selbstfinanzierung). – Vgl. auch → Emission, → Initial Public Offering (IPO).

Aktienfonds, *equity fund, stock fund*; → Investmentfonds, der in Aktien oder aktienähnliche Werte investiert. A. sind für Sparer mit dem primären Ziel der Wertsteigerung interessant. Im Vergleich zu → Rentenfonds tragen sie zwar ein höheres Risiko, haben dafür aber auch größere Chancen auf Wertsteigerungen. Aufgrund der breiten Anlagestreuung eines A. ist die Anlage in Aktienfonds-Zertifikaten i.d.R. risikoärmer als eine → Direktanlage. – Als grundsätzliche Formen lassen sich in Deutschland die rein auf den deutschen Aktienmarkt ausgerichteten Fonds von den international streuenden A. unterscheiden. Darüber hinaus existieren zahlreiche Spezialformen, die ihre Anlagepolitik auf bestimmte Länder oder Regionen oder auf ausgewählte Branchen konzentrieren (→ Länderfonds, → Branchenfonds, → Regionenfonds).

Aktiengattung, *class of shares*. → Aktien können verschiedene Rechte gewähren (§ 11 AktG), wie z.B. bei Verteilung des Gewinns und des Gesellschaftsvermögens (→ Stamm- und → Vorzugsaktie). Die Aktien mit gleichen Rechten bilden jeweils eine A.

Aktiengesellschaft. Die A. (AG) ist eine Handelsgesellschaft (§ 3 Abs. 1 AktG) mit körperschaftlicher Struktur („Aktienverein") und eigener Rechtspersönlichkeit (§ 1 Abs. 1 AktG; sog. juristische Person). Sie ist hauptsächlich im → Aktiengesetz (AktG) geregelt und eignet sich als Gesellschaftsform vor allem für Großunternehmen mit hohem Kapitalbedarf, da viele Aktien mit niedrigen → Nennwerten emittiert werden und sich deshalb auch Kapitalanleger mit geringeren Beträgen beteiligen können (Kapitalsammlungsfunktion). Börsennotiert sind A., deren → Aktien in einem staatlich kontrollierten, regelmäßig stattfindenden Markt zugelassen sind, der für das → Publikum mittelbar oder unmittelbar zugänglich ist (§ 3 Abs. 3 AktG). Der notariell zu beurkundende → Gesellschaftsvertrag (Satzung), der von einer oder mehreren Personen festgestellt werden kann (§ 2 AktG), bestimmt u.a. Firma, Sitz, Unternehmensgegenstand, Höhe des → Grundkapitals, → Nennbetrag der Nennbetragsaktien und Zahl der → Stückaktien sowie → Aktiengattungen (§ 23 Abs. 2 und 3 AktG). – Für die → Verbindlichkeiten der AG haftet den → Gläubiger ausschließlich das → Gesellschaftsvermögen (§ 1 Abs. 1 Satz 2 AktG) und nicht auch das Vermögen der Aktionäre. Deren wirtschaftliches Risiko beschränkt sich auf den Verlust ihrer Kapitaleinlage im Insolvenzfall. Vom Vermögen der Gesellschaft ist das in Aktien zerlegte Grundkapital der AG (§ 1 Abs. 2 AktG) zu unterscheiden, das als Gründungsvoraussetzung einen Mindestnennbetrag von 50.000 Euro betragen (§ 7 AktG) und von den Gründungsaktionären aufgebracht werden muß (§§ 29, 54 AktG). Es ist im → Handelsregister einzutragen (§ 39 AktG) und entspricht im Nennwert der Summe der von der AG begebenen Aktien. Als Passivposten in der Bilanz der AG (→ „gezeichnetes Kapital"; §§ 266 Abs. 3, 272 HGB) bewirkt es, dass ein → ausschüttungsfähiger Gewinn nur vorhanden ist, wenn das Aktivvermögen das Grundkapital und weitere Passivposten übersteigt. Aktien dürfen nicht unter ihrem Nennwert (unter pari) emittiert werden (§ 9 Abs. 1 AktG), während die Ausgabe über pari zulässig ist (§ 9 Abs. 2 AktG); das erzielte → Agio ist der → Kapitalrücklage zuzuführen (§ 272 Abs. 2 Nr. 1 AktG). Bei einer börsennotierten AG werden die Aktien am Kapitalmarkt gehandelt. – Die AG hat drei Organe: → Vorstand, → Aufsichtsrat und → Hauptversammlung. Der Vorstand leitet die AG unter eigener Verantwortung (§ 76 Abs. 1 AktG) und vertritt sie gerichtlich und außergerichtlich (§ 78 Abs. 1 AktG). Bei Gesellschaften mit mehr als 3 Mio Euro Grundkapital besteht er mindestens aus zwei Personen (§ 76 Abs. 2 AktG), die vom Aufsichtsrat auf höchstens 5 Jahre bestellt werden; eine Wiederbestellung ist möglich und üblich (§ 84 Abs. 1 AktG). Der Aufsichtsrat, der aus mindestens drei Personen besteht, hat den Vorstand zu beraten und seine Geschäftsführung zu überwachen (§ 111 AktG), insbesondere auch → Jahresabschluss und → Lagebericht zu prüfen und der Hauptversammlung darüber zu berichten. Nach den verschiedenen Mitbestimmungsgesetzen gehören dem Aufsichtrats auch Vertreter der Arbeitnehmer an, die von ihnen gewählt werden (§ 96 AktG). Die Aufsichtsratsmitglieder der Aktionäre wählt die Hauptversammlung (§ 101 AktG). – Die Aktionäre üben ihre Mitverwaltungsrechte in der Hauptversammlung aus (§ 118 AktG)., An der Führung der Geschäfte sind sie grundsätzlich nicht beteiligt (§ 119 Abs. 2 AktG). Der Vorstand beruft die → ordentliche Hauptversammlung in der Regel einmal im Jahr ein (§ 121 AktG); sie beschließt u.a. über die Verwendung des → Bilanzgewinns (→ Dividende), über die Entlastung der Mitglieder von Vorstand und Aufsichtsrat (§ 119 Abs. 1 AktG). Den Aktionären steht in der Hauptversammlung ein Rederecht zu, und der Vorstand hat ihnen dort über Angelegenheiten der Gesellschaft Auskunft zu erteilen (§§ 131, 132 AktG). Die Aktionäre stimmen nach Aktiennennbeträgen ab, bei Stückaktien nach deren Zahl (§§ 12, 134 Abs. 1 AktG). Das → Stimmrecht kann durch einen Bevollmächtigten, z.B. eine → Bank, ausgeübt werden (§§ 134 Abs. 3, 135 AktG; sog. → Vollmachtsstimmrecht). Die Vermögensrechte der Aktionäre betreffen insbesondere ihren Anteil am Bilanzgewinn als Dividende (§§ 58 Abs. 4, 60 AktG), das → Bezugsrecht bei → Kapitalerhöhungen (§§ 185 Abs. 1, 212 AktG), die Beteiligung am → Liquidationserlös (§ 271 AktG) sowie vielfältige Ausgleichsansprüche, Abfindungs- und Umtauschansprüche.

Aktiengesellschaft, kleine, → kleine Aktiengesellschaft.

Aktiengesetz (AktG), *German Stock Corporation Law.* Das A. ist am 06.09.1965 in Kraft getreten. Zahlreiche bewährte Regelungen des → HGB von 1937 und des ADHGB von 1870 wurden übernommen. – Neu und in der Europäischen Union bis heute nahezu einzigartig ist ein kodifiziertes → Konzernrecht. Daneben wurden die → Aktionärsrechte verstärkt, um eine weite Streuung des Aktienbesitzes zu fördern. – Am bedeutendsten wurde das AktG durch das Mitbestimmungsgesetz vom 04.05.1976 geändert, welches die paritätische Mitbestimmung in den Aufsichtsräten großer Kapitalgesellschaften mit mehr als 2000 Arbeitnehmern eingeführt hat. Auch das → KonTraG vom 05.03.1998 hat wichtige Neuerungen gebracht. Unternehmensübernahmen sind bislang nicht im AktG, sondern

Aktienindizes

in einer freiwilligen Vereinbarung geregelt, deren Erfolg heftig umstritten ist (→ Übernahmekodex). Eine Neuregelung steht bevor.

Internationales → Aktienrecht ist in Deutschland Richterrecht (siehe Art. 37 Nr. 2 EGBGB). Es gilt das Recht des Firmensitzes.

Aktienindizes
Prof. Dr. Hermann Göppl

Aktienindizes werden heute allgemein beachtet. Nur wenigen der Beobachter ist klar, wie der Indexstand berechnet wird und wodurch sich einzelne Aktienindizes unterscheiden.

1. Aufgaben von Aktienindizes

Vom lateinischen Wortstamm indicare leitet sich als generelle Aufgabe eines Index das Anzeigen oder Messen ab. Die Aufgaben der Messung können verschieden sein:

1) Erfassung der Preis- bzw. Kursentwicklung am Aktienmarkt.
2) Messung des Erfolgs von Kapitalanlagen am Aktienmarkt. Als Performancemaß soll der Aktienindex ein Vergleichsmaß für alternative Anlagen und für Anlagestrategien sein.
3) Messung der Auszahlung von → Derivaten (→ Optionen; → Forwards, → Futures) auf Aktienindizes.
4) Messung der „Marktrendite" als Stellvertreter des Marktportfolios der → Capital Asset Pricing Theorie in empirischen Analysen.

Hieraus ergeben sich folgende Fragen:

1) Welche Aktien sollen in den Index aufgenommen werden?
2) Welche Beobachtungsgröße soll der Indexberechnung zugrunde gelegt werden? Nur Aktienkurse oder auch weitere Vermögenseffekte der Indexaktien?
3) Soll die ökonomische Bedeutung einzelner Aktien bei der Indexberechnung berücksichtigt werden?

Speziell für Aufgabe (2) verlangt Ross (1992), dass ein Investor den Index auch halten kann, d.h. dass er die Indexrendite auf Basis der aktuellen Informationen durch Kauf der Indexaktien und gegebenenfalls Wiederanlage von → Dividenden und Rechten realisieren kann. Diese Anforderung muss auch für Aufgabe (3) erfüllt sein.

2. Indexformel und Indexberechnung

Aktienindizes sind aus Preisindizes abgeleitet. Wegen ihrer Besonderheiten erfüllen sie die Anforderungen der Indextheorie (vgl. Eichhorn (1978)) nicht. Preisindizes messen die gewichteten Preise des aktuellen Zeitpunktes t relativ zu den gewichteten Preisen eines Vergleichs- oder Basiszeitpunktes:

Aktienindizes

$$J_t = \frac{\sum_i p_{i,t}}{\sum_i p_{i,0}} * \frac{q_{i,0}}{q_{i,0}} \quad (1)$$

$p_{i,t}(p_{i,0})$ = aktueller Preis i, (Basispreis i), $i=1,..., n$.
$q_{i,0}$ = Menge i des Basiszeitpunkts.

Dieser Index nach Laspeyres (1864) schaltet den Einfluss von Mengenänderungen durch die konstanten Mengen $q_{i,0}$ des Basisjahres aus. Paasche (1874) benutzt stattdessen die aktuellen Mengen $q_{i,t}$. Die meisten neueren Aktienindizes, so auch die der Deutsche Börse AG, beruhen auf dem Index von Laspeyres. Diese Indexformel kann so nicht für Aktien verwendet werden, da der Preis der Aktien durch Maßnahmen der Emittenten beeinflusst wird und da sich die Zusammensetzung des Aktienindex im Zeitablauf ändert. Dies wird über Wertbereinigungen sowie über Änderungen der Indexgewichte bei der Indexberechnung erfasst.

Wertbereinigungen erfolgen zur Erfassung kapitalverändernder Maßnahmen der Gesellschaft und gegebenenfalls von Dividenden. Ohne Kursbereinigung weisen die Kursverläufe Sprünge auf. Kapitalverändernde Maßnahmen sind Erhöhung des Grundkapitals durch Bareinlage, Kapitalerhöhung aus Gesellschaftsmitteln, die verschiedenen Formen der → Kapitalherabsetzung und der Notizwechsel. Die Berechnung des Bereinigungsfaktors $BF_{i,t}$ sei am Beispiel der Erhöhung des Grundkapitals gezeigt. Am ersten Tag des Bezugsrechtshandels notiert Aktie i ex Bezugsrecht (BR_i).

Der Bereinigungsfaktor ist:

$$BF_{i,t} = \frac{p_{i,t}ex}{p_{i,t}ex + WertBR_i} \quad (2)$$

wobei BR_i entweder der 1. Kurs des Bezugsrechts oder dessen rechnerischer Wert Dividendenzahlungen werden nur bei → Performance-Indizes berücksichtigt, nicht bei → Kursindizes. Der Bereinigungsfaktor ist im ersten Fall:

$$BF_{i,t} = \frac{p_{i,t}exDividende}{p_{i,t}ex + Dividende_i} \quad (3)$$

Aus den Bereinigungsfaktoren errechnet man Korrekturfaktoren $c_{i,t}$:

$$c_{i,t} = \frac{c_{i,t-1}}{BF_{i,t}} \quad (4)$$

Aktienindizes

$c_{i,t}$:= alter Korrekturfaktor ($c_{i,o} = 1$).

Die Korrekturfaktoren gehen innerhalb eines Jahres sofort in die Indexberechnung ein. Neugewichtungen im Index sind aus zwei Gründen erforderlich. Erstens ändert sich die Zusammensetzung des Index infolge von Neuaufnahmen, → Fusionen, → Liquidationen oder durch Neugestaltung der Indexzusammensetzung. Der neu berechnete Indexwert weist gegenüber dem vorherigen Stand einen Sprung auf, der durch einen sogenannten Verkettungsfaktor (K_t) erfasst wird. Zweitens ist jährlich eine Neugewichtung der Aktien des Index notwendig, da die alten Indexgewichte infolge kapitalverändernder Maßnahmen nicht mehr stimmen. Sie sind unterjährig durch die Berichtigungs- bzw. Korrekturfaktoren erfasst, einmal jährlich werden die Mengengewichte $q_{i,t}$ neu berechnet und die Korrekturfaktoren auf den Wert 1 zurückgesetzt. Die Berechnung der Verkettungsfaktoren findet man z.B. bei Janssen/Rudolph (1992).

Die Formel zur Berechnung des Aktienindex im Zeitpunkt t ist :

$$I_t = \frac{\sum_{i=1}^{n_t} p_{i,t} * q_{i,t} * c_{i,t}}{\sum_{i=1}^{n_0} p_{i,0} * q_{i,0}} * K_t * Basis \qquad (5)$$

n_t (n_o) = Anzahl der Aktien des Index in t (im Basisjahr).

3. Die Gestaltung des Index

Die Indexformel (5) enthält einige Elemente, deren Wahl den Index bestimmt. Die weltweit existierenden Aktienindizes unterscheiden sich z.t. erheblich, so dass man sie nicht vergleichen kann. Diese Unterschiede sind für alle genannten Aufgaben von Aktienindizes zu berücksichtigen. Im Zuge der Internationalisierung werden altbekannte Indizes mitunter mehrfach nach verschiedenen Schemata berechnet, z.B. indem es eine Paasche- und Laspeyres-Version gibt.

Bezüglich der Zusammensetzung des Aktienindex ist eine klare Definition der Auswahlkriterien notwendig. Dementsprechend sind alle Aktien, die diese Kriterien erfüllen, vom Basiszeitpunkt bis zum aktuellen Zeitpunkt aufzunehmen, d.h. auch solche, von denen man heute weiß, dass sie nicht mehr im Index sind. Auswahlkriterien sind Marktsegment, Gesamt- oder Teilmarkt (letzterer definiert durch Liquidität oder Marktkapitalisierung), Branchenzugehörigkeit, Wirtschaftsraum (national, international, regional), usw.

Hinsichtlich der Gewichtung der Indexaktien unterscheidet man gleichgewichtete und kapitalgewichtete Aktienindizes. Die Indexformel (5) beinhaltet einen kapitalgewichteten Index, der also die „Größe" der jeweiligen AG erfaßt. Allerdings kann man die Gewichtung mit dem gesamten Grundkapital, dem begebenen oder dem frei verfügbaren Teil vornehmen: Das Gewicht sehr großer AG´s wird auch künstlich beschränkt.

Für die Indexberechnung ist auch die Art des verwendeten Kurses festzulegen. Möglich sind Einheitskurse zur Kasse oder zum Schluss, fortlaufende Kurse, → Brief-, → Geld- oder → Mittelkurse aus dem → Präsenz- oder dem elektronischem Handel.

Aktienindizes werden unterschieden nach Kurs- und Performance-Indizes. Kursindizes erfassen (meistens) alle kapitalverändernden Effekte, Performance-Indizes zusätzlich die Dividendenkorrektur. Im Zeitalter der unbegrenzten Rechenkapazität gibt es oft beide Indizes parallel, so dass man die Qual der Wahl hat. Aus den Indexständen I_{t-1}, I_t zweier Zeitpunkte erhält man für den Kursindex die Rendite R_t aus Kapitalgewinnen, für den Performanceindex den „total return" nach der Formel

Aktienindizes

$$R_t = \frac{I_t}{I_{t-1}} - 1 \qquad (6)$$

jeweils für das Aktienportefeuille des Index. Die stillschweigende Voraussetzung aller Indexberechnungen ist, dass eine vollständige, sorgfältig geprüfte Datenbank vorhanden ist, die sowohl alle Kurse als auch alle für die Bereinigung wichtigen Daten zeitgenau enthält. Für wissenschaftliche Zwecke steht die Karlsruher Kapitalmarktdatenbank (KKMDB) als Teil der Deutschen Finanzdatenbank (DFDB) zur Verfügung.

4. Die Welt der Aktienindizes

Am 3. 07. 1884 startete Charles Henry Dow mit der Veröffentlichung einer „Stock Average" im Newsletter der Dow Jones & Company. Dieser älteste US-Index war ein arithmetisches Mittel der Kurse von 11 Werten (9 Eisenbahngesellschaften) der NYSE. Der Financial Times (FT) Industrial Ordinary Share Index wird seit 1935 als ungewichtetes geometrisches Mittel aus 30 Werten der LSE berechnet. Der Deutsche Aktienindex (DAX) beginnt am 30.12.1987 und knüpft an die Vorläufer Index Börsenzeitung (Start 1981) und den Hardy-Index (Start 1959) an. Sie werden als kapitalgewichtete Performance-Indizes mehrmals täglich berechnet (vgl. Mella (1988)).

Mit dem Aufkommen von Rechenmaschinen begannen Banken, Wirtschaftszeitungen, Börsen, Ratingagenturen und Forschungs-einrichtungen mit der Publikation eigener Aktienindizes, die wegen ihrer verschiedenen Inhalte, Konstruktionen und Berechnungs-weisen wenig vergleichbar sind. Mittlerweile stellen die Börsen und Finanzdienste Aktienindexsysteme bereit, die aus Bausteinen zusammengefügt sind.

Nachfolgend werden wichtige Aktienindizes von Ländern und Regionen beschrieben.

Deutschland

Die Deutsche Börse publiziert eine Vielzahl von Aktienindizes als eingetragene Marken. Alle Indizes sind kapitalgewichtet und werden nach dem Laspeyres-Indexkonzept berechnet. Die Preise stammen aus dem elektronischen Handelssystem XETRA.

Die Deutsche Börse berechnet All-Share- und Auswahlindizes. Erstere enthalten alle Aktien eines Segments, d.h. deren Inhalt ist variabel, Auswahlindizes enthalten eine feste Anzahl von Aktien aus den Segmenten. Die Auf- und Herausnahme von Aktien in bzw. aus einem Auswahlindex erfolgt nach bestimmten Regeln.

Für alle Indizes wird ein Performance- und ein Kursindex ermittelt. Die Performance-Indizes sind fortlaufende Realtime-Indizes aus aktuellen Preisen, zusätzlich auch auf Basis von Best-Bid- und Best-Ask-Preisen. Kursindizes beruhen auf den Preisen der XETRA-Schlussauktion.

Der DAX ist ein Index der 30 größten und liquidesten (Blue-Chip-) Aktien des → amtlichen Handels und des → geregelten Marktes. Das Kapitalgewicht einer einzelnen Aktie ist auf 15% des Index begrenzt („Kappung"). Der MDAX enthält die 70 Werte, die nach Größe und Liquidität auf die 30 DAX-Werte folgen (Midcaps). Die Kappungsgrenze ist 10%.

Der DAX 100 ist die Vereinigung der Aktien des DAX und des MDAX. Aus diesen Aktien werden 9 Branchenindizes berechnet.

Aktienindizes

Der CDAX enthält alle deutschen Aktien aus dem Amtlichen Handel, dem Geregelten und dem Neuen Markt (Composite DAX). Hieraus werden (nur) einmal täglich 19 Branchenindizes berechnet.

Der Neue Markt ist der Markt junger Wachstumsunternehmen aus dem In- und Ausland. Die Gesamtentwicklung beschreibt der NEMAX All Share. Der NEMAX 50 enthält die 50 liquidesten Werte, deren Kappung bei 10% erfolgt.

Die qualitativ besten kleinen Aktien der FWB bilden das Smallcap-Segment SMAX. Die Auswahl der in- und ausländischen Smallcaps ist in einem Regelwerk festgelegt. Der SMAX All Share Index ist aus allen Aktien berechnet. In den SDAX gehen nur die 100 größten und liquidesten deutschen Small Caps ein. Hier erfolgt eine Kappung auf 10%.

Basiszeitpunkte sind für den NEMAX der 30.12.1997, sonst der 30.12.1987. Die Basis der Indexberechnung (vgl. Formel (5)) ist für DAX, MDAX, SMAX und NEMAX 1000, für den DAX ist sie 500 und für CDAX, SMAX 100.

Der DAFOX (Deutscher Aktienindex für Forschungszwecke) (vgl. Göppl, Schütz (1992), Göppl et al. (1996)) wird an der Universität Karlsruhe (TH) berechnet. Es ist ein kapitalgewichteter Laspeyres-Index aus Kassakursen des amtlichen Handels. Teilindizes für Blue Chips und Small Caps sowie 12 Branchen sind verfügbar. Alle Indizes werden als Performance- und Kursindizes berechnet. Die Indexwerte reihen bis 1974 zurück. Im „Risk Book" (vgl. Göppl, et al. (1996)) sind die Betafaktoren gegen den DAFOX, Aktien- und Branchenrenditen sowie deren Gesamtrisiken enthalten.

Frankreich

Der bekannteste französische Aktienindex ist der Compagnie des Agents de Change 40 Index (CAC-40). Er enthält die 40 in ihrer Branche liquidesten Aktien, die aus den 100 größten (gemessen an ihrer Marktkapitalisierung) am „Règlement Mensuel" notierten Aktien ausgewählt sind. Die Kriterien für Liquidität sind sowohl tägliche Umsätze, turnover rates (Verhältnis zwischen täglichem Umsatz und Marktkapitalisierung) als auch durchschnittliche → Spreads und → Volatilität. Weiter gibt es noch den SBF 120 und den SBF 250, die jeweils den CAC 40 und den SBF 120 beinhalten. Der SBF 120 enthält die 120 liquidesten aus den 200 größten Aktien. Der SBF 250 umfasst die 250 größten und liquidesten Aktien, die zu 12 Branchen gehören, es wird sichergestellt, dass 90% der Marktkapitalisierung der jeweiligen Branchen durch die Aktien vertreten sind.

Neben den Indexfamilien CAC 40/ SBF 120/ SBF 250 existieren noch der MIDCAC-Index, der 100 mid-cap Aktien aus dem „Premier Marché" und dem „Second Marché" beinhaltet, und der Second Marché-Index, der die Gesamtmarktentwicklung des „Second Marché" darstellt. Alle Kurse stammen von der Bourse de Paris. Bezüglich des Index des Nouveau Marché vgl. die EURO.NM-Indizes.

Insgesamt hat die Liquidität bei der Konstruktion der Aktienindizes einen hohen Stellenwert, denn sie ist, anders als bei den deutschen Aktienindizes, ist ein explizites Auswahlkriterium bei den Paris Bourse-Indizes.

Großbritannien

Der englische Aktienmarkt wird durch eine Serie von FTSE Actuaries Share Indices beschrieben. Sie bestehen aus (Top Down) FTSE 100 („Footsie"), 250, 350, SmallCap und All-Share, die in Real Time notieren. Außerdem werden Subindizes wie z.B. FTSE 350 Higher Yield (Lower Yield) täglich berechnet. Die Indizes sind kapitalgewichtete Kursindizes. Die Gewichtung erfolgt mit dem Free Float, d.h. ohne Festbesitz und Überkreuzbeteiligungen.

Aktienindizes

USA

Der bekannteste US-Aktienindex ist „der" Dow Jones, genau: der Dow Jones Industrial Average (DJIA). Er wird seit dem 07.10.1896, d.h. 12 Jahre nach dem „Stock Average", täglich publiziert. Die anfänglich 12 Aktien wurden 1916 auf 20 und 1928 auf die heutige Zahl von 30 Aktien erhöht. Alle Aktien notierten bis zum 01.10.1999 an der NYSE, seitdem werden 2 Aktien aus der NASDAQ (Intel Corporation und Microsoft Corporation) in den DJIA einbezogen. Der DJIA enthält die Blue Chips aus der Industrie. Daneben gibt es den Transportation Average, den Utilities Average und den Composite Average aus den drei Segmenten. Die Averages sind arithmetische Mittelwerte der Aktienkurse. Der Divisor wird laufend an Stock Splits, Spinoffs und Änderungen des Indexkorbs angepasst, so dass die historische Kontinuität erhalten bleibt. Dow Jones veröffentlicht innerhalb der Dow Jones Global Indexes „echte" US-Indizes.

Ein weiterer bekannter US-amerikanischer Index ist der S&P 500. Er wird von der Rating Agentur Standard & Poors berechnet. Der kapitalgewichtete Index enthält die 500 größten Aktien der NYSE, AMEX und NASDAQ.

Der NASDAQ Composite Index ist ein kapitalgewichteter Gesamtindex aller im NASDAQ-System elektronisch gehandelten amerikanischen Aktien. Dies sind neben Aktien kleiner und mittelgroßer Firmen auch große Technologie- und Wachstumswerte wie z.B. Intel oder Microsoft. Es gibt 6 Subindizes für verschiedene Sektoren, den NASDAQ-100 (nach Umsatz) und den NASDAQ-Financial.

Die New York Stock Exchange (NYSE) berechnet einen Gesamtindex (NYSE Composite) und Subindizes (Industrial, Transportation, Utilites, Financial). Die Indizes sind kapitalgewichtete Kurs- und Performance-Indizes.

Weitere bekannte US-Indizes sind u.a. die Russel Indizes (Russel 3000, 1000, Small Stock 2000, u.v.m.), der Wilshire 5000 Equity Index (Aktien von NYSE, AMEX und NASDAQ; kapitalgewichteter Kursindex) und der Value Line Composite Average. Letzterer ist ein gleichgewichteter geometrischer Durchschnitt der Kurse von etwa 1700 Aktien von NYSE, AMEX und OTC Aktien.

Europa

Die Dow Jones STOXX Index Familie besteht aus 216 Einzelindizes, die als Kurs- und Performance-Indizes in Euro und US-Dollar berechnet werden (insgesamt 864 Indizes). Die Index Familie setzt sich aus 5 Broad Indizes, 18 Size Indizes, 190 Branchen- und 3 Blue Chip Indizes zusammen. Erfaßt werden Aktien aus 16 europäischen Ländern. Die Zeitreihen beginnen am 31.12.1991.

Die Indexberechnungen entsprechen denen der Deutschen Börse. Bezüglich der verwendeten Kurse wird auf die Angaben im Internet verwiesen.

Die Familie der europäischen FTSE-Indizes enthält u.a. FTSE World Europe, Eurotop 100, Eurotop 300, ESTARS, Euromid. Sie werden (Ausnahme World Europe) in Realtime als Kursindizes berechnet. Die Gewichtung erfolgt mit dem Free Float der Aktien. Mit den Kursindizes werden ebenfalls Performance-Indizes berechnet.

EURO.NM, ein europäisches Netzwerk regulierter Märkte für Wachstumsunternehmen, stellt fünf Indizes aus vier europäischen Ländern bereit. Die Aktienkurse der neuen Märkte in Amsterdam, Brüssel, Frankfurt und Paris werden zur Berechnung eines EURO.NM All Share Index sowie von 4 Einzelindizes der Einzelbörsen verwendet. Die Berechnungen nimmt die Deutsche Börse im Auftrag von EURO.NM vor. Es existieren Kurs- und Performance-Indizes, die minütlich berechnet werden.

Aktienindizes

Asien, Australien

Der Nikkei 225 ist der führende Index der Tokio Stock Exchange (TSE). Er ist ein arithmetischer, preisgewichteter Index der Blue Chip Aktien des ersten Segments der TSE, vergleichbar zum Dow Jones Industrial Average. Der TOPIX ist ein Kursdurchschnitt aller Aktien des ersten Segments der TSE.

Der Hang Seng Index (HSI) ist der Gesamtindex der Hong Kong Stock Exchange (HSE). Er enthält die Aktien der 33 größten und liquidesten Gesellschaften. Er ist ein arithmetischer, kapitalgewichteter Kursindex.

Der All Ordinaries Share Index der Australian Stock Exchange (ASX) enthält die 280 liquidesten Aktien. Er ist ein kapitalgewichteter Kursindex. Es gibt 23 Industrie-Subindizes.

Welt

Dow Jones Global Indices sind ein System von Aktienindizes, das aus den Kursen von 2.800 Firmen in 34 Ländern aufgebaut ist. An der Spitze der Indexpyramide steht ein World-Index, auf den drei Regionen (Asia/Pacific, Europe/Africa, Americas) folgen, die dann in Länderindizes gegliedert sind. Weiter stehen Indizes für 120 Industriegruppen zur Verfügung. Die Indizes werden in lokalen Währungen und US-Dollar 24 Stunden fortlaufend als Kurs- und Performance-Indizes nach dem Laspeyres-Konzept berechnet.

Der Dow Jones Global Titans Index umfasst die 50 größten multinationalen Gesellschaften der Welt. Sie werden nach verschiedenen Kriterien ausgewählt. Der Index wird über 24 Stunden in US-Dollar als Kurs- und Performance-Index notiert und Laspeyres berechnet. Die Gewichtung erfolgt nach dem Free-Float der Aktien.

FTSE International stellt ebenfalls eine globale Indexfamilie bereit . Der FTSE All-World Index enthält ca. 2.600 Aktien aus 49 Ländern. Es folgen 3 Subindizes: (A) „Developed", (B) „Advanced Emerging" und (C) „Emerging". Hieraus werden als weitere Bausteine die Indizes World (A Plus B) und All Emerging (B Plus C) gebildet. Basis des Systems sind 4 Regionenindizes (Europe, Americas, Asia Pacific und Middle East and Africa). Zusätzlich wird u.a. ein Global Islamic Index berechnet. Dieser Index enthält nur Aktien solcher Gesellschaften, deren Aktivitäten mit den islamischen Prinzipien der Sharia vereinbar sind und deren verzinsliches Fremdkapital nicht höher als 33% der Aktiva ist. Zu allen Regionenindizes gibt es weitere Subindizes. Für die Zusammenstellung und Indexberechnungen sind Regeln und Formeln definiert. Die International Finance Corporation (IFC), ein Mitglied der World Bank Group, veröffentlicht Aktienindizes von Emerging Stock Markets. Der breiteste Index ist der IFC Global, der in verschiedene Regional- und Industriegruppen-Indizes unterteilt wird. Die Berechnungen erfolgen täglich oder monatlich nach Laspeyres. Es stehen Kurs- und Performance-Indizes zur Verfügung.

Literatur

BLEYMÜLLER, J. (1966), Theorie und Technik der Aktienkursindizes, Verlag Gabler, Wiesbaden.

EICHHORN, W. (1978), What is an economic index? An attempt of an answer, in Eichhorn [Hrsg], Theory and Application of Economic Indices, Würzburg, 3-42.

Aktien, junge

GÖPPL, H., HERRMANN, R., KIRCHNER, T., NEUMANN, M. (1996), Risk Book, German Stocks 1976-1995, Frankfurt.

GÖPPL, H., SCHÜTZ, H.(1992), Die Konzeption eines Deutschen Aktienindex für Forschungszwecke (DAFOX), Diskussionspaper Nr.162, Institut für Entscheidungstheorie und Unternehmensforschung, Universität Karlsruhe (TH).

JANSSEN/RUDOLPH, (1992), Der Deutsche Aktienindex DAX. Konstruktion und Anwendungsmöglichkeiten, Fritz Knapp Verlag, Frankfurt am Main.

LASPEYRES, E., (1864), Hamburger Warenpreise 1850-1863, in Jahrbücher für Nationalökonomie und Statistik (3).

MELLA, F., (1988), Dem Trend auf der Spur. Der deutsche Aktienmarkt 1959-1987 im Spiegel des Index-Börsenzeitung. Deutscher Aktienindex, Verlag Börsenzeitung, Frankfurt am Main.

PAASCHE, H., (1874), Über die Preisentwicklung der letzten Jahre, in: Jahrbücher für Nationalökonomie und Statistik (23).

ROSS, S., (1992), Stock Market Indices, in The New Palgrave Dictionary of Money & Finance, edited by P.Neumann, M.Milgate und J.Eatwell, The Macmillan Press, 1992.

Aktienindexanleihe, *bull-and-bear bond*. Anleihe, bei der die Rückzahlung der → Emission an die Entwicklung eines in den → Anleihebedingungen festgelegten → Aktienindex (z.B. → Deutscher Aktienindex) gebunden ist. Der Emittent begibt dabei zwei → Tranchen. Der Rückzahlungsbetrag der Bull Tranche erhöht sich mit steigendem → Aktienindex, der der Bear Tranche steigt bei einer fallenden Entwicklung des Aktienindex. Für beide Tranchen werden minimale und maximale Rückzahlungsbeträge festgelegt. – Vgl. auch → Condor-Anleihe.

Aktienindex-Arbitrage, *stock index arbitrage*; → Differenzarbitrage durch Kauf von → Aktien, → Optionen auf Aktienindizes oder → Futures auf Aktienindizes und gleichzeitigem Verkauf ähnlicher Werte in einem anderen Marktsegment.

Aktienindex-Future, *stock index future (contract)*; → Terminkontrakte auf → Aktienindizes, z.B. an der → Eurex gehandelte → DAX-Futures. Eine physische Lieferung ist ausgeschlossen, am → Fälligkeitstag erfolgt statt dessen ein → Cash Settlement. – Vgl. auch → Terminkontrakte auf den Deutschen Aktienindex DAX

Aktienindexhandel, *stock index trading*; auch als Aktienindex-Terminhandel bekannt. Der A. basiert auf das Eingehen von → Termingeschäften auf einen Aktienindex, z.B. dem DAX oder S&P 500. Der Anleger kauft bzw. verkauft die Zusammensetzung eines Indizes auf Termin. Dabei benötigt der Anleger für das Eingehen von Kontrakten nur ca. 10% Eigenkapitalbeteiligung, welches als Sicherheit (→ Margin) hinterlegt werden muss. Durch diesen relativ geringen Kapitaleinsatz wird ein → Leverage-Effekt erzeugt, der es dem Anleger ermöglicht von Bewegungen des Kapitalmarktes überdurchschnittlich zu profitieren. Die Erfüllung des Kontrakts bei Fälligkeit erfolgt nicht durch die → Andienung von effektiven Stücken, sondern durch einen Ausgleich in Geld (→ Cash Settlement). Allerdings ist es üblich, den Kontrakt bereits vor dem Fälligkeitstermin durch ein entsprechendes Gegengeschäft → glattzustellen. Die meisten Terminbörsen bieten die Möglichkeit des A. Motive für den A. können Absicherung gegen unerwünschte Kursentwicklungen oder Spekulationen auf zukünftige Kurse sein.

Aktien, junge, → junge Aktien.

Aktien, jüngste

Aktien, jüngste, → jüngste Aktien.

Aktienkapital, → Grundkapital der AG.

Aktienkorb, *stock basket*. Zusammenstellung von → Aktien, die meist ein gemeinsames Merkmal, wie z.B. Herkunftsland/-region, → Börsenindex oder Branche aufweisen. Der Preis des A. verändert sich in Abhängigkeit der Kurse der in ihm enthaltenen Aktien.

Aktienkultur, *equity culture*; bezeichnet die relativ große Verbreitung der → Kapitalanlage in → Aktien unter der Bevölkerung bestimmter Länder. Infolge der → Privatisierung der Deutschen Telekom AG Ende 1996 und der vorausgegangenen Aufklärungsphase, erhielt die Aktie als Anlageobjekt wachsende Bedeutung in Deutschland, so dass die gesteigerte öffentliche Aufmerksamkeit zu einer stärkeren Aktienakzeptanz in allen Bevölkerungsschichten führte. Auch durch die anhaltende Diskussion um die Zukunft der gesetzlichen → Altersvorsorge wächst das Interesse an der Aktie als bedeutsame Anlageform. Die A. sollte durch Vertrauen und Professionalität unterstützt werden. Aufgrund der anhaltenden → Baisse am → Neuen Markt, haben Unternehmen, Banken und auch → Anleger ein verstärktes Risikobewusstsein entwickelt. Dennoch zeigt das Verhalten zahlreicher Anleger v.a. bei → Neuemissionen, dass innerhalb der Bevölkerung noch ein relativ großer Bedarf an ökonomischer Bildung besteht.

Aktienkurs, *share-, stock-, equity price/ market price of share*. Als A. bezeichnet man den Preis, zu dem eine Aktie an der Börse gehandelt wird. Der A. bildet sich grundsätzlich durch Angebot und Nachfrage, wobei an manchen Börsen → Kursmakler und → Market-Maker für einen Marktausgleich sorgen. Eine steigende Nachfrage nach einer Aktie führt c.p. auch zu steigenden Aktienkursen an der Börse et vice versa. – An Börsen existieren unterschiedliche Arten, den A. festzustellen (Vgl. → Kursbildung am Aktienmarkt und → Kursbildung an der Börse). Der amtlich notierte A. wird an der Börse während der Handelszeit von einem Kursmakler bestimmt, der grundsätzlich das Ziel verfolgt, das größtmögliche Umsatzvolumen in der jeweiligen Aktie zu gewährleisten (Vgl. → Meistausführungsprinzip).

Aktienkursindex, → Aktienindex.

Aktienkursrisiko, *share/stock/equity price risk*; → Risiko, dass der künftige Kurs einer Aktie oder der Kurswert eines Handelsbestandes aus Aktien aufgrund von marktüblichen Kursschwankungen vom aktuellen Kurs abweicht (→ Kursrisiko). Das A. bildet zusammen mit anderen Preisrisiken (z.B. → Wechselkursrisiko) das → Marktpreisrisiko. A. können durch → Hedging minimiert werden. – In den vergangenen Jahren wurden durch die sechste KWG-Novelle die rechtlichen Rahmenbedingungen dafür geschaffen, dass Banken diese Risiken mit sog. internen Modellen quantifizieren (→ Value-at-Risk) und die ermittelten VaR-Werte zur Eigenkapitalunterlegung verwenden können.

Aktienkurstheorie, *stock price theory*; → *Kursbildungstheorien, formation of rates/ prices theory*; bezeichnet den theoretischen Erklärungsansatz zur Beschreibung und Prognose der Kursbildung an den Wertpapier- und Devisenmärkten. In erster Linie finden die Portfolio-Selection-Theorie (→ Portfeuilletheorie), die Kapitalmarkteffizienz, das systematische Risiko, die Renditeerwartung, die Informationsverteilung und deren -verarbeitung Anwendung zur Bildung der Wertpapierkurse.

Aktienlaufzeitenfonds, *equity fund with limited maturity*; → Sondervermögen, die während einer Zeichnungsperiode Finanzmittel einsammeln und nach einem ex ante definierten Zeitraum das → Fondsvermögen auflösen. Die Festlegung fester Laufzeiten erleichtert den Einsatz → derivativer Finanzinstrumente für Kurssicherungsstrategien (→ Kurssicherung). A. ermöglichen eine Anlage in Aktien, wobei ein Teil der zur Verfügung stehenden Mittel in Derivate mit Absicherungscharakter investiert wird. Eine ähnliche Wirkung wird erzielt, wenn das Fondsvermögen in Anleihen angelegt wird, während ein Teil der Finanzmittel in Derivate investiert wird und somit ein synthetisches Aktienportfolio nachgebildet wird. Folglich kann den Anlegern oftmals bei Fondsauflegung ein festgelegter Mindestrückzahlungsbetrag zugesagt werden (→ Garantiefonds). A. sind nach dem Dritten Finanzmarktförderungsgesetz auch in Deutschland zugelassen.

Aktienmantel, *bare shell, share certificate, stock certificate*; zusammen mit dem Aktienbogen Bestandteil der → Aktie. Er verbrieft die Mitgliedschaftsrechte. – Vgl. auch → Aktie, äußere Beschaffenheit, → Aktienurkunde und → Wertpapiermantel.

Aktienmarkt, *share/stock market*; wird in der Literatur nicht einheitlich abgegrenzt. Es handelt sich jedoch um einen Teilmarkt der → Börse, an dem ausschließlich → Aktien gehandelt werden. Zum A. im engeren Sinne werden der → amtliche Handel, der → Geregelte Markt, der → Neue Markt und der → Freiverkehr gezählt. Zum A. im weiteren Sinne wird der Handel von Aktien auch außerhalb der Börse gerechnet (→ Telefonhandel). Neben dem → Sekundärmarkt gehört zum A. außerdem noch der → Primärmarkt, d.h. er umfasst auch die → Emission → neuer Aktien.

Aktienmehrheit, *Kapitalmehrheit, equity majority, majority shareholding*. Eine A. liegt bei einem Besitz eines → Aktienpaketes vor, auf das mehr als 50% des → Grundkapitals einer AG entfallen (einfache Mehrheit). Bei einer Beteiligung, die mindestens drei Viertel des Grundkapitals ausmacht, handelt es sich um eine qualifizierte Mehrheit. Der einem Aktionär zurechenbare Anteil an einem Unternehmen ergibt sich aus dem Verhältnis des vom Aktionär gehaltenen Grundkapitals zum Gesamtgrundkapital. Bei Gesellschaften mit → Stückaktien bestimmt sich der Anteil nach der Zahl der Anteile. I.d.R fallen A. und → Stimmenmehrheit zusammen, sofern keine Stimmrechtsbeschränkungen existieren. – Vgl. auch → Mehrheitsbeteiligung.

Aktien mit Rückzahlungsversprechen, sind nach § 57 AktG verboten, um die Erhaltung des haftenden Eigenkapitals der Gesellschaft zu sichern. Davon ist der Erwerb eigener Aktien nicht betroffen (§ 71 I Nr. 8 AktG).

Aktienoption, *stock option*; → Option, die dem Inhaber das Recht verbrieft, eine bestimmte Anzahl an → Aktien (→ Underlying) zu einem bestimmten in der Zukunft liegenden Zeitpunkt (→ europäische Option) oder innerhalb eines bestimmten Zeitraumes (→ amerikanische Option) und zu bei Vertragsabschluss festgelegten → Basispreis zu kaufen (→ Call) bzw. zu verkaufen (→ Put).

Aktienoptionen und Aktienbezugsrechte als Vergütungsbestandteil, → Aktienoptionsprogramm.

Aktienoptionshandel, *The Trade of Stock Option*. Der Handel von → Aktienoptionen wurde früher in Deutschland an der → Deutschen Terminbörse (DTB) und seit 1990 über die → EUREX abgewickelt.

Aktienoptionsplan, → Aktienoptionsprogramm.

Aktienoptionsprogramm, *stock option plan, stock options*. → Aktienoptionen als Vergütungsbestandteil sind das verbriefte Recht für Führungskräfte und Mitarbeiter, nach Ablauf einer mindestens zweijährigen → Sperrfrist und bei Erreichen eines festgelegten, relativen oder absoluten Erfolgszieles, eine bestimmte Anzahl von → Aktien des Unternehmens zu einem i.d.R. im voraus festgelegten Preis (→ Basispreis) zu kaufen. Die vereinbarten Erfolgsziele können kurs- und/oder unternehmensbezogen sein. Das ausgebende Unternehmen kann die Aktienoptionen durch eine → bedingte Kapitalerhöhung, durch → Aktienrückkauf oder durch den Erwerb von Kaufoptionen bedienen. Zu unterscheiden sind „echte" Aktienoptionsmodelle und virtuelle Programme (→ Stock Appreciation Rights). Erstere wurden erst mit Inkrafttreten des → KonTraG möglich und gliedern sich in → Fixed Options, bei denen die → Aktien zu einem vorab festgelegten Preis gekauft werden können, und in → Variable Options, bei denen nach der Sperrfrist eine noch unbestimmte Anzahl von Aktien zu einem noch nicht festgelegten Basispreis gekauft werden kann. Vorteilhaft ist, dass durch diese Varianten kein Mittelabfluss, sondern ein Mittelzufluss für das Unternehmen erfolgt. Im Gegensatz hierzu gewähren Stock Appreciation Rights das Recht, sich vom Unternehmen zum → Verfalltag die Differenz zwischen Basispreis und → Marktpreis auszahlen zu lassen. Dabei ist keine Kapitalerhöhung erforderlich und eine → Kapitalverwässerung wird vermieden, wobei jedoch ein hoher Personalaufwand entsteht. In vielen Unternehmen gehören Aktienoptionen mittlerweile als fester Baustein zum Vergütungs-

Aktienoptionsscheinsystem. Als Gründe für diese Vergütungsvariante werden u.a. die Schaffung von Leistungsanreizen durch Partizipation an Unternehmenswertsteigerungen, die Orientierung der Unternehmensführung am → Shareholder-Value, die Reduzierung des Principal-Agent-Konflikts (→ Principal-Agent-Theory), die → Risikoaversion, die vergleichsweise neutrale Bewertung durch den → Kapitalmarkt, die stärkere Bindung der Mitarbeiter an das Unternehmen und (mit Ausnahme der SARs) die Schonung der → Liquidität angeführt. Neben der Problematik, Erfolgsziele sinnvoll zu definieren, ist auch der Aktienkurs als geeigneter Beurteilungsmaßstab für die Leistung des Managements umstritten, da eine Vielzahl anderer Faktoren auf den Kurs Einfluss haben. So können z.B. → windfall profits entstehen. Fraglich ist, ob diese Probleme durch Verwendung eines → Indizes als → Benchmark gelöst werden können.

Aktienoptionsschein, *stock warrant*; bezeichnet ein → Wertpapier, das eine → Option verbrieft, dessen → Underlying eine → Aktie ist.

Aktienpaket, *block of shares*; Bezeichnung für einen signifikanten Kapitalanteil an einer → Aktiengesellschaft. Ein A. sichert seinem Inhaber Einfluss auf die Gesellschaft. Der Umfang des Einflusses richtet sich nach der Größe des A.: Die Einberufung der Hauptversammlung kann bereits mit 5% des Grundkapitals erzwungen werden. Von einer Beteiligung im Sinne des Aktienrechts spricht man erst dann, wenn Anteile in Höhe von mehr als 20% gehalten werden. Eine → Sperrminorität wird bei einer Beteiligung von über 25% erreicht (→ Aktienmehrheit). In diesem Fall muss die Beteiligung bei der AG angemeldet (§§ 20, 21 AktG) und auf Verlangen nachgewiesen werden (§ 22 AktG). Die Mitteilungspflicht gilt nicht für Aktien einer börsennotierten Gesellschaft i.S.d. § 21 II WpHG, da hier die wertpapierhandelsrechtlichen Meldepflichten die aktienrechtlichen Meldepflichten ersetzen (→ Mitteilungspflicht von Beteiligungen). Eine völlige Beherrschung tritt bei einem Kapitalanteil von mehr als 75% ein. In der Praxis kann man sich allerdings oftmals schon mit kleineren Beteiligungen einen entscheidenden Einfluss sichern. Grund dafür ist die i.d.R. niedrige Hauptversammlungspräsenz.

Zur → Eingliederung durch Mehrheitsbeschluss gemäß §§ 320 bis 320b AktG kann es kommen, wenn eine Hauptgesellschaft 95% des Grundkapitals an der einzugliedernden Gesellschaft besitzt.

Aktienportfolio, *Stock Portfolio*; bezeichnet alle Aktien eines Investors. Die Zusammenstellung des A. wird nach Rendite und Risiko vorgenommen. Es muss dabei zwischen dem Risiko einzelner Aktien und dem Risiko des gesamten Portefeuilles unterschieden werden. Das Risiko des gesamten Portefeuilles hängt ab von der Kovarianz der Einzelwerte und nicht von deren durchschnittlichem Risiko, der Standardabweichung. Durch → Diversifikation ist es somit möglich ein risikoarmes Portfolio zu generieren, solange die Aktien abweichende Kursschwankungen haben.

Aktienpromesse, → Zwischenschein.

Aktienquorum, *Quorum, quorum*. Ein A. bezeichnet eine Mindestanzahl von Aktien, die benötigt wird, um bestimmte gesellschaftsrechtliche Vorgänge zu erzwingen.

Aktienrecht, *law of stock corporations*. Gegenstand des A. sind die → Aktiengesellschaft (AG) und die → Kommanditgesellschaft auf Aktien (KGaA). – Da Aktiengesellschaften häufig an der Börse notiert sind, steht es in enger Wechselwirkung mit dem → Börsengesetz und dem → Wertpapierhandelsgesetz als Teilregelungen des Kapitalmarktrechts. Hinzu kommen die Bilanzierungsvorschriften, die mit Inkrafttreten des → Bilanzrichtliniengesetzes (BiRiLiG) vom 19.12.1985 aus dem → Aktiengesetz in das HGB ausgelagert wurden. V.a. wurde von der Grundform die börsennotierte AG unterschieden. Für diese ist der Zusammenhang zwischen dem AktG, UmwG dem BiRiLiG und dem Kapitalmarktrecht besonders eng. Auch das Aktiengesetz gehört wesentlich zum A.

Aktienregister, → Aktienbuch.

Aktienrendite, *equity return*; bezeichnet den periodisierten Ertrag einer → Aktie in Relation zum Kapitaleinsatz. – Vgl. auch → Dividendenrendite.

Aktienrückkauf, → Rückkauf eigener Aktien.

Aktiensparen, *equity saving*; Sonderform des → Wertpapiersparens, bei der die Anlage direkt in Aktien oder indirekt über Aktienfonds (→ Investmentsparen) erfolgt. Entsprechende divers strukturierte Modelle werden von und → Kapitalanlagegesellschaften angeboten. Durch das → Vermögensbildungsgesetz fördert der Gesetzgeber bei Beziehern niedriger Einkommen die Anlage in Beteiligungswerten wie Aktien, Aktienfondsanteilen u.ä. durch eine zusätzliche → Sparzulage. Sie beträgt 20% der vom Arbeitgeber gezahlten → vermögenswirksamen Leistungen, soweit diese 408 Euro je Kalenderjahr nicht überschreiten. Als Sonderregelung können Arbeitnehmer in der neuen Bundesländern bis zum Jahr 2004 einen Zuschuss in Höhe von 25 Prozent pro Jahr erhalten. § 19a EStG eröffnet eine weitere Möglichkeit, den Anteil der Produktionsmittel in Arbeitnehmerhand zu erhöhen: Arbeitgeber können ihren Arbeitnehmern Beteiligungspapiere (u.a. Belegschaftsaktien, Aktienfondsanteile) unentgeltlich oder verbilligt überlassen. Der dabei zu erzielende Vorteil bleibt bis zur Hälfte des tatsächlichen Wertes der Vermögensbeteiligung und bis zu 150 Euro pro Jahr einkommensteuer- und sozialabgabenfrei. Eine weitergehende Durchbrechung des Prinzips der vorgelagerten Besteuerung besteht derzeit nur bei der z.B. von der Volkswagen AG praktizierten Anlage von Belegschaftsgeldern in betriebsfremden Fonds im Rahmen einer betrieblichen Altersteilzeitregelung.

Aktiensplit, -splitting, *Aktienteilung, stock splitup*; Zerlegung von → Aktien in zwei oder mehrere Anteile, wobei sich der Nennwert der Aktien und im umgekehrten Verhältnis ihre Anzahl ändert, folglich die Höhe des Grundkapitals insgesamt konstant bleibt. – Der A. ist eine Maßnahme zur Kurspflege, um die Aktien wieder interessanter für Investoren zu machen, wenn der Aktienkurs sehr hoch ist.

Aktienstimmrecht, *stock voting right*; Recht des → Aktionärs in der Hauptversammlung durch seine Stimme aktiv an Entscheidungen innerhalb der Gesellschaft teilzunehmen. – Gemäß § 119 I AktG entscheidet die Hauptversammlung über die Besetzung des → Aufsichtsrats, die Verwendung des Bilanzgewinns, die Entlastung des Vorstands und des Aufsichtsrats, die Bestellung der Abschlussprüfer, Satzungsänderungen, Maßnahmen zur Kapitalbeschaffung, bzw. der Kapitalherabsetzung, die Bestellung von Prüfern zur Prüfung von Vorgängen bei der Gründung oder der Geschäftsführung sowie über die Auflösung der Gesellschaft. – Grundsätzlich stehen jedem Aktionär anteilsmäßig soviel Stimmen zu, wie er Anteile am Grundkapital besitzt. Es wird daher nach Anteilen und nicht, wie z.B. bei Genossenschaften üblich, nach Köpfen abgestimmt. Weiter gilt, dass alle Aktionäre gleich zu behandeln sind (Grundsatz der Gleichbehandlung § 53a AktG). – Allerdings kann die Satzung mehrere Aktiengattungen vorsehen. Während → Stammaktien alle gewöhnlichen und satzungsmäßig geregelten Rechte verbriefen, gewähren → Vorzugsaktien zwar gewisse Vorrechte (z.B. höhere Dividende), können aber mit einem Stimmrechtsverzicht belegt sein. Eine Abspaltung des A. von der Aktie ist zwar nicht möglich, allerdings kann der Aktionär sich auf der HV durch einen Bevollmächtigten vertreten lassen (§ 134 III AktG). Häufig erfolgt dies durch die depotführende Bank in Form des → Depotstimmrechtes (§ 135 AktG). Will der Aktionär auf der HV anonym bleiben, so kann er nach § 129 III AktG eine Legitimationsübertragung vornehmen. Die Person auf der HV stimmt dann in eigenem Namen ab, der eigentliche Aktionär bleibt unerkannt.

Aktientausch, *exchange of shares*; gegenseitiger Beteiligungserwerb zwischen zwei oder mehreren → Aktiengesellschaften, meist mit dem Zweck, eine geschäftliche Kooperation auch kapitalmäßig zu unterlegen. Wenn inländische Kapitalgesellschaften jeweils mehr als 25% aneinander halten, liegt gemäß § 19 AktG eine wechselseitige Beteiligung vor. – Die Gesellschaften haben nach dem A. die Möglichkeit, sich durch die mit den Aktien verbundenen → Stimmrechte in den Hauptversammlungen gegenseitig zu beeinflussen. Problematisch hierbei ist, dass das Management eines Unternehmens durch die mittelbare Kontrolle, die es auf das vom anderen Unternehmen gehaltene → Aktienpaket am eigenen Unternehmen ausübt, unabhängiger von den eigenen → Aktionären wird (→ Agency-Theorie).

Aktientrendanalyse

Aktientrendanalyse, *stock trend analysis*; Anwendungsbereich der → Technischen Aktienanalyse. Mittels Untersuchung von Kursverläufen (→ Chart-Analyse) wird versucht, typische Muster zu identifizieren, die auf das Fortbestehen eines → Primärtrends (→ Trendformationen) oder seine baldige Beendigung hindeuten (→ Umkehrformation). Der Grundgedanke der A. liegt darin, dass Kursverläufe sich in langfristigen Trends (Primärtrends) entwickeln, die von mittelfristigen → Sekundärtrends und kurzfristigen Schwankungen (Tertiärtrends) überlagert sind. – In grafischen Darstellungen (→ Charts) der Kursentwicklung werden zum Zwecke der A. durch Anwendung von Hilfsmitteln der → Technischen Analyse → Trendkanäle, → Widerstandslinien und → Unterstützungslinien eingezeichnet (→ Trendanalyse) sowie nach Formationen (→ Analyse von Formationen) gesucht. Im zweiten Schritt wird versucht, auf Basis der → Trendlinien und Trendformationen die → Kursprognose durchzuführen und daraus Kauf- oder Verkaufsempfehlungen abzuleiten.

Aktienübernahme, *stock takeover, share acquisition*. 1. Bezeichnung für die Übernahme von Aktien durch das → Emissionskonsortium im Rahmen einer → Aktienemission. Der → Emittent erhält im Gegenzug den vereinbarten → Übernahmepreis. – Vgl. auch → Bought Deal. – 2. Bezeichnet den Vorgang, bei dem ein Aktionär für Rechnung einer Aktiengesellschaft (AG) oder einer im → Mehrheitsbesitz der AG befindlichen Unternehmung Aktien übernimmt. Ferner wird unter der A. auch der Bestand sowie der Zugang an Aktien verstanden, den ein abhängiges oder im Mehrheitsbesitz einer AG befindliches Unternehmen im Rahmen von ausgeübten → Umtausch- oder → Bezugsrechten bei einer → Kapitalerhöhung übernimmt oder als Gründer oder Zeichner erhält.

Aktienumtausch, *exchange of share certificates*; Rücknahme von umlaufenden → Aktien gegen Ausgabe → neuer Aktien. Gründe hierfür können sein: Eine andere Stückelung, eine Kapitalherabsetzung, eine Fusion oder der Ersatz beschädigter Stücke. – Vgl. auch → Ersatzaktie.

Aktienurkunde, *share document*; ist der → Aktienmantel (zusammen mit dem Aktienbogen), der die Mitgliedschaftsrechte verbrieft. – Vgl. auch → Aktie, äußere Beschaffenheit und → Wertpapiermantel.

Aktienzertifikat, *depository receipt*; in der BRD Bescheinigungen von → Wertpapiersammelbanken, die einen Anspruch auf hinterlegte ausländische Aktien verbriefen. A. sind → Inhaberpapiere, die börsengehandelt werden und insbesondere leichter handelbar sind als dies die hinterlegten ausländischen → Namensaktien wären. In den USA → American Depositary Receipt.

Aktienzinsen, *Interkalarzinsen*; Verzinsung der Kapitaleinlage. In den USA mögliche Ausstattung von → Preferred Stocks, in Deutschland nicht erlaubt (§ 57 AktG).

Aktienzusammenlegung, *Zusammenlegung von Aktien, Grundkapitalzusammenlegung, share consolidation, reverse stock split*. Im Rahmen einer → ordentlichen Kapitalherabsetzung kommt es zur A., falls sonst der → Mindestwert für eine → Aktie nach § 8 II S. 1, bzw. III S. 3 AktG unterschritten wird. Die A. ist nur in Ausnahmefällen möglich, da insbesondere → Kleinaktionäre meist nicht genügend Aktien besitzen, um den Umtausch vorzunehmen. Diese Problematik stellt sich bei → nennwertlosen Aktien nicht, da der relative Anteil am → Grundkapital der AG, den sie verkörpern, sich durch die A. nicht ändert.

Aktionär, *shareholder, stockholder*; ist als Eigentümer der → Aktie Teilhaber einer Aktiengesellschaft (AG) oder einer Kommanditgesellschaft auf Aktien (KGaA). A. können natürliche und juristische Personen sowie Personenfirmen sein. Das Aktiengesetz (AktG) und die Satzung regeln die Pflichten der A. Die Hauptpflicht des A. ist die Leistung seiner Einlagen bei Gründung der Gesellschaft. Die Leistung kann als → Sacheinlage (§ 27 AktG) oder als → Bareinlage (§ 36a AktG) erfolgen. Bareinlagen müssen 25% des Nennbetrags der Aktie zuzüglich des Aufgelds betragen, Sacheinlagen sind vollständig zu leisten. Die Pflicht der A. ist auf die Leistung des Ausgabebetrags, i.d.R. dessen Einzahlung, begrenzt. Über diese Einlage hinaus gehende Haftungsverpflichtungen bestehen nicht (beschränkte Haftung). Für → Namensaktien kann die Satzung die Verpflichtung für die A.

Aktionärsrechte

enthalten, regelmäßige, nichtgeldliche Nebenleistungen zu erbringen (§ 55 AktG). Bei nicht fristgerechter Leistung seiner Einlagen muss der A. 5% Zins auf den eingeforderten Betrag zahlen (§ 63 II AktG), gegebenenfalls erfolgt → Kaduzierung (§ 64 AktG). → Großaktionäre, aber auch A. mit einer Sperrminorität (→ Sperrminorität bei der AG), haben nach der Rechtsprechung eine Treuepflicht (→ Treuepflicht des Aktionärs) gegenüber der Gesellschaft. Die Rechte der A. ergeben sich ebenfalls aus dem AktG und der Satzung. Dies sind Mitverwaltungsrechte im Rahmen der Hauptversammlung und Vermögensrechte. Zu den ersteren zählen das → Stimmrecht in der Hauptversammlung zu den in § 119 AktG und der Satzung genannten Fällen, das Recht auf Einberufung einer Hauptversammlung (§ 122 AktG) und das Auskunftsrecht (→ Auskunftsrecht der Aktionäre) in der Hauptversammlung (§ 131 AktG). Die Vermögensrechte aus der Beteiligung umfassen den Anspruch auf anteiligen Gewinn (§ 58 IV AktG), → Bezugsrechte auf neue Aktien (§ 186 AktG), → Bezugsrechte auf Optionsanleihen, → Bezugsrechte auf Wandelobligationen, Gewinnschuldverschreibungen und → Genussrechte (§ 221 IV AktG). Desweiteren hat der A. Anspruch auf einen quotalen Anteil am Liquidationserlös (§ 271 AktG). Über Gesetz und Satzung hinaus haben die A. einen Anspruch darauf, dass der Vorstand die Geschäfte zum Wohl der A. führt (→ Shareholder Value).

Aktionärsbrief, *shareholders letter*; Instrument der → Investor Relations. Informiert die → Aktionäre über die wirtschaftliche Lage der AG. Er kann als Ergänzung zum → Jahresabschluss oder als unterjähriger Unternehmensbericht fungieren. Außerdem informiert er über außerordentliche Maßnahmen wie Sanierungs- oder Restrukturierungsprojekte.

Aktionärsminderheiten. Das → Aktiengesetz kennt verschiedene A., die sich aus einem bestimmten Anteil an → Grundkapital oder nach einem bestimmten → Nennbetrag an → Aktien errechnen. So kann eine A., deren Anteile 10% des Grundkapitals erreicht, verlangen, dass → Vorstand oder → Aufsichtsrat Schadenersatzansprüche gegen Gründer, Vorstands- oder Aufsichtsratsmitglieder geltend machen (§ 147 Abs. 1 AktG). Eine Minderheit von 5% der Aktien oder einem anteiligen Betrag von 500.00 Euro können die Bestellung eines besonderen Vertreters beantragen, der die Schadenersatzansprüche verfolgt.

Aktionärspflichten, *stock holders` duties*. A. sind die Pflichten, die den → Aktionär als Teilhaber einer → Aktiengesellschaft (AG) treffen. Seine Hauptverpflichtung besteht in der Leistung der Einlage. Die Satzung kann auch zusätzliche Nebenverpflichtungen auferlegen (§ 55 AktG). Treuepflichten der Aktionäre sind aufgrund der großen persönlichen Distanz zum Unternehmen eher gering ausgeprägt. Sie treffen hauptsächlich den → Großaktionär, da v.a. dieser einen maßgeblichen Einfluss auf das Unternehmen ausüben kann. Z.B. darf eine Konzernmutter von der beherrschten Tochter keine unbegründete Konzernumlage verlangen. Aber auch → Kleinaktionäre haben Treuepflichten und dürfen etwa aussichtsreiche Sanierungen nicht blockieren. Sogar die Erhebung einer rechtmäßigen Anfechtungsklage gegen einen Beschluss der Hauptversammlung kann treuwidrig sein, wenn damit grob eigennützige Interessen verfolgt werden.

Aktionärsrechte, *stock holders´ rights*. A. sind die Rechte des → Aktionärs als Teilhabers einer Aktiengesellschaft (AG). Diese Mitgliedsrechte lassen sich in Verwaltungsrechte und Vermögensrechte unterteilen. – Verwaltungsrechte beziehen sich darauf, die Willensbildung der Gesellschaft zu beeinflussen. Dazu gehören das Recht, an der Hauptversammlung der AG teilzunehmen und in ihr zu reden, das → Auskunftsrecht der Aktionäre, das → Stimmrecht und das → Anfechtungsrecht. Das → Aktiengesetz kennt aber keine Pflicht, diese Rechte auszuüben. Die gesetzlichen Verwaltungsrechte gehören dennoch zum Mindestinhalt der Mitgliedschaft und können auch durch die Satzung nur in engen Grenzen eingeschränkt werden. – Vermögensrechte der Aktionäre sind der Anspruch auf den Anteil am Bilanzgewinn, das → Bezugsrecht bei Kapitalerhöhungen, der Rückzahlungsanspruch bei der Kapitalherabsetzung, der Anspruch auf Beteiligung am Liquidationserlös sowie Ausgleichs-, Umtausch- und Abfindungsansprüche in vielen Fällen der → Umwandlung, → Verschmelzung und sonstigen Konzernierung. Diese Rechte dürfen in größerem Umfang beschränkt werden als die Verwaltungs-

Aktionärsvertreter

rechte, jedoch muss dies ausdrücklich gesetzlich zugelassen sein. – Wesentliches Merkmal der Mitgliedsrechte ist, dass sie nicht von der Mitgliedschaft abgelöst, namentlich nicht selbständig übertragen oder gepfändet werden können (sog. Abspaltungsverbot). Neben den allgemeinen Mitgliedsrechten können Sonderrechte zugunsten einzelner Aktionäre oder Aktionärsgruppen in der Satzung begründet werden. Diese sind grundsätzlich nicht an die Person des Aktionärs, sondern an die Aktie gebunden, so dass sie mit deren Veräußerung auf den Erwerber übergehen.

Aktionärsvertreter, *stockholder representatives*. Die A. sind diejenigen Mitglieder im → Aufsichtsrat der → Aktiengesellschaft, die von den → Aktionären in der → Hauptversammlung dorthin gewählt werden.

Aktionskreis Finanzplatz e.V., bezeichnet einen Interessenverband der deutschen Financial Community mit Sitz in Frankfurt am Main, der Ende 1996 gemeinsam von Politikern, → Kreditinstituten und Vertretern der Industrie gegründet wurde. Seine Zielsetzung liegt darin, die Wettbewerbsposition des → Finanzplatzes Deutschland nachhaltig zu verbessern, indem einerseits das vorhandene Potenzial des → Kapitalmarkts in Deutschland besser für Wachstum und Beschäftigung genutzt und andererseits die Wahrnehmung der Finanzmarktakteure für die Vorteile des Finanzplatzes Deutschland nachhaltig geschärft wird. Zu diesem Zweck beschäftigt sich der A.F.e.V. u.a. mit den Themen → Aktien-, → Termin- und → Rentenmarkt, → Altersvorsorge oder auch → Corporate Governance.

Aktiva, *aktive Position, Aktivposition, asset*. 1. Bezeichnung für die Aktivposten der → Bilanz, die in → Anlage- und → Umlaufvermögen untergliedert werden und somit Aufschluss über die Mittelverwendung eines Unternehmens geben. – 2. Bezeichnung für Vermögensgegenstände. – Gegensatz: → Passiva.

aktive Position, → Aktiva.

aktivisches Zinsänderungsrisiko, *interest rate risk of assets*. Ein a. Z. besteht, wenn den Festzinsvereinbarungen auf der Passivseite der Bilanz einer Bank (Einlagen, emittierte Anleihen) geringere Anlagen mit Festzins (aktivische Festzinspositionen) gegenüberstehen. Für diese offene Position (→ Uncovered Exposure) ergibt sich ein → Zinsänderungsrisiko. Entsprechendes gilt, wenn sich die Zinsbindungsdauern unterscheiden oder die Positionen auf der Aktivseite zinselastischer reagieren als jene auf der Passivseite. – Gegensatz: → passivisches Zinsänderungsrisiko.

Akzept, *(letter of) acceptance*. Willenserklärung, mit der sich der Schuldner eines gezogenen → Wechsels (Bezogener) zur Zahlung des in dem Wechsel vom Aussteller (Gläubiger) benannten Betrags zum festgelegten Zeitpunkt verpflichtet. – Daneben kann der Begriff A. auch den akzeptierten Wechsel an sich bezeichnen.

Akzeptaustausch, *Akzepttausch, exchange of acceptances*. Beim A. werden Bankakzepte, die von der akzeptierenden Bank auch selbst → diskontiert wurden und sich deshalb im Bestand der Bank befinden, gegen ebensolche Bankakzepte einer anderen Bank getauscht. Durch den Tausch erfolgt eine Diskontierung der → Wechsel zu einem niedrigeren Zins als gegenüber dem Kunden, außerdem wird vermieden, dass in der Bilanz der Bank eigene → Akzepte erscheinen. Es erfolgt eine Refinanzierung des ausgereichten Diskontkredites. Ein A. ist wegen der erforderlichen hohen → Bonität der Partner nur unter Banken möglich.

Akzeptkredit, *acceptance credit*. Der A. ist genau wie der → Avalkredit eine Kreditleihe, d.h. dass im Normalfall durch die Bank kein Geld bereitgestellt wird, sondern lediglich ihre → Bonität. A. entstehen, wenn eine Bank den auf sie gezogenen → Wechsel eines Kunden akzeptiert. Sie tritt dann nach außen als Wechselschuldner auf, im Innenverhältnis ist jedoch geregelt, dass der Kunde die Zahlung auf den Wechsel, der als Bankakzept bezeichnet wird, rechtzeitig leistet. A. werden bevorzugt im Außenhandel genutzt.

à la baisse, *bear operation/speculation*; Bezeichnung für Spekulationen auf sinkende Kurse. – Vgl. auch → Baissespekulation.

à la criée, → criée.

à la hausse, *bull operation/speculation*; Bezeichnung für Spekulationen auf steigende Kurse. – Vgl. auch → Haussespekulation.

al pari, *at par*; bezeichnet die Rückzahlung von → Anleihen exakt zum → Nennwert, weder → unter pari noch → über-pari.

Aladin Bond, Bezeichnung für die Umwandlung einer emittierten → Schuldverschreibung durch eine Neuemission (→ Emission), wobei die → Konvertierung durch die → Wandlungsbedingungen der bestehenden Emission festgelegt ist.

Allfinanz
Prof. Dr. Guido Eilenberger

1. Begriff

Der Begriff Allfinanz ist mehrschichtig und bedeutet primär ein absatzpolitisches Konzept von Banken und Versicherungen, dessen Ursprünge auf die Mitte der Achtziger Jahre zurückgehen. Das Ziel besteht in der Verknüpfung der Vertriebssysteme von → Universalbanken (mit Filialsystem) und von Versicherungen (mit Vertretersystem). Dabei sollen wechselseitig Versicherungsmarktleistungen in die Banksortimente und Bankmarktleistungen in die Sortimente von Versicherungsbetrieben aufgenommen werden, wobei der Schwerpunkt zweifellos bei der Nutzung von Bankvertriebskanälen liegen soll. Die Gesamtheit von Bankmarktleistungen und Versicherungsmarktleistungen, die sich für ein derartiges → Cross-Selling eignen, sind als Allfinanzdienstleistungen bzw. kurz gesagt Allfinanzleistungen aufzufassen. Beabsichtigt ist einerseits eine verbesserte Ausschöpfung der Kundenpotentiale, andererseits eine rationellere Marktbedienung, die auch der Bequemlichkeit der Kundschaft entgegenkommen soll, zumal Bank- und Versicherungsmarktleistungen sozusagen aus einer Hand erhältlich sind und zeitraubende Nachfragen in verschiedenen Märkten bzw. Marktsegmenten entfallen.

Die Problematik der Gestaltung eines derartigen Allfinanzangebots, kurz auch als Allfinanz zu bezeichnen, besteht darin, dass Versicherungsmarktleistungen grundsätzlich auf Risiko-Vorsorge ausgerichtet sind, während Bankmarktleistungen die Bedürfnisse nach Geldanlage, Geldversorgung und die Abwicklung des Zahlungsverkehrs decken sollen. Allerdings ergeben sich erheblichere Überschneidungen in die Angeboten an Bankmarktleistungen und Versicherungsmarktleistungen, wenn sich die Betätigung von Versicherungsbetrieben stärker in den Bereich von Vermögens- und Kapitalanlagen (→ Asset Management) verlagert und damit direkte Konkurrenzbeziehungen mit den Bankbetrieben entstehen, die zunehmend ihre Schwerpunkte in das → Investmentbanking verlagern. In dieser Situation fehlen den Versicherungsbetrieben geeignete Vertriebskanäle mit kompetentem Fachpersonal, die eine erfolgreiche Marktbearbeitung und Marktdurchdringung gewährleisten. Insofern bedeutet diese Entwicklung, dass von Seiten der Versicherungen verstärkt nach geeigneten Bankabsatzkanälen Ausschau gehalten werden muß, während im oben dargelegten Szenario mit weitgehend komplementärer Leistungspalette die Zusammenarbeit mit Banken keine großen Vorteile verspricht, zumal Banken zur Wahrung ihrer Geschäftsmöglichkeiten zur Gründung einer eigenen Versicherung im Konzernverbund übergehen bzw. übergegangen sind und Allfinanz in dieser organisatorischen Variante praktizieren. Damit erweist sich Allfinanz auch als organisatorisches Konzept der Eingliederung von Versicherungen in Bankkonzerne und vice versa von Banken in Versicherungskonzerne, wobei auch häufig wechselseitige Konzernbeziehungen auftreten können.

Schließlich läßt sich mit Allfinanz auch eine unternehmenspolitische Strategie im globalen Markt bezeichnen, die darauf gerichtet ist, durch Installation von Allianzen zwischen Banken

Allfinanz

und Versicherungen eine globale Verbesserung der Marktpositionen zu realisieren, die auf einer arbeitsteiligen Gestaltung und Neuausrichtung globaler Geschäftsfelder und der Nutzung virtueller Märkte sowie virtueller Marktstrukturen beruhen, die neue Allfinanzangebote entstehen lassen.

2. Allfinanz als absatzpolitisches Konzept

Da das deutsche Filialbanksystem im internationalen Vergleich eine zu hohe Dichte aufweist, liegt es nahe, zur Verbesserung der Kostensituation und zur Erhaltung der Konkurrenzfähigkeit im liberalisierten EU-Bankenmarkt einerseits Rationalisierungsmaßnahmen zu ergreifen, andererseits verstärkte Auslastungen der bestehenden Filialabsatzkanäle zu realisieren. Diese läßt sich vor allem durch Kooperation mit Versicherungen erreichen (Kooperationsmodell), die ein zusätzliches Angebot von Versicherungsmarktleistungen, insbesondere Lebensversicherungen, zur Folge haben. Bleibt der Bankbetrieb dabei ohne wesentliche Beteiligung durch einen Versicherungsbetrieb, so entscheidet weitgehend der Bankbetrieb über den Umfang der Kooperation. Dies kann nicht im Sinne der Versicherungen sein, die an verstärkten Marktauftritten interessiert sind. Sie streben daher an, wesentliche Beteiligungen an Banken, nach Möglichkeit Mehrheitsbeteiligungen, zu erwerben, um diese zu integrieren (Integrationsmodell) und dadurch auf den Umfang des abzusetzenden Volumens an Versicherungsmarktleistungen über diese Filialbank direkt Einfluß zu nehmen. Liegen derartige Integrationsformen vor, so kann auch von Bank Assurance gesprochen werden.

Aus der Sicht von Großbanken bietet das Kooperationsmodell Vorteile insofern, als konkurrenzfähige Produktlinien entstehen können, die auch zu einer verbesserten Auslastung der Vertriebskapazitäten beitragen und gleichzeitig die Eigenständigkeit des Bankbetriebes wahren. Darüber hinaus fließen dem Bankbetrieb im Rahmen der Abwicklung und des Beitragszahlungsverkehrs der in das Banksortiment aufgenommenen Versicherungsleistungen Erträge zu, die er ansonsten nicht hätte. Der Nachteil besteht für Bankbetriebe allerdings darin, dass sie bei Kooperation mit Fremdversicherungen auf Zuflüsse an Finanzmitteln verzichten müssen, die sie andernfalls über eigene Bank-Anlageleistungen an sich binden könnten. Dem kann allerdings dadurch Abhilfe geschaffen werden, dass Banken Versicherungen gründen, die ein entsprechendes Beitragsaufkommen generieren und im nächsten Schritt zumindest Teile des Beitragsaufkommens der Bankkonzern-Mutter entsprechend den Möglichkeiten, die das Versicherungsaufsichtsgesetz zuläßt, konzernintern zur ertragsbringenden Anlage zur Verfügung stellen.

Im Falle des Integrationsmodells ergreifen in der Regel die Versicherungen die Initiative und versuchen, das Filialnetz der in ihrem Besitz stehenden Bank für ihre Zwecke zu instrumentalisieren. Dieses Ziel wird umso vorrangiger verfolgt werden, als Versicherungen zunehmend im Asset Management in Konkurrenz zu Investmentbanken treten und nicht nur ihre Versicherungspolicen über den Bankapparat absetzen wollen. Gefragt sind in diesem Zusammenhang insbesondere auch → Kapitalanlagegesellschaften, die über spezifische Kompetenzen verfügen und ohne große Probleme durch Schaffung neuer, zusätzlicher Fonds den Bedürfnissen und Zielsetzungen der Versicherungsbetriebe in der Vermögensverwaltung und dem Absatz von Leistungen des Asset Management entsprechen können.

3. Allfinanz als unternehmenspolitische Strategie

Neben den klassischen Formen der Allfinanz im absatzpolitischen Kontext entstehen in globalen Finanzmärkten neue Bedürfnisse für das Zusammenwirken von Großbanken und Großversicherungen, die durch gemeinsame Bündelung ihrer Ressourcen innovative Allfinanzleistungen im Rahmen von Mergers & Akquisitions, Financial Swaps und Strategischer Allianzen

Allfinanz

entwickeln. Sie tragen damit bei, die Marktposition von Nicht-Finanzunternehmen auf dem globalen Markt zu stärken und ggf. neu zu bestimmen. Der Finanzbedarf derartiger multinationaler bzw. globaler Unternehmungen läßt sich nicht mehr mit den üblichen → Emissionen von → Aktien und → Schuldverschreibungen decken; vielmehr sind die → institutionellen Investoren, also Banken und Versicherungen gemeinsam, gefordert, die Aufgabe zu übernehmen, laufend entsprechende Globalisierungsbedarfe aufzuspüren, sie umzusetzen und sie zu begleiten, und zwar in der Weise, dass innovative Finanzmodelle entstehen, die von anderen Akteuren nicht realisierbar wären.

4. Allfinanz als organisatorisches Konzept

Die Zusammenführung von Allfinanz-Kooperationspartnern einerseits und die Gewinnung von Allfinanz-Konzernbeteiligungen andererseits sowie deren dauerhafte Integration stellen ein eigenständiges, organisatorisches Problem dar, von dessen Lösung es abhängt, ob es überhaupt zum Angebot von Allfinanzleistungen kommt und ob diese nachhaltig an die Kundschaft abgesetzt werden können.

Während im erstgenannten Fall grundsätzlich die Eigenständigkeit der Kooperationspartner gewahrt bleibt, erfolgt im zweiten Fall ein Unternehmenskauf. Diese Alternativen führen zu unterschiedlichen organisatorischen Konsequenzen bzw. Problemen:

Bei Allfinanzkooperation kann sich die Zusammenarbeit auf einen Kooperationspartner beschränken (bilaterale Kooperation) oder auf mehrere Kooperationspartner erstrecken (multilaterale Kooperation). Es liegt auf der Hand, dass die bilaterale Kooperation zwar einfacher handhabbar ist, auf der anderen Seite aber die Sortimentsbreite und -vielfalt geringer ist als bei multilateraler Kooperation. Allerdings ist die multilaterale Kooperation wegen der größeren Erfolgsaussichten im Produktbereich der bilateralen Kooperation vorzuziehen, die in Anbetracht des kleineren Sortiments Schwachstellen aufweisen kann. Aus der Sicht von Bankbetrieben, über deren Filialnetz die Produkte abzusetzen sind, spricht gleichwohl einiges für die bilaterale Kooperation, die exklusiv die Versicherungsprodukte eines Partners vertreibt, zumal multilaterale Kooperation Konkurrenzunterschiede bei den Produkten verwischen und die Marktposition der Bank schwächen kann.

Um die Exklusivität des Absatzes von Versicherungsleistungen über Distributionskanäle von Banken zu wahren, kommt insbesondere der Kauf von Bankbetrieben mit entsprechenden physischen Filialnetzen oder fortgeschrittenen Lösungen auf der Basis von Telekommunikationsleistungen (bis hin zu virtuellem Absatz über öffentlich zugängliche elektronische Netze) in Betracht. In diesem Zusammenhang entsteht allerdings das Problem, dass sich die Banken mit besser informierten und stärker selbstbewußten Kunden konfrontiert sehen. Das bedeutet, dass durch die rasche Entwicklung des Internet und neuer Technologien im Mobilfunkbereich (Mobiles Banking) sich die Annäherung von Banken und Unternehmen des Telekommunikationssektors beschleunigt. Der Zugang zum Internet hängt beispielsweise nicht länger vom Zugriff auf einen Personalcomputer ab, sondern künftig stärker von einem mobilen Telefon. Damit wird die Vision einer Bank in der Tasche des Kunden nicht länger technische Vision bleiben, vielmehr kann mittels des WAP-Standards ein zunehmend großer Anteil des Privatkundenstammes, auf den es auch bei der Allfinanz ankommt, erschlossen werden. Ein entscheidendes Element, das ein WAP-Portal bieten muß, sind entsprechend interessante Finanzdienstleistungen, möglichst Allfinanzleistungen, deren Vertrieb auch in diesem Zusammenhang primär von den Bankinstituten her erfolgen wird.

Allgemeine Geschäftsbedingungen (AGB) der Banken/Sparkassen

5. Ausblick

Die Entwicklungen im Telekommunikationssektor werden in Verbindung mit Banken und Versicherungen zu neuen Formen der Allfinanzleistungen führen, wobei die Telekommunikationsunternehmen die technische Basis von strategischen Allianzen bilden werden, von der aus Banken und Versicherungen neue Formen des Zusammenwirkens entwickeln müssen. Dabei zeichnet sich ab, dass Banken gewillt sind, die Kontrolle über den Zugang zum Kunden nicht aus der Hand zu geben und ihr Know-how, das sie bislang im Absatz über diverse Distributionskanäle gewonnen haben, zu nutzen und weiterzuentwickeln. Dabei dürfte eine Rolle spielen, dass durch neue Technologien die Banken stärker in die Lage versetzt werden, ihren Kundenstamm differenzierter aufzugliedern und problemlösungsgerecht vorzugehen. Allerdings wird für den Aufbau neuer, wettbewerbsfähiger elektronischer Plattformen für Bankleistungen und ggf. Allfinanzleistungen ein Kapitaleinsatz in beträchtlicher Höhe erforderlich sein, der nicht nur von den Banken, sondern auch im Verbund mit Versicherungen aufzubringen ist. Insofern ergeben sich auch neue organisatorische Herausforderungen für die Allfinanz.

Allgemeine Geschäftsbedingungen (AGB) der Banken/Sparkassen, *general terms and conditions;* enthalten seit langem aus Gründen der Rationalisierung der Geschäftsabwicklung vorformulierte Bestimmungen für den Geschäftsverkehr mit den Kunden. Ihre Besonderheit besteht darin, dass sie in den einzelnen Bankengruppen auf Grund von Verbandsempfehlungen einheitlich verwandt werden und sich auch untereinander häufig nicht wesentlich unterscheiden. Die AGB sind in Laufe der Jahre mehrmals überarbeitet worden und an die Rechtsentwicklung angepasst worden. Früher enthielten auch sie Klauseln über das → Effekten- und → Depotgeschäft, die mittlerweile in den seit 1995 gültigen Sonderbedingungen für Wertpapiergeschäfte geregelt sind. Auch für andere besondere Geschäftszweige werden zusätzlich Sonderbedingungen verwandt (z.B. Scheckverkehr, Überweisungsverkehr). Die AGB und die Sonderbedingungen sind Allgemeine Geschäftsbedingungen im Sinn der §§ 305 ff. BGB, d.h. sie bedürfen einer wirksamen rechtsgeschäftlichen Einbeziehung in den Vertrag und unterliegen der gerichtlichen Inhaltskontrolle.

Allgemeine Geschäftsbedingungen (AGB) für Wertpapiergeschäfte, *AGB-Wertpapiergeschäfte, general terms and conditions for dealing in securities.* AGB basieren auf dem Vertragsrecht des BGB. Generell sind AGB für eine Vielzahl von gleichartigen Verträgen vorformulierte, standardisierte Vertragsbedingungen, die eine Vertragspartei der anderen Vertragspartei bei Abschluss eines Vertrages stellt (§ 1 S. 1 AGB-Gesetz). Der Kunde kann aus den AGB f.W. entnehmen, unter welchen Bedingungen das Finanzinstitut mit ihm geschäftliche Beziehungen eingeht und seine Verträge auszuführen bereit ist. Generell dürfen AGB f.W. keine den Kunden unangemessen benachteiligende oder überraschende Klauseln beinhalten. Für den Finanzdienstleister bedeutet die durch AGB f.W. ermöglichte Standardisierung einheitlicher Geschäftsvorfälle eine erhebliche Vereinfachung der Abwicklung des Massengeschäftes. – Die Grundstruktur der AGB f.W. richtet sich nach den Prozessphasen einer jeden Transaktion, nämlich der Ausführung eines Kommissionsauftrages, der Erfüllung des Wertpapiergeschäftes und der Dienstleistungen im Rahmen der → Depotverwahrung. – In der neuen Fassung der AGB f.W. wurden speziell zur Wahrung von Anlegerinteressen die Regelungen des Zweiten → Finanzmarktförderungsgesetzes berücksichtigt. Aufgenommen wurde außerdem die Pflicht zur → interessewahrenden Auftragsausführung von Kundengeschäften.

Allgemeiner Sparvertrag, *special premium savings agreement;* entgegen dem Wortlaut eine veraltete Bezeichnung für eine Sonderform eines → Sparvertrages, bei dem bis 1987, aufbauend auf dem Sparprämiengesetz von 1982, staatliche Zulagen in Form von Prämien gewährt wurden. Maßgeblich war hierfür die Höhe einmaliger Einzahlungen, wobei eine Anlagedauer von zumindest vier Jahren vorgesehen sein musste.

Alternative Handelssysteme

All-in. Form der Preisfeststellung, die nur selten im Handel mit Privatanlegern gebraucht wird, im Handel zwischen → institutionellen Anlegern jedoch häufiger Anwendung findet. Wird ein Preis A. angegeben, so enthält er bereits alle üblicherweise anfallenden Aufschläge wie → Maklergebühren oder Spesen. Demzufolge wird bei A. auch von einem Nettopreis gesprochen.

All-or-None-Emission, *Alle-oder-Keine-Emission.* → Emissionsverfahren, bei dem sich die mit der → Emission betraute Institution verpflichtet, die Neuemission vollständig zu platzieren. Sollte dies nicht gelingen, wird die Emission nicht durchgeführt.

Allotment, *Zuteilung.* A. bezeichnet ein Verfahren bei der Rückzahlung von → Anleihen, die nicht in einem Gesamtbetrag am Laufzeitende, sondern in Teilbeträgen zurückgezahlt werden. Zur Ermittlung der zum jeweils nächsten Tilgungstermin rückzahlbaren Teilbeträge werden einzelne Gruppen oder Serien der Anleihen ausgelost. Die Details dieser abschnittsweisen Zuteilung sind den Anleihebedingungen zu entnehmen.

Allowance for Depreciation, → Abschreibungen.

Altaktie, *alte Aktie, old share.* → Aktie, die bereits vor einer Kapitalerhöhung ausgegeben war und das → Bezugsrecht auf → neue (junge) Aktien enthält. Das Bezugsrecht kann von der Hauptversammlung ganz oder teilweise ausgeschlossen werden (§ 186 III AktG).

Altaktionär, *holder of old shares;* Anteilseigner einer AG, der → Altaktien hält, d.h. vor einer → Kapitalerhöhung Aktien in Besitz hat. A. haben einen Anspruch → Bezugsrechte auf neue Aktien (§ 186 AktG), → Bezugsrechte auf Optionsanleihen, → Bezugsrechte auf Wandelobligationen, Gewinnschuldverschreibungen und → Genussrechte (§ 221 IV AktG) zu erhalten. Diese Bezugsrechte können von der Hauptversammlung unter bestimmten Bedingungen ganz oder teilweise ausgeschlossen werden (§ 186 III AktG). – Vgl. auch → Verwässerungsschutz.

Altanleihen, diese → Fremdwährungsanleihen wurden im Rahmen des Londoner Schuldenabkommens von Deutschland zur Ablösung von Altschulden aus der Zeit vor dem 2. Weltkrieg emittiert. Zu den A. gehören u.a. die Dawes- und die → Young-Anleihe. Der größte Teil dieser A. ist mittlerweile getilgt worden.

Alternative Handelssysteme, *Alternative Trading Systems.* Überbegriff für diverse, heute i.d.R. elektronische Plattformen zum ordergetriebenen → Wertpapierhandel, durch die klassische → Börsen umgangen werden. A.H. entstanden in den siebziger Jahren in den USA, indem institutionelle Investoren für ihren → Blockhandel eine Möglichkeit zur Ausschaltung der bestehenden Intermediäre suchten (vgl. → Instinet). A.H. gelangten mit dem Aufschwung der Online-Broker zu allgemeiner Bedeutung, da diese ihre Kundenorders neben Börsen auch an A.H. weiterleiten, um deren beste Ausführung zu gewährleisten. Nachteilig an A.H. ist die geringere und zersplitterte → Marktliquidität, die sich ergibt, wenn der Handel zwischen den Plattformen und zu den etablierten Börsen nicht vernetzt wird. Dem stehen v.a. in den USA Vorteile wie Kostengünstigkeit, z.B. durch niedrigere → Geld-Brief-Spannen und Kommissionen, gesteigerte Anonymität und schnellere Orderausführung gegenüber. In Europa setzen sich A.H. deutlich schlechter durch, da, bedingt durch den starken Wettbewerb der existierenden Börsen, die nationalen Marktinfrastrukturen effizienter als in den USA sind und der elektronische Handel bereits in großem Umfang umgesetzt ist (vgl. → Xetra). Zudem sind die Kostenvorteile der A.H. geringer als in den USA. – Die amerikanische Börsenaufsicht → SEC unterteilt A.H. in die beiden Kategorien → Electronic Communication Networks (ECN) und → Crossing-Systems. Nur ECN's, die den von der SEC gestellten Anforderungen gerecht werden, erlangen seit 1997 Zugang zum Handelssystem der → NADSAQ. Im Oktober 2000 wurden ca. 33% des Transaktionswertes aller gehandelten NASDAQ-Aktien über ECN's erzielt. – Das deutsche Bundesaufsichtsamt für den Wertpapierhandel (BAWe) unterteilt A.H. in die Kategorien Bulletin Board, ECN und → Proprietäre Handelssysteme, wobei letztere dem in den USA und in Europa umgangssprachlich gebräuchlichen ECN-Begriff entsprechen. Das BAWe erfasst unter dem Begriff ECN nur Systeme, die lediglich einen Handel

Alternative Investment Market

zwischen → Emissionshaus und Finanzintermediären (z.B. Banken und Brokern) ermöglichen.

Alternative Investment Market, (AIM); bezeichnet das 1995 gegründete → Börsensegment für internationale Wachstumsunternehmen an der → Londoner Wertpapierbörse. Damit gehört der AIM zu einem der ältesten und mit ca. 850 gelisteten Unternehmen und einer → Marktkapitalisierung von ca. 20 Mrd. Euro (April 2001) auch zu einem der bedeutendsten Wachstumsmärkte in Europa.

alternative Kapitalanlage, *alternative investment*. Art der Anlage, in deren Rahmen nicht in geläufige Anlageinstrumente mit organisierten Börsen, sondern z.B. in edle Gesteine oder wertvolle Kunst investiert wird. Für die a.K. sind spezifische Fachkenntnisse notwendig, denn oft besteht für derartige Kapitalanlagen kein oder nur ein begrenzter Markt.

alternativer Kapitalmarkt, vgl. → grauer Kapitalmarkt, und → nicht organisierter Kapitalmarkt.

Alternative Trading Systems, → Alternative Handelssysteme.

alternative Währungsklausel, → Währungsklausel.

Altersversorgung, *pension*. Als System der A. werden diejenigen (sozialen) Instrumente verstanden, die eine kontinuierliche Versorgung des eingerichteten Lebensstandards der Familie mit realen Gütern (→ Realeinkommen) beim dauernden Ausfall von Arbeitseinkommen, insbesondere im Altersruhestand, gewährleisten sollen. In den meisten marktwirtschaftlich organisierten Industrienationen besteht die A. aus drei verschiedenen Säulen: – 1. Die gesetzliche Rentenversicherung einer generationsübergreifenden staatlichen Institution. – 2. Die → betriebliche Altersversorgung der einzelnen Unternehmen. – 3. Die eigenverantwortliche Vorsorge der Individuen.

Altersvorsorge, *provision for the pension*. Ziel der A. ist die Sicherstellung der → Altersversorgung, d.h. eines Unterhaltes zur Aufrechterhaltung des Lebensstandards, sobald der Austritt aus dem aktiven Berufsleben erfolgt ist. Zu unterscheiden sind drei Bereiche der A., die gesetzliche Rentenversicherung, die → betriebliche Altersversorgung und die private A. – Die demographische Entwicklung führt im gesetzliche verankerten Umlagesystem zunehmend zu Versorgungslücken. Die private A. in Form von → Lebensversicherungen, → Rentenversicherungen, → Sparplänen bei Investmentfonds usw. erlangt damit eine immer wichtigere Bedeutung um die gewünschte Altersversorgung zu gewährleisten. – Vgl. auch → staatliche Sparförderung.

Altersvorsorge-Sondervermögen (AS), *AS-Fonds, Pensions-Sondervermögen*. → Investmentfonds, die sich besonders zur → Altersvorsorge eignen. Ein AS kombiniert sicherheitsorientierte Anlagen in Renten und Immobilien mit renditestärkeren Aktieninvestments. Die Anlagegrenzen des AS sind vom Gesetzgeber genau definiert worden. Um die Aspekte hohe Rendite und Sicherheit zu verbinden, hat der Gesetzgeber folgende Vorschriften für die AS festgelegt: Die Investments sollen überwiegend in Substanzwerte erfolgen, der Aktienanteil darf 75 Prozent des Fondsvermögens nicht überschreiten, ein Anteil von bis zu 30 Prozent der Anlagen in → offenen Immobilienfonds oder der direkte Besitz von Immobilien in diesem Volumen ist erlaubt, das Fondsmanagement darf Fremdwährungsrisiken bis zu 30 Prozent des Fondsvermögens eingehen, stille Beteiligungen sind bis zu einer Höhe von zehn Prozent möglich, Derivate können nur zur Absicherung eingesetzt werden. Weiterhin ist vorgeschrieben, dass Spar- und Auszahlpläne sowie Vermögensumschichtungen vor Erreichen des Pensionsalters und spätestens nach drei Viertel der Vertragslaufzeit angeboten werden müssen.

Altsparanlagen, → Altspargesetz.

Altspargesetz, *Law on Pre-Currency-Reform Savers*. 1953 gewährte Entschädigungsleistungen für Vermögensnachteile, die Inhabern von Altsparanlagen im Zuge der Währungsreform 1948 in der Trizone und in Westberlin entstanden waren.

American Depositary Receipt (ADR). Zertifikat einer US-Bank über bei ihr hinterlegte ausländische Aktien. ADR's verkörpern als → Aktienzertifikate das Recht auf die hinterlegten Aktien. Sie sind ein Instrument, um ausländische Aktien nicht den strengen und andersartigen Zulassungsbedingungen der Börsenaufsichtsbehörde → SEC zu unterwerfen. Die Zulassung wird durch Gestaltung der ADR's nach US-Recht wesentlich einfacher. Auf diesem Wege können ausländische Aktien in den USA indirekt gehandelt werden. Außerdem dürfen dortige Investoren, denen der Erwerb ausländischer Aktien nicht erlaubt ist, ADR's kaufen.

American Depositary Share (ADS), Bezeichnung für Aktien, die aufgrund einer → American Depositary Receipts (ADR) Vereinbarung emittiert werden und tatsächlich an der Börse gehandelt werden. Die Begriffe ADR und ADS werden häufig als Synonyme verwendet.

American Option, → amerikanische Option.

American Window, bezeichnet eine modifizierte → amerikanische Option. Sie hat am Ende der → Optionsfrist einen Ausübungsintervall, innerhalb dessen die → Option jederzeit ausgeübt werden darf. Damit stellt das A.W. eine der vielen Optionsvarianten zwischen → europäischen und → amerikanischen Optionen dar.

amerikanische Option, *american option*; → Option, die eine Ausübung des → Optionsrechts durch den Inhaber während der gesamten → Laufzeit gestattet. – Gegensatz: → europäische Option.

amerikanisches Auktionsverfahren, bezeichnet eine Methode zur Zuteilung von → Wertpapieren. Dabei werden die Wertpapiere zum jeweiligen Gebot, d.h. individuell, abgerechnet. – Gegensatz: → Holländisches Verfahren.

am Geld, *at the money*; Bezeichnung dafür, dass der Kurs des → Underlyings dem Basispreis einer → Call- bzw. einer → Put-Option in etwa entspricht. Der → innere Wert einer → am-Geld-Option beträgt Null. Die → Optionsprämie setzt sich nur aus dem → Zeitwert zusammen.

Amortisationszeit

Am-Geld-Option, *at the money option*; → Bezeichnung für eine → Option, die → am Geld ist.

Amortisation, bezeichnet entweder eine → Kapitalherabsetzung oder die → Tilgung eines geschuldeten Betrages.

Amortisationsanleihe, *redemption / refunding loan*; → Anleihe, bei der die Kapitalrückzahlung nicht einmalig zum Laufzeitende, sondern in festgelegten → Tranchen erfolgt. – Vgl. auch → Amortisation.

Amortisationsrechnung, *Kapitalrückflussrechnung, payback/payoff time analysis*. Investitionsrechenverfahren, bei dem die Zeitdauer ermittelt wird, die vergeht, bis die Anschaffungsausgabe aus den Einnahmeüberschüssen (→ Cash-Flow) einer Investition wiedergewonnen wird. Generell gilt: je kürzer die Amortisationszeit ist, desto geringer ist das Investitionsrisiko, da die Investitionsausgaben schneller zurückfließen. Nachteilig ist an der A., dass Cash-Flows aus dem Investment nach der Amortisationszeit keine Berücksichtigung mehr finden, wodurch eine akkurate Renditeberechnung über diese Methode nicht möglich ist.

Amortisations-Swap, erlaubt die Umwandlung einer variablen in eine feste Finanzierung und umgekehrt. Im Gegensatz zum Standard-Swap beziehen sich die Zinszahlungen nicht auf einen konstanten Kapitalbetrag, sondern auf einen gemäß den Bedürfnissen des Unternehmens abnehmenden Kapitalbetrag.

Amortisationsverfahren, *amortization procedure*; → Kraftloserklärung von Aktien.

Amortisationszeit, *Amortisationsdauer, payback period, payback time*; Bezeichnung für die Zeitdauer, die vergeht, bis die Anschaffungsausgabe einer Investition durch die laufenden Einnahmeüberschüsse (→ Cash-Flows) aus der Investition zurückgezahlt sind. Die A. wird in der → Amortisationsrechnung dadurch ermittelt, indem die Anschaffungsausgaben durch den durchschnittlichen Cash-Flow einer Periode geteilt werden. Generell gilt: je kürzer die A., desto geringer ist das Investitionsrisiko, da die Investitionsausgaben schneller zurückfließen.

Amsterdamer Börse

Amsterdamer Börse, bezeichnet die Wertpapierbörse mit Sitz in Amsterdam, die seit 1999 Teil von → Euronext ist.

amtliche Kursfestsetzung (Kursfeststellung), *fixing of official quotations*. Als Kurs i.e.S. bezeichnet man den amtlich notierten Preis eines Wertpapiers. Dieser wird an der Börse vom skontroführenden → Kursmakler (→ Skontroführer) anhand der vorliegenden Kauf- und Verkaufsaufträge so festgesetzt, dass ein möglichst großes Umsatzvolumen erreicht wird (→ Meistausführungsprinzip). Der ermittelte Kurs wird u.a. im amtlichen → Kursblatt der Börse veröffentlicht. Nur amtliche, durch einen Kursmakler festgestellte Preise für Wertpapiere, Devisen, etc. sind Börsenkurse und dürfen als solche bezeichnet werden. – Vgl. auch → amtliche Notiz.

amtliche Kursfeststellung, *fixing of official exchange rates*. Im → Handel mit amtlicher Notierung stellen die → Kursmakler den amtlichen Börsenkurs für Wertpapiere fest. Bei Waren wirken die Kursmakler lediglich bei der Feststellung des amtlichen Börsenkurses mit, die als solches der → Börsengeschäftsführung obliegt. Dagegen wird die Feststellung des nichtamtlichen Börsenkurses im → Geregelten Markt und im → Freiverkehr von → Freimaklern durchgeführt. – Vgl. auch → amtliche Makler.

amtliche Makler, → Kursmakler.

amtliche Notierung, *amtliche Notiz, official quotation*. Bezeichnung für die von den → Kursmaklern an der → Börse festgestellten amtlichen → Wertpapierkurse, die börsentäglich im → amtlichen Kursblatt und in Zeitungen veröffentlicht werden.

amtliche Notiz (Notierung), *official quotation*. Die a.N. bezeichnet die Festsetzung des amtlichen Börsenkurses durch den jeweiligen skontroführenden → Kursmakler (→ Skontroführer). Eine a.N. erfolgt in Form einer Kursnotierung für alle Wertpapiere, die zum → amtlichen Handel zugelassen sind. Die Kurse werden durch einen amtlichen Kursmakler im amtlichen → Kursblatt der Börse sowie im Wirtschaftsteil der Tagespresse und in anderen Medien veröffentlicht.

amtlicher Börsenverkehr, → amtlicher Handel.

amtlicher Devisenkurs, *official foreign exchange quotation*; gibt den an der → Devisenbörse börsentäglich festgestellten Kurs für amtlich notierte Währungen an. Der a.D. wurde bis zum 31.12.1998 an der Frankfurter Devisenbörse börsentäglich fixiert und als offizieller Umrechnungskurs für alle amtlich notierten Währungen um 13:00 Uhr MEZ bekanntgegeben. Er bildet sich durch Angebot und Nachfrage am → Devisenmarkt und diente insbesondere Banken zur Abrechnung von Devisengeschäften mit Nichtbanken. – Seit der Einführung des Euro am 01.01.1999 und der damit unwiderruflich fixierten Wechselkurse des Euro-Systems wird das Fixing an der Frankfurter Devisenbörse nicht mehr durchgeführt. Im → Freiverkehr findet hingegen noch eine permanente Devisenkursfeststellung statt. Zudem veröffentlicht die → Europäische Zentralbank (EZB) täglich für die wichtigsten Währungen sog. Referenzkurse, die auf Grundlage einer konzertierten Aktion zwischen den → Zentralnotenbanken um 14:15 Uhr ermittelt werden.

amtlicher Handel, *amtlicher Börsenverkehr, amtlicher Markt, offizieller Markt, official dealings/trading*; → Handelssegment an der deutschen → Wertpapierbörse für speziell zugelassene Wertpapiere. Das Zusammenführen von Angebot und Nachfrage (→ Matching), sowie die Kursfeststellung (→ Kursfeststellung, amtliche) erfolgen durch einen vereidigten → Kursmakler. Dabei sollen die Kursmakler bei der Kursfeststellung den Kurs mit dem höchsten Umsatzpotential ermitteln (→ Meistausführungsprinzip). Die → Börsenkurse werden entweder einmal täglich oder bei Titeln mit größerem Umsatzvolumen fortlaufenden ermittelt. Für kapitalsuchende Unternehmen im a.H. gelten insbesondere folgende im → Börsengesetz niedergeschriebene Anforderungen. Die zu emittierende Unternehmung muss mindestens drei Jahre existieren und mindestens 2,5 Mio. Aktien emittieren. Außerdem hat der → Emittent ein Unternehmensprospekt zu publizieren, in dem exakte Angaben zur Gesellschaft gemacht werden müssen (→ Publizität). Bei fehlerhaften Angaben im Prospekt haften die Gesellschaft und die → Konsortialbanken (→

Analyst

Prospekthaftung). Einmal im Jahr muss die Gesellschaft in einem → Börsenpflichtblatt die → Bilanz und einen Zwischenbericht (→ Zwischenbericht des Emittenten) veröffentlichen.

amtlicher Markt, → amtlicher Handel.

amtliches Fixing, *official fixing;* bezeichnete die amtliche Notierung des Devisenkurses an der Frankfurter Devisenbörse. Das a.F. wurde am 31.12.1998 mit Einführung des Euro eingestellt. Die Funktion des a.F. als Grundlage zur Abrechnung von Devisengeschäften zwischen Banken mit Nichtbanken wird seit dem 01.01.1999 im Wesentlichen durch den Referenzkurs der → Europäischen Zentralbank (EZB) übernommen. – Vgl. auch → amtlicher Devisenkurs.

amtliches Kursblatt, *offizielles Kursblatt, Börsenkursblatt, official price list*; täglich an einigen Börsen herausgegebene Veröffentlichung der im → amtlichen Handel festgestellten Börsenpreise sowie der den amtlichen Handel betreffenden Bekanntmachungen der → Börsenorgane. Das a.K. an der Frankfurter Wertpapierbörse erschien letztmalig am 30.12.1999. Seitdem erfolgt die Veröffentlichung der genannten Tatsachen im Internet: http://www.exchange.de. – Vgl. auch → Beilage zum amtlichen Kursblatt.

amtliches Organ der Zulassung, *official organ of the listing committee*; sind die von der → Börsenzulassungsstelle benannten inländischen Zeitungen, sog. → Börsenpflichtblätter, in denen → Emittenten am entsprechenden Börsenplatz ihre → Pflichtbekanntmachungen veröffentlichen. Diese Veröffentlichungen gelten für alle Marktsegmente.

Amtszeit der Aufsichtsratsmitglieder der AG, *supervisory board members' term of office*. Die Amtszeit, für die Aufsichtsratsmitglieder gewählt werden, beträgt höchstens fünf Jahre. Eine vorzeitige → Abberufung von Aufsichtsratsmitgliedern der AG oder Amtsniederlegung ist möglich. Nach Ablauf der Amtszeit dürfen Aufsichtsratsmitglieder erneut in den → Aufsichtsrat gewählt werden.

Amtszeit der Vorstandsmitglieder der AG, *managing board members' term of office*. Vorstandsmitglieder werden durch den → Aufsichtsrat bestellt. Die Bestellung kann auf höchstens fünf Jahre ab Beginn der Amtszeit erfolgen. Eine Verlängerung ist nicht automatisch möglich. Sie kann aber durch erneuten Aufsichtsratsbeschluss nach Ablauf der fünf Jahre erfolgen.

Analyse von Formationen, *analysis of formations*. Teilgebiet der → Technischen Analyse, das zusammen mit der Bildung → gleitender Durchschnitte und → Trendlinien die Gruppe der Verfahren der → Chart-Analyse bildet. Man unterscheidet typische Kursverläufe, die auf eine Fortsetzung der derzeitigen steigenden oder fallenden Kursentwicklung (Trendbestätigungsformationen) mit zwischenzeitlichen Unterbrechungen (→ Konsolidierungsformationen) oder ihre Beendigung (→ Umkehrformationen) hindeuten. Zur Gruppe der Trendbestätigungsformationen gehören Bogen, → Dreieck, → Flagge, → Wimpel, Keil und → Rechteck. Die Gruppe der Umkehrformationen wird gebildet von der → M-Formation, der → W-Formation, der → Untertasse und der → Kopf-Schulter-Formation. Die Namen der Formationen deuten auf das Erscheinungsbild des Kursverlaufs hin. Innerhalb des bezeichneten Kursverlaufs findet bei Trendbestätigungsformationen eine Erholungs- oder Konsolidierungsphase der Kurse statt, deren bildliche Darstellung der jeweiligen Bezeichnung ähnelt. Gleiches gilt für die → Umkehrformation, die aber auf einen Richtungswechsel hinausläuft. – Oft wird von Laien fälschlicherweise lediglich der Kurs betrachtet. Nach herrschender Auffassung der → Chartisten müssen jedoch Kurs- und Umsatzentwicklung gleichzeitig betrachtet werden und einem typischen Verlauf folgen. Die Formationen erlauben i.d.R. nur dann → Kursprognosen, wenn sich Kurse und Umsätze in einem bestimmten graphischen Zusammenhang bewegen.

Analyst, *Analytiker, (security) analyst, stock market analyst*. Tätigkeits- bzw. Berufsbezeichnung für Personen, die den Wert (→ innerer Wert) und das Kurspotential von → Aktien und anderen Wertpapieren beurteilen, z.B. für den → Eigenhandel in Banken (buy side analyst) oder als Kundenberater (sell side analyst). Standesorganisation deutscher

Analystenempfehlung

A. ist die → Deutsche Vereinigung für Finanzanalyse und Anlageberatung (DVFA e.V.), die Berufsgrundsätze für A. festgelegt hat. – Vgl. auch → Wertpapieranalyst.

Analystenempfehlung, Empfehlung zum Kauf, Verkauf oder Halten einer Aktie, die ein für die Beobachtung des jeweiligen Unternehmens zuständiger Researchmitarbeiter einer Investmentbank (→ Analyst) veröffentlicht. Die Analystenempfehlung basiert überwiegend auf Methoden der → Fundamentalanalyse; sie wird i.d.R. direkt nach dem Auftreten kursrelevanter Ereignisse (z.B. Veröffentlichung von Quartalszahlen, Ankündigung von M&A-Transaktionen) publiziert.

Analystenkodex. In den USA existiert ein A. von der Association for Investment Management and Research (AIMR). → Analysten werden jedes Jahr durch erneute Selbstverpflichtung zur Einhaltung des Ehrenkodexes der AIMR verpflichtet. Verstöße gegen diesen können zum Ausschluss aus der AIMR und damit zu erheblichen beruflichen Nachteilen führen. Zusätzlich haben einige Investmentbanken noch weitergehende Kodizes für ihre Analysten entwickelt. In Deutschland ist ein → Kodex für anlegergerechte Kapitalmarktkommunikation in Vorbereitung.

Anderdepot, *Anderverwahrung, Fremddepot, third-party security deposit*. Ein A. ist ein → Depot mit Wertpapieren, die nicht Eigentum des Kontoinhabers sind. Der Kontoinhaber betreut das Vermögen und haftet nur für Verbindlichkeiten, die im Zusammenhang mit der Verwahrung entstanden sind, wie z.B. Depotgebühren. Diese Depots sind z.B. für Notare, Rechtsanwälte, Patentanwälte und Treuhänder zulässig und werden mit der Zusatzbezeichnung A. geführt. – Vgl. auch → Depotarten.

Anderkonten, *escrow/third-party account*. Auf A. werden vom Kontoinhaber Guthaben für Dritte verwaltet. Der Kontoinhaber fungiert als → Treuhänder für fremdes Vermögen und unterliegt einer gesetzlich geregelten Standesaufsicht. Dadurch wird gesichert, dass A. ordnungsgemäß geführt werden. Als Kontoinhaber von A. kommen daher nur Rechtsanwälte, Notare sowie Angehörige der öffentlich bestellten wirtschaftsprüfenden und wirtschafts- und steuerberatenden Berufe in Frage. Für die Führung von A. gibt es eine Reihe von Sonderregelungen.

an Aufgabe, *von Aufgabe*. Bei → Aufgabegeschäften erteilt der Makler seine Ausführungsanzeige mit dem Vermerk „a.A." bzw. „von Aufgabe.".

an Dich, → an Sie.

andienen, *to tender*; Erklärung der eigenen Lieferbereitschaft. Bei → Verkaufsoptionen (→ put) gilt, dass der → Stillhalter zur Abnahme des Basiswertes zum → Basispreis verpflichtet ist, wenn dieser ihm vom Optionskäufer angedient wird.

Andienungsrecht, bezeichnet das Recht des Verkäufers zur Lieferung der versprochenen Ware.

Andienung von Wertpapieren, *tender of delivery of securities*; Lieferung von → Wertpapieren. Bei → Verkaufsoption (→ put): Lieferung der der → Option zu Grunde gelegten Stücke im Falle der Optionsausübung.

Anfangskurs, *Eröffnungskurs, first quotation*. Bezeichnung für den Kurs, der zu Börsenbeginn im Handel mit → fortlaufender Notierung aufgrund der vorliegenden Aufträge seitens des → Skontroführers festgestellt wird. – Gegensatz: → Schlusskurs.

Anfechtung der Feststellung des Jahresabschlusses bei AG und KGaA, *challenge/contestation/opposition/appeal of the approval of year-end financial statements*. Gemäß Aktiengesetz kann die Feststellung des Jahresabschlusses nur dann angefochten werden, wenn die Hauptversammlung über die Feststellung Beschluss fasst. Bei der AG erfolgt die Feststellung regelmäßig durch Vorstand und Aufsichtsrat (§ 172 AktG), bei der KGaA hingegen durch die Hauptversammlung (§ 286 AktG). Verstößt der Jahresabschluss gegen Gesetz oder Satzung, so unterliegt er nicht der Anfechtung, sondern ist von vornherein nichtig.

Anfechtung der Kapitalerhöhung gegen Einlagen, *appeal of the capital increase out of new funds*. Kapitalerhöhungsbeschlüsse können angefochten werden,

Anfechtungsklage bei der AG

wenn sie gegen Gesetz bzw. Satzung verstoßen würden oder eine nicht zu rechtfertigende Benachteiligung der → Altaktionäre zur Folge hätten. Bei → Kapitalerhöhungen mit → Bezugsrechtsausschluss ist diese Benachteiligung z.B. dann gegeben, wenn der Ausgabepreis für die → neuen Aktien unangemessen niedrig festgesetzt wird. Letztere Möglichkeit der Anfechtung entfällt jedoch, wenn es sich lediglich um einen mittelbaren Bezugsrechtsausschluss handelt, d.h. die neuen Aktien von einem Dritten mit der Verpflichtung übernommen werden, sie den Aktionären zum Bezug anzubieten.

Anfechtung des Beschlusses über die Verwendung des Bilanzgewinns, *appeal of the decision over the usage of the net profit*. Neben den allgemeinen Gründen, die zur → Anfechtung von Hauptversammlungsbeschlüssen der AG führen können, ist auch die Anfechtung des Beschlusses über die Verwendung des Bilanzgewinns zulässig, sofern bei wirtschaftlich ausreichend gesicherten Gesellschaften weniger als vier Prozent des eingezahlten Grundkapitals an die Aktionäre ausgezahlt und statt dessen in die Gewinnrücklagen eingestellt bzw. vorgetragen werden, obwohl dieses bei vernünftiger kaufmännischer Vorsicht nicht notwendig ist (§ 254 AktG). Auf diese Weise soll das „Aushungern" der übrigen Aktionäre durch einen → Großaktionär verhindert werden. Zu einer Anfechtung sind Aktionäre allerdings nur dann befugt, wenn ihre Anteile zusammen fünf Prozent des Grundkapitals oder einen Grundkapitalanteil von 500.000 Euro erreichen und die Satzung eine Gewinnausschüttung nicht grundsätzlich ausschliesst.

Anfechtung von Hauptversammlungsbeschlüssen der AG, *challenge/contestation/opposition/appeal of shareholders' resolutions*. → Hauptversammlungsbeschlüsse können wegen Verletzung des Gesetzes oder der Satzung durch Klage angefochten werden (→ Anfechtungsbefugte bei der AG). Nach § 243 AktG kann die Anfechtung auch darauf gestützt werden, dass ein → Aktionär mit der Ausübung des Stimmrechts für sich oder einen Dritten Sondervorteile zum Schaden der Gesellschaft oder anderer Aktionäre zu erlangen sucht und der Beschluss geeignet ist, diesem Zweck zu dienen. Dies gilt nicht, wenn der Beschluss den übrigen Aktionären einen angemessenen Ausgleich für ihren Schaden gewährt. Häufiger Anfechtungsgrund ist die Verweigerung von Auskünften in der Hauptversammlung (→ Auskunftsrecht in der Hauptversammlung der AG). Dabei ist es für eine Anfechtung unerheblich, dass die Hauptversammlung oder Aktionäre erklärt haben oder erklären, dass die Verweigerung der Auskunft ihre Beschlussfassung nicht beeinflusst habe. Die Anfechtungsklage muss innerhalb eines Monats nach der Beschlussfassung gegen die Gesellschaft gerichtet werden.

Anfechtungsbefugte bei der AG, *authorized person to appeal*. Zur → Anfechtung von Hauptversammlungsbeschlüssen der AG ist jeder in der Hauptversammlung erschienene Aktionär befugt, sofern er gegen den Beschluss Widerspruch zur Niederschrift erklärt hat. Soweit sich aus einem → Hauptversammlungsbeschluss Sondervorteile im Sinne von § 243 II AktG ergeben, entfällt diese Anfechtungsvoraussetzung. In der Hauptversammlung nicht anwesende → Aktionäre sind darüber hinaus immer dann anfechtungsbefugt, wenn die Versammlung nicht ordnungsgemäß einberufen bzw. der Gegenstand der Beschlussfassung nicht ordnungsgemäß bekanntgemacht worden ist oder der Aktionär bzw. sein Vertreter zu Unrecht nicht zur Hauptversammlung zugelassen wurden. Vorstand sowie einzelne Vorstands- und Aufsichtsratsmitglieder sind anfechtungsbefugt, wenn Mitglieder dieser Gremien durch die Ausführung des Beschlusses eine strafbare Handlung bzw. Ordnungswidrigkeit begehen oder sich schadensersatzpflichtig machen würden.

Anfechtungsgründe bei der AG, → Anfechtung von Hauptversammlungsbeschlüssen der AG.

Anfechtungsklage bei der AG. Beschlüsse der → Hauptversammlung einer AG, die das Gesetz oder die → Satzung verletzen, können durch Klage angefochten werden (§ 243 Abs. 1 AktG). Von dieser A.b.d.A. ist die Nichtigkeitsklage zu unterscheiden, die bei bestimmten gravierenden Gesetzesverstößen in Betracht kommt (§ 241 AktG). Die A.b.d.A. kann auch darauf gestützt werden, dass ein → Aktionär mit der Ausübung des → Stimmrechts für sich oder einen Dritten Sondervorteile zum Schaden der Gesellschaft oder der anderen Aktionäre

Anfechtungsklage bei der AG

zu erlangen sucht und der Beschluss geeignet ist, diesem Zweck zu dienen, es sei denn, der Beschluss gewährt den anderen Aktionären einen angemessenen Schadensausgleich (§ 243 Abs. 2 AktG). Auf eine Verletzung der Pflichten eines → Kreditinstituts beim → Vollmachtstimmrecht (§ 128 AktG) kann die Anfechtung nicht gestützt werden (§ 243 Abs. 3 AktG). Für eine Anfechtung, die sich auf die Verweigerung einer Auskunft gegenüber einem Aktionär stützt, ist es unerheblich, dass die Hauptversammlung oder Aktionäre erklärt haben oder erklären, die Verweigerung der Auskunft habe ihre Beschlussfassung nicht beeinflusst (§ 243 Abs. 3 AktG). – Anfechtungsbefugt ist der Vorstand sowie jedes Mitglied des Vorstand und des Aufsichtsrats, wenn es sich bei Ausführung des Beschlusses strafbar machen oder ordnungswidrig handeln oder ersatzpflichtig werden würde; ferner jeder erschienene Aktionär, der gegen den Beschluss zur Niederschrift Widerspruch erklärt hat, sowie jeder nicht erschienene Aktionär, wenn er zu Unrecht nicht zugelassen worden ist oder die Hauptversammlung nicht ordnungsgemäß einberufen oder der Beschlussgegenstand nicht ordnungsgemäß bekannt gemacht worden ist, schließlich jeder Aktionär, wenn er die Anfechtung darauf stützt, dass ein Aktionär mit der Ausübung des Stimmrechte unerlaubte Sondervorteile zu erlangen suchte (§ 245 AktG). Eine A.b.d.A. muß innerhalb eines Monats nach der Beschlussfassung erhoben werden und ist gegen die AG zu richten (§ 246 Abs. 1 AktG). In dem Prozeß wird die AG durch Vorstand und Aufsichtsrat vertreten. Klagt der Vorstand oder ein Vorstandsmitglied, wird die AG durch den Aufsichtsrat, klagt ein Aufsichtsratsmitglied, wird sie durch den Vorstand vertreten (§ 246 Abs. 2 AktG). Örtlich zuständig ist ausschließlich das Landgericht, in dessen Bezirk die AG ihren Sitz hat. Die mündliche Verhandlung findet nicht vor Ablauf der Klagefrist statt. Mehrere Anfechtungsprozesse sind zu gleichzeitigen Verhandlung und Entscheidung zu verbinden (§ 246 Abs. 3 AktG). Der Vorstand hat die Erhebung der Klage und den Termin zur mündlichen Verhandlung unverzüglich in den Gesellschaftsblättern bekannt zu machen (§ 246 Abs. 3 AktG). Das rechtskräftige Urteil, das den Beschluss für nichtig erklärt, wirkt nicht nur zwischen den Parteien des Rechtsstreits, sondern für und gegen alle Aktionäre sowie die Mitglieder des Vorstands und des Aufsichtsrats, auch wenn sie nicht Partei des Rechtsstreits gewesen sind (§ 248 AktG). War der Beschluss ins Handelsregister eingetragen, ist auch das Urteil einzutragen. Die Eintragung des Urteils ist in gleicher Weise wie die des Beschlusses bekannt zu machen. – Den Streitwert einer A.b.d.A. bestimmt das Prozeßgericht unter Berücksichtigung aller Umstände des Einzelfalles, insbesondere der Bedeutung der Sache für die Parteien, nach billigem Ermessen. Er darf jedoch 10 % des Grundkapitals oder, wenn dieses mehr als 500.000 Euro beträgt, diesen Wert nur dann übersteigen, sofern die Bedeutung der Sache für den Kläger höher zu bewerten ist. Macht eine Partei glaubhaft, dass die Belastung mit den Prozeßkosten durch den Streitwert ihre wirtschaftliche Lage erheblich gefährden würde, so kann das Prozeßgericht auf Antrag anordnen, dass die Verpflichtung zur Zahlung von Gerichtskosten sich nach einem ihrer Wirtschaftslage angepaßten Teil des Streitwertes bemisst (§ 247 AktG). – Die Anfechtung von Hauptversammlungsbeschlüssen scheidet aus, wenn die Hauptversammlung den anfechtbaren Beschluss durch einen neuen Beschluss bestätigt hat und dieser innerhalb der Anfechtungsfrist nicht angefochten oder die Anfechtung rechtskräftig zurückgewiesen worden ist (§ 244 AktG). – Die Wahl eines Aufsichtsratsmitglieds durch die Hauptversammlung kann wegen Verletzung des Gesetzes oder der Satzung durch Klage angefochten werden. Ist die Hauptversammlung an Wahlvorschläge gebunden, kann die Anfechtung auch darauf gestützt werden, dass der Wahlvorschlag gesetzeswidrig zustande gekommen ist (§ 251 Abs. 1 AktG). Die Wahl eines Aufsichtsratsmitglieds, das nach dem Montan-Mitbestimmungsgesetz auf Vorschlag der → Betriebsräte oder einer Spitzenorganisation gewählt worden ist, kann auch von jedem Betriebsrat eines Betriebs der AG, jeder der in Betrieben der AG vertretenen Gewerkschaft oder deren Spitzenorganisation angefochten werden. Die Wahl eines weiteren Mitglieds, das nach dem Mitbestimmungsgesetz oder dem Mitbestimmungsergänzungsgesetz auf Vorschlag der übrigen Aufsichtsratsmitglieder gewählt worden ist, kann auch von jedem Aufsichtsratsmitglied angefochten werden. – Der Beschluss über die Verwendung des Bilanzgewinns kann außer nach § 243 AktG auch angefochten werden, wenn die Hauptver-

Anfechtungsrecht

sammlung aus dem Bilanzgewinn Beträge in → Rücklagen stellt, die nach Gesetz oder Satzung von der Verteilung unter die Aktionäre ausgeschlossen sind, obwohl die Einstellung bei vernünftiger kaufmännischer Beurteilung nicht notwendig ist, um die Lebens- und Widerstandsfähigkeit der AG für einen hinsichtlich der wirtschaftlichen und finanziellen Notwendigkeiten übersehbaren Zeitraum zu sichern, und deshalb unter die Aktionäre kein Gewinn in Höhe von mindestens 4 % des Grundkapitals bezüglich von noch nicht eingeforderten Einlagen verteilt werden kann (§ 254 Abs. 1 AktG). Zu dieser Anfechtung sind Aktionäre nur befugt, wenn ihre Anteile zusammen 5 % des → Grundkapitals oder den → Nennwert von 50.000 Euro erreichen (§ 254 Abs. 2 Satz AktG). Die Anfechtungsfrist beginnt auch dann mit der Beschlussfassung, wenn der Jahresabschluss erneut zu prüfen ist (§ 254 Abs. 2 Satz 1AktG). – Die Anfechtung eines Beschlusses über eine → Kapitalerhöhung gegen Einlagen kann, wenn das Bezugsrecht der Aktionäre ganz oder z.T. ausgeschlossen worden ist, auch darauf gestützt werden, dass der sich aus dem Erhöhungsbeschluss ergebende Ausgabebetrag oder der Mindestbetrag, unter dem die neuen Aktien nicht ausgegeben werden sollen, unangemessen niedrig ist (§ 255 Abs. 2 AktG). Dies gilt nicht, wenn die neuen Aktien von einem Dritten mit der Verpflichtung übernommen werden sollen, sie den Aktionären zum Bezug anzubieten. – Auch die Feststellung des Jahresabschlusses durch die Hauptversammlung kann angefochten werden, jedoch nicht darauf gestützt werden, dass der Inhalt des Jahresabschlusses gegen Gesetz oder Satzung verstößt. Die Anfechtungsfrist beginnt auch dann mit der Beschlussfassung, wenn der Jahresabschluss erneut zu prüfen ist (§ 257 AktG).

Anfechtungsrecht, werden in unterschiedlichen Rechtslagen gesetzlich eingeräumt. So können Willenserklärungen, bei deren Abgabe der Erklärende sich in bestimmter Weise geirrt hat oder die durch einen Dritten unrichtig übermittelt worden sind oder zu deren Abgabe der Erklärende durch eine arglistige Täuschung oder rechtswidrige Drohung bestimmt worden ist, durch Anfechtung rückwirkend beseitigt werden (§§ 119 ff. BGB). Die Nichtabstammung eines Kindes von einem Mann, den das Gesetz als Vater des Kindes bezeichnet, weil er mit der Mutter zum Zeitpunkt der Geburt des Kindes verheiratet war oder der die Vaterschaft anerkannt hat, kann von ihm, der Mutter oder dem Kind durch Vaterschaftsanfechtung im Wege der Klage geltend gemacht werden (§§ 1599 ff. BGB), die binnen zwei Jahren seit Kenntnis der Umstände, die gegen die Vaterschaft sprechen, erhoben werden muß. Ein Insolvenzverwalter kann Rechtshandlungen, die vor der Eröffnung des Insolvenzverfahrens vorgenommen worden sind und die Insolvenzgläubiger benachteiligen, in gewissen zeitlichen Schranken und unter bestimmten subjektiven Voraussetzungen als kongruente Deckung oder als inkongruente Deckung anfechten, so dass die Vermögenseinbuße des → Schuldner zur Insolvenzmassen zurückgewährt werden muss (§§ 129 ff. InsO). Eine inkongruente Deckung liegt vor, wenn der Gläubiger die gewährte Sicherung oder Befriedigung nicht oder nicht in der Art oder nicht zu der Zeit zu beanspruchen hat. Sie ist anfechtbar, wenn sie im letzten Monat vor dem Eröffnungsantrag oder danach vorgenommen worden ist oder wenn sie innerhalb des zweiten oder dritten Monats vor dem Eröffnungsantrag vorgenommen worden ist und entweder der Schuldner → Zahlungsunfähigkeit war oder dem → Gläubiger bekannt war, dass sie die anderen Insolvenzgläubiger benachteiligt (§ 131 InsO). Als kongruente Deckung ist eine Sicherung oder Befriedigung anfechtbar, die entweder in den letzten drei Monaten vor dem Eröffnungsantrag gewährt worden ist, der Schuldner zahlungsunfähig war und der begünstigte Gläubiger dies kannte oder sie nach dem Eröffnungsantrag vorgenommen worden ist und der Gläubiger die Zahlungsunfähigkeit oder den Eröffnungsantrag kannte (§ 130 InsO). Ferner sind anfechtbar Rechtshandlungen, die der Schuldner in den letzten zehn Jahren vor dem Eröffnungsantrag oder danach mit dem Vorsatz vorgenommen hat, die Gläubiger zu benachteiligen, und der andere Teil den Vorsatz des Schuldner kannte (§ 133 InsO), außerdem unentgeltliche Leistungen innerhalb eines Zeitraum von vier Jahren vor Eröffnung des Insolvenzverfahrens (§ 134 InsO). Was in anfechtbare Weise erlangt worden ist, ist zur Insolvenzmassen zurückzugewähren (§ 143 InsO); der Anspruch verjährt in zwei Jahren seit der Verfahrenseröffnung (§ 146 InsO).

Anfechtung der Wahl von Aufsichtsratsmitgliedern der AG

Anfechtung der Wahl von Aufsichtsratsmitgliedern der AG, *challenge/contestation/opposition/appeal of the supervisory board members' election*. Die Wahl eines oder mehrerer Aufsichtsratsmitglieder durch die Hauptversammlung kann wegen Verletzung des Gesetzes oder der Satzung angefochten werden. Ist die Hauptversammlung bei der Wahl an Wahlvorschläge gebunden, kann die Anfechtung auch darauf gestützt werden, dass der Wahlvorschlag gesetzeswidrig zustande gekommen ist. – Vgl. auch → Anfechtung von Hauptversammlungsbeschlüssen.

anfixen, *to influence selling short*; Bezeichnung für den Versuch, Marktteilnehmer dazu bewegen, auf fallende Kurse zu spekulieren. Häufig sollen dadurch → Baissespekulationen unterstützt werden.

Angebot überwog, *sellers over, surplus of selling orders*. Ausdruck dafür, dass das Angebot die Nachfrage an der Börse überstieg. Kennzeichen hierfür sind Kursrückgänge im ganzen Markt oder in einzelnen Marktsegmenten.

Angebot von Wertpapieren, *share offer price*; Kurs, zu dem ein Wertpapier angeboten wird. – Vgl. auch → Brief.

angespannter Geldmarkt, *tight/strained money market*. Bezeichnung für einen → Geldmarkt, bei dem die Nachfrage nach liquiden Mitteln das Angebot übersteigt. Ein a.G. ist meist ein Indiz für steigende Geldmarktzinsen. – Gegenteil: → flüssiger Geldmarkt.

an Hand lassen. Erklärt sich ein Marktteilnehmer dazu bereit, Wertpapiere innerhalb einer bestimmten, kurzfristigen Zeit zu einem festen Kurs zu kaufen, bzw. zu verkaufen, wird dies als a.H.l. bezeichnet.

Anhang, *supplement, appendix*; bezeichnet einen Bestandteil des → Jahresabschlusses, der qualitative und quantitative Erläuterungen und Ergänzungen zu den Zahlenangaben der → Bilanz und der → Gewinn- und Verlustrechnung (GuV-Rechnung) enthält. Nach § 264 I HGB müssen → Aktiengesellschaften (AG), → Kommanditgesellschaften auf Aktien (KGaA) und → Gesellschaften mit beschränkter Haftung (GmbH) ihren Jahresabschluss gemäß § 242 III HGB um einen A. erweitern. Da der Jahresabschluss unter Beachtung der Grundsätze ordnungsmäßiger Buchführung (GoB) ein den tatsächlichen Verhältnissen entsprechendes Bild der Vermögens-, Finanz- und Ertragslage vermitteln soll und dies nicht durch die allein zahlenmäßige Darstellung in Bilanz und GuV-Rechnung möglich ist, müssen im A. die angewandten Bilanzierungs- und Bewertungsmethoden, v.a. aber die Ausübung von Ansatz- und Bewertungswahlrechten erläutert werden. Neben dieser Interpretations- bzw. Erläuterungsfunktion, die v.a. im Hinblick auf das Informationsziel des Jahresabschlusses von Bedeutung ist, besitzt der A. in der Ergänzungs-, der Korrektur- und der Entlastungsfunktion weitere zentrale Funktionen. Die Ergänzungsfunktion besagt, dass im A. diejenigen Informationen anzuführen sind, die für die Adressaten des Jahresabschlusses nicht direkt aus der Bilanz und der GuV-Rechnung zu erkennen sind. Die zusätzliche Angabe von Informationen zur Vermeidung von Fehlinterpretationen der wirtschaftlichen Lage ist der Korrekturfunktion des A. zuzurechnen. Die Entlastungsfunktion des A. besagt, dass als gleichgestelltes Jahresabschlusselement durchaus bestimmte Informationen aus Bilanz und GuV-Rechnung ohne jeglichen Informationsverlust übertragen werden können, um dadurch eine verbesserte Aussagefähigkeit und Übersichtlichkeit von Bilanz und GuV-Rechnung durch die Konzentration auf die wesentlichen Angaben zu erreichen. – Vgl. auch → Konzernanhang.

Ankaufsgebühren bei Fonds, → Ausgabeaufschlag bei Fonds.

Anlage- und Abschlussvermittler, *broker*. → Makler, die → Finanzdienstleistungen i.S.d. § 1 Ia Nr. 1 (Anlagevermittlung) bzw. Nr. 2 KWG (Abschlussvermittlung) anbieten. – Anlagevermittlung bezeichnet die bloße Vermittlung von Geschäften über die Anschaffung und Veräußerung von → Finanzinstrumenten bzw. den Nachweis dieser Geschäfte. – Abschlussvermittlung bezeichnet die Anschaffung und die Veräußerung von Finanzinstrumenten im fremden Namen für fremde Rechnung. – Gemäß § 32 I S.1 KWG bedarf die Anlage- und Abschlussvermittlung der → Erlaubnis zum Geschäftsbetrieb eines → Finanz-

Anlageberatung

dienstleistungsinstitutes durch das → Bundesaufsichtsamt für das Kreditwesen, sofern die Finanzdienstleistung im Inland gewerbsmäßig in einem Umfang, der einen in kaufmännischer Weise eingerichteten Geschäftsbetrieb erfordert, betrieben wird. Nachzuweisen ist u.a. eine angemessene Eigenkapitalausstattung (→ Eigenmittelausstattung, Kreditinstitute und Finanzdienstleistungsinstitute) und die fachliche Eignung der Geschäftsleiter. Die Versagung der Erlaubnis ist in § 33 KWG geregelt.

Anlage, → Kapitalanlage.

Anlageausschuss, *investment committee*. Organ, das sich i.d.R. aus Fachleuten des → Wertpapiergeschäfts und der Vermögensverwaltung zusammensetzt. Seine Aufgabe besteht in der Beratung der Geschäftsführung einer → Kapitalanlagegesellschaft hinsichtlich der globalen Anlagepolitik. Hieraus kann sich z.B. die Empfehlung ergeben, Aktien einer bestimmten Branche oder Region zu bevorzugen. Da dem A. kein Weisungsrecht gegenüber der Geschäftsleitung einer Investmentgesellschaft zusteht, handelt es sich bei ihm um ein beratendes und nicht um ein entscheidendes Organ. A. gibt es auch bei verschiedenen Banken, die diese beratenden Sachverständigengremien für Vermögensverwaltungen und Großdepots installiert haben. Inhalte einer Anlageausschusssitzung, die im Jahr meist zwei- oder dreimal stattfindet, sind beispielsweise: Die Betrachtung von Fondsübersichten (hinsichtlich des Mittelaufkommens, der Wertentwicklung und der Konkurrenzentwicklung); Vertriebsaktivitäten, wie Veranstaltungen, Verkaufsförderung, Werbung und Öffentlichkeitsarbeit; die Betrachtung der Fondsstruktur (bei → Rentenfonds: Ausrichtung nach Währungen, Nominalverzinsung, Laufzeiten, Kurse und Renditen, bei → Aktienfonds: Verteilung nach Währungen, Branchen und Einzelwerten); die Betrachtung des Kapitalmarktes (Rückblick, wirtschaftliche Entwicklung, geldpolitische oder gesetzgeberische Vorhaben, Zinsentwicklung, Entwicklung im Ausland etc.) sowie die Betrachtung der Anlagepolitik des Fonds (z.B. Beibehaltung der derzeitigen Laufzeitenstruktur oder Verstärkung von bestimmten Engagements, Aktionsvorbereitung für potentielle wirtschaftliche Entwicklungen u.a.).

Anlageberater, *investment advisor/consultant*. Ein A. erbringt Dienstleistungen (→ Anlageberatung) in Form von personenbezogener Beratung hinsichtlich der Kapitalanlage in Wertpapieren und allen anderen → Kapitalanlagearten. Aufgabe ist es, quantifizierbare Probleme zu analysieren und daraus resultierende Entscheidungshilfen, Informationen und Alternativangebote zu sammeln. Diese sollten vollständig, objektiv und an die persönlichen Vorstellungen (v.a. → Risikobereitschaft), Ziele und Umstände des Kunden angepasst sein. – Vgl. auch → Vermögensberater.

Anlageberatung. Das Vertrauen der Anleger in die → Wertpapiermärkte stellt eine wesentliche Voraussetzung ihrer Funktionsfähigkeit dar. Dieses notwendige Vertrauen vor allem durch A. zu schützen, war über einen langen Zeitraum vorrangig Aufgabe der Rechtsprechung. Das → Wertpapierhandelsgesetzes hat die A. mit den statuierten Verhaltensregeln (§§ 31 ff. WpHG) auf eine aufsichtsrechtliche Grundlage gestellt. Danach müssen → Wertpapierdienstleistungsunternehmen sich vor der Erbringung der → Wertpapierdienstleistung oder → Wertpapiernebendienstleistungen über die Erfahrungen und den Kenntnisstand des Kunden sowie seine Anlageziele, seine Risikobereitschaft und die Vermögensverhältnisse informieren (§ 31 Abs. 2 Satz 1 Nr. 1 WpHG), ohne dass der Kunde zu entsprechenden Angaben verpflichtet ist. Ferner sind Wertpapierdienstleistungsunternehmen verpflichtet, ihren Kunden alle zweckdienlichen Informationen mitzuteilen, soweit dies zur Wahrung der Kundeninteressen und im Hinblick auf die Art und den Umfang der beabsichtigten Geschäfte erforderlich ist (§ 31 Abs. 2 Satz 1 Nr. 2 WpHG). Der Kunde soll dadurch in die Lage versetzt werden, Tragweite und Risiken seiner Anlageentscheidungen angemessen abzuschätzen. Zudem ist es Wertpapierdienstleistungsunternehmen verboten, Kunden den Ankauf oder Verkauf von → Wertpapieren, → Geldmarktinstrumenten oder Derivaten zu empfehlen, die nicht mit den Interessen des Kunden übereinstimmen oder mit denen vorrangig Eigeninteressen der Wertpapierdienstleistungsunternehmen verfolgt werden (§ 32 Abs. 1 Nr. 1 WpHG). Kauf- oder Verkaufsempfehlungen des Wertpapierdienstleistungsunternehmens sollen die Preise von Wertpapieren, Geldmarktinstru-

Anlageberatung, Haftung

menten oder Derivaten für → Eigengeschäfte desselben oder eines → verbundenen Unternehmens in eine bestimmte Richtung lenken. Das → Bundesaufsichtsamt für den Wertpapierhandel (seit 2002 Bundesanstalt für Finanzdienstleistungsaufsicht) überwacht die Einhaltung der Verhaltensregeln und hat sie 1997 in einer Richtlinie konkretisiert. Ansprüche auf Schadenersatz wegen Verletzung der Informationspflicht und fehlerhafter Beratung verjähren in 3 Jahre vom der Entstehung des Anspruchs an.

Anlageberatung, Haftung, *investment counseling, liability*; vgl. → Verbraucherschutz bei der Anlageberatung.

Anlagebetrug, → Kapitalanlagebetrug.

Anlagebuch. Nach § 1 XII S.4 KWG bilden alle Risikopositionen eines → Kreditinstitutes oder eines → Finanzdienstleistungsinstitutes, die nicht dem → Handelsbuch zuzurechnen sind, das A. Im A. werden diejenigen Geschäfte zusammengefasst, die nicht mit der Absicht des Wiederverkaufes (→ Eigenhandel) oder zur Kursabsicherung (→ Hedge-Geschäft) eingegangen wurden. Im Gegensatz zu Handelsbuch-Risikopositionen stehen bei A.-Risikopositionen nicht die → Marktpreisrisiken, sondern die → Bonitätsrisiken (Sachwert- und Adressenausfallrisiken) im Vordergrund. Die Umwidmung von Positionen in das Handelsbuch oder A. ist in den Unterlagen des Instituts nachvollziehbar zu dokumentieren und zu begründen. Die Einhaltung der festgelegten Kriterien ist vom → Abschlussprüfer zu überprüfen und zu bestätigen. – Die Zuordnung der Risikopositionen zum A. oder Handelsbuch erlangt Bedeutung im Zusammenhang mit der → Eigenmittelausstattung nach § 10 KWG und dem → Grundsatz I.

Anlagefonds, *investment fund*. Ein A. ist nach schweizerischem Recht ein Vermögen, das aufgrund öffentlicher Werbung von Anlegern zum Zweck gemeinschaftlicher Kapitalanlage aufgebracht und von der Fondsleitung i.d.R. nach dem Grundsatz der Risikomischung für Rechnung der Anleger verwaltet wird. Die Anlage des Fondsvermögens erfolgt je nach Art des Fonds in Wertpapieren, Geldmarktinstrumenten oder in Immobilien (→ Wertpapierfonds, → Geldmarktfonds, → Immobilienfonds), daneben gibt es Fonds-Spezialprodukte (→ Spezialitätenfonds) und Anlagestrategiefonds. Schweizer A. müssen mit variablem Kapital ausgestattet sein und sind zur jederzeitigen Rücknahme der Anteilscheine verpflichtet.

Anlagegesellschaft, *Kapitalanlagegesellschaft, Investmentgesellschaft, (capital) investment company, investment trust*. Vor allem in Österreich und der Schweiz gebräuchlicher Begriff für → Kapitalanlagegesellschaften bzw. → Investmentgesellschaften.

Anlagegrenzen. Zu den wesentlichen Merkmalen eines → Investmentfonds gehört die gesetzlich vorgeschriebene Anlagestreuung. Nach dem → KAGG darf ein Fonds in Wertpapieren einer einzelnen Adresse nur maximal fünf Prozent (in Ausnahmefällen bis zu zehn Prozent) des Fondsvermögens investieren. – Vgl. auch → Risikomischung bei Investmentfonds.

Anlagegrundsätze von Investmentfonds, *investment standards of investment funds*. Die A.v.I. finden im Rahmen der → Anlagepolitik von Investmentgesellschaften Anwendung. Bei Ausgestaltung der Anlagegrundsätze müssen die gesetzlichen Vorschriften eingehalten werden (→ Anlagegrenzen).

Anlageliste bei Investmentfonds, *investment proposals for a mutual fund*; stellt eine Aufstellung zum Erwerb geeigneter Finanztitel dar. Sie wird in der Regel vom Fondsmanagement oder von einem → Anlageausschuss festgelegt.

Anlagen. 1. *investments*; Bezeichnung für in Investmentprogramme, Wertpapiere, Beteiligungen und weiteren Anlageformen angelegtes Kapital. – 2. *fixed assets*; Kurzbezeichnung für das → Anlagevermögen einer Unternehmung.

Anlagendeckungsgrad, *fixed-assets-to-net-worth ratio*; Kennzahl zur Beurteilung der horizontalen → Bilanzstruktur. Der A. misst den Einsatz des → Eigenkapitals und des langfristigen → Fremdkapitals bezogen auf das → Anlagevermögen. Traditionelle Vorstellungen empfehlen einen A. von über 100%, um die Deckung des Anlagevermögens mit langfristigem Kapital (fristenkongruente Finanzierung) zu erreichen. – Vgl. auch → goldene Bilanzregel.

Anlagenmarkt, *asset market*; Bezeichnung des Marktes für → festverzinsliche Wertpapiere an österreichischen Börsen.

Anlagepapiere, *Anlagewerte, investment securities*; Bezeichnung für jene in → Wertpapieren verbrieften Werte, welche zur langfristigen, risikoaverseren → Kapitalanlage geeignet sind. Eine eher gleichmäßige Wertentwicklung findet sich vor allem bei → festverzinslichen Wertpapieren, wie Anleihen und Pfandbriefen, aber auch bei → Blue Chips.

Anlageplanung, *investment planning*; vgl. → Anlageberatung.

Anlagepolitik, *Anlagestrategie, investment management policy*. → Aktienfonds können nach einer aktiven oder passiven Strategie gemanagt werden. Bei der aktiven A. werden auf der Basis eines definierten Entscheidungsprozesses Erwartungen über die künftige Marktentwicklung aufgrund der aktuellen Konjunktur- und Brancheneinschätzungen gebildet. Entsprechend dieser Prognosen wird das → Portefeuille strukturiert. Die Einzelauswahl von Titeln erfolgt aktiv anhand von eigenen Analysen bzw. Recherchen. Der Fondsmanager versucht dadurch, die → Performance des jeweiligen → Benchmarks zu übertreffen. – Bei der passiven A. wird versucht die jeweilige Performance eines → Aktienindizes durch die Abbildung dessen Zusammensetzung nachzubilden. Die Höhe der Abweichung der Performance des Portefeuilles im Vergleich zum Benchmark wird als → Tracking Error bezeichnet. Der Vorteil dieser Strategie ist in den geringeren Transaktionskosten und Verwaltungskosten zu sehen.

Anlagepolitik von Investmentgesellschaften, *investment policy of investment companies*. Die A. bestimmt die Details der Anlage entsprechend den Anlagezielen (z.B. hohe Ausschüttungen oder hohe Kurschancen) und dem Fondstyp (→ Fondsarten). Sie umfasst u.a.: Die Auswahl der Wertpapiere, die Festlegung der Kauf- und Verkaufszeitpunkte, die Bestimmung des Anteils einzelner Wertpapiere am Fondsvermögen und die Bestimmung der liquiden Mittel. Im Rahmen der A. müssen die → Anlagegrenzen des → KAGG eingehalten werden.

Anlageregeln, *investment rules*. Zutreffende Regeln zur Kapitalanlage für jeden Anleger lassen sich aufgrund individuell unterschiedlicher Kenntnisse und Präferenzen im Zusammenhang mit Kapitalanlageentscheidungen nicht aufstellen. Ein Anknüpfungspunkt zur Entwicklung von A. können allerdings die → Kapitalanlegerziele, z.B. die → Altersvorsorge sein, die im Rahmen der Anlageberatung berücksichtigt werden müssen.

Anlagespiegel, *Anlagegitter, fixed-asset movement schedule*. Im A. wird die Entwicklung der einzelnen Posten des → Anlagevermögens im Geschäftsjahr erfasst. Der A. ist zusammen mit der → Bilanz oder gesondert im → Anhang offenzulegen. → Kleine Kapitalgesellschaften sind hiervon befreit. – Ausgehend von den Anschaffungs- oder Herstellungskosten sind Zugänge, Abgänge, Umbuchungen, Zuschreibungen sowie → Abschreibungen des Geschäftsjahres und kumulierte Abschreibungen anzugeben.

Anlagevermittler, → Anlage- und Abschlussvermittler.

Anlagevermögen, *fixed assets, capital assets*; Bezeichnung für Vermögensgegenstände, die am → Bilanzstichtag dazu bestimmt sind, dem Unternehmen nicht nur vorübergehend, sondern über einen längeren Zeitraum hinweg zur Verfügung zu stehen (§ 247 II HGB). Nach § 247 I HGB muss das A. in der → Bilanz gesondert ausgewiesen und hinreichend aufgegliedert werden. Eine derartige Aufgliederung in immaterielle Wirtschaftsgüter, Sachanlagen und Finanzanlagen mit ihren jeweiligen Unterpositionen hat der Gesetzgeber für → Kapitalgesellschaften in § 266 II HGB geregelt. Dabei ist die Entwicklung der einzelnen Positionen des A. nach § 268 II HGB in einem → Anlagespiegel darzustellen. Die korrekte Einordnung der Vermögensgegenstände eines Unternehmens in A. und → Umlaufvermögen hat neben ihrer formellen Bedeutung für die Bilanzgliederung nach § 253 HGB auch erhebliche materielle Auswirkungen auf die Wertansätze der Vermögensgegenstände.

Anlagevorschriften

Anlagevorschriften, *investment regulations (rules)*. A. reglementieren die Verwendung von Fremd- und Eigenmitteln solcher Unternehmen, die in bedeutendem Umfang als Kapitalsammelstellen auf dem Kapitalmarkt in Erscheinung treten. Dies sind neben den Kredit- und Finanzdienstleistungsinstituten die Versicherungsunternehmen und die Kapitalanlagegesellschaften. Die jeweils institutsbezogenen A. beschränken die Anlage des ihnen überlassenen Kapitals durch Festlegung bestimmter Liquiditätsreserven und/oder durch die Bestimmung des Umfangs und der Beschaffenheit der Anlage-Gegenstände (Sachen, Rechte). Sie sollen den Schutz der Einleger und das Funktionieren des → Kapitalmarktes sicherstellen. – Kredit- und Finanzdienstleistungsinstitute: Gemäß § 11 KWG sind die Kredit- und Finanzdienstleistungsinstitute gehalten, ihre Mittel so anzulegen, dass jederzeit eine ausreichende Liquidität gewährleistet ist. Diese gesetzliche Regelung wird durch Grundsatz II der vom → Bundesaufsichtsamt für das Kreditwesen (BAKred) aufgestellten Grundsätze über die Eigenmittel und die Liquidität der Institute konkretisiert, nach dem das BAKred im Regelfall beurteilt, ob die Liquidität eines Kreditinstituts als ausreichend zu bewerten ist. – Versicherungsunternehmen: Die Anlagetätigkeit der Versicherungsunternehmen muss so konzipiert sein, dass die jederzeitige Erfüllung der Leistungspflichten, die aus der Risikoübernahme gegenüber dem Versicherten erwachsen können, gewährleistet ist. Daher haben sie die Bestände des → Deckungsstocks und ihr übriges gebundenes Vermögen gemäß § 54 Versicherungsaufsichtsgesetz (VAG) unter Berücksichtigung der betriebenen Versicherungsgeschäfte sowie der Unternehmensstruktur so anzulegen, dass möglichst große Sicherheit und Rentabilität bei jederzeitiger Liquidität des Unternehmens unter Wahrung angemessener Mischung und Streuung erreicht wird. Arten und Umfang der zulässigen Anlagemöglichkeiten sind in den §§ 54a ff. VAG näher geregelt. – Kapitalanlagegesellschaften: Das Gesetz über Kapitalanlagegesellschaften (KAGG) bestimmt in § 1, dass die Gesellschaften bei ihnen eingelegtes Geld nach dem Grundsatz der Risikomischung gesondert vom eigenen Vermögen anzulegen haben. §§ 7a ff. KAGG enthalten für die verschiedenen Formen der → Sondervermögen (→ Geldmarkt-, → Wertpapier-, → Beteiligungs-, → Investmentfondsanteil-, → Grundstücks- und → Altersvorsorge-Sondervermögen) jeweils eigene, den Grundsatz der Risikomischung konkretisierende A.

Anlagewerte, → Anlagepapiere.

Anlagewürdigkeit, *investment worthiness*. Tritt ein → Emittent am Geld- und Kapitalmarkt auf, so ist seine A. für die → Anleger von Bedeutung; dies gilt gerade auch bei der → Neuemission von Wertpapieren. Als Kriterien für die A. können etwa Eigenkapital, Bilanzgewinn, → Bonität sowie die Qualifikation des Managements herangezogen und mittels → Ratings bewertet werden. Zusätzliche Aussagen über die A. ermöglicht eine Betrachtung der bislang ausgeschütteten → Dividenden, der Bemühungen um die Aktionäre (→ Shareholder Value) sowie die Entwicklung von Kursen und Ertragskennzahlen.

Anlaufdividende, *start-up dividend*. Die A. steht für die Dividendenausschüttung einer AG nach mehreren dividendenlosen Jahren oder für die erstmalige Dividendenausschüttung.

Anleger, → Kapitalanleger.

Anlegerinteresse, *investors' interest*; bezeichnet die Verfassung der Angebotsseite auf Wertpapiermärkten. Die Gewinnaussichten einer Investition ist wesenbestimmendes Merkmal des A. und bestimmt dadurch auch die → Aufnahmebereitschaft eines Marktes. Während einer → Hausse besteht hohes, in Zeiten einer → Baisse sehr niedriges A., wodurch die Möglichkeiten der → Kapitalbeschaffung wesentlich beeinflusst werden.

Anlegerrisikoklassen, *investor's risk classes*. → Wertpapierdienstleistungsunternehmen unterteilen die → Anleger, die → Wertpapiergeschäfte tätigen wollen, in Abhängigkeit von deren Kenntnissen, Erfahrungen, → Anlagezielen und finanziellen Verhältnissen in A. Je höher die Kenntnisse des Anleger sind, desto risikoreichere Geschäfte dürfen getätigt werden. Die Unternehmen müssen diese Informationen gemäß § 31 II WpHG einholen, um ihren Verhaltensregeln nachzukommen und sich gegen Schadensersatzklagen von Seiten der Anleger zu schützen.

Anlegerschutz. Bezweckt als kapitalmarktrechtliches Prinzip, den einzelnen Anleger, der bereit ist, Teile seines Vermögens als Wagniskapital zu Verfügung zu stellen, vor Vermögensverlusten oder vor für ihn nicht kalkulierbaren Risiken von Kapitalanlagen zu bewahren. Das Schutzbedürfnis vor allem der Kleinanleger erwächst in erster Linien aus dem Umstand, dass sie oft nur unzureichend über die Struktur und Risiken der marktmäßig angebotenen Anlagemöglichkeiten informiert sind. Dieses Informationsdefizit sucht die Rechtsprechung durch vorvertragliche Aufklärungs- und Warnpflichten der Vermittlerseite, insbesondere der → Kreditinstitute, sowie dadurch auszugleichen, dass sie Kreditinstitute meistens auf Grund stillschweigend geschlossener Beratungsverträge dazu verpflichtet, den Anleger qualifiziert über die einzelnen Anlagemöglichkeiten (objektgerecht) und über deren Eignung für die Bedürfnisse des konkreten Anlegers (anlegergerecht) zu beraten. Der Gesetzgeber hat dem Anlegerschutz vor allem mit den aufsichtsrechtlichen „Verhaltenspflichten für Wertpapierdienstleistungsunternehmen" der §§ 31 ff. WpHG Aufmerksamkeit geschenkt. Die zuletzt genannten aufsichtsrechtlichen Verhaltenpflichten machen deutlich, dass der Anlegerschutz sich nicht im Individualschutz erschöpft, sondern seine Verwirklichung, wenn sie in rationalen Entscheidung informierter Anleger ihren Ausdruck findet, zugleich eine Voraussetzung für einen leistungsfähigen Kapitalmarkt insgesamt ist. – Bei einer → Insolvenz eines Kredit- oder → Finanzdienstleistungsinstituts ist ein Anleger nach dem Einlagensicherungs- und Anlegerentschädigungsgesetz von 1998 wegen seiner Verbindlichkeiten aus Wertpapiergeschäften in betragsmäßig beschränktem Umfang geschützt. Ansprüche auf Schadenersatz wegen fehlerhafter Beratung sind darin nicht einbezogen. Mit diesem Gesetz hat Deutschland die 1997 in Kraft getretenen EU-Richtlinie über Systeme für die Entschädigung von Anlegern umgesetzt. Die Richtlinie zielt darauf ab, einen gemeinschaftsweiten harmonisierten Mindestschutz für Kapitalanleger in Wertpapieren zu schaffen für den Fall, dass eine Wertpapierfirma nicht in der Lage ist, ihren Verpflichtungen gegenüber dem Anlegerkunden nachzukommen und das Vertrauen in das Finanzsystem zu erhalten.

Anlegerziele, *Kapitalanlegerziele, investor's goals, goals, investment objective*; werden i.d.R. in Abhängigkeit von Präferenzen eines Anlegers hinsichtlich → Rendite und → Risikos ermittelt. Die Liquidität einer Anlage erhält zumeist keinen eigenständigen Rang, geht jedoch über die sog. Liquidationskosten in die Renditeberechnung ein. Im allgemeinen Sprachgebrauch werden bei den A. oftmals weitere autonome Aspekte wie die Präferenzen hinsichtlich der Ertragszuflüsse (→ Gewinnthesaurierung versus → Ausschüttung) berücksichtigt. Daneben bestehen entgegen den Annahmen der neoklassischen Kapitalmarkttheorie interdependente kulturelle, soziale, historische und ethische Einflüsse, die sich im Anlegerverhalten manifestieren.

Anleihe, *Obligation, Schuldverschreibung, bond, bond issue, loan.* Wertpapier, welches ein Schuldverhältnis zwischen Emittent (→ Anleiheschuldner) und Inhaber (→ Anleihegläubiger) beurkundet. Im Gegensatz zur Aktienemission beschafft sich der Anleiheemittent → Fremdkapital. Die wichtigsten Eckpunkte des Schuldverhältnisses werden vom Emittenten in der → Anleiheausstattung niedergelegt. In der Regel sind A. an der Börse handelbar und somit jederzeit erwerb- und veräußerbar. Für den Anleiheinhaber besteht während der Laufzeit in Abhängigkeit von der Zinsentwicklung ein → Kursrisiko. Dabei bedeuten steigende Marktzinsen aufgrund der dadurch fallenden Attraktivität des Anleihekupons i.d.R. sinkende Kurse. – Am deutschen Rentenmarkt dominieren vor allem → Bundesanleihen und → Bundesobligationen der öffentlichen Hand sowie → Pfandbriefe der → Realkreditinstitute. Darüber hinaus treten auch zunehmend Unternehmen als Emittenten am Anleihemarkt auf (→ Industrieobligationen). Als Anleihegläubiger kommen vor allem Privatanleger, Banken, Investmentgesellschaften und Versicherungen in Frage. Am häufigsten treten A. mit fester Verzinsung (→ festverzinsliche Wertpapiere) und fester Laufzeit auf. Es werden jedoch auch A. mit variabler Verzinsung emittiert (→ Floating Rate Notes), bei denen der Kupon während der Laufzeit der A. in regelmäßigen Abständen an das Marktzinsniveau bzw. einem Referenzinsatz angepasst wird. – Der Anleihegläubiger trägt das Risiko der Zahlungsunfähigkeit des Schuldners. Zur leichteren Klassifizierung

Anleihe, Lombardfähigkeit

der Emittenten haben die Kreditinstitute bzw. Ratingagenturen die Schuldnerbonität in Ratingklassen eingeteilt (→ Rating). Emittenten niedriger Ratingklassen müssen A. mit höheren Renditen emittieren, wodurch für sie die Fremdkapitalbeschaffung teurer wird.

Anleihe, Lombardfähigkeit, *bond/loan, acceptability as collateral.* Die Lombardfähigkeit von → Anleihen spielte v.a. für die → Offenmarktpolitik der Deutschen Bundesbank, die seit der Einführung des → Euro durch die Geldpolitik der Europäischen Zentralbank (EZB) bestimmt wird, eine wichtige Rolle. Lombardfähig waren Anleihen, die in dem → Lombardverzeichnis der Deutschen Bundesbank aufgeführt wurden. Dazu gehörten vor allem Schuldverschreibungen des Bundes, seiner Sondervermögen und der Länder. – Kreditinstitute nutzten lombardfähige Anleihen, um sich durch die Verpfändung dieser Schuldverschreibungen bei der Bundesbank günstige Refinanzierungsmöglichkeiten in Form eines → Lombardkredites zu verschaffen. Die Bundesbank versuchte u.a., über den Zins für Lombardkredite (→ Lombardsatz) die Geldmenge zu steuern. Durch die Aufnahme einer Anleihe in das Lombardverzeichnis bestand keine zwangsläufige Verpflichtung, einen Lombardkredit gegen Verpfändung der entsprechenden Schuldverschreibung zu gewähren. – An die Stelle der Lombardkredite trat mit Einführung des Euro 1999 die → Spitzenrefinanzierungsfazilität der EZB.

Anleihe, Mündelsicherheit. Mündelsichere → Anleihen dienen der verzinslichen Anlage von Mündelgeld, wozu der Vormund innerhalb einer angemessenen Frist gesetzlich verpflichtet ist (§§ 1806 ff. BGB). Hierzu zählen vor allem Schuldverschreibungen, die durch grundpfandrechtlich gesicherte Forderungen (→ Pfandbriefe) unterlegt sind, verbriefte Forderungen gegen den Bund (→ Bundesanleihen) oder gegen ein Bundesland. Durch besonderen Amtsgerichtsbeschluss können jedoch auch andere Anlageformen als mündelsicher erklärt werden. Eine große Bedeutung in der Praxis hat die mündelsichere Geldanlage in Anleihen v.a. bei Versicherungsgesellschaften, die bei ihrer Wertpapieranlage von Versicherungsgeldern häufig das Kriterium der Mündelsicherheit erfüllen müssen. – Vgl. auch → mündelsichere Wertpapiere.

Anleiheausschreibung, *bond offer for sale.* Verfahren zur Ermittlung des günstigsten Angebotes im Rahmen einer Anleiheemission. Die A. findet vor allem Anwendung bei der Emission von → Bundesanleihen und im Rahmen der Offenmarktgeschäfte der Deutschen Bundesbank bzw. der Europäischen Zentralbank. – Vgl. hierzu → Tender.

Anleiheausstattung, *Anleihebedingungen, bond structure*; gibt die wesentlichen Daten einer → Anleihe wieder und ist auf dem → Anleiheschein vermerkt. Die wichtigsten Ausstattungsmerkmale sind Emittent, Währung, Stückelung, Laufzeit, → Anleihenbesicherung, sowie Zins-, Ausgabe- und Rückzahlungsmodalität des Emittenten. – 1. Emittent: Anleiheemittenten sind vor allem Staaten, öffentliche Körperschaften und Wirtschaftsunternehmen (vgl. → Anleiheschuldner). – 2. Währung: Unterscheidung in Anleihen inländischer Währung und → Fremdwährungsanleihen. – 3. Stückelung: Aufteilung des Emissionsvolumens in mehrere Nennbeträge. Der Nennwert von Anleihen beträgt meist 100, 1.000 oder 10.000 Währungseinheiten. – 4. Laufzeit: mit Laufzeitbegrenzung; ohne Laufzeitbegrenzung; Kündigungsrecht einer Partei. – 5. Zinszahlung: Die Verzinsung einer Anleihe wird durch den → Kupon ausgedrückt, der sich auf den Nennwert der Anleihe bezieht. Es ist zwischen Anleihen mit fester Verzinsung (→ festverzinsliche Wertpapiere) und variabler Verzinsung (→ Floating Rate Note) zu unterscheiden. Die Zinszahlungen können entweder regelmäßig ausgezahlt oder thesauriert werden. – 6. Emissionskurs: Anleihen werden zum Nennwert (pari), unter Nennwert oder über Nennwert begeben (→ Ausgabepreis). – 7. Rückzahlung: Die Rückzahlung erfolgt entweder zum Nennwert (pari) oder über dem Nennwert (→ Agiopapiere).

Anleihebedingungen, → Anleiheausstattung.

Anleihebesicherung, *bond collateralization.* Durch die A. soll gewährleistet werden, dass die → Anleihegläubiger keine Zahlungsausfälle bzgl. der Zins- und Tilgungsleistungen erleiden. Bundeswertpapiere sind z.B. hauptsächlich durch die Steuergewalt des Bundes gesichert. – Große Bedeutung hat die A. bei der Emission von → Pfandbriefen.

Diese werden von → Realkreditinstituten begeben und mit grundpfandrechtlich gesicherten Forderungen unterlegt. – Inländische → Anleihen mit hervorragender A. werden mit den Attributen Mündelsicherheit, Deckungsstockfähigkeit und Lombardfähigkeit belegt. Der Großteil der Anleihen ist nur durch die → Bonität des Schuldners gesichert. Zur besseren Einschätzung der Kreditwürdigkeit werden die → Anleiheschuldner in bestimmte Ratingklassen eingeteilt (→ Rating). – Vgl. auch → Anleihe, Mündelsicherheit, → Anleihe, Lombardfähigkeit, und → Negativklausel.

Anleihebewertung, *bond valuation*. 1. Der Wert einer → Anleihe ergibt sich aus dem Börsenkurs der gehandelten Stücke, ermittelt aus Angebot und Nachfrage. Dieser wiederum wird determiniert durch die → Anleiheausstattung (Zinscoupon, Laufzeit, Kündigungs- und sonstige Rechte), die → Bonität des Emittenten (Fähigkeit zur Erfüllung der Zahlungsverpflichtungen) und die → Liquidität der Anleihe. Der rechnerische Wert einer risikolosen Anleihe ergibt sich finanzmathematisch als Summe der abgezinsten (→ Abzinsung) Coupons und der Tilgungszahlungen mit dem jeweiligen Zinssatz (→ Barwert). Für risikobehaftete Anleihen wird bei dieser Kalkulation zum Zinssatz ein vom Rating der Anleihe abhängiger Zuschlag (→ Risikoprämie) addiert. Für den Anleger interessant ist die Rendite einer Anleihe unter Berücksichtigung seiner eigenen Steuersituation. Er wird also bei der A. die Nettozahlungen mit den jeweiligen Nettozinssätzen diskontieren. – 2. Bezeichnung für das von → Rating-Agenturen vorgenommene → Rating des Emittenten einer Anleihe.

Anleihedienst, *loan debt service*. Durchführung aller Tätigkeiten, zu denen ein → Anleiheschuldner verpflichtet ist. Dazu zählen neben der Zahlung der anfallenden → Zinsen, die → Anleihetilgung gemäß den mit dem Anleihegläubiger vereinbarten Tilgungsbedingungen sowie andere Tätigkeiten wie z.B. die Ausstellung neuer → Kuponbögen u.ä.

Anleiheemission, *bond issue*; Ausgabe von Schuldverschreibungen (→ Ausgabe von Wertpapieren). – Vgl. auch → Anleihen.

Anleihegeschäft, *bond issue operations*. Unter diesem Oberbegriff subsumiert man die Übernahme und Unterbringung von → Anleihen. Meistens werden die Anleihen von einer Bank oder einem → Bankenkonsortium übernommen. Das → Risiko der → Plazierung der Anleihen liegt dann bei der Bank, bzw. dem → Konsortium. Selten übernimmt die Bank nur den kommissionsweisen Verkauf oder die Vermittlung der Zeichnungen.

Anleihegesetz. Nach dem AnlG gelten in Reichsgesetzen und reichsrechtlichen Verordnungen enthaltene Vorschriften, die sich auf Schuldurkunden des Reiches und Reichsschuldbuchforderungen beziehen, sinngemäß auch für Schuldurkunden des Bundes und für die das Bundesschuldbuch eingetragenen Forderungen.

Anleihegläubiger, *bond creditor/holder*; Inhaber einer → Anleihe. Der A. erwirbt mit der Anleihe i.d.R. das Recht auf Zinszahlungen in bestimmter Höhe zu gegebenen Terminen sowie Rückzahlung des Nennbetrages zum Ende der Laufzeit. Die Zins- und Rückzahlungsmodalitäten stehen üblicherweise bereits bei der → Emission in der → Anleiheausstattung fest. – Gegensatz: → Anleiheschuldner.

Anleihekonsortium, *loan syndicate*; bezeichnet ein → Konsortium, das die Plazierung einer → Anleihe am Markt übernimmt.

Anleihekündigung, *call-in of a loan/bond*. Bei → Anleihen mit Schuldnerkündigungsrecht hat der → Emittent das Recht, das Anleihekapital vorzeitig zurückzuzahlen. Möglich sind auch lediglich Tilgungen bestimmter → Tranchen, die i.d.R. durch ein Losverfahren ermittelt werden. Der Emittent versucht durch die A. seine Fremdkapitalkosten zu verringern, indem er die → Anleihen bei sinkendem Marktzins nach unten konvertiert (→ Anleihen, Konvertierung). Es existieren auch Anleihen mit einem Gläubigerkündigungsrecht. In diesem Fall hat der Anleger das Recht, die Anleihe nach einem bestimmten Zeitraum jederzeit an einem oder mehreren Zinsterminen vorzeitig zu kündigen. Ein Kündigungsrecht zugunsten des Schuldners oder des Gläubigers besteht nur, wenn es in den → Anleiheausstattungen vorgesehen ist.

Anleihemarkt

Anleihemarkt, → Rentenmarkt.

Anleihe mit DAX-Kopplung, *DAX-linked bond*. → Indexanleihe, dessen Rückzahlungsbetrag von der Entwicklung des → Deutschen Aktienindex (DAX) abhängig ist. Die Anleihe als klassischer Fremdkapitaltitel wird auf diese Weise mit weiteren Risikokomponenten ausgestattet. Als Ausgleich wird eine höhere laufende Verzinsung gezahlt.

Anleihe mit gleitendem Zinssatz, *Anleihe mit variablem Zinssatz*; vgl. → Floating Rate Note.

Anleihen mit Indexklausel, → Indexanleihe.

Anleihen, Konvertierung, *bonds/loans, conversion*. Eine Konversionsanleihe entsteht durch die Umwandlung einer bestehenden Schuldverschreibung in eine → Anleihe mit geänderten Zins- und Tilgungsmodalitäten. Der → Anleiheschuldner ist zu einer Konversion berechtigt, wenn ihm eine solche Befugnis ausdrücklich in der → Anleiheausstattung eingeräumt worden ist oder er über ein Recht auf Kündigung der Anleihe verfügt. – Allgemein erfolgt die Konversion durch Kündigung der alten → Anleihe seitens des Schuldners bei deutlich sinkendem Kapitalmarktzins. Die → Anleihegläubiger entscheiden, ob sie in die Konvertierung einwilligen oder ob sie das Rückzahlungsangebot vorziehen. – Eine De-Facto-Zinskonvertierung nach unten liegt vor, wenn der Schuldner von einem vorzeitigen Kündigungsrecht Gebrauch macht und den Anleihenhabern eine neue Anleihe mit niedrigerem Nominalzins anbietet. – Eine Kündigung von Anleihen zum Zweck der Heraufkonvertierung (Erhöhung der Nominalverzinsung) wird der Schuldner u.U. dann vornehmen, wenn der Anleihekurs bei steigendem Zinsniveau stark fällt. In diesem Fall wird den Anleihegläubigern keine Kapitalrückzahlung angeboten.

Anleihen mit Währungsoption, *Währungsoptionsanleihe, currency option linked bond*. 1. Mit einem Währungsoptionsschein ausgestattete → Optionsanleihe. Der Anleger hat die Möglichkeit, einen bestimmten Fremdwährungsbetrag innerhalb einer festgelegten Frist und zu einem vorab fixierten Wechselkurs zu erwerben. Dadurch kann der Anleger von einem positiven Wechselkursverlauf überdurchschnittlich profitieren. Der Optionsschein kann grundsätzlich von der Optionsanleihe getrennt und separat gehandelt werden. Da der Anleger zwar das Recht, nicht aber die Pflicht zum Bezug der Fremdwährung hat, ist sein Verlustpotenzial auf die → Optionsprämie beschränkt. Der Emittent erlangt durch Gewährung eines Optionsrechts vergleichsweise niedrige Fremdkapitalkosten. Das Währungsrisiko seinerseits sichert er i.d.R. durch Sicherungsgeschäfte (→ Hedging) ab. – 2. Anleihe, bei der → Anleiheschuldner oder → Anleihegläubiger ein Wahlrecht hat, in welcher ex ante bestimmten Währung Zins- bzw. Rückzahlungen zu erfolgen haben.

Anleihen, Platzierung, *Begebung, placing of a loan*. Die Platzierung von Anleihen kann entweder durch eine → Selbst- oder eine → Fremdemission erfolgen. Während bei der Selbstemission der → Emittent die → Wertpapiere selbst im → Kapitalmarkt (öffentliche Begebung) oder bei (institutionellen) Investoren (private Begebung) unterbringt, übernimmt diese Aufgabe bei einer Fremdemission ein → Emissionskonsortium. Die Wertpapiere können im Rahmen einer öffentlichen Begebung durch den → freihändigen Verkauf oder durch eine → öffentliche Zeichnung platziert werden. Beim freihändigen Verkauf, welches das gängigere Verfahren darstellt, erhalten die → Konsortialbanken eine → Zuteilung der Papiere in bestimmter, vorher vereinbarter Höhe, welche sie ihren Kunden dann ab dem festgelegten Verkaufstag zum Kauf anbieten. Bei der öffentliche Zeichnung hingegen wird eine → Zeichnungsfrist festgelegt, in der die Anleger ihre Zeichnungserklärung abgeben können und nach deren Ablauf eine Zuteilung der Anleihen erfolgt. – Das Emissionskonsortium kann sich bei unsicherer Marktlage auch erst nur dazu verpflichten, eine bestimmte → Tranche zu platzieren, um das Absatzrisiko zu vermindern. Üblicherweise besteht dann für die Begebung weiterer Tranchen eine Option. – Vgl. auch → Emission, → Konsortialgeschäft, → Übernahmekonsortium, → Garantiekonsortium, → Begebungskonsortium.

Anleihennennwert, *face value*; bezeichnet den durch den → Schuldner bei einer → al pari Rückzahlung zu leistende Tilgung pro Teilschuldverschreibung. Ferner bildet der A. die Grundlage der Notierung einer Anleihe, die in Prozent des Nennwerts gehandelt wird. Bei einem Kurs von 110 Prozent würde eine Anleihe mit einem A. von 100.000 Euro pro Teilschuldverschreibung 110.000 Euro kosten.

Anleihenobligation, → Anleihe.

Anleihenoptionshandel, → Rentenoptionshandel.

Anleihenvertrag, *bond contract*; bezeichnet Verträge zwischen dem → Emittenten einer → Anleihe und dem → Emissionskonsortium, in dem Fragestellungen bezüglich des Auftragsverhältnisses zu klären sind.

Anleiheschein, *bond certificate*; Bezeichnung für den → Mantel einer → Anleihe, d.h. die verbriefte Rückzahlungsforderung des → Anleihegläubigers. – Vgl. → Mäntel der Wertpapiere.

Anleiheschuldner, *bond/loan debtor*; Bezeichnung für den → Emittenten einer → Anleihe. Dieser ist verpflichtet, die in der → Anleiheausstattung vereinbarten Modalitäten, vor allem bzgl. der Zinszahlungen und der Kapitalrückführung, einzuhalten. – Gegensatz: → Anleihegläubiger.

Anleihesicherheiten, *bond collateral*; dienen der Besicherung des von den Fremdkapitalgebern zur Verfügung gestellten Kapitals. Es existieren verschiedene Formen der → Anleihebesicherung, z.B. → Grundschulden, → Hypotheken, → Garantien oder auch nur die → Bonität des Emittenten. Die A. spielen eine wesentliche Rolle bei der Ermittlung des → Rating.

Anleihe-stripping, → Bond Stripping.

Anleiheterminhandel, *bond futures trading*; Bezeichnung für → Termingeschäfte in → festverzinslichen Wertpapieren. Während in der BRD früher nur → Optionen auf Anleihen gehandelt wurden, werden mittlerweile an der → Eurex verschiedene Anleihetermingeschäfte wie → Euro-Bund-Futures, → Euro-Bobl-Futures, → Euro-Buxl-Futures oder Optionen auf den Euro-Bund-Future bzw. Euro-Bobl-Future gehandelt. – Vgl. auch → Terminhandel.

Anleihetilgung, → Rückzahlung von Anleihen.

Anleihetreuhänder, *bond trustee/fiduciary*. Als → Treuhänder fungiert i.d.R. eine Bank, die von den Gläubigern (→ Treugeber) deren Treugut (hier die Anleihe) anvertraut bekommt und die damit verbundenen Rechte zwar im eigenen Namen aber im Interesse der Gläubiger ausübt. Diese Vertragskonstellation wird überwiegend bei → Anleihen der Industrie verwandt.

ANNA, Abk. für → Association of National Numbering Agencies.

Annäherungskurs bei Börsenaufträgen, → Zirka-Kurs.

Annahmeschluss. Letzter Zeitpunkt zu dem ein Auftrag für den betreffenden Handelstag angenommen wird. Der Zeitpunkt wird von der Bank bzw. dem Finanzdienstleister festgelegt und kann von Institut zu Institut unterschiedlich ausfallen.

annual report, → Geschäftsbericht.

Annual Return, → Rendite einer Investition pro Jahr, kalkuliert etwa für ein Aktienengagement unter Einschluss von jährlichen Einzahlungen (z.B. Zinsen, Dividenden) sowie (kalkulatorischen) Kapitalgewinnen und -verlusten. Ggf. zudem unter Einbeziehung von investitions- und/oder transaktionsbezogenen Auszahlungskomponenten (z.B. Steuern, Kommissionen).

Annualized Premium, *aufs Jahr umgerechnete Optionsprämie*. Bezeichnung für die auf das Jahr umgerechnete → Optionsprämie, aus der erkennbar ist, welche jährliche prozentuale Kurswertveränderung des → Basiswerts der → Option nötig ist, um keine Verluste aus dem Erwerb der Option entstehen zu lassen.

Annuität, *Rente, Rentenrate, annuity*. Fester, gleichbleibender und regelmäßig zu zahlender Betrag, der zur Befriedigung von Zins- und Tilgungsverpflichtungen aus einem Schuldverhältnis dient. Die Höhe einer A. kann bei Vorgabe der Laufzeit und eines für

Annuitätenanleihe

die Laufzeit einheitlichen Zinssatzes durch Multiplikation der Schuld mit dem → Annuitätenfaktor berechnet werden. Die konstante A. setzt sich aus einem abnehmenden Zinsanteil und einem zunehmenden Tilgungsanteil zusammen, da die Zinsen sich rechnerisch aus der abnehmenden Restschuld bestimmen. Bei einer variablen A. (unechte A.) bleibt der Tilgungsanteil konstant, d.h. der regelmäßige Betrag nimmt um die eingesparten Zinsen ab (Ratentilgung). – Vgl. auch → Annuitätenanleihe.

Annuitätenanleihe, *annuity/perpetual bond*; → festverzinsliches Wertpapier, bei dem die Verzinsung und Tilgung in regelmäßigen konstanten → Annuitäten erfolgt. Eine Schlusszahlung, mit der das Kapital bei den üblichen endfälligen → Anleihen zurückgezahlt wird, gibt es bei A. nicht. – Vgl. hierzu → gesamtfällige Anleihe.

Annuitätenfaktor, *Wiedergewinnungsfaktor, annuity factor, capital recovery factor*; Größe mit der ein Betrag multipliziert werden muss, um rechnerisch seinen heutigen Wert (→ Barwert) durch gleichbleibende, regelmäßige Zahlungen (→ Annuität) zurückzuerhalten. Bei einem einheitlichen Zinssatz über die gesamte Laufzeit ergibt sich der nachschüssige A. finanzmathematisch als:

$$\frac{1}{a_n} = \frac{q^n(q-1)}{q^n - 1} = \frac{(1+i)^n \cdot i}{(1+i)^n - 1},$$

wobei

$q = 1 + \frac{p}{100} = 1 + i$ der → Aufzinsungsfaktor,

i = Zinssatz p.a. und

n = Laufzeit in Jahren ist.

Er ist somit der Kehrwert des nachschüssigen Rentenbarwertfaktors a_n (→ Rentenbarwert). Der vorschüssige A. (Zahlung der Annuität jeweils am Periodenanfang) ist aus dem nachschüssigen A. durch Division mit q zu ermitteln.

Annuitätentilgung, *annuity redemption, regular annual repayment of principal*. Tilgung einer Schuld durch regelmäßige Beträge gleicher Höhe (→ Annuitäten), die aus abnehmenden Zins- und zunehmenden Til-gungszahlungen zusammengesetzt sind. – Vgl. auch → Annuitätenfaktor.

Annuity, → Annuität.

annullieren, *cancel*; etwas für ungültig bzw. nichtig erklären, z.B. bei Börsenaufträgen der Widerruf einer → Order.

Anrechnung der Kapitalertragsteuer, *capital gains tax credit*; vgl. → Aktien als Kapitalanlage, steuerliche Aspekte.

Anrechnungsmethode, *tax credit methode*; Methode zur Vermeidung einer internationalen Doppelbesteuerung (→ Doppelbesteuerungsabkommen). Bei der A. wird die Steuer sowohl im Quellen- als auch im Wohnsitzstaat erhoben. Zum Ausgleich für den Einbezug der ausländischen Einkünfte bzw. Vermögenswerte in die inländische Bemessungsgrundlage mindert die im Ausland bezahlte Steuer die inländische Steuerschuld. Die ausländische Steuer wird wie eine Steuerermäßigung von dem sich aus dem inländischen Steuertarif ergebenden Steuerbetrag abgezogen. Es ist zu beachten, dass sofern in den Doppelbesteuerungsabkommen die A. vorgesehen ist, ein Wahlrecht zur Anwendung der sog. Abzugsmethode besteht. Nach dieser Methode kann die ausländische Steuer auf Antrag schon bei der Ermittlung der Einkünfte abgezogen werden. Die Entscheidung für den Abzug ist insbesondere im Verlustfall für den Steuerpflichtigen günstig.

Anrechnungsverfahren bei Investmentfonds, *tax credit system for investment funds*. Bei Zufluss einer inländischen → Dividende an einen → Fonds wird dem Fonds die KapESt erstattet. Die einkommensteuerlichen Vorschriften gelten entsprechend (→ Aktie als Kapitalanlage, steuerliche Aspekte). Vor Einführung des → Halbeinkünfteverfahrens galt dies auch für die Vergütung der KSt. – Vgl. auch → Körperschaftsteueranrechnung.

Anrechnungsverfahren, körperschaftsteuerlich, → Körperschaftsteueranrechnungsverfahren.

Anrecht, → Bezugsrecht.

Anrechtshandel, → Bezugsrechtshandel.

Anrechtsschein, → Zwischenschein.

Anschaffung, *acquisition*. Jedes auf den Erwerb von Eigentum an → Wertpapieren oder an beweglichen Sachen gerichtete entgeltliche Rechtsgeschäft. Die Art des Erwerbes gegen Entgelt (Kauf, Tausch oder Werklieferung) ist dabei nicht entscheidend. – Unentgeltlicher Erwerb durch Schenkung, Erbschaft oder durch Aneignung einer herrenlosen Sache ist keine A. – Vgl. auch → Anschaffungsgeschäfte in Wertpapieren.

Anschaffungsgeschäfte in Wertpapieren, *acquisition deal of securities, trade of securities*. A.i.W. sind alle entgeltlichen Kontrakte, mit denen Eigentum an → Wertpapieren erworben wird. Hierzu zählen beispielsweise Tauschgeschäfte, → Kommissionsgeschäfte und Geschäfte auf Gemeinschaftsrechnung. Ein Tauschgeschäft setzt sich dabei aus zwei wechselseitigen A.i.W. zusammen. – Weiterhin sind A.i.W. auch Geschäfte zwischen Gesellschaften und ihren Gesellschaftern, bei denen den Gesellschaftern Wertpapiere aus dem Gesellschaftsvermögen beispielsweise im Rahmen des Ausscheidens von Gesellschaftern aus einer Personenvereinigung überwiesen werden. Ebenso werden Transaktionen zur Einbringung von Wertpapieren in das Vermögen einer Kapitalgesellschaft bzw. einer andersartigen Personenvereinigung als A.i.W. bezeichnet. – Vgl. auch → Anschaffung.

Anschaffungskosten bei Wertpapieren, *cost of acquisition, purchase cost*. Allgemein resultieren die gesamten Anschaffungskosten aus dem Anschaffungspreis eines Wirtschaftsgutes zuzüglich den → Anschaffungsnebenkosten. Die A.b.W. im Speziellen setzen sich aus dem am Kauftag gezahlten Wertpapierkurs plus den Anschaffungsnebenkosten zusammen. A.b.W. bilden im bilanziellen Sinne die Obergrenze der Bewertung. – Vgl. auch → Anschaffungsnebenkosten bei Wertpapieren.

Anschaffungsnebenkosten bei Wertpapieren, *incidental acquisition expenses/cost*. A.b.W. sind ein Teil der gesamten → Anschaffungskosten. Sie umfassen zusätzlich zu dem an Banken gezahlten Provisionsbetrag und evtl. fremden Spesen die → Maklercourtage des börslichen Parketthandels oder die Transaktionsgebühren für elektronische Handelsplattformen (z.B. → Xetra). Die von der Maklerkammer festgesetzte Courtage beträgt derzeit bei verzinslichen Wertpapieren volumenabhängig zwischen 0,06 Promille bis 0,75 Promille. Für Anleihen der BRD und ihrer → Sondervermögen gelten aufgrund von Sondervereinbarungen ab einem → Nominalwert der Transaktion von 500.000 Euro deutlich niedrigere Courtagesätze. Bei → Aktien betragen derzeit die offiziellen Courtagesätze 0,8 Promille des Kurswertes bzw. 0,4 Promille aufgrund einer Sondervereinbarung für Aktien, die im → DAX notiert sind. Die Provisionen und Gebühren für die Leistungen der Banken als → Finanzintermediäre betragen normalerweise max. ein Prozent des Auftragsvolumens, wobei durch das verstärkte Aufkommen von → Direktbanken und → Discount Brokern eine im Durchschnitt signifikante Reduktion dieser Nebenkosten beobachtbar ist. – Vgl. auch → Anschaffungskosten bei Wertpapieren.

Anschaffungswertprinzip, → Realisationsprinzip.

Anschlussaufträge, *follow-through support/orders*. A. sind bei → fortlaufender Notierung diejenigen Aufträge, die nach Bildung des → Anfangskurses an der Börse eingehen.

Anschlussaufträge fehlten, *absence of follow-through support*. Fehlen → Anschlussaufträge, die eine weitere Kursbildung nach dem Anfangskurs ermöglichen würden, so wird im → Börsenbericht die Formulierung „A.f." verwendet.

Anschlusskonkurs. Der A. war das Konkursverfahren, das in Fällen der Ablehnung der Eröffnung des Vergleichsverfahrens, der Versagung der gerichtlichen Bestätigung des Vergleichs und nach der Einstellung oder Nichterfüllung des Vergleichsverfahren nach der VglO eröffnet wurde, vor allem, weil der → Schuldner die Vergleichsquote nicht erbringen konnte. Die Insolvenzordnung (InsO) hat das Vergleichsverfahren und das Konkursverfahren mit Wirkung vom 1.1.1999 abgelöst. An die Stelle des bisherigen Vergleichs zur Abwendung des → Konkurses mit möglichem A. ist nach der Insolvenzordnung der Insolvenzplan getreten (§§ 217 ff. InsO). Versagt das Gericht einem

an Sie

Plan rechtkräftig die erforderliche Bestätigung (§ 248 InsO), wird das Insolvenzverfahren weitergeführt.

an Sie, *an Dich*. Annahme eines Kaufangebots auf dem Börsenparkett. Der Verkäufer signalisiert dem Käufer verbal, dass er sich mit dem angebotenen Preis einverstanden erklärt und das Geschäft eingeht. – Gegensatz: → von Ihnen.

Anstellen von Wertpapieren. Wertpapierangebot, das in der Regel zeitlich begrenzt und preislich fixiert ist.

Anteilinhaber, *shareholder*. Inhaber eines Anteils an einer → Personengesellschaft oder einer → Kapitalgesellschaft.

anteilmäßige Konsolidierung, → Quotenkonsolidierung.

Anteilsaktie, → Quotenaktie.

Anteilsbruchteil, *fractional (investment fund) share*; entsteht bspw. im Zusammenhang mit → Investmentsparplänen, wenn die zu Grunde liegende Sparrate – zumeist runde Geldbeträge – den Ankauf eines Bruchteils an einem Fondsanteil erfordert.

Anteilschein, *Investmentzertifikat, participating certificate*; Wertpapier, in dem die Ansprüche des Anteilinhabers gegenüber der → Kapitalanlagegesellschaft verbrieft sind. Die Anteilscheine lauten über einen oder mehrere Anteile. Der A. besteht aus zwei Teilen, dem → Mantel (eigentliche Urkunde) und dem → Bogen. Der Bogen enthält nummerierte Ertragsscheine, die zum Empfang der Ausschüttung berechtigen und einen → Erneuerungsschein zum Bezug eines neuen Bogens.

Anteilseigner, *Gesellschafter, shareholder*; Eigentümer von Anteilen, die eine Teilhaberschaft an einer Kapitalgesellschaft verbriefen, z.B. → Aktionär. A. im engeren Sinne sind auch die Besitzer von Anteilscheinen am Sondervermögen einer Kapitalgesellschaft. Im Zusammenhang mit Personengesellschaften wird der Begriff A. eher selten gebraucht. – Vgl. auch → Anteilspapier.

Anteilspapier, *share*. Ein A. ist ein → Wertpapier, das Teilhaber- und Mitgliedschaftsrechte an einer Unternehmung (z.B. → Aktie) bzw. Anteilsrechte an einer Vermögensmasse verbrieft. – Vgl. auch → Anteilseigner.

Anticipation Approach. Methode der → Fundamentalanalyse, bei der die Schätzung der künftigen Ertragskraft des beurteilten Unternehmens zur Kursprognose herangezogen wird. – Vgl. auch → Aktienanalyse.

Anticipatory Hedge, *antizipatives Sicherungsgeschäft*; Absicherung einer in der Zukunft einzugehenden Kassaposition um gegen mögliche steigende Kurse vorzugehen. – Vgl. auch → Long Hedge.

Antizipation, *anticipation*; Bezeichnung für die Vorwegnahme einer erwarteten künftigen Entwicklung, z.B. antizipiert der Börsenkurs von Unternehmen eine bessere Geschäftssituation oder ein Aktienindex einen konjunkturellen Aufschwung bereits in der vorhergehenden Rezession. Die höchsten (tiefsten) Börsenkurse (→ Top, → Bottom) sind durch die A. bereits vor dem Höhepunkt (Tiefpunkt) der konjunkturellen Entwicklung erreicht. Durch die A. gilt die Börse oft als Frühindikator der konjunkturellen Entwicklung.

antizyklische Anlagestrategie, *anticyclical investment strategy*; Bezeichnung für ein Anlageverhalten, das einem vorherrschenden Konjunkturzustand, bzw. Markttrend, entgegen gerichtet ist. Fallen die Kurse, so werden im Rahmen einer a.A. Wertpapiere gekauft. Steigen die Kurse, so legt die a.A. Verkäufe nahe.

Anträge von Aktionären für die Hauptversammlung der AG, *shareholders' applications for the general meeting*. Jeder → Aktionär einer Gesellschaft kann Anträge für die Hauptversammlung stellen. Handelt es sich dabei um einen → Gegenantrag zu einem von Vorstand oder Aufsichtsrat bekanntgemachten Tagesordnungspunkt, ist dieser von der Gesellschaft zu veröffentlichen, sofern er innerhalb einer Woche nach Bekanntmachung der Einberufung der Hauptversammlung bei der Gesellschaft eintrifft und bestimmte Formalien erfüllt. So bedarf der Gegenantrag einer Begründung, die u.a. keine offensichtlich falschen Angaben, Irreführungen oder Beleidigungen enthält. Die Begründung muss nur veröffentlicht werden, wenn ihr Umfang 100 Worte nicht überschreitet. Gleiches gilt für Wahlvorschläge, wobei hier allerdings keine Begründung geliefert werden muss.

Antwerpener Börse. Wurde um 1460 gegründet und ist damit eine der ersten → Börsen der Welt. Zu Beginn wurden hauptsächlich Gewürze gehandelt.

anziehend, *firming up*; bezeichnet ansteigende → Börsenkurse.

AO, Abk. für → Abgabenordnung.

a.o.HV, Abk. für → außerordentliche Hauptversammlung.

A/O, *April/Oktober*; Abk. für die Monate April/Oktober im Zusammenhang mit → Zinsterminen, d.h. Zinszahlungen sind zum 1.4. und 1.10. fällig.

APN, *Aktie Plus Neuemission, share plus new emission.* Programm, das den → Aktionären einer → Investmentgesellschaft die Möglichkeit gibt, bei einem von der Gesellschaft betreuten → Initial Public Offering Aktien der Neuemission (nach einem bestimmten Verhältnis zu den von ihnen gehaltenen Aktien an der Investmentgesellschaft) zu beziehen.

Application, → Anträge von Aktionären für die Hauptversammlung der AG.

Applikation, → Selbsteintritt.

Applikationskurs, *marrying price*; an der Börse notierter Kurs, zu dem ein Börsenhändler Käufe und Verkäufe bankintern ausgleicht.

Approved Primary Dealers. Bezeichnung für Wertpapierhäuser, die in den USA oder Großbritannien zum Verkauf von → Staatspapieren berechtigt sind.

APT-System, Abk. für → Automated Pit Trading System.

APV-Ansatz, *Adjusted-Present-Value-Ansatz, adjusted-present-value-approach, APV-approach.* Methode der → Discounted Cash-Flow Analysis im Rahmen von →

Arbitrage

Unternehmensbewertungen. Beim A. werden in einem ersten Schritt die freien → Cash-Flows bei völliger Eigenfinanzierung mit den Eigenkapitalkosten diskontiert (→ Abzinsung). Im zweiten Schritt wird der Unternehmensgesamtwert berechnet, indem die Effekte der → Kapitalstruktur (Steuervorteile der Fremdfinanzierung) berücksichtigt werden. Im letzten Schritt wird der Wert des Eigenkapitals aus der Differenz zwischen Unternehmensgesamtwert und Wert des Fremdkapitals ermittelt.

AR, Abk. für → Aufsichtsrat.

Arbeitnehmer und Arbeitnehmervertreter im Aufsichtsrat der AG, *employees and employee representatives in the supervisory board of the corporation.* Neben Vertretern der Aktionäre setzt sich der → Aufsichtsrat bei Unternehmen, die bestimmten Größenkriterien genügen, auch aus Vertretern der Arbeitnehmer zusammen. Gesetzliche Regelungen zur Notwendigkeit von Arbeitnehmervertretern im Aufsichtsrat finden sich im Mitbestimmungsgesetz von 1976, im Montan-Mitbestimmungsgesetz, im Mitbestimmungsergänzungsgesetz und im Betriebsverfassungsgesetz von 1952. Die Bestellung der Arbeitnehmervertreter erfolgt durch die Arbeitnehmer oder ihre Delegierten. – Vgl. auch → Aufsichtsrat der AG, Zusammensetzung.

Arbeitnehmeraktie, → Belegschaftsaktie.

Arbitrage, *arbitrage.* Mit dem Begriff A. werden Geschäfte bezeichnet, die risikolose Preis- oder Kursunterschiede an verschiedenen Märkten ausnutzen, wodurch sich ein Gewinn ohne Nettokapitaleinsatz erzielen lässt. Zwei verschiedene Formen von A. sind möglich, die → Ausgleichsarbitrage und die → Differenzarbitrage. Die Ausgleichsarbitrage nutzt die unterschiedliche Bewertung von verschiedenen Finanzinstrumenten auf verschiedenen Märkten, z.B. zwischen Kassa- und Futuresmarkt, aus. Die Differenzarbitrage basiert auf die zeitgleichen Kursunterschiede eines Finanzinstrumentes auf verschiedenen Märkten. A. ist heute nur begrenzt möglich, da die schnelle Informationsverarbeitung in den Märkten Arbitragemöglichkeiten ausgleicht und weil die dabei entstehenden Transaktionskosten den mögli-

Arbitrage-CDO

chen Arbitragegewinn zu Nichte machen können.

Arbitrage-CDO, *arbitrage collateralized debt obligation*. → Collateralized Debt Obligations (CDO) können nach der Herkunft der Forderungen unterschieden werden. Erwirbt ein Asset Manager (→ Asset Management) die Vermögenswerte für die Verbriefung (→ Securitization) am → Kapitalmarkt, spricht man von A. Als → Underlying werden i.d.R. hochverzinsliche Forderungen mit einem → Rating unterhalb des → Investment Grade Bereiches (BB+ oder schlechter) verwendet. Das Ziel dieser CDO-Transaktion liegt in der Ausnutzung von → Arbitrage durch das Management des Forderungs-Portefeuilles.

arbitragefreie Bewertung, *arbitrage free pricing*. Die Arbitragetheorie geht davon aus, dass auf effizient funktionierenden Märkten keine Arbitragegelegenheiten vorhanden sind. Als Arbitragegelegenheit bezeichnet man die Möglichkeit, relative Fehlbewertungen von Wertpapieren auszunutzen in der Form, dass ein identischer → Cash-Flow aus einem Wertpapierportfolio durch Umschichtung günstiger erzielt werden kann (→ Arbitrage). Dies gilt auch für unsichere zukünftige Einkünfte. So müssen nach der Theorie auch unsichere Einkünfte, die nicht mit Auszahlungen verbunden sind, einen positiven Preis haben. Nach dem Minkowski-Farkas-Lemma gibt es in einem Markt ohne Arbitragemöglichkeiten ein eindeutiges Preissystem für alle künftigen Zeitpunkte und möglichen Umweltzustände (Arrow-Debreu-Preise). Nachdem jedes Wertpapier in einzelne, zukünftige, evtl. zustandsabhängige Cash-Flows zerlegt werden kann, ergibt sich der theoretische Preis eines Wertpapiers nach der Arbitragetheorie in einem arbitragefreien Markt als Summe der mit den Cash-Flows gewichteten Arrow-Debreu-Preise. In einem vollständigen Kapitalmarkt im Gleichgewicht ist jedes neu hinzukommende Wertpapier ein Derivat und kann anhand der vorhandenen Wertpapiere eindeutig bewertet werden. – Eine Anwendung der Arbitragetheorie ist z.B. die → Put-Call-Parität, nach der die Preise einer Kauf- und Verkaufsoption (mit gleichem → Basispreis und Laufzeit) auf das gleiche Wertpapier in einem analytischen Zusammenhang stehen. Durch Kauf des → Puts, Verkauf des → Calls, und Kauf des Wertpapiers lässt sich nämlich eine risikolose Position erzeugen, deren Kapitaleinsatz oder -überschuss sich mit dem risikolosen Zinssatz verzinsen muss. Man erhält:

$$S + P - C = X \cdot (1+i)^{-T}.$$

Dabei sind

$S =$ der Preis des Wertpapiers,
$P =$ der Preis der Verkaufsoption,
$C =$ der Preis der Kaufoption,
$X =$ der Ausübungspreis der Optionen,
$T =$ die Laufzeit der Optionen,
$i =$ der risikolose Zinssatz.

Abweichungen von diesem Zusammenhang lassen sich durch Verkauf der zu teuren Wertpapiere und Optionen und Kauf der günstigen Kombination zu einem risikolosen Arbitragegewinn ausnutzen. Auf einem → effizienten Markt darf es deshalb keine Abweichungen geben.

Arbitragegeschäft, *arbitrage dealings*; Bezeichnung für das Durchführen eines Geschäfts zur Ausnutzung von Preis- oder Kursunterschieden an verschiedenen Märkten zum selben Zeitpunkt.

Arbitrageklausel, *clause of arbitration*; Bezeichnung für eine Vereinbarung, die insbesondere im Warenhandel getroffen wird. Diese regelt den möglichen Streitfall zwischen den Vertragspartnern und legt fest, dass in diesem Fall ein privates Schiedsgericht eingeschaltet wird, dessen Urteil zur Schlichtung von beiden Seiten anerkannt wird.

Arbitragerechnung, *arbitrage calculation*. Durch die A. wird ermittelt, ob die Durchführung eines möglichen → Arbitragegeschäfts gewinnbringend ist.

Arbitrageur, *arbitrager*; Bezeichnung für eine Person, die → Arbitragegeschäfte durchführt.

Arbitrage Value, *arbitrage*. Ertrag, der unter Ausnutzung unterschiedlicher Preise für denselben Gegenstand zum selben Zeitpunkt an verschiedenen → Finanzplätzen generiert werden kann.

Arbitragewerte, *arbitrage stocks*; Bezeichnung für Wertpapiere, bei denen es häufig zu → Arbitragegeschäften kommt.

Archipelago, wurde 1997 als alternatives Handelssystem (→ ECN) ausschließlich für institutionelle Investoren gegründet. An A. sind u.a. die Banken J.P. Morgan Chase, Goldman Sachs, Merrill Lynch und E*Trade sowie die → Reuters Group beteiligt. A. und → Instinet verbindet eine strategische Allianz, die auch den gemeinsamen Eintritt in ein Konsortium umfasst, das die → Aktienmehrheit am britischen ECN → Tradepoint erworben hat. – A. erfüllt die von der amerikanischen Börsenaufsicht → SEC an ECN's gestellten Anforderungen, um Zugang zum Handelssystem der → NASDAQ zu erhalten. Im Oktober 2000 wurden ca. 1,4 Prozent des Transaktionsvolumens dieser Börse über A. abgewickelt, dies entspricht dem sechsten Platz unter acht registrierten ECN's. Von A. ins NASDAQ-System eingestellte Quotes werden mit dem Kürzel ARCA versehen.

ARIEL, Abk. für → Automated Real-Time Investments Exchange Limited.

ARPS, Abk. für → Adjustable Rate Preferred Stocks.

ARR, Abk. für → Accounting Rate of Return.

Arrangement, Bezeichnung für die Börsengeschäftsabwicklung, welche hauptsächlich an der → Wiener Börse gebräuchlich ist.

Arranger, *Arrangeur*. 1. *lead manager, Führungsbank*; → Konsortialführer eines → Kredit- oder → Emissionskonsortiums. – 2. → Swap Arrangeur. – 3. Führungsbank → bei Euro Notes Facilities. – Vgl. auch Euro Notes.

arrondieren, *rounding-off*; Bezeichnung für einen Zu- oder Verkauf von Wertpapieren, um einen gewünschte, meist runde Stückzahl zu erhalten.

AS, Abk. für → Altersvorsorge-Sondervermögen.

AS-Fonds, → Altersvorsorge-Sondervermögen.

Asset Backed Financing

asiatische Optionsscheine, *average rate options, asian warrants*. Exotische → Optionsscheine, deren Wert sich aus der Differenz zwischen → Basispreis und dem Durchschnittskurs des → Basiswerts, der über einen bestimmten Zeitraum berechnet wird, ergibt. A.O. reagieren weniger stark auf Kursveränderungen im Basiswert und haben am Laufzeitende möglicherweise auch dann noch einen Wert, wenn der aktuelle Kurs des Basiswerts bei einem → Call unterhalb des Basispreises bzw. bei einem → Put oberhalb des Basispreis liegt. Voraussetzung ist, dass der Durchschnittskurs über die Laufzeit höher (Call) bzw. niedriger (Put) als der Basispreis war.

ASIC, Abk. für → Australian Securities and Investments Commission.

Asiengeldmarkt, *Asiendollarmarkt*; asiatischer Markt des weltweiten US-Dollarhandels. Neben dem US-amerikanischen Markt und dem Euro-Dollar-Markt ist der A. die dritte große Handelsplattform für den US-Dollar. Haupthandelszentren sind Hongkong, Tokio und Singapur.

Ask, → Asked Price.

Asked Price 1. *asked, Offering Price, rate asked, Briefkurs, Brief, Angebotskurs*. Preis, zu dem ein Verkäufer bereit ist, ein Wertpapier zu verkaufen. – 2. Ausgabepreis von Wertpapieren bei Emissionen und Investmentzertifikaten. – Gegensatz: → Bid Price.

Asset, *Vermögensgegenstand*; bezeichnet Einzelposten auf der linken Seite der → Bilanz (Mittelverwendung), die Vermögensgegenstände, aber auch Rechnungsabgrenzungs- oder bestimmten Korrekturposten wertmäßig abbilden.

Asset-Allocation, *Portefeuillestrukturierung*. A.A. bezeichnet die Gewichtung verschiedener → Assetklassen im → Portefeuille anhand der höhenmäßigen, risikospezifischen und zeitlichen Präferenzen des → Investors, sowie den Entscheidungsprozess diese Gewichtung zu finden.

Asset Backed Financing, bezeichnet die mit →Asset Backed Securities verbundenen Finanzierungsvorgänge.

Asset Management

Asset Backed Securities, (ABS). Bezeichnet → Wertpapiere, die durch einen Bestand von Vermögenswerten (assets) gesichert (backed) sind. Die Gestaltung dient der Refinanzierung und Eigenkapitalentlastung von Unternehmen und → Kreditinstituten, bei der Vermögenswerte - meistens Forderungen - an eine Zweckgesellschaft (→ Special Purpose Vehicle) veräußert werden, die den Erwerb durch die → Emission von → Schuldverschreibungen finanziert. Die Zweckgesellschaft ist rechtlich und kapitalmäßig vom Veräußerer der Vermögenswerte (sog. Originator) getrennt. Aus steuerlichen Gründen werden die von einem Treuhänder gehaltenen Zweckgesellschaften bisher nicht in Deutschland gegründet, sondern sind meist in sog. Offshore-Gebieten (z.B. auf den Kanalinseln) angesiedelt. Zur Verringerung des → Ausfallrisikos werden sog. Credit Enhancements, z.B. Subordination, Garantien oder Reservefonds eingesetzt. ABS werden heute überwiegend über sog. Multiseller-Programme begeben. Dabei wird - meist von einem Kreditinstitut - eine Ankaufzweckgesellschaft gegründet, die von einer Vielzahl von Unternehmern oder kleinen Kreditinstituten Vermögenswerte (meist revolvierend) erwirbt und sich über → Commercial Papers, selten über → Medium Term Notes refinanziert. Auf diese Weise erhalten auch Veräußerer kleiner Portfolios einen mittelbaren Zugang zum → Geld- und → Kapitalmarkt. ABS sind früher auch von den großen Kreditinstituten zur Eigenkapitalentlastung genutzt worden. Inzwischen werden dazu weitgehend nur noch → Credit Linked Notes und anderen → Kreditderivaten verwendet.

Asset Backed Transaktion, *Asset Backed Securities i.w.S*; ist der Oberbegriff für die → Verbriefung von → Ausfallrisiken durch Asset Backed Securities i.e.S., → Mortgage Backed Securities und → Credit Linked Notes. Vereinzelt werden auch nicht verbrieft → Kreditderivate (z.B. → Credit Defaul Swaps) einbezogen. Unterscheiden lassen sich A.B.T. in → Balance Sheet Strukturen und → Arbitrage Strukturen.

Assetklassen. A. sind eine Zusammenfassung von Anlageinstrumenten mit ähnlichen Eigenschaften z.B. bezüglich ihrer Risiken oder ihrer Liquidierbarkeit. Die Entscheidung des Anlegers zwischen risikoarmen und -reichen A. wird insbesondere durch die Abwägung von Rentabilität und Sicherheit getroffen.

Asset Management

Udo Behrenwaldt

1. Stark wachsendes Geschäftsfeld

Asset Management bezeichnet die treuhänderische Verwaltung fremder Vermögen. Unter diesem Begriff wird die professionelle Verwaltung von Vermögenswerten für institutionelle oder private Kunden zusammengefaßt. Verwandte oder eingeschlossene Begriffe sind insoweit: Investment Management, Anlagemanagement, Portfoliomanagement, Fondsmanagement. Praktische Verwendung findet der Begriff inzwischen nicht nur im angelsächsischen Bereich, sondern auch im Deutschen wie weltweit.

Das Tätigkeitsfeld umfaßt in der Regel die Verwaltung von Wertpapier-Portfolios für die Kunden, und zwar einerseits in Form von → Publikums- oder → Spezialfonds, andererseits in Form von Verwaltungsmandaten z.B. für Pensionsfonds und → Pensionskassen, Stiftungen oder große private Vermögen. Z.T. wird unter dem Begriff auch die Verwaltung von Immobilienvermögen mit einbezogen (die z.B. bei Pensionsfonds einen Teil des Vermögens bilden) oder sog. → Private Equity Investments (Beteiligungs- und Wagniskapital Fonds),

Asset Management

deren Mittel teilweise in noch nicht börsennotierte bzw. nicht verbriefte Werte angelegt werden. Gelegentlich wird auch die Verwaltung sog. Hedge Funds einbezogen.

Asset Management ist eines der am stärksten wachsenden Geschäftsfelder im Finanzgewerbe. In Deutschland haben sich die gesamten Fondsvermögen innerhalb der letzten zehn Jahre von 1990 bis Anfang 2000 von 123 Mrd. Euro auf 866 Mrd. Euro versiebenfacht. Weltweit belaufen sich die Fondsvermögen auf 11,5 Billionen Euro. Dahinter stehen die wachsenden privaten Geldvermögen, aber auch der steigende Bedarf an professionellem → Portfolio-Management dieser Vermögen. Mehr und mehr private Anleger wie die meisten → institutionellen Anleger (etwa Versicherungen, Versorgungswerke, Pensionsfonds) vertrauen zunehmende Teile ihrer Anlagevermögen professionellen externen Asset Managern an. Die Umstellung und Ergänzung der staatlichen Altersvorsorge durch private Kapitalansammlung, die in Deutschland und Kontinentaleuropa noch weit hinter den USA und Großbritannien nachhinkt, gibt dieser Entwicklung weitere Dynamik. Vergleichsweise stabile Erträge, begrenztes Risiko und geringe Eigenkapitalanforderungen kennzeichnen das Geschäftsfeld.

Das Tätigkeitsfeld wird immer globaler und der Wettbewerb immer internationaler. Professionelle Asset Manager sind in Deutschland vorwiegend Investment-Gesellschaften, Kreditinstitute und in steigendem Maß Versicherungen. Entsprechend den beiden Hauptzielgruppen: Privatanlegern (Retail Asset Management) und Institutionen (Institutionelles Asset Management) hat das Geschäftsfeld deutlich unterschiedliche Ausprägungen. Für die Zielgruppe Privatanleger sind Publikumsfonds die zentrale Form standardisierter Vermögensverwaltung. Im institutionellen Asset Management spielen Spezialfonds in Deutschland eine bedeutende Rolle sowie darüber hinaus Vermögensverwaltungs-Mandate.

2. Rechtliche Voraussetzungen

In Deutschland sind Asset Manager überwiegend in der rechtlichen Form der Fonds- oder → Kapitalanlagegesellschaften (KAG) tätig. Ihre Tätigkeit wird durch das → Gesetz über Kapitalanlagegesellschaften (KAGG) geregelt. Sie unterliegen darüber hinaus einer umfassenden Aufsicht durch das → Bundesaufsichtsamt für das Kreditwesen (BAKred); das gilt für die Erlaubnis zum Geschäftsbetrieb wie die Einhaltung der gesetzlich vorgeschriebenen Anlagegrenzen und die sachgerechte Verwendung der Erträge, die Vereinbarkeit von Werbemaßnahmen mit dem KAGG, dem → KWG und wettbewerbsrechtlichen Bestimmungen. Investmentfonds werden damit in einer gesetzlich und aufsichtsrechtlich abgesicherten Struktur angeboten, die ein hohes Anlegerschutzniveau aufweist; überdies bieten Fonds Vorteile administrativer und bilanzieller Art für die Investoren.

KAGs sind ausschließlich nach dem sog. Vertragstyp organisiert, d.h. das Betriebskapital und die aus den Geldern der Anleger bestehenden Fonds bilden voneinander getrennte Vermögensmassen. Die Anleger werden somit nicht Teilhaber der KAG, sondern nur des jeweiligen → Sondervermögens. Demgegenüber gibt es im Ausland Investmentgesellschaften, die nach dem sog. Gesellschaftstyp organisiert sind und ihre Fonds ebenfalls in Deutschland vertreiben können. Bei diesen Gesellschaften sind Betriebskapital und Fondsvermögen nicht getrennt, sondern bilden eine Einheit.

Neben den Fonds für das breite Publikum – insbesondere Wertpapiersparer, größere Privatanleger, Firmen und Firmeninhaber – hat der deutsche Gesetzgeber sog. Spezialfonds definiert, die von nicht mehr als zehn Anteilsinhabern – nicht natürlichen Personen – gehalten werden und ein geringeres Maß an Publizität verlangen. Der Anlegerkreis beschränkt sich auf institutionelle Investoren wie Unternehmen, Versicherungsgesellschaften, Stiftungen, → Pensionskassen, Versorgungswerke und Sozialversicherungsträger.

Asset Management

Das Fondsgeschäft ist nicht national beschränkt, sondern bewegt sich in einem intensiven Wettbewerb der Fonds und Fondsstandorte international. Deshalb spielen konkurrierende Regelungen anderer Fondsstandorte, aus deutscher Sicht insbesondere Luxemburgs, eine komplementäre Rolle. In Deutschland wird die Zulassung von Fonds ausländischer Gesellschaften durch des → Auslandinvestment-Gesetz (AIG) geregelt. Schon frühzeitig haben die europäischen Länder für den Fondsvertrieb – beginnend Mitte der 80er Jahre – ihre nationalen Regelungen auf europäischer Ebene durch die sog. OGAW-Richtlinie koordiniert („Richtlinie zur Koordinierung der Rechts- und Verwaltungsvorschriften betreffend bestimmte Organismen für gemeinsame Anlagen in Wertpapieren"). Entsprechend der Richtlinie ist für Fonds, die in anderen EU Ländern mit „Europa-Paß" zugelassen worden sind, keine weitere Genehmigung in Deutschland oder anderen EU Ländern erforderlich, sondern nur noch eine Anmeldefrist zum öffentlichen Vertrieb.

Für die Tätigkeit von Asset Managern außerhalb des Fondsgeschäfts gab es in Deutschland bis 1997 keine den USA oder Großbritannien vergleichbare spezifische Regelung. In den USA unterliegen Asset Manager bereits seit 1940 der Aufsicht der SEC auf Grundlage des Investment Advisers Act. In Großbritannien gilt seit 1986 der Financial Services Act, der entsprechende Aufsichtsbefugnisse an die Financial Services Authority (FSA), eine dem Finanzminister direkt unterstellte Behörde, delegiert. Im Zuge der EG-Wertpapierdienstleistungsrichtlinie sind in Deutschland aber seit 1998 im KWG Regelungen niedergelegt, die sich auf die sog. Finanzportfolioverwaltung für andere beziehen. In organisatorischer Hinsicht (Eigenkapitalausstattung, Geschäftsleiterqualifikation, erforderliche sachliche und personelle Ausstattung) unterliegen Asset Manager überdies der Aufsicht des BAKred. Hinsichtlich ihres Marktverhaltens ist zusätzlich das Bundesaufsichtsamt für den Wertpapierhandel (BAWe) als Aufsichtsbehörde zuständig.

3. Vertragliche Beziehungen

Voraussetzung für die Tätigkeit eines Asset Managers ist der Abschluss eines Vertrages mit dem Anleger. Bei Publikumsfonds bedürfen diese Vertragsbedingungen der Genehmigung des BAKred; Mindestangaben dafür sind gesetzlich vorgegeben. Bei Spezialfonds ist keine Genehmigung des BAKred erforderlich.

Einen besonders wichtigen Bestandteil jedes Asset Management-Vertrages bilden die Anlagerichtlinien. Sie beschreiben das Anlageziel für das Mandat sowie den Ermessensspielraum, der dem Anlagemanager typischerweise für die Mittelanlage eingeräumt wird („discretionary management"), z.B. im Hinblick auf Performancemaßstab (sog. → Benchmark), Basiswährung, Anlageuniversum, → Asset Allocation, Fremdwährungen, Kassehaltung, Risikostreuung, Derivateeinsatz. Bei Publikumsfonds sind die Anlagerichtlinien im allgemeinen exemplarischer gewählt (z.T. durch das KAGG auch schon fest vorgegeben) als bei Spezialfonds oder individuellen Mandaten. Bei letzteren können anlegerspezifische Anlageziele oder -grenzen hinzukommen, die sich z.B. aus internen Vorgaben (Satzung, Risikomanagement-Richtlinien, ethischen Grundsätzen etwa bei kirchlichen Trägern) sowie gesetzlichen und behördlichen Vorschriften (z.B. Deckungsstockfähigkeit bei Lebensversicherern oder Pensionskassen) ergeben. Diesbezüglich lassen sich Spezialfonds für unterschiedliche Anlegerkreise unterscheiden:

- Spezialfonds für institutionelle Anleger, die bei der Vermögensanlage keinen spezifischen Bindungen unterliegen (Unternehmen, berufständische Organisationen).

- Spezialfonds für institutionelle Anleger, die der Versicherungsaufsicht unterliegen und die die maßgeblichen Anlagevorschriften und -grenzen des Versicherungsaufsichtsgesetzes (VAG) für die Anlage von Mitteln des Deckungsstocks und des übrigen gebundenen Vermögens zu beachten haben.

Asset Management

- Spezialfonds für Sozialversicherungsträger zur Anlage von Rücklagemitteln gemäß den Vorschriften des Sozialgesetzbuches.

- Spezialfonds für Bausparkassen und Hypothekenbanken zur Anlage verfügbarer Mittel gemäß den für diese Institute geltenden gesetzlichen Bestimmungen.

4. Wachsendes Leistungsspektrum

Im Publikumsfondsgeschäft ist neben den „klassischen" → Aktien- und → Rentenfonds sowie → gemischten Fonds und → Geldmarktfonds eine Vielzahl neuer Fondstypen entwickelt worden: Fonds mit begrenzter Laufzeit und/oder mit Risikobegrenzung – ggf. durch Garantie unterlegt -, gemischte Grundstücks-/Wertpapierfonds, Altersvorsorgefonds, Dachfonds (nur mit eigenen oder auch mit Fremdfonds); daneben Branchenfonds, Blue Chip Fonds oder Mid Cap und Small Cap Fonds (also Fonds, die auf mittlere und kleine Werte setzen), Neuer Markt Fonds oder sog. Themenfonds (die z.b. auf bestimmte Wachstumstrends setzen) und schließlich sog. Tradingfonds für bewegliche Anleger (ohne Kaufprovision, nur mit Managementprovision). Das Geschäft zeichnet sich hier durch ausgeprägte Produkt- und Innovationszyklen aus.

Die Anforderungen an die Management-Teams verlangen gleichermaßen globale Markt-Expertise und Präsenz wie tiefgehendes spezialisiertes Wissen über Einzelwerte und Marktsegmente verbunden mit entsprechendem Research und direkten Unternehmenskontakten.

Bei institutionellen Portfolios herrschten bislang in Deutschland gemischte Portfolios vor. Auch hier werden aber zunehmend spezialisierte Portfolios (Sektoren und Branchen, Mid und Small Caps, „themenorientierte" Investmentansätze etc.) gefragt, ähnlich wie dies in den USA schon seit längerem der Fall ist.

5. Anlagestrategien und Manangementstile

5.1 Der Investmentprozeß

Insbesondere im institutionellen Portfoliomanagement (Spezialfonds) spielt der genau definierte Investmentprozeß eine zentrale Rolle, um institutionellen Anlegern Transparenz über das Anlagemanagement zu geben. Er beginnt mit der Zielfestlegung (die i.d.R. einer marktorientierten Benchmark folgt). Im zweiten Schritt erfolgen → Research und Informationsauswertung, die Ableitung von Bewertungen und/oder Ertragsprognosen für Anlagebereiche (Asset Klassen – Liquidität, Rentenanlagen, Aktienanlagen). Ihr folgt die Formulierung der Anlagestrategie, d.h. die Strukturierung des Gesamtportfolios nach Kassehaltung, Aktien- und Rentengewichtung, Laufzeiten, Branchen, Ländern und Währungen (Asset Allocation) sowie nach Einzeltiteln (Stock Selection). Wichtig ist dabei auch die Risikobewertung. Vierter Schritt ist die Durchführung der Transaktionen am Markt, der dann das regelmäßige Ergebnis- und Risikocontrolling folgt, d.h. die Analyse der Performanceabweichungen zur vorgegebenen Benchmark (→ Tracking Error) und die Erfolgsquellenanalyse (Performance Attribution).

5.2 Aktiv vs. passiv gemanagte Portfolios (Fonds)

Ziel aktiven Managements ist eine möglichst hohe und stetige Wertentwicklung, die besser als der gewählte Vergleichsmaßstab (Referenzindex) ausfallen soll. Aktives Management bedeutet somit, dass die Portfoliostruktur eines Fonds bewußt von der Zusammensetzung seines Orientierungsmaßstabes durch Über- oder Untergewichtung einzelner Portfeuilleteile abweicht. Dies erfordert im einzelnen die unterschiedliche strategische Steuerung z.B. von Länder- oder

Asset Management

Branchengewichtungen, von Standard-/Spezialwertegewichtungen, Einzeltiteldotierungen und Termingeschäften (-absicherungen). Strategisches Instrument kann darüberhinaus – je nach Fondsausrichtung – auch die Veränderung der Kasseposition sein.

Passive Anlagestrategien versuchen hingegen lediglich, das Ergebnis von Marktdurchschnitten – dargestellt durch Indizes – zu erreichen. D.h. sie bilden diese Indizes im Portfolio nach. Da hierbei keine aktive Allokation und Stock Selection stattfindet, werden im allgemeinen geringere Verwaltungskosten für derartige Fonds oder Mandate berechnet. Das Ziel eines engen Performancegleichlaufs mit dem Index wird aber nicht immer in vollem Umfang erreicht, da die Fonds mit Transaktions- und Administrationskosten belastet sind, die im Index nicht berechnet werden.

Indexorientiertes Management spielt bei institutionellen Anlegern international eine wesentliche Rolle. Bei Privatanlegern haben Indexfonds vornehmlich in den USA größere Verbreitung gefunden; in Deutschland ist ihr Anteil gering.

5.3 Managementstile: Top Down vs. Bottom Up

Zunehmend differenzierter werden die Kundenwünsche auch hinsichtlich der Anlagestile. Private Kunden legen vorrangig auf aktives Management Wert mit dem Ziel, die Marktrendite zu schlagen, vor allem aber Verluste zu vermeiden oder zu begrenzen. Dabei reicht der gängige Top Down-Ansatz, bei dem die globale Länder- oder Branchenallokation am Anfang steht und die Einzeltitelauswahl (Stock Selection) erst sekundär erfolgt, nicht mehr aus. Mehr und mehr erfordert erfolgreiches Asset Management daneben die Beherrschung des Bottom Up-Ansatzes. Hier steht die Selektion chancenreicher Aktien im Vordergrund. Je effizienter die Märkte, d.h. je schneller und gleichmäßiger die Investoren und Vermögensverwalter über Marktentwicklungen informiert sind, desto geringer wird die Chance von Performancevorteilen und desto wichtiger wird die gezielte Stock Selection als Basis für Wettbewerbsvorsprünge.

5.4 Optimierungstechniken, Wertsicherungskonzepte und Absicherungsstrategien (Portfolio-Insurance)

Zentrale Bedeutung hat die Risikoanalyse und -optimierung. Neuere Portfolioanalysen und –gestaltungen nutzen zunehmend auch quantitative Methoden und darauf aufbauende Strategien, um das Rendite/Risiko-Verhalten der Portfolios zu optimieren. Insbesondere durch Einsatz von Termininstrumenten wie Optionen und Futures ist es zudem möglich, gezielt Risiken von Portfolios zu reduzieren.

Der Einsatz gezielter Absicherungsstrategien ist dabei insbesondere zur Entwicklung von Aktienfonds mit Wertsicherungskonzepten genutzt worden, z.B. Aktienfonds mit Kapitalgarantie (Money Back Guaranty) bzw. mit garantierter Risikobegrenzung z.B. auf 5 oder 10% (mit entsprechend garantiertem Rückzahlungspreis) oder synthetische Aktienfonds, bei denen der Großteil des Portfolios aus verzinslichen Anlagen besteht und das Aktienprofil durch Kaufoptionen (meistens Indexoptionen) hergestellt wird.

5.5 Performancemaßstäbe ändern sich

Entsprechend der modernen Portfoliotheorie gibt es klar messbare Kriterien für den Erfolg der Geldanlage. Ziel ist, die Rendite zu maximieren bei gleichzeitiger Minimierung des Risikos (d.h. der Wertschwankungen des Investments, seiner sog. Volatilität). Als Maßstab der Performance (sog Benchmark) werden in der Regel gängige Marktindizes (Kurs- oder Performanceindizes) herangezogen, die das jeweilige Anlegerprofil oder Anlageziel widerspiegeln. Allerdings verlieren diese Maßstäbe an Relevanz, soweit sie auf globalen

Asset Management

Länderallokationen beruhen. Mehr und mehr erweisen sich länderübergreifende und weltweite Branchenallokationen als zukunftsträchtiger. Der Zuschnitt auf weltweite Branchen verringert durch geringere Branchen-Korrelation das Kursschwankungsrisiko des Portfolios und erhöht das Wachstumspotential durch gezielte Allokation. Die gängigen großen Indizes spiegeln die Marktdynamik z.b. im Bereich der Technologiewerte nur unzureichend wider. Das Erkennen neuer Trends und die aktive Stock Selection werden daher auch für das Anforderungsprofil der Asset Manager immer wichtiger.

Voraussetzung für gezielte Stock Selection ist aktiv betriebenes Aktienresearch sowie Credit Research. Nicht nur weltweites Markt-Research, sondern insbesondere auch intensive direkte Unternehmenskontakte und eigenes Research (bzw. der enge Kontakt von Asset Manager und Research – sog. Buy Side Research) müssen die Basis für qualitätsorientiertes Bottom Up-Anlagemanagement schaffen. Überdies kann qualifiziertes Credit Research wertvolle Hinweise zur Einschätzung von Unternehmensrisiken liefern.

5.6 Verfeinerung der Kontrollsysteme

Reduzierung der operationalen Risiken und Effizienzsteigerung erhalten im modernen Asset Management steigende Bedeutung. Die Funktionen werden immer klarer getrennt. Dies gilt z.B. dann, wenn der Asset Manager finanziell zu einer Bank gehört, die auch das Broker- und Depotbankgeschäft betreibt. Manche institutionelle Anleger, insbesondere die großen internationalen Pensionsfonds, lassen generell keine oder nur einen bestimmten Prozentsatz der Geschäfte mit verbundenen Unternehmen („affiliate transactions") zu oder machen solche Geschäfte von einer Vorabgenehmigung im Einzelfall abhängig. Im Verhältnis zum Broker findet zunehmend der Grundsatz der „best execution" Anwendung. Andere Anleger legen Wert darauf, dass der Asset Manager nicht mit der Depotbank finanziell verbunden ist. Auch intern findet bei großen Asset Managern zunehmend eine funktionale Spezialisierung statt. Die einzelnen Schritte des Anlageprozesses und der Ausführung werden von unterschiedlichen, sich gegenseitig kontrollierenden Einheiten wahrgenommen. Bei den Fondsgesellschaften gibt es neben der externen Erfassung und Anteilspreisberechnung durch die Depotbank und den regelmäßigen externen Kontrollen durch das BAKred und Wirtschaftsprüfer insoweit interne Kontrollen, die Alleingänge von einzelnen Fondsmanagern durch mehrstufige Entscheidungsstrukturen oder die Trennung von Handel (Disposition) und Anlagemanagement verhindern sollen. Die Einhaltung von Compliance-Regeln (z.B. Chinese Walls gegenüber Mutterinstituten) gehören heute ebenfalls zum etablierten Standard von Kapitalanlagegesellschaften. Letztlich entscheidendes Aktivum in einem kontrollierten Anlageprozeß sind aber die „weichen Faktoren": Qualität und Kontinuität des Managementteams.

5.7 Vertrieb und Service als Schlüsselfaktoren

Immer ausschlaggebender für die Marktposition eines Asset Managers wird die Vertriebsseite.

Im Asset Management Geschäft mit institutionellen Kunden erfolgt der Vertrieb neben den eigenen Kontakten in steigendem Maß über sog. Advisor, die den Kunden bei der Auswahl der Asset Manager, der Portfolio-Bestimmung und der Performance-Analyse beraten. Zunehmend sind spezialisierte Mandate statt der früher vorherrschenden gemischten Portfolios gefragt. Auf der Serviceseite sind derartige Leistungen insbesondere durch tiefgehende Performanceanalyse und Reporting im Kundeninteresse zu ergänzen.

Im Vertrieb der Publikumsfonds gilt: Fondsgeschäft ist zum überwiegenden Teil Beratungsgeschäft. Nur ein kleiner Teil der Anleger ist wertpapiererfahren genug, um ohne Beratung auszukommen. Dementsprechend dominieren im Fondsvertrieb Banken und

Asset Securization

Sparkassen als Vertriebspartner. Dies beginnt sich allerdings zu ändern, die Bedeutung alternativer Vertriebswege nimmt zu: Versicherer haben schon seit längerem Fonds in ihrer Angebots- und Produktpalette, mit steigendem Erfolg insbesondere auch in Form der fondsgebundenen Lebensversicherung. Unabhängige Vermittler und Vermittler-Pools haben ihr Marktgewicht deutlich steigern können. Der z.T. beratungslose Vertrieb über Direktbanken mit einer bankenunabhängigen Produktpalette gewinnt zunehmend Marktanteile. Aber auch der direkte Verkauf über das Internet wird intensiver.

Hand in Hand mit der Öffnung und Ausweitung der Vertriebswege gewinnt der „Best-Advice"-Gedanke immer mehr an Bedeutung. Anleger erwarten nicht nur den hauseigenen Fonds, sondern den besten Fonds aus dem Marktuniversum, d.h. die Performance-Bewertung der Fonds wird zunehmend zum Auswahlkriterium des Angebots in den Vertriebswegen. Auch in Dachfonds, die in eine Vielzahl von Zielfonds unterschiedlicher Fondsgesellschaften investieren, kann sich der Best-Advice-Gedanke realisieren. Die Auswahl der Fonds am Markt wird dabei in steigendem Maß durch das Fonds-Rating unabhängiger Research-Gesellschaften unterstützt.

Für die eigenständige Positionierung der Fondsgesellschaften im Markt sind neben guter Performance ein eigenständiges Markenbild sowie Service und Kunden-Kommunikation die zentralen Anforderungen. Zum Service gehört dabei für die großen Fondsgesellschaften die kostengünstige Führung von Investmentkonten, zunehmend auch mit elektronischen Informations- und Dispositionsmöglichkeiten. Die Fondsbranche führt 5,9 Mio. Investmentkonten in Deutschland (Stand: Ende 1998), das sind fast 30 Prozent aller von Kreditinstituten geführten Wertpapierdepots.

Literatur

BRUNS, C., MEYER-BULLERDIEK, F. (1996), Professionelles Portfolio-Management. Stuttgart.

LAUX, M., PÄSLER, R. (1992), Wertpapier-Investmentfonds, Frankfurt am Main.

MÖSSLE: Asset Management, (2000), in: Geld-, Bank- und Börsenwesen. Hrsg. Obst, Hintner. 40 Aufl., S. 64 ff., Schäffer/Poechel Verlag, Stuttgart.

PAUL, T., PÄSLER, R. (1999), Das deutsche Investmentrecht. Eine Einführung in das Gesetz über Kapitalanlagegesellschaften und das Auslandinvestment-Gesetz. Frankfurt am Main.

STEINER, M., BRUNS, C. (1995), Wertpapier-Management. 4. Aufl., Stuttgart.

Asset Securization, bezeichnet im US-amerikanischen Sprachraum den Prozess der → Verbriefung von Forderungen oder anderen Vermögenswerten zu → Asset Backed Securities. Finanzaktiva werden aus der Bilanz eines Unternehmens (Originator) ausgegliedert und auf eine eigens zu diesem Zweck gegründete Zweckgesellschaft (→ Special Purpose Vehicle) übertragen. Die Zweckgesellschaft refinanziert sich am → Kapitalmarkt durch die → Emission von → Asset Backed Securities.

Asset Stripping 1. *Unternehmenszerschlagung*. Kauf und Zerschlagung eines Unternehmens durch Corporate → Raiders und den anschließenden Weiterverkauf von Unternehmensteilen. Der Verkaufserlös der veräußerten → Assets wird zur Tilgung des zur Finanzierung des Kaufes aufgenommene Fremdkapital verwendet. Bevorzugt werden Unternehmen, die aufgrund von Bewertungsabschlägen eine niedrige → Marktkapitalisierung haben. – 2. Bezeichnung für die Veräußerung von Positionen des → Anlagevermögens (→ Aktiva) zur Beschaffung von → Liquidität und/oder zur Realisierung → stiller Reserven.

Asset Substitution, bezeichnet den Anreiz des → Schuldners nach Fremdkapitalaufnahme eine riskantere Unternehmenspolitik zu verfolgen. Der → Fremdkapitalgeber trägt zwar eventuelle Verluste aus Projekten mit einem hohen → Risiko, partizipiert aufgrund des fixen Kapitaldienstes jedoch nicht an den höheren Gewinnchancen. Die durch diese Investitionen bewirkte Umverteilung künftiger Ertrags- und Verlustmöglichkeiten zwischen Eigen- und Fremdkapitalgebern kann dazu führen, dass Projekte durchgeführt werden, die bei reiner → Eigenfinanzierung abgelehnt worden wären. Der Anreiz, eine solche Unternehmenspolitik zu verfolgen, steigt mit zunehmendem → Verschuldungsgrad.

Asset Swap, bezeichnet einen → Zins-, → Währungs- oder → Equity-Swap, der mit einem weiteren → Asset verbunden ist. A.S. werden im Rahmen von → Arbitragegeschäften, → Portfolio-Management und → Hedgingstrategien verwendet.

Asset Turnover Ratio, → Kapitalumschlag.

Association for Investment Management and Research (AIMR), bezeichnet eine berufsständische Nonprofit-Organisation für Vermögensverwalter und Wertpapieranalysten mit Sitz in den Vereinigten Staaten. Sie hat es sich zur Aufgabe gemacht, die Investoreninteressen durch die Formulierung und Überwachung ethischer Verhaltensnormen und professioneller Standards für ihre Mitglieder zu fördern. Neben Fortbildungsmaßnahmen findet dies insbesondere in der Verleihung des Titels Chartered Financial Analyst (CFA) nach Bestehen einer dreistufigen Prüfung seinen Ausdruck. Hervorgegangen ist die AIMR 1990 aus der Zusammenlegung der Financial Analysts Federation und dem Institut of Chartered Financial Analysts.

Association of European Regional Financial Centres (AERFC). Im Jahr 1992 aus der Kooperation regionaler → Finanzplätze entstandene Vereinigung mit Sitz in Brüssel, deren Gründungsmitglieder die → Regionalbörsen in Barcelona, Bilbao, Edinburgh, Lyon, Stuttgart und Turin waren. Zielsetzung dieser Vereinigung ist es, durch den Zusammenschluss einen verhandlungsstarken Gegenpol zu den europäischen Hauptbörsen in Frankfurt, London und Paris zu schaffen, um Forderungen und Bedürfnisse regionaler Finanzplätze gegenüber den europäischen Regierungen und der EU-Kommission verfolgen zu können. Darüber hinaus soll durch die AERFC die Komplementärfunktion regionaler Börsen zu den Hauptbörsen vermittelt und die wirtschaftliche Aktivität in den Regionen gestärkt werden.

Association Tripartite Bourses (ATB), ehemalige gemeinsame Organisation der drei größten Schweizer Börsen Zürich, Genf und Basel, die 1986 gegründet und 1994 aufgelöst wurde. Die ATB entstand um gemeinsame Reformprojekte in der Schweiz zu realisieren. Die wichtigste Aufgabe bestand in der Koordinierung des Projekts → Elektronische Börse Schweiz. Die Aufgaben der ATB wurden 1994 von der → Schweizer Börse übernommen.

ASX, → Australian Stock Exchange.

As-You-Like Warrant, → Wünsch Dir was Option.

At the Market Call, bezeichnet die vorzeitige Kündigung einer → Anleihe durch den → Anleiheschuldner zum marktgängigen → Zins. – Beispiel 1: 5 5/8% Olivetti International Luxemburg 86-2046. – Beispiel 2: Der Anleger erhält für eine Laufzeit von 10 Jahren jährlich 90% der 10-Jahres-REX-Rendite. Der → Zins wird zu Beginn der Zinsperiode gefixt und am Ende der Periode ausgezahlt.

At the Money Option, → Am-Geld-Option.

at the Money, → am Geld.

Atlantic Option, → Bermuda Option.

Attain, bezeichnet ein nordamerikanisches → ECN. Handelbar sind alle Titel der →

Attentismus

Nasdaq. Der jeweils beste → Bid- und → Ask-Kurs des ECN wird in das → Orderbuch der Nasdaq weitergeleitet.

Attentismus, *wait-and-see attitude*; Verhalten, bei dem die Marktteilnehmer zwar den Markt beobachten, aber nicht ins Geschehen eingreifen. Häufig entsteht A. durch Gerüchte am Markt über Wechselkurs- oder Zinsänderungen. A. kann zu einer Beschleunigung von Zins- und Kursänderungen führen, da Anleger dem Markt ihre → Nachfrage nach Wertpapieren oder Devisen entziehen.

ATX, Abk. für → Austrian Traded Index.

Auction Market, → Auktionsbörse.

Auction Only. Der Zusatz „A.O." bei Erteilung eines → Kauf- bzw. → Verkaufsauftrags beschränkt dessen Gültigkeit auf die nächste stattfindende oder eine bestimmte → Auktion. So kann im elektronischen Handelssystem → Xetra ein Auftrag auf eine bestimmte Auktion gerichtet sein, sofern in dem betreffenden Wertpapier mehrfach börsentäglich Auktionen stattfinden. Im Rahmen der → fortlaufenden Notierung in Xetra kann zudem eine Gültigkeitsbeschränkung des Auftrags auf die Eröffnungs- (→ Opening Auction Only) oder Schlussauktion (→ Closing Auction Only) vorgenommen werden.

Audit Committee. Ständiger Ausschuss des → Board of Directors von Gesellschaften in anglo-amerikanischen Ländern, dem als eine Einrichtung, die vom Management unabhängig ist, die Aufgabe zukommt, Gesprächspartner sowohl für den externen Abschlussprüfer als auch für interne Revision zu sein. Weitere Aufgaben bestehen darin, das Rechnungswesen sowie das interne Überwachungssystem der Unternehmung auf ihre Funktionsfähigkeit hin zu überprüfen und zu überwachen. Ca. 85% der Unternehmen in den USA verfügen über ein A.C.

Auditor, vgl. → Wirtschaftsprüfer und → Abschlussprüfer bei der AG.

aufbauender Swap, Gegenteil des → Amortisations-Swaps. Der zu Grunde liegende Kapitalbetrag erhöht sich sukzessive.

Aufbewahrung von Wertpapieren, *Verwahrung von Wertpapieren, security deposit*. Im Allgemeinen wird darunter die gewerbsmäßige Verwahrung und Verwaltung von → Wertpapieren aller Art für Dritte verstanden. Die A.v.W. wird im → Kreditwesengesetz (KWG) als → Depotgeschäft bezeichnet. Das Depotgeschäft umfasst dabei neben der sicheren Aufbewahrung auch die Einlösung von → Zins- und Dividendenscheinen, die Besorgung neuer → Couponbögen, die Einziehung und den Austausch ausgeloster Stücke, die → Bezugsrechtsausübung und die → Stimmrechtsausübung. Im Allgemeinen lassen Kunden ihre → Wertpapiere in den Tresoren einer Depotbank in der → Girosammelverwahrung verwalten, aber auch die → Streifbandverwahrung ist möglich. – Grundsätzlich können Wertpapiere unter Inkaufnahme eines erhöhten Risikos allerdings auch selbst von jedem Anleger aufbewahrt oder in einem bei seiner Bank angemieteten, eigenen, sog. → geschlossenen Depot hinterlegt werden, wobei die Bank vom Depotinhalt keine Kenntnis nehmen darf.

Auffanggesellschaft, *rescue company*; Nachfolgeunternehmung einer sanierungsbedürftigen Gesellschaft. Die Bildung der A. erfolgt bei der → Sanierung von Unternehmen. Die A. übernimmt alle Vermögens- und Schuldenteile des insolventen Unternehmens und verhindert dadurch i.d.R. den → Konkurs. – Vgl. auch → Insolvenz.

Aufgabe, → Aufgabegeschäfte, → an Aufgabe,

Aufgabegeschäfte. Als A. werden die von einem → skontroführenden Börsenmakler abgeschlossenen Geschäfte bezeichnet, bei denen er sich die Benennung eines der beiden Vertragspartner für einen bestimmten Zeitraum vorbehält. Sofern es sich um die Bezeichnung des Verkäufers handelt, muss der Makler die Aufgabe in der Weise schließen, dass er bis zum Schluss des nächsten Börsentages ein an der Börse zugelassenes Kreditinstitut als Vertragspartner benennt. Wird dagegen die Bezeichnung des Käufers vorbehalten, so erfolgt die Aufgabeschließung durch Nennung eines solchen Kreditinstitutes bis spätestens zum Schluss des zweiten auf den Abschlusstag folgenden Börsentages. Im Handel mit → amtlicher

Aufschlag

Notierung sowie im → Geregelten Markt darf der Makler A. nur beim Fehlen marktnah → limitierter Aufträge, bei unausgeglichener Marktlage oder bei Vorliegen → unlimitierter Aufträge, die nur zu nicht marktgerechten Kursen zu vermitteln wären, tätigen. Bei der ausschließlichen Feststellung von Einheitskursen für Waren bzw. Wertpapiere sowie bei den sonstigen gerechneten Kursen (Eröffnungs-, Einheits- und Schlusskurse bei → fortlaufender Notierung) sind A. nur zulässig, soweit dies zur Ausführung der dem Makler erteilten Aufträge nötig ist. Verstößt der Makler bei der Vornahme von A. gegen diese Voraussetzungen, so sind die Geschäfte trotzdem wirksam. In allen Fällen dürfen A. jedoch nicht tendenzverstärkend wirken. Der Makler hat sie – insbesondere bei der Eingabe in die Börsen-EDV – als solche zu kennzeichnen. Da bei der Vornahme eines A. der Börsenkurs sofort festgestellt wird, trägt der Makler das Risiko eines hiervon abweichenden Kurses bei der endgültigen Geschäftsausführung (Aufgabeschließung). Die A. sind zwei Börsentage nach der Benennung der fehlenden Vertragspartei zu erfüllen. – Vgl. auch → Kursmakler, Eigen- und Aufgabegeschäfte.

Aufgabe vorbehalten, → Aufgabegeschäfte.

Aufgeld, *premium, agio*. Im allgemeinen Sprachgebrauch wird das A. dem Begriff Agio gleichgesetzt. – Das A. ist weiterhin eine wichtige Kennzahl für die Optionsscheinbewertung. Das A. wird in Prozent ausgewiesen und gibt an, um wieviel der Bezug bzw. der Verkauf des Basistitels über den → Optionsschein durch Erwerb des Optionsscheines und sofortige Ausübung des → Optionsrechts mehr kostet als der Direktkauf bzw. -verkauf des Basistitels. Anders ausgedrückt bezeichnet das A. die Differenz zwischen dem Kurswert des Optionsscheins und dem → inneren Wert, wenn der Kurswert über dem inneren Wert liegt. Dabei ergibt sich der innere Wert aus der Differenz zwischen dem im Optionsschein vereinbarten Bezugspreis und dem aktuellen Marktpreis des Basistitels. – Vgl. auch → Agio bei Wertpapieren, → Agio bei Devisen, → Aufschlag.

aufgerufene Wertpapiere, *called-in securities*; sind aufgrund von Diebstahl oder Verlust gesperrte Effekten, die in der → Oppositionsliste aufgeführt werden.

Aufkäufe, *Interessenkäufe, buying up*; Bezeichnung für den vermehrten Kauf eines einzelnen Aktienwertes mit dem Ziel, den eigenen Einfluss in der betreffenden → Aktiengesellschaft zu steigern.

Auflegung zur öffentlichen Zeichnung, *invitation/offer for public subscription*; Platzierungsverfahren bei der Ausgabe von → Wertpapieren. Die → Zeichnungsbedingungen werden in der → Zeichnungseinladung von den → Konsortialbanken veröffentlicht und umfassen u.a. die → Zeichnungsfrist, die Wertpapierkonditionen (z.B. → Laufzeit, → Verzinsung, → Stückelung, ggf. → Emissions- oder → Ausgabekurs) sowie Informationen über die Konsortialbanken und die wirtschaftliche Lage des → Emittenten. – Vgl. auch → öffentliche Zeichnung.

Auflösung der AG, *dissolution of the stock corporation*. Die Beendigung jeder Gesellschaft vollzieht sich während eines längeren Zeitraumes, der mit der Auflösung beginnt. Die Auflösung ist ein rechtlicher Vorgang. Die Auflösungsgründe für die AG sind zwingend geregelt. Das → Aktiengesetz nennt v.a. folgende Auflösungsgründe: Ablauf der in der → Satzung bestimmten Unternehmensdauer, Beschluss der Hauptversammlung mit Dreiviertelmehrheit, Eröffnung des Konkursverfahrens über das Vermögen der Gesellschaft und Ablehnung des Konkursverfahrens mangels Masse (→ Insolvenz). Im Anschluss an die A.d.A. erfolgt die → Abwicklung.

Aufschlag, *Aufgeld, premium*. 1. Allgemein: Bezeichnung für die Differenz zwischen dem höheren Auszahlungsbetrag oder realisierten Kurs und dem → Paritätskurs, Nennwert oder Rückzahlungsbetrag. – Gegensatz: → Abschlag. – 2. Kreditmarkt: Im Zusammenhang mit → Darlehen ist vor allem der Terminus Agio für die Differenz zwischen dem Auszahlungsbetrag und dem Nennwert gebräuchlich. – Gegensatz: → Disagio. – 3. Terminmarkt: Bezeichnung für die positive Kursdifferenz zwischen dem Terminkurs und dem niedrigerem → Kassakurs. Ferner wird der Zuschlag bei der Prolongation von → Termingeschäften auf Wertpapiere ebenfalls als A. bezeichnet. –

aufschwänzen

Vgl. auch → Report und → Reportgeschäft. – Gegensatz: → Deport. – 4. Devisenmarkt: → Report. – 5. Optionsscheine: → Aufgeld. – 6. *load*; Investmentfonds: im Falle des Erwerbs von Anteilen → offener Investmentfonds wird zumeist ein → Ausgabeaufschlag gemäß des Verkaufsprospektes verlangt. Dieser kommt in erster Linie der Vertriebsgesellschaft zu Gute.

aufschwänzen, *to corner*; Bezeichnung für das absichtliche Hochtreiben eines Wertpapierkurses oder eines Marktes. Ziel des A. ist es einem → Baissier das Aufkaufen von Wertpapieren → zur Erfüllung seiner → Leerverkäufe zu verteuern. Der Baissier ist in diesem Fall gezwungen jeden Preis zu zahlen, um seiner Lieferverpflichtung nachzukommen. – Vgl. auch → Squeezing.

Aufsichtsrat, (AR), Gesellschaftsorgan mit der Aufgabe der Beratung- und Überwachung des Geschäftsführungsorgans (Vorstand, Geschäftsführer), das bei → AG, → KGaA, e.G. (eingetragene Genossenschaft) und → KAG (Kapitalanlagegesellschaft) als → GmbH und der mitbestimmten GmbH gesetzlich vorgeschrieben ist; im übrigen bei GmbH fakultativ (§ 52 GmbHG). Bei der AG besteht der A. aus mindestens 3 Mitgliedern (§ 95 Abs. 1 AktG), die natürliche Personen und unbeschränkt geschäftsfähig (§ 100 Abs. 1 AktG), aber nicht Aktionäre der AG sein müssen. Sie dürfen nicht zugleich Vorstandsmitglied, Prokurist oder Handlungsbevollmächtigter sein (§ 105 Abs. 1 AktG). Der Aufsichtsrat wird – anders als Arbeitnehmervertreter – von der → Hauptversammlung der AG gewählt (§ 101 AktG). Je nach Beschäftigtenzahl der Unternehmung (unter oder über 2.000 Personen) wird ein Drittel oder die Hälfte der Aufsichtsratsmitglieder von den Belegschaftsangehörigen gewählt. Der Aufsichtsrat wählt aus seiner Mitte den Vorsitzenden und mindestens einen Stellvertreter (§ 107 Abs. 1 AktG). Für ihre Tätigkeit erhalten die Mitglieder eine Vergütung (§ 113 AktG). Sie haben die Sorgfalt eines ordentlichen und gewissenhaften Aufsichtsratsmitglieds einzuhalten und haften bei Pflichtverletzungen (§ 116 AktG). Der Aufsichtsrat überwacht die Geschäftsführung der AG (§ 111 Abs. 1 AktG) und kann seine Aufgaben nicht durch andere wahrnehmen lassen (§ 111 Abs. 5 AktG). Maßnahmen der Geschäftsführung können ihm grundsätzlich nicht übertragen werden (§ 111 Abs. 4 AktG). Er hat eine Hauptversammlung einzuberufen, wenn das Wohl der AG es erfordert (§ 111 Abs. 3 AktG). Für den Beschluss genügt eine einfache Mehrheit der Aufsichtsratmitglieder. Der A. vertritt die AG gegenüber Mitgliedern des Vorstandes gerichtlich und außergerichtlich (§ 112 AktG). – Der mehrköpfige Aufsichtsrat der AG entscheidet durch Beschluss (§ 108 AktG). Die Satzung kann die Voraussetzung der Beschlussfähigkeit bestimmen, soweit sie nicht gesetzlich geregelt ist. Ohne gesetzliche oder satzungsmäßige Regelung ist er nur beschlussfähig, wenn mindestens die Hälfte der Mitglieder an der Beschlussfassung teilnimmt. In jedem Fall müssen mindestens drei Mitglieder teilnehmen. Abwesende Aufsichtsratsmitglieder können schriftliche abstimmen. Schriftliche, telegraphische oder fernmündliche Beschlussfassungen des Aufsichtsrates oder eines Ausschusses sind aber nur zulässig, wenn kein Mitglied diesem Verfahren widerspricht. Zu den Sitzungen des Aufsichtsrates und seiner Ausschüsse können Sachverständige und Auskunftspersonen zur Beratung über einzelne Gegenstände zugezogen werden (§ 109 AktG); im übrigen sollen Nichtmitglieder nicht teilnehmen.

Aufsichtsrat bei Kapitalanlagegesellschaften, *supervisory board of an investment company*. Ungeachtet der Rechtsform der Kapitalanlagegesellschaft besteht bei diesen die Verpflichtung zur Einrichtung eines Aufsichtsrates, wobei grundsätzlich den Bestimmungen des Aktiengesetzes zu folgen ist. Die Eignung potenzieller Mitglieder hinsichtlich ihrer Persönlichkeit und ihres Sachverstandes wird durch das → Bundesaufsichtsamt für das Kreditwesen geprüft.

Aufsichtsrat der AG, Ersatzmitglied, *supervisory board of the corporation, substitute member*. Zusammen mit dem → Aufsichtsrat können Ersatzmitglieder für den Aufsichtsrat für den Fall bestellt werden, dass ein Aufsichtsratsmitglied vor Ablauf seiner Amtszeit wegfällt. Ersatzmitglieder können für ein bestimmtes Aufsichtsratsmitglied oder für bestimmte Aufsichtsratsmitglieder gleicher Kategorie gewählt werden. Auch die Wahl mehrerer Ersatzmitglieder ist zulässig. Das Amt des Ersatzmitglieds erlischt mit dem Ablauf des Mandats des weggefallenen Aufsichtsratsmitglieds. Ist kein

Ersatzmitglied bestimmt, kann eine gerichtliche Bestellung erfolgen.

Aufsichtsrat der AG, Höchstzahl der Mandate, *supervisory board of the corporation, maximum amount of assignment/retainers.* Die Anzahl der Aufsichtsratssitze, die eine einzelne Person einnehmen darf, ist auf zehn beschränkt. Dabei zählen konzernfremde Mandate als Aufsichtsratsvorsitzender doppelt. Darüber hinaus dürfen gesetzliche Vertreter eines herrschenden Unternehmens bis zu fünf Aufsichtsratsmandate bei zum Konzern gehörenden Tochtergesellschaften wahrnehmen.

Aufsichtsrat der AG, Zusammensetzung, *supervisory board of the corporation, composition.* Die Zusammensetzung des → Aufsichtsrats richtet sich nach gesetzlichen Regelungen und Satzungsbestimmungen. Mitglied des Aufsichtsrats können Vertreter der Anteilseigner, Vertreter der Arbeitnehmer und weitere Mitglieder sein (→ Arbeitnehmer und Arbeitnehmervertreter im Aufsichtsrat der AG). Die Anzahl der Aufsichtsratsmitglieder richtet sich nach der Unternehmensgröße, liegt zwischen drei und 21 und muss durch drei teilbar sein. Fällt die Gesellschaft unter das Mitbestimmungsgesetz setzt sich der Aufsichtsrat paritätisch aus Arbeitnehmer- und Arbeitgebervertretern zusammen. In diesen Fällen besteht der Aufsichtsrat je nach der Anzahl der Arbeitnehmer aus 12, 16 oder 20 Mitgliedern. Um eine ordnungsgemäße Zusammensetzung des Aufsichtsrats herbeizuführen, kann der → Vorstand tätig werden. Auf Antrag kann eine → gerichtliche Entscheidung über die Zusammensetzung des Aufsichtsrats der Aktiengesellschaft ergehen. – Vgl. auch → Vorsitz im Aufsichtsrat der AG.

Aufsichtsrat, Einberufung, → Einberufung des Aufsichtsrats der AG.

Aufsichtsratsmitglieder der AG, Abberufung, → Abberufung von Aufsichtsratsmitgliedern der AG.

Aufsichtsratsmitglieder der AG, Amtszeit, → Amtszeit der Aufsichtsratsmitglieder der AG.

Aufsichtsratsvergütung, *supervisory board fee, payment to members of supervisory board.* Die A. kann durch die → Satzung der AG geregelt sein oder durch → Hauptversammlungsbeschluss festgesetzt werden. Ohne Vergütungsbeschluss ist die Tätigkeit des → Aufsichtsrats unentgeltlich; dann kann nur Ersatz der Auslagen verlangt werden. Die Vergütung soll in einem angemessenen Verhältnis zu den Aufgaben der Aufsichtsratsmitglieder und der Lage der Gesellschaft stehen. Sie kann feste und variable Bestandteile aufweisen. Der erfolgsabhängige Anteil berechnet sich nach dem Bilanzgewinn, vermindert um eine Verzinsung von mindestens 4% auf die von den Aktionären auf den geringsten Ausgabebetrag der Aktien geleisteten Einlagen. Die Gesamtbezüge des Aufsichtsrats sind im Anhang des Jahresabschlusses anzugeben, wobei die Aufteilung auf einzelne Aufsichtsratsmitglieder nicht dokumentiert werden muss.

Aufsichtssystem für den Wertpapierhandel, *securities supervisory (regulatory) system.* Durch das Gesetz über den → Wertpapierhandel und das → Börsengesetz wurde ein dreistufiges, dezentrales System zur Überwachung des gesamten Wertpapierhandels geschaffen. Neben die bundesstaatliche → Marktaufsicht (§ 4 WpHG) über den börslichen und außerbörslichen Wertpapierhandel durch das → Bundesaufsichtsamt für den Wertpapierhandel (BAWe) unter Mitwirkung des → Wertpapierrates (§ 5 WpHG), tritt aufgrund der föderalen Struktur in der BRD die nur den börslichen Wertpapierhandel betreffende → Börsenaufsicht durch die → Börsenaufsichtsbehörden der Länder (§ 1 II BörsG), die neben der Marktaufsicht die → Rechtsaufsicht über die Börsen umfasst. Darüber hinaus besteht eine börseninterne Marktaufsicht durch die → Handelsüberwachungsstellen zur Überwachung des Börsenhandels und der Börsengeschäftsabwicklung. – Wertpapierhandelsgeschäfte gehören zu den Finanzdienstleistungen. Ihr Angebot bedarf daher gemäß § 37 KWG der schriftlichen Erlaubnis des → Bundesaufsichtsamts für das Kreditwesen (BAKred). Diese Erlaubnis wird den Wertpapierdienstleistungsunternehmen (Kredit- und Finanzdienstleistungsinstituten) nur erteilt, wenn sie die zum Geschäftsbetrieb erforderlichen Mittel nachweisen (§ 32 KWG). Insoweit

Auftrag mit versteckter Menge

kann auch von einem vierstufigen A. gesprochen werden.

Auftrag mit versteckter Menge, *hidden-size Order*, bezeichnet einen → Auftrag mit sehr hohem Volumen, der nicht in seiner gesamten Größe im → Orderbuch erscheint. Nur eine bestimmte Mindestzahl an → Round Lots ist im Orderbuch ersichtlich. Die versteckte Menge tritt nach und nach an die Stelle der zunächst sichtbaren Menge, wenn diese gehandelt wurde. Die Besonderheit dieses Auftrags ist aber auch in der gleichbleibenden zeitlichen Kennzeichnung des Auftrags zu beurteilen, was bei Handelssystemen, die nach → Preis-Zeit-Priorität die Aufträge abwickeln, von entscheidender Bedeutung ist.

Auftrag. 1. *mandate*; zweiseitig verpflichtender → Vertrag, durch den sich der Beauftragte verpflichtet, für den Auftraggeber unentgeltlich ein Geschäft zu besorgen (§ 662 BGB), wobei der Beauftragte an Weisungen des Auftraggebers gebunden ist und nur ausnahmsweise davon abweichen darf (§ 665 BGB). Der Beauftragte ist zur Auskunftserteilung und zur Herausgabe des durch die Ausführung des A. Erlangten an den Auftraggeber verpflichtet, der wiederum für Aufwendungen des Beauftragten zur Erfüllung des A. ersatzpflichtig ist. Der Auftraggeber kann den A. jederzeit widerrufen, der Beauftragte ihn jederzeit kündigen. – 2. Werden A. von Kunden an ein → Kreditinstitut erteilt, so bezeichnet man sie als → Kundenaufträge. – 3. → Order.

Auftragsart, *order type*. Unterscheidung der von einem → Kursmakler auszuführenden → Aufträge in limitierte Aufträge, deren Ausführung zum angegebenen → Limit erfolgen soll, und in unlimitierte Aufträge ohne Kursangabe, deren Ausführung → bestens oder → billigst erfolgt. – Vgl. auch → Kundenaufträge.

Auftragsbefristung, *time limiting of orders*. Vorgang, bei dem für die Ausführung einer → Order eine Frist gesetzt wird, nach Ablauf derer der Auftrag erlischt, sofern dieser vorher nicht ausgeführt wird. Zu unterscheiden sind → Tagesaufträge, → Month Orders und → ultimogültige Orders. Orders, deren Gültigkeit über den → Ultimo des laufenden Monats hinausgehen, sind nicht zulässig.

Auftragsbestätigung, *acceptance / confirmation of order*. Um die Gültigkeit einer → Order sicherzustellen, muss der an dem Geschäft beteiligte → Makler der Bank, die ihn beauftragt hat, die Vermittlung des Geschäfts durch die Ausstellung einer → Schlussnote bestätigen. Wird keine Schlussnote ausgestellt, so gilt im Zweifel das Geschäft als nicht zustande gekommen.

Auftragsbuch, → Orderbuch.

Auftragsform, *order form*. Der Auftraggeber einer → Order kann diese sowohl schriftlich, als auch mündlich erteilen. Ein → Auftrag, der dem → Börsenmakler mündlich erteilt wird, gilt nur am Tag der Auftragserteilung (→ Tagesauftrag). Gleiches gilt auch für schriftlich erteilte Aufträge ohne zeitliche Befristung. Zeitlich befristete Aufträge sind nur dann zulässig, wenn ihre Befristung den → Ultimo des laufenden Monats nicht überschreitet.

Aufwands- und Ertragskonsolidierung, *consolidation of revenues and expenses*; Begriff der → Konzernrechnungslegung. Bei der Aufstellung eines → Konzernabschlusses sind die Aufwendungen und Erträge aus konzerninternen Beziehungen zu verrechnen. Bei der A.u.E. werden insbesondere → Umsatzerlöse beim liefernden Konzernunternehmen mit den korrespondierenden Aufwendungen beim erwerbenden Konzernunternehmen verrechnet. Auf diese Weise werden konzerninterne Lieferbeziehungen neutralisiert. Eine A.u.E. ist auch bei Kreditbeziehungen oder Lizenzverträgen erforderlich.

Aufwärtsbewegung, *rising (upward) trend*; bezeichnet Kurssteigerungen, die über einen längeren Zeitraum hinweg anhalten. Der → Chart des betroffenen → Wertpapiers weist eine positive Steigung auf. – Gegensatz: → Abwärtsbewegung.

Aufwendungsersatz, *repayment of expenses*; ist die Bezeichnung für den nach § 87d HGB von Handelsvertretern einforderbare Ausgleich für bestimmte Leistungen. Für ein → Kreditinstitut stellt der A. den aus einem → Geschäftsbesorgungsvertrag oder einer gesetzlichen Regelung bestehenden Anspruch auf Ersatz der im Rahmen der Geschäftserfüllung angefallenen Aufwendungen dar.

Aufwertung, *Revalvation, Revalution, appreciation, revaluation*, Wird als Reduzierung des Preises einer ausländischen Währungseinheit ausgedrückt in inländischen Geldeinheiten definiert. Als nominale Aufwertungen werden Revalvationen bezeichnet, die mit der Entwicklung der Kaufkraftunterschiede zweier Ökonomien gleichlaufen, während reale Aufwertungen den Außenwert einer inländischen Währungseinheit im Vergleich zur Entwicklung ihres Binnenwertes überproportional erhöhen. Folge hiervon ist die Verteuerung von Exporten, während Importe verbilligt werden. Im Rahmen fester Wechselkurse erfolgen Aufwertungen durch Beschlüsse der Regierung respektive der Zentralbank. Ggs. → Abwertung.

Aufzinsung, *aufzinsen, accumulation, act of compounding*. Ermittlung des Zeitwertes oder Endwertes einer Zahlung oder mehrerer Zahlungen durch Anwendung der → Zinsrechnung. Der Betrag einer Zahlung wird mit dem zum jeweiligen Zahlungszeitpunkt konformen → Aufzinsungsfaktor multipliziert. Zeitwerte mehrerer Zahlungen, die für den selben Zeitpunkt errechnet wurden, können addiert werden. – Vgl. auch → Rentenendwert. – Gegensatz: → Abzinsung.

Aufzinsungsfaktor, *accumulation factor*. Größe, mit der ein heute vorhandener Betrag multipliziert werden muss, um seinen zukünftigen Wert zu errechnen. Der A. q ergibt sich bei gegebenem Prozentzinssatz p als

$$q = 1 + \tfrac{p}{100}.$$

Wird ein bestimmter (konstanter) Jahreszinssatz unterstellt, ergibt sich der Aufzinsungsfaktor zinseszinslich als

$$q_n = \left(1 + \tfrac{p}{100}\right)^n,$$

mit n als die Laufzeit in Jahren und p nunmehr als der Prozentzinssatz p.a.

Aufzinsungspapier, *Zinssammelanleihe, accrued interest paper*. A. sind ohne laufende Couponzahlungen ausgestattete Anleihen, die zum → Nennwert ausgegeben und nach vorgegebener → Laufzeit getilgt werden. Da im Gegensatz zu Couponanleihen keine laufenden regelmäßigen Couponzahlungen erfolgen, enthält der Rückzahlungsbetrag neben dem → Nominalbetrag auch die zum Emissionszeitpunkt festgelegten Zinsen und Zinseszinsen für die Gesamtlaufzeit. – Für den Anleger bieten A. den Vorteil, dass die Wiederanlage laufender Kuponzahlungen entfällt. → Zerobonds fallen teilweise auch unter die Bezeichnung A. (→ Agio-Zero Bond). Aufgrund der einmaligen Zinszahlung am Laufzeitende weist der Marktpreis eines A. eine sehr hohe Sensitivität gegenüber Veränderungen des Marktzinsniveaus auf, d.h. bei Marktzinserhöhungen bzw. -senkungen während der → Laufzeit sinkt bzw. steigt der Marktpreis des A. stärker als der von vergleichbaren Kuponanleihen. – Vgl. auch → Abzinsungspapier.

Auktion, *auction*. Die A. bezeichnet ein Verfahren, bei dem der Preis für einen Gegenstand durch den Ausgleich vorliegender → Kauf- und → Verkaufsaufträge ermittelt wird. An einer nach dem → Auktionsprinzip organisierten Börse wird ein Börsenpreis entweder in bestimmten Zeitintervallen (periodische Auktion) oder fortlaufend (kontinuierliche Auktion) festgestellt. – Vgl. auch → Auktionsbörse, → Auktionsverfahren, → Einheitsmarkt und → fortlaufende Notierung.

Auktionsbörse, *auftragsgesteuerter Markt, order driven market, auction market*; Bezeichnung für eine Börse, an der der Handel nach dem → Auktionsprinzip ausgestaltet ist.

Auktionsprinzip, *order driven system*. Das A. ist dadurch gekennzeichnet, dass jede Transaktionsmöglichkeit das Vorliegen von → Kauf- und → Verkaufsaufträgen erfordert. Der Börsenpreis, der aus dem Ausgleich dieser Kauf- und Verkaufsaufträge resultiert, wird entweder in bestimmten Zeitintervallen (periodische → Auktion) oder fortlaufend (kontinuierliche Auktion) ermittelt. Zur Ermittlung des Börsenkurses wird entweder das → Einheitskursverfahren oder das → Einzelkursverfahren herangezogen. Der Handel an den deutschen Präsenzbörsen folgt dem A. (→ Einheitsmarkt, → fortlaufende Notierung). – Gegensatz: → Market-Maker Prinzip.

Auktionsverfahren

Auktionsverfahren, *system of establishing prices by auction*. 1. Verfahren zur Preisermittlung an der Börse (→ Auktionsprinzip). – 2. Verfahren zur Preisermittlung und Zuteilung von Aktien bei einer → Neuemission. Das A. zeichnet sich dadurch aus, dass der → Emissionspreis der Aktien ohne Vorabfestlegung einer Preisspanne unmittelbar aus der Nachfrage nach den Aktien abgeleitet wird. Die interessierten Anleger geben während der → Zeichnungsfrist verbindlich an, wieviele Aktien sie zu welchem Preis erwerben möchten. Nach Beendigung der Zeichnungsfrist ordnet der → Konsortialführer diese Gebote nach der Höhe ihres Preises. Auf Grundlage dieser Rangfolge wird die Zuteilung der zur Verfügung stehenden Aktien von oben nach unten vorgenommen, bis das Platzierungsvolumen erschöpft ist. Der Emissionspreis entspricht dem niedrigsten Gebot, zu dem noch Aktien zugeteilt wurden. Der so ermittelte Emissionspreis wird bei allen Zuteilungen - unabhängig von den ursprünglichen Geboten - zugrundegelegt. Das a. ermöglicht die Ermittlung eines besonders marktnahen Emissionspreises, setzt jedoch voraus, dass sich der interessierte Anleger zur Abgabe seines Gebots intensiv mit der wirtschaftlichen Perspektive der Aktiengesellschaft auseinandersetzt. Das A. wurde in Deutschland erstmals von der Trius AG im Februar 2000 angewandt. – Gegensatz: → Festpreisverfahren, → Bookbuilding (-Verfahren).

aus dem Geld, *out of the money*. Bezeichnung dafür, dass der → Basispreis bei einer → Call-Option über dem aktuellen Kurs des → Underlyings liegt bzw. bei einer → Put-Option unter dem Kurs liegt. Ist die Differenz sehr groß, wird dies als deep out of the money bezeichnet. Der → innere Wert einer → aus-dem-Geld-Option beträgt Null. Die → Optionsprämie setzt sich wie bei einer → am-Geld-Option nur aus dem → Zeitwert zusammen. – Gegensatz: → im Geld.

Aus-dem-Geld-Option, *out of the money option*; Bezeichnung für eine → Option, die → aus dem Geld ist.

aus dem Markt gehen, *market exit*; bezeichnet den Rückzug von → Banken aus unrentablen Geschäftsfeldern bzw. Marktsegmenten.

aus dem Markt nehmen, *take out of the market, soak up*. 1. Bezeichnet das Vorgehen von Banken, im Umlauf befindliche → Wertpapiere aufzukaufen, um den entsprechenden → Kurs zu stabilisieren. Auch die Reduzierung der → Zentralbankgeldmenge durch die → Zentralbank wird unter diesen Begriff gefasst. – 2. Bezeichnet die Situation, in der Banken bzw. → Market-Maker, oftmals aufgrund zu starker Kursbewegungen, keine Kurse im → Devisen- oder → Wertpapierhandel stellen.

Ausbildungssparen, *education saving*; stellt eine → Sondersparform dar, bei der zu Gunsten einer minderjährigen Person periodische Einzahlungen (→ Ratensparvertrag) geleistet werden. Die angesparten Beträge sollen in erster Linie für die Begleichung zukünftig entstehender Ausbildungskosten dienen.

Ausbrechen des Kurses. Unter dem Terminus A.d.K. versteht man eine Situation, in welcher der Wertpapierkurs starke positive oder negative Ausschläge (hohe Volatilität) gegenüber dem bisherigen Verlauf aufweist, welche innerhalb kürzester Zeit stark zunehmen. Die Auswirkungen sind in der → technischen Chartanalyse erkennbar, und äußern sich insofern, als dass der Kurs eine vorliegende Formation oder einen aktuellen Trendkanal verlässt.

Ausfallrisiko, *Adressenausfallrisiko, risk of default, non-payment risk, loan loss risk*; → Risiko, dass ein Kreditnehmer oder ein Geschäftspartner, dem ein Anleger Kapital überlassen hat (z.B. → Emittent einer Anleihe) insolvent wird bzw. Zinsen und Tilgung nicht wie vereinbart leistet. Das A. ist international nicht einheitlich definiert, da die Rechtsvorschriften für Zahlungsverzug, → Vergleich, → Konkurs, → Insolvenz etc. unterschiedlich sind. Deshalb sind in Finanzkontrakten, die gegen das A. versichern sollen (→ Kreditderivate) stets → Credit Events spezifiziert.

Ausführungsgeschäft, *carrying out transaction*; Bezeichnung für das von einem → Kommissionär und einem Dritten abgeschlossene Geschäft zur Ausführung eines Kommissionsauftrages. Der Kommissionär hat dem → Kommittenten Nachricht über das A. zu geben, über das Geschäft Rechenschaft abzulegen und dasjenige herauszugeben, was er aus der Geschäftsbesorgung erlangt hat (§ 384 II HGB).

Ausführungsplatz, *execution place*; Bezeichnung für diejenige → Börse, an der eine → Order ausgeführt wird. Für die Ausführung eines Auftrages über ein → Wertpapier, das an mehreren Börsen gehandelt wird, steht es dem Kunden frei, einen A. zu wählen. Macht der Kunde diesbezüglich keine Angaben, so wählt das von ihm beauftragte → Kreditinstitut den A. unter Wahrung der Kundeninteressen aus. Zudem kann der Kunde bei der Ausführung von Börsenaufträgen zwischen dem → Präsenzhandel und dem → elektronischen Handelssystem wählen.

Ausführung von Kundenaufträgen, *execution of customer orders*. → Börsenaufträge können in der Form des → Kommissionsgeschäfts oder des → Festpreisgeschäfts ausgeführt werden. Beim Kommissionsgeschäft tritt das mit der Ausführung des → Kauf- oder → Verkaufsauftrags beauftragte → Kreditinstitut lediglich als → Kommissionär auf, der für die Anschaffung oder Veräußerung der betreffenden Wertpapiere Sorge zu tragen hat. Demgegenüber erfolgt beim Festpreisgeschäft der Abschluss eines Kaufvertrages, in dem der Kunde mit seiner Bank den Kauf oder Verkauf der betreffenden Wertpapiere zu einem vorab festgelegten Preis vereinbart. In seinem Kauf- bzw. Verkaufsauftrag steht dem Kunden die Wahl des → Ausführungsplatzes frei. Erfolgt die Ausführung der Aufträge an einer → Wertpapierbörse, so kann dies entweder zum → Einheitskurs oder in der → fortlaufenden Notierung erfolgen, wobei der Auftrag für die fortlaufende Notierung meist eine bestimmte Menge (→ Round Lot) umfassen muss.

ausg., Abk. für → ausgesetzt.

Ausg., Abk. für Ausgabe. – Vgl. hierzu → Ausgabe von Wertpapieren.

Ausgabeaufschlag bei Fonds, *Ausgabekosten/Ankaufsgebühren bei Fonds, front-end load of funds*. Gebühr, die beim Verkauf von Fondsanteilen in erster Linie zur Deckung der Vertriebskosten der Kapitalanlagegesellschaft berechnet wird. Der Ausgabeaufschlag

Ausgabe von Wertpapieren

fällt lediglich beim Kauf der Anteile an und ist bereits im Ausgabepreis der Investmentzertifikate (→ Anteilschein) enthalten. Er wird als Prozentsatz auf der Basis des Rücknahmepreises oder des Anlagebetrages ausgedrückt. Die Höhe des Ausgabeaufschlages hängt von der Art des Fonds (→ Fondsarten), seinem Anlageschwerpunkt, der Höhe des Anlagebetrages (lineare oder degressive Staffel) und der Kapitalanlagegesellschaft bzw. deren Vertriebswege ab. Die Spannweite reicht in etwa von null bis acht Prozent.

ausgabeaufschlagfreie Fonds, → No-Load-Funds.

Ausgabekosten, → Ausgabeaufschlag bei Fonds.

Ausgabekurs, *Emissionspreis, Ausgabepreis, issue price*; → Emissionskurs.

Ausgabepreis, *issue price, rate of issue*. Der A. ist der Preis, mit dem → Wertpapiere (i.d.R. → Aktien oder Anleihen) oder Investmentanteilscheine neu am Kapitalmarkt platziert werden. – Bezogen auf den → Nennwert des Wertpapiers können Anleihen sowohl mit → Aufgeld, was allerdings selten vorkommt, als auch mit → Abgeld begeben werden. Aktien jedoch dürfen gemäß § 9 I AktG in keinem Fall mit einem Disagio ausgegeben werden. – Der A. bei Investmentanteilscheinen wird nach dem Inventarwert pro Anteil ermittelt und von den jeweiligen → Kapitalanlagegesellschaften (KAG) normalerweise zusammen mit dem Rücknahmepreis börsenhandelstäglich einmal festgestellt und veröffentlicht. Der A. ergibt sich aus dem → Rücknahmepreis zuzüglich eines → Ausgabeaufschlages, der i.d.R. zwischen einem und sechs Prozent des Rücknahmepreises liegt und den die KAG in ihren Vertragsbedingungen zur Deckung ihrer Ausgabe- und Verwaltungskosten festgelegt haben. In jüngster Zeit bestehen von Seiten der KAG Bestrebungen, die Ausgabe- und Rücknahmepreise von Investmentanteilen mehrmals täglich zu ermitteln, um einen aktiven Handel ihrer Fondsprodukte zu ermöglichen. – Vgl. auch → Anteilschein, → Ausgabekurs, → Emissionskurs.

Ausgabe von Wertpapieren, *Emission von Wertpapieren, Begebung von Wertpapie-*

ausgeglichen

ren, (new) security issue. Die A.v.W. bezeichnet die hauptsächlich für → Aktiengesellschaften (AG) gegebene Möglichkeit der Erstplatzierung, bzw. → Emission neuer → Wertpapiere bei den Investoren und damit verbunden die gleichzeitige Einführung von Wertpapieren in den → Sekundärmarkt. Das vorrangige Ziel einer A.v.W. ist die vollständige, risikofreie und kostengünstige Unterbringung von Wertpapieren zum Zweck der Kapitalbeschaffung für die Unternehmensfinanzierung. Dabei wird der Eigenkapitalbedarf durch die Ausgabe von → Aktien gedeckt und der Fremdkapitalbedarf durch die Platzierung von Anleihen. – Die A.v.W. erfolgt fast immer als → Fremdemission unter Zuhilfenahme einer oder mehrerer Banken mit entsprechender Erfahrung und → Platzierungskraft. Die Dienstleistung der Emissionsbank bzw. des → Konsortiums kann dabei in der rein vermittelnden Begebung von Wertpapieren, in der Selbstübernahme der emittierten Wertpapiere oder in der Bildung eines kombinierten → Begebungs- und → Übernahmekonsortiums bestehen. Die A.v.W. kann aber grundsätzlich auch ohne Einschaltung Dritter (→ Selbstemission) direkt durch Handverkauf oder Zeichnung des Publikums erfolgen. Dieser Weg steht normalerweise nur → Emittenten mit einem kleinen Kreis potentieller Investoren offen (z.B. eine AG mit wenigen Großaktionären). – Vgl. auch → Emission von Aktien.

ausgeglichen, *balanced*. Bezeichnung für eine Situation an der Börse, in der sowohl Angebot als auch Nachfrage in vergleichbarem Umfang vorliegen, so dass durch die → Kauf- und → Verkaufsaufträge der Kunden der Markt weitgehend geräumt werden kann und keine Kursausschläge zu erwarten sind.

ausgenommen Ziehung, bezeichnet einen nur am Auslosungstag eines → Wertpapiers verwendeten Hinweis im → Kurszettel, dass sich der genannte → Kurs ausschließlich auf die nicht ausgelosten Stücke bezieht und lediglich diese zum Handel bereitstehen. – Vgl. auch → Kurszusätze.

ausgesetzt, *ausg., a, to suspend*. Der → Kurszusatz a. signalisiert die → Aussetzung der Kursnotierung eines Wertpapiers. Mit diese Maßnahme erlöschen sämtliche laufende Aufträge bezüglich dieses Wertpapiers und es können für disen Zeitraum keine neuen Umsätze mehr getätigt werden.

Ausgleichsanspruch. Zur Sicherung der außenstehenden → Aktionäre müssen konzernrechtliche → Beherrschungs- und Gewinnabführungsverträgen einen A. vorsehen, um sie vor Übervorteilung zu schützen (§ 304 AktG). Bei Beherrschungsverträgen behält der Aktionär grundsätzlich den Anspruch auf die → Dividenden. Reicht der Gewinn nicht aus, eine Dividende zu zahlen, hat der Vertrag als angemessene Ausgleich den außenstehenden Aktionären einen bestimmten jährlichen Gewinnanteil zu garantieren. Bei Gewinnabführungsverträgen entfällt die Ausschüttung einer Dividende. Der Vertrag muß eine auf die Anteile am → Grundkapital bezogene wiederkehrende Ausgleichszahlung vorsehen. Der Ausgleich ist aus dem Gesellschaftsgewinn zu bestreiten oder von der herrschenden Gesellschaft zu leisten. Bezüglich des Ausgleichsanspruchs besteht Vertragsfreiheit. Die Höhe des Ausgleichs orientiert sich an der bisherigen und zukünftigen Ertragslage.

Ausgleichsposten für Anteile in Fremdbesitz, *adjustment item for externally possessed shares*; Bezeichnung für einen nach § 307 HGB innerhalb des → Eigenkapitals (EK) gesondert auszuweisenden Ausgleichsposten der → Konzernbilanz, in den nicht der → Muttergesellschaft gehörende Anteile an in den → Konzernabschluss einbezogenen → Tochtergesellschaften in Höhe ihres Anteils am Eigenkapital unter entsprechender Bezeichnung einzustellen sind. In der → Konzern-Gewinn- und Verlustrechnung ist der im Jahresergebnis enthaltene, anderen → Gesellschaftern zustehende → Gewinn und auf der sie entfallende → Verlust nach der Position „Jahresüberschuss/Jahresfehlbetrag" unter der entsprechenden Bezeichnung auszuweisen.

Ausgleichszahlungen, 1. *compensatory payments*. A. sind wiederkehrende Geldleistungen an außenstehende Aktionäre und können entstehen, wenn eine → Aktiengesellschaft mit einer anderen Unternehmung (Untergesellschaft) einen → Beherrschungs- und Gewinnabführungsvertrag abschließt. Die bisherige Ertragslage und die zukünftigen Ertragsaussichten der Untergesellschaft bestimmen die Höhe der A. – 2. *cash-*

settlement; → Barausgleich bei Erfüllung einer Kontraktverpflichtung (z.B. bei → Optionen).

Auskunftsersuchen der Finanzbehörden, *request for information by fiscal authorities*. Zum Zwecke der allgemeinen Überwachung dürfen die Finanzbehörden von den → Kreditinstituten keine einmaligen oder periodischen Mitteilungen von Konten bestimmter Art oder bestimmter Höhe verlangen. Im Besteuerungsverfahren haben die Finanzbehörden nur in Einzelfällen die Möglichkeit ein Auskunftsersuchen gemäss § 93 AO zu stellen. Andere Personen als die Beteiligten sollen erst dann zur Auskunft angehalten werden, wenn die Sachverhaltsaufklärung durch die Beteiligten nicht zum Ziele führt oder keinen Erfolg verspricht. Die Finanzbehörde muss dann im Auskunftsersuchen angeben, worüber die Auskünfte erteilt werden sollen und ob die Auskunft für die Besteuerung des Auskunftspflichtigen oder für die Besteuerung anderer Personen angefordert wird. Auf Verlangen des Auskunftspflichtigen ist das Ersuchen schriftlich zu geben.

Auskunftserzwingungsverfahren, → Auskunftsverweigerungsrecht bei der AG.

Auskunftsrecht der Aktionäre, → Auskunftsrecht in der Hauptversammlung der AG.

Auskunftsrecht der Finanzbehörden, *right of fiscal authorities to demand information*; vgl. → Auskunftsersuchen der Finanzbehörde.

Auskunftsrecht in der Hauptversammlung der AG, *right to demand information in the shareholders' meeting*. Jeder → Aktionär bzw. von ihm Bevollmächtigte hat in der → Hauptversammlung der AG Anspruch auf die Beantwortung von Fragen, die sich auf einen Gegenstand der Tagesordnung beziehen. Die Auskunftpflicht des Vorstands erstreckt sich dabei auch auf die rechtlichen und geschäftlichen Beziehungen der Gesellschaft zu verbundenen Unternehmen. Hat die eingeforderte Auskunft einen Bezug zur Tagesordnung, so kann sie grundsätzlich nur dann verweigert werden, wenn ihre Erteilung der Gesellschaft oder einem verbundenen Unternehmen einen nicht unerheblichen Nachteil zufügen würde, sie sich auf steuerliche Wertansätze, einzelne Steuern oder stille Reserven bezieht oder sich der Vorstand durch die Erteilung strafbar machen würde. Wird dem Aktionär eine Auskunft verweigert, kann er verlangen, dass seine Frage und der Grund der Verweigerung zu Protokoll genommen werden.

Auskunftsverweigerungsrecht bei der AG, *right to withhold information*. Die Aktionäre haben nach § 131 AktG einen Anspruch, in der Hauptversammlung vom Vorstand Auskunft über alle Angelegenheiten der Gesellschaft einschließlich der Beziehungen zu verbundenen Unternehmen zu erlangen, die zur sachgemäßen Beurteilung eines Gegenstands der Tagesordnung erforderlich sind. Der Vorstand kann aber an sich sachdienliche Auskünfte verweigern, wenn sie nach vernünftiger kaufmännischer Beurteilung geeignet sind, der Gesellschaft oder einem verbundenen Unternehmen einen nicht unerheblichen Nachteil zuzufügen (§ 131 III Nr. 1 AktG, sog. Schutzklausel), oder wenn die Voraussetzungen des § 131 III Nr. 2-5 AktG vorliegen. Die Schutzklausel verlangt eine objektive Beurteilung nach vernünftigen kaufmännischen Maßstäben, die in vollem Ausmaß gerichtlich nachprüfbar ist. V.a. bei Angaben über Forschung und Entwicklung kann in. der A. in Betracht kommen. Jedoch kann der Aktionär in einem Auskunftserzwingungsverfahren gerichtlich nachprüfen lassen, ob ihm eine Auskunft zu Unrecht verweigert wurde. Wird dies festgestellt, ist sie nachzuholen.

Ausländer-Bonds, *nonresident bonds*; sind → Anleihen amerikanischer Schuldner, die nur bei ausländischen Investoren platziert werden. Diese Form von Anleihen entstand im Zuge der Befreiung ausländischer Investoren von der amerikanischen → Quellensteuer.

Ausländerkonvertibilität, *external/nonresident convertibility*. Besteht lediglich für Ausländer die Möglichkeit, eine Fremdwährung in die inländische Währung zu tauschen, wird dies als A. bezeichnet. Häufig gebrauchen wirtschaftsschwache Länder diese Möglichkeit, um Devisen zu erhalten. – Gegensatz: → Inländerkonvertibiliät. – Vgl. auch → Konvertibilität.

Auslandinvestment-Gesetz

Auslandinvestment-Gesetz (AuslInvestmG), *Foreign Investment Law*. 1. Allgemein: Das Gesetz über den Vertrieb → ausländischer Investmentanteile und über die Besteuerung der Erträge aus ausländischen Investmentanteilen vom 28.07.1969 (zuletzt geändert am 22.12.1999) dient in erster Linie dem Schutz deutscher Käufer von → ausländischen Investmentanteilen. Daneben soll es gleiche Bedingungen für den Wettbewerb zwischen deutschen und ausländischen → Investmentgesellschaften schaffen. – 2. Regelungsinhalte: Einen Schwerpunkt bilden die Vorschriften zur Zulässigkeit des öffentlichen Vertriebs ausländischer Investmentanteile im Inland. Erforderlich sind die Bestellung eines inländischen Repräsentanten, die gesicherte Verwahrung des Fondsvermögens durch eine → Depotbank für Investmentfonds, die Einrichtung inländischer → Kreditinstitute als → Zahlstellen sowie die Einhaltung bestimmter Vorgaben bei den Vertragsbedingungen. Ferner werden Fragen der steuerlichen Behandlung geregelt und insbesondere eine Zwischengewinnbesteuerung eingeführt, die den bei Rückgabe oder Veräußerung eines ausländischen Investmentanteils erzielten Zwischengewinn der Besteuerung und zugleich der sog. → Zinsabschlagsteuer unterwirft. – Durch das erste Finanzmarktförderungsgesetz (FMFG) vom 22.02.1990 wurden v.a. Vorschriften über den Vertrieb von EG-Investmentanteilen eingefügt, die im wesentlichen auf eine Bevorrechtigung gegenüber dem Vertrieb von Anteilen aus Drittstaaten hinauslaufen. Es müssen aber die verhältnismäßig strengen Vertriebsmodalitäten der EG-Richtlinie über Organismen für gemeinschaftliche Anlagen in Wertpapiere (OAGW) vom 20.12.1990 eingehalten werden. Das 2. FMFG erweiterte den Anwendungsbereich des AuslInvestmG ab 01.08.1994 auf den öffentlichen Vertrieb ausländischer Geldmarkt-/Cash-Fonds in Deutschland, die bis dahin nicht der Zwischengewinnbesteuerung unterlagen. Auch wurden die → Publizitätspflichten erweitert. Die neuesten Änderungen des AuslInvestmG vom 22.12.1999 betreffen fast ausschließlich steuerliche Modifikationen. – Vgl. auch Baur, in: Assmann/Schütze, Hdb. des Kapitalanlagerechts, 2. Aufl. 1997, § 19.

ausländische Anteilseigner, *non-resident shareholder*; bezeichnet → Anteilseigner an inländischen Unternehmen, deren Wohnsitz bzw. gewöhnlicher Aufenthaltsort im Ausland liegt.

ausländische Investmentanteile, *foreign investment funds*. Diese von einer → ausländischen Investmentgesellschaft ausgegebenen Anteilscheine verbriefen dem Anteilseigner ein anteilsmäßiges Recht an einem aus → Wertpapieren, Grundstücken oder grundstücksgleichen Rechten bestehenden → Fondsvermögen.

ausländische Investmentgesellschaft, *foreign investment company*; Bezeichnung für eine → Investmentgesellschaft mit Sitz außerhalb der Bundesrepublik Deutschland, für die das → Auslandsinvestmentgesetz Gültigkeit hat und die → ausländische Investmentanteile ausgibt.

ausländische Wertpapiere, Handel an deutschen Börsen, *foreign securities, trading on german stock exchanges*. An den deutschen Wertpapierbörsen sind zahlreiche ausländische Wertpapiere zum Handel zugelassen, die je nach Kategorie sogar die Zahl der inländischen Papiere übertreffen. So waren zum Jahresende 1999 7.974 ausländische Aktien in sämtlichen Handelssegmenten notiert, wohingegen die Zahl der inländischen Aktien lediglich 1.043 betrug. Im Jahr 1999 erzielten die ausländischen Aktien einen Börsenumsatz in Höhe von 332,02 Mrd. Euro, während in inländischen Titeln im Vergleichszeitraum ein Umsatz in Höhe von 2.551,66 Mrd. Euro erreicht wurde. Im Hinblick auf die Zulassungsanforderungen zum Börsenhandel ergeben sich grundsätzlich keine Unterschiede zu inländischen Emittenten sowie deren Wertpapiere. Erleichterungen - insbesondere hinsichtlich des einzureichenden → Prospekts - ergeben sich jedoch dann, wenn die zuzulassenden Wertpapiere bereits in einem anderen Mitgliedstaat der Europäischen Union oder in einem anderen Vertragsstaat des Abkommens über den Europäischen Wirtschaftsraum zum Handel mit amtlicher Notierung zugelassen sind. Zudem sind Schuldverschreibungen, die von einem anderen Mitgliedstaat der Europäischen Union oder von einem anderen Vertragsstaat des Abkommens über den Europäischen Wirtschaftsraum ausgegeben werden, an jeder inländischen Börse zur amtlichen Notierung zugelassen. – Vgl. auch → Marktsegmente.

ausländische Wertpapiere, Verwahrung, *safekeeping of foreign securities*. Ausländische Wertpapiere können sowohl im Inland als auch im Ausland verwahrt werden. Die Verwahrung in einem Depot im Inland setzt jedoch Wertpapierqualität, die sich nach dem Recht des Landes bestimmt, dem das Wertpapier unterliegt, im Sinne des DepotG voraus. Regelmäßig findet eine Verwahrung im Inland aber nur statt, wenn das Wertpapier im Inland börsennotiert ist (anderenfalls wird ein Verkauf durch finanzielle Belastungen und zeitliche Verzögerungen erschwert). Erfolgt die Verwahrung im Ausland, erhält der Käufer von seiner Bank eine Gutschrift in Wertpapierrechnung (Nr. 12 III der Sonderbedingungen für Wertpapiergeschäfte) die auch Informationen zum Lagerland enthält. Die inländische Depotbank hält in diesem Fall das Eigentum treuhänderisch für ihren Kunden. Der Kunde hat lediglich einen schuldrechtlichen Anspruch gegen die Depotbank auf Lieferung der Wertpapiere. Eigentum wird dem Kunden nur auf ausdrückliches Verlangen verschafft.

Auslandsaktie, *ausländische Aktie, foreign share/stock*. Bei der → Platzierung von A. an einer deutschen Börse sind vom → Emittenten die gleichen Zulassungsbedingungen zu erfüllen, wie bei Aktien deutscher Emittenten. Sollen Originalzertifikate der A. gehandelt werden, müssen diese den → Richtlinien für den Druck von Wertpapieren entsprechen. Anstatt dessen können Originalzertifikate jedoch auch in Form einer → Sammelurkunde bei der → Deutschen Auslandskassenverein AG hinterlegt werden. – Sofern keine gesetzlichen Restriktionen zu berücksichtigen sind, können grundsätzlich von einem Inländer immer auch A. erworben und gehandelt werden. – Vgl. auch → American Depository Receipt.

Auslandsaktien, Dividendenzahlung, *foreign share, dividend payment*. → Dividenden von A. werden dem Aktionär i.d.R. in Euro ausgezahlt oder gutgeschrieben, wobei die Umrechnung zum Tageskurs erfolgt. Der Aktionär ist aber berechtigt, die Zahlung in der betreffenden Landeswährung zu verlangen. Dividendenbekanntmachungen werden im → Bundesanzeiger und in mindestens einem → Börsenpflichtblatt veröffentlicht.

Auslandsaktien, Stimmrechtsausübung. Ausländische Aktien, die in Deutschland zum Handel eingeführt sind, sind entweder → Inhaber- oder → Namensaktien, die in Form von Originalzertifikaten oder auch als Inhaberzertifikate oder → Inhaberschuldverschreibungen eines deutschen → Kreditinstituts oder einer → Wertpapiersammelbank lieferbar sind. Die Möglichkeit der Stimmrechtsausübung und der Teilnahme an der → Hauptversammlung richtet sich nach dem nationalen Gesellschaftsrecht am effektiven Verwaltungssitz der Gesellschaft und besteht bei Inhaberaktien meistens ohne weiteres. Originalzertifikate über ausländische Namensaktien (vor allem von amerikanischen Gesellschaften) sind meistens auf ein deutsches Kreditinstitut oder eine Wertpapiersammelbank eingetragen und werden von diesen blanko indossiert, was eine reibungslose und schnelle Belieferungen der → Effektengeschäfte ermöglicht und Kosten einer → Umschreibung erspart. Voraussetzung für die Stimmrechtsausübung aus solchen Wertpapieren ist meistens die Eintragung im → Aktienbuch der Gesellschaft zu einem bestimmten Zeitpunkt vor der Hauptversammlung (record date). Das als Aktionär eingetragene deutsche Kreditinstitut behält sich zuweilen vor, das Stimmrecht so auszuüben, wie es im Interesse der Berechtigten geboten ist. Die → Clearstream Banking AG verpflichtet sich als → Zentralverwahrer in ihren AGB gegenüber dem Kunden, das ihr aufgrund der Eintragung im Aktienbuch zustehende Stimmrecht ausschließlich auf Weisung des Kunden auszuüben und bei rechtzeitigem Verlangen dem Kunden oder einem von ihm benannten Dritten die Ausübung des Stimmrecht nach Maßgabe des ausländischen Gesellschaftsrechts zu überlassen. Dazu stellt ihr die amerikanische Gesellschaft eine Anzahl unausgefüllter → Proxy-Cards (Stimmrechtsvollmachts-Urkunden) und Vormerkkarten für die Teilnahme von Aktionären an der Hauptversammlung zur Verfügung. Ansonsten wird dem Berechtigten über eine in der Hauptversammlungseinladung genannte deutsche Stelle eine Proxy-Card zugesandt, die er ausgefüllt an die Gesellschaft weiterleitet oder zur persönlichen Teilnahme an der Hauptversammlung verwenden kann; im letzteren Fall muß der Gesellschaft oft eine Vormerkkarte vorab eingesandt werden. Das als Aktionär eingetragene deutsche Kreditinstitut erhält eine

Auslandsanleihen

Proxy-Card über den ihr entsprechenden Gesamtbestand zugesandt. Das Kreditinstitut kann für die restlichen Aktien oder solche, für die sie Stimmrechtvollmacht hat, das Stimmrecht ausüben oder ausüben lassen. Andere ausländische Aktien sind zwar ebenfalls auf den Namen eines deutschen Kreditinstituts oder einer Wertpapiersammelbank eingetragen, werden aber nicht in Originalzertifikaten, sondern in von deutschen Kreditinstituten oder Wertpapiersammelbanken auszugebenden Zertifikaten gehandelt: Bei einer Wertpapiersammelbank ist dann meistens der entsprechende Deckungsbestand an ausländischen Aktien hinterlegt oder wird von ihr im Ausland gehalten. Dem Kreditinstitut als eingetragenem Aktionär steht auf Grund der Zertifikatbedingungen meistens das Stimmrecht zu, das sie im Interesse der Zertifikatinhaber ausübt. Auf Antrag wird dem Zertifikatinhaber auch eine Vollmacht erteilt, die ihn selbst zur Teilnahme an der Hauptversammlung und Ausübung des Stimmrechts berechtigt. Hierzu verlangen die Satzungen der Gesellschaften z.T. jedoch, dass die Originalaktien vorübergehend auf den Berechtigten umgeschrieben werden. In manchen ausländischen Aktienrechten gibt es keine Urkunden mehr, statt dessen werden die Aktienrechte auf Konten verbucht, die nicht selten auf einen Zentralverwahrer lauten, bei dem Kreditinstitute wiederum entsprechende Wertpapierkonten unterhalten, die ihrerseits Depotkonten für ihre Kunden als (End-) Aktionäre führen. Die grenzüberschreitende Stimmrechtsausübung setzt meistens eine Ermächtigung oder Vollmacht des Zentralverwahrers voraus.

Auslandsanleihen, *foreign bonds*. Herkömmliche A. werden von ausländischen Emittenten auf dem inländischen Kapitalmarkt von einem lokalen → Bankenkonsortium begeben. Sie werden nur an den nationalen Börsen gehandelt, unterliegen der Gesetzgebung des Emissionslandes und lauten auf die Inlandswährung (vgl. hierzu → DM-Auslandsanleihe). Gebräuchlicher als die herkömmlichen A. sind heute A., die von internationalen Anleihekonsortien begeben und in mehreren Ländern außerhalb des Heimatlandes gehandelt werden. Sie entziehen sich der Kontrolle nationaler Aufsichtsorgane und Behörden. Die am häufigsten auftretende Form dieser → Anleihen sind → Euro-Anleihen. Die wichtigsten Märkte für A. sind Deutschland, Schweiz, USA, Japan und Großbritannien.

Auslandsinvestition, *foreign investment*; Bezeichnung für langfristig investiertes Kapital im Ausland. Eine A. kann in Form einer Direktinvestition oder als (indirekte) → Portfolio-Investition stattfinden. Erstere umfasst die Gründung, die Errichtung oder den Erwerb von Zweigniederlassungen, Betriebsstätten oder Unternehmen im Ausland bzw. den Erwerb von Beteiligungen an Unternehmen im Ausland. Bei der (indirekten) Portfeuilleinvestition steht der Erwerb von Forderungen z.B. in Form von → Immobilienfonds, Obligationen oder Anleihen von Unternehmen ohne direkte Mitbestimmungs- oder Eigentumsrechte, im Vordergrund.

Auslieferung, *delivery*. Der Wertpapierbesitzer kann von seiner wertpapierverwahrenden Bank jederzeit eine A. seiner Effekten verlangen, um sie dann in → Eigenverwahrung zu nehmen. Im Falle der → Sonderverwahrung erhält der Wertpapiereigner seine getrennt von den Eigenbeständen der Depotbank und von Beständen Dritter aufbewahrten Wertpapiere zurück. Bei der → Sammelverwahrung findet eine A. gattungsgleicher Wertpapiere aus dem Sammelbestand der Depotbank in Höhe des Nennbetrags bzw. bei → nennwertlosen Wertpapieren in Höhe der Anzahl der in Verwahrung genommenen → Wertpapiere statt. – Eine A. einzelner → effektiver Stücke ist bei → Sammelurkunden mit → Blankogiro nicht möglich, da der Aktionär kein Eigentum an einzelnen Wertpapieren erwirbt, sondern ein Miteigentum an der Urkunde. – Im Zusammenhang mit → Termingeschäften bezeichnet A. die Erfüllung der Übergabeverpflichtungen, wenn die Vertragskonditionen vorsehen, dass bei Fälligkeit bzw. im Falle der vorzeitigen Ausübung eines Optionsrechtes die vereinbarte Menge des Basistitels physisch geliefert werden muss (Physical Settlement).

AuslInvestmG, Abk. für → Auslandinvestment-Gesetz.

Auslosungsanleihen, *lottery loans/bonds*. Bei A. erfolgt die Rückzahlung der → Anleihe nach Ablauf einer Anzahl tilgungsfreier Jahre zu unterschiedlichen Terminen anhand einer Ziehung der fälligen Wertpapiere. Der Fälligkeitstermin ist somit unsicher. Der → Emittent ermittelt über ein Auslosungsverfahren (nach Endziffern, Serie oder Gruppen) die Wertpapiere, die am nächst fälligen Rückzahlungstermin zurückgezahlt werden.

Auslosung von Wertpapieren, *Ziehung, drawing of securities*; bezeichnet eine Ratentilgungsart v.a. von → Anleihen. Die → Tilgung durch A.v.W erfolgt nach einem in den → Anleihebedingungen festgeschriebenen Verfahren. Der gesamte Tilgungsbetrag pro Periode ist im Rahmen des vorab aufgestellten → Tilgungsplans festgelegt. Dabei werden nach Ablauf einer Anzahl tilgungsfreier Jahre jeweils zu den → Zinsterminen Wertpapiere ausgelost und zurückgezahlt. Die ausgelosten Nummern der Wertpapiere werden in den entsprechenden Pflichtblättern der Börse zusammen mit den → Restanten veröffentlicht.

ausschließlich Berichtigungsaktien, *ex Berichtigungsaktien, exBA, exclusive bonus shares*. Erfolgt eine → Kapitalerhöhung aus Gesellschaftsmitteln, so wird der Kurs der Aktien an dem Handelstag mit dem → Kurshinweis exBA gekennzeichnet, an dem der Handel erstmalig ausschließlich des Anspruchs auf → Berichtigungsaktien erfolgt.

ausschließlich Bezugsrecht, *ex Bezugsrecht, exBR, exB, exclusive subscription right*; → Kurshinweis am Tag des → Bezugsrechtsabschlags, der in den → Kursblättern durch exB oder exBR dargestellt wird. Dieser Kurshinweis signalisiert, dass es sich um die erste → Kursnotiz nach Ausschluß des zuvor miteinberechneten Bezugsrechts handelt, der Erwerber somit keinen Anspruch auf das Bezugsrecht mehr hat. Dafür ist der Aktienkurs entsprechend niedriger. Im Regelfall erfolgt der Kurshinweis am ersten Handelstag des Bezugsrechts. Das Bezugsrecht wird bis zum letzten Einlösungstag separat an der Börse gehandelt.

ausschließlich Dividende, *exD, exDiv, ex Dividende, ohne Dividende, exclusive dividend*; → Kurshinweis am Tage des → Dividendenabschlags der in den → Kursblättern entsprechend dargestellt wird. Dies ist üblicherweise der erste oder zweite Handelstag nach der Hauptversammlung. Durch die

Ausschluss vom Börsenbesuch

Ausbezahlung der → Dividende vermindert sich der Kurs der Aktie um etwa den gleichen Betrag, wird aber oftmals kurze Zeit später wieder aufgeholt.

Ausschluss des Bezugsrechts, *Bezugsrechtsausschluss, cancellation of premption right on issues of new shares*. Unter bestimmten Voraussetzungen kann das → Bezugsrecht für die Aktionäre beim Beschluss über die Erhöhung des Grundkapitals ausgeschlossen werden. Neben einer → qualifizierten Mehrheit muss außerdem grundsätzlich die Erfordernis des sachlichen Grundes gegeben sein, d.h. der A.d.B. muss im Interesse der AG sachlich zu rechtfertigen sein. Weiterhin darf der Zweck nicht auf schonendere Weise erreichbar sein (Grundsatz der Erforderlichkeit) und der Nachteil für die Gesellschafter nicht außer Verhältnis zu dem Vorteil der Gesellschaft stehen (Grundsatz der Verhältnismäßigkeit). – Das Gesetz über die kleine Aktiengesellschaft hat in § 186 III AktG einen Satz 4 eingefügt, wonach ein A.d.B. insbesondere dann zulässig ist, wenn die Kapitalerhöhung 10% des Grundkapitals nicht überschreitet und der Ausgabebetrag den Börsenpreis nicht wesentlich unterschreitet. Demnach bedarf es keiner sachlichen Rechtfertigung des Bezugsrechtsausschlusses, wenn die Voraussetzungen des § 186 III S. 4 AktG vorliegen. Für die GmbH gilt die Erfordernis der materiellen Rechtfertigung des Bezugsrechtsausschlusses uneingeschränkt.

Ausschluss des Stimmrechts in der Hauptversammlung der Aktionäre, → Stimmrechtsausschluss.

Ausschlussurteil. Bezeichnung für die von einem Amtsgericht erteilte Kraftloserklärung eines verlorengegangen Wertpapiers. – Vgl. → Kraftloserklärung von Aktien.

Ausschluss vom Börsenbesuch, *expulsion of visitors*. Personen können zeitlich begrenzt, aber auch dauerhaft vom Börsenbesuch durch den Börsengeschäftsführer auf Basis des → Börsengesetzes und der → Börsenordnung ausgeschlossen werden. Beschwerden seitens der ausgeschlossenen Personen sind der → Börsenaufsichtsbehörde vorzutragen.

Ausschuss für Geschäfte in amtlich nicht notierten Werten

Ausschuss für Geschäfte in amtlich nicht notierten Werten. Von den meisten Börsen eingerichteter Ausschuss zur Überwachung des Freiverkehrs, der sich aus Börsenteilnehmern zusammensetzt.

Ausschüttung, *Gewinnausschüttung, distribution of profits, dividend outpayment.* Ein Unternehmen kann Gewinne entweder ausschütten oder im Unternehmen einbehalten (→ Selbstfinanzierung, → Gewinnthesaurierung). Im Falle der A. werden Zahlungen wie → Dividende, Boni, → Gratisaktien, Liquidationserlöse und dergleichen an die Anteilseigner einer Unternehmung geleistet. – Vgl. → Ausschüttungspolitik.

Ausschüttungsbelastung, *tax burden on distributions.* Nach altem Recht (→ Körperschaftsteueranrechnungsverfahren) wurden → Ausschüttungen mit einem einheitlichen Steuersatz von 30% belastet, wenn man von den im früheren § 40 KStG aufgeführten Ausnahmen absieht, während die Tarifbelastung unterschiedlich hoch ausfallen konnte. Für ausgeschüttete → Gewinnanteile musste die Differenz zwischen der Tarifbelastung und der A. ausgeglichen werden. Dies führte im Jahr der Ausschüttung zu Körperschaftsteuerminderungen (Tarifbelastung übersteigt die Ausschüttungsbelastung) oder Körperschaftsteuererhöhungen (Tarifbelastung liegt unter der Ausschüttungsbelastung). Die Ausschüttung wurde auf die vom Anteilseigner zu zahlende ESt bzw. KSt angerechnet (→ Eigenkapitalbegriffe, körperschaftsteuerlich). – Nach neuem Recht (→ Halbeinkünfteverfahren) werden sowohl ausgeschüttete als auch thesaurierte Gewinne auf Kapitalgesellschaftsebene mit einer Definitivsteuer von 25% belastet. Auf Anteilseignerebene erfolgt bei Ausschüttung eine hälftige Besteuerung der Dividenden mit dem persönlichen Einkommensteuersatz des Anteilseigners, es sei denn, es handelt sich um eine Körperschaft.

Ausschüttungsfonds, *distributing funds.* Bei einem a.F. werden nach Ablauf des Fondsgeschäftsjahres die dem Fonds zugeflossenen ordentlichen und eventuell auch ein Teil der außerordentlichen Erträge an die Anteilinhaber ausgeschüttet. Ordentliche Erträge setzen sich bei → Wertpapierfonds aus → Dividenden und → Zinsen zusammen. Außerordentliche Erträge sind vor allem Gewinne aus der Veräußerung von Wertpapieren. Wie bei Aktien bewirkt eine → Ausschüttung einen Rückgang des Fondspreises. Am Tag der Ausschüttung wird der Ausschüttungsbetrag dem Fondsvermögen entnommen, wodurch sich bei einer gleichbleibenden Anzahl von Anteilen ein niedrigerer Fondspreis errechnet. – Die Ausschüttungen werden in der Basiswährung des Fonds je Anteil festgesetzt. Sie werden im → Rechenschaftsbericht, im → Bundesanzeiger sowie in der Tagespresse veröffentlicht. – Bei einigen Fonds exisitiert jeweils eine ausschüttende (A-Anteile) und eine thesaurierende Tranche (B-Anteile). – Gegensatz: → Thesaurierungsfonds.

Ausschüttungspolitik, *dividend policy;* Maßnahmen einer Aktiengesellschaft zur Bemessung der Ausschüttungshöhe nach unternehmerischen Gesichtspunkten, z.B. nach Aspekten des → Shareholder Value. Die A. soll zu einer Abschwächung des Interessenkonfliktes zwischen Geschäftsführung und Gesellschaftern bezüglich der Gewinnverwendung führen.

Ausschüttungspolitik der Investmentgesellschaften, → Ausschüttungsfonds.

Ausschüttungsrendite, *distribution / payout yield;* periodenbezogene → Rendite sämtlicher an die Eigner von → Wertpapieren bzw. Investmentzertifikaten geleisteten Ausschüttungen innerhalb eines Zeitraums (z.B. → Zinscoupons, → Dividenden, → Gratisaktien, → Bonifikationen, Liquidationserlöse) bezogen auf den Marktwert oder den Kaufpreis des Wertpapiers bzw. Investmentanteils.

Aussenfinanzierung, *external financing;* bezeichnet eine Finanzierungsform, bei der Kapitalbedarf eines Unternehmens von außen gedeckt wird. Formen der A. sind die → Kredit- und die Beteiligungsfinanzierung. Dies sind Finanzierungen, bei denen häufig → Geld- und → Kapitalmärkte genutzt werden.

Außenkonsortium, bezeichnet ein → Konsortium, das die gemeinschaftliche Vertretung der → Konsorten gegenüber Dritten übernimmt.

Außenwert der Währung, *external value of a currency, trade weighting.* Der A.d.W.

Ausstattung von Aktien

beschreibt die → Kaufkraft der inländischen Währung im Ausland. Die Entw. des A.d.W. wird durch die → Europäische Zentralbank über Wechselkursindikatoren erfasst und sowohl in ihrem als auch im Monatsbericht der Deutschen Bundesbank veröffentlicht.

außerbörslicher Wertpapierhandel, *off board trading.* Der a.W. ist dadurch gekennzeichnet, dass er außerhalb der Börsenhandelszeiten sowie Börsenräumen stattfindet, die börsentypische Standardisierung fehlt und die Preise der freien Vereinbarung unterliegen. Der a.H. unterliegt wie der börsliche Handel dem → Wertpapierhandelsgesetz. – Die Motive für den außerbörslichen Handel in Wertpapieren liegen in der Unabhängigkeit von Börsenhandelszeit sowie – insbesondere bei Großaufträgen – in der Vermeidung der börsencharakteristischen Transparenz. Der Großteil des a.W. vollzieht sich zwischen → Kreditinstituten sowie zwischen Kreditinstituten und Versicherungen oder anderen Kapitalsammelstellen. Zudem kann eine AG ihre eigenen Aktien bis zu einer Höhe von zehn Prozent ihres Grundkapitals auch außerbörslich zurückkaufen. – Dem Bereich des a.W. sind außerdem die → Proprietary Trading Systems (auch: → Electronic Communication Networks) zuzuordnen, bei denen es sich um private Handelssysteme auf Basis eines Computernetzwerks handelt. So bietet das bereits 1969 in den USA eingeführte System „→ Instinet" seinen Teilnehmern die Möglichkeit, ihre Wertpapiergeschäfte direkt – also ohne Einschaltung von Maklern und Händlern – über Computer abzuschließen. Voraussichtlich wird in dem noch für die Legislaturperiode 1998/2002 vorgesehenen „Vierten Finanzmarktförderungsgesetz" eine Regulierung derartiger privater Handelssysteme hinsichtlich Zulassung und Aufsicht erfolgen. – Vgl. auch → Over the counter market.

außerordentliche Hauptversammlung, *special meeting of shareholders, extraordinary general meeting.* Eine a.H. ist eine Hauptversammlung, die außerhalb des gesetzlich vorgeschriebenen Turnus stattfindet. Sie erfolgt von Fall zu Fall, wenn ein Tatbestand vorliegt, an den Gesetz oder Satzung die Mitwirkung der Hauptversammlung knüpfen. Eine a.H. ist auch die zum Wohle der Gesellschaft vom → Aufsichtsrat einzuberufende Hauptversammlung. Der → Vorstand hat auch das Recht zur Einberufung einer a.H., um sich bei durch den Aufsichtsrat zustimmungspflichtigen Geschäften die Zustimmung erteilen zu lassen, wenn der Aufsichtsrat diese verweigert hat. Die Einberufung einer a.H. hat auch zu erfolgen, wenn eine Minderheit von Aktionären (→ Aktionärsminderheiten), deren Anteile mindestens 5% des Grundkapitals erreichen, schriftlich unter Angabe des Zwecks und der Gründe dies verlangen. – Vgl. auch → Hauptversammlung der AG.

Aussetzung der Kursnotierung, *trading halt.* Die → Börsengeschäftsführung kann die Kursfeststellung der Wertpapiere im Handel mit amtlicher Notierung und im Geregelten Markt (vorübergehend) aussetzen, wenn ein ordnungsgemäßer Börsenhandel zeitweilig gefährdet oder wenn dies zum Schutz des Publikums geboten erscheint. Von dieser Möglichkeit wird vor allem dann Gebrauch gemacht, wenn der Emittent im Rahmen seiner Verpflichtung zur → Ad-hoc-Publizität die Bekanntgabe von möglicherweise kursbeeinflussenden Tatsachen ankündigt. Der Anleger erhält durch die Aussetzung die Information, dass Ereignisse eingetreten sind, die für die Bewertung des betreffenden Papiers maßgeblich sein können. Im Falle einer Aussetzung findet kein Börsenhandel in dem betreffenden Wertpapier statt. → Direktgeschäfte unter Handelsteilnehmern sind ebenso unzulässig. Die Aussetzung dauert i.d.R. einen Tag. Noch nicht ausgeführte Aufträge werden gelöscht. – Von der Aussetzung ist die → Einstellung der Kursnotierung zu trennen, die von der Börsengeschäftsführung dann angeordnet wird, wenn ein ordnungsgemäßer Börsenhandel für ein Wertpapier nicht mehr gewährleistet erscheint. Eine Aussetzung bzw. Einstellung der Kursfeststellung ist sowohl im → Präsenzhandel als auch im → elektronischen Handelssystem bekanntzugeben. Die Börsengeschäftsführung hat das → Bundesaufsichtsamt für den Wertpapierhandel unverzüglich über derartige Maßnahmen zu unterrichten. – Vgl. auch → Marktsegmente.

Aussie Bonds, → Euro-Anleihen, die in australischen Dollar denominiert sind.

Ausstattung von Aktien, kann hinsichtlich den verbrieften Rechten, der Übertragbarkeit und dem verbrieften Anteil an der →

Ausstattung von Wertpapieren

Aktiengesellschaft unterschieden werden. – Aktien können nach den in ihnen verbrieften Rechten in → Stammaktien und → Vorzugsaktien unterschieden werden. Stammaktien verbriefen die üblichen → Aktionärsrechte. Vorzugsaktien können diese Rechte erweitern oder einschränken, erhalten dafür aber einen Ausgleich, beispielsweise in Form höherer → Dividendenzahlungen. – Bezüglich ihrer Übertragbarkeit unterscheidet man → Inhaberaktien, deren Übertragung formlos durch Einigung und Übergabe erfolgt, → Namensaktien, deren Übertragung durch → Abtretung erfolgt und → vinkulierte Namensaktien, bei denen die Aktiengesellschaft selbst einer Übertragung zustimmen muß. – Das → Aktiengesetz unterscheidet → Stückaktien, → Nennwertaktien und → Quotenaktien. Stückaktien beziehen sich auf einen bestimmten Anteil am Kapital einer Aktiengesellschaft. Bei Nennwertaktien lautet der → Mindestnennbetrag auf einen Euro. Höhere → Nennbeträge müssen auf volle Euro lauten. Quotenaktien verbriefen einen Anteil am Reinvermögen der Aktiengesellschaft, sind in der BRD aber verboten.

Ausstattung von Wertpapieren, *terms of securities, security features*. Die A.v.W. ist ein Sammelbegriff sowohl für die Gesamtheit der spezifischen, wertpapierbezogenen Stammdaten, als auch i.w.S. für das äußere Erscheinungsbild der effektiven Wertpapierurkunde. – Als Stammdaten gelten insbesondere die → Wertpapier-Kennnummer (WKN), der → Nominalbetrag, das → Emissionsvolumen, der Emissionspreis und speziell bei Anleihen die → Nominalverzinsung, die → Coupontermine, der Tilgungstermin, der Tilgungskurs, die → Laufzeit, die → Besicherung von Anleihen sowie festgeschriebene Kündigungsrechte. – Maßgeblich für die äußeren Gestaltungsmerkmale der → effektiven Stücke sind die von den deutschen Börsen erlassenen → Richtlinien für den Druck von Wertpapieren. Zu den wesentlichen Ausstattungsmerkmalen gehören insbesondere die Papierqualität, das Format, die Drucktechnik, die Schriftart, die gewählten Farben, der Untergrund, die Umrahmung und die → Guillochen. – Vgl. auch → Wertpapierdruck.

ausstehende Einlagen, *outstanding capital contributions*; Bezeichnung für die in der → Bilanz anzusetzenden Forderungen einer → Aktiengesellschaft (AG) gegenüber ihren Anteilseignern, wenn Teile des → gezeichneten Kapitals noch nicht eingezahlt sind. A.E. können entweder bereits eingefordert oder noch nicht eingefordert sein. Im Fall einer noch ausstehenden Einforderung werden sie in der → Bilanzanalyse mit dem → Eigenkapital (EK) verrechnet. Zudem gilt für ihren Ausweis in der Bilanz ein Wahlrecht, wenn ihre Einforderung am → Bilanzstichtag noch aussteht. Eingeforderte a.E. werden demgegenüber gesondert unter den Forderungen ausgewiesen.

ausstehendes Kapital, *capital outstanding*; Bezeichnung für das von den → Anteilseignern und → Gesellschaftern eines Unternehmens noch nicht eingezahlte → Kapital. – Vgl. auch → ausstehende Einlagen.

Australian Securities and Investments Commission (ASIC), unabhängige australische Regierungsbehörde, die die Einhaltung der den → Kapitalmarkt betreffenden gesetzlichen Regelungen sicherstellen soll.

Australian Stock Exchange Ltd., (ASX); bezeichnet die 1987 durch Verschmelzung der vormals selbständigen Börsen der sechs australischen Bundesstaaten gegründete Börse Australiens. Gehandelt werden u.a. → Aktien, → Exchange Traded Funds, → Optionen, → Warrants, → Futures sowie → Zinsinstrumente.

Austrian Growth Market (AGM), bezeichnet ein → Marktsegment der → Wiener Börse, auf dem → Aktien wachstumsstarker Unternehmen gehandelt werden.

Austrian Traded Index (ATX), an der → Wiener Börse berechneter → Preisindex, der die → Blue Chips des österreichischen Aktienmarktes abbildet. Er umfasst die 20 umsatzstärksten an der Wiener Börse gehandelten Titel. Die Berechnung des ATX erfolgt anhand von Wertindex-Formeln. Die Gewichtung der einzelnen Aktien im Index erfolgt auf der Basis ihrer → Börsenkapitalisierung. Der ATX ist → Underlying für an der Wiener Börse gehandelte → Futures und → Optionen. Basis des ATX ist der 02.01.1991 mit 1.000 Punkten.

Ausübungsfrist, *exercise period*; bezeichnet den Zeitraum innerhalb dessen eine → Option ausgeübt werden kann. Diese Möglichkeit existiert nur bei → amerikanischen Optionen. Mit Ablauf dieser Frist erlischt das → Optionsrecht. Der → Optionsschein verliert seinen Wert.

Ausübungskurs, → Ausübungspreis.

Ausübungspreis, → Basispreis.

Ausübungszeitpunkt, *exercise date*; bezeichnet den Zeitpunkt zu dem der Käufer einer → Call- bzw. → Put-Option berechtigt ist, das → Underlying zu kaufen bzw. zu verkaufen. Hinsichtlich der zeitlichen Ausübungsmöglichkeiten wird zwischen → europäischen und → amerikanischen Optionen unterschieden. Europäische Optionen können nur am → Verfalltag ausgeübt werden, amerikanische Optionen hingegen können während der gesamten → Optionsfrist ausgeführt werden.

Ausübung von Aktionärsrechten. Die → Aktionäre üben ihre mitgliedschaftlichen Mitwirkungs- und Entscheidungsrechte in der → Hauptversammlung der AG aus, die jährlich stattfinden muß (§ 118 Abs. 1 AktG). Die Hauptversammlung beschließt vor allem über folgende Punkte (§ 119 Abs. 1 AktG): Entlastung von → Vorstands und des → Aufsichtsrat, Beschlussfassung über die Verwendung des → Bilanzgewinns (sowie Vorstand und Aufsichtsrat den → Jahresabschluss feststellen, können nur bis zu 50% des Jahresüberschusses nach Abzug der Zuweisung zur → gesetzlichen Rücklage oder ggf. nach Abzug eines → Verlustvortrages in andere → Gewinnrücklagen eingestellt werden; über die Verwendung der zweiten 50% des Jahresüberschusses in Form von Zuweisungen zu den anderen Gewinnrücklagen, als → Dividendenzahlung und/oder eines → Gewinnvortrages entscheidet die Hauptversammlung; § 58 AktG), Bestellung und Abberufung des Aufsichtsrates, Bestellung des → Abschlussprüfers und evtl. eines → Sonderprüfers, Satzungsänderungen einschließlich Maßnahmen der → Kapitalbeschaffung und der -herabsetzung, schließlich besondere Ereignisse wie → Vermögensübertragung, → Umwandlung, → Verschmelzung der AG, Auflösung der AG, Geltendmachung oder Verzicht auf Ersatzansprüche gegen Vorstand, Aufsichtsrat. Jeder Aktionär hat ein Recht, an der Hauptversammlung teilzunehmen (§ 123 Abs. 2 bis 4 AktG). Um zu sichern, dass Stimmrechte nicht von Aktionären ausgeübt werden, die ihre Aktien kurz vor der Hauptversammlung verkauft haben, kann die Satzung vorsehen, dass Aktien, für die das Stimmrecht ausgeübt werden soll, bei von der AG benannten Hinterlegungsstellen bis zur Beendigung der Hauptversammlung hinterlegt werden (§ 123 Abs. 2 und 3 AkG). Der Aktionär erhält eine Stimmkarte und hat damit Zutritt zur Hauptversammlung. Er ist berechtigt, zu jedem Tagesordnungspunkt seine Stimme abzugeben. Der Umfang seines Stimmrechts richtet sich nach seinem Aktienbesitz (§ 134 AktG). Bei besonders bedeutsamen Beschlüssen ist Dreiviertelmehrheit, in anderen einfache Mehrheit des vertretenen → Grundkapitals vorgeschrieben. Will ein Aktionär seine Rechte nicht selbst ausüben, kann er sich vertreten lassen (§ 134 Abs. 3 AktG), und zwar auch durch ein Kreditinstitut mit schriftliche Ermächtigung (§ 135 AktG). Bevollmächtigte Kreditinstituten üben die Stimmrechte entweder unter Benennung des Namens des Aktionärs oder im Namen dessen, den es angeht, aus. Die Vollmacht zugunsten eines Kreditinstituts darf längstens für 15 Monate erteilt werden. Auch eine Rahmenvollmacht kann der Aktionär jederzeit widerrufen, Der Vorstand einer AG hat die Hauptversammlung mindestens einen Monat vorher einzuberufen (§ 123 AktG) und die Tagesordnung, etwaige Anträge und Wahlvorschläge von Aktionären, Begründungen solcher Anträge und eigene Stellungnahme in den Gesellschaftsblättern bekannt zu geben (§ 124 AktG) und den Kreditinstituten mitzuteilen (§ 125 AktG). Diese geben die Mitteilungen an ihre Depotkunden weiter. Dabei hat ein Kreditinstitut zugleich, wenn sie Aktionäre in der Hauptversammlung vertreten will, zu den Gegenständen der Tagesordnung Vorschläge über die Stimmrechtsausübung zu machen und um die Erteilung von Weisungen zu ersuchen (§ 128 AktG). Bei den Vorschlägen hat sich das Kreditinstitut von den Interessen der Aktionäre leiten zu lassen. Erteilt der Aktionär dem Kreditinstitut keine Weisung, hat sie das Stimmrecht entsprechend ihren eigenen Vorschlägen auszuüben. Von dieser Vorschlägen oder von ein ausdrücklichen Weisung des Kunden darf das Kreditinstitut nur

Ausweis der Kapitalherabsetzung

abweichen, wenn sich nachträglich Umstände derart verändern, dass eine abweichende Ausübung des Stimmrechts angezeigt erscheint und anzunehmen war, dass der Aktionär die Abweichung bei Kenntnis der Sachlage gebilligt hätte; in diesem Fall muß der Aktionär nachträglich unter Angabe der Gründe unterrichtet werden.

Ausweis der Kapitalherabsetzung, *balancing of capital reduction*. Der aus einer → Kapitalherabsetzung einer → Aktiengesellschaft (AG) oder einer → Kommanditgesellschaft auf Aktien (KGaA) gewonnene Betrag ist in der → Gewinn- und Verlustrechnung (GuV-Rechnung) gesondert als „Ertrag aus der Kapitalherabsetzung" nach der Position „Entnahmen aus den Gewinnrücklagen" auszuweisen. Eine Einstellung in die → Kapitalrücklage im Zuge einer vereinfachten Kapitalherabsetzung ist als "Einstellung in die gesetzliche Rücklage nach den Vorschriften über die vereinfachte Kapitalherabsetzung" gesondert auszuweisen. Darüber hinaus ist im → Anhang zu erläutern, ob und in welcher Höhe die aus der Kapitalherabsetzung gewonnenen Beträge zum Ausgleich von Wertminderungen, zur Deckung von sonstigen → Verlusten oder zur Einstellung in die Kapitalrücklage verwendet werden.

Authorized Capital Stock, *authorized share capital, genehmigtes Kapital*; Bezeichnung für den maximalen Nennbetrag, bis zu dem der Vorstand das → Grundkapital einer Aktiengesellschaft ohne erneute Zustimmung der Aktionäre gegen Einlagen erhöhen kann. Der Nennbetrag ist in der Satzung der Gesellschaft bestimmt. Der A.C.S. setzt sich aus den bereits ausgegebenen → Aktien (→ Issued Stock) und den noch nicht ausgegebenen Aktien (→ Non-issued Stock) zusammen.

Automated Pit Trading System (APT-System), bezeichnet das → elektronische Handelssystem der → LIFFE, das als Ergänzung zum Parketthandel (→ Präsenzbörse) ausschließlich nachbörslich in den am meisten gehandelten Werten eingesetzt wird.

automatische Ausübung. → Optionsscheine können mit einer a.A. ausgestattet werden, so dass der → Optionsinhaber am → Verfalltag, vom → Optionsrecht Gebrauch macht, ohne dass entsprechende Anweisungen zur → Optionsausübung nötig sind. Dieser Automatismus tritt nur ein, wenn es sich um keine → amerikanische Option handelt, die bereits ausgeübt wurde und wenn sich die Option auch → im Geld befindet. Der → Optionsinhaber kann die Realisation seines Gewinns nicht versäumen. – Gegensatz: → nicht-automatische Ausübung.

Aval, *guaranty*. Ein A. ist eine → Bürgschaft oder eine → Garantie, die von einer Bank gegeben wird. Bürgschaften können z.B. gegeben werden für Stundungen von Steuern und Zöllen oder als Prozessbürgschaften. Garantien sind möglich für erhaltene Anzahlungen, für Lieferungen und Leistungen sowie als Bietungsgarantie bei Ausschreibungen. – Vgl. auch → Avalkredit.

Avalkredit, *credit by way of bank guaranty*. Der A. ist die mit einem → Aval verbundene Kreditleihe durch eine Bank, die dem Kunden ein Zahlungsversprechen für den Bedarfsfall gibt. Es handelt sich somit nicht um eine Geldleihe, sondern um eine → Eventualverbindlichkeit, bei der erst dann Geld durch die Bank bereitgestellt wird, wenn der Hauptschuldner seinen Verpflichtungen nicht nachkommt. Für den A. erhält die Bank eine Provision. – Vgl. auch → Bürgschaft, → Garantie.

Avis, *Ankündigung, advice, notification*. 1. Vorankündigung über einen Wertpapier- oder Geldzugang. – 2. Mitteilung des Ausstellers eines Wechsels an den Bezogenen über den Grund des Wechsels. – 3. Mitteilung über die Eröffnung eines → Akkreditiv an den Begünstigten durch die avisierende Bank.

B

B, → Brief.

b, *bz, bez*; → bezahlt.

BA, → Ratingsymbole.

Ba, → Ratingsymbole.

Baa, → Ratingsymbole.

Baby Aktien, frühere Bezeichnung von → Aktien mit geringem → Nennwert.

Baby-Bonds, → Anleihen in den USA, die in sehr kleinen Nennbeträgen (unter 100 US-$, z.T. mit nur 1 US-$) emittiert werden. B. ermöglichen einen leichteren Zugang zum → Rentenmarkt für Kleinanleger, gleichzeitig bieten sie sich als Fremdkapitalquelle für kleinere Unternehmen an, die nur schwer Zugang zum großen institutionellen Rentenmarkt haben.

Back Bond, *virgin bond*; → Euro-Anleihe, die aus der Ausübung eines → Optionsrechts entsteht.

Back Door Financing, bezeichnet die Möglichkeiten der Mittelaufnahme einer US-Regierungsstelle unter Umgehung der gesetzgebenden Körperschaft (Kongress). Anstatt auf die Bewilligung neuer Gelder durch den Kongress zu warten, werden direkt vom US-Finanzministerium Gelder aufgenommen.

Backend, Bezeichnung für das von einer → Börse verwendete → Handelssystem, das dieser als Schnittstelle zum System der Börsenteilnehmer dient. – Gegensatz: → Front-end.

Back Office, *Abrechnungsstelle*. Bezeichnung für den Bereich einer → Bank oder eines → Brokerage House, in dem die abgeschlossenen Geschäfte abgewickelt werden. – Gegensatz: → Front Office. – Vgl. auch → Depotbuchhaltung und → Börsengeschäftsabwicklung.

Backup Line 1. *Absicherungslinie*; Übernahmegarantie einer Bank im → Emissionsgeschäft. Die Bank übernimmt den Teil der → Emission, der nicht am Markt platziert werden konnte. – 2. *Standby-Linie, Stützungslinie*; Bezeichnet die feste Kreditzusage einer → Bank oder Bankengruppe über eine → Laufzeit von fünf bis zehn Jahren. Innerhalb dieser Kreditlinie kann sich der Kreditnehmer über die Plazierung von → Euro Notes liquide Mittel verschaffen.

Backwardation, *Deport*. Im Terminhandel verwendete Bezeichnung, wenn kürzer laufende Kontrakte höher notieren als später fällige Kontrakte. In Situationen, bei denen B. vorliegt, spielen → Costs of Carry eine untergeordnete Rolle. Zudem deutet B. meist auf eine inverse Zinsstruktur hin. – Gegensatz: → Contango.

Baden-Württembergische Börse zu Stuttgart, bezeichnet den → Börsenplatz in Stuttgart, Baden-Württemberg.

BAFin, → Bundesanstalt für Finanzdienstleistungsaufsicht.

Bahnanleihen, *German Federal Railways loans/bonds*; → öffentliche Anleihen der Deutschen Bahn AG zur Finanzierung ihres mittel- und langfristigen Kapitalbedarfs.

Baisse, bezeichnet anhaltende fallende → Kursverluste. → Wertpapiere werden in

Baisseklausel

Erwartung weiterhin fallender → Kurse verkauft, wodurch noch größere → Kurseinbrüche entstehen. Eine B. kann zu einem → Börsenkrach führen. – Gegensatz: → Hausse.

Baisseklausel. Vertragsklausel, die vorsieht, dass es bei Ansteigen einer Fremdwährung über einen bestimmten Kurs hinaus zu einem finanziellen Ausgleich zwischen den Vertragspartnern kommt.

Baissespekulation, *Spekulation à la baisse, bear operation/speculation*; Bezeichnung für die Spekulation auf sinkende Kurse. Der Anleger spekuliert à la baisse. Eine B. ist gekennzeichnet durch → Leerverkäufe oder den Kauf von → Put-Optionen. – Gegensatz: → Haussespekulation.

Baissier, *bear*. Marktteilnehmer, der auf fallende Kurse setzt und daher Wertpapiere verkauft, bzw. → Leerverkäufe tätigt. Ziel des B. ist es sich zu einem späteren Zeitpunkt zu günstigeren Kursen wieder einzudecken. – Gegensatz: → Haussier.

BAKred, Abk. für → Bundesaufsichtsamt für das Kreditwesen.

B-Aktien, → China-Aktien.

Balance of Payments, → Zahlungsbilanz.

Balance Sheet, → Bilanz.

Balance-Sheet-CDO, *balance-sheet collateralized debt obligation*. → Collateralized Debt Obligations (CDO) können nach der Herkunft der Forderungen unterschieden werden. Beim B. stammen die → Anleihen und Darlehen aus der Bilanz einer Bank. Diese → Underlyings haben eine → Bonität im → Investment Grade Bereich (AAA bis BBB), das gewöhnliche Emissionsvolumen liegt zwischen einer Mrd. und fünf Mrd. US-$. – Vgl. auch → Asset Backed Securities.

Balkenchart, *Barchart, bar chart*. Darstellungsform von Kursverläufen (→ Chart), bei der Höchst- und Tiefkurse einer Periode durch senkrechte Linien und die jeweiligen Schlusskurse durch eine kurze Waagrechte dargestellt werden. Ein B. ist ein Instrument der → Technischen Analyse und wird in der → Chart-Analyse verwendet. – Vgl. auch → Line Charts, → Point & Figure Charts und → Candlestick Charts.

Balloon, restliches, noch im Rahmen einer Einmalzahlung zu tilgendes Volumen einer → Anleihe am Ende der Laufzeit.

Ballooning, *Kurstreiberei*; ist eine v.a. in den USA verwendete Bezeichnung für das künstliche Hochtreiben von → Börsenkursen.

Balloon Maturity, Bezeichnung für einen hohen Restbetrag an zu tilgendem Volumen bei Endfälligkeit einer → Anleihe. Ein → Balloon wird vom → Emittenten in die Anleihebedingungen integriert, wenn dieser zum Laufzeitende einen gesteigerten → Cash-Flow oder Sondereinnahmen erwartet.

Bandbreiten-Optionsscheine, *range warrants*. Bei B. erzielt der Inhaber des → Optionsscheines seinen Gewinn, wenn der Kurs des → Basiswertes eine vorab fixierten Bandbreite nicht verlässt. Dies kann entweder einmalig zu einem zukünftigen Zeitpunkt sein, oder täglich bewertet werden. Im letzteren Fall schreibt der → Emittent den Inhabern für jeden Tag an dem der Kurs in der Bandbreite liegt, einen fixen Geldbetrag gut. Zusätzlich kann vereinbart werden, dass falls der Basiswert außerhalb der Bandbreite liegt, der Emittent einen täglichen Abschlag vom Wert des B. vornimmt.

Bangkoker Börse, privatwirtschaftlich organisierter Vorgänger der → Securities Exchange of Thailand, der mangels offizieller Unterstützung seine Tätigkeiten kurz nach der Gründung wieder einstellen musste.

Bankaktie, *Bankwert, bank share, bank stock*; → Aktie eines Kreditinstituts (Kreditbank, private Hypothekenbank). B. sind besonders zinsempfindlich, da die Banktätigkeit zur Fristeninkongruenz der Aktiva und Passiva führt.

Bankanleihe, → Bankschuldverschreibung.

Banken als Aktionärsvertreter in der Hauptversammlung der AG, *banks as stockholder representatives in the general meeting of shareholders*. Banken treten als → Aktionärsvertreter in der Hauptversammlung insbesondere als Vertreter ihrer →

Depotkunden auf. Die Summe ihrer Depotstimmen, verbunden mit ihren Eigenbeständen, verleiht den Banken in Hauptversammlungen eine einflussreiche Stellung. Diese Machtposition steht fortwährend in der Kritik. Das sich ergebende Konfliktpotential zwischen den Eigeninteressen der Bank, sowohl als Kreditgeber als auch als → Aktionär, und den Interessen der Depotkunden ist offensichtlich. Der Gesetzgeber versucht, diesen Konflikt durch genaue Vorgaben bei der Ausübung des → Depotstimmrechts einzudämmen. So braucht die Bank von ihren Depotkunden eine schriftliche Vollmacht, (→ Depotkonto, Vollmacht), die für maximal 15 Monate ausgesprochen werden kann. Nach Erhalt dieser → Vollmacht muss die Bank den Aktionär um Weisungen bitten, wie sein Stimmrecht ausgeübt werden soll. Dazu hat die → Depotbank eigene Abstimmungsvorschläge zu unterbreiten, im Sinne derer sie abstimmt wenn Weisungen nicht erteilt werden. Ist die Bank an der Zielgesellschaft mit mehr als fünf Prozent beteiligt, und nimmt sie ihre eigenen Stimmrechte wahr, so ist eine Ausübung des Stimmrechts nur auf besondere Weisung des vertretenen Aktionärs möglich (→ Stimmrechtsausübung). Neben den Abstimmungsvorschlägen hat die Depotbank weitere Mitteilungen über ihre Verbindung zur Zielgesellschaft zu machen und einen Hinweis auf weitere Vertretungsmöglichkeiten zu erteilen. Das Recht der Bank Unterbevollmächtigungen zu erteilen bedarf einer ausdrücklichen Einbeziehung in die Vollmacht. – Vgl. auch Depotstimmrecht.

Bankenaufsicht, *bank supervision*. Ziel der B. ist es, die Funktionsfähigkeit des Kreditwesens sicherzustellen und die Gläubiger vor Vermögensverlusten zu schützen. Die Notwendigkeit einer B. folgt aus der zentralen Stellung der Kreditinstitute im Wirtschaftskreislauf und ihrer vielfältigen und intensiven Verflechtung mit anderen Wirtschaftszweigen, z.B. als Kreditgeber, als Einlagensammelstelle und als Träger des Zahlungsverkehrs. Da die Banktätigkeit stark vom Vertrauen der Einleger abhängt, kann es zu schweren gesamtwirtschaftlichen Schäden kommen, wenn das Vertrauensverhältnis zu einem Institut beeinträchtigt ist und dies auf andere Banken übergreift (→ Bank Run). Durch eine funktionierende B. wird das Vertrauen der Einleger gestärkt. – In Deutschland wurde mit dem → Kreditwesengesetz, das 1962 in erster Fassung in Kraft trat, ein spezielles aufsichtsrechtliches Gesetzeswerk geschaffen. Für Spezialbanken gelten ergänzend Sondergesetze, wie z.B. für private → Hypothekenbanken das Hypothekenbankgesetz, für → Schiffspfandbriefbanken das Schiffsbankgesetz, für öffentlich-rechtliche Banken das → Pfandbriefgesetz, für → Bausparkassen das Bausparkassengesetz und für Investmentgesellschaften das → Gesetz über Kapitalanlagegesellschaften. Dieses Gesetzeswerk bildet die Grundlage für die Arbeit des → Bundesaufsichtsamtes für das Kreditwesen (BAKred), das die → Kreditinstitute und → Finanzdienstleistungsinstitute überwacht. – Nach § 6 II KWG hat das BAKred Missständen entgegenzuwirken, welche die Sicherheit der den Instituten anvertrauten Vermögenswerte gefährden, die ordnungsgemäße Durchführung der → Bankgeschäfte oder → Finanzdienstleistungen gefährden oder erhebliche Nachteile für die Gesamtwirtschaft herbeiführen können. Zur Erfüllung dieser Aufgaben ist das BAKred für die Erteilung und die Aufhebung der → Erlaubnis zum Geschäftsbetrieb zuständig und beaufsichtigt die Institute laufend während ihrer Geschäftstätigkeit. Aufgabe der B. in Deutschland ist es aber nicht, die Insolvenz von Instituten grundsätzlich zu verhindern, da dies den marktwirtschaftlichen Wettbewerb beeinträchtigt. Vielmehr sollen die finanzielle Stabilität der Institute gestärkt und auftretende Probleme minimiert werden. Im Insolvenzfall stehen aber durch die Einrichtungen der → Einlagensicherung, denen die Institute laut Einlagensicherungs- und Anlegerentschädigungsgesetz angehören müssen, Mittel des Gläubigerschutzes zur Verfügung.

Bankenfreizone, bezeichnet ein festgelegtes Gebiet, das geographisch zwar Teil des inländischen → Finanzmarktes ist, aber teilweise von der nationalen Bankenregulierung ausgenommen ist. Verminderte → Aufsichts-, → Mindestreservepflichten, fehlende → Zinsobergrenzen, und Steuererleichterungen zählen zu diesen Ausnahmebereichen.

Bankenkonsortium, bezeichnet ein → Konsortium, dessen → Konsortialmitglieder → Banken sind.

Bankenstimmrecht

Bankenstimmrecht, → Depotstimmrecht.

Bank for International Settlements (BIS), → Bank für Internationalen Zahlungsausgleich (BIZ).

Bank für Internationalen Zahlungsausgleich (BIZ), *Bank for International Settlements, BIS*. 1930 mit Sitz in Basel gegründete internationale Organisation, die ursprünglich als Treuhänderin der Reparationsgläubiger des Deutschen Reiches fungierte. Heutzutage liegen die Aufgaben der BIZ in der Schaffung neuer Möglichkeiten für internationale Finanzgeschäfte und in der Unterstützung der Kooperationen zwischen den → Zentralbanken mit dem Ziel einer konstanten → Geldpolitik zur Förderung der Stabilität des → Kapitalmarkts. Dabei tritt die BIZ als „Bank der Zentralbanken" auf, die international getroffene Vereinbarungen am Markt implementiert und als Forum für den Informationsaustausch zwischen den Zentralbanken dient. Zur Förderung des Verständnisses für internationale Finanzmarktbeziehungen und der Wirkung nationaler Geld- und Finanzpolitik auf die Kapitalmärkte publiziert die BIZ regelmäßig empirische Studien und Researchberichte über das internationale Bankgeschäft.

Bankensyndikat, → Konsortium.

Bankgeheimnis. → Kreditinstitute unterliegen einer besonderen Verschwiegenheitspflicht über die Geschäftsverbindung zu ihren Kunden, die alle kundenbezogenen Tatsachen und Wertungen erfasst. Dieses Bankgeheimnis ist in Nr. 2 Abs. 1 AGB der Banken angesprochen. Sie erteilen deshalb Auskünfte an Dritte nur, wenn der Anfragende ein berechtigtes Interesse glaubhaft macht und kein Grund zu der Annahme besteht, dass schutzwürdige Belange des Kunden entgegenstehen. Bei juristische Personen oder eingetragene Kaufleute muss sich die Anfrage auf ihre geschäftliche Tätigkeit beziehen und es darf keine anderslautende Weisung des Kunden vorliegen. Über andere Kunden, insbesondere Privatkunden werden Auskünfte nur erteilt, wenn der Kunde generell oder im Einzelfall zugestimmt hat (Nr. 2 Abs. 3 AGB der Banken). Die privatrechtliche Geheimhaltungspflicht auf Grund diese externen Bankgeheimnisse wird ergänzt durch ein öffentlich-rechtliches Auskunftsverweigerungsrecht, so dass insoweit Auskünfte nur erteilt werden dürfen, wenn es gesetzliche Vorschriften fordern, etwa im Strafverfahren und strafrechtlichen Ermittlungsverfahren gegenüber Richtern und Staatsanwälten. Ähnliches gilt für die Auskunftspflicht des Kreditinstituts gegenüber den Finanzbehörden. Diese besteht nach der AO im Besteuerungsverfahren, wenn etwa direkte Beziehungen des Finanzamtes mit dem Steuerpflichtigen nicht zum Ziel führen, sowie in Steuerstrafverfahren. Weiter sind die Banken verpflichtet, beim Tod eines Kunden dem Finanzamt innerhalb eines Monats Nachricht über das in ihrem Gewahrsam befindlichen Nachlassvermögen zu geben. Nach dem Geldwäschegesetz (GwG) müssen Kreditinstitute bei Finanztransaktionen einschließlich Einzahlungen auf Konten über 10.000 Euro die Identifikation des Kunden festhalten. Zunehmen unterscheidet man von dem externen das internen Bankgeheimnis und spricht damit die Verpflichtung des Kreditinstituts an, nur solchen Mitarbeitern Kenntnis von Informationen über Kunden zu eröffnen, die mit einer konkreten geschäftlichen Angelegenheit befasst sind. Auch insoweit ist das Kreditinstitut gegenüber seinem Kunden verpflichtet, dessen Verschwiegenheitsinteressen zu wahren.

Bankgeschäft, *banking, banking activity/business/operations/transactions*. I.S.d. § 1 I → Kreditwesengesetz sind B. diejenigen Geschäfte, deren gewerbsmäßige oder in kaufmännischer Weise erfolgende Ausübung die Errichtung eines → Kreditinstitutes erfordert. Das Betreiben von B. bedarf einer → Erlaubnis zum Geschäftsbetrieb durch das → Bundesaufsichtsamt für das Kreditwesen (BAKred). In § 1 I S. 2 KWG werden die B. abschließend aufgeführt: Einlagengeschäft, Kreditgeschäft, Diskontgeschäft, Finanzkommissionsgeschäft, Depotgeschäft, Investmentgeschäft, Eingehen der Verpflichtung zum Erwerb nichtfälliger Darlehensforderungen, Garantiegeschäft, Girogeschäft, Emissionsgeschäft, Geldkartengeschäft, Netzgeldgeschäft.

Bankguthaben, *bank balance/deposit*; auf dem Konto einer Bank befindliches Guthaben eines → Gläubigers der Bank. B. treten vor allem als Einlagen (→ Sicht-, → Termin- und → Spareinlagen) bei der Bank auf und begründen damit unterschiedliche Forderungen gegenüber der Bank.

Bank Identifier Code (BIC). Dies ist ein weltweiter acht- oder elfstelliger Code zur Identifizierung von Finanzinstituten. – Die ersten vier Stellen stehen für den Bank Code, die Stellen fünf und sechs stehen für den Länder Code, die Stellen sieben und acht stehen für den Location Code und die Stellen neun bis elf stehen für den Branchen Code. Falls ein Branchen Code nicht vorhanden ist, wird er durch XXX ersetzt. – Vgl. auch → International Security Identification Number (ISIN).

Bankierbonifikation, → Bonifikation.

bankinternes Sondervermögen, *internal separated assets*; bezeichnet eine in der Schweiz zum Zwecke der → Vermögensverwaltung existierende Form des → Sondervermögens für das öffentlich nicht geworben werden darf.

Bankkonto, *bank account.* Ein B. ist eine bei der Bank für den Kunden geführte zweiseitige Rechnung mit Soll- und Habenpositionen. Grundsätzlich wird nach Geld- und → Depotkonten unterschieden, wobei die Geldkonten wiederum nach verschiedenen Verwendungszwecken unterteilt werden können, so z.B. in → Girokonten oder → Sparkonten. Die Eröffnung eines Kontos in Deutschland erfordert die Legitimation des Kontoinhabers sowie seine Anerkennung der → Allgemeinen Geschäftsbedingungen der Bank und der → Schufa-Klausel.

Bankobligation, → Bankschuldverschreibung.

Bank Panic, *Bankpanik.* Ausgelöst durch scheinbare oder tatsächliche Liquiditätsschwierigkeiten einzelner → Kreditinstitute oder des gesamten Bankensektors eines Landes kann es zu einer B. kommen, die möglicherweise Auslöser für einen → Bank Run ist und äußerst negative Auswirkungen auf die gesamte Volkswirtschaft haben kann.

Bankprovision, *banking commission.* → Provisionen werden dem Kunden berechnet als Prozentanteile vom Wert des Geschäftes oder als festgesetzter Absolutbetrag pro erbrachter Leistung. Sie fallen an für Leistungen des → Zahlungsverkehrs, im Außenhandelsgeschäft, im → Wertpapierkommissionsgeschäft, im → Depotgeschäft und bei anderen Dienstleistungen. B. sind eine wichtige Ertragsquelle der Banken aus dem Dienstleistungsgeschäft.

Bank Run, *run on a bank, Bankansturm.* Ansturm der Anleger auf ihre Bank, mit dem Ziel, ihre eingelegten Gelder abzuziehen, bevor diese aufgrund einer → Zahlungsunfähigkeit der Bank nicht mehr zur Verfügung stehen. Die Sorge der Anleger resultiert aus der Tatsache, dass eine Bank stets mehr Buchgeld für ihre Kunden verwaltet, als sie effektiv besitzt (→ Bodensatztheorie) und deshalb zu spät kommende Anleger möglicherweise nicht mehr bedient werden. Auslöser für einen B.R. können dabei neben tatsächlich auftretenden Liquiditätsschwierigkeiten auch unbegründete negative Nachrichten über ein Kreditinstitut sein, die die Einleger zu einem rational nicht begründbaren B.R. veranlassen und u.U. dadurch erst die Liquiditätsprobleme verursachen. Aufgrund von negativen gesamtwirtschaftlichen und konjunkturellen Nachrichten ist auch ein B.R. auf den gesamten Bankensektor möglich. Dieser kann, wenn er nicht durch organisatorische Maßnahmen der Banken oder geldpolitische Maßnahmen des Staates eingedämmt wird, durch die zunehmende Nachfrage nach Liqu-idität starke inflationäre Wirkungen auslösen und damit mit sehr weitreichenden realen Folgen für eine Volkswirtschaft verbunden sein. In der BRD ist die Gefahr eines B.R. wegen der bestehenden → Einlagensicherung sehr gering.

Bankschuldverschreibung, *Bankanleihe, Bankobligation, bank bond.* Unter B. versteht man alle → Anleihen, → Pfandbriefe, → Floating Rate Notes, Obligationen und andere Schuldverschreibungen, die von einem Kreditinstitut emittiert worden sind. B. von inländischen Kreditinstituten geniessen hohe Bonität und stellen für die Emittenten eine gute Möglichkeit der Kapitalbeschaffung dar.

Bankspesen, *bank charges*; der Bank bzw. ihren Mitarbeitern bei der Bearbeitung der Bankgeschäfte entstandene Aufwendungen, die zu erstatten sind. B. sind nicht zu verwechseln mit → Zinsen oder → Bankprovisionen.

Bankvaloren

Bankvaloren, *bank securities*; körperlich existierende Wertgegenstände von Kunden im Besitz der Bank. Für eine → Valorenversicherung wird unterschieden in B. erster Klasse (Aktien, Sparbücher) und zweiter Klasse (Bargeld, Gold).

Bankverkehr, → Interbankenhandel.

BAnz, Abk. für → Bundesanzeiger.

Barabfindung. Zur Sicherung → außenstehender Aktionäre muss ein konzernrechtlicher → Beherrschung- oder Gewinnabführungsvertrag die Verpflichtung des anderen Vertragsteils vorsehen, auf Verlangen eines außenstehenden Aktionärs dessen → Aktien gegen eine vertraglich bestimmte, angemessene Abfindung zu erwerben, und zwar unter bestimmten Voraussetzung nicht in Form eines Aktientausches, sondern als B. (§ 305 Abs. 2 Nr. 3 AktG). Zugunsten widersprechender Anteilsinhaber müssen Verschmelzungsverträge eine Barabfindung vorsehen (§ 29 UmwG) und ein formwechselnder Rechtsträger ein entsprechendes Angebot unterbreiten (§ 207 UmwG). Die Angemessenheit der B. unterliegt meistens der gerichtlichen Kontrolle in einem sog. Spruchstellenverfahren (§§ 305 ff. AktG; 34, 212, 225 UmwG)

Barausgleich, → Cash Settlement.

Barausschüttung, *cash distribution*. Bezeichnung für die Ertragsausschüttung von Investmentfonds, die an den Inhabern von Investmentzertifikaten ausgezahlt wird, sofern es sich nicht um → Thesaurierungsfonds handelt.

Barcelonaer Börse, *Bolsa de Barcelona*; bezeichnet eine der vier spanischen Börsen. Sie bietet einen Zugang zum spanischen Wertpapiermarkt sowie eigene → Indizes an.

Barchart, → Balkenchart.

Bardividende, → Bruttobardividende.

Bareinlage, *cash contribution*. Bezeichnung für eine Bargeldeinbringung in ein Unternehmen. Die → Zeichnung von → Aktien einer AG bei deren Gründung oder einer → Kapitalerhöhung ist beispielsweise eine B. – Gegensatz: → Sacheinlage.

Bareinschuss, → Margin.

Bärenfalle, *bear trap*. Eine B. entsteht, wenn ein → Baissier auf Grund seiner technischen Analyse eines Wertes oder Indizes handelt und fehlgeleitet wird. – Gegensatz: → Bullenfalle.

Bargain, Bezeichnung für eine günstige Gelegenheit bzw. wird umgangssprachlich synonym für einen Abschluss an der Londoner Börse verwendet.

Bargründung, *formation of stock corporation by cash subscriptions*; Unternehmensgründung unter Einbringung von Geldkapital (→ Bareinlage). Die Gründung einer Aktiengesellschaft ist i.d.R. eine B. – Gegensatz: → Sachgründung.

Barliquidität, *Barreserve, Liquidität 1. Grades, cash position, liquid cash resources*. 1. Bezeichnung für den Bestand an liquiden Mitteln erster Ordnung, der sich aus dem Kassenbestand sowie aus → Bank- und Postgiroguthaben zusammensetzt. – 2. Liquiditätskennzahl, die die liquiden Mittel erster Ordnung zum kurzfristigen → Fremdkapital (FK) ins Verhältnis setzt und damit Aussagen darüber erlaubt, ob ein Unternehmen dazu in der Lage ist, seinen zukünftigen Zahlungsverpflichtungen nachzukommen.

Barposition, *cash position*. Teil des → Fondsvermögens eines → Investmentfonds, der v.a. in → Bankguthaben und anderen liquiden Anlagen gehalten wird. Grund für die Haltung einer B. ist die flexible Investitionsmöglichkeit bei günstigen Kursen sowie Zahlung des → Rücknahmepreises bei zurückgegebenen Fondsanteilen. Des weiteren kann die Höhe der B. im jeweiligen Börsenzyklus auch als Instrument zur Steigerung der → Performance verwendet werden. So kann der → Fondsmanager versuchen, bei Kursrückgängen eine möglichst hohe B. zu halten. Die maximale Höhe der B. kann gesetzlich sowie durch Anlagegrundsätze der → Investmentgesellschaft (→ Anlagegrundsätze von Investmentfonds) begrenzt sein.

Barrendite, → Rendite.

Barrier-Option, *Grenzwertoption*; exotische → Option, bei der das → Optionsrecht aktiviert wird (Knockin-Option, In-Option) oder erlischt (→ Knockout-Option), wenn der Kurs des → Underlying einen bestimmten Schwellenwert erreicht. Aufgrund der Unsicherheit darüber, ob das Ausübungsrecht überhaupt besteht, kosten B. weniger als entsprechende klassische Optionen mit ansonsten gleichen Merkmalen.

Barter Börse, *Tauschbörse*; bezeichnet Börsen, die insbesondere in Importländern anzutreffen sind, die infolge eines Devisendefizits ihre Importverbindlichkeiten gegenüber den Exportländern mit Warenleistungen begleichen.

Bartergeschäft, *barter transaction*. Ein B. ist ein → Kompensationsgeschäft bei dem der Ausgleich durch reine Warenlieferung ohne Geldzahlungen erfolgt.

Barwert, *present value/worth*; Gegenwartswert einer oder mehrerer zukünftiger Zahlungen. Der B. wird finanzmathematisch durch → Abzinsung aller zukünftigen einzelnen Zahlungen und Addition der einzelnen B. ermittelt. Formelmäßig ergibt sich der B. einer einzelnen Zahlung wie folgt:

$$K_0 = \frac{K_t}{1 + \frac{p_t}{100}} = K_t * d_t .$$

Dabei bezeichnet K_0 den Barwert, K_t die Zahlung zum Zeitpunkt t, sowie p_t den zu diesem Zeitraum gehörigen Prozentzinssatz und d_t den → Abzinsungsfaktor. Wenn mehrere Zahlungen unterschiedlicher Höhe K_t zum Ende von n künftigen Jahresperioden anfallen, ergibt sich:

$$K_0 = \sum_{t=1}^{n} \frac{K_t}{1 + \frac{p_t}{100}} = \sum_{t=1}^{n} K_t * d_t .$$

Für einen gegebenen Kalkulationszinssatz kann der B. zur Beurteilung der Rentabilität von Investitionen und Kapitalanlagen oder Finanzierungen verwendet werden. Dabei wird der B. mit dem Kaufpreis bzw. der Investitionsauszahlung oder dem Schuldbetrag verglichen. Liegt der B. über (unter) der Auszahlung (dem Schuldbetrag), so ist die Investition (Finanzierung) vorteilhaft. Werden die Auszahlungen direkt vom B. abgezogen, so ist der entstehende Nettobarwert mit null zu vergleichen. Man bezeichnet die Investitionsbeurteilung nach dem Nettobarwert auch als → Kapitalwertmethode (KWM). – Im Spezialfall konstanter künftiger Jahresbeträge (→ Annuität) ergibt sich der → Rentenbarwert durch Anwendung der → Rentenrechnung als Produkt aus dem Rentenbetrag und dem Rentenbarwertfaktor.

Basel II; vgl. → Basler Akkord.

Basis. Differenz zwischen dem Preis eines → Terminkontraktes und dem → Kassakurs des → Underlyings. Die B. basiert auf den → Cost of Carry. Am Fälligkeitsdatum ist die B. null, der Future Price entspricht dann dem Kurs des Underlyings. – Vgl. → Terminhandel und → Spread.

Basis Hedge. Als B.H. bezeichnet man die Absicherung einer Kassaposition durch einen → Terminkontrakt. Der Terminkontrakt muss auf dem identischen → Underlying basieren wie die Kassaposition. – Gegensatz: → Cross Hedge.

Basis Point (bp), *Basispunkt*. Als B.P. bezeichnet man eine wertmäßige Größe, die dem Hundertstel eines Prozents entspricht (1 BP = 0,01%). Der Begriff B.P. findet häufig Anwendung bei der Beschreibung von prozentualen Unterscheidungen bestimmter Wertgrößen (Rendite, Zinsspreads etc.). – Vgl. auch → Point.

Basiskonvergenz, bezeichnet die Annäherung der Spotpreise und der Futures mit abnehmender Restlaufzeit. Da sich der Futurespreis aus Spotpreis und Basis zusammensetzt, bedingt die Arbitragefreiheitsbedingung, dass am Laufzeitende die Basis keinen Wert hat.

Basiskurs, → Basispreis.

Basisobjekt, → Underlying.

Basispreis, *Ausübungspreis, Basiskurs, strike/striking/exercise price*. Preis, zu dem der Inhaber einer → Option berechtigt ist, am Ausübungstag bzw. innerhalb der → Optionsfrist das → Underlying zu kaufen bzw. zu verkaufen.

Basispunkt, → Basis Point.

Basis-Risiko

Basis-Risiko, bezeichnet das → Risiko einer Veränderung des Verhältnisses zwischen → Kassamarkt und → Terminmarkt während des Bestehens einer offenen oder nicht vollständig abgesicherten → Position. Beide → Märkte können aufgrund von Marktverzerrungen nicht perfekt positiv korreliert sein (→ Korrelation). Im B. spiegelt sich die Gefahr wider, dass die Preisentwicklung am Kassamarkt von der am Terminmarkt in Richtung und/oder Ausmaß abweicht.

Basistender, *längerfristiges Refinanzierungsgeschäft der EZB, base tender*. Im Rahmen ihrer → Offenmarktpolitik unterscheidet die → EZB zwischen zwei grundlegenden Geschäftsarten, → Haupttender und B. Der B. dient zur Bereitstellung längerfristiger Bankenliquidität. B. werden im Wege monatlicher Standardtender (vgl. hierzu → Tender) mit dreimonatiger Laufzeit durchgeführt und dienen der Grundversorgung des Bankensystems mit Zentralbankgeld. Als Instrument der Geldpolitik spielt der B. allerdings keine große Rolle.

Basistrend, *basic trend*; bezeichnet die grundlegende Entwicklung eines → Wertpapierkurses. Es handelt sich dabei um ein Instrument der → technischen Analyse, bei dem die → Höchst- und → Tiefstkurse mehrerer Perioden verbunden werden. Weist dieser → Trend eine positive Steigung auf, so erhält man einen steigenden B., während eine negative Steigung einen fallenden B. konkretisiert.

Basiswert, → Underlying.

Basket, *Korb, Aktienkorb, stock basket*; bezeichnet eine Zusammenstellung verschiedener → Wertpapiere, die als → Underlying eines → Basket-Warrants dient. Als Grundlage dient meist ein Aktienindex.

Basket Warrant, → Korb-Optionsschein.

Basler Akkord. *Basel Capital Accord*. Der Baseler Akkord bezeichnet die Vorschläge des bei der → Bank für Internationalen Zahlungsverkehr in Basel angesiedelten Baseler Ausschusses für Bankenaufsicht und befasst sich mit der Neuregelung der Eigenkapitalvereinbarung der Kreditinstitute.Darin wird vor allem geregelt, in welchem Maße Kreditinstitute Eigenkapital vorhalten müssen. Er ist eine Übereinkunft, die von den Vertretern der Aufsichtsbehörden wichtigsten Wirtschaftsnationen ausgehandelt wurde. Der B.A. hat keine unmittelbare Rechtswirkung, sondern lediglich empfehlenden Charakter. Die Umsetzung erfolgt jedoch im allgemeinen in das jeweilige nationale Recht. Im Kern geht es bei dem B.A. um die Kapitalanforderungen an Banken. Die bisherigen Kapitalanforderungen gelten im Zuge der rasanten Entwicklung der Kapitalmärkte als nicht mehr ausreichend. Der B.A. baut dabei weitgehend auf drei Säulen auf. Die erste Säule soll dabei die Mindestkapitalanforderungen zur Unterlegung der Bankgeschäfte mit Eigenkapital festlegen. Risiko erwächst den Bankgeschäften gemäß dem B.A. vor allem aus dem Kreditgeschäft, dem Handelsgeschäft und den operationalen Risiken. Die zweite Säule befasst sich mit der Überwachung der Banken durch die jeweilige Bankenaufsicht, während die dritte Säule eine verstärkte gegenseitige Überwachung der Banken infolge einer gesteigerten Marktdisziplin propagiert. Der B.A. soll spätestens ab 2006 in Kraft treten.

Basler Börse, bezeichnet die 1876 in Basel gegründete Börse, die sich 1995 mit der → Genfer und der → Züricher Börse zur → Schweizer Börse zusammenschloss.

Bauherrenmodell, *model for tax-favored construction of residential property*; stellt ein Konzept zur Erstellung von Immobilieneigentum dar, bei dem durch Buchverluste (Verlustzuweisungen) das zu versteuernde Einkommen gemindert wird, so dass je nach persönlichem Steuersatz Steuervorteile entstehen. Bauherrenmodelle i.e.S. werden durch eine Bauherrengemeinschaft charakterisiert, die über einen Treuhänder eine Baubetreuungsgesellschaft mit der Ausführung des Bauvorhabens beauftragt. Hierbei können die einem Bauherren, dessen Bauherreneigenschaft unzweifelhaft ist, zurechenbaren Aufwendungen aus der Bauphase in gewissem Rahmen als Werbungskosten sofort steuerlich berücksichtigt werden. Zu den Aufwendungen gehören Baunebenkosten wie Vermittlungsgebühren, Zwischenfinanzierungskosten, Disagio, Treuhandgebühren u.ä. Staatliche Versuche, die Existenz reiner Verlustzuweisungsgesellschaften zu verhindern, führten zu einem Bedeutungsverlust von B., die zumeist in der Form einer Gesellschaft des bürgerlichen Rechts geführt worden waren, während statt dessen Beteiligungen an Kommanditgesellschaften bevorzugt wurden. → Bauträgermodell und → Erwerbermodell stellen Sonderformen der B. dar.

Bauland, *developed land*. B. kann eine Kapitalanlageform darstellen. Wertsteigerungen ergeben sich in erster Linie im Zuge einer allgemeinen Prosperität im Immobiliensektor und damit einsetzenden Nachfragesteigerung sowie bei Umwandlung landwirtschaftlicher Nutzflächen u.ä. in B.

Baumwollterminbörsen, *forward cotton exchange*; sind → Warenterminbörsen für den Handel von standardisierten → Terminkontrakten auf Rohbaumwolle. Die wichtigste B. ist die New York Cotton Exchange. Die Erfüllung von Termingeschäften in Baumwolle findet überwiegend durch → Cash Settlement statt, da die Kontrakte meist nur zum → Hedging verwendet werden.

Bausparen, *saving through a savings and loan association*. Form der Geldanlage, bei der sich der Bausparer durch seine Ansparung innerhalb eines bestimmten Ansparungszeitraums einen Rechtsanspruch gegenüber der → Bausparkasse auf ein zu einem späteren Zeitpunkt zu gewährendes Bauspardarlehen erwirbt. Die Vergabe des → Darlehen erfolgt dann zu günstigen und über die gesamte Laufzeit festgeschriebenen Konditionen.

Bausparkassen, *building society, home loan associations, savings and loan associations*; sind als Zweckssparkassen Kreditinstitute im Sinne des → KWG. Ihr Geschäftszweck besteht darin, dass Bausparer ihre Bausparbeiträge in einen Zuteilungsfonds einzahlen, aus dem dann für diejenigen Bausparer, deren Zuteilung nach einem bestimmten Plan ermittelt wurde, Bauspardarlehen zum Bau und zur Finanzierung von Eigenheimen, Eigentumswohnungen oder zur anderweitigen wohnwirtschaftlichen Verwendung bereitgestellt werden. Insbesondere durch staatliche Förderung, wie Wohnungsbauprämien wird das Bausparen gefördert.

Bausparversicherung, *insurance for a building society loan*. Besondere Form der → Risikolebensversicherung mit fallender Versicherungssumme, deren Abschluss bei zahlreichen → Bausparkassen die Voraussetzung für die Gewährung eines Bauspardarlehens ist. Im Falle des Todes des Bauspardarlehensnehmers vor der vollkommenen Tilgung des Bauspardarlehens wird der verbleibende Darlehensbetrag durch die fällig gewordene → Versicherungssumme getilgt.

Bauträgermodell, *model for tax-favored purchase of residential property*; ist eine Sonderform des → Bauherrenmodells. Hierbei stehen zu errichtende Immobilien im Mittelpunkt, die direkt von der Wohnungsbaugesellschaft oder dem Bauträger erworben und als steuersparende Kapitalanlage konzipiert werden.

Bauzinsen, *fixed interest paid during the build-up of a new company*; stellen eine feste Verzinsung von Eigenkapital dar. Die Möglichkeiten in Deutschland für B. oder Aktienzinsen beschränken sich auf Zahlungen in der Vorbereitungszeit der Aktiengesellschaft bis zu ihrer Betriebsaufnahme.

BAWe, Abk. für → Bundesaufsichtsamt für den Wertpapierhandel.

Bayerische Börse zu München, bezeichnet die 1935 aus der Vereinigung der Augsburger Börse mit der Münchner Börse hervorgegangene Bayerische Börse. 1998 startete sie den → Prädikatsmarkt, ein → Börsensegment für junge und innovative Wachstumsunternehmen.

bB, bezB, bzB, Abk. für → bezahlt Brief.

BBB, → Ratingsymbole.

BBF, → Bolsa Brasileira de Futuros.

Bear Market, *Baissemarkt*. Bezeichnung für einen von pessimistischen Erwartungen geprägten (Aktien-) Markt. Die Mehrheit der Marktteilnehmer erwartet eine negative Marktentwicklung bzw. ein Fallen der Kurse. – Gegensatz: → Bull Market.

Bear, Bearish, bezeichnet eine pessimistische Marktsituation. → Investoren

Bear-Call-Spread

rechnen mit fallenden → Wertpapierkursen und tendieren deswegen zur → Glattstellung ihrer Positionen bzw. zum → Hedging ihrer → Portefeuilles. – Gegensatz: → Bull, Bullish.

Bear-Call-Spread. Kombinierte Optionsstrategie in Erwartung sinkender Kurse, die durch Kauf eines → Call mit höherem → Basispreis und gleichzeitigem Verkauf eines Call mit niedrigerem Basispreis, aber gleichem Verfallsdatum, generiert wird. – Die Gewinnchance bei sinkenden Kursen des → Underlying ist dabei begrenzt auf die Differenz aus erhaltener und gezahlter → Optionsprämie, das Verlustrisiko bei steigenden Kursen des Underlying beschränkt sich auf die Differenz der Basispreise abzüglich der netto erhaltenen Optionsprämien. Der B. zählt zur Gruppe der → Vertical Spreads.

Bearer, engl. Bezeichnung für den Inhaber von Effekten. – Vgl. hierzu → Inhaberpapiere.

Bearer Participation Certificate, → *stimmrechtslose Vorzugsaktie*; → Preferred Stock, als Inhaberpapier ausgestaltet („unregistered").

Bearer Shares, → Inhaberaktie.

Bear-Put-Spread, kombinierte Optionsstrategie in Erwartung sinkender Kurse, die durch Kauf eines → Put mit höherem → Basispreis und gleichzeitigem Verkauf eines Put mit niedrigerem Basispreis, aber gleichem Verfallsdatum, generiert wird. – Der maximale Gewinn ergibt sich aus der Differenz der Basispreise abzüglich der netto gezahlten → Optionsprämien, das Verlustmaximum errechnet sich aus der Differenz der gezahlten und erhaltenen Optionsprämie. – Der B. zählt zur Gruppe der → Vertical Spreads.

Bear-Spreads, *Baisse-Spreads*; Kombinationsstrategien für → Optionen, bei denen eine jeweils gleiche Anzahl an Optionen desselben Typs, d.h. → Calls oder → Puts, gleichzeitig gekauft und verkauft werden. – B. stellen die Form der → Vertical Spreads dar, bei der die Option mit dem niedrigeren → Basispreis verkauft, diejenige mit dem höheren Basispreis, aber gleichem Verfallsdatum, gekauft wird. Die Anwendung eines B. erfolgt in Erwartung leicht fallender Kurse des → Underlying, wobei Gewinnchancen und Verlustrisiken jeweils begrenzt sind. – Vgl. auch → Bear-Call-Spread, → Bear-Put-Spread. – Gegensatz: → Bull Spreads.

Bear Trap, → Bärenfalle.

Bear Warrant, → Optionsschein, der auf einen spezifischen → Aktienindex bezogen ist und auf fallende Kurse setzt. Der Wert des B.W. ergibt sich aus der Differenz zwischen → Basispreis und dem tatsächlichen, niedrigerem Indexstand bei Ausübung. Die Gutschrift des Gewinns erfolgt durch die Auszahlung des entsprechenden Geldwertes. Anwendungsmöglichkeiten für B.W. sind die → Aktienindex-Arbitrage, → Spekulationsgeschäfte oder die → Portfolio Insurance. – Gegensatz: → Bull Warrant.

Beauty Contest, *Schönheitswettbewerb*; Bezeichnung für den Wettbewerb von Emissionsbanken um die Mandatsgewinnung eines Unternehmens, das den Börsengang (→ Initial Public Offering) anstrebt. Dabei stellen die eingeladenen Banken im Rahmen einer Präsentation das von ihnen erarbeitete Konzept zum Börsengang vor. Neben diesen emissionsbezogenen Kriterien spielen aber auch bankenspezifische Merkmale, wie z.B. die Platzierungskraft der Emissionsbank, die Qualität ihrer Researchabteilung (→ Research) sowie ihre Erfahrung im → Emissionsgeschäft, etc. eine Rolle bei der Auswahl der → konsortialführende Bank.

Bedienung von Aktien, *to distribute a dividend*; bedeutet Ausschüttung von → Dividenden an die → Aktionäre.

Bedienung von Anleihen, → Anleihedienst.

Bedienung von Wertpapieren, *loan service, redemption service*. Ausdruck für die termingerechte Erfüllung der verbrieften Verpflichtungen, die von Seiten des → Emittenten von → Wertpapieren oder auch einer dritten Partei bei der Emission übernommen wurden. Zur B.v.W. gehört neben der normalerweise jährlich, manchmal aber auch halbjährlich oder am Ende der → Laufzeit in einer Summe stattfindenden Zins- und Dividendenzahlungen auch die planmäßige

Durchführung der → Tilgungen und die Ausstellung neuer → Zins- und → Dividendenscheine. – Vgl. auch → Anleihedienst.

bedingte Kapitalerhöhung, *conditional increase of capital stock*. → Kapitalerhöhung durch Ausgabe von → Wandel- oder → Optionsanleihen, wobei der tatsächliche Zeitpunkt des Kapitalzuflusses von der Ausübung des Wandlungs- oder Optionsrechts abhängt. Dabei muss, vorbehaltlich anderer Satzungsregelungen, eine → qualifizierte Mehrheit auf der → Hauptversammlung der AG die b.K. beschließen (§ 193 I S. 1 AktG) und der Nominalbetrag des bedingten Kapitals darf die Hälfte des vorhandenen Grundkapitals nicht übersteigen (§ 192 III AktG). Die b.K. wird bei der Ausgabe der neuen Aktien wirksam Eine b.K. soll laut § 192 II AktG nur zu dreierlei Zwecken erfolgen: 1. Sicherung der Ansprüche aus Umtausch- oder → Bezugsrechten der Inhaber von Wandel- oder Optionsanleihen (→ Umtauschrechte bei Wandelanleihen); – 2. Vorbereitung von Fusionen; – 3. Schaffung von Bezugsrechten für Arbeitnehmer, Mitglieder der Geschäftsleitung der Gesellschaft oder eines verbundenen Unternehmens.

bedingter Auftrag, *conditional Order*, bezeichnet Aufträge, die erst mit Erreichen eines vorab festgelegten → Triggerpreises in Erscheinung treten. In diesem Fall werden sie zu → Stop Loss Orders oder zu → Stop Limit Orders.

bedingtes Kapital, *authorized but unissued capital*; bezeichnet den Betrag, um den das Grundkapital einer → Aktiengesellschaft (AG) durch eine → bedingte Kapitalerhöhung höchstens aufgestockt werden kann. Nach § 192 III AktG (BGBl. I S. 1089 v. 06.09.1965) darf das b.K. die Hälfte des → Nennwerts des Grundkapitals zum Zeitpunkt der Beschlussfassung nicht übersteigen. Der Erhöhungsbeschluss wird nach § 200 AktG mit der Ausgabe der → Bezugsaktien wirksam. Zum b.K. ist auch ein früher beschlossenes b.K. zu rechnen, wenn es noch nicht durch die Ausgabe von Bezugsaktien genutzt wurde.

bedingte Termingeschäfte, *conditional forward exchange transactions*. → Termingeschäfte, die das Recht, aber nicht die Verpflichtung des Käufers zum Kauf oder Verkauf des → Underlyings beinhalten. Zu den b.T. gehören → Prämiengeschäfte, → Stellagegeschäfte und Optionsgeschäfte. Bei letzteren erwirbt der Optionskäufer gegen Zahlung einer → Optionsprämie das Recht, ein bestimmtes Underlying innerhalb eines bestimmten Zeitraumes (→ amerikanische Option) bzw. zu einem bestimmten Zeitpunkt (→ europäische Option) vom → Stillhalter zu einem vorab festgelegten → Basispreis zu erwerben (→ Call) bzw. dieses an ihn zu verkaufen (→ Put).

befreiender Konzernabschluss, → Teilkonzern- und befreiende Konzernabschlüsse.

befristete Einlagen, → Termineinlagen.

Begebungskonsortium, *issuing group*, bezeichnet ein → Konsortium, bei dem die Banken das Emissionsrisiko nicht übernehmen, d.h. das Absatzrisiko verbleibt beim → Emittenten. Die Konsorten fungieren als → Makler bzw. → Kommissionär.

Begebungskurs, → Emissionskurs.

Behaupten, behauptet, *to maintain*; bezeichnet eine Tendenz an → Wertpapiermärkten mit Kursentwicklungen von durchschnittlich nicht mehr als etwa einem halben Prozent. Man unterscheidet hierbei zwischen → gut b. und → knapp b.: → gut b. bezeichnet eine Gewinnsituation dar, während → knapp b. eine Verlustsituation konkretisiert.

Behavioral Finance. Sammelbegriff für Forschungsansätze, welche die Aktienkursbildung v.a. unter Berücksichtigung psychologischer, verhaltenswissenschaftlicher und auch informationsökonomischer Theorien zu erklären versuchen. Ausgangspunkt der Behavioral-Finance-Ansätze ist die Erkenntnis, dass die – wesentlich auf der Prämisse streng rationalen Handelns der Marktparteien fußende – Annahme vollständig informationseffizienter Preisbildung am Kapitalmarkt nicht das Auftreten sog. Anomalien erklären kann. – Unter Kapitalmarktanomalien werden in der Realität regelmäßig („systematisch") festzustellende Entfernungen der Renditen/Kurse von

Beherrschungs- und Gewinnabführungsvertrag

kalkulierten informationseffizienten Gleichgewichtswerten verstanden. Die Modelle der Behavioral Finance knüpfen nun an der Analyse des menschlichen Prozesses der Informationsauswahl, -aufnahme und -verarbeitung an und untersuchen – unter ergänzender Berücksichtigung der Erwartungsbildung – dessen Wirkung auf die Entscheidung zum Kauf oder Verkauf von Finanztiteln. Dabei stellt die Behavioral Finance auf eine Vielzahl von Einschränkungen der Rationalität wie z.B Selektivität der Informationsaufnahme, Kontrollillusion (Overconfidence) sowie Entscheidungsbindung an Meinungsführer und Trendentwicklungen als plausible Erklärung für Anomalien ab. Den Vertretern der Behavioral Finance ist es aber bisher nur in Ansätzen gelungen, diese Erklärungsmuster zu operationalisieren und damit einer stärkeren Prüfung des Aussagegehalts zugänglich zu machen.

Beherrschungs- und Gewinnabführungsvertrag, *control/subordination and profit and loss transfer agreement*. B.u.G. sind → Unternehmensverträge, durch die eine Kapitalgesellschaft ihre Leitung einer anderen Gesellschaft unterstellt (Beherrschungsvertrag) oder sich verpflichtet, ihren Gewinn an ein anderes Unternehmen abzuführen (Gewinnabführungsvertrag). Für die → außenstehenden Aktionäre ergibt sich durch den Abschluss von B.u.G. der Anspruch auf einen angemessenen Ausgleich (→ außenstehender Aktionär, Ausgleich) bzw. eine angemessene Abfindung (→ außenstehender Aktionär, Abfindung). Die rechtlichen Rahmenbedingungen für den Abschluss (→ Unternehmensverträge der AG, Abschluss), die Änderung und die Beendigung (→ Unternehmensverträge der AG, Beendigung) von B.u.G. sind in den §§ 291-299 AktG geregelt.

Beherrschungsvertrag, → Beherrschungs- und Gewinnabführungsvertrag.

bei Sicht, *auf Sicht, at sight*. Die Klausel b.S. beinhaltet, dass eine Schuld bei Vorlage des entsprechenden Dokuments fällig ist.

Beilage zum amtlichen Kursblatt, *supplement to the official price list*. Die von einigen Börsen herausgegebene B.z.a.K. enthält die Börsenpreise derjenigen Wertpapiere, die zum Börsenhandel mit nichtamtlicher Notierung (→ Geregelter Markt) zugelassen sind oder für die ein → Freiverkehr zugelassen ist. – Vgl. auch → amtliches Kursblatt.

beizulegender Wert, *allgemeiner Zeitwert, beizulegender Stichtagswert, attributable value*; Bewertungsmaßstab nach HGB für das → Anlage- und → Umlaufvermögen. Der b.W. leitet sich aus dem Börsen- oder Marktpreis, den → Wiederbeschaffungskosten oder dem Absatzpreis abzüglich noch anfallender Aufwendungen ab. Zulässig ist nur die Bewertung zum niedrigeren b.W., weil sonst gegen das → Realisationsprinzip verstoßen wird.

Bekanntmachung der Tagesordnung der Hauptversammlung der AG, *notice of the agenda/order of the day/business to be transacted at the shareholders' general meeting*. Die → Tagesordnung der Hauptversammlung ist bei der Einberufungsbekanntmachung in den → Gesellschaftsblättern zu veröffentlichen. Über Gegenstände der Tagesordnung, die nicht ordnungsgemäß bekannt gemacht sind, dürfen keine Beschlüsse gefasst werden. Trotzdem ergangene Beschlussfassungen sind anfechtbar. Zu jedem Tagesordnungspunkt haben → Aufsichtsrat und → Vorstand einen Abstimmungsvorschlag zu unterbreiten, es sei denn, der Tagesordnungspunkt geht auf das Verlangen einer Minderheit zurück. Einige Tagesordnungspunkte unterliegen einer besonders ausführlichen Bekanntmachungspflicht. So ist bei Satzungsänderungen der Text der Änderung bekanntzugeben. Bei Verträgen, die durch die Hauptversammlung gebilligt werden müssen, ist der wesentliche Vertragsinhalt anzugeben. Steht auf der Tagesordnung die Wahl eines Aufsichtsratsmitglieds, so sind neben den gesetzlichen Vorschriften, nach denen sich der Aufsichtsrat zusammensetzt, bei börsennotierten Gesellschaften auch Angaben über weitere Aufsichtsratsmandate des vorgeschlagenen Mitglieds beizufügen.

Bekanntmachung des Jahresabschlusses der AG, → Jahresabschluss der AG, Bekanntmachung.

Bekanntmachungen der AG. Die → Satzung der AG muss die Form der Bekanntmachungen der Gesellschaft bestimmen (§ 23 Abs. 4 AktG). Wenn danach oder nach → AktG eine Bekanntmachung in den Gesellschaftsblättern erfolgen soll, ist sie in den Bundesanzeiger einzurücken. Die Satzung kann daneben noch andere Blätter als Gesellschaftsblätter bezeichnen (§ 25 AktG).

Bekanntmachungen der Börse. Hierzu zählen die Publizität der Kursentwicklung der einzelnen → Titel, → Indizes und → Derivate in einem amtlichen → Kursblatt sowie der Aushang im Börsensaal.

Bel 20 Index, → Belgian 20 Price Index.

Belegschaftsaktien, *Arbeitnehmeraktie, employee shares/stocks.* → Aktien des eigenen Unternehmens, die die AG ihren Arbeitnehmern zu Vorzugskursen anbietet. Die B. stammen entweder aus dem → Rückkauf eigener Aktien (§ 71 I AktG) oder aus einer → bedingten Kapitalerhöhung zur Einräumung von → Bezugsrechten an die Arbeitnehmer (§ 192 II AktG). B. werden oft mit einer → Sperrfrist belegt. Sofern B. im Rahmen des → Vermögensbildungsgesetzes erworben werden, beträgt diese 6 Jahre. Der Vorteil aus dem verbilligten Kauf ist bis zu 150 Euro steuerfrei, falls er nicht höher als der halbe Wert der B. ist (§ 19a I EStG).

Beleihung, *lending against collateral security.* Unter B. versteht man eine Kreditvergabe gegen Gewährung von bestimmten → Sicherheiten als Beleihungsobjekt, insbesondere von Wertpapieren und Immobilien. Im Pfandleihgewerbe können als Sicherheiten Gegenstände des täglichen Gebrauchs dienen. Die Sicherheiten unterliegen dem Pfandrecht und werden mit einem bestimmten Bewertungsabschlag versehen, wodurch sich der eigentliche → Beleihungswert für die B. ergibt.

Beleihungsgrenze, *lending ceiling/limit.* In Abhängigkeit von der Art des zugrundeliegenden Beleihungsobjektes werden Abschläge vom → Beleihungswert vorgenommen, um damit den Höchstwert für eine Kreditvergabe zu bestimmen. Dieser Höchstwert ist die B. Die Höhe der Bewertungsabschläge wird entweder von der kreditvergebenden Institution bestimmt – so z.B. für die Refinanzierungskredite der EZB vom ESZB - oder ist sogar gesetzlich festgelegt, so z.B. für Hypothekendarlehen im HypBankG. Hier wird in § 11 die B. mit drei Fünftel des Wertes des Grundstückes festgelegt. Die Ermittlung des Beleihungswertes ist in § 12 HypBankG geregelt.

Beleihungswert, *value of collateral.* Um einen Pfand als Beleihungsobjekt mit einem angemessenen Kredit zu beleihen, ist der B. zu ermitteln. Das ist bei Wertpapieren und anderen Gütern, die einen Marktwert haben, relativ gut möglich, allerdings ist die Dynamik dieser Werte durch entsprechend hohe Abschläge bei der → Beleihungsgrenze zu berücksichtigen. Für Immobilien sieht das HypBankG in § 12 die Verwendung des sorgfältig ermittelten Verkaufswertes als B. vor.

BELFOX, *Belgian Futures and Options Exchange*; bezeichnet die belgische Börse mit Sitz Brüssel, die heute Teil von → Euronext ist. Es werden sowohl → Kassainstrumente als auch → Derivate gehandelt.

Belgian 20 Price Index, *Bel 20 Index, Bel 20.* Belgischer → Preisindex, der die 20 Aktien umfasst, die in Bezug auf ihre → Börsenkapitalisierung und ihren → Börsenumsatz am größten sind. Die Zusammensetzung des Index wird einmal im Jahr im Dezember überprüft und angepasst. Basis ist ein Wert von 1.000 zum 01.01.1991.

Belgian Futures and Options Exchange, → BELFOX.

Bellwether Bond, *benchmark bond, richtungsweisende Anleihe.* Schuldverschreibung, die aufgrund ihrer Kurs- und Renditeentwicklung als charakteristisch für ein bestimmtes → Marktsegment angesehen werden kann.

Benchmark, *Bezugsmarke, Bezugspunkt.* Als B. dienen neutrale Beziehungsgrößen wie z.B. → Aktienindizes und → Referenzzinssätze, anhand derer eine objektive Erfolgsbeurteilung von Investments durchgeführt werden kann. Beim → Asset Management wird ein B.-Portfolio entsprechend der Risikoeinstellung und Renditeerwartung des Anlegers festgesetzt, um so die → Performance des Anlegerportfolios messen zu können. Für → Rentenwerte dienen oftmals → Bellwether Bonds oder → Rentenindizes als B.

Benefit-Cost Ratio, *profitability index, Rentabilitätsindex*; Kennzahl, die addierten → Barwerte aller zukünftigen → Cash-Flows einer Investition ins Verhältnis zu ihrer Anfangsauszahlung setzt. Ist diese Zahl größer als eins, also die Summe der diskontierten zukünftigen Einnahmeüberschüsse aus der Investition größer als die Anfangsauszahlung, sollte die Investition durchgeführt werden.

Bereichsöffentlichkeit, *sectoral disclosure*. Kreis derjenigen Marktteilnehmer, die von kurserheblichen Tatsachen durch den → Emittenten von Wertpapieren unterrichtet werden müssen, um der ihm obliegenden → Ad-hoc-Publizitätspflicht zu genügen. Hierzu zählen neben den → Handelsteilnehmern, die Wertpapierdienstleistungsunternehmen und auch die Privatanleger. Die B. kann durch Veröffentlichung der publizitätspflichtigen Tatsachen in einem → Börsenpflichtblatt oder deren Verbreitung über ein → elektronisches Informationssystem hergestellt werden (§ 15 III WpHG).

Bereinigungsdivisor, *adjustment divisor*; Bezeichnung für denjenigen Zahlenwert, durch den der zu bereinigende → Börsenkurs im Zuge der Bereinigung zu dividieren ist. – Vgl. auch → Bereinigung von Aktienkursen und Ergebnissen pro Aktie.

Bereinigungsfaktor, *adjustment coefficient*; Bezeichnung für denjenigen Zahlenwert, mit dem der zu bereinigende → Börsenkurs im Zuge der Bereinigung zu multiplizieren ist. – Vgl. auch → Bereinigung von Aktienkursen und Ergebnissen pro Aktie.

Bereinigung von Aktienkursen und Ergebnissen pro Aktie, *adjustment of share prices and profits per share*; bezeichnet ein Verfahren zur Korrektur und Anpassung technisch bedingter Veränderungen von → Aktienkursen, die sich z.B. durch die Ausgabe von → Bezugsrechten, durch → Dividendenzahlungen, → Kapitalerhöhungen und → Kapitalherabsetzungen oder → Aktiensplits ergeben. Ziel dabei ist es, die tatsächliche → Rendite einer → Kapitalanlage innerhalb eines bestimmten Zeitraums zu ermitteln und eine Vergleichbarkeit zwischen den → Kursen zu ermöglichen. Dabei unterscheidet man zwei Verfahren der Bereinigung. Bei der progressiven Bereinigung werden durch einen → Bereinigungsfaktor alle nach einem festgelegten Ausgangszeitpunkt liegenden Kurse bereinigt. Demgegenüber werden bei der retrograden Bereinigung alle vor einem festgelegten Bereinigungsereignis, z.B. dem letzten Kursabschlag, liegenden Kurse bereinigt. Der Vorteil der retrograden Vorgehensweise liegt darin, dass die Kurse nach dem letzten Kursabschlag den tatsächlichen → Börsenkursen entsprechen. Allerdings ist bei jedem neuerlichen Kursabschlag eine erneute Bereinigung erforderlich. Die Grundannahme der Bereinigung liegt darin, dass ein Kapitalanleger zu Beginn einer Periode einen bestimmten Betrag investiert, wobei während des Betrachtungszeitraums keinerlei Kapitalzuflüsse oder Kapitalentnahmen erfolgen. Zahlungen, die dem Anleger aus seiner → Kapitalanlage innerhalb des Betrachtungszeitraums zufliessen, werden annahmegemäß sofort wieder reinvestiert. Diesen Grundgedanken der Bereinigung bezeichnet man auch als → Opération Blanche. Anschließend werden die → Bereinigungsfaktoren so berechnet, dass die den bereinigten Kursen entsprechende Rendite mit der Rendite der Opération Blanche übereinstimmt. Sollten während eines Betrachtungszeitraumes mehrere Bereinigungsereignisse auftreten, so müssen die Faktoren entsprechend ihrer zeitlichen Abfolge retrograd multipliziert werden. Sollen Ergebnisse pro Aktie ermittelt werden, die sich auf einen gleichbleibenden Kapitalanteil bzw. auf eine gleichbleibende Substanz beziehen, so müssen ebenfalls Bereinigungsfaktoren bzw. → Bereinigungsdivisoren herangezogen werden.

bergrechtliche Gesellschaft. Bezeichnung für eine früher häufig vorkommende Rechtsform für Bergbaukapitalgesellschaften, die mit der heutzutage gebräuchlichen Rechtsform der → Aktiengesellschaft (AG) vergleichbar ist.

Berichte des Vorstandes an den Aufsichtsrat bei der AG. Der → Vorstand der → AG hat dem → Aufsichtsrat regelmäßig zu berichten über die beabsichtigte Geschäftspolitik, die → Rentabilität der AG, den Gang der Geschäfte, Geschäfte von erheblicher Bedeutung (§ 90 Abs. 1 Satz 1). Außerdem ist dem Vorsitzenden des Aufsichtsrats aus sonstigen wichtigen Anlässen zu berichten. Dazu zählt auch ein dem vom Vorstand bekannt gewordener geschäftlicher Vorgang bei einem verbundenen Unternehmen, der auf die Lage der AG von erheblichem Einfluß sein kann (§ 90 Abs. 1 Satz 2 AktG). Die Berichte haben den Grundsätzen gewissenhafter Rechenschaft zu entsprechen (§ 90 Abs. 4 AktG). Das → Gesetz zur Kontrolle und Transparenz im Unternehmensbereich hat die Berichtspflichten des Vorstands an den Aufsichtsrat über die künftige Unternehmensentwicklung ausgeweitet.

berichtigen, *adjustieren, correct, adjust*; rechnerische Anpassung des Aktienkurses eines Unternehmens nach Veränderung des Aktienkapitals (z.B. → Bezugsrechtsabschlag, → Aktiensplit) oder nach → Ausschüttungen. Die Berichtigung erfolgt durch Multiplikation mit einem Berichtigungsfaktor f, der aus dem tatsächlichen oder rechnerischen Wert des → Abschlags a vom Börsenkurs K (→ Bezugsrechtsbewertung) nach der jeweiligen Maßnahme bestimmt wird:

$$f = \frac{1}{1 - a/K} \cdot$$

Die Berichtigung um alle Ausschüttungen und Kapitalmaßnahmen macht bei → Aktienindizes aus einem → Kursindex einen → Performance-Index. – Vgl. auch → berichtigter Kurs.

berichtigter Kurs, *adjusted quotation*. Der → Kurszusatz in Form eines schwarzen Quadrats bzw. eines durch Umrissstriche dargestellten Quadrats signalisiert, dass der Kurs gegenüber der vorherigen Notierung korrigiert wurde.

Berichtigungsaktie, *bonus share, scrip share*; entsteht bei der → Kapitalerhöhung aus Gesellschaftsmitteln durch Umwandlung offener Rücklagen in Grundkapital. – Vgl. auch → Gratisaktie.

Bermuda Option, *semi american option, transatlantic option*; exotische → Option, die eine Zwischenform aus → europäischer und → amerikanischer Option darstellt. Sie kann zu mehreren bestimmten Zeitpunkten während der → Laufzeit, nicht aber zu jedem beliebigen Zeitpunkt ausgeübt werden.

Berufshandel, → Berufshändler.

Berufshändler, *Berufshandel, Kulisse*; bezeichnet den zum → Börsenhandel zugelassenen Personenkreis, der auf eigene Rechnung Geschäfte abschließt. Folglich wirken sich ihre Transaktionen, aufgrund der Ausnutzung kurzfristiger Handelsstrategien, kursregulierend auf den Aktienmarkt und das Börsengeschehen aus.

Beschlussfähigkeit der Organe der AG, *corporate agents' presence of a quorum*. Für → Vorstand und → Aufsichtsrat ist die Beschlussfähigkeit gesetzlich geregelt. Demnach ist der Aufsichtsrat nur beschlussfähig, wenn die Hälfte der notwendigen, aber mindestens drei Aufsichtsratsmitglieder an der Beschlussfassung teilnehmen. Die Satzung kann andere Erfordernisse bestimmen. Für den Vorstand gilt, dass eine Maßnahme der Geschäftsführung der Zustimmung aller Vorstandsmitglieder bedarf. Dies betrifft den Kernbereich der Geschäftsführung. Für untergeordnete Tätigkeiten kann eine Arbeitsteilung vorgenommen werden, wobei den anderen Vorstandsmitgliedern eine Überwachungspflicht zukommt. Die Satzung oder eine besondere Geschäftsordnung können von diesem Prinzip abweichende Regelungen bestimmen. So ist ein Mehrheitsbeschlussrecht oder in einzelnen Fällen auch ein Einzelbeschlussrecht denkbar. Bei Stimmengleichheit kann dem Vorstandsvorsitzendem ein Doppelstimmrecht zugesprochen werden. Für die Hauptversammlung bestehen keine Einschränkungen bezüglich der Beschlussfähigkeit, falls diese ordnungsgemäß einberufen wurde.

beschränkte Abnahme, *Rationierung, Repartierung, limited purchase*. Die zum festgestellten Börsenkurs und niedriger limitierten sowie unlimitierten Verkaufsaufträge für Wertpapiere konnten nur beschränkt ausgeführt werden. Kurszusatz: „→ ratB„ (rationiert Brief). – Vgl. auch → Repartierung.

beschränkte Verpfändung

beschränkte Verpfändung, *limited pledge*; bestimmte Form der → Verpfändung von Wertpapieren in einem Depot. Die das Depot verwaltende Bank darf hierbei nur Wertpapiere des Depotkunden in gleicher Höhe wie dem Kunden gewährten Kredit an Dritte weiter verpfänden. Dadurch sinkt das Risiko für den Depotkunden, gleichzeitig steigen jedoch seine Kosten.

beschränkte Zuteilung, *Rationierung, Repartierung, limited allotment.* Die zum festgestellten Börsenkurs und darüber limitierten sowie unlimitierten Kaufaufträge für Wertpapiere konnten nur beschränkt ausgeführt werden; Kurszusatz: „→ ratG" (rationiert Geld). Außerhalb des Börsenhandels erfolgt eine b.Z., wenn bei einer → Neuemission von Wertpapieren die Zeichnungsaufträge das verfügbare Emissionsvolumen übersteigen. – Vgl. auch → Repartierung.

Besicherungsrisiko, bezeichnet die Gefahr, dass ein als Sicherheit dienender Vermögensgegenstand untergeht und/oder an Wert verliert, so dass dieser seinen ursprünglichen Sicherheitsdienst nicht mehr erfüllen kann.

Besicherung von Anleihen, *collateralization of bonds*; → Anleihebesicherung.

Besitz, *possession*. Unter B. versteht man gemäß § 854 I BGB die tatsächliche Herrschaftsmacht über eine Sache (nicht über ein Recht). – Neben dem unmittelbaren B. regelt das BGB in § 868 den Fall, dass B. durch einen anderen vermittelt wird, der auf Zeit, etwa aufgrund eines Miet- oder Pachtverhältnisses, zum B. berechtigt oder verpflichtet ist. Dieser Besitzmittler ist unmittelbarer Besitzer, der andere ist mittelbarer Besitzer. Vom Besitzmittler zu unterscheiden ist der Besitzdiener, der aufgrund eines sozialen Abhängigkeitsverhältnisses bezüglich der Sache weisungsgebunden ist und keine Form eigenen B. erlangt (§ 855 BGB). Besitzmittlung dient v.a. der Kreditsicherung durch Sicherungseigentum (§ 930 BGB), das das Pfandrecht in der heutigen Praxis weitgehend verdrängt hat, da die §§ 1205 f. BGB zu strenge Besitzanforderungen stellen.

Besserungsschein, *income adjustment bond, debtor warrent bond.* 1. Schriftliche Verpflichtung eines in Zahlungsschwierigkeiten geratenen → Schuldners, bei einem Forderungsverzicht des → Gläubigers, diesem, im Falle der Besserung der wirtschaftlichen Lage, die erlassene Schuld ganz oder teilweise zurückzuzahlen. – 2. B. gelten auch als → Sanierungsgenussscheine. Mit ihr werden die Gläubiger einer → Aktiengesellschaft bei deren → Sanierung für den Forderungsverzicht ganz oder teilweise entschädigt. B. können aber auch zur Entschädigung von Aktionären bei Verlusten aus → Kapitalherabsetzungen verwendet werden.

Best Effort, *nach besten Bemühungen.* Emissionsplatzierungsverfahren (→ Emission, → Platzierung), bei der die → Banken die Verpflichtung eingehen, im Rahmen der Absatzvermittlung ihr Bestes zu tun, um ein bestimmtes Volumen im Markt zu platzieren. Anders als bei der sog. Festübernahme (vgl. → Underwriting) werden → Wertpapiere nur unter bestimmten Bedingungen im eigenen Namen gekauft und auf eigene Rechnung an die Kunden der Bank weiterverkauft. – Vgl. auch → Bought Deal und → Firm Commitment.

Best Execution, *beste Ausführung.* Prinzip, nach dem die mit der Verwaltung von → Effektendepots beauftragten → Anlageberater die treuhänderische Verpflichtung gegenüber ihren Kunden haben, für deren Aufträge eine bestmögliche Ausführung am Markt zu erzielen. Probleme ergeben sich in der Praxis oftmals dadurch, dass sich die einheitliche Definition des Begriffs „bestmöglich" als sehr schwierig und von den individuellen Einschätzungen und Interessen abhängig erweist.

Best Price, *billigst, bestens.* Zusatz bei Auftragserteilung zum Kauf- oder Verkauf von → Wertpapieren. Best Price Aufträge erfolgen ohne → Limitierung, so dass der Kauf zum günstigsten und der Verkauf zum höchstmöglichen Kurs ausgeführt werden soll.

Bestätigungsvermerk, *Abschlusstestat, Prüfungstestat, Prüfungsvermerk, Jahresabschlusstestat, Testat, Wirtschaftsprüfertestat, audit certificate.* Der B. ist die der Öffentlichkeit zur Verfügung gestellte Information des → Wirtschaftsprüfers über das Er-

Besteuerung der Erträge aus Wertpapieren

gebnis seiner Prüfung. Er macht damit eine Aussage über die Beschaffenheit und die Normgerechtigkeit der Rechnungslegung des geprüften Unternehmens. Des weiteren kommt dem in § 322 HGB geregelten B. eine Beglaubigungsfunktion zu. Neben dem Kernsatz, in dem der Abschlussprüfer (→ Abschlussprüfer bei der AG) erklärt, dass die von ihm nach § 317 HGB durchgeführte Prüfung zu keinen Einwendungen geführt hat und dass der von den gesetzlichen Vertretern der Gesellschaft aufgestellte Jahres- oder Konzernabschluss aufgrund der bei der Prüfung gewonnenen Erkenntnisse des Abschlussprüfers nach seiner Beurteilung ein in den tatsächlichen Verhältnissen entsprechendes Bild der Vermögens-, Finanz- und Ertragslage des Unternehmens oder des Konzerns vermittelt, müssen folgende weitere Angaben gemacht werden: 1. Bericht über Gegenstand, Art und Umfang der Prüfung, 2. Beurteilung des Prüfungsergebnisses, 3. Bericht über Risiken, die den Fortbestand des Unternehmens gefährden, 4. Bericht über eine zutreffende Darstellung des Unternehmens im Lagebericht und über Risiken der künftigen Entwicklung. – Möglich sind folgende drei Arten des B.: 1. Uneingeschränkter Bestätigungsvermerk. – 2. Eingeschränkter Bestätigungsvermerk: Dieser ist zu erteilen, wenn Einwendungen zu erheben sind, insgesamt aber ein positiver Befund vorliegt (→ Einschränkung des Jahresabschluss-Testats). – 3. Versagung des Bestätigungsvermerks: Diese erfolgt, wenn keine Einschränkung mehr ausreicht, da ein Positivbefund nicht möglich ist.

beste Adresse, → erste Adresse.

bestens, *at best, at market*; Bezeichnung für einen ohne → Kurslimit erteilten → Verkaufsauftrag, der zum höchstmöglichen Kurs ausgeführt werden soll. – Gegensatz: → billigst.

Besteuerung der Erträge aus Wertpapieren, *taxation of yields on securities*. Natürliche Personen, die im Inland ihren Wohnsitz oder gewöhnlichen Aufenthalt haben, unterliegen mit ihren Einkünften aus der Anlage von privatem Kapitalvermögen unbeschränkt der deutschen ESt. Unerheblich ist, ob die Einkünfte im In- oder Ausland bezogen werden. Besteuert wird das Welteinkommen. Dieser Grundsatz kann durch → Doppelbesteuerungsabkommen eingeschränkt sein. – Unter dem Gesichtspunkt der Besteuerung sind insbesondere solche Wertpapiere relevant, die eine Kapitalforderung zum Gegenstand haben und aus denen aufgrund einer prinzipiell entgeltlichen Kapitalnutzungsüberlassung Residualgewinnansprüche des Kapitalgebers resultieren. Im Vordergrund stehen dabei einerseits Beteiligungspapiere, vor allem → Aktien und → Investmentanteile, sowie andererseits → Anleihen verschiedener Ausprägungen. Bei der B.d.E.a.W. muss zwischen laufenden Erträgen und Veräußerungsgewinnen differenziert werden. Die ertragsteuerliche Behandlung hängt wesentlich davon ab, ob die Wertpapiere im Privatvermögen oder im Betriebsvermögen gehalten werden. – Laufende Erträge aus Wertpapierbesitz im Privatvermögen gehören gemäß § 20 EStG grundsätzlich zu den → Einkünften aus Kapitalvermögen und sind der ESt zu unterwerfen. Hierbei sind Erträge aus gewinnberechtigten Wertpapieren und Erträge aus → festverzinslichen Wertpapieren zu unterscheiden. – Die wichtigsten Anwendungsfälle für Erträge aus gewinnberechtigten Wertpapieren bilden → Dividenden aus → Aktien und → Gewinnausschüttungen auf → GmbH-Anteile. Insgesamt gehören hierzu auch sonstige Bezüge aus Anteilspapieren an Kapitalgesellschaften einschließlich verdeckter Gewinnausschüttungen. Früher erfolgte die Besteuerung dieser Erträge nach dem → Körperschaftsteueranrechnungsverfahren, heute wird das → Halbeinkünfteverfahren angewendet. Inländische Dividenden unterliegen außerdem nach § 43 I Nr. 1 EStG dem Abzug der → Kapitalertragsteuer (KapESt) von 20% der → Bardividende. Diese ist bei inländischen Einkommensteuerpflichtigen auf die zu zahlende ESt anzurechnen (→ Aktien als Kapitalanlage, steuerliche Aspekte). In zeitlicher Hinsicht sind die Dividenden in dem Jahr einkommensteuerlich zu erfassen, in dem sie dem Steuerpflichtigen zugeflossen sind. – → Zinsgutschriften aus festverzinslichen Wertpapieren sind steuerpflichtige Einnahmen aus Kapitalvermögen nach § 20 I Nr. 7 EStG. Bei Null-Kupon-Anleihen (→ Zero-Bonds) ergibt sich der (einmalige) steuerpflichtige Kapitalertrag aus der Differenz zwischen Ausgabe- und Rücknahmekurs auf der Basis der sogenannten → Emissionsrendite, unabhängig davon, ob es sich um → Aufzinsungs-

Besteuerung von Wertpapiergeschäften

oder → Abzinsungspapiere handelt. Gemäss § 43 I S. 1 Nr. 7 EStG erfolgt der Abzug von KapESt auch auf Zinsen aus Anleihen, Schuldbuchforderungen und Forderungen, über die → Sammelurkunden oder → Teilschuldverschreibungen ausgegeben sind. Der Regelsteuersatz beträgt nach § 43a I Nr. 3 EStG 30%, derjenige bei → Tafelgeschäften 35%. Diese Form der KapESt (→ Zinsabschlagsteuer) ist bei unbeschränkter Steuerpflicht im Inland ebenfalls in vollem Umfang auf die ESt anrechenbar. Die zeitliche Erfassung der Zinsen erfolgt nach dem Zuflussprinzip mit der Besonderheit, dass regelmäßig wiederkehrende Zinsen, die dem Steuerpflichtigen kurze Zeit vor Beginn oder nach Beendigung des Kalenderjahres, zu dem sie wirtschaftlich gehören, zugeflossen sind, als in dem Jahr ihrer wirtschaftlichen Zugehörigkeit zugeflossen gelten (§ 11 I S. 2 EStG). Als kurze Zeit gilt ein Zeitraum von zehn Tagen. Die wirtschaftliche Zugehörigkeit bestimmt sich nach dem Zeitpunkt der eigentlichen Zahlbarkeit oder Fälligkeit der Zinsen. Bei einer einmaligen Zinszahlung (Zero-Bonds) liegt der steuerliche Zufluss des Kapitalertrages im Jahr der Schuldtilgung oder der vorzeitigen Veräußerung. – Gewinne aus der Veräußerung von Wertpapieren des Privatvermögens in Folge von Kurssteigerungen sind grundsätzlich steuerfrei. In bestimmten Fällen kommt es aber dennoch zur Besteuerung (→ Aktien als Kapitalanlage, steuerliche Aspekte). Der Einführung des Halbeinkünfteverfahrens folgt ab 2001 eine unterschiedliche Besteuerung von Wertpapiererträgen. Zinseinkünfte werden weiterhin voll besteuert, während Dividenden – obwohl ebenfalls Einkünfte aus Kapitalvermögen – nach Abzug der Definitivsteuer von 25% nur noch zur Hälfte besteuert werden. – Betriebliche Veräußerungsgeschäfte sind im Gegensatz zur Veräußerung von Wertpapieren des Privatvermögens grundsätzlich steuerpflichtig, es sei denn eine Körperschaft veräußert eine → Kapitalgesellschaft. Die Gewinne gehören gemäß §§ 15 und 16 EStG zu den Einkünften aus Gewerbebetrieb. Liegt die Beteiligung unter der 100% Grenze, so wird der Veräußerungsgewinn der laufenden Einkommensteuerbelastung unterworfen, außerdem fällt Gewerbesteuer an. Die Gewinne stellen nicht begünstigte gewerbliche Einkünfte dar. Die Tarifvergünstigung des § 34 EStG kommt i.d.R. nicht zur Anwendung.

Sie kann nur dann genutzt werden, wenn die Beteiligung zusammen mit dem gesamten Gewerbebetrieb veräußert wird. Auch Freibeträge werden nicht gewährt. Die Tarifermäßigung nach § 32c EStG wurde im Zuge der Unternehmenssteuerreform 2001 abgeschafft. Verluste können mit anderen Einkunftsarten verrechnet und in den Verlustabzug einbezogen werden. Die Veräußerung einer hundertprozentigen Beteiligung an einer Kapitalgesellschaft, welche im Betriebsvermögen gehalten wird, wird gemäss § 16 I Nr. I EStG als Teilbetriebsveräußerung angesehen. Allerdings bedeutet dies nicht, dass eine hundertprozentige Beteiligung ein Teilbetrieb ist, sie wird diesem nur für die Anwendung der §§ 16 und 34 EStG gleichgestellt. Auf Antrag wird ein Freibetrag in Höhe von 51.130 Euro gewährt. Dieser kann von jedem Steuerpflichtigen nur einmal in Anspruch genommen werden. Voraussetzung für die Gewährung des Freibetrages ist die Vollendung des 55. Lebensjahres oder die dauernde Berufsunfähigkeit. Der Freibetrag kann aber nur bis zu einem Veräußerungsgewinn von 154.000 Euro voll geltend gemacht werden. Bei Überschreiten dieser Grenze reduziert er sich sukzessive bis er schließlich bei 205.000 Euro vollständig entfällt. Der steuerpflichtige Veräußerungsgewinn wird gemäß den Bestimmungen des § 34 EStG besteuert. Veräußerungsverluste können uneingeschränkt geltend gemacht werden. Der Veräußerungsgewinn im Falle der hundertprozentigen Beteiligung wird – im Gegensatz zu der echten Teilbetriebsveräußerung – auch mit Gewerbesteuer belastet. – Zu beachten ist, dass im Falle der Veräußerung von Anteilen an einer Kapitalgesellschaft durch eine Kapitalgesellschaft keine Besteuerung erfolgt. Derartige Gewinne sind seit der Unternehmenssteuerreform 2000 steuerfrei. – Vgl. auch → Besteuerung von Wertpapiergeschäften.

Besteuerung von Wertpapiergeschäften, *taxation of security transactions*. Die früheren Kapitalverkehrsteuern, die in Form der → Börsenumsatzsteuer den Handel von Wertpapieren und als → Gesellschaftsteuer die Ausgabe von Gesellschaftsrechten bei Kapitalgesellschaften im Inland belasteten, sind durch das Finanzmarktförderungsgesetz vom 22.2.1990 aufgehoben worden. Umsätze mit Wertpapieren sind i.d.R. von der Umsatzsteuer befreit. Gemäss § 4 Nr. 8E UStG unterliegt nur die → Verwahrung und → Verwaltung von Wertpapieren der Umsatzsteuerpflicht. Werden Wertpapiere verschenkt oder vererbt, fällt bei Überschreiten der persönlichen Freibeträge Erbschaft- bzw. Schenkungsteuer an.

Betafaktor, *beta factor (β)*; bezeichnet ein Maß zur Analyse der Sensitivität bzw. → Volatilität der Periodenrendite eines → Titels in Bezug auf die Renditeänderung des → Marktes. Dieser wird i.d.R. in Form eines → Indizes abgebildet. Der B. spiegelt das systematische Risiko der Vermögensanlage wider. Bei einem $β > 1$ schwankt die → Aktie stärker als der Markt, bei $0 < β < 1$ verändert sie sich weniger als der Markt und bei einem $β = 1$ entwickelt sie sich genauso wie der Markt. Ein negativer B. ergibt sich bei → Assets, deren Periodenrendite sich gegenläufig zum Gesamtmarkt bewegt. – Der B. ist in der Finanzungstheorie von zentraler Bedeutung, so im → Capital Asset Pricing Model oder → Markt-Modell, und damit auch in der → Portefeuille-Theorie und in der → Asset-Allocation.

Beteiligung, bezeichnet das Halten von → Gesellschaftsanteilen an einer anderen Gesellschaft. B., die in der → Bilanz der AG unter den → Finanzanlagen an dritter Stelle auszuweisen sind, sind Anteile an anderen Unternehmen, die dem eigenen Geschäftbetrieb durch Herstellung einer dauernden Verbindung zu jenen Unternehmen dienen sollen. Dies gilt im Zweifel für Anteile an einer Kapitalgesellschaft, die insgesamt 20% des → Nennkapitals der Gesellschaft überschreiten (§ 271 Abs. 1 AktG). Sobald einem Unternehmen mehr als 25% oder mehr als die Hälfte der Anteile einer Aktiengesellschaft (AG) mit Sitz im Inland gehört oder ihm in dieser mitteilungspflichtigen Höhe nicht mehr gehört, hat es dies der AG unverzüglich schriftlich mitzuteilen (§ 20 Abs. 1 und 5 AktG). Ein Unternehmen, dem eine → Minderheitsbeteiligung (25% der Anteile) oder eine → Mehrheitsbeteiligung mitgeteilt worden ist, kann jederzeit verlangen, dass ihr das Bestehen der B. nachgewiesen wird (§ 22 AktG). Alle Mitteilungen sind durch Bekanntmachungen im → Bundesanzeiger und in den Gesellschaftsblättern zu veröffentlichen (§ 20 Abs. 6 AktG). Entsprechende Mitteilungspflichten bestehen für B. an → Kapitalgesellschaften in anderen Rechtsformen als der AG mit Sitz im Inland (§ 21 AktG). Die aktienrechtliche Mitteilungspflichten bestehen nicht für Aktien einer börsennotierten Gesellschaft, für die seit 1994 bei Veränderungen der Stimmrechtanteile die intensiven Meldepflichten nach dem → Wertpapierhandelsgesetz (WpHG) gelten (§§ 21 ff. WpHG).

Beteiligungen als Kapitalanlage, *equity holdings as an investment*. Beteiligungen an nicht emissionsfähigen Unternehmen können statt der Zielsetzung der → Mitunternehmerschaft auch mit dem Zweck der → Kapitalanlage eingegangen werden. Hierfür wird zumeist die Form der → stillen Beteiligung gewählt, da sich dabei die Verlustbeteiligung vertraglich ausschliessen lässt. Jedoch existiert kein organisierter Markt für solche Beteiligungen, der Anleger muss auf den → Beteiligungshandel zurückgreifen. Hieraus resultieren folgende Nachteile für den Kapitalanleger: Mangelnde → Fungibilität der Anlage, Informationsnachteile und damit Probleme bei der Beurteilung des individuellen Anlagerisikos. – Das Eingehen von B.a.K. kann auch auf indirektem Wege erfolgen, indem der Anleger Anteile an einer → Kapitalbeteiligungsgesellschaft erwirbt, die wiederum ein breitgestreutes → Portfolio an Investments hält und damit das Gesamtrisiko minimiert (→ Risikostreuung).

Beteiligungsergebnis, bezeichnet den Saldo der → Erträge und → Aufwendungen, die einem Unternehmen aus den von ihm i.V.m. einer Beteiligungsabsicht gehaltenen Unternehmensanteilen laufend (→ Dividenden), in Form von Ab- und Zuschreibungen sowie aus Veräußerungsgewinnen bzw. -verlusten entstehen.

Beteiligungsfinanzierung, *participatory financing*. Die B. umfasst alle Formen der Bereitstellung zusätzlichen Eigenkapitals von Quellen außerhalb der Unternehmung. Die Rechtsform der Unternehmung hat einen entscheidenden Einfluss auf die Modalitäten der Aufbringung zusätzlichen Eigenkapitals von außen. Bei gelisteten Aktiengesellschaften oder KGaA, die über einen Zugang zu organisierten Märkten (→ Börse) verfügen, findet die B. zumeist über die Ausgabe neuer → Aktien statt (→ Kapitalerhöhung). –

Beteiligungsfonds

Dieser Weg steht Unternehmen, die keinen Zugang zu den organisierten Kapitalmärkten haben, so z.B. Einzelunternehmungen, Personengesellschaften und GmbHs, nicht zur Verfügung (→ nicht emissionsfähige Unternehmen). Bei ihnen können einerseits die Altgesellschafter ihre Kapitalanteile erhöhen. Andererseits können neue Gesellschafter aufgenommen werden. Dies kann z.B. in Form von → stillen Beteiligungen oder durch das Hinzuziehen von → Beteiligungsgesellschaften erfolgen. – B. sind i.d.R. langfristig und unkündbar. Eine feste Verzinsung wird zumeist nicht verabredet, stattdessen wird der Beteiligungskapitalgeber am → Residualgewinn beteiligt.

Beteiligungsfonds, → Beteiligungs-Sondervermögen.

Beteiligungsgesellschaft. 1. *associated company*; Bezeichnung für ein Unternehmen, an dem ein anderes Unternehmen beteiligt ist. – Vgl. auch → Holding. – 2. *Unternehmensbeteiligungsgesellschaft, Kapitalbeteiligungsgesellschaft, equity investment company.* Oberbegriff für Gesellschaften, deren Geschäftszweck im Erwerb und der Veräußerung von → Beteiligungen an anderen Unternehmen besteht. Träger von B. sind u.a. Kreditinstitute, die damit die Grenzen des klassischen Kreditgeschäftes überschreiten wollen, und Versicherungen, die einen hohen Kapitalanlagebedarf aufweisen. Daneben sind konzernunabhängige B. tätig, die → Fonds zur Aufbringung ihres Anlagekapitals auflegen. B. werden aber auch vom Staat unterhalten, der durch die Beteiligungen arbeitsmarkt- und strukturpolitische Lenkungsziele verfolgen kann. – B. können sowohl branchenübergreifend als auch branchenfokussiert tätig sein. Während für den übergreifenden Ansatz die Möglichkeit einer besseren Risikostreuung (vgl. → Diversifikation) zwischen den Investitionsprojekten spricht, kann eine Branchenfokussierung wegen der detaillierte Marktkenntnis Vorteile in der Auswahl der Beteiligungsprojekte bieten. – Traditionell werden innerhalb der Gruppe der B. die → Kapitalbeteiligungsgesellschaften von den Venture-Capital-Gesellschaften (→ Venture-Capital) unterschieden. I.d.R. beteiligen sich Kapitalbeteiligungsgesellschaften an bereits bestehenden, profitabel arbeitenden und risikoärmeren Unternehmen, während sich Venture-Capital-Gesellschaften auf junge, innovative und risikoreiche Beteilungen spezialisieren. VC-Gesellschaften stellen neben Eigenkapital auch Management-Know-How zur Verfügung. – Der Begriff Unternehmensbeteiligungsgesellschaft spiegelt eine rechtliche Dimension wider: Nach dem seit 1987 geltenden Unternehmensbeteiligungsgesetz (UBGG) dürfen sich so B. in der Rechtsform der GmbH, der AG, der KG und der KGaA bezeichnen, die als Wagniskapitalgeber die im UBGG genannten Kriterien erfüllen. Sie sind gegenüber sonstigen Kapitalgesellschaften steuerlich bevorzugt.

Beteiligungshandel, *trading of equity holdings.* Für den B. steht kein organisierter, standardisierter Markt zur Verfügung, wie es im Fall von Börsen zugelassenen Wertpapieren der Fall ist. Daher müssen im B. Veräußerer und Erwerber unmittelbar oder unter Einschaltung von Intermediären (Bank oder Finanzmakler) miteinander in Kontakt treten und die Modalitäten des Austausches von Fall zu Fall festlegen.

Beteiligungspapier, *document of participation;* bezeichnet → Wertpapiere, die die Partizipation an einer Gesellschaft verbriefen, insbesondere Vermögens- und/oder Mitgliedschaftsrechte. Typisches B. sind → Aktien.

Beteiligungsrechte, *equity's claims, rights of equity holders.* Einem Beteiligungsgeber stehen im wesentlichen folgende Rechte zu: Beteiligung am Gewinn (→ Residualgewinn), Anteil am Liquidationserlös sowie Informations- und Mitspracherechte.

Beteiligungsvermittlung, *brokerage of equity participations.* Die B. kann über Finanzmakler, Banken oder Zeitungsinserate erfolgen.

Betreuer, → Designated Sponsor.

betriebliche Altersversorgung, *employee pension scheme.* Bezeichnung für alle freiwilligen Sozialleistungen eines Unternehmens, um ehemalige Mitarbeiter, bzw. deren Hinterbliebene zu unterstützen (Ruhestand, Invalidität). Die Einführung sowie Ausgestaltung einer b.A. ist dem Arbeitgeber freigestellt. Ist die Einführung erfolgt, so entstehen, aufgrund von Vertrauensschutz und des Grundsatzes von Recht und Billigkeit, Verpflichtungen für den Arbeitgeber. – Die b.A. kann auf unterschiedliche Art und Weise ausgestaltet werden: – a) Durch eine Direktzusage, wobei → Pensionsrückstellungen der Absicherung der von einer Unternehmung ausgesprochenen → Pensionsverpflichtungen dienen. – b) Durch die Übernahme der Versorgung durch eine → Pensionskasse. – c) Durch die Übernahme der Versorgung durch eine → Unterstützungs-kasse. – d) Durch eine → Direktversicherung über ein Lebensversicherungsunternehmen, wobei hier der Arbeitnehmer Bezugsberechtigter ist und der Arbeitgeber die Beiträge bezahlt und Versicherungsnehmer ist. – e) Durch eine freiwillig unternommene Höherversicherung im Rahmen der gesetzlichen Rentenversicherung.

Betriebsausgabe, *business expense*. B. ist der steuerliche Begriff für Aufwendungen, die durch den Betrieb veranlasst sind (§ 4 IV EStG). B. mindern grundsätzlich den steuerpflichtigen Gewinn. Ausnahmen nach § 4 V-VII EStG sind zu beachten. – Gegensatz: → Betriebseinnahmen.

Betriebseinnahmen, *business receipts*; sind das Pendant zu den → Betriebsausgaben und werden als betrieblich veranlasste Wertzugänge zum → Betriebsvermögen verstanden, die nicht durch → Einlagen entstanden sind. B. werden im Steuerrecht nicht definiert.

Betriebsergebnis, *operatives Ergebnis, operating result*. Das B. ist die Summe aller Aufwendungen und Erträge, die betrieblich verursacht sind (ohne außerordentliches Ergebnis), regelmäßig anfallen (ohne aperiodische Erträge und Aufwendungen) und keine betriebsfremden Bestandteile, wie z.B. Erträge aus Beteiligungen, Wertpapieren und Ausleihungen, Abschreibungen auf Finanzanlagen und Wertpapieren des Umlaufvermögens sowie Zinsaufwendungen enthält. – Das B. soll den nachhaltigen Erfolg aus der Leistungserstellung und -verwertung erfassen.

Betriebliche Pensionsfonds, → Pensionsfonds, betriebliche.

betriebsnotwendiges Vermögen, *necessary business assets*; der Teil des im Unternehmen eingesetzten (Anlage- und Umlauf-) Vermögens, der zur Erfüllung des Betriebszwecks erforderlich ist. Der Ansatz erfolgt zu kalkulatorischen Buchwerten, während ein → Asset, das der betrieblichen Leistungserstellung nicht oder nur z.T. dient (z.B. partiell oder ganz für Wohnbedarf genutzte Immobilien), auszuklammern ist. Nach Absetzung der dem Unternehmen zinslos verfügbaren Kapitalteile (→ Abzugskapital) ergibt sich das betriebsbedingte Kapital, auf dem die Ermittlung kalkulatorischer Zinsen fußt.

Betriebsrat, bezeichnet den gewählten Repräsentanten der Arbeitnehmer eines Betriebes. Voraussetzung für seine Wahl ist, dass dem Betrieb mindestens fünf Arbeitnehmer angehören, die über 18 Jahre alt sind, und drei von ihnen in dem Betrieb seit sechs Montan beschäftigt sind (§§ 1, 7, 8 BetrVG). Das BetrVG umschreibt die Aufgaben des B. und legt seine Mitwirkungs- und Mitbestimmungsrechte sowie seine Pflichten fest. Arbeitgeber und B. sollen vertrauensvoll zusammenarbeiten (§ 2 Abs. 1 BetrVG). Die Mitbestimmungsrechte des B. erstrecken sich auf soziale Angelegenheiten der Belegschaft (§ 87 BetrVG), auf personelle Angelegenheiten (§§ 92 ff. BetrVG), insbesondere die Anhörung bei einer beabsichtigten Kündigung gegenüber einem Arbeitnehmer (§ 102 BetrVG). In wirtschaftlichen Angelegenheiten ist in Unternehmen mit mehr als 1000 Beschäftigte ein Wirtschaftsausschuss zu bilden, den der Unternehmer u.a. bei geplanten Betriebsveränderungen, die erhebliche Auswirkungen auf die Belegschaft mit sich bringen, informieren und mit dem es sich beraten muss. Der Wirtschaftsausschuss unterrichtet seinerseits den B. (§ 106 BetrVG). Bestehen in einem Unternehmen mehrere Betriebsräte, so ist ein Gesamtbetriebsrat zu errichten, der eine subsidiären Kompetenz hat. In einem Konzern können die einzelnen Gesamtbetriebsräte einen Konzernbetriebsrat bilden. Die Interessen der noch nicht 18 Jahre alten Jugendlichen und der noch nicht 25 Jahre alten Auszubildenden nimmt eine gewählte Jugend- und Auszubildendenvertretung gegenüber dem B. wahr (§ 60 ff. BetrVG). – Bei der AG hat der B. außerdem ein Antragsrecht auf Nachprüfung der ordnungsgemäßen Zusammensetzung des

Betriebsverfassungsgesetz

Aufsichtsrats (§ 98 AktG). Er kann außerdem die Wahl eines nach dem Montan-Mitbestimmungsgesetz gewählten Aufsichtsratmitgliedern anfechten (§ 251 Abs. 2 AktG).

Betriebsverfassungsgesetz (BetrVG), *Industrial Constitution Law*; i. d. F. vom 23.12.1988 (zuletzt geändert am 19.12.1998). Das BetrVG enthält Vorschriften über Zusammensetzung, Wahl und Organisation des → Betriebsrats sowie über die Mitwirkung und Mitbestimmung der Arbeitnehmer eines Betriebs. Es gilt für alle in der BRD gelegenen Betriebe mit mindestens fünf Arbeitnehmern, jedoch nicht für Religionsgemeinschaften (§ 118 II BetrVG) und nur eingeschränkt für sog. Tendenzbetriebe, etwa Gewerkschaften, Zeitungsverlage oder politische Parteien (§ 118 I BetrVG). Auf Betriebe eines Trägers des öffentlichen Rechts finden die Personalvertretungsgesetze des Bundes und der Länder Anwendung (§ 130 BetrVG). Das BetrVG von 1952 gilt nur noch für die wirtschaftliche Mitbestimmung in → Aufsichtsräten von Kapitalgesellschaften, die zu 1/3 mit Vertretern der Arbeitnehmer zu besetzen sind.

Betriebsvermögen, *business assets.* Das B. umfasst alle → Wirtschaftsgüter, die der Erreichung eines wirtschaftlichen Ziels dienen und wirtschaftlich dem Betriebsinhaber gehören (steuerlicher Begriff). – Die Gewinnermittlung für die → Einkommensteuer (ESt) erfolgt im allgemeinen durch einen Betriebsvermögensvergleich (unter Beachtung von → Entnahmen und → Einlagen).

Betriebsvermögen, gewillkürtes, → gewillkürtes Betriebsvermögen.

Betriebsvermögen, notwendiges, → notwendiges Betriebsvermögen.

BetrVG, Abk. für → Betriebsverfassungsgesetz.

Bewertung bebauter Grundstücke, → Grundstücksbewertung.

Bewertungsfunktion, *weighting function, valuation function*; von den → Börsen übernommene Funktion zur Feststellung des richtigen und aktuellen → Marktpreises für einzelne → Wertpapiere und damit auch zur Feststellung des → Marktwertes gesamter Unternehmen.

Bewertungsvorschriften, *rules of valuation.* 1. → Anlagevermögen: Vermögensgegenstände des Anlagevermögens sind bei Zugang mit den Anschaffungs- oder Herstellungskosten zu bewerten. Ist die Nutzung zeitlich begrenzt, müssen sie planmäßig abgeschrieben werden. Ein erworbener → Geschäfts- oder Firmenwert kann neben der planmäßigen Abschreibung auch in jedem folgenden Geschäftsjahr um pauschal mindestens 25% abgeschrieben werden. – Die Vorschriften über außerplanmäßige Abschreibungen auf den niedrigen → beizulegenden Wert sowie eventuell notwendige Zuschreibungen sind zu beachten. – 2. → Umlaufvermögen: Ausgehend von den Anschaffungs- und Herstellungskosten sind im Umlaufvermögen nur außerplanmäßige Abschreibungen erlaubt. Es besteht das strenge → Niederstwertprinzip, das schon bei nur vorübergehender Wertminderung eine außerplanmäßige Abschreibung verlangt. – 3. Passivposten: Das → gezeichnete Kapital ist mit dem Nennbetrag und Rücklagen sind mit den Nominalbeträgen zu bewerten. – → Verbindlichkeiten sind mit dem Rückzahlungsbetrag zu bewerten. Rentenverpflichtungen sind mit dem → Barwert zu bilanzieren. – → Rückstellungen sind mit dem Betrag zu bewerten, der nach vernünftiger kaufmännischer Beurteilung erforderlich ist. Sie werden handelsrechtlich nur abgezinst, wenn sie einen Zinsanteil enthalten. – 4. Besondere Bewertungsmethoden: Die individuelle Bestimmung von Anschaffungs- und Herstellungskosten bereitet insbesondere dann Schwierigkeiten, wenn viele gleichartige Vermögensgegenstände zu unterschiedlichen Zeitpunkten beschafft oder erstellt wurden. Das → Handelsgesetzbuch (HGB) erlaubt daher in besonderen Fällen die Abkehr vom Prinzip der → Einzelbewertung. Für das Vorratsvermögen ist eine Durchschnittsmethode möglich, bei der der Bestand am Jahresende zu den Durchschnittskosten der zu Beginn des Geschäftsjahres vorhandenen Vorräte und den im Geschäftsjahr zugegangenen Vermögensgegenständen bewertet wird. – Für das Vorratsvermögen kann auch eine bestimmte Verbrauchsfolge wie Fifo (die zuerst erworbenen Gegenstände wurden verbraucht) oder Lifo (die zuletzt zugegan-

Bezugsangebot

genen Gegenstände wurden verbraucht) unterstellt werden. – Gleichartige Vermögensgegenstände des Vorratsvermögens und andere gleichartige oder annähernd gleichwertige bewegliche Vermögensgegenstände dürfen zu einer Gruppe zusammengefasst werden und mit dem gewogenen Durchschnitt bewertet werden (§ 240 IV HGB). – Vermögensgegenstände des → Sachanlagevermögens und Roh-, Hilfs- und Betriebsstoffe dürfen mit einem Festwert angesetzt werden, wenn sie regelmäßig ersetzt werden, ihr Gesamtwert für das Unternehmen von nachrangiger Bedeutung ist und ihr Bestand hinsichtlich Größe, Wert und Zusammensetzung nur geringen Veränderungen unterliegt (§ 240 III HGB). – Vgl. auch → Abschreibungen, → Abschreibungsmethoden.

Bewertung von Aktien, *stock valuation, valuation of shares*; vgl. → Aktienbewertung.

Bewertung von Anleihen, *bond valuation*; vgl. → Anleihebewertung.

Bewertung von festverzinslichen Wertpapieren, *bond valuation*; vgl. → Anleihebewertung.

bezahlt Brief, *bB, bezB, bzB, sellers over*. Bezeichnung für die Situation, in der das Angebot die Nachfrage überwog, so dass nur ein Teil der Verkaufsaufträge ausgeführt werden konnte. D.h., dass zum notierten Kurs noch Angebot vorhanden war. Alle → unlimitierten Aufträge und jene → Orders, die im Kauf darüber und im Verkauf darunter limitiert wurden, konnten ausgeführt werden; zum festgestellten Kurs limitierte Orders hingegen konnten nur teilweise ausgeführt werden, da zu diesem Kurs weiteres Angebot bestand.– Gegensatz: → bezahlt Geld.

bezahlt Geld, *bezG, bzG, bG, buyers over*. Der → Kurszusatz signalisiert, dass alle unlimitierten und die zum angegebenen Kurs festgestellten limitierten → Kaufaufträge ausgeführt wurden. Zu dem notierten Kurs war jedoch noch weitere Nachfrage vorhanden, so dass zum festgestellten Kurs limitierten → Kaufaufträge nicht vollständig ausgeführt werden konnten. – Gegensatz: → bezahlt Brief.

bezahlt, *b, bz, bez, paid*. Als → Kurszusatz signalisiert b., dass alle → Kauf- und → Verkaufsaufträge zum angegebenen → Kurs abgewickelt werden konnten. Angebot und Nachfrage waren ausgeglichen. Außer den → unlimitierten Aufträgen konnten auch alle zum festgestellten Kurs und darüber limitierten Kaufaufträge sowie alle zum festgestellten Kurs oder darunter limitierten Verkaufsaufträge ausgeführt werden. – Vgl. auch → bezahlt Geld und → bezahlt Brief.

bezahlter Kurs, *price agreed upon, price paid*. → Börsenkurs, zu dem mindestens eine → Schlusseinheit umgesetzt werden konnte.

bezG, bzG, bG, Abk. für → bezahlt Geld.

Bezüge, → Bezugsrechte.

Bezüge der Mitglieder des Vorstands, des Aufsichtsrats und eines Beirats der AG, Die entsprechenden Gesamtbezüge sind im → Anhang zum → Jahresabschluss getrennt anzugeben (§ 285 Nr. 9a HGB). Gesondert auszuweisen sind auch die Gesamtbezüge der früheren Vorstands- und Aufsichtsratsmitglieder und ihrer Hinterbliebenen (§ 285 Nr. 9b HGB).

Bezüge des Vorstands der AG. Der → Aufsichtsrat hat bei der Festsetzung der Gesamtbezüge des einzelnen Vorstandsmitglieds dafür zu sorgen, dass die Gesamtbezüge in einem angemessenen Verhältnis zu den Aufgaben des Vorstandsmitglieds und zur Lage der → AG stehen, was sinngemäß auch für Ruhegehalt, Hinterbliebenenbezüge und Leistungen verwandter Art gilt (§ 87 Abs. 1 AktG). Bei einer ungünstige Entwicklung in den wirtschaftlichen Verhältnissen der Gesellschaft kann der Aufsichtrat die Vorstandbezüge angemessen herabsetzen (§ 87 Abs. 2 AktG).

Bezugsaktien, *preemptive shares*. Nach § 192 I AktG sind dies die → neuen Aktien, die infolge der Ausübung des Umtausch- oder → Bezugsrechts aus einer → bedingten Kapitalerhöhung ausgegeben werden.

Bezugsangebot, *Bezugsaufforderung, rights offer*. Veröffentlichung zum Bezug → neuer Aktien aus einer → Kapitalerhöhung gegen Bareinlagen durch Ausübung des →

Bezugsbedingungen

Bezugsrechts. Die Veröffentlichung muss im → Bundesgesetzblatt und den → Gesellschaftsblättern, bei → börsennotierten Aktien zusätzlich in einem → Börsenpflichtblatt erfolgen.

Bezugsbedingungen, *terms of subscription*; Angaben im → Bezugsangebot für den Bezug → neuer Aktien. Hierzu zählen das → Bezugsverhältnis, der → Bezugskurs der neuen Aktien und deren → Dividendenberechtigung. Junge Aktien können im ersten Jahr zeitanteilig oder voll an der Dividende teilnehmen.

Bezugsfrist, *time limit for subscription*; bezeichnet den Zeitraum im Rahmen einer → Kapitalerhöhung, in dem die → Aktionäre ihr → Bezugsrecht ausüben oder an der → Börse verkaufen können. Die Frist für die Ausübung von Bezugsrechten muss nach § 186 I S. 2 AktG mindestens zwei Wochen betragen. Sie wird nach § 186 II AktG zusammen mit dem Ausgabebetrag in den Gesellschaftsblättern bekanntgegeben. Die B. gilt nach § 221 IV AktG analog für Bezugsrechte auf → Wandelschuldverschreibungen, → Gewinnschuldverschreibungen und → Genussrechte.

Bezugskurs, *Bezugspreis, stock subscription price*; im → Bezugsangebot angegebener Preis für den Bezug → neuer Aktien. Der B. wird meist unter dem aktuellen Börsenkurs festgesetzt, um das Verlustrisiko der Emission zu minimieren. Infolge eines niedrigen Bezugspreises sinkt der Börsenkurs. Die Höhe des B. bestimmt zusammen mit der → Dividendenberechtigung und dem → Bezugsverhältnis bei gegebenem Börsenkurs der → Altaktie den Wert des → Bezugsrechts. Weitere beeinflussende Größen sind der risikolose Zins, die Volatilität der Aktie und die Bezugsfrist (→ mathematischer Wert des Bezugsrechts).

Bezugsrecht, *subscription right*. Recht des → Aktionärs auf den Bezug von → neuen (jungen) Aktien, → Options- und → Wandelanleihen, → Gewinnschuldverschreibungen und → Genussscheinen. Nach § 186 I AktG stehen dem Aktionär anteilig so viele neue Aktien zu, wie er am bisherigen Grundkapital beteiligt ist. Dieser Grundsatz gilt ebenso für den Bezug der obengenannten Schuldverschreibungen (§ 221 IV AktG).

Das B. sichert den Erhalt des Stimmrechtsanteils und des Vermögensanteils des Aktionärs (→ Verwässerungsschutz). Die Aktionäre werden durch Veröffentlichung eines → Bezugsangebots zum Bezug der jungen Aktien aufgerufen. Das Bezugsangebot enthält die → Bezugsbedingungen, d.h. das → Bezugsverhältnis, den → Bezugskurs der neuen Aktien, die → Bezugsfrist und die → Dividendenberechtigung der neuen Aktien. Die Zeichnung der jungen Aktien geschieht schriftlich durch Zeichnungsschein (§ 185 AktG). Der Zeichnungsschein enthält u.a. den Nennbetrag bzw. die Anzahl der gezeichneten Stücke sowie gegebenenfalls die → Aktiengattung. Die Ausübung des Bezugsrechts durch Zeichnung erfolgt über Banken innerhalb der Bezugsfrist. Die neuen Aktien werden am → Bezugstag geliefert. Der Aktionär kann sein B. innerhalb der Bezugsfrist über eine Bank im → Bezugsrechtshandel einer → Börse verkaufen. Ohne Weisung verkauft die Bank das B. am letzten Tag der Bezugsfrist. Ein B. kann als kurzlaufender Optionsschein mit einem Basispreis in Höhe des Bezugspreises interpretiert werden. Als solcher ist er mit Methoden der Optionspreistheorie zu bewerten (→ mathematischer Wert des Bezugsrechts). Am ersten Tag des Bezugsrechtshandels erfolgt ein → Bezugsrechtsabschlag vom Kurs der Altaktie (Kürzel: ex BR). Die Hauptversammlung kann zusammen mit dem Beschluss über die Kapitalerhöhung das B. ganz oder teilweise ausschließen (§ 186 III AktG). Hierzu bedarf es einer Mehrheit von 75% des anwesenden Grundkapitals oder einer satzungsgemäß größeren Mehrheit. Ein vereinfachter → Bezugsrechtsausschluss ist möglich, wenn die Kapitalerhöhung gegen Bareinlagen nicht höher als 10% des Grundkapitals ist und zu einem marktnahen Ausgabebetrag erfolgt (§ 186 III Nr.4 AktG). Ein Ausschluss des B. liegt vor, wenn die Emission von Kreditinstituten mit der Verpflichtung übernommen werden soll, die Aktien den Aktionären zum Bezug anzubieten (§ 186 V AktG). Das B. ist durch das AktG z.B. ausgeschlossen, wenn Bezugs- oder Umtauschrechte aus Options- oder Wandelanleihen ausgeübt werden und wenn → Belegschaftsaktien begeben werden.

Bezugsrecht auf Optionsanleihen, *subscription right on warrant issues*; besteht nach herrschender Meinung, basierend auf

§ 221 IV AktG, für die Aktionäre der emittierenden Gesellschaft. Die → Optionsanleihe enthält ihrerseits einen Anspruch auf den Bezug von → neuen Aktien, der von der Anleihe getrennt als → Optionsschein oder → Warrant gehandelt wird. – Vgl. auch → Bezugsrecht.

Bezugsrecht auf Wandelobligationen, *subscription right on convertible bonds.* Besteht nach § 221 IV AktG für die → Aktionäre der emittierenden Gesellschaft. Die → Wandelobligation beinhaltet ihrerseits ein Wandlungs- oder Umtauschrecht der Anleihen in → neue Aktien. Ein → Bezugsrecht auf diese jungen Aktien seitens der Aktionäre besteht nicht.

Bezugsrecht, Besteuerung, *subscription right, taxation.* Einnahmen aus der Veräußerung von → Bezugsrechten aus → Aktien, die zum Privatvermögen gehören, sind nicht steuerpflichtig. Das Bezugsrecht selbst stellt keine Einnahme aus Kapitalvermögen dar. Berechtigt das Bezugsrecht zum Bezug von → Anleihen, die mit besonderen Vorzügen ausgestattet sind, z.B. mit einem → Emissionsdisagio (Ausgabe unter Nennwert), liegen bei Ausübung des Bezugsrechts → Einkünfte aus Kapitalvermögen vor. Aktionäre, die ihr Bezugsrechte ausüben und → junge Aktien zum festgelegten Ausgabekurs erwerben, haben Einkünfte aus privaten Veräußerungsgeschäften, wenn sie die jungen Aktien innerhalb der Frist von zwölf Monaten verkaufen.

Bezugsrecht und junge Aktien, steuerliche Bewertung, *subscription right and new shares, tax valuation;* → Altaktionären ist nach dem → Aktiengesetz bei Kapitalerhöhungen ein Bezugsrecht, einzuräumen, um eine Verwässerung der Beteiligung des Aktionärs zu vermeiden. Die steuerliche Behandlung von Bezugsrechten ist dabei von Fall zu Fall unterschiedlich. Verzichtet der Altaktionär auf sein Bezugsrecht, kommt es zu keinen steuerlichen Konsequenzen, solange der Verzicht nicht auf einer Gegenleistung basiert. Bei entgeltlicher Veräußerung durch eine Privatperson ist der Gewinn unter privaten Veräußerungsgeschäften zu versteuern, sofern die Aktie vor weniger als zwölf Monaten gekauft wurde. Wurde in den letzten fünf Jahren ein Prozent der Anteile gehalten, stellt der Veräußerungsgewinn eine steuerpflichtige Einnahme dar. Sie sind jedoch nur zur Hälfte zu besteuern.

Bezugsrechtsabschlag, *subscription ex rights;* Verringerung des Börsenkurses der → Altaktie um den Wert des → Bezugsrechts aus dieser Aktie. Der Abschlag erfolgt mit dem Beginn des → Bezugrechtshandels, d.h. am ersten Tag der → Bezugsfrist. Die Kursnotierung der Aktie erhält den Zusatz ex BR.

Bezugsrechtsarbitrage, *subscription right arbitrage;* Bezeichnung für ein → Arbitragegeschäft mit → Bezugsrechten. Neben den klassischen Varianten der → Arbitrage, die → Ausgleichsarbitrage und die → Differenzarbitrage, kann es zu einer B. auf verschiedenen Teilmärkten des gleichen Börsenplatzes kommen. Im Idealfall bildet der → Bezugskurs der jungen Aktie addiert mit der Summe aus Bezugsverhältnis mal Wert des Bezugsrechts den Kurs der Altaktie (zu berücksichtigen sind dabei mögliche Minderrechte von jungen Aktien, so z.B. verminderte Dividendenberechtigung). Da das Bezugsrecht durch seine Fungibilität an der Börse selbstständig handelbar ist, kann der Kurs des Bezugsrechtes über oder unter seinem rechnerischen Wert notieren (vgl. hierzu → Bezugsrechtsbewertung und → mathematischer Wert des Bezugsrechts). Liegt der Kurs niedriger als der rechnerische Wert, so kommt es zur B., wenn ein Marktteilnehmer diese günstigeren Bezugsrechte erwirbt, anschließend junge Aktien bezieht und diese dann verkauft. Der Arbitragegewinn ergibt sich als Differenz zwischen rechnerischem Wert des Bezugsrechts und unterbewertetem Kaufkurs.

Bezugsrechtsausschluss, → Ausschluss des Bezugsrechts.

Bezugsrechtsausübung, *exercise of subscription rights.* Die Ausübung des → Bezugsrechts erfolgt i.d.R. über die depotführende Bank nach den veröffentlichten Bezugsbedingungen. Die Bank erwirbt auf Rechnung des Aktionärs die → jungen Aktien durch Vorlage eines in den Bezugsbedingungen genannten → Dividendenscheins. Gibt der Depotinhaber seiner Bank bis spätestens einen Werktag vor Ablauf der → Bezugsfrist keinen Auftrag zur B., verkauft die Bank die Bezugsrechte ihres Kun-

Bezugsrechtsbewertung

den am letzten Handelstag. Bei Wandel- und Optionsanleihen sind die Bedingungen zur B. bereits bei Anleihenemission bekannt. Bei einer → Wandelanleihe kann der Inhaber die Anleihe während eines vorher festgelegten Zeitraumes durch Zahlung eines Aufgeldes in Aktien des Unternehmens wandeln. Bei der → Optionsanleihe besteht für den Inhaber die Möglichkeit durch Zahlung des Optionspreises und Ausübung der Option Aktien zu erwerben. Dies macht allerdings nur Sinn, wenn sich die Option → im Geld befindet.

Bezugsrechtsbewertung, *Bezugsrechtsparität, pricing of subscription rights*. Im Rahmen von ordentlichen oder genehmigten → Kapitalerhöhungen haben Altaktionäre zum Bezug der → jungen Aktien häufig ein → Bezugsrecht. Erfolgt die Ausgabe der jungen Aktien zu einem niedrigeren Preis als dem Börsenkurs, so hat dieses Bezugsrecht einen positiven Wert (→ mathematischer Wert des Bezugsrechts). Dieser ergibt sich entweder als Börsenpreis des Bezugsrechts während des börsenmäßigen Bezugsrechtshandels oder als theoretischer Wert aus Arbitrageüberlegungen (→ arbitragefreie Bewertung). Als Faustformel gilt, dass der Wert aller alten Aktien zuzüglich des Betrages der Kapitalerhöhung genau dem Wert aller alten und jungen Aktien zusammen entsprechen muss. Damit ist es für einen Investor gleichgültig, ob er die Aktie nach → Abschlag (des Bezugsrechts) vom Börsenkurs oder eine genügende Anzahl von Bezugsrechten erwirbt und damit junge Aktien durch Zahlung des Bezugspreises bezieht. Falls die zu beziehenden jungen Aktien andere Rechte beinhalten als die alten Aktien (z.B. einen anderen Dividendenanspruch), so ist dieser Unterschied anteilig zu berücksichtigen. Für den rechnerischen Wert des Bezugsrechts B ergibt sich folgende Formel:

$$B = \frac{C_{cum} - C_{jung} - d}{1 + b}.$$

Dabei bezeichnen

C_{cum}	den Börsenkurs der alten Aktien,
C_{jung}	den Bezugspreis junger Aktien,
d	einen evtl. Dividendennachteil und
b	das Bezugsverhältnis.

Bezugsrechtsdisposition. Verfügung über das einem → Aktionär zustehende Recht, bei einer → Kapitalerhöhung eines Unternehmens mit neuen → Aktien bedacht zu werden, und zwar im Verhältnis seines bisherigen Anteils am → Grundkapital zur vorgenommenen Erhöhung. Einerseits soll damit dem Aktionär die Möglichkeit eingeräumt werden, die Eigentumsverhältnisse an der Gesellschaft zu wahren. Andererseits soll das → Bezugsrecht den Schutz vor Vermögensverlusten sicherstellen. Je nach den mit der Kapitalerhöhung verbundenen Erwartungen können die Bezugsrechte ganz, teilweise oder gar nicht ausgeübt werden (→ Bezugsrechtsausübung) und statt dessen verkauft werden.

Bezugsrechtshandel, *trading in subscription rights*; Bezeichnung für den börslichen Handel von → Bezugsrechten. Der B. erstreckt sich über die ganze → Bezugsfrist, mit Ausnahme der beiden letzten Börsentage. Diese werden zur Erfüllung der abgeschlossenen Geschäfte freigehalten. Die Bezugsrechte werden im jeweiligen Markt der → Altaktie gehandelt (z.B. amtlicher Handel oder Geregelter Markt). Die Kursermittlung des Bezugsrechts erfolgt nur einmal pro Tag (Einheitskurs). Die Altaktien notieren ab dem Beginn des B. → ex BR, d.h. ohne den Wert des Bezugsrechts. Alle bis dahin vorliegenden Aufträge für die Altaktie (z.B. Limit-Orders oder Stop-Loss-Orders) werden gelöscht. Der Zeitraum zwischen der Bezugsaufforderung und dem B. muss mindestens vier Börsentage betragen.

Bezugsrechtskurs, *subscription price*; Kurs für ein an der Wertpapierbörse gehandeltes → Bezugsrecht. Der B. bestimmt sich theoretisch aufgrund seines → inneren Wertes, d.h. durch den Kurs der alten und der jungen Aktien, dem → Bezugsverhältnis und durch die Dividendenausstattung der jungen Aktien. Ein eventuell vorhandener Dividendennachteil der jungen Aktien wird hierbei berücksichtigt (vgl. hierzu → Bezugsrechtsbewertung und → mathematischer Wert des Bezugsrechts). – Der tatsächliche B. ergibt sich durch Angebot und Nachfrage an der jeweiligen Börse. Daher sind unterschiedliche Preise an verschiedenen Börsenplätzen möglich. Banken versuchen durch gezieltes Agieren diese Preisunterschiede auszugleichen. – Vgl. hierzu → Bezugsrechtsnotierung und → Bezugsrechtshandel.

Bezugsrechtsnotierung, *subscription rights quotation.* Der Börsenhandel von → Bezugsrechten auf → junge Aktien eines Unternehmens, dessen Aktien bereits zum Börsenhandel zugelassen sind, bedarf keiner gesonderten Zulassung. Der Kurs des Bezugsrechts wird während der gesamten → Bezugsfrist mit Ausnahme der letzten beiden Börsentage an der Börse ausschließlich zum → Einheitskurs notiert. Er orientiert sich maßgeblich am rechnerischen Wert des Bezugsrechts, der auf Grundlage des Börsenkurses der alten Aktien, dem Emissionskurs der jungen Aktien, dem Bezugsverhältnis und einer möglichen Dividendenberechtigung der jungen Aktien ermittelt wird. Am Tag des → Bezugsrechtsabschlags werden die alten Aktien mit dem Kurszusatz „ex BR" (→ Kurszusätze) an der Börse notiert.

Bezugsrechtsobligation, → *Optionsanleihe, option bond*; ist eine → Anleihe mit → Bezugsrecht auf → Aktien.

Bezugsrechtsparität, *subscription right parity*; rechnerischer bzw. theoretischer Wert des → Bezugsrechts. – Vgl. → Bezugsrechtsbewertung, rechnerisch.

Bezugsschein, → Dividendenschein.

Bezugsscheinbogen, → Gewinnanteilsscheinbogen.

Bezugsscheine auf Aktien, sind die Wertpapiere und Wertrechte, die das → Bezugsrecht auf bzw. das Umtauschrecht in → Aktien aus → Optionsanleihen oder → Wandelanleihen verbriefen.

Bezugstag, *date of delivery*; der Tag, an dem die → neue Aktie aus einer Kapitalerhöhung bei Ausübung des → Bezugsrechts geliefert wird.

Bezugsverhältnis, *exchange/subscription ratio*; gibt an, wieviele → neue Aktien für wieviele → alte Aktien bei einer Kapitalerhöhung im Falle der Ausübung des → Bezugsrechts gegen Einlagen bezogen werden können. Das B. ergibt sich aus dem Verhältnis des vorhandenen Grundkapitals zur Grundkapitalerhöhung bzw. der Anzahl der Altaktien zur Anzahl der jungen Aktien. Dieser Quotient kann ganzzahlig (z.B. 3:1) sein, dann spricht man von einem glatten B. Ist es gebrochen (z.B. 3:2), so handelt es sich um ein krummes B.

bG, Abk. für → bezahlt Geld.

BGBl, Abk. für → Bundesgesetzblatt.

bgls., Abk. für bogenlos. – Vgl. hierzu → bogenlose Stücke.

BIC, Abk. für → Bank Identifier Code.

Bid Price 1. *bid, offer/supply/quoted price, Angebotspreis, Geldkurs, Geld*; Preis den ein Käufer für ein Wertpapier zu zahlen bereit ist. – 2. *buying price*; Rücknahmepreis für Investmentzertifikate. – Gegensatz: → Asked Price.

Bid, → Bid Price.

Bid-Ask Spread, → Geld-Brief-Spanne.

Bietergruppe Bundesemission, *bund issues auction group*; bezeichnet ein Konsortium zur Begebung von → Bundesanleihen, → Bundesobligationen, → Bundesschatzanweisungen und → unverzinslichen Schatzanweisungen des Bundes. Vor 1998 hatte das → Bundesanleihekonsortium diese Funktion inne. Mitglied in der B.B. können gebietsansässige → Kreditinstitute, → Wertpapierhandelsunternehmen, → Wertpapierhandelsbanken und inländische Niederlassungen ausländischer Unternehmen werden. Für die Abwicklung der → Emissionsgeschäfte ist ein → Girokonto bei einer → Landeszentralbank und ein Konto bei → Clearstream International erforderlich. Die Mitgliedschaft in der B.B. setzt eine ausreichende Platzierungskraft voraus, die gegeben ist, wenn mindestens 0,05% der jährlich zugeteilten Emissionsbeträge übernommen werden. Jedes Jahr veröffentlicht die → Deutsche Bundesbank eine Rangliste der Mitglieder der B.B., die die Höhe der Anteile am Emissionsvolumen als Bewertungskriterium verwendet, ohne die Anteilsätze zu nennen. Mitglieder, die die geforderte Mindestübernahme nicht erreichen, scheiden aus. Eine spätere Wiederaufnahme ist möglich.

Big Bang

Big Bang, bezeichnet ein Bündel von Deregulierungsmaßnahmen, das 1984 am britischen → Kapitalmarkt umgesetzt wurde. Dazu gehören insbesondere die Beseitigung der festen Kommissionsstrukturen, die Aufhebung der traditionellen Abgrenzung von → Brokern und → Jobbern sowie die Möglichkeit für in- und ausländische → Banken, sich an Maklerfirmen zu beteiligen. Letzteres war ein bedeutender Schritt zur Aufweichung des in Großbritannien vorherrschenden → Trennbankensystems.

Big Board. Inoffizielle Bezeichnung für die → New Yorker Stock Exchange.

Big Figure, bezeichnet die ersten Stellen eines → Devisenkurses. Bei einem US-$-Kurs von 1,2045 Euro handelt es sich um die Stellen 1,20.

Biger-Hull Modell, → Garman-Kohlhagen Modell.

Bilanz, *financial statement*; Bezeichnung für die systematische Gegenüberstellung des → Vermögens und → Kapitals einer Unternehmung am Abschlussstichtag. Dabei gibt die Aktivseite der B. Aufschluss über die Mittelverwendung, da sie das Vermögen nach zunehmendem Grad der Liquidierbarkeit als Gesamtheit aller Vermögensgegenstände in das → Anlage- und → Umlaufvermögen des Unternehmens, ausweist. Die Passivseite der B. gibt Auskunft über die Mittelherkunft und weist das Kapital als Summe aller → Schulden und des → Eigenkapitals (EK) aus. Da sich das Eigenkapital (EK) aus der Differenz zwischen dem Vermögen und den bestehenden Schulden ergibt, ist die Bilanz stets ausgeglichen. Nach dem Vollständigkeitsgebot des § 246 HGB (BGBl. I S. 2355 vom 19.12.1985) sind in die B. als Bestandteil des → Jahresabschlusses sämtliche Vermögensgegenstände, Schulden und → Rechnungsabgrenzungsposten aufzunehmen. Bilanzierungsverbote bestehen nach § 248 HGB für Gründungsaufwendungen, Aufwendungen für die Beschaffung des Eigenkapitals (EK), für nicht entgeltlich erworbenen Vermögenswerte des Anlagevermögens, wie z.B. den originären Geschäftswert sowie für Aufwendungen für den Abschluss von Versicherungsverträgen. In Ergänzung dazu bestehen noch Bilanzierungswahlrechte, u.a. für sogenannte → Bilanzierungshilfen, d.h. bilanzielle Hilfsgrößen, deren Inanspruchnahme eine periodengerechte Aufwandsverrechnung ermöglichen soll, wie z.B. die Aufwendungen für die Ingangsetzung und Erweiterung des Geschäftsbetriebs nach § 269 HGB oder die aktiv latenten Steuern nach § 274 II HGB. Die Gliederung der B. ergibt sich für → Kapitalgesellschaften aus § 266 HGB. Demgegenüber wird für Nichtkapitalgesellschaften auf dies Gliederungsvorschrift verzichtet, so dass § 243 HGB lediglich verlangt, dass der Jahresabschluss nach den Grundsätzen ordnungsmäßiger Buchführung (GoB) klar, übersichtlich und innerhalb der dem ordnungsgemäßen Geschäftsgang entsprechenden Zeit aufzustellen ist. Die Aufgabe der B. liegt darin, neben der Unternehmensleitung auch den Unternehmenseignern und → Aktionären, den Arbeitnehmern, den → Gläubigern, Lieferanten und → Kreditinstituten, den Kunden, dem Fiskus und der breiten interessierten Öffentlichkeit einen Einblick in die Vermögens- und Finanzlage des Unternehmens zu gewähren. Darüber hinaus besitzen die aus der B. abzuleitenden Kennzahlen zur Vermögens- und Kapitalstruktur sowie zum Finanzierungsaufbau eine bedeutende Funktion zur Beurteilung der Finanzlage eines Unternehmens. Aus der → Handelsbilanz ist die Steuerbilanz abzuleiten, die der Ermittlung des steuerlichen → Gewinns und damit der bestehenden Steuerschuld dient. Darüber hinaus werden auch für bestimmte andere Zwecke B. ausgestellt, wie z.B. im Falle einer Gründung, → Umwandlung, → Sanierung oder → Insolvenz eines Unternehmens.

Bilanzadressaten, *addresser of the financial statement*; Bezeichnung für den Personenkreis, an die sich die → Bilanz eines Unternehmens richtet. Dazu zählen neben den Mitgliedern der Unternehmensleitung auch die Unternehmenseigner und → Aktionäre, die Arbeitnehmer, die → Gläubiger, Lieferanten und → Kreditinstitute, die Kunden des Unternehmens, der Fiskus und die breite interessierte Öffentlichkeit.

Bilanzanalyse, *balance sheet analysis*. Untersuchung von → Bilanz, → Gewinn- und Verlustrechnung und Geschäftsbericht eines Unternehmens mit dem Ziel, Aussagen über die → Vermögens- und → Kapitalstruktur sowie die → Liquidität und die Ertragslage treffen zu können. Während die interne B. ein Bestandteil des Controlling darstellt und damit der Informationsversorgung des Managements dient, wird die externe B. von unterschiedlichen Interessengruppen (Aktionäre, Gläubiger, Arbeitnehmer etc.) durchgeführt. Sie unterliegt dabei der Restriktion, dass sie nur auf die publizierten Informationen zurückgreifen kann, wodurch die Aussagekraft der Analyse eingeschränkt wird. Inhalt der B. ist die Untersuchung von → Aktiva und → Passiva, indem deren Entwicklungen, Strukturen und Relationen zueinander (Kennzahlensysteme) überprüft werden. – Vgl. auch → Rating.

Bilanz für Kapitalerhöhung aus Gesellschaftsmitteln, *financial statement for an capital increase from the company´s own resources.* § 209 → AktG regelt die Anforderungen, die für die B.f.K.a.G. gelten. Dem Beschluss der Hauptversammlung kann die letzte → Jahresbilanz zugrunde gelegt werden. Wenn nicht die letzte Jahresbilanz zugrunde gelegt wird, so muss die Bilanz den §§ 150, 152 AktG und den §§ 242 – 256, 264 – 274, 279 bis 283 entsprechen. In beiden Fällen muss sie geprüft und mit dem uneingeschränkten → Bestätigungsvermerk des → Abschlussprüfers versehen sein. Außerdem darf ihr Stichtag höchstens acht Monate vor der Anmeldung des Beschlusses zur Eintragung in das → Handelsregister liegen. Darüber hinaus werden im § 209 AktG Regelungen über die Wahl des Abschlussprüfers, Besonderheiten bei → Versicherungsgesellschaften sowie über die Auslegung der Bilanz und die Erteilung von Abschriften getroffen.

Bilanzgewinn, *Reingewinn, balance sheet profit.* Der B. ist der verteilungsfähige → Reingewinn, d.h. einerseits der Teil des → Jahresüberschusses, der vom Geschäftsführungsorgan nicht in die → Rücklagen überführt worden ist, bzw. – bei → Aktiengesellschaften (AG) – den Rücklagen nicht zugeführt werden kann, anderseits der Teil, der aus einem → Gewinnvortrag einer früheren Periode stammt oder aus Rücklagen, die in einer früheren Periode gebildet worden sind, entnommen wird. Ist der B. größer als der Jahresüberschuss, so ist das ein Zeichen dafür, dass Gewinne früherer Perioden mit zur → Ausschüttung gelangen, ist er kleiner, so sind Verluste früherer Perioden getilgt oder Rücklagen gebildet worden. – Der B. ist als Erfolgsbarometer unbrauchbar, weil durch entsprechende Auflösung freier Gewinnrücklagen selbst in Verlustjahren ein B. ausgewiesen werden kann. Zur Beurteilung des Unternehmenserfolgs einer Abrechnungsperiode kann der Jahresüberschuss herangezogen werden. Der B. gibt den Anlegern bei einem Zeitvergleich Informationen über mögliche Dividendenaussichten.

Bilanzierungsgrundsätze, *accounting principles.* B. sind aus den Grundsätzen ordnungsmäßiger Buchführung (GoB) abgeleitete Prinzipien, deren Beachtung bei der Erstellung einer → Bilanz erforderlich ist und die v.a. dort anzuwenden sind, wo gesetzliche Lücken bestehen bzw. Gesetzesvorschriften ausgelegt werden müssen. Das → Handelsgesetzbuch (HGB) kodifiziert eine Reihe von B., die in der Literatur in die sog. Rahmengrundsätze (Grundsatz der Vollständigkeit, Grundsatz der Richtigkeit und Willkürfreiheit, Grundsatz der Klarheit und Übersichtlichkeit) und die sog. ergänzenden Grundsätze (Grundsatz der Vorsicht, Grundsatz der richtigen Abgrenzung, Grundsatz der Bewertungsstetigkeit) unterteilt werden. – 1. Der in §§ 239 II, 246 I S. 1 HGB dargelegte Grundsatz der Vollständigkeit besagt, dass sämtliche Vermögensgegenstände und → Schulden, → Rechnungsabgrenzungsposten, Aufwendungen und Erträge in der Bilanz aufzuführen sind, soweit deren Bilanzierung nicht durch eine gesetzliche Vorschrift verweigert wird. – 2. In § 239 II HGB ist der Grundsatz der Richtigkeit und Willkürfreiheit kodifiziert. Demnach sind sämtliche Geschäftsvorfälle in den Büchern richtig, zeitgerecht und geordnet zu verbuchen und aufzuführen, um der Pflicht zur Vermittlung eines den tatsächlichen Verhältnissen entsprechenden Bildes der Vermögens-, Finanz- und Ertragslage gerecht zu werden. – 3. Nach dem in §§ 238 I, 243 II HGB aufgeführten Grundsatz der Klarheit und Übersichtlichkeit muss der → Jahresabschluss klar und übersichtlich gestaltet sein und einen Überblick über die Geschäftsvorfälle und die Lage des Unternehmens vermitteln. Präzisiert wird dies durch die Vorschriften zur Bilanzgliederung (§ 265 HGB), durch das Saldierungsverbot (§ 246 II HGB) sowie durch die Formvorschriften für die → Bilanz

Bilanzierungshilfen

(§ 266 HGB) und die → Gewinn- und Verlustrechnung (§ 275 HGB). – 4. Der in § 252 I Nr. 4 HGB dargelegte Grundsatz der Vorsicht zwingt die Unternehmen, ihre Lage durch eine tendenzielle Unterbewertung ihres Vermögens und eine Überbewertung ihrer Schulden vorsichtig darzustellen. Dies führt zu einer unterschiedlichen Behandlung von Gewinnen und Verlusten. Während für nicht realisierte Gewinne ein Ausweisverbot besteht, sind Verluste bereits auszuweisen, wenn sie noch nicht realisiert sind. Dadurch soll gewährleistet werden, dass allen vorhersehbaren Risiken und Gefahren Rechnung getragen wird. Die Problematik des Grundsatzes liegt allerdings darin, dass eine zu vorsichtige Bewertung i.d.R. mit einer Verfälschung des Jahresabschlusses einhergeht, da dieser nicht mehr die tatsächliche Lage des Unternehmens widerspiegelt. – 5. Der Grundsatz der richtigen Abgrenzung nach §§ 252 I Nr. 4 u. 5, 253 I HGB umfasst das → Realisationsprinzip, das → Imparitätsprinzip und den Grundsatz der sachlichen und zeitlichen Abgrenzung. – 6. In § 252 I Nr. 6 HGB ist der Grundsatz der Stetigkeit kodifiziert, nach dem die Bewertungsmethoden des vorhergehenden Jahresabschlusses beibehalten werden sollen. Dies bedeutet, dass die Eröffnungsbilanz mit der Schlussbilanz des Vorjahres in Bezug auf Gliederung, Ansatz und Bewertung übereinstimmt (Bilanzidentität), dass die Gliederung und die Postenbezeichnungen im Zeitablauf beibehalten werden (formelle Kontinuität) und dass der Wert der Bilanzpositionen richtig fortgeführt wird (materielle Kontinuität).

Bilanzierungshilfen, *accounting conveniences*; Begriff aus der Rechnungslegung. Der Gesetzgeber gewährt vor allem seit dem → Bilanzrichtliniengesetz (BiRiLiG) in verstärktem Maße B., deren Inanspruchnahme trotz der grundsätzlichen Beschränkung des Bilanzinhalts auf Vermögensgegenstände und Schulden eine periodengerechte Erfolgsermittlung ermöglichen soll. → Kapitalgesellschaften dürfen die Aufwendungen für die Ingangsetzung und Erweiterung des Geschäftsbetriebs sowie aktive → latente Steuern als B. aktivieren. Aus Gründen des Gläubigerschutzes ist die Inanspruchnahme dieser B. mit einer Ausschüttungssperre sowie Erläuterungspflichten im Anhang verbunden.

Bilanzkennzahlen, *balance sheet ratios*; Sammelbezeichnung für die im Rahmen der → Bilanzanalyse verwendeten Kennzahlen, durch die das im → Jahresabschluss enthaltene Datenmaterial entsprechend der Analyseziele der → Bilanzadressaten aufbereitet und dargestellt wird. Zu diesem Zweck werden die in den verschiedenen Positionen der Aktiv- und Passivseite der → Bilanz enthaltenen Zahlen entweder in ihrer absoluten Höhe (absolute bzw. Grundzahlen), im Verhältnis zueinander (Gliederungs- und Beziehungszahlen) oder im Verhältnis zu einem Basiswert (Indexzahlen) zur Darstellung der Veränderung im Zeitablauf betrachtet. Zu den absoluten bzw. Grundzahlen zählen Einzelwerte, Summen und Differenzen, die zwar eine Vorstellung der zugrundeliegenden Größenordnung vermitteln, aber wegen des fehlenden Vergleichsmaßstabs nur eine begrenzte Aussagekraft besitzen. Unter Gliederungszahlen versteht man allgemeine Verhältniszahlen, bei denen, wie z.B. beim Fremdkapitalanteil, eine Teilgröße ihrer zugehörigen Gesamtgröße gegenübergestellt wird. Beziehungszahlen entstehen dagegen dadurch, dass Größen, die unterschiedlichen Gesamteinheiten angehören, einander gegenübergestellt werden. Dies ist z.B. bei der Liquidität ersten Grades der Fall, die sich aus dem Verhältnis der liquiden Mittel zum kurzfristigen → Fremdkapital (FK) berechnet. Bei Indexzahlen wird zur Darstellung der zeitlichen Veränderung eine Bezugsgröße als Basiswert festgelegt, so dass die prozentuale Veränderung im Verhältnis zur Vorperiode dargestellt werden kann. B. dienen sowohl der Analyse der Finanzlage (Investitions-, Finanzierungs-, → Liquiditätsanalyse), als auch der Ertragslage (Ergebnis-, → Rentabilitäts-, → Break-even-Analyse) eines Unternehmens. Ziel der Aufbereitung des in der Bilanz dargestellten Zahlenmaterials ist es, einen Vergleich mit früheren Perioden und anderen Unternehmen der gleichen oder einer anderen Branche oder einen Soll-Ist-Vergleich zu ermöglichen.

Bilanzkurs, *Bilanzwert, book value, value of balance sheet item*; bezeichnet eine substanzorientierte Größe, die das Verhältnis zwischen dem in der → Bilanz durch das bilanzielle → Eigenkapital (EK) ausgewiesenen Nettosubstanzwert und dem → gezeichneten Kapital darstellt. Durch den Vergleich mit dem → Börsenkurs kann aufgezeigt werden, in welcher Höhe → stille Reserven, der → Geschäftswert und andere Wertfaktoren des Unternehmens an der → Börse ihren Niederschlag gefunden haben. – Vgl. auch → Bilanzkennzahlen.

Bilanzkurs der Aktie, *Bilanzwert der Aktie, book value of the share*; bezeichnet eine → Bilanzkennzahl, die den → Bilanzkurs eines Unternehmens pro → Aktie anzeigt.

Bilanzpolitik, *accounting policy*. Bezeichnung für die zielgerichtete und an den Interessen der Bilanzempfänger ausgerichtete Einflussnahme auf die anfallenden Geschäftsvorfälle eines Unternehmens und die Darstellung der Unternehmenslage in → Jahresabschluss und Lagebericht innerhalb der gesetzlichen Rahmenbedingungen. Man unterscheidet dabei in die Maßnahmen der materiellen und der formellen B. Die materielle B. umfasst neben der Festlegung des Bilanzstichtags u.a. die Nutzung von Ansatz- (Abschreibungspolitik) und Bewertungswahlrechten, die Maßnahmen der → Gewinnverwendung und die sog. Sachverhaltsgestaltung, zu der z.B. die Investitions- und Finanzierungspolitik eines Unternehmens gerechnet wird. Die formelle B., die die äußere Gestaltung der → Bilanz beinhaltet, umfasst v.a. die Nutzung von Darstellungswahlrechten (z.B. Wahl zwischen → Gesamt- und → Umsatzkostenverfahren bei der Erstellung der → Gewinn- und Verlustrechnung) und die Beeinflussung der Struktur und der Ausführlichkeit der Angaben in → Anhang und Lagebericht. Dabei muss sich das Unternehmen entscheiden, ob es eine restriktive Informationspolitik betreibt und nur die gesetzlich vorgeschriebenen Angaben verbreitet, um einen möglichst geringen Einblick in das Unternehmen zu gewähren oder ob es offen eine Vielzahl von unternehmensbezogenen Daten an die externen Bilanzempfänger gibt, um dadurch das eigene Image positiv zu beeinflussen. Neben den Maßnahmen der materiellen und formellen B. spielt auch der Zeitpunkt der Bilanzveröffentlichung eine zentrale Rolle im Rahmen der B., da dadurch eine Beeinflussung der externen Bilanzadressaten, z.B. im Hinblick auf eine geplante → Kapitalerhöhung, möglich ist.

Bilanzrichtliniengesetz (BiRiLiG), *Accounting Directives Law, Accounting and Reporting Law*. Durch das BiRiLiG vom 19.12.1985 wurden die deutschen Bilanzierungsvorschriften und → Bilanzierungsgrundsätze nach Maßgabe von Richtlinien der → Europäischen Union stark modifiziert. Das Gesetz ist zum 01.01.1986 in Kraft getreten. Es handelt sich nicht um ein eigenständiges Gesetzeswerk, sondern um ein Artikelgesetz, welches ausschließlich bestehende Gesetze ändert. Besonders betroffen waren das → Handelsgesetzbuch, das → Aktiengesetz, das GmbH-Gesetz, das Genossenschaftsgesetz, das → Publizitätsgesetz, die Wirtschaftsprüferordnung, das → Kreditwesengesetz und das → Versicherungsaufsichtsgesetz. Die kaufmännische Rechnungslegung sowie deren Prüfung und Publizität wurde mit Hilfe des dritten Buches des Handelsgesetzbuches geregelt, welches neu eingefügt wurde. Aus dem Aktiengesetz, GmbH-Gesetz und Genossenschaftsgesetz wurden gleichzeitig alle Bilanzierungsvorschriften übertragen, sofern sie sich nicht ausschließlich auf die jeweilige Rechtsform beschränkten. Für Kapitalgesellschaften gelten seither wesentlich strengere Bilanzierungsregeln als für Personengesellschaften. Weitere Änderungen erfuhren die Bilanzierungs- und Prüfungsvorschriften des dritten Buches des HGB durch das → KonTraG vom 27.04.1998 welches im wesentlichen mit Wirkung ab 01.01.1999 in Kraft getreten ist. Nach dem Regierungsentwurf eines Kapitalgesellschaften & Co.-RiLiG, das der Bundesrat im Februar 2000 gebilligt hat, wird zukünftig auch die GmbH & Co.KG den strengeren Regeln über Kapitalgesellschaften unterworfen sein.

Bilanzsitzung. Beratung von → Aufsichtsrat und → Vorstand bezüglich des → Jahresabschlusses.

Bilanzstichtag, *balance sheet date, closing date*; bezeichnet den Tag, zu dem die → Bilanz eines Unternehmens aufgestellt wird. Zumeist entspricht das Geschäftsjahr der Unternehmen dem Kalenderjahr, so dass der B. i.d.R. mit dem Schluss des Kalenderjahres übereinstimmt.

Bilanzstruktur, *balance sheet structure*; bezeichnet den inneren strukturellen Aufbau der → Bilanz eines Unternehmens, der den

Bilanzsumme

Ausgangspunkt und die grundlegende Voraussetzung für die Ermittlung der in der → Wertpapieranalyse zentralen Kennzahlen bildet. In diesem Zusammenhang wird allgemein zwischen der horizontalen B. (z.B. Berechnung des → Verschuldungsgrads als Verhältnis von → Fremd- zu → Eigenkapital) und der vertikalen B. (z.B. Berechnung der → Anlagendeckungsgrade) unterschieden.

Bilanzsumme, *Bilanzvolumen, balance sheet total.* Bezeichnung für das sich aus sämtlichen → Aktiva oder → Passiva in der → Bilanz ergebende identische Gesamtvolumen, das u.a. bei der Analyse der Unternehmenswachstumsrate Verwendung findet und aus bilanzanalytischer Sicht durch die Hinzurechnung der → Eventualverbindlichkeiten zum → Geschäftsvolumen erweitert werden kann.

Bilanzverlust. Wenn die → Passiva die → Aktiva in der → Bilanz übersteigen, entsteht ein B. Er ist hier so wie in der → Gewinn- und Verlustrechnung (in Staffelform) ungeteilt und gesondert als „Nicht durch Eigenkapital gedeckter Fehlbetrag" auszuweisen (§ 268 Abs. 3 HG). Die → Hauptversammlung kann beschließen, den Verlust ganz oder zum Teil auf neue Rechnung vorzutragen, durch Auflösung von → Rücklagen auszugleichen oder durch eine Herabsetzung des gezeichneten Kapitals zu decken.

Bilanzwert, → Bilanzkurs.

Bilanzwert der Aktie, → Bilanzkurs der Aktie.

bilaterale Positionenaufrechnung, → Position Netting.

Bill-Futures, Bezeichnung für → Terminkontrakte auf amerikanische → Treasury Bills.

billiges Geld, *leichtes Geld, easy/cheap money*. Bietet eine Zentralbank im Rahmen ihrer → Geldpolitik günstige Refinanzierungsmöglichkeiten an um die Konjunktur zu unterstützen oder zu fördern, wird dies häufig als b.G. bezeichnet.

billigst, *at best, at market*; Bezeichnung für einen ohne → Limit erteilten → Kaufauftrag, der zum niedrigstmöglichen Kurs ausgeführt werden soll. – Gegensatz: → bestens.

Bills, → Treasury Bill.

Binäroption, *Alles-oder-Nichts Option, binary option, digital option*; bezeichnet eine → Option mit fest vereinbartem Kapitalrückfluss, wenn das → Underlying zum → Ausübungszeitpunkt → am oder → im Geld ist, also unabhängig von der Differenz zwischen Underlying und → Basispreis. Kein Kapitalrückfluss erfolgt, wenn die B. → aus dem Geld ist.

Binomialmodell, *binomial model*, bezeichnet ein Modell zur → Optionspreisbewertung, das im Gegensatz zum → Black/Scholes-Modell keine kontinuierliche, sondern eine diskrete → Kursentwicklung unterstellt. Dementsprechend liegt dem B. keine → Normalverteilung zugrunde, sondern es geht von einer → Binomialverteilung aus. Die weiteren Annahmen des Modells sind ein → vollkommener Kapitalmarkt und der Ausschluss von → Dividenden- und Bezugsrechtszahlungen während der → Restlaufzeit. Da stets die Anfangs- und Endpunkte eines Zeitintervalls betrachtet werden, kann sich aus dem Anfangskurs entweder der Maximal- oder der Minimalwert am Periodenende ergeben. Diese einperiodige Betrachtung lässt sich auf beliebig viele Perioden erweitern.

Binominalbaum, bildet die Grundlage für die Bewertung → derivativer Finanzinstrumente. Dabei wird die → Restlaufzeit der → Option in einzelne Perioden unterteilt, wobei man davon ausgeht, dass es in jeder dieser Perioden zu einer Änderung des Kurses kommt. Mit einer gewissen Wahrscheinlichkeit tritt eine positive Entwicklung des Kurses ein und vice versa. Der → faire Wert wird durch → Diskontierung der mit ihren Eintrittswahrscheinlichkeiten gewichteten Endwerten ermittelt. – Vgl. auch → Binomialmodell, → Cox-Ross-Rubinstein-Modell.

Binomialverteilung, *binominal distribution*; bezeichnet ein diskretes Verteilungsmodell, das auch in der Optionspreistheorie angewendet wird. Dabei werden unabhängige Bernoulli-Experimente betrachtet, bei denen die gleichen Eintrittswahrscheinlichkeiten unterstellt werden.

BiRiLiG, Abk. für → Bilanzrichtliniengesetz.

BIS, Abk. für Bank for International Settlements, siehe → Bank für Internationalen Zahlungsausgleich (BIZ).

BIZ, Abk. für → Bank für Internationalen Zahlungsausgleich.

Black Knight, *Schwarzer Ritter*; Investor, der das Ziel einer feindlichen Übernahme (→ Hostile Takeover) verfolgt. Zur Erreichung seines Ziels macht der B.K. den Anteilseignern einer börsennotierten Zielunternehmung gegen den Willen der betroffenen Unternehmensleitung ein → Übernahmeangebot. – Gegensatz: → White Knight.

Black/Scholes-Formel, *Black/Scholes formula*. Mathematische Formel zur Bewertung von → Optionen in stetiger Zeit. Die B./S.-F. wurde Anfang der 70er Jahre von Black, Scholes und Merton als erste geschlossene Lösung zur Bewertung von europäischen Optionen (→ European Option) auf Aktien ohne Berücksichtigung von → Dividendenzahlungen und auf → Aktienindizes entwickelt. Der Formel liegt die Überlegung zugrunde, dass auf vollkommenen und arbitragefreien Märkten aus einer Aktie und leerverkauften Optionen (→ Leerverkauf) auf die Aktie ein im Zeitablauf risikoloses → Portefeuille gebildet werden kann (→ dynamische Hedgingstrategie). Ein solches Portefeuille muss mit dem risikolosen Zinssatz bewertet werden, so dass der Optionspreis die einzig unbekannte Größe im Bewertungsproblem ist. – Der Herleitung liegen folgende Annahmen zugrunde: 1. Die Aktienkurse folgen einem Random Walk (→ Random-Walk-Theory) in Form einer geometrischen Brownschen Bewegung. – 2. Alle Investoren sind risikoavers und maximieren den Nutzen des Endvermögens. – 3. Die Bewertung der Assets erfolgt anhand homogener Erwartungen (→ vollkommener Kapitalmarkt). – 4. Der Kapitalmarkt ist vollkommen. – 5. Alle Investoren haben unbeschränkten Zugang zum Kreditmarkt, an dem sie zum einheitlichen risikolosen Zinssatz Kapital anlegen und aufnehmen können (Wiederanlageprämisse). – Die B./S.-F. für den → Fair Value einer europäischen → Call-Option C lautet:

$$C = S \cdot N(d_1) - Xe^{-r_f T} \cdot N(d_2)$$

Anhand der → Put-Call-Parity ergibt sich der Fair Value für eine europäische → Put-Option P als:

$$P = C - S + Xe^{-r_f T}$$

Black/Scholes-Modell, → Black/Scholes-Formel.

Blankett, *blank form*. Ein B. bezeichnet eine gedruckte Originalurkunde eines effektiven → Wertpapiers, die noch keine Nummern und keine Kontrollunterschrift enthält. Das B. umfasst den → Mantel und → Bogen. – B. müssen der Zulassungsstelle zusammen mit dem → Zulassungsantrag für Wertpapiere zu Prüfungszwecken vorgelegt werden und können außerdem im Falle einer notwendig gewordenen Lieferung von Ersatzstücken als Grundlage für den Nachdruck → effektiver Stücke verwendet werden. B. selbst sind jedoch in keinem Fall → lieferbare Wertpapiere.

Blanko. Zusatz bei verschiedenen Begriffen aus der Bankpraxis, der auf das Offenlassen einer wichtigen Eintragung oder Bedingung hindeutet. So bedeutet ein Blankoscheck, das speziell der Scheckbetrag für die Eintragung durch den Schecknehmer offen gelassen wurde. Der Blankokredit ist ein ohne Sicherheiten gewährter Kredit. – Vgl. auch → Blankopapier.

Blankogiro, *Blankoindossament, Kurzindossament, assignment/indorsement in blank*. Ein B. ist eine schriftliche Übertragungsart von → Wertpapieren. Dabei überträgt der → Girant, also der bislang Begünstigte, einzig mit seiner auf der Rückseite der Wertpapierurkunde geleisteten Unterschrift dieses Wertpapier an eine dritte Person, ohne dabei den Namen des Empfängers zu nennen. Durch Hinzufügen eines B. können → Orderpapiere im börslichen und außerbörslichen Sekundärhandel praktisch wie → Inhaberpapiere gehandhabt werden. – Vgl. auch → Giro.

Blankoindossament, *blank endorsement*; bezeichnet eine Form der Übertragung von → Wertpapieren, bei der der bisherige Eigentümer (→ Indossant) auf der Rückseite des Wertpapiers unterschreibt, so dass bei

Blankopapier

künftigen Übergaben keine → Indossamente durch die neuen Eigentümer (→ Indossatar) mehr erfolgen.

Blankopapier, *blank instrument*. Ein B. ist ein vom Aussteller unterzeichnetes, aber ansonsten noch nicht vollständig ausgefülltes → Wertpapier. Dabei ist der legitimierte Empfänger berechtigt, im Rahmen der bestehenden Vereinbarungen die fehlenden Angaben nachzutragen.

Blankoverkauf, *Leerverkauf, short sale*; Bezeichnung für den Verkauf von Wertpapieren, ohne dass sich die Papiere im Eigentum des Verkäufers befinden. Der Verkäufer spekuliert bei Durchführung dieses Geschäfts auf fallende Kurse, damit er sich am Tag der Erfüllung zu günstigeren Kursen → eindecken kann. Die Differenz zwischen Verkaufs- und Einkaufskurs bildet den Gewinn des Verkäufers.

Blase, *spekulative Blase, bubble*; bezeichnet stark überhöhte → Wertpapierkurse an Aktien- und Devisenmärkten, d.h. sie weichen stark von den fundamentalen Werten ab. Als Einflussfaktoren lässt sich Irrationalität der → Investoren, manifestiert in psychodynamische Vorgänge, nennen, wie Herdentrieb, → Market Overreaction, → Positive Feedback oder → Fads. Dabei wird dem Markt immer mehr Kapital zugeführt, ohne dass neue Informationen einen Anreiz dafür geben. Eine B endet in → Kurskorrekturen oder gar → in einem → Börsenkrach.

Blockfloating, *Gruppenfloating, block floating*; Bezeichnung für eine Vereinbarung mehrerer Volkswirtschaften, dass die → Wechselkurse der Länderwährungen untereinander fest sind oder nur innerhalb einer zuvor definierten Bandbreite schwanken dürfen. Gegenüber Drittwährungen werden jedoch → flexible Wechselkurse aufrechterhalten. Im Rahmen des bis zum 31.12.1998 bestehenden → Europäischen Währungssystems (EWS) wurde B. angewendet. – Vgl. auch → feste Wechselkurse und → flexible Wechselkurse.

Blockhandel, *block trading*. Unter B. werden große Kauf- oder Verkaufsaufträge, meist von institutionellen Marktteilnehmern, verstanden. Die Aufträge umfassen ein Vielfaches der Menge einer gewöhnlichen Order.

Blockverkauf, *Paketverkauf, block sale*. Beim B. wird eine größere Anzahl von Wertpapieren in einem Paket verkauft. Oftmals kommt es dabei zu einem → Paketzuschlag oder → Paketabschlag auf den Kurs. Um eine starke Kursreaktion an der Börse zu vermeiden, erfolgen B. häufig außerbörslich direkt zwischen → institutionellen Anlegern.

Bloomberg. US-amerikanischer Informationdienst, der neben Daten, Analysen auch ausserbörsliche Handelsmöglichkeiten bietet.

Blue Chips, *erstklassiger Standardwert*; Bezeichnung für besonders liquide → Aktien. So gelten in Deutschland die im → Deutschen Aktienindex (DAX) enthaltenen 30 Aktien als B.C. Die Bezeichnung stammt von der Farbe der höchsten Trumpfkarte im Poker (Poker Chip). Meist ist die Marktkapitalisierung eines B.C., d.h. der Marktwert des Grundkapitals, sehr hoch. – Gegensatz: → Small Caps.

BÖAG Börsen Aktiengesellschaft. Die Niedersächsische Börse zu Hannover und die Hanseatische Wertpapierbörse zu Hamburg haben sich mit Wirkung vom 1.1.1999 zu einer neuen Trägerschaft, der BÖAG Börsen Aktiengesellschaft, zusammengeschlossen. An der Gesellschaft sind die bisherigen Börsenträgervereine von Hamburg und Hannover jeweils mit 50 Prozent beteiligt. Beide → Börsenplätze bleiben als teilrechtsfähige Anstalten des öffentlichen Rechts bestehen. – Neben einer baldigen Anbindung an → XETRA ist ein Ausbau des → Start-Up-Markets und des → Follow-Up-Markets geplant. Neu hinzukommen soll ein spezielles → Börsensegment für Telekommunikationsprodukte. Darüber hinaus ist die neue Trägergesellschaft grundsätzlich offen für weitere Börsen.

Board of Directors, → Vorstand.

Bobl, Abk. für → Bundesobligationen.

Bodenkreditanstalten, → Bodenkreditinstitute.

Bodenkreditinstitute, *Bodenkreditanstalten, real estate credit institution, land mortgage bank*. Bezeichnung für → öffentlichrechtliche Grundkreditanstalten oder private → Hypothekenbanken, die gegen Beleihung von Grundstücken langfristige → Kommunaldarlehen gewähren. B. refinanzieren sich über die Ausgabe von → Pfandbriefen und anderen → festverzinslichen Wertpapieren an private Anleger oder an andere institutionellen Anleger.

Bodensatztheorie, bezeichnet eine von A. Wagner (1857) entwickelte → Liquiditätstheorie. Im Gegensatz zu der von Hübner (1854) formulierten → „goldenen Bankregel" wird nicht mehr die vollständige Betrags- und → Fristenkongruenz von Aktiv- und Passivgeschäften für erforderlich gehalten. Statt dessen wird unter Verwendung der Wahrscheinlichkeitstheorie unterstellt, dass das Abzugsverhalten der einzelnen Einleger voneinander unabhängige Variablen sind. Folglich verbleibt ein stabiler Sockel (Bodensatz) langfristig beim → Kreditinstitut. Demnach hätte ein Kreditinstitut nur in Höhe des über den Bodensatz hinausgehenden Schwankungsbereichs der Depositen Liquidität zu hinterlegen. – Bei der B. ist insbesondere problematisch anzumerken, dass denkbare Belastungen der Aktivseite, bspw. durch zugesagte Kreditlinien, Entlastungen der Passivseite, durch einen potenziellen Refinanzierungsspielraum und mögliche Schwankungen des Bodensatzes, bspw. durch Zinsänderungen bedingt, nicht berücksichtigt werden.

Bogen, *coupon sheet, dividend sheet*; bildet zusammen mit dem → Wertpapiermantel die Wertpapierurkunde, wobei sich der B. selbst aus den → Coupons und dem → Talon, bzw. Erneuerungsschein zusammensetzt. → Aktien und → Genussscheinen ist beispielsweise ein B. mit 10 bis 20 Gewinnanteil- bzw. Dividendenscheinen beigegeben, die bei anstehenden Dividendenterminen einzeln von rechts nach links abgetrennt und eingelöst werden sowie ein Erneuerungsschein, der zum Bezug neuer Gewinnanteilscheine berechtigt. In Analogie zu den Gewinnanteilscheinen bei Aktien und Genussscheinen spricht man bei festverzinslichen Wertpapieren von → Zinsscheinen im → Zinsscheinbogen. Da Mantel und B. i.d.R. nur zusammen übertragbar sind, werden sie von den wertpapierverwahrenden → Depotbanken in aller Regel getrennt aufbewahrt. – Vgl. auch → Trennung und Einlösung von Zins- und Dividendenscheinen.

Bogenerneuerung, *renewal of coupon sheets*; erfolgt durch Einreichung des → Talons oder der → Zinsleiste bei der von dem → Emittenten hierfür vorgesehenen Stelle. Der Talon verbrieft das Recht des Inhabers auf Erhalt eines neuen → Zins- respektive → Dividendenscheinbogens (Gewinnanteilschein), sobald die auf dem → Bogen aufgeführten → Kupons eingelöst worden sind.

bogenlose Stücke, *securities without coupon sheet*; sind effektive → Wertpapiere ohne → Dividenden- bzw. → Zinsscheine. Sie werden im → Kursblatt der Börsen mit dem Kürzel „bgls." gekennzeichnet. – Vgl. auch → Bogen.

Bollinger Bands, *Bollinger Bänder, Bänder von Bollinger*; → Indikator der → Technischen Analyse. Die B.B. sind Preisspannen in Höhe der (doppelten) → Standardabweichung der Kursschwankungen vom → gleitenden Durchschnitt des betrachteten Aktienkurses. Die Breite der Preisspanne variiert, da sie von der → Volatilität der betrachteten Aktie abhängt. Je höher die Volatilität ist, um so breiter wird die Spanne. Unter der Annahme, dass die Kursentwicklung einer → Normalverteilung folgt, bewegt sich der Kurs wieder auf den gleitenden Durchschnitt zu, sobald er eine der beiden Grenzen der Preisspanne erreicht hat. Die Handlungsempfehlung lautet: Verkaufen sobald der Kurs die Obergrenze und kaufen sobald der Kurs die Untergrenze erreicht hat. Allerdings lässt sich in Trendphasen beobachten, dass sich der Kurs an der jeweiligen Grenze entlang bewegt, bevor er sich wieder dem → gleitenden Durchschnitt nähert. Die Methode widerspricht der Annahme, dass die Kapitalmärkte mindestens schwach informationseffizient sind (→ Effizienzmarkttheorie).

Bo-Lo, Abk. für → Borrower's Option - Lender's Option.

bon de jouissance, französische Bezeichnung für → Genussschein.

Bond 1. → Anleihe. – 2. Bezeichnung für langlaufende → festverzinsliche Wertpapiere. Unterschieden werden vor allem → Straight Bonds mit festgelegter regelmäßiger Zinszahlung über die gesamte Laufzeit, →

Bond cum Warrants

Zero Bonds ohne Kupon mit einmaliger Zinszahlung am Ende der Laufzeit und → Stripped Bonds, bei denen Zins- und Rückzahlungsanspruch getrennt gehandelt werden (→ Bond Stripping).

Bond cum Warrants, *Optionsanleihe cum*; → Optionsanleihe, die mit einem → Optionsschein ausgestattet ist.

Bond Fund, → Rentenfonds.

Bond Futures Contract, Bezeichnung für → Terminkontrakte auf amerikanische → Treasury Bonds.

Bond Holder, → Anleihegläubiger.

Bond Lending 1. Bezeichnung für die → Wertpapierleihe von Anleihen. – 2. Von → Euroclear angebotene Dienstleistung zur Beschleunigung des internationalen → Effektengiroverkehrs. Euroclear-Teilnehmer können fehlende Wertpapiere über Euroclear von anderen Teilnehmern gegen Bezahlung einer Kommission ausleihen. Auf diese Weise können die Teilnehmer Wertpapiere buchmäßig liefern, wenn sie diese selber erst in einigen Tagen erhalten.

Bond Rating, → Anleihebewertung.

Bond Stripping, *Anleihe-stripping*; ist das Trennen von Kapital- und Zinsansprüchen und sonstigen Bausteinen wie z.B. → Optionsschein einer → Anleihe sowie deren eigenständiger, separater Handel. Aus einer Kuponanleihe entsteht eine Serie von → Null-Kupon-Anleihen. In den USA treten gestrippte Anleihen, vor allem unter den Namen → CATS, → LIONs, → TIGRs, auf. – Vgl. hierzu → Stripped Bonds und → Coupon Stripping.

Bond Warrants, → Optionsscheine, die i.d.R. zusammen mit → festverzinslichen Wertpapieren emittiert werden und zum Bezug von Folgeanleihen berechtigen.

Bonding, Begriff aus der → Agency-Theorie. B. ist die Selbstbindung des Managements, im Sinne der Eigentümer zu handeln. Durch B. soll erreicht werden, dass Manager Entscheidungen treffen, die sowohl im Interesse der Eigentümer als auch in ihrem eigenen Interesse liegen. Dadurch sollen die Agency-Kosten verringert werden, die durch mangelnde Kontrolle der Manager durch die Eigentümer (→ Monitoring) entstehen.

Bondmarkt, → Rentenmarkt.

Bonifikation, *Bankierbonifikation, bonus*. Die B. bezeichnet die Vergütung (Provision), die der Emittent an die Konsortialbank(en) im Rahmen einer → Fremdemission von Wertpapieren zu zahlen hat. Sie stellt das Entgelt für die reine Vermittlungstätigkeit oder die Festübernahme der Wertpapiere mit anschließender Platzierung dar. Die B. wird im → Konsortialvertrag festgelegt und bemisst sich nach einem bestimmten Prozentsatz des Nennwertes bzw. Platzierungspreises.

Bonität, *Kreditwürdigkeit, credit standing/worthiness*; Bezeichnung für die Qualität einer → Adresse. Grundlage zur Ermittlung der B. sind die von einem Kreditnehmer erwarteten Eigenschaften und Fähigkeiten. Diese können materieller, aber auch persönlicher und fachlicher Natur sein. – Vgl. auch → Kreditwürdigkeitsprüfung.

Bonitätsprüfung, bezeichnet Verfahren zur Beurteilung der → Kreditwürdigkeit eines potenziellen → Kreditnehmers, um das Kreditrisiko einschätzen zu können. Auf Basis der B. wird die Kreditvergabeentscheidung getroffen und die Kreditzinsen sowie etwaige → Kreditbesicherungen bestimmt. Die B. unterscheidet sich für Privat- und Firmenkunden hinsichtlich der Entscheidungskriterien. Zu den modernen Verfahren der B. zählen beispielsweise Diskriminanz-, Regressionsanalysen und Neuronale Netze.

Bonitätsrisiko, *credit standing risk*; Bezeichnung für das Risiko, dass ein Schuldner seinen Verbindlichkeiten (z.B. Zins und Tilgung) nur schleppend oder überhaupt nicht nachkommt. Das B. hat direkte Auswirkungen auf die Zinshöhe bei der → Kapitalbeschaffung. Weist ein Kreditnehmer oder Emittent von Anleihen ein hohes B. auf, so muss er einen Risikozuschlag in Form höherer Zinsen bezahlen.

Bonos, Bezeichnung für die spanischen → Staatsanleihen.

Bonos-Futures, Bezeichnung für → Terminkontrakte auf spanische → Staatsanleihen.

Bons du trésor, französische → Schatzanweisungen, die mittelfristige Laufzeiten haben.

Bonus, *bonus*. Der B. wird neben der → Dividende einmalig nach besonders erfolgreichen Geschäftsjahren oder z.T. auch bei Jubiläen ausgeschüttet.

Bonussparen, *bonus saving*; Bezeichnung für Vermögensbildung und -anlage in divers modellierten → Sparverträgen. Zumeist erfolgen regelmäßige Einzahlungen innerhalb eines vorher festgelegten Zeitraumes, wobei die Zahlung einer Sonderverzinsung (Bonus) bei Erreichen des Sparzieles vereinbart wird. – Vgl. auch → Prämiensparen und → Ratensparvertrag.

Bookbuilding, bezeichnet ein Verfahren zur öffentlichen Platzierung von → Wertpapieren, bei dem von → Emittent und → Konsortialführer ein fairer Emissionspreis auf der Grundlage eines → Orderbuches, das die Gebote interessierter → Investoren enthält, ermittelt werden soll. Das Verfahren gliedert sich in mehrere, teilweise zeitlich überschneidende Phasen. Nach Ernennung des → Konsortialführers (→ Lead Manager) im Anschluss an einen → Beauty Contest, wird in der Pre-Marketing-Phase potenziellen Großinvestoren die Anlagemöglichkeit mittels Pressekonferenzen, Research-Berichten und/oder Unternehmensdarstellungen (→ Equity Story) vorgestellt. Vor dem Hintergrund der Marktlage und des spezifischen Rendite-Risiko-Profils wird dabei eine Richtgröße für den späteren → Emissionskurs durch Vorgabe einer Bookbuildingspanne herausgearbeitet. In der anschließenden Marketing-Phase werden → institutionelle Anleger durch Unternehmenspräsentationen (→ Road Shows) oder Einzelgespräche (One-to-One) gezielt angesprochen. Die Abgabe von konkreten Zeichnungswünschen innerhalb einer definierten Preisspanne und deren Sammlung erfolgt im ersten Abschnitt des B., der sog. Order-Taking-Phase. An deren Ende erstellt der Konsortialführer in seiner Funktion als Bookrunner auf Basis der vorliegenden Zeichnungswünsche ein Marktstrukturprofil für das zu emittierende Papier. Der nun vom Konsortialführer und Emittenten festzulegende → Emissionspreis soll diese Marktstruktur in optimaler Weise berücksichtigen. Die Zuteilung erfolgt im zweiten Abschnitt des B., der sog. Zuteilungsphase. Dabei werden den → Konsortialmitgliedern feste Zuteilungsquoten vorgeben, die durch weitere Zuteilungen ergänzt werden können. Zur Kurspflege steht den → Emissionshäusern im Rahmen der → Emission i.d.R. ein → Green-shoe zur Verfügung. Dies ist die Option des Konsortiums gegenüber dem → Emittenten, bei erheblichem Nachfrageüberhang auf zusätzliches Emissionsmaterial zu originären Konditionen zurückzugreifen. – Der Börsengang der Deutschen Telekom AG 1996 bildete die erste öffentliche Platzierung mittels B. in Deutschland. Alternative Verfahren der öffentlichen Platzierung sind der → Freihändige Verkauf, die → öffentliche Zeichnung sowie die Platzierung über die Börse.

Book Entry Securities, buchmäßig verwaltete → Anleihen, d.h. das → Wertrecht des Gläubigers beruht auf der Eintragung in ein → Schuldbuch.

Book Value, *(Rest-)Buchwert, Restwert*; bezeichnet den bilanziellen Wert einer Vermögens- oder Kapitalposition. Bei Vermögenspositionen bilden die Anschaffungs- bzw. Herstellkosten die Ausgangsbasis und gleichzeitig die Wertobergrenze, die um → Abschreibungen vermindert wird. Weicht der → Buchwert vom (tatsächlichen) → Zeitwert ab, enthält die Position → stille Reserven oder → stille Lasten.

Boom, *boom*; stellt im Rahmen der Konjunkturtheorie die Phase einer wirtschaftlichen Expansion dar. Aufgrund der vorhandenen Auslastung der volkswirtschaftlichen Ressourcen und einer Disproportionalität zwischen Güter- und Geldkreislauf geht ein B. oft mit Preissteigerungen einher. Im Hinblick auf Börsen wird ein B. auch als → Hausse bezeichnet. – Gegensatz: → Rezession.

Boost. Variante eines → Bandbreiten-Optionsscheines, der dem Anleger für jeden Tag der Laufzeit einen zuvor fixierten absoluten Ertrag garantiert. Voraussetzung ist, dass der Kurs des → Basiswerts innerhalb

Borrower's Option - Lender's Option

einer bestimmten Bandbreite bleibt. Verlässt der Kurs dieses Intervall, so erhält der Inhaber das bis zu diesem Termin aufgelaufene Guthaben ausgezahlt. Der Kursverlauf eines B. variiert dementsprechend mit dem erreichten Lebensalter und der verbleibenden Laufzeit.

Borrower's Option - Lender's Option, *Bo-Lo*; bezeichnet ein → Finanzinstrument des → Fremdkapitals, das mit einer → embedded Option verknüpft ist. Es räumt sowohl dem → Schuldner als auch dem → Gläubiger → Optionsrechte ein, sollte sich ein ungünstiger Zinssatz ergeben: Der Schuldner kann den → Zinskoupon wechseln bzw. der Gläubiger kann den Schuldtitel an den → Emittenten, den Schuldner, zurückgeben.

Börse, *stock market*; bezeichnet sowohl einen organisierten Markt für den Handel mit fungiblen Objekten wie Wertpapieren (→ Wertpapierbörse), Devisen (→ Devisenbörse) oder Waren (→ Warenbörse) als auch die Börsenorganisation und das Börsengebäude. Die B. kann als → Präsenzbörse oder als → Computerbörse ausgestaltet werden und unterliegt der → Börsenaufsicht. Vgl. auch → Börse, Funktionen

Börse AG, → Deutsche Börse AG.

Börse Düsseldorf, → Rheinisch-Westfälische Börse zu Düsseldorf.

Börse, Funktionen, *stock market, functions of*. Wertpapierbörsen lassen sich nach zwei grundlegenden Funktionen unterscheiden. – 1. Primärmarktfunktion: Im Rahmen von → Neuemissionen von → Wertpapieren an einer Börse werden den Kapitalnehmern Finanzmittel zur Verfügung gestellt. Somit unterstützt die Existenz einer Börse als Markt für Finanzmittel die optimale Allokation volkswirtschaftlicher Ressourcen. Daneben führt die Börsenzulassung eines Wertpapiers zu einer gewissen Qualitätssicherung. Die hier zugelassenen Wertpapiere erreichen durch Standardisierung einen hohen Grad an Vertretbarkeit (→ Fungibilität). – 2. Sekundärmarktfunktion: Die im Rahmen der Primärmarktfunktion notwendig gewordene Standardisierung ermöglicht eine weitgehende Handelbarkeit, also Übertragungsmöglichkeit der Wertpapiere. Andererseits stellt die Option zur Zirkulation der Wertpapiere eine unabdingbare Voraussetzung für die Primärmarktfunktion dar. Die jederzeitige Handelbarkeit selbst kleiner Einheiten führt zu einer → Losgrößen-, → Fristen- und → Risikotransformation an der Wertpapierbörse. Ergänzend tritt im Rahmen der Handelbarkeit die Funktion der → Informationstransformation in Kraft. Aufbauend auf der angenommenen Effizienz der Preisbildung an Börsen (→ Markteffizienz) können weitergehende Schlussfolgerungen wie beispielsweise der Marktwert eines Unternehmens gezogen werden.

Börsenaufsicht, *stock exchange supervision*; Oberbegriff für die → Marktaufsicht über den Handel an den deutschen Börsen und die → Rechtsaufsicht über die Börsen. Innerhalb des → Aufsichtssystems für den Wertpapierhandel überschneiden sich die Aufsichtskompetenzen. Zunächst besteht eine umfassende Zuständigkeit der → Börsenaufsichtsbehörden der Länder für die Marktaufsicht über den Börsenhandel und die Rechtsaufsicht über die Börsen (§ 1 II BörsG). Zweite Säule der B. ist die börseninterne Marktaufsicht insbesondere durch die → Handelsüberwachungsstellen der Börsen (§ 1b BörsG). Zudem hat auch die Börsengeschäftsführung nach den → Börsennordnungen der einzelnen Börsen die Befolgung der für die Wertpapierbörse betreffenden Gesetze, Verordnungen, Geschäftsbedingungen und sonstigen Regelungen zu überwachen. Die B. ist insoweit Teil der → Börsenselbstverwaltung. Soweit es die Einhaltung der Vorschriften des → Gesetzes über den Wertpapierhandel und des Wertpapier-Verkaufsprospektgesetzes betrifft, unterliegt der Börsenhandel der Kontrolle des → Bundesaufsichtsamts für den Wertpapierhandel (BAWe). In dessen Zuständigkeit fallen somit vor allem die Bekämpfung von Insidergeschäften und die Überwachung der den Marktteilnehmern obliegenden → Publizitätspflichten.

Börsenaufsichtsbehörde, *stock exchange supervisory authority*. Die B. ist die in den Ländern für die Börsenaufsicht zuständige oberste Landesbehörde (regelmäßig das Wirtschaftsministerium). Ihr ist die → Marktaufsicht über den → Börsenhandel und die → Rechtsaufsicht über die Börsen in ihrem Bundesland übertragen. Sie beauf-

Börseneinführung

sichtigt die Tätigkeit der → Börsenorgane auf Gesetz- und Rechtmäßigkeit und überwacht den Börsenhandel sowie die → Börsengeschäftsabwicklung. Zu ihren Aufgaben gehört zudem die Überprüfung der → Kursmakler und → Skontroführer auf ihre wirtschaftliche Leistungsfähigkeit (§ 8b BörsG). Die B. kann zur Erfüllung ihrer Aufgaben von den → Handelsteilnehmern Auskünfte und die Vorlage von Unterlagen verlangen, Grundstücke und Geschäftsräume betreten sowie Prüfungen vornehmen (§ 1a I BörsG). Die gleichen Befugnisse stehen ihr auch gegenüber der Börse selbst, also deren Organen, zu. Das Auskunftsrecht gegenüber den Handelsteilnehmern erstreckt sich im Falle von Anhaltspunkten für Verstöße gegen börsenrechtliche Vorschriften und Anordnungen auf die Angabe der Identität der Auftraggeber, der aus den Geschäften berechtigten und verpflichteten Personen sowie der Bestandsveränderungen der an der Börse gehandelten Wertpapiere und Derivate (§ 1a I BörsG). Zudem sind die genannten Personen selbst verpflichtet, der B. Auskunft über die Geschäfte und die Beteiligten zu geben. Die B. kann gegenüber der Börse und den Handelsteilnehmern Anordnungen treffen, die geeignet und erforderlich sind, Verstöße gegen börsenrechtliche Vorschriften und Anordnungen zu unterbinden oder sonstige Missstände zu verhindern oder zu beseitigen (§ 1a II BörsG). Stellt die B. Tatsachen fest, die die Rücknahme oder den Widerruf der Bestellung zum Kursmakler, der Erlaubnis zur Feststellung oder zur Ermittlung des Börsenpreises oder der Zulassung eines Unternehmens zum Börsenhandel oder sonstige Maßnahmen rechtfertigen, so unterrichtet sie die Börsengeschäftsführung. Die Rücknahme oder den Widerruf der Bestellung zum Kursmakler spricht die B. als ursprüngliche Bestellungsbehörde selbst aus (§ 30 BörsG), für die übrigen Maßnahmen ist die Börsengeschäftsführung zuständig (§§ 75, 30 BörsG). Stellt die B. Tatsachen fest, die die Annahme rechtfertigen, dass durch Handelsteilnehmer verbotene Insidergeschäfte (→ Insidergeschäfte, Verbot, → Insidergeschäfte, Überwachung) getätigt wurden, so hat sie das BAWe davon zu unterrichten (§ 6 III WpHG).

Börsenauftrag, → Order.

Börsenbericht, *stock exchange report*. Der in Printmedien bzw. elektronischen Medien veröffentlichte B. spiegelt die Geschäfts- und Kursentwicklung an der Börse wider. Dazu gehören Angaben zu den Indizes sowie überdurchschnittliche Kursausschläge einzelner Wertpapiere nebst den jeweiligen Ursachen. Ferner finden sich hier auch Börsenumsätze oder Edelmetallpreise.

Börsenberichterstattung, *market report*; Bezeichnung für die Berichterstattung über den Börsenverlauf. Die B. kann über verschiedene Medien (z.B. Presse, Funk, Fernsehen oder Internet) erfolgen und dient der Anlegerinformation. Die B. ist nicht unumstritten, da durch sie der Anleger in starken Maße in seiner Meinungsbildung beeinflusst werden kann.

Börsenblatt, → Börsenpflichtblatt.

Börsenbriefe, *financial paper, market report*. Als B. werden Publikationen von → Börseninformationsdiensten bezeichnet, die Anlegern gegen Entgelt → Börsentipps geben. B. erscheinen periodisch. Um Postlaufzeiten zu vermeiden erfolgt die Verbreitung häufig über E-Mail oder Telefax.

Börsenclearing, → Clearing, → Clearing House.

Börsencrash, → Börsenkrach.

Börseneinführung, *admission to official listing*. Die B. erfolgt i.e.S. durch die → Börsenzulassung zum → amtlichen Handel bzw. die erste amtliche Kursnotierung der → Wertpapiere an der Börse. Dafür muss der Emittent, falls er dazu befähigt ist, die Emission selbst begleiten. Andernfalls muss ein zum Handel an dieser Börse zugelassenes Kreditinstitut bzw. ein zugelassenen Finanzdienstleister im Auftrag des → Emittenten beim → Börsenvorstand bzw. bei der vom Börsenvorstand beauftragten → Börsenzulassungsstelle der Börse mit der B. beauftragen. Der Antrag muss den Zeitpunkt der B. sowie alle wertpapierbezogenen Stammdaten beinhalten und wird durch die Veröffentlichung im Bundesanzeiger, in den jeweiligen → Börsenpflichtblättern und durch Aushang im Börsensaal publik gemacht. Vor jeder B. ist weiterhin ein → Börseneinführungsprospekt zu veröffentlichen, der spezifische

129

Börseneinführungsgebühr

Angaben zur Situation des Unternehmens macht. – I.w.S. wird auch die Einführung von Wertpapieren in andere Börsensegmente, wie beispielsweise den → Geregelten Markt als B. bezeichnet. Die Antragstellung erfolgt wie für den amtlichen Handel beschrieben, jedoch unter abgeschwächten Zulassungsvoraussetzungen. – Für die am → Neuen Markt gehandelten Aktien gelten relativ strenge Anforderungen. Diese beziehen sich im Wesentlichen auf die Pflicht zur erweiterten Publizität und Rechnungslegung. – Vgl. auch → Publizitätspflichten der börsennotierten Aktiengesellschaften.

Börseneinführungsgebühr, *introduction fee*; bezeichnet eine an der Swiss Exchange für die Notierungsaufnahme fällig werdende Gebühr.

Börseneinführungskosten, *stock exchange admittance costs*. Die B. teilen sich auf in einmalig und laufend anfallende Kosten. – Zu den einmaligen Kosten zählen die Kosten für das begleitende → Bankenkonsortium, → Börsenzulassungsgebühren, Kosten für die Prospekterstellung sowie Kosten der Finanzwerbung. – Unter die laufenden Kosten fallen Aufwendungen für die Erstellung eines → Jahresabschlusses, erhöhte Publizitätskosten, Aufsichtsratsvergütungen und Kosten für Hauptversammlungen.

Börseneinführungsprospekt, → Börsenzulassungsprospekt.

Börseneinführungsprovision, *listing comission*. Die → Zulassung von Wertpapieren zum amtlichen Handel darf nur in Begleitung eines Kreditinstitutes, Finanzdienstleistungsinstitutes oder eines Unternehmens vorgenommen werden. Für die dabei erbrachte Dienstleistung verlangt das jeweilige Unternehmen eine Provision, deren Höhe zumeist vom → Emissionsvolumen abhängt. – Vgl. auch → Börseneinführungskosten.

Börseneröffnung, *opening of the stock exchange*. Der Handel an den acht deutschen → Wertpapierbörsen sowie im elektronischen Handelssystem → Xetra beginnt börsentäglich um 9.00 Uhr. Zu Beginn der Börsenhandelszeit kommt es im Rahmen der fortlaufenden Notierung zur Ermittlung des Eröffnungskurses bzw. zur Durchführung der Eröffnungsauktion. – Vgl. auch → Anfangskurs.

Börsenfähigkeit, *marketableness*. Ein Handelsobjekt erlangt seine Börsenfähigkeit durch die Zulassung zum Handel an einer Börse; z.b. Wertpapiere, die an einer Wertpapierbörse zum → Handel mit amtlicher Notierung oder im → Geregelten Markt zugelassen sind.

Börsenfavoriten, *sought-after securities*; Bezeichnung für Wertpapiere, die von Anlegern im Augenblick bevorzugt gekauft werden. B. sind häufig branchenspezifisch.

Börsenflaute, *dullness of the market*; bezeichnet eine Börsensituation, in der → Wertpapierhandel nur in sehr geringem Ausmaß stattfindet.

Börsengang, *initial public offering* (→ IPO) → Neuemission, → Emission von → Aktien.

börsengängige Wertpapiere, *marketable securities*. B.W. sind → Effekten, die die Voraussetzungen erfüllen, um in mindestens einem der Marktsegmente der Börse gehandelt zu werden. – Vgl. auch → Börsengängigkeit.

Börsengängigkeit, *marketableness*. Die B. eines Handelsobjektes zeigt sich in der Höhe des während der Börsenzeit erzielten Umsatzes. Bei einem hohen Grad der B. kann davon ausgegangen werden, dass → Kauf- oder → Verkaufsaufträge unverzüglich ausgeführt werden und keine großen Kursschwankungen auslösen. Sie wird vor allem durch die → Marktkapitalisierung bzw. das → Emissionsvolumen sowie den Grad des → Free Float determiniert. Ein hohes Maß an B. besitzen etwa die im → Deutschen Aktienindex (DAX) zusammengefassten, nach Marktkapitalisierung und Börsenumsatz bedeutendsten 30 deutschen Standardwerte.

Börsengeschäfte, *stock market transactions*. Als B. werden alle Geschäftsabschlüsse in den zum Börsenhandel zugelassenen Objekten bezeichnet, die im → Präsenzhandel unter Vermittlung von → Kursmaklern sowie → Freimaklern zustandekommen oder in einem an der Börse zugelassenen elektronischen Handelssystem automatisch herbeigeführt werden (→ Matching). Ebenso zählen hierzu die → Direktgeschäfte unter den Börsenhändlern, die die Kreditinstitute an der Börse vertreten (→ Börsenhandelsteilnehmer). – Vgl. auch → Börsenhandel.

Börsengeschäfte, Eigentumserwerb, *exchange transactions, acquisition of ownership.* Bei der → Einkaufskommission von Wertpapieren tritt der Eigentumsübergang, sofern er nicht bereits nach §§ 929ff BGB stattgefunden hat, mit Absendung des → Stückeverzeichnisses (§ 18 III DepotG), spätestens binnen einer Woche, oder durch Gutschrift auf das → Girosammeldepot (§ 24 II DepotG) ein.

Börsengeschäfte, Erfüllungsarten, *stock market transactions, execution variations.* Hinsichtlich des Zeitpunkts der Erfüllung ist zwischen → Kassageschäften und → Termingeschäften zu differenzieren. Kassageschäfte sind unmittelbar – in Deutschland regelmäßig innerhalb von zwei Börsentagen nach dem Tag des Geschäftsabschlusses bzw. der Schließung eines → Aufgabegeschäfts – durch Lieferung und Bezahlung des Gegenwertes zu erfüllen. Für Börsengeschäfte in Wertpapieren, die in Fremdwährung notiert und abgewickelt werden, kann die Börsengeschäftsführung abweichende Regelungen erlassen. – Dagegen findet die Erfüllung eines Börsentermingeschäfts erst zu einem späteren Zeitpunkt statt. Zudem hängt die Erfüllung von → Optionsgeschäften noch davon ab, inwieweit der Optionsinhaber von seinem Optionsrecht gegenüber dem → Stillhalter überhaupt Gebrauch macht (→ Handel per Termin). – Ferner ist auch nach der Art der Erfüllung zu unterscheiden. So findet die Erfüllung der Kassageschäfte in der Weise statt, dass der Verkäufer das Handelsobjekt an den Käufer zu liefern hat, welcher ihm dafür den Kaufpreis entrichtet. Daneben findet sich bei einigen Termingeschäften (Indexkontrakten) mit dem Barausgleich eine zweite Erfüllungsform. Hierbei unterbleibt die reale Lieferung des Handelsgegenstandes und es erfolgt dafür lediglich die einseitige Entrichtung eines Differenzbetrages in Geldeinheiten. – Vgl. auch → Börsengeschäftsabwicklung.

Börsengeschäftsabwicklung, *stock market transaction settlement.* Alle an der Börse getätigten Geschäftsabschlüsse in Wertpapieren müssen in die Börsen-EDV eingegeben werden. Im → Präsenzhandel geschieht dies durch den skontroführenden Makler und im elektronischen Handelssystem → Xetra werden die Geschäftsdaten automatisch in die Börsen-EDV transferiert. Die unter den Börsenhändlern geschlossenen → Direktgeschäfte sind im Zweifel vom Verkäufer in das System einzustellen. Bei den in der → Girosammelverwahrung befindlichen Wertpapieren erfolgt die elektronische Weiterleitung der Geschäftsdaten an die Clearstream Banking AG, die in Deutschland die Funktion einer zentralen → Wertpapiersammelbank übernimmt. Kunden der Clearstream Banking AG können nur Kreditinstitute sein, die zugleich eine Kontoverbindung bei der zuständigen Landeszentralbank unterhalten. Die Lieferung der Wertpapiere erfolgt ohne die Bewegung effektiver Stücke in der Weise, dass sie von dem Konto des veräußernden Kreditinstitutes (→ Börsenhandelsteilnehmer) abgebucht und dem Konto des erwerbenden Kreditinstitutes gutgeschrieben werden. Die Lieferung in einer bestimmten Stückelung oder von Stücken einer bestimmten Serie oder Gruppe kann dabei nicht verlangt werden. Parallel zu dieser Umbuchung erfolgt die Verrechnung der Kaufpreiszahlung zwischen den Landeszentralbankkonten der Clearstream Banking AG und den beteiligten Kreditinstituten. Das erwerbende Kreditinstitut verschafft seinem Kunden dann das Miteigentum an dem Sammelbestand und weist die vom Kunden georderten Wertpapiere in dessen individuellem Wertpapierdepot aus. Bei Wertpapieren, die in → Streifbandverwahrung bzw. → Sonderverwahrung verwaltet werden, erfolgt die Lieferung der Wertpapiere grundsätzlich durch Übergabe seitens des veräußernden Kreditinstitutes an das erwerbende Kreditinstitut. Allerdings kann auch hier die Clearstream Banking AG auf Antrag eingeschaltet werden, die dann die Übermittlung der Wertpapiere zwischen den beiden beteiligten Kreditinstituten übernimmt. Im Falle der Streifbandverwahrung verschafft das erwerbende Kreditinstitut seinem Kunden das Alleineigentum an den Wertpapieren. Es verwahrt sie für den Kunden gesondert und von ihren eigenen Beständen sowie den Beständen Dritter

Börsengeschäftsführung

getrennt. Bei den an der → Eurex abgeschlossenen Termingeschäften erfolgt die Lieferung bzw. Abnahme der Basiswerte über die Clearingstelle der Eurex, die zudem auch die Geldverrechnung übernimmt. Dieses gilt auch für den Fall, dass Termingeschäfte nicht durch Lieferung bzw. Abnahme des Basiswertes sowie Kaufpreiszahlung erfolgen, sondern durch einen Barausgleich ersetzt werden. – Vgl. auch → Börsengeschäfte und Erfüllungsarten.

Börsengeschäftsführung, → Börsenorgane.

Börsengesellschaft. Begriff für Unternehmen, deren Aktien bzw. Schuldverschreibungen an einer Börse gehandelt werden oder für den Börsenhandel zugelassen sind.

Börsengesetz, *BörsG*. In der ursprünglichen Form vom 22. 6. 1896, regelt es vor allem die Organisation der als → Börsen genehmigten Marktveranstaltungen und den Handel an der Börse. Es wurde zuletzt im Zuge des 4. Finanzmarktförderungsgesetzes 2002 in erheblichem Umfang novelliert. Kauf- und Verkaufsaufträge der Kunden von → Kreditinstituten über → Aktien und über → Schuldverschreibungen aus → Emissionen ab einer Milliarde Euro, die zum → Börsenhandel zugelassen oder in den → Freiverkehr einbezogen sind, werden grundsätzlich an den Börsen abgewickelt (§ 22). Seit dem 4. Finanzmarktförderungsgesetz 2002 ist die Wertpapierzulassung in einem → Marktsegment von einer bestimmten Form der Preisfeststellung entkoppelt. Den Börsen ist es möglich, neben den gesetzlich geregelten Segmenten → amtlicher Markt und → geregelter Markt für bestimmte Teilbereiche zusätzliche Anforderungen in der → Börsenordnung einzuführen (§§ 42, 50 Abs. 3). Hinzugekommen sind Bestimmungen über die Anzeige und Überwachung → elektronischer Handelsysteme und börsenähnlicher Einrichtungen (§§ 58 ff.). – Unter einer gesetzlich nicht definierten, genehmigungsbedürftigen Börse versteht man die organisierte Zusammenführung von Angebot und Nachfrage in vertretbaren Gegenständen mit dem Ziel, Vertragsabschlüsse zwischen zum Handel zugelassenen Personen nach einheitlichen Geschäftsbedingungen zu ermöglichen. Diese Umschreibung erfasst auch die Geschäftsabwicklung in elektronischen Handelssystemen. An einer Wertpapierbörse können → Wertpapiere oder → Derivate (§ 2 Abs.1 und 2 Nr. 1 a bis c und Nr. 2 WpHG), Devisen und Rechnungseinheiten gehandelt werden (§ 1 Abs. 7 BörsG), an einer Warenbörse (§ 1 Abs. 8 BörsG) Waren, Edelmetalle oder Derivate (§ 2 Abs. 2 Nr. 1d WpHG). Die Rechtsform der Börsen ist die einer nichtrechtsfähigen Anstalt des öffentlichen Rechts, und zwar in der Trägerschaft eines von der Börse zu unterscheidenden Börsenträgers, der mit der staatlichen Genehmigung zu deren Errichtung und Betrieb berechtigt ist (beliehener Unternehmer) und die äußeren Mittel für die Durchführung des Börsenhandels (Räume, Personal usw.) zur Verfügung stellen muss (§ 1 Abs. 2 BörsG). Börsenträger sind eingetragene Vereine (Vereinsbörsen) oder Kapitalgesellschaften. Die Genehmigung zur Errichtung einer Börse wird von der zuständigen obersten Landesbehörde erteilt, die gemeinsam mit einer an der Börse einzurichtenden Handelsüberwachungsstelle (§ 4 BörsG) auch die Börsenaufsicht ausübt (§§ 1 Abs. 1, 5 BörsG). – Die Organisation der Börsen folgt dem Prinzip der Selbstverwaltung und ist am mehrgliedrigen aktienrechtlichen Modell orientiert. Die Leitung der Börse liegt bei der Börsengeschäftsführung in eigener Verantwortung (§ 12 BörsG). Der Börsenrat (früherer Börsenvorstand), der aus der Mitte der Börsenbesucher gewählt wird, besitzt Überwachungs- und Rechtsetzungsbefugnisse (§ 9 BörsG). Er erlässt die Börsenordnung, die Bestimmungen enthalten muss über die Geschäftszweige der Börse, ihre Organisation, die Handelsarten, die Veröffentlichung der Preise und Kurse sowie der zugrundeliegenden Umsätze; bei Wertpapierbörsen auch über die Zulassungsstelle und die Bedeutung der Kurszusätze (§ 13 BörsG). Die Zulassung von Personen zum Börsenbesuch und zur Teilnahme am Börsenhandel liegt in der Hand der Börsengeschäftsführung. Sie ist an gesetzlich bestimmte qualifizierte Anforderungen gebunden (§ 16 BörsG) Für die Teilnahme in einem elektronischen Handelssystem reicht unter bestimmten Voraussetzungen auch die Zulassung an einer anderen Wertpapierbörse aus (§ 17 BörsG). – Der Handel von Wertpapieren findet an der → Präsenzbörse in verschiedenen Marktabschnitten statt, dem amtlichen Markt (früher amtlicher Handel),

Börsenhandel

dem geregelten Markt und dem Freiverkehr. Wesentlicher Bestandteil des Antrages auf Zulassung von Wertpapieren zum amtlichen Markt ist der sog. → Zulassungsprospekt (§ 30). Schuldhaft unrichtige oder unvollständige Angaben im → Börsenprospekt verpflichten den Emittenten und die → Emissionsbank zum Schadensersatz (§§ 44 bis 48). Nach der Zulassung treffen den → Emittenten weitere Informationspflichten (§§ 39 ff.). Er hat unverzüglich alle Tatsachen zu veröffentlichen, die zu einer erheblichen Kursänderung von Aktien oder zur Gefährdung der Gläubigeransprüche aus Schuldverschreibungen führen können (§ 15 WpHG). – Bei der Zulassung zum geregelten Markt tritt an die Stelle des Zulassungsprospekts ein zu veröffentlichender Unternehmensbericht (§ 51 Abs. 1 Nr. 2 BösrG). Die Vorschriften über die → Prospekthaftung gelten entsprechend (§ 55). Die Börse kann einen → Freiverkehr zulassen, wenn Handelsrichtlinien eine ordnungsgemäße Durchführung des Handels und der Geschäftsabwicklung zu gewährleisten scheinen (§ 57). Der Frankfurter → Neue Markt zählt als hybrides Segment gegenwärtig zum Freiverkehr; doch gehen die Voraussetzungen für die Zulassung der Wertpapiere z.T. über die zum geregelten Markt hinaus. § 50 Abs. 3 ermöglicht künftig insoweit eine Regelung in der Börsenordnung. – Der Handel an der Börse wird nach vom Börsenrat zu erlassenden Geschäftsbedingungen (→ Usancen) abgewickelt (vgl. § 9 Abs. 2 Nr. 5 BörsG). → Börsenpreise müssen ordnungsgemäß zustande kommen und der wirklichen Marktlage entsprechen (§ 24 Abs. 2 BörsG). Aussetzung und Einstellung der Notierung werden durch die Geschäftsführung verfügt (§§ 38, 56 Abs. 3). Seit die amtliche Kursfeststellung durch → Kursmakler an den Wertpapierbörsen entfallen ist, erfolgt die Preisermittlung im elektronischen Handel oder durch zugelassene, weisungsfreie Skontroführer (§§ 25, 26, 27 BösrG). Die Skontroführer unterliegen als Handelsmakler i.S.d. §§ 93 ff. HGB insbesondere einer Betriebspflicht (§ 27 Abs. 1 BösrG); sie müssen neutral handeln und vorliegende Aufträge gleichbehandeln (§ 27 Abs. 2 BösrG). – An die Stelle der bisherigen zivil- und verwaltungsrechtlichen Vorschriften über den Börsenterminhandel (§§ 50 ff. BörsG) sind mit dem 4. Finanzmarktförderungsgesetz die Vorschriften über Finanztermingeschäfte (§ 2 Abs. 2a WpHG)

mit Aufklärungspflichten getreten, deren Verletzung schadensersatzpflichtig macht (§§ 37 d bis g WpHG).

Börsenglocke. Im Präsenzhandel kündigt die B. die Eröffnung und den Schluss der Börsenversammlung an.

Börsenhandel, stock exchange trading. Der B. bezeichnet den Austausch von → fungiblen Objekten an einem organisierten Markt auf Grundlage des Prinzips von Angebot und Nachfrage nach festgelegten Regeln. Während der traditionelle - vom deutschen Gesetzgeber bisher nicht definierte - Börsenbegriff noch von dem regelmäßigen Zusammentreffen der Handelsteilnehmer an einem bestimmten Ort (Börsenversammlung) ausging, vollzog sich mit der Einführung und Expansion von dezentralen Computerhandelssystemen (z.B. → DTB bzw. → Eurex, → IBIS bzw. → Xetra) ein Wandel der Definition des Börsenbegriffs. Der an den deutschen Börsen stattfindende Handel lässt sich somit nach verschiedenen Erscheinungsformen differenzieren. – Den ersten Anknüpfungspunkt stellt die Art des Handelsgegenstandes dar. Während Wertpapiere an den acht deutschen Wertpapierbörsen gehandelt werden, vollzieht sich der Handel in financial futures und options an der Terminbörse Eurex. Daneben werden an der bisher einzigen deutschen Warenterminbörse in Hannover seit 1998 Terminkontrakte auf Agrarprodukte gehandelt. – Weiterhin lässt sich der B. hinsichtlich der Frist für die Erfüllung abgeschlossener Börsengeschäfte aufgliedern. So ist an der Terminbörse Eurex und der Warenterminbörse Hannover nur der → Handel per Termin möglich. Dagegen werden an den deutschen Wertpapierbörsen → Kassageschäfte abgeschlossen. Dieser Kassahandel ist an allen deutschen Wertpapierbörsen als → Präsenzhandel ausgestaltet, wobei die Börsen Düsseldorf und Frankfurt mit dem Computerhandelssystem Xetra über eine zusätzliche Variante des Kassahandels verfügen. An der Terminbörse Eurex und der Warenterminbörse Hannover ist der B. ausschließlich als Computerhandel organisiert. – Schließlich sind im Bezug auf das Prinzip der Börsenpreisermittlung → Auktionsbörsen (order driven market) von den Market-Maker-Börsen (→ Market-Maker) zu trennen, wobei hier auch Mischformen (→ hybrides Handelssystem)

Börsenhandel mit ausländischen Wertpapieren

möglich sind. – In jedem Falle bedürfen die → Börsenhandelsteilnehmer sowie die Handelsobjekte (→ Börsenfähigkeit) zur Teilnahme am B. einer Zulassung, die in aller Regel durch die jeweils zuständigen → Börsenorgane erfolgt. Die rechtlichen Grundlagen des B. sind vielschichtig. Neben dem Bundesrecht (z.B. → Börsengesetz), bzw. dem Landesrecht (z.b. Gebührenordnung für die Kursmakler) finden sich Vorschriften der jeweiligen Börsenorgane (z.b. → Börsenordnung) als Ausdruck der den Börsen eingeräumten Selbstverwaltungsautonomie. Schließlich existieren auch privatrechtliche Regelungen wie etwa die Freiverkehrsrichtlinien des jeweiligen Trägers des Freiverkehrs oder dem Regelwerk für den → Neuen Markt, das von der Deutsche Börse AG als Trägergesellschaft des Neuen Markts erlassen wurde. B

Börsenhandel mit ausländischen Wertpapieren, → ausländische Wertpapiere, Handel an deutschen Börsen.

Börsenhandelsaufsicht

August Schäfer

1. Notwendigkeit einer Börsenhandelsaufsicht

Die zunehmende Öffnung der nationalen → Kapitalmärkte stellt diese in Wettbewerb mit ausländischen Kapitalmärkten. → Börsen sind ein essentieller Bestandteil nationaler Kapitalmärkte. Sie übernehmen Finanzierungsfunktionen für die Eigenkapitalausstattung der Unternehmen, wobei die Allokation der verfügbaren Mittel über den Preis gesteuert wird.

Eine wirksame Börsenhandelsaufsicht, die einen Prozess fairer und ordnungsgemäßer Preisbildung an den Börsen ermöglicht und dauerhaft gewährleistet, wird dadurch zunehmend zu einem Wettbewerbsfaktor und zu einem Gütesiegel für jeden nationalen Finanzplatz. Diese Erkenntnis hatte sich spätestens Anfang der 90er Jahre des vorigen Jahrhunderts durchgesetzt, als erkennbar wurde, dass der Finanzplatz Deutschland Geschäftsvolumen an ausländische Finanzplätze verlor und sich Börsenumsätze in deutschen Werten verstärkt an ausländische Börsenplätze verlagerten. Als Grund für diesen Verlagerungsprozess wurde insbesondere der Mangel an einer unabhängigen und schlagkräftigen Aufsicht im Bereich des → Wertpapierhandels identifiziert. Als nicht ausreichend unabhängig wurde die deutsche Aufsicht vor allem deshalb angesehen, weil sie im Bereich der Beaufsichtigung des börslichen Handels als freiwillige Selbstverwaltungsaufsicht der Handelsteilnehmer organisiert war; - als wenig schlagkräftig deshalb, weil selbst festgestellte Verstöße mangels gesetzlicher Normen keine adäquaten Sanktionen fanden. Es bedurfte dringend einer Aufsicht, die eine Gleichbehandlung aller Marktteilnehmer unabhängig von ihrer Stellung und Bedeutung am Markt sicherstellt und zudem gewährleist, dass die Interessen der an der Börse selbst nicht präsenten Anleger wirksam geschützt werden.

Die nahezu zwangsläufige Konsequenz zur Verbesserung dieser unbefriedigenden Situation waren Bemühungen des Gesetzgebers, die deutsche Aufsicht internationalen Standards anzupassen. Das Ergebnis dieser Bemühungen schlug sich nieder im Zweiten Finanzmarktförderungsgesetz (2. FinMarktFördG), das am 30. Juli 1994 verkündet wurde und dessen wesentliche Bestandteile das → Gesetz über den Wertpapierhandel (WphG) und Änderungen bestehender börsenrechtlicher und wertpapierrechtlicher Vorschriften waren. Mit diesem Gesetzeswerk ist erstmals in Deutschland eine umfassende staatliche Marktaufsicht an den Wertpapierbörsen

Börsenhandelsaufsicht

(Börsenhandelsaufsicht) Realität geworden. Bereits fünf Jahre danach lässt sich feststellen, dass die grundlegend veränderte Aufsichtsstruktur die Attraktivität und damit die Wettbewerbsfähigkeit des Finanzplatzes Deutschland nachhaltig verbessert und das Vertrauen in- und ausländischer Investoren erworben hat.

2. Organisation der Börsenhandelsaufsicht

Gemäß § 1 Abs. 1 Satz 1 Börsengesetz (→ BörsG) bedarf die Errichtung einer Börse der Genehmigung der zuständigen obersten Landesbehörde (Börsenaufsichtsbehörde). Der Begriff Börse ist derzeit aber nicht gesetzlich definiert. Nach dem überkommenen Börsenbegriff ist die Börse eine organisierte, regelmäßig in verhältnismäßig kurzen Zeitabständen stattfindende Zusammenführung von Angebot und Nachfrage in vertretbaren, typischerweise nicht zur Stelle gebrachten Gegenständen nach grundsätzlich einheitlichen Geschäftsbedingungen, mit dem Ziel, Vertragsabschlüsse zwischen im Regelfall allein zum Handel zugelassenen Kaufleuten zu ermöglichen (vgl. Schwark, Börsengesetz, 2. Auflage, § 1 Rn. 5). Der Handel in Wertpapieren, → Derivaten und sonstigen zum börslichen Handel geeigneten fungiblen Gütern findet, in letzter Zeit begünstigt durch den Einsatz moderner Datentechnik, auch in → elektronischen Handelssystemen außerhalb börsengesetzlich normierter Börsenveranstaltungen statt. Der Zugang zu diesen Handelssystemen ist nicht durch staatlich genehmigte Zulassungskriterien festgeschrieben und steht grundsätzlich – zumindest mittelbar – jedem offen. Diese elektronischen Handelssysteme sind als börsenähnliche Einrichtungen von der Börsenaufsichtsbehörde daraufhin zu überprüfen, ob es sich bei ihnen um genehmigungspflichtige Börsenveranstaltungen handelt, deren Handel dann in vollem Umfang ebenfalls der Börsenhandelsaufsicht nach den Vorgaben des Börsengesetzes unterworfen ist.

Börsenhandelsaufsicht ist ein Teil der durch das 2. FinMarktFördG dreistufig organisierten deutschen Kapitalmarktaufsicht, wobei sich die drei Stufen in ihrer Wirksamkeit gegenseitig bedingen und ergänzen.

Auf Bundesebene wurde das Bundesaufsichtsamt für den Wertpapierhandel (BAWe) geschaffen. Dessen wesentliche Aufgaben sind:

- die präventive Bekämpfung sowie die Aufdeckung und Verfolgung von Insiderverstößen (§ 14 WphG),
- die Überwachung der Offenlegungspflichten beim Erwerb bedeutender Beteiligungen an börsennotierten Gesellschaften (§ 21 WphG),
- die internationale Zusammenarbeit mit den Wertpapieraufsichtsbehörden anderer Staaten (§ 19 WphG),
- die Überwachung der Einhaltung der Wohlverhaltensregeln (§ 35 WphG).

Auf Landesebene werden die Börsenaufsichtsbehörden tätig. Ihnen obliegt die Rechtsaufsicht bezüglich des Handelns der Börsenorgane sowie zusätzlich die Marktaufsicht, d.h. die Überwachung des Verhaltens der Börsenhandelsteilnehmer auf Recht- und Ordnungsmäßigkeit. Maßgabe dabei ist die Einhaltung der geschriebenen und ungeschriebenen Regeln des Börsenhandels wie BörsG, Börsenordnung und Handelsbedingungen.

Eine Überschneidung der Kompetenzen beider Aufsichtsebenen ist ausgeschlossen, da das BAWe nur die im WphG aufgeführten Aufgaben zu erfüllen hat und ihm somit keine Befugnisse im Bereich der Beaufsichtigung der Börsen und des börslichen Handels zukommen.

Neben diese staatlichen Aufsichtsebenen tritt auf Börsenebene die → Handelsüberwachungsstelle (HÜSt) als mittelbare Staatsaufsicht. Sie ist nach Maßgabe der Börsenaufsichtsbehörde als unabhängiges Organ an jeder Börse einzurichten mit der Aufgabenstellung, den Handel an der Börse und die Börsengeschäftsabwicklung zu überwachen (§ 1b BörsG). Es ergibt sich

Börsenhandelsaufsicht

insoweit eine Überschneidung mit der Marktaufsichtskompetenz der Börsenaufsichtsbehörde. Als eigenständiges Organ innerhalb der Börse ist die HÜSt Ausdruck des Prinzips der Selbstüberwachung im Rahmen der Börsenselbstverwaltung. Die Selbstverantwortung der Börsen für die Schaffung und Aufrechterhaltung transparenter und attraktiver Marktplätze mit fairen Handelsbedingungen ist damit in geänderter Ausprägung vom Gesetzgeber bestätigt worden. Durch die gesetzliche Absicherung ihrer Eigenständigkeit und Unabhängigkeit ist zugleich sichergestellt, dass die HÜSt den konkreten Prozess der Überwachung des börslichen Handels frei von Einwirkungsmöglichkeiten der übrigen Börsenorgane und der Handelsteilnehmer steuern und durchführen kann. Sie unterliegt einer umfassenden Informations- und Berichtspflicht gegenüber der Börsenaufsichtsbehörde und Börsengeschäftsführung.

Diese rechtliche Ausgangsbasis ebenso wie die räumliche Nähe der HÜSt zum eigentlichen Handelsgeschehen und ihre unmittelbaren Zugriffsmöglichkeiten auf die börslichen Handels- und Abwicklungssysteme haben es ermöglicht, eine Arbeitsteilung zwischen Börsenaufsichtsbehörde und HÜSt dergestalt zu praktizieren, dass die laufende Überwachung des börslichen Handels und seiner Abwicklung allein von den „vor Ort" präsenten Handelsüberwachungsstellen wahrgenommen wird.

3. Kompetenzen der Handelsüberwachungsstellen im Bereich der Börsenhandelsaufsicht

Eine effiziente Börsenhandelsaufsicht bedarf, um ihrer Aufgabenstellung gerecht zu werden, der vollständigen Information über das Handelsgeschehen an der Börse. Die HÜSt hat deshalb entsprechend den börsengesetzlichen Vorgaben sämtliche Daten über den Börsenhandel und die Börsengeschäftsabwicklung systematisch und lückenlos zu erfassen und auszuwerten sowie notwendige Ermittlungen durchzuführen. Ihr stehen hierfür die selben Befugnisse wie der Börsenaufsichtsbehörde zu. Das sind insbesondere die Befugnis, von der Börsengeschäftsführung und den Börsenhandelsteilnehmern Auskünfte und die Vorlage von Unterlagen verlangen sowie Prüfungen vornehmen zu können. Dazu bedarf es keines besonderen Anlasses oder konkreten Verdachtes; es muss lediglich ein Bezug der angeforderten Informationen zur Aufgabenstellung der HÜSt erkennbar sein. Das Vorhandensein konkreter Verdachtsmomente für das Vorliegen von Missständen oder Verstößen gegen börsenrechtliche Vorschriften oder Anordnungen ist demgegenüber Voraussetzung dafür, nicht nur von den Handelsteilnehmern, sondern auch von deren Auftraggebern und von den berechtigten oder verpflichteten Personen Auskünfte verlangen zu können über getätigte Geschäfte einschließlich der Angabe der Identität der an diesen Geschäften beteiligten Personen. Damit wird im Bedarfsfalle die gesamte Prozesskette von der Auftragserteilung bis zu ihrer Ausführung über sämtliche Zwischenstationen transparent. Durch die Übertragung dieser umfassenden Befugnisse ist die HÜSt in die Lage versetzt worden, ihrem Gesetzesauftrag zur konstanten und umfassenden Kontrolle des Börsenhandels jederzeit gerecht werden zu können.

Schwerpunktmäßig konzentriert sich ihre Tätigkeit auf:

- die Überwachung der Preisfindung und der Handelsvolumina,
- die ständige Kontrolle der Einhaltung der Handelsusancen,
- die Beobachtung der Eigengeschäfte der preisfeststellenden Makler (Skontroführer),
- den Vergleich der Preise mit anderen Börsenplätzen und Handelsplattformen und
- das Aufdecken sonstiger Missstände, welche die ordnungsmäßige Durchführung des Handels an der Börse oder die Börsengeschäftsabwicklung beeinträchtigen können.

Börsenhandelsaufsicht

4. Praktische Umsetzung der Börsenhandelsaufsicht

Die Kernaufgabe der Börsenhandelsaufsicht wird in der Regierungsbegründung zu § 11 BörsG, der den Börsenpreis definiert und die Kriterien festlegt, die an einen ordnungsmäßig zustande gekommenen Börsenpreis zu stellen sind, so beschrieben: „Zentrale Verpflichtung jeglicher Börsenaufsicht ist die Gewährleistung eines manipulationsfreien Zustandeskommens von Börsenpreisen. Hierauf muss der Anleger vertrauen können."

Als Grundvoraussetzung einer manipulationsfreien Börsenpreisbildung gelten:

- die Chancengleichheit aller Handelsteilnehmer,
- die Transparenz des Handelsgeschehens,
- eine ausreichende Liquidität als Basis des Preisbildungsprozesses und
- ein Regelwerk mit klarer Definition des Preisbildungsprozesses.

Eine präventiv agierende Börsenhandelsaufsicht muss bereits im Vorfeld des Handelsgeschehens bei der Umsetzung dieser Grundvoraussetzungen aktiv werden und sicherstellen, dass Börsenordnung und Börsengeschäftsbedingungen diesen Anforderungen entsprechen. Das gilt sowohl für den Präsenzbörsenhandel als auch für elektronische Handelssysteme.

Das Börsengesetz beschränkt sich in § 11 allein auf die Feststellung, dass Börsenpreise ordnungsmäßig zustande kommen müssen, den Handelsteilnehmern die Angebote zugänglich und ihnen deren Annahme möglich sein muss sowie im variablen Handel eine aus Angebot und Nachfrage ermittelte und den Handelsteilnehmern bekanntgegebene Preisspanne der Preisfeststellung vorangehen muss. Hinzu kommt gemäß § 29 Abs. 3 BörsG das Gebot der Gleichbehandlung aller zum Zeitpunkt der Preisfeststellung vorliegenden Aufträge. Eine weitergehende Konkretisierung ist in den Börsenordnungen und Geschäftsbedingungen der einzelnen Börsen erfolgt. An der Frankfurter Wertpapierbörse (FWB) hat darüber hinaus ein Usancenausschuss, dem Mitglieder aus den Bereichen der Handelsteilnehmer, der Maklerschaft, der Börsenaufsichtsbehörde, der Börsengeschäftsführung und der HÜSt angehören, detaillierte Preisfeststellungsregeln erarbeitet, die von der Börsengeschäftsführung als norminterpretierende Verwaltungsvorschrift veröffentlicht wurden und die für die Skontroführer in allen Handelssegmenten – amtlicher Markt, geregelter Markt, Freiverkehr – verbindlich sind. Für die HÜSt sind sie zugleich der eigentliche Anknüpfungspunkt für ihre laufende Überwachungstätigkeit.

Börsengeschäft ist Massengeschäft. Bereits in 1998 wurden an allen deutschen Wertpapierbörsen rund 200.000 Geschäftsbestätigungen (Schlussnoten) erstellt. Zur Sicherstellung eines diesem Handelsvolumen adäquaten Überwachungsstandards musste deshalb ein System entwickelt werden, das sämtliche Börsengeschäfte und die ihnen vor- und nachgelagerten Aktivitäten im Bereich der Ordererteilung, -übermittlung und -abwicklung einer zeitnahen standardisierten Überprüfung zugänglich macht. Das System muss zugleich ausreichend flexibel sein, um den Bedürfnissen des Einzelfalles angepasst weitergehende Untersuchungen durchführen zu können.

Das von der → FWB in Umsetzung des Gesetzesauftrages für alle deutschen Wertpapierbörsen entwickelte EDV-gestützte Überwachungssystem für den Präsenzbörsenhandel SIMA (System integrierter Marktüberwachung) entspricht diesen Anforderungen. Das System ist so konzipiert, dass es auf der Basis von Erfahrungswerten einer Referenzperiode nach Ablauf eines Börsenhandelstages sämtliche Handelsdaten auswertet und parametergesteuert wertneutrale Auffälligkeiten generiert, sobald bestimmte Merkmale eines Geschäftes hinsichtlich Preis, Umsatz, zeitlichem Ablauf oder beteiligter Handelspartner identifiziert sind. Neben dieser ex-post-Auswertung hat die HÜSt die Möglichkeit zur unmittelbaren Einsichtnahme in die elektronisch geführten Orderbücher der → Skontroführer, um im Bedarfsfalle den Prozess der Preisfeststellung auch in Echtzeit überwachen zu können.

Börsenhandelsaufsicht

Die vom System SIMA erzeugten Auffälligkeiten werden am nächsten Börsenhandelstag einer Bearbeitung unterzogen. In der Regel gibt es für die meisten Auffälligkeiten plausible Erklärungen. Signifikante Veränderungen von Preisen oder Umsätzen können z.B. durch entsprechende Unternehmensnachrichten oder → ad hoc-Mitteilungen begründet sein. Sind derartige Erklärungen jedoch nicht vorhanden, werden die betroffenen Geschäfte einer eingehenden Analyse unterzogen. Dafür stehen der HÜSt sämtliche beurteilungsrelevanten Daten aus dem Handelsprozess zur Verfügung: angefangen von Ort und Zeit einer Ordereinstellung in das System → BOSS (Börsenorderservice-System), über die Durchleitung über Zwischenstationen zum Skontroführer, den konkreten Bedingungen der Preisfeststellung bis hin zur evtl. Nachbearbeitung durch den Skontroführer. Je nach Bedarf ergänzt werden diese Standardauswertungen um zeitraum- oder adressenbezogene Analysen (z.B. Preisveränderungen im Zeitverlauf sowie gegenüber Referenzwerten oder Indices, Konzentration der Geschäfte auf bestimmte Handelspartner). Besteht nach Abschluss dieser Analysetätigkeit weiterer Aufklärungsbedarf, schließt sich ein formales Auskunftsersuchen gegenüber den betroffenen Handelsteilnehmern an; – ggf. mit Verlangen der Offenlegung der Identität aller Beteiligten bis hin zum ursprünglichen Auftraggeber und Begünstigten oder Verpflichteten aus dem Geschäft. Nach Erhalt aller Informationen findet eine HÜSt-interne Wertung dahingehend statt, ob ein Verstoß gegen börsenrechtliche Vorschriften oder sonstige Missstände vorliegen könnten. Ist das der Fall, werden Börsenaufsichtsbehörde und Börsengeschäftsführung unverzüglich und umfassend unterrichtet.

Auf der Basis der Erfahrungen mit dem System SIMA wurden für das elektronische Handelssystem → Xetra der FWB sowie das Handelssystem der elektronischen Börse → Eurex auf deren Handelsbedingungen zugeschnittene eigenständige Überwachungssysteme - Xetra Observer bzw. Eurex Observer - entwickelt. Sie gestatten ebenfalls die Generierung von wertneutralen Auffälligkeiten; wegen der Besonderheiten der elektronischen Handelssysteme jedoch in Echtzeit und zusätzlich noch zeitversetzt. Dadurch kann der Forderung nach zeitaktueller Überwachung in der gesamten Breite des Handelsgeschehens entsprochen werden.

Unabhängig von dem Handelssystem zielen sämtliche Überwachungstätigkeiten darauf ab, manipulative Eingriffe in das Handelsgeschehen und insbesondere in den Preisbildungsprozess transparent machen und dadurch aufdecken zu können. Dazu zählen vor allem:

- Scheingeschäfte

Das sind Geschäfte, die von den Handelspartnern nicht wirtschaftlich gewollt sind und entweder nicht erfüllt oder später wieder durch ein identisches Gegengeschäft aufgehoben werden.

- Abgesprochene Geschäfte / pre arranged trades

Derartige Geschäfte kommen durch vorherige Absprachen der Handelspartner über das zu handelnde Produkt, die Menge, den Preis und den Zeitpunkt des Vorgehens zustande. Hierdurch sollen die in einem regulären Handelsprozess gegebenen Einwirkungsmöglichkeiten aller übrigen Teilnehmer ausgeschlossen werden.

- Kompensations- / Crossing-Geschäfte

Hier tritt ein Handelsteilnehmer für Dritte nicht erkennbar gleichzeitig als Verkäufer und Käufer im selben Wert auf.

- Karussellgeschäfte

Derartige Geschäfte finden statt zwischen zwei oder mehreren Handelsteilnehmern mit dem Ziel, den Börsenpreis für einen bestimmten Wert durch wiederholten Abschluss von gegenläufigen Geschäften in eine bestimmte Richtung zu verändern oder lediglich ein hohes Umsatzvolumen vorzutäuschen.

Börsenhandelsaufsicht

Gemeinsames Merkmal dieser unerlaubten Eingriffe in das Handelsgeschehen ist, dass durch ihre Vornahme unbekannte Dritte oder der Markt insgesamt getäuscht oder geschädigt werden. Motiviationen dafür können sein:

- die Schaffung einer Preisbasis für die Geschäftsvereinbarung mit Kunden, z.b. bei Festpreisgeschäften,
- das Vortäuschen von in den betroffenen Werten ansonsten nicht vorhandener Liquidität,
- die Beeinflussung der stichtags- oder zeitraumbezogenen Werthaltigkeit von börsengehandelten Produkten, z.b. für bilanzielle Zwecke, vor Hauptversammlungsterminen, vor beabsichtigten Abfindungsangeboten, zur Aktivierung stiller Reserven,
- die indirekte Einflussnahme auf die Einbeziehung oder den Verbleib in Indices und
- die indirekte Einflussnahme auf den Preis von Derivaten durch zielgerichtete Aktivitäten im Basiswert.

5. Sanktionierung der festgestellten Verstöße und Missstände

Die Zuständigkeit der HÜSt endet mit Abschluss ihrer Ermittlungen. Die sich daran anschließende Sanktionsbefugnis kommt allein der Börsenaufsichtsbehörde und den Börsenorganen Börsengeschäftsführung oder Sanktionsausschuss zu. Ggf. sind zusätzlich die Bundesaufsichtsämter für den Wertpapierhandel und/oder das Kreditwesen sowie die Staatsanwaltschaft zu unterrichten.

Die Börsenaufsichtsbehörde hat Regelungs- und Sanktionsbefugnis gegenüber den von ihr bestellten amtlichen Kursmaklern und Kursmaklerstellvertretern. Alle übrigen Handelsteilnehmer unterfallen der Sanktionsbefugnis des Sanktionsausschusses oder der Börsengeschäftsführung. Das Verfahren vor dem Sanktionsausschuss ist in einer von der Börsenaufsichtsbehörde genehmigten Verordnung geregelt. Sind in einem derartigen Verfahren vor dem Sanktionsausschuss Verstöße gegen börsenrechtliche Vorschriften oder Anordnungen mit Bezug zum Börsenhandel oder zur Börsengeschäftsabwicklung oderdie Verletzung des Anspruches auf kaufmännisches Vertrauen oder die Ehre eines anderen Handelsteilnehmers festgestellt worden, kann er den Handelsteilnehmer mit Verweis, mit Ordnungsgeld bis zu 25.000 Euro oder mit Ausschluss von der Börse bis zu 30 Sitzungstagen belegen (§ 9 Abs. 2 BörsG). Die weitergehende Befugnis zur Rücknahme der Zulassung zum Börsenhandel steht allein der Börsengeschäftsführung zu (§ 7 Abs. 9 BörsG) zu. Die Sanktionsbefugnis der Börsenaufsichtsbehörde umfasst den gesamten Sanktionskatalog von Sanktionsausschuss und Börsengeschäftsführung. Die Entscheidungen aller sanktionsbefugten Stellen unterliegen der verwaltungsgerichtlichen Überprüfung. Sämtliche rechtsverbindlich gewordenen Entscheidungen sind anschließend für die HÜSt Anlass, ihre konkreten Überwachungsinhalte und -maßnahmen den darin zum Ausdruck gebrachten Wertungen anzupassen, um insoweit stets im Einklang mit der aktuellen Rechtslage zu handeln.

6. Kritik und Reformansätze

Mittlerweile mehr als fünf Jahre Börsenhandelsaufsicht auf veränderter gesetzlicher Grundlage müssen Anlass für eine kritische Würdigung ihrer Struktur, Inhalte und Arbeitsweise sein. Anknüpfungspunkt für öffentlich vorgebrachte Kritik ist zwar meist die Aufsplitterung der nationalen Kompetenzen im staatlichen Bereich auf die zwei Ebenen Bund und Land. Auf die Effektivität der Börsenhandelsaufsicht durch die Handelsüberwachungsstellen und die Sanktionierung der von ihr festgestellten Verstöße oder Missstände hat sich das bisher aber kaum als nachteilig ausgewirkt. Änderungsbedarf besteht jedoch in zunehmendem Maße, bedingt durch die ständig wachsende Internationalität des Handelsgeschehens, in dem Bereich der Aufdek-

Börsenhandelssystem

kung und Bearbeitung von Verstößen durch Handelsteilnehmer mit Sitz außerhalb der Bundesrepublik Deutschland. Das mögen folgende Zahlen verdeutlichen: Ende 1998 domizilierten nur 39% der Eurex-Börsenhandelsteilnehmer in Deutschland, 61% hatten ihren Sitz im Ausland. Da Börsenhandelsaufsicht hoheitliches Handeln ist, bedarf die HÜSt bei der Umsetzung ihrer Ermittlungsbefugnisse gegenüber ausländischen Handelsteilnehmern der Amtshilfe durch die zuständigen ausländischen Aufsichtsbehörden. Dieses Verfahren gestaltet sich je nach Recht des betroffenen Staates als oft sehr umständlich und vor allem sehr zeitaufwendig. Zeit aber ist ein wesentlicher Erfolgsfaktor für die Effizienz jeder Aufsicht. Bemühungen zur Effizienzsteigerung müssen deshalb im Bereich der internationalen Kooperation ansetzen.

Regelungsbedarf besteht auch im Spannungsverhältnis des börslichen zum außerbörslichen Handel. Im nicht überwachten außerbörslichen Handel individuell vereinbarte Preise haben wegen der Interdependenz der Märkte Auswirkungen auf das Preisniveau im börslichen Handel dieser Produkte. Gezielte Einwirkungen auf das börsliche Preisniveau durch entsprechende Aktivitäten im außerbörslichen Bereich können mangels Verfügbarkeit dieser Daten von der HÜSt in der Regel nicht identifiziert werden. Damit entzieht sich derzeit ein Teil der indirekten Einflussnahme auf den börslichen Handel der Überwachung durch die Börsenhandelsaufsicht „vor Ort".

Börsenhandelsaufsicht soll in erster Linie die Funktionsfähigkeit des Börsenhandels sicherstellen und dadurch indirekt Anlegerschutz bewirken. Von der HÜSt festgestellte Verstöße von Börsenhandelsteilnehmern, die eine Schädigung Dritter bewirken, gelangen diesen wegen des Gebots der Verschwiegenheit nicht zur Kenntnis. Damit wird ihnen die Möglichkeit zum individuellen Schadensausgleich vorenthalten. Hier müsste geprüft werden, inwieweit das Verschwiegenheitsgebot im Interesse des Geschädigten durchbrochen werden kann.

Börsenhandelssystem, bezeichnet ein elektronisches System, das den Börsenhandel organisiert und abwickelt. Als Handelsalgorithmen kommen Order-Driven und Market Maker-Konzepte in Frage, die einen schnellen, transparenten und fairen Handel ermöglichen müssen. B., wie beispielsweise Xetra oder Virt-X, kommen sowohl an echten Börsen als auch bei börsenähnlichen Institutionen, wie → ECNs, zum Einsatz.

Börsenhandelsteilnehmer, *stock exchange trader*. An den Wertpapierbörsen ist zwischen drei Gruppen von B. zu differenzieren: 1. Kreditinstitute (Banken und Sparkassen). Die → Kreditinstitute, einschließlich der sie an der Börse vertretenden Händler, werden von der → Börsengeschäftsführung zugelassen. Im Rahmen des → Kommissionsgeschäfts führen sie im eigenen Namen Aufträge von Kunden auf deren Rechnung aus. Zudem handeln sie auch auf eigene Rechnung, wobei sie sich sowohl der → Kursmakler als auch der → Freimakler bedienen oder die Geschäfte unmittelbar mit anderen Kreditinstituten abschließen. Die Kreditinstitute haben eine von der Börsengeschäftsführung zu bestimmende Sicherheitsleistung zu erbringen, um die Verpflichtungen aus abgeschlossenen Börsengeschäften jederzeit erfüllen zu können. 2. Kursmakler. Die Kursmakler vermitteln während des → Präsenzhandels gegen eine → Courtage Geschäftsabschlüsse über Waren oder Wertpapiere mit amtlicher Notierung, die ihnen von der → Börsengeschäftsführung zugewiesen worden sind. Für diese Wertpapiere stellen sie als → Skontroführer den amtlichen Börsenkurs fest bzw. wirken bei Waren an dessen Feststellung mit. Wie die Kreditinstitute haben sie eine entsprechende Sicherheitsleistung zu erbringen. 3. Freimakler. Die Freimakler, bei denen es sich um → Finanzdienstleistungsinstitute, → Wertpapierhandelsunternehmen oder → Wertpapierhandelsbanken handelt, benötigen eine Zulassung durch die jeweilige → Börsengeschäftsführung. Sie vermitteln gegen eine → Courtage in sämtlichen Handelssegmenten Wertpapiergeschäfte, handeln vielfach auf eigene Rechnung und stellen im →Geregelten Markt oder → Freiverkehr als → Skontroführer den nichtamtlichen Börsenpreis der ihnen zugewiesenen Wertpapiere fest.

Börsenhändler, bezeichnet Personen, die Wertpapieraufträge von Kunden abwickeln oder Geschäfte auf eigene Rechnung tätigen. Meist werden diese Personen von einer Bank beauftragt, Transaktionen durchzuführen. Sobald ein Händler oder Makler die Transaktion durchführt, fallen für den Kunden zusätzliche → Transaktionskosten an.

Börsenindex, *stock (exchange) index*; Messziffer, die den allgemeinen Trend der Börse oder von an einer Börse notierten Wertpapiere wiedergibt. – Vgl. auch → Aktienindex und → Rentenindex.

Börsenindikator, → Indikator.

Börseninformationssysteme

Prof. Dr. Hermann Meyer zu Selhausen

1. Definition

Börseninformationssysteme sind Informationssysteme einer → Börse für die Abwicklung der Börsentransaktionen.

2. Merkmale

EDV-Anwendungsprogramme, auch EDV-Anwendungssysteme, I&K-Systeme, IT-Systeme oder Informationssysteme genannt, werden von Börsen für die Abwicklung ihrer Transaktionen eingesetzt. Als Börsen werden hier Börsen im institutionellen Sinne betrachtet, die alle wesentlichen *Börsenfunktionen* erfüllen, insbesondere die Ordereingabe am Terminal eines Orderführungssystems mit anschließender Übermittlung an die Börse (Order Routing) mit Hilfe der DFÜ (Datenfernübertragung), die Zusammenführung ausführbarer → Orders (Matching and Trade Execution), die Abwicklung von Lieferungs- und Zahlungsverpflichtungen (→ Clearing and → Settlement) sowie die Verbreitung von Handelsinformationen an die Marktteilnehmer (Information Dissemination). Von einer *Computer-Börse* spricht man, wenn eine Börse alle diese Börsenfunktionen mit Hilfe von B. ausübt (vgl. Gerke 1993). Grundsätzlich sind auch → Handelssysteme denkbar, die nicht von einer Börse im institutionellen Sinne betrieben werden, die alle Börsenfunktionen erfüllen, und die daher auch als Börse im funktionellen Sinne aufgefasst werden könnten. Derzeit üben die außerbörslichen Handelssysteme aber noch nicht alle Börsenfunktionen aus.

3. Abgrenzung

Gegenüber den B., die der vollständigen Abwicklung von Börsentransaktionen dienen, sind die Systeme für den außerbörslichen Handel primär nur Kommunikationssysteme, mit deren Hilfe Käufer und Verkäufer direkt in Verbindung treten, um Abschlüsse zu tätigen. Clearing und Settlement als Börsenfunktion decken sie jedoch nicht ab.

Börseninformationssysteme

4. Ziele

Börsen, im Folgenden nur noch als Börsen im institutionellen Sinne verstanden, setzen B. ein, um ihre *Wettbewerbsposition* als Anbieter von Transaktionsleistungen im globalisierten → Kapitalmarkt zu stärken. Mit dem Systemeinsatz werden die folgenden Unterziele angestrebt: Die Börsentransaktionen sollen mit hoher Geschwindigkeit, bei großer Zuverlässigkeit (niedrige Fehlerquote) und zu niedrigen Transaktionskosten abgewickelt werden. Durch DFÜ soll den Börsenmitgliedern ein Fernzugang (→ Remote Access) ermöglicht werden, wodurch sich für die Börse ein nahezu unbegrenztes Marktpotenzial an Börsenmitgliedern erschließen lässt. Die Erreichung der genannten Ziele soll die Börse für die Börsenteilnehmer attraktiv machen, so dass die Marktliquidität gesteigert und dadurch wiederum die Fairness der → Preisbildung gefördert wird.

5. Börsentransaktionen als geschlossene Vorgangsketten

Eine Börsentransaktion wird durch eine *Folge von Bearbeitungsvorgängen* realisiert, die teilweise in der Börse, teilweise aber auch bei den Börsenmitgliedern (Kreditinstituten), ablaufen. Diese Folge beginnt mit der Ordereingabe in der Bank und der Orderübermittlung durch DFÜ an die Börse. Wenn die Orders im Handelsbereich der Börse zu einem Geschäftsabschluss führen, nimmt die Börse auch Clearing und Settlement vor, indem sie Kaufpreiszahlungen bewirkt und die Lieferung von → Wertpapieren veranlasst. Anschließend erhalten die Banken, die die Orders erteilt haben, Ausführungsbestätigungen, die sie dann ihren Kunden und/oder Eigenhandelsbereichen übermitteln. In diesem Sinne ist eine Börsentransaktion eine Vorgangskette, die aus der Sicht der Börse sogar *unternehmensübergreifend* ist, weil sie die Informationsübermittlung zwischen Bank und Börse miteinbezieht. Um durch den Einsatz von B. den größtmöglichen Beitrag zur Zielerreichung, insbesondere zur Steigerung der Abwicklungsgeschwindigkeit, der Zuverlässigkeit und der Wirtschaftlichkeit zu realisieren, ist es unbedingt notwendig, die zu einer Börsentransaktion gehörenden Arbeitsprozesse im Sinne des Business Process Reengineering zu analysieren und so zu strukturieren, dass sich *geschlossene Vorgangsketten* ergeben (vgl. Meyer zu Selhausen 2000, Kap. 1.3). Diese können nun durch B. in der Weise unterstützt werden, dass sämtliche Daten, die für die gesamte Vorgangskette benötigt werden, zentral in Datenbanken gespeichert werden, und dass die B., die jeweils einen einzelnen Teilprozess der Vorgangskette unterstützen, ihre Input-Daten vom jeweiligen Vorprozess erhalten und ihre Output-Daten an das B. des Folgeprozesses weitergeben, ohne dass manuell in die inhaltliche Vorgangsbearbeitung eingegriffen werden muss.

6. Börsensysteme für Kassa- und Terminmarkt

Die systemgestützt ablaufenden Vorgangsketten werden im Folgenden am Beispiel der Deutschen Börse AG erläutert (vgl. Meyer zu Selhausen 2000, Kap. 2.1.6.1.2). Mit BOSS-CUBE (→ Börsen-Order-Service-System – Computerunterstütztes Börsenhandels- und Entscheidungssystem) können → Kreditinstitute und → Makler Orders eingeben und bis ins → Skontro des jeweils zuständigen Maklers übermitteln, der dann von dem System auch bei seiner Kursfeststellung unterstützt wird. Das System führt Gültigkeits- und Limitkontrollen aus; es erteilt automatisch Ausführungsbestätigungen, und die festgestellten Kurse werden direkt an das Informations-Verteilsystem TPF (Ticker Plant Frankfurt) übermittelt. — Das → elektronische Handelssystem → Xetra (Exchange Electronic Trading), das parallel zu BOSS-CUBE auf dem Rechnersystem der Deutsche Börse Systems AG läuft, ist eine vollelektronische Handelsplattform, auf der die Marktteilnehmer alle an der → Frankfurter Wertpapierbörse notierten Aktien in jeder Ordergröße sowie → Bundesanleihen, bestimmte → Pfandbriefe und → Aktienoptionsscheine handeln können. Xetra basiert ebenso wie die → Eurex (European Exchange Organization) auf der *Client-Server-Architektur*. Die Komponenten des Xetra-Systems sind dabei

Börseninformationssysteme

auf den von der → Deutschen Börse AG betriebenen zentralen Server (Xetra-Backend) und auf die dezentralen Installationen der Marktteilnehmer (Xetra-Frontends) verteilt. Die Client-Server-Architektur von Xetra macht es möglich, dass die Frontends der Marktteilnehmer durch die Zwischenschaltung eines MISS (Member Integration System Server) ihrerseits nach dem Client-Server-Prinzip aufgebaut sein können. Aufgrund seiner offenen Architektur ermöglicht Xetra nicht nur einen standortunabhängigen Börsenzugang für Teilnehmer in aller Welt (Remote Access). Durch den Einsatz programmierbarer Schnittstellen der Xetra-Frontends, sogenannter VALUES-API (Virtual Access Link Using Exchange Services-Application Programming Interface), können auch beliebige Anwendungen der Marktteilnehmer angebunden werden, wie z.B. echtzeitfähige Informations- und Ordermanagementsysteme. — Für die *Anbindung der Teilnehmer* bietet die Deutsche Börse Systems AG die Produktreihe Xentric an. Hierzu gehören Xentric Basket, ein System zur funktionellen Unterstützung des Arbitrage-Handels, Xentric Order (Xetra), ein Order Routing-System als zentrale Schnittstelle zwischen den In-house-Systemen der Banken und dem Handelssystem Xetra sowie Xentric Bonds, eine Automatic Trading Machine für den Handel mit Forderungspapieren auf Xetra und Xentric Data, eine Datenschnittstelle, die die Bereitstellung der verschiedenen Datenströme und der Instrumentenliste aus Xetra für die Weiterverarbeitung durch die Inhouse-Systeme der Marktteilnehmer ermöglicht. — Der *Ablauf des Xetra-Handels* unterscheidet sich deutlich vom Handel mit BOSS-CUBE: Möchte ein Händler im fortlaufenden Handel für einen Kunden Wertpapiere kaufen, dann stellt er den entsprechenden Auftrag des Kunden in das elektronische → Orderbuch von Xetra ein. Das System überprüft daraufhin automatisch, ob das Orderbuch ein passendes Verkaufsangebot enthält. Soweit dies der Fall ist, wird der Auftrag ausgeführt und auf elektronischem Wege bestätigt. Dies wird als *ordergetriebener Handel* nach → Preis-Zeit-Priorität bezeichnet. Ein dem Xetra in dieser Hinsicht ähnliches System wird auch an der → NASDAQ (National Association of Securities Dealers Automated Quotation) eingesetzt. Das elektronische Handelssystem OptiMark (Optimal Market) unterscheidet sich von Xetra jedoch darin, dass Wertpapierorders nicht nur nach Volumen und Limits, sondern auch nach Nutzengrößen (Willingness to Trade) spezifiziert werden können, die die Dringlichkeit des Handelsinteresses zum Ausdruck bringen. — Die Geschäftsdaten aus dem Parketthandel (mit und ohne BOSS-CUBE) und aus dem Xetra-Handel werden automatisch an das System → BÖGA (Börsengeschäftsabwicklung) weitergeleitet, mit dessen Hilfe die vorgeschriebenen *Schlussnoten und Abrechnungen* erstellt werden, die als Grundlage für die gesamte Geschäftsdokumentation dienen. Das *Settlement*, also die Lieferung der Wertpapiere und die Regulierung der Kaufpreise, wird dann von der Deutsche Börse Clearing AG mit Hilfe des Systems → CASCADE (Central Application for Settlement, Clearing and Depository Expansion) abgewickelt, das zusätzlich auch Geschäfte aus dem außerbörslichen Bereich regulieren kann. Die Erfüllung der börsenmäßigen Wertpapiergeschäfte erfolgt so, dass die von Käufer und Verkäufer anhand der Schlussnoten geprüften Geschäftsdaten einem Settlement-Matching unterzogen werden, bevor die Wertpapierlieferung mit Gegenwertverrechnung erfolgt (Standard- oder Same-Day-Settlement). Die an den einzelnen Transaktionen beteiligten Banken und Makler erhalten die *Ausführungsbestätigungen*, die sie an ihre Kunden und/oder Eigenhandelsbereiche weitergeben können, und sie werden außerdem von der Deutsche Börse Clearing AG über das Settlement informiert. — Für *Spezialaufgaben* sind weitere Systeme im Einsatz, beispielsweise für das Settlement in Wertpapieren ausländischer → Emittenten, für die → Wertpapierleihe und für die Verwaltung von Wertpapiersicherheiten, die nicht nur bei Wertpapierleihgeschäften, sondern auch für → Offenmarktgeschäfte der Deutschen Bundesbank, für OTC-Termingeschäfte und Eurex-Termingeschäfte gestellt werden. — An der *Eurex Deutschland* werden Optionen und Futures nach dem → *Market Maker-Prinzip* gehandelt: Börsenteilnehmer, die eine Market Maker-Lizenz erworben haben, haben die Verpflichtung übernommen, auf Anfrage zu den festgelegten Handelsobjekten jederzeit Kurse zu stellen. Die Marktteilnehmer, die mit der Eurex online in Kontakt stehen, geben nicht Orders ein, sondern sie tätigen direkt mit den Market Makers ihre Abschlüsse. Market Maker und einfache Börsenteilnehmer, die z. B. Kundenaufträge ausfüh-

Börseninformationssysteme

ren, nutzen das TOFF-System der Eurex (Trading Options and Financial Future System). Sie kommunizieren über User Devices, an die mehrere Händlerplätze (Workstations), sogenannte Satellites, angeschlossen sein können, mit den Host-Computern der Eurex. Die User Devices sind mit den Host-Computern der Eurex über Communication Servers, die sich an verschiedenen Access Points in den Vereinigten Staaten und Europa befinden, verbunden. Wegen der speziellen Erfüllungsrisiken bei Termingeschäften schaltet sich die Eurex Clearing AG als Kontraktpartnerin in jedes Geschäft ein. Sie verwaltet die *Sicherheitsleistungen*, die die Kontraktpartner auf → Margin Accounts o.ä. zu unterhalten haben, und sie führt das Clearing und Settlement durch. Von der Eurex Clearing AG erhalten die Marktteilnehmer sofort nach den Geschäftsabschlüssen die Ausführungsbestätigung am Bildschirm, und sie werden auch direkt über Clearing und Settlement informiert.

7. Auswirkungen des Systemeinsatzes

7.1 Auswirkungen auf die Wettbewerbsposition der Börsen

In ihrem Selbstverständnis sind Börsen mehr und mehr zu Dienstleistungsunternehmen geworden, die bestrebt sind, Erträge zu erwirtschaften und ihre Marktposition auszubauen. Um ihre Wettbewerbsposition zu analysieren, betreiben sie Chancen-/Risiken-Analyse in Bezug auf die strategischen Erfolgsfaktoren der Marktattraktivität und Stärken-/Schwächen-Analyse in Bezug auf die Erfolgsfaktoren der relativen Wettbewerbsstärke. Die Analyse konzentriert sich auf die Frage, wie sich die B. auf die *Erfolgsfaktoren der relativen Wettbewerbsstärke* auswirken, und dabei zeigt sich, dass es von diesen nur einige wenige sind, die durch den Einsatz von B. gestärkt werden können, insbesondere die Qualität des Leistungsangebots, die technische Kundennähe im Vertrieb und die Wirtschaftlichkeit der Leistungserstellung. — Die *Qualität der Börsentransaktionen* konnte durch den Einsatz von B. massiv verbessert werden, weil die Abwicklungsgeschwindigkeit und die Zuverlässigkeit stark gestiegen sind. Das Ordervolumen, das von den Börsen systemgestützt abgewickelt wird, könnte mit den traditionellen Verfahren überhaupt nicht mehr bewältigt werden. Intra-Day Trading ist ohne den Einsatz von B. gänzlich undenkbar. B. tragen zu einer Verbesserung der *technischen Kundennähe*, also zwischen der Börse und den Teilnehmern, bei, weil mit Hilfe der Systeme geschlossene Vorgangsketten realisiert werden, die sich von den Banken über die Börse und wieder zu den Banken erstrecken. Hinzu kommt, dass die Börse wie z. B. die Deutsche Börse AG den Banken B. anbietet, die, wie z. B. die Xentric-Systeme, dazu beitragen, dass die bankeigenen Wertpapierinformationssysteme mit den Kernsystemen der Börsentransaktionsabwicklung gekoppelt werden. Die systembasierte Verbesserung der (technischen) Kundennähe kommt insbesondere dadurch zum Ausdruck, dass die Banken diese Möglichkeiten mit Remote Access, also unabhängig von ihrem räumlichen Standort, nutzen können. — Von besonderer Bedeutung für die Wettbewerbsposition einer Börse ist natürlich die durch den Einsatz von B. erzielte Verbesserung der *Wirtschaftlichkeit*, konkret die Senkung der Transaktionskosten. Die Banken, insbesondere aber auch in- und ausländische institutionelle Anleger, achten auch sehr auf die mit den Börsentransaktionen verbundenen Kosten, und sie reagieren preisempfindlich, indem sie ihre Orders bei den Börsen plazieren, bei denen sie ihre Wertpapiere zu besonders niedrigen Transaktionskosten kaufen und verkaufen können. Börsen, die mit ihren Dienstleistungen im Preiswettbewerb stehen, müssen alle Möglichkeiten ausschöpfen, insbesondere auch durch Einsatz von B., um ihre Produktionskosten zu senken, um ihre Dienstleistungspreise niedrig halten zu können.

7.2 Auswirkungen auf den Kapitalmarkt

Der Einsatz von B. hat Auswirkungen auf die Markttransparenz, die → Volatilität und die Marktliquidität. Die *Markttransparenz* wird dadurch verbessert, dass Kurse, Umsätze etc. realtime erfasst und an Marktteilnehmer übermittelt werden. Dadurch hat sich die Zeit zwischen

Börsenkapitalisierung

Ereignissen an der Börse, z. B. bestimmten Kursentwicklungen und den Reaktionen der Marktteilnehmer, die ihre Orders erteilen, massiv verkürzt, und auch die Abwicklungszeit für die Börsentransaktion ist bei einer Computer-Börse extrem kurz. Nur unter diesen Bedingungen ist Intra-Day Trading möglich. Wegen der hohen Reaktions- und Abwicklungsgeschwindigkeit einerseits und wegen der hohen Markttransparenz andererseits, die gelegentlich eine ungeheure Vielzahl von Marktteilnehmern gleichzeitig und in gleicher Weise reagieren lässt, trägt der Einsatz von B. tendenziell auch zu einer *Steigerung der Volatilität* bei. B., die spürbar dazu beitragen, dass eine Börse gegenüber den Konkurrenzbörsen für die Marktteilnehmer attraktiv wird, so dass sie dieser Börse ständig steigende Ordervolumina zuleiten, können eine *Steigerung der Marktliquidität* dieser Börse zu Lasten der Konkurrenzbörsen bewirken. Dieser Effekt trat an der Frankfurter Wertpapierbörse bald nach Einführung des Xetra-Handelssystems ein, das sehr schnell ca. 85% des Umsatzes in den DAX-Werten auf sich gezogen hat.

8. Aktuelle Entwicklungen

Die Börsen sehen sich seit einiger Zeit mit der Herausforderung konfrontiert, dass sich → *Electronic Communication Networks* (ECN) als private elektronische Handelssysteme etablieren und den Börsen Marktliquidität entziehen (vgl. o.V. 2000). Ein ECN ist ein elektronisches Netzwerk, über das ein ordergetriebener anonymer Aktienhandel abgewickelt werden kann. Es kann somit die *Handelsfunktionen einer elektronischen Handelsplattform* wie z.B. Xetra übernehmen. Der wesentliche Unterschied besteht aber darin, dass eine Börse mit elektronischem Handelssystem auch zuverlässig Clearing und Settlement durchführen kann, ein ECN jedoch nicht. *Für Clearing* und *Settlement* müssen ECNs *Sonderregelungen* entwickeln, und es bleibt abzuwarten, ob sie hierbei eine größere Effizienz realisieren als elektronische Börsen. In den USA entfallen schon ca. 30 % des Handels in NASDAQ-Aktien auf ECNs, und hierbei dominieren Instinet und Island. Für die Börsen werden die ECNs eine ernst zu nehmende Bedrohung im Wettbewerb sein, wenn es ihnen gelingt, nicht nur für spezielle Anlegergruppen, sondern für ein breites Anlegerpublikum Wertpapiertransaktionen einschließlich Clearing und Settlement zu deutlich niedrigeren Transaktionskosten anzubieten als bei Börsentransaktionen unter Einschaltung von Banken als Intermediäre.

Literatur

GERKE, W. (1993), Computerbörse für den Finanzplatz Deutschland, in: DBW, 53. Jg., H. 6, S. 725-748.

MEYER ZU SELHAUSEN, H. (2000), Bank-Informationssysteme – Eine Bankbetriebswirtschaftslehre mit IT-Schwerpunkt, Stuttgart.

o. V., Katalysatoren des Wandels, in: vision + money, January 2000, S. 12-19.

Börseninformations- und Ordersystem, (BIFOS); wurde von der → Rheinische-Westfälische Börse zu Düsseldorf (RWB) entwickelt und von einigen deutsche Regionalbörsen eingesetzt. BIFOS wird zunehmend vom → Börsen-Order und Service-System computerunterstütztes Börsenhandels- und Entscheidungssystem verdrängt. Vgl. auch → BOSS-CUBE.

Börseninformationsdienste, Bezeichnung für Unternehmen, die Anlegern → Börsentipps gegen Entgelt geben. Häufig erfolgen die Hinweise periodisch in Form von → Börsenbriefen.

Börsenkapitalisierung, *Börsenwert, Marktkapitalisierung, market capitalization, stock market value;* Verfahren der marktorientierten → Unternehmensbewertung, bei

Börsenkrach

der ein Unternehmenswert aus dem Börsenkurs, multipliziert mit der Anzahl ausstehender Aktien bestimmt wird. Die B. gibt an, welchen Wert die → Aktionäre einem Unternehmen beimessen. Da der Börsenkurs schwankt, kann sich der ermittelte Unternehmenswert kurzfristig erheblich verändern.

Börsenkrach, *crash*; bezeichnet eine besonders deutliche und rasche Korrektur an den → Kapitalmärkten. Durch → Überbewertungen bedingte panikartige Wertpapierverkäufe führen zu massiven Verlusten.

Börsenkurs, *market quotation/quoted value*. Der B. ist der Preis für die an einer Börse notierten und gehandelten Objekte. Während der Handelszeit an einer Präsenzbörse wird der B. nach Angebot bzw. Nachfrage durch die amtlichen → Kursmakler festgesetzt. Gemäß § 11 I BörsG gilt der B. auch für Wertpapiere, die sich an einer Börse, in einem durch die Börsenordnung geregelten → elektronischen Handelssystem (z.B. → XETRA), oder an Börsen bilden, an denen nur ein elektronischer Handel stattfindet (z.B. EUREX). – Der B. an deutschen → Effektenbörsen wird entweder in Prozent des Nennbetrages oder in Euro je Stück festgestellt. – Vgl. auch → Börsenkursnotierung, → Kursbildung am Aktienmarkt, → Kursbildung am Devisenmarkt, → Kursbildung am Rentenmarkt, → Kursbildung an der Börse, → Kursbildung an der Eurex und → Kursbildungstheorien.

Börsenkursblatt, → amtliches Kursblatt.

Börsenkursnotierung (-notiz), *market quotation, stock market listing*; bezeichnet die Festsetzung des amtlichen → Börsenkurses. Die B. erfolgt durch den jeweiligen → Börsenvorstand, der diese Aufgabe i.d.R. auf die amtlichen → Kursmakler überträgt. Für Wertpapiere erfolgt die B. an den verschiedenen → Börsenplätzen jeweils getrennt. Aufgrund des Mechanismus der → Arbitrage bestehen jedoch i.d.R. keine großen Unterschiede an den verschiedenen Börsenplätzen. Sollten Wertpapiere in einer größeren Stückzahl gehandelt werden, so erfolgt eine → fortlaufende Notierung.

Börsenmakler, *Kursmakler*; sind an der → Börse kraft amtlichen Auftrags in der Vermittlung der Geschäfte zwischen Käufer und Verkäufer tätig. Unter anderem obliegt ihnen die Feststellung der aktuellen → Kurse. In Deutschland werden die B. von der Landesregierung des jeweiligen → Börsenplatzes bestellt und vereidigt. Ihnen sind keine anderen Handelsgeschäfte erlaubt und nur Geschäfte auf fremden Namen gestattet, wobei ein Selbsteintritt zum Spitzenausgleich geduldet wird. Der B. kann entweder für alle zugelassenen → Wertpapiere Abschlüsse vermitteln oder er spezialisiert sich auf bestimmte Titel, die ihm vom Börsenvorstand zugewiesen werden. Für seine Tätigkeit erhält er eine sog. → Courtage.

Börsenmaßnahmen gegen größere Kursschwankungen. Stellt der → Kursmakler aufgrund der ihm vorliegenden Kauf- und Verkaufsaufträge fest, dass der Kurs eines Wertpapiers stark vom zuletzt notierten Kurs oder der zuletzt genannten Kurstaxe abweichen dürfte, so hat er bei den meisten Wertpapierkategorien die erwartete Kurssteigerung auf der → Maklertafel anzuzeigen. Die Zahl der Plus- bzw. Minuszeichen sind nach Grad der jeweiligen Abweichung gestaffelt (→ Kursveränderungsankündigung). Bei einer derartigen Maßnahme darf der Kurs erst nach einer angemessenen Frist und nur im Einvernehmen mit der → Handelsüberwachungsstelle festgestellt werden. Im Falle der → Aussetzung der Kursnotierung von Aktien, festverzinslichen Wertpapieren und bestimmten Optionsscheinen sind bei der Wiederaufnahme der Notierung ebenfalls die erwarteten Kursveränderungen anzukündigen. Dabei kann der Kursmakler im Einvernehmen mit der Handelsüberwachungsstelle den Beginn der Wiederaufnahme der Kursnotierung eine angemessene Zeit hinauszögern oder bei der → fortlaufenden Notierung zunächst mit der Feststellung des → Einheitskurses beginnen.

börsennotierte Aktien, *exchange listed shares*; werden an einem öffentlich zugänglichen, staatlich geregelten und überwachten Markt gehandelt (§ 2 II AktG). An deutschen Börsen entsprechen die Segmente → Amtlicher Handel und → Geregelter Markt, nicht jedoch der → Freiverkehr dieser Definition. Die neu gegründeten Segmente → Neuer Markt und → SMAX erfüllen diese Definition, da die dort gehandelten Werte unter anderem die Zulassungsvoraussetzungen des

Geregelten Marktes erfüllen müssen. Die Aufnahme der Aktien einer AG in den Handel an einem der Börsensegmente setzt eine Zulassung nach den Vorschriften des Börsengesetzes und der Börsenzulassungsverordnung voraus. Nach der Zulassung unterliegen die AGs segmentabhängigen Berichts- und Publizitätspflichten. – Vgl. auch → Börsenzulassung.

Börsen-Order und Service-System computerunterstütztes Börsenhandels- und Entscheidungssystem, (BOSS-CUBE, BOSS); stellt ein Subsystem der Präsenzbörse zur Unterstützung der Ordererfassung, des Orderroutings und der Orderverwaltung sowie der Generierung von Kursvorschlägen dar. Diese Spezialsoftware wurde 1992 zur Steigerung einer effizienteren Auftragsabwicklung von der → Frankfurter Wertpapierbörse eingeführt.

Börsenordnung, *exchange relations*. Die B. wird vom jeweiligen Börsenrat erlassen und bildet die Satzung der Börse. Die in ihr enthaltenen Bestimmungen umfassen als wichtigste Punkte den Geschäftszweig der Börse, die Organisation, Regelungen zur Preisermittlung und Veröffentlichung.

Börsenorgane, *stock exchange authorities*. An jeder deutschen Wertpapierbörse finden sich Institutionen, denen die Organisation und Überwachung des Börsenhandels sowie der Börsengeschäftsabwicklung obliegt. Zu den bedeutendsten B. gehören: – 1. → Börsenrat. Dieses höchste B. besteht aus maximal 24 ehrenamtlich tätigen Mitgliedern, die primär aus der Mitte der → Börsenhandelsteilnehmer gewählt werden. Es erlässt vor allem die → Börsen- und Gebührenordnung sowie die Bedingungen für Börsengeschäfte. Des weiteren ernennt er den Leiter der → Handelsüberwachungsstelle und beruft die → Börsengeschäftsführung, die es zudem überwacht. Ferner wählt es auch die Mitglieder der → Zulassungsstelle bzw. des → Zulassungsausschusses. – 2. Börsengeschäftsführung. Der Börsengeschäftsführung obliegen in eigener Verantwortung alle allgemeinen Leitungsfunktionen, die der tägliche Betrieb der Börse mit sich bringt. Dazu zählt vor allem die Zulassung von Unternehmen und Personen zur Teilnahme am Börsenhandel sowie die Beauftragung von Börsenmaklern mit der Kursfestlegung der

Börsenpflichtblatt

einzelner Wertpapiere. Außerdem entscheidet die Geschäftsführung über die Aufnahme von Wertpapieren in den fortlaufenden Handel nebst den jeweiligen → Mindestschlussgrößen, die Einbeziehung von Wertpapieren in ein elektronisches Handelssystem samt den erforderlichen Regelungen (Zahl der Auktionen, Mindestschlussgröße) sowie über die Zulassung von Börsentermingeschäften. Unbeschadet der Zuständigkeit der Handelsüberwachungsstelle überwacht sie die Einhaltung der einschlägigen Gesetze, Rechtsverordnungen, Geschäftsbedingungen und trifft erforderlichenfalls Anordnungen gegenüber den Handelsteilnehmern. – 3. Zulassungsstelle/Zulassungsausschuss. Die Zulassungsstelle entscheidet über die Zulassung von Wertpapieren zum Handel mit amtlicher Notierung und überwacht die Einhaltung der Pflichten, die sich aus der Zulassung für den Emittenten ergeben. Im Geregelten Markt übernimmt der Zulassungsausschuss diese Funktion.

Börsenparkett, → Parkett.

Börsenperiode, *period of trading*; bezeichnet voneinander zu unterscheidende Zeiträume während der → Börsenzeit. Die darin geltenden Matchingregeln (→ Matching) können voneinander abweichen. Während im → laufenden Handel die → Preis-Zeit Priorität verwendet wird, wird der → Eröffnungskurs in der → Eröffnung nach dem → Meistausführungsprinzip bestimmt.

Börsenpflicht, bezeichnet eine Maßnahme zur Gewährleistung von → Liquidität an Börsen. Demnach müssen → Aufträge grundsätzlich börslich abgewickelt werden bzw. sofern sie unterhalb bestimmter Werte, den sogenannten Börsenpflichtlimiten, liegen. Eine solche B. existiert beispielsweise an der → Swiss Exchange. Dort sind Einzelaufträge in → Anleihen und → Optionen unter 100.000 CHF sowie in Aktien unter 200.000 CHF genauso wie Sammelaufträge unter einem Wert von 1.000.000 CHF börsenpflichtig.

Börsenpflichtblatt, *Börsenblatt*, *official stock exchange gazette*. B. sind von der → Zulassungsstelle gemäß § 37 BörsG als Bekanntmachungsblätter zu bestimmende Zeitungen für insbesondere nach dem → BörsG sowie nach dem → Gesetz über den

Börsenpreis

Wertpapierhandel vorgeschriebene Veröffentlichungen. Es müssen mindestens drei inländische Zeitungen benannt werden, wobei zwei dieser Zeitungen Tageszeitungen mit überregionaler Verbreitung im Inland sein müssen.

Börsenpreis, *stock market price*. Gemäß § 30 BörsG sind an Börsen, an denen B. amtlich festgestellt werden, → Kursmakler zu bestellen. Die Kursmakler haben die B. an den Wertpapierbörsen amtlich festzustellen und an Warenbörsen bei der amtlichen Feststellung mitzuwirken. Als B. ist derjenige Preis festzustellen, welcher der wirklichen Geschäftslage des Handels an der Börse entspricht. Der Kursmakler hat alle zum Zeitpunkt der Feststellung vorliegenden Aufträge bei ihrer Ausführung unter Beachtung der an der Börse bestehenden besonderen Regelungen gleichzubehandeln. – Vgl. auch → Börsenpreis, Feststellung, → Börsenkurs und → Börsenkursnotierung.

Börsenpreis, Feststellung, *Kursfeststellung, exchange price fixing*. Die Kursfestsetzung der zum → amtlichen Handel freigegebenen Wertpapiere erfolgt während der Börsenzeit durch amtliche → Kursmakler und wird im → Kursblatt der Börse bzw. auch in der Tagespresse veröffentlicht. Festgesetzt wird der → Börsenpreis durch den Kursmakler börsentäglich unter Berücksichtigung der Auftragslage. Es ist derjenige Preis festzustellen, zu dem der größte Umsatz bei größtmöglichem Ausgleich der dem Kursmakler vorliegenden Aufträge stattfindet (→ Meistausführungsprinzip). Im Übrigen hat sich der Kursmakler um eine Preisstellung zu bemühen, welche unter Berücksichtigung der zwischenzeitlich eingetretenen → Tendenz die geringste Abweichung zum letzten notierten Preis aufweist. – Es gibt unterschiedliche Methoden bei der B.: 1. Bei variablen bzw. fortlaufenden Kursen kommt es bei jedem zustandegekommenen Geschäft zur → fortlaufenden Notierung. – 2. Beim → Kassakurs bzw. Einheitskurs wird derjenige B. festgelegt, zu dem im Rahmen einer periodischen → Auktion das größtmögliche Umsatzvolumen abgerechnet werden kann (→ Meistausführungsprinzip). – 3. Beim kontinuierlichen → Auktionsverfahren werden den laufend Einzelkurse festgestellt. Die vorliegenden Orders werden so weit wie möglich bedient, der nicht bediente Teil wird neu gehandelt. Dieses Verfahren ist z. B. an der → New York Stock Exchange (NYSE) üblich. – Vgl. auch → Auktionsprinzip.

Börsenprospekt, *Börsenzulassungsprospekt, listing particulars*; Bezeichnung für diejenigen Prospekte, die vom → Emittenten zusammen mit einem Kreditinstitut oder einem Finanzdienstleistungsinstitut für Wertpapiere, die zum → Börsenhandel zugelassen werden sollen, zu erstellen sind. Für Wertpapiere, die bis dahin noch nicht im Inland öffentlich angeboten worden sind, übernimmt der B. zugleich die Funktion des beim erstmaligen öffentlichen Angebot von Wertpapieren generell zu erstellenden → Verkaufsprospekts für Wertpapiere. – → Amtliche Notierung: Wertpapiere, die mit amtlicher Notierung an der Börse gehandelt werden sollen, sind zum Börsenhandel nur zuzulassen, wenn dem nach § 36 II BörsG erforderlichen Antrag auf Zulassung ein Prospekt zur Veröffentlichung beigefügt ist, der dem Publikum ein zutreffendes Bild über den Emittenten und die Wertpapiere ermöglicht (§ 36 III Nr. 2 BörsG). Die Anforderungen an den Prospektinhalt sowie die Fälle, in denen von der Pflicht einen Prospekt zu veröffentlichen, befreit werden kann, sind in der Verordnung über die Zulassung von Wertpapieren zur amtlichen Notierung an einer Wertpapierbörse geregelt. In dem Prospekt enthalten sein müssen u.a. Angaben über die Personen oder die Gesellschaften, die für den Inhalt des Prospekts die Verantwortung übernehmen, die Emittenten der Wertpapiere sowie Angaben über die Prüfung der Jahresabschlüsse des Emittenten und anderer Angaben im Prospekt. Der Prospekt ist durch Abdruck in den → Börsenpflichtblättern, in denen der Zulassungsantrag von der Börse bekannt gemacht wurde (§ 49 BörsZulV), oder durch Herstellung der sog. → Schalterpublizität zu veröffentlichen (§ 36 IV BörsG). Wird der letztgenannte Weg gewählt, so ist darauf in den zuvor genannten Börsenpflichtblättern hinzuweisen. Der B. bedarf bevor er veröffentlicht werden kann, der Billigung der Zulassungsstelle (§ 36 IIIa BörsG). Der B. als solcher ist erst einen Werktag vor der Einführung der Wertpapiere an der Börse (§ 42 BörsG) zu veröffentlichen (§ 43 I S. 1 BörsZulV). Werden die Wertpapiere zuvor öffentlich angeboten, so ist der B. als Verkaufsprospekt bereits einen Werktag vor dem ersten öffentlichen Angebot zu veröffentlichen (§§ 5, 9 I VerkProspG). Treten nach der Veröffentlichung des Prospekts Veränderungen ein, die für die Beurteilung des Emittenten oder der an der Börse einzuführenden Wertpapiere von wesentlicher Bedeutung sind, so sind diese in einem Nachtrag zum Prospekt zu veröffentlichen (§ 52 II BörsZulV). – → Geregelter Markt: Für Wertpapiere, die zum Handel mit nicht-amtlicher Notierung (Geregelter Markt) zugelassen werden sollen, ist gemäß § 73 I Nr. 2 BörsG dem Antrag auf Zulassung ein Prospekt in Form eines Unternehmensberichtes beizufügen. Dessen Inhalt richtet sich nach der Verordnung über Wertpapier-Verkaufsprospekte. Der Unternehmensbericht unterscheidet sich inhaltlich kaum von dem für die Zulassung eines Wertpapiers zum amtlichen Handel zu erstellenden B. Der Umfang der erforderlichen Angaben ist indes geringer. Der Unternehmensbericht darf erst veröffentlicht werden, wenn er vom → Zulassungsausschuss gebilligt wurde (§ 73 Ia BörsG). Die Börsenordnungen sehen grundsätzlich die Pflicht seiner Veröffentlichung in mindestens einem überregionalen Börsenpflichtblatt oder durch Herstellung der Schalterpublizität sowie einem Hinweis darauf in einem Börsenpflichtblatt vor (vgl. § 72 II Nr. 1 BörsG und z.B. §§ 59, 62 der Börsenordnung für die Frankfurter Wertpapierbörse). Werden die Wertpapiere vor ihrer Einführung in den Geregelten Markt öffentlich angeboten, so ist der Unternehmensbericht als Verkaufsprospekt einen Werktag vor dem ersten öffentlichen Angebot in der genannten Weise zu veröffentlichen (§§ 5 II, 9 I, II VerkProspG). Veränderungen, die für die Beurteilung des Emittenten oder der Wertpapiere von wesentlicher Bedeutung sind, sind unverzüglich in einem Nachtrag zum Prospekt zu veröffentlichen. – → Freiverkehr: Für Wertpapiere, die in den Freiverkehr (§ 78 BörsG) an der Börse einbezogen werden sollen, ist grundsätzlich kein B. zu erstellen. Sofern sie über die Notierung im Freiverkehr hinaus im Inland öffentlich angeboten werden sollen, besteht jedoch die Pflicht, einen → Verkaufsprospekt für Wertpapiere (§§ 1, 7 VerkProspG i.V.m. der VerkProspVO) zu erstellen. Der Träger des Freiverkehrs kann durch die von ihm zu erlassenden Handelsrichtlinien (§ 78 BörsG) die Erstellung eines B. zur Voraussetzung für die Einbeziehung eines Wertpapiers in den Freiverkehr machen. Damit können innerhalb des Freiverkehrs Handelssegmente etabliert werden. So enthält z.B. das Regelwerk des an der Frankfurter Wertpapierbörse von der → Deutschen Börse AG eingerichteten → Neuen Marktes die Pflicht, einen B. zu erstellen, dessen inhaltliche Anforderungen über diejenigen des VerkProspG und an den Prospekt für den Geregelten Markt hinausgehen. – Vgl. auch → Emissionsprospekt, → Prospekthaftung und → verkürzter Prospekt.

Börsenpsychologie

Dr. Bernhard Jünemann

1. Börsen und Gefühle

Wenn Börsen boomen, die Kurse ins schier Unermessliche steigen, aber genauso wenn die Baisse wütet und immer neue Tiefs markiert werden, dann spüren private wie professionelle Anleger, dass die üblichen fundamentalen Bewertungsmaßstäbe kaum noch ausreichend Orientierung geben. Dann kommt Psychologie ins Spiel, dann brechen zwischen → Gamma und → Delta der effizienten Kapitalmarkt- und Optionspreistheorien menschliche Gefühle hervor.

Börsen- oder auch Investmentpsychologie beschäftigt sich mit dem Einfluss von Gefühlen auf das Anlageverhalten, zum einen auf der Ebene des Individuums, zum anderen – in aggregierter Form – auf der Ebene des Marktes. Psychologische und wirtschaftliche Aspekte werden also gemeinsam untersucht.

Börsenpsychologie

Im Unterschied zur → Fundamental- und zur → Technischen Analyse, die sich auf Bestimmung von Werten bzw. Kursentwicklungen konzentriert, richtet sich Börsenpsychologie auf das kursbeeinflussende Verhältnis unterschiedlicher Emotionen. Zwei typische kursbeeinflussende Antipoden auf der Gefühlskala sind Gier und Angst. Wie nachhaltig menschliche Gefühlswallungen die Märkte beeinflussen können, lehrt ein Blick in die Börsengeschichte. Erreichen die Emotionen der Anleger Extremwerte, kulminieren sie in Panik oder Euphorie, erreichen auch die Kurse Höchst- oder Tiefstände. Abweichend vom → Ertragswert zahlen die Anleger dann Aufschläge oder fordern Abschläge, deren Höhe ein Kursbestimmungsfaktor darstellt. Gleich einem Motor treiben die Emotionen permanent die Kurse über den Ertragswert hinaus von einem zum anderen Extrem. → Spekulative Blasen bauen sich auf und zerplatzen.

Börsenpsychologie stellt kein geschlossenes wissenschaftlich abgesichertes Lehr- und Theoriegebäude da. Sie umfasst zum einen Erkenntnisse ökonomischer und psychologischer Forschung wie sie in jüngster Zeit durch → Behavioral Finance, die verhaltensorientierte Kapitalmarkttheorie, beschrieben wird. Zum anderen bezieht sie immer wieder die Erfahrung von Praktikern, bewährte Psychoregeln und Anlagestrategien ein. Aus Sicht der Anleger ist entscheidend, was davon wann und wie lange „funktioniert", mit welchen Methoden sie also erfolgreicher, sprich gewinnträchtiger an den Märkten agieren.

2. Geschichtliche Entwicklung

"Börse ist Psychologie", hat der Buchautor und Börsenspekulant André Kostolany immer wieder als Quintessenz seiner Anlageerfahrung weitergegeben. Dies ist keine neue Erkenntnis. Denn schon in den frühen Schriften zum Börsenwesen finden sich mannigfache Hinweise, wie psychologische Faktoren die Preisbildung beeinflussen. So kennzeichnet Joseph de la Vega, der in seinem Werk „Confusion de Confusiones" 1688 die Verhältnisse an der Amsterdamer Börse beschreibt, die Mentalität von Spekulanten wie folgt:

„Wenn der Käufer von Aktien sieht, dass sie fallen, zürnt er, gekauft zu haben; wenn sie steigen, zürnt er, verkauft zu haben; wenn die Aktien steigen, der Verkauf Gewinn bringt und sie dann einen noch höheren Kurse erreichen, so zürnt er, dass er sie zu billigerem Preis abgegeben hat; wenn er weder kauft noch verkauft und der Kurs steigt, zürnt er, dass er, obwohl Veranlassung zum Kauf vorlag, diesen nicht ausgeführt hat; wenn der Kurs sinkt, so zürnt er, dass er, obwohl Grund zum Verkauf vorlag, sich zu diesem nicht entschlossen hat. Wenn man ihm irgendeinen Wink oder Ratschlag gibt, so zürnt er, dass man es ihm nicht früher sagte. Wenn es ein Irrtum ist, so zürnt er, dass man es ihm sagte. Alles an der Börse ist somit Untreue, Reue und Wahn." Schon in diesem Werk sind also verschiedene Verhaltensweisen wie selektive Wahrnehmung oder Kontrollillusion beschrieben, die heute Gegenstand wissenschaftlicher Forschung sind.

Die Börsengeschichte stellt sich als eine lange Kette emotionaler Extremsituationen dar. Besonders in Zeiten wirtschaftlichen Aufbruchs gab es immer wieder Banken- und Börsenkräche – seien es die Südsee-Spekulation 1720, die Gründkräche in den siebziger Jahren des 19. Jahrhunderts, der Schwarze Freitag 1929, der Crash von 1987 oder die zerplatze Technologieblase 2000. Kein Wunder, dass solche Gefühlswallungen Schriftsteller inspirierten. So liest sich zum Beispiel Emile Zolas Roman von 1891 „L'Argent" wie eine Fallstudie der Börsenpsychologie.

Die Psychologie, die sich im 19. Jahrhundert als eigenständige Wissenschaft zu etablieren begann, nahm sich zunächst kaum der Finanzmärkte als Untersuchungsobjekte an. Die Nationalökonomie, die in ihren Anfängen besonders bei der Formulierung von Nutzentheorien psychologische Betrachtungsweisen beherzigte, wird seit den zwanziger Jahren dieses Jahrhunderts vom neoklassischen Theorieansatz dominiert. In seinem Mittelpunkt steht das Modell der vollkommenen Konkurrenz, das einen stets rational handelnden homo oeconomicus voraussetzt.

Dieses Modell stand auch Pate für die moderne Kapitalmarkttheorie, die seit Beginn der sechziger Jahre die wissenschaftliche Diskussion beherrscht. Anfang der siebziger Jahre entwickelte Eugene Fama die These von der → Informationseffizienz der Märkte, mit der seitdem Kapitalmärkte meistens beschrieben werden. All diese Ansätze kranken jedoch daran, dass sie ratio-

Börsenpsychologie

nales Verhalten und vollkommene Information voraussetzen – zwei Bedingungen, die in der Realität nicht nur unwahrscheinlich, sondern unmöglich sind. Psychologisch bedingte Abweichungen wurden demnach als Störungen betrachtet, als Anomalien im Marktgeschehen. Sogenannte → Noise-Trader mit einem zum rational handelnden Investor deutlich verminderten Informationsstand wurden für solche Irrationalitäten verantwortlich gemacht. Wegen der zunehmenden Unzulänglichkeit solcher Erklärungsmuster entwickelte sich in den achtziger Jahren ein neues Forschungsgebiet: Behavioral Finance. Es agiert im Spannungsverhältnis von Ökonomie und Psychologie. Seine Erkenntnisse finden zunehmend Beachtung. So gab der amerikanische Notenbankchef Alan Greenspan 1996 und 1997 seiner Sorge um die heißgelaufenen Börsen Ausdruck und warnte vor „irrationaler Jubelstimmung". Seine Rede vor dem amerikanischen Kongress am 26. Februar 1997 liest sich wie ein Auszug aus den Lehrbüchern des Behavioral Finance: "Nach der Periode einer langanhaltenden wirtschaftlichen Entspannung, werden die Menschen anfällig für Sorglosigkeit," so erklärte Greenspan den Abgeordneten. Die Risikoprämien seien auf ein Minimum gefallen und man höre überall zur Beruhigung, dies sei eine "neue Ära". Dann warnte er: "Die Geschichte ist voll von solchen neuen Ären, die sich als Illusion entpuppten." Solche Äußerungen und nicht zuletzt das entschlossene Gegensteuern in der Asienkrise 1998 unterstreichen, wie stark die Notenbanken inzwischen die Psychologie der Finanzmärkte in ihr Kalkül einbeziehen.

3. Behavioral Finance

Die bahnbrechenden Arbeiten De Bondt und Thaler Mitte der achtziger Jahre gaben entscheidenden Anstoß zur Entwicklung dieses neuen Forschungsgebietes. Das Primat der Rationalität der Marktteilnehmer wird grundsätzlich durch eine eingeschränkte Rationalität ersetzt. Irrationalität wird thematisiert, Verhaltensanomalien werden systematisch untersucht.

Die Ansätze bauen auf den Erkenntnissen der Psychologen Kahnemann und Tversky auf, die in umfangreichen psychologischen Experimenten festgestellt haben, dass sich Anleger in der Regel Heuristiken, sogenannter Daumenregeln bedienen, um die Komplexität von Entscheidungssituationen zu meistern. Hinzu treten weitere Phänomene wie die selektive Wahrnehmung und die Kontrollillusion. Aus diesen Phänomenen haben Goldberg und v. Nitzsch 1997 vereinfacht fünf Rationalitätsfallen und entsprechend fünf Anlegertypen entwickelt:

- Vorschnelles Handeln. Dieser Anlagertyp nimmt sich nur wenig Zeit zur Analyse, verarbeitet Informationen schematisch, liebt Faustformeln und neigt deshalb zu Fehleinschätzungen. Oft sieht er Zusammenhänge, wo gar keine sind, nur weil sie gut in seine Denkschemata passen.

- Selbstüberschätzung (Kontrollillusion). Dieser Anlegertyp glaubt, dass seine Kursprognosen meist zutreffen und dass er die Märkte im Griff hat. Besonders nach erfolgreichen Engagements nimmt er hohe Risiken auf sich. Sein Ziel ist es, möglichst schnell reich zu werden. Deshalb hat er in der Regel viel Geld in wenige Papiere investiert.

- Fixierung auf den Einstandspreis (Mental Accounting). Dieser Typ führt für jedes Engagement ein eigenes Konto. Er orientiert sich zu sehr am Einstandspreis und will unbedingt jede Position mit Gewinn abschließen. Verlustreiche Positionen lässt er oft zu lange laufen und realisiert Gewinne zu früh.

- Hängen an Entscheidungen (selektive Wahrnehmung). Diesem Typ fällt es schwer, sich einzugestehen, dass er etwas falsch gemacht hat. Er hängt emotional sehr an seinen Entscheidungen. Er will sich ständig rechtfertigen und neigt dazu, Informationen, die ihm gelegen kommen, stärker zu gewichten.

- Übertriebene Angst (Angst vor Kontrollverlust). Dieser Investor hat ein hohes Bedürfnis nach Kontrolle. Bei großen Kursschwankungen gerät er in starken Stress, fühlt sich ausgeliefert und hilflos. Zeitweise ist er wie gelähmt und neigt dann wieder zu panischen Reaktionen. Lukrative Gewinnmöglichkeiten verpasst er häufig.

Börsenpsychologie

Solche Anomalien im Sinne rationalen Verhaltens sind bei jedem Anleger mehr oder minder stark ausgeprägt. Ein Anlegertest in der Zeitschrift BÖRSE ONLINE 1999 hat ergeben, dass solche Anomalien negativ mit der Erfahrung am Börsengeschehen korreliert sind: Je größer die Erfahrung desto geringer sind sie ausgeprägt.

Überträgt man solche Prägungen von Anlegern nun auf die Marktebene, lassen sich Marktphasen identifizieren, in denen das beschriebene Verhalten unterschiedlich stark wirksam ist, am deutlichsten in Hausse- oder Baissephasen. Soziale Effekte der Imitation führen zu dem immer wieder beschriebenen beobachteten Herdenverhalten, das schließlich in Trendumkehr und Trendbrüchen mündet.

Trotz oder gerade wegen der Fülle der individuellen Phänomene ist es noch nicht gelungen aus den Erkenntnissen von Behavioral Finance zuverlässige Instrumente für die Prognose des Marktgeschehens zu entwickeln. Auch wenn psychologische Ketten identifiziert werden können, lässt sich kaum vorhersagen, wie lange sie wirken. Hier dürfte Behavioral Finance Impulse für die Weiterentwicklung der technischen Analyse geben, die sich mit der Identifizierung von Trends und von Trendwechseln im Börsengeschehen befasst.

4. Messung der Marktpsychologie

Wenn Gefühle die Märkte regieren oder wenigsten beeinflussen, so ist es offenbar sinnvoll diese Kräfte zu identifizieren, zu messen und für die Prognose von Anlegerverhalten zu nutzen. Dazu dienen einmal → Charts, die Preisinformationen im Zeitablauf wiedergeben, zum anderen spezielle Indikatoren, die sich direkt auf den Grad des Pessimismus oder Optimismus im Markt beziehen. Der Psychologe und Trader Alexander Elder bezeichnet diese Methoden als „angewandte Sozialpsychologie". Sie alle beruhen auf der Annahme, dass das Verhalten der Marktteilnehmer über längere Zeit hinweg im Durchschnitt stabil ist. In der klassischen Chartanalyse steht das Kurs-Umsatz-Verhalten im Mittelpunkt. Bestimmte Formationen gelten als Untermauerung eines längeren Trends, andere wiederum als Anzeichen eines bevorstehenden Trendwechsels. Die meisten direkt auf die Anlegerpsychologie zielenden technischen Indikatoren funktionieren innerhalb eines bestimmten Rahmens als trendbestätigende, darüber hinaus als Kontraindikatoren. Erreicht der Grad des Optimismus ein durch langjährige Erfahrung bestimmtes Maß, schlägt der Trend meist in das Gegenteil um. Entsprechendes gilt für den Grad des Pessimismus. Bekannte Stimmungsindikatoren sind u. a. das Verhältnis von optimistischen zu pessimistischen Börsenbriefen und Beratern, das Verhältnis von → Put- zu → Call-Optionen, Mittelzuflüsse und Barquoten von Investmentfonds oder Messung des Kurs-Umsatzverhaltens und Identifikation von gegenläufigen Entwicklungen.

Danach gelten zum Beispiel geringe Barbestände von Fonds oder hohe Umsätze ohne weiter steigenden Aktienindizes als relativ sichere Zeichen für bald fallende Kurse.

Wie zuverlässig diese Indikatoren jedoch sind, um den besten Ein- und Ausstieg für ein Engagement herauszufinden, ist umstritten und offenbar von der jeweiligen Marktphase abhängig. In Trendmärkten gibt es nach den Erfahrungen relativ gute Signale, in seitwärtsgerichteten und gleichzeitig volatilen sogenannten Sägezahn-Märkten relativ viele Fehlsignale.

Zum Teil ist dies mit der Funktionsweise von Märkten zu erklären. Der typische Anleger erfüllt darin einerseits eine kognitive, andererseits eine teilnehmende Rolle. Was funktioniert, wenn wenige viele messen und aus dem Verhalten der Masse vorausschauend ihren Gewinn erzielen, versagt oft dann, wenn viele viele messen. Wenn zum Beispiel beim Erreichen eines Chartpunkts alle Verkaufsorder auf einmal erteilt werden, sackt der Preis mangels Käufer viel tiefer ab, als beabsichtigt. Umgekehrt steigt er auch viel höher als beabsichtigt. Die Prognosen erfüllen sich selbst. Da jedoch eine Fülle technische Analysemethode miteinander konkurrieren und zudem die Spannweite der Interpretationen recht weit ist, bleibt die Marktpsychologie weiterhin nur begrenzt berechenbar.

Börsenpsychologie

5. Psychologie und Anlagepraxis

Außer den Ansätzen des Behavioral Finance und der technischen Analyse lassen sich durchaus praktische Psychoregeln als eigenständige Schule begreifen. Besonders in den USA, floriert die Branche, die Händler psychologisch auf Erfolg zu trainieren verspricht. Diese Entwicklung erklärt sich zu einem daraus, dass Amerikaner in der Regel unbefangener als Europäer Rat auf der Couch des Psychologen suchen, zum anderen mit dem ungeheuren psychischen Druck, dem Händler an den Börsen, in den Banken und Investmenthäusern ausgesetzt sind. Diese Schule bindet Erkenntnisse der Kapitalmarktforschung, der Spieltheorie und praktische Börsenerfahrung mit psychologischen Trainingsmethoden zusammen. Ziel ist es, den Anleger und Händler emotional fit für das Auf und Ab der Kapitalmärkte zu machen. Dazu sollen die Individuen ihr Selbstbewusstsein stärken und emotionale Disziplin einüben, um per saldo erfolgreicher an den Märkten zu agieren. Ausgangspunkt ist die Devise: Erkenne dich selbst. Der Anleger soll sich zunächst über seine Absichten bei seinen Börsengeschäften klar werden sowie seine Schwächen und Stärken schonungslos analysieren. Nur wer seine Fehler akzeptiert und aus ihnen lernt, wer seine Erfahrung systematisch reflektiert, wird demnach sein Investitionsverhalten sukzessive verbessern. Gemäß dieser Sichtweise steht nicht die Prognose künftiger Ereignisse, sondern der Umgang mit den Zufälligkeiten des Marktes im Mittelpunkt.

6. Money Management

"Gewinne laufen lassen, Verluste begrenzen", lautet eine alte Börsenregel. Sie ist leicht dahingesagt, völlig plausibel, nur in der Praxis äußerst schwer zu befolgen. Der im angelsächsischen Sprachraum übliche Begriff des Money Management dient der Selbstdisziplinierung. Es befasst sich zuerst mit dem zweiten Teil der genannten Börsenregel. „Das erste Ziel des Money Managements ist, das Überleben zu sichern. Man muss Risiken vermeiden, die einen aus dem Geschäft werfen können", formuliert zum Beispiel der amerikanische Psychologe Alexander Elder. „Das zweite Ziel ist es, ein gleichmäßiges Einkommen zu erzielen, und das dritte hohe Gewinne zu realisieren – doch das Überleben kommt an erster Stelle." Money Management ist damit als umfassendes System der Risikokontrolle definiert. Es richtet sich vor allem an Trader von Derivaten, die anders als langfristig orientierte Investoren in Aktien, Verluste nicht aussitzen können. Aber auch für Langfristanleger hat diese Methode ihre Berechtigung. Money Management im weiten Sinn beruht auf drei Faktoren, die sich durchaus mit der modernen Portofoliotheorie treffen:

Kapitalkontrolle: die Aufteilung zwischen spekulativen und konservativen, zwischen risikoreichen und relativen sicheren Anlageinstrument.

Diversifikation: die Streuung der Anlagen, um mögliche Verluste durch Gewinne in anderen Anlagen zu kompensieren, besser noch überzukompensieren.

Risikokontrolle: Begrenzung des Kapitaleinsatzes und Beschränkung des Verlustrisikos durch Setzen von Stoppkursen.

Besonders das letzte Element, oft auch als Money Management im engeren Sinn definiert, ist unter Investoren heiß umstritten. Es bedingt, dass der Anleger bewusst kleine Verluste akzeptiert, um größere zu vermeiden. Zudem ist die Angst vieler groß, ausgestoppt zu werden, um kurz danach fassungslos kräftig steigenden Kursen hinterher zuschauen. Dagegen steht die – auch empirisch untermauerte Erfahrung – über alle Schwankungen hinweg langfristig steigender Kurse am Aktienmarkt. Über kurz oder lang werden mit dieser → Buy-and-Hold-Strategie Verluste immer wieder ausgebügelt und per saldo in Gewinne verwandelt, erst recht wenn ein Depot ausreichend genug diversifiziert ist. Allerdings zeigen die Kursstürze an der überbewerteten japanischen Börse 1990 und die nachfolgende langjährige Baisseperiode, der Crash auf Raten nach der geplatzten Technologieblase ab 2000, dass selbst diese Langfriststrategie erhebliche Risiken bergen kann.

Ein kurzfristig agierender Anleger kommt um Methoden des Money Managements nicht herum. Nur so kann er verhindern, unkalkulierbare Verluste einzugehen und sich letztlich finanziell zu ruinieren. Für den Handel mit → Optionen und → Futures, die eine begrenzte Laufzeit

Börsenpsychologie

haben, in deren Preisbildung die Schwankungsbreite (Volatilität) und der Zeitwert einfließen, ist Money Management unerlässlich. Schon eine kurze Korrektur kann dazu führen, dass der Einsatz je nach Art des → Warrant völlig verloren geht. Letztlich beruhen auch die Risikokontroll-Systeme der Banken auf den Erkenntnissen des Money Managements. Bei zunehmender Volatilität werden die Positionen zurückgefahren, bei bestimmtem Umfang der Verluste sofort geschlossen. Wie wichtig dieses ist, hat nicht zuletzt 1995 der Fall der Barings Bank gezeigt, die durch die Engagements ihres Derivatehändlers Nick Leeson ruiniert wurde.

7. Psychologie und Anlageerfolg

Inwieweit Psychologie im einzelnen den Erfolg bei der Geldanlage bestimmt, ist selten präzise festzustellen. Denn in der Regel nutzen die Marktteilnehmer mehrere Ansätze, um ihre Entscheidungen zu treffen. Auffällig ist jedoch, dass fast alle überdurchschnittlich erfolgreichen Trader ein individuelles System emotionaler Disziplinierung praktizieren. Selbst für so hervorragende Vertreter der wertorientierten Kapitalanlage (Value Investing) wie Warren Buffett dienen Kennziffern zur Bestimmung von Über- oder Unterbewertung nicht nur zur Entscheidungsfindung sondern auch zur Disziplinierung.

Die Psychologie der Märkte zu erkennen sowie wie auch die eigene Psyche in den Griff zu bekommen, sind offenbar wichtige Faktoren für den Anlageerfolg. Sie sind mindestens genau so wichtig, wenn nicht gar wichtiger wie die Analyse von fundamentalen Faktoren, etwa von Zinsen, Wechselkursen und Gewinntrends. Auf Börsenpsychologie bauen denn verschiedene erprobte Strategien an den Kapitalmärkten auf, seien sie nun pro- oder antizyklisch orientiert. Sie mögen das Chance-Risiko-Verhältnis bei Anlageentscheidungen vergrößern, doch ihren Erfolg können auch sie nicht garantieren. Trotz oder gerade wegen der Methodenvielfalt bleibt aus der Sicht eines Börsenpsychologen erfolgreiches Investieren an den Kapitalmärkten letztlich, was es immer schon war: mehr Kunst als Wissenschaft.

Literatur

DE BONDT, W.F.M./THALER, R. H. (1985), Does the Stock Market Overreact? in: Journal of Finance Vol 40, No. 3, S. 793 – 805.

DE LA VEGA, J. (1994), Confusion de Confusiones, 1688, deutsch: Die Verwirrung der Verwirrungen, Kulmbach, S. 81.

ELDER, A. (1993), Trading for a Living - Psychology, Trading Tactics, Money Management, New York, S. 258.

FAMA, E. F. (1970), Efficient Capital Markets: A Review of Theory and Empirical Work, in: Journal of Finance, Vol 25, No. 2.

GALLEA, A. M./Patalon III, W. (1998)., Contrarian Investing New York.

GOLDBERG, J./VON NITZSCH, R. (1999), Behavioral Finance, München.

IMBACHER, H./JÜNEMANN, B. (1998), Verlieren und doch gewinnen, BÖRSE ONLINE 23/98, S. 10 – 18.

JÜNEMANN, B. (1999), Nichts zählt so sehr wie Erfahrung, in: BÖRSE ONLINE 45/99, S. 64 – 75.

JÜNEMANN, B./SCHELLENBERGER, D. (Hrsg.) (1997), Psychologie für Börsenprofis – die Macht der Gefühle bei der Geldanlage, Stuttgart.

KINDLEBERGER, C. P. (1996), Manias, Panics and Crashes, New York, 3rd ed..

KIEHLING, H. (1991), Kursstürze am Aktienmarkt, München.

PRING, M. J. (1993), Investmentpsychology explained, New York.

SCHWAGER, J.D. (1992), Magier der Märkte, Kulmbach.

THARP, V. K. (1999), Trade Your Way To Financial Freedom, New York.

TVERSKY, A. /KAHNEMANN, D. (1985), Judgement under Uncertainty: Heuristics and Biases, in: Science Vol. 1985, S. 1124-1131.

ZOLA, E: (1995), L'Argent, deutsch: Das Geld, Berlin.

Börsenpublizität, *Publizität der Börse, disclosure of the stock exchange*; Veröffentlichung von Tatsachen, die mit an der Börse gehandelten Wertpapieren und Derivaten im Zusammenhang stehen. Sie kann durch die → Emittenten der Wertpapiere, die Anbieter der Derivate oder die Börsen selbst erfolgen.
– Von den Börsen werden die Börsenkurse und die Bekanntmachungen der → Börsenorgane im → amtlichen Kursblatt oder in der → Beilage zum amtlichen Kursblatt veröffentlicht. Zudem bemühen sich die Börsen, durch eigene Veröffentlichungen den Börsenhandel einer breiteren Öffentlichkeit zugänglich zu machen. – Vgl. auch → Publizität, → Börsenprospekt, → Ad-hoc-Publizität, → Zwischenbericht des Emittenten und → Quartalsbericht.

Börsenrecht, *law governing stock exchange transactions.* Das B. umfasst zunächst die staatlichen Regelungen über die Börsen und ihre Organe, das Kurswesen und die Zulassung zum Handel – enthalten im → Börsengesetz (BörsG) i.d.F. vom 17.07.1996 (zuletzt geändert am 09.09.1998) sowie in der Börsenzulassungs-Verordnung (BörsZulV) und im → Wertpapierhandelsgesetz (WpHG) vom 26.07.1994. Hinzu kommen zahlreiche Verordnungen der Länder, wie Kursmaklerordnungen, Gebührenordnungen und Wahlverordnungen. Außerdem sind die jeweils vom → Börsenrat erlassenen → Börsenordnungen sowie die Gebührenordnung zu beachten. Daneben verwenden die deutschen Börsen nahezu übereinstimmende Allgemeine Geschäftsbedingungen. Das B. ist Teil des Kapitalmarktrechts, das insbesondere auch Regelungen der → Kapitalanlagegesellschaften umfasst (KAGG vom 16.04.1957, zuletzt geändert am 22.12.1999). Dennoch werden das deutsche Börsen- und Kapitalmarktrecht dogmatisch getrennt gesehen vom allgemeinen Gesellschaftsrecht. Bezugnahmen der Auslegung werden dadurch nicht ausgeschlossen.

Börsen- und Börsenrechtsreform

Prof. Dr. Dr. Dr. h.c. mult. Klaus J. Hopt / Dr. Harald Baum

1. Definitionen

Börsenreform. Der Begriff bezeichnet schlagwortartig die organisatorische Bewältigung des tiefgreifenden → strukurellen Wandels (2.1) an den internationalen Kapitalmärkten, mit dem sich die traditionellen Börsen seit Anfang der neunziger Jahre des letzten Jahrhunderts konfrontiert sehen.

Börsenrechtsreform. Der Begriff umschreibt die für den Beginn des neuen Jahrhunderts zu erwartende regulatorische Antwort auf diesen Wandel. In der Sache geht es um die Weiterentwicklung des veralteten deutschen → Börsengesetzes (2.3) von einem Polizei- zu einem modernen Marktgesetz, das lediglich die Grundprinzipien des Börsenhandels festschreibt und im übrigen Raum lässt für den Wettbewerb von Systemen, Produkten und Anbietern um Emittenten und Investoren.

2. Merkmale

2.1 Struktureller Wandel bei Börsendienstleistungen

Die weitreichenden strukturellen Veränderungen im Bereich der Börsendienstleistungen lassen sich maßgeblich auf folgende Ursachen zurückführen:

Börsen- und Börsenrechtsreform

Die rasch wachsende Institutionalisierung der Märkte und Marktteilnehmer (Konzentration der Geldvermögensanlagen bei institutionellen Anlegern in Form intermediatisierter und diversifizierter Anlagen wie etwa Investment- oder Pensionsfonds) bewirkt eine Professionalisierung des Anlageverhaltens und eine Sensibilisierung für die Transaktionskosten des Wertpapierhandels. Die Institutionalisierung verbindet sich mit einer immer stärkeren Globalisierung der Mittelanlage und Mittelaufnahme; institutionelle Investoren, die ein optimales Niveau an Risikodiversifikation und Chancenausnutzung realisieren wollen, müssen global investieren.

Dieser Trend wird durch den wachsenden Einsatz neuer und immer leistungsfähigerer Informations- und Kommunikationstechnologien ermöglicht. Durch die Globalisierung und Enträumlichung von Marktbeziehungen mit Hilfe der Informationstechnologie werden ehemalige Standortvorteile entwertet. Die in beinahe allen Industriestaaten zu beobachtende → Deregulierung des Börsenrechts (3.2) erleichtert die Möglichkeit der Marktteilnehmer, auf kostengünstigere Märkte auszuweichen zusätzlich.

An den Börsenplätzen der Europäischen Union sorgt zudem der mit der Umsetzung des einschlägigen Gemeinschaftsrechts in innerstaatliches Recht verbundene Abbau der Marktzutrittsschranken für ausländische Finanzdienstleister für einen zusätzlichen Wettbewerbsdruck. Die Einführung der Europäischen Währungsunion hat den europäischen Börsenwettbewerb noch weiter verschärft.

Die Technologisierung des Handels hat schließlich zu einer zunehmenden Desintermediation und damit zu einem wachsenden Substitutionswettbewerb für die etablierten Börsen durch intermediationsfreie alternative Handelssysteme (Alternative Trading Systems, ATS; Proprietary Trading Systems, PTS; Electronic Communication Networks, ECN), sogenannte → börsenähnliche Einrichtungen (4.1) geführt, die anlegerspezifisch geschnittene Börsenleistungen für institutionelle Anleger anbieten, bis hin zur Virtualisierung des Wertpapierhandels im Internet, das auch Privatanlegern einen unmittelbaren Zugang zu Handelsplattformen gibt.

Infolge dieser Entwicklungen verlieren die etablierten Börsen ihre Rolle als natürliche Zentren regionaler oder nationaler Kapitalmärkte und agieren vermehrt nur noch als eine von verschiedenen Handelsplattformen, die in Konkurrenz zu anderen Marktbetrieben für den Wertpapierhandel stehen.

2.2 Reformdruck

Auch die deutschen Börsen müssen sich dem gewachsenen Wettbewerbsdruck stellen. Um in diesem Wettbewerb nach wie vor qualifizierte Börsenleistungen zu kompetitiven Preisen anbieten zu können, ist eine Transformation von vormals quasi-hoheitlichen Betrieben zu marktorientierten Dienstleistern unerläßlich. Die organisatorische Bewältigung der geschilderten Innovationsdynamik ist für die Börsen zur Überlebensfrage geworden und ist darüber hinaus von erheblichem volkswirtschaftlichen Interesse.

Unterbleibt die erforderliche Reorganisation der Börsenlandschaft, verschlechtert sich die Wettbewerbsfähigkeit des nationalen Kapitalmarktes mit negativen Konsequenzen für die gesamte Wirtschaft, da sich für die inländischen Unternehmen im Verhältnis zur internationalen Konkurrenz die Kapitalkosten erhöhen. Ein leistungsfähiges Finanzdienstleistungssystem ist zentrale Voraussetzung für gesamtwirtschaftliches Wachstum. Den Börsen als tragenden Institutionen der Sekundärmärkte kommt dabei eine wichtige Rolle bei der Eigenkapitalbeschaffung der Unternehmen zu. Nur effiziente, also stabile aber zugleich flexibel und transaktionskostengünstig operierende Sekundärmärkte für Aktien vermögen die notwendige Zunahme der direkten Finanzierung zu fördern, und so insbesondere auch jungen Unternehmen die Aufnahme von Risikokapital zu erleichtern.

Börsen- und Börsenrechtsreform

2.3 Regulierungswettbewerb und Novellierung des Börsengesetzes

Die effiziente Organisation des Marktes für Börsendienstleistungen hängt entscheidend von der Qualität der jeweiligen Regulierung ab, denn der intensivierte Standortwettbewerb unter den Börsen ist wesentlich auch ein Wettbewerb der verschiedenen Regulierungsmodelle. Technologisierung und Professionalisierung des Handels führen zu verbesserten Möglichkeiten der Regulierungsarbitrage. Die Folge ist ein verstärkter Regulierungswettbewerb zwischen den nationalen Kapitalmärkten, dem der Gesetzgeber durch Schaffung geeigneter Rahmenbedingungen Rechnung tragen muss. Für den heimischen Kapitalmarkt ergibt sich daraus die Notwendigkeit einer grundsätzlichen Überarbeitung des vor einhundert Jahren konzipierten deutschen Börsengesetzes (BörsG) vom 22.6.1896 in der Fassung der Bekanntmachung vom 9.9.1998. Auch wenn das Gesetz in der Vergangenheit verschiedene Teilreformen erfahren hat, ist es in seiner geltenden Fassung gleichwohl in zentralen Teilen als veraltet anzusehen.

3. Reformziele

3.1 Drei Oberziele

Wie stets bei der Regelung von Märkten sind auch für den Markt für Börsendienstleistungen drei Oberziele zu gewährleisten: (1) Aufrechterhaltung oder gegebenenfalls Schaffung von Wettbewerb durch Kontrolle von monopolistischer Marktmacht, (2) Korrektur von Marktversagen infolge von Externalitäten sowie (3) Verhinderung der Ausnutzung schlechter informierter Marktteilnehmer aufgrund von Informationsasymmetrien. Die Gefahr von Externalitäten besteht beim Börsengeschäft vor allem hinsichtlich der Stabilität des Systems, mithin der Börsen und ihrer Betreiber. Insoweit geht es um den Funktionenschutz des Marktes. Der Ausgleich von systembedingten Informationsasymmetrien ist unter dem Begriff des Anlegerschutzes zu subsumieren.

Auch im Bereich der Börsendienstleistungen sollten Anleger- und Funktionenschutz soweit als möglich durch die Förderung des Wettbewerbs gewährleistet und entsprechend Raum für den Wettbewerb von Systemen, Produkten und Anbietern gelassen werden. Im übrigen sind beide Schutzziele durch eine den Beteiligten aufgegebene, staatlich überwachte Selbstregulierung und schließlich durch die Festschreibung von Mindeststandards hinsichtlich der Organisation der Börsendienstleister, der Preisfeststellung und der Handelsdurchführung im Gesetz zu verwirklichen.

Während die verschiedenen Formen des Börsenwettbewerbs bei den institutionellen Anlegern aufgrund der jederzeitigen Abwanderungsmöglichkeit einen ausreichenden Schutz garantieren, steht den Privatanlegern, die auch im übrigen weniger imstande sind, sich selbst zu schützen, diese Möglichkeit nur eingeschränkt offen; hier ist für einen zusätzlichen, regulatorischen Schutz zu sorgen.

3.2 Wettbewerb vs. Liquiditätsbündelung

Grundsätzlich steht die Bedeutung des Börsenwettbewerbs in seiner mehrfachen Schichtung — Zugangswettbewerb, Preisfeststellungswettbewerb, Interbörsenwettbewerb — für eine effiziente Bereitstellung von Börsendienstleistungen außer Frage. Ein funktionsfähiger Wettbewerb im inländischen Markt ist zugleich unabdingbare Voraussetzung für die internationale Wettbewerbsfähigkeit des Finanz- und Börsenplatzes Deutschland. Insoweit gilt im Bereich der Börsendienstleistungen dasselbe wie in anderen Dienstleistungsmärkten.

Von daher ist die oft zu hörende Auffassung abzulehnen, dass im Interesse der Konzentration von Liquidität der Börsenwettbewerb zu beschränken ist. Diese ergibt sich meist schon als

Börsen- und Börsenrechtsreform

Folge des Wettbewerbs, wie die Konzentration auf große Börsenplätze zeigt. Ein Blick auf die internationalen Börsenplätze zeigt vielmehr, dass umgekehrt die Gefahr einer Oligopolisierung des Wertpapierhandels und bestimmter Handelssysteme wie auch der Monopolisierung von Handels-, Informations- und Abwicklungssystemen besteht. Mit dem Argument einer angeblich erforderlichen Liquiditätsbündelung wird versucht, unliebsame Konkurrenz vom Markt fernzuhalten und so den Wettbewerb auszuhebeln.

Der Versuch, durch Marktzutrittsschranken den inländischen Wettbewerb gegen ausländische Anbieter von Börsendienstleistungen abzuschirmen, wäre jedoch kontraproduktiv und innerhalb der Europäischen Union sogar als Verstoß gegen die Marktfreiheiten sowie im besonderen gegen die Wertpapierdienstleistungsrichtlinie rechtswidrig. Konzentrationsfördernde Maßnahmen sind auch ohne gesetzliche Beschränkung des Börsenwettbewerbs möglich.Allerdings ist es umgekehrt aber auch kein Anliegen des Börsenrechts, eine sich im Wettbewerb vollziehende Konzentration von Angebot und Nachfrage auf einen zentralen Börsenplatz verhindern zu wollen. Soweit dabei Wettbewerbsverstöße stattfinden, sind die Kartellbehörden auf den Plan gerufen. Unter keinen Umständen haben Kartell- oder Börsenrecht die Aufgabe, Strukturen, die sich am offenen Markt nicht durchsetzen können, zu erhalten. Jegliche Sonderbehandlung der Börsen im Kartellrecht ist abzulehnen.

3.3 Innovationsoffenes Regulierungs-regime

Für die Organisation von Börse, Handel und Preisfeststellung hat sich bisher international kein einheitliches System durchgesetzt. Die Entwicklung ist nach wie vor im Fluß. Hybride Marktmodelle sind im Vordringen und die vielfältigen technischen Möglichkeiten erlauben vermehrt Differenzierungen der Börsendienst-leistungen durch die einzelnen Anbieter.

Entsprechend ist es für den Gesetzgeber derzeit auch nicht erkennbar, in welcher Weise die Börse mit all ihren institutionellen Facetten optimal geordnet werden sollte. Das heißt zugleich, dass eine gesetzliche Regelung des Börsenwesens soweit als möglich für regulatorische Offenheit zu sorgen hat und die Entwicklung neuer Produkte und Techniken nicht behindern darf. Ziel muss vielmehr sein, den Börsen und anderen Handelsplattformen zu ermöglichen, eine auch im Zeitablauf marktgerechte Produkt- und Dienstleistungspalette anzubieten, um auf die unterschiedlichen Bedürfnisse der verschiedenen Investorengruppen differenziert entsprechend deren Nachfragepräferenzen nach Börsenleistungen reagieren und so der Innovationsdynamik auf den internationalen Finanzplätzen Rechnung tragen zu können.

3.4 Selbstregulierung

Die Tatsache, dass viele mit der Gestaltung einer effizienten Börsenorganisation verbundene Fragen nach wie vor offen sind, spricht gegen eine breite Normsetzung durch den Gesetzgeber, fehlt es doch an einer sicheren Beurteilungsbasis für Vor- und Nachteile einzelner Regulierungen. Ferner lässt der rasche Wandel der technischen Entwicklung eine gesetzliche Regulierung, die sich naturgemäß nicht zeitnah an die Veränderungen anpassen lässt, unweigerlich zu einem Standortnachteil für den Börsenplatz werden. Deshalb ist einer weitreichenden Selbstregulierung durch die Marktteilnehmer der Vorrang zu geben. Eine Selbstregulierung zeichnet sich durch Sachnähe und Flexibilität aus, da die unmittelbar am Börsengeschehen Beteiligten vermittels ihrer Erfahrung den für den komplexen Bereich der Finanzmarktgestaltung erforderlichen Sachverstand am ehesten selber aufbringen können.

Börsen- und Börsenrechtsreform

4. Reformbereiche

4.1 Börsen und börsenähnliche Einrichtungen

Der herkömmliche Regelungsansatz im BörsG unterscheidet strikt zwischen Börse und Nicht-Börse. Das erklärt sich unter anderem aus dem Genehmigungserfordernis für die Errichtung einer Börse unter dem traditionellen Konzessionssystem. Der modernen Entwicklung entspricht dieses Entweder-Oder nicht mehr, da sich inzwischen zahlreiche → alternative Handelssysteme (2.1) herausgebildet haben, die als Mischformen eine exakte Grenzziehung zwischen Börsen und Nicht-Börsen nicht länger erlauben. Diese erfüllen als börsenähnliche Einrichtungen wichtige Aufgaben und sollten vom Börsengesetzgeber nicht länger ignoriert werden.

Ein funktionaler Regelungsansatz nimmt die Börsendienstleistungen als Ausgangspunkt. Dies sind besonders qualifizierte Wertpapierdienstleistungen, die von Börsen, börsenähnlichen Einrichtungen und Wertpapierfirmen erbracht werden, und je nach ihrer Ausgestaltung unterschiedlichen Regelungen zu unterwerfen sind.

Auch wenn es bislang noch keinen festen Begriff der börsenähnlichen Einrichtung gibt, lassen sich hierunter jedoch vor allem solche alternativen Handelssysteme subsumieren, die ein Orderrouting und/oder die Verbreitung von Preisinformationen bezwecken, in denen also lediglich Angebote nachgewiesen, aber keine Abschlüsse getätigt werden. Soweit innerhalb eines solchen Systems auch Abschlüsse getätigt werden, muss dies gleichwohl nicht notwendig als Börse zu qualifizieren sein, sondern kann jedenfalls dann als nur börsenähnlich eingestuft werden, wenn es ausschließlich institutionellen Anlegern als professionellen Handelsteilnehmern offensteht.

Um flexibel auf neue Entwicklungen reagieren zu können, empfiehlt es sich, unter Verzicht auf eine Legaldefiniton die Börsenaufsichtsbehörde zu einer Definition der börsenähnlichen Einrichtung in einer Verordnung zu ermächtigen, die sich leichter anpassen lässt als ein Gesetz.

Die Unterstellung börsenähnlicher Einrichtungen unter das BörsG erfolgt durch die Aufsichtsbehörde, wenn und soweit der Gesetzeszweck dies erforderlich macht, was entsprechend dem Grad der funktionalen Annäherung an eine Börse ganz oder teilweise geschehen kann. Umgekehrt können alternative Handelssysteme jedoch auch auf Antrag hin als börsenähnliche Einrichtung anerkannt werden, wenn sie dies aus Gründen einer gesteigerten Reputation wünschen und hinreichenden Qualifikationserfordernissen entsprechen ("Gütesiegel-Effekt").

Damit ergibt sich ein dreifach gestaffeltes System: Auf der obersten Stufe stehen die Börsen, an die gesetzgeberisch die größten Anforderungen im Hinblick auf den Anleger- und Funktionenschutz gestellt werden. Für diese gilt das BörsG uneingeschränkt. Auf der untersten Stufe stehen die Wertpapierfirmen, die EU-einheitlich nach den Mindestvorgaben der Wertpapierdienstleistungsrichtlinie vom 10.5.1993 (Abl EG Nr. L 141/27 vom 11.6.1993) geregelt werden, die für das deutsche Recht durch das Gesetz über den Wertpapierhandel (Wertpapierhandelsgesetz — WpHG) in der Fassung der Bekanntmachung vom 9.9.1998 (BGBl I 2708) umgesetzt sind.

Für die börsenähnlichen Einrichtungen ergibt sich eine dritte, dazwischen liegende Stufe, wie sie im deutschen Recht bisher nicht vorgesehen ist. Nach Maßgabe des Gesetzeszweckes können diese dem BörsG ganz oder teilweise unterstellt werden. Geschieht keine Unterstellung, gelten die Regeln des WpHG entweder unmittelbar, falls die Handelssysteme von Wertpapierfirmen betrieben werden, oder mittelbar über die in ihnen als Handelsteilnehmer aktiven Wertpapierfirmen.

Angesichts der unterschiedlichen Phänomene, die mit dem Begriff börsenähnliche Einrichtungen erfasst werden, sollte das BörsG auf detaillierte inhaltliche Vorgaben über die Regulierung börsenähnlicher Einrichtungen verzichten. Zwei grundsätzliche Aussagen sollte

Börsen- und Börsenrechtsreform

das Gesetz jedoch enthalten: eine Verpflichtung der Börsenaufsicht, für eine gewisse Mindestregulierung hinsichtlich der Preisqualität Sorge zu tragen, ferner eine Hinweispflicht darauf, dass die Preisfeststellung außerhalb der Börse erfolgt, da dies möglicherweise zu einer schlechteren Preisqualität führt. Gewählt ist damit das Informationsmodell, das jedenfalls teilweise an die Stelle einer Sachregulierung tritt.

4.2 Organisationsrahmen der Börse

Die ganz überwiegende Meinung qualifiziert die Börsen unter dem deutschen BörsG als öffentlich-rechtlich, und zwar als unselbständige Anstalten des öffentlichen Rechts, obwohl eine öffentlich-rechtliche Natur der Börsen im BörsG selbst nicht festgeschrieben ist. Ein Blick in andere Länder zeigt, dass dort die Börsen hingegen in aller Regel privatrechtliche Unternehmen sind, die lediglich einer staatlichen Genehmigung bedürfen. Schwierigkeiten, die gerade aus dem privatrechtlichen Charakter der Börsen resultieren, sind in diesen Ländern nicht festzustellen. Angesichts dieses eindeutigen rechtsvergleichenden Befunds drängt sich die Einschätzung auf, dass die deutsche öffentlich-rechtliche Struktur der Börsen im internationalen Vergleich eine nur historisch zu erklärende Besonderheit darstellt, die sachlich nicht zwingend geboten ist.

Rechtspolitisch sprechen vielmehr verschiedene Gründe für eine privatrechtliche Börsenorganisation. Das wichtigste Anliegen ist es, den Börsen im internationalen und im Systemwettbewerb die Möglichkeit zu geben, sich von hoheitlichen oder quasi-hoheitlichen Betrieben zu marktorientierten Dienstleistern entwickeln zu können. Neu entstehende Börsen sollten deshalb von vornherein die ihnen angemessene Rechtsform wählen können. Das wird in der Regel die Aktiengesellschaft sein.

Am deutlichsten wird der Unterschied zwischen der öffentlich-rechtlichen und der privatrechtlichen Sichtweise bei der Frage, ob die Gründung einer neuen Börse einer Bedürfnisprüfung bedarf. Aus öffentlich-rechtlicher Perspektive liegt die Genehmigung der Errichtung einer Börse als Entscheidung über die Errichtung einer öffentlichen Anstalt in der Organisationsgewalt der jeweiligen Börsenaufsichtsbehörde. Dies ist gemäß § 1 Abs. 1 S. 1 BörsG die zuständige oberste Landesbehörde des Bundeslandes, in dem die Börse ihren Sitz hat. Da es danach um die Erfüllung von Aufgaben der öffentlichen Verwaltung geht, hat der Börsenträger keinen Anspruch auf Erteilung der Genehmigung.

Dem steht die moderne, ökonomisch, rechtsvergleichend und rechtspolitisch begründete These entgegen, dass die Gründung einer Börse eine rein unternehmerische Entscheidung ist und auch rechtlich als solche behandelt werden muss: Nicht die Aufsichtsbehörde, sondern der Markt entscheidet, ob ein Bedürfnis für die angebotenen Börsendienstleistungen besteht oder nicht.

Lässt man künftig Neugründungen in Form privatrechtlicher Börsen zu, sollte den derzeit bestehenden öffentlich-rechtlichen Börsen ein Wahlrecht gegeben werden, sich in privatrechtliche umzuwandeln, wenn sie das wegen des Wettbewerbs, im Interesse größerer Flexibilität oder aus sonstigen Gründen am Markt für sinnvoll halten.

4.3 Liberalisierung von Zulassung, Handelsart und Preisfeststellung

Die gegenwärtig (noch) im Börsengesetz vorgeschriebene feste Verknüpfung der Zulassung der Wertpapiere in einem Marktsegment mit den für dieses Segment geltenden Preisfeststellungsregeln sollte im Zuge einer Deregulierung des deutschen Börsenrechts aufgelöst werden. Eine solche Verknüpfung entspricht nicht länger den Marktbedürfnissen und ist auch international nicht üblich.

Börsen- und Börsenrechtsreform

Die Trennung von Kursfeststellungs- und Zulassungsbedingungen sollte in das Ermessen der Börsen gestellt und diesen künftig die Wahl der Handelsarten für neu geschaffene Segmente freigestellt werden. Wegen der Bedeutung dieser Wahl für die Handelsteilnehmer bedürfte selbige allerdings einer Genehmigung durch die Börsenaufsichtsbehörde. Wenn die Festlegung der Handelsart für die jeweiligen Handelssegmente als notwendiger Bestandteil der Börsenordnung vorgeschrieben würde, wäre zugleich sichergestellt, dass der Börsenrat, in dem alle beteiligten Kreise vertreten sind, die Entscheidung trifft. Welche Kriterien der Börsenrat dabei zugrunde legt, ist seine Sache und sollte gesetzlich nicht vorgeschrieben werden.

Eine solche Liberalisierung hätte für die Kursmakler, denen nach §§ 29 ff. BörsG bislang die Feststellung des amtlichen Börsenkurses vorbehalten ist, elementare Auswirkungen, weil auf diese Weise das geltende gesetzlich aufrechterhaltene Monopol ihres Berufsstands den Anforderungen des Wettbewerbs weichen müßte. Daran ändert auch nichts, dass es den Börsen nach der hier vertretenen Auffassung selbstverständlich freisteht, für ein bestimmtes Segment den Handel durch amtliche Makler als Handelsart zu wählen bzw. beizubehalten.

Wenn mit der Zulassung unterschiedlicher Preisfeststellungssysteme und dem erwünschten Wettbewerb zwischen Börsen und → börsenähnlichen Einrichtungen (4.a) das Konzept eines einheitlichen Börsenkurses für die verschiedenen Handelsobjekte hinfällig wird, bleibt die Frage, welche Regeln für die Börsenpreisfeststellung in den verschiedenen Handelssegmenten im einzelnen gelten sollen und welche Anforderungen an die Preisqualität zu stellen sind. Entscheidend ist dabei die Transparenz der Börsenpreisfeststellungsregeln, damit der Anleger, der sich für ein bestimmtes Marktsegment entscheidet, weiß, welche Regeln dort gelten und welches Maß an Preisqualität sie für ihn gewährleisten. Es sollte entsprechend ein allgemeines Transparenzgebot ins BörsG aufgenommen werden, das nicht nur die Börsenpreise und die ihnen zugrundeliegenden Umsätze, sondern auch die Preisbildungs- und -feststellungsregeln als solche erfasst.

4.4 Aufsicht

In dem Maße, wie die Regelungsbreite und -tiefe des staatlich gesetzten Rechtes zugunsten einer weitreichenden Selbstregulierung verringert werden, ist im Gegenzug eine effiziente Aufsicht zu etablieren. Grundsätzliche Bedenken der Regulierungstheorie — zu wenig Anreize für wirksame Überwachung, zu große Nähe von Überwachern und Überwachten — sprechen insbesondere dann gegen eine ausschließliche Selbstüberwachung, wenn Kompetenz zur Selbstregulierung und Aufsichtsbefugnisse zusammenfallen. Wegen der erheblichen Gefahr kollusiven Zusammenwirkens der Marktteilnehmer zu Lasten von Emittenten und vor allem Publikumsanlegern kommen der Anleger- und der Funktionenschutz ohne eine staatliche Letztaufsicht in Form einer Marktaufsicht zu kurz.

Soweit eine staatliche Letztaufsicht gewährleistet ist, erscheint eine Indienststellung der historisch gewachsenen Handelsüberwachung durch die Börse selbst für die staatliche Regulierung und die mit ihr verfolgten Gesetzeszwecke ökonomisch sinnvoll. Dies bedeutet zunächst eine Handelsüberwachung vor Ort, also bei der jeweiligen Börse bzw. börsenähnlichen Einrichtung.

Die hinter der autonomen Aufsicht durch die Handelsüberwachungsstellen stehende staatliche Letztaufsicht ist auf einer Ebene zentral zu organisieren. Dies legen nicht nur ökonomische Überlegungen nahe, sondern auch der rechtsvergleichende Befund in zahlreichen Ländern. Für Deutschland ist jedoch gegenwärtig (noch) eine erhebliche Zersplitterung der Aufsicht auf drei Ebenen festzustellen, die im wesentlichen nur als politischer Kompromiß zwischen Bund und Ländern zu erklären ist. Derzeit sind für die Börsen, deren Betreiber und die an der Börse Tätigen in Form der Branchen- und Marktaufsicht zunächst die verschiedene Bundesbehörden (BAKred, BAV und BAWe) zuständig, daneben treten — wenn auch im einzelnen mit

Börsen- und Börsenrechtsreform

unterschiedlichen Befugnissen — die Börsenaufsichtsbehörden der einzelnen Bundesländer und die autonome Handelsaufsicht in Form der den Börsen angegliederten Handelsüberwachungsstellen.

Die deutsche Aufsichtskumulation ist eine aus der Materie heraus nicht gerechtfertigte Überregulierung, die in der Praxis zu Recht kritisiert und zumal für ausländische Marktteilnehmer unverständlich ist. Da die Aufsicht auf der Ebene der Länder aufgrund von Größen- und Verbundvorteilen einer zentralen Marktüberwachung redundant ist, empfiehlt es sich, eine bundesweite Aufsicht für den gesamten Bereich der Wertpapierdienstleistungen einschließlich der Börsendienstleistungen für Wertpapierfirmen, börsenähnliche Einrichtungen und Börsen zu etablieren.

Nachtrag:

Nach Fertigstellung des vorstehenden Eintrages zeichnet sich im Zeitpunkt der Drucklegung im Sommer 2002 eine weitreichende Reform des Aufsichts- und Börsenrechts ab. Seit dem 1. Mai 2002 sind die auf der Ebene des Bundes zuvor auf die drei BAKred, BAV und BAWe aufgeteilten branchen- und marktaufsichtsrechtlichen Kompetenzen organisatorisch in der selbständigen Bundesanstalt für Finanzdienstleistungsaufsicht (BAFin) zusammengeführt worden. Ferner hat die Bundesregierung am 14. November 2001 den Entwurf eines Gesetzes zur weiteren Fortentwicklung des Finanzplatzes Deutschland (Viertes Finanzmarktförderungsgesetz) verabschiedet, der zum Zeitpunkt der Drucklegung noch in den parlamentarischen Gremien diskutiert wird, mit dessen Inkrafttreten aber im Laufe des Jahres 2002 zu rechnen ist. Art. 1 des aus 23 Artikeln bestehenden Gesetzesentwurfes enthält eine umfassende Novellierung des Börsengesetzes, in die eine Vielzahl der obigen Reformvorschläge eingeflossen sind.

Literatur

CLAUSSEN, C.P. (2000), Noch einmal: Die Rechtsform deutscher Wertpapierbörsen, in: ZBB, 12. Jg., H. 1, S. 1-10.

HELLWIG, H.-J. (1999), Möglichkeiten einer Börsenreform zur Stärkung des deutschen Kapitalmarktes, in: ZGR, 28. Jg., H. 6, S. 781-819.

HOPT, K.J. / RUDOLPH, B. / BAUM, H. (Hrsg.), (1997), Börsenreform – Eine ökonomische, rechtsvergleichende und rechtspolitische Untersuchung, Stuttgart.

HOPT, K.J. / RUDOLPH, B. / BAUM, H. (1997), Empfehlungen zur Börsenreform in Deutschland, in: WM, 51. Jg., H. 34, S. 1637-1640.

HOPT, K.J. / BAUM, H. (1997), Börsenrechtsreform: Überlegungen aus vergleichender Perspektive, in: WM, 51. Jg., Sonderbeil. Nr. 4/1997 zu H. 34.

KÜMPEL, S. (1997), Die öffentlichrechtliche Börsenorganisation im Lichte der Reformvorschläge, in: WM, 51. Jg., H. 41, S. 1917-1923.

MUES, J. (1999), Die Börse als Unternehmen. Modell einer privatrechtlichen Börsenorganisation, Baden-Baden.

SCHWARK, E. / GEIGER, F. (1998), Delisting, in: ZHR, 161. Jg., 1997, S. 739-773; Aicher, J. / Kalss, S. / Oppitz, M. (Hrsg.), Grundfragen des neuen Börserechts, Wien.

SEGNA, U. (1999), Die Rechtsform deutscher Wertpapierbörsen – Anmerkungen zur Reformdiskussion, in: ZBB, 11. Jg., H. 3, S. 144-152.

Börsenreife. Die B. zählt nicht wie die → Börsenzulassung zu den gesetzlichen und institutionellen Anforderungen, die an ein emissionswilliges Unternehmen zu stellen sind. Bei der B. handelt es sich um ein weiches Kriterium, das seitens der → Emissionshäuser an → Emittenten gestellt wird. – Die B. wird an unterschiedlichen Kriterien gemessen. Aus Sicht der Investmentbanken sind dies im wesentlichen folgende: Rechtsform AG, etablierte Marktstellung, unternehmerische Perspektiven, Existenz eines leistungsfähigen Rechnungswesens, klare Führungs- und Organisationsstruktur, Bereitschaft zu Publizität und Mitbestimmung sowie Akzeptanz der → Börsenusancen. – Die Prüfung der B. obliegt der → Emissionsbank.

Börsensachverständigenkommission. Die B. wird vom Bundesfinanzministerium unterhalten. Mitglieder sind Sachkundige aus Forschung und Lehre, aus den an der Börse tätigen Institutionen und der Deutschen Bundesbank. Aufgabe der B. ist dabei die fachkundige Unterstützung und Beratung des Bundesfinanzministeriums.

Börsenschiedsgericht; *exchange arbitral court;* vom Börsenrat ernanntes Schiedsgericht mit 3 Mitgliedern, das Streitfälle aus Börsengeschäften aussergerichtlich schlichten soll.

Börsenschluss, *close of stock exchange.* 1. Ende der Börsenhandelszeit. Zum 02.06.2000 wurde der B. von 17.30 Uhr auf 20.00 Uhr ausgedehnt. Der Handel schließt demnach gegenwärtig sowohl im → Präsenzhandel an allen deutschen Wertpapierbörsen als auch im elektronischen Handelssystem → Xetra um 20.00 Uhr, wobei aufgrund der zunehmenden Verflechtung der internationalen Börsen zukünftig mit einer weiteren Ausdehnung der Handelszeiten gerechnet werden kann. Angestrebt wird ein Handel rund um die Uhr. – 2. Mindeststückzahl bzw. → Mindestbetrag für die Kursfestsetzung im Rahmen des Wertpapierhandels mit → fortlaufender Notierung.

Börsensegmente, → Marktsegmente.

Börsenselbstverwaltung, B. ist die eigenverantwortliche Wahrnehmung der den Börsen überlassenen bzw. durch Gesetz zugewiesenen Aufgaben durch die → Börsenorgane. Diese unterliegen dabei der → Rechtsaufsicht durch die → Börsenaufsichtsbehörde, die jedoch auf die Kontrolle der Recht- und Gesetzmäßigkeit der B. beschränkt ist. Die Entscheidungen der Börsenorgane werden also nicht auf ihre Zweckmäßigkeit überprüft. Das Selbstverwaltungsrecht der Börsen folgt aus ihrem Status als nicht rechtsfähige Anstalt des öffentlichen Rechts. Verfassungsrechtlich garantiert ist die B. nicht. – Die → Marktaufsicht über den Börsenhandel durch die Börsenaufsichtsbehörden und die im wesentlichen auf die Bekämpfung von → Insidergeschäften sowie die Überwachung der den Marktteilnehmern obliegenden → Publizitätspflichten beschränkte Marktaufsicht durch das → Bundesaufsichtsamt für den Wertpapierhandel schränken die B. erheblich ein.

Börsenspesen, → Provision bei Börsengeschäften.

Börsensprache, *stock exchange jargon.* Die unter den Handelsteilnehmern übliche Ausdrucksweise, deren Bedeutung dem Laien zumeist verborgen bleibt, dient der Beschleunigung des Handelsgeschehens. So wird ein Kaufwunsch durch das Wort „→ Geld", ein Verkaufswunsch durch „→ Brief" ausgedrückt. Beim Ausruf auf dem Börsenparkett fügt der Makler bzw. Händler dann noch die Kurzbezeichnung des Wertpapiers, dessen Menge sowie die letzte(n) Ziffer(n) des Preises hinzu. Bei Abschluss des Geschäfts bestätigt der Ausdruck → von „Ihnen" die Annahme des Kaufangebots.

Börsenstimmung, → Börsentendenz.

Börsentage, *market days.* Als B. gelten diejenigen Tage, an denen eine Börsenversammlung stattfindet und die Möglichkeit besteht, alle zum Börsenhandel zugelassenen Gegenstände zu handeln, unabhängig davon, ob für einzelne von ihnen die Feststellung des Börsenkurses ausgesetzt wurde. An sämtlichen deutschen Wertpapierbörsen erstreckt sich der Börsenhandel von Montag bis Freitag. Bezüglich der Feiertage gibt es keine einheitliche Regelung. Deshalb empfiehlt es sich, diesbezüglich im Handelskalender der → Deutschen Börse AG unter

Börsentendenz

www.exchange.de nachzuschauen. Aufgrund der Bestrebungen, den Börsenhandel auszuweiten (→ Börsenschluss), ist es nicht auszuschließen, dass zukünftig auch der Samstag zu den B. zählt (in Österreich ist dies beispielsweise schon der Fall). – Regelmäßig bemessen sich die Fristen im Börsenhandel nicht nach Wochentagen, sondern nach B. – Vgl. auch → Börsengeschäfte, Erfüllungsarten.

Börsentendenz, *Börsenstimmung, sentiment of the market*; bezeichnet die Entwicklungen an → Börsen. Um diese zu artikulieren, werden beispielsweise Termini wie → bear, bearish, → bull, bullish, → abbröckeln der Kurse, → anziehend, → behaupten bzw. behauptet, → knapp behauptet, → gut behauptet, → gehalten, → Börsenflaute, → Börsenkrach, → Erholung, → überverkauft oder → unterverkauft verwendet.

Börsentermingeschäfte, *forward exchange transactions*. Standardisierte → Termingeschäfte, bei denen die Erfüllung zu vorher vereinbarten Konditionen erst in der Zukunft stattfindet und die an einer Börse gehandelt werden. – Gegensatz: → OTC-Terminkontrakte.

Börsentermingeschäftsfähigkeit, vgl. → Termingeschäftsfähigkeit.

Börsenterminhandel, *forward trading, trading in futures*; Bezeichnung für den Handel in → Börsentermingeschäften. In der BRD wurden vom 26.01.1990 bis zum 29.09.1998 → Optionen und → Futures an der → Deutschen Terminbörse (DTB) gehandelt. Die DTB wurde durch die → Eurex abgelöst, die aus der Fusion der DTB mit der → SOFFEX hervorgegangen ist. Die Eurex bietet eine elektronische Handels- und Clearingplattform für Optionen und Futures. – → Warentermingeschäfte, deren → Underlyings → Commodities bilden, sind an der Eurex nicht zulässig; sie werden an der → Warenterminbörse Hannover gehandelt. – Der B. eröffnet seinen Teilnehmern Möglichkeiten zum → Trading und → Hedging.

Börsentheorien, *market theories*; theoretische Modelle, die Hypothesen über den künftigen Kursverlauf von Wertpapieren beinhalten. B. sollen helfen, präzise Kursvorhersagen, insbesondere für Aktienkurse, zu bilden. So geht die → Fundamentalanalyse davon aus, dass sich Aktienkurse dem → inneren Wert der Aktie annähern. Die → Technische Analyse unterstellt, dass Kurse typische Formationen entwickeln und innerhalb eines → Trendkanals verlaufen, sowie → Unterstützungslinien und → Widerstandslinien nur schwer überwinden können. Spezielle Hypothesen sind die → Dow-Theorie, die → Elliott Wave Theory und der Kursverlauf nach Fibonacci-Zahlen. Hingegen geht die Zufallsverlaufshypothese (→ Random-Walk-Theorie) davon aus, dass die Kurse aufgrund der effizienten Informationsverarbeitung der Märkte bekannte Informationen beinhalten und sich deshalb als Reaktion auf neue Informationen zufällig entwickeln. Bisher ist keine Theorie bekannt, die zu einer exakten → Kursprognose führen könnte. Jedoch auch die Hypothese, dass Kurse nicht prognostizierbar sind, da sie zufällig verlaufen, zeigte in der empirischen Überprüfung Schwächen.

Börsentipps, *market tips*. B. sind Anlageempfehlungen, die über verschiedene Medien einem großen Publikum, zu meist Privatanlegern, zugänglich gemacht werden. B. ermöglichen den Marktteilnehmern relativ kostengünstig Informationen zu erhalten. Allerdings kann es bei B. durch ihre breite Publikumswirkung zu einer → Self-Fulfilling-Prophecy kommen. B. stammen häufig von → Börseninformationsdiensten.

Börsenumsätze, *stock exchange turnover*; bezeichnet den zu einem bestimmten Zeitpunkt oder während einer bestimmten Zeitperiode zustande kommenden Gesamtbetrag aller abgeschlossenen Geschäfte in einem bestimmten → Wertpapier oder am Gesamtmarkt. B. stellen einen wichtigen Indikator in der → technischen Aktienanalyse dar, da anzunehmen ist, dass die Marktmeinung um so nachhaltiger widergespiegelt wird, je höher die B. ausfallen zu denen ein → Wertpapierkurs festgestellt wird. – Vgl. auch → Kursfeststellung, amtliche.

Börsenumsatzsteuer, *exchange turnover tax*. Diese Form der → Kapitalverkehrsteuer wurde bis zum Jahresende 1990 beim Abschluss von Anschaffungsgeschäften über → Wertpapiere erhoben. Ausgenommen waren vor allem Händlergeschäfte sowie Geschäfte, die die Zuteilung von Wertpapieren an den Ersterwerber zum Gegenstand hatten.

Börsenusancen, *Börsengeschäftsbedingungen, stock exchange usages.* Als B. werden die an der jeweiligen Börse geltenden Handelsbräuche bezeichnet, die für den Abschluss von Börsengeschäften unter den → Börsenhandelsteilnehmern gelten. Anders als das → Börsengesetz oder die → Börsenordnung stellen sie kein objektives Recht dar, sondern erlangen lediglich als Vertragsbestandteil rechtliche Wirksamkeit. Beispielsweise finden sich die B., die für die an der → Frankfurter Wertpapierbörse im Handel mit amtlicher Notierung sowie im → Geregelten Markt abgeschlossenen Wertpapiergeschäfte gelten, in den „Bedingungen für die Wertpapiergeschäfte an der Frankfurter Börse,". Darin enthalten sind u.a. Bestimmungen über die Preisermittlung, die Auftragsausführung, die Geschäftsbestätigung, den → Bezugsrechtshandel oder den Zeitpunkt der Börsengeschäftserfüllung sowie die → Zwangsregulierung.

Börsenverein. Der im → Börsengesetz (BörsG) geregelte Ablauf des → Börsenhandels bedarf der Institutionen, die diesen veranstalten und unterhalten. Diese Institutionen sind Träger der Börse und können in ihrer rechtlichen Ausgestaltung unterschiedliche Formen annehmen. So werden die Börsen in Bremen, Düsseldorf, Hamburg, Hannover, München und Stuttgart von privatrechtlich organisierten Vereinen (B.) getragen.

Börsenwert, 1. → Börsenkurs. – 2. → Börsenkapitalisierung.

Börsenzeit, bezeichnet jenen Zeitraum an dem ein Börsensystem den Teilnehmern zur Verfügung steht. – Vgl. auch: → Handelszeit.

Börsenzulassung, *admission to listing/official trading.* An der Börse bedürfen sowohl Personen bzw. Unternehmen als auch die zu handelnden Wertpapiere einer Zulassung. – Bei den zuzulassenden Personen unterscheidet man nach Personen mit und ohne Handelsbefugnis. Unternehmen müssen gewerbsmäßig die Anschaffung und Veräußerung von börsenmäßig handelbaren Gegenständen für eigene Rechnung oder im eigenen Namen für fremde Rechnung betreiben oder die Vermittlung von Verträgen über die Anschaffung und Veräußerung übernehmen. – Für die Wertpapiere gelten unterschiedliche Zulassungsbestimmungen, die je nach Börsensegment andere Anforderungen an das emittierende Unternehmen stellen. Die über die Zulassung entscheidenden Organe sind ebenso unterschiedlich. – Vgl. auch → Börsenzulassung von Personen, → Börsenzulassung von Unternehmen, → Zulassung von Wertpapieren zum amtlichen Handel, → Zulassung von Wertpapieren zum Geregelten Markt, → Zulassung von Wertpapieren zum Neuen Markt und → Zulassung von Wertpapieren in den Freiverkehr.

Börsenzulassungsgebühren, *exchange admittance fee;* → Zulassungsgebühr, → Zulassungsgebühren für den Geregelten Markt, → Zulassungsgebühren für den Neuen Markt, → Zulassungsgebühren für den amtlichen Handel, Aktien, → Zulassungsgebühren für den amtlichen Handel, Schuldverschreibungen, → Zulassungsgebühren für den amtlichen Handel, Genussscheine und nicht auf einen Nennbetrag lautende Wertpapiere.

Börsenzulassungsprospekt, → Börsenprospekt.

Börsenzulassungsstelle, → Zulassungsstelle.

Börsenzulassung von Personen, bezeichnet eine gem. § 7 I, II BörsG obligatorische Genehmigung von Börsenbesuch und Handelsteilnahme einer Person durch hierfür zuständige Börseninstanzen. – Kraft Amtes zugelassen sind die für die Geschäftsvermittlung und Kursfeststellung im → amtlichen Handel zuständigen → amtlichen Kursmakler, die nach Prüfung durch die Börsenaufsichtsbehörde sowie Anhörung von → Maklerkammer und Börsengeschäftsführung vereidigt und bestellt werden (§ 30 I BörsG) sowie die → Freien Makler, die nach einer Eignungsprüfung von der Börsengeschäftsführung zugelassen werden. Letztere vermitteln Transaktionen in allen Wertpapieren und nehmen auch Preis-, jedoch keine amtlichen Kursfeststellungen vor. – Auf Antrag kann die Börsengeschäftsführung Personen zulassen, die die Voraussetzungen des § 7 II BörsG erfüllen: Diese

Börsenzulassung von Unternehmen

können eingetragene Einzelkaufleute, persönlich haftende Gesellschafter einer OHG, KG oder KGaA oder aber gesetzliche Vertreter von juristischen Personen sein. Dies sind i.d.R. jene Börsenhändler, durch die Finanzdienstleister an der Börse agieren (§ 7 IVb BörsG). Auch Teilnehmer ohne Handels-Handlungsbefugnis können eine Börsenzulassung durch die Börsengeschäftsführung erhalten (§ 7 III BörsG), worunter sowohl ehemalige Makler/Börsenhändler als auch derart akkreditierte Pressevertreter oder Servicekräfte fallen.

Börsenzulassung von Unternehmen, bezeichnet die gemäß § 7 I BörsG obligatorische Genehmigung der Teilnahme eines Unternehmens am → Börsenhandel durch hierfür zuständige Börseninstanzen. Grundsätzlich ist einem Unternehmen die Zulassung zu erteilen, wenn es die Voraussetzungen nach § 7 I, II BörsG erfüllt. Neben einer der enumerativ aufgeführten Formen der Aktivität in börsengehandelten Objekten gehören hierzu insbesondere die Nachweise einer fachlichen Eignung und Zuverlässigkeit der relevanten Führungs- bzw. Vertretungspersonen, einer bestimmten Mindestkapitalausstattung sowie der organisatorischen und allgemeinen wirtschaftlichen Leistungsfähigkeit des Unternehmens. Die Börsenordnung bestimmt ferner, welche Sicherheiten die Unternehmen zur Unterlegung der von ihnen abgeschlossenen Transaktionen zu leisten haben (§ 8a I BörsG). Dem Bedeutungsverlust der → Präsenzbörsen gegenüber elektronischen Plattformen gemäß gelten spezielle Normen für die Zulassung eines Unternehmens zur Teilnahme am Börsenhandel in einem elektronischen Handelssystem (§ 7a BörsG). Hierzu formulieren die → BörsO der → Börsenplätze spezifische, vorwiegend technisch ausgelegte Zulassungsvoraussetzungen. Die BörsO können ferner ein → Designated Sponsoring für Wertpapiere vorsehen, die in den elektronischen Systemen gehandelt werden. Will ein zugelassenes Unternehmen als → Designated Sponsor agieren, sich also verpflichten, durch häufiges Stellen von engen → Spreads die → Liquidität im Markt für umsatzschwächere Aktien zu stärken, so muss es hierfür eine gesonderte Zulassung beantragen. Da beim Abschluß von Transaktionen für die zugelassenen Unternehmen faktisch natürliche Personen, ihre Börsenhändler, agieren, impliziert die Zulassung eines Unternehmens regelmäßig auch ein Verfahren für die → Börsenzulassung von Personen. Die Erfüllung der Zulassungsvoraussetzungen nachzuweisen, obliegt dem Antragsteller, während die Börsengeschäftsführung sie überprüft und auf dieser Basis die Zulassung ausspricht oder ablehnt (und ggf. auch später widerruft). Andernfalls erlischt die Zulassung nur auf Basis einer schriftlichen Erklärung des zugelassenen Unternehmens.

Börsenzulassung von Wertpapieren, *admission to the stock exchange for securities*; → Börsenzulassung, → Zulassung von Wertpapieren zum amtlichen Handel, → Zulassung von Wertpapieren zum Geregelten Markt, → Zulassung von Wertpapieren zum Neuen Markt, → Zulassung von Wertpapieren in den Freiverkehr.

Börsenzwang, *stock exchange monopoly*. Unter dem B. ist die Verpflichtung zu verstehen, alle Geschäftsabschlüsse in börsennotierten Handelsgegenständen über die Börse zu leiten. Da in Deutschland kein derartiger B. existiert, können etwa → Wertpapiere oder → Derivate trotz Börsennotierung auch außerbörslich gehandelt werden. Allerdings haben die Kreditinstitute im Rahmen ihres → Kommissionsgeschäfts die Aufträge ihrer inländischen Kunden für den Kauf bzw. Verkauf von börsennotierten Wertpapieren (einschließlich des Freiverkehrs) über den Börsenhandel auszuführen, sofern der Kunde nicht ausdrücklich eine andere Weisung erteilt. Vgl. auch → außerbörslicher Wertpapierhandel.

Börse-Öffnungszeiten, → Börsenzeit der deutschen → Wertpapierbörsen im Aktienhandel.

Börse und Politik, *stock market and politics*. Ausgehend von der Annahme, dass durch politische Entscheidungen die ökonomischen Rahmenbedingungen verändert werden, wird ein politischer Einfluss auf die Unternehmenssituation konstatiert. Somit haben politische Ereignisse und Entscheidungen aufgrund der Antizipation ihrer Folgen durch die Marktteilnehmer Einfluss sowohl auf das allgemeine Kursniveau als auch auf einzelne Branchen und Unternehmen, die Ziel gesonderter Politikansätze sind. Der sinkende staatliche

Einfluss im Zuge einer Politik der → Deregulierung führt neuerdings zu allenfalls kurzfristigen Effekten auf die Marktlage (bspw. vor und nach Wahlen). Weit wichtiger sind politische Entscheidungsprozesse und ihre Folgen für die Lage der Kapitalmärkte in Entwicklungsländern. – Vgl. auch → Kapitalflucht.

Börse und Wirtschaftsentwicklung, *stock market and economic development*. Im Rahmen der Konjunkturprognose wird u.a. auf Entwicklungen an der Börse und hier v.a. auf die zugrundeliegenden Aktienindizes zurückgegriffen. Erwartungen über die zukünftige wirtschaftliche Entwicklung werden i.d.R. von Anlegern antizipiert und in den Kursen berücksichtigt, womit nach herrschender Meinung die Aktienkurse einen Frühindikator für die Wirtschaftsentwicklung darstellen.

Börsianer, *bourse operator*. Als B. werden in der → Börsensprache die am Börsenhandel teilnehmenden Personen bezeichnet.

börslicher Wertpapierhandel, *trading on exchanges*; bezeichnet jenen Handel in → Wertpapieren, der an einer → Börse durchgeführt wird, das heisst zu den dort geltenden → Matching Bestimmungen. Ansonsten handelt es sich um → außerbörslichen Wertpapierhandel.

Bringschuld, *debt to be discharged at creditor's domicile*; bezeichnet Verpflichtungen, bei denen der Schuldner die versprochene Leistung in vereinbarter Höhe von sich aus zu einem bestimmten Zeitpunkt zu erbringen hat. Erfolgt diese nicht, gerät er in Verzug. – Gegensatz: → Holschuld.

BOSS, *Börsen-Order und Service-System computerunterstütztes Börsen-handels- und Entscheidungssystem*; ermöglicht eine elektronische Übertragung von Kauf- und Verkaufsaufträgen zwischen der vom Kunden beauftragten → Bank und dem auftragsausführenden → Börsenmakler. Zusätzlich unterstützt es den Börsenmakler bei der Ermittlung eines fairen Kurses. Sobald der Auftrag ausgeführt wurde, erhält die Bank eine elektronische Bestätigung der Auftragsausführung. Die Bank hat somit die Möglichkeit ihre Kunden ohne Zeitverzögerung mit bedarfsadäquaten Informationen zu versorgen und deren Abrechnung zu erstellen. Der Funktionsumfang von BOSS ermöglicht desweiteren eine direkte Weiterleitung zur Deutschen-Börsen-Clearing AG, welche die Abwicklung der getätigten Geschäfte vollzieht. Die durch den Börsenmakler festgestellten Kurse werden automatisch im Anschluss an den Ticker übermittelt und publiziert. Folglich hat der Anwender die Möglichkeit die Kursentwicklung der Präsenzbörsen mit jener in → XETRA zu vergleichen und optimale Handelsstrategien auszuführen.

BOSS-CUBE, → Börsen-Order und Service-System computerunterstütztes Börsenhandels- und Entscheidungssystem.

Boston Option, *break forward, forward break, cancelable option, forward with optional exit*; bezeichnet eine Kombination aus einem → Forward-Kontrakt und einer → Option, die überwiegend in → Devisenmärkten verwendet wird. Sie resultiert aus dem Bedürfnis das → Währungsrisiko abzusichern, ohne dabei auf das Chancenpotential verzichten zu müssen. Unter- oder Übersteigt der → Wechselkurs ein bestimmtes Niveau, kann der → Optionsinhaber dank der integrierten → Option von den Verpflichtungen des Forward zurücktreten. Bei B.O. sind keine → Optionsprämien zu zahlen.

Botengeschäft. Im Falle eines B. vollzieht sich die Lieferung der verkauften Wertpapiere durch Übergabe der Papiere mittels eines Bankboten. Im deutschen Börsenhandel erfolgt diese Form der Lieferung allenfalls noch bei Wertpapieren, die im Rahmen der → Streifbandverwahrung verwaltet werden.

Bottom, *Tiefstand, Boden*. Begriff aus der → Chart-Analyse, der den Tiefpunkt eines Kursverlaufs beschreibt. Die Ausbildung eines B. ist meist ein → Kaufsignal. – Gegensatz: → Top.

Bought Deal, *fixed pricing*; bezeichnet die Zusage der → Konsortialbanken gegenüber dem → Emittenten, die Titel zu einem vor der Angebotsphase festgelegten Preis zu übernehmen. Das → Risiko, die → Emission unter dem erwarteten Preis im Markt zu platzieren, geht somit von dem Emittenten auf die Konsortialbanken über. – Vgl. auch

BOVESPA-Index

→ Best Effort, → Underwriting, und → Firm Commitment.

BOVESPA-Index, *Ibovespa*; seit 1968 veröffentlichter, maßgeblicher → Aktienindex für den brasilianischen Markt. Die Zusammensetzung dieses → Performanceindizes wird alle vier Monate überprüft. Der B.-I. umfasst die Aktien derjenigen Unternehmen, die in einem 12-monatigen Zeitraum vor der Zusammensetzung für 80% des Handelsvolumens an der → Bovespa verantwortlich waren.

Box Arbitrage. Arbitragestrategie, bei der gleichzeitig ein An- und Verkauf ähnlicher → Terminkontrakte mit unterschiedlichen Kursen erfolgt. – Vgl. auch → Arbitrage.

BP, → Bezugspreis.

bp, Abk. für → Basis Point.

BPV, b*asis point value*; → Risikokennzahl, welche die absolute Kursveränderung einer → Anleihe angibt, wenn sich die → Rendite um einen → Basispunkt, d.h. um 0,01% ändert. Der BPV wird im Gegensatz zum Price Value of a Basis Point (PVBP) unmittelbar aus der → Modified Duration abgeleitet wird.

BR, → Bezugsrecht.

Brady-Bond-Index, gibt die → Rentabilität von → Anleihen aus → Emerging Markets an. Insbesondere werden hierbei → Brady-Bonds bewertet, die handelbare Obligationen aus umgewandelten Krediten darstellen.

Brady-Bonds. Nach dem US-Finanzminister Nicholas Brady benannte → Anleihen, die zur Restrukturierung von → Verbindlichkeiten zahlungsschwacher Schwellenländer aufgelegt wurden. Nachdem sich Mexiko 1982 als zahlungsunfähig erklärt hatte und sich die Auslandsschulden der Entwicklungsländer 1988 auf insgesamt 1,24 Billionen US-$ beliefen, führten die mexikanischen Umschuldungsverhandlungen im Rahmen des „Brady Plans" 1989 erstmals zur → Verbriefung von notleidenden → Krediten in handelbare börsennotierte Schuldverschreibungen. B.-B. mit einem Nominalvolumen von 124 Mrd. US-$ und → Laufzeiten bis zu 30 Jahren wurden mit verschiedenen Ausstattungsmerkmalen ausgegeben, so z.B.: 1) → Par Bonds, die mit fester → Verzinsung, garantierter → Kapitalrückzahlung und Laufzeiten von 25 bis 30 Jahren ausgestattet sind, 2) → Discount Bonds, deren Verzinsung an einen → Referenzzinssatz gekoppelt sind. Die → Rückzahlung erfolgt im günstigen Fall zu 100%, wobei allerdings nur ein Teil des → Nominalbetrages abgesichert ist 3) Front-Loaded Interest-Reduction Bonds (FLIRBSs), bei denen sich ein anfänglich niedriger → Zins während der Laufzeit stufenweise erhöht und eine → Tilgung in Teilbeträgen erfolgt. B.-B. eignen sich vornehmlich für risikofreudige → Investoren, die von einer relativ hohen → Effektivverzinsung profitieren möchten.

Branchenfonds, *fund investing in an individual industry*; Wertpapierfonds, der nur in Wertpapiere einer bestimmten Industriebranche investiert. Mittlerweile lassen sich sieben Gruppen von B. in Deutschland unterscheiden: Finanzwerte-Fonds, Energiefonds, Telekom-Fonds, Technologiefonds, Ökofonds, Pharmafonds und auf die Getränke- und Ernährungsindustrie ausgerichtete Fonds. – Der Fondsmanager eines B. versucht, durch die gezielte Auswahl von aussichtsreichen Papieren eines bestimmten Wirtschaftssektors die Chancen einer bestimmten Branche zu nutzen.

Branchenindex, bezeichnet einen → Index, der eine bestimmte Branche abdeckt. Dies kann auf nationaler oder internationaler Ebene erfolgen. Es existieren ausgefeilte Klassifikationsschemata. So unterscheidet z.B. Dow Jones zehn Economic Sectors, 18 Market Sectors, 51 Industry Groups sowie 90 Sub-Industries, zu denen jeweils eigene Indizes existieren.

Branchenstreuung, *industry spreading*; Bezeichnung für ein Grundprinzip der → defensiven Anlagepolitik. Eine Verminderung der Risiken wird erzielt, indem Investitionen auf verschiedene, sich gegenläufig entwickelnde Branchen bzw. Wirtschaftszweige verteilt werden. Mittels B. lassen sich allerdings → systematische Risiken, d.h. jene Risiken, welche von der Entwicklung des Marktes als ganzem abhängig sind, nicht ausschalten. – Vgl. auch → Diversifikation.

Brave New Business Cycle. Eine auf Bill Dudley und Ed McKelvey zurückgehende Konjunkturhypothese, nach der sich (zumindest) in den USA im Zuge vor allem technologischer Hochentwicklungen (vgl. auch kritisch → New Economy) die Konjunkturzyklen gestreckter und weniger volatil entwickeln würden.

Break-even Analyse, *Gewinnschwellenanalyse, breakeven analysis.* Verfahren zur Ermittlung des → Break-even-Points.

Break-even-Point, *Gewinnschwelle.* 1. Begriff aus der Deckungsbeitragsrechnung. Dabei bezeichnet der B. die Absatzmenge, bei der die Deckungsbeiträge gleich den Fixkosten sind. – 2. Im → Rentenhandel ist der B. der Kurs einer Anlage, bei dem die Rendite gleich ist mit der Rendite einer alternativen Anlage. Bei → Fremdwährungsanleihen ist der B. der Devisenkurs, bei eine ausländische Anleihe die gleiche Rendite erzielt wie eine Inlandsanleihe. Beim → Optionshandel ist der B. der Kurs des → Underlyings, ab dem die → Optionsausübung vorteilhaft ist.

Bridge/CRB Futures Index, → Commodity Research Bureau Futures Index.

Bridge-Financing, *interim/intermediate financing, Zwischenfinanzierung, Überbrückungsfinanzierung.* Finanzierungsform von Unternehmen, um kurzfristigen Kapitalbedarf zu überbrücken oder zur Überbrückung des Zeitraumes zwischen der Entstehung von langfristigem Kapitalbedarf und seiner Deckung durch langfristiges Kapital. Die Überbrückungsfinanzierung erfolgt durch kurz- bis mittelfristige Mittel. – Der Begriff B. wird auch für die Wachstumsphase bei der Venture-Capital-Finanzierung verwendet. In dieser Phase übernehmen die Venture-Capital-Gesellschaften die Funktion des B. bis sich andere Financiers beteiligen. Häufig wird mit dem B. der Börsengang vorbereitet. In diesem Fall ist die Überbrückungsfinanzierung die letzte Phase bei der Venture-Capital-Finanzierung. – Vgl. → Venture-Capital.

Brief. 1. → Asked Price. – 2. Der → Kurshinweis B signalisiert, dass nur Verkaufsangebote, aber keine entsprechende Nachfrage vorhanden war. Zu diesem Kurs fanden daher auch keine Umsätze statt. – Gegensatz: → Geld.

Briefgrundschuld, *certificated real estate charge*; ist eine → Grundschuld, über die vom Grundbuchamt ein Grundschuldbrief ausgestellt wurde. Da eine Übertragung der Ansprüche aus einer B. lediglich einer Abtretungserklärung in Schriftform und der Übergabe des Grundschuldbriefes bedarf, ist im Vergleich zu einer → Buchgrundschuld eine erleichterte Übertragbarkeit gegeben.

Briefhypothek, *certificated mortgage*; ist eine → Hypothek, über die vom Grundbuchamt ein Hypothekenbrief ausgestellt wurde. Da eine Übertragung der Ansprüche aus einer B. lediglich einer Zession und der Übergabe des Hypothekenbriefes bedarf, ist im Vergleich zu einer → Buchhypothek eine erleichterte Übertragbarkeit gegeben.

Briefkurs, -notiz, → Asked Price.

Brief rationiert, bezahlt Brief repartiert, *ratB, bzB rep., bezB rep., rationing sellers over.* Dieser → Kurszusatz weist auf eine beschränkte Abnahme hin. Das Angebot überstieg die Nachfrage erheblich, so dass nur die unlimitierten → Verkaufsaufträge und jene Aufträge, die zum festgestellten Kurs und darunter limitiert waren, ausgeführt werden konnten. – Gegensatz: → Geld rationiert, bezahlt Geld repartiert.

Briefträger, *mailman.* Als B. wird in der → Börsensprache ein Händler bezeichnet, der Wertpapiere auf dem Börsenparkett zum Verkauf anbietet.

Broker, *Makler*; Bezeichnung für einen an der Börse tätigen → Makler, der ausschließlich die Aufträge von Kunden abwickelt. Der B. erhält dabei für seine Tätigkeit eine → Maklergebühr.

Brief verlost, *ask drawing*; bezeichnet ein Verfahren für die Zuteilung von Wertpapieren an der Börse. Für den Fall, dass die Aufträge, die entsprechend dem festgestellten Kurs zwar einen Ausführungsanspruch haben, aber aufgrund mangelnder Stückzahl nicht mit mindestens einem Stück ausgeführt werden können, werden die auszuführenden Orders ausgelost.

Brokerage House

Brokerage House, *Brokerfirma*; Bezeichnung für eine Institution, die den Geschäftszweck eines → Discount-Brokers erfüllt.

Brokerage 1. → Maklergebühr. 2. → Maklergeschäft.

Broker-Geschäft. Ist die angelsächsische Bezeichnung für die Tätigkeit der Annahme und Ausführung von Börsenaufträgen privater und institutioneller → Investoren. Dies beinhaltet insbesondere die Herstellung der Verbindung zwischen → Investoren und → Jobbern bzw. → Dealern als → Finanzintermediär. Im Rahmen des B.-G. wird entweder als → Kommissionär für fremde Rechnung, im eigenen Namen oder als → Makler im fremden Namen ge- bzw. verkauft. Dabei darf jedoch kein Handelsbestand gehalten und auch kein → Eigenhandel betrieben werden. Die ursprüngliche Trennung von Dealer-Geschäft und B.-G. aufhebend, können im Rahmen des Dual-Capacity-Broker-Geschäfts zusätzlich Eigenhandelsgeschäfte betrieben und entsprechende Gewinne realisiert werden. Die originären Einnahmen im Rahmen des B.-G. werden als → Brokerage bezeichnet. In den USA wird damit auch die Tätigkeit der dortigen Wertpapierbanken bezeichnet.

Bruchteilnotierung, *fractional quotation*. Bezeichnung für die früher an zahlreichen US-amerikanischen Börsen gebräuchliche Form der → Notierung von → Wertpapierkursen. Die Kursnotierung erfolgte i.d.R. in Sechzehntelintervallen. Seit Mitte 2000 werden an den meisten US-amerikanische Börsen die Kurse in → Dezimalnotierung notiert.

Bruchteilseigentumfonds, *fractional property investment fund*; sind → Sondervermögen, bei denen die Anteilseigner ein Bruchteilseigentum am gesamten Fondsbesitz innehaben. Dabei stehen die zum Sondervermögen gehörenden Gegenstände alleinig im Eigentum der → Kapitalanlagegesellschaft. Diese Form ist in Deutschland im Zusammenhang mit → Immobilienfonds zwingend vorgeschrieben, während sie bei anderen Fondsarten selten vorkommt. – Vgl. auch → Miteigentumsfonds.

Brut, *Brass Utility*; amerikanisches → ECN, das in erster Linie auf den Handel institutioneller Anleger mit Broker-Dealern ausgelegt ist, denen gegenüber B. als Sponsor auftritt. An B. sind u.a. die Investmentbanken Goldman Sachs, Merrill Lynch und Morgan Stanley Dean Witter beteiligt. – B. erfüllt die von der amerikanischen Börsenaufsicht → SEC an ECN's gestellten Anforderungen, um Zugang zur → NASDAQ zu erhalten. Im Oktober 2000 wurden ca. 1,4 Prozent des Transaktionsvolumens dieser Börse über B. abgewickelt, dies entspricht dem fünften Platz unter acht registrierten ECN's. Von B. ins NASDAQ-System eingestellte Quotes werden mit dem Kürzel BRUT versehen.

Bruttoabrechnung, *gross settlement*. Abrechnung für → Kundengeschäfte in → festverzinslichen Wertpapieren, die von einer Bank über die → Börse ausgeführt werden. Hierbei werden neben den normalen → Transaktionskosten für Kauf oder Verkauf, → Provisionen und → Spesen separat ausgewiesen. Gegenteil: → Nettoabrechnung

Bruttoabsatz, *gross security sales*; Bezeichnung für die Summe der bei einer → Neuemission – zumeist festverzinslicher Wertpapiere – erzielten Verkaufserlöse, wobei eventuelle sofortige Rückflüsse nicht beachtet werden. Der B. von Wertpapieren in Deutschland wird in den → Monatsberichten der Deutschen Bundesbank veröffentlicht. – Gegensatz: → Nettoabsatz

Bruttobardividende, *Ausschüttung, cash dividend*; → Dividende vor Abzug der KESt. Die B. erhält man durch Abzug der KSt-Belastung (25%) von der → Bruttodividende.

Bruttodividende, *gross dividend*; von der Hauptversammlung festgesetzte → Dividende ohne Abzug der Körperschaftsteuer und der KESt.

Bruttoertragswert, *gross capitalized income value*; → Barwert einer Anlage ohne Abzug von Kapitalanlagekosten. – Vgl. → Ertragswert.

Bruttogewinn, *gross margin, gross profit, contribution margin*; bezeichnet den → Gewinn aus dem Verkauf einer → Kapitalanlage ohne Abzug der für den Verkauf selbst anfallenden → Transaktionskosten. Der tatsächlich realisierte Gewinn errechnet sich aus dem B. abzüglich der Transaktionskosten.

Bruttoinvestition, *gross capital expenditure, gross investment*; bezeichnet sämtliche → Investitionen zur Anschaffung oder Herstellung von Vermögensgegenständen einschließlich der reinvestierten Abschreibungsgegenwerte.

Bruttorendite, *Rendite vor Steuern, gross yield*; bezeichnet die → Rendite einer → Kapitalanlage ohne explizite Berücksichtigung der anfallenden → Ertragsteuern.

Bruttoverzinsung, *Verzinsung vor Steuern, gross interest return*; bezeichnet die → Verzinsung einer → Kapitalanlage ohne explizite Berücksichtigung der anfallenden → Ertragsteuern.

BSV, Abk. für → Bundesschuldenverwaltung.

Bubble, *(Seifen-)blase*. B. ist die Bezeichnung für fundamental nicht begründete positive Kursabweichungen bei Aktien und Akitienindizes, häufig psychologisch bedingt. Ein Hinweis auf ein B. liegt vor, wenn der → innere Wert einer Aktie wesentlich geringer als der Börsenkurs ist. Dies kann durch massenpsychologische Faktoren, wie z.B. Herdentrieb, ausgelöst werden.

Bubills, Bezeichnung für unverzinsliche → Bundesschatzanweisungen. Sie werden als → Abzinsungspapier emittiert und entsprechend am Ende der Laufzeit zum Nennwert zurückgezahlt. B. werden im Dreimonatsrhythmus (Januar, April, Juli, Oktober) mit einer Laufzeit von sechs Monaten von der Bundesbank im → Tenderverfahren emittiert.

Buchgeld, *Giralgeld, deposit money*; Bezeichnung für → Sichteinlagen, d.h. die jederzeit fälligen → Bankguthaben bei → Kreditinstituten und der → Zentralbank. Eingeräumte, aber nicht in Anspruch genommene Kreditlinien werden ebenfalls zum B. gezählt. Nicht zum B. zählen Einlagen, die der Geldanlage dienen (→ Spareinlagen, → Termineinlagen). B. entsteht durch Kreditgewährung der Geschäftsbanken

(Geldschöpfung). – B. und → Bargeld bilden den gesamtwirtschaftlichen Geldbestand.

Buchgewinn, *rechnerischer Gewinn, book profit, accounting profit*. 1. In der → Bilanz und den Geschäftsbüchern eines Unternehmens sind sämtliche Vermögensgegenstände mit ihren fortgeschriebenen → Buchwerten aufgeführt. Diese sinken im Zeitablauf durch die anfallenden → Abschreibungen. Erfolgt die Veräußerung eines Vermögensgegenstandes zu einem über seinem Buchwert liegenden Preis, so stellt die sich ergebende Differenz aus beiden Beträgen für das Unternehmen einen B. dar. – 2. Bei der → Kapitalanlage in → Wertpapieren beschreibt der B. den nicht realisierten → Gewinn, der sich bei einem Kursanstieg aus der Differenz zwischen dem aktuellen → Börsenkurs und dem Kaufkurs ergibt. – Gegensatz: → Buchverlust.

Buchgrundschuld, *registered real property charge*; ist im Gegensatz zu einer → Briefgrundschuld eine → Grundschuld, die lediglich im Grundbuch eingetragen ist, ohne dass ein Grundschuldbrief vom Grundbuchamt ausgestellt wurde. Eine Übertragung der Ansprüche aus einer B. kann nur nach entsprechender Einigung und Änderung der Grundbucheintragung erfolgen.

Buchhypothek, *registered mortgage*; ist im Gegensatz zu einer → Briefhypothek eine → Hypothek, die lediglich im Grundbuch eingetragen ist, ohne dass ein Hypothekenbrief vom Grundbuchamt ausgestellt wurde. Zur Verdeutlichung der fehlenden Verbriefung wird die Grundbucheintragung mit dem Verweis „unter Briefausschluss" ergänzt. Eine Übertragung der Ansprüche aus eine B. kann nur nach entsprechender Einigung und Eintragung im Grundbuch erfolgen.

Buchverlust, *rechnerischer Verlust, book loss*. 1. In der → Bilanz und den Geschäftsbüchern eines Unternehmens sind sämtliche Vermögensgegenstände mit ihren fortgeschriebenen → Buchwerten aufgeführt. Diese sinken im Zeitablauf durch die anfallenden → Abschreibungen. Erfolgt die Veräußerung eines Vermögensgegenstandes zu einem unter seinem Buchwert liegenden Preis, so stellt die sich ergebende Differenz aus beiden Beträgen für das Unternehmen einen B. dar. – 2. Bei der → Kapitalanlage in

→ Wertpapieren beschreibt der B. den nicht realisierten → Verlust, der sich bei einem Kursrückgang aus der Differenz zwischen dem Kaufkurs und dem aktuellen → Börsenkurs ergibt. – Gegensatz: → Buchgewinn.

Buchwert, *book value*. Der B. ist der bilanzielle Wert von Vermögensgegenständen und Verbindlichkeiten eines Unternehmens. Er entspricht dem tatsächlichen Wert der Bilanzpositionen, wenn die → Abschreibungen in Höhe der wirklichen Wertminderungen erfolgen. Jedoch werden aufgrund des Vorsichtsprinzips die Aktiva zumeist niedriger und die Passiva höher ausgewiesen, so dass sog. → stille Reserven entstehen.

Bucket Shop. Bezeichnung für Unternehmen, deren Tätigkeit im Vertrieb von nicht-börsenfähigen oder zum Teil minderwertigen Wertpapieren liegt. Zudem bezeichnet ein B.S. auch Unternehmen, die trotz Fehlens einer zweifelsfreien Seriosität Effektenhandelsgeschäfte betreiben.

Bufferstock, *Ausgleichs-, Puffervorrat*. Vorrat an Rohstoffen, um die Auswirkungen von Preisschwankungen zu reduzieren. Indem Lager planmäßig aufgefüllt werden, können mögliche Rohstoffpreisveränderungen aufgefangen werden. So erlaubt z.B. das Anlegen von Vorräten in Niedrigpreis-Phasen, spätere Hochpreise in gewissem Umfang abzumildern. – Vgl. auch → Hedging.

Bulge Bracket, bezeichnet → Investment Banken, die aufgrund globaler Präsenz, breiter Produktpalette, Unternehmensgröße, Kundenstamm und Reputation zu den besten Adressen zählen.

Bulis, Abk. für → Bundesbank-Liquiditäts-U-Schätze.

Bull, Bullish, bezeichnet eine optimistische Marktsituation. → Investoren rechnen mit steigenden → Wertpapierkursen und fragen verstärkt → Wertpapiere nach. – Gegensatz: → Bear, Bearish.

Bull-and-Bear Bond, → Aktienindexanleihe.

Bull-Call-Spread, kombinierte Optionsstrategie in Erwartung steigender Kurse, die durch Kauf eines → Call mit niedrigem → Basispreis und Verkauf eines Call mit höherem Basispreis, aber gleichem Verfallsdatum, erzeugt wird. – Dabei beschränkt sich die Gewinnchance auf die Differenz der Basispreise abzüglich der netto gezahlten → Optionsprämien, der maximale Verlust ist auf die Differenz aus gezahlter und erhaltener Optionsprämie begrenzt. – Der B. zählt zur Gruppe der → Vertical Spreads.

Bulldog Bond, eine in Pfund-Sterling begebene → Auslandsanleihe, die in Großbritannien emittiert wird.

Bullenfalle, *bull trap*; Bezeichnung für eine Situation, in der ein Marktteilnehmer, der auf steigende Kurse setzt (→ Haussier), durch seine → technische Analyse eine falsche Prognose erhält und dadurch eine Fehlentscheidung trifft. – Gegensatz: → Bärenfalle.

Bullet, *Bullet Bond*; Bezeichnung für eine endfällige → Anleihe.

Bull Floater, → Reverse Floating Rate Note.

Bull Market, *Haussemarkt*; Bezeichnung für einen von optimistischen Erwartungen geprägten (Aktien-) Markt. Die Mehrheit der Marktteilnehmer erwartet eine positive Marktentwicklung bzw. ein Steigen der Kurse. – Gegensatz: → Bear Market.

Bull-Put-Spread, kombinierte Optionsstrategie in Erwartung steigender Kurse, die durch Verkauf eines → Put mit höherem → Basispreis und Kauf eines Put mit niedrigerem Basispreis, aber gleichem Verfallsdatum, generiert wird. – Der maximale Gewinn ist dabei begrenzt auf die Differenz aus erhaltener und gezahlter → Optionsprämie, das Verlustrisiko beschränkt sich auf die Differenz der Basispreise abzüglich der netto erhaltenen Optionsprämien. – Der B. zählt zur Gruppe der → Vertical Spreads.

Bull-Spreads. Kombinationsstrategien für → Optionen, bei denen eine gleiche Anzahl an Optionen desselben Typs, d.h. → Calls oder → Puts, gleichzeitig gekauft und verkauft werden. – B. stellen die Form der → Vertical Spreads dar, bei der die Option mit dem höheren → Basispreis verkauft, diejenige mit dem niedrigeren Basispreis, aber gleichem Verfallsdatum, gekauft wird. Die Anwendung eines B. erfolgt in Erwartung leicht steigender Kurse des → Underlying, wobei Gewinnchancen und Verlustrisiken jeweils begrenzt sind. – Vgl. auch → Bull-Call-Spread, → Bull-Put-Spread. – Gegensatz: → Bear Spreads.

Bull Trap, → Bullenfalle.

Bull Warrant, → Optionsschein, der auf einen spezifischen → Aktienindex bezogen ist und auf steigende Kurse setzt. Der Wert des B.W. ergibt sich aus der Differenz zwischen → Basispreis und dem tatsächlichem, höherem Indexstand bei Ausübung. Die Gutschrift des Gewinns erfolgt durch die Auszahlung des entsprechenden Geldwertes. Anwendungsmöglichkeiten für B.W. sind die → Aktienindex-Arbitrage, → Spekulationsgeschäfte oder die → Portfolio Insurance. – Gegensatz: → Bear Warrant.

Bundesanleihekonsortium, *federal bond consortium*, bezeichnete ein bis Ende 1997 bestehendes → Konsortium dessen Aufgabe die Begebung von → Bundesanleihen war. Jetzt übernimmt diese Funktion die → Bietergruppe Bundesemission.

Bundesanleihen, *Bunds, federal loans/bonds*. B. sind börsennotierte, vom Bund emittierte → Anleihen mit einer Laufzeit von entweder 10 oder 30 Jahren. B. werden als → festverzinsliche Wertpapiere oder als → Floating Rate Notes emittiert. Die Stückelung beträgt 1.000 Euro. Seit 1997 ist auch bei B. das → Bond Stripping möglich. – B. werden zunächst über die → Bietergruppe Bundesemission im → Tenderverfahren angeboten. Nach der Börseneinführung können B. von jedermann erworben werden. Der Handel mit B. unterliegt keinerlei Beschränkungen. Von den B. werden keine → effektiven Stücke erstellt. Dem Käufer von B. wird zur Wahl gestellt, die Anleihe in Form einer → Sammelschuldbuchforderung über ein Kreditinstitut in sein Depot einzubuchen oder sich eine → Einzelschuldbuchforderung im → Bundesschuldbuch eintragen zu lassen. B. haben eine zentrale Bedeutung für den deutschen → Rentenmarkt. – Vgl. auch → Bundesobligationen.

Bundesaufsichtsamt für das Kreditwesen

Bundesanleihen, Terminkontrakte auf, *federal loan futures*; bindende Verträge über die Lieferung bzw. Abnahme von langfristigen → Anleihen des Bundes zu bestimmten Preisen zu bestimmten Terminen. Zu den T.a.B. zählen → Euro-Bobl-Futures, → Euro-Bund-Futures und → Euro-Buxl-Futures. – Vgl. auch → Terminkontrakte auf eine Schuldverschreibung des Bundes oder der ehemaligen Treuhandanstalt und → Emissionen der öffentlichen Hand.

Bundesanstalt für Finanzdienstleistungsaufsicht, (BAFin); bezeichnet die seit Mai 2002 bestehende Aufsichtsbehörde, die aus dem → Bundesaufsichtsamt für das Kreditwesen und das → Bundesaufsichtsamt für den Wertpapierhandel hervorging und deren Aufgabenbereiche übernahm.

Bundesanzeiger (BAnz), *Federal Official Gazette*; amtliches Verkündungsblatt des Bundes für Satzungen, Verträge, Verwaltungsvorschriften und andere Bekanntmachungen. – Vgl. auch → Bundesgesetzblatt.

Bundesaufsichtsamt für das Kreditwesen (BAKred), *Federal Banking Supervisory Office*; selbständige Bundesoberbehörde im Geschäftsbereich des Bundesministerium der Finanzen mit Sitz in Bonn (seit 1994), die seit Mai 2002 Teil der → Bundesanstalt für Finanzdienstleistungsaufsicht ist. Das BAKred übt nach dem → Gesetz über das Kreditwesen und verschiedenen Spezialgesetzen die Aufsicht über die Kredit- und Finanzdienstleistungsinstitute (§§ 6, 1 KWG) in der BRD aus. Es soll die ordnungsgemäße Durchführung von Bankgeschäften und Finanzdienstleistungen sicherstellen, zur Stabilität der Finanzmärkte beitragen und Missständen entgegenwirken (§ 6 KWG). Bankgeschäfte und Finanzdienstleistungen dürfen in der BRD nur mit schriftlicher Erlaubnis des BAKred angeboten werden (§ 32 KWG). Werden sie ohne die erforderliche Erlaubnis erbracht, so kann das BAKred die sofortige Einstellung des Geschäftsbetriebes und die unverzügliche Abwicklung der Geschäfte anordnen (§ 37 KWG). Im Erlaubnisantrag sind insbesondere die zum Geschäftsbetrieb erforderlichen Mittel sowie die Eignung der Geschäftsleiter zur Führung eines Instituts nachzuweisen (§ 32 KWG). Die Überwachung des laufenden Geschäfts-

Bundesaufsichtsamt für den Wertpapierhandel

betriebes durch das BAKred konzentriert sich vor allem auf die Einhaltung der gesetzlichen Regelungen über die Eigenmittelausstattung (→ Eigenmittelausstattung, Kreditinstitute und Finanzdienstleistungsinstitute) (§ 10 KWG) und die → Liquidität (§ 11 KWG) durch die Kredit- und Finanzdienstleistungsinstitute. Zur Erfüllung seiner Aufgaben wertet das BAKred meldepflichtige Geschäftsdaten sowie die Jahresabschlüsse der Institute und die darüber erstellten Prüfberichte aus. Es kann Auskünfte von den Instituten verlangen und Prüfungen vornehmen (§ 44 KWG). Stellt das BAKred fest, dass eine Gefahr für die Erfüllung der Verpflichtungen eines Instituts gegenüber seinen Gläubigern oder für die Sicherheit der ihm anvertrauten Vermögenswerte besteht, so kann es einstweilige Maßnahmen zur Abwehr dieser Gefahren treffen (§ 46 KWG). Dazu gehören Anweisungen an die Geschäftsführung, das Verbot bestimmter Geschäfte oder die Bestellung von Aufsichtspersonen. Droht einem Institut die Zahlungsunfähigkeit oder Überschuldung, so kann das BAKred ein Veräußerungs- und Zahlungsverbot an das Institut erlassen, ihm die Entgegennahme von Zahlungen verbieten oder das Institut vorläufig schließen (§ 46a KWG).

Bundesaufsichtsamt für den Wertpapierhandel (BAWe), *Federal Securities Supervisory Office*; selbständige Bundesoberbehörde im Geschäftsbereich des Bundesministerium der Finanzen. Es wurde 1995 gemäß § 3 WpHG errichtet und im Jahr 2002 in das neu gegründete → BaFin integriert. Das BAWe soll neben anderen Behörden innerhalb des → Aufsichtssystems für den Wertpapierhandel die Funktionsfähigkeit der Märkte für Wertpapiere und Derivate sicherstellen. – Vgl. auch → Bundesaufsichtsamt für den Wertpapierhandel, Aufgaben, → Bundesaufsichtsamt für den Wertpapierhandel, Jahresbericht, → Bundesaufsichtsamt für den Wertpapierhandel, Maßnahmen und → Bundesaufsichtsamt für den Wertpapierhandel, Meldepflichten.

Bundesaufsichtsamt für den Wertpapierhandel, Aufgaben, *Federal Securities Supervisory Office, responsibilities*. Dem → BAWe obliegt innerhalb des → Aufsichtssystems für den Wertpapierhandel die → Marktaufsicht über den gesamten (börslichen und außerbörslichen) Wertpapierhandel, den Handel mit Derivaten und Geldmarktinstrumenten (§§ 4, 1 WpHG) sowie über die Erbringung von sonstigen Wertpapierdienstleistungen und Wertpapiernebendienstleistungen (→ Wertpapierdienstleistungen nach Wertpapierhandelsgesetz, → Wertpapiernebendienstleistungen nach Wertpapierhandelsgesetz) (§§ 4, 2 III, IIIa WpHG). Es ist insbesondere zuständig für die Verfolgung und Bekämpfung von → Insidergeschäften (§ 16 WpHG) und die Überwachung der → Ad-hoc-Publizitätspflicht börsennotierter Unternehmen (§ 15 WpHG). Daneben überwacht es die Verpflichtung der Kredit- und Finanzdienstleistungsinstitute sowie der zum Börsenhandel zugelassenen Unternehmen, alle Geschäfte in Wertpapieren und Derivaten zu melden (§ 9 WpHG), die Erfüllung der Publizitätspflichten bei Veränderungen der Stimmrechtsanteile bei im amtlichen Handel notierten Unternehmen (→ Mitteilungs- und Veröffentlichungspflichten bei Veränderungen des Stimmrechtsanteils an börsennotierten Gesellschaften) (§ 29 WpHG) sowie die Einhaltung der → Verhaltensregeln und → Organisationspflichten der Wertpapierdienstleistungsunternehmen (§ 35 WpHG). Dem BAWe obliegt zudem die internationale Zusammenarbeit bei der Beaufsichtigung des Wertpapierhandels (§§ 7, 19, 30, 36c WpHG). – Darüber hinaus gehört die Überprüfung der nach dem Wertpapier-Verkaufsprospektgesetz zu erstellenden → Verkaufsprospekte für Wertpapiere auf Vollständigkeit zu den Aufgaben des BAWe (§ 8a VerkProspG). Es ist zugleich Hinterlegungsstelle für diese Verkaufsprospekte (§ 8 VerkProspG). – Vgl. auch → Bundesaufsichtsamt für den Wertpapierhandel, Meldepflichten, → Compliance und → Verhaltensregeln.

Bundesaufsichtsamt für den Wertpapierhandel, Jahresberichte, *Federal Securities Supervisory Office, annual reports*. In den Jahresberichten wird die Tätigkeit des → BAWe im jeweiligen Berichtszeitraum beschrieben. Sie werden u.a. im Internet unter http://www.bawe.de veröffentlicht.

Bundesaufsichtsamt für den Wertpapierhandel, Maßnahmen, *Federal Securities Supervisory Office, measures*. Das → BAWe kann unabhängig von den ihm

Bundeseinheitliche Kurszusätze und –hinweise

nach dem → Gesetz über den Wertpapierhandel für bestimmte Einzelfälle zustehenden Befugnissen allgemein gemäß § 4 I S. 2 WpHG Anordnungen treffen, die geeignet sind, Missstände auf dem Wertpapiermarkt zu beseitigen oder zu verhindern. Derartige Anordnungen können in der Form von Schreiben, einfachen Bekanntmachungen oder Verwaltungsakten ergehen. Darüber hinaus hat das Bundesministerium der Finanzen dem BAWe 1998 seine Befugnis zum Erlass von Rechtsverordnungen aufgrund des WpHG übertragen.

Bundesaufsichtsamt für den Wertpapierhandel, Meldepflichten, *Federal Securities Supervisory Office, duties to report/reporting requirements*. 1. Geschäfte in Wertpapieren und Derivaten: Dem → BAWe sind alle Geschäfte in Wertpapieren und Derivaten, die zum Handel an einer Börse in einem Mitgliedstaat der Europäischen Union oder in einem Vertragsstaat des Europäischen Wirtschaftsraums zugelassen oder in den Freiverkehr einer deutschen Börse einbezogen sind, auf elektronischem Wege mitzuteilen (§ 9 WpHG). Meldepflichtig sind Kreditinstitute, inländische, zum Börsenhandel zugelassene Unternehmen, Finanzdienstleistungsinstitute sowie ausländische Unternehmen, soweit sie Geschäfte an einer inländischen Börse tätigen. Die Meldepflichten sollen der Verfolgung und Bekämpfung von → Insidergeschäften dienen und die Aufdeckung von Verstößen gegen die → Ad-hoc-Publizitätspflicht erleichtern. Die Wertpapierdienstleistungsunternehmen sind verpflichtet, einmal jährlich eine Prüfung der Einhaltung der Meldepflichten durch einen geeigneten Prüfer zu veranlassen (§ 36 I WpHG). Der Prüfbericht ist beim BAWe einzureichen (§ 36 I WpHG). Kommen die Unternehmen ihren Meldepflichten nicht oder nicht im ausreichendem Maße nach, so kann das BAWe die geeigneten und erforderlichen Anordnungen treffen, um den ordnungsgemäßen Zustand herzustellen (§ 4 WpHG). Entsprechende Verfügungen des BAWe können mit Zwangsmitteln durchgesetzt werden (§ 10 WpHG). – 2. Melde- und Veröffentlichungspflichten bei Veränderungen des Stimmrechtsanteils an börsennotierten Gesellschaften: → Mitteilungspflicht von Beteiligungen, Stimmrechtsanteilsveränderungen. – 3. → Rückkauf eigener Aktien: Der unter den Voraussetzungen des § 71 I AktG zulässige Rückkauf eigener Aktien durch die Gesellschaft ist gemäß § 21 I WpHG dem BAWe mitzuteilen, wenn die dort genannten Schwellenwerte erreicht oder überschritten werden. Aus § 25 I WpHG folgt zudem, dass die Gesellschaft dies in einem überregionalen → Börsenpflichtblatt zu veröffentlichen hat. – Die Aktiengesellschaft kann aus eigenen Aktien keine → Stimmrechte ausüben (§ 71b AktG). Damit verändern sich beim Rückkauf eigener Aktien die Stimmrechtsanteile für die Aktionäre. Diese Veränderungen unterlägen bei Erreichen der Schwellenwerte der Meldepflicht des § 21 WpHG. Da es den Aktionären jedoch nicht zuzumuten ist, sich ständig nach der Anzahl der von der Gesellschaft gehaltenen Aktien zu erkundigen, werden die im Bestand der Gesellschaft vorhandenen eigenen Aktien trotz der Regelung in § 71b AktG der Gesamtzahl der Stimmen zugerechnet. Damit kann der Rückkauf eigener Aktien keine Meldepflichten seitens der Aktionäre auslösen. – Wird einer Aktiengesellschaft eine Ermächtigung zum Rückkauf eigener Aktien ohne besondere Zweckbindung (§ 71 I Nr. 8 AktG) erteilt, so ist sie ebenfalls verpflichtet, das BAWe unverzüglich davon zu unterrichten (§ 71 III AktG).

Bundesbahnanleihen, *German Federal Railways loans/bonds*; vgl. → öffentliche Anleihen der Deutschen Bundesbahn.

Bundesbank-Liquiditäts-U-Schätze, *Bulis, Bundesbank liquidity Treasury bills*; → Liquiditätspapiere, die von der Deutschen Bundesbank begeben wurden, um die Geldhaltung inländischer Banken und Nichtbanken zu beeinflussen. Da die Papiere vornehmlich durch ausländische Anleger erworben wurden, gelang dieses Vorhaben allerdings nicht. Aus diesem Grund und um nicht selber Anlagemöglichkeiten für → Geldmarktfonds zu bieten, stellte die Bundesbank den Handel 1996 wieder ein.

Bundesbankschätze, *Treasury papers*; von der → Deutschen Bundesbank im Rahmen ihrer → Offenmarktpolitik ehemals begebene, unverzinsliche → Schatzanweisungen.

Bundeseinheitliche Kurszusätze und –hinweise, *federal standardized price re-*

Bundesgesetzblatt

marks and –notes. Um Anlegern einen Überblick über Angebot und Nachfrage beim Zustandekommen der jeweiligen → Börsenkurse zu geben, werden die Preise mit entsprechenden → Kurszusätzen versehen. Zusätzlich werden → Kurshinweise verwendet. – Im einzelnen erklärt § 33 der Börsenordnung der → Frankfurter Wertpapierbörse bestimmte Zusätze und Hinweise als verbindlich, die auch im → Geregelten Markt und im → Freiverkehr angewandt werden.

Bundesgesetzblatt (BGBl, *Official Federal Gazette.* Das BGBl ist das Veröffentlichungsorgan für Gesetze und Rechtsverordnungen des Bundes. Die Veröffentlichung eines Gesetzes im B. ist Wirksamkeitsvoraussetzung (Art. 82 II GG). Es gliedert sich in drei Teile, wobei Teil I für die nationalen Gesetze vorgesehen ist. Herausgeber ist der Bundesminister der Justiz.

Bundesobligationen, *Bobl, five-year special Federal bonds.* Die Bundesrepublik Deutschland begibt im Rahmen ihrer Kreditaufnahme B. als → Daueremissionen. B. werden in aufeinanderfolgenden Serien mit festem Nominalzins und variablen Ausgabekursen emittiert. Für jede Serie wird ein Nominalzins festgesetzt. Anpassungen an Marktzinsveränderungen erfolgen innerhalb der jeweils laufenden Serie durch Änderung des Ausgabekurses und damit auch der Rendite (→ Effektivverzinsung). B. haben eine Laufzeit von fünf Jahren. Die Stückelung beträgt 100 Euro. – B. werden nach Einstellung des freihändigen Verkaufs der laufenden Serie in den → amtlichen Handel an allen deutschen Wertpapierbörsen eingeführt. Während des → freihändigen Verkaufs können sie nur von natürlichen Personen und gebietsansässigen Einrichtungen, die gemeinnützige, mildtätige oder kirchliche Zwecke verfolgen, erworben werden (Ersterwerb). Nach Abschluss des freihändigen Verkaufs einer Serie können B. von jedermann - auch von Kreditinstituten und Unternehmen - erworben werden. B. sind → mündelsicher und → deckungsstockfähige Wertpapiere.

Bundespapiere, Emissionsverfahren, *Bundeswertpapiere, German Government Bonds.* Als B. bezeichnet man die → Bundesanleihen (zehn und dreißig Jahre Laufzeit), → Bundesobligationen (fünf Jahre Laufzeit), → Bundesschatzanweisungen (zwei Jahre Laufzeit), Finanzierungsschätze des Bundes (ein bis zwei Jahre Laufzeit), → U-Schätze (unverzinsliche Schatzanweisungen, genannt „Bu-Bills", 6 Monate Laufzeit) und → Bundesschatzbriefe (Typ A 6 Jahre Laufzeit, Typ B 7 Jahre Laufzeit), die allesamt dem kurz-, mittel- und langfristigen Finanzierungsbedarf der BRD dienen. – Bis Ende 1997 wurden B. über das → Bundesanleihenkonsortium, ein Konsortium in Deutschland ansässiger Banken unter Führung der → Deutschen Bundesbank, am Kapitalmarkt platziert. Dabei verpflichtete sich jeder Teilnehmer zur Übernahme auf eigene Rechnung eines seiner → Konsortialquote entsprechenden Teilbetrages. Seit 1991 führte die Deutsche Bundesbank auf der Grundlage der aktuellen und der vergangenen Platzierungskraft der einzelnen Kreditinstitute eine etwa jährliche Neuberechnung dieser Quote durch. Ende 1997 wurde das Konsortium, das mittlerweile aus über hundert Kreditinstituten, wovon etwa die Hälfte in ausländischem Besitz war, bestand, durch die → Bietergruppe Bundesemissionen ersetzt, da Bund und Deutsche Bundesbank erste positive Erfahrungen mit der Konditionenfindung unter schärferen Wettbewerbsbedingungen gemacht hatten. Aktuell werden sämtliche B. innerhalb der Bietergruppe Bundesemissionen generell im → Tenderverfahren versteigert, mit Ausnahme des freihändigen Verkaufs von Marktpflege- und Kurspflegebeträgen der Deutschen Bundesbank. Der Bietergruppe Bundesemission gehören zum größten Teil die ehemaligen Mitglieder des Bundesanleihenkonsortiums an. Jährlich wird die → Platzierungskraft der Teilnehmer überprüft und veröffentlicht. Institute, die die erforderliche Mindestplatzierungskraft im vergangenen Jahr nicht erbringen konnten, scheiden aus der Bietergruppe aus, können aber grundsätzlich in Zukunft erneut aufgenommen werden. Eine Aufnahme steht für alle Kreditinstitute und Wertpapierhandelshäuser mit inländischem Sitz sowie alle inländischen Filialen ausländischer Banken offen, soweit sie die von der Deutschen Bundesbank geforderten Kriterien erfüllen können.

Bundesschatzanweisung, *federal treasury note*; stellen eine Anweisung an die Staatskasse dar, dem Inhaber einen bestimmten Betrag zu einem festgelegten Zeitpunkt auszuzahlen. Die Laufzeit beträgt bei Neuemissionen zwei Jahre. Der Erwerb ist für jedermann möglich, angestrebte Erwerber sind Kreditinstitute und → Kapitalsammelstellen. Nach Börseneinführung können die Papiere zum aktuellen Marktkurs veräußert werden. Die Emission erfolgt im Zuge einer öffentlichen Ausschreibung (→ Tenderverfahren). – 1. Verzinsliche Schatzanweisung: B. mit festem Kupon und einer Laufzeit ab zwei Jahren. – 2. Unverzinsliche Schatzanweisungen: → Bubills.

Bundesschatzbrief, *Schatzbrief, federal treasury bill*. Bei B. handelt es sich um nicht börsennotierte → Schuldverschreibungen des Bundes, die als → Daueremission begeben werden. Es gibt keine → effektiven Stücke. B. können nur von natürlichen Personen oder Einrichtungen, die gemeinnützigen, mildtätigen oder kirchlichen Zwecken dienen, erworben werden. Die Rückgabe ist frühestens nach einem Jahr bis zu einem Höchstbetrag von 5.000 Euro monatlich (innerhalb von 30 Zinstagen) je Gläubiger möglich. Bei B. unterscheidet man Typ A und Typ B. – 1. Typ A: Wird zum Nennwert (→ pari) von 50 Euro ausgegeben und zurückgezahlt. Die Zinsen werden jährlich nachträglich ausgeschüttet. Die Zinssätze unterliegen dabei einer Staffelung (jährlich höhere Kupons). Die Laufzeit beträgt sechs Jahre. – 2. Typ B: Abgezinste Ausgabe → unter pari. Der Nennwert beträgt 50 Euro. Die Laufzeit beträgt sieben Jahre, die Zinsen unterliegen ebenso einer steigenden Staffelung. – Die Rendite des B. vom Typ B liegt aufgrund des Zinseszinseffektes geringfügig über der vom Typ A. Allgemein liegt die Bundesschatzbriefrendite weit unter der Kapitalmarktrendite. – Dem Käufer von B. wird zur Wahl gestellt, die Anleihe in Form einer → Sammelschuldbuchforderung über ein Kreditinstitut in sein Depot einzubuchen oder sich eine → Einzelschuldbuchforderung im → Bundesschuldbuch eintragen zu lassen.

Bundesschatzwechsel, → Solawechsel des Bundes mit einer → Laufzeit von bis zu drei Monaten, die den → Kreditinstituten zum Zwecke der → Finanzierung oder im Rahmen der → Offenmarktpolitik der → Deutschen Bundesbank angeboten werden. Die → Verzinsung erfolgt durch Diskontabzug beim Kauf.

Bundesschuldbuch, *Federal Dept Reserve*. Bei der → Bundesschuldenverwaltung in Bad Homburg geführtes öffentliches Register, in dem die gegen den Bund laufenden Darlehensforderungen, für die keine → Urkunden ausgestellt wurden, registriert sind. Der Gläubiger kann seine Forderungen namentlich im B. gebührenfrei eintragen lassen. Dabei wird die Überwachung der → Bedienung der Wertpapiere von der Bundesschuldenverwaltung übernommen. Bei Emission der entsprechenden Bundeswertpapiere wird zunächst eine → Sammelschuldbuchforderung für die → Clearstream International zugunsten der → Deutschen Bundesbank eingetragen. Der einzelne Gläubiger kann jedoch bei Erwerb einer entsprechenden → Anleihe die Umwandlung seiner Rechte in eine → Einzelschuldbuchforderung beantragen. – Vgl. auch → Schuldbuchforderungen.

Bundesschuldenverwaltung, *Federal Debt Administration*. Die B. verwaltet die vom Bund und seinen → Sondervermögen aufgenommenen Kredite. Sie ist eine selbständige, dem Bundesfinanzministerium nachgeordnete obere Bundesbehörde in Bad Homburg. Zu ihren gesetzlichen Aufgaben gehören die Prüfung der Kreditaufnahme, die Beurkundung der Kredite, die Führung des → Bundesschuldbuches und die Zahlung der Zinsen und fälligen Kapitalbeträge. Jeder Erwerber von Bundeswertpapieren (→ Bundesschatzbriefe, → Finanzierungsschätze des Bundes, → Bundesanleihen, → Bundesobligationen und → Bundesschatzanweisungen) kann anstelle der → Depotverwaltung bei einem Kreditinstitut die Eintragung seiner Wertpapiere auf einem auf seinen Namen lautenden gebührenfreien Einzelschuldbuchkonto bei der B. verlangen.

Bundesverband der Börsenvereine an deutschen Hochschulen e.V. (BVH). Der BVH wurde im Frühjahr 1992 von vier Börsenvereinen als Einrichtung zur Kooperation und Kommunikation zwischen den einzelnen Börsenvereinen gegründet. Inzwischen ist der BVH der Dachverband von 54 Börsenvereinen mit zusammen ca. 6500 Mitgliedern und mit Sitz in Mannheim. Die Mitgliedsvereine sind ausdrücklich keine Investment-Clubs, die ihre Mitgliedsbeiträge zur Kapitalanlage nutzen, sondern verfolgen einen gemeinnützigen Zweck. Ziel ist die

Bundesverband der Freien Börsenmakler e.V

Popularisierung der Aktie als Anlage- und Finanzierungsinstrument sowie die Erweiterung und Vertiefung des universitären Lehrangebots auf dem Sektor der Finanz- und Kapitalmärkte durch einen engen Praxisbezug.

Bundesverband der Freien Börsenmakler e.V., Der Verband wurde 1977 mit Sitz in München gegründet und durch die Einführung des Begriffs des → Wertpapierhandelsunternehmens infolge der sechsten KWG-Novellierung im Jahr 1997 in den → Bundesverband der Wertpapierhandelsfirmen e.V. umbenannt. Diese Namensänderung spiegelt seine Öffnung für weitere Arten von → Finanzdienstleistungsinstituten im Wertpapierbereich wieder.

Bundesverband der Wertpapierhandelsfirmen e.V. (BWF), früherer → Bundesverband der Freien Börsenmakler e.V., der als Berufsverband die gemeinsamen Berufsinteressen der Wertpapierhandelsfirmen, → Wertpapierhandelsbanken und freien → Börsenmakler in Deutschland seit über 20 Jahren gegenüber → Wertpapierbörsen, Aufsichtsbehörden (→ Bundesaufsichtsamt für das Kreditwesen, → Bundesaufsichtsamt für den Wertpapierhandel) Gesetzgebungsorganen und Banken vertritt und fördert. Der Verband informiert seine Mitglieder in beruflichen Belangen, v.a. über neueste Entwicklungen bezüglich der rechtlichen und wirtschaftlichen Rahmenbedingungen ihrer Berufstätigkeit.

Bundesverband Deutscher Investment- und Vermögensverwaltungsgesellschaften e.V. (BVI). Am 25.07.1970 von insgesamt sieben Gesellschaften als Bundesverband Deutscher Investmentgesellschaften e.V. gegründete Interessenvereinigung der deutschen → Kapitalanlagegesellschaften mit Sitz in Frankfurt am Main. Als Folge des allgemein gestiegenen Interesses an → Investmentfonds erfolgte mit Wirkung vom 26.07.2001 die Erweiterung des potenziellen Mitgliederkreises, so dass der BVI Anfang 2002 insgesamt 74 Mitgliedsgesellschaften zählt. Ziel des BVI ist die Förderung des Investmentgedankens in der Bevölkerung, um damit weiteres Vertrauen für diese Anlageform zu schaffen.

Bundesverband Deutscher Investmentgesellschaften e.V. (BVI), → Bundesverband Deutscher Investment- und Vermögensverwaltungsgesellschaften e.V. (BVI).

Bundesverband Finanzdienstleistungen e.V. (FiFa), bezeichnet einen 1985 mit Sitz in Berlin gegründeten Verband unabhängiger Vermittler von → Finanzdienstleistungen. Zu seinen Aufgaben zählt neben der Entwicklung und Förderung eines einheitlichen und anerkannten Berufsbilds im Bereich Finanzdienstleistungen auch die Förderung der Kooperation zum Zweck des Angebots von Allfinanzdienstleistungen, die Überwachung der Einhaltung der Standesrichtlinien und die Aus- und Weiterbildung der Verbandsmitglieder bis hin zur Fachprüfung zum „geprüften Finanzdienstleister".

Bund-Future, → Euro-Bund-Futures.

Bundling, Vorgang des Zusammensetzens bzw. Verknüpfens verschiedener einzelner Anlagebausteine zu einer neuen Anlageform, dem → Composite Asset. – Gegensatz: → Bond Stripping.

Bunds, Abk. für → Bundesanleihen.

Bunny Bond, → Euro-Anleihe, bei dem der Investor zusätzlich die → Option besitzt, fällige Zinszahlungen als Barzahlung oder in Form von Anleihestücken zu erhalten. – Vgl. → Multiplier Bond.

Bürgschaften, *guaranties, sureties;* bezeichnet → Eventualverbindlichkeiten, gem. § 251 HGB, die im → Jahresabschluss als Ergänzung „unter dem Bilanzstrich" ausgewiesen werden. Grundlage ist ein Vertrag gem. §§ 765ff. BGB, mit dem sich der Bürge gegenüber dem → Gläubiger des Schuldners verpflichtet, für eine → Verbindlichkeit des letzteren einzutreten.

Bürohandel, *unofficial trading;* → Telefonhandel.

Business Angels, vgl. → Seed Financing.

Business Plan, *Unternehmensplan;* Dokument, das eine planmäßige Darstellung der Geschäftsidee und der zukünftigen Geschäftsprozesse eines jungen bzw. zu gründenden Unternehmens beinhaltet. Der B.P. enthält Informationen über das angestrebte Produkt, dessen potentiellen Absatzmarkt, die zugrunde liegende Technologie und die benötigten Ressourcen (Zeit, Kapital, Arbeitskräfte, Maschinen und Gebäude). Im Zusammenhang mit der Venture-Capital-Finanzierung soll der B.P. den Venture-Capital-Gebern einen Einblick in das Vorhaben des jungen Unternehmens verschaffen. – Vgl. → Venture-Capital und → Seed Financing.

Business Risk, *Geschäftsrisiko*. Das B.R. bildet zusammen mit dem finanziellen Risiko (→ Financial Risk) das unternehmensspezifische → Bonitätsrisiko. Zur Beurteilung des B.R. werden bspw. Informationen über das Marketing, den technologischen Standard und die Effizienz im Unternehmen sowie die Qualität des Managements zu → Kennzahlen verdichtet. Anhand dieser durchaus subjektiven Kennzahlen erfolgt dann eine Einschätzung der Wettbewerbsposition des Emittenten. – Vgl. auch → Credit Risk.

BUSt, Abk. für → Börsenumsatzsteuer.

Busted Convertible, → Wandelanleihe, dessen Kurs sich wie eine gewöhnliche → Anleihe verhält, da der Kurs des → Basiswertes so weit → aus dem Geld ist, dass die Wahrscheinlichkeit einer Ausübung des → Wandelrechts gegen null tendiert.

Butterfly Spread, benennt eine → Kombinationsstrategie im → Optionsmarkt, bei der vier → Calls oder vier → Puts mit drei unterschiedlichen → Basispreisen, aber mit gleichem → Verfalltag eingesetzt werden. Dabei werden jeweils die Calls bzw. Puts mit dem höchsten und niedrigsten Basispreis gekauft und zwei Calls bzw. Puts mit dem mittleren Basispreis gleichzeitig verkauft. Hierdurch erhält man eine → pay-off Struktur, welche beim Basispreis der mittleren Option den maximalen Gewinn generiert.

Buy and Hold. Anlagestrategie, nach der das am Beginn des Planungszeitraumes zusammengestellte → Portefeuille ohne Umschichtungen bis zum Ende des Planungszeitraumes gehalten wird. Da keine systematischen Umschichtungen in der → Portefeuillezusammensetzung in Abhängigkeit von der Kursentwicklung - wie bei der dynamischen Anlageplanung üblich - vorgenommen werden, wird die B.a.H.-Strategie als statische Strategie bezeichnet. Die → Rendite des Portefeuilles hängt vom Wert des Portefeuilles am Ende des Planungszeitraumes aber nicht von → Kursschwankungen während des Planungszeitraumes ab. Die B.a.H.-Strategie kann insbesondere auch aufgrund der geringen Transaktionskosten gewollt sein. – Vgl. → passives Management.

Buy, *empfehlenswerter Kauf*. Kaufempfehlung für ein Wertpapier, gewöhnlich durch einen → Analysten gegeben. Meist erfolgt noch eine Unterscheidung in B. und → Strong Buy. – Gegensatz zu → Sell.

Buy-back, → Rückkauf eigener Aktien.

Buyout, *Aufkauf*, Bezeichnung für den vollständigen Erwerb von Unternehmen oder Unternehmensteilen und die damit einhergehende Ausbezahlung der bisherigen Eigentümer. Zumeist sind → Beteiligungsgesellschaften an der Finanzierung der Akquisition beteiligt. Übernahmen durch das bisher angestellte Management werden als → Management-Buyout (MBO) bezeichnet. Eine Übernahme durch ein unternehmensexternes Management wird → Management-Buyin (MBI) genannt. Im Falle eines Employee-Buyout treten die Mitarbeiter gemeinsam als Käufer auf. Wenn der Kauf durch eine Bank oder eine spezialisierte → Beteiligungsgesellschaft erfolgt, spricht man von einem → Institutional-Buyout. Wenn die Übernahmefinanzierung zum größten Teil auf → Fremdkapital beruht, handelt es sich um einen → Leveraged-Buyout (LBO). – Vgl. auch → Hostile Takeover.

BVI, Abk. für → Bundesverband Deutscher Investmentgesellschaften e.V.

BWF, Abk. für → Bundesverband der Wertpapierhandelsfirmen e.V.

BZV, Abk. für → Bezugsverhältnis.

C

C. 1. Ist ein an der → Frankfurter Wertpapierbörse verwendeter → Kurshinweis, der aussagt, dass zum betreffenden → Kurs nur Aufträge von identischen Käufern und Verkäufern zur Ausführung kamen. – 2. Diese Kennziffer wird von den → Rating-Agenturen → Standard & Poor's und Moody's Investors Service als → Ratingsymbol für → Schulder verwendet, deren Zahlungsverzug kurz bevorsteht.

Ca, → Ratingsymbole.

Caa, → Ratingsymbole.

CAC 40, Abk. für → Cotation Assistée en Continu 40 Index.

CAES, → Computer Assisted Execution System.

Calendar Spread, *time spread, horizontal spread*; definiert eine → Spreadstrategie, bei der → Optionen desselben Typs mit gleichen → Basispreisen, aber unterschiedlicher → Fälligkeiten gleichzeitig gekauft oder verkauft werden. Ein C.S. kann so z.B. aus einem → Short Call mit kürzerer → Laufzeit und einem → Long Call mit längerer Laufzeit bestehen.

Call, *Kaufoption, Call-Option.* → Option, die den Käufer bzw. Inhaber zum Kauf eines bestimmten → Underlying zum → Basispreis berechtigt. Der Käufer eines C. (→ Long Call) spekuliert auf Kurssteigerungen, da mit steigendem Kurs des Underlying auch der Wert des C. zunimmt. Der Verkäufer des C. (→ Short Call), der auch Stillhalter in Wertpapieren heißt, erwartet stagnierende oder leicht sinkende Kurse, da es in diesem Fall nicht zur Optionsausübung des C. kommt und er folglich die → Optionsprämie als Gewinn vereinnahmen kann.

Callable Bond. → Anleihe, die mit einer → Option ausgestattet ist, mittels derer der → Emittent einen Teil oder die ganze → Emission vor Endfälligkeit zurückkaufen kann. C.B. werden gewöhnlich vorzeitig ausgeübt, wenn die Marktzinsen so weit gefallen sind, dass eine neue Emission für den Emittenten vorteilhafter als die Bedienung des alten C.B. plus die durch die Neuemission entstehenden Kosten ist.

Callable Preferred Stock, → redeemable preferred stock.

Callable Swap, *kündbarer Swap.* Bezeichnung für einen → Swap, der einem oder beiden Partnern ein Kündigungsrecht der Swapvereinbarung zu einem bestimmten Zeitpunkt oder das Recht zur Laufzeitverkürzung einräumt.

Callable Warrant, *kündbarer Optionsschein.* → Optionsschein, der vor Laufzeitende vom → Emittenten zu einem Kurs, der in den Emissionsbedingungen festgelegt ist, gekündigt werden kann.

Call-Bear-Spread. Im Rahmen des Optionshandels existiert die Variante des Bear Spreads. Diese Form wird dann eingesetzt, wenn der Anleger fallende Kurse erwartet. Er ist demnach „bearish" eingestellt. Der Bear Spread lässt sich durch zwei verschiedene Varianten realisieren, entweder mit zwei →Puts oder mit zwei → Calls. In letzterem Fall handelt es sich um den Call-Bear-Spread. Die beiden Calls haben dabei unterschiedliche →Basispreise, aber die gleiche →Fälligkeit. Der maximal mögliche Gewinn eines C.-B.-S ist die erhaltene Nettoprämie.

Call-Bull-Spread

Der maximal mögliche Verlust errechnet sich aus der Differenz der Basispreise abzüglich der zu zahlenden Nettoprämie.

Call-Bull-Spread, *Bullish Call Spread*. Optionsstrategie, die eingesetzt wird, wenn leicht steigende Kurse erwartet werden. Dabei werden zwei → Calls mit unterschiedlichen Basispreisen aber gleicher Fälligkeit gekauft, wobei in dem Call mit dem niedrigeren Basispreis eine → Long Position und in dem Call mit dem höheren Basispreis eine → Short Position eingegangen wird. Diese Strategie zeichnet aus, dass sowohl Gewinn- als auch Verlustpotential begrenzt sind.

Call Buyer, bezeichnet den Käufer einer → Call-Option.

Call-Geld, → Call Money.

Call Exercise Price, bezeichnet den → Basispreis einer → Call-Option.

Call-Geschäft. Geschäft an der Wertpapierbörse, bei dem ein Kauf oder Verkauf ausgerufen wird. Andere Marktteilnehmer können diesen Ausruf im entsprechenden Angeboten überbieten, und so den Zuschlag bzw. die Transaktion erhalten.

Call Money, 1. *day-to-day-money, Call-Geld*. Bezeichnung für unbefristet hereingenommenes Geld, das mit ein- bis zweitägiger Kündigungsfrist abgerufen werden kann. Die Verzinsung wird täglich den aktuellen Marktzinsen angepasst. – 2. *Tagesgeld*. Synonym für täglich fälliges Geld am Geldmarkt.

Call-Option, → Call.

Call-Optionsschein, *call warrant*. → Optionsschein, der den Inhaber berechtigt, einen bestimmten → Basiswert (z.B. Anleihe oder Aktie) zu einem festgelegten Preis zu beziehen. Die → Optionsausübung kann zu einem festgelegten Termin (→ europäische Option) oder innerhalb einer bestimmten Zeitspanne (→ amerikanische Option) stattfinden. – Gegensatz: → Put-Optionsschein. – Vgl. auch → Call-Option.

Call or Put, → Wünsch Dir was Option.

Call Premium, bezeichnet die → Optionsprämie einer → Call-Option.

Call Price. 1. bezeichnet den → Basispreis einer → Call-Option. – 2. benennt den → Rückkaufkurs einer → Anleihe.

Call Protection, *Rückkauffrist-Aufschub*. Bedingung, die für einen gewissen Zeitraum eine Absicherung gegen vorzeitige → Kündigung von → Wertpapieren gewährleistet. Diese findet insbesondere im Rahmen von Emissionen kündbarer Anleihen Anwendung. – Vgl. auch → Call Provision.

Call Provision, *Kündigungsklausel, Rückkaufsklausel*. Klausel in den → Emissionsbedingungen einer Wertpapieremission, die dem Schuldner das Recht einräumt, Teile der Emission oder die vollständige Emission vorfällig zurückzukaufen. – Vgl. auch → Call Protection.

Call Warrant, → Call-Optionsschein.

Call Writer, → Stillhalter in Wertpapieren.

Cancellation, *Auftragswiderruf*. Bezeichnung für den Widerruf eines → Börsentermingeschäftes.

Candle-Chart, → Candlestick Chart.

Candlestick Chart, *Candle-Chart, Kerzenchart*; bei der → Technischen Analyse eingesetzte, aus Japan stammende Form der → Chart-Analyse, bei der in → Barcharts zusätzliche Informationen integriert werden. Die einzelnen balkenförmigen → Kerzen geben die Spanne aus dem → Eröffnungs- und → Schlusskurs an, die Farbgebung macht deutlich, ob der Schlusskurs über (weiß) oder unter (schwarz) dem Eröffnungskurs liegt. Zudem können die Tages- bzw. Wochenhöchst- und -tiefkurse integriert werden. Ein C.C. entsteht durch die Aneinanderreihung einzelner Kerzen im Zeitablauf und macht so typische Konstellationen deutlich. → Chartisten versuchen anhand der Analyse dieser Konstellationen zukünftige Kursverlaufe vorherzusagen. – Vgl. auch → Point & Figure Chart, → Line Chart und → Technische Aktienanalyse.

Cap, *Zins-Cap*. 1. *Zinsdeckel, Zinsobergrenze*. Bezeichnung für eine festgesetzte

Zinsobergrenze, die bei variabel verzinslichen → Anleihen oder Kreditverträgen vereinbart werden kann. Steigt der → Referenzzinssatz über den C. hinaus, konstituiert der C. den zu zahlenden Zinssatz (z.B. → Collared Floating Rate Note). Als C. kann auch der maximale Zinsanstieg pro vereinbarter Periode bezeichnet werden. – 2. Zinsbegrenzungsvereinbarung, die eigenständig gehandelt wird. Der Inhaber eines C. erhält für eine bestimmte Laufzeit und auf einen fixen Betrag bezogen eine Ausgleichszahlung vom Verkäufer, wenn der → Referenzzinssatz (z.B. ein- oder dreimonats-Euribor) eine festgelegte Grenze überschreitet. Die Höhe der Ausgleichszahlung bestimmt sich aus der Differenz zwischen Referenzzinssatz und der in den Emissionsbedingungen festgelegten Zinsobergrenze. Für diese Versicherung gegen Zinssteigerungen erhält der Verkäufer des C. eine einmalige oder laufende Prämie (Cap-Prämie). – Gegensatz: → Floor.

Cap-Hypothek, *cap mortgage*; ist eine zinsvariable → Hypothek, für die eine Zinssatzobergrenze festgelegt wird. Seltener sind auch Zinssatzuntergrenzen zu beobachten. Der Vorteil für den Kreditnehmer liegt im verminderten Zinsänderungsrisiko. Hierfür wird eine Prämie fällig (cap-prämie), die aufgrund des Optionscharakters einer Obergrenze von deren Höhe, der Volatilität und Höhe des Referenzzinssatzes und der Laufzeit abhängt. Der Referenzzins wird i.d.R. an die vorherrschenden Geldmarktsätze (EURIBOR u.ä.) unter Berücksichtigung der Bonität des Kreditnehmers gekoppelt und meist zum Quartalsende angepasst.

Capital-Asset-Pricing-Model (CAPM), *Kapitalanlagepreis-Modell*. Das CAPM wurde von Linter, Mossin und Sharpe Mitte der 60er Jahre zur Erklärung der Preisbildung auf dem → Kapitalmarkt entwickelt. Es baut auf den Erkenntnissen der → Portefeuilletheorie von Markowitz auf. Danach sind alle Investoren risikoavers (→ Risikoaversion) und streben nach Nutzenmaximierung. Unter der Voraussetzung homogener Erwartungen gibt es unabhängig von der → Risikoeinstellung der einzelnen Anleger ein Marktportefeuille aus allen gehandelten Wertpapieren mit einer optimalen Rendite-Risiko-Kombination. Abhängig von der jeweiligen Risikoneigung setzen sich die einzelnen Portefeuilles der Anleger aus einem Anteil am Marktportefeuille und der risikolosen Anlagemöglichkeit zusammen. Alle möglichen Kombinationen aus Markportefeuille und risikoloser Anlage werden durch die → Kapitalmarktlinie dargestellt.

$$\mu_p = r_f + \frac{\mu_m - r_f}{\sigma_m}\sigma_p.$$

Sie zeigt den linearen Zusammenhang zwischen der Rendite eines Portefeuilles μ_p und seinem Risiko σ_p in Relation zum Marktrisiko σ_m, abhängig vom risikolosen Zins r_f. – Mit Hilfe der → Wertpapiermarktlinie ist es möglich, die Rendite einer beliebigen Anlage μ_i in Relation zum Marktportefeuille zu bestimmen.

$$\mu_i = r_f + (\mu_m - r_f)\beta_i \text{ mit } \beta_i = \frac{\text{cov}(\tilde{r}_i, \tilde{r}_m)}{\sigma^2_m}.$$

Dabei ist β_i ein Maß für das → systematische Risiko der Anlage i in Relation zum Risiko des Marktportefeuilles. Es ist der Quotient aus der Kovarianz der Anlage r_i mit dem Marktportefeuille r_m und der Varianz σ^2_m des Marktportefeuilles. Da nach der Portefeuilletheorie das → unsystematische Risiko einer Anlage durch → Diversifikation vernichtet werden kann, ist das einzige bewertungsrelevante Risiko das im Markt immanente → systematische Risiko. Es kann nicht durch Diversifikation vernichtet aber unter den Marktteilnehmern unterschiedlich aufgeteilt werden.

capital authorized, *authorized stock, genehmigtes Kapital, autorisiertes Kapital*; v.a. bei anglo-amerikanischen → Aktiengesellschaften (AG) gebräuchliche Bezeichnung für das Recht des → Vorstandes, → neue Aktien ausgeben zu dürfen. – Vgl. auch → genehmigtes Kapital.

Capital Gain, *realisierter Kapitalgewinn*. Bezeichnung für den → realisierten Kursgewinn an der Börse.

Capital Gain Distribution, → *Ausschüttung realisierter Kursgewinne*. Bezeichnung für die Ausschüttung realisierter Kursgewinne im Zusammenhang mit Wertpapiergeschäften, und hier in erster Linie → Investmentfonds.

Capital Growth Bond, *Wertzuwachsanleihe, Kapitalzuwachsanleihe*; → Anleihe, bei

Capital Market Line
der die Rückzahlung inklusive der Zinseszinsen stattfindet. – Vgl. auch → Abzinsungspapier und → Aufzinsungspapier.

Capital Market Line, → Kapitalmarktlinie.

Capital Share. Anteil auf einen von einer → Split Investment Company ausgegebenen → Fonds, der zu einem bestimmten Fälligkeitsdatum ausgezahlt wird. C.S. haben keinen Anspruch auf → Dividenden, sondern lediglich auf Handelsgewinne und auf die Wertsteigerungen des zugrunde liegenden Portfeuilles. Da C.S. bei Fälligkeit als letzte der verschiedenen Anteilsarten ausgezahlt werden, kann der Ertrag stark variieren.

Capital Stock, → Grundkapital der AG.

Capital Structure, → Kapitalstruktur.

CAPM, Abk. für → Capital-Asset-Pricing-Model.

Capped-Call-Optionsschein auf Aktien, → Optionsschein, der zum Bezug von Aktien berechtigt und dessen Gewinnpotential nach oben begrenzt ist. Überschreitet der Kurs der Bezugsaktie bei Laufzeitende den → Cap, so wird nur der vereinbarte Höchstbetrag ausgezahlt. Liegt der Kurs unter dem Cap, berechtigt der Optionsschein lediglich zum Bezug der Aktien zum → Basispreis.

Capped Floating Rate Note. Variabel verzinsliche → Anleihe, die durch einen im vorhinein festgelegten Höchstzinssatz (→ Cap) beschränkt wird. Steigt der Marktzins über den vereinbarten cap, so entspricht die Verzinsung gerade diesem Satz. Der Investor verzichtet also auf den über dem cap liegenden Marktzins. Er erhält dafür einen höheren Aufschlag (→ Spread) zum → Referenzzinssatz. Der Emittent beschränkt seine Kapitalverteuerung bei stark steigendem Zinsniveau. – Vgl. auch → Floating Rate Note und → Collared Floating Rate Note.

Capped Index Optionsscheine, *capped index warrants*; bezeichnet → gekappte Optionsscheine mit → Aktienindizes als → Underlying. Der Auszahlungsbetrag ist limitiert. → Call (→ Put) C.I.O. sind → Call-Bull-Spreads (→Put-Bear-Spreads) mit einem Index als Underlying.

Capped Warrant, → Optionsscheine, gekappte.

Carry. Bezeichnung für die Differenz aus der → Finanzierung eines → Kassageschäfts am Geldmarkt und den daraus resultierenden Erträgen. Der Anleger erwirbt Wertpapiere, die er über den Geldmarkt finanziert. Übersteigen die Erträge aus den Wertpapieren die Finanzierungskosten, wird dies als positive C. bezeichnet, der Anleger macht Gewinn. Bei einer negativen C. sind die Finanzierungskosten höher als der Ertrag aus dem Wertpapier, der Anleger macht Verlust. Die C. geht in die Ermittlung des → Fair Values von → Terminkontrakten ein. Bei → Forwards und → Futures findet häufig auch der Begriff → Carry Basis als Synonym für C. Anwendung.

Carry Basis. Bezeichnung für die Nettofinanzierungskosten bzw. Bestandshaltekosten (vgl. → Cost of Carry und → Carry), die bei Abschluß eines → Terminkontraktes (→ Future) durch das Halten des entsprechenden → Underlyings entstehen. Die C.B. bildet gemeinsam mit der → Value Basis die Differenz (→ Basis) zwischen dem aktuellen Preis des Futures und des Marktpreis des zu Grunde liegenden Basisinstrumentes. Die C.B. nimmt während der Laufzeit des Futures immer weiter ab und erreicht bei Fälligkeit des Futures den Wert Null. Bei kurzfristigen Zinsfutures findet sich anstatt C.B. auch häufig der Begriff Theoretical Basis, während sich bei mittel- und langfristigen Zinsfutures der Begriff Net Carry durchgesetzt hat.

Carrying Charge, → cost of carry.

CASCADE, Abk. für → Central Application for Settlement, Clearing and Depository Expansion.

CASCADE-RS, Abk. für → Central Application for Settlement, Clearing and Depository Expansion - Registered Shares.

Cash Accounting, → kameralistische Rechnungslegung.

Cash-and-Carry-Arbitrage. → Arbitrage, bei der die Überbewertung eines → Terminkontraktes ausgenutzt wird, die sich ergibt, wenn die tatsächliche am Markt zu tende →

Cash-flow

Basis ihren theoretisch richtigen Wert übersteigt. Es liegt eine Überbewertung eines → Futures im Vergleich zum dazugehörigen → Underlying (z.B. → Cheapest-to-Deliver-Anleihe) vor. Das Basisinstrument wird gekauft und die entsprechenden → Terminkontrakte (→ Short Position) verkauft. Da der → Arbitrageur durch den Kauf am → Kassamarkt bereits eingedeckt ist, bleibt die Transaktion risikolos. – Gegensatz: → Reverse-Cash-and-Carry-Arbitrage.

Cash Bid, *Bar-Übernahmeangebot*; Aktienübernahmeangebot mit der Verpflichtung, den Preis in bar auszugleichen.

Cash Bills, vgl. → Geldmarktpapiere.

Cash-Burn-Rate. Kennzahl, die v.a. auf Start-Up-Unternehmen angewendet wird und die darüber Auskunft geben soll, wann das Unternehmen zahlungsunfähig wird. Sie wird ermittelt, indem die → liquiden Mittel und liquiditätsnahen Bilanzpositionen durch den Betrag des negativen → Cash-Flow als Maßgröße für den Liquiditätsabfluss geteilt werden. Die Anwendung der C. ist problematisch, da sie darauf abstellt, dass das Unternehmen zukünftig keine neuen Mittel aufnehmen kann und dass die Cash-Flows auch weiterhin negativ sein werden. beobach

Cash Cow. Unternehmen oder strategisches Geschäftsfeld, das erhebliche Einzahlungsüberschüsse generiert. Häufig befindet sich das zuordenbare Leistungsbündel in der Sättigungsphase seines Lebenszyklus (hohe relative Marktanteile, geringe Wachstumsraten, erhebliche Kostendegressionseffekte).

Cash Dividend, → Bruttobardividende.

Cash Earnings. Bezeichnung für den ertragsnah definierten nachhaltigen → Cashflow, der sich als langfristiger Indikator der Finanzkraft eines Unternehmens eignet und nach folgendem Schema berechnet wird:

Cash Earnings

    Jahresüberschuss bzw. –fehlbetrag

+   Abschreibungen auf das Anlagevermögen

–   Zuschreibungen auf das Anlagevermögen

±   Veränderungen der Rückstellungen für Pensionen bzw. anderer langfristiger Rückstellungen

±   Veränderung des Sonderpostens mit Rücklageanteil

±   Latente Ertragsteueraufwendungen bzw. –erträge

±   Andere nicht zahlungswirksame Aufwendungen und Erträge von wesentlicher Bedeutung

=   Cash Earnings

Cash Equivalent, *Geldmarktpapiere*; werden unter der → Barposition von → Investmentfonds ausgewiesen.

Cash-flow, *Umsatzüberschuss, Finanzüberschuss*. Der C.-f. bezeichnet den Überschuss der Ertragseinzahlungen über die Aufwandsauszahlungen eines Unternehmens, dessen Ziel es ist, die Aussagefähigkeit des → Jahresabschlusses durch die stärkere Gewichtung finanzwirtschaftlicher Aspekte bei der Unternehmensbetrachtung und die Rückgängigmachung bilanzpolitischer Maßnahmen zu verbessern.. Verwendung findet der C.-f. als sehr aussagekräftige → Bilanzkennzahl v.a. zur Analyse der Finanz- und Ertragskraft eines Unternehmens und zur Bewertung von → Aktien. Darüber hinaus gibt er Auskunft, in welchem Umfang Mittel zur Verwendung im Investitionsbereich, zur → Schuldentilgung oder für → Gewinnausschüttungen zur Verfügung stehen. Die rechnerische Ermittlung des C.-f. aus den Daten des Jahresabschlusses kann auf zweierlei Weise erfolgen. Die direkte Ermittlung des C.-f. steht i.d.R. nur den internen → Bilanzadressaten offen, da die dabei verwendeten Zahlengrößen nicht direkt aus dem Jahresabschluss ablesbar sind.

direkte Ermittlung des Cash-flows

    Einzahlungswirksame Erträge

–   Auszahlungswirksame Aufwendungen

=   Cash-flow

Die Bereinigung des Jahresüberschusses um bestimmte einnahme- bzw. ausgabeunwirksame Erfolgskomponenten beschränkt sich in seiner einfachsten Grundform auf Anlagenabschreibungen und langfristige → Rückstellungen, so dass sich für die vereinfachte

Cash-Flow-Analyse

Ermittlung des C.-f. die sog. Praktikerformel ergibt.

Vereinfachte Ermittlung des Cash-flows (Praktikerformel)

	Jahresüberschuss bzw. –fehlbetrag
+	Abschreibungen auf das Anlagevermögen
–	Zuschreibungen auf das Anlagevermögen
+	Erhöhungen der langfristigen Rückstellungen
–	Verminderungen der langfristigen Rückstellungen
=	Cash-flow

Der Vorteil des nach der Praktikerformel berechneten C.-f. liegt in seiner sehr einfachen Ermittlung, wobei diese oftmals eine hohe Ungenauigkeit der ermittelten Zahlenwerte mit sich bringt. Der gesamte C.-f. eines Unternehmens lässt sich in folgende drei Bereiche unterteilen. Der operative C.-f., der in der Literatur immer dann gemeint ist, wenn der Begriff „C.-f." ohne weitere Bemerkung gebraucht wird, entspricht dem aus der laufenden Geschäftstätigkeit des Unternehmens erzielten Zahlungsüberschuss. Der Investitions-C.-f. bezeichnet den Mittelabfluss für → Investitionen abzüglich der aus → Desinvestitionen erzielten Mittelzuflüsse. Der Finanzierungs-C.-f. beschriebt schließlich den Mittelzufluss und –abfluss aus einer Außenfinanzierung des Unternehmens mit → Eigenkapital (EK) und → Fremdkapital (FK).

Finanzmittelfonds =

	Operativer Cash-flow
+	Investitions-Cash-flow
+	Finanzierungs-Cash-flow
=	Veränderung des Finanzmittelfonds

Die Summe dieser drei Teil-C.-f. gibt den gesamten Mittelzufluss und –abfluss eines Unternehmens in einer Periode an.

Cash-Flow-Analyse, *cash-flow-analysis*. Teilbereich der → Bilanz- bzw. → Jahresabschlussanalyse, dessen Ziel in der Ermittlung der Investitions-, der Schuldentilgungs- und der Gewinnausschüttungskraft eines Unternehmens liegt. Da zahlreiche bilanzpolitische Maßnahmen, wie z.B. die Bildung → stiller Reserven, den → Jahresüberschuss, nicht aber den → Cash-flow beeinflussen, ist es das Ziel der Bilanzanalyse, den Cash-flow als Kennzahl zur Erfolgsanalyse zu nutzen. Hierbei unterscheidet man zwischen der retrospektiven und der prospektiven Ermittlung, abhängig davon, ob der Cash-flow zur Beurteilung der Ertragskraft eines zurückliegenden Zeitraums oder zur Prognose für zukünftige Perioden genutzt werden soll. Um die Vergleichbarkeit der für verschiedene Unternehmen ermittelten Kennzahlen sicherzustellen ist es erforderlich, dass diese Unternehmen eine möglichst ähnliche Größe aufweisen und einer vergleichbaren Branche zuzurechnen sind.

Cash-Flow-CDO, *cash-flow collateralized debt obligation*. Am häufigsten verwendete Variante von → Collateralized Debt Obligations, bei der die Zins- und Tilgungsleistungen an die Investoren aus den durch die → Underlyings generierte → Cash-Flows geleistet werden.

Cash-Flow Forecast, finanzielle Planungsrechnung, die über Entstehung und Verwendung zukünftiger → Cash-Flows Auskunft gibt.

Cash Flow Statement, → Kapitalflussrechnung.

Cash-Forward-Markt, *Terminmarkt*. → Markt für Geschäfte, die erst zu einem späteren Zeitpunkt, der genau vereinbart ist, bzw. innerhalb einer von vornherein vereinbarten → Laufzeit auf Abruf zu erfüllen sind. → Forwards werden auch als Terminkäufe oder -verkäufe bezeichnet. Die jeweiligen Kontrahenten verpflichten sich, entsprechend den individuell ausgehandelten Vertragsbedingungen das spezifizierte Handelsgut, in diesem Fall → Geldmarktsätze zu einem fest vereinbarten Preis an einem zukünftigen Termin zu liefern bzw. abzunehmen.

Cash Futures Arbitrage, → Arbitragegeschäft, das auf Differenzen in der Bewertung von → Basiswerten und der entsprechenden → Terminkontrakte basiert.

Cash Instrument. Bezeichnung für Bargeld oder bargeldnahe → Wertpapiere, in Eigen- und Fremdwährung.

Cash Position, → Barposition.

Cash Secured Put, → Covered-Put-Writing.

Cash Settlement, *Barausgleich.* Bei endfälligen → Optionen und → Termingeschäften wird in der Regel auf die Lieferung der → effektiven Stücke verzichtet, anstatt dessen erfolgt ein Barausgleich, das sogenannte C.S. Es wird lediglich der Gewinn/Verlust auf den Konten der beteiligten Parteien ausgeglichen.

Cash Settlement Contract. Vertrag, bei dem nur die Differenz zwischen dem ursprünglich vereinbarten Kurs und dem aktuellen Marktpreis ausgezahlt wird, also keine physische Erfüllung stattfindet.

Cash Swap. 1. → Swap-Geschäft, bei dem → Devisen auf gleicher Kassakursbasis getauscht und zurückgetauscht werden. – 2. Veräußerung einer Forderung an einen anderen Erwerber gegen Barzahlung, z.B. im Rahmen von → Debt-Equity Swaps.

Cat-Bond, → Insurance Linked Bond.

CATS. 1. Abk. für → Certificates of Accrual on Treasury Securities. – 2. Abk. für das → Computer Assisted Trading System an der → Toronto Stock Exchange.

CATS-OS, Abk. für → Citibank Automated Trading System.

CBO, Abk. für → Collateralized Bond Obligation.

CBOE 100 Options, ursprüngliche Bezeichnung der → S&P 100 options. – Vgl. auch → OEX.

CBOE Market Volatility Index, *VIX Index.* Volatilitätsindex der → Chicago Board Options Exchange (CBOE), der auf Basis der jeweils aktuell ermittelten → impliziten Volatilitäten von vier → Optionen auf den → S&P 500 berechnet wird.

CC, → Ratingsymbole.

CCC, → Ratingsymbole.

CD, Abk. für → Certificates of Deposit.

cd, *einschließlich Dividende, cum dividend;* bezeichnet einen → Kurszusatz im → Kurszettel, der für → Wertpapiere verwendet wird, die Ansprüche auf künftige → Dividendenzahlungen beinhalten. – Gegensatz: → ex Dividende, ohne Dividende.

CDAX, Abk. für → Composite-DAX.

CD Issuance Facility, Verpflichtung einer Bankengruppe, innerhalb einer gewissen Laufzeit und einem festgelegten Kreditrahmen → Certificates of Deposits eines Kreditinstitutes zu übernehmen. Die Bankengruppe versucht zunächst die Papiere an Marktteilnehmer zu veräußern, übernimmt sie jedoch auch bei mangelnder Nachfrage selbst. Die abgebende Bank hat dadurch die Möglichkeit, schnell an Kapital zu gelangen. Sie zahlt der Bankengruppe dafür eine Bereitschaftsprovision, eine jährliche Inanspruchnahmeprovision und eine Provision für den Verkauf der Papiere. – Vgl. auch → Fazilitäten.

CDO, Abk. für → Collateralized Debt Obligation.

CEDEL, Abk. für → Centrale de Livraison de Valeurs Mobilières S.A.

Census Approach. Bezeichnet eine Methode des → passiven Managements, in der eine weitgehende Kopie der vom → Investor ausgewählten → Benchmark erstellt wird. Um eine exakte Nachbildung der → Benchmark zu erzielen, wird jede → Aktie des abzubildenden → Indizes entsprechend ihrem Anteil in das Portfolio aufgenommen.

Cent. 1. Allgemein: Weitverbreitete Bezeichnung für die Untereinheit vor allem von Währungen, die als Dollar bezeichnet werden. Dabei stellt ein C. den hundertsten Teil eines Dollars dar. – 2. Europäische Wirtschafts- und Währungsunion: Bezeichnung für den hundertsten Teil eines Euro. Ab dem 1.1.2002 werden in den Mitgliedsstaaten der Europäischen Union, die auch an der → Europäischen Wirtschafts- und Währungsunion teilnehmen, 1, 2, 5, 10, 20 und 50 Cent-Münzen die jeweiligen nationalen

Central Application for Registered Shares Online

Untereinheiten ersetzen. Wesentliches Merkmal hierbei ist, dass auf nationale Spezifika im Rahmen der Münzprägung nicht verzichtet wird, so dass z.B. von deutschen Münzstätten begebene 1, 2, und 5 Cent-Münzen Eichenlaub und 10, 20, und 50 Cent-Münzen das Brandenburger Tor jeweils auf der Rückseite zeigen werden.

Central Application for Registered Shares Online (CARGO), bezeichnet ein System, durch das bei einer zentralen → Verwahrung von → Wertpapieren der verwahrte Bestand stetig angepasst werden kann und → Dividendenzahlungen und Kapitalveränderungen vereinfacht durchgeführt werden können.

Central Application for Settlement, Clearing and Depository Expansion (CASCADE), ist ein elektronisches Abrechnungssystem der → Clearstream International für Wertpapiergeschäfte. Das 1991 eingeführte und seitdem ständig weiterentwickelte System bietet alle Abwicklungsfunktionalitäten für börsliche und außerbörsliche Geschäfte unter einer Oberfläche an.

CEO, Abk. für → Chief Executive Officer.

certificat d´investissement priviligé, → certificat d´investissement.

certificat d´investissement, in Frankreich → Partizipationsschein, der bis auf das Stimmrecht, der Aktie gleichgestellt ist. Sofern dieser mit einem Vorrecht versehen ist handelt es sich um ein certificat d´investissement priviligé.

Certificate, → Zertifikat.

Certificates of Accrual on Treasury Securities (CATS), durch → Bond Stripping von der amerikanischen Investmentbank Salomon Brothers synthetisch kreierte → Null-Kupon-Anleihen.

Certificates of Deposit (CD), *Einlagenzertifikat, Depositenzertifikat*. Von Kreditinstituten ausgegebene → Inhaberschuldverschreibungen auf → Termineinlagen. In den CD's wird die Rückzahlungsverpflichtung der entsprechenden Einlagen verbrieft. Der Vorteil dieser → Schuldverschreibung gegenüber der Termineinlage ist ihre leichte Übertragbarkeit (→ Inhaberpapier). Sie sind frei handelbar und beinhalten somit die Möglichkeit der vorzeitigen Liquidierung. Aus diesem Grund sind CD gegenüber entsprechenden Termineinlagen i.d.R. mit einem niedrigeren Zinssatz ausgestattet. Es handelt sich grundsätzlich um → Geldmarktpapiere mit einer Laufzeit zwischen 30 und 100 Tagen. Es sind aber auch Laufzeiten bis zu fünf Jahren möglich. CD können als → Abzinsungspapiere, mit einem Festzinssatz (→ Straight Bond) oder variabler Verzinsung ausgestattet sein. – Vgl. auch → Euro-CD und → Floating Rate CD.

Certified Financial Planner (CFP). Internationales Gütesiegel für Finanzplaner. Der CFP berät Privatkunden in ihren finanziellen Angelegenheiten und soll strikte ethische Regeln im Umgang mit dem Kundenvermögen befolgen. Oberstes Ziel eines CFP ist die Vermehrung des Kundenvermögens und dessen Absicherung. Die auf zwei Jahre befristete Lizenzierung als CFP wird in Deutschland durch das erfolgreiche Bestehen eines zweisemestrigen Studiums an der European Business School erworben. Die CFP-Lizenz wird nur verlängert, wenn alle vorgeschriebene Fortbildungsmaßnahmen kontinuierlich erfüllt werden. In Deutschland fungiert der → Deutsche Verband Financial Planners e.V. als Lizenzierungsorganisation.

CFA, Abk. für → Chartered Financial Analyst.

CFCCNY, → Commodity Futures Clearing Corp. of New York.

CFP, Abk. für → Certified Financial Planner.

CFTC, Abk. für → Commodity Futures Trading Commission.

Chairman, *Vorsitzender*. Als C. wird im amerikanischen Sprachgebrauch der Vorsitzende, beispielsweise des → Board of Directors, bezeichnet.

Chaps Euro, *Clearing House Automated Payment System*. Ist ein Clearingsystem, das Euro-Zahlungen zwischen den beteiligten Mitglieder und Institutionen abwickelt und mit der Bank of England kooperiert. Seit Januar 1999 werden Zahlungen über das

System abgewickelt. Durch die Anbindung an → TARGET stellt C.E. den britischen Zugang zum europaweiten Clearingsystem dar.

Chart, *Kursdiagramm*. Grafische Darstellung von in der Vergangenheit auf Tages-, Wochen- oder Monatsbasis festgestellten Kurs- und Umsatzverläufen. Die Abszisse bildet (meist) die Zeitachse, auf der Ordinate werden die (ggf. logarithmierten) Kurse abgetragen. Abgebildet werden die Preise/Börsenkurse von Wertpapieren sowie die Werte von Branchen- und Börsenindizes. Zeitlich zugeordnet werden die entsprechenden Umsätze auf einer Umsatzskala abgetragen. Üblicherweise werden zusätzlich zu den Kursverläufen die → gleitenden Durchschnitte (z.B. 38 Tage, 200 Tage), zugeordnet zum letzten Tag des jeweiligen Durchschnitts, eingezeichnet. Hinsichtlich der Art der Darstellung kann u.a. zwischen → Line Charts, → Point & Figure Charts, → Candlestick Charts und → Balkencharts unterschieden werden. C. bilden die Grundlage der → Chart-Analyse. – Vgl. auch → Technische Analyse.

Chart-Analyse, *chart analysis/reading, charting*. Die C. beinhaltet die Interpretation von Grafiken vergangener Kursverläufe (→ Charts) mittels bestimmter Techniken, die auf der Erkennung typischer Kursverläufe und Trends (→ Trendlinien, → Trendkanäle) basieren. Es wird davon ausgegangen, dass die Richtung eines Kursverlaufs generell anhält und durch bestimmte Konsolidierungs- oder Bestätigungsformationen, sog. → Trendformationen (z.B. Bogen, → Dreieck, → Flagge, → Rechteck, → Wimpel) zwischendurch unterbrochen wird. Ein Richtungswechsel tritt erst ein, wenn bestimmte → Umkehrformationen (→ Kopf-Schulter-Formation, → M-Formation, → W-Formation, → Untertasse) durchlaufen sind. Besondere Aufmerksamkeit gilt der Erkennung der → Kaufsignale und → Verkaufsignale, die mit diesen Formationen verbunden sind. Weitere Hilfslinien der C. sind gleitende Durchschnitte sowie die → Unterstützungslinie und die → Widerstandslinie. – Hinsichtlich der Art der Darstellung kann u.a. zwischen → Line Charts, → Point & Figure Charts, → Candlestick Charts und → Balkencharts unterschieden werden. – Vgl. auch → Technische Analyse, → Technische Aktienanalyse und → Analyse von Formationen.

Chartered Financial Analyst (CFA). Weltweit anerkannter Titel, der von der Association for Investment Management and Research (AIMR) an routinierte und bewährte → Finanzanalysten verliehen wird. Zur Erlangung des CFA ist das Bestehen von drei Prüfungen notwendig, welche u.a. die Teilgebiete Ethical and Professional Standards, Quantitative Techniques, Economics, Financial Statement Analysis, Corporate Finance, Dept and Equity Investments, Derivatives, Alternative Investments, → Portfolio-Managment umfassen. Zusätzlich sind von den CFA-Chartholdern regelmäßig Beiträge an AIMR zu entrichten.

Chartist, *Chart-Analyst, technical analyst*. Bezeichnung für einen → Analysten, der → Chart-Analyse betreibt und der Meinung ist, dass durch die Analyse von → Charts Erkenntnisse über den zukünftigen Verlauf von Kursen gewonnen werden können. – Vgl. auch → Wertpapieranalyst.

Chart Reading, → Chart-Analyse.

Close-out-Netting-Vereinbarung, *close out netting agreement*. Vertragsklausel, die die Reduzierung des Kontrahentenrisikos zwischen Handelspartnern bei OTC-Geschäften (→ Over the Counter) durch → Netting ermöglicht. Beim close-out-netting wird vereinbart, dass bei einem definierten Ereignis, das die Geschäftsbeziehung gefährden könnte (z.B. Ratingänderung, Kreditereignis, Insolvenz eines der Handelspartner), alle Vertragsbeziehungen zwischen den Partnern sofort beendet werden und der Ausgleich der offenen Salden (→ Netting) erfolgt. Ermöglicht wird dadurch eine Verringerung der → Ausfallrisiken für alle Geschäfte, die mit demselben Vertragspartner geschlossen wurden. – Vgl. → Uncovered Exposure

Cheapest to Deliver. Bezeichnung für die im Handel mit → Zinsterminkontrakten vereinbarte Erfüllungsmöglichkeit der Lieferverpflichtungen. Danach darf der Verkäufer der Zinsterminkontrakte seine Verpflichtung durch Lieferung der günstigsten Anleihe aus einem bestimmten Anleihenpool erfüllen. Die Anleihen, die sich in diesem Pool befin-

Cheapest-to-Deliver-Anleihe

den, werden bei Abschluss des Kontraktes in den Kontraktbedingungen festgehalten. Der Verkäufer wird die Anleihe auswählen, die mit den geringsten Kosten am → Kassamarkt erworben werden kann, bzw. sie aus dem eigenen Bestand liefern, sofern er sie bereits besitzt.

Cheapest-to-Deliver-Anleihe (CTD-Anleihe). Der Verkäufer eines → Zins-Futures hat bei Fälligkeit die Wahl, welche → Anleihe er aus einem Pool lieferbarer Anleihen dem Käufer aushändigt. Er wird diejenige Anleihe auswählen, die er am günstigsten am → Kassamarkt erwerben kann (→ Cheapest to Deliver), so dass für ihn der Gewinn aus der → Cash-and-Carry-Arbitrage am größten bzw. der Verlust am geringsten ist. Diese Anleihe hat die höchste → Implied Repo Rate bzw. die geringste → Value Basis. Hat der Verkäufer des Zins-Futures die Anleihe im Bestand, so wird er diese → andienen.

Check, → Scheck.

Chief Executive Officer, *CEO*, anglo-amerikanische Bezeichnung für den Vorstandsvorsitzenden.

China-Aktien, *B-Aktien, H-Aktien, chinese stocks*; → Aktien von in der Volksrepublik China ansässigen Unternehmen. Außerdem zählen dazu → China Plays und → Red Chips.

China Plays, → Aktien von Unternehmen außerhalb der Volksrepublik China, deren Erträge hauptsächlich aus Geschäften mit China stammen.

Chinese Walls

Prof. Dr. Wolfgang Gerke

Als mächtiges Bollwerk wollte die Chinesische Mauer das auch nach heutigen Vorstellungen riesige Reich der chinesischen Kaiser gegen kriegerische Eindringlinge abschotten. Mit der bildhaften Anleihe an diesem imposanten Bauwerk verweist die Kreditwirtschaft auf ihre Maßnahmen zur strikten Trennung des Informationsflusses zwischen Mitarbeitern und Abteilungen, die anlegerschädigenden Interessenkonflikten ausgesetzt sein könnten. Aufgrund von Fällen bewusster Anlegerschädigung durch irreführende und von eigenen Interessen geleitete Informationspolitik in verschiedenen Banken legt auch der Gesetzgeber großen Wert auf die Errichtung von Chinese Walls.

Die Gesetze zum Anlegerschutz und zur Ausgestaltung von Chinese Walls mögen noch so streng formuliert sein, immer wieder werden betrügerische Marktteilnehmer gegen sie verstoßen. Dass es nicht gelingt, durch Anlegerschutzgesetze alle Versuche der betrügerischen Kapitalmarktkommunikation und Kursmanipulation in den Griff zu bekommen, spricht aber nicht gegen die Errichtung von Chinese Walls.

Nach § 33 Abs. 1 des Wertpapierhandelsgesetzes (WpHG) sind Kreditinstitute und Finanzdienstleistungsunternehmen verpflichtet, organisatorisch geeignete Maßnahmen zu ergreifen, um Interessenkonflikte möglichst gering zu halten. (→ Compliance) Interessenkonflikte entstehen zumeist zwischen einer Bank und ihren Kunden, aber auch zwischen verschiedenen Kunden der Bank sind Interessenkonflikte denkbar.

Ursache für Interessenkonflikte sind vorrangig öffentlich nicht zugängliche Informationen, die einer Bank aus der Kundenbeziehung erwachsen und die sie zum eigenen Vorteil ausnutzen kann. Insidertatsachen gem. § 13 und § 15 WpHG sowie die Kenntnis von Kundenaufträgen

Chinese Walls

stellen typische Interessenkonflikte dar. (→ Insiderrecht). Insidertatsachen können die Kenntnis über bevorstehende Kapitalmaßnahmen, Übernahme- und Kaufangebote, bevorstehende Ratingveränderungen oder sonstige den Börsenkurs erheblich beeinflussende Informationen sein.

Damit diese vertraulichen Informationen den Geschäftsbereich, in dem sie angefallen sind, nicht verlassen, werden Chinese Walls eingerichtet. Der bildlichen Herkunft folgend können Chinese Walls reale bauliche Trennungen von Geschäftsbereichen herstellen (z.B. Kundenhandel und Eigenhandel). Sie können aber auch durch computergesteuerte Zugangsbeschränkungen den Informationsaustausch zwischen einzelnen Abteilungen und Mitarbeitern unterbinden. Da heute der größte Teil der Daten elektronisch verfügbar ist, spielen Regelungen der Zugriffsberechtigung im EDV-Netzwerk eine große Rolle.

Sofern es zur Erfüllung der Aufgaben des Unternehmens notwendig ist, dürfen Informationen und Mitarbeiter aus sensiblen Bereichen ausgetauscht werden (Wall Crossing). Dabei hat sich der Austausch auf das erforderliche Maß zu beschränken (Need-to-know-Prinzip).

Die Compliance-Stelle überwacht mit Hilfe einer Watch-List, ob die Chinese Walls zwischen den Geschäftsbereichen eingehalten werden. Auf der Watch-List befinden sich sämtliche Wertpapiere, über die das Unternehmen compliance-relevante Informationen verfügt. Mitarbeiter, die durch ihre Tätigkeit compliance-relevante Informationen über Wertpapiere erhalten, müssen unverzüglich dafür sorgen, dass diese in die Watch-List aufgenommen werden. Welche Unternehmen beziehungsweise Wertpapiere auf der Watch-List vermerkt sind, ist nur der Compliance-Stelle bekannt. Die auf der Watch-List vermerkten Wertpapiere unterliegen daher grundsätzlich keinerlei Handels- und/oder Beratungsbeschränkungen.

Für Wertpapiere, die sich auf einer so genannten „Restricted-List" befinden herrschen im Gegensatz dazu Beschränkungen in Bezug auf Mitarbeiter-, Eigenhandels- und Kundengeschäfte. Restricted-Lists werden anders als Watch-Lists nicht geheim gehalten. Die Nennung des Grundes für die Aufnahme eines Wertpapiers auf die Restricted-List erfolgt nur, wenn es sich um eine bereits öffentlich bekannte Tatsache handelt.

Neben den gesetzlichen Vorschriften, existieren Kodizes und Richtlinien, die von den Standesorganisationen der Analysten wie der → DVFA oder der → AIMR herausgegeben werden.

Die Wirksamkeit von Chinese Walls bleibt trotz allem umstritten. Aus Sicht der Privatanleger und fairer Kapitalmärkte kann man Chinese Walls unter das Motto stellen: „Würden sie wirken, wären sie's wert".

Für die Errichtung von Chinese Walls lassen sich neben den bereits erwähnten gesetzlichen, zahlreiche theoretische Argumente anführen. Seit 1999 sind Chinese Walls in den USA vorgeschrieben. Dennoch wurden gerade dort besonders spektakuläre Fälle von Anlegerschädigungen durch Interessenkonflikten unterliegende Analysten offen gelegt. Den dramatischen Kursverfall des amerikanischen Energiekonzerns Enron begleiteten die Analysten der Enron betreuenden Investmentbanken auch dann noch mit Kaufempfehlungen, als sich die Schieflage des Unternehmens längst herumgesprochen hatte. Was 2002 trotz SEC und Chinese Walls bei Enron an Eigeninteressen folgender Informationspolitik verbreitet wurde, sprengt alles bisher Erlebte an anlegerschädigender Kapitalmarktkommunikation. Erst als Enron mehr als 50 Prozent seines Kurses eingebüßt hatte, stoppten Goldman Sachs und J.P.Morgan ihre Kaufempfehlungen. Goldman Sachs war für Enron an 4 Börsenemissionen beteiligt und betreute vier Merger. Auch J.P.Morgan konnte an 4 Merger verdienen und außerdem vier Anleihen emittieren. Lehman Brother war maßgeblich an vier Merger beteiligt und vergab vier Kredite. Diese Investmentbank hielt Enron bis kurz vor dem Konkursantrag mit Kaufempfehlungen die Stange. Aus diesen Geschäftsbeziehungen haben die Investmenthäuser viel Geld verdient. Dies führte zu erheblichen Interessenkonflikten bei den Analystenempfehlungen. Das faktische Verhalten der Analysten lässt die Vermutung aufkommen, dass sie diesen Interessenkonflikten erlegen sind. Sie wollten die Provisionserträge ihres Hauses nicht durch ein Enron schädigen-

Chooser Option

des Verkaufsvotum der eigenen Analysen gefährden. Chinese Walls haben in beiden Fällen nicht gewirkt. Bei so schwergewichtigen Interessenkonflikten dürfen Anleger von Chinese Walls keinen Schutz erwarten. Selbstverständlich wissen die Analysten einer Investmentbank - trotz Chinese Walls mit welchen Mandaten die Bank ihr Geld verdient. Die Analysten benötigen nicht einmal Angaben darüber, welche Interessen das Management ihrer Bank verfolgt, und wie sie ihrem Institut von Nutzen sein können. Besonders schwer wiegen betrügerische Fehlinformationen der Anleger. Wenn in einer großen Investmentbank, wie zum Beispiel Merrill Lynch, Analysten der Öffentlichkeit Emissionen zum Kauf empfehlen, die sie intern als Müll kennzeichnen, dann können die Anleger statt auf gut funktionierende Chinese Walls nur auf effiziente Staatsanwälte hoffen.

Chinese Walls können sogar anlegerschädigend wirken, wenn ihre Existenz als Ausrede für sich widersprechende Handlungen einer Investmentbank herangezogen wird. Verbreitet beispielsweise die Research Abteilung einer Investmentbank Kaufempfehlungen für den Kauf von Aktien der Deutschen Telekom, während eine andere Abteilung kurze Zeit später in großem Umfang für einen Kunden Blocktransaktionen zum massiven Verkauf von Anteilen an der Deutschen Telekom vornimmt, so muss dies die fehlgeleiteten Anleger erbosen. Sollte die Investmentbank diese sich diametral widersprechenden Handlungen als Beleg für die Wirksamkeit ihrer Chinese Walls preisen, so stellt sie die an Chinese Walls geknüpften Erwartungen auf den Kopf. Chinese Walls sollen zum Schutz der Anleger Interessenkonflikte unterbinden und nicht als Absolution dafür dienen, dass eine Bank sich in ihrem eigenen Handeln beliebig widersprechen kann. In diesem Fall muss die Compliance Abteilung beide Seiten der Chinese Walls im Auge behalten, und zum Schutz der Anleger und zur Aufrechterhaltung der Glaubwürdigkeit der Bank den Interessenkonflikt durch eine zeitliche Verschiebung der Analyse unterbinden. Anzumerken bleibt aber auch, dass der Auftraggeber der massiven Verkäufe von Telekom Aktien dies sicherlich anders sieht. Es zeigt sich leider, dass die Errichtung von Chinese Walls aus Interessenkonflikten resultierende Anlegerschädigungen nicht unterbindet. Die Anleger sind deshalb gut beraten, Chinese Walls mit einer gewissen Skepsis zu begegnen.

Chooser Option, → Wünsch Dir was Option.

Churning, *front running, scalping*. Bezeichnung für missbräuchliche → Wertpapiertransaktionen, v.a. für übermäßige Umschichtung von Wertpapierbeständen von Kunden durch Finanzdienstleister um die eigenen Provisionseinnahmen zu erhöhen. Gemäß Rechtsprechung begründet C. Schadensersatzansprüche wegen vorsätzlicher sittenwidriger Schädigung, unter Umständen auch wegen Untreue oder Betrug. Ein übermäßiges Umschichten des → Depots stimmt nicht mit den Interessen des Kunden überein und ist daher nach dem → Wertpapierhandelsgesetz verboten (§ 32 Abs. 1 Nr. 1 WpHG). Darüber hinaus stellt C. eine schwere Verletzung des → Geschäftsbesorgungs- beziehungsweise des Vermögensverwaltungsvertrags dar.

Cie., Abk. für → Companie.

Circa-Auftrag, *Zirka-Auftrag, near-limit order*. Bezeichnung für eine → Limit Order, bei dem der Kunde durch die Angabe des Zusatzes circa dem → Börsenmakler erlaubt, den Auftrag auch zu einem Kurs auszuführen, der in geringem Maß (z.B. ½ - ¼ Prozent) vom angegebenen → Limit abweicht. Der Kunde erteilt einen C. mit der Absicht, dass sein Auftrag auch dann ausgeführt werden kann, wenn das von ihm angegebene Limit nicht ganz erreicht wird.

Circuit Breakers, *Sicherung, automatischer Handelsstop*. Als C.B. werden Vorrichtungen bezeichnet, die eine Handelsunterbrechung auslösen, sofern eine Kurs- oder Indexveränderung innerhalb eines festgelegten Zeitraums bestimmte Grenzwerte überschreitet. Durch eine solche Volatilitätsunterbrechung soll eine Marktberuhigung herbeigeführt werden. C.B. finden sich vor allem an US-amerikanischen Börsen, doch auch das elektronische Handelssystem → Xetra verfügt über C.B. für einzelne Wertpapiere sowie den gesamten Handel.

Citibank Automated Trading System (CATS-OS). Außerbörsliches, → elektronisches Handelssystem der Citibank für → Aktien und für → Optionsscheine, die von der Citibank emittiert wurden. Das System steht anderen Banken und → Brokern ebenso wie Privatkunden der Citibank zur Verfügung. CATS-OS ist von 8 bis 22 Uhr in Betrieb.

CLC, Abk. für → Commercial Letter of Credit.

Clean Payment, *reiner Zahlungsverkehr*. C.P. sind Zahlungen, die nicht mit einem → Inkasso- oder → Akkreditivgeschäft in Verbindung stehen. Diese Zahlungen kommen im Waren-, Dienstleistungs- und Kapitalverkehr vor.

Clean Price, *flat price*; aktueller Kurs einer → Anleihe ohne Berücksichtigung von → Stückzinsen. – Gegensatz: → Dirty Price.

Clearing, *Abrechnung, Verrechnung*. Zentrale Verrechnung der täglich zwischen Kreditinstituten entstehenden Forderungen und Verbindlichkeiten aufgrund einer multilateralen Vereinbarung. Zentrale Abrechnungsstelle ist die Bundesbank mit ihren Zweigstellen, den Landeszentralbanken (LZB). Die Abrechnungssalden (Differenz aus Ein- und Auslieferungen) werden auf den LZB Konten der Teilnehmer verbucht.

Clearing House. Das C.H. steht im Options- und Termingeschäft als Mittler zwischen Käufer und Verkäufer und garantiert die Erfüllung der eingegangenen Verpflichtungen. Liefer- und Abnahmeansprüche von Käufer und Verkäufer bestehen gegenüber dem C.H. Das C.H. unterhält ein zentrales Abrechnungs- und Risikomanagementsystem, durch das alle offenstehenden Positionen registriert und täglich zum Tagesschlusskurs neu bewertet werden. Es erlaubt den Ausgleich offenstehender Positionen und sichert sich durch Sicherheitseinlagen gegen Preisänderungs- sowie Erfüllungsrisiken ab.

Clearing Member, ist ein am → Clearing House zugelassenes Mitglied.

Clearstream International, *Clearstream.* Das europäische Clearinghaus C.I. ist Anfang 2000 aus der Fusion der Luxemburger Cedel und der Deutsche Börse Clearing hervorgegangen. Anteilseigner waren zu je 50 Prozent → Cedel International und Deutsche Börse AG. C.I. wurde im Jahre 2002 komplett von der Deutschen Börse AG übernommen. C.I. umfasst zwei Abteilungen – Clearstream Banking und Clearstream Services. Clearstream Banking ist für → Clearing und → Settlement zuständig. Dieser Bereich ist weiterhin unterteilt in Clearstream Banking Luxembourg, Clearstream Banking Frankfurt und LuxClear. Die Clearstream Banking Frankfurt ist Abwicklungspartner für alle Geschäfte in → Xetra. – Clearstream Services ist ein Tochterunternehmen von C.I. Der Aufgabenbereich umfasst Softwareentwicklung, Betrieb der Computersysteme sowie Abwicklung von Wertpapieren und Zahlungstransaktionen für Clearstream Banking.

CLO, Abk. für → Collateralized Loan Obligation.

Closed-end Fund, *geschlossener Fonds*. Besonders in den angelsächsischen Ländern – aber auch in Deutschland in Form von → geschlossenen Immobilienfonds – vorkommender Fonds einer → Investmentgesellschaft, dessen Mittel durch den Verkauf einer bestimmten, von vornherein begrenzten Anzahl von Anteilen aufgebracht werden. Der Kurswert eines Anteils richtet sich nicht nach dem tatsächlichen anteiligen Wert am Fondsvermögen, sondern unterliegt der freien Preisbildung, so dass er, gemessen am Inventarwert, je nach Angebot und Nachfrage häufig mit einem nicht unerheblichen → Aufgeld gehandelt wird. Einen Anspruch auf Rücknahme des Anteils hat der Anleger bei einem C.F. nicht. C.F. unterliegen nicht den Anlegerschutzvorschriften des → KAGG. – Gegensatz: → Open-end Fund.

Closing Auction Only

Closing Auction Only. Anweisung, dass eine → Order ausschliesslich an der nächsten Börsenschlussauktion durchzuführen ist.

Closing Out, *closing purchase, reverse transaction, offset, glattstellen*. Bezeichnung für das → Glattstellen eines offenen → Termingeschäftes durch den Kauf eines entgegengesetzten Kontraktes mit gleichen Ausstattungsmerkmalen.

Closing-Rate-Methode, *closing rate method, all-current method.* Bezeichnung für die Umrechnung von Fremdwährungen an einem zuvor bestimmten Stichtag zu einheitlichen Stichtagskursen. Der Vorteil dieser Methode liegt vor allem in ihrer Einfachheit und Praktikabilität, auch wenn sie oftmals den wirtschaftlichen Realitäten nur ungenügend Rechnung trägt.

CLS, Abk. für → Continuous Linked Settlement.

CLSS, Abk. für → Continuous Linked Settlement Services Ltd.

Co., Abk. für → Company oder Companie.

Cocktail Swap, bezeichnet einen Währungs-Swap bei dem eine Position nicht in eine einzige, sondern in mehrere Währungen getauscht wird.

Code of Conduct, *standards of behavior, Compliance-Richtlinie, Verhaltenskodex*; Verhaltensregeln für → Wertpapierdienstleistungsunternehmen. – Vgl. auch → Wertpapierdienstleistungsrichtlinie und → Compliance-Organisation.

Coffee, Sugar and Cocoa Exchange, (CSCE), Tochtergesellschaft des → New York Board of Trade (NYBOT), die den Handel in → Futures und → Optionen auf Kaffee, Zucker und Kakao anbietet. Kaffee wird seit 1880, Zucker seit 1914 und Kakao seit 1925 an der CSCE gehandelt. Gemeinsam mit London ist die CSCE einer der Haupthandelsplätze für Kakao.

Co-lead manager, → Co-manager.

Collar. 1. Oberer und unterer Zinssatz bei einem variabel verzinslichen Schuldtitel bzw. die Bandbreite, in der sich der Zinssatz bewegen kann. – Vgl. auch → Collared Floating Rate Note. – 2. Bezeichnung für die Kombination eines → Caps und eines → Floors, die zusammen eine Zinsbegrenzung ermöglichen. Der Käufer eines C. tritt dabei implizit als Käufer eines Caps und als Verkäufer eines Floors auf. Dabei verringert die durch den Verkauf des Floors erhaltene Prämie die Kosten beim Kauf des Caps. Im Idealfall entsteht ein → Zero-Cost Collar. Ein C. wird eingesetzt, um das → Zinsänderungsrisiko für Gläubiger und Schuldner zu schmälern.

Collared Floating Rate Note. Begrenzt variable verzinsliche → Anleihe, deren Verzinsung in vorgegebenen Abständen an das Marktzinsniveau angepasst wird, und die mit einer Zinsober- (→ Cap) und einer Zinsuntergrenze (→ Floor) ausgestattet ist. Als → Referenzzinssatz fungiert meist ein Geldmarktzinssatz (z.B. → Euribor), von dem festgelegte Aufschläge oder Abschläge vorgenommen werden. Steigt/fällt der Referenzzinssatz über oder unter eine der Zinsgrenzen, so fungiert diese als Zinssatz für die Anleihe. – Vgl. auch → Collar und → Mini-Max Floating Rate Note.

Collar Issue. Variabel verzinsliche Anleihe, deren Zinssatz sich innerhalb einer festgelegten Bandbreite bewegt und nach oben und unten begrenzt ist (z.B. → Collared Floating Rate Note).

Collateral, wird im Zusammenhang mit pfandrechtlich gesicherten → Kreditgeschäften verwandt. Dies sind → Kredite, die durch → Wertpapiere gesichert sind (Lombard-Darlehen). Collateralized mortgage bonds sind → Schuldverschreibungen, die durch → Grundpfandrechte gedeckt werden. Eine collateral note bescheinigt die Hinterlegung von → Effekten, der collateral value betrifft den → Beleihungswert, Collateral security ist eine → Kreditsicherheit, die aus hinterlegten Effekten besteht. Collateral trust bonds und collateral trust certificates sind die Schuldverschreibungen von Investment-Gesellschaften, deren Gegenwert in verschiedenen Wertpapieren angelegt ist.

Collateralized Bond Obligations, *CBO.* Bezeichnet eine → Asset Backed Transaktion als Unterfall der → Collateralized Debt

Obligations, bei der ein → Portfolio von Anleihen über → Asset Backed Securities oder → Credit Linked Notes verbrieft wird. Gelegentlich werden CBOs auch als → Repackaging Bonds bezeichnet. Ausgenutzt werden damit Kursunterschiede (→ Arbitrage), die sich häufig aus der geringen → Liquidität oder dem geringen Volumen der verpackten Anleihen ergeben.

Collateralized Debt Obligation (CDO). Spezielle Variante von → Asset Backed Securities (ABS). CDO sind Wertpapiere, die mit einem breit diversifizierten Pool von Forderungen unterlegt sind. Die Zins- und Tilgungszahlungen auf die CDO werden aus dem → Cash-Flow der angekauften Forderungen bestritten. CDO lassen sich nach den unterliegenden Vermögenswerten unterscheiden. Grundsätzlich werden in einer CDO-Transaktion Forderungen gegenüber Schuldnern (Unternehmen, Staaten) in Form von → Darlehen (loans) oder → Anleihen (bonds) verbrieft (→ Verbriefung). Im ersten Fall spricht man von → Collateralized Loan Obligation (CLO), im letzteren von → Collateralized Bond Obligation (CBO). – Vgl. auch → Balance-Sheet-CDO.

Collateralized Loan Obligation (CLO). Spezielle Variante von → Asset Backed Securities, bei der der Forderungspool aus Darlehen (loans) gegenüber Unternehmen und Staaten gebildet wird.

Collateralized Mortgage Obligations, sind Wertpapiere, die von besonderen Finanzierungsgesellschaften begeben werden und über eine größere Anzahl Hypothekarkredite abgesichert sind. Ihre Verzinsung richtet sich nach der durchschnittlichen Qualität des zu Grunde liegenden Kreditportfolios. Im Gegensatz zu → Mortgage Backed Securities, bei denen eine gleichbleibende Tilgung erfolgt, werden bei C.M.O. nach Rückzahlung eines Teils der Hypothekarkredite einzelne Tranchen getilgt.

Co-Manager, *co-lead-manager.* Bezeichnet ein mitführendes Mitglied eines nationalen oder internationalen → Emissions- bzw. → Kreditkonsortiums. Auf internationaler Ebene ist der C. dem Joint-Lead-Manager und auf nationaler dem → Lead-Manager unterstellt. Der C. ist insbesondere für die Konditionsfestlegung sowie → Platzierung verantwortlich und übernimmt häufig höhere Eventualverpflichtungen als der bzw. die → Underwriter. Als Entgelt erhält er u.a. die → Underwriting Fee.

COMEX, → Commodity Exchange Inc.

Comi-Futures. Bezeichnung für an der ehemaligen Schweizer Terminbörse → Soffex gehandelten → Terminkontrakte auf idealtypische mittelfristige Anleihen der Schweizer Eidgenossenschaft. C. sind im Produktkatalog der → Eurex, die 1998 durch Zusammenschluss der → Deutschen Terminbörse DTB und der Soffex entstanden ist, nicht mehr enthalten.

Comit 30, italienischer → Aktienindex, der die 30 umsatzstärksten, an der → Mailänder Börse gehandelten Titel umfasst.

Commercial Bank, *Geschäftsbank, Handelsbank.* Banken, die sich in einem Trennbankensystem auf das Einlagen- und Kreditgeschäft beschränken und dieses dabei nicht mit dem Effektengeschäft, das von den → Investment Banks betrieben wird, kombinieren. – Vgl. auch → Universalbanken.

Commercial Letter of Credit (CLC), *Handelskreditbrief.* Sonderform des direkten Akkreditiv-Kredits, bei der die Bank ein Versprechen im Auftrag des Kunden an den Exporteur gibt, die auf den Importeur gezogenen Wechsel zu bevorschussen. Voraussetzung hierfür ist, dass die gezogenen Wechsel unter gewissen Bedingungen mit den geforderten Dokumenten innerhalb einer bestimmten Frist bei einer Bank eingereicht werden. Verbunden damit ist der Ausschluss eines wechselrechtlichen Rückgriffs gegen den Begünstigten.

Commercial Paper (CP), kurzfristige, abgezinste → Anleihe, die von Finanzgesellschaften, Industrie- und Handelsunternehmen begeben werden. CP's haben eine Laufzeit zwischen 30 und 270 Tagen und werden mit hohen Mindestnennwerten am → Geldmarkt begeben. Die Platzierung wird vom → Emittenten selbst oder unter Hinzuziehung von Banken vorgenommen, wobei der Emittent bei → Fremdemission stets über die Erwerber der Papiere informiert wird. Da es sich bei CP um ungesicherte Schuldverschreibungen handelt, muss der Emittent

Commerzbank-Index

über die höchste Bonitätsstufe einer großen Ratingagentur oder die → Garantie einer großen Geschäftsbank bzw. Versicherungsgesellschaft verfügen. Unternehmen haben durch die Ausgabe von CP's die Möglichkeit der kurzfristigen Liquiditätsbeschaffung zu Geldmarktkonditionen. – Vgl. auch → Euro Commercial Paper.

Commerzbank-Index. 1954 erstmals veröffentlichter deutscher → Aktienindex, der aus den in Frankfurt ermittelten → Kassakursen von 60 breit gestreuten Unternehmen aller wichtigen Branchen gebildet wurde. Mit der Einführung des → Euro zum 01.01.1999 wurde der C. eingestellt.

Commex Malaysia, Abk. für → Commodity and Monetary Exchange of Malaysia.

Commission, → Provision.

Commission Broker, *floor broker, Makler auf Provisionsbasis.* Bezeichnung für einen an der Börse tätigen Marktteilnehmer, der als Selbständiger oder als Angestellter eines Börsenhandelsunternehmens → Börsenaufträge für Kunden ausführt und selbst keine Positionen hält. Sein Einkommen erzielt er ausschließlich durch die bei der Ausführung der Börsenaufträge berechneten Gebühren.

Commission de la Bourse de Bruxelles, → Brüsseler Börse.

Commodities, *Waren, Rohstoffe.* im engeren Sinn werden unter C. Waren verstanden, die an → Produktenbörsen gehandelt werden, z.B. landwirtschaftliche Produkte und Rohstoffe. C. dienen als → Underlyings für → Warentermingeschäfte.

Commodity and Monetary Exchange of Malaysia (Commex Malaysia). Im Dezember 1998 aus der Fusion der → Kuala Lumpur Commodity Exchange und der Malaysia Monetary Exchange Berhad entstandene → Terminbörse, an der → Futures auf rohes Palmenöl und auf den drei Monats Kuala Lumpur Interbank Offered Rate (Klibor) gehandelt werden. Geschäfte kommen durch → Open Outcry zustande.

Commodity Channel Index, komplexes Oszillationsmaß (→ Oszillatoren) zur Messung von Kursabweichungen von statistischen Kursdurchschnittswerten. Entgegen seiner Namensgebung kann der C.C.I. für die Untersuchung der Entwicklung einer Vielzahl von Wertpapieren und damit nicht nur von „Commodities" (= standardisierte Wirtschaftsgüter) verwendet werden. Hohe Indexwerte signalisieren überkaufte (→ überkauft) Märkte, niedrige Werte hingegen überverkaufte (→ überverkauft) Märkte.

Commodity Exchange Authority. Von 1936 bis 1974 zuständige Aufsichtsbehörde der USA für den börsenorganisierten → Warenterminhandel, deren Aufgaben heute von der → Commodity Futures Trading Commission (CFTC) erfüllt werden.

Commodity Exchange Inc. (COMEX). Durch den Zusammenschluss der New York Metal Exchange, der Rubber Exchange, der National Raw Silk Exchange und der New York Hide Exchange im Jahr 1933 entstandene weltweit führende Rohstoffbörse für den Handel in Gold, Silber und Kupfer. Seit der Fusion mit der → New York Mercantile Exchange (NYMEX) im Jahr 1994 ist die COMEX eine Division der neuen NYMEX.

Commodity Fund, → Warenfonds.

Commodity Futures, → Warentermingeschäfte.

Commodity Futures Clearing Corp. of New York (CFCCNY). Von der → Commodity Exchange Inc. (COMEX) und der → Coffee, Sugar and Cocoa Exchange (CSCE) gemeinsam gegründete Clearingstelle, die die Abwicklung sämtlicher an beiden → Börsen getätigten Transaktionen vornimmt.

Commodity Futures Trading Commission (CFTC). amerikanische Aufsichtsbehörde für den → Warenterminhandel.

Commodity-Product Spread, *crush spread, warenbezogene Spanne.* Bezeichnung für den Ankauf (Verkauf) einer Rohware und den gleichzeitigen Verkauf (Kauf) eines Fertigungsproduktes aus dieser Rohware an einer → Warenterminbörse. Hauptsächlich dient diese Art von Geschäft der Sicherung von Faktor-Input- und Faktor-Output-Preisen eines Fertigungsprozesses.

Compliance-Organisation

Commodity Research Bureau Futures Index, *Bridge/CRB Futures Index*. Seit 1958 veröffentlichter → Futures Index, der die allgemeine Wertentwicklung von → Terminkontrakten auf → Commodities wiedergibt. Bei der Berechnung des Index werden nur Terminkontrakte mit → Fälligkeit in spätestens sechs Monaten berücksichtigt.

Common Stock, → Stammaktie.

Common-size Financial Statements, *genormter Jahresabschluss*. Bezeichnet die Abschlüsse, die anstelle absoluter Zahlen auf einheitlicher Basis (z.B. Bilanzsumme) normierte (Prozent-) Zahlen ausweisen. Die normierungsbedingte Vergleichbarkeit wird für übergreifende Zeit- und Unternehmensvergleiche ebenso genutzt sowie für horizontale und vertikale Analysen einer Bilanz.

Comp., Abk. für → Companie oder → Company.

competitive bidding, → Beauty Contest.

Compliance. Verpflichtung der Wertpapierdienstleistungsunternehmen, ihre Struktur und Geschäftstätigkeit so zu organisieren, dass eine ordnungsgemäße Durchführung von Geschäften in Wertpapieren gewährleistet ist und Interessenkonflikte zwischen dem Unternehmen und den Kunden oder zwischen verschiedenen Kunden möglichst vermieden werden (§ 33 WpHG). Maßnahmen zur Erfüllung dieser Verpflichtungen sind die Errichtung von Kommunikationsbarrieren (→ Chinese Walls) sowie die Erstellung von Beobachtungslisten (→ Watch-Lists) und/oder Sperrlisten (→ Restricted-Lists) durch Compliance-Stellen in den Unternehmen. Die Einhaltung der Organisationspflichten wird durch das → Bundesaufsichtsamt für den Wertpapierhandel (BAWe) überwacht (§ 35 WpHG). In seiner Richtlinie zur Konkretisierung der Organisationspflichten von Wertpapierdienstleistungsunternehmen gemäß § 33 I WpHG hat das BAWe Grundsätze aufgestellt, nach denen es für den Regelfall beurteilt, ob ein Wertpapierdienstleistungsunternehmen der Compliance-Verpflichtung nachgekommen ist. Das BAWe kann von den Unternehmen Auskünfte und die Vorlage von Urkunden verlangen sowie Prüfungen vornehmen (§ 35 I – III WpHG). Darüber hinaus sind die Wertpapierdienstleistungsunternehmen verpflichtet, einmal jährlich eine Prüfung der zur Einhaltung der Compliance-Verpflichtung getroffenen Maßnahmen durch einen geeigneten Prüfer zu veranlassen (§ 36 I WpHG). Der Prüfbericht ist beim BAWe einzureichen (§ 36 I S. 5 WpHG). Kommen die Unternehmen den ihnen obliegenden Organisationspflichten nicht oder nicht im ausreichendem Maße nach, so kann das BAWe die geeigneten und erforderlichen Anordnungen treffen, um den ordnungsgemäßen Zustand herzustellen (§ 4 WpHG). Entsprechende Verfügungen können mit Zwangsmitteln durchgesetzt werden (§ 10 WpHG). Sanktionen kann das BAWe jedoch nicht verhängen. – Vgl. auch → Verhaltensregeln für Wertpapierdienstleistungsunternehmen.

Compliance Department, *Compliance Abteilung*. Abteilung eines Unternehmens, die durch ihre Überwachungstätigkeit das ordnungsgemäße und rechtmäßige Verhalten aller Mitarbeiter überwachen und sicherstellen soll. Für Finanzdienstleistungsunternehmen handelt es sich dabei v.a. um die Überwachung der Wertpapiergeschäfte der Mitarbeiter, um dadurch Insiderverstöße zu verhindern, ggf. auftretende Verstöße zu ahnden und den Schutz des einzelnen Kapitalanlegers sicherzustellen. – Vgl. auch → Compliance, → Compliance-Organisation.

Compliance Officer. Mitarbeiter im → Compliance Department eines Finanzdienstleisters, der die Einhaltung der maßgeblichen Richtlinien überwacht, um z.B. → Insidergeschäfte von Mitarbeitern aufzudecken. .

Compliance-Organisation. Bezeichnung für die zur Einhaltung von Richtlinien, durch das Gesetz z.T. vorgeschriebene, Aufbau- und Ablauforganisation in einer → Bank. Compliance (Wohlverhalten) ist eine Bezeichnung für ein Konzept, das das rechtmäßige Verhalten der Mitarbeiter im Umgang mit vertraulichen Informationen in einem Unternehmen sicherstellen soll. Hierzu gehören insbesondere die Einhaltung der Richtlinien des § 33 I WpHG. Zielsetzung dieser Vorschrift ist die Sicherstellung einer ordnungsgemäßen Geschäftstätigkeit eines → Wertpapierdienstleistungsunternehmens sowie die Vermeidung von Interessenkonflikten. Zur Sicherstellung der Einhaltung der →

Composite Asset

Insiderrichtlinien des WpHGs (§§ 13-15 WpHG) muss die C. auch sogenannte Beobachtungslisten (→ Watch List) und Sperrlisten (→ Restricted List) kontrollieren. Die Aufnahme in diese Listen erfolgt immer dann, wenn im Unternehmen Informationen (→ EG-Insiderrichtlinie, Insider-Informationen) vorhanden sind, deren Bekanntwerden eine Kursveränderung des entsprechenden → Wertpapiers zur Folge hätte. Die Geschäfte mit den in die Watch List aufgenommenen Wertpapieren werden dahingehend überprüft, ob ein Mitarbeiter die ihm bekannten Informationen für eigene Zwecke ausgenutzt hat. Für Wertpapiere in der Restricted List besteht ein generelles Handelsverbot für Mitarbeiter aus dem Unternehmen. – Des Weiteren muss durch die C. sichergestellt werden, dass durch Errichtung von Informationsbarrieren (→ Chinese Walls) insiderrelevante Informationen bestimmte Vertraulichkeitsbereiche des Unternehmens nicht verlassen können. – Vgl. auch → EG-Insiderrichtlinie.

Composite Asset, *zusammengesetzter Vermögenswert*; ist eine durch → Bundling zusammengesetzte Anlageform, die aus verschiedenen separaten Vermögenswerte besteht. – Gegensatz: → Stripped Bonds.

Composite-DAX (CDAX), *DAX Composite*. Seit 1993 ermittelter → Aktienindex der → Deutschen Börse AG, der alle im → amtlichen Handel, am → Geregelten Markt und → Neuen Markt der → Frankfurter Wertpapierbörse notierten deutschen Aktien enthält. Er wird als → Performance-Index minütlich berechnet und veröffentlicht. Basis des CDAX ist ein Indexstand von 100 zum 30.12.1987. Der CDAX umfasst ca. 360 Aktien (Stand 2001). – Zusätzlich werden einmal täglich ein → Kursindex und 19 → Branchenindizes, z.B. CDAX Banken, ermittelt. Der CDAX ermöglicht eine Analyse der gesamten Marktentwicklung sowie einzelner Branchen anhand der Branchenindizes. – Vgl. auch → Deutscher Aktienindex (DAX) und → DAX100.

Compound Interest, → Zinseszins.

Compound Options, *zusammengesetzte Optionen*; exotische → Optionen, deren → Underlyings wiederum Optionen sind. Daraus ergeben sich vier Grundformen von C.O.: Kaufoptionen (→ Call) auf Kaufoptionen, Kaufoptionen auf Verkaufsoptionen (→ Put), Verkaufsoptionen auf Kaufoptionen, Verkaufsoptionen auf Verkaufsoptionen. Demzufolge besitzen C.O. zwei → Basispreise und zwei Ausübungszeitpunkte. Der jeweils erste bezieht sich auf die zugrunde liegende Option, der zweite auf das dieser Option zugrunde liegende Underlying.

Comptant, *Komptant, in bar, (in) cash*. Bezeichnung an der Börse für die sofortige → Lieferung von Wertpapieren gegen Barzahlung.

Comptantgeschäft, → Kassageschäft.

Comptantkurs, → Komptantkurs.

Compulsory Repurchase, *zwangsweiser Rückkauf*. Bezeichnung für den unfreiwilligen Rückkauf von Fondsanteilen im Zusammenhang mit → Investmentfonds.

Computer Assisted Execution System (CAES). Bezeichnet ein automatisches interdealer → Handelssystem der → National Association of Securities Dealers (NASD) für börsennotierte → Wertpapiere, das die Verbindung zwischen dem Nasdaq-System und dem → Intermarket Trading System (ITS) darstellt.

Computer Assisted Trading System (CATS). → Elektronisches Handelssystem der → Toronto Stock Exchange, das 1977 als weltweit erstes vollelektronisches Handelssystem eingeführt worden ist. Die Zusammenführung, Preisermittlung und Ausführung der Aufträge (→ Order) erfolgt über ein zentrales, offenes → Orderbuch. Die Orders können in eines der drei Marktsegmente gestellt werden: den Board Lot Market für Round Lot Orders (→ Round Lot), den Odd Lot Market (→ Odd Lot) und den Special Terms Market, in dem Orders mit spezieller Ausführungsbeschränkung (z.B. → Minimum Fill, → Fill or Kill) gehandelt werden können.

Computerbörse, *virtuelle Börse, Internet-Börse, computerized trading system*. 1. C. bezeichnet i.e.S. ein Börsensystem, bei dem der Handel nicht zentral auf dem Parkett (→ Präsenzbörse) stattfindet, sondern standortunabhängig mittels Computernetzwerken durchgeführt wird. Dabei können die Transaktionsschritte Informationsweiterleitung, Ordereingabe und -routing, → Matching, → Clearing und → Settlement vom Computersystem übernommen werden. Vorteile sind verringerte → Transaktionskosten, erhöhte Transparenz und gestiegene Handelsgeschwindigkeit. Als nachteilig werden die aufwendige Implementation und Wartung des Systems, das technische Ausfallrisiko, die Anonymität des Handels sowie die Möglichkeit der Trendverstärkung bei einem → Börsencrash gesehen. – Vgl. → Alternative Handelssysteme. – 2. I.w.S. bezeichnet C. auch die reine Unterstützung von → Präsenzbörsen mit Computersystemen zur Weiterleitung von Aufträgen oder (Kurs-) Informationen und zur Abwicklung der abgeschlossenen Geschäfte.

computergestützte Technische Analyse, *computer based technical analysis*; vgl. → Moderne Technische Analyse.

Computer Operated Routing and Execution System (CORES). → Elektronisches Handelssystem der → Tokyo Stock Exchange, das im Jahr 1982 nach dem Vorbild des → Computer Assisted Trading System der → Toronto Stock Exchange eingeführt und 1985 erweitert wurde. CORES stellt eine → Computerbörse dar, die auf dem → Auktionsprinzip beruht und bei der die Kurse nach dem → Meistausführungsprinzip ermittelt werden. Neben der Kursinformation und der Handelsfunktion übernimmt CORES auch die Abwicklung der → Orders. Kennzeichnend sind das offene → Orderbuch und zusätzliche „intermediary clerks" (sog. → Saitori), die durch das Stellen von Kursspannen für Kurskontinuität sorgen, jedoch - im Gegensatz etwa zu den → Specialists an der → NYSE - keine eigenen Bestände halten dürfen.

Condor, bezeichnet eine komplexe → Option, die Ähnlichkeiten mit der → pay-off Struktur eines → Butterfly-Spreads aufweist. Allerdings besitzen beide → Verkaufsoptionen unterschiedliche → Ausübungskurse.

Condor-Anleihe. Besondere Form einer festverzinslichen → Aktienindex-Anleihe. Der Rückzahlungsbetrag ist derart an einen → Aktienindex gekoppelt, dass der → Nominalwert der → Anleihe nur ausgezahlt wird, wenn der Index sich bei Fälligkeit in einer bei Vertragsabschluss definierten Bandbreite befindet. Liegt der Index oberhalb oder unterhalb dieser Schwankungsbreite, muss der → Emittent einen nach einer mathematischen Formel berechneten reduzierten Rückzahlungsbetrag an den Gläubiger zahlen. Der Emittent garantiert jedoch einen Mindesttilgungsbetrag. Der Gläubiger wird für dieses erhöhte Risiko mit über den Marktkonditionen liegenden Zinszahlungen entlohnt.

Conf-Futures. Bezeichnung für früher an der → Eurex gehandelte → Terminkontrakte auf fiktive langfristige Anleihen der Schweizer Eidgenossenschaft mit 8- bis 13-jähriger Laufzeit und einem Coupon von sechs Prozent. Der Handel wurde im März 2000 eingestellt.

Confidentiality Agreement, *Vertraulichkeitsvereinbarung*; (meist vertragliche) Vereinbarung zweier oder mehrerer Vertrags-/Geschäftspartner über die zugrunde liegende Geschäftsbeziehung Stillschweigen zu wahren, bzw. zugrunde liegende Informationen vertraulich zu behandeln.

Cons., Abk. für → Consolidated Stocks.

Consolidated Stocks, *consols, cons., konsolidierte Staatsanleihen*. C.S. entstehen aus einer Umwandlung schwebender Staatsschulden in fundierte.

Consols, Abk. für → Consolidated Stocks.

Consumer Price Index (CPI), → Preisindex für die Lebenshaltung.

Contagion Effect, Ansteckungseffekt. Verbreitung und damit Ausweitung eines Krisenphänomens innerhalb eines Finanzsystems. Wie im 19. und anfangs des 20. Jahrhunderts in den USA zu beobachten, kann sich eine Einzelbank-Krise und der dabei ausgelöste Run der Einleger auf ihre Guthaben via → Domino-Effekt im Extremfall bis zu einer Systemkrise auswachsen: Zum einen, da die Wirtschaftssubjekte den Glauben an die → Bonität der Kreditwirtschaft insgesamt verloren haben, zum anderen aber auch aufgrund der zahlreichen Verflechtungen z.B. über den → Interbankenmarkt, wo Ausfälle einzelner Institute andere Banken in

Contango Liquiditäts- und nachfolgend in Solvenzschwierigkeiten bringen können. – Der C.E. ist daher wichtiger Begründungsansatz für staatliche Aufsichtstätigkeiten in der Kreditwirtschaft bis hin zu gezielten Rettungsaktionen für einzelne (vornehmlich große) Banken.

Contango, *Report.* Im Terminhandel verwendete Bezeichnung, wenn länger laufende Kontrakte höher notieren als früher fällige Kontrakte. Ursache hierfür sind die mit der Laufzeit zunehmenden → Cost of Carry. – Gegensatz: → Backwardation.

Contingent Interest Rate Swap, *Options-Zinsswap*; → Optionsrecht, innerhalb einer bestimmten Frist oder zu einem bestimmten Zeitpunkt einen ex ante festgelegten → Zinsswap einzugehen.

Contingent Swap, *Options-Swap.* → Optionsrecht auf eine künftige Swapvereinbarung, deren Konditionen ex ante festgelegt sind. Der Inhaber eines C.S. hat das Recht, innerhalb eines bestimmten Zeitraums oder zu einem Zeitpunkt in der Zukunft den Abschluss dieses → Swap-Geschäftes zu verlangen. Der Verkäufer des C.S. erhält vom Erwerber eine Prämie für das Optionsrecht.

Continuous Linked Settlement (CLS). Abwicklung von Devisengeschäften ohne Settlement Risiko für die Währungen US Dollar, Euro, Yen, Kanadische Dollar, Schweizer Franken, Englisches Pfund und Australische Dollar durch das Prinzip „Zahlung gegen Zahlung". Dadurch wird das Ausfallrisiko eines Geschäftspartners verhindert.

Continuous Linked Settlement Services Ltd. (CLSS), besteht derzeit aus ca. 62 Mitgliedsbanken (Settlement Members) aus 14 Ländern. Die Instruktion der Transaktionen erfolgt im → S.W.I.F.T. Net Interact.

Continuous Market, *fortlaufender Handel*; vgl. hierzu → fortlaufende Notierung.

Contract Month, → Expiry Date.

Contrarien Strategie. Gegensätzliche Strategien (z.B. Händler 1 – long im 3-Monats Zins, Händler 2 – short im 3-Monats Zins) beim Betreiben von Handelsgeschäften sollten nur mit Absicht der Erzielung eines kurzfristigen Handelserfolges – z.B. → Arbitrage – möglich sein. In der strategischen Steuerung kann dies jedoch als ineffizient angesehen werden, da hierbei Transaktionskosten u.a. entstehen.

Contrary Opinion, → gegensätzliche Meinung.

Contrepartie. Als C. wird die Gegenseite bei einem Börsengeschäft bezeichnet.

Control-Konzept, → Konsolidierungskreis.

Controlling Company. Ein C. C. ist eine Gesellschaft, die selbst keine Güter herstellt oder Dienstleistungen erbringt, sondern mehrere Unternehmen, an deren Trägergesellschaft sie beteiligt ist, als Holding oder Dachgesellschaft verwaltet. Die wirtschaftliche Aktivität einer C.C. erstreckt sich also auf Erwerb und Verwaltung der Anteile an den von ihr abhängigen Unternehmen. Sie bestimmt meistens deren Produktionsprogramm, soweit dies zur Marktbeeinflussung dient. Die rechtliche Selbständigkeit der abhängigen Unternehmen bleibt erhalten. Die C.C., die in Deutschland meistens in der Rechtsform einer → AG oder → GmbH betrieben wird, ist Obergesellschaft eines Konzerns, wenn sie die mehreren abhängigen Unternehmen unter ihrer einheitlichen Leitung zusammenfaßt (§ 18 Abs. 1 AktG).

Convergence. Bezeichnung für die Annäherung des Kurses eines → Futures an den Kurs des entsprechenden → Underlyings mit abnehmender Restlaufzeit. Ursache für die Minderung der → Basis ist die Abnahme der → Cost of Carry.

Conversion Ratio, *Konversionsquote*; bei → Wandelanleihen die Anzahl der Aktien, die man im Tausch für eine Anleihe erhält. – Vgl. → Wandlungsverhältnis.

Convertible Bonds, → Wandelanleihe.

Convertible Floating Rate Note. Variabel verzinsliche → Inhaberschuldverschreibungen (→ Floating Rate Notes), die den Inhabern das Recht einräumen, die → Anleihe bei Erreichen eines bestimmten Euribor-Satzes in ein → festverzinsliches Wertpapier zu dem dann aktuellen Marktzinsniveau zu

Corporate Governance

konvertieren. Investoren in dieser Anleiheform haben somit die Möglichkeit, sich ein einmal erreichtes Zinsniveau zu sichern.

Convertible Preferred Stock, *wandelbare Vorzugsaktie.* → Vorzugsaktie, die mit der Option für den Inhaber ausgegeben wird, die Vorzugsaktie in eine → Stammaktie umzutauschen. – Vgl. auch → Preferred Stock.

Convertibles, *festverzinsliches Wertpapier mit Wandlungsrechten.* Die Bezeichnung C. wird meist als Kurzform für → Convertible Bonds verwendet und ist nahezu vergleichbar mit der → Wandelanleihe. – Vgl. auch → Convertible Securities.

Convertible Securities, *umtauschbare Wertpapiere.* C.S. sind → Wertpapiere, die neben den gängigen Ansprüchen auf Zins- bzw. Dividendenzahlungen und → Tilgung das zusätzliche Recht verbriefen, sie an vorab vereinbarten Zeitpunkten und zu einem festen Bezugsverhältnis in andere Wertpapiere umtauschen zu können. Dieses → Wandlungsrecht kann in den Vertragsbedingungen sowohl dem Käufer als auch dem Emittenten eingeräumt werden und bezieht sich in der Praxis fast immer auf eine zweite am Kapitalmarkt ausgegebene Wertpapiergattung desselben Emittenten. Es kann aber grundsätzlich auch für Wertpapiere anderer Emittenten gelten. – Vgl. auch → Optionsanleihe; → Wandelanleihe.

CORES, Abk. für → Computer Operated Routing and Execution System.

Core Standards, bezeichnet eine von der → IOSCO entwickelte Liste mit Anforderungen an die → IAS. Erst wenn diese Anforderungen erfüllt werden, will die IOSCO die IAS vollständig anerkennen. Im Zusammenhang mit der Erarbeitung der C.S. sind 24 IAS beurteilt worden, wobei 14 als akzeptierbar eingestuft wurden und vier IAS als nicht akzeptierbar angesehen wurden.

Corner, → aufschwänzen.

Corp., Abk. für → Corporation.

Corporate Bond, *Industrieschuldverschreibung*; mittel- und langfristige → Anleihen, die von Unternehmen emittiert werden. Es wird häufig eine Klassifizierung der Anleihen entsprechend der Branche des Emittenten vorgenommen. Man unterscheidet: Versorger-, Transport- und Verkehrs-, Industrie- sowie Bank- und Finanzunternehmen. – Vgl. auch → Industrieobligation.

Corporate Finance. 1. C.F. ist ein nicht exakt abgrenzbares Gebiet von Bankaktivitäten im Bereich des Firmenkundengeschäfts. Es wurde besonders im anglo-amerikanischen Raum entwickelt und geprägt, und stellt die Möglichkeiten und Grundlagen zur Bereitstellung von Finanzierungsmitteln für Unternehmen dar. C.F. spiegelt neben der Kreditvergabe teilweise auch Aktivitäten des → Investment Banking wider, wie z.B. die Bewertung und Vermittlung von Unternehmen, Unternehmensteilen und Beteiligungen (→ Mergers & Acquisitions), → Aktienemissionen sowie die Finanzierung von Unternehmensübernahmen. Weiterhin kann auch die Unternehmensberatung (Consulting Banking) sowie die Entwicklung neuer Finanzstrukturen (→ Financial Engineering) unter C.F. zusammengefasst werden. C.F. ist allerdings in den einzelnen Ländern unterschiedlich ausgerichtet. So spielt die Bankenfinanzierung (→ Kredit) in Japan und Deutschland eine große Rolle, während in den USA und in GB die Finanzierung meist über den Kapitalmarkt erfolgt. – 2. Im englischsprachigen Kulturraum stellt C.F. ferner ein komplexes Kapitel der Finanzwirtschaft dar, das sich mit der Finanzierung von Unternehmen befasst. Grundlage der Entwicklung der C.F. waren Fragen der Finanzierungsart (Eigen- vs. Fremdkapital). Die weitergehende Entwicklung führte unter anderem zur → Portfeuilletheorie, zum → Capital Asset Pricing Model (CAPM) oder zu Optionspreismodellen (→ Black/Scholes-Formel). Ebenfalls werden praxisnahe Themen wie die Bewertung von Unternehmen oder der Bonität (→ Rating), sowie Fremd- und Beteiligungsfinanzierungsfragen erörtert.

Corporate Governance. Unter der zusammenfassenden Bezeichnung für Unternehmensführung und Unternehmenskontrolle, die aus dem Amerikanischen stammt, werden Fragen der Kontrolle des Unternehmensmanagements und der Schaffung von organisatorischen und inhaltlichen Vorkehrungen diskutiert, um die Unternehmensleitung zu einem Verhalten zu bewegen, das mit den Interessen der Aktionäre übereinstimmt.

Corporation

Die eigenständige Kontrolle der Unternehmensleitung ist besonders bei → Publikumsgesellschaften notwendig, weil die → Aktionäre, die das → Venture-Capital einbringen, und die angestellten Vorstandsmitglieder als Entscheidungsträger nicht identisch sind, so dass es zu einer Trennung von Anteilseigner und Kontrolle der unternehmerischen Ressourcen kommt. Die Überwachungsaufgabe wird deshalb auf ein hierfür zuständiges Gesellschaftsorgan übertragen, dessen Aufgabe nach deutschem Aktienrecht dem → Aufsichtsrat zugewiesen ist. An dem deutschen System wird insbesondere die fehlende Effizienz der Aufsichtsratskontrolle beanstandet, was u.a. auf Überkreuzverflechtungen von Aufsichtsratsmandaten und die Überlastung der Aufsichtsratmitglieder durch mehrere solcher Mandate zurückgeführt wird. Ungünstig beurteilt wird in diesem Zusammenhang außerdem der Einfluss der → Kreditinstitute, der sich aus ihrem Anteilsbesitz an Unternehmen des nichtfinanziellen Bereichs und dem Vollmachtsstimmrecht als Besonderheiten des deutschen → Universalbankensystems ergibt. Die unternehmensinternen Verwaltungs- und Kontrollmechanismen sind 1998 durch das → Gesetz zur Kontrolle und Transparenz im Unternehmensbereich (KonTraG) verbessert worden. So intensiviert die verpflichtende Teilnahme des → Abschlussprüfers an der Bilanzsitzung des Aufsichtsrats deren Zusammenarbeit. Ferner ist die Sitzungsfrequenz des Aufsichtsrats erhöht und die Wahrnehmung der Vollmachtsstimmrechte der Kreditinstitute neu geregelt worden. Eine Regierungskommission „Corporate Governance: Unternehmensführung - Unternehmenskontrolle - Modernisierung des Aktienrechts" hat 2001 in einem Bericht zahlreiche Empfehlungen zur Überarbeitung und Modernisierung des gesetzlichen Rahmen und zur Schaffung sowie Ausgestaltung eines Corporate-Governace-Kodex für die börsennotierte AG unterbreitet, die in einem Tranzparenz- und Publizitätsgesetz umgesetzt werden. U.a. soll die börsennotierte AG verpflichtet werden, über die Einhaltung des Corporate-Governace-Kodex in einer sog. "Entsprechenserklärung" zu informieren. Eine Expertenkommission hat sodann einen solchen Corporate-Governace-Kodex erarbeitet, der zusätzlich bestimmte Standards für ein verantwortliche Unternehmensführung empfiehlt. Die angesprochenen Unternehmen sollen nicht verpflichtet sein, diesen Kodex umsetzen, aber in der „Entsprechungserklärung" Auskunft über dessen Einhaltung geben müssen.

Corporation. Bezeichnung für eine der deutschen AG entsprechende Unternehmensform in USA, Canada, Japan und anderen Ländern.

Corridor. Bezeichnet eine Kombination zweier → Caps mit gleichem → Nominalbetrag, aber unterschiedlichen Zinsbegrenzungen, deren Zielsetzung in der Absicherung gegen → Zinsänderungsrisiken durch eine zeitraumbezogene Zinsbegrenzung liegt. Gekauft wird der Cap mit niedrigerer Zinsbegrenzung, verkauft wird der Cap mit höherer Zinsbegrenzung. Die erhaltene Prämie aus dem Verkauf trägt zur teilweisen Deckung der Kaufprämie bei, wodurch sich die Hedge-Kosten verringern. Der Schutz gegen Zinssteigerungen ist dadurch jedoch auf die Grenze des höheren → Zinssatzes beschränkt. – Vgl. auch → Hedging.

Cost-averaging, → Averaging.

Cost of Capital, → Kapitalkosten.

Cost of Carry, *carrying charge, Carrykosten, Bestandshaltekosten.* Finanzierungskosten, die durch das Halten eines → Basiswerts anfallen und in die Berechnung von Terminkontrakten eingehen. Die C.o.C. berechnen sich bei → Zinsterminkontrakten als Differenz zwischen den Finanzierungskosten eines Kaufs am → Kassamarkt abzüglich der Zinserträge bis zur Fälligkeit eines entsprechenden Terminkontraktes und abzüglich der Kosten für das → Initial Margin. Bei → Devisenterminkontrakten müssen zusätzlich Differenzen zwischen nationalen Zinsniveaus einkalkuliert werden. Bei → Warentermingeschäften setzen sich die C.o.C. aus Versicherungsprämien, Lagerkosten und Finanzierungskosten zusammen. Die C.o.C. gehen als sog. → Carry Basis in die → Basis ein, mit der bei Termingeschäften die Differenz zwischen dem Marktpreis des → Underlyings und dem Preis des entsprechenden Terminkontraktes bezeichnet wird.

Cost of Debt, → Fremdkapitalkosten.

Cost of Equity, → Eigenkapitalkosten.

Cost of Goods Sold, *Kosten der verkauften Erzeugnisse*; bezeichnet die gesamten Herstellungsaufwendungen für innerhalb einer Periode umgesetzte Güter.

Cotation Assistée en Continu (CAC). Das Computersystem der → Pariser Börse wurde im Jahr 1986 als Kopie des → elektronischen Handelssystems → CATS der → Toronto Stock Exchange installiert. Gleichzeitig wurde damit auch der fortlaufende Börsenhandel eingeführt. – 1995 wurde CAC durch das leistungsfähigere und kostengünstigere Nouveau Système de Cotation (NSC), besser bekannt als SuperCAC abgelöst; seit April 1998 ist daran auch die französische Terminbörse → MATIF angeschlossen. Mit diesem zentralisierten, automatisierten und ordergesteuerten (→ Auktionsprinzip) System werden die Annahme, Steuerung und Zusammenführung der → Orders, die Ausführung und Abwicklung des Börsengeschäfts sowie die Informationsvermittlung von bisher sechs Einzelsystemen auf eines zusammengefasst. – Mit dem 1996 eingeführten System EUROCAC können zudem Wertpapiere gehandelt werden, die an anderen Börsen in Europa offiziell notiert sind.

Cotation Assistée en Continu 40 Index (CAC 40). Französischer → Aktienindex, der die 40 an der → Pariser Börse umsatzstärksten, → variabel gehandelten Titel (→ Blue Chips) umfasst. Der CAC 40 wird minütlich berechnet, Basis ist ein Wert von 1.000 zum 31.12.1987.

cote, → cote officielle.

cote officielle, *cote, amtlicher Kurs, Kurs*. Amtlicher Kurs für ein Wertpapier an der Börse. Der Zusatz "officielle" stammt aus der Zeit vor 1962 als neben dem amtlichen Markt an der Pariser Börse ein nichtamtlicher Markt (coulisse) bestand. – Außerdem Bezeichnung für das → amtliche Kursblatt.

Count-down Floating Rate Note, *count-down floater*; besondere Form einer → Floating Rate Note mit im Zeitablauf abnehmenden Aufschlägen auf den → Referenzzinssatz.

Couponeffekt

Counterparty-Ratings, bezeichnet die Beurteilung der → Bonität der Gegenpartei, die insbesondere bei → OTC-Geschäften und im Devisenhandel von großer Bedeutung ist. Es werden hierfür langfristige → Ratingsymbole verwendet, da einzelne Transaktionen nicht geratet werden.

Counterparty Risk, → Gegenparteirisiko.

Counterpurchase Credit Exchange, eine Art → Computerbörse für den Tauschhandel. Dabei sollen speziell Käufer für Waren gefunden werden, die von einem Exportunternehmen in Zahlung genommen wurden.

Coupon, *Kupon, coupon*. C. bezeichnet den einer festverzinslichen, effektiven Anleihenurkunde oder auch bei einer Aktienurkunde beigefügten → Zins- bzw. → Dividendenschein, gegen dessen Vorlage dem Inhaber fällige Zinsen und Dividenden für eine bestimmte Zeitperiode ausgezahlt werden. Die Summe aller C., die der effektiven Wertpapierurkunde beigefügt sind, ergibt zusammen mit dem → Erneuerungsschein den → Bogen des Wertpapiers. – In der Praxis des Rentenhandels wird mit C. auch die Höhe des → Nominalzinses einer festverzinslichen → Anleihe, ausgedrückt in Prozent des Nennwerts, verstanden.

Couponbogen, → Kuponbogen.

Couponeffekt, *Kuponeffekt, coupon effect*. Der Begriff C. wird im Zinsmanagement für die Beschreibung zweier unterschiedlicher Effekte verwendet. – 1. Theoretischer Wiederanlageeffekt: Der C. ist die am Markt beobachtbare Tatsache, dass bei steigender bzw. fallender → Zinsstrukturkurve auf Grund von Arbitrageüberlegungen die → Effektivverzinsung einer Kuponanleihe unter bzw. über der Effektivverzinsung einer → Null-Coupon-Anleihe mit identischer → Nominalverzinsung und → Laufzeit liegen muss. Begründet ist der C. durch die Notwendigkeit für den Besitzer einer Couponanleihe bereits ausgeschüttete Couponzahlungen zu dem im Ausschüttungszeitpunkt geltenden → Zinsniveau wiederanzulegen, während bei Null-Coupon-Anleihen bereits geleistete Zinszahlungen implizit zum Nominalzins verzinst und am Laufzeitende kumuliert ausgeschüttet werden. – 2. Steuer-

Coupon Issue

licher Effekt: Aufgrund der unterschiedlichen steuerlichen Behandlung von Kurs- und Zinsgewinnen resultiert in begrenztem Maße die Möglichkeit, Vorteile aus einer Anleihe mit relativ niedrigem Nominalzins, die → unter pari emittiert bzw. gehandelt wird, zu ziehen. In Deutschland sind Zinserträge aus Anleihenbeständen steuerpflichtig, während realisierte Kursgewinne zum einen mit den realisierten Kursverlusten verrechenbar sind und zum anderen ab einer bestimmten Anlagefrist für Privatanleger steuerfrei bleiben. – Die Tilgung von unter pari erworbenen Anleihen erfolgt zum → Nennwert und die Differenz zwischen Erwerbskurs und Tilgungskurs stellt einen realisierten Kursgewinn dar. Folglich kann so der Kursertrag als ein Teil des Gesamtertrages der Anleihe steuerfrei erzielt werden. Dieser Steuerbegünstigung sind allerdings enge Grenzen gesetzt, denn von der Finanzverwaltung wird nur ein gewisser Prozentsatz der Differenz als Kursgewinn anerkannt. Alles, was über diesen Wert hinaus geht, muss als Zinsertrag versteuert werden. – Vgl. auch → Wertpapiergeschäfte, Besteuerung.

Coupon Issue. Als eigenständiges → Abzinsungspapier verkaufte → Zinsscheine, die durch die Trennung der einzelnen → Coupons vom → Mantel einer Kuponanleihe entstehen.

Couponkasse, → Kuponkasse.

Coupon Rate, *Anleihezins*; Zinssatz, der auf den zur → Anleihe gehörenden → Kupons angegeben ist.

Couponsteuer, → Kuponsteuer.

Coupon Stripping. Bezeichnet das Trennen und separate Handeln der einzelnen → Zinsscheine (→ Coupons) von ihren → Anleihen. Mit der Trennung von Zins- und Kapitalansprüchen entstehen ökonomisch gesehen → Abzinsungspapiere mit unterschiedlicher, gestaffelter Laufzeit. Der Investor hat damit kein Wiederanlageproblem bei fälligen Zinszahlungen, denn er kennt bereits beim Erwerb von → Stripped Bonds bzw. → Stripped Coupons den exakten Zinsertrag am Ende der → Laufzeit. – Der ökonomische Sinn des i.d.R. nur von staatlichen → Emittenten durchgeführten C.St. besteht aus Perspektive der begebenden Partei in einer Reduktion der Finanzierungskosten, da der Kapitalmarkt die Aufgliederung des Wertpapiers auf Grund gestiegener Anlageflexibilität positiv beurteilt. – Der Vorteil aus Sicht der Kapitalanleger kann neben der Eliminierung der Wiederanlageproblematik für Couponzahlungen auch steuerlicher Art sein, denn mit Hilfe von beispielsweise → Null-Coupon-Anleihen lassen sich Kapitalerträge zeitlich in zukünftige Perioden verlagern. – Vgl. auch → Stripping, → Bond Stripping.

Coupontermin, *Kupontermin, Zinstermin, coupon date*. Im allgemeinen Sprachgebrauch ist der C. der Termin, an dem Zinsansprüche fällig sind und die entsprechenden → Zinsscheine eingelöst werden können. Eine → Anleihe mit jährlicher bzw. halbjährlicher Kuponausschüttung hat folglich einen bzw. zwei C. pro Jahr. – Weiter gefasst, bezeichnet der Begriff auch die Dividendentermine von → Aktien.

Coupure, franz. Bezeichnung für die Gesamtanzahl der Aktien einer → Emission. – Vgl. auch → Stückelung.

Courtage, *Kurtage*. Bezeichnung für die Vermittlungsprovision der Makler. → Kursmakler erhalten für die Vermittlung von Geschäftsabschlüssen in den ihnen zugewiesenen Wertpapieren im Handel mit amtlicher Notierung eine C. Deren Höhe bemisst sich nach einer Gebührenordnung der jeweiligen Landesregierung auf Grundlage des → Kurs- bzw. → Nennwerts; Staffelungen nach Geschäftsart, Wertpapiergattung und Kurs- bzw. Nennwerthöhe sind dabei üblich. → Freimakler erhalten für ihre Vermittlungstätigkeit ebenfalls eine C., die zwar der freien Vereinbarung unterliegt, sich jedoch stark an die Gebührenordnung der Kursmakler anlehnt. Die C. wird dem Kunden von seinem Kreditinstitut weiterberechnet. – Vgl. auch → Maklergebühren an deutschen Börsen.

Covenants. Vertragsklauseln, meist in einem Kreditvertrag, die der Kreditnehmer zu erfüllen hat. Bei einer Nichtbeachtung der C. durch den Schuldner kann der Gläubiger die Forderung sofort fällig stellen, oder eine weitergehende Besicherung fordern. C. finden häufig am → internationalen Kapitalmarkt oder bei Großkrediten Anwendung.

Cover. 1. *decken, Deckung anschaffen*; Deckung eines → Terminkontrakts durch Kauf/Verkauf des → entsprechenden → Underlyings. – 2. Unterschied zwischen dem höchsten akzeptierten Gebot und nächsthöherem Gebot am → Euromarkt.

Covered Call Writing, *coveredcallwriting*; bezeichnet eine → Optionsstrategie, bei der der → Stillhalter eine → Call-Option emittiert, nachdem er das → Underlying in vollem Umfang bezogen hat. So kann er im Fall der → Optionsausübung ohne zusätzliches → Kursrisiko das Underlying liefern. Diese Strategie kann sinnvoll sein, um in stagnierenden Märkten zumindest an der → Optionsprämie zu verdienen. – Vgl. auch → Covered Warrant. – Gegensatz: → Covered Put Writing.

Covered Option, *gedeckte Option*; bezeichnet eine → Option, die durch ein tatsächlich im Besitz befindliches → Underlying gedeckt ist. So ist etwa bei einer → Call-Option der → Stillhalter in Besitz des Underlying, bei einer → Put-Option der → Optionsinhaber. Das Risiko ist hier sehr viel begrenzter als bei der → Naked Option, da sich ein möglicher Verlust nur aus dem bereits realisierten Kaufpreis des Underlying, nicht jedoch aus möglichen Wertveränderungen nach Kauf bzw. Verkauf der Option ergibt. – Vgl. auch → Covered Call Writing.

Covered Option Securities (COPS), bezeichnet eine kurzfristige → Schuldverschreibung mit hohem → Coupon und angegliederter → Put-Option. COPS beinhalten das Recht zur Zahlung der → Zinsen und → Tilgungen in US-Dollar oder einer anderen Fremdwährung, deren → Wechselkurs beim Abschluss fixiert wird.

Covered-Put-Writing, *cash secured put*; bezeichnet die Strategie des → Stillhalters einer → Put-Option zur Absicherung gegen Kursveränderungen. Der Stillhalter entwickelt dabei ein zur Put-Option äquivalentes → Cash Instrument, um bei Fälligkeit der → Option das → Underlying kaufen zu können.

Covered Warrants, → Optionsscheine, gedeckte.

Covering, *Kurssicherung, Risikoabdeckung*. Bezeichnung für (Devisen-)Transaktionen, deren Ziel es ist, → Kursrisiken auszuschließen. In der Regel bezeichnet man damit die vorzeitige Eindeckung oder Abgabe von später benötigten oder anfallenden Devisenbeträgen. – Vgl. auch → Eindecken und → Devisentermingeschäft.

Cox-Ingersoll-Ross Term Structure Model, zählt zu den neueren Erklärungsansätzen für → Zinsstrukturen. Dabei wird von einem exogenen Prozess der kurzfristigen Zinsentwicklung ausgegangen. Durch Arbitrageüberlegungen lassen sich normale, inverse und wechselnde Verläufe der Zinsstruktur ableiten.

Cox-Ross-Rubinstein-Modell, ein von Cox, Ross und Rubinstein entwickeltes und 1979 veröffentlichtes Modell zur Bewertung von → europäischen Optionen. – Vgl. auch → Binominalmodell.

CP, Abk. für → Commercial Paper.

Crash-Versicherung. Bezeichnung für die Absicherung eines Wertpapierdepots gegen stark fallende Kurse.

CRB Futures Price Index, *Commodity Research Bureau Futures Price Index*; bezeichnen einen vom Commodity Research Bureau berechneten → Index, der sich zur Zeit aus 17 an → Börsen in den USA gehandelten → Commodity Futures zusammensetzt. Dieser → Index Future und die → Optionen darauf werden an der → New York Futures Exchange (NYFE) gehandelt.

Credit-at-Risk, Auf das → Kreditrisiko bezogene Ermittlung des → Value-at-Risk im Sinne einer Verlustobergrenze auf einem bestimmten Konfidenzniveau.

Credit Events, *Kreditereignisse*. Als C.E. werden vor allem Zahlungsverzögerungen bzw. -ausfälle (teils sogar nur negative Bonitätsveränderungen) eines Kreditnehmers bezeichnet. Diese lösen bei entsprechender Anbindung von → Kreditderivaten Ausgleichszahlungen des Kreditrisikokäufers aus.

Credit Linked Note, bezeichnet eine → Schuldverschreibung, die vom → Emittenten nur dann am Laufzeitende zum → Nennwert (je nach Ausgestaltung zuzüglich eines Ku-

Credit Metrics

pons) zurückgezahlt wird, wenn ein vorher spezifiziertes Kreditereignis (→ credit event) bei einem Referenzaktivum nicht eintritt. Eine C.L.N. stellt eine Kombination einer → Anleihe mit einem → Kreditderivat – i.d.R. einem → Credit Default Swap - dar und wird vornehmlich von → Kreditinstituten zur Eigenkapitalentlastung eingesetzt. Im Unterschied zu → Asset Backed Securities müssen keine Forderungen oder andere Vermögenswerte an eine Zweckgesellschaft übertragen werden. Aufgrund der synthetischen Verknüpfung mit bestimmten Referenzforderungen wird das → Ausfallrisiko dennoch von den Obligationären übernommen. Um das → Rating einer solchen → Emission von demjenigen des Kreditinstituts zu trennen, werden die Schuldverschreibungen mit anderen erstklassigen Anleihen (→ Pfandbriefen oder → Staatsanleihen) unterlegt, die mit dem Emissionserlös erworben werden. In diesem Fall spricht man auch von einer → Collateralized Credit Linked Note. Der Struktur von CLNs sind Insurance Linked Notes nachgebildet.

Credit Metrics, bezeichnet ein von der Investmentbank J.P. Morgan erstmals 1997 vorgelegte, in dem verschiedene Methoden zur Berechnung des → Value-at-Risk von Kreditrisikopositionen ausführlich erläutert und mit Hilfe statistischen Materials veranschaulicht werden. So finden sich dort z.B. Migrationsmatrizen, die Auskunft darüber geben, mit welcher Wahrscheinlichkeit Schuldner innerhalb bestimmter Zeiträume von einer → Ratingklasse in eine andere auf- bzw. absteigen.

Creditor, → Kreditor.

Credit Rating, *Emissionsrating, Kreditwürdigkeit, Bonität*; bezeichnet die Beurteilung der Kreditwürdigkeit durch eine → Rating-Agentur. Durch → Ratingsymbole wird die künftige Fähigkeit eines → Schuldners zur vollständigen und rechtzeitigen Erfüllung der in einem Finanzkontrakt fixierten Zahlungsverpflichtungen bewertet. → Long-Term Debt Rating zur Beurteilung langfristigen Fremdkapitals und → Short-Term Debt Rating Beurteilung kurzfristigen Fremdkapitals lassen sich als Unterformen unterscheiden. – Zur Beurteilung werden quantitative und qualitative Kriterien verwendet. Als quantitative Kriterien können Daten aus den → Jahresabschlüssen und die daraus resultierenden → Kennzahlen genannt werden. Zu qualitativen Beurteilungskriterien zählen beispielsweise die Qualitäten des Managements. Die → Risiken werden hier nach dem top-down-Ansatz analysiert: Zuerst werden Risiken des Herkunftslandes, danach spezifische Branchenrisiken und schließlich unternehmensspezifische Risiken beurteilt.

Credit Risk, → Kreditrisiko.

Credit-supported Commercial Paper, *asset backed commercial paper*; durch erstklassige Forderungen besicherte → Commercial Papers.

Creeping Tender Offer. Bezeichnung für eine Strategie im Rahmen einer feindlichen Übernahme (→ Hostile Takeover). Der feindliche Investor und mit ihm Verbündete erwerben dabei bereits vor Abgabe eines öffentlichen Übernahmeangebotes (→ Tender Offer) verdeckt Aktien des Zielunternehmens im börslichen oder außerbörslichen Handel. Durch das Aufsplitten der Beteiligung auf verschiedene Aktionäre wird die → Mitteilungspflicht von Beteiligungen umgangen, nach der Beteiligungen von über fünf Prozent bekannt gemacht werden müssen. – Vgl. auch → Dawn Raid.

CREST. Bezeichnung für das 1996 eingeführte papierlose Settlementsystem der → London Stock Exchange (LSE), über das die Abwicklung der ausgeführten Wertpapieraufträge erfolgt.

criée, *franz. rufen*. Beim Handel à la criée erfolgt die Kursbildung ausschließlich auf Grundlage der von den Handelsteilnehmern ausgerufenen → Geld- und → Briefkurse für ein bestimmtes Wertpapier. Je nach Angebot und Nachfrage kommt es dabei zu fortlaufenden Kursfestsetzungen. Auf diese Weise wird jederzeit die aktuelle Marktstimmung widergespiegelt. Geschäftsabschlüsse können beim Handel á la c. auch direkt durch Zuruf zwischen einzelnen Handelsteilnehmern erfolgen.

Cross-Border-Geschäftsabwicklung, *cross border transactions*; Länderübergreifende Abwicklung von Börsengeschäften (Käufe und Verkäufe im weitesten Sinne).

Cross Currency Interest Rate Swap, → Zins- und Währungsswap.

Cross Currency Swap, → Währungsswap.

Cross-Default-Klausel, *cross default clause*. Diese Klausel beinhaltet die Möglichkeit der Kündigung von Kreditverhältnissen durch den Kreditgeber, wenn → Schuldnerverzug oder andere Vertragsverletzungen auftreten. C. werden vor allem in internationalen Kreditgeschäften vereinbart.

Cross Hedge. Bezeichnung für die Absicherung einer → offenen Position, indem eine Kassaposition durch einen nicht identischen → Terminkontrakt gesichert wird. Obwohl der Terminkontrakt eine andere Basisgröße als die Kassaposition aufweist, wird davon ausgegangen, dass sich beide Papiere in ihrer Wertentwicklung dennoch ähnlich verhalten und eine gegenseitige Absicherung daher möglich ist. – Gegensatz: → Basis Hedge.

Cross Holdings. Bezeichnung für komplexe Kapitalverflechtungen zwischen mehreren Unternehmen. – Vgl. → Überkreuzverflechtung und → Aktientausch.

Crossing-System. Unterform von → alternativen Handelssystemen. Im Gegensatz zu → Electronic Communication Networks (ECN) verzichten C. auf ein eigenes → Orderbuch, sondern es werden die Kundenorders auf Basis der an einer regulären → Börse festgestellten Kurse zusammengeführt, wobei der Preis in der Mitte des höchsten Kauf- und niedrigsten Verkaufsgebotes festgesetzt wird. C. agieren demnach als „Trittbrettfahrer". Da ausgeführte Transaktionen für die anderen Marktteilnehmer nicht zu sehen sind, unterbleibt eine Beeinflussung des Marktes.

Cross Membership. Vereinbarung unter Börsen, die es → Börsenmaklern ermöglicht an mehreren Börsen zu handeln ohne jeweils eine Zulassungsgebühr zu entrichten. Folglich werden die → Transaktionskosten reduziert und die Liquidität steigt an.

Cross-Rate, *Kreuzkurs, Kreuzparität, Usance-Kurs, indirekte Parität*. Bezeichnung für das Austauschverhältnis zweier Währungen. Die C. wird aus den → Wechselkursen zweier Währungen gegenüber einer Drittwährung ermittelt. Diese Berechnungsmethode findet in erster Linie bei Währungen Anwendung, bei denen der direkte Handel illiquide ist, um eine effiziente Kursfeststellung zu gewährleisten, wie z.B. im Falle des Wechselkurses des polnischen Zloty zum thailändischen Baht. Dabei wird der Wechselkurs eben dieser Währungen aus dem Verhältnis des Zloty zum US-Dollar und des US-Dollar zum Baht errechnet.

Cross-Selling, *Verbundabsatz*. Diese Vertriebsstrategie von Banken zielt darauf ab, einem Bankkunden möglichst viele Leistungen des eigenen Institutes zu verkaufen. Fragt der Kunde nach einer bestimmten Leistung, so ist es Aufgabe und Ziel seines Beraters oder Verkäufers, ihn auf weitere Leistungen aufmerksam zu machen. Eine oft genutzte Einstiegsleistung war bisher der → Zahlungsverkehr bzw. das → Girokonto, über das der Kunde notwendige Zahlungen abwickelt.

CSCE, → Coffee, Sugar and Cocoa Exchange.

CTD-Anleihe, Abk. für → Cheapest-to-Deliver-Anleihe.

cum, *with*. Bezeichnung für Effekten mit Zins-, Dividenden- oder sonstigen Bezugsscheinen (→ Bond cum Warrants). – Gegensatz: → ex.

Curb Market, *street market, ungeregelter Freiverkehr, Rinnsteinbörse*. Bis zur Umbenennung im Jahr 1953 der Vorläufer der → American Stock Exchange (AMEX). Die Bezeichnung als „Rinnsteinbörse" leitet sich aus der Tatsache ab, dass die → Makler und → Händler ihre Geschäfte bis zum Bezug eines Gebäudes, in der Trinity Street in Downtown New York buchstäblich auf der Straße betrieben haben.

Currency Exposure, → Währungsrisiko.

Currency Futures, → Devisenterminkontrakt.

Currency Linked Bond, *Währungsanleihe*. → Anleihen, die im Inland in einer ausländischen → Währung emittiert werden (→

Currency Option Anleiheemission). Da → Zins und → Tilgung in einer fremden Währung gezahlt werden, besteht für → Investoren zusätzlich zum → Zinsänderungsrisiko ein → Wechselkursrisiko.

Currency Option, → Devisenoption.

Currency Risk, → Wechselkursrisiko.

Currency Swap, → Währungsswap.

Currency Warrant, *Währungsoptionsschein*; → Optionsschein, der den Inhaber zum Bezug eines bestimmten Betrages in einer festgelegten Währung zu einem vorher festgelegten Kurs berechtigt. – Vgl. auch → Währungsoptionsschein.

Current Asset, *Gegenstand des Umlaufvermögens*; bezeichnet ein Aktivum (→ Asset), das nicht dazu bestimmt ist, dem Geschäftsbetrieb des Unternehmens dauerhaft zu dienen und auch keinen Rechnungsabgrenzungsposten darstellt. – Bsp.: Vorräte, → Forderungen, → liquid assets. – Gegensatz: → Anlagevermögen, fixed assets.

Current Liability, *kurzfristige Verbindlichkeit*; bezeichnet eine Verpflichtung eines Unternehmens, die am Bilanzstichtag bezüglich Höhe und → Fälligkeit definitionsgemäß weniger als ein Jahr beträgt. Die Rechnungslegungsvorschriften nach → HGB bedingen einen separaten Ausweis dieser Verbindlichkeiten im → Jahresabschluss.

Current-noncurrent-Methode, *Fristigkeitsmethode, current-noncurrent-method*; bei der → Währungsumrechnung von Bilanzpositionen angewandtes Verrechnungs- und Ausweisverfahren, das die einzelnen Positionen nach ihrer Fristigkeit unterteilt. Die Bilanzierung langfristiger → Aktiva und → Passiva, wie z.B. des → Eigenkapitals (EK), des → Anlagevermögens oder der langfristigen Forderungen und → Verbindlichkeiten erfolgt zu historischen Kursen. Demgegenüber werden kurzfristige Positionen und der ausgewiesene → Jahresüberschuss zu aktuellen oder Stichtagskursen bewertet. Für → Abschreibungen gilt, dass sie entsprechend der zugehörigen Bilanzpositionen zu behandeln sind. Voraussetzung für die Anwendung dieser Methode ist ein stabiler, nur in engen Grenzen schwankender → Wechselkurs.

Cushion Bond. → Anleihe am → Euromarkt mit über den Marktkonditionen liegender Rendite. Sie wird über ihrem Rückzahlungskurs gehandelt.

CUSIP number, *Committee of Uniform Security Identification Procedure number*; amerikanische Ziffernkombinationen, die ähnlich wie die deutsche → Wertpapierkennnummer einzelne Effekten kennzeichnen.

Custodian Bank, → Depotbank.

Custodian Fee, → Depotgebühr.

Cyber-Börse, → Computerbörse.

CyberCash, *elektronisches Bargeld*. 1. Name eines in den USA ansässigen Unternehmens, das für das Internet elektronische Produkte für den Zahlungsverkehr entwickelt und anbietet. – 2. Bezeichnung für ein vom unter 1. genannten Unternehmen entwickeltes Verfahren, durch das Zahlungen im Internet mittels einer → Kreditkarte beglichen werden können. Dazu werden sowohl die verschlüsselten Kreditkartendaten des Käufers, als auch die zugehörige elektronische Signatur des Verkäufers an C. elektronisch versandt, dort geprüft, bei Übereinstimmung an die Bank des Kreditkarteninhabers zur Ausführung der Zahlung geschickt.

CyberCoin. Bezeichnung für ein auf Konten basierendes und v.a. auf die Entrichtung von Kleinstbeträge ausgerichtetes Zahlungssystem im Internet.

Cylinder Option, *Kauf einer Kaufoption und Verkauf einer Verkaufsoption*; Kombination aus dem Kauf einer → Call-Option mit hohem → Basispreis und dem gleichzeitigen Verkauf einer → Put-Option mit niedrigerem Basispreis. Der Kauf der Call-Option limitiert das → Risiko. Der Verkauf der Put-Option begrenzt zwar den möglichen Gewinn, verringert jedoch auch die zu zahlende → Optionsprämie.

D

D. – 1. Dieser Kurzhinweis steht an der → Berliner Börse für dividendenberechtigte → Aktien. – 2. Dieser Buchstabe steht für den Börsenplatz Düsseldorf. – 3. Diese Kennziffer wird von den → Rating-Agenturen → Standard & Poor´s und → Moody´s Investors Service als → Ratingsymbol für → Schulder verwendet, die in Zahlungsverzug sind oder das Konkursverfahren angemeldet haben.

Dachfonds, *Parallelfonds, fund of funds, pyramiding fund*. Wertpapierfonds, dessen Fondsvermögen wiederum in andere Fonds investiert wird. Sie wurden in Deutschland erst mit dem → Dritten Finanzmarktförderungsgesetz zugelassen.

Dachgesellschaft, bezeichnet meistens eine → AG oder → GmbH, die als Obergesellschaft im → Konzern die Herrschaft über andere Gesellschaften auf Grund entsprechender Beteiligungen ausübt. Sie produziert also nicht selbst, sondern erwirbt und hält → Aktien oder Geschäftsanteile an anderen Gesellschaften, um sie zu kontrollieren oder zu verwalten. Der Grad Einflußnahme der Dachgesellschaft auf die kapitalmäßig mit ihr verbundenen Gesellschaften kann unterschiedlich sein und von bloßer Kapitalanlage über Kontrolle bis zur völligen Beherrschung reichen. Die Tochterunternehmen bleiben rechtlich selbständig. Stehen die Dachgesellschaft und die Tochterunternehmen unter ihre einheitlichen Leitung bilden sie einen Konzern (18 AktG).

Dachskontro. Das D. bezeichnet ein zentrales elektronisches Orderbuch (→ Maklerskontro), das der einheitlichen Feststellung von → Eröffnungs-, → Einheits-, und → Schlusskursen (gerechnete Kurse) für ausgewählte Wertpapiere des Handels mit amtlicher Notierung an mehreren → Börsenplätzen dient. Voraussetzung ist, dass die Börsen, an denen das jeweilige Wertpapier gehandelt wird, eine entsprechende Vereinbarung treffen. Darin wird geregelt, an welcher Börse das D. und an welchen Börsen die diesem untergeordneten Subskontri geführt werden. Im Rahmen des Dachskontroverfahrens übermitteln die beteiligten subskontriführenden → Kursmakler die ihnen für die Feststellung gerechneter Kurse vorliegenden Aufträge an den Dachskontroführer. Auf Basis dieser und der ihm selbst erteilten Aufträge (aggregierte Auftragslage) errechnet der Dachskontroführer den Börsenkurs nach dem → Meistausführungsprinzip. Anschließend teilt er diesen Kurs den Subskontriführern mit, die ihn bei ihrer Kursfeststellung zugrundelegen müssen. Soweit möglich, sind die → Kauf- und → Verkaufsaufträge dann an derjenigen Börse gegeneinander auszuführen, dessen Subskontroführer sie in das D. transferiert hat. Die übrigen ausführbaren Kauf- und Verkaufsaufträge werden vom Dachskontroführer platzübergreifend an denjenigen Subskontroführer übermittelt, bei dem die Abwicklung möglich ist. Für den verbleibenden Auftragsüberhang hat der Dachskontroführer – unabhängig von der Orderherkunft – ein → Aufgabegeschäft zu tätigen.

DAFOX, Abk. für → Deutscher Aktienforschungsindex.

DAI, Abk. für → Deutsches Aktieninstitut e.V.

Daily Settlement Price, bezeichnet jenen Preis, auf dessen Grundlage die Tagesgewinne bzw. die Tagesverluste bei Futures ermittelt werden. Futures werden täglich abgerechnet (→ Mark to Market).

Damnum

Damnum, *Damno, discount*; Bezeichnung für den bei Auszahlung eines Darlehens oder einer anderen Forderung vorgenommenen → Abschlag vom → Nennwert. – Vgl. auch → Abgeld und → Disagio.

DAMRAK, *Beurs van Berlage*; Bezeichnung für das zwischen 1896 und 1903 nach den Entwürfen von Hendrik Petrus Berlage erbaute Gebäude der → Amsterdamer Börse am Damrak in Amsterdam. Heute findet dort kein Börsenhandel mehr statt. Vielmehr dient das Gebäude für Kunstausstellungen und Konzerte.

Daressalam Stock Exchange, (DSE). 1998 eröffnete → Börse mit Sitz in Daressalam, Tansania. Voraussetzung für die Gründung der DSE war die Einrichtung einer Aufsichtsbehörde, der Capital Markets and Securities Authority (CMSA), infolge des Capital Markets and Securities Act von 1994.

Darlehen, *loan*. → Schuldverhältnis, das den Darlehensnehmer dazu verpflichtet, das als D. empfangene → Geld bzw. andere vertretbare Sachen dem Darlehensgeber in Sachen von gleicher Art, Güte und Menge zurückzuerstatten (§ 607 BGB), wobei auch ein variabler oder fester → Zins vereinbart werden kann (§ 608 BGB). Wenn → Bargeld oder → Buchgeld zur Verfügung gestellt wurde (Geldleihe), wird das D. auch als → Kredit bezeichnet. Die → Rückzahlung der meist mittel- bis langfristigen Darlehen kann entweder kontinuierlich in Form der → Ratentilgung oder der → Annuitätentilgung erfolgen oder in einem Mal am Laufzeitende.

Daueraktionär, *long-term shareholder*; → Aktionär, welcher die Aktien einer bestimmten Aktiengesellschaft nicht zu spekulativen Zwecken nutzt, sondern um sich über einen längeren Zeitraum hinweg an dem Unternehmen zu beteiligen. – Vgl. auch → Daueranlage.

Daueranlage, *Dauerbesitz, permanent holding, long-term investment*; Bezeichnung für den Kauf oder Investition in Wertpapiere oder andere Vermögensobjekte zur langfristigen Anlage. – Vgl. auch → Daueraktionär. – Gegensatz: → Spekulationsgeschäft.

Dauerauftragssparen, *standing order saving*; stellt eine Sonderform eines → Ratensparvertrages dar, bei dem die regelmäßigen Einzahlungen (Sparraten) mittels eines Dauerauftrages vom Girokonto des Sparenden abgeführt und einem Sparkonto gutgeschrieben werden. Die Höhe der zu Grunde liegenden Sparrate kann im – zumeist jährlichen – Rhythmus um einen zuvor festgelegten Prozentsatz erhöht werden. Häufig sind auch Sonderzinsvergütungen in Form von Boni oder Prämien vereinbart. – Vgl. auch → dynamisches Sparen, → Bonussparen und → Prämiensparen.

Daueremission, *constant issue*; Bezeichnung für die fortlaufende → Emission von Wertpapieren. – Vgl. auch → Daueremittent.

Daueremittenten, *tap issuer*; bezeichnet → Aussteller von Wertpapieren, die den → Kapitalmarkt permanent für → Emissionen beanspruchen, ohne dies formal anzukündigen.

Dauerschuldverhältnisse, *continous obligations*. Bei D. besteht die geschuldete Leistung in einem dauernden Verhalten oder einer wiederkehrenden, sich über einen längeren Zeitraum erstreckenden Einzelleistung. Beispiele sind Miet-, Leasing-, Pacht- und Darlehensverträge. – D. zählen zu den schwebenden Geschäften, die grundsätzlich nicht bilanziert werden. Droht ein Verpflichtungsüberschuss, ist eine → Rückstellung für drohende Verluste anzusetzen.

Dawn Raid, Bezeichnung für eine Strategie im Rahmen einer feindlichen Übernahme (→ Hostile Takeover). Der feindliche Investor erwirbt dabei gleichzeitig umfangreiche → Aktienpakete der Zielgesellschaft von verschiedenen Finanzinvestoren, um die → Mitteilungspflicht von Beteiligungen zu umgehen: Danach muss in Deutschland innerhalb von sieben Kalendertagen bekannt gemacht werden, wenn eine → Beteiligung 5, 10, 25, 50 oder 75 Prozent überschreitet. Diese Frist wird vom feindlichen Investor zum Aufbau einer großen Beteiligung genutzt, ohne dass die Zielgesellschaft davon weiß. – Vgl. auch → Raid und → Raider.

DAX, Abk. für → Deutscher Aktienindex.

DAX 30, *Deutscher Aktienindex, DAX, German Stock Index*; Bezeichnung für den seit 1988 börsentäglich ermittelten → Aktienindex der → Frankfurter Wertpapierbörse, in dem die 30 umsatzstärksten deutschen Aktien zusammengefasst sind. – Vgl. auch: → Deutscher Aktienindex, → DAX.

DAX 100, → Aktienindex der → Deutschen Börse AG, der sich aus den 30 Aktien des → Deutschen Aktienindex (DAX) und den 70 Aktien des → Midcap DAX (MDAX) zusammensetzt. Er wird als → Performance-Index minütlich, als → Kursindex einmal täglich berechnet und veröffentlicht. – Ausschlaggebend für die Aufnahme in die jeweiligen Indizes ist die Rangfolge einer Aktiengesellschaft hinsichtlich → Börsenkapitalisierung und → Börsenumsatz (Orderbuchumsatz). – Basis des DAX100 ist ein Indexstand von 500 am 30.12.1987. Der Index wird seit dem 1.4.1994 veröffentlicht. Zusätzlich zum Hauptindex werden neun → DAX100-Branchenindizes veröffentlicht.

DAX100-Branchenindizes, *DAX100 sector indices*; neun Branchenindizes aus den → DAX100 Werten, die als → Kurs- und → Performance-Index berechnet und veröffentlicht werden. – Vgl. auch → DAX-Branchenindizes.

DAX-Branchenindizes, *DAX-Subindizes, DAX sector indices*; bilden die Entwicklung von Aktienkursen einer Branche innerhalb des → Deutschen Aktienindex (DAX) ab. Diese → Indizes werden als → Kurs- und Performance-Indizes errechnet. Beispiele für D. sind Auto/Transport, Banken / Versicherungen, Chemie / Pharma, Maschinenbau / Elektro. D. werden innerhalb des → Composite-DAX und des → DAX100 ermittelt und u.a. als → Underlying für → Optionsscheine genutzt.

DAX Composite, → Composite-Dax (CDAX).

DAX-Futures, → Terminkontrakte auf den Deutschen Aktienindex DAX.

DAX-Hochzinsbond, klassisches → Composite Asset, das aus → Euro Anleihen und DAX-Call-Optionen besteht. Es werden hochverzinsliche Schuldverschreibungen an Investoren emittiert, die im Gegenzug dem → Emittenten → Call-Optionen auf den DAX verkaufen. Die → Optionsprämie wird vom Emittenten mit über dem Marktniveau liegenden → Zinskupons gezahlt.

DAX-Option, spezielle → Index Option, deren → Underlying der → Deutsche Aktienindex (DAX) ist. – Vgl. auch → Optionen auf den Deutschen Aktienindex (DAX).

DAX-Optionsscheine, *DAX-warrants*; → Indexoptionsscheine auf den → Deutschen Aktienindex DAX.

DAX-Subindizes, → DAX-Branchenindizes.

DAX Volatilitätsindex, → Volatility DAX (VDAX).

DAX-Warrant, → DAX-Optionsscheine.

Day Order, *Tagesauftrag*; Börsenauftrag mit Tagesgültigkeit.

Day Trader, *Tagesspekulant*; Bezeichnung für einen Marktteilnehmer, der vornehmlich Tagespositionen eingeht. Der D.T. versucht, die Schwankungen von Kursen innerhalb eines Tages für sich auszunutzen. Besonders an → Terminmärkten werden eingegangene Positionen häufig noch am selben Handelstag wieder geschlossen, um dadurch die → Margin zu umgehen. Als maximale Gewinnobergrenze eines D.T. gilt die Differenz zwischen Tageshöchst- und -tiefstkurs aller eingegangenen Kontrakten.

Daylight Position, Bezeichnung für eine Position am → Devisenmarkt, die lediglich während des Handelstages besteht und zum Geschäftsschluss geschlossen wird.

Day-to-Day-Money, → Call-Money.

DB, Deb., auf englischen → Kurszetteln benutzte Abk. für → Debentures.

DBA, Abk. für → Doppelbesteuerungsabkommen.

Dealer, *Händler*; Bezeichnung für Wertpapierhändler (→ Effektenhändler), die im Unterschied zum → Broker auch Geschäfte auf eigene Rechnung abschließen. – Vgl. auch → Eigenhändler und → Jobber.

Dealer Market

Dealer Market, bezeichnet Märkte bei denen die Transaktion zwischen den einzelnen → Börsenhändlern auf deren eigene Rechnung abgeschlossen werden, wie bspw. → Rentenmärkte. Ein Kauf oder Verkauf erfordert in diesen Märkten immer die Zwischenschaltung eines → Dealers, der befugt ist, Börsengeschäfte abzuschliessen. Insbesondere bei → Anleihen der öffentlichen Hand ist die Abwicklung durch einen D. weit verbreitet.

Debenture Bond, in den USA eine unbesicherte und in Großbritanien eine besicherte → Anleihe, bei denen die → Stücke auf gleiche Beträge lauten. – Vgl. → Debentures.

Debenture Stock, → Anleihen mit auf verschiedene Beträge lautenden Stücken. – Vgl. → Debentures.

Debentures (DB, Deb.). In Großbritanien sind D. besicherte Schuldverschreibungen, in den USA hingegen unbesicherte Schuldverschreibungen. Zu unterscheiden sind → Debenture Bonds und → Debenture Stocks.

Debitor, → Schuldner.

Debt. 1. → Fremdkapital. – 2. → Verbindlichkeiten.

Debt/Equity Ratio, → Verschuldungsgrad.

Debt-Equity Swaps, *Schulden-Swaps*. 1. Umwandlung einer Forderung gegenüber einem Unternehmen in eine → Kapitalbeteiligung. Eine Forderung wird i.d.R. mit einem Abschlag an einen anderen Gläubiger gegen Entgelt weiterverkauft, der die Forderung in eine Beteiligung am Schuldnerunternehmen umwandelt. – 2. Umwandlung von Bankforderungen gegenüber international hochverschuldeten Ländern in Beteiligungskapital. Dabei verkaufen ausländische Gläubigerbanken ihre Forderungen an Unternehmen, die i.d.R. Tochtergesellschaften im Schuldnerland unterhalten. Der Forderungsbetrag wird anschließend bei der → Zentralbank des Schuldnerlandes gegen Landeswährung eingetauscht und zur → Kapitalerhöhung der inländischen Tochtergesellschaft verwendet. D.S. dienen damit zur Reduzierung der Risikoposition der ausländischen Gläubigerbank, der Reduzierung der Auslandsverschuldung des Schuldnerlandes und der preiswerten → Kapitalbeschaffung für den Forderungserwerber.

Debt-for-Nature Swap, innovative Form der Finanzierung von Umweltschutzmaßnahmen in Ländern der Dritten Welt. Ähnlich wie bei → Debt-Equity Swaps werden unsichere Forderungen gegenüber Schuldnerländern vom ursprünglichen Gläubiger mit erheblichen Abschlägen weiterverkauft. Erwerber der Forderungen sind in diesem Fall Umweltorganisationen, die die entsprechenden Forderungen bei der → Zentralbank des Schuldnerlandes gegen Landeswährung eintauschen und mit diesen → liquiden Mitteln Umweltschutzmaßnahmen finanzieren. Das Tauschgeschäft führt zu einer Verringerung der Auslandsverschuldung der betreffenden Schuldnerländer, zu einer Verbesserung der Risikoposition der ursprünglichen Gläubiger und zu Finanzmittelzuflüssen beim Forderungserwerber, der Finanzmittel in Landeswährung zur Finanzierung von Umweltmaßnahmen erhält.

Debtor, → Schuldner.

Deckungsdarlehen, *covering loan*. Die von → Realkreditinstitute emittierten und verkauften → Pfandbriefe und → Kommunalobligationen müssen jederzeit mit Sicherheiten von mindestens gleicher Höhe und mit gleichem Zinsertrag gedeckt sein durch die sogenannten D. Im Falle von Pfandbriefen sind dies Kredite, die durch → Hypotheken oder → Grundschulden gedeckt sind, bei Kommunalobligationen sind es → Kommunaldarlehen.

Deckungsgeschäft, *covering/hedging transaction*; Bezeichnung für ein Börsengeschäft, das dem Ausgleich eines vorher getätigten Geschäfts dient. Meist müssen bei einem D. Wertpapiere beschafft werden, die zuvor in Form eines → Leerverkaufs bereits veräußert wurden.

Deckungskauf, *covering, hedge transaction*; Wertpapierkauf zur Erfüllung eines vorher getätigten → Leerverkaufs. – Vgl. auch → Deckungsgeschäft.

Deckungsmasse, *cover funds*. Die D. besteht aus Darlehen und Wertpapieren, die die Rückzahlung von → Schuldverschreibungen sicherstellen sollen. Ihre Höhe beläuft sich mindestens auf das Volumen der im Umlauf befindlichen Schuldverschreibungen. Die zur Sicherung der Schuldverschreibungen vorgesehenen Darlehen und Wertpapiere werden im → Deckungsregister eingetragen. – Vgl. auch → Pfandbriefdeckung.

Deckungsregister, *covering register*. In dieses → Register trägt die → Hypothekenbank gemäß § 41 HypBankG bzw. das → Pfandbriefinstitut gemäß § 8 I Pfandbriefgesetz diejenigen → Grundschulden, → Hypotheken, → Kommunaldarlehen und Ersatzdeckungswerte ein, die zur Besicherung der → Pfandbriefe und → Kommunalschuldverschreibungen vorgesehen sind (→ Deckungsmasse). Vierteljährlich muss der → Treuhänder der Aufsichtsbehörde eine Aktualisierung des Registers mitteilen. – Vgl. auch → Pfandbriefdeckung und → Deckungsdarlehen.

Declaration Day. 1. Erklärungstag für → Wertpapiertermingeschäfte. – 2. Tag, an dem ein Unternehmen die Höhe und das Ausschüttungsdatum der nächsten Dividende (→ Dividendenerklärung) bekannt gibt. Zwischen dem D.D. und dem Ausschüttungstag liegen normalerweise einige Tage.

découvert, → dekuvert.

découvrieren, → dekuvrieren.

Deep in the Money, *weit im Geld*; bezeichnet den Zustand von → Optionen, wenn bei einer → Call-Option der → Basispreis weit unterhalb des aktuellen → Kurses des → Underlying liegt bzw. wenn bei einer → Put-Option der Basispreis weit über dem aktuellen Kurs des Underlying notiert. Die → Optionsprämie ist in diesen Fällen dementsprechend hoch. – Vgl. auch → Optionspreisbewertung.

Deep out of the Money, *weit aus dem Geld*; vgl. hierzu → aus dem Geld.

Default, *Leistungsstörung, Vertragswidrigkeit*; Bezeichnung für eine Vertragsverletzung an internationalen Kapitalmärkten. Begehen Schuldner einen D. indem sie Zinsfälligkeiten oder Tilgung nicht erfüllen, so steht dem Gläubiger meist ein außerordentliches Kündigungsrecht zu. – Vgl. auch → Cross-Default-Klausel.

Default Premium, *Ausfallprämie*; bezeichnet die zusätzliche → Rendite für ein → Wertpapier, die für das → Risiko verlangt wird, dass das Unternehmen seinen Zahlungsverpflichtungen nicht mehr nachkommen kann. – Vgl. auch → Ausfallrisiko und → Bonitätsrisiko.

Default Risk, → Ausfallrisiko.

defensive Aktien, *defensive shares*; sind → Aktien, die am Kursauf- und Kursabschwung weniger stark partizipieren als der Gesamtmarkt. D.A. haben einen → Betafaktor unter Eins. Wegen des geringeren (systematischen) → Risikos sollte ihre mittlere Rendite niedriger sein als die durchschnittliche Marktrendite. – Gegensatz: → aggressive Aktien.

defensive Anlagepolitik, *defensive investment policy*; → Anlagepolitik, in deren Rahmen → Kapitalanleger versuchen, Risiken möglichst zu vermeiden. Ursache für eine d.A. können bestimmte Vorgaben oder die individuelle → Risikoaversion sein. Die → Branchenstreuung ist ein Grundprinzip dieser Anlagestrategie, zumeist wird in → defensive Kapitalanlagen investiert. – Vgl. auch → konservative Anlagepolitik.

defensive Fonds, *defensive funds*; Bezeichnung für → Investmentfonds, die sich in ihrer Anlagepolitik v.a. auf → defensive Kapitalanlagen konzentrieren.

defensive Kapitalanlagen, *defensive investments*. Bei d.K. handelt es sich um Kapitalanlagen, die einerseits durch ein vergleichsweise geringes Verlustrisiko, andererseits damit aber auch durch geringe Renditen charakterisiert sind, z.B. festverzinsliche → Staatsanleihen der BRD. – Vgl. auch → Kapitalanlagearten.

Deferred Compensation, *aufgeschobene Vergütung*; bezeichnet ein Abkommen zwischen Arbeitgeber und Arbeitnehmer bezüglich der Verwendung eines bestimmten Teils des Einkommens zu Vorsorgezwecken. Dieser kann einbehalten oder in einen → Pensionsplan eingezahlt werden. Nach Beendigung des Arbeitsverhältnisses werden die angelegten Mittel an den ehemaligen Arbeitnehmer ausgeschüttet und unterliegen dann i.d.R. einem niedrigerem Steuersatz.

Deferred Ordinary Share

Deferred Ordinary Share, *Nachzugsaktie*; in den USA Aktie mit nachrangigem Dividendenanspruch nach den → Stammaktien. Sie erhalten oft eine wesentlich höhere → Dividende, die an das Erreichen eines Erfolgsmaßes gebunden sein kann. Auch gebräuchlich für Aktien, deren Teilnahme an der Dividende um eine bestimmte Zeit verzögert ist. – Gegensatz: → Vorzugsaktien.

Deferred Warrants, *delayed warrants*; → Optionsscheine, die erst nach Ablauf bestimmter Fristen ausgeübt werden können.

Defined Benefit, *fixe (Pensions-)Zusagen/Leistungen*. In einem Pensionsplan, der durch D.B. gekennzeichnet ist, werden die an Pensionsbezieher zu bezahlenden Unterstützungsleistungen genau festgelegt. Nicht festgelegt wird dagegen, auf welche Art und Weise die Gelder eingezahlt und angelegt werden, um die mit dem jeweiligen Pensionsplan eingegangenen Verpflichtungen einhalten zu können. – Vgl. auch → Defined Contribution.

Defined Contribution, *fixe (Pensions-) Beiträge*. In einem Pensionsplan, der sich durch D.C. auszeichnet, sind die Beiträge, die von den Arbeitgebern und Arbeitnehmern zu entrichten sind, in ihrer Höhe und anteilsmäßig festgelegt. Der Arbeitnehmer entscheidet jedoch darüber in welche Anlageform investiert wird. Daher ist die Höhe der Unterstützungsleistungen, die im Rahmen des Pensionsplanes an den dafür berechtigten Personenkreis ausbezahlt werden, ungewiss. – Vgl. auch → Defined Benefit.

Deflation, *deflation*; ist eine empirisch relativ selten beobachtbare dauerhafte Senkung des Preisniveaus. Die Ursachen für D. können entweder in einer inadäquaten Entwicklung der Geldmenge im Vergleich zur Realwirtschaft oder in einer Abnahme der Umlaufgeschwindigkeit des Geldes liegen. – Gegensatz: → Inflation.

Degussa-Klausel, *Degussa clause*; Bezeichnung für das → Kündigungsrecht von → Anleihegläubigern nach Ablauf einer Sperrfrist. Dieses Ausstattungsmerkmal wurde im Jahr 1952 geschaffen, um Industrieanleihen gegenüber → öffentlichen Anleihen attraktiver zu machen. Die Klausel wurde erstmals 1953 von der Deutschen Gold- und Silberscheideanstalt (Degussa) angewandt.

dekuvert, *découvert*; Bezeichnung für die Verbindlichkeit aus einem → Leerverkauf.

dekuvrieren, *découvrieren*; Bezeichnung für die Offenlegung der Absicht, in einem bestimmten Titel handeln zu wollen. D. kommt häufig bei → Effektentermingeschäften vor.

Delayed Cap Floating Rate Note, bezeichnet eine variabel verzinsliche Anleihe (→ Floating Rate Note), bei der für den Zinssatz eine Zinsobergrenze (→ Cap) erst nach Ablauf einer bestimmten Frist ex Emissionsdatum wirksam wird.

Delegated Monitoring, bezeichnet einen Vorschlag von Diamond, der zwischen Kapitalgebern und –nehmern auftretende Interessenkonflikte durch Einschaltung eines Finanzintermediärs als Delegated Monitor. Er stellt dabei auf den Fall der Unternehmensfinanzierung mit ausgeprägter Informationsasymmetrie ab. Ein eigenständiges Monitoring eines jeden Anlegers zum Schutz vor → Moral Hazard des Managements sei vor allem dann teuer, wenn der einzelne nur einen relativ kleinen Betrag finanziere. Zahlreiche kleinere Anleger können jedoch einen Finanzintermediär beauftragen, der für sie die Beobachtung der Unternehmung durchführt. Bündelt die Bank die Einlagen und vergibt diese als Kredit oder Beteiligung, stellt sich ein größerer Kontrollanreiz ein. Die nun in der Beziehung Einleger-Bank auftretenden Delegation Costs hält Diamond für vernachlässigbar, da Intermediäre wegen economies of scale und economies of scope hierbei systematische Vorteile besitzen.

Delisting, *Aufhebung der Börsenzulassung*. Unter D. ist der Widerruf der Zulassung von Wertpapieren zum Börsenhandel auf Antrag des Emittenten zu verstehen. Bis zum Inkrafttreten des Dritten Finanzmarktförderungsgesetzes im Jahr 1998 kannte das Börsenrecht weder für den Handel mit amtlicher Notierung noch für den Geregelten Markt eine spezielle Vorschrift über das D. auf Wunsch des Emittenten. Nunmehr bestimmt das Börsengesetz, dass die Zulassung zum Amtlichen Handel von der → Zulassungsstelle auf Antrag des Emittenten widerrufen werden kann. Entsprechendes gilt für den → Geregelten Markt, wobei hier der → Zulassungsausschuss an die Stelle der Zulassungsstelle tritt. Die Entscheidung über den Antrag ist ein Verwaltungsakt. Die Gründe für ein D. sind vielfältig. Bei Aktien kommen u.a. strukturverändernde gesellschaftsrechtliche Vorgänge (Übernahmen) und geschäftspolitische Entscheidungen (Kostenlast einer Mehrfachzulassung bzw. überregionale / internationale Ausrichtung des Unternehmens) in Betracht. Dementsprechend werden die Aspekte, welche die zuständigen Stellen bei ihren Ermessensentscheidungen zu beachten haben, unterschiedlich sein. Je nach Fallgestaltung können die Interessen der Emittenten und der Anleger, aber auch kapitalmarktpolitische Gesichtspunkte eine stärkere Gewichtung erfahren. – D. im weiteren Sinne ist auch der Widerruf der Börsenzulassung von Amts wegen. Dieser richtet sich zunächst nach den allgemeinen Vorschriften des Verwaltungsverfahrensrechts. Nach dem → Börsengesetz ist der Widerruf ohne Antrag des Emittenten auch dann zulässig, wenn ein ordnungsgemäßer Börsenhandel auf Dauer nicht mehr gewährleistet ist oder der Emittent etwaige Zulassungsfolgepflichten nicht erfüllt. Der Begriff D. wird desweiteren auch bei privatrechtlich begründeten Ausschlüssen von Unternehmen vom Neuen Markt gebraucht.

Delivery, *Lieferung*; → Lieferung von Wertpapieren (→ Underlying) oder → Commodities zur Erfüllung der Verpflichtungen im Rahmen von → Termingeschäften.

Delivery Month, *Liefermonat*; Erfüllungsmonat von → Terminkontrakten und → Optionsgeschäften. Bei → Futures und europäischen Optionen (→ European Option) ist die Erfüllung durch → Lieferung nur zu bestimmten, genormten Zeitpunkten möglich (→ Fälligkeitstag). – Vgl. → Andienung von Wertpapieren, → Expiration Month und → Fälligkeitstermin von an der Eurex gehandelten Produkten.

Delta Hedging. Absicherungsstrategie mittels → Optionen, bei der sich die Anzahl der zu kaufenden → Puts nach dem entsprechenden Put Delta (→ Delta-Faktor) richtet. Das Delta quantifiziert die Auswirkungen einer Kursveränderung des → Basiswerts auf die → Optionsprämie und liegt bei einem Put zwischen 0 und –1. Das Delta einer → Aktie liegt stets bei 1. Je geringer das Put Delta, desto mehr Optionen werden zur Absicherung einer Aktienposition benötigt. Die Anzahl an absichernden Puts, ausgedrückt in der benötigten Put Kontraktzahl, ergibt sich als:

$$\text{Kontraktzahl} = \frac{\text{Anzahl der Aktien}}{\text{Kontraktgröße}} \times \frac{-1}{\text{Put Delta}}$$

Delta-Faktor, *delta factor*. Sensitivitätskennzahl im Rahmen der Optionsbewertung, die angibt, um wie viel Prozent sich der Preis einer → Option verändert, wenn der Kurs des → Underlying um eine Einheit variiert wird. Formal ergibt sich der D. als Quotient aus Optionspreisänderung und Kursänderung des Underlying. Der D. kann auch als Steigung der Tangente an die Optionspreiskurve interpretiert werden. Der Kehrwert des D. wird als → Hedge Ratio bezeichnet. – Vgl. auch → Black/Scholes-Formel, → Greeks.

DepG, Abk. für → Depotgesetz.

Deponent, *depositor*. Ein D. ist der Hinterleger von beispielsweise Wertpapieren.

deponieren, *deposit*; Übergabe von Wertgegenständen zur Verwahrung, i.d.R. an ein Kreditinstitut. Unterschieden wird hierbei zwischen → geschlossenen und → offenen Depots.

Deport. 1. → *Abschlag, negativer Swapsatz, discount*; Bezeichnung im → Devisenterminhandel für die Differenz aus → Kassakurs und niedrigerem → Terminkurs. D. und → Report (Gegensatz) stellen Kurssicherungskosten dar und dienen v.a. dazu, Zinssatzdifferenzen zwischen den Währungen bzw. Ländern auszugleichen. – 2. *delayed delivery penalty, backwardation*; Bezeichnung für die Zusatzkosten, die dem Leerverkäufer bei der Verlängerung von → Termingeschäften auf einen späteren Termin entstehen. Werden diese Zusatzkosten in Prozent ausgedrückt, spricht man vom Deportsatz. – Vgl. auch → Leerverkauf.

Deporteur, der D. ist ein Marktteilnehmer, der ein → Deportgeschäft durchführt.

Deportgeschäft

Deportgeschäft, *backwardation business*; Bezeichnung für die Prolongation eines fälligen, auf fallende Kurse spekulierenden, → Termingeschäfts auf einen späteren Zeitpunkt. Der → Baissier hofft, sich später günstiger eindecken zu können. Die Bank berechnet ihm hierfür Spesen, die in Prozentpunkten ausgedrückt als → Deportsatz bezeichnet werden. – Gegensatz: → Reportgeschäft.

Deportsatz, vgl. → Deport (2).

Deposit Margin, *Einschuss*; Sicherheitsleistung (→ Margin), die im Rahmen von → Termingeschäften an das → Clearing House zu entrichten ist. Man unterscheidet zwischen → Initial Margin, → Variation Margin und → Maintenance Margin. – Vgl. auch → Margin Call.

Deposit Rollover. Unter dem D.R. wird die Verlängerung und die gleichzeitige Neuverhandlung der Zinskonditionen von Termineinlagen und z.T. → Sichteinlagen verstanden.

Depositary Banks, → Depotbank.

Depositary Receipt. Zertifikate über hinterlegte Wertpapiere, die von Depotbanken ausgestellt werden. – Vgl. auch → Aktienzertifikate, → American Depositary Receipt und → Global Depositary Receipt.

Depositen, *deposits*. D. sind alle unbefristeten und befristeten → Einlagen, die der Bank von Dritten überlassen werden, soweit sie nicht der Anlage oder Ansammlung von Vermögen in Form von → Spareinlagen dienen. Zu unterscheiden sind → Sichteinlagen und → Termineinlagen, die sich durch die Fristigkeit, den Zweck der Einlage und der Zinshöhe unterscheiden. Einlagen sind im Raum der → EWWU mindestreservepflichtig.

Depositialschein, → Depotschein.

Depository Trust Company (DTC). Die DTC hat ihren Sitz in New York City. Ihre Hauptaufgabe besteht in einem fristgerechten und genauen Geschäftsabschluss der in den USA gehandelten Wertpapiere (Zentralverwahrer).

Depositum irregulare, *uneigentliche Verwahrung, unregelmäßige Verwahrung*; bezeichnet eine Form der → Verwahrung von vertretbaren Vermögensgegenständen, bei der der → Verwahrer dem Hinterleger das Hinterlegte in gleicher Menge und Qualität wiedergeben muss. – Gegensatz: → Depositum regulare.

Depositum regulare, *regelmäßige Verwahrung, periodical custody*; bezeichnet eine Form der → Verwahrung von vertretbaren Vermögensgegenständen, bei der der → Verwahrer verpflichtet ist, dem Hinterleger das ursprünglich Hinterlegte wieder zurückzugeben. Das D.r. stellt im modernen Bankgeschäft eine Ausnahme dar. – Gegensatz: → Depositum irregulare.

Depot, *securities account*. Das D. dient der Verwahrung und Verwaltung von Vermögensgegenständen bei Kreditinstituten. Bei Banken wird zwischen offenen und geschlossenen D. (→ Depotarten) unterschieden. Rechtsgrundlage für die Verwahrung und Verwaltung von D. durch Kreditinstitute ist das Depotgesetz, nach welchem folgende Effektenverwahrungsarten unterschieden werden können: → Sammelverwahrung, → Sonderverwahrung, → Tauschverwahrung und → Drittverwahrung. – Im Interesse einer einheitlichen Depotführung im Verkehr zwischen Kreditinstituten schreiben die Depotprüfungsrichtlinien die Verwendung folgender Depotbezeichnungen vor. Das D. A (own securities deposit) bezeichnet man auch als Eigendepot. Ein Drittverwahrer wurde mit der Verwahrung von Wertpapieren beauftragt. Die Wertpapiere sind Eigentum des Zwischenverwahrers. Dies wird dem Drittverwahrer mittels Eigenanzeige ausdrücklich und schriftlich mitgeteilt. Die Wertpapiere haften für alle Verbindlichkeiten des Zwischenverwahrers. – Das D. B (third-party securities account) bezeichnet man auch als Fremd- oder → Anderdepot. Ein Drittverwahrer wurde mit der Verwahrung von Wertpapieren beauftragt. Die eingelieferten Wertpapiere gelten nach dem Grundsatz der → Fremdvermutung immer als Kundenbestände. Die Wertpapiere haften nur für Verbindlichkeiten, die im Zusammenhang mit der Verwahrung entstanden sind (z.B. Depotgebühren). – Das D. C (pledged-securities deposit) ist ein Pfanddepot. Ein Drittverwahrer wurde mit der Verwahrung

Depotbanken für Investmentfonds

von Wertpapieren beauftragt. Die Wertpapiere jedes Hinterlegers haften für den gesamten dem Zwischenverwahrer gewährten Rückkredit in voller Höhe. – Das Depot D (special pledged-securities deposit) ist ein Sonderpfanddepot. Ein Drittverwahrer wurde mit der Verwahrung von Wertpapieren beauftragt. Die Wertpapiere des Hinterlegers haften nur bis zur Höhe des ihm gewährten Rückkredites (beschränkte Verpfändung). – Vor dem Hintergrund dieser Depotarten wird der Wertpapiereigenbestand einer Bank häufig auch nur als D. A bezeichnet.

Depot A, *Eigendepot, own security deposit.* Verwahrungsort für diejenigen → Wertpapiere und Sammeldepotanteile, die aufgrund einer Eigenanzeige des → Zwischenverwahrers als dessen Eigentum anzusehen sind. Zudem werden im D.A auch Wertpapiere und Sammeldepotanteile von Kunden verwahrt, die durch deren ausdrückliche Zustimmung zur Weiterverpfändung zugelassen sind. Die im D.A verwahrten Wertpapiere und Sammeldepotanteile haften für sämtliche Verbindlichkeiten des Zwischenverwahrers gegenüber dem → Drittverwahrer.

Depotabstimmung, *securities account reconciliation.* Mindestens einmal jährlich sind die Depots mit dem Kunden durch Übersendung der → Depotauszüge abzustimmen. Der Bestand muss aus den Depotauszügen einwandfrei zu entnehmen sein. Bei der D. kann unter folgenden Voraussetzungen auf ein Depotanerkenntnis verzichtet werden: 1. Verwahrung und Verwaltung von Wertpapieren, Depotbuchhaltung und Geschäftsabwicklung von Wertpapieren müssen funktionell getrennt sein. – 2. Kontrolle der Arbeitsabläufe durch interne Revisionen. – 3. Depotauszüge müssen von der Innenrevision auf ihre Richtigkeit überprüft werden. – 4. Mitarbeiter dürfen nicht Postzustellungsbevollmächtigte für von dem Kreditinstitut verwalteten Kundendepots sein. – Liegen diese Voraussetzungen nicht vor, sind Depotanerkenntnisse seitens der Bank einzufordern.

Depotarten, *types of deposits.* 1. Geschlossenes Depot: Das Kreditinstitut kennt in der Regel den Inhalt der zur Verwahrung überlassenen Gegenstände nicht. Dies kann z.B. bei Vermietung von → Safes und Annahme von Verwahrstücken vorkommen. – 2. Offenes Depot: Das Kreditinstitut verwahrt und verwaltet vertretbare Wertpapiere. Unter das Depotgesetz fallen Aktien, Kuxe, Zwischenscheine, Zins-, Gewinnanteil- und Erneuerungsscheine, auf den Inhaber lautende oder durch Indossament übertragbare Schuldverschreibungen, ferner andere Wertpapiere, wenn diese vertretbar sind, mit Ausnahme von Banknoten und Papiergeld. Vgl. auch → Depot.

Depotabteilung, *securities deposit department.* Abteilung eines → Kreditinstituts, die sämtliche im Zusammenhang mit der → Verwahrung und → Verwaltung von → Wertpapieren anfallenden Tätigkeiten ausführt.

Depotaufstellung, → Depotauszug.

Depotauszug, *Depotaufstellung, statement of securities.* Gemäß Depotgesetz sind Kreditinstitute verpflichtet, einmal jährlich die Depotbestände mit dem Kunden abzustimmen (→ Depotabstimmung). Hierzu erhält der Kunde einen Depotauszug mit Nennwert bzw. Stückzahl, Wertpapierbezeichnung, Bewertungskurs und Lagerstelle. Dieser gilt als genehmigt, wenn innerhalb der gesetzlichen Fristen keine Einwände erfolgen.

Depotbank, *depositary bank, custodian bank.* Bei einer D. handelt es sich um ein → Kreditinstitut, das für seine Kunden die Verwahrung und Verwaltung der hinterlegten → Wertpapiere übernimmt oder von einer → Kapitalanlagegesellschaft mit der Verwahrung ihres Sondervermögens und den damit einhergehenden Verwaltungsaufgaben (z.B. Ausgabe und Rücknahme der → Investmentanteile) beauftragt ist. Um als D. fungieren zu dürfen, muss ein Kreditinstitut in der Bundesrepublik Deutschland zugelassen sein und sich der Aufsicht des → Bundesaufsichtsamts für das Kreditwesen (→ BAKred) unterziehen. Die Aufgaben der D. liegen v.a. in der Kontrolle der Kapitalanlagegesellschaft im Hinblick auf die Erfüllung ihrer gesetzlichen und vertragsmäßigen Pflichten und in der Vornahme der Ausschüttung der anfallenden Erträge an die Eigentümer der Investmentanteile.

Depotbanken für Investmentfonds, *custodian banks for investment funds.* Gemäß → Gesetz über Kapitalanlagegesellschaften (KAAG) müssen die in → Investmentfonds

Depotbescheinigung

gehaltenen → Sondervermögen der Investmentgesellschaften von Depotbanken verwahrt und verwaltet werden. In Abhängigkeit von der konkreten Art des Sondervermögens legt das KAAG detailliert die Aufgaben der Depotbank fest, insbesondere obliegen ihr auch verschiedene Kontrollaufgaben. Damit sollen die Interessen der Anleger geschützt werden.

Depotbescheinigung, *deposit certificate*; detaillierte Bescheinigung des Kreditinstitutes an den Kunden über die für ihn verwahrten Vermögensgegenstände.

Depotbuch, *deposit ledger*. Aus Kontrollgründen führen die Kreditinstitute zwei Arten von D.: das persönliche D. (auch lebendes D. oder Personendepot genannt) und das Sachdepot (auch totes D. genannt). Das persönliche D. ist nach Namen der Depotinhaber, das Sachdepot nach Wertpapierarten geordnet. Das Sachdepot ist für die Verwaltungsarbeiten der Banken von besonderer Wichtigkeit. Das D. beinhaltet außerdem Art, Nennbetrag oder Stückzahl, Nummern und sonstige Bezeichnungsmerkmale der Wertpapiere.

Depotbuchhaltung, *securities accounts department*; Abteilung eines Kreditinstitutes, die für die Verbuchung von Wertpapiertransaktionen zuständig ist. Folgende Aufgabenbereiche sind der D. zuzuordnen: Ausweisung der verwahrten Wertpapiere und Versorgung der → Depotverwaltung mit buchmäßigen Unterlagen. Des weiteren übernimmt sie Kontrollfunktionen, wie z.B. die Überprüfung des Depotauszugs und der Depotgebührenrechnung.

Depotgebühren, *safe custody charges, custodian fee*; Gebühren, die ein → Kreditinstitut von seinen → Depotkunden für die → Verwahrung und → Verwaltung von → Wertpapieren oder anderen Depotgütern erhebt. Grundlage dieser jährlichen Berechnung sind bei festverzinslichen Wertpapieren der Nennwert und bei Aktien und Investmentfonds der am Stichtag der Gebührenberechnung gültige Kurswert. Die Höhe der fälligen Gebühren hängt somit von der Art der hinterlegten Wertpapiere und dem damit für das Kreditinstitut verbundenen jeweiligen Verwaltungsaufwand ab. – Vgl. auch → Depot und → Depotarten.

Depotgeschäft, *custody business*. Im allgemeinen ist hiermit die Aufbewahrungsart von Sachen, im Kreditgewerbe hauptsächlich von Wertpapieren gemeint. Rechtsgrundlagen sind das Depotgesetz, die Geschäftsbedingungen der Kreditinstitute und der Verwahrvertrag nach § 688 ff. BGB. Tätigkeiten im Zusammenhang mit der Verwahrung und Verwaltung von Wertpapieren für Dritte werden ebenfalls als D. bezeichnet. Die Geschäftstätigkeit umfaßt insbesondere die Einlösung von Zins- und Dividendenscheinen, die Besorgung neuer Couponbogen, die Einziehung und den Eintausch ausgeloster Stücke, die Stimmrechtsausübung und die Bezugsrechtsausübung. Weiterhin die Kundenbenachrichtigung in bestimmten Fällen, wie z.B.: Ausübung oder Verwertung von Bezugsrechten und Konvertierungen.

Depotgesetz (DepG), *Law on the Deposit and Acquisition of Securities*. Kurzbezeichnung für das Gesetz über die Verwahrung und Anschaffung von → Wertpapieren i.d.F. vom 11.01.1995. Schutzzweck ist v.a. die Sicherung des Wertpapiereigentums bei Einlieferung ins → offene Depot. Hierzu regelt das DepG v.a. die Verwahrungsarten (→ Depotverwahrung), die → Verpfändung von Wertpapieren sowie die Depotbuchführung und stellt bestimmte Tatbestände unter Strafe. Weitere Regelungsinhalte sind die Übertragung von Wertpapiereigentum im Wege der → Einkaufskommission sowie die Rangfrage bei Insolvenz des Verwahrers. Die Einhaltung des Gesetzes unterliegt der → Depotprüfung durch das → BAKred. – Vgl. auch Baumbach/Hopt, HGB mit Bank- u. Börsenrecht, 29. Aufl. 1995 S. 1300 ff. und Kümpel, in: Assmann/Schütze, Hdb. des Kapitalanlagerechts, 2. Aufl. 1997 S. 462 ff.

Depotkonto, *securities account*. Vermögensgegenstände (Wertpapiere) können bei Kreditinstituten zur Verwahrung und Verwaltung hinterlegt werden. Für jeden Kunden wird ein D. (Gegenstück zum Konto im Geldverkehr) eingerichtet, aus dem Arten, Nennbeträge oder Stückzahlen, Nummern etc. der eingereichten Papiere sowie Namen und Adresse des Einreichers (Depotinhabers) hervorzugehen haben. Die Wertpapiere werden gegen eine entsprechende Gebühr der Banken verwahrt.

Depotverwaltung

Depotkonto, Vollmacht, *securities account, power of attorney*. Dies ist eine eingeschränkte → Vollmacht und gewährt nur die Vertretungsbefugnis für ein einzelnes Depot. Sie muss vom Kontoinhaber schriftlich erteilt werden und berechtigt den Bevollmächtigten sämtliche für das Depot zugelassene Aktivitäten zu unternehmen.

Depotkunde, *Deponent, depositor*; Bezeichnung für den Kunden eines → Kreditinstituts, der für die → Verwahrung und → Verwaltung von → Wertpapiere ein offenes Depot (→ Depotarten) unterhält.

Depotprüfung, *audit of security deposit holdings*. Banken die Effekten- und/oder → Depotgeschäfte für Dritte betreiben unterliegen einer jährlichen D. Die Prüfung erfolgt auf Anweisung des Bundesaufsichtsamts für Kreditwesen und wird durch den Abschlussprüfer der Bank vorgenommen.

Depotrecht, *security deposit law*. Das D. umfasst die Bestimmungen, die im Zusammenhang mit der Aufbewahrung von vertretbaren Wertpapieren in → offenen Depots und den damit verbundenen Erwerbsgeschäften stehen. Gesetzliche Regelungen finden sich im DepotG, BGB, HGB, den AGBs der Kreditinstitute sowie den Sonderbedingungen für Wertpapiere.

Depotschein, *Depositialschein, safe custody receipt*; Bescheinigung der Kreditinstitute über die verwahrten Wertpapiere. Der D. ist ein benanntes Legitimationspapier.

Depotstimmrecht, *Auftragsstimmrecht, Bankenstimmrecht, Vollmachtstimmrecht, proxy voting power*. Bezeichnung für das von einer → Depotbank stellvertretend für einen Kunden ausgeübte Stimmrecht auf einer Hauptversammlung (§ 135 I AktG). Das D. erfordert eine spezielle → Vollmacht des Kunden. Diese kann entweder einzelfallbezogen erfolgen, oder aber als Dauervollmacht über längstens 15 Monate erteilt werden (§ 135 II AktG). Die Bank hat ihrem Depotkunden rechtzeitig vor der HV eine Einladung, verbunden mit ihren Abstimmungsvorschlägen, zu übersenden. Gleichzeitig ist dem Kunden die Möglichkeit zu geben, Weisungen zur Abstimmung zu erteilen. Die Ausübung des D. erfolgt dann im Namen dessen, den es angeht. Mit der Einführung des → KonTraG wurden die Vorschriften für das D. dahingehend verschärft, dass die Aktionärsinteressen stärker im Vordergrund stehen. So sind die Depotkunden auf die Möglichkeit der Ausübung des Aktionärsstimmrechts durch unabhängige Aktionärsvereinigungen aufmerksam zu machen, die Bank hat Mandate im Unternehmen offen zu legen und gleichzeitig ist ein Mitglied der Geschäftsleitung zu benennen, der all diese Aktivitäten überwacht. Bei einer Eigenbeteiligungen der Depotbank von mehr als fünf Prozent darf in der HV keine D. ausgeübt werden. Allerdings sind Einzelweisungen des Kunden möglich. – Vgl. auch → Banken als Aktionärsvertreter in der Hauptversammlung der AG.

Depotunterschlagung. Die D. ist in § 34 DepotG geregelt und ist ein Sonderfall der Unterschlagung (§ 246 StGB) und der Untreue (§ 266 StGB). Sie ist gegeben, wenn jemand zum eigenen oder fremden Vorteil über Wertpapiere, die ihm als Verwahrer, Pfandgläubiger oder Kommissionär anvertraut wurden, rechtswidrig verfügt. Dasselbe gilt, wenn der Bestand eines Sammeldepots verringert oder rechtswidrig darüber verfügt wird. Ist der Verletzte ein Angehöriger (§ 11 I Nr. 1 StGB), wird die Straftat nur auf Antrag verfolgt (§ 36 DepotG).

Depotvertrag, *safe custody agreement*; Vertrag zwischen einem Kunden und einem → Kreditinstitut über die Verwahrung und Verwaltung von → Wertpapieren.

depotverwahrfähige Wertpapiere. Bezeichnung für alle vertretbaren, nach Art, Größe und Beschaffenheit zur Verwahrung geeigneten → Wertpapiere im Sinne des → Depotgesetzes (DepotG). Dazu zählen gemäß § 1 I DepotG → Aktien, → Kuxe, Zwischenscheine, Reichsbankanteilscheine, Zins-, → Gewinnanteil- und → Erneuerungsscheine, auf den Inhaber lautende oder durch → Indossament übertragbare → Schuldverschreibungen, sowie andere Wertpapiere, sofern diese vertretbar sind. Ausnahmen bilden dabei Banknoten und Papiergeld.

Depotverwahrung, *custodianship*; Bezeichnung für die → Effektenverwahrung bei einer Bank.

Depotverwaltung, → Effektenverwaltung.

Depreciation

Depreciation, *Abschreibung*; bezeichnet nach → IAS und → US-GAAP die → Abschreibung auf Gegenstände des → Sachanlagevermögens. Abschreibungen auf → immaterielles Anlagevermögen (→ intangible assets) werden dagegen als → amortization bezeichnet.

Depression, *depression*; ist gemäß der Konjunkturtheorie eine Phase äußerst schlechter gesamtwirtschaftlicher Entwicklung in Verbindung mit allgemeinen Kennzeichen einer → Wirtschaftskrise. – Vgl. auch → Rezession.

Deregulation, → Deregulierung.

Deregulierung, *deregulation*; wird als Abbau staatlicher Eingriffe in wirtschaftliche Aktivitäten definiert. Ziel dieser wirtschaftspolitischen Maßnahme ist die Intensivierung des Wettbewerbs und Erhöhung der Markteffizienz. Stellvertretendes Beispiel für D. auf dem bundesdeutschen Kapitalmarkt sind die Liberalisierungen des Gesetzes über Kapitalanlagegesellschaften im Zuge der Förderung der Finanzmärkte.

Derivate, *derivative Finanzinstrumente, hybride Finanzinstrumente, derivative financial instruments*; bezeichnen → Finanzinstrumente, denen andere Vermögensgegenstände als → Underlying zugrunde liegen und die dabei sowohl als → Optionsgeschäfte als auch als → Kassageschäfte ausgestaltet sein können. Zu unterscheiden sind standardisierte, börsengehandelte D. und OTC-gehandelte D. Zu den D. werden neben → Optionen und Optionsscheinvarianten u.a. auch → Futures, → Forward Rate Agreements, → Swaps und → Kreditderivate gerechnet. D. gewinnen aufgrund zunehmender → Volatilität der Märkte, steigender Nachfrage nach innovativen Produkten und höherem Bedürfnis der Steuerung von → Zins- und → Währungsrisiken immer mehr an Bedeutung. – Vgl. auch → OTC-Termingeschäfte.

Derivate nach Kreditwesengesetz, *derivatives according to German Banking Law*. → Derivate sind nach § 1 XI S. 4 KWG als Festgeschäfte oder → Optionsgeschäfte ausgestaltete → Termingeschäfte, deren Preis unmittelbar oder mittelbar abhängt von dem Börsen- oder Marktpreis von Wertpapieren, dem Börsen- oder Marktpreis von Geldmarktinstrumenten, dem Kurs von Devisen oder Rechnungseinheiten, Zinssätzen oder anderen Erträgen oder vom Börsen- oder Marktpreis von Waren oder Edelmetallen.

Derivate nach Wertpapierhandelsgesetz, *derivatives according to (German) Securities Trading Law*. → Derivate sind nach § 2 II WpHG als Festgeschäfte oder → Optionsgeschäfte ausgestaltete → Termingeschäfte, deren Preis unmittelbar oder mittelbar abhängt von dem Börsen- oder Marktpreis von Wertpapieren, von dem Börsen- oder Marktpreis von Geldmarktinstrumenten, von Zinssätzen oder anderen Erträgen oder von dem Börsen- oder Marktpreis von Waren oder Edelmetallen. Zudem sind → Devisentermingeschäfte, die an einem organisierten Markt gehandelt werden (Devisenfuturegeschäft), Devisenoptionsgeschäfte, Währungsswapgeschäfte, Devisenswapoptionsgeschäfte und Devisenfutureoptionsgeschäfte D.n.W.

derivative Finanzinstrumente, → Derivate.

Designated Order Turnaround (DOT), automatisches, → elektronisches Handelssystem der → New York Stock Exchange, das 1976 eingeführt wurde. Die teilweise sehr eingeschränkte Funktionalität, etwa im Hinblick auf die Größe der akzeptierten Aufträge oder der unterstützten Limit-Arten, wurde vom Nachfolgesystem → SuperDOT wesentlich erweitert.

Designated Sponsor, *Betreuer*; Bezeichnung für → Market-Maker im elektronischen Handelssystem → Xetra. Der Emittent von Wertpapieren des → Neuen Marktes hat vor der Aufnahme des Handels mindestens zwei D.S. zu benennen. Soweit ein Emittent die Aufnahme in das Qualitätssegment → SMAX beantragt, muss er mindestens einen D.S. verpflichten. – Die Betreuerfunktion des D.S. geht i.d.R. über reines market-making hinaus. Er bietet zusätzliche Dienstleistungen wie z.B. die Vorbereitung des Börsenganges, die Unterstützung bei den Investor Relations oder die Beratung bei innerbetrieblichen, organisatorischen Maßnahmen an. Der D.S. wird somit zum Coach eines Emittenten in allen Fragen des Aktienmarktes. – Vgl. auch → Neuer Markt, Designated Sponsor.

Deutsche Börse Clearing AG

Desintermediation. Erfolgt die Anlage bzw. Aufnahme von Finanzkapital nicht bei einem → Kreditinstitut in Form von → Spar- bzw. → Termineinlagen bzw. über einen Bankkredit, sondern direkt am → Kapitalmarkt, so spricht man von D. Dabei werden die von den Banken angebotenen (räumlichen, zeitlichen oder quantitativen) → Transformationsleistungen nicht in Anspruch genommen, zum Teil werden die Kreditinstitute nicht einmal mehr als Vermittler im Emissionsgeschäft tätig. Vielmehr wird der Kapitalbedarf der Kapitalsuchenden direkt durch eine Emission von → Wertpapieren am Kapitalmarkt gedeckt bzw. freie Mittel direkt in emittierten Wertpapieren angelegt.

Desk, *Pult*. Bezeichnung für den Ort an dem der Makler seine Orders entgegennimmt.

Disclaimer, *contracting-out clause, Freizeichnungsklausel*; bezeichnet die Vertragsklausel, in der eine Vertragsseite evtl. Haftungsrisiken auf seinen Vertragspartner überwälzt oder die ihn treffende vertragliche → Haftung einschränkt. D. ist Bestandteil der → allgemeinen Geschäftsbedingungen und kann nur im Rahmen der hierfür geltenden Vorschriften angewandt werden. – Als D. wird auch die Erklärung der → Konsortialbank bei einem → Emissionsgeschäft bezeichnet, dass für die im Prospekt enthaltenen Angaben der → Emittent verantwortlich ist und die Bank nur eine Überprüfung dieser Informationen im Rahmen ihrer Sorgfaltspflicht nach bestem Wissen vorgenommen hat.

Deutsche Ausgleichsbank, Die D.A. ist eine Anstalt des öffentlichen Rechts mit Sitz in Bonn und einer Niederlassung in Berlin. Sie wurde 1950 gegründet und war bis 1986 Lastenausgleichsbank für Vertriebene und Geschädigte. Die ursprüngliche Aufgabe dieser Bank lag in der Kreditgewährung zur ökonomischen Eingliederung der durch die Kriegsfolgen betroffenen Personen. 1986 wurde der Aufgabenbereich der D.A. neu gefasst. Zu ihrem Tätigkeitsbereich gehören nun die Förderung der Existenzgründung, des Mittelstandes und des freien Berufes im sozialen und ökologischen Bereich. Zusätzlich gewährt die D.A. Kredite zur Standortsicherung von Betrieben und zur Finanzierung von Umweltschutzmaßnahmen. European Recovery Programs (ERP) sowie Standortkredite dienen insbesondere zum Erwerb, Aufbau und der Erweiterung von Gebäuden in neu strukturierten Ortsteilen. Mit Umweltschutzkrediten werden ökologisch verträgliche Technologien sowohl auf Hersteller- als auch auf Investorenseite gefördert. Eine Refinanzierung der Eigengeschäfte erfolgt durch Aufnahme von → Schuldscheindarlehen, Ausgabe von → Inhaberschuldverschreibungen und durch → Kassenobligationen.

Deutsche Börse AG, Holding der Gruppe Deutsche Börse, dazu gehören u.a. die → Deutsche Börse Systems AG, → Clearstream International, → EUREX und die → Frankfurter Wertpapierbörse. Gegründet wurde die D.B. am 1.1.1993 als Trägerin der Frankfurter Wertpapierbörse und der Deutschen Terminbörse. Seit dem 5. Februar 2001 ist die D.B. selbst börsennotiert. Ziel des Börsengangs war es unter anderem die Aktionärsstruktur internationaler zu gestalten. Anteilseigner waren vor dem Börsengang überwiegend deutsche Kunden der D.B., nach dem Börsengang befinden sich rund ein Viertel des Anteilsbesitzes im Ausland. Die → Deutsche Börse Systems AG ist eine 100%ige Tochter der D.B. Die ehemalige Tochter → Deutsche Börse Clearing AG ging im Frühjahr 2000 in einem Gemeinschaftsunternehmen namens → Clearstream International – mit Cedel International auf. Die D.B. hielt daran ursprünglich 50%, übernahm dann aber Clearstream völlig. Die → EUREX ist 1998 durch einen Zusammenschluss der → Deutschen Terminbörse und der → SOFFEX entstanden. Die D.B. bietet ihren Kunden sämtliche Börsendienstleistungen vom Handel über die Informationstechnologien bis zur Abwicklung aus einer Hand an.

Deutsche Börse Beteiligungsgesellschaft mbH, Gesellschaft, welche die Interessen der Regionalbörsen bei Fragen des deutschen Börsenwesens vertritt. Die D.B.B. ist zu 10% an der → Deutsche Börse AG beteiligt. Die Träger der Regionalbörsen sind mit folgenden Quoten an der D.B.B. beteiligt: Düsseldorf 44%, München 18%, Hamburg 13%, Stuttgart 13%, Berlin 6%, Hannover und Bremen jeweils 3%.

Deutsche Börse Clearing AG, → Clearstream International.

Deutsche Börse Systems AG

Deutsche Börse Systems AG, die D.B.S. ist seit 1997 für die gesamte Informationstechnologie der Gruppe Deutsche Börse zuständig. Zu ihren Produkten zählen u.a. → BOSS-CUBE, ein elektronisches Orderrouting-System, Börsenabwicklungssystem), ein System, das die Dokumentation und Weitergabe der zur Abwicklung der Börsengeschäfte notwendigen Daten gewährleistet, → SIMA (System zur integrierten Marktüberwachung), ein elektronisches System zur Überwachung der Preisbildung im Präsenzhandel, das → Wertpapier-Service-System (WSS) und das Informationsverteilungssystem → Ticker Plant Frankfurt (TPF). Die D.B.S. betreut darüber hinaus → Xetra, das elektronische Handelssystem der Frankfurter Wertpapierbörse sowie → Xetra Observer, ein System zur Überwachung des Xetra-Handels.

Deutsche Bundesbank, *German Central Bank, German Federal Bank*; ist die nationale → Zentralbank der Bundesrepublik Deutschland, die nach §2 BBankG als „bundesunmittelbare juristische Person des öffentlichen Rechts" gilt und deren Grundkapital in Höhe von 5 Mrd. Euro dem Bund zusteht. §12 S.1 BBankG sichert der D.B. ihre funktionelle Unabhängigkeit im Bereich ihrer Zuständigkeit zu und verhindert eine Einflussnahme der Bundesregierung bei der Ausübung der ihr nach dem Bundesbankgesetz zustehenden Aufgaben. Die Organe der D.B. sind nach §5 BBankG der Zentralbankrat, das Direktorium und die Vorstände der → Landeszentralbanken. Infolge der Gründung der → Europäischen Zentralbank (EZB) hat die D.B. eine starke Veränderung bezüglich ihrer Bedeutung und der ihr obliegenden Aufgaben erhalten. War sie früher als nationale Zentralbank allein für die Geldpolitik in der Bundesrepublik Deutschland verantwortlich, so verlor sie diese geldpolitische Souveränität zum 1.1.1999 an die Europäische Zentralbank. Seither ist sie als integraler Bestandteil des → Europäischen Systems der Zentralbanken (ESZB) für die Ausführung der geldpolitischen Beschlüsse der Europäischen Zentralbank in der Bundesrepublik Deutschland verantwortlich. Als nationale Zentralbank übernimmt die D.B. diverse Aufgaben. Sie ist die nationale Notenbank und besitzt allein das Recht zur Ausgabe von auf Deutsche Mark lautenden Banknoten. Darüber hinaus ist sie die Bank der Banken (Versorgung der → Kreditinstitute mit Zentralbankgeld), die Bank des Staates (Mitwirkung bei der Kreditaufnahme des Bundes und der Länder an den → Finanzmärkten, Beratungs- und Vermittlungsfunktion) und die Verwalterin der Währungsreserven der Bundesrepublik Deutschland.

Deutsche Bundesbank, öffentliche Emissionen, → Emissionen der öffentlichen Hand.

Deutsche Genossenschaftsbank (DG Bank), *Central Bank of German Cooperatives*. Als Spitzeninstitut des genossenschaftlichen Bankensektors bietet die D.G. den Kunden der → Kreditgenossenschaften in Zusammenarbeit mit den → genossenschaftlichen Zentralbanken ein umfassendes Leistungsangebot an, wickelt den Zahlungsverkehr ab und vertritt den Genossenschaftssektor an den nationalen und internationalen Finanzmärkten. Die D.G. ist eine Körperschaft des öffentlichen Rechts, deren Grundkapital zum Großteil von den → genossenschaftlichen Zentralbanken gehalten wird. Zur Sicherung der eigenen Refinanzierung kann die D.G. → eigene Schuldverschreibungen ausgeben. Der Sitz der D.G. ist in Frankfurt am Main.

Deutsche Gesellschaft für Ad-hoc-Publizität mbH (DGAP). Dienstleistungsunternehmen, dass sich auf die Veröffentlichung von Tatsachen, die der → Ad-hoc-Publizitätspflicht unterliegen, über → elektronische Informationssysteme spezialisiert hat. Die DGAP übernimmt zudem die Vorabinformation der Börsen und des → Bundesaufsichtsamts für den Wertpapierhandel (BAWe) sowie die Bestätigung der Veröffentlichung diesen gegenüber.

Deutsche Girozentrale – Deutsche Kommunalbank, *German Central Giro Bank*; überregionales Spitzeninstitut des Sparkassenverbundes mit Sitz in Frankfurt am Main. Als Anstalt des öffentlichen Rechts wird sie von den Sparkassen- und Giroverbänden und den Landesbanken getragen. Ihre Aufgaben liegen in der Verwaltung der bei ihr von den → Girozentralen gehaltenen Liquiditätsreserven und in der Funktion der Liquiditätsausgleichsstelle für den Sparkassenverbund am Geldmarkt. Daneben betreibt sie alle Geschäfte einer → Universalbank.

Die Refinanzierung erfolgt über die Ausgabe von → Kommunalobligationen, → Pfandbriefen und sonstigen → Schuldverschreibungen.

Deutsche Mark, *DM, DEM, D-Mark*; seit der Währungsreform von 1948 das gesetzliche Zahlungsmittel im Staatsgebiet der Bundesrepublik Deutschland und Berlin (West). Eine DM wird in 100 Pfennige unterteilt. Das Banknotenmonopol obliegt der Deutschen Bundesbank, während die Münzhoheit bei der Bundesregierung liegt. Im Zuge der Wirtschafts-, Währungs- und Sozialunion mit der Deutschen Demokratischen Republik (DDR) und Berlin (Ost) vom 1.7.1990 wurde das Geltungsgebiet der DM auf das Staatsgebiet der ehemaligen DDR und Ostberlin ausgeweitet. Mit diesem Schritt wurde die dort gültige und seit dem Jahr 1968 als Mark der Deutschen Demokratischen Republik bezeichnete Währung ersetzt. – Zum 1.1.1999 wurde im Rahmen der → Europäischen Wirtschafts- und Währungsunion der → Euro in allen teilnehmenden Volkswirtschaften als allein gültige Währung etabliert. Die DM stellte ab diesem Zeitpunkt lediglich eine Untereinheit des lediglich als → Buchgeld vorhandenen Euro dar. Im Barzahlungsverkehr war die DM bis zum 01.01.2002 im Umlauf.

Deutsche Pfandbrief- und Hypothekenbank AG (DePfa-Bank), → öffentlich-rechtliche Grundkreditanstalt mit Sitz in Wiesbaden, die nach der Privatisierung im Jahr 1989 als → Aktiengesellschaft (AG) geführt wird. Als → Realkreditinstitut mit Bundesbeteiligung lag ihre ursprüngliche Tätigkeit in der Gewährung von Hypothekarkrediten für den sozialen Wohnungsbau und in der Gewährung von Kommunalkrediten. Heute fungiert sie als private Hypothekenbank, die zusammen mit ihren Tochtergesellschaften ein umfassendes Bankleistungsangebot im Immobiliensektor offeriert.

Deutscher Aktienforschungsindex (DAFOX), von der Universität Karlsruhe berechneter und veröffentlicher → Aktienindex, der alle an der → Frankfurter Wertpapierbörse amtlich gehandelten deutschen Aktien enthält. Der DAFOX ist ein → Performance-Index und wird nach der Laspeyres Formel berechnet. Basiszeitpunkt ist der 02.01.1974 zu einem Wert von 100.

Deutscher Aktienindex (DAX), *DAX30*; → Aktienindex, der das Segment der deutschen → Blue Chips, also der größten und umsatzstärksten deutschen Unternehmen an der → Frankfurter Wertpapierbörse, abbildet. Er enthält 30 Werte, die im → amtlichen Handel oder am → Geregelten Markt zugelassen sind. Die Überprüfung der Indexzusammensetzung findet normalerweise jährlich mit Wirkung zum September statt, nur in bestimmten Fällen ändert sich diese auch unterjährig. Das Gewicht einer Aktie am DAX bemisst sich nach dem Anteil an der gesamten → Kapitalisierung. – Der DAX wird als → Performance-Index nach der Indexformel von Laspeyres alle 15 Sekunden mit den jeweils letzten in → Xetra festgestellten Preisen neu berechnet. Die Preise aus den untertägigen → Auktionen werden wie → variable Kurse behandelt. Wird ein Kurs während des Handels ausgesetzt (→ Aussetzung der Kursnotierung), so wird mit der letzten variablen Notierung die Berechnung fortgeführt. Der offizielle → Schlusskurs des DAX wird aus den Schlusskursen bzw. den letzten Preisen aus Xetra errechnet. Daneben werden zusätzlich Indizes aus den besten → Bid und → Ask Prices ermittelt. Diese werden gesondert berechnet und unter eigener → Wertpapierkennnummer verteilt. – Der DAX wird seit 1988 veröffentlicht und führt den Index der Börsen Zeitung fort, dessen historische Zeitreihe bis 1959 zurückreicht. Basis des DAX ist der 30.12.1987 mit 1.000 Punkte.

Deutscher Aktienindex - Terminkontrakt, → Termingeschäft, dessen → Underlying der → Deutsche Aktienindex ist. – Vgl. hierzu → Terminkontrakt auf den Deutschen Aktienindex (DAX).

Deutscher Auslandskassenverein AG, → Deutsche Börse Clearing AG.

Deutscher Investor Relation Kreis (DIRK), → Investor Relations.

Deutscher Kassenverein AG, → Deutsche Börse Clearing AG.

Deutscher Rentenindex (REX), *german bond index*. Der REX wird von der → Deutschen Börse AG als gewogener Durchschnitt aus den Kursen von 30 synthetisch erzeugten → Anleihen berechnet und stellt damit einen

Deutscher Verband Financial Planners e.V.

→ Kursindex für deutsche → festverzinsliche Wertpapiere dar. Diese Grundgesamtheit, die die Kursentwicklung des deutschen → Rentenmarktes widerspiegeln soll, besteht aus → Bundesobligationen, → Bundesanleihen, → Bundesschatzanweisungen, Treuhandobligationen und Treuhandanleihen. Die 30 enthaltenen Werte weisen ganzjährige Restlaufzeiten von ein bis zehn Jahren auf, wobei für jede der zehn Laufzeiten drei Papiere in den REX eingehen. Diese haben jeweils einen → Coupon von 6,0%, 7,5% und 9,0%. Durch diese Aufteilung erhält man einen Teilmarkt, der die Entwicklungen auf dem Gesamtmarkt repräsentativ widerspiegelt. Zur Ermittlung des REX werden zunächst die aktuellen → Renditen aus den → Schlusskursen der Grundgesamtheit errechnet. Anschließend wird daraus eine → Renditestruktur ermittelt, aus der die Renditen der 30 Werte resultieren. Die dazugehörigen Kurse können auf dieser Basis berechnet werden. Diese Kurse werden entsprechend ihrem Marktanteil gewichtet und konstituieren als Summe der 30 gewichteten Kurse den REX.

Deutscher Verband Financial Planners e.V. (DEVFP), Der DEVFP ist ein gemeinnütziger Verband, dessen Zweck die Lizenzierung von Finanzplanern und die Überwachung deren Berufsausübung nach ethischen Regeln ist. Mitglieder können → Certified Financial Planner (CFP) werden. Der DEVFP ist Mitglied des International CFP Councils, dem weltweiten Zusammenschluss aller nationalen CFP Councils.

Deutsches Aktieninstitut e.V. (DAI). das DAI, gegründet 1953, ist der Verband deutscher börsennotierter Aktiengesellschaften und anderer an der → Aktie interessierter Unternehmen und Institutionen. Die Aufgabe des Verbandes besteht in der Förderung der Aktie als Anlageform und als Finanzierungsinstrument der deutschen Wirtschaft. Als Anwalt der → Aktienkultur wirbt das DAI als unabhängige und neutrale Institution auf allen gesellschaftlichen Ebenen und im politischen Umfeld für die Aktie. Das DAI versteht sich als Dienstleister für seine Mitglieder. Es offeriert eine breite Palette von Leistungen und bietet allen an der Aktie Interessierten eine neutrale Plattform für Diskussionen.

Deutsche Schutzvereinigung für Wertpapierbesitz e.V. (DSW), Vereinigung von Aktionären zur Vertretung von → Aktionärsrechten und -interessen. Die DSW fördert den Gedanken des Privateigentums und vertritt Kleinaktionäre auf → Hauptversammlungen und deren Interessen bei Aktionärsrechten betreffenden Gesetzänderungen.

Deutsche Siedlungs- und Landesrentenbank (DSL Bank), vom Bund und einigen Bundesländern getragene Anstalt des öffentlichen Rechts unter der gemeinsamen Aufsicht des Bundesministers für Finanzen und des Bundesministers für Ernährung, Landwirtschaft und Forsten. Die Aufgabe der DSL Bank liegt in der Förderung der Neuordnung des ländlichen Raums durch die mittel- und langfristige Finanzierung der verschiedensten Investitionsvorhaben. Mit der Änderung des Gesetzes über die DSL Bank zum 1.1.1981 kamen neue Aufgabenbereiche hinzu. Dazu zählen neben der Verbesserung des Umweltschutzes und der Infrastruktur auch die Verbesserung und Erhaltung der wirtschaftlichen und strukturellen Verhältnisse im ländlichen Raum. Die Refinanzierung der DSL Bank erfolgt durch die Emission von → eigenen Schuldverschreibungen.

Deutsche Terminbörse (DTB), *German Futures Exchange*; 1988 in Frankfurt am Main gegründete → Computerbörse für den Handel mit → Optionen und → Futures. 1990 wurde der Geschäftsbetrieb aufgenommen. Ziele waren die Stärkung der Wettbewerbsfähigkeit des Finanzplatzes Deutschland, die Befriedigung der steigenden Nachfrage nach Optionen und nach → Financial Futures auf DM bezogener Werte, die Schaffung neuer Anlagemöglichkeiten und die Bereitstellung effizienter Instrumente zur Absicherung von Kurs- und Zinsrisiken. 1998 hat sich die DTB mit der → Swiss Options and Financial Futures Exchange (SOFFEX) zur → Eurex zusammengeschlossen.

Deutsche Vereinigung für Finanzanalyse und Anlageberatung e.V. (DVFA), *Deutsche Vereinigung für Finanzanalyse und Asset Management*; bezeichnet eine Vereinigung von derzeit ca. 1.300 persönlichen DVFA-Mitgliedern, die bei rund 400 nationalen und internationalen Investmenthäusern,

→ Kreditinstituten und Fonds- und Asset Management-Gesellschaften tätig sind. Die DVFA setzt Standards und entwickelt Methoden zur → Finanz- und Investmentanalyse im → Kapitalmarkt und fördert damit maßgeblich die Vertrauensbildung zwischen → Emittenten und → Investoren.

Deutsche Vereinigung für Finanzanalyse und Asset Management e.V., → Deutsche Vereinigung für Finanzanalyse und Anlageberatung e.V.

Deutsche Warenterminbörse (DWB), *German Commodity Futures Exchange*; anfänglich geplante Bezeichnung für die → Warenterminbörse Hannover (WTB).

Deutsche Wertpapierdaten Zentrale GmbH (DWZ), → DWZ Deutsche Wertpapierdatenzentrale GmbH.

Deutsches Eigenkapitalforum. Gemeinschaftsservice der → Deutschen Börse AG und der → Kreditanstalt für Wiederaufbau, das die Effizienz und Transparenz auf dem Beteiligungsmarkt steigern soll. Im D.E. können sich eigenkapitalsuchende Unternehmen und Investoren einfach und kostengünstig anonym präsentieren und Wünsche und Angebote abgeben. Das D.E. wendet sich an Unternehmen mit Wachstumspotential und an Investoren, die nach interessanten Beteiligungsmöglichkeiten suchen. Hauptmedium der D.E. ist das Internet. – Das D.E. tritt als informationstransformierende Institution auf, d.h. sie nimmt weder eine beratende noch vermittelnde Rolle an. Zudem übernimmt das D.E. keine Garantieverpflichtung auf Vollständigkeit, Richtigkeit und Aktualität der hinterlegten Daten.

Devaluation, → Abwertung.

Development Markets Sector. Marktsegment der → London Stock Exchange (LSE) im internationalen Aktienhandelsbereich → SEAQ International, das dem Handel von → Aktien aus den aufstrebenden osteuropäischen Staaten gewidmet ist.

DEVFP, Abk. für → Deutscher Verband Financial Planners e.V.

Devinkulation, *change of a registered instrument into a bearer paper*; Aufhebung der → Vinkulierung von → Namensaktien.

Devisen, *foreign currency/exchange*. D. sind Forderungen in ausländischer Währung. Im engeren Sprachgebrauch wird unter D. meist nur → Buchgeld in Fremdwährung verstanden. Der allgemeine Sprachgebrauch setzt den Begriff der Sorten oftmals mit D. gleich, wobei Sorten auf Fremdwährung lautende Banknoten und Münzen sind.

Devisenarbitrage, *currency arbitrage*; weitgehend risikoloses Ausnutzen von Devisenkursdifferenzen, die zu einem bestimmten Zeitpunkt zwischen verschiedenen → Börsenplätzen auftreten. Vgl. auch → Arbitrage

Devisenausländer, *nonresident*; sind natürliche und juristische Personen mit Sitz oder gewöhnlichem Aufenthalt außerhalb des Geltungsgebietes des → Euro. Das Außenwirtschaftsgesetz verwendet hierfür den Begriff des Gebietsfremden und stellt auf das Inlandskonzept ab, d.h. auch deutsche Staatsbürger werden, sofern sie die oben genannten Voraussetzungen erfüllen, als D. betrachtet. – Gegensatz: → Deviseninländer.

Devisenbewirtschaftung, System der staatlichen Lenkung des gesamten → Zahlungs-, Kredit- und → Kapitalverkehrs mit dem Ausland. Die D. führt zur teilweisen oder völligen Zwangsregelung des Zahlungsverkehrs mit dem Ausland durch Gebote, Verbote und Kontrollen. Sie dient als Instrument zum Ausgleich der → Zahlungsbilanz. Bei herrschender D. ist der freie Austausch und Besitz von → Devisen nicht möglich. Die für ausgeführte Güter oder Dienstleistungen erhaltenen Devisen erfasst und verwaltet der Staat, der diese nach einer von ihm aufgestellten Bedarfsskala verwendet. § 23 des → Außenwirtschaftsgesetzes von 1961 gibt dem Bund im Benehmen mit der → Bundesbank die Befugnis, durch Rechtsverordnung den Kapitalverkehr mit dem Ausland sowie den Verkehr mit Devisenwerten und → Gold zu regeln.

Devisenbörse, *foreign exchange market*; unselbständige Einrichtung der jeweiligen → Wertpapierbörse, welche dem Handel mit fremden Währungen und der → Devisenkursbildung nach Maßgabe der Devisen-

Devisen-Dumping

marktlage (Angebot und Nachfrage) dient. Die Mittler zwischen Angebot und Nachfrage sind freie und amtlich bestellte → Börsenmakler. Der Handel erfolgt im Rahmen des allgemeinen Börsenrechts. Notiert werden Geld (→ Bid Price (1))- und Briefkurse (→ Asked Price (1)) für die Haupthandelswährungen, indem die Preisnotierung in EURO für 1, 100, 1.000 Fremdwährungseinheiten angegeben wird. In Deutschland bestehen fünf D. (Berlin, Düsseldorf, Frankfurt, Hamburg und München). Als Kopfstelle gilt die Frankfurter D., weil dort die Möglichkeit der unmittelbaren Abstimmung der Devisenkurse mit der Bundesbank besteht. Dort ist während der ganzen Börsenzeit ein Vertreter der Bundesbank anwesend, der notfalls Interventionen zur Kurssicherung vornimmt. Bei allen D. müssen gleichlautende → amtliche Devisenkurse festgestellt werden. – Vgl. auch → Devisenmarkt.

Devisen-Dumping, *foreign currency dumping*; Intervention der öffentlichen Hand auf dem → Devisenmarkt, die eine reale → Abwertung der inländischen Währung gegenüber Fremdwährungen (Devisen) zum Ziel hat. Reale Abwertungen haben zur Folge, dass die Exportvolumina steigen, womit eine generelle Wohlfahrtszunahme erreicht werden soll. Der Erfolg dieser Maßnahme wird langfristig kritisch bewertet.

Devisen-Future, *Devisenterminkontrakte, Währungs-Future, currency future, currency contract*. Vertragliche Vereinbarung in Form eines → Termingeschäfts, einen bestimmten Währungsbetrag zu einem festgelegten Zeitpunkt und Kurs zu erwerben bzw. zu liefern. Statt physischer Erfüllung durch Zahlung des entsprechenden Währungsbetrages findet in der Praxis meist eine → Glattstellung durch Gegenschäfte statt. Das Gegengeschäft besteht im Verkauf (Kauf) eines identischen → Terminkontraktes durch den Käufer (Verkäufer). Kontrahent jedes D. ist das → Clearing House einer → Terminbörse. D. können zur Absicherung des → Währungsrisikos von → offenen Positionen verwendet werden. Eine vollkommene Absicherung ist dann erreicht, wenn sich Währungsverluste aus → offenen Positionen und Gewinne aus dem zur Absicherung getätigten und in Bezug auf Fristigkeit, Kontraktvolumen und Kontraktwährung kongruenten Termingeschäft, sich genau kompensieren. Sofern keine standardisierten Terminkontrakte zur Absicherung offener Positionen in bestimmten Währungen verfügbar sind, werden in der Praxis Terminkontrakte auf Währungen abgeschlossen, die erfahrungsgemäß ähnliche Kursverläufe aufweisen Vgl. hierzu → Cross Hedge.

Devisengeschäfte der Deutschen Bundesbank, *foreign exchange transactions of the Deutsche Bundesbank*; → währungspolitisches Instrumentarium der Deutschen Bundesbank → Pensionsgeschäfte in Devisen der Deutschen Bundesbank.

Devisengeschäfte der Europäischen Zentralbank. Die → EZB bildet zusammen mit den nationalen Notenbanken (→ Zentralnotenbank) das → Europäische System der Zentralbanken (ESZB), deren vorrangiges Ziel nach Art. 105 EG-V die Gewährleistung der Preisstabilität in der Euro-Region ist. Eine der grundlegenden Aufgaben des ESZB liegt in der Durchführung von Devisengeschäften, die wie Interventionen (→ Kursintervention) am internationalen → Kapitalmarkt Teil der Wechselkurspolitik sind. Allerdings fallen Vereinbarungen über ein Wechselkurssystem für den Euro gegenüber Drittlandswährungen sowie allgemeine Orientierungen für die Wechselkurspolitik in die Kompetenz des Europäischen Rates.

Devisenhandel, *foreign exchange trading, foreign exchange dealings*. An- und Verkauf von frei konvertierbaren → Devisen auf dem → Kassa- und → Terminmarkt. Gegenstand des D. sind auf Fremdwährungen lautende Guthaben, die gegen die einheimische Währung oder eine weitere Fremdwährung getauscht werden. Ein Großteil des D. findet im Rahmen des → Telefonhandels zwischen einzelnen Finanzinstituten statt, die hierfür eigene Abteilungen eingerichtet haben. Dabei werden ungeachtet der Namensgebung neben dem Telefon auch weitere Handelsplattformen genutzt. Hierbei stellen führende Finanzinstitute (vgl. auch → Market Maker) verbindliche Kauf- und Verkaufskurse. Ein Großteil dieser Transaktionen wird über Banken abgewickelt, die ihren Sitz im Ausland haben. Die Bedeutung von → Devisenbörsen ist allerdings als gering einzuschätzen. Die wichtigsten Grundlagen für den D. sind sowohl die auf eigene Rechnung laufende → Devisenarbitrage als auch das auf fremde Rechnung laufende Kundengeschäft wie bspw. bei der Außenhandelsfinanzierung für Firmenkunden. – Vgl. auch → Devisenmarkt und → Devisentermingeschäft.

Deviseninländer, *resident*; sind natürliche und juristische Personen mit Sitz oder gewöhnlichem Aufenthalt innerhalb des Geltungsgebietes des → Euro. Das Außenwirtschaftsgesetz verwendet hierfür den Begriff des Gebietsansässigen und stellt auf das Inlandskonzept ab, d.h. auch deutsche Staatsbürger werden, sofern sie die oben genannten Voraussetzungen nicht erfüllen, als → Devisenausländer betrachtet.

Devisenkassageschäft, *spot exchange transaction*; bezeichnet Geschäfte in fremder Währung, die innerhalb von zwei Arbeitstagen abgewickelt sein müssen.

Devisenkurs, *foreign exchange rate*; der an einer → Devisenbörse amtlich festgestellte Kurs für fremde → Währungen (auch → Wechselkurs). Zu unterscheiden ist zwischen der → Preisnotierung und der → Mengennotierung sowie zwischen der → direkten Notierung und der → indirekten Notierung.

Devisenkursbildung, *exchange rate fixing*; Ermittlung des → Devisenkurses durch einen → Devisenkursmakler.

Devisenkursmakler, *foreign exchange broker cambist*; bezeichnet einen amtlichen → Makler an einer Devisenbörse.

Devisenkurssicherung, Wechselkurssicherung, *exchange rate hedging*; dient der Elimination des → Wechselkursrisikos (→ Währungsrisiko) aus Forderungen oder Verbindlichkeiten in einer fremden → Währung. Ziel ist die Vermeidung von Verlusten, die aus → Auf- bzw. → Abwertungen resultieren können. Währungsrisiken werden durch Schaffung einer korrespondierenden Fremdwährungsaktiva bzw. -passiva (→ Finanzheding) oder durch → Devisentermingeschäfte minimiert. Im Rahmen des Finanzhedgings nimmt der Inhaber der offenen Fremdwährungsforderung eine Verbindlichkeit in gleicher Höhe und in gleicher Währung auf. Eine Fremdwährungsverbindlichkeit ließe sich analog durch Fremdwährungsforderungen hedgen. Durch die gleichzeitige → Glattstellung beider Positionen erfolgt die Absicherung der ehemals offenen Position.

Devisenoption

Devisentermingeschäfte eignen sich insbesondere dann zur D., wenn ein Angebot abgegeben wird, und das Kursrisiko bereits für die Laufzeit des Angebots ausgeschlossen werden soll. Durch den Abschluss einer → Devisenoption wird das → Risiko auf die Höhe der → Optionsprämie begrenzt. Weitere Möglichkeiten zur Kurssicherung bestehen beispielsweise durch die Vereinbarung von Kurssicherungsklauseln oder Vorauszahlungen.

Devisenmakler, *foreign exchange broker*; ist eine Berufsbezeichnung für → Handelsmakler, die sich auf Devisengeschäfte spezialisiert haben. Zu unterscheiden ist der amtliche D. und der freie D. – Der amtliche D., auch → Devisenkursmakler, ist ein vereidigter → Kursmakler, der an der → Devisenbörse täglich die amtlichen → Kurse ermittelt. Dieser wird von dem für die → Börsenaufsicht zuständigen Minister des jeweiligen Bundeslandes bestellt. – Der freie D. ist im → Freiverkehr tätig, für den lediglich ein Gewerbeschein genügt.

Devisenmarkt, *foreign exchange market, currency market*; bezeichnet den ökonomischen Ort, an dem → Devisen gehandelt werden. Am deutschen D. spielen Banken, die als Händler und Vermittler auftreten, die maßgebliche Rolle. Durch Angebot und Nachfrage werden die → Devisen- und → Wechselkurse ermittelt. Nach den Geschäftsarten können → Kassa- und → Termingeschäfte unterschieden werden.

Devisenoption, *Währungsoption, currency option*; bezeichnet eine → Option, die dem → Optionsinhaber gegenüber dem → Stillhalter das Recht einräumt, → Devisen innerhalb eines festgelegten Zeitraumes (→ amerikanische Option) bzw. zu einem festgelegten → Verfalltag (→ europäische Option) zum vereinbarten → Basispreis zu kaufen (Devisen-Call-Option) oder verkaufen (Devisen-Put-Option). Für dieses Recht muss der Optionsinhaber beim Kauf der D. eine → Optionsprämie an den Stillhalter entrichten. Neben standardisierten, börsengehandelten D. existieren auch OTC-D., die ganz auf die individuellen Bedürfnisse der Kunden zugeschnitten sind. Anwendung finden D. u.a. im Außenhandel zum Schutz gegen Währungsschwankungen. Zur Bewertung von europäischen D. wird i.d.R. das → Garman-

Devisenoptionsscheine

Kohlhagen-Modell angewandt, das auf dem → Black/Scholes-Modell basiert, zusätzlich aber die Besonderheiten von D. einbezieht. Problematisch sind dabei v.a. die Prämissen eines normalverteilten zukünftigen → Devisenkurses und die Ermittlung der künftigen → Volatilität.

Devisenoptionsscheine, → Währungsoptionsscheine.

Devisenpensionsgeschäfte, *purchase of foreign exchange for later resale*; bezeichnet ein → Pensiongeschäft, bei dem der Pensionsgeber dem Pensionsnehmer zeitlich befristet Devisen überlässt. Der Pensionsnehmer kauft die Devisen per Kasse und verkauft sie per Termin. – Die Grundidee der D. ist jener der → Swap-Geschäfte sehr ähnlich. Der Unterschied zwischen beiden Geschäften besteht darin, dass bei Swap-Geschäften Guthaben, und nicht Wertpapiere wie bei D., getauscht werden. – D. waren ein wichtiges geldmarktpolistisches Instrument der Deutschen Bundesbank. Sie ermöglichten eine differenzierte und lautlose Steuerung des Geldmarktes. Es ist ein Instrument, das sich zur kurzfristigen Beschaffung liquide Mittel eignet.

Devisen-Performance-Anleihe, → Anleihe, bei der die Höhe des Rückzahlungsbetrages von der Entwicklung eines bestimmten → Devisenkurses zum Ende der Laufzeit oder zu einem vorab definierten Zeitpunkt während der Laufzeit abhängt. Es werden zumeist jedoch minimale und maximale Rückzahlungsbeträge festgelegt.

Devisenreserven, im weiteren Sinne der Bestand an international liquiden Zahlungsmitteln einer Volkswirtschaft. Hierzu zählen kurzfristig fällige Guthaben bei ausländischen Banken, Sorten oder → Wechsel, die von der → Zentralbank, den Geschäftsbanken und den Unternehmen eines Landes gehalten werden. Im engeren Sinne die Reserven an → harten Währungen einer Notenbank.

Devisenrestriktionen, *exchange restrictions*. Das Ziel restriktiver staatlicher Maßnahmen ist die Einschränkung des Erwerbs oder auch der Übertragung von → Devisen, um eine → Kapitalflucht bzw. einen -zufluss zu verhindern. Solche Methoden werden bei → Devisenbewirtschaftung oder bei Devisenzwangswirtschaft angewandt.

Devisenspekulation, *foreign exchange speculation*; bezeichnet den → Kassa- oder → Terminhandel von Fremdwährungen mit dem Zweck, nach Eintritt der erwarteten Kursänderungen → Gewinne zu realisieren. Dies ist möglich, wenn die → Kurse nach einem Kauf steigen und die Position verkauft wird oder wenn nach → Leerverkäufen zu einem niedrigeren Kurs eingekauft wird. Da die D. sehr risikoreich ist, hat das → Bundesaufsichtsamt für das Kreditwesen (BAKred) ihren Umfang für → Kreditinstitute eingeschränkt. Entsprechende Regelungen sind im § 6 II bis IV der Verlautbarung über die → Mindestanforderungen an das Betreiben von Handelsgeschäften der Kreditinstitute vom 23.10.1995 enthalten. Zusätzlich muss nach § 11 I und II PrüfbV (Prüfungsberichtsverordnung) vom 17.12.1998 über den Abschluss von Devisengeschäften ordnungsgemäß berichtet werden.

Devisentermingeschäft, *forward exchange dealing, future exchange transaction*; Geschäfte mit → Devisen, bei denen zum Zeitpunkt des Vertragsabschlusses der → Kurs verbindlich festgelegt wird, die Erfüllung jedoch erst später als am zweiten Geschäftstag nach Abschluss erfolgt. Der Unterschied zum → Devisenkassageschäft liegt prinzipiell in der späteren → Fälligkeit der Geschäfte. I.d.R. weicht der → Terminkurs vom → Kassakurs ab. Ist der Terminkurs einer ausländischen Währung höher (niedriger) als der Kassakurs, so nennt man die Differenz → Report (→ Deport). Der Oberbegriff für Report und Deport ist der → Swap-Satz. D. werden zur Absicherung von → Kursrisiken in Außenhandelsgeschäften oder zur → Devisenspekulation verwendet. Sie können auf verschiedene Arten durchgeführt werden. – 1. → Outright-Devisengeschäfte bezeichnen jene D., die sich von den Kassageschäften nur durch die spätere Erfüllung unterscheiden. I.d.R. sind alle kurzfristigen → Kurssicherungsgeschäfte im Import- und Exporthandel Outright-Geschäfte. So kann der Exporteur den Fremdwährungsbetrag, den er nach einer vertraglich vereinbarten Zeit bekommen wird, per Termin verkaufen oder der Importeur kann die zur Zahlung benötigte ausländische Währung per Termin kaufen. Durch dieses D. wird eine konkrete Kalkulationsbasis bei → schwankenden Wechselkursen geschaffen. – 2. → Swap-Geschäfte werden überwiegend zwischen → Kreditinstituten abgeschlossen. Dabei wird ein → Kassageschäft mit einem entgegengesetzten → Termingeschäft gekoppelt. Swap-Geschäfte dienen grundsätzlich zur Steuerung der → Liquidität, d.h. zur Beseitigung von Liquiditätsungleichgewichten. D. umfassen nicht die → Währungsswaps, mittels derer zwei Kreditnehmer die Kapital- und Zinsbeträge ihrer Kreditaufnahmen in unterschiedlichen Währungen austauschen („swapen"). – 3. → Futuregeschäfte in Form von → Währungs-Futures bezeichnen Kauf- oder Verkaufskontrakte in Devisen per Termin an einer → Futures-Börse. Charakteristisch für Futures-Kontrakte sind ihre hohe Standardisierung, die Zwischenschaltung eines → Clearing House sowie ein umfassendes Sicherheitensystem. Die Standardisierung der Beträge und Fälligkeiten schafft eine große → Markttiefe. Die Zwischenschaltung des Clearing House zwischen Käufer und Verkäufer und das Sicherheitensystem, das → Einschüsse der Handelspartner beim Clearing House vorschreibt, dienen der Senkung des → Erfüllungsrisikos. Futures-Kontrakte werden weniger zur Kurssicherung von Außenhandelsgeschäften, als vielmehr zur Spekulation eingesetzt, so dass sie nicht durch Lieferung erfüllt, sondern durch den Abschluss von identischen Gegengeschäften glattgestellt werden. – 4. → Devisenoptionen verbriefen das Recht, jedoch nicht die Pflicht, eine bestimmte Währung innerhalb einer bestimmten Frist (→ amerikanische Option) oder zu einem bestimmten Termin (→ europäische Option) zu einem vorab festgelegten Preis (→ Basispreis) zu kaufen (→ Call-Option) oder zu verkaufen (→ Put-Option). Der Käufer der Option zahlt an den Verkäufer (→ Stillhalter) eine → Optionsprämie. Devisenoptionen können individuell ausgestaltet sein und → OTC („over the counter") gehandelt werden oder in standardisierter Form an einer → Börse erworben werden.

Devisenterminhandel, *forward exchange trading, currency futures trading*; bezeichnet den Kauf und Verkauf von → Devisen per Termin durch → Kreditinstitute. Dabei ist der D. sowohl auf die grenzüberschreitenden Waren- und Kapitalgeschäfte der Kunden, als auch auf den → Eigenhandel der Banken zurückzuführen. Der D. kann entweder an → Terminbörsen mit standardisierten → Terminkontrakten oder maßgeschneidert nach individuellen Kundenwünschen außerhalb der → Börse erfolgen. Zweck des D. ist neben der → Devisenspekulation auch die Absicherung gegen → schwankende Wechselkurse. – Vgl. auch → Devisentermingeschäft.

Devisenterminkontrakt, → Devisen-Futures.

Devisenvorschriften für Wertpapiergeschäfte, *foreign currency rules for security transactions*. Beschränkungen bei grenzüberschreitenden Effekten- und Kapitalflüssen bestehen nach deutschem Recht weder für In- noch Ausländer. Gemäß der Außenwirtschaftsverordnung haben Banken lediglich die Pflicht, Geschäfte mit ausländischen Wertpapieren sowie grenzüberschreitende Transaktionen im Wert von über 2.500 Euro der Bundesbank zu melden.

Dezimalnotierung, *decimal quotation*. Bezeichnung für die heute gebräuchliche Form der → Notierung von → Wertpapierkursen, bei der die Kursnotierung in Dezimalintervallen von einem Cent erfolgt. – Gegensatz: → Bruchteilnotierung.

DGAP, Abk. für → Deutsche Gesellschaft für Ad-hoc-Publizität mbH.

DG Bank, Abk. für → Deutsche Genossenschaftsbank.

DGMP, Abk. für Durable Group of Multiple Potentials, bezeichnet eine Gruppe besonders hoch qualifizierter Nachwuchsforscher auf dem Gebiet der Konzernfinanzierungstheorie, der Forschung im Bereich von Corporate Bonds, des Benchmarking von Lebensversicherern sowie der Erforschung der Bubble-Bildung.

Diagonal Spread, Kombinationsstrategie für → Optionen, bei der eine jeweils gleiche Anzahl an Optionen desselben Optionstyps, d.h. → Calls oder → Puts, gleichzeitig gekauft und verkauft werden, wobei sich die Optionen sowohl in der Höhe der → Basispreise als auch in der Länge der Restlaufzeiten unterscheiden.

Diamonds

Diamonds, *Dow Industrial Average Model New Deposit Shares*; an der → American Stock Exchange gehandelte Anteilsscheine an einem → Trust, der den → Dow Jones Index maßstabsgetreu nachbildet. – Vgl. auch → Index-Zertifikate.

Dichtefunktion einer stetigen Zufallsvariablen, *density function of a continuous variable*; gibt die → Wahrscheinlichkeit für das Eintreten eines Wertes x, d.h. einer bestimmten Realisation x der stetigen → Zufallsvariablen X, in einem Intervall als Flächeninhalt unter einem Integral an. Die Gesamtfläche unter der Dichtefunktion ist gleich der Wahrscheinlichkeit, dass X irgendeinen Wert im Definitionsbereich von X annimmt, sie ist demnach eins. Aus der D.e.s.Z. kann die → Wahrscheinlichkeitsverteilung ermittelt werden. – Vgl. auch → Normalverteilung. – Gegensatz: → Wahrscheinlichkeitsfunktion einer diskreten Zufallsvariablen.

Dienstmädchenbörse, → Hausfrauenbörse.

Differenzarbitrage, *price difference arbitrage*. Zu D. kommt es, wenn das identische Finanzmittel an verschieden Märkten zu unterschiedlichen Preisen gehandelt wird. Ein Gewinn erzielt der Marktteilnehmer durch den zeitgleichen Kauf auf einem Markt in Verbindung mit dem gleichzeitigem Verkauf auf einem anderen Markt. Häufig findet sich D. auch bei Finanzinnovationen, die aus mehreren Finanzinstrumenten zusammengesetzt sind. – Gegensatz: → Ausgleichsarbitrage. – Vgl. auch → Arbitrage.

Differenzgeschäft, benennt → Termingeschäfte, bei denen keine Lieferung oder Abnahme des zugrundeliegenden → Basiswertes erfolgt, sondern der Differenzbetrag zwischen dem vereinbarten → Terminkurs bzw. → Basiskurs und dem Wert des Underlying.

Dingo, durch → Stripping australischer Staatspapiere entstehender → Zero-Bond, der auf australische Dollar lautet.

Direct Banking, stellt einen inzwischen etablierten und wachstumsorientierten filiallosen Vertriebsweg für Bankleistungen dar. Es kann in folgenden Varianten auftreten: Als Telefonbanking, als → Internet Banking (→ Online Banking), als Banking by Mail oder als Banking via Bildschirmtext. Letztere Alternative konnte sich Anfang der 80er Jahre aber nicht durchsetzen. Der Umfang der angebotenen Bankleistungen steigt dabei ständig an, so dass besonders im Retailbereich Kostensenkungspotenziale freigesetzt werden konnten und weiter freigesetzt werden.

Directional Movement, bezeichnet in der → technischen Aktienanalyse den betragsmäßig größeren Wert der Differenzen zwischen (a) zwei aufeinanderfolgenden Tageshöchstkursen (Diplus) bzw. (b) zwischen zwei aufeinanderfolgenden Tagestiefstkursen (Diminus). Diplus/Diminus sind Grundlagen der → DX/ADX/ADXR-Linie.

Direktbank, *Direktanlagebank, discount broker*; Bezeichnung für ein → Kreditinstitut, das sich durch einen völligen Verzicht auf ein personal- und kostenintensives Filialnetz auszeichnet. Die angebotenen Bankdienstleistungen werden dabei über Telekommunikationsmedien (Telefon, Fax, PC) oder den Postweg vertrieben. Charakteristisch für eine D. ist eine flache Aufbauorganisation, die kurze Entscheidungs- und Kommunikationswege ermöglicht. Daher bezeichnet man eine D. als ein schlankes, flexibles, kunden- und serviceorientiertes Kreditinstitut, das leicht verständliche Produkte mit hohem Automatisierungsgrad unter konsequenter Nutzung von Direktmarketinginstrumenten anbietet.

direkte Notierung, → Mengennotierung.

direkte Rendite, *direct return*; bezeichnet eine Möglichkeit zur Renditeberechnung von → Anleihen, bei der der → Kupon in Relation zum → Kurs der Anleihe gesetzt wird.

Direktgeschäft, *direct business*. Ein D. ist ein Geschäft, das ohne die Inanspruchnahme Dritter, sondern direkt zwischen professionellen Großanlegern stattfindet. Durch die Umgehung der Börse sparen sich die Vertragsparteien die → Maklergebühren und weitere Kosten im Vergleich zur normalen → Börsengeschäftsabwicklung.

DIRK, Abk. für Deutscher Investor Relation Kreis. – Vgl. hierzu → Investor Relations.

Dirty Price, *full price*; Preis einer → Anleihe inkl. der → Stückzinsen. – Gegensatz: → Clean Price.

dis., Abk. für → discount.

Disagio, *Abgeld, Nachlass, discount*; bezeichnet die Differenz zwischen dem Rückzahlungs- und dem Ausgabebetrag von Verbindlichkeiten bzw. den Unterschiedsbetrag, um den der → Nennwert eines → Wertpapiers seinen aktuellen → Börsenkurs übersteigt. – Gegensatz: → Agio.

Disagiokonto, *account stating difference between repayment amount and payout amount.* Übersteigt der Rückzahlungsbetrag einer → Verbindlichkeit ihren Ausgabebetrag, so darf der Unterschiedsbetrag nach § 250 III HGB als → Rechnungsabgrenzungsposten in der → Handelsbilanz auf der Aktivseite aktiviert werden. In der Folge ist der Unterschiedsbetrag durch eine planmäßige jährliche → Abschreibung, die auf die gesamte Laufzeit der Verbindlichkeit verteilt werden kann, zu tilgen.

discount, → Disagio.

Discount Bond, 1. → Anleihe, die erheblich unter ihrem Nennwert notiert. Grund hierfür ist der unter dem Marktzins liegende → Kupon der Anleihe. – 2. → Abzinsungspapiere.

Discount-Brokerage

Karl Matthäus Schmidt

1. Definition

Unter dem Begriff Discount-Brokerage soll hier im Kern das auf den Privatanleger abzielende Wertpapierhandelsgeschäft gefasst werden, das gekennzeichnet ist durch günstige Konditionen und eine starke Internet-Komponente. Hierbei ist nicht nur der börsliche und außerbörsliche Handel mit Aktien, festverzinslichen Wertpapieren und Derivaten wie Optionsscheine und Zertifikate, sondern im weiteren Sinne auch die Vermittlung von Fonds und das Angebot von Fondssparplänen umfasst.

Während in den Anfangsjahren D-B. in erster Line auf den selbständig agierenden und sich selbständig informierenden Privatanleger zielte, hat sich der Fokus nach und nach auch auf den beratungsaffinen Anleger erweitert.

Damit entsteht allerdings das Problem, dass sich die Discount-Broker zunehmend dem Geschäftsmodell herkömmlicher Banken angleichen könnten. Die Zukunftsfähigkeit des D-B. als eigenständiges Geschäftsmodell wird davon abhängen, ob es gelingt die Ursprungsidee des Online-Brokerage, dem Privatanleger Zugang zum Gesamtmarkt zu vermitteln, ihm eine dem Profi vergleichbare Handlungsfähigkeit und Unabhängigkeit zu bieten, beibehalten läßt.

2. Die Entwicklung des Discount-Brokerage

Das Geschäftsfeld Discount-Brokerage ist in Deutschland ein vergleichsweise junges. Mit der Direkt Anlage Bank, einem Tochterunternehmen der damaligen Bayerischen Hypotheken- und Wechselbank betrat im Mai 1994 der erste Discount Broker den deutschen Markt. Kurz danach

Discount-Brokerage

folgte im Juni desselben Jahres mit Consors Discount-Broker, der zweite deutsche Discount Broker. Im Februar 1995 gründete die Commerzbank die Comdirect als Full-Service-Direct-Bank. Die hohen Kosten als direkte Erstbank führten zu einer Repositionierung der Comdirect zum Discount-Broker.

Im Laufe der Zeit nahmen zu einem wie die Bank24 eine Tochter der Deutschen Bank, die ihren Online-Brokerage-Zweig mittlerweile in maxblue umbenannt hat, und andere D-B. als Geschäftsfeld auf, zum anderen traten in letzter Zeit ausländische Anbieter wie Fimatex, eQonline, SEBdirekt und andere mit teils agressiven Preisstrategien in den deutschen Markt ein, was zu einer spürbaren Verschärfung des Wettbewerbs führte. Allerdings konnten die Neuanbieter die dominierende Marktstellung von Comdirect, Consors, Direkt Anlage Bank und Maxblue nicht gefährden, sodass einige von Ihnen wie Systracom und eQonline im Laufe des Jahres 2001 aus dem Markt wieder ausgeschieden sind. Im Sommer trat mit dem s-broker der gemeinsame, aus dem Broker Pulsiv hervorgegangene Broker der Sparkassen in den Markt ein. Seit November 2001 ist mit E-trade auch der erste amerikanische Broker in Deutschland vertreten.

Auch in den anderen europäischen Ländern hat sich das Geschäftsfeld des D-B. rasant entwickelt, allerdings nicht in gleicher Weise wie in Deutschland. Der französische Markt ist mit dreißig Anbietern hoch fragmentiert. e-cortal, Fimatex, Selftrade, mittlerweile eine Tochter der Direkt Anlage Bank, und Consors führen hier den Markt an. In Großbritannien dominiert CharlesSchwab. Mittlerweile ist durch Übernahmen, Beteiligungen und Kooperationen eine Phase der Konsolidierung dieses Marktes eingeläutet. Der Markt ist dabei eine „Superliga" von Discount Brokern herauszubilden, wobei die deutschen Anbieter auch hier ganz vorne sind.

In den USA hat D-B. eine längere Tradition. Der Branchenführer Charles Schwab aus San Francisco kann auf eine dreißigjährige Geschichte zurückblicken. Auch andere Unternehmen wie E*Trade und Ameritrade sind schon länger am Markt. Mittlerweile tummeln sich auf dem amerikanischen Markt mehr als 200 Unternehmen.

3. Bedeutung des Internets

Das Potential des D-B. kann nur vor dem Hintergrund der Entwicklung des Internets richtig eingeschätzt werden. Die Nutzung des Internets nimmt immer mehr zu, nicht nur in den USA, sondern auch in Europa. Mitte 2001 nutzen ca. 40 Prozent der Bevölkerung über 14 Jahre das Internet. Mit der Verbreitung des Internet wächst auch der Anteil derer, die über das Internet mit Wertpapieren handeln.

Mit dem erleichterten Zugang zum Internet, steigt auch die Zahl derer, die auf elektronischem Wege Aktien ordern. Bis 2003 soll die Zahl der Europäer, die über das Internet mit Wertpapieren handeln, von gegenwärtig etwa 3,6 Millionen auf über zehn Millionen steigen. 5,2 Millionen sollen aus Deutschland kommen. Ende 2001 betrug die Anzahl der D-B. Kunden in Deutschland etwa 2,2 Millionen.

4. Kernausrichtung im Discount-Brokerage

Für den Discount-Broker ist es bedeutsam, seine Unternehmensphilosophie und –strategie konsequent an diesen primären Kundenbedürfnissen auszurichten. Die Discount-Broker haben erkannt: Aus dem Kreis der jungen Wertpapieranleger von heute gehen die vermögenden Privatkunden von morgen hervor. Diese werden in vielen Fällen auf andere Produkte jenseits des Brokerage zurückgreifen, wenn sie ein Höchstmaß an Convenience, Produkt- und Preisqualität geboten bekommen. Ziel der Discount-Broker musste es daher sein, vom reinen „Orderabwickler" zum intelligenten Multistore für jedes Anlagebedürfnis zu werden. Es reicht nicht aus, sich auf einen Teilaspekt der Vermögensplanung und Lebensplanung zu beschränken. Hinzu

Discount-Brokerage

tritt, dass das Anlageverhalten des Privatanlegers zwischen dem Risiko und Sicherheit hin- und herpendelt, und der Discount-Broker insofern gezwungen ist, eine Elastizität im Produkt- und Serviceangebot zu entwickeln, die dem Pendelverhalten des Privatanlegers Rechnung trägt. Die Kooperation und Online-Verknüpfung mit leistungsstarken Partnern rundet die Produktpalette ab. Gleichzeitig kann sich Consors kann auf sein Kerngeschäft als Wertpapierbroker konzentrieren.

5. Internationalisierung

Die großen Discount-Broker haben sich schon frühzeitig für eine europaweite Expansionsstrategie entschieden, um die bestehenden Wachstumspotenziale voll ausgeschöpfen zu können. Die Anzahl der D-B. Kunden soll in den Ländern Kerneuropas (also Frankreich, Deutschland, Italien, Niederlande, Spanien, Schweden, Schweiz, Großbritannien) von heute etwa 3,6 Millionen Kunden auf 17 Millionen Kunden steigen. Durch Ausnutzung des europaweiten Kundenspektrums sollen zudem entsprechende Skalenerträge (economies of scale) realisiert werden. Durch europaweite Plattformen und einheitliche Standards lassen sich die Kosten auf ein Niveau senken, das auch im harten Preiswettbewerb Profitabilität gewährleistet. Allerdings stehen im Moment das Fehlen eines europäischen Clearings einer zentralen Abwicklung entgegen. Ein länderspezifischer Erfolg ist außerdem nur dann gewährleistet ist, wenn die soziokulturellen Unterschiede entsprechende Berücksichtigung finden.

Die Hoffnungen auf schnelle Profitabilität der ausländischen Töchter sind jedoch infolge des schlechten Marktumfelds 2001 geplatzt. Dies führte zum Rückzug einiger Anbieter vom deutschen Markt. Im November kündigte mit der Comdirect auch der erste große deutsche Discount-Broker den Rückzug aus Frankreich und Italien an.

6. Strategische Schlüsselfrage

Das schwache Marktumfeld hat das Jahr 2001 zu einem Schicksalsjahr für die Branche werden lassen. Denn dem überproportionalen Wachstum des Jahres 2000 folgte auf Grund rückläufiger Transaktionen ein Einbruch der Erträge. Dies zwang die Discount-Broker zu erheblichen Kostenreduzierungsmaßnahmen und den Abbau von Überkapazitäten. Den Discount-Brokern stellte sich in dieser Situation die strategische Grundsatzfrage. Dem Geschäftsmodell D-B. stellt sich in dieser Situation die strategische Schlüsselfrage.

Über die Töchter der Großbanken schwebt, sofern die Profitablität auf kurz- und mittelfristige Sicht nicht wahrscheinlich ist, das Damoklesschwert der Integration in den Mutterkonzern. Eine solche Maßnahme macht insbesondere auch vor dem Hintergrund Sinn, dass die Discount-Töchter durch die Erweiterung des Produkt- und Serviceangebots und die Verbreiterung der Kundenzielgruppen in das Kerngeschäft der herkömmlichen Filialbanken vorstoßen, was zu Kannibalisierungseffekten zwischen Töchter und Mutter führt. Die Deutsche Bank hat nach dem Versuch der Installierung eines eigenständigen Brokeragegeschäfts diesen Schritt unternommen und hat den D-B.-Zweig integriert und an das Filialgeschäft angebunden.

Auch die Tendenz zum Multikanalvertrieb, also das Angebot mehrerer Zugangswege wie Internet, Filiale mit persönlichem Berater und Außendienst sowie Telefon, wirken sich auf das Geschäftsmodell des D-B. aus, und hat dazu geführt, dass einige Discount-Broker ein Filialnetz aufbauen, das sich allerdings vom Konzept der klassischen Filialbank unterscheiden soll. Der Schritt in diese Richtung birgt die Gefahr sich von der Grundidee des D-B. zu sehr zu entfernen und damit in letzter Konsequenz D-B. als eigenständiges Geschäftsmodell in Frage zu stellen. Eine Überdehnung kann dazu führen, dass das Geschäftsmodell bricht. Das heißt aber nicht, dass eine Offline-Variante sich nicht grundsätzlich mit D-B. verträgt. Ein überzeugende Offline-Variante kann jedoch nicht in der Nachahmung des herkömmlichen Filialkonzepts bestehen.

Discount Note

In den nächsten Jahren wird sich die Frage stellen, ob durch eine Konzentration auf das Kerngeschäft bei gleichzeitiger Abrundung des Service- und Produktangebotes D-B. als eigenständiges Geschäftsfeld erhalten bleiben kann. Das Vorbild aus den USA Charles Schwab mag hier geeignete Wege aufzeigen, wobei es immer fraglich ist, ob sich ein Geschäftsmodell, das in den USA erfolgreich ist auch auf europäische Verhältnisse übertragbar ist. Vieles wird auch davon abhängen, ob es gelingt die spezifischen Möglichkeiten des Internets für das D-B. nutzbar zu machen. Das ist nicht zuletzt eine Frage unternehmerischer Kreativität, Vorausschau und Durchsetzungsfähigkeit. D-B. als eigenständiges Geschäft muss keine Vision bleiben.

Discount Note, → Anleihen mit → Zinssätzen, die weit unter den marktüblichen Zinssätzen liegen. Der Anleihepreis wird bei → Emission zum Ausgleich der → Rendite wesentlich unter dem → Nennwert festgelegt. Eine Spezialform dieser Anleihen sind → Zero Bonds, welche aus den D. N. hervorgegangen sind.

Discount Rate, → Diskontsatz.

Discounted Cash Flow (DCF) Analysis, bezeichnet ein fundamentales Bewertungsverfahren, das den Wert eines Zahlungsstroms bzw. eines Unternehmens ermittelt. Dabei werden zukünftige Einzahlungsüberschüsse mit den korrespondierenden → Zinssätzen abgezinst, i.d.R. mit den gewichteten Kapitalkosten (→ Weighted Average Cost of Capital). Diese Abzinsung erfolgt in zwei Zeitphasen. Während für die erste Phase ein Zeitraum von 3 bis 5 Jahren verwendet wird, und die Kapitalisierungsgröße aus geplanten, einzeln ermittelten Zahlungsströmen besteht, wird der zweiten Phase (unendliche Unternehmensfortführung) eine ewige Rente unterstellt. Grundsätzlich unterscheidet man als Varianten der DCF-Methode den → Entity-Ansatz, den → Equity-Ansatz und den → APV-Ansatz. – Vgl. auch → Dividend Discount Model.

Discounted Cash-Flow Methode, bezeichnet eine Methode zur Beurteilung von Investitionsentscheidungen und zur Bewertung von Unternehmen. Die sich durch Diskontierung der künftigen Zahlungsströme ergebenden → Barwerte werden zum Kapitalwert summiert. Bei Investitionsentscheidungen ist der projektbezogene → Zinssatz zu verwenden. Bei der Ermittlung eines Unternehmenswertes werden i.d.R. die → Weighted Average Costs of Capital (WACC) zur Diskontierung herangezogen. Das Ergebnis, der Kapitalwert, signalisiert die Vorteilhaftigkeit einer Investition, d.h. diese ist nur bei positivem Kapitalwert durchzuführen, bzw. repräsentiert den Unternehmenswert. – Vgl. auch → Interne Zinsfußmethode.

Diskont, *discount*; Bezeichnung für einen bereits bei Kreditausreichung abgezogenen Zinsbetrag. Der Kreditnehmer erhält den Kreditbetrag abdiskontiert, d.h. abzüglich Zinsen gutgeschrieben, zahlt jedoch bei Fälligkeit den kompletten Betrag zurück. Der berechnete Zinssatz wird als → Diskontsatz bezeichnet. Häufigste Anwendung findet der D. bei Ankäufen von nicht fälligen Zahlungen, speziell → Wechseln und Schecks. – Besondere Bedeutung erlangte der D. allerdings im Zusammenhang mit der Refinanzierung von Geschäftsbanken durch Zentralbankgeld. Bis Ende 1998 bestand für Geschäftsbanken die Möglichkeit, Wechsel bei der Deutschen Bundesbank zu → rediskontieren, d.h. die Banken verkauften Wechsel an die Bundesbank und erhielten dafür den Wechselbetrag abzüglich des D. gutgeschrieben. Durch den Übergang der Geldpolitik auf die → Europäische Zentralbank (EZB) besteht diese Möglichkeit des Rediskonts nun nicht mehr. Allerdings können Banken weiterhin Wechsel als Sicherheit an die EZB verpfänden.

diskontieren, → Abzinsung.

Diskontierung, → Abzinsung.

Diskontierungsfaktor, → Abzinsungsfaktor.

Diskontpapier, → Abzinsungspapier.

Diskontsatz, *discount rate*. 1. Bezeichnung für den Zinssatz, den die → Deutsche Bundesbank im Rahmen von → Rediskontierungen für von Banken eingereichte → Wechsel berechnete. Der D. war ein wichtigstes Instrumentarium der Deutschen Bundesbank zur Durchführung ihrer Geldpolitik. Eine Veränderung des D. führte regelmäßig zu einer Erhöhung bzw. Senkung der kurzfristigen Zinssätzen bei den Geschäftsbanken. Im Rahmen des Übergangs der geldpolitischen Verantwortung auf die → Europäische Zentralbank wurde die Diskontpolitik als Regelinstrument der Zinspolitik nicht mit übernommen. – 2. Als D. wird auch der von Kreditinstituten berechnete Zinssatz für den Ankauf von Wechseln und Schecks von Nichtbanken bezeichnet. – Vgl. auch → Diskont.

Diskretionskonten, schweizerische Bezeichnung für → anonyme Konten.

Distributor, *Vertriebsgesellschaft*; in Verbindung mit Investmentfonds englische Bezeichnung für die → Vertriebsgesellschaft von Fondsanteilen.

Disziplinarausschuss der Maklerkammern, wird von den Mitgliedern der Maklerkammer aus dem Kreis der → Börsenmakler gewählt. Die Tätigkeit des Ausschusses konzentriert sich auf die Aufdeckung von Vergehen der Börsenmakler.

Div., Abk. für → Dividende.

Diversifikation, *Diversifizierung, diversification, branching out*. D. bezeichnet das Kernprinzip der Portfoliotheorie, nach dem durch die Kombination risikotragender Vermögenswerte das Gesamtrisikoprofil eines Portfolios verbessert (reduziert) wird (Risikomanagement). Die D. beinhaltet die gezielte Streuung von Vermögen in Anlagewerten mit unterschiedlichen Risikostrukturen. Die Voraussetzung für D. ist, dass die aufgenommenen Werte nicht perfekt positiv korrelieren. Zweck ist die Herstellung einer Vermögensgesamtposition, bei der sich die Risiken der einzelnen Elemente kompensieren sollen. Negativ zu beurteilen sind die dabei entstehenden Transaktionskosten. Man unterscheidet drei Arten wie D. erreicht werden kann: D. durch die Aufteilung von Risiken, D. durch Hinzuaddierung von Risiken sowie zeitliche D. Die D. umfasst einen großen Anwendungsbereich. – 1. Unternehmensbereich: Erweiterung der operativen Geschäftsbereiche, welche im Zusammenhang mit der bisherigen Programmpalette stehen. Zweck der Expansion liegt in der Risikoreduzierung sowie der Sicherstellung langfristigen Wachstums. – 2. Vermögensanlagebereich: Anlage von Wertpapieren in verschiedene Gattungen, Länder, Branchen, Unternehmen, Laufzeiten, bzw. in Immobilien, Kunst, Antiquitäten, usw.

Diversifizierung, → Diversifikation.

Dividend Discount Model, *Kapitalwertmethode*; entspricht der → Discounted Cash Flow Analysis, wobei nicht die künftigen → Cash-Flows sondern die künftigen Dividenden mit den korrespondierenden → Zinssätzen abgezinst werden. Auf diese Weise lässt sich der fundamentale Wert einer Aktie j ermitteln, indem der zukünftige geschätzte Aktienkurs und die entsprechenden erwarteten Dividenden in die Berechnung einbezogen werden. Der fundamentale Wert ergibt sich daher zum Zeitpunkt t aus der diskontierten Summe des erwarteten zukünftigen Aktienkurs und den erwarteten zukünftigen Dividenden.

Dividende, *dividend*. Die D. ist der → Gewinnanteil der Aktionäre, wobei die Höhe entweder in Euro pro Aktie oder in Prozent des Nennbetrages von der Hauptversammlung festgelegt wird. Die D. hängt vom Bilanzgewinn ab, den die Unternehmung im Geschäftsjahr ausweist. Weiterhin wirken sich Ertragskraft, Konjunkturlage und Dividendenpolitik der Unternehmung auf die Dividendenhöhe aus. Die Bezeichnung D. wird auch für die Gewinnausschüttung auf Geschäftsanteile (Genossenschaften), GmbH - Anteile und Genussscheine verwendet.

Dividendenabschlag, *ex-dividend markdown*; Kursminderung der Aktie nach Abtrennung des fälligen Dividendenscheins. Der D. erfolgt i.d.R. am ersten Börsentag nach der Hauptversammlung. Die Kursnotiz der Aktie erfolgt unter Abzug des ausgezahlten Dividendenbetrages. Im → Kursblatt wird neben dem Kurs ein Vermerk (eD = ex Div.) angebracht, dass die Notierung ohne →

Dividendenaktien

Dividende erfolgte. Der Abschlag, der der Bruttogewinnausschüttung entspricht, wird kursmäßig oft bald wieder eingeholt.

Dividendenaktien, *dividend shares*. D. sind → Aktien, die den Aktionären von der Aktiengesellschaft anstelle der Zahlung einer → Bardividende angeboten werden. Dieses Vorgehen wird überwiegend in Großbritannien praktiziert.

Dividendenbarwert, *present value of dividends*; Berechnungsmodell, bei dem der rechnerische Wert einer Aktie aus dem → Barwert aller künftigen → Dividenden eines Unternehmens bestimmt wird. Im einfachsten Fall wird der D. P_0 bei → Vollausschüttung der Gewinne aus einer unendlichen Reihe von gleich hohen Dividenden $\overline{D}$ berechnet, indem die Dividenden mit einem risikoangepassten Diskontierungszinsfuß i (→ Rentenbarwert) diskontiert (→ Abzinsung, abzinsen) werden:

$$P_0 = \frac{\overline{D}}{i}.$$

Geht man von einem Wachstum künftiger Dividenden aus, so ist um den Wachstumsfaktor g zu bereinigen:

$$P_0 = \frac{\overline{D}\cdot(1+g)}{i-g}.$$

Der D. findet Anwendung in der → Aktienbewertung, → Ertragswertberechnung und → Unternehmensbewertung, aufgrund mangelnder Schätzbarkeit der künftigen Dividenden jedoch nur eingeschränkt. – Vgl. → Dividend Discount Model.

Dividendenberechtigung bei der AG. → Aktien derselben Gattung haben in der Regel denselben Dividendenanspruch. Bei einer → Kapitalerhöhung werden die jungen Aktien teilweise mit unterschiedlicher Dividendenberechtigung ausgestattet. Bei der Börseneinführung → junger Aktien ist die Dividendenberechtigung anzugeben. Bis zur Gleichberechtigung mit den alten Aktien werden getrennte Kurse notiert.

Dividendenbesteuerung, *taxation of dividends*; vgl. → Besteuerung der Erträge aus Wertpapieren und → Aktien als Kapitalanlage, steuerliche Aspekte.

Dividendendeckungsverhältnis, *dividend cover ratio*. Verhältnis zwischen dem erzielten Jahresgewinn und dem ausgeschütteten Gewinn. Das D. zeigt, wie oft der Gewinn der Unternehmung die → Dividende übersteigt. Die Einstellung des Marktes zu einer Aktie kann durch das D. beeinflusst werden.

Dividendenerklärung, *declaration of dividends*. Die D. ist die Bekanntgabe des → Dividendenvorschlags, der von Vorstand und Aufsichtsrat vorgelegt wurde. Dieser Vorschlag dient i.d.R. als Basis für die Abstimmung der Hauptversammlung über die endgültige Höhe der → Dividende.

Dividendengarantie, *dividend guarantee*; Verpflichtung zur Zahlung einer Mindestdividende an die Aktionäre durch Dritte (z.B. → Mehrheitsaktionär). Die D. ist bei stimmrechtslosen Vorzugsaktien eine Entschädigung für den Verzicht auf das → Stimmrecht. Im Allgemeinen ist die D. zeitlich befristet und bei Nichtzahlung von Dividenden in späteren Jahren nachzuholen.

Dividendenkapitalerhöhung, *dividend capital increase*; Sonderform der → Stock-Dividende. Die Hauptversammlung beschliesst zusätzlich zur normalen → Dividende, Bonus oder Sonderausschüttung eine → Grundkapitalerhöhung, wobei das → Bezugsrecht an die Aktionäre gewährt wird. Für den Erwerb der angebotenen → jungen Aktien reicht die Ausschüttung gerade aus, d.h. Ausschüttung und Kapitalerhöhung haben das gleiche Verhältnis zum bisherigen Grundkapital. Das Verfahren wird auch als → Schütt-aus-hol-zurück-Verfahren bezeichnet, weil sich die AG die ausgeschüttete Dividende sofort wieder in das Unternehmen zurückholt. Die D. wird i.d.R. aus steuerlichen Gründen durchgeführt. Durch die Steuerreform 2000 hat sie allerdings an Bedeutung verloren.

Dividendenkontinuität, *Dividendenstetigkeit, continuity of dividends*; Variante der → Dividendenpolitik, die eine kontinuierliche Dividendenzahlung über einen längeren Zeitraum zum Ziel hat. Einmalige Ertragseinbrüche oder hohe Gewinne wirken sich nicht auf die Dividendenhöhe aus. Die → Dividenden haben somit Zinscharakter. I.d.R. verfolgen Unternehmen mittels der D. die

Zielsetzung, das Vertrauen der Aktionäre zu stärken oder zu gewinnen.

Dividendenlosigkeit, *dividendless.* Die D. tritt in Geschäftsjahren ohne Dividendenausschüttung auf, was meist durch eine schlechte Ertragslage verursacht wurde.

Dividendenoptik, *optics of dividends.* Die D. bezeichnet die überwiegend psychologische Wirkung, die von der absoluten Höhe der → Dividende verursacht wird. Im Rahmen der → Dividendenpolitik spielt die D. eine wichtige Rolle. – Vgl. auch → Dividendenkontinuität.

Dividendenpapiere, → Dividendenwerte.

Dividendenpolitik, *politics of dividends*; vgl. → Ausschüttungspolitik, → Dividendenkontinuität und → Dividendenoptik.

Dividendenrecht der Aktionäre, *dividend right of shareholders*; Anspruch des Aktionärs auf Anteil am Gewinn. Das D. liegt vor bei Aktien mit → Dividendengarantie, bei Vorzugsaktien mit festgelegtem → Dividendensatz und wenn die Hauptversammlung eine Gewinnausschüttung beschlossen hat.

Dividendenrendite, *dividend yield*; geschätzte oder angekündigte → Bruttobardividende multipliziert mit 100, geteilt durch den Kurs der Aktie. Die D. gibt die laufende Verzinsung (→ Kursrendite) auf das eingesetzte Kapital eines Investors an. – Vgl. → Aktienbewertung.

Dividendensatz, *dividend rate.* Der D. gibt die Höhe der → Dividende in Euro oder in Prozent des Nennwertes an.

Dividendenschein, *Bezugsschein, Gewinnanteilsschein, Coupon, dividend coupon.* Der D. verbrieft den Anspruch auf Auszahlung der → Dividende und ist somit ein Nebenpapier der → Aktie. Der D. gilt auch für andere Ausschüttungen, wie z.B. dem → Bonus und für die Ausübung des → Bezugsrechts.

Dividendenscheinbogen, → Gewinnanteilsscheinbogen.

Dividendenvorschlag

Dividendenscrip, *dividend scrip.* Der D. ist ein von einer US-Gesellschaft ausgegebener Gewinnanrechtsschein. Er findet Anwendung, wenn sich die Gesellschaft in Liquiditätsschwierigkeiten befindet und deswegen keine Gewinnausschüttung vornehmen kann.

Dividendenstopp, *dividend freeze.* Der D. ist eine i.d.R. durch staatliche Verordnungen verursachte Beschränkung der Dividendenhöhe.

Dividenden-stripping, *dividend-stripping.* Das D. war Hauptkritikpunkt des → körperschaftsteuerlichen Anrechnungsverfahrens im Rahmen der Steuerreform 2000. D. wurde von ausländischen Investoren vorgenommen, die die von inländischen Unternehmen gezahlte Körperschaftsteuer nicht auf ihre Einkommen- bzw. Körperschaftsteuerschuld anrechnen konnten. Das D. funktionierte derart, dass ein nichtanrechnungsberechtigter Anteilseigner seine Anteile vor dem Dividendentermin an einen Anrechnungsberechtigten verkaufte und den Anrechnungsanspruch schließlich über den Kaufpreis erhielt. Der Erwerber ließ sich die Körperschaftsteuer anrechnen und nahm eine ausschüttungsbedingte Teilwertabschreibung vor oder machte einen Veräußerungsverlust geltend. Durch die Ablösung des Anrechnungssystems durch das → Halbeinkünfteverfahren wurden Steuerinländer und Steuerausländer auf eine Stufe gestellt. Das Problem des D. wurde somit mangels anrechenbarer Körperschaftsteuer beseitigt.

Dividendenthese, *dividend theory*; beschreibt im Grundsatz die Theorie, dass die Aufteilung des erwirtschafteten Gewinns in den einbehaltenen und den an die → Anteilseigner ausgeschütteten Teil Einfluss auf die Höhe des → Aktienkurses hat, da die → Dividendenzahlung in der Praxis für die → Eigenkapitalgeber eine sehr hohe Bedeutung hat. Begründet wird diese Ansicht dadurch, dass garantierte Dividendenzahlungen höher bewertet werden als die durch die Einbehaltung von Gewinnen möglichen risikobehafteten Kurssteigerungen. – Gegensatz: → Gewinnthese.

Dividendenvorschlag, → Dividendenerklärung.

237

Dividendenwerte

Dividendenwerte, *Dividendenpapiere, dividend-bearing securities.* Zu den D. gehören alle Wertpapiere, bei denen die Gewinne als → Dividenden ausgeschüttet werden. D. sind z.B. → Genussscheine, → Aktien und sonstige Anteile an Kapitalgesellschaften.

Dividendenzahlung, *dividend payment.* Die D. erfolgt im allgemeinen kurz nach dem Gewinnverwendungsbeschluss durch die → ordentliche Hauptversammlung. Für die Zahlung der → Dividende sind i.d.R. Banken als Zahlstellen zuständig. In Deutschland wird die Dividende für das ganze Geschäftsjahr gezahlt, während in anderen Ländern wie den USA → Quartalsdividenden üblich sind.

Dividendenzahlung bei Auslandsaktien, → Auslandsaktien, Dividendenzahlung.

Dividende pro Aktie, *dividend per share;* auf eine Aktie entfallende → Dividende.

DJI, →. Dow Jones Industrial Index.

DJIA, Abk. für → Dow Jones Industrial Average.

DJTA, Abk. für → Dow Jones Transportation Average.

DJUA, Abk. für → Dow Jones Utility Average.

DM-Anleihen, *DM-Schuldverschreibungen, DM bonds;* in DM emittierte → Anleihen, die sowohl von in- als auch ausländischen Schuldnern begeben werden. Handelt es sich bei dem → Emittenten um einen ausländischen Schuldner, so spricht man von einer → DM-Auslandsanleihe. DM-A. verloren seit der Einführung des Euro 1999 an Bedeutung.

DM-Auslandsanleihe, *foreign DM bond;* → Anleihen, die von ausländischen Emittenten in DM auf dem deutschen Kapitalmarkt platziert werden. Die Verzinsung orientiert sich weitgehend an den inländischen Kapitalmarktrenditen. Die Anleihen unterliegen der deutschen Gesetzgebung. Das → Anleihekonsortium ist hauptsächlich mit deutschen Banken und Emissionshäusern besetzt. Am Markt treten vor allem supranationale Institutionen, Staaten, Provinzen, Städte, Banken und Unternehmen auf. DM-A. haben für den inländischen Investor den Vorteil, dass sie keinem Währungsrisiko ausgesetzt sind. Dafür ist die Bonität einiger Emittenten niedrig. – Vgl. hierzu → Euro-Anleihen.

Dokumentenakkreditiv, *documentary credit;* bezeichnet eine vertragliche Verpflichtung eines → Kreditinstitutes gegenüber Dritten innerhalb einer vereinbarten Frist eine Leistung gegen Vorlage vorab spezifizierter Dokumente zu erbringen.

Dollar. 1. Allgemein: Weit verbreitete Bezeichnung für Währungseinheiten. Ein D. wird in 100 → Cent unterteilt. – 2. *US-$, $, USD;* gesetzliches Zahlungsmittel im Staatsgebiet der USA. Aufgrund ökonomischer, politischer und historischer Ursachen ist der US-Dollar die wichtigste Anlage-, Emissions-, Handels- und → Reservewährung auf der Welt.

Dollaranleihen, *dollar bonds;* → Anleihen, die in US-Dollar emittiert sind. Anleger, die nicht in Ländern beheimatet sind, in denen der US-Dollar Landeswährung ist, tragen ein Währungsrisiko.

Dollarklausel, *dollar clause;* Vereinbarung, die den Schuldner verpflichtet, seine Verbindlichkeiten entweder in USD oder auf Basis des Dollarkurses zu begleichen. Dies ist häufig bei internationalen → Anleihen der Fall.

Dollarkurs, *dollar exchange rate;* → Wechselkurs des US-amerikanischen → Dollars zu anderen Währungen. Basierend auf seiner ökonomischen Relevanz wird der Entwicklung des D. hohe Bedeutung beigemessen.

Dollarpapiere, *Dollarwertpapiere, Dollar securities.* D. sind → Aktien und → Anleihen, deren → Nennwert auf die Währung US-Dollar lautet. Aufgrund des weltweit hohen Anlegervertrauens, das der Währung entgegengebracht wird und damit einhergehend der Quasi-Leitwährungsfunktion des US-Dollars, sind D. die am weitesten verbreiteten → Effekten am globalen Kapitalmarkt. Als D. werden sowohl Wertpapiere bezeichnet, die von amerikanischen und nichtamerikanischen → Emittenten in den Vereinigten Staaten ausgegeben werden, als auch Papiere, deren → Platzierung auf anderen

Doppelbesteuerung

Märkten stattfindet, z.B. auf dem Eurokapital- und Eurogeldmarkt. Beim Erwerb von D. müssen nicht amerikanische Anleger beachten, dass sie u.a. auch einem Wechselkursrisiko ausgesetzt sind, das dann schlagend werden kann, wenn der Rückumtausch in die Heimatwährung zu einem niedrigeren Wechselkurs erfolgt, als der ursprüngliche Erwerb.

Dollarparität, *dollar parity*; → Wechselkurs einer Fremdwährung zum US-amerikanischen Dollar.

Dollar Bonds, → Dollaranleihen.

Dollar Bond Warrants, → Optionsscheine auf → Dollaranleihen.

Dollar Straights, festverzinsliche → Dollaranleihen.

Dolphin, *flipper, quick trader*; spekulative Anlagestrategie, bei der ein Anleger verstärkt neu emittierte Aktien kauft, um an kurzfristig steigenden Aktienkursen zu verdienen.

Domestic Bond, → Inlandsanleihe.

Domestic Segment, zum Zeitpunkt der Drucklegung geplante Bezeichnung für ein Marktsegment der Deutschen Börse AG, in dem als Voraussetzung für ein Listing lediglich die gesetzlichen Zulassungsvoraussetzungen gelten sollen. Im → Prime Segment gelten dagegen strengere Zulassungsregeln.

Domino-Effekt, bezeichnet die Verbreitung einer Krisenerscheinung innerhalb einer Volkswirtschaft. Infolge der Krise einzelner Kreditinstitute, ausgelöst u.U. durch den massierten Abzug von Einlagen (→ Bank Run) können auch andere, zuvor „gesunde" Institute aufgrund der starken Verflechtungen innerhalb der Kreditwirtschaft in Mitleidenschaft gezogen werden – etwa, indem sie selbst Liquiditätsengpässe durch den Ausfall eines Vertragspartners erleiden. Aus einer Einzelbank- kann sich auf diese Weise eine Systemkrise entwickeln.

Dont, → Reuegeld.

Doppelauktion, *double auction*; Bezeichnung für ein → Auktionsverfahren, bei dem sowohl von Käufer- wie auch von Verkäuferseite Angebote abgegeben werden. Diese können zwar dann jeweils von sämtlichen Marktteilnehmern beobachtet werden, ihre individuellen Präferenzen bleiben jedoch stets unbekannt. Allgemein wird zwischen der synchronen und der asynchronen D. unterschieden. Die synchrone D. geht von zeitlich nacheinander eingehenden Kauf- und Verkaufsaufträgen aus, wohingegen sich die asynchrone D. durch ein sukzessives Annähern von Kauf- und Verkaufsangeboten bis zur endgültigen Annahme eines Angebots auszeichnet. – Vgl. auch → Double Auction Market.

Doppelbesteuerung, *double taxation*. Der Begriff D. entstammt dem internationalen Steuerrecht. Es kann differenziert werden zwischen der rechtlichen und der wirtschaftlichen D. Der Tatbestand der rechtlichen D. ist erfüllt, wenn derselbe Steuerpflichtige mit denselben Einkünften oder Vermögenswerten gleichzeitig in zwei oder mehreren Staaten zu gleichen oder vergleichbaren Steuern herangezogen wird. Unterliegen dieselben Einkommens- und Vermögensteile im gleichen Besteuerungszeitraum bei verschiedenen Steuersubjekten einer vergleichbaren Steuer, so spricht man von der wirtschaftlichen D. (sog. Doppelbelastung). – D. werden durch die Konkurrenz steuerrechtlicher Normen verursacht. Wann eine D. entsteht, hängt davon ab, welche Anknüpfungskriterien nach dem Steuerrecht der einzelnen Staaten für die Begründung der Steuerpflicht entscheidend sind. Im Rahmen der nationalen Steuergesetze wird ein Steuerrechtsverhältnis durch zwei Arten von Anknüpfungsmomenten begründet: Es muss eine persönliche oder eine sachliche Bindung des Einkommensbeziehers zum steuererhebenden Staat gegeben sein. Eine persönliche Bindung liegt in Deutschland bei natürlichen Personen mit inländischem Wohnsitz oder gewöhnlichem Aufenthalt im Inland vor (Wohnsitz-/Ansässigkeitsprinzip). Bei Steuerausländern liegt eine sachliche Beziehung zum Inland vor, wenn sie Einkommen aus inländischen Quellen beziehen, oder wenn sie nur inländisches Vermögen besitzen (Quellen-/ Ursprungsprinzip). Das weltweite Nebeneinander von persönlichen und sachlichen Steueranknüpfungsmomenten birgt vielfältige Gefahren von rechtlichen D. So kann eine rechtliche D. grundsätzlich durch die Konkurrenz zweimaliger Wohnsitz- oder zwei-

Doppelbesteuerungsabkommen

maliger Quellenbesteuerung oder durch das Aufeinandertreffen von Wohnsitz- und Quellenbesteuerung auftreten. – Da rechtliche D. den internationalen Handel erschweren, haben die meisten Staaten Maßnahmen zur Vermeidung getroffen. Dies erfolgt entweder in einseitigen Regelungen (→ Anrechnungsmethode, → Freistellungsmethode) oder in → Doppelbesteuerungsabkommen, in denen die Beteiligten ihre Besteuerungsbefugnisse abgrenzen. Häufig werden auch Verfahrensbestimmungen zur verbesserten Durchsetzbarkeit der Steuervorschriften in den beteiligten Ländern geregelt.

Doppelbesteuerungsabkommen (DBA)

‚double-tax agreement/treaty. Einen unverzichtbaren Bestandteil des internationalen Steuerrechts bilden DBA. Bei ihnen handelt es sich um bilaterale, völkerrechtliche Verträge, die zwischen zwei Staaten abgeschlossen werden. DBA sind spezielle Regelungen und gehen den anderen deutschen Steuergesetzen vor (lex specialis). In DBA verpflichten sich zwei Staaten auf der Grundlage der Gegenseitigkeit verbindlich zu einer Begrenzung ihrer nationalen Steueransprüche. Es handelt sich dabei um einen gegenseitigen Steuerverzicht, deswegen werden DBA als Schrankenrecht bezeichnet. Durch die Begrenzung der nationalen Steuerhoheit soll verhindert werden, dass das gleiche Besteuerungsgut in beiden Staaten besteuert wird (→ Doppelbesteuerung). – Der Anwendungsbereich von DBA erstreckt sich in erster Linie auf die Einkommen-, Körperschaft-, Vermögen- und Gewerbesteuer. Bei Einkünften aus Wertpapieren wird durch DBA verhindert (manchmal nur teilweise), dass → Dividenden oder → Zinsen sowohl in dem Land, aus dem sie fließen (Quellenstaat), als auch in dem Land, in dem der Empfänger persönlich steuerpflichtig ist (Wohnsitzstaat), zu versteuern sind. Der Inhalt der DBA entspricht i.d.R. weitgehend dem OECD-Musterabkommen (→ OECD). Das OECD-Modell sieht zur Vermeidung der Doppelbesteuerung alternativ die → Freistellungsmethode oder die → Anrechnungsmethode vor. Die Bundesrepublik praktiziert in ihren DBA i.d.R. die Freistellung unter Progressionsvorbehalt.

Doppeldecker, stellt den gleichzeitigen Einsatz von Zins- und Mengentender durch die Notenbank im Rahmen ihrer Offenmarktpolitik dar.

Doppelminus, *sharp price markdown*; an den deutschen Börsen verwendeter → Kurszusatz, der auf größere Kursverluste im entsprechenden Wertpapier hinweist. Eine D.-Ankündigung bei Wertpapieren im vorbörslichen Handel oder zur Börseneröffnung signalisiert, dass mit einem mindestens zehnprozentigen Kursverlust gerechnet wird. Die D.-Ankündigung wird vom jeweiligen → Kursmakler vorgenommen. – Gegensatz: → Doppelplus.

Doppelplus, *sharp price markup*; an den deutschen Börsen verwendeter → Kurszusatz, der auf größere Kursgewinne im entsprechenden Wertpapier hinweist. Eine D.-Ankündigung bei Wertpapieren im vorbörslichen Handel oder zur Börseneröffnung signalisiert, dass mit einem mindestens zehnprozentigen Kursanstieg gerechnet wird. Die D.-Ankündigung wird vom jeweiligen → Kursmakler vorgenommen. – Gegensatz: → Doppelminus.

Doppelprämiengeschäft. → Termingeschäft, das von einem → Stillhalter in einem → Prämiengeschäft abgeschlossen wird. Durch Abschluss eines → Vorprämiengeschäftes oder → Rückprämiengeschäftes geht der Stillhalter eine risikobegrenzende Gegenposition ein. Ein solches D. ist vorteilhaft, wenn der Stillhalter eine Seitwärtsbewegung des dem Prämiengeschäft zugrunde liegenden Wertpapiers, verbunden mit starken → Kursschwankungen, erwartet, da in einer solchen Situation die Stillhalterposition wenig aussichtsreich ist. Hat der Stillhalter jedoch eine bestimmte Kurserwartung, ist eine solche Schließung der Risikoposition nicht vorteilhaft. – Vgl. auch → Range Forward.

doppelt gespannter Kurs. → Kurs, der sich aus Addition bzw. Subtraktion eines bestimmten Betrages vom amtlich festgestellten (Devisen-)Mittelkurs (→ Devisenkurs) ergibt. Bei einem d. g. K. entspricht dieser Betrag einem Achtel der in den jeweiligen → Börsenbedingungen festgelegten Spannen zwischen → Geld- und → Briefkursen. Ein doppelt gespannter Geld-(Briefkurs) liegt im Vergleich zum einfach gespannten Geld-(Briefkurs) und zum eigentlichen Geld-

(Briefkurs) näher am Mittelkurs und wird von Geschäftsbanken lediglich für Kauf- oder Verkaufsorders von besonders guten Kunden angesetzt.

Doppeltender, stellt die Bezeichnung für ein gleichzeitiges Angebot zweier im amerikanischen Verfahren ausgeschriebener Zinstender mit unterschiedlicher Laufzeit im Rahmen von Wertpapierpensionsgeschäften der Notenbank dar.

Doppelwährungsanleihe, *double/dual currency loan*. → Anleihe, der zwei verschiedene Währungen zugrunde liegen. Die → Emission und die Zinszahlungen erfolgen in einer anderen Währung als die Kapitalrückzahlung. Bei einigen D. hat der Emittent ein Wahlrecht, in welcher Währung er die Anleihe tilgen möchte. Der Anleger bekommt für dieses → Währungsrisiko i.d.R. einen überdurchschnittlich hohen → Coupon. Ein Währungsrisiko besteht auch für den Gläubiger, da die zu leistenden Zinszahlungen Wechselkursschwankungen ausgesetzt sind. – D. kommen in der Praxis in zahlreichen Variationen vor. So werden einige D. mit einer → Put-Option ausgestattet. Diese gestattet dem Anleger die vorzeitige Rückgabe seiner Anleihe, allerdings meist zu einem niedrigeren Tilgungskurs. Wird dem Emittenten ein vorzeitiges Kündigungsrecht eingeräumt, spricht man von einer → Call-Option. Diese vorzeitigen Kündigungsmöglichkeiten begrenzen das bei Emission bzw. → Zeichnung eingegangene Währungsrisiko.

DOT, Abk. für → Designated Order Turnaround.

Dotationskapital, *dotation capital*; Bezeichnung für das → Grundkapital → öffentlich-rechtlicher Banken, mit dem sie von ihren Trägern ausgestattet werden.

Double Auction Market, *Doppelauktionsmarkt*; bezeichnet die vorherrschende Marktform von → Börsen, bei der die → Doppelauktion zur Preisfindung angewendet wird. Bei diesem Verfahren können sowohl Käufer als auch Verkäufer Angebote abgeben. Der D.A.M. weist folgende Merkmale auf: – 1. Es gibt mehr als zwei Käufer und mehr als zwei Verkäufer. – 2. Es wird jedesmal eine Gütereinheit gehandelt. – 3. Die Angebote können nach ihrer Abgabe von

Dow Jones Industrial Average

allen Marktteilnehmern beobachtet werden. – 4. Die Präferenzen jedes Marktteilnehmers sind für alle anderen unbekannt. – Abhängig vom Zeitpunkt der Erfüllung der Angebote unterscheidet man zwischen der synchronen und der asynchronen Doppelauktion. Bei der synchronen Doppelauktion werden die → Kauf- und → Verkaufsaufträge zeitlich hintereinander gestaffelt und am Ende der Handelsperiode miteinander verrechnet. Das → Clearing House ist ein Beispiel für ein derartiges → Auktionsverfahren. Die asynchrone D. wird auch als fortlaufende zweiseitige → Auktion bezeichnet. Nach diesem Verfahren nähern sich Kauf- und Verkaufsangebote einander an, bis ein Kauf- oder Verkaufsangebot akzeptiert wird. Ein Angebot bleibt das gültige „Marktgebot", bis es entweder akzeptiert oder durch ein besseres Angebot eines Marktteilnehmers ersetzt wird. Diese Vorgehensweise findet überwiegend an Börsen und Auktionen im Internet Anwendung.

Dow Jones EURO STOXX, Teil der Indexfamilie → Dow Jones STOXX. Es handelt sich um einen Gesamtmarktindex, der Aktien der Eurozone beinhaltet. Die Zusammensetzung wird regelmäßig vierteljährlich überprüft. – Vgl. auch → Dow Jones EURO STOXX 50, → Dow Jones STOXX 50 und → Dow Jones STOXX NORDIC 30.

Dow Jones EURO STOXX 50, Teil der Indexfamilie → Dow Jones STOXX. Er ist eine Teilmenge des Dow Jones EURO STOXX 600. Aufnahme finden die nach der → Börsenkapitalisierung 50 größten Titel aus der Eurozone. Die Zusammensetzung wird regelmäßig jährlich im September überprüft. Er bildet die Grundlage für eine Vielzahl derivativer Finanzinstrumente. – Vgl. auch → Dow Jones STOXX 50, → Dow Jones EURO STOXX und → Dow Jones NORDIC 30.

Dow Jones Index, → Dow Jones Industrial Index.

Dow Jones Industrial Average (DJIA), *Dow Jones Industrial Index, Dow Jones*; seit 1897 veröffentlichter → Aktienindex aus den 30 umsatzstärksten Aktien (→ Blue Chips) der → New York Stock Exchange. Der DJIA wird als preisgewichteter arithmetischer Durchschnitt der aktuellen Aktienkurse, korrigiert um → Stock Splits, errechnet. –

Dow Jones Industrial Index

Basis des DJIA ist seit 1928 ein Wert von 100, der historische Tiefstand vom 02.06.1932 beträgt 41 Punkte. Von der ursprünglichen Zusammensetzung aus zwölf Werten ist heute nur noch das Unternehmen General Electric im DJIA enthalten. – Im Gegensatz zum → Deutschen Aktienindex wird der DJIA nicht um → Dividenden bereinigt. – Vgl. auch → S&P 500 und → Nasdaq Composite Index.

Dow Jones Industrial Index, → Dow Jones Industrial Average (DJIA).

Dow Jones STOXX, *Dow Jones STOXX Total Market Index, STOXX*; Indexfamilie, die von der STOXX Limited, einem Joint Venture Unternehmen von Dow Jones & Company, der → Deutschen Börse AG, der → Paris Bourse SA und der → SWX Swiss Exchange, veröffentlicht wird. Die Indizes des D.J.S. decken den europäischen Markt zu ca. 95% ab. Es existieren folgende Subindizes: Total Market Indizes (TMI), Size Indizes, Branchenindizes sowie Blue Chip Indizes. Bedeutendste Indizes in der Familie sind der → Dow Jones STOXX Total Market Index (Europa), der → Dow Jones EURO STOXX Total Market Index (Eurozone), der → Dow Jones STOXX 50 Index (Europa) sowie der Dow Jones → EURO STOXX 50 Index (Eurozone). Die insgesamt 250 Indizes werden als → Kursindex und als → Performance-Index jeweils in Euro und US-Dollar berechnet. Der Basiszeitpunkt für alle Indizes ist der 31.12.1991, wobei die Basis für die Blue Chip Indizes auf 1.000 und für alle anderen Indizes auf 100 gesetzt wurde. Die Indizes werden nach der Laspeyres Formel berechnet. Die Gewichtung der in den Indizes enthaltenen → Aktien wird nach der → Börsenkapitalisierung berechnet und regelmäßig überprüft (Blue Chip Indizes jährlich, die übrigen vierteljährlich). – Vgl. auch → Dow Jones NORDIC 30.

Dow Jones STOXX 50, Teil der Indexfamilie → Dow Jones STOXX. Er ist eine Teilmenge des Dow Jones STOXX 600. Aufnahme finden die nach der → Börsenkapitalisierung 50 größten Titel aus 16 Ländern Europas. Die Zusammensetzung wird regelmäßig jährlich im September überprüft. Er bildet die Grundlage für eine Vielzahl → derivativer Finanzinstrumente. – Vgl. auch → Dow Jones EURO STOXX 50, → Dow Jones EURO STOXX und → Dow Jones NORDIC 30.

Dow Jones STOXX NORDIC 30, bildet ein Teil der Indexfamilie → Dow Jones STOXX und ist, wie der → Dow Jones EURO STOXX 50, eine Teilmenge des Dow Jones EURO STOXX 600. Er setzt sich aus den nach der → Börsenkapitalisierung 30 größten Titel des skandinavischen Raums zusammen. – Vgl. auch → Dow Jones STOXX 50 und → Dow Jones EURO STOXX.

Dow Jones Sustainability Group Index (DJSGI), ist wegen seiner breiten → Diversifikation eine wichtige → Benchmark für auf Nachhaltigkeit ausgerichtete Anlagen. Um in den DJSGI aufgenommen zu werden, müssen sich die Unternehmen zur Achtung strenger Prinzipien verpflichten. Diese beziehen sich auf Innovationen, Unternehmensführung, → Corporate Governance und Aktionärs- und Gesellschaftsinteressen. Insgesamt lassen sich geographische → Indizes für die Regionen Nordamerika, Europa, Asienpazifik, Vereinigte Staaten und für die gesamte Welt unterscheiden. Jeder geographische Index unterteilt sich in vier weitere Indizes. Davon beinhalten drei Indizes keine Unternehmen aus jeweils einer der Branchen Alkohol, Tabak oder Glücksspiel. Der vierte Index weist kein Unternehmen aus allen drei genannten Branchen auf.

Dow Jones Transportation Average (DJTA), *DJ-Transport*; → Aktienindex, der aus 20 Aktien von US Transportunternehmen gebildet wird. Die Berechnung des DJTA erfolgt analog zum → Dow Jones Industrial Average.

Dow Jones Utility Average (DJUA), *DJ-Utility*; → Aktienindex, der aus 15 Aktien von US Versorgungsunternehmen gebildet wird. Die Berechnung des DJUA erfolgt analog zum → Dow Jones Industrial Average.

Downgrade, *Abwertung*. Anders als beim → Upgrade haben sich in diesem Falle die Umweltbedingungen und/oder die Unternehmenssituation des betrachteten Unternehmens verschlechtert, so dass sich die → Rating-Agentur zu einer negativen Korrektur des → Ratingsymbols entschließt. Dem →

Emittenten wird damit eine geringere → Bonität bescheinigt.

Down/out-Option, Form der → Knockout-Option, die mit Hilfe von → Calls generiert wird, wobei das → Optionsrecht aus dem Call erlischt, wenn der Kurs des → Underlying einen bestimmten Schwellenwert unterschreitet. – Vgl. auch → Up/out-Option.

Downtick. 1. Leichter Kursabschlag. – 2. Geschäftsabschluß zu einem Kurs, der etwas unter dem Kurs eines vorhergehenden Geschäfts liegt. – 3. Aktie mit leicht fallender Tendenz. – Gegensatz: → Uptick. – Vgl. auch → Downtick Rule.

Downtick Rule, bezeichnet die Handelsbeschränkung an der → New York Stock Exchange (NYSE), die automatisch ausgelöst wird, sobald der → Dow Jones Index innerhalb eines festgelegten, kurzen Zeitintervalls um mehr als 50 Punkte sinkt. Es soll verhindert werden, dass durch das zeitlich versetzte Ausführen von computergestützten Verkaufsprogrammen ein Börsencrash ausgelöst wird. Die Aufträge kleinerer Anleger erhalten zu diesem Zeitpunkt Priorität. Sollte der Index um 350 bzw. um 550 Punkte sinken, so wird der Handel für 30 bzw. 60 Minuten komplett unterbrochen.

Dow-Theorie, *Dow Theory*; Theorie des auf den Gesamtmarkt bezogenen Aktienkursverlaufs nach Charles Dow. Dow meinte, wiederkehrende Kursbewegungen im nach ihm und Edward C. Jones benannten → Dow-Jones-Industrial-Index (DJIA) zu erkennen. Diese wiederkehrenden Bewegungen werden als Trends (→ Trendformationen) bezeichnet, die nach Dow drei Ausprägungen annehmen können: → Primärtrend, → Sekundärtrend und Tertiärtrend. Der Primärtrend darf nicht mit einem noch längerfristigen Basistrend verwechselt werden, um der der Primärtrend nach der D. oszilliert. Dieser wird durch Inflation und technischen Fortschritt begründet. Der Primärtrend wird dagegen z.B. durch konjunkturelle Zyklen hervorgerufen. Der Erfolg von → Handelsstrategien nach der D. hängt vom rechtzeitigen Erkennen von → Umkehrformationen ab, bei denen abwärts gerichtete Trends in aufwärts gerichtete übergehen und umgekehrt. Die Umkehr vom Abwärts- zum Aufwärtstrend ist nach der D. dadurch gekennzeichnet, dass ein neuer Tiefpunkt (→ Bottom) höher liegt als ein alter Tiefpunkt und der sich anschließende Hochpunkt (→ Top) über dem vergangenen Hochpunkt liegt. Der Wechsel vom Aufwärts- zum Abwärtstrend ergibt sich umgekehrt.

Dreieck, *triangle*; Trendbestätigungsformation der → Chart-Analyse. Das D. kommt als rechtwinkliges, gleichschenkliges oder umgekehrtes (offenes) gleichschenkliges D. vor. Nach einer starken Aufwärts- oder Abwärtsbewegung erfolgt ein Ausschwingen des Kurses in kleiner (beim umgekehrten D. größer) werdenden wellenförmigen Bewegungen, die ein D. ausbilden. Beim rechtwinkligen D. bilden entweder die jeweiligen → Tops eine → Widerstandslinie oder die → Bottoms eine → Unterstützungslinie, in der Abwärtsbewegung entsprechend umgekehrt. Beim gleichschenkligen D. verlaufen Tops fallend und Bottoms steigend. Die Umsätze sind dabei rückläufig. Ein Ausbrechen aus dem ausgebildeten D. bei ansteigenden Umsätzen setzt die ursprüngliche Kursbewegung fort. Beim umgekehrten D. werden die Schwingungen immer größer. Die letzte Schwingung führt zum Ausbruch aus dem D. und beendet die Erholung. Der Umsatz hat keinen typischen Verlauf, weshalb diese Formation von den → Chartisten nicht generell anerkannt ist. – Vgl. auch → Analyse von Formationen und → Trendformationen.

Dreifachtender, ist die Bezeichnung für ein gleichzeitiges Angebot der Notenbank von drei im amerikanischen Verfahren ausgeschriebenen Tranchen mit jeweils unterschiedlicher Laufzeit im Rahmen von Wertpapierpensionsgeschäften der Notenbank dar.

Dreimännerkommission, *Vertrauensmännerausschuss*; Schiedsgericht, welches die Streitigkeiten aus einem Börsengeschäft bezüglich der Lieferbarkeit von Wertpapieren und der Auslegung von → Usancen schlichtet.

Dreimonats-Euribor-Futures, → Terminkontrakte auf den Zinssatz für Dreimonats-Eurotermingelder.

Dreimonats-Euromark-Futures-Option, → Option auf Dreimonats-Euromark-Future.

Dreimonatsgeld

Dreimonatsgeld, *three-month funds*; unter Banken vereinbartes → Festgeld mit einer Laufzeit von drei Monaten.

Dreiviertelmehrheit, *three-quarter majority*. Eine D. liegt vor, wenn mindestens 75% des auf der Hauptversammlung vertretenen, stimmberechtigten Grundkapitals einen Beschluss fassen. Dieses Mehrheitserfordernis besteht für Beschlüsse, die dazu geeignet sind, mit besonderer Intensität in die Vermögensposition der Aktionäre einzugreifen. Dazu zählen unter anderem Satzungsänderungen (→ Satzungsänderungen bei der AG), → Unternehmensverträge und → Kapitalerhöhungen. Die Satzung kann andere Mehrheitserfordernisse bestimmen, in einigen Fällen allerdings nur größere.

Drittbeteiligung, Beteiligung einer konzernfremden Unternehmung an einer Konzerngesellschaft mit einer → Minderheitsbeteiligung, die in der Konzernbilanz durch Bildung eines Konsilidierungsausgleichspostens berücksichtigt werden muss.

dritter Markt, → Over the Counter Market.

Drittverwahrer, *third-party custodian*; Bank, die für einen anderen Verwahrer (→ Zwischenverwahrer) Wertpapiere im Sinne des → Depotgesetzes verwahrt, die diesem selbst oder dessen Kunde als Hinterleger gehören. Die Funktion als D. üben u.a. die → Wertpapiersammelbanken aus. – Vgl. auch → Drittverwahrung und → Depot.

Drittverwahrung, *custody of securities by third-party*. → Zwischenverwahrer von Wertpapieren können ohne besondere Einwilligung des Hinterlegers die ihnen anvertrauten Wertpapiere bei anderen Instituten (→ Drittverwahrer) ins Depot legen. Eine Form der D. ist die → Girosammelverwahrung, bei der die → Wertpapiersammelbank Drittverwahrer ist. Zum Schutz des Hinterlegers müssen dessen Wertpapiere in den Depotkonten separat geführt und ausgewiesen werden.

Drittwährungsanleihe, *third currency bond*; → Anleihe, dessen Währung weder auf die des Emittenten (→ Inlandsanleihe) noch auf die des Emissionslandes (→ Auslandsanleihe) lautet. Gewählt wird statt dessen eine international anerkannte und stabile Währung. – Vgl. auch → Währungsanleihe.

Drop-Lock, Kurzbezeichnung für → Drop-Lock Floating Rate Note.

Drop-Lock Floating Rate Note, bezeichnet eine Variante einer variabel verzinslichen → Anleihe, also einer → Floating Rate Note, die sich automatisch in ein → festverzinsliches Wertpapier umwandelt, sobald der in den Vertragsbedingungen vereinbarte → Referenzzinssatz der Anleihe (z.B. 6-Monats-Euribor oder 3-Monats-Libor) einen bestimmten Mindestzinssatz, bzw. → Trigger Satz erreicht bzw. unterschreitet. – Vgl. auch → Drop-Lock-Klausel.

Drop-Lock-Klausel, *drop-lock clause*. Die D. ist eine Vertragsklausel, die bewirkt, dass variabel verzinsliche Schuldverschreibungen oder variabel verzinsliche Kredite in Festzinssatz-Verbindlichkeiten konvertiert werden, sobald der in der D. vereinbarte Referenzzinssatz einen festgelegten Mindestzinssatz bzw. → Trigger Satz erreicht. – Vgl. auch → Drop-lock Floating Rate Note.

DSE, → Daressalam Stock Exchange.

DSL Bank, Abk. für → Deutsche Siedlungs- und Landesrentenbank.

DSW, Abk. für → Deutsche Schutzvereinigung für Wertpapierbesitz e.V.

DTB, Abk. für → Deutsche Terminbörse. – Vgl. auch → Eurex.

DTC, Abk. für → Depository Trust Company.

Dual Currency Bond, → Doppelwährungsanleihe.

dualer Handel, *dual trading*; paralleler Handel an der → Präsenz- und → Computerbörse. Vielfach werden Wertpapiere nicht nur an deutschen Präsenzbörsen gehandelt, sondern zugleich im elektronischen Handelssystem → Xetra.

Dual-Index Floating Rate Note, variabel verzinsliche Anleihe (→ Floating Rate Note), für dessen Verzinsung der jeweils höhere Zinssatz von zwei → Referenzzinssätzen, die zum Emissionszeitpunkt bestimmt wurden, herangezogen wird.

Dual Listing, Begriff für Wertpapiere, die an zwei → Börsen notiert sind.

Dual Purpose Fund, in den USA gebräuchlicher → geschlossener Investmentfonds mit beschränkter → Laufzeit, der zwei verschiedene Anteilsarten emittiert. Die Eigentümer der ausgegebenen Income Shares (→ Preferred Stock) erhalten dabei alle dem Fonds zufließenden → Dividenden und → Zinsen, die Eigentümer der Growth Shares (→ Common Stock) sind an den Wertsteigerungen und Verlusten des Fonds beteiligt. Bei Laufzeitende werden die Income Shares zum → Nennwert ausgezahlt. Die Eigentümer der Growths Shares entscheiden dann, ob sie den Fonds liquidieren oder in einen Fonds ohne Laufzeitbegrenzung umwandeln. Das durch die duale Ausgestaltung verfolgte Ziel des Fonds ist die Eignung als Anlageobjekt für sowohl ertragsorientierte als auch wachstumsorientiere Anleger.

Dual Trading, *intermarket frontrunning*; Bezeichnung für das von → Händlern durchgeführte Ausnutzen von Kundenaufträgen zum Zwecke der eigenen Wertpapierspekulation. Dabei erwirbt der Händler, wenn er für einen Kunden eine große → Transaktion auszuführen hat, vorab diese Wertpapiere für eigene Rechnung. Dadurch ist er in der Lage, von den durch die große Transaktion zu erwartenden Kursbewegungen zu profitieren, indem der Händler nach Ausführung der Kundentransaktion seine eigenen Wertpapiere zu dem höherem Kurs veräußert. – Vgl. auch → Frontrunning.

Dual Vest Fund, *dual purpose fund*, Investmentgesellschaft mit zwei Anlagezielen; → Dual Purpose Fund.

Due Diligence, *angemessene / verkehrsübliche Sorgfalt, Überprüfungsstadium*. 1. Die D.D. entstammt der US-amerikanischen Transaktionspraxis bei Unternehmenskäufen und definiert den Sorgfaltsmaßstab, der im Rahmen von Unternehmensakquisition angemessen ist. – 2. In der Praxis beschreibt D.D. die Phase des Informationsaustauschs und insbesondere der Prüfung der Grundlagen für die Unternehmensakquisition. – Mit der D.D. soll durch eine Chancen- und Risikoerkennung auf wirtschaftlicher, steuerlicher und juristischer Ebene, eine verbesserte Entscheidungsqualität bei Unternehmenskäufen erreicht werden. Eine D.D. umfasst die Analyse des Unternehmens, seiner Struktur und der Fähigkeiten seiner Mitarbeiter sowie seiner Marktstellung. Damit schafft sie die Datenbasis für die → Unternehmensbewertung, bei der die zukünftigen Entnahmeströme bestimmt werden.

Duo-Listing, *Doppel-Listing, duo listing*. D. bezeichnet die → Kursnotierung der → Wertpapiere eines Emittenten an zwei verschiedenen → Wertpapierbörsen bzw. Wertpapiermärkten. Die deutschen Standardwerte beispielsweise werden an deutlich mehr als zwei → Sekundärmärkten gehandelt, nämlich an allen → Regionalbörsen, auf dem Parketthandel der → Frankfurter Wertpapierbörse, im Computerhandelssystem → Xetra und zusätzlich teilweise an ausländischen Wertpapierbörsen, wie z.B. der amerikanischen → New York Stock Exchange (NYSE).

Duplizierungsprinzip. Finanzinstrumente, die bei gleichem → Risiko einen gleichen Zahlungsstrom generieren, besitzen den gleichen Wert, unabhängig davon, wie sie zusammengesetzt sind. So basiert z.B. das Black-Scholes-Modell auf dem D., da der Wert → Calls durch die Kombination einer Investition in Aktien und einer Kreditaufnahme nachgebildet wird.

Duration, *duration*. 1. Die D. gibt die durchschnittliche → Fälligkeit einer Zahlungsreihe in Jahren an. Zum Zeitpunkt der D. gleichen sich → Kurseffekt und → Wiederanlageeffekt genau aus. Im Falle einer Anleihe wird angenommen, dass die Anleihe bis zur Fälligkeit bei einer flachen → Zinsstruktur gehalten wird. Es wird ein → vollkommener Kapitalmarkt unterstellt, mit der Möglichkeit, jederzeit zu einem einheitlichen Zins Geld anzulegen und aufzunehmen. Die D. ergibt sich aus der Summe der mit ihren Fälligkeitszeitpunkten gewichteten Einzahlungsbarwerten geteilt durch den → Barwert der Einzahlungen.

Duration Hedge

$$D = \frac{\sum_{t=1}^{T} \frac{t \cdot E_t}{(1+r)^t}}{\sum_{t=1}^{T} \frac{E_t}{(1+r)^t}} \triangleq \frac{\text{mit t gewichtete Einzahlungsbarwerte}}{\text{Barwert}}$$

Die D. eines Portefeuilles ergibt sich aus der Summe der D. der einzelnen Wertpapiere, gewichtet mit ihrem Anteil am Marktwert des Portefeuilles. – 2. Elastizitätsinterpretation: Die D. ist eine Elastizität, die näherungsweise die relative Barwertänderung bei relativer Veränderung des Zinses ausdrückt. Sie wird meist als Macauley-Duration oder auch als dirty duration bezeichnet.

$$-\frac{\Delta BW}{\Delta r} \frac{(1+r)}{BW} \approx -\frac{\partial BW}{\partial r} \frac{(1+r)}{BW} = D_{MC}$$

Wird die Macaulay-Duration mit dem Zins gewichtet, erhält man die Modified Duration. Sie drückt die prozentuale Barwertänderung in Abhängigkeit von einer Zinsänderung aus.

$$MD = \frac{D_{MC}}{(1+r)} = -\frac{\partial BW}{\partial r} \frac{1}{BW}$$

$$\Leftrightarrow \frac{\partial BW}{BW} = -MD \cdot \partial r$$

Die D. ist ein wichtiges Instrument sowohl im Risk Management (→ Risikopolitik) als auch im → Asset Management. Sie dient zur Erfassung, Steuerung, Prognose und Kontrolle des → Zinsänderungsrisikos eines Wertpapiers oder eines Wertpapierportefeuilles (→ Duration Matching).

Duration Hedge, bezeichnet eine Hedgingstrategie, bei der die → Durationen der abzusichernden Anleihe und der Anleihe, die Underlying, also → CTD-Anleihe, ist, berücksichtigt. Damit sollen unterschiedliche Reaktionen der Anleihepreise auf Marktveränderungen antizipiert werden.

Duration Matching, *immunization, Fristenkongruenz*; Verfahren zur Absicherung von → Zinsänderungsrisiken. Im Rahmen des → Portfolio-Managements sollen durch D.M. → Kurs- und → Wiederanlagerisiko infolge von Zinsänderungen reduziert werden. Dazu werden die durchschnittlichen Fälligkeiten der jeweiligen Zahlungsströme beispielsweise mit Hilfe von → Terminkontrakten in Übereinstimmung gebracht. – Vgl. auch → Duration und → Hedging.

durchschnittliche gewichtete Kapitalkosten, → Weighted Average Cost of Capital (WACC).

durchschnittliche Laufzeit bei Schuldverschreibungen, → mittlere Laufzeit bei Schuldverschreibungen.

Durchschnittsvaluta, *average due date*; zur Buchungsvereinfachung bei Wechseln gebildete durchschnittliche Verfallzeit. Wenn an einem Tag → Wechsel mit unterschiedlichen Verfalltagen eingehen, wird für ihre → Valutierung eine errechnete durchschnittliche Verfallzeit verwendet. – Vgl. auch → mittlerer Verfalltag.

Dutch Auction, → Holländisches Auktionsverfahren.

DVFA, Abk. für → Deutsche Vereinigung für Finanzanalyse und Anlageberatung e.V.

DVFA-Formel, *DVFA-formula*; von der → Deutschen Vereinigung für Finanzanalyse und Anlageberatung e.V. (DVFA) entwickelte Formel, die methodisch den Vorläufer der → DVFA/SG-Methode darstellt. Die Zielsetzung dieser → Fundamentalanalyse besteht darin, dass basierend auf dem → Jahresüberschuss eines Unternehmens durch Korrektur der außerordentlichen und periodenfremden Aufwendungen und Erträge der → Gewinn je Aktie dargestellt werden kann. Diese Vorgehensweise ermöglicht zudem die Vergleichbarkeit des ermittelten Gewinns je Aktie über einen längeren Zeitraum hinweg. Nachteilig daran ist allerdings, dass das Verfahren auf freiwillige Zusatzinformationen seitens der Unternehmen angewiesen ist.

DVFA-GmbH, bezeichnet eine 1991 von der → Deutschen Vereinigung für Finanzanalyse und Anlageberatung e.V. (DVFA) gegründete → Gesellschaft mit beschränkter Haftung (GmbH), die für professionelle Kapitalmarktteilnehmer ein umfangreiches Dienstleistungsangebot im Bereich der Aus- und Weiterbildung anbietet, Konferenzen und Seminare organisiert und für die DVFA die Akquisition neuer Mitglieder übernimmt. Das Ausbildungsprogramm der DVFA-GmbH umspannt den gesamten Bereich des

→ Kapitalmarkts und zertifiziert das zu erwerbende Fachwissen als „International Investment Analyst" bzw. als „CEFA-Investmentanalyst". Die von der DVFA organisierten Analystenkonferenzen bieten als unparteiische Marktplätze die Möglichkeit für einen neutralen Informationsaustausch zwischen → Emittenten und → Finanzanalysten und gewähren Kapitalmarktexperten den Zugang zu wichtigen Hintergrundinformationen.

DVFA-Schema für Banken. Bezeichnung für ein von der → Deutschen Vereinigung für Finanzanalyse und Anlageberatung e.V. (DVFA) und vom Bundesverband deutscher Banken im Arbeitskreis „DVFA-S.f.B." gemeinsam entwickeltes, auf die Vorgehensweise der → DVFA/SG-Methode aufbauendes und an die spezifischen Rechnungslegungsvorschriften der → Kreditinstitute angepasstes Konzept für Banken zur Ermittlung des Ergebnisses pro → Aktie.

DVFA/SG-Methode, *DVFA/SG-method*; von der → Deutschen Vereinigung für Finanzanalyse und Anlageberatung e.V. (DVFA) und der Schmalenbach-Gesellschaft für Betriebswirtschaft e.V. gemeinsam entwickelte und international anerkannte Methode zur Ermittlung des Ergebnisses je → Aktie einer Unternehmung. Dabei wird ausgehend vom → Jahresabschluss eine Bereinigung des Ergebnisses von möglichen Sonderfaktoren vorgenommen, um zu gewährleisten, dass z.B. die unterschiedliche Ausübung von Bilanzierungswahlrechten und → Bilanzierungshilfen keine Auswirkung auf den Ertragsvergleich zwischen verschiedenen Unternehmen bzw. im Zeitablauf hat. Die Ermittlung des Ergebnisses je Aktie dient vorrangig dem Ziel einer vergleichenden Kursbeurteilung, unabhängig von den jeweils angewandten Rechnungslegungsstandards, wobei das Ermittlungsschema kontinuierlich an die sich verändernden rechtlichen und wirtschaftlichen Rahmenbedingungen angepasst wird. – Vgl. auch → DVFA-Formel.

DWB, Abk. für → Deutsche Warenterminbörse.

DWZ Deutsche Wertpapierdaten-Zentrale GmbH, entstand im Oktober 1988 aus der BDZ Börsen-Daten-Zentrale GmbH,

dynamischer Verschuldungsgrad

Frankfurt a. M. Im Mai 1997 wurde die DWZ auf die → Deutsche Börse Systems AG fusioniert, welche nun die Systemarchitektur und die Entwicklung unter einem Dach vereint. Die DWZ betrieb alle wesentlichen Anwendungen für den Handel und die Abwicklung von Wertpapieren. Neben der EDV-Betreuung des Börsenhandels, des vor- und nachbörslichen Handels, der Börsengeschäfts- und Kassenvereinsabwicklung stellte die DWZ auch Kurs- und Börsenumsatzinformationen zur Verfügung. Darüber hinaus entwickelte die DWZ das Handelssystem → IBIS auf das → XETRA folgte.

DX/ADX/ADXR-Linie. Der Directional Movement Index (DX) wird in der → technischen Aktienanalyse als normierte Differenz zwischen Diplus und Diminus (→ Directional Movement) über i.a. 14 Tage ermittelt. Er zeigt die Richtung einer Marktbewegung an. Der Average Directional Movement Index (ADX) wird als entsprechender → gleitender Durchschnitt des DX berechnet. Er misst die Stärke einer Trendbewegung. Zudem lässt sich für mögliche Trendvergleiche das Average Directional Movement Index Rating (ADXR) bestimmen, das als arithmetisches Mittel zweier – im allgemeinen 14 Tage entfernter – ADX definiert ist. Die entsprechenden Linien dienen der Visualisierung der Trendbewegungen. Eine Kombination mit einem Oszillator (→ Oszillatoren) wie dem → MACD-Indikator bietet sich an.

dynamische Hedgingstrategie, *dynamic hedge*; Hedgingstrategie, bei der die Sicherungsposition im Gegensatz zur fixen Hedgingstrategie (→ fixed hedge) während der Haltedauer des abzusichernden Finanzinstruments angepasst wird. Die d. H. findet in der Praxis insbesondere zur Absicherung von → Portfolios mittels eines Delta Hedge (→ Delta Hedging) Anwendung. – Ein → Portfolio von 500 Aktien soll mittels → EUREX Aktienoptionen abgesichert werden. Die in Frage kommenden Puts weisen ein Delta von –0,5 auf und werden an der EUREX in einer Kontraktgröße von 100, also bezogen auf 100 Aktien, gehandelt.

$$\text{Kontraktzahl} = \frac{500}{100} \times \frac{-1}{-0,5} = 10$$

dynamischer Verschuldungsgrad, *ratio of net indebtedness to gross cash flow*; Kennzahl der → Bilanzanalyse. Der d.V. misst das

dynamischer Verschuldungsgrad

Verhältnis des Fremdkapitalbestands zum durchschnittlichen zukünftigen Netto-Cash-Flow pro Jahr. – Der d.V. gibt die Zahl der Jahre an, die ein Betrieb zur Rückzahlung des gesamten → Fremdkapitals benötigt, wenn dieses so definierte frei disponible Kapital zu diesem Zweck eingesetzt wird. Für den Betrieb kennzeichnet der d.V. zugleich die Abhängigkeit von den Kreditgebern. Diese Abhängigkeit wächst mit zunehmendem d.V. und ist zugleich abhängig von der Zahl der Kreditgeber, die das Fremdkapital bereitgestellt haben und der Höhe der Einzelkredite. Für den Kreditgeber kennzeichnet der d.V. zugleich ein Kreditrisiko. – Vgl. auch → Verschuldungsgrad, → Cash-Flow.

E

EAF, Abk. für → Euro Access Frankfurt.

Early Stage Financing, erste übergeordnete Phase bei der Venture-Capital-Finanzierung. Grundsätzlich werden folgende drei Phasen unterschieden: E.S.F., → Expansion Stage Financing und → Later Stage Financing. Die E.S.F.-Phase kann weiter untergliedert werden in → Seed Financing und → Start Up Financing. – Vgl. auch → Venture-Capital.

Earnings, *Ertrag, Gewinn*. Bezeichnung für das von einem Unternehmen innerhalb einer Periode erwirtschaftete Gesamtergebnis. Die Berechnung erfolgt in Deutschland ausgehend vom ausgewiesenen → Jahresüberschuss, der anschließend um sämtliche Sondereinflüsse, v.a. um außerordentliche und periodenfremde Aufwendungen und Erträge, bereinigt wird.

Earnings before Depreciation, Interest and Taxes (EBDIT), *Ergebnis vor Zinsen, Steuern und Abschreibungen*; ertragsnahe Cash-Flow-Größe, die aus der angelsächsischen Unternehmensanalyse stammt. Zur Ermittlung des EBDIT wird der Jahresüberschuss um Zinsaufwand, Ertragsteuern, außerordentliche Aufwendungen und Abschreibungen auf das Anlagevermögen erhöht und um außerordentliche Erträge reduziert. – EBDIT wird teilweise als verkürzter Ausdruck für → Earnings before Interest, Taxes, Depreciation and Amortization (EBITDA) verwendet. Dies erfolgt dann, wenn die bei der Ermittlung des EBITDA vorgenommene Unterscheidung zwischen Abschreibungen auf das Sachanlagevermögen (depreciation) und Abschreibungen auf immaterielle Vermögensgegenstände (amortization) im nationalen Handelsrecht nicht bekannt ist und beide Abschreibungsarten zu „Depreciation" zusammengefasst werden.

Earnings before Interest and Taxes (EBIT), *Ergebnis vor Zinsen und Steuern*. Der EBIT wird auf der Basis einer handelsrechtlichen → Gewinn- und Verlustrechnung ermittelt, indem der Jahresüberschuss um Zinsaufwand, Ertragsteuern und außerordentliche Aufwendungen erhöht und um außerordentliche Erträge reduziert wird. Der EBIT stammt als Ergebnisgröße ursprünglich aus der angelsächsischen Unternehmensanalyse, hat sich jedoch weltweit durchgesetzt. – Vgl. Earnings before Interest, Taxes, Depreciaton and Amortization (EBITDA).

Earnings before Interest, Taxes, Deprecation and Amortization (EBITDA), *Ergebnis vor Zinsen, Steuern und Abschreibungen*; ertragsnahe Cash-Flow-Größe, die aus der angelsächsischen Unternehmensanalyse stammt. Mit dem EBITDA wird näherungsweise der Cash-Flow des unverschuldeten Unternehmens bestimmt. Für die Ermittlung des EBITDA wird der Jahresüberschuss um Zinsaufwand, Ertragsteuern, Abschreibungen auf das Sachanlagevermögen (depreciation), Abschreibungen auf immaterielle Vermögensgegenstände (amortization) und außerordentliche Aufwendungen erhöht und sodann um außerordentliche Erträge reduziert. – Teilweise wird statt EBITDA der Ausdruck → Earnings before Depreciation, Interest and Taxes (EBDIT) benutzt. EBITDA und EBDIT sind dann gleich hoch, wenn die bei der Ermittlung des EBITDA vorgenommene Unterscheidung zwischen Abschreibungen auf das Sachanlagevermögen und Abschreibungen auf immaterielle Vermögensgegenstände im nationalen Handelsrecht nicht bekannt ist und beide

Earnings per Share

Abschreibungsarten zu „Depreciation" zusammengefasst werden.

Earnings per Share, *Gewinn pro Aktie.* Der Gewinn pro Aktie errechnet sich durch Dividierung des Jahresüberschuss nach Steuern durch die Anzahl der Aktien des Unternehmens. Unterjährig emittierte Aktien werden dabei zeitanteilig gewichtet zur Anzahl der Aktien hinzuaddiert.

Earnings Report, *statement of income,* → Gewinn- und Verlustrechnung (GuV).

Earnings-Season, beschreibt den Zeitraum, in der Unternehmen ihre Gewinne bekanntgeben. Zu Beginn lässt sich häufig eine spekulativ bedingte Veränderung der → Aktienkurse beobachten. Nach Bekanntgabe der Gewinne werden oft → Gewinnmitnahmen beobachtet.

EASDAQ, Abk. für → European Association of Securities Dealers Automated Quotation.

Easy Money Policy, → Niedrigzinspolitik.

eB, Abk. für → ausschließlich Bezugsrecht.

eb, ebez, ebz, Abk. für → etwas bezahlt.

EBA, Abk. für → Euro Banking Association.

ebB, Abk. für etwas bezahlt Brief. – Vgl. auch → etwas bezahlt.

EBDIT, Abk. für → Earnings before Depreciation, Interest and Taxes.

ebG, Abk. für etwas bezahlt Geld. – Vgl. auch → etwas bezahlt.

EBIT, Abk. für → Earnings before Interest and Taxes.

EBITDA, Abk. für → Earnings before Interest, Taxes, Depreciation and Amortization.

EBK, → Eidgenössische Bankenkommission.

EBS, Abk. für → Elektronische Börse Schweiz.

EBWE, Abk. für → Europäische Bank für Wiederaufbau und Entwicklung.

Ecash, → Cyber-Cash.

Echtzeithandel, → Real-Time Trading.

Eckzins, *basic savings rate (of interest).* Als E. bezeichnet man den Zinssatz für → Spareinlagen mit dreimonatiger Kündigungsfrist.

ECN, Abk. für → Electronic Communication Network.

E-Commerce, *electronic commerce*; bezeichnet geschäftliche Transaktionen, die mit Unterstützung elektronischer Medien, abgewickelt werden. Dabei werden IT-Systeme zur Sammlung, Übermittlung und Verarbeitung von Daten eingesetzt. Im E.-C. wird zwischen Transaktionen zwischen Unternehmen, sog. Business-to-Business (B2B) Transaktionen, und dem Handel mit Endkunden, sog. Business-to-Consumer (B2C) Transaktionen, unterschieden.

Economic Value Added (EVA), Maß für die Wertsteigerung eines Unternehmens oder einer Unternehmenseinheit, die aus der Unternehmenstätigkeit herrührt. Der EVA ergibt sich als Differenz zwischen dem operativen Ergebnis nach Abzug der Steuern und den Kapitalkosten, die neben den Fremdkapitalzinsen auch den risikoadäquaten Vergütungsanspruch der Eigenkapitalgeber umfassen. Die Kapitalkosten werden als Produkt aus betriebsnotwendigem Vermögen und → gewichteten Kapitalkosten (Weighted Average Cost of Capital, WACC) ermittelt. – Das Konzept des EVA geht auf die Unternehmensberatung Stern Stewart & Co. zurück. Es stellt anschaulich dar, dass ein Unternehmen erst dann einen Mehrwert für seine Eigentümer schafft, wenn der Gewinn nach Abzug der risikoangemessenen Eigenkapitalkosten positiv ist, also der EVA Null übersteigt. Das bloße Erzielen eines → Jahresüberschusses, wie er aus der → Gewinn- und Verlustrechnung abzulesen ist, kann demzufolge nicht als Maß für eine Wertsteigerung verstanden werden, da hierbei die Eigenkapitalgeber noch nicht vergütet wurden.

ECP, Abk. für → Euro Commercial Paper.

ECSDA, Abk. für → European Central Securities Depositories Association.

ECU, Abk. für → European Currency Unit.

ECU-Anleihe, *ECU bond*; → Anleihe, die auf die → European Currency Unit (ECU) lautet. Eine E. entspricht einem Portefeuille von → Währungsanleihen, die entsprechend dem prozentualen Anteil der → Währung am ECU in der E. gewichtet sind.

ECU Banking Association, bezeichnet die Vorgängerorganisation der → Euro Banking Association (EBA).

EDR, Abk. für → European Depositary Receipt.

e.E., Abk. für → eigene Effekten.

EEX, Abk. für → European Energy Exchange.

EFFAS, Abk. für → European Federation of Financial Analyst Societies.

Effekten, *securities*. E. ist ein Sammelbegriff für → fungible, zur Kapitalanlage geeignete → Wertpapiere. – Vielfach wird als Synonym die Bezeichnung Wertpapier verwendet. Dies ist streng genommen nicht zulässig, da zwar alle E. Wertpapiere sind, jedoch zahlreiche Wertpapiere, wie z.B. → Schecks, → Wechsel oder Banknoten aufgrund der fehlenden → Fungibilität nicht zu den E. zählen. Unter E. fasst man hauptsächlich → Aktien, → Schuldverschreibungen, → Pfandbriefe, sonstige → Anleihen, → Investmentanteile und → Kuxen zusammen. – Vgl. auch → Effektenbörse, → effektive Stücke.

Effektenabrechnung, *contract note*. Die Erledigung eines Auftrages (Kauf, Verkauf, Rücknahme, Zuteilung u.a.) wird dem Kunden durch die Erteilung einer E. oder durch besondere Mitteilung am Tage der Auftragsdurchführung angezeigt. In der E. sind der Kauf- bzw. Verkaufskurs, die Stückzahl, Wertpapierbezeichnung, Steuern, Stückzinsen und der Börsenort aufgeführt.

Effektenabteilung, → Wertpapierabteilung.

Effektenferngiroverkehr

Effektenanalyse, → Wertpapieranalyse.

Effektenanlage, → Wertpapieranlage.

Effektenarbitrage, *Wertpapierarbitrage, arbitration in stocks and bonds, stock arbitrage*; bezeichnet die gezielte Ausnutzung bestehender Preis- und Kursunterschiede für → Wertpapiere zu einem bestimmten Zeitpunkt an verschiedenen → Börsen. Nach der Zielsetzung des Arbitragegeschäfts unterscheidet man in der Praxis die → Differenzarbitrage von der → Ausgleichsarbitrage. – Vgl. auch → Arbitrage.

Effektenberatung, → Wertpapierberatung.

Effektenbörse, → Wertpapierbörse.

Effektenclub, → Aktionärsclub.

Effektendepot, *securities deposit*; eine beim Kreditinstitut geführte Einrichtung zur → Verwahrung und → Verwaltung von Wertpapieren. Für jeden Bankkunden, der → Wertpapiere besitzt, ist ein E. einzurichten. Dieses ist in der Regel ein → offenes Depot, d.h. der Bank sind die Depotinhalte bekannt und das → Depot kann von der Bank auch verwaltet werden. – Vgl. auch → Depotarten.

Effektendiskont, *securities discount*; wird als Abschlag beim Ankauf von Wertpapieren vor deren Fälligkeit durch eine Bank definiert. Das selten anzutreffende Angebot der vorzeitigen Liquidierung ausgeloster Wertpapiere erfolgt unter Abzug eines Abschlages seitens der Bank, der sich am gültigen Diskontsatz der inländischen Zentralbank orientiert.

Effekteneigengeschäft, *security business for own account*; Bezeichnung für den → Eigenhandel eines Kreditinstituts in → Effekten. Das Kreditinstitut führt → Wertpapiergeschäfte im eigenen Namen und für eigene Rechnung aus. Das E. dient dabei der Anlage eigener Mittel und zielt auf die Erzielung von Erträgen ab.

Effektenemission, *issue of securities*; vgl. hierzu → Emission.

Effektenferngiroverkehr, *securities clearing system between different stock exchange locations*. Durch den E. ist die buchmäßige

251

Effektenfinanzierung

und stückelose Übertragung von Wertpapieren (→ Effektengiroverkehr) zwischen unterschiedlichen → Börsenplätzen möglich. Ausgeführt werden diese Transaktionen über → Wertpapiersammelbanken, die gegenseitig Kontoverbindungen unterhalten.

Effektenfinanzierung, *financing through securities*; bezeichnet die Beschaffung von → Kapital zum Erwerb von → Wertpapieren.

Effektenfremdemission, Bezeichnung für die → Fremdemission von Effekten.

Effektengeschäft, *securities business*. Im Rahmen des E. führen → Kreditinstitute eine Vielzahl von Geschäften aus. Dazu zählen neben dem Kauf und Verkauf von → Wertpapieren für Dritte auch das → Depotgeschäft, das → Emissionsgeschäft und das → Eigengeschäft der Banken.

Effektengirobanken, → Wertpapiersammelbanken.

Effektengirodepot, → Girosammeldepot.

Effektengiroverkehr, *clearing system for settling securities operations*; ermöglicht eine buchmäßige Übertragung von → Wertpapieren, die von → Kreditinstituten im Rahmen der → Girosammelverwahrung bei einer → Wertpapiersammelbank oder → Effektengirobank verwahrt werden. Der Austausch der → Wertpapiere zwischen den Banken erfolgt dabei durch eine stückelose Umbuchung von Konto zu Konto.

Effektenhandel, *stock trading*; börslicher und außerbörslicher Handel in Wertpapieren.

Effektenhändler, *Wertpapierhändler, securities dealer/firm*. Die zum Börsenhandel zugelassenen → Kreditinstitute werden im Handel von den bei ihnen angestellten E. vertreten, die ebenfalls der Zulassung durch die (→ Börsengeschäftsführung bedürfen. Diese müssen nicht nur über eine entsprechende berufliche Eignung verfügen, sondern auch die Börsenhändlerprüfung an einer deutschen Wertpapierbörse abgelegt haben.

Effektenkasse. Bezeichnung für die Abteilung eines → Kreditinstituts, die im Rahmen der → Effektenverwaltung den Austausch der → effektiven Stücke zwischen dem Kunden und dem Kundentresor der Bank bzw. der → Wertpapiersammelbank vornimmt.

Effektenkennnummer, → Wertpapier-Kennnummer.

Effektenkommission, *Wertpapierkommission, securities commission*; Bezeichnung für den Vorgang, bei dem ein → Kreditinstitut im eigenen Namen, aber im Auftrag und für Rechnung eines anderen, Wertpapiere kauft oder verkauft.

Effektenkommissionär, *Wertpapierkommissionär, securities commission agent, stockbroker*; Bezeichnung für ein → Kreditinstitut, das im eigenen Namen, aber im Auftrag und für Rechnung eines anderen, Wertpapiere kauft oder verkauft.

Effektenkommissionsgeschäft, *securities transactions on commission*. Im Rahmen des E. führt ein → Kreditinstitut Geschäfte im eigenen Namen, aber im Auftrag und für Rechnung des Kunden aus. Bei dieser heute üblichen Form der Abwicklung von Kundenaufträgen fungiert das Kreditinstitut lediglich als → Kommissionär. Dies ist der Fall bei allen Papieren, die im → amtlichen Handel oder am → Geregelten Markt gehandelt werden. Bei Wertpapieren, die nicht an einen dieser Marktsegmente zugelassen sind, tritt die Bank als → Eigenhändler auf. – Die Vermeidung eines eigenen Eintritts der Banken (Kauf bzw. Verkauf von Wertpapieren in den bzw. aus dem eigenen Bestand) wird dadurch sichergestellt, dass das Kommissionsgeschäft sowohl räumlich als auch personell vom → Eigengeschäft der Banken getrennt ist. – Vgl. auch → Einkaufskommission.

Effektenkonto, *Wertpapierkonto, securities account*; internes Konto bei Banken zur Verbuchung der An- und Verkäufe von → Wertpapieren.

Effektenkredit, *Effektenlombard, loan on securities*. Kredit, der von der Bank gewährt wird gegen → Verpfändung von Wertpapieren, bzw. ein Kredit zum Kauf von → Wertpapieren, wobei bereits vorhandene Wertpapiere als → Kreditsicherheiten dienen. Dies ist besonders einfach zu handhaben, wenn die Wertpapiere sich bereits im Depot der

Effektenstatistik

kreditgebenden Bank befinden. – Der E. wird auch als geldpolitisches Instrument von der → EZB für die Refinanzierung der Kreditinstitute verwendet. Für die verpfändbaren Wertpapiere gibt es genaue Vorschriften. – Vgl. auch → Effektenlombard, → Lombard und → Lombardeffekten.

Effektenlieferung, *delivery of securities*. Die E. im eigentlichen Sinne bezeichnet den Vorgang der → Auslieferung → effektiver Stücke. – Im allgemeinen Sprachgebrauch versteht man unter E. den rechtlichen Transfer und die Entgegennahme von Eigentumsrechten an → Wertpapieren. Auslöser einer E. können sowohl physische Lieferverpflichtungen aus → Termingeschäften sein, als auch ein direkter börslicher oder außerbörslicher Handel der Wertpapiere zwischen zwei Marktteilnehmern gegen Bargeld. – Die E. in der BRD wird in den meisten Fällen, abhängig von der Art der Wertpapierverwahrung der Depotbank, aus der → Girosammelverwahrung oder der → Streifbandverwahrung durchgeführt. Die → Auslieferung der erworbenen Effektenstücke gegen Bargeld an einen Kunden ist zwar möglich, erfolgt aber auf hochentwickelten Wertpapiermärkten nur in Ausnahmefällen. Der Grund hierfür liegt in den damit verbundenen Ineffizienzen durch die große Anzahl täglich durchzuführender Wertpapiertransaktionen und dem hohen zeitlichen bzw. kostenmäßigen Abwicklungsaufwand. – Die Lagerung von Wertpapierbeständen bei → Wertpapiersammelbanken macht die → Auslieferung von Effekten überflüssig. In der BRD benutzen beispielsweise die Marktteilnehmer zum Zweck der Abwicklung von Wertpapiertransaktionen i.d.R. die Vermittlungsdienste der → Clearstream International. Clearstream International führt die aus Wertpapiertransaktionen hervorgehenden Veränderungen der Eigentumsrechte an → Wertpapieren durch, indem die entsprechenden Umbuchungen auf den Kundendepots bzw. auf den Depots der von den Kunden eingesetzten → Finanzintermediäre vorgenommen werden. Im Fall der streifbandverwahrten Effekten erfolgt zusätzlich eine Kennzeichnung der entsprechenden Wertpapiere mit neuen Streifbändern. Eine Auslieferung effektiver Wertpapiere aus den Tresoren der Clearstream International geschieht nur in den seltensten Fällen, falls der Kunde dies ausdrücklich

wünscht. – Vgl. auch → Lieferung, → Lieferung von Wertpapieren.

Effektenlombard, *loan collateralized by securities*; stellt eine Version des Kreditgeschäfts dar, bei dem kurzfristige Kredite gegen Verpfändung von Wertpapieren gewährt werden. Als Sicherung gelten die zu erwerbenden oder bereits im Depot der Bank befindlichen Effekten. Im Rahmen ihrer Geldpolitik führen auch Notenbanken Lombardgeschäfte durch (Lombardkredit). – Vgl. auch → Effektenkredit, → Lombard und → Lombardeffekten.

Effektenmärkte, → Wertpapiermärkte.

Effektenplatzierung, *placing of securities issue*; vgl. hierzu → Platzierung.

Effektenprovision, *commission on security transactions*. Der Preis, den die Bank für die Ausführung von → Effektengeschäften für den Kunden verlangt, ist die E. → Direktbanken haben die sonst üblichen Sätze für E. zum Teil beachtlich unterboten und damit Kunden gewonnen. – Vgl. auch → Provision und → Provision im Wertpapiergeschäft.

Effektenscheck, *Wertpapierscheck, security transfer order*. Ein E. ist eine bei einer → Wertpapiersammelbank hinterlegte Urkunde, die die Auslieferung → effektiver Stücke, die Umbuchung von Eigentumsrechten an → Wertpapieren und deren Verpfändung ermöglicht. Ein E. ist keine Auszahlungsanweisung an eine Bank und unterscheidet sich damit von einem herkömmlichen → Scheck laut → Wertpapierhandelsgesetz. Die Erfüllung von Wertpapiergeschäften erfolgte lange Zeit mittels E., ist inzwischen jedoch automatisiert. E. werden seither nur für Depotübertragungen verwendet, denen keine Börsentransaktionen zu Grunde liegen. – Es wird zwischen → weißen, → roten und → grünen E. unterschieden.

Effektenselbstemission, Bezeichnung für die → Selbstemission von Effekten.

Effektenstatistik, *securities statistics*; erfasst statistisch Fragen des Wertpapierwesens in der jeweiligen Volkswirtschaft. Die E. wird in Deutschland monatlich in einem Beiheft Kapitalmarktstatistik im Rahmen der

Effektensubstitution

Monatsberichte durch die Deutsche Bundesbank publiziert. Aufgearbeitet werden detailliert in erster Linie Aspekte über Neuemissionen (→ Emissionsstatistik), Umlauf und Tilgung von Anleihen, Börsenumsätze, Geschäfte der deutschen Terminbörse (→ Eurex) und der inländischen Kapitalanlagegesellschaften.

Effektensubstitution, *substitution of security by another*; Bezeichnung für den Austausch eines Wertpapiers durch ein anderes, entweder durch den Emittenten selbst oder durch ein anderes Unternehmen.

Effektenverwahrung, *security deposit business*. Die Verwahrung von → Wertpapieren, die Kunden einem → Kreditinstitut zur Hinterlegung überlassen, erfolgt in Form der → Sonder- oder → Sammelverwahrung. Während im Streifband- bzw. → Sonderdepot die Wertpapiere des Kunden streng getrennt von den Wertpapieren der Bank oder denen anderer Kunden aufbewahrt werden, wird bei der Sammelverwahrung keine Trennung der eigenen und fremden Bestände vorgenommen. Den Kunden wird vielmehr ein anteiliges Miteigentum am Gesamtbestand der hinterlegten Wertpapiere eingeräumt.

Effektenverwaltung, *Depotverwaltung management of deposited securities*. Im Rahmen der E. erfüllen → Kreditinstitute sämtliche Aufgaben, die dadurch anfallen, dass → Depotkunden ihre → Wertpapiere der Bank zur Verwahrung übergeben. Dazu zählen neben der Einlösung fälliger → Zins- und → Dividendenscheine u.a. auch die auftragsgemäße Ausübung des Depotstimmrechts und die Besorgung neuer Couponscheine.

effektive Kapitalerhöhung, → Kapitalerhöhung gegen Einlage.

effektive Stücke, *greifbare Stücke, actual securities*; Bezeichnung für physisch vorhandene → Wertpapiere, d.h. ausgedruckte Urkunden. – Vgl. auch → Effekten.

Effektivgeschäft, *spot market transactions*. Ein E. ist ein Börsengeschäft, das auf tatsächliche Erfüllung (Lieferung bzw. Abnahme des Handelsgegenstandes) gerichtet ist. – Gegensatz: → Differenzgeschäft oder → Glattstellung.

Effektivklausel, *actual clause*. Eine E. wird bei Verbindlichkeiten, die im Inland in einer ausländischen Währung zahlbar sind, vereinbart, wodurch der Schuldner zur Zahlung in dieser Fremdwährung verpflichtet wird. Fehlt der Zusatz „effektiv" bei der Schuldsumme, so ist die Bezahlung auch in inländischer Währung möglich.

Effektivmarkt, → Kassamarkt.

Effektivverzinsung. Unter der E. von festverzinslichen Kapitalanlagen oder Krediten versteht man den Zinssatz, bei dem der Barwert der zukünftigen Zahlungen gleich dem zum Zeitpunkt T_0 bezahlten Preis ist. Zur Berechnung der E. existieren unterschiedliche Methoden: → Effektivzins nach ISMA, → Effektivzinsberechnung nach Moosmüller, → Effektivzins nach Braess/Fangmeyer. → Effektivzins nach PangV. Die verschiedenen Methoden unterscheiden sich in der Wahl der Barwertfunktionen und gelangen so zu unterschiedlichen Werten. Die E. als Entscheidungsgrundlage für eine Investition bzw. Finanzierung zu verwenden ist wegen der Unzulänglichkeiten der internen Zinsfussmethode bedenklich, auf Grund der meist großen Ähnlichkeit (Volumen, Cash-Flows, Laufzeiten) der Kredite bzw. Anleihen für einen bestimmten Zweck aber zu vertreten.

Effektivzins, *Effektivfuß, Effektivsatz, effective yield*; derjenige einheitliche Zinssatz, der zur → Abzinsung aller Zahlungen aus einem Wertpapier (→ Rendite) oder einem Kredit verwendet wird und exakt den Börsenkurs bzw. den Kreditbetrag ergibt. Bei Investitionen tritt an die Stelle des Börsenkurses die Investitionsauszahlung (→ interner Zinsfuß). Der E. wird i.d.R. über Näherungsformeln oder iterative Verfahren ermittelt, da eine geschlossene analytische Lösung nicht möglich ist. – Zu lösen bezüglich dem E. p_{eff} ist die Gleichung:

$$C = \sum_{t=1}^{n} \frac{k}{(1+p_{\text{eff}})^t} + \frac{100+a}{(1+p_{\text{eff}})^n}.$$

Vom → Nominalzins weicht der E. ab, wenn Anschaffungs- und Rückzahlungskurs eines Wertpapiers nicht gleich dem → Nennwert sind. Ein Näherungsverfahren zur Berechnung des E. ist die Börsenformel, welche diese Abweichungen gleichmäßig auf die Laufzeit verteilt. Sie lautet:

$$p_{\text{eff}} \approx \left[k + \frac{100+a-C}{n}\right] \cdot \frac{100}{C}$$

Eine bessere Näherung des Effektivzinses liefert die Formel von Altrogge:

$$p_{\text{eff}} \approx k \cdot \frac{100}{C} + \frac{100+a-C}{n} \cdot \frac{200}{C+100+a+k \cdot n}$$

C = Anschaffungskurs ($\to$ Dirty Price, d.h. einschließlich $\to$ Stückzinsen),
100 = Nennwert,
n = Laufzeit in Jahren,
t = Zeitpunkt der Couponzahlung,
k = Zinscoupon,
$100 + a$ = Rückzahlungskur,.

Effektivzinsmethoden, $\to$ Effektivverzinsung.

Effektivzins nach Braeß/Fangmeyer, *effective yield according to Braeß / Fangmeyer;* Methode zur Ermittlung der Internal Rate of Return ($\to$ interner Zinsfuß) – insbesondere im Fall der Kreditvergabe –, bei der die Internal Rate of Return als der Jahreszins interpretiert wird, der ein Konto, das den gesamten Zahlungsstrom beinhaltet, bei entsprechender jährlicher Zinsverrechnung am Ende mit einem Saldo von Null abschließen lässt. Im Falle gebrochener Laufzeiten lassen sich nach Braeß/Fangmeyer zwei Methoden unterscheiden: (1) Berechnung von Stückzinsen, Zinsverrechnungstermin ist also der Zinstermin, der mit Tag und Monat der Fälligkeit übereinstimmt, (2) Festdarlehen ohne Berücksichtigung von Stückzinsen, Zinsverrechnungstermin ist also jeweils Tag und Monat des Kaufdatums. Die gebrochene Laufzeit wird bei dieser Methode an das Laufzeitende verschoben.

Effektivzins nach ISMA, *effecitve yield according to ISMA;* Methode zur Ermittlung einer Internal Rate of Return ($\to$ interner Zinsfuß), bei der auch im unterjährigen Bereich mit exponentiellen Zinsen gerechnet wird, d.h. unabhängig von willkürlich festgelegten Zinsverrechnungszeitpunkten legt das Effektivzinsverfahren nach ISMA tägliche Zinseszinsen als Kalkulationsbasis zugrunde. Die Berechnung der Internal Rate of Return hat gemäß der EU-Verbraucherkreditrichtlinie nach dem ISMA-Ansatz zu erfolgen.

Effektivzins nach Moosmüller, ist eine dynamische Form der Renditeberechnung. Sie wird hauptsächlich von institutionellen Händlern verwendet und ist die finanzmathematisch korrekte Ermittlung der jährlichen Effektivverzinsung auf Basis einer Periodenrendite. Für die Berechnung des $\to$ Effektivzinses nach der Methode von Moosmüller ist charakteristisch, dass alle Zeitintervalle (dt+1 - dt), die nach der ersten Zahlung des $\to$ Schuldners auftreten, gleich lang sind: Unter Verwendung dieser Festlegung lautet die Barwertfunktion:

$$PV(i) = \frac{\sum_{t=1}^{n} z_t (1+j)^{n-t}}{(1+j)^{N_1}(1+N_2 j)}$$

mit

$j = \sqrt[m]{1+i} - 1$
$N_1 = \text{int}(\text{md}_n)$
$N_2 = \text{md}_n - 1$

Für die Berechnung des $\to$ Effektivzinses wird eine Nullstellenbestimmung der Funktion

$$f(i) = \frac{\sum_{t=1}^{n} z_t (1+j)^{n-1}}{(1+j)^{N_1}(1+N_2 j)} - P_0$$

durchgeführt. Die iterative Berechnung des $\to$ Effektivzines kann mit Hilfe des Newtonschen Annäherungsverfahrens erfolgen.

Symbole:

z_t = t-te Zahlung des Schuldners an den Gläubiger mit t=1,....,n

i = Jahreszinssatz, Effektivrendite

m = Anzahl der Zahlungen des Schuldners pro Jahr

dt = Zeitraum, der bei Zahlungen des Betrages z_t seit Bewertungszeitpunkt vergangen ist.

Effektivzins nach PangV

N1 = ganzahliger Anteil der Restlaufzeit

N2 = nicht ganzzahliger Laufzeitrest

j = Subperioden Zinssatz bei mehr als einer Leistung des Schuldners pro Jahr.

Effektivzins nach PangV, Methode zur Ermittlung einer Internal Rate of Return (→ interner Zinsfuß) für Kredite gemäß Preisangabenverordnung (PAngV), die seit dem 1. 09. 2000 grundsätzlich mit der Kalkulation des → Effektivzinses nach ISMA identisch ist, zudem aber explizit ein besonderes Verfahren zur Zinstagezählung vorschreibt. Einem Kalkulationsjahr werden einerseits 365 Tage und andererseits 12 gleich lange Monate zugrunde gelegt. Dies wird durch eine Normierung von Zahlungsterminen, die auf den 31. eines Monats bzw. den 28. oder 29. Februar fallen, erreicht: Einheitlich werden diese Zahlungen auf den 30. desselben Monats gesetzt.

Efficient-Market-Theory, → Effizienzmarkttheorie.

effizienter Markt, *efficient market*; Markt, der die Kriterien der → Effizienzmarkttheorie erfüllt.

effizientes Portefeuille, *efficient portfolio*. Ein → Portefeuille wird als effizient bezeichnet, wenn die Anteile der einzelnen Papiere so gewählt worden sind, dass entweder bei gegebenem Portefeuillerisiko dessen erwartete → Rendite maximiert oder bei vorgegebener erwarteter Portefeuillerendite dessen → Risiko minimiert wird. Es existiert demnach kein Portefeuille, das entweder bei gleichem Risiko eine höhere erwartete Rendite oder bei gleicher erwarteter Rendite ein geringeres Risiko aufweist. Die Menge aller e.P. ergibt die Kurve der e.P. Diese Effizienzlinie wird in einem Diagramm aus → Erwartungswert der Rendite und → Standardabweichung der Rendite dargestellt. Da nur e.P. ökonomisch von Bedeutung sind, nimmt dieser Begriff eine zentrale Stellung in der Kapitalmarkttheorie ein.

Effizienzmarkttheorie, *efficient-market-theory*. Nach der E., die auf den Erkenntnissen von Fama beruht, spiegeln die Aktienkurse jederzeit die fundamental gerechtfertigten Unternehmenswerte wider, weil sich alle relevanten Informationen sofort im Aktienkurs niederschlagen. Dies bedeutet, dass die Kursbildung ein kontinuierlicher Angleichungsprozess ist, bei dem es nicht möglich ist, eine Überrendite zu erzielen. – Die Kapitalmarkteffizienz tritt in drei unterschiedlich strengen Formen auf: Ist der Markt nur schwach informationseffizient, ist es nicht möglich, mit Hilfe der → Chart-Analyse zukünftige Kursverläufe zu prognostizieren. Es sind alle historischen Kursdaten in den aktuellen Kursen enthalten. Bei mittelstrenger Informationseffizienz sind alle öffentlich zugänglichen Informationen im Kurs verarbeitet. Auf einem streng informationseffizienten Markt spiegeln die Kurse alle existierenden Informationen wider. Selbst → Insider könne keine Überrendite erzielen, weil alle Informationen (einschließlich → Insider-Informationen) bereits im Kurs enthalten sind. – Vgl. auch → Informationseffizienz von Märkten.

EG, Abk. für → Europäische Gemeinschaft.

Egalisationskurs, → Paritätskurs.

EG-Insiderrichtlinie, Richtlinie des Rates der Europäischen Gemeinschaften vom 13. 11. 1989 zur Koordinierung der Vorschriften betreffend → Insidergeschäfte, welche die Mitgliedsstaaten bis zum 1. 07. 1992 in nationales Recht umsetzen mussten. Danach sind → Insider-Informationen nicht öffentlich bekannte präzise Informationen, die einen oder mehrere → Emittenten von → Wertpapieren oder ein oder mehrere Wertpapiere betreffen und die bei öffentlicher Bekanntgabe geeignet wären, den Kurs dieses Wertpapiers oder dieser Wertpapiere beträchtlich zu beeinflussen. Verschiedene Informationen sind keine Insider-Informationen, so über politische, ökonomische oder sonstige Vorgänge allgemeiner Art ohne spezifischen Bezugsgrad zu dem Unternehmen des Insiders oder von diesem Unternehmen emittierten Wertpapieren; ferner Informationen, die sich auf bloße Gerüchte oder auf Vermutungen stützen, weil solche Informationen sich nicht in signifikanter Weise auf die Wertpapierkurse auswirken, andererseits aber zu jedem Marktgeschehen gehören; schließlich Informationen über eine bevorstehende Diskontsatzerhöhung oder -senkung durch die → Zentralbank oder einen bevorstehenden Regierungsbeschluss über neue Maßnahmen zum Umwelt-

EG-Insiderrichtlinie, Insider-Informationen

schutz, welche die Produktionskosten allgemein und nicht nur in der Branche erhöhen, der das Unternehmen des Insiders angehört, weil sie keinen spezifischen Bezug zu einem bestimmten Unternehmen oder zu bestimmten Wertpapieren aufweisen. – Die EG-Richtlinie umschreibt als Insider Mitglieder des → Vorstand oder → Management und → Aufsichtsrat, → Großaktionäre sowie alle Personen, die auf Grund ihrer Arbeit, ihres Berufs oder ihre Aufgaben Zugang zu Insider-Informationen haben. Auch solche Personen sind danach rechtlich Insider, die den betroffenen Unternehmen zwar nicht angehören, aber auf Grund ihres Tätigkeitsfeldes Insider-Informationen erhalten, z.B. Organmitglieder und Bedienstete der Zentralbank, Mitglieder der Regierung und des Parlaments, Personen aus vielen Bereichen der öffentlichen Verwaltung, aber auch Journalisten. Die EG-R. erstreckt das Verbot der Ausnutzung von Insider-Informationen weiter auf sog. → Sekundärinsider, d.h. alle Personen, die in Kenntnis der Sache eine Insiderinformation haben, die unmittelbar oder mittelbar nur von einem der Insider im engeren Sinne (sog. → Primärinsider) herrühren, und verbietet es deshalb den Primärinsidern, Insider-Informationen an Dritte weiterzugeben, soweit dies nicht in einem normalen Rahmen in Ausübung ihrer Arbeit oder ihres Berufs oder in Erfüllung ihrer Aufgaben geschieht. Zu den Sekundärinsidern zählen beispielsweise → Wirtschaftsprüfer, Steuerberater oder Rechtsanwälte, wenn sie nicht schon auf Grund ihrer beruflichen Tätigkeit die Insiderinformation erfahren haben, also Primärinsidern sind. Jedermann wird rechtlich Sekundärinsider, wenn er auf irgendeine Weise Kenntnis von einer Information eines Primärinsider erlangt. Damit können nicht nur Familienmitglieder oder Freunde und Bekannte eines Primärinsider von dem Verbot, Insider-Informationen auszunutzen, betroffen werden, sondern auch die Mandanten von Beratern, Anwälten u.a. der AG. – Die EG-R. verbietet Insidern nicht generell Geschäfte mit Wertpapieren des betroffenen Unternehmens, sondern verbietet die vorsätzliche Ausnutzung der Insider-Informationen beim Erwerb oder der Veräußerung solcher Wertpapiere. Insider-Geschäfte sind also nur solche Transaktionen, die auf einer Insider-Information beruhen. Es muss im Einzelfall sowohl ein Kausalzusammenhang als auch der Vorsatzes nachgewiesen werden. Die EG-R. schreibt keine konkreten Sanktionen bei Verstößen vor, sondern bestimmt nur, dass die Sanktionen einen hinreichenden Anreiz geben müssen, die Verbotsvorschriften einzuhalten. Es kommen also strafrechtliche, verwaltungsrechtliche sowie zivilrechtliche Sanktionen in Betracht.

EG-Insiderrichtlinie, Insider, *European Insider Dealing Directive, insider.* Die → EG-Insiderrichtlinie unterscheidet zwei Kategorien von → Insidern: Solche, die aufgrund ihres Status oder ihres Berufs Zugang zu einer Insider-Information haben (Art. 2) (Primärinsider), und solche die durch erstere die Insider-Information erhalten (Art. 4) (Sekundärinsider). – Vgl. auch → Insiderrecht.

EG-Insiderrichtlinie, Insidergeschäfte, *European Insider Dealing Directive, insider dealings/trading.* Nach der → EG-Insiderrichtlinie lassen sich die Insiderhandelsgeschäfte, d.h. die Veräußerung und der Erwerb von Wertpapieren unter Ausnutzung einer Insider-Information (Art. 2, 4), von sonstigen Insidergeschäften (Art. 3) unterscheiden. Zu letzteren zählen die Weitergabe einer Insider-Information und Empfehlung eines Wertpapiergeschäfts aufgrund einer Insider-Information, ohne dass diese selbst weitergegeben wird. – Vgl. auch → EG-Insiderrichtlinie, Wertpapiere, → EG-Insiderrichtlinie, Insider-Informationen und → Insiderrecht.

EG-Insiderrichtlinie, Insider-Informationen, *European Insider Dealing Directive, insider informations.* Die → EG-Insiderrichtlinie definiert als Insider-Information eine nicht öffentliche bekannte präzise Information, die einen oder mehrere → Emittenten von Wertpapieren oder ein oder mehrere Wertpapiere betrifft und die, wenn sie öffentlich bekannt würde, geeignet wäre, den Kurs des Wertpapiers oder dieser Wertpapiere erheblich zu beeinflussen (Art. 1). In § 13 WpHG wird statt dessen der Begriff → Insidertatsache verwendet, ohne dass damit eine inhaltliche Abweichung beabsichtigt ist. – Vgl. auch → EG-Insiderrichtlinie, Wertpapiere und → Insiderrecht.

EG-Insiderrichtlinie, Sanktionen

EG-Insiderrichtlinie, Sanktionen, *European Insider Dealing Directive, sanctions*. Die Mitgliedstaaten der EG haben im einzelnen festzulegen, wie Verstöße gegen die aufgrund der → EG-Insiderrichtlinie erlassenen Vorschriften zu ahnden sind (Art. 13 S. 1). Die Sanktionen müssen einen hinreichenden Anreiz zur Einhaltung dieser Vorschriften darstellen (Art. 13 S. 2). Es besteht keine Pflicht, eine strafrechtliche Sanktion vorzusehen. – Vgl. auch → Insiderrecht.

EG-Insiderrichtlinie, Wertpapiere, *European Insider Dealing Directive, securities*. Die → EG-Insiderrichtlinie definiert als Wertpapiere → Aktien, → Schuldverschreibungen sowie → Effekten, die mit Aktien und Schuldverschreibungen identisch sind, die zum Handel an einem öffentlich zugänglichen, regelmäßig stattfindenden und von staatlich anerkannten Stellen überwachten und reglementierten Markt zugelassen sind. Ihnen sind Derivate gleichgestellt, die sich auf die genannten Wertpapiere beziehen. – Vgl. auch → Insiderpapiere und → Insiderrecht.

EG-Richtlinien zum Börsenwesen, mit den Richtlinien des Rates der Europäischen Gemeinschaft zum Börsenwesen bezweckt die EG, den Kapitalverkehr in der EG zu erleichtern. Deshalb sollen die Vorschriften auf dem Gebiet des Wertpapier- und Börsenwesens harmonisiert werden. Der Ministerrat der EG zu diesem Zweck folgende Richtlinien verabschiedet: (1) Die Richtlinie des Rates vom 5.3.1979 zur Koordinierung der Bedingungen für die Zulassung von → Wertpapieren zur → amtlichen Notierung an einer → Wertpapierbörse; (2) Die Richtlinie des Rates vom 17.3.1980 zur Koordinierung der Bedingungen für die Erstellung, die Kontrolle und die Verbreitung des Prospekts, der für die Zulassung von Wertpapieren zum amtlichen Notierung an einer Wertpapierbörse zu veröffentlichen ist; (3) Die Richtlinie des Rates vom 15.2.1982 über regelmäßige Informationen, die von Gesellschaften zu veröffentlichen sind, deren Aktien zur amtlichen Notierung an einer Wertpapierbörse zugelassen worden sind; (4) Die Richtlinie des Rates vom 12.12.1988 über die bei Erwerb und Veräußerung einer bedeutenden Beteiligung an einer börsennotierten Gesellschaft zu veröffentlichenden Information; (5) Richtlinie des Rates vom 17.4.1989 zur Koordinierung der Bedingungen für die Erstellung, Kontrolle und Verbreitung des Prospekts, der im Falle öffentlicher Angebote von Wertpapieren zu veröffentlichen ist, um sicherzustellen, dass die Kapitalanleger in allen Mitgliedsstaaten der Gemeinschaft möglichst gleichwertige Informationen erhalten.

EG-Wertpapierdienstleistungsrichtlinie. Die Wertpapierdienstleistungsrichtlinie des Rates der Europäischen Union von 1993 erfasst solche Unternehmen, die das Wertpapiergeschäft betreiben und nicht unter die Bankrechtskoordinierungsrichtlinie fallen (sog. → Wertpapierfirmen). Deutsche → Kreditinstitute, die → Wertpapierdienstleistungen erbringen, fallen deshalb grundsätzlich nicht unter den Regelungsbereich der EG-W., da für sie bereits die Bankrechtkoordinierungrichtlinie gilt. In Systematik und Regelungsstruktur entspricht die EG-W. der zweiten Bankrechtskoordinierungsrichtlinie, nämlich gegenseitige Anerkennung der Aufsichtssysteme auf Basis der Mindestharmonisierung, der einmalige Zulassung (europäischer Pass) und der Herkunftslandkontrolle. Anwendung findet die EG-W. auf Wertpapierfirmen, die Unternehmen sind, die im Rahmen ihrer üblichen beruflichen oder gewerblichen Tätigkeit gewerbsmäßig Wertpapierdienstleistungen für Dritte erbringen. Wertpapierdienstleistungen sind der → Eigenhandel, die Finanzportfolioverwaltung, das → Emissionsgeschäft, das Finanzkommissionsgeschäft sowie im Anhang der Richtlinie angeführte Nebendienstleistungen z.B. Schließfachvermietung, Verwahrung und Verwaltung von Wertpapieren. Voraussetzung für die Aufnahme der Geschäftstätigkeit einer Wertpapierfirma ist nach der Richtlinie die Zulassung durch die zuständige Aufsichtsbehörde des Herkunftslandes. Die Zulassung setzt ein ausreichendes Anfangskapital voraus, differenziert nach Art der Tätigkeit, eine qualifizierte Geschäftsleitung, die Gewährleistung der Einhaltung des Vier-Augen-Prinzips und ein Geschäftsplan, der die Art der vorgesehenen Geschäfte sowie den organisatorische Aufbau verdeutlicht. Die Vorschriften über die laufende Beaufsichtigung der geschäftlichen Aktivitäten stellen im wesentlichen Anforderungen an die Organisation, bestimmen Anzeige- und Meldepflichten sowie Wohlverhaltensregeln zum Schutz des Kunden. Auf Kreditinstitute sind nur einige wenige Regelungen der Richtlinie anzuwenden, beispielsweise die Berücksichtigung einiger interner Aufsichtsregeln, die Einhaltung der Wohlverhaltensregeln oder die Erfüllung von Berichts- und Meldepflichten. Die Zulassung eröffnet den Wertpapierfirmen die Dienstleistungs- und Niederlassungsfreiheit sowie den direkten oder indirekten Zugangs zu den Börsen und geregelten Märkten einschließlich der Clearing- und Abwicklungssysteme in den Staaten der Europäischen Union sowie zur Mitgliedschaft. Ergänzt wird die Wertpapierdienstleistungsrichtlinie inhaltlich durch die gleichzeitig verabschiedete Kapitaladäquanzrichtlinie, die eine Kapitalunterlegung bestimmter Risikopositionen sowohl für Wertpapierfirmen als auch Kreditinstitute vorschreibt. Mit beiden Richtlinien sollen vergleichbarer Rahmenbedingungen für Wertpapierfirmen und Banken geschaffen werden. Mit der Umsetzung sind in Deutschland erstmals Unternehmen wie Anlage- und Abschlussvermittler, die bestimmte Wertpapierdienstleistungen erbringen, einer staatlichen Aufsicht unterworfen worden.

Ehrengericht, → Sanktionsausschuss.

Ehrenkodex, → Analystenkodex.

EHS, als Abkürzung für → Elektronisches Handelssystem gebrauchte, ursprüngliche Bezeichnung der → Deutschen Börse für → Xetra.

EIB, Abk. für → Europäische Investitionsbank.

Eidgenössische Bankenkommission (EBK), bezeichnet die für den schweizerischen Kapitalmarkt zuständige Aufsichtsbehörde.

Eigendepot, → Depot A.

eigene Aktien, bezeichnet → Aktien einer → AG, die im Besitz derselben gehalten werden. Dies ist der häufigste Fall → eigener Anteile. Prinzipiell ist es AGs untersagt, e. A. zu erwerben. Lediglich die in § 71 AktG genannten Tatbestände können zum Erwerb E.A. führen: – 1. Erwerb zur Abwendung eines unmittelbar bevorstehenden schweren Schadens. – 2. Erwerb zwecks Angebot an Arbeitnehmer (→ Belegschaftsaktien). – 3. Erwerb zu Abfindungszwecken. – 4. Erwerb unentgeltlich bzw. in Kommission (Bsp.: Y-Bank kauft Y-Bank-Aktien im Kundenauftrag für dessen → Depot). – 5. Erwerb durch Gesamtrechtsnachfolge. – 6. Erwerb zur Einziehung für die Herabsetzung des Kapitals. – 7. Erwerb zum Zwecke des Wertpapierhandels (nur für Finanzdienstleister unter bestimmten Bedingungen). – 8. Erwerb für besondere Zwecke nach entsprechendem HV-Beschluss (strenge Bedingungen: u.a. Obergrenze bei 10% des → Grundkapitals und explizites Verbot von Handelszwecken) z.B. in Verbindung mit → Stock-Option-Plänen. – 9. In ihrer → Bilanz muss eine AG E.A. gesondert ausweisen. Erfolgt der Erwerb zur Einziehung, ist eine offene Absetzung vom → gezeichneten Kapital erforderlich, anderenfalls erfolgt eine Bilanzierung im → Umlaufvermögen, wobei zum Gläubigerschutz eine Rücklage für eigene Anteile in gleicher Höhe gegenüberzustellen ist.

eigene Anteile, bezeichnet Anteile am → Grundkapital der eigenen Gesellschaft, deren Erwerb in Deutschland durch § 71 AktG und § 33 GmbHG reglementiert ist. Wird das → HGB der → Rechnungslegung zu Grunde gelegt, werden die e.A. je nach Erwerbszweck im → Umlaufvermögen ausgewiesen oder aber vom → Eigenkapital abgesetzt. Nach → IAS und → US-GAAP sind diese zwingend vom Eigenkapital abzusetzen.

eigene Effekten, *own stocks and bonds*. Bezeichnung für die → Effekten, die sich im Eigentum eines → Kreditinstituts selbst befinden und ihm nicht zur Verwahrung und Verwaltung von seinen Kunden übergeben wurden. – Gegensatz: → Fremdeffekten.

eigene Schuldverschreibungen, *own bonds*; Bezeichnung für die von einem Unternehmen selbst ausgegebenen und anschließend zurückgekauften börsenfähigen → Schuldverschreibungen, die in der Bankbilanz unter der Aktivposition „Schuldverschreibungen und andere festverzinsliche Wertpapiere, eigene Schuldverschreibungen" ausgewiesen werden. Zurückerworbene nichtbörsenfähige e.S. sind dagegen von der Passivposition „verbriefte Verbindlichkeiten" abzusetzen. Bezüglich der Bewertung der

Eigenemission

e.S. gilt, dass diese stets nach dem strengen → Niederstwertprinzip zu erfolgen hat.

Eigenemission, → Selbstemission.

Eigenfinanzierung, *financing from own resources*; Bezeichnung für die Zuführung oder Erhöhung des → Eigenkapitals einer Unternehmung durch Einlagen der Unternehmenseigentümer (→ Beteiligungsfinanzierung) oder durch die Einbehaltung von Gewinnen (→ Selbstfinanzierung). – Gegensatz: → Fremdfinanzierung.

Eigengeschäft, *principal transactions, independent operations*; Bezeichnung für Geschäfte, die von → Kreditinstituten auf eigene Rechnung durchgeführt werden. Dabei kann die Initiative vom Kreditinstitut selbst oder von einem anderen Kreditinstitut ausgehen. Neben Ertragsüberlegungen sind die Absicherung und Steuerung eigener bilanzieller → Risiken, sowie aufsichtsrechtliche Vorschriften des → Kreditwesengesetzes (KWG) Gründe für die Durchführung von E., die in Form von → Arbitrage-, Kurssicherungs- (→ Hedging), Anlage- oder Beteiligungsgeschäften ausgeführt werden können. – Gegensatz: → Kommissionsgeschäft.

Eigenhandel, *Properhandel, own account trading, trade for one's own account*. Bezeichnung für alle → Eigengeschäfte der → Kreditinstitute, die sie im eigenen Namen und für eigene Rechnung betreiben. Dazu zählen neben dem → Effekteneigengeschäft auch der → Geld- und → Devisenhandel.

Eigenhandelsgeschäfte, *trading for (bank's) own account*; Bezeichnung für diejenigen → Orders in → Wertpapieren und → Derivaten, bei denen ein → Kreditinstitut als → Eigenhändler auftritt. Für E. gelten nach § 32 WpHG besondere Verhaltensregel. – Vgl. auch → Kommissionsgeschäft und → Eigengeschäfte.

Eigenhändler, *dealer*. 1. Ausführender von Geschäften, die für eigene Rechnung der Bank abgeschlossen werden und bei denen die betreffenden → Wertpapiere in den eigenen Bestand der Bank eingebucht werden. – 2. Vermittler von Wertpapieren, die nicht zum Handel an einer Börse zugelassen sind und deshalb ohne die Einschaltung eines → Kursmaklers gehandelt werden. – Die Abrechnung der Geschäfte gegenüber den Kunden erfolgt auf Basis der von der Bank festgelegten An- und Verkaufskurse. Diese sind entweder unterschiedlich hoch, so dass die Bank die anfallenden Spesen und Gebühren über die → Geld-Brief-Spanne erhebt oder die Bank stellt einen einheitlichen Kurs und berechnet Spesen und Gebühren separat. – Zu den Geschäften von E. sind auch → Tafelgeschäfte zu zählen. Hierbei werden Wertpapiere am Bankschalter gegen Barzahlung gekauft oder verkauft und dem Kunden direkt ausgehändigt oder von ihm entgegengenommen. – Vgl. auch → Eigenhandel.

Eigenkapital (EK), *equity capital, shareholders' equity*. Das E., dessen Ausweis auf der Passivseite der Bilanz erfolgt, umfasst diejenigen Mittel, die einem Unternehmen von dessen Eigentümern ohne zeitliche Begrenzung zur Verfügung gestellt werden. Dies kann entweder in Form der → Beteiligungsfinanzierung erfolgen oder dadurch, dass die Eigentümer auf die Ausschüttung von Gewinnen verzichtet haben (→ Selbstfinanzierung). Das E. ergibt sich bilanziell als Differenz zwischen → Rohvermögen (Bilanzsumme) und Schulden. Übersteigt das Vermögen die Schulden, wird das E. als → Reinvermögen bezeichnet. Sind die Schulden höher als das Vermögen, wird von negativem E. gesprochen, das auf der Aktivseite der Bilanz ausgewiesen wird. Eine solche Überschuldung ist bei → Kapitalgesellschaften ein Grund zur Beantragung der → Insolvenz. – Bei Kapitalgesellschaften setzt sich nach § 266 III HGB das rechnerische E. aus dem → nominellen E., mit dem die konstanten E.-konten bei Unternehmensrechtsformen mit Haftungsbeschränkung bezeichnet werden, und den variablen E.-positionen zusammen. Dazu zählen die → Kapitalrücklagen, die durch → Gewinnthesaurierung gebildeten gesetzlichen und anderen → Gewinnrücklagen, der → Gewinnvortrag bzw. Verlustvortrag sowie der → Jahresüberschuss bzw. Jahresfehlbetrag. Alternativ zu dieser Bilanzaufstellung vor Gewinnverwendung kann die Bilanz auch nach teilweiser oder vollständiger Gewinnverwendung aufgestellt werden; in diesem Fall ersetzt der Posten Bilanzgewinn den Gewinnvortrag und den Jahresüberschuss. – Das E. erfüllt folgende Funktionen: a) Finanzierung von Vermögensgegenständen, die nicht mit Fremdkapital finanziert werden sollen; b) Haftungs- und Garantiefunktion, indem das E. zum Schutz der → Gläubiger als Verlustpuffer gegen Forderungsausfälle haftet, wofür eine E.-Ausstattung in angemessener Höhe erforderlich ist; c) Gewährung bestimmter Eigentums-, Verfügungs- und Informationsrechte. Den E.-Gebern steht im Gegensatz zu den Fremdkapitalgebern ein Mitwirkungsrecht an der Unternehmensleitung zu. Sie erhalten keine feste Vergütung für die Kapitalüberlassung, sondern haben Anspruch auf den ihrer Beteiligung entsprechenden Anteil am → Residualgewinn. – Gegensatz: → Fremdkapital.

Eigenkapitalbegriffe, körperschaftsteuerlich, die k.E. sind nur bei Gültigkeit des → Körperschaftsteueranrechnungsverfahrens relevant. Seit Einführung des → Halbeinkünfteverfahrens haben diese keine Bedeutung mehr. Die Vorschriften des KStG zur Eigenkapitalgliederung sind aufgehoben worden. – Das in der Steuer-Vorbilanz ausgewiesene → Eigenkapital wurde in das für → Ausschüttungen verwendbare Eigenkapital und in das übrige Eigenkapital gegliedert. Das verwendbare Eigenkapital setzte sich aus → Kapitalrücklagen, → Gewinnrücklagen, dem Gewinn des laufenden Jahres und dem → Nennkapital, das durch Umwandlung von seit 1977 entstandenen Gewinnrücklagen gebildet wurde, zusammen. Das übrige Eigenkapital entsprach dem Nennkapital des Unternehmens, vermindert um den Teil des Nennkapitals, der durch Umwandlung von nach 1976 gebildeten Gewinnrücklagen entstanden ist. Die beiden wichtigsten Aufgaben des verwendbaren Eigenkapitals bestanden darin, Informationen darüber zu liefern, welche Einkunftsteile für Ausschüttungszwecke verwendet werden und wie hoch ihre Tarifbelastung ist. Das verwendbare Eigenkapital wurde zum Schluss jedes Wirtschaftsjahres entsprechend seiner Tarifbelastung gegliedert. Dabei wurden drei Gruppen unterschieden. In das EK40 wurden die Einkünfte eingestellt, die dem allgemeinen Körperschaftsteuersatz von 40% unterlagen. Die Tarifbelastung für Einkünfte, die zum EK30 gehörten, belief sich auf 30%. Das EK0 umfasste vier Einkunftsgruppen, auf die keine Körperschaftsteuer entfiel. Das höchstbelastete Eigenkapital wurde zuerst zur Dividendenzahlung herangezogen, wodurch eine schnellstmögliche Körperschaftsteuerentlastung auf normalbelastete Gewinne im → Anrechnungsverfahren erfolgte. Diese, durch das Körperschaftsteueranrechnungsverfahren bedingte komplizierte Eigenkapitalgliederung, war häufig Kritikpunkt des Anrechnungsverfahrens. – Seit Einführung des Halbeinkünfteverfahrens (2001) müssen die unbeschränkt steuerpflichtigen Körperschaften die nicht in das Nennkapital geleisteten Einlagen am Schluss jedes Wirtschaftsjahres auf einem besonderen Konto (steuerliches Einlagekonto) ausweisen.

Eigenkapitalentzug, *withdrawal of equity capital*. Das einem Unternehmen zur Verfügung stehende → Eigenkapital kann sich vermindern, wenn Verluste auftreten (in der → Gewinn- und Verlustrechnung übersteigen die Aufwendungen die Erträge) oder wenn gewinnübersteigende Ausschüttungen (z.B. in Form von → Dividenden) erfolgen. Die Folgen des E. sind eine Erhöhung des → Verschuldungsgrades und damit einhergehend eine Verschlechterung der → Kreditwürdigkeit des Unternehmens zu sehen.

Eigenkapitalgeber, *equity investors*; Bezeichnung für natürliche oder → juristische Personen, die einer Unternehmung → Eigenkapital zur Verfügung stellen. Im Gegenzug erhalten sie → Beteiligungsrechte, wie z.B. das Recht auf → Gewinnausschüttung, oder auch Kontroll- und Mitspracherechte bei der Festlegung der Unternehmenspolitik.

Eigenkapitalkonten, *equity accounts*. Um der Verpflichtung zu → externer Rechnungslegung in Form einer → Bilanz nachkommen zu können, bedarf es der Erfassung der Eigenkapitalverhältnisse auf passiven Bestandskonten. Für die Gliederung und Benennung einzelner Konten können bereits existierende Kontenrahmen verwendet werden.

Eigenkapitalkosten, *cost of equity*. Eine Unternehmung muss für jede Art der Kapitalüberlassung ein entsprechendes Nutzenentgelt zahlen, so dass → Fremdkapitalkosten und E. entstehen. Letztere sind das Produkt aus dem Eigenkapitalzinssatz und dem Eigenkapital. Der Eigenkapitalzinssatz entspricht jenem → Zinssatz, den die → Eigenkapitalgeber vom Unternehmen for-

Eigenkapitalquote

dern. Die Höhe des geforderten Zinssatzes ist vom → Risiko des Unternehmens abhängig. Zur Ermittlung dieses Eigenkapitalzinssatzes wird häufig das → Capital Asset Pricing Model verwendet.

Eigenkapitalquote, *equity ratio*; Kennzahl zur Analyse der → Kapitalstruktur, bei der das → Eigenkapital ins Verhältnis zum Gesamtkapital gesetzt wird. Normalerweise wird von Anteilseignern gefordert, dass die E. um so höher sein sollte, je größer das → Business Risk bzw. die Varianz der Erträge eines Unternehmens ist. – Vgl. auch → Eigenkapitalkennzahlen.

Eigenkapitalzinsen, *equity yield rate*. Dies ist der Verzinsungsanspruch der Eigenkapitalgeber auf das investierte Kapital (→ Return on Equity). Die Höhe der Verzinsung ist in erster Linie abhängig vom Unternehmensrisiko und kann über das → Capital-Asset-Pricing-Model (CAPM) theoretisch berechnet werden. Für jede Art der Kapitalüberlassung müssen Zinsen gezahlt werden. Da E. aber lediglich einen kalkulatorischen Ansatz erfahren dürfen, können → Gewinnausschüttungen an die Eigenkapitalgeber nicht als Aufwand verbucht werden, sondern werden im Rahmen der Gewinnverwendungsentscheidung eines Unternehmens nach Feststellung des → Jahresabschlusses von der Hauptversammlung beschlossen.

Eigenmittel, *effektives Eigenkapital, own funds, capital resources*. 1. Bezeichnung für die einer Unternehmung von ihren Eigentümern ohne zeitliche Begrenzung zur Verfügung gestellten Mittel. Bei Kapitalgesellschaften umfassen die E. neben dem konstanten → Eigenkapital (→ gezeichnetes Kapital) auch die variablen Eigenkapitalpositionen, wie → Kapitalrücklagen, die durch → Gewinnthesaurierung gebildeten gesetzlichen und anderen → Gewinnrücklagen, den Gewinnvortrag sowie den → Bilanzgewinn bzw. → Jahresüberschuss. Dazu werden die → stillen Reserven gerechnet, aktivierte → Bilanzierungshilfen werden hingegen abgezogen. – 2. Bei Kreditinstituten vgl. → Eigenmittel nach KWG.

Eigenmittelausstattung, Kreditinstitute und Finanzdienstleistungsinstitute. → Kreditinstitute und seit 1.1.1998 auch → Finanzdienstleistungsinstitute sind zur Vorhaltung einer angemessenen Eigenkapitalausstattung verpflichtet. So haben Kreditinstitute und Finanzdienstleistungsinstitute gemäß § 10 KWG im Interesse der Erfüllung ihrer Verbindlichkeiten gegenüber ihren Gläubigern, insbesondere zur Sicherung der ihnen anvertrauten Vermögenswerte, angemessene → Eigenmittel vorzuhalten. Die Bundesanstalt für Finanzdienstleistungsaufsicht (bisher das → Bundesaufsichtsamt für das Kreditwesen) stellt im Einvernehmen mit der → Zentralbank Grundsätze über die → Eigenkapital und die → Liquidität auf, an Hand derer beurteilt wird, ob die Eigenkapitalanforderungen erfüllt sind (Grundsatz I.). In dem neuen → Eigenmittelgrundsatz I sind nicht nur → Ausfallrisiken mit Eigenmittel zu unterlegen, sondern auch → Marktpreisrisiken (→ Zinsänderungs-, Währungskurs- und Kursänderungsrisiko). Eigenkapitalbestandteile sind das → haftende Eigenkapital und die Drittrangmittel. Finanzdienstleistungsinstitute wie Kreditinstitute unterliegen als übergeordnetes wie untergeordnetes Institut einer konsolidierten Eigenmittelaufsicht (§ 10a KWG). Auch eine Institutsgruppe oder eine Finanzholding-Gruppe muss die Voraussetzung einer angemessenen Eigenmittelausstattung erfüllen. Die → Konsolidierungsschwelle ist für Kreditinstitute und Finanzdienstleistungsinstitute auf 50% festgesetzt. In die → Konsolidierung sind neben den von Ausfallrisiken betroffenen Positionen auch die Positionen mit einem → Marktrisiko einzubeziehen. Als Zulassungsvoraussetzung für die Aufnahme vom Geschäftsbetrieb wird gesetzlich ein Mindestanfangskapital verlangt, dass bei reinen → Anlage- und Abschlussvermittlern 50.000 Euro bei Finanzdienstleistungsinstituten, die nicht für Rechnung des Kunden handeln, 125.000 Euro, bei sonstigen Finanzdienstleistungsinstituten und → Wertpapierhandelsbanken 730.000 Euro und bei → Einlagenkreditinstituten 5 Mio Euro beträgt. Anlage- und Abschlussvermittler, die nicht befugt sind, sich bei der Erbringung von → Wertpapierdienstleistungen Eigentum oder Besitz an Geldern oder Wertpapieren von Kunden zu verschaffen und die nicht auf eigene Rechnung handeln, können an Stelle des Anfangskapitals zum Schutz des Kunden eine geeignete → Versicherung nachweisen.

Eigenmittelgrundsatz. Der noch vom → Bundesaufsichtsamt für das Kreditwesen im

Eigenmittel nach KWG

Einvernehmen mit der → Deutschen Bundesbank erlassene Eigenmittelgrundsatz (→ Grundsatz I) konkretisiert die nach § 10 KWG und § 10a KWG erforderliche angemessene → Eigenmittelausstattung für Kreditinstitute und Finanzdienstleistungsinstitute. Der Grundsatz I verpflichtet dazu, bestimmte risikobehaftete Positionen eines → Kreditinstituts oder → Finanzdienstleistungsinstituts mit → Eigenmitteln zu unterlegen. Es wird damit eine Verbindung zwischen dem Umfang möglicherweise eintretender Verluste und den verfügbaren Eigenmitteln der Bank hergestellt. Der Eigenmittelgrundsatz beschränkt sich auf Kreditinstitute und auf Finanzdienstleistungsinstitute, die → Eigenhandel betreiben oder als → Anlage- und Abschlussvermittler befugt sind, sich Eigentum oder Besitz an Geldern oder → Wertpapieren von Kunden zu verschaffen. Während für die → Marktpreisrisiken (→ Zinsänderungs-, → Währungs- und → Aktienkursrisiko) zunächst in Grundsatz Ia die offenen Risikopositionen durch das vorhandene → Eigenkapital limitiert waren, was eine Mehrfachbelegung des Eigenkapitals nicht ausschloss, ist nunmehr eine einheitliche Pflicht zur Eigenmittelunterlegung für die Positionen mit → Marktrisiken festgelegt, was lediglich eine Einfachbelegung des Eigenkapitals ermöglicht. Der Grundsatz I ist zu einen umfassenden und vereinheitlichenden Eigennorm entwickelt, die Vorschriften über die Eigenmittelunterlegungspflicht für → Adressenausfall- und Marktpreisrisiken zusammenfasst. Grundsatz I sieht die Ermittlung einer Gesamtkennziffer vor, welche die Kapitalbelegung eines Instituts durch Adressenausfallrisiken und Marktpreisrisiken in einer einzigen Größe abbildet. Nicht alle Geschäftspositionen eines Kreditinstituts müssen in Hinsicht auf die mit ihnen verbundenen Risiken gleichermaßen mit Eigenmittel unterlegt werden. Während bei Risiken aus → Optionsgeschäften ebenso wie bei Zinsänderungsrisiken und Aktienkursrisiken nur die Positionen des → Handelsbuches eigenmittelunterlegungspflichtig sind, sind bei dem Adressenausfallrisiko sowie den → Wechselkurs- und Rohwarenpreisrisiken darüber hinaus die Positionen des → Anlagebuches eigenmittelunterlegungspflichtig. Erleichterungen räumt der Grundsatz I den sog. → Nichthandelsbuchinstituten ein als Instituten, deren Anteil des Handelsbuches an der Gesamtsumme der bilanz- und außerbilanzmäßigen Geschäfte gewisse Bagatellgrenzen nicht überschreitet.

Eigenmittel nach KWG. Das KWG verpflichtet → Kreditinstitute und seit 1998 auch → Finanzdienstleistungsinstitute angemessene → Eigenmittel vorzuhalten (§ 10 KWG) und definiert die Eigenmittelbestandteile. Oberbegriffe der Eigenmittel sind das → haftende Eigenkapital und die Drittrangmittel. Das haftende Eigenkapital setzt sich aus den beiden Komponenten Kernkapital und Ergänzungskapital zusammen. Das Kernkapital besteht aus dem eingezahlten Kapital sowie den → offenen Rücklagen, → Reingewinn, Vermögenseinlagen stiller Gesellschafter, Sonderposten für allgemeine Bankrisiken gemäß § 340g HGB und Zwischengewinne. Zum Ergänzungskapital gehören die Vorsorgereserven gemäß § 340f HGB, kumulative → Vorzugsaktien, nicht realisierte Reserven, Sonderposten mit Rücklagenanteil, langfristige Verbindlichkeiten, → Genussrechtskapital sowie Haftsummenzuschlag bei → Genossenschaftsbanken. Dabei darf die Summe des Ergänzungskapitals die Summe des → Haftungskapitals nicht übersteigen sowie das Ergänzungskapital nur zu 50% aus Haftungssummenzuschlag und langfristigen nachrangigen Verbindlichkeiten bestehen. Abzusetzen sind von dem Kernkapital und der Summe des Kern- und Ergänzungskapitals die gesetzlich definierten Abzugsposten. Die Drittrangmittel umfassen die Anteile und Gewinne, die sich bei der → Glattstellung aller Handelsbuchpositionen ergeben würden, sowie kurzfristige nachrangige Verbindlichkeiten. Bei den Kreditinstituten darf die Summe der Drittrangmittel nicht mehr als 250% des freien Kernkapitals, das heißt des Kernkapitals betragen, das nicht zur Unterlegung der Risiken des Anlagebuches verwendet wird; für Finanzdienstleistungsinstitute liegt diese Grenze bei 200% des Kernkapitals. Die Drittrangmittel dürfen ausschließlich zur Deckung der Handelsbuchrisiken einschließlich Optionspreisrisiken sowie der Fremdwährungs- und Rohwarenrisiken herangezogen werden. Für die Bemessung der haftenden Eigenmittel ist nicht die letzte für ein Geschäftsjahr festgestellte → Bilanz maßgeblich, sondern es können die Mittel bereits im Zeitpunkt ihres Zuflusses als Kapitalbestandteil berücksichtigt werden.

Eigentum der Gesamthand

Eigentum der Gesamthand, → Gesamthandseigentum.

Eigenverwahrung, *self safekeeping*. Bei der E. verwahrt der Eigentümer die → effektiven Stücke selbst und beauftragt damit nicht, wie in den meisten Fällen üblich, eine → Depotbank. Der Eigenverwahrer übernimmt also selbst die Verantwortung für die Einlösung fälliger → Zins- und → Dividendenscheine und für die termingerechte → Tilgung fälliger Anleihen. – Vgl. auch → Aufbewahrung von Wertpapieren.

Einberufung der Hauptversammlung, *calling of shareholders' meeting*. Die Einberufung der → ordentlichen Hauptversammlung erfolgt grundsätzlich durch den → Vorstand. Zur Einberufung einer → außerordentlichen Hauptversammlung ist auch der → Aufsichtsrat befugt. Außerdem muss die Einberufung auch auf Verlangen einer Minderheit von mindestens fünf Prozent des Grundkapitals durchgeführt werden. Die Einberufung ist grundsätzlich in den → Gesellschaftsblättern bekanntzumachen. Die Bekanntmachung muss die Firma, deren Sitz, Zeit und Ort der Hauptversammlung und die Tagesordnung enthalten. Weiterhin müssen die Teilnahmebedingungen dargelegt werden. Die Einberufung muss mindestens einen Monat vor dem Tag der Hauptversammlung erfolgen. Ist die Teilnahme an eine Hinterlegung der Aktien gebunden, so ist die Hauptversammlung mindestens einen Monat vor Ablauf der Hinterlegungsfrist einzuberufen.

Einberufung des Aufsichtsrats der AG, *calling of the supervisory board*. Die Einberufung des → Aufsichtsrats erfolgt vom Aufsichtsratsvorsitzenden und muss mindestens zweimal im Kalenderhalbjahr stattfinden. Die Einberufung kann durch jedes Mitglied des Aufsichtsrats oder des → Vorstands verlangt werden.

Einbeziehung von Wertpapieren, *Zulassung von Wertpapieren, listing of securitites*; → Zulassung von Wertpapieren zum amtlichen Handel, → Zulassung von Wertpapieren zum Geregelten Markt, → Zulassung von Wertpapieren zum Neuen Markt und → Zulassung von Wertpapieren in den Freiverkehr.

eindecken, *cover, buy ahead*; Bezeichnung für den Vorgang, bei dem durch den Kauf einer bestimmten Menge eines betreffenden Wertpapiers eine im Depot vorhandene → Leerposition → glattgestellt wird.

Eindeckungsrisiko, *Glattstellungsrisiko, stocking up risk*. Das E. beschreibt die Gefahr, sich als Folge von → Termingeschäften zu erhöhten Kursen zu einem späteren Zeitpunkt eindecken zu müssen. Die Höhe des Risikos hängt dabei sowohl vom → Kurs und der → Volatilität des → Underlying als auch von der → Restlaufzeit, dem → Basispreis und dem herrschenden → Zinsniveau ab.

einfache Eingliederung der AG. Die → Hauptversammlung einer → AG kann die → Eingliederung der AG in eine andere AG mit Sitz im Inland (Hauptgesellschaft) beschließen, wenn sich alle Aktien der AG in Hand der zukünftigen Hauptgesellschaft befinden (§ 319 AktG). Auf diesen Beschluss sind die Vorschriften des → AktG und die Bestimmungen der → Satzung über → Satzungsänderungen nicht anzuwenden. Der Beschluss über die Eingliederung ist nur wirksam, wenn die Hauptversammlung der zukünftigen Hauptgesellschaft zustimmt. Der Beschluss bedarf einer Mehrheit von mindestens 3/4 des vertretenen → Grundkapitals. Die Satzung kann eine größere Kapitalmehrheit und weitere Erfordernisse bestimmen. Jedem → Aktionär ist auf Verlangen in der Hauptversammlung, die über die Zustimmung beschließt, Auskunft auch über alle im Zusammenhang mit der Eingliederung wesentlichen Angelegenheiten der einzugliedernden AG zu geben. Der → Vorstand der einzugliedernden AG hat die Eingliederung und die Firma der Hauptgesellschaft zur Eintragung ins → Handelsregister anzumelden. Bei der Anmeldung hat der Vorstand zu erklären, dass die Hauptversammlungsbeschlüsse innerhalb der Anfechtungsfrist nicht angefochten worden sind oder dass die → Anfechtung rechtskräftig zurückgewiesen worden ist. Der Anmeldung sind die Niederschriften der Hauptversammlungsbeschlüsse und ihre Anlagen in Ausfertigung oder öffentlich beglaubigter Abschrift beizufügen. Mit der Eintragung der Eingliederung ins Handelsregister des Sitzes der AG wird die AG in die Hauptgesellschaft mit eingegliedert. Vgl. auch → eingegliederte Gesellschaft; → Eingliederung durch Mehrheitsbeschluss.

einfache Rendite, → direkte Rendite.

einfache Stimmenmehrheit, → Aktienmehrheit.

einfache Währungsklausel, → Währungsklausel.

Einführung in den amtlichen Handel (Verkehr), bezeichnet die Aufnahme der ersten (amtlichen) Kursfeststellung für ein zugelassenes → Wertpapier (§ 42 I BörsG), die der Genehmigung des Antrags auf Zulassung zum Börsenhandel (§ 36 BörsG) nachfolgt.

Einführungskurs, *introduction/issue price*; Kurs, zu dem ein neues Wertpapier am ersten Handelstag an der Börse eingeführt wird. Der E. kann dabei sowohl über dem → Emissionskurs, als auch darunter liegen. Dies richtet sich nach der herrschenden Nachfrage nach dem jeweiligen Wertpapier und danach, ob die Emissionsbedingungen vom Publikum als marktgerecht angesehen werden. – Vgl. auch → Emissionskurspolitik.

Einführung zum Börsenhandel, → Börseneinführung.

Eingang vorbehalten (E.v.), *subject to collection*. Dieser Vermerk wird dem Kunden auf Gutschriftsanzeigen für von ihm übernommene Inkassopapiere erteilt. Er zeigt an, dass die Bank die Gutschrift vom Eingang der eingezogenen Zahlungsbeträge abhängig macht.

Eingliederung, *integration, subordination of a dependent entity*. Bei der E. handelt es sich um eine besonders scharfe Form der Unternehmensverbindung. Sie ist zwischen dem → Beherrschungsvertrag und der aktienrechtlichen → Verschmelzung einzuordnen. Im Gegensatz zur Verschmelzung verliert die eingegliederte Gesellschaft lediglich ihre wirtschaftliche, nicht jedoch die rechtliche Unabhängigkeit. Vom Beherrschungsvertrag unterscheidet sie sich dagegen durch die weitgehende Befugnis der Hauptgesellschaft, Verfügungen über die Substanz des eingegliederten Unternehmens zu treffen und gegebenenfalls vorhandene Minderheiten aus dem eingegliederten Unternehmen auszuschließen. E. von Aktiengesellschaften können mit Beschluss der Hauptversammlung immer dann vorgenommen werden, wenn sich bereits 95% der Aktien in der Hand der zukünftigen Hauptgesellschaft befinden. Häufigster Fall ist die Eingliederung von hundertprozentigen → Tochtergesellschaften in die → Muttergesellschaft. Mit der Eintragung der Eingliederung in das zuständige Handelsregister gehen alle Aktien, die sich nicht in der Hand der Hauptgesellschaft befinden, auf diese über. Die zwangsweise aus der Gesellschaft ausscheidenden → Kleinaktionäre haben Anspruch auf eine angemessene Abfindung in Aktien der übernehmenden Gesellschaft (→ Abfindung bei Eingliederung). Handelt es sich bei der übernehmenden um eine → abhängige Gesellschaft, ist den ausscheidenden Aktionären zusätzlich eine angemessene → Barabfindung anzubieten. Die Angemessenheit der Abfindung kann durch Einleitung eines Spruchstellenverfahrens (→ außenstehende Aktionäre, Spruchstellenverfahren) überprüft werden.

Einheitsgründung, *Simultangründung, Übernahmegründung, single-step formation*. → Gründung einer AG, bei der die Gründer das gesamte → Grundkapital, d.h. alle Aktien, selbst übernehmen. Gemäß dem AktG ist die E. die einzig zulässige Form der Gründung einer AG. – Gegensatz: → Stufengründung.

Einheitskurs, → Kassakurs.

Einheitskursverfahren, → Kursfestsetzung am Einheitsmarkt.

Einheitsmarkt, *Einheitsnotierung, single-price market*. Der E. ist der Teil des → Kassahandels, an dem börsentäglich nur ein Börsenkurs nach dem → Meistausführungsprinzip festgestellt wird. An ihm werden alle → Kauf- und → Verkaufsaufträge über diejenigen Wertpapiere abgewickelt, welche aufgrund ihrer regelmäßig niedrigen Umsätze von der → Börsengeschäftsführung nicht für die → fortlaufende Notierung zugelassen sind.

Einheitswert, *assessed value of property*. Der E. ist der steuerliche Wert, der nach den Vorschriften des Bewertungsgesetzes regel-

Einkaufskommission

mäßig von der Finanzverwaltung ermittelt wird und Grundlage ist für die Bemessung der Grundsteuer. E. werden zum Hauptfeststellungszeitpunkt allgemein festgesetzt. Dieser Wert gilt solange, bis entweder eine neue Hauptfeststellung durchgeführt wird oder aufgrund von sachlichen Veränderungen eine Anpassung erforderlich ist (Wertfortschreibung, Nachfeststellung, Aufhebung des E. (§§ 22–24 BewG)). Der Einheitsbewertung liegt die Idee zugrunde, in möglichst einfacher Weise den Marktwert eines Grundstücks zu ermitteln. Der E. fasst Faktoren wie Bodenwert, Grundstücksgröße, Jahresrohmiete oder Art der Bebauung zusammen. Bis Ende 2001 gelten die bisherigen E., dann soll ein neues Verfahren eingeführt werden. – Vgl. → Grundstücksbewertung und → Ertragswertverfahren.

Einkaufskommission, *commission to purchase goods*; Bezeichnung für den gewerbsmäßigen Kauf eines → Wertpapiers, der im eigenen Namen, aber im Auftrag und für die Rechnung eines Dritten erfolgt. Der Übergang des Eigentums an den Wertpapieren vom → Kommissionär auf den Auftraggeber (→ Kommittent) erfolgt gemäß § 18 DepotG durch die Übersendung eines → Stückeverzeichnisses, in dem die erworbenen Wertpapiere aufgelistet sind. Der Großteil der von → Kreditinstituten für ihre Kunden abgewickelten → Börsenaufträge wird in der Form des Kommissionsgeschäft ausgeführt. – Vgl. auch → Effektenkommissionsgeschäft und → Festpreisgeschäft.

Einkommensaktien, *income equities*. → Aktien, deren Ertrag hauptsächlich aus → Dividenden besteht. Die hohe Dividendenausschüttung reduziert das Kurspotential, so dass der Börsenkurs eher stabil ist.

Einkommensanlage, Bezeichnung für eine → Kapitalanlage, die primär darauf abzielt, hohe laufende Erträge z.B. Zinserträge, zu erwirtschaften. Es wird dabei auf möglichst geringe Kursschwankungen der Anlage selbst Wert gelegt. Häufigste Form der E. sind → festverzinsliche Wertpapiere, besonders von erstklassigen Emittenten.

Einkommensfonds, *income fund*; Investmentfonds, dessen Anlageziel die laufende → Ausschüttung hoher Erträge ist. – Gegensatz: → Wachstumsfonds und → Thesaurierungsfonds.

Einkommensteuer (ESt), *income tax*. Die ESt ist die wichtigste Einnahmequelle des Staates. Sie wird erhoben durch Veranlagung, durch den Abzug der Lohnsteuer vom Arbeitslohn und durch Abzug der → Kapitalertragsteuer von inländischen Kapitalerträgen. Die ESt erfasst als Personensteuer das Einkommen natürlicher Personen. Sind diese unbeschränkt steuerpflichtig, gilt das Welteinkommensprinzip, d.h. die Steuerpflicht erstreckt sich auf das gesamte Einkommen, unabhängig davon, ob es im In- oder Ausland erzielt wurde. Bei beschränkter Steuerpflicht gilt das Quellen- bzw. Ursprungsprinzip, d.h. die Steuerpflicht erstreckt sich auf die in § 49 EStG aufgezählten inländischen Einkünfte. Trotzdem wird nicht jeder denkbare Vermögenszuwachs erfasst. Die ESt folgt vielmehr dem Enumerationsprinzip. Nur Einkünfte, die zu den in § 2 I EStG aufgeführten sieben Einkunftsarten gehören, (insbes. Einkünfte aus Gewerbebetrieb, aus selbstständiger und unselbstständiger Arbeit) unterliegen der Est. Keine Einkünfte des EStG sind Vermögenszuflüsse aus Erbschaften, aus Spielgewinnen und aus der Veräußerung privater Vermögensgegenstände, es sei denn, es handelt sich um kurzfristig erzielte Spekulationsgewinne (→ Spekulationssteuer). – Aus der Summe der steuerpflichtigen Einkünfte errechnet sich das zu versteuernde Einkommen durch Abzug der Sonderausgaben und der außergewöhnlichen Belastungen. Die ESt ergibt sich dann aus der Anwendung der nach dem Tarif entwickelten Einkommensteuertabelle. Diese wurde in den letzten Jahren, vor allem aufgrund der Vorgaben des Bundesverfassungsgerichts, massiv umgestaltet. Insbesondere der nicht der Besteuerung unterliegende Grundfreibetrag, das steuerfreie Existenzminimum, musste beträchtlich erhöht werden. Wird dieser überschritten, wird das Einkommen mit progressiv ansteigenden Steuersätzen besteuert. – Steuerpolitisch besonders umstritten ist die Höhe des Eingangs- und des Spitzensteuersatzes. Auch hier ist der Gesetzgeber an eine Vorgabe des Bundesverfassungsgerichts, den sogenannten Halbteilungsgrundsatz, gebunden. Danach ist die Besteuerung so auszugestalten, dass dem Steuerpflichtigen, zumindest die Hälfte seiner erzielten Einkünfte verbleibt.

Einlagensicherung

Einkommensteuer bei Wertpapiererträgen natürlicher Personen, *income tax on income from securities belonging to natural persons*; vgl. → Besteuerung der Erträge aus Wertpapieren.

Einkünfte aus Kapitalvermögen, *capital gains, income from investment of capital.* Zentrale Vorschrift für E.a.K. ist § 20 EStG. Der Begriff Kapitalvermögen wird im Gesetz nicht näher erläutert. Es handelt sich hierbei um einen rein steuertechnischen Begriff, der durch eine katalogmäßige Aufzählung in § 20 I Nr. 1 bis 10 EStG umschrieben wird. Diese Aufzählung ist aber nicht abschließend. Durch § 20 II Nr. 1 EStG wird klargestellt, dass zu den Einkünften auch besondere Entgelte und Vorteile zählen, die neben den in § 20 I bezeichneten Einnahmen oder an deren Stelle gewährt werden. Außerdem erfasst § 20 II Nr. 2 bis 4 EStG bestimmte Veräußerungstatbestände und regelt u.a. die Behandlung der Einnahmen aus der Veräußerung von → Dividenden- und → Zinsscheinen, die Behandlung von → Stückzinsen sowie die Veräußerung oder Abtretung aufoder abgezinster Kapitalforderungen. Bei Kapitalvermögen kann es sich nur um Geldvermögen handeln, das dem Privatvermögen des Steuerpflichtigen zuzurechnen ist. Durch § 20 III EStG werden Kapitaleinnahmen, die nicht aus privatem Geldvermögen stammen, anderen Einkunftsarten zugeordnet (Subsidiarität der Kapitaleinkünfte). Über § 20 IV EStG wird ein → Sparerfreibetrag in Höhe von 1.500 Euro bzw. 3.000 Euro gewährt. Außerdem kann ein Werbungskostenpauschbetrag in Höhe von 50 Euro bzw. bei zusammenveranlagten Ehegatten von 100 Euro geltend gemacht werden, falls keine höheren → Werbungskosten nachgewiesen werden (§ 9a S. 1, Nr. 2 EStG). – Vgl. → Besteuerung der Erträge aus Wertpapieren.

Einlagefazilität, *deposit facility*; → Tagesgeld bei der → Europäische Zentralbank. Die EZB bietet ihren Geschäftspartnern die Möglichkeit, überschüssige → Liquidität über Nacht zu einem vorher festgelegten Zinssatz anzulegen. Der Zinssatz für die E. bildet die untere Grenze für den Tagesgeldzinssatz und ist ein wichtiges Instrument im Rahmen der EZB-Geldpolitik. – Gegensatz: → Spitzenrefinanzierungsfazilität.

Einlagen, *bank deposits.* 1. Nach § 1 I KWG fremde Gelder aus dem Nichtbankenbereich, die von einer Bank angenommen werden, unabhängig davon ob Zinsen vergütet werden. Im Bankwesen werden sowohl die von Nichtbanken als auch von Banken auf Eigeninitiative gebrachten Gelder als E. bezeichnet. Zu unterscheiden sind dabei → Depositen (→ Sichteinlagen und → Termineinlagen) und → Spareinlagen. – 2. Bezeichnung für alle Gelder und materielle Güter, die von Dritten in Form einer Außenfinanzierung als Beteiligung in ein Unternehmen eingebracht werden.

Einlagengeschäft, bezeichnet jenes → Bankgeschäft, das sich auf den Erhalt fremder Mittel bezieht. Die Verwahrung und Verwaltung von → Sicht-, → Spar- und → Termineinlagen sind Gegenstand des E. und damit wichtiger Bestandteil des Passivgeschäfts eines Kreditinstituts.

Einlagenkreditinstitute, *deposit banks.* → Kreditinstitute, die nach §1 IIId S.1 KWG Einlagen oder andere rückzahlbare Gelder des Publikums entgegennehmen und das Kreditgeschäft betreiben. Der Begriff des E. ist mit der EU-rechtlichen Kreditinstitutsdefinition (→ Euro-Banken) identisch.

Einlagenrückgewähr, *refund of contributions.* → Einlagen leisten → Gesellschafter, die sich verpflichtet haben, Beiträge in das → Gesellschaftsvermögen zu erbringen. Die Rückgewähr kann zu einer persönlichen Haftung der Gesellschafter führen (§§ 30, 32a/b GmbHG und §§ 171 f. HGB). In der → Aktiengesellschaft (AG) ist sie verboten (§ 53 AktG), in der → Gesellschaft mit beschränkter Haftung (GmbH) nur insoweit, als das → Stammkapital angegriffen wird (§ 30 GmbHG). Eigenkapitalersatz hat ähnliche Wirkungen wie die E.

Einlagensicherung, *deposit protection.* Einrichtung zum Schutz der → Gläubiger von → Kreditinstituten vor dem Verlust ihrer → Einlagen im Falle der Zahlungsunfähigkeit der Kreditinstitute. Neben der Sicherung der Funktionsfähigkeit des Kreditgewerbes sind es sozialpolitische Zielsetzungen, die zur Einrichtung einer E. geführt haben. In der Bundesrepublik Deutschland sind die Sicherungseinrichtungen der Spitzenverbände der deutschen Kreditwirtschaft die Träger der E.

Einlagenzertifikat

Dies ist auch der Grund dafür, dass der Gesetzgeber auf eine für alle Kreditinstitute einheitliche Regelung der E. verzichtet hat. Bei den → Sparkassen und → Kreditgenossenschaften existiert die E. in Form der Institutssicherung. Diese schützt die Gläubiger mittelbar vor dem Verlust ihrer Einlagen, indem sie die Institute selbst davor schützt, zahlungsunfähig zu werden und dadurch die Verpflichtungen den Gläubigern gegenüber nicht mehr nachkommen zu können (indirekte E.). Im Bereich des Bundesverbandes deutscher Banken schützt die E. die Gläubiger, indem sie bei finanziellen Schwierigkeiten des Kreditinstituts Einlagen pro Einleger bis zu einer Höhe von 30 Prozent des haftenden Eigenkapitals des Kreditinstitutes direkt sichert (direkte E.).

Einlagenzertifikat, → Certificates of Deposit.

Einlieferung, *delivery*; Bezeichnung für die Übergabe von → Effekten mit dem Ziel der → Verwahrung. – Gegensatz: → Auslieferung.

Einmalemittenten, *one-off issuer*; sind → Aussteller von Wertpapieren, die den → Kapitalmarkt nur einmal oder sporadisch in größeren Zeitabständen beanspruchen. – Gegensatz: → Daueremittenten.

Einmonats-Euribor-Futures, → Terminkontrakte auf den Zinssatz für Einmonats-Eurotermingelder.

Einschränkung des Jahresabschluss-Testats, *restricted audit certificate*. Eine Einschränkung des Testats ist zu erheben, wenn der Abschlussprüfer (→ Abschlussprüfer bei der AG) im → Jahresabschluss Mängel feststellt, die zwar mehr als geringfügig sind, aber insgesamt einen positiven Befund über den Jahresabschluss erlauben. Der Mangel ist in der Einschränkung zu nennen. Die Einschränkung des → Bestätigungsvermerks hat so zu erfolgen, dass deren Tragweite erkennbar wird.

Einschuss. 1. *initial deposit*; Betrag, den ein Marktteilnehmer bei seinem Kreditinstitut oder Makler hinterlegen muss, wenn er Wertpapiere auf Kredit kaufen möchte. Der maximal zu beleihende Betrag hängt von den Geschäftsbedingungen des jeweiligen Finanzintermediärs ab und bemisst sich i.d.R. aus → Bonität des Kunden und Risikobeschaffenheit seines Depots. – 2. → Margin.

einsteigen, *Einstieg, get in*; Bezeichnung für den Kauf von Wertpapieren. – Gegensatz: → aussteigen.

Einstellung der Kursnotierung, → Delisting.

Einstellung des Börsenverkehrs, *stoppage of the stock exchange dealings*. Die Bundesregierung kann durch Rechtsverordnung anordnen, dass die Börsen vorübergehend zu schließen sind. Eine solche Anordnung setzt voraus, dass wirtschaftliche Schwierigkeiten bei Kreditinstituten zu befürchten sind, die schwerwiegende Gefahren für die Gesamtwirtschaft, insbesondere den geordneten Ablauf des allgemeinen Zahlungsverkehrs erwarten lassen. Davon zu trennen ist die Aufhebung einer bestehenden Börse, zu der die jeweils zuständige → Börsenaufsichtsbehörde eines Bundeslandes befugt ist.

Einzahlungsverpflichtung der Aktionäre. → Aktionäre müssen ihre → Einlagen an die → AG leisten, und zwar in Geld, sofern nicht → Sacheinlagen nach der → Satzung vorgesehen sind. Die Verpflichtung der Aktionäre zur Leistung der Einlagen wird durch den → Nennbetrag oder den höheren Ausgabebetrag der Aktien begrenzt. Bei der die Aktien emittierenden Unternehmung sind die → ausstehenden Einlagen auf das gezeichnete Kapital auf der Aktivseite vor dem → Anlagevermögen gesondert auszuweisen und entsprechend zu bezeichnen; die davon eingeforderten Einlagen sind zu vermerken. Die nicht eingeforderten ausstehenden Einlagen dürfen auch von dem Posten → "Gezeichnetes Kapital" offen abgesetzt werden; der verbleibende Betrag ist dann als Posten "Eingefordertes Kapital" auf der Passivseite offen auszuweisen. Darüber hinaus können Unternehmen als → Zeichner von Anteilscheinen diese nicht eingezahlt haben. Solche Verpflichtungen sind bei der AG im → Geschäftsbericht zu erläutern, da sie → Haftungsverhältnisse darstellen und den Charakter von → Verbindlichkeiten haben. Eine Bilanzierung kann unterbleiben, jedoch ist eine Passivierung nicht eingezahlter Anteile unter "sonstigen Verbindlichkeiten"

Einziehung von Aktien

dann erforderlich, wenn die Beteiligung in voller Höhe aktiviert wurde, d.h. auch mit dem noch nicht eingezahlten Betrag.

Einzelabschluss. Mit dem Einzelabschluss bezeichnet man die Einzelbilanz der herrschenden → AG (§§ 264 ff. HGB) im Gegensatz zum → Konzernabschluss mit → Konzernbilanz (§§ 290 ff. HGB).

Einzelauftrag, *single order*; bezeichnet den → Auftrag eines → Anlegers, der sich auf den Kauf oder Verkauf eines bestimmten → Titels bezieht. – Vgl. auch : → Sammelauftrag.

Einzelbewertung, *item-by-item valuation*; Bewertungsgrundsatz im → Handels- und Steuerrecht. Der Grundsatz der E. verlangt, dass für jedes einzeln abgegrenzte Bewertungsobjekt ein eigenständiger Wert ermittelt wird. Eine Saldierung von Wertminderungen und Wertsteigerungen ist nicht zulässig. Der Grundsatz ist in § 252 I Nr. 3 HGB kodifiziert. Hiernach sind Vermögensgegenstände und Schulden zum Abschlussstichtag einzeln zu bewerten. – Da die E. vielfach praktisch nicht realisierbar ist (z.B. wegen unvollkommener Information über die Zukunft) sind folgende erleichternde Ausnahmen vom Grundsatz der E. zugelassen: Durchschnittsbewertung, Festwertansatz, Pauschalbewertung, Einbeziehungswahlrecht für Gemeinkosten und Verbrauchsfolgeverfahren (→ Bewertungsvorschriften).

Einzeldepot, *individual security deposit*; im Gegensatz zum → Gemeinschaftsdepot ein → Depot mit einem einzigen eingetragenen Inhaber. Dieser kann eine natürliche oder juristische Person sein.

Einzelkursverfahren. Das Einzelkursverfahren kommt im → fortlaufenden Handel zur Anwendung. Dabei vereinbaren Käufer und Verkäufer, dass ein bestimmter Kurs nur für ein spezifisches Effektengeschäft Geltung erlangt.

Einzelpapiere, *single securities*; bezeichnet → Wertpapiere, die einzeln → emittiert werden, so dass sie individuelle Rechte verbriefen und zu Wertpapieren gleicher Art nicht in Verbindung stehen. – Gegensatz: → Massenpapiere.

Einzelschuldbuchforderung, *individual debt register claim*; bezeichnet die Forderung eines Einzelgläubigers, die aus dem Erwerb einer Schuldverschreibung des Bundes, seiner Sondervermögen, der Länder oder der sonstigen öffentlichen Körperschaften (→ öffentliche Anleihen) resultiert und die in das → Bundesschuldbuch oder eines der Landesschuldbücher eingetragen wird). Bei Emission der öffentlichen Anleihe wird zunächst eine → Sammelschuldbuchforderung zu Gunsten der → Clearstream International eingetragen. Der einzelne Gläubiger kann jedoch bei Erwerb der Anleihe die Umwandlung seiner Rechte in eine Einzelschuldbuchforderung beantragen. – Vgl. auch → Schuldbuchforderungen.

Einzelverwahrung, *individual safekeeping*. E. ist eine Verwahrungsart für → Wertpapiere. Bei der E. lagern → Wertpapiersammelbanken die in ihren Tresoren hinterlegten Effektenbestände mit gleicher → Wertpapier-Kennnummer systematisch nach Eigentümer geordnet in einem Streifbanddepot. – Vgl. → Streifbandverwahrung, → Sonderverwahrung. – Gegensatz: → Sammelverwahrung.

Einzelwertberichtigung, *allowances for doubtful accounts*. Der Grundsatz der → Einzelbewertung gilt auch für Forderungen. Soweit sich spezielle Risiken erkennen lassen, werden einzelne Forderungen neu bewertet und der vermutliche Ausfall abgesetzt. Dies erfolgt durch → Abschreibung einer Forderung auf den niedrigeren → beizulegenden Wert. Eine E. erfolgt für jede Forderung separat. Bei größeren Forderungsbeständen, bestehend aus zahlreichen kleineren Forderungen ist es aber i.d.R. nicht möglich oder zu aufwendig sämtliche Forderungen einzeln zu bewerten. Deshalb wird in der Praxis häufig die → Pauschalwertberichtigung angewendet.

Einziehung von Aktien, *Aktieneinziehung, redemption of shares*; Verfahren zur Herabsetzung des Grundkapitals einer → Aktiengesellschaft (AG), das entweder über den → Rückkauf eigener Aktien oder durch zwangsweisen Einzug der Aktien erfolgen kann, allerdings nur, wenn sie laut Satzung gestattet ist (§ 237 ff. AktG). Der Erwerb eigener Aktien ist in diesem Falle nicht auf 10% des Grundkapitals beschränkt, die Bestimmungen des → Gläubigerschutzes für

EK

die → ordentliche Kapitalherabsetzung müssen aber auch bei der E.v.A. beachtet werden. Die zwangsweise Einziehung von Aktien muss darüber hinaus durch die ursprüngliche Satzung oder durch Satzungsänderung erlaubt sein. – Mit Hilfe der E.v.A. können Bilanzverluste ausgeglichen oder Kapital zurückgezahlt werden. – Vgl. auch → Kapitalherabsetzung.

EK, Abk. für → Eigenkapital.

Electronic Banking, Bezeichnung für die Durchführung von → Bankgeschäften unter Verwendung von elektronischen Datenverarbeitungsgeräten. Dazu zählen unter anderem → Home Banking (→ Online Banking, → Internet Banking, etc.), → Electronic Cash (→ Point of Sale, → Point of Sale ohne Zahlungsgarantie) und Selbstbedienungsgeräte (z.B. Geldausgabeautomaten, etc.).

Electronic Cash, Bezeichnung für das von der deutschen Kreditwirtschaft geschaffene Verfahren zum bargeldlosen Bezahlen an elektronischen Kassen oder Terminals. – Vgl. auch → Point of Sale (POS), → Point of Sale ohne Zahlungsgarantie (POZ).

Electronic Commerce, *elektronischer Handel*. Weitgefasste Bezeichnung für den Handel von Waren oder Dienstleistung mit Hilfe elektronischer Netzwerke. Dabei wird unterschieden in den B2B (Business to Business) und den B2C (Business to Consumer) Bereich. E.C. zeichnet sich durch Vorteile bei den Kostenstrukturen, hohe Verfügbarkeit und Reichweite sowie Schnelligkeit aus. Für den Konsumenten besteht darüber hinaus noch der Vorteil der einfachen Vergleichbarkeit von Produkten und Preisen.

Electronic Communication Network (ECN), Bezeichnung für eine Unterform → alternativer Handelssysteme, über deren elektronische Plattformen ein ordergetriebener Wertpapierhandel unter Umgehung der klassischen → Börsen stattfindet. ECN's sind durch eine kontinuierliche Verbreitung von Kursinformationen, ein limitiertes zentrales → Orderbuch bzw. kontinuierliche Auktionen und die automatische Zusammenführung (→ Matching) und Ausführung der → Orders gekennzeichnet. Sie sind im formellen Sinne keine Börsen, obwohl sie deren materielle Merkmale erfüllen. ECN's können jedoch auch eine Zulassung als Börse beantragen (z.B. → Jiway). – Die Kunden geben über Terminals oder über das Internet (limitierte) Aufträge an das ECN, welches diese in ein Orderbuch einstellt; die besten Kauf- und Verkaufsaufträge oder auch das gesamte Orderbuch werden angezeigt. Das ECN versucht, den Auftrag im eigenen Orderbuch auszuführen. Problematisch kann es sich für ECN's erweisen, genügend → Marktliquidität in den gehandelten Titeln sicherzustellen. Sollte jedoch eine Ausführung nicht möglich sein, bieten einige ECN's an, den Auftrag an andere ECN's oder Börsen weiterzuleiten. Diese Weiterleitung kann auch erfolgen, wenn ein Geschäftsabschluss außerhalb des eigenen Orderbuches zu besseren Konditionen möglich ist (Prinzip der → Best Execution). Die amerikanische Börsenaufsicht → SEC hat Anforderungen definiert, unter welchen Bedingungen ECN's Orders in das Handelssystem der → NASDAQ einstellen können. Im Oktober 2000 wurden 33% des Transaktionsvolumens in NASDAQ-Aktien über ECN's generiert. – ECN's stehen in Konkurrenz zu den traditionellen Börsen. In den USA liegt ihr Aufschwung v.a. in Kostenvorteilen im Vergleich zu den Börsen und deren Intermediären (→ Market-Maker und → Specialists) begründet. Im Gegensatz dazu haben → elektronische Handelssysteme, wie z.B. → Xetra, an den europäischen Börsen seit längerem Einzug gehalten; damit fallen die Kostenvorteile geringer aus. ECN's profitieren jedoch auch in Europa von niedrigeren Infrastrukturkosten und geringeren Regulierungsanforderungen. – In Deutschland werden ECN's vom → Bundesaufsichtsamt für den Wertpapierhandel (BAWe) als → Proprietäre Handelssysteme bezeichnet. Sie gelten aufgrund ihrer Tätigkeit in der Anlage- und Abschlussvermittlung als → Wertpapierdienstleistungsunternehmen.

Elektronische Börse Schweiz (EBS), löste im August 1996 als zentrales → elektronisches Handelssystem in Zürich den traditionellen Paketthandel (→ Präsenzbörse) und den Handel an den Schweizer → Regionalbörsen Zürich, Genf und Basel ab. Im Zuge dieser Entwicklung wurde die Schweizer Börse als Vereinigung der EBS, der → SOFFEX, der → ATB und der Vereinigung Schweizer Börsen gegründet.

elektronische Geldbörse, *electronic purse*; Oberbegriff für verschiedene Realisationsformen von elektronischem → Geld. Die e.G. umfasst die Verwaltungssysteme für Kartengeld, wie z.b. die → GeldKarte, und die in PC-Systeme integrierten Speicher- und Übertragungsverfahren für Währungseinheiten, mit denen z.b. im Internet gezahlt werden kann (→ CyberCash).

elektronischer Schalter (ELS), bezeichnet das Bruttozahlungssystem der → Deutschen Bundesbank in Echtzeit. Seit 1988 werden über dieses Systeme Großzahlungen durchgeführt. Die Banken nutzen ELS vor allem für → Interbankenhandel. Unterschieden wird beim ELS in Zahlungen unterschiedlicher Prioritäten.

elektronischer Wertpapierhandel, *electronic securities trading*; bezeichnet i.w.S. den Handel mittels → elektronischer Handelssysteme. Der Handel findet nicht mehr an einem festen Ort statt, denn Kauf- und Verkaufsorders (→ Order) werden standortunabhängig in das System eingegeben. Je nach Ausgestaltung des Systems werden die Angebote entweder durch andere Marktteilnahmer angenommen oder einander automatisch zugeordnet. Nachdem in Deutschland mit der → Börsennovelle von 1989 die rechtliche Grundlage hierfür geschaffen war, fand an der → Frankfurter Wertpapierbörse erstmals 1991 mit der Einführung von → IBIS ein e.W. statt.

elektronisches Handelssystem, *electronic trading system*. 1. Im Allgemeinen bezeichnet der Begriff e.H. auch das computerisierte Kursermittlungsmodul als das wichtigste und technisch anspruchsvollste Subsystem einer beliebigen → Computerbörse. – 2. EHS; ursprüngliche Bezeichnung für das → Xetra-System, das im November 1997 als elektronisches Handelssystem von der → Deutschen Börse AG eingeführt wurde. Mit dem EHS-Projekt sollte v.a. eine schnellere und leistungsfähigere → Börsengeschäftsabwicklung und ein standortunabhängiger Zugang für die Marktteilnehmer realisiert werden, um die Wettbewerbsfähigkeit der Deutschen Börse insbesondere in Hinblick auf die technische Handelsunterstützung zu erhöhen und damit mit anderen Finanzplätzen wie London oder Paris konkurrieren zu können.

elektronisches Informationssystem, → Ad-hoc-Publizitätspflicht, elektronisches Informationssystem.

Elferausschuss, → Zentraler Kapitalmarktausschuss (ZKMA).

Eller-Rotations-Zertifikat. Strategiezertifikat, welches in ein dynamisches → Portfolio bestehend aus Euro Stoxx Sektoren investiert. Dabei wird mit Hilfe eines Analysemodells, welches die relative Stärke der Euro Stoxx Sektoren berechnet, unter Berücksichtigung eines Zeitfaktors und der erwarteten → Rendite, ein Sektorenranking ermittelt. Dieses ist Grundlage eines kontinuierlichen Anlageprozesses, bei dem das Kapital innerhalb der „besten" Branchen mit unterschiedlichen Gewichten, basierend auf dem Analysemodell, rotiert.

Elliot Wave Theory, → Elliot Wellen.

Elliot Wellen, *Elliot Wave Theory*; von Ralph Nelson Elliot begründete Theorie, die davon ausgeht, dass das beobachtbare Verlaufsmuster von Aktienkursen immer wiederkehrt. Demnach bilden acht Wellen einen Zyklus - fünf Impulswellen und drei Korrekturwellen. Bei einer → Hausse sind drei der Impulswellen aufwärts und zwei abwärts gerichtet, zwei der Korrekturwellen abwärts und eine aufwärts gerichtet. Bei einer → Baisse kehren sich die Richtungen entsprechend um. Einzelne Zyklen können wiederum Teil einer größeren Welle sein. Bei der Anlagestrategie ist es entscheidend, festzustellen, in welchem Stadium sich der Zyklus gerade befindet, was jedoch wegen der sich überlagernden Wellen und nicht eindeutig ausgeprägter Formationen problematisch ist. E.W. werden im Rahmen der → Technischen Analyse in erster Linie zur Gesamtmarktanalyse eingesetzt. – Vgl. auch → Dow-Theorie.

Elspot, → Spotmarkt an der Skandinavischen Strombörse Nord Pool mit Sitz in Oslo. In diesem → Marktsegment werden Strommengen zur Lieferung am nächsten Tag gehandelt.

Eltermin, Terminmarktsegment der Skandinavischen Strombörse Nord Pool. Terminkontrakte auf Energie können an der E. für

Embedded Option

einen Zeitraum zwischen einer Woche und drei Jahren gehandelt werden.

Embedded Option, bezeichnet → Optionen, die untrennbar mit einem anderen → Finanzinstrument verbunden sind. Dies sind beispielsweise Rückkaufklauseln innerhalb der meisten → Unternehmensanleihen, die dem → Emittenten erlauben, dem → Anleihegläubiger die vereinbarten Zinszahlungen bereits vor dem → Verfalltag auszuzahlen.

Emerging Market Fund, → Investmentfonds, der in Schwellenländern investiert. – Vgl. auch → Emerging Markets.

Emerging Markets, ist im auf das Börsengeschehen reduzierten Kontext die Bezeichnung für Wertpapiermärkte in den Schwellenländern Lateinamerikas, Süd- und Ostasiens, des Nahen Ostens, Mittel- und Osteuropas. Mangelnde Kriterien zur näheren Begriffsbestimmung führen zu einem uneinheitlichen Gebrauch des Begriffs. Deswegen sind einzelne Märkte trotz ihrer mit den traditionellen Börsen vergleichbaren Kapitalisierung und Umsätze aufgrund des unterentwickelten gesamtwirtschaftlichen Umfelds den E.M. zuzurechnen. Häufig wird auf eine besondere Rendite-Risiko-Situation der entsprechenden Wertpapiermärkte abgestellt, da die politischen und ökonomischen Rahmenbedingungen komplexer sind. Die Effizienz v.a. im Hinblick auf ihre operationale und institutionelle Dimension kann ggf. nur eingeschränkt vorhanden sein. Somit ist die Funktionsfähigkeit der Kapitalmärkte in den E.M. unter Umständen nicht vollständig gegeben.

Emission, *issue of securities, offering*; Ausgabe von → Wertpapieren zur Kapitalbeschaffung. Die E. erfolgt entweder direkt (→ Selbstemission) oder durch Vermittlung von → Kreditinstituten (→ Fremdemission), meist in Gestalt eines → Emissionskonsortiums. Dieses übernimmt bei der Fremdemission das Emissionsrisiko und die technische Abwicklung. Es gelten, wenn deutsches Recht anwendbar ist, das → WpHG und die dazu erlassenen Verordnungen. Bei internationalen Emissionen gilt Rechtswahl gemäß Art. 27 EGBGB mit den Einschränkungen der Art. 28 f. EGBGB. Bei der Emission von → Aktien sind die Vorschriften über die → Gründung bzw. → Kapitalerhöhung der → Aktiengesellschaft (AG) zu beachten.

Emission à la lyonnaise. → Emission bei der die Zuteilung der auszugebenden Wertpapiere an die im Emissionskonsortium beteiligten Banken entsprechend derer → Konsortialquoten erfolgt.

Emission à la parisienne. → Emission bei der der Verkauf der auszugebenden Wertpapiere auf gemeinsame Rechnung des → Emissionskonsortiums erfolgt.

Emissionen der öffentlichen Hand, *public authorities issues*. Zu den E.d.ö.H. zählen vom Bund im Rahmen seiner Kapitalmaßnahmen regelmäßig begebene Bundeswertpapiere, sowie Wertpapiere der Sondervermögen des Bundes, z.B. → Bundesbahnanleihen. Vom Bund werden → Bundesanleihen, → Bundesobligationen, → Bundesschatzbriefe, → Finanzierungsschätze und → Bundesschatzanweisungen emittiert. Bei den Bundesobligationen, Finanzierungsschätzen und Bundesschatzbriefen handelt es sich um sog. → Daueremissionen, d.h. diese Wertpapiere werden laufend in bestimmten → Tranchen ausgegeben. Die Bundesschatzanweisungen, Bundesanleihen und Bundesobligationen werden in Form eines von der Bundesbank geführten → Tenderverfahrens emittiert. Dabei werden die Mitglieder der → Bietergruppe Bundesemissionen aufgefordert, bis 11.00 Uhr am Bietungstag per E-Mail ein Angebot für die entsprechenden Papiere abzugeben. Die Gebote beziehen sich auf den Preis, den der Bieter zu zahlen bereit ist. Zur Bietergruppe gehören vor allem Banken, → Wertpapierhandelsunternehmen und → Wertpapierhandelsbanken, vorausgesetzt sie verfügen über ein Konto bei einer → Landeszentralbank bzw. bei der → Clearstream International. Von den Mitgliedern der Bietergruppe wird erwartet, dass sie mindestens 0,05 % der in einem Kalenderjahr in den Tendern insgesamt zugeteilten Emissionsbeträgen übernehmen. Mitglieder dieser Bietergruppe, die dieses Kriterium nicht erfüllen, werden ausgeschlossen, können jedoch später wieder aufgenommen werden. Der Emittent bestimmt nach Abgabe der Gebote einen Referenzkurs. Alle Gebote oberhalb dieses Kurses werden zugeteilt, alle darunter liegenden fallen heraus. Die zum Ausgabekurs abgegebenen Angebote werden ggf. repartiert (→ repartieren), d.h., es erfolgt eine Zuteilungsbeschränkung, falls das verbleibende Emissonsvolumen kleiner ist als die Nachfrage.

Emissionsabteilung, *Konsortialabteilung, issue department*; Bankabteilung, die mit der Vorbereitung, Betreuung und Abwicklung von → Emissionsgeschäften beauftragt ist. Insbesondere die E. des → Konsortialführers ist in diesen Aufgabenfeldern aktiv. Die Aufgaben und Entscheidungen der E. werden maßgeblich durch die → Emissionspolitik bestimmt. Insbesondere die Wahl des Instruments (z.B. → Aktie oder → Wandelanleihe) und die Emissionspreisfindung zählen zu den wichtigsten Aufgabengebieten der E. Weitere Aufgaben der E. sind Fragen der → Emissionsbedingungen wie Zeitpunkt der Emission, das → Zulassungsverfahren und Platzierungsort, die Ausgestaltung der → Emissionsvergütung sowie der → Zuteilungsquoten. – Die Größe und organisatorische Einbindung einer E. in die Bank hängt vor allem von der Reichweite der Aktivitäten (national oder international), der Position im → Konsortium und der Größe der Bank ab.

Emissionsagio, *issue premium*; Aufschlag, mit dem → Aktien und → Anleihen bei der → Emission ausgegeben werden. Das E. bei Wertpapieren bezeichnet die Differenz zwischen dem → Nennwert eines Wertpapiers und dem tatsächlich zu zahlenden, höheren Kurs. Meist wird das → Agio als Prozentwert ausgedrückt. Das E. ist bei → Aktienemissionen nach Abzug der Emissionskosten gemäß § 150 II AktG i.V.m. § 272 II HGB als Emissionsgewinn in die → gesetzlichen Rücklagen einzustellen. – Gegensatz: → Emissionsdisagio. – Vgl. auch → Anleiheemission.

Emissionsarten, *Emissionsverfahren, security offering methods*; bei der → Emission von Wertpapieren sind zwei E. zu unterscheiden, die → Selbstemission und die → Fremdemission. – Bei der Selbstemission bringt der → Emittent die Wertpapiere selbst auf den → Kapitalmarkt unter. – Bei der Fremdemission übernehmen Kreditinstitute die zu platzierenden Wertpapiere von Unternehmen und öffentlichen Haushalten, um sie bei Kapitalanlegern unterzubringen. Zur Durchführung der Fremdemission werden meist → Emissionskonsortien von mehreren Kreditinstituten gebildet um eine höhere → Platzierungskraft und eine → Risikostreuung zu erreichen. Die Konsortien können als → Begebungs- und → Übernahmekonsortium oder als eine Mischung aus beiden ausgestaltet sein. Die vertragliche Ausgestaltung der Übernahmefunktion des Konsortiums (→ Underwriting Group) kann als → Firm Commitment bzw. als → Best Effort Vereinbarung erfolgen. Beim Firm Commitment übernimmt das Konsortium die Wertpapiere wodurch das Emissionsrisiko auf das Konsortium übergeht. Bei einer Best Effort Vereinbarung übernehmen die Emissionsbanken lediglich die Verpflichtung, sich um eine erfolgreiche → Platzierung zu bemühen. Die Begebung bzw. Unterbringung der Wertpapiere erfolgt durch die → Selling Group. – Ferner gibt es, besonders bei der Emission von → Commercial Papers (→ Euro-Commercial-Paper-Programm) und → Bundesobligationen, die → Daueremission.

Emissionsbank, *Emissionshaus, issuing bank/house*; Bezeichnung für an → Emissionen beteiligte Banken. Je nach → Emissionsart übernehmen die E. unterschiedliche Aufgaben, z.B. als → Underwriting Group oder als → Selling Group. – E. übernehmen in der Regel eine formale Haftung für die Richtigkeit und Vollständigkeit der im → Emissionsprospekt zusammengefassten Informationen. Der Haftung können sie sich jedoch entziehen, wenn sie den Nachweis einer angemessenen Sorgfalt (→ Due Diligence) erbringen. – Vgl. auch → Konsortialführer.

Emissionsbedingungen, *offering terms, terms of an issue*; Bestandteil der → Emissionspolitik, die die Ausstattungsmerkmale einer Emission regelt (→ Ausstattung von Wertpapieren). So beinhalten die E. bei der Emission von → jungen Aktien insbesondere das → Bezugsrecht, das → Bezugsverhältnis und die → Bezugsfrist, bei → Anleihen werden der Ausgabekurs, die Laufzeit und die Stückelung, sowie die Sicherung und die Tilgung besonders beachtet.

Emissionsbilanz, bezeichnet die vom Emittenten zur Emission aufzustellende Bilanz, um die Entwicklungen der Vermögens-, Finanz- und Ertragslage im Umfeld des Kapitalmarktes nachvollziehen zu können.

Emissionsdisagio

Emissionsdisagio, *issuing discount*; Abschlag mit dem → Anleihen bei der → Emission ausgegeben werden. Das E. bezeichnet die Differenz zwischen dem Rückzahlungskurs und dem niedrigeren → Ausgabekurs bzw. zwischen dem → Börsenkurs und dem → Nennwert. Eine → Aktienemission mit einem → Disagio ist in Deutschland gesetzlich nicht zulässig, bei festverzinslichen Wertpapieren dagegen üblich. Ein E. bedeutet für den Emittenten der Anleihe eine Verteuerung der Verzinsung, für den Gläubiger hingegen eine Verbesserung der Verzinsung gegenüber der Nominalverzinsung. Bei Null-Coupon-Anleihen resultiert die Verzinsung (Rendite) ausschließlich aus dem E. – Gegensatz: → Emissionsagio. – Vgl. auch → Anleiheemission.

Emissionsgeschäft, *issuing/underwriting business*. Unter dem E. ist die mit der Ausgabe und dem Erstverkauf von Effekten für sich selbst oder für Dritte verbundene Tätigkeit von Banken zu verstehen. Im Rahmen des E. unterstützen Banken demnach insbesondere Unternehmen bei der Beschaffung von Eigen- oder Fremdkapital über den → Kapitalmarkt. Dabei spielen nach §1 I KWG vor allem die Übernahme des Platzierungsrisikos oder gegebenenfalls Übernahmegarantien eine entscheidende Rolle. Daher sind auch aufgrund der Verteilung des Risikos und der Haftung vornehmlich nur → Bankenkonsortien am E. beteiligt. Aufgrund der Unterschiede zwischen → Emissionen von Aktien und Anleihen ist die Ausgestaltung des E. sehr unterschiedlich. – Im E. übernehmen Banken folgende Funktionen. Zunächst wird die Beratungsfunktion in Anspruch genommen. Dabei ist vor allem eine Prüfung auf Emissionsfähigkeit oder deren Vorbereitung, sowie die Ausgestaltung der → Emissionsbedingungen von Bedeutung. Danach übernimmt das Konsortium aufgrund der Übernahme der Aktien in Abhängigkeit von der Vertragsgestaltung (→ Emissionsarten) ein Platzierungsrisiko, welches sich im Falle nicht vollständiger Platzierung in Kurs- und Liquiditätsrisiken aufteilt. Der Platzierungserfolg ist nicht nur vom Emittenten und der Reputation der Konsortialmitglieder abhängig (→ Emissionskredit), sondern auch von den Maßnahmen, die das Konsortium im Rahmen ihrer Vertriebsfunktion eingeleitet hat. Dazu gehören sowohl technische Abwicklungen, die Schaffung einer Nachfrage am → Sekundärmarkt (über Werbung etc.) und eventuell auch → Kurspflege Maßnahmen nach der Emission.

Emissionsgeschäft als Bankgeschäft nach KWG. Seit der sechsten Novelle des → Kreditwesengesetzes (KWG) zählt mit Wirkung vom 1.1.1998 das → Emissionsgeschäft zum Kreis der erlaubnispflichtigen → Bankgeschäfte (§ 1 Abs. 1 Nr. 10 KWG). Das KWG versteht darunter die Übernahme von → Finanzinstrumenten für eigenes Risiko zur → Platzierung oder die Übernahme gleichwertiger → Garantien, womit das sog. echte → Underwriting angesprochen ist. Unter Finanzinstrumente versteht das KWG → Wertpapiere, → Geldmarktinstrumente, → Devisen oder Rechnungseinheiten sowie → Derivate (§ 1 Abs. 11 KWG). Das Emissionsgeschäft betreiben insbesondere → Übernahmekonsortien, zu denen sich mehrere Dienstleistungsunternehmen zusammenschließen mit dem Zweck, eine → Emission zu einem festen Kurs zunächst in den eigenen Bestand zu übernehmen, dem → Emittenten sofort den Gegenwert zu vergüten und die übernommenen Finanzinstrumente anschließend im eigenen Namen und für eigene Rechnung am Markt zu platzieren.

Emissionshaus, → Emissionsbank.

Emissionskalender, *Emissionsfahrplan, new issue calendar*; wird vom Zentralen Kapitalmarktausschuss seit dessen Gründung 1957 aufgestellt, um die Emission von Anleihen zu koordinieren. Ein freiwilliges Gremium der Emissionsbanken und anderweitiger Emittenten versucht ohne Sanktionskompetenz, liquiditätsbedingte Emissionsstaus durch Streuung der Begebungen zu vermeiden. Der Unterausschuss zur Koordination von DM-Emissionen ausländischer Emittenten wurde 1985 aufgelöst.

Emissionskonsortium, *Emissionssyndikat*; bezeichnet ein → Konsortium, das zur → Wertpapieremission gegründet wird.

Emissionskontrolle, *control of security issues*; Mittel der Kapitalmarktpolitik zur Regulierung von → Emissionen. Instrumente der E. sind die Genehmigungspflicht für alle oder bestimmte Emissionen und das Verbot bestimmter Emissionen (→ Emissionssperre). – In der BRD wurde durch das Gesetz über den Kapitalverkehr vom 15.12.1952 eine Genehmigungspflicht für alle Emissionen eingeführt. Dieses Gesetz, dass der Wiederherstellung der Funktionsfähigkeit des deutschen Kapitalmarktes dienen sollte, trat am 31.12.1953 außer Kraft. Durch das Gesetz über die staatliche Genehmigung von Inhaber- und Orderschuldverschreibungen vom 26.06.1954 wurde § 795 BGB geändert und 808a BGB neu eingefügt. Danach war die Emission von Inhaber- und Orderschuldverschreibungen genehmigungspflichtig. Zweck der Normen war zum einen der Schutz der Anleger vor unseriösen Emittenten, zum anderen sollten Funktionsstörungen am → Kapitalmarkt durch die unbeschränkte Emission von Privatschuldverschreibungen verhindert werden. Die E. diente dabei auch als Mittel der Begrenzung privater Emissionen zugunsten von Schuldverschreibungen des Bundes und der Länder. Die Genehmigungspraxis wurde stark durch den 1957 gebildeten Zentralen Kapitalmarktausschuss (ZKMA) beeinflusst, der sich aus Vorstandsmitgliedern deutscher Banken, Vertreter des Bundesverbandes deutscher Banken und Vertreter der Deutschen Bundesbank zusammensetzte. Der ZKMA gab bis in die 80iger Jahre hinein Empfehlungen, die der Abstimmung von Emissionsvorhaben dienen sollten. Diese bezogen sich auf den Zeitpunkt, das Volumen und die Bedingungen der Emissionen. – Die §§ 795, 808a BGB wurden zum 1.1.1990 durch das Gesetz zur Vereinfachung der Ausgabe von Schuldverschreibungen vom 17.12.1990 aufgehoben. Dadurch sollte die Wettbewerbsfähigkeit der BRD als internationaler Finanzplatz gestärkt und der Tatsache Rechnung getragen werden, dass die Genehmigungsvorschriften dadurch umgangen wurden, dass ausländische Tochtergesellschaften deutscher Emittenten DM-Auslandsanleihen auflegten und diese genehmigungsfrei im Inland in den Verkehr brachten. – Emissionsgeschäfte der Kreditinstitute gehören nicht zu den erlaubnispflichtigen Bankgeschäften gemäß § 1 I S. 2 KWG. Sie sind aber gemäß § 24 I Nr. 9 KWG dem → Bundesaufsichtsamt für das Kreditwesen (BAKred) und der Deutschen Bundesbank anzuzeigen. Davon ausgenommen ist gemäß § 11 II 3 Nr. 4 der Verordnung über die Anzeigen und die Vorlage von Unterlagen nach dem Gesetz über das Kreditwesen die Ausgabe von Inhaber- und Orderschuldverschreibungen.

Emissionskosten, *cost of issue*; bezeichnet Kosten der → Kapitalbeschaffung, die dem → Emittenten durch die Begebung von → Wertpapieren an den → Kapitalmarkt entstehen. Diese sind abhängig von der Art der zu emittierenden Wertpapiere: – 1. Die Vergütung für eine → Anleiheemission besteht zum Großteil aus dem Unterschiedsbetrag zwischen dem → Übernahmekurs des → Konsortiums und dem → Begebungskurs für das → Publikum. Gebühren für die → Börsenzulassung sowie Werbe- und Druckkosten sind weitere Kosten. – 2. Bei → Aktienemissionen wird die Vergütung normalerweise in Form einer → Provision in Abhängigkeit des → Nennwertes berechnet. Weitere Kosten entstehen dem Emittenten bspw. durch Notariats- und Gerichtsgebühren sowie Werbe- und Druckkosten.

Emissionskredit, *credit granted to security issuer by issuing bank*. 1. Kredit den die → Emissionsbank oder das → Emissionskonsortium dem → Emittenten gewährt, indem die Wertpapiere vor Emission fest übernommen werden. – 2. Auf den Emittenten übertragenes Vertrauen der Kapitalanleger auf Grund der Reputation des Konsortialführers bzw. der Emissionsbanken. Bei der Emission von → Anleihen steht der E. sowohl für die Bonität des Emittenten als auch für die Marktüblichkeit der → Anleihenbedingungen.

Emissionskurs, *Emissionspreis, Ausgabekurs, Initial Offering Price, issue price*. Kurs, zu dem neu ausgegebene Wertpapiere dem Publikum zum Kauf angeboten werden. In Deutschland muss der E. bei → Aktien mindestens ihrem → Nennwert entsprechen und erfolgt i.d.R. mit einem → Emissionsagio. – Bei festverzinslichen Wertpapieren kann der E. sowohl über als auch unter dem Nennwert liegen. Mit Hilfe des E. können bei Anleihen die Zeichnungsbedingungen für die Investoren entsprechend der Marktlage adjustiert werden, ohne dabei den → Nominalzins zu ändern. Ein → Agio bewirkt bei fixierter Nominalverzinsung eine Verringerung, ein → Disagio eine Erhöhung der Nominalverzinsung. – Vgl. auch → Emissionsdisagio.

Emissionskurspolitik

Emissionskurspolitik, *issuing price policy.* Die E. kann im Rahmen der → Emissionspolitik insbesondere bei → Aktien als Steuerungsinstrument in Anspruch genommen werden. Je nach Marktsituation kann der → Emittent eine Anpassung des Emissionspreises an die Marktsituation durchführen und dadurch seinen Zielen anpassen. Mittelpunkt der E. ist ein Abwägungsprozess zwischen kurzfristigen Aspekten wie einem möglichst hohen Emissionserlös (und somit hohen liquiden Zuflüssen und geringeren Kapitalkosten) und der begrenzten Aufnahmebereitschaft des → Kapitalmarktes. Ferner fließen langfristige Aspekte wie Reputation und der Erfolg späterer Folgeemissionen ebenso in die E. mit ein.

Emissionsmarkt, *new issue market;* ist die Bezeichnung für den Teil des Kapitalmarktes, auf dem es zur erstmaligen Begebung von Anleihen, Aktien, Pfandbriefen und anderen Wertpapieren kommt (Primärmarkt). Die statistische Erfassung erfolgt u.a. in der → Emissionsstatistik. Den Gegensatz bildet der Sekundärmarkt (Umlaufmarkt) als eigentliche Kernaufgabe einer Börse.

Emissionspause, bezeichnet die Aussetzung revolvierender → Emissionen von → Daueremittenten zur Schonung der Aufnahmebereitschaft des → Kapitalmarktes. Auch bei → Aktienemissionen ist eine E. möglich.

Emissionspolitik, *issuing policy.* Die E. bündelt alle Ziele und Maßnahmen einer Gesellschaft, die über den → Kapitalmarkt eine bestmögliche Finanzierung erreichen möchte. Neben der Wahl der Instrumente stehen vor allem auch das Marktumfeld und eventuelle Folgeentscheidungen als Entscheidungsparameter zur Verfügung. Bei der Instrumentenwahl stehen dem Emittenten, je nach Kapitalbedarf → Eigenkapital (Aktie), → Fremdkapital (Anleihe) oder Mischformen (z.B. → Wandelanleihe) zur Verfügung. – Nach der Wahl des Instruments ist der Zeitpunkt der → Emission von entscheidender Bedeutung. Während bei Aktien auf ein positives Marktumfeld bezüglich eines hohen Emissionskurses (→ Emissionskurspolitik) gesetzt wird, achtet man bei Anleiheemissionen eher auf ein angemessenes → Zinsniveau (geringere Kosten). Daher ist die Marktbeobachtung sowie ein optimales Timing eine der wichtigsten Aufgaben des → Emissionskonsortiums. – Weiterhin sind Fragen der Ausgestaltung, wie z.B. → Bezugsrechte und -verhältnis bei Aktien oder Umtauschbedingungen bei Wandelanleihen zu klären, sowie Laufzeit und Verzinsung bei Anleihen.

Emissionspreis, → Emissionskurs.

Emissionsprospekt, *(offering) prospectus.* E. sind die → Börsenprospekte gemäß §§ 36 II Nr. 2, 73 I Nr. 2 BörsG sowie die → Verkaufsprospekte für Wertpapiere nach § 1 des Wertpapier-Verkaufsprospektgesetzes. – Vgl. auch → Verkaufsprospekt der Kapitalanlagegesellschaften.

Emissionsrecht, *right to issue,* Recht zur Ausgabe von → Wertpapieren, durch den Emittenten selbst (→ Selbstemission) oder durch → Kreditinstitute (→ Fremdemission) auf Basis von verschiedenen Rechtsvorschriften wie → BGB und → HGB, Vorschriften über die Zulassung von Effekten zum Börsenhandel, → Börsengesetz, → Aktiengesetz und → Depotgesetz.

Emissionsrendite, *yield on newly issued bonds;* ist die Rendite festverzinslicher Wertpapiere zum Zeitpunkt ihrer Emission. – Ggs. → Umlaufrendite.

Emissionsreste, Bezeichnung für die Teile einer → Emission, die nicht platziert worden sind.

Emissionssperre, *blocking of new issues;* Maßnahme der → Emissionskontrolle, die das Bestehen einer Genehmigungspflicht für → Emissionen voraussetzt und darin besteht, dass bei fehlender Aufnahmebereitschaft des Marktes Genehmigungen für → Neuemissionen nicht mehr erteilt werden.

Emissionsspesen, *emission fees;* sind Kosten, die im Rahmen einer → Emission für verpflichtende Publikationen und Verwaltungsaufgaben, wie dem Druck von Wertpapieren, entstehen.

Emissionsstanding. E. ist ein uneinheitlich verwendeter Begriff. Er beschreibt zum einen die Faktoren, aufgrund derer die Marktteilnehmer die Wertpapiere eines börsennotierten Unternehmens beurteilen. Dies sind bei Erstemissionen neben den Unternehmensdaten das → Emissionsvolumen, der

Emission von Aktien

→ Emissionspreis, die Zusammensetzung des → Emissionskonsortiums, die Auswahl der Börsen, an denen eine Zulassung zum Handel beantragt wird sowie die emissionsbegleitende Unternehmenspräsentation (→ Investor Relations). In der Folgezeit gehören zu den das E. beeinflussenden Faktoren, die vom Unternehmen betriebene → Kurspflege sowie eine auf die Bedürfnisse der Aktionäre ausgerichtete Informationspolitik. Eine positive Bewertung des E. eines Unternehmens wird die → Placierung der Erstemission und die von Folgeemissionen wesentlich erleichtern. – Zum anderen handelt es sich beim E. um ein Qualitätsmerkmal, dass die Fähigkeit eines → Emissionshauses, → Neuemissionen zu placieren, beschreibt. Das E. bestimmt sich hier u.a. danach, ob das Emissionshaus regelmäßig in Emissionskonsortien vertreten ist, ob es häufig als → Konsortialführer Emissionen federführend begleitet hat, ob aufgrund seiner Positionierung im Privatkundengeschäft eine breite Placierung der Emission zu erwarten ist und welches Zuteilungsverfahren es anwendet (→ Emission, Zuteilungsverfahren).

Emissionsstatistik, *security issue statistics*; wird durch die Deutsche Bundesbank als Teil der Monatsberichte in einem Beiheft Kapitalmarktstatistik veröffentlicht und stellt die statistische Aufarbeitung emittierter Effekten einer Volkswirtschaft innerhalb einer Zeitperiode dar. Die Gliederung der E. erfolgt v.a. nach Wertpapiergattungen/-arten, Emissionsrenditen und Laufzeiten.

Emissionsstau, ist die Bezeichnung für Absatzprobleme im Zuge von Neuemissionen. Die erstmalige Begebung von Effekten erfolgt entweder schleppend oder unter Beeinflussung des allgemeinen Kursniveaus. Aus diesem Grund wird ein → Emissionskalender für Anleihen aufgestellt. – Vgl. auch → Emissionsstop und → Emissionspause.

Emissionssyndikat, → Emissionskonsortium.

Emissionsvergütung, *issuing commission*; Vergütung, die von dem → Emittent an die → Emissionsbanken gezahlt wird. Die E. teilt sich auf in eine Managementgebühr, welche die Vorbereitung der Emission und deren Abwicklung abdeckt, in eine Garantieprovision und in eine Verkaufsprovision, wobei je nach → Emissionsart eine unterschiedliche Gewichtung dieser stattfindet. Die Vergütungsbestandteile sowie die Gesamtvergütung werden in der Regel als Prozentsatz des → Emissionsvolumens gemessen. Dieser auch als → Spread bezeichnete Satz unterscheidet sich vor allem nach der Art der begebenen Wertpapiere. Die höchsten Gebühren werden bei Börseneinführungen von Aktiengesellschaften verlangt, gefolgt von → Kapitalerhöhungen und abgestuft nach → Bonität – Anleihen. – Die durchschnittliche Vergütung reicht in den USA bei Aktienneuemission bis zu 7,5 Prozent, in Deutschland bis zu fünf Prozent. Bei → Anleihen reicht die Spanne von ein bis zwei Prozent für → Bundesanleihen (→ Schalterprovision) bis zwei bis drei Prozent für → Industrieobligationen. – Des weiteren ergeben sich zusätzliche Verdienstmöglichkeiten für die Emissionsbanken. Zum einen indirekt bei Ausübung des → Greenshoes, zum anderen indem die Emissionsbank einen → Market Maker für den neu notierten Wert stellt. – Die E. stellen den größten Teil der → Emissionskosten für den Emittenten.

Emissionsvolumen, bezeichnet den Wert einer → Emission oder die Anzahl der emittierten → Wertpapiere.

Emission von Aktien, *issue of shares/stock, equity launch*. Eine Aktienemission erfolgt im Rahmen der Gründung einer Aktiengesellschaft oder im Zusammenhang mit einer Kapitalerhöhung einer AG. Die E.v.A. kann im zweiten Fall entweder von bereits börsennotierten AG's oder im Rahmen einer erstmals an den Kapitalmarkt tretenden Gesellschaft (→ Initial Public Offering) erfolgen. – Die Erhöhung des Kapitals einer AG erfolgt entweder effektiv (über Zuführung neuer Mittel) oder nominell (über eine Umwandlung offener Rücklagen). Es gibt drei Arten effektiver → Kapitalerhöhungen: a) Die ordentliche Kapitalerhöhung (§ 182 ff AktG) erfolgt gegen Einlagen. Dabei erhalten die → Altaktionäre ein → Bezugsrecht, welches aber wieder ganz oder teilweise ausgeschlossen werden kann. b) Die bedingte Kapitalerhöhung (§ 192 ff AktG) erfolgt nur insoweit, wie von Bezugs- und Umtauschrechten auf neue Aktien Gebrauch gemacht wurde. Diese Kapitalerhöhung ist nur bei → Wandel- und → Options-

Emission von Anleihen

anleihen oder bei einer → Verschmelzung von Aktiengesellschaften zulässig. c) Ferner kann auch eine genehmigte Kapitalerhöhung (§ 202 ff AktG) durchgeführt werden (→ genehmigtes Kapital). – Die E.v.A. stellt für Unternehmen eine Möglichkeit dar, sich Kapital für weitere Investitionen über den Kapitalmarkt zu beschaffen und damit zukünftiges Wachstum zu finanzieren. Dies geschieht sowohl bei Unternehmen, die erstmals an den Kapitalmarkt treten, als auch bei bereits notierten Unternehmen, die eine Ausweitung des Geschäfts anstreben.

Emission von Anleihen, *floating of bond issues*. Anleihen (z.B. → Industrieobligationen, → Kommunalobligationen, → Pfandbriefe oder → Schatzanweisungen) können auf unterschiedliche Weisen emittiert werden. Während die → Selbstemission vornehmlich von Kreditinstituten für ihre eigenen Anleihen durchgeführt wird, greifen Unternehmen auf → Fremdemissionen über → Emissionskonsortien zurück. – Für die erstmalige Zulassung von Anleihen zum Börsenhandel muss der Emittent zusammen mit einem Kreditinstitut oder einem Finanzdienstleistungsinstitut ein → Börsenprospekt erstellen. Ferner besteht die Notwendigkeit Ausstattung, Umfang und Zeitpunkt der Emission mit dem → Zentralen Kapitalmarktausschuss abzustimmen. Weiterhin benötigt eine Anleihe auch die Zulassung zur Börseneinführung an der jeweiligen Wertpapierbörse durch die zuständigen Stellen der Wertpapierbörsen. –Die E.v.A. stellt vor allem für Unternehmen eine Alternative zu der herkömmlichen Fremdfinanzierung über Bankkredite dar. Dies erfolgt sowohl im Interesse der Banken, da diese nicht mehr ein → Ausfallrisiko tragen, aber weiterhin über die → Emissionsvergütung verdienen. Auch für Unternehmen ist die E.v.A. interessant, da der potentielle Kreis der Kapitalgeber - und somit das potentielle Volumen erhöht wird - und die Emissionen flexibel gestaltet werden können, so dass auf die jeweilige Marktlage zum Zeitpunkt der Emission reagiert werden kann.

Emission von Wandel- und Optionsanleihen, *floating of convertible and warrant bonds*. Für beide Wertpapierarten gibt es zahlreiche Ausgestaltungsmöglichkeiten der → Anleihenaustattung und folglich auch unterschiedliche Motive der Emission. Aufgrund der Unsicherheiten über die zukünftige Entwicklung des Marktes und somit auch über die Folgen der Emission, beinhalten diese Finanzierungsarten für die Emittenten Risiken, die bei herkömmlicher Kapitalbeschaffung wie z.B. bei der → Emission von Anleihen, nicht in Erwägung gezogen werden müssen. Diese Risiken äußern sich vor allem in der Gefahr die Aktionärsstruktur nicht mehr beeinflussen zu können. – Die Emission von → Wandel- und → Optionsanleihen muss auf der Hauptversammlung mit einer ¾ Mehrheit genehmigt werden, da es sich um eine → bedingte Kapitalerhöhung i.S.d. § 192 ff AktG handelt.

Emission, Zuteilungsverfahren, bezeichnet die Erstausgabe von → Effekten zum Zwecke der → Kapitalbeschaffung. Die Distribution der Effekten kann in Form einer → Selbstemission, bei der die Unterbringung der Effekten ohne Einschaltung Dritter vollzogen wird, oder einer → Fremdemission, unter Einschaltung einer Bank bzw. eines → Bankenkonsortiums, erfolgen. In der Praxis dominiert weitestgehend die Form der Fremdemission. Als Z. stehen bei beiden Formen generell die Auflegung zur → öffentlichen Zeichnung mit den Ausprägungen → Freihändiger Verkauf, → Bookbuilding, → Tenderverfahren und → Platzierung über die Börse zur Auswahl. Als Zwischenform zwischen Selbst- und Fremdemission ist die Privatplatzierung zu nennen. Diese bezeichnet die (meist) diskrete Platzierung bei wenigen institutionellen Investoren.

Emittent, *Aussteller von Wertpapieren, issuer of securities*. Der E. ist entweder eine juristische Person des Privatrechts, z.B. eine → Aktiengesellschaft (AG), oder Körperschaften des öffentlichen Rechts, z.B. die BRD, das Bundesland Bayern, die neue Wertpapierurkunden anfertigen lässt und alleine oder mit Hilfe Dritter am Kapitalmarkt ausgibt. Beispielsweise ist der E. bei der → Platzierung von Bundesanleihen die öffentliche Hand, bzw. bei einer Aktienemission die Eigenkapital aufnehmende AG.

emittieren, *to issue*; bezeichnet den Vorgang der → Emission. Dazu zählt die Ausgabe von → Wertpapieren und deren Plazierung auf dem → Kapitalmarkt, um → Eigen- oder → Fremdkapital aufzunehmen.

Endfälligkeit, *final maturity*; bezeichnet den Termin, an dem der Schuldner die letzte von mehreren Zahlungsverpflichtungen (Tilgung und Zinszahlung) an den Gläubiger erbringen muss.

endorsement, → Indossament.

Endwert einer Rente, *final value of annuity*; vgl. → Rentenendwert.

Energiefonds, *energy fund*; → Spezialitätenfonds, dessen Anlagepolitik (→ Anlagepolitik von Investmentgesellschaften) auf Unternehmen der Energiewirtschaft beschränkt ist.

enger Markt, *tight/thin/narrow market*; Bezeichnung für einen Wertpapiermarkt oder eine → Warenbörse, an dem wenig Handel jedoch hohe, kurzfristige Preisschwankungen vorliegen. Ein e.M. liegt z.B. dann vor, wenn nur wenige Wertpapiere eines bestimmten Titels für den freien Handel verfügbar sind, da sich der Rest in festen Händen (z.B. Staat) befindet. In dieser Situation hat die Bewegung einer vergleichsweise kleinen Anzahl von Wertpapieren bereits einen großen Einfluss auf den sich am Markt einstellenden Preis. – Bei einem e.M. empfiehlt es sich für den Anleger Aufträge nicht → bestens, sondern mit → Limit zu erteilen, um den negativen Folgen von kurzfristigen Preisschwankungen zu entgehen.

Englisches Verfahren, *Echt 365, 365/365, Act/Act*; bezeichnet eine Methode der Zinsberechnung, bei der jeder Monat und jedes Jahr mit der tatsächlichen Anzahl Tagen angesetzt wird.

Entity-Ansatz, *entity appoach*; Methode der → Discounted Cash-Flow Analysis im Rahmen von → Unternehmensbewertungen. Beim E. wird in einem ersten Schritt der Unternehmensgesamtwert ermittelt. Dabei wird zunächst von völliger Eigenfinanzierung ausgegangen. Die zukünftigen → Cash-Flows werden mit den durchschnittlich gewogenen Kapitalkosten (→ Weighted Average Cost of Capital) diskontiert (→ Abzinsung). Im zweiten Schritt wird der Wert des → Eigenkapitals bestimmt, indem vom Unternehmensgesamtwert der Wert des Fremdkapitals abgezogen wird. – Vgl. → Equity-Ansatz.

Entlastung des Vorstands und des Aufsichtsrats der AG, *discharge of managing and supervisory board, release of managing and supervisory board from responsibility for management*. Durch die Entlastung billigt die Hauptversammlung die Verwaltung der Gesellschaft durch → Vorstand und → Aufsichtsrat für die zurückliegende Periode. Die Entlastung erfolgt für die Gesamttätigkeit und nicht für Einzelhandlungen. Vorstand und Aufsichtsrat sind in getrennten Beschlüssen zu entlasten. Einzelentlastungen sind auf Antrag einer Minderheit von 10% des Grundkapitals oder 1 Mio. Euro oder aufgrund eines Hauptversammlungsbeschlusses möglich. Durch die Entlastung wird der Vorstand nicht von etwaigen Ersatzansprüchen befreit.

Entnahmen, *withdrawals*. E. sind alle Wirtschaftsgüter (Barentnahmen, Waren, Erzeugnisse, Nutzungen und Leistungen), die der Steuerpflichtige dem Betrieb für sich, für seinen Haushalt oder für andere betriebsfremde Zwecke im Laufe des → Geschäftsjahres entnommen hat.

Entschuldung, *reduction of indebtedness*. E. ist die systematische Reduktion einer hohen → Verschuldung oder → Überschuldung von Unternehmen oder Ländern mit dem Ziel einer → Sanierung. Die E. erstreckt sich i.d.R. über einen kurzen Zeitraum.

Entsparen, *dissaving*. Vorgang, bei dem sich die Nettovermögensposition des Anlegers im Zeitablauf reduziert. Die Gründe für E. liegen v.a. in Konsumgewohnheiten, die unabhängig von der sich zumeist wandelnden Einkommenssituation entwickelt und beibehalten werden. – Gegensatz: → Sparen.

Entwertung. 1. *depreciation*; Wertminderung von Vermögensgegenständen; vgl. → Abschreibungen. – 2. *cancellation, invalidation*; vgl. → Kraftloserklärung von Aktien.

EOE, Abk. für → Europäische Optionsbörse.

EOE-Index, *Amsterdam European Options Exchange Index AEK*; minütlich berechneter → Aktienindex, der die 25 meistgehandelten niederländischen Aktien umfasst. Der EOE-Index diente als → Underlying für → Terminkontrakte, die an der European Options

Eonia

Exchange (EOE) gehandelt wurden. – Vgl. auch → Euronext.

Eonia, Abk. für → Euro Overnight Index Average.

Equity, → Eigenkapital.

Equity-Ansatz, *equity appoach*; Methode der → Discounted Cash-Flow Analysis im Rahmen von → Unternehmensbewertungen. Der E. entspricht dem → Ertragswertverfahren, wenn die freien → Cash-Flows nach Abzug der Fremdkapitalzinsen den Nettoausschüttungen an die Eigentümer entsprechen. Der risikoangepasste Zinsfuß wird auf Basis des → Capital-Asset-Pricing-Models ermittelt. – Vgl. → Entity-Ansatz.

Equity Contract Note, → Schuldtitel mit Eigenkapitalmerkmalen.

Equity Kickers, → Equity Sweeteners.

Equity-Linked Bond. Oberbegriff für → Anleihen, deren Auszahlungs- oder Risikoprofil an die Entwicklung von zugrundeliegenden → Aktien gekoppelt ist, z.B. → Aktienanleihen oder → Wandelanleihen mit Wandlungsrecht in → Aktien. – Es werden demnach 10 Put Kontrakte für das Delta Hedging benötigt. Diese sogenannte → Hedge-Ratio kann nun während der Haltedauer der Aktien in einer → fixen Hedgingstrategie (Fixed Hedge) konstant gehalten werden. Sich ändernde → Aktienkurse werden allerdings das Put Delta beeinflussen, was zu einer Über- oder Untersicherung der Position führt. Bei sinkenden Aktienkursen erhöht sich beispielsweise das Delta eines Puts, während die Hedge-Ratio sinkt. Um die Qualität des D. H. zu erhöhen kann mittels einer → dynamischen Hedgingstrategie die Anzahl der Puts bei sich ändernden Deltas entsprechend angepasst werden.

Equity-Linked Issue, → Anleihe, die mittels eines → Wandlungs- oder → Optionsrechts dem Anleger den Erwerb von Aktien ermöglicht (→ Optionsanleihe, → Wandelanleihe). Immer häufiger bieten auch → Finanzinnovationen die Kombination von verschiedenen Finanzierungsinstrumenten mit dem Recht zum Bezug von Aktien an.

Equity-Methode, *equity method, economic basis method*. Nach der E. sind Unternehmen in den → Konzernabschluss einzubeziehen, zu denen das Mutterunternehmen eine Beziehung hält, die schwächer als ein beherrschender Einfluss, aber stärker als ein reiner finanzieller Anteilsbesitz ist (→ abhängiges und herrschendes Unternehmen). Das entscheidende Charakteristikum der E. ist, dass nicht die Abschlusspositionen des assoziierten Unternehmens in die → Konzernbilanz übernommen werden, sondern lediglich eine Modifizierung des Beteiligungswertes erfolgt. Dieser wird, ausgehend von den Anschaffungskosten der Beteiligung, entsprechend der Entwicklung des → Eigenkapitals des assoziierten Unternehmens angepasst. – Im → Jahresabschluss ist die E. wegen des Verstoßes gegen das → Realisationsprinzip nicht zulässig. In der Konzernbilanz müssen die Anteile assoziierter Unternehmen nach der E. bilanziert werden. Für → Gemeinschaftsunternehmen besteht ein Wahlrecht. – Vgl. auch → Kapitalkonsolidierung, → Konsolidierungskreis.

Equity Story, *Unternehmensstory, Emissionsprospekt, Businessplan*; bezeichnet die Dokumentation der Geschäftsidee zum Zweck der → Kapitalbeschaffung bzw. der → Kapitalerhöhung. Sie wird für → Emissionsverfahren bzw. Existenzgründungen erarbeitet. Die darin enthaltenen Informationen sollen potentiellen Eigenkapitalgebern eine Entscheidungshilfe zur Kapitalüberlassung des betroffenen Unternehmens sein.

Equity Sweeteners, *equity kickers*; bezeichnet → Aktien oder → Calls, die → Gläubigern, dem Management oder Versicherungen angeboten werden, um deren Dienste zu entlohnen.

Equity Warrant, *Aktienoptionsschein*; → Optionsschein, dessen → Basiswert eine Aktie ist, und der zum Bezug (→ Call-Optionsschein) oder Verkauf (→ Put-Optionsschein) einer festgelegten Anzahl dieser Aktien innerhalb einer bestimmten Laufzeit zu einem festgelegten → Basispreis berechtigt.

Erbschaft- und Schenkungssteuer, *ErbSt*. Mit der Erbschaft- und Schenkungssteuer wird der unentgeltliche Vermögenserwerb von Todes wegen und durch Schenkung besteuert. Schenkungen unter Lebenden unterliegen denselben Besteuerungsmaßstäben wie der Erwerb von Todes wegen. Steuerpflichtige Vorgänge sind der Erwerb von Todes wegen, der Erbanfall, der Erwerb durch Vermächtnis und aufgrund eines geltend gemachten Pflichtanteilanspruchs, der Erwerb durch Schenkung auf den Todesfall und der Erwerb von Vermögensvorteilen, der Erwerb aufgrund eines vom Erblasser geschlossenen Vertrages unter Lebenden, der beim Tode des Erblassers unmittelbar von einem Dritten gemacht wird (z.B. Lebensversicherungssumme). Als Schenkung gelten steuerpflichtig freigebige Zuwendungen unter Lebenden und sog. Zweckzuwendungen. – Der Umfang der Besteuerung richtet sich nach der Höhe des Erwerbes und dem Verwandtschaftsverhältnis der Beteiligten. Die einzelnen Vermögensgegenstände werden mit ihrem nach dem Bewertungsgesetz ermittelten Wert angesetzt. Seit dem Jahressteuergesetz 1997 ist bei Grundstücken nicht mehr ein bestimmter Einheitswert maßgebend, sondern ist von einem in bestimmter Weise zu errechnenden Ertragswert auszugehen, der im Durchschnitt ca. 50% des Verkehrswertes ausmacht. Bei der Bewertung des Erwerbs von Todes wegen sind alle Nachlassverbindlichkeiten (Erblasserschulden) und die sonstigen dem Erwerber im Zusammenhang mit dem Erwerb erwachsenden Aufwendungen (Erbfallschulden) zu berücksichtigen. Bei Vermögensübertragungen unter nahen Verwandten werden relativ hohe Freibeträge eingeräumt: In der Steuerklasse I sind bei Ehegatten 300.000 Euro steuerfrei, bei Kindern 200.000 Euro, bei weiteren Personen (insbesondere Enkel) 50.000 Euro, bei Personen der Steuerklasse II (u.a. Geschwister Neffen, Nichten) 10.000 Euro und Personen der Steuerklasse III (Verlobte Lebensgefährte) 5.000 Euro. Weiterhin bestehen Versorgungsfreibeträge, die bei dem Ehegatten 250.000 Euro und bei Kindern zwischen 10.000 Euro und 50.000 Euro liegen. Die prozentualen Steuersätze sind in den einzelnen Steuerklassen unterschiedlich und steigen in Stufen nach dem Wert des Erbes an. – Die Kreditinstitute sind im Todesfall ihres Kunden generell verpflichtet, dem zuständigen Finanzamt für die Erbschaftssteuer eine Kontrollmitteilung zuzusenden. Daraufhin fordert das Finanzamt die Erben auf, eine Erbschaftssteuererklärung abzugeben. Anhand der Bankkontrollmitteilungen und der Erbschaftssteuererklärung können die Finanzbehörden die Steuerehrlichkeit der Erben überprüfen.

ERE, Abk. für → Europäische Recheneinheit.

Erfolgskonsolidierung, *Aufwands- und Ertragskonsolidierung, consolidation of earning.* Durch die E. gem. § 305 HGB werden sämtliche → Erlöse und → Aufwendungen verrechnet, die aus Geschäften zwischen einbezogenen → Konzernunternehmen resultieren, sofern diese nicht den Bestand an fertigen und unfertigen Erzeugnissen erhöhen oder als andere aktivierte Eigenleistungen auszuweisen sind. Die Einheitstheorie gem. 297 Abs. 3 HGB betrachtet diese Aufwendungen und Erträgen als Innenumsätze des → Konzerns, die wegen des → Realisationsprinzips nicht als Erfolg ausgewiesen werden dürfen. Aus Sicht der wirtschaftlichen Einheit Konzern gilt der Erfolg erst dann als realisiert, wenn das Produkt bzw. die Leistung den Verfügungsbereich des Konzerns verlassen hat.

Erfolgsrechnung, → Gewinn- und Verlustrechnung.

Erfüllungsarten bei Börsengeschäften, → Börsengeschäfte, Erfüllungsarten.

Erfüllungsort, *Leistungsort, place of performance/fulfillment/execution;* Bezeichnung für den Ort, an dem ein Schuldner seine Leistungshandlung vorzunehmen hat. § 269 BGB nennt dessen Wohn- oder Geschäftssitz bzw. den Ort der gewerblichen Niederlassung zum Zeitpunkt der Entstehung des Schuldverhältnisses als regelmäßigen E. Etwas anderes kann per → Vertrag vereinbart werden oder sich aus den Umständen ergeben. Abhängig vom E. ist u.a. die Bestimmung des Gerichtsstands (§ 29 ZPO), wobei sich jedoch eine vertragliche Vereinbarung über den E. nur unter Kaufleuten und juristischen Personen des öffentlichen Rechts auswirkt.

Erfüllungsrisiko, *settlement risk;* bezeichnet die Gefahr, dass der Geschäftspartner die in einem Vertrag vereinbarte Gegenleistung, z.B. aufgrund einer → Zahlungsunfähigkeit, nicht oder nicht rechtzeitig erbringt. Die Bedeutung des E. ist bei → Termingeschäften, bei → Wertpapierleihen und bei →

Erfüllung von Börsengeschäften

Wertpapierpensionsgeschäften sehr groß. – Vgl. auch → Eindeckungsrisiko.

Erfüllung von Börsengeschäften, *fulfillment of stock market transactions*; vgl. → Börsengeschäftsabwicklung und → Börsengeschäfte, Erfüllungsarten.

Ergebnisabführungsvertrag. In einem Ergebnisabführungsvertrag oder → Gewinnabführungsvertrag verpflichtet sich eine Gesellschaft, ihren ganzen → Gewinn an eine andere Unternehmung abzuführen. Das Gesetz trifft bei einem solchen → Unternehmensvertrag Vorsorge, zugunsten der → Gläubiger und der außenstehenden → Aktionäre.

Erhöhung des Grundkapitals, → Kapitalerhöhung der AG.

Erholung, *recovery*; bezeichnet eine → Börsentendenz, in der die → Wertpapierkurse nach Verlusten wieder steigen und die entstandenen Verluste ganz oder teilweise wieder ausgleichen.

Erinnerungswert, *pro memoria figure*; entsteht in der Bilanz durch die vollständige → Abschreibung von Vermögensgegenständen auf einen Euro. Eine Ausbuchung würde dem Vollständigkeitsprinzip widersprechen, weil der Gegenstand noch genutzt wird oder eine Forderung rechtlich noch besteht.

Erlaubnis zum Geschäftsbetrieb, Kreditinstitute und Finanzdienstleister, *permission to run a bank*. Das Betreiben von → Bankgeschäften oder Erbringen von → Finanzdienstleistungen im Inland bedarf bei gewerbsmäßiger Ausübung oder bei Erfordernis eines kaufmännisch eingerichteten Geschäftsbetriebes nach § 32 I KWG der schriftlichen Erlaubnis des zuständigen Bundesaufsichtsamtes. Als Bankgeschäfte werden im einzelnen genannt: Einlagen-, Kredit-, Diskont-, Effekten-, Depot-, Investment-, Garantie-, Revolving- u. Girogeschäfte. Nicht dazuzurechnen sind bestimmte Dienstleistungen mit Versicherungscharakter, wie die Kapitallebensversicherung mit oder ohne Fondsgebundenheit. Diese unterliegen der Erlaubnis und Aufsicht durch das Bundesaufsichtsamt für das Versicherungswesen. Zum Schutz der Gläubiger schreibt § 33 I KWG für die Erteilung der Erlaubnis bestimmte zwingende Voraussetzungen vor: Vorliegen einer Mindestkapitalausstattung, Zuverlässigkeit der Inhaber, Geschäftsleiter und bestimmter anderer Personen, Sitz einer Hauptverwaltung im Inland, Bereitschaft und Fähigkeit des Instituts zur Schaffung der erforderlichen Vorkehrungen für einen ordnungsgemäßen Geschäftsbetrieb. V.a. die Anforderungen zur Mindestausstattung mit Eigenkapitalien sind in der Vergangenheit unter dem Einfluss europäischer Rechtsangleichung mehrfach geändert worden (§§ 10 ff. KWG vom 10.07.1961, zuletzt geändert am 08.12.1999). Daneben kann die Erlaubnis nach § 33 III KWG versagt werden, wenn die Zugehörigkeit zu einem Unternehmensverbund oder der Status als Tochter eines ausländischen Unternehmens eine Beeinträchtigung der wirksamen Aufsicht über das Institut befürchten lassen. Die Erlaubnis erlischt nach § 35 I KWG u.a. bei Nichtgebrauch innerhalb eines Jahres. Daneben kann das Bundesaufsichtsamt außer nach dem Verwaltungsverfahrensrecht auch aus den in § 35 II KWG aufgeführten Gründen aufheben. Nach § 38 KWG kann bei Erlöschen bzw. Aufhebung die → Abwicklung des Instituts bestimmt werden.

Erlöschen von Börsenaufträgen, *extinguishment of (stock exchange) orders*. Unlimitierte und mündlich erteilte → Börsenaufträge gelten nur am Tag der Auftragserteilung, wohingegen limitierte Börsenaufträge i.d.R. eine maximale Gültigkeitsdauer bis zum → Ultimo des Monats haben. Für Börsenaufträge, die mit einem Zusatz versehen sind (z.B. → Good for Day, → Good till Cancelled, → Good till Date, → Immediate or Cancel), gilt die dem Zusatz entsprechende Gültigkeitsdauer.

Ermächtigungsdepot. Bei diesem → Depot hat der Hinterleger der Wertpapiere die Bank ausdrücklich und schriftlich ermächtigt, bestimmte Wertpapiere seines Depots gegen andere derselben Art auszutauschen. – Vgl. auch → Ermächtigung zur Verfügung und → Wertpapierverwahrung.

Ermächtigung zur Verfügung, *authorization to dispose*. Diese Ermächtigung beruht auf § 13 DepotG. Danach darf der → Verwahrer von Wertpapieren sich die anvertrauten → Wertpapiere nur dann aneignen oder das Eigentum auf einen Dritten übertragen, wenn er dafür eine schriftliche Ermächtigungserklärung bekommen hat. Die Erklärung muss deutlich zum Ausdruck bringen, dass damit der Hinterleger der Wertpapiere lediglich einen schuldrechtlichen Anspruch auf → Lieferung von Wertpapieren derselben Art hat. – Vgl. auch → Ermächtigungsdepot und → Wertpapierverwahrung.

Erneuerungsschein, *Talon, Leiste, Leistenschein, certificate of renewal, renewal coupon.* Der E. ist Bestandteil des → Bogens eines → Wertpapiers und legitimiert gegen Vorlage zur Entgegennahme eines neuen → Gewinnanteilschein- oder → Zinsscheinbogens, sofern alle → Dividenden- oder → Zinsscheine abgetrennt und eingelöst wurden. Dies wird bei → Depotverwahrung automatisch durch die Depotbank erledigt. Der Bogen einer → Anleihe enthält nur dann einen E., falls die Anzahl der einzelnen Zinsscheine nicht ausreicht, die gesamten Zinsansprüche für die → Laufzeit des Wertpapiers zu decken.

Eröffnung, *opening*; bezeichnet eine Börsenperiode mit der der laufende Handel beginnt. Der Eröffnungskurs wird meistens nach dem Meistausführungsprinzip bestimmt. Der E. ist die → Voreröffnung vorangestellt.

Eröffnungskurs, *Anfangskurs, opening quotation.* Der E. ist der erste → Kurs zu Beginn der Börsensitzung, der im → variablen Handel für ein bestimmtes Wertpapier festgestellt wird. Er wird auf Grundlage der dem Kursmakler bis dahin vorliegenden und für den fortlaufenden Handel geeigneten Aufträge festgestellt. – Gegensatz: → Schlusskurs.

erratische Kursschwankungen, *erratic price fluctuations*; bezeichnet → Kursschwankungen, die sich im Zeitablauf durch Änderungen des Angebotes und der Nachfrage nach dem entsprechenden Wertpapier ergeben und dabei im wesentlichen auf emotionales und irrationales Verhalten der Marktteilnehmer zurückzuführen sind. D.h. unter ökonomisch rationalen Aspekten hätte eine Entscheidung über den Kauf bzw. Verkauf von Wertpapieren anders getroffen werden müssen, als dies der emotional beeinflusste Entscheider letztlich getan hat.

Ersatzaktie, → *Ersatzstück*; Ersatzstück für verlorene oder beschädigte Aktien. Der Ersatz ist mit einem aufwendigen Verfahren verbunden. Da Aktien meist im Depot einer Bank ruhen und im → Effektengiroverkehr übertragen werden, sind die Gründe für den Neudruck von E. weitgehend entfallen. – Vgl. auch → Aktienumtausch.

Ersatzansprüche aus Prospekthaftung, → Prospekthaftung.

Ersatzdeckung, *substituting coverage*; vgl. hierzu → Pfandbriefdeckung.

Ersatzmitglied im Aufsichtsrat der AG, → Aufsichtsrat der AG, Ersatzmitglied.

Ersatzpflicht wegen Prospekthaftung, → Prospekthaftung.

Ersatzstücke, *replacement certificate*; sind → effektive Stücke, die im Verlustfall oder bei Beschädigungen an Stelle der Originalstücke begeben werden. – 1. In Deutschland müssen E. vom → Emittenten als solche anerkannt und bestätigt werden. Dies wird durch einen entsprechenden Vermerk und eine rechtsverbindliche Unterschrift auf der Ersatzurkunde vollzogen. I.d.R. bedient sich der Emittent zuvor erstellter, nummernloser Exemplare. Im Falle eingedruckter Stücknummern und einer ansonsten mit den übrigen umlaufenden Wertpapieren gleichen Ausstattung, muss keine Kennzeichnung der E. als solche erfolgen, wenn von einer Vernichtung der Originalstücke ausgegangen werden kann. – 2. Bei US-amerikanischen Stücken wird grundsätzlich eine Kennzeichnung der E. unterlassen, da der Emittent eine Sicherheitsleistung für die Ausstellung von E. verlangt. Werden Rechte aus der Originalurkunde geltend gemacht, kann der Emittent auf diese Sicherheitsleistung zurückgreifen.

Ersatzurkunde, *replacement certificate*; vgl. hierzu → Ersatzstücke.

Ersatzverwahrer, → Drittverwahrer.

Erstabsatz, *initial sales of newly issued securities*; erstmalige Veräußerung von → Wertpapieren am → Primärmarkt. – Vgl. auch → Ausgabe von Wertpapieren.

Erstausgabe

Erstausgabe, *initial offering*; erstmaliges Zeichnungsangebot von Investmentanteilen zum festen Ausgabepreis während der Erstausgabezeit von ein bis zwei Monaten.

Erstausgabepreis. 1. *issuing price*, → Kurs eines Wertpapiers am Tag der → Börseneinführung. – Vgl. auch → Emissionskurs und → erste Notierung. – 2. *Initial Offering Price*; → Ausgabepreis von → Investmentanteilen im Erstausgabezeitraum. Nach Ablauf der → Erstausgabe werden Investmentanteile nicht mehr zum E., sondern zum normalen Ausgabepreis verkauft.

Erstausgabezeit, *initial offering period*. Innerhalb der E. erfolgt die erstmalige Ausgabe der Anteile eines → Investmentfonds zu dem von der → Kapitalanlagegesellschaft festgelegten → Erstausgabepreis. Während dieses i.d.R. auf einige Wochen begrenzten Zeitraums ist für Investoren eine sofortige Rückgabe der → Investmentanteile an die Kapitalanlagegesellschaft nicht möglich.

erste Adresse, *prime address*. Bezeichnung für einen erstklassigen → Emittenten oder → Schuldner, dessen → Ausfallrisiko als sehr gering eingeschätzt wird. Bestimmungskriterien sind u.a. ein hervorragendes → Rating, subjektive Kriterien und die Reputation des Unternehmens.

erste Hypothek, *erststellige Hypothek*, *senior mortgage*. – 1. Hypothek, die mit dem Ziel der Kreditsicherung an erster Rangstelle im Grundbuch eingetragen ist. Im Verwertungsfall erfolgt somit vorrangig deren Tilgung. – 2. Darlehen, das durch eine Hypothek abgesichert ist, wobei der Beleihungswert mit höchstens 60 Prozent angesetzt wird, weswegen eine Bedienung der Gläubigeransprüche als relativ sicher angenommen wird. Sie muss nicht als erststellige Hypothek eingetragen sein.

erste Notierung (Notiz). 1. *initial quotation*; bezeichnet den ersten → Kurs bei der Neuemission von Wertpapieren an der Börse. – 2. → Eröffnungskurs.

erster Kurs im variablen Verkehr, → Eröffnungskurs.

Ersterwerbermodell, *model for tax-favored purchase of newly constructed residential property*; stellt eine Sonderform des → Bauherrenmodells dar. Während bei letzterem die Erstellung von Immobilien als steuersparende Kapitalanlage konzipiert wird, werden beim E. bereits fertiggestellte oder gar vermietete Objekte direkt von der Wohnungsbaugesellschaft respektive dem Bauträger erworben (Ersterwerb). Aufgrund der fehlenden Bauherreneigenschaft der Erwerber ist die Abzugsfähigkeit von Werbungskosten im Jahr ihrer Entstehung stärker eingeschränkt als im reinen Bauherrenmodell, somit reduzieren sich die Steuervorteile. Es können nur Werbungskosten berücksichtigt werden, die nach dem Zeitpunkt des Erwerbs entstanden sind.

erststellige Beleihung, *senior land charge or mortgage*; ist die Eintragung eines → Grundpfandrechts an erster Rangstelle im Grundbuch. Die Maßnahme sichert im Verwertungsfall die vorrangige Bedienung der Gläubigeransprüche. Von Bedeutung ist die e.B. vor allem bei der Besicherung von Fremdkapitalforderungen und hier in erster Linie bei Anleihen und klassischen Bankkrediten.

erststellige Hypothek, → erste Hypothek.

erststelliger Beleihungsraum, → erste Hypothek.

Erstverwahrer, *original custodian*. Ein → Kreditinstitut wird als E. bezeichnet, wenn es die → Wertpapiere seiner Kunden selbst im Rahmen der → Haussammelverwahrung oder → Sonderverwahrung verwahrt. – Gegensatz: → Drittverwahrer. – Vgl. auch → Depot.

Erstverwahrung, *original custodianship*. Bei der E. verwahrt ein → Kreditinstitut die ihm von seinen Kunden zur Verwahrung und Verwaltung übergebenen → Wertpapiere im Rahmen der → Haussammelverwahrung oder → Sonderverwahrung. – Gegensatz: → Drittverwahrung.

Erträge aus Aktien, Besteuerung, *income from shares, taxation*; vgl. → Besteuerung der Erträge aus Wertpapieren und → Aktien als Kapitalanlage, steuerliche Aspekte.

Erträge aus festverzinslichen Wertpapieren, Besteuerung, *receipts from bonds, taxation*; vgl. → Besteuerung der Erträge aus Wertpapieren.

Erträge aus Wertpapieren, Besteuerung, *income from securities, taxation*; vgl. → Besteuerung der Erträge aus Wertpapieren.

Ertragnisaufstellung, *list of income derived from assets held at a bank*. Auf Wunsch eines Bankkunden für ihn zusammengestellte Übersicht seiner Erträge aus seinen Konten und Depots bei einer Bank. Kunden fordern diese Übersicht oft zum Jahresende für Zwecke der Steuerberechnung an.

Ertragnisausschüttung. 1. → Ausschüttung. – 2. → Ausschüttungsfonds.

Ertragsanalyse, *earnings analysis*. Bestandteil der → Fundamentalanalyse von Aktien, anhand der die Ertragsquellen eines Unternehmens identifiziert und deren zukünftige Ertragskraft prognostiziert werden soll. Als → Kennzahlen werden u.a. Gewinne und → Cash-Flows verwendet. Die E. wird zur Prognose des weiteren Kursverlaufs einer Aktie wie auch zum Vergleich mit anderen Unternehmen verwendet. – Vgl. auch → Wertpapieranalyse.

Ertragsrechnung, → Gewinn- und Verlustrechnung.

Ertragsschein, *coupon*; verbrieft das Anrecht des Inhabers eines E. auf die Ertragnisausschüttung eines → Investmentfonds. Der → Bogen enthält neben den nummerierten E. einen → Erneuerungsschein. Aufgrund der geringen Bedeutung effektiver Wertpapiere ungebräuchlich.

Ertragsteuern, *tax on earnings*; Steuerart, die auf die Besteuerung des finanziellen Ergebnisses, d.h. des erwirtschafteten Vermögenszuwachses abzielt. → Einkommensteuer, → Körperschaftsteuer, Gewerbesteuer und Zuschlagsteuern sind E.

Ertragswert, *Erfolgswert*, *capitalized income*, *earnings value*, *property value*, *value of prospective earnings*. → Barwert aller künftigen Erträge aus einem Projekt, einem

Ertragswertberechnung

Unternehmen oder einer Vermögensanlage. Es kommen unterschiedliche Methoden der → Ertragswertberechnung in Frage. – 1. Bei der Bewertung einer Einzelinvestition mit beschränkter Laufzeit werden alle durch die Investition verursachten oder erhöhten Auszahlungen und alle Einzahlungen oder ersparten Auszahlungen auf den Gegenwartswert mit einem risikoangepassten (→ Risikoprämie) Zinssatz abgezinst (→ Abzinsung). – 2. Zur Ermittlung des E. eines Unternehmens (→ Unternehmensbewertung), eines sehr lange laufenden Investitionsprojekts oder eines Grundstücks (→ Beleihungswert) wird oft der → Rentenbarwert einer unendlichen Rente konstanter Höhe angesetzt. Dabei wird als Jahreszahlung (→ Annuität) der nachhaltig erzielbare Ertrag angesetzt. Die jährliche Veränderung wird im → Abzinsungsfaktor berücksichtigt. Man erhält

$$P_0 = \frac{E_1 \cdot 100}{r}.$$

Der verwendete Kalkulationszinssatz r ist sowohl um die Risikoprämie Π wie auch das unterstellte Wachstum g (jeweils in Prozent) zu bereinigen, d.h. $r = p + \Pi - g$. Dabei ist p der langfristige Zinssatz für risikolose Anlagen.

Ertragswertberechnung, *Erfolgswertberechnung/-methode*, *property value method*, *earning capacity value (method)*, *(computation of) capitalized income*. Je nach Anlageform oder Einsatzgebiet kommen verschiedene Methoden zur E. zum Einsatz. – 1. Bei der Bewertung einer Einzelinvestition mit beschränkter Laufzeit werden alle durch die Investition verursachten oder erhöhten Auszahlungen und alle Einzahlungen oder ersparten Auszahlungen auf den Gegenwartswert (→ Barwert) mit einem risikoangepassten (→ Risikoprämie) Zinssatz abgezinst (→ Abzinsung). – 2. Bei regelmäßigen konstanten Einzahlungen, etwa aus Pachten oder Darlehen, können zur E. die Formeln zur Berechnung des → Rentenbarwerts verwendet werden. Auch bei Investitionen, bei denen man von vielen Nutzungsjahren ausgeht (Grundstücke, Unternehmen, Aktien), werden zur Vereinfachung die erwarteten durchschnittlichen Reinerträge als konstant unterstellt. Allerdings muss bei nicht über den gesamten Zeitraum vertraglich festgelegten Einzahlungen (z.B. Mieten) zusätzlich ein Wachstum (→ Rentenrechnung) und ggf.

Ertragswertverfahren

ein → Risiko bezüglich der tatsächlich realisierten Höhe der Zahlungen unterstellt werden. – 3. Bei unbeschränkter Laufzeit ist der Barwert einer unendlichen Rente anzusetzen. – Vgl. → Ertragswert und → fundamentalanalytische Verfahren.

Ertragswertverfahren. 1. *gross rental method*; Verfahren zur Ermittlung des Wertes eines bebauten Grundstücks. Das E. beruht auf der Vorstellung, dass sich der gemeine Wert (→ Einheitswert) eines ertragbringenden Grundstücks aus dem mit ihm erzielbaren Ertrag ableitet. Beim E. handelt es sich um eine schematisierte Reinertrags-Kapitalisierungsmethode, bei der zwar von der Jahresrohmiete ausgegangen wird, aber die Bewirtschaftungskosten, marktüblichen Zinssätze und Gebäudeabschreibungen nach finanzmathematischen Regeln der Rentenberechnung in pauschalierter Form berücksichtigt werden. – Vgl. → Grundstücksbewertung. – 2. Methode der Unternehmensbewertung, bei der anhand der Gewinne der Vergangenheit zukünftige Gewinne geschätzt werden. Der Zukunftsgewinn soll den normalen Gewinn bei gewöhnlicher Geschäftstätigkeit abbilden. Zur Ermittlung des → Ertragswertes wird dieser Zukunftsgewinn mit einem → Kalkulationszinsfuß, der dem landesüblichen Zinsfuß, d.h. dem Zins für langfristige → Staatsanleihen entspricht, diskontiert. Wird der Zukunftsgewinn als konstant (→ Rente) angenommen und die Lebensdauer des Unternehmens als unendlich, entspricht der durch das E. ermittelte Ertragswert dem → Barwert einer → ewigen Rente.

Erwartungswert, *expected value*; statistische Maßzahl zur Charakterisierung der → Wahrscheinlichkeitsverteilung einer → Zufallsvariablen X. Als Lageparameter kennzeichnet der E. das Zentrum der Verteilung, d.h. er gibt den im Durchschnitt erwarteten Wert der Zufallsvariablen (z.B. Rendite eines Wertpapiers) an. Der E. errechnet sich als Summe der mit den jeweiligen → Wahrscheinlichkeiten gewichteten Realisationen der Zufallsvariablen. – Formal:

$$E(X) = \sum_{i=1}^{n} x_i \cdot f(x_i), \textit{ falls } X \textit{ diskret}.$$

$$E(X) = \int_{-\infty}^{\infty} x \cdot f(x) dx, \textit{ falls } X \textit{ stetig}.$$

Dabei bezeichnet $E(X)$ den E. der Zufallsvariablen X, x_i die Realisationen von X, $f(x_i)$ die Wahrscheinlichkeitsfunktion von x_i bzw. $f(x)$ die Dichtefunktion von x_i.

Erweiterungsausgabe, *Erweiterungsemission*; weitere Emission oder Tranche eines Emittenten, die die gleichen Bedingungen der vorangegangenen Emission/Tranche verwendet.

Erweiterungsemission, → Erweiterungsausgabe.

Erwerbermodell, *model for tax-favored purchase of residential property*; stellt ein Konzept zum Erwerb von bereits fertiggestelltem, vermietetem oder modernisierungsbedürftigem Immobilieneigentum dar, bei dem über einkommensmindernde Buchverluste (Verlustzuweisungen) je nach persönlichem Steuersatz Steuervorteile entstehen können. In der Regel ist eine Eigennutzung des Objektes nicht vorgesehen. – Vgl. auch → Bauträgermodell und → Ersterwerbermodell.

Erwerbskurs, *purchase price*. Kurs, zu dem der Kauf bzw. Verkauf eines Wertpapiers abgeschlossen wird.

Escompte-Geschäft. Bezeichnung für ein → Fixgeschäft in Verbindung mit einer Zusatzvereinbarung, die dazu berechtigt, das Geschäft bereits vor dem vertraglich fixierten Termin ausüben zu können. Ein E. ist quasi eine Kombination aus einem Fixgeschäft und einer → Option. Für diese Option muss der Käufer eine Prämie zahlen.

escomptieren, ursprüngliche Bezeichnung für die Vereinbarung eines Preisnachlasses. Heute wird meist die Antizipation eines zukünftigen Ereignisses im Börsenkurs als e. bezeichnet.

ESt, Abk. für → Einkommensteuer.

EStG, Abk. für → Einkommensteuergesetz in der Fassung der Bekanntmachung vom 16.04.1997 mit späterer Änderung.

ESZB, Abk. für → Europäisches System der Zentralbanken.

ethische Fonds, *ethical funds*; spezielle → Aktienfonds, die in ihrem Anlagerahmen bestimmte Branchen oder Marktsegmente, wie z.B. Rüstung, Pharmazie, Zigarettenindustrie u.a. aus ethischen Gründen nicht berücksichtigen.

etwas bezahlt, *partly dealt*. Der → Kurszusatz e.b. Brief (Abk. ebB) signalisiert, dass die zum festgestellten → Kurs limitierten → Verkaufsaufträge nur zu einem geringen Teil ausgeführt werden konnten, da noch weiteres Angebot bestand. Ausgeführt wurden dabei insbesondere unlimitierte sowie zum Kurs oder höher limitierte → Kaufaufträge. Auf der Gegenseite hingegen wurden unlimitierte, niedriger limitierte sowie nur ein Teil der zum Kurs limitierten Verkaufsaufträge ausgeführt. – Der Kurszusatz e.b. Geld (Abk. → ebG) signalisiert, dass die zum festgestellten Kurs limitierten Kaufaufträge nur zu einem geringen Teil ausgeführt werden konnten, da noch weitere Nachfrage bestand. Ausgeführt wurden dabei unlimitierte und höher limitierte Kaufaufträge sowie nur ein Teil der zum Kurs notierten Kaufaufträge. Auf der Gegenseite hingegen wurden unlimitierte und zum Kurs oder niedriger limitierte Verkaufsaufträge.

EU, Abk. für → Europäische Union.

EURCO, Abk. für → European Composite Unit.

EUREX, *European Exchange*, deutsch-schweizerische → Terminbörse, die eine elektronische Handels- und Clearingplattform für → Optionen und → Futures mit weltweitem Zugriff anbietet. → Access Points befinden sich in Amsterdam, Chicago, Helsinki, London, Madrid und Paris, weitere sind geplant in New York, Tokio, Hongkong und Sydney. – Die Eurex wurde im Dezember 1996 durch die → Deutsche Börse AG und die → Schweizer Börse ins Leben gerufen. Formal gegründet wurde sie im Jahr 1998 durch die Fusion der → DTB mit der → SOFFEX (Swiss Options and Financial Futures Exchange). Handelsbeginn war am 14.9.98. Seit Januar 1999 gilt die Eurex als weltweit größte Börse für → Derivate und als europäischer Marktführer für → Indexderivate. Die Eurex unterhält folgende Kooperationen: seit dem 9.4.1999 mit der → HEX (Helsinki Exchanges Group Ltd); seit Februar 1998 die → Euro Allianz mit den französischen Derivatebörsen → MATIF und → MONEP; seit dem 1.10.1999 eine Allianz mit der → CBOT, mit dem Ziel, die Produkte der beiden weltweit größten Terminbörsen auf einer gemeinsamen Plattform in Chicago zu handeln. – Der Handel an der Eurex umfasst derzeit folgende Produkte: → Einmonats- und → Dreimonats-Euribor-Future, Option auf den Dreimonats-Euribor-Future, → Euro-Schatz-Future, → Optionen auf Euro-Schatz-Future, → Euro-Bobl-Future, → Optionen auf Euro-Bobl-Future, → Euro-Bund-Future, → Optionen auf Euro-Bund-Future, → Euro-Buxl-Future, → Conf-Future, → Aktienoptionen und → Lepos auf deutsche, holländische, italienische, französische, nordische und schweizerische Basistitel (→ Aktienoptionen, Eurex), → DAX-Futures, → DAX-Option, → SMI-Futures und Optionen, → DJ Stoxx 50 Optionen und Futures, → DJ Euro Stoxx 50 Optionen und Futures, → Nemax 50 Optionen und Futures sowie → FOX Optionen und Futures. – Die Vorteile der Eurex bestehen im einfachen Zugang zu einer großen Produktpalette, in einer hohen Liquidität des Marktes, in geringen Transaktions- und Clearingkosten und in reduzierten Marginanforderungen (→ Margin). – Vgl. auch → Eurex, Organisation und → Fälligkeitstermin von an der Eurex gehandelten Produkten.

EUREX, Organisation, *EUREX, organization*. Die Terminbörse EUREX ist 1998 durch den Zusammenschluss der → DTB und der → SOFFEX entstanden. Rechtliche Träger sind die EUREX Zürich AG, die EUREX Frankfurt AG und die EUREX Clearing AG. Die Schweizer Börse AG und die Deutsche Börse AG sind zu jeweils 50% an der EUREX Zürich AG beteiligt, welche 100% an der EUREX Frankfurt AG hält. Die EUREX Clearing AG ist wiederum eine 100%ige Tochter der EUREX Frankfurt AG. Die EUREX Clearing AG verwaltet alle Lieferungen und → Collaterals in Schweizer Franken und → EURO. Die Abwicklung anderer Währungen erfolgt über die → Clearing International. Organisationsrechtlich handelt es sich bei der EUREX um zwei Börsen (Frankfurt und Zürich), die dieselbe elektronische Handelsplattform und das selbe Clearinghaus nutzen. Trotz der gemeinsamen Handelsplattform bleiben beide juristisch betrachtet selbständig. Sie haben die in den

Euribor

jeweiligen Gesetzen – dem deutschen Börsengesetz und dem Schweizer Bundesgesetz über die Börsen und den Effektenhandel – vorgesehenen Organe errichtet und unterstehen den jeweiligen nationalen Aufsichtsbehörden. In Deutschland sind die entscheidenden Organe der Börsenrat, die Geschäftsführung der Börse und die → Handelsüberwachungsstelle (→ Börsenorgane). In der Schweiz sind dies der Verwaltungsrat, die Geschäftsführung und die Überwachungsstelle. Ferner wurde ein gemeinsames → Schiedsgericht errichtet. Zulassungsrechtlich müssen sowohl Handelsteilnehmer als auch die gehandelten Produkte an beiden Börsen zugelassen worden sein. Allerdings kann die Zulassung an beiden Börsen aus Vereinfachungsgründen in einem Antrag erworben werden. Um trotz dieser rechtlichen Trennung handlungsfähig zu sein, besteht Personenidentität in den entscheidungsrelevanten Organen wie Geschäftsführung und Aufsichts-/ Verwaltungsräten. Weiterhin wurden die Regelwerke weitestgehend harmonisiert.

Euribor, Abk. für → Euro Interbank Offered Rate.

Euribor-Futures, Futures-Kontrakte auf den Zinssatz für Eurotermingelder. – Vgl. hierzu → Terminkontrakte auf den Zinssatz für Einmonats-Eurotermingelder und → Terminkontrakte auf den Zinssatz für Dreimonats-Eurotermingelder.

EU-Richtlinie über Systeme für die Entschädigung von Anlegern. Die 1997 in Kraft getretenen Richtlinie bezweckt, einen EU-weiten, harmonisierten Mindestschutz für → Anleger in → Wertpapieren für den Fall zu schaffen, dass eine → Wertpapierfirma nicht in der Lage ist, ihren Verpflichtungen gegenüber dem Anlegerkunden nachzukommen, und das Vertrauen in das Finanzsystem zu erhalten. Sie lehnt sich inhaltlich stark an die EU-Richtlinie über Einlagensicherungssysteme an. Nach der Richtlinie sind die EU-Mitgliedsstaaten verpflichtet, für die Errichtung und amtliche Anerkennung mindestens eines Anlegerentschädigungssystems zu sorgen. → Wertpapiergeschäfte dürfen nur von solchen Instituten getätigt werden, die einem solchen System angehören. Auch → Kreditinstitute, die eine Erlaubnis zum Betreiben von Wertpapiergeschäften besitzen, müssen sich einem solchen System anzuschließen. Um die Mitgliedschaft in zwei Sicherungssystemen zu vermeiden, kann ein Kreditinstitut sich auch lediglich einem Sicherungssystem anschließen, wenn es sowohl den Anforderungen der EU-Richtlinie über Systeme für die Entschädigung von Kapitalanlegern als auch der EU-Richtlinie über Einlagensicherung genügt. Die Richtlinie schreibt eine Mindestentschädigung je Kapitalanleger in Höhe von 20.000 Euro vor. Kapitalanleger von Zweigniederlassungen von Wertpapierfirmen aus anderen EU-Mitgliedsstaaten sind durch die Anlegerentschädigungssysteme des jeweiligen Herkunftsmitglieds geschützt. Falls die Anlegerentschädigungssysteme des Aufnahmestaates eine höhere Anlegerentschädigung vorsehen, so können sich die ausländischen Niederlassungen dem Sicherungssystem des Aufnahmestaates freiwillig anschließen. Weiterhin sieht die Richtlinie vor, dass bestimmte Kapitalanlegergruppen von den Anlegerentschädigungssystemen ausgeschlossen sind, z.B. institutionelle und professionelle Anleger wie Wertpapierfirmen, Kreditinstitute, → Finanzdienstleistungsinstitute, → Versicherungsunternehmen und öffentlich-rechtliche Gebietskörperschaften.

Euro. Seit 1.1.1999 gemeinsame → Währung der → Europäischen Wirtschafts- und Währungsunion (EWWU). Der E. trat an die Stelle der jeweiligen vorherigen nationalen Währungen, deren unwiderruflichen Umrechnungskurse am 1.1.1999 festgelegt worden sind. Bis Juli 2002 werden die nationalen Währungen jedoch als Untereinheiten des E. verwendet. – Zum 1.1.1999 wurde der ECU und der E. im Verhältnis 1:1 getauscht. Im Gegensatz zum ECU ist der E. kein → Währungskorb, sondern eine eigenständige Währung. – Der Name E. wurde auf der Tagung des Europäischen Rats im Dezember 1995 in Madrid beschlossen. – Im Rahmen der dritten Stufe der EWWU unterteilt sich die Einführung des E. in drei Schritte: 1. Vom 1.1.1999 bis zum 31.12.2001 werden die nationalen Währungen der Teilnehmerländer neben dem E. weiter existieren. In diesem Zeitraum werden Kreditinstitute ihre Interbankengeschäfte in E. durchführen. Privatpersonen haben die Möglichkeit der Kontoführung in E. – 2. Auf E. lautende Banknoten und Münzen werden ab dem 1.1.2002 auf den Markt gebracht und sollen bis 30.6.2002 die nationalen Währungen ersetzen. – 3. Der E. wird die alleinige und gemeinsame Währung im Euroland darstellen. – Die → Geldpolitik in der Euro-Zone übernimmt ab 1.1.1999 die → Europäische Zentralbank, deren oberstes Ziel die Preisstabilität ist. – Die erforderlichen währungsrechtlichen Rahmenbedingungen für den E. werden durch das → Euro-Einführungsgesetz geregelt. – Ein E. entspricht 100 → Cent.

Euro Access Frankfurt (EAF). EAF ist ein Clearingsystem der Deutschen Bundesbank für Eil-Inlandszahlungen und grenzüberschreitende Zahlungen. Die EAF ist neben → TARGET und weiteren Systemen in Europa durch die Europäische Zentralbank autorisiert, Zahlungen in EURO abzuwickeln.

Euro Allianz, Kooperation zwischen der → Eurex und den französischen Derivatebörsen → MATIF (Marché A Terme D'Instruments Financiers) und → MONEP (Marché Des Options Negociables De Paris), die im Februar 1998 ins Leben gerufen wurde. Angestrebt wird eine einheitliche Plattform mit dezentralem und standardisiertem Zugang bis Januar 2002, indem ein einziges → elektronisches Handelssystem, ein einheitliches → Clearing und ein einziges internationales Netzwerk etabliert werden.

Euro-Aktien, Bezeichnung für auf → Euro lautende Aktien. Seit Beginn der → Europäischen Wirtschafts- und Währungsunion werden die Aktien in den teilnehmenden Staaten auf Euro umgestellt. Als Rechtsgrundlage für die Umstellung dient das → Gesetz zur Einführung des Euro.

Euro-Anleihemarkt, *Euro-bond market*; vgl. → Euro-Bondmarkt und → Euro-Kapitalmarkt.

Euro-Anleihen, *Eurocurrency loan, eurobonds*. 1. E. sind am internationalen → Kapitalmarkt, außerhalb des Sitzlandes des → Emittenten, begebene mittel- und langfristige Wertpapiere zur Aufnahme von Fremdkapital. E. entziehen sich weitgehend den Aufsichts- und Kontrollorganen der einzelnen Länder. E. werden von einem internationalen → Konsortium übernommen und in mehr als einem Land abgesetzt, überwiegend sogar außerhalb des Sitzlandes des Emittenten. Die Erstellung der → Anleihebedingungen erfolgt i.d.R. unter englischem Recht, aber auch unter US-Recht, niederländischem Recht oder deutschem Recht. E. zeichnen sich, soweit sie von nicht-staatlichen Emittenten begeben werden, üblicherweise durch besondere Ausstattungsmerkmale aus. Schuldner von E. sind vor allem Unternehmen aus der Industrie und dem Finanzwesen. Immer häufiger treten jedoch auch Staaten und supranationale Einrichtungen als Anbieter auf. Die häufigsten Emissionswährungen sind US-Dollar, Pfund Sterling, Schweizer Franken, Yen und Euro. – 2. Allgemeine Bezeichnung für in Euro denominierte Anleihen.

Euro-Banken, *Eurobanks*; international operierende, bonitätsmäßig einwandfreie und renommierte → Kreditinstitute, die an den Euro-Finanzplätzen vertreten sind und Geschäfte am → Euro-Geldmarkt, Euro-Kreditmarkt und → Euro-Kapitalmarkt tätigen. Sie gehören zu den Emissionskonsortien am Euro-Markt, so dass ihre Platzierungskraft wegen der beträchtlichen, zu platzierenden Volumina besonders groß sein muss.

Euro Banking Association (EBA), bezeichnet eine privatrechtliche Gesellschaft, die seit 1986 grenzüberschreitendes → Clearing im Euro-Raum betreibt. Dies wird in Zusammenarbeit mit → Europäischen Zentralbank und unter Verwendung von → SWIFT betrieben.

Euro-Bobl-Futures, *mittelfristige Bund-Futures*; an der → Eurex gehandelte → Terminkontrakte auf fiktive mittelfristige → Schuldverschreibungen der BRD oder der ehemaligen → Treuhandanstalt mit 4½- bis 5½-jähriger Laufzeit und einem Coupon von sechs Prozent. Der Kontraktwert beträgt 100.000 Euro. Die minimale Preisveränderung beträgt 0,01 Prozent bzw. 10 Euro. Die Liefermonate sind die jeweils nächsten drei Quartalsmonate des Zyklus März, Juni, September und Dezember. Der Liefertag ist der zehnte Kalendertag des jeweiligen Quartalsmonats, sofern dieser Tag ein Börsentag ist, andernfalls der darauffolgende Börsentag. Der letzte Handelstag ist zwei Börsentage vor dem Liefertag des jeweiligen Quartalsmonats. Handelsschluss für den fälligen Liefermonat ist 12.30 Uhr MEZ. – Vgl. auch

Euro-Bondmarkt

→ Terminkontrakte auf eine Schuldverschreibung des Bundes oder der ehemaligen Treuhandanstalt.

Euro-Bondmarkt, *Euro-bond market*; vgl. → Euro-Anleihemarkt und → Euro-Kapitalmarkt.

Euro-Bonds, → Euro-Anleihen.

Eurobörse, *Kooperationsbörse der Genossenschaftsbanken.* Bezeichnung für einen Vermittlungsservice der → Genossenschaftsbanken, durch den ihren Geschäftskunden kleine und mittelständische ausländische Unternehmen als Kooperationspartner vermittelt werden.

Euro-Bund-Futures, *Bund-Futures*; Bezeichnung für an der → Eurex gehandelte → Terminkontrakte auf fiktive langfristige → Schuldverschreibungen des Bundes mit einem Coupon von sechs Prozent und einer Laufzeit von 8½ bis 10½ Jahren. E. werden an der → Liffe und an der Eurex in unterschiedlichen Spezifikationen gehandelt. Die Kontraktspezifikationen an der Eurex lauten wie folgt: Der Kontraktwert beträgt 100.000 Euro, die Erfüllung wird durch Staatsanleihen der Bundesrepublik Deutschland mit 8½- bis 10½-jähriger Restlaufzeit und einem Mindestemissionsvolumen von vier Mrd. DM bzw. zwei Mrd. Euro erfolgen. Die minimale Preisveränderung beträgt 0,01 Prozent bzw. 10 Euro. Die Liefermonate sind die jeweils nächsten drei Quartalsmonate des Zyklus März, Juni, September und Dezember. Der Liefertag ist der zehnte Kalendertag des jeweiligen Quartalsmonats, sofern dieser Tag ein Börsentag ist, andernfalls der darauffolgende Börsentag. Der letzte Handelstag ist zwei Börsentage vor dem Liefertag des jeweiligen Quartalsmonats. Handelsschluss für den fälligen Liefermonat ist 12.30 Uhr MEZ. – Vgl. auch → Terminkontrakte auf eine Schuldverschreibung des Bundes oder der ehemaligen Treuhandanstalt.

Euro-Buxl-Futures, Bezeichnung für an der → Eurex gehandelte → Terminkontrakte auf fiktive → Schuldverschreibungen des Bundes mit 20- bis 30½-jähriger Laufzeit und einem Coupon von sechs Prozent. Der Kontraktwert beträgt 100.000 Euro, die Erfüllung wird durch Staatsanleihen der Bundesrepublik Deutschland mit entsprechender Restlaufzeit und einem Mindestemissionsvolumen von fünf Mrd. Euro erfolgen. Die minimale Preisveränderung beträgt 0,01 Prozent bzw. 10 Euro. Die Liefermonate sind die jeweils nächsten drei Quartalsmonate des Zyklus März, Juni, September und Dezember. Der Liefertag ist der zehnte Kalendertag des jeweiligen Quartalsmonats, sofern dieser Tag ein Börsentag ist, andernfalls der darauffolgende Börsentag. Der letzte Handelstag ist zwei Börsentage vor dem Liefertag des jeweiligen Quartalsmonats. Handelsschluss für den fälligen Liefermonat ist 12.30 Uhr MEZ. – Vgl. auch → Terminkontrakte auf eine Schuldverschreibung des Bundes oder der ehemaligen Treuhandanstalt.

EUROCAC, vgl. → Cotation Assistée en Continu (CAC).

Euro-CD, auf Euro lautende → Certificates of Deposit (CD). Das Mindestvolumen einzelner → Tranchen beträgt fünf Mio. Euro, die Mindeststückelung eine Mio. Euro. Die E. werden außerbörslich im → Telefonverkehr gehandelt. Das für die → Platzierung verantwortliche → Bankenkonsortium stellt dabei das Bindeglied zwischen Emittent und Anleger dar.

Eurocheque, *Euroscheck, eurocheck.* Im eurocheque-Zahlungsverkehr bis Ende 2001 verwendeter internationaler Scheckvordruck, der zusammen mit der Eurochequekarte (ec-Karte) begeben wird. Ein E. konnte bei den ausgebenden Banken bis zum garantierten Höchstbetrag von 400 DM bzw. dem entsprechenden Gegenwert ausländischer Währung eingelöst werden. E. wurden in fast allen europäischen sowie in einigen afrikanischen Staaten anerkannt.

Euroclear. E. ist eine internationale Depotstelle in Brüssel. Diese wurde eingerichtet, um Umtausch und Clearing Services bei international gehandelten Wertpapieren zu leisten. E. wurde von Morgan Guarantee Trust gegründet und ist nun als Aktiengesellschaft im Besitz von mehr als 100 Banken. Es besteht eine direkte Verbindung (electronical bridge) zu → CEDEL um die Settlements untereinander zu vereinfachen. E. hat im Jahre 2000 mit der französischen → SICOVAM zu einem der weltweit größten grenzüberschreitenden Clearer fusioniert.

Euro Commercial Paper (ECP), *Euro-CP*. Bei ECP handelt es sich um kurzfristige Schuldtitel (→ Commercial Paper), die von Emittenten erstklassiger → Bonität begeben werden. Die → Platzierung erfolgt durch ein → Bankenkonsortium, das i.d.R. keine Übernahmegarantie abgibt. ECP werden als abgezinste Papiere (→ Abzinsungspapiere) mit Laufzeiten zwischen einer Woche und einem Jahr emittiert. Im Unterschied zu den USA werden in Europa meist standardisierte Stückelungen und Laufzeiten begeben.

Euro-Commercial-Paper-Programm. Im Zuge des E. schließt der → Emittent einen Rahmenvertrag mit einem → Bankenkonsortium zur → Platzierung der Papiere. Die Begebung erfolgt meistens in mehreren → Tranchen zu unterschiedlichen Laufzeiten und kommt damit einer → Daueremission gleich. Der Emittent hat das Recht, aber nicht die Pflicht, weitere Tranchen auszugeben.

Eurocote. Notierungssystem zum elektronischen Informationsaustausch über Titel, die an mind. fünf europäischen Börsen gehandelt werden. Vorstufe zur → Eurolist.

Euro-CP, → Euro Commercial Paper.

Eurodollar, *Euro-Dollar*; Bezeichnung für → Buchgeld in → US-$, das nicht innerhalb des Hoheitsgebietes der USA gehalten wird. – Diese Fremdwährungsguthaben bilden zu einem großen Teil die Basis für internationale Finanztransaktionen auf den Euro-Märkten.

Eurodollar-Bond, *Euro-Dollaranleihe*; am → Euro-Kapitalmarkt emittierte → Anleihe, deren Tilgung und Zinszahlungen in US-$ erfolgen. Der Euro-Kapitalmarkt und damit auch die E. unterliegen keiner Aufsicht.

Eurodollar-Futures-Kontrakt, *Eurodollar-Terminkontrakt*. → Terminkontrakt, der auf eine Dreimonats-Eurodollar-Einlage bezogen ist und zur Absicherung von Zinsrisiken dient. Das Kontraktvolumen beträgt eine Million US-$, die Mindestwertänderung beträgt ein → Basispunkt bzw. 25 US-$. Der Preis wird in 100 minus Effektivverzinsung p.a. notiert.

Euro-Dollarmarkt, *Euro-Geldmarkt, Eurodollar market, Euro-money market*; stellt einen Teilbereich des → Euromarktes dar, an dem entgegen seiner ursprünglichen Bezeichnung tendenziell kurzfristige liquide Titel nicht nur in US-Dollar, sondern auch in anderen Welthandelswährungen wie DEM, GBP, JPY oder NLG gehandelt werden. Hierzu gehören neben den unverbrieften Tages- und Festgeldern auch verbriefte Forderungen, während klassische Kredite eine immer geringere Rolle spielen. Konkret sind unter den verbrieften Forderungen → commercial papers, → certificates of deposit, → roll-over Kredite, → swaps u.ä. zu verstehen. Als Leitzins wird zumeist der LIBOR angesehen, wobei je nach Bonität des Kreditnehmers, Laufzeit und Höhe Aufschläge vorgenommen werden. Zu den Ursachen, Rahmenbedingungen und Folgen der Existenz des E. siehe → Euromarkt. – Vgl. auch → securitization, → note issuance facility und → revolving underwriting facilities.

Eurodollar-Terminkontrakte, → Eurodollar-Futures-Kontrakt.

Euro-Einführungsgesetz (EuroEG), *Gesetz zur Einführung des Euro, Euro introductory law*. Das EuroEG schafft die auf nationaler Ebene notwendigen währungsrechtlichen Rahmenbedingungen zur Einführung des → Euro. Durch das seit 1.1.1999 rechtswirksame EuroEG wurde u.a. der Mindestnennbetrag von Aktien auf ein Euro bzw. ebenso → nennwertlose Aktien, und das → Mindestgrundkapital einer Aktiengesellschaft auf 50.000 Euro festgelegt.

Euroemission, *Euro issue*; → Platzierung von → Euro-Anleihen am → Euro-Kapitalmarkt. Am → Emissionsmarkt werden die Anleihen entweder öffentlich oder im → Telefonhandel bei der Privatkundschaft und institutionellen Anlegern (→ Privatplatzierung) angeboten. Der größte Teil der E. wird an einer oder mehrerer Börsen eingeführt.

Euro-Emissionsmarkt, *Euro-issue market*; ist der Teil des → Euromarktes, auf dem die dort beteiligten Banken als Emittenten von Euro-Anleihen sowohl für Großunternehmen und Länder, aber auch für internationale und supranationale Organisationen auftreten.

Euro-equity

Euro-equity, Bezeichnung für die Erstplatzierung von Aktien am → Euromarkt. Das Verfahren entspricht dem bei der Ausgabe von → Eurobonds. Der Markt eignet sich nur für große → Emissionen bekannter Unternehmen.

Euro-Futures-Kontrakt. → Terminkontrakt, der den Käufer zur Abnahme eines bestimmten Währungsbetrages in Euro gegen eine Fremdwährung, den Verkäufer zur entsprechenden Lieferung zu einem ex ante festgelegten Preis an einem bestimmten Liefertermin verpflichtet. Euro-Futures werden z.B. an der → Amsterdamer Börse gehandelt. Als anfängliche Laufzeiten können ein, zwei und drei Monate in monatlichem Zyklus sowie sechs, neun und zwölf Monate bei dreimonatigem Zyklus (März, Juni, September, Dezember) gewählt werden.

Euro-Geldmarkt, *Eurocurrency market*; grenzüberschreitender Markt für den Handel kurzfristiger Anlagen. Der Handel erfolgt fast ausschließlich in US-Dollar, Yen und Euro. Als Segment des → Euromarktes bestehen für den E. keine nationalen Restriktionen. Marktteilnehmer am E. sind Finanzhäuser bester Bonität, Zentralbanken, institutionelle Anleger und → erste Adressen aus dem Nichtbankenbereich. Auf eine Besicherung der gehandelten Anlagen wird verzichtet. Gehandelt wird Tagesgeld, vornehmlich als → Tomorrow Next Geschäft (tom/next) und → Termingeld (→ Festgelder und → Kündigungsgelder) mit Laufzeiten von wenigen Tagen bis zu zwölf Monaten. Ergänzt werden diese nicht verbrieften Anlagen durch Wertpapiere mit kurzer Laufzeit. – Der E. dient sowohl als → Primärmarkt, als auch als → Sekundärmarkt. Die wichtigsten gehandelten Papiere sind dabei → Certificates of Deposit und → Commercial Papers. – Vgl. auch → Euromarkt und → Euro-Kapitalmarkt.

Euro-Globalanleihe, *Euro blanket loan*; in Euro notierte → Globalanleihe.

Euro Interbank Offered Rate (Euribor): Zinssatz; zu dem Kreditinstitute bester Bonität anderen Kreditinstituten, ebenfalls → erste Adressen, Eurogeld zur Verfügung stellen (→ Briefkurs). Der Euribor dient als → Referenzzinssatz. Referenzbanken melden täglich bis elf Uhr MEZ ihre Zinssätze für den Interbankenhandel an einen Informationsdienst, der daraus als Durchschnittszinssatz den Euribor ermittelt. Der Euribor wird täglich für Laufzeiten von einer Woche bis zwölf Monaten bestimmt.

Euro-Kapitalmarkt, *Euro-capital market*; → Euro-Anleihemarkt, → Euro-Bondmarkt, wird als der Teil des → Euromarktes betrachtet, auf dem in erster Linie mittel- und langfristige Schuldtitel gehandelt werden. Euro-Aktienmärkte spielen eine nur untergeordnete Rolle. Trotz größer werdender Unschärfe in der Trennung zwischen dem Geld- und Kapitalmarktbegriff, versteht man unter E. vor allem die Begebung von und den Handel mit internationalen Anleihen in einer Währung, die nicht offizielles Zahlungsmittel im Emissionsland ist, durch einen nicht im Begebungsland ansässigen Emittenten. Die hier gehandelten Anleihen weisen einen geringen Grad an Standardisierung auf. In Bezug auf die Entstehungsgeschichte, Rahmenbedingungen und Auswirkungen des E. siehe → Euromarkt.

Eurolist. Projekt mit dem eine einfachere Mehrfachnotierung von Standardwerten aus dem EU-Raum an europäischen Wertpapierbörsen erreicht werden soll. Dies wird insbesondere über ein einfaches Börsenzulassungsverfahren, welches über die Börsenzulassungs-Richtlinie ermöglicht wurde, erreicht. Der Emittent erhält über die Zulassung zum → amtlichen Handel seines Heimatlandes eine Zulassung zu dem Segment E. an den anderen Börsenplätzen Europas. Teilnahmeberechtigt sind nur Unternehmen, die in mindestens vier (ausländischen) europäischen Ländern gelistet sind, über eine Marktkapitalisierung von mehr als 1 Mrd. EURO verfügen und einen jährlichen Börsenumsatz von mind. 250 Mio. Euro haben.

Euromarkt, *Xeno-Markt (selten)*, *Euromarket*; ist die Bezeichnung für den Teil des internationalen Kapitalmarktes, auf dem finanzielle Transaktionen in einer Währung getätigt werden, die kein inländisches Zahlungsmittel ist. Seinen Ursprung fand der E. in der Einführung einer Zinsausgleichsteuer 1963 (Anleihen) und in der Existenz von Zinssatzobergrenzen in den USA, die eine Zunahme von US-Dollar-Guthaben in nichtamerikanischem Besitz zur Konsequenz hatte. Der Versuch, die amerikanischen Reglementierungen zu umgehen, brachte die Etablierung des E. in Europa mit sich. Aufbauend auf dem ursprünglichen Geschäft mit Tagesgeldern (→ Euro-Dollarmarkt) fand alsbald eine Ausbreitung auf das Bondgeschäft (→ Euro-Anleihemarkt) statt, wobei in letzter Zeit eine präzise Unterscheidung schwieriger wird. Trotz seiner Bezeichnung ist der E. weder auf europäische Handelsplätze noch auf europäische Währungen, geschweige denn den US-Dollar beschränkt. Als wichtigste Finanzzentren für Transaktionen am E. spielen neben London, Luxemburg und New York einige Offshore-Zentren wie die Cayman-Inseln und die Bahamas, ebenso wie die großen asiatischen Finanzplätze Singapur, Hongkong und Tokio eine Rolle. Neben Finanzintermediären und transnationalen Unternehmen erster Bonität sind Regierungen und internationale Institutionen die wichtigsten Marktteilnehmer. Seine heutige Bedeutung erreichte der E. aufgrund einer kaum existierenden Regulierung und einer verminderten Bankenaufsicht. Hauptsächlich aus steuerlichen Gründen wurde er in den neu begründeten Finanzplätzen respektive in Bankenfreizonen (International Banking Facilities) bedeutsam. Folge hiervon war eine Erhöhung der internationalen Kapitalmobilität, die Integration diverser Kapitalmärkte und die Erweiterung von Spielräumen zur Einführung neuer Finanzinnovation. Kritisch wird der Verlust staatlicher Einflussmöglichkeiten v.a. in der Währungs- und Geldpolitik gesehen, ebenso wie die volkswirtschaftlichen Kosten, die bei mangelnder Kapitalmarkteffizienz und im Falle von Finanzkrisen entstehen können.

Euro-Medium-Term-Note (Euro-MTN), *mittelfristige Euro-Anleihe*; ungesicherte Schuldverschreibungen, bei denen das Emissionsvolumen, die Währung und die Laufzeit an den jeweiligen Kapitalbedarf des → Emittenten angepasst werden kann. Euro-MTN werden entweder festverzinslich oder variabel (an einen → Index gekoppelt) angeboten. Die Laufzeiten liegen i.d.R. zwischen einem und zehn Jahren. Euro-MTN werden über ein → Bankenkonsortium am → Euromarkt platziert. Das Konsortium tritt jedoch nur als Vermittler ohne Übernahmeverpflichtung auf. – Vgl. → Medium Term Notes (MTN).

EURO.NM-Aktienindizes

Euro-MTN, Abk. für → Euro-Medium-Term-Note.

Euronext, Fusion der Amsterdam Exchange (AEX), Brüssel Exchange (BXS) und der ParisBourse SBFSA (ParisBourse) im März 2000. Der Start der gemeinsamen Börse erfolgte im September 2000. Die Beteiligungsverhältnisse liegen zu 32% bei der AEX, zu 8% bei der BXS und zu 60% bei der ParisBourse. Der Aktienhandel ist in drei Segmente (top stocks, next economy, mid and small caps) aufgeteilt, wobei Paris die großen Werte, Brüssel die Aktien kleinerer Gesellschaften und Amsterdam den Derivate Handel erhält. E. repräsentiert 1400 gelistete Unternehmen mit einer Marktkapitalisierung von 2.400 Mrd. Euro und ist damit die zweitgrößte europäische Börse.

EURO.NM. Im Rahmen der Globalisierung wurde in Europa am 1.3.1996 der EURO.NM in der Rechtsform einer European Economic Interest Group gegründet. – Zielsetzung dieses Gemeinschaftsprojektes ist es, alle in den einzelnen europäischen Wachstumssegmenten (→ Neuer Markt, → Nouveau Marché, → Nouvo Mercato und → EURO.NM B.) gelisteten Gesellschaften in einem europäischen Börsensegment für Wachstumsunternehmen zentral zusammenzufassen. Trotz der gemeinsamen Aufgabenbewältigung soll die Autonomie der einzelnen Märkte weiterhin gewährleistet werden. Die Aufgaben des EURO.NM liegen insbesondere in der Anpassung und Weiterentwicklung der Regelwerke und der Schaffung eines einheitlichen Auftritts gegenüber internationalen Investoren. Folglich wurde 1998 ein einheitlicher Index (→ EURO.NM Aktienindizes), der als → Performance- und → Preisindex erhoben wird, eingeführt. Darüber hinaus bestehen weiterhin die einzelnen Indizes der nationalen Wachstumssegmente.

EURO.NM-Aktienindizes, aus den fünf europäischen Wachstumsbörsen → Neuer Markt in Frankfurt, → EURO.NM B. in Brüssel, → NMAX in Amsterdam, → Nouveau Marché in Paris und → Nuovo Mercato in Mailand zusammengesetzte → Aktienindizes. Veröffentlicht werden neben dem All Share Index auch die Subindizes der einzelnen Länder, z.B. → Nemax All Share. Die Indizes werden sowohl als → Kurs- als auch als → Performance-Index veröffentlicht und

EURO.NM Belgium

sind kapitalgewichtet. Basis aller Indizes ist ein Stand von 1.000 Punkten zum 30.12.1997.

EURO.NM Belgium, → Börsensegment für junge, innovative Wachstumsunternehmen, das 1997 von der Brüsseler Börse eingerichtet wurde. Um im EURO.NM B. gelistet zu werden, müssen sich die Gesellschaften verpflichten gewisse Voraussetzungen zu erfüllen. Sie haben einen detaillierten → Business Plan zu veröffentlichen, der neben Stärken und Schwächen auch das Chancen- und Risikopotential adäquat berücksichtigt (→ SWOT-Analyse). Zusätzlich muss die Gesellschaft einen Sponsor ernennen, der regelmäßig Analysen durchführt und publiziert, sowie die Funktion eines → Market-Makers übernimmt. Wie der → Neue Markt in Deutschland ist auch der EURO.NM B. Mitglied im → EURO.NM.

Euro Note Facilities, *Euro-Note Fazilitäten*; Vereinbarung zwischen → Emittent und → Bankenkonsortien über die → Platzierung von Geldmarktpapieren (→ Euro Notes). Diese Vereinbarung hat je nach Kontrakt eine Laufzeit zwischen fünf und sieben Jahren. In dieser Zeit kann der Emittent die Banken mit der Begebung dieser → Anleihen bis zu einer festgelegten Höchstgrenze beauftragen. Die Kreditinstitute versuchen ihrerseits, die Papiere am → Geldmarkt zu platzieren. Sollte dies nicht gelingen, sind sie selber zur Abnahme und Kapitalbereitstellung verpflichtet. Die verbrieften Notes werden vielfach über die Euro-Bond-Clearing-Systeme gehandelt (→ Euroclear). Bei der Unterbringung der Euro-Notes am Geldmarkt nehmen die einzelnen Konsortialmitglieder unterschiedliche Funktionen war, so z.B. als → Underwriter oder → Tender Panel.

Euro Notes, *Euronotes, Euro-Notes*; von Nichtbanken emittierte, ungesicherte → Geldmarktpapiere. Die Verzinsung ergibt sich aus dem aktuellen Interbankensatz und der → Bonität des → Emittenten. Die Ausgabe erfolgt entweder abgezinst (→ Diskont) oder mit beigefügtem → Kupon. Die Laufzeiten sind mit einem, drei oder sechs bis zwölf Monaten weitgehend standardisiert. Die Ausgabe erfolgt im Rahmen bestimmter → Euro Note Facilities. Ein Handel ist über den → Sekundärmarkt möglich.

Euro Overnight Index Average (Eonia), Referenzzinssatz für unbesichertes Euro-Tagesgeld im Interbankenhandel. Referenzbanken melden täglich bis 18.30 Uhr MEZ ihre Zinssätze an einen Informationsdienst, der daraus als umsatzgewichteten Durchschnittszinssatz den Eonia ermittelt.

Europäische Aktiengesellschaft. Als E. A. bezeichnet man die Europäischen Gesellschaft (Societas Europaea oder Societé Européenne, SE), die auf Grund einer Verordnung und einer Richtlinie des EG-Rates vom 8.10.2001 gegründet werden und ihre Tätigkeit am 8.10.2004 aufnehmen kann. Die SE ist eine supranationale → Kapitalgesellschaft mit eigener Rechtspersönlichkeit und Beschränkung der → Haftung auf ihr → Vermögen (Art. 1 SE-VO). Ihr → Grundkapital muss mindestens 120.000 • betragen (Art. 4 Abs. 2 SE-VO) und ist in → Aktien zerlegt (Art. 1 Abs. 2 SE-VO). Sie ist als Kapitalgesellschaft in erster Linie für Großunternehmen geeignet und soll die Leitung internationaler → Konzerne erleichtern, da alle Gesellschaften eines Konzerns nach einheitlichen rechtlichen Vorgaben geführt werden können. Die neue Rechtsform ist für die Kapitalgesellschaften in der EU nicht verpflichtend, sondern besteht selbständig neben anderen Gesellschaftsformen der nationalen Rechte. Die VO schafft erstmals die gesellschaftsrechtlichen Voraussetzungen für eine Verschmelzung über die Grenze. Darüber hinaus steht das Statut allen Gesellschaften oder sonstigen → juristischen Personen aus mindestens zwei EU-Ländern zur Errichtung einer gemeinsamen → Tochtergesellschaft offen. Als Organe sind die → Hauptversammlung der Aktionäre sowie die mit der → Geschäftsführung und der Vertretung der SE beauftragten Gremien vorgesehen, wobei für Geschäftsführung und Vertretung eine Wahlfreiheit zwischen einem sog. dualistischen oder einem sog. monistischen System vorgesehen ist. Bei dem dualistischen Modell übernimmt ein Leitungsorgan, dessen Mitglieder der → Aufsichtsrat bestellt, die Geschäftsführung. Der Aufsichtsrat wird von der Hauptversammlung gewählt. Beim monistischen Modell besteht nur ein einziges Verwaltungsorgan, das von der Hauptversammlung gewählt wird. Der Sitz der Hauptverwaltung muss in der EU liegen. Die SE wird in ihrem Sitzstaat mit konstitutiver Wirkung in ein Register eingetragen. → Zeichnung und Erwerb → eigener Aktien sind der SE verboten. Der EU-Rat hat ergänzend zur der SE-VO eine Richtlinie zur Beteiligung der Arbeitnehmer erlassen, die zwischen deren Unterrichtung und Anhörung sowie → Mitbestimmung unterscheidet. Jede SE muss ein Verfahren zur Unterrichtung und Anhörung der Arbeitnehmern vorsehen, während Mitbestimmung nur bei Gesellschaften greift, für die dies freiwillig vereinbart ist, oder bei denen vor einer Verschmelzung eine der beteiligten Gesellschaften mitbestimmt war. Bestehende Mitbestimmungsrechte bleiben also erhalten.

Europäische Bank für Wiederaufbau und Entwicklung (EBWE), *European Bank for Reconstruction and Development (EBRD), Osteuropabank, Osteuropäische Entwicklungsbank.* 1990 zum Zweck der Unterstützung des Aufbaus marktwirtschaftlicher Systeme in Zentral- und Osteuropa sowie in der früheren Sowjetunion von der → Europäischen Wirtschaftsgemeinschaft, der Europäischen Investitionsbank (EIB) und einer größeren Anzahl europäischer und außereuropäischer Banken gegründete internationale Entwicklungsbank mit Sitz in London. Mitglieder sind neben der → Europäischen Gemeinschaft und der EIB 40 west- und osteuropäische Länder. – Aufgabe der EBWE ist es, den Aufbau einer Marktwirtschaft in den Ländern Mittel- und Osteuropas zu fördern, indem sie Investitionskredite und Kapitalbeteiligungen bereitstellt oder Garantien übernimmt. Voraussetzung für die Kreditgewährung ist, dass die finanzierten Projekte die Transformation hin zur freien Marktwirtschaft begünstigen. Seit Aufnahme ihrer Tätigkeit in 1991 werden Kredite in Höhe von ca. zwei Mrd. Euro an private und staatliche Darlehensnehmer gewährt, wobei sich die Kreditgewährung auf private Projekte konzentrieren soll.

Europäische Gemeinschaft (EG), *European Community.* Der Begriff EG wurde durch den Maastrichter Vertrag über die Europäische Union (in Kraft seit 1.11.1993) als neue Bezeichnung für die → Europäische Wirtschaftsgemeinschaft eingeführt. – Aufgabe der EG ist es durch die Errichtung eines gemeinsamen Marktes und einer Wirtschafts- und Währungsunion sowie durch gemeinsame Politik und Maßnahmen eine harmonische und ausgewogene Entwicklung des Wirtschaftslebens innerhalb der Gemeinschaft, ein beständiges, nichtinflationäres und umweltverträgliches Wachstum, einen hohen Grad der Konvergenz der Wirtschaftsleistungen, ein hohes Beschäftigungsniveau, ein hohes Maß an sozialem Schutz, die Hebung der Lebenshaltung und der Lebensqualität, den wirtschaftlichen und sozialen Zusammenhalt und die Solidarität zwischen den Mitgliedstaten zu fördern (Art. 2 EG-Vertrag). Die supranationalen Organe der EG legen durch ihre exekutiven Befugnisse auf Basis der Rechtsordnung der EG, die auf dem Gemeinschaftsgebiet Anwendung findet, unmittelbar gültiges Recht fest. – Das Handeln der EG beruht auf dem Prinzip der Subsidiarität, d.h. die EG wird in Bereichen, die nicht in ihre ausschließliche Zuständigkeit fallen, nur tätig, wenn die notwendigen Maßnahmen auf Ebene der einzelnen Mitgliedstaaten nicht ausreichend und deshalb besser auf Gemeinschaftsebene erreicht werden können.

Europäische Gemeinschaften, gemeinsame Bezeichnung für die drei europäischen Gemeinschaften: die → Europäische Wirtschaftgemeinschaft (EWG), die Europäische Gemeinschaft für Kohle und Stahl (EGKS, Montanunion) und die Europäische Atomgemeinschaft (Euratom). Zentraler Bestandteil der E.G. ist die EWG, die offiziell auch als → Europäische Gemeinschaft bezeichnet wird.

Europäische Investitionsbank (EIB), *European Investment Bank*; am 1.1.1958 durch die Römischen Verträge gegründete internationale bzw. supranationale Finanzierungsinstitution der → EU mit Sitz in Luxemburg. Die EIB trägt als rechtlich eigenständige und finanziell autonome Institution, durch die langfristige → Finanzierung wirtschaftlich tragfähiger → Investitionen in Form der Vergabe von Darlehen und Übernahme von → Bürgschaften an Unternehmen, zur Erreichung der Ziele der EU bei. Diese Ziele beinhalten die Förderung wirtschaftlich schwächerer und unterentwickelter Regionen, den Ausbau der Infrastruktur zur Erschließung des Binnenmarktes, eine rationelle Energieverwendung und sichere Energieversorgung, den Umweltschutz und die Verbesserung der Lebensqualität, den Ausbau der Infrastruktur im Bildungs- und Gesundheitswesen, die Stadterneuerung und die

europäische Option

Stärkung der Wettbewerbsfähigkeit von Industrieunternehmen. – Beteiligt am Kapital der EIB sind alle Mitgliedsländer der EU, die Grundkapital zur Verfügung stellen. Die EIB ist berechtigt Mittel am → Kapitalmarkt aufzunehmen. Der Verwaltungsrat setzt sich aus den Finanzministern der Mitgliedsstaaten der EU zusammen.

europäische Option, *european option*. Optionstyp, bei dem die Ausübung des → Optionsrechts durch den Inhaber nur am Ende der → Laufzeit möglich ist. – Gegensatz: → Amerikanische Option.

Europäische Optionsbörse (EOE),
European Options Exchange, EOE-Optiebeurs. Optionsbörse, die 1978 in Amsterdam eröffnet wurde. 1997 fusionierte die EOE mit der Amsterdamer Stock Exchange zur → Amsterdam Exchanges (AEX), welche wiederum im März 2000 mit der Brüssel Exchange (BXS) und der ParisBourse SBFSA zur → Euronext fusionierte. An der EOE wurden → Aktienoptionen, Optionen auf → Aktienindizes und Anleihen, → Zinsterminkontrakte und → Währungs- und → Goldoptionen gehandelt.

Europäische Recheneinheit (ERE),
European unit of account; bis 1979 verwendete Recheneinheit der → Europäischen Wirtschaftsgemeinschaft (EWG), die durch → ECU abgelöst wurde. Die ERE wurde vom Ministerrat der EWG 1975 beschlossen und aus den unterschiedlichen nationalen Währungen der EWG Mitgliedsstaaten berechnet.

Europäisches System der Zentralbanken (ESZB),
European System of Central Banks (ESCB); aus der → Europäischen Zentralbank (EZB) und den nationalen → Zentralbanken der Mitgliedsstaaten des Euro-Währungsraumes gebildetes System ohne eigene Rechtspersönlichkeit. Die Entstehung des ESZB erfolgte gemeinsam mit der rechtlichen Errichtung der EZB durch die Ernennung der Mitglieder des Direktoriums der EZB. Die Leitung des ESZB obliegt dem Direktorium des EZB und dem EZB-Rat. Die nationalen Zentralbanken handeln gemäß den Anweisungen und Leitlinien der EZB und führen die festgelegte Geldpolitik in den Mitgliedsstaaten aus. Die grundlegenden Aufgaben des ESZB sind die Festlegung und Ausführung der Geldpolitik innerhalb der Gemeinschaft, die Haltung und Verwahrung der offiziell von den Mitgliedsstaaten gehaltenen Währungsreserven, die Förderung des reibungslosen Ablaufs der Zahlungsverkehrssysteme und die Durchführung von Devisengeschäften.

Europäisches Währungsinstitut (EWI),
European Monetary Institute; am 1.1.1994 zu Beginn der 2. Stufe der → Europäischen Wirtschafts- und Währungsunion (EWWU) mit Sitz in Frankfurt am Main gegründete Vorläuferinstitution der → Europäischen Zentralbank. Die Aufgabe des E.W. lag in der Schaffung der Voraussetzungen zur Gründung der EWWU. Dazu zählten u.a. die Koordinierung der Geld- und Währungspolitik der Mitgliedsstaaten zur Sicherstellung der Preisstabilität, die Intensivierung der geldpolitischen Koordinierung, die Harmonisierung der geldpolitischen Instrumente und der monetären Statistiken und die Überwachung der Funktionsweise des → Europäischen Währungssystems (EWS).

Europäisches Währungssystem I,
European Monetary System I; bezeichnet ein ehemaliges, durch ein Abkommen der Zentralbanken der EG-Mitgliedstaaten, entstandenes Wechselkursverbundsystem für eine engere währungspolitische Zusammenarbeit zwischen den Ländern der → Europäischen Gemeinschaft (EG) bzw. der → Europäischen Union (EU). Ziel war eine stabile europäische Währungszone. Wechselkursschwankungen zwischen den beteiligten Währungen sollten verringert und der politische Integrationsprozess innerhalb Europas sollte vorangetrieben werden. Im Mittelpunkt des EWS I stand ein System fester, aber anpassungsfähiger → Wechselkurse, um die bis August 1993 Bandbreiten von ± 2,25%, für Spanien, Italien und Portugal zeitweise ± 6%, bestanden. Im September 1992 erfolgte der Austritt Großbritanniens und Italiens (Wiedereintritt am 25. November 1996) aus dem EWS I. Infolge extremer spekulativer Attacken 1993 wurden die Bandbreiten auf ± 15% erweitert. Nur zwischen der BRD und den Niederlanden blieb eine Bandbreite von ± 2,25% erhalten. Im Rahmen dieser Bandbreiten durften die Wechselkurse der beteiligten Währungen frei schwanken, ohne dass ein Eingreifen der Zentralbanken erfolgte. Erst bei Erreichen der oberen oder unteren

Interventionspunkte zwischen zwei oder mehreren der EWS-Währungen bestand eine Verpflichtung der betroffenen Zentralbanken, die Währungen der Partnerländer zur Stabilisierung der → Devisenkurse zu kaufen oder zu verkaufen. Zu diesem Zweck wurde im Rahmen des EWS I ein Kreditsystem entwickelt, um den Zentralbanken die Möglichkeit zu geben, den mit der Teilnahme am EWS I entstehenden Interventionspflichten nachkommen zu können. Das Ziel dieses Kreditsystems liegt in der kurzfristigen Finanzierung von Interventionen, dem kurzfristigen Währungsbeistand der EU-Zentralbanken und dem mittelfristigen Beistand zwischen den EU-Mitgliedstaaten. Auf der Grundlage des Vertrags über die Europäische Union sollte das EWS I für die an der → Europäischen Wirtschafts- und Währungsunion teilnehmenden Staaten langfristig durch eine einheitliche europäische Währung ersetzt werden. Mit Beginn der dritten Stufe der Währungsunion am 1. Januar 1999 erfolgte die unwiderrufliche Festlegung der Wechselkurse, zu denen die Währungen der einzelnen Beitrittsländer durch die gemeinsame europäische Währung ersetzt werden. Dieses Datum bildet zugleich das Ende des EWS I und den Übergang zum → Europäischen Währungssystem II.

Europäisches Währungssystem II, *European Monetary System II*. Der Eintritt in die dritte Stufe der → Europäischen Wirtschafts- und Währungsunion bildete zugleich den Abschluss des → Europäischen Währungssystems I. An seine Stelle trat das EWS II, für den kein Zwang zur Teilnahme besteht. Dessen Ziel ist eine Verbindung zwischen den an der Währungsunion teilnehmenden Staaten und den EU-Staaten, die → Euro als gemeinsame Währungseinheit noch nicht eingeführt haben, um letztere mittel- bis langfristig an die Europäische Wirtschafts- und Währungsunion heranzuführen. Der Wechselkursmechanismus funktioniert auf Basis von Leitkursen, die gegenüber dem Euro festgelegt wurden und für die im Regelfall eine Bandbreite von ± 15% besteht. Diese erfolgte unter Beteiligung der Finanzminister und der → Europäischen Zentralbank, der Präsidenten der nicht teilnehmenden nationalen → Zentralbanken und der Europäischen Kommission. Auf Antrag einzelner Staaten ist auch die Fixierung engerer Bandbreiten möglich. An den für die jeweiligen nationalen Währungen festgelegten Interventionspunkten erfolgen automatisch Interventionen in unbegrenzter Höhe, allerdings kann auf diese verzichtet werden, wenn eine Intervention dem allgemeinen Ziel der Preisniveaustabilität entgegenwirken würde.

Europäische Union (EU), *European Union*. Durch Inkrafttreten des Maastrichter Vertrags am 1.11.1993 geschaffene internationale Organisation, die Grundlage für die Vollendung der → Europäischen Wirtschafts- und Währungsunion und für die weitere politische Integration, insbesondere einer Gemeinsamen Aussen- und Sicherheitspolitik (GASP) sowie einer Zusammenarbeit im Bereich Justiz und Inneres (JI) ist. Die beiden letztgenannten bilden zusammen mit der → Europäischen Gemeinschaft die drei Säulen der EU, deren allgemeines Ziel die weitere Integration Europas sowie die Förderung des wirtschaftlichen und sozialen Fortschritts in Europa ist. Dabei hat die EU das Subsidiaritätsprinzip und die Kohäsion, d.h. die soziale Solidarität zwischen den Mitgliedsstaaten, zu beachten. – Die Organe der EU sind der Europäische Rat, der Ministerrat, die Europäische Kommission, das Europäische Parlament, der Europäische Gerichtshof und der Europäische Rechnungshof. – Zu den 15 Mitgliedsstaaten der EU zählen die Gründungsmitglieder Belgien, Bundesrepublik Deutschland, Frankreich, Italien, Luxemburg und die Niederlande (1957), Dänemark, Großbritannien und Irland (1973), Griechenland (1981), Portugal und Spanien (1986) sowie Finnland, Österreich und Schweden (1995).

Europäische Währungseinheit (EWE), Bezeichnung für die in Europa geltende gemeinsame Rechnungseinheit, früher die → ECU, ab 1.1.1999 der → Euro. – Vgl. auch → Europäische Wirtschaft- und Währungsunion.

Europäische Wirtschaftsgemeinschaft (EWG), *European Economic Community*. Die EWG ist der wichtigste Bestandteil der → Europäischen Gemeinschaften. Durch den am 1.11.1993 in Kraft getretenen Maastrichter Vertrag über die Europäische Union wurde die EWG in → Europäische Gemeinschaft umbenannt. Ziel der EWG ist die schrittweise Verschmelzung der Volkswirt-

Europäische Wirtschafts- und Währungsunion

schaften der beteiligten Länder durch die Errichtung eines gemeinsamen Marktes und die Annäherung der nationalen Wirtschaftspolitiken. Vorrangige Aufgabe der EWG war die Realisierung der → Europäischen Wirtschafts- und Währungsunion. Diese bestand in der Errichtung eines einheitlichen Europäischen Binnenmarktes mit freiem Verkehr von Personen, Waren, Dienstleistungen und Kapital bis 1993, und der Einführung des → Euro als einheitliche europäische → Währung am 1.1.1999. – Als Bestandteil des Europäischen Binnenmarktes wurde der Europäische Bankenmarkt durch das EG-Bankrecht weitgehend harmonisiert. Die Mitgliedsländer der Europäischen Union unterliegen einheitlichem Europäischen Wettbewerbsrecht. Bestehende Aufgaben der EWG sind die Harmonisierung des nationalen Steuerrechts, die Reform der Europäischen Agrarordnung, die Verbesserung der Koordination der nationalen Wirtschaftspolitiken und die Prüfung wirtschaftlicher Fragen der geplanten Osterweiterung der Europäischen Union.

Europäische Wirtschafts- und Währungsunion, *European Economic and Currency Union*. Der Entstehungsprozess der EWWU umfasst die historische und die gegenwärtige Entwicklung des europäischen Binnenmarktes und des → Euro innerhalb der → Europäischen Union. Das Hauptaugenmerk gilt dabei der wirtschafts- und währungspolitischen Vereinigung der teilnehmenden europäischen Staaten. – Auf Basis des 1989 vom Europäischen Rat gebilligten Delors-Berichts wurde 1991 durch die europäischen Staats- und Regierungschefs die Einführung der Wirtschafts- und Währungsunion in drei Stufen bis spätestens 1999 beschlossen. Mit Beginn der ersten Stufe am 01. 01. 1998 wurde nach Prüfung der Erfüllung der → Konvergenzkriterien zur Teilnahme an der EWWU eine Entscheidung über die teilnehmenden Staaten getroffen. Die zu erfüllenden Konvergenzkriterien waren ein stabiles Preisniveau, stabile Wechselkurse, eine Annäherung der langfristigen → Zinssätze und die Sicherstellung der öffentlichen Budgetdisziplin. Belgien, Dänemark, die BRD, Finnland, Frankreich, Großbritannien, Irland, Italien, Luxemburg, die Niederlande, Österreich, Portugal, Schweden und Spanien erfüllten die Konvergenzkriterien. Aufgrund einer sog. Opting-out Klausel nahmen Dänemark, Großbritannien und Schweden, trotz Erfüllung der Konvergenzkriterien, nicht an der Währungsunion teil. Diese Länder werden wegen ihrer früheren Teilnahme „Pre-Ins" genannt. Zum 01. 07. 1998 erfolgte die Errichtung des → Europäischen Systems der Zentralbanken (ESZB) und der → Europäischen Zentralbank (EZB) und damit verbunden die endgültige Festlegung des geldpolitischen Instrumentariums der EZB sowie die Ernennung des ersten Präsidenten der EZB. Zum 1. 01. 1999 erfolgte, mit der zweiten Stufe der Einführung der EWWU, die endgültige, rechtlich bindende und unwiderrufliche Fixierung der Umrechnungskurse der nationalen Währungen untereinander und gegenüber dem Euro anhand der bilateralen Leitkurse des → Europäischen Währungssystems I. Damit entstand nicht nur der Euro als eigenständige Währung, sondern zugleich ging auch die alleinige geldpolitische Verantwortung auf das ESZB und die EZB als ausführendem Organ über. Da der Euro bis zur dritten Stufe lediglich als Buchgeld existiert und damit keine Zahlungsmitteleigenschaft besitzt, existieren die nationalen Währungen zunächst parallel zum Euro weiter. Dies bedeutet, dass neben der Umstellung der → Geld- und → Devisenmärkte auch die Notierung der → Wertpapiere und die Abwicklung der Börsentransaktionen in Euro erfolgte. Mit Beginn der dritten Stufe am 01. 01. 2002 wird die endgültige Umstellung auf den Euro vollzogen. Damit wird die gemeinsame Währung zum alleinigen gesetzlichen Zahlungsmittel. Lediglich innerhalb einer bis zum 28. 02. 2002 begrenzten Übergangsphase existieren der Euro und die jeweilige Landeswährung parallel als gesetzliche Zahlungsmittel. In der BRD wurden durch das Gesetz zur Einführung des Euro Rahmenbedingungen und Voraussetzungen zur Realisierung der EWWU und für die erfolgreiche Einführung des Euro geschaffen.

Europäische Zentralbank (EZB), *European Central Bank*. Zum 1.1.1999 erfolgte die Übertragung der geldpolitischen Souveränität der nationalen → Zentralbanken der Mitgliedsstaaten der → Europäischen Wirtschafts- und Währungsunion (EWWU), und damit auch der → Deutschen Bundesbank, auf die EZB bzw. auf das → Europäische System der Zentralbanken (ESZB). Die EZB wurde am 1.7.1998 als Nachfolgeinstitution des → Europäischen Währungsinstituts (EWI) mit Sitz in Frankfurt am Main gegründet. Die EZB, deren erster Präsident der Niederländer Wim Duisenberg ist, trägt seit 1.1.1999 die alleinige Verantwortung für die → Geldpolitik im Euro-Währungsraum und erhielt durch die Maastrichter Verträge über die Europäische Union ihre geldpolitische Unabhängigkeit. Das Hauptaugenmerk der EZB liegt in der Wahrung der Preisniveaustabilität innerhalb der Währungsunion. Daneben sorgt sie für den reibungslosen Ablauf des europäischen Zahlungsverkehrs, verwaltet die bei den von den nationalen Zentralbanken gehaltenen Währungsreserven und führt Devisentransaktionen durch. Zum geldpolitischen Instrumentarium der EZB zählen neben den → Hauptrefinanzierungsoperationen, die → Spitzenrefinanzierungsfazilität (zur Beschaffung von Übernachtliquidität für die Geschäftsbanken) als Obergrenze und die → Einlagefazilität (Geldanlagemöglichkeit über Nacht für die Geschäftsbanken) als Untergrenze der Geldmarktsätze. Zudem existiert auch das Instrument der Mindestreserve, die aber im Gegensatz zur Handhabung bei der Deutschen Bundesbank eine Verzinsung erhält. Die EZB setzt sich organisatorisch aus dem Rat der EZB und dem Direktorium zusammen. Der Rat der EZB legt die grundsätzliche Ausrichtung der Geldpolitik der EZB fest und besteht aus dem Präsidenten und Vizepräsidenten der EZB, vier weiteren Mitgliedern des Direktoriums und den Präsidenten der nationalen Zentralbanken. Das Direktorium der EZB ist verantwortlich für die Ausführung der operativen Geschäfte der EZB und besteht aus vier bis sechs Mitgliedern, einschließlich des Präsidenten und Vizepräsidenten der EZB.

Europapass. Bezeichnung für die erteilte Befugnis zur Ausübung einer Tätigkeit im gesamten EU-Raum. Für Makler und andere Börsenteilnehmer wurde die Erteilung 1993 mit der Wertpapierdienstleistungsrichtlinie der EU geregelt. Die den E. in einem europaweit wirksamen Feststellungsakt erteilende Wertpapieraufsichtsbehörde des Herkunftslandes behält die vollständige Aufsichtsbefugnis, auch über Aktivitäten des Passinhabers in anderen EU-Tätigkeitsländern. Die Harmonisierung der Finanzmarktaufsicht innerhalb der EU soll Ungleichbehandlungen an einem Standort durch verschiedene Heimatbehörden verhindern.

European Central Securities Depositories Association (ECSDA). Unter Federführung der → Deutschen Börse Clearing AG 1997 gegründeter Zusammenschluss europäischer → Zentralverwahrer. Die Tätigkeit konzentriert sich darauf, Standards für ein einheitlich hohes Qualitätsniveau der angebotenen Dienstleistungen in der gemeinsamen Währung Euro zu entwickeln, z.B. Übertragung von Wertpapiersicherheiten im grenzüberschreitenden Zahlungssystem → TARGET.

European Composite Unit (EURCO), synthetische → Währung, die von der → Europäischen Investitionsbank 1973 geschaffen wurde und als Basiswährung für → Anleihen diente.

European Currency Unit (ECU), ehemalige Rechnungseinheit innerhalb der → Europäischen Union und des Europäischen Binnenmarktes. Die ECU wurde mit Errichtung des → Europäischen Währungssystems (EWS) 1979 als synthetische Währungseinheit eingeführt, und verlor mit Einführung des → Euro am 01.01.1999 ihre Gültigkeit. – Als Korbwährung setzte sie sich aus den nationalen Währungen des Mitgliedsländer des EWS zusammen, stellte aber keine eigenständige Währung dar. Der Anfangswert des Euro wurde so bestimmt, dass ein 1:1-Äquivalenz von ECU und Euro gewährleistet wurde.

European Depositary Receipt (EDR), europäisches Pendant zum → American Depositary Receipt (ADR). EDR's dienen als Hinterlegungszertifikate für ausländische Aktien, um diesen einen einfacheren Zugang auf den europäischen Aktienmarkt zu ermöglichen.

European Energy Exchange (EEX), bezeichnet die → Strombörse für Zentraleuropa in Deutschland. Anteilseigner der EEX sind die → Eurex und 48 Unternehmen aus der Energiewirtschaft. Der Handel im → Spotmarkt begann bereits im Sommer 2000, während das Terminmarktsegment erst im März 2001 den Handel mit Energiekontrakten aufnahm.

European Exchange

European Exchange, → Eurex.

European Federation of Financial Analyst Societies (EFFAS), bezeichnet eine 1962 mit Sitz in Paris gegründete Organisation, deren Aufgabe in der Ausarbeitung allgemeingültiger Standards für derzeit ca. 12.000 assoziierte europäische → Finanzanalysten und → Portfolio-Manager liegt.

European Monetary System, → Europäisches Währungssystem I, → Europäisches Währungssystem II.

European Option, → europäische Option.

European Options Exchange (EOE), → Europäische Optionsbörse.

European Warrant, → Window Warrant.

Euroquote, wurde als Projekt zur Schaffung eines europäischen Kursinformationssystems ins Leben gerufen (ursprüngliche Bez. → PIPE). Ziel ist es die nationalen Börsen zu verknüpfen und E. zu einem eigenen Handelssystem weiterzuentwickeln.

Euro-Schatz-Futures, an der → Eurex gehandelte → Terminkontrakte auf fiktive kurzfristige Schuldverschreibungen der Bundesrepublik Deutschland oder der Treuhandanstalt mit 1¾- bis 2¼-jähriger Laufzeit und einem Coupon von sechs Prozent. Der Kontraktwert beträgt 100.000 Euro, die Erfüllung wird durch Staatsanleihen der Bundesrepublik Deutschland mit entsprechender Restlaufzeit und einem Mindestemissionsvolumen von vier Mrd. DM bzw. zwei Mrd. Euro erfolgen. Die minimale Preisveränderung beträgt 0,01 Prozent bzw. 10 Euro. Die Liefermonate sind die jeweils nächsten drei Quartalsmonate des Zyklus März, Juni, September und Dezember. Der Liefertag ist der zehnte Kalendertag des jeweiligen Quartalsmonats, sofern dieser Tag ein Börsentag ist, andernfalls der darauffolgende Börsentag. Der letzte Handelstag ist zwei Börsentage vor dem Liefertag des jeweiligen Quartalsmonats. Handelsschluss für den fälligen Liefermonat ist 12.30 Uhr MEZ. – Vgl. auch → Terminkontrakte auf eine Schuldverschreibung des Bundes oder der ehemaligen Treuhandanstalt.

Eurosystem, *Eurosystem*; Teil des → Europäischen Systems der Zentralbanken (ESZB). Das E. umfasst die → Europäische Zentralbank und die nationalen → Zentralbanken der Mitgliedstaaten der → Europäischen Union, die in der dritten Stufe der → Europäischen Wirtschafts- und Währungsunion den → Euro als gemeinsame Währung eingeführt haben.

Eurotop 100 Index, europäischer → Aktienindex, der die 100 Unternehmen Europas mit der größten → Marktkapitalisierung umfasst. Die Gewichtung jedes Landes (Belgien, Frankreich, Deutschland, Italien, Niederlande, Schweiz, Schweden und Großbritannien), und somit auch die Anzahl von vertretenen Aktiengesellschaften, erfolgt anhand der nationalen → Börsenkapitalisierung und des Bruttosozialproduktes.

Euro-Warrant-Emission, *euro-warrant issue*; → Emission von → Optionsscheinen auf den Euro, die zum Kauf bzw. zum Verkauf eines bestimmten Betrages an Euro zu einem festgelegten → Basispreis innerhalb einer bestimmten Frist berechtigen. Die Optionsscheine können von Kreditnehmern bzw. Anlegern zur Absicherung der Risiken aus Verbindlichkeiten bzw. Forderungen verwendet werden, die aus Schwankungen des Euro gegenüber anderen Währungen resultieren.

Euro-Warrants auf US Treasury-Bonds, *warrants into negotiable government securities (wings)*. → Optionsscheine, die zum Bezug von US-Staatsanleihen innerhalb einer bestimmten Frist zu einem festgelegten → Basispreis berechtigen. Sie werden verwendet um auf die Zinsentwicklung am US-Kapitalmarkt zu spekulieren.

E.v., Abk. für → Eingang vorbehalten.

EVA, Abk. für → Economic Value Added. Maß für die Wertsteigerung eines Unternehmens oder einer Unternehmenseinheit, die aus der Unternehmenstätigkeit herrührt. Der EVA ergibt sich als Differenz zwischen dem operativen Ergebnis nach Abzug der Steuern und den Kapitalkosten, die neben den Fremdkapitalzinsen auch den risikoadäquaten Vergütungsanspruch der Eigenkapitalgeber umfassen. Die Kapitalkosten werden als Produkt aus betriebsnotwendigem Vermögen und → gewichteten Kapitalkosten (Weighted Average Cost of Capital, WACC) ermittelt. – Das Konzept des EVA geht auf die Unternehmensberatung Stern Stewart & Co. zurück. Es stellt anschaulich dar, dass ein Unternehmen erst dann einen Mehrwert für seine Eigentümer schafft, wenn der Gewinn nach Abzug der risikoangemessenen Eigenkapitalkosten positiv ist, also der EVA Null übersteigt. Das bloße Erzielen eines → Jahresüberschusses, wie er aus der → Gewinn- und Verlustrechnung abzulesen ist, kann demzufolge nicht als Maß für eine Wertsteigerung verstanden werden, da hierbei die Eigenkapitalgeber noch nicht vergütet wurden.

Evening up, *evening out*; schließen eines → Terminkontraktes durch Eingehen einer Gegenposition (→ Glattstellung) oder durch → Lieferung des → Underlying.

Eventualverbindlichkeit, *bedingte Verbindlichkeit, contingent liability*. 1. Hat ein bilanzierendes Unternehmen → Bürgschaften für → Verbindlichkeiten Dritter übernommen oder bestehen mögliche Verpflichtungen aus der Begebung und der Weitergabe von → Wechseln, aus Scheckbürgschaften oder aus Gewährleistungsverträgen, so ist die tatsächliche Inanspruchnahme des Unternehmens zwar noch ungewiß, aber denkbar. Solche E. sind gemäß § 251 HGB unter der Bilanz in der Position „Haftungsverhältnisse" anzugeben; sie dürfen in einen Betrag zusammengefasst werden. – 2. Bei Kreditinstituten sind laut § 251 HGB in Verbindung mit § 26 RechKredV solche Geschäftsvorfälle unter der Bilanz aufzuzeigen, aus denen eine → Haftung oder ein Kreditrisiko erwachsen kann. Die Position unterteilt sich in „E. aus weitergegebenen abgerechneten Wechseln", „Verbindlichkeiten aus Bürgschaften und Gewährleistungsverträgen" und „Haftung aus der Bestellung von → Sicherheiten für fremde Verbindlichkeiten". Falls mit einer Inanspruchnahme gerechnet werden muss, ist eine → Rückstellung für drohende Verluste aus schwebenden Geschäften zu bilden.

EWE, Abk. für → Europäische Währungseinheit. Bezeichnung für die in Europa geltende gemeinsame Rechnungseinheit, früher die → ECU, ab 1.1.1999 der → Euro. – Vgl. auch → Europäische Wirtschaft- und Währungsunion.

EWG, Abk. für → Europäische Wirtschaftsgemeinschaft.

EWI, Abk. für → Europäisches Währungsinstitut. *European Monetary Institute*; am 1.1.1994 zu Beginn der 2. Stufe der → Europäischen Wirtschafts- und Währungsunion (EWWU) mit Sitz in Frankfurt am Main gegründete Vorläuferinstitution der → Europäischen Zentralbank. Die Aufgabe des E.W. lag in der Schaffung der Voraussetzungen zur Gründung der EWWU. Dazu zählten u.a. die Koordinierung der Geld- und Währungspolitik der Mitgliedsstaaten zur Sicherstellung der Preisstabilität, die Intensivierung der geldpolitischen Koordinierung, die Harmonisierung der geldpolitischen Instrumente und der monetären Statistiken und die Überwachung der Funktionsweise des → Europäischen Währungssystems (EWS).

ewige Anleihen, *ewige Rente, ewige Schuld, perpetual bonds, perpetuals*; → Anleihen mit einer unendlichen → Laufzeit. E.A. kommen sowohl als → festverzinsliche Wertpapiere als auch mit variabler Verzinsung (→ Perpetual Floating Rate Notes) vor. Bei den festverzinslichen Wertpapieren wird häufig nach gewissen Zeitabständen mit Hilfe eines → Referenzzinssatzes eine Anpassung an die aktuellen Marktkonditionen vorgenommen. E.A. beinhalten meist ein Kündigungsrecht für Schuldner und/oder Gläubiger.

ewige Rente, auch → ewige Anleihe *perpetual bonds, perpetuals*; → Anleihen mit einer unendlichen → Laufzeit. E.R. kommen sowohl als → festverzinsliche Wertpapiere als auch mit variabler Verzinsung (→ Perpetual Floating Rate Notes) vor. Bei den festverzinslichen Wertpapieren wird häufig nach gewissen Zeitabständen mit Hilfe eines → Referenzzinssatzes eine Anpassung an die aktuellen Marktkonditionen vorgenommen. E.A. beinhalten meist ein Kündigungsrecht für Schuldner und/oder Gläubiger.

ewige Schuld, → ewige Anleihe.

EWS I, → Europäisches Währungssystem I.

EWS II, → Europäisches Währungssystem II.

EWWU

EWWU, → Europäische Wirtschafts- und Währungsunion.

ex, bezeichnet den Teil eines → Kurszusatzes, der besagt, dass ein → Wertpapier ohne einen bestimmten Anspruch gehandelt wird. Dieser Teil wird durch einen Zusatz ergänzt, so dass ersichtlich ist, welcher Anspruch nicht mit diesem Wertpapier verbunden ist.

ex A, Abk. für → ex Ausschüttung.

ex abc, Abk. für → ex verschiedene Rechte.

ex Anrecht, *ex right*; bezeichnet einen nach Eröffnung des Anrechtshandels im → Kurszettel verwendeten Hinweis, der aussagt, dass eine → Aktie ohne das entsprechende Anrecht gehandelt wird. Das Anrecht wird ab diesem Zeitpunkt während einer vorgegebenen → Laufzeit selbständig an der → Börse gehandelt.

ex Ausgleichszahlung, *ex AZ, ex equalization payment*. Der → Kurshinweis e.A. signalisiert, dass es sich um die erste Kursnotiz nach der Leistung einer Ausgleichszahlung an außenstehende Aktionäre im Rahmen eines → Gewinnabführungs- oder → Beherrschungsvertrages handelt.

ex Ausschüttung, *ex A, ex dividend payout*. Der → Kurshinweis e.A. signalisiert, dass es sich um die erste Kursnotiz nach einer Ausschüttung handelt.

ex AZ, Abk. für → ex Ausgleichszahlung.

ex BA, Abk. für → ex Berichtigungsaktien.

ex Berichtigungsaktien, *ex BA, ex capitalization issue*. Dieser → Kurshinweis signalisiert, dass es sich um die erste Notiz nach der Umstellung des Kurses auf das aus Gesellschaftsmitteln berechtigte Aktienkapital handelt. – Vgl. auch → Berichtigungsaktien und → Kapitalerhöhung aus Gesellschaftsmitteln.

ex Bezugsrecht, → ausschließlich Bezugsrecht.

ex BO, Abk. für → ex Bonusrecht.

ex Bonusrecht, *ex premium*. Der → Kurshinweis besagt, dass es sich um die erste → Kursnotierung nach der Zahlung einer → Sonderausschüttung (Bonus) handelt, die neben der normalen → Dividende ausgezahlt wird.

ex BR, exB, Abk. für → ausschließlich Bezugsrecht.

Exchange, 1. → Tausch. – 2. Kurzbezeichnung für → Effekten- oder → Warenbörse.

Exchange Electronic Trading (Xetra), → Xetra.

Exchange Privilege, *Umtauschrecht*. Bezeichnung für ein Umtauschrecht, etwa zwischen verschiedenen Investmentfonds-Zertifikaten einer → Kapitalanlagegesellschaft.

Exchange Rate, → Wechselkurs.

Exchange Traded Funds. → Investmentfonds, deren → Anteile über eine → Börse gehandelt werden können. Durch die fortlaufende Preisfeststellung kann der → Investor einen E.T.F. durchgehend während der Börsenzeiten handeln und ist nicht auf die täglich einmal stattfindende Handelsmöglichkeit mit der → Kapitalanlagegesellschaft (KAG) beschränkt. Die → Fondsgesellschaft berechnet den → Nettoinventarwert des Fonds einmal täglich, der Grundlage für die → Ausgabe- und → Rücknahmepreise von Anteilen direkt über die Fondsgesellschaft ist. Die → Preisfeststellung der E.T.F. an der Börse unterliegt Angebot und Nachfrage. I.d.R. wird der Handel zur Erhöhung der → Liquidität von → Market-Makern betreut, die um faire Preisfeststellungen bemüht sind. Die Market-Maker stellen Kurse auf Grundlage fortlaufender indikativer Berechnungen des Anteilswertes. Beim Kauf von E.T.F. fällt i.d.R kein → Ausgabeaufschlag an, jedoch sind die laufenden Kosten eines E.T.F. höher als die herkömmlicher Fonds. Durch diese Ausgestaltung bietet sich der E.T.F. auch für Anleger an, die mit kurzem Zeithorizont investieren. Traditionell werden als E.T.F. → Indexfonds bezeichnet, welche die → Performance eines → Benchmarkindex möglichst deckungsgleich abbilden sollen. Mittlerweile wurden auch aktive Fonds aufgelegt, die ebenfalls fortlaufend gehandelt werden. Bei den aktiven Fonds ist ein Trend erkennbar, Fonds mit dem Schwerpunkt auf einzelne Branchen oder Regionen aufzulegen. So soll dem Anleger, der besondere Kurssteigerungen einer Region oder Branche erwartet, die Möglichkeit gegeben werden dort unter dem Aspekt der → Risikostreuung des Kapitals zu investieren. In den USA werden E.T.F. seit 1993 gehandelt, in Deutschland hat die Deutsche Börse AG im April 2000 mit → XTF ein → Marktsegment zum Handel mit aktiven Fonds und Indexfonds geschaffen.

exclusive, exklusiv (excl.), *ausschließlich, ohne, ex.* – Vgl. auch → Kurshinweise und → Kurszusätze.

exD, exDiv, Abk. für → ausschließlich Dividende.

ex Dividende, ohne Dividende, → ausschließlich Dividende.

Exekution, *enforcement*. Allgemein wird unter E. das Erzwingen einer geschuldeten Leistung im geordneten Verfahren verstanden (z.B. → Zwangsvollstreckung). – Im Speziellen ist E. ein Begriff für Zwangsverkäufe aufgrund mangelnder Absicherung eines Kredits. Im Falle eines → Wertpapierkredits wird bei Unterschreitung des → Beleihungswertes der verpfändeten Wertpapiere, z.B. aufgrund von Kursrückgängen, der Kunde von der Bank gemahnt, die vereinbarte Deckung wieder herzustellen. Erfolgt die Deckung dennoch nicht, kommt es zur E., d.h. die Wertpapiere werden verkauft. – An der → Börse kann es zur E. kommen, wenn eine Verzögerung der → Lieferung von Wertpapieren eintritt. Der Käufer kann sich dann die Wertpapiere auf Kosten des Verkäufers selbst beschaffen.

Exercise, → Optionsausübung.

Exercise Date, *Ausübungstag*; bezeichnet den → Ausübungs- bzw. Verfalltag einer → Option.

Exercise Price, → Basispreis.

Exit, Als E. bezeichnen → Investoren die Weiterveräußerung ihres → Investments. Die verschiedenen Möglichkeiten des E. werden als Exit-Kanäle bezeichnet. Im Rahmen eines → Buy-Outs gibt es die Exit-Kanäle → Börsengang (→ Initial Public Offering, IPO), Verkauf an ein Unternehmen (→ Trade Sale), Veräußerung an andere Finanzinvestoren (Secondary Buy-Out) oder Verkauf an das Management.

Exit Bond, langfristige, niedrig verzinsliche → Anleihe, die von hochverschuldeten Ländern zur Ablösung ihrer bestehenden Kreditverbindlichkeiten emittiert wird. Der Gläubiger erhält damit ein handelbares → Asset, während für das Schuldnerland kurzfristig e Tilgungs- und Zinszahlungsprobleme gelöst werden.

ex Kurs, *ex quotation*; → Kurshinweis, der besagt, dass das betreffende Wertpapier ohne bestimmte Rechte (Dividende, Bezugsrecht, Bonusrecht etc.) gehandelt wird.

Exotic Option, *Exotische Optionen*. E.O. unterscheiden sich von klassischen Optionen durch eine Abweichung bei den Kontraktspezifikationen. Hierzu zählen unter anderem das oder die → Basisinstrument(e), die Laufzeit der Option, der Ausübungsmodus, die Art der Prämienzahlung sowie die Auszahlungsfunktion. E.O. sollen die speziellen Bedürfnisse von Kunden bedienen, die genau auf ihre Situation zugeschnittene Produkte benötigen. Darüber hinaus können E.O. kostengünstiger sein als klassische Optionen. Es existieren mittlerweile eine große Anzahl an E.O., die fast immer → Over the Counter gehandelt werden.

Expansion Stage Financing, zweite übergeordnete Phase bei der Venture-Capital-Finanzierung. Die Expansion-Stage-Phase lässt sich weiter unterscheiden in → First Stage Financing, → Second Stage Financing und → Third Stage Financing. Während des E.S.F. werden die Ziele verfolgt das neue Produkt am Markt erfolgreich zu Platzieren, eine hohe Marktdurchdingung zu erreichen und neue Märkte zu erschließen. – Vgl. → Venture-Capital.

Expected Return, *expexted total return, erwarteter Gewinn, erwartete Dividende*; Unter dem Terminus E.R. versteht man den Gesamtertrag eines Wertpapiers im Verhältnis zum eingesetzten Kapital. Auch kann der E.R. durch eine Umrechnung auf eine jährliche prozentuale Verzinsung ermittelt werden. – 1. festverzinslicher Wertpapiere: hierbei setzt sich der E.R. aus den → Kursgewinnen,

303

Expiration Month

→ Kursverlusten, dem → Nominalzins und den Zinseszinserträgen zusammen. – 2. Aktien: Bei Aktien wird der E.R. aus dem Kursgewinn/-verlust einschließlich der Dividende berechnet. Ermittelt werden kann der E.R. anhand von Vergangenheitsdaten und/oder Zukunftsprognosen.

Expiration Month, *contract month, Verfallmonat, Erfüllungsmonat*; Kontraktspezifikation bei einem → Termingeschäft, die besagt, wann das Termingeschäft verfällt. Z.B. sind bei einem → DAX-Future die Verfallmonate die jeweils nächsten drei Quartalsmonate des Zyklus März, Juni, September und Dezember. – Vgl. auch → Delivery Month und → Fälligkeitstermin von an der Eurex gehandelten Produkten.

Expiry Date, *Fälligkeitstag*; bezeichnet den → Verfalltag einer → Option.

explizite Transaktionskosten, *explicit transaction costs*; Bezeichnung für diejenigen Kosten, die bei der Abwicklung einer Wertpapiertransaktion anfallen (→ Maklercourtage, Spesen, Provisionen). Dazu zählen neben den Kosten für die Annahme und Weiterleitung des Auftrags auch die Kosten des Geschäftsabschlusses und des Transfers der dem Geschäft zugrundeliegenden Wertpapiere. Diese Kosten richten sich meist nach der Höhe des Transaktionsvolumens. – Vgl. auch → implizite Transaktionskosten.

Export-Emission, *export bond*; eine in Deutschland emittierte → Auslandsanleihe.

ex-Tag, *ex-date*; → Kurshinweis, der anzeigt, dass von diesem Tag an die Wertpapiere ohne bestimmte Bestandteile wie z.B. Dividenden (→ ausschließlich Dividenden), Zinsen (→ ex Zinsen), Bezugsrechte (→ ausschließlich Bezugsrechte), usw. gehandelt werden.

Extendable Bond, *extendables*. → Anleihe, die dem → Anleihegläubiger das Recht einräumt, zu vorab definierten Terminen die Laufzeit um eine fixierte Anzahl von Jahren nachträglich zu verlängern. Diese Verlängerungen sind bei festverzinslichen sowie bei variabel verzinslichen Anleihen möglich.

externe Gewinnschätzung, *external estimate/estimation of profits*; → fundamentalanalytisches Verfahren, bei dem aus den Angaben im → Jahresabschluss und anderen öffentlich zugänglichen Quellen auf die tatsächliche → Ertragskraft eines Unternehmens geschlossen wird. Bedingt durch die nach dem HGB möglichen bilanzpolitischen Maßnahmen kann der veröffentlichte Gewinn verfälscht sein. Hilfsweise kann man anstelle der → Handelsbilanz die Angaben zur Ertragsteuerbelastung verwenden, da in der → Steuerbilanz Bilanzierungsspielräume in geringerem Umfang gegeben sind. Diese liegt externen → Analysten jedoch nicht vor. Erläuterungen im Anhang zu bilanzpolitischen Maßnahmen können ebenfalls hinzugezogen werden. Statt des Gewinns verwendet man in Deutschland die Berechnungsformel für das Ergebnis nach der → DVFA/SG-Methode, um eine Vergleichbarkeit der Werte zwischen Unternehmen und im Zeitablauf zu erreichen. International ist die Problematik bei Abschlüssen nach → IAS und → US-GAAP geringer. Dort verwendet man jedoch zusätzlich das → EBIT oder → EBITDA. Anstelle des Gewinns geht das DVFA-Ergebnis bei der Berechnung der Kennziffern → Kurs-Gewinn-Verhältnis (KGV) bzw. → PER in die Kalkulation ein.

Externes Rechnungswesen, *external accounting*; bezeichnet denjenigen Teil des betrieblichen Rechnungswesen, der sich primär als Informations- und Dokumentationsinstrument für die externen Bilanzadressaten (→ Anteilseigner, Fremdkapitalgeber, Arbeitnehmer, Kunden, Lieferanten, allgemeine Öffentlichkeit, etc.) versteht und demdie Aufgabe zukommt, diesen über die betrieblichen Abläufe anhand von → Jahresabschluss, → Anhang und Lagebericht Rechenschaft abzulegen. – Gegensatz: → internes Rechnungswesen.

ex SP, Abk. für → nach Splitting.

ex Splitting, → nach Splitting.

ex verschiedene Rechte, *ex abc, ex several rights*. Der → Kurshinweis dient als Sammelbezeichnung für eine Kursnotiz nach Zahlungen wie z.B. Dividenden (→ ausschließlich Dividende), Boni (→ ex Bonusrecht), Ausgleichszahlungen (→ ex Ausgleichszahlung), usw.

ex Z, → ausgenommen Ziehung.

EZB, Abk. für → Europäische Zentralbank

ex Zinsen, *ohne Zinsen, ex Coupon, ex cp, ex ZS, ex interest coupon*. Dieser → Kurszusatz bei der Kursangabe festverzinslicher Wertpapiere signalisiert, dass der fällige → Coupon abgetrennt worden ist und das Wertpapier ohne Anspruch auf die fälligen Zinsen gehandelt wird.

ex ZS, → ex Zinsen.

F

Face Amount, → Face Value.

Face Value, *face amount*, Nennwert, Nennbetrag; Bezeichnung für den Nominalwert eines Investments zum Zeitpunkt seiner Fälligkeit. – Vgl. auch → Nennwert von Wertpapieren.

Factoring, *factoring*; Bezeichnung für den regelmäßigen Ankauf von Geldforderungen aus Warenlieferungen oder Dienstleistungen gegenüber einem Drittschuldner durch einen Factor. Der Factor kann dabei ein → Kreditinstitut oder ein spezielles Finanzierungsinstitut sein. Nach Abtretung der Forderungen an den Factor im Rahmen einer Globalzession erhält der Factoringkunde sofort Liquidität und kann diese in der eigenen Geschäftstätigkeit einsetzen. Die Höhe dieser Auszahlung bestimmt sich nach dem Wert der verkauften Forderungen, vermindert um einen Abschlagsbetrag, der zum einen das Forderungsausfallrisiko (→ Ausfallrisiko) für den Factor absichern soll und zum anderen das Entgelt für die Leistung des Factors darstellt. Als rechtliche Grundlage der Geschäftsbeziehung zwischen dem Factor und dem Unternehmen als Factoringkunden gilt im Rahmen eines Kaufvertrags der § 305 BGB.

Fair Presentation, → International Accounting Standards (IAS).

Fair Value, → Fairer Wert.

Fair Value Deviation, beschreibt die prozentuale Abweichung des tatsächlichen Werts eines → Wertpapiers oder anderen Finanzinstruments von seinem → fairen Wert.

fairer Wert, *Zeitwert (Rechnungswesen), Kapitalwert (Finanzwirtschaft), fair value*; bezeichnet den fundamentalen oder theoretisch richtigen (arbitragefreien) Wert eines →v Wertpapiers. Auf → Terminmärkten lässt sich der F.W. mittels theoretischer Modelle bestimmen, wie bspw. mittels des → Black/Scholes-Modell für Optionen.

Fallen Angel, bezeichnet einen → Emittenten, dessen → Kreditwürdigkeit (→ Rating) sich deutlich verschlechtert hat. In den Aktienmärkten ist dies eine Bezeichnung für einen ehemaligen Börsenliebling der Anleger, der aber mittlerweile die ehemals hohen Erwartungen nicht erfüllen konnte. – Gegensatz: → Rising Star.

Fälligkeiten, *maturities*. 1. Termine, an denen Zahlungsverpflichtungen (z.B. Anleihetilgung, Dividende, Prämie, Zinsen) bzw. Lieferverpflichtungen (aus Options- und Termingeschäften) zu erfüllen sind. – 2. Geldbeträge, die an einem bestimmten (Fälligkeits-)Termin zu zahlen sind.

Fälligkeitstag, *maturity/due date*. 1. Bezeichnung für den vereinbarten Zeitpunkt zur Erfüllung einer Verpflichtung. – 2. Bezeichnung für den Tag, an dem ein → Terminkontrakt ausläuft. Am F. wird der Schlussabrechnungspreis für einen Kontrakt bestimmt. – Vgl. auch → Schlussabrechnungstag, → Delivery Month und → Liefertag.

Fälligkeitstermin von an der Eurex gehandelten Produkten, Fälligkeitstermine ausgewählter Produkte: 1. → Euro-Bund-Future: Letzter Handelstag ist zwei Börsentage vor dem → Liefertag des jeweiligen Quartalsmonats. Handelsschluss für den fälligen Liefermonat ist 12.30 Uhr MEZ am letzten Handelstag. Liefertag ist der zehnte

307

Fannie Mae

Kalendertag des jeweiligen Quartalsmonats, sofern dieser Tag ein Börsentag ist, andernfalls der darauf folgende Börsentag. Liefermonate sind die jeweils nächsten drei Quartalsmonate des Zyklus März, Juni, September und Dezember. – 2. → DAX-Futures: Letzter Handelstag ist der dritte Freitag des Verfallmonats, sofern dieser ein Börsentag ist, andernfalls der davor liegende Börsentag. Handelsschluss ist der Beginn der Aufrufphase der von der Geschäftsführung bestimmten untertägigen Auktion im elektronischen Handelssystem der Frankfurter Wertpapierbörse (→ Xetra) um 13:00 Uhr MEZ. Fälligkeit ist am ersten Börsentag nach dem letzten Handelstag. Verfallmonate sind die jeweils nächsten drei Quartalsmonate des Zyklus März, Juni, September und Dezember. – 3. → DAX-Option: Letzter Handelstag ist der dritte Freitag des Verfallmonats, sofern dieser ein Börsentag ist, andernfalls der davor liegende Börsentag. Handelsschluss ist der Beginn der Aufrufphase der von der Geschäftsführung bestimmten untertägigen Auktion im elektronischen Handelssystem der Frankfurter Wertpapierbörse (Xetra) um 13.00 Uhr MEZ. Fälligkeit ist am Börsentag nach dem letzten Handelstag. → Optionsausübungen sind grundsätzlich nur am letzten Handelstag der Optionsserie bis zum Ende der → Post-Trading-Periode möglich (europäische Option). Verfallmonate sind die drei nächsten aufeinander folgenden Kalendermonate sowie die nächsten drei aufeinander folgenden Monate aus dem Zyklus März, Juni, September und Dezember.

Fannie Mae, Abk. für → Federal National Mortgage Association.

Fashions, bezeichnet eine an den Märkten beobachtbare, kurzweilige Modeerscheinung.

Fazilitäten, *facilities*. Im weitesten Sinne sind F. alle von → Finanzdienstleistern angebotenen Möglichkeiten der Finanzierung, der Geldanlage und des Zahlungsverkehrs, im engeren Sinne ein bereitgestellter Finanzierungsrahmen, der je nach Bedarf in Anspruch genommen werden kann. Besonders bekannte F. sind die Euronote-Facilities, bei denen erstklassige → Emittenten von Euronotes durch Banken Kreditrahmen in Form von back-up-facilities eingeräumt werden. Dadurch haben die Emittenten die Sicherheit, auch bei fehlendem Absatz ihrer Euronotes die entsprechende Finanzierung von der Bank zu erhalten.

FAZ-Index, von der Frankfurter Allgemeinen Zeitung veröffentlichter → Aktienindex.

Fed, → Federal Reserve System.

Federal Funds Rate (US), *over night rate*; bezeichnet den → Tagesgeldsatz im US-Interbankenhandel, zu dem Banken durch das Alltagsgeschäft entstehende Liquiditätsüberschüsse anlegen bzw. Liquiditätsbedarfe decken können.

Federal National Mortgage Association (FNMA), *Fannie Mae*; bezeichnet eine 1938 gegründete, derzeit marktführende Institution im US-amerikanischen Hypothekengeschäft, deren Zielsetzung es ist, US-amerikanische Bürger bei der Eigenheimfinanzierung durch die Bereitstellung von Finanzprodukten und Serviceleistungen zu unterstützen und ggf. deren Darlehen abzusichern. Dabei vergibt die FNMA nicht direkt finanzielle Mittel an die Kunden, sondern arbeitet mit anderen → Kreditinstituten zusammen, über die wiederum die → Darlehen der Kunden finanziert werden. Der Gewinn der FNMA resultiert aus dem Zinsspread, der sich dadurch ergibt, dass die Banken die → Kredite sammeln und sich das Geld wiederum in Form von → festverzinslichen Wertpapieren am → Kapitalmarkt beschaffen.

Federal Reserve Banks, vgl. → Federal Reserve System (FED).

Federal Reserve System (Fed), bezeichnet das → Zentralbankensystem der USA. Ziel ist ein sicheres, stabiles und flexibles Geld- und Finanzsystem. Insbesondere Preisstabilität, ein hoher Beschäftigungsgrad, ein langfristiges Gleichgewicht der → Zahlungsbilanz sowie ein angemessenes Wirtschaftswachstum sind Ziele der Fed. Durch Instrumente der Mindestreserve-, Refinanzierungs- und → Offenmarktpolitik sollen diese realisiert werden. Die Fed. bestimmt damit die US-amerikanische → Geldpolitik und bestimmt die dortigen Geld- und Kreditkonditionen. – Das Board of Governors leitet die Fed. Es setzt sich aus sieben Mitgliedern zusammen, die vom US-Präsidenten jeweils auf 14 Jahre ernannt werden. Ihr Vorsitzender wird aus ihren Reihen bestimmt. Alle zwei Jahre endet die Amtszeit eines der sieben Mitglieder.

Fédération Européenne des Associations d'Analystes Financiers. Zusammenschluss von gegenwärtig 15 nationalen europäischen Finanzanalystenvereinigungen, sowie den entsprechenden Organisationen aus Polen, Russland und der Ukraine als weitere Partner. – Vgl. auch → Deutsche Vereinigung für Finanzanalyse und Anlageberatung e.V. (DVFA), → Österreichische Vereinigung für Finanzanalyse und Anlageberatung (ÖVFA).

Fédération Internationale des Bourses de Valeurs (FIBV), bezeichnet eine 1961 mit Sitz in Paris gegründete Vereinigung internationaler → Börsen, zu deren Mitgliedern derzeit weltweit mehr als 50 regulierte Börsenplätze zählen, die zusammen ca. 97% der globalen → Börsenkapitalisierung repräsentieren. Die Aufgaben der FIBV liegen v.a. darin, die Zusammenarbeit der Mitgliedsbörsen untereinander voranzutreiben und ihre Interessen u.a. auch gegenüber staatlichen Institutionen zu vertreten.

Federation of European Stock Exchanges. Vereinigung der europäischen → Börsen mit Sitz in Brüssel, deren Zielsetzung es ist, die gemeinsamen Interessen ihrer Mitglieder nach außen hin zu vertreten.

federführende Bank, → Konsortialführer.

Feedback Trader, bezeichnet Marktteilnehmer, die ihre Entscheidung auf vergangene Kursentwicklungen und nicht auf fundamentale Daten fundiert. Sie sind zumeist in einer großen Anzahl bis hin zu ganzen Gruppen tätig, weshalb man auch vom Herdentrieb spricht. Die Verhaltensweise von F.T. entstammt massenpsychologischen Ursprüngen und wird auch als Positive Feedback (→ Positive Feedback Trading) bezeichnet.

feindliche Übernahme, → Hostile Takeover.

FESCO, Abk. für → Forum of European Securities Commissions.

FESE, → Federation of European Stock Exchanges.

feste Übernahme, → Firm Commitment.

feste Wechselkurse, *fixe (Wechsel-) Kurse, fixed exchange rates.* Bezeichnung für den offiziell festgelegten Wechselkurs einer Währung, wobei der Kurs am → Devisenmarkt – soweit nötig – durch Notenbankinterventionen innerhalb der zulässigen Bandbreite gehalten wird. Bei festen bzw. fixen Wechselkursen müssen die → Zentralnotenbanken Überschussangebote oder -nachfragen auf dem Devisenmarkt bei dem vereinbarten festen Wechselkurs durch Kauf oder Verkauf von Devisen auffangen. Die Notenbanken sind somit verpflichtet, Devisen zu dem gesetzlich bzw. vertraglich fixierten Wechselkurs in die inländische Währung umzutauschen. – Bei festen Wechselkursen ist eine autonome Stabilitätspolitik ungleich schwerer als bei → flexiblen Wechselkursen, so dass der internationalen, wirtschaftspolitischen Koordination eine bedeutende Rolle zur Aufrechterhaltung fester Wechselkurse zukommt. – Nach dem Zusammenbruch des festen Wechselkurssystems von → Bretton-Woods 1973 bildete sich nach einer längeren Übergangsphase ein Weltwährungssystem, das durch eine verhältnismäßig hohe Flexibilität der Wechselkurse untereinander gekennzeichnet ist. – Gegensatz: → flexible Wechselkurse. – Vgl. auch → Internationaler Währungsfond (IWF).

Festgeld, *fixed-term deposits.* Kundeneinlagen, die für eine fest vereinbarte Zeit, meist bis zu einem Jahr, angenommen werden, bezeichnet die Bank als F. Nach Ablauf der Zeit werden F. automatisch zu → Sichteinlagen, wenn nicht vorher eine → Prolongation durch den Kunden gewünscht wird. Die Zinsen für F. sind abhängig von der Höhe der Einlage und von der vereinbarten Laufzeit. – Vgl. auch → Temineinlagen und → Kündigungsgelder.

Festjahre, *call-free years;* → Laufzeit einer → Anleihe (zumeist direkt nach der → Emission) innerhalb derer sie unkündbar ist.

Festlaufzeit, *fixed term.* Klausel einer → Anleihe, die eine Veränderung der → Anleiheausstattung, insbesondere der → Laufzeit, ausschließt.

Festpreisgeschäft

Festpreisgeschäft, *fixed price business.* Das F. bildet neben dem → Kommissionsgeschäft die zweite Möglichkeit zum Erwerb von Wertpapieren unter Einschaltung eines → Kreditinstituts. Dabei wird zwischen dem Kunden und dem Kreditinstitut ein Kaufvertrag abgeschlossen. Darin werden die Lieferung und Abnahme der Wertpapieren und der dafür zu entrichtende Preis vereinbart, den die Bank garantiert. – Vgl. auch → Einkaufskommission.

Festpreisverfahren, *fixed-price method;* Verfahren zur Zuteilung von Aktien bei einer → Neuemission. Beim F. wird der Emissionspreis der Aktien von dem Emittenten gemeinsam mit dem → Konsortialführer festgelegt. Anders als beim → Auktionsverfahren oder dem Book-building-Verfahren geben die interessierten Anleger innerhalb der → Zeichnungsfrist lediglich an, wieviele Aktien sie zeichnen möchten. Sofern die Nachfrage die Zahl der auszugebenden Aktien (Platzierungsvolumen) übersteigt, erfolgt unter den Zeichnern eine Auslosung oder es wird allen Zeichnern eine bestimmte Zahl von Aktien (→ Zuteilungsquote) zugeteilt. National wie international wurde das F. durch das Book-building-Verfahren sowie das Auktionsverfahren verdrängt. In Deutschland stellt es jedoch bei einer Kapitalerhöhung gegen Bareinlage nach wie vor das übliche Zuteilungsverfahren dar.

Festsetzung der amtlichen Börsenkurse, → amtliche Kursfeststellung, → Kursmakler.

Feststellung des Jahresabschlusses der AG, *establishment of the annual financial statement.* – Siehe hierzu → Jahresabschluss der AG, Feststellung durch die Hauptversammlung und → Jahresabschluss der AG.

festverzinsliche Wertpapiere, *Rentenpapiere, Rentenwerte, fixed-interest securities.* Wertpapiere, die über die gesamte Laufzeit mit einer konstanten Verzinsung ausgestattet sind. Diese ist abhängig von dem bei der → Emission aktuellen → Zinsniveau, der Laufzeit des Papiers sowie der → Bonität des Emittenten. Die Zinszahlungen erfolgen jährlich oder halbjährlich. Der Inhaber eines f.W. erwirbt mit dem Kauf ein Gläubigerrecht. Als Schuldner treten vor allem die öffentliche Hand sowie private Unternehmen auf. – Für die Emittenten bietet die → Platzierung von f.W. die Möglichkeit einer Fremdkapitalbeschaffung zu gleichbleibenden Konditionen während der gesamten Laufzeit. Für die Investoren ergibt sich durch die Anlage in f.W. eine vergleichsweise konservative Investitionsform. Risiken durch die Anlage in f.W. ergeben sich für den Anleger prinzipiell nur bei Veräußerung vor Laufzeitende oder bei Zahlungsschwierigkeiten des Emittenten. Als → Sicherheiten dienen je nach Emittent unterschiedliche Instrumente, z.B. bei → öffentlichen Anleihen die Steuerkraft der Anleiheschuldner oder bei → Pfandbriefen Grundschulden oder Hypotheken. – Der Verkauf über die Börse zum aktuellen Marktwert ist für den Inhaber grundsätzlich jederzeit möglich. Dabei bedeuten steigende Marktzinsen i.d.R. fallende Kurse des Papiers, da die Verzinsung des Papiers an Attraktivität verliert. Hält der Anleger die f.W. bis zum Ende der Laufzeit trägt er kein Kursrisiko. – F.W. werden häufig als Rentenpapiere bezeichnet, da die festen Zinszahlungen mit einer Rente vergleichbar sind. Auch die Begriffe → Anleihe, Schuldverschreibung und Obligation werden verwendet, wobei zu beachten ist, dass diese auch mit variabler Verzinsung ausgestattet werden können.

Festzinssatz, *fixed interest rate.* Unter F. versteht man einen für eine bestimmte Laufzeit festgelegten Zins. Der Zinssatz bleibt während der gesamten Laufzeit konstant und damit unabhängig vom aktuellen Marktniveau. – Gegensatz: → variable Verzinsung.

Festzuteilung, *specific allotment.* Bezeichnung für eine → Zuteilung von Wertpapiere einer Emission während der eigentlichen Zeichnungsfrist oder Zuteilungsphase. – Vgl. auch → beschränkte Zuteilung.

FEX, Abk. für → First European Exchanges.

Fibonacci Retracement. Ralph Nelson Elliott stellte in seinen Studien fest, dass Kursbewegungen häufig in bestimmten Verhältnissen zueinander stehen. Diese sollen regelmäßig den durch Leonardo Fibonacci entdeckten mathematischen Verhältnissen in spezifischen Zahlenfolgen entsprechen. In der → technischen Aktienanalyse wird diese Erkenntnis genutzt. Dabei werden → Trendlinien durch zwei als Referenzpunkte dienende Hoch- und Tiefstände gezogen. Dieser Trend wird nun – gemäß den Fibonacci-Relationen – durch neun Horizontallinien zerlegt. Nach markanten Kursausschlägen sollen diese Linien Unterstützungen bzw. Widerstände für rücklaufende Kursbewegungen (retracements) darstellen.

Fibor, Abk. für → Frankfurt Interbank Offered Rate.

Fibor-Futures. → Terminkontrakte auf den Zinssatz für eine Dreimonats-DM-Einlage, die an der → Deutschen Terminbörse (DTB) gehandelt wurden. Als → Referenzzinssatz diente der → Frankfurt Interbank Offered Rate (Fibor). Der Handel wurde Ende 1996 eingestellt. Als Nachfolgeprodukt kann der Dreimonats-Euribor-Future angesehen werden, der an der → Eurex gehandelt wird. – Vgl. hierzu → Terminkontrakte auf den Zinssatz für Dreimonats-Eurotermingelder.

Fill or Kill (FOK), *zur sofortigen Ausführung, ausüben oder freigeben*; aus dem Bereich des → Terminhandels stammende Orderspezifikation, wonach die → Order vollständig ausgeführt werden soll. Ist eine vollständige Ausführung nicht möglich, so erlischt der Auftrag unverzüglich. – Vgl. auch → Immediate or Cancel.

Finance in time. (FIT); 1997 gestartetes, ehemaliges Marktsegment für Wachstumsunternehmen an der → Wiener Börse, das später in → Austrian Growth Market umbenannt, mittlerweile aber wegen fehlender Marktakzeptanz wieder eingestellt wurde.

Financial Accounting Standards Board (FASB), wurde 1973 gegründet, seine Aufgabe ist es Normen der → Rechnungslegung zu entwickeln. Die Verlautbarungen des FASB, die hauptsächlich aus „Standards" und „Interpretations" bestehen, zählen zu den Rechnungslegungsnormen, die den höchsten Grad an Verbindlichkeit nach → US-GAAP besitzen.

Financial Engineering, bezeichnet kombinierte und umfassende Finanzierungs-, Beratungs- und Betreuungsleistung, die von Banken für einzelne Kunden maßgeschneidert werden. Der Prozess des F.E. besteht aus der umfassenden Analyse eines spezifischen Finanzierungs- bzw. Investitionsproblems, der Entwicklung unterschiedlicher Handlungsalternativen unter Berücksichtigung verschiedener Szenarien an den → Finanzmärkten, der Auswahl einer dieser Alternativen, ihrer Implementierung inklusive der Risikoabsicherung und Finanzierungs- bzw. Investitionsabwicklung. Des Weiteren werden im Rahmen des F.E. neuere Finanzinstrumente, die ein hohes Maß an Komplexität aufweisen, in ihre einzelnen Bestandteile aufgespalten, um dem Investor eine Überprüfung ihres Wertes und damit ihrer Vorteilhaftigkeit sowie eine stärkere Handelbarkeit zu ermöglichen.

Financial Futures, *Finanzterminkontrakte*. Standardisierte Vereinbarungen (→ Kontrakte) über den Kauf bzw. die Lieferung von Finanzinstrumenten (→ Basiswert) zu einem bestimmten Zeitpunkt und zu einem ex ante festgelegten Preis. Käufer und Verkäufer von F.F. verpflichten sich zur Abnahme bzw. Lieferung des entsprechenden Basiswerts auf Termin. I.d.R. werden F.F. allerdings nicht durch physische Lieferung des Basisgutes erfüllt, sondern durch → Cash Settlement oder durch Eingehen eines entsprechenden Gegengeschäftes (→ Glattstellung). – Das Gegengeschäft besteht im Verkauf (Kauf) eines identischen Terminkontraktes durch den Käufer (Verkäufer). Sowohl Käufer als auch Verkäufer eines F.F. müssen zur Absicherung der Abnahme- bzw. Lieferverpflichtung anfängliche Einschusszahlungen (→ Initial Margin) an das → Clearing House der Börse leisten. Das Clearing House als zwischengeschalteter Vertragspartner ermöglicht auch die jederzeitige Auflösung eines Kontraktes. – F.F. werden eingesetzt, um Währungsrisiken, Zinsrisiken und Aktienkursrisiken zu begrenzen (→ Hedging), sie können aber auch zu Spekulationszwecken eingesetzt werden. Im einzelnen können → Devisen-Futures, → Zins-Futures und → Index-Terminkontrakte unterschieden werden. In Deutschland werden F.F. an der → Eurex gehandelt, die 1998 durch Zusammenschluss der → Deutschen Terminbörse DTB und der → Schweizer Terminbörse Soffex entstanden ist. Die Eurex-Produktpalette umfasst unter anderem Terminkontrakte auf Geldmarkt-Zinssätze (→ Einmonats- und Dreimonats-Euribor-Future), auf verzinsliche Kapitalmarkttitel (→ Euro-Schatz-Future, → Euro-Bobl-Future, → Euro-Bund-Future

Financial Futures Market Amsterdam

sowie → Euro-Buxl-Future) und auf eine Reihe von Indizes (Futures auf → Dow Jones STOXX 50, → Dow Jones Euro STOXX 50, → Deutscher Aktienindex, → SMI, DOW Jones Nordic STOXX 30 und FOX). Ein weiterer bedeutender Markt für F.F. in Europa ist die → London International Financial Futures and Options Exchange (Liffe). – Gegensatz: → Warentermingeschäfte.

Financial Futures Market Amsterdam (FTA), durch den Zusammenschluss mit der Amsterdam Stock Exchange und der European Option Exchange 1996 in den → Amsterdam Exchanges (AEX) aufgegangen, die sich wiederum mit der → Pariser Börse und der → Brüsseler Börse zum → Euronext-Verbund zusammengeschlossen hat.

Financial Instrument Exchange (FINEX), Division des → New York Board of Trade (NYBOT), die über Börsenparketts in Dublin und New York verfügt und den → Terminhandel in → Currency Futures, → Optionen und anderen Finanztiteln ermöglicht.

Financial Risk, *finanzielles Risiko*; bezeichnet das Risiko, dass ein Unternehmen seinen finanziellen Verpflichtungen nicht mehr nachkommen kann. Mit steigendem Anteil des Fremdkapitals zur Finanzierung der Geschäftstätigkeit wächst ab einem bestimmten Punkt das Risiko, die geforderte Fremdkapital- und Eigenkapitalrendite nicht zu erreichen. – Vgl. auch → Ausfallrisiko, → Credit Risk, → Business Risk und → Kapitalstruktur.

Financial Services, → Finanzdienstleistungen.

Financial Services Authority (FSA). Britische Regierungsbehörde, die die Aufsicht über den Kapital- und Geldmarkt sowie über die Banken ausübt. – Bis 1998 oblag die Aufsicht über den Kapitalmarkt mehreren Organisationen, die ihre inneren Angelegenheiten im wesentlichen selbst regeln durften (Self-Regulation Organisations – SROs). Jede dieser Organisationen (die Securities and Futures Authority – SFA, die Investment Managers Regulatory Organisation – IMRO und die Personal Investment Authority – PIA) war für ein bestimmtes Marktsegment zuständig. Ihre Tätigkeit wurde vom Securities and Investment Board (SIB) überwacht. Der Geldmarkt und die Banken wurden bis 1998 von der Bank of England beaufsichtigt. – Im Zuge der Neuordnung des Aufsichtsrechts seit 1997 wurde durch die Umbenennung des SIB die FSA geschaffen. Ihr wurde 1998 zunächst die Aufsicht über die Banken und den Geldmarkt übertragen. In weiteren Schritten soll die FSA bis zum Sommer 2001 die Aufsichtsfunktionen der SROs übernehmen. Seit 1998 wurden im Hinblick darauf Kooperationsabkommen zwischen der FSA und den SROs geschlossen, die bereits jetzt eine enge Zusammenarbeit zwischen ihnen vorsehen. Seit Mai 2000 ist die FSA die für die Börsenzulassung in Großbritannien zuständige Behörde. Ziel der Umstrukturierungsmaßnahmen ist der Aufbau einer zentralen Aufsichtsbehörde für den gesamten Finanzsektor. Die FSA soll durch ihre Arbeit das Vertrauen in den britischen Kapital- und Geldmarkt stärken, den Schutz der Anleger fördern und zur Bekämpfung der Wirtschaftskriminalität beitragen. Der Financial Services Act 2000 bildet die gesetzliche Grundlage für die Tätigkeit der FSA.

Financial Times Actuaries World Indices, von der Financial Times ab 1985 täglich veröffentlichte → Aktienindizes. Seit November 1999 werden die F.T.A.W.I. von der FTSE International Limited unter dem Namen → FTSE All-World Index Series veröffentlicht.

Finanzanalyse, *financial analysis*. Der → Finanzanalyst erarbeitet Entscheidungsgrundlagen zur Vorbereitung von Anlageentscheidungen privater oder institutioneller Investoren. Eine F. enthält die Beurteilung von Wertpapieren und anderen Finanzanlagen aus fundamentaler und charttechnischer Sicht (→ Wertpapieranalyse), um eine fundierte Entscheidungsgrundlage hinsichtlich Risiko und Rendite einzelner Anlagemöglichkeiten zu schaffen. Ein Finanzanalyst ist entweder auf Seite der Anbieter oder → Broker (sell side analyst) oder auf Seite der Käufer (buy side analyst) tätig. Standesvereinigung der Finanzanalysten in Deutschland ist die → DVFA e.V. Hier werden Grundsätze für die F., die Performancemessung und die Präsentation der Ergebnisse der F. erarbeitet.

Finanzanalyst, → Wertpapieranalyst; vgl. auch → Finanzanalyse.

Finanzanlagen, *Finanzanlagevermögen, financial assets*; Bezeichnung für einen Bestandteil des → Anlagevermögens, der sich aus i.w.S. monetären Objekten zusammensetzt. Nach dem Bilanzschema für → Kapitalgesellschaften in § 266 HGB gliedert sich das F. in folgende sechs Positionen: Anteile an → verbundenen Unternehmen, Ausleihungen an verbundene Unternehmen, → Beteiligungen, Ausleihungen an Unternehmen, mit denen ein Beteiligungsverhältnis besteht sowie → Wertpapiere des Anlagevermögens und sonstige Ausleihungen. Diese Aufgliederung der F. hat zum Ziel, die mit ihnen verbundenen unterschiedlichen Möglichkeiten der Einflussnahme und das Ausmaß der finanziellen Verflechtung zwischen den Unternehmen aufzuzeigen. Zentrale Voraussetzung für den Ausweis als F. ist, dass die entsprechenden Positionen dem Anlagevermögen zugerechnet werden können, d.h. dem Geschäftszweck des Unternehmens dauerhaft dienen. Das → Sachanlagevermögen und → immaterielle Vermögensgegenstände werden nicht zu den F. gerechnet.

Finanzanlagevermögen, → Finanzanlagen.

Finanzderivate, → Finanzinstrumente, die aus anderen Produkten (sog. → Basiswerte, → Underlyings) abgeleitet sind, etwa → Wertpapieren, → Devisen, → Indizes. Produktarten sind vor allem → Financial Futures, Financial Options, → Devisentermingeschäfte, bestimmte → Swaps und → Forward Rate Agreements. Vgl. auch → Derivate

Finanzdienstleistungsinstitute, *financial services company*. Nach §1 Ia KWG sind F. Unternehmen, die → Finanzdienstleistungen für andere gewerbsmäßig oder in einem Umfang erbringen, der einen in kaufmännischer Weise eingerichteten Geschäftsbetrieb erfordert, und die keine → Kreditinstitute im Sinne des → KWG sind. Zu den von den F. zu erbringenden Finanzdienstleistungen zählen nach §1 Ia S.2 KWG die Vermittlung von Geschäften über die Anschaffung und Veräußerung von Finanzinstrumenten (Anlagenvermittlung), die Anschaffung und Veräußerung von Finanzinstrumenten im fremden Namen für eigene Rechnung (Abschlussvermittlung), die Verwaltung einzelner in Finanzinstrumenten angelegter Vermögen für andere mit Entscheidungsspielraum (Finanzportfolioverwaltung), die Anschaffung und Veräußerung von Finanzinstrumenten im Wege des Eigenhandels für andere (Eigenhandel), die Vermittlung von Einlagengeschäften mit Unternehmen mit Sitz außerhalb des Europäischen Wirtschaftsraumes (Drittstaateneinlagenvermittlung), die Besorgung von Zahlungsaufträgen (Finanztransfergeschäft) und der Handel mit Sorten (Sortengeschäft). F. unterliegen, wie auch Kreditinstitute, der Aufsicht durch das → Bundesaufsichtsamt für das Kreditwesen (BAKred).

Finanzergebnis, *ordentliches betriebsfremdes Ergebnis, financial results*; umfasst → Erträge und → Aufwendungen aus Finanzanlagen (inklusive Beteiligungen), Wertpapieren des Umlaufvermögens, verzinslichen kurzfristigen Forderungen und Darlehen. Das F. ist Bestandteil des → Ergebnisses der gewöhnlichen Geschäftstätigkeit, obwohl es Nebengeschäfte (Finanzierungs-, Kapitalanlagegeschäfte) betrifft und insoweit als betriebsfremd zu qualifizieren ist.

Finanz-Hedging, bezeichnet die Absicherung finanzieller Risiken durch Erwerb einer Position, die negativer zur abzusichernden Anlage korreliert. F.-H. erfolgt oft bei internationalen Finanztransaktionen, um die inhärenten Wechselkursrisiken zu minimieren.

Finanzierung aus Abschreibungsrückflüssen, → Verflüssigungsfinanzierung.

Finanzierungsmittelmärkte, *finance markets*; stellen Märkte mit geregelten Rahmenbedingungen dar, an denen Eigen- und Fremdkapital übertragen wird. Um die Fungibilität zu erhöhen, findet häufig eine Verbriefung der Forderungen statt, wie bspw. im Zuge der → securitization. Klassische Bestandteile von F. sind Neuemissionen von Aktien und Anleihen. Während auch der Kreditmarkt zu den F. gehört, gilt dies nicht für Lieferantenkredite u.ä., da es hier an der Marktfunktion mangelt.

Finanzierungspapiere

Finanzierungspapiere, *financing papers*; → Geldmarktpapiere, die von öffentlichen Haushalten zur Überbrückung kurzfristiger Liquiditätsprobleme über die Deutsche Bundesbank ausgegeben werden. Als F. gelten → Schatzwechsel und → unverzinsliche Schatzanweisungen. Sie werden hauptsächlich am → Geldmarkt gehandelt.

Finanzierungsregeln, *rules for structuring debt capital*. F. lassen sich als Vorgaben für den → Verschuldungsgrad oder als Fristigkeitsregeln verstehen. Der Verschuldungsgrad misst das Verhältnis von → Eigen- zu → Fremdkapital, während Fristigkeitsregeln die → Kapitalstruktur mit der → Vermögensstruktur verbinden. – Durch F. soll eine ständige und dauerhafte Deckung der Auszahlungen durch Einzahlungen und den Zahlungsmittelbestand bei geringen Finanzierungskosten erreicht werden. – Da F. aus der → Bilanz abgeleitet werden, erlauben sie nur eine sehr grobe Schätzung über die künftige → Liquidität des Unternehmens. Auch fehlen ökonomische Begründungen für F. und insbesondere für deren Grenzwerte. – F. sind faktische Spielregeln oder Konventionen bei der Kreditfinanzierung.

Finanzierungsschätze des Bundes, *financing Treasury bonds*; Wertpapiere des Bundes mit einer festen Laufzeit von 12 bis 24 Monaten. F.d.B. werden als → Abzinsungspapiere mit einem der Verzinsung entsprechenden Abschlag ohne Berechnung von Kosten und Gebühren verkauft. Die Rückzahlung erfolgt zum Nennwert, wobei ein vorzeitiger Verkauf ausgeschlossen ist. Der Mindestauftragswert liegt bei 500 Euro, maximal können pro Person und Tag 250.000 Euro erworben werden. F.d.B. werden in der Regel als Serie über einen Kalendermonat verkauft, wobei eine Anpassung des Abschlags an die aktuelle Zinsentwicklung auch innerhalb der Serie möglich ist. Zielgruppe für die seit 1975 als → Daueremission begebenen F.d.B. sind private Anleger und Unternehmen (mit Ausnahme von Kreditinstituten). Die → Emission von F.d.B. erfolgt bis zur endgültigen Vollendung der Europäischen Währungsunion 2002 in DM. Ein Erwerb ist über die meisten Kreditinstitute und Landeszentralbanken oder direkt bei der → Bundesschuldenverwaltung möglich. F.d.B. sind → mündelsichere und → deckungsstockfähige Wertpapiere.

Finanzinnovationen

Dr. Michael Schröder

1. Begriff

Finanzinnovationen umfassen im weitesten Sinne alle Neuerungen im Finanzbereich. Zur besseren Übersicht ist eine Unterteilung in die Bereiche → Finanzmärkte, Finanzprozesse und Finanzprodukte sinnvoll. Finanzmarktinnovationen bezeichnen neue Märkte, neue → Marktsegmente und veränderte Organisationsformen von Märkten wie z.B. Märkte für → Financial Futures (→ Terminbörsen), Marktsegmente für Wachstumswerte wie z. B. den Neuen Markt und Internetbörsen. Finanzprozessinnovationen umfassen neue technologische Möglichkeiten (z.B. Geldautomaten, Electronic Cash, Electronic Banking) sowie neue Abwicklungs- und Finanzierungsformen. Finanzproduktinnovationen sind neue Produkte und neue Kombinationen von bekannten Produkten beispielsweise → Zero-Bonds, → Optionen und → Swaps. Im engeren und üblichen Sinne bezieht sich der Begriff der Finanzinnovation nur auf neue Finanzprodukte. Im weiteren Verlauf des Artikels wird daher nur noch auf diese engere Definition Bezug genommen.

Finanzinnovationen

Abb. 1: Einteilung von Finanzinnovationen

2. Finanzproduktinnovationen

In den letzten 30 Jahren sind eine Fülle von neuen Finanzprodukten entwickelt worden, die den Käufern umfangreichere Möglichkeiten der Risiko- und Ertragssteuerung von Wertpapieranlagen geben. Die F. lassen sich unterteilen in originäre und in derivative Finanzprodukte. Originäre F. stellen Weiterentwicklungen von Instrumenten der Eigen- und Fremdfinanzierung dar. Originäre F. der Eigenfinanzierung sind vor allem neue Formen von → Genussscheinen und der → Venture-Capital Finanzierung sowie die verschiedenen Arten der Depositary Receipts (z.B. American DR, Global DR). Beispiele für neue Instrumente der Fremdfinanzierung sind beispielsweise Zero-Bonds, → Geldmarktfonds und → Floating Rate Notes. Sie stellen inzwischen auch für Privatanleger allgemein übliche Anlageformen dar. Eine für die Zukunft sehr bedeutsame neue Form der Fremdfinanzierung sind → Asset Backed Securities (ABS). ABS sind verbriefte und handelbare Forderungen von Unternehmen. Sie geben dem emittierenden Unternehmen die Möglichkeit, Forderungen in liquide Mittel zu tauschen. ABS sind außerdem eine relativ günstige Finanzierungsform, da die sie begebende Finanzierungsgesellschaft üblicherweise ein besseres → Rating aufweist als die Unternehmung, die ursprünglich die Forderungen besaß, denn entscheidend für das Rating ist ausschließlich die Qualität der besichernden Forderungen. Derivative F. haben in den letzten Jahren ein starkes Wachstum erlebt. Sie stellen Termingeschäfte dar und beziehen sich auf ein Basisobjekt, das üblicherweise ein → Wertpapier oder auch ein Finanzderivat ist. Derivative F. lassen sich in zwei Formen einteilen: Fixgeschäfte (unbedingte Termingeschäfte) und Optionsgeschäfte (bedingte Termingeschäfte). Fixgeschäfte verpflichten den Käufer zur Abnahme und den Verkäufer zur Lieferung des Basisobjektes an einem festgelegten zukünftigen Termin zu dem vereinbarten Preis. Optionsgeschäfte lassen dem Käufer der Option dagegen die Wahl, das Basisobjekt zu dem vereinbarten Preis in der Zukunft zu kaufen oder das Wahlrecht verfallen zu lassen.

Originäre Finanzproduktinnovationen
– Eigenfinanzierung
– Fremdfinanzierung

Derivative Finanzproduktinnovationen
-Fixgeschäft
-Optionsgeschäft

Abb. 2: Arten von Finanzproduktinnovationen

Beide Arten von derivativen F. werden sowohl im → Over-the-Counter (OTC)-Geschäft als auch an Terminbörsen (Futures Exchanges) gehandelt. Beim OTC-Handel ist eine kundenindividuelle Ausgestaltung hinsichtlich aller Charakteristika des Finanzderivats möglich. Beim Handel über eine Terminbörse sind die Finanzderivate dagegen weitgehend standardisiert. Die Transaktionskosten sind dafür beim Börsenhandel wesentlich geringer als im OTC-Handel.

Finanzinnovationen

Dies liegt unter anderem daran, dass durch den → Börsenhandel und die Standardisierung die → Liquidität deutlich zunimmt.

Derivative F. können sich auf nahezu beliebige Basisobjekte beziehen. Am verbreitesten sind → Zinsen, → Anleihen, Rohstoffe, Währungen und → Aktien. Die wichtigsten derivativen F. sind Swaps, → Futures und Optionen. Swaps und Futures sind Fixgeschäfte.

Tab. 1: Ausstehende Finanzderivate
(Nennwert, in Mrd. US-Dollar, Dezember 1998)

	OTC	Terminbörse
Zinsen	50015	12305
Währungen	18011	57
Aktien	1488	1188
Rohstoffe	415	N.A.

Quelle: Bank für Internationalen Zahlungsausgleich, November 1999.

3. Optionen und Futures

Optionen und Futures sind zwei der wichtigsten Finanzinnovationen und gleichzeitig die Grundbausteine zahlreicher anderer Finanzinnovationen. Sie werden sowohl an Terminbörsen als auch im OTC-Geschäft gehandelt. Futures sind definiert als Fixgeschäft, Optionen hingegen sind bedingte Termingeschäfte, d.h., für den Käufer einer Option besteht im Gegensatz zum Käufer eines Futures eine Wahlmöglichkeit hinsichtlich der Ausübung. Diese verschiedenen Grundprinzipien bestimmen wesentlich die unterschiedlichen Muster der Gewinn- und Verlustmöglichkeiten. Die Abbildungen 3 und 4 zeigen beispielhaft die Gewinn- und Verlustprofile einer Kauf-Option (Call) und eines Future-Kontraktes, jeweils bei Fälligkeit. Der Käufer eines Call hat ein asymmetrisches Chancen/Risikoprofil. Während der maximal mögliche Verlust auf die → Optionsprämie beschränkt ist, kann der Gewinn theoretisch beliebige Werte annehmen. Bei einem Futures-Kontrakt sind Chancen und Risiken dagegen symmetrisch verteilt. Dies bedeutet aber auch, dass den im Prinzip unbegrenzten Gewinnmöglichkeiten theoretisch unbegrenzte Verlustmöglichkeiten gegenüber stehen.

Im Unterschied zu den Kassainstrumenten, auf die sie sich beziehen, kann durch Optionen und Futures ein deutlicher Hebeleffekt (→ Leverage) erzielt werden. Der Leverage entsteht dadurch, dass die Optionsprämie bzw. die Sicherheitsleistungen (→ Margins) bei Futures nur einen geringen Teil des Kassapreises ausmachen. Ein Beispiel: ein Investor erwirbt einen Call und zahlt eine Optionsprämie in Höhe von 4% des Kassapreises. Beim Kauf sind Ausübungskurs und Kassapreis identisch (→ at-the-money). Der absolute Gewinn am Verfalltag der Option entspricht der Differenz zwischen Kassapreis und Ausübungskurs. Wenn diese Differenz z.B. 10% des Ausübungskurses beträgt, dann hat der Anleger in diesem Beispiel als Endwert das 2,5-fache (=10%/4%) seines ursprünglichen Kapitaleinsatzes erreicht. Bei einer Investition am → Kassamarkt hätte er lediglich einen Ertrag von 10% auf das eingesetzte Kapital.

Finanzinnovationen

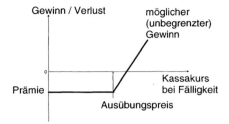

Abb. 3: Gewinn- und Verlustmöglichkeiten einer Kauf-Option (bei Fälligkeit)

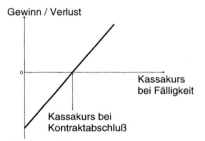

Abb. 4: Gewinn- und Verlustmöglichkeiten eines Futures-Kontraktes (bei Fälligkeit)

Vor dem Verfalltag werden die Preise von Optionen und Futures mit Hilfe von Bewertungsformeln ermittelt. Falls die Marktpreise deutlich von diesen theoretischen Werten abweichen, dann werden in der Regel → Arbitragegeschäfte ausgelöst, die den Marktpreis in Richtung des theoretischen → fair value bewegen. Das am weitesten verbreitete Modell zur Bewertung von Optionen ist die → Black-Scholes-Formel. Dabei wird der fair value durch die folgenden Größen beeinflusst: Ausübungskurs, aktueller Kassapreis, → Restlaufzeit, Volatilität des Kassapreises und Zins der risikolosen Anlage. Je weiter der Kassapreis im Gewinnbereich liegt, je länger die Restlaufzeit ist und je größer die Volatilität desto höher ist der faire Wert der Option.

Die Bewertungsformel für einen Futures ist wesentlich einfacher. Der Wert eines Futures wird durch den Kassapreis und die Nettofinanzierungskosten (cost of carry) bestimmt. Die Nettofinanzierungskosten sind gleich den Finanzierungskosten abzüglich möglicher Zahlungseingänge. Sie werden wesentlich durch die Restlaufzeit des Kontraktes und den Zins einer risikolosen Anlage bestimmt. Der faire Wert beispielsweise eines Aktienindexfutures entspricht dem auf den Verfalltag aufgezinsten Wert des Aktienindex. Der Aufzinsungsfaktor ist dabei gleich der Differenz zwischen dem risikolosen Zins abzüglich der vereinnahmten Dividendenrendite.

4. Derivative Zinsinstrumente

Die derivativen Z. sind insgesamt die bedeutsamste Art der Finanzderivate, bezogen auf den im Umlauf befindlichen Nennwert (siehe Tab. 1) und die Anzahl der Kontrakte. Der OTC-Handel ist dabei bei weitem wichtiger als der Handel über die Terminbörsen. Der OTC-Handel lässt sich auf drei Instrumente zurückführen: Swaps, Optionen und → Forward Rate Agreements (FRA). FRA sind Vereinbarungen über Zinszahlungen zu einem zukünftigen Zeitpunkt. Swaps setzen sich aus mehreren FRA mit zunehmender Laufzeit zusammen. Sie bilden die quantitativ

Finanzinnovationen

wichtigste Gruppe der derivativen F. im Zinsbereich. Neben der klassischen Konstruktionsform, bei der fixe Zinszahlungen gegen variable in der gleichen Währung getauscht werden, existieren zahlreiche weitere Varianten wie z.B. Zins-Währungsswaps, bei denen der Austausch der Zinszahlungen in verschiedenen Währungen erfolgt oder Basisswaps, bei denen verschiedene variable Zinszahlungen getauscht werden. Wie Tab. 2 zeigt, sind Swaps die dominierende Form der Zinsderivate. Auch die OTC-gehandelten Zinsoptionen weisen einen höheren im Umlauf befindlichen Nennwert auf als die über Terminbörsen gehandelten Zinsoptionen.

Tab. 2: Ausstehende Zinsderivate (Nennwert, in Mrd. US-Dollar, Dezember 1998)

	OTC	Terminbörse
Swaps	36262	--
Optionen	7997	4603
FRAs	5756	--
Futures	--	7702

Quelle: Bank für Internationalen Zahlungsausgleich, November 1999.

Zinsfutures unterscheiden sich von den FRA vor allem durch die vorgegebene Standardisierung und den Handel über eine Terminbörse. Bei Zinsoptionen muss unterschieden werden, ob sich die Option auf den Kurswert einer Anleihe oder auf einen Zinssatz bezieht. Im letzteren Fall liegt eine Option auf ein FRA vor. Typische Beispiele sind → Caps, die eine Höchstzinsvereinbarung darstellen und → Floors, bei denen eine Zinsuntergrenze vereinbart wird. Solche Zinsoptionen kommen häufig auch in Kombination mit klassischen Wertpapieren oder Finanzierungsformen vor. Beispielsweise stellt die Festlegung eines Höchstzinses bei einem Kredit mit variabler Zinszahlung eine (implizite) Cap-Option dar, während bei einer → Floating Rate Note mit Mindestverzinsung eine Kombination einer FRN mit einem Floor vorliegt.

5. Exotische Optionen

Exotische Optionen stellen eine relativ junge Entwicklung der Finanzinnovationen dar. Sie werden ähnlich wie Swaps in einer Vielzahl stark unterschiedlicher Varianten gehandelt. Aufgrund der vielfältigen Gestaltungsformen sind das Handelsvolumen und damit die Liquidität der meisten exotischen Optionen relativ gering. E. O. sind Weiterentwicklungen klassischer Optionen. Im Prinzip kann bei e. O. jedes Element klassischer Optionen verändert sein. Ein Beispiel: bei einer normalen → Call-Option erhält der Käufer bei Ausübung die Differenz zwischen dem aktuellen Börsenkurs des Basisobjektes und dem festgelegten Ausübungskurs, oder die Option verfällt wertlos wenn diese Differenz negativ ist. Bei e. O. kann die Zahlung bei Ausübung z.B. ein fixer Betrag sein (→ Digital- oder → Binäroptionen) oder es besteht ein nicht-linearer Zusammenhang (z.B. → Power Optionen) oder die Zahlung wird auf Basis von zurückliegenden Kursdurchschnitten berechnet (→ Asiatische Optionen, Durchschnittsoptionen). Häufig sind e. O. vom zurückliegenden Kurspfad des Basisobjektes abhängig. Bei Asiatischen Optionen berechnet sich die Auszahlung bei Ausübung als Differenz zwischen aktuellem Kurs und dem Durchschnittskurs des Basisobjektes während der Laufzeit der Option. Bei Lookback-Optionen kann der Käufer den für ihn günstigsten Ausübungskurs aus den Kursrealisationen des Basisobjektes während der Laufzeit der Option wählen. Bei Barrier-Optionen (Schwellenoptionen) verfällt die Option vorzeitig, wenn ein bestimmer Kurs des Basisobjektes erreicht wird, oder aber die Option wird genau dann erst aktiviert. Es existieren noch zahlreiche weitere Arten von e. O. und ausserdem werden ständig neue Arten erfunden.

Finanzinnovationen

Gemeinsame Charakteristika von e. O. sind üblicherweise eine geringe Liquidität und die relativ große Komplexität des Bewertungsproblems. Das Standardverfahren der Optionsbewertung – die Black-Scholes Formel – ist bei e. O. nicht brauchbar. Für die Bewertung muss entweder eine spezielle Bewertungsformel abgeleitet werden oder es werden stochastische Simulationen auf Basis angenommener oder historischer Kursprozesse durchgeführt, um den fairen Optionswert numerisch zu ermitteln.

Trotz der meist ungewöhnlichen Konstruktionsweise lassen sich e. O. nicht nur für Spekulationsgeschäfte, sondern auch zur Risikoabsicherung einsetzen. Dabei kommt insbesondere den Asiatischen Optionen eine wichtige Rolle zu.

6. Motive für Finanzinnovationen

Generell lassen sich die Motive von Kapitalanlegern in drei Kategorien einteilen: Spekulation, Absicherung gegen Risiken (→ Hedging) und Arbitrage. Spekulation bezeichnet jede Kapitalanlage, bei der ein Risiko eingegangen wird. Mit Finanzinnovationen, insbesondere mit Optionen und Futures, lässt sich besonders wirkungsvoll spekulieren, da typischerweise eine große Hebelwirkung (Leverage) vorliegt. Finanzinnovationen sind aber auch besonders geeignet, um Risiken einer Kapitalanlage gezielt zu steuern und zu begrenzen. Beispiele sind die Verwendung von Put-Optionen oder von Futuresverkäufen zur Absicherung von Anleihe- oder Aktienportfolios. Auch im Bereich der Arbitragegeschäfte ergeben sich durch Finanzinnovationen neue Möglichkeiten. Dabei werden Preisunterschiede zwischen dem Finanzinstrument und seiner synthetischen Nachbildung bzw. seinem fairen theoretischen Wert ausgenutzt. Die Gründe, die zur Entstehung und der weiten Verbreitung einzelner Finanzinnovationen geführt haben, können sehr vielfältig sein. Wichtige Motive sind die erreichbaren Verbesserungen bei der Steuerung von Finanzmarktrisiken, die Umgehung von Vorschriften zur Marktregulierung sowie gesetzlicher und steuerlicher Bestimmungen und die Reduzierung von Transaktionskosten. Ein wesentlicher treibender Faktor ist außerdem der zunehmende internationale Wettbewerb zwischen Banken, der die Schaffung neuer Finanzmarktprodukte fördert. Floating Rate Notes (FRN) und Zero-Bonds beispielsweise erweitern das Anlagespektrum im Anleihebereich und lassen Rendite-Risiko-Kombinationen zu, die mit normalen Anleihen kaum erreichbar wären. FRN besitzen im Gegensatz zu normalen Anleihen (fast) kein Kursrisiko, während das Wiederanlagerisiko bedingt durch zwischenzeitliche Zinsänderungen relativ groß ist. Zero-Bonds weisen während ihrer Laufzeit kein Wiederanlagerisiko auf, da keine Ausschüttungen stattfinden und die Anlagesumme entsprechend der beim Kauf gegebenen Rendite verzinst wird. Zero-Bonds haben jedoch ein relativ großes Kursrisiko. Normale Kupon-Anleihen sind von ihrer Risikostruktur entsprechend zwischen FRNs und Zero-Bonds einzustufen. Generell weisen Finanzinnovationen die Eigenschaft auf, Markt- und Kreditrisiken besser handelbar zu machen. Dadurch wird das Anlagespektrum erweitert und Anleger haben umfangreichere Möglichkeiten, eine gewünschte Rendite-Risiko-Position zu realisieren.

Die Reduktion von Transaktionskosten ist ein wichtiger Grund für die dynamische Entwicklung der Swapmärkte. Durch den Einsatz z.B. von Zinsswaps lassen sich kostengünstig und unkompliziert Zinsrisiken steuern. Banken haben dadurch die Möglichkeit, Unterschiede in der Zinsstruktur zwischen Aktiv- und Passivgeschäft auszugleichen. Ein weiterer Grund für das Wachstum der Swapmärkte liegt in der Verwendbarkeit von Swaps zur synthetischen Nachbildung von existierenden Finanzinstrumenten und zur Bildung von Finanzinnovationen.

7. Financial Engineering

Als Financial Engineering werden Finanztechniken bezeichnet, die auf die Gestaltung von Finanzinnovationen abzielen. Dies können z.B. neue Produkte oder auch neue Lösungsansätze für Finanzierungsprobleme sein. Dabei werden folgende Prozesse für die Erstellung neuer

Finanzinstrumente nach Kreditwesengesetz

Produkte angewandt: 1. Die Zerlegung bestehender Finanzinstrumente in ihre Einzelteile, 2. die Veränderung dieser einzelnen Komponenten sowie 3. die Kombination der vorliegenden Einzelteile zu neuen Produkten. Es können im Prinzip alle Teile von Finanzkontrakten in diese Prozesse einbezogen werden. Häufig werden dabei Optionen mit klassischen Finanzinstrumenten kombiniert- Die neuen Produkte können sowohl maßgeschneidert für einen Kunden sein (OTC-Handel) oder auch als standardisierte Instrumente über Börsen gehandelt werden. Viele neuentwickelte Produkte machen einfach schon bestehende Konzepte auch für Privatanleger nutzbar. Beispiele sind → Garantiefonds, die eine Kombination von Aktienanlagen mit Absicherungselementen darstellen, und Aktienanleihen, die es auch dem Privatanleger ermöglichen, eine Put-Optionen auf Aktien leer zu verkaufen. Für die Banken und Investmenthäuser, die Financial Engineering betreiben, bietet sich durch die Schaffung neuer Produkte die Möglichkeit, überdurchschnittliche Gewinne zu erzielen. Da Finanzinnovationen nicht patentierbar sind, können sie von der Konkurrenz leicht nachgebaut werden. Die erzielten Gewinne sind meist eher kurzfristiger Natur.

Literatur

EILENBERGER, G. (1996), Lexikon der Finanzinnovationen, 3. Auflage, Oldenbourg-Verlag.

ELLER, R. (1995), Alles über Finanzinnovationen, Beck-DTV.

FRANKE, G. (1995), Derivate – Risikomanagement mit innovativen Finanzinstrumenten, Hrsg. BfG-Bank.

HULL, J. C. (1999),.: Options, Futures, and other Derivative Securities, 3. Auflage, Prentice Hall.

USZCAPOWSKI, I. (1999), Optionen und Futures verstehen, 4. Auflage, Beck-DTV.

Finanzinstrumente nach Kreditwesengesetz, *financial instruments according to German Banking Law.* Das KWG definiert in § 1 XI Finanzinstrumente als Wertpapiere, Geldmarktinstrumente, Devisen oder Rechnungseinheiten sowie Derivate. Wertpapiere sind, auch ohne ausgestellte Urkunden, Aktien, Aktienzertifikate, Schuldverschreibungen, Genussscheine, Optionsscheine, Investmentanteile und andere Wertpapiere, die mit Aktien oder Schuldverschreibungen vergleichbar sind, wenn sie an einem Markt handelbar sind. Geldmarktinstrumente sind üblicherweise auf dem Geldmarkt gehandelte Forderungen. Derivate sind als Fest- oder Optionsgeschäfte ausgestaltete → Termingeschäfte, deren Preis von anderen Marktpreisen abhängt.

Finanzintermediär, *financial intermediary*; im engeren Sinne Bezeichnung für Institutionen, die im Rahmen von Finanzierungsbeziehungen in eigenständige Vertragsverhältnisse mit Investoren und Schuldnern eintreten. Dazu zählen u.a. → Kreditinstitute, → Bausparkassen, → Kapitalanlagegesellschaften, Versicherungsunternehmen und → Venture-Capital-Gesellschaften. Als F. im weiteren Sinne werden Institutionen bezeichnet, die durch ihre Tätigkeit den Abschluss von Finanzierungsverträgen erleichtern oder überhaupt erst ermöglichen.

Finanzinvestition, *Finanzanlage, financial investment*; Bezeichnung für eine Investition in Finanzvermögen. Hierzu zählen der Erwerb von Forderungen, Beteiligungen, Aktien und Wertpapieren.

Finanzkommissionsgeschäft, *financial commission agency*. Finanzgeschäft von Kaufleuten im eigenen Namen für fremde Rechnung, das den §§ 383-406 HGB unterliegt. Insbesondere der Effektenhandel wird in Form des Kommissionsgeschäftes abgewickelt. Zu unterscheiden sind echte und unechte → Kommissionsgeschäfte. Bei echten Kommissionsgeschäften tritt die Bank gewerbsmäßig als → Kommissionär auf. Dagegen wird die Bank bei unechten Kommissionsgeschäften nur vorübergehend mit der Aufgabe des Kommissionärs betraut - so z.B. beim → Inkasso.

Finanzunternehmen

Finanzmakler, *finance broker*; Bezeichnung für gewerbsmäßige Vermittler von → Geld und → Kapital in den verschiedensten Formen (Schuldscheindarlehen, Hypothekarkredite, etc.), die i.d.R. selbst keine Bonitäts- oder Liquiditätsrisiken eingehen. Neben der Vermittlung von Geld bieten F. auch oft Finanzberatungen an.

Finanzmarkt, → Finanzierungsmittelmärkte.

Finanzmarktförderungsgesetze. Die Finanzmarktförderungsgesetzgebung bezweckt, in zeitlich gestreckten Schritten den Finanzmarkt Deutschland zur Sicherung seiner internationalen Wettbewerbsfähigkeit fortzuentwickeln und den internationalen und europäischen Anforderungen an ein modernes Finanz- und Kapitalmarktrecht anzupassen. Nicht selten dient sie auch dazu, Richtlinien der EU in nationales Recht umzusetzen. Gemeinsames Kennzeichen der inzwischen vier F. ist ihre formale Gestaltung als sog. Artikelgesetze; mit jedem Artikel wird entweder ein Gesetz neu geschaffen oder ein bereits vorhandenes Gesetz geändert, so dass das F. als die gemeinsame Klammer nach seinem Inkrafttreten seine Bedeutung verliert. Das Erste F. (1990) hob die → Börsenumsatzsteuer auf und passte die Wettbewerbsbedingungen der → Kapitalanlagegesellschaften an europäische Maßstäbe an. Das Zweite F. brachte 1994 einschneidende Veränderungen. Es schuf im Zuge des → Gesetzes über den Wertpapierhandel (WpHG) → das Bundesaufsichtsamt für den Wertpapierhandel (BaWe) als bundesweite Aufsichtsinstanz für den börslichen und außerbörslichen → Wertpapierhandel, das 2002 in der Bundesanstalt für Finanzdienstleistungsaufsicht (BAFin) aufging. Das WpHG brachte erstmals gesetzliche Verbote des → Insiderhandels (§§ 112 ff. WpHG) und vorbeugend eine → ad-hoc-Publizität des → Emittenten von an der → Börse zugelassenen Wertpapieren über kursbeeinflussende Tatsachen (§ 15 WpHG). Ferner bestimmt es Wohlverhaltenregeln, die → Wertpapierdienstleistungsunternehmen insbesondere gegenüber ihren Kunden einzuhalten haben (§§ 31 ff. WpHG). Das dritte F. erweiterte 1998 die Befugnisse der Aufsicht und beschränkte die Verjährungsfrist für Ansprüche auf Schadenersatz wegen fehlerhafter Beratung auf drei Jahre (§ 37a WpHG). Erstmals wurde unter anlegerschützenden Voraussetzungen der freiwillige Rückzug des Emittenten von der Börse (going private) ermöglicht (§ 38 Abs. 4 BörsG). Das vierte F. 2002 schafft die amtlichen → Kursmakler ab und entkoppelt die → Zulassung eines Wertpapiers für ein → Marktsegment von einer bestimmten Form der Preisfeststellung. Die Börsen können in der Börsenordnung künftig für einzelne Marktsegmente die gesetzlichen Anforderungen anheben (§ 42 BörsG). → Elektronische Handelssysteme ohne Börseneigenschaft und börsenähnliche Einrichtungen sind der → Börsenaufsichtsbehörde anzuzeigen und unterliegen ihrer Aufsicht (§§ 58 ff. BörsG). Ausländische organisierte Märkte, die inländischen Handelsteilnehmern über ein elektronisches Handelssystem einen unmittelbaren Zugang gewähren, bedürfen einer Erlaubnis der Bundesanstalt für Finanzdienstleistungsaufsicht (§§ 37a WpHG). Die Bundesanstalt überwacht das Verbot der → Kurs- und Preismanipulation (§§ 20a ff. WpHG). An die → Wertpapieranalyse werden qualifizierte Anforderungen gestellt (§ 34b WpHG) und unterlassene ad-hoc-Mitteilungen sowie die Veröffentlichung unwahrer Tatsachen über kursbeeinflussende Tatsachen werden mit Schadenersatz sanktioniert (§§ 37b ff. WpHG). Schließlich hat das vierte Finanzmarktförderungsgesetz die E-Money-Richtlinie der EU in nationales Recht umgesetzt.

Finanzplanung, *financial budgeting*; bezeichnet einen Teilplan der Unternehmensplanung, der die finanziellen Ressourcen zum Inhalt hat. Zur Gewährleistung der jederzeitigen → Zahlungsfähigkeit des Unternehmens sollen die die → Liquidität beeinflussenden Parameter betragsgenau, vollständig und zeitpunktgenau prognostiziert werden. Fehler in der Finanzplanung können gravierende Folgen verursachen. So kann es bei mangelnder Zahlungsfähigkeit zu existenzbedrohenden Situationen kommen bzw. die Kapitalallokation ist nicht effizient, d.h. die → Opportunitätskosten steigen.

Finanzterminkontrakte, → Financial Futures.

Finanzunternehmen. Nach §1 III KWG sind F. Unternehmen, die keine → Kreditinstitute im Sinne des §1 I KWG sind und

FINEX

mindestens eine von mehreren banknahen Tätigkeiten ausüben. Zu diesen banknahen Tätigkeiten zählen der Erwerb von Beteiligungen, der entgeltliche Erwerb von Forderungen, der Abschluss von Leasingverträgen (→ Leasing), die Ausgabe und Verwaltung von Kreditkarten oder Reiseschecks, der Handel mit Wertpapieren für eigene Rechnung, der Handel mit → Terminkontrakten, → Optionen, Wechselkurs- und Zinsinstrumenten für eigene Rechnung oder im Auftrag von Kunden, die Teilnahme an → Wertpapieremissionen und die Erbringung der damit verbundenen Dienstleistungen, die Beratung von Unternehmen bei Zusammenschlüssen und Übernahmen von Unternehmen, die Vermittlung von Darlehen zwischen Kreditinstituten (Geldmaklergeschäfte) und die Beratung anderer bei der Anlage in → Finanzinstrumenten. F. unterliegen gemäß der 6. KWG-Novelle keiner Erlaubnispflicht nach dem → KWG oder einem anderen gewerberechtlichen Gesetz.

FINEX, → Financial Instrument Exchange.

Finnish Options Index (FOX), → Aktienindex des → Finnish Options Market, der die 25 meist gehandelten Aktien an der Börse in Helsinki umfasst. Basis des FOX ist ein Indexstand von 500 zum 4.3.1988. Der FOX dient u.a. als Grundlage für an der → Eurex gehandelte → Optionen und → Futures.

Finnish Options Market (FOM), ehemalige → Optionsbörse Finnlands, die am 29.12.1997 durch den Zusammenschluss mit der Helsinki Stock Exchange Ltd. (HSE) in der Helsinki Securities and Derivatives Exchange (HEX) aufgegangen ist.

Fips, Abk. für → Foreign Interest Payment Security.

Firm Commitment, *feste Übernahme*; Vertragsgestaltung zwischen dem → Emittenten und dem → Lead Manager bei einer → Fremdemission, die die feste Übernahme der Emission durch das → Übernahmekonsortium beinhaltet. Das Konsortium übernimmt das gesamte Emissionsvolumen und ist verpflichtet, falls nicht alle Wertpapiere im Markt untergebracht werden können, die → Emissionsreste in den Eigenbestand überzunehmen. – Gegensatz: → Best Effort.

Firm Deal, → Fixgeschäft.

Firmenkundengeschäft, bezeichnet Bankdienstleistungen für Firmenkunden. – Vgl. auch → Corporate Finance.

Firmenmantel, Bezeichnung für sämtliche → Anteilsrechte einer → Kapitalgesellschaft; z.B.: → Aktienmantel, GmbH-Mantel, insbesondere dann, wenn eine nicht mehr aktive Unternehmung veräußert werden soll, um einer neu in das Wirtschaftsleben tretenden Unternehmung → Gründungskosten zu ersparen.

Firmenwert, → Geschäftswert.

First European Exchanges (FEX), 1992 von den Terminbörsen EOE-Optiebeurs in Amsterdam (→ Europäische Optionsbörse, European Options Exchange, EOE-Optiebeurs (EOE)), → OM Stockholm AB, → OM London Ltd. und → SOFFEX auf Kooperationsbasis gegründet. Weitere Mitglieder wie die → Österreichische Termin- und Optionenbörse (ÖTOB) sind inzwischen beigetreten. Im Mittelpunkt der Kooperation steht die Verbesserung des grenzüberschreitenden Handels von → Terminkontrakten. Die Eigenständigkeit der Börsen bleibt aber weiter bestehen, sowie die Entwicklung eigener Kontrakte.

First notice day, bezeichnet den ersten Handelstag nach der Aufnahme der → Börsennotierung an einer → Wertpapierbörse.

First Stage Financing, erste Phase des → Expansion Stage Financing im Rahmen der Venture-Capital-Finanzierung. Das → Venture-Capital dient in dieser Phase der Finanzierung der Produktionsaufnahme und der Markteinführung. – Vgl. → Early Stage Financing.

Fiscal Agent, *Hauptzahlungsagent*. 1. Bezeichnung für → öffentliche Banken (→ Zentralbank, → Landesbanken), die als Hausbank des Staates fungieren. – 2. Bezeichnung für ein → Kreditinstitut, das im Rahmen einer → Emission deren technische Abwicklung einschließlich → Zahlstellendienst übernimmt.

Fiscal Policy, *Fiskalpolitik*; bezeichnet den Einsatz öffentlicher Finanzen zur Verwirklichung gesamtwirtschaftlicher Ziele. Mittels öffentlicher Ausgaben und Einnahmen soll die im Verhältnis zum Produktionspotential zu große oder zu geringe Nachfrage des privaten Sektors ausgeglichen werden. (antizyklische Budgetpolitik). Theoretische Basis solcher Haushaltspolitik ist die keynesianische Theorie, in der budgetverändernde Wirkungen auf Gesamtnachfrage, Volkseinkommen und Beschäftigung dargestellt werden. Schwankungen der privaten Konsum- und Investitionsausgaben sollen durch eine antizyklische Haushaltsgestaltung des Staates ausgeglichen werden, um gesamtwirtschaftliche Schwankungen zu glätten. Dies erfordert Haushaltsdefizite in der Rezession und Haushaltsüberschüsse während eines Booms der Gesamtwirtschaft. – Die rechtlichen Grundlagen für diese Politik wurden in der BRD 1967 mit dem Stabilitätsgesetz geschaffen.

Fitch IBCA, benennt die drittgrößte → Rating-Agentur der Welt, die aus dem Zusammenschluß der Rating-Agenturen „Fitch Investor Service" und „IBCA" hervorgegangen ist.

Fixed Debt Option, *Option auf Umwandlung zinsvariabler Titel in eine Festsatzverpflichtung; fixed pricing option;* bezeichnet das Recht, → Floating Rate Notes in festverzinsliche Anleihen umzuwandeln. – Gegensatz: → Floating Rate Debt Option.

Fixed Income, *festverzinsliche Wertpapiere, fixed-income securities*; bezeichnet → Schuldverschreibungen, deren → Zinssätze bei der → Emission fixiert werden, so dass der → Emittent Planungssicherheit hinsichtlich seines mittel- bis langfristigen Fremdkapitals hat. Die Kouponzinszahlungen erfolgen i.d.R. halb- oder ganzjährig. Der Vorteil für → Investoren besteht in der feststehenden → Verzinsung, der Möglichkeit steuerfreier → Veräußerungs- und → Tilgungsgewinne, die Verkaufsmöglichkeit über die → Börse, die Verpfändbarkeit bei Kreditaufnahmen und die hohe Sicherheit dieser → Wertpapiere.

Fixed Pricing Option, → Fixed Debt Option.

Fixed-Price-Reoffer-Verfahren, bei der → Emission von Anleihen angewandtes Verfahren. Dabei übernimmt ein → Emissionskonsortium die Anleihen vom Emittenten zu einem festen Preis (fixed price), der geringfügig unter dem tatsächlichen fixen Abgabepreis (fixed reoffer price) an die Investoren liegt. Die Differenz stellt die Renditedifferenz zu einer von den Austattungsmerkmalen vergleichbaren risikolosen Referenzanleihe dar. Die Höhe der Differenz spiegelt die → Bonität des Emittenten wieder. Erst nach Freigabe durch den → Konsortialführer können die einzelnen Kosortialmitglieder ihre Abgabepreise selbständig bestimmen.

fixe Kurse, → feste Wechselkurse.

Fixgeschäft, *Festgeschäft, unbedingtes Termingeschäft, firm deal, firm bargain, fixed-date purchase.* Ein F. bezeichnet gemäß § 361 BGB und § 376 I HGB einen gegenseitigen Vertrag, der die Leistung des einen Teils genau zu einem bestimmten Zeitpunkt oder innerhalb einer fest bestimmten Frist bedingt. Dadurch ist der Erfolg der gesamten Vereinbarung von der Einhaltung der Leistungszeit determiniert. Zur Sicherung anstehender Gewinn bzw. zur Begrenzung zu erwartender Verluste ist der Abschluss eines Gegengeschäfts möglich.

Fixing, *fixation.* Als F. bezeichnet man das Feststellen von amtliche Kursen an einer Börse. Dieser Begriff wird insbesondere für das Festsetzen vom → Goldpreis und von Währungskursen verwendet. – Vgl. auch → Gold Fixing und → amtlicher Devisenkurs.

Fixing Price, bezeichnet den amtlicher Preis für → Barrengold an der Londoner Edelmetallbörse. – Vgl. auch → Gold Fixing.

FK, Abk. für → Fremdkapital.

Flagge, *flag*; Trendbestätigungsformation der → Chart-Analyse. Die F. kommt als Aufwärts- oder Abwärtsflagge vor. Nach einer starken Aufwärts- oder Abwärtsbewegung (sog. Flaggenmast) erfolgt ein Ausschwingen des Kurses in kleineren wellenförmigen Bewegungen, die in einem Abwärts- oder Aufwärtstrendkanal (→ Trendkanal) liegen. Die Umsätze sind dabei rückläufig. Ein Ausbrechen aus dem Trendkanal bei ansteigenden Umsätzen setzt die ursprüngliche Kursbewegung fort. – Vgl. →

Flat

Trendformationen, → Analyse von Formationen und → Technische Aktienanalyse.

Flat. 1. Anglo-amerikanische Bezeichnung für den Preis einer → Anleihe ohne Berücksichtigung der angefallenen → Zinsen. – 2. Bezeichnung für die Nichtexistenz eines → Spreads zwischen zwei i.d.R. verwandten Wertpapieren. – 3. Bezeichnung für Anleihen, die nur Zinsen zahlen, die tatsächlich vom Schuldner verdient werden. Diese Anleihen weisen niedrigere, als die ursprünglich vereinbarten, Zinszahlungen auf. Dieser Umstand wird in der → Kursberechnung der betroffenen Anleihen berücksichtigt.

Flat-Notierung, *Kursnotierung einschließlich Stückzinsen, flat quotation.* Bezeichnung für die Kursnotierung eines → Wertpapiers, bei der die angefallenen → Stückzinsen nicht explizit berechnet, sondern als anteiliger Zinsanspruch direkt im → Kurs des Wertpapiers ausgewiesen werden.

Flexible Exchange Options, *flex-options*; bezeichnen die erstmals 1993 von der → CBOE v.a. für institutionelle Marktteilnehmer eingeführten, innovativen → Finanzinstrumente, mit denen insbesondere portfolio-individuelle Risikopositionen optimal abgedeckt werden können. Im Gegensatz zu standardisierten börsengehandelten → Optionen legt der Käufer selbst die einzelnen Spezifika, wie → Underlying, → Optionsart, gewünschte Größe, → Verfalltag, → Ausübungskurs und → Ausübungsart fest. Diese Parameter werden als Anfrage an den → Market-Maker bzw. die anderen Marktteilnehmer weitergeleitet. Nach Ablauf der Antwortzeit wird das beste Angebot ermittelt, auf das der Käufer das Erstzugriffsrecht besitzt.

flexible Wechselkurse, *freie Wechselkurse, floating exchange rate.* Als f.W. bezeichnet man die Wechselkurse zwischen Währungen, die sich am → Devisenmarkt laufend aufgrund von Angebot und Nachfrage frei bilden können. Dabei finden im Gegensatz zu Systemen mit → festen Wechselkursen prinzipiell keine Interventionen von → Zentralnotenbanken zur Einhaltung eines vorgegebenen Wechselkurskorridors statt. Trotzdem behalten sich die Notenbanken, im Fall von als zu stark erachteten Wechselkursausschlägen, Interventionen zur Wechselkursstabilisierung vor. – Die Wechselkurse zwischen den Währungssystemen der bedeutendsten Industrienationen USA, Europa (Eurozone) und Japan sind heute untereinander völlig flexibel. – Neben einem System völlig flexibler und völlig fixierter Wechselkurse existieren in der Realität eine Reihe von gemischten Wechselkurssystemen mit kontrolliertem → Floating.

Flex-Options, Abk. für → Flexible Exchange Options.

Flip Flop Floating Rate Note, *flip flop floater;* langfristige, variabel verzinsliche → Anleihe, bei der der Gläubiger zu bestimmten Zeitpunkten die Laufzeit bei gleichzeitiger Verringerung des Zinssatzes verkürzen kann. Zusätzlich besitzt der Gläubiger nach Ablauf einer weiteren Frist die Option, die Anleihe in die ursprüngliche → Emission zurück zu tauschen.

Flipper, → Dolphin.

Floater, → Floating Rate Note.

Floating, bezeichnet die freie (flexible) Wechselkursgestaltung zwischen Währungen entsprechend Angebot und Nachfrage am → Devisenmarkt. Wird die Kursbildung in einem System → flexibler Wechselkurse teilweise durch Notenbankinterventionen beeinflusst, so spricht man vom sog. schmutzigen Floating. – Gegensatz: → feste Wechselkurse.

Floating-Fixed-Relation, Relation von variabel verzinslichen zu festverzinslichen Zinszahlungsverpflichtungen.

Floating Rate Bond, bezeichnet variabel verzinsliche → Anleihen.

Floating Rate CD, *Floating Rate Certificate of Deposit;* mit einem variablem Zinssatz ausgestattetes → Certificate of Deposit. Der Zinssatz wird dabei entweder drei- oder sechsmonatlich an den → Referenzzinssatz angepasst. Dabei handelt es sich i.d.R. um den US-Dollar-Libor oder Euribor. – Vgl. auch → Floating Rate Note.

Floating Rate Debt Option, *Option auf Umwandlung einer Festsatzverpflichtung in zinsvariable Titel;* beinhaltet das Recht, festverzinsliche → Anleihen in variabel verzinsliche Anleihen umzuwandeln. – Gegensatz: → Fixed Debt Option.

Floating Rate Note (FRN), *floater, zinsvariable Anleihe*; variabel verzinsliche → Anleihen, bei denen in regelmäßigen Abständen (z.B. drei-, sechs- oder zwölfmonatlich) eine Anpassung der Anleiheverzinsung an das aktuelle → Zinsniveau zuzüglich eines → Spreads erfolgt. Als → Referenzzinssätze dienen dabei vor allem der → Euribor und der → Libor. Durch die regelmäßige Anpassung ist das Kursrisiko während der Laufzeit geringer als bei → festverzinslichen Wertpapieren. FRN's werden mit sehr unterschiedlichen Austattungsmerkmalen emittiert, z.B. als → Capped Floating Rate Note, → Reverse Floating Rate Note oder als → Convertible Floating Rate Note.

Floor. 1. *Minimalzinssatz, Zinsuntergrenze*; Bezeichnung für eine festgesetzte Zinsuntergrenze, die bei variabel verzinslichen → Anleihen oder Kreditverträgen vereinbart werden kann. Fällt der → Referenzzinssatz unter den F., konstituiert der F. den zu zahlenden Zinssatz (z.B. → Collared Floating Rate Note). – Gegensatz: → Cap. – 2. Mindestzins-Zertifikate, die eigenständig gehandelt werden. Der Inhaber eines F. erhält für eine bestimmte Laufzeit und auf einen fixen Betrag bezogen eine Ausgleichszahlung vom Verkäufer, wenn der → Referenzzinssatz (z.B. ein- oder dreimonats-Euribor) eine festgelegte Grenze unterschreitet. Die Höhe der Ausgleichszahlung bestimmt sich aus der Differenz zwischen Referenzzinssatz und der in den Emissionsbedingungen festgelegte Zinsuntergrenze. Für diese Versicherung gegen Zinssenkungen erhält der Verkäufer des F. eine einmalige oder laufende Prämie (Floor-Prämie). – Vgl. auch → Zinsausgleichszertifikate. – 3. → Parkett.

Floor Broker, *Börsenmakler, Parketthändler*; Bezeichnung für → Broker an US-Börsen, die im Handelsraum (floor) ausschließlich Aufträge für Rechnung ihrer Kunden ausführen und keine Eigengeschäfte tätigen.

Floor Fond, *floor funds*; → bezeichnet Investmentfonds, die durch Absicherungsstrategien einen Mindestteil des → Fondsvermögens auch bei negativer Entwicklung der Märkte erhalten wollen. Verbreitet sind Konstruktionen, die nach einer bestimmten → Laufzeit das investierte Kapital zu einem gewissen Prozentsatz oder zur Gänze, oder einen nicht an eine Laufzeit gebundenen prozentualen Kapitalerhalt garantieren, der bei positiver Wertentwicklung nach oben angepasst werden kann. Zur Absicherung des Fondsvermögens werden meist → derivative Finanzinstrumente verwendet.

Floor Trader, *Parketthändler*; → Händler, der am traditionellen Parketthandel (→ Präsenzbörse) teilnimmt. Im Gegensatz dazu kann der → Handel auch außerhalb des Parketts erfolgen, z.B. über den → Telefonhandel und den elektronischen Wertpapierhandel.

Floor-Zertifikate. F. sind innovative Zinsinstrumente, in denen ein Grenzzinssatz, der → Floor, festgeschrieben wird. Inhaber vom Emittenten Ausgleichszahlungen erhalten. Die Ausgleichszahlungen ergeben sich an unbestimmten Stichtagen, wenn der Referenzzinssatz unter dem Floor fällt, aus der Differenz zwischen dem Floor und einem Referenzzinssatz, z.B. → Euribor. Liegt dieser jedoch höher als der Floor erhält der Inhaber keine Zahlung. F. werden für Spekulationen auf sinkende Zinssätze oder aus → Hedging Gründen eingesetzt. Die Ausgleichszahlungen erfolgen in der Regel halbjährlich.

Flow Back, *Rückfluss*. 1. Verkaufen Anleger, die bei einer Erstemission berücksichtigt wurden, ihre Papiere erstmals am Markt, wird dies als F. bezeichnet. – 2. Rückwanderung international gehandelter Werte an den Heimatmarkt.

flüssige Mittel, *cash resources, liquid funds*; bezeichnen Vermögensgegenstände des Umlaufvermögens, die bei Bedarf unverzüglich und ohne Vermögenseinbußen liquidiert werden können. Zu den f.M. zählen neben → Schecks und Kassenbeständen auch Bundesbank- und Postgiroguthaben sowie Guthaben bei → Kreditinstituten einschließlich der nachträglich verbuchten → Zinsen.

flüssiger Geldmarkt, *liquid money market*; Bezeichnung für einen liquiden → Geldmarkt, bei dem ein großes Geldangebot

FNMA

herrscht. Übersteigt dabei das Geldangebot die Nachfrage, sinken meist die Geldmarktzinsen. – Gegenteil: angespannter Geldmarkt.

FNMA, Abk. für → Federal National Mortgage Association.

FOK, Abk. für → Fill or Kill.

Follow-up Market. → Zweitmarkt für Beteiligungen an → geschlossenen Immobilienfonds, Schiffsbeteiligungen und → Leasing-Fonds. Gegründet wurde der F.M. von der Hamburger Wertpapierbörse (heutige → BÖAG Börsen Aktiengesellschaft). – Marktorganisation: Initiatoren, Fondsgesellschaften, → Treuhänder, Kreditinstitute oder → Makler beantragen die Einbeziehung von Gesellschaften in den F.M., reichen erforderliche Unterlagen ein und nennen Indikatoren des Anteilswertes. Die Geschäftsstelle der BÖAG Börsen Aktiengesellschaft überprüft die Antragsbefugnis, Vollständigkeit der Unterlagen, hält Informationsmaterial vor, veröffentlicht die Einbeziehung zum Handel und gibt die Unterlagen nach einer Vorprüfung an den Beirat des F.M. weiter, der als Zulassungs- und Kontrollgremium fungiert. – Handelsorganisation: Kreditinstitute, Initiatoren oder private Anleger geben Kauf- und Verkaufsaufträge an ein Maklerunternehmen, derzeit das Hanseatische Wertpapierhandelshaus (HWAG), das die Informationsverbreitung sowie Abwicklung und Vorhaltung von Informationsmaterial veranlasst. Das Maklerunternehmen veröffentlicht Marktpreise anhand regulierter und nachvollziehbarer Bedingungen. Dabei wird die aktuelle Marktsituation laufend publiziert. – Der F.M. ist ein unabhängiger, überwachter und offener Markt. Weder die BÖAG Börsen Aktiengesellschaft, noch der eingesetzte Beirat, noch das Maklerunternehmen beraten den Auftraggeber. Insbesondere erfolgt weder eine steuerliche Beratung noch eine Beratung hinsichtlich der Bewertung von Gesellschaftsanteilen.

Fonds, → Investmentfonds.

Fondsanlage, *fund investment*. Bezeichnung für die Anlage von zur Verfügung stehenden Mitteln in → Investmentfonds.

Fondsmanager, *fund manager*; stellt die für die Anlageentscheidung eines → Investmentfonds verantwortliche Person dar. Während oftmals ein → Anlageausschuss grundlegende Aspekte der → Anlagepolitik behandelt oder mit der Erstellung einer → Anlageliste (bei Investmentfonds) befasst ist, trifft der F. die Entscheidung im Einzelfall. Als urteilsbildende Maßnahme dienen u.a. Gespräche mit dem Management börsennotierter Unternehmen. – Vgl. hierzu → One-on-One Meeting.

Fondsvermögen, *fund's assets*; Gesamtheit der Vermögenswerte eines Fonds. Das F. eines → Wertpapierfonds besteht z.B. aus Wertpapieren, Bankguthaben sowie den sonstigen Vermögensgegenständen.

Footsie, → FTSE 100.

force-majeure-Klausel, *Ausschlussklausel bei höherer Gewalt*. Bezeichnung für eine in den → Anleihebedingungen enthaltene Klausel, die in Fällen höherer Gewalt dem → Konsortialführer das Recht einräumt, eine bereits begebene → Anleihe zurückzunehmen.

Forderungsabtretung, → Abtretung von Forderungen.

Forderungspapiere, *forderungsrechtliche Papiere, Gläubigerpapiere, securities representing money claims*. F. sind schuldrechtliche → Wertpapiere in denen bestimmte Zahlungsansprüche verkörpert sind. – Beispielsweise erwerben die Käufer von festverzinslichen → Anleihen als Gegenleistung für die befristete Überlassung ihrer Barmittel das Recht auf regelmäßige Zinszahlungen und termingerechte Rückzahlung des → Nennwertes. – Weitere Beispiele für F. sind → Optionsanleihen, → Wechsel, → Sparbücher, → Schecks, aber auch Lagerscheine. Aktien zählen nicht zu den F. – Vgl. auch → Forderungsrecht.

Forderungsrecht, *right to recover a debt*; verbrieftes oder unverbrieftes Recht aus einem Schuldverhältnis, das gegen eine bestimmte natürliche oder juristische Person gerichtet ist.

Foreign Exchange, *Devisenhandel*; in der Bankenpraxis oftmals mit „FX" abgekürzt.

Foreign Exchange Exposure, → Währungsrisiko.

Foreign Exchange Club (FOREX). Zusammenschluss der deutschen Devisenhändler mit Sitz in Düsseldorf, der der Förderung der Kommunikation unter den Devisenhändlern dienen und ein einheitliches Berufsbild durch standardisierte Weiterbildungsmaßnahmen aufbauen soll.

Foreign Interest Payment Security (Fips). Internationale → Anleihe, dessen Nennwert auf die Währung des Emissionsmarktes lautet, die Zinszahlungen aber in ausländischer Währung gezahlt werden. Zu vereinbarten Terminen während der Laufzeit besitzen Gläubiger und Schuldner ein Kündigungsrecht. – Vgl. → Doppelwährungsanleihe.

Fores, *Floor Order Routing and Execution System*; bezeichnet ein am 26.11.1990 an der → Tokyo Stock Exchange eingeführtes → Börsenhandelssystem.

FOREX, Abk. für → Foreign Exchange Club.

Forex-Fonds, *forex fund*; sind → Sondervermögen, die auf Änderungen der Wechselkursverhältnisse spekulieren, indem sie in erster Linie → Devisentermingeschäfte tätigen. Hierzu gehören primär → Devisenterminkontrakte (→ Futures und Options).

Forex Option, → Devisenoption.

Formationen, *formations*; typische Kurs- und Umsatzbewegungen einzelner → Aktien oder → Indizes, die Aufschluss über den möglichen künftigen Kursverlauf geben sollen. Es wird angenommen, dass sich die Bewegungen aus der Vergangenheit in ähnlichen Konstellationen wiederholen. F. werden bei der → Technischen Aktienanalyse als Ergänzung zu → Trendlinien eingesetzt. Zu unterscheiden sind trendbestätigende F. und Trendumkehrformationen. – Vgl. auch → Chart-Analyse.

Formelanlageplanung, *formula planning*. Verfahren für die Auswahl und Anlage von Aktien. Die F. ist dadurch gekennzeichnet, dass der Anleger zu Beginn eine Formel, d.h. einen konkrete Vorgehensweise, aufstellt anhand derer alle weiteren Anlageentscheidungen getroffen werden. Die F. ist damit als eine spezielle Ausprägung der → Anlageplanung anzusehen. Kernelement der F. ist die Festlegung von bestimmten Kriterien, deren Eintreten zu Käufen, bzw. Verkäufen von Wertpapieren führen. Dabei können im Rahmen der F. vorab schon Mengen- und/oder Zeitgerüst für die vorzunehmenden Transaktionen festgelegt werden. – Es zeigt sich, dass für den Erfolg der F. zum einen das Beibehalten der einmal aufgestellten Vorgehensweise, und zum anderen möglichst große Kursschwankungen positiv sind. Ohne Kursschwankungen wären die aus einer bestimmten F. abgeleiteten Empfehlungen immer wieder identisch, da sich die Ausprägung der zu Beginn aufgestellten Kriterien für Kauf bzw. Verkauf nicht verändern würde und es somit zu einer konstanten → Daueranlage kommen würde.

Formwechsel. Der F. ist ein seit 1994 im → Umwandlungsgesetz (UmwG) geregelter Fall der → Umwandlung eines Rechtsträgers (§§ 190 ff. UmwG), durch den der Rechtsträger zwar eine andere → Rechtsform erhält (→ Personenhandelsgesellschaft wird z.B. → Kapitalgesellschaft oder auch → Gesellschaft des bürgerlichen Rechts und umgekehrt), seine Identität aber gewahrt bleibt, so dass Vermögensgegenstände nicht übertragen werden müssen. Voraussetzung für den F. ist ein notariell beurkundeter Umwandlungsbeschluss des bisherigen Rechtsträgers und die Eintragung der neuen Rechtsform in das → Handelsregister.

fortlaufende Notierung, *variable Notierung, consecutive quotation.* Im Gegensatz zu der am → Einheitsmarkt üblichen Einheitsnotierung werden im Rahmen der f.N. von Wertpapieren mehrfach börsentäglich Börsenkurse ermittelt. Um im → Präsenzhandel sowie dem elektronischen Handelssystem → Xetra fortlaufend notiert werden zu können, bedarf das betreffende Wertpapier einer diesbezüglichen Zulassung durch die → Börsengeschäftsführung. Bei der f.N. können jedoch nur solche Kauf- bzw. Verkaufsaufträge über Wertpapiere berücksichtigt werden, die auf den jeweiligen Mindestschluss als → Mindestbetrag für die Kursfestsetzung bzw. ein ganzzahliges Vielfaches lauten. Beläuft sich der Auftrag nicht auf diesen Mindestschluss oder ein ganzzah-

Fortschritt-Rückschritt-Linie

liges Vielfaches, so ist er ebenso zum Einheitskurs auszuführen wie ein nicht durch den Mindestbetrag teilbarer Rest eines Auftrags. In der Praxis sind die für die Festlegung der Mindestschlussgrößen zuständigen Börsengeschäftsführungen aus Wettbewerbsgründen allerdings dazu übergegangen, die f. N. bei Aktien bereits ab einem Stück zuzulassen. – Vgl. auch → Kursfestsetzung am variablen Markt und → variabler Markt.

Fortschritt-Rückschritt-Linie, → Advance-Decline-Linie (AD-Linie).

Forum of European Securities Commissions (FESCO). Organisation der europäischen Wertpapieraufsichtsbehörden, 1997 in Paris gegründet. Mitglieder sind die Wertpapieraufsichtsbehörden der Europäischen Union, Norwegens und Israels. Sie soll gemeinsame Standards für die Regulierung der Wertpapiermärkte und den → Anlegerschutz entwickeln und zur Harmonisierung der Verhaltensregeln für Wertpapierdienstleistungsunternehmen beitragen. Darüber hinaus wollen sich die Mitglieder bei der Überwachung der Märkte unterstützen. Am 17.12.1999 wurden durch die FESCO Standards für geregelte Märkte und Verhaltensregeln für öffentliche Angebote von Wertpapieren verabschiedet. Mit ersteren will die FESCO das Vertrauen der Anleger in die europäischen Börsen erhöhen, letztere sollen die Grundlage für einen europaweit einheitlichen Schutz der Anleger schaffen. Die Mitglieder haben sich verpflichtet, sowohl die Standards als auch die Verhaltensregeln durch geeignete Maßnahmen umzusetzen. – Vgl. auch → International Organization of Securities Commissions (IOSCO).

Forward, bezeichnet ein dem Future identisch konzipiertes Instrument. F. werden zwischen zwei Parteien direkt abgeschlossen, also ohne Einbeziehung von Börsen. Folglich können F. den individuellen Bedürfnissen der Kontraktpartner angepasst werden, so dass auf die bei Futures nötige Standardisierung bzgl. Underlying, Kontraktwert, Fälligkeit, etc. verzichtet wird.

Forward Forward. 1. bezeichnet den Abschluss zweier gegenläufiger → Devisentermingeschäfte mit unterschiedlichen → Laufzeit. – 2. bezeichnet den Vertragsabschluss eines Einlagengeschäfts oder Kreditgeschäfts per Termin.

Forward Exchange, nicht standardisiertes, individuell zwischen zwei Vertragsparteien ausgehandeltes → Devisentermingeschäft.

Forward Forward Deposit (FFD), *Einlagentermingeschäft*; Verpflichtung, zu einem zukünftigen Termin einen vereinbarten Geldbetrag zu einem bereits heute festgelegten Zinssatz anzulegen. Auf Grund der zum vereinbarten Termin tatsächlich stattfindenden Kapitalbewegungen sind FFD liquiditäts- und bilanzwirksam. – Vgl. auch → Forward Rate Agreement.

Forward Forward Loan, *Kredittermingeschäft*; Verpflichtung, zu einem zukünftigen Termin einen vereinbarten Geldbetrag zu einem bereits heute festgelegten Zinssatz aufzunehmen. Aufgrund der zum vereinbarten Termin tatsächlich stattfindenden Kapitalbewegungen sind F.F.L. liquiditäts- und bilanzwirksam. – Gegensatz: → Forward Forward Deposit.

Forward-Kontrakt, *forward contract*; individuelles unbedingtes → Termingeschäft, das nicht an der Börse gehandelt und i.d.R. physisch erfüllt wird. Beide Vertragspartner tragen ein → Erfüllungsrisiko, zudem ist eine Vertragsauflösung mit Schwierigkeiten behaftet.

Forward Market, *Forward Markt*; Bezeichnung für den Markt für individuelle, nicht standardisierte → Termingeschäfte. – Gegensatz: → Futures Market.

Forward Rate Agreement (FRA), *future rate agreement*; Abkommen zwischen zwei Parteien, mit dem sich die eine Partei verpflichtet, der anderen Partei gegen Erhalt einer Prämie zu einem zukünftigen Zeitpunkt die Differenz zwischen dem festgelegten Zinssatz und dem vereinbarten Marktzinssatz auf einen bestimmten Betrag zu zahlen. Es finden jedoch keine Kapitalbewegungen wie beim → Forward Forward Deposit oder → Forward Forward Loan statt. Das FRA dient als Absicherungsinstrument gegen das Zinsänderungsrisiko.

Forward Rate, *Zinsterminkurs*; gibt die Verzinsung an, die heute in einem → Zinsterminkontrakt für ein zu einem bestimmten Termin in der Zukunft zu erfüllendes Geschäft vereinbart wird. Die Ermittlung des F.R. erfolgt anhand der → Zinsstrukturkurve.

FOX, Abk. für → Finnish Options Index.

FRA, Abk. für → Forward Rate Agreement.

Fractional Share, → Anteilsbruchteil.

Fraktion, → Odd lot.

Franco Courtage. Unter F.C. versteht man, dass bei Wertpapiergeschäften keine Gebühr für den → Kursmakler anfällt. Beispiele hierfür sind: zum Beispiel der Handel mit dem → Emittent oder der → außerbörslicher Wertpapierhandel ohne Zwischenschaltung eines Maklers.

Franco Provision, *provisionsfreie Orderabwicklung*. Es erfolgt keine Provisionsberechnung durch die mit der Auftragsdurchführung beauftragten Bank.

Frankfurt Interbank Offered Rate (Fibor), durchschnittlicher Zinssatz aus den → Briefkursen im Interbankenhandel, der täglich am Finanzplatz Frankfurt für Ein- bis Zwölfmonatsgelder ermittelt wurde. Mit der Einführung des Euro wurde der Fibor durch den → Euro Interbank Offered Rate (Euribor) abgelöst.

Frankfurter Wertpapierbörse, **(FWB)**, *Frankfurt Securities Exchange*. Bezeichnet den führenden Börsenplatz Deutschlands mit einem Umsatzanteil von 85% und gleichzeitig den weltweit drittgrößten börsenmäßig organisierten Umschlagplatz für → Wertpapiere. Trägerin der 1585 gegründeten öffentlich-rechtlichen FWB ist die → Deutsche Börse AG. Die FWB stellt neben der traditionellen → Präsenzbörse mit → Xetra seit November 1997 eine elektronische Plattform für den → Wertpapierhandel zur Verfügung, die neben dem Abschluss von Handelsgeschäften in Wertpapieren auch die Ausführung von Geschäften in → Zahlungsmitteln aller Art, → Rechnungseinheiten und Edelmetallen ermöglicht. Zu den über 450 Marktteilnehmern an der FWB zählen neben mehr als 170 ausländischen Banken auch zahlreiche → Finanzdienstleistungsinstitute. Die Organisationsstruktur der FWB umfasst den → Börsenrat, die → Börsengeschäftsführung und die Marktaufsicht. Der Börsenrat trifft u.a. Entscheidungen bezüglich der → Börsen-, Gebühren- und Geschäftsordnung, der Einführung von technischen Systemen für Handel und Abwicklung, sowie der Festlegung der Bedingungen für → Börsengeschäfte. Die Börsengeschäftsführung übernimmt die laufende Leitungsfunktion der → Börse in eigener Verantwortung. Die Marktaufsicht, bestehend aus dem → Bundesaufsichtsamt für den Wertpapierhandel (BAWe), der → Börsenaufsicht auf Landesebene und der Handelsüberwachungsstelle der Börse, stellt die transparente und ordnungsgemäße → Kursfeststellung und Preisbildung beim → Börsenhandel sicher.

Fraption, → Interest Rate Guarantee.

Freaky Friday, → Hexentag.

Free Cash-Flow, *frei verfügbarer Cash-Flow*. Betrag, der einem Unternehmen nach Durchführung aller Investitionen zur → Ausschüttung an die Eigen- und Fremdkapitalgeber zur Verfügung steht. Der F.C. verdeutlicht den Betrag, der dem Unternehmen entnommen werden kann, ohne dessen Leistungsfähigkeit zu beeinträchtigen. Der F.C. lässt sich aus der → Kapitalflussrechung ermitteln, indem zum → Cash-Flow aus der laufenden Geschäftstätigkeit die gezahlten Fremdkapitalzinsen hinzugezählt werden und davon der → Cash-Flow aus der Investitionstätigkeit abgezogen wird. In der Unternehmensanalyse spielt der F.C. eine zentrale Rolle, z.B. in der → Discounted Cash-Flow (DCF) Analysis.

Free Float, *Streubesitz*. Der F.F. bezeichnet denjenigen Anteil einer Emission, der sich nicht im Festbesitz eines oder mehrerer Aktionäre befindet, sondern an der Börse frei handelbar ist. Ein hoher F.F. bedeutet regelmäßig auch eine hohe → Börsengängigkeit. Im Rahmen der Zulassung von Wertpapieren bestehen Mindestanforderungen für den F.F. So müssen beispielsweise bei der Zulassung von Aktien zum Handel mit amtlicher Notierung mindestens 25 Prozent der zuzulassenden Aktien im Publikum breit gestreut sein, sofern nicht schon eine geringere Quote aufgrund des hohen Volumens einen ordnungsgemäßen Handel gewährleistet.

Free Lunch

Free Lunch, Bezeichnung für risikolos zu erzielende Gewinne. – Vgl. → Arbitrage.

Freiaktien, → Gratisaktien.

freie Aktionäre. Als f. A. werden die Inhaber der Teil der → Aktien einer → AG bezeichnet, die sich in → Streubesitz (→ free float) befinden und die einem → Großaktionär oder mehreren Großaktionären gegenüberstehen. Es sind also die Aktionäre, die nicht zur Gruppe der → Mehrheitsaktionäre und den ihr nahestehenden Aktionären gehören. Zuweilen wird in der Praxis eine Kooperation der f. A. angestrebt, wenn der Eindruck entsteht, dass Maßnahmen der Verwaltung oder der Mehrheitsaktionäre nicht im Interesse auch der übrigen Aktionäre liegen. In der Terminologie des → AktG sind f. A. die schutzbedürftigen „außenstehenden Aktionäre" bei einem konzernrechtlichen → Gewinnabführungs- oder → Beherrschungsvertrag gemäß §§ 304 ff. AktG.

freie Makler, *Freimakler*; sind privatrechtlich organisierte Handelsmakler, die zur Teilnahme am → Börsenhandel zugelassen sind. Sie unterliegen gewerblichen Beschränkungen und dürfen im → Börsenhandel vermitteln. Zusätzlich ist es ihnen auch gestattet Geschäfte auf eigene Rechnung auszuüben, die allerdings auf ein gewisses Volumen gesetzlich begrenzt sind. Ihre Aufgaben können sie in sämtlichen → Börsensegmenten des → Präsenzhandels, des → Computerhandels und des → OTC-Handels wahrnehmen.

freie Rücklagen, *free reserves*; Sammelbezeichnung für sämtliche in der → Bilanz eines Unternehmens ausgewiesenen zweckfreien → Rücklagen, deren Verwendung weder durch Gesetz noch durch Satzung festgelegt ist.

freie Wechselkurse, *flexible Wechselkurse*. Bei freien oder flexiblen Wechselkursen bilden sich die Preise für → Währungen im Gegensatz zu → festen Wechselkursen am Markt nach Angebot und Nachfrage.

freie Zeichnung, *open subscription*; Emission, bei der im Gegensatz zur → Privatplatzierung das gesamte Emissionsvolumen allen Marktteilnehmern zur → Zeichnung freisteht.

freihändiger Rückkauf, *repurchase in the open market*; → Tilgung von → Anleihen durch einen entsprechenden Rückkauf der ausgegebenen → Tranchen am → Rentenmarkt. Der f.R. wird vom → Anleiheschuldner durchgeführt, wenn der Kurs des Wertpapiers stark unter dem Nennwert notiert und er über entsprechende liquide Mittel verfügt. Der Anleiheschuldner profitiert dadurch, dass er den Aufwand für seine Fremdkapitalzinsen reduziert, bei gesunkenem Zinsniveau eine Anleihe mit niedrigerer Nominalverzinsung begeben und sein Vertrauen bei Gläubigern verbessern kann.

freihändiger Verkauf, *direct offering*. Das Angebot zur Zeichnung eines neuemittierenden Wertpapiers erfolgt nach diesem Verfahren ohne Bindung an eine Frist und somit fortlaufend bis zur Einstellung oder bis zum restlosen Verkauf der Emission, weshalb der Verkauf besser an die jeweilige aktuelle Marktlage angepasst werden kann. Diese Form der → Platzierung findet häufig bei → Bundesobligationen und → Bundesschatzbriefen Anwendung. – Vgl. → Bookbuilding.

frei konvertierbare Währungen, → konvertierbare Währungen

Freimakler, *outside broker*. Die von der → → Börsengeschäftsführung zuzulassenden F., bei denen es sich um → Finanzdienstleistungsinstitute, → Wertpapierhandelsunternehmen oder → Wertpapierhandelsbanken handelt, vermitteln gegen eine → Courtage in sämtlichen Segmenten Wertpapiergeschäfte, wobei sie auch → Eigen- und → Aufgabegeschäfte tätigen können. Im → Geregelten Markt und → Freiverkehr übernehmen sie zudem als Skontroführer die Feststellung der nichtamtlichen Börsenpreises. – Vgl. auch → Börsenhandelsteilnehmer, → skontroführende Makler.

Freistellungsauftrag. Der F. verhindert das unmittelbare Abführen der → Kapitalertragsteuer sowie der → Körperschaftsteuer durch die depotführende Bank. Er kann nur von privaten Haushalten (Einzelperson oder Ehepaar) geltend gemacht werden. – Vgl. hierzu → Sparerfreibetrag, → Kapitalertragsteuererstattung, → Besteuerung der Erträge aus Wertpapieren.

Freistellungsbescheinigung. Steuerbescheinigung, die einen Steuerpflichtigen zunächst voll oder teilweise von einer Steuereinbehaltung befreit. Demnach können bei der depotführenden Bank sowohl → Freistellungsauftrag als auch F. eingereicht werden, um einen unmittelbaren Steuereinbehalt zu verhindern. Eine F. kann nur privaten Haushalten, die unbeschränkt einkommensteuerpflichtig sind, ausgestellt werden, wenn anzunehmen ist, dass eine Veranlagung zur Einkommensteuer nicht in Betracht kommt (vgl. § 44a II in Verbindung mit § 36b II S.2 - 4 EStG). – Vgl. auch → Kapitalertragsteuererstattung.

Freistellungsmethode, *nonliability for tax method*; im Rahmen von → Doppelbesteuerungsabkommen verwendete Methode zur Vermeidung einer internationalen → Doppelbesteuerung. Die F. setzt im Gegensatz zur → Anrechnungsmethode nicht an den Steuerbeträgen, sondern an der Bemessungsgrundlage an. Sie befreit das ausländische Einkommen von der Besteuerung im Wohnsitzstaat, so dass letztlich nur die Einkommensteuer des Auslandes für die ausländischen Einkünfte verbleibt. In Abhängigkeit davon, mit welchem Steuersatz die im Inland steuerpflichtige Bemessungsgrundlage besteuert wird, ist zwischen einer uneingeschränkten Befreiung und einer Freistellung mit Progressionsvorbehalt zu differenzieren. Bei der uneingeschränkten Freistellung bleiben im Inland die ausländischen Einkünfte auch bei Festlegung des anzuwendenden Steuersatz ausgeklammert. Die Besteuerung im Inland erfolgt so, als ob der Steuerpflichtige im Ausland keine wirtschaftlichen Aktivitäten entfalten würde. Im Falle der Freistellung mit Progressionsvorbehalt wird das Auslandseinkommen bei der Ermittlung des für die inländischen Einkünfte geltenden Steuersatzes berücksichtigt.

frei verfügbarer Cash-Flow, → Free Cash-Flow.

Freiverkehr, *outside market, unofficial market*; bezeichnet ein von den einzelnen → Börsen individuell reglementiertes → Börsensegment, bei dem es sich gemäß § 2 V WpHG nicht um einen organisierten Markt handelt und der im → Börsengesetz nicht genauer geregelt ist. Der F. wurde am 01.05.1988 durch die Zusammenfassung der bis dahin existierenden Marktsegmente → geregelter F. und → ungeregelter F. geschaffen. Nach § 78 I BörsG ist die Zulassung des F. durch Börsen für → Wertpapiere, die weder zum → amtlichen Handel noch zum → geregelten Markt zugelassen sind, erlaubt. Die Voraussetzung für die Zulassung ist eine ordnungsmäßige Durchführung des Handels und der Geschäftsabwicklung. Die Preise für Wertpapiere, die sich während der Börsenzeit an einer → Wertpapierbörse im F. ergeben, sind im Sinne des § 78 II BörsG → Börsenpreise, die die Anforderungen nach § 11 II BörsG erfüllen müssen. Der F. an der → Frankfurter Wertpapierbörse (FWB) ist in § 66 I bis III der → Börsenordnung für die FWB geregelt. Mit derzeit über 30.000 gelisteten Wertpapieren ist dieses Marktsegment das größte an der FWB. Die Zulassung von Wertpapieren zum F. erfolgt aufgrund der Freiverkehrsrichtlinien der → Deutschen Börse AG. Im F. werden zwischen → freien Maklern und → Kreditinstituten auf privatrechtlicher Basis neben deutschen → Aktien überwiegend ausländische Aktien und → Optionsscheine gehandelt. Dabei fallen die Zulassungsanforderungen in diesem Segment wesentlich geringer aus, als dies beim amtlichen Handel oder geregelten Markt der Fall ist. Die Antragstellung zur Zulassung kann durch ein Kreditinstitut oder einen → Freimakler geschehen, wobei eine Einwilligung des → Emittenten hier nicht erforderlich ist. Auf einen → Börseneinführungsprospekt sowie auf → Unternehmensberichte als Zulassungsunterlagen kann zudem verzichtet werden, da eine genaue Definition der einzuführenden Aktien als ausreichend erscheint. Auch über den → Mindestnennbetrag der zuzulassenden Aktien, ihre → Mindeststückzahl oder Mindeststreuung existieren keinerlei Vorgaben. Gegenüber dem amtlichen Handel und dem geregelten Markt sind auch die Publizitätsanforderungen im F. weniger restriktiv. So sind nur der Antrag und die Entscheidung über die Einbeziehung zum Handel im Anhang des → amtlichen Kursblattes zu veröffentlichen. Die Unternehmen des F. unterliegen zudem keiner → Prospekthaftung und auch für → Zwischenberichte gibt es keine über die aktienrechtlichen Vorschriften hinausgehenden Pflichten. Der Antragsteller muss den zuständigen → Makler über kursrelevante Umstände wie beispielsweise bevorstehende → Hauptversammlungen, → Dividendenzahlungen oder

freiwillige Publizität

Kapitalveränderungen unterrichten und die inländische → Zahl- und Hinterlegungsstelle benennen. Bezüglich der → Ad-hoc-Publizität gelten die gleichen Bestimmungen wie im amtlichen Handel, nach denen alle kursrelevanten Fakten aus dem Tätigkeitsbereich des Unternehmens unverzüglich in einem → Börsenpflichtblatt zu veröffentlichen sind. Eine im amtlichen Handel erforderliche Druckprüfung der Aktien entfällt im F.

freiwillige Publizität, *voluntary disclosure*; öffentliche Bekanntgabe von Informationen durch ein Unternehmen, deren Veröffentlichung gesetzlich oder aufgrund der Unternehmensverfassung (Gesellschaftsvertrag, Satzung) nicht zwingend vorgeschrieben ist. Sie kann u.a. durch Unternehmenszeitschriften, → Aktionärsbriefe, freiwillige → Zwischenberichte, Presseinformationen oder über Mittel der Telekommunikation erfolgen. – Vgl. auch → Publizitätspflicht, → Public Relations und → Investor Relations.

Fremdbesitz im Teilnehmerverzeichnis der Hauptversammlung. Als F.i.T.d.H. werden solche Aktien ausgewiesen, die nicht durch den → Aktionär selbst, sondern durch einen Bevollmächtigten vertreten werden, ohne dass der Name des Aktionärs in Erscheinung tritt.

Fremddepot, → Anderdepot.

Fremdeffekten, *third-party stocks and bonds*. Bezeichnung für die → Effekten, die einem → Kreditinstitut von seinen Kunden zur Verwahrung und Verwaltung übergeben wurden. – Gegensatz: → eigene Effekten.

Fremdemission, *securities issue for account of another*; die am häufigsten anzutreffende → Emissionsart. Bei der F. werden Banken oder → Bankenkonsortien als Mittler zwischen → Kapitalmarkt und → Emittent eingeschaltet. Die Konsortien können als → Begebungs- oder Übernahmekonsortium, oder als Mischform ausgestaltet sein, wobei in Deutschland letztere am häufigsten anzutreffen ist. Die vertragliche Ausgestaltung der Übernahmefunktion des Konsortiums kann als → Firm Commitment oder → Best Effort Vereinbarung erfolgen. – Beim Begebungskonsortium übernehmen die Konsorten keine Garantie für den Absatzerfolg der Emission. Das Risiko trägt somit alleine der Emittent. Beim → Übernahmekonsortium übernehmen die Konsorten das Platzierungsrisiko, indem sie den Bestand ganz oder teilweise übernehmen. – Beim Firm Commitment übernimmt das Konsortium die Wertpapiere und garantiert dem Emittenten die Platzierung des gesamten Emissionsvolumens. Daher besteht für den Emittent kein Mengenrisiko mehr und – sobald der Ausgabekurs fixiert ist – auch kein Preisrisiko mehr. Bei einer Best Effort Vereinbarung übernehmen die Emissionsbanken lediglich die Verpflichtung, sich um eine erfolgreiche Platzierung zu bemühen. – Zunehmend versuchen die Emissionsbanken durch eine nähere Preisfixierung an das Ausgabedatum und durch stärkere Preisfindung über die Marktnachfrage (→ Bookbuilding) das Risiko der Übernahme zu verringern.

Fremdemissionskonsortium, bezeichnet ein → Konsortium, das eine → Fremdemission durchführt.

Fremdfinanzierung, *debt/outside/external financing*, Bezeichnung für die Zuführung oder Erhöhung des → Fremdkapitals einer Unternehmung durch Kreditfinanzierung oder die Finanzierung aus → Rückstellungen.

Fremdkapital (FK), *Schulden, debt*. Als FK werden alle in der → Bilanz eines Unternehmens passivierten Verbindlichkeiten bzw. Schulden bezeichnet, insbesondere Bankkredite, vom Unternehmen emittierte → Anleihen, Verbindlichkeiten aus Lieferung und Leistung sowie Verbindlichkeiten aus → Wechseln. Die Höhe des FK berechnet sich aus der Differenz zwischen → Passiva und → Eigenkapital. In Abhängigkeit von der Fristigkeit wird zwischen kurzfristig, mittelfristig und langfristig verfügbarem FK unterschieden. Der handelsrechtliche Schuldenbegriff entspricht dem Begriff des FK und ist zu unterteilen in → Verbindlichkeiten und → Rückstellungen.

Fremdkapitalgeber, *Gläubiger*; bezeichnet eine Person, die dem Unternehmen Geld (→ Fremdkapital) zur Verfügung stellt und dadurch einen Anspruch auf Rückzahlung des → Nominalbetrages und Zahlung der vereinbarten → Zinsen besitzt. – Gegensatz: → Eigenkapitalgeber.

Fremdkapitalkennzahlen, *debt ratios*. F. setzen bestimmte Bestandteile oder das gesamte → Fremdkapital in Beziehung zu anderen Bilanzpositionen, z.B. → Verschuldungsgrad. – Gegensatz: → Eigenkapitalkennzahlen. – Vgl. auch → Kennzahlen und → Kennzahlenvergleich.

Fremdkapitalkosten, *cost of debt*. Eine Unternehmung muss für jede Art der Kapitalüberlassung ein entsprechendes Nutzungsentgelt zahlen, so dass → Eigenkapitalkosten und F. entstehen. Letztere sind das Produkt aus dem Fremdkapitalzinssatz und dem → Fremdkapital. Der Fremdkapitalkostensatz richtet sich nach den an den Märkten bestehenden Konditionen, der Kreditwürdigkeit des Kreditnehmers, der Qualität der Besicherung sowie der Kapitalüberlassungsdauer festgelegt.

Fremdkapitalzins, *interest rate on borrowings*; bezeichnet denjenigen → Zins, der an den Fremdkapitalgeber für die Bereitstellung des → Fremdkapitals zu entrichten ist.

Fremdvermutung, *non-property presumption*. Sollten die Wertpapiere bei einem Drittverwahrer hinterlegt sein, so gilt durch den Grundsatz der F., dass dem Drittverwahrer bekannt ist, dass die Wertpapiere dem Erstverwahrer (Zwischenverwahrer) nicht gehören. – Vgl. auch → Depot und → Depotarten.

Fremdwährungsanleihen, *foreign currency loan issue, currency bond*; → Anleihen, bei denen Zins- und Tilgungszahlungen aus der Sicht des → Anleihegläubigers in einer fremden Währung geleistet werden. – Vgl. auch → Doppelwährungsanleihe.

Fremdwährungsguthaben, → Währungsguthaben.

Fremdwährungskonto, *Devisenkonto, Währungskonto, Valutakonto, foreign exchange account*; bei einer inländischen Bank geführtes Konto in einer ausländischen Währung. Zum Bilanzstichtag erfolgt die Umrechnung der ausländischen in die inländische Währung.

Friendly Takeover, *freundliche Übernahme*. Im Gegensatz zur feindlichen Übernahme (→ Hostile Takeover) erfolgt hier die → Unternehmensübernahme im Einverständnis mit dem Management der Zielgesellschaft.

Fristenkongruenz, *Fristenparallelität*; bezeichnet jenen Zustand, in dem der Kapitalbedarf seiner zeitlichen Bindung entsprechend finanziert wird. Mithin stimmen Kapitalüberlassungsdauer mit der Kapitalbindungsdauer, mit dem Kapitaldienst und dem Einzahlungsrhythmus des finanzierten Investitionsobjekts überein. Das Postulat der F. unterstellt den Ausschluss eines Fristentransformationsrisikos für die Unternehmung und schlägt sich in der Formulierung der sog. → „Goldenen Bankregel" nieder.

Fristentransformation, *maturity transformation, liquidity creation and claims transformation*; bezeichnet eine von → Finanzintermediären erbrachte → Transformationsleistung. Ein Hinderungsgrund für direkte Kontraktabschlüsse zwischen Kapitalanbietern und -nachfragern sind unterschiedliche Laufzeitwünsche der Kontraktpartner. Finanzintermediäre gleichen die unterschiedlichen Interessen im Rahmen der F. aus, indem sie insbesondere kurzfristiges Kapital aufnehmen (→ Einlagen) und dieses langfristig ausleihen (→ Kredite). Sie machen sich hierbei die → Bodensatztheorie zu Nutze, nach der ein bestimmter Teil der kurzfristigen Einlagen langfristig beim Finanzintermediär verbleibt.

Fristigkeitsmethode, → Währungsumrechnung bei Aufstellung eines Weltabschlusses.

FRN, Abk. für → Floating Rate Note.

Front Loaded Interest Reduction Bonds (FLIRBs). Bezeichnung für Obligationen mit anfangs reduzierten Zinszahlungen. I.d.R. wird ein anfänglich niedriger → Zins während der Laufzeit stufenweise erhöht und die → Tilgung erfolgt in Teilbeträgen.

Front-End Load, → Ausgabekosten.

Frontend, Bezeichnung für ein von einem Börsenteilnehmer verwendetes System, das diesem als Schnittstelle zum → Handelssystem einer → Börse dient. – Gegensatz: → Backend.

Front Month

Front Month, bezeichnet den nächsten Verfalltermin bei Termingeschäften. Der Futures-Handel im Front Month verfügt i.d.R. über die höchste Liquidität.

Front Office, bezeichnet den Bereich einer Bank, in dem die Geschäfte, oftmals mit direktem Kundenkontakt, abgeschlossen werden. – Gegensatz: → Back Office.

Front-Office-System, Bezeichnung für die Gesamtheit aller auf der modernen → Information Technology basierenden Systeme, die zur Unterstützung der Kundenberatung oder zur Erfassung der abgewickelten Geschäfte bei → Kreditinstituten zum Einsatz kommen.

Frontrunning, *vorlaufen*; Begriff aus dem → Insiderrecht. F. bezeichnet den Abschluss eines Wertpapiergeschäfts in Kenntnis einer → Insidertatsache mit dem Ziel, von der nach ihrem Bekanntwerden zu erwartenden Kursveränderung zu profitieren. Das F. gehört zu den verbotenen → Insidergeschäften. – Zum F. gehört auch, wenn ein Bankangestellter in Kenntnis einer bevorstehenden großen Kundenorder, eine eigene Order zu seinen Gunsten in den Markt stellt und die Kundenorder schließlich zu schlechteren Kursen abgewickelt wird.

FSA, Abk. für → Financial Services Authority.

FTA, → Financial Futures Market Amsterdam.

FTSE 100, *Footsie*; minütlich berechneter → Aktienindex, der die 100 meist gehandelten, an der → London Stock Exchange notierten britischen Aktien umfasst. Die Gewichtung der einzelnen Aktien innerhalb des FTSE 100 erfolgt nach deren → Börsenkapitalisierung. Basis sind 1.000 Punkte zum 03.01.1984. Zusammen mit dem → FTSE MID 250 bildet der FTSE 100 den → FTSE 350. – Der FTSE 100 gilt als der wichtigste Börsenindikator Großbritanniens. – Vgl. auch → FTSE All-World Index Series.

FTSE 350, minütlich berechneter → Aktienindex, der die 350 meist gehandelten, der → London Stock Exchange notierten britischen Aktien umfasst. Er stellt eine Zusammensetzung aus dem → FTSE 100 und dem → FTSE 250 dar.

FTSE All-Share Index, *The Financial Times Actuaries All Share Index.* → Aktienindex, der aus ca. 800 Aktien der → London Stock Exchange gebildet wird. Die Gewichtung der einzelnen Aktien erfolgt nach deren → Börsenkapitalisierung. Der Index wird in mehrere Subindizes z.B. → FTSE 100 und → FTSE MID 250, untergliedert.

FTSE All-World Index. → Aktienindex, der ca. 2.600 Aktien aus 49 verschiedenen Ländern beinhaltet. Der Index wird einmal täglich nach Börsenschluss anhand der Schlusskurse berechnet. – Vgl. auch → FTSE All-World Index Series.

FTSE All-World Index Series, seit November 1999 Nachfolgerserie zu den → Financial Times Actuaries World Indices. Die Indizes werden von FTSE International Limited in Zusammenarbeit mit der Faculty of Actuaries und dem Institute of Actuaries berechnet und veröffentlicht. Ziel der Schaffung dieser Indizes ist es, dem Finanzmarkt qualitativ hochwertige → Benchmarks zur Verfügung zu stellen. – Vgl. auch → FTSE All-World Index und → FTSE All Share Index.

FTSE Eurotop 100. → Aktienindex, der die Aktien der 100 größten Unternehmen Europas, gemessen an der → Börsenkapitalisierung, umfasst. Die Zusammensetzung des Index wird einmal jährlich im Juni überprüft.

FTSE Eurotrack 100, europäischer → Aktienindex, der die Kurse von 100 europäischen Aktiengesellschaften umfasst und kontinuierlich veröffentlicht wird. Basis sind 1.000 Punkte zum 29.10.1990.

FTSE-Indices, hierunter fallen eine Vielzahl von Indices, deren Namensgeber die Financial Times ist. Darunter befindet sich auch der bekannte → FTSE-100 Index, der die 100 größten Werte am britischen Aktienmarkt widerspiegelt.

FTSE MID 250, → minütlich berechneter Aktienindex, der die 250 britischen Aktien umfasst, die nach den im → FTSE 100 enthaltenen Aktien die größte → Börsenkapitalisierung aufweisen. Die Börsenkapitalisierung dieser Unternehmen beträgt zwischen £ 150 Mio. £ und 1 Mrd. £ Zusammen mit dem

FTSE 100 bildet der FTSE MID 250 den → FTSE 350.

FTSE-Small-Cap-Index, seit 1993 auf täglicher Basis berechneter → Aktienindex, der zwischen 500 und 600 verschiedene Unternehmen umfasst, deren → Kapitalisierung zwischen 20 Mio. £ und £ 150 Mio. £ beträgt. Die Berechnung des Index am Ende des Handelstages erfolgt sowohl inklusive der → Investmentgesellschaften als auch ohne deren Einbezug.

Führungsprovision, *lead management fee*; Provision, die der → Konsortialführer für seine Tätigkeiten bei der Planung, Platzierung und Nachbetreuung der Emission vom Emittenten erhält.

Fully Underwritten, Bezeichnung für die anfänglich komplette Übernahme des zu gewährenden Kreditbetrages durch die konsortialführende(n) Bank(en).

Fund, *Fonds*; oftmals allgemeine Bezeichnung für → Investmentfonds.

Fund Manager, → Fondsmanager.

Fundamentalanalyse

Prof. Dr. Otto Loistl / Dr. Christopher Casey

1. Begriff

Die fundamentale Aktienanalyse unterstellt, dass die Entwicklung der Ertragskraft einer Unternehmung letztlich die Entwicklung der Aktienkurse bestimmt. In der Fundamentalanalyse steht der → innere oder wahre Wert eines Unternehmens im Mittelpunkt. Er wird durch die wirtschaftliche Situation der Unternehmung, durch die nachhaltige Ertragskraft und den potentiellen Verkaufserlös im Liquidationsfall bestimmt. Die Anhänger der Fundamentalanalyse gehen davon aus, dass der Kurs einer Aktie um den inneren Wert schwankt. Ein Papier gilt als kaufenswert, wenn es unter seinem inneren Wert notiert und umgekehrt.

2. Merkmale

In der Ertragskraft einer Unternehmung kommt deren Fähigkeit zum Ausdruck, einen nachhaltigen Strom an Erträgen zu erwirtschaften. Während die Kapitalmarktgleichgewichtstheorie regelmäßig von informationseffizienten Märkten ausgeht, unterstellt die Fundamentalanalyse mithin die Möglichkeit der Existenz von kursbeeinflussenden, aber noch nicht in der aktuellen Kursnotiz verarbeiteten Informationen.

3. Unterscheidung von anderen, ähnlichen Begriffen

Im Gegensatz zur Fundamentalanalyse, die sich am Ertragswert einer Gesellschaft orientiert, beurteilt die technische Aktienanalyse die Kursentwicklung einer Aktie ohne Bezug auf fundamentale Daten und geht davon aus, dass die künftige Kursentwicklung aus den Kursbewegungsmustern der Vergangenheit zu prognostizieren ist.

Fundamentalanalyse

4. Ziele

Ziel der Fundamentalanalyse ist es, die die Kurssteigerungen bewirkenden Faktoren so früh wie möglich zu erkennen. So früh wie möglich heißt zumindest früher als der gesamte Markt. Dies gilt für unternehmensspezifische Nachrichten ebenso wie für globale Wirtschaftsdaten. Mit der Identifikation vermeintlicher Kurssteigerungspotenziale ist es nicht getan. Die mutmaßlichen Kursveränderungspotenziale müssen auch vom Markt realisiert werden. Bei vielen fundamental bedeutsamen Ereignissen ist jedoch ziemlich ungewiß, wie der Markt in welchem Zeitraum in welchem Umfang sie zur Kenntnis nimmt.

5. Entwicklung bzw. Geschichte des Begriffes

Die Bedeutung der Kursprognose bzw. Analysestrategie an Hand von fundamentalen Faktoren ist mindestens 100 Jahre alt und erlebte in den achtziger Jahren des letzten Jahrhunderts einen neuen Aufschwung, nachdem die allein auf der Analyse der vergangenen Kurszeitreihen basierenden Anlagestrategien weniger erfolgreich waren als sogenannte Style-Investoren, die ihre → Portfolios nach fundamentalen Kriterien auswählten. Wertorientierte Planungs- und Bewertungstechniken liefern ein Gerüst zur Berechnung und Erklärung der in der Praxis vielfach verwendeten *Kennzahlen* (z.B. Cash Flow Return On Investment CFROI, Economic Value Added → EVA) und *Multiplikatoren* (z.B. → Kurs-Gewinn-Verhältnis KGV) und stellen dem Analysten ein shareholder orientiertes Instrumentarium zur Verfügung, das die Aufspaltung des Shareholder Value in seine finanziellen Einflussfaktoren erlaubt. Letztere werden anschaulich auch als Value Driver, die die Zahlungsströme, die Risikosituation und damit den Marktwert des Unternehmens beeinflussen, bezeichnet.

6. Darstellung der zugrundeliegenden Modelle
6.1 Gewinn als Maßstab der Wertermittlung
6.1.1 Gewinn-/Dividendenwachstums-modell

Das Gewinnmodell geht von der Vorstellung aus, dass der Aktienwert K_0 dem Barwert der künftigen jährlichen erwarteten Gewinne entspricht. Bei konstanten jährlichen Gewinnen und unendlichem Betrachtungszeitraum erhält man $K_0 = G/i$. Die erwarteten Gewinne im Zähler sind mit einem risikoadjustierten Kalkulationszinsfuß i zu diskontieren. Er wird im allgemeinen mit Hilfe des → Capital Asset Pricing Model (CAPM) bestimmt. Aktuelle Umfragen unter US-Praktikern zeigen, dass über 80% der Unternehmen und Berater dieses Konzept zur Bestimmung des → Kalkulationszinssatzes verwenden. Der im Zähler der Bewertungsformel stehende Gewinn soll die nachhaltige Ertragskraft der zu beurteilenden Unternehmung widerspiegeln und sollte daher um Sondereinflüsse bereinigt werden. Die Methode zur Ermittlung des Ergebnisses nach DVFA/SG ist hierzu und zur Erreichung der Vergleichbarkeit entwickelt worden. Die Bedeutung einer nachhaltigen Ertragsgröße wird bestätigt durch die gleichlautende aktuelle Forderung der angelsächsischen Diskussion. Im Gewinnmodell wird grundsätzlich eine Vollausschüttung des DVFA/SG-Ergebnisses unterstellt. Die Berücksichtigung einbehaltener Gewinnanteile erfolgt in dem Dividendenwachstumsmodell. Wird das Gewinnwachstum ausschließlich durch einbehaltene Gewinne finanziert und sind sowohl die Eigenkapitalrentabilität ROE (→ Return on Equity) als auch die jährliche Thesaurierungsquote e im Zeitablauf konstant, dann ist der Barwert künftiger Dividendenzahlungen gleich $K_0 = D_1/(i-g)$ wobei $D_1 = G_1(1-e)$ die erwartete Dividende im Zeitpunkt eins und $g = e*ROE$ die jährliche Wachstumsrate des Gewinns (internal growth rate) beschreibt.

Die Verwendung künftiger Gewinne als Bemessungsgrundlage der Dividende ist nicht ohne Kritik geblieben. Im wesentlichen wird argumentiert, dass der Gewinn eine buchhalterische und keine finanzwirtschaftliche Größe darstellt. Die Höhe des Gewinns wird dabei maßgeblich von

Fundamentalanalyse

den geltenden Ansatz- und Bewertungsvorschriften bestimmt. Das tatsächliche Ausschüttungspotenzial bzw. die vom Management effektiv verfolgte Dividendenpolitik wird hingegen maßgeblich von den finanziellen Möglichkeiten der Unternehmung bestimmt. Die Bemessung der Dividenden orientiert sich an finanzwirtschaftlichen Größen, die frei von Bewertungsspielräumen sind.

Die Aktienbeurteilung aufgrund von Zahlungsströmen, in der alle als für die Vermögensentwicklung der Eigner relevanten Einnahmen und Ausgaben zeitgenau erfaßt werden, vermeidet die Probleme von erfolgsgrößenorientierten Modellen. Gleichzeitig sind natürlich reine Zahlungsstrommodelle durch die Aperiodizität von Zahlungen beeinträchtigt. Das um Sondereinflussfaktoren bereinigte DVFA/SG-Ergebnis versucht einen „goldenen Mittelweg" der normierten nachhaltigen Erfolgsgröße. Statistische Untersuchungen bestätigen dann auch seinen hohen Erklärungsgehalt für Aktienkurse im Rahmen der empirisch-induktiven Analyse.

6.1.2 Kennzahlenanalyse

In der Bewertungspraxis werden diverse Bewertungskriterien beziehungsweise -kennzahlen zur schnellen, näherungsweisen Beurteilung der Preiswürdigkeit von Aktien eingesetzt. Aus der Vielzahl verwendeter Kennzahlen sollen hier die → Dividendenrendite, das Kurs-Gewinn-Verhältnis, das Marktwert-Buchwert-Verhältnis und das → Kurs-Cash-Flow-Verhältnis vorgestellt werden.

Dividendenrendite: Das Verhältnis der erwarteten Dividende pro Aktie (mit/ohne Steuergutschrift) zu aktuellem Aktienkurs gibt den prozentualen Anteil der Ausschüttung am Aktienkurs wieder. Hohe Dividendenrenditen sollen hohe Wertzuwächse, niedrige Dividendenrenditen geringe Wertzuwächse signalisieren. Unter der Annahme der Gültigkeit des Dividendenwachstumsmodells mit konstantem Wachstum, $P_0 = D_1/(i-g)$, ist der vom Markt zur Bewertung herangezogene Diskontierungszinssatz i bzw. die vom Markt geforderte Rendite (required rate of return) gleich $i=(D_1/P_0)$, d.h. gleich der Dividendenrendite zuzüglich der Wachstumsrate der Dividende. Dividendenrenditen und Wachstumserwartungen verschiedener Unternehmen (der gleichen Risikoklasse) sollten mithin nicht isoliert, sondern stets im Kontext interpretiert werden.

Kurs-Gewinn-Verhältnis (KGV): Das KGV (Price Earnings Ratio PER) ist gleich dem Quotient aus Kurs einer Aktie durch Gewinn pro Aktie. Durch Vergleich des KGVs einer Unternehmung mit einem Durchschnitts-KGV der Branche soll dann eine Aussage über die Preiswürdigkeit der Aktie getroffen werden. Je niedriger das KGV einer Gesellschaft im Vergleich zur Branche oder zum Gesamtmarkt ist, umso preiswerter ist demnach die Aktie, je höher das KGV einer Gesellschaft ist, umso teurer ist die Aktie. Das KGV-Konzept kann auch zur Bewertung von nicht börsennotierten Unternehmen, wie etwa bei der Emissionspreisfestsetzung, verwendet werden, indem der Gewinn der nicht-börsennotierten Gesellschaft mit dem Durchschitts-KGV der Branche bewertet wird. In einer zweiten Betrachtungsweise wird das KGV aus dem Gewinnmodell abgeleitet. Bei Umformung der Marktwertformel des Gewinnmodells bei gegebenem heutigen Kurs P_0 kann das KGV auch als Kehrwert des Diskontierungszinssatzes interpretiert werden.

Marktwert-Buchwert-Verhältnis (MBV): Das MBV ist gleich dem Quotient aus dem Marktwert einer Aktie und dem bilanziellen Eigenkapital pro Aktie: MBV= K_0 / BEK_0. Der buchhalterische Gewinn der Periode eins G_1 kann in Abhängigkeit von dem bilanziellen Eigenkapital im Bewertungszeitpunkt BEK_0 und der Eigenkapitalrentabilität ROE geschrieben werden: $G_1=BEK_0*ROE$. Wird dieser Ausdruck in die Bewertungsgleichung des Dividendenwachstumsmodells eingesetzt, dann ergibt sich das MBV zu MBV=(RoE-g)/(i-g). Ist dieser Quotient größer als 1, dann wird Wert geschaffen, ist er kleiner als 1, dann wird Wert vernichtet. Es gilt der Grundsatz: Je niedriger das Marktwert-Buchwert-Verhältnis im Vergleich zum Referenz-

Fundamentalanalyse

maß, um so preiswerter ist eine Aktie, je höher das Verhältnis, um so teurer ist sie. Diese Interpretation ist analog der Deutung des Kurs-Gewinn-Verhältnisses mit Vorsicht zu sehen. Empirische Untersuchungen zeigen, dass Unternehmen mit hohen MBV geringer auf Anlageempfehlungen reagieren als Unternehmen mit niedrigen MBV.

Kurs-Cash-Flow-Verhältnis (KCV): Das KCV als Quotient aus dem Cash Flow pro Aktie und dem Kurs pro Aktie erlaubt eine erste Einschätzung des Aktienkurses auf Basis der finanzwirtschaftlichen Situation der Unternehmung. Analog zu der Interpretation des KGV kann das KCV als Preismaßstab und als reziproker Diskontierungsfaktor eines Rentenbarwertmodells gedeutet werden. Je niedriger ceteris paribus das KCV einer Gesellschaft im Vergleich zur Branche oder zum Gesamtmarkt ist, umso preiswerter ist die Aktie. Als wesentlicher Vorteil des KCV im Vergleich zum KGV wird häufig angeführt, dass der Cash Flow weniger anfällig gegenüber bilanzpolitischen Spielräumen ist und sich damit für unternehmensübergreifende Betriebsvergleiche besser eignet. Analog zur Ermittlung einer objektivierten Gewinngröße haben DVFA/SG ein Schema zur Berechnung eines objektivierten, sowohl für Zeit- und Unternehmensvergleiche geeigneten Cash Flow entwickelt.

6.2 Cash Flow als Maßstab der Wertermittlung
6.2.1 Discounted Cash Flow- (DCF-) Modelle

Nach den DCF-Modellen sind nicht Gewinne, sondern potentiell verfügbare Cash Flows aus dem Unternehmen wertbegründend für die Gesellschafteranteile. Die DCF-Methoden gehen von einer Vollausschüttungsfiktion der entziehbaren Zahlungsüberschüsse aus. In Abhängigkeit von dem Rechenschema zur Ermittlung des Eigenkapitalmarktwertes (Shareholder Value) können verschiedene DCF-Varianten unterschieden werden. Dies sind der → Equity- beziehungsweise Flow-To-Equity-(FTE)Ansatz und der → Entity-Ansatz. Letzterer mit den Varianten → Weighted-Average-Cost-Of-Capital-(WACC-)Ansatz, Total Cash Flow-(TCF-)Ansatz und Adjusted-Present-Value-(→ APV-)Ansatz. Je nach Methode kommen unterschiedliche Cash Flows und Diskontierungszinssätze zur Anwendung, wobei alle Methoden grundsätzlich nominell prognostizierte Cash-Flows mit nominellen Kalkulationszinsfüßen diskontieren.

Weighted-Average-Cost-Of-Capital-(WACC-)Ansatz: Nach dem WACC-Ansatz erfolgt eine indirekte Ermittlung des Shareholder Value. In einem ersten Schritt wird ein Unternehmensgesamtwert ermittelt, in dem die erwarteten Zahlungen an das Gesamtkapital mit den konstanten Gesamtkapitalkosten WACC diskontiert werden. Wird von dem solcherart ermittelten Unternehmensgesamtwert der Marktwert des → Fremdkapitals subtrahiert, dann erhält man den Marktwert des Eigenkapitals. Der Diskontierungszinssatz WACC wird als gewichteter Durchschnitt aus Fremdkapital- und Eigenkapitalkosten berechnet. Die Eigenkapitalkosten beziehungsweise Renditeforderungen der Eigenkapitalgeber werden im allgemeinen mit dem CAPM abgeleitet. Die von einer anteiligen Fremdfinanzierung induzierten Steuervorteile, die in der Berechnung des → Free Cash Flow nicht erfaßt wurden, werden im Diskontierungszinssatz WACC berücksichtigt.

Total Cash Flow-(TCF-)Ansatz: Nach dem TCF-Ansatz erfolgt ebenfalls eine indirekte Ermittlung des Eigenkapitalmarktwertes. Im Gegensatz zum WACC-Ansatz wird jedoch der Steuervorteil aus der Abzugsfähigkeit von Fremdkapitalzinsen bereits im zu diskontierenden erwarteten Cash Flow berücksichtigt. Der kapitalkostenmindernde Steuerfaktor im WACC-Diskontierungszinssatz entfällt bei dieser Methode. Bewertungsmaßstab ist mithin der jährliche Total Cash Flow, wie er sich aus dem Free Cash Flow zuzüglich der Steuerersparnis aus der Abzugsfähigkeit von Fremdkapitalzinsen (Tax Shield) ergibt.

Adjusted Present Value-(APV-)Ansatz: Nach dem APV-Ansatz wird zunächst der Unternehmensgesamtwert unter der Annahme vollständiger Eigenfinanzierung ermittelt, indem die künftigen erwarteten Free Cash Flows mit den Eigenkapitalkosten bei vollständiger Eigenfi-

Fundamentalanalyse

nanzierung diskontiert werden. In einem zweiten Schritt wird der Steuervorteil aus der anteiligen Fremdfinanzierung als Barwert der künftigen → Tax Shields ermittelt und dem Unternehmensgesamtwert bei unterstellter vollständiger Eigenfinanzierung hinzuaddiert. Um den Marktwert des Eigenkapitals zu bestimmen, wird von dem solcherart ermittelten Gesamtwert der teilweise fremdfinanzierten Unternehmung der Marktwert des Fremdkapitals subtrahiert.

Flow to Equity-(FTE-)Ansatz: Nach dem FTE-Ansatz erfolgt eine direkte Ermittlung des Shareholder Value, in dem die Zahlungen an das Eigenkapital nach Zinsen und Steuern (Flow to Equity) mit den Eigenkapitalkosten bei anteiliger Fremdfinanzierung diskontiert werden. Im Rahmen der Fundmentalanalyse wird dem WACC-Ansatz in Theorie und Praxis im allgemeinen die größte Beachtung beigemessen. Die Ermittlung des Shareholder Value nach dem WACC-Ansatz ist transparent und leicht nachvollziehbar.

6.2.2 Übergewinn-Modelle

Übergewinn-Modelle verknüpfen regelmäßig bilanzielle Bestandsgrößen mit erfolgwirtschaftlichen Stromgrößen und finanzwirtschaftlichen Zielgrößen und versuchen die Entwicklung des Shareholder Value beziehungsweise der ihn bedingenden Wertbeiträge im Zeitablauf zu messen. Übergewinn-Modelle wurden unter anderem von Stern Stewart & Co. (Economic Value Added, Stewart [1991]), McKinsey & Company (Economic Profit, Copeland/Koller/Murrin [1996]), London Business School (Added Value) und Boston Consulting Group (Cash Value Added) entwickelt. Im weiteren Sinne ist auch der von Rappaport (1986) entwickelte Shareholder-value-added-Ansatz zu der Gruppe der Übergewinn-Modelle zu zählen. Als wohl bekanntester Vertreter von Übergewinn-Modellen ist der Economic Value Added-(EVA-)Ansatz von Stewart (1991) zu nennen.

Die zentrale Botschaft der Shareholder-value-Modelle lautet: Ein Mehrwert für die Kapitalgeber wird geschaffen, wenn die mit dem eingesetzten Kapital erzielte Rendite größer ist als die von den Kapitalgebern geforderte Rendite. Nach dem EVA-Konzept wird der Gesamtunternehmenswert in eingesetztes Kapital und Barwert künftiger „Übergewinne" aufgespalten. Diese Aufspaltung basiert auf einem einfachen Kapitalwertkalkül, nach dem der Kapitalwert eines Projektes gleich dem Barwert künftiger Zahlungen abzüglich der Anschaffungsausgabe ist. Der in einer Periode t geschaffene Mehr- bzw. Minder-Wert beläuft sich im Modell auf $(ROIC_t - WACC)*KB_{t-1}$ und wird als Economic Value Added (EVA) der Perode t bezeichnet. Werden die Barwerte der EVAs aller künftigen Perioden aufsummiert, dann ergibt sich der sogenannte Market Value Added (MVA). Er beschreibt den das eingesetzte Gesamtkapital übersteigenden Betrag des Barwertes künftiger Gesamtkapitalzahlungen. Das von Stewart entwickelte EVA-Konzept soll primär der Wertermittlung und der Performancemessung dienen. Die in das Modell eingehenden EVA-Beiträge zeigen, welche Performance das Management in den einzelnen Perioden erreichen muss, soll ein als → Barwert künftiger EVAs ermittelte Market Value Added gerechtfertigt sein.

6.2.3 Value Driver-Modelle

Value Driver-Modelle wollen die finanzwirtschaftliche Zielgröße des Shareholder Value über kausale Ursache-Wirkungsbeziehungen mit seinen Einflussfaktoren verknüpfen. Hierzu wird der Shareholder Value in einer schrittweisen Analyse in seine als Value Drivers (Werttreiber) bezeichnete finanziellen HauptEinflussfaktoren aufgespalten. Die Modelle sind damit sowohl für die Analyse vergangener als auch für die Prognose zukünftiger Ergebnisentwicklungen geeignet. Durch Vergleich der unternehmensspezifischen Ausprägungen der Einflussfaktoren

Fundamentalanalyse

mit unternehmensübergreifenden Soll- bzw. Durchschnittswerten einer Branche können Schwachstellen des Unternehmens lokalisiert werden.

Value Driver-Modelle sind keine Sammlung isolierter Kennzahlen, sondern ein Geflecht von Ursache-Wirkungsbeziehungen, das die Strategie des Unternehmens und das finanzwirtschaftliche Ergebnis der Eigentümer widerspiegelt. Der Einsatz von Value Driver-Modellen ist daher grundsätzlich für folgende Fragestellungen von Bedeutung. Zeitvergleich: Wie ist die Free Cash Flow-Entwicklung einer Unternehmung im Zeitablauf zu interpretieren? Unternehmens-/ Branchenvergleich: Wie ist die Free Cash Flow-Entwicklung einer Unternehmung im Vergleich zu anderen Unternehmen der Branche zu werten? Cash Flow-Analyse: Welche Faktoren zeichnen für einen bestimmten Free Cash Flow verantwortlich? Value Based-Management: Wie kann das Shareholder-value-Konzept gegenüber Managern und Mitarbeitern kommuniziert werden? Sensitivitätsanalyse: Wie stark reagiert der Shareholder Value auf bestimmte Veränderungen der Werttreiber? Prognose: Wie können künftige Free Cash Flow Entwicklungen abgeschätzt werden?

Die wichtigsten Value Driver-Modelle wurden von den bereits erwähnten Autoren Rappaport (1986), Copeland/Koller/Murrin (1996) und Stewart (1991) entwickelt. Diese Modelle unterscheiden sich einerseits im Hinblick auf die verwendete Bewertungsmethode zur Ermittlung des Shareholder Value (z.B. WACC-, APV- oder EVA-Ansatz), andererseits in der konkreten Definition der Werttreiber und ihrer funktionalen Abhängigkeiten. Die Notwendigkeit des Unternehmenswachstums zur Steigerung des Shareholder Value wird dabei von den Vertretern aller Modelle besonders betont. Nach diesen Modellen kann ein Mehrwert für die Eigentümer geschaffen werden, wenn es u.a. gelingt, die Investitionsrendite bestehender und künftiger Investitionen zu steigern, die Kapitalkosten zu senken oder wertschaffendes Wachstum zu realisieren.

6.3 Unternehmensmultiplikatoren

Unternehmensmultiplikatoren beginnen, vereinfacht gesagt da, wo die Diskontierungsmodelle aufhören, bei der Barwertformel einer unendliche Zahlungsreihe. Danach gilt: $K_0 = G/i$. Setzt man den Kehrwert des Diskontierungsfaktors $1/i = M$ so erhält man $K_0 = G*M$, wobei der Faktor M den sogenannten Gewinnmultiplikator beschreibt. Die anderen Symbole haben die bisherige Bedeutung. Der Unternehmenswert berechnet sich als ein Vielfaches des Gewinnes. Welche Unterschiede gibt es zwischen den verschiedenen Multiplikatoren? Auf einem vollkommenen Markt ohne Datenprobleme und ohne Unterschiede zwischen normativen und positiven Fragestellungen (alles ist immer so wie es sein soll) macht diese Differenzierung wenig Sinn. In der Realität der unvollkommenen Märkte ist diese Differenzierung sehr hilfreich. Rein mathematisch gesehen, sind die möglichen Umformungen zwar gleichwertig. Ökonomisch ist mit der Umformung auch die Frage der Datenverfügbarkeit angesprochen. Sie macht regelmäßig die Umformung nicht gleichwertig. Diese Frage sei an dem Gewinn-Multiplikator erläutert. Ist z.B. der in einer Branche übliche Multiplikator für Gewinne zur Berechnung des Unternehmenswertes bekannt, so kann der einem Unternehmen bei einer gegebenen Gewinngröße üblicherweise beigemessene Wert ermittelt und z.B. mit dem tatsächlich verlangten Kaufpreis verglichen werden. Sind andererseits Gewinn und Kaufpreis(-forderung) bekannt, so kann aus dem Vergleich des spezifischen Multiplikators mit Branchenmultiplikator die Angemessenheit des Multiplikators ermittelt werden. Der bekannteste Multiplikator ist das bereits besprochene Kurs-Gewinn-Verhältnis (KGV). Entsprechend den früheren Ausführungen kann man Multiplikatoren zu verschiedenen fundamentalen Ertragsgrößen bestimmen. Die Höhe der Multiplikatoren sind natürlich den jeweiligen Ertragsgrößen entsprechend zu standardisieren: z.B. werden die Multiplikatoren der Cash Flow bzw. Free Cash Flow Größen in anderen Größenordnungen liegen als die Multiplikatoren der Ertragsgrößen oder die der Umsatzgrößen. Die Aussagefä-

Fundamentalanalyse

higkeit dieser Multiplikatoren ist ohne Frage wesentlich von der richtigen Einschätzung der laufenden und künftigen Entwicklung der verwendeten Größen abhängig.

Sind Steuerzahlungen von der Finanzierungsform abhängig, dann muss der Unternehmenswert nicht mehr unabhängig von der Kapitalstruktur sein. In der Literatur werden dann auch unterschiedliche Steuersysteme im Hinblick auf ihren Einfluss auf Finanzierungsentscheidungen untersucht. Die verschiedenen DCF-Varianten unterstellen im allgemeinen ein einfaches Steuersystem mit einem linearen Steuersatz und der Abzugsfähigkeit von Fremdkapitalzinsen auf der Unternehmensebene. In diesem Fall korreliert der Unternehmenswert positiv mit dem Verschuldungsgrad, so dass im Modell nahezu vollständige Fremdfinanzierung anzustreben ist.

6.4 Aktuelle Entwicklungen: Unternehmenswertanalyse unter Risiko

Die Relevanz der Kapitalstruktur wird auch mit einer von der Kapitalstruktur abhängigen Konkurswahrscheinlichkeit erklärt. Die diesbezüglich entwickelten Modelle definieren die Marktwerte der Kapitalpositionen, mit oder ohne unmittelbaren Kapitalmarktbezug, als Barwerte künftiger riskanter, d.h. mehrwertiger Zahlungen. Bei Annahme riskanter Erwartungen können die künftigen Kapitalgeberzahlungen nicht mit Sicherheit, sondern nur mit Wahrscheinlichkeit vorhergesagt werden. Es besteht sowohl ein Schwankungsrisiko bezüglich künftiger Ergebnisausprägungen als auch ein Konkursrisiko für die Unternehmung.

Im Folgenden seien zwei Ansätze zur Unternehmenswertanalyse unter Risiko vorgestellt, die den Unternehmenswert als Barwert künftiger Zahlungen modellieren: Das Modell von Hurley/Johnson (1994) mit modellexogen vorgegebener Konkurswahrscheinlichkeit und das Modell von Landes/Loistl (1991) mit modellendogener Konkurswahrscheinlichkeit. Während das Modell von Hurley/Johnson primär auf die Ermittlung des Eigenkapitalmarktwertes bei Risiko und Unternehmenswachstum gerichtet ist, steht im Modell von Landes/Loistl die Ermittlung des Eigenkapitalmarktwertes unter Beachtung der wechselseitigen Interdependenzen zwischen Illiquiditätsrisiko, Schwankungsrisiko der Ergebnisse, Kapitalstruktur und Eigenkapitalmarktwert im Vordergrund der Betrachtung. Das Modell erlaubt dann auch Aussagen bezüglich der Barwerte von Eigen-, Fremd- und Gesamtkapital in Abhängigkeit von dem Verschuldungsgrad, dem jährlichen erwarteten Free Cash Flow, der Streuung des jährlichen Free Cash Flow sowie von diversen Zins- und Tilgungsmodalitäten, wie zum Beispiel Moratorien und sanktionsfreien Unterdeckungen des Free Cash Flow.

Das → Dividend-Discount-Modell von Hurley/Johnson (1994) ist ein einstufiges Bewertungsmodell mit riskanter Dividendenentwicklung, modelliert als ein Markov-Prozess mit diskreter Zeit und diskretem Zustandraum. Die Dividende kann in einer Periode steigen, gleich bleiben oder auf null fallen. Im letzten Fall geht die Unternehmung in Konkurs und stellt ihre Zahlungen an die Kapitalgeber ein, der Strom an Dividendenzahlungen bricht ab. Die empirische Relevanz eines Modells, das den Konkurs der Unternehmung bei einem Dividendenausfall annimmt, ist jedoch nicht überzeugend, da gerade prosperierende Wachstumsunternehmen häufig keine Dividende ausschütten und dennoch von keiner Konkursgefährdung bedroht sind.

In Weiterführung der grundlegenden MM-Konzeption wird von Landes/Loistl (1991) der Marktwert des Eigenkapitals als Barwert künftiger riskanter Zahlungen definiert. Die jährlichen Zahlungen an das Eigenkapital werden aus dem jährlichen Free Cash Flow bestritten. Der Free Cash Flow der Unternehmung ist analog der bisher verwendeten Begriffsabstimmungen als ein um Investitionen verminderter finanzwirtschaftlicher Überschuss zu verstehen, der für Zins- und Tilgungszahlungen sowie für Zahlungen an die Aktionäre zur Verfügung steht. Investitionen werden in Höhe der Abschreibungen angesetzt und dienen dem Erhalt der Kapazität. Erweiterungsinvestitionen ins Anlagevermögen und Working Capital, die für ein etwaiges Unternehmenswachstum vorzunehmen sind, können eingebaut werden. Um die kapitalstrukturbedingten Leverage-Wirkungen analysieren zu können, bleiben Steuerwirkungen im Grundmodell

Fundamentalanalyse

außer Betracht. Gegenstand der Bewertung bei Landes/Loistl ist eine mehrperiodige Zahlungsreihe mit riskanten Free Cash Flows. Das Risiko der Zahlungsreihe besteht in zweierlei Hinsicht: einerseits schwanken die Free Cash Flows im Zeitablauf (Schwankungsrisiko), andererseits existiert stets die Gefahr des finanziellen Ruins der Unternehmung (Illiquiditätsrisiko). Aus der Modellstruktur resultiert sowohl für das Eigen- als auch für das Fremdkapital eine Wahrscheinlichkeitsverteilung des Barwertes, deren konkrete Ausprägung primär von der Höhe des Fremdkapitals, vom jährlichen Fremdkapitaldienst, von der durchschnittlichen Ertragskraft der Unternehmung (ausgedrückt als durchschnittliche jährliche Investitionsrendite), von der Schwankungsbreite der jährlichen Ertragskraft (ausgedrückt als Standardabweichung der jährlichen Investitionsrendite) sowie von der Höhe des konkursunabhängigen Kalkulationszinssatzes bestimmt wird.

7. Corporate Governance

Corporate Governance (CG) ist für professionelle Finanzanalysten und Investoren ein notwendiges Instrumentarium der modernen Finanzanalyse zum Ausgleich der aktuellen Defizite der tradierten Bewertungsverfahren, insbesondere bei der Evaluierung von innovativen Wachstumswerten. Das Konzept betrachtet Kompetenzen, Kommunikation und Kontrolle für Entscheidungsgremien einer Unternehmung. Diese sogenannten soft facts sind für die Evaluierung einer Unternehmung in einem volatilen Umfeld mit der Entwicklung von materiellen zu immateriellen Produktionsfaktoren von maßgeblicher Bedeutung. Sie geben an, wie die Entscheidungsträger die gebotenen Freiräume wertsteigernd nutzen.

Die Kompetenzabgrenzung zwischen Vorstand, Aufsichtsrat und Aktionären ist auch Gegenstand mehrere Gesetze, z.B. KonTraG, KapAEG, KapCoRiLiG und Gesetzesvorhaben, z.B. Übernahmegesetz, 4. Finanzmarktförderungsgesetz. Der Stellenwert dieses Themas ist auch in den von der OECD erlassenen Corporate Governance Principles festgeschrieben. Die Deutsche Grundsatzkommission Corporate Governance hat Grundsätze ausgearbeitet, die der Verwirklichung einer verantwortlichen, auf Wertschöpfung ausgerichteten, Leitung und Kontrolle von Unternehmen und Konzernen dienen. Wenn auch der Name einen angelsächsischen Ursprung dieser Themenstellung suggeriert, so ist doch festzustellen, dass im deutschsprachigen Raum die Führungs- und Entscheidungsstruktur einer Unternehmung im Mächtedreieck Vorstand, Aufsichtsrat, Aktionäre Thema einer intensiven Diskussion im ersten Drittel des letzten Jahrhunderts waren. In der aktuellen Diskussion sind folgende Aspekte von großer Bedeutung für die Evaluierung eines Unternehmens: Corporate Governance Commitment sowie Transparenz über die Unternehmensentwicklung und in der Rechnungslegung, Kommunikation zwischen den Entscheidungsgremien und mit den Investoren.

8. Ausblick

Die tradierte Fundamentalanalyse wird zunehmend durch die Analyse sogenannter Softfaktoren ergänzt. Insgesamt kann man jedoch feststellen, dass die Analyse von fundamentalen Faktoren eine verlässlichere Kursprognose und damit Performance von Portfolios zu erzielen erlaubt als die technische Analyse.

Literatur

COPELAND, T./KOLLER, T./MURRIN, J. (1996), Valuation. Measuring and Managing the Value of Companies, New York.

HURLEY, W.J./JOHNSON, L.D. (1994), A Realistic Dividend Valuation Model, in: Financial Analysts Journal, Vol. 50, July-August, 1994, S. 50-53.

LANDES, T./LOISTL, O. (1991), Capital Structure, Principal/Agency-Relation and the Value of the Corporation: A Simulation Study, in: Omega, Vol. 19, No. 4, 1991, S. 291-303.
RAPPAPORT, A. (1986), Creating Shareholder Value, New York.
STEWART, G.B. (1991), The Quest for Value, New York.

fundamentalanalytische Verfahren, *basic/fundamental analysis methods*; Analyseverfahren, die innerhalb der → Fundamentalanalyse zum Einsatz kommen. Hierzu zählen die → externe Gewinnschätzung, Analysen des Unternehmens- und Gewinnwachstums (→ Ertragswertberechnung), des technischen Umfelds, der Produkt- und Konkurrenzsituation, der Ausschüttungspolitik (→ Dividendenrendite), des finanziellen Gleichgewichts (Verschuldung, Cash-Flow), sowie → säkulare Entwicklungen. Zum Vergleich mit anderen Unternehmen der selben Branche oder der Unternehmensentwicklung über die Zeit werden Kennzahlen wie z.B. → Dividendenrendite, → Kurs-Gewinn-Verhältnis (KGV) und → Kurs-Cash-Flow-Verhältnis, gebildet. − Vgl. → Fundamentals.

Fundamentalist, → Wertpapieranalyst, der die → Fundamentalanalyse anwendet. − Gegensatz: → Techniker.

Fundamentals, *Hintergrunddaten, Rahmenbedingungen.* 1. Realwirtschaftliche Faktoren, welche die → Parität von Währungen langfristig bestimmen und als Grundlage der → Fundamentalanalyse dienen. − 2. Fundamentale Daten (z.B. Auftragseingänge, Geschäftserwartungen, Konjunkturaussichten, Kapazitätsauslastung, Lohn- und Zinsniveau), die die Lage und Entwicklung einer Gesamtwirtschaft, einer Branche oder eines Unternehmens beschreiben und als Grundlage der Fundamentalanalyse dienen. − Vgl. auch → innerer Wert.

Fungibilität, *fungibility*; Bezeichnung für die Austauschbarkeit bzw. Vertretbarkeit von Handelsobjekten auf Basis einzelner Stücke oder bestimmter Mengen. Bei Wertpapieren besteht F. zwischen solchen derselben Art und desselben Emittenten über denselben Nennbetrag, bei Devisen jeweils innerhalb derselben Währung. Waren (z.B. Getreide oder Baumwolle) bedürfen aufgrund qualitativer Abweichungen innerhalb ihrer Kategorie einer Typenbildung. Die F. ist Voraussetzung für den Börsenhandel des Objekts.

Funktionsfähigkeit der Börse, *viability of a stock exchange.* Die Börse ist ein Ort an dem fungible, abwesende Waren gehandelt werden. Die → Fungibilität der Waren ist für die F.d.B. entscheidend. Der Gesetzgeber bezeichnet Waren als fungibel, wenn sie im Verkehr nach Maß, Zahl und Gewicht genau bestimmbar sind (§ 91 BGB). Die F.d.B. ist dann gegeben, wenn es gelingt Angebot und Nachfrage nach den Waren effektiv auszugleichen. Notwendig sind außerdem eine gewisse Größe des Marktes, Flexibilität der Preisbildung und Stabilität des Marktes. Die Flexibilität der Preisbildung garantiert, dass Informationen schnell im Preis verarbeitet werden, und dieser einen fairen Kurs widerspiegelt. Die Stabilität des Marktes ist insofern wichtig, damit Transaktionen zu möglichst geringen Kosten durchgeführt werden können.

Fusion, *Verschmelzung, Merger, fusion.* Als F. wird die rechtliche und wirtschaftliche Vereinigung zweier oder mehrerer selbständiger Unternehmen bezeichnet. Sie wird seit 1994 im → Umwandlungsgesetz geregelt. Eine F. kann durch Aufnahme einer anderen Unternehmung oder durch Neubildung vollzogen werden. − 1. *Verschmelzung durch Aufnahme, Merger*; §§ 4 - 35 UmwG: Hierbei übertragen ein oder mehrere Rechtsträger ihr Vermögen als Ganzes auf einen anderen, bereits bestehenden (übernehmenden) Rechtsträger. Als Rechtsfolge geht das Vermögen der übertragenden Rechtsträger einschließlich der Verbindlichkeiten auf den übernehmenden Rechtsträger im Wege der Gesamtrechtsnachfolge über. Die Anteilsinhaber der übertragenden Rechtsträger werden

Future Rate Agreement

Anteilsinhaber des übernehmenden Rechtsträgers. – 2. *Verschmelzung durch Neugründung, consolidation*; §§ 36 - 38 UmwG: Hierbei vereinen sich zwei oder mehrere Rechtsträger durch Gründung eines neuen Rechtsträgers, auf den sie ihr Vermögen übertragen. Als Rechtsfolge geht ihr Vermögen einschließlich der Verbindlichkeiten im Wege der Gesamtrechtsnachfolge auf den neu gebildeten Rechtsträger über, ihre Anteilsinhaber werden Anteilsinhaber des neuen Rechtsträgers. – 3. In § 3 UmwG werden die an F. beteiligten Rechtsträger genannt, §§ 39 ff. UmwG spezifizieren die Regelungen für die einzelnen Unternehmensrechtsformen. Die Verschmelzung setzt einen notariell beurkundeten Verschmelzungsvertrag voraus. – 4. Fusionsmotive können u.a. sein: Streben nach → Diversifikation der Einnahmequellen und des → Risikos, Drang nach größerer Marktmacht auf den Beschaffungs- und Absatzmärkten, Realisation leistungswirtschaftlicher Synergien, Verbesserung der Stellung an den → Kapitalmärkten. Daneben kann das Management auch eigennützige Motive verfolgen (→ Agency-Theorie).

Future Rate Agreement, → Forward Rate Agreemen.

Futures, Sammelbezeichnung für standardisierte → Terminkontrakte. Bei einem Future-Geschäft verpflichtet sich eine Vertragspartei zur Lieferung eines → Basiswerts zu einem bestimmten Zeitpunkt und zu einem festgelegten Preis. Die Gegenpartei ist zur Abnahme verpflichtet. F. sind in Bezug auf die Kontraktvolumina, die Eigenschaften des Basisgutes sowie die Lieferorte und -termine standardisiert. Nach Art des Basisobjektes können → Financial Futures und → Commodity Futures unterschieden werden. Financial Futures basieren auf Finanzinstrumenten und können in → Zins-Futures, → Devisen-Futures und → Index-Terminkontrakte unterteilt werden. Rohstoffe, Edelmetalle und landwirtschaftliche Produkte liegen Commodity Futures als Basisobjekt zugrunde.

Futures-Börsen, *futures exchanges*; Börsen, an denen → Futures gehandelt werden. Zu den wichtigsten F. gehört der → Chicago Board of Trade (CBOT), der → International Monetary Market (IMM), die → London International Financial Futures Exchange (LIFFE), die New Yorker → Commodity Exchange Inc. (COMEX), die → New York Futures Exchange (NYFE), die → Singapore International Monetary Exchange (SIMEX) und die 1998 gegründete → European Exchange (EUREX). – An der EUREX können derzeit → Aktienoptionen (30 deutsche, 17 schweizer Titel), → Optionen und Futures auf Indexprodukte, Geldmarktprodukte sowie auf Anleihen gehandelt werden. – DieTeilnehmer an diesen F. lassen sich in folgende Gruppen einteilen: → Hedgers, → Spekulanten, → Arbitrageure und das → Clearing House. Letzteres nimmt eine zentrale Rolle als Vermittler zwischen den Vertragsparteien im Futures-Handel ein.

Futures-Call-Option, → Kaufoption, deren → Underlying ein → Futures Contract ist. Der Käufer einer F. hat damit das Recht, zu einem bestimmten → Basispreis und innerhalb einer gewissen Frist bzw. zu einem bestimmten Stichtag einen Futures Contract zu kaufen. – Vgl. auch → Futures Option.

Futures Close-Out, → Futures Reversal.

Futures Contract, → Terminkontrakt.

Futures Exposure. 1. Das aus → Terminkontrakten resultierende Risiko. – 2. Engagement am Terminkontraktmarkt.

Futures Funds, *Terminkontraktfonds, Future Fond*; sind → Sondervermögen, die einen Großteil der ihnen zur Verfügung stehenden Finanzmittel in → Termin- und Optionskontrakten (Futures) investieren. Als → Basiswerte dienen in erster Linie Aktien, Schuldverschreibungen, Indizes, Devisen, aber auch materielle Substanzen wie Wertmetalle oder landwirtschaftliche Güter. Ihre Existenz eröffnet auch Anlegern ohne Erfahrung mit Termingeschäften indirekt den Zugang zu derivativen Produkten, ohne damit verbundene Pflichten (→ Nachschusspflicht) zu beinhalten. Das → Gesetz über Kapitalanlagegesellschaften (KAGG) lässt derartige Konstruktionen auf dem bundesdeutschen Markt nicht zu.

Futures Margin, Einschusszahlung auf einen → Terminkontrakt, die zur Absicherung des Risikos → offener Positionen dient und sowohl vom Käufer als auch vom Verkäufer der Futures-Kontrakte an das → Clearing House geleistet werden muss. Unterschieden werden eine Anfangszahlung (→ Initial Margin) und ggf. erforderliche weitere Nachschusszahlungen (→ Variation Margin) bei Unterschreitung der Sicherungsgrenze (→ Maintenance Margin).

Futures Market, *Futures Markt*. Bezeichnung für den → Terminmarkt, an dem standardisierte → Termingeschäfte gehandelt werden. Hierzu zählen → Financial Futures und → Commodity Futures.

Futures Option. → Option, deren → Underlying ein → Futures Contract ist. Dabei kommt es zu einem täglichen Gewinn- und Verlustausgleich der Optionsposition. Zu unterscheiden sind hierbei → Futures-Call-Optionen und → Futures-Put-Optionen.

Futures Price, *Terminkontraktpreis*; Preis eines → Terminkontraktes.

Futures-Put-Option, → Verkaufsoption, deren → Underlying ein → Futures Contract ist. Der Käufer einer F. hat damit das Recht, zu einem bestimmten → Basispreis und innerhalb einer gewissen Frist bzw. zu einem bestimmten Stichtag einen Futures-Kontrakt zu verkaufen. – Vgl. auch → Futures Option.

Futures Reversal, *futures close-out*. Schließen einer → offenen Position aus einem Futures-Kontrakt durch ein entsprechendes Gegengeschäft. – Vgl. auch → Glattstellung.

Futures Trading, → Terminhandel.

FWB, Abk. für → Frankfurter Wertpapierbörse.

FX-Option, → Devisenoption.

G

G, → Geld.

Gamma-Faktor, *gamma*; Begriff aus der Optionspreistheorie. Der G. einer → Option oder eines → Derivates drückt die Veränderung des → Delta-Faktors in Abhängigkeit einer Wertänderung des zugrundeliegenden Vermögensgegenstandes (→ Basiswert) aus. Formal ist der G. die zweite Ableitung der → Optionsprämie nach dem Wert des zugrundeliegenden Vermögensgegenstandes. Eine wichtige Funktion des G. liegt im Einsatz bei → Hedging Strategien. Im Falle von → am Geld liegenden Optionen bedarf es des → Gamma Hedgings, um eine genügende Absicherungsqualität zu gewährleisten. – Vgl. → Greeks.

Gamma Hedging, → Hedging Strategie, bei der das gesamte → Portefeuille gammaneutral sein soll. Dies ist gegeben, wenn sich bei Kursänderungen des → Underlying das → Gamma des gesamten Portefeuilles nicht ändert. Starke Kursschwankungen des Underlying bedingen Anpassungen. Gammaneutralität ist in der Praxis kaum erreichbar.

Garantie, *guaranty*. Mündlicher oder schriftlicher Vertrag, in dem sich der Garant dem Garantienehmer gegenüber verpflichtet, die Haftung beim Eintreffen bestimmter Zustände zu übernehmen. Eine G. ist ein abstraktes Schuldversprechen und ist im Unterschied zu einer → Bürgschaft nicht formgebunden und ebenso nicht von einer Hauptverpflichtung abhängig. Die häufigsten Verwendungen für G. sind Kreditsicherungsgarantien und → Avalkredite. – Vgl. auch → Aval.

Garantie bei Anleihen, *guaranty of bonds*; → Garantie eines Dritten an den → Anleiheglaubiger einer → Anleihe, im Falle des Schuldnerausfalls (→ Bonitätsrisiko) die Zins- und Tilgungszahlungen an Stelle des Schuldners zu übernehmen.

Garantiefonds, *guaranty funds*. → Investmentfonds, der für das Ende der festgesetzten Fondslaufzeit entweder die Rückzahlung des eingesetzten Kapitals (Geld-Zurück-Garantie) oder wenigstens eines bestimmten Prozentsatzes davon verspricht. Zu berücksichtigen ist, dass viele G. die Garantie auf einen bestimmten Zeitpunkt beschränken. In diesem Fall greift die Garantie nicht, wenn ein Verkauf der Anteile vor dem festgelegten Zeitpunkt notwendig wird.

Garantiekapital, *guaranteed capital*; Differenz zwischen dem im Gesellschaftsvertrag vereinbarten Eigenkapital und dem tatsächlich bereits geleisteten Kapital. Hierfür haftet der Verpflichtete auch mit seinem Privatvermögen.

Garantiekonsortium. → Konsortium, das sich zur Übernahme all jener → Effekten einer → Emission verpflichtet, die nicht platziert werden können. Der Übernahmepreis wird vorab fixiert. Je nach Höhe der vom G. abgegebenen Garantie variiert die Anzahl der möglicherweise zu übernehmenden Effekten.

Garantiezertifikat, → Optionsschein mit garantierter Rückzahlung des eingesetzten Kapitals. Ein G. ist eine Call- oder Put-Option auf einen → Index, das den Inhaber berechtigt, am → Fälligkeitstag mindestens sein eingesetztes Kapital zurückzuerhalten, gegebenenfalls zuzüglich angefallener Kursgewinne. Das Gewinnpotential ist allerdings begrenzt. Ein G. ist mit einem → Floor und einem → Cap ausgestattet.

Garman-Kohlhagen Modell

Garman-Kohlhagen Modell, *Biger-Hull Modell*; Modell zur Beurteilung von → Devisenoptionen und → Währungsoptionen. Grundlage sind das → Black/Scholes-Modell und separate Terme für ausländische und inländische → Zinssätze.

GATT, *General Agreement on Tariffs and Trade*; wurde 1947 von 23 Staaten unterzeichnet und trat am 01.01. 1948 in Kraft. Ziel war der allgemeine Abbau von Zollbeschränkungen. Grundsatz der Zollpolitik ist das Prinzip der Meistbegünstigung, die jeden Staat verpflichtet, alle handelspolitischen Vergünstigungen, die er einem Mitgliedsstaat einräumt, auch allen anderen Staaten einzuräumen mit denen er Meistbegünstigung vereinbart hat. Im Laufe der Jahre entwikkelte sich das GATT zum Kernstück internationaler Handelspolitik und gewann den Rang einer autonomen internationalen Organisation. Das GATT wurde in acht Verhandlungsrunden immer weiter ausgedehnt. Die letzte Runde begann 1986 in Uruguay (sog. Uruguay-Runde) und endete 1993 mit der Marrakesch-Erklärung. Ein Ergebnis der Uruguay-Runde war die Gründung der Welthandelsorganisation → WTO.

GDR, Abk. für → Global Depository Receipt.

Geberseite, *seller's side*; bezeichnet den Verkäufer im Rahmen eines Wertpapiergeschäfts an der → Börse.

Gebot, *bid*. Mündlich abgegebenes Angebot eines Käufers an einer → Börse, das sich an alle → Börsenhändler richtet und sofort angenommen werden muss.

gebrochener Termin, *broken date*. Unübliche Fälligkeit eines → Termingeschäftes, die von den standardisierten → Fälligkeiten abweicht.

gebundene Namensaktien, vgl. → vinkulierte Aktien, → Namensaktien.

gedeckte Option, → Covered Option.

gedeckter Kredit, *secured loan/credit*. Ein Kredit, der durch → Kreditsicherheiten zusätzlich zur festgestellten → Bonität des Kreditnehmers abgesichert wird.

Gefälligkeitssparbuch, *accommodation passbook*. → Sparbuch, das die Bank ohne Einzahlung einer Einlage anlegt. In Deutschland darf kein Sparbuch ohne eine Spareinlage ausgestellt werden.

Gegenantrag, *counter proposal*. Ein G. ist ein von den Vorschlägen der Verwaltung abweichender Abstimmungsvorschlag von Aktionären zu einem Tagesordnungspunkt der Hauptversammlung. Diesen Antrag kann jeder Aktionär stellen. Soll der G. mitgeteilt werden, muss er innerhalb von sieben Tagen nach der Bekanntmachung der Einberufung im Bundesanzeiger der Gesellschaft mit Begründung übersandt werden. Dabei muss der Aktionär erklären, eine Mehrheit für seinen Vorschlag gewinnen zu wollen. Die Begründung braucht die Gesellschaft den übrigen Aktionären nur dann mitzuteilen, wenn sie nicht mehr als 100 Worte umfasst. – Vgl. auch → Anträge von Aktionären für die Hauptversammlung der AG.

Gegenparteirisiko, *counterparty risk*; bezeichnet die Gefahr der negativen Abweichung der → Bonität der Vertragspartner von der ursprünglich ermittelten Bonität. Das G. zählt deswegen zum → Bonitätsrisiko.

gegensätzliche Meinung, *contrary opinion*; Strategie bei der → technischen Analyse. Dabei wird erwartet, dass sich eine im Markt vorhandene Meinung zu einer Aktie in deren Kurs widerspiegelt. Durch ein rechtzeitiges Eingehen der Gegenposition versucht der Anleger mit der „gegensätzlichen Meinung" dies für sich auszunutzen.

Gegenwartswert, *Barwert, Zeitwert, present value*. Der G. beschreibt einen auf einen beliebigen Zeitpunkt auf- oder abgezinsten Zahlungsstrom, der im Falle der Abzinsung auf den Zeitpunkt t=0 dem → Kapitalwert entspricht. Der G. zum Endzeitpunkt entspricht dem sog. zusätzlichen Endwert, der die Differenz zwischen dem Endwert der Investition und dem der Opportunität darstellt. – Vgl. auch → Barwert.

Gehalten, bezeichnet eine → Börsentendenz, in der sich die → Kurse der → Wertpapiere gegenüber dem Vortag kaum verändert haben. – Vgl. auch → Behaupten, behauptet.

Geisterstunde, *triple witching hour*; Einmal pro Quartal werden sowohl → Aktienoptionen als auch Optionen und → Futures auf → Indizes gleichzeitig fällig, so dass zu diesem Zeitpunkt hohe → Umsätze und → eine Volatilität an der → Terminbörse zu verzeichnen sind. Daher wird dieser Tag als → Hexentag und die Stunde der gleichzeitigen Fälligkeit als G. bezeichnet. An der → Eurex findet die G. am dritten Freitag im März, Juni, September und Dezember statt.

gek., → gekündigt.

gekappte Floating Rate Notes, *capped floating rate notes*; variabel verzinsliche → Anleihen mit einer festgelegten Zinsobergrenze (→ Cap). – Vgl. auch → Collared Floating Rate Note.

gekappte Optionsscheine, → Optionsscheine, gekappte.

gekündigt, *called*; bezeichnet einen bei → Anleihen im → Kursblatt verwendeten → Kurszusatz unter dessen Hinzufügung – mit dem jeweiligen Kündigungsdatum, die Kündigung der betreffenden Anleihe angezeigt wird. – Vgl. auch → Kurszusätze.

Geld. 1. G. Der → Kurshinweis G. signalisiert, dass zum angegebenen Kurs nur Nachfrage nach dem entsprechenden Wertpapier vorlag, aber kein ausreichendes Angebot. D.h., die vorliegenden → Kaufaufträge für das Wertpapier konnten mangels → Verkaufsaufträgen nicht ausgeführt werden und es kam kein Umsatz zustande. – Gegensatz: → Brief. – 2. *Bid*, → Bid Price.

Geldanlage, *Kapitalanlagen, money investment, financial investment*; bezeichnet alle denkbaren Anlageformen, in die Geld investiert werden kann, wie bspw. → Sparkonten oder → festverzinsliche Wertpapiere. Die Wahl der geeigneten G. wird durch die Parameter → Risiko, → Rendite und → Liquidität bestimmt.

Geld-Brief-Spanne, *bid-ask spread*. Spanne zwischen dem → Geldkurs und dem → Briefkurs eines Wertpapiers. Der Geldkurs ist jener Kurs, den der Käufer eines Wertpapiers zu zahlen bereit ist; der Briefkurs ist jener Kurs, den der Verkäufer eines Wertpapiers verlangt. Die Größe der G. ist ein Maß für die → Markteffizienz: Je kleiner der → Spread, desto effizienter bzw. liquider ist der Markt.

Geldbriefträger, scherzhafte Bezeichnung für einen Börsenhändler, der – nach dem Briefkurs gefragt – aus Versehen den Geldkurs nennt.

Gelddividende. Ist der Anteil am → Bilanzgewinn einer → Aktiengesellschaft, der auf die → Aktionäre entsprechend der Anzahl ihrer → Aktien entfällt, und der in Geld ausgezahlt wird. Die Dividende darf nur aus dem → Jahresüberschuss unter die Aktionäre verteilt werden (§ 58 Abs. 4 → AktG). Sie bemißt sich nach den → Nennbeträgen der Aktien, es sei denn, die → Satzung bestimmt eine andere Art der Gewinnverteilung (§ 60 AktG). Der Anspruch auf Auszahlung entsteht mit dem Beschluss der → Hauptversammlung über die Gewinnverwendung (§ 174 AktG). Der Aktionär hat einen Anspruch darauf, dass sein Dividendenzahlungsanspruch in einer → Urkunde verbrieft wird (→ Gewinnanteilscheine, → Coupon). Der verbriefte Anspruch auf die Dividende erlischt mit dem Ablauf von vier Jahren (→ Vorlegungsfrist). Wird die Urkunde vorher vorgelegt, schließt sich eine zweijährige Verjährungsfrist vom Ende der vierjährigen Vorlegungsfrist an.

Geldentwertung, → Inflation.

Geldexport, *exportation/export of money*; Bezeichnung für die kurzfristige Kapitalübertragung vom Inland in das Ausland in Form von Krediten, Direktinvestitionen sowie Portfeuilleinvestitionen. – Vgl. auch → Kapitalexport und → Kapitalbilanz.

Geldhandel, *money (market) dealing*; Handel mit kurzfristigen → liquiden Mitteln unter Banken und Unternehmen bester Bonität am → Geldmarkt. Zweck des Handelns ist es kurzfristige Liquiditätsengpässe auszugleichen, bzw. überschüssige Mittel anzulegen. Der G. erfolgt meist mit Zentralbankgeld oder → Geldmarktpapieren, eine Besicherung der Anlage ist i.d.R. nicht üblich. – Vgl. auch → Geldmarkt und → Euro-Geldmarkt.

Geldillusion, *money illusion*; liegt vor, wenn Wirtschaftssubjekte die Bewertung von

Geldkapital

Änderungen monetärer Größen und die entsprechenden Reaktionen hierauf zumindest zum Teil an den nominalen, nicht aber den realen Änderungen ausrichten. Von Bedeutung ist G. in erster Linie bei Fragen der Einkommens- und Zinsentwicklung.

Geldkapital, *monetary capital*; ist der nicht für Konsum verwendete Teil des Einkommens, der in Geld investiert wird. G. wird im Rahmen von Sparprozessen durch die Wirtschaftssubjekte gebildet. – Vgl. auch → Geldkapitalbildung.

Geldkapitalbildung, *formation of monetary capital*; stellt den Prozess der Entstehung von → Geldkapital dar. Die G. kann in einer Volkswirtschaft als Summe langfristiger Nettoforderungen (Einlagen und Schuldverschreibungen ab einer Laufzeit von zwei Jahren) inländischer Nichtbanken gegenüber Banken gemessen werden und ist von der → Sparquote und der Form des Sparens abhängig. Maßgeblich sind hierbei Aspekte der Rentabilität und der Sicherheit der Geldanlage und die Frage der Liquiditätspräferenz des Anlegers.

GeldKarte, *Smart Card*; Chip zur Zahlung von Kleinbeträgen und Kleinstbeträgen, der zumeist auf eine Eurochequekarte (ec-Karte) implementiert wird. Geldbeträge (i.d.R. bis 200 Euro) können an Bankautomaten zu Lasten des → Girokontos auf diesen Chip geladen und dann am → Point of Sale (POS) oder an hierfür ausgerüsteten Automaten zur Zahlung abgebucht werden. Die Gutschrift an den Verkäufer erfolgt elektronisch. Eine Autorisierung wird beim Zahlvorgang nicht durchgeführt, so dass die G. Bargeld gleichkommt und der Karteninhaber einem höheren Verlustrisiko als z.B. beim ec-Karten-System ausgesetzt ist. In den Chip lassen sich weitere Zusatzfunktionen wie Bonusprogramme integrieren. – Vgl. auch → elektronische Geldbörse.

Geldkurs, → Bid Price.

Geldmarkt, *money market*. 1. Im weiteren Sinne die Bezeichnung für den Markt, an dem Finanzinstitute erster Bonität kurzfristige, meist unter einem Jahr liegende Laufzeit, Gelder aufnehmen und anlegen. Aufgrund der hohen → Bonität der Marktteilnehmer erfolgen die Geschäfte ohne Stellung von → Sicherheiten. Ein Handel kann direkt zwischen zwei Marktteilnehmern oder unter Einschaltung von → Maklern zustande kommen. Ein Kennzeichen des G. ist die Standardisierung der gehandelten Produkte, wodurch eine hohe Effizienz in der Abwicklung erreicht wird. Um eine konstant hohe Liquidität zu gewährleisten und einen Handel rund um die Uhr zu ermöglichen, hat sich der G. weltweit an verschiedenen Orten in Asien, Europa und Amerika zentralisiert (z.B. → Euro-Geldmarkt). Haupthandelsplätze sind New York, London und Hongkong. Seitens der Marktteilnehmer ist eine Vor-Ort-Präsenz nicht erforderlich, da die Vertragsabschlüsse meist elektronisch erfolgen. – 2. Als G. im engeren Sinne wird der Handel mit Zentralbankguthaben zwischen Kreditinstituten, sowie der Handel mit Geldmarktpapieren und der Abschluss von kurzfristigen → Offenmarktgeschäften zwischen Zentralbanken und Kreditinstituten bezeichnet.

Geldmarktabhängigkeit des Kapitalmarktes, *money market dependency of capital markets*. Zinsentscheidungen von → Zentralbanken haben unmittelbare Auswirkungen auf den → Geldmarkt des betroffenen Landes. Verändert die Zentralbank den Leitzins, passen sich sofort die Konditionen und die zur Verfügung stehende Liquidität am Geldmarkt an. Folglich adjustiert sich auch die Liquidität und somit die Renditen am → Kapital- bzw. am → Rentenmarkt. Eine Zinserhöhung (-senkung) führt zu fallenden (steigenden) Kursen am Rentenmarkt, die Rendite erhöht (verringert) sich.

Geldmarktfonds, *money market funds*. → Investmentfond, der in → Bankguthaben und → Geldmarktinstrumente investiert. Insbesondere sind dies → Schuldscheindarlehen und → festverzinsliche Wertpapiere mit einer → Restlaufzeit von maximal zwölf Monaten sowie → variabel verzinsliche Wertpapiere, deren → Verzinsung mindestens alle zwölf Monate marktgerecht angepasst wird. Bankguthaben dürfen eine maximale → Laufzeit von 12 Monaten aufweisen. Diese unterliegen gewissen → Bonitätskriterien (§§ 7 a ff. KAGG). Reine G. sind auf Grund des zweiten → Finanzmarktförderungsgesetzes seit 1994 in Deutschland zugelassen. Im Gegensatz zu → Rentenfonds besteht ein vergleichsweise niedriges Verlustrisiko, da das Kursänderungsrisiko der gehaltenen Papiere sehr gering ist; Hauptsächlicher Einflussfaktor für die Rendite des G. ist die Zinsentwicklung am → Geldmarkt, die hauptsächlich von der Aktivität der → Zentralbank bestimmt wird. Ein G. erbringt eine → Transformationsleistung, da neben → institutionellen Anlegern hier auch Privatanleger am Geldmarkt investieren können, die wegen der hohen Volumina und der Handelsausgestaltung nicht direkt am Geldmarkthandel teilnehmen können. Anders als bei Termingeldanlagen können die Anteile täglich liquidiert werden. G. eignen sich daher für Investoren, die einen Teil ihres Vermögens kurzfristig anlegen möchten. Sie stehen hier in Konkurrenz mit Tagesgeldanlagen der Banken. In Zeiten steigender Zinsen für längerfristige Anlagen eignen sich G. zur Umschichtung von Vermögen aus Rentenfonds, da die länger laufenden verzinslichen Wertpapiere der Rentenfonds i.d.R. Kursverluste zu verzeichnen haben.

Geldmarktfonds, synthetische, *synthetic money market funds*. → Investmentfonds, die durch Kombination von länger laufenden → festverzinslichen Wertpapieren mit derivativen Instrumenten (→ derivative Finanzinstrumente) die Rendite von reinen → Geldmarktfonds nachbilden.

Geldmarktinstrumente, *money market instruments*; Bezeichnung für Wertpapiere, die am Geldmarkt gehandelt werden. Das KAGG subsumiert in § 7a II unter G. verzinsliche Wertpapiere und Schuldscheindarlehen, die im Zeitpunkt ihres Erwerbs eine Restlaufzeit von maximal zwölf Monaten besitzen, oder deren Verzinsung während ihrer gesamten Laufzeit regelmäßig, mindestens aber einmal in zwölf Monaten marktgerecht angepasst wird. Auch Unternehmensanleihen mit kurzer Restlaufzeit, Finanzierungsfazilitäten und Finanz-Swaps werden den G. zugeordnet. Es steht eindeutig der kurzfristige Anlagehorizont im Vordergrund, längerfristige Instrumente werden dem → Kapitalmarkt zugeordnet.

Geldmarktkonto, *money market demand account*; Anlagekonto, das mit einem Zinssatz für kurzfristige Anlagen verzinst wird.

Geldmarktnahe Fonds, *near money market funds*. → Investmentfonds, die das → Fondsvermögen in → verzinslichen Wertpapieren kürzerer → Laufzeit sowie bestimmten → Geldmarktpapieren und → Bankguthaben anlegen. Dabei dürfen maximal 49% in Bankguthaben, → Einlagenzertifikate von → Kreditinstituten, → Schatzwechseln und → Schatzanweisungen gehalten werden. Die Geldmarktpapiere dürfen eine → Restlaufzeit von jeweils maximal zwölf Monaten aufweisen. Ziel der G.F. ist es, die Geldmarktrendite möglichst genau abzubilden. Bis zum Inkrafttreten des zweiten → Finanzmarktförderungsgesetzes waren G.F. die einzige Möglichkeit der Fondsanlage mit Schwerpunkt Geldmarkt. Seit 1994 ist auch die Auflegung reiner → Geldmarktfonds erlaubt, für welche die Restriktion der Anlagegrenze in Geldmarktpapieren und Bankguthaben nicht gilt.

Geldmarktpapiere, *Geldmarkttitel, money market papers*; verbriefte Forderungen mit kurzer Laufzeit, die am Geldmarkt gehandelt werden. → Emittent können sowohl öffentliche Stellen, als auch Unternehmen sein, wobei für den öffentlichen Sektor in Deutschland die Emission zentral durch die Deutsche Bundesbank erfolgt. Die Bundesbank unterscheidet dabei zwischen → Schatzwechseln, → unverzinslichen Schatzanweisungen (U-Schätze) und Cash Bills, die jeweils abdiskontiert begeben werden und sich lediglich im Anlagezeitraum unterscheiden. Während bei Schatzwechsel eine Laufzeit von maximal 90 Tagen ausgestattet sind, liegt diese bei U-Schätzen zwischen drei Monaten und zwei Jahren. Die Laufzeit von Cash Bills beträgt einen Monat. Bei G. die von Unternehmen begeben werden, unterscheidet man meist zwischen → Commercial Papers (CP) und → Certificates of Deposit (CD). CP's sind verbriefte Forderungen, die vorwiegend von großen Wirtschaftsunternehmen unter Einschaltung von Kreditinstituten begeben und typischerweise bei institutionellen Anlegern platziert werden. Die Verzinsung orientiert sich entsprechend der kurzen Laufzeit (meist zwischen 30 und 270 Tagen) an den Geldmarktkonditionen. – CD's sind → Inhaberschuldverschreibungen, die Kreditinstitute als Daueremission ausgeben. Als Inhaberpapiere sind sie frei handelbar und können jederzeit veräußert werden.

Geldmarktsätze, *money (market) rates*; *Zinssätze am Geldmarkt*. G. unterscheiden sich je nach Laufzeit und Höhe der jeweiligen Anlage. Große Marktteilnehmer veröf-

Geldmarkt-Sondervermögen

fentlichen regelmäßig Referenzzinssätze, die über Informationsdienste abrufbar und auch börsentäglich in der Wirtschaftspresse zu lesen sind.

Geldmarkt-Sondervermögen, → Geldmarktfonds.

Geldpolitik, *monetary policy*; ist die Gesamtheit aller Regelungen und Vorkehrungen der öffentlichen Hand, in erster Linie der → Zentralbank, mit dem Ziel, die Geld- und Kreditversorgung einer Volkswirtschaft zu beeinflussen. Maßgebliches Ziel der G. ist die Geldwertstabilität (Binnenwert), beeinflusst durch die Geldmengenpolitik, wobei allerdings weitere wirtschaftspolitische Zielvorstellungen im Rahmen der Sicherung der Stabilität der Währung berücksichtigt werden können. – Im wirtschaftstheoretischen Kontext legen die → Monetaristen Wert auf eine zentrale stabilitätspolitische Rolle der Geldmengenpolitik. Maßnahmen, die explizit auf den Außenwert einer Währung zielen, sind der funktionellen → Währungspolitik, ebenfalls im Verantwortungsbereich der Notenbanken liegend, zuzurechnen. – Die geldpolitische Verantwortung ist innerhalb der → Europäischen Wirtschafts- und Währungsunion (EWWU) bei der → Europäischen Zentralbank (EZB) angesiedelt, während die Anwendung der geldmarktpolitischen Instrumentarien dezentral durch die Notenbanken der jeweiligen Mitgliedsländer vollzogen wird. Die → Deutsche Bundesbank ist somit im Verbund des → Europäischen Systems der Zentralbanken (ESZB) verantwortlich für die Durchführung der Beschlüsse des EZB-Rates im eigenen Hoheitsgebiet.

Geld rationiert, bezahlt Geld repartiert, *ratG, bzG rep., bG rep., buyers over scaling down*. Dieser → Kurszusatz weist auf eine beschränkte Zuteilung hin. Die Nachfrage überstieg das Angebot erheblich, so dass nur die unlimitierten → Kaufaufträge und jene Aufträge, die zum festgestellten Kurs und darüber limitiert waren, ausgeführt werden konnte. – Gegensatz: → Brief rationiert, bezahlt Brief repartiert.

Geldvermögen, *financial assets*. Das G stellt einzelwirtschaftlich den um die Verbindlichkeiten bereinigten Bestand an Forderungen eines Wirtschaftssubjektes oder einer Wirtschaftseinheit zu einem bestimmten Zeitpunkt dar. Die Forderungen können dabei gegen andere Wirtschaftssubjekte bestehen, aber auch die Form von Geldanlagen bei → Bausparkassen, Versicherungen oder → Kreditinstituten, also → Spareinlagen, → Sparbriefe, → Termingelder usw. annehmen. – Gesamtwirtschaftlich bezeichnet man das G. einer offenen Volkswirtschaft als Nettoauslandsposition. – Vgl. auch → Geldvermögensbildung

Geldvermögensbildung, *monetary wealth formation, acquisition of financial assets*; ist die Bezeichnung für den Prozess der Bildung von → Geldvermögen während einer definierten Zeitperiode. In der öffentlichen Diskussion findet hierbei die Entwicklung ausgewählter Teilbereiche des Geldvermögens (Bausparen, Investmentzertifikate, usw.), insbesondere im Rahmen der Altersversorgung, Beachtung.

Geld verlost, *bid drawing*. Der → Kurszusatz G.v. signalisiert, dass nicht alle Orders mit mindestens einem Stück ausgeführt werden konnten. D.h. es existierte ein Nachfrageüberhang, so dass die Zuteilung durch das Los vorgenommen wurde.

Geldwäschegesetz (GwG), *Gesetz über das Aufspüren von Gewinnen aus schweren Straftaten, statute of money laundry*. Das GwG soll die Überführung illegaler Gewinne in den legalen Geldkreislauf verhindern, indem es bestimmte Adressaten bei der Annahme größerer Beträge zu Personenidentifizierung, Aufzeichnung und u.U. Anzeige verpflichtet.

Geldwert, *value of money.* → Kaufkraft einer einzelnen Währungseinheit, d.h. die Fähigkeit, eine bestimmte Menge an Gütern und Dienstleistungen mittels einer Geldeinheit zu erwerben. Der Binnenwert des Geldes kann anhand des → Preisindex für die Lebenshaltung bestimmt werden, während der Außenwert des Geldes über den → Wechselkurs im Ausland gemessen wird.

gemeiner Wert, *fair market value*. Der g.W. ist der Preis, der im gewöhnlichen Geschäftsverkehr nach der Beschaffenheit des Wirtschaftsgutes bei einer Veräußerung zu erzielen wäre. Anteile an → Kapitalgesellschaften, die unentgeltlich übertragen werden, sind mit ihrem g.W. zu bewerten. Werden die Anteile an der → Börse gehandelt, ist der niedrigste am Bewertungsstichtag notierte Kurs heranzuziehen. Werden die Anteile nicht an der Börse gehandelt und lässt sich der g.W. auch nicht aus Verkäufen ableiten, dann wird er mit Hilfe des → Stuttgarter Verfahrens ermittelt.

gemeinsame Länderschatzanweisung, → Länderjumbo.

Gemeinschaftsanleihen, *Kreditsyndizierung*. Bezeichnung für den Zusammenschluss mehrerer → Gläubiger (insbesondere → Kreditinstitute) zur → Finanzierung größerer → Investments mit höherem Risiko auf Basis einer → Anleihe.

Gemeinschaftsanleihen der EG, *joint bonds of the European Community*; Bezeichnung für → Anleihen, die zur Beschaffung von → Fremdkapital für die → Europäische Wirtschaftsgemeinschaft (EWG) von der EG-Kommission seit 1975 begeben werden.

Gemeinschaftsdepot, *joint security deposit*. Dieses Depot lautet auf mehrere Personen, d.h. mehrere Personen sind verfügungs- und handlungsberechtigt. – Vgl. auch → Oder-Depot und → Und-Depot.

Gemeinschaftsemission, → Sammelanleihe.

Gemeinschaftskonto, *joint account*; ein für mehrere → verfügungsberechtigte Personen geführtes Konto. Diese können entweder jeweils einzeln darüber verfügen (Oder-Konto) oder nur gemeinsam (Und-Konto). Bei der Kontoeröffnung ist dazu ausdrückliche Weisung zu erteilen.

Gemeinschaftsunternehmen, *joint venture*; besondere Form eines → Unternehmenszusammenschlusses. G. werden von zwei Unternehmen gemeinsam geführt. Die Zusammenarbeit ist auf Dauer angelegt. – G. dürfen in der → Konzernbilanz nur entsprechend den Anteilen am Kapital, die dem Mutterunternehmen direkt oder indirekt zugerechnet werden (→ Quotenkonsolidierung nach § 310 HGB), einbezogen werden, alternativ ist auch eine Bewertung nach der → Equity-Methode möglich. – Vgl. auch →

Konsolidierungskreis, → assoziierte Unternehmen.

Gemeinschuldner, *common debtor*. Als G. wird derjenige bezeichnet, über dessen Vermögen ein Konkursverfahren eröffnet wurde. In Abhängigkeit von der Rechtsform einer Unternehmung sind dies bei einer → juristischen Person diese selbst, bei einer → OHG alle Gesellschafter und bei einer → KG lediglich die → Komplementäre. Mit der Eröffnung eines Konkursverfahrens wird dem G. das Recht entzogen, das der → Konkursmasse zuzurechnende Vermögen selbst zu verwalten. – Vgl. auch → Konkurs.

gemischte Fonds, *mixed funds*. G.F. können sowohl in Aktien als auch in Rentenpapiere investieren. Sie kombinieren Wachstumschancen der Aktienengagements mit Renditen aus festverzinslichen Wertpapieren. Dadurch erhält der Fondsmanager einen größeren Anlagespielraum. Bei stagnierenden oder fallenden Aktienkursen kann er zu festverzinslichen Wertpapieren wechseln, bei positiver Tendenz am Aktienmarkt kann er den Schwerpunkt wieder auf die Aktienanlage verlagern.

gemischte Hypothekenbanken, *mixed mortgage banks*. Private Hypothekenbanken, die nach §46 I HypBankG neben den Geschäften einer → Hypothekenbank (Ausgabe von Pfandbriefen, etc.) auch die Geschäfte einer → Universalbank betreiben dürfen. Diese Möglichkeit ergibt sich daraus, dass sie schon vor Inkrafttreten der Spartentrennung des Hypothekenbankgesetzes mit dem dort kodifizierten Spezialprinzip gegründet wurden und die Geschäftszweige verbunden durchgeführt wurden. Im Hypothekenbankgesetz werden g.H. als Hypothekenbanken mit dem „Recht auf erweiterten Geschäftsbetrieb" bezeichnet. Zu den g.H. zählt u.a. die Bayerische Hypo- und Vereinsbank AG und die Norddeutsche Hypotheken- und Wechselbank AG.

genannter Kurs, *gesprochener Kurs, named rate/price*. Kurs, zu dem Wertpapiere an einer → Börse angeboten oder nachgefragt werden, aber keine Abschlüsse erzielt werden.

genehmigte Kapitalerhöhung, → genehmigtes Kapital.

genehmigtes Kapital, *approved capital*. Form der → Kapitalerhöhung, bei der die → Hauptversammlung der AG den Vorstand einer → Aktiengesellschaft (AG) gem. §§ 202 ff. AktG ermächtigt, das → Grundkapital der Gesellschaft innerhalb von fünf Jahren bis zu einem bestimmten Nennbetrag zu erhöhen. Die Kapitalerhöhung erfolgt durch Ausgabe → junger Aktien gegen Einlagen und darf höchstens 50% des bisherigen Grundkapitals betragen. Sie wird mit Eintragung ihrer Durchführung in das Handelsregister wirksam. Durch das g.K. soll dem Vorstand mehr Flexibilität bei der Wahl des Zeitpunktes der Kapitalerhöhung eingeräumt werden, um ein positives Kapitalmarktumfeld nutzen und je nach Kapitalbedarf der Gesellschaft handeln zu können. Die Kapitalerhöhung kann auch in mehreren Schritten erfolgen, so lange bis der Nennbetrag des g.K. erreicht ist.

General Agreement on Tariffs and Trade, → GATT.

Generally Accepted Accounting Principles, *US-GAAP, Grundsätze ordnungsmäßiger Rechnungslegung*. In Folge der Börsenkrise von 1929 und den dadurch ausgelösten Unternehmenszusammenbrüchen, durch die Zusammenarbeit der → New York Stock Exchange (NYSE) und dem American Institute of Accountants entstandene einheitliche Rechnungslegungsprinzipien, die trotz ihrer fehlenden gesetzlichen Kodifizierung offiziell anerkannte und rechtsgültige Normen für die externe → Rechnungslegung darstellen. Mit Einführung der GAAP wurde der Mangel an einheitlichen Regelungen zur ordnungsgemäßen Buchführung der Unternehmen in den USA behoben und damit generell die Möglichkeit zur Erhöhung der Aussagefähigkeit der → Jahresabschlüsse ermöglicht. Die GAAP werden entweder von den für die US-amerikanische Rechnungslegung zuständigen Institutionen, zu denen u.a. die → Securities and Exchange Commission (SEC), Wirtschaftsprüfer und andere private Fachorganisationen zählen, offiziell festgelegt (promulgated principles) oder durch die unternehmerische Praxis der bilanzerstellenden Unternehmen bestimmt (non promulgated principles). Die Rechnungslegung nach GAAP stellt die in der Bilanzierungspraxis nach → HGB gültigen Prinzipien der Vorsicht und des → Gläubigerschutzes in den Hintergrund und zeichnet sich durch eine sehr starke Investorenorientierung, den Ausweis des „true and fair value" und weitaus einfache Form- und Gliederungsvorschriften aus.

Generalversammlung, schweizerische Bezeichnung für → Hauptversammlung.

Genfer Börse, *Bourse de Genève*. Im Jahr 1850 gegründete → Börse, die infolge des Zusammenschlusses mit der → Zürcher Börse und der → Basler Börse 1996 im → SWX Swiss Exchange aufgegangen ist.

Genossenschaft. Die eingetragene Gesellschaft, die im Genossenschaftsgesetz (GenG) geregelt ist, ist eine Gesellschaft mit nicht geschlossener Mitgliederzahl, die zu dem Zweck gegründet wird, den Erwerb und die Wirtschaft ihrer Mitglieder mittels gemeinschaftlichen Geschäftsbetriebs zu fördern (§ 1 GenG). Sie ist → juristische Person sowie Kaufmann (§ 17 GenG) und muss in das Genossenschaftsregister eingetragen werden (§ 10 GenG). Die Genossen, deren Zahl mindestens sieben betragen muss (§ 4 GenG), haften für die Verbindlichkeiten der G. nicht persönlich (§ 2 GenG). Die Firma muss die Bezeichnung "eingetragene Genossenschaft" oder kurz "eG" enthalten; es darf kein Zusatz beigefügt werden, der darauf hindeutet, ob und in welchem Umfang die Genossen zur Leistung von → Nachschüssen verpflichtet sind (§ 3 GenG). Im → Gesellschaftsvertrag (Statut) müssen jedoch Bestimmungen darüber enthalten sein, ob die Genossen für den Fall, dass die → Gläubiger im Insolvenzverfahren über das Vermögen der G. nicht befriedigt werden, Nachschüsse zur → Insolvenz unbeschränkt, beschränkt auf eine bestimmte Summe (→ Haftsumme) oder überhaupt nicht zu leisten haben (§ 6 GenG). Die Leitung der G. liegt in der Hand eines mindestens zweiköpfigen → Vorstands (§§ 24 ff. GenG), der von einem → Aufsichtsrat überwacht wird (§ 38 GenG). Genossenschaften müssen einem Prüfungsverband angehören, der ihre wirtschaftlichen Verhältnisse und die Ordnungsmäßigkeit der Geschäftsführung je nach Größe mindestens in jedem oder zweiten Jahr prüft (§ 53 ff. GenG). Die Genossen üben ihre Mitverwaltungsrechte in der Mitgliederversammlung (Generalversammlung) aus, in der jeder Genosse eine Stimme hat (§ 43 GenG). Bei

G. mit mehr als 1.500 Mitglieder kann im Statut eine Vertreterversammlung vorgesehen werden (§ 43a GenG). Durch Beitrittserklärung kann man Mitglied der G. werden.

genossenschaftliche Zentralbanken, *central institutions of credit cooperatives*; Bezeichnung für die als → Universalbank tätigen regionalen Spitzeninstitute des genossenschaftlichen Bankensektors auf Länderebene. Ihre Hauptaufgaben liegen in der Unterstützung der → Kreditgenossenschaften in allen → Bankgeschäften. Zudem betreiben sie das Effekten- und Auslandsgeschäft für die Kreditgenossenschaften, wickeln den Zahlungsverkehr ab und dienen den Kreditgenossenschaften als Liquiditätsausgleichs- und Refinanzierungsstelle. Die g.Z. bilden die mittlere Stufe des zumeist dreistufig aufgebauten genossenschaftlichen Bankensektors.

Genossenschaftsanteil, *Geschäftsanteil der Genossenschaft, cooperative share*. Betrag, bis zu dem sich ein Mitglied mit Einlagen an einer → Genossenschaft beteiligen kann. Der G. muss gemäß § 7 GenG im Statut festgeschrieben sein, ebenso wie die mindestens zu leistende Einlage. G. und Mindesteinlagen müssen grundsätzlich für alle Genossen gleich hoch sein. Das Statut kann auch bestimmen, dass sich ein Genosse mit mehr als einem G. beteiligen darf (§ 7a GenG). Der tatsächlich eingezahlte Betrag eines Mitgliedes zuzüglich der darauf entfallenden Gewinne und Verluste wird als Geschäftsguthaben bezeichnet. Ihm werden die anteiligen Gewinne und Verluste solange zugeschrieben, bis der G. erreicht ist (§ 19 GenG). Bei Kündigung der Mitgliedschaft wird das Geschäftsguthaben zurückerstattet, sofern keine Fehlbeträge auszugleichen sind. Auf die Rücklagen und das sonstige Vermögen der Genossenschaft hat der ausscheidende Genosse keinen Anspruch (§ 73 GenG). Im Statut kann aber festgelegt sein, dass ein ausscheidender Gesellschafter, der seinen G. voll eingezahlt hat, einen Anteil aus der Ergebnisrücklage erhält.

Genossenschaftsbanken, → Kreditgenossenschaften.

Genussaktien, *bonus share*; → Aktien, die anstelle der alten Aktien, nach der vollständiger Rückzahlung des → Aktienkapitals, an

Genussscheine

die → Aktionäre ausgegeben werden. Sie verbriefen dabei die gleichen Rechte wie die alten Aktien.

Genüsse, *participating certificate*; Bezeichnung für → Genussrechte und → Genussscheine.

Genussrechte, *profit participation rights*; sind verschiedene Vermögensrechte, die eine Unternehmung durch Vertrag an Genussrechtsinhaber gewährt. Die häufigsten G. bestehen in einer Beteiligung am Gewinn und/oder Liquidationserlös der Unternehmung. Anlässe für die Einräumung von G. sind z.B. die Gründung, die Einbringung von Erfindungen oder Überlassungen von Konzessionen, freiwillige Zuzahlungen bei der Sanierung und Kapitalbeschaffung (→ Genussrechtskapital). Die Gewährung von G. durch die Aktiengesellschaft bedarf der qualifizierten Mehrheit in der Hauptversammlung (§ 221 III, VI AktG). Verbriefte G. sind → Genussscheine.

Genussrechtskapital. Ist → Fremdkapital, das in Verbindung mit → Genussrechten aufgenommen wird. Es ist unter bestimmten Bedingungen bei Kreditinstituten als Ergänzungskapital Bestandteil des → haftenden Eigenkapitals, rechtlich jedoch Fremdkapital.

Genussscheine, *profit-sharing certificate, dividend-right certificate, participation certificate*; sind Wertpapiere, die → Genussrechte gegenüber der begebenden Unternehmung verbriefen. Sie werden auch an der Börse gehandelt. Genussrechte sind Vermögens-, keine Mitgliedsrechte. Daher haben G. eine gläubigerrechtliche Stellung mit begrenzter Laufzeit oder einem Kündigungsrecht in der Inhaber. Die Ausgestaltung von G. ist, da nicht gesetzlich geregelt, vielfältig. Neben der gebräuchlichen Beteiligung am Gewinn und/oder dem Liquidationserlös findet man → Bezugsrechte auf weitere G., auf → Aktien und auf → Anleihen mit Wandel- oder Optionsrecht. In vielen Fällen werden Genussscheine zusammen mit Schuldverschreibungen zur Finanzierung begeben (→ Genussrechtskapital). Diese Kombinationen sind Gewinn- und Wandelschuldverschreibungen ähnlich. Genussrechtskapital mit Gewinn- und unbeschränkter Verlustbeteiligung ist für Kreditinstitute als Ergänzungskapital haftendes Eigenkapi-

Genussscheinfonds

tal. Gewinnbeteiligungen aus G. sind steuerlich Zinsaufwand bzw. -ertrag und unterliegen nicht der Körperschaftsteuer, falls kein Anteil am Liquidationserlös vereinbart ist.

Genussscheinfonds, *participating certificate fund*; Bezeichnung für einen → Investmentfonds, dessen → Fondsvermögen sich zum Großteil aus → Genussscheinen zusammensetzt.

geregelter Freiverkehr, *regulated inofficial dealing*. Börsensegment des → Kassamarktes, das für Unternehmen offenstand, die die strengen Anforderungen des → amtlichen Handels nicht erfüllen konnten, aber dennoch an einer geregelten Eigenkapitalbeschaffung interessiert waren. Im Jahr 1987 wurde der g.F. und der → ungeregelte Freiverkehr formal zum Handelssegment → Freiverkehr verschmolzen. Hierbei wechselten jedoch die meisten Unternehmen, die bis dahin im g.F. gehandelt wurden, in den neugegründeten → Geregelten Markt. – Die Preisfeststellung am G.F. erfolgte durch → freie Makler, die nicht amtliche Kurse stellten. Ein Anspruch des Kunden auf Ausführung bestand grundsätzlich nicht.

geregelter Markt. Der g.M. wurde 1987 in Deutschland als Teilbörsensegment des → Kassamarktes für kleine und junge Unternehmen eingeführt. Dabei soll der Gang an die Börse durch niedrige Eintrittsbarrieren für diejenigen Unternehmen erleichtert werden, welche die strengen Zulassungsvoraussetzungen (→ Börsenzulassung) für den → amtlichen Handel nicht erfüllen können, aber ihre → Aktien öffentlich unter der Aufsicht des → Börsenrates notieren lassen wollen. – Am G.M. bestehen weniger strenge → Publizitätspflichten als für den amtlichen Handel und das Mindestnennkapital bei Erstemission beträgt 250.000 EUR, wobei wenigstens 10.000 Aktien ausgegeben werden müssen. Seit Gültigkeit des dritten → Finanzmarktförderungsgesetzes muss dem Zulassungsantrag nur noch ein Unternehmensbericht beigefügt werden, der Angaben über den Emittenten und seine Wertpapiere beinhaltet, die für die Anlageentscheidung von Investoren wichtig sind. Man hat auf die Vorlage eines gültigen Jahresabschlusses verzichtet, um auch Unternehmen den Zugang zu ermöglichen, die vor weniger als 18 Monaten gegründet worden sind. Der G.M. ist also hinsichtlich der Zulassungsvoraussetzungen dem amtlichen Handel nachgeordnet, dem → Freiverkehr jedoch übergeordnet. In vielen Fällen wird der G.M. von den Unternehmen auch als Vorstufe zum amtlichen Handel angesehen. – Trotz der Einführung des → Neuen Marktes konnte sich der G.M. als → Primärmarkt etablieren, während er als → Sekundärmarkt unter der Tatsache leidet, dass sich der Handel meist auf umsatzstarke Standardwerte konzentriert und damit → Nebenwerte vernachlässigt werden. – Die Preisfeststellung am G.M. findet durch → freie Makler statt.

gerichtliche Bestellung von Sonderprüfern. Eine gerichtliche Bestellung von → Sonderprüfern kann auf Antrag von Aktionären, deren Anteile zusammen zehn Prozent des → Grundkapitals der AG oder den anteiligen Betrag von einer Millionen Euro erreichen, in folgenden zwei Fällen erforderlich sein: 1. Die → Hauptversammlung der AG hat die Bestellung eines Sonderprüfers zur Prüfung eines Vorgangs bei der Gründung oder eines nicht über fünf Jahre zurückliegenden Vorgangs bei der Geschäftsführung abgelehnt, obwohl Tatsachen vorliegen, die den Verdacht rechtfertigen, dass bei dem Vorgang Unredlichkeiten oder grobe Verletzungen des Gesetzes oder der → Satzung der AG vorgekommen sind. – 2. Die Hauptversammlung hat einen Sonderprüfer bestellt, dieser besitzt aber nicht die erforderlichen Kenntnisse, oder es besteht Besorgnis der Befangenheit oder Bedenken gegen seine Zuverlässigkeit.

gerichtliche Entscheidung über die Zusammensetzung des Aufsichtsrats der Aktiengesellschaft, *judicial decision about the composition of the supervisory board*. Eine gerichtliche Bestimmung von Aufsichtsratsmitgliedern erfolgt auf Antrag des Vorstands, eines Aufsichtsratsmitglieds oder eines Aktionärs, falls die zur Beschlussfähigkeit nötige Zahl von Mitgliedern nicht vorhanden ist. Der Antrag kann auch gestellt werden, wenn dem → Aufsichtsrat länger als drei Monate weniger als die durch Gesetz oder Satzung bestimmte Mindestzahl an Mitgliedern angehört. Ebenfalls ist durch Gericht das zahlenmäßige Verhältnis zwischen Arbeitnehmervertretern und Aktionärsvertretern herzustellen, falls es nicht den gesetzlichen Bestimmungen entspricht. Das

Amt eines gerichtlich bestellten Aufsichtsrats erlischt, sobald der Mangel, der zu seiner Bestellung führte, behoben ist.

German Market Indicator, *Marktindikator für Deutschland, G-Mind.* Indikator für die allgemeine Stimmungslage auf dem deutschen → Finanzmarkt. Die monatlich stattfindende Ermittlung wird durch eine Befragung von 350 deutschen Kapitalmarktexperten vollzogen. Dargestellt wird die aktuelle Stimmungslage durch eine von minus bis plus zehn reichende Skala.

Gesamtaktie, → Globalaktie.

Gesamtbewertung, *overall assessment.* Form der → Unternehmensbewertung, die i.d.R. bei Eigentumsübertragungen angewandt wird. Dabei wird das zu bewertende Unternehmen als wirtschaftliche Einheit betrachtet, das einen Ertrag erwirtschaftet. Für die Bewertung werden alle Vermögensgegenstände berücksichtigt und künftige Erträge des Unternehmens prognostiziert. – Gegensatz: → Einzelbewertung.

gesamtfällige Anleihe, *issues falling due en bloc.* → Anleihen, die in einer Summe am Ende der Laufzeit zurückgezahlt werden (→ Endfälligkeit). I.d.R. sind Anleihen gesamtfällig.

Gesamthandseigentum, *Eigentum der Gesamthand, joint ownership of property.* Das G. ist eine Eigentümerposition, die die gemeinsam Berechtigten so stellt, dass alle gemeinsam (zur gesamten Hand) und nicht als Miteigentümer zu Bruchteilen (→ Miteigentum) (§§ 742 ff. BGB) beteiligt sind. Der Einzelne kann weder über seinen Anteil noch über die davon betroffenen Rechte ohne Zustimmung der Mitgesellschafter verfügen (§ 719 BGB). Das gilt v.a. in den Personengesellschaften des BGB und HGB.

Gesamtindex, bezeichnet einen → Index, der die gesamte Breite eines Marktes abdeckt, wie bspw. der → Nasdaq Composite oder der → Nemax All Share Index.

Gesamtkapitalrentabilität, *Return on Assets (ROA)*; Rentabilität des gesamten im Unternehmen eingesetzten Kapitals. Für die Ermittlung der G. werden der den Eigenkapitalgebern zustehende Gewinn und der den

Gesamtkostenverfahren

Fremdkapitalgebern zufließende Zinsaufwand durch das Gesamtkapital der Unternehmung dividiert. Fremdkapitalzinsen haben durch ihren Abzug vom Gewinn einen steuermindernden Effekt, so dass ein verschuldetes Unternehmen bei gleicher operativer Rentabilität weniger Ertragssteuern zahlen muss als ein unverschuldetes Unternehmen. Dieser Steuervorteil, der in der angelsächsischen Literatur als → tax shield bezeichnet wird, ist dem Gewinn hinzuzurechnen, so dass die G. unter der Annahme des unverschuldeten Unternehmens errechnet wird. Erst dadurch ist eine Vergleichbarkeit zwischen verschiedenen Unternehmen gegeben. Vereinfacht kann als Gewinngröße aber auch das Ergebnis vor Zinsen und Steuern (→ EBIT) herangezogen werden. – Da es sich bei dem so ermittelten Ergebnis um eine Stromgröße handelt, das im Nenner stehende Gesamtkapital aber eine stichtagsbezogene Bestandsgröße darstellt, wird für das Gesamtkapital i.d.R. ein Durchschnittswert für die Periode gewählt. Das Gesamtkapital ist die Summe aus Anlage- und Umlaufvermögen. – Formel:

Gesamtkapitalrentabilität = $\text{EBIT} / \text{durchschnittliches Gesamtkapital}$

Gesamtkonzernabschluss, *consolidated financial statement.* Der G. ist der → Jahresabschluss von Unternehmen, welche durch die Unterstellung unter eine einheitliche Leitung ihre wirtschaftliche Unabhängigkeit aufgegeben haben. Er besteht aus der → Konzernbilanz, der → Gewinn- und Verlustrechnung des Konzerns, dem → Konzernlagebericht und dem → Konzernanhang. Zu beachten ist, dass bei der Erstellung des G. alle innerkonzernlichen Beziehungen durch die → Konsolidierung ausgeschaltet werden.

Gesamtkostenverfahren, *total cost method*; Verfahren zur Ermittlung des → Jahresüberschusses. Beim G. werden alle → Aufwendungen einer Periode erfasst unabhängig davon, ob die erstellten Leistungen zu → Umsatzerlösen in der Periode geführt haben. – Die Erträge aus Umsatzerlösen werden durch Veränderungen der Bestände an unfertigen und fertigen Erzeugnissen und andere aktivierte Eigenleistungen ergänzt.

357

Gesamtkündigung

Werden Produkte aus dem Vorjahr verkauft, kommt es zu einer Verminderung der Bestände. Im G. werden die Aufwendungen nach Aufwandsarten erfasst. Die handelsrechtliche → Gewinn- und Verlustrechnung nach § 275 HGB kann nach dem G. aufgestellt werden. Das G. ist international nicht üblich. – Vgl. auch → Umsatzkostenverfahren.

Gesamtkündigung, *total call.* In der → Anleiheaustattung kann den → Anleiheschuldnern das Recht eingeräumt werden, in bestimmten Situationen die → Anleihe zu kündigen. Bei einer G. wird der gesamte ausstehende Anleihebetrag zurückgezahlt.

Gesamtwertmethode, *total-value-method, aggregated-value-method.* Verfahren zur Ermittlung des Unternehmensgesamtwertes (Ertragswert, → Discounted Cash-Flow), der als Barwert aller erwarteten künftigen Einnahmeüberschüsse des Unternehmens definiert wird. Grundgedanke der G. ist dabei die Erfolgskapitalerhaltung im Sinne der Sicherung des → Shareholder Value. Der Periodenerfolg, auch als ökonomischer Gewinn bezeichnet, entspricht der Änderung des Erfolgskapitals (Zukunftserfolgswert des Unternehmens) in der Periode zuzüglich der Entnahmen und abzüglich der Einlagen oder der Verzinsung des Erfolgskapitals zu Beginn der Periode mit dem → Kalkulationszinssatz.

Geschäftsanteil der Genossenschaft, → Genossenschaftsanteil.

Geschäftsanteil der GmbH, *GmbH-Anteil, interest in a limited liability company.* Der G.d.GmbH. ist der in einem bestimmten Bruchteil, nicht in einer Geldsumme, ausgedrückte Anteil des Gesellschafters am Gesellschaftsvermögen. Der Geschäftsanteil eines Gesellschafters bestimmt sich danach, welchen Anteil er an der gesamten → Stammeinlage der GmbH übernommen hat. G.d.GmbH. können verkauft und vererbt werden. Allerdings existiert in Deutschland kein organisierter Markt (z.B. → Börse) für den Handel von Geschäftsanteilen (→ Beteiligungshandel). – Vgl. auch → Gesellschaftsanteil.

Geschäftsbereichsaktien. Bezeichnung für in Deutschland erst vor kurzem aufgekommene → Tracking Stocks, die sich nicht auf einen Gesamtkonzern, sondern nur auf einen Geschäftsbereich beziehen. Dieser Geschäftsbereich bleibt Teil des Unternehmens, nur die Rechnungslegung wird getrennt. Die → Dividende bezieht sich nur auf den Gewinn des Teilbereichs, dieser kann jedoch zum Ausgleich von Verlusten im Gesamtkonzern einbehalten werden.

Geschäftsbericht der AG, *annual report of a stock corporation;* der von einer → Aktiengesellschaft (AG) zu veröffentlichenden Bericht, der die → Aktionäre und die interessierte Öffentlichkeit über die wirtschaftliche Lage und den Geschäftsverlauf des Unternehmens informieren soll. Er besteht aus → Jahresabschluss und → Lagebericht und kann darüber hinaus zahlreiche freiwillige Angaben enthalten. Ziel der Veröffentlichung des Geschäftsberichts ist es dabei, durch entscheidungsrelevante qualitative und quantitative Daten über einzelne Geschäftsbereiche, durch Berichte von → Vorstand und Aufsichtsrat und durch detaillierte Angaben über die Organisation und die Organe des Unternehmens den Adressaten die Möglichkeit zu bieten, sich ein umfassendes Bild von den Chancen und Risiken des Unternehmens zu machen und dadurch das Vertrauen in die Geschäftspolitik der Unternehmensleitung zu stärken. Für Konzerne besteht seit dem 01.01.1999 darüber hinaus bei der Aufstellung eines → Konzernabschlusses nach § 297 HGB die Pflicht zur Veröffentlichung einer Segmentberichterstattung und einer → Kapitalflussrechnung.

Geschäftsbesorgungsvertrag, *non-gratuitous contract for services or work.* Der G. ist ein Dienst- oder Werkvertrag, der eine Geschäftsbesorgung zum Gegenstand hat (§ 675 BGB). Der Begriff der Geschäftsbesorgung meint eine selbstständige Tätigkeit wirtschaftlicher Art, für die der Geschäftsherr an sich selbst zu sorgen hat, die ihm aber durch den Geschäftsführer abgenommen wird. Beispiele hierfür sind Architekten-, Bank-, Rechtsanwalts- und Vermögensverwalterverträge. Es finden die wesentlichen Vorschriften aus dem Auftragsrecht (§§ 662 ff. BGB) Anwendung, jedoch wird die Leistung beim G., anders als bei einem Auftrag, gegen Entgelt erbracht. Sonderformen sind der Übertragungs-, Überweisungs-, Zahlungs- und Girovertrag i.S. der §§ 676a-g

BGB, die durch die 1999er Novelle ins BGB aufgenommen wurden.

Geschäftsführung der AG, *conduct of business/management of the corporation*. Die G.d.A. obliegt allein dem → Vorstand. Die Geschäftsführungsbefugnis erstreckt sich auf den gesamten Geschäftsbereich der AG. Bei mehrgliedrigem Vorstand gilt grundsätzlich Gesamtgeschäftsführung. Die → Satzung der AG oder eine Geschäftsordnung für den Vorstand können eine andere Regelung treffen. Der → Aufsichtsrat kann bestimmte Geschäfte von seiner Zustimmung abhängig machen. Weiterhin bedürfen besondere gesellschaftsrechtliche Vorgänge einer Zustimmung der Hauptversammlung. – Siehe auch → Vertretung der AG.

Geschäftsjahr, *financial year, accounting period;* umfasst einen Zeitraum von höchstens zwölf Monaten. Das G. entspricht bei den meisten Unternehmen dem Kalenderjahr, was jedoch nicht zwingend ist. Am Ende eines G. hat jede → Aktiengesellschaft (AG), aber auch jeder andere Vollkaufmann einen → Jahresabschluss aufzustellen.

Geschäftsverlauf an der Börse, *course of business at the stock market*. Unter dem Terminus G.a.d.B. versteht man die Beschreibung des Ablaufes des aktuellen Börsengeschehens im Rahmen der Börsenberichterstattung.

Geschäftswert, *Firmenwert, goodwill*. Bezeichnung für einen immateriellen Vermögensgegenstand des → Anlagevermögens, der besondere, nicht in einzelnen Positionen bilanziell erfassbare Vorteile eines Unternehmens ausdrückt. Dazu zählen u.a. der Unternehmensruf, die Unternehmensorganisation oder auch der Kundenkreis des Unternehmens. Der G. stellt dabei den Unterschiedsbetrag zwischen dem gesamten → Unternehmenswert und der Summe der Werte sämtlicher bilanzierungsfähigen Einzelgüter dar. Hinsichtlich der Art des G. wird zwischen dem selbst geschaffenen (originären) und dem entgeltlich erworbenen (derivativen) G. unterschieden. Für den originären G. besteht handelsrechtlich gemäß § 248 II HGB sowie steuerrechtlich gemäß § 5 II EStG ein Bilanzierungsverbot. Der derivative G. stellt denjenigen Betrag dar, der bei einem Unternehmenskauf über den → Verkehrswert

geschlossener Immobilienfonds

der übernommenen Vermögensgegenstände abzüglich der → Schulden hinaus bezahlt wird. Für ihn besteht handelsrechtlich gemäß § 255 IV HGB ein Bilanzierungswahlrecht, steuerrechtlich ist er jedoch nach § 5 II EStG als immaterielles Wirtschaftsgut zu aktivieren. Die handelsrechtlichen Vorschriften zur → Abschreibung des aktivierten G. sehen in § 255 IV HGB vor, dass diese in jedem nach der Anschaffung folgenden Geschäftsjahr zu mindestens einem Viertel oder planmäßig über die voraussichtliche Nutzungsdauer erfolgen kann, so dass auch die nach § 7 I EStG in der Steuerbilanz anzuwendende betriebsgewöhnliche Nutzungsdauer von 15 Jahren als Abschreibungszeitraum gewählt werden kann.

Geschenksparbuch, *gift passbook*. Ein von der Bank zu besonderen Anlässen wie Geburt, Konfirmation oder Einschulung geschenktes → Sparbuch mit einer geringen Einlage. Die Banken nutzen dieses Instrument zur Kundengewinnung.

geschlossene Fonds, → Closed-end-Funds.

geschlossene Position, *closed (out) position/commitment/contract*; Bezeichnung für eine Position die ohne Risiko ist, d.h. einer aktiven bzw. passiven Position steht die entsprechende kompensatorische Position gegenüber, die der Höhe und Laufzeit nach entgegengesetzt ist. – Der Art nach können verschiedene g.P. unterschieden werden: Bei Devisengeschäften (teil-)geschlossene → Kassa- und → Termingeschäften, bei Kreditinstituten laufzeit- und zinsbindungskongruente → aktive und → passive Positionen und g.P. bei Termingeschäften in Wertpapieren, Devisen und Commodities. – Den Vorgang eine → offene Position zu schließen wird als → Glattstellung bezeichnet.

geschlossener Immobilienfonds, *closed-end real estate fund*; Bezeichnung für einen zumeist zur Finanzierung von gewerblichen Großimmobilien aufgelegten → Immobilienfonds, der über ein konstantes und von Anfang an unverändliches → Fondsvermögen verfügt und innerhalb einer festgelegten Ausgabeperiode emittiert wird. Die Anzahl der vom Fondsmanagement ausgegebenen → Immobilienfondsanteile ist durch die Begrenzung der zum

geschlossener Investmentfonds

Fondsvermögen zählenden Grundstücke und grundstücksgleichen Rechte ebenfalls limitiert und kann nachträglich nicht aufgestockt werden. Im Gegensatz zu → offenen Immobilienfonds sind g.I. v.a. für vermögendere Investoren geeignet, da nicht nur die vorgesehenen Investitionsvolumina der einzelnen Kapitalanleger aufgrund der begrenzten Zahl an Investoren höher sind, sondern diesen auch durch die steuerliche Gleichstellung der g.I. mit direkten Immobilienanlagen die Möglichkeit zur Verrechnung von Verlustzuweisungen und damit zur Verringerung ihrer Steuerzahlungen gegeben wird. Die Auflösung eines g.I. kann entweder in Form eines Auflösungsbeschlusses durch die Gesellschafterversammlung erfolgen, durch den der einzelne Investor einen seinem jeweiligen Anteil entsprechenden Erlös aus dem Verkauf der Immobilien erhält oder durch den Verkauf der Immobilienfondsanteile am Sekundärmarkt vorgenommen werden. Letzteres muss allerdings von den Investoren selbst organisiert werden, da eine Rücknahme der Fondsanteile durch die Kapitalanlagegesellschaft nicht vorgesehen ist. – Ggs. → Offener Immobilienfonds.

geschlossener Investmentfonds, *closed end fund*; → Investmentfonds, bei dem die Anzahl der → Anteile und Anlagevolumen fixiert ist. Der → Investor hat keinen Anspruch darauf, dass der g.I. seine Anteile zurücknimmt. Grundsätzlich kann ein Anteil jedoch frei zwischen Anlegern verkauft werden, i.d.R. findet ein → Börsenhandel statt. Die → Preisbildung der Anteile unterliegt daher vorrangig Angebot und Nachfrage und ist nur implizit durch den → Inventarwert mitbestimmt. Der g.I. bietet sich prinzipiell für Investitionsobjekte an, die geringe → Fungibilität und → Liquidierbarkeit aufweisen, da die Anlagegesellschaft nicht ständig wegen eines nicht ausgeglichenen Rücknahme- und Ausgabesaldos Investitionsobjekte erwerben oder veräußern muss. G.I. sind vor allem in angelsächsischen Ländern verbreitet, in Deutschland stellt die im → KAGG geregelte → Investmentaktiengesellschaft eine Art des g.I. dar. Von g.I. im Sinne des KAGG und → Auslandinvestment-Gesetz sind geschlossene Fonds wie geschlossene Immobilienfonds, Film- und Medienfonds, Venture Capital Fonds zu unterscheiden, bei denen Investoren meist als Mitunternehmer beteiligt sind.

geschlossener Markt, *closed market*. Wird als Markt mit Zutrittsbarrieren definiert. Folge hiervon ist eine Beschränkung der Anzahl der Marktteilnehmer aufbauend auf institutionellen, ökonomischen, sozialen und anderweitigen, auch politisch motivierten Bestimmungsursachen. Beispielhaft sind Regulierungen in Bezug auf die Gründung neuer Banken. Ggs.: → offener Markt.

geschlossenes Depot, *strong box deposit*; vgl. → Depotarten.

Gesellschafter, → Anteilseigner.

Gesellschafterdarlehen, *shareholder/partner's loan*. G. sind von Seite der → Gesellschafter einer Unternehmung, d.h. → Personen- oder → Kapitalgesellschaft, gewährte echte oder eigenkapitalersetzende Darlehen. In Abhängigkeit von der Art der Gesellschaftsform bzw. der Darlehensgewährung ergibt sich eine unterschiedliche steuerliche Handhabung von G.

Gesellschaft (des) bürgerliches Rechts, (GbR). Die GbR ist ein vertraglicher Zusammenschluss von zwei oder mehreren Personen zur Verfolgung eines gemeinsamen Zweckes; sie ist im BGB (§§ 705 ff.) geregelt. Auf Grund des → Gesellschaftsvertrags, der grundsätzlich formlos, also auch stillschweigend durch schlüssiges Handeln zustande kommen kann, sind die → Gesellschafter verpflichtet, den Gesellschaftszweck zu fördern (§ 705 BGB). Wenn sie als Außengesellschaft am Rechtsverkehr teilnimmt, ist sie rechtsfähig, kann also selbst Träger von Rechten und Pflichten sein und verfügt über ein eigenes → Gesellschaftsvermögen (§ 718 BGB). Die Führung der Geschäfte und die Vertretung der Gesellschaft liegt in der gemeinschaftlichen Hand der Gesellschafter (§§ 709 ff., 714 ff. BGB), die auch für die Verbindlichkeiten der Gesellschaft grundsätzlich unmittelbar und unbeschränkt haften.

Gesellschaft mit beschränkter Haftung (GmbH). Die im Gesetz betreffend die Gesellschaften mit beschränkter Haftung (GmbHG) geregelte GmbH kann durch eine oder mehrere Personen zu jedem gesetzlich zulässigen Zwecke errichtet werden (§ 1 GmbHG). Sie ist selbst Träger von Rechten und Pflichten (→ juristische Person) und

Handelsgesellschaft (§ 13 Abs. 1 und 3 GmbHG). Deshalb und weil für ihre Verbindlichkeiten nur das → Gesellschaftsvermögen, nicht aber auch die → Gesellschafter persönlich haften (§ 13 GmbHG), ist sie eine sehr verbreitete Gesellschaftsform. Der → Gesellschaftsvertrag bedarf der notariellen Form und kann durch eine Person festgelegt werden (Ein-Personengesellschaft). Das aufzubringende → Stammkapital der Gesellschaft muss mindestens 25.000 Euro betragen und die von einem Gesellschafter zu übernehmende → Stammeinlage mindestens 250 Euro (§ 5 GmbHG). Unter besonderen Voraussetzungen können auch → Sacheinlagen erbracht werden (§ 5 Abs. 4 GmbHG). Der Gesellschaftsvertrag kann eine unbeschränkte oder beschränkte → Nachschusspflicht zu Lasten der Gesellschafter vorsehen (§§ 26 ff. GmbHG). – Geschäftsführung und Vertretung der GmbH liegt bei den Geschäftsführern, die Gesellschafter sein können, aber nicht müssen (§§ 35 ff. GmbHG). Die Rechte der Gesellschafter in den Angelegenheiten der Gesellschaft, insbesondere in bezug auf die Führung der Geschäfte, bestimmen sich, soweit nicht besondere gesetzliche Vorschriften bestehen, nach dem Gesellschaftsvertrag (§ 45 GmbH). Sie fassen ihre Beschlüsse in der Gesellschafterversammlung. Die mitbestimmte GmbH muss einen → Aufsichtsrat haben, sonst ist er fakultativ, kann also im Gesellschaftsvertrag vorgesehen sein (§ 52 GmbH).

Gesellschaftsanteil, *share in a partnership/company*; allgemeine Bezeichnung für Anteile an einer Unternehmung. Es wird differenziert zwischen Anteilen vollhaftender Gesellschafter (z.B. → Komplementär in der KG) und Anteilen von beschränkt haftenden Gesellschaftern (z.B. → Kommanditist in der KG, → Stammeinlage in einer GmbH, → Aktie). Mit dem G. sind Rechte und Pflichten verbunden, die gesetzlich oder vertraglich geregelt sind.

Gesellschaftsblätter, *publications named in the company's articles of incorporation*. Bekanntmachungen einer → Aktiengesellschaft sind in den G. zu veröffentlichen, wenn dies durch Gesetz oder Satzung bestimmt ist. § 25 S. 1 AktG bestimmt den → Bundesanzeiger als Pflicht-Gesellschaftsblatt. Daneben kann die Satzung andere Blätter als G. bezeichnen (§ 25 S. 2 AktG). – Vgl. auch → Publizitätspflichten der Kapitalgesellschaften.

Gesellschaftsteuer, *company tax*. Die G. war im Kapitalverkehrsteuergesetz geregelt. Sie traf wirtschaftlich die Zuführung von → Eigenkapital anläßlich der Gründung und → Kapitalerhöhung von → Kapitalgesellschaften, nicht aber von → Personengesellschaften. – Da sie sich als hinderlich für den Finanzplatz Deutschland erwiesen hatte, wurde sie durch das erste Finanzmarktförderungsgesetz vom 22.02.1990 mit Wirkung zum 01.01.1992 abgeschafft.

Gesellschaftstypus, → Investmentgesellschaft, Konstruktion.

Gesellschaftsvermögen, *company assets, partnership assets*; Bezeichnung für das → Vermögen einer Gesellschaft, das sich aus der Differenz der → Aktiva und der → Verbindlichkeiten ergibt und mit dem das Unternehmen für sämtliche bestehenden Verbindlichkeiten haftet. Bei → Kapitalgesellschaften wie der → Aktiengesellschaft (AG) oder der → Gesellschaft mit beschränkter Haftung (GmbH) entspricht es dem in der → Bilanz ausgewiesenen Vermögen. Bei → Personengesellschaften wie der Gesellschaft bürgerlichen Rechts (GbR), der → offenen Handelsgesellschaft (OHG), der → Kommanditgesellschaft (KG) oder der → stillen Gesellschaft ist es das Gesamtvermögen aller Gesellschafter.

Gesellschaftsvertrag, → Satzung.

Gesetz gegen Wettbewerbsbeschränkungen (GWB), *Law Against Restraints of Competition*. Das GWB gibt es schon seit 1957. Es soll auch in der am 26.08.1998 verkündeten und am 01.01.1999 in Kraft getretenen Neufassung die Freiheit des Wettbewerbs als Grundprinzip der Marktwirtschaft gegen Beeinträchtigungen, insbesondere durch den Missbrauch wirtschaftlicher Macht sichern.

Gesetz über das Aufspüren von Gewinnen aus schweren Straftaten, → Geldwäschegesetz.

Gesetz über den Wertpapierhandel (WpHG), *Wertpapierhandelsgesetz, Securities Trading Law*. Das WpHG, vom

Gesetz über die Rechnungslegung

26.07.1994 (zuletzt geändert am 09.09.1998) wurde im Rahmen des Zweiten Finanzmarktförderungsgesetzes in Umsetzung mehrerer EG-Richtlinien verabschiedet. Das Gesetz dient sowohl dem Funktionsschutz der Märkte als auch dem → Anlegerschutz. Im Vordergrund stehen die Vorschriften zur Verfolgung und Prävention von Insiderhandelsgeschäften (→ Insidergeschäfte, Überwachung). Daneben sollen Mitteilungs- und Veröffentlichungspflichten bei bedeutenden Beteiligungsveränderungen an börsennotierten Unternehmen (→ Mitteilungs- und Veröffentlichungspflichten bei Veränderungen des Stimmrechtsanteils an börsennotierten Gesellschaften) sowie der Ausbau der Verpflichtung des Emittenten zur → Ad-hoc-Publizität die Transparenz auf den Kapitalmärkten erhöhen. Zudem soll auch die internationale Zusammenarbeit gefördert werden.

Gesetz über die Rechnungslegung von bestimmten Unternehmen und Konzernen, → Publizitätsgesetz.

Gesetz über Kapitalanlagegesellschaften (KAGG), *Law Relating to Investment Companies.* Das KAGG vom 14.01.1970, zuletzt geändert am 22.12.1999, dessen Anlagemöglichkeiten durch die drei Finanzmarktförderungsgesetze der 90er Jahre erheblich erweitert wurden, regelt neben der Rechtsform der → Kapitalanlagegesellschaften (KAG) die Anlagevorschriften der → Investmentfonds für verschiedene → Sondervermögen, die Rechtsbeziehungen zwischen der Anlagegesellschaft, den → Anteilinhabern, den → Fonds und der → Depotbank, ferner Prüfungs- und Veröffentlichungspflichten sowie die steuerliche Behandlung der Fonds. Die bei der KAG angelegten Gelder werden nach dem Grundsatz der Risikomischung in → Wertpapieren oder Grundstücken angelegt und als Inhaber- oder indossierbares → Namenspapier verbrieft (sog. → Investmentzertifikat). Es werden vom → Gesellschaftsvermögen der KAG getrennte Fonds gebildet und deren Vermögen in jeweils gesonderten → Depots eines Kreditinstituts verwahrt. Das Investmentzertifikat verbrieft keinen Nennwert, sondern einen oder mehrere Anteile am Fondsvermögen. Die KAG als solche kann nur → Aktiengesellschaft (AG) oder → Gesellschaft mit beschränkter Haftung (GmbH) sein.

Gesetz über Unternehmensbeteiligungsgesellschaften (UBGG), *venture capital corporations act*; vom 17.12.1986 (zuletzt geändert am 09.09.1998). Dem UBGG unterliegen nach den §§ 1, 2 II UBGG Gesellschaften, die sich auf Erwerb, Halten, Verwaltung und Veräußerung von Wagniskapitalbeteiligungen (→ Wagnisfinanzierung-, -kapital) spezialisiert haben. Neben Rechtsform, Sitz und Kapitalausstattung regelt das UBGG v.a. die Zulässigkeit einzelner Betätigungen, Fragen der Anteilstruktur, Rechnungslegung und Aktienausgabe, die Anerkennung als → Unternehmensbeteiligungsgesellschaft und die Durchführung der staatlichen Aufsicht. Im Gegensatz zur → KAG kann die Unternehmensbeteiligungsgesellschaft nur in der Rechtsform der → Aktiengesellschaft (AG) betrieben werden. Sie erwirbt und veräußert → Minderheitsbeteiligungen oder → stille Beteiligungen von inländischen, nicht börsennotierten Unternehmen. Die früher geläufige Unterscheidung von Venture-Capital-Gesellschaften (→ Venture-Capital) mit stärkerem Gründungsbezug lässt sich heute nicht mehr aufrechterhalten.

Gesetz zur Einführung des Euro, → Euro-Einführungsgesetz.

Gesetz zur Kontrolle und Transparenz im Unternehmensbereich (KonTraG), *statute for controlling and transparency in enterprices*. Auf eine Reformierung und Modernisierung der Überwachung in der → Aktiengesellschaft (AG) zielt das KontraG vom 27.04.1998, in Kraft seit 01.05.1998. Es enthält eine Reihe von Änderungen v.a. des → Aktiengesetzes und des → HGB. – Ausgangspunkt der Reformüberlegungen zum KonTraG war das zwar insgesamt als ausgewogen und bewährt angesehene, aber verbesserungsbedürftige Kontrollsystem der AG. Man verfolgte das Ziel, vorhandene Kontrollmechanismen zu verstärken, um damit rechtzeitig kritische Entwicklungen im Unternehmen aufzuzeigen. Insbesondere hat man die vom → Aufsichtsrat, der → Hauptversammlung und den Abschlussprüfern (→ Abschlussprüfer bei der AG) ausgeübten Kontrollfunktionen ausgebaut, ohne jedoch das Unternehmensrecht weiter zu regulieren. Gleichzeitig zielt das KonTraG darauf ab, die deutschen Rechnungslegungs- und Prüfungsstandards der internationalen Praxis anzunä-

hern. Dies wird zunächst dadurch bewirkt, dass die §§ 264 III, 291-292a HGB es bei internationaler Konzernverflechtung im gewissen Umfang gestatten, internationale Rechnungslegungsstandards anzuwenden. Zudem muss der vom Aufsichtsrat bestellte Abschlussprüfer bei der Prüfung des Lageberichts auch prüfen, ob die Risiken der künftigen Entwicklung zutreffend dargestellt sind (§ 317 II S. 2 HGB), und – bei einer börsennotierten AG – ob das Überwachungssystem seine Aufgaben erfüllen kann. Beide Vorschriften sollen in Verbindung mit einer Neufassung des Bestätigungsvermerks die sog. Erwartungslücke an die Rechnungslegung und Prüfung verringern, die darin besteht, dass das Publikum die Abschlussprüfung weitgehend als Fortbestandsgarantie missversteht.

Gesetz zur Umsetzung von EG-Richtlinien zur Harmonisierung bank- und wertpapieraufsichtsrechtlicher Vorschriften. Das 1998 in Kraft getretene, auch als sechste KWG-Novelle bekannte Gesetz hat das → KWG und das → WpHG novelliert. Ein Begleitgesetz ändert das → BörsG und das → KAGG. Es diente u.a. der Umsetzung der → Wertpapierdienstleistungsrichtlinie und der → Kapitaladäquanzrichtlinie. Nach der Novellierung des KWG bedürfen nunmehr auch → Finanzdienstleistungsinstitute einer Zulassung durch die Bundesanstalt für Finanzdienstleistungsaufsicht (vormals → BAKred) und müssen die im KWG für sie festgelegten Anforderungen an ihr → Eigenkapital berücksichtigen. Es hat u.a. auch den Katalog der nach KWG erlaubnispflichtigen → Bankgeschäfte erweitert. Für → Kreditinstitute hat es durch die Neugestaltung des → Grundsatz I die Eigenkapitalvorschriften in bezug auf die → Marktpreisrisiken verändert. Im Bereich des Wertpapierhandelsgesetzes erweiterte es den Anwendungsbereich auf → Wertpapiernebendienstleistungen und bezog den börslichen und ausserbörslichen → Handel von → Geldmarktinstrumenten ein.

gesetzliche Rücklage, *legal reserve*; bezeichnet nach § 272 III HGB einen Teil der → Gewinnrücklagen, der aufgrund gesetzlicher Vorschriften aus dem Jahresergebnis eines Unternehmens zu bilden ist. Nach § 150 I AktG sind g.R. von → Aktiengesellschaften (AG) und → Kommanditgesellschaften auf Aktien (KGaA) zwingend zu bilden. Die Einstellung von 5% des um einen etwaigen → Verlustvortrag aus dem Vorjahr verminderten → Jahresüberschusses in die g.R. erfolgt nach § 150 II AktG solange, bis diese und die → Kapitalrücklage nach § 272 II Nr. 1-3 HGB zusammen 10% oder einen in der Satzung bestimmten höheren Teil des Grundkapitals erreicht haben. Zweck dieser Verpflichtung zur Bildung einer g.R. ist es, die Eigenkapitalbasis der Unternehmen zu stärken und damit eine Erhöhung des → Gläubigerschutzes zu erreichen, da den → Gläubigern lediglich das → Gesellschaftsvermögen, nicht aber die einzelnen Gesellschafter haften. Die Bildung der g.R. ist jedoch nicht direkt in Geld oder anderen Werten vorzunehmen, sondern lediglich durch die Bildung einer entsprechenden Passivposition in der → Bilanz. In § 150 III, IV AktG regelt der Gesetzgeber die Verwendungsmöglichkeiten einer g.R., wonach z.B. die Deckung eines anderweitig nicht auszugleichenden → Jahresfehlbetrags, soweit dieser nicht durch einen → Gewinnvortrag gedeckt ist oder durch die Auflösung anderer Gewinnrücklagen ausgeglichen werden kann, oder der Ausgleich eines Verlustvortrags, soweit dieser nicht durch einen Jahresüberschuss gedeckt ist oder durch die Auflösung anderer Gewinnrücklagen ausgeglichen werden kann, zulässig ist. Für sämtliche Beträge, die aus dem Jahresüberschuss in die g.R. eingestellt bzw. aus ihr entnommen werden, gilt nach § 152 III Nr. 2,3 AktG eine Angabepflicht in der → Bilanz oder im → Anhang.

gespaltener Körperschaftsteuersatz, *split corporation income tax return*. Vor Einführung des → Halbeinkünfteverfahrens wurde für einbehaltene und ausgeschüttete Gewinne kein einheitlicher Steuersatz angewendet. Zuletzt wurden auf thesaurierte Gewinne 40% und auf ausgeschüttete Gewinne 30% KSt erhoben. – Vgl. → Körperschaftsteueranrechnungsverfahren.

gespaltener Rentenmarkt, *two-tier bond market*; Bezeichnung für das Auftreten unterschiedlicher Kurse bei festverzinslichen Wertpapieren mit identischer Ausstattung. Grund hierfür ist die unterschiedliche Besteuerung der zwei Wertpapiere.

gespaltene Wechselkurse

gespaltene Wechselkurse, → multiple Wechselkurse.

gespannte Kurse, → Spannungskurs.

gespannter Devisenkurs, → Spannungskurs.

gesperrtes Depot, *Sperrdepot, blocked deposit*. Über ein g.D. kann nur mit Einverständnis eines Dritten verfügt werden. Dies ist z.B. der Fall bei Investmentfonds. Das Vermögen eines Investmentfonds ist getrennt vom Vermögen der Kapitalanlagegesellschaft in einem Sperrdepot zu verwahren.

gesperrte Stücke, *blocked securities*; → Wertpapiere einer Emission, die nach der → Platzierung am Kapitalmarkt erst nach Ablauf einer vorab festgelegten → Sperrfrist von den Ersterwerbern verkauft werden dürfen. Der Wertpapierinhaber erhält für diese vertragliche Sperrverpflichtung gegenüber dem Emittenten meistens eine höhere als die übliche Verzinsung oder eine Prämienzahlung. – Falls der Eigentümer die g.St. früher als vereinbart wieder veräußern möchte und der Emittent auf Grund mangelnder Nachfrage die Wertpapiere selbst in seinen Eigenbestand nehmen muss, so kommt es vereinbarungsabhängig zu einer teilweisen Rückerstattung der gezahlten Prämie. – Vgl. auch → Sperrfrist.

gesprochene Kurse, *estimated quotes*; → bezeichnet genannte → Kurse, zu denen aber keine Umsätze getätigt wurden.

gestrichen, → Kurs gestrichen.

gestrichen Brief, *-B, quotation canceled ask*. Der → Kurshinweis signalisiert, dass kein → Kurs festgestellt werden konnte, da nur → bestens-Verkaufsorders, aber keine Nachfrage vorlagen. Daher fanden keine Umsätze statt. – Gegensatz: → gestrichen Geld/Taxe– Vgl. auch → Brief.

gestrichen Brief/Taxe, *-BT, quotation canceled ask/estimate*. Der → Kurshinweis signalisiert, dass kein → Kurs festgestellt werden konnte, da der Preis auf der Angebotsseite geschätzt ist. – Vgl. auch → gestrichen Brief und → Taxkurs.

gestrichener Kurs, → Kurs gestrichen.

gestrichen Geld, *-G, quotation canceled bid*. Der → Kurshinweis signalisiert, dass kein Kurs festgestellt werden konnte, da nur → billigst- Kauforders, aber kein Angebot vorhanden war. Es fanden keine Umsätze statt. – Vgl. auch → Geld.

gestrichen Geld/Taxe, *quotation canceled bid/estimate*. Der → Kurshinweis signalisiert, dass kein Kurs festgestellt werden konnte, da der Preis auf der Nachfrageseite geschätzt ist. – Gegensatz: → gestrichen Brief/Taxe. – Vgl. auch → gestrichen Geld und → Taxkurs.

gestrichen Taxe, taxiert, *quotation canceled estimate/ estimated quotation*. Der → Kurshinweis signalisiert, dass kein → Kurs festgestellt werden konnte und der Preis geschätzt ist. Durch die → Taxierung gibt der → Kursmakler bei einer → Kursstreichung eine unverbindliche Markteinschätzung an. – Vgl. auch → Taxkurs.

gestrichen Ziehung, *-Z, qoutation canceled drawing*. Der → Kurshinweis signalisiert, dass die Notierung eines festverzinslichen Wertpapiers wegen eines Auslosungstermins ausgesetzt ist. Die Aussetzung erfolgt i.d.R. zwei Börsentage vor dem festgesetzten Auslosungstag und endet mit Ablauf des Börsentags nach der Auslosung. – Vgl. auch → Auslosung von Wertpaieren.

gestrippte Anleihen, → Stripped Bonds.

Gewährträger, *guaranty authority*. → Körperschaft des öffentlichen Rechts (z.B. Gemeinde, Landkreis, Zweckverband), die als Träger der Institute für alle gegenwärtigen und zukünftigen Verbindlichkeiten einer → Sparkasse oder einer → Landesbank in unbeschränktem Umfang einsteht. Es ist auch möglich, dass Sparkassen oder Landesbanken über mehrere G. verfügen, so z.B. bei Gemeinschafts- bzw. Verbandssparkassen.

gewichtete Durchschnitte. Bei g.D. werden in eine Mittelwertberechnung Faktoren (Gewichte g_i) einbezogen, die den Einfluss der in die Kalkulation eingehenden Merkmalswerte x_i auf den resultierenden Mittelwert μ bestimmen. Dabei sollten die Gewichte g_i i.d.R. größer Null sein und sich zu Eins addieren. Der bekannteste gewichtete Durchschnitt ist das gewichtete bzw.

gewogene arithmetische Mittel, das der Summe aus den Produkten von n Merkmalswerten x_i und ihren aus einer entsprechenden Häufigkeitsverteilung gewonnenen relativen Häufigkeiten r_i als Gewichten entspricht. Alternativ lassen sich als Gewichte absolute Häufigkeiten h_i verwenden, dann muss die jeweilige absolute Häufigkeit nur noch durch die Gewichtssumme N dividiert werden (Ergebnis ist dann wieder eine relative Häufigkeit). Allgemein gilt folgender Zusammenhang zwischen relativen und absoluten Häufigkeiten:

$$r_i = \frac{n_i}{N}.$$

Zudem ist

$$\sum r_i = \sum \frac{h_i}{N} = 1.$$

gewillkürtes Betriebsvermögen, *voluntary business property;* steuerlicher Begriff für → Wirtschaftsgüter, die → Betriebsvermögen oder Privatvermögen sein können (Grundstücke, Wohngebäude, → Wertpapiere und → Beteiligungen). Beim g.B. erfolgt die Zuordnung zum Betriebsvermögen nach dem subjektiven Ermessen des Steuerpflichtigen. – Gegensatz: → notwendiges Betriebsvermögen.

Gewinn. Es ist zwischen unterschiedlichen Gewinntypen zu unterscheiden: (1) Unternehmensgewinn als Differenz zwischen Ertrag und Aufwand einer Periode, die in der → GuV-Rechnung ermittelt wird: (2) Betriebsgewinn als Differenz zwischen Leistung (Betriebserlösen) und Kosten einer Periode, die in der kurzfristigen → Erfolgsrechnung ermittelt wird; (3) G. bei → Wertpapiergeschäften, der beim Kauf oder Verkauf von → Aktien zum einen aus der gezahlten → Dividende besteht, zum anderen aus Kursgewinnen. G. aus Aktien sind vom Unternehmenserfolg abhängig. Bei → festverzinslichen Wertpapieren ergibt sich der G. zum größten Teil aus dem verbrieften → Nominalzins. Weitere G. lassen sich erzielen, wenn das Papier vor Fälligkeit zu einem Kurs über Einstandskurs verkauft wird.

Gewinn je (pro) Aktie, wichtigste Größe der → Fundamentalanalyse. Anstelle den ausgewiesenen → Bilanzgewinn einer → AG als Grundlage zu nehmen, wird dieser in Deutschland in weiter Übereinstimmung nach der → DVFA/SG-Methode ermittelt. Der so geschätzte Gewinn wird durch die Anzahl der ausgegebenen → Aktien dividiert.

Gewinn- und Verlustrechnung (GuV-Rechnung), *GuV-Rechnung, profit and loss account, statement of income.* Die GuV-Rechnung stellt eine periodische Erfolgsrechnung dar, die sämtliche Aufwendungen und Erträge eines → Geschäftsjahres gegenüberstellt und als → Saldo den → Jahresüberschuss bzw. → Jahresfehlbetrag ausweist. Nach § 242 II HGB bildet sie einen der Pflichtbestandteile des → Jahresabschlusses und steht dabei in einem engen inhaltlichen Zusammenhang mit der → Bilanz, da der in der GuV-Rechnung ermittelte Periodenerfolg stets dem Saldo des Vermögensvergleichs in der Bilanz zwischen zwei Stichtagen entspricht. Zweck der GuV-Rechnung ist es, den Adressaten des Jahresabschlusses Informationen über die Art, Höhe und die Quellen des Unternehmenserfolges zu geben und ihnen damit die Möglichkeit zu bieten, sich ein den tatsächlichen Verhältnissen entsprechendes Bild der Ertragslage des Unternehmens zu machen. Zudem sollen sie in die Lage versetzt werden, die Nachhaltigkeit der Erfolgsbestandteile beurteilen und damit Rückschlüsse auf die künftige Ertragslage ziehen zu können. In Bezug auf die Darstellung der GuV-Rechnung gilt für alle Kaufleute, dass sie nach § 243 HGB klar und übersichtlich nach den Grundsätzen ordnungsmäßiger Buchführung (GoB) zu gliedern ist und die Aufwendungen und Erträge nach § 246 II HGB nicht saldiert werden dürfen (Bruttoprinzip). Zudem ist nach § 265 I HGB die Form der Darstellung und Gliederung von Bilanz und GuV-Rechnung beizubehalten (Grundsatz der Stetigkeit) und bei Abweichungen im → Anhang anzugeben und zu begründen. Für → Kapitalgesellschaften gilt, dass sie im Interesse der Vergleichbarkeit das im § 275 HGB kodifizierte Gliederungsschema einhalten müssen. Die Aufstellung der GuV-Rechnung hat in Staffelform, d.h. einer skontrierten Aufstellung der Aufwendungen und Erträge, wahlweise nach dem → Gesamtkosten- oder dem → Umsatzkostenverfahren zu erfolgen. Für → Kreditinstitute ist alternativ auch die Anwendung der Kontoform zulässig, nach

Gewinn- und Verlustverteilung

der die Aufwendungen und Erträge direkt gegenübergestellt werden.

Gewinn- und Verlustverteilung, *disposition of profit and loss.* 1. → Personengesellschaft: Die G.u.V. bei einer Personengesellschaft richtet sich grundsätzlich nach dem → Gesellschaftsvertrag. Wenn dieser keine eigenen Bestimmungen enthält greifen die gesetzlichen Vorschriften. Diese sehen bei der → Offenen Handelsgesellschaft (OHG) vor, an jeden Gesellschafter bis zu vier Prozent seines Kapitalanteils vorweg zu verteilen (§ 121 HGB). Ein übersteigender Teil wird nach Köpfen verteilt. Die Verteilung nach Köpfen gilt auch bei Verlusten. – Bei der → Kommanditgesellschaft (KG) erhalten die Gesellschafter ebenfalls eine vier prozentige Verzinsung ihres Kapitalanteils. Der Restgewinn ist angemessen zu verteilen (§ 168 HGB). Diese Aufteilung gilt auch bei Verlusten, für → Kommanditisten jedoch nur bis zur → Haftsumme. – 2. → Kapitalgesellschaft: Die G.u.V. bei der → Gesellschaft mit beschränkter Haftung (GmbH) erfolgt nach dem Verhältnis der → Geschäftsanteile der GmbH, wobei jedoch im → Gesellschaftsvertrag eine andere Verteilung festgelegt werden kann (§ 29 GmbHG). – Bei der → Aktiengesellschaft (AG) wird der festgestellte → Bilanzgewinn auf die → Aktionäre im Verhältnis ihrer Anteile am → Grundkapital der AG verteilt. Bei → Stamm- und → Vorzugsaktien kann eine unterschiedliche G.u.V. bestehen (§ 60 AktG). – Vgl. auch → Gewinnanspruch der Aktionäre.

Gewinnabführung bei Unternehmensverträgen. Eine → AG kann sich in einem → Unternehmensvertrag verpflichten, ihren ganzen → Gewinn an ein anderes Unternehmen abzuführen (→ Gewinnabführungsvertrag; § 291 Abs. 1 AktG). Als abzuführender Gewinn kommt unabhängig von den getroffenen Vereinbarungen höchstens der ohne die Gewinnabführung entstehende → Jahresüberschuss, vermindert um einen → Verlustvortrag aus dem Vorjahr und den Betrag, der in die → gesetzliche Rücklage einzustellen ist, in Betracht (§ 300 AktG). Der Vertrag bedarf der Zustimmung der → Hauptversammlung mit qualifizierter Mehrheit (§ 293 AktG) und ist im → Handelsregister einzutragen (§ 294 AktG). Der andere Vertragsteil muss einen entstehenden → Jahresfehlbetrag ausgleichen (§ 302 AktG) und die außenstehenden Aktionäre durch eine jährliche Ausgleichzahlung (§ 304 AktG) und ein Abfindungsangebot (§ 305 AktG) sichern. Die Vertragsteile sind verbundene Unternehmen (§ 18 AktG).

Gewinnabführungsvertrag, → Beherrschungs- und Gewinnabführungsvertrag.

Gewinnanspruch der Aktionäre, *claim on profit.* Der G.d.A. wird durch den → Gewinnverwendungsbeschluss der → Hauptversammlung festgelegt. Der Anteil des einzelnen → Aktionärs richtet sich nach dem Verhältnis der Aktiennennbeträge. – Ein Beschluss über die Gewinnverwendung kann neben den allgemeinen Anfechtungsgründen (→ Anfechtungsgründe bei der AG) nach § 243 AktG auch nach § 254 AktG angefochten werden, wenn die Hauptversammlung Beträge in die → Gewinnrücklage einstellt oder als Gewinn vorträgt, die für das Bestehen der → Aktiengesellschaft (AG) nicht notwendig sind, und dadurch an den Aktionär kein Gewinn von mindestens vier Prozent des → Grundkapitals ausgeschüttet wird. – Vgl. auch → Gewinn- und Verlustverteilung, → Gewinnverwendung nach Aktienrecht, → Anfechtung des Beschlusses über die Verwendung des Bilanzgewinns.

Gewinnanteil, → Dividende.

Gewinnanteilsschein, → Dividendenschein.

Gewinnanteilsscheinbogen, *Bezugsscheinbogen, Dividendenscheinbogen, subscription certificate coupon sheet.* Der G. ist Aktienurkunden beigefügt und enthält 10 bis 20 fortlaufend numerierte → Gewinnanteilsscheine sowie einen Erneuerungsschein, der zum Bezug eines neuen G. berechtigt.

Gewinnausschüttung, → Ausschüttung, → Gewinnverwendung nach Aktienrecht, → Gewinnverwendungspolitik. – Gegensatz: → Gewinnthesaurierung.

Gewinnausweis. Am Schluss der Jahresbilanz ist der → Bilanzgewinn auf der Passivseite ungeteilt und gesondert auszuweisen und stellt den Überschuß der Aktivposten über die Passivposten dar. Er stimmt mit dem → Gewinn, der in der → GuV-Rechnung ermittelt wird, überein.

Gewinnbeteiligung, *profit sharing, participation in profit*. 1. Form der Erfolgsbeteiligung für Arbeitnehmer eines Unternehmens. Eine G. berührt grundsätzlich nicht die Arbeitnehmereigenschaft. Für die Organe einer → Kapitalgesellschaft (z.B. → Organe der AG) gelten besondere Regelungen (→ Tantieme). – 2. Ausstattungsmerkmal von Schuldpapieren. Bei → Genussscheinen besteht ausschließlich eine G. Bei → Gewinnschuldverschreibungen kann neben dem festen Zinssatz auch eine G. vorgesehen sein.

Gewinnbeteiligung der Aktionäre, richtet sich nach dem Verhältnis der Aktiennennbeträge und den auf die → Aktien geleisteten → Einlagen. Die → Satzung kann eine andere Art der → Gewinnbeteiligung bestimmen.

Gewinneinbehaltung, → Gewinnthesaurierung.

Gewinngemeinschaft, *profit pooling*. Bei einer G. legen zwei oder mehrere Unternehmen die erwirtschafteten Gesamtgewinne oder die Gewinne aus Teilbereichen zusammen und verteilen die Summe nach bestimmten Schlüsseln. Der Vertrag über eine G. gehört zu den → Unternehmensverträgen nach → Aktienrecht (§ 292 AktG). – Für eine G. ist es nicht ausreichend, nur die Gewinne aus Einzelgeschäften zusammenzulegen. Erträge und Aufwendungen aus einer G. sind in der → Gewinn- und Verlustrechnung gesondert auszuweisen.

Gewinnmanipulation, Manipulationen der Unternehmensleitung bei der Ermittlung des → Jahresüberschusses. Unter den Begriff G. werden betrügerischer Verhaltensweisen wie z.B. der Ausweis nicht vorhandener Warenbestände oder zu geringer Verbindlichkeiten subsumiert. Zulässige Ausschöpfung von Ermessensspielräumen und Interpretationsmöglichkeiten von Bilanzierungsnormen zählen nicht zur G.

Gewinnmitnahme, *Gewinnrealisierung, profit taking, realization of profits*; Prozess der Transformation von → Buchgewinnen (Kurswertsteigerung) in realisierte Gewinne, d.h. in frei verfügbares Kapital. – Vgl. → Kursgewinn.

Gewinnobligationen, → Gewinnschuldverschreibungen.

Gewinnrealisierung, → Gewinnmitnahme.

Gewinnrendite, → Rentabilität.

Gewinnrücklagen, *surplus reserves, revenue reserves*. G. sind Bestandteil des → Eigenkapitals (EK) und dürfen nach § 272 III HGB nur Beträge umfassen, die im → Geschäftsjahr oder einem früheren Geschäftsjahr aus dem Ergebnis gebildet worden sind. Somit werden sie, mit Ausnahme des Sonderpostens mit Rücklageanteil, vollständig aus thesaurierten → Gewinnen innenfinanziert, ganz im Gegensatz zu der von außen der Unternehmung zugeführten → Kapitalrücklage. Nach § 266 III HGB sind die G. in die → gesetzliche Rücklage, die Rücklage für eigene Anteile (für eigene → Aktien oder eigene → GmbH-Anteile), die satzungsmäßigen Rücklagen und andere zweckfreie Rücklagen zu untergliedern. Für Genossenschaften gilt nach § 337 II, III HGB, dass anstelle der G. Ergebnisrücklagen auszuweisen sind. Bei → Sparkassen treten die Sicherheitsrücklagen an die Stelle der gesetzlichen Rücklage und die anderen G. sind als andere Rücklagen auszuweisen.

Gewinnschuldverschreibungen, *Gewinnobligationen, income bonds/debentures*; → Anleihen privater Wirtschaftsunternehmen, bei denen der Ertrag vom ausgeschütteten Gewinn abhängig ist. Dabei besteht die Ausschüttung entweder aus einem Basiszinssatz und einem von der → Dividende abhängigen Anteil oder seltener nur aus einem Dividendenanteil. Diese Kopplung beinhaltet für den Investor das Risiko, dass die Unternehmung niedrige Jahresüberschüsse erwirtschaftet und sich dadurch der Ertrag vermindert. – Für die Ausgabe von G. ist ein → Hauptversammlungsbeschluss mit einer Mehrheit von mindesten 75% des vertretenen Grundkapitals notwendig (→ Dreiviertelmehrheit). Aktionäre des Unternehmens haben bei der Emission von G. ein → Bezugsrecht.

Gewinnschwelle, → Break-even-Point.

Gewinnsparen, *Lossparen*. Der Sparer leistet regelmäßig festgelegte Sparraten und

Gewinnthesaurierung

erwirbt gegen eine kleine Zuzahlung gleichzeitig Lose. Daraus werden lotteriemäßig Gewinne ausgelost, die ebenfalls dem → Sparkonto gutgeschrieben werden.

Gewinnthesaurierung, *Gewinneinbehaltung, retaining profits*; Einstellung von Teilen des → Jahresüberschusses in die → Gewinnrücklagen zur → Selbstfinanzierung. – Gegensatz: → Ausschüttung.

Gewinnthese, *earning theory*; beschreibt im Grundsatz die Theorie, dass die Verwendung des → Gewinns durch das Unternehmen keine Auswirkung auf die Höhe des → Aktienkurses hat. Dieser bestimmt sich vielmehr durch den erwirtschafteten → Jahresüberschuss des Unternehmens und ist völlig unabhängig vom Verhältnis von thesauriertem zu ausgeschüttetem Gewinn. Die Begründung für diese Ansicht liegt darin, dass durch die Einbehaltung des Gewinns der Kapitalfonds des Unternehmens gestärkt wird und damit eine Verbesserung der unternehmerischen Ertragskraft und eine Steigerung des Aktienkurses des Unternehmens einhergeht. – Gegensatz: → Dividendenthese.

Gewinnverteilung, → Gewinn- und Verlustverteilung.

Gewinnverwendung. Bei der → AG beschließt die → HV über die Verwendung des → Bilanzgewinns, wobei sie an den festgestellten → Jahresabschluss gebunden ist. Dabei sind steuerbar: Dividendenbetrag, Erhöhung der → Gewinnrücklagen, → Gewinnvortrag und zusätzlicher Aufwand aufgrund des HV-Beschlusses.

Gewinnverwendung nach Aktienrecht, *appropriation of profits*. Bei einer → Kapitalgesellschaft kann ein → Jahresüberschuss nach Kürzung um einen → Verlustvortrag bzw. nach Erhöhung um einen → Gewinnvortrag als Gewinn ausgeschüttet werden (→ Ausschüttung), in die → Rücklagen eingestellt werden oder auf das kommende Geschäftsjahr als Gewinn vorgetragen werden. Gesetz, → Gesellschaftsvertrag oder → Satzung können bestimmte Vorgaben über die Verwendung des Gewinns vorsehen. – Aktiengesellschaften (AG) müssen nach § 159 II AktG eine → gesetzliche Rücklage bilden, in die fünf Prozent des um einen Verlustvortrag geminderten Jahresüberschusses einzustellen sind bis die Rücklage zehn Prozent des → Grundkapitals der AG erreicht. – Stellen → Vorstand und → Aufsichtsrat den Jahresabschluss fest, können sie bis zu 50 Prozent des Jahresüberschusses in andere Gewinnrücklagen einstellen (§ 58 II AktG). Unter bestimmten Voraussetzungen wird die Möglichkeit der Einstellung von Teilen des Jahresüberschusses durch § 58 II a AktG erweitert. Der Vorstand hat dem Aufsichtsrat einen Gewinnverwendungsvorschlag vorzulegen, den dieser der → Hauptversammlung unterbreitet (§ 170 II AktG). – Wird der Jahresabschluss ausnahmsweise durch die Hauptversammlung festgestellt, dürfen → Rücklagen nur gebildet werden, wenn Gesetz oder Satzung dies ausdrücklich vorsehen. Im Gegensatz zur → Feststellung des Jahresabschlusses durch Vorstand und Aufsichtsrat kann der Feststellungsbeschluss nach den allgemeinen Regeln §§ 243 ff. AktG angefochten werden. – Der formale Gewinnverwendungsbeschluss wird immer von der Hauptversammlung in ihrer ordentlichen Sitzung getroffen (§ 174 AktG). Die Hauptversammlung ist an den festgestellten Jahresabschluss gebunden. Die Hauptversammlung kann im Gewinnverwendungsbeschluss nach § 58 III AktG weitere Beträge in die Gewinnrücklagen einstellen oder als Gewinn vortragen. Die Hauptversammlung beschliesst nach freiem Ermessen. Ihr Beschluss kann, abgesehen von den allgemeinen Anfechtungsgründen (→ Anfechtungsgründe bei der AG) für → Hauptversammlungsbeschlüsse, auch nach § 254 AktG angefochten werden. – Die G.n.A. führt nicht zu einer Änderung des festgestellten Jahresabschlusses. Bei der Veröffentlichung des Jahresabschlusses ist die Gewinnverwendung als Ergänzung anzugeben (§ 325 HGB). – Vgl. auch → Gewinnanspruch der Aktionäre, → Anfechtung des Beschlusses über die Verwendung des Bilanzgewinns, → Anfechtung von Hauptversammlungsbeschlüssen der AG.

Gewinnverwendungsbeschluss, → Gewinnverwendung nach Aktienrecht.

Gewinnverwendungspolitik, *application of profits*. Die G. bezieht sich auf die Entscheidung über → Gewinnausschüttung oder → Gewinnthesaurierung. Neben gesetzlichen Vorschriften zur → Rücklagenbildung und der Mindestausschüttung zur Bestreitung des Lebensunterhalts eines Gesellschafters, soll sich die G. an den Investitionsmöglichkeiten im Unternehmen orientieren. Eine Gewinnausschüttung ist immer dann sinnvoll, wenn die Mittel durch die Gesellschafter außerhalb des Unternehmens rentabler angelegt werden können als im Unternehmen. – Vgl. auch → optimale Selbstfinanzierung.

Gewinnverwendungsvorschlag, → Gewinnverwendung nach Aktienrecht.

Gewinn vor Steuern. Die Ermittlung und Bekanntgabe des G. v. S. der → AG (Gewinn ohne Berücksichtigung steuerlicher Belastungen) ermöglicht einen besseren Vergleich sowohl im Verhältnis zu den Ergebnissen anderer Geschäftsjahre als zu den Ergebnissen anderer Unternehmen.

Gewinnvortrag, *profit carried forward*; jener Teil des → Jahresüberschusses, der weder in die → Rücklagen eingestellt noch ausgeschüttet wird. Der G. steht im nächsten Jahr wieder zur Disposition der → Hauptversammlung und ist somit für mindestens ein Geschäftsjahr ein Teil des → Eigenkapitals. Sein Vermerk in der Bilanz ist seit 1965 nicht mehr vorgeschrieben, da er als Posten aus dem Vorjahr in der Gewinnverwendungsrechnung erscheint. – Vgl. auch → Ausschüttung.

gezeichnetes Kapital, *nominelles Eigenkapital, Nominalkapital, subscribed capital*; gemäß § 272 I HGB der Teil des → Eigenkapitals, auf den die Haftung der → Gesellschafter für die → Verbindlichkeiten der → Kapitalgesellschaft beschränkt ist. Die Gesellschaft haftet ihren → Gläubigern gegenüber jedoch mit ihrem gesamten Vermögen. Bei → Aktiengesellschaften wird das g.K. als Grundkapital (→ Grundkapital der AG) bezeichnet. Bei der → GmbH wird von Stammkapital gesprochen. – Soweit Teile des g.K. noch nicht eingezahlt wurden (→ ausstehende Einlagen auf das g.K.), sind diese auf der Aktivseite der Bilanz vor dem Anlagevermögen der Gesellschaft gesondert auszuweisen und zu bezeichnen. Der Teil, der davon bereits eingefordert ist, ist zu vermerken (§ 272 I S. 2 HGB). Alternativ dazu dürfen die noch nicht eingeforderten ausstehenden Einlagen von Bilanzposten „g.K." offen abgesetzt werden. Der verbleibende Betrag wird dann als „eingefordertes Kapital" auf der Passivseite der Bilanz ausgewiesen. Der eingeforderte, noch nicht eingezahlte Betrag wird unter den Forderungen auf der Aktivseite gesondert ausgewiesen (§ 272 I S. 3 HGB). – Vgl. auch → Kapitalerhöhung und → Kapitalherabsetzung.

GFD, Abk. für → Good for Day.

Gilt Edged Securities, *goldgeränderte Papiere, erstklassiges Wertpapier*; in Großbritannien gebräuchliche Bezeichnung für hochwertige → Wertpapiere, die von bonitätsmäßig erstklassigen → Emittenten ausgegeben werden und von deren Besitz nahezu keine → Bonitäts- und Liquiditätsrisiken für das investierte Kapital ausgehen. – Vgl. auch → Gilts.

Gilt-Futures-Kontrakt, → Zinsterminkontrakt auf kurz- bis langfristige → Anleihen des britischen Staates (→ Gilts).

Gilts. → Anleihen des britischen Staates, die mit fester oder variabler Verzinsung ausgestattet sind. G. werden laufzeitbezogen in Short Gilts (bis zu fünf Jahren), Medium Gilts (5-15 Jahre) und Long Gilts (über 15 Jahre) eingeteilt. Bei Undated Gilts kann der Emittent auf die Laufzeit einwirken. – Vgl. auch → Gilt Edged.

Ginnie Mae, durch → Hypotheken gedeckte → Anleihen der Government National Mortgage Association (GNMA). Die GNMA ist eine Regierungsstelle der USA, die durch die Ausgabe von → G.M. Hypothekenkredite refinanziert. – Vgl. → Fannie Mae und → Sallie Mae.

Giralgeld, → Buchgeld.

Girant, *Indossant, endorser, indorser*. Der G. ist der bisherige Eigentümer eines → Orderpapiers, der das Eigentum durch → Indossament auf den neuen Eigentümer, den → Giratar, überträgt.

Giratar, *Indossatar, endorsee, indorsee*. Der G. ist als Übernehmender der neue Eigentümer von → Orderpapieren, dem der bisherige Eigentümer, der → Girant, das Eigentum durch → Indossament überträgt.

girieren

girieren, *indossieren, to endorse, to indorse*; ausstellen eines schriftlichen Übertragungsvermerks (→ Indossament) für → Orderpapiere. Das Indossament wird i.d.R. auf die Rückseite der Orderpapiere geschrieben und überträgt das Eigentum sowie die verbrieften Forderungs- oder Mitgliedschaftsrechte auf den neuen Wertpapierinhaber. – Vgl. auch → Girant, → Giratar.

Giro, → Indossament.

GIRO, Abk. für → Guaranteed Investment Return Options.

Girokonto, *laufendes Konto, Kontokorrentkonto, current account*. Für die Durchführung des → Giroverkehrs werden G. eingerichtet. Sie sind die Grundlage für den bargeldlosen → Zahlungsverkehr von Unternehmen und Privatpersonen. Banken sind verpflichtet G., die Ein- und Auszahlungen, Gutschriften und Überweisungen jedoch nicht Überziehungen ermöglichen, für jedermann einzurichten. Die Guthaben auf G. sind täglich fällig (→ Sichteinlagen).

Girosammeldepot, *Effektengirodepot, collective deposit*. Die eingereichten Wertpapiere werden in einem Sammelbestand bei einer → Wertpapiersammelbank verwahrt. Der Hinterleger muss einmalig eine Ermächtigung für die Durchführung aller Verwahrgeschäfte erteilen. In der Regel ist dies Bestandteil des Depotvertrages. Siehe auch → Girosammelverwahrung und → Sammelverwahrung.

Girosammeldepotstücke, *securities of collective deposit*. Als G. bezeichnet man die → effektiven Stücke einer am Kapitalmarkt umlaufenden → Wertpapiergattung, die sich bei einer → Wertpapiersammelbank in → Girosammelverwahrung befinden. – Vgl. auch → Aufbewahrung von Wertpapieren.

Girosammelverkehr, bezeichnet eine Übertragungsform für → Wertpapiere, die in der Form der → Girosammelverwahrung aufbewahrt werden. Es erfolgt dabei keine Lieferung effektiver Stücke, sondern nur die Übergabe einer Besitzurkunde. Dies bietet im Vergleich zur Lieferung effektiver Stücke erhebliche Kostenvorteile.

Girosammelverwahrung, *collective deposit of negotiable securities, collective custody account*; Bezeichnung für eine Unterform der → Sammelverwahrung von → vertretbaren Wertpapieren, bei der die Papiere an eine → Wertpapiersammelbank übergeben werden. Diese verwahrt die von den Kunden eingelieferten Papiere getrennt nach Gattungen in ihrem Sammelbestand und gewährt der einliefernden Bank als → Zwischenverwahrer der Wertpapiere eine entsprechende Gutschrift. – Vgl. auch → Girosammeldepot, → Verwahrung von Wertpapieren.

Giroüberzugslombard, *giro overdraft lombard loan*; Bezeichnung für die zum 01.01.1999 durch die → Spitzenrefinanzierungsfazilität der → Europäischen Zentralbank (EZB) abgelöste Möglichkeit der Kreditinstitute zur Aufnahme von → Lombardkrediten gegen Verpfändung der bei der → Deutschen Bundesbank oder den verschiedenen Landeszentralbanken hinterlegten → lombardfähigen Wertpapiere zur Deckung eines vorübergehend entstandenen negativen Girosaldos.

Giroverkehr, *Girogeschäft, giro credit transfers, giro business*. Das KWG definiert in § 1 I den G. als die Durchführung des bargeldlosen → Zahlungsverkehrs und des Abrechnungsverkehrs. Auf der Basis von eingehenden Sichteinlagen wird eine Vielzahl von erforderlichen Auszahlungen vorgenommen – z.B. Überweisungen, Lastschriften, Scheck- und Wechseleinlösungen oder Kartenzahlungen.

Girozentralen, *Landesbanken, giro centers, central savings banks*; Zentralbanken der → Sparkassen auf Länderebene, die von den jeweiligen Sparkassen- und Giroverbänden und den Bundesländern getragen werden. Im Zuge der Integration der neuen Bundesländer erfolgte eine weitgehende Aufhebung der traditionellen Bindung der G. an ein Bundesland. Zu den Aufgaben der G. gehören die Übernahme von Geschäften im Auslands-, Kredit- und Effektengeschäft für die angeschlossenen Sparkassen, die Abwicklung des bargeldlosen Zahlungsverkehrs, die Verwaltung der Liquiditätsreserven der Sparkassen, die Mitwirkung beim Geldausgleich zwischen den Sparkassen und die Bereitstellung einer Refinanzierungsmöglichkeit für die angeschlossenen Sparkassen. Zudem bieten die G. sämtliche Geschäfte einer → Universalbank in Konkurrenz zu den Kredit- und Genossenschaftsbanken an. Die Refinanzierung der G. erfolgt über die Ausgabe von → Kommunalobligationen, → Inhaberschuldverschreibungen und → Pfandbriefen.

Glass-Steagall Act, infolge der im Jahr 1929 in den USA beginnenden Wirtschaftskrise erlassenes Bankgesetz (Banking Act von 1932), durch das das US-amerikanische → Trennbankensystem begründet wurde. In der Folgezeit war die Geschäftstätigkeit der Banken entweder auf das Einlagen- und Kreditgeschäft (→ Commercial Banks) einerseits oder auf das → Effekten- und → Emissionsgeschäft (→ Investment Banks) andererseits beschränkt. Am 12. November 1999 wurde der G.A. durch den Erlass des → Gramm-Leach-Bliley Act aufgehoben und das US-amerikanische → Trennbankensystem, das seit den siebziger Jahren zunehmend eine Erosion erfahren hat, abgeschafft.

glattes Bezugsverhältnis, → Bezugsverhältnis.

glattstellen, *to balance, to realize*; Bezeichnung für die Durchführung einer → Glattstellung zur Schließung einer → offenen Position.

Glattstellung, *Positionslösung, closing out, realization sale*; Bezeichnung für die Schließung einer → offenen Position durch den Abschluss des jeweiligen Gegengeschäfts. Bei Wertpapieren oder Devisen findet die G. durch den An- bzw. Verkauf der entsprechenden jeweiligen Menge statt. – → Termingeschäfte werden durch den Kauf bzw. Verkauf eines gegenläufigen → Terminkontraktes, der den gleichen → Fälligkeitstag und den gleichen → Kontraktwert hat, geschlossen. Der Gewinn bzw. Verlust des Kontraktinhabers ergibt sich aus der Differenz der Terminkurse multipliziert mit der gehandelten Menge des → Underlyings.

Gläubiger, → Kreditor.

Gläubigerkündigungsrecht, *creditor's right to give notice.* Im Rahmen der Rückzahlung von → Anleihen dem Gläubiger vertraglich zugesicherte Möglichkeit, die Anleihe zu bestimmten Zeitpunkten während der Laufzeit zum → Nennwert zu kündigen.

Gleichrangrahmen

In der Praxis ist eine Kündigung durch den → Anleihegläubiger jedoch regelmäßig ausgeschlossen. An einer Börse notierte Anleihen können jedoch jederzeit über diese veräußert werden.

Gläubigerschutz, *creditor protection*; Bezeichnung für alle Rechtsvorschriften und Maßnahmen, die den Status von → Gläubigern schützen sollen. Der G. ist primär verankert im Konkurs- und Schuldrecht, Recht der Sicherheiten und in den Rechnungslegungsvorschriften. Bei → Aktiengesellschaften kommt dem G. gemäß AktG insbesondere bei der Beendigung eines → Beherrschungs- und/oder Gewinnabführungsvertrages, → Kapitalherabsetzungen, → Abwicklung der AG, → Eingliederung einer AG, → Fusion sowie bei der → Umwandlung der AG in eine GmbH Bedeutung zu. – Ein institutionalisierter G. wurde mit der Einrichtung von Garantie-, Stützungs- und Einlagensicherungsfonds für die jeweiligen Kreditinstitutsgruppen geschaffen. Diese Fonds garantieren weitestgehend bei → Insolvenz von Banken die Einlagen von Kunden, um das Vertrauen der Bevölkerung in die Kreditwirtschaft zu gewährleisten. – Vgl. → Einlagensicherung.

Gläubigerwahlrecht, *creditors right to vote.* Ein G. kann in den Vertragsbedingungen von → Anleihen z.B. in Form eines Wahlrechts des → Anleihegläubigers zwischen variabler und fixer Verzinsung enthalten sein.

Gleichbesicherungsklausel, *Pari-Passu-Klausel, pari passu clause*; Vereinbarung, dass ein Kreditnehmer bei Besicherung anderer Verbindlichkeiten den Gleichrang aller Forderungen gewährleistet. Die G. findet meist am internationalen → Kapitalmarkt Anwendung. – Vgl. auch → Negativklausel.

Gleichrangrahmen, *scope for equally ranking charges.* Der G. ist eine Möglichkeit zur Sicherung vorhandener Gläubiger unter gleichzeitiger Einräumung von → Sicherheiten für zukünftige potentielle Gläubiger. Dies erfolgt mittels Eintragung eines oder auch mehrerer → Rangvorbehalte für gleichrangige → Grundpfandrechte (→ Hypothek, → Grundschuld) ins Grundbuch. Die Summe dieser Grundpfandrechte ist der G., dessen

gleitender Durchschnitt

Höhe maximal der → Beleihungsgrenze entspricht.

gleitender Durchschnitt, in einem Betrachtungszeitraum fortgeschriebene Durchschnittsbildung von Zeitreihenwerten. Bei gleitenden Durchschnitten wird sukzessive jeweils der zeitlich nächste Zeitreihenwert in die Mittelwertberechnung einbezogen, der zeitlich fernste Zeitreihenwert hingegen jeweils eliminiert. Die gleitende Durchschnittsberechnung wird insbesondere im Rahmen der → technischen Aktienanalyse angewendet. Nach der Anzahl der einbezogenen Zeitreihen = Kurswerte unterscheidet man üblicherweise 30-, 90- und 200-Börsentagsdurchschnitte zur Beurteilung der kurz-, mittel- und langfristigen Trendrichtung. Durchbricht der Kursverlauf des zugrundegelegten Basiswerts (Aktie, Index) seine aus den gleitenden Durchschnitten aggregierte Trendlinie nachhaltig (d.h. bspw. um mind. 3% und/oder für mind. 3 Tage), wird dies richtungsbezogen als entsprechendes Verkaufs- (oben nach unten) oder Kaufsignal (unten nach oben) gedeutet.

Gleitzinsanleihe, *variable-rate bond*; Variante eines → Step-up Bonds, bei der in den ersten Jahren niedrige, dafür in den Folgejahren sehr hohe Zinsen gezahlt werden. Die Zinszahlungen folgen i.d.R. einem vorher festgesetzten Plan. Dadurch soll der Anleger in G. motiviert werden, die → Anleihe über die gesamte Laufzeit zu halten. – Vgl. auch → Bundesschatzbriefe und → Stufenzinsanleihe.

Global Offering, im Rahmen eines Emissionsverfahrens werden beim G.O. die Aktien eines Unternehmens gleichzeitig an mehreren internationalen Börsen angeboten.

Globalaktie, *Gesamtaktie, Gesamttitel, multiple share certificate*; ist eine Sammelurkunde über eine größere Anzahl von → Aktien. Die G. wird bei der Emission → junger Aktien bis zum Druck der Stücke an die → Clearstream International gegeben, damit der Handel beginnen kann. G. können über (sehr) hohe Nennbeträge lauten. Sie sind vor allem für Großaktionäre geeignet, aber an der Börse nicht lieferbar. G. eignen sich auch zur Hinterlegung für → American Depositary Receipts bzw. für → Global Depositary Receipts.

Globalanleihe, *Global-Inhaberschuldverschreibung, blanket loan*. → Schuldverschreibungen mit hohem Emissionsvolumen, die in den wichtigsten Zeitzonen USA, Europa und Asien gehandelt werden. Die → Emission von G. geschieht in mindestens zwei Ländern, zumeist dient die USA als → Primärmarkt. Die Begebung dort erfolgt durch mindestens zwei Emissionshäuser mittels einer vorgeschriebenen Methode (Fixed Price Reoffered-Syndizierungstechnik), die für die Notierung in den USA Voraussetzung ist. – Es werden bei der Emission zwei oder mehr → Sammelurkunden ausgestellt, je nach den Bedürfnissen der unterschiedlichen Märkte. Für G. findet eine Vernetzung nationaler und internationaler Abwicklungs- und Verwahrsysteme statt, um ein marktüberschreitendes → Clearing zu ermöglichen. Emittenten sind überwiegend supranationale und staatliche Institutionen. Als Nachfrager treten vor allem institutionelle Anleger auf. Die bedeutendsten Währungen für G. sind der US-Dollar und der kanadische Dollar.

Global Custody, *globales Verwahrungsgeschäft*; Bezeichnung für Leistungen, die weltweit agierende → Depotbanken v.a. für ihre Großkunden erbringen. Dazu zählen neben der Ausführung von → Effektengeschäften auch die zentrale → Effektenverwahrung und → -verwaltung. Das Tätigkeitsspektrum umfasst dabei die Märkte auf allen Kontinenten und nicht nur den Heimatmarkt des Kunden.

Global Depositary Receipt (GDR). GDRs sind Aktienzertifikate ausländischer Unternehmen, welche weltweit gehandelt werden. Mittels GDRs können europäische, asiatische und amerikanische Unternehmen ihre Aktien weltweit an verschiedenen Börsen gleichzeitig anbieten. Im Vergleich dazu bieten → American Depositary Receipts ausländischen Unternehmen nur die Möglichkeit ihre Aktien in Amerika anzubieten. Für den Emittenten ergibt sich durch GDRs der Vorteil, dass ihm ein sehr breiter Anlegerkreis leichter zugänglich gemacht wird. Der Investor profitiert dadurch, dass er die Aktie nicht im Heimatland des Emittenten kaufen muss, was teurer und schwieriger wäre.

Globalgrundschuld, ist eine → Grundschuld, bei der eine spätere Aufteilung des Grundstückes vorgesehen ist, einzelne Teilungsprämissen wie bspw. die Bildung von Einzelgrundstücken und die entsprechenden Teilungsgenehmigungen aber noch nicht vorliegen. G. dienen vermögensverwaltenden Kommanditgesellschaften als Methode zur Sicherung von Darlehen.

Global-Inhaberschuldverschreibung, → Globalanleihe.

Globalisierung, *globalisation*; ist die internationale Verflechtung einzelstaatlicher Märkte. Daneben spielt auch die politische, kulturelle und technische Dimension der G. eine bedeutende Rolle. Aufgrund der Existenz innovativer Finanzinstrumente, einer die Mobilität erhöhenden Informationstechnik und schlussendlich einer Politik der Liberalisierung gilt die G. auf den Finanzmärkten als am weitesten fortgeschrittene.

Globalpfandbrief, bezeichnet i.d.R. festverzinsliche → Schuldverschreibungen, die zur Refinanzierung von durch → Hypotheken oder → Grundschulden gesicherten Darlehen (→ Hypothekenpfandbriefe) oder zur Refinanzierung von Darlehen an öffentliche Gebietskörperschaften und Institutionen (→ öffentliche Pfandbriefe, früher → Kommunalobligationen) ausgegeben werden. Da diese Darlehen als → Sicherheit in die → Deckungsmasse von → Pfandbriefen aufgenommen werden, werden G. im Unterschied zu anderen → Bankschuldverschreibungen deshalb auch als "gedeckte" Schuldverschreibungen bezeichnet. Der Zusatz „Global" bringt zum Ausdruck, dass diese Titel gezielt an allen großen Finanzzentren der Welt angeboten werden. Um den Marktzugang in den USA zu vereinfachen, werden diese → Emissionen fast ausschließlich nach Rule 144a der amerikanischen Securities and Exchange Commission (→ SEC) begeben. Dadurch entfällt die aufwendige SEC-Registrierung und es muss kein Abschluss nach den amerikanischen Rechnungslegungsvorschriften (→ Rechnungslegung) erfolgen. Allerdings dürfen die Papiere nur an sogenannte „Qualified Investors" mit einem → Portfolio von mindestens 100 Mio. US-$ veräußert werden. Teilweise erfolgen die Emissionen dieser Papiere auch auf Basis der Rule 12 g 3-2 (b), die „Frequent Issuer" den Verzicht auf die umfangreichen Registrierungs- und Berichtspflichten der SEC ermöglicht. Die Käufer profitieren daher von einer höheren Liquidität durch den Handel in Europa, Asien und den USA rund um die Uhr.

Globalstücke, → Sammelurkunde.

Globalurkunde, → Sammelurkunde.

Globex. Das von der → Chicago Mercantile Exchange (CME) und → Reuters entwickelte computerisierte, außerbörsliche Handelssystem für → Futures und → Optionen wurde am 25.6.1992 in Betrieb genommen. Durch seine Kooperationen entwickelte sich G. zum ersten weltweiten Netzwerk für den Handel in diesen Wertpapieren. Angeschlossen sind inzwischen, neben der CME, auch die → New York Mercantile Exchange, die französischen Börsen → MATIF und → MONEP, die → Sydney Futures Exchange, die → Montreal Exchange, die → Singapore International Monetary Exchange, die → Bolsa de Mercadorias & Futuros in Sao Paulo, die → LIFFE, die spanische → Meff (seit Februar 1999), die italienische → MIF (seit Juni 1999) und die → ADX (seit Ende 2000).

GmbH, Abk. für → Gesellschaft mit beschränkter Haftung.

GmbH-Anteil, → Geschäftsanteil der GmbH.

GmbH & Co. Die GmbH & Co ist eine auch gesetzlich anerkannte Gesellschaftsform, die verschiedene Grundtypen (→ GmbH und → KG oder → OHG) miteinander verbindet. Sie ist im Ausgangspunkt als → Personalgesellschaft entweder OHG oder meistens KG (→ GmbH & Co. KG) mit der Besonderheit, dass eine oder mehrere GmbH i.d.R. einziger persönlich haftender → Gesellschafter (→ Komplementär) sind. Meistens sind die Gesellschafter der GmbH zugleich auch Gesellschafter der OHG oder → Kommanditisten der KG. Die GmbH & Co ermöglicht die Bildung einer Personalgesellschaft, ohne dass eine natürliche Person persönlich haftet; zugleich kann auch ein Nichtgesellschafter, nämlich der Geschäftsführer der GmbH, Organfunktion wahrnehmen.

GmbH & Co. KG

GmbH & Co. KG. Die GmbH & Co. KG ist → Kommanditgesellschaft (KG), bei der keine natürliche Person unbeschränkt persönlich haftet, sondern eine → GmbH als → Komplementärin mit ihrem Vermögen neben den → Kommanditisten einzustehen hat, die nur betragsmäßig beschränkt haften. Die Gestaltung wird aus steuerlichen Gründen i.d.R. für → Abschreibungsgesellschaften u.ä. gewählt, aber häufig auch als Träger mittelständischer Unternehmen.

G-Mind, → German Market Indicator.

Goal, → Anlegerziele.

Go-Go-Fund, sind → aggressive Fonds, die einen überwiegenden Teil ihrer Mittel kurzfristig in Finanztitel hoher → Volatilität investieren. Ziel dieser → Anlagepolitik in Verbindung mit Kreditaufnahmen und dem Eingehen von Leerpositionen (→ Leerverkauf) ist die Erzielung hoher Wertzuwächse durch die Ausnutzung spekulativer Kursentwicklungen. Nach dem → Gesetz über Kapitalanlagegesellschaften (KAGG) können G. in Deutschland nicht gebildet werden.

Going Concern Value, *Fortführungswert* eines Unternehmens; regelmäßiges Bewertungsziel der investitionsrechnerischen Gesamtbewertungsverfahren für Unternehmen. Das Leitbild des „Going Concern" ist die Basis der Einzelbewertung von Assets in der Bilanzierung nach HGB, IAS und US-GAAP.

Going Long, *long gehen*; Bezeichnung für das Eingehen einer → Long Position in einem → Wertpapier, in einer → Option oder in einem → Future.

Going private, bezeichnet die Umwandlung einer öffentlich notierten → Aktiengesellschaft in eine private, d. h. in eine nicht weiterhin notierte, Gesellschaft. – Gegensatz: → Going Public.

Going Public. Als G.P. bezeichnet man die Umwandlung eines im Privatbesitz befindlichen Unternehmens in eine Publikumsgesellschaft, unter Umständen mit im Vorfeld notwendiger Rechtsformwechsel, an der sich z.B. → Kleinaktionäre beteiligen können. Die tatsächliche → Emission der Aktien erfolgt dabei abschließend in Form des → Initial Public Offerings. – Vgl. auch → Going-Public-Anleihen.

Going-Public-Anleihen, *going public bonds.* → Anleihe von Unternehmen, die noch nicht an der Börse notieren, jedoch einen Börsengang während der Laufzeit der Anleihe planen. – Vgl. → Going-Public-Optionsanleihe und → Going-Public-Wandelanleihe.

Going-Public-Optionsanleihe, *going public warrant bond/issue.* → Optionsanleihe, die von einem noch nicht börsennotierten Unternehmen emittiert wird, das jedoch einen Börsengang während der Laufzeit der Optionsanleihe plant. Die Anleihe wird unter den Marktkonditionen eines → Straight Bond verzinst, besitzt dafür aber das → Optionsrecht zum Bezug von Aktien während einer festgelegten Optionsfrist und zu den Emissionsbedingungen der Aktien. Damit kann der Investor einen günstigen Zeitpunkt für den Erwerb der Aktien abwarten. Geht das Unternehmen nicht an die Börse, oder verzichtet der Investor auf sein Optionsrecht, so erhält der Investor zum Ende der Laufzeit einen über dem → Nennwert liegenden Rückzahlungsbetrag. Für das Unternehmen liegen die Vorteile dieser Emission in der günstigen Fremdkapitalaufnahme und in der vorherigen Platzierung von zu emittierenden Aktien.

Going-Public-Wandelanleihe, *going public convertible bond.* → Wandelanleihe, die von einem noch nicht börsennotierten Unternehmen, das einen Börsengang während der Laufzeit der Wandelanleihe plant, emittiert wird. Die Verzinsung liegt i.d.R. unter den Marktkonditionen eines → Straight Bond, wodurch dem Unternehmen eine günstigere Aufnahme von Fremdkapital ermöglicht wird. Die → Wandlung in Eigenkapital wird dem Investor zu verschiedenen Zeitpunkten nach der → Aktienemission angeboten. Durch eine für den Investor attraktive Staffelung der für die Wandlung benötigten Zuzahlungen kann das Unternehmen den Zeitpunkt der voraussichtlichen Wandlung beeinflussen. Wird vom Investor eine Wandlung in Aktien vorgenommen, verliert dieser seine Rechte aus der Wandelanleihe. Falls keine Wandlung vorgenommen wird, findet die vorgesehene Verzinsung und Tilgung statt.

Golddeckung, *gold cover*. Im Rahmen des → Goldstandards Deckung der umlaufenden Geldmenge durch Goldbestände der Notenbank.

Goldene Bankregel, ist eine → Liquiditätstheorie, die postuliert, dass die Fristen und Beträge von Kreditausleihungen und → Einlagen sich exakt entsprechen sollten. Damit ist die G.B. enger gefasst als die → Bodensatztheorie.

Goldene Bilanzregel, *golden balance-sheet rule*; fordert eine Finanzierung des langfristig gebundenen Vermögens in einem Unternehmen mit → Eigenkapital oder mit langfristigem → Fremdkapital. Das → Umlaufvermögen kann hingegen kurzfristig finanziert werden. – Vgl. auch → Anlagendeckungsgrad.

Golden Parachute, hohe Abfindungszahlungen, die mit Leitungspersonen vereinbart sind, die aus Anlass eines Unternehmenszusammenschlusses durch Kündigung ausscheiden. Wegen der für den Erwerber unangemessen hohen Folgekosten aus solchen Personalentscheidungen, soll damit → feindlichen Übernahmen „hostile takeovers" entgegengewirkt werden. Solche Golden Parachutes werden in der Öffentlichkeit kritisiert, denn ihr Bekanntwerden lässt regelmäßig den → Aktienkurs sinken. Das deutsche Recht setzt Schranken. → Vorstände können höchstens auf fünf Jahre bestellt werden (§ 84 Abs. 1 → AktG), und ihre Bezüge jeder Art müssen in einem angemessenen Verhältnis zur Leistung stehen, was bei Golden Parachutes fraglich sein kann.

Goldminenaktien, *Goldaktien, shares of gold mines*; Bezeichnung für → Aktien der Unternehmen, die in der Goldförderung oder Goldbearbeitung tätig sind.

Goldparität, *gold parity*; stellte zu Zeiten des → Goldstandards das Wertverhältnis einer Währung zu einer bestimmten Goldmenge dar. Mit Hilfe der G. können zwei Währungen verglichen werden, die nach dem Goldstandard organisiert sind. Da der Feingoldgehalt der jeweiligen Geldeinheiten gesetzlich festgelegt war, ergaben die auf den unterschiedlichen Feingoldgehalten basierenden Wertdifferenzen die Wechselkurse.

Goldpreis, *gold price*; Betrag, der meist in US$ pro Feinunze Gold angegeben wird. Der für den internationalen → Goldhandel relevante Referenzpreis wird zweimal täglich beim Gold Fixing in London festgelegt. Während des → Goldstandards (1880-1914) und des Systems von → Bretton-Woods (1944-1971) war der G. nahezu konstant. Dazwischen gab es jedoch Phasen mit steigenden G. (1. Weltkrieg, 2. Weltkrieg). Auch nach Ende des Bretton-Woods-Systems sind steigende G. zu beobachten. Meist lässt sich ein ansteigender G. gerade in Krisenzeiten beobachten. Hierfür ist das gestiegene Sicherheitsmotiv der Nachfrager ursächlich.

Goldreserven, *gold reserves*; von → Zentralnotenbanken gehaltenes → Gold.

Goldstandard, *gold standard*; ist die Bezeichnung für ein Währungssystem, in dem Gold die Basis des Geldwesens bildet. Im nationalen Sinne unterscheidet man Goldumlaufwährungen mit Goldmünzen, einen durch Gold vollkommen gedeckten Banknotenumlauf und Goldkernwährungen mit einer nur teilweisen Deckung der Geldmenge durch Gold. International wurde der G. durch die → Goldparität erreicht. Goldwährungen im engeren Sinne existieren in modernen Wirtschaftssystemen nicht mehr.

Good for Day (GFD), *tagesgültig, heute gültig*; Orderspezifikation, die die Gültigkeitsdauer einer → Order auf den jeweiligen Börsentag beschränkt. – Vgl. → Tagesorder.

Good till Date (GTD), Orderspezifikation, die die Gültigkeitsdauer einer → Order bis zu einem bestimmten Tag limitiert.

Good until Cancelled Order (GTC-Order), *open order, Auftrag bis auf Widerruf*; Bezeichnung für eine zumeist limitierte → Order, die bis zu ihrem Widerruf Gültigkeit hat.

goodwill, → Geschäftswert.

Government Bonds, → Staatsanleihen.

Governments, *Staatstitel*; am → Euromarkt verwendetes Synonym für staatlich emittierte, → festverzinsliche Wertpapiere.

Grace Period

Grace Period, zins- und tilgungsfreier Zeitraum, meist zu Beginn der Laufzeit von → festverzinslichen Wertpapieren.

Gramm-Leach-Bliley Act, am 12. 11. 1999 in den USA verabschiedetes Bankengesetz, durch das der → Glass-Steagall Act aufgehoben und damit das US-amerikanische → Trennbankensystem abgeschafft wurde.

Gratisaktien, *Freiaktien, Zusatzaktien, bonus shares/stocks*. G. sind → Aktien, die der →Aktionär ohne Zahlung aus einer → Kapitalerhöhung aus Gesellschaftsmitteln erhält (§§ 207 ff. AktG). Da der Gesellschaft keine Mittel zufließen, bleibt ihr Wert gleich. Im Fall einer Kapitalerhöhung aus Gesellschaftsmitteln und → Nennwertaktien muss die AG zusätzliche Aktien (→ Berichtigungsaktien) ausgeben, damit die Summe der Nennwerte der Aktien mit dem (höheren) Grundkapital übereinstimmt. Infolge der Ausgabe der Berichtigungsaktien wird das Nettovermögen der AG auf eine größere Anzahl von Aktien verteilt. Daher sinkt der Wert pro Aktie rechnerisch proportional zur Anzahl der Berichtigungsaktien. Die Aktionäre haben ein → Bezugsrecht auf Berichtigungsaktien. Daher ist ihr Vermögen unverändert. Sie erhalten zwar G., andererseits vermindert sich der Wert der vorher gehaltenen Aktien. Im Fall von Stückaktien erhöht sich wegen der Kapitalerhöhung aus Gesellschaftsmitteln das Grundkapital. Die Ausgabe von Berichtigungsaktien kann unterbleiben. Dann steigt der auf die einzelne Aktie entfallende Anteil am Grundkapital, der Börsenkurs bleibt ceteris paribus gleich. Falls die AG dennoch zusätzliche Aktien ausgibt, sinken der Anteil am Grundkapital und der Börsenkurs je Aktie proportional zum → Bezugsverhältnis. Der letzte Fall entspricht einer → Aktienteilung bzw. einem → Stock Split. Die Ausgabe von → Splitaktien erfolgt in den USA, um den Kurs pro Aktie leichter zu machen. Bei der Aktienteilung ist in Deutschland zu beachten, dass der Anteil je Aktie am Grundkapital mindestens 1 EURO betragen muss (§ 8 III AktG). In den USA werden G. auch als → Stock Dividends zu Lasten des Jahresgewinns ausgegeben. – Vgl. auch → Scrip.

Gratisgenussscheine, *bonus participating certificate*; → Genussscheine, die an die Inhaber, z.B. → Aktionäre, ohne Gegenleistung ausgegeben werden.

grauer Kapitalmarkt, *grey market*; stellt einen mit definitorischen Problemen behafteten Teilbereich des Kapitalmarktes dar, der durch weitgehend fehlende Rahmenbedingungen im Hinblick auf Aufsicht, Reglementierungen etc. charakterisiert wird. Darauf aufbauend weist er fehlende Markttransparenz, mangelnde Standardisierungen, ein hohes Maß an krimineller Energie und somit Risiko für die Anleger auf. So werden in erster Linie Papiere gehandelt, die auf dem organisierten Kapitalmarkt nicht vertreten sind. Hierzu gehören steuersparende Beteiligungen, nicht oder noch nicht börsennotierte Wertpapiere usw.

Graumarkt, → grauer Kapitalmarkt.

Graumarktkurse, *Handel vor Erscheinen, gray market quotes*. Als G. bezeichnet man → Kurse, die im unreglementierten Handel von → Neuemissionen vor ihrer ersten offiziellen Notierung an der Börse entstehen. Aktien-Neuemissionen können i.d.R. vom Publikum während der → Zeichnungsfrist in der angegebenen → Bookbuilding-Spanne gezeichnet werden. Ein offizieller Handel ist erst mit der → Erstnotiz an der Börse möglich. Es besteht jedoch die Möglichkeit, Aktien-Neuemissionen bereits vor diesem Zeitpunkt am sog. → grauen Kapitalmarkt zu erwerben. – Die G. bilden sich dabei ausschließlich auf Grund von Angebot und Nachfrage. Da Aktien-Neuemission häufig überzeichnet werden und einzelne Investoren ihre gewünschte Stückzahl an Aktien nicht zugeteilt bekommen, liegen die G. häufig über der Erstnotiz. – Geschäftsabschlüsse am Grauen Markt entsprechen dabei einer Art → Termingeschäft, da die Investoren Aktien bereits vor ihrer Erstnotiz kaufen, die Aktie aber erst nach ihrer Erstnotiz geliefert wird. – Vgl. auch → Kursbildung am Aktienmarkt.

Greeks, Sensitivitätskennzahlen im Rahmen der Optionsbewertung nach der → Black/Scholes-Formel. Diese werden mit griechischen Buchstaben bezeichnet. – Mit Hilfe der G. soll die Veränderung des Preises einer → Option bei isolierter Variation unterschiedlicher Einflussfaktoren verdeutlicht werden. – Zur Anwendung kommen bspw.

die → Delta-, → Gamma-, → Omega-, → Rho-, → Theta- und → Vega-Faktoren.

Greenshoe, Mehrzuteilungsoption bzw. Emissionsreserve im Rahmen des → Bookbuilding-Verfahrens an den zu emittierenden Aktien. Der G. wird dem → Emissionskonsortium von den → Altaktionären eingeräumt, um bei einem Überhang der Nachfrage diese durch die → Zuteilung von zusätzlichen Aktien zu befriedigen. – Zudem dient der G. als Stabilisierungsinstrument indem diese Aktien bei Bedarf für kursstützende Maßnahmen am Markt vom Konsortium innerhalb eines befristetes Zeitraumes eingesetzt werden.

Greenmail-Transaktion, *greenmail transaction*; Bezeichnung für einen Aktienrückkauf, bei dem ein Unternehmen, das Ziel einer feindlichen Übernahme (→ Hostile Takeover) ist, vom attackierenden Investor die bereits aufgebaute Minderheitsbeteiligung zu einem hohen Preis zurückkauft. Die gezahlte Prämie, die den Investor davon überzeugt, von der Übernahme abzulassen, wird auch als Bon-Voyage-Bonus oder Goodbye-Kiss bezeichnet. – In Deutschland ist ein Aktienrückkauf nur bei Vorliegen der in § 71 AktG genannten Bedingungen erlaubt. Der Erwerb eigener Aktien aufgrund einer G. ist nicht gestattet. – Vgl. → Rückkauf eigener Aktien.

Green Warrants, → Korb-Optionsscheine, die zum Bezug verschiedener Aktien von Unternehmen aus den Bereichen Umweltschutz bzw. –technik berechtigen. – Vgl. auch → Optionsscheine.

greifbare Stücke, → effektive Stücke.

Grey Market, → grauer Kapitalmarkt.

GROI, Abk. für Guaranteed Return on Investment Options bzw. für → Guaranteed Investment Return Options.

Gross Domestic Product (GDP), *Bruttoinlandsprodukt (BIP)*; bezeichnet einen Bestandteil der volkswirtschaftlichen Gesamtrechnung, der dem Wert der innerhalb eines Landes produzierten Endprodukte entspricht, die zu Marktpreisen bzw. Herstellungskosten bewertet werden. Dies ist das von Inländern und Ausländern im Inland

große Kapitalgesellschaft

erwirtschaftete Einkommen. Das GDP ist gleich der Summe aus privaten Konsumausgaben, Konsumausgaben des Staats, Bruttoanlageinvestitionen, Vorratsveränderungen und dem → Außenbeitrag. – Um im Rahmen der Entstehungsrechnung die Beiträge der einzelnen Bereiche zum gesamten Produktionsergebnis einer Volkswirtschaft zu erfassen, werden vom jeweiligen Produktionswert die Vorleistungen abgezogen. Das Ergebnis ist die Bruttowertschöpfung eines Bereiches. Die Summe dieser sektoralen Bruttowertschöpfungen ergibt die gesamtwirtschaftliche Bruttowertschöpfung. Um schließlich zum GDP bzw. BIP zu gelangen, müssen noch die Einfuhrabgaben und die nichtabzugsfähige → Umsatzsteuer hinzugezählt werden. Der für Reinvestitionen benötigte Anteil der Produktion ist Bestandteil dieser Größe

Großaktionär, *major shareholder*. Als G. gelten Aktionäre, die aufgrund der Vielzahl ihrer → Stimmrechte die Abstimmungsergebnisse auf einer Hauptversammlung maßgeblich beeinflussen können. Oftmals haben Vertreter eines G. auch einen Aufsichtsratssitz inne. – Vgl. auch → Aktientausch und → Aktienpaket.

Großbank, *big bank*. Die Deutsche Bundesbank zählt in ihrer Statistik die Deutsche Bank, die Bayerische Hypo- und Vereinsbank, die Dresdner Bank und die Commerzbank zu den G., die Teil der Bankengruppe der Kreditbanken sind. Gemeinsam ist den G. die → Rechtsform einer → Aktiengesellschaft, eine hohes → Geschäftsvolumen, ein umfangreiches Filialnetz, bedeutende Industriebeteiligungen und die internationale Tätigkeit. G. betreiben als → Universalbanken alle → Bankgeschäfte. Eine besonders starke Marktstellung haben die G. bei → Wertpapieremissionen, bei → Konsortialkrediten und im Auslandsgeschäft inne. Zur Erbringung von speziellen Finanzdienstleistungen halten sie u.a. → Beteiligungen an → Hypothekenbanken, an → Kapitalanlagegesellschaften, → Bausparkassen und Leasinggesellschaften (→ Leasing). Die G. sind die Hausbanken der deutschen Konzerne. – Vgl. auch → Regionalbank und → Privatbankier.

große Kapitalgesellschaft, *large corporation*; → Kapitalgesellschaften, die mindestens zwei der drei in § 267 II HGB genann-

377

Growth Funds

ten Größenmerkmale hinsichtlich → Bilanzsumme, → Umsatzerlösen und Mitarbeiter überschreiten. Darüber hinaus gilt eine Kapitalgesellschaft stets als g.K., wenn → Aktien oder andere von ihr ausgegebene → Wertpapiere an einer → Börse in einem Mitgliedstaat der → Europäischen Wirtschaftsgemeinschaft (EWG) zum → amtlichen Handel zugelassen oder in den → geregelten Freiverkehr einbezogen sind oder die Zulassung zum amtlichen Handel beantragt ist. Dieser Kreis wird durch das Kapitalgesellschaften und Co-Richtlinie-Gesetz (KapCoRiLiG) erweitert, indem sich diese Vorschrift in Zukunft auf einen organisierten Markt i.S. des § 2 V WpHG bezieht und lediglich die Ausgabe von Wertpapieren i.S. des § 2 I S. 1 WpHG voraussetzt, was z.B. auch → Schuldverschreibungen einschließt. Eine Besonderheit bei g.K. ist, dass für sie im Unterschied zu → kleinen und → mittelgroßen Kapitalgesellschaften weitaus strengere Vorschriften bezüglich der Erstellung und Offenlegung des → Jahresabschlusses gelten.

Growth Funds, → Wachstumsfonds.

Growth Stock, → Wachstumsaktien.

Grundbesitz als Kapitalanlage, *real estate/property as an investment*. Grundbesitz gehört zu den unbeweglichen Vermögensgegenständen. Einnahmen lassen sich mittels G.a.K. zum einen durch zeitweilige Überlassung (Vermietung, Verpachtung), zum anderen durch Verkauf, sofern entsprechende Preissteigerungen vorliegen, realisieren. Es besteht auch die Möglichkeit Anteilseigentum in Form von → REITs, → offenen oder → geschlossenen Immobilienfonds zu erwerben. – Vgl. → Immobilienfonds als Kapitalanlage.

Grundkapital der AG, *Nominalkapital, gezeichnetes Kapital, capital stock*; Bezeichnung für das Kapitalvolumen, das bei der Gründung einer → Aktiengesellschaft (AG) nach §§ 29, 36 II AktG von den → Gesellschaftern aufzubringen ist. Der Mindestnennbetrag des Grundkapitals, das nach § 1 II AktG ist → Aktien zerlegt ist, muss nach § 7 AktG 50.000 Euro betragen und gemäß § 23 III Nr. 3 AktG in der Satzung ziffernmäßig bestimmt werden. Demzufolge ist bei einer Veränderung des Grundkapitals in Form einer → Kapitalerhöhung oder → -herabsetzung, abgesehen von den erleichterten Anforderungen beim → genehmigten Kapital, stets eine Satzungsänderungen, für die es auf der Hauptversammlung einer → Dreiviertelmehrheit bedarf, erforderlich. Grundsätzlich vom Grundkapital zu unterscheiden ist das → Gesellschaftsvermögen, da dieses i.d.R. im Zeitablauf permanenten Veränderungen unterliegt. Die Aufgabe des Grundkapitals besteht darin, dem Schutz der → Gläubiger, denen bei → Kapitalgesellschaften lediglich das Gesellschaftsvermögen haftet, zu dienen und diesen eine finanzielle Mindestausstattung zu gewährleisten. Aus diesem Grunde wurden im → Aktiengesetz zahlreiche Vorschriften zur Aufbringung und Erhaltung des Grundkapitals kodifiziert. Dazu zählen z.B. das grundsätzliche Verbot der Entbindung der → Aktionäre und ihrer Vormänner von ihrer Einzahlungspflicht nach § 66 AktG, das Verbot der Rückgewähr der Einlagen an die Aktionäre nach § 57 AktG und der Ausschluss von Aktionären, die den eingeforderten Betrag nicht rechtzeitig eingezahlt haben, nach § 64 AktG. Der Ausweis des Grundkapitals erfolgt nach §§ 266 III A. I., 272 I 1 HGB zum → Nennwert auf der Passivseite der → Bilanz unter der Position „gezeichnetes Kapital". Derjenige Betrag, der bei der Ausgabe der Anteile über den Nennbetrag hinaus erzielt wird (→ Aufgeld) ist nach § 272 II Nr. 1 HGB in die → gesetzliche Rücklage einzustellen. Darüber hinaus ist nach § 152 I S. 2 AktG der auf die unterschiedlichen → Aktiengattungen entfallende Betrag des Grundkapitals gesondert auszuweisen.

Grundkapitalerhöhung, → Kapitalerhöhung der AG.

Grundkapitalherabsetzung, → *Herabsetzung des Grundkapitals, reduction of capital*; → Kapitalherabsetzung, bei der eine Verminderung des → Grundkapitals der Aktiengesellschaft (AG) erfolgt. Da das Grundkapital als Nominalkapital der AG in der Satzung festgelegt ist, erfordert die G. einen Beschluss im Rahmen der → Hauptversammlung der AG mit einer zustimmenden Mehrheit von drei Viertel des auf der Hauptversammlung vertretenen stimmberechtigten Kapitals. Mit Eintragung in das Handelsregister erlangt die G. Wirksamkeit. Als Formen der G. werden die → ordentliche

Kapitalherabsetzung, die → vereinfachte Kapitalherabsetzung sowie die → Kapitalherabsetzung durch Einziehung von Aktien unterschieden. – Gegensatz: → Kapitalerhöhung der AG.

Grundkapitalzusammenlegung, → Aktienzusammenlegung.

Grundpfandrecht, *encumbrances on real property*; stellt eine entgegen der Praxis des BGB im allgemeinen Sprachgebrauch übliche Sammelbezeichnung für Pfandrechte an Grundstücken dar. Letztere firmieren unter den Bezeichnungen → Grundschuld, Rentenschuld und → Hypothek. Die Belastung eines Grundstücks mit einem G. erfolgt, um bei Nichterfüllung der Forderungen der Berechtigen (Gläubiger) die Befriedigung ihrer Ansprüche zu garantieren. G. dienen zumeist als Sicherungsmittel bei klassischen Bankkrediten (Realkredite), ebenso wie bei Anleihen u.ä. Die im Verwertungsfall erforderliche Zwangsverwaltung, -vollstreckung oder -versteigerung sichert somit eine (teilweise) Rückführung der zu Grunde liegenden Forderungen.

Grundrente. 1. *ground rent*; stellt aus mikroökonomischer Sicht Geldeinkommen aus der Nutzung des Produktionsfaktors Boden dar, beispielsweise in Form von Miete oder Pacht. – 2. *basic pension*. Aus sozialpolitischen Gründen existiert die G. für alle Rentenbezieher ab einem gewissen Alter als einheitliches, steuerfinanziertes und somit beitragsunabhängiges Ruhegehalt in Form eines Festbetrages. Die G. soll als Sicherungsbasis dienen und nach der Vorstellung des Gesetzgebers durch eine leistungsbezogene (Pflicht-) Altersvorsorge aufgebessert werden.

Grundsatz I. In den §§ 10, 10a KWG ist geregelt, dass → Kredit- und → Finanzdienstleistungsinstitute zum Schutz vor möglichen Vermögensverlusten der Gläubiger über eine angemessene Eigenkapitalausstattung verfügen müssen. Diese Forderung wird im G.I durch das → Bundesaufsichtsamt für das Kreditwesen (BAKred) präzisiert, indem explizit festlegt wird, welche Kriterien die Basis für die Feststellung der Angemessenheit der Eigenkapitalausstattung bilden sollen. Ziel ist es dabei, dass die Banken in der Lage sein sollen, die mit dem Betrieb der Bankgeschäfte verbundenen Risiken aufzufangen und dadurch ihre eigene Stabilität sicherzustellen. Dazu wird für jedes Institut eine Gesamtrisikoposition als Summe der einzelnen Risikopositionen (Sachwertausfall- → Adressenausfall-, Zinsänderungs-, Aktienkurs-, Rohwaren- und Fremdwährungsrisiken) gebildet, die dann mit einer entsprechenden Eigenkapitalposition bzw. mit → Eigenmitteln zu unterlegen ist. Die erforderliche Unterlegung mit haftendem Eigenkapital (→ haftendes Eigenkapital eines Kreditinstituts) beträgt demgemäß 8% für die Risikoaktiva und darf täglich zum Geschäftsschluss nicht unterschritten werden. – Vgl. auch → Bodensatztheorie.

Grundsatz der Fremdvermutung, → Fremdvermutung.

Grundsätze ordnungsmäßiger Berichterstattung bei Abschlussprüfungen, *standards of reporting*. Die Grundsätze der ordnungsmäßigen Berichterstattung orientieren sich an den Grundsätzen der → Rechnungslegung, d.h. die Berichterstattung des Abschlussprüfers (→ Abschlussprüfer bei der AG) muss den Grundsätzen der Vollständigkeit, Wahrheit und Klarheit entsprechen. – 1. Vollständigkeit: Über alle in den jeweiligen gesetzlichen Vorschriften geforderten Feststellungen und wesentlichen, während der Prüfung festgestellten Tatsachen, ist zu berichten. – 2. Wahrheit: Der Bericht muss den tatsächlichen Gegebenheiten entsprechen. – 3. Klarheit: Die Berichtsinhalte sind eindeutig und verständlich darzustellen.

Grundschuld, *land charge*; ist eine im → Grundbuch eingetragene Belastung eines Grundstücks mit einer festgelegten Geldsumme, wobei die G. unabhängig von einer persönlichen Forderung besteht und somit nur eine dingliche Haftung begründet. Die G. dient in der Regel als Kreditsicherungsmaßnahme (Realkredit), die auch bei Nichtinanspruchnahme des Kredites fortbesteht, bspw. bei Kontokorrentkrediten oder teilweise getilgten Darlehen. In der Praxis hat sie gegenüber der → Hypothek, bei der eine stringente Verbindung zwischen ihr und der zu Grunde liegenden Forderung vorliegt, an Bedeutung gewonnen. Rechtsträger einer G. ist entweder der Grundstückseigentümer, der hiermit seine Position im Grundbuch sichert

Gründung der AG

(Eigentümergrundschuld), oder ein Dritter (Fremdgrundschuld). Des weiteren wird nach der Art der Beurkundung differenziert: → Briefgrundschuld und → Buchgrundschuld.

Gründung der AG, *foundation of the stock corporation*. Aus juristischer Sicht ist die G.d.AG die rechtliche Entstehung der Aktiengesellschaft. Mit Eintragung in das → Handelsregister wird die AG zur juristischen Person und die Gründung ist rechtlich abgeschlossen. – Betriebswirtschaftlich ist der Begriff der Gründung weiter gefasst. Alle Maßnahmen vom Gründungsentschluss bis zur Aufnahme des Geschäftsbetriebs zählen zur Gründung. Rechtlich geregelt ist die G.d.AG in §§ 23-53 AktG. Die Beteiligung an der → Satzung ist auf mindestens fünf Personen festgelegt (Ausnahme hiervon ist die → kleine AG, bei der eine Person die AG gründen kann). Die Satzung muss notariell beurkundet werden. Der Mindestnennbetrag des → Grundkapitals beträgt 50.000 Euro. Mit Übernahme der Aktien durch die Gründer gilt die AG als errichtet. Die Gründer einer AG müssen den ersten → Aufsichtsrat und die → Abschlussprüfer für das erste Geschäftsjahr bestellen, wonach der Aufsichtsrat den ersten → Vorstand bestellt. Das Grundkapital muss bei → Inhaberaktien sofort voll eingezahlt werden, bei → Namensaktien bis zu mindestens 25%. Über die Gründung muss ein schriftlicher Bericht erstellt werden. Der Gründungsvorgang muss geprüft werden, i.d.R. durch Aufsichtsrat und Vorstand, evtl. auch durch einen Gründungsprüfer (→ Gründungsprüfung bei der AG). Die Eintragung in das Handelsregister ist öffentlich bekannt zu geben. – Vgl. → Einheitsgründung und → Gründungskonsortium.

Gründungsarten, *kinds of foundations*. Grundsätzlich können folgende Kriterien zur Unterscheidung von G. herangezogen werden: Die Rechtsform, die Art der Kapitaleinlage und die Zeitbezogenheit der Gründung. – 1. Nach der Rechtsform unterscheidet man die Gründung eines → Einzelunternehmens, einer → Personengesellschaft und einer → Kapitalgesellschaft. – 2. Nach der Art der Kapitaleinlage unterscheidet man zwischen der → Bar- und der → Sachgründung. – 3. Nach dem Zeitpunkt der Übernahme des Grundkapitals der AG lassen sich folgende G. unterteilen: die → Einheits-, die → Stufen- und die → Nachgründung.

Gründungsbilanz, *foundation balance sheet*; Anfangs- bzw. Eröffnungsbilanz, die bei der Errichtung eines buchführungspflichtigen Unternehmens erstmalig zu erstellen ist. Sie hat über die Zusammensetzung und den Wert der in das Unternehmen eingebrachten Vermögensgegenstände sowie über die bestehenden Kapitalverhältnisse Aufschluss geben. Für die Erstellung der G. gelten die Ansatz- und Bewertungsvorschriften für die Erstellung von → Jahresabschlüssen. Zusätzlich sind die Vorschriften für die jeweils gewählte → Rechtsform des Unternehmens zu beachten, wie z.B. die Mindestkapitalanforderungen von 50.000 Euro für die Gründung einer → Aktiengesellschaft (AG) oder von 25.000 Euro für die einer → Gesellschaft mit beschränkter Haftung (GmbH).

Gründungskonsortium, *foundation/underlying syndicate*. Ein G. setzt sich aus mindestens fünf Personen (Gründer) zusammen (Ausnahme: → kleine AG). Diese übernehmen die Aktien bei → Gründung der AG. Häufig gehört zu den Gründern eine Bank oder ein Bankenkonsortium. Da nur die → Einheitsgründung zulässig ist, müssen sämtliche Aktien vom G. übernommen werden.

Gründungskosten, *Gründungsaufwand, start-up expenditure, preliminary expense*. Wesentliche G. sind: Steuern, Notariats- und Gerichtskosten, Bankgebühren und Zinsen für die Übernahme der Anteile sowie Prüfungsgebühren. Notariats- und Gerichtskosten entstehen bei der Beurkundung der → Satzung, dem Kauf von Grundstücken und bei Eintragung in das → Handelsregister. Zu den G. zählen außerdem die Druckkosten für die Aktien und Interimsscheine, die Satzung, die ersten → Pflichtbekanntmachungen in Zeitungen u.ä. und die Gebühren für die Bescheinigung des Finanzamts, dass keine steuerlichen Bedenken bestehen.

Gründungsprüfung bei der AG. Die Mitglieder des → Vorstandes und des → Aufsichtsrates müssen den Hergang der Gründung der AG prüfen (§ 33 Abs. 1 → AktG). Es muss außerdem eine Prüfung durch Gründungsprüfer stattfinden, wenn ein Mitglied des Vorstandes oder Aufsichtsrates zu den Gründern gehört oder wenn sonstige Verbindungen zwischen diesen Organen und

GuV-Rechnung

der Gesellschaftsgründung bestehen oder auch wenn eine → Sachgründung vorliegt (§ 33 Abs. 2 AktG). Die Gründungsprüfer, die bestimmte Qualifikationen haben müssen, werden durch Gericht nach Anhörung der → IHK bestellt (§ 33 Abs. 3 und 4 AktG).

GTC-Order, Abk. für → Good until Cancelled Order.

GTD, Abk. für → Good till Date.

Guaranteed Investment Return Options (GIRO), *Guaranteed Return on Investment Options*; → Optionsschein, der eine garantierte Mindestverzinsung beinhaltet. Inhaber haben das Recht am Fälligkeitstag ihr eingesetztes Kapital, die Mindestverzinsung und etwaige Gewinne zu verlangen. GIRO's lauten häufig auf Währungen. Eine Börsennotierung ist üblich. – Vgl. auch → MEGA-Zertifikate.

Guichetkommission, *management fee*; bezeichnet das Entgelt für die Vermittlertätigkeit der → lead manager bei → Emissionen.

Guillochen, *guilloches, waves*; Bezeichnung für Schutzlinien auf Wertpapieren. Ihre verschlungene wellen-, bogen- bzw. kreislinienförmige Struktur und geometrische Exaktheit soll die → Fälschung von Wertpapieren verhindern. Es wird nach Positivguillochen mit gedruckten Linien und unbedruckter (Innen-) Fläche und Negativguillochen mit nicht gedruckten Linien und bedruckter Fläche unterschieden. Ferner gibt es auch ein- und mehrfarbig verarbeitete G. – Vgl. auch → Richtlinien für den Druck von Wertpapieren.

Gültigkeitsdauer von Effektenaufträgen, *period of validity of buying or selling orders*. Die Dauer der Gültigkeit von → Kauf- oder → Verkaufsaufträgen für → Wertpapiere wird im allgemeinen allein vom auftraggebenden Kunden festgelegt, so dass dieser den Auftrag bis zum Ablauf der von ihm angegebenen Frist jederzeit annullieren kann. Wird jedoch keine zeitliche Befristung des Auftrags vorgenommen, so ist zu unterscheiden, ob vom Kunden ein Preislimit festgelegt wurde oder nicht. → Limitierte Aufträge zum Kauf- oder Verkauf von Wertpapieren gelten bis zum letzten Börsentag eines Monats. Liegt demgegenüber keine preisliche Limitierung vor, so ist die Gültigkeit des Auftrags auf einen Börsentag begrenzt. Können die Aufträge aufgrund zu späten zeitlichen Eingangs nicht mehr am selben Börsentag bzw. im selben Monat ausgeführt werden, so erfolgt ihre Vormerkung für den nächsten Börsentag bzw. bis zum nächsten Monatsultimo. Im Falle einer → Kursaussetzung, z.B. aufgrund neuer kursbeeinflussender Nachrichten im Rahmen der → Ad-hoc-Publizität, erlöschen Kauf- oder Verkaufsaufträge generell und unabhängig von den vom Kunden angegebenen Fristen für die Gültigkeitsdauer seiner Aufträge.

Gute Adresse, bezeichnet → Schuldner mit guter bzw. sehr guter → Bonität und → Reputation im Kredit- und Anleihengeschäft. Die → Kreditwürdigkeit von Unternehmen wird durch → Ratingagenturen wie → Moody's Investors Service oder → Standard & Poor's beurteilt.

gutgläubiger Erwerb von Wertpapieren, *bona fide purchase of securities*. Die Übertragung von Eigentum an beweglichen Sachen, zu denen auch Wertpapiere zählen, bedarf zum einen der Einigung zwischen dem Verfügungsberechtigten und dem Erwerber und zum anderen der Übergabe der Sache an den Erwerber oder der Vereinbarung eines Übergabesurrogats (z.B. Abtretung des Herausgabeanspruchs gegenüber einem Dritten, der im Besitz der Sache ist). Von einem Nichtberechtigten kann Eigentum nur dann erworben werden, wenn der Erwerber gutgläubig ist. Für → Inhaberpapiere gilt dies auch dann, wenn die Wertpapiere dem Berechtigten gestohlen worden, verlorengegangen oder sonst abhanden gekommen sind. Der gute Glaube des Erwerbers muss sich auf das Eigentum beziehen, im kaufmännischen Verkehr auf die Verfügungsmacht des Veräußerers. Kaufleute, die Bankier- oder Geldwechslergeschäfte betreiben, können Inhaberpapiere sowie die mit einem Blankoindossament versehenen → Orderpapiere grundsätzlich nicht gutgläubig erwerben, wenn der Verlust im Handelsregister bekanntgemacht wurde und seit der Veröffentlichung nicht mehr als ein Jahr vergangen ist.

GuV-Rechnung, → Gewinn- und Verlustrechnung.

GV, Abk. für Generalversammlung insbesondere bei der → AG

GWB, Abk. für → Gesetz gegen Wettbewerbsbeschränkungen.

GwG, Abk. für → Geldwäschegesetz bzw. für das Gesetz über das Aufspüren von Gewinnen aus schweren Straftaten.

H

Habenzins, *credit (interest) rate*. Der H. ist aus Sicht der Bank der für → Einlagen und aufgenommene Gelder zu zahlende Zins. Die Höhe der H. bestimmt die Kosten für die Refinanzierung des Kreditinstitutes und somit die Marge im Zinsgeschäft. – Vgl. auch → Sollzins.

haftende Mittel, *Haftkapital, haftendes Kapital, Haftungskapital, guarantee capital*; diejenigen Kapitalbeträge eines Unternehmens, die den → Gläubigern zur Deckung ihrer Forderungen beim → Schuldner zur Verfügung stehen. Damit übernehmen sie eine Haftungs- und Garantiefunktion.

haftendes Eigenkapital eines Kreditinstituts. Das vom Bundesaufsichtsamt für das Kreditwesen (→ BAKred) anerkanntes Risikoausgleichspotenzial einer Bank, das nach dem → Kreditwesengesetz (KWG) in Verbindung mit den „Grundsätzen" der Bankenaufsicht den limitierenden Faktor für das Eingehen von Positionen darstellt, mit denen sich insbes. Adressenausfall- und Marktpreisrisiken verbinden. – Das h.E. umfasst zum einen auch nach HGB bzw. IAS/US-GAAP dem → Eigenkapital zuzurechnende Bilanzpositionen, wie z.B. gezeichnetes Kapital und → Gewinnrücklagen. Dieses „Kernkapital" stellt zugleich im ökonomischen Sinne Eigenkapital dar, da es sowohl die Verlustausgleichs- als auch die Haftungsfunktion erfüllt und dauerhaft zur Verfügung steht. Dies gilt nur eingeschränkt für die Komponenten des Ergänzungskapitals, zu dem nachrangige Verbindlichkeiten, → Genussrechte und nicht realisierte → stille Reserven zählen.

Haftsumme, *amount of liability*. 1. Im Statut einer Genossenschaft ist festzulegen, ob die Genossen für den Fall, dass die Gläubiger im Insolvenzverfahren über das Vermögen der Gesellschaft nicht befriedigt werden, Nachschüsse zur Insolvenzmasse unbeschränkt, beschränkt auf eine bestimmte Summe, die H., oder überhaupt nicht zu leisten haben (§ 6 Nr. 3 GenG). – 2. Bei → Kommanditgesellschaften Bezeichnung für die im Gesellschaftsvertrag vereinbarte und im Handelsregister einzutragende Einlage, mit der sich ein → Kommanditist an der Gesellschaft beteiligt und in deren Höhe er für Verbindlichkeiten der Gesellschaft haftet.

Haftung, *liability*. Der Begriff der H. bezeichnet das Einstehenmüssen eines Schuldners für eine rechtliche Verpflichtung. Der Gläubiger kann sich, ggf. durch → Zwangsvollstreckung, aus dem Vermögen des haftenden Schuldners befriedigen. Bei vertragsrechtlichen Hauptpflichten kann die Zwangsvollstreckung auf Erfüllung der versprochenen Leistungshandlung gerichtet sein. Bei Nebenpflichten, wie Verpackung, Verschwiegenheit etc., gibt es grundsätzlich nur eine Schadensersatzhaftung.

Haftung bei der Anlageberatung, die → Anlageberatung geschieht auf der Grundlage entsprechender Verträge; vgl. → Verbraucherschutz bei der Anlageberatung

Haftung der AG, *liability of stock corporations*. Im Rahmen der H.d.AG gilt das Prinzip der alleinigen Schuldnerschaft der → Aktiengesellschaft (AG) für die in ihrem Namen eingegangenen Verbindlichkeiten und für die von ihr zu verantwortenden unerlaubten Handlungen. Eine persönliche Haftung der → Aktionäre kommt nur in eng begrenzten Ausnahmefällen in Betracht, z.B. in der → Vor-AG oder bei Vertretungshandlungen mit Inanspruchnahme besonders persönlichen Vertrauens.

Haftung der Bank

Haftung der Bank, *liability of banks*. 1. Haftung gegenüber eigener Kundschaft: Erzwingbare Erfüllungs- oder Schadensersatzpflichten gegenüber eigenen Kunden können v.a. aus der Vertragsbeziehung erwachsen, wobei die Haftung für Dritte (Substitute) im Gegensatz zu eigenem Personal (Erfüllungsgehilfen) auch im Formularvertrag auf sorgfältige Auswahl und Unterweisung beschränkt werden kann. Gleiches gilt für die Haftung wegen Verschuldens bei Vertragsverhandlungen, also vor Abschluss des Bankvertrages. Bei Verschaffung ungerechtfertigter → Kreditsicherheiten in der Unternehmensinsolvenz wendet die Rechtsprechung z.T. § 826 BGB an. – 2. Haftung gegenüber Dritten: Als Haftungsgrund gegenüber sonstigen Personen kommen u.a. der Abschluss eines Auskunftsvertrages sowie die Rolle als emissionsbegleitendes Institut (→ Prospekthaftung) in Betracht.

Haftung für unrichtige Prospektangaben, → Prospekthaftung.

Haftungsausschluss, *exclusion of liability*. Eine → Haftung kann aus unterschiedlichen Gründen ausgeschlossen sein. – Im Gewährleistungsrecht können die Ansprüche des Käufers aufgrund von Sachmängeln (§§ 459 ff. BGB) beschränkt oder völlig ausgeschlossen werden. Ein solcher H. ist insbesondere beim Kauf gebrauchter Gegenstände üblich. Jedoch sind Freizeichnungsklauseln in Allgemeinen Geschäftsbedingungen für neu hergestellte Sachen nur eingeschränkt zulässig (§ 11 Nr. 10, 11 AGBG). – Im Arbeitsrecht wurde auf der Grundlage von § 254 BGB sowie Billigkeitserwägungen von der Rechtsprechung eine Haftungseinschränkung zugunsten der Arbeitnehmer entwickelt, die je nach dem Verschuldungsgrad bis hin zu einem vollständigen H. reichen kann. – Haftungsfreistellungsansprüche können außerdem gegen Versicherungen bestehen, so gewährt etwa § 104 I SGB VII einen H. zugunsten des Unternehmers gegenüber den bei ihm beschäftigten Mitgliedern der gesetzlichen Unfallversicherung.

H-Aktien, → China-Aktien.

halbamtlicher Verkehr, → Geregelter Markt.

Halbeinkünfteverfahren, Verfahren zur Besteuerung des Gewinns von → Kapitalgesellschaften. Im Gegensatz zum → Körperschaftsteueranrechnungsverfahren wird der Gewinn der Kapitalgesellschaften beim H. auf Ebene der Gesellschaft definitiv besteuert. Der Steuersatz für einbehaltene und ausgeschüttete Gewinne beträgt einheitlich 25%. Beim Anteilseigner werden die ausgeschütteten Nach-Steuer-Gewinne nur zur Hälfte der Bemessungsgrundlage der ESt zugerechnet. Durch diese hälftige Besteuerung beim → Aktionär soll eine Doppelbesteuerung von Unternehmensgewinnen auf Ebene des Anteilseigners vermieden werden. Es muss aber beachtet werden, dass es lediglich zu einer Abschwächung, nicht aber zu einer vollständigen Vermeidung der Doppelbesteuerung kommt. Bezogen auf die ausgeschütteten Gewinne kommt es bei Anwendung des H. im Vergleich zum körperschaftsteuerlichen Anrechnungsverfahren zu einer Mehrbelastung derjenigen Anteilseigner, die einen Durchschnittssteuersatz von weniger als 40% aufweisen. Die prozentuale Mehrbelastung der Dividendeneinkünfte fällt um so größer aus, je geringer das Bruttoeinkommen ist. – Das H. wurde 2001 im Zuge der Unternehmenssteuerreform eingeführt. – Zahlenbeispiel: Es wird angenommen, dass die Dividendeneinkommen den Sparerfreibetrag überschritten haben. Der Grenzsteuersatz des Aktionärs beträgt 30%.

Halbjahresbericht, *Zwischenbericht, half year report*; unterjährig nach Ablauf der Hälfte des → Geschäftsjahres zu verfassenden Zwischenbericht eines Unternehmens, dessen Zweck in der Unterrichtung über die Entwicklung der Geschäftstätigkeit im laufenden Geschäftsjahr ist.

Halbjahreskupon, *Halbjahrescoupon, semi-annual interest coupon/payment*; → Zinsschein, der die halbjährliche Zinszahlung einer → Anleihe verbrieft. Z.T. wird unter dem H. auch die halbjährliche Zinszahlung selber verstanden.

Halslinie, → Nackenlinie.

Hamburger Börse, → Hanseatische Wertpapierbörse Hamburg.

Handel à la criée, → criée.

Handel mit amtlicher Notierung, → Marktsegmente.

Handel per Erscheinen, *trading in securities not yet issued*. Der H.p.E. bezeichnet eine Form des vorbörslichen Handels in Wertpapieren, die im Zeitpunkt des Geschäftsabschlusses noch nicht lieferbar sind. Vor allem → Neuemissionen von Aktien werden so vor der offiziellen Börseneinführung gehandelt.

Handel per Termin, → Termingeschäfte.

Handel von Bank zu Bank, → Interbank(en)handel.

Handel zu fortlaufenden Notierungen, → fortlaufende Notierung, → variabler Markt.

Handelsbefugnis an der Börse, *admission to participate at the exchange*. Handelsbefugnis erhält, wer im → Zulassungsverfahren zeigt, dass er die zum Börsenhandel notwendige Zuverlässigkeit besitzt und die berufliche Eignung dazu hat. Die berufliche Eignung verlangt, dass die erforderlichen fachlichen Kenntnisse und Erfahrungen vorhanden sind. Dies wird durch eine Prüfung vor der Prüfungskommission einer Börse nachgewiesen. – Vgl. auch → Börsenzulassung von Personen und → Börsenzulassung von Unternehmen.

Handelsbilanz, *commercial balance sheet*.
1. Aus der Buchführung abgeleitete Zusammenstellung sämtlicher Vermögensgegenstände und → Schulden eines Unternehmens, die nach § 242 HGB jeder Kaufmann zum Ende jedes → Geschäftsjahres aufzustellen hat. Dieser → Jahresabschluss beinhaltet neben der → Gewinn- und Verlustrechnung (GuV-Rechnung) auch die H. Ziel dabei ist es, sowohl den Eigentümern wie auch Außenstehenden Auskunft über die wirtschaftliche Lage und die Entwicklung des Unternehmens zu geben, indem die Vermögens-, Finanz- und Ertragslage detailliert dargestellt werden. – 2. Teilbilanz der → Zahlungs- und der Leistungsbilanz zur Erfassung der Warenein- und –ausfuhr. – Vgl. auch → Bilanz.

Handelsbuch, *trading book*. Das H. fasst regelmäßig und vollständig die Geschäftsvorfälle im → Wertpapierhandel eines → Kreditinstituts zusammen, um die → Bankenaufsicht zu unterstützen. Dies wurde durch die EG-Kapitaladäquanz-Richtlinie auf europäischer Ebene beschlossen und durch das → Kreditwesengesetz (KWG) in deutsches Recht umgesetzt. Es ermöglicht die Erfassung und Bewertung der Risikopositionen von Kreditinstituten im Wertpapierhandel. Damit ein Geschäftsvorfall im Handelsbuch registriert wird, müssen die vier in § 1 Abs. 12 S. 1 Nr. 1-4 KWG genannten Tatbestände erfüllt sein. Voraussetzung zur Prüfung ist demzufolge das Vorliegen von → Finanzinstrumenten, handelbaren Forderungen oder → Anteilen, die gehalten werden um Erfolge im → Eigenhandel zu erzielen. Bestände und Geschäfte zur Absicherung von → Marktrisiken der Positionen im H. und damit verbundene Refinanzierungsgeschäfte, → Aufgabegeschäfte sowie Forderungen in Form von Gebühren, → Provisionen, → Einschüssen, → Dividenden und → Zinsen, sofern diese den Positionen im H. zuordenbar sind, müssen ebenfalls in das H. aufgenommen werden

Handelsbuchinstitut, Bezeichnung für ein Institut im Sinne des KWG, das nicht nach §2 XI KWG von den Vorschriften über das Handelsbuch als Zusammenfassung des Wertpapierhandels eines Instituts zum Zwecke der → Bankenaufsicht befreit ist. Bedeutsam ist die Unterscheidung in H. und → Nichthandelsbuchinstitute vor allem in Bezug auf die Eigenmittel nach §10a VI KWG und bei Großkrediten nach §§13, 13a KWG.

Handelsgesetzbuch (HGB), *German Commercial Code*; vom 10.05.1897 (zuletzt geändert am 19.12.1998). Das HGB regelt das Sonderprivatrecht der Kaufleute (→ Handelsrecht). Es enthält Sonderregelungen gegenüber dem BGB, insbesondere bezüglich der Rechtsgeschäftslehre. Weitere Vorschriften betreffen gesellschaftsrechtliche Regelungen über die → offene Handelsgesellschaft (OHG), die → Kommanditgesellschaft (KG) und die → stille Gesellschaft. Im HGB zusammengefasst sind außerdem die wesentlichen Vorschriften über die kaufmännische → Rechnungslegung sowie deren Prüfung und Publizität.

Handelskosten, explizite. Transaktionskosten, die für den Investor erkennbar, in seiner Abrechnung ausgewiesen wer-

Handelskosten, implizite

den. Hierunter fallen z.B. Maklercourtage oder Bankprovision.

Handelskosten, implizite, sind Kosten der Ausführung des Wertpapierauftrages. Diese Kosten werden nicht offen ausgewiesen und sind damit Bestandteil des Preises zu dem gekauft oder verkauft wird. Hierunter fallen zum Beispiel der → Bid-Ask-Spread oder die erhöhten Kosten, die ein Marktteilnehmer in Kauf nehmen muss, wenn er einen großen Auftrag an der Börse plazieren möchte oder eine schnelle Ausführung des Wertpapierauftrags erwünscht ist.

Handelsmakler, gewerbsmäßige Vermittler und Kaufmänner in Handelsgeschäften, wie Waren-, Wertpapiergeschäfte, Versicherungen, Güterbeförderungen, etc. Sie erhalten für ihre Tätigkeiten eine Maklergebühr, die sog. → Courtage.

Handelsplattform, *trade platform*. Bezeichnung für ein an einer → Börse eingesetztes, elektronisches → Handelssystem zur Abwicklung der von den Börsenteilnehmern abgegebenen → Kauf- und → Verkaufsaufträge.

Handelsrecht, *business law, commercial law*. Unter H. versteht man das Sonderprivatrecht der Kaufleute, geregelt im → Handelsgesetzbuch (HGB) und weiteren Nebengesetzen sowie durch gewohnheitsrechtlich anerkannte Handelsbräuche (→ Usancen; § 346 HGB). Verbreitet, aber nicht einheitlich, ist die Unterscheidung des Gesellschafts- und Wertpapierrechts vom H. Systematisch bestehen aber enge Zusammenhänge.

Handelsregister (HR, HReg), *Commercial Register, Register of Business Names*. Das HR ist ein öffentliches Verzeichnis von Tatsachen und Rechtsverhältnissen, die für den Handelsverkehr von Bedeutung sind und deren Eintragung gesetzlich vorgeschrieben oder zugelassen ist. Es wird von den Gerichten in gebundenen Bänden, Karteikartenform oder in maschineller Form geführt (§ 8 HGB) und ist in die Abteilungen A und B untergliedert. In Abteilung A werden vor allem Einzelkaufleute und Personenhandelsgesellschaften eingetragen, in Abteilung B hauptsächlich die Kapitalgesellschaften. Das HR kann von jedem eingesehen werden (§ 9 HGB). Zudem sind die Eintragungen vom Gericht durch den → Bundesanzeiger und durch mindestens ein weiteres Veröffentlichungsblatt bekanntzumachen (§ 10 HGB). – Eine einzutragende, aber nicht eingetragene Tatsache kann einem Dritten nur entgegengesetzt werden, wenn dieser sie kannte (§ 15 I HGB) (sog. negative → Publizität). Sobald eine einzutragende Tatsache in das HR eingetragen und die Eintragung bekannt gemacht worden ist, endet dieser Vertrauensschutz und der Dritte muss die Tatsache gegen sich gelten lassen (§15 II HGB). Eine rechtliche Vermutung der Richtigkeit des im HR Verlautbarten gibt es indes nicht. Ist eine eintragungspflichtige Tatsache unrichtig bekanntgemacht worden, so kann sich ein Dritter jedoch gegenüber jedem, der die unrichtige Verlautbarung wenigstens mittelbar veranlasst hat, auf den von der wahren Rechtslage abweichenden Registerinhalt berufen, und zwar unabhängig davon, ob nur die Bekanntmachung oder auch schon die Eintragung falsch war, es sei denn, dass er die Unrichtigkeit kannte (§ 15 III HGB; sog. positive Publizität).

Handelsregister-Einreichung, Jahresabschluss, → Publizitätspflichten der Kapitalgesellschaften.

Handelsschluss, *closing*; → Börsenperiode mit der der laufende Handel endet. Teilweise wird zur Ermittlung des Schlusskurses einer → Auktion durchgeführt.

Handelssegmente, → Marktsegmente.

Handelsstopp, → Aussetzung der Kursnotierung, → Circuit Breakers.

Handelssystem, *trading system*; ein an → Wertpapierbörsen angewendetes, i.d.R. elektronisches System, das → Kauf- und Verkaufsaufträge abwickelt und → Kurse ermittelt. Im November 1997 wurde von der → Deutschen Börse AG → Xetra als → elektronisches H. eingeführt.

Handelsstrategien

Prof. Dr. Mark Wahrenburg

1. Kapitalmarkteffizienz

Nach Fama (1970) ist ein effizienter → Kapitalmarkt dadurch geprägt, dass → Wertpapierkurse zu jeder Zeit alle verfügbaren Informationen beinhalten. Das bedeutet, dass neue Informationen unverzüglich in die Bewertung der Wertpapiere einfließen. Bezüglich des Grades der Informationsverarbeitung unterscheidet man zwischen schwacher, mittelstrenger und strenger Informationseffizienz. Ist der Markt schwach informationseffizient, dann beinhalten die augenblicklichen Wertpapierkurse nur Informationen über vergangene Kursbewegungen. Als Konsequenz können mit Handelsstrategien, die auf → technischer Analyse basieren, keine Überrenditen erzielt werden. Liegt mittelstrenge Informationseffizienz vor, sind alle öffentlich verfügbaren Informationen in den Preisen verarbeitet. In diesem Fall können weder mit → Fundamentalanalyse noch mit technischer Analyse Überrenditen erzielt werden. Wenn selbst die Kenntnis von noch nicht veröffentlichten Informationen nicht zu überdurchschnittlichen Anlageerfolgen führt, spricht man von einem streng informationseffizienten Markt. Die Theorie effizienter Kapitalmärkte schließt nicht aus, dass verschiedene Aktien bzw. Investmentstrategien systematisch unterschiedliche Renditen aufweisen. Soweit die Renditeunterschiede auf Anlegerpräferenzen wie z.B. → Risikoaversion zurückzuführen sind, widersprechen sie nicht der Effizienzmarktthese. Wenn die existierenden Theorien zur Erklärung der Aktienrenditen im Marktgleichgewicht allerdings nicht in der Lage sind, die beobachteten Renditeunterschiede zu erklären, spricht man von einer Anomalie. Bei der empirischen Überprüfung von Anomalien werden die realisierten Renditen mit den durch ein Modell generierten Alternativrenditen verglichen. Dabei wird überwiegend das → Capital Asset Pricing Modell als → Benchmark verwendet. Jede empirisch ermittelte Überrendite einer bestimmten Anlagestrategie kann demnach nur dann als Fehlbewertung durch den Markt interpretiert werden, wenn das verwandte Benchmark-Modell korrekt ist. Viele Handelsstrategien basieren auf der Annahme, dass die am Markt beobachteten Anomalien eine systematische Fehlbewertung durch den Markt manifestieren und versuchen, die Anomalie renditesteigernd auszunutzen.

2. Passive und aktive Anlagestrategie

Ist der betrachtete Markt informationseffizient, dann ist nur ein passives Management im Sinne einer → „Buy and Hold" - Strategie sinnvoll. Die Kosten von Portfolioumschichtungen und Aktienanalyse führen notwendigerweise zu einer Reduktion der Performance. Beim passiven Management wird deshalb z.B. im Rahmen von Indexfonds eine vom Anleger präferierte Benchmark (z.B. Dax, EuroStoxx, Nemax) nachgebildet. Dabei muss eine Abwägung zwischen genauerem Tracking des Portfolios mit der Benchmark und den damit verbundenen Transaktionskosten durchgeführt werden. In der Praxis führen → Indexfonds selten eine exakte Duplikation des Benchmarkindex durch. Statt dessen wird nur eine kleinere Anzahl an Wertpapieren des Index gehalten, die den Verlauf des Index gut widerspiegeln. Während frühe empirische Tests fast ausschließlich die Effizienzmarktthese stützten, mehren sich in der jüngeren Vergangenheit empirische Belege für systematische Abweichungen von der mittelstrengen Informationseffizienz. Aktive Handelsstrategien haben das Ziel, diese Ineffizienzen renditesteigernd auszunutzen.

Beim aktiven Management von Aktien versucht man im allgemeinen, eine vordefinierte Benchmark zu übertreffen. Dabei sollte eine geeignete Benchmark folgende Kriterien erfüllen: Das Benchmarkportfolio muss eine echte Anlagealternative darstellen, sehr gut diversifiziert sein, zu geringen Kosten erwerbbar und bereits vor Durchführungen von Anlageentscheidungen

Handelsstrategien

festgelegt werden. Aktives Management kann in drei grundlegende Kategorien eingeteilt werden: Market Timing, Security Selection oder Group Rotation. Bei Market Timing wird versucht, durch Umschichtungen zwischen Anleihen und Aktien von Schwankungen des gesamten Aktienmarktes zu profitieren. Bei der Security Selection wird versucht, in einzelne vom Markt unterbewertete Aktien zu investieren. Im Rahmen der Group Rotation werden einzelne Aktienmarktsegmente über- bzw. untergewichtet. Der Begriff Segment ist dabei weit zu interpretieren: es können z.B. Aktien einer bestimmten Industrie, Aktien mit ähnlicher Dividendenrendite oder ähnlichem → Kurs-Gewinn-Verhältnis in Segmente gruppiert werden. Ein aktives Portfoliomanagement ist notwendigerweise mit höheren Kosten für Research, Gehälter der Portfoliomanager sowie höheren Transaktionskosten des Handels verbunden. Daneben weist ein aktiv geführtes Portfolio mehr diversifizierbares Risiko als ein passiv geführtes auf, für das rationale Investoren eine zusätzliche Kompensation verlangen. Vor diesem Hintergrund überrascht, dass aktive Anlagestrategien nach wie vor in der Praxis vorherrschend sind. Da eine passive Anlagestrategie per Definition eine Rendite erbringt, die dem Marktdurchschnitt entspricht, muss nach Abzug von Transaktionskosten der größere Teil der aktiven Investoren eine im Vergleich zur passiven Strategie schlechtere Rendite erzielen und damit das intendierte Anlageziel verfehlen.

3. Ausgewählte Handelsstrategien

3.1 Value Stocks vs. Growth Stocks

Verfolgt ein Fonds eine Growth-Stock-Strategie, so werden Aktien mit einer hohen → Price-Earnings-Ratio, → Market-To-Book-Ratio oder Price-To-Cashflow-Ratio gekauft. Bei einer Value-Stock-Strategie werden dagegen Aktien mit jeweils relativ niedrigen Kennziffern gehalten. Fama/French (1998) zeigen, dass im Zeitraum von 1975-1995 für viele internationale Aktienmärkte die Value-Stock-Strategie einer Growth-Stock-Strategie überlegen war. Die Renditedifferenz kann dabei nicht im Rahmen des Capital Asset Pricing Modells über Risikounterschiede erklärt werden. Einige Autoren ziehen daraus den Schluß, dass der Markt Wachstumsunternehmen systematisch überbewertet. Alternativ kann die Prämie als Kompensation für einen Risikofaktor angesehen werden, welcher durch das CAPM nicht erfasst wird. [Fama/French (1993)]. Eine andere Erklärung könnte in der Auswahl des Datensatzes und insbesondere der untersuchten Zeitperiode liegen. (Data Mining, Data Snooping). Die großen Kurssteigerungen von Wachstumsunternehmen seit 1995 dürfte das empirische Bild mittlerweile stark modifiziert haben.

3.2 Dividend Yield Handelsstrategie

Bei dieser Strategie werden Aktien im Portfolio gehalten, die eine hohe Dividendenrendite besitzen. Naranjo/Nimalendran/Ryngaert (1998) stellen für amerikanische Aktien mit hoher Dividendenrendite eine insgesamt überdurchschnittliche Performance fest. Die Differenz kann weder über unterschiedliche Betas noch das Faktormodell von Fama und French erklärt werden. Eine alternative Erklärung könnte in der höheren Steuerbelastung von Dividendeneinkommen im Vergleich zu Kursgewinnen liegen. Naranjo et al. führen jedoch aus, dass die beobachteten Renditedifferenzen zu groß sind, um auf diese Weise erklärt werden zu können. Blume (1980) zeigt, dass die Beziehung zwischen erwarteter Rendite und Dividendenrendite U-förmig verläuft. Eine überdurchschnittliche Gesamtrendite weisen nicht nur dividendenstarke Werte auf, sondern auch solche, die gar keine Dividende zahlen. Die Dividend-Yield-Strategie ist eng verwandt mit der Value-Stock-Strategie, da viele Value Stocks gleichzeitig eine vergleichsweise hohe → Dividendenrendite aufweisen.

Handelsstrategien

3.3 Small Cap Handelsstrategie

Bei einer Small-Cap Anlagestrategie werden Aktien von Firmen mit geringer Marktkapitalisierung im Portfolio gehalten. Bei der Large-Cap Strategie werden hingegen Aktien von Unternehmen mit großer Marktkapitalisierung gekauft. Der Size-Effekt bezeichnet die Differenz zwischen der Rendite eines Portfolios aus Small Caps und einem aus Large Caps. Im Durchschnitt weisen Small Caps auch nach Risikobereinigung eine höhere Rendite als Large Caps auf. [Banz (1981), Reinganum (1983), für den deutschen Markt Stehle (1997).] Der Size-Effekt ist jedoch sehr volatil [Brown/Kleidon/Marsh (1983)]. Reinganum (1992) fand für den US Markt von 1926-1989 heraus, dass über einen Zeitraum von 5 bis 6 Jahren der Size Effekt negativ autokorreliert ist. Es gibt eine Vielzahl von Erklärungsversuchen für den Size-Effekt, die aber nicht völlig befriedigen. Nach Roll (1981) führt die Illiquidität von kleinen Unternehmen zu einer Unterschätzung der Beta-Faktoren des CAPM, was zu einer Überschätzung der Überrenditen führt. Eine andere Erklärung basiert auf den unterschiedlichen Transaktionskosten für den Handel mit Aktien unterschiedlich großer Unternehmen. Nach Stoll/Whaley (1983) nehmen die Transaktionskosten beim Kauf einer Aktie mit zunehmender Unternehmensgröße der betreffenden Firmen ab. Ein bedeutsamer Teil der im Bid-Ask-Spread zum Ausdruck kommenden Transaktionskosten stellen Verluste uninformierter Investoren an Insider dar. Sofern kleine Unternehmen einen höheren Anteil an → Insiderhandel aufweisen, werden rationale Investoren eine Kompensation in Form einer höheren erwarteten Rendite fordern. Eine weitere Erklärung ist die Tax-Loss-Selling-Hypothese. In vielen Steuersystemen können realisierte Verluste aus Wertpapiergeschäften zumindest teilweise steuermindernd mit Arbeitseinkommen verrechnet werden. Es könnten dann vermehrt am Jahresende die volatilen Aktien kleiner Unternehmen verkauft werden, die im Jahresverlauf sanken, um Verluste zu realisieren. Der Aktienkurs sinkt und erholt sich wieder im Januar. Nach Roll (1983) kann dies einen Size-Effekt verursachen. Allerdings zeigt Reinganum (1983), dass Tax-Loss-Selling nur einen Teil des Size-Effekts erklären kann. Schließlich kann die Überrendite kleiner Unternehmen mit einer Fehlspezifikation des Capital Asset Pricing Modells erklärt werden. Wenn das CAPM die Präferenzen der Anlager nicht zutreffend abbildet, können Überrenditen nach dem CAPM nicht als Kaufsignale interpretiert werden.

3.4 Momentum Strategie und Contrarian Investment

Über eine bestimmte vergangene Zeitperiode (Formationsperiode) werden die Aktien eines bestimmten Marktsegments nach ihrer realisierten Renditehöhe geordnet. Man erhält dadurch Sieger- und Verliererportfolios. Verfolgt man eine zyklische Handelsstrategie (Momentum-Strategie), so wird das Siegerportfolio gekauft und das Verliererportfolio verkauft. Bei einer antizyklischen Strategie (Contrarian Investment) werden umgekehrt Sieger verkauft und Verlierer gekauft. Je nach Dauer der Formationsperiode kann man zwischen kurzfristigen (1 Woche bzw. 1 Monat), mittelfristigen (3 bis 12 Monaten) und langfristigen (1 Jahr und länger) Handelsstrategien unterscheiden. Jegadeesh/Titman (1993) sowie Schiereck/Weber (1995) zeigen für den US-Markt sowie für Deutschland, dass im mittelfristigen Bereich eine zyklische Handelsstrategie Überrenditen erzielt. Für kurzfristige Formationsperioden von maximal 1 Monat findet Jegadeesh (1990) dagegen eine Überrendite der antizyklischen Handelsstrategie. Allerdings sind diese Überrenditen nach Berücksichtigung von Transaktionskosten nicht mehr statistisch signifikant. Für den deutschen Markt zeigen Bromann/Schiereck/Weber (1997), dass eine kurzfristige antizyklische Handelsstrategie selbst nach Berücksichtigung von Transaktionskosten signifikante Überrenditen erzielt. Eine überzeugende, auf Rationalverhalten beruhende Erklärung dieser Phänomene steht bisher aus.

Handelsstrategien

4. Schlussfolgerungen

Die empirische Forschung hat inzwischen eine ganze Fülle von systematisch auftretenden „Anomalien" identifiziert, die in der Vergangenheit in profitable Handelsstrategien umgesetzt werden konnten. Die Diskussion hat jedoch gezeigt, dass es auch für „Anomalien" durchaus rationale Erklärungen geben kann. In diesem Fall kann aber nicht mehr von einer Fehlbewertung durch den Markt gesprochen werden, die durch entsprechende Handelsstrategien gewinnbringend ausgenutzt werden kann. Schließlich ist zu beachten, dass der Erfolg einer Strategie in der Vergangenheit keine Garantie für weiteren Erfolg in der Zukunft ist. Die Entdeckung einer echten Fehlbewertung zieht schnell das Interesse vieler Anleger auf sich, die in der Folge durch ihre Investitionen den Renditevorteil dieser Wertpapiere wieder mindern. Beispielsweise wurden in den letzten Jahren am Markt derivative Wertpapiere wie z.B. Momentum-Zertifikate emittiert, die es dem Investor ermöglichen, durch Kauf eines einzigen Wertpapiers eine bestimmte Handelsstrategie umzusetzen.

Literatur

BANZ, R. W. (1981), The Relationship between Return and Market Value of Common Stock, in: Journal of Financial Economics, 9, S. 3-18.

BAUMANN, W. S./MILLER, R. E. (1997), Investor Expectations and the Performance of Value Stocks versus Growth Stocks, in : Journal of Portfolio Management, Spring; S. 57-68.

BLUME, M. E. (1980), Stock Returns and Dividend Yields: Some more Evidence, in: Review of Economics and Statistics 62, S. 567-577.

BROMANN, O./SCHIERECK, D./WEBER, M. (1997), Reichtum durch (anti-)zyklische Handelsstrategien am deutschen Aktienmarkt?, in: Zeitschrift für betriebswirtschaftliche Forschung 49, S. 603-616.

FAMA, E. F. (1970), Efficient Capital Markets: A Review of Theory and Empirical Work, in: Journal of Finance, 25, S. 383-417.

FAMA, E. F./FRENC, K. R. (1993), Common Risk Factors in the Returns of Stocks and Bonds, in: Journal of Financial Economics, 33, S. 3-56.

FAMA, E. F./FRENCH, K. R. (1998), Value versus Growth; The International Evidence, in: Journal of Finance, 53, 1975.

JEGADEESH, N. (1990), Evidence on Predictable Behavior of Security Returns, Journal of Finance, 45, S. 881-898.

JEGADEESH, N./TITMAN, S. (1993), Returns to Buying Winners and Selling Losers: Implications for Stock Market Efficiency, In: Journal of Finance, 48, S. 65-91.

NARANJO, A. / NIMALENDRAN, M. / RYNGAERT, M. (1998), Stock Returns, Dividend Yields, and Taxes, in: Journal of Finance, 53, S. 2029.

REINGANUM, M. R. (1983), The anomalous Stock Market Behavior of Small Firms in January, Empirical Tests for Tax-Loss Selling Effects, in: Journal of Financial Economics, S. 89-104.

REINGANUM, M. R. (1992), A Revival of the Small-Firm Effect, in: Journal of Portfolio Management, Spring, S. 55-62.

ROLL, R. (1981), A possible Explanation of the Small Firm Effect, in: Journal of Finance, 36, S. 371-386.

ROLL, R. (1983), Was ist Das? in: Journal of Portfolio Management, Winter, S. 18-28.

SCHIERECK, D./ WEBER, M. (1995), Zyklische und antizyklische Handelsstrategien am deutsche Aktienmarkt, in: Zeitschrift für betriebswirtschaftliche Forschung, 47, S. 3-24.

STEHLE, R. (1997), Der Size-Effekt am deutschen Aktienmarkt, in: Zeitschrift für Bankrecht und Bankwirtschaft, 3, S. 237-269.

STOLL, H.R./ WHALEY, R. E. (1983), Transaction Costs and the Small Firm Effect, in: Journal of Financial Economics, S. 57-79.

Handelsteilnehmer, → Börsenhandelsteilnehmer.

Handelsüberwachungsstelle, *Trading Supervisory Body.* → Börsenorgan, das durch die Börsen im Rahmen der ihnen zustehenden → Börsenselbstverwaltung einzurichten und zu betreiben ist. Als Bestandteil des → Aufsichtssystems für den Wertpapierhandel obliegt der H. die → Marktaufsicht über den → Börsenhandel und die → Börsengeschäftsabwicklung (§ 1b I S. 1 BörsG). Sie erfasst mit Hilfe elektronischer Überwachungssysteme (z.B. → SIMA oder → Xetra Observer) systematisch und lückenlos die damit zusammenhängenden Daten, wertet sie aus und ermittelt Sachverhalte, wenn sich Zweifel am ordnungsgemäßen Handel ergeben (§ 1b I S. 2 BörsG). Schwerpunkte ihrer Tätigkeit sind die Überwachung der ordnungsgemäßen Preisbildung (§ 11, 29 BörsG) (→ Preisbildung an der Börse), die Kontrolle der Einhaltung der → Börsenordnung, die Beobachtung der → Eigengeschäfte der → Kursmakler (§ 32 BörsG) und der Vergleich der Preise mit denen an anderen Börsenplätzen. Die H. ist berechtigt, Unterlagen einzusehen, Auskünfte zu verlangen, Prüfungen vorzunehmen sowie Grundstücke und Geschäftsräume der Handelsteilnehmer zu betreten, sofern Anhaltspunkte dafür vorliegen, dass börsenrechtliche Vorschriften oder Anordnungen verletzt werden (§ 1b III BörsG). Der Kreis der von der H. zu überwachenden Marktteilnehmer umfasst neben denjenigen, die zum Handel an der Börse zugelassen sind, auch die Auftraggeber von Börsengeschäften und die daraus berechtigten und verpflichteten Personen (§ 1b III BörsG). Die H. hat die → Börsenaufsichtsbehörde und die → Börsengeschäftsführung unverzüglich zu unterrichten, wenn sie Tatsachen feststellt, welche die Annahme rechtfertigen, dass börsenrechtliche Vorschriften oder Anordnungen verletzt werden oder sonstige Missstände vorliegen, welche die ordnungsgemäße Durchführung des Börsenhandels oder der Börsengeschäftsabwicklung beeinträchtigen können (§ 1b V BörsG). Die Börsenaufsichtsbehörde hat die erforderlichen Maßnahmen einzuleiten, um den ordnungsgemäßen Zustand wiederherzustellen (§ 1a II BörsG). Ist ein Einschreiten der Börsenaufsichtsbehörde nicht oder nicht rechtzeitig zu erwarten, so kann die Geschäftsführung eilbedürftige Anordnungen zur Sicherstellung des ordnungsgemäßen Börsenhandels und der Börsengeschäftsabwicklung treffen (§ 1b V S. 1 BörsG). Angeordnet werden kann z.B. die Aussetzung der amtlichen Notierung (→ amtliche Notiz) zugelassener Wertpapiere oder die Erteilung des Verbots an bestimmte Kursmakler, Kurse festzustellen. – Die Börsenaufsichtsbehörde kann der H. Weisungen erteilen und die Ermittlungen übernehmen (§ 1b I S. 3 BörsG). Die Börsengeschäftsführung kann sie mit der Durchführung von Untersuchungen beauftragen (§ 1b I S. 4 BörsG). Die H. ist im Einzelfall indes nicht an Weisungen der Börsengeschäftsführung gebunden. Stellt die H. Tatsachen fest, die für die Tätigkeit des → Bundesaufsichtsamtes für den Wertpapierhandel (BAWe) oder des → Bundesaufsichtsamtes für das Kreditwesen (BAKred) von Bedeutung sein können, so hat es diese unverzüglich davon zu unterrichten (§ 1b V S. 4 BösG). Die H. kann Daten über Geschäftsabschlüsse der Geschäftsführung und der H. einer anderen Börse übermitteln, soweit sie zur Erfüllung der Aufgaben dieser Stellen erforderlich sind (§ 1b IV BörsG). Darüber hinaus kann sie Daten über Geschäftsabschlüsse auch den zur Überwachung des Handels an ausländischen Börsen zuständigen Stellen übermitteln, wenn dies zur ordnungsgemäßen Abwicklung von Börsengeschäften erforderlich ist (§ 1b IV BörsG). – Die H. sollte nach der Vorstellung des Gesetzgebers bei Erlass des BörsG die primäre Verantwortung für die Marktaufsicht tragen. Angesichts der weiten Befugnisse der Börsenaufsichtsbehörden ist der Selbstverwaltungsgedanke insoweit zurückgedrängt worden. – Vgl. auch → Börsenaufsicht.

Handelsvolumen, *trading volume*; bezeichnet die innerhalb eines Zeitraums gehandelte Menge an → Papieren in Einem → Titel, → Marktsegment oder → Index. Das H. gilt als einfacher Richtwert für die jeweilige Liquidität, ist jedoch vergangenheitsbezogen und damit nur beschränkt aussagekräftig.

Handelszeit, *trading periode*; jener Zeitraum in dem börslich gehandelt werden kann. – Vgl. auch: → Börsenzeit.

Händler- und Beraterregeln, *rules for traders and consultants.* Die H.u.B. der → Arbeitsgemeinschaft der deutschen Wertpa-

Handling Fee

pierbörsen, deren Anerkennung durch → Finanzdienstleistungs- und → Kreditinstitute auf freiwilliger Basis beruhte, sind mit Einführung des → Wertpapierhandelsgesetzes 1994 gegenstandslos geworden. Darin ist nunmehr für Finanzdienstleistungs- und Kreditinstitute u.a. verbindlich geregelt, dass sie Wertpapierdienstleistungen gewissenhaft und im Interesse ihrer Kunden erbringen müssen und Interessenkonflikte zwischen sich und den Kunden zu vermeiden haben. Zur Gewährleistung einer adäquaten Beratung haben sich die Institute daher über die finanziellen Verhältnisse des Kunden, seine mit dem Wertpapiergeschäften verfolgten Ziele sowie seine Kenntnisse in Wertpapiergeschäften vorab zu informieren. Entsprechend den H.u.B. ist es den Instituten untersagt, Kunden den An- oder Verkauf von Wertpapieren zu dem Zweck zu empfehlen, für Eigengeschäfte Preise in eine bestimmte Richtung zu lenken. Unzulässig sind ferner auch Eigengeschäfte aufgrund von Kundenaufträgen zum An- und Verkauf von Wertpapieren, die Nachteile für den Auftraggeber haben können.

Handling Fee. Gebühr oder → Provision, die im internationalen Kreditgeschäft mit → Bankenkonsortien i.d.R. an den → Konsortialführer gezahlt wird. Die Höhe und die Zahlungsmodalitäten werden im Kreditvertrag festgelegt.

Hang Seng 100, im April 1998 eingeführter Index, der die 100 bedeutendsten, an der → Hongkong Stock Exchange gelisteten Unternehmen umfasst. Die Auswahl der Unternehmen richtet sich dabei sowohl nach der → Marktkapitalisierung als auch nach dem → Börsenumsatz, die Gewichtung der einzelnen Unternehmen im Index erfolgt anhand ihres Marktwertes. – Vgl. auch → Hang Seng Index.

Hang Seng Index (HSI). Der HSI erhielt seinen Name von der Hang Seng Bank, die den Index erstmals 1964 berechnete. Er gilt als der Hauptindikator für die → Performance der 33 größten Unternehmen der → Hongkong Stock Exchange. Die Auswahl der Unternehmen erfolgt dabei anhand ihrer → Börsenkapitalisierung. – Der HSI setzt sich aus vier Subindizes zusammen, die die Branchen Finanzdienstleistung (vier Unternehmen), Immobilien (neun Unternehmen), Versorger (sechs Unternehmen) und Handel/Industrie (14 Unternehmen) repräsentieren.

Hannoversche Börse, → Niedersächsische Börse zu Hannover.

Hanseatische Wertpapierbörse Hamburg, heutige → BÖAG Börsen Aktiengesellschaft.

Hantelstrategie. Strategie, nach der in kurz- und langfristige Titel investiert wird. Der mittelfristige Anlagezeitraum wird, im Gegensatz zur → Leiterstrategie, ausgespart.

Harmless Warrants. → Optionsscheine, die zusammen mit einer → Anleihe emittiert werden und das Recht zum Bezug von Folgeanleihen verbriefen. Die Folgeanleihen können jedoch nur bezogen werden, wenn die ursprünglichen Anleihen zurückgegeben werden, so dass die gesamte umlaufende Volumen eines Schuldners das ursprüngliche Emissionsvolumen nicht überschreitet.

harte Währungen, *hard currencies*. Ausdruck für → frei konvertierbare Währungen, die als besonders wertbeständig gelten. Sie zeichnen sich durch anhaltend niedrige → Inflationsraten und durch ihr Aufwertungspotenzial aus, so dass sie häufig als Anlagewährungen verwendet werden. Beispiele für h.W. sind der US-Dollar, der Schweizer Franken und der → Euro. – Gegensatz: → weiche Währungen.

Hartwährungsländer, *hard currency countries*; Länder, deren → Währungen → frei konvertierbar und besonders wertbeständig sind. H. weisen i.d.R. eine hohe wirtschaftliche und geldpolitische Stabilität auf, so dass ihre Währungen häufig als → Währungsreserven oder im → internationalen Zahlungsverkehr verwendet werden. – Gegensatz: → Weichwährungsländer.

häufigster Wert, *Modus, Modalwert, mode*; Merkmalsausprägung, die in einer Beobachtungsreihe am häufigsten auftritt. Der h.W. ist ein Lageparameter, der weniger empfindlich gegenüber extremen Beobachtungswerten ist als etwa das arithmetische Mittel.

Hauptkommissionär, *principal commission agent*; Bezeichnung für einen → Kommissionär, der von einem auswärtigen Kommissionär (→ Zwischenkommissionär) einen Kommissionsauftrag erhält.

Hauptpapier, *Stammurkunde*. Eine Wertpapierurkunde besteht aus dem H. und dem → Nebenpapier. H. ist dabei eine andere Bezeichnung für den → Mantel eines Wertpapiers.

Hauptrefinanzierungsoperationen der EZB, *main refinancing operations*; wichtigstes Instrument der → Geldpolitik im Rahmen der → Offenmarktgeschäfte im → Eurosystem. Sie besitzen eine große Bedeutung bei der Steuerung der Liquidität und der Zinssätze in der Eurozone sowie für die Signalisierung des geldpolitischen Kurses der → Europäischen Zentralbank. Die H.d.EZB sind regelmäßige, liquiditätszuführende befristete Transaktionen mit einer → Laufzeit von zwei Wochen, die wöchentlich im → Standardtenderverfahren abgewickelt werden. Es können → Mengen- oder → Zinstender verwendet werden. Sie dienen zur Bereitstellung eines Großteiles des → Zentralbankgeldes an den Finanzsektor.

Haupttender, *main tender*; wichtigstes Element der → Hauptrefinanzierungsoperationen der EZB zur Durchführung ihrer Geldpolitik. Der H. wird wöchentlich aufgelegt und stellt im Rahmen der → Offenmarktgeschäfte der EZB den größten Teil des Zentralbankgeldes zur Verfügung. Die Laufzeit vom H. beträgt bis zu zwei Wochen. Die Abwicklung vom H. erfolgt als Standardtender (vgl. hierzu → Tender) und wird von den nationalen Zentralbanken für die EZB durchgeführt.

Hauptversammlung, (HV). Die Hauptversammlung (HV) ist in den gesetzlichen oder satzungsmäßigen Fällen sowie dann einzuberufen, wenn es das Wohl der → AG erfordert, und zwar grundsätzlich durch den → Vorstand der AG durch Bekanntmachung im → Bundesanzeiger und in den → Gesellschaftsblättern (§ 121 → AktG). Wenn die Satzung nichts anderes bestimmt, soll die HV am Sitz der AG stattfinden. Sind die → Aktien der AG an einer deutschen → Wertpapierbörse zum → amtlichen Markt zugelassen, kann die HV auch am Sitz der → Börse stattfinden, wenn Satzungsbestimmungen dem nicht entgegenstehen. Die HV ist auch einzuberufen, wenn → Aktionäre, deren Anteile zusammen 5% des → Grundkapitals erreichen, die Einberufung schriftlich unter Angabe von Zweck und Gründen verlangen (§ 122 AktG). Die HV ist mindestens 1 Monat vorher einzuberufen (§ 123 AktG). Falls die Satzung die Teilnahme an der HV oder die Ausübung des → Stimmrechts davon abhängig macht, dass die Aktien bis zu einem bestimmten Zeitpunkt vor der HV hinterlegt werden, oder davon, dass sich die Aktionäre vor der HV anmelden, tritt für die Berechnung der Einberufungsfrist an die Stelle des Tages der HV der Tag, bis zu dessen Ablauf die Aktien zu hinterlegen sind oder sich die Aktionäre vor der HV anmelden müssen. Die → Hinterlegung der Aktien bis nach der HV kann bei einem Notar, einer → Wertpapiersammelbank oder einer in der Einladungsbekanntmachung bezeichneten Hinterlegungsstellen stattfinden, wobei es sich um → Kreditinstitute handelt, mit denen die Unternehmung in Geschäftsbeziehungen steht. – Die Tagesordnung der HV ist bei ihrer Einberufung bekanntzumachen (§ 124 AktG). Zu jedem Gegenstand, über den die HV beschließen soll, haben Vorstand und Aufsichtsrat oder zur Wahl von Aufsichtsratsmitgliedern und Prüfern der Aufsichtsrat in der Bekanntmachung der Tagesordnung Vorschläge zur Beschlussfassung zu machen. Über Gegenstände der Tagesordnung, die nicht ordnungsgemäß bekannt gemacht sind, dürfen keine Beschlüsse gefaßt werden. Innerhalb 12 Tagen nach Bekanntmachung der Einberufung der HV hat der Vorstand den Kreditinstitute und den Vereinigungen von Aktionären, die in der letzten HV Stimmrechte für Aktionäre ausgeübt oder die Mitteilung verlangt haben, die Einberufung der HV, die Bekanntmachung der Tagesordnung und Anträge und Wahlvorschläge von Aktionären einschließlich des Namens des Aktionärs, der Begründung und einer etwaigen Stellungnahme der Verwaltung mitzuteilen (§ 125 AktG). Das gleiche Recht auf gesonderte Unterrichtung haben Aktionäre, die (1) eine Aktie bei der AG hinterlegt haben, (2) es nach der Bekanntmachung der Einberufung der HV im Bundesanzeiger verlangen oder (3) als Aktionär im → Aktienbuch der AG eingetragen sind und deren Stimmrechte in der letzten HV nicht durch ein Kreditinstitut ausgeübt worden sind. –

Hauptversammlung

Die HV fasst ihre Beschlüsse mit der Mehrheit der abgegebenen Stimmen, d.h. mit einfacher Stimmenmehrheit, soweit nicht Gesetz oder Satzung eine größere Mehrheit oder weitere Erfordernisse vorschreiben (§ 133 AktG). Für Beschlüsse besonderer Tragweite schreibt das AktG eine Kapitalmehrheit von mind. 75% des bei Beschlussfassung vertretenen Kapitals vor, insbesondere: (1) Beschlussfassung über die → Nachgründung, d.h. über Verträge, aufgrund derer die AG innerhalb von 2 Jahren seit Eintragung ins Handelsregister → Anlagen oder sonstige Vermögensgegenstände erwerben will, für die sie eine 10% des Grundkapitals übersteigende Vergütung zu leisten hat; (2) Beschlussfassung über Satzungsänderungen, soweit die Satzung keine andere Mehrheit vorsieht; (3) Beschlussfassung über Kapitalbeschaffungsmaßnahmen, und zwar (a) → Kapitalerhöhung durch Ausgabe neuer Aktien gegen Bareinlagen, (b) → bedingte Kapitalerhöhung, (c) → genehmigtes Kapital, (d) Ausgabe von → Wandel-, → Options-, → Gewinnschuldverschreibungen oder → Genussrechten; (4) Beschlussfassung über eine Kapitalerhöhung aus Gesellschaftsmitteln durch Umwandlung von offenen → Rücklagen in Grundkapital; (5) Beschlussfassung über Kapitalherabsetzungsmaßnahmen; (6) Beschlussfassung über die → Auflösung der AG und die Fortsetzung der aufgelösten AG; (7) Beschlussfassung über → Beherrschungs- und Gewinnabführungsverträge, → Verschmelzung, Vermögensübertragung, → Gewinngemeinschaft, → Umwandlung. – Mit dem Stimmrecht als wichtigstem Mitgliedschaftsrecht kann der Aktionär in der HV die Entwicklung der AG beeinflussen; ein Publikumsaktionär freilich aus tatsächlichen Gründen nicht. Die HV darf nicht in die Geschäftsführung der AG eingreifen (§ 119 Abs. 2 AktG); sie liegt beim Vorstand, der sie in eigener Verantwortung wahrzunehmen hat (§ 76 Abs. 1 AktG) und hierbei vom Aufsichtsrat beaufsichtigt und beraten wird. Über Fragen der Geschäftsführung kann die HV nur entscheiden, wenn der Vorstand es verlangt. Das Stimmrecht wird in der HV nach Aktiennennbeträgen ausgeübt (§ 134 AktG) und kann durch einen Bevollmächtigten ausgeübt werden, der hierfür ein schriftliche Vollmacht benötigt; die Vollmachtsurkunde ist der AG vorzulegen und bleibt in ihrer Verwahrung. Kreditinstitute dürfen das Stimmrecht für → Inhaberaktien, die ihnen nicht gehören, nur ausüben oder ausüben lassen, wenn sie schriftlich bevollmächtigt sind (§ 135 AktG). Der Aktionär kann seiner → Depotbank entweder Vollmacht für jede einzelne HV erteilen oder das Kreditinstitut generell für längstens 15 Monate bevollmächtigen. Die Vollmacht ist schriftlich und nur einem bestimmten Kreditinstitut zu erteilen; sie ist jederzeit widerruflich. Aufgrund der Vollmacht kann das Kreditinstitut das Stimmrecht unter Benennung des Aktionärs in dessen Namen ausüben oder auch im Namen dessen, den es angeht, wobei im letzteren Fall der Name des Aktionäre bei Stimmrechtsausübung nicht genannt werden darf. Bei Ausübung des Stimmrechts ist das Kreditinstitut an die Weisung des Aktionärs gebunden. Hat dieser keine Weisung erteilt oder nicht rechtzeitig mitgeteilt, hat das Kreditinstitut das Stimmrecht grundsätzlich nach ihren eigenen, den Aktionären mitgeteilten Vorschlägen auszuüben. Ein Kreditinstitut ist zur Annahme eines Auftrags zur Ausübung des Stimmrechts nur verpflichtet, wenn es Aktien der AG für den Aktionär verwahrt und sich gegenüber anderen Aktionären der betreffenden AG zur Ausübung des Stimmrechts in derselben HV erboten hat. Die Verpflichtung besteht nicht, wenn das Kreditinstitut am Ort der HV keine Niederlassung hat und der Aktionär die Übertragung der Vollmacht auf oder die Unterbevollmächtigung von Personen, die nicht Angestellte des Kreditinstituts sind, nicht erlaubt hat. In der eigenen HV darf das bevollmächtigte Kreditinstituts das Stimmrecht aufgrund der Vollmacht nur ausüben, soweit der Aktionär ausdrückliche Weisung zu den einzelnen Gegenständen der Tagesordnung erteilt hat. Ein Aktionär kann bei einer Beschlussfassung, durch die er entlastet oder von einer Verpflichtung befreit werden soll (z.B. als Mitglied des Vorstandes oder Aufsichtsrates), weder selbst das Stimmrecht ausüben noch durch einen Vertreter ausüben lassen (§ 136 AktG). Die Stimmabgabe erfolgt bei kleineren AG meist durch Akklamation (Zuruf, Handzeichen), bei größeren auch durch die Stimmabschnitte der → Stimmkarten. – Jeder Beschluss der HV ist durch eine gerichtlich oder notariell aufgenommene Niederschrift über die Verhandlung zu beurkunden (§ 130 AktG). Das Verzeichnis der Teilnehmer an der HV sowie die Belege über die ordnungsgemäße Einberufung müssen der Niederschrift beigefügt werden. Der Vorstand der AG hat unverzüglich nach der HV eine öffentlich beglaubigte Abschrift der Niederschrift mit ihren Anlagen zum Handelsregister bei dem für die AG zuständigen Amtsgericht einzureichen.

Hauptversammlung der AG, *general meeting of shareholders/stockholders, the company in general meeting.* Die HV ist ein → Organ der Aktiengesellschaft. Sie ist die Zusammenkunft der → Aktionäre, in der diese ihre → Aktionärsrechte ausüben. In Geschäftsführungsfragen ist die Hauptversammlung nur auf Verlangen des → Vorstands zuständig. In laufenden Angelegenheiten und sachlich verwandten Sonderfällen ist die Hauptversammlung darüber hinaus für die folgenden Fragen zuständig: 1. Wahl und Abberufung der Anteilseignervertreter in den → Aufsichtsrat. 2. Entscheidung über die Verwendung des Bilanzgewinns. 3. → Entlastung des Vorstands und des Aufsichtsrats der AG. 4. Wahl der Abschlussprüfer sowie die Bestellung von Sonderprüfern. – Vor allem aber verbleiben der Hauptversammlung die Grundlagenentscheidungen. Diese bedürfen mindestens einer ¾-Mehrheit des Kapitals und der Eintragung im Handelsregister. Dazu zählen die Beschlüsse über Satzungsänderungen, über Kapitalveränderungen, über die Auflösung der Gesellschaft, über die Umwandlung etc. im Sinne des Umwandlungsgesetzes, weiterhin über die Zustimmung zu Unternehmensverträgen und über die Eingliederung. – Vgl. auch → Rechte der Hauptversammlung der AG und → Hauptversammlungsbeschlüsse.

Hauptversammlungsbeschlüsse, *shareholders' resolution.* H. sind Entscheidungen von den → Aktionären, die auf der Hauptversammlung durch Abstimmung getroffen wurden. Sie ergehen grundsätzlich aufgrund der Mehrheit der abgegebenen Stimmen. Für welche Entscheidungen die Hauptversammlung zuständig ist, bestimmt sich durch Gesetz oder Satzung. – Die Beschlussfassung wird durch den Antrag eines Teilnahmeberechtigten eingeleitet, der nach der Aussprache zur Abstimmung gestellt wird. Die Abstimmung geschieht notwendigerweise offen zwecks Zählung der Stimmen jedes einzelnen im Hinblick auf mögliche Anfechtungsprozesse. – Der Beschluss ist festzustellen, bekanntzugeben und zu protokollieren. Grundlagenbeschlüsse werden durch Eintragung im Handelsregister wirksam. – Vgl. auch → Hauptversammlung der AG.

Hauptversammlungspräsenz, *attendance quota of the general meeting of shareholders.* Die H. ist der Anteil des in der Hauptversammlung vertretenen Kapitals am insgesamt ausgegebenen Grundkapital.

Hauptversammlungsteilnahme, *participation in the general meeting of shareholders.* An der Hauptversammlung sollen neben den → Aktionären auch die Mitglieder des Vorstands und Aufsichtsrats teilnehmen. Die Teilnahme der Aktionäre kann persönlich oder durch Vertreter erfolgen. Jeder Aktionär ist dabei zur Teilnahme berechtigt. Als Vertreter kommen Banken, Schutzvereinigungen oder natürliche Personen in Frage. Diese werden durch eine Vollmacht legitimiert. Um persönlich an einer Hauptversammlung teilnehmen zu können muss die Aktionärseigenschaft zum Zeitpunkt der Hauptversammlung gegeben sein. Bei → Inhaberaktien bedarf es hierzu der Sperrung der im Bankdepot befindlichen Aktien, um sicherzustellen, dass zwischen der Versendung der Stimmkarten und der Hauptversammlung die Aktien nicht veräußert werden.

Hausbesitzbrief, *house property certificate*; verbrieft den Anteil an einem → geschlossenen Immobilienfonds.

Hausfrauenbörse, lang anhaltender Boom, der → Anleger mit geringen Kapitalmarktkenntnissen und Anlagevolumina, wie Hausfrauen, an → Aktienmärkte lockt. Der → Boom ist so stark, dass sich Anleger der Illusion stetig weiter steigender → Aktienkurse hingeben. Folglich werden Risikoüberlegungen und objektive Markteinschätzungen außer Acht gelassen. – Die H. ist ein eindeutiges Indiz für → überkaufte Märkte und eine bevorstehende → Korrektur.

Haussammelverwahrung, *internal collective safekeeping.* Bezeichnung für eine heutzutage sehr selten gewordene Form der → Sammelverwahrung, bei der die sammelverwahrfähigen → Wertpapiere nicht bei einer → Wertpapiersammelbank, sondern im Haus des → Kreditinstituts selbst verwahrt werden.

Hausse

Hausse, *boom*; bezeichnet eine optimistische Stimmung an den Märkten, die durch langfristig steigende → Kurse in einem Teilmarkt, wie dem → Aktien- oder → Rentenmarkt, entsteht. → Wertpapiere werden in Erwartung weiterhin steigender Kurse gekauft. Dies führt zu noch höheren Kursen. Diese können dabei Werte erreichen, die fundamental nicht mehr gerechtfertigt sind. → Investoren steigen, aus Angst vor verpassten Gewinnmöglichkeiten, in den → Markt ein, ohne sich ausreichend zu informieren. Es entsteht eine → spekulative Blase. Ein → Börsencrash und/oder eine → Baisse folgen mit hoher Wahrscheinlichkeit.

Hausseengagement, *bullish engagement*; Bezeichnung für das Eingehen einer Position, die auf steigende Kurse setzt um bei tatsächlichem Kursanstieg Gewinne realisieren zu können. Dazu zählt neben dem Kauf von Wertpapieren, → Indexzertifikaten oder → Commodities auch der Kauf von → Calls auf diese → Underlyings. – Vgl. auch → Termingeschäfte. – Gegensatz: Baisseengagement.

Haussespekulation, *Spekulation à la hausse, bull operation/speculation*; Bezeichnung für die Spekulation auf steigende Kurse. Der Anleger spekuliert à la hausse. Eine H. ist gekennzeichnet durch vermehrte Aktienkäufe oder den Kauf von → Call-Optionen. – Gegensatz: → Baissespekulation.

Heaven and Hell Bond, Variante einer → Indexanleihe, dessen Tilgungsbetrag an das Wechselkursverhältnis (→ Wechselkurs) zum Tilgungszeitpunkt zwischen der Emissionswährung und einer Fremdwährung gekoppelt ist. Die Höhe der Rückzahlung ist abhängig von einer in den Emissionsbedingungen zugrunde gelegten Formel. Tilgung und Verzinsung erfolgen in der Emissionswährung.

Hebel, *Leverage-Effekt bei Optionsgeschäften, leverage*; Effekt, der durch den bei → Optionsgeschäften geringeren Kapitaleinsatz, verglichen mit einer Direktinvestition in das → Underlying, verursacht wird. Aus dem niedrigeren Kapitaleinsatz resultiert eine im Vergleich zur Direktinvestition höhere prozentuale Reaktion des Wertes der → Option auf Veränderungen des Kurses des → Underlying. Der H. errechnet sich als Quotient aus dem Kurs des Underlying und dem durch das Bezugsverhältnis dividierten Kurs der Option. Je höher der H. ist, desto spekulativer ist die zugehörige Option.

Hebelwirkung. 1. → Leverageeffekt. – 2. *Optionshebel, leverage*. Der bei → Optionen, → Optionsscheinen und ähnlichen Instrumenten geringere Kapitaleinsatz im Vergleich zum → Underlying bewirkt, dass deren prozentuale Kurssensitivität größer ist als die des Underlyings. So hat z.B. die positive Änderung des Kurses einer Aktie eine überproportional positive Auswirkung auf den Kurs einer → Call-Option.

Hedge, → Hedging.

Hedge Accounting, bezeichnet die bilanzielle Erfassung von Sicherungs- und abzusicherndem Grundgeschäft (→ Hedging). Absicherungszusammenhänge werden entsprechend → IAS nur anerkannt, sofern der Absicherungszusammenhang genau abgegrenzt (→ Micro Hedge) und bewertet werden kann sowie als effektiv einzustufen ist. Darüber hinaus darf die Absicherung nur über → derivative Finanzinstrumente erfolgen. Ausgenommen hiervon sind → Noncash Hedging Instruments, die zur Absicherung von → Währungsrisiken verwendet werden dürfen.

Hedgefonds, → Hedge Fund.

Hedge Fund, *Hedgefonds*; Fondstyp, der mit hochspekulativen Anlagetechniken arbeitet. H.F.-Instrumente sind i.d.R. → Termingeschäfte wie → Futures und → Optionen. H.F gehen im Gegensatz zu anderen → Fondsarten bewusst spekulative Positionen ein. Die Aufnahme von Krediten soll bei der Wertsteigerung wie ein Hebel wirken (Leverage-Prinzip), → Leerverkäufe während der → Baisse sollen den Anleger nicht nur vor Verlusten schützen, sondern ihm sogar Gewinne bringen. Die ersten H.F. wurden für Großanleger geschaffen, später wurden auch Publikums-H.F. aufgelegt. Da die meisten Staaten in ihren Investmentregulierungen die → Anlagepolitik eines H.F. nicht zulassen oder sehr einschränken, siedeln sich die H.F. i.d.R. auf Off-shore-Märkten wie den Kanalinseln, den Cayman Islands oder den Bermudas an.

Hedge-Geschäft, *hedge transaction*; Transaktion zur Absicherung gegen Kurs-, Währungs- oder Zinsschwankungen durch Aufbau einer Gegenposition derselben Geschäftsart. Zu unterscheiden sind → Long Hedges und → Short Hedges. Erstere bezeichnet den Kauf von → Optionen oder → Futures, letztere den Verkauf. Des Weiteren zählen der Abschluss von → Caps, → Floors, → Swaps, → Collars, → Forward Rate Agreements oder auch Krediten aus → Hedging Gründen zu den H. – Optimal ist das H. bei vollständiger Kompensation des Verlustes aus einer Kassaposition durch entsprechenden Gewinn aus Future- oder Optionspositionen (→ Perfect Hedge). Deckt das Gegengeschäft nicht vollständig die Risiken, besteht weiterhin ein → Uncovered Exposure.

Hedge-Position, *hedge position*. Kompensatorisch wirkende Future- oder Optionsposition, die zum → Hedging von Kurs- Währungs- oder Zinsänderungsrisiken eröffnet wird.

Hedger. Marktteilnehmer, der seine Vermögenswerte bzw. finanziellen Verpflichtungen durch kompensatorisch wirkende Positionen gegen Kurs-, Währungs- oder Zinsänderungsrisiken absichert. – Vgl. → Hedging.

Hedge-Ratio, *Sicherungskoeffizient*. Bei → Optionen und → Futures gibt das H.-R. an, welche Anzahl an → Derivaten gekauft bzw. verkauft werden muss, um das → Risiko des abzusichernden → Basiswertes vollständig kompensieren zu können. Wird das H.-R. bei der → Portefeuille-Zusammensetzung berücksichtigt, unterliegt die Gesamtposition keinen systematischen Risiken. Da das H.-R. im Zeitablauf nicht konstant ist, ist eine dynamische Anpassung des Verhältnisses von Derivat und → Underlying notwendig.

Hedging, *Hedge, Kurssicherungs-Deckungsgeschäft*; Bezeichnung für eine Strategie bzw. Maßnahme um sich gegen Kursänderungsrisiken, → Zinsänderungsrisiken oder → Währungsrisiken einer bereits bestehenden Investmentposition abzusichern. Die Absicherung wird erreicht indem entgegengesetzte, d.h. ausgleichend wirkende Risiken hinzu genommen werden. Der Wertverlust der einen Position wird durch den Wertzuwachs der kompensatorischen Gegenposition ausgeglichen. – H. kann durch verschiedene Vorgehensweisen erreicht werden, primär durch das Eingehen von → Termingeschäften zur Absicherung von → Kassageschäften. Zu unterscheiden ist dabei zwischen → Futures und → Optionen. Bei der Absicherung durch Optionen (→ bedingtes Termingeschäft) besteht weiterhin Gewinnpotential, indes bei Futures (→ unbedingtes Termingeschäft) ein Verzicht auf mögliche Gewinne impliziert wird. Dem gegenüber ist ein Future die kostengünstigere Variante. Es ist zu berücksichtigen, dass eine kontinuierliche Anpassung der gehedgten Position notwendig ist (→ Delta Hedging). Veränderungen in der Höhe der abzusichernden Position können durch → Rolling Strip Hedges kompensiert werden. – Marktteilnehmer, die Termingeschäfte zum H. verwenden, werden → Hedger genannt. Ein Terminkauf zur Absicherung von möglichen Preissteigerungen wird als → Long Hedge, ein Terminverkauf als → Short Hedge bezeichnet. – Neben dem Abschluss von Termingeschäften werden zum H. von Zinsänderungs- und Währungsrisiken auch → Swaps eingesetzt. Zudem sind eine Reihe weiterer Finanzinstrumente entwickelt worden, wie z.B. → Caps, → Floors, → Collars oder → Forward Rate Agreements. – Für die Absicherung von zukünftigen Fremdwährungseingängen kann das Währungsrisiko auch durch die Aufnahme eines Fremdwährungskredites gehedgt werden. Die Kreditsumme wird am → Kassamarkt verkauft, der spätere Zahlungseingang zur Tilgung des Kredites verwendet. – Vgl. auch → Hedge Ratio, → Anticipatory Hedge, → Macro Hedge, → Micro Hedge und → Hedge-Geschäft.

Heimatbörse, *home exchange*; den Emittenten, Kunden oder Banken regional naher Börsenplatz. Insbesondere Aktien regionaler Unternehmen werden oft nur an der H. gehandelt.

heißes Geld, *hot money, floating money*; stellt Geldvermögen dar, das unter kurzfristigen Renditeerwartungen die Internationalisierung der Finanzmärkte nutzt. Eine jederzeit mögliche, kurzfristige → Kapitalflucht aus einer Volkswirtschaft in die andere aus ökonomischen, politischen und sozialen Gründen ist eine Erscheinungsform von h.G. Aufgrund der herausragenden Rolle kurzfristiger Erwartungen werden derartige finan-

Herabsetzung des Grundkapitals

zielle Transaktionen im allgemeinen Sprachgebrauch als Spekulation bezeichnet. Als kritisch wird der Einfluss auf die Geld- und Währungspolitik betrachtet, da zum Teil eine unproduktive Verwendung der meist umfangreichen Mittel im Zielland anzutreffen ist (asset bubbles) sowie gesamtwirtschaftlich unerwünschte und fundamental nicht gerechtfertigte Zahlungsbilanzungleichgewichte entstehen.

Herabsetzung des Grundkapitals, → Grundkapitalherabsetzung.

herrschendes Unternehmen, *Obergesellschaft, Muttergesellschaft, controlling/dominant enterprise*. Bezeichnung für ein Unternehmen, das auf ein anderes, → abhängiges U. einen beherrschenden Einfluss ausüben kann (§ 17 I AktG). Der Einfluss kann durch eine Mehrheitsbeteiligung i.S.d. § 16 AktG (→ Aktienmehrheit, → Abhängigkeitsvermutung) oder durch einen Beherrschungsvertrag i.S. von § 291 I AktG (Beherrschungs- und Gewinnabführungsvertrag) entstehen.

heute gültig, → Good for Day.

HEX, → Helsinki Securities and Derivatives Exchange.

Hexentag, *witching day, freaky friday*; Tag, an dem die an der → EUREX gehandelten → Terminkontrakte auf Aktien und Marktindizes auslaufen. Dieser → Verfallstag ist immer der dritte Freitag des letzten Monats im Quartal (März, Juni, September und Dezember). Häufig kommt es am H. zu größeren Umsätzen, wenn Marktteilnehmer erst in der letzten Handelsstunde (→ Geisterstunde) notwendige → Deckungskäufe tätigen. Dies oft turbulente Geschehen wird als Hexentanz bezeichnet.

Hexentanz, vgl. → Hexentag.

HGB, Abk. für → Handelsgesetzbuch.

Hibor, Abk. für → Hongkong Interbank Offered Rate.

Hidden Action, bezeichnet eine mögliche Ursache für → Informationsasymmetrien, die sich auf Situationen nach Vertragsabschluss bezieht. H.A impliziren damit → Principal-Agent Beziehungen (→ Principle-Agent Theory) und somit die → Moral-Hazard Problematik. Diese Beziehungen werden durch Verträge geregelt.

Hidden Characteristics, bezeichnet eine mögliche Ursache für → Informationsasymmetrien, die in nicht beobachtbaren Eigenschaften oder Zielsetzungen der anderen Vertragsseite beruhen.

Hidden Information, bezeichnet eine mögliche Ursache für → Informationsasymmetrien. Versteckte Informationen bzw. Eigenschaften beziehen sich auf nicht beobachtbare Qualitäten von Gütern oder Dienstleistungen. Werden Vermögensgegenstände zwischen Wirtschaftssubjekten transferiert, führen H.I. zu Informationsasymmetrien vor Vertragsabschluss. Die tatsächliche Qualität des angebotenen Gutes ist nicht direkt beobachtbar. Da es sich um ein Erfahrungs- oder Vertrauensgüter handelt, ist die durchschnittliche Qualität bekannt (Pooling-Situation). In letzter Konsequenz können durch H.I. verursachte Informationsasymmetrien und damit einhergehende Qualitätsunsicherheiten zu einem vollständigen Marktzusammenbruch führen (→ Adverse Selektion).

Hidden Results, bezeichnet eine mögliche Ursache für → Informationsasymmetrien, wobei beobachtbare Ergebnisse der Vertragsgegenseite nicht mitgeteilt werden, obwohl diese ein Informationsbedürfnis hat.

High Flyers, *Spitzenwerte*; sind → Wertpapiere, die sich aktuell in einer Phase markanter Kursteigerungen befinden oder diese gerade hinter sich haben. Die hohe Marktbewertung kommt meist durch eine äußerst positive Investoren- und Analysteneinschätzung der zukünftigen Ertragsaussichten des emittierenden Unternehmens zu Stande. Mit traditionellen Methoden der → Aktien- oder → Unternehmensbewertung lassen sich diese Marktpreise meist nur schwer rechtfertigen. – Vgl. auch → Outperformer. – Gegensatz: → Underperformer.

High-Yield-Bond, *hochverzinsliche Anleihen*; → Unternehmensanleihen und → Staatsanleihen, die aufgrund ihrer spezifischen Risikostruktur eine deutlich über den Marktkonditionen liegende Verzinsung bieten. Derartige hochspekulative → Anleihen sind insbesondere auf dem US-Kapitalmarkt vorzufinden. – Vgl. → Junk-Bonds.

Hinterlegungsschein, *deposit receipt*. Schreiben, worin die → Hinterlegung von Aktien bestätigt wird. Soll das → Aktienstimmrecht auf der → Hauptversammlung der AG ausgeübt werden, müssen die Aktien für die Dauer der Hauptversammlung bei einer zuvor benannten Stelle hinterlegt werden. Dies soll u.a. eine Doppelanmeldung zur Hauptversammlung verhindern. Der H. wird von der Hinterlegungsstelle ausgestellt und enthält die Anzahl der Stimmrechte.

Hinterlegung von Aktien, *safekeeping of shares*. Die Satzung einer Aktiengesellschaft kann die Teilnahme, bzw. Stimmrechtsausübung an der HV davon abhängig machen, dass die → Aktien ab einem bestimmten Zeitpunkt vor der Versammlung bei einem Notar oder einer Wertpapiersammelstelle hinterlegt werden. In der Praxis werden daher regelmäßig die betroffenen Aktien durch die → Depotbank ab dem Versand der Eintrittskarten für den Zeitraum der Hauptversammlung gesperrt.

historische Volatilität, *historical volatility*; Maß für die in der Vergangenheit aufgetretene → Volatilität des → Underlying einer → Option. Die h.V. ist der Durchschnittswert der Volatilität mehrerer vergangener Perioden und wird häufig als Ausgangswert für Schätzungen der zukünftigen Volatilität herangezogen. – Vgl. auch → implizite Volatilität.

historische Wertpapiere, *nonvaleurs*; sind vom → Handel ausgesetzte → effektive Stücke, die als Sammelobjekt dienen. Ihr Wert richtet sich nicht nur nach der Knappheitssituation und Qualität der Originalstükke, sondern vielmehr nach der gestalterischen Wirkung und der emotionalen Beziehung des Inhabers zu dem entsprechenden Stück. Aus diesem Grunde erzielen h.W. unter Umständen Liebhaberpreise.

HKFE, → Hongkong Futures Exchange Limited.

Höchstbetragshypothek, *Maximalhypothek, maximum-sum mortgage*. Sonderform der → Sicherungshypothek, bei der die Haftung aus dem Grundstück auf einen bestimmten Höchstbetrag begrenzt wird. Dabei kann die Höhe der Kreditforderung schwanken. Nachteilig an der H. ist, dass keine Zwangsvollstreckungsklausel eingetragen werden kann, weshalb in der Praxis vorrangig die → Grundschuld verwendet wird.

Höchstkurs, *highest price, all-time high*; höchster → Kurs, den ein → Wertpapier oder ein → Index jemals erreicht hat. – Gegensatz: → Tiefstkurs.

Höchststimmrecht. Die → Satzung der nichtbörsenotierten → AG konnte das → Stimmrecht von → Aktionären, denen mehrere Aktien gehören, durch Festsetzung eines Höchstbetrages oder Abstufungen beschränken (§ 134 Abs. 1 Satz 2 AktG a.F.). Das → Gesetz zur Kontrolle und Transparenz im Unternehmensbereich hat das H. 1998 abgeschafft. Altrechte entfallen innerhalb von 2 Jahren.

Höchstwertprinzip. Nach dem H. sind die → Verbindlichkeiten eines Unternehmens in der → Bilanz stets mit dem höchsten Wert auszuweisen. Als Ausfluss des → Vorsichtsprinzips darf demnach eine Minderung des Rückzahlungsbetrags in der Bilanz nicht berücksichtigt werden, wohingegen bei einer Erhöhung des Rückzahlungsbetrags der entsprechend höhere Wert in die Bilanz aufzunehmen ist.

Hochzinspolitik, *high interest policy*; Methode der → Zentralbank, die Geldmenge durch Anhebung des Zinsniveaus zu steuern. Ziel der H. ist die Drosselung der Geldnachfrage, um somit die Inflationsrate niedrig zu halten. – Gegensatz: → Niedrigzinspolitik. – Vgl. auch → Zinspolitik.

Hockeysticks, *Hockeyschläger*. Aufgrund ihrer optischen Ähnlichkeit mit der Form eines H. werden die Gewinn- und Verlustprofile der vier Grundpositionen von → Optionen auch als Hockeystickdiagramme bezeichnet.

Hoffnungswerte

Hockeystick am Beispiel eines long call

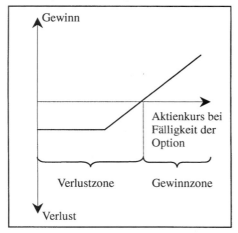

Hoffnungswerte, → Aktien von insolventen Gesellschaften, auf deren Zukunft spekuliert wird. Aktien insolventer Unternehmen können das Zielobjekt sogenannter Manteljäger sein. Diese erwerben die Mehrheit der Aktien an der Börse und ändern den Namen und den Geschäftszweck des Unternehmens, um hierdurch in dem → Mantel dieses Unternehmens de facto ein neues Unternehmen an die Börse zu bringen. Auf diese Weise können die hohen Kosten eines Börsengangs eingespart werden. Für den Anleger ist der Einstieg eines Manteljägers meist mit extrem hohen Renditen verbunden, da er hierdurch von einem Aktionär eines insolventen Unternehmens zu einem Aktionär eines solventen, oft zukunftsträchtigen Unternehmens wird.

Holding, *Holding-Gesellschaft*. Eine H. ist eine Gesellschaft, deren einziger Geschäftszweck darin besteht, Tochtergesellschaften oder Beteiligungen zu verwalten.

Holländisches Auktionsverfahren, *Dutch auction*; stellt eine Methode bei der Begebung von Wertpapieren dar. Die Gebote werden unter Angabe von Menge und Kurs und unter Berücksichtigung eines Mindestkurses angenommen. Die Zuteilung erfolgt zu einem für alle Teilnehmer identischen Kurs, Preis oder Zins (Einheitskurs), bei dem die gesamte Emission platziert werden kann. Verwendung findet dieses Verfahren in erster Linie bei der Begebung verzinslicher oder abgezinster Titel (v.a. durch Notenbanken). Eine üblichere Variante ist das amerikanische Verfahren, bei dem ausgehend vom Höchstgebot fallend zum jeweils gebotenen Kurs zugeteilt wird.

Holschuld, *debt to be discharged at the domicile of the debtor*; bezeichnet Verpflichtungen, bei denen der Gläubiger die versprochene Leistung in vereinbarter Höhe von sich aus zu einem bestimmten Zeitpunkt vom Schuldner verlangen kann. Die Initiative zur Leistungseinforderung obliegt dem Gläubiger. – Gegensatz: → Bringschuld.

Home Banking, *home banking*; Bezeichnung für sämtliche Arten der Abwicklung von Bankgeschäften von zu Hause aus. Dazu zählt neben dem Telefon Banking, bei dem über Fernsprecheinrichtungen der Kontakt des Kunden zu seinem → Kreditinstitut hergestellt wird, auch das → Online bzw. → Internet Banking, bei dem der private PC des Kunden dazu dient, die anfallenden Geschäfte online zu erledigen. Bei zahlreichen Kreditinstituten stellt das Angebot an H.B.-Möglichkeiten eine Zusatzdienstleistung für die Kunden dar, die abhängig von ihren persönlichen Wünschen ihre Bankgeschäfte entweder ausschließlich von zu Hause aus oder auch in Kombination zu den traditionellen Wegen über die Filialen erledigen können.

Hongkong, ist als sog. offshore-Bankplatz neben Singapur und Tokio eines der wichtigsten internationalen Finanzzentren auf dem asiatischen Kontinent. Steuer- und Investitionsanreize, liberale Rahmenbedingungen für den Kapitalmarkt bei gleichzeitiger Gewährleistung internationaler Standards im Hinblick auf regulatorische Aspekte (Börsengesetzgebung, Bankregulierung usw.) und v.a. die besondere Rolle als Tor zur Volksrepublik China bewirkten die Attraktivität des Börsenplatzes H. Letzteres würde bei einer weitergehenden Liberalisierung des chinesischen Außenwirtschaftsverkehrs in seiner Bedeutung abnehmen. Derzeit kann H. aufgrund seiner Lage als chinesische Sonderverwaltungszone mit einem entwickelten und funktionierenden Kapitalmarkt eine exponierte Rolle als Mittler zu den in Entwicklung befindlichen Märkten der Region einnehmen.

Hongkong Futures Exchange Limited (HKFE). Nach ihrem Zusammenschluss mit

hybride Finanzierungsinstrumente

der → Hongkong Stock Exchange (SEHK) und der Hongkong Securities Clearing Company Limited unter dem Dach der Hongkong Exchanges and Clearing Limited (HKEx) werden nun durch diese neue Holdinggesellschaft zentral sämtliche börsenmäßigen Dienstleistungen erbracht.

Hongkong Interbank Offered Rate (Hibor), → Referenzzinssatz aus den → Briefkursen für ein- bis zwölfmonatige Geldanlagen im asiatischen Interbankenhandel. Der Hibor wird täglich um elf Uhr Ortszeit am → Geldmarkt in Hongkong ermittelt. Seine Bedeutung ist im Vergleich zu anderen Referenzzinssätzen (z.B. → Euribor) gering.

Hongkong Stock Exchange (SEHK), *Stock Exchange of Hongkong Limited*. Nach dem Zusammenschluss der SEHK mit der → Hongkong Futures Exchange Limited (HKFE) und der Hongkong Securities Clearing Company Limited zur Hongkong Exchanges and Clearing Limited (HKEx) im Jahr 2000, bietet diese neu gegründete Holdinggesellschaft nun sämtliche börsenmäßigen Dienstleistungen aus einer Hand an.

Horizontal Spread, *time spread, horizontaler Spread*; Kombinationsstrategie für → Optionen, bei der eine jeweils gleiche Anzahl an Optionen desselben Optionstyps, d.h. → Calls oder → Puts, gleichzeitig ge- und verkauft werden, wobei sich die Optionen einzig in der Länge der Restlaufzeiten unterscheiden. Die Spanne zwischen den Restlaufzeiten wird dabei als → Spread bezeichnet.

Host Bond, *Ursprungsanleihe*; Bezeichnung für eine → Anleihe, die als → Optionsanleihe in Verbindung mit einem → Harmless Warrant begeben wurde.

Hostile Takeover, *feindliche/unfreundliche Übernahme*. Unternehmensübernahmen, die gegen den Willen des Managements der Zielgesellschaft erfolgen. Eine solche Übernahme wird entweder durch den verdeckten Kauf von → Aktien an der Börse vorbereitet (→ Dawn Raid, → Creeping Tender Offer) oder indem die Kontrolle über ein größeres Paket von → Stimmrechten erlangt wird, ohne jedoch die zu Grunde liegenden Aktien zu erwerben (→ Proxy Fight). Allerdings gilt für beide Varianten die Einschränkung des

§ 21 WpHG, der vorschreibt, dass ein Investor bekannt geben muss, wenn er mehr als 5, 10, 25, 50 oder 75 Prozent der Stimmrechte einer börsennotierten Gesellschaft innehat. Ein verdecktes Vorgehen ist demnach nur bis zum Erreichen dieser Schwellen möglich. Wenn eine aussichtsreiche Position aufgebaut wurde, wird den Altaktionären des Zielunternehmens ein Übernahmeangebot (→ Tender Offer) unterbreitet, das i.d.R. eine hohe Prämie auf den letzten Börsenkurs beinhaltet. Die Aktien werden entweder gegen Barzahlung angenommen (→ Cash Bid) oder gegen Aktien oder Anleihen des übernehmenden Unternehmens getauscht (→ Paper Bid). Kombinationen sind möglich. – Gegensatz: → Friendly Takeover. – Vgl. auch → Raid und → Mergers & Acquisitions.

Hot Issue. 1. *heiße Emission*; → Neuemission (→ Initial Public Offering, IPO), nach der große Nachfrage besteht. Bei H.I. liegt i.d.R. eine mehrfache Überzeichnung vor, da hohe Zeichnungsgewinne am ersten Handelstag erwartet werden. Langfristig beobachtet man häufig eine underperformance von H.I. – 2. → spekulative Wertpapiere.

Hot Money, → heißes Geld.

HR, HReg, Abk. für → Handelsregister.

HSE, → Hongkong Stock Exchange.

HSI, Abk. für → Hang Seng Index.

Huckepack-Anleihe, *piggyback bond*; im Rahmen einer nachträglichen Erhöhung des Volumens einer → Anleiheemission wird den → Anleihegläubigern eine neue → Anleihe, die sogenannte H., zum → Zeichnen angeboten. Sie besitzt die gleiche → Anleiheausstattung wie die bereits emittierte.

HV, Abk. für Hauptversammlung; → Hauptversammlung der AG.

Hybrid Bond. 1. → Anleihe, die Komponenten verschiedener anderer Finanzinstrumente enthält. – Vgl. → Optionsanleihe und → Wandelanleihe. – 2. → Floating Rate Note.

hybride Finanzierungsinstrumente, *hybrid financing instruments*. Finanzierungsinstrumente, bei deren Verwendung

hybrides Handelssystem

mehrere Finanzmarktbereiche, z.B. Geld-, Kredit- und Kapitalmärkte, angesprochen werden. Beispiele sind → Revolving Underwriting Facilities (RUF) und → Note Issuance Facilities (NIF), die eine revolvierende Kreditaufnahme durch → Emission kurzlaufender Schuldverschreibungen ermöglichen.

hybrides Handelssystem, *hybrid trading system*. Bei einem h.H. wird die Handelsform des → Auktionsprinzips mit der des → Market-Maker-Prinzips (→ Quote Driven Market) kombiniert. Ziel dieser international im Vordringen befindlichen Mischform ist es, die jeweiligen Vorteile der beiden Verfahren zu nutzen bzw. Nachteile abzumildern. Das Auktionsprinzip ist dadurch gekennzeichnet, dass der Börsenpreis in bestimmten Zeitintervallen oder kontinuierlich durch den Ausgleich der vorliegenden Kauf- und Verkaufsaufträge ermittelt wird. Nachteilig erweist sich dieses Verfahren insbesondere bei umsatzschwachen Wertpapieren, bei denen häufig eine Auftragsseite (Kauf- oder Verkaufsauftrag) unterrepräsentiert ist oder gar ganz ausfällt. Hier besteht die Gefahr, dass sich Kursschwankungen verstärken, es zur Ermittlung nicht marktgerechter Kurse kommt oder überhaupt keine Geschäftsabschlüsse erzielt werden können. Durch die Hinzuziehung von → Market-Makern werden diese verfahrensbedingten Defizite vermieden, da diese Marktintermediäre durch die permanente Stellung verbindlicher → Quotes die jederzeitige Transaktionsmöglichkeit in dem von ihnen betreuten Handelsobjekt gewährleisten. Durch diese Liquiditätsanreicherung wird zudem das Vertrauen der Handelsteilnehmer in die Funktionsfähigkeit des Handels gestärkt. In Deutschland stellt das elektronische Handelssystem → Xetra ein h.H. dar, das grundsätzlich dem Auktionsprinzip folgt. Allerdings wird es durch die Zulassung der als → Designated Sponsors bezeichneten → Market-Maker zu einem h.H. erweitert.

Hypothek, *mortgage*; gehört neben den → Grundschulden zu den → Grundpfandrechten. Dabei werden Immobilien als → Sicherheiten verpfändet. Gemäß § 1113 BGB kann ein Grundstück mit der Verpflichtung belastet werden, einer bestimmten Forderung mit einer Geldsumme aus dem Grundstück nachzukommen, d.h. bei Verletzung der Rückzahlungspflichten für einen hypothekarisch besicherten Kredit kann das Kreditinstitut auf Verwertung des Grundstückes zurückgreifen. Die H. hat akzessorischen Charakter, d.h. ihre Wirksamkeit ist an das Bestehen einer bestimmten Forderung gebunden. Erlischt die Forderung, so wird aus der H. eine Eigentümergrundschuld, wenn nicht eine völlige Löschung beantragt wird. – Die H. kann als Buch- oder → Briefhypothek bestellt werden. Die → Buchhypothek wird lediglich ins Grundbuch eingetragen und ist die praktikablere Form. – Vgl. auch → Hypothekenbrief, → Sicherungshypothek und → Verkehrshypothek.

Hypothekenbanken, *mortgage banks*. Privatrechtliche → Spezialbanken, die gemeinsam mit den → öffentlich-rechtlichen Grundkreditanstalten die Gruppe der → Realkreditinstitute bilden. H. betreiben neben der Vergabe von Krediten gegen Grund- und Schiffspfandrechte (Realkreditgeschäft) auch die Kreditvergabe an → Körperschaften und Anstalten des öffentlichen Rechts (Kommunalkreditgeschäft). Die Refinanzierung erfolgt dabei durch die Ausgabe von → Pfandbriefen und → Kommunalobligationen. Dabei unterliegen die H. dem Kongruenzprinzip (§6 HypBankG), das besagt, dass der Gesamtbetrag der im Umlauf befindlichen Pfandbriefe in Höhe des Nennwertes jederzeit durch Hypotheken von mindestens gleicher Höhe und mindestens gleichem Zinsertrag gedeckt sein muss.

Hypothekenbrief, *mortgage certificate*. Bei einer → Briefhypothek wird eine öffentliche Urkunde ausgestellt, der H. Er wird nach Eintragung im Grundbuch dem Grundstückseigentümer ausgehändigt und ermöglicht eine einfachere Übertragung der → Hypothek auf einen Gläubiger. Die Übergabe des H. ist Voraussetzung für den Erwerb einer Briefhypothek.

Hypothekenpfandbriefe, *mortgage bonds*; → Pfandbriefe, die von privaten → Hypothekenbanken als → Inhaberpapiere aufgrund erworbener, grundpfandrechtlich gesicherter Forderungen begeben werden. H. sind → mündelsichere, → deckungstockfähige und → lombardfähige Wertpapiere.

Hyperinflation, *rasende Inflation*, *runaway inflation*. Wird im Allgemeinen als Inflation mit besonders hohen Preissteigerungsraten

Hyperinflation

(mehr als 50%) definiert. H. treten relativ selten auf. Oftmals resultieren sie aus einem verlorenen Krieg, wie z.B. in Deutschland nach dem Ersten Weltkrieg. Ggs. → schleichende Inflation;

I

IAOECH, Abk. für International Association of Options Exchanges and Clearing Houses; vgl. hierzu → International Options Clearing Association.

IAS, → International Accounting Standards.

IBCA, → Fitch IBCA.

I/B/E/S, Abk. für → International Brokers Estimate System.

IBEX 35, spanischer → Aktienindex, der die 35 liquidesten Titel des → elektronischen Handelssystems SIBE enthält. Basis des IBEX 35 ist ein Indexstand von 3.000 zum 31.12.1989. Die damalige Bezeichnung des Index war FIEX, im Januar 1991 wurde er in IBEX umbenannt. – Der IBEX 35 wird als → Underlying für den Handel mit → Optionen und → Futures auf Indizes verwendet.

IBF, Abk. für → International Banking Facilities.

IBIS, *Integriertes Börsenhandels- und Informationssystem, IBIS II*; vormals → Inter-Banken-Informations-System (IBIS I); wurde 1991 als erstes deutsches vollelektronisches und standortunabhängiges Handelssystem (→ Computerbörse) an der → Frankfurter Wertpapierbörse eingeführt und 1997 vom System → Xetra abgelöst. IBIS war v.a. auf die Bedürfnisse der institutionellen Investoren ausgerichtet. Die Marktteilnehmer stellten ihre Angebote in das System ein. Die Angebote wurden jedoch nicht automatisch zusammengeführt, vielmehr mussten die Geschäfte telefonisch abgeschlossen werden. Abgeschlossene Geschäfte wurden anonymisiert in IBIS bekannt gegeben.

IBIS-R, basiert auf dem → IBIS-System und wurde für den computergestützten → Rentenhandel entwickelt. Mit der Umstellung des Rentenhandels auf das → Xetra-System (Xetra Bond Trading) wurde IBIS-R im Oktober 1998 abgelöst.

IBRD, Abk. für International Bank for Reconstruction and Development; vgl. hierzu → Weltbank.

ICA, Abk. für → Investment Company Act.

ICB, → Immobilien-Computer-Börse.

Icon, Abk. für → Indexed Currency Option Note.

ICSID, Abk. für → International Center for Settlement of Investment Disputes.

IDA, Abk. für → International Development Association.

IDIS, Abk. für → Interbourse Data Information System.

IDR, Abk. für → International Depositary Receipts.

If and When Issued, *Handel per Erscheinen*. Mit dieser Klausel werden Geschäfte im → Handel per Erscheinen versehen, um zu kennzeichnen, dass das gehandelte Wertpapier rechtlich noch nicht existiert und die Konditionen (z.B. Emissionspreis) noch nicht vollständig bekannt sind.

IFC, Abk. für → International Finance Corporation.

IFCG, Abk. für → IFC Global Indexes.

IFC Global Indexes

IFC Global Indexes (IFCG). Von der → International Finance Corp. (IFC) veröffentlichte → Aktienindizes für → Emerging Markets, die die → Performance der am meisten gehandelten Aktien der jeweiligen Länder abbilden. Entstehungsursache der IFCG war die mangelnde Vergleichbarkeit der jeweiligen nationalen Aktienindizes, welche nach sehr unterschiedlichen Berechnungsmethoden und Bewertungskriterien von Aktien ermittelt werden. Die IFCG ermöglichen einen effizienteren Vergleich der Aktienmärkte, da ein einheitliches Berechnungsschema und Auswahlverfahren für alle IFCG verwendet wird.

IFCI, Abk. für → IFC Investable Indexes.

IFC Investable Indexes (IFCI). Von der → International Finance Corp. (IFC) veröffentlichte Subindizes zu den → IFC Global Indexes. Die IFCI → Aktienindizes dienen als Referenzwert für ausländische Investoren, indem sie die potentielle → Performance abbilden, die Investoren in den → Emerging Markets erzielen können. – Die IFCI setzen sich aus den Aktien zusammen, in die ausländische Investoren nach den nationalen gesetzlichen Bestimmungen investieren dürfen und die bestimmte Mindestanforderungen bzgl. Größe und Liquidität erfüllen.

IFSC, Abk. für → International Financial Services Centre.

IG, Abk. für → Interessengemeinschaft.

IHK, Abk. für → Industrie- und Handelskammer.

IKB-Mittelstandsaktien-Index, *IKB-MAX*; → Aktienindex der Industriekreditbank AG für 100 deutsche Nebenwerte, die im → amtlichen Handel oder am → Geregelten Markt notiert sind und eine → Börsenkapitalisierung von maximal 300 Mio. Euro aufweisen. Die Berechnung erfolgt auf wöchentlicher Basis zu den Mittwochskursen. – Da der IKB-MAX ebenso wie der → Deutsche Aktienindex (DAX) auf der Basis von 1.000 zum 31.12.1987 berechnet wird, ergibt sich hieraus eine gute Vergleichsmöglichkeit.

Illationsgründung, → qualifizierte Gründung.

Illiquidität, *Zahlungsunfähigkeit, illiquidity, insolvency.* I. liegt vor, wenn ein Wirtschaftssubjekt (privater oder öffentlicher Haushalt, Unternehmung, Bank) aufgrund mangelnder flüssiger Mittel fällige Forderungen nicht mehr oder nicht rechtzeitig erfüllen kann. Die I. kann dauerhaft oder vorübergehend sein. Dauerhaft illiquide Wirtschaftssubjekte sind nicht kreditwürdig. I.d.R. führt dauerhafte I. zur → Insolvenz. Sowohl natürliche als auch → juristische Personen, sowie Staaten und Länder können illiquide sein. Bei Unternehmen kann I. beispielsweise durch dauernde negative → Cash-Flows auftreten, die durch ständige Betriebsverluste entstehen. Gesetzliche Vorschriften sollen die I. von Kreditinstituten verhindern (→ Bankenaufsicht, → Anlagevorschriften). Außenwirtschaftliche I. von Staaten kann z.B. durch mangelnde Devisenschöpfungskraft und gleichzeitigem Anstieg der Devisenausgaben entstehen. – Gegensatz: → Liquidität.

im Geld, *in the money*; Bezeichnung dafür, dass bei einer → Call-Option der → Basispreis unter dem Kurs des → Underlyings, bei einer → Put-Option der Basispreis über dem Kurs liegt. Der → innere Wert einer im-Geld-Option ist größer als null. Die → Optionsprämie setzt sich aus diesem inneren Wert und dem → Zeitwert zusammen. – Gegensatz: → aus dem Geld.

IMF, Abk. für International Monetary Fund. – Vgl. auch → Internationaler Währungsfonds (IWF).

Im-Geld-Option, *in the money option*; Bezeichnung für eine → Option, die → im Geld ist.

IML, → Institut Monétaire Luxembourgois.

IMM, → International Monetary Market.

immaterielles Anlagevermögen, → immaterielle Vermögensgegenstände.

immaterielle Vermögensgegenstände, *immaterielle Werte, immaterielles Anlagevermögen, intangible assets*; Bezeichnung für Vermögensgegenstände auf der Aktivseite der → Bilanz, die nicht materiell fassbar, aber selbständig bewertbar sind. Hierzu zählen u.a. der → Geschäftswert, Konzessionen, gewerbliche Schutzrechte, Lizenzen,

Patente und geleistete Anzahlungen. Für selbst erstellte i.V. des → Umlaufvermögens und entgeltlich erworbene i.V. des → Anlagevermögens besteht nach §246 I HGB eine Aktivierungspflicht. Demgegenüber ist nach §248 II HGB der Ansatz der selbst erstellten i.V. im Anlagevermögen nicht zulässig, da eine objektive Feststellung ihres Werts nicht möglich ist.

immaterielle Werte, → immaterielle Vermögensgegenstände.

Immediate or Cancel (IOC), *zur sofortigen Ausführung*; Bezeichnung für eine Orderspezifikation, wonach eine → Order sofort zu dem Zeitpunkt ausgeführt werden soll, sobald der → Makler oder → Händler den Auftrag erhält. Verbleibt dabei ein Teil der Order als nicht sofort ausführbar, so wird dieser Rest automatisch gelöscht. – IOC-Orders werden häufig für große Volumina verwendet, um starke Kurseinwirkungen zu vermeiden.

Immobilien, *Liegenschaften, real estate, real property*; sind unbewegliche Sachen, wobei i.d.R. eine Beschränkung des Begriffes auf Grundstücke und deren Bestandteile, also Gebäude, erfolgt. Da im Allgemeinen eine niedrige Preisvolatilität bei I. unterstellt wird, eignen sich Immobilien zur Sicherung von Darlehen. – Vgl. auch → Grundpfandrecht.

Immobilien als Kapitalanlage, *real estate investment*; bedienen aufgrund der angenommenen niedrigen Volatilität der Immobilienpreise und einer Affinität der Investoren zu Substanzwerten in der Regel risikoaverse Kapitalanleger. Außerdem spielt die steuerliche Förderung der Fertigstellung und des Erwerbs von Immobilien eine herausragende Rolle. Dabei existieren aus sozialer Intention heraus staatliche Interventionen in den Marktmechanismus wie Mietpreisbindungen oder Kündigungsschutz, die eine uneingeschränkte Realisation potenzieller Erträge verhindern. – Vgl. auch → Grundstücksbewertung.

Immobilienbörse, *Immobilienmarkt, real estate market, property market*; Informationsstelle bzw. Auskunftsstelle für den Handel mit Immobilien. Aufgrund der mangelnden Standardisierung und Fungibilität der stark individuellen Handelsobjekte werden bei I. sekundär Voraussetzungen für die Preisfeststellung geschaffen, d.h. es werden im Gegensatz zu → Effekten- oder → Warenbörsen keine Kaufverträge geschlossen bzw. Angebot und Nachfrage gematcht (→ Matching). Primär verfolgt die Institution einer I. die Aggregation von Angebot und Nachfrage der → Makler, wobei die eigentliche Preisfeststellung meistens außerhalb der Börse abgeschlossen wird. Die Zielsetzung einer I. besteht neben der Vermittlung von Verträgen vor allem in der Transparenzsteigerung, um eine effizientere und marktgerechtere Preisermittlung zu ermöglichen, wodurch die Börse eine preisregulierende Funktion einnimmt. – Heute sind in den meisten deutschen Großstädten I. realisiert worden, die vorwiegend in der Rechtsform eines eingetragenen Vereins oder durch Einrichtungen an den → IHK betrieben werden. Die → Immobilien-Computer-Börse, realisiert durch den Ring Deutscher Makler in Frankfurt, ermöglicht Maklern ihre Immobilienstämme in das System einzupflegen, wodurch jeder angeschlossene Makler die Präferenzen seiner Kunden optimal und effizient erfüllen kann.

Immobilien-Computer-Börse, (ICB), *real estate computerized trading*; bezeichnet eine Computerplattform, die Kauf- und Verkaufsangebote oder -anzeigen für → Immobilien enthält. Da es sich bei Immobilien um heterogene, nicht standardisierte Produkte handelt und auch keine direkten Kauf- oder Verkaufsabschlüsse über die ICB zustande kommen, kann nicht von einer → Börse im eigentlichen Sinne gesprochen werden, da sich diese vielmehr durch den Handel in vertretbaren, untereinander austauschbaren Gütern auszeichnet.

Immobilienfonds, *real estate investment trust, REIT*. Bei I. handelt es sich um → Investmentfonds, deren → Fondsvermögen sich entweder ausschließlich aus Grundstücken oder zusätzlich auch aus grundstücksgleichen Rechten (z.B. Erbbaurechte, Teileigentum) zusammensetzt. Ziel der Auflegung von I. ist es, Sparer auch mit geringeren Kapitalbeträgen den Zugang zum Immobilienvermögen zu öffnen und ihnen dadurch eine inflationssichere und ertragsorientierte Kapitalanlagemöglichkeit zu bieten. In der Praxis werden zwei Formen von I. unter-

Immobilienfonds als Kapitalanlage

schieden. Zum einen handelt es sich dabei um die → offenen I., die sich dadurch auszeichnen, dass sie über ein variables Fondsvermögen verfügen, so dass unbeschränkt neue → Investmentanteile ausgegeben und mit den dadurch erzielten finanziellen Mitteln ständig neue Grundstücke oder grundstücksgleiche Rechte erworben werden können. Dadurch kann auch dem Prinzip der Risikomischung als Grundanliegen des Fondssparen optimal Rechnung getragen werden. Davon zu unterscheiden sind die → geschlossenen I., bei denen das Fondsvermögen nach der Auflage des Fonds stets konstant bleibt, so dass eine von Anfang an feste Anzahl von Investmentanteilen im Umlauf ist und ein Veränderung des Fondsvermögens durch Zukäufe weiterer Objekte nicht möglich ist. Im Gegensatz zu offenen I. unterliegen geschlossene I. nicht dem → Gesetz über Kapitalanlagegesellschaften (KAGG).

Immobilienfonds als Kapitalanlage, *real estate investment trust as an object of investment.* Variante eines → Investmentfonds, bei dem das zu verwaltende Vermögen in Grundstücken, Gebäuden und grundstücksgleichen Rechten angelegt wird. I.d.R. handelt es sich dabei um gewerblich genützte Objekte. Die Erträge ergäben sich aus realisierten Wertsteigerungen, Miet- und Pachteinnahmen. – I.a.K. ermöglichen Anlegern mit geringem Kapitaleinsatz in Immobilien zu investieren. Die Investition gilt zudem als sichere, inflationsgeschützte → Anlage. – Man unterscheidet zwischen → offenen und → geschlossenen I. Offene I. sind unbeschränkt, d.h. es können jederzeit → Investmentanteile gekauft oder verkauft werden. Geschlossene I. dagegen geben nur eine beschränkte Anzahl von Anteilen innerhalb einer → Zeichnungsfrist aus, auch ist die jederzeitige Rücknahme von Anteilen nicht gegeben, außer es existiert ein → Sekundärmarkt hierfür. Dafür weisen geschlossene I. steuerliche Vorteile durch Verlustzuweisungen und steuerfreie Ausschüttungen auf.

Immobilienfondsanteil, *Immobilienzertifikat, Immobilienanteilschein, real estate investment trust share.* Bezeichnung für einen → Investmentanteil, der dem Anteilseigner ein anteilsmäßiges Recht an einem aus Grundstücken und grundstücksgleichen Rechten bestehenden → Fondsvermögen verbrieft.

Immobilieninvestmentgesellschaft, *real estate investment company*; Bezeichnung für eine → Kapitalanlagegesellschaft im Sinne des → Gesetzes über Kapitalanlagegesellschaften (KAGG), die die ihr überlassenen Vermögenswerte in Immobilien anlegt. Aufgrund der rechtlichen Vorschriften des KAGG sind I. dazu verpflichtet, die ihnen von den Einlegern anvertrauten Gelder im eigenen Namen und für gemeinschaftliche Rechnung der Einleger nach dem Prinzip der Risikostreuung in Grundstücken und Erbbaurechten anzulegen. Dabei ist bei der Anlage der Kundeneinlagen zu beachten, dass diese gesondert von dem eigenen Vermögen der I. anzulegen sind. Zugleich ist die I. dazu verpflichtet, über die sich aus der Kapitalanlage ergebenden Rechte der Einleger Urkunden auszustellen, die die Forderungen der Einleger gegenüber der I. verbriefen. Das gesamte Vermögen und sämtliche Erträge des → Fonds gehören daher unmittelbar den Anteilsinhabern.

Immobilien-Leasing-Fonds, *property leasing fund, real estate leasing fund*; bezeichnen eine Sonderform von → Immobilienfonds, die einen Großteil der ihnen zur Verfügung stehenden Finanzmittel in Grundstücke und Gebäude investieren, wobei diese mittels Leasingvertrag an Leasingnehmer vermietet werden (→ Leasing). Somit tritt der I. als Leasinggeber auf. I. werden in der Regel als steuersparende Kapitalanlage konzipiert und fallen nicht unter das → Gesetz über Kapitalanlagegesellschaften (KAGG).

Immobilienmakler, *real estate broker*; Agenten, die am Immobilienmarkt (→ Immobilienbörse) als Vermittler zwischen Angebot und Nachfrage nach → Immobilien auftreten.

Immobilienzertifikat, *real estate certificate.* → Anteilschein, der ein → Miteigentum nach Bruchteilen (nennwertlos) an einem → Immobilienfonds verbrieft.

Impact Day, Bezeichnung für den ersten Handelstag einer → Neuemission.

Imparitätsprinzip, *imparity principle*. Basierend auf dem allgemein als Grundsatz ordnungsmäßiger Buchführung anerkannten → Vorsichtsprinzip wurde ein das → Realisationsprinzip modifizierendes Prinzip, das I., als Rechnungslegungsnorm eingeführt, dessen Name sich aus der unterschiedlichen Behandlung künftiger einzelgeschäftlicher Gewinne und Verluste herleitet. Das I. verlangt die Antizipation drohender (unrealisierter) Verluste bei der Bilanzierung. Aus dem I. folgen → Rückstellungen für drohende Verluste und das → Niederstwertprinzip. Das I. begrenzt das Realisationsprinzip dahingehend, dass für Verluste das Realisationsprinzip nicht gilt.

Implicit Forward Rate, gibt diejenige Verzinsung an, die zum gegenwärtigen Zeitpunkt für ein in der Zukunft liegendes Geschäft zu erzielen ist. Die I.F.R. ist aus der Zinsstrukturkurve ablesbar. Mit Hilfe von → Zinstermingeschäften kann ein aktueller Terminzinssatz in die Zukunft transformiert und die Unsicherheit über die zukünftige Zinsentwicklung eliminiert werden.

Implied Repo Rate, → Kennzahl im Futureshandel, anhand derer ermittelt werden kann, ob ein → Future über- oder unterbewertet ist. Die IRR ist der annualisierte prozentuale Ertrag einer → Cash-and-Carry-Arbitrage bezogen auf das eingesetzte → Kapital. Liegt die IRR über dem → Zinssatz für eine → Geldanlage bis zur → Fälligkeit des Futures, ist die Cash-and-Carry-Arbitrage lohnenswert. Die IRR berechnet sich wie folgt:

$$IRR = \frac{\text{Ertrag aus Cash and Carry Arbitrage} \times 360 \times 100}{\text{Dirty Price} \times \text{Tage}}$$

wobei:

Dirty Price = Kurs + Stückzins

Tage = Anzahl der Tage vom Kauf bis zur Fälligkeit des Futures (act/360).

Implied Volatility, → implizite Volatilität.

implizite Transaktionskosten, *implicit transaction costs*; bezeichnen diejenigen Kosten, die der → Market-Maker seinen Kunden dafür in Rechnung stellt, dass er jederzeit dazu bereit ist, von diesen bestimmte → Wertpapiere zu von ihm genannten → Kursen zu kaufen bzw. an diese zu verkaufen. Aus diesem Grund werden die i.T., die mit fallender → Liquidität des Marktes ansteigen, auch als Kosten der Sofortigkeit bzw. als Entschädigung für den Sofortigkeitsservice des Market-Makers bezeichnet. Der Market-Maker stellt für seine Transaktionen An- und Verkaufskurse, deren Differenz den → bid-ask-spread bilden. Da der „wahre" Preis des Wertpapiers genau in der Mitte des bid-ask-spreads liegt, entspricht der Verdienst des Market-Makers genau der Hälfte der von ihm gestellten Preisspanne, da die Kunden bei einer Transaktion jeweils einen Preisauf- bzw. –abschlag vom bzw. auf den „wahren" Preis des Wertpapiers akzeptieren müssen.

implizite Volatilität, *implied volatility*; → Volatilität, die bei Verwendung der → Black/Scholes-Formel aus den Marktpreisen von → Optionen berechnet wird. Dabei wird der gehandelte Optionspreis in die Black/Scholes-Formel eingesetzt und nach der Volatilität aufgelöst. Die i.V. ermöglicht dann ein Urteil über die beim geltenden Optionspreis vom Markt getroffenen Volatilitätsannahmen. – Vgl. auch → historische Volatilität.

in Abwicklung (i.A.), *in Liquidation, in liquidation*; vgl. → Abwicklung.

In and Out, Bezeichnung für den Kauf und darauf folgenden Verkauf von Wertpapieren innerhalb eines relativ kurzen Zeitraums. – Vgl. → Day Trader.

in blanco, → Blankoverkauf.

Inc., Abk. f. Incorporated (adj.). Amerikanische Bezeichnung für "als Gesellschaft amtlich eingetragen". Entspricht der deutschen → AG.

Income Bond, → Gewinnschuldverschreibung.

Income Debenture, → Gewinnschuldverschreibung.

Income Funds, → Einkommensfonds.

Income Shares. 1. Klasse von → Aktien, die von einem → Dual Purpose Fund oder einer → Split Investment Company begeben

Income Statement wird. Der Fund erwirbt ein Portfolio von Wertpapieren und begibt Aktien, die die Dividenden und Zinsen des Portfolios erhalten (I.S.) und eine zweite Klasse von Aktien, die die Kapitalgewinne erhält (→ Capital Shares). – 2. I.S. bezeichnet zugleich → Einkommensaktien.

Income Statement, → Gewinn- und Verlustrechnung (GuV).

Incorporated Company, → Kapitalgesellschaft des US-Rechts, die etwa der deutschen → AG entspricht. Abk.: Inc.

Incorporation, Amtliche Eintragung einer Gesellschaft

Index. Ist eine ökonomische Maßzahl, die die Wertveränderung einer bestimmten Menge von (Wert-) Gegenständen im Zeitverlauf zusammenfasst und dokumentiert. Im Kapitalmarkt sind insbesondere Aktien-, Renten-, Rohstoff- sowie Immobilienindices von Bedeutung, die auch als sog. „operative Indices" als handelbare Objekte oder als Grundlage für → Optionsgeschäfte dienen. Dabei soll der I. die Entwicklung des abgedeckten Marktes widerspiegeln und als Vergleichsmaßstab für andere Anlageformen und Anlagestrategien dienen. Vgl. auch: → Preisindex, → Performanceindex.

Indexanleihe, *Anleihe mit Indexklausel, index-linked loan/bond, index-bond*; → Anleihe, deren Zins- und/oder Tilgungsleistungen an die Entwicklung bestimmter Indizes (→ Index) gekoppelt sind. Als Indizes dienen vor allem → Aktienindizes (z.B. → DAX), Inflationsraten, → Wechselkurse (z.B. Euro/US-Dollar) und Güterpreise (z.B. Gold, Öl). Meist erhält der Inhaber eine unter dem → Kapitalmarktzins liegende Basisverzinsung und einen indexabhängigen Zusatzertrag. Bei der Koppelung an einen Aktienindex hat der Anleger die Möglichkeit, an der Aktienmarktentwicklung zu partizipieren, ohne jedoch seine Gläubigerrechte aufgeben zu müssen. Bei einer Koppelung an Inflationsraten versucht der Investor, die negativen Folgen einer Kaufkraftentwertung seines angelegten Kapitals zu beschränken (→ inflationsgesicherte Anleihen).

Indexbindung, → Indexierung.

Index-Bond, → Indexanleihe.

Indexdividende, *index dividend*; an einen Index gebundene → Dividende.

Indexed Currency Option Note (Icon), mittelfristige → Anleihe, dessen → Emittent die → Option besitzt, bei Veränderungen eines bestimmten Wechselkurses den Rückzahlungskurs zu reduzieren. Dieses Finanzinstrument wird besonders zur Finanzierung von Auslandsinvestitionen verwendet, da die daraus stammenden → Cash-flows wiederum der Tilgung der Anleihe dienen sollen, jedoch einem → Wechselkursrisiko unterliegen.

Indexfonds, *index fund*. Bezeichnung für eine Variante eines → Investmentfonds, der einen → Index in seiner Struktur nachbildet. Dabei kann es sich sowohl um → Aktienindizes (z.B. → DAX, → Standard & Poor's 500) wie auch um einen → Rentenindex (z.B. → REX) handeln. Das Ziel dieser passiven Anlagestrategie besteht darin, den Index möglichst genau nachzubilden, indem die Gewichtung der einzelnen Werte im I. ihrer Gewichtung im zugrundeliegenden Index angepasst wird. Eine vollständige Nachbildung eines Indexes ist jedoch aufgrund der Bestimmungen des → Gesetzes über Kapitalanlagegesellschaften (KAGG) nicht möglich, da aus Gründen der Risikostreuung der Anteil eines einzelnen Wertes in einem I. i.d.R. nicht mehr als 5% des → Fondsvolumens betragen darf (Fünf-Prozent-Regel). Zur Umgehung dieser Beschränkung werden für die im betreffenden Index stärker gewichteten Werte im I. andere Unternehmen herangezogen, die sich in der Vergangenheit durch einen vergleichbaren Kursverlauf ausgezeichnet haben. Dies führt jedoch dazu, dass eine hundertprozentige Nachbildung des Indexes praktisch nicht möglich ist und zumindest geringfügige Abweichungen stets verbleiben.

Index Futures Contract, → Index-Terminkontrakte.

Index Futures, → Index-Terminkontrakte.

Indexierung, *Indexbindung, indexation, index-linking, indexing*; Koppelung der Wachstumsraten bestimmter Größen an die Entwicklung eines Index. I. sieht z.B. vor, dass die Steigerung der Löhne und Gehälter sich der Entwicklung des → Preisindex für die Lebenshaltung anpasst, um ein bestehendes Reallohnniveau aufrechtzuerhalten. – Weitere mögliche Bereiche, in denen eine I. vorgeschlagen wird, sind die Mietentwicklung, die Einnahmen und Ausgaben des Staates sowie die Anpassung von → Anleihen (→ Indexanleihe) und sonstigen Geldforderungen. – Vgl. auch → Indexklausel.

Indexklausel, *index clause*. → Wertsicherungsklausel, die in Verträgen festschreibt, dass für den Fall der Erhöhung eines → Preisindex (z.B. der Lebenshaltungskosten, der Mietpreise, etc.) der Schuldner einen Aufschlag auf die zu zahlende Schuld zu leisten hat. – Vgl. auch → Indexierung.

Index-Linked-Bond, → Indexanleihe.

Indexobligation. → Anleihe, deren Verzinsung von der Inflation abhängt. Der Emittent übernimmt das Inflationsrisiko und der Gläubiger ist vor Kaufkraftverlusten geschützt.

Indexoptionsschein, *index warrant*; bezeichnet einen → Optionsschein, als dessen → Underlying ein → Index gewählt wird. Ein I. verbrieft das Recht auf Zahlung des Differenzbetrages zwischen dem Indexstand am Tag der Ausübung und dem bei der → Emission festgelegten Basisindex. Die tatsächliche Lieferung der dem Index zugrunde liegenden Werte unterbleibt in aller Regel, so dass nur ein Ausgleich des Differenzbetrags (→ Cash Settlement) vorgenommen wird. Zu unterscheiden sind der → Call-Optionsschein, der auf einen steigenden Index setzt, und der → Put-Optionsschein, der auf einen fallenden Index setzt. Wie auch bei → Aktienoptionsscheinen sind beim I. vielfältige Ausgestaltungsmöglichkeiten denkbar. Ein → Capped-I. sieht etwa die Zahlung des Differenzbetrags nur bis zu einer festgeschriebenen Höhe vor. Der → Chooser-Warrant dagegen beinhaltet zudem das Recht, innerhalb einer festgelegten Frist einen Call- in einen Put-I. (oder umgekehrt) mit gleichem → Basispreis und gleicher → Ausübungsfrist zu wandeln.

Index-Partizipationsscheine, *Index-Zertifikate, index certificates*; meist von → Banken oder → Broker Houses begebene Partizipationsscheine, mit denen der Käufer das Recht erwirbt, an einem vorher festgelegten Zeitpunkt in der Zukunft einen Betrag in der Höhe des dann aktuellen Indexstandes, oder eines Bruchteils davon, ausgezahlt zu bekommen. Als Preis des → Zertifikats gilt der Stand des jeweiligen Index, oder eines Bruchteils davon, zum Zeitpunkt des Erwerbs. – Der Inhaber des I. nimmt parallel, also ohne → Hebelwirkung, an der Entwicklung des zugrunde liegenden Index teil. Dies schließt auch, im Gegensatz zur Aktienoption, negative Verläufe mit ein. – Vorteile von I. ergeben sich zum einen aus der → Risikostreuung und zum anderen aus den im Vergleich zum → Fonds geringeren → Transaktionskosten, da bspw. ein → Ausgabeaufschlag nicht anfällt. Für den Fall, dass sich die I. nicht auf einen → Performance-Index wie z.B. den → Deutschen Aktienindex beziehen, entstehen dem Inhaber u.U. Dividendennachteile. Auch die begrenzte → Laufzeit ist im Vergleich zur → Direktanlage oder dem Fondsinvestment negativ zu beurteilen, da das Ende der Laufzeit auch in eine Phase der negativen Entwicklung des Index fallen kann.

Indexportefeuille, → Indexportfolio.

Indexportfolio, *Indexportefeuille, index portfolio*; Bezeichnung für ein → Portfolio aus → Aktien, → Anleihen oder sonstigen → Wertpapieren, das in seiner Aufbaustruktur einem bestimmten → Börsenindex gleicht und dessen Zielsetzung darin besteht, diesen durch die Aufnahme lediglich einzelner Papiere aus dem Index möglichst optimal nachzubilden. Dadurch besteht für den Kapitalanleger die Möglichkeit, durch die → Investition in das I. eine → Rendite zu erzielen, die mindestens der Rendite des zugrundeliegenden Börsenindexes entspricht.

Indexsparen, *index-linked savings*; Koppelung eines Sparzinses an die Wertentwicklung eines Index. – Vgl. auch → Indexierung und → Indexklausel.

Index-Terminkontrakte, *Index Futures (Contract)*; → Terminkontrakte auf Börsenindizes (→ Börsenindex). An der → Eurex werden z.B. Terminkontrakte auf den → Dow Jones STOXX 50, → Dow Jones Euro STOXX 50, → Deutschen Aktienindex und den DOW Jones Nordic STOXX 30 gehan-

Index Option

delt. – Vgl. auch → Aktienindexhandel und → Financial Futures.

Index Option, → Option, deren → Underlying ein → Index ist. I.O. verbriefen das Recht auf Zahlung des Differenzbetrages zwischen tatsächlichem Indexstand zum Ausübungszeitpunkt und einem festgelegten Basisindexstand, wobei jeder Indexpunkt in Geldeinheiten umgerechnet wird. Die Zahlung dieses Differenzbetrages bei Ausübung wird als → Cash Settlement bezeichnet und ist notwendig, weil Indizes, im Gegensatz etwa zu Aktien, nicht physisch lieferbar sind. – An der → Eurex gehandelte I.O. sind regelmäßig → europäische Optionen.

Index Warrant, → Indexoptionsschein.

Indexzahl, *Indexziffer, index number/ratio*; mathematische Kenngröße, die der Beschreibung und dem Vergleich von verschiedenen Entwicklungen, wie z.B. Preis-, Mengen-, Kurs-, Umsatzentwicklung usw., dient. I. liegen Meßzahlen mit gleicher Basis- und Berichtsperiode zugrunde, aus denen das arithmetische Mittel errechnet wird. Die Berechnung eines Preisindex $P_{0,1}$ mit der Basisperiode 0 und der Berichtsperiode 1 erfolgt bspw. anhand der Formel:

$$p01 = \Sigma \ \frac{p_1^i}{p_g^i} * xg_i * 100$$

Index-Zertifikate, → Index-Partizipationsscheine.

indifferente Geschäfte, veraltete Bezeichnung für nicht bilanzwirksame traditionelle Bankgeschäfte, wie z.B. der → Zahlungsverkehr oder das → Wertpapierkommissionsgeschäft.

Indikator, *(technical) indicator*; Begriff aus der → Modernen Technischen Analyse, der Börsenkursentwicklungen mittels statistischer Maß- und Verhältniszahlen beschreibt. Aus diesen wird auf die künftige Kursentwicklung geschlossen und daraus Kauf- und Verkaufsempfehlungen abgeleitet. Bekannte I. sind z.B. das → Momentum und der → Relative-Stärke-Index (RSI).

indirekte Abschreibung, *indirect depreciation*; besondere Form der → Abschreibung eines mit Anschaffungs- oder Herstellungskosten aktivierten Anlageguts mittels einer → Wertberichtigung auf der Passivseite der Bilanz. Demgegenüber wird bei der direkten Abschreibung der Wertabschlag unmittelbar vom Wert der Anlagegüter auf der Aktivseite der Bilanz abgesetzt.

indirekte Notierung, *Indirect Quote*; Wechselkursnotierung, bei der die Menge an ausländischer → Währung angegeben wird, die mit einer Einheit inländischer Währung gekauft werden kann (Beispiel: 1 GBP = 1.63 EUR). Gegenteil: → direkte Notierung.

Individualfonds, *individual fund*. Bei einem I. handelt es sich um einen → Investmentfonds, der von einer → Kapitalanlagegesellschaft ausschließlich für einen bestimmten Investor und seine speziellen Anforderungen und Anlageziele aufgelegt und nicht der breiten Öffentlichkeit angeboten wird. – Ggs. → Publikumsfonds.

Indorsed Bond. → Anleihe, dessen Zins- und Tilgungszahlungen von einer → juristischen Person, z.B. einem Unternehmen, garantiert werden, wobei diese juristische Person nicht mit dem → Emittenten identisch ist.

indossable Wertpapiere, *indossierbare Wertpapiere, indorsable/endorsable securities*; sind → Orderpapiere, die vom → Girant durch Hinzufügen einer schriftlichen Erklärung (→ Indossament) an einen Dritten, den → Giratar, übertragen werden können. – Vgl. auch →Wechsel, → Namensaktie.

Indossament, *Giro, endorsement, indorsement*. Durch ein I. wird die Übertragung eines → Orderpapiers auf einen anderen Investor ermöglicht. Ein I. ist eine schriftliche, auf der Rückseite der Wertpapierurkunde vermerkte Erklärung, mit der der Inhaber der → Wertpapiere, der → Girant, die Eigentumsrechte an einem Orderpapier mitsamt sämtlicher verbriefter Forderungs- bzw. Mitgliedschaftsrechte an eine andere natürliche oder juristische Person, den → Giratar, übertragen kann. In der Praxis werden v.a. → Wechsel durch I. übertragen. Das I. muss den Empfänger nicht namentlich benennen und ist sogar rechtsgültig, wenn es einzig aus der Unterschrift des Girant besteht. – Vgl. auch → Blankogiro.

Indossant, → Girant.

Indossatar, → Giratar.

indossieren, → girieren.

Industrial Development Bond, von amerikanischen Bundesstaaten oder Regionen emittierte → Anleihen, deren Emissionserlös zur Förderung bzw. Finanzierung von Investitionen von kleinen und mittleren privaten Unternehmen verwendet wird.

Industrie- und Handelskammer, (*IHK*). Hauptziel der Kammern ist es, das Gesamtinteresse sämtlicher Kammermitglieder wahrzunehmen, für die Förderung der gewerblichen Wirtschaft einzutreten und diesen bestimmte Serviceleistungen anzubieten, sowie diverse, vom Staat übertragene hoheitliche Aufgaben wahrzunehmen.

Industriekreditbank AG – Deutsche Industriebank (IKB), 1974 aus der Fusion der Deutschen Industriebank, Berlin, und der Industriekreditbank AG, Düsseldorf, entstandenes Spezialinstitut für die längerfristige Unternehmenskreditgewährung. Die Aufgaben der IKB liegen traditionell in der Ausstattung der nicht emissionsfähigen mittelständischen gewerblichen Betriebe mit mittel- bis langfristigen Krediten. Zudem tritt die IKB heute auch als privatwirtschaftliches Unternehmen in Wettbewerb mit anderen Banken. Die Refinanzierung erfolgt dabei durch die → Emission eigener → Inhaberschuldverschreibungen und → Kassenobligationen und durch Mittelaufnahmen bei anderen Banken, Versicherungen und sonstigen Kapitalsammelstellen.

Industrieobligation, *Industrieanleihe, Industrieschuldverschreibung, corporate/industrial bond.* → Anleihe, die von Industrieunternehmen zur Fremdkapitalbeschaffung emittiert wird. Wirtschaftliche Sicherheit erlangt der Anleger von I. v.a. durch die Substanz und Zahlungsfähigkeit des emittierenden Unternehmens. Als zusätzliche Sicherheit dienen z.B. → Grundschulden, → Patronatserklärungen von Muttergesellschaften oder → Negativklauseln. I. werden in sehr unterschiedlichen Variationen angeboten, die jeweiligen Konditionen stehen in den → Anleihebedingungen. Um den Investoren die Selektion zu erleichtern, haben Banken und Ratingagenturen die Schuldner in Kreditwürdigkeitsklassen (→ Rating) eingeteilt.

Inflationsrisiko

Inflation, *Geldentwertung, inflation, fall in the value of money*; andauernde Erhöhung des Preisniveaus. Im Allgemeinen wird I. nach der Höhe der Preissteigerungsraten (schleichende, trabende und → Hyperinflation) oder nach dem zugrundeliegenden Güterbündel (→ Preisindex für die Lebenshaltung, Preisindex des Bruttoinlandproduktes) unterteilt. – I. ist nach dem monetaristischen Erklärungsansatz durch eine das volkswirtschaftliche Wachstum übersteigende Geldmengenexpansion bedingt. Staatliche Anstrengungen, Preissteigerungen durch Höchstpreise oder Preisstopps zu unterbinden, führen i.d.R. zur Bildung von Schwarzmärkten. Nebenerscheinungen von I. können die Flucht in schützende → Sachwerte sowie in den Konsum sein, aber auch der Tausch der heimischen Währung in stabile Auslandswährungen (Dollarisierung) bzw. in nicht in Geldeswert bestehende Tauschmittel. Unter der Voraussetzung fehlender Anpassungsprozesse kann I. erhebliche verteilungspolitische Konsequenzen haben (beispielsweise profitieren Schuldner im Zeitablauf, während Gläubiger benachteiligt werden). Die Unterschiede in den Inflationsraten einzelner Volkswirtschaften bedingen gemäß der Theorie der → Kaufkraftparität langfristig die Wechselkurse. – Vgl. auch → Stagflation. – Gegensatz: → Deflation.

inflationsgesicherte Anleihen, *inflation protected bonds*; an eine Inflationsrate gekoppelte → Indexanleihe. Der Anleger schützt sich vor Kaufkraftverlusten seines investierten Kapitals und zukünftigen Zinszahlungen, da die Nominalverzinsung und/oder Tilgungszahlungen sich aus einem Inflationsausgleich und einem → Realzins zusammensetzen.

Inflationsrate, *rate of inflation*; Bezeichnung für die zur Messung eines anhaltenden Anstiegs des Preisniveaus verwendete Preissteigerungsrate, die mit Hilfe eines → Preisindizes für die Lebenshaltung ausgedrückt wird. – Vgl. auch → Inflation.

Inflationsrisiko. Bezeichnet die Gefahr künftiger Geldentwertung. Die Prognose des I. unterliegt hoher → Ungewissheit.

Information Memorandum

Information Memorandum, *Informationsschrift*; Veröffentlichung, die Angaben über den Emittenten von → Commercial Papers (CPs), sowie über Einzelheiten der → Emission enthält und der Information potentieller Anleger dienen soll. Ein → Verkaufsprospekt nach Maßgabe des Wertpapier-Verkaufsprospektgesetz ist für diese Wertpapiere meist nicht zu erstellen, da ihre Laufzeit regelmäßig weniger als ein Jahr beträgt (§ 4 I Nr. 8 VerkProspG).

Informationsasymmetrie, bezeichnet die ungleiche Informationsverteilung potentieller Vertragspartner. Sie beruhen auf versteckten Informationen (→ Hidden Information), versteckten Eigenschaften (→ Hidden Characteristics), versteckten Handlungen (→ Hidden Action) oder auf versteckten Ergebnissen (→ Hidden Results). Die I. können vor und nach Vertragsabschluss bestehen. Vor dem Vertragsabschluss besteht Unsicherheit bezüglich der Qualität der Produkte bzw. Leistungen, die ihr Gegenüber anbietet. Folge kann ein Marktrückzug guter Vertragspartner sein, die keinen ihrer Qualität entsprechenden Preis erhalten. Schlechte Vertragspartner verweilen dagegen auf dem Markt, denn der erzielbare Marktpreis ist höher als für ihre Qualität angemessen (→ Adverse Selektion). Dies führt zu Marktversagen. Nach Eingehen des Kontraktes müssen sie mit der Möglichkeit rechnen, dass die Gegenpartei sich ohne ihr Wissen vertragswidrig verhält oder zumindest einen eingeräumten Handlungsspielraum in egoistischer Weise ausnutzt. Dies wird auch als → Moral Hazard bezeichnet. – Zur Überwindung von I. werden Prinzipal-Agent-Beziehungen (→ Principal-Agent Theory) durch Vertragsabschluss begründet. Der Agent verfügt über Informationen, die er dem Prinzipal zur Verfügung stellt. → Eigenkapitalgeber als Prinzipal und das Management als Agent ist ein typisches Beispiel für Prinzipal-Agent-Beziehungen. Da durch die Gefahr von Moral Hazard vertragskonformes Verhalten nicht gewährleistet ist, müssen die Vertragsbeziehungen überwacht werden. Dafür entstehen den Prinzipalen Kosten, so dass es sich hierbei nicht um eine optimale Lösung handeln kann. Zur Kostenminimierung, die für beide Seiten von zentraler Bedeutung ist, muß das Vertrauensverhältnis in die Qualität der anderen Vertragsseite wiederhergestellt werden. Möglichkeiten hierfür bestehen in → Screening, → Signaling und → Self Selection. Beim Screening werden Informationen vom benachteiligten Partner über den potentiellen Vertragspartner mit Informationsvorteilen eingeholt. Fehlerhafte Informationen führen ex post zur Bestrafung des Informierten. Bei Signaling werden Fehlinformationen so stark bestraft, dass die Nachteile die potentiellen Vorteile übertreffen. Bei Self Selection bietet der Benachteiligte mehrere Auswahlmöglichkeiten an, zwischen denen der potentielle Vertragspartner mit Informationsvorteilen wählen kann. Diese Vorgehensweise wird häufig bei Abschluss von Versicherungsverträgen beobachtet.

Informationseffizienz von Finanzmärkten, *information efficiency of financial markets*; Bezeichnung für die Effizienz der Umsetzung von kursrelevanten Informationen durch eine entsprechende Anpassung des Kurses einer Anlage. Zu unterscheiden ist der Effizienzgrad in der Höhe und nach dem Zeitpunkt der Anpassung. In der Theorie werden drei Informationseffizienzgrade nach dem Umfang der in den Kursen reflektierten Informationen unterschieden, der jeweils höhere Grad schließt den niedrigeren Effizienzgrad mit ein. – 1. Schwache Informationseffizienz: Die aktuellen Kurse spiegeln nur die Informationen der vergangenen Kursentwicklungen wider. In einem schwach informationseffizienten Finanzmarkt kann keine Überrendite durch die → Technische Aktienanalyse erzielt werden, da die Vergangenheitsdaten (→ Chart) bereits in den Kursen beinhaltet sind. – 2. Mittelstrenge Informationseffizienz:
In einem Finanzmarkt mittelstrenger Informationseffizienz reflektieren die aktuellen Kurse alle öffentlich verfügbaren Informationen unverzüglich wider. Ist diese Informationseffizienz auf einem Finanzmarkt gegeben, kann auch durch eine auf öffentlichen Informationen aufbauende → Fundamentalanalyse keine Überrendite mehr erzielt werden, da diese Informationen unverzüglich nach Veröffentlichung in den Kursen berücksichtigt werden. – 3. Strenge Informationseffizienz: Sind in den aktuellen Kursen bereits alle öffentliche wie auch nichtöffentliche (→ Insider-) Informationen enthalten, so ist die Erzielung einer Überrendite weder durch die → Technische Analyse, noch durch die Fundamentalanalyse noch durch → Insiderhandel möglich. Die Rendite einer Anlage

entspricht in einem streng informationseffizienten Kapitalmarkt der Gleichgewichtsrendite gemäß dem Risiko der Anlage. – Der Effizienzgrad von Finanzmärkten war und ist Gegenstand zahlloser Untersuchungen in Theorie und Praxis, insbesondere aufgrund der damit verbundenen Implikationen für die Anlagestrategie. Gesicherte Erkenntnisse konnten aber bislang noch nicht gewonnen werden. – Vgl. → Kapitalmarkteffizienz.

Informationskosten, *information costs*; sind Kosten, die im Zuge der Entscheidungsfindung aufgrund der Ermittlung notwendiger Informationen entstehen.

Informationssystem, elektronisches, → Ad-hoc-Publizitätspflicht, elektronisches Informationssystem.

Informationstransformation, *information transformation*; bezeichnet eine von → Finanzintermediären erbrachte → Transformationsleistung. Diese sammeln und bewerten Informationen und stellen diese Kapitalanbietern bzw. -nachfragern zur Verfügung. Eine wichtige Rolle spielen dabei die von den Intermediären geleistete Gütestempelfunktion und Standardisierung der Kontraktformen. Für die Kapitalanbieter verringern sich damit die Kosten, die für die Informationssuche und die individuelle Analyse anfallen. Der Kapitalmarkt wird transparenter und die Preisbildung effizienter. – Vgl. auch → Monitoring und → Signaling.

Informationsvorsprung, *advance in informations*; besitzen Wirtschaftssubjekte und -einheiten, die im Vergleich zu anderen Beteiligten zeitlich früher oder umfassender wichtige Informationen besitzen. Wird der Informationsvorsprung durch eine kursrelevante Insiderinformation bedingt, so ist die Ausnutzung dieser aufgrund der Insiderhandelsrichtlinien nicht zugelassen.

Information Technology, *IT, Informationstechnologie*; Bezeichnung für die den Informationssystemen zugrundeliegenden agierenden Komponenten, zu denen neben der Soft- und Hardware auch die gesamten Kommunikationseinrichtungen zu zählen sind.

Infrastruktur-Fonds, sind → Immobilien-Leasing-Fonds, deren Objekte in erster Linie Infrastrukturgüter darstellen, bspw. öffentliche Einrichtungen wie Schulen und Verwaltungsgebäude oder Verkehrsanlagen.

Inhaberaktie, *bearer share*. → Aktie, die den jeweiligen Inhaber (→ Aktionär) zur Ausübung aller Rechte aus der Aktie berechtigt. Die Satzung der AG bestimmt, ob I. oder → Namensaktien begeben werden. Die Übertragung erfolgt durch bloße Übergabe, d.h. im Effektengiroverkehr durch buchmäßige Übertragung. – Gegensatz: → Namensaktie.

Inhaberklausel, *bearer clause*; bezeichnet einen im Text der Wertpapierurkunde auffindbaren Vermerk, dass jeweils der aktuelle Inhaber des → Wertpapiers zur Geltendmachung der im Wertpapier verbrieften Forderungs- oder Mitgliedschaftsrechte berechtigt ist. → Effektive Stücke mit einer I. sind immer auch → Inhaberpapiere.

Inhaberpapiere, *bearer paper, bearer instrument*; Bezeichnung für ein → Wertpapier, dessen Mitgliedschafts- oder Forderungsrechte allein an den Besitz des Wertpapiers und nicht an eine bestimmte Person gebunden sind. D.h. jeder Inhaber ist legitimiert, das verbriefte Recht geltend zu machen, ohne einen Nachweis seiner Verfügungsberechtigung an dem Wertpapier erbringen zu müssen. – Ein I. kennzeichnet seine einfache, formlose Übertragungsmöglichkeit auf einen neuen Eigentümer, die gemäß § 929 I BGB durch Übereignung des Wertpapiers erfolgt und nicht wie bei → Namenspapieren eine Änderung im Text der Urkunde erfordert. Alle Nicht-I., also z.B. → Namenspapiere oder → Orderpapiere, die mit einem → Blankogiro versehen sind, können de facto auch wie I. behandelt und übertragen werden, weshalb sie sich ebenso gut für einen reibungslosen Handel am → Sekundärmarkt eignen. – Hinkende I. sind Wertpapiere, in denen die Ansprüche eines schriftlich bezeichneten Inhabers verbrieft sind, mit dem Zusatz, dass diese Ansprüche auch von jedem anderen Inhaber der Wertpapierurkunde eingefordert werden können. Die Übertragung hinkender I. erfolgt durch Forderungsabtretung des bisherigen Inhabers auf einen neuen Besitzer. – In jüngster Zeit ist die Tendenz zu beobachten, dass speziell → Aktiengesellschaften (AG) durch Beschluss der Hauptversammlung ihre emit-

Inhaberschuldverschreibungen

tierten I. durch → Namenspapiere ersetzen. Dabei wird zum einen das Ziel verfolgt, die Aktionäre gezielt ansprechen und informieren zu können, zum anderen ist eine transparente Aktionärsstruktur im Hinblick auf feindliche Übernahmeaktivitäten (→ Hostile Takeover) anderer Gesellschaften vorteilhaft.

Inhaberschuldverschreibungen, *bearer bonds*; → Anleihen, die als → Inhaberpapiere ausgestaltet sind. Nahezu alle Anleihen werden heute als I. verbrieft. – Gegensatz: → Namensschuldverschreibung.

Initial Investment, *Anfangskapital*; erstmaliger Kapitalbetrag, der in ein bestimmtes Projekt, Kapitalanlage oder sonstiges Investitionsgut angelegt wird.

Initial Margin, *original margin, Originaleinschuss*; anfängliche Einschusszahlung an das → Clearing House auf einen → Terminkontrakt, die von Käufer und Verkäufer zur Absicherung der → Erfüllungsrisiken zu leisten ist. – Vgl. auch → Futures Margin.

Initial Offering, *Erstausgabe*; vgl. → Initial Public Offering.

Initial Offering Period, → Zeichnungsfrist.

Initial Offering Price, → Emissionskurs.

Initial Public Offering (IPO), *Neuemission*; Bezeichnung für die erstmalige öffentliche → Emission von Aktien im Rahmen des → Going Public eines Unternehmens an den Kapitalmarkt, womit die → Börsenzulassung und eine erstmalige → Notierung verbunden ist. IPO's werden dabei von Kreditinstituten oder → Investment Banks durch Beratungs-, Übernahme- und Platzierungstätigkeiten begleitet. – Die Vorteile eines IPO aus Unternehmenssicht liegen in der Beschaffung von → Eigenkapital (→ Beteiligungsfinanzierung), die Nutzung der Aktie als Finanzierungsinstrument für die Ausweitung ihres Geschäftsbetriebes, sowie auch durch eine erfolgreiche Emission in einer Steigerung des Bekanntheitsgrades des Unternehmens. – Für frühere Kapitalgeber, z.B. in Form von → Venture-Capital, bietet sich durch ein IPO die Möglichkeit ihre Investition gewinnbringend zu veräußern. – Meist werden IPO's von relativ jungen Unternehmen genutzt, wie es in Deutschland seit Gründung des → Neuen Marktes häufig vorgekommen ist. Gerade bei jungen Unternehmen kann der Anleger mit hohen Ertragspotentialen jedoch auch hohem Risiko rechnen.

Inkasso, *Einzug, Einziehung, collection (procedure)*. Das I. ist Bestandteil des Zahlungsverkehrs und beinhaltet den Einzug der fälligen Forderungen aus verschiedenen Papieren, so z.B. aus Schecks, Wechseln oder Lastschriften.

Inkassogeschäft, *Einzugsgeschäft, collection business*; Bezeichnung für den durch Banken auf der Basis eines → Geschäftsbesorgungsvertrages ausgeübten Einzug (→ Inkasso) von Forderungen. Je nach Art des zugrundeliegenden Forderungspapiers gibt es Scheck-, Wechsel-, Lastschriften-, Quittungs- und Dokumenteninkassos, sowie das Inkasso von Zins- und Dividendenscheinen und fälliger Schuldverschreibungen. Für den Einzug erhebt die Bank eine → Inkassoprovision.

Inkassoprovision, *collection commission*; für den Vollzug des → Inkasso von der Bank erhobene → Provision. Die Höhe richtet sich in der Regel nach der Höhe der eingezogenen Forderung.

in Kost geben, *to carry over*. 1. Zeitweise Überlassung von Wertpapieren an einen Dritten, wenn bei einem → Termingeschäft die erhofften Kurssteigerungen nicht erfüllt wurden. Es erfolgt ein Rückkauf zu einem vorher vereinbarten Kurs nach einer vereinbarten Frist. – 2. Verwendung kurzfristig verfügbarer Devisen für → Swapgeschäfte.

Inländerkonvertibilität, *internal/resident convertibility*. Besteht lediglich für Inländer die Möglichkeit, die nationale Währung in eine Fremdwährung zu tauschen, wird dies als I. bezeichnet. – Gegensatz: → Ausländerkonvertibiliät. – Vgl. auch → Konvertibilität.

Inlandsanleihe, *domestic bond*; im Sitzland des → Emittenten und in dessen Währung emittierte → Anleihe. Für I. gelten die jeweiligen nationalen Rechtsvorschriften. – Vgl. → Auslandsanleihe und → Drittwährungsanleihe.

in Liquidation (i.L.), *in Abwicklung, in liquidation*; vgl. → Abwicklung.

Innenfinanzierung, *internal financing*. Die I. i.e.S. erfolgt aus dem Umsatzprozess heraus. Bei der I. kann man unterscheiden zwischen der I. die mit einem Vermögenszuwachs einhergeht und der I. aus der Vermögensumschichtung. Teil der I. ist die Selbstfinanzierung. Hier ist insbesondere die Finanzierung von Reinvestitionen aus dem Umsatzerlös zu nennen. Dabei fließen dem Unternehmen die in den Produkten einkalkulierten Abschreibungen wieder zu.

Innenfinanzierungskennzahlen, *ratios of internal finance*; bezeichnet Kennzahlen zur Bestimmung des Innenfinanzierungspotenzials von Unternehmen.

Innenkonsortium, bezeichnet ein nicht nach außen in Erscheinung tretendes → Konsortium. Die Konsortialmitglieder handeln im Außenverhältnis im eigenen Namen, aber auf Rechnung des Konsortiums. – Gegensatz: → Außenkonsortium.

innerer Wert, *intrinsic value, net worth*. 1. Ziel der → Fundamentalanalyse ist es, den eigentlichen Wert einer Aktie über den → Ertragswert (→ Ertragswertberechnung) oder den → Substanzwert (→ Substanzwertverfahren) zu ermitteln. Der i.W. hängt direkt mit der Ertragskraft eines Unternehmens zusammen, kann aber in → effizienten Märkten nicht wesentlich unter den Substanzwert fallen, da in diesem Fall die → Liquidation vorteilhaft wäre. – 2. Als i.W. einer → Option wird der nicht negative Unterschied zwischen dem jeweiligen Kurs des → Basisobjekts und dem Ausübungs- oder → Basispreis der Option (bei einer Kaufoption) oder zwischen dem Basispreis und dem niedrigerem Kurs des Basisobjektes (bei einer → Verkaufsoption) bezeichnet. Der i.W. ist immer dann positiv, wenn die Option im Geld (→ In the Money Option) ist. Für Optionen, deren sofortige Ausübung nicht vorteilhaft wäre (→ At the Money Option und → Out of the Money Option), ist der i.W. gleich null.

Innertageskredite, *intraday credit*; Bezeichnung für zinslose Kredite innerhalb eines Geschäftstages, die die → Europäische Zentralbank ihren Geschäftspartnern gegen → Sicherheiten zur Verfügung stellt.

inoffizielle Börsentermingeschäfte, *unofficial forward exchange transactions*; → Börsentermingeschäfte, die nicht über eine Terminbörse durchgeführt werden. Darunter fallen z.B. → Forward-Kontrakte, die zwischen zwei Vertragsparteien ohne die Zwischenschaltung einer → Terminbörse abgeschlossen werden.

Insider. Sind Personen, die aufgrund ihrer beruflichen Stellung oder auf andere Weise kursrelevante Informationen über ein börsennotiertes Unternehmen oder über sonstige Umstände, die den Kurs von Wertpapieren beeinflussen können, früher als andere Marktteilnehmer erlangt haben. Das → Gesetz über den Wertpapierhandel unterscheidet dementsprechend zwei Kategorien von I., die als Primärinsider und Sekundärinsider bezeichnet werden können. Zu den Primärinsidern gehören solche Personen, die aufgrund ihres Status oder ihres Berufs Kenntnis von einer → Insidertatsache haben (§ 13 I WpHG). Sekundärinsider sind Dritte, die Kenntnis von einer Insidertatsache haben (§ 14 II WpHG). – Vgl. auch → EG-Insiderrichtlinie, Insider, → Insiderrecht und → Insidergeschäft, Verbot.

Insider Dealing Group, *Insiderhandels-Gruppe*. Die I.D.G. überwachte in den 80iger Jahren an der Londoner Wertpapierbörse den Börsenhandel auf Verstöße gegen das Verbot von → Insidergeschäften. Dies obliegt nunmehr dem → Market Regulation and Enforcement Department.

Insidergeschäfte, → EG-Insiderrichtlinie, Insidergeschäft.

Insidergeschäfte, Überwachung, *insider dealings, control*. Innerhalb des → Aufsichtssystems für den Wertpapierhandel überwacht das → Bundesaufsichtsamt für den Wertpapierhandel (BAWe) gemäß § 16 I WpHG das börsliche und außerbörsliche Geschäft mit → Insiderpapieren, um Verstößen gegen das Verbot von I. entgegenzuwirken. Die bestehenden → Meldepflichten für Geschäfte in Wertpapieren und Derivaten (§ 9 WpHG) ermöglichen es dem BAWe diese Aufgabe zu erfüllen. Ergeben sich dadurch Anhaltspunkte für verbotene I., so

Insidergeschäfte, Verbot

(§ 9 WpHG) ermöglichen es dem BAWe diese Aufgabe zu erfüllen. Ergeben sich dadurch Anhaltspunkte für verbotene I., so kann es von den Marktteilnehmern Auskunft über die getätigten Geschäfte und die Identität der Beteiligten sowie die Vorlage von Unterlagen verlangen (§ 16 II bis V WpHG). – Vgl. auch → Insiderrecht und → Insidergeschäfte, Verbot.

Insidergeschäfte, Verbot, *insider dealings, prohibition.* Das → Gesetz über den Wertpapierhandel untersagt → Insidern bestimmte Verhaltensweisen im Umgang mit → Insidertatsachen. Primärinsidern ist es danach verboten, unter Ausnutzung ihrer Kenntnis von einer Insidertatsache → Insiderpapiere zu veräußern oder zu erwerben (§ 14 I Nr. 1 WpHG), die Insidertatsache weiterzugeben (§ 14 I Nr. 2 WpHG), oder aufgrund ihrer Kenntnis von einer Insidertatsache den Erwerb oder die Veräußerung von Insiderpapieren zu empfehlen (§ 14 I Nr. 3 WpHG). Sekundärinsidern ist es verboten, unter Ausnutzung ihrer Kenntnis von einer Insidertatsache, Insiderpapiere zu erwerben oder zu veräußern (§ 14 II WpHG). – Vgl. auch → Insiderrecht und → Insidervergehen, Strafvorschriften.

Insiderhandel, *Insider Trading.* Der I. meint den Erwerb und Veräußerung von bestimmten, in § 12 WpHG näher bezeichneten → Wertpapieren, wenn auf mindestens einer Seite ein → Insider oder jemand aufgrund einer Information oder Empfehlung seitens eines Insiders beteiligt ist. Die Vorschriften über die Insiderüberwachung (§§ 12 bis 20 WpHG) haben die EG-Richtlinien zur Koordinierung der Vorschriften betr. Insidergeschäfte (13.11.1989) in nationales Recht umgesetzt. Insider sind nach § 13 WpHG Personen, die im Zusammenhang mit ihrer Berufsausübung bestimmungsgemäß Zugang zu potentiell erheblich kursbeeinflussenden Informationen haben, die nicht öffentlich bekannt sind (→ Insidertatsachen). Der I. stellt sowohl für den Insider selber als auch für jeden Dritten, der seine Kenntnis von Insidertatsachen ausnutzt, einen Straftatbestand dar, § 14 WpHG. Früher hat in Deutschland keine gesetzliche Regelung des I. gegeben. Statt dessen hatten die Bankenverbände sowie die Wertpapierbörsen 1970 eine rechtlich unverbindliche Regelung, vom Einverständnis der Betroffenen abhängige Insiderhandels-Richtlinien, beschlossen

Insider-Information, → EG-Insiderrichtlinie, Insider-Information.

Insiderpapiere, *insider securities.* Als I. werden vom → Gesetz über den Wertpapierhandel sämtliche → Wertpapiere erfasst, die an einer inländischen Börse zum Handel zugelassen oder in den → Freiverkehr einbezogen sind; außerdem diejenigen Effekten, die in einem Mitgliedstaat der Europäischen Union oder in den Vertragsstaaten des Europäischen Wirtschaftsraums an einem organisierten Markt zugelassen sind (§ 12 WpHG). Darüber hinaus gelten als I. bestimmte, im Gesetz näher bezeichnete Derivate (§ 12 II WpHG). – Vgl. auch → Insiderrecht.

Insiderrecht

Prof. Dr. Theodor Baums/Assessor Mario Hecker

1. Gegenstand des Insiderrechts und seine Entwicklung in Deutschland

Insider sind Personen, die aufgrund ihrer beruflichen Stellung oder auf andere Weise kursrelevante Informationen über börsennotierte Unternehmen oder sonstige Informationen über Umstände, die den Kurs von → Wertpapieren beeinflussen können, früher als andere gegenwärtige oder potentielle Marktteilnehmer erhalten. Nutzen sie diesen Informationsvorsprung zu Geschäften in Wertpapieren oder → Derivaten aus, so liegt ein Insiderhandelsgeschäft vor. Andere Formen von Insidergeschäften sind die Weitergabe der erlangten Informationen und die aufgrund ihrer Kenntnis gegebene Empfehlung, Wertpapiere oder Derivate zu erwerben oder zu veräußern. Derartige Geschäfte sind in vielen Rechtsordnungen bereits seit langem verboten. Verstöße gegen die entsprechenden Verbote sind mit straf- und/oder zivilrechtlichen Sanktionen belegt. In Deutschland fehlte es bis 1994 an einer gesetzlichen Regelung. Vor dem Hintergrund des zunächst wenig entwickelten → Kapitalmarktes wurde hierfür kein Bedürfnis gesehen. Der zunehmende, durch Selbst- und Fremdfinanzierung nicht mehr zu deckende Kapitalbedarf der Wirtschaft, die steigende Nachfrage der privaten Haushalte nach Möglichkeiten der Geldanlage am Kapitalmarkt und verschiedene, in der Presse bekannt gewordene Fälle möglicher Insidergeschäfte führten jedoch dazu, dass die Frage der Behandlung solcher Geschäfte Gegenstand der kapitalmarktrechtlichen Diskussion wurde. Ende 1970 veröffentlichte die Börsensachverständigenkommission beim Bundeswirtschaftsministerium "Empfehlungen zur Lösung der Insider-Probleme", die Insiderhandelsrichtlinien, die Händler- und Beraterregeln sowie eine Verfahrensordnung für eine Prüfungskommission enthielten. Dadurch sollte ein System der freiwilligen Selbstkontrolle geschaffen werden. Tatsächlich wurden sie von vielen Unternehmen akzeptiert, Insider-Fälle wurden indes kaum bekannt. Kritiker des Selbstregulierungsmodells führten dies auf dessen mangelnde Effizienz und Durchsetzungskraft zurück und forderten eine gesetzliche Regelung. Die Befürworter verteidigten es mit dem Hinweis darauf, dass in einer Marktwirtschaft grundsätzlich auf die wirtschaftslenkenden und reinigenden Kräfte des Marktes und der Marktteilnehmer vertraut werden könne. Diese Diskussion wurde durch die EG-Insiderhandelsrichtlinie vom 13.11.1989 (89/592/EWG), die eine gesetzliche Regelung des Insiderrechts in den Mitgliedsstaaten vorsah, gegenstandslos. Der Verpflichtung, die Richtlinie bis zum 1.6.1992 in nationales Recht umzusetzen, kam die Bundesrepublik Deutschland zunächst nicht nach. Grund hierfür war, dass das Insiderrecht in eine umfangreiche Neuregelung des Kapitalmarktrechts eingebettet werden sollte, mit der das Ziel einer umfassenden Marktaufsicht verfolgt wurde. Kompetenzkonflikte zwischen dem Bund – der eine zentrale Marktaufsicht favorisierte – und den Ländern, die ihre bis dahin bestehenden Aufsichtskompetenzen wahren wollten, verzögerten die Neuregelung. Erst die zunehmende ausländische Kritik am deutschen Kapitalmarkt und das Misstrauen gegenüber deutschen Kapitalanlageprodukten führten dazu, dass durch das Zweite Finanzmarktförderungsgesetz vom 26.7.1994 (BGBl. I 1749) das Gesetz über den Wertpapierhandel (Wertpapierhandelsgesetz - WpHG) geschaffen wurde. Kernstücke des Gesetzes, dessen Neufassung am 9.9.1998 bekannt gemacht wurde (BGBl. I 2708), sind das Verbot von Insidergeschäften (§§ 12 – 14 WpHG) sowie das Verbot begleitende Maßnahmen die Verpflichtung zur → Ad-hoc-Publizität von kursrelevanten Tatsachen (§ 15 WpHG), die → Meldepflichten für Geschäfte in Wertpapieren und Derivaten (§ 9 WpHG) sowie die → Melde- und Veröffentlichungspflichten bei Erwerb und Veräußerung von Beteiligungen an börsennotierten Unternehmen (§§ 21, 25, 26 WpHG).

Insiderrecht

2. Ökonomische und rechtspolitische Grundlagen des Verbots von Insidergeschäften

Die These, das Verbot und die Sanktionierung von Insidergeschäften seien sinnvolle Bestandteile des Kapitalmarktrechts, wurde in den dreißiger Jahren des 20. Jahrhunderts in den USA aufgestellt und mit der sog. equal-access-Theorie begründet. Danach sollen alle Marktteilnehmer den gleichen Zugang zu Informationen haben. Wertpapiertransaktionen, die von nicht öffentlich bekannten Informationen motiviert sind und zu Nachteilen für andere Marktteilnehmer führen könnten, seien zu unterlassen, ihre Ausführung sei zu sanktionieren. Davon ausgehend wurden Insidergeschäfte von amerikanischen Gerichten als Verstoß gegen verschiedene Regelungen des Securities Act (1933) und des Securities Exchange Act (1934), die betrügerische Verhaltensweisen bei Wertpapiertransaktionen verbieten, angesehen. Gegen die equal-access-Theorie, die insbesondere auf den Schutz der Anleger ausgerichtet war, wurde eingewandt, dass Insidergeschäfte die Anleger nicht schädigen würden und im Interesse eines effizienten Kapitalmarktes sogar wünschenswert seien. Diesen Einwänden liegt die Überlegung zugrunde, dass auf Insidergeschäften beruhende Kurse alle kursrelevanten Informationen widerspiegeln. Insidergeschäfte hätten somit lediglich den Ausgleich zuvor bestehender Kursungleichgewichte zur Folge. Zudem könne die Erlaubnis zur Nutzung von Insiderinformationen als Teil der Vergütung des Managements angesehen werden und so einen Anreiz bieten, besonders hohe Erträge zu erwirtschaften. Auch unter dem Eindruck dieser Kritik verwarf der Supreme Court die equal-access-Theorie und entwickelte statt dessen die sog. fiduciary-duty-Theorie. Diese geht davon aus, dass das Verbot von Insidergeschäften nur durch ein Treueverhältnis zwischen dem Insider und dem Emittenten begründet werden könne. Die unbefugte Weitergabe vertraulicher Informationen verstoße gegen die Treuepflicht des Insiders. Der Kreis der möglichen Insider wurde damit auf leitende Angestellte von Wertpapiere emittierenden Unternehmen sowie auf die Anteilseigner börsennotierter Gesellschaften begrenzt. Insidergeschäfte von Markt-Insidern unterfielen demgegenüber keinem Verbot. Mit dem Ziel, diese Lücke zu schließen, begründete die → Securities and Exchange Commission (SEC) die sog. misappropriation-Theorie, nach der über vertrauliche Informationen nur die Organe des Emittenten verfügen dürfen. Angestellte oder unternehmensnahe Dritte, die mit solchen Informationen in Berührung kommen, dürften sie nicht für eigene Zwecke nutzen. Die unbefugte Ausnutzung vertraulicher Informationen stelle einen Vertrauensbruch dar, der sanktioniert werden müsse. In Deutschland vermochten sich diese privatrechtlichen Begründungsansätze für ein Verbot von Insidergeschäften nicht durchzusetzen. Statt dessen wird überwiegend die Ansicht vertreten, das Verbot und die Sanktionierung von Insidergeschäften sei erforderlich, um die Funktionsfähigkeit der Wertpapiermärkte und den Schutz der Anleger zu garantieren. Die hiergegen vorgebrachte Kritik stützt sich auf dieselben ökonomischen Argumente wie die Einwände gegen die equalaccessTheorie. Ihre Berechtigung ist nicht unbestritten. Die durch Insidergeschäfte herbeigeführte wünschenswerte Kursanpassung kann dadurch erreicht werden, dass die kursrelevanten Informationen öffentlich bekannt gemacht werden. Sondervorteile für Insider würden so nicht entstehen, die mögliche Schädigung anderer Marktteilnehmer wäre ausgeschlossen. Die gesellschaftsrechtlich denkbare Erlaubnis zur Nutzung von Insiderinformationen durch UnternehmensInsider berücksichtigt nicht die Belange des Kapitalmarkts, denn durch Insidergeschäfte werden die Erwartungen der Marktteilnehmer enttäuscht, dass kursrelevante Informationen für alle in gleicher Weise zugänglich sind und nicht einzelne die Möglichkeit haben, durch Informationsvorsprünge Sondervorteile zu erzielen. Das Publikum wird einen Kapitalmarkt, der Insidergeschäfte nicht verbietet, entweder nicht betreten oder die dort angebotenen und gehandelten Papiere mit Abschlägen bewerten. Allein das rechtfertigt die Annahme, dass ein Verbot von Insidergeschäften zum Schutz der Funktionsfähigkeit des Kapitalmarktes notwendig und mithin sinnvoller Bestandteil des Kapitalmarktrechts ist. Ohne ein solches Verbot könnte der Kapitalmarkt seine Funktion, die Ersparnisse privater Haushalte in das für Investitionen benötigte Kapital zu lenken, nicht erfüllen. Diese Erwägung liegt auch der EG-Insiderhandelsrichtlinie und den Vorschriften des WpHG zum Insiderrecht zugrunde.

Insiderrecht

3. Das deutsche Insiderrecht im Überblick

Adressaten des Verbots von Insidergeschäften sind zwei Kategorien von Insidern, die als Primärinsider und Sekundärinsider bezeichnet werden können.

a) Primärinsider

Das Gesetz unterscheidet drei Gruppen von Primärinsidern (§ 13 I Nr. 1 – 3 WpHG). Erfasst werden darin Personen, die unmittelbaren Zugang zu einer Insidertatsache haben und tatsächlich von einer solchen Kenntnis erlangt haben (§ 13 I, II WpHG). Ihnen ist es untersagt, unter Ausnutzung ihres Wissens über eine Insidertatsache Insiderpapiere für eigene oder fremde Rechnung oder für einen anderen zu erwerben oder zu veräußern, anderen unbefugt eine Insidertatsache mitzuteilen oder zugänglich zu machen oder auf Grundlage ihrer Kenntnis von einer Insidertatsache den Erwerb oder die Veräußerung von Insiderpapieren zu empfehlen (§ 14 I Nr. 1 bis 3 WpHG). – Im Einzelnen zählen zu den Primärinsidern zunächst die Mitglieder der Organe des Emittenten (Vorstände, Aufsichtsräte) oder eines mit dem Emittenten verbunden Unternehmens (§ 13 I Nr. 1 WpHG), und zwar auch dann, wenn dieses nicht an der Börse gehandelt wird oder über eine andere Rechtsform verfügt. – Weiterhin sind die am Kapital des Emittenten oder eines mit diesem verbundenen Unternehmens Beteiligten Primärinsider, soweit sie die Kenntnis über die Insidertatsache aufgrund ihrer Beteiligung erlangt haben (§ 13 I Nr. 2 WpHG). Auf den Umfang der Beteiligung kommt es nicht an. – Sodann gehören zu den Primärinsidern solche Personen, die aufgrund ihrer beruflichen Position bestimmungsgemäß, also nicht nur zufällig, Kenntnis von Insidertatsachen haben (§ 13 I Nr. 3 WpHG). Eine abschließende Aufzählung des betroffenen Personenkreises ist nicht möglich. Zweifelsfrei gehören hierzu Beschäftigte des Emittenten oder eines verbundenen Unternehmens, die mit für die Geschäfts- und Unternehmenspolitik relevanten Informationen in Berührung kommen; deren Steuerberater, Wirtschaftsprüfer, Rechtsanwälte; Beschäftigte von Banken, mit denen Geschäftsbeziehungen bestehen; Kurs- und Freimakler; Mitarbeiter der Börsengeschäftsführungen und der Finanz- und Wirtschaftsaufsichtsbehörden. Primärinsider können darüber hinaus Fondsverwalter; Wertpapierhändler; Wertpapieranalysten, Anlageberater oder Journalisten werden, wenn ihnen anlässlich einer Unternehmenspräsentation kursrelevante Tatsachen mitgeteilt werden. Solange diese Tatsachen als Insidertatsachen anzusehen sind, dürfen sie grundsätzlich nicht verwertet werden. Angestellte eines Wertpapierdienstleistungsunternehmens, die Kenntnis von einer Insidertatsache erlangen, die aus einem anderen Geschäftsbereich des Unternehmens stammt, sind ebenfalls Primärinsider. Entsprechende Informationsflüsse müssen unternehmensintern durch geeignete Maßnahmen soweit wie möglich blockiert werden, um Interessenkonflikte oder Insidergeschäfte zu vermeiden (§ 33 WpHG). Dies kann nach dem Muster der US-amerikanischen → Compliance durch sog. → Chinese Walls, → Watch-Lists und/oder → Restricted-Lists erreicht werden.

b) Insiderpapiere

Als Insiderpapiere erfasst das WpHG sämtliche verkörperten und unverkörperten Wertpapiere, die an einer inländischen Börse zum Handel zugelassen oder in den Freiverkehr einbezogen sind; außerdem diejenigen Effekten, die in einem Mitgliedsstaat der Europäischen Union oder in Vertragsstaaten des Europäischen Wirtschaftsraums an einem organisierten Markt zugelassen sind (§ 12 I S. 1 Nr. 1 und 2 WpHG). Ist für derartige Wertpapiere bereits ein Antrag auf Zulassung oder Einbeziehung in den Handel an den genannten Märkten gestellt oder öffentlich angekündigt worden, so gelten sie bereits ab diesem Zeitpunkt als Insiderpapiere (§ 12 I S. 2 WpHG). Unter den dargestellten Voraussetzungen gelten als Insiderpapiere darüber hinaus Rechte auf Zeichnung, Erwerb oder Veräußerung von Wertpapieren sowie weitere, näher bestimmte Derivate der erfassten Wertpapiere (§ 12 II WpHG).

Insiderrecht

c) Insidertatsache

Eine Insidertatsache ist eine nicht öffentlich bekannte Tatsache, die sich auf einen oder mehreren Emittenten von Insiderpapieren oder auf Insiderpapiere bezieht und die geeignet ist, im Falle ihres öffentlichen Bekanntwerdens den Kurs des Insiderpapiers erheblich zu beeinflussen (§ 13 I WpHG). Eine Bewertung, die aufgrund öffentlich bekannter Tatsachen erstellt wird, ist keine Insidertatsache, selbst wenn sie den Kurs eines Insiderpapiers erheblich beeinflussen kann (§ 13 II WpHG). – Tatsachen sind solche Umstände, die objektiv nachprüfbar sind. Meinungen oder Werturteile werden nicht erfasst. – Auf Emittenten von Insiderpapieren bezogene Tatsachen sind zunächst alle betriebswirtschaftlichen Daten wie Umsatz, Ertrag, Dividendenhöhe oder Kapitalmaßnahmen. Darüber hinaus sind sämtliche Informationen zu unternehmensinternen Abläufen oder Entscheidungen als Tatsachen anzusehen. Selbst der Umstand, dass sich ein Mitglied des Vorstandes einer Aktiengesellschaft zu einer bestimmten Frage in irgendeiner Weise ("positive Ertragslage"; "hohes Entwicklungspotential") geäußert hat, stellt eine Tatsache dar. Dies gilt auch dann, wenn die Äußerung lediglich ein Werturteil oder die Kundgabe einer Meinung beinhaltete. – Vom Emittenten losgelöste, auf Insiderpapiere bezogene Tatsachen sind Umstände, die bei ihrem Bekanntwerden am Wertpapiermarkt eine Reaktion hervorrufen können, z.B. Nachrichten über Leitzinsänderungen, Kabinettsbeschlüsse auf Bundes- oder Landesebene oder Informationen über Ermittlungsverfahren in Steuer- und Wirtschaftsstrafsachen. – Nach dem allgemeinen Sprachgebrauch ist eine Tatsache öffentlich bekannt, wenn ihre Kenntnisnahme einer unbestimmten Anzahl von Personen möglich ist. Das Insiderrecht schützt indes nur die Erwartungen eines bestimmten Personenkreises, nämlich die der (tatsächlichen und potentiellen) Marktteilnehmer. Zu deren Schutz ist es ausreichend, dass sie von den hier relevanten Tatsachen Kenntnis nehmen können. Daher ist eine Tatsache im Sinne des Insiderrechts bereits dann öffentlich bekannt, wenn die Marktteilnehmer die Möglichkeit haben, sie zur Kenntnis zu nehmen, also die sog. → Bereichsöffentlichkeit durch Veröffentlichung über verbreitetes → elektronisches Informationssystem oder in einem → Börsenpflichtblatt hergestellt wurde. Mit Herstellung der Bereichsöffentlichkeit ist die Tatsache als öffentlich bekannt anzusehen. Eine über diesen Zeitpunkt hinausgehende „Reaktionszeit" für die Marktteilnehmer ist nicht anzuerkennen. – Die Feststellung, ob danach nicht öffentlich bekannte Tatsachen zu einer erheblichen Kursbeeinflussung geeignet sind und somit zu den Insidertatsachen gehören, verlangt eine objektive Beurteilung der Tatsachen zum Zeitpunkt, in dem das in Frage stehende Geschäft vorgenommen werden soll oder getätigt wurde. Demjenigen, der vor der Frage steht, ob eine ihm bekannte Tatsache eine Insidertatsache ist, die ein Handels-, Weitergabe und Empfehlungsverbot begründet, wird also eine Prognose abverlangt. Auf die tatsächliche Kursentwicklung kommt es nicht an, sie wird aber als Indiz für die Prüfung der Frage, ob gegen eines der Verbote verstoßen wurde, heranzuziehen sein. Zu fragen ist, ob aufgrund der Situation am Markt vor der geplanten bzw. durchgeführten Transaktion, die ausgenutzte Information im Falle ihres Bekanntwerdens erhebliche Kursbewegungen auslösen wird bzw. ausgelöst hätte. Es muss ermittelt werden, welche Anlageentscheidung der Durchschnitt der Marktteilnehmer vernünftigerweise treffen würde bzw. getroffen hätte, und wie der Kurs sich dann entwickeln würde bzw. entwickelt hätte. Nach der Gesetzesbegründung ist regelmäßig dann von einer erheblichen Kursbewegung auszugehen, wenn gemäß § 8 der Geschäftsbedingungen der deutschen Börsen durch den Kursmakler eine einfache Plus-/Minusankündigung zu erfolgen hat, was gegenwärtig bei Aktien im Präsenzhandel bei 5% voraussichtlicher Kursabweichung der Fall ist. Im Einzelfall kann aber auch bei einer geringeren Kursabweichung eine erhebliche Kursbewegung anzunehmen sein, oder eine über der 5%-Schwelle liegende Abweichung ist (noch) nicht als erheblich anzusehen. Insoweit ist die allgemeine Entwicklung der Kurse im jeweiligen Marktsegment und vergleichbarer Werte mit zu berücksichtigen. Wegen der am Terminmarkt zu beobachtenden stärkeren Schwankungen sind dort höhere Schwellenwerte anzusetzen.

Insiderrecht

d) Inhalt der den Primärinsider treffenden Verbote

Das den Primärinsider gemäß § 14 I Nr. 1 WpHG treffende Verbot, unter Ausnutzung seiner Kenntnis von einer Insidertatsache Insiderpapiere zu veräußern oder zu erwerben (Nutzungsverbot), betrifft alle denkbaren Formen börslicher und ausserbörslicher Wertpapiergeschäfte, die durch die Kenntnis der Insidertatsache motiviert sind. Nicht erforderlich ist, dass das Geschäft unmittelbar ein mit der Insidertatsache im Zusammenhang stehendes Wertpapier betrifft. Hat ein → Primärinsider Kenntnis von einer ein bestimmtes Unternehmen betreffenden Insidertatsache, so sind ihm auch der Erwerb von → Call-Optionen, → Optionsscheinen oder der Kauf bzw. die Veräußerung von → Aktien eines konkurrierenden → Emittenten verboten. Das Verbot gilt – ohne dass dies im Wortlaut des § 14 I WpHG zum Ausdruck kommt – nach der Gesetzesbegründung nur für Transaktionen, die darauf gerichtet sind, sich oder einem anderen einen Sondervorteil zu verschaffen. Andernfalls fehlt es am Ausnutzen der Kenntnis einer Insidertatsache. Die an einer Entscheidung über eine kursrelevante Aktion (Wertpapiergeschäft, Übernahmeangebot) Beteiligten, sind daher selbst dann, wenn die Entscheidung eine Insidertatsache darstellt, nicht daran gehindert, diese durch ein Wertpapiergeschäft umzusetzen. Auch diejenigen, die das Geschäft ausführen, also die beteiligten Börsenhändler, Kurs- oder Freimakler verstoßen nicht gegen das Verbot des Insiderhandels. Ein verbotenes Insidergeschäft ist dagegen anzunehmen, wenn ein Makler seine Kenntnis von einer Insidertatsache zu einem Eigengeschäft ausnutzt, um von einer nach ihrem Bekanntwerden zu erwartenden Kursveränderung zu profitieren (→ Frontrunning). – Die Frage, ob § 14 I Nr. 1 WpHG auch das sog. → Scalping verbietet, ist noch ungeklärt. Beim Scalping besteht die Strategie in der Regel darin, dass sich der Handelnde – Journalisten oder einflussreiche Marktteilnehmer – mit Insiderpapieren eindeckt, danach entsprechend einem vor dem Kauf gefassten Entschluss eine Empfehlung in bezug auf diese Wertpapiere abgibt, und diese nach Veröffentlichung der Empfehlung sowie dem darauf beruhendem Kursanstieg gewinnbringend veräußert. Ob der bereits beim Kauf gefasste Entschluss, die Wertpapiere bei Kursanstieg zu verkaufen, eine Insidertatsache gemäß § 13 I WpHG darstellt, ist jedoch fraglich. Darüber hinaus erhält der Handelnde nicht aufgrund seiner Stellung, seiner Beteiligung oder seines Berufes Kenntnis von dieser „Tatsache", ist also kein Insider im Sinne von § 13 I WpHG. Eher dürfte hier eine gemäß § 88 Börsengesetz (BörsG) i. d. F. vom 9.9.1998 (BGBl. I 2682) strafbare Manipulation des Börsenkurses anzunehmen sein. – Gemäß § 14 I Nr. 2 WpHG ist es Primärinsidern verboten, einem anderen unbefugt eine Insidertatsache mitzuteilen oder zugänglich zu machen (Weitergabeverbot). Befugt ist die Mitteilung einer Insidertatsache im Rahmen der gesetzlichen Meldepflichten gemäß § 15 WpHG (→ Ad-hoc-Publizitätspflicht) sowie die aus betrieblichen Gründen erforderliche Weitergabe der Insidertatsache. Letztere ist anzunehmen, wenn der Empfänger die Insidertatsache kennen muss, um seinen beruflichen Pflichten nachkommen zu können. Zulässig ist die Weitergabe der Insidertatsache auch zur Erfüllung gesetzlicher Informations- und Unterrichtungspflichten (z.B. nach §§ 80 II, 90, 92, 111 Betriebsverfassungsgesetz (BetrVG) i. d. F. 23.12.1988 (BGBl. I 1, ber. 902) m. spät. Änd.; § 320 II Handelsgesetzbuch (HGB) vom 10.5.1897 (RGBl. 219) m. spät. Änd.; § 145 II Aktiengesetz (AktG) vom 6.9.1965 (BGBl. I 1089) m. spät. Änd.). – Umstritten ist, ob der Vorstand einer Aktiengesellschaft durch § 14 I Nr. 1 WpHG gehindert ist, das Auskunftsverlangen eines Aktionärs in der Hauptversammlung nach § 131 I AktG zu erfüllen, wenn dies nur durch Mitteilung einer Insidertatsache geschehen kann. Hierdurch könnten auch Dritte (Gäste, unbefugte Teilnehmer), die nicht unter die Primärinsider fallen, Zugang zu der Insidertatsache bekommen. Diese unterliegen als Sekundärinsider lediglich einem Nutzungsverbot nach § 14 II WpHG, nicht aber dem Weitergabeverbot, was dafür spricht, dass der Vorstand verpflichtet ist, die Auskunft zu verweigern. Er muss deshalb vorab prüfen, ob einzelne Tagsordnungspunkte Bezüge zu Insidertatsachen haben und die entsprechenden Tatsachen veröffentlichen. Die Hauptversammlung ist aufgrund des Auskunftsbegehrens ggf. zu unterbrechen, damit die Ad-hoc-Publizität oder, soweit es sich zwar um eine Insidertatsache, aber nicht um eine der Ad-hoc-Publizitätspflicht unterliegende Tatsache handelt, die Öffentlichkeit hergestellt werden kann. Erst danach darf die betreffende Tatsache in der Hauptversammlung mitgeteilt werden. – Bisher ungeklärt ist, ob Journalisten, die nicht durch eine Unternehmenspräsentation, sondern durch eigene Ermittlungen („Enthüllungsjournalismus") Insiderinformationen erhalten haben, durch das Verbot des § 14 I Nr. 2

Insiderrecht

WpHG an der Veröffentlichung dieser Informationen vor Herstellung der Bereichsöffentlichkeit gehindert sind. Der Annahme eines solchen Verbotes dürfte die verfassungsrechtlich garantierte Pressefreiheit entgegenstehen. – Das Weitergabeverbot wird durch das in § 14 I Nr. 3 WpHG niedergelegte Verbot, die Veräußerung und den Erwerb von Insiderpapieren zu empfehlen (Empfehlungsverbot), ergänzt. Auch der Tipp ohne Mitteilung der Insidertatsache ist dem Primärinsider untersagt.

e) Sekundärinsider

Sekundärinsidern, das sind "Dritte", die Kenntnis von einer Insidertatsache haben, ist es verboten, unter Ausnutzung ihres Wissens über eine Insidertatsache Insiderpapiere für eigene oder fremde Rechnung oder für andere zu erwerben oder zu veräußern (Nutzungsverbot, § 14 II WpHG). Die Art und Weise der Kenntniserlangung ist für das Verbot ebenso unbeachtlich wie die Herkunft der Information. Wer lediglich eine Empfehlung erhalten hat, die Insidertatsache selbst aber nicht kennt, ist kein Sekundärinsider. Dem Verbot des § 14 II WpHG unterliegen Sekundärinsider nur, wenn sie die Kenntnis der Insidertatsache für ein Wertpapiergeschäft ausnutzen wollen. Das Verbot trifft damit nicht diejenigen, die die ihnen bekannte Tatsachen nicht als Insidertatsache erkennen.

f) Bekämpfung des Insiderhandels

Innerhalb des → Aufsichtssystems für den Wertpapierhandel überwacht das → Bundesaufsichtsamt für den Wertpapierhandel (BAWe) das börsliche und außerbörsliche Geschäft mit Insiderpapieren, um Verstößen gegen die Verbote des § 14 WpHG entgegenzuwirken (§ 16 WpHG). Dem BAWe sind grundsätzlich sämtliche Geschäfte in Wertpapieren und Derivaten zu melden (§ 9 WpHG). Soweit sich Anhaltspunkte für verbotene Transaktionen oder Verstöße gegen das Weitergabe- bzw. Empfehlungsverbot ergeben, kann es von den Marktteilnehmern Auskunft über die getätigten Geschäfte und die Identität der Beteiligten sowie die Vorlage von Unterlagen verlangen (§ 16 II bis V WpHG). Das BAWe muss ihm dadurch bekannt gewordene Tatsachen, die den Verdacht eines Verstoßes gegen das Verbot von Insidergeschäften und damit einer Straftat begründen, der zuständigen Staatsanwaltschaft anzeigen (§ 18 WpHG), die über die Einleitung eines Ermittlungsverfahrens entscheidet. – Neben dem BAWe beaufsichtigen die → Börsenaufsichtsbehörden der Länder (§ 1a BörsG) und die → Handelsüberwachungsstellen der Börsen (§ 1b BörsG) den börslichen Handel mit Wertpapieren und Derivaten. Stellen sie Tatsachen fest, die die Annnahme rechtfertigen, dass durch Handelsteilnehmer verbotene Insidergeschäfte getätigt wurden, so haben sie das BAWe davon zu unterrichten (§§ 6 III WpHG, 1b V BörsG).

g) Sanktionen

Wer als Primär- oder Sekundärinsider gegen die in § 14 WpHG formulierten Verbote verstößt, ist gemäß § 38 Abs.1 Nr. 1 bis 3 WpHG mit Freiheitsstrafe bis zu fünf Jahren oder Geldstrafe zu bestrafen. Die Bestrafung kann zum Verfall des aus der Tat erlangten Insidergewinns an den Staat führen (§ 73 Strafgesetzbuch – StGB i. d. F. vom 10.3.1987 (BGBl. I 945), m. spät. Änd.). Verstöße gegen die die Verbote flankierende Ad-hoc-Publizitätspflicht können mit Bußgeld bis zu anderthalb Millionen Euro, Verstöße gegen die sonstigen Melde- und Veröffentlichungspflichten mit Bußgeld bis zu fünfhunderttausend Deutsche Mark (§ 39 WpHG). Die Zahl der vom Bundesaufsichtsamt eingeleiteten Untersuchungen zu Verstößen gegen das Verbot von Insidergeschäften steigt nach den → Jahresberichten des BAWe jährlich. Strafverfahren wurden bisher nur selten eingeleitet. Dies dürfte an den in ihren Einzelheiten sehr komplizierten Regelungen des Insiderrechts, den schwer beweisbaren subjektiven Voraussetzungen für die Annahme einer Straftat und dem hohen, Spezialisten erfordernden Ermittlungsaufwand liegen. – Ein Verstoß gegen die Verbote des § 14 WpHG kann auch zivilrechtliche Konsequenzen haben. Wird einem Mitglied des Aufsichtsrates oder einem Vorstandsmitglied des Emittenten ein solcher Verstoß nachgewiesen, so liegt hierin ein wichtiger Grund für die Abberufung des Aufsichtsratsmitglieds gemäß § 103 AktG bzw. für den Widerruf der Bestellung des Vor-

Insiderrecht

standsmitglieds gemäß § 84 III AktG. Zudem rechtfertigt der Nachweis die Kündigung des Anstellungsvertrages des Vorstandsmitglieds gem. § 626 Bürgerliches Gesetzbuch (BGB). Dies gilt ebenso bei Insidergeschäften von sonstigen Angestellten des Emittenten. Wird die Gesellschaft durch das Insidergeschäft geschädigt (z.B. dadurch, dass sich ein von ihr geplantes Übernahmeangebot an die Aktionäre einer anderen Gesellschaft verteuert), so haftet ihr das Aufsichtsratsmitglied gemäß §§ 116, 93 II AktG, das Mitglied des Vorstandes gemäß § 93 II AktG auf Schadensersatz. Zudem kommen Ansprüche der Gesellschaft aus § 823 II BGB (unerlaubte Handlung) i.V.m. § 404 AktG, § 204 StGB oder § 17 des Gesetzes über den unlauteren Wettbewerb (UWG) vom 17.6.1909 (RGBl. 499) m. spät. Änd. sowie ein Anspruch aus § 826 BGB (vorsätzliche sittenwidrige Schädigung) in Betracht. Problematisch sind indes die Ermittlung der Schadenshöhe und der Nachweis, dass der Schaden gerade aufgrund des Verstoßes gegen das jeweilige Verbot entstanden ist. Die Abschöpfung der vom Unternehmens-Insider erzielten Vorteile in Form von Gewinnen oder vermiedenen Verlusten durch die Gesellschaft gemäß § 687 II (angemaßte Eigengeschäftsführung) bzw. § 812 BGB (ungerechtfertigte Bereicherung) ist nicht möglich. Der Unternehmens-Insider führt weder ein Geschäft der Gesellschaft, noch greift er in deren Recht auf Verwertung der Betriebs- und Geschäftsgeheimnisse ein. Denn der Gesellschaft selbst wäre es verwehrt, ein Insidergeschäft vorzunehmen. – Für den Vertragspartner des Insiders im Falle eines außerhalb der Börse getätigten Wertpiergeschäfts kommt ein Anspruch auf Schadensersatz aus § 826 BGB in Betracht. Anleger, die Wertpapiere über die Börse erworben oder veräußert haben, können ebenfalls einen Anspruch auf Ersatz des dadurch erlittenen Schadens aus § 826 BGB gegen einen Insider haben, der unter Verstoß gegen § 14 I, II WpHG am Handel teilgenommen oder diesen beeinflusst hat. Darüber hinaus kommt ein Anspruch auf Schadensersatz aus § 823 II BGB i.V.m. § 14 I, II WpHG in Betracht. Obwohl das Verbot von Insidergeschäften vorrangig das Funktionieren des Kapitalmarktes sicherstellen soll, dient es auch dem Schutz des einzelnen Anlegers. Dieser ist im Ergebnis so zu stellen, wie er stehen würde, wenn der Insider nicht am Handel teilgenommen hätte oder diesen beeinflusst hätte. Die Ermittlung und der Beweis des konkreten, auf dem Verstoß gegen § 14 WpHG beruhenden Schadens ist allerdings auch hier nicht unproblematisch. Der Anleger hat das Wertpapiergeschäft aufgrund eines eigenen Entschlusses getätigt. Bei Transaktionen unter Beteiligung des Insiders wäre, hätte der Insider nicht gehandelt, regelmäßig ein Dritter an dessen Stelle getreten, so dass sich die Vermögenslage des Anlegers meist nicht anders entwickelt hätte. Der Nachweis, dass er ohne Beteiligung des Insiders am Handel hätte günstiger kaufen oder verkaufen können, ist durch den Anleger kaum zu erbringen. Insgesamt sind daher die Möglichkeiten geschädigter Anleger, Schadensersatz zu erlangen, sehr begrenzt.

Literatur

ASSMANN; H.-D: (1994), Das künftige deutsche Insiderrecht, in: AG, S. 196 - 206 (Teil I) und S. 237 - 258 (Teil II).

ASSMANN, H.-D: (1997), Rechtsanwendungsprobleme des Insiderrechts, in: AG, S. 50 – 58.

HOPT, K. J./WYMEERSCH, E. (Hrsg.), European Insider Dealing, London u.a..

KAISER, A. (1997), Die Sanktionierung von Insiderverstößen und das Problem der Kursmanipulation, in: WM, S. 1557 – 1563.

LAHMANN, K. (1994), Insiderhandel, Ökonomische Analyse eines ordnungspolitischen Dilemmas, Berlin.

Insiderrichtlinie

Insiderrichtlinie, → EG-Insiderrichtlinie.

Insidertatsache. Eine I. ist gemäß § 13 I des → Gesetzes über den Wertpapierhandel eine nicht öffentlich bekannte Tatsache, die sich auf einen oder mehrere → Emittenten von → Insiderpapieren oder auf Insiderpapiere bezieht und die geeignet ist, im Falle ihres öffentlichen Bekanntwerdens den Kurs der Insiderpapiere erheblich zu beeinflussen. Eine Bewertung, die aufgrund öffentlich bekannter Tatsachen erfolgt, ist keine Insidertatsache (§ 13 II WpHG). – Vgl. auch → Insiderrecht und → EG-Insiderrichtlinie, Insider-Information.

Insidervergehen, Ermittlungsverfahren. Erlangt das → Bundesaufsichtsamt für den Wertpapierhandel (BAWe) aufgrund der ihm obliegenden Überwachungstätigkeit Kenntnis von Tatsachen, die Anhaltspunkte für einen Verstoß gegen das Verbot von → Insidergeschäften und damit einer Straftat begründen, hat es die zuständige Staatsanwaltschaft davon zu informieren (§ 18 I WpHG). Diese entscheidet darüber, ob ein Ermittlungsverfahren eingeleitet wird. – Vgl. auch → Insiderrecht und → Insidervergehen, Strafvorschriften.

Insidervergehen, Strafvorschriften. Verstöße gegen die in § 14 WpHG formulierten Verbote von → Insidergeschäften können gemäß § 39 WpHG mit einer Freiheitsstrafe bis zu fünf Jahren oder Geldstrafe geahndet werden. – Vgl. auch → Insiderrecht und → EG-Insiderrichtlinie, Sanktionen.

Insolvenzwahrscheinlichkeit, bezeichnet das statistische → Risiko, dass ein → Schuldner während der → Laufzeit der Fremdkapitalfinanzierung insolvent wird. Die Insolvenz wird mittels statistischer Verfahren, wie der Regrssionsanalyse, Neuronalen Netzen, Zeitreihenanalysen, etc. prognostiziert.

Instinet, *Institutional Network.* Dieses am längsten bestehende außerbörsliche alternative Handelssystem (vgl. → ECN) wird z.T. als Stammvater elektronischer Börsen bezeichnet. Das 1969 gegründete und 1987 von → Reuters übernommene I. war lange Zeit ausschließlich auf institutionelle Investoren ausgerichtet, öffnet sich aber seit 2000 auch für private Anleger. Dass I. ein eigenes → Clearing House betreibt, stellt eine Besonderheit unter → ECN's dar. Es wird ein 24-Stunden-Handel geboten. Das ECN ist an mehr als 15 Börsen zugelassen (darunter auch in Frankfurt) und verfolgt eine globale Strategie. Es bestehen strategische Allianzen mit dem ECN → Archipelago und dem ECN → Tradepoint, an dem I. im Juni 1999 gemeinsam mit Investmentbanken die Mehrheit erworben hat. Tradepoint soll als Plattform für die paneuropäische Expansion dienen. Am bedeutendsten sind jedoch nach wie vor die Transaktionen an der → NASDAQ. I. erfüllt die von der amerikanischen Börsenaufsicht → SEC an ECN's gestellten Anforderungen für den Zugang zu dieser Börse. Im Oktober 2000 wurden 15,1% des Transaktionsvolumens der NASDAQ über I. abgewickelt, dies entspricht dem ersten Platz unter acht registrierten ECN's. Von I. ins NASDAQ-System eingestellte Quotes werden mit dem Kürzel INCA gekennzeichnet.

Institute, nach → KWG werden zusammenfassend als I. → Kreditinstitute und → Finanzdienstleistungsinstitute bezeichnet (§ 1 Abs. 1b KWG).

Institutional Investor, *Institutioneller Anleger*; bezeichnet Anleger, die professionell → Portfolios verwalteten und mit diesen an den → Finanzmärkten in Erscheinung treten. Da sie umfangreiche Kapitalbeträge einsetzen, können sie mit Ihren Entscheidungen das Marktgeschehen beeinflussen.

Institutional Network, → Instinet.

institutionelle Anleger, *institutionelle Investoren, institutional investors*; stellen einen bedeutenden Teil der Marktteilnehmer dar. Aufbauend auf deren zumeist nicht bankbezogenen Geschäftstätigkeit werden die hierbei eingenommenen Mittel auf den Finanzmärkten reinvestiert. Aufgrund der bedeutenden Volumina haben i.A. einen erheblichen Einfluss auf die Finanzmärkte. Dabei spielen v.a. Versicherungsgesellschaften, Vermögensverwaltungen, Investmentfonds und je nach Volkswirtschaft auch Sozialversicherungsträger oder Pensionsfonds eine herausragende Rolle. Teilweise werden auch Banken dieser Gruppe zugerechnet.

Institut Monétaire Luxembourgois (IML), bezeichnet die für den luxemburgischen Kapitalmarkt zuständige Aufsichtsbehörde.

Insurance Linked Bond. Auch als Cat-Bond (Katastrophen-Bond) bezeichnete → Schuldverschreibung, deren → Rückzahlung an den Nichteintritt von Versicherungsfällen geknüpft ist. Sie sind ähnlich wie → Credit Linked Notes strukturiert. Anstelle eines → Kreditderivates wird lediglich ein Versicherungsderivat mit einer Schuldverschreibung verbunden. Der Erlös der → Emission wird in Schuldverschreibungen bester → Bonität investiert, die zur Sicherung der Anleihegläubiger an einen → Treuhänder übertragen werden. Versicherungsgesellschaften wollen auf diese Weise besonders große Ertragsrisiken, insb. durch Naturkatastrophen (Erdbeben, schwere Stürme) absichern.

Insurance Linked Securities (ILS), bezeichnet auf Versicherungsrisiken bezogene → Wertpapiere, in denen sich der allgemeinen Trend zur Verbriefung von Forderungen auf Versicherungsmärkten manifestiert. Da neue Akteure die klassischen Beziehungen zwischen Versicherungsnehmer, Erst- sowie Rückversicherer ergänzen, werden ILS den Instrumenten des Alternativen Risikotransfers (ART) zugerechnet. – Zentrale Variante der ILS sind sog. Katastrophenanleihen (CAT Bonds). Deren Kapitaldienst wird beim Eintritt des konkreten (Katastrophen-) Ereignisses reduziert, woraufhin der Emissionserlös bzw. die hiermit erworbenen Aktiva (teilweise) zur Deckung des auf den → Emittenten entfallenden Schadens verwendbar sind. Die Chancen für den Investor liegen demgegenüber insbesondere in einer höheren Risikoprämie/Rendite sowie in der sinnvollen Diversifizierung durch Portfolio-Beimischung von ILS. Neben CAT Bonds werden mitunter auch auf Katastrophen bezogene Derivate zu den ILS gezählt, denen vor allem auf

längere Sicht großes Entwicklungspotenzial beigemessen wird.

Intangible Asset, *immaterieller Vermögensgegenstand*; bezeichnet Vermögensgegenstände ohne Körperlichkeit. Unterschieden wird dabei in konkret fassbare Rechte bzw. Werte, wie Konzessionen oder Schutzrechte, und in (derivativen) → Firmenwert. Immaterielles Vermögen darf nur bei entgeltlichem Erwerb in der Bilanz ausgewiesen werden.

Integriertes Börsenhandels- und Informationssystem, → IBIS.

Interbank(en)handel, *interbank operations*; bezeichnet Handelsbeziehungen zwischen Banken. In verschiedenen Teilmärkten, wie dem → Devisenmarkt, dem → Geldmarkt oder den → Kreditmarkt.

Inter-Banken-Informations-System, (IBIS I); wurde 1989 von mehreren Banken als außerbörsliches Informations- und Abwicklungssystem entwickelt und diente als Grundlage für das Integrierte Börsenhandels- und Informationssystem (→ IBIS).

Interbankenmarkt, *Interbankmarkt, interbank market*. Markt, der alle Handelsbeziehungen zwischen Banken umfasst.

Interbank Rate, *Interbankensatz, Refinanzierungssatz*; Bezeichnung für den berechneten Zinssatz zwischen Banken. – Vgl. hierzu → Euribor.

Interbourse Data Information System (IDIS), in den Europäischen Gemeinschaften ursprünglich geplantes Börsensystem zur Abwicklung des innergemeinschaftlichen Börsenhandels.

Intercurrency Spread, Kauf eines → Devisenterminkontraktes (→ Long Position) in einer Währung und der gleichzeitige Verkauf eines Devisenterminkontraktes (→ Short Position) mit der selben Laufzeit in einer anderen Währung.

Interessengemeinschaft (IG), vertraglich bindender Zusammenschluss natürlicher Personen oder Unternehmen, insbe-

Interessenzusammenführung

sondere innerhalb einer Branche, zur Sicherung gemeinsamer Interessen. Die Vereinigung erfolgt unter dem Gesichtspunkt der Risikostreuung, d.h. sowohl Gewinne als auch Verluste werden auf Basis eines vor Vertragsschluss festgelegten Verfahrens auf die einzelnen Mitglieder verteilt. Nach außen erfolgt keine gemeinsame Vertretung, häufigste Er-scheinungsform ist daher die → Gesellschaft bürgerlichen Rechts. Erreicht eine IG durch gemeinschaftliche Absatzpolitik marktbeherrschenden Einfluss, unterliegt sie den kartellrechtlichen Bestimmungen.

Interessenzusammenführung, → Kapitalkonsolidierung.

interessewahrend, *safeguarding of interests*; Orderspezifikation für eine i.d.R. unlimitierte → Order, wonach das beauftragte → Kreditinstitut für den Kunden entscheidet, ob die Order an einem oder mehrere Börsentagen bzw. im ganzen oder in Teilorders ausgeführt wird.

Interest, → Zinsen.

Interest Coverage Ratio, → Zinsdeckung.

Interest Rate, → Zinssatz.

Interest Rate Cap. 1. *Zinsobergrenze, Höchstzinssatz*; beschreibt die vereinbarte Zinsobergrenze bei variabel verzinslichen → Darlehen oder bei variabel verzinslichen → Anleihen (→ Floating Rate Note). – 2. Bezeichnung für das gehandelte Recht aus einer Zinsbegrenzungsregelung (→ Cap). – Gegensatz: → Interest Rate Floor.

Interest Rate Collar, *Zinsunter- und -obergrenze*; beschreibt einen Zinskorridor, der durch den → Interest Rate Cap und den → Interest Rate Floor begrenzt wird und innerhalb dessen sich die Verzinsung für beschränkt variabel verzinsliche → Anleihen bewegt.

Interest Rate Exposure, → Zinsänderungsrisiko.

Interest Rate Floor, *Zinsuntergrenze*; beschreibt die vereinbarte Zinsuntergrenze bei variabel verzinslichen → Darlehen oder bei variabel verzinslichen → Anleihen (→ Floating Rate Note). – Gegensatz: → Interest Rate Cap.

Interest-Rate Futures Option, *Option auf Zinsterminkontrakte*; bezeichnet eine → Option auf → Zins-Futures.

Interest Rate Guarantee (IRG), *Zinsgarantie*; bezeichnet eine börsenfreie → Zinsoption mit einem → Forward Rate als → Underlying, um sich vor negativen Zinsentwicklungen zu schützen.

Interest-Rate Option, → Zinsoption.

Interest Rate Risk, → Zinsänderungsrisiko.

Interim Financial Reporting, → Zwischenbericht des Emittenten.

Interimsdividende, *a-conto-Dividende, Zwischendividende*, → *Abschlagsdividende interim dividend*; → Dividende, die schon während des Geschäftsjahres einer Aktiengesellschaft gezahlt wird. Bei Zahlung der → Schlussdividende nach Ablauf des Geschäftsjahres wird die I. angerechnet. Sie wird häufig von ausländischen Gesellschaften, v.a. in den USA, gezahlt.

Interimsschein, → Zwischenschein.

Interkalarzinsen, → Aktienzinsen.

Intermarket Frontrunning, → Dual Trading.

Intermarket Spread, *intercommodity spread, product spread, Inter-Markt-Spread*; Bezeichnung für den Kauf eines → Terminkontraktes (→ Long Position) an einer → Terminbörse und der gleichzeitige Verkauf (→ Short Position) eines Kontraktes auf ein ähnliches → Underlying mit gleicher Laufzeit, eventuell an einer anderen Terminbörse. – Vgl. auch → Intramarket Spread und → Intercurrency Spread.

Intermarket Trading System, (IST); stellt ein vollelektronisches Informationssystem dar, das von der → New York Stock Exchange (NYSE) mit der Zielsetzung entwickelt wurde, Informationen zwischen den einzelnen US-amerikanischen Börsen auszutauschen. Ein Handel mit → Wertpapieren findet über diese Informationsplattform nicht statt. Allerdings besteht für Börsenmitglieder die Möglichkeit, die besten An- und Verkaufskurse zu ermitteln und daraufhin die Order am jeweiligen → Börsenplatz zu platzieren. Durch die Implementierung von IST lässt sich nachhaltig eine Steigerung der Transparenz erzielen, womit unmittelbar eine Erhöhung der → Liquidität verbunden ist.

Internal Rate of Return (IRR), → Interner Zinsfuß.

International Accounting Standards (IAS), sind Verlautbarungen des International Accounting Standards Committee (IASC). Diese 1973 in London gegründete Institution bemüht sich um eine Verbesserung und weltweite Harmonisierung von Rechnungslegungsstandards und Methoden zur Aufstellungen von → Jahresabschlüssen. Bis Ende April 2000 wurden ca. 40 IAS verabschiedet. Rechnungslegungs- und Offenlegungsvorschriften werden nach IAS grundsätzlich größen- und rechtsformunabhängig vorgegeben. – Das IASC hat keine unmittelbare Autorität die Anwendung der IAS vorzuschreiben. Vielmehr haben sich die Mitglieder verpflichtet, die Umsetzung der IAS in ihren eigenen Ländern voranzutreiben. Nach Verabschiedung der mit der → International Organization of Securities Commissions (IOSCO) vereinbarten → Core Standards in 1998, hat diese die Empfehlung ausgesprochen, die IAS als Voraussetzung für die internationale → Börsenzulassung anzuerkennen. Weltweit ist eine steigende Tendenz zu erkennen, dass bei der Erstellung von → Jahresabschlüssen auf die IAS zurückgegriffen wird. Die Möglichkeit, → befreiende Konzernabschlüsse nach IAS aufzustellen hat diese Entwicklung gefördert. Die Bedeutung der IAS wird stark von der Entscheidung der → Securities and Exchange Commission abhängen, ob sie IAS für eine → Notierung an amerikanischen Börsen zulassen. Hier ist bisher kaum ein Entgegenkommen zu erkennen, wenngleich die Prüfung zugesagt ist. – IAS sind hinsichtlich ihrer Entstehung und inhaltlichen Ausgestaltung den → Generally Accepted Accounting Principles (GAAP) ähnlich. IAS versuchen jedoch grundsätzliche Regelungen zu finden, während die GAAP detaillierter sind. Bei den Zielen und Basisgrundsätzen ist insbesondere die Fair Presentation (wirtschaftlich angemessene Darstellung) zu beachten. Im Gegensatz zu den GAAP ist die Fair Presentation als sog. Overriding Principle zu verstehen, so dass in den (seltenen) Fällen, in denen die Befolgung einzelner IAS irreführend ist, auf die Anwendung dieser verzichtet werden kann.

International Association of Options Exchanges and Clearing Houses (IAOECH), → International Options Clearing Association.

International Bank for Reconstruction and Development (IBRD), → Weltbank.

International Banking Facilities (IBF). 1. Im Jahr 1981 vom Gouverneursrat des → Federal Reserve System zugelassene, vom sonstigen Bankbetrieb zu trennende Einrichtungen US-amerikanischer und ausländischer, in den USA tätigen Banken, die nicht den in den USA geltenden Regelungen der → Bankenaufsicht unterliegen und zum Teil Steuervergünstigungen genießen. – 2. Bezeichnung für Bankenfreizonen (v.a. in New York, Miami, San Francisco, Los Angeles und Chicago), in denen Einlagen von der → Einlagensicherung befreit sind. Die Gewinne der IBF unterliegen in verschiedenen Staaten nicht der staatlichen oder örtlichen Einkommensteuer.

International Brokers Estimate System (I/B/E/S), 1971 gegründeter, weltweit operierender Finanzinformationsdienstleister. Im Mittelpunkt der Arbeit von I/B/E/S stehen die Sammlung, Archivierung und Analyse von Gewinnschätzungen von und an Analysten über verschiedene Unternehmen. I/B/E/S tabelliert die diversen Gewinnschätzungen und stellt zudem die höchste, niedrigste und durchschnittliche Schätzungen zur Verfügung. Zum Jahresende 2000 bot I/B/E/S Gewinnerwartungen von über 18.000 Unternehmen aus 60 verschiedenen Län-

International Center for Settlement of Investment Disputes

dern, geschätzt von über 850 Analysten, an.

International Center for Settlement of Investment Disputes (ICSID), *Internationales Zentrum zur Beilage von Investitionsstreitigkeiten*. Das ISCID ist eine unabhängige internationale Organisation, die zur Beilage von Investitionsstreitigkeiten zwischen Staaten und Staatsbürgern anderer Länder 1966 gegründet wurde. Das ICSID ist bemüht, stärkere Zuflüsse internationaler Investitionen zu fördern, indem es bei Streitigkeiten zwischen Regierungen und ausländischen Investoren die Voraussetzungen für einen Vergleich oder eine Schlichtung schafft. Zudem übernimmt das ICSID im Zusammenhang mit den gesetzlichen Bestimmungen für Auslandsinvestitionen auch eine Reihe von Beratungsdiensten, Forschungs- und Publikationsaufgaben. Bis zum 30.06.1997 sind 128 Länder dem ICSID beigetreten. Die BRD ist Gründungsmitglied des ICSID.

International Depositary Receipts (IDR), von der Morgan Guaranty Trust Company im Jahr 1970 erstmalig eingeführte Zertifikate, die den Handel mit nicht am heimischen Markt notierten → Wertpapieren erleichtern, verbilligen und beschleunigen. IDR sind international handelbare → Inhaberpapiere, die den Aktionären in Ländern außerhalb des Emissionslandes bestätigen, dass eine bestimmte Stückzahl hinterlegter Aktienurkunden in einer Art → Sammelverwahrung bei einer offiziellen Hinterlegungsstelle aufbewahrt wird. IDR ermöglichen zum einen, dass die Wertpapiere ohne eine offizielle → Notierung an der dortigen Börse auch von ausländischen Investoren gehandelt werden können, zum anderen kann die → Börsengeschäftsabwicklung schnell und ohne eine → Auslieferung der Wertpapierurkunden erfolgen. – Vgl. auch → American Depositary Receipt (ADR).

International Finance Corporation (IFC), *Internationale Finanz-Corporation*; wurde als rechtlich selbständige internationale Organisation 1956 errichtet. Die Mitgliedschaft im IFC setzt eine Mitgliedschaft in der → Weltbank voraus. Die Mitgliedsstaaten sind anteilmäßig am Nominalkapital des IFC beteiligt. Die IFC soll die Tätigkeit der Weltbank ergänzen, insbesondere durch Finanzierung von Investitionen und Beteiligungen in Entwicklungsländern. Sie führt in- und ausländisches Kapital zusammen und fördert dadurch den Austausch von Kapital und Know-how.

International Financial Services Centre (IFSC), bezeichnet das 1987 in Dublin eingerichtete Finanzzentrum. Am IFSC haben sich die führenden, international operierenden Finanzgesellschaften, vor allem Banken, Versicherungen, Kapitalanlagegesellschaften und Finanzdienstleister von Industrie- und Handelsunternehmen, direkt oder über Tochtergesellschaften, angesiedelt, um die weitgehenden Erleichterungen steuer-, gesellschafts- und finanzmarktaufsichtlicher Art zu nutzen.

International Monetary Fund (IMF), → Internationaler Währungsfonds (IWF).

International Monetary Market, (IMM), *Internationaler Geldmarkt*; bezeichnet ein 1972 eingeführtes → Börsensegment für → Währungs-Futures an der → Chicago Mercantile Exchange (CME), durch das erstmals der Abschluss von Finanzterminkontrakten ermöglicht wurde. An der IMM gehandelte Währungs-Kontrakte basieren auf Schweizer Franken, Mexikanischen Pesos, Euro, Kanadischen Dollar, Pfund Sterling, Japanischen Yen, → Eurodollars, → Termineinlagen, US-Schatzwechseln mit 90-tägiger Laufzeit, sowie auf US-Einlagenzertifikaten. Zusammen mit dem Options- und Index-Segment umfasst der IMM an der CME einen bedeutenden Umfang von ca. 30% des US Future-Handels.

International Options Clearing Assocition (IOCA), bezeichnet die Nachfolgeorganisation der → Internationalen Vereinigung der Optionsbörsen (IAOECH), die 1983 mit der Zielsetzung gegründet wurde, den Informationsaustausch zwischen den → Optionsbörsen effizienter zu gestalten, bestehende Systemrisiken zu reduzieren, das Handelsvolumen an den internationalen Optionsbörsen zu steigern, sowie die Attraktivität der Optionsbörsen für internationale

International Standardization Organization

Marktteilnehmer durch gesteigerte Sicherheitsmechanismen und eine Kostenreduktion im → Clearing zu erhöhen.

International Organization for Standardization, → International Standardization Organization (ISO).

International Organization of Securities Commissions (IOSCO), *Internationale Organisation der Wertpapieraufsichtsbehörde.* Die Internationale Organisation der Wertpapieraufsichtsbehörden wurde 1983 als Forum für den Erfahrungsaustausch gegründet. Sie soll die Zusammenarbeit auf dem Gebiet des Aufsichtsrechts zwischen den Mitgliedern und die gegenseitige Unterstützung bei der Verfolgung von Verstößen gegen nationale Vorschriften über den Handel mit Wertpapieren fördern. Aufgrund von Empfehlungen der IOSCO haben zahlreiche Mitglieder bilaterale Kooperationsvereinbarungen (Mermoranda of Understanding) geschlossen, die den Austausch von Informationen über Wertpapierhandelsgeschäfte und deren Verwendung regeln. Darüber hinaus wurden durch die IOSCO Empfehlungen zur Regulierung der Wertpapiermärkte (Objectives and Principles of Securities Regulation), zum → Inhalt von Börsen- und → Verkaufsprospekten bei grenzüberschreitenden → Emissionen (International Disclosure Standards to Facilitate Cross-Border Offerings and Initial Listings by Foreign Issuers) sowie zu Fragen der Beaufsichtigung der Nutzung des Internets durch die Anbieter von Wertpapierdienstleistungen (Securities Activity on the Internet) erarbeitet. Mit dem Ziel, die Überwachung international tätiger Finanzkonglomerate besser koordinieren zu können, schlossen sich die IOSCO, der Baseler Ausschuss für Bankaufsicht und die → International Association of Insurance Supervisors (IAIS) bereits 1995 zum → Joint Forum of Financial Conglomerates zusammen. – Vgl. auch → Forum of European Securities Commissions (FESCO).

International Petroleum Exchange of London (IPE). Europas führende Energieterminbörse mit Sitz in London, an der täglich → Futures und → Optionen auf Rohöl, Heizöl, Erdgas und Elektrizität mit einem Basiswert von über 2 Mrd. US-$ gehandelt werden.

International Securities Identification Number (ISIN), diese besteht aus einem zwölfstelligem Code der weltweit gilt. Die ersten beiden Zahlen stellen immer das Land des Emittenten dar. Der nationale Code wie Wertpapierkennnummer, → CUSIP Number oder → SEDOL ist in den nächsten neun Stellen enthalten. Sollte der nationale Code keine neun Stellen lang sein, so werden die übrigen Stellen mit XXX aufgefüllt. Die letzte Zahl der ISIN ist eine Prüfziffer, welche zur Überprüfung selbiger dient.

International Securities Market Association (ISMA), Bezeichnung für eine von Regierungen und länderspezifischen Regelungen unabhängige, selbstregulierende Handelsvereinigung für den internationalen Wertpapiermarkt, die die Nachfolgeorganisation der → Association of International Bond Dealers (AIBD) darstellt. Mit Hilfe standardisierter Abwicklungs- und Settlementverfahren ist es das Ziel der ISMA, neben diversen Dienstleistungsangeboten für ihre derzeit mehr als 600 Mitglieder in 50 Ländern eine effiziente Gestaltung des internationalen → Wertpapierhandels zu implementieren.

International Society of Securities Administrators (ISSA). Vorläuferorganisation der → International Securities Services Association. Durch die 1996 vorgenommene Umbenennung soll der Tatsache Rechnung getragen werden, dass die → Wertpapierverwaltung und → -verwahrung im Laufe der Zeit einschneidenden Veränderungen unterlegen ist, so dass die Bezeichnung „Securities Administrator" den Aufgaben der Mitglieder der ISSA nicht mehr gerecht wurde.

International Standardization Organization (ISO), *International Organization for Standardization.* 1947 gegründete, regierungsunabhängige Organisation, deren Tätigkeitsschwerpunkt in der Entwicklung weltweit einheitlicher Standards zur Förderung des internationalen Handels mit Gütern und Dienstleistungen liegt. Dazu zählen auch standardisierte Richtlinien zum internationalen Wertpapieraus-

International Swap Dealers Association

tausch und zur internationalen → Wertpapierverwaltung. Die von der ISO erarbeiteten Ergebnisse werden einem international besetzten Gremium zur Validierung vorgelegt und ggf. in der Folge als „Internationale Standards" veröffentlicht.

International Swap Dealers Association, frühere Bezeichnung der → International Swaps and Derivatives Association (ISDA).

International Swaps and Derivatives Association (ISDA), *International Swap Dealers Association*; bezeichnet eine 1985 von Swap-Händlern gegründete, internationale Vereinigung mit derzeit mehr als 200 Mitgliedern, die früher unter der Bezeichnung → International Swap Dealers Association bekannt war. Ihre Aufgaben liegen v.a. in der Entwicklung einheitlicher Standardkontrakte für → Zins- und → Währungsswaps. Darüber hinaus ist es ihr Ziel, die → Markttransparenz durch die Ausbildung und Information der Händler zu erhöhen und deren Position gegenüber den Aufsichtsbehörden zu vertreten.

internationale Anleihen, → Emissionen, die außerhalb des Landes des → Schuldners durch ein international zusammengesetztes → Konsortium emittiert werden. Darüber hinaus gibt es für diese Anleihen keinen eigentlichen zentralen Heimatmarkt mit einer entsprechenden Börsennotierung.

Internationale Bank für Wiederaufbau und Entwicklung, → Weltbank.

Internationale Finanz-Corporation (IFC), → International Finance Corporation.

internationale Finanzmärkte, *international finance markets*; sind Märkte für Finanzierungen, bei denen die geografische Dimension von keiner Bedeutung ist. Auch wenn der Begriff mit definitorischen Problemen behaftet ist, wird er zumeist als globale Vernetzung einzelstaatlicher Märkte und ihrer Marktteilnehmer definiert. Die Klassifizierung erfolgt u.a. nach den Marktteilnehmern (Interbankenhandel, → institutionelle Anleger, transnationale Unternehmen usw.), nach der Fristigkeit (Geld- oder Kapitalmarkt), nach regionalen Schwerpunkten (Asienmarkt, Euroland) oder nach gehandelten Währungen (US-Dollar, Euro). Im allgemeinen Sprachgebrauch wird der → Euromarkt oft mit den i.F. gleichgesetzt.

internationale Liquidität, *international liquidity*; ist die Fähigkeit einer Volkswirtschaft, jederzeit mit international akzeptierten Mitteln ihre Verbindlichkeiten begleichen zu können. Dies erfolgt in erster Linie mittels der Haupthandelswährungen US-Dollar und Euro. Darauf aufbauend haben die USA und die EWWU eine gewisse Autonomie in der Schaffung i.L. Ein Mangel an i.L. entsteht, wenn bspw. eine defizitäre Zahlungsbilanz mangels entsprechender Währungsreserven, Goldbestände, → SZR und anderweitiger Kreditlinien nicht ausgeglichen werden kann. Die Beseitigung der Knappheit muss durch eine entsprechende Geld- und Währungspolitik erfolgen und nicht durch das Kurieren von Symptomen. So tritt bei flexiblen Wechselkursen aufgrund des Ausgleichsmechanismus ein Mangel an i.L. im engeren Sinne nicht auf.

internationaler Anleihemarkt, *internationaler Bondmarkt, international bond market*; ist der Teilbereich des Kapitalmarktes, auf dem ein internationaler Handel mit Anleihen stattfindet.

internationaler Fonds, *international fund*; → Sondervermögen, die ihre Finanzmittel unter geografischen Maßstäben diversifizieren, d.h. ihre → Anlagepolitik nicht auf eine Volkswirtschaft beschränken.

internationaler Geldmarkt, *international money market*; Bezeichnung für einen → Geldmarkt, an dem grenzüberschreitende Geldmarktgeschäfte in verschiedenen Währungen getätigt werden. Marktteilnehmer sind meist große Finanzinstitute und global tätige Unternehmen. Anders als bei nationalen Geldmärkten werden an i.G. auch durch → Broker einzelne Transaktionen vermittelt, wodurch kleinere Institute auch am internationalen → Geldhandel teilnehmen können. Hauptwährungen an i.G. sind US-Dollar,

Yen und Euro. – Vgl. auch → Euro-Geldmarkt.

internationaler Kapitalmarkt, *international capital market*; ist der Teilbereich der internationalen Finanzmärkte, auf dem tendenziell langfristige Finanzierungsformen grenzüberschreitend gehandelt werden. Es bietet sich eine Unterscheidung nach den Marktteilnehmern, der Handelswährung oder nach regionalen Aspekten an. Eine besondere Rolle spielt der → Euro-Kapitalmarkt, da hier regulatorische Rahmenbedingungen weitestgehend fehlen. Der i.K. umfasst nicht nur klassische Kreditbeziehungen oder den → internationalen Anleihemarkt, sondern auch innovative Finanzierungsformen (vielfältige Verbriefung von Forderungen), so dass der Begriff von einer zunehmenden definitorischen Unschärfe charakterisiert ist.

internationaler Kapitalverkehr, → Kapitalverkehr, internationaler.

Internationaler Währungsfonds (IWF), *International Monetary Fund (IMF)*. Der IWF wurde durch das Bretton-Woods-Abkommen am 27.12.1945 errichtet. Es handelt sich um eine rechtlich selbständige Sonderorganisation der Vereinten Nationen mit Sitz in Washington, D.C. Der IWF dient der Förderung stabiler Wechselkurse und geordneter Wechselkursregelungen zwischen den 180 Mitgliedern. Er bemüht sich um ein ausgeglichenes Wachstum des Welthandels und stellt seinen Mitgliedern bei Zahlungsbilanzschwierigkeiten vorübergehend Kredite zur Verfügung. Die Mitgliedschaft zum IMF steht jedem Staat offen.

internationales Währungssystem, *international monetary system*; stellt einen grundlegenden Ordnungsrahmen für das Zusammenwirken der nationalen Währungssysteme und damit für den internationalen Kapital-, Güter- und Dienstleistungsverkehr dar. – Grundsätzliches Problem ist die Wahl des Wechselkurssystems. Hier kommen → flexible (freie) Wechselkurse, d.h. Wechselkurse, die durch den Marktmechanismus bestimmt werden, aber auch → feste Wechselkurse in Frage. Weiterhin werden im Rahmen eines i.W. meist auch Aspekte der Währungskonvertibilität und des außenwirtschaftlichen Gleichgewichts berücksichtigt. – Ein i.W. im engeren Sinne mit einheitlichen und akzeptierten Regeln bestand nur in Form des → Goldstandards und des Bretton-Wood-Systems, das 1973 durch die Freigabe der Wechselkurse der westlichen Haupthandelsländer aufgelöst wurde.

internationales Zinsgefälle, bezeichnet das unterschiedliche Zinsniveau zwischen den Geld- und Kapitalmärkten verschiedener Länder. Ursachen liegen in einer unterschiedlichen nationalen → Wirtschaftspolitik begründet, insbesondere bezogen auf das Bestreben nach Geldwertstabilität. Das i.Z. führt unter sonst gleichen Bedingungen zu einem verstärkten investitionsgerichteten Geldzufluss in das Land mit dem höheren Zinsniveau. Diametral erfolgt in diesem Fall die Kreditaufnahme inländischer Unternehmen vermehrt auf ausländischen Märkten mit niedrigerem Zinsniveau. Bei Vorliegen von Währungskrisen und Abwertungen richten sich die Geldströme jedoch nicht notwendigerweise nach dem i.Z., sondern werden eher von Spekulations- und Sicherheitsüberlegungen geleitet. Unter anderem werden dann die Kosten zur Absicherung gegen Währungsrisiken für die Richtung und Ausprägung zinsinduzierter Kapitalströme entscheidend.

Internationale Vereinigung der Optionsbörsen (IAOECH), bezeichnet die Vorgängerorganisation der → International Options Clearing Association (IOCA).

Internationale Vereinigung der Wertpapierbörsen, → Fédération Internationale des Bourses de Valeurs.

interne Fremdfinanzierung, *inside debt financing*; bezeichnet die → Innenfinanzierung mit → Fremdkapital (FK) durch die Bildung von → Rückstellungen gemäß § 249 HGB.

interne Zinsfußmethode, *internal rate of return method*; bezeichnet eine Methode der dynamischen → Investitionsrechnung, bei der der → interne Zinsfuß der → Investition und der Opportunitätskostensatz miteinander verglichen werden. Eine

interner Zinsfuß

Investition gilt als vorteilhaft, wenn der → interne Zinsfuß größer ist als der dem Vergleich zugrunde liegende. Bei der → Finanzierung sind dagegen jene Projekte lohnend, bei denen der interne Zinsfuß unterhalb des Opportunitätskostensatzes des Kapitals liegt.

interner Zinsfuß, *internal rate of return*; spiegelt die → Verzinsung des in einem Projekt gebundenen → Kapitals wieder. Für seine Berechnung wird der → Kapitalwert einer → Investition oder → Finanzierung gleich null gesetzt und nach ihm aufgelöst.

$$KW_j = \sum_{t=0}^{T} \frac{E[\tilde{Z}_{j,t}]}{(1+r_{IZF})^t} \stackrel{!}{=} 0$$

r_{IZF} = *interner Zinsfuß*

KW_j = *Kapitalwert des Projektes j*

t = *Zahlungszeitpunkte*

$E[Z_{j,t}]$ = *Erwartungswerte der Zahlungen.*

Die Auflösung der Gleichung kann zu Schwierigkeiten führen, wenn eine Zahlungsreihe mehr als drei Zahlungszeitpunkte aufweist. Die Lösung kann dann näherungsweise mit Hilfe der linearen Interpolation ermittelt werden. Problematisch ist ebenfalls das die Berechnung auf impliziten Prämissen beruht. So wird unterstellt, dass sich → Reinvestition und Refinanzierung genau zum i.Z. des Projektes verzinsen.

Internes Rechnungswesen, *internal accounting*; bezeichnet denjenigen Teil des betrieblichen Rechnungswesens, der als Informations-, Lenkungs- und Steuerungsinstrument für die internen Bilanzadressaten dient und diesen über kalkulatorische Rechnungen entscheidungsunterstützende Informationen für die Unternehmenssteuerung zur Verfügung stellt. – Gegensatz: → externes Rechnungswesen.

Internet, Ad-hoc-Publizität, → Ad-hoc-Publizitätspflicht, elektronisches Informationssystem.

Internet Banking, ist die Bezeichnung für die Abwicklung von Bankgeschäften über das Internet. Als integraler Bestandteil des → Home Banking zeichnet sich das I.B. dadurch aus, dass die Kunden sämtliche Bankgeschäfte von zu Hause aus mit Hilfe ihres PCs erledigen können. Deshalb kann das I.B. auch nicht als neuartiges Bankprodukt bezeichnet werden, sondern ist vielmehr ein ergänzender Vertriebsweg zu dem bis dato dominierenden traditionellen Filialgeschäft. – Die generelle Problematik des I.B. liegt in der zum Teil mangelnden Sicherheit bei der Datenübertragung. Dem soll v.a. durch sehr komplexe Sicherheitsverfahren, verbesserte Autorisierungskontrollen der Nutzer und aufwendige Datenverschlüsselungen begegnet werden. So ist zur Ausführung einer Transaktion nicht nur die Eingabe der persönlichen Geheimzahl (→ PIN), sondern auch die einer für den jeweiligen Nutzer autorisierten Transaktionsnummer erforderlich. Dadurch soll gewährleistet werden, dass Transaktionen nur vom jeweils berechtigten Nutzer ausgeführt werden können. Die Zahl der Nutzer des I.B. nimmt, begünstigt durch den stetigen Anstieg der Zahl der auch privat genutzten PCs, kontinuierlich zu, was dazu führt, dass auch bisher eher traditionell ausgerichtete Kreditinstitute vermehrt Aktivitäten im Bereich des I.B. anbieten.

Internet-Börse, → Computerbörse.

Internetemission, *Internet-IPO*; Bezeichnung für die Durchführung von Börsengängen (→ Emissionen, → Initial Public Offerings) über das Internet durch spezialisierte → Internet-Emissionshäuser.

Internet-Emissionshäuser. Als I. werden virtuelle → Emissionsbanken bezeichnet, d.h. es existiert kein begehbares Bankhaus, sondern nur eine Plattform im Internet, über die Aktien von Unternehmen erstmals am Markt platziert werden. Der Geschäftsablauf wird vollelektronisch abgewickelt, wodurch sich sowohl für den Investor, als auch den Emittenten zahlreiche Vorteile ergeben, wie z.B. bessere Informations- und Kommunikationsmöglichkeiten und eine einfache, schnelle und kostengünstige Auftragsabwicklung.

Internetwerte, → Aktien von Internetunternehmen.

Intervention (-spflicht), *intervention*; erfolgt durch meist ausgewählte Marktteilnehmer oder -organisatoren, um unerwünscht starke oder erratische Ausschläge des Kurses, Preises oder Zinses abzumildern. Dies erfolgt entweder freiwillig, wie bspw. im Rahmen der Kurspflege durch die Emittenten bei einer Neuemission, oder aufgrund operationaler Bestimmungen, wie bspw. bei extremen Kursausschlägen im XETRA-System mittels Durchführung einer Auktion. Bekanntestes Beispiel ist die Interventionspflicht der Zentralbanken auf dem Devisenmarkt, um eine Abweichung des Wechselkurses von einer administrativ festgelegten Parität zu verhindern. Dies gilt sowohl für ein System mit festen Wechselkursen, als auch für ein System mit innerhalb zuvor festgelegter Bandbreiten flexiblen Wechselkursen. Im letzteren findet eine I. spätestens beim Erreichen der → Interventionspunkte statt. Auch bei flexiblen Wechselkursen kann eine freiwillige I. vorkommen, um einen Ausgleich extremer Schwankungen herbeizuführen.

Interventionspunkte, *peg points*. Im Rahmen floatender Wechselkurse sind als I. Tiefst- und Höchstkurse im Devisenhandel administrativ definiert. Bei Erreichen der I. muss die Währungsbehörde, in der Regel die Notenbank, auf dem Devisenmarkt intervenieren, um eine Preisbildung innerhalb der politisch gewollten Bandbreiten zu garantieren. Der → Intervention (-spflicht) wird durch den An- und Verkauf von Devisen (Währungsreserven) genüge geleistet.

INTEX, → International Futures Exchange.

In the Money Option, → Im-Geld-Option.

in the Money, → im Geld.

Intra Contract Spreading, Optionsstrategie, die mit verschiedenen → Kontrakten auf den selben → Basiswert (zum Beispiel dem → Bund-Future) aufgebaut wird. Die entsprechenden Kontrakte unterscheiden sich jedoch hinsichtlich der → Fälligkeit. Aufgrund dieser unterschiedlichen Fälligkeiten werden diese Geschäfte

Intramarket Spread

auch als Time-Spread (→ Time Spread Strategie) oder Kalender-Spread bezeichnet. Dabei kann ein entsprechender → Spread sowohl gekauft als verkauft werden. Von einem gekauften Spread wird gesprochen, wenn der Kontrakt mit dem früheren → Verfalltermin (nearby contract) gekauft und der Kontrakt mit der späteren Fälligkeit (deferred contract) verkauft wird. Von einem verkauften Spread spricht man folglich bei einem Verkauf der frühen Fälligkeit und einem Kauf der späteren Fälligkeit. Derartige Spreads werden dann eingesetzt, wenn der Kurs des → Futures vom theoretisch → fairen Wert abweicht und mit einer Annäherung des Kurses an den fairen Wert gerechnet wird. Die Strategie zielt folglich nur auf die Veränderung des Spreads und nicht auf eine bestimmte Marktrichtung.

Intraday Margin, zusätzliche Sicherheitsleistung, die in hochvolatilen Marktsituationen während eines Börsentages hinterlegt werden muss. – Vgl. → Margin.

Intraday-Handel, *intraday trading*. Der I. bezeichnet den Kauf und Verkauf eines Handelsobjektes innerhalb eines Tages. Auf diese Weise sollen tägliche Kursschwankungen zur Erzielung von Kursgewinnen genutzt werden. Eine wichtige Voraussetzung stellt dabei die permanente Verfügbarkeit von Echtzeit-Kursen dar. Die Möglichkeit des I. von → Wertpapieren und → Derivaten wird → Day Tradern vor allem von → Discount Brokern auf Basis des Internets angeboten. – Vgl. auch → Realtime-Kurse.

Intraday-Reversal, Bezeichnung für die innerhalb eines Tages stattfindende Umkehr von steigenden (fallenden) auf fallende (steigende) Kursentwicklungen.

Intramarket Spread, *interdelivery/intracurrency/intracommodity spread*; Bezeichnung für den gleichzeitigen Kauf und Verkauf von → Terminkontrakten mit dem gleichen → Underlying an der selben → Terminbörse, jedoch mit unterschiedlichen Laufzeiten. Beispielsweise wird ein Dezember Yen-Kontrakt gekauft (verkauft) und gleichzeitig ein März Yen-Kontrakt verkauft (gekauft). Bei einem Bull I.S. wird der kurz laufende Kontrakt

Intrinsic Value

erworben und der lang laufende Kontrakt verkauft. Diese Strategie ist profitabel, wenn der Preis des kurzlaufenden Kontrakts stärker zunimmt als der Preis des länger laufenden Kontrakts oder der kurz laufende Kontrakt geringer im Preis verfällt als der länger laufende Kontrakt. Unter einem Bear I.S. versteht man die entgegengesetzte Strategie. – Vgl. auch → Intermarket Spread.

Intrinsic Value, → innerer Wert.

Inventarwert, *net asset value, net asset value per share*; gibt den Wert eines → Sondervermögens an, indem der Fondsbestand zu den jeweiligen Marktpreisen bewertet wird. Unter Einbeziehung der Anzahl der → Anteilscheine ergibt sich der I. pro Fondsanteil. Der → Rücknahmepreis → offener Investmentfonds basiert in der Regel auf dem I. pro Anteil, wobei beim Erwerb von Fondsanteilen zumeist ein → Ausgabeaufschlag verlangt wird. Bei der Börsennotierung von → geschlossenen Investmentfonds, in Deutschland meist unüblich, ergibt sich der realisierbare Wert durch den Preisbildungsprozess am (Effekten-)Markt. Hierdurch kann der Marktpreis erheblich vom I. abweichen.

Inventory Turnover Ratio, → Lagerumschlag.

inverse Zinsstruktur, *reverse yield curve*; beschreibt den Zustand, in dem die Verzinsung für die Anlage von Geldmitteln um so niedriger ausfällt, je länger die Laufzeit der Anlage ist, so dass in diesem Falle die → Zinsstrukturkurve eine negative Steigung aufweist.

Inverted Market, engl. Bezeichnung für einen Finanzmarkt mit inverser Zinsstruktur. Langfristige Kapitalanlagen weisen eine Verzinsung auf, die unter derjenigen für kurzfristige Finanztitel liegt, bzw. einen Kurs, der höher ist als der für kurzfristige Anlagen. Auf Terminmärkten auch unter der Bezeichnung → backwardation bekannt.

Investitionen, *investments, capital spending*. Bei der Definition des Begriffes I. existieren innerhalb der Teildisziplinen der Wirtschaftswissenschaften unterschiedliche Ansätze. Die Volkswirtschaft versteht unter I. alle Gütermengen, die der Erhaltung, Erweiterung oder Verbesserung der volkswirtschaftlichen Produktion dienen. Investieren bedeutet die Bildung von → Kapital und setzt implizit den Verzicht auf Konsum, das → Sparen, voraus. Die → Finanzierung der I. erfolgt durch die Ersparnisse der Haushalte bzw. durch das Einbehalten von → Gewinnen seitens der Unternehmen. Die Betriebswirtschaftslehre versteht unter I. Auszahlungen zur Anschaffung oder Herstellung von Vermögensgegenständen, die zukünftige Einzahlungen oder Auszahlungsminderungen auslösen sollen. Durch die getätigten Ausgaben wird eine gewisse Kapitalbindung bewirkt. Eine I. bedeutet darüber hinaus die Verwendung finanzieller Mittel und umfasst alle Maßnahmen, die der zielgerichteten Nutzung von Kapital dienen. Grundlage für die → Investitionsrechnung ist der zahlungsorientierte Investitionsbegriff. I. lassen sich durch ihre Ein- und Auszahlungen, d.h. durch einen → Zahlungsstrom abbilden, so dass Investitionsprojekte erfasst und bewertet werden können. Die I. ist mit der Finanzierung eng verbunden, da beide betriebswirtschaftliche Funktionsbereiche bezeichnen. Bilanzpolitisch gesehen beinhaltet die Passivseite alle (bilanzierungspflichtigen) Finanzierungen, die Aktivseite alle (bilanzierungspflichtigen) I. Die I. lassen sich anhand verschiedener Merkmale kategorisieren. – 1. Nach dem Investitionsobjekt unterscheidet man zwischen → Sach- und → Finanzinvestitionen. Sach- bzw. Realinvestitionen sind I. in materielle und immaterielle Vermögenswerte, wohingegen Finanzinvestitionen den Erwerb von → Forderungs- oder → Beteiligungsrechten einschließen. – 2. In Bezug auf die Zwecksetzung und den Investitionsanlass werden Sachinvestitionen in Ersatz-, Rationalisierungs- und Erweiterungsinvestitionen untergliedert. Bei Ersatz- bzw. Reinvestitionen handelt es sich um die Substitution technisch nicht mehr gebrauchsfähiger Produktionsanlagen durch neue Anlagen. Rationalisierungsinvestitionen bezeichnen den Austausch von technisch noch funktionsfähigen Produktionsanlagen durch neue, meist kostengünstigere Anlagen. Erweiterungsinvestitionen dienen der Erhöhung der betrieblichen Kapazität. – 3. Nach der Nutzungsdauer kann eine Aufteilung in I. kurz-, mittel- oder langfristiger Art erfolgen. – 4. Die Einteilung nach betrieblichen Funktionsbereichen, wie beispielsweise Beschaffung, Produktion, Vertrieb, Marketing, Forschung und Entwicklung erfordert die Unterscheidung nach bilanzwirksamen (Sach-, Finanzinvestitionen) und bilanzunwirksamen (Personal-, Forschungs- und Entwicklungsinvestitionen) I. – 5. Bezüglich ihres zeitlichen Horizonts lassen sich Gründungs- und laufende I. unterscheiden. – 6. Eine weitere begriffliche Aufteilung kann in → Brutto- und → Nettoinvestitionen vorgenommen werden. Bruttoinvestitionen beinhalten die kompletten I. zur Anschaffung oder Herstellung von Vermögensgegenständen, einschließlich der reinvestierten Abschreibungswerte, wohingegen sich Nettoinvestitionen aus der Differenz zwischen Bruttoinvestitionen und Ersatzinvestitionen ergeben, d.h. sie bezeichnen die tatsächlich neu hinzugekommenen I., die über die Ersatzinvestitionen hinausgehen. Ist die Nettoinvestition gleich Null, dann werden nur die Abschreibungsgegenwerte reinvestiert. Werden die Abschreibungsgegenwerte nicht für Investitionszwecke verwendet, so ist die Bruttoinvestition gleich Null und man spricht in diesem Fall von → Desinvestitionen. Dies bedeutet, dass in einer Volkswirtschaft oder in einem Unternehmen weniger investiert als abgeschrieben wird, so dass es sich faktisch um eine umgekehrte I. handelt.

Investment. 1. → Investition. – 2. → Kapitalanlage.

Investment Advisor, *Anlageberater*; vor allem in den USA verwendete Bezeichnung für einen → Anlageberater. – Vgl. auch → Broker.

Investmentaktiengesellschaft, investment stock corporation; → Aktiengesellschaft, deren Unternehmensgegenstand die Anlage ihrer Mittel nach dem Grundsatz der → Risikostreuung in → Wertpapieren und → stillen Beteiligungen ist. Ziel der I. ist die Partizipation ihrer Anteilseigner am Gewinn der Vermögensanlage. Ökonomisch stellen I. daher →

Investmentanteile als Kapitalanlage

geschlossene Investmentfonds dar. Bezüglich der zulässigen Vermögensgegenstände gelten im allgemeinen die gesetzlichen Grundsätze der → Wertpapier-Sondervermögen sowie der → Beteiligungs-Sondervermögen. Wesentliche Unterschiede sind die Anlagemöglichkeiten in Höhe von 20% des Gesellschaftskapitals in nicht börsennotierten Wertpapieren sowie 50% in stillen Beteiligungen. Dadurch soll vor allem die → Venture-Capital Anlage gefördert werden. Es besteht ferner die Möglichkeit langfristiger Kreditaufnahme in Höhe von maximal 10% des Gesellschaftskapitals. Im Gegensatz zu → Fondsanteilen an offenen → Investmentfonds werden Anteile an der I. nicht von dieser zurückgenommen, es findet statt dessen ein Handel an der → Börse statt. Dies soll die Möglichkeit der → antizyklischen Anlage der I. bei fallenden Börsenkursen ermöglichen. Die I. darf ausschließlich → Inhaberaktien ausgeben. 90% der Aktien müssen binnen sechs Monaten nach Aufnahme des Geschäftsbetriebes öffentlich angeboten werden, 75% binnen zwölf Monaten im Publikum gestreut sein. I. sind verpflichtet, ihren → Inventarwert mindestens wöchentlich zu ermitteln und zu veröffentlichen. Unterschreitet der Aktienkurs der I. deren Inventarwert um mindestens 10%, so hat die I. die Möglichkeit, eigene Aktien zurückzukaufen, um der Unterbewertung entgegenzutreten. Die für → KAGG steuerlichen Vorschriften gelten nicht für I., sodass hier insbesondere Körperschafts- sowie Gewerbesteuer anfallen. Diese steuerliche Behandlung kann im Gegensatz zu KAGG als nachteilig erachtet werden.

Investmentanteile als Kapitalanlage, *investment in mutual funds*. → Investmentfonds eignen sich als → Kapitalanlage vor allem für Sparer, die sich mit kalkuliertem → Risiko an der allgemeinen wirtschaftlichen Entwicklung beteiligen wollen. Die wichtigsten Vorteile der Anlage in Fonds sind → Risikostreuung und die Übernahme der Anlage, Überwachung und Umschichtung des → Fondsvermögens durch die → Fondsmanager. Investmentfonds verteilen i.d.R. das Fondsvermögen sehr breit auf verschiedene Anlageobjekte und können damit eine → Di-

Investmentanteile, Splitting

versifikation erzielen, die der einzelne Anleger nur mit hohen Kosten nachbilden kann. Kapitalanlage, Überwachung der getätigten Anlagen und ggf. Umschichtungen nimmt das spezialisierte Fondsmanagement dem einzelnen Anleger ab. Somit werden Fonds oft von weniger erfahrene Anlegern und Personen, die zur Kapitalanlage wenig Zeit haben oder Bequemlichkeit vorziehen, erworben. Die Informationskosten bei der Kapitalanlage, die weitgehend unabhängig von der Anlagehöhe anfallen, können bei Fonds auf hohe Anlagevolumina verteilt werden. Dies stellt somit einen Kostenvorteil gegenüber einer → Direktanlage dar. Als Nachteil der Fondsanlage kann man die Underperformance von Fonds anführen, da viele Investmentfondsmanager es auf Dauer nicht schaffen, eine bessere Wertentwicklung als ihr → Benchmark zu erzielen. Vor diesem Hintergrund finden daher → Indexfonds (passive Fonds) und Indexzertifikate steigende Beachtung. Für den kontinuierlichen Vermögensaufbau bieten immer mehr Banken und → Investmentgesellschaften → Investmentsparpläne an, bei denen regelmässig für feste Beträge → Fondsanteile über einen langen Zeithorizont erworben werden.

Investmentanteile, Splitting. Bei einem → Splitting gibt die → Kapitalanlagegesellschaft kostenlos neue → Anteile an die bisherigen Anteilsinhaber aus, um einen attraktiveren Preis pro Anteilsschein zu generieren. Der Preis eines einzelnen Anteils reduziert sich hierbei gemäß dem Verhältnis der neu ausgegebenen zur Summe der bisher ausgegebenen Anteile, während sich das Gesamtvermögen des Fonds durch diese Ausgabe nicht ändert. I.d.R. splittet eine Kapitalanlagegesellschaft die Anteile ihres → Fonds, wenn sich der Preis eines einzelnen Anteilsscheins aufgrund von Kurssteigerungen stark erhöht hat. Als Gründe für ein Splitting werden die verbesserte Handelbarkeit von Anteilen mit niedrigen nominellen Preisen sowie die psychologische Präferenz der Anleger für Wertpapiere mit niedrigen Kursen genannt.

Investmentanteile, steuerliche Behandlung, *taxation aspects of shares*. 1. Besteuerung inländischer Investmentanteile: Unter der Annahme, dass die Investmentanteile im Privatvermögen einer in der BRD unbeschränkt steuerpflichtigen Person gehalten werden, fallen die Ausschüttungen auf Anteilscheine an offenen Investmentfonds nach Erhebung der Körperschaftsteuer von 25% unter den § 20 EStG und unterliegen demgemäß der Einkommensteuer. Das seit dem 01.01.2002 geltende → Halbeinkünfteverfahren bewirkt, dass vom Fonds ausgeschüttete Dividenden auf Ebene des Anteilseigners nur zur Hälfte besteuert werden müssen. Allerdings entfällt die bis zu diesem Datum mögliche Anrechnung der Körperschaftsteuer (→ Körperschaftsteueranrechnungsverfahren). Besonderheiten bei der Besteuerung ergeben sich für Zwischengewinne, die durch Veräußerung oder Rückgabe von in- und ausländischen Investmentanteilen während eines Geschäftsjahres entstehen. Ein Zwischengewinn ist der im Rücknahmepreis enthaltene Betrag für noch nicht zugeflossene und noch nicht als zugeflossen geltende Zinseinnahmen gem. § 20 I Nr. 7 EStG oder zinsähnliche Erträge und Investmentfonds auf derartige Einnahmen. Der Zwischengewinn ist vom Verkäufer als Einnahme nach § 20 EStG zu versteuern, wobei der Erwerber dann den im Ausgleichsbetrag enthaltenen Zwischengewinn steuermindernd abziehen kann. Die Höhe des im Rücknahmepreis enthaltenen Zwischengewinns wird von der Fondverwaltungsgesellschaft börsentäglich ermittelt und bekanntgegeben. – 2. Besteuerung ausländischer Investmentfonds: Für die Besteuerung von in der BRD unbeschränkt steuerpflichtigen Anteilseignern, die die Investmentanteile im Privatvermögen halten, werden drei Gruppen von Anteilscheinen unterschieden: a) Fonds nach § 17 AuslInvestmG, sog. registrierte Fonds werden den inländischen Fonds gleichgestellt. b) Bei Fonds von ausländischen Investmentgesellschaften, die die Voraussetzungen des § 17 AuslInvestmG nicht erfüllen, aber einen inländischen Repräsentanten besitzen, ist die gesamte Ausschüttung bzw. der gesamte thesaurierte Ertrag vom Anleger zu versteuern. In der Ausschüttung enthaltene etwaige Veräußerungsgewinne sind also auch inbegriffen. c) Für Fonds, die die Voraussetzungen des § 17 AuslInvestmG nicht erfüllen und die keinen Repräsentanten im Inland halten, erfolgt die volle Besteuerung der Ausschüttung und auch eines fiktiven Wertzuwachses von 90% der Differenz zwischen dem Rücknahmepreis zu Beginn und zum Ende des Wirtschaftsjahres. Es werden jedoch mindestens 10% des Rücknahmepreises zum Ende des Wirtschaftsjahres besteuert. Unter diesen Gesichtspunkten erscheint es nur in seltenen Fällen vorteilhaft, diese Fonds zu erwerben. – Vgl. auch → Anrechnungsverfahren bei Investmentfonds.

Investment Bank. Banken, die sich in einem Trennbankensystem auf das → Effektengeschäft beschränken und dieses dabei nicht mit dem → Einlagen- und → Kreditgeschäft, das von den → Commercial Banks betrieben wird, kombinieren. – Vgl. auch → Universalbank und → Investment-Banking.

Investment-Banking. Eine eindeutige Definition des Begriffs I. gibt es nicht, im weitesten Sinne bezeichnet es die Geschäftstätigkeit von Investment Banken. Dies erstreckt sich vom → Emissionsgeschäft und der beratenden Tätigkeit im → Corporate Finance über den Handel von Wertpapieren und Waren zum → Asset Management und → Research. – Entstanden ist das I. in seiner heutigen Form aus den regulativen Gesetzesänderungen in den USA nach der Weltwirtschaftskrise 1929 (u.a. → Glass Steagall Act). Diese sind ursächlich für die Trennung der Geschäftsfelder der Banken in das Einlagen- und Kreditgeschäft einerseits und in das Wertpapiergeschäft andererseits, sowie die Aufteilung der Banken in → Commerical Banks und → Investment Banken (→ Trennbankensystem). – Seit Entstehung der modernen Kapitalmarkttheorie und der Weiterentwicklung weltweiter → Kapitalmärkte erhielt das I. einen rapiden Aufschwung, insbesondere seit den 70er Jahren.

Investment Commitee, → Anlageausschuss.

Investment Company, → Investmentgesellschaft.

Investmentgesellschaft

Investment Company Act (ICA), 1940 in den USA verabschiedetes Investmentgesetz, das dem Anlegerschutz dient. U.a. werden den → Investmentgesellschaften im ICA umfassende Publizitätsvorschriften (→ Publizität) auferlegt und Bewertungsregeln für das Fondsvermögen vorgegeben. Nach dem ICA ist die → Securities and Exchange Commission die Aufsichtsbehörde für Investmentgesellschaften.

Investmentfonds, *Fonds, investment fund, mutual fund, unit trust.* Nach deutschem Recht ist ein I. ein → Sondervermögen, das von einer → Kapitalanlagegesellschaft verwaltet wird. Die Verwahrung des Sondervermögens übernimmt eine unabhängige → Depotbank. Ein I. bündelt die Gelder der Anleger, um sie anschließend nach dem Grundsatz der Risikostreuung in verschiedenen Vermögenswerten gewinnbringend anzulegen. – Vgl. → Fondsarten.

Investmentfondsanteil Sondervermögen, *shares in investmentfunds*; die von Anlegern bei → Investmentgesellschaften eingelegten Gelder zum Erwerb von Anteilen in → Beteiligungs-, → Geldmarkt- und → Wertpapierfonds bzw. von Grundstücks-Sondervermögen, → gemischten Wertpapier- und Grundstücks-Sondervermögen sowie → Altersvorsorge-Sondervermögen, sofern diese keine → Spezialfonds sind.

Investmentfonds-Sondervermögen, *investment fund special fund*; Bezeichnung für diejenige Vermögensmasse eines → Investmentfonds, die sich aus den eingelegtem Geldern der Kunden und den mit diesen Mitteln erworbenen Vermögensgegenständen zusammensetzt.

Investmentgesellschaft, *Kapitalanlagegesellschaft, investment trust/company.* I. sind Unternehmen, deren Geschäftsbereich darauf gerichtet ist, bei ihnen eingelegtes Geld im eigenen Namen für gemeinschaftliche Rechnung der Einleger nach dem Grundsatz der Risikomischung in Wertpapieren oder Grundstücken gesondert von dem eigenen Vermögen anzulegen und über die hieraus sich ergebenen Rechte der Einleger (→ Anteilinhaber)

Investmentgesellschaft, Anlagepolitik

Urkunden (→ Anteilscheine) auszustellen (§ 1 KAGG). – Vgl. auch → Investmentgesellschaft, Konstruktion.

Investmentgesellschaft, Anlagepolitik, → Anlagepolitik von Investmentgesellschaften.

Investmentgesellschaft, Konstruktion, *investment company, construction*. Hinsichtlich der Konstruktionsformen unterscheidet man → Investmentgesellschaften nach dem Gesellschaftstypus - in erster Linie Gesellschaften aus dem amerikanischen oder niederländischen Raum - und nach dem Vertragstypus, die dem → KAGG unterliegen. – Der Konstruktionsform Gesellschaftstypus liegt die Gründung einer AG zu Grunde, die für ihre Gesellschafter Wertpapiere erwirbt und diese verwaltet. Der Anleger wird → Aktionär der jeweiligen Investmentgesellschaft, die Wertpapiere für ihr eigenes Vermögen kauft, an dem der Anleger kein Eigentum erwirbt. Er ist auch nicht direkt an den Erträgen der Vermögensgegenstände beteiligt, sondern am Jahresgewinn der Investmentgesellschaft. Der Anleger zahlt bzw. erhält beim Kauf bzw. Verkauf nicht den anteiligen Marktwert der von der Gesellschaft gekauften Wertpapiere, sondern den Börsenkurs, der sich durch Angebot und Nachfrage ergibt. – Die deutschen Investmentgesellschaften sind nach dem Vertragstypus konstruiert, da das deutsche Aktienrecht das durch die dauernde Aus- bzw. Rückgabe von Anteilscheinen hervorgerufene variable Grundkapital der Aktiengesellschaft nach dem Gesellschaftstypus nicht zulässt. Kapitaländerungen bedürfen nach deutschem Recht des Gesellschafterbeschlusses. Der Anleger erwirbt bei dieser Konstruktionsform Rechte an den im → Sondervermögen enthaltenen Werten und nicht an der Investmentgesellschaft. Die Beziehungen zwischen den Anteilinhabern und der Kapitalanlagegesellschaft werden per Vertrag geregelt. Die Vermögensgegenstände des Sondervermögens stehen entweder im Miteigentum der Gesamtheit der Anleger (→ Miteigentumsfonds) oder in wirtschaftlichem Eigentum der Anleger, das von der Kapitalanlagegesellschaft treuhänderisch verwaltet wird (Treuhandkonstruktion). Die Trennung zwischen dem Sondervermögen der Anleger und dem Vermögen der Investmentgesellschaft dient dem → Anlegerschutz, da im Konkursfall das Sondervermögen nicht zur → Konkursmasse gehören würde.

Investmentgesetz, *investment act*; Kurzbezeichnung für das → Gesetz über Kapitalanlagegesellschaften.

Investment Grade, ein → Wertpapier wird dem I.G. Bereich zugeordnet, wenn es über ein → Rating von BBB (→ Standard & Poor´s) bzw. Baa (→ Moody´s) oder besser verfügt.

Investmentkonto, *investment account*; von einem Kunden verwendetes → Depot zum Ansammeln und Ansparen von Investmentvermögen bei einem → Kreditinstitut oder einer → Kapitalanlagegesellschaft. – Vgl. auch → Investmentsparen.

Investment Letter, Vereinbarung zwischen den Vertragspartnern, v.a. im Handel von → Letter Stocks, die vorsieht, dass die erworbenen Titel der Anlage dienen und daher über einen längeren Zeitraum vom Käufer nicht veräußert werden dürfen. Das damit verbundene Risiko wird in der Regel durch einen → Paketabschlag beim Verkauf honoriert.

Investment Objective, → Anlegerziele.

Investmentrichtlinie, *OGAW-Richtlinie, ec-directive on foreign investments*; EU-Richtlinie vom 20.12.1985 zur Koordinierung der Rechts- und Verwaltungsvorschriften. Die I. wurde in Deutschland durch das Finanzmarktförderungsgesetz vom 22.02.1990 umgesetzt.

Investmentsparen

Dr. Manfred Laux

Die Investmentidee geht ursprünglich auf die Intention zurück, den kleinen Sparern die gleichen Vorteile zu verschaffen wie den reichen, indem das → Risiko durch die Streuung der Kapitalanlage auf eine Vielzahl verschiedener → Aktien vermindert wird. Vordergründig wird die Investmentidee deshalb häufig der risikogestreuten Anlage insbesondere in Aktien gleichgestellt. Im Laufe der Zeit hat sie sich weiterentwickelt zur „Chancengleichheit für alle Anleger an allen Anlagemärkten". Heute ist es sowohl Privatanlegern als auch Unternehmen sowie unter staatlicher Aufsicht stehenden Kapitalsammelstellen grundsätzlich möglich, sich über Investmentfonds außer am organisierten Kapitalmarkt, das heißt an den nationalen und internationalen Aktien- und Rentenmärkten auch am Grundstücksmarkt, am Markt für stille Beteiligungen, am Options- und Futuresmarkt, am Markt für Schuldscheindarlehen und am Geldmarkt zu engagieren. Unterschiedliche Fondsgestaltungen wie zum Beispiel → Altersvorsorge-Sondervermögen oder Dachfonds und andere komplettieren das Bild.

Das Investmentsparen, die konkrete Ausgestaltung der Investmentidee, lässt sich somit heute in Deutschland definieren als die gesetzlich geregelte, standardisierte Form der professionellen Vermögensverwaltung für jedermann und jeden Zweck. Sie ist gesetzlich geregelt, weil – anders als in der ersten Hälfte des 19. Jahrhunderts – mit dem → Gesetz über Kapitalanlagegesellschaften von 1957 die zum Schutz der Sparer erforderliche Ordnung und Beaufsichtigung des deutschen Investmentmarktes geschaffen und die steuerliche Gleichstellung zwischen Investmentsparen und Direktanlage realisiert ist. Sie ist standardisiert, weil lediglich die vom Gesetzgeber zugelassenen Produkte als Investmentprodukte angeboten werden dürfen und diese → Sondervermögen einheitlichen Mindestanforderungen unterliegen. Um eine professionelle Vermögensverwaltung handelt es sich, weil Investmentfonds von Experten gemanagte → Depots mit einer Vielzahl von Einzelwerten darstellen. Nicht zuletzt ist sie für jedermann geeignet, weil die Investmentbranche für jeden Typus von Anleger ein Produkt entwickelt hat. Dies gilt für natürliche und nicht natürliche Personen, für sicherheitsorientierte und risikofreudige, für solche mit kurzem und längerem Anlagehorizont.

Die Initiatoren des Gesetzes über Kapitalanlagegesellschaften führten bereits im Jahre 1953 zur Begründung an: „Wenn das Investmentsparen die erhoffte Verbreitung gewinnt, so werden in zunehmendem Maße weitere Bevölkerungskreise an Bestand, Zuwachs und Erträgen des Produktionsvermögens der Wirtschaft beteiligt. Hierdurch wird einerseits die private Eigentumsbildung und damit das Gefühl der Mitbeteiligung und Mitverantwortung am wirtschaftlichen Geschehen gefördert. Zum anderen ist zu erwarten, dass bei einer Ausweitung des Investmentsparens auch neue Kapitalquellen für Investitionen und Rationalisierungsmaßnahmen der Wirtschaft erschlossen werden."

Der Auftrag der Investment-Gesellschaften ist damit seit Anbeginn umrissen. Er besteht im wesentlichen in einer sozialpolitischen, finanzierungs- und kapitalmarktpolitischen Funktion.

Sozialpolitisch ist hinsichtlich der Beteiligung der Bevölkerung am Produktivkapital und der privaten Altersvorsorge zu unterscheiden. Bei beiden Intentionen hat die Investmentanlage entscheidend zur Verbesserung der Möglichkeiten beigetragen. Die Investmentanlage spielt bei der heute geltenden vermögenspolitischen Konzeption, die eine Schwerpunktverlagerung zum Beteiligungssparen brachte, als außerbetriebliche Anlageform eine herausragende Rolle.

Mit Blick auf die Alterssicherung ist wesentlich: Zwischen dem Wunsch jedes Einzelnen nach größtmöglicher finanzieller Sicherheit im Alter und der Wirklichkeit klafft nicht selten eine große Lücke. Dies gilt vor allem für den Fall, dass sich die Altersversorgung ausschließlich oder weitgehend auf die gesetzliche Rentenversicherung stützt, denn sie kann dem einzelnen

Investmentsparen

nur eine gewisse Grundversorgung bieten. Die investmentspezifische Antwort auf die Verbesserung der Alterssicherungssituation lautet „Altersvorsorge-Sondervermögen".

Zur finanzierungspolitischen Funktion ist festzustellen, dass Investment-Gesellschaften anlagebereite Spargelder kanalisieren und an den → Kapitalmarkt weiterleiten. Sie erhöhen dadurch die Finanzierungskraft der Unternehmen und tragen somit zur positiven Entwicklung der Volkswirtschaft bei.

Von fundamentaler Bedeutung für die Kapitalversorgung einer Volkswirtschaft ist ein funktionsfähiger Wertpapierprimär- und -sekundärmarkt. Durch ihre Aktivitäten an der Börse leisten die Fonds einen wichtigen Beitrag zur Stärkung des → Sekundärmarkts. Die Fondsverwalter müssen – da sie Kraft Gesetzes im ausschließlichen Interesse ihrer Anleger zu handeln haben – die Mittelzuflüsse so rentabel wie möglich anlegen.

Dies setzt ein hohes Maß an Flexibilität voraus, das heißt, die Bereitschaft, sich ständig in der Anlagestrategie und -taktik den geänderten Marktverhältnissen durch Umschichtungen oder Variation ihrer Liquiditätsreserve anzupassen. Neben ihrem Beitrag für einen funktionierenden Sekundärmarkt wirken Investmentfonds darüber hinaus auch kapitalmarktstabilisierend.

Unter einem Investmentfonds (Sondervermögen) nach deutschem Recht versteht man rechtlich die Gesamtheit der von Anleger eingelegten Gelder und die damit erworbenen Vermögensgegenstände. Bei wirtschaftlicher Betrachtung hat ein Investmentfonds den Charakter eines gemanagten → Depots, das aus einer Vielzahl von Einzelwerten besteht. Die Verwaltung des Sondervermögens erfolgt auf vertraglicher Grundlage und ist aufgrund zwingender gesetzlicher Regelungen in den Vertragsbedingungen näher umschrieben.

Es gibt verschiedene Arten von Investmentfonds. Dabei sind im wesentlichen drei Unterscheidungsmerkmale von Bedeutung. Diese sind das Anlagespektrum, die Ertragsverwendung und der Anlegerkreis. Ausschlaggebend ist hier, ob nach den jeweiligen Vertragsbedingungen, zum Beispiel vornehmlich in Aktien (→ Aktienfonds), in → festverzinslichen Wertpapieren (→ Rentenfonds), in → Geldmarktpapieren und -instrumenten (→ Geldmarktfonds) oder in Immobilien (→ Offene Immobilienfonds) investiert wird.

Darüber hinaus können auch weitere in der Anlagestrategie zum Ausdruck kommende Besonderheiten als anlagespezifisches Unterscheidungsmerkmal herangezogen werden. In diesem Zusammenhang sind zum Beispiel Fonds mit festverzinslichen Wertpapieren zu nennen, die eine bestimmte Laufzeitstruktur haben (Rentenfonds mit begrenzter Laufzeit) und auch Investmentfonds, deren Anlageportefeuille an den Erfordernissen eines langfristigen Vermögensaufbaus orientiert ist. Grundsätzlich lässt sich weiter feststellen, dass die innerhalb der einzelnen Fondsgattungen möglichen weiteren Spezifizierungen zu einem umfassenden, jedem Anlegerwunsch gerecht werdenden Fondsangebot geführt haben.

Differenziert man das Fondsspektrum nach der Ertragsverwendung, so ist zwischen ausschüttenden und thesaurierenden Fonds zu unterscheiden. Ausschüttende Fonds zahlen grundsätzlich jährlich anfallende Zinsen und Dividenden sowie teilweise Gewinne aus der Veräußerung von Wertpapieren an die Anleger aus. Thesaurierende Fonds schütten ihre Erträge nicht aus, sondern verwenden sie zum Kauf weiterer Wertpapiere, so dass die Substanz im Fonds vermehrt wird.

Die Unterscheidung der Fondsanlage nach dem Anlegerkreis führt zu → Publikumsfonds und → Spezialfonds. Publikumsfonds sind Investmentfonds, deren Anteilscheine dem breiten Anlegerpublikum angeboten werden. Spezialfonds hingegen werden für institutionelle Anleger aufgelegt. Das Gesetz über Kapitalanlagegesellschaften (KAGG) definiert sie als Fonds, die für nicht mehr als zehn nicht natürliche Personen aufgelegt werden. Der Kreis der Anleger reicht von Kapitalsammelstellen im weitesten Sinne wie Versicherungen, betriebliche und berufsständige Versorgungswerke, Sozialversicherungsträger, Verbände, Stiftungen, regionale und über-

Investmentsparen

regionale gemeinnützige Einrichtungen wie zum Beispiel Kirchen bis hin zu sonstigen Unternehmen, die über zweckbestimmte oder generelle Anlagemittel verfügen. Dies können zum Beispiel Pensionsrückstellungen sein. Auch ausländische Investoren können zu diesem Anlegerkreis zählen.

Die ersten investmentähnlichen Gesellschaften entstanden bereits 1822 in Belgien und 1849 in der Schweiz. Diese Gesellschaften sind jedoch nur als Vorläufer der eigentlichen Investment-Gesellschaften anzusehen, die um 1860 in Schottland und in England gegründet wurden. In Großbritannien nahmen Investment-Gesellschaften bereits in den 80er Jahren des 19. Jahrhunderts einen starken Aufschwung. In den USA vollzog sich die Gründung von Investment-Gesellschaften sehr viel später.

Die eigentliche Entstehung der amerikanischen Investmentbranche liegt in der Zeit nach dem 1. Weltkrieg, als die USA zu einem der größten Gläubigerländer heranwuchsen. Bis zum Jahr 1929 war die Zahl der Investment-Gesellschaften auf etwa 700 angewachsen. Dem Börsencrash des gleichen Jahres fiel dann allerdings die Hälfte dieser Gesellschaften zum Opfer. Diese negativen Erfahrungen sorgten für die heute geltenden Investmentgesetzgebungen weltweit, bei denen der Anlegerschutz im Vordergrund steht.

Im Gegensatz zu der fast stürmischen Entwicklung in den USA, aber auch im Vergleich zu den angelsächsischen Ländern, gelang dem Investmentsparen in Deutschland der Durchbruch erst relativ spät.

Die ersten nennenswerten Versuche in den 20er Jahren, Investment-Gesellschaften zu gründen, scheiterten, weil diese nicht über ausreichende Sicheruns- und Kontrollmöglichkeiten verfügten. Aber auch an der prohibitiven Besteuerung, die heute aufgrund des im Investmentsteuerrecht geltenden Transparenzprinzips (keine Schlechterstellung des Investmentsparers gegenüber dem Direktanleger) beseitigt ist.

Erst ab 1949 wurde in Deutschland mit der Gründung der Allgemeinen Deutschen Investment GmbH in München der Investmentgedanke wieder erfolgversprechend aufgegriffen. Diesem Neuanfang folgten in der zweiten Hälfte der 50er Jahre, in der ersten Hälfte der 70er und der zweiten Hälfte der 80er Jahre wahre Gründungswellen von Kapitalanlagegesellschaften. Diese Entwicklung hält nahezu unverändert an.

Auch das verwaltete Vermögen stieg in Intervallen stark an, wobei sich die letzten zehn Jahre durch besonders hohe Volumenzuwächse auszeichneten. Relativ kurze Zeiträume mit Mittelrückflüssen in Hochzinsphasen wurden stets durch längere Phasen mit Mittelzuflüssen weit überkompensiert. In Deutschland bestanden Ende 1999 912 Publikumsfonds mit einem Vermögen von 560 Mrd. DM.

Dem deutschen Investmentmarkt hinzuzurechnen ist das Angebot weiterer 565 Fonds ausländischer – ganz überwiegend Luxemburger – Fondsgesellschaften deutscher Provenienz mit einem Vermögen von 207 Milliarden DM. Darüber hinaus verwalteten die deutschen Kapitalanlagegesellschaften Ende 1999 für einen begrenzten Anlegerkreis 4.771 Spezialfonds mit einem Fondsvermögen von 927 Mrd. DM, womit sich insgesamt das Vermögen auf eine Summe von 1,7 Billionen DM addiert.

Allein in den letzten drei Jahren beziffert sich die Summe neuer Anlagegelder, die der Investmentbranche zuflossen, auf 530 Milliarden DM. Dabei kamen 367 Mrd. DM von institutionellen Investoren. Das breite Anlegerpublikum steuerte 163 Mrd. DM dazu bei. Besonders bemerkenswert dabei war, dass sich die Aktienfonds klar in den Vordergrund schoben. Sie vereinnahmten allein 133 Mrd. DM. Mittelzuflüsse und auch erhebliche Wertsteigerungen bei den Aktienfonds in den letzten Jahren hatten zur Folge, dass sich das noch vor nicht langer Zeit zu Gunsten der Rentenfonds darstellende Verhältnis von Aktienfonds zu Rentenfonds deutlich gedreht hat. Es lautet inzwischen 61 zu 39 Prozent pro Aktienfonds.

Investmentsparplan

Bei internationaler Betrachtung fällt auf, dass trotz des immensen Wachstums in Deutschland erheblicher Nachholbedarf besteht. Dies gilt nicht nur gegenüber den USA, sondern auch gegenüber einer Reihe weiterer europäischer Nationen.

Zu den Ursachen, die den weltweiten Erfolg der Investmentfonds seit den 80er Jahren ausmachten, zählt sicherlich, dass das Renditebewusstsein der Anleger gestiegen ist und die Zukunftssicherung – wofür sich ein Vermögensaufbau über Investmentfonds besonders anbietet – als Sparziel mehr und mehr in den Vordergrund rückte.

Daneben aber auch die Erkenntnis, dass die Investmentanlage – neben Rendite, Sicherheit, Verfügbarkeit und Bequemlichkeit – privaten Anlegern die Möglichkeit eines effizienten Vermögensmanagements bietet. Hinzu kamen Maßnahmen der Investment-Gesellschaften zur Erweiterung der Produktpalette und zur Erschließung weiterer Vertriebswege. Nicht zuletzt hat eine Verbesserung der rechtlichen Rahmenbedingungen in den letzten Jahren erhebliche Impulse ausgelöst.

Investmentsparplan, *Fondssparplan, investment fund saving plan*; Sonderform von → Sparplänen, bei der die Anlage der periodischen, konstanten Einzahlungen in Fondsanteilen erfolgt. Die Möglichkeit, in Abhängigkeit vom aktuellen Kurs auch Bruchteile von → Investmentanteilen zu erwerben, führt im Gegensatz zum regelmäßigen Erwerb einer gleichbleibenden Anzahl von Investmentanteilen zu einer Senkung des durchschnittlichen Einstandspreises (vgl. → Averaging). I. dienen in erster Linie dem langfristigen Vermögensaufbau und werden von Kreditinstituten und → Kapitalanlagegesellschaften angeboten. – Vgl. auch → Investmentsparen.

Investment Trust, → Investmentgesellschaft.

Investmentzertifikat, → Anteilschein.

Investor, → Kapitalanleger.

Investor Relations, *stockholder relations, Aktionärspflege*. I.R. bezeichnen alle Maßnahmen eines am → Kapitalmarkt vertretenden Unternehmens, die es trifft, um seine Beziehungen zu den Eigenkapitalgebern und Fremdkapitalgebern sowie sonstigen Marktteilnehmern (potentielle Anleger, Analysten, Wirtschaftsjournalisten) zu pflegen. I.R. sind ein Teilbereich der → Public Relations. Ziel der I.R. ist die Reduzierung der Kapitalkosten. Börsennotierte Gesellschaften verfolgen darüber hinaus das Ziel, durch I.R. den Börsenkurs zu stabilisieren und → feindliche Übernahmen abzuwenden. Um diese Ziele zu erreichen, versuchen die Unternehmen mittels I.R. das Vertrauen der genannten Personen in die Unternehmenspolitik zu gewinnen. Die damit verbundene positive Bewertung des Unternehmens am Markt soll dazu führen, dass die gegenwärtigen Kapitalgeber langfristig an das Unternehmen gebunden und neue Kapitalgeber gewonnen werden. Eine positive Einschätzung der → Bonität des Unternehmens durch → Rating-Agenturen und Analysten verbilligt zudem die Kosten der Aufnahme von Fremdkapital. – Ihren Ursprung haben die I.R. in den USA. Nach dem Zusammenbruch der Börse im Jahr 1929 wurden dort erstmals ausführliche Vorschriften, die die Information der Anleger betrafen, erlassen. Diese förderten die Bereitschaft der Unternehmen dem Kapitalmarkt auch freiwillig Informationen zur Verfügung zu stellen. Hinzu kam die Erkenntnis, dass falsche Vorstellungen vom Unternehmen und das mangelnde Verständnis für interne Geschäftsabläufe eine negative Bewertung des jeweiligen Unternehmens erzeugen können, die ihrerseits die Finanzierungsmöglichkeiten am Kapitalmarkt und den Börsenkurs beeinflussen kann. Eine auf gegenseitigem Vertrauen basierende Beziehung zu den Anlegern wurde für die Unternehmen daher immer wichtiger. Die General Electric Co. erstellte 1953 als erstes Unternehmen ein speziell auf die Bedürfnisse der privaten

Investoren ausgerichtetes Kommunikationsprogramm, dass den Titel „I.R." trug. Inzwischen sind I.R. ein fester Bestandteil der Unternehmenspolitik in den USA. Die in den 80ziger Jahren einsetzende Öffnung des Kapitalmarktes für private Investoren und die zunehmende internationale Verflechtung trugen dazu bei, dass auch in der BRD die Unternehmen begannen, I.R.-Aktivitäten zu entwickeln. Viele Unternehmen verfügen bereits über eigene I.R.-Abteilungen. 1990 entstand der Deutsche Investor Relation Kreis (DIRK), der derzeit über 140 Mitglieder, darunter fast alle im → Deutschen Aktienindex (DAX) vertretenen Gesellschaften, umfasst. Hauptanliegen des DIRK, der seit 1996 als eingetragener Verein (e.V.) organisiert ist, ist der Erfahrungsaustausch der Mitglieder untereinander mit dem Ziel, die Qualität der Beziehungen der Unternehmen zu Investoren im In- und Ausland zu verbessern. – Zu den wichtigsten Maßnahmen im Rahmen der I.R. gehört die Kommunikation mit den oben beschriebenen Personen. Ihnen sind alle für die Bewertung des Unternehmens notwendigen Informationen zur Verfügung zu stellen. Dazu müssen nicht nur die dem Unternehmen kraft Gesetzes obliegenden → Publizitätspflichten erfüllt werden, vielmehr sind auch über die Pflichtangaben im Jahresabschluss hinausgehende Informationen offen zu legen (→ freiwillige Publizität). Dies kann u.a. in freiwilligen → Zwischen- oder → Quartalsberichten, → Aktionärsbriefen, Unternehmenszeitschriften, Handbüchern, → Finanzanzeigen, Presseinformationen oder über elektronische Informationssysteme erfolgen. Immer wichtiger wird die Kommunikation mit den Anlegern über das Internet. Auch den persönlichen Kontakt der Vertreter des Unternehmens zu den Investoren gehört zu den Instrumenten der I.R. Eine an deren Zielen ausgerichtete Hauptversammlung einer Aktiengesellschaft muss die Information der → Aktionäre und ihr Interesse an steigenden Börsenkursen in den Mittelpunkt stellen. Ebenso wichtig ist der Kontakt zu Analysten, Rating-Agenturen und Wirtschaftsjournalisten. Dieser kann über die direkte Ansprache und durch regelmäßig stattfindende Analysten- oder Pressekonferenzen hergestellt werden. Zudem werden von zahlreichen Unternehmen spezielle Unternehmenspräsentationen angeboten.

IOC, Abk. für → Immediate or Cancel.

IOCA, Abk. für → International Options Clearing Association.

IOSCO, Abk. für → International Organization of Securities Commissions.

IPE, Abk. für → International Petroleum Exchange.

IPO, Abk. für → Initial Public Offering.

Irish Wolfhounds, auf irische Pfund lautende und in Irland emittierte → Auslandsanleihen.

ISDA, Abk. für → International Swaps and Derivatives Association.

ISIN, Abk. für → International Securities Identification Number (ISIN).

Island. 1996 von der Datek Online Company gegründetes und mittlerweile zweitgrößtes amerikanisches → ECN, das besonders auf Privatanleger ausgerichtet ist. Für Investoren außerhalb der USA bietet I. eine 16-stündige tägliche Handelszeit. I. hat sich 1999 als erstes → alternatives Handelssystem bei der amerikanischen Börsenaufsicht → SEC um den Vollstatus als Börse beworben, um gemäß der damaligen Regelung den Handel in Aktien aufnehmen zu können, die an der → NYSE notiert sind. – I. erfüllt die von der SEC an ECN's gestellten Anforderungen, um Zugang zur → NASDAQ zu erhalten. Im Oktober 2000 wurden zehn Prozent des gesamten Dollar-Transaktionsvolumens dieser Börse über I. abgewickelt, dies entspricht dem zweiten Platz unter acht registrierten ECN's. Von I. ins NASDAQ-System eingestellte Quotes werden mit dem Kürzel ISLD versehen.

ISMA, Abk. für → International Securities Market Association.

ISM-Methode, Abk. für → Issuer Set Margin Methode.

ISO, Abk. für → International Standards Organization.

ISSA, Abk. für → International Society of Securities Administrators.

Issue

Issue, → Emission.

Issued Stock, *issued share capital*, → *Grundkapital der AG, gezeichnetes Kapital*; der Teil des in der Satzung einer Aktiengesellschaft → genehmigten Kapitals, der bereits als → Aktien ausgegeben wurde. Der I.S. wird unterteilt in → Outstanding Stock (Aktien, die von Investoren gehalten werden) und → Treasury Stock (Aktien, die von der Gesellschaft selbst gehalten werden).

Issuer, → Emittent.

Issuer Call-Option, stellt ein Kündigungsrecht des → Emittenten bei Anleiheemissionen (vgl. → Anleiheplatzierung) dar. Demnach kann der Emittent z.B. eine Anleihe zum Nominalwert ganz oder teilweise zurückkaufen, wenn am Markt niedrigere Zinsen und somit niedrigere Finanzierungskosten vorzufinden sind. Diese Rechte sind vielseitig gestaltbar und oft bei Emissionen privater Schuldner vorzufinden. Damit stellen sie ein Risiko für den → Anleihegläubiger dar, der keinen Einfluss auf das Kündigungsrecht nehmen kann und die Kündigung akzeptieren muss.

Issuer Set Margin Methode, *ISM-Methode*; bei → Note Issuance Facilities eingesetztes Verfahren zur → Emission von → Euro Notes oder → Commercial Papers. Dabei legt der → Emittent in Absprache mit dem → Arranger die Marge fest, zu der die Papiere platziert werden sollen. Die Platzierung erfolgt durch → Placing Agents und den Arranger, der dafür die Verantwortung übernimmt. Können nicht alle Wertpapiere zur Issuer Set Margin abgesetzt werden, erhalten die → Underwriter diese entprechend ihrer Quote mit Aufschlag des → Underwriting Spread. Vorteilhaft für den Emittenten ist bei der ISM-Methode, dass er im Gegensatz zum Verfahren mit einem → Sole Placing Agent oder → Multiple Placing Agents von besseren Marktkonditionen profitieren kann, außerdem hat er Kontrolle über den Preis und kann mit einer schnellen Distribution der Wertpapiere rechnen. Zudem entsteht eine kontrolliertere Marktumgebung als etwa beim → Tender Panel, da für Investoren leichter erkennbar ist, welche Kreditinstitute Wertpapiere besitzen.

Issuing House, → Emissionshaus.

IST, Abk. f. → Intermarket Trading System.

IT, Abk. für → Information Technology.

ITS, Abk. f. → Intermarket Trading System.

IWF, Abk. für → Internationaler Währungsfonds.

J

Jahresabschluss, *annual financial statement*. In den ersten drei Monaten des Geschäftsjahres ist der J. für das abgelaufene Geschäftsjahr zu erstellen und dem → Abschlussprüfer vorzulegen. Ist die Abschlussprüfung abgeschlossen, so muss der Vorstand den J., den → Lagebericht, den → Prüfungsbericht und den Gewinnverwendungsvorschlag dem → Aufsichtsrat vorlegen. Dieser muss seine Prüfung in Form eines Berichtes feststellen. Ist dem → Vorstand der Aufsichtsratsbericht zugekommen, so muss er umgehend die → Hauptversammlung einberufen. Diese hat innerhalb der ersten acht Monate des Geschäftsjahres stattzufinden. Die Aufgabe der Hauptversammlung besteht darin, den J. festzustellen und die Verwendung des Bilanzgewinns zu beschließen. – Die Bestandteile des J. sind nach § 242 III HGB die Bilanz und die Gewinn- und Verlustrechnung. Beide müssen unter Beachtung der Grundsätze ordnungsmäßiger Buchführung erstellt sein und den Grundsätzen der Klarheit und Übersichtlichkeit genügen. Die Aufgaben der Bilanz sind dabei: 1. Dokumentation sämtlicher Geschäftsvorfälle unter Beachtung der gültigen Rechtsnormen. – 2. Informationsbereitstellung, die durch eine Gegenüberstellung von Vermögen und Kapital erreicht wird. – 3. Rechenschaftslegung über die Verwendung des Kapitals. – 4. Schutz von Interessen der Bilanzadressaten. – 5. Bemessung der Ausschüttungen auf der Basis des ermittelten Jahresabschlusses. – 6. Bildung des Ausgangspunktes zur Erstellung der Steuerbilanz. – Es ist in der Bilanz eine Untergliederung in Anlage- und Umlaufvermögen, Eigenkapital, Schulden und Rechnungsabgrenzungsposten vorzunehmen. Die Bilanz ist dabei in Kontoform aufzustellen, wohingegen die Darstellung der Gewinn- und Verlustrechnung in Staffelform zu erfolgen hat. Die Gewinn- und Verlustrechnung hat die Aufgabe, über Art, Höhe und Quellen des Erfolges periodengerecht Auskunft zu geben. Sie erfasst die Komponenten Aufwand und Ertrag, ist also keine Einnahmen- und Ausgabenrechnung. Als Alternativen zur Gliederung der Gewinn- und Verlustrechnung stehen nach § 275 HGB das Gesamtkosten- und das Umsatzkostenverfahren zur Verfügung.

Jahresabschluss der AG, *annual financial statement*. Der Jahresabschluss der AG enthält neben der Bilanz und der → Gewinn- und Verlustrechnung auch einen → Anhang und den → Lagebericht. Der Anhang hat dabei zur Aufgabe, die Informationsvermittlung zu verbessern. Auch der Lagebericht verfolgt dieses Ziel, wobei dieser mindestens eine Darstellung des Geschäftsverlaufes und der Lage der Gesellschaft enthalten muss. Ebenso muss auf Risiken der künftigen Entwicklung eingegangen werden. Nach § 267 I HGB als klein eingestufte Aktiengesellschaften (→ kleine Aktiengesellschaft) brauchen den Lagebericht nicht aufzustellen. Kreditinstitute sind dagegen grundsätzlich dazu verpflichtet.

Jahresabschluss der AG, Bekanntmachung, *publication of the annual financial statement*. Spätestens neun Monate nach dem Bilanzstichtag muss der → Jahresabschluss, der mit dem → Bestätigungsvermerk oder seiner Versagung versehen sein muss, sowie der Lagebericht (→ Lagebericht der AG), der Bericht des Aufsichtsrates und der Beschluss oder Vorschlag zur Verwendung des Bilanzgewinns zum → Handelsregister eingereicht werden. Nach § 267 HGB als → kleine und → mittelgroße Aktiengesellschaften klassifizierte Unternehmen müssen die Einreichung im → Bundesanzeiger bekannt geben. Große Aktiengesellschaften müssen dagegen bereits

Jahresabschluss der AG, Feststellung durch die Hauptversammlung

vorher die genannten Unterlagen im Bundesanzeiger bekanntmachen.

Jahresabschluss der AG, Feststellung durch die Hauptversammlung, *establishment of the annual financial statement by the general meeting*. Eine Feststellung durch die → Hauptversammlung der AG tritt nach § 173 AktG ein, wenn sowohl Vorstand als auch Aufsichtsrat sich darauf verständigt haben oder wenn der Aufsichtsrat den → Jahresabschluss nicht gebilligt hat. Die Hauptversammlung hat dabei nur das Recht, → Gewinnrücklagen in Höhe der gesetzlichen oder satzungsmäßigen Regelungen zu bilden. Ändert die Hauptversammlung einen geprüften Jahresabschluss, so muss dieser erneut geprüft werden und mit einem uneingeschränkten → Bestätigungsvermerk hinsichtlich der Änderungen versehen werden.

Jahresabschluss der AG, Prüfung durch Aufsichtsrat, *annual financial statement, audit by the supervisory board*. Eine Prüfung des → Jahresabschlusses durch den → Aufsichtsrat wird vorgeschrieben, da dieser den Abschluss billigen muss, bevor er festgestellt werden kann. Um die Prüfung vornehmen zu können, sind dem Aufsichtsrat der Jahresabschluss und der → Lagebericht unverzüglich nach ihrer Aufstellung vorzulegen. Ebenso muss der Vorschlag der Bilanzgewinnverwendung vorliegen. Wurde der Abschluss von einem Abschlussprüfer (→ Abschlussprüfer bei der AG) geprüft, so muss dieser bei den Verhandlungen des Aufsichtsrates zugegen sein und über die Ergebnisse seiner Prüfung berichten. Das Ergebnis der Prüfung des Jahresabschlusses durch den Aufsichtsrat ist der Hauptversammlung und dem Vorstand schriftlich vorzulegen.

Jahresabschlussanalyse, *analysis of annual financial statement*. Die J. dient der Gewinnung von Informationen über die Ertrags-, Vermögens-, Finanz- und Liquiditätslage eines Unternehmens. Sie kann auch von den Bilanzadressaten dazu verwendet werden, die bilanzpolitischen Maßnahmen aufzudecken. Üblicherweise werden für die J. Informationen aus der Bilanz, der Gewinn- und Verlustrechnung und dem → Lagebericht herangezogen, die vorher in geeigneter Form aufzubereiten sind. Als Auswertungsmethoden bietet sich folgendes an: a) Vergleichsmaßstäbe, wie Zeit-, Betriebs- oder Soll-Ist-Vergleiche, b) Grundzahlen (z.B. der Jahresüberschuss), als Einzelzahlen, Summen oder Differenzen, c) Kennzahlen (z.B. Liquiditätsgrade), in Form von Verhältniszahlen oder als Indexzahl und d) Kennzahlensysteme, die eine Verdichtung von Kennzahlen darstellen.

Jahresabschlussprüfung, *annual audit*. Hauptaufgaben der J. sind die Kontroll- und Reglerfunktion. Bei der Kontrollfunktion steht die Übereinstimmung der Rechnungslegung mit den gesetzlichen und satzungsmäßigen Normen im Vordergrund. Die Reglerfunktion bewirkt, dass der Abschlussprüfer bei der Feststellung von Abweichungen der Buchführung von gesetzlichen Normen auf eine Korrektur hinwirken muss. Der Informations- und Beglaubigungsfunktion wird mittels → Prüfungsbericht und → Bestätigungsvermerk nachgekommen. Ebenso wird durch eine regelmäßige Abschlussprüfung eine Präventivfunktion bewirkt. Bei der J. von Kreditinstituten hat der Jahresabschlussprüfer neben den Vorschriften des HGB zusätzlich den § 29 KWG zu beachten. – Jahresabschlussprüfer können → Wirtschaftsprüfer oder → Wirtschaftsprüfungsgesellschaften sein, bei der mittelgroßen GmbH nach § 267 II HGB können dies auch vereidigte Buchprüfer oder Buchprüfungsgesellschaften sein. Der Abschlussprüfer darf nur tätig werden, wenn keine Gründe vorliegen, die seine Unabhängigkeit gegenüber dem zu prüfenden Unternehmen einschränken. Dies wäre z.B. dann der Fall, wenn er Anteile an der zu prüfenden Gesellschaft besitzt (§ 319 HGB). – Vgl. auch → Abschlussprüfer bei der AG.

Jahresabschlusstestat, → Bestätigungsvermerk.

Jahresbericht, *annual report*; Bezeichnung für den → Rechenschaftsbericht einer → Kapitalanlagegesellschaft. Dieser erfasst das abgelaufene Geschäftsjahr, wobei die → Publizitätspflichten je nach Heimatland der Investmentgesellschaft differieren. – Vgl. auch → Halbjahresbericht.

Jahresbericht des Bundesaufsichtsamts für den Wertpapierhandel, → Bundesaufsichtsamt für den Wertpapierhandel, Jahresbericht.

Jahresfehlbetrag, *annual deficit*; Bezeichnung für das aus der → Gewinn- und Verlustrechnung (GuV-Rechnung) zu entnehmende, negative Ergebnis eines → Geschäftsjahres, das sich durch einen Überschuss der Aufwendungen über die Erträge ergibt. – Gegensatz: → Jahresüberschuss.

Jahresüberschuss, *annual net profit, net income for the year*; bezeichnet den positiven → Saldo aus Erträgen und Aufwendungen eines Unternehmens für ein → Geschäftsjahr, der sich aus der → Gewinn- und Verlustrechnung (GuV-Rechnung) ergibt. Der J. dient nach § 86 II AktG als Grundlage für die Berechnung der Gewinnbeteiligung der Vorstandsmitglieder und zur Bestimmung des → Bilanzgewinns, über dessen Verwendung nach § 174 AktG die Hauptversammlung beschließt. Sie bestimmt neben dem an die → Aktionäre auszuschüttenden Betrag auch über noch in die → Gewinnrücklagen einzustellende Beträge sowie über einen → Gewinnvortrag für das folgende Geschäftsjahr. Da der J. aufgrund bilanzpolitischer Maßnahmen beeinflusst werden kann, ist er jedoch in unveränderter Form nur bedingt geeignet, einen umfassenden Einblick in die Ertrags- und Finanzlage eines Unternehmens zu gewähren. – Gegensatz: → Jahresfehlbetrag.

Jakarta Stock Exchange (JSX), im Jahr 1977 wiedereröffnete → Börse mit Sitz in Jakarta, Indonesien. Infolge des seit 1988 anhaltenden schnellen und kontinuierlichen Wachstums des indonesischen Aktienmarktes erfolgte 1991 die Privatisierung der JSX, um den gestiegenen Anforderungen durch ein professionelleres Management Rechnung zu tragen.

Januareffekt, *Januarphänomen, January effect*; bezeichnet die nach empirischen Beobachtungen gewonnene Erkenntnis, dass im Januar unabhängig von den jeweils relevanten unternehmerischen Daten eine allgemeine Kurssteigerung an den → Wertpapierbörsen zu verzeichnen ist, da zu diesem Zeitpunkt neben erfolgten Zinsgutschriften aus Zins- und → Rentenpapieren auch Fondserträge zur Wiederanlage bereitstehen. Bereits die Erwartung einer teilweisen Wiederanlage dieser Beträge kann im Vorfeld zu Kurssteigerungen führen. Neben dieser Wiederanlagemöglichkeit freier Mittel sorgen auch steuerliche Gründe für steigende Kurse im Januar, da die Kurse bedingt durch steuerrelevante Verkäufe im Dezember sinken und im Januar zur Neueindeckung verstärkte Zukäufe eine Kurserholung bewirken.

Januarphänomen, → Januareffekt.

J/D, *Juni/Dezember*; bei → Anleihen verwendete Abk. für die → Zinstermine Juni/Dezember bzw. 1.6./1.12. – Vgl. auch → Halbjahreskupon.

Jensen Maß, *Jensen Index, Jensen Alpha*. Das J.M. bezieht sich unmittelbar auf die Leistungsfähigkeit eines → Portfolio-Managers. Als → Benchmark dient die Rendite eines Marktportefeuilles. Bei einer durchschnittlichen Leistungsfähigkeit ist die ex post erzielte Rendite r_p eines Portefeuilles nach dem → Capital-Asset-Pricing-Model zu bestimmen:

$$r_p = r_f + \beta_{pm} \cdot (r_m - r_f) \; ,$$

wobei r_f den risikolosen Zinssatz, β_{pm} den → Betafaktor des Portefeuilles (bezogen auf das Marktportefeuille) und r_m die erzielte Rendite des Marktportefeuilles bezeichnen. In der Realität wird der Portfolio-Manager regelmäßig eine davon abweichende Rendite erzielen. Diese Differenzgröße ist das J.M. α_p und ergibt sich wie folgt:

$$r_p = a_p + r_f + \beta_{pm} \cdot (r_m - r_f) \; .$$

Das α_p kann positiv oder negativ sein. Ein überdurchschnittlicher Manager wird ein positives α_p erzielen und den Markt outperformen, ein unterdurchschnittlicher Manager wird ein negatives α_p erzielen und den Markt underperformen. Formal bestimmt sich α_p aus der vorstehenden Gleichung durch eine einfache Umstellung:

$$\alpha_p = (r_p - r_f) - \beta_{pm} \cdot (r_m - r_f) \; .$$

Im Gegensatz zum → Sharpe oder → Treynor Maß erlaubt das J.M. kein Ranking verschiedener Portefeuilles. Eine Aussage über die Performance im Vergleich zum Benchmark ist jedoch möglich.

JEX, Abk. für → Jumbo-Pfandbrief-Index.

JEXP, Abk. für → JEX-Performance-Index.

JEX-Performance-Index

JEX-Performance-Index (JEXP), Jumbo-Pfandbrief-Performance-Index der → Deutschen Börse AG. Er gibt die Wertentwicklung eines synthetischen Pfandbriefportfolios des → JEX wieder. – Veröffentlicht wird dieser → Index ebenso wie der JEX seit 1997. Als Basis wurde ein Indexstand von 100 Punkten zum 30.12.1996 gewählt. Die relativ kurze Historie erklärt sich aus der Tatsache, dass → Jumbo-Pfandbriefe in Deutschland erst seit 1995 begeben werden. – Vgl. auch → Pfandbriefe und → Performance-Index.

JFL, Abk. für Junk Fellows League; inoffizielle Vereinigung der weltweiten Junkbondtrader. Gegründet 1982 in New York von Mitarbeitern des Investmenthauses GBS.

Jiway, von der Börsengesellschaft → OM Gruppen AB und der Investmentbank Morgan Stanley Dean Witter im November 2000 gegründetes paneuropäisches → ECN, das sich an Privatanleger richtet; der Handel erfolgt jedoch nicht direkt, sondern über → Makler. Nach der zentralen Bündelung der → Orders werden diese an die jeweiligen Heimatbörsen oder zu gleichem oder besseren Kurs an → Market-Maker weitergeleitet (Prinzip der → Best Execution). Als einem der wenigen ECN's wurde J. von der britischen Aufsichtsbehörde → Financial Services Authority der Status einer Investmentbörse zuerkannt. Zunächst können rund 6.000 Aktien aus Deutschland, Großbritannien, Italien, Schweden, Niederlande, von der → NYSE und der → NASDAQ gehandelt werden. Die Maximalorder bei Wertpapieraufträgen beträgt 50.000 Euro.

J/J, *Januar/Juli*; bei → Anleihen verwendete Abk. für die → Zinstermine Januar/Juli bzw. 1.1./1.7. – Vgl. auch → Halbjahreskupon.

Johannesburg Stock Exchange (JSE), führende → Börse Südafrikas, an der → Aktien mit einem Börsenwert von mehr als 90% der gesamten → Marktkapitalisierung des Landes gehandelt werden. Der gesamte Handel wird seit 1996 nicht mehr im → Präsenzhandel, sondern über das → elektronische Handelssystem JET ausgeführt.

Joint lead manager, bezeichnet jene → → Finanzintermediäre, die gemeinsam ein → Konsortium führen.

Joint Stock Company (Corporation), → Kapitalgesellschaft in Großbritannien, die der → AG ähnelt. Anders als die US-corporation, die eine → juristische Person ist.

Joint Venture, *Gemeinschaftsunternehmen*; Bezeichnung für eine Form der Kooperation zwischen zwei oder mehreren Unternehmen. Die Gesellschafter gründen ein rechtlich selbständiges Unternehmen, das J.V., das im gemeinsamen Interesse bestimmte Projekte durchführen soll. Im Kooperationsvertrag werden z.B. Vereinbarungen über das einzubringende Kapital, das zu liefernde Know-how und die Gewinnverteilung getroffen. Häufig sind J.V. bei Investitionen im Ausland anzutreffen, sei es, um die Marktkenntnis und die Vertriebsstrukturen eines einheimischen Unternehmens zu nutzen, sei es, weil der lokale Gesetzgeber die Errichtung von Tochtergesellschaften ausländischer Unternehmen beschränkt. Weiteres Ziel von J.V. im In- und Ausland ist die Realisation von Synergieeffekten in den Bereichen Forschung und Entwicklung, Beschaffung, Produktion und Absatz.

JSE, → Johannesburg Stock Exchange.

JSX, → Jakarta Stock Exchange.

Jumbo-Anleihe, *jumbo bond*; → Anleihe, die ihren Namen aufgrund eines hohen Nominalvolumens ab 500 Mio. Euro erhalten hat.

Jumbo-Pfandbrief, *jumbo mortgage bond*; → Pfandbrief, dessen Emissionsvolumen 500 Mio. Euro und mehr beträgt. Bei einem J. handelt es sich wie bei den konventionellen Pfandbriefen um → Anleihen mit fester Verzinsung (→ Straight Bonds). J. werden von zunehmend international besetzten → Emissionskonsortien begeben. Die Emission wird dabei im Zuge des → Fixed-Price-Reoffer-Verfahrens durchgeführt. Als Bezugsgröße für die Reoffer-Rendite dient dabei eine bestimmte → Bundesanleihe. Mindestens drei → Market-Maker stellen in Abhängigkeit von der Laufzeit des J. enge → Geld- und → Briefkurse, wodurch eine ausreichende Liquidität gewährleistet ist. Im Rahmen der Emission werden institutionelle Anleger angesprochen, um einen fairen Marktpreis zu finden. Der J. Markt erreichte Ende 1999 ein Marktvolumen von etwa 240

Mrd. Euro und war damit größer als die meisten Regierungsanleihemärkte in Europa. Dabei lag die durchschnittliche Größe der im Umlauf befindlichen J. bei einer Mrd. Euro. Inzwischen sind über 90 % der J. mit erstklassigen → Ratings ausgestattet. Ein 1998 eingeführter Jumbo-Pfandbrief-Future konnte sich jedoch nicht durchsetzen und wurde nach einem halben Jahr wieder eingestellt.

Jumbo-Pfandbrief-Index (JEX), Index der seit 1997 von der → Deutschen Börse AG veröffentlicht wird. Dieser synthetische → Kursindex beinhaltet alle → Pfandbriefe mit einem Volumen von mindestens 500 Mio. Euro und ganzjährigen Laufzeiten zwischen 1 und 10 Jahren sowie → Coupons von 6%, 7,5% und 9%. – Der JEX wird einmal täglich aus den → Kassakursen der → Präsenzbörsen und zusätzlich minütlich aus den von → Market Makern gestellten → Quotes berechnet. Neben dem JEX werden auch der → JEXP sowie deren 10 Subindizes veröffentlicht.

junge Aktien, *neue Aktien, new shares*; → Aktien, die im Rahmen einer → ordentlichen Kapitalerhöhung ausgegeben werden. Sie sind für das Jahr ihrer Emission nur anteilsmäßig dividendenberechtigt. J.A. werden zu dem Zeitpunkt den alten Aktien gleichgestellt, zu dem sie genau die gleichen Rechte vermitteln wie die → Altaktien. – Altaktionäre besitzen normalerweise auf die j.A. → Bezugsrechte, deren Anzahl sich nach der Höhe ihrer Beteiligung richtet. In speziellen Fällen kann es jedoch zum → Bezugsrechtsausschluss kommen. – Vgl. auch → jüngste Aktien.

Jungschein, im → Jungscheingiroverkehr abgegebene unwiderrufliche, depotrechtliche Verpflichtung eines → Emittenten gegenüber der → Wertpapiersammelbank, genau bezeichnete Stücke nach deren Erscheinen zu liefern. Nach Ausstellung des J. wird ein → Jungscheinkonto eingerichtet. In der Praxis wird heute anstatt eines J. meist eine → Globalurkunde verwendet. – Vgl. auch → stückelose Wertpapiere.

Jungscheingiroverkehr, Sonderform des → Effektengiroverkehrs, die den Giroverkehr in emittierten aber noch nicht effektiv vorhandenen Effekten ermöglicht. Hierfür hinterlegt der → Emittent bei einer → Wertpapiersammelbank vor Erscheinen der → effektiven Stücke einen sog. → Jungschein, der die unwiderrufliche Verpflichtung des Emittenten ist, die effektiven Stücke nach ihrem Erscheinen zu liefern. Verfügungen über das → Jungscheinkonto sind mittels → Effektenschecks möglich.

Jungscheinkonto, *Jungscheindepot, allotment letter negotiable*; ein durch die → Wertpapiersammelbank eingerichtetes Konto für den → Emittenten, auf dem → Jungscheine vor Erscheinen der → effektiven Stücke hinterlegt werden. Nach Erscheinen dieser wird das J. in ein → Sammeldepot umgewandelt.

Junior Debt, → Subordination, vielfach verwendeter Begriff für die Nachrangigkeit bei der Bedienung einer Anleihe im Falle des Eintretens von Zahlungsverzögerungen oder Forderungsausfällen. Die Junior Tranchen besitzen auf Grund des höheren → Risikos z.T. kein → Rating oder ggü. den Senior Tranchen ein schlechteres Rating. Das Risiko wird jedoch mit einem höheren Zinssatz vergütet. Gegenteil: → Senior Debt.

Junk Bonds, *high yield bonds, Abfallanleihen, Ramschanleihen, Schrottanleihen*; hochverzinsliche → Anleihen, die ein erhöhtes Bonitätsrisiko aufweisen. J.B. weisen → Ratings unterhalb von BBB auf. Aus diesem Grund steht für den Anleger in J.B. der überdurchschnittlichen Verzinsung ein erhöhtes Risiko gegenüber. Kann der Emittent seine Zins- und Tilgungsleistungen nicht mehr erfüllen, droht dem Investor ein Totalverlust seines eingesetzten Kapitals. J.B. sind daher primär für äußerst spekulative Anleger geeignet. – J.B. werden meistens zum Zwecke der Übernahme von Unternehmen (→ Leveraged Buyout) emittiert.

juristische Person, *legal person, legal entity*. Die j.P. ist eine Personenvereinigung bzw. ein Zweckvermögen, dem die Rechtsordnung eine eigene allgemeine Rechtsfähigkeit zuerkennt. Die j.P. kann deshalb im eigenen Namen Träger von echten und Pflichten sein und für unerlaubte Handlungen ihrer Organe gemäß § 31 BGB haften. J.P. des öffentlichen Rechts ist der Staat, die Gebietskörperschaft, sowie die sonstige Körperschaft, die Anstalt und die Stiftung

juristische Person

des öffentlichen Rechts. Im privaten Recht sind der rechtsfähige Verein, die → Aktiengesellschaft (AG), die → Kommanditgesellschaft auf Aktien (KGaA), die → Gesellschaft mit beschränkter Haftung (GmbH), die → Genossenschaft, der → Versicherungsverein auf Gegenseitigkeit (VVaG) und die Stiftung als j.P. ausgestaltet. Nicht voll rechtsfähige Gesellschaften werden der j.P. von der Rechtsprechung weitgehend, aber nicht vollständig, gleichgestellt.

K

KAG, Abk. für Kapitalanlagegesellschaft. – Vgl. auch → Investmentgesellschaft.

KAGG, Abk. für das → Gesetz über Kapitalanlagegesellschaften.

Kalendereffekt, *Kalenderzeiteffekt, calendar effect*; beschreibt ein zeitliches Renditemuster, das den Zusammenhang zwischen den Kalendertagen und der Entwicklung der → Aktienkurse darstellt. Dabei ist zu beobachten, dass die Kursentwicklung an den verschiedenen Wochentagen einem bestimmten Muster folgt, da z.B. die → Kurse montags tendenziell fallen und freitags i.d.R. steigen. Darüber hinaus ist der sog. → Januar-Effekt zu beobachten, nachdem im Januar zumeist deutliche Kurssteigerungen an den Aktienmärkten zu verzeichnen sind.

Kalkulationszinsfuß (-satz), *internal rate of discount*. Bezeichnet den → Zinssatz, mit dem bei dynamischen → Investitionsrechnungen die Zahlungsüberschüsse einer Zahlungsreihe auf- oder abgezinst werden und der bei der → internen Zinsfußmethode als Vergleichsrendite fungiert. Es lassen sich finanzierungsorientierte und opportunitätsorientierte K. unterscheiden. Wird eine → Investition mit → Eigenkapital durchgeführt, so wird der finanzierungsorientierte K. durch die Eigenkapitalkosten, d.h. durch die geforderte Mindestverzinsung, bestimmt. Bei fremdfinanzierten → Investitionen wird der objektiv bestimmbare → Zinssatz für die Überlassung von → Fremdkapital herangezogen. Bei Mischfinanzierungen wird ein arithmetisches Mittel errechnet. Der opportunitätsorientierte K. bestimmt sich aus der Rendite einer alternativen Finanzanlage oder aus einem alternativen Investitionsprojekt. Investitionsrisiken werden in Form eines Risikozuschlages auf den Basiszins berück-

sichtigt. – Vgl. auch → Weighted Average Cost of Capital.

kameralistische Rechnungslegung, *cash accounting*. Im Gegensatz zur Buchführung mit periodengerechter Abgrenzung der Buchungsvorfälle (accrual accounting) wird bei der k.R. keine Periodenabgrenzung vorgenommen, d.h. eine Buchung wird beim Eintreten von Einnahmen und Ausgaben durchgeführt. Nach deutschem Handelsrecht ist die k.R. nicht gestattet. Ausnahmeregelungen bestehen jedoch für Kleinstunternehmen, Unternehmen aus der Land- und Forstwirtschaft sowie die öffentliche Hand.

Kansas City Board of Trade, *KCBT, KCBOT*. 1856 gegründete und v.a. auf den → Kassa- und → Terminhandel von Weizenkontrakten spezialisierte → Warenbörse mit Sitz in Kansas City. Darüber hinaus werden auch → Futures und → Optionen auf den Value Line Index, den Internet Stock Index (ISDEX), sowie auf Erdgas gehandelt.

KapAEG, Abk. für → Kapitalaufnahmeerleichterungsgesetz.

Kapazitätskennzahlen, *Auslastungskennzahlen, capacity ratios*. K. bestimmen das Verhältnis von in Anspruch genommener zur technischen oder wirtschaftlich sinnvollen Kapazität. Die Kapazität wird von der Menge und Qualität der Betriebsmittel und der Zeitdauer bestimmt.

KapESt, Abk. für → Kapitalertragsteuer.

Kapital, *capital*. 1. Oftmals als Synonym für Finanzierungsmittel oder für Vermögen gebraucht. – 2. Aus volkswirtschaftlicher Sicht ist K. in Form von → Realkapital einer der drei Produktionsfaktoren neben Arbeit

Kapitaladäquanzrichtlinie

und Boden. Kaufkraft in Form von → Geld wird als → Geldkapital bezeichnet. – 3. Aus betriebswirtschaftlicher Sicht bezeichnet K. die Gesamtheit aller Sach- (Realkapital) und Finanzmittel (Geldkapital), die einem Unternehmen für die Leistungserstellung zur Verfügung stehen. Nach seiner Herkunft wird das K. auf der Passivseite der Bilanz in → Eigenkapital und → Fremdkapital unterteilt. Die Aktivseite zeigt die K.-verwendung an, wobei eine Unterteilung in → Anlagevermögen und → Umlaufvermögen vorgenommen wird.

Kapitaladäquanzrichtlinie. Die → Richtlinie über die angemessene Eigenkapitalausstattung von Wertpapierfirmen und Kreditinstituten vom 10.5.1993 verlangt eine angemessene Eigenkapitalausstattung im → Wertpapierhandel von Wertpapierhäusern und → Kreditinstituten. Damit sollen gleichwertige aufsichtsrechtliche Rahmenbedingungen für Kreditinstitute und Wertpapierhäuser geschaffen werden; Kreditinstitute werden in die Regelungen der K. einbezogen, weil bei ihnen lediglich die → Kreditrisiken in die aufsichtsrechtliche Überwachung und die Eigenkapitalunterlegungspflicht einbezogen sind. Ausgenommen bleiben → Institute, deren Anteil des Wertpapierhandelsgeschäfts am Gesamtgeschäft unterhalb gewisser Bagatellgrenzen liegt; diese Institute unterliegen den Vorschriften der Solvabilitätsrichtlinie. Die Richtlinie bestimmt für Wertpapierhäuser und Kreditinstitute eine Eigenkapitalunterlegungspflicht für → Marktrisiken (→ Zinsänderungs-, → Aktienkurs- und Fremdwährungsrisiko und sonstige Marktrisiken), die diese im Rahmen ihres → trading book (→ Handelsbuch) eingehen. Das trading book umfasst alle Wertpapiere und abgeleitete → Finanzinstrumente (→ Finanzterminkontrakte, → Optionen, → Swaps), mit denen kurzfristige Kursdifferenzen genutzt werden sollen oder die gegenüber anderen Teilen des Wertpapierhandelsbestandes Sicherungsfunktion haben. Wertpapiere, die nicht im trading book erfasst sind, sind entsprechend der Vorschriften der Solvabilitätsrichtlinie mit → Eigenkapital zu unterlegen. Neben den Marktrisiken werden auch im Handelsbuch enthaltene → Adressenausfall- und Abwicklungsrisiken sowie Großrisiken erfasst. Wesentliche Regelungsbereiche der Richtlinie, die für Kreditinstitute und Wertpapierhäuser gleichermaßen gilt, stellen die inhaltliche Präzisierung des erfassten Wertpapierhandelsbestandes (trading book), das Mindestanfangskapital, die Eigenmitteldefinition, die Eigenmittelanforderungen für Marktrisiken sowie Konsolidierungsvorschriften dar. Wertpapierhäuser, die nicht zugleich Kreditinstitute sind, müssen in Abhängigkeit der Art ihrer Tätigkeit über ein Mindestkapital zwischen 50.000 und 730.000 Euro verfügen. Bezüglich der Eigenmitteldefinition orientiert sich die K. grundsätzlich an der Eigenmittel-Richtlinie. Es bleibt den nationalen Aufsichtsbehörden allerdings freigestellt, alternativ kurzfristige nachrangige → Darlehen mit einer Mindestlaufzeit von 2 Jahren in einer Höhe von bis zu 250% des Kernkapitals sowie bereinigte Gewinne aus dem Wertpapierhandel als zusätzliche → Eigenmittel anzuerkennen. Nach der Richtlinie werden Eigenkapitalunterlegungen für die einzelnen Risikobereiche getrennt erfasst. Um die Eigenkapitalunterlegung des Positionsrisikos für Aktienkurs- und Zinsänderungen zu ermitteln, wird das Risiko in zwei Komponenten zerlegt: das allgemeine Marktrisiko und das emittentenbezogene, spezifische Risiko, womit Kursänderungen erfasst werden sollen, die durch Bonitätsveränderungen des Emittenten hervorgerufen werden. Durch Summierung mit dem gesondert zu berechnenden anderen Marktrisiken (→ Währungsrisiko, das nicht nur für den Handelsbestand, sondern für alle Wertpapiergeschäfte zu berechnen ist, und Rohstoffpreisrisiko) entsteht die Gesamteigenkapitalanforderung (Baukastenprinzip, "building-block-approach"). Die Empfehlungen des Basler Ausschusses für Bankenaufsicht zur "Änderung der Eigenkapitalvereinbarungen zur Einbeziehung der Marktrisiken" hat durch Richtlinie vom 22.6.1998 zur Überarbeitung der K. geführt. Neben dem in der Richtlinie vorgesehenen Standardverfahren sind interne Risikosteuerungsmodelle (models approach) für die Berechnung der Eigenkapitalunterlegung zugelassen. Die Änderungsrichtlinie ist durch das → Gesetz zur Umsetzung von EG-Richtlinien zur Harmonisierung bank- und wertpapieraufsichtsrechtlicher Vorschriften zum 1.1.1998 und durch die Neufassung des → Grundsatzes I umgesetzt worden.

Kapitalanlage, *Anlage, investment, employment of capital/funds*; Verwendung von Geldern zur langfristigen Anlage in Sachanlagen (z.B. Immobilien) oder in Geldanlagen (z.B. Anleihen). Angestrebt werden dabei Wertzuwächse, zumindest aber die Substanzerhaltung. Die K. wird nach den Kriterien Risiko, Rentabilität und Liquidität in verschiedene → Kapitalanlagearten unterschieden. – Vgl. auch → Geldanlage.

Kapitalanlagearten, *types of capital investment*. Unter einer → Kapitalanlage wird die → Investition von → Kapital mit dem Zweck der Werterhaltung und/oder der Renditeerzielung verstanden. Die Anlage kann in Geld oder → Sachwerten erfolgen. Als → Geldanlagen sind z.B. → Festgelder, → Sparkonten und → festverzinsliche Wertpapiere zu nennen, während z.B. → Immobilien und → Beteiligungen Sachwerte darstellen. Unterscheiden lassen sich die verschiedenen K. auch bezüglich ihrer Erträge. Bei Anlagen, die keine laufenden Erträge ausschütten, rechnet der → Anleger mit Wertzuwächsen des Anlageobjektes selbst. Dies gilt z.B. für Immobilien, Münzen, Edelsteine, Edelmetalle, Kunstwerke und Briefmarken. Kapitalanlagen, die laufende Erträge ausschütten, können Gläubiger- oder Teilhaberrechte beinhalten. Bei → Einlagen, → Darlehen, → Schuldverschreibungen, → Bausparzahlungen und Anteilen von → Rentenfonds stellt der Anleger Geld zur Verfügung und erhält im Gegenzug eine Forderung auf → Zinsen und → Tilgung, also ein Gläubigerrecht. Beim Kauf von Unternehmens- oder Immobilienanteilen, z.B. in Form von → Aktien, erhält der Anleger Teilhaber- oder → Beteiligungsrechte, wie z.B. das Recht auf → Gewinnbeteiligung. Die Wahl der Kapitalanlage hängt auch von der Zielgewichtung des Investors ab. Die Ziele beziehen sich dabei v.a. auf Sicherheits-, Rentabilitäts- und Liquiditätsaspekte. Insgesamt ist es damit für den Anleger wichtig, sich vor der Entscheidung für eine Anlage über deren Chancen und Risiken, Konditionen, Einflussfaktoren, die wirtschaftliche Entwicklung und die Wirkungsweise der Anlage zu informieren, um beurteilen zu können, ob sie seinen individuellen → Risikopräferenzen entspricht.

Kapitalanlagegesellschaft (KAG), → Investmentgesellschaft.

Kapitalanlagen, Diversifikation, *investments, diversification*. Die Auswahl von K. erfolgt anhand der Kriterien Rendite, Risiko und Liquidität. Dabei umschreibt der Begriff → Diversifikation im Kontext Risiko die Aufteilung des anzulegenden Kapitals auf mehrere unterschiedliche → Assetklassen bzw. innerhalb einer Assetklasse auf unterschiedliche Assets. Durch diese Streuung kann ein risikoreduzierender Effekt erzielt werden, der jedoch meist mit einer Renditeeinbuße verbunden ist. – Zu unterscheiden ist dabei das → systematische (Marktrisiko) und das → unsystematische (titelspezifische) Risiko. Das unsystematische Risiko kann durch Diversifikation gemindert werden, wenn die in das Portefeuille aufgenommenen Kapitalanlagen innerhalb einer Assetklasse nicht gleichgerichtet sind (→ Korrelation). Bspw. kann durch die Aufnahme von Aktien eines Regenartikelherstellers und eines Badeartikleherstellers ein gewisser Grad der Diversifikation erreicht werden (→ Branchenstreuung). – Eine Reduktion des systematischen Risikos wird erzielt durch eine Diversifikation zwischen Assetklassen, so z.B. durch die Streuung des Vermögens auf Aktien, Anleihen und Immobilien. Es kann jedoch nicht innerhalb einer Assetklasse vermindert werden. – Erfolgt bei der → Kapitalanlage eine D., so bedeutet dies, dass eine breite Verteilung bzw. eine weite Streuung des anzulegenden Kapitals vorgenommen wird, um so das mit der Kapitalanlage verbundene Risiko zu vermindern. Kann ein Privatanleger nicht den gewünschten Grad der Diversifikation auf Grund knapper Mittel erreichen, bieten → Investmentfonds eine geeignete Möglichkeit zur Risikostreuung. Die D. kommt damit insbesondere im Rahmen einer → defensiven Anlagepolitik bzw. einer → konservativen Anlagepolitik eine wichtige Bedeutung zu. – Vgl. auch → Portfolio-Selection-Theorie und → Asset Management.

Kapitalanlagepolitik, *investment policy*. Allgemeine, vom → Investor aufgestellte Grundsätze für die Anlage seiner Mittel auf den → Kapitalmärkten. Aus den allgemeinen Zielen der → Kapitalanlage wie Sicherheit, → Rentabilität und → Liquidität entwickelt der Investor die Grundsätze der K. Die K. gibt dem → Portfolio-Manager für die laufende Anlage des Vermögens konkrete Vorgaben und Richtlinien. Eine systematische Kapitalanlage unter Berücksichtigung von K. wird insbesondere von Versicherungen, →

Kapitalanleger

Kapitalanlagegesellschaften, Banken, → Vermögensverwaltern und Unternehmen durchgeführt.

Kapitalanleger, *Anleger, investor*. Bezeichnung für → Kapitalanlagen tätigende natürliche oder juristische Person. Der K. investiert Kapital in Wertpapiere, Immobilien oder in andere Anlagen. Der K. weist in der Regel risikoaverses Verhalten auf, d.h. er investiert längerfristig in Anlagen, die Sicherheit bieten (→ Risikoaversion). Der → Spekulant übernimmt einen höheren Grad an Risiko im Vergleich zum durchschnittlichen Risiko, in der Erwartung, höhere Gewinne zu erzielen unter Berücksichtigung von möglichen höheren Verlusten.

Kapitalanlegerziele, → Anlegerziele.

Kapitalaufnahmeerleichterungsgesetz (KapAEG), *stock investment facilitation act*. Gesetz vom 20.04.1998 zur Verbesserung der Wettbewerbsfähigkeit deutscher Konzerne an internationalen Kapitalmärkten und zur Erleichterung der Aufnahme von → Gesellschafterdarlehen. Das KapAEG bezweckt zum einen die Erleichterung der Kapitalaufnahme an ausländischen Börsen durch die Möglichkeit, den → Konzernabschluss an internationale Standards anzugleichen. Zum anderen werden nicht geschäftsführende Gesellschafter der → Gesellschaft mit beschränkter Haftung (GmbH) mit höchstens zehnprozentigem Anteil am → Stammkapital von der Kapitalersatzhaftung ausgenommen, um bezüglich der Finanzierungsverantwortung bei Kleinbeteiligungen eine klare Grenze zu ziehen und zugleich die Attraktivität der GmbH für die Bereitstellung von Risikokapital zu erhöhen. In Umsetzung der Artikel des KapAEG wurden die einschlägigen Vorschriften des HGB (§§ 264, 291, 292, 340a, 341) unter Einfügung eines bis zum 31.12.2004 geltenden § 292a sowie § 32a GmbHG geändert bzw. ergänzt.

Kapitalausfuhr, *Kapitalexport, export of capital*; ist die Abnahme des Geldvermögens einer Volkswirtschaft durch Kapitalübertragungen ins Ausland. Die K. erhöht somit die Forderungen oder verringert die Verbindlichkeiten gegenüber dem Ausland. Dies erfolgt u.a. durch den Erwerb ausländischer → Wertpapiere, die Anlage von Geldvermögen bei ausländischen Banken, durch Direktinvestitionen oder Kreditvergabe an ausländische Wirtschaftssubjekte und Wirtschaftseinheiten, aber auch die Emission von Wertpapieren ausländischer Emittenten im Inland. – In Regimen mit → festen Wechselkursen führt K. ceteris paribus zu einer Reduzierung der Fremdwährungsreserven. – Gegensatz: → Kapitaleinfuhr.

Kapitalberichtigung, *capital adjustment*. Auflösung → offener Reserven durch Überführung des freiwerdenden Betrages in das → gezeichnete Kapital. Die Aktionäre erhalten dann im Verhältnis ihrer Beteiligung → Gratisaktien.

Kapitalberichtigungsaktien, → Gratisaktien.

Kapitalbeschaffung, *raising of capital*; bezeichnet Maßnahmen zur Deckung des Kapitalbedarfs von Unternehmen. Diese haben die Möglichkeit, sich über die Aufnahme von → Eigen- oder → Fremdkapital zu finanzieren. Eigenkapitalfinanzierung kann dabei durch → Selbst- oder → Beteiligungsfinanzierung erfolgen. Fremdfinanzierung erfolgt durch Aufnahme von → Krediten auf dem → Geldmarkt oder durch Begebung von → Schuldverschreibungen auf den → Kapitalmarkt.

Kapitalbeschaffungskosten, umfassen die Summe der Aufwendungen, die für das aufgenommene Kapital erbracht werden müssen. Neben den Aufwendungen für Zinsen werden auch einmalige Kosten wie Bearbeitungsgebühren und → Disagio hierzu gerechnet.

Kapitalbeteiligung, *equity participation, capital interest*. Beteiligung am Kapital einer Unternehmung durch Einlagen. So stellt z.B. der Besitz einer → Aktie eine K. am → Grundkapital einer AG dar.

Kapitalbeteiligungsgesellschaft (KBG), *equity investment company*. Eine K. ist ein Finanzierungsunternehmen, das sich zumeist an mittelständischen, nicht börsennotierten Unternehmen beteiligt. I.d.R. werden nur Minderheitsbeteiligungen eingegangen. K. werden von Banken, Versicherungen und Großkonzernen gegründet und finanziell ausgestattet. Daneben existieren unabhängige K., die ihr Beteiligungskapital über → Fonds

Kapitalerhöhung

aufbringen. Um das Risiko zu minimieren, beteiligen sich die K. an Unternehmen aus verschiedenen Branchen (→ Risikostreuung). Es wird aber auch versucht, mehrere Beteiligungen in bestimmten Branchen zu halten, um Synergie-Effekte durch Geschäftsbeziehungen zwischen den Unternehmen zu erzielen. Zudem steigert eine hohe Branchenexpertise die Qualität der Beteiligungsauswahl und verbessert damit die Rentabilität der K. – Vgl. auch → Beteiligung, → Beteiligungsgesellschaft und → Venture-Capital.

Kapitalbilanz, *balance of capital movements, capital account*. Bezeichnung für eine Teilbilanz der → Zahlungsbilanz, die für eine bestimmte Periode die → Kapitalausfuhr und die → Kapitaleinfuhr einer Volkswirtschaft ohne die Veränderung der Auslandsposition der → Zentralbank erfasst. Die K. wird für gewöhnlich nach den verschiedenen Arten des langfristigen und des kurzfristigen → Kapitalverkehrs unterteilt, also Direktinvestitionen, Wertpapiertransaktionen, lang- und kurzfristige Kreditvergabe usw.

Kapitalbildung, *formation of capital*; ist der Prozess der Erhöhung des Kapitalstocks einer Volkswirtschaft. Dies erfolgt durch Konsumverzicht entweder in Form von Kreditvergabe aus bereits verteiltem Einkommen oder in Form von → Selbstfinanzierung.

Kapitalbindung, *capital lockup, capital tie-up*. Das für eine → Investition ausgezahlte Kapital bleibt - zumindest teilweise - solange gebunden, wie die Rückflüsse aus der Investition geringer sind als die Anfangsauszahlung. – Vgl. → Amortisationsrechnung.

Kapitalbindungskennzahlen, → Kapitalumschlagshäufigkeit.

Kapitaldeckungsgrade, *capital coverage ratios, liquidity ratios*. Kennzahlen zur Analyse der horizontalen → Bilanzstruktur, mit denen die Finanzierung bestimmter Vermögenspositionen eines Unternehmens (→ Aktiva) durch das eingesetzte → Eigen- und → Fremdkapital aufgezeigt werden soll. Die K. beruhen auf dem Prinzip der fristenkongruenten Finanzierung, das besagt, dass die Kapitalbindungsdauer der investierten Mittel mit der entsprechenden Kapitalüberlassungsdauer zumindest größtenteils übereinstimmen muss. – Vgl. → Anlagendeckungsgrad und → Goldene Bilanzregel.

Kapitaleinfuhr, *Kapitalimport, import of capital*; ist die Erhöhung des Geldvermögens einer Volkswirtschaft durch Kapitalverlagerung ins Inland. K. stellt somit eine Verringerung an Forderungen oder eine Erhöhung an Verbindlichkeiten gegenüber dem Ausland dar. Dies erfolgt u.a. mittels Erwerb inländischer → Wertpapiere durch Ausländer, deren Anlage von Geldvermögen bei inländischen Banken, durch Direktinvestitionen oder Kreditvergabe an einheimische Wirtschaftssubjekte und Wirtschaftseinheiten, ebenso wie durch Emission von Wertpapieren inländischer Emittenten im Ausland. In Regimen mit → festen Wechselkursen führt K. ceteris paribus zu einer Zunahme der Fremdwährungsreserven und unter Umständen zu importierter → Inflation. – Gegensatz: → Kapitalausfuhr.

Kapitalerhaltung, *capital maintenance*. Bei der K. handelt es sich um die Sicherung des Wertes von Kapital während einer Zeitperiode. – Bei der nominalen K. bleibt der nominale Geldwert bewahrt. Folglich finden inflationäre Prozesse hier keine Berücksichtigung. – Bei der realen K. bleibt die Kaufkraft des Kapitals erhalten, d.h. die → Inflation ist hier von Bedeutung.

Kapitalerhöhung, *capital increase*; Erhöhung des → gezeichneten Kapitals einer Kapitalgesellschaft. Ursächlich für eine K. ist ein gesteigerter Finanzierungsbedarf aufgrund von Investitionsvorhaben der Gesellschaft. Durch eine K. verbessert sich die Liquiditätslage des Unternehmens, was im allgemeinen auch eine Erhöhung der Kreditwürdigkeit zur Folge hat. Da das → gezeichnete Kapital oder → Nominalkapital satzungsgemäß auf einen bestimmten Nominalbetrag festgelegt ist, erfordert die Durchführung einer K. eine Satzungsänderung, welcher beispielsweise im Rahmen der Hauptversammlung der AG drei Viertel des vertretenen stimmberechtigten Kapitals zustimmen müssen. Die K. muss im Handelsregister eingetragen werden. Als Formen der Kapitalerhöhung wird zwischen der → ordentlichen Kapitalerhöhung bzw. der → Kapitalerhöhung gegen Einlagen, der → bedingten Kapitalerhöhung, dem → genehmigten Kapital sowie der → Kapitalerhö-

457

Kapitalerhöhung aus Gesellschaftsmitteln

hung aus Gesellschaftsmitteln unterschieden. – Gegensatz: → Kapitalherabsetzung.

Kapitalerhöhung aus Gesellschaftsmitteln, *capital increase out of retained earnings*. Erhöhung des Nominalkapitals einer Kapitalgesellschaft durch Umwandlung → offener Reserven in → gezeichnetes Kapital. Der Gesellschaft fließen dabei keine neuen finanziellen Mittel von außen zu. Durch diesen Vorgang verändert sich die Struktur des → Eigenkapitals, in seiner Höhe bleibt es jedoch unverändert. In der Bilanz wird also ein Passivtausch vorgenommen. Die K.a.G. wird bei Eintragung des Durchführungsbeschlusses in das Handelsregister wirksam. Die Aktionäre der Gesellschaft erhalten im Rahmen der K.a.G. → entsprechend ihrer Beteiligung → Gratisaktien, für die sie keine zusätzlichen Einlagen erbringen müssen (§ 212 AktG). Nach dieser → Kapitalerhöhung sinkt der Kurs aufgrund der gestiegenen Anzahl an Aktien, das Vermögen der Aktionäre ändert sich aber nicht. → Aktiengesellschaften, die → nennwertlose Aktien ausgegeben haben, können ihr Grundkapital auch ohne Begebung von Freiaktien erhöhen, indem nur der quotale Anteil, den die Aktien verbriefen, verändert wird (§ 207 II S.2 AktG). – Die K.a.G. einer → Gesellschaft mit beschränkter Haftung (GmbH) verläuft weitestgehend genauso wie für die Aktiengesellschaft.

Kapitalerhöhung der AG, *Grundkapitalerhöhung, Erhöhung des Grundkapitals, increase of share capital, increase of capital stock*. → Kapitalerhöhung, bei der das → Grundkapital einer AG erhöht wird. Da das Grundkapital als Nominalkapital der AG in der Satzung festgelegt ist, erfordert die K.d.AG einen Beschluss im Rahmen der → Hauptversammlung der AG, wobei drei Viertel des vertretenen stimmberechtigten Kapitals dem Änderungsantrag zustimmen müssen. Mit Eintragung des Erhöhungsbeschlusses in das Handelsregister erlangt die K.d.AG Wirksamkeit. – Als Formen der K.d.AG werden die → Kapitalerhöhung gegen Einlagen, die → bedingte Kapitalerhöhung, das → genehmigte Kapital und die → Kapitalerhöhung aus Gesellschaftsmitteln unterschieden. – Gegensatz: → Grundkapitalherabsetzung.

Kapitalerhöhung gegen Bareinlagen, *capital increase by cash contribution*. Form der → Kapitalerhöhung gegen Einlagen, bei der die Zuführung neuer Finanzmittel in Bargeld erfolgt. Für die von ihnen erbrachte Bareinlage erhalten die Kapitalgeber → junge Aktien von der Kapitalgesellschaft. Mit Eintragung der Durchführung der K.g.B. in das Handelsregister erlangt sie Wirksamkeit.

Kapitalerhöhung gegen Einlagen, *ordentliche Kapitalerhöhung, effektive Kapitalerhöhung, ordinary capital increase*. Form der → Kapitalerhöhung, bei der die Kapitalgeber der Gesellschaft → Eigenkapital in Form finanzieller Mittel (→ Kapitalerhöhung gegen Bareinlagen) oder Sachvermögen (→ Kapitalerhöhung gegen Sacheinlagen) zur Verfügung stellen und im Gegenzug → junge Aktien erhalten (§§ 182 ff AktG). Die K.g.E. wird mit Eintragung ihrer Durchführung in das Handelsregister wirksam. → Altaktionäre verfügen entsprechend ihrem Anteil am bisherigen → Grundkapital der AG über ein gesetzliches → Bezugsrecht auf die jungen Aktien, womit die Aufrechterhaltung der bestehenden Anteilsverhältnisse ermöglicht werden soll (→ Verwässerungsschutz). Ein → Bezugsrechtsausschluss ist jedoch möglich, wenn der Emissionspreis den Börsenkurs der Altaktien nicht wesentlich unterschreitet und die Kapitalerhöhung nicht mehr als 10 % des bisherigen Grundkapitals beträgt; darüber hinaus ist eine Dreiviertelmehrheit der Stimmen auf der Hauptversammlung für den Ausschluss erforderlich. – Gegensatz: → ordentliche Kapitalherabsetzung.

Kapitalerhöhung gegen Sacheinlagen, *capital increase by non-cash contribution*; Form der → Kapitalerhöhung gegen Einlagen, bei der einer Kapitalgesellschaft neue Mittel in Form von Sachwerten zugeführt werden. Als Sacheinlagen können dabei einerseits einzelne bilanzierungsfähige Vermögensgegenstände eingebracht werden, andererseits ist auch die Zuführung ganzer Betriebe (Verschmelzung durch Aufnahme) möglich. Das Beschlussformular muss dabei detailliert den Gegenstand der Sacheinlage, die Person, von der die Gesellschaft den Gegenstand erwirbt, und den Nennbetrag der resultierenden Aktien auflisten.

Kapitalertragsteuer bei festverzinslichen Wertpapieren und Einlagen

Kapitalertrag, *capital yield, income from investments, return to capital*; bezeichnet den aus einer → Kapitalanlage resultierenden Ertrag nach Abzug sämtlicher Kosten und der i.d.R. anfallenden Kapitalertragsteuer (KapESt). Zum K. werden neben → Zinsen auch → Dividenden, Wertsteigerungen und andere Erträge gezählt. Ein negativer K. ist möglich, wenn die Kosten einer Kapitalanlage deren Erträge übersteigen oder die Anlage sehr stark an Wert verliert. Als Maß für die Kapitalertragskraft eines Unternehmens dienen → Rentabilitätskennzahlen, die über die → Verzinsung des eingesetzten Kapitals alternative Anlageformen zumindest teilweise vergleichbar machen.

Kapitalertragsteuer (KapESt), *Steuerabzug vom Kapitalertrag, capital gains tax, investment income tax, withholding tax on capital*. Die KapESt ist ähnlich der Lohnsteuer eine besondere Erhebungsform der → Einkommensteuer (ESt). Es handelt sich um eine Vorauszahlung, die gemäß § 44 EStG an der Quelle bestimmter Kapitaleinkünfte erhoben wird. Der Schuldner der → Dividenden und → Gewinnanteile behält von den an den steuerpflichtigen Gläubiger auszuschüttenden Kapitalerträgen die KapESt ein und führt sie an das Finanzamt ab. Dem steuerpflichtigen Gläubiger wird eine Bescheinigung über die bereits bezahlte Steuer erteilt (→ Steuerbescheinigung). Diese fügt er seiner Einkommensteuererklärung bei. Die KapESt wird dann vom Finanzamt auf die Einkommensteuerschuld angerechnet. Ausnahmen davon gibt es nur bei beschränkt Steuerpflichtigen. – In § 43 EStG ist im einzelnen aufgeführt, von welchen Kapitalerträgen die KapESt zu erheben ist. Sie beträgt 25 % bei Gewinnanteilen aus → Aktien, → GmbH-Anteilen, → Genussscheinen, Anteilen an Genossenschaften sowie bei Einnahmen als typischer stiller Gesellschafter und Zinsen aus partiarischen Darlehen (→ Kapitalertragsteuersätze). – Zinserträge unterliegen der → Zinsabschlagsteuer (ZASt). Wird der Gläubiger der Kapitalerträge nicht zur Einkommensteuer veranlagt, wird bei Vorlage einer entsprechenden Bescheinigung seines Finanzamts in bestimmten Fällen die KapESt nicht abgezogen oder erstattet (→ Freistellungsbescheinigung). – Befinden sich die Gewinnanteilsscheine in einem Wertpapierdepot, kann der Steuerpflichtige anstatt einer → Nichtveranlagungsbescheinigung des Wohnsitz-Finanzamtes bei der auszahlenden Depotbank einen → Freistellungsauftrag stellen. Die KapESt wird dann bis zum → Sparerfreibetrag und Werbungskostenpauschbetrag (→ Werbungskosten) nicht abgezogen. – Vgl. auch → Besteuerung der Erträge aus Wertpapieren.

Kapitalertragsteueranrechnung, *capital yields tax credit*; vgl. → Aktien als Kapitalanlage, steuerliche Aspekte.

Kapitalertragsteuer bei Aktien und GmbH-Anteilen, *capital yields tax on shares and private limited company shares*. Bestimmte Einnahmen, die zu den → Einkünften aus Kapitalvermögen gehören, unterliegen der KapESt. KapESt wird erhoben auf → Gewinnausschüttungen einer Kapitalgesellschaft, Einnahmen aus → Gewinnobligationen oder → Genussrechten, Gewinnanteilen aus partiarischen Darlehen oder eines typischen stillen Gesellschafters. – Vgl. → Besteuerung der Erträge aus Wertpapieren und → Aktien als Kapitalanlage, steuerliche Aspekte.

Kapitalertragsteuer bei festverzinslichen Wertpapieren und Einlagen, *capital yields tax on fixed-interest securities and bank deposits*. Für Zinsen aus → Anleihen und Forderungen, die in ein öffentliches → Schuldbuch eingetragen sind oder über die eine → Teilschuldverschreibung ausgegeben wurde (z.B. → Pfandbriefe, → Industrieobligationen, → öffentliche Anleihen des Bundes oder anderer Gebietskörperschaften und bestimmte → Investmentzertifikate), sowie Zinsen aus Guthaben bei Kreditinstituten, → Schuldscheindarlehen und Guthaben bei Bausparkassen fällt KapESt in Form eines 30%igen → Zinsabschlags an. Zinsen, die von einer Privatperson oder einem Unternehmen, das kein Kreditinstitut ist, gezahlt werden, unterliegen nicht dem Zinsabschlag. Auf die Erhebung des Zinsabschlags wird im Interbankengeschäft, bei Zinsen auf Girokonten und Bausparguthaben, bei denen der Zinssatz unter 1% liegt, sowie bei Bagatellbeträgen (10 Euro pro Jahr und Konto) verzichtet. – Vgl. → Besteuerung der Erträge aus Wertpapieren und → Aktien als Kapitalanlage, steuerliche Aspekte.

Kapitalertragsteuerbescheinigung

Kapitalertragsteuerbescheinigung, → Steuerbescheinigung.

Kapitalertragsteuererstattung, *capital yields tax repayment*. Eine K. erfolgt entweder durch einen → Freistellungsauftrag oder eine → Nichtveranlagungsbescheinigung. – Der → Sparerfreibetrag und Werbungskosten-Pauschbetrag (→ Werbungskosten) für → Einkünfte aus Kapitalvermögen können vom Anleger bereits vorab außerhalb des Veranlagungsverfahrens beansprucht werden, indem er einen Freistellungsauftrag erteilt. Dadurch werden auf einfache Weise Kapitalerträge, die nicht steuerpflichtig sind, vom KapESt-Abzug verschont. Durch den Freistellungsauftrag werden alle Arten von Kapitaleinnahmen, die von Kreditinstituten gutgeschrieben werden, von der KapESt freigestellt. Er kann auch für Kapitalerträge aus einer typisch stillen Beteiligung, einem partiarischen Darlehen und einer nicht steuerbegünstigten Lebensversicherung erteilt werden. Empfänger des Freistellungsauftrag ist in diesen Fällen der jeweilige Schuldner der Kapitalerträge. Wer einen Freistellungsauftrag falsch oder mehrere Aufträge mit insgesamt zu hohen Beträgen erteilt, macht sich strafbar. Das Freistellungsvolumen beträgt für Alleinstehende 1500 Euro zzgl. 50 Euro Werbunskosten und für Ehepaare 3000 Euro zzgl. 100 Euro Werbunskosten. – Liegen die Kapitalerträge des Anlegers über der maximalen Freistellungsgrenze und hat er nur geringe andere Einkünfte, kann es in bestimmten Fällen sinnvoller sein, eine Nichtveranlagungsbescheinigung beim Finanzamt zu beantragen und der Bank vorzulegen, als einen Freistellungsauftrag zu erteilen. Freistellungsauftrag oder Nichtveranlagungsbescheinigung können alternativ genutzt werden. In beiden Fällen erfolgt grundsätzlich kein KapESt-Abzug. Eine Nichtveranlagungsbescheinigung wird erteilt, wenn das zu versteuernde Einkommen voraussichtlich unter dem Betrag liegt, von dem ab nach der ESt-Tabelle eine ESt zu erheben wäre. Die Nichtveranlagungsbescheinigung kann nur beim Finanzamt beantragt werden, während der Freistellungsauftrag ohne Antragsverfahren vom Steuerpflichtigen selbst erteilt wird. Im Gegensatz zum Freistellungsauftrag wirkt eine Nichtveranlagungsbescheinigung betragsmäßig unbegrenzt, hat aber nur eine Geltungsdauer von drei Jahren. – Gemeinnützige Organisationen haben gleichfalls Anspruch auf Nichterhebung bzw. Erstattung der KapESt. Anderen steuerbefreiten Organisationen wird die KapESt zur Hälfte erstattet. – Vgl. auch → Kapitalertragsteuersätze.

Kapitalertragsteuersätze, *rates of capital yields taxes*. Grundsätzlich ist der Kapitalanleger als Gläubiger der Kapitalerträge Steuerschuldner der KapESt. Übernimmt ausnahmsweise der Schuldner der Erträge die KapESt selbst, kommt ein höherer Steuersatz zur Anwendung. Die K. sind in § 43a I EStG festgelegt. Gemäß dieser Vorschrift betragen die K.: – 1. In den Fällen des § 43 I S. 1 Nr. 1 und Nr. 7a EStG a) 20% des Kapitalertrags, wenn der Gläubiger die KapESt trägt, b) 25% des tatsächlichen ausgezahlten Betrags, wenn der Schuldner die KapESt übernimmt. – 2. In den Fällen des § 43 I S. 1 Nr. 2 bis 4 EStG a) 25% des Kapitalertrags, wenn der Gläubiger die KapESt trägt, b) 33 1/3% des tatsächlich ausgezahlten Betrags, wenn der Schuldner die KapESt übernimmt. – 3. In den Fällen des § 43 I 1 S. 1 Nr. 7 und 8 sowie S. 2 EStG a) 30% des Kapitalertrags (Zinsabschlag), wenn der Gläubiger die KapESt trägt, b) 42,85% des tatsächlich ausgezahlten Betrags, wenn der Schuldner die KapESt übernimmt. – 4. In den Fällen des § 43 I S. 1 Nr. 7b EStG a) 10% des Kapitalertrags, wenn der Gläubiger die Kapitalertragsteuer trägt, b) 11 1/9% des tatsächlich ausgezahlten Betrags, wenn der Schuldner die KapESt übernimmt. – 5. In den Fällen des § 43 I S. 1 Nr. 7c EStG 10% des Kapitalertrags. Die Nr. 5 und 6 des § 43 I S. 1 EStG sind durch die Unternehmenssteuerreform 2001 weggefallen.

Kapitalgesellschaftsebene	
Unternehmensgewinn	512,91 Euro
minus 25% KSt	127,83 Euro
minus 5,5 % Soli auf KSt	7,16 Euro
Aktionärsebene	
Bruttodividende	376,31 Euro
Körperschaftsteuergutschrift	0,00 Euro

Kapitalgewinn

Dividendeneinkommen vor Steuern	376,31 Euro
minus 30% ESt auf halbe Bruttodividende	56,47 Euro
minus 5,5% Soli auf ESt	3,10 Euro
Dividendeneinkommen nach Steuern	**316,76 Euro**

Kapitalexport, → Kapitalausfuhr.

Kapitalflucht, *capital flight*; ist eine massive Ausfuhr von Kapital durch die Wirtschaftssubjekte und Wirtschaftseinheiten einer Ökonomie, die nicht auf eine möglicherweise bessere Rentabilität im Ausland zurückzuführen ist. K. vollzieht sich in erster Linie als Folge instabiler politischer und wirtschaftlicher Rahmenbedingungen, v.a. aufgrund revolutionärer politischer Bestrebungen, der Antizipation von → Kapitalverkehrskontrollen, aus Furcht vor → Abwertungen der einheimischen Währung sowie aus steuerlichen Gründen. K. gilt wegen seiner negativen Begleiterscheinungen als volkswirtschaftlich unerwünschtes Phänomen. – Vgl. auch → heißes Geld.

Kapitalflussrechnung, *Bewegungsbilanz, Cash-Flow Statement*. 1. Im weiteren Sinne umfasst der Begriff K. alle Rechnungen, die Bewegungen von Finanzmitteln innerhalb einer Periode aufzeigen. Sie ist somit vergleichbar mit der → Finanzierungsrechnung. – 2. Im engeren Sinne ist die K. eine systematische Aufstellung der wesentlichen Zahlungsströme in einem Unternehmen oder in einem Konzern innerhalb eines → Geschäftsjahres. In der K. werden die Veränderungen der → flüssigen Mittel (Kassenbestand und Bankguthaben) durch die Zahlungsströme der laufenden Geschäftstätigkeit aus Investitionen und Desinvestitionen sowie aus externen Finanzierungen erklärt. Die Zahlungsströme werden im allgemeinen nicht direkt aufgezeichnet, sondern aus dem → Jahresabschluss (→ Gewinn- und Verlustrechnung) sowie aus Veränderungen der Bilanzposten bestimmt. – Nach § 297 I HGB ist eine K. für Mutterunternehmen, die einen organisierten Markt durch von ihnen oder ihrer Tochterunternehmen ausgegebene Wertpapiere in Anspruch nehmen, vorgeschrieben. K. sind Pflichtbestandteil des Jahresabschlusses nach IAS und US-GAAP und seit Einführung des → KonTraG auch obligatorisch für Abschlüsse börsennotierter Konzernmütter nach HGB und damit das global am weitesten harmonisierte Jahresabschlusselement.

Kapitalfreisetzung, *release of capital*; umsatzbezogener Vorgang, durch den das in einem Unternehmen gebundene → Kapital über den Umsatzprozess freigesetzt wird.

Kapitalgesellschaft, *corporation*. In der K. ist die Mitgliedschaft – im Gegensatz zur → Personengesellschaft – auf die reine Kapitalbeteiligung und nicht auf persönliche Mitarbeit der Gesellschafter zugeschnitten. Wesentliches Kennzeichen der K. ist zudem nach deutschem Recht, dass der Gesetzgeber ein bestimmtes Mindesteigenkapital vorschreibt, welches einen kreditsicherungsähnlichen Haftungsfonds für die Gläubiger bildet und deshalb eine Grundvoraussetzung für den Zugang zur Rechtsform der K. darstellt. Anders als bei der Personengesellschaft haften die Gesellschafter nicht persönlich, sondern nur das → Gesellschaftsvermögen. Weitere Merkmale einer K. sind, dass die Anteile grundsätzlich frei veräußert und vererbt werden können und die persönliche Mitarbeit der Gesellschafter bei der Geschäftsführung nicht notwendig ist. – K. sind die → Aktiengesellschaft (AG), die → Kommanditgesellschaft auf Aktien (KGaA), der Versicherungsverein auf Gegenseitigkeit (VVaG) und die → Gesellschaft mit beschränkter Haftung (GmbH). Insbesondere die GmbH kann aber vertraglich so ausgestaltet werden, dass sie der Personengesellschaft angenähert ist. Umgekehrt kann auch die Personengesellschaft, vor allem die → Kommanditgesellschaft (KG) in der Form der → GmbH & Co. KG weitgehend der K. angeglichen werden. – Steuerrechtlich unterliegt die K. der → Körperschaftsteuerpflicht.

Kapitalgewinn, *capital gain, capital profit*. Bezeichnung für die wertmäßige positive Differenz zwischen dem beim Verkauf eines Vermögenswertes (z.B. Wertpapier) erzielbaren Erlös und dem für den vorausgegangenen Kauf eingesetzten Betrag (Anschaffungskosten).

Kapitalherabsetzung

Kapitalherabsetzung, *capital reduction*. Verringerung des → gezeichneten Kapitals einer Kapitalgesellschaft. Die K. dient zur Beseitigung von Bilanzverlusten oder zur Rückzahlung von Kapital an die Unternehmenseigentümer. Eine K. erfordert ebenso wie die → Kapitalerhöhung eine Satzungsänderung, da die Höhe des gezeichneten Kapitals in der Satzung festgelegt ist. Die Änderung der Satzung kann beispielsweise durch einen Beschluss der Hauptversammlung bewirkt werden, wobei drei Viertel des vertretenen stimmberechtigten Kapitals dem Änderungsantrag zustimmen müssen. Der Herabsetzungsbeschluss ist im Handelsregister einzutragen (§§ 222 I, 229 III, 237 IV AktG.). Als Formen der K. bei Aktiengesellschaften unterscheidet das Aktiengesetz die → ordentliche und die → vereinfachte K. sowie die → K. durch Einziehung von Aktien. Im Mittelpunkt der gesetzlichen Vorschriften steht der → Gläubigerschutz, um eine von den Fremdkapitalgebern nicht kontrollierbare Rückzahlung zu verhindern. Die praktische Bedeutung der K. ist bei einer Gesellschaft mit beschränkter Haftung (GmbH) gering, sie ist formal in den §§ 58 ff. GmbHG geregelt.

Kapitalherabsetzung durch Einziehung von Aktien, *amortisation, reduction of capital by redemption of shares*. Form der → Kapitalherabsetzung, die entweder durch den Erwerb → eigener Aktien oder durch zwangsweises Einziehen von Aktien erfolgt und in den §§ 237-239 AktG geregelt ist. Die K.d.E.v.A. kann der Beseitigung von Verlusten oder der Rückzahlung von Kapital dienen Der Erwerb eigener Anteile ist dabei nicht auf die Höchstgrenze von 10 % des → Grundkapitals beschränkt, die üblicherweise beim → Rückkauf eigener Aktien besteht. Der Kauf ist allerdings nur zulässig, wenn dies die → Hauptversammlung der AG vorher beschlossen hat (§ 71 I Nr. 6 AktG). Das zwangsweise Einziehen von Aktien muss durch die Satzung legitimiert sein und hat nach den Regeln der → ordentlichen Kapitalherabsetzung zu erfolgen.

Kapitalimport, → Kapitaleinfuhr.

Kapitalkonsolidierung, *capital consolidation*. Aufrechnung konzerninterner Beteiligungsbeziehungen. Bei der K. wird der vom Mutterunternehmen bilanzierte Beteiligungsbuchwert mit dem anteiligen → Eigenkapital des Tochterunternehmens aufgerechnet. – Im → Konzernabschluss werden Vermögensgegenstände und Schulden des Tochterunternehmens übernommen, auch wenn keine 100%ige Beteiligung konsolidiert wird. Der nicht dem Mutterunternehmen zustehende Anteil wird auf der Passivseite durch den Posten "Anteile fremder Gesellschafter" korrigiert. – Buchwertmethode: Bei der K. nach der Buchwertmethode wird der Beteiligungswert mit dem anteiligen → Buchwert zum Zeitpunkt der Erstkonsolidierung verrechnet. Übersteigt der Beteiligungsbuchwert das anteilige buchmäßige Eigenkapital, entsteht ein aktiver → Konsolidierungsausgleichsposten. Dieser ist anteilig auf die unterbewerteten Vermögensgegenstände und überbewerteten Schulden zu verteilen. Der Restbetrag wird als → Geschäfts- oder Firmenwert aktiviert. In Deutschland hat sich hierfür ebenfalls die international gebräuchliche Bezeichnung „Goodwill" eingebürgert. Übersteigt hingegen bei der Buchwertmethode der Wert des anteiligen Eigenkapitals den Wert des damit korrespondierenden Beteiligungsansatzes und kann diese Differenz nicht auf stille Lasten in der → Bilanz des Tochterunternehmens verteilt werden, so ist dieser auf der Passivseite entstehende Differenzbetrag als Unterschiedsbetrag aus der K. in der → Konzernbilanz auszuweisen. Hierfür wird international die Bezeichnung „Badwill" verwandt. – Neubewertungsmethode: Bei der alternativ möglichen Neubewertungsmethode der K. werden Vermögensgegenstände und Schulden mit Zeitwerten zum Zeitpunkt der Erstkonsolidierung bilanziert. Der Beteiligungsbuchwert wird mit dem anteilig neu bewerteten Eigenkapital verrechnet. Der verbleibende aktive Konsolidierungsausgleichsposten ist der Geschäfts- oder Firmenwert. Die Neubewertungsmethode führt im Gegensatz zur Buchwertmethode grundsätzlich zu einer vollständigen Aufdeckung stiller Lasten bzw. → stiller Reserven und damit zu einer Bewertung aller Bilanzpositionen mit Tageswerten. Für die Folgekonsolidierung werden die aufgedeckten stillen Reserven und der Geschäfts- oder Firmenwert fortgeführt. Das Konzernergebnis wird durch → Abschreibungen belastet. – Interessenzusammenführungsmethode (Pooling of Interests-Methode): Unter bestimmten Bedingungen kann die K. auch nach der Methode der Interessenzusammenführung erfolgen. Bei dieser Form werden die Vermögenswerte und Schulden ohne Aufdeckung stiller Reserven in die Konzernbilanz übernommen. Der Überschuss des Kaufpreises über die Buchwerte wird mit den Rücklagen verrechnet. – Vgl. auch → Equity-Methode, → Konsolidierungskreis, → Quotenkonsolidierung.

Kapitalkonten, *proprietary accounts, capital accounts*. Bezeichnung für → Konten, die lediglich bei Unternehmen in der Rechtsform der → Offenen Handelsgesellschaft (OHG), der → Kommanditgesellschaft (KG) oder des Einzelkaufmanns geführt werden. Sie umfassen diejenigen Vermögensbeträge, die dem jeweiligen Inhaber oder Gesellschafter gehören bzw. zuzurechnen sind.

Kapitalkonzentration, *capital concentration*; ist die Akkumulation von Kapital bei einigen wenigen Wirtschaftssubjekten und Wirtschaftseinheiten. Die Anhäufung basiert v.a. auf Disparitäten in der Einkommensverteilung und resultiert in einer ungleichen gesamtwirtschaftlichen Verteilung von Vermögen. Die mit der K. teilweise verbundene Zunahme an politischer Macht steht im Zentrum der öffentlichen Kritik. – Vgl. auch → Konzentration.

Kapitalkosten, *cost of capital*; bezeichnet die Opportunitätskosten für die Nutzung des von den Kapitalgebern zur Verfügung gestellten Kapitals. K. untergliedern sich in → Eigenkapital- und → Fremdkapitalkosten. Häufig verwendet man den gewichteten Kapitalkostensatz (→ Weighted Average Cost of Capital). Dabei werden die Marktwerte des → Eigen- und des → Fremdkapitals mit ihren jeweiligen → Zinssätzen gewichtet und anschließend summiert. Aus Sicht eines Unternehmens bilden die K. stets die vom Unternehmen zu erzielende Mindestverzinsung ab.

Kapitallenkung, *capital control*; ist die Bezeichnung für eine gezielte staatliche Steuerung der Kapitalflüsse einer Volkswirtschaft. K. wird im Rahmen der → Wirtschaftspolitik eingesetzt, führt aber i.d.R. zu einer → Kapitalfehlleitung, da Vermögensmaximierung in politischen Entscheidungsprozessen einen untergeordneten Stellenwert einnimmt.

Kapitalmarkt, *capital market*; ist ein Markt für mittel- und langfristiges Kapital, v.a. in Form von Krediten und Beteiligungskapital. Der Geldmarkt stellt dabei als Gegensatz zum K. einen Markt für kurzfristige Finanzmittel dar. Eine weiter gehende Differenzierung unterscheidet nach organisierten und nicht organisierten K., also der Frage, ob Finanzintermediäre in Form von Banken, Börsen, Versicherungen, Investmentgesellschaften und anderweitigen Kapitalsammelstellen in die Abwicklung der Transaktionen involviert sind. Der → graue Kapitalmarkt findet überwiegend auf dem unorganisierten Teil sein Forum. Ebenfalls wird eine Einteilung nach der Handelbarkeit der Finanzierungsmittel vorgenommen. Während Beteiligungskapital in Form von Aktien an Börsen umgeschlagen werden kann, ist dies für Anteile an Personengesellschaften und Genossenschaften nicht der Fall. Dabei kann wiederum nach dem Sekundär- und dem Emissionsmarkt (Primärmarkt) differenziert werden. Parallel hierzu ist die Fungibilität verbriefter Forderungen in Form von Schuldtiteln (Anleihen, Schuldverschreibungen, Pfandbriefe, etc.) gegeben, während für unverbriefte Darlehen kein standardisierter Markt i.e.S. besteht.

Kapitalmarktausschuss, *capital market committee*. 1. Bezeichnung für den OECD-Ausschuss für Finanzmärkte. – 2. Bezeichnung für den → Zentralen Kapitalmarktausschuss (ZKMA).

Kapitalmarkteffizienz, *Capital Market Efficiency*. Ein → Kapitalmarkt wird als effizient bezeichnet, wenn die Preise der zugrunde liegenden → Wertpapiere den fundamental gerechten Preisen entsprechen. Die K. wird anhand der Kriterien Informationseffizienz (→ Informationseffizienz von Kapitalmärkten), → Transaktionskosten, → Marktliquidität und → Volatilität beurteilt. Die Informationseffizienz unterscheidet man in der Regel in drei Arten: die strenge, die salbstrenge und die schwache Form. Bei der strengen Informationseffizienz sind sämtliche relevanten Informationen in den → Kursen enthalten. Die zukünftige Kursentwicklung folgt somit einem Random Walk → Random-Walk-Theory. Bei der halbstrengen

Kapitalmarktförderung

Informationseffizienz sind sämtliche öffentlich zugänglichen Informationen in den → Kursen enthalten. Die Analyse der bekannten Informationen kann somit nicht zur Erzielung einer Überrendite führen. Ein weiteres Kriterium zur Beurteilung der K. bilden die impliziten (Ausführungskosten) und expliziten (Maklerkosten, Courtage) → Transaktionskosten. Ein Markt gilt dabei als umso effizienter je niedriger die beiden Kostenarten sind. Als weitere Kriterien können die → Liquidität und → Volatilität genannt werden. Durch diese beiden Kriterien werden die → Markttiefe, → -breite und -erneuerungskraft beeinflusst. Während die → Markttiefe die Anzahl der im Kursbereich liegenden → Aufträge konkretisiert, wird anhand der → Marktbreite das umgesetzte Handelsvolumen verstanden.

Kapitalmarktförderung, *capital market support*; stellt eine politische Option dar, die Funktionsfähigkeit und Effizienz des Kapitalmarktes aufbauend auf der Annahme, dass er eine zentrale Bedeutung für eine Volkswirtschaft innehat, zu erhöhen. Die Förderung erfolgt durch Etablierung entsprechender Rahmenbedingungen, ebenso wie durch gezielte Unterstützung der beteiligten Wirtschaftssubjekte. Beispielhaft stehen hierfür die → vermögenswirksamen Leistungen, aber auch Fragen der Banken- und Börsenaufsicht.

Kapitalmarkt-Funktionsfähigkeit, *capital market efficiency*. → Kapitalmarkteffizienz, baut auf drei Dimensionen von Effizienz auf. Allokative Funktionsfähigkeit oder Allokationseffizienz bedeutet, dass: auf dem Kapitalmark eine optimale Verteilung der Mittel gewährleistet sein muss, wobei die Nutzenmaximierung der Beteiligten als Maßstab dient. Darauf aufbauend muss die Bewertungseffizienz gegeben sein, da Marktmechanismen im Zuge der Preisbildung grundsätzlich optimale Ergebnisse liefern. – Operationale Funktionsfähigkeit oder operationale Effizienz liegt vor, wenn die Marktmechanismen zu einer kostenoptimalen Bereitstellung der Marktfunktion und seiner Nebenaufgaben führen. Insbesondere sind Aspekte der impliziten und expliziten Transaktionskosten von Interesse. – Im Sinne der institutionellen Effizienz müssen die Rahmenbedingungen bspw. durch Kontrollinstanzen für eine stabile und langfristige Existenz des Kapitalmarktes geeignet sein.

Kapitalmarktgeschäfte der Deutschen Bundesbank, *capital market transactions of the Federal German Central Bank*; erfolgen im Rahmen der Offenmarktpolitik der → Europäischen Zentralbank (EZB), dabei handelt es sich i.e.S. um Transaktionen der Notenbank mit langfristigen Schuldverschreibungen öffentlicher Emittenten (Offenmarktgeschäfte am Kapitalmarkt). Im Rahmen der Offenmarktpolitik der → Europäischen Zentralbank (EZB) tritt die Deutsche Bundesbank als Mitglied des → Europäischen Systems der Zentralbanken (ESZB) auf nationaler Ebene als ausführendes Organ auf dem Kapitalmarkt auf. Der Handel mit langfristigen Wertpapieren mit Rückkaufsvereinbarung (Wertpapierpensionsgeschäfte) ist wegen der zu Grunde liegenden Rückübertragungsfristen den Geldmarktgeschäften zuzuordnen. Ziel der Kapitalmarktgeschäfte als geldpolitische Maßnahme ist eine Beeinflussung der Liquiditätsversorgung und des Marktzinsniveaus und damit auch der Geldmenge. Die Vorteile liegen in der Erstinitiative der Notenbank, ebenso wie in den vielfältigen Steuerungsmöglichkeiten im Hinblick auf Volumina, Laufzeiten und die Zinssatzgestaltung.

Kapitalmarktkommission, → Zentraler Kapitalmarktausschuss (ZKMA).

Kapitalmarktpapiere, *capital market paper*; sind am Kapitalmarkt gehandelte Wertpapiere verschiedener Art, in erster Linie Anleihen, Genussscheine und Aktien.

Kapitalmarktpolitik, *capital market policy*; wird weitestgehend von der Regierung und der Notenbank eines Landes festgesetzt. Sie umfasst in erster Linie die Festlegung einheitlicher und stabiler Rahmenbedingungen für den Kapitalmarkt. Hierfür sind die gesetzlichen Bestimmungen, wie z.B. die Banken- und Börsenaufsicht von zentraler Bedeutung, wobei ein funktionierendes und transparentes Rechtssystem, ebenso wie eine stabilitätsorientierte Geldpolitik unabdingbare Voraussetzungen darstellen. Die Notenbank übernimmt im Allgemeinen dabei eine Koordinationsfunktion. Es soll eine optimale Allokation der knappen volkswirtschaftlichen Ressourcen gesichert werden. Daneben nutzt der Staat aktive Steuerungsinstrumente, um zuvor in politischen Entscheidungsprozessen definierte Zielsetzungen zu erreichen. Hierzu gehören Maßnahmen der Sparförderung, wie bspw. vermögenswirksame Leistungen, aber auch der Schutz der Spareinlagen (Einlagesicherungseinrichtungen).

Kapitalmarktreglementierung, *capital market reglementation*; setzt an der Sicherstellung der Effizienz und Funktionsfähigkeit des Kapitalmarktes (→ Kapitalmarkt-Funktionsfähigkeit) an. Eingriffe in die Marktkräfte erfolgen vielmehr als ordnungspolitische Rahmengestaltung denn als Korrektur einzelner, politisch ungewollter Entwicklungen. So findet eine Kontrolle des Auslandszahlungsverkehrs in der Regel nicht mehr statt, während Fragen der Marktaufsicht an Bedeutung gewonnen haben. Stellvertretend seien die Finanzmarktförderungsgesetze in Deutschland angeführt, die u.a. zu einer Liberalisierung des nationalen Kapitalmarktes geführt haben. Eine Regulierung des Kapitalmarktes i.e.S. durch direkte Eingriffe in das Marktgeschehen bzw. Verhinderung derer findet heutzutage weitestgehend nur noch in Entwicklungsländern statt.

Kapitalmarktzins, *capital market interest rate*; wird als der für langfristige Kapitalanlagen geforderte Zinssatz definiert. Als Annäherung gilt hierfür die → Emissionsrendite, aber auch die → Umlaufrendite festverzinslicher Wertpapiere.

Kapitalmehrheit, *equity majority, majority shareholding*. Von einer K. ist dann die Rede, wenn eine Gruppe über Anteile verfügt, die mehr als 50% des → gezeichneten Kapitals repräsentieren. Eine Abweichung von der Stimmrechtsmehrheit kommt durch Stimmrechtsbeschränkungen oder Stimmrechtsdiskriminierungen zustande.

Kapitalproduktivität, *output-capital ratio*; misst als volkswirtschaftliche Größe das Verhältnis von erreichtem Sozialprodukt und dem hierfür eingesetzten Produktionsfaktor Kapital. Die durchschnittliche K. zeigt den erzielten Erfolg je eingesetzter Einheit an Kapital, während die marginale K. (Grenzproduktivität des Kapitals) das erzielte Sozialprodukt pro zusätzlicher Einheit an Kapital misst.

Kapitalstruktur

Kapitalrentabilität, *return on capital employed*; bezeichnet eine → Kennzahl zur Analyse der Rentabilität eines Unternehmens. Sie ist als Verhältnis zwischen dem Überschuss aus Kapitalnutzung zum eingesetzten Kapital definiert. Je nach Bezugsgröße kann in Eigenkapital-, Fremdkapital- und Gesamtkapitalrentabilität unterschieden werden. Eine Investition ist im Vergleich zur Unterlassungsalternative dann vorteilhaft, wenn ihre K. größer oder gleich dem → kalkulatorischen Zinssatz ist (→ Interne Zinsfußmethode).

Kapitalrücklage, *capital reserve*; von außen zugeführtes → Eigenkapital, welches nicht als → gezeichnetes Kapital gilt. Zur K. gehören die Beträge, die bei der Ausgabe von Anteilen über deren Nennbetrag hinaus erzielt werden, der Betrag, der bei der Ausgabe von → Wandelschuldverschreibungen oder → Optionsschuldverschreibungen erzielt wird und Zuzahlungen der Gesellschafter.

Kapitalrückzahlung, *repayment of capital*. → Tilgung einer Verbindlichkeit durch Rückzahlung des geschuldeten Geldbetrages an den Gläubiger.

Kapitalsammelstellen, *institutional investor/buyer*. Bezeichnung für Institutionen, die durch das Ansammeln von Kapital enorme Reserven kumulieren mit denen sie auf dem → Kapitalmarkt auftreten und einen erheblichen Einfluss ausüben. Zu den K. zählen Versicherungen, Bausparkassen, Venture Capital Gesellschaften, Pensionsfonds, Sozialversicherungsträger, Investmentgesellschaften usw. Da K. über Economies of Scale and Scope, Wissensvorsprünge und erheblichen Markteinfluss verfügen, erzielen sie meist eine höhere Rendite als der durchschnittliche einzelne Anleger.

Kapitalschnitt, *reduction of the company's capital*; ist eine oft bei Sanierungen verwendete Maßnahme zur → Kapitalherabsetzung. Er dient zur Anpassung der Aktionärsstruktur an das verbliebene Grundkapital, das bspw. infolge stetiger Verluste stark reduziert wurde.

Kapitalstruktur, *capital structure*. Bezeichnung für die aus der Aufteilung des Kapitals einer Gesellschaft in → Eigen- und

Kapitalstrukturanalyse

→ Fremdkapital resultierende Relation zwischen diesen beiden Kapitalformen. Mit Hilfe der Analyse der K. soll die Zusammensetzung des Kapitals einer Unternehmung nach Art und Fristigkeit untersucht werden. Dadurch können Finanzierungsrisiken aufgedeckt sowie eine Beurteilung der Kreditwürdigkeit durchgeführt werden. Hierbei muss v.a. zwischen der steuerlichen Vorteilhaftigkeit von Fremdkapital und etwaigen Konkursrisiken bei zu hohem Fremdkapitalanteil abgewogen werden – Vgl. auch → optimale Kapitalstruktur.

Kapitalstrukturanalyse, *capital structure analysis*; bezeichnet die Analyse der Mittelherkunft und Zusammensetzung der Mittel nach → Eigen- oder → Fremdkapital. Die Beurteilung erfolgt nach den Kriterien Art und Fristigkeit des → Kapitals im Hinblick auf die Abschätzung der Finanzierungsrisiken. Bei der vertikalen K. wird nur die Passivseite der → Bilanz in Betracht gezogen. Hier ist insbesondere die relative steuerliche Vorteilhaftigkeit von Fremdkapital im Hinblick auf Konkursrisiken bei einem zu hohem Fremdkapitalanteil abzuwägen. Zur vertikalen Analyse stehen verschiedene Kennzahlen zur Verfügung wie z.B. der → Verschuldungsgrad, oder die → Eigenkapitalquote. Es gibt jedoch keine allgemeingültige Norm über das Verhältnis von → Fremdkapital zu → Eigenkapital. Es lässt sich lediglich sagen, dass im allgemeinen bei größerem Eigenkapital die finanzielle Stabilität des Unternehmens höher ist Wird bei der K. auch die Mittelverwendung miteinbezogen, versucht man Aussagen darüber zu machen, welche Vermögensanteile durch welche Kapitalquellen gedeckt werden sollten. Dabei ist zu beachten, dass das Kapital nicht kürzer befristet sein sollte, als das Vermögensmittel benötigt werden (→ Goldene Bilanzregel).

Kapitalstrukturkennzahlen, *Kapitalkennzahlen, capital/financial structure ratios*. Kennzahlen, die Aufschluss über die Quellen und die Zusammensetzung der Finanzierungsmittel eines Unternehmen geben sollen. Dazu werden bestimmte Kapitalpositionen (→ Eigenkapital, → Fremdkapital, → Gesamtkapital) in Beziehung zueinander oder zu anderen betriebswirtschaftlichen Bezugsgrößen gesetzt. Wichtige K. sind die → Eigenkapitalquote, der → Verschuldungsgrad und der → Selbstfinanzierungsgrad.

Kapitalumschlag, *Kapitalumschlagshäufigkeit, asset turnover ratio, sales-to-assets ratio*; Kennzahl, die den Umsatz ins Verhältnis zum durchschnittlichen betriebsbedingten Gesamtkapital einer Periode setzt. Über den K. sind → Umsatzrentabilität und → Gesamtkapitalrentabilität miteinander verbunden: Je höher der K. bei konstanter Umsatzrentabilität ist, desto höher ist auch die Gesamtkapitalrentabilität. Ein Vergleich des K. ist nur zwischen Unternehmen der selben Branche sinnvoll, da z.B. der deutsche Einzelhandel den doppelten K. des Baugewerbes aufweist.

Kapitalumschlagskennzahlen geben Aufschluss über die Stärke und Richtung von Finanzströmen. Sie zeigen an, wie oft die Kapitalgröße im Umsatzprozess umgeschlagen worden ist. So lässt sich die Umschlagshäufigkeit des Gesamtkapitals als Quotient des Umsatzes zum Gesamtkapital bestimmen, die Umschlagshäufigkeit des Eigenkapitals als Quotient des Umsatzes zum Eigenkapital und die Umschlagsdauer des langfristigen Fremdkapitals als Quotient des Umsatzes zum langfristigen Fremdkapital.

Kapitalverkehr, *capital movements*; umfasst alle finanziellen Transaktionen, die ihren Ursprung nicht auf dem Waren- und Dienstleistungssektor haben. Dazu gehören alle monetären und sachlichen Bewegungen, deren Zweck die → Geld- und → Vermögensanlage ist, z.B. das Tätigen von Wertpapier- oder Immobiliengeschäften.

Kapitalverkehr, internationaler, *capital movements, international*; ist die Gesamtheit der grenzüberschreitenden Kapitalbewegungen zwischen einzelnen Volkswirtschaften, die in der → Kapitalbilanz erfasst werden. Die Untergliederung in der Bilanz erfolgt meist nach der Fristigkeit der getätigten Transaktionen. Direktinvestitionen und Wertpapiergeschäfte (Portfolioinvestitionen) stellen beispielsweise langfristige Transaktionen dar, während kurzfristige Bewegungen in erster Linie auf kurzfristigen Krediten und Kapitalanlagen basieren. Die Existenz fester Wechselkurse oder gar von → Kapitalverkehrskontrollen führt i.d.R. zu einer Reduktion der Markteffizienz im i.K. – Vgl. auch → Kapitalausfuhr, → Kapitaleinfuhr.

Kapitalverkehrskontrollen, *control on the movement of capital, capital controls*; stellen den Versuch staatlicher Stellen dar, Einfluss auf die → Kapitaleinfuhr und → Kapitalausfuhr zu nehmen. Dies wird beispielsweise durch → Devisenbewirtschaftung, Besteuerung von Kapitalflüssen sowie bestimmte quantitative Beschränkungen erreicht. Ursächlich für K. ist die Ansicht, dass gewisse internationale Kapitaltransaktionen das Gleichgewicht der → Zahlungsbilanz oder die Geldwertstabilität im Inland gefährden können. Übersehen werden hierbei allerdings längerfristige Wettbewerbsverzerrungen, die auf Kapitalmärkten mit K. entstehen können. Somit können K. nur in gesonderten Fällen als geeignetes Instrumentarium der → Währungspolitik angesehen werden.

Kapitalverkehrsteuern, *capital transfer tax*. Bezeichnung für Steuern auf den → Umsatz von Kapitalwerten. → Gesellschaftsteuer und → Börsenumsatzsteuer sind K. Die K. wurden in Deutschland 1991/92 abgeschafft.

Kapitalvermögen, *capital assets*; ist im makroökonomischen Sinne der Begriff für den Bestand an materiellem Vermögen innerhalb einer Volkswirtschaft. Allerdings wird meist unter K. nur → Geldkapital verstanden, d.h. es wird nur das in Geld oder geldnahe Werte investierte Vermögen unter Ausschluss von Sachgütern betrachtet.

Kapitalverwässerung, *Kursverwässerung, capital dilution, stock watering*. Veränderung des Wertes einer → Aktie im Rahmen einer → Kapitalerhöhung. Durch Zuführung neuer Mittel kann es dabei zu Vermögensverlusten der → Altaktionäre und zu einer Verschiebung der Anteilsverhältnisse kommen, wenn die → Bezugsrechte der Altaktionäre ausgeschlossen werden oder die Altaktionäre ihre Bezugsrechte verkaufen anstatt sie zum Bezug der jungen Aktien zu verwenden. Bei Ausgabe von → Kapitalberichtigungsaktien bleiben die Beteiligungsverhältnisse der Aktionäre an der Gesellschaft unverändert, aber der Wert der einzelnen Aktien nimmt ab.

Kapitalwert, *net present value (NPV), capitalized value*; ist definiert als die Summe aller mit dem Kalkulationszinsfuß diskontierten zukünftigen Überschüsse der Einzahlungen über die Auszahlungen unter Berücksichtigung der Anfangsauszahlung zu Beginn der Investition. Eine Investition ist nur vorteilhaft, wenn der K. positiv ist. In diesem Fall liegt die Verzinsung des gebundenen Kapitals über dem verwendeten Kalkulationszinsfuß. – Vgl. auch → Interne Zinsfußmethode, → Barwert.

Kapitalwertmethode, *net present value method (NPC)*. Unter dem Terminus K. versteht man ein klassisches Verfahren der dynamischen Investitionsrechung, bei welcher alle innerhalb der Nutzungsdauer einer Investition anfallenden Zahlungsströme auf den Investitionsbeginn abgezinst werden. Ermittelt werden die Zahlungsströme durch die Differenz zwischen den Einzahlungen E_0 und den Auszahlungen A_0. Vorteilhaft ist eine Investition dann, wenn der dadurch berechnete Kapitalwert größer oder gleich null ist. Die interne Rendite ist somit größer als der der Berechnung zugrunde gelegte interne Zinsfuß. Kritisch betrachtet werden sollte jedoch die Tatsache, dass die zugrunde gelegten Zahlungsströme und Zinssätze auf Prognosen/Schätzungen beruhen.

Kapitalzins. 1. *(Long-term) interest rate*. Der Zinssatz, der für angebotenes respektive nachgefragtes Kapital gefordert wird. – 2. *Return on investment*; effektive oder kalkulatorische Rendite von investiertem Kapital („abgeleiteter" Kapitalzins) als Überschuss der Erlöse über die Kosten.

Kartellgesetz, *German Antitrust Law*. Kurzbezeichnung für das → Gesetz gegen Wettbewerbsbeschränkungen (GWB).

KASE, → Kazakhstan Stock Exchange.

Kassageschäft, *spot sale*. Ein K. zeichnet sich dadurch aus, dass die Erfüllung der gegenseitigen Pflichten (Lieferung und Bezahlung) unmittelbar auf den Geschäftsabschluss zu erfolgen hat. – Gegensatz: → Termingeschäft. – Vgl. auch → Kassageschäfte in Devisen, → Kassageschäfte in Wertpapieren, → Börsengeschäfte, Erfüllungsarten.

Kassageschäfte in Devisen

Kassageschäfte in Devisen, *spot sales in foreign exchange*. Der Devisenhandel wurde im Zuge der Euroeinführung zum 31.12.1998 an allen deutschen Wertpapierbörsen eingestellt. Bei den bis zu diesem Termin an den Börsen abgeschlossenen K.i.D. hatte der Verkäufer dem Käufer die Auszahlung des gehandelten Währungsbetrags am zweiten Bankarbeitstag nach Geschäftsabschluss zur Verfügung zu stellen. Bis zum Beginn dieses Erfüllungstages hatte der Käufer den DM-Gegenwert an den Verkäufer zu zahlen. – Vgl. auch → Kassageschäft.

Kassageschäfte in Wertpapieren, *spot sales in securities*. Die K.i.W. zeichnen sich dadurch aus, dass sie – im Gegensatz zu → Termingeschäften – unmittelbar nach dem Geschäftsabschluss beiderseitig zu erfüllen sind. In Deutschland hat daher die Lieferung der → Wertpapiere sowie deren Bezahlung regelmäßig binnen zwei Tagen nach Geschäftsabschluss zu erfolgen. Zum einen werden derartige Geschäfte im → Präsenzhandel abgeschlossen, der sich in den → Einheitsmarkt sowie den Handel zur → fortlaufenden Notierung gliedert. Zum anderen werden K.i.W. jedoch auch im elektronischen Computerhandelssystem → Xetra abgeschlossen. – Vgl. auch → Börsenhandel, → Kassageschäfte.

Kassahandel, *spot dealings*. Der K. stellt neben dem Handel per Termin (→ Termingeschäfte) den zweiten Grundtypus des Börsenhandels dar und ist dadurch geprägt, dass in ihm → Kassageschäfte abgeschlossen werden.

Kassakurs, *Einheitskurs, Spot-Kurs, Spot-Preis, standard quotation/spot price*. → Kurs bei → Kassageschäften. Amtlich notierte Aktien, die an der Börse nicht zum → variablen Handel zugelassen sind, werden im Börsenverlauf gegen 12:00 Uhr „zur Kasse" gehandelt. D.h. für sie wird im Börsenverlauf nur ein amtlicher Kurs festgestellt. Die → Kursfestsetzung des K. erfolgt derart, dass zu dem ermittelten Kurs das größte Umsatzvolumen abgewickelt werden kann (→ Meistausführungsprinzip). Dieser Kurs ist dann maßgeblich für alle Börsenaufträge des Handelstages. – Auch für variabel gehandelte Wertpapiere wird neben der → fortlaufenden Notierung einmal am Tag, meist um die Mittagszeit, vom → Kursmakler ein Einheitskurs festgelegt, der für die Ausführung der nicht den vorgeschriebenen → Schlusseinheiten entsprechenden Orders maßgebend ist. Inzwischen hat der K. aber seine ursprüngliche Bedeutung verloren, da an den meisten Börsen auch einzelne Aktien fortlaufend gehandelt werden. – Gegensatz: → Terminkurs und → fortlaufende Notierung.

Kassakurse im Wertpapierhandel, *spot prices in securities trading*; bezeichnet die für Wertpapierumsätze am → Kassamarkt maßgeblichen Kurse. – Gegensatz: → Termingeschäft. – Vgl. auch → Kassakurs.

Kassamarkt, *Spot-Markt, Loko-Markt, spot market, cash market*. → Markt, auf dem Käufer und Verkäufer zusammenkommen und in einem gegenseitigen Verpflichtungsgeschäft gleichzeitig die Erfüllung ihrer Leistungen vereinbaren. Die Lieferung und Bezahlung erfolgt dabei entweder sofort oder innerhalb enger Fristen, die sich nach den jeweiligen Börsenbestimmungen richten und i.d.R. zwei Werktage betragen. Diese Geschäfte werden → Kassageschäfte genannt. – Gegensatz: → Terminmarkt.

Kassenobligationen, Form von Bundeswertpapieren, die im vierteljährlichen → Tenderverfahren mit einer → Laufzeit von zwei Jahren zur → Finanzierung öffentlicher Aufgaben emittiert werden. K. werden auch als → Bundesschatzanweisungen bezeichnet.

Kassaoption, *option on spot*; bezeichnet eine → Option, deren → Underlying ein → Kassageschäft oder ein → Kassainstrument ist. – Gegensatz: → Options on Futures.

Kasse, *cash, cash on hand*. Bezeichnung für den Barmittelbestand eines Unternehmens oder eines → Kreditinstituts, der sich aus Bargeld und Sichtguthaben bei Banken und Postgiroämtern zusammensetzt.

Kassenverein. Der K. wurde zunächst zur Deutschen Börse Clearing AG und anschließend zur → Clearstream International. Er ist für die Verwahrung und Verwaltung von Effekten, sowie für den → Effektengiroverkehr zuständig.

Kaufauftrag, *buy/purchase order*. Bezeichnung für eine → Order, durch die ein Kunde

Kennziffern

ein → Kreditinstitut oder Wertpapierdienstleistungsinstitut damit beauftragt, eine bestimmte Menge von Wertpapieren, Devisen, Derivaten usw. → billigst oder zu einem von ihm angegebenen → Limit zu kaufen. Die Bedingungen des Kaufs sind dabei genau festzuhalten, so dass zwischen den Vertragspartnern Klarheit über die Art und den Umfang des Auftrags herrscht (z.B. → Good for Day, → Immediate or Cancel). Das Kreditinstitut führt den K. als → Kommissionsgeschäft oder als → Festpreisgeschäft aus. – Gegensatz: → Verkaufsauftrag.

Kaufempfehlung, → Analystenempfehlung.

Kaufkraft, *purchasing power.* Fähigkeit, eine bestimmte Menge an Gütern und Dienstleistungen mittels einer Geldeinheit zu erwerben. Steigt die K., liegt → Deflation vor, sinkt die K., so herrscht → Inflation. Die Messung der Veränderung der K. erfolgt anhand von Preisindizes. – Vgl. auch → Geldwert.

Kaufkraftparität, *purchasing power parity.* Wechselkurs, zu dem die → Kaufkraft zweier Währungen in beiden Ländern gleich ist. Nach der Kaufkraftparitätentheorie sind die Differenzen in den Preisniveaus der international ausgetauschten Güter und Dienstleistungen maßgeblich für die Wechselkurse.

Kaufoption, → Call.

Kaufsignal, *buy signal.* Begriff aus der → Chart-Analyse. Bestimmte Kursverläufe (Formationen), z.B. → W-Formationen, deuten darauf hin, dass nach Durchlaufen dieser → Umkehrformationen aus bisher fallenden Kursen künftig steigende Kurse werden (vgl. → Analyse von Formationen). Auch das Durchbrechen von → Trendlinien (vgl. → Trendanalyse) oder gleitenden Durchschnitten von unten nach oben liefert ein K. zum Erwerb von Aktien. – Gegensatz: → Verkaufssignal.

Kaufvertrag, *contract for sale.* Der K ist in den §§ 433 ff. BGB geregelt. Er ist als schuldrechliches Verpflichtungsgeschäft ein gegenseitiger → Vertrag, durch den sich der Verkäufer zur Übergabe und Verschaffung des Eigentums an der Kaufsache verpflichtet, während der Käufer den vereinbarten Kaufpreis zahlen und die Sache abnehmen muss. Auch übertragbare Rechte können gemäß § 433 I S. 2 BGB Gegenstand eines K. sein, etwa Forderungen, Gesellschaftsanteile oder Immaterialgüterrechte. Sonderregeln bestehen für Kaufleute (§§ 373 ff. HGB) und für internationale Warenkäufe (Convention on Contracts for the International Sale of Goods vom 01.01.1991).

Kazakhstan Stock Exchange (KASE), führende → Börse Kasachstans mit Sitz in Alma Ata, an der derzeit → Aktien, → Staatsanleihen, Währungs- und → Terminkontrakte mit einem Gesamtvolumen von über 5 Mrd. US-$ gehandelt werden.

KCBOT, → Kansas City Board of Trade.

KCBT, → Kansas City Board of Trade.

KCV, Abk. für → Kurs/Cash-Flow-Verhältnis.

keine Kursnotiz, *kK*; bezeichnet einen im → Kurszettel verwendeten Hinweis, dass keine Kursfeststellung erfolgte. – Vgl. auch → Kurszusätze.

Kennnummern für Wertpapiere, → Wertpapier-Kennnummer.

Kennzahlenvergleich, *code number comparison.* Verfahren zum Vergleich von → Kennziffern. Eine Kennziffer alleine besitzt meist begrenzt Aussagekraft. Daher erfolgt eine Gegenüberstellung, die auf berieblicher Ebene (innerbetrieblich, zwischenbetrieblich, branchenübergreifend) oder periodisch erfolgt. So ist es möglich, Erkenntnisse über einen bestimmten Vergleichszweck (z.B. die wirtschaftliche Situation) oder die strukturellen Eigenschaften eines Unternehmens zu gewinnen und daraus Handlungsalternativen abzuleiten.

Kennziffern, *code number*; bezeichnet die Abbildung wesentlicher, partieller sowie wirtschaftlicher Tatbestände, die im Allgemeinen in der Unternehmensführung, in Banken auch bei Kredit- und Anlageentscheidungen, verwendet werden. Sie können in absoluten Zahlen, Verhältniszahlen oder statistischen Maßzahlen wiedergegeben werden. Zudem können sie sich auf Bestands- oder Stromgrößen beziehen. K. fin-

469

Kernkonsolidierung

den im zwischenbetrieblichen Vergleich und im Zeitvergleich Anwendung. Sie lassen zuverlässige Aussagen nur in bestimmten Grenzen zu und sind deswegen mit Vorsicht anzuwenden.

Kernkonsolidierung, *Konsolidierung in einem Schritt, core consolidation.* Bei einem einstufigen → Konzern kann die → Konsolidierung der → Konzernunternehmen gleichzeitig durchgeführt werden. Man spricht dann von einer K. – Gegensatz: → Kettenkonsolidierung.

Kerze, *candle stick*; Element des → Candlestick Charts. Diese aus Japan stammende Darstellungsform von Kursen zeigt den täglichen (oder wöchentlichen) Kursverlauf als eine K. an. Der Körper der K. wird gebildet durch die Spanne zwischen Eröffnungs- und Schlusskurs. Er ist bei steigenden Kursen weiß, bei fallenden Kursen schwarz. Zwei Dochte werden an beiden Enden der K. durch die Verbindung von (wöchentlichem) Höchst- und Tiefstkurs gebildet. Die Charts selbst werden durch eine Reihe von K. entlang der Zeitachse ausgebildet. – Vgl. auch → Chart-Analyse.

Kerzenchart, → Candlestick Chart.

Kettenkonsolidierung, *stufenweise Konsolidierung, chain consolidation.* Bei einem mehrstufigen Aufbau eines → Konzerns müssen die einzelnen Unternehmen nacheinander konsolidiert werden. Begonnen wird mit dem im Konzernaufbau am weitesten entfernten Tochterunternehmen, das mit dem über ihm stehenden Mutterunternehmen konsolidiert wird. Dieses wird dann mit dem über ihm stehenden Mutterunternehmen konsolidiert bis das oberste Mutterunternehmen erreicht ist. Die K. liefert keine genauen Ergebnisse, wenn zwischen den in den → Konzernabschluss einbezogenen Unternehmen gegenseitige Beteiligungen bestehen. – Gegensatz: → Kernkonsolidierung.

KfW, Abk. für → Kreditanstalt für Wiederaufbau.

KGV, Abk. für → Kurs-Gewinn-Verhältnis.

KISS, → Kurs-Informations-Service-System.

Kiwi Bonds, *Bulldog Bonds;* → Anleihen, die auf Neuseeland Dollars lauten und von einem nicht- neuseeländischen → Emittenten im neuseeländischen Markt öffentlich angeboten werden.

Kleinaktionär, *Minderheitsaktionär, small shareholder, minority shareholder.* Ein → Aktionär wird als K. bezeichnet, wenn er nur einen geringen Anteil an der Gesellschaft hält und die Geschäftsleitung auf seine Unterstützung nicht angewiesen ist. – Gegensatz: → Großaktionär.

kleine Aktiengesellschaft, *small stock corporation.* Im Jahre 1994 hat der Gesetzgeber das → Aktiengesetz reformiert, um die Rechtsform der → Aktiengesellschaft (AG) auch für mittelständische Unternehmen attraktiver zu machen. Hat die AG eine geringe Größe, enthält das Gesetz gewisse, aber nicht sehr weitreichende Erleichterungen. Die geringe Größe wird anhand verschiedener Kriterien festgestellt, z.B. der Zahl der Gesellschafter. – Erleichtert wurde insbesondere die Gründung. So kann jetzt eine Person die AG errichten, während man früher mindestens fünf Gründer benötigte (§ 2 AktG). – Vgl. auch → kleine Kapitalgesellschaft.

kleine Kapitalgesellschaft, *small corporation.* § 267 HGB umschreibt die Größenklassen der k.K. nach folgenden drei Merkmalen, von denen mindestens zwei vorliegen müssen: Die → Bilanzsumme darf nach Abzug eines auf der Aktivseite ausgewiesenen Fehlbetrags nicht größer sein als 3.435.000 Euro, die Umsatzerlöse in den zwölf Monaten vor dem Abschlussstichtag dürfen nicht höher sein als 6.871.000 Euro, die Zahl der Arbeitnehmer darf im Jahresdurchschnitt nicht mehr als 50 betragen. – Die gesetzlichen Anforderungen für die Erstellung und Offenlegung von Jahresabschlüssen sind für k.K. erleichtert. Insbesondere unterliegen k.K. keiner Pflichtprüfung durch → Abschlussprüfer. (§ 316 HGB). – Vgl. auch → Kapitalgesellschaft.

kleinste handelbare Einheit, ist die kleinste → Stückelung eines → Wertpapiers, die gehandelt werden kann. Bei → festverzinslichen Wertpapieren wurde die kleinste handelbare Einheit im Rahmen der Euro-Umstellung auf einen Euro-Cent festegelegt.

Für neue Rentenemissionen nach dem 04. 01. 1999, die schon auf Euro lauten, soll die kleinste handelbare Einheit 100 Euro betragen.

Knapp behauptet, *barely steady*; bezeichnet eine → Börsentendenz mit Kursverlusten von durchschnittlich nicht mehr als einem halben Prozent. – Vgl. auch → Behaupten, behauptet.

Knockout-Option, *out-option*. Form der → Barrier-Option, bei der das → Optionsrecht erlischt, wenn das → Underlying einen bestimmten Schwellenwert unter- (→ Down/out-Option) oder überschreitet (→ Up/out-Option).

KO, Abk. für Konkursordnung, die durch die Insolvenzordnung (InsO) mit Wirkung vom 1999 abgelöst worden ist

KO, Kobl., KomObl., *municipal bond;* → Kommunalobligation.

Københavns Fondsbørs, → Kopenhagener Börse.

Kodex für anlegergerechte Kapitalmarktkommunikation. Ausgangspunkt war eine Initiative Bundeswirtschaftsministeriums. Dieser Kodex soll die Transparenz und dadurch auch das Vertrauen der Anleger in die → Kapitalmärkte stärken. Im Gegensatz zum → Analystenkodex der AIMR, richtet sich dieser Kodex an alle Kapitalmarktkommunikatoren, also an alle Personen und Institutionen, die sich in der Öffentlichkeit wertend zu → Aktien und anderen → Wertpapieren äußern. Das bedeutet, dass nicht nur → Analysten sondern auch Journalisten, Verlage, Fernsehsender und Banken die Adressaten dieses Ehrenkodexes sind. Ziel ist die Vermeidung von Kursmanipulationen durch Nutzung von Medien zum eigenen Vorteil.

Kombizinsanleihe. Anleiheform, bei der in den ersten Laufzeitjahren keine oder nur geringe Kuponzahlungen geleistet werden, während kurz vor → Fälligkeit höhere Kuponzahlungen fließen. Ziel ist das Ausnutzen steuermindernder Effekte durch die Verlagerung von höheren Zinseinkünften in spätere Jahre.

Kommanditgesellschaft auf Aktien

Kommanditaktionär. → Aktionär einer → Kommanditgesellschaft auf Aktien (KGaA), der nicht persönlich für die Verbindlichkeiten der Gesellschaft haftet, sondern an dem in → Aktien zerlegten → Grundkapital beteiligt ist.

Kommanditfonds, *property fund based on a limited partnership*. Bezeichnung für → Immobilienfonds in der Rechtsform einer Kommanditgesellschaft.

Kommanditgesellschaft, (KG). Die KG ist eine → Personengesellschaft, deren vereinbarter Zweck auf den Betrieb eines Handelsgewerbes unter gemeinschaftlicher Firma gerichtet ist und bei der die Haftung mindestens eines → Gesellschafters (→ Kommanditist) gegenüber den → Gläubigern auf den Betrag einer im → Handelsregister eingetragenen → Einlage (Kommanditeinlage) beschränkt ist, während mindestens ein weiterer Gesellschafter (→ Komplementär) unbeschränkt, d.h. mit seinem gesamten Vermögen, haftet (§ 161 Abs. 1 HGB). Wenn der Kommanditist seine Einlage erbracht hat, haftet er gegenüber den Gläubiger nicht mehr (§ 171 Abs. 1 Halbs. 2 HGB). Der Komplementär führt die Geschäfte der KG und vertritt sie im Rechtsverkehr, während die Kommanditisten nur bei außergewöhnlichen Geschäften ein Widerspruchsrecht haben (§ 164 HGB). Namen und Höhe der Einlagen der Kommanditisten sind ins Handelsregister einzutragen, aber nur die Zahl der Kommanditisten bekanntzugeben (§ 162 HGB).

Kommanditgesellschaft auf Aktien, (KgaA). Die KGaA ist eine Gesellschaft mit eigener Rechtspersönlichkeit (→ juristische Person), bei der mindestens ein → Gesellschafter den Gesellschaftsgläubigern unbeschränkt haftet und die übrigen ohne persönliche Haftung an der Gesellschaft mit → Aktien beteiligt sind (→ Kommanditaktionäre). Die Rechtsverhältnisse der Gesellschafter untereinander und gegenüber Dritten richten sich nach den Vorschriften über die → KG. Deshalb sind die persönlich haftenden Gesellschafter zur Geschäftsführung und Vertretung der Gesellschaft befugt (§ 278 Abs. 2 AktG); es gelten für sie sinngemäß die meisten Vorschriften über den → Vorstand der AG (§ 283 AktG). In der → Hauptversammlung haben die persönlich haftenden Gesellschafter nur ein eingeschränktes →

471

Kommanditist

Stimmrecht für ihre Aktien (§ 285 AktG). Beschlüsse der Hauptversammlung bedürfen der Zustimmung der persönlich haftenden Gesellschafter, wenn bei einer KG das Einverständnis der persönlich haftenden Gesellschafter und der → Kommanditisten erforderlich ist. Der → Aufsichtsrat führt die Beschlüsse der Kommanditaktionäre aus (§ 287 AktG).

Kommanditist. → Gesellschafter einer → KG, der gegenüber Gesellschaftsgläubigern nur in Höhe eines im → Handelsregister eingetragenen Betrags einer Einlage haftet und dessen Haftung ausgeschlossen ist, wenn er diese Einlage geleistet hat (§ 171 Abs. 1 HGB). Im Handelsregister sind Name und Einlage des K. einzutragen (§ 162 Abs. 1 HGB), bei der Bekanntmachung aber nur die Zahl der K. anzugeben (§ 162 Abs. 2 HGB). Er ist nicht zur Vertretung der KG ermächtigt (§ 170 HGB) und auch nicht an der Geschäftsführung beteiligt, hat aber bei außergewöhnlichen Geschäften ein Widerspruchsrecht (§ 164 HGB). Vom → Gewinn werden zunächst 4% auf den Kapitalanteil verteilt; darüber hinaus nimmt der K. an der Gewinnverteilung in angemessenem Verhältnis teil (§ 168 HGB). Er kann Auskunft über den → Jahresabschluss verlangen und die Richtigkeit anhand der Geschäftsbücher prüfen (§ 168 HGB).

Kommissionär, *commission agent*. Bezeichnung im Sinne des § 383 HGB für einen selbständigen Kaufmann, der gewerbsmäßig Waren oder → Wertpapiere für Rechnung eines anderen (→ Kommittent) im eigenen Namen kauft oder verkauft und dafür mit einer → Provision entgolten wird. – Vgl. auch → Hauptkommissionär.

Kommissionsgeschäft, *commission business*. Das K. ist dadurch gekennzeichnet, dass der → Kommissionär den Vertragsgegenstand im eigenen Namen für Rechnung des → Kommittenten erwirbt bzw. veräußert. Die vom → Bundesaufsichtsamt für das Kreditwesen und der jeweiligen → Börsengeschäftsführung zugelassenen Kreditinstitute üben an der Börse das → Finanzkommissionsgeschäft als Teil ihres Bankgeschäfts aus. Dementsprechend erwerben bzw. veräußern sie im eigenen Namen für Rechnung ihrer Kunden → Wertpapiere, → Geldmarktinstrumente, → Derivate, → Devisen oder → Rechnungseinheiten.

Kommissionsverwahrung. Verwahrung von Wertpapieren in eigenem Namen auf Rechnung eines Dritten.

kommissionsweise Platzierung, *best effort*; bezeichnet eine → Platzierung, bei der der → Finanzintermediär im Gegensatz zur → festen Übernahme kein → Risiko übernimmt, sondern lediglich eine Vermittlungsfunktion einnimmt.

Kommittent, *principal*. Auftraggeber eines → Kommissionärs bei einem → Kommissionsgeschäft. Der Kommissionär ist nach (§383 – 406 HGB) mit dem (gewerbsmäßigem) Kauf und Verkauf von Wertpapieren und Waren auf eigenen Namen, jedoch auf Rechnung eines anderen, des K., betraut.

Kommunaldarlehen, *Kommunalkredite, municipal loans*. K. sind an inländische Anstalten und Körperschaften des öffentlichen Rechts gewährte langfristige Kredite, oder von diesen verbürgte Kredite.

Kommunalkreditgeschäft, *municipal loan business*. Bezeichnung für zwei zu unterscheidende Formen des Kreditgeschäftes. Zum einen bezeichnet das K. die Vergabe von Krediten an öffentlich-rechtliche Gebietskörperschaften sowie Kredite, die von öffentlich-rechtlichen Körperschaften oder Anstalten verbürgt sind. Zum anderen umfasst das K. die Kreditvergabe an private Darlehensnehmer, vor allem zur Finanzierung von Objekten des sozialen Wohnungsbaus, gegen → Bürgschaft oder → Garantie einer öffentlich-rechtlichen Körperschaft.

Kommunalkreditinstitute, *municipal loan institutions*. Institute, die das langfristige → Kommunalkreditgeschäft betreiben. Zu den K. zählen neben den → Landesbanken auch die privaten → Hypothekenbanken und im weiteren Sinne auch die → Sparkassen.

Kompensationsgeschäft, *compensation transaction*. Ein K. bezeichnet die Verrechnung von zwei entgegengesetzten und gleichlautenden Wertpapieraufträgen, die einem Kreditinstitut von Kunden erteilt wurden. Da die Kreditinstitute grundsätzlich verpflichtet sind, diese Aufträge über die

Konkurrenz

Börse zu leiten, muss ein Börsenmakler mit der Durchführung des K. beauftragt werden. Dieser führt die Kompensation des Kauf- und des Verkaufsauftrags zu dem von dem Kreditinstitut vorgegebenen Kurs durch, sofern ihm zu diesem Kurs - auch nach einem Kursausruf - keine weiteren Aufträge von dritter Seite erteilt wurden. Der bei einem getätigten K. zugrundegelegte Kurs wird mit dem Zusatz „C" versehen.

Komplementär. Persönlich haftender → Gesellschafter einer → OHG, → KG, → KGaA, der für die Verbindlichkeiten der Handelsgesellschaft unmittelbar und unbeschränkt, also auch mit seinem eigenen Vermögen haftet. Er führt die Geschäfte und vertritt die Gesellschaft gerichtlich und außergerichtlich. Bei der → GmbH & Co. ist K. eine → GmbH, .

Komplementär-GmbH. Eine → GmbH, die persönlich haftender → Gesellschafter einer → OHG oder → KG ist. Die → GmbH & Co. KG verbindet steuerliche Vorteile einer Personalgesellschaft mit den Vorteilen der Haftungsbegrenzung der Gesellschafter einer GmbH.

Komptantgeschäft, → Kassageschäft.

Konditionen, *terms, conditions*. Mit den K. werden die Bedingungen charakterisiert, zu denen ein Kredit erhältlich ist, die Emission einer Anleihe erfolgt oder ein Wertpapier ausgestattet ist (z.B. → Anleiheausstattung). Zu den K. zählen der Zinssatz (nominal und real), der → Emissionskurs, Modalitäten der Tilgung (Rückzahlungskurs und Rückzahlungsart), die Laufzeit, Freijahre usw. – Als K. werden darüber hinaus die Zahlungs- und Lieferungsbedingungen im Geschäftsverkehr bezeichnet.

Konjunktur, *business activity, business cycle, economic situation*; stellt meist eine als zyklisch definierte Schwankung der wirtschaftlichen Aktivität einer Volkswirtschaft dar, unabhängig davon, ob sie durch endogene oder exogene Faktoren verursacht ist. Im Allgemeinen unterscheidet man die folgenden Konjunkturphasen: → Rezession, → Depression, Erholung, → Boom. Die Messung der K. erfolgt anhand von → Konjunkturindikatoren. – Die Berücksichtigung konjunktureller Aspekte in Beobachtung der Kapitalmarktsituation findet in erster Linie im Rahmen der → Fundamentalanalyse statt.

Konjunkturindikatoren, *business cycle indicators*. Mit K. können Veränderungen in der → Konjunktur erkannt und auch gemessen werden. Sie bilden dabei meist als ökonomische Zeitreihen einen hypothetischen Referenzzyklus zur Konjunkturentwicklung. Im Allgemeinen unterscheidet man zwischen Früh- (Auftragseingänge mit Vorlauf, usw.), Präsens- (Auslastungsgrad, Arbeitsmarktsituation, usw.) und Spätindikatoren (Preise, Löhne, usw.).

Konjunkturprognose, *business/economic forecast*; stellt den Versuch dar, zukünftige Entwicklungen der → Konjunktur vorherzusagen. Aufbauend auf der Konjunkturtheorie werden Modelle entwickelt, die im begrenzten Rahmen konjunkturelle Schwankungen prognostizieren. Diese Modelle besitzen insoweit Aussagekraft, als dass angenommen wird, dass die Aktivitäten der einzelnen Wirtschaftssubjekte rational begründet sind und deren Handeln gesamtwirtschaftlich aggregiert werden kann.

Konjunkturrat der öffentlichen Hand. Wurde im Rahmen des Stabilitätsgesetzes von 1966/67 eingerichtet, um bei der Steuerung konjunkturpolitischer Maßnahmen und in Fragen der staatlichen Kreditaufnahme zu beraten. Die Bedeutung dieses Gremiums ist heutzutage zu vernachlässigen.

Konjunkturzyklus, *business cycle*; mehr oder weniger regelmäßig wiederkehrende Formation der wirtschaftlichen Auf- und Abwärtsentwicklung (→ Boom, → Rezession). Wesentliches Forschungsfeld ist diesbezüglich die Identifikation vorauseilender (bzw. gleich- und nachlaufender) volkswirtschaftlicher Indikatoren (z.B. Auftragseingänge, Investitionsvolumen).

Konkurrenz, *competition*; ist eine Situation, in der es bei freiem Marktzugang zu Wettbewerb unter den Marktteilnehmern kommt. Die Intensität des Wettbewerbs nimmt mit der Anzahl der Anbieter und Nachfrager zu. Das Fehlen von K. führt meist zu einer suboptimalen Marktorganisation und u.U. zu Marktversagen.

Konnossement

Konnossement, *bill of loading*; bezeichnet ein handelsrechtliches → Wertpapier, das im Güterverkehr den Anspruch auf Auslieferung bestimmter zur Beförderung übernommener Güter verbrieft.

konservative Anlage, *conservative investment*. Bezeichnung für die → Kapitalanlagearten, die primär auf stabile Erträge bei konstanter Erhaltung des investierten Kapitals abzielen. – Vgl. → konservative Anlagepolitik.

konservative Anlagepolitik, *conservative investment policy*. Bei der k.A. steht vor allem die Risikovermeidung im Vordergrund. Es wird daher unter Berücksichtigung der → Anlegerziele eine → defensive Anlagepolitik verfolgt. Die k.A. greift insbesondere auf → Anlagen zurück, die sich durch eine kontinuierliche und solide Entwicklung auszeichnen. Eine k.A. investiert vornehmlich in Anleihen → erster Adressen mit und ohne Börsennotierung, → Blue-Chips, d.h. Aktien erstklassiger Unternehmen mit einem meist niedrigen → Kurs-Gewinn-Verhältnis und hohem → Rating und → Investmentfonds. Zudem wird in die Kapitalanlagearten → Spareinlagen, Immobilien bzw. → Grundbesitz als Kapitalanlage, sowie Edelmetalle, wie etwa eine → Goldanlage, investiert. – Die k.A. ist bestrebt eine möglichst hohe Rendite zu erzielen. Dabei ist allerdings zu berücksichtigen, dass eine weitgehende Vermeidung von Risiken typischerweise auch mit einer Reduktion der erreichbaren Renditen einher geht.

Konsolidation, *Consolidation Funding*; bezeichnet die Zusammenfassung mehrerer älterer → Anleihen zu einer einzelnen, größeren → Emission. Dabei kommt es i.d.R. zu Änderungen des → Zinssatzes, der → Laufzeit und ggf. von Tilgungsmodalitäten. In diesem Zusammenhang wird häufig auch von → Konsolidierung oder → Konversion gesprochen.

konsolidierte Gewinn- und Verlustrechnung, → Konzern-Gewinn- und Verlustrechnung.

Konsolidierung, *consolidation*; zweckgerechte Zusammenfassung der → Einzelabschlüsse der → Konzernunternehmen zu einem → Konzernabschluss unter Aufrechnung der internen Beteiligungsverhältnisse, Schuldverhältnisse und Lieferbeziehungen. Hierfür ist eine → Kapitalkonsolidierung, eine → Schuldenkonsolidierung, eine → Zwischenergebniseliminierung sowie eine → Aufwands- und Ertragskonsolidierung notwendig. Die K. kann als → Kernkonsolidierung oder als → Kettenkonsolidierung vorgenommen werden. Durch die K. soll gemäß der Einheitstheorie aus den zusammengeführten → Jahresabschlüssen der Konzernunternehmen ein für den gesamten → Konzern als wirtschaftliche Einheit gültiger Jahresabschluss entstehen.

Konsolidierungsausgleichsposten, *consolidation excess*. Ein K. ergibt sich i.d.R. bei der Erstkonsolidierung nach der Buchwertmethode oder nach der Neubewertungsmethode. Der K ist dabei der Unterschiedsbetrag zwischen dem Beteiligungsbuchwert aus dem → Einzelabschluss des Mutterunternehmens und dem anteiligen → Eigenkapital des Tochterunternehmens. – Übersteigt der Beteiligungsbuchwert das anteilige Eigenkapital entsteht ein aktiver K. In ihm sind die → stillen Reserven der Vermögensgegenstände und Schulden sowie ein → Geschäfts- oder Firmenwert erfasst. Ist der Beteiligungsbuchwert kleiner als das anteilige Eigenkapital entsteht ein passiver K. – Vgl. auch → Konsolidierung, → Kapitalkonsolidierung.

Konsolidierungsformation, *trendbestätigende Formation, consolidation formation*; bezeichnet eine Beobachtung der → technischen Chartanalyse, bei dem der kurzfristige → Trend dem langfristigen → Trend entgegenwirkt. Ist die Konsolidierung beendet, beginnen die → Kurse sich wieder in die ursprüngliche Richtung zu bewegen. – Gegensatz: → Trendumkehrformation.

Konsolidierungskreis, *consolidated group*. Gesamtheit der in einen → Konzernabschluss einzubeziehenden Unternehmen. – Kern des K. sind die Mutter- und Tochterunternehmen. Voraussetzung für die Einbeziehung in diesen engen K. ist die einheitliche Leitung der Tochterunternehmen durch eine → Obergesellschaft (Muttergesellschaft) (§ 290 I HGB) oder die Erfüllung eines der folgenden Tatbestandsmerkmale des Control-Konzepts (§ 290 II HGB): → Stimmrechtsmehrheit, das Recht die Mehrheit der Mitglieder des Verwaltungs-, Leitungs oder Aufsichtsorgans zu bestellen bzw. abzuberufen oder das Recht einen beherrschenden Einfluss aufgrund eines → Beherrschungsvertrags oder einer Satzungsbestimmung auszuüben. – In einen Konzernabschluss sind das Mutterunternehmen und grundsätzlich alle Tochterunternehmen einzubeziehen, ohne Rücksicht auf ihren Sitz (Weltabschlussprinzip). – Tochterunternehmen, deren Tätigkeit sich von der Tätigkeit der anderen unterscheidet, dürfen nicht einbezogen werden, wenn dies für den Einblick in die Vermögens-, Finanz- und Ertragslage des → Konzerns unvereinbar ist. – Tochterunternehmen brauchen nicht einbezogen werden, wenn: erhebliche und dauernde Beschränkungen die Ausübung der Rechte des Mutterunternehmens nachhaltig beeinträchtigen, die zur Aufstellung benötigten Angaben nur mit unverhältnismäßig hohen Kosten oder Verzögerungen beschafft werden können oder Anteile an Tochterunternehmen weiterveräußert werden sollen. Darüber hinaus besteht noch ein Wahlrecht für Tochterunternehmen von untergeordneter Bedeutung. – Der Voll-K. wird ergänzt von jenen Unternehmen, die ein Mutterunternehmen gemeinsam mit einem oder mehreren anderen ökonomisch selbständigen Unternehmen führen kann (→ Gemeinschaftsunternehmen). – Der dritte Ring des K. umfasst jene Unternehmen auf deren Geschäftspolitik ein wesentlicher Einfluss ausgeübt werden kann. Ein maßgeblicher Einfluss wird ab einem Stimmrechtsanteil von 20% vermutet.

Konsorten, → Konsortialmitglieder.

Konsortialabteilung, *new issues department, underwriting department*; bezeichnet eine Abteilung in einer → Bank, die sich mit der Bildung und Führung von → Konsortien befasst und sämtliche in diesem Zusammenhang auftretenden Fragestellungen bearbeitet. Sie kann im Geschäftsbereich → Corporate Finance oder Capital Markets angesiedelt sein bzw. eine Schnittstellenfunktion übernehmen.

Konsortialbank, *consortium bank*; bezeichnet eine an einem → Konsortium beteiligte Bank. Je nach ihrer Funktion als → Konsortialführer oder → Konsortialmitglied übernimmt sie verschiedene Tätigkeiten.

konsortialführende Bank, → Konsortialführer.

Konsortialführer, *konsortialführende/federführende Bank, lead manager*; federführender Leiter eines → Konsortiums zur Durchführung einer → Emission oder Vergabe eines Kredits (i.d.R. eine Geschäftsbank). Der K. ist für die Zusammensetzung des Konsortiums (→ Co-Manager, → Underwriter), die Prüfung der Emissions- bzw. → Kreditwürdigkeit, die Konditionen- und Vertragsgestaltung, Organisation und ggf. Erstellung des → Börsenprospektes zuständig. – Bei Emissionen übernimmt der K. i.d.R. die weitestgehende Verpflichtung zur → Platzierung und Übernahme von Aktien im Falle unzureichender → Zeichnung. Wird eine Emission nach dem → Bookbuilding-Verfahren durchgeführt, fungiert der K. als → Book Runner.

Konsortialgeschäft, *underwriting business*, bezeichnet sämtliche Geschäfte eines → Konsortiums.

Konsortialkredit, bezeichnet einen → Kredit, der von mindestens zwei → Kreditinstituten auf Basis eines einheitlichen Vertrages bereitgestellt wird. Ein K. wird i.d.R. dann vergeben, wenn die Höhe des → Kreditrisikos für einen einzigen → Kreditgeber zu hoch ist. – Es wird der echte und der unechte K. unterschieden. Während bei einen echten K. die Vertragsverhandlung und die Krediteinräumung von einem Kreditinstitut führend vorgenommen wird, ist der unechte K. ein Parallelkredit mehrerer Kreditinstitute.

Konsortialmitglied, *syndicate member*. Man unterscheidet zwischen dem → Konsortialführer bzw. der Führungsgruppe, (Underwriting Group) und der Verkaufsgruppe (Selling Group). Je nach ihrer Funktion übernimmt das K. verschiedene Tätigkeiten und besitzt unterschiedliche Rechte und Pflichten. Auch die Vergütung richtet sich nach der Stellung im Konsortium.

Konsortialquote, *underwriting share, issuing share*; bezeichnet den Anteil an einer → Emission, die das einzelne → Konsortialmitglied erhält. Diese Verteilung wird im → Konsortialvertrag geregelt. Der Konsortialführer erhält meist eine höhere K. als die übrigen Konsortialmitglieder.

Konsortialvertrag

Konsortialvertrag, *consortium agreement, syndicate agreement*; bezeichnet einen Vertrag zwischen den → Konsortialmitgliedern zur Begründung eines → Konsortiums. Rechtssicherheit und Transparenz der Konsortialbeziehung soll erzielt werden, indem die Rechte und Pflichten der Konsortialmitglieder in Abhängigkeit von ihrer Stellung im Konsortium festgelegt werden.

Konsortium, *management group, financial syndicate*; bezeichnet einen Zusammenschluss mehrerer Banken zur Durchführung eines → Konsortialgeschäfts. In juristischer Sicht ist das K. zeitlich begrenzt, in bankpraktischer Sicht jedoch handelt es sich hierbei um relativ konstante Gemeinschaften. Üblicherweise handelt es sich um die → Emission von → Anleihen, von → Aktien oder von Großkrediten. Dementsprechend unterscheidet man zwischen → Anleihe-, → Emissions- und → Kreditkonsortien. Zweck eines K. ist die Risikoteilung und die Erhöhung der Distributionskapazitäten. Es wird von einem → Konsortialführer, dem sogenannten → Lead Manager, geleitet.

Kontokorrentkonto, → Girokonto.

Kontokorrentkredit, *overdraft facility, credit in current account*. Über ein laufendes Konto, bei dem Soll und Haben ständig verrechnet werden, in Anspruch zu nehmender Kredit, der der Höhe nach vom Kreditnehmer bis zu einer bestimmten Kontokorrentlinie frei wählbar ist. Die zu zahlenden → Sollzinsen berechnen sich mit Hilfe von → Zinszahlen auf den tatsächlich kreditierten Betrag. Wegen der Bereitstellungskosten liegen die Zinssätze für K. deutlich über denen der sonstigen Kredite. In der Regel werden K. in Verbindung mit → Girokonten gewährt.

Konto- und Depotvollmacht, *power to draw on an account*. Mit dieser → Vollmacht wird von einem Kontoinhaber einem Dritten die Ermächtigung erteilt, über sein Konto oder sein Depot zu verfügen. Dazu bedarf es einer entsprechenden Erklärung durch den Vollmachtgeber. Den rechtlichen Rahmen jeder Vollmacht bilden die §§ 164-181 BGB. – Vgl. auch → Depotkonto, Vollmacht.

KonTraG, Abk. für das → Gesetz zur Kontrolle und Transparenz im Unternehmensbereich.

Kontra-Indikator, *contra-indicator*. Bezeichnung für einen Indikator, der eine der vorliegenden Marktsituation konträre, d.h. entgegengesetzte Entwicklung prognostiziert. So empfiehlt ein K.-I. z.B. in Zeiten fallender (steigender) → Kurse den Kauf (Verkauf) von → Wertpapieren.

Kontrakt, *contract*. Bezeichnung für die standardisierte Abschlusseinheit bei → Optionalsgeschäften. Die K. werden durch Menge, Preis und Laufzeit, bei Optionsgeschäften zusätzlich durch den → Basispreis, spezifiziert.

Kontraktbedingungen für Aktienoptionskontrakte, *terms of stock option contracts*. Vertragsmerkmale von → Optionsgeschäften, denen Aktien als → Underlying dienen. Sie legen insbesondere → Basispreis, → Laufzeit, Kontraktgröße sowie eine bestimmte Aktie als Underlying fest. K.f.A. sind bei → OTC Optionen von den Vertragspartnern individuell auszuhandeln, bei standardisierten Optionsgeschäften sind sie institutionell vorgegeben.

kontraktgebundenes Sparen, *contractual saving*; Sparform, die durch die Verpflichtung des Sparers zu regelmäßigen Einzahlungen gekennzeichnet ist. K.S. erfolgt z.B. im Zusammenhang mit → Investmentsparen und → Ratensparverträgen. – Vgl. auch → Sparplan.

Konvergenzkriterien, *convergence criteria*. Im Maastrichter Vertrag verankerte wirtschaftliche Voraussetzungen, die jeder Mitgliedsstaat der → Europäischen Union erfüllen muss, um an der → Europäischen Wirtschafts- und Währungsunion teilnehmen zu können. Anhand der K. wird beurteilt, ob ein Land in der Lage ist, an der Währungsunion teilzunehmen. Dies ist der Fall, wenn: 1. Die Preissteigerungsrate nicht mehr als 1,5 % über der durchschnittlichen Inflationsrate der drei stabilsten Mitgliedsstaaten liegt. – 2. Langfristige Zinssätze nicht mehr als zwei Prozent über dem durchschnittlichen entsprechenden Satz der drei stabilsten Mitgliedsstaaten liegen. – 3. Wechselkurse sich innerhalb der normalen Bandbreite des EWS-

konvertierbare Schuldverschreibungen

Wechselkursmechechanismus (→ EWS I) ohne starke Spannungen und Abweichungen während der letzten zwei Jahre bewegten. – 4. Die Finanzlage der öffentlichen Haushalte stabil ist, d.h. diese kein übermäßiges Defizit aufweisen, wobei das jährliche Defizit den Anteil von drei Prozent am Bruttoinlandsprodukt nicht übersteigen darf und die gesamte Staatsverschuldung auf 60% des Bruttoinlandsprodukts beschränkt ist.

Konversion, *conversion;* im allgemeinen Rechtsleben die Umdeutung eines aus formalen Gründen nichtigen Rechtsgeschäfts in ein anderes, dessen formale Voraussetzungen erfüllt sind (§ 140 BGB), z.B. Umdeutung eines nichtigen Wechsels in ein abstraktes → Schuldversprechen. Im Kreditwesen die Umwandlung einer → Anleihe in eine andere mit geändertem → Zinsfuß oder anderen Tilgungsbedingungen (auch → Konvertierung genannt). Wurde z.B. eine Anleihe in früheren Jahren mit 7% Zins ausgegeben und ist inzwischen der Zins am → Kapitalmarkt auf 5% gesunken, kann eine K. für den → Anleiheschuldner vorteilhaft sein. Dies bedeutet allerdings eine Zinsminderung für den → Anleihegläubiger. Ihm bleibt im allgemeinen das Wahlrecht, entweder auf das Konversionsangebot einzugehen oder aber die Rückzahlung des Kapitals zu fordern. Hat er dieses Wahlrecht nicht, so spricht man von → Zwangskonversion. Für das Eingehen auf die Konversion können gewisse Vorteile oder Leistungen versprochen werden (z. B. eine → Konversionsprämie). Die K. kann auch nach oben erfolgen, z.B. wenn eine langfristige nachhaltige Erhöhung des → Kapital-(Markt-) Zinses besteht.

Konversionsprämie, *Wandelprämie.* (1) Bezeichnet die in Prozent des → Aktienkurses ausgedrückte Differenz zwischen dem gegenwärtigen Aktienkurs und der Konversionsparität. Die K. zeigt an, wie viel Prozent der indirekte Erwerb - Kauf von → Wandelobligationen und sofortige Wandelung teurer wäre, als der direkte Kauf der → Aktie. Bei der Berechnung der Prämie ist zu beachten, dass die aus der Wandlung bezogenen Aktien oftmals nicht sofort dividendenberechtigt sind. (2) bezeichnet oft auch die Ausgleichszahlung oder Vergütung an → Anleihegläubiger, die durch → Konversion einer → Anleihe Nachteile erleiden.

Konversionssoulte. Ist die Differenz zwischen dem Rückzahlungskurs der alten → Anleihe und dem → Ausgabekurs der neuen Anleihe bei einer → Konsolidation unter Berücksichtigung eventueller → Stückzinsen.

Konvertibilität, *Konvertierbarkeit, convertibility.* Als K. wird die Umtauschfähigkeit einer Währung in eine andere bezeichnet. Grundsätzlich werden drei Arten von K. unterschieden: freie, beschränkte und keine K. Bei der freien K. unterliegt die Währung keinen Beschränkungen, sie ist jederzeit und unbeschränkt in eine andere Währung tauschbar. Frei konvertierbare Währungen sind hauptsächlich „Hartwährungen", wie US Dollar, Schweizer Franken und Euro. Ist der Umtausch von Währungen mit Restriktionen belegt, wird dies als beschränkte K. bezeichnet. Die Restriktionen können unterschiedlicher Natur sein. So beschränken manche Länder die K. auf Gebietsansässige (→ Inländerkonvertibilität), während andere Staaten diese Möglichkeit nur für Gebietsfremde vorsehen (→ Ausländerkonvertibilität). Wird der vollständige Umtauschprozess vom Staat reglementiert und überwacht, liegt keine K. vor. Die Währung wird zwangsbewirtschaftet. Nicht konvertierbare Währungen finden sich heute nur noch selten. Meist handelt es sich dann um Währungen aus Ländern mit äußerst schwacher Wirtschaft oder kommunistischer Prägung.

konvertible Obligationen, *Wandelanleihen, Wandelobligationen, convertible bonds;* sind → Anleihen, die nach freier Wahl des → Obligationärs während einer bestimmten Zeit in einem vorab festgelegten Verhältnis in Aktien oder andere Beteiligungspapiere umgetauscht (konvertiert) werden können.

konvertierbare Devisen, Währungen. → Devisen oder → Währungen, die jederzeit zum jeweiligen → Wechselkurs in entsprechende fremde Devisen oder Währung getauscht bzw. bei Ausländern als Guthaben gehalten werden dürfen. → Konvertibilität.

konvertierbare Schuldverschreibungen, *konvertible Obligationen;* → festverzinsliche Wertpapiere die nach einer bestimmten Zeitspanne in → Aktien umgewandelt werden können. Bezeichnet zusätzlich

Konvertierbarkeit solche → Anleihen, die in andere umwandelbar sind.

Konvertierbarkeit, → Konvertibilität.

Konvertierung (einer Anleihe), *Konversion; converting of debt securities*. Prozess der nachträglichen Änderung des → Zinssatzes eines → festverzinslichen Wertpapiers zur Anpassung an eine veränderte Marktsituation. Eine K. erfolgt i.d.R. auf freiwilliger Basis. Eine Besserstellung der → Anleihegläubiger, i.S. einer → Zinskonversion nach oben, kann durch eine entsprechende Erklärung des → Schuldners erfolgen. Eine Zinskonversion nach unten kann nur vorgenommen werden, wenn dies die → Anleihebedingungen vorsehen oder eine gesetzliche Zwangskonvertierung erfolgt. Eine indirekte (defacto) Zinskonvertierung nach unten liegt vor, wenn der Schuldner ein vorzeitiges Kündigungsrecht geltend macht und den Altgläubigern neue Anleihen zu einem Vorzugspreis mit niedrigerem → Kupon anbietet.

Konvertierungsprämie, → Konversionsprämie.

Konvertierungsrisiko, *exchange transfer risk*; → Währungsrisiko (4).

Konzentration, *concentration*. Anhäufung von Produktionsfaktoren bei einzelnen wenigen Wirtschaftssubjekten und Wirtschaftseinheiten, z.B. → Kapitalkonzentration. Das Wettbewerbsrecht versucht teilweise, Konzentrationsprozesse mit Wettbewerbsbeschränkungen zu verhindern, wenn neben einzelwirtschaftlichen Synergieeffekten auch gesamtwirtschaftliche Schädigungen aufgrund von monopolähnlichen Stellungen zu erwarten sind.

Konzern. Wenn ein herrschendes und ein oder mehrere abhängige Unternehmen unter einheitlicher Leitung des herrschenden Unternehmung zusammengefasst sind, bilden sie einen K.; die einzelnen Unternehmen sind → Konzernunternehmen (§ 18 AktG). Unternehmen, zwischen denen ein → Beherrschungsvertrag (§ 291 AktG) besteht oder von denen das eine in das andere eingegliedert ist (§ 319 AktG), sind als unter einheitlicher Leitung zusammengefasst anzusehen. Ferner wird von einem abhängigen Unternehmen vermutet, dass es mit dem herrschenden Unternehmen einen K. bildet. Eine solche Abhängigkeit ist gegeben, wenn ein herrschendes Unternehmen auf ein anderes unmittelbar oder mittelbar beherrschenden Einfluß ausüben kann(§ 17 Abs. 1 AktG), was vermutet wird, wenn ein Unternehmen mit Mehrheit an einem anderen beteiligt ist (§ 17 Abs. 2 AktG). Sind rechtlich selbständige Unternehmen, ohne dass das eine Unternehmen von dem anderen abhängig ist, unter einheitlicher Leitung zusammengefasst, bilden sie ebenfalls einen K.; die einzelnen Unternehmen sind Konzernunternehmen (Gleichordnungskonzern; § 18 Abs. 2 AktG). Die verbundenen Unternehmen bleiben im K. zwar rechtlich selbständig, unterstehen aber einer gemeinsamen Leitung und Verwaltung. Die schriftlich abzuschließenden → Unternehmensverträge vor allem in Form von → Gewinnabführungsverträgen und Beherrschungsverträgen bedürfen der Zustimmung der → Hauptversammlung der Untergesellschaft und, wenn die Obergesellschaft eine → AG oder → KGaA ist, auch der Zustimmung ihrer Hauptversammlung. Das Gesetz tritt Vorsorge zur Sicherung der → Gläubiger der Untergesellschaft (§§ 300 ff. AktG) und ihrer außenstehenden → Aktionäre (§§ 304 ff. AktG). Bei einem Beherrschungsvertrag darf das herrschende Unternehmen dem → Vorstand des abhängigen Weisungen erteilen (§ 308 AktG). Ohne Beherrschungsvertrag (faktischer K.) darf das herrschende Unternehmen keine nachteiligen Weisungen erteilen, es sei denn, dass die Nachteile ausgeglichen werden (§ 311 AktG). In horizontalen K. sind Unternehmen gleicher Produktionsstufen zusammengeschlossen; beim diagonalen K. verbinden sich Unternehmen unterschiedlichster Branchen ("Ramschkonzern").

Konzernabschluss, *consolidated financial statements*. Bezeichnung für den von einem → Konzern aufzustellenden → Jahresabschluss, dessen Notwendigkeit sich aus der geringen Aussagekraft der → Einzelabschlüsse der einzelnen → Konzernunternehmen ergibt. Diese sind allein nicht in der Lage, innerkonzernliche Liefer- und Leistungsverflechtungen sowie Abhängigkeiten zwischen den verschiedenen Konzernunternehmen darzustellen. Um den → Bilanzadressaten einen Einblick in die Vermögens-, Finanz- und Ertragslage des Konzerns zu gestatten, regelt der Gesetzgeber in §§ 290 –

315 HGB und in §§ 11–15 PublG die Verpflichtung zur Erstellung und Offenlegung von K., da nur durch eine Gesamtbetrachtung des Konzerns ein den tatsächlichen Verhältnissen entsprechendes Bild vermittelt werden kann. Zentrale Voraussetzung für die Pflicht zu → Konzernrechnungslegung ist das Vorliegen eines hierarchischen Verhältnisses zwischen den Konzernunternehmen (sog. Mutter-Tochter-Verhältnis). Ein Mutterunternehmen in der Rechtsform einer → Kapitalgesellschaft ist zur Aufstellung eines K. verpflichtet, wenn es nach § 290 I HGB auf das Tochterunternehmen die einheitliche Leitung ausübt und eine → Beteiligung an ihr hält (Konzept der einheitlichen Leitung) oder nach § 290 II HGB die Kontrolle über das Tochterunternehmen durch eine → Stimmrechtsmehrheit, das Recht zur Organbestellung und –abberufung oder durch einen → Beherrschungsvertrag hat (Control-Konzept). Für Mutterunternehmen anderer Rechtsform ist die Aufstellungspflicht im → Publizitätsgesetz, in § 11 PublG, geregelt. Ein Konzern mit Sitz im Inland ist aber nur dann zur Aufstellung eines K. verpflichtet, wenn eine bestimmte Mindestgröße überschritten wird. Die zugrunde liegenden Größenkriterien werden aus §§ 293 HGB, 11 PublG abgeleitet und beziehen sich auf die → Bilanzsumme, die → Umsatzerlöse und die durchschnittliche Arbeitnehmerzahl. Die Pflicht zur Aufstellung ergibt sich demnach für ein Mutterunternehmen für den Fall, dass mindestens zwei der drei angegebenen Grenzwerte an zwei bzw. drei aufeinanderfolgenden → Bilanzstichtagen überschritten werden. Vergleichbar dem Einzelabschluss besteht der K. aus → Konzernbilanz, → Konzern-Gewinn- und Verlustrechnung, → Konzernanhang sowie → Konzernlagebericht. Nach internationaler Rechnungslegung ist die Pflicht zur Konzernrechnungslegung unabhängig von der Unternehmensrechtsform. Im Unterschied zum deutschen Recht ist eine Aufstellungspflicht nach den → International Accounting Standards (IAS) lediglich dann gegeben, wenn die Kriterien des Control-Konzeptes erfüllt sind. Nach US-amerikanischem Recht besteht keine gesetzliche Pflicht zur Erstellung von K. Sie ergibt sich aber faktisch für börsennotierte Unternehmen aufgrund der für sie geltenden SEC-Rechnungslegungspflicht. Zur Erstellung des K. ist es notwendig, die Einzelabschlüsse an die konzerneinheitliche Bilanzierung anzupassen, die Posten der angepassten Einzelbilanzen und Einzel-Gewinn- und Verlustrechnungen (Handelsbilanz II und GuV II) zur Konzern-Summenbilanz und Konzern-Summen-Gewinn- und Verlustrechnung zu addieren sowie die innerkonzernlichen Verflechtungen über Konsolidierungsrechnungen zu eliminieren.

Konzernabschlussprüfung, → Prüfung des Konzernabschlusses.

Konzernanhang, *supplement of the group, appendix of the group*; bezeichnet einen Bestandteil des → Konzernabschlusses, der nach § 297 I HGB mit der → Konzernbilanz und der → Konzern-Gewinn- und Verlustrechnung eine Einheit bildet und von allen zur → Konzernrechnungslegung verpflichteten Mutterunternehmen zu erstellen ist. Primäre Zielsetzung des K. ist es, die quantitativen Informationen der Konzernbilanz und der Konzern-Gewinn- und Verlustrechnung näher zu erläutern (Erläuterungsfunktion), zu ergänzen (Ergänzungsfunktion) und zu korrigieren, um den Adressaten des Jahresabschlusses einen besseren Einblick in die wirtschaftliche Lage des → Konzerns zu ermöglichen (Korrekturfunktion) sowie von bestimmten Angaben zu entlasten (Entlastungsfunktion). Neben den in den §§ 313, 314 HGB aufgeführten Pflichtangaben des K. kann dieser auch zusätzliche freiwillige Informationen enthalten, wenn diese zur Verbesserung des tatsächlichen Bildes der wirtschaftlichen Lage des Konzerns beitragen. Für börsennotierte Mutterunternehmen gilt seit der Einführung des → Gesetzes zur Kontrolle und Transparenz im Unternehmensbereich (KonTraG), dass der Konzernabschluss um eine Segmentberichterstattung und eine → Kapitalflussrechnung zu ergänzen ist. – Vgl. auch → Anhang.

Konzernbeziehungen, *(corporate) group relations*. → Abhängige Unternehmen müssen jährlich einen Bericht über die Beziehungen zu verbundenen Unternehmen erstellen. Das Auskunftsrecht gegenüber dem Vorstand über die rechtlichen und geschäftlichen Beziehungen zu → verbundenen Unternehmen kann vom → Aufsichtsrat jederzeit und von den → Aktionären während der → Hauptversammlung genutzt werden.

Konzernbilanz

Konzernbilanz, *consolidated accounts, consolidated balance sheet*. Bezeichnung für einen Bestandteil des Konzernabschlusses, in dem alle → Aktiva und → Passiva der Konzernunternehmen ohne Berücksichtigung der jeweils gegeneinander bestehenden Forderungen und → Verbindlichkeiten gegenübergestellt werden. Zu diesem Zweck werden sämtliche Einzelbilanzen der Konzernunternehmen an konzerneinheitliche → Bewertungsvorschriften angepasst und konzerninterne Verflechtungen eliminiert. Ziel dabei ist es, den → Bilanzadressaten einen möglichst zutreffenden Einblick in die Vermögens-, Finanz- und Ertragslage des Konzerns als wirtschaftliche Einheit zu verschaffen.

Konzernergebnis, *consolidated earnings/income/result, group result*. Das K. (→ Konzerngewinn bzw. → Konzernverlust) wird im allgemeinen aus dem → Jahresüberschuss, den Anteilen der Minderheitsgesellschafter, dem Ergebnisvortrag und den Rücklagenbewegungen im → Konzern abgeleitet. In der → Konzern-Gewinn- und Verlustrechnung wird das K. als letzter Posten ausgewiesen, wenn sie eine Ergebnisverwendung enthält. – Das K. stimmt regelmäßig aufgrund einheitlicher Bewertungsvorschriften im Konzern, ergebniswirksamer → Konsolidierungen, zeitlicher Verschiebungen zwischen Ergebniserzielung und Ergebnisvereinnahmung sowie der Minderheitenanteile nicht mit der Summe der entsprechenden Ergebnisse der → Einzelabschlüsse überein. Das K. ist für die → Ausschüttung des Mutterunternehmens nicht relevant, wenngleich bei vielen Konzernen das K. mit dem → Bilanzgewinn im → Einzelabschluss des Mutterunternehmens übereinstimmt.

Konzernforderungen und –verbindlichkeiten, *outstanding accounts and liabilities of the group*; Bezeichnung für die zwischen → Konzernunternehmen bestehenden Forderungen und → Verbindlichkeiten, die innerhalb der → Schuldenkonsolidierung im Rahmen der Erstellung des → Konzernabschlusses gegeneinander aufzurechnen sind. Dabei sind nicht nur die in § 303 I HGB genannten Ausleihungen und andere Forderungen, → Rückstellungen und → Verbindlichkeiten sowie → Rechnungsabgrenzungsposten zu berücksichtigen, sondern alle Bilanzpositionen, die Schuldverhältnisse zwischen den in die Konsolidierung einbezogenen Unternehmen darstellen.

Konzerngewinn, → Konzernergebnis.

Konzern-Gewinn- und Verlustrechnung, *konsolidierte Gewinn- und Verlustrechnung, consolidated statement of income*. Die → Gewinn- und Verlustrechnung eines → Konzerns erfolgt unter Aufrechnung interner Beteiligungsverhältnisse, Schuldverhältnisse und Lieferbeziehungen. Sie ist kein Ersatz für die Gewinn- und Verlustrechnung der → Obergesellschaft (Mutterunternehmen), sondern steht selbständig neben den → Bilanzen der rechtlich selbständigen → Konzernunternehmen. – Vgl. → Konzernergebnis.

Konzernlagebericht, *status report of the group*. Nach § 290 I HGB sind Mutterunternehmen von → Konzernen und Teilkonzernen dazu verpflichtet, neben einem → Konzernabschluss auch einen K. aufzustellen. Der K. hat nach § 315 I HGB ein den tatsächlichen Verhältnissen entsprechendes Bild des Geschäftsverlaufs und der Lage des Konzerns zu vermitteln und auf die Risiken der künftigen Entwicklung einzugehen. Darüber hinaus umfasst er nach dem Schluss des Geschäftsjahr eingetretene Vorgänge von besonderer Bedeutung im Nachtragsbericht, Angaben über die voraussichtliche Entwicklung des Konzerns im Prognosebericht, Informationen über die bestehenden Zweigniederlassungen des Unternehmens im Zweigniederlassungsbericht und Angaben zur Forschungs- und Entwicklungstätigkeit des Konzerns im Forschungs- und Entwicklungsbericht. Der Zweck des K. liegt demnach darin, den Konzernabschluss zu verdichten sowie in sachlicher und zeitlicher Hinsicht zu ergänzen, um damit dessen Aussagekraft zu erhöhen.

Konzernrechnungslegung, *consolidated (group) accounting*. Die Verpflichtung zur K. ergibt sich in Deutschland auf Grund der Vorschriften des → HGB oder des Publizitätsgesetzes (PublG). Nach § 290 HGB sind alle → Kapitalgesellschaften, die über ein beteiligtes Unternehmen eine einheitliche Leitung i.S.d. § 290 Abs. 1 HGB ausüben oder diesem in einem sog. Control-Verhältnis i.S.d. § 290 Abs. 2 HGB gegenüberstehen, zur K. verpflichtet. Für Unternehmen mit anderen → Rechtsformen kann diese Verpflichtung gem. § 11 Abs. 1 PublG erwachsen, wenn bestimmte Größenkriterien nachhaltig überschritten werden. – Die K. basiert auf der sog. Einheitstheorie. Dies bedeutet, dass im → Konzernabschluss die Vermögens-, Finanz- und Ertragslage der einbezogenen Unternehmen so darzustellen ist, als ob der → Konzern ein einziges Unternehmen wäre.

Konzernrecht, *law relating to groups of affiliated companies, group law.* Damit bezeichnet man den Bereich des Gesellschaftsrechts, der sich mit der Verbindung von Unternehmen zu neuen rechtlichen oder wirtschaftlichen Einheiten befasst. Das deutsche K. ist gesetzlich als Recht der verbundenen Unternehmen im → Aktiengesetz kodifiziert.

Konzernschulden, *corporate group debt.* K. sind → Verbindlichkeiten gegenüber verbundenen Unternehmen innerhalb eines → Konzerns, für die bei AGs eine separate Ausweispflicht in der → Jahresbilanz besteht. – Vgl. auch → Konzernabschluss und → Gesamtkonzernabschluss.

Konzernunternehmen, *group company.* Bezeichnung für die einzelnen Unternehmen innerhalb eines → Konzerns.

Konzernverlust, → Konzernergebnis.

Konzernzwischengewinn. Nicht realisierte Gewinne aus Lieferungen und Leistungen zwischen → Konzernunternehmen (Innenumsatzerlöse), die im → Konzernabschluss nicht ausgewiesen werden, da der → Konzern als wirtschaftliche Einheit anzusehen ist.

Konzertzeichner, *stag;* spekulativer → Zeichner, dessen Ziel → Zeichnungsgewinne sind und der in Erwartung einer → Repartierung bei → Überzeichnung einer → Neuemission über die von ihm eigentlich gewünschte Anzahl an → Aktien hinaus zeichnet. Verhalten sich genügend Zeichner auf diese Weise, resultiert u.U. erst hieraus eine Überzeichnung. Kommt jedoch keine Überzeichnung zustande, so wird dem K. die gesamte gezeichnete Menge zugeteilt, wodurch er einen höheren Bestand als gewünscht erhält. Da er diese zuviel georderten Bestände möglichst schnell wieder abstoßen wird, was zu einem sinkenden Kurs führen kann, sind → Emissionshäuser im Interesse einer glatten und dauerhaften → Platzierung bestrebt, → Konzertzeichnungen, soweit erkennbar, nicht voll zuzuteilen.

Konzertzeichnung, *stagging.* → Überzeichnung einer → Neuemission, die durch überhöhte Nachfrage spekulativer → Zeichner (→ Konzertzeichner) zustande kommt, die in Erwartung einer → Repartierung über die eigentlich gewünschte Zahl an Aktien hinaus zeichnen.

Kooperationsbörsen. Bezeichnung für die Kooperation der Frankfurter Wertpapierbörse, der Bayerischen Börse, der Berliner Börse und der Rheinisch-Westfälischen Börse zu Düsseldorf, welche sich im Mai 1992 am Kooperationsabkommen beteiligten. – Vgl. auch → Börsenkooperation.

Kopenhagener Börse, *Copenhagen Stock Exchange;* führende → Börse Dänemarks mit Sitz in Kopenhagen, an der neben → Aktien auch → festverzinsliche Wertpapiere, → Geldmarktinstrumente, → Optionen und → Futures gehandelt werden. Die K.B. ist Mitglied der im Januar 1998 gegründeten strategischen Allianz → NOREX, einer Vereinigung der Börsen in Kopenhagen, Stockholm, Oslo und Reykjavik, die durch ein einheitliches → Handelssystem, vereinheitlichte Handelsbedingungen und geringe Handelsbarrieren die Vorstufe zu einer gemeinsamen skandinavischen Börse darstellt.

Kopf-Schulter-Formation. *head and shoulders pattern/formation;* Bezeichnung für eine obere → Umkehrformation der Chart-Analyse. Sie besteht aus drei hintereinander folgenden → Tops eines Kursverlaufs, den beiden Schultern und dem dazwischen liegenden höchsten Punkt der Kursentwicklung, dem Kopf. Die untere Umkehrformation (drei → Bottoms) wird analog als umgekehrte K. bezeichnet. – Die → Nackenlinie bildet in der K. die Tangente an die Tiefstkurse zwischen Schultern und Kopf. Das Durchbrechen der Nackenlinie im Anschluss an die K. gibt ein → Verkaufssignal (bei der umgekehrten K. ein → Kaufsignal). Besonders stark ist dieses Signal, wenn der Kurs dabei gleichzeitig eine → Trendlinie oder einen → gleitenden Durchschnitt der

Korb-Optionsschein

vergangenen Kurse (z.B. 38-Tage- oder 200-Tage-Durchschnitt) durchbricht. Wie bei allen Formationen (→ Analyse von Formationen) muss dem zugehörigem Umsatzverlauf Beachtung geschenkt werden, um eine K. eindeutig und frühzeitig zu identifizieren. Die Umsätze sollten im Kopf am höchsten sein und in der rechten Schulter höher als in der linken. Desweiteren sollen sie beim Durchbrechen der Nackenlinie deutlich zunehmen. – Vgl. auch → Technische Analyse.

Korb-Optionsschein, *basket warrant*; → gedeckter Optionsschein, der als → Basiswert einen Korb von Wertpapieren hat. Häufig ist die Zusammensetzung thematisch ausgerichtet, d.h. die Wertpapiere in dem Portfolio sind aus einem bestimmten Land, einer bestimmten Branche oder aus einem bestimmten Bereich, wie z.B. Umweltschutz. K. bieten dem Anleger die Möglichkeit an der Entwicklung spezifischer Segmente teilzunehmen. – Vgl. auch → Optionsscheine.

Korbwährungen, *basket currencies*; bezeichnen künstliche → Währungseinheiten, die aus den gewichteten Anteilen mehrerer → Währungen zusammengesetzt werden. Der Wert der K. ist von den enthaltenen Währungen und deren Schwankungen abhängig. Die Verantwortung für die Stabilität der K. liegt bei den einzelnen Mitgliedsstaaten und nicht, wie im Fall einer Gemeinschaftswährung, bei einer unabhängigen → Zentralbank. Ein Beispiel für eine K. ist der → ECU, der am 01.01.1999 durch die Gemeinschaftswährung → Euro ersetzt wurde. – Vgl. auch → Währungskorb.

Korea Stock Exchange (KSE), koreanische Aktienbörse, die seit 1997 voll computerisiert ist und deren Leitindex der Korea Composite Stock Price Index (KOSPI) ist.

Körperschaft öffentlichen Rechts, *corporation under public law*. Die K.ö.R. ist eine → juristische Person öffentlichen Rechts und im Gegensatz zur Anstalt auf der Mitgliedschaft der ihr zugehörigen Personen aufgebaut. Diese kann freiwillig oder auf Zwang beruhen (z.B. Ärzte- und Rechtsanwaltskammern).

Körperschaftsteuer (KSt), *corporation income tax*. Aus rechtlicher Sicht kann die KSt als → Einkommensteuer für Körperschaften, insbesondere für → Kapitalgesellschaften, bezeichnet werden. Aus betriebswirtschaftlicher Sicht stellt die KSt keine eigenständige Steuerart dar, vielmehr übernimmt die KSt lediglich eine Ergänzungsfunktion zur Einkommensteuer (sog. Lükkensteuer).

Körperschaftsteueranrechnungsverfahren, *corporate tax imputation procedure*. 1977 eingeführtes Verfahren zur Besteuerung des Gewinns von Kapitalgesellschaften. 2001 wurde das K. durch das → Halbeinkünfteverfahren ersetzt. Das K. kommt nur im Ausschüttungsfall zur Anwendung. Ziel dieses Verfahrens ist die Vermeidung einer Doppelbelastung von ausgeschütteten Gewinnen. Diese sollen nach den persönlichen Verhältnissen der Anteilseigner besteuert werden. Die → Körperschaftsteuer (KSt), die eine → Kapitalgesellschaft auf die von ihr erzielten Gewinne entrichtet hat, wird zu dem Zeitpunkt aufgehoben, zu dem die Gewinne an die Anteilseigner ausgeschüttet werden. Es wird folgendermaßen vorgegangen: Die Gewinne einer Kapitalgesellschaft unterliegen der Tarifbelastung (zuletzt 40%). Im Ausschüttungsfall wird die Tarifbelastung in zwei Schritten aufgehoben. Auf Ebene der Kapitalgesellschaft kommt es zu einer Körperschaftsteuerminderung (zuletzt von 40% auf 30%), während der Anteilseigner ein Anrechnungsguthaben (Körperschaftsteuerguthaben) erhält. Die steuerpflichtigen Einnahmen der Anteilseigner setzen sich aus zwei Komponenten zusammen: Bruttobardividende (einschließlich KapESt) und Körperschaftsteueranrechnungsanspruch (= Ausschüttungsbelastung der Kapitalgesellschaft: i.d.R. 30%). In einem letzten Schritt wird die auf Gesellschaftsebene erhobene Ausschüttungsbelastung auf die vom Anteilseigner zu zahlende Einkommen- bzw. Körperschaftsteuer angerechnet. – Anrechnungsberechtigt sind nur Anteilseigner, die im Zeitpunkt des Zuflusses der Einnahmen ihren Wohnsitz oder ständigen Aufenthalt im Inland haben, also unbeschränkt steuerpflichtig sind. Für Steuerausländer stellt die deutsche KSt demnach eine Definitivbelastung dar, die zur ausländischen ESt noch hinzukommt, da sie die Steuergutschrift nicht realisieren können (→ Ausländereffekt). Es

Körperschaftsteuersätze

gibt aber auch Länder, die auf der Grundlage von → Doppelbesteuerungsabkommen die Anrechnung eines geringen Teils der in Deutschland gezahlten Körperschaftsteuer auf die Steuerschuld ermöglichen. So wird beispielsweise in den USA auf → Dividenden aus Deutschland eine fiktive Anrechnung in Höhe von 5,88% der Dividende gewährt. Anrechnungsberechtigt sind nicht nur natürliche Personen, sondern auch Körperschaften. Die Körperschaft muss ebenfalls unbeschränkt steuerpflichtig sein, ihre Geschäftsleitung oder ihr Sitz muss sich im Inland befinden. – Verfahrensmäßig erfolgt die Anrechnung der KSt gegen Vorlage einer Bescheinigung (Körperschaftsteuerbescheinigung). Die Bescheinigung ist durch die ausschüttende Kapitalgesellschaft, durch ein inländisches Kreditinstitut oder durch einen Notar (Sonderfall) nach amtlichem Muster auszustellen. Sie enthält Angaben wie Name und Anschrift des Anteilseigners, Höhe der Leistungen, den Betrag der anrechenbaren Steuer u.a. Im Falle der Vergütung der KSt hat der Anteilseigner durch eine Bescheinigung nachzuweisen, dass er unbeschränkt einkommensteuerpflichtig ist und dass für ihn eine Veranlagung zur ESt voraussichtlich nicht in Betracht kommt (sog. → Nichtveranlagungsbescheinigung).

Körperschaftsteuer, Anrechnung von Kapitalertragsteuer, *corporate income tax, imputation of the capital gains tax.* Die für → Einkünfte aus Kapitalvermögen einbehaltene → Kapitalertragsteuer (KapESt) kann auch bei der → Körperschaftsteuer (KSt) angerechnet oder erstattet werden. In manchen Fällen ist die KSt allerdings mit der KapESt abgegolten, dann können Anrechnung oder Erstattung nicht erfolgen. Dies gilt für Körperschaften, die ausschließlich der KapESt unterliegen und sonst von der KSt befreit sind, weiterhin für beschränkt steuerpflichtige Kapitalgesellschaften und für die Fälle, in denen die alte → Kuponsteuer zur Anwendung kommt.

Körperschaftsteuerbescheinigung, *corporation tax certificate;* vgl. hierzu → Körperschaftsteueranrechnungsverfahren und → Steuerbescheinigung.

Körperschaftsteuergesetz (KStG), *Corporation Income Tax Law.* Das KStG regelt die Besteuerung des Einkommens von → juristischen Personen. Es ist in sechs Abschnitte untergliedert. Durch die Unternehmenssteuerreform 2000 hat das KStG erhebliche Änderungen erfahren. – Vgl. auch → Körperschaftsteuer, → Körperschaftsteuerpflicht und → Halbeinkünfteverfahren.

Körperschaftsteuerguthaben, *corporation tax balance;* vgl. → Körperschaftsteueranrechnungsverfahren.

Körperschaftsteuerpflicht, *obligation of corporation tax.* Der K. unterliegen die → Kapitalgesellschaften, die → Genossenschaften, → Versicherungsvereine auf Gegenseitigkeit (VVaG), sonstige juristische Personen des privaten Rechts, nicht rechtsfähige Vereine, Anstalten, Stiftungen und andere Zweckvermögen sowie Betriebe gewerblicher Art von juristischen Personen des öffentlichen Rechts. Bestimmte Körperschaften sind von der K. befreit. Der unbeschränkten K. unterliegen die Steuersubjekte, die ihren Sitz oder ihre Geschäftsleitung im Inland haben. Soweit andere Körperschaften inländische Einkünfte haben, unterliegen sie mit diesen der beschränkten K.

körperschaftsteuerpflichtige Einkünfte, *earnings liable in corporate income taxes.* Körperschaftsteuerpflichtig sind → juristische Personen mit den von ihnen erzielten Einkünften. Bemessungsgrundlage der KSt ist das zu versteuernde Einkommen. Was als Einkommen gilt und wie das Einkommen zu ermitteln ist, bestimmt sich in erster Linie nach den Vorschriften des EStG. Die nach den einkommensteuerlichen Einkunftsermittlungsgrundsätzen berechneten Einkünfte werden lediglich um einige im KStG geregelte Besonderheiten modifiziert. Bei Steuerpflichtigen, die handelsrechtlich zur Führung von Büchern verpflichtet sind, wird die gesamte Tätigkeit dem gewerblichen Bereich zugeordnet. Dies betrifft im wesentlichen Kapitalgesellschaften, bei denen alle Einkünfte als Einkünfte aus Gewerbebetrieb gelten. Für die Ermittlung des steuerpflichtigen Gewinns einer Kapitalgesellschaft ist es irrelevant, ob das Einkommen verteilt wird.

Körperschaftsteuersätze, *rates of corporation taxes.* Vor Einführung des → Halbeinkünfteverfahrens wurden einbehaltene Gewinne mit einem Tarifsteuersatz von 40%

Korrelation

belastet. Alle unbeschränkt steuerpflichtigen Körperschaften, deren Leistungen beim Empfänger der Art nach als Dividendenerträge zu versteuern waren, wurden in das → Anrechnungsverfahren einbezogen. Die Ausschüttungsbelastung betrug 30%. Seit Einführung des Halbeinkünfteverfahrens wird ein K. von 25% sowohl für einbehaltene, als auch für ausgeschüttete Gewinne angewendet. Maßgebliche Vorschrift ist § 23 KStG.

Korrelation, *correlation*; Maß für den Grad des linearen Zusammenhangs zwischen → Zufallsvariablen. Die Variablen können positiv korreliert (sie entwickeln sich tendenziell in die gleiche Richtung) oder negativ korreliert (sie entwickeln sich gegenläufig) oder unkorreliert (kein linearer Zusammenhang) sein. Eine K. kann zwischen zwei Variablen (einfache K.) oder zwischen einer Variablen und einer Gruppe anderer Variabler (multiple K.) bestimmt werden. Die Stärke und die Richtung der K. kann mit Hilfe des → Korrelationskoeffizienten gemessen werden.

Korrelationsanalyse, *correlation analysis*; Analyse der Stärke und der Richtung des linearen Zusammenhangs zwischen → Zufallsvariablen. Als Analyseinstrumente stehen Maßzahlen wie der → Korrelationskoeffizient und statistische Tests auf Signifikanz eines linearen Zusammenhangs zur Verfügung.

Korrelationskoeffizient, *correlation coefficient*; statistische Maßzahl zur Beschreibung der Stärke und der Richtung eines linearen Zusammenhangs zwischen zwei → Zufallsvariablen. Der K. ist ein normiertes Maß für die → Kovarianz und kann Werte im Intervall [-1,+1] annehmen. Werte kleiner null beschreiben dabei einen negativen, solche größer null einen positiven linearen Zusammenhang. Ist der K. gleich null, so sind die Zufallsvariablen unkorreliert. – Formal:

$$-1 \leq \rho_{xy} = \frac{Cov(x,y)}{\sigma_x \cdot \sigma_y} \leq +1$$

Dabei bezeichnen x, y die beiden Zufallsvariablen, ρ_{xy} den Korrelationskoeffizienten, $Cov(x,y)$ die Kovarianz zwischen x und y

sowie σ_x und σ_y die → Standardabweichungen von x und y.

Kostenkennzahlen, *cost ratios*. K. messen den Anteil einzelner Kostenarten, Kostenstellen oder Kostenträger an den Gesamtkosten. Abweichungen zwischen Soll- und Ist-Größen sind Basis der Abweichungsanalyse und der Ursachenforschung.

Kotierung, *kotieren, admission to the stock exchange*; vorrangig in der Schweiz verwendeter Begriff für die → Börsenzulassung.

Kotierungsgebühr, → Börseneinführungsgebühr.

Kotierungsprospekt, *prospect for listing*; bezeichnet eine zur → Börsennotierung an der → Swiss Exchange verpflichtende Veröffentlichung. Zur Vermeidung von Redundanzen übernimmt der K. auch die Funktion des → Emissionsprospektes. Der K. wird dann nötig, wenn die zu publizierenden Informationen nicht durch ein Kotierungsinserat veröffentlicht werden. Ein Kotierungsinserat wird auch bei Erstellung eines K. nötig, jedoch in verkürzter Form, um u.a. die Bezugsquelle des K. zu nennen.

Kraftloserklärung von Aktien bei Kapitalherabsetzung, → Aktien können zwangsweise oder nach Erwerb durch die Gesellschaft eingezogen werden. Die Kapitalherabsetzung muss durch die Satzung oder einen Beschluss der → Hauptversammlung gestattet sein. Durch die Kapitalherabsetzung wird Kapital an die Aktionäre zurückgezahlt oder eine Unterbilanz der Gesellschaft ausgeglichen. Sollen zur Durchführung der Herabsetzung des Grundkapitals Aktien durch Abstempelung oder ähnliche Verfahren eingezogen werden, so kann die Gesellschaft die Aktien für kraftlos erklären, wenn diese trotz Aufforderung nicht bei ihr eingereicht worden sind.

Kraftloserklärung von Aktien durch die Gesellschaft, → Kraftloserklärung von Aktien.

Kraftloserklärung von Aktien im Aufgebotsverfahren, → Kraftloserklärung von Aktien.

Kraftloserklärung von Aktien, *cancellation of shares*. Sie erfolgt, falls Aktien verloren oder vernichtet sind oder falls ihr Inhalt unrichtig ist. Zu unterscheiden sind die Kraftloserklärung im Aufgebotsverfahren nach § 72 AktG und die Kraftloserklärung durch die Gesellschaft nach §§ 73, 226 AktG. Im ersten Fall erfolgt die Kraftloserklärung bei Verlust oder Vernichtung der Aktie gemäß der Zivilprozessordnung. Der Emittent muss dem bisherigen Inhaber alle Auskünfte gewähren, die er für das Aufgebotsverfahren benötigt. Auf Verlangen muss der Emittent eine neue Aktie zur Verfügung stellen (→ Ersatzaktie). Die Kraftloserklärung durch die AG (§ 73 AktG) erfolgt für Aktien, deren Inhalt durch Änderung der rechtlichen Verhältnisse unrichtig wurde und die nach Aufforderung nicht zur Berichtigung oder zum Umtausch eingereicht wurden. Hierzu ist die Genehmigung des Gerichts nötig. Ebenso erfolgt eine Kraftloserklärung von Aktien, die bei einer Kapitalherabsetzung nicht zur Zusammenlegung eingereicht wurden (§ 226 AktG) (→ Kraftloserklärung von Aktien bei Kapitalherabsetzung).

Kraftloserklärung von Wertpapieren, *invalidation/cancellation of securities*. Eine Kraftloserklärung von Urkunden bewirkt allgemein, dass diese nicht mehr zur Ausübung ihrer verbrieften Forderungs- oder Mitgliedschaftsrechte legitimieren, da dem Papier durch behördliche Maßnahmen der Urkundencharakter entzogen wird. Davon ist beispielsweise auch eine gutgläubige Rechtsausübung betroffen. – Die K.v.W. tritt meist bei Aktien auf und ist im → Aktiengesetz (AktG) geregelt. Sie erfolgt, wenn eine Aktie abhanden gekommen oder vernichtet worden ist oder wenn der Inhalt von Aktienurkunden durch eine Veränderung der rechtlichen Verhältnisse unrichtig geworden ist. Zur K.v.W. beinhaltet das AktG v.a. umfangreiche Regelungen für den Fall der → Kapitalherabsetzung.

Kredit, *credit, loan*; durch einen → Kreditgeber, z.B. ein → Kreditinstitut, auf Zeit erfolgende Überlassung von → Kapital an einen Kreditnehmer. Dieser verpflichtet sich zur vertragsgemäßen Rückzahlung (→ Tilgung) des K.; die Zahlung von → Zinsen als Gegenleistung für die Kapitalüberlassung kann vereinbart werden. In §§ 607, 608 BGB wird die Kreditgewährung als → Darlehen definiert. – Neben dieser Geldleihe existiert die Kreditleihe, bei der kein Kapital bereitgestellt wird, sondern wo der Kreditgeber gegenüber einem Dritten die Haftung für mögliche Verbindlichkeiten des Kreditnehmers übernimmt (z.B. → Avalkredit, → Akzeptkredit). Die Kreditleihe ist rechtlich nicht als Darlehen zu qualifizieren. – §§ 19 - 21 KWG enthalten eine Aufzählung von Kreditarten i.S.d. → Kreditwesengesetzes. – Vgl. auch → Effektenkredit, → gedeckter Kredit, → Innertageskredit, → Konsortialkredit, → Kontokorrentkredit, → Lombardkredit, → Produktivkredit, → Roll-Over-Kredit, → Sonderlombardkredit, → Währungskredit und → Wertpapierkredit.

Kreditanstalt für Wiederaufbau (KfW), *Reconstruction Loan Corporation*. 1948 als → Kreditinstitut mit Sonderaufgaben in der Rechtsform des → Körperschaft des öffentlichen Rechts gegründet, Sitz in Frankfurt am Main. Die KfW ist eine Bank mit wirtschaftspolitischer Aufgabenstellung, so dass sie als Entwicklungsbank einerseits für die eigene Volkswirtschaft und andererseits für die Wirtschaft von Entwicklungsländern auftritt. Zu ihren Hauptaufgaben zählen u.a. die Ausgabe von Krediten für inländische Investitionsvorhaben zum Zwecke der Strukturpolitik, die Exportfinanzierung von Investitionsgüterlieferungen in Entwicklungsländer und die Gewährung langfristiger Darlehen an Entwicklungsländer. Ihre Mittel beschafft sich die KfW über die Ausgabe von → Schuldverschreibungen und durch die Aufnahme von Darlehen an den in- und ausländischen Kapitalmärkten.

Kreditbesicherung, *provision of loan securitiy*; bezeichnet die Möglichkeit der Bank mit Vermögensgegenständen des Schuldners oder eines Dritten → Kredite zu sichern, insbesondere dann wenn die → Kreditwürdigkeitsprüfung Zweifel an der finanziellen Stabilität des Kreditnehmers aufkommen läßt. Kreditsicherheiten disziplinieren den Schuldner, reduzieren die Kosten der Bonitätsprüfung und einer möglichen Abwicklung und ermöglichen dem Schuldner bestimmte Informationen nicht preisgeben zu müssen.

Kreditderivat, *credit derivatives*; → derivatives Finanzinstrument auf Kreditrisiken.

Kreditderivate

Im Wesentlichen besteht ein K. darin, dass der Kreditgeber das Kreditrisiko gegen Zahlung einer Prämie auf den Kontraktpartner überträgt. Das Ursprungsgeschäft wird hiervon nicht betroffen. Somit ermöglichen K. den Handel von Kreditrisiken und verbessern deren Allokation. Die wichtigsten Instrumente sind der → Credit Default Swap, der → Total Return Swap, die → Credit Spread Option und die → Credit Linked Note.

Kreditderivate. → Termingeschäft, mit dem → Kreditrisiken auf einen anderen Marktteilnehmer übertragen werden. Als Basisinstrument (→ Underlying) können → Darlehen, → Anleihen oder auch eine Zusammenstellung kreditrisikobehafteter Instrumente dienen. Grundform des K. ist der → Credit Default Swap. Der „Verkäufer" des Swap verspricht hierbei seinem Kontrahenten eine Ausgleichsleistung, wenn sich im Referenzkreditverhältnis ein → Adressenausfallrisiko verwirklicht (z.B. der Kredit ausfällt). K. lassen sich in Credit Default Derivate, Credit Spread Derivate und Total Return Derivate unterteilen. Zu den Credit Default Derivaten zählen auch → Credit Linked Notes, die in jüngerer Zeit verstärkt eingesetzt werden.

Kreditfinanzierung, *debt financing*; → bezeichnet eine Form der Finanzierung, bei der ein Kapitalbedarf durch → Kredite gedeckt wird. Diese sind als → Fremdkapital zu bilanzieren und wirken sich deswegen auf → Bilanzkennzahlen, insbesondere auf den → Verschuldungsgrad, aus.

Kreditgeber, bezeichnet einen → Gläubiger, also jene Person die → Kreditnehmern einen → Kredit gewährt.

Kreditgenossenschaften, *Genossenschaftsbanken, credit cooperatives, cooperative savings organization*. Banken, die in der Rechtsform der eingetragenen → Genossenschaft geführt werden und alle üblichen bankmäßigen Geschäfte betreiben. K. weisen eine nicht geschlossene Zahl an Mitgliedern auf und fördern den Erwerb und die Wirtschaft ihrer Mitglieder mittels eines gemeinschaftlichen Geschäftsbetriebs. Zu den K. zählen u.a. die → Volksbanken, Raiffeisenbanken und Darlehenskassen.

Kreditgeschäft bezeichnet jenes → Bankgeschäft, das sich auf die Gewährleistung von Gelddarlehen, → Akzeptkrediten und Diskontgeschäfte bezieht. Das K. lässt sich in das klassische, das standardisierte K., in Bau- und Immobilienfinanzierungen und besondere Finanzierungsformen, wie beispielsweise → Factoring oder → Leasing.

Kreditgewährung an Aufsichtsratsmitglieder und Vorstandsmitglieder der AG, *credit extension to supervisory board members of a stock corporation*; wird geregelt in § 15 KWG unter dem Stichwort Organkredite. Sie dürfen nur auf Grund eines einstimmigen Beschlusses aller Geschäftsleiter des Instituts und nur mit ausdrücklicher Zustimmung des Aufsichtsorgans gewährt werden.

Kreditinstitute, *banks*. Nach §1 I S.1 KWG die Bezeichnung für Unternehmen, die Bankgeschäfte gewerbsmäßig oder in einem Umfang betreiben, der einen in kaufmännischer Weise eingerichteten Geschäftsbetrieb erfordert. Demnach ist das Vorliegen dreier Merkmale erforderlich, um die Kreditinstitutseigenschaft zu begründen. Es muss sich um ein Unternehmen, nicht nur um eine natürliche Person handeln, das mindestens eines der im abschließenden Katalog des §1 I S.2 KWG aufgezählten Bankgeschäfte in einem gewissen Umfang betreibt. Dieser Umfang ergibt sich nach der 6. KWG-Novelle von 1998 nicht mehr nur aus dem Vorliegen eines in kaufmännischer Weise eingerichteten Geschäftsbetriebs, sondern schon allein daraus, dass die Bankgeschäfte gewerbsmäßig, d.h. nachhaltig und mit Gewinnerzielungsabsicht betrieben werden. Nicht als K. im Sinne des KWG gelten u.a. die → Deutsche Bundesbank, die → Kreditanstalt für Wiederaufbau, die Sozialversicherungsträger und private und öffentlich-rechtliche Versicherungsunternehmen. Diese Ausnahmen bestehen, da die Betroffenen selbst eine öffentliche Funktion wahrnehmen und einer staatlichen Sonderaufsicht unterliegen (z.B. Kreditanstalt für Wiederaufbau), da eine besondere Fachaufsicht existiert (z.B. Versicherungsunternehmen) oder da sie selbst an der → Bankenaufsicht beteiligt sind. K. unterliegen der Aufsicht durch das → Bundesaufsichtsamt für das Kreditwesen (BAKred). – Vgl. auch → Finanzdienstleistungsinstitute und → Finanzunternehmen.

Kreditkarte, *credit card*. Im Zusammenhang mit der Entwicklung bargeldloser Kassensysteme ist die K. die älteste Form der Zahlungskarten. Sie entstand in den USA und ist dort auch besonders weit verbreitet. Mittels K. kann der Besitzer an ausgewiesenen Zahlungsstellen, sog. Akzeptanzstellen, wie z.B. im Handel, an Tankstellen, in Hotels und Gaststätten, ohne Bargeld eine Zahlung leisten. Die Grundlage dafür bildet eine vertragliche Beziehung zwischen Kreditkartenemittenten, Akzeptanzstellen und Kreditkarteninhaber. Zunächst wird die Zahlung vom Kreditkartenemittenten garantiert und geleistet. Dann wird i.d.R. einmal monatlich die aufgelaufene Summe dem Kreditkarteninhaber ohne Zinsverrechnung belastet. Durch diesen Zahlungsaufschub erhält er einen Kredit. Darüber hinaus kann ihm auch eine Kreditlinie eingeräumt werden.

Kreditkonsortium, *loan syndicate*; bezeichnet ein → Konsortium, das zur Einräumung sehr großer → Kredite und/oder zur Risikoteilung gegründet wird. So können Kredite vergeben werden, die die Möglichkeiten eines einzelnen → Kreditinstituts übersteigen würden.

Kreditkosten, *borrowing/credit costs*. Aus der Sicht eines Kreditnehmers sind K. alle Ausgaben, die mit der Aufnahme eines Kredites verbunden sind. Dazu gehören Zinsen, Provisionen und Nebenkosten wie Bearbeitungsgebühren, → Disagio und Kosten für Sicherheiten.

Kreditnehmer, bezeichnet einen → Schuldner, also eine Person, die eine Verpflichtung in Form eines → Kredits aufnimmt.

Kreditor, *Gläubiger, creditor*. Bezeichnung für → Gläubiger eines Unternehmens bei Wareneinkauf auf Ziel (Lieferantenkredit). Als K. werden aber auch die Gläubiger aus anderen Kreditbeziehungen, z.B. eine Bank, die einem Kunden einen Kredit gewährt, bezeichnet.

Kreditportfolio bezeichnet den gesamten Bestand an → Krediten eines → Kreditinstitutes. Dabei gilt es das Risiko des K. durch → Diversifikation zu steuern, d.h. zu minimieren. Die dieser Diversifikation zugrunde liegenden Kriterien können beispielsweise Privatkunden, Firmenkunden, Branchenzugehörigkeit, Währung, etc. sein.

Kreditrisiko, *credit risk*; bezeichnet das → Risiko des teilweisen oder vollständigen Ausfalls von vertraglich vereinbarten Zins- oder Tilgungszahlungen, die von einem → Schuldner zu erbringen sind. Im weiteren Sinne werden mit dem K. auch bonitätsbedingte Wertminderungen von → Wertpapieren und Ausfälle aus nichtbilanziellen Geschäften verbunden. Das K. stellt das bedeutendste Risiko für die meisten → Kreditinstitute dar, wobei hier insbesondere große Einzelkredite eine wesentliche Rolle spielen, da diese wegen ihres hohen Kreditvolumens das K. wesentlich beeinflussen können. Bezüglich der Arten lassen sich Einzel-, Volumen- und Streuungsrisiken unterscheiden. Einzelrisiken resultieren aus → Krediten, die eine erhöhte Ausfallgefahr aufweisen. Volumenrisiken steigen mit wachsendem Gesamtumfang der Kredite an, die eine Bank vergibt. Streuungsrisiken treten auf, wenn eine Bank ihre Kreditvergabe nicht ausreichend nach Branchen, Regionen, Ländern, Kredithöhe oder → Sicherheiten diversifiziert. Das Verlustrisiko, das aus einer mangelhaften → Bonität bzw. Besicherung des Kreditnehmers entsteht, ist aber nicht nur isoliert zu betrachten, da sich aus der Kreditvergabe für Banken weitere Risiken ergeben können. Bei Auslandskrediten können auch bei guter Bonität des Schuldners → Verluste auftreten, wenn aufgrund von Restriktionen durch die Regierung des jeweiligen Landes der Devisentransfer (→ Transferrisiko) oder die Verwertung von Sicherheiten eingeschränkt oder unmöglich gemacht wird. Zudem können → Liquiditätsrisiken entstehen, wenn die Zins- und Tilgungszahlungen vom Kreditnehmer nicht zeitgerecht beglichen werden (→ Terminrisiko). Obwohl Kreditinstitute i.d.R. gute Möglichkeiten der → Refinanzierung besitzen, können sich hieraus negative Auswirkungen auf die → Rentabilität ergeben. Des Weiteren haben die Banken bei der Vergabe von Krediten mit → Festzinssätzen, → Zinsänderungsrisiken zu tragen, da sich das Zinsniveau ungünstig für das kreditvergebende Institut entwickeln kann. Diese können aber durch eine gleichlaufende Refinanzierung oder eine Überwälzung auf den Kreditnehmer begrenzt werden. Bei → Währungskrediten besteht zudem die Gefahr, dass sich der Kurs der Fremdwäh-

Kreditrisikomanagement

rung bis zum Rückzahlungstag negativ entwickelt, was sich dann ebenfalls ungünstig auf die Rendite auswirkt. Alle dargestellten Risiken können sowohl einzeln als auch kombiniert auftreten. Dies führt dazu, dass Kreditinstitute zur Darstellung dieser Risiken und ihrer Zusammenhänge seit den 90er Jahren verstärkt Portfolioansätze einsetzen. Beispiele für derartige → Kreditrisikomodelle sind CreditMetrics von JP Morgan, CreditRisk+ von Credit Suisse First Boston oder CreditPortfolioView von McKinsey & Company. Zweck dieser Ansätze ist die Messung und Steuerung der K. unter Berücksichtigung von Portfolioeffekten und Korrelationen zwischen den Einzelrisiken. Das K. stellt eine komplexe Größe dar, die sich aus der Kombination mehrerer Einflussfaktoren ergibt. Dazu zählen → Länderrisiken, Konjunktureinflüsse, Markt- und Branchenabhängigkeit, sowie spezielle Verflechtungen zwischen den Kunden. Eine wichtige Kennziffer für die Ermittlung des K. stellt das → Credit-at-Risk (CaR) dar. Sie gibt den höchstmöglichen finanziellen Verlust über einen gegebenen Zeithorizont auf der Basis eines gegebenen → Konfidenzniveaus an. Da das K. erhebliche negative Auswirkungen auf die Finanz- und Ertragslage einer Bank haben kann, hat der Gesetzgeber Regelungen zu seiner Begrenzung entwickelt. Hier sind insbesondere die Vorschriften in § 13 bis § 15 → KWG zu nennen, die eine Anzeigepflicht für Groß-, Millionen- und Organkredite enthalten. Darüber hinaus müssen sich Kreditinstitute nach § 18 KWG grundsätzlich die wirtschaftlichen Verhältnisse des Kreditnehmers offenlegen lassen, falls der Kreditbetrag die Grenze von 250.000 Euro überschreitet. Mit dem zweiten Konsultationspapier des → Basel II Akkordes vom Januar 2001 müssen zukünftig die aufsichtsrechtlichen Eigenkapitalanforderungen besser auf die grundlegenden Risiken abgestimmt werden. Nach dieser neuen Regelung werden sich die Risikogewichte für Kredite an erstklassige Unternehmen verringern, während für Engagements mit niedriger Bonität Gewichte von über 100% eingeführt werden. Bei der Ermittlung einer angemessenen Eigenkapitalausstattung können auch → bankinterne Rating-Systeme herangezogen werden, sofern sie von der → Aufsichtsbehörde genehmigt werden und bestimmte quantitative und qualitative Normen erfüllen. Für die Analyse, Steuerung und Kontrolle von K. ist das → Kreditrisikomanagement von zentraler Bedeutung. Zu den Maßnahmen der Kreditrisikobegrenzung zählen z.B. die → Kreditwürdigkeitsprüfung, die → Kreditbesicherung, die → Diversifikation und die → Kreditüberwachung.

Kreditrisikomanagement, *Credit Risk Management*. Kreditrisiken (→ Kreditrisiko) stellen das zentrale Risiko für die meisten Banken dar und verlangen somit eine besondere Würdigung um die Wettbewerbsfähigkeit sicherzustellen. Die Inhalte des K. umfassen die Formulierung und Durchsetzung einheitlicher Kreditgrundsätze, die Entwicklung von Methoden zur Bonitätsbeurteilung der Kunden, die Analyse von Regionen und Branchen im Hinblick auf Krisenpotential und auch die Entwicklung von Meßverfahren für Kreditrisiken. Erkenntnisse aus der Portfoliotheorie werden insbesondere zur Betrachtung des Risikos von → Kreditportfolios eingesetzt. Dabei erfolgt zunehmend auch der Einsatz von → Kreditderivaten zur Steuerung des → Kreditrisikos.

Kreditsicherheiten, *collateral for secured loan*. Zur Absicherung gegen das Kreditrisiko ist es im Bankgeschäft üblich, sich Sicherheiten bestellen zu lassen. Sie können unterschieden werden in Sachsicherheiten und Personalsicherheiten. Zu den Sachsicherheiten gehören → Pfandrechte an Immobilien und Mobilien, Eigentumsvorbehalte und die Sicherungsübereignung. Zu den Personalsicherheiten zählen vor allem die → Bürgschaft und die → Garantie. Bei Verletzung der Rückzahlungsverpflichtungen kann der → Kreditor den potentiellen Verlust durch Verwertung der K. schmälern. – Vgl. auch → Hypothek und → Grundschuld.

Kreditstatus, *statement of credit position*. Für die → Kreditwürdigkeitsprüfung erstellte Gegenüberstellung von Vermögensgegenständen und Schulden aus der sich der tatsächliche Vermögensstand und die → Kreditwürdigkeit ableiten lässt. Diese Gegenüberstellung unterscheidet sich von der Handels- oder Steuerbilanz durch offene Darlegung → stiller Reserven und durch eine Stichtagsbewertung der jeweiligen Bilanzpositionen.

Kreditsyndizierung, *loan syndication*; bezeichnet die Vergabe eines → Konsortialkredits durch ein → Kreditkonsortium. Auch die Einräumung von Kreditlinien kann hierzu gezählt werden.

Kreditüberwachung, *credit monitoring;* bezeichnet die Sammlung von Informationen über den Kreditnehmer nach Vergabe des → Kredits und beinhaltet die regelmäßige Überprüfung dessen → Kreditwürdigkeit. Gegenstand der Überwachung sind vor allem die charakteristischen Merkmale des Kreditnehmers, das Kreditnehmerverhalten während der Kreditlaufzeit und die vom Kreditnehmer tatsächlich erzielten Einkünfte.

Kreditwesengesetz (KWG), → Gesetz über das Kreditwesen.

Kreditwürdigkeit, *Bonität, credit standing/worthiness.* Die K. beruht auf der Frage nach der Vetretbarkeit einer Kreditvergabe. Voraussetzung für die K. ist das Vertrauen in die Leistungsbereitschaft und Leistungsfähigkeit des Kreditnehmers, die Verpflichtungen aus dem Kreditgeschäft zu erfüllen. Die Leistungsfähigkeit des Kreditnehmers resultiert aus seiner wirtschaftlichen Situation, während die Leistungsbereitschaft auf personenbezogenen Eigenschaften des Kreditnehmers basiert.

Kreditwürdigkeitskennzahlen, *credit standing ratio.* Zur Überprüfung der → Kreditwürdigkeit von Kreditnehmern haben sich insbesondere für Unternehmensbewertungen bestimmte Kennzahlen bewährt, die vor allem aus → Bilanzanalysen gewonnen werden. Anschließend können sie in weitere Verfahren wie die Diskriminanzanalyse oder → Ratings einbezogen werden. Als besonders aussagekräftig gelten Kennziffern zur → Rentabilität, zur → Kapitalstruktur und zur → Liquidität.

Kreditwürdigkeitsprüfung, *Kreditwürdigkeitsanalyse, credit investigation/review.* Die K. soll zu der Entscheidung führen, ob und in welcher Höhe ein Kredit vergeben werden kann. Dafür wurden zahlreiche Verfahren entwickelt. Während in den Anfängen des Kreditgeschäfts traditionelle Verfahren wie das persönliche Gespräch und die Selbstauskunft vorherrschend waren, gewann nach und nach die → Bilanzanalyse und die aus ihr gewonnenen → Kreditwürdigkeitskennzahlen an Bedeutung. Die Bilanzanalyse wird auch gefordert durch § 18 KWG, der das Kreditinstitut zur Prüfung der wirtschaftlichen Verhältnisse des Kreditnehmers, wenn der Kredit einen bestimmten Betrag überschreitet, zwingt. Allerdings haben Bilanzanalysen den Nachteil der Vergangenheitsbetrachtung. Sie sollten deshalb immer ergänzt werden durch eine Prognose der wirtschaftlichen Entwicklung sowie um sogenannte weiche Daten, wie die Einschätzung der Managementqualifikation. In modernen Ratingsystemen der Banken zur K. fliessen diese und weitere Kriterien in eine Gesamtbeurteilung der → Kreditwürdigkeit ein, die dann der Einordnung in eine Ratingklasse dient. – Die breite Einbeziehung statistischer und informationsverarbeitender Methoden führte zur Entwicklung von Diskriminanzanalysen, → Expertensystemen und neuronalen Netzen zur Unterstützung der K.

Kreuzparität, *cross rate;* bezeichnet die Ermittlung des → Wechselkurses zwischen zwei → Währungen mit Hilfe einer dritten Währung.

Beispiel: $Währung_1 : Währung_2 = 1 : 2$ und $Währung_2 : Währung_3 = 1 : 3$, dann:

$$Währung_1 : Währung_3 = \frac{1}{2} : \frac{1}{3} = 1 : 6$$

krumme Aufträge, Bezeichnung für v.a. kleine → Aufträge, die nicht über die sonst übliche Stückzahl verfügen und in der Regel keine runden → Schlusseinheiten (→ Round Lot) aufweisen.

krummes Bezugsverhältnis, → Bezugsverhältnis.

KSE, → Korea Stock Exchange.

KSt, Abk. für → Körperschaftsteuer.

KStG, Abk. für → Körperschaftsteuergesetz.

Kuala Lumpur Options and Financial Futures Exchange (KLOFFE), Nach der Fusion mit der → Commodity and Monetary Exchange of Malaysia (Commex Malaysia) im Jahr 2001 firmiert die KLOFFE nun als → Malaysia Derivatives Exchange (MDEX).

Kulisse

Kulisse, *unofficial market*. Bezeichnung für Börsenbesucher, die berufsmäßig am → Börsenhandel teilnehmen und auf eigene Rechnung handeln (Banken, Makler). Durch eine starke K. wird der Markt verbreitert und eine höhere Effizienz der Kurse gewährleistet. – Vgl. → Berufshändler.

kumulative Dividende, *cumulative dividend*. Verpflichtung zur Dividendennachzahlung auf → Vorzugsaktien, wenn eine Dividendenzahlung wegen schlechter Ertragslage ausfällt.

kumulative Vorzugsaktie, *cumulative preferred stocks/preference shares*. → Vorzugsaktie mit nachzahlbarem Dividendenanspruch. Stimmrechtslose Vorzugsaktien müssen nach § 139 AktG derart ausgestattet sein.

Kündbarkeit von Schuldverschreibungen, *terminability of bonds*. Die → Anleihebedingungen von → festverzinslichen Wertpapieren sehen i.d.R. ein Kündigungsrecht des → Schuldners vor. Üblicher Weise ist dieses so ausgestaltet, dass die → Anleihe nach einer Reihe von kündigungsfreien Jahren zu jedem → Zinstermin kündbar ist. Der → Anleihegläubiger hat nur in Ausnahmefällen ein (ordentliches) Kündigungsrecht. Der Schuldner wird eine Anleihe vollständig oder teilweise kündigen, wenn er einerseits das aufgenommene Kapital nicht mehr benötigt oder neues Kapital zu vorteilhafteren Bedingungen aufnehmen kann.

Kundenaufträge, *customer order*. Vom Kunden an die Bank gegebene Aufträge, bestimmte Geschäfte für ihn wahrzunehmen oder weiterzuvermitteln. Der K. kann je nach Art des Geschäftes in unterschiedlicher Form erfolgen - so kann es laufende Aufträge in Form eines Dauerauftrages, üblich im → Zahlungsverkehr, geben. Daneben sind einmalig auszuführende Aufträge, z.B. im → Wertpapiergeschäft, möglich. Neben der schriftlichen und der telefonischen Auftragserteilung wird immer mehr von der elektronischen Auftragserteilung Gebrauch gemacht.

Kundendepot, *third party securites account*; → offenes Depot das ein Kreditinstitut für die → Verwahrung von Wertpapieren eines Kunden unterhält. Das Kreditinstitut erhält unmittelbaren Besitz an den Wertpapieren, der Kunde bleibt mittelbarer Besitzer und erhält somit im Konkursfall seine Eigentümerstellung.

Kundengeschäft, *customer business*; bezeichnet die von → Kreditinstituten oder → Kursmaklern für ihre Kunden ausgeführten → Kauf- und → Verkaufsaufträge für → Wertpapiere. Dabei zeichnen sich Kreditinstitute bzw. Kursmakler lediglich durch ihre Händlereigenschaft aus und agieren als → Kommissionäre mit Selbsteintrittsrecht. – Gegensatz: → Eigengeschäft.

Kundenobligation. → Obligation, die von einem Unternehmen begeben wird, und nur an Kunden des Unternehmens veräußert wird.

kündigungsfreie Jahre. Bei → Schuldverschreibungen, welche in den → Anleihebedingungen ein Schuldnerkündigungsrecht vorsehen, wird die vorzeitige Kündigung (→ Kündigung von Wertpapieren) meist für die ersten Jahre der → Laufzeit ausgeschlossen. Üblich sind hier 3-5 kündigungsfreie Jahre.

Kündigung von Wertpapieren, *call-in (for redemption) of securities*. Im Bereich der verzinslichen → Wertpapiere können in den Emissionsbedingungen sowohl den Gläubigern als auch dem → Emittenten vorzeitige Kündigungsrechte eingeräumt werden. Außerordentliche Gläubigerkündigungsrechte sind nur bei wenigen und sehr speziellen Anleihenformen möglich, beispielsweise bei den → Perpetual Floating Rate Notes, einer zeitlich unbegrenzten variabelverzinslichen Emission. Ansonsten ist die Kündigung von festverzinslichen Wertpapieren dem Gläubiger i.d.R. nur dann gestattet, wenn die → Degussa-Klausel Teil der Anleihebedingungen ist. Die Degussa-Klausel wird tendenziell bei Emittenten mit geringer → Bonität oder im Falle sehr schwieriger Kapitalmarktphasen in die Anleihebedingungen aufgenommen. – Bei Anleiheemittenten kommt es oftmals vor, dass sie sich das Recht auf vorzeitige Kündigung der Anleihe verbriefen lassen, wobei eine Kündigung von Gesetz wegen erst nach einer gewissen Zeitspanne möglich ist. Wird die Kündigungsoption ausgeübt, so wird die Anleihe je nach Kondition automatisch vorzeitig zurückgezahlt oder mit neu festgelegten Zins- und Tilgungsmodalitäten erneut angeboten (→ Konversion). – Vgl. auch → Kündigungssperrfrist.

Kündigungsgelder, *deposits at notice*; neben den → Festgeldern Bestandteil der → Termingelder. K. werden der Bank nicht mit einer vorher bestimmten Laufzeit, sondern mit einer bestimmten Kündigungsfrist überlassen. Bei erfolgter Kündigung darf der Kunde nach Ablauf dieser Kündigungsfrist über sein Geld verfügen.

Kündigungssperrfrist, *period during which redemption is barred, non-calling period*. Diese Frist muss bei manchen Verträgen mit der Bank vom Kunden mindestens eingehalten werden, bevor eine wirksame Kündigung möglich ist, z.B. Spareinlagen mit zwölf Monaten K.

Kupon, → Coupon.

Kuponarbitrage, *coupon arbitrage*. Bezeichnung für die → Arbitrage mit → Zinsscheinen ausländischer Wertpapiere. Es wird die Kursdifferenz zwischen den Handelsplätzen im In- und Ausland ausgenützt. Früher war die K. beim Handel mit notleidenden Zinsscheinen besonders ausgeprägt. Heute spielt sie, auch durch die schnelle weltweite Informationsverarbeitung, nur noch eine sehr untergeordnete Rolle.

Kuponkasse, *Couponkasse, coupon collection department*. Funktionseinheit einer Bank, die speziell damit beauftragt ist, das → Inkasso der eingereichten Kupons wahrzunehmen. Die Kupons können zu Wertpapieren gehören, die Kunden in Depots der Bank verwahren und verwalten lassen. Sie können aber auch von Wertpapieren stammen, die von den Kunden selbst verwahrt oder von anderen Banken eingereicht werden.

Kuponsteuer, *Couponsteuer, coupon tax*. Form der → Kapitalertragsteuer (KapESt) für bestimmte → Wertpapiere, die zwischen 1952 und 1954 zur Kapitalmarktförderung ausgegeben wurden. Die K. wurde im Zuge der Steuerreform 2001 abgeschafft. Die K. war als endgültige Steuererhebung gedacht. Mit ihr waren alle Steuern abgegolten.

Kurantgeld, *current money*; ist das als gesetzliches Zahlungsmittel umlaufende Geld einer Volkswirtschaft, das im Gegensatz zu Scheidemünzen jederzeit in Zahlung genommen werden muss. – Vgl. auch → Münze.

Kurs gestrichen, *ohne Notiz, Streichung des Kurses, unquoted/quotation cancelled*. → Kurshinweis der besagt, dass kein → Kurs festgestellt werden konnte. Es lagen weder → Kauf- noch → Verkaufsaufträge vor bzw. die Limitierung der Orders erlaubte keine Umsätze im entsprechenden Wertpapier. Wenn der Kurs wegen unlimitierter Nachfrage gestrichen wurde, erfolgt der Hinweis → gestrichen Geld, bei unlimitiertem Angebot erfolgt der Hinweis → gestrichen Brief. – Die Streichung eines Wertpapiers kann außerdem auf Veranlassung der → Börsenzulassungsstelle erfolgen, z.B. wenn der Emittent die vorgeschriebenen → Publizitätspflichten nicht erfüllt oder ein anderer wichtiger Grund vorliegt. – Vgl. auch → unlimitierter Auftrag.

Kurs, *quotation/price/rate*; bezeichnet den ausgehandelten Preis von Wertpapieren, Devisen und vertretbaren Waren, die an einer Börse oder in an Börsen angeschlossenen → elektronischen Handelssystemen gehandelt werden. Nur amtlich durch einen → Kursmakler festgestellte Preise gelten dabei als Kurse i.e.S. und dürfen als solche bezeichnet werden. Der K. wird vom Makler anhand der vorliegenden Kauf- und Verkaufsaufträge so festgesetzt, dass ein möglichst großer Umsatz erreicht wird (→ Meistausführungsprinzip). Die Kursentwicklung spiegelt somit die Lage am Kapitalmarkt wider. – Der ermittelte Kurs wird im amtlichen Kursblatt mit weiteren Informationen, insbesondere wie → Kurszusätze und → Kurshinweise veröffentlicht. Diese Zusatzinformationen geben Aufschluss darüber, wie sich bei dem ermittelten K. Angebot und/oder Nachfrage verhielten. – Der K. bezieht sich auf eine üblich handelbare Einheit, d.h. bei Aktien drückt er den Geldbetrag für ein Stück und bei Anleihen für einen bestimmten Prozentsatz des → Nennbetrags aus. – Vgl. auch → Kassakurs und → fortlaufende Notierung.

Kursabschlag, *price reduction, discount, downtick*. Bei → Börsenkursen ergibt sich ein Abschlag durch die Subtraktion eines

Kursabzug

bestimmten mit dem Wertpapier verbundenen Rechts vom aktuellen Kurswert. Hierbei kann es sich um die ausgeschüttete → Dividende, die ausgezahlten Zinsen oder den Wegfall eines Bezugsrechts handeln. – Im ersten Fall entspricht der → Dividendenabschlag genau der Dividendenhöhe, die Kursnotiz erhält den Zusatz → ausschließlich Dividende. Im zweiten Fall entspricht der → Zinsabschlag genau der Höhe der ausgezahlten Zinsen, die Kursnotiz erhält den Zusatz → ex Zinsen. Beim → Bezugsrechtsabschlag notiert das Wertpapier vermindert um den Wert des Bezugsrechts am Vortag, die Kursnotiz erhält den Zusatz → ausschließlich Bezugsrecht. I.d.R. holen die betroffenen → Wertpapierkurse diese Abschläge in kurzer Zeit wieder auf.

Kursabzug, *deduction*; bezeichnet die Kursminderung bei Wertpapierverkäufen, sofern diese zu → Nettokursen abgerechnet werden.

Kursanomalie, *market price anomaly*; bezeichnet einen erheblichen, rational nicht erklärbaren Kursunterschied bei Wertpapieren, welchen ansonsten gleiche Bewertungsfaktoren bzw. -verfahren zugrunde liegen.

Kursarbitrage, *market price arbitrage*; bezeichnet Gelegenheiten zur → Arbitrage, bei denen auftretende Kursdifferenzen risikolos und gewinnbringend ausgenutzt werden. Durch simultane → Long und → Short Positionen im gleichen → Wertpapier wird ein Gewinn erzielt.

Kursaussetzung, → ausgesetzt.

Kursbasis, *price level*; bezeichnet die gebündelten Börsenaufträge, auf deren Grundlage der Kurs festzustellen ist.

Kursbegrenzung, → Limit.

Kursberechnung, → Kursbildung an der Börse.

Kursberechnung bei Anleihen, *bond valuation/calculation*. Die Bewertung einer Anleihe kann mit Hilfe der → Kapitalwertmethode erfolgen. Der Marktwert ergibt sich dann aus der Formel:

$$MW = \sum_{t=1}^{T-1} \frac{C_t}{(1+k)^t} + \frac{C_t + Nennwert}{(1+k)^T}$$

Kursberichtigung, → berichtigter Kurs.

kursbestimmende Faktoren am Aktienmarkt, *stock market (price) factors*. Je nach → Börsentheorie unterstellt man unterschiedliche k.F.a.A.: In der → Fundamentalanalyse sind es die → Fundamentals und der → innere Wert; in der → Technischen Analyse die aus den → Charts abgeleiteten Nachfrage- und Angebotsreaktionen. In der sog. Zufallsverlaufshypothese (→ Random-Walk-Theory) unterstellt man die Wirkung fundamentaler Einflussgrößen nicht. Man geht jedoch davon aus, dass neue Informationen sofort in die Kurse eingehen und deshalb zu einem zufälligen Kursverlauf führen.

kursbestimmende Faktoren am Devisenmarkt, *factors driving exchange rates*. Für den → Wechselkurs von Währungen, deren Kurs sich durch Angebot und Nachfrage ergibt, sind realwirtschaftliche Entscheidungen von Importeuren und Exporteuren sowie die finanzwirtschaftlichen Entscheidungen von Investoren, Kapitalnachfragern und → Spekulanten verantwortlich. Kurzfristig spielen bei diesen die Zinsdifferenzen zwischen Währungen eine bedeutende Rolle. Langfristig werden sowohl real- wie auch finanzwirtschaftliche Entscheidungen und damit auch der Wechselkurs vom Verhältnis der Preisniveaus zweier Währungen bestimmt. Bei Systemen → fester Wechselkurse sind die Entscheidungen der jeweiligen → Zentralbanken über die autonome Festlegung der Wechselkurse maßgebend. Diese hängen von den Devisenreserven der Notenbank und von der Bereitschaft zur Ausweitung der nationalen Geldmenge ab.

kursbestimmende Faktoren am Rentenmarkt, *bond market (price) factors*. Der Kurs einer einzelnen → Anleihe bestimmt sich aus der Laufzeit, der Kuponhöhe und der Rendite ähnlicher Anleihen. Je nach dem → Ausfallrisiko entsprechend der → Bonität des → Emittenten sowie der Liquidität auf dem → Sekundärmarkt werden ggf. Abschläge vom Kurs bzw. Aufschläge auf die Rendite (→ Risikoprämien) gefordert. Generell werden Anleihen entsprechend der am → Rentenmarkt herrschenden → Zinsstruktur bewertet. Für jeden Zahlungszeitpunkt während der Laufzeit können aus dieser die → Abzinsungsfaktoren ermittelt werden, mit denen die Zahlungen aus der Anleihe multipliziert werden (→ Barwert, → Rentenbarwert), um den rechnerischen Kurs (→ mathematischer Kurs) zu ermitteln. In der Zinsstruktur sind die Markterwartungen über die künftigen Zinsen und → Risikoprämien enthalten.

Kursbezeichnungen, → Kurszusätze.

Kursbildung am Aktienmarkt, *formation of rates at equity markets*. Die K.a.A. erfolgt auf unterschiedliche Art und Weise. An den deutschen → Präsenzbörsen existieren neben verschiedenen Spezialsegmenten, wie z.B. dem → Neuen Markt, drei Hauptsegmente: der → amtliche Handel, der → Geregelte Markt und der → Freiverkehr. Im amtlichen Handel werden die Kurse von amtlichen → Maklern am → Kassamarkt entweder als → Kassakurse oder als → fortlaufende Kurse festgestellt. Der Kassakurs wird einmal täglich ermittelt und gibt den Kurs wider, zu dem das größtmögliche Umsatzvolumen abgewickelt werden kann (→ Meistausführungsprinzip). Im → variablen Handel werden Aktien fortlaufend zu sich verändernden Kursen gehandelt, die sich aus der aktuellen Marktlage ergeben. Dabei ist dem Makler auch ein Selbsteintritt gestattet, d.h. durch Kauf oder Verkauf von Titeln auf eigene Rechnung und eigenes Risiko das Orderbuch auszugleichen. Dem Makler ist es zudem erlaubt, die vorliegenden Aufträge nur prozentual zu bedienen. Dieser Vorgang wird im Börsenjargon als → Repartierung oder Rationierung bezeichnet. – Am Geregelten Markt und im Freiverkehr erfolgt die K. durch freie Makler. Diese können keine amtlichen Kurse, sondern nur Preise für die betreffenden Aktien feststellen, beachten dabei jedoch dieselben Vorschriften wie amtliche Makler. – Das Börsensegment Neuer Markt verfügt neben den Maklern über sog. → Designated Sponsors für die gelisteten Aktien. Ausgewählte Banken, Wertpapierhandelshäuser und Makler betreuen hier als → Market Maker einzelne Werte und verpflichten sich auf Anfrage verbindliche An- und Verkaufskurse zu stellen sowie für einen jederzeitigen Marktausgleich in festgelegten Mindestvolumina zu sorgen. – Für das elektronische Handelssystem → XETRA

Kursbildung am Devisenmarkt

gelten die gleichen Vorschriften und aufsichtsrechtlichen Regeln wie im Präsenzhandel. Bei XETRA werden zwei Handelsformen unterschieden: Der Fortlaufende Handel und die → Auktion. Am Anfang und am Ende des Xetra-Handels wird jedesmal eine Auktion durchgeführt, bei der die Marktteilnehmer Orders in das Skontrobuch einstellen und bereits eingestellte Aufträge auch wieder ändern und löschen dürfen. Im Fortlaufenden Handel, der durch eine oder mehrere untertägige Auktionen durchbrochen werden kann, gelten die gleichen Bedingungen wie im variablen Handel an der Präsenzbörse. – Neben dem Präsenz- und dem Computerhandel existiert in Deutschland noch der außerbörslich organisierte → Telefonhandel, bei dem ebenfalls Freimakler die Kurse für die entsprechenden Titel stellen. – Vgl. auch → Kursmakler, Eigen- und Aufgabegeschäfte, → Skontro und → Auktionsprinzip.

Kursbildung am Devisenmarkt, *formation of rates at foreign exchange markets*. Grundsätzlich lässt sich der Devisenmarkt in die Segmente Devisenkassa- und Devisenterminmarkt aufteilen. Auf dem → Kassamarkt werden amtlich notierte Devisen per „Kasse" zur sofortigen Erfüllung gehandelt. Bei Transaktionen am → Terminmarkt erfolgt die Fixierung des → Devisenkurses heute, die Erfüllung (Lieferung und Bezahlung der fremden Währung) dagegen erst zu einem im Vergleich zum Devisenkassahandel späteren Zeitpunkt. Eine Trennung beider Marktsegmente ist vor allem auf die differierenden Laufzeiten von → Kassa- und → Termingeschäften und die unterschiedlichen Determinanten für → Kassa- und → Terminkurse zurückzuführen. Während die → Kursbildung am Devisenkassamarkt von Faktoren, wie z.B. politischen Ereignissen, Zinsdifferenzen, Wechselkurserwartungen usw., geprägt ist, hängt der Devisenterminkurs im Wesentlichen von langfristigen Verschiebungen der Handelsströme und deren Einfluss auf die Zahlungsbilanz ab. – Durch den zeitlich unbeschränkten Devisenhandel kann es an einem Tag zu erheblichen Kursschwankungen in diesem Markt kommen. Um allzu große Bewegungen am Devisenmarkt zu vermeiden, intervenieren die einzelnen → Zentralnotenbanken regelmäßig mit Hilfe entsprechender Gegenmaßnahmen. – Vgl. auch → Devisenhandel, → Devisenkassage-

Kursbildung am Rentenmarkt

schäft, → Devisentermingeschäft, → Devisenmarkt und → Notenbankpolitik.

Kursbildung am Rentenmarkt, *formation of rates at bond markets.* Die K.a.R. wird durch das Angebot und die Nachfrage nach den jeweiligen Rentenpapieren am Markt bestimmt. Als Determinanten für die Kursbildung von Rententiteln dienen im Wesentlichen: die → Rendite „risikoloser" langfristiger Wertpapiere (als → Benchmark werden die Renditen von → Bundesanleihen oder von → Pfandbriefen herangezogen), die Laufzeit der Anleihe, die → Nominalverzinsung (→ Coupon) sowie die → Bonität des Emittenten der Anleihe. Ein großer Teil der Umsätze am → Rentenmarkt wird heute außerhalb der Börse im → Telefon- und Computerhandel unter Vermittlung von Banken abgewickelt. Auch der Großteil des → Emissionsgeschäftes von Rentenpapieren wird außerhalb der Börse abgewickelt. Über die Börse werden hingegen im Wesentlichen Aufträge von Privatkunden ausgeführt. – Vgl. auch → Kursberechnung bei Anleihen.

Kursbildung an der Börse, *formation of rates at exchanges.* Die K.a.d.B. erfolgt an → Präsenzbörsen durch amtliche → Makler oder → Freimakler. Ihre Aufgabe besteht darin, Kurse festzustellen, zu denen das größtmögliche Umsatzvolumen zustande kommt (→ Meistausführungsprinzip). An Computerbörsen wie dem System → XETRA erfolgt die Kursbildung über ein elektronisches Handelssystem. – Nur amtlich durch einen Kursmakler festgestellte Preise für Wertpapiere, Devisen etc. sind i.e.S. Kurse und dürfen als solche bezeichnet werden.– Vgl. → Kursbildung am Aktienmarkt, → Kursbildung am Rentenmarkt, → Kursbildung an der Eurex und → Kursbildung am Devisenmarkt.

Kursbildung an der Eurex, *formation of rates at Eurex.* Im Unterschied zu → Präsenzbörsen werden → Termingeschäfte an der Computerbörse → Eurex nicht auf dem Parkett durch → „open outcry", sondern über Computerterminals gehandelt. Die Marktteilnehmer, die weltweit plaziert sein können, geben ihre Orders bzw. Geld-/Brief-Kurse direkt in das Computersystem der Eurex ein, das bei Übereinstimmung von Angebot und Nachfrage ein automatisches → Matching durchführt. → Market Maker sorgen in den einzelnen Titeln für verbindliche → Quotes und handelbare Mindestvolumina. – Die Kursbildung an der Eurex läßt sich in drei Phasen segmentieren. Die Börsensitzung beginnt mit einer vorbörslichen Phase, der → Pre-Trading-Periode, innerhalb derer die Teilnehmer Orders und Quotes ins Eurex-System eingeben können. Die Orders werden jedoch noch nicht während dieser Phase, sondern erst zur Handelszeit ausgeführt. Diese schließt sich an die Pre-Trading-Periode an und beginnt mit der Pre-Opening-Phase, innerhalb derer die Handelsteilnehmer die bereits eingestellten Orders am Bildschirm überblicken und somit den potentiellen Eröffnungskurs ermitteln können. Der eigentliche Handel beginnt mit der Trading-Phase, in der Kontrakte dann fortlaufend gehandelt werden können. Am Ende der Börsensitzung setzt die → Post-Trading-Periode ein, innerhalb derer die Marktteilnehmer bereits Orders für die nächste Börsensitzung ins System einstellen können.

Kursbildungstheorien, → Aktienkurstheorie.

Kursblatt, *daily official list, list of quotation.* Bezeichnung für das amtliche Verzeichnis der Kurse an der jeweiligen Börse. Es wird börsentäglich publiziert. Im K. werden alle → Kursnotierungen der entsprechenden Börse sowie die Ankündigungen des → Börsenrates und der → Zulassungsstelle veröffentlicht. In Deutschland wird von allen acht Wertpapierbörsen ein eigenes K. herausgegeben.

Kurs-Buchwert-Verhältnis, *price-book-value ratio (P/BV ratio).* Kennzahl, die den → Aktienkurs ins Verhältnis zum → Buchwert des Eigenkapitals je → Aktie setzt. Der Buchwert je Aktie wird ermittelt, indem die Summe aus → gezeichnetem Kapital, → Rücklagen und → Bilanzgewinn/-verlust durch die Anzahl der ausgegebenen Aktien geteilt wird. Das K. wird von Analysten häufig zur komparativen → Aktienbewertung verwandt, da es aufzeigt, ob ein Titel im Vergleich zu anderen Branchenunternehmen unter- oder überbewertet ist. Besondere Bedeutung hat das K. bei der Bewertung von → Kreditinstituten gewonnen.

Kurs-Cash-Flow-Verhältnis (KCV), *price-cash-flow ratio.* Quotient aus dem

Kursgarantie

aktuellen Aktienkurs und dem auf eine Aktie entfallenden → Cash-Flow eines Unternehmens. Das KCV bildet neben dem → Kurs-Gewinn-Verhältnis (KGV) eine wichtige Kennziffer der → Fundamentalanalyse zum Vergleich mit anderen Unternehmen der Branche. – Vgl. auch → fundamentalanalytische Verfahren, → Aktienanalyse und → Aktienbewertung.

Kursdurchschnitt, *average market price*; wird z.B. vom Statistischen Bundesamt und von der → Deutschen Bundesbank aus der Summe aller Kurse festverzinslicher Wertpapiere oder Aktien geteilt durch die Zahl der umlaufenden Stücke berechnet.

Kurseinbruch, *slump in the market, stock market collapse*; steht für einen erheblichen und teilweise sehr kurzfristig einsetzenden Rückgang der → Kurse an den → Wertpapierbörsen.

Kursentwicklung, *chart-development*; (stetig vs. diskret). In der Realität sind K. (z.B. von → Aktien oder → Indices) diskret, d.h. die Anzahl der möglichen Ausprägungen ist abzählbar. In der ökonomischen Theorie wird wegen der eleganteren mathematischen Behandlung oft von stetiger K. ausgegangen, d.h. die Anzahl an Ausprägungen ist nicht mehr abzählbar.

Kursfestsetzung am Devisenmarkt, *price making on the foreign exchange market*. Der Handel in → Devisen wurde an allen deutschen Wertpapierbörsen im Zuge der Euro-Einführung am 31.12.1998 eingestellt. Die Kursbildung für Devisen vollzieht sich nunmehr ausschließlich im Interbankenhandel.

Kursfestsetzung am Einheitsmarkt, *price making on the single-price market*. Zu dem von der → Börsengeschäftsführung bestimmten Zeitpunkt errechnet der → skontroführende Makler auf Basis der ihm bis dahin vorliegenden Wertpapieraufträge einmal börsentäglich den → Einheitskurs. Das ist derjenige Börsenkurs, bei dem der größte Umsatz erzielt werden kann und v.a. die unlimitierten Aufträge ausgeführt werden können. Die zur näheren Beschreibung verwandten → Kurszusätze geben darüber Aufschluss, ob und inwieweit die vorliegenden Aufträge zum festgestellten Börsenkurs ausgeführt werden konnten. – Vgl. auch → Einheitsmarkt, → Meistausführungsprinzip.

Kursfestsetzung am Kassamarkt, *price making on the spot market*. Die Kursfestsetzung wird bei → Kassageschäften in Wertpapieren im → Präsenzhandel von den → skontroführenden Maklern vorgenommen. Im elektronischen Handelssystem → Xetra erfolgt diese Festsetzung durch das System selbst in Form des → Matching. Bei Waren wirken die → Kursmakler bei der K.a.K. mit, die im übrigen von der Börsengeschäftsführung vorgenommen wird. – Vgl. auch (→ Einheitsmarkt, → fortlaufende Notierung.

Kursfestsetzung am Rentenmarkt, *price making on the bond market*. Am Rentenmarkt wird der Kurs von (fest)verzinslichen Wertpapieren als Prozentsatz von je 100,00 Euro Nennwert ermittelt. Im → Präsenzhandel übernehmen → Kursmakler sowie → Freimakler die Kursfestsetzung, wobei je nach Wertpapier zwischen der Einheitsnotierung am → Einheitsmarkt und der → fortlaufenden Notierung zu unterscheiden ist. Soweit das (fest)verzinsliche Wertpapier zum Handel im elektronischen Handelssystem → Xetra zugelassen ist, erfolgt die Kursfestsetzung im Rahmen einer bzw. mehrerer täglicher → Auktionen oder der fortlaufenden Notierung vollelektronisch durch das System (→ Matching).

Kursfestsetzung am variablen Markt, *price making on the variable-price market*. Für die variabel gehandelten Wertpapiere ermittelt der → skontroführende Makler während der gesamten Präsenzhandelszeit immer dann einen Börsenpreis, wenn sich einzelne Kauf- und Verkaufsaufträge ausführbar gegenüberstehen. Zu Beginn und zum Ende der Handelszeit errechnet er zudem einen → Eröffnungs- bzw. einen Schlusskurs auf Basis des → Meistausführungsprinzips. Ferner ermittelt er für Aufträge bzw. Teile eines Auftrags (→ Spitzen bei Wertpapieren) unterhalb des jeweiligen → Mindestschlusses einmal börsentäglich einen → Einheitskurs. – Vgl. auch → fortlaufende Notierung, → variabler Markt.

Kursgarantie, *exchange rate guarantee*. Bezeichnung für eine zumeist zeitlich befristete → Garantie eines Dritten, eine bestimmte Position an Wertpapieren zu einem

495

Kursgewinn

festgelegten Kurs zu liefern oder abzunehmen.

Kursgewinn, *stock price gain, exchange gain/profit.* Ein K. ist dann gegeben und realisiert, wenn der Kurs beim Verkauf eines Wertpapiers über jenem beim Kauf liegt. Handelt es sich um einen nicht realisierten Gewinn, d.h. das Wertpapier ist nicht verkauft worden, ist der K. lediglich ein → Buchgewinn. – Um tatsächlich einen Gewinn zu realisieren, sollte dabei die Differenz der An- und Verkaufskurse so groß sein, dass nicht nur ein Ausgleich für die anfallenden → Transaktionskosten (z.B. Gebühren), sondern auch eine angemessene Verzinsung des eingesetzten Kapitals erfolgt. Zu berücksichtigen sind des weiteren → Dividenden und → Bezugsrechte. – Gegensatz: → Kursverlust. – Vgl. auch → Besteuerung der Erträge aus Wertpapiergeschäften.

Kursgewinne, nicht realisierte, *non realized stock price gains.* Ein nicht realisierter → Kursgewinn liegt dann vor, wenn zwar der aktuelle Kurs über dem Erwerbskurs liegt, die Aktien aber nicht veräußert werden. Man spricht auch von → Buchgewinnen. Eine Realisierung der Gewinne erfolgt erst mit dem Verkauf des betreffenden Wertpapiers.

Kurs-Gewinn-Verhältnis (KGV), *price-earnings ratio.* Quotient aus dem aktuellen Aktienkurs und dem auf eine Aktie entfallenden Gewinn bzw. dem Ergebnis pro Aktie nach → DFVA/SG-Methode. Bei diesem wird der Gewinn um außerordentliche und periodenfremde Einflüsse bereinigt. Das KGV bildet neben dem → Kurs-Cash-Flow-Verhältnis eine wichtige Kennziffer der → Fundamentalanalyse zum Vergleich mit anderen Unternehmen. Das KGV gibt an, wie oft der Gewinn eines Unternehmens im Börsenkurs der Aktie enthalten ist und ermöglicht somit Vergleiche von Aktien mit unterschiedlichen Kursen. Je niedriger das KGV, um so relativ preiswerter ist eine Aktie. – Vgl. → fundamentalanalytische Verfahren, → Aktienanalyse und → Aktienbewertung.

Kurshinweise, *price notes.* Um eine möglichst hohe Transparenz am Wertpapiermarkt zu gewährleisten, werden die an der Börse ermittelten → Kurse je nach gegebener Marktlage unter Umständen mit besonderen K. und → Kurszusätze versehen. Sie geben dem Leser Aufschluss über den Verlauf des Börsengeschehens, vor allem über das Verhältnis von Angebot und Nachfrage. Typische K. sind z.B. G = → Geld: Zu diesem Preis bestand nur Nachfrage; B = → Brief: Zu diesem Preis bestand nur Angebot; - = → gestrichen: Ein Kurs konnte nicht festgestellt werden; - G = → gestrichen Geld: Nur Nachfrage (evtl. kleines Angebot) ermöglichte auch auf höherer Basis keine „bezahlt"-Notiz oder keine vertretbare Rationierung; - B = → gestrichen Brief: Nur Angebot (evtl. kleine Nachfrage) ermöglichte auch auf niedrigerer Basis keine „bezahlt"-Notiz oder keine vertretbare Rationierung; - T = → gestrichen Taxe: Ein Kurs konnte nicht festgestellt werden; der Preis ist geschätzt; - GT = → gestrichen Geld/Taxe: Ein Kurs konnte nicht festgestellt werden, da der Preis auf der Nachfrageseite geschätzt ist; - BT = → gestrichen Brief/Taxe: Ein Kurs konnte nicht festgestellt werden, da der Preis auf der Angebotsseite geschätzt ist; T = Taxkurs, d.h. geschätzter Kurs; exD = → ohne Dividende: Erste Notiz unter Dividendenabschlag; exBR = → ohne Bezugsrecht: Erste Notiz unter Bezugsrechtsabschlag. → exBA = ohne Berichtigungsaktien: Erste Notiz nach Umstellung des Kurses auf das aus Gesellschaftsmitteln berichtigte Aktienkapital; ex SP = → nach Splitting: Erste Notiz nach Umstellung des Kurses auf die geteilten Aktien.

Kursindex, *stock index, share price index;* gibt die Kursentwicklung von börsengehandelten → Aktien, → Anleihen usw. wieder. Im Gegensatz zum → Performance-Index wird der K. nicht um Ausschüttungen bereinigt. – Die Berechnung des Kursindex kann auf zwei unterschiedliche Arten erfolgen: 1. Als Durchschnitt der Kurse aller beinhalteten Werte; meist erfolgt eine Gewichtung durch Multiplikation des Kurses mit dem zugelassenen Kapital, um die Bedeutung des Unternehmens für den Markt mit zu berücksichtigen. – 2. Aus den Kursen repräsentativer oder entscheidender Unternehmen wird das arithmetische Mittel berechnet. Dieser Wert wird als Basis am Anfangsdatum mit 100 gleichgesetzt. Wertentwicklungen werden durch prozentuale Abweichungen von dieser Ausgangsgröße im Zeitablauf durch den K.

Kursmakler, Eigen- und Aufgabegeschäfte

beschrieben. – Vgl. auch → Rentenindex und → Aktienindex.

Kurs-Informations-Service-System, (KISS); ist ein Real-Time System für → Aktien, → Wandelanleihen, → Optionsanleihen und →Optionsscheine. Zusätzlich sind der Tagesverlauf des → DAX sowie ausgewählte Kurse der → Pariser Börse ersichtlich.

Kursintervention, *exchnage intervention, price intervention*; bezeichnet direkte und indirekte → Kursstützungen, die jedoch nur kurzfristige Impulse setzen können.

Kurskorrektur, *corrective price adjustments*; bezeichnet eine → Börsentendenz, in der unter- oder überbewertete Wertpapiere durch den Börsenhandel in Richtung ihres → fairen Wertes bewegt werden. K. in Form von → Kurszusätzen weisen ferner darauf hin, dass durch → Makler Kursänderungen vorgenommen haben.

Kurslimit, → Limit.

Kurs machen, *formation of rates*; bezeichnet die Tätigkeit von → Maklern und/oder → Brokern, die durch das Stellen von → bid-ask-Spreads den Markt machen, d.h. sie stellen → Quotes, zu dem sie → Finanzinstrumente zu kaufen oder verkaufen bereit sind. Auch → Investoren tragen dazu bei, einen Kurs zu machen, indem sie limitierte Kauf- oder Verkaufsaufträge in das Orderbuch stellen.

Kursmakler, *amtliche Makler, official exchange broker*. Während des → Präsenzhandels vermitteln die K. Geschäftsabschlüsse über Waren oder Wertpapiere im Handel mit amtlicher Notierung. Für diese Vermittlungstätigkeit erhalten sie eine → Courtage, deren Höhe sich nach einer Gebührenordnung der jeweiligen Landesregierung bemisst. Als beauftragte → Skontroführer stellen sie den amtlichen Börsenpreis von Wertpapieren im Handel mit amtlicher Notierung fest bzw. wirken bei Waren an dieser Feststellung mit. Die K. werden von der zuständigen → Börsenaufsichtsbehörde nach Anhörung der → Börsengeschäftsführung und der → Kursmaklerkammer – sofern diese vorhanden ist – bestellt sowie entlassen und sind darüber hinaus zu vereidigen. Zum einen haben sie die Möglichkeit, ihre börslichen und außerbörslichen Geschäfte als Inhaber eines → Finanzdienstleistungsinstitutes in der Rechtsform des Einzelkaufmanns zu betreiben. Unter bestimmten gesetzlichen Voraussetzungen können sie diese Tätigkeit nunmehr auch als Geschäftsleiter eines Finanzdienstleistungs- oder →Kreditinstituts in Form einer → Aktiengesellschaft (AG) oder → Gesellschaft mit beschränkter Haftung (GmbH) als → Kursmaklergesellschaft ausüben. Von dieser Alternative wird in zunehmendem Umfang Gebrauch gemacht. Sie dürfen grundsätzlich kein anderes Handelsgewerbe betreiben, auch nicht an einem solchen als Kommanditist oder stiller Gesellschafter beteiligt sein. Ebensowenig dürfen sie gesetzlicher Vertreter, Prokurist oder Angestellter eines Kaufmanns sein. Die K. haben eine von der Geschäftsführung zu bestimmende Sicherheitsleistung zu erbringen, um die Verpflichtungen aus Geschäften, die an der Börse abgeschlossen werden, jederzeit erfüllen zu können. An jeder Börse, an der mindestens acht K. bestellt sind, ist eine → Kursmaklerkammer zu bilden. Zudem entsenden K. auch Vertreter in den → Börsenrat.

Kursmakler, Eigen- und Aufgabegeschäfte, *official exchange broker, independent transactions*. Der Kursmakler darf → Eigen- und → Aufgabegeschäfte beim Fehlen marktnah limitierter Aufträge, bei unausgeglichener Marktlage oder bei Vorliegen unlimitierter Aufträge, die nur zu nicht marktgerechten Kursen zu vermitteln wären, tätigen. Bei der ausschließlichen Feststellung von → Einheitskursen für Waren bzw. Wertpapiere sowie bei den sonstigen gerechneten Kursen (→ Eröffnungs-, Einheits- und Schlusskurse bei → fortlaufender Notierung) sind Eigen- und Aufgabegeschäfte nur zulässig, soweit dies zur Ausführung der dem Kursmakler erteilten Aufträge nötig ist. Verstößt der Kursmakler bei der Vornahme von Eigen- oder Aufgabegeschäften gegen diese Voraussetzungen, sind die Geschäfte gleichwohl wirksam. – Eigen- und Aufgabegeschäfte dürfen nicht tendenzverstärkend wirken, d.h. sie dürfen einseitige Kursreaktionen nicht forcieren. Der Kursmakler hat sie – insbesondere bei der Eingabe in die Börsen-EDV – als solche zu kennzeichnen.

Kursmaklergesellschaft

Kursmaklergesellschaft, → Kursmakler konnten ihre börslichen und außerbörslichen Geschäfte als Einzelkaufmann und seit dem zweiten → Finanzmarktförderungsgesetz 1994 unter bestimmten Voraussetzungen auch als Geschäftsleiter eines → Finanzdienstleistungsinstituts oder → Kreditinstituts in der Form einer → AG oder einer → GmbH betreiben (§ 34a BörsG a.F.). Mit dem vierten Finanzmarkt-förderungsgesetz 2002 ist die Bestellung als Kursmakler am 1.7.2002 erloschen (§ 64 Abs. 5 BörsG). Kurmakler mit Bestellung im → geregelten Markt sind ab diesem Zeitpunkt zu → Skontroführern (§ 64 Abs. 4 BörsG) zugelassen; die entsprechenden → Skontren gelten als für drei Jahre zugeteilt. Bei einem Kursmakler, der seine Geschäfte als Geschäftsführer eines Finanzdienstleistungsinstituts oder Kreditinstituts betreibt, gehen Skontro und Zulassung als Skontroführer am 1.7.2003 auf sein Institut über. Für die Dauer von drei Jahren hat in → Wertpapieren, in denen am 1.7. 2002 eine Preisfeststellung durch Kursmakler erfolgte, zumindest auch eine Feststellung des Börsenpreises durch Skontroführer stattzufinden (§ 64 Abs. 4 BörsG).

Kursmaklerkammer, → Maklerkammer.

Kursmaklerstellvertreter, *Kursmaklersubstitut, sub-agent of an official exchange broker*. Die → → Börsenaufsichtsbehörde bestellt, vereidigt und entlässt nach Anhörung der → Kursmaklerkammer und → Börsengeschäftsführung K., die in Fällen einer vorübergehenden Abwesenheit des Kursmaklers dessen Amt ausüben. Zum K. kann nur bestellt werden, wer die für die Tätigkeit notwendige Zuverlässigkeit und berufliche Eignung hat und Angestellter eines Kursmaklers, einer Kursmaklergesellschaft (→ Kursmakler AG) oder einer Kursmaklerkammer ist oder zur Vertretung einer Kursmaklergesellschaft befugt ist.

Kursmanipulation, *market rigging*. Vorgang der Einflussnahme auf die Kursbildung (→ Kursbildung an der Börse) von börsengehandelten Werten durch gezielte Käufe und Verkäufe, bspw. von → Wertpapieren oder → Devisen. Im weiteren Sinne fallen unter K. die → Kurspflege und die → Kursregulierung. Bei der Kurspflege beabsichtigt ein Börsenteilnehmer, → Börsenkurse derart zu beeinflussen, dass gewisse → Kurszusätze zur Erhöhung der → Marktgängigkeit vermieden werden. Die Kursregulierung dient dazu, den Kurs des entsprechenden Wertes nicht unter ein bestimmtes Niveau absinken zu lassen. Dies kann die Intervention einer → Notenbank ebenso umfassen wie die Kursstützung durch eine → Konsortialbank. Im engeren Sinne handelt es sich um die geplante, meist auf → Insiderinformationen beruhende Beeinflussung von Kursen zur Erzielung von Gewinnen.

Kursmarken, gleitende, *limited order, gliding*; dynamische Anpassung von → Limits bei steigenden Börsenkursen.

Kursniveau, *price level*; bezeichnet den aktuellen Kursstand.

Kursnotierung (-notiz), → Börsenkursnotierung, -notiz.

Kursparität, meistens gesetzlich festgelegtes Verhältnis einer → Währungseinheit zum → Gold oder zu einer fremden Währungseinheit, vorwiegend zum US-Dollar. Als weiteres Beispiel können jedoch auch die gesetzlich festgelegen → Wechselkurse der EU-Mitgliedsstaaten angebracht werden – z.B. Bundesrepublik Deutschland: DEM/EUR 1,95583.

Kurspflege, → Kursstützung.

Kursprognose, *(stock) price prediction*. Versuch, mittels statistisch/ökonometrischer Verfahren und/oder mittels der → Technischen Analyse der bisherigen Kursentwicklung und der → Fundamentalanalyse sowie aus der praktischen Erfahrung heraus die zukünftige Kursentwicklung vorherzusagen. – Vgl. auch → Chart-Analyse und → Moderne Technische Analyse.

Kursrendite, *laufende Rendite, yield on price*. Verhältnis von laufender → Ausschüttung zu aktuellem Marktpreis. – Vgl. auch → Effektivzins und → Rendite.

Kursrisiko, *(stock) price risk, exchange risk*. Gefahr, dass der künftige Kurs einer Anlage oder der Wert eines Handelsbestandes (Portfolios) aufgrund von marktüblichen Kursschwankungen vom aktuellen Preis abweicht (→ Marktpreisrisiken). Spekulative Anleger bevorzugen ein höheres K., da dies

498

Kursveröffentlichung

potentiell höhere Kurssteigerungen beinhaltet, risikoaverse Anleger präferieren → Investments mit geringem K.

Kursschwankungen, *price fluctuations*; bezeichnet die Veränderung der aktuellen Kursnotierung zum vorher festgestellten → Kurs. Stellt der Börsenmakler aufgrund der ihm vorliegenden → Orders fest, dass der Kurs eines Wertpapiers erheblich von der letzten Notierung abweicht, wird durch → Plus- bzw. → Minusankündigungen darauf hingewiesen. – Vgl. auch → Volatilität und → Börsenmaßnahmen gegen größere Kursschwankungen.

Kursschwankungsbreite. Maß für die Beweglichkeit von → Kursen oder → Renditen eines → Wertpapiers. Die Kursschwankungsbreite lässt sich mittels der statistischen Kennzahl der → Volatilität messen.

Kurssicherung, → Wechselkurssicherung.

Kurssicherungskosten, *cost of exchange cover, hedging cost*. Die K. für die → Wechselkurssicherung ergeben sich aus den Kosten bzw. Erträgen der → Hedging und → Covering Transaktionen in der Fremdwährung abzüglich der Erträge bzw. Kosten für die gegenläufigen Transaktionen in heimischer Währung. – Vgl. auch → Währungsrisiko, Kurssicherung.

Kursspanne, *spread*. Differenz zwischen Kauf- und Verkaufspreis. Innerhalb der K. hat der → skontroführende Makler den Börsenpreis eines Wertpapiers auf Basis der ihm vorliegenden Kauf- und Verkaufsaufträge festzustellen. Diese K. hat er den Handelsteilnehmern vor der Preisfeststellung durch Ausruf bekanntzugeben. – Vgl. auch → Maximum Spread.

Kurssprung, *jump in prices*; bezeichnet einen unerwarteten, starken Kursanstieg eines Wertpapiers. – Vgl. auch → Kursschwankungen.

Kursstreichung, → Kurs gestrichen.

Kursstützung, *Kurspflege, price stabilization, price support*; bezeichnet die Beeinflussung bzw. Manipulation des → Börsenkurses eines → Wertpapiers bzw. einer Währung, mit dem Ziel, diesen zu stabilisieren bzw. zu verändern. Bedeutung können K. im Rahmen bevorstehender → Kapitalerhöhungen, bei Übernahme von Wertpapieren durch ein → Emissionskonsortium oder im Rahmen der → Offenmarktpolitik von → Zentralbanken haben.

Kurstaxe, *estimated quotation*. Schätzung eines Preises für ein Wertpapier, für das noch kein → Kurs ermittelt werden konnte. Diese Schätzungen werden von → Kursmaklern, → Händlern oder anderen Marktteilnehmern vorgenommen. Die → Taxe gibt dabei an, dass aufgrund nicht zustandegekommener Kurse nur eine Schätzung möglich ist.

Kursveränderungsankündigung, *quotation change announcement*. Die wesentlichen K. lauten bei der jeweilig erwarteten Kursveränderung: für Aktien: „+" bzw. „-" bei mehr als 5 bis 10 Prozent, „++" bzw. „--" bei mehr als 10 bis 20 Prozent und „+++" bzw. „---" bei mehr als 20 Prozent des Kurswertes. – Für festverzinsliche Wertpapiere: „+" bzw. „-" bei mehr als 1,5 Prozent, „++" bzw. „--" bei mehr als 3 Prozent des Nennwertes. – Die → Börsengeschäftsführung kann im Einzelfall eine Änderung der Prozentsätze anordnen. – Vgl. auch → Börsenmaßnahmen gegen größere Kursschwankungen.

Kursverlust, *exchange/stock price loss*. Ein K. liegt vor, wenn bei Wertpapiergeschäften der Verkaufskurs unter dem Ankaufskurs liegt. Zudem sind stets die jeweiligen → Transaktionskosten, eventuelle Zinsen und gegebenenfalls Veränderungen der Wechselkurse mit einzukalkulieren. – *Gegensatz:* → Kursgewinn.

Kursveröffentlichung, *publication of quotations*. Die im → Handel mit amtlicher Notierung und im → Geregelten Markt festgestellten Börsenpreise werden unter Verantwortlichkeit der → Börsengeschäftsführung im börsentäglich erscheinenden Amtlichen Kursblatt der jeweiligen Börse veröffentlicht. Neben einer elektronischen Version erscheint es überwiegend auch noch in gedruckter Form. Die im → Freiverkehr festgestellten Börsenpreise werden im Rahmen der Zuständigkeit des Freiverkehrsträgers je nach Börse im Amtlichen Kursblatt, in einer Beilage zum Amtlichen Kursblatt oder in der Börsenzeitung veröffentlicht. Die am → Neuen Markt festgestellten Börsen-

Kursverwässerung

preise sind auf Veranlassung der → Deutsche Börse AG in der Börsenzeitung zu veröffentlichen.

Kursverwässerung, → Kapitalverwässerung.

Kurswert, *market value, list price, official price*; bezeichnet den aktuellen Preis, zu dem ein → Wertpapier aktuell gehandelt wird.

Kurswerttheorie, *theory of market value*. Nach der K. richtet sich die Höhe einer zu tilgender Geldschuld nach der realen Entwicklung des Geldwertes dieser Geldschuld, z.B. nach dem Kurswert bzw. der Kaufkraft. – Gegensatz: Nennwertprinzip.

Kurszusätze, *price remarks*; bezeichnet Bemerkungen der → Makler zu einem Börsenkurs. Sie geben dem Anleger nähere Informationen über die Börsennotierung und sollen einer besseren Einschätzung der aktuellen Marktlage in dem jeweiligen Papier dienen. Um einen möglichst vollständigen Überblick zu geben, versehen die Kursmakler die von ihnen festgestellten → Kassakurse zusätzlich mit → Kurshinweisen. – Im einzelnen erklärt § 30 der Börsenordnung der → Frankfurter Wertpapierbörse bestimmte Zusätze und Hinweise als verbindlich, die auch im → Geregelten Markt und im → Freiverkehr angewandt werden. Diese geben an, inwieweit die zum festgestellten Kurs limitierten → Kauf- und → Verkaufsaufträge ausgeführt werden konnten. – In Deutschland gibt es folgende Kurszusätze: b = → bezahlt: Angebot und Nachfrage waren ausgeglichen (Kursangaben ohne irgendwelche Zusätze sind i.d.R. als „bezahlt-Kurse" aufzufassen); alle → unlimitierten Aufträge und jene, die das Limit erreicht haben, konnten ausgeführt werden; bG = → bezahlt Geld: Die zum festgestellten Kurs limitierten Kaufaufträge sind nicht vollständig ausgeführt; es bestand weitere Nachfrage; bB = → bezahlt Brief: Die zum festgestellten Kurs limitierten Verkaufsaufträge müssen nicht vollständig ausgeführt worden sein; es bestand weiteres Angebot; ebG = → etwas bezahlt Geld: Die zum festgestellten Kurs limitierten Kaufaufträge konnten nur zu einem geringen Teil ausgeführt werden; ebB = → etwas bezahlt Brief: Die zum festgestellten Kurs limitierten Verkaufsaufträge konnten nur zu einem geringen Teil ausgeführt werden; ratG = → rationiert Geld: Die zum Kurs und darüber limitierten sowie die unlimitierten Kaufaufträge konnten nur beschränkt ausgeführt werden; ratB = → rationiert Brief: Die zum Kurs und niedriger limitierten sowie die unlimitierten Verkaufsaufträge konnten nur beschränkt ausgeführt werden.

Kurzbezeichnung der Wertpapiere, *brief description*. Zur Vereinfachung des in den meisten Prozessphasen automatisierten → Wertpapierhandels und der anschließenden Abwicklung dieser Transaktionen werden v.a. innerhalb → elektronischer Handelssysteme gängigerweise Kurzbezeichnungen für → Wertpapiere verwendet. Aber auch Informationsdienstleister verwenden in ihren Systemen meist Kürzel für Finanzinstrumente, wobei jede eingeführte Kurzbezeichnung ein Wertpapier eindeutig bezeichnet. – Die K.d.W. sind meist Abkürzungen der Emittentennamen und können im Falle zeitlich befristeter Emissionen (z.B. → Anleihen) auch laufzeitangebende Nummern enthalten. So steht z.B. BUND09 in vielen Systemen als Kürzel für ein verzinsliches → Bundespapier, das im Jahre 2009 endfällig ist. – Auch im Derivatebereich finden in den bestandsführenden und -verarbeitenden EDV-Systemen zumindest für terminbörsengehandelte → Optionen und → Futures standardisierte Kürzel Verwendung, aus denen die genaue Produktspezifizierung, die Geschäftsart (Kauf oder Verkauf) und die Fälligkeit des Terminkontraktes eindeutig hervorgeht. – Sämtliche Kürzel werden in den von den Börsen und Informationsdienstleistern veröffentlichten Kürzellisten erfasst.

Kurzläufer, *short dated bonds*; → festverzinsliche Wertpapiere mit geringer Gesamt- oder → Restlaufzeit, max. 2-3 Jahre. K. weisen im Vergleich zu langlaufenden Anleihen eine geringere → Kurssensitivität bei sich ändernden → Marktzinsen auf.

Kürzung, *Rationierung, rationing*; wird vorgenommen, wenn es bei einer → Emission von Wertpapieren zu einer → Überzeichnung gekommen ist. Die eingegangenen Zeichnungen werden auf die zur Verfügung stehende Anzahl an Wertpapieren gekürzt. – Vgl. auch → Repartierung und → Zuteilung.

KWG, Abk. für das → Gesetz über das Kreditwesen bzw. Kreditwesengesetz.

L

Lagebericht, *status report*. Nach den Vorschriften des § 264 HGB haben mittelgroße und große → Aktiengesellschaften (AG), → Kommanditgesellschaften auf Aktien (KgaA) und Gesellschaften mit beschränkter Haftung (GmbH) neben dem → Jahresabschluss auch einen L. auszustellen. Lediglich kleine → Kapitalgesellschaften sind davon nach § 264 I S. 3 HGB befreit. Die Aufgabe des L. besteht darin, die Angaben des Jahresabschlusses zu verdichten sowie in sachlicher und zeitlicher Hinsicht zu ergänzen, um dadurch dessen Aussagegehalt zu erhöhen. Der L. hat nach § 315 I HGB ein den tatsächlichen Verhältnissen entsprechendes Bild des Geschäftsverlaufs und der Lage des Unternehmens zu vermitteln und auf die Risiken der künftigen Entwicklung einzugehen. Er gliedert sich in den Nachtragsbericht, der nach dem Schluss des Geschäftsjahres eingetretene Vorgänge von besonderer Bedeutung erfasst, den Prognosebericht, in dem Angaben über die voraussichtliche Entwicklung des Unternehmens gemacht werden, den Zweigniederlassungsbericht, der Informationen über die bestehenden Zweigniederlassungen enthält und den Forschungs- und Entwicklungsbericht mit Angaben zur Forschungs- und Entwicklungstätigkeit des Unternehmens. – Vgl. auch → Konzernlagebericht.

Lagerstellenverzeichnis, *list of depositories*. Das L. ist ein Verzeichnis aller, der mit der Drittverwahrung von Vermögenswerten beauftragten Kreditinstitute und ausländischen Banken.

Lagerumschlag, *inventory turnover ratio*. Kennzahl, die den Umsatz einer Periode ins Verhältnis zum durchschnittlichen Lagerbestand setzt. Alternativ können statt des Umsatzes die Selbstkosten einer Periode herangezogen werden. Der L. gibt an, wie oft der Lagerbestand innerhalb der Periode verbraucht und ersetzt wurde. Eine hohe Kennzahl kann einerseits ein Indikator für Effizienz im Unternehmen sein, andererseits aber auch darauf hinweisen, dass das Unternehmen seine Lagerbestände mangels freien Kapitals nicht aufstocken kann. Ein niedriger L. impliziert lange Lager- und Verarbeitungszeiten und deutet auf eine hohe Kapitalbindung hin.

Länderanleihen, *Länderobligation, state bonds*. → Anleihen, die von den Bundesländern zur Finanzierung größerer, nicht über den Haushalt abzudeckender Investitionen begeben werden. L. zählen zu den → öffentlichen Anleihen.

Länderfonds, *country funds*. → Aktienfonds, die in ihrem Anlagerahmen ausschließlich ein bestimmtes Land bzw. mehrere unter bestimmten Gesichtspunkten zusammenfügbare Staaten berücksichtigen, wie z.B. Frankreich-, Großbritannien- oder Italien-Fonds.

Länderjumbo, → Anleiheemission mehrerer Bundesländer mit hohem → Emissionsvolumen, i.d.R. mehrere Milliarden Euro. Die beteiligten Bundesländer übernehmen die → Schuldendienste in Form von Zins- und Tilgungsleistungen entsprechend der jeweiligen → Quote am Gesamtvolumen.

Länderrisiko, *country/sovereign risk*. Bei der Risikobeurteilung bzw. → Risikomessung grenzüberschreitender Finanzgeschäfte (Kredite und Anleihen) und Investitionen ist das L. zusätzlich zu berücksichtigen. Dieses beschreibt die Gefahr, dass ein ausländischer Schuldner trotz eigener Zahlungsfähigkeit, etwa mangels Devisenreserven der dortigen

Länderrisiko, Beurteilung

→ Zentralbank (wirtschaftliches Risiko) oder auf Grund politischer Eingriffe der jeweiligen Regierung (→ politisches Risiko), seine Zins- und Tilgungsleistungen nicht fristgerecht oder überhaupt nicht erbringen kann, d.h. die → Konvertibilität der Währung ist eingeschränkt bzw. aufgehoben (→ Transferrisiko). Unter dem politischen Risiko subsumiert man alle Arten von politischen Interventionen in den Zahlungsverkehr, sowie Zahlungs- und Transferunwilligkeit aus politischen Gründen (z.B. → Transfermoratorium oder → Devisenbewirtschaftung). Das wirtschaftliche Risiko bezeichnet die durch Mangel an Devisen (z.B. durch eine länger dauernde Phase mit Zahlungsbilanzdefiziten) verursachte Zahlungs- und Transferunfähigkeit eines Landes. Wegen des Devisenmangels können Zahlungsverpflichtungen in Fremdwährung von → Deviseninländern nicht erfüllt werden. Eine besondere Form des L. bezeichnet die Gefahr, dass ein Staat selbst bzw. eine Körperschaft oder ein Staatsunternehmen ihren Zahlungsverpflichtungen nicht nachkommt (sovereign risk). – Vgl. → Länderrisiko, Beurteilung und → Währungsrisiko.

Länderrisiko, Beurteilung, *assessment of country/sovereign risk*. Das wirtschaftliche → Länderrisiko ergibt sich aus der negativen Entwicklung der Währungsreserven eines Landes und dem Verhältnis dieser zu den Auslandsschulden. Der Nettoexport im Verhältnis zu den Schulden gibt Auskunft über die mittel- und langfristige → Zahlungsfähigkeit. Das Länderrisiko ergibt sich aus der prognostizierten Entwicklung der wirtschaftlichen Leistungsfähigkeit eines Landes. – Zur Beurteilung des Kreditrisikos von Auslandskrediten werden neben den Analysen der volkswirtschaftlichen Abteilungen der Kreditinstitute Ranglisten und Punktbewertungen von Ländern durch einschlägige Zeitschriften (Euromoney, Institutional Investor) herangezogen. Die vordersten Plätze der risikolosesten Länder belegen üblicherweise neben den USA, der Schweiz und Japan, Deutschland und die anderen EU-Länder. Auf den hinteren Plätzen sind die ärmeren Länder aus Schwarzafrika, Mittel- und Lateinamerika sowie einige der Nachfolgestaaten der ehemaligen Sowjetunion zu finden. – Vgl. auch → politisches Risiko.

Länderschatzanweisung, gemeinsame, gemeinsame → Emission von → Schatzanweisungen mehrerer Bundesländer, wobei die → Schuldendienste in Form von Zins- und Tilgungszahlungen entsprechend der jeweiligen → Quote am Gesamtvolumen getragen werden.

Landesbanken, → Girozentralen.

Landesbodenbriefe, → festverzinsliche Wertpapiere mit einer typischen → Laufzeit von 5-10 Jahren, die durch die Bayerische Landesbank ausgegeben wurden (bis 1972 durch die Bayerische Landesbodenkreditanstalt). Damit sollten wohnungs-, land- und forstwirtschaftliche Aufgaben sowie Infrastrukturmaßnahmen finanziert werden. Die → Besicherung erfolgte über → Hypotheken und → Kommunalkredite. Es sind nur noch Altbestände im Umlauf.

landesüblicher Zinsfuß (-satz), *prevailing rate of interest*; wird zumeist an Hand der am Kapitalmarkt anzutreffenden Umlaufrendite von Staatsanleihen gemessen. Aufbauend auf der so ermittelten Effektivverzinsung wird im Zuge von Ertragswertberechnungen je nach Risiko der konkreten Investition ein Risikozuschlag verlangt.

Landeszentralbanken (LZB), *State Central Banks*. Durch die Regelung des §8 BBankG entstandene Hauptverwaltungen der → Deutschen Bundesbank, die von den Vorständen der L. als regionale Exekutivorgane der Deutschen Bundesbank geführt werden. Ihre Aufgaben erstrecken sich auf Geschäfte mit dem Bundesland und den öffentlichen Verwaltungen, auf Geschäfte mit den ansässigen Banken und auf die Teilnahme an der Abwicklung des Zahlungsverkehrs. Im Zuge der deutschen Wiedervereinigung wurde der Grundsatz „ein Land – eine L." im Interesse einer Straffung der Entscheidungsstrukturen in Zentralbankrat und Direktorium aufgehoben. Seit dem 1.11.1992 bestehen nunmehr neun z.T. länderübergreifende Hauptverwaltungen unter der Bezeichnung L. für die Bereiche: des Landes Baden–Württemberg (mit Sitz in Stuttgart), des Freistaates Bayern (München), der Länder Berlin und Brandenburg (Berlin), der Freien Hansestadt Bremen und der Länder Niedersachsen und Sachsen-Anhalt (Hannover), der Freien und Hansestadt Hamburg und der Länder Mecklenburg-Vorpommern und Schleswig-Holstein (Hamburg), des Landes Hessen (Frankfurt am Main), des Landes Nordrhein-Westfalen (Düsseldorf), der Länder Rheinland-Pfalz und Saarland (Mainz) sowie der Freistaaten Sachsen und Thüringen (Leipzig).

Landeszinsfuß (-satz), → landesüblicher Zinsfuß (-satz).

Landwirtschaftliche Rentenbank. 1949 mit Sitz in Frankfurt am Main gegründete Anstalt des öffentlichen Rechts, die als Zentralkreditinstitut für die kreditwirtschaftliche Versorgung der Land- und Ernährungswirtschaft fungiert. Die Aufgabe der L.R. liegt in der Vergabe kurz-, mittel- und langfristiger Kredite an die genannten Wirtschaftsbereiche. Die kurzfristige Refinanzierung erfolgt am → Geldmarkt und über die → Deutsche Bundesbank. Langfristige Mittel werden durch die Aufnahme von Darlehen (Bundesmittel und Mittel aus dem Europäischen Wiederaufbauprogramm) oder durch die → Emission mündelsicherer → Schuldverschreibungen beschafft.

Landwirtschaftsbriefe. → Schuldverschreibungen, die von der → landwirtschaftlichen Rentenbank ausgegeben werden. Es handelt sich hierbei um → mündelsichere und deckungsfähige → festverzinsliche Papiere, für welche die gleichen Deckungsvorschriften, wie für die Deckung von → Pfandbriefen und → Kommunalobligationen gelten.

Langläufer, *long dated securities*. Bezeichnung für → Anleihen mit mehr als 15 Jahren → Laufzeit. Vor allem zu Beginn des 20. Jahrhunderts gab es eine Tendenz hin zu langen Anleihelaufzeiten.

last paid price bezeichnet den zuletzt bezahlten Kurs, der im Regelfall dem Referenzpreis entspricht.

Last Trading Day, *Verfalldatum*; letzter Handelstag bei Termin- oder Optionskontrakten. Alle bis zum Börsenschluss dieses Tages noch offenen Positionen werden durch physische Erfüllung oder Barausgleich geschlossen.

latente Steuern, *deferred taxes*; handelsbilanzieller Ausgleichsposten für die Differenz zwischen dem Steueraufwand nach handelsrechtlicher Rechnungslegung und dem Steueraufwand laut → Steuerbilanz. – Wesentlich ist dabei, dass nur zeitlich begrenzte Unterschiede zu l.S. führen, die entstandenen Differenzen müssen sich also in Zukunft vollkommen ausgleichen. Dies ist beispielsweise bei unterschiedlichen Abschreibungszeiträumen oder -beträgen in → Handelsbilanz und Steuerbilanz der Fall. – Je nachdem, in welcher Bilanz der Steueraufwand höher ist, wird zwischen aktiven (Handelsbilanz < Steuerbilanz) und passiven (Handelsbilanz > Steuerbilanz) latenten Steuern unterschieden. Im → Einzelabschluss müssen passive l.S. angesetzt werden, für aktive l.S besteht dagegen ein Wahlrecht. Im → Konzernabschluss ist eine Saldierung der beiden Posten möglich.

Later Stage Financing, dritte übergeordnete Phase bei der Venture-Capital-Finanzierung). L.S.F. umfasst eine Vielzahl von Finanzierungsanlässen in etablierten profitablen Unternehmen, darunter z.B. die Finanzierung neuer Absatz- und Bezugsmärkte oder → Bridge-Financing. Oft dient das L.S.F. der Vorbereitung von → Initial Public Offerings. Daneben wird auch die Übernahme eines Unternehmens durch ein vorhandenes Management (→ Management-Buy-out) oder durch ein externes Management (→ Management-Buy-in) finanziert. – Vgl. → Venture-Capital.

Latino-Aktien, → Aktien aus Lateinamerika.

laufende Notierung, → fortlaufende Notierung, → variabler Markt.

laufende Verzinsung, *running yield, current yield, current compounding*. Bezeichnung für eine einfache und schnell zu ermittelnde Kennzahl zur Ertragsermittlung bei → Wertpapieren, die auch als laufende → Rendite eines Wertpapiers bezeichnet wird. Bei ihrer Berechnung werden die → Zinsen, die auf den → Nennwert des Wertpapiers gezahlt werden, zum Kaufpreis des Wertpapiers als Kapitaleinsatz in Beziehung gesetzt.

$$laufende\,Verzinsung = \frac{Zinssatz \cdot 100}{Kurswert}$$

laufender Handel

Die Differenz aus Kaufpreis und → Rückzahlungskurs bleibt im Unterschied zur Berechnung der → Effektivverzinsung hierbei unberücksichtigt. Da die Wertpapiere zu einem flexiblen → Kurs gekauft werden, der höher oder niedriger als der Nennwert des Wertpapiers sein kann, weicht die l.V. i.d.R. vom → Nominalzins ab. Dabei wird die l.V. umso höher, je weiter der Kaufkurs unter dem Nennwert liegt.

laufender Handel, *continous trading*; bezeichnet eine → Börsenperiode, in der fortlaufend → Aufträge ins → Orderbuch eingegeben werden können und kontinuierlich nach bestimmten Regeln, wie der → Preis-Zeit Priorität, das → Matching erfolgt. Dabei kommt es zu neuen → Kursen.

laufender Zins. Da die → Zinsen bezogen auf den → Nennwert eines → Wertpapiers bezahlt werden, weicht die laufende Verzinsung bei einem vom Nennwert abweichendem → Kurswert zum Erwerbszeitpunkt ab. Die → laufende Verzinsung lässt sich nach der Beziehung

$$\text{laufender Zins} = \frac{\text{Nominalzins} \times 100}{\text{Erwerbskurs}}$$

berechnen.

laufendes Konto, → Girokonto.

Laufzeit, *life, time to maturity*. Die L. gibt generell den Zeitraum einer Kreditüberlassung an. Dabei ist der Laufzeitbeginn bei traditionellen Bankkrediten mit der ersten Auszahlung bzw. bei verbrieften Krediten (beispielsweise → Anleihen) mit der → Emission und das Ende der L. durch den letzten Tilgungstermin determiniert. – Eine Verkürzung der geplanten L. einer Anleihe bzw. eines Bankkredites ist generell möglich, wenn in den → Anleihe- oder Kreditbedingungen entsprechende vorzeitige Kündigungsrechte eingeräumt wurden (→ Kündigung von Wertpapieren). Bei der Festlegung der L. für eine → Anleiheemission orientieren sich die → Emittenten stark an der aktuellen Marktsituation und ihren Erwartungen von der zukünftigen Zinsentwicklung. – Bei → Optionsscheinen und → Optionen wird die L. vom letzten möglichen Ausübungstag bestimmt.

Laufzeit bei Optionsgeschäften, *life span of transactions in options*; Zeitraum, der die → Optionsausübung bestimmt und somit festlegt, wann vom → Optionsrecht Gebrauch gemacht werden kann. – Eine → amerikanische Option kann jederzeit während der Laufzeit, eine → europäische Option hingegen nur am Ende der Laufzeit ausgeübt werden. Wird die Option nicht ausgeübt, so verfällt sie am Ende der L.

Laufzeit bei Schuldverschreibungen, Zeitraum zwischen der → Emission (Ausgabe) und der → Tilgung (Rückzahlung) einer → Schuldverschreibung durch den → Emittenten. Das Ende hängt von der Form der → Rückzahlung ab (auf einmal, in Raten, Kündigung).

Laufzeit von Aktienoptionen an der Eurex. → Aktienoptionen an der → Eurex werden gemäß ihren Verfallmonaten in drei Laufzeitkategorien (Gruppe A, B und C) gehandelt, denen auch die zugrunde liegenden Aktien (→ Underlying) je nach Laufzeit der zugehörigen → Option zugeordnet werden. – Die Optionslaufzeiten betragen in Gruppe A einen, zwei, drei, bis zu sechs und bis zu neun Monate, in Gruppe B zusätzlich bis zu zwölf Monate, in Gruppe C darüber hinaus noch bis zu 18 und bis zu 24 Monate. – Die Ausübung der Aktienoptionen an der Eurex kann grundsätzlich an jedem Börsentag während der Laufzeit erfolgen (→ amerikanische Option). – Vgl. auch → Optionsausübung von an der Eurex gehandelten Aktienoptionen.

Laufzeiten von Optionen auf den Bobl-Future an der Eurex. Die Laufzeiten ergeben sich aus den von der Eurex vorgegebenen Verfallmonaten. Dies sind die drei dem aktuellen Datum folgenden Monate sowie der darauf folgende Monat aus dem Zyklus März, Juni, September und Dezember. Folglich sind → Laufzeiten von einem, zwei, drei und maximal sechs Monaten verfügbar. Die Ausübung dieser → Option kann an jedem Börsentag während der Laufzeit erfolgen (→ amerikanische Option). – Vgl. auch → Optionen auf Bobl-Futures.

Laufzeiten von Optionen auf den Bund-Future an der Eurex. Die Laufzeiten ergeben sich aus den von der → Eurex vorgegebenen Verfallmonaten. Dies sind die drei dem aktuellen Datum folgenden Monate sowie der darauf folgende Monat aus dem Zyklus März, Juni, September und Dezember. Folglich sind → Laufzeiten von einem, zwei, drei und maximal sechs Monaten verfügbar. Die Ausübung der → Option kann an jedem Börsentag während der Laufzeit erfolgen (→ amerikanische Option). – Vgl. auch → Optionen auf Bund-Futures.

Laufzeiten von Optionen auf den Deutschen Aktienindex an der Eurex, Die Laufzeiten ergeben sich aus den von der → Eurex vorgegebenen Verfallmonaten. Dies sind die drei dem aktuellen Datum folgenden Kalendermonate, die drei darauf folgenden Monate aus dem Zyklus März, Juni, September und Dezember sowie die beiden darauf folgenden Monate des Zyklus Juni und Dezember. Demzufolge sind → Laufzeiten von einem, zwei, drei, bis zu sechs, bis zu neun, bis zu zwölf, bis zu 18 und bis zu 24 Monaten verfügbar. Die Optionsausübung kann grundsätzlich nur am letzten Handelstag der Laufzeit erfolgen (→ europäische Option). – Vgl. auch → Optionen auf den Deutschen Aktienindex (DAX).

Laufzeitenfonds, *fund with limited maturity*; → Sondervermögen, die innerhalb einer Zeichnungsperiode Finanzmittel einnehmen und das Fondsvermögen nach einer zuvor festgelegten Laufzeit auflösen. Die Festlegung fester Perioden erleichtert den Einsatz → derivativer Finanzinstrumente für Kurssicherungsstrategien (→ Kurssicherung), wodurch häufig den Anlegern eine Verlustbegrenzung angeboten werden kann (→ Garantiefonds). L. sind nach dem Dritten Finanzmarktförderungsgesetz auch in Deutschland zugelassen. – Vgl. auch → Aktienlaufzeitenfonds.

LBO, Abk. für → Leveraged-Buyout.

LCE, Abk. für → London Commodity Exchange.

Lead Manager, → Konsortialführer.

League Tables. Rangliste, bei der die einzelnen Banken z.B. nach Transaktionsvolumen oder der Anzahl der Mandate bei → Mergers & Acquisitions aufgelistet werden. L.T. werden meist von unabhängigen Agenturen oder Fachzeitschriften veröffentlicht

Leasing

und geben Aufschluss über die Positionen sowie das Standing der Banken innerhalb des Marktes.

LEAPs Options, *long-term equity anticipation products options*; bezeichnet langfristige → Optionen mit einer anfänglichen → Ausübungsfrist von bis zu drei Jahren. Sinkt diese Ausübungsfrist auf die → Restlaufzeit einer herkömmlichen Option (maximal ein Jahr), wird sie in eine solche umgewandelt. L.O. können, wie → amerikanische Optionen, schon vor dem → Verfalltag ausgeführt werden.

Leasing. Bezeichnet einen gesetzlich nicht geregelten → Vertrag (§ 305 BGB) über die Vermietung oder Verpachtung von beweglichen und unbeweglichen Gütern. Das L. kann durch Finanzierungsinstitute, wie z.B. Leasing-Gesellschaften (indirektes L.) oder durch die Hersteller der Güter (direktes L.) erfolgen. Es dient als Finanzierungsersatz, da anstatt einer hohen Anschaffungsauszahlung niedrigere periodische Leasingraten anfallen. Juristisch bleiben die Wirtschaftsgüter Eigentum des Leasinggeber, jedoch werden sie zur wirtschaftlichen Nutzung dem Leasingnehmer gegen Zahlung einer meist monatlichen Leasingrate überlassen. Je nach Verpflichtungscharakter des Leasingvertrages lassen sich zwei Formen unterscheiden: Operating-Leasing und Financial-Leasing. Beim Operating-Leasing handelt es sich um normale Mietverträge i.S.d. BGB. Es besteht i.d.R. eine feste Grundmietzeit mit kurzfristiger Kündigungsmöglichkeit. Die Wartung der Güter und ihre Bilanzierung erfolgt beim Leasinggeber. Beim Leasingnehmer stellen die Leasingraten steuerrechtlich Aufwand dar. Beim Financial-Leasing besteht dagegen während der Grundmietzeit keine Kündigungsmöglichkeit des Vertrages. Die Summe der diskontierten Leasingraten ist in der Grundmietzeit i.d.R. höher als die Anschaffungs- bzw. Herstellungskosten zuzüglich der Nebenkosten des Leasinggebers. Die Wartung der geleasten Güter erfolgt durch den Leasingnehmer. Liegt die Grundmietzeit zwischen 40% und 90% der betriebsgewöhnlichen Nutzungsdauer, so werden die Leasinggüter beim Leasinggeber bilanziert. Beim Financial Leasing trägt der Leasingnehmer das Investitionsrisiko, da er neben den Reparatur- und Instandhaltungskosten auch die Risiken des Unterganges

Leerposition

oder der Verschlechterung des Leasinggegenstandes trägt. Eine Sonderform des Leasing ist das sog. → Sale-and-Lease-Back Verfahren. Hier wird ein Vermögensgegenstand verkauft und sofort über eine Leasinggesellschaft zurückgemietet. Durch diesen Aktivtausch in der → Bilanz erreicht man eine Kapitalfreisetzung, d.h. man reduziert die Kapitalbindung im Unternehmen. Dieses Verfahren hat durch die Unternehmenssteuerreform im Jahr 2000 stark an Bedeutung verloren.

Leerposition, *Leerverkaufsposition, short position*. Bezeichnung für eine Position im → Portefeuille eines Marktteilnehmers, die nach einem → Leerverkauf entsteht. Der Marktteilnehmer hat im → Terminhandel bzw. am → Kassamarkt einen Finanztitel verkauft, den er nicht im Bestand hatte bzw. nur geliehen hat (→ Wertpapierleihe). Der negative Bestand wird durch den Kauf der entsprechenden Menge des jeweiligen Titels (→ eindecken) zu einem zukünftigen Zeitpunkt ausgeglichen. Der Inhaber einer L. spekuliert auf fallende Kurse des verkauften Finanztitels.

Leerverkauf, *Blankoverkauf, Verkauf à découvert, short sale, short selling, short*; Bezeichnung für die Veräußerung von Finanztiteln, die der Veräußerung nicht im Besitz hat. L. sind sowohl am → Kassamarkt wie auch mit → Futures möglich. – Am Kassamarkt erfolgen L. durch den Verkauf von entliehenen Finanztiteln, die sich der Marktteilnehmer von einem Dritten für eine bestimmte Frist entleiht mit der gleichzeitigen Verpflichtung, Finanztitel gleicher Art und Qualität zu einem späteren Zeitpunkt wieder zurückzugeben (→ Wertpapierleihe). Nach Ablauf der Frist müssen die Finanztitel zurückgegeben werden, der Entleiher deckt sich nun am Kassamarkt zu den aktuellen Kursen ein (→ eindecken). – Der Verkauf von Futures ermöglicht Marktteilnehmern L. zu tätigen ohne sich die entsprechenden → Underlyings borgen zu müssen. Der Verkäufer veräußert → Terminkontrakte mit der Verpflichtung, zum → Fälligkeitstermin die entsprechenden Papiere zu liefern. Bis zum Fälligkeitstermin hat der Verkäufer die Möglichkeit, sich das Underlying am Markt zu kaufen. – Ziel der L. ist es, die Ware zum heutigen Zeitpunkt teuer zu verkaufen, um sie zum späteren Erfüllungszeitpunkt billiger wieder zurückzukaufen. Die sich aus dem Verkaufskurs und dem Einkaufskurs ergebende Differenz spiegelt den Gewinn bzw. Verlust des Leerverkäufers wider. Die Durchführung eines L. ist dann sinnvoll, wenn ein Marktteilnehmer von sinkenden Kursen (→ Baisse) ausgeht bzw. auf diese spekulieren will.

Leihgeschäft, → Reportgeschäft.

Leitbörsen, *leading stock exchange*; bezeichnet → Börsen bzw. → Börsensegmente, deren Kursentwicklung andere Börsen bzw. Börsensegmente signifikant beeinflusst. Als eine der wichtigsten internationalen L. gilt die → New York Stock Exchange, v.a. ihre Börsensegmente → Dow Jones Index und → Nasdaq.

Leiter-Optionsschein, *ladder warrant*; → Optionsschein, bei dem die mögliche Kursentwicklung des → Basiswerts in eine Skala mit gleichen Intervalle unterteilt wird. Die Auszahlung bemisst sich danach, welches Intervall der Kurs des Basiswerts maximal (→ Call-Optionsschein) bzw. minimal (→ Put-Optionsschein) während der Laufzeit erreicht hat. Der Optionsscheininhaber erhält die Differenz zwischen dem → Basispreis und der höchsten überschrittenen bzw. niedrigsten unterschrittenen Intervallgrenze.

Leiterstrategie, Strategie, bei der zu gleichen Teilen kurz-, mittel- und langfristige Anlagen ins Portefeuille genommen werden. – Vgl. auch → Hantelstrategie.

Leitfaden Insiderhandelsverbote und Ad-hoc-Publizität nach dem Wertpapierhandelsgesetz, *guidelines insider trading prohibitions and ad hoc disclosure pursuant to the German Securities Trading Act*; Veröffentlichung des → Bundesaufsichtsamtes für den Wertpapierhandel (BAWe) sowie der → Deutsche Börse AG, in der die Vorschriften zum → Insiderrecht sowie zur → Ad-hoc-Publizität erläutert werden. Zuletzt erschienen im April 1998.

Leitungsmacht, Aufgrund eines konzernrechtlichen → Beherrschungsvertrags ist das herrschende Unternehmen berechtigt, dem → Vorstand der abhängigen → AG hinsichtlich der Leitung der AG Weisungen zu erteilen (§ 308 Abs. 1 AktG), und zwar mangels abwei-

Leveraged Floating Rate Note

chender Vereinbarung auch solche Weisungen, die für die AG nachteilig sind, wenn sie den Belangen der herrschenden Unternehmung oder der mit ihr und der AG konzernverbundenen Unternehmen dienen. Der Vorstand der abhängigen AG ist verpflichtet, die Weisung zu befolgen, und zwar auch dann, wenn sie nach seiner Ansicht nicht den Belangen der herrschenden Unternehmung oder der mit ihr oder der AG konzernverbundenen Unternehmung dient, es sei denn, dass sie offensichtlich nicht diesen Belangen dient.

Leitwährung, nationale → Währung, die entweder weltweit oder in bestimmten Wirtschaftsräumen eine dominierende Rolle spielt. Durch eine gemeinsame → Währungspolitik wird ein stabiler → Wechselkurs zur Leitwährung sichergestellt (z.B. Dollar-Länder).

Lemon, *Zitrone*; ein auf eine Analyse von George Akerlof (→ Akerlof-Problem) zurückgehender Begriff zur Kennzeichnung qualitativ geringwertiger Assets.

Lender of Last Resort, *Refinanzierungsinstitut*; stellt die letzte Refinanzierungsinstanz einer Bank dar, um einen → Konkurs zu vermeiden und folglich die Gelder der Anleger zu schützen, d.h. einen volkswirtschaftlichen Schaden zu verhindern. Im nationalen Bereich tritt als Refinanzierungsgeber die → Zentralbank des Landes ein, für das → Europäische System der Zentralbanken (ESZB) die → Europäische Zentralbank (EZB). Im internationalen Bereich erfüllt diese Aufgabe der → Internationale Währungsfonds (IWF). Auch die → Bank für Internationalen Zahlungsausgleich (BIZ) darf in ähnlicher Weise als Agent und Korrespondent nationaler Zentralbanken handeln.

Lender, → Kreditor.

Lepos, Abk. für → Low Exercise Price Options.

Letter of Comfort, *letter of awareness, Patronatserklärung*; Erklärung, in der sich eine Konzernmutter gegenüber einem Gläubiger ihrer Tochtergesellschaft verpflichtet, ihre Konzerntochter finanziell so auszustatten, dass diese ihren Rückzahlungsverpflichtungen jederzeit nachkommen kann. Bei Nichterfüllung wird die Konzernmutter gegenüber dem Gläubiger schadenersatzpflichtig. – Vgl. auch → Patronatserklärung.

Letter of Credit, bezeichnet entweder einen → Dokumentenakkreditiv oder einen → Commercial Letter of Credit.

Letter of Intent, → Absichtserklärung.

Letter Stock, in den USA Bezeichnung für eine → Aktie, die nicht bei der → Securities and Exchange Commission (SEC) registriert ist. Sie kann nicht öffentlich gehandelt werden, sie wird direkt in Form eines → Investment Letters an Investoren verkauft.

letzter Kurs, *last quotation*. 1. Bezeichnung für den im variablen Handel zuletzt an einem Börsentag notierten Kurs. Der l.K. ist dabei nicht zu verwechseln mit dem → Schlusskurs, da beide nicht unbedingt deckungsgleich sein müssen. – 2. Der letzte Kurs vor einer Unterbrechung der Kursnotierung.

Leverage Funds, spekulative → Investmentfonds, die Anlagewerte mit Krediten finanzieren. L.F. sind in Deutschland nicht zulässig.

Leverage, *Leverageeffekt, Hebelwirkung*. Unter L. versteht man die Auswirkung auf die Eigenkapitalrendite (→ Eigenkapitalrentabilität) bei Erhöhung des → Verschuldungsgrades eines Unternehmens. Die Eigenkapitalrendite wächst mit zunehmendem Verschuldungsgrad, solange die Gesamtkapitalrendite (→ Gesamtkapitalrentabilität) größer ist als die Fremdkapitalkosten. Dabei wird unterstellt, dass die Fremdkapitalkosten unabhängig vom Verschuldungsgrad sind.

Leveraged Floating Rate Note, *Superfloater*; variabel verzinsliches → Wertpapier, dessen Zinszahlung sich aus dem Vielfachen eines → Referenzzinssatzes (z.B. 6-Monats-EURIBOR) abzüglich eines → Festzinssatzes ergibt. Dem Inhaber wird i.d.R ein Mindestzinssatz garantiert. Die → Verzinsung ist um so höher, je höher der Referenzzinssatz ist. Eine gekaufte L.F.R.N. lässt sich synthetisch über einen gekauften → Floater, einen Payer-Swap und einen gekauften → Floor replizieren. Die Höhe der → Nominalverzinsung wird von den kurzfristigen → Geldmarktzinsen beeinflusst, woraus für den →

Leveraged-Buyout

Anleger und den → Emittenten u.a. ein variables → Zinsänderungsrisiko resultiert.

Leveraged-Buyout (LBO). Bezeichnung für Unternehmenskäufe, die hauptsächlich mit → Fremdkapital finanziert sind. Zins- und Tilgungsleistungen werden aus den laufenden → Cash-Flows des erworbenen Unternehmens oder aus der Liquidierung von Unternehmensteilen zurückgezahlt. I.d.R. werden ineffiziente Unternehmen oder Unternehmen mit Nachfolgeproblemen aufgekauft. Ziel der Käufer ist die Erwirtschaftung von Umstrukturierungsgewinnen durch Reorganisation oder Zerschlagung (→ Asset Stripping) der übernommenen Gesellschaft. Meistens ist mit einem LBO das Going-Private (→ Delisting) eines bisher börsennotierten Unternehmens verbunden, da alle Aktien aufgekauft werden. I.d.R. wird nach Abschluss der Restrukturierung ein erneuter Börsengang von den Investoren angestrebt, um Gewinne zu realisieren (Reverse Leveraged-Buyout).

Leverage-Effekt bei Optionsgeschäften, → Hebel.

Liabilities, → Verbindlichkeiten.

Liberalisierung, *liberalisation*; ist die Aufhebung politisch bedingter Beschränkungen der Wirtschaftsaktivität. Im Hinblick auf die Finanzmärkte sind v.a. die Liberalisierung des Zahlungsverkehrs und die Förderung der Finanzmärkte (Finanzmarktförderungsgesetze u.ä.) zu erwähnen.

Liberierung. Bezeichnung für die Bezahlung der bei einer → Emission zugeteilten Stücke. Dies kann auf einmal (Vollliberierung) oder in Raten erfolgen (Teilliberierung).

Liberierungstermin, *date of payment*; bezeichnet jenen Termin, zu dem ein Wertpapier zu bezahlen ist.

Libid, Abk. für → London Interbank Bid Rate.

Libor, Abk. für → London Interbank Offered Rate.

Libor-Anleihen, *Libor bonds*; variabel verzinsliche → Anleihen (→ Floating Rate Notes), deren → Kupons in drei- oder sechsmonatigen Abständen an den → Libor angeglichen werden und die am → Euromarkt gehandelt werden.

Libor Bonds, → Libor-Anleihen.

LIBOR-Euromark-Futures. Bezeichnung für einen standardisierten Geldmarktfuture, dem als Basiswert der LIBOR-Zinssatz (→ Libor) zugrundeliegt.

Libor Flat, Kommt bei einem Geldmarktgeschäft als Zinssatz der reine → Libor ohne die üblichen Zuschläge zur Anwendung, wird dies als L.F. bezeichnet.

lieferbare Wertpapiere, *available securities, deliverable securities*. 1. An Wertpapierbörsen sind l.W. zum Börsenhandel zugelassene Wertpapiere, die in ihrer Ausstattung bestimmten, von den deutschen Wertpapierbörsen aufgestellten Richtlinien genügen müssen. Detaillierte Angaben darüber, wann → Effekten nicht mehr lieferbar sind, enthalten die Richtlinien für die Lieferbarkeit beschädigter, amtlich notierter Wertpapiere. Nichtlieferbarkeit kann auftreten, wenn erheblich beschädigte Wertpapierurkunden vorliegen, → effektive Stücke vom rechtmäßigen Inhaber als abhanden gekommen gemeldet wurden und auf bestimmten Sperrlisten verzeichnet sind, → Bögen von Effekten unvollständig sind bzw. deren → Mäntel nicht zum mitgelieferten Bogen passen, oder auch Wertpapiere nicht sachgemäß → indossiert sind. – Diese Richtlinien werden ebenso für die im → Freiverkehr gehandelten Wertpapiere angewendet. Entscheidungen gemäß den Richtlinien werden an jeder deutschen Wertpapierbörse von einem Schiedsgericht, der → Dreimännerkommission getroffen und sind für alle anderen Börsen maßgebend. – 2. Im → Terminhandel werden von der → Terminbörse bestimmte lieferbare Anleihen definiert, mit denen die Lieferverpflichtungen aus → Short Positions in mittel- und langfristigen → Futures (in der BRD: → Bobl- und → Bund-Future) erfüllt werden können. – Vgl. auch → Lieferbarkeitsprüfung von Wertpapieren.

Lieferbarkeitsbescheinigung, → Affidavit.

Lieferbarkeitsprüfung von Wertpapieren. Eine L.v.W. wird von der depotführenden Bank für den Erwerber der → Wertpapiere durchgeführt, da der Erwerber jederzeit die Lieferung ordnungsgemäßer → effektiver Stücke verlangen kann. Im Normalfall der Eigentumsübertragung an Wertpapieren durch eine elektronische Umbuchung innerhalb der → Wertpapiersammelbank ist diese Prüfung nicht erforderlich, da das Wertpapier im → Sammeldepot der Bank verbleibt. – Vgl. auch → Effektenlieferung, → lieferbare Wertpapiere.

Lieferoption. Bezeichnet die Möglichkeit des Futuresverkäufers bei Änderungen des Underlying zusätzliche Gewinne zu erzielen. Dies wäre typischerweise bei Zinsfutures der Fall, wenn sich die → Cheapest-to-Delivery Anleihe ändert. Der Futuresverkäufer kann diesen Wechsel begleiten und wird bei Arbitragegeschäften seinen Ertrag erhöhen. Der Wert der L. hängt folglich von der Wahrscheinlichkeit eines Wechsels der CTD-Anleihe ab und muss bei der Wertbestimmung der Futures berücksichtigt werden.

Lieferschein, *delivery note, delivery ticket, bill of sale.* Ein L. ist ein dem handelsrechtlichen Konnossement vergleichbares Wertpapier, das von Banken im Vorfeld einer → Auslieferung ausgestellt wird und das Recht zum späteren Bezug der Wertpapiere bescheinigt.

Liefertag, *delivery day.* 1. Bei → Termingeschäften findet am L. die tatsächliche → Andienung von Wertpapieren statt. Es muss das → Underlying übergeben werden. Bei → Zins-Futures wird meist die → Cheapest-to-Deliver-Anleihe geliefert. – Man unterscheidet zwischen der effektiven Lieferung (tatsächliche Übergabe des Underlying) und dem → Cash Settlement (Barausgleich). – 2. Tag, an dem die über eine → Order erworbenen Wertpapiere vom Verkäufer an den Käufer geliefert werden müssen.

Lieferung, *delivery.* 1. Bezeichnung für die Gutschrift von → Effekten in dem → Depot des Wertpapierinhabers bzw. deren anderweitige Zurverfügungstellung. – 2. Im Zusammenhang mit → Termingeschäften die Erfüllung der hieraus entstehenden Verpflichtungen (u.U. wird die L. durch → Cash Settlement ersetzt).

Lieferungssperre, *delivery block.* L. ist eine bei der → Emission von → Wertpapieren vertraglich vereinbarte Sperrfrist, innerhalb der keine der neu erworbenen Wertpapiere veräußert werden dürfen. Kontraktpartner sind dabei der Emittent und bestimmte, oftmals institutionelle Zeichner der Wertpapiere, die diese vertragliche Verpflichtung entweder gegen Einnahme einer Prämie oder, falls sie selbst Mitglied des → Emissionskonsortiums der Neuemission sind und einen Eigenanteil übernehmen mussten, aus Gründen der Kurspflege eingehen. Ziel dieser Vertragsbedingung ist hier v.a. bei → Aktien, einen frühen Angebotsdruck im Handel am → Sekundärmarkt und daraus resultierende Kursverluste der neu emittierten Titel zu vermeiden. Um sicher zu gehen, dass die Wertpapiere nicht dennoch gegen eine Rückerstattung der Prämie frühzeitig verkauft werden, besteht zudem die Möglichkeit, die Wertpapierurkunden erst nach Ablauf der vereinbarten L. auszuhändigen. – Vgl. auch → gesperrte Stücke, → Lock-Up-Periode.

Lieferung von Wertpapieren, → Auslieferung.

LIFFE, Abk. für London International Financial Futures and Options Exchange. Wurde 1982 als erste Börse für Financial Futures in Europa gegründet.

Limean, Abk. für → London Interbank Mean Rate.

Limitierter Auftrag, *limit order, limited order, limited price order;* Bezeichnung für eine → Order für den Kauf oder Verkauf von Wertpapieren, für die vom Auftraggeber ein → Limit gegeben wurde.

Limitierung, *limiting, limitation;* Bezeichnung für den Vorgang, bei dem für einen von einem Kunden gegebenen → Kauf- oder → Verkaufsauftrag ein → Limit angegeben wird. Mit einer L. wird das Ziel verfolgt, bei einem Kaufauftrag einen bestimmten Kurs nicht zu überschreiten und damit die Wertpapiere nicht teurer als gewünscht einzukaufen bzw. bei einem Verkaufsauftrag einen angestrebten Kurs nicht zu unterschreiten. Limit Orders, die nicht zur Ausführung kommen, werden automatisch gelöscht, wenn das gestellte Kurslimit nicht erreicht wird. Somit besteht die Gefahr, dass auch bei

Line Chart

nur sehr geringen Abweichungen der Kurse vom angegebenen Limit eine Ausführung der Aufträge nicht erfolgen kann. – Vgl. → Circa-Auftrag.

Line Chart, → *Linienchart, Liniendiagramm*.

Linienchart, *Liniendiagramm, line chart*. Instrument der → Technischen Analyse, bei dem die Kurse von Wertpapieren oder Indizes in eine zweidimensionale Darstellung aus Zeitachse und (logarithmischer) Kursachse (→ Chart) eingetragen und aufeinanderfolgende Kurse durch Linien verbunden werden. Die Kurse können dabei in unterschiedlichen Zeitintervallen, z.B. Minuten, Stunden, Tage oder Wochen, veranschaulicht werden. Die jeweilige Darstellung kann ergänzt werden durch die Umsätze unterhalb der Kursgrafik, wobei die gleiche Zeitachse, jedoch eine eigene Umsatzskala verwendet wird. – Vgl. → Chart-Analyse.

Li-Papiere, → Liquiditätspapiere.

Liquid Assets, *liquide Mittel, liquid funds*; bezeichnet → Zahlungsmittel in Form von Kassenbeständen, Schecks und → Bankguthaben, i.d.R. zum → Nennwert bewertet. Mitunter erweiterte Abgrenzungen, die vom Einbezug marktgängiger → Wertpapiere bis zur synonymen Verwendung für die (deutlich weiter gefassten) → Current Assets reichen.

Liquidation, 1. → *Abwicklung*. – 2. *Skontration*. Abwicklung von → Termingeschäften an der Börse. Bei der L. wird nicht jedes Geschäft einzeln erfüllt, sondern es werden für jedes Papier alle Engagements mit den zu liefernden und abzunehmenden Beträgen gesammelt und anschließend saldiert. Der Börsenvorstand ermittelt dann den Liquidationskurs, zu welchem die Endsalden effektiv ausgeglichen werden. Kommt es zu Differenzen zwischen Abschluss- und Liquidationskurs werden diese untereinander ausgeglichen. – 3. Bezeichnung für die Auflösung bzw. den Verkauf von Vermögensgegenständen gegen → flüssige Mittel.

Liquidationsanteilscheine, *Liquis*; verbriefen einen Anteil am Liquidationserlös einer AG.

Liquidationserlös, *liquidation revenues*; bezeichnet jenen Betrag der im Fall einer → Liquidation den → Aktionären zuzurechnen ist und unter diesen zu verteilen ist. Dieser ermittelt sich aus Abzug der Gläubigerforderungen von der liquidierten Vermögensmasse. In den meisten Fällen gehen die Aktionäre dabei jedoch leer aus, da selbst die bevorrechtigten → Forderungen der → Gläubiger nicht alle beglichen werden können.

Liquidationsgebühr, *liquidation charge*; fällt in seltenen Fällen bei der Rücknahme der → Fondsanteilen von ausländischer → Kapitalanlagegesellschaften an. Grundlage für die Berechnung der L. ist der → Rücknahmepreis.

Liquidationsnetting, → Netting-Richtlinie.

Liquidationsrate, *Liqui-Rate, liquidation dividend*. Teilausschüttung, die bei → Abwicklung eines Unternehmens vorgenommen wird.

Liquidationsüberschuss, *liquidation surplus*. Gewinn, der bei → Abwicklung, → Fusion oder → Umwandlung von Kapitalgesellschaften entweder durch Auflösung → stiller Reserven oder durch Weiterführung des Unternehmens entsteht.

Liquidationswert, *liquidation/realization value*. Wert aller Vermögensteile einer Unternehmung, der sich bei der Veräußerung der Vermögensteile im Zusammenhang mit der → Abwicklung ergibt.

Liquidator, *liquidator*. Die → Abwicklung (Liquidation) eines Unternehmens wird von einem L. durchgeführt.

Liquidierung, *Liquidierbarkeit, liquidation, monetization*. Vorgang, durch den mittels eine Verkaufs einzelner oder mehrerer Vermögensgegenstände ein Kapitalzufluss erzielt werden kann.

Liquidisierung, *conversion into cash*; Verkauf von Vermögensgegenständen, insbesondere aus der → Liquiditätsreserve.

Liquidität, *liquidity, financial solvency*; Begriff, der sich sowohl auf die → Zahlungsfähigkeit von Wirtschaftssubjekten wie auch auf die Geldnähe von → Sach- und → Finanzaktiva bezieht. Im Sinne der Zahlungsfähigkeit beschreibt die L. die jederzeitige und uneingeschränkte Fähigkeit eines Wirtschaftssubjekts, allen notwendigen, berechtigten und fälligen Zahlungsverpflichtungen fristgerecht nachkommen zu können. Zur Sicherstellung der L. ist daher das Vorhandensein einer ausreichenden Menge an → liquiden Mitteln für die Abwicklung der laufend anfallenden und der in Zukunft zu leistenden Zahlungen erforderlich. Im Sinne der Geldnähe von Sach- und Finanzaktiva wird zwischen der Selbstliquidationsliquidität (→ Self Liquidating Liquidity) als Dauer der Wiedergeldwerdung von Vermögensgegenständen über den „normalen" Abschreibungsprozess und der Liquidierbarkeit (→ „shiftability") als Möglichkeit zur direkten und vorzeitigen Umwandlung von Vermögensgegenständen durch deren Verkauf oder → Abtretung in liquide Mittel unterschieden. L. wird allgemein auch als die Summe sämtlicher flüssiger Mittel eines Wirtschaftssubjekts, bestehend aus Bargeld und → Buchgeld bezeichnet. Aus volkswirtschaftlichem Gesichtspunkt, setzt sich die L. aus Zentralbankgeld und der Geldschöpfung der → Kreditinstitute zusammen. Auf internationaler Ebene wird die L. eines Landes aufgrund der → Währungsreserven und der nicht ausgenutzten internationalen Kreditlinien bestimmt. Die L. ist mit der → Rentabilität eng verbunden. Einerseits ist L. eine notwendige Voraussetzung für Rentabilität, andrerseits bewirken hohe liquide Mittel – da sie unverzinslich oder nur gering verzinslich sind – eine Rentabilitätsverringerung.

Liquidität der Kredit- und Finanzdienstleistungsinstitute, → Anlagevorschriften.

Liquiditätsanalyse, *liquidity analysis*. Unter der Prämisse der Unternehmensfortführung ist im Rahmen der L. zu untersuchen, wie hoch in der Zukunft die Wahrscheinlichkeit für das Eintreten der → Zahlungsunfähigkeit und damit der Erfüllung des Konkurstatbestandes ist. Die L. kann bestandsorientiert oder stromgrößenorientiert erfolgen. Bei der bestandsorientierten Untersuchung wird versucht, aus Stichtagsbeständen der Aktiv- und Passivseite auf künftige Ein- bzw. Auszahlungen zu schließen. Mittelherkunft und -verwendung bleiben ungeklärt. Im Gegensatz hierzu wird bei der stromgrößenorientierten L. untersucht, welche Mittel aus dem Betriebsprozess heraus erwirtschaftet und wie diese verwendet wurden. Die beiden Ansätze zur L. können auch als Mischform auftreten. – Vgl. auch → Konkurs.

Liquiditätsdimensionen, *dimension of liquidity*. Da die Liquidität eines Wertpapiermarktes schwer direkt messbar ist, bedient man sich der Kennzahlen → Markttiefe, → Marktbreite und der Erholungsfähigkeit des Marktes zur Ermittlung der Liquidität eines Marktes. Die Liquidität einer Börse ist hierbei über die Elastizität der Kurse zu bestimmen. Reagieren die Kurse stark auf größere Aufträge, so ist die Liquidität niedrig. Erfolgt allerdings nur eine kleine Kursänderung, so ist die Liquidität hoch, das heißt die Wertpapierorder konnte am Markt ohne die Zahlung einer → Prämie plaziert werden.

Liquiditätsgrade, → Liquiditätskennzahlen.

$$1.Grad = \frac{Zahlungsmittel}{kurzfristige\,Verbindlichkeiten} \times 100$$

$$2.Grad = \frac{monetäres\,Umlaufvermögen}{kurzfristige\,Verbindlichkeiten} \times 100$$

$$3.Grad = \frac{kurzfristiges\,Umlaufvermögen}{kurzfristige\,Verbindlichkeiten} \times 100$$

Liquiditätskennzahlen, *liquid asset ratio*. In der Praxis häufig angewandtes Hilfsmittel zur Liquiditätssteuerung eines Unternehmens. Wesentlich erscheinende finanzwirtschaftliche Tatbestände werden in Form von → Kennzahlen ausgedrückt. L. können als Ersatz für eine umfassende → Finanzplanung dienen. Im Rahmen der Liquiditätsanalyse werden Bilanzpositionen des Umlaufvermögens mit den kurzfristigen Verbindlichkeiten ins Verhältnis gesetzt. Je nach Einbeziehung der verschiedenen Positionen erhält man verschiedene → Liquiditätsgrade. Die Steuerung und Kontrolle der Unternehmensliquidität mittels L. ist als sehr riskant zu beurteilen, da es sich um vergangenheitsorientierte, bestandsbezogene Verhältniszahlen handelt,

Liquiditätspapiere

die nur bedingte Prognosefähigkeit besitzen. Liquiditätsgrade:

Liquiditätspapiere, *Li-Papiere, liquidity papers*. Im Rahmen ihrer → Offenmarktpolitik bestand für die → Deutsche Bundesbank die Möglichkeit, unabhängig vom Finanzierungsbedarf der öffentlichen Hand, L. in Form von → Schatzwechseln und → U-Schätzen in Höhe von 50 Mrd. DM für geldpolitische Zwecke einzusetzen. Durch die Europäische Währungsunion und den damit verbundenen Übergang der Geldpolitik auf die → Europäische Zenralbank, ersetzten Instrumente der EZB diese Möglichkeit.

Liquiditätsreserve, *liquid reserves*; Summe aller liquiden bzw. kurzfristig liquidisierbaren Vermögenswerte wie z.B. Forderungen und → Wertpapiere. – Vgl. auch → primärliquide Mittel, → sekundärliquide Mittel, → Shiftability.

Liquiditätsrisiko, *liquidity risk*; bezeichnet die Gefahr der unzureichenden → Zahlungsfähigkeit eines Wirtschaftssubjekts. Zu den L. zählen → Zinsänderungs-, → Termin- und → Abrufrisiken. Ferner wird in aktivische und passivische L. unterschieden, je nach dem, von welcher Bilanzseite das L. bestimmt wird. Nach Stützel „folgt die → Liquidität der → Bonität", d.h. bei normaler Marktlage erhält eine Institution zwar stets die benötigten Mittel, muss bei verschlechterter Bonität aber mit im vorhinein nicht kalkulierbaren Preissteigerungen rechnen.

Liquiditätssicherung, *measures safeguarding liquidity*; umfasst sämtliche Maßnahmen eines Unternehmens zur Aufrechterhaltung und Sicherstellung der jederzeitigen und uneingeschränkten → Zahlungsfähigkeit. Sie ist damit als Daueraufgabe der Unternehmenssteuerung eine absolute Nebenbedingung für die Sicherung der Unternehmensexistenz.

Liquiditätsstatus, *cash and dept position*. Zeitpunktbezogene, meist tagesgenaue Gegenüberstellung sämtlicher gegenwärtiger und zukünftig zu erwartender → Ein- und → Auszahlungen eines Unternehmens zur Ermittlung der aktuellen Zahlungskraft.

Liquiditätstheorie, bezeichnet Theorien, die der → Fristtransformation von → Finanzintermediären zugrunde liegen bzw. für abzuschließende Geschäfte eine Handlungsanweisung darstellen. Zu den L. zählen die → Bodensatztheorie, die → Goldene Bankregel, die Maximalbelastungsansatz und die Shiftability-Ansatz.

Liquidity Risk, → Liquiditätsrisiko.

Liqui-Rate, Abkürzung für → Liquidationsrate.

Liquis, Abk. für → Liquidationsanteilscheine.

Listing, → Börsenzulassung.

Listing Agreement, Vertrag über die → Börsenzulassung zwischen einer → Börse und einem → Emittenten.

Listing Application, Antrag auf → Börsenzulassung.

Listing Board, → Börsenzulassungsstelle.

Litera, Bezeichnung für einen alphabetischen Aufdruck auf den → effektiven Stükken von Effekten, Banknoten, Kassenscheinen usw. Durch die Differenzierung nach Litera A, Litera B etc. wird eine Unterscheidung verschiedener Varianten, Tranchen bzw. → Emissionen eines Wertpapiers bezweckt.

LME, Abk. für → London Metal Exchange.

Lock-up-Periode, *Bindungsfrist, lock-up period*. Haltepflicht für → Altaktionäre nach der → Emission von Anteilen. Diese wird meist vom Lead → Underwriter oder durch Regelungen der notierenden Börse vorgegeben. Auf internationalen Kapitalmärkten sind Fristen von einem halben bis einem Jahr üblich. L. werden als vertrauensbildende Maßnahmen für die Investoren angesehen. Die einzelnen L. für die Altaktionäre stehen im → Verkaufsprospekt.

Loco, *spot transaction*; Bezeichnung für Geschäfte am → Locomarkt, die angibt, daß der Handel bei sofortiger Zahlung und Lieferung erfolgt. – 2. Zusatzangabe bei Preisen im Warengeschäft, die angibt, dass die Ware spesenfrei an den vereinbarten Ort geliefert wird.

Locomarkt, → Kassamarkt.

Lokalpapiere, *Lokalwerte, securities traded on local/regional exchange only*; sind → Effekten von Unternehmen mit lokaler oder regionaler Bedeutung. Diese werden in der Regel lediglich an einer einzelnen → Regionalbörse, der → Heimatbörse, gelistet.

Lokogeschäft, *Locogeschäft, spot transaction/bargain*. → Kassageschäft an einer → Warenbörse, das zu sofortiger Zahlung und Lieferung eines → Commodities verpflichtet.

Lomarddepot, *lombard securities account*; → Depot, in dem → Wertpapiere, die als Sicherheiten für einen → Kredit dienen, verwahrt werden. – Vgl. auch → Lombardkredit.

Lombardeffekten, → lombardfähige Wertpapiere.

lombardfähige Wertpapiere, *Lombardeffekten, pledged securities, collateral securities*. I.w.S. Bezeichnung für als → Kreditsicherheit dienende → Wertpapiere, die → Kreditinstitute bis zu einer bestimmten Höhe ihres Kurswertes beleihen. I.e.S. verstand man darunter lange Zeit die von der → Deutschen Bundesbank im Zuge ihrer Liquiditätsversorgung der Kreditinstitute beliehenen Wertpapiere. Es handelte sich hierbei ausschließlich um festverzinsliche Schuldverschreibungen und Schuldbuchforderungen, welche die → Deutsche Bundesbank mit höchstens ca. 80 % ihres Marktwertes beleihen konnte. Mit Beginn der dritten Stufe der → Europäischen Wirtschafts- und Währungsunion am 1. Januar 1999 sind die geldpolitischen Befugnisse der Deutschen Bundesbank auf das → Europäische System der Zentralbanken (ESZB) übergegangen. Damit ist auch der Lombardkredit der Deutschen Bundesbank im Rahmen der Vereinheitlichung der Geldpolitik der → Europäischen Zentralbank (EZB) entfallen und durch die → Spitzenrefinanzierungsfazilität ersetzt worden. Auch bei diesem Instrument können sich die Marktteilnehmer gegen refinanzierungsfähige Sicherheiten Übernachtliquidität von der EZB beschaffen. Der hierfür vorgegebene Zinssatz wird meist aus der Obergrenze des Tagesgeldsatzes gebildet.

Lombardfähigkeit von Anleihen, → Anleihe, Lombardfähigkeit.

Lombardsatz, *lombard rate*; Zinssatz, den die → Deutsche Bundesbank Geschäftspartnern für eine kurzfristige Kontoüberziehung in Rechnung stellte. Kreditinstitute konnten gegen die → Verpfändung von → lombardfähigen Wertpapieren ihr Konto bei der Bundesbank kurzfristig überziehen um Liquiditätsengpässe auszugleichen. Der L. war Teil der → Geldpolitik der Deutschen Bundesbank und diente als Obergrenze für den Zinssatz für → Tagesgelder. Mit Gründung der → Europäischen Zentralbank wurde der L. durch den Zinssatz der → Spitzenrefinanzierungsfazilität ersetzt.

London Commodity Exchange (LCE), → Warenterminbörse in London an der → Terminkontrakte auf landwirtschaftliche Produkte (Zucker, Kaffee, Kakao) und Energie-Futures (Rohöl, Erdgas) gehandelt wurden. Geht auf die 1570 gegründete → The Royal Exchange zurück. Zum 19.09.1996 fusionierte die LCE mit der → London International Financial Futures and Options Exchange (LIFFE).

London Dollar Certificates of Deposit, in London emittierte → Certificates of Deposit (CD), die nach amerikanischem Vorbild ausgestattet sind und auf US-$ lauten.

London Interbank Bid Rate (Libid). → Referenzzinssatz für die Hereinnahme von Euro-Geldern, der am Finanzplatz London aus den Geldkursen von Euro-Geldern festgestellt wird. – Gegensatz: → London Interbank Offered Rate.

London Interbank Mean Rate (Limean), Mittelwert aus → Libid und → Libor.

London Interbank Offered Rate (Libor). Zinssatz, zu dem sich Finanzinstitute bester Bonität am Londoner → Geldmarkt verschulden können. Dieser → Referenzzinssatz wird jeden Handelstag um elf Uhr als Durchschnitt der von führenden Londoner Banken gemeldeten Briefkursen für Euro-Gelder berechnet. Die Laufzeiten liegen zwischen einem Tag und fünf Jahren. Der am häufigsten nachgefragte Satz umfasst drei Monate. Häufig findet der Libor, wie auch der → Euribor, als Basiszins bei variabel verzinsli-

London Metal Exchange

chen Wertpapieren (z.B. → Floater) Verwendung. Der eigentliche Zinssatz für das Wertpapier ermittelt sich dann über einen Zu- oder Abschlag vom Libor.

London Metal Exchange (LME). 1877 gegründete Börse in London, an der Aluminium, Kupfer, Zink, Nickel, Blei, und Zinn sowie → Optionen und → Futures auf diese sowie auf den London Metal Exchange Index (LMEX) im → Open Outcry Verfahren gehandelt werden.

London Stock Exchange, (LSE). Gemessen am Umsatzvolumen die bedeutenste Börse Europas. Seit 1997 Abwicklung der Transaktionen mit dem elektronischen Handelssystem SETS. Eine geplante Fusion mit der Deutschen Börse AG scheiterte im Jahre 2000, da sich die beiden Parteien in wichtigen Punkten nicht einigen konnten. Unter anderem war geplant den Handel in Standardwerten komplett nach London zu verlegen, während der Börsenplatz Frankfurt den Handel mit Wachstumswerten abwickeln sollte.

London Traded Options Market, *LTOM*; Aktienoptionsbörse, die 1992 mit der → LIFFE fusionierte.

Long. Bezeichnung für das Halten einer → Long Position. – Gegensatz: → Short.

Long Call, Position im Optionshandel, die durch den Kauf eines → Call entsteht. Der Käufer hat hierfür die → Optionsprämie zu bezahlen. Beim L.C. steht ein begrenztes Verlustrisiko einer unbegrenzten Gewinnchance gegenüber. Der maximal mögliche Verlust in Höhe der gezahlten Optionsprämie stellt sich ein, falls der Kurs des → Underlying den → Basispreis unterschreitet. Ein Gewinn ergibt sich, sobald der Kurs des Underlying die Summe aus Basispreis und Optionsprämie übersteigt. Der Gewinn nimmt dann mit steigendem Kurs des Basiswertes zu. – Gegensatz: → Short Call.

Long Call-Emission, → Anleihe, welche vorzeitig, aber erst nach mehreren Freijahren kündbar ist.

Long Gilt, langfristiger Zinsfuture auf → Gilts, der an der → Liffe gehandelt wird.

Long Hedge, bezeichnet den Erwerb eines Termin- oder Optionskontraktes zum Zweck der Absicherung (→ Hedging) gegen Zins-, Wechselkurs- oder Kursrisiken. Der Käufer sichert sich gegen mögliche künftige Preissteigerungen auf dem → Kassamarkt ab. – Gegensatz: → Short Hedge.

Long Position. Bezeichnung für eine Kaufposition im → Kassamarkt, im → Optionsmarkt oder im → Futures Trading. Das Eingehen einer L.P. wird als → Going Long bezeichnet. – Gegensatz: → Short Position.

Long Put. Position im Optionshandel, die durch den Kauf eines → Put entsteht. Der Käufer hat hierfür die → Optionsprämie zu bezahlen. Der maximal mögliche Verlust in Höhe der gezahlten Optionsprämie stellt sich ein, falls der Kurs des → Underlying den Basispreis übersteigt. Ein Gewinn ergibt sich, sobald der Kurs des Underlying die Differenz aus Basispreis und Optionsprämie unterschreitet. Der Gewinn steigt dann mit sinkendem Kurs des Underlying und wird maximal, wenn der Kurs des Underlying auf null Geldeinheiten fällt. – Gegensatz: → Short Put.

Long Straddle. Variante des → Straddle, die durch gleichzeitigen Kauf derselben Anzahl von → Calls und → Puts zustande kommt. Der Einsatz eines L.S. erfolgt in Erwartung einer steigenden → Volatilität des → Underlying, wobei jedoch die Richtung der Kursveränderung keine Rolle spielt. – Das Gewinnpotential ist dabei unbegrenzt, dagegen ist das Verlustrisiko auf die Summe der gezahlten → Optionsprämien beschränkt. Dieser maximale Verlust tritt ein, wenn das Underlying genau den → Basispreis erreicht. – Gegensatz: → Short Straddle.

Long Strangle. Variante des → Strangle, die durch gleichzeitigen Kauf eines → Call mit hohem → Basispreis und eines → Put mit niedrigem Basispreis generiert wird. Dem L.S. liegt die Erwartung einer stark steigender → Volatilität des → Underlying zugrunde, wobei die Richtung der Kursveränderung keine Rolle spielt. – Die Chance auf Gewinn steigt mit zunehmender Volatilität, wobei das Gewinnpotential unbegrenzt ist. Das Verlustrisiko ist dagegen auf die Differenz der bezahlten Optionsprämien beschränkt. Dieser maximale Verlust tritt ein, falls der Kurs des Underlying zwischen den beiden Basispreisen liegt. – Gegensatz: → Short Strangle.

Long Strap. Variante des → Strap, die durch gleichzeitigen Kauf zweier → Calls und eines → Put mit identischen → Basispreisen erzeugt wird. Die Anwendung eines L.S. erfolgt in Erwartung tendenziell steigender Kurse aufgrund der stärkeren Gewichtung der Calls, insbesondere aber einer steigenden → Volatilität des → Underlying. Der mögliche Gewinn ist unbegrenzt, demgegenüber ist das Verlustrisiko auf die Summe der gezahlten → Optionsprämien beschränkt. – Gegensatz: → Short Strap.

Long Strip. Variante des → Strip, die durch gleichzeitigen Kauf zweier → Puts und eines → Call mit identischen Basispreisen erzeugt wird. Die Anwendung eines L.S. erfolgt in Erwartung tendenziell fallender Kurse aufgrund der stärkeren Gewichtung der Puts, insbesondere aber einer steigenden → Volatilität des → Underlying. Der mögliche Gewinn ist unbegrenzt, dagegen ist das Verlustrisiko auf die Summe der gezahlten → Optionsprämien beschränkt. – Gegensatz: → Short Strip.

Long-Futures-Kontrakt, bezeichnet die Kaufposition in einem börsennotierten, standardisierten → Terminkontrakt. – Gegensatz: → Short-Futures-Kontrakt. – Vgl. auch → Futures.

Long-Term Debt Rating, *Rating für langfristige Schuldverschreibungen, bond rating*; bezeichnet die Beurteilung der → Schuldner, ob bzw. inwieweit diese den vertraglichen Verpflichtungen der zeitgerechten und vollständigen Bezahlung von Zins- und Tilgungsverpflichtungen nachkommen, die das langfristige → Fremdkapital betreffen. Diese Beurteilung kann sich auf einen bestimmten oder auf alle langfristigen Fremdkapitalkontrakte beziehen. Betrachtet wird dabei Fremdkapital mit einer → Restlaufzeit von über einem Jahr. – Gegensatz: → Short-Term Debt Rating.

Losanleihe, *lottery loan*; → Anleihen mit geringer oder fehlender → Verzinsung und mit üblicherweise garantierter → Kapitalrückzahlung. Erträge aus diesen Anleihen werden durch → Prämienzahlungen realisiert, die ausgelost werden. Häufig werden diese Anleihen auch als → Lotterie- oder → Prämienanleihen bezeichnet.

Losgrößentransformation, *transformation of divisibility/of unit size*; bezeichnet eine von → Finanzintermediären erbrachte → Transformationsleistung. Ein Hinderungsgrund für direkte Kontraktabschlüsse zwischen Kapitalanbietern und -nachfragern sind unterschiedliche Losgrößenwünsche der Kontraktpartner. Finanzintermediäre gleichen die unterschiedlichen Interessen aus, indem sie betragsmäßig kleine → Einlagen sammeln, die dann zu einem betragsmäßig höheren → Kredit gebündelt werden können. Durch diese L. reduzieren sie die Transaktionskosten, insbesondere die Suchkosten.

Loskurs, *quotation by lot*. Ein L. kommt dann zustande, wenn verschiedene Nachfrager von einem Anbieter kaufen wollen oder umgekehrt. Das zur Verfügung stehende Volumen des Wertpapiers reicht dabei aber nicht aus, um alle Interessenten mit mindestens einer → Schlusseinheit zu bedienen. Das Los entscheidet in diesem Fall, wer den Abschluss macht.

Lotterieanleihe, → Losanleihe.

Low Exercise Price Options (Lepos). Aktienoptionen an der → Eurex mit sehr niedrigem, auf 1,- CHF, bzw. 1,- EUR standardisierten → Basispreis. → Underlyings sind verschiedene europäische Aktien. Aufgrund des vernachlässigbaren Basispreises bewegen sich L. nahezu identisch wie ihre Underlyings. Die → Optionsprämie ergibt sich aus dem letztbezahlten Kurs des Underlying abzüglich dem Basispreis von 1,- CHF bzw. 1 EUR.

LPX, *Leipziger Power Exchange*; ist die Bezeichnung einer → Börse für Strom, Gas und andere Energieträger mit Sitz in Leipzig. Bisher ist nur der Handel im → Spotmarkt möglich. Die Ermittlung des → Marktpreises erfolgt im → Auktionsverfahren.

LSE, Abk. für → London Stock Exchange.

ltd., Ltd., Abk. für limited. Zusatz zum Firmennamen bei → Kapitalgesellschaften in

LZB

Großbritannien, Kanada, Australien, Südafrika.

LZB, Abk. für → Landeszentralbank.

M

M1, M2, M3, Versuch, die in der Volkswirtschaft umlaufenden Geldvolumina nach bestimmten Merkmalen zu erfassen. – Nachfolgend die Systematik der → Europäischen Zentralbank (EZB): – Der Bargeldumlauf und die → Sichteinlagen europäischer Nichtbanken werden unter M1 zusammengefasst. – Die → Termineinlagen europäischer Nichtbanken unter vier Jahren und die → Spareinlagen europäischer Nichtbanken mit dreimonatiger Kündigungsfrist unter Einbeziehung von M1 ergibt M2. – → Repogeschäfte, → Geldmarktpapiere und → -fonds sowie → Schuldverschreibungen unter zwei Jahren zuzüglich M2 werden als M3 definiert. – Diese Größen werden monatlich auf Basis der konsolidierten Bilanz des europäischen Bankensystems im → Europäischen System der Zentralbanken (ESZB) errechnet. Die → Deutsche Bundesbank führt unabhängig davon Statistiken für ihr Zuständigkeitsgebiet. Dabei dient M3, wie in den meisten anderen Volkswirtschaften, als Zielgröße der → Geldpolitik.

Macauley-Duration, *dirty duration*; vgl. → Duration (2).

MACD-Indikator. Das Konzept des Moving-Average-Convergence-Divergence (MACD) - Indikators ist unter die → Oszillatoren und → Timing-Indikatoren einzuordnen. Es basiert auf dem Verhältnis zweier → exponentieller gleitender Durchschnitte. Die erste gleitende Durchschnittslinie wird durch die Differenzen (MACD) zwischen einem exponentiell gleitenden Kursdurchschnitt von 12 und 26 Perioden gebildet (MACD-Linie). Die zweite Linie entspricht dem gleitenden Durchschnitt des MACD von 9 Perioden (Signallinie). Ein Kauf-(Verkauf-)Signal entsteht in diesem Konzept u.a., wenn die MACD-Linie die Signallinie von unten (oben) schneidet.

Macro Hedge, bezeichnet eine → Hedging Strategie bezüglich eines gesamten Portfolios. – Gegensatz: Micro Hedge.

Madrider Börse, *Bolsa de Madrid*; eine der vier spanischen Börsen, gehandelt werden → Aktien, → Anleihen, → Fonds sowie → Derivate. Leitindex ist der → IBEX 35. Daneben existieren noch Segmente für lateinamerikanische (→ FTSE Latibex) und Wachstumsunternehmen (→ Nuevo Mercado).

Maintenance Margin, *maintenance level, Mindesteinschuss, Mindestsaldo eines Nachschusskontos*. Untergrenze ab deren Unterschreiten eine Wiederauffüllung des → Margin Accounts verpflichtend ist. Sobald die M.M. unterschritten ist, erfolgt ein → Margin Call. Der Käufer oder Verkäufer eines → Terminkontraktes muss danach in bar oder in Wertpapieren das → Margin Account mindestens bis zum → Initial Margin auffüllen.

Majorität, → Mehrheit.

Majoritätskäufe, → Mehrheitskäufe.

Major Market Index (MMI), → Aktienindex der → American Stock Exchange (AMEX). Er wird aus den Kursen von 20 amerikanischen → Blue Chips berechnet. Der MMI dient u.a. als → Underlying für → Aktienindex-Futures.

Making a Market, → Kurs machen.

Makler, *broker*. Im Börsenhandel gibt es mit dem → Kursmakler - auch → amtlicher Makler genannt - und dem → Freimakler

Maklerbuch

zwei Arten von Handelsmaklern, denen die Vermittlung von Börsengeschäften sowie die Feststellung von Börsenkursen obliegt. – Vgl. auch → Börsenhandelsteilnehmer.

Maklerbuch, → Kursmaklertagebuch.

Maklercourtage, → Courtage.

Maklergebühr, → Courtage.

Maklergruppe, besteht meistens aus zwei → Börsenmaklern, die für die Kursfeststellung bestimmter → Wertpapiere zuständig sind.

Maklerkammer, *Kursmaklerkammer*; ist eine von den Börsenorganen unabhängige Körperschaft des öffentlichen Rechts, die die Standesvertretung der → Börsenmakler ist. Sie ist zwingend an jeder Börse einzurichten, sofern mehr als sieben Börsenmakler an ihr zugelassen sind, der jeder Börsenmakler beitreten muss. Sie wird von ihrem Vorstand vertreten, der aus den eigenen Reihen gewählt wird. Jeder Makler wird im Einvernehmen mit dem Börsenvorstand und dem Vorstand der M. von dem zuständigen Minister der Landesregierung bestellt und vereidigt, nachdem er auf seine fachliche und persönliche Eignung hin überprüft wurde. Typische Aufgaben der M. sind die Aufsicht über Börsenmakler, die Verteilung der einzelnen Geschäfte unter den Börsenmaklern, die Mitwirkung bei der amtlichen Kursfeststellung, die Schlichtung von Streitigkeiten zwischen Börsenmakler und Auftraggeber auf Antrag des letzteren, sofern hierfür nicht das Schiedsgericht zuständig ist, die Herausgabe des amtlichen Kursblattes sowie die Erstellung von Gutachten.

Maklerkurtage, → Courtage.

Maklerordnung. Bezeichnet jenes Regelwerk, das die Bestellung, Entlassung und Vertretung der → Kursmakler, sowie deren Rechte und Pflichten, den allgemeinen Geschäftsverkehr, die Überwachung und die disziplinarischen Vorschriften festlegt. Die M. wird abhängig vom Sitz der → Börse von der jeweiligen Landesregierung ratifiziert.

Maklerschranke Bezeichnet den im Börsensaal erhöhten Platz der → Börsenmakler.

Maklerskontro, *Orderbuch, broker auxiliary ledger*. Als M. wird das zumeist in elektronischer Form geführte Verzeichnis des für die Kursfeststellung zuständigen Maklers (→ Skontroführer) bezeichnet, in dem er alle für die Kursfeststellung relevanten Kauf- und Verkaufsaufträge sammelt. Die den → Kreditinstituten erteilten Kundenaufträge werden zumeist auf elektronischem Weg in das M. transferiert. Zu Beginn einer Kursfeststellung wird das M. gesperrt, so dass die bereits eingestellten Aufträge vom Auftraggeber nicht mehr geändert werden können. Sofern Aufträge zu den sog. „gerechneten Kursen" (→ Eröffnungs-, → Einheits- und → Schlusskursen bei → fortlaufender Notierung) ausgeführt werden sollen, müssen sie bis zu bestimmten → Schlusszeiten im M. vorliegen. Im → Dachskontroverfahren führt der Dachskontroführer ein zentrales M., das den M. der beteiligten Subskontriführer übergeordnet ist.

Maklertafel, *marking board*. Die regelmäßig als elektronische Kursanzeigetafel ausgestaltete M. zeigt im Börsensaal neben den jeweils aktuellen Kursen und → Kurstaxen Eröffnungs-, Einheits-, Vortages-, Höchst- und Tiefstkurse an. Außerdem finden sich hier → Plus- und →Minusankündigungen, Hinweise auf den → Dividenden- bzw. → Bezugsrechtsabschlag, → Berichtigungsaktien, die → Liquidationsrate oder die Zahl der Preisfeststellungen. Im Falle der Aussetzung, Einstellung oder Unterbrechung der amtlichen Notierung eines Wertpapiers werden die Handelsteilnehmer ebenfalls mittels der M. informiert. – Vgl. auch → Kursveränderungsankündigung.

Maklertagebuch, → Kursmaklertagebuch.

Managed Account, *discretionary account, treuhänderisch verwaltetes Konto*. Konto, das von einer anderen Person als dem Kontoinhaber verwaltet wird. Der Konto-inhaber beauftragt zumeist professionelle Broker mit dem selbständigen Handel in Aktien und Derivaten in der Absicht, eine überdurchschnittliche Rendite zu erzielen.

Managed Fund, *Investmentfonds*. Bei einem M.F. handelt es sich um einen → Investmentfonds, bei dem durch gezielte Transaktionen des Fondsmanagements die

Wertentwicklung positiv beeinflusst werden soll.

Managed Futures Fund. Bezeichnung für einen → Investmentfonds, bei dem das Fondsmanagement die von Kunden eingelegten Gelder in → Futures und → Optionen an der → Terminbörse angelegt.

Management, *Führungskräfte.* Gruppe von Personen, die anderen Personen Weisungen erteilen dürfen (wie z.B. Geschäftsführer). Die Bezeichnung M. wird auch für die Funktionen verwendet, die diese Personen ausüben.

Management-Buy-In (MBI), vgl. → Management-Buyout.

Management-Buy-Out (MBO). Bezeichnung für den vollständigen Erwerb von Unternehmen oder Unternehmensteilen durch das angestellte Management. Erfolgt der Kauf durch unternehmensexterne Manager, so spricht man vom Management-Buy-In (MBI). Kombinationen aus MBO und MBI sind möglich. Die Manager können entweder Geschäftsanteile (Share deal), wesentliche Vermögensgegenstände (Asset deal) des arbeitgebenden Unternehmens, oder beides (Roll over) erwerben. MBO und MBI sind beliebte Gestaltungsformen zur Regelung der Unternehmensnachfolge. – Vgl. auch → Buyout.

Management Company. Ein von einer → Kapitalanlagegesellschaft (KAG) beauftragtes Unternehmen, dass in deren Auftrag das Management von → Fonds der → KAG übernimmt. In Deutschland ist eine Auslagerung des Fondsmanagements aus der auflegenden KAG nach dem → Gesetz über Kapitalanlagegesellschaften (KAGG) nicht zulässig.

Management Fee, *administrative fee.* Verwaltungsvergütung. 1. → Verwaltungsgebühr. – 2. Managementgebühr, die → Investment Banken für die Übernahme und Durchführung von → Konsortialgeschäften erhalten.

Management Group, *Management Committe.* Bezeichnung für ein → Konsortium, das verantwortlich für die Organisation, Koordination und Durchführung einer →

Emission ist. – Vgl. auch → Emissionskonsortium und → Konsortialgeschäft.

Management Record, *Wertentwicklung.* Bezeichnung für die längerfristige Wertentwicklung eines → Investmentfonds unter Berücksichtigung der an die Anteilseigner erfolgten Ausschüttungen.

Management Shares, *Verwaltungsaktien.* → Aktien, die dem Management als Teil seiner Vergütung gegeben wurden oder vom Management im Rahmen eines Aktienoptionsprogramms erworben worden sind.

Managementgebühr, → Management Fee.

Manila Stock Exchange, → Philippine Stock Exchange.

Mantel. 1. *share certificate.* Vgl. → Wertpapiermäntel und → Normung von Wertpapieren. – 2. *corporate shell*; juristische Bezeichnung für die gesamten Anteilsrechte an einer → Kapitalgesellschaft ohne den ursprünglichen Geschäftsbetrieb. Die Erwerber des Gesellschaftsmantels (Aktien, GmbH-Anteile) können auf diese Weise die Gründungskosten umgehen oder in bestimmten Fällen steuerliche Vorteile erzielen.

Mantelgründung, *formation of a shell company.* Gründung einer → Kapitalgesellschaft, zumeist eine → GmbH, ohne die Eröffnung des Geschäftsbetriebs. Eine M. ist nur dann zulässig, wenn die Aufnahme des Geschäftsbetriebs in Aussicht steht (sog. Fassongründung). Wird dagegen mit der M. nur das Ziel verfolgt, einen fiktiven Unternehmensgegenstand zu schaffen, der anschließend veräußert werden soll, dann handelt es sich um eine Scheingründung und ist rechtlich unzulässig und nichtig.

Manteljäger, → Hoffnungswerte.

Mantelstücke. Sind aus → Wertpapiermantel und → Bogen bestehende → Wertpapiere, die nur zwischenzeitlich bogenlos ausgeliefert (→ Auslieferung) werden können. Wertpapiere, die permanent nur aus einem Mantel bestehen, z.B. → Null-Coupon-Anleihen, sind keine M.

Manteltresor, *share certificate safe.* Aufbewahrungsort für die → Mäntel von →

Marché à Terme International de France

Effekten, deren Verwahrung getrennt von den → Zins- und → Dividendenscheinen erfolgt.

Marché à Terme International de France, (MATIF); bezeichnet eine französische Zins- und Warenterminbörse, die 1999 durch Fusion zur → Paris Bourse wurde und seit 2000 → Euronext gehört.

Marché Officiel. Darunter wird allgemein der amtliche Handel verstanden. An der Börse in Paris wird dieser auch als Permier Marché bezeichnet.

Marchzinsen, → Stückzinsen.

Marge. 1. *spread*; Spanne zwischen An- und Verkaufspreis bei Zinsen, Wertpapieren, etc. 2. → Margin.

Margin, *Einschuss.* Sicherheitsleistung, die der Käufer und der Verkäufer eines → Futures auf dem → Margin Account erbringen muss. Dadurch sichert das → Clearing Member die Erfüllung des → Termingeschäfts. Die Höhe der Sicherheitsleistung wird vom Clearing Member in Abhängigkeit von dem mit dem Termingeschäft verbundenen Risiko festgelegt. Die M. kann in Devisen oder Wertpapieren erbracht werden. Durch die tägliche Abrechnung verändert sich die Höhe der hinterlegten Sicherheitsleistung ständig (→ Marking to Market). Gegebenenfalls ist der Marktteilnehmer zur Erhöhung seiner Sicherheitsleistung gezwungen (→ Margin Call). – An der → Eurex erfolgt die Berechnung der M. nach dem Nettoprinzip. Danach müssen nur riskante Nettopositionen mit einem M. unterlegt sein. – Man unterscheidet → Initial Margin, → Variation Margin, → Maintenance Margin und → Intraday Margin.

Margin Account, *Margin Konto, Effektenkreditkonto.* Konto auf dem die Sicherheitsleistung (→ Margin) des Käufers oder Verkäufers eines → Terminkontraktes verbucht wird.

Margin Call, *Nachschusspflicht*; Aufforderung zur Erhöhung der erbrachten Sicherheitsleistung (→ Margin), wenn deren Wert aufgrund der börsentäglichen Abrechnung (→ Marking to Market) unter die → Maintenance Margin fällt. Dabei muss der Nachschuss (→ Variation Margin) über die Maintenance Margin hinaus bis zur Höhe des → Initial Margins erbracht werden. Kommt der Marktteilnehmer dem M.C. nicht nach, so wird seine Position vom → Clearing Member automatisch → glattgestellt.

Mark gleich Mark, *Nominalprinzip, nominal value principle.* Grundsatz der Nominalwertrechnung, der eine → Indexierung oder → Wertsicherungsklausel in Verträgen verbietet.

Market Capitalization, *Marktkapitalisierung, Börsenkapitalisierung.* wird zeitpunktbezogen ermittelt durch Multiplikation des Aktienkurses mit der Anzahl ausstehender Aktien. Maß der Bedeutung/Größe einzelner Unternehmen oder (kumuliert) gesamter Aktienmärkte.

Market for Control, *Markt für Unternehmenskontrolle.* Auf dem M.f.C. werden Rechte zur Änderung der Verfügungsmacht über die Ressourcen eines Unternehmens gehandelt. Auf einem freien und reibungslos funktionierenden M.f.C. soll das Management allein durch die Möglichkeit des Aufkaufs erheblicher Unternehmensanteile diszipliniert werden und somit im Interesse der → Aktionäre handeln. Durch einen Aufkauf könnten die Mehrheitsverhältnisse in der → Hauptversammlung verändert und das im Marktvergleich schlecht wirtschaftende Management ausgewechselt werden.

Market-Maker. Als M. werden spezielle Marktintermediäre (z.B. → Kreditinstitute) bezeichnet, die die Verpflichtung übernommen haben, für die von ihnen betreuten Handelsobjekte während der gesamten Handelszeit ständig → Quotes innerhalb einer festgelegten Höchstspanne zu stellen und eingehende Aufträge zu diesen publizierten Kursen auszuführen. Je nachdem, ob ein oder mehrere M. für ein Handelsobjekt zuständig sind, spricht man von einem monopolistischen oder einem Multi-Market-Maker-System. Bei einer nach dem → Market-Maker-Prinzip organisierten Börse, die als → Quote Driven Market (notierungsgesteuerter Markt) bezeichnet wird, werden alle Kauf- und Verkaufsaufträge mit dem M. als Gegenpartei abgeschlossen. Das bestimmende Kursregulativ ist der Eigenbestand der M. Ein ausschließlich nach dem Market-Maker-Prinzip organisierter Handel findet sich

Market-Maker-Verpflichtungen, Eurex

beispielsweise an der → NASDAQ in den USA. Vgl. auch → Designated Sponsor.

Marketmaking. Bezeichnet eine Form des → Börsenhandels, bei dem → Market-Maker auf Anfrage verbindliche An- und Verkaufskurse stellen müssen, so dass stets und sofort gehandelt werden kann. Ferner unterstützen Market-Maker die Preisentdeckung und die Glättung der Kurse, wodurch sie zu einer erhöhten Bewertungseffizienz beitragen, die wiederum Voraussetzung zu effizient allokierenden Märkten ist (→ Kapitalmarkteffizienz). Um seine Funktionen ausführen zu können, entstehen den Market-Makern Kosten für bspw. Kapital, Personal oder Lizenzen. Da sie stets zum Handel verpflichtet sind, bauen sie zwangsläufig eigene Positionen auf, die - wegen der Ungewissheit künftiger Kurse - ein hohes Risiko darstellen. Market-Maker werden deshalb bemüht sein, ihre Positionen zu minimieren. Die höchsten Risiken eines Market-Makers erwachsen aus dem Handel mit Insidern, also Personen die besser als er selbst informiert sind, da diese den Sofortigkeitsservice des Market-Maker zum eigenen Vorteil ausnutzen können. Für seine Dienste wird der Market-Maker mit dem → Bid-Ask-Spread entlohnt. Für den → Neuen Markt setzen die Zulassungsbedingungen neuer Marktteilnehmer (→ Emittenten) eine Form des Market-Makers voraus, den sog. → Designated Sponsor.

Market-Maker-Prinzip, → Market-Maker.

Market Order, → unlimitierter Auftrag.

Market Overreaction, *Überreaktion des Marktes.* Die Hypothese der M.O. unterstellt, dass Aktienkurse teilweise von ihren fundamentalen Werten abweichen. Zurückzuführen ist dies auf Wellen von Optimismus und Pessimismus, welche infolge der Veröffentlichung neuer kursrelevanter Informationen oder bedingt durch die aktuelle Stimmung an den Börsen entstehen. Diese Stimmungen können einen Herdentrieb auslösen, welcher das Eintreten von Überreaktionen beschleunigt. Anwendung findet die M.O. als Hypothese, zur Erklärung erhöhter Volatilität an den Aktienmärkten.

Marketperformer. → Wertpapiere oder → Anteilscheine, die sich durch eine Kursentwicklung auszeichnen, die konform mit dem Markt- oder Branchendurchschnitt läuft. – Vgl. auch → High Flyers, → Outperformer, → Underperformer.

Market Regulation and Enforcement Departement, Das M.R.a.E.D. beaufsichtigt an der Londoner Wertpapierbörse den Börsenhandel um Verstöße gegen das im Criminal Justice Act 1993 (CJA 1993) geregelte Verbot von → Insidergeschäften sowie sonstige Verstöße gegen das englische Kapitalmarktrecht aufzudecken und zu verhindern. Es bedient sich dazu eines elektronischen Informationssystems, dem Exchange's Integrated Monitoring and Surveillance (IMAS) System, das den Handel und die Geschäftsabwicklung fortlaufend überwacht.

Market Risk, → Marktrisiko.

Market Value, → Marktwert.

Market Value Ratios, *marktwertbezogene Kennzahlen;* bezeichnen → Rentabilitätskennzahlen, die nicht auf → Buch-, sondern auf → Marktwerte abstellen. Aus Perspektive der → Shareholder steht dabei die → Rentabilität einer → Aktie im Vordergrund, die u.a. über die MVRs „Gewinn je Aktie", → „Kurs-Gewinn-Verhältnis" (KGV) oder → Dividendenrenditen beurteilt wird. Aus Sicht der → Gläubiger ist neben dem Marktwert des → Eigenkapitals auch der Wert des Gesamtkapitals relevant. Dabei werden diverse Ergebnisabgrenzungen (z.B. → EBIT oder → EBITDA) herangezogen. Am Übergang zu buchwertbezogenen Kennzahlen steht die → Market-to-Book Ratio, die über → stille Reserven sowie über Unter- bzw. Überbewertungen eines Unternehmens informieren soll.

Market XT. 1997 unter dem Namen Eclipse Trading als erstes → ECN für Privatanleger zum Handel außerhalb der Börsenzeiten gegründet. Rund 200 an der → NASDAQ und → NYSE notierte Werte können direkt über die Plattform gehandelt werden. Im Februar 2000 wurde es von dem Anbieter proprietärer Handelssysteme Tradescape übernommen und soll verstärkt → Intradayhandel anbieten.

Market-Maker-Verpflichtungen, Eurex, *commitments of the market maker, Eurex.* An der → Eurex wird grundsätzlich für sämtli-

Market-to-Book Ratio

che Optionskontrakte ein market-making durchgeführt. Ein als Börsenteilnehmer der Eurex zugelassenes Unternehmen kann von der → Börsengeschäftsführung der Eurex die Zulassung als → Market-Maker für einen oder mehrere derartige Optionskontrakte erhalten, wenn seine Börsenhändler über die nötigen Handelskenntnisse zur Erfüllung der Market-Maker-Funktion verfügen. Ein Market-Maker ist berechtigt und nach Eingang einer Quote-Aufforderung (→ Quote-Request) für einen Optionskontrakt über ein von ihm betreutes Produkt verpflichtet, unverzüglich → Quotes zu stellen und zu diesen Geld- bzw. Briefkursen auch Geschäftsabschlüsse zu tätigen. Während der Börsenhandelszeit muss ein Market-Maker jederzeit erreichbar sein.

Market-to-Book Ratio. Eine Kennzahl zur Unternehmensanalyse ist das Market-to-Book Ratio (MBR). Es beschreibt das Verhältnis des → Marktwertes einer Unternehmung (gemessen am → Marktpreis der → Aktie) zum →Buchwert der Vermögensgegenstände: Eine hohe MBR kann darauf hinweisen, dass der Markt das Unternehmen auf Grund hoher Erwartungen postiv bewertet. Ein hoher MBR kann allerdings auch dadurch verursacht werden, dass die Vermögensgegenstände mit ihren relativ niedrigen historischen → Anschaffungskosten bilanziert wurden. Das Unternehmen wird dadurch eine systematisch hohe MBR aufweisen. Postive Marktewartungen können in diesem Fall zu einem überdurchschnittlichen Anstieg des MBR führen. Die Kennzahl kann nur zum Vergleich von Unternehmen der gleichen Branche herangezogen werden, da sich z.B. ein Industrieunternehmen in seinen Investitionsstrukturen und Zukunftserwartungen von dem eines Dienstleistungsunternehmens unterscheidet.

Marking to Market, Bewertung von Handelspositionen (→ Optionen und → Terminkontrakte) durch Verwendung von (Börsen-)Kursen. Die Wertänderung der Handelspositionen wird ermittelt durch den Vergleich von aktuellem und Vortagesschlusskurs.

Markt, *market*; stellt die Möglichkeit dar, einen Ausgleich zwischen Angebot und Nachfrage mittels Preisbildung (→ Marktpreis) zu schaffen. Dabei muss ein Markt nicht zwangsläufig ein physischer Ort sein, auch Abgrenzungen nach der Zeit oder der Art der gehandelten Güter sind möglich. – Märkte sind die Voraussetzung für einen optimalen Austausch von Gütern und Dienstleistungen in einer freien Wirtschaft. Dabei ist für die Preisbildung neben den Angebots- und Nachfragemengen auch die Anzahl der Marktteilnehmer (Monopol, Oligopol, Polypol) von Bedeutung. Börsen werden neben Auktionen gemeinhin als effizienteste Marktveranstaltungen (→ effizienter Markt) betrachtet.

Marktaufsicht über den Börsenhandel. Aufsicht über den → Börsenhandel, die → Börsengeschäftsabwicklung, die → Handelsteilnehmer und die elektronischen Hilfseinrichtungen der Börsen und damit Bestandteil der → Börsenaufsicht. Sie wird durch die → Börsenaufsichtsbehörden der Länder und die → Handelsüberwachungsstellen der Börsen sowie die → Börsengeschäftsführungen ausgeübt. Eine im wesentlichen auf die Bekämpfung von → Insidergeschäften und die Überwachung der den Marktteilnehmern obliegenden → Publizitäts-, → Melde- und Veröffentlichungspflichten beschränkte Marktaufsicht obliegt zudem dem → Bundesaufsichtsamt für den Wertpapierhandel (BAWe). – Vgl. auch → Rechtsaufsicht über die Börsen und → Aufsichtssystem für den Wertpapierhandel.

Marktbewertungsmethode, Mark-to-market-Methode, fair value accounting. Die M. fordert die Bewertung von Finanzinstrumenten im → Jahresabschluss zum → Marktwert. Die erfolgswirksame Vereinnahmung von Wertänderungen am ruhenden Vermögen ohne Realisation durch Lieferung und Leistung wird verlangt, weil Wertänderungen bei Finanzinstrumenten jederzeit realisierbar sind. – Für die konkrete bilanzielle Erfassung wird zwischen verschiedenen Gruppen von Finanzinstrumenten unterschieden. – Finanzinstrumente, die zur → Spekulation und → Arbitrage gehalten werden, zählen zum Handelsbestand, der uneingeschränkt zum → Fair Value bewertet wird. – Derivate zählen zum Handelsbestand, wenn sie nicht in spezifisch definierten Sicherungskonstruktionen eingebunden sind. Wertänderungen werden erfolgswirksam erfasst. – Finanzinstrumente, die bis zur Endfälligkeit gehalten werden, werden zu Anschaffungskosten bewertet; dauerhafte

Marktmikrostruktur

Wertverluste sind durch eine außerplanmäßige → Abschreibung zu erfassen. – Finanzinstrumente, die nicht in die oben beschriebenen Gruppen einzuordnen sind, werden zum Fair Value bilanziert, Wertänderungen werden jedoch erfolgsneutral im → Eigenkapital erfasst. – Vgl. auch → Finanzinstrumente nach Kreditwesengesetz.

Marktbreite, Von Marktbreite spricht man, wenn die besten Kauf- und Verkaufsaufträge in einem bedeutenden Volumen vorhanden sind. Außerdem spricht man von M., wenn eine Kursentwicklung von einer breiten Basis an Wertpapieren getragen wird.

Markteffizienz, → Kapitalmarkteffizienz.

Marktenge, *tightness of a market*. M. liegt vor, wenn bei Wertpapieren oder Waren nur eine geringe Stückzahl für den Handel verfügbar ist und führt damit typischerweise zu nur geringem Umsatz. Gleichzeitig kann bei M. eine Veränderung von Angebot oder Nachfrage zu vergleichsweise starken Kursausschlägen führen (→ Volatilität). – Vgl. auch → enger Markt.

Marktfähigkeit, *marketable*. M. besitzen alle Objekte (z.B. Waren oder Wertpapiere), die zum Handel an einem Markt geeignet sind. – Vgl. auch → Börsenfähigkeit.

Marktfriktion, *market friction*. Im Gegensatz zum theoretischen Konzept des vollkommenen Marktes treten in der Wirklichkeit M. auf. Dabei handelt es sich z. B. um Transaktionsgebühren, Informationsasymmetrien oder fehlende Austauschpartner.

marktgängige Wertpapiere, *commercial securities*. M.W. sind umsatzstarke und somit leicht am Markt zu erwerbende sowie veräußerbare Wertpapiere. – Vgl. auch → Börsengängigkeit.

Marktgebühren an deutschen Börsen, *brokerage commissions on german stock markets*. Die als → Courtage bezeichneten Gebühren, die die → Kursmakler für ihre Vermittlung von Wertpapiergeschäften erhalten, richten sich nach der von der jeweiligen Landesregierung erlassenen Kursmaklergebührenordnung. Danach beträgt die M. beispielsweise bei Aktien 0,8 Promille des Kurswerts. Bei → festverzinslichen Wertpapieren bemisst sie sich regelmäßig nach einem Promille-Satz des Nennwerts, der bei einem Nennwert bis zu 25.000 Euro 0,75 Promille beträgt. Auf der Basis einer Gebührenstaffel nimmt der Promille-Satz mit steigendem Nennwert ab, so dass er etwa bei einem Nennwert von 125.000 bis 250.000 Euro nur noch 0,26 Promille beträgt (Stand 01.09.1999). Hierbei handelt es sich um Höchstgebühren, die je nach Wertpapier (z.B. DAX-Titeln) auch niedriger ausfallen können. Die von den → Freimaklern für ihre Vermittlungstätigkeit erhobenen Gebühren unterliegen grundsätzlich der freien Vereinbarung, orientieren sich jedoch maßgeblich an den für die Kursmakler geltenden Sätzen.

Marktkapitalisierung, → Börsenkapitalisierung.

Marktkonformität, *market conformity*. 1. Verhaltensweisen von Marktteilnehmern, das mit den Gesetzen des Marktes in Einklang steht. – 2. Bezeichnung für Wertpapiere, die bei der → Emission entsprechend den aktuellen Marktbedingungen (Zinssatz, Laufzeit, Ausgabekurs, Rendite, etc.) ausgestattet sind.

Marktliquidität, *market liquidity*; misst die Fähigkeit eines Marktes Orders verarbeiten zu können, ohne dass dies starke Preisauswirkungen hat. M. ist gekennzeichnet durch drei Faktoren: 1) Markttiefe, die Fähigkeit des Marktes in der Nähe des augenblicklichen Marktpreises ausreichend Volumen zur Verfügung zu stellen; 2) Marktbreite, die Fähigkeit große Aufträge ohne große Kursschwankungen platzieren zu können. 3) Markterholungsfähigkeit, die Zeitphase die der Markt benötigt um wieder zu bewertungseffizienten Preisen zurückzukehren.

Marktmikrostruktur. Bezeichnet Forschungen bezüglich den Konsequenzen unterschiedlicher institutioneller Ausgestaltungen von (Finanz-) Märkten. Dabei wird insbesondere nach empirisch belegbaren Zusammenhängen von Marktorganisationen und Marktstrukturen bezüglich ihrer Wirkungen auf die Preisbildung auf einem Markt gesucht. Typische Fragestellungen der M. wäre demnach die Auswirkungen alternativer Handelsverfahren, Marketmaker Systeme, Auktionatorsysteme, hybrider Systeme, des Parkett- oder Computerhandels auf den Preisbildungsprozess an Börsen.

Marktmodell

Marktmodell. *Ein-Index-Modell, single index model, market model*; bezeichnet ein Modell, das einen linearen Zusammenhang zwischen der → Marktrendite und der → Rendite eines → Wertpapiers herstellt. Dabei wird die Wertpapierrendite in zwei Komponenten aufgeteilt: zum einen die unsystematische (wertpapierbezogene) Rendite und zum anderen die systematische (marktbezogene) Rendite. Über eine Regressionsrechnung und der Schätzung der Marktrendite kann dann näherungsweise die Rendite des Wertpapiers berechnet werden.

Mark-to-market-Methode, → Marktbewertungsmethode.

Marktpreis, *market price*; ist der Preis, der sich auf Märkten beim Ausgleich von Angebot und Nachfrage ergibt. Eine wesentliche Bestimmungsursache der Preisbildung ist neben der Menge der angebotenen und nachgefragten Güter und Dienstleistungen die Anzahl der Marktteilnehmer. Auf Märkten mit polypolistischem Wettbewerb wird hierbei der höchstmögliche Umsatz erzielt. Grafisch kann der M. als Schnittpunkt der Angebots- und Nachfragekurve betrachtet werden. – Vgl. auch → Börsenkurs.

Marktpreisrisiken, *market price risks*. Bezeichnung für Verlustrisiken aufgrund der Veränderung von → Marktpreisen. Das M. setzt sich zusammen aus → Aktienkursrisiko, → Zinsänderungsrisiko, Fremdwährungsrisiko (→ Währungsrisiko, → Wechselkursrisiko) sowie Risiken aus → Preisschwankungen von Waren (z.B. Edelmetallen) und Derivaten. Die Messung von M. (→ Risikomessung) erfolgt in Banken nach der 6. KWG-Novelle teils mittels sog. internen Modellen auf Basis des → Value-at-Risk (VaR). Für den Einsatz dieser Modelle zu aufsichtsrechtlichen Zwecken (Eigenkapitalunterlegung) ist eine Zulassung des → Bundesaufsichtsamtes für das Kreditwesen (BAKred) erforderlich. – Vgl. auch → Eigenmittel nach KWG.

Marktrendite. Bezeichnet die → Rendite des Marktportfolios, des Gesamtmarkts oder eines relevanten Teilmarkts, wie z.B. des deutschen Aktienmarktes. Mittels → Capital Asset Pricing Models (CAPM) lässt sich unter Verwendung der M. die risikoadjustierte Rendite einer Anlagealternative ermitteln. Darüber hinaus kann die M. als Benchmark zur Performancemessung benutzt werden.

Marktrisiko, *market risk*. 1. → Marktpreisrisiken. – 2. → systematisches Risiko.

Marktsegmente, *Handelssegmente, market segments*. M. bezeichnen an der Börse Sparten, die jeweils unterschiedliche Anforderungen an den Emittenten und dessen Wertpapiere stellen. Das Börsengesetz differenziert zwischen drei Arten von M. Jedes Wertpapier muss vor Handelsaufnahme entweder zum Handel mit amtlicher Notierung bzw. → Geregelten Markt formell zugelassen, oder in den → Freiverkehr einbezogen werden. – 1. Handel mit amtlicher Notierung. Dieses durch den Gesetzgeber am stärksten regulierte M. verlangt u.a., dass das emittierende Unternehmen zuzulassender Aktien seit mindestens drei Jahren besteht und für die letzten drei Geschäftsjahre ordnungsgemäß Jahresabschlüsse veröffentlicht hat. Bei Aktien muss der voraussichtliche Kurswert bei Erstzulassung mindestens 1,25 Mio. Euro betragen, bei anderen Wertpapieren der Gesamtnennbetrag mindestens 0,25 Mio. Euro. Dem Zulassungsantrag ist ein Prospekt beizufügen, der bei Unrichtigkeit bzw. Unvollständigkeit Schadensersatzpflichten auslösen kann. Nach der Zulassung durch die → Zulassungsstelle unterliegen die Emittenten zahlreichen Veröffentlichungs- bzw. Meldepflichten wie etwa der Zwischenberichtspflicht oder der Verpflichtung zur Ad-hoc-Publizität. – 2. Geregelter Markt. Im Unterschied zum Handel mit amtlicher Notierung ist dem Zulassungsantrag, über den der → Zulassungsausschuss entscheidet, lediglich ein geringeren Maßstäben genügender Unternehmensbericht beizufügen. Als weiterer wesentlicher Unterschied besteht ein Verzicht auf das Mindestalter des Unternehmens im Falle der Zulassung von Aktien. Zudem beträgt der Mindestnennbetrag bei erstmaliger Zulassung der Wertpapiere einheitlich nur 250.000 Euro. Nach der Zulassung treffen den Emittenten weitgehend vergleichbare Pflichten wie im Falle des Handels mit amtlicher Notierung. – 3. Freiverkehr. Im Gegensatz zu den beiden anderen M. ist der Freiverkehr privatrechtlich organisiert und vollzieht sich nur faktisch an den Wertpapierbörsen. Der jeweilige Freiverkehrsträger hat durch die Aufstellung von Freiverkehrsrichtlinien die ordnungsgemäße Durchführung von Handel und Geschäftsabwicklung zu gewährleisten. Die Einbeziehung von Wertpapieren in den Freiverkehr erfolgt ohne Mitwirkung des Emittenten auf Antrag eines zum Börsenhandel zugelassenen Unternehmens, das den ordnungsgemäßen Handel sicherzustellen hat. Bislang galt als wesentliche Aufnahmevoraussetzung ein konkretes Handelsbedürfnis für das betreffende Wertpapier. Allerdings sind die Freiverkehrsträger teilweise dazu übergegangen, diese Voraussetzungen etwa durch das Erfordernis eines Prospektes stärker zu regulieren. Ein entsprechender Wandel vollzieht sich auch bei den - bislang schwach ausgeprägten - Pflichten für die Emittenten nach der Einbeziehung, beispielsweise durch die Pflicht zur Ad-hoc-Publizität oder der Veröffentlichung von Zwischenberichten. Im Falle dieser erhöhten Pflichten muss der Einbeziehungsantrag von dem zum Handel zugelassenen Unternehmen jedoch gemeinsam mit dem Emittenten gestellt werden. Der am 10.03.1997 von der → Deutschen Börse AG an der → Frankfurter Wertpapierbörse für Aktien kleinerer innovativer Wachstumsunternehmen geschaffene → Neue Markt ist rechtssystematisch ebenfalls dem Freiverkehr zuzuordnen. Das privatrechtliche „Regelwerk Neuer Markt" sieht dabei strenge Zulassungsbedingungen und Zulassungsfolgepflichten für Emittent und Wertpapiere vor. So bedürfen die Wertpapiere sowohl einer Zulassung zum → Geregelten Markt als auch einer privatrechtlichen Zulassung durch den Vorstand der Deutsche Börse AG auf Basis eines → Emissionsprospektes. Der Emittent sollte mindestens drei Jahre als Unternehmen bestanden haben und seine Jahresabschlüsse für diesen Zeitraum ordnungsgemäß offengelegt haben. Er muss seine Rechnungslegung nach den → International Accounting Standards (IAS) oder den US-amerikanischen → Generally Accepted Accounting Principles (US-GAAP) vornehmen und den → Übernahmekodex anerkennen. Der voraussichtliche → Kurswert muss fünf Mio. Euro betragen. Bei Erstzulassung muss der Gesamtnennbetrag der Emission bei mindestens 0,25 Mio. Euro liegen, wobei wenigstens die Hälfte davon einer → Kapitalerhöhung gegen Bareinlage zu entstammen hat. In diesem Fall bedarf es auch einer Mindeststückzahl von 100.000 Aktien, bei denen es sich ausschließlich um → Stammaktien handeln muss. Nach erfolgter Zulassung ist es dem Emittenten und seinen bisherigen Aktionären über einen Zeitraum von sechs Monaten grundsätzlich untersagt, ihre Aktien zu veräußern. Der Emittent zugelassener Aktien hat Jahresabschlüsse, Lageberichte, Quartalsberichte und einen Unternehmenskalender zu veröffentlichen, wobei dieses – wie alle Unternehmenspublikationen – in deutscher und englischer Sprache zu erfolgen hat. Ferner unterliegt er der Pflicht zur Ad-hoc-Publizität und hat mindestens einmal jährlich eine Analystenveranstaltung durchzuführen. Nicht zu den M. gehört das im April 1999 von der Deutsche Börse AG eingeführte Qualitätssegment → SMAX (small cap exchange), in das in- und ausländische → small caps auf deren Antrag aufgenommen werden können.

Markttiefe. Liegt vor, wenn nahe um den aktuellen → Börsenkurs zahlreiche Aufträge vorliegen. Die Differenz zwischen → Bid und → Ask wird dadurch reduziert.

Marktwert, *market value*. Derjenige Wert, der sich durch Angebot und Nachfrage eines Gutes am Markt ergibt. So ist der M. eines börsengehandelten Unternehmens der Börsenkurs multipliziert mit der Anzahl ausstehender Aktien (→ Börsenkapitalisierung). Bei erheblichen Werten, wie einer → Mehrheitsbeteiligung an einem Unternehmen, kann der M. von seinem tatsächlichen Wert deutlich abweichen, da eine Verwertung am Markt praktisch ausgeschlossen ist. – Gegensatz: theoretischer Wert (→ mathematischer Kurs).

Marktwertmaximierung, *maximization of market value*. Wird das Ziel der M. verfolgt, so steht die Maximierung des → Shareholder Values bzw. der → Börsenkapitalisierung im Vordergrund. Möglichkeiten hierfür sind z.B. durch eine geeignete Informationspolitik oder durch Maßnahmen zur Verknappung des Angebotes (→ Aktienrückkauf).

Marktzinssätze, *market rates*. Diejenigen → Zinssätze, die sich am → Markt durch die Vorgaben der → Zentralnotenbank und durch das Zusammenspiel von Geldangebot und Geldnachfrage herausbilden.

Massegläubiger, *creditor of bankrupt's estate*. Im Rahmen eines → Konkurses diejenigen → Gläubiger eines → Gemeinschuldners, denen vor allen anderen Gläubigern das Recht zukommt, die Befriedigung ihrer Ansprüche aus der → Konkursmasse, auf die nach Berücksichtigung von Ab- und Aussonderungsrechten Anspruch erhoben werden kann, zu fordern, so z.B. rückständige Forderungen aus Arbeitsverhältnissen der letzten sechs Monate.

Masseneinkommen, *mass income*; ist im volkswirtschaftlichen Sinne das zur Verfügung stehende Einkommen aus unselbständiger Arbeit. Hierunter fallen neben Arbeitnehmern teilweise auch Rentenbezieher. Für den Terminus M. existiert jedoch keine Legaldefinition, so dass dieser manchmal unterschiedlich gebraucht wird.

Massenpapier, *serial placed securities*; bezeichnet → Wertpapiere, die in großen Volumina → emittiert werden und identische Rechte beinhalten. – Gegensatz: → Einzelpapiere.

Masseschulden, *debt of the estate*. Schulden bzw. Verbindlichkeiten, die bei einem Konkursverfahren (→ Konkurs) durch die Ausübung der gesetzlichen Tätigkeit des Konkursverwalters aufgrund von Rechtsgeschäften und -handlungen wie z.B. der Führung von Gerichtsprozessen zu Lasten der → Konkursmasse entstehen. M. gehen den Forderungen der → Massegläubiger vor.

maßgebliche Beteiligung, *controlling interest*. Bezeichnung für eine Beteiligung von mehr als 25 Prozent an einer Unternehmung. Bei Banken erst ab 50 Prozent.

Masterswap-Vereinbarung. 1. *Masterswap agreements*; Verträge, in denen vereinbart wird, dass alle existierenden Swap-Veträge mit einer Gegenpartei zusammengefasst werden. Eine gegenseitige Aufrechnung der durch die eingegangen → Swaps entstandenen Gewinne und Verluste ist dadurch möglich. Eine M. ist zwischen zwei Parteien, die häufig Swap-Transaktionen abschliessen, besonders angebracht, da die erforderliche Dokumentation für einzelne Swap-Geschäfte erheblich verringert wird und somit auch Kosten gespart werden. – 2. Verfahren, bei dem Gewinne und Verluste aus Swaps mit einzelnen Kunden im Falle der Insolvenz der Bank gegeneinander verrechnet werden können. Da die so verrechneten Positionen wesentlich geringer als die Summe der Brutto-Positionen sind, verringert sich das von Banken für Swap-Risiken bereitzuhaltende Kapital.

Matched Order. Bezeichnet die vorab zwischen mehreren Personen abgesprochene Eingabe von → Kauf- und → Verkaufsaufträgen, die sich gegenseitig kompensieren und - wie bei einem → Wash Sale - den Anschein eines höheren → Handelsvolumens erwecken.

Matching. Bezeichnung für das Zusammenführen zweier sich ausführbar gegenüberstehender Aufträge bzw. → Quotes zum Zweck eines Geschäftsabschlusses; erfolgt an der → Eurex und in →Xetra nach preislicher und zeitlicher Priorität im zentralen Orderbuch elektronisch. – Vgl. auch → Preis-Zeit-Priorität.

mathematischer Wert des Bezugsrechts, *mathematical value of subscription right*. Der m.W.d.B. ergibt sich aus folgender Überlegung: Ein Anleger kann in der → Bezugsfrist entweder die Aktie direkt oder über → Bezugsrechte kaufen. Im letzten Fall zahlt er den → Bezugspreis, muss aber Bezugsrechte entsprechend dem → Bezugsverhältnis kaufen. Der Kurs der → Altaktie ist der Kurs ex Bezugsrecht.

MATIF, → Marché à Terme International de France.

Maturity, → Fälligkeit.

Maxi Floating Rate Note, variabel verzinster → Schuldtitel mit einer Zinsbegrenzung nach oben (→ Cap).

Maximalbelastungsansatz, → Maximalbelastungstheorie.

Maximalbelastungstheorie. Bezeichnet eine von Stützel (1963) entwickelte → Liquiditätstheorie. Stützel bezieht einen bank run (sog. „Maximalbelastungsfall") in seine Überlegungen ein, bei dem die Einleger ihre Einlagen sofort abziehen wollen. Der in der Vergangenheit stabile Bodensatz tendiert schnell gegen Null. In dieser Situation sind

MEGA-Zertifikate

die Passivfälligkeiten keine voneinander unabhängigen Zufallsvariablen mehr (→ Bodensatztheorie). In dieser Stresssituation ist die Qualität der → Assets einer Bank entscheidend, da diese zur Liquiditätssicherung verwendet werden müssen (→ Shiftability Ansatz). Solange die Summe der Verluste, die bei vorzeitiger Abtretung der Aktiva hingenommen werden müssen, das Eigenkapital nicht übersteigen, liegt keine Überschuldung vor und die Existenz des → Kreditinstituts ist gesichert.

Maximum Spread, *Höchstspanne*. Als M.S. bezeichnet man die größtmögliche Spanne zwischen → Geld- und → Briefkursen, die der → Market-Maker im Rahmen seiner Quote-Verpflichtung zu stellen hat. Inwieweit er diesen meist nach Prozentpunkten festgelegten Rahmen ausschöpft, hängt von der jeweiligen Marktlage ab.

Max Return Warrant, *Optionsschein mit begrenztem Gewinnpotential*. Bei M.R.W. handelt es sich um → Barrier- Optionsscheine, die auf steigende Kurse spekulieren (→ Call). Sie werden automatisch ausgeübt, wenn der Kurs des → Basiswertes eine zuvor festgelegte Obergrenze erreicht. Durch die Festlegung der Grenze ist der maximale Ausübungsgewinn bestimmt. – Gegensatz: → Min Return Warrant. – Vgl. auch → Optionsschein.

MBI, Abkürzung für Management-Buy-In. – Vgl. hierzu→ Management-Buyout (MBO).

MBO, Abkürzung für → Management-Buy-Out.

MBS, Abk. für → Mortgage Backed Securities.

MDAX, Abk. für → Midcap DAX.

MDAX-Futures, → Terminkontrakte auf den Midcap DAX (MDAX).

MDEX, → Malaysia Derivatives Exchange.

Mean Reversion, bezeichnet die empirische Beobachtung, dass Aktienkurse zu ihren längerfristigen Mittelwerten bzw. fundamentalen Werten tendieren. Folglich wären Aktienkurse (teilweise) prognostizierbar und würden keinem reinen Random-Walk (→ Random-Walk-Theory) folgen, so dass sich eine Handlungsstrategie ableiten ließe.

Medio, *mid-month*. Bezeichnung für den 15. eines Monats oder, falls dieser ein Samstag, Sonntag oder Feiertag ist, der nachfolgende Wochentag.

mediogültig, *mid-month valid*. Zusatz für → Börsenaufträge zum Kauf oder Verkauf von Wertpapieren, deren Gültigkeitsdauer am 15. des Monats (→ Medio) endet.

Medioliquidation, *mid-month liquidation*. Fälligkeit eines → Termingeschäfts zur Mitte des Monats. Der Terminkontrakt wird jeweils zum 15. eines Monats abgerechnet (→ Settlement Day).

Medium Term Note (MTN). → Anleihen, bei denen Währung, Laufzeit und Emissionsvolumen je nach Kapitalbedarf ausgestaltet werden können. MTN werden von einem → Bankenkonsortium am Markt platziert, jedoch ohne Übernahmegarantie. Der Zinssatz von MTN kann fest oder variabel sein. Die Laufzeit beträgt ein bis zehn Jahre. MTN können für → institutionelle Anleger auf Wunsch individuell ausgestattet werden. – Vgl. auch → Euro-Medium-Term-Note.

Medium Term Notes. → Schuldverschreibungen, die meist von Nicht-Banken im Rahmen eines Dauremissionsprogramms von Schuldnern bester → Bonität emittiert werden. Sie weisen → Laufzeiten von meist mehr als zwei bis ca. acht Jahren auf. MTN werden regelmäßig im Rahmen sog. MTN-Programme platziert. Laufzeit, Verzinsung, Tilgungsmodalitäten und Mindestbetrag sind nicht standardisiert und werden den Vorgaben der → Emittenten oder → Anleger angepasst.

MEFF, Abk. für → Mercado de Futuros Financieros.

MEGA-Zertifikate. Variante eines → Optionsscheines mit garantierter Mindestverzinsung und begrenztem Gewinnpotential. Die Wertentwicklung ist an den Verlauf eines → Basiswerts (z. B. DAX) bis zu einer festgelegten Grenze gekoppelt. Der Anleger erhält auf jeden Fall sein eingesetztes Kapital plus

Mehrfachstimmrecht

der Mindestverzinsung zurück. – Vgl. auch → Guaranteed Investment Return Options.

Mehrfachstimmrecht, → Mehrstimmrecht.

Mehrfachzulassung. → Börsenzulassung an mehreren Börsen. Wird eine M. beantragt, ist das → Zulassungsverfahren nur von einer → Zulassungsstelle durchzuführen, die der Emittent selbst bestimmen kann. Früher musste an jedem → Börsenplatz, an dem das Wertpapier zugelassen werden sollte, ein eigenes Zulassungsverfahren eingeleitet werden. Es ist bei der M. nicht zwingend, dass alle Notierungen im gleichen Börsensegment zu erfolgen haben.

Mehrheit, *Majorität, plurality, majority*. Eine M. kann sowohl → Stimmen- als auch → Kapitalmehrheit bedeuten. Grundsätzlich genügt zur Beschlussfassung auf Hauptversammlungen eine Mehrheit der abgegebenen Stimmen (→ einfache Stimmenmehrheit, → Mehrheit in der Hauptversammlung der AG), sofern per Gesetz oder Satzung nichts anderes vorgeschrieben ist. Bestimmte → Hauptversammlungsbeschlüsse erfordern eine → qualifizierte Mehrheit. – Gegensatz: → Minderheit.

Mehrheit in der Hauptversammlung der AG. Die → Hauptversammlung fasst ihre Beschlüsse mit der Mehrheit der abgegebenen Stimmen, d.h. grundsätzlich mit einfacher Stimmenmehrheit, soweit nicht Gesetz oder → Satzung eine größere Mehrheit oder weitere Erfordernisse vorschreiben (§ 133 AktG). Für Beschlüsse besonderer Tragweite schreibt das → AktG eine Kapitalmehrheit von mind. 75% des bei der Beschlussfassung vertretenen Kapitals vor.

Mehrheitsaktionär, *Großaktionär, majority sharholder, controlling shareholder*. Ein M. ist ein Aktionär, der mit seinen Aktien die → Stimmenmehrheit inne hat. – Gegensatz: → Kleinaktionär.

Mehrheitsbesitz, → Mehrheitsbeteiligung.

Mehrheitsbeteiligung, *Mehrheitsbesitz, majority interest/ownership*. Eine M. liegt vor, wenn die von einem Gesellschafter oder Aktionär gehaltenen Anteile mehr als 50 Prozent des → gezeichneten Kapitals eines rechtlich selbständigen Unternehmens repräsentieren (→ Kapitalmehrheit, → Aktienmehrheit) oder wenn ihm die Mehrheit der Stimmrechte zusteht (→ Stimmenmehrheit). Um die Umgehung der Feststellung einer M. durch die Aufteilung des Anteilsbesitzes auf miteinander verbundene Gesellschaften zu verhindern, werden einem Unternehmen auch alle die Anteile zugerechnet, die den von ihm → abhängigen Unternehmen gehören sowie die Anteile, die von Dritten auf Rechnung des Unternehmens oder der abhängigen Unternehmen gehalten werden. Ist z.B. die Muttergesellschaft mit 25% an einer dritten Gesellschaft (sog. Enkelgesellschaft) beteiligt, während die Tochtergesellschaft an dieser eine Beteiligung von 30% hält (sog. mehrstufige Beteiligung oder multi-level participation), so ist die Muttergesellschaft als mehrheitlich an der Enkelgesellschaft beteiligt anzusehen. – Bei einem Einzelkaufmann spielt es für die Ermittlung einer M. keine Rolle, ob er die Anteile in seinem Privat- oder in seinem Geschäftsvermögen hält. – Die wichtigste Rechtsfolge der M. ist die → Abhängigkeitsvermutung.

Mehrheitsgruppe, *majority group*. Eine M. ist eine Gruppe von Aktionären mit gleichgerichteten Interessen, die zusammen mit ihren Aktien die → Stimmenmehrheit inne haben.

Mehrheitskäufe, *Majoritätskäufe, share purchases to gain a majority interest*. Aktienkäufe, die entweder zu einer → qualifizierten Mehrheit führen, oder eine bereits bestehende Mehrheit verstärken.

Mehrheitsmissbrauch, *abuse of majority*. Besitzt ein → Großaktionär durch seine → Stimmenmehrheit einen erheblichen Einfluss auf eine Gesellschaft, so hat er die Rechte der anderen Aktionäre zu respektieren. Nutzt er seine Stellung gegen das Wohl der Gesellschaft oder gegen die Interessen der anderen Aktionäre aus, so verstößt er gegen den Grundsatz von → Treu und Glauben und die getroffene Entscheidung wird anfechtbar. – Siehe auch → Treuepflicht des Aktionärs und → Stimmrechtsverletzung.

Mehrheitsverhältnisse, *ratio of representation*; prozentuale Aufteilung der Stimmen zwischen unterschiedlichen Interessengruppen.

Mehrstimmrecht, *Mehrfachstimmrecht, multiple voting right.* Besitzt ein → Aktionär mehr Stimmrechte (→ Aktienstimmrecht) als Anteile am Grundkapital, so liegt ein M. vor. Durch das → Gesetz zur Kontrolle und Transparenz im Unternehmensbereich (KonTraG) wurde das M. 1998 abgeschafft. Alte M. laufen bis Ende 2003 aus. Das M. sollte Aktiengesellschaften vor → feindlichen Übernahmen schützen und kam hauptsächlich bei Versorgungsunternehmen zur Anwendung.

Mehrstimmrechtsaktien, *multiple-voting shares/stocks;* beinhalten mehrere Stimmen pro Aktie. Sie sind nach § 12 II AktG unzulässig. Sie wurden früher begeben, um bei Kapitalerhöhungen die Mehrheit der Stimmen für bestimmte Aktionäre wie z.B. die Gründer zu sichern.

mehrstufige Beteiligung, → Mehrheitsbeteiligung.

Meistausführungsprinzip, *Stauprinzip, principle of maximum execution.* Nach dem für die Errechnung von Börsenpreisen geltenden M. hat der → skontroführende Makler denjenigen Preis festzustellen, bei dem der höchste Börsenumsatz erzielt werden kann. Zur Ermittlung des größtmöglichen Ausgleichs von → Kauf- und → Verkaufsaufträgen stellt er die ihm vorliegenden Aufträge zu einem von der → Börsengeschäftsführung festgelegten Zeitpunkt gegenüber. Das M. gilt im deutschen → Präsenzhandel für die Kursermittlung am → Einheitsmarkt sowie bei der → fortlaufenden Notierung für die Ermittlung des → Eröffnungs-, → Einheits- und → Schlusskurses. In → Xetra findet es auf jegliche Arten von → Auktionen Anwendung.

Mercado de Futuros Financieros

Melbourner Börse, verband sich 1987 mit den fünf anderen australischen Börsen zur → Australian Stock Exchange.

Meldepflichten bei Veränderungen des Stimmrechtsanteils an börsennotierten Gesellschaften, → Mitteilungspflicht von Beteiligungen, Stimmrechtsanteilsveränderungen.

Mengennotierung, *direkte Notierung, direct quotation;* Methode der Devisenkursnotierung. Sie gibt an, welchen Betrag an ausländischer Währung man für eine Einheit der feststehenden Inlandswährung (z.B. 1 Euro) erhält. – Gegensatz: → Preisnotierung.

Mengentender, *fixed rate tender;* vgl. → Tender.

Menu Approach, findet im Rahmen von Finanz- und Schuldenkrisen seinen Einsatz, indem eine Kombination diverser Finanzierungsinstrumente und -modalitäten angewendet wird, um kurzfristige Liquiditätsengpässe zu umgehen, die weitere Funktionsfähigkeit des internationalen Finanzmärkte sicherzustellen und möglichst zur Lösung der Verschuldungsproblematik beizutragen. Wesentliche Bestandteile des Instrumentariums sind → Debt-Equity-Swaps, debt-debt-swaps, Schuldenerlasse u.ä. – Vgl. auch → Schuldenkrise, internationale.

Mercado de Futuros Financieros, (MEFF). Bezeichnet die offizielle, 1989 gegründete, spanische → Terminbörse. Gehandelt werden → Futures und → Optionen auf spanische → Staatsanleihen, auf → Währungen, auf den → IBEX-35 und auf weitere wichtigste spanische → Aktien.

Mergers & Acquisitions (M&A)

Andreas R. Dombret

1. Definition

Mergers & Acquisitions (M&A); angelsächsischer Sammelbegriff, der alle Transaktionen, die auf dem Markt für Unternehmen, Unternehmensteile und Beteiligungen abgewickelt werden, umfasst. Nach der rechtlichen Form der Transaktion werden unter anderem Anteilskäufe (share deals), Erwerb von bestimmten Vermögensgegenständen (asset deals), Fusionen (Verschmelzung des erworbenen Unternehmens auf den Erwerber oder eine neue Gesellschaft unter Aufgabe der rechtlichen Selbständigkeit, „NewCo") sowie Joint Ventures unterschieden.

M&A bezeichnet insbesondere auch einen Arbeitsbereich von → Investmentbanken, die als externe Fach- und Finanzberater Mandanten bei M&A-Transaktionen unterstützen. Die Beratungsleistung von Investmentbanken ist hierbei umfangreich. Sie reicht von der strategischen Beratung (z.B. Portfolioanalyse) über die Betreuung bei der Abwicklung der Transaktion bis hin zu Hilfestellungen bei sämtlichen Fragen der → Unternehmensfinanzierung (Corporate Finance). Der Bereich Unternehmensfinanzierung beinhaltet neben den klassischen Kapitalbeschaffungsmaßnahmen (Equity Capital Markets, Debt Capital Markets) auch die Unterstützung bei der Entwicklung innovativer, unternehmensspezifischer Finanzierungsprodukte (Derivative Products, Structured Products). Da i.d.R. Zugang zu nicht öffentlichen Informationen besteht, werden diese Abteilungen von Investment Bankern „Insider"bereiche genannt.

Im Folgenden wird ein vereinfachter Transaktionsprozeß dargestellt, der sich in die vier Phasen

- Strategie
- Due Diligence
- Bewertung
- Vertragsverhandlungen

aufgliedert.

Im Detail sind die Aufgaben, die einer Investmentbank im Rahmen von M&A-Mandaten zukommen, vielseitig und hängen unmittelbar von der spezifischen Situation und vom Projektstadium ab. Deshalb ist die oben dargestellte Aufgliederung nicht auf jede Transaktion übertragbar, sondern ist je nach Transaktion entsprechend zu modifizieren. Ziel dieses Beitrags ist es, nicht alle Themengebiete des Bereiches M&A umfassend abzubilden, sondern grundlegende Einblicke in dieses Gebiet insbesondere aus der Sicht von Investmentbanken zu vermitteln. Für darüber hinausgehende Informationen wird auf das kurze Literaturverzeichnis am Ende dieses Beitrags verwiesen.

2. Strategie

Die Motive für M&A-Transaktionen lassen sich im Wesentlichen in zwei Kategorien fassen: 1. Strategische Motive, 2. Finanzinvestitionen, bzw. -desinvestitionen. Im folgenden Abschnitt werden die strategisch motivierten Ursachen vorrangig behandelt, da sie in den letzten Jahren die stärksten Treiber von M&A-Transaktionen waren.

Unternehmen und Finanzinstitutionen versuchen, durch die Nutzung von Synergieeffekten den Unternehmenswert zu erhöhen. Die Verbindung zweier Unternehmen ist aber nur dann für die Aktionäre eines akquirierenden Unternehmens von Vorteil, wenn der Wert nach dem Zusammenschluss größer als die Summe der Einzelwerte, erhöht um die Kaufpreisprämie und die anfallenden Übernahmekosten ist.

Mergers & Acquisitions

Eine solche Wertschöpfung, zumeist bezeichnet als Synergien, kann verschiedene Ursachen haben:

Kostensynergien

Unternehmenszusammenschlüsse erfolgen in der Praxis häufig als Reaktion auf die Globalisierung der Wirtschaft bzw. die Entstehung eines einheitlichen europäischen Wirtschaftsraumes, wodurch die kritische Größe von Unternehmen in vielen Branchen neu definiert wird. Durch Erhöhung der Outputvolumina bzw. die Erweiterung der Operationen entstehen Kostenvorteile durch Fixkostendegression und Erfahrungskurveneffekte. Darüber hinaus dienen Unternehmenszusammenschlüsse als Katalysator von Anpassungen der Kostenstrukturen in den Vertriebssystemen und den Verwaltungsbereichen.

Ertragssynergien

Ertragssynergien können immer dann realisiert werden, wenn durch eine M&A-Transaktion neue Produkte, neue Märkte bzw. neue Vertriebswege erschlossen werden, es sich also um komplementäre Strukturen der Partner handelt.

Steuervorteile

Beim Erwerb eines Unternehmens können unter bestimmten Voraussetzungen →Verlustvorträge beim erwerbenden Unternehmen genutzt werden.

Höher rentierliche Investitionen

Insbesondere Unternehmen mit hohen operativen Cash Flows aus reifen Produktlinien („Cash Cows") können in den angestammten Produktbereichen einen Mangel an attraktiven Investitionsmöglichkeiten aufweisen. In diesen Situationen kann der Zusammenschluss mit einem liquiditätsknappen, aber innovativen Unternehmen für beide Seiten von Vorteil sein. Häufig erfüllen Technologie- und Biotechnologieunternehmen dieses Anforderungsprofil.

Strukturierung

In der M&A-Praxis wird vor allem zwischen Transaktionen unter Gleichberechtigten, sog. Merger of Equals (MoE) und Übernahmen (Akquisition) unterschieden. Im Unterschied zum MoE sind bei der Übernahme zur Erreichung der Kontrolle Übernahmeprämien zu zahlen, also ein Aufschlag auf den fairen Unternehmenswert der Zielgesellschaft. Bei einem MoE gibt es definitionsgemäß keinen Kontrollwechsel, weil sich die Aktionäre und die Organe beider Gesellschaften gleichberechtigt in einer neuen Gesellschaft zusammenschliessen. Dies erfolgt in Deutschland häufig auf dem Rechtsweg einer Verschmelzung auf eine NewCo, also eine neugegründete Gesellschaft.

Ein weiteres Unterscheidungskriterium bei Akquisitionen liegt in der Haltung des Managements der Zielgesellschaft (→ freundliche und → feindliche Übernahme). Sowohl freundliche als auch feindliche Übernahmen von börsennotierten Zielgesellschaften haben in Deutschland nach dem Wertpapiererwerbs- und Übernahme-Gesetz (→WpÜG) zu erfolgen, das sowohl den Bieter als auch die Zielgesellschaft bei öffentlichen Angeboten zu einem fairen und transparenten Verfahren anhält.

Feindliche Übernahmen können in Form eines „Dawn Raids" oder eines „Proxy Fights" durchgeführt werden. Beim Dawn Raid versucht der Käufer, unbemerkt von der Zielgesellschaft durch den Kauf von Aktien Kontrollrechte zu übernehmen. Da in Deutschland die Überschreitung bestimmter Beteiligungsgrenzen nach § 21 →WpHG innerhalb von sieben Tagen dem betroffenen Unternehmen mitgeteilt werden muss, versucht der Käufer, kurzfristig möglichst große Aktienpakete von → institutionellen Anlegern zu erwerben. Im Falle eines Proxy Fights versucht der feindliche Investor, →Stimmrechte zu erwerben, ohne dabei Aktien zu kaufen, um über → Hauptversammlung und → Aufsichtrat den Vorstand der Zielunternehmen in seinem Sinne zu beeinflussen. Die Abberufung der Kontroll- und Leitungsgremien ist in Deutschland allerdings nur unter erschwerten Bedingungen möglich, so dass diese Form der feindlichen Übernahme nur bedingt und in der Regel nur vor turnusmäßigen Wechseln der entsprechenden Gremien durchgeführt werden kann.

Mergers & Acquisitions

Der „Bear Hug" ist eine Mischung aus freundlicher und feindlicher Übernahme, die dadurch gekennzeichnet ist, dass das öffentliche Angebot und die Kommunikation der Übernahmeabsichten gegenüber dem Management der Zielunternehmen gleichzeitig stattfinden.

Hinsichtlich der Wertschöpfung der beteiligten Unternehmen werden horizontale, vertikale und laterale M&A-Transaktionen unterschieden. Horizontale Transaktionen verbinden Unternehmen der gleichen Produktionsstufe, während in vertikalen Zusammenschlüssen Unternehmen nachgelagerter Stufen verbunden werden. Von lateralen Transaktionen spricht man, wenn die Aktivitäten der Partner in keinem unmittelbaren Zusammenhang stehen.

Die Einteilung von Transaktionen entsprechend ihrer Zahlungsart (Deal Currency) erfolgt in Bartransaktion bzw. sog. „Papier"transaktionen (Kauf gegen Aktien des Erwerbers). Beide Möglichkeiten der Übernahme schließen die Zahlung einer → Prämie mit ein. Erfahrungsgemäss sind die Prämien bei Papiertransaktionen signifikant niedriger, weil die Aktionäre der Zielgesellschaft von den Synergiepotentialen durch Halten der Papiere des Erwerbers profitieren können, während beim Barkauf die Synergiepotenziale vorab teilweise abgegolten werden.

Anstelle des Aktienkaufs kann eine Übernahme aber auch durch den Kauf von Vermögensteilen (→ Assets) durchgeführt werden, wobei die „Deal Currency" grundsätzlich wiederum in Bargeld oder Aktien bestehen kann.

Finanzierung

Zur Finanzierung von M&A-Transaktionen bieten sich grundsätzlich drei Alternativen:

- freie Cash Flows des Käufers
- das Eigen- oder Fremdkapital des Käufers
- das Eigen- oder Fremdkapital der Zielgesellschaft.

Die Finanzierung des Kaufpreises über liquide Mittel des Käufers ist die klassische und einfachste Form, die vor allem zum Kauf kleinerer Unternehmen genutzt wird. Ein solcher Aktivtausch erfordert keine weitere Finanzierungsexpertise und ist abhängig von der Verfügbarkeit freier Cash Flows.

Darüber hinaus hat der Käufer die Möglichkeit, die Übernahme durch die Aufnahme von Fremd- oder Eigenkapital zu finanzieren. Die Fremdkapitalaufnahme wird durch die Kapitalstruktur und die Kreditfähigkeit der Unternehmen beschränkt. Zur Verfügung stehen in erster Linie die Kreditaufnahme über Banken sowie die Emission von Anleihen. Die Fähigkeit einer Unternehmung, Eigenkapital zu generieren, hängt ganz wesentlich von der Gesellschaftsform sowie von der Handelbarkeit der Anteile im Falle von Aktiengesellschaften ab. Für Unternehmen, die nicht unter der Rechtsform der Aktiengesellschaft firmieren, ist die Aufnahme von Eigenkapital deutlich schwieriger. Neben der Suche nach neuen Gesellschaftern existiert lediglich die Möglichkeit des Börsengangs (→ Going Public) und die Inanspruchnahme bestehender Eigner um neue Kapitaleinlagen. Eine börsennotierte Aktiengesellschaft kann über eine am Markt durchgeführte Kapitalerhöhung einfacher Eigenkapital an den Kapitalmärkten erhalten.

Die Finanzierung einer Transaktion über die Bilanz der Zielunternehmen ist eine neuere Form der Finanzierung, die insbesondere während der großen Welle feindlicher Übernahmen in den 80er Jahren verwandt wurde bzw. diese maßgeblich stützte, da eine Akquisition dadurch auch weniger finanzstarken Investoren möglich wurde.

Der → Leveraged Buyout ist durch einen besonders hohen Fremdfinanzierungsanteil gekennzeichnet. Die verstärkte Anwendung dieses Instruments hat zur Entstehung eines Marktes für hochverzinsliche Anleihen (→ High Yield Bond, → Junk Bond) geführt. Dieser ist Ende des 80er Jahre zusammengebrochen, da im Zuge einer Merger-Welle unzählige Fusionen stattgefunden haben, die den fundamentalen Grundsätzen widersprachen. Handelt es sich bei dem bzw. den Käufern um Manager der Zielunternehmen, spricht man von einem Management Buy-Out (MBO). Im Falle eines Management Buy-In (MBI) wird die Unternehmung von einem externen Management übernommen.

Mergers & Acquisitions

Abwehrmaßnahmen

Obwohl feindliche Übernahmen in Deutschland bis vor kurzem eher Ausnahmeerscheinungen darstellten, sollen diese zuerst in den USA aufgetretenen Maßnahmen zur Abwehr unfreundlicher Übernahmen in diesem Zusammenhang mit Blick auf ihre künftige Bedeutung vorgestellt werden. Die größer werdende Akzeptanz solch feindlicher Übernahmen wird die Arbeit von Investmentbanken deutlich verstärken.

Antizipierende Abwehrstrategien werden i.d.R. bereits implementiert, bevor es zu einer feindlichen Übernahmeattacke kommt; in diesem Zusammenhang ist man bemüht, die Möglichkeit der Übernahme von Kontrollrechten einzuschränken.

Mithilfe einer "Recapitalization" wird versucht, durch die Beeinflussung der eigenen Kapital- oder Aktionärsstruktur eine Übernahme zu verhindern bzw. zu erschweren. Das geschieht z.B. durch die Ausgabe von →Vorzugsaktien. Diese werden mit erweiterten → Stimmrechten und der Auflage, dass sie vor Verkauf gegen →Stammaktien getauscht werden müssen, ausgestattet. Dadurch erhält das Management im Laufe des Verkaufs der Anteile anderer Eigner immer mehr Stimmrechte (Dual Class Recapitalization). Eine weitere Möglichkeit besteht in der fremdfinanzierten Sonderausschüttung, wodurch die Unternehmung durch den höheren Verschuldungsgrad an Attraktivität verliert (Leveraged Recapitalization). Beide Strategien sind zur Abwehr von → Corporate Raiders entwickelt worden und verlieren einen Teil ihrer Wirksamkeit, wenn ein Käufer aus strategischen Gründen versucht, die Zielunternehmen zu erwerben. Mithilfe eines „Staggered Board" wird versucht, durch die zeitlich gestaffelte Wahl von Aufsichtsräten die Einflussnahme von feindlichen Käufern zu verhindern. Selbst bei Stimmrechtsmehrheiten kann nur eine limitierte Anzahl von Mitgliedern des Kontrollgremiums im Zuge einer Wahl ausgewechselt werden. Diese Strategie ist in Deutschland meist nicht notwendig, da die Entscheidungsgremien einer Aktiengesellschaft per Gesetz nur unter sehr schwerwiegenden Umständen wie z.B. grobe Pflichtvernachlässigung anders als turnusmäßig ausgetauscht werden können.

Hinter dem Grundprinzip von „Poison Pills" verbirgt sich ein bedingtes Rechtsgeschäft. Dabei wirkt ein Übernahmeversuch bzw. das Überschreiten bestimmter Anteile als auslösendes Moment. Im Falle von „Flip-in Poison Pills" erhalten Altaktionäre das Recht, Aktien der Zielunternehmen zum halben Preis zu erwerben, während beim Einsatz von „Flip-over Poison Pills" Anteile am Käufer zum halben Marktpreis erworben werden können. „Golden Parachutes" werden eingesetzt, um den Kaufpreis dadurch zu erhöhen, dass mit Mitgliedern des Managements besonders langlaufende, mit hohen Abfindungen dotierte Verträge abgeschlossen werden. Der mit einer Übernahme oftmals verbundene Wechsel der Führungsmannschaft bedingt somit außergewöhnliche Abfindungszahlungen, die den Kaufpreis erhöhen.

All diese Maßnahmen finden ihre Begrenzung in ihrer rechtlichen Fragwürdigkeit, der geringen Akzeptanz durch den Aktienmarkt und die entsprechende potentielle Wirkung auf den eigenen Aktienkurs.

Im Gegensatz zu den antizipierenden dienen die reaktiven Abwehrstrategien der unmittelbaren Reaktion auf feindliche Übernahmeversuche.

Grundsätzlich besteht die Möglichkeit für die Zielunternehmen, nach einem in ihren Augen besseren Kandidaten, einem → White Knight, zu suchen, von dem man sich bereitwillig übernehmen lässt.

Bei der Anwendung einer „PacMan"-Strategie versucht das Zielunternehmen seinerseits, den vermeintlichen Käufer zu übernehmen.

Durch den Verkauf von besonders attraktiven Vermögensgegenständen wird versucht, das Geschäft für den Angreifer uninteressant zu machen (Sale of Crown Jewels).

Eine weitere unmittelbare Abwehrmaßnahme besteht im Einreichen zahlreicher begründeter wie unbegründeter Klagen gegen den potentiellen Käufer, um die Übernahme zeitlich so lange wie möglich zu verzögern. Dadurch kann die Attraktivität der Akquisition ebenfalls erheblich gemindert kann.

Mergers & Acquisitions

Der Einsatz einiger dieser Instrumente ist seitens des Gesetzgebers in Deutschland beschränkt worden. Das Management ist einerseits dem Wohl des Anteilseigners verpflichtet, andererseits müssen die Bezüge des Vorstandes in einem angemessenen Verhältnis zu seiner Leistung stehen.

Schlagen alle Abwehrmaßnahmen fehl, muss bei jeder weiteren Vorgehensweise im Vordergrund stehen, die Interessen der Anteilseigner zu wahren. Mit der Problematik der Interessenskonvergenz von Management und Aktionären beschäftigt sich die → Principal-Agent-Theorie.

Transaktionsinitiierung

Nachdem sich beispielsweise im Rahmen eines Verkaufsmandats Verkäufer und Investmentbank auf die Strukturierung des Prozesses geeinigt haben, kommt es zur Transaktionsinitiierung. Die ausgewählten potentiellen Käufer werden angesprochen, und bei Interesse wird ein „Teaser" zugesandt. Darunter ist ein anonymes Kurzprofil des zum Verkauf stehenden Unternehmens zu verstehen. Stößt der Teaser auf Interesse, so wird der potentielle Käufer eine Vertraulichkeitserklärung (Confidentiality Agreement) unterzeichnen und daraufhin ein ausführliches Informationsmemorandum über das Unternehmen erhalten. Dieses gliedert sich im allgemeinen in folgende Kapitel: Management Summary, Unternehmensprofil inklusive SWOT-Analyse des Unternehmens, Markt und Wettbewerb, Produkte und Vertrieb, Personal und Organisation sowie Finanzdaten.

Um detailliertere Informationen über das Unternehmen im Rahmen einer Due Diligence zu erlangen, muss der potentielle Käufer im nächsten Schritt ein indikatives (non-binding) Angebot zum Erwerb des Unternehmens abgeben. Ein „Letter of Intent" umfasst im wesentlichen folgende Aspekte: Kaufpreis und Kaufgegenstand, Finanzierung und Strukturierung der Akquisition, wesentliche Schritte und Bedingungen für die Durchführung der Transaktion, zusätzlicher Informationsbedarf, Erfahrungen des Käufers bei vergleichbaren Transaktionen sowie strategische Vorstellungen für die Weiterführung der unternehmerischen Aktivitäten. Der Verkäufer und seine Investment Bank werden die indikativen Angebote auswählen, die der Zielvorstellung am besten entsprechen. Die ausgewählten Unternehmen werden daraufhin zur Due Diligence zugelassen.

3. Due Diligence

Unter Due Diligence wird die eingehende Prüfung eines zum Erwerb stehenden Unternehmens verstanden. Sie beginnt i.d.R. mit der Sammlung von Daten und Informationen (Due Diligence Investigation) über das Unternehmen. Auf Grundlage der gesammelten Daten und der vom Verkäufer bereitgestellten Unterlagen wird eine nach Sachthemen untergliederte Due Diligence-Checkliste erstellt. Diese Checkliste beinhaltet konkrete Fragen und Unterlagenanforderungen an die Eigentümer und an das Management der Zielgesellschaft. Die benötigten Unterlagen werden in einem Datenraum zur Einsicht zur Verfügung gestellt.

Auf Basis der eingesehenen und analysierten Daten sowie geführter Managementgespräche stellt der Erwerbsinteressent einen Due Diligence Report zusammen. Die gewonnenen Erkenntnisse sind die Grundlage einer bezogen auf das indikative Angebot verfeinerten Unternehmensbewertung sowie der Ausarbeitung des Gewährleistungsregimes. Zwischen dem Umfang der vom Verkäufer übernommenen Gewährleistung und dem Verhandlungsspielraum des Erwerbers beim Kaufpreis besteht ein direkter Zusammenhang.

Gegenstand der Due Diligence

Zentrale Untersuchungsgegenstände einer Due Diligence sind insbesondere die rechtliche, finanzielle, steuerliche, umwelttechnische und strategische Situation des Unternehmens.

Rechtliche Due Diligence

Gegenstand der rechtlichen Due Diligence ist die Prüfung der rechtlichen Grundlagen und rechtlicher Risiken im Unternehmen sowie der internen und externen Rechtsstrukturen. Bei den rechtlichen Grundlagen handelt es sich u.a. um das Vorliegen eines Gesellschaftsvertrags, das

Existieren der erforderlichen Gesellschaftsorgane, die Eintragung ins Handelsregister und das Vorliegen erforderlicher behördlicher Genehmigungen. Beispiele für letztere sind gewerberechtliche Sondergenehmigungen, Baugenehmigungen sowie Betriebsgenehmigungen und Umweltauflagen für einzelne Betriebsstätten. Rechtliche Risiken liegen z.B. in laufenden oder drohenden Prozessen. Ferner liegen für einen Erwerber rechtliche Risiken in wichtigen Verträgen und Vereinbarungen, die das Unternehmen eingegangen ist. Besonders wichtig sind Tarifverträge und Betriebsvereinbarungen, da derartige Regelungen erheblichen Einfluss auf den Unternehmenswert haben können, und der potentielle Käufer sehr häufig Veränderungen der innerbetrieblichen Strukturen vornehmen möchte.

Unter internen Rechtsstrukturen sind individuelle Verträge mit wichtigen Mitarbeitern, leitenden Angestellten und Führungskräften zu verstehen. Diese sind von hoher Wichtigkeit, da sie Aufschluss über die Möglichkeit zur Bindung von Schlüsselmitarbeitern an das Unternehmen sowie zur Vertragsaufhebung und die ggfs. damit verbundenen Kosten geben. Bei externen Rechtsstrukturen handelt es sich um Rahmenverträge für sich wiederholende Geschäftsvorgänge (z.B. Allgemeine Geschäftsbedingungen, Standardarbeitsverträge, Vertriebsvereinbarungen), um Kooperationsverträge, Großaufträge, wichtige Mietverträge, Versicherungspolicen, Nutzungsrechte sowie Patente, Warenzeichen und Lizenzen.

Finanzielle Due Diligence

Im Rahmen der finanziellen Due Diligence wird die Ertragskraft und wirtschaftliche Lage des Unternehmens analysiert. Wesentlicher Untersuchungsgegenstand dieser sog. „Financial Due Diligence" sind die Jahresabschlüsse der letzten Jahre, soweit vorhanden der aktuelle Zwischenabschluß sowie die Unternehmensplanung. Ferner können Prüfungsberichte, Strategie- und Geschäftsplanungen sowie Versammlungsprotokolle der Gesellschaftsorgane herangezogen werden. Die Bilanzierung des zu akquirierenden Unternehmens wird nicht nur auf ihre Übereinstimmung mit handelsrechtlichen Vorgaben, sondern auch im Hinblick auf die Bilanzpolitik der Unternehmensführung und die Konsistenz der angewandten Methoden im Zeitablauf untersucht. In einem zweiten Schritt wird die Kompatibilität mit der eigenen Bilanzierungspolitik geprüft.

Steuerliche Due Diligence

Bei einer steuerlichen Due Diligence werden u.a. Steuererklärungen und -bescheide, Betriebsprüfungsberichte und sonstige Dokumente zu den vergangenen Geschäftsjahren sowie Unterlagen zur steuerlichen Planung des Unternehmens analysiert. Methodisch gleicht die steuerliche Due Diligence einer vorgezogenen steuerlichen Betriebsprüfung. Wenn das zu erwerbende Unternehmen über Verlustvorträge verfügt, ist auch deren Nutzbarkeit für den Erwerber zu prüfen.

Umwelt-Due Diligence

Eine Umwelt-Due Diligence dient der Erfassung und Bewertung von Umweltrisiken. Dies ist insbesondere dann von Relevanz, wenn mit dem Kauf der Erwerb von Grund und Boden oder Produktionsstätten verbunden ist. Zu den finanziellen Umweltrisiken zählen neben den unmittelbaren Kosten der Schadensbeseitigung und der privaten Haftung - z.B. gegenüber gefährdeten Mitarbeitern oder Dritten - u.a. Besteuerung und Bußgelder, Kosten der Betriebsstillegungen und Investitionen für Sanierungen und Modernisierungen.

Strategische Due Diligence

Im Gegensatz zu der rechtlichen, finanziellen, steuerlichen und Umwelt-Due Diligence betrachtet die strategische Due Diligence ausschließlich die Zukunft des Unternehmens. Untersuchungsgegenstand sind vor allem Plan-GuV und -Bilanzen sowie Liquiditäts- und Cash Flow-Planungen. Wesentliche vom Käufer zu hinterfragende Planungsprämissen sind u.a. die Einschätzung des Marktes und der Wettbewerbssituation, der Produkte sowie der zu erwartenden Kosten. Dabei ist zu beachten, dass die Chancen und Risiken, die sich aus der Planung für das Unternehmen ergeben, nicht nur auf einer „Stand-Alone"-Analyse basieren, sondern auch im Kontext der strategischen Ziele des Erwerbers untersucht werden.

Mergers & Acquisitions

Risiken und Hindernisse

Im Zusammenhang mit der Due Diligence spielt die Gefahr des Informationsmissbrauchs durch den Kaufinteressenten eine bedeutende Rolle. Insbesondere wenn mit mehreren Kaufinteressenten, von denen am Ende nur ein einziger zum Zuge kommen kann, und/oder einem direkten Wettbewerber verhandelt wird, ist grds. Vorsicht geboten. Durch eine intelligente Strukturierung des Prozesses kann das Risiko allerdings minimiert werden.

Zunächst können sich das Unternehmen und sein Eigentümer durch einen abgestuften Informationsprozess absichern. Die Informationsbasis des Kaufinteressenten wird im Laufe der Verhandlungen nur sukzessive erweitert. Besonders vertrauliche Unterlagen können bis kurz vor der Vertragsunterzeichnung zurückgehalten werden, um die Gefahr eines Informationsmissbrauchs einzudämmen. Zur weiteren Absicherung kann der Einblick in besonders sensible Informationen auf Berater des Käufers beschränkt werden, die einer beruflichen Schweigepflicht unterliegen. Diese können dem Käufer wiederum eine (abgestimmte) Zusammenfassung oder eine allgemeine Aussage zukommen lassen.

Erschwerend für die Durchführung einer Due Diligence bei Aktiengesellschaften in Deutschland war lange Zeit die hierzulande vorherrschende Corporate Governance, da der Vorstand im deutschen Aktienrecht eine verhältnismäßig starke Stellung innehat. Gemäß § 76 Abs. 1 AktG hat der Vorstand die Gesellschaft unter eigener Verantwortung zu leiten. Dabei hat er seine Entscheidungen am „wohlverstandenen Unternehmensinteresse" auszurichten, das, anders als in den USA oder Großbritannien, nicht automatisch mit dem Shareholder Value identisch ist. Die Vorstandsmitglieder einer deutschen AG sind gemäß § 93 Abs. 1 Satz 2 AktG verpflichtet, über vertrauliche Angaben und Geheimnisse der Gesellschaft, namentlich Betriebs- oder Geschäftsgeheimnisse, die ihnen durch ihre Tätigkeit im Vorstand bekannt geworden sind, Stillschweigen zu bewahren. Der Vorstand einer Aktiengesellschaft darf vertrauliche Informationen nur dann weitergeben, wenn eine Beschränkung der Schweigepflicht im „Unternehmensinteresse" liegt. Die für einen Unternehmenskäufer entscheidungsrelevanten Informationen sind aber häufig vertraulich.

Bei börsennotierten Aktiengesellschaften besteht ein weiteres potentielles Hindernis. Da die im Rahmen einer Due Diligence offenzulegenden Informationen in der Regel nicht allgemein bekannt sind, kann der Vorstand mit der Erlaubnis einer Due Diligence zudem gegen das Verbot der Weitergabe von Insidertatsachen gemäß § 14 Abs. 1 Nr. 2 WpHG verstoßen. Wenn die Weitergabe von Informationen im Rahmen eines praxisüblichen Due Diligence-Verfahrens erfolgt, der Aktienerwerb nicht über die Börse stattfindet, die Geheimhaltung gewährleistet ist und eine Informationsweitergabe im „Unternehmensinteresse" liegt, kann i.d.R. aber angenommen werden, dass der Vorstand nicht gegen Insiderrichtlinien verstößt.

Der Vorstand einer Aktiengesellschaft kann eine Due Diligence unter Berufung auf das Unternehmensinteresse und das Insiderrecht gegen die Eigentümerinteressen behindern, sei es aus echter, aber nicht unbedingt gerechtfertigter Besorgnis um das Unternehmen oder aus persönlichem Interesse an einem Erhalt des Status quo. Eine „Blockadepolitik" ist aber in den seltensten Fällen angebracht. Zum einen stärken die meisten Fusionen und Übernahmen die Wettbewerbsfähigkeit des betroffenen Unternehmens auf den globalisierten Märkten. Zum anderen bestehen Möglichkeiten, durch Vertraulichkeitsvereinbarungen einem möglichen Informationsmissbrauch entgegenzuwirken.

4. Bewertung

Eine der Hauptaufgaben einer Investmentbank im M&A-Prozess ist die Beratung bei der Unternehmensbewertung. Trotz einer Vielzahl an finanzwirtschaftlichen und mathematischen Instrumenten und Methoden wird die Bewertung von Unternehmen in erster Linie durch die subjektive Einschätzung der künftigen Ergebnisüberschüsse beeinflusst, die wiederum auf vielen Annahmen über die zukünftige Entwicklung beruhen. Daraus folgt, dass das Ergebnis einer Bewertung nicht zu einem eindeutigen Wert führen kann, sondern lediglich zu einer Bandbreite, innerhalb derer sich der faire Wert mit hoher Wahrscheinlichkeit befindet. Integraler Bestandteil einer Unternehmensbewertung sind Sensitivitätsanalysen, um die wesentlichen werttreibenden Faktoren herauszukristallisieren.

Vom fairen Unternehmenswert ist der Transaktionswert zu unterscheiden, d.h. die Höhe der Gegenleistung; hierunter ist der Preis zu verstehen, bei dem sich Angebot und Nachfrage treffen. Der Wert, den die Zielgesellschaft für den potentiellen Investoren hat, ist der Transaktionswert (→ Übernahmewert). Die Höhe des Aufschlages des Transaktionswertes über den fairen Unternehmenswert wird regelmässig durch eine Reihe von Faktoren bestimmt:

Faktor	Niedrigere Prämie	Höhere Prämie
Transaktionsart	• Freundlich	• Feindlich
Höhe des Anteils	• Minderheitsanteil	• Kontrolle
Wettbewerb	• Exklusiv	• Auktion
Synergiepotential	• Niedrig	• Hoch
Zahlungsmodalitäten	• Bar	• Aktien

Quelle: Dombret/Bender (siehe Literaturverzeichnis)

Der Begriff des Unternehmenswertes soll in diesem Zusammenhang möglichst genau definiert werden. So muss einerseits zwischen (1.) dem Liquidationswert (Zerschlagungswert), dem Wert im Falle der Zerschlagung der Unternehmen und dem anschliessenden Verkauf der Einzelteile, und (2.) dem → Going Concern-Wert, der eine zukünftige Geschäftstätigkeit der Unternehmung unterstellt, unterschieden werden.

Im Folgenden werden einige praxisorientierte Ansätze von unterschiedlichen Bewertungsverfahren in der Einzelbetrachtung vorgestellt.

Einzelbewertungsverfahren

Diese Gruppe von Bewertungsmethoden betrachtet nicht die Unternehmung als Gesamtheit, sondern die Summe ihrer Einzelteile bzw. ihrer Aktivpositionen unter Abzug des Fremdkapitals.

Der Liquidationswert der Unternehmen wird definiert als der Wert, der sich bei Aufgabe der Geschäftstätigkeit durch Veräußerung des Vermögens unter Abzug von Schulden und Liquidationskosten ergeben würde.

Ausgangspunkt der Bewertung nach dem Substanzwertverfahren (Bilanzwert*)* ist der Buchwert des → Eigenkapitals (→ Net Asset Value). Aufgrund der Gläubigerschutzvorschriften des → HGB (→ Niederstwertprinzip, Prinzip kaufmännischer Vorsicht) werden die stillen Reserven auf der Aktiv- und Passivseite der Bilanz nicht angemessen berücksichtigt. Eine Bilanzierung nach „International Accounting Standards" (IAS), zu der immer mehr deutsche Großunternehmen übergehen, kommt einer Bewertung zu aktuellen Marktwerten näher. Bei der Berechnung des ANAV („adjusted net asset value") wird der Buchwert des Eigenkapitals um stille Reserven nach Steuern auf der Aktiv- und Passivseite korrigiert.

Dividend Discount Modell

Das Dividend Discount Modell wird vor allem zur Bewertung von Banken und Versicherungen herangezogen. Hierzu wird der Unternehmenswert aus den erwarteten Ergebnisüberschüssen in der Planungsperiode abgeleitet. Der Ertragswert umfasst zusätzlich den Endwert also den Wert des nachhaltigen Ergebnisses (Ergebnis, das nach Ablauf der Planungsperiode auf Dauer erzielt werden kann).

Mergers & Acquisitions

Basis der Ertragswertmethode sind die an die Aktionäre ausschüttbaren → Ergebnisüberschüsse unter Annahme der → Vollausschüttung, aber unter Aufrechterhaltung bestimmter aufsichtsrechtlicher Kapitalquoten (Solvabilität). Sie werden unter möglichst vollständiger Eliminierung rechnungslegungspolitischer Einflüsse für den Planungszeitraum prognostiziert und auf den Bewertungsstichtag abgezinst.

Zur Bestimmung des Endwertes werden in der Praxis im Wesentlichen zwei Methoden herangezogen. Einerseits kann dieser als ewige Rente errechnet werden, und zwar entweder in seiner reinen Form oder in der dynamischen Version des → Gordon Growth-Modells. Alternativ kann der Endwert durch Börsenmultiplikatoren ermittelt werden.

Alle Überschüsse werden mit einem Zinssatz diskontiert, der den Eigenkapitalkosten entspricht (risikoloser Marktzins zuzüglich eines systematischen Risikozuschlages).

DCF (→Kapitalwertmethode)

Das Pendant zum Dividend Discount-Modell ist für Industrieunternehmen (bzw. generell für alle Nicht-Finanzdienstleister) die → Discounted Cash Flow-Methode (DCF). Im Unterschied zum Ertragswert werden allerdings keine Ertragsgrößen, sondern Einzahlungsüberschüsse (→ Cash Flows) abgezinst, um den Unternehmenswert zu bestimmen. Dabei werden sowohl Zahlungen an die Eigen- als auch an die Fremdkapitalgeber der Unternehmen berücksichtigt. Aus diesem Grund nutzt man zur Diskonierung der Cash Flows die durchschnittlichen Kapitalkosten, (→ Weighted Average Costs of Capital, WACC). Diese werden als gewichteter Durchschnitt von Eigenkapitalkosten und Fremdkapitalzins unter Berücksichtigung ihrer steuersparenden Wirkung gebildet.

Zur Berechnung der Eigenkapitalkosten wird das → Capital Asset Pricing Model (CAPM) verwendet. Die Eigenkapitalkosten, die der geforderten Rendite der Eigenkapitalgeber entsprechen, setzten sich dabei aus dem risikofreien Zinssatz, der Marktrisikoprämie und einem unternehmensspezifischen Risikofakor, dem Unternehmens-Beta zusammen. Letzteres spiegelt die Kovarianz, also das Verhältnis zwischen spezifischem Risiko der Aktie und dem Risiko des gesamten Aktienmarktes oder des entsprechenden Aktienindexes wider.

Multiplikatoren

Neben den Fundamentalverfahren werden in der Praxis häufig marktorientierte Bewertungsmethoden angewandt. Dabei werden bestimmte Börsenkennzahlen von vergleichbaren börsennotierten Unternehmen auf zu bewertende Unternehmen übertragen. Durch die Anwendung von relevanten Kennzahlen (→ Börsenmultiplikatoren) vergleichbarer Unternehmen auf die jeweiligen Richtgrößen des zu bewertenden Unternehmens ergibt sich der implizite Unternehmenswert. Die wichtigsten und geläufigsten Kennzahlen sind das Kurs/Gewinnverhältnis (KGV bzw. Price/Earnings Ratio, PE), das Verhältnis von Unternehmenswert (Firm Value) zu Umsatz (Sales), Unternehmenswert zu Ergebnisgrößen (→ EBIT, → EBITDA) sowie Unternehmenswert zu → Net Asset Value bzw. Adjusted Net Asset Value.

Um eine angemessene Bewertung über Börsenmultikennzahlen zu erreichen, ist es entscheidend, die richtige Auswahl der vergleichbaren Unternehmen (Peer Group) bzw. eine Bereinigung der betrieblichen Kennzahlen um außerordentliche Einflüsse vorzunehmen. Diese Methode ist insbesondere zur Überprüfung der Ergebnisse der analytischen Ertragswertmethoden gut geeignet. Ein zentraler Aspekt der Kennzahlenbewertung ist die Zukunftsorientierung. Aktienkurse spiegeln erwartete, künftige Unternehmensereignisse wider. Deswegen müssen bei den Kennzahlenmethoden Aktienkurse ausschließlich in Relation zu Prognosen über erwartete Umsatz- und Ergebniszahlen gesetzt werden. Als Informationsquelle hierfür dienen vor allem Analystenschätzungen.

Das KGV gibt das Verhältnis des Aktienkurses zum Gewinn je Aktie eines Unternehmens an. Multipliziert mit der Anzahl der Aktien ist das KGV äquivalent zu dem Verhältnis von Börsenwert und erzieltem Jahresüberschuss. Um der Problematik der Vergleichbarkeit von Unternehmen aus verschiedenen Ländern (mit unterschiedlichen Bewertungs- und Bilanzierungsvorschriften) Rechnung zu tragen, wird in der Bewertungspraxis häufig, wie oben dargestellt, auf höher aggregierte Erfolgsgrößen wie EBIT (Earnings before Interest and Taxes) und EBITDA (Earnings before Interest, Taxes, Depreciation and Amortisation) zurückgegriffen.

Anders als bei Börsenmultiplikatoren stellen die sog. Transaktionsmultiplikatoren auf die Kaufpreise in bereits abgewickelten M&A-Transaktionen ab. Neben der richtigen Auswahl der vergleichbaren Transaktionen ist bei den Transaktionsmultiplikatoren jeweils der spezifische Hintergrund der Transaktion zu berücksichtigen (z.B. Anzahl der Bieter). Eine Bewertung über Transaktionsmultiplikatoren sollte i.d.R. nur zur Absicherung der eigenen Fundamentalbewertung zzgl. Prämie erstellt werden.

Die Fundamentalverfahren stehen immer im Zentrum der Bewertungspraxis. Der Abgleich mit den Marktbewertungen ist jedoch zur Überprüfung der Praxistauglichkeit einer Bewertung dringend anzuraten. Nur mit den Fundamentalverfahren kann darüber hinaus die Preisobergrenze für eine Akquisition berechnet werden: diese ist dann erreicht, wenn der Unternehmenswert des Käufers durch die Transaktion nicht erhöht wird.

5. Vertragsverhandlungen

Ein wesentlicher Aspekt der Vertragsverhandlungen ist die Garantie der Vertraulichkeit der Gespräche. Um den Prozess der Vertragsverhandlungen zu beschleunigen können die erzielten Einigungsfortschritte schrittweise festgeschrieben werden. Hierfür eignen sich die Erstellung eines Memorandum of Understanding und eines Term Sheet. Auf Risiken, die im Rahmen der Due Diligence offensichtlich wurden, kann mittels einer „Earn Out"-Struktur eingegangen werden. Damit wird der Kaufpreis eines Unternehmensanteils zu einem späteren Zeitpunkt von einer dann eingetretenen Unternehmensentwicklung abhängig gemacht.

Ein weiteres Instrument zur Reduzierung der Informationsasymmetrie zwischen Käufer und Verkäufer ist die Aufnahme von Gewährleistungsbestimmungen in das Vertragswerk. Hierbei können die Rechtsmängelhaftung nach §§ 434ff. BGB sowie die Sachmängelhaftung nach §§ 459ff. BGB zur Anwendung kommen.

Erfolgt der Unternehmenskauf durch eine öffentliche Übernahme, so kann das Zielunternehmen entweder durch einen schrittweisen Aufkauf oder ein öffentliches Angebot erworben werden. Hierbei kommt das seit dem 1. Januar 2002 geltende Wertpapiererwerbs- und Übernahmegesetz (WpÜG) zur Anwendung.

Wertpapiererwerbs- und Übernahmegesetz

Das WpÜG wurde geschaffen, da die freiwilligen Regelungen des von der Börsensachverständigenkommission eingeführten Übernahmekodex keine flächendeckende Anwendung fanden und nicht in gleichem Maße zur Kapitalmarktusance wurden wie insbesondere in den angelsächsischen Ländern. Das WpÜG findet Anwendung auf Gesellschaften mit Sitz in Deutschland, die zum Ziel einer Unternehmensübernahme wurden und deren Aktien an einer inländischen Börse zum amtlichen Handel oder zum geregelten Markt zugelassen sind bzw. zum Handel an einem organisierten Markt in einem anderen Staat im Europäischen Wirtschaftsraum.

Intention bei der Schaffung des WpÜG war es, beim Erwerb von Kontrollmehrheiten an einer Zielgesellschaft und anderen öffentlichen Angeboten zum Erwerb von Wertpapieren in Deutschland Rahmenbedingungen vorzugeben. Diese sollen sich an internationalen Standards orientieren und ein faires und geordnetes Angebotsverfahren gewährleisten. Mit den Regelungen der § 10 ff WpÜG soll insbesondere die Transparenz des Angebotsverfahrens gefördert werden. Hierzu wurden im WpÜG Zeitpunkt und Frist der Angebotsabgabe, Umfang und Inhalt der in dem Angebot enthaltenen Informationen sowie die Sicherstellung der Finanzierung des Angebots detailliert festgeschrieben. Damit soll sichergestellt werden, dass alle Aktionäre über den selben Umfang an Informationen verfügen.

Mergers & Acquisitions

Darüber hinaus ist eine der wichtigsten Regelungen des WpÜG die Vorschrift, dass ein Bieter, sobald er direkt oder indirekt über mehr als 30% der Stimmrechte an einer Zielgesellschaft erwirbt, auch den übrigen Aktionären gemäß § 31 WpÜG ein Kaufangebot mit einer angemessenen Gegenleistung zu unterbreiten hat. Die Gegenleistung bestimmt sich dabei nach § 5 WpÜG-Angebotsverordnung und kann in einer Geldleistung in Euro oder in liquiden, an einem organisierten Markt des Europäischen Wirtschaftsraums notierten Aktien bestehen. Der Wert der Gegenleistung muss dabei gem. § 5 Abs. 1 WpÜG-Angebotsverordnung mindestens dem gewichteten inländischen durchschnittlichen Börsenkurs der Zielgesellschaft während der letzten drei Monate vor Veröffentlichung des Angebots entsprechen.

Dem Vorstand der Zielgesellschaft wird durch § 33 WpÜG untersagt, Handlungen vorzunehmen, die den Erfolg dieses Angebots beeinträchtigen könnten. Ausnahmen von dieser Regelung sind gestattet, wenn der Aufsichtsrat oder die Hauptversammlung diese Handlungen genehmigt haben oder wenn sie dazu dienen, ein konkurrierendes, genehmes Angebot zu suchen (White Knight).

Relevante Paragraphen zu Akquisitionen, die im Aktiengesetz manifestiert sind, behandeln neben Offenlegungsvorschriften, die u.a. die Veröffentlichung von Anteilen ab bestimmten Wertgrenzen verlangen, vor allem auch die sogenannte „Squeeze-out"- Regelung. Besitzt ein Hauptaktionär mehr als 95 Prozent der Aktien einer Gesellschaft, so kann die Hauptversammlung beschließen, dass die Minderheitsaktionäre ihre Aktien dem Hauptaktionär gegen Gewährung einer angemessenen Barabfindung übertragen müssen. Ziel dieser seit dem 1. Januar 2002 geltenden Regelung ist es, den Formalaufwand (Abhaltung einer Hauptversammlung, weitreichende Publikationsvorschriften etc.) für die Aktiengesellschaft zu vermindern.

Das WpÜG sieht je nach Gesetzesentwurf gem. § 59ff einzelne Sanktionen vor:

Rechtsverlust: Bei Verstoß gegen das WpÜG bestehen für die Zeit des Verstoßes keine Rechte aus Aktien, die dem Verpflichteten oder einem Tochterunternehmen des Verpflichteten gehören.

Sperrfrist: Der Bieter kann ein erneutes Angebot grundsätzlich erst nach einem Jahr abgeben, nachdem sein Erwerbs- oder Übernahmeangebot untersagt wurde oder durch das Knüpfen des Angebots an eine Mindestquote gescheitert ist.

Zinsen: Bei Missachtung des Zwangs zur Abgabe eines Pflichtangebots müssen Zinsen auf die ausbleibende Gegenleistung an die Aktionäre der Zielgesellschaft gezahlt werden.

Bußgeld: Ein Verstoß gegen das WpÜG kann mit einer Geldbuße von bis zu einer Million Euro bestraft werden.

Neben dem WpÜG gibt es eine Reihe weiterer Gesetze, Verordnungen und Regeln, die im Falle von M&A-Transaktionen zur Anwendung kommen können. Gesellschaftsrechtliche Vorschriften finden sich in erster Linie im Aktiengesetz (AktG) sowie dem Umwandlungsgesetz (UmwG). Letzteres beinhaltet Vorschriften zu Fusionen. Wettbewerbsrechtliche Vorschriften finden sich in erster Linie im Gesetz gegen Wettbewerbsbeschränkungen (GWB). Grundsätzliches Ziel dieses Gesetzes ist die Verhinderung der Entstehung von marktbeherrschenden Unternehmen, die zur Verhinderung oder Einschränkung des Wettbewerbes in ihrem relevanten Markt und damit zur Verschlechterung der Verbrauchersituation führen. Aus diesem Grund werden anmeldepflichtige, genehmigungspflichtige und verbotene Unternehmenszusammenschlüsse und die damit verbundenen Prozesse definiert.

6. Urteil der Kapitalmärkte

Um die Frage nach der ökonomischen Rationalität von M&A-Transaktionen zu klären, müssen vor allem zwei Fragen beantwortet werden: (1.) Wie reagieren Kapitalmärkte auf die Ankündigungen von Akquisitionen und (2.) Schaffen es die zusammengeschlossenen Unternehmen, zusätzlichen Wert für die Aktionäre zu generieren?

Aktuelle Studien zeigen, dass die Kapitalmärkte ihre Einschätzung von Akquisitionen im Laufe der letzten zehn Jahre geändert haben. Während Kapitalmarktreaktionen nach Ankündigungen von Akquisitionsabsichten zwischen 1988 und 1990 im Durchschnitt noch negativ waren, lässt sich in den 90er Jahren bis 1998 ein eindeutig positiver Trend verzeichnen. Daraus kann die Einschätzung des Marktes abgeleitet werden, dass Käufer disziplinierter geworden und die Lerneffekte hinsichtlich der Nutzung von Akquisitionen zur Steigerung des Unternehmenswertes größer geworden sind. Die Verminderung dieser Tendenz im Jahr 1999 wird dadurch erklärt, dass es sich seither schwieriger darstellt, Unternehmen zu attraktiven Preisen zu erwerben.

Um die Wertgenerierung zu quantifizieren, wurde die mittelfristige Kursentwicklung von Käufern untersucht. Dabei stellte sich heraus, dass ungefähr jeder zweite Unternehmenskauf Wert für die Aktionäre des Käufers geschaffen hat.

Hieraus folgt, dass M&A-Aktivitäten – richtig implementiert – zu den wertvollsten Shareholder Value-Instrumenten gehören und aus dem heutigen Wirtschaftsgeschehen nicht mehr wegzudenken sind.

Andreas R. Dombret, Managing Director, ist Co-Sprecher der Geschäftsführung der Investmentbank Rothschild in Deutschland. Dieser Beitrag entstand unter Mitarbeit von Dr. Joachim Häcker, Assistant Director, Rothschild.

Literatur:

ACHLEITNER, P. / DRESIG, T.: „Mergers & Acquisitions", in: Handwörterbuch des Bank- und Finanzwesens, Schäffer-Poeschel, 2001.

COPELAND, T. / KOLLER, T. / MURREN, J.: „Valuation – Measuring and Managing the Value of Companies", John Wiley & Sons, 1995.

DOMBRET, A.: „Share Deals bei M&A-Transaktionen auf dem Vormarsch", in: Die Bank, 1999.

DOMBRET, A. / BENDER, O.: „Kapitalmarktorientierte Bewertung von Banken in der Praxis", Handbuch Europäischer Kapitalmarkt, Gabler, 2000.

EMAY, D. / FINNALY, J.: „Corporate Financial Management", McGraw-Hill, 1999.

ERNST, D. / HÄCKER, J.: „Realoptionen im Investment Banking – M&A, IPO, VC", Schäffer Poeschel, 2002.

HÄCKER, J. / RAGOTZKY, S.: „ Reduzierung der Informationsrisiken beim Unternehmenskauf", in: M&A Review, 1999.

ROSS, S. / WESTERFIELD, R.. / JAFFE, J.: „Corporate Finance", Mc Graw Hill, 1998.

Merkmale eines Wertpapiers

Merkmale eines Wertpapiers, *terms of securities.* Eine Wertpapierurkunde muss bestimmte Merkmale aufweisen, die in den 1975 von den deutschen Wertpapierbörsen gemeinsam erlassenen und 1981 überarbeiteten Richtlinien für die Lieferbarkeit beschädigter, amtlich notierter Wertpapiere definiert wurden: Stücknummern für jede einzelne Wertpapierurkunde; verwahrungstechnische Angaben in den Wertpapiermänteln, wie z.B. → Nennwert, → Reihe, → Serie, → Litera oder → Nominalzins, Kontroll- und Treuhänderunterschriften, Trokkenstempel, eventuell → Blankogiro und -zession bei Namensaktien und Orderteilschuldverschreibungen, weitere Stempelaufdrucke bei Änderungen der ursprünglichen Bedingungen. – Vgl. auch → Ausstattung von Wertpapieren.

Metageschäft, *transaction on joint account.* Bezeichnung für ein Geschäft, bei dem die Geschäftspartner (Metisten) vereinbaren, den Gewinn bzw. Verlust, der durch das gemeinsame Geschäft entsteht, hälftig zu teilen.

Metallbörse, *metal exchange.* Börse, an der Metalle (z.B. Aluminium, Kupfer, Zink, Nickel, Blei, und Zinn) gehandelt werden. In Europa hat die → London Metal Exchange (LME) den größten Marktanteil.

Metisten, *parties to a joint transaction.* Bezeichnung für Geschäftspartner, die sich nach Abschluss eines Geschäfts den entstehenden Gewinn oder Verlust teilen (→ Metageschäft).

M-Formation, *M formation.* Begriff aus der → Chart-Analyse, der einen typischen Kursverlauf in Form einer → Umkehrformation beschreibt. Die M. ist eine zusammengehörige spezielle Kurs- und Umsatzentwicklung (→ Analyse von Formationen) in Form des Buchstabens M. Die M. beginnt mit einem stark steigenden Kursverlauf bei steigenden Umsätzen, die ihren höchsten Wert bei Ausbildung eines → Tops annehmen. Einem zwischenzeitlichen Rückgang um mindestens 20 Prozent folgt bei fallenden Umsätzen ein erneuter Anstieg, dessen höchster Punkt das bisherige Top idealerweise nicht überschreitet. Zwischen den beiden Tops liegen mindestens vier Wochen. Die Ausbildung einer M. liefert ein → Verkaufssignal. – Gegensatz: → W-Formation. – Vgl. auch → Technische Analyse.

MG Base Metal Index, von der Metallgesellschaft AG berechneter Index, der die fünf wichtigsten Nichtedelmetalle (Aluminium, Blei, Kupfer, Nickel und Zink), gewichtet mit ihrer jeweiligen Bedeutung für den Weltmarkt, enthält. Dieser Index wird seit 1989 veröffentlicht.

Mid Caps, *middle capitalization.* Bezeichnung für → Aktien mit mittlerer → Markt- oder Börsenkapitalisierung.

MIDCAC. → Aktienindex der Société des Bourses Francaises (SBF). Er umfasst 100 Aktienwerte mittelgroßer Unternehmen verschiedener Branchen, die an der → Paris Bourse gelisteten sind. Kriterien für die Auswahl sind dabei die → Börsenkapitalisierung und die → Liquidität, wobei bestimmte Finanz- und Immobilienwerte ausgeschlossen werden. Der am 12.05.1995 erstmals veröffentlichte → Index wird zwei mal am Tag berechnet. Wie für die anderen französischen Indizes wurde sein Basisstand von 1.000 Punkten zum 31.12.1990 festgelegt. – Vgl. auch → CAC 40.

Midcap DAX (MDAX). → Aktienindex, der die 70 Titel umfasst, die in Bezug auf ihre → Marktkapitalisierung und ihren → Börsenumsatz den DAX30-Werten direkt folgen und die im → amtlichen Handel oder am → Geregelten Markt → variabel gehandelt werden. Die Zusammensetzung des MDAX wird zwei mal pro Jahr im März und im September überprüft und angepasst. Ausschlaggebend für die Aufnahme in den MDAX ist die Rangfolge der Aktiengesellschaften hinsichtlich Börsenkapitalisierung und Börsenumsatz. – Der MDAX wird als → Performance-Index nach der Indexformel von Laspeyres minütlich, als → Kursindex einmal täglich, berechnet und veröffentlicht. Basis des MDAX ist ein Wert von 1.000 zum 30.12.1987. – Vgl. auch → Composite-DAX und → Deutscher Aktienindex.

Mid-cap-Fonds, *mid-capitalization fund.* Bezeichnung für → Investmentfonds, die sich in ihrer Anlagepolitik auf Unternehmen mittlerer Größe konzentrieren. Dabei steht zur Differenzierung der Größe der Unter-

Mindestanforderungen an das Betreiben von Handelsgeschäften

nehmen ihre jeweilige Grundkapitalausstattung im Vordergrund.

MIGA, Abk. für → Multilateral Investment Guarantee Agency.

Milchmädchenhausse, → Dienstmädchenhausse

Min Return Warrant. Variante eines → Barrier-Optionsscheines, die auf fallende Kurse spekuliert (→ Put). Erreicht der → Basiswert jedoch eine bestimmte Untergrenze erfolgt automatisch die Ausübung und der Inhaber erhält die Differenz zwischen → Basispreis und der Grenze. Damit ist das maximale Gewinnpotential begrenzt. – Gegensatz: → Max Return Warrant.

Minderheit, *Minorität, minority.* Anlegergruppe, die nur über einen geringen Stimmenanteil verfügt. Eine M. kann keine Beschlüsse durchsetzen und nur bei Vorliegen einer → qualifizierten Minderheit die Fassung einiger Beschlüsse verhindern. – Gegensatz: → Mehrheit. – Vgl. auch → Minderheitenrechte der Aktionäre.

Minderheitenrechte der Aktionäre, *Minoritätsrechte der Aktionäre, minority rights of the stockholders.* Die Minderheitenrechte dienen dem Schutz der → Kleinaktionäre vor Übervorteilung durch → Großaktionäre. Dazu zählen das Recht, einen Gegenantrag zu Tagesordnungspunkten der Hauptversammlung zu stellen, der Anspruch auf eine angemessene Abfindung bei Unternehmensverträgen oder das → Auskunftsrecht der Aktionäre. Darüber hinaus können bei einer fünfprozentigen Beteiligung oder dem anteiligen Betrag am Grundkapital von 500.000 Euro zusätzliche Tagesordnungspunkte zur Abstimmung gestellt werden. Ähnliche Schranken gelten auch für die Einberufung einer außerordentlichen Hauptversammlung (→ außerordentliche Hauptversammlung der AG), für die Geltendmachung von Ersatzansprüchen oder die Möglichkeit der Einzelentlastung von Aufsichtsrats- und Vorstandsmitgliedern (→ Entlastung des Vorstands und des Aufsichtsrats der AG). Ein weiteres Minderheitenrecht ist das Recht auf Anfechtung von → Hauptversammlungsbeschlüssen oder auf gerichtliche Überprüfung von gesetzlichen Abfindungs- bzw. Ausgleichszahlungen in Folge von Unternehmensverträgen im Rahmen eines Spruchstellenverfahrens.

Minderheitsaktionär, → Kleinaktionär.

Minderheitsbeteiligung, *minority interest/ownership.* Die M. ist gesetzlich nicht definiert. Nach herrschender Meinung wird davon ausgegangen, dass eine M. bei einer Beteiligung von unter 50% des → gezeichneten Kapitals vorliegt. – Gegensatz: → Mehrheitsbeteiligung.

Mindestanforderungen an das Betreiben von Handelsgeschäften. Das → Bundesaufsichtsamt für das Kreditwesen hat im Oktober 1995 eine „Verlautbarung über Mindestanforderungen an das Betreiben von Handelsgeschäften der Kreditinstitute" und ihrer ausländischen Niederlassungen erlassen, mit der es auf die anhaltenden internationalen Diskussionen über die erhöhten Reglementierungserfordernisse im Handelsgeschäft reagiert und die bisherigen Anforderungen um Vorschriften über Risikocontrolling und -management ergänzt hat. Die überwiegend organisatorisch ausgerichteten Mindestanforderungen, derer Einhaltung seit 1997 überwacht wird, stützen sich vor allem auf die "Richtlinien für das Risikomanagement im Derivativgeschäft" des Baseler Ausschusses für Bankenaufsicht von 1994. Festgeschrieben wird die Gesamtverantwortung aller Geschäftsleiter eines → Kreditinstituts für die ordnungsgemäße Organisation und Überwachung des Handelsgeschäfts, die entsprechende Rahmenbedingungen (bearbeitete Märkte und Kundenkreise; geschäftspolitische Strategien; Verfahren zur Messung, Analyse und Steuerung der Risiken; interne Kontroll- und Überwachungssysteme u.ä.) festzulegen haben. Ferner werden Anforderungen an den Aufbau eines internen Risikosteuersystems, Begrenzungen der Risikopositionen für → Adressenausfall-, → Marktpreis- und → Liquiditätsrisiken sowie Anforderungen an die Begrenzung von Rechts- und Betriebsrisiken gestellt. Weitere Reglementierungen betreffen die Implementierung von Testphasen im Rahmen der Einführung von Geschäften in neuartigen Produkten, Anforderungen an Mitarbeiterqualifikationen und Vergütungssysteme, Aufbewahrungspflichten für revisionsrelevante Unterlagen sowie die Organisation der Handelstätigkeit mit der Forderung nach

Mindestbetrag für die Kursfestsetzung

einer funktionalen Trennung zwischen → Handel und → Back-office-Bereich für den Arbeitsablauf der Handelstätigkeit.

Mindestbetrag für die Kursfestsetzung, *Mindestschluss, round lot for the price making*. Der M.f.d.K. bezeichnet die Stückzahl (z.B. bei Aktien) oder den Nennbetrag (z.B. bei Schuldverschreibungen), auf den ein Kauf- bzw. Verkaufsauftrag über variabel gehandelte Wertpapiere mindestens lauten muss, damit er im Handel zur → fortlaufenden Notierung ausgeführt werden kann. Beläuft sich der Auftrag nicht auf diesen Mindestbetrag oder ein ganzzahliges Vielfaches, so ist er ebenso zum → Einheitskurs auszuführen wie ein nicht durch den Mindestbetrag teilbarer Rest eines Auftrags. Gemäß den „Bedingungen für Geschäfte an der Frankfurter Wertpapierbörse" vom 20.09.1999 (und den insoweit gleichlautenden Bedingungen an den übrigen Börsen) lauten diese Mindestbeträge regelmäßig: 50 Stück bei Aktien mit Nennwert bzw. mit anteiligem Betrag des Grundkapitals in Höhe von 25 Euro oder mehr. – 100 Stück bei Aktien mit Nennwert bzw. mit anteiligem Betrag des Grundkapitals in Höhe von unter 25 Euro. – 1 Mio. DM oder Euro Nominalwert bei Schuldverschreibungen. – In der Praxis sind die für die Festlegung der Mindestschlussgrößen zuständigen → Börsengeschäftsführungen aus Wettbewerbsgründen allerdings dazu übergegangen, den Handel zur fortlaufenden Notierung bei Aktien bereits ab einem Stück zuzulassen.

Mindestgebühren, *minimum charges*. Für → Orders, die ein bestimmtes Volumen (z.B. Gegenwert von 2.500 Euro) nicht überschreiten, werden die Gebühren nicht prozentual, sondern in Form von M. berechnet. Diese liegen i.d.R. zwischen fünf und 25 Euro und werden berechnet, um die unabhängig vom spezifischen Transaktionsvolumen entstehenden Kosten der ausführenden Bank (partiell) abzudecken.

Mindestgrundkapital der AG, *minimum capital stock of a corporation*. Die gesetzlich vorgeschriebene Mindesthöhe des → Grundkapitals der AG beträgt 50.000 Euro.

Mindestnennbetrag (-wert) des Grundkapitals der AG, Der M. d. G. beträgt 50.000 Euro (§ 7 AktG).

Mindestnennbetrag (-wert) des Stammkapitals der GmbH, Der M. d. S. beträgt 25.000 Euro (§ 5 Abs. 1 GmbHG).

Mindestnennbetrag von Aktien, *Mindestwert von Aktien, minimum par value of shares*. Aktien mit einem Nennbetrag müssen nach dem → Aktiengesetz mindestens auf einen Euro lauten. Bei der Ausgabe von Stückaktien darf der auf eine Aktie entfallende Anteil am Grundkapital einen Euro nicht unterschreiten.

Mindestnennwert, *minimum face value*. Der M. bezeichnet den kleinsten möglichen → Nominalwert, auf den emittierte → Wertpapiere lauten können. – Im Zuge der Einführung des → Euro wurde der für emittierte DM-Aktien geltende M. von fünf DM durch den für alle Euroländer geltenden M. von einem Euro abgelöst (§ 8 II AktG). – Vgl. auch → Nennbetrag von Wertpapieren, → nennwertlose Wertpapiere.

Mindestreserve, *minimum reserve requirements*. Die Verpflichtung der → Kreditinstitute, Anteile von Kundenguthaben als M. zu unterhalten, wurde in ihren Grundgedanken von der → Europäischen Zentralbank (EZB) von dem bei der → Deutschen Bundesbank angewendeten Mindestreservesystem übernommen. Die Höhe der jeweils zu unterhaltenden M. ergibt sich aus der absoluten Höhe der Mindestreservebasis eines Kreditinstituts und aus dem für diese Basis jeweils gültigen Mindestreservesatz. Im Rahmen der Vorschriften des → Europäischen Systems der Zentralbanken (ESZB) werden in Bezug auf die Unterhaltung von M. drei verschiedene Mindestreservebasen unterschieden. Dabei handelt es sich zum einen um Verbindlichkeiten, für die ein Mindestreservesatz in positiver Höhe veranschlagt wird, wozu täglich fällige Einlagen, Einlagen mit einer Laufzeit von maximal 2 Jahren, etc. gehören. Zum anderen existieren Verbindlichkeiten, die mit einem Mindestreservesatz von 0 % belegt sind, wie z.B. Einlagen mit einer Laufzeit von über 2 Jahren, etc., und um Verbindlichkeiten, die generell nicht in die Berechnung der Mindestreservebasen eingehen (z.B. Verbindlichkeiten gegenüber anderen Instituten, die selbst mindestreservepflichtig sind). – Die Berechnung des von einer Bank zu unterhaltenden Mindestreserve-Solls ergibt sich aus den jeweils am Monatsende festgestellten Bilanzpositionen des Vormonats. Unterschreitet ein Kreditinstitut am Stichtag sein Mindestreserve-Soll, so steht es der EZB frei, dies in Form eines Strafzinssatzes auf den festgestellten Fehlbetrag zu sanktionieren. Die wesentlichste Neuerung zum Mindestreservesystem der Deutschen Bundesbank besteht darin, dass die EZB die bei ihr gehaltenen Mindestreservebeträge mit dem jeweils gültigen Zinssatz ihrer → Hauptrefinanzierungsoperationen verzinst. Diese Verzinsung soll einem Wettbewerbsnachteil der Banken des Euro-Währungsraumes gegenüber Banken aus Ländern ohne Mindestreservepflicht vorbeugen, da eine Erhebung von M. für die Banken des Euro-Währungsraumes grundsätzlich ein wettbewerbsverzerrendes Kostenelement darstellt.

Mindestschluss, → Mindestbetrag für die Kursfestsetzung, → fortlaufende Notierung.

Mindeststammkapital der GmbH, *minimum share/nominal capital of a GmbH*. Die gesetzlich vorgeschriebene Mindesthöhe des → Stammkapitals der GmbH beträgt 25.000 Euro.

Mindeststückzahl, *minimum number of pieces*. Bei der → Stücknotierung wird i.d.R. ein Stück eines Wertpapieres notiert. Werden Wertpapiere nicht mit einem Stück, sondern mit einem Vielfachen z.B. in 100 Stück bestimmt, so gibt die M. die notierte Stückzahl an.

Mindestzins-Zertifikate, → Floor. – Vgl. auch → Zinsausgleichszertifikate.

Mini Caps, *micro caps*. → Aktien mit geringer → Marktkapitalisierung.

Mini-Max Floating Rate Note, *Mini-max Floater*. Variante eines → Collared Floating Rate Note, bei dem die Spanne zwischen Höchst- und Mindestzinssatz sehr gering ist.

Minimum fill, **(MF)**, *Mindestauftragsgröße*. Bezeichnung für eine Spezialklausel bei → Kauf- oder → Verkaufsaufträgen von → Wertpapieren, gemäß der für die Ausführung ein bestimmter Mindestumfang des Auftrags erforderlich ist.

Minorität, → Minderheit.

Minoritätsrechte, → Minderheitenrechte der Aktionäre.

Minority Ownership, → Minderheitsbeteiligung.

Minusankündigung, *Minuszeichen, (sharp) markdown*; → Kurszusatz in Form eines (–) im Börsenhandel, der eine Veränderung des Wertpapierkurses nach unten um mindestens 5% bei → Aktien, → Wandelanleihen, → Optionsanleihen und → Optionsscheinen signalisiert, bei → Doppelminusankündigung (– –) um mindestens 10%. – Gegensatz: → Plusankündigung.

Minusposition. Bezeichnung für eine → Währungsposition bei der die Verbindlichkeiten überwiegen. – Gegensatz: → Plusposition.

Minusstückzinsen, *negative Stückzinsen*; → Ausgleichszahlung des Verkäufers an den Käufer eines → Wertpapiers, wenn der nächstfällige → Kupon bereits von der → Anleihe getrennt wurde.

Minuszeichen, → Minusankündigung.

Minuszinsen, *Negativzinsen, negativ interest*. M. sind an die Bank zu zahlende Gebühren für das Halten von → Einlagen, die nicht durch → Habenzinsen kompensiert werden.

Mirror Contract, *Gegengeschäft*; entgegengesetzter Vertragsabschluss zur Neutralisierung von bestehenden Verträgen. Im Zusammenhang mit → Termingeschäften wird der Abschluss eines M.C. als → Closing Out bezeichnet.

Mischprogramm, *crossover investment strategy*; ist eine Sonderform eines → Investmentsparplans, bei dem die periodisch geleisteten Sparraten nach einem ex ante festgelegten Schlüssel in diversen → Investmentfonds investiert werden.

Mismatch Floating Rate Note. Bezeichnet einen → Floater, der beispielsweise alle sechs Monate → Zinsen zahlt. Die Zinshöhe wird monatlich auf Basis eines 6- Monatszinssatzes festgelegt.

Mismatching

Mismatching, *Fehlanpassungen*. Kommt es bei einer Bank zu einer Inkongruenz zwischen Aktivgeschäft und der dazugehörigen Refinanzierung, so wird dies als M. bezeichnet. M. ist gekennzeichnet durch unterschiedliche Laufzeiten, Beträgen oder Währungen des jeweiligen Finanzgeschäfts und seiner Refinanzierung. Das daraus resultierende Risiko wird als → Mismatch-Risiko bezeichnet.

Mismatch-Risiko, *mismatch risk*. 1. Risiko aus der Inkongruenz von Betrag, Laufzeit und Währung gegenläufiger Finanzgeschäfte. – 2. Risiko aus einem offenen → Swap-Geschäft, das nicht durch ein entsprechendes Gegengeschäft vollständig abgedeckt werden kann. – Vgl. auch → offene Position.

Mispricing. Bezeichnung für die Fehlbewertung von → Optionen. – Vgl. → Optionspreis und → Black/Scholes-Formel.

Mistrade, bezeichnet Handelsabschlüsse, die das Marktgefüge stören, da sie nicht fair und ordentlich abgeschlossen wurden und Ergebnis von Kursmanipulationen, wie beispielsweise → Kursschnitten, → Parking oder → Wash Sales sind.

Mitarbeiteraktien, *employees' shares*; bezeichnet an Mitarbeiter des eigenen Unternehmens ausgegebene eigene → Aktien. Zwar hat der Inhaber einer M. die gleichen Vermögens- und Mitgliedschaftsrechte, aber er darf diese meist innerhalb einer bestimmten Frist nicht veräußern. M. werden zu günstigeren Konditionen als auf dem Kapitalmarkt an die Mitarbeiter abgegeben. Ziel von M ist eine verbesserte Identifikation mit dem Unternehmen, die Förderung des unternehmerischen Denkens und Motivation.

Mitarbeiterbeteiligung. Als Formen der unmittelbaren Beteiligung der Mitarbeiter am Vermögen des Arbeitgebers kommen sowohl Fremdfinanzierung, wie z.B. Mitarbeiterdarlehen, → Schuldverschreibungen, als auch Beteiligungen, wie z.B. → Belegschaftsaktien, → stille Beteiligung, KG-Beteiligungen und GmbH-Beteiligungen, in Betracht. Als Form der indirekten Mitarbeiterbeteiligung wird z.B. über Belegschaftsfonds diskutiert. Besondere Bedeutung hat die Belegschaftsaktie, die durch → Vermögensbildungsgesetz und Gesetz über steuerliche Maßnahmen bei der Erhöhung des → Nennkapitals aus Gesellschaftsmitteln und bei Überlassung von → eigenen Aktien an Arbeitnehmer gefördert wird.

Mitbestimmung. Unter Mitbestimmung versteht man meistens die Teilhabe von Vertretern der Arbeitnehmer an Entscheidungen auf betrieblicher und auf Unternehmensebene. Auf betrieblicher Ebene bestimmt der → Betriebsrat als gewählter Repräsentant der Arbeitnehmer nach Maßgabe des → Betriebsverfassungsgesetz (BetrVG) in personellen und sozialen Belangen der Arbeitnehmer mit; in wirtschaftlichen Belangen ist der vom Betriebsrat zu bestellende Wirtschaftsausschuss beratend einzubeziehen. Im → Aufsichtrat einer AG werden die Interessen der Arbeitnehmer von Vertretern wahrgenommen, die auf Grund des Montan-Mitbestimmungsgesetzes, Mitbestimmungsergänzungsgesetzes und des Mitbestimmungsgesetzes (MitbestG) gewählt worden sind.

Mitbestimmung der Arbeitnehmer im Aufsichtsrat, *employee codetermination in the supervisory board*. Eine M.d.A.i.A. ist im Mitbestimmungsgesetz, im Betriebsverfassungsgesetz und im Montanmitbestimmungsgesetz geregelt. Hier wird den Arbeitnehmern das Recht eingeräumt, abhängig von bestimmten Größenkriterien bei der Arbeitnehmerzahl, Mitglieder des Aufsichtsrats zu stellen (→ Aufsichtsrat der AG, Zusammensetzung). Dies hat zur Folge, dass sich der Aufsichtsrat einer AG im Regelfall aus Mitgliedern der Aktionäre und der Arbeitnehmer zusammensetzt.

Miteigentum, *joint ownership*. Wenn mehrere Personen gemeinsam etwas erwerben, dann steht jedem Eigentümer ein bestimmter Bruchteil an der Sache zu. Dieser Bruchteil ist das M. Beim M. sind zwei Formen möglich: das M. nach Bruchteilen und das → Gesamthandseigentum. Beim M. nach Bruchteilen kann der Einzelne frei über seinen Anteil verfügen. Beim Gesamthandseigentum gehört die erworbene Sache zum Vermögen einer Gesamthandsgemeinschaft, der Einzelne kann nur nach Zustimmung der Miteigentümer über seinen Anteil verfügen. Über die Sache selbst hat der Miteigentümer in beiden Fällen keine Verfügungsgewalt.

Miteigentumsfonds, *co-property investment fund.* → Sondervermögen, bei denen die hierzu gehörenden Gegenstände im → Miteigentum der Anteilsinhaber stehen. Im Gegensatz zu → Bruchteilseigentumsfonds, die in Deutschland bei Grundstücks-Sondervermögen verpflichtend vorgeschrieben sind, sind M. in erster Linie bei allen anderen Fondsarten verbreitet.

Mitgesellschafter. Einer von mehreren → Gesellschaftern, insbesondere einer Personalgesellschaften (→ GbR, → OHG, → KG, → stG, PartG).

Mitgliedschaftspapier, *securities evidencing membership*; vgl. → Teilhaberpapier. – Gegensatz: → sachenrechtliches Wertpapier.

Mitgliedschaftsrechte des Aktionärs, → Aktionärsrechte.

Mithaftung, *joint liability.* M. besteht, wenn mehrere Personen eine Schuld, → Bürgschaft oder → Garantie übernehmen und für diese als Gesamtschuldner haften.

Mitläufer, *Trittbrettfahrer.* Bezeichnung für Börsenteilnehmer, die trotz fehlender Kenntnisse über Wissen, sich allgemeinen Trends, Prognosen oder Meinungen anschließen und Wertpapierkäufe oder -verkäufe tätigen.

Mitteilungspflicht von Beteiligungen, *duty to notify a participation.* 1. Sobald ein in- oder ausländisches Unternehmen beliebiger Rechtsform in einer Höhe von mehr als 25% an dem Kapital einer inländischen, nicht börsengehandelten Aktiengesellschaft beteiligt ist, wird gemäß § 20 AktG die M. ausgelöst. Die M. setzt nicht voraus, dass das Unternehmen selbst unmittelbar an der AG beteiligt ist. Auch die Beteiligung eines von ihm → abhängigen Unternehmens wird dem → herrschenden Unternehmen zugerechnet. In derartigen Zurechnungsfällen trifft die M. alle Beteiligten, d.h. herrschendes und abhängiges Unternehmen. Die Zurechnung einer Beteiligung zu einem Dritten absorbiert nicht die Beteiligung des betreffenden Aktionärs, vorausgesetzt, dass er selbst schon mit mehr als 25% an der inländischen AG beteiligt ist. Endet eine mitteilungspflichtige Beteiligung, so löst dies gleichfalls eine M. aus. Das Bestehen der mitgeteilten Beteiligung sowie deren Beendigung muss von der Gesellschaft, an der die Beteiligung besteht, unverzüglich in den Gesellschaftsblättern bekannt gemacht werden. – 2. Bei Beteiligungen an börsennotierten Gesellschaften ist gemäß § 21 WpHG jeder Vorgang mitteilungspflichtig, durch den ein Aktionär (Meldepflichtiger) 5, 10, 25, 50 oder 75 Prozent der Stimmrechte an der Gesellschaft erreicht, überschreitet oder unterschreitet. Den Stimmrechten des Meldepflichtigen werden dabei u.a. auch die Stimmrechte zugerechnet, die einem Unternehmen gehören, das der Meldepflichtige kontrolliert oder die für seine Rechnung von Dritten gehalten werden. Die Mitteilung ist gegenüber dem → Bundesaufsichtsamt für den Wertpapierhandel und der Gesellschaft, an der die Beteiligung besteht, innerhalb von sieben Kalendertagen abzugeben. Spätestens neun Kalendertage nach deren Zugang hat die Gesellschaft, an der die Beteiligung besteht, darüber eine Mitteilung in einem Börsenpflichtblatt zu veröffentlichen, um auch die anderen Aktionäre über die Beteiligungsverhältnisse zu unterrichten. – 3. In beiden Fällen gilt, dass die Mitteilung unverzüglich schriftlich erfolgen muss und selbst dann nicht entbehrlich ist, wenn der Gesellschaft die Beteiligung schon aus anderen Quellen bekannt ist. Die Vorschriften über die M.v.B. haben zum Ziel, im Interesse der betroffenen Gesellschaften und der Öffentlichkeit die Machtverhältnisse in den Gesellschaften offenzulegen. Hinzu tritt als weiterer Zweck die Förderung der Rechtssicherheit, weil ohne genaue Kenntnis der Beteiligungsverhältnisse große Teile des Konzernrechts nicht praktikabel wären.

Mitteilungs- und Veröffentlichungspflichten bei Veränderungen des Stimmrechtsanteils an börsennotierten Gesellschaften, → Mitteilungspflicht von Beteiligungen, → Stimmrechtsanteilsveränderungen.

mittelfristige Bund-Futures, → Euro-Bobl-Futures.

mittelgroße Kapitalgesellschaft, *medium size corporation.* Die m.K. ist ein Begriff des Bilanzrechts. Um mittelständische Kapitalgesellschaften zu schützen hat der Gesetzgeber für → kleine und m.K. Erleichterungen bei der Erstellung und der Offenlegung des → Jahresabschlusses festgelegt. § 267 HGB

Mittelkurs umschreibt die Größenklassen der m.K. nach folgenden drei Merkmalen von denen mindestens zwei vorliegen müssen: Die → Bilanzsumme darf nach Abzug eines auf der Aktivseite ausgewiesenen Fehlbetrags nicht größer sein als 13.750.000 Euro, die Umsatzerlöse in den zwölf Monaten vor dem Abschlussstichtag dürfen nicht höher sein als 27.500.000 Euro, die Zahl der Arbeitnehmer darf im Jahresdurchschnitt nicht mehr als 250 betragen. Des weiteren müssen zwei der drei Kriterien der kleinen Kapitalgesellschaft überschritten werden, damit die Einordnung als m.K. erfolgt. – Vgl. auch → Kapitalgesellschaft.

Mittelkurs, *middle market price*. Der M. stellt im → Devisenhandel das arithmetische Mittel aus → Geld- und → Briefkurs dar.

Mittelstandsholding, börsennotierte, *listed medium-sized holding company*. Börsennotierte → Holding, die an mittelständischen Unternehmen beteiligt ist, die selbst ebenfalls börsennotiert sein können. Dabei können die Beteiligungsunternehmen (vgl. → Beteiligungsgesellschaft (1)) je nach Holdingausgestaltung vollständig wirtschaftlich unabhängig sein oder vollständig wirtschaftlich durch die Holdinggesellschaft beherrscht werden. Anhand der Ausprägung des Führungsanspruches und -durchgriffes können zwei Extreme der Holding unterschieden werden: Einerseits die Finanzholding als Minimalform der Holding mit dem höchsten Autonomiegrad der Beteiligungsgesellschaften und andererseits die operative Holding, die sich durch eine intensive unternehmerische Einflussnahme auf das operative Tagesgeschäft der Beteiligungsgesellschaften auszeichnet. Die sog. Managementholding stellt den Mittelweg zwischen diesen beiden Extremformen dar. Sie nimmt vor allem strategischen und nur selten operativen Einfluss auf ihre Beteiligungsgesellschaften. Die b.M. ist i.d.R. eine Managementholding. – Die Beteiligungsunternehmen profitieren als Mitglied einer b.M. vom besseren Kapitalmarktzugang der Obergesellschaft, während die Anleger durch den Kauf der Aktie der b.M. in einen Titel investieren, in dem das Geschäftsrisiko durch die Beteiligungen an den einzelnen Tochterfirmen breiter diversifiziert ist (→ Diversifikation).

mittlere Laufzeit. Die m.L. wird bei festverzinslichen Wertpapieren ermittelt, bei denen die Rückzahlung des Kapitals nicht in einem Betrag erfolgt. Es wird dabei die Fiktion einer Rückzahlung der gesamten → Anleihe nach Ablauf der m.L. unterstellt. Die Berechnung kann entweder als arithmetisches Mittel des frühest und spätest möglichen Rückzahlungstermins oder als Mittel der Cash-Flow-Zeitpunkte der Rückzahlungen durchgeführt werden. Eine präzisere Kalkulation der m. L. wird mittels → Duration erreicht.

mittlere Laufzeit bei Schuldverschreibungen, wird für die Ermittlung der → Rendite bei → Rentenwerten ermittelt. Diese Hilfsgröße ist bei → Emissionen mit tilgungsfreien Jahren zu berücksichtigen.

mittlerer Verfalltag, *mean due date*; berechnete → Durchschnittsvaluta mehrerer → Wechsel oder anderer Forderungstitel, die eine Bank entgegengenommen hat, um diese unter einer Position zu bilanzieren.

Mitunternehmerschaft, *coentrepreneurship*. Bezeichnung aus dem Einkommensteuerrecht (§ 15 I 1 Nr. 2 EStG): Bei den Gesellschaftern einer → Personengesellschaft liegt M. vor, falls die Personengesellschaft kraft gewerblicher Betätigung oder gewerblicher Prägung einen Gewerbebetrieb bildet und die Gesellschafter sowohl Unternehmerrisiko tragen als auch Unternehmerinitiative entfalten. Dies ist der Fall, wenn eine Beteiligung am Gewinn und Verlust der Gesellschaft vorliegt, die Gesellschafter Anteil an den Vermögenswerten der Gesellschaft haben und über die Geschäftspolitik mitbestimmen können. → Stille Gesellschaften erfüllen diese Anforderungen im Gegensatz zu atypischen stillen Gesellschaften nicht. – Das Vorliegen einer M. hat steuerliche Konsequenzen auf die Art der erzielten Einkünfte (Gewinnanteil und Sondervergütungen). Sie werden den Einkünften aus Gewerbebetrieb zugerechnet.

MMI, Abk. für → Major Market Index.

MMPS, Abk. für → Money Market Preferred Stock.

m.O., *mit Optionsschein, cum*; bezeichnet den Zusatz bei der → Börsennotierung von

→ Optionsanleihen, der signalisiert, dass der
→ Optionsschein im Kurs berücksichtigt ist.
– Gegensatz: → o.O. – Vgl. auch → cum.

Mobilisierungspapiere. Mit der Neufassung des Bundesbankgesetzes 1992 hinfällig gewordene Bezeichnung für → Liquiditätspapiere der Deutschen Bundesbank.

moderne Technische Analyse, *computergestützte Technische Analyse, modern technical analysis.* Während die klassische → Technische Analyse in der Form der → Chart-Analyse sich mit der Analyse von Kursverläufen durch die → Chartisten beschäftigt, verwendet die M.T.A. EDV-Systeme zur Erkennung von → Kaufsignalen und → Verkaufssignalen. Übliche → Charts (→ Balkencharts und → Linencharts) lassen sich nicht mittels Computer analysieren, da die Mustererkennung aufgrund von mehrdeutigen Interpretationsmöglichkeiten nicht möglich ist. Ausnahme ist die Analyse von → Point & Figure Charts, da deren Konstruktionsmerkmale sowie → Signale eindeutig formuliert sind. – Besondere Elemente der M.T.A. sind die technischen → Indikatoren, z.B. → Momentum und → Relative-Stärke-Index (RSI). Eine spezielle Methode der M.T.A. stellt die → Relative-Stärke-Methode dar. Bei dieser werden Aktien ausgesucht, die sich in der Vergangenheit besonders positiv entwickelt haben.

Modified Duration, vgl. → Duration (2).

Modus, → häufigster Wert.

Momentanverzinsung, *continuous convertible interest, continuous compounding.* Bezeichnung innerhalb der → Zinsrechnung für eine stetige → Verzinsung, die den Grenzfall der unterjährigen Verzinsung beschreibt. Die Zahlung der → Zinsen und des → Zinseszins erfolgt dabei nicht nur täglich, sondern in noch kürzeren Zeitabständen, quasi in jedem Moment.

$$Zinsdivisor = \frac{360}{Zinssatz}$$

Die Berechnung der sich ergebenden → Zinsen erfolgt durch die Division der Z. durch den Zinsdivisor:

$$Zins = \frac{\frac{K \cdot T}{100}}{\frac{360}{Zinssatz}} = \frac{K \cdot T \cdot Zinssatz}{100 \cdot 360}$$

K = Eingesetztes Kapital

T = Anzahl der Zinstage.

Momentum, *momentum.* → Indikator und Hilfsgröße der → Technischen Analyse. Das M. ergibt sich als Kursänderung des aktuellen Kurses eines Wertes gegenüber dem Kurs vor n Tagen (z.B. n = 5, 10, 20, 38, 200),

$$M_n = \frac{K_t - K_{t-n}}{K_{t-n}} = \frac{K_t}{K_{t-n}} - 1$$

Es bezeichnen M_n das Momentum, K_t den Kurs am Tag t, und K_{t-n} den Kurs n Tage vor t. Je nach Anzahl von Tagen, also Länge des Betrachtungszeitraumes, wird unterschieden zwischen kurzfristigem M. (n = wenige Tage), mittelfristigem M. (n = einige Wochen) und langfristigem M. (n = mehrere Monate). – Bei unverändertem Kurs ergibt sich ein M. von null. Das M. steigt (fällt) um so stärker, je stärker der Kurs im angegebenen Zeitraum gestiegen (gefallen) ist. Es dient als Element der Technischen Analyse dazu, die Trenddynamik und eine mögliche Trendumkehr anzuzeigen. Ein steigendes (fallendes) M. wird zusammen mit anderen positiven (negativen) → Indikatoren als Signal für eine → Hausse (→ Baisse) interpretiert.

Momentum Indicator. → Indikator, der im Rahmen der → Technischen Analyse eingesetzt wird. Der M.I. misst die Geschwindigkeit der Kursveränderungen von Aktien oder Indizes innerhalb einer spezifizierten Periode. Anhand dieses Indikators sollen Erkenntnisse über Trendänderungen gewonnen werden. So signalisiert ein abnehmender M.I. das baldige Enden eines Aufwärtstrends. Dabei pendeln die Kurse zwischen dem oberen Extrem (overbought) und dem unteren (oversold) ständig hin und her, das Erreichen eines Extrems ist ein Anzeichen für eine Trendwende. Die Mittellinie zwischen diesen Extremen wird equilibrium line genannt.

Monatsberichte der Deutschen Bundesbank

Monatsberichte der Deutschen Bundesbank, *monthly reports of the Deutsche Bundesbank.* Bezeichnung für die monatlich von der → Deutschen Bundesbank veröffentlichten Berichte, in denen der Öffentlichkeit Rechenschaft über die Art, den Zweck und den Umfang der Tätigkeiten im Bereich des Geld- und Kreditwesens abgelegt wird. Darüber hinaus wird auch auf die gesamtwirtschaftliche Lage und Entwicklung im Bundesgebiet eingegangen. – Vgl. auch → Monatsbericht der Europäischen Zentralbank.

Monatsberichte der Europäischen Zentralbank, *monthly reports of the European Central Bank.* Die → Europäische Zentralbank (EZB) veröffentlicht monatliche Statistiken über die wirtschaftlichen Rahmenbedingungen im Währungsgebiet des → Euro. Ausführlich wird die monetäre Entwicklung und die Zinsentwicklung in den Euro-Staaten dargestellt. Ferner wird die Zahlungsbilanz und der Auslandsvermögensstatus des Euro-Währungsgebietes veröffentlicht. Die Bekanntgabe volkswirtschaftlicher → Indikatoren erfolgt in Tabellenform im Statistikteil des Berichtes. – Vgl. auch → Monatsbericht der Deutschen Bundesbank.

MONEP, *Montreal Exchange, Bourse de Montréal Inc.* bezeichnet eine → Börse mit Sitz in Montreal, die seit 1999 Mitglied der → Globex ist.

monetär, *monetary.* 1. Allgemein: geldlich, das Geld betreffend. – 2. Wirtschaftstheorie: Hervorhebung der Geldpolitik als zentrales Element der Wirtschaftspolitik.

Monetaristen, *monetarists.* Vertreter eines wirtschaftstheoretischen Ansatzes, die im Gegensatz zu den Anhängern der keynesianischen Philosophie von der Ineffektivität der Fiskalpolitik als wirtschaftspolitischem Steuerungsinstrument ausgehen. Vielmehr vertrauen die M. auf die Selbstheilungskräfte des Marktes, die von einer angebotsorientierten Wirtschaftspolitik unterstützt werden sollten. – Wichtigstes Instrument dieser in der Praxis weit verbreiteten Theorie ist die → Geldpolitik, die sich an den Wachstumsmöglichkeiten der Volkswirtschaft auszurichten hat. Hierbei spielen geld- und währungspolitische Maßnahmen der → Zentralbanken v.a. im Rahmen der Geldmengensteuerung die wichtigste wirtschaftspolitische Rolle. In diesem Zusammenhang wird auch eine positive Korrelation zwischen der in der Volkswirtschaft vorhandenen → Liquidität und den Wertpapierkursen behauptet.

Monetary-non-monetary-Methode, → Währungsumrechnung bei Aufstellung eines Weltabschlusses.

Money Broker, *Kreditmakler.* 1. Finanzinstitut, das kurzfristige Kredite zwischen Kreditgeber und -nehmer vermittelt. Der M.B. tritt dabei nicht als eine der Gegenseiten des Kreditgeschäfts auf, sondern beschränkt seine Tätigkeit auf die Vermittlung und erhält hierfür eine entsprechende → Provision. Durch seine Tätigkeit stellt der M.B. dem Markt → Liquidität zur Verfügung. – 2. In Großbritannien gelten M.B. als Makler, deren vorrangige Aufgabe in der Lombardierung britischer Staatsschuldverschreibungen (→ Gilts) liegt, um diesen Markt liquide zu halten.

Money Market Fund, → Geldmarktfonds.

Money Market Preferred Stock (MMPS), in den USA eine besondere Form von → Preferred Stock mit variabler Verzinsung, die periodisch an einen Geldmarktzinssatz angepasst wird.

Monitoring, *Überwachung.* Begriff aus der → Agency-Theorie. M. ist die Überwachung der Entscheidungen des Managements durch die Eigentümer. Aufgrund von → Informationsasymmetrien können Eigentümer die Entscheidungen der Manager nicht vollständig überwachen. Durch M. sollen die Agency-Kosten verringert werden, die dadurch entstehen, dass Manager Entscheidungen i.d.R. nicht nur im Interesse der Eigentümer sondern auch zu ihrem eigenen Vorteil treffen. Übertragen die Eigentümer das M. an Dritte, so findet → Delegated Monitoring statt. – Vgl. auch → Bonding.

Montagseffekt, *monday effect.* Beobachtung, dass an Montagen signifikant niedrigere Renditen als Aktien erzielt werden als an anderen Wochentagen. Der M. konnte für zahlreiche Aktienmärkte in verschiedenen Länder nachgewiesen werden. Erklärungsansätze hierfür liefern Überlegungen über die Abrechnungsmodalitäten an Wertpapierbörsen oder Feststellungen, dass Unternehmen häufig negative Nachrichten freitags nach Börsenschluss bekannt geben. – Vgl. hierzu auch → Kalendereffekt.

Montanmitbestimmung, *codetermination in the coal, iron and steel industry*. Die M. greift bei Unternehmen, die dem Montanmitbestimmungsgesetz unterliegen. Dies sind im allgemeinen Betriebe der Kohle- und Stahlindustrie. In diesen Unternehmen haben Arbeitnehmer besondere Mitbestimmungsrechte in → Aufsichtsrat und → Vorstand.

Montanwerte, *mining and steel shares*. → Aktien von Unternehmen des Bergbaus und der Eisen- und Stahlindustrie. Sie unterliegen dem Montanmitbestimmungsgesetz. – Vgl. auch → Montanmitbestimmung.

Monte Carlo Methode. Simulationsverfahren, das z.B. im Rahmen der → Value-at-Risk-Analysen eingesetzt wird. In einem ersten Schritt werden geeignete funktionale Zusammenhänge zwischen einer abhängigen Variable (nur in seltenen Fällen: mehrere abhängige Variablen) und stochastisch untereinander unabhängigen Einflussparametern (Zufallsvariablen) definiert. In einem zweiten Schritt werden mit einem Zufallsgenerator Realisationen der Einflussparameter und damit – über die funktionalen Verbindungen – der abhängigen Variable erzeugt. Ergebnis einer Vielzahl von Durchläufen ist ein simuliertes Verteilungsprofil der abhängigen Variable.

Month Order. Bezeichnung für einen → Börsenauftrag, der bis zum Monatsende gültig ist (→ ultimogültig).

Montréal Exchange, → MONEP.

Moody's Investors Service, amerikanische → Rating-Agentur. – Vgl. → Rating.

Moral Hazard, bezeichnet opportunistisches Verhalten eines Vertragspartners bei → Informationsasymmetrien in bestehenden Vertragsbeziehungen. Informationsasymmetrien fördern Verhaltensrisiken, wie M.H. oder → Adverse Selection. Durch Kontrollsysteme wird versucht M.H. zu identifizieren und gegenzusteuern.

Moratorium, *Zahlungsaufschub, standstill agreement, debt referral*. Von Seiten des Gläubigers gewährter Aufschub des Fälligkeitstermins einer fälligen Zahlungsverpflichtung, die einem an sich kreditwürdigen Schuldner aufgrund vorübergehender Zahlungsschwierigkeiten gewährt wird. Bis zum neuen Fälligkeitstermin muss der Schuldner keine Zins- und Tilgungszahlungen leisten, wobei der Aufschub befristet oder unbefristet sein kann.

Morgan Stanley Capital International Indices (MSCI-Indices). MSCI berechnet als Tochterunternehmen der Investmentbank Morgan Stanley Dean Witter (MSDW) eine Vielzahl von verschiedenen Indizes für einzelne Bereiche wie etwa den → Aktien- oder → Rentenmarkt. Diese Indizes werden häufig von Unternehmen und Institutionen als → Benchmark genutzt. – Für den Aktienmarkt berechnet MSCI bspw. 50 Standard-Länderindizes (Stand April 2001), die sich in 23 sog. Developed Markets und 27 sog. Emerging Markets unterteilen. Die Abgrenzung zwischen Developed und Emerging Markets erfolgt anhand einer Vielzahl von unterschiedlichen Kriterien, wie z.B. dem pro Kopf Bruttoinlandsprodukt, lokale Regularien zur Begrenzung oder zum Verbot von ausländischem Besitz, usw. – Aufbauend auf diesen Länderindizes werden auch eine Reihe von länderübergreifenden Indizes, wie z.B. den MSCI World, der alle Developed Markets enthält, oder den MSCI Europe, der sich aus den europäischen Developed Markets zusammensetzt, gebildet. – Zusätzlich zu den Standardindizes, die noch in verschiedene Branchenindizes unterteilt sind, werden eine Reihe weiterer Indizes veröffentlicht, wie z.B. die Small Cap und Extended Indizes oder die Value und Growth Indizes.

Mortgage, engl. Bezeichnung für → Hypothek, → Grundpfandrecht.

Mortgage Backed Securities (MBS), *hypothekarisch gesicherte Wertpapiere, hypothekengesicherte Pfandbriefe*; Sonderform der → Asset Backed Securities. MBS stellen eine Finanzierungsart dar, durch die illiquide Hypothekendarlehensforderungen in liquide Wertpapiere transformiert werden (→ Securitization). Die Zins- und Tilgungsleistungen der Wertpapiere werden dabei aus

Mortgage Bonds

den laufenden Zahlungseingängen der Hypothekendarlehen erbracht.

Mortgage Bonds, *mortgage backed securities* **(MBS)**; hypothekarisch besicherte → Anleihen, die neben Unternehmens- und → Staatsanleihen das größte Segment am US-Bondmarkt bilden. Die Forderungen und entsprechenden → Sicherheiten werden vom → Originator auf eine → Zweckgesellschaft (Special Purpose Vehicle) übertragen, die sich gleichzeitig über die → Emission der MBS refinanziert.

Mortgage Broker. Spezialinstitute, die den Handel mit hypothekarisch gesicherten → Anleihen für Dritte betreiben.

Mortifikation, *mortification*. Bezeichnung für die → Tilgung von → Krediten, → Anleihen und sonstigen Verbindlichkeiten.

MPA, Abk. für → Multiple Placing Agent.

MSCI-Indices, Abk. für → Morgan Stanley Capital International Indices.

MTN, Abk. für → Medium Term Note.

Multicurrency Option, bezeichnet eine Vereinbarung in Kreditverträgen, die Kreditnehmern die Wahlmöglichkeit zu einem vorab festgelegten Zeitpunkt einräumt, ob die noch ausstehenden Zahlungen in einer anderen als der ursprünglich vereinbarten Währung erfolgen.

Multilateral Investment Guarantee Agency (MIGA). Die MIGA wurde 1985 gegründet und zählt 42 Mitgliedsstaaten (Stand 2000). Seit 1994 ist die MIGA Mitglied der Internationalen Union der Kredit- und Investitionsversicherungsgesellschaften. Ihre Tätigkeit konzentriert sich insbesondere auf die Förderung privater Direktinvestitionen von Inländern eines Mitgliedsstaats in den Entwicklungsländern durch Übernahme von → Garantien gegen nicht kommerzielle → Risiken, z.B. Enteignung, Krieg und zivile Unruhen. Versichert werden können für 15 Jahre bis zu 90 % des Investitionsbetrags, wobei maximal 50 Mio. US-$ pro Projekt versichert werden. Daneben umfasst der Aufgabenbereich der MIGA Förder- und Beratungsdienste für die Mitgliedsstaaten.

Multiple Placing Agent (MPA). Im Gegensatz zum → Sole Placing Agent übernehmen hier im Rahmen einer → Revolving Underwriting Facility mehrere Kreditinstitute als → Underwriter, entsprechend ihrer Übernahmeverpflichtung, anteilig die vom Kreditnehmer emittierten → Geldmarktpapiere (etwa → Euro Notes oder → Commercial Papers) und platzieren diese am → Primärmarkt. Nachteilig für den → Emittenten ist, dass er nicht von den am Markt frei erzielbaren Konditionen profitieren kann, sondern den mit den → Placing Agents vereinbarten Zinssatz zahlen muss.

multiple Wechselkurse, *gespaltene Wechselkurse, multiple exchange rates*. Zumeist administrativ festgelegte → Wechselkurse, die nach verschiedenen Grundgeschäften differenziert werden. Dabei wird aus einer (außen-) wirtschaftspolitischen Motivation heraus versucht, Teilmärkte abzugrenzen und unterschiedliche Wechselkurse zu etablieren. Dies setzt effektive Kontrollmechanismen der Devisen und der zu Grunde liegenden Geschäfte voraus, die aber in der praktischen Umsetzung nur in Ausnahmefällen zu erreichen sind. – M.W. werden als ein Instrument der → Devisenbewirtschaftung eingesetzt, um im politischen Meinungsbildungsprozess zuvor festgelegte internationale Güter-, Kapital- und Dienstleistungsgeschäfte preislich zu diskriminieren oder zu bevorteilen. Die hierdurch bedingten Verzerrungs- und Umgehungseffekte führen nach herrschender Meinung zu Ineffizienzen, weshalb m.W. nur noch in wenigen Volkswirtschaften Anwendung finden. Hierzu gehören v.a. Staaten, die nicht oder nicht vollständig marktwirtschaftlich organisiert sind. Dennoch sind auch hier Tendenzen einer vermehrten Beachtung ökonomischer Prinzipien zu bemerken (z.B. Abschaffung separater Wechselkurse für Flugtickets ins Ausland in Syrien).

Multiplier Bond. Variante einer → Anleihe, die dem → Anleihegläubiger das Wahlrecht einräumt, die fälligen Zinszahlungen in bar oder als Anleihestücke zu erhalten. – Vgl. auch → Bunny Bond.

Mündel, *ward*. §§ 1773 ff. BGB bezeichnen als M. eine Person, die unter → Vormundschaft steht.

Mündelgeld, *ward money*. Unter M. versteht man das Geldvermögen des → Mündels. Dieses hat der Vormund gemäß § 1806 BGB verzinslich anzulegen, soweit es nicht zur Bestreitung von Auslagen bereitzuhalten ist.

mündelsichere Wertpapiere, *gilt-edged securities, trustee securities*; sind im § 1807 BGB definierte Wertpapierklassen, in die der Gesetzgeber eine Anlage von → Mündelgeld erlaubt. Diese ausschließlich verzinslichen → Wertpapiere werden als besonders risikolos und wertbeständig eingestuft. Es handelt sich dabei um verbriefte Forderungen gegen die Bundesrepublik Deutschland oder gegen ein Bundesland, verbriefte Forderungen, deren Verzinsung von der Bundesrepublik oder von einem Bundesland gewährleistet wird, von der Bundesregierung mit Zustimmung des Bundesrates als mündelsicher erklärte Wertpapiere (v.a. → Pfandbriefe und → Kommunalschuldverschreibungen) sowie verbriefte Forderungen jeder Art gegen eine inländische kommunale Körperschaft oder die Kreditanstalt einer solchen Körperschaft. – In der Verordnung über die Mündelsicherheit der Pfandbriefe und verwandten Schuldverschreibungen wird darüber hinaus präzisiert, dass zur Anlage von Mündelgeld alle Schuldverschreibungen geeignet sind, die von einer → Hypothekenbank i.S.d. Hypothekenbankgesetzes, von einer öffentlich-rechtlichen Kreditanstalt i.S.d. → Pfandbriefgesetzes (PfG) und von einer → Schiffpfandbriefbank i.S.d. Schiffsbankgesetzes emittiert wurden. Ferner sind m.W. auch bestimmte Schuldverschreibungen der Deutschen Genossenschaftskasse, der → Kreditanstalt für Wiederaufbau und der → Deutschen Ausgleichsbank.. – Vgl. auch → Mündelsicherheit.

Mündelsicherheit, *eligibility for trusts*. M. basiert auf gesetzlichen Regelungen, die dem Schutz von Vermögenswerten von unter Vormundschaft stehenden Personen dienen. Eine Anlage von → Mündelgeld darf demnach nur in besonders risikoarmen Formen erfolgen, den → mündelsicheren Wertpapieren. Im BGB werden zahlreiche mündelsichere Anlagearten aufgeführt. Eine davon abweichende Anlage von Mündelgeld bedarf der Genehmigung des Vormundschaftsgerichts.

Mündelsicherheit von Anleihen, → mündelsichere Wertpapiere, → Mündelsicherheit.

Municipal Bond. Synonym für → Kommunalschuldverschreibungen auf dem amerikanischen → Kapitalmarkt.

Münze, *coin*; ist ein Metallstück, dem durch die im staatlichen Auftrag durchgeführte Prägung Zahlungskraft verliehen wird. Münzgeld wird im Zahlungsverkehr in erster Linie für kleinere Beträge genutzt. In Deutschland stellen M. nur in eingeschränktem Maße ein gesetzliches Zahlungsmittel dar, da Obergrenzen für die Annahmepflicht festgelegt sind. Außerdem ist die Bundesregierung für die Ausgabe neuer Münzen verantwortlich (im Gegensatz zur Ausgabe von Banknoten durch die Bundesbank). Im Umlauf befinden sich nur noch sog. → Kurantgeld oder Scheidemünzen, d.h. ihr monetär bewerteter Metallwert ist niedriger als ihr Nennwert, weshalb den Emittenten der Münzgewinn zufließt. Die Nutzung sog. Währungsmünzen, wie der früheren Goldmünzen, bei denen der Metallwert dem Nennwert entsprach, ist heutzutage nicht mehr anzutreffen. Die Substitution von M. durch innovative Zahlungsmethoden wie bspw. der Geldkarte konnte mangels Akzeptanz der Verbraucher bisher nicht erfolgen.

Muttergesellschaft, *Obergesellschaft, parent company*. Als M. werden Gesellschaften bezeichnet, die aufgrund ihrer Kapitalbeteiligung an einer Kapitalgesellschaft oder aus sonstigen Gründen einen mittelbaren oder unmittelbaren Einfluss auf dieses Unternehmen ausüben können.

Mutual Fund, → offener Investmentfonds.

Mutual Fund Industry, *Investmentfondsindustrie*; anglo-amerikanische Bezeichnung für die → Investmentfonds ausgebende Investmentfondsindustrie.

N

N, im → Kurszettel verwendeter Hinweis, wenn bei einem bestimmten → Wertpapier nur einzelne Nummern, Nummerngruppen oder Serien geliefert werden können. Dies trifft z.B. in Fall einer → Kapitalerhöhung zu, solange die → jungen Aktien noch nicht gehandelt werden. – Vgl. auch → Kurszusätze.

NA, Abk. für → Namensaktie.

Nachbezugsrecht, *right to prior-year dividends*; Anspruch der Inhaber → stimmrechtsloser Vorzugsaktien auf Nachzahlung angefallener Dividenden.

nachbörslicher Handel, *Nachbörse*; bezeichnet jenen → Wertpapierhandel, der sich zeitlich an den → Börsenhandel anschließt und interinstitutionell stattfindet.

Nachemission, → Erweiterungsemission.

Nachfrage nach Wertpapieren, → Geld.

Nachfrageüberhang, *surplus demand*. Ein N. liegt vor, wenn mehr Nachfrage als Angebot am Markt vorhanden ist. Die Angebotslücke entsteht, da zum niedrigen Preis kein Marktteilnehmer verkaufen möchte. Die Lücke wird durch steigende Preise geschlossen, bzw. der N. abgebaut. – An Börsen erhalten Werte je nach Höhe des N. den → Kurszusatz bG (= bezahlt Geld), -G (= gestrichen Geld) oder ratG (= rationiertes Geld).

Nachgründung, *post-formation acquisition*. Eine N. i.S.d. § 52 AktG liegt vor, wenn eine AG innerhalb von zwei Jahren nach Eintragung in das → Handelsregister, Vermögensgegenstände für eine Vergütung erwirbt, die den zehnten Teil des → Grundkapitals übersteigt. Häufig wird mit der N. das Ziel verfolgt, eine → Sachgründung zu umgehen. Aus diesem Grund ist eine N. nur dann wirksam, wenn sie vom → Aufsichtsrat und einem Gründungsprüfer geprüft wurde, eine Zweidrittelmehrheit auf der → Hauptversammlung zugestimmt hat und eine Eintragung im Handelsregister erfolgt ist.

nachkaufen. Bezeichnung für den nochmaligen Kauf eines bestimmten Wertpapiers, Indizes oder sonstiges Finanzinstrument, nachdem dessen Kurs meist (erheblich) gefallen ist. Durch das N. sinkt der durchschnittliche Einstandskurs des Investors. – Vgl. auch → verbilligen.

nachrangige Anleihen, *subordinanted bonds*; bezeichnet → Anleihen, die im Falle eines → Konkurses erst nach Bezahlung aller anderen Forderungen gegen das insolvente Unternehmen zurückbezahlt werden. Dieser Nachteil wird durch höhere → Zinsen während der → Laufzeit entschädigt. Die → Investoren hoffen auf die Fortführung des Unternehmens.

nachrangige Verbindlichkeiten, *nachrangiges Haftkapital, subordinated liabilities*. 1. Kapital, das betriebswirtschaftlich zwischen → Eigenkapital und → Fremdkapital steht. Es umfasst Verbindlichkeiten, die im Fall der → Insolvenz erst nach den Forderungen der anderen Gläubiger erfüllt und im Fall der Liquidation der Gesellschaft vor dem Eigenkapital befriedigt werden. Nachrangige Gesellschafterdarlehen, → Genussrechtskapital und nachrangige gestaltete → Inhaberschuldverschreibungen sind Formen von n.V. – 2. Verbindlichkeiten von Kreditinstituten, die bei Vorliegen bestimmter Bedingungen als Ergänzungskapital zweiter Klasse i.S.d. § 10 II, V KWG aner-

nachrangiges Haftkapital kannt werden und damit zum → haftenden Eigenkapital eines Kreditinstitutes zählen. N.V. sind im Passivposten Nr. 9 der Bankbilanz auszuweisen.

nachrangiges Haftkapital, → nachrangige Verbindlichkeiten.

Nachschuss, → Variation Margin.

Nachschusspflicht, *obligation to make further contributions, contingent liability to put up further capital if called, assessment to cover unexpected losses*. Als Aktionär besteht in der Regel keine N., d.h. die Haftung ist bei → Insolvenz der Unternehmung auf den vollständig eingezahlten Nennbetrag begrenzt. Eine Ausnahme bilden hierbei einige → vinkulierte Namensaktien von Versicherungsgesellschaften. Bei diesen lebt eine N. bei Insolvenz im Rahmen des noch nicht eingezahlten Nennbetrags der Aktie auf.

Nachteilausgleich. Gesetzliche Verpflichtung eines herrschenden Unternehmens bei fehlendem → Beherrschungsvertrag, Nachteile auszugleichen, die einer von ihr abhängigen → AG oder → KGaA aus einem Rechtsgeschäft entstehen, zu dessen Vornahme das herrschende Unternehmen sie veranlasst hat (§ 311 AktG).

Nachttresor, *bank's night safe-deposit box*. Eine besondere Art von Banktresor, die es dem Kunden ermöglicht, außerhalb der Bankgeschäftszeiten bestimmte vereinbarte Gegenstände einzuwerfen. Das sind vor allem Bargeld, Wechsel, Schecks und Quittungen, für die die Bank bis zu einem bestimmten Betrag die Haftung übernimmt.

Nachzugsaktie, → Deferred Ordinary Share.

Nachzuzahlende Dividende, *pay later dividend*; i.d.R. bei → Vorzugsaktien ohne Stimmrecht. Wenn die → Dividende in einem Jahr nicht oder nur teilweise gezahlt wird und auch im folgenden Jahr die Dividende nicht nachgeholt wird, haben die Vorzugsaktionäre das Stimmrecht, solange bis die Rückstände nachbezahlt sind.

Nackenlinie, *Halslinie, neck line*. Begriff aus der → Chart-Analyse. Die N. bildet in der → Kopf-Schulter-Formation die Tangente an die Tiefkurse zwischen Schultern und Kopf.

nackte Warrants, → Optionsscheine, nackte.

Naked Option, *nackter Optionsschein*. Bezeichnet eine → Option, die nicht durch ein tatsächlich im Besitz befindliches → Underlying gedeckt ist. So ist etwa bei einer → Call-Option der → Stillhalter und bei einer → Put-Option der → Inhaber jeweils nicht im Besitz des Underlying. Das → Risiko ist hier also sehr viel höher als bei einer → Covered Option, da sich ein möglicher Verlust nicht nur aus den bereits realisierten Kaufpreisen des Underlying, sondern auch aus möglichen Wertveränderungen des Underlying nach Kauf bzw. Verkauf der Option ergibt. – Gegensatz: → Covered Warrant.

Namensaktie

Prof. Dr. Rüdiger von Rosen

1. Definition

Die Namensaktie ist eine Form der Verbriefung von Mitgliedschaften in einer → Aktiengesellschaft (AG) bzw. einer → Kommanditgesellschaft auf Aktien (KGaA). Sie ist ein → Wertpapier (geborenes → Orderpapier) und von der → Inhaberaktie zu unterscheiden.

2. Gesetzliche Regelung

Die zentralen Vorschriften über die Namensaktie befinden sich im → Aktiengesetz vom 06.12.1965 (BGBl. I S. 1098) m. spät. Änd. Gemäß § 10 Abs. 1 AktG können Aktien auf Inhaber oder auf Namen lauten. Die → Satzung muss hierüber eine Bestimmung treffen (§ 23 Abs. 2 Nr. 5 AktG). Grundsätzlich besteht Wahlfreiheit, es sei denn, es existieren Spezialregelungen. Die Satzung kann beide Formen der Verbriefung nebeneinander vorsehen. Darüber hinaus kann nach § 24 AktG auch eine Regelung vorgesehen werden, nach der den Aktionären ein Umwandlungsrecht ihrer Inhaber- in Namensaktien bzw. umgekehrt eingeräumt wird. – Zwingend vorgeschrieben sind Namensaktien durch das Luftverkehrsnachweissicherungsgesetz (LuftNasiG – vom 5.6.1997; BGBl. I S. 1322) für börsennotierte Luftfahrtunternehmen. Das VW-Gesetz vom 21.7.1961 (BGBl. I S. 585) m. spät. Änd. hingegen fordert von der Volkswagen AG die Ausgabe von Inhaberaktien. Auch → Kapitalanlagegesellschaften, Wirtschaftsprüfer- und Steuerberatungsgesellschaften sowie Kursmaklergesellschaften in der Rechtsform einer Aktiengesellschaft müssen Namensaktien ausgeben. Ferner ist für die sog. Nebenleistungsaktiengesellschaft (sog. Zuckerrüben-AG, § 55 AktG) ebenfalls nur die Namensaktie vorgesehen. Schließlich müssen gemäß § 10 Abs. 2 AktG Namensaktien emittiert werden, wenn die zu erbringende Einlage noch nicht vollständig erbracht wurde. – § 67 Abs. 1 AktG schreibt vor, dass bei der Ausgabe von Namensaktien ein Aktienbuch zu führen ist, in dem der Inhaber mit Namen, Wohnort und Beruf eingetragen wird. Die → Aktionäre haben in dieses ein Einsichtsrecht (§ 67 Abs. 5 AktG). Gemäß § 67 Abs. 2 AktG gilt im Verhältnis zur Gesellschaft nur derjenige als Aktionär, der im Aktienbuch eingetragen ist. Vorschriften zur Übertragung der Namensaktien finden sich in § 68 AktG i.V.m. §§ 12 ff. Wechselgesetz (WG - vom 21.6.1931; RGBl. I S. 399) und in §§ 18 Abs. 3, 24 Abs. 2 Depotgesetz (DepotG – i.d.F. vom 11.1.1975; BGBl. I S. 34) sowie zur Ausübung des Depotstimmrechts in § 135 Abs. 7 AktG.

3. Geschichte der Namensaktie

Über 150 Jahre hinweg führte die Namensaktie in Deutschland ein Schattendasein, nachdem sie bis Mitte des 19. Jahrhunderts schon einmal die überwiegende Aktienform war. Auch heute noch haben von den 7.170 inländischen Aktiengesellschaften (Stand: November 1999) schätzungsweise nur rund zehn Prozent Namensaktien emittiert. Seit Ende der 1990er Jahre wird jedoch wieder verstärkt von der Namensaktie Gebrauch gemacht, so dass von einer Renaissance der Namensaktie gesprochen werden kann. Insbesondere haben einige Unternehmen, deren Aktien dem → Deutschen Aktienindex DAX angehören, ihre Inhaber- auf Namensaktien umgestellt. Von den DAX-30 Unternehmen haben ein Drittel, im M-DAX ca. ein Fünftel der Gesellschaften Namensaktien ausgegeben. – Als sich die Aktiengesellschaft in der ersten Hälfte des 19. Jahrhunderts herauszubilden begann, war die Sichtweise von Gesellschaften traditionell noch personalistisch geprägt. Die Gesellschafter waren bislang Mitunternehmer und kannten sich damit zwangsläufig beim Namen. Deshalb wurden zunächst Namensaktien emittiert. Das preußische Aktiengesetz von 1843 knüpfte z. B. die Ausgabe von Inhaberaktien an eine spezi-

Namensaktie

elle Erlaubnis. Alsbald setzte sich jedoch die Auffassung durch, dass die Aktiengesellschaft auch dann funktionsfähig ist, wenn nicht alle Aktionäre namentlich bekannt sind. Insbesondere die größere Fungibilität der Anteile ließ die Inhaberaktie als besser geeignet erscheinen. Bei der Inhaberaktie musste bei einer Übertragung der Name auf der Aktienurkunde bzw. das → Aktienbuch nicht geändert werden. So kam es dazu, dass es im Wesentlichen nur noch Familiengesellschaften und Versicherungsgesellschaften waren, die Namensaktien ausgaben. Lediglich nach dem Zweiten Weltkrieg wurden bei Entflechtungsmaßnahmen in der Wirtschaft aufgrund alliierter Gesetze Namensaktien ausgegeben, die aber alsbald wieder abgeschafft wurden. Bei den Versicherungsgesellschaften liegt der Grund für die verhältnismäßig starke Verbreitung der Namensaktie darin, dass die Einlage auf die Aktien oftmals nur teilweise erbracht ist. Das Eigenkapital hat bei Versicherern weniger eine Finanzierungsfunktion, sondern dient in Zeiten hoher Versicherungsleistungen aufgrund von Schadensfällen als Reservefonds. – Anders als in Deutschland verlief die Entwicklung in den USA. Dort sind Namenspapiere seit je her dominierend. Die Gründe hierfür sind verschieden. Zum einen spielt sicherlich die größere Aktienakzeptanz eine Rolle. Die Zahl der Privataktionäre ist ungleich größer als in Deutschland. Getragen von der Sorge, dass ohne Namensaktien die Aktionäre Mitteilungen über Ausschüttungen und andere wichtige Ereignisse nicht rechtzeitig erhalten würden, haben sich die Gesellschaften von Anfang an für Namensaktien entschieden. Zum anderen schreiben die Regelwerke der amerikanischen Börsen vor, dass nur Namensaktien zum Handel zugelassen werden können. Hinzu kommt schließlich, dass die Gesellschaften mit Namenspapieren ihren Meldepflichten gegenüber den Finanzbehörden leichter nachkommen können und sich Fälle des verbotenen → Insiderhandels einfacher ermitteln lassen. – Eine große Rolle bei der Neuentdeckung der Namensaktie in Deutschland spielt die zunehmende Elektronisierung von Abwicklung des Handels und Aufbewahrung von Wertpapieren. Namensaktien sind heute nahezu genauso leicht übertragbar wie Inhaberpapiere. Der frühere Vorbehalt, Namensaktien seien weniger fungibel als Inhaberaktien, trifft nicht mehr zu. Die Übertragung der Aktien und die Führung des Aktienbuches erfolgen seit Mitte der 1990er Jahre voll elektronisch. Der administrative Aufwand für alle Beteiligten - Verkäufer, Erwerber, Gesellschaft, Depotbanken, Börsen, Clearingstelle - konnte damit erheblich reduziert werden.

4. Motive für die Namensaktie

Für die Namensaktie spricht, dass die Gesellschaft ihre Aktionäre kennt und dadurch bessere Investor-Relations-Arbeit zu leisten vermag. Die Gesellschaft kann in unmittelbaren Kontakt zu allen Investoren treten, insbesondere zu den Privatanlegern. Einladungen zur Hauptversammlung, Zwischenberichte, Aktionärsbriefe, Ad-hoc-Mitteilungen und sonstige Unternehmensinformationen erreichen die Adressaten schnellstmöglich. In einer Zeit des verschärften weltweiten Wettbewerbs um Kapital ist dies ein nicht zu unterschätzender Vorteil. Durch die bessere Betreuung wird die Bindung der Aktionäre an die Gesellschaft verstärkt. Dies kann insbesondere dann von Bedeutung sein, wenn die Gesellschaft in eine Krise gerät und in einer solchen Phase neues Kapital benötigt. Des Weiteren bekommt die Gesellschaft durch die Namensaktie die Möglichkeit, anhand der Daten im Aktienbuch das Finanzierungsverhalten der Investoren zu analysieren. Sie kann daraus Schlüsse für künftige Kapitalmaßnahmen ziehen. Ferner können Änderungen der Aktionärsstruktur nachvollzogen und Übernahmeversuche frühzeitig erkannt werden. – Ein weiterer wichtiger Grund für die Einführung der Namensaktie kann die Entscheidung für einen Börsengang in den USA sein. Da an den Börsen in den USA Inhaberaktien derzeit nicht zum Handel zugelassen werden, bleibt dem → Emittenten zur Erschließung des US-amerikanischen Marktes nur die Wahl zwischen der Namensaktie oder der Ausgabe Aktien vertretender Zertifikate (→ ADR´s, American Depositary Receipts).

Namensaktie

5. Verbriefung

Namensaktien sind deklaratorische Wertpapiere. Das verbriefte Recht – die Mitgliedschaft in der Aktiengesellschaft – besteht auch ohne die Urkunde. Zur Vereinigung des Rechts mit der Urkunde bedarf es einer Einigung zwischen dem Emittenten und dem Aktionär, dass die Urkunde die Mitgliedschaft verbriefen soll (sog. Begebungsvertrag). Zum Inhalt einer Namensaktie gehört zwingend die Angabe eines Namens. Werden effektive Stücke ausgegeben, ist dies grundsätzlich der Aktionär, der den Begebungsvertrag mit der Gesellschaft schließt. Erfolgt keine Ausgabe von Einzelstücken, sondern eine Verbriefung als Globalurkunde (vgl. § 10 Abs. 5 AktG), wird der Name eines Treuhänders, der für alle Aktionäre handelt, auf die Urkunde gesetzt. In der Regel ist das die Hausbank des Emittenten oder ein → Zentralverwahrer.

6. Übertragung

Namensaktien können auf verschiedene Art und Weise übertragen werden. § 68 Abs. 1 AktG sieht die Übertragung durch → Indossament vor. Der Berechtigte setzt auf das Papier einen Vermerk, dass die durch das Papier verbrieften Rechte auf einen anderen übertragen werden. Zudem ist zur Übertragung der Namensaktie die Übereignung des indossierten Papiers gemäß §§ 929 ff. Bürgerliches Gesetzbuch (vom 18.8.1896; RGBl. S.   m. spät. Änd.) durch Einigung und Übergabe bzw. ein Übergabesurrogat erforderlich. Das Indossament kann ein Namens- oder Blankoindossament sein (§ 13 Abs. 3 WG). Bei einem Namensindossament wird der Erwerber namentlich auf der Urkunde genannt, nicht aber bei einem Blankoindossament. Hier genügt allein die Unterschrift des Veräußerers auf dem Wertpapier (§ 13 Abs. 2 WG). Eine mit Blankoindossment versehene Urkunde wird allein durch Einigung und Übergabe weiter übertragen, ohne dass eine erneute Indossierung erforderlich wäre (§ 14 Abs. 2 WG). Die Blankoindossierung verschafft der Namensaktie eine ähnliche Verkehrsfähigkeit wie der Inhaberaktie. Sie kann damit in den → Effektengiroverkehr einbezogen werden. § 5 Abs. 1 DepotG verlangt die Vertretbarkeit der Wertpapiere, wozu Erwerbsmöglichkeit durch jedermann gehört. Aber auch mit einer Blankozession versehene Namensaktien sind girosammelverwahrfähig. Der Aktionär stellt hier vor der Einlieferung in den Sammelbestand eine Blankoabtretungserklärung aus. Dies führt dazu, dass jeder beliebige Dritte die Namensaktie erwerben kann, so dass auch in diesem Fall eine Vertretbarkeit im Sinne des § 5 Abs. 1 DepotG gegeben ist. Die Eintragung im Aktienbuch ist kein Bestandteil der Übertragung von Namensaktien. – Nach § 68 Abs. 2 AktG kann die Satzung bestimmen, dass die Übertragung von Namensaktien von der Zustimmung der Gesellschaft abhängt (sog. vinkulierte Namensaktien). Die Zustimmung erteilt der Vorstand, sofern nicht die Satzung dem Aufsichtsrat oder der Hauptversammlung diese Aufgabe zuweist. Ein ohne Zustimmung erfolgendes Übertragungsgeschäft ist unwirksam. → Vinkulierte Namensaktien können zum Börsenhandel zugelassen werden.

7. Aktienbuch

Das nach § 67 Abs. 1 AktG bei Namensaktien erforderliche Aktienbuch kann in Papierform oder auch als elektronische Datei geführt werden. Die Führung kann durch die Gesellschaft selbst oder aber auch durch beauftragte Dritte erfolgen. Bislang überwiegt die selbstständige Aktienbuchverwaltung durch die Gesellschaft. Insbesondere die großen Publikumsgesellschaften, die auf Namensaktien umstellen, übertragen die Führung ihres Aktienbuchs zunehmend auf spezialisierte externe Dienstleistungsunternehmen. – Im Verhältnis zur Gesellschaft gilt nur der im Aktienbuch Eingetragene als Aktionär (§ 67 Abs. 2 AktG). Diese Vermutung kann nicht widerlegt werden. D.h., nur die im Aktienbuch benannte Person kann die mitgliedschaftlichen Rechte ausüben. Zu den Rechten gehören z.B. das Stimmrecht, das Auskunftsrecht, das Anfechtungsrecht und auch der Anspruch auf → Dividendenzahlung, soweit dieser nicht in einem separaten Gewinnanteilschein verkörpert ist. Ebenso kann nur der im Aktienbuch Eingetragene

Namensaktie

zur Erfüllung von Pflichten (z.B. Erbringung der Einlage) herangezogen werden. Lässt ein Aktionär seine Depotbank in das Aktienbuch eintragen, so bestimmt § 135 Abs. 7 AktG, dass diese das Stimmrecht nur aufgrund einer schriftlichen Ermächtigung ausüben darf. – Eine Umschreibung im Aktienbuch setzt grundsätzlich eine Anmeldung des Wechsels der Mitgliedschaftsstellung voraus. Zur Anmeldung ist der Erwerber berechtigt. War der Veräußerer im Aktienbuch registriert, so kann auch er die Anmeldung vornehmen. Eine Pflicht zur Umschreibung im Aktienbuch nach einem Wechsel in der Aktionärsstellung gibt es nicht. Für die Eintragung ist erforderlich, dass die Aktie vorgelegt und der Übergang nachgewiesen wird (§ 68 Abs. 3 Satz 2 AktG). – Neben den im Gesetz genannten Angaben - Name, Wohnort, Beruf - darf das Aktienbuch auch Nießbräuche und Pfandrechte an Aktien ausweisen. Weitere Angaben sind nicht zulässig, es sei denn, es bestehen Sonderregelungen. Das LuftNaSiG verlangt beispielsweise die Angabe der Staatsangehörigkeit bzw. Nationalität des jeweiligen Aktionärs. – Neben dem Einsichtsrecht nach § 67 Abs. 5 AktG, das nur für die im Aktienbuch eingetragenen Personen gilt, können auch die nicht eingetragenen Aktionäre einen Anspruch auf Einsicht haben. Nach § 810 BGB ist dafür allerdings ein rechtliches Interesse erforderlich. Die Einsicht ist zu den üblichen Geschäftszeiten am Sitz der Gesellschaft zu gewähren.

8. Umstellung auf Namensaktien

Die Umstellung von Inhaber- auf Namensaktie setzt einen Beschluss der Hauptversammlung mit satzungsändernder Mehrheit voraus. Nicht erforderlich ist die Zustimmung aller Aktionäre. Wirksam wird der Beschluss erst mit seiner Eintragung in das Handelsregister. Die Aktionäre können danach – einhergehend mit der Eintragung in das Aktienbuch – den Umtausch der Inhaber– in Namensaktien fordern. Möchte ein Aktionär allerdings anonym bleiben, so kann er einen Dritten – in der Regel seine Depotbank – eintragen lassen.

9. Clearing

Die Clearstream Banking AG (früher Deutsche Börse Clearing AG) betreibt mit CASCADE-RS ein Computerabwicklungssystem für girosammelverwahrte Namensaktien. In dieses System fließen die börslich oder außerbörslich getätigten Geschäfte mit Namensaktien ein und werden depotmäßig verbucht. Das Clearingssystem ist mit dem elektronischen Aktienbuch des Emittenten verbunden, so dass nach jeder Transaktion das Aktienbuch auf den aktuellen Stand gebracht werden kann.

10. Ausblick

Die Einführung der Namensaktie bei großen Publikumsgesellschaften hat zu der Diskussion geführt, ob das AktG von 1965 in Bezug auf die Namensaktie den Anforderungen der heutigen Zeit gerecht wird. In der öffentlichen Diskussion stellte sich der Konsens ein, dass diverse Vorschriften über die Namensaktie einer Reform bedürfen. Im Mittelpunkt stand dabei der Datenschutz. Es wurden Befürchtungen geäußert, die Daten des Aktienbuches könnten zweckentfremdet werden und führten zum „gläsernen Aktionär". In einem „Entwurf eines Gesetzes zur Namensaktie und zur Erleichterung der Stimmrechtsausübung - Namensaktiengesetz - (NaStraG)" vom November 1999 ist nur noch ein eingeschränktes Einsichtsrecht vorgesehen. Das Aktienbuch soll zukünftig nicht mehr „Buch", sondern „Register" heißen, um zu verdeutlichen, dass auch elektronisch geführte Datenbanken zulässig sind. Aufgrund der zunehmenden Entmaterialisierung der Aktie wird klargestellt, dass zur Umschreibung im Aktienregister künftig nicht mehr die Vorlage der Urkunde notwendig sein soll, sondern nur die Mitteilung der Übertragung. Schließlich soll durch das NaStraG der Zwang zur Doppelversendung von Unternehmensinformationen an die Aktionäre durch Emittent und Depotbank ausgeschlossen werden. Das Gesetzgebungsverfahren wird aller Voraussicht nach vor der Hauptversammlungssaison 2001 abgeschlossen sein.

Literatur

BACHMANN, G. (1999), Namensaktien und Stimmrechtsvertretung, in: WM 1999, S. 2100-2108.

DIEKMANN, H. (1999), Namensaktien bei Publikumsgesellschaften, in: BB 1999, S. 1985-1990.

LEUERING, D. (1999), Das Aktienbuch, in: ZIP 1999, S. 1745-1751.

LUTTER, M. , in: Zöllner, W. (Hrsg.), Kölner Kommentar zum Aktiengesetz, Band 1, 2. Aufl., Köln u.a. S. 1986 ff.

NOACK, U (1999). Die Namensaktie - Dornröschen erwacht, in: DB 1999, S. 1306 – 1310.

SCHINZLER, V. (1999), Die teileingezahlte Namensaktie als Finanzierungsinstrument der Versicherungswirtschaft, Karlsruhe.

VON ROSEN, R./SEIFERT, W. G. (1998) (Hrsg.), Die Namensaktie, Frankfurt am Main 2000; von Rosen, R., Chancen mit Namensaktien, in: Börsen-Zeitung vom 13.5.1998, S. 23.

ders., Die Renaissance der Namensaktie, in: Aktienkultur+BHV-News, Heft 4, 1999 S. 14.

Namensanleihe, *Registered Bond.* → Anleihen, die auf den Namen eines bestimmten → Gläubigers ausgestellt sind.

Namenskommunalobligationen. Verzinsliches → Wertpapier, das auf den Namen des Erwerbers lautet und von Spezialkreditinstituten emittiert wird. Die Kapitalerlöse werden in Form von → Krediten an die öffentliche Hand zur → Finanzierung öffentlicher → Investitionen weitergeleitet.

Namenspapier, *registered instrument, nonnegotiable document, straight note.* → Wertpapier, das auf den Namen des Gläubigers ausgestellt ist. Nur dieser namentlich in der Wertpapierurkunde bezeichnete Gläubiger, bzw. sein Rechtsnachfolger ist befugt, die im Wertpapier verbrieften Forderungs- und Mitgliedschaftsrechte geltend zu machen. – Hinsichtlich ihrer Übertragungsmöglichkeiten sind N. von → Inhaberpapieren zu unterscheiden. Inhaberpapiere werden in der BRD normalerweise formlos durch Einigung und Übergabe übertragen, während dies bei N. gemäß § 398 BGB mittels → Indossament und Übergabe (→ Abtretung von Forderungen) erfolgt. – Wird eine → Vinkulierung der N. vorgenommen, so ist die Übertragung per Satzung an die Zustimmung eines rechtlichen Vertreters des emittierenden Unternehmens geknüpft. Ein gutgläubiger Erwerb von N. ist jedoch anders als bei Inhaberpapieren nicht möglich. – In letzter Zeit ist der deutliche Trend erkennbar, dass größere deutsche → Aktiengesellschaften (AG) mit Beschluss der Hauptversammlung ihre Inhaberaktien teilweise in Namensaktien konvertieren. Damit sind zu jeder Zeit alle Aktieninhaber im → Aktienbuch der Gesellschaft namentlich erfasst. Hauptgründe hierfür sind die damit vorhandene Möglichkeit der Direktansprache der einzelnen Aktionäre und das Interesse an aktuellen Veränderungen im Aktionärskreis. Diese Umwandlung der Aktien war für häufig gehandelte Wertpapiere bis 1997 aus praktischen Gründen nicht durchführbar, da die namentliche Erfassung der Übertragungen einen ungerechtfertigt hohen Aufwand verursacht hätte. Durch die Einführung des Abwicklungssystems → CASCADE-RS bei der → Deutsche Börse Clearing AG (heute → Clearstream International) und eine zeitgleich erfolgte Gesetzesänderung, die eine Aufbewahrung von Namensaktien als blankoindossierte (→ Blankogiro) → Sammelurkunden möglich machte, wurde dieser Nachteil der Namensaktie beseitigt. Mittlerweile findet die Übertragung ohne physische Bewegung der Aktie durch eine EDV-Umbuchung in CASCADE-RS statt. Die Umschreibung des Eigentümers im Aktienregister erfolgt mittels Überleitung in ein vollelektronisches Aktionärsregister, das der Emittent per Datenfernübertragung jederzeit abrufen kann. Damit sind Namensaktien bezüglich ihrer → Fungibilität mit Inhaberaktien vergleichbar und eignen sich ebenso

Namenspfandbriefe

für den Handel am → Sekundärmarkt. Das wesentliche Unterscheidungsmerkmal besteht heute also in der Führung des elektronischen Aktionärsregisters. – Darüber hinaus existieren aber auch Unterschiede in der Einzahlungspflicht bei Inhaber- und Namensaktien. Während Inhaberaktien stets voll eingezahlt sein müssen, liegt die Mindesteinzahlungsquote bei Namensaktien nur bei 25 Prozent, da bei Bedarf die namentlich erfassten Aktionäre schnell zur Leistung ihrer Resteinzahlung aufgefordert werden können. Teileingezahlte Namensaktien findet man v.a. bei Unternehmen, die für ihren laufenden Geschäftsbetrieb keine hohe Kapitalausstattung benötigen, aber zur Abdeckung extremer Unternehmensrisiken vom Gesetzgeber verpflichtet werden, sehr hohe Eigenkapitalreserven zu halten, z.B. Versicherungsunternehmen. – Vgl. auch → Rektapapier, → Orderpapier.

Namenspfandbriefe, *registered mortgage Bond*. → Pfandbrief, der auf den Namen des Erwerbers lautet und i.d.R. nur bei institutionellen → Gläubigern untergebracht wird.

Namensschuldverschreibungen, *registered bond*. → Schuldverschreibungen, die auf den Namen bestimmter → Gläubiger ausgestellt sind. Diese werden i.d.R. nur für Großanleger, wie z.B. Versicherungen, emittiert.

NASD, Abk. für → National Association of Securities Dealers.

NASDAQ, Abk. für → National Association of Securities Dealers Automated Quotations. Die N. fungiert insbesondere als Markt für junge Wachstumsunternehmen (größte Börse dieser Art weltweit) und wird von der Nationals Association of Securities Dealers (NASD) betrieben. Die N. ist keine Präsenzbörse sondern voll automatisiert und stellt damit eine Computerbörse dar. Die N. beteiligte sich an der EASDAQ und versucht auf diese Weise auch auf dem europäischen Kontinent Fuß zu fassen. Zum Teil wird der Begriff N. auch als Synonym für den Handel mit Wachstumswerten verwendet.

NASDAQ Composite Index, bezeichnet jenen → Index, der alle an der Nasdaq gelisteten in- und ausländischen → Aktien repräsentiert. Die Basis am 05. 02. 1971 betrug 100,00 Punkte. Es handelt sich um einen mit der Marktkapitalisierung gewichteten → Preisindex.

National Association of Securities Dealers (NASD). Bezeichnung für die größte unabhängige Organisation der Wertpapierbranche in den USA, die auf der gesetzlichen Grundlage des Maloney Act von 1938, einem Zusatz zum Securities Exchange Act von 1934, handelt. Zu ihren Mitgliedern zählen sämtliche in den USA zugelassenen → Broker und → Dealer. Die Aufgaben der NASD liegen in der Überwachung und Regulierung der Wertpapiermärkte, insbesondere an der → NASDAQ und dem US-amerikanischen → Over the Counter Market (OTC Market).

National Daily Quotation Service (NDQS), bezeichnet die tägliche Publikation sämtlicher → Wertpapierkurse und anderer Finanzmarktdaten am → Over the Counter Market (OTC Market) in den USA, die von speziellen Intermediären, wie z.B. → Reuters oder → Bloomberg, durchgeführt wird.

National Futures Association (NFA), bezeichnet eine im Jahr 1982 gegründete, selbstverwaltende und staatlich unabhängige Organisation der US-amerikanischen → Terminbörsen, die sich v.a. auf die Sicherstellung des reibungslosen Ablaufs des → Terminhandels, die Entwicklung innovativer Regulierungsmechanismen, den → Anlegerschutz, sowie auf spezifische Serviceleistungen für ihre derzeit ca. 55.000 registrierten Mitglieder konzentriert. Dabei werden sämtliche Aktivitäten der NFA von der → Commodity Futures Trading Commission (CFTC) autorisiert und überwacht.

National Savings Certificates. → Anleihen, die durch das britische Schatzamt zur Kriegsfinanzierung emittiert wurden. Diese Papiere weisen keine laufende → Zinszahlung auf. Der Ertrag wurde bei → Fälligkeit steuerfrei ausgezahlt (→ Aufzinsung).

National Securities Trading System, → elektronisches Handelssystem der Cincinnati Stock Exchange. Es ist nach dem → Auktionsprinzip organisiert; die dezentral eingegebenen Aufträge werden nach → Preis-Zeit-Priorität sortiert, die Preisfindung erfolgt automatisch nach dem → Meistausführungsprinzip.

Natur-Aktien-Index (NAX). Seit April 1997 veröffentlichter → Aktienindex, der 20 internationale Aktien umfasst, die nach ökologischen und ethischen Standards ausgesucht wurden. In den Index werden z.B. solche Unternehmen aufgenommen, die eine ökologische Vorreiterrolle in ihre Branche einnehmen und in der Erfüllung der Vorschriften zum Umweltschutz über das gesetzlich geforderte Mindestmaß hinausgehen. Zu den ethischen Standards gehören bspw. die Art der hergestellten Produkte (z.B. keine Waffen) oder die Zusammenarbeit mit den Gewerkschaften. Neben diesen nicht-ökonomischen Kriterien wird auch ein Mindestumsatz von 50 Mio. Euro gefordert.

Naturaldividende, *natural dividend payment*; bezeichnet eine Form der → Dividendenzahlung, bei der Leistungen des dividendenzahlenden Unternehmens anstelle von Geld (→ Bardividende) oder Wertpapieren (→Stock-Dividende) an die → Aktionäre ausgegeben werden. Bei Musikkonzernen können dies beispielsweise Eintrittskarten sein.

Naturaltilgung, *commodity repayment, commodity redemption.* Heute praktisch nicht mehr angewandte Form der → Tilgung von Hypothekarkrediten der → Realkreditinstitute durch → Pfandbriefe. Die Möglichkeit zur N. muss vorab vertraglich zwischen dem → Anleiheschuldner und dem → Anleihegläubiger vereinbart werden. N. ist für Anleiheschuldner dann vorteilhaft, wenn die Pfandbriefe → unter pari notieren, da sie stets in Höhe ihres Nominalwertes auf die Darlehensschuld angerechnet werden.

Naturalzins, *interest in kind.* In aller Regel erfolgt die Zahlung von → Zinsen in Form von Geldmitteln. V.a. bei der Überlassung von → Realkapital kann aber auch die Zahlung eines N. vereinbart werden. Dabei wird z.B. ein Teil des Ertrages aus der Nutzung eines überlassenen Grundstückes als Zinszahlung verrechnet.

NAX, Abk. für → Natur-Aktien-Index.

NDQS, Abk. für → National Daily Quotation Service.

Near-Money, Geld und Quasigeld (Geldsubstitute) in einer Volkswirtschaft. – Vgl. → M1, M2, M3.

Nebenpapier, *coupon/dividend sheet of securities.* Als N. bezeichnet man den → Bogen eines → Wertpapiers. – Gegensatz: → Hauptpapier.

Nebenwerte, *second-line stocks.* Bezeichnung für → Aktien kleinerer Unternehmen. Sie werden nur an einer → Regionalbörse oder im → Freiverkehr gehandelt.

Neckline, → *Nackenlinie.*

Negative Basis, bezeichnet einen negativen Differenzbetrag zwischen Preis des → Futures und → Kassakurs des → Underlying. Die → Carrybasis ist negativ, denn die anfallenden Finanzierungskosten übersteigen die während der Laufzeit des Futures fälligen Erträge des Underlying. – Gegensatz: → Positive Basis.

negative Carry, *Netto-Bestandshaltekosten*; vgl. → Carry.

negative Orderklausel, *negative pay-to-order clause.* Ein Wechsel oder Scheck mit negativer Orderklausel (→ „nicht an Order,,) kann nicht durch → Indossament übertragen werden, sondern nur durch → Abtretung.

Negative Pledge Clause, → Negativklausel.

negative Publizität, → Handelsregister.

negatives Kapitalkonto eines Kommanditisten, *negative capital account.* Ist der übernommene Kapitalanteil eines → Kommanditisten noch nicht voll eingezahlt, so erfolgt die Gutschrift der Gewinne als Kapitaleinlage auf dem entsprechenden Kapitalkonto. Verluste werden gegen das Kapitalkonto verrechnet. Eine Verlustbelastung des Kommanditisten kann über seinen übernommenen Anteil hinaus erfolgen und damit kann sein Kapitalkonto negativ werden. An den zukünftigen Gewinnen nimmt auch der Kommanditist mit negativem Kapitalkonto teil, soweit es die Restverteilung betrifft. Dem Kommanditisten über den übernommenen Kapitalanteil hinaus belastete Verluste sind also als Minderungsbeträge

Negativklausel

zukünftiger Gewinnanteile anzusehen. Gewinnanteile dürfen dem Kommanditisten erst ausgezahlt werden, wenn der Anteil wieder voll aufgefüllt ist. Das n.K.e.K. bedeutet also keine Einzahlungsverpflichtung, sondern lediglich einen Verlust zukünftiger Gewinnansprüche.

Negativklausel, *Negativerklärung, negative pledge clause.* Verpflichtung eines Schuldners bzw. des → Emittenten einer → Anleihe gegenüber den betroffenen Gläubigern, künftige Schuldverhältnisse/Anleihen höchstens gleichrangig zu begeben oder, falls neue Gläubiger bessere Sicherheiten erhalten, den bisherigen Gläubigern die gleiche Stellung einzuräumen. Des weiteren bedarf ein Verkauf von Vermögensgegenständen oder deren Beleihung der Einwilligung der Kreditgeber. Bei bonitätsmäßig zweifelsfreien Emittenten ersetzt die N. jede weitere Besicherung.

Negativzins, → Minuszinsen.

Negotiable Certificate of Deposit, *certificate of deposit.* → Geldmarktpapiere mit einer Laufzeit von 30-360 Tagen, die an Order oder den Inhaber ausgestellt sind. Diese Papiere können durch → Indossament übertragen werden.

Negotiated Fixed Price Reoffersystem. Platzierungsverfahren, das zunehmend bei großen Anleiheemissionen (→ Jumbo Anleihe) Anwendung findet, da durch dieses Verfahren ein funktionierender → Sekundärmarkt hergestellt wird. Im Mittelpunkt des N.F.P.R. steht das sog. open pricing als System zur Preisfindung. Hier wird die Investorenrendite als Abschlag zu einer Referenzanleihe (meist → Bundesobligationen) angegeben. – Vgl. auch → Fixed-Price-Reoffer-Verfahren.

Negotiation, *Negoziation, issue of public loan.* Feste Übernahme von neu emittierten Wertpapieren - meist öffentliche Anleihen - durch ein Bank oder → Bankenkonsortium zum Verkauf an ihre Kunden.

Nemax All Share Index. Von der Deutschen Börse AG angebotener, den Neuen Markt abdeckender → Index. Er wird sowohl als Performance- als auch als Kursindex berechnet. Die Basis vom 31.12.1997 beträgt 1000 Punkte. Nach einem All-Time-High von 8583 Punkten folgte ein Rückgang bis auf 486 Punkte. Dies verdeutlicht die extreme Volatilität des Neuen Marktes.

Nennbetrag, → Nennbetrag von Wertpapieren.

Nennbetrag von Wertpapieren, *Nennwert von Wertpapieren, Nominalwert/-betrag von Wertpapieren, face value of securities, nominal amount of securities.* Der N.v.W. ist der auf einer → Wertpapierurkunde aufgedruckte Geldbetrag. Bei → Aktien gibt der Nennbetrag den durch eine Aktie verbrieften betragsmäßigen Anteil am → Grundkapital der Aktiengesellschaft (AG) an. Das Grundkapital der AG errechnet sich demnach aus der Anzahl der ausgegebenen Aktien multipliziert mit dem Nennwert pro Aktie. – Der Nennbetrag → festverzinslicher Wertpapiere ist zum einen die Berechnungsgrundlage für die laufende, periodische Verzinsung und zum anderen legt er die Höhe der Tilgungsforderung des Inhabers gegen den Emittenten fest, falls in den Anleihebedingungen keine Sondervereinbarung bezüglich eines höheren Rückzahlungskurses als 100 % festgeschrieben wurde. – Bei → Anleiheemissionen wird der Gesamtnennbetrag der Emission normalerweise in Nennbeträge von 100 bzw. 1.000 Euro zerlegt. Eine Emission zehnjähriger Bundesanleihen im Gesamtvolumen von einer Milliarde Euro würde so beispielsweise in eine Million → Wertpapierurkunden mit dem Nennwert 1.000 Euro aufgeteilt. – Der N.v.W. weicht insbesondere bei Aktien oftmals stark vom Marktwert ab, der sich aus Angebot und Nachfrage ergibt. Bei festverzinslichen Schuldverschreibungen ist diese Differenz normalerweise kleiner und hängt vom Unterschied zwischen dem verbrieften Nominalzins und dem aktuell gültigen Marktzins sowie von der Restlaufzeit des Wertpapiers ab. – Änderungen, speziell bei aktienrechtlichen Regelungen, haben sich für die an der Währungsunion beteiligten Länder im Zusammenhang mit der Einführung des Euro und der gleichzeitigen Umstellung der → Primär- und → Sekundärmärkte auf die neue einheitliche Währung ergeben. Der bis dahin für Aktien geltende → Mindestnennwert von fünf DM wurde gem. § 8 II AktG durch den neuen → Mindestnennwert von einem Euro ersetzt. Mit dem Gesetz über die Zulassung von Stückaktien ist seit 1998 erstmals in Deutschland auch die Emission → nennwertloser Wertpapiere erlaubt, die einen Bruchteil am Grundkapital einer AG verkörpern. Dabei müssen Aktiengesellschaften zwischen Aktien mit und ohne Nennwert wählen, können aber niemals beide Aktiengattungen nebeneinander führen. – Vgl. auch → nennwertloses Wertpapier.

Nennkapital, Vgl. → Grundkapital der AG und → Stammkapital.

Nennwert, → Nennbetrag von Wertpapieren.

Nennwertaktie, *pay-value-share, face value share, nominal value share*. Aktie mit bestimmtem Nennwert in Euro. Der Nennwert ist auf der → Aktienurkunde, dem → Aktienmantel, aufgedruckt. In § 8 II AktG wird ein Mindestnennwert pro Aktie von 1 Euro verlangt. Die Satzung der AG gibt an, wieviele Aktienarten mit verschiedenen Nennwerten es gibt sowie die Zahl der Aktien jedes Nennbetrags.

nennwertlose Aktien, → Quotenaktie.

nennwertlose Wertpapiere, *no-par securities*. → Wertpapiere, die einen bestimmten Anteil an einer → Aktiengesellschaft (AG) verbriefen und folglich nicht mit Nennbetrag oder einem festen Geldbetrag ausgestattet sind. – Die gängigste Art eines n.W. ist die seit 1998 im Zuge der Einführung des → Euro in Deutschland gesetzlich erlaubte nennwertlose Aktie. Sie kann entweder als → Stückaktie oder als → Quotenaktie ausgegeben werden. Eine Quotenaktie ist ein sog. echtes n.W., das auf einen in der Wertpapierurkunde festgeschriebenen Bruchteil am → Grundkapital der Aktiengesellschaft (z.B. 1/1.000.000) lautet. Bei effektiven Stückaktien, auch unechte n.W. genannt, ist weder ein Nennbetrag noch ein fester Bruchteil aufgedruckt, sondern z.B. nur die Bezeichnung „eine Aktie der Gesellschaft". Der Aktionär kann seine Beteiligungsquote bei Stückaktien nicht unmittelbar aus der Wertpapierurkunde erkennen, sondern muss hierzu in der Gesellschaftssatzung nachsehen, wie hoch die Gesamtanzahl der emittierten Aktien ist. Der Vorteil gegenüber Quotenaktien ist, dass eine Kapitalmaßnahme, die zu einer Veränderung des Vermögensanteils eines Aktionärs führt, lediglich eine Veränderung der Satzung

verursacht und keine Anpassung bzw. keinen Neudruck der → effektiven Stücke erforderlich macht. Nennwertlose Aktien sind v.a. in den USA, Kanada und Großbritannien die gängige Aktienart. Investmentzertifikate von deutschen Investmentgesellschaften sind ebenfalls n.W. – Vgl. auch → Nennbetrag von Wertpapieren.

Nennwertprinzip, *nominal value principal*. Nach dem N. ist der → Nennwert einer Verbindlichkeit unabhängig von der Entwicklung des Realwertes der Geldschuld. Die Geldschuld muss in der Höhe der vereinbarten Geldsumme getilgt werden, eine Kopplung an Änderungen des Geldwertes findet nicht statt. – Gegensatz: Kurswerttheorie. – Vgl. auch → Mark gleich Mark.

Net Asset Value, *Substanzwert, Liquidationswert, Inventarwert*. Bezeichnung für den Substanz- bzw. Inventarwert von → Investmentanteilen.

Net Carry, → Carry Basis.

Net Income, *Reingewinn*; bezeichnet ein durch die → Gewinn und Verlustrechnung ermittelbares Periodenergebnis. Nach der Definition der → SEC setzt es sich aus den → Earnings und den sog. cumulative prior period adjustments zusammen.

Net Long Position, *Nettokaufsposition*; offene Nettoposition bei Options- und Termingeschäften, die sich ergibt, wenn bei Aufrechnung (→ Netting) aller → offenen Positionen die → Long Positionen die → Short Positionen eines Kontos überwiegen. – Gegensatz: → Net Short Position.

Net Operating Income, *Reingewinn vor Steuern*; bezeichnet das – positive oder negative – Gesamtergebnis einer Betrachtungsperiode, das dem Saldo der gesamten Erträge und Aufwendungen entspricht, wie es auch in der → Gewinn- und Verlustrechnung ausgewiesen wird.

Net Present Value (NPV), → Kapitalwert.

Net Profits, → Reingewinn.

Net Short Position, *Nettoverkaufsposition*. Offene Nettoposition bei Options- und Termingeschäften, die sich ergibt, wenn bei

Netting

Aufrechnung (→ Netting) aller → offenen Positionen die → Short Positionen die → Long Positionen eines Kontos überwiegen. – Gegensatz: → Net Long Position.

Netting. Bezeichnung für die gegenseitige Aufrechnung von Forderungen und Verbindlichkeiten aus offenen Handelspositionen zwischen Handelspartnern auf Finanzmärkten um das Kontrahentenrisiko (→ Ausfallrisiko) und andere Risiken der → offenen Positionen zu verringern. Gesichert wird dann nur der jeweilige Saldo (→ Uncovered Exposure), um Kurssicherungskosten gering zu halten. Speziell für die Absicherung von → Wechselkursrisiken und → Zinsänderungsrisiken findet das N. Anwendung. In einem ersten Schritt werden die nach Betrag und Laufzeit entsprechenden Positionen mit jedem Handelspartner ermittelt. Im zweiten Schritt wird der Gesamtsaldo mit → Termingeschäften abgesichert (→ Risikopolitik). Voraussetzung für das N. ist eine Netting-Vereinbarung. – Vgl. auch → Netting-Richtlinie, → Netting by Novation und → Netting by Close-out.

Netting by Close-out, → Netting-Richtlinie.

Netting by Novation, bezeichnet die Zusammenfassung vertraglicher Verpflichtungen zu einer einzigen → offenen Position bzw. einem einzigen → Zahlungsstrom. Es lassen sich bilaterales und multilaterales N.b.N. unterscheiden, je nach dem ob zwei oder mehr Parteien bei dieser Zusammenfassung berücksichtigt werden.

Netting durch Schuldumwandlung, → Netting by Novation.

Netting-Richtlinie. Richtlinie des Europäischen Parlaments und des Rates vom 21.3.1996. Die N. regelt die Bemessung der Ausfallrisiken von → Termingeschäften bei der Berechnung der Eigenkapitalausstattung der Kreditinstitute und die Berücksichtigung der bei solchen Geschäften üblichen Netting-Vereinbarungen zwischen den Parteien. Sie ergänzt die Solvabilitätsrichtlinie des Rates der Europäischen Gemeinschaften vom 18.12.1989, in der gemeinsame Standards für die Eigenkapitalausstattung von Kreditinstituten festgelegt worden waren. – Der aus der angloamerikanischen Vertragspraxis stammende Begriff → Netting bezeichnet die Aufrechnung oder Saldierung sich gegenüberstehender Positionen aus Termingeschäften. Unterschieden werden das → Position Netting (bilaterale Positionenaufrechnung), das → Netting by Novation (Netting durch Schuldumwandlung) und das netting by close-out (automatisches Netting bei Vertragsbeendigung, insbesondere bei Insolvenz einer Partei; auch als Liquidationsnetting bezeichnet). Netting-Vereinbarungen erleichtern den Zahlungsverkehr und können in der Form des netting by novation oder des netting by close-out das Ausfallrisiko im Falle der → Insolvenz einer Partei verringern. – Entsprechend der Solvabilitätsrichtlinie muss das → haftende Eigenkapital eines Kredit- oder Finanzdienstleistungsinstituts gemäß § 10 I KWG i.V.m. Grundsatz I § 2 I der vom → Bundesaufsichtsamt für das Kreditwesen (BAKred) aufgestellten "Grundsätze über die Eigenmittel und die Liquidität der Institute" mindestens acht Prozent der gewichteten Risikoaktiva betragen. Zu den Risikoaktiva gehören die Bilanzaktiva (Guthaben, Forderungen usw.) und die außerbilanziellen Geschäfte. Letztere lassen sich in die traditionellen außerbilanziellen Geschäfte (Indossamentsverbindlichkeiten, → Bürgschaften usw.) und die Termingeschäfte (→ Swaps, → Optionsgeschäfte, → Devisentermingeschäfte usw.) unterteilen. Die zur Anrechnung der Risikoaktiva notwendige Bemessung der Einzelrisiken erfolgt bei den Bilanzaktiva und den traditionellen außerbilanziellen Geschäften nach dem Buchwert. Bei Finanz-Swaps ist grundsätzlich der Kapitalbetrag die Bemessungsgrundlage, bei den sonstigen Termingeschäften der unter der Annahme tatsächlicher Erfüllung bestehende Anspruch des Instituts auf Lieferung oder Abnahme des Geschäftsgegenstandes. Die sich bei den Termingeschäften ergebenden Bemessungsgrundlagen überzeichnen jedoch das Ausfallrisiko, so dass sie in sog. Kreditäquivalenzbeträge umzurechnen sind, die dann auf die Risikoaktiva angerechnet werden. Die Umrechnungsmethoden (→ Marktbewertungsmethode, → Laufzeitmethode) wurden bereits in der Solvabilitätsrichtlinie festgelegt und sind nunmehr in Grundsatz I § 10 und § 11 geregelt. Eine risikomindernde Berücksichtigung von Netting-Vereinbarungen war nach der Solvabilitätsrichtlinie und der ursprünglichen Fassung des Grundsatzes I lediglich im Falle der Vereinbarung eines netting by novation möglich. Sie erfolgte dadurch, dass die Bemessungsgrundlage durch Aufrechnung der Aktiv- und Passivposten verringert wurde. – Durch die N. wurden die Voraussetzungen, unter denen eine risikomindernden Wirkung des netting by novation anzuerkennen ist, gelockert und die risikomindernde Berücksichtigung des netting by close-out zugelassen. Sie wurde durch eine Änderung des Grundsatzes I vom 2.10.1996 umgesetzt. Nach Grundsatz I § 12 I können Netting-Vereinbarungen eine ermäßigte Anrechnung von Risikoaktiva bewirken, sofern das BAKred die risikomindernde Wirkung dieser Abmachungen unter den Voraussetzungen der §§ 2a ff. der Verordnung über die Bemessung der Kredit- und Anrechnungsbeträge nach den §§ 13 bis 14 des Gesetzes über das Kreditwesen anerkannt hat. Die Anerkennung der Vereinbarung eines netting by close-out setzt die Vorlage des Vertragstextes beim BAKred und dessen Prüfung voraus (§ 2a KredBestV). Demgegenüber sind Vereinbarungen über ein netting by novation dem BAKred nicht vorzulegen. Das Institut muss sich aber vor Abschluss des Vertrages von dessen Rechtswirksamkeit nach allen berührten Rechtsordnungen überzeugen und über die erforderlichen Beweismittel verfügen, um den Abschluss des Vertrages im Streitfall beweisen zu können (§ 2d I KredBestV). Ist eine ausländische Rechtsordnung berührt, hat das Institut seine Überzeugungsbildung auf ein Rechtsgutachten zu stützen, das dem BAKred auf dessen Verlangen vorzulegen ist (§ 2d III KredBestV). Die Berücksichtigung der den Voraussetzungen der KredBestV entsprechenden Netting-Vereinbarungen erfolgt gemäß Grundsatz I § 12 II durch eine modifizierte Anwendung der Umrechnungsmethoden zur Ermittlung der auf die Risikoaktiva anzurechnenden Kapitaläquivalenzbeträge.

Netting-Vereinbarung, *netting agreemen.* Bezeichnung für eine Vertragsklausel, die zwischen Handelspartnern bei OTC-Geschäften (→ Over the Counter Market) das → Netting ermöglicht. Man unterscheidet die Novations-Netting-Vereinbarung (→ Netting by Novation) und die Close-out-Netting-Vereinbarung (→Netting by Close-out), die beide durch EG-Richtlinien (1996, 1998) und im → Grundsatz I bankaufsichtlich anerkannt werden (→ Netting-

Nettogeschäft

Richtlinie). Beim Netting by Novation wird ein Schuldumwandlungsvertrag geschlossen, durch den die ursprünglichen Forderungen und Verbindlichkeiten untergehen und ein neues Schuldverhältnis in Höhe des Saldos begründet wird. Bei einer → Close-out-Netting-Vereinbarung wird hingegen vertraglich festgehalten, dass z.B. bei → Insolvenz eines der Handelspartner alle gegenseitigen Vertragsbeziehungen beendet werden und der Ausgleich der offenen Saldopositionen erfolgt. Voraussetzung für den praktischen Einsatz einer N. ist die Anerkennung durch das → Bundesaufsichtsamt für das Kreditwesen (BAKred), die auf schriftlichen Antrag erteilt wird. Nur nach einer Anerkennung wird die Eigenkapitalbindung für → Ausfallrisiken nach Grundsatz I verringert und die Großkreditgrenzen entlastet.

Nettoabrechnung, *net price settlement*. Bezeichnung für die im → Nettogeschäft angewandte Abrechnungsmethodik, bei der sämtliche → Transaktionskosten direkt in den Kurs einbezogen werden. Bei einem → Kaufauftrag (Verkaufsauftrag) werden die Provision, Courtage usw. zum Kaufkurs (Verkaufskurs) addiert (subtrahiert). – Gegensatz: → Bruttoabrechnung.

Nettoabsatz, *net security sales*. Bezeichnung für die Summe der bei einer → Neuemission – zumeist festverzinslicher Wertpapiere – erzielten Verkaufserlöse unter Berücksichtigung von eventuellen gleichzeitigen → Tilgungen. Der N. von Wertpapieren in Deutschland wird in den → Monatsberichten der Deutschen Bundesbank veröffentlicht. – Gegensatz: → Bruttoabsatz.

Nettobardividende, *Auszahlung*; tatsächlich gezahlte → Dividende. → Bruttobardividende abzüglich KESt ergibt die N. Bei Vorlage einer → Freistellungsbescheinigung entspricht die N. der Bruttobardividende.

Nettobuchwert, → Restbuchwert.

Nettodividende, → Nettobardividende.

Nettogeschäft, *net price transaction*. Bezeichnung für Wertpapieraufträge oder sonstigen Kundenaufträge, bei denen die Abrechnung als → Nettoabrechnung erfolgt. Nicht zum → amtlichen Handel oder zum →

Nettoinvestition

Geregelten Markt zugelassenen Wertpapiere werden meist als N. abgerechnet.

Nettoinvestition, *net investment*; bezeichnet das zusätzliche Sachinvestitionsvermögen, das sich als Differenz aus → Bruttoinvestitionen und den zugehörigen → Abschreibungen ergibt. Die N. wirkt sich auf die Höhe der gesamtwirtschaftlichen Nachfrage und über den Investitionsmultiplikator auf die Höhe des → Volkseinkommens aus und kann sowohl Anlage- als auch Vorratsinvestition sein.

Nettokonsolidierung, → Quotenkonsolidierung.

Nettokurs, *net price*. Im → Freiverkehr gehandelte Wertpapiere werden oft zu N. abgerechnet, d.h. die → Courtage, Provisionen der Bank, usw. sind im Kurs enthalten. – Vgl. auch → Maklergebühren an deutschen Börsen, → Kassakurs und → fortlaufende Notierung.

Nettoprämie, *net premium*; bezeichnet den Saldo der zu zahlenden bzw. der erhaltenen → Optionsprämie, die aus einem → Optionsgeschäft resultieren, das → Optionen mit unterschiedlichen → Basispreisen, oder sogar sowohl → Call- als auch → Put-Optionen beinhaltet. Typische Beispiele sind die → Spreadstrategien, wie der → Call-Bear-Spread.

Nettorendite, *net yield*; bezeichnet die effektive → Verzinsung oder → Rendite einer Anlage nach Abzug von Steuern und unter Berücksichtigung aller steuerlich relevanten Vorteile, wie z.B. steuerfreie → Kursgewinne.

Nettoverkaufskurs, *net sales price*. Bezeichnung für den Verkaufskurs bei Ausgabe → festverzinslicher Wertpapiere, der um die Bonifikation (→ Platzierungsprovision) an Banken vermindert ist.

Nettoverschuldung, *net indeptedness*. Die N. beschreibt die Erhöhung der Schulden in einer Periode. Sie berechnet sich aus der gesamten Neuverschuldung, korrigiert um die Tilgung bereits bestehender Schulden der gleichen Periode.

Nettozinssatz, *pure interest rate*; bezeichnet den Kreditzins, der sämtliche Teilpreise, wie → Zinsen, Gebühren, → Provisionen und → Spesen, beinhaltet. Er erhöht die Vergleichbarkeit und die Markttransparenz.

Netzwerk-Externalitäten, *Netzeffekte*, *network externalities*; treten auf, wenn der Nutzen eines Gutes für den einzelnen Anwender von der Anzahl weiterer Anwender beeinflusst wird. Als typisches Beispiel gelten Telefonnetze und Produktinnovationen. Bei Telefonnetzen erhöht sich der Grenznutzen durch jeden zusätzlichen Anschluss. Dies wird mit der Zunahme an Kommunikationsmöglichkeiten begründet. Entsprechende Effekte können auch bei Produktinnovationen auftreten, etwa bei der Einführung von Software. Hier ist der Konsument auf die Kompatibilität mit Systemen anderer Anwender angewiesen. – In der Praxis zeigt sich allerdings, dass solche Netzwerke meist zu klein sind. Dies ist in der nahezu ausschließlichen Berücksichtigung des individuellen Grenznutzen des einzelnen Konsumenten begründet. Mögliche N.-E. werden von den Konsumenten erst in die Kaufentscheidung einbezogen, wenn gewisse Schwellenwerte der Produktverbreitung überschritten werden.

neue Aktien, *junge Aktien, new shares*. → Aktien, die bei einer → Kapitalerhöhung ausgegeben werden. N.A. sind nach § 60 II AktG nur zeitanteilig dividendenberechtigt, eine abweichende Dividendenteilnahme ist möglich.

Neuemission, → Initial Public Offering, → Going Public. – Vgl. auch → Emission von Aktien, → Emission von Anleihen und → Emissionsarten.

Neuer Markt. Bezeichnet ein 1997 von der → Deutschen Börse AG geschaffenes → Börsensegment für Wachstums- und Technologieunternehmen mit internationaler Ausrichtung, an dem derzeit über 330 Unternehmen gelistet sind. Ziel des N.M. ist es, kleinen und mittleren innovativen Unternehmen neue Wege der Eigenkapitalfinanzierung zu eröffnen und im Gegenzug den risikobewussten nationalen und internationalen Investoren rentable Kapitalanlagemöglichkeiten zu bieten. Die Zulassung zum N.M. ist an relativ strenge Anforderungen

Neuer Markt, Designated Sponsor

gebunden, welche die → Liquidität, die → Markttransparenz und den Schutz der → Aktionäre in diesem Segment fördern bzw. stärken sollen. Um die Liquidität zu erhöhen, muss zunächst das → Emissionsvolumen der Unternehmen mindestens 5 Mio. Euro betragen.

Die Unternehmen haben dann für mindestens zwölf Monate einen → Designated Sponsor zu verpflichten, der als Liquiditätsanbieter fungiert und auf Anfrage einen → Spread von maximal 5% für mindestens 500 Stück → Aktien stellt. Zur Erhöhung der Transparenz wird verlangt, alle Publikationen in deutscher und englischer Sprache zu veröffentlichen und die → Zulassungsprospekte internationalen Standards anzupassen. Um den Aktionärsschutz zu stärken, müssen die Unternehmen den → Übernahmekodex anerkennen und der Streubesitz muss mindestens 15%, sollte er mehr als 25% des → Grundkapitals betragen. Des Weiteren soll mit dem → Börsengang möglichst eine → Kapitalerhöhung von 50% des Emissionsvolumens vorgenommen werden und bei den emittierten Aktien muss es sich um → Stammaktien handeln. Die Haltepflicht für → Altaktionäre beträgt sechs Monate nach dem Börsengang. Als Folgepflichten aus dem Gang an den N.M. ergibt sich für die Unternehmen die Pflicht zur Abhaltung regelmäßiger Analystenveranstaltungen und die Pflicht zur Erstellung von → Quartalsberichten zum Geschäftsverlauf. Die Vorlage der → Jahresabschlüsse hat spätestens vier Monate nach Abschluss des Geschäftsjahres zu erfolgen, wobei diese alternativ nach → IAS, → US-GAAP oder nach → HGB mit Überleitung aufgestellt werden können. Darüber hinaus muss der Anteilsbesitz von → Vorstand und → Aufsichtsrat am Unternehmen jährlich veröffentlicht werden. Ab dem 01.10.2001 gilt das neue Regelwerk des N.M., in dem quantitative und qualitative Kriterien für den Ausschluss von Unternehmen festgesetzt werden. Dabei werden als quantitative Kriterien der → Börsenkurs und die → Marktkapitalisierung herangezogen, als qualitatives Kriterium gilt die → Insolvenz. Unterschreitet ein Unternehmen an 30 aufeinanderfolgenden Börsentagen den Grenzwert von einem → Euro für den Tagesdurchschnittskurs und von 20 Mio. Euro für die Marktkapitalisierung und werden diese Werte in den nächsten 90 Börsentagen nicht an mindestens 15 aufeinanderfolgenden Börsentagen übertroffen, so soll das entsprechende Unternehmen aus dem N.M. ausgeschlossen werden. Ebenso erfolgt ein Ausschluss, wenn über das Vermögen eines Unternehmens das Insolvenzverfahren eröffnet wird. Unternehmen, die nicht mehr am N.M. teilnehmen dürfen, verlieren dennoch nicht ihre → Börsenzulassung, so dass sie im → geregelten Markt oder im → Freiverkehr weiter gehandelt werden können. Anmerkung. Im Herbst 2002 wurde die Auflösung des Neuen Marktes spätestens bis Ende 2003 angekündigt. Die gelisteteten Werte erhalten die Möglichkeit in das Prime Segment oder das Domestic Segment zu wechseln.

Neuer Markt, Designated Sponsor. Vor Aufnahme des Handels am Neuen Markt hat der Emittent der Aktien mindestens zwei → Designated Sponsors – vormals Betreuer genannt – gegenüber der → Deutsche Börse AG zu benennen, die ihre Aufgaben für die Dauer von jeweils zwölf Monaten wahrnehmen. Im Rahmen ihrer Tätigkeit als → Market-Maker haben diese im elektronischen Handelssystem → Xetra während der gesamten Handelszeit fortlaufend → Quotes für den von ihnen betreuten Aktientitel innerhalb einer festgelegten Höchstspanne zu stellen und eingehende Aufträge zu diesen publizierten Kursen auszuführen. Die Designated Sponsors können sich gegenüber dem Emittenten darüber hinaus auch dazu verpflichten, diesen bei der Erfüllung der gesellschaftsrechtlichen, börsenrechtlichen und sonstigen kapitalmarktrechtlichen (Folge-)Pflichten zu unterstützen. Zu diesen Dienstleistungen zählt beispielsweise die Beratung bei der Erfüllung der Publizitätspflichten oder die Übernahme der Investor-relation-Tätigkeit. Vertragsgegenstand kann auch die Unterstützung bei der Durchführung von Hauptversammlungen bzw. → DVFA-Veranstaltungen sowie die Beratung bei der Erstellung von Geschäftsberichten oder Pressemitteilungen sein. Ferner kann die regelmäßige Erstellung von Unternehmensanalysen und Research-Berichten durch den Designated Sponsor vereinbart werden. Der Designated Sponsor muss seinerseits als → Börsenhandelsteilnehmer zugelassen sein und darüber hinaus von der → Börsengeschäftsführung eine Zulassung zum Designated Sponsoring in dem betreffenden Titel erhalten haben. Durch diese am Neuen Markt zwingend vorgesehe-

Neuinvestition

ne Market-Maker-Komponente wird das elektronische Handelssystem Xetra zu einem → hybriden Handelssystem erweitert.

Neuinvestition, → Nettoinvestition.

Neutralitätspflicht, *duty to neutrality*; gilt vor allem für den → Vorstand aber auch für den → Aufsichtsrat von zu übernehmenden Aktiengesellschaften bei → feindlichen Übernahmen. Der Vorstand darf, in dem Bestreben seine eigene Stellung zu wahren, keinen Einfluss auf die Zusammensetzung des Aktionärskreises nehmen und deshalb im Grundsatz keine Maßnahmen ergreifen, die dem Erfolg der Übernahme abträglich oder förderlich sind. Allerdings ist in Deutschland z.b. noch nicht genau geklärt welche ad-hoc Abwehrmassnahmen (z.B. → White Knight, → Golden Parachute) er ergreifen darf, und welche nicht. In dem Entwurf zum → Übernahmegesetz ist die Neutralitätspflicht in § 31 geregelt, wobei neben den Verhaltensweisen auch ein Katalog zulässiger Abwehrmassnahmen aufgeführt ist. Eine umfassende Unterrichtung der Aktionäre, sowie die Fortführung der laufenden Geschäftstätigkeit, selbst wenn dies für den Übernehmer nachteilig sein sollte, ist hingegen zulässig.

Neuzulassung, → Börsenzulassung einer neuen → Emission.

New Economy. Sammelbegriff für potenziell mit großen Wachstumschancen ausgestattete Technologie- und Dienstleistungsindustrien (z.B. Biotechnologie und internetgestützter Versandhandel). Unternehmen der N. E. können über eine Notierung an der NASDAQ in den USA bzw. an den Börsensegmenten „Neuer Markt" in Europa Zugang zum Aktienmarkt gewinnen. Nach deutlichen Überbewertungstendenzen ausgangs der 1990er – und anschließenden Kurseinbrüchen – zeigt sich, dass Unternehmen der N. E. wie Unternehmen der → Old Economy letztlich den gleichen fundamentalen Bewertungskriterien unterliegen.

Newex, *New European Exchange*; benennt eine Börse nach österreichischem Recht und Sitz in Wien, an der mittel- und osteuropäische Unternehmen gehandelt werden. – Vgl. auch → NXplus.

New York Board of Trade, (NYBOT). Bezeichnung für eine → Rohstoffbörse mit Sitz in New York, die die Muttergesellschaft der → Coffee, Sugar and Cocoa Exchange (CSCE) und der → New York Cotton Exchange (NYCE) ist. Letztere hat als Unterabteilungen die → New York Futures Exchange (NYFE) und die → Financial Instrument Exchange Division (FINEX).

New York Clearing Corporation (NYCC). Führt alle Futures- und Optionstransaktionen für die Börsen und die Tochtergesellschaften der New York Board of Trade (NYBOT) aus, rechnet diese ab und gewährt die finanzielle Sicherheit dieser Transaktionen.

New York Cotton Exchange (NYCE). 1870 gegründete → Terminbörse, an der → Optionen und → Futures auf die → Commodities Baumwolle, Orangensaftkonzentrat und Kartoffeln sowie → Financial Futures gehandelt werden.

New York Futures Exchange, (NYFE). 1979 gegründete Tochtergesellschaft der → New York Stock Exchange (NYSE), an der u.a. → Futures und → Optionen auf den → CRB Futures Price Index gehandelt werden. Heutzutage ist die NYFE in der → New York Board of Trade (NYBOT) vertreten.

New York Mercantile Exchange, (NYM), (NYMEX); weltgrößte → Warenterminbörse, die durch den Zusammenschluss der damaligen NYMEX und der → Commodity Exchange Inc. (COMEX) entstanden ist. An der NYM wird der Handel in zwei Segmenten betrieben: einerseits in der NYMEX-Division, wo neben Rohöl, Heizöl, Benzin, Propangas, Erdgas und Strom auch Platin und Palladium gehandelt werden und andererseits in der COMEX-Division, die sich auf den Handel von Gold, Silber und Kupfer konzentriert.

New York Stock Exchange (NYSE). 1792 gegründet, im Fachjargon auch →Wall Street genannt, größte Wertpapierbörse der Welt mit Sitz in New York 11 Wall Street , Träger der NYSE ist ein privatrechtlicher Verein, dem überwiegend Makler und Händler angehören, für die Mitgliedschaft im Verein wurden 1999 2,65 Mio. US-Dollars bezahlt, durchschnittlich werden ca. 800 Millionen

Aktien umgesetzt, im März 2000 wurde der Rekordwert mit 1,5 Milliarden gehandelten Aktien erreicht, im Dezember 2000 waren mehr als 3000 Gesellschaften gelistet, Kursbildung erfolgt nach dem Auktionsprinzip, wobei Kauf- und Verkaufsaufträge gegenübergestellt werden, der Wert, der an der NYSE gelisteten Firmen macht gemessen an der Marktkapitalisierung, mehr als die Hälfte der Kapitalisierung aller, an einer US-Börse gehandelten Wertpapiere aus, gilt als Leitbörse der Welt.

New Yorker Wertpapierbörsen. Das Finanzzentrum New York ist Sitz einer Vielzahl von → Wertpapierbörsen, darunter der → New York Stock Exchange und der → American Stock Exchange. Darüber hinaus haben auch viele → Rohstoff- und → Terminbörsen ihren Sitz in New York. Dazu zählen das → New York Board of Trade, die → New York Mercantile Exchange sowie die → New York Futures Exchange.

New Zealand Futures and Options Exchange, (NZFOE). 1985 gegründete → Börse mit Sitz in Auckland, Neuseeland, die über das weltweit erste voll elektronische → Handelssystem verfügte. Seit der Übernahme durch die → Sydney Futures Exchange (SFE) im Jahre 1992, wird die NZFOE als deren vollständige Tochtergesellschaft geführt. Der Handel umfasst neben → Futures auch → Aktienoptionen und → Optionen auf Zinsprodukte und auf Futures.

NexTrade. Das 1998 gegründete → ECN bot als erstes einen 24-Stunden-Handel und ermöglicht die Interaktion mit anderen ECN's und den nationalen Kapitalmärkten. – N. erfüllt die von der amerikanischen Börsenaufsicht → SEC an ECN's gestellten Anforderungen um Zugang zum Handelssystem der → NASDAQ zu erhalten.

NFA, Abk. für → National Futures Association.

nicht amtlicher Handel, → Zweitmarkt.

nicht an Order, *not to order.* Vermerk auf einem Wechsel oder Scheck, wonach die Übertragung dieses Wertpapiers nur noch durch → Abtretung erfolgen kann. – Vgl. auch → negative Orderklausel.

Nichterfüllung von Börsengeschäften

nicht-automatische Ausübung, bezeichnet → Optionsscheine, die keine → automatische Ausübung besitzen, so dass der → Optionsinhaber schriftlich benachrichtigen muss.

Nichtbesicherungsklausel, *negative pledge clause.* Kreditklausel, die die Verpflichtung eines Kreditnehmers für bereits bestehende oder zukünftige Kredite bzw. Verbindlichkeiten keine Sicherheiten zu stellen, beinhaltet. Die N. besitzt am internationalen → Kapitalmarkt, insbesondere bei Eurokreditverträgen Bedeutung. – Vgl. auch → Negativklausel.

nicht eingezahltes Kapital, → ausstehende Einlagen auf das gezeichnete Kapital.

nicht emissionsfähige Unternehmen, *companies not eligible for issuance.* Unternehmen, die aufgrund mangelnder Voraussetzungen (z.B. Rechtsform oder wirtschaftliche Situation) nicht in der Lage sind, Wertpapiere zu emittieren (→ Emission). Die Emissionsfähigkeit zur Eigenfinanzierung erfüllen ausschließlich die AG und die KGaA. Bei der Emissionsfähigkeit zur Fremdfinanzierung (→ Emission von Schuldverschreibungen) spielen wirtschaftliche Kriterien eine bedeutende Rolle. I.d.R. sind kleine und mittlere Unternehmen nicht emissionsfähig. Sie haben keinen Zugang zum organisierten → Kapitalmarkt.

Nichterfüllung von Börsengeschäften, *nonperformance of stock market transactions.* Sofern eine Vertragspartei ein abgeschlossenes Börsengeschäft über Wertpapiere nicht innerhalb der festgelegten Frist erfüllt, kann ihm die nichtsäumige Partei schriftlich unter Androhung der → Zwangsregulierung eine Nachfrist für die Erfüllung setzen. Wird die Erfüllung nicht innerhalb dieser Frist nachgeholt, so hat der Nichtsäumige am Börsentag des Fristablaufs die Zwangsregulierung vorzunehmen. Bei ausdrücklicher Zahlungsverweigerung sowie Zahlungsunfähigkeit der säumigen Partei entfällt die Setzung einer Nachfrist, so dass die Zwangsregulierung vom Nichtsäumigen unverzüglich anzustreben ist. Die Zwangsregulierung erfolgt unter Vermittlung des → skontroführenden Maklers durch Kauf bzw. Verkauf des betreffenden Wertpapiers zum festgestellten → Einheitskurs. Bei fortlaufend notierten

Nichthandelsbuchinstitut

Wertpapieren erfolgt die Zwangsregulierung zum erstmöglichen fortlaufend notierten Kurs. Der Unterschiedsbetrag zwischen diesem Zwangsregulierungskurs und dem im Rahmen des Börsengeschäfts zugrunde gelegten Kurs ist derjenigen Partei sofort zu erstatten, zu dessen Gunsten er sich ergibt. Ferner hat die säumige Partei die übliche Maklergebühr, Portokosten, Spesen und den eingetretenen Zinsverlust zu ersetzen. – Vgl. auch → Börsengeschäfte, Erfüllungsarten.

Nichthandelsbuchinstitut. Bezeichnung für ein Institut im Sinne des → KWG, das nach §2 XI KWG von den Vorschriften über das Handelsbuch als Zusammenfassung des Wertpapierhandels eines Instituts zum Zwecke der Bankenaufsicht befreit ist. Bedeutsam ist die Unterscheidung in N. und → Handelsbuchinstitute vor allem in Bezug auf die Eigenmittel nach §10a VI KWG und bei Großkrediten nach §§13, 13a KWG.

nicht fundierte Schulden, *unfunded debt*; kurzfristige → Verbindlichkeiten.

nicht notierte Aktien, *unlisted stocks*. Aktien, für die weder im → amtlichen Handel, am → Geregelten Markt, am → Neuen Markt noch am → SMAX ein Börsenkurs quotiert wird.

nicht organisierter Kapitalmarkt, *non organized capital market*. Der n.o.K. ist ein Markt für mittel- und langfristige Kredite und Beteiligungen, auf dem die Transaktionen unter Einbeziehung von Finanzintermediären abgewickelt werden. Die Vermittlung von Angebot und Nachfrage findet oftmals unter Zuhilfenahme von Finanzmaklern u.a. statt, wobei Anzeigen in der Presse eine häufig eingesetzte Werbemaßnahme darstellen. Aufgrund der mangelnden staatlichen Aufsicht und fehlender Rahmenbedingungen ist ein höheres Risiko für die Anleger vorhanden. Der → graue Kapitalmarkt stellt einen Teilbereich des nicht organisierten Kapitalmarktes dar. Gegensatz: → organisierter Kapitalmarkt.

Nichtigerklärung der AG, *declaration of nullity of the corporation*. Wirksam eingetragene Aktiengesellschaften können wegen ungeheilten Fehlens einer Satzungsbestimmung über die Höhe des Grundkapitals oder über den Gegenstand des Unternehmens bzw. die Nichtigkeit dieser Bestimmungen auf Klage von Aktionären, Mitgliedern des Vorstands oder des Aufsichtsrats für nichtig erklärt werden, sofern die Klage innerhalb von drei Jahren nach Eintragung der Gesellschaft erfolgt. Besteht die Möglichkeit der Heilung der Nichtigkeit, sind die Zulässigkeitsvoraussetzungen für die Klage erst erfüllt, wenn der Klageberechtigte die Gesellschaft aufgefordert hat, den entsprechenden Mangel zu beheben und sie dieser Aufforderung binnen drei Monaten nicht nachgekommen ist (→ Nichtigkeitsheilung bei der AG). Bei Erfolg der Klage hat der Vorstand die beglaubigte Abschrift und das rechtskräftige Urteil beim zuständigen Handelsregister einzureichen. Nach der Eintragung findet die → Abwicklung der Gesellschaft und die anschließende Löschung statt. Die Wirksamkeit abgeschlossener Rechtsgeschäfte ist von der Nichtigkeit nicht betroffen.

Nichtigkeit, *nullity*. N. ist die völlige Unwirksamkeit einer an erheblichen, nicht billigenswerten Mängeln leidenden Handlung. Nichtige Rechtsgeschäfte können die durch sie angestrebte Wirkung nicht erreichen. Beispiele hiefür sind Rechtsgeschäfte, die gegen ein gesetzliches Verbot verstoßen (§ 134 BGB), die der gesetzlich vorgeschriebenen Form ermangeln (§ 125 BGB) oder die wirksam angefochten worden sind (§ 142 I BGB, z.B. → Hauptversammlungsbeschlüsse). Folge der N. ist regelmäßig die Pflicht zur Rückabwicklung der bereits vorgenommenen Erfüllungshandlungen. Nicht nichtig, sondern genehmigungsfähig sind Rechtsgeschäfte eines vollmachtlosen Vertreters (§ 177 BGB). Verträge mit nichtigen AGB-Klauseln bleiben wirksam (§ 6 II AGBG).

Nichtigkeit der AG, → Nichtigerklärung der AG.

Nichtigkeit der Wahl von Aufsichtsratsmitgliedern der AG, *nullity of the supervisory board members election*. Werden bei der Zusammensetzung des Aufsichtsrats (→ Aufsichtsrat der AG, Zusammensetzung) verfahrenstechnische Vorschriften verletzt, ist die Wahl nichtig. Gleiches gilt für den Fall, dass die Hauptversammlung eine nicht vorgeschlagene Person wählt, obwohl sie an Wahlvorschläge gebunden ist, die gesetzliche Höchstzahl der Aufsichtsratsmitglieder überschritten wird oder die gewählte Person zu Beginn ihrer Amtszeit die nötigen persönlichen Voraussetzungen für die Mitgliedschaft im Aufsichtsrat nicht erfüllt.

Nichtigkeit des festgestellten Jahresabschlusses der AG, *voidness of the annual financial statement*. Ein nichtiger → Jahresabschluss kann keine Rechtswirkung entfalten. Die Gründe, die zur Nichtigkeit des festgestellten Jahresabschlusses der AG führen, sind in § 256 AktG geregelt. Der Jahresabschluss ist insbesondere in den Fällen nichtig, in denen er mit seinem Inhalt gegen gesetzliche oder vertragliche Bestimmungen verstößt, die dem Gläubigerschutz dienen oder im öffentlichen Interesse liegen. Des weiteren können Verstöße gegen die Gliederung des Jahresabschlusses sowie Über- oder Unterbewertungen einzelner Posten zur → Nichtigkeit führen. Die Nichtigkeit des Jahresabschlusses hat zur Folge, dass der Beschluss über die Verwendung des Bilanzgewinns ebenfalls nichtig ist (§ 253 AktG). Die Regelungen über die Nichtigkeit des Jahresabschlusses gelten nur für den → Einzelabschluss, nicht für den → Konzernabschluss.

Nichtigkeitsheilung bei der AG, *cure of the nullity of the corporation*. Mängel, die die Bestimmung des Gegenstands der AG betreffen, können durch → Satzungsänderung geheilt werden. Nach der Satzungsänderung, die unter Berücksichtigung der erforderlichen Mehrheitsverhältnisse zu erfolgen hat (→ Satzungsänderungen bei der AG), kann sich niemand mehr auf ihre Nichtigkeit berufen. Ist der Mangel hingegen unheilbar, bedarf es zur Fortführung der AG einer Neugründung der Gesellschaft. – Bei → Hauptversammlungsbeschlüssen, die im Handelsregister einzutragen sind wird die Nichtigkeit entweder durch die Eintragung oder nach Ablauf von drei Jahren geheilt. Eine weitere Heilungsregelung hat das Gesetz über die → kleine AG gebracht: Wird bei Möglichkeit der Ladung durch eingeschriebenen Brief ein Aktionär nicht erreicht, so heilt die Genehmigung des Aktionärs diesen Mangel.

Nichtigkeitsklage bei der AG, *nullity suit*. Die N.b.d.A. ist ein aktienrechtliches Instrument, welches einer eingeschränkten Personengruppe (Aktionären, Vorstands-

Nichtveranlagungsbescheinigung

oder Aufsichtsratsmitgliedern) zur Erzielung einer Urteilswirkung, die deutlich über die eines normalen Feststellungsurteils nach § 256 ZPO hinausgeht, zur Verfügung steht. Ein besonderes Feststellungsinteresse muss von den Klägern nicht geltend gemacht werden, da sich dieses bereits aus der Mitgliedschaft an der AG oder der entsprechenden Organzugehörigkeit ergibt. Ist ein Beschluss durch rechtskräftiges Urteil für nichtig erklärt worden, wirkt das Urteil für und gegen alle Aktionäre sowie Mitglieder des Vorstands und Aufsichtsrats, unabhängig davon, ob sie Beteiligte des Verfahrens waren.

Nichtigkeit von Hauptversammlungsbeschlüssen bei der AG, *nullity of shareholders' resolutions*. → Hauptversammlungsbeschlüsse sind grundsätzlich nur dann nichtig, wenn dieses ausdrücklich im Gesetz vorgesehen ist. Das ist insbesondere dann der Fall, wenn die Hauptversammlung nicht ordnungsgemäß einberufen wurde, die Beschlüsse nicht ordnungsgemäß beurkundet wurden, sie mit dem Wesen der Aktiengesellschaft nicht vereinbar sind, gegen Vorschriften zum Schutze von Gläubigern der Gesellschaft, das öffentliche Interesse oder die guten Sitten verstoßen, auf → Anfechtungsklage hin rechtskräftig für nichtig erklärt wurden oder auf Grund rechtskräftiger Entscheidungen als nichtig aus dem entsprechenden Handelsregister gelöscht worden sind.

nichtkotierte Wertpapiere, → unkotierte Wertpapiere.

Nichtveranlagungsbescheinigung, *NV-Bescheinigung*, *non-assessment note*. → Kapitalerträge, die der → Kapitalertragsteuer unterliegen, können dem Anleger ohne Abzug der Kapitalertragsteuer ausbezahlt bzw. gutgeschrieben werden, wenn der Anleger eine N. vorlegt (→ Kapitalertragsteuererstattung). Eine N. wird erteilt, wenn das zu versteuernde Einkommen voraussichtlich unter dem Betrag liegt, von dem ab nach der ESt-Tabelle eine ESt zu erheben wäre. Die N. kann nur beim Finanzamt beantragt werden. Im Gegensatz zum → Freistellungsauftrag wirkt eine N. betragsmäßig unbegrenzt, hat aber nur eine Geltungsdauer von drei Jahren.

nichtzyklische Aktien

nichtzyklische Aktien, *non-cyclical stocks*. → Aktien von Unternehmen, die weitgehend konjunkturunabhängig sind. Ihre Erträge bleiben im Konjunkturzyklus stabil, so dass auch ihre Kurse weitgehend konjunkturunabhängig sind. Beispiele sind Versorgungswerte und Banken.

Niedersächsische Börse zu Hannover, heutige → BÖAG Börsen Aktiengesellschaft.

Niederstwertprinzip, *principle of the lower of cost or market*. Das N. fordert eine außerplanmäßige → Abschreibung von Vermögensgegenständen auf den niedrigeren → beizulegenden Wert (fundamentale Bewertungsvorschrift im → Handelsrecht). – Beim → Umlaufvermögen ist die Bewertung zum niedrigeren Stichtagswert zwingend (strenges N.). Beim → Anlagevermögen ist nur bei einer dauerhaften Wertminderung eine Bewertung zum niedrigeren → beizulegenden Wert vorgeschrieben (gemildertes N.).

Niedrigzinspolitik, *easy money policy, policy of low interest rates*. Versuch der → Zentralbank, das → Zinsniveau beispielsweise durch Ausweitungen der Geldmenge zu senken. Ziel der N. ist die Minderung der Investitionskosten mit der Folge einer positiven Wirtschaftsentwicklung. N. scheitert jedoch meist an den durch die expansive → Geldpolitik bedingten inflationären Tendenzen.

Nieuwe Markt, (NMAX). Bezeichnung für das 1997 eröffnete Marktsegment für Wachstumsunternehmen an der → Amsterdamer Börse, das speziell für junge und innovative, jedoch mit hohem Risiko behaftete Unternehmen konzipiert ist. Der N.M. ist Mitglied im → EURO.NM und stellt das niederländische Pendant zum → Neuen Markt in Deutschland dar.

NIFs, → Note Issuance Facilities.

Nikkei-225-Index. Maßgeblicher Index für den japanischen → Aktienmarkt. Er enthält die 225 liquidesten Werte (→ Blue Chips) der → Tokyo Stock Exchange (TSE). Ebenso wie der → Dow Jones Index (DJI) handelt es sich beim Nikkei-225-Index um einen preisgewichteten Index, d.h. es wird der Durchschnitt aus den Kursen gebildet, ohne dass die unterschiedliche → Börsenkapitalisierung der Unternehmen berücksichtigt wird. – Vgl. auch → Nikkei-300-Index.

Nikkei-300-Index. → Aktienindex, der die 300 → Blue Chips aus der ersten Sektion der → Tokyoter Stock Exchange (TSE) umfasst. Im Gegensatz zum → Nikkei-225-Index werden hier die aufgenommenen Unternehmen anhand ihrer → Börsenkapitalisierung im Index gewichtet.

NMAX, → Nieuwe Markt.

Nochgeschäft, *call/put of more, option to double*. Bezeichnung für die Kombination eines → Fixgeschäfts mit einem → bedingten Termingeschäft. Ein Nochkäufer erwirbt bei einem N. mit dem Kauf einer Anzahl von Wertpapieren gleichzeitig das Recht auf Nachlieferung einer bestimmten weiteren Menge von Aktien der gleichen Gattung zum gleichen Preis. Der Nochkäufer spekuliert folglich auf steigende Kurse. Ein Nochverkäufer erwirbt bei einem N. gleichzeitig das Recht, eine bestimmte Menge von Aktien zu diesem Preis nochmals zu verkaufen. Er spekuliert auf fallende Kurse. Für dieses Recht zusätzliche Mengen kaufen oder verkaufen zu können werden Prämien fällig. Risiken aus N. können durch entsprechende Gegengeschäfte abgesichert werden. N. spielen heute kaum noch eine Rolle, da sie individuell vereinbart werden müssen und dadurch höhere Kosten verursachen. Sie können durch die Kombination von entsprechenden Standardgeschäften problemlos nachgebildet werden.

Noise, *rauschen*. Beschreibt objektiv nicht nachprüfbare Kurskomponenten, die zufällige Schwankungen der erwarteten → Aktienkurse im Zeitablauf hervorrufen. Sie sind schwer zu identifizieren und setzen sich aus vielen einzelnen, veränderlichen Faktoren zusammen, die für Abweichungen zwischen dem Marktpreis und dem → fundamentalen Wert verantwortlich sind. Wäre kein N. vorhanden, würde es keine Abweichung vom → fundamentalen Wert geben.

Noise Trader. N.T. sind → Investoren, die ihre Transaktionsentscheidungen auf Basis vermeintlicher Informationen tätigen, die allerdings keine Informationen sind. Sie sind

Nominalwerte

mitverantwortlich für sich an den Märkten bildende Überbewertungen (→ Bubbles), da ihre Transaktionen zu einer größeren Differenz zwischen Marktpreis und fundamentalen Wert führen.

Noise-Trading, bezeichnet einen Erklärungsansatz für zufällige Schwankungen von Aktienrenditen. Im Gegensatz zu Information Traders, die ihre Anlageentscheidungen von fundamentalen Daten abhängig machen, handeln → Noise Trader nicht informationsbasiert, sondern möglicherweise aufgrund benötigter Liquidität. Im diesem Fall spricht man von → Liquidity Tradern.

No-Load-Funds, *Trading-Fonds*. Fonds, die ohne Berechnung eines Ausgabeaufschlages (→ Ausgabeaufschlag bei Fonds) gekauft werden können. Diese Fonds sind interessant für Anleger, die häufiger zwischen Fonds wechseln oder ihr Geld kurz parken möchten. Für Anleger mit längerem Anlagehorizont eignen sich diese Fonds jedoch weniger, da die Verwaltungskosten bei diesen Fonds meist höher sind als bei Fonds mit Ausgabeaufschlag.

NOM, → Norwegian Options Market.

Nominalbetrag, → Nennbetrag von Wertpapieren.

Nominale, → Nennbetrag von Wertpapieren.

Nominale Hedge, bezeichnet eine Hedgingstrategie, bei der die Anzahl der benötigten Terminkontrakte durch Division der Nennwerte des Underlying durch jenen des Terminkontraktes ermittelt wird.

Nominaleinkommen, *nominal income*; ist das in Geldeinheiten ausgedrückte Einkommen eines einzelnen Wirtschaftssubjektes oder einer Volkswirtschaft. Im Gegensatz zum → Realeinkommen findet die → Kaufkraft hier keine Berücksichtigung. Werden Nominal- und Realeinkommen im Falle einer → Inflation bei der Entscheidungsfindung gleichgesetzt, so wird der Vorgang als → Geldillusion bezeichnet.

Nominalkapital, → Grundkapital der AG, → Stammkapital.

Nominalkapitalerhaltung, *Nominalprinzip, preservation of nominal capital*. Mit der N. ist die Vorstellung verbunden, das → gezeichnete Kapital als haftendes Eigenkapital zu erhalten. Der Gewinn bei N. ist der Zuwachs an Eigenkapital ohne Transfer mit den Eigentümern. Die Bewertung der Vermögensgegenstände und Schulden orientiert sich an den (fortgeführten) Anschaffungs- und Herstellungskosten bzw. dem Rückzahlungsbetrag. Aktuelle Marktwerte haben nur in Ausnahmefällen (→ Imparitätsprinzip) eine Bedeutung. – Das Prinzip der N. informiert bei Preissteigerungen unzureichend über den Wert der ursprünglichen Einlage, da für sie weniger Güter beschafft werden als zum Zeitpunkt der Einlage. – Vgl. auch → Substanzerhaltung, → Realkapitalerhaltung, → Scheingewinne.

Nominalkapital der AG, → Grundkapital der AG.

Nominalkapitalhaftung, *liability of nominal equity capital*. Gemäß § 272 I HGB ist die Haftung der Gesellschafter für die Verbindlichkeiten der → Kapitalgesellschaft gegenüber den → Gläubigern auf das konstante → Eigenkapital beschränkt, das in der Bilanz als → gezeichnetes Kapital ausgewiesen wird.

Nominalprinzip, 1. → Mark gleich Mark. – 2. → Nominalkapitalerhaltung.

Nominal-Sachwert-Methode, → Währungsumrechnung bei Aufstellung eines Weltabschlusses.

Nominalverzinsung, *nominal interest rate*; setzt die Verzinsung in Relation zum → Nennwert. Dieser Terminus wird in Verbindung mit → Finanzinstrumenten des Fremdkapitals, wie → Krediten oder → Anleihen, verwendet. – Vgl. auch → Effektivverzinsung.

Nominalwert, → Nennbetrag von Wertpapieren.

Nominalwerte, *nominal assets*. Als N. bezeichnet man geldmäßige Forderungen. So sind alle mit einem → Nennbetrag ausgestatteten Wertpapiere N., wie z.B. → Nennwertaktien, → festverzinsliche Wertpapiere und → Schecks. – Nicht zu den N. zählen die

Nominalzins

auf einen Anteil lautenden Wertpapiere (→ nennwertlose Wertpapiere) sowie Sachwerte.

Nominalzins, *Nominalzinsfuß, Nominalzinssatz, nominal interest*. Der N ist der auf den → Nennwert einer Geldanlage bzw. den Nennwert einer Kreditaufnahme bezogene Periodenzins. Er wird in Prozent vom Nennwert ausgedrückt. Im Gegensatz hierzu steht der → Effektivzins, d.h. die effektive, auf den Marktwert eines Wertpapiers bezogene Verzinsung.

nominell, *nominal*; auf den → Nennbetrag von Wertpapieren lautend.

nomineller Kurs, *Sprechkurs, nominal price*; bezeichnet einen Kurs, der nur genannt wurde, aber zu dem kein Umsatz zustande kam. – Gegensatz: → bezahlter Kurs.

nominelles Eigenkapital, *Nominalkapital, nominal equity capital*. Bezeichnung für das konstante → Eigenkapital eines Unternehmens. In der Bilanz von Kapitalgesellschaften wird das n.E. als → gezeichnetes Kapital ausgewiesen. – Vgl. auch → Nominalkapitalhaftung.

Non-Call Bullet. → Anleihe, die nicht vorzeitig kündbar oder tilgbar ist. Die → Rückzahlung erfolgt komplett bei → Endfälligkeit.

Noncash Hedging Instruments, *Bargeldlose Kurssicherungsinstrumente*; bezeichnen bargeldlose Instrumente zur Absicherung gegen Kursschwankungen, insbesondere Wechselkursschwankungen. Man versucht → Zahlungsströme in der Währung zu generieren, in der man → Verbindlichkeiten zu tilgen hat. Dies kann beispielsweise durch Verkauf von Gütern oder Dienstleistungen im Ausland erfolgen.

Non-current-Methode, *non-current-method*. Bezeichnung für die bilanzielle Verrechnungs- bzw. Ausweismethode, nach der sämtliche Positionen einer → Bilanz, bei denen eine → Währungsumrechnung erforderlich ist, zu historischen → Kursen angesetzt werden.

Non-Diversified Investment Company, *Investmentgesellschaft ohne gesetzliche Anlagestreuung*; ist ein im amerikanischen Rechtsraum verbreiteter Typus von → Kapitalanlagegesellschaften, die das Prinzip der → Diversifikation nur stark eingeschränkt praktizieren; vielmehr wird eine Konzentration auf wenige Wertpapiere vorgenommen. – Vgl. auch → Diversified Investment Company.

Non-issued Stock, *nicht ausgegebenes Aktienkapital, non-issued share capital*. Bezeichnung für denjenigen Teil des genehmigten Kapitals einer Aktiengesellschaft, der noch nicht in Form von Aktien ausgegeben wurde. Der Vorstand kann den N.S. begeben, ohne dass die Aktionäre erneut zustimmen müssen. In Deutschland muss jedoch die Zustimmung des Aufsichtsrates eingeholt werden.

Non-Legals. Bezeichnung für Effekten am → Euromarkt, die nicht den rechtlichen Bestimmungen eines Landes entsprechen. Hierbei wird in erster Linie auf → Anlagevorschriften → institutioneller Anleger abgestellt.

Non-Leverage Company, englische Bezeichnung für eine → Kapitalanlagegesellschaft, die zum Kauf von Investmentanlagen kein Fremdkapital verwendet. – Investmentfonds, die nach dem → Gesetz über Kapitalanlagegesellschaften (KAGG) aufgelegt sind, werden grundsätzlich als N.C. angesehen, da die Möglichkeiten einer Kreditfinanzierung eingeschränkt sind. – Vgl. auch → Leverage Company.

Non-Traded Option, *over the counter Option*; bezeichnet eine nicht an der → Börse gehandelte → Option. Durch die fehlende Standardisierung ergibt sich bei diesen → OTC-Optionen ein wesentlich größerer Gestaltungsspielraum, der einen speziellen Zuschnitt auf die Bedürfnisse der Kontraktpartner ermöglicht. – Gegensatz: → Traded-Option.

Non-Underwritten Facility, *Platzierungsvereinbarung ohne Übernahmeverpflichtungen*; bezeichnet eine Variante der → Note Issuance Facilities. Sie besitzt jedoch keine Absicherungsfazilität, was bedeutet, dass das → Risiko der → Platzierung und der Anschlussfinanzierung ausschließlich beim → Schuldner liegt. Die Banken gehen keine Übernahmeverpflichtung der nicht am →

Kapitalmarkt platzierbaren Titel ein. Die N.-U.F. werden nur zur → Finanzierung von kurzfristigem Kapitalbedarf eingesetzt. Ihr Vorteil liegt in den niedrigen Finanzierungskosten, da nur eine geringe → Provision anfällt.

Nonvaleurs. Bezeichnung für nicht mehr handelbare und daher wertlose Effekten, die zumeist als → historische Wertpapiere angesehen werden. Als N. werden z.B. festverzinsliche Wertpapiere bezeichnet, die durch die Einstellung von Zins- und Tilgungsleistungen seitens des Schuldners wertlos geworden sind.

Nonvoting Preference Share, → *Vorzugsaktie ohne Stimmrecht*. – Vgl. auch → Preferred Stock.

Nord Pool. Skandinavische Strombörse in Form einer Aktiengesellschaft, die aus dem seit 1971 bestehenden norwegischen Spotmarkt Samkjoringen und einer 50 prozentigen Beteiligung des schwedischen Netzbetreibers Svenka Kraftnett 1996 hervorgegangen ist. Seit 1999 sind sowohl die finnische Strombörse, als auch die westdänischen Regionen Preiszonen für die N.P. Da Gesetze, die für Wertpapierbörsen gelten, nicht auf die N.P. übertragbar sind, richtet sich das Regelwerk am Handelsgesetz aus. Die N.P. hat diesbezüglich Standards für Bidding, Settlement, Reporting Trading und Clearing entwickelt. Zur Teilnahme an der N.P. ist eine Lizenz notwendig; weiterhin sind Eintrittsgebühren und jährliche Lizenzgebühren zu entrichten. 1998 waren 258 Teilnehmer zugelassen, wobei zunehmend neben den traditionellen Marktteilnehmern wie Energieerzeugern auch Industrieunternehmen und Stromhändler teilnehmen.

NOREX, *Nordic Exchanges, Nordic Stock Exchanges*. Bezeichnung für die strategische Allianz zwischen den skandinavischen → Börsen in Kopenhagen, Stockholm, Oslo und Reykjavik. Sie gilt als die fortschrittlichste Börsenallianz weltweit, da sie über ein zentrales → Handelssystem verfügt und damit den Zugang zu mehr als 80% der auf den skandinavischen → Aktienmärkten gehandelten → Aktien, → Anleihen und → Derivaten bietet.

Normung von Wertpapieren

normaler Auftrag, *normal order*; bezeichnet → Round Lot Aufträge ohne zusätzliche Eigenschaften. Sie können mit oder ohne → Kurslimiten erteilt werden. – Vgl. auch: → Hidden-size Order, → Akzeptauftrag, → bedingter Auftrag.

Normalverteilung, *Gauß-Verteilung, normal distribution*; stetige → Verteilung mit einer um den → Erwartungswert symmetrischen → Dichtefunktion einer stetigen Zufallsvariablen X. Die Gestalt der N. ist durch Erwartungswert und → Varianz der beschriebenen → Zufallsvariablen vollständig festgelegt. In der grafischen Darstellung weist die N. eine glockenförmige Gestalt auf; man spricht deshalb auch von der Gaußschen Glockenkurve. – Formal:

$$f(x) = \frac{1}{\sqrt{2\pi}\sigma} e^{2\sigma^2}$$

Dabei bezeichnet σ die → Standardabweichung, μ den → Erwartungswert und x die Realisationen der stetigen Zufallsvariablen X. – Normalverteilte Zufallsvariablen X können durch Normierung mit dem Erwartungswert μ und der Standardabweichung σ in standardnormalverteilte Zufallsvariablen Y überführt werden. Diese Transformation wird zur einfachen Bestimmung von → Wahrscheinlichkeiten für Intervalle normalverteilter Zufallsvariabler benutzt, da die Funktionswerte der Standardnormalverteilung in tabellierter Form vorliegen. – Formal:

$$Y = \frac{X - \mu}{\sigma}$$

In der Kapitalmarkttheorie wird häufig von einer N. der betrachteten Zufallsvariablen, z.B. der Rendite von Wertpapieren, ausgegangen.

Normung von Wertpapieren, *standardization of securities*; erfolgt durch die Implementierung bestimmter Qualitätsmerkmale im Rahmen des Wertpapierhandels, -drucks und der Wertpapierverwahrung. Maßgebliche Elemente der Normung bei effektiven, börsennotierten Effekten sind das (Druck-) Format, der Aufbau des Mantels, der Aufbau des Zins-, Erträgnis- und Gewinnanteilscheins, der Aufbau des → Talons, qualitative Anforderungen an das (Druck-) Papier sowie Besonderheiten wie → Guillochen, → Prägestempel, Kontroll- und Treuhänderunterschrift, die bestimmten Nennbeträgen

Norwegian Futures and Options Clearing House

zugeordnete Nennwertfarbe und ggf. der Rahmen. – Beim Aufbau des → Mantels ist zuerst die → Wertpapierkennnummer maßgeblich; bei → festverzinslichen Wertpapieren und → Optionsanleihen zusätzlich die Währungsbezeichnung, der Zinstermin und die Seriennummer sowie die Emissionsbeschreibung (Zinssatz, Wertpapierart, Litera, Reihe, Endfälligkeit); bei → Nennwertaktien ebenfalls die Währungsbezeichnung, ferner der hierdurch verbriefte Anteil am Grundkapital; bei → Stückaktien der Vermerk „Stück"; bei → Investmentanteilen die Anzahl der damit verbrieften Anteile. – Der Aufbau des Zins-, Erträgnis-, und Gewinnanteilscheines wird durch das Datenfeld mit der Wertpapierkennnummer, der Nummer des entsprechenden Scheines und der hierdurch verbrieften Anzahl von Anteilen bestimmt; ferner durch das Emittentenfeld mit der Stückenummer, sowie durch das Textfeld mit dem → Prägestempel und dem Nennbetrag. – Für den Aufbau des Talons ist die Wertpapierkennnummer, die Währungsbezeichnung, die Anzahl der hierdurch verbrieften Anteile und die Bezeichnung Erneuerungsschein von Bedeutung. – Vgl. auch → Richtlinien für den Druck von Wertpapieren.

Norwegian Futures and Options Clearing House, *Norsk Oppgjørssentral ASA, NOS*; bezeichnet das 1987 gegründete → Clearing House für den Handel in norwegischen → Derivaten.

Norwegian Options Market, *Norsk Opsjonsmarked, NOM*. Bezeichnung für die 1990 gegründete → Optionsbörse an der → Osloer Börse.

NOS, → Norwegian Futures and Options Clearing House.

Nostroeffekten, *Nostrowertpapiere, nostro securities*. → Effekten, die sich im Eigentum eines Kreditinstituts befinden.

Nostrogeschäfte, *business for own account*. Geschäfte, insb. → Wertpapiergeschäfte, die ein → Effektenhändler bzw. ein Kreditinstitut auf eigene Rechnung durchführt.

Nostrowertpapiere, → Nostroeffekten.

Note Denomination. Bezeichnung für die → Stückelung von → Schuldtiteln.

Note Distribution. Bezeichnung für die → Platzierung von → Schuldtiteln.

Note Issuance Facilities (NIFs), *revolving underwriting facilities*; bezeichnet die Kreditaufnahme über die Ausgabe kurzfristiger → Geldmarktpapiere (→ Euro-Notes) mit Laufzeiten von drei bis sechs Monaten. Sie werden an Banken bzw. an ein → Tender Panel verkauft oder auf dem → Primärmarkt platziert. Diese → Plazierung wird von einem sog. → Sole Placing Agent gewährleistet. – Vgl. auch → Non-Underwritten Facility.

Notenbankpolitik, *Geldpolitik der Zentralbank, central bank policy*. Die N. umfasst sämtliche Maßnahmen, die eine → Zentralbank zur Durchsetzung der geldpolitischen Ziele einer Volkswirtschaft ergreift. Dabei ist es ihre Aufgabe, für eine angemessene Geldversorgung der Volkswirtschaft Sorge zu tragen, durch ihre Maßnahmen die Stabilität des Preisniveaus sicherzustellen und damit zur Erhaltung des Geldwerts beizutragen. Während die → Deutsche Bundesbank auch als geldpolitisches Ziel die Unterstützung der allgemeinen Wirtschaftspolitik verfolgte, ist es der EZB nur erlaubt, die Wirtschaftspolitik zu unterstützen, wenn das unbedingte Ziel der Preisniveaustabilität gewahrt bleibt. – Vgl. auch → Zentralbankgeldmenge, → Mindestreserve.

Notierung, Notiz, → Börsenkursnotierung (-notiz).

Notierungsarten, *forms of quotation*. Zu unterscheiden sind: → Börsenkursnotierung, -notiz, → Prozentnotierung und → Stücknotierung. – Vgl. auch → Kassakurs und → variable Notierung.

Notierungsaussetzung, *Aussetzung der Kursnotierung, suspension of price quotations*; bezeichnet die vom → Börsenvorstand für ein bestimmtes → Wertpapier festgelegte Aussetzung des Börsenhandels, so dass in diesem für einen bestimmten Zeitraum keine Umsätze mehr erfolgen können. Grund dafür kann der Schutz der Aktionäre bei neuen kursrelevanten Informationen sein, da andernfalls → Insider ihre Informationsvorteile zu Lasten der uninformierten Aktionären ausnutzen könnten. Ist die Kursfeststellung für ein bestimmtes Wertpapier ausgesetzt, so wird dies mit dem Hinweis → „ausgesetzt" im → Kurszettel vermerkt.

Notierungseinstellung, *suspend price quotations*; bezeichnet den Vorgang, bei dem die → Börsenkursnotierung eines Wertpapiers vom → amtlichen Handel eingestellt wird. Dies kann aus unterschiedlichen Gründen erfolgen, wie z.B. nach dem Entzug der Zulassung durch die → Börsenzulassungsstelle, im Fall der Eröffnung des Konkursverfahrens, aus unternehmensspezifischen Gründen auf Antragstellung der AG, oder nach Beendigung des Umtausches in Aktien einer anderen AG.

Notierungsgebühren, *commissions for quotation*. Gebühren, die der Emittent für die → Notierung seiner Wertpapiere an der Börse zu entrichten hat. Sie dienen der Deckung der durch die Notierung verursachten Kosten für die Tätigkeit der Börsenorgane und der Inanspruchnahme der Börseneinrichtungen. Der → Börsenrat kann im Rahmen der von ihm erlassenen Gebührenordnung nicht nur eine einmalige N. bei Einführung der Wertpapiere in den Börsenhandel vorsehen, sondern alternativ auch laufende N. In diesem Fall hat der Emittent ein Wahlrecht zwischen der einmaligen und der wiederkehrenden Bezahlung. Hinsichtlich der Höhe der N. wird zwischen verschiedenen Wertpapierkategorien, → Marktsegmenten, in- und ausländischen Emittenten sowie nach der Höhe des Emissionsvolumens differenziert.

notierungsgesteuerter Handel, → Quote Driven Market.

Notification. Bezeichnet die Nennung des bei Fälligkeit zu liefernden Underlying an das Clearinghaus, sofern verschiedene zur Auswahl stehen. Dies ist bspw. bei Zinsfutures nötig, da das Underlying eine synthetische Anleihe ist, also eine fiktive, i.d.R. nicht existierende Anleihe. Da aber eine physische Lieferung der Anleihen erfolgt, werden mehrere Anleihen von der Terminbörse benannt, aus denen eine geliefert werden muss.

notwendiges Privatvermögen

Notional Instruments, → synthetische Finanzinstrumente.

Notiz, → Börsenkursnotierung (-notiz).

notleidende Anleihe, *default bond*; → Anleihe, bei der aufgrund finanzieller Probleme des → Emittenten der → Zins- und → Tilgungsdienst unterbrochen ist.

notleidende Wertpapiere, *securities in default*; sind insbesondere → Anleihen, bei denen die vereinbarten Zins- und Tilgungsleistungen nicht mehr erfolgen.

Notliquidation, *emergency liquidation*; bei Liquiditätsengpässen zwangsweiser Verkauf von Vermögensgegenständen um wieder liquide zu werden. Im Falle der N. von Kapitalanlagen müssen oftmals Verluste hingenommen werden.

Notplatzierung, wird eine → Emission trotz unvorteilhafter Verhältnisse am Kapitalmarkt platziert, kann es zu einer → Unterzeichnung kommen. Eine vollständige → Platzierung ist dann nur noch aus Sicht des Emittenten zu verschlechterten Konditionen möglich. Gründe für N. können vom Markt oder von Unternehmensseite ausgehen. So kann z.B. die Nachfrage des Marktes nach den bestimmten Wertpapieren einbrechen, oder sich die Bonität des Unternehmens verändern, was zu höheren Finanzierungskosten führt.

notwendiges Betriebsvermögen, *necessary business property*; steuerlicher Begriff. Zum n.B. gehören jene Wirtschaftsgüter, die aufgrund ihrer Art und Beschaffenheit nur eine betriebliche Nutzung erlauben wie z.B. Maschinen und Lastkraftwagen. → Kapitalgesellschaften verfügen als → juristische Personen nur über n.B. – Gegensatz: → gewillkürtes Betriebsvermögen.

notwendiges Privatvermögen, *necessary private assets*. Bezeichnung für diejenigen → Wirtschaftsgüter innerhalb eines Unternehmens, die ihrer Art, Natur und regelmäßigen Verwendungsweise nach generell dem persönlichen Bereich und damit dem privaten Vermögen des Unternehmers und seiner Angehörigen zuzurechnen sind.

Nouveau Marché

Nouveau Marché. Bezeichnung für den 1996 gegründeten, autonom regulierten Markt für Wachstumsunternehmen an der → Pariser Börse. Der N.M. ist Mitglied im → EURO.NM und stellt das französische Pendant zum → Neuen Markt in Deutschland dar. Trägerin der N.M. ist die „Société du Nouveau Marché", die die Zulassung zum Markt regelt. Um Zugang zum N.M. zu bekommen, müssen die Unternehmen mehrere Voraussetzungen erfüllen. Zunächst hat jedes Unternehmen → Eigenmittel in Höhe von mindestens acht Mill. FF und eine → Bilanzsumme von 20 Mill. FF vorzulegen. Die Gesamtanzahl der → Aktien muss 100.000 betragen und einen Gesamtwert von mindestens zehn Mill. FF haben. Unternehmen, die jünger als zwei Jahre sind, müssen gleichzeitig mit dem → Börsengang auch eine → Kapitalerhöhung vornehmen. Darüber hinaus ist jedes Unternehmen verpflichtet, ein → Emissionsprospekt zu erstellen, der einen → Geschäftsplan über drei Jahre sowie Angaben zu zukünftigen Entwicklungen und Unternehmensstrategien umfassen soll. Es sind alle relevanten Informationen für die → Investoren rechtzeitig zu veröffentlichen. Als → Market-Maker agieren auf dem N.M. sog. „Introducteurs Teneurs de Marché", die sowohl für die Zulassung der Unternehmen und die Erstellung des Emissionsprospekts, als auch für die Unterstützung der → Liquidität im Markt sorgen. Am N.M. findet eine Kombination aus einem zentralen → Orderbuch und → Marketmaking Anwendung.

Nouveau Système de Cotation (NSC), *SuperCAC*; vgl. → Cotation Assistée en Continu (CAC).

Novation, *novation*; Umwandlung eines bestehenden Darlehensvertrages durch Aufhebung und gleichzeitiger Begründung eines neuen Schuldverhältnisses.

Novations-netting-Vereinbarung, *novations-netting agreement*. Bezeichnung für eine Aufrechnungsklausel, die v.a. im Rahmen von Fremdwährungsgeschäften am → OTC-Market Anwendung findet. Dabei wird auf Basis eines Schuldumwandlungsvertrags zwischen zwei Parteien die gegenseitige Aufrechnung bestehender → Forderungen und → Verbindlichkeiten vereinbart. Damit werden in der Folge lediglich neue Forderungen und Verbindlichkeiten in Höhe des sich ergebenden → Saldos begründet und ausgewiesen. N-n-V. für zweiseitige Verträge über → Swap-, → Termin- und → Optionsgeschäfte werden im Art. 12 des → Grundsatzes I über die Eigenmittel der Institute vom 20.07.2000 anerkannt. Demnach kann eine ermäßigte Anrechnung der unter diesen Geschäften einbezogenen Risikoaktiva vorgenommen werden, sofern die Voraussetzungen für Groß- und Millionenkredite erfüllt sind und das → Bundesaufsichtsamt für das Kreditwesen (BAKred) die Berücksichtigung der risikomindernden Wirkung nicht untersagt hat.

NPV, Abk. für → Net Present Value.

Nuevo Mercado. Wachstumsmarkt Spaniens. Dieser wurde zum Jahreswechsel 2000/2001 gegründet und umfasste Ende 2001 13 Unternehmen, deren Marktkapitalisierung sich auf rund 17 Milliarden Euro belief.

Nullbogen, sind → Bögen und → Mäntel der Wertpapiere, denen an Stelle der Stücknummern Nullen aufgedruckt sind. Sie werden als Belege im Rahmen des Verfahrens der → Börsenzulassung der Wertpapiere verwendet ebenso wie für → Ersatzstücke. – Vgl. auch → Blankett.

Null-Kupon-Anleihen, → Zero-Bonds.

Null-Prozent-Anleihe, → Null-Kupon-Anleihe.

Nummernfolge, *Nummernkreis, numerical order*; bezeichnet die Nummerierung einer → Emission. Die jeweilige Stücknummer wird auf dem → Mantel verzeichnet. Werden → Aktien zu verschiedenen → Nennbeträgen emittiert, kann der → Emittent selbst entscheiden mit welcher Zahl die → Stückelung beginnen soll, solange diese außerhalb der N. der anderen Nennbeträge liegt.

Nummernkonto, → anonymes Konto.

Nummernkreis, → Nummernfolge.

Nummernverzeichnis, *list of securities deposited*; dient der Dokumentation von Depotgeschäftsvorfällen und wird parallel neben dem → Depotbuch geführt. – Vgl. auch → Stückeverzeichnis.

Nuovo Mercato, italienisches Äquivalent für den deutschen → Neuen Markt. Hierbei handelt es sich um ein → Marktsegment der → Mailänder Börse für Technologie- und Wachstumswerte. Im Februar 2001 waren 40 Unternehmen mit einer → Marktkapitalisierung von 23,2 Mrd. Euro am N.M. gelistet. – Die einzelnen Aufträge werden an diesem Markt nach dem → Auktionsprinzip zusammengeführt. Sog. Spezialisten (→ Specialists) sorgen für zusätzliche → Liquidität und Transparenz. – Vgl. auch → Neuer Markt, → Neuer Markt, Designated Sponsor.

NX.plus, bezeichnet ein Handelssegment an der → NEWEX. Es handelt sich um das Blue Chip Segment, in dem die zehn größten Werte der NEWEX enthalten sind.

Nya Marknaden. Bezeichnung für das 1998 gegründete Marktsegment an der → Stockholmer Börse für kleinere, oft regionale Unternehmen, deren → Aktien umsatzmäßig

Börsenwerte gehören. Jedes Unternehmen, das an dem N.M. gelistet ist, verfügt über einen → Sponsor, der als Mitglied der Stockholmer Börse selbst für den Handel in den betreffenden → Titeln und die Einhaltung der Informationspflichten zuständig ist.

NYBOT, → New York Board of Trade.

NYCC, → New York Clearing Corporation.

NYCE, Abk. für → New York Cotton Exchange.

NYFE, → New York Futures Exchange.

NYM, → New York Mercantile Exchange.

NYMEX, → New York Mercantile Exchange.

NYSE, → New York Stock Exchange.

NZFOE, → New Zealand Futures and Options Exchange.

O

OARS (Opening Automated Report Service). In diesem System werden Wertpapieraufträge, die vor Beginn des → Börsenhandels eingehen, verwaltet und tabellarisch aufbereitet. OARS leistet für die → Market-Maker insofern Vorarbeit, dass es die gespeicherten Aufträge miteinander vergleicht und ihm Überhänge mitteilt, so dass er auf Grundlage dieser Informationen den → Eröffnungskurs stellen kann. Sobald dieser vorliegt, bereitet OARS den Auftrag für die Abwicklung der Transaktion durch → Clearing und → Settlement vor und erstellt Ausführungsbestätigungen.

Obergesellschaft. 1. → Muttergesellschaft. – 2. → herrschendes Unternehmen.

Objective, → Anlegerziele.

objektive Wahrscheinlichkeit, *objective probability.* Mit Hilfe mathematisch-statistischer Methoden ermittelte Wahrscheinlichkeit für das Eintreten eines Ereignisses. O.W. basieren damit nicht auf Mutmaßungen oder subjektiven Einschätzungen des zu Grunde liegenden Zufallsvorganges, vielmehr sind sie von jedermann durch Anwendung statistischer Verfahren (z.B. Stichproben, Schätzfunktionen und Signifikanztests) nachvollziehbar. O.W. lassen sich z.B. für das Auftreten einer bestimmten Augenzahl beim Würfelwurf ermitteln. – Gegensatz: → subjektive Wahrscheinlichkeit.

objektives Risiko, → Unsicherheit.

Obl., Abk. für → Obligation.

Obligation, → Anleihe.

Obligationennennwert, → Anleihennennwert.

Obligationenverzinsung, *interest rate of bonds.* Bezeichnet die → Verzinsung von → Obligationen, → Schuldverschreibungen oder → Anleihen. Man unterscheidet zwischen fester Verzinsung (→ festverzinsliche Wertpapiere) und → variabler Verzinsung (→ Floating Rate Notes). Die Zahlung der → Zinsen erfolgt entweder bei Einreichung der → Coupons an bestimmten → Zinsterminen, oder es handelt sich um → Null-Kupon-Anleihen, bei denen am Laufzeitende die gesamten Zinsen mit dem Anleihebetrag ausgezahlt werden. Die → Effektivverzinsung wird als Vergleichsmaßstab bei der Bewertung verschiedener Obligationen mit unterschiedlichen → Nominalzinsen, → Kursen, → Restlaufzeiten und Rückzahlungskursen verwendet, da die laufende Verzinsung dafür nicht geeignet ist.

OCC, Abk. für → Options Clearing Corporation.

Odd Lot, *gebrochener Börsenschluss.* Bezeichnung für Börsenaufträge, deren Volumen kein ganzzahliges Vielfaches des → Round Lot beträgt. In den USA werden beim Kauf bzw. Verkauf von O.L. mit einem Preisaufschlag bzw. Preisabschlag gehandelt. – Vgl. auch → Odd Lot Dealer.

Odd lot dealer. Ein O.l.D. ist ein → Wertpapierhändler, bei dem auch kleinere Stückzahlen von → Aktien oder → Anleihen gehandelt werden können.

Odd Lot Index. → Aktienindex, der für den Handel mit → Odd Lots ermittelt wird.

OECD, Abk. für → Organization for Economic Cooperation and Development.

OECD-Ausschuss für Finanzmärkte

OECD-Ausschuss für Finanzmärkte, führt regelmäßige Beobachtungen und Analysen der in- und ausländischen Geld- und Kapitalmarktentwicklung durch. Insbesondere sollen mikroökonomische Fragestellungen, wie z.b. die Funktionsweise von in Beziehung mit den → Kapitalmarkt stehenden Institutionen untersucht werden. Die Untersuchungsergebnisse dienen als Vergleichsmaßstab zwischen den Ländern, wobei basierend auf den gewonnenen Resultaten Entscheidungen bzw. Empfehlungen ausgesprochen werden. Dabei soll eine Angleichung der internationalen Kapitalmärkte erreicht werden, um bestehende Barrieren zwischen den Geld- und Kapitalmärkten abzubauen. – Zur Harmonisierung der Märkte hat der O.f.F. schon in mehrfacher Weise beigetragen. So wurden ein Standardregelwerk für die Tätigkeit von → Investmentfonds und Mindestanforderungen bei der öffentlichen → Wertpapieremission (→ OECD Minimum Disclosure Rules Applicable to All Publicly Offered Securities) erstellt.

OECD Minimum Disclosure Rules Applicable to All Publicly Offered Securities. Von der Organisation für wirtschaftliche Zusammenarbeit und Entwicklung Anfang der 80iger Jahre entwickelter Katalog, der Empfehlungen für Mindestanforderungen an → Verkaufsprospekte für Wertpapiere enthielt.

Off-Balance-Sheet-Geschäfte, *bilanzunwirksame Geschäfte, außerbilanzielle Geschäfte*. Bezeichnung für diejenigen Transaktionen eines → Kreditinstitutes, die weder als Posten auf der Aktivseite, noch auf der Passivseite der → Bilanz einer Bank ausgewiesen werden. Dazu zählen u.a. das → Kommissionsgeschäft und das Dienstleistungsgeschäft. – O. haben für Banken den Vorteil, dass diese Transaktionen nicht mit → Eigenkapital besichert werden müssen. Damit ist auch die wachsende Bedeutung von → Asset Backed Securities (ABS) erklärbar, bei denen risikotragende Geschäfte aus der Bilanz herausgenommen werden – Gegensatz: → On-Balance-Sheet-Geschäfte. – Vgl. auch → Grundsatz I.

offene Fonds, *open-end funds*. Bei o.F. gibt die → Kapitalanlagegesellschaft laufend neue Anteile heraus. Die Anzahl der umlaufenden Anteile ist nicht begrenzt, die Kapitalanlagegesellschaft ist verpflichtet, die Anteile jederzeit wieder zurückzunehmen. – Gegensatz: → Closed-end Fund.

offene Handelsgesellschaft, (OHG). In das → Handelsregister einzutragende handelsrechtliche → Personengesellschaft mit dem vereinbarten Unternehmenszweck des Betriebes eines Handelsgewerbes (§ 105 HGB). Die → Gesellschafter haften gegenüber den Gesellschaftsgläubigern unmittelbar, gesamtschuldnerisch und unbeschränkt, d.h. auch mit ihrem eigenen Vermögen (§ 128 HGB). Die Kapitalanteile der Gesellschafter werden aus dem Jahresgewinn mit 4% verzinst; der weitere Gewinn oder ein Verlust werden gleichmäßig auf die Gesellschafter verteilt; abweichende Regelungen im → Gesellschaftsvertrag sind zulässig (§ 121 HGB). Auflösungsgründe der Gesellschaft sind vereinbarter Zeitablauf, Beschluss der Gesellschafter, Eröffnung des Insolvenzverfahrens über ihr Vermögen (§ 131 Abs. 1 HGB). Zum Ausscheiden eines Gesellschafters führt sein Tod, die Eröffnung des Insolvenzverfahrens über sein Vermögen, Kündigung des Gesellschafters oder eines seiner Privatgläubiger, Beschluss der Gesellschafter (§ 131 Abs. 1 HGB). Der Gesellschaftsvertrag kann auch vorsehen, dass der Gesellschaftsanteil auf die Erben übergehen und die OHG mit ihnen fortgesetzt werden soll, die dann auf Wunsch die Stellung von → Kommanditisten einnehmen (§ 139 HGB).

offene Investmentfonds, → offene Fonds.

offene Position, *exposure*. 1. Bezeichnung für das Einnehmen einer Risikoposition im Rahmen eines → Options- oder → Termingeschäfts, bei der das Volumen der verfügbaren Aktiv- und Passivpositionen nicht übereinstimmt. Geschlossen wird eine o.P. durch den Erwerb des dem betreffenden Geschäft zugrundeliegenden Vermögensgegenstandes. – 2. Bezeichnung für den sich bei laufzeitkongruentem Aktiv- und Passivgeschäft der → Kreditinstitute hinsichtlich des → Zinsänderungsrisikos ergebenden Saldo. Bei unterschiedlichen → Zinsbindungsfristen im Aktiv- und Passivgeschäft können – sofern sich die → Marktzinssätze ändern – Ertragseinbuße auftreten. – 3. Bezeichnung für den Saldo einer Währungsposition, bei der Akti-

öffentliche Pfandbriefe

va und Passiva nicht übereinstimmen. Derartige o.P. unterliegen dem → Wechselkursrisiko. – Gegensatz: → geschlossene Position.

offene Reserven, → offene Rücklagen.

offener Immobilienfonds, *open-ended real estate fund*. Ein o.I. ist ein → Immobilienfonds, der sich durch ein variables → Fondsvermögen auszeichnet und dessen → Immobilienfondsanteile den Kapitalanlegern ein anteilsmäßiges Eigentum an den durch den → Investmentfonds finanzierten gewerblich oder gemischtwirtschaftlich genutzten Grundstücken und grundstücksgleichen Rechten verbrieft. Im Gegensatz zu → geschlossenen Immobilienfonds ist beim o.I. auch nach seiner erstmaligen Auflage eine weitere Ausgabe von Immobilienfondsanteilen möglich, so dass nicht nur das → Fondsvermögen in seiner Struktur, sondern auch der Anlegerkreis einem ständigen Wandel unterliegt. Zudem unterscheiden sich o.I. von geschlossenen Immobilienfonds dadurch, dass nur für sie die Bestimmungen des → Gesetzes über Kapitalanlagegesellschaften (KAGG) Gültigkeit haben und dass sie v.a. auch für Kleinanleger mit geringeren Investitionsvolumina die Möglichkeit einer sicheren, ertragsorientierten und inflationsgeschützten Geldanlage nach dem Prinzip der Risikomischung bieten. Der Wert eines einzelnen Immobilienfondsanteils sowie sein Ausgabe- und Rücknahmepreis ergeben sich daraus, dass mindestens einmal pro Jahr der Wert des gesamten Fondsvermögens durch einen Sachverständigenausschuss ermittelt und durch die Anzahl der ausgegebenen Anteilscheine dividiert wird.– Gegensatz → Geschlossener Immobilienfonds.

offene Rücklagen, *offene Reserven, open reserves*. Bezeichnung für sämtliche offen ausgewiesenen → Rücklagen in der → Bilanz eines Unternehmens. Nach §272 HGB umfassen die o.R. bei → Kapitalgesellschaften die → Kapitalrücklage und die → Gewinnrücklage. – Gegensatz: → stille Reserven.

offenes Depot, → Depotarten.

offene Selbstfinanzierung, *open self-financing*; bezeichnet eine Form der → Innenfinanzierung. Bei Einzelunternehmen und → Personengesellschaften wird der → Jahresüberschuß auf den → Kapitalkonten der Gesellschafter ausgewiesen. Bei → Kapitalgesellschaften wird der thesaurierte → Gewinn ganz oder teilweise den → Gewinnrücklagen hinzugeführt. Zu den Gewinnrücklagen zählen die → gesetzliche Rücklage, die satzungsmäßige Rücklage, die → Rücklage für eigene Anteile und die anderen Rücklagen. Die → Aktiengesellschaft ist i.d.R. verpflichtet einen Teil ihrer Gewinne in die Gewinnrücklagen einzustellen. Im Gegensatz zur → stillen S. wird sie in der → Bilanz ausgewiesen.

offenes Konto, *open account*. 1. → Girokonto. – 2. Begriff aus der Buchhaltung. Ein Konto ist so lange offen, bis es in der Jahresabschlussrechnung durch Saldo abgeschlossen wird.

Offenmarktgeschäfte am Kapitalmarkt, *open market policy*; → Kapitalmarktgeschäfte der Deutschen Bundesbank.

offensive Anlagepolitik, *offensive investment policy*. Wird eine o.A. verfolgt, so stehen insbesondere jene → Kapitalanlagen im Mittelpunkt des Interesses, welche überdurchschnittlich hohe → Renditen ermöglichen jedoch auch höheres Risiko in sich bergen. – Gegensatz: → defensive Anlagepolitik. – Vgl. auch → Anlagepolitik.

öffentliche Anleihen, *öffentliche Schuldverschreibungen, public bonds*. → Anleihen, die vom Bund, seinen Sondervermögen, den Bundesländern oder sonstigen öffentlichen Körperschaften emittiert werden. Ö.A. dienen vor allem der Deckung des langfristigen Kapitalbedarfs, der nicht durch Einnahmen über den Haushalt finanziert werden kann. Der Emissionserlös wird meist zur Investition in kapitalintensive Projekte genutzt (z.B. Straßenbau, Bildungseinrichtungen). Dem Anleger dient v.a. die Steuergewalt der öffentlichen Körperschaften als Sicherheit. Dadurch sind ö.A. in Deutschland Wertpapiere erstklassiger → Bonität. – Vgl. auch → Bundesanleihen und → Bundespapiere, Emissionsverfahren.

öffentliche Pfandbriefe, *Kommunalobligation, Kommunalschuldverschreibung, municipal bond*. → Anleihen, die nur von → Hypothekenbanken, → öffentlich-rechtlichen Grundkreditanstalten und von → Landesban-

öffentliche Platzierung

ken bzw. → Girozentralen ausgegeben werden dürfen. Die Emissionen von ö.P. unterliegen dabei strengen gesetzlichen Restriktionen. Den ausgegebenen ö.P. müssen öffentliche Darlehen in gleicher Höhe und Zinsertrag gegenüberstehen (§ 41 i.V.m. § 6 I HypBankG, § 8 I i.V.m. § 2 I Pfandbriefgesetz). Die Deckungswerte müssen in ein → Deckungsregister eingetragen werden. Ein vom → Bundesaufsichtsamt für das Kreditwesen (BAKred) bestellter Treuhänder überwacht bei den privaten Hypothekenbanken die Einhaltung dieses Deckungsprinzips. Für einen Teil der im Umlauf befindlichen ö.P. sieht das Hypothekenbankgesetz eine → Ersatzdeckung vor. Ö.P. sind stets mit einem Festzinssatz ausgestattet. Schuldverschreibungen unter dem Namen „Kommunalobligation" und „Kommunalschuldverschreibungen" dürfen nur von den o.g. Instituten begeben werden (Bezeichnungsschutz). Durch die erstklassige Besicherung werden ö.P. i.d.R. mit einem sehr hohem → Rating ausgestattet.

öffentliche Platzierung, *public placement*; bezeichnet eine → Platzierung von → Wertpapieren, deren → Emission dem → Publikum öffentlich angeboten wird. Wesentliches Instrument dieser Platzierung ist der → Emissionsprospekt.

öffentliche Zeichnung, *general subscription*. Bei einer ö.Z. werden, im Gegensatz zur → Privatplatzierung, die zu emittierenden Wertpapiere einem breiten Publikum angeboten. – Vgl. auch → Zeichnungseinladung.

Offering Price, → Asked Price.

Offering Prospectus, → Emissionsprospekt.

offizieller Markt, → amtlicher Handel.

offizielles Kursblatt, → amtliches Kursblatt.

offizielle Termingeschäfte, *official forward exchange transactions* → Termingeschäfte, die über eine Börse abgewickelt werden. In Deutschland sind Terminkontrakte und Optionen, die an der → Eurex gehandelt werden, o.T., nicht jedoch → Prämiengeschäfte. Hinzu kommen Stromtermingeschäfte an der → European Energy Exchange (EEX) bzw. → Leipzig Power Exchange (LPX) und → Warentermingeschäfte an der → Warenterminbörse Hannover. – Gegensatz: → inoffizielle Börsentermingeschäfte.

Offset, → Closing Out.

Offshore Company, *Offshore Unternehmen*; sind Firmen mit Sitz in einem Verwaltungsgebiet mit besonders günstigen - vor allem steuerlichen - Rahmenbedingungen. – Vgl. auch → Offshore Fund.

Offshore Funds. → Investmentfonds, die aus steuerlichen Gründen oder um den üblichen Aufsichtsbestimmungen und Anlagebeschränkungen zu entgehen, ihren Sitz in Ländern ohne spezielle Investmentgesetzgebung gewählt haben, z.B. Bahamas, Bermudas, Niederländische Antillen, Panama, Liechtenstein usw.

Offshore-Geschäft. Bezeichnung für Geschäfte, die im internationalen Rahmen und unter strikter Trennung vom nationalen → Geld- und → Kapitalmarkt getätigt werden. Die Abwicklung dieser, die Forderungen und Verbindlichkeiten der Kreditinstitute gegenüber Nichtinländern betreffenden Geschäfte, erfolgt von Offshore-Banken in → Offshore-Zentren. Durch ihre Trennung vom inländischen Geld- und Kapitalmarkt bleiben O. von sämtlichen nationalen bankbezogenen und zentralbanklichen Reglementierungen unberührt. – Gegensatz: → Onshore-Geschäft.

Offshore-Zentren, *offshore centre*; sind internationale Finanzplätze, auf denen weitestgehend oder ausschließlich Geschäfte mit Gebietsfremden getätigt werden (→ offshore-Geschäfte). Sie stellen eigenständige Entitäten innerhalb der nationalen Finanzmärkte dar. O. werden durch eine gute Infrastruktur und Kommunikation, stabile politische und ökonomische Rahmenbedingungen, eine niedrige oder nicht existierende steuerliche Belastung (v.a. bei Ertrags- und Quellensteuern), eine liberale Finanzmarktaufsicht, fehlende Kontrollen des internationalen Kapitalverkehrs für Gebietsfremde und einen geringen Einfluss der Notenbank charakterisiert. London, Luxemburg, Singapur, Hongkong, einige karibische Staaten (Cayman-Inseln, Bahamas, Niederländische Antillen) etc. sind etablierte O. Als Reaktion auf die

Ölterminbörse

Migration internationaler Finanzströme hin zu O. führten auch entwickelte Volkswirtschaften von den inländischen Finanzmärkten getrennte Bankenfreizonen, die sog. → International Banking Facilities, ein. Hierzu werden New York (Gründung 1981) oder Tokio (Gründung 1982) gerechnet. Aufgrund geografischer und kultureller Nähe spielen neben den schon erwähnten europäischen Finanzzentren einige britische Inseln (Kanalinseln Jersey und Guernsey, Isle of Man) als Gebiete außerhalb der EU, aber auch das Irish Financial and Service Center (IFSC) in Dublin eine bedeutende Rolle für deutsche Anleger.

OGAW, Abk. für → Organismen für gemeinsame Anlagen in Wertpapieren.

OGAW-Richtlinie, → Investmentrichtlinie.

ohne Coupon, *ohne Kupon*. Es gibt → Wertpapiere, die bereits ohne → Coupon emittiert werden. So besitzen → Namenspapiere im Gegensatz zu → Inhaberpapieren teilweise keinen → Couponbogen, weil der namentlich in der Wertpapierurkunde bezeichnete Gläubiger auch ohne die Vorlage der effektiven Couponscheine bei seiner Bank befugt ist, seine Rechtsansprüche geltend zu machen. → Abzinsungspapiere und → Aufzinsungspapiere, deren Zinszahlung zusammen mit der endfälligen Tilgung erfolgt, enthalten ebenfalls keinen Couponschein. – Der Käufer eines neu erworbenen und mit Couponbogen ausgestattetem Wertpapiers hat im Falle des Fehlens der Coupons Anspruch darauf, vom Verkäufer den Mangel finanziell erstattet zu bekommen.

ohne Notiz, → Kurs gestrichen.

ohne Obligo, *o.O., ohne Verbindlichkeit, without liability, without engagement*. Bei der Beantwortung von bankbezogenen Anfragen häufig verwendeter Hinweis, durch den ein → Kreditinstitut als Auskunftgeber für den Inhalt seiner Angaben jegliche Haftung ausschließt.

OHS, geplant als elektronisches Handelssystem für → Optionsscheine auf der Basis von → IBIS. IBIS erwies sich jedoch als nicht leistungsfähig genug für die Vielzahl der → Emissionen von → Optionsscheinen und die daraus resultierenden technischen Anforderungen, so dass OHS nicht realisiert werden konnte. Der vollelektronische Handel von Optionsscheinen wurde erst im Mai 2000 auf → Xetra verwirklicht.

Ökofonds, *ecology fund*. Bezeichnung für → Investmentfonds, die sich durch eine ökologische Grundausrichtung auszeichnen und v.a. in → Wertpapiere von Unternehmen mit „positiven Umweltbeiträgen" (z.B. Recycling, alternative Energiequellen) investieren.

ökonomisches Prinzip, *Wirtschaftlichkeitsprinzip, Rationalprinzip, efficiency rule*. Das ö.P. erwächst aus der Notwendigkeit wirtschaftlichen Handelns bei der Allokation knapper Güter. Um ein betriebswirtschaftliches Ziel zu erreichen, müssen die dazu erforderlichen Ressourcen effizient eingesetzt werden. Das ö.P. hat zwei Ausprägungen: Es soll entweder mit gegebenem Aufwand ein maximaler Ertrag erwirtschaftet werden (Maximalprinzip) oder ein bestimmter Ertrag mit minimalem Aufwand erzielt werden (Minimalprinzip).

Öko-Rating, *ethisch-ökologisches Rating*; bezeichnet eine Form des → Rating, die mittels vergleichbarer Kriterien höhere Transparenz ökologischer Unternehmensanalysen ermöglicht. Neben politischen, ökonomischen und gesellschaftlichen Faktoren, die das klassische Rating vereint, werden hier ökologische Komponenten integriert. Ö.-R. bewertet die ethische → Bonität eines Unternehmens. Für den interessierten → Anleger ist dies eine Beurteilung sozialverantwortlicher Anlagemöglichkeiten.

Old Economy. Sammelbegriff für Branchen, die nicht zu den Hochtechnologie- und Dienstleistungsindustrien (→ New Economy) gezählt werden. In der Boomphase der New Economy wurden der Old Economy geringere Wachstumschancen unterstellt, was nur bedingt richtig war: Einerseits haben die Kurseinbrüche der New-Economy-Werte Überbewertungstendenzen offen gelegt. Andererseits halten High Tech und Dienstleistungen verstärkt Einzug in die Prozesse und Leistungen der Old-Economy-Unternehmen, die sich damit steigende Wachstumschancen erarbeiten.

Ölterminbörse. → Warenterminbörse, an der → Futures und → Optionen auf Rohöl,

Ombudsmann

Heizöl, Benzin usw. gehandelt werden. Zu den wichtigsten Ö. zählen die → New York Mercantile Exchange (NYMEX) und die → International Petroleum Exchange (IPE).

Ombudsmann, *Fürsprecher, arbiter.* Unabhängiger Beauftragter, an den sich jeder Bürger zur Beratung sowie insbesondere zum Schutz gegen behördliche Willkür oder wirtschaftlichen Machtmissbrauch wenden kann. Er bemüht sich durch Vermittlung um eine einvernehmliche Lösung, rechtlich zwingende Anordnungen kann er jedoch nicht treffen. Der Begriff stammt ursprünglich aus Skandinavien, jedoch hat sich die Institution des O. auch in anderen Rechtsordnungen durchgesetzt. So gibt es seit 1992 ein außergerichtliches Verfahren nach der Verfahrensordnung für die Schlichtung von Kundenbeschwerden im deutschen Bankgewerbe, das dem englischen Recht von 1985 nachgebildet ist. Ihm ist eine Vorprüfung beim Bundesverband Deutscher Banken vorgeschaltet. Der O. entscheidet für die Bank verbindlich bis zum Streitwert für die Klagezuständigkeit von Amtsgerichten. Der Kunde wird nicht gebunden. Die Kosten trägt der Bundesverband, auch wenn die Bank obsiegt. – Ein ähnliches Verfahren wird derzeit auch für die Versicherungswirtschaft diskutiert.

Omega-Faktor, *Leverage-Faktor, omega factor.* Maß für die Elastizität des Preises einer → Option in Bezug auf Veränderungen des Kurses des → Underlying. Der O. stellt das prozentuale Wertänderungsverhältnis zwischen Option und Underlying dar und ergibt sich formal als Quotient aus prozentualer Veränderung des Optionspreises und prozentualer Veränderung des Kurses des Underlying. – Vgl. auch → Hebel, → Black/Scholes-Formel, → Greeks.

OM Gruppen AB. → Holding, deren Börsen- und Clearing-Division als → Muttergesellschaft u.a. von → OM Stockholm AB, Stockholms Fondbörs, → OM London Ltd., OM Ibérica (Madrid), OM France (Paris), Suomen Optionsmeklarit (Finnland) und Norsk Opsjonsmarked (Norwegen) fungiert. Es wird eine einheitliche Börsensoftware als Handels-, Clearing- und Informationssystem eingesetzt. Mit ihren internationalen Töchtern will die OM Gruppe ein breites Angebot bieten sowie für höhere Umsätze und Liquidität sorgen. Gemeinsam mit Morgan Stanley Dean Witter betreibt OM Stockholm das → ECN → Jiway. – Weitere Divisionen der OM Gruppe sind Finanzen, OM Systems International und internationaler Verkauf.

OM London Ltd., zur → OM Gruppen AB gehörende computerisierte → Terminbörse, die 1989 in London gegründet wurde. Sie war die erste ausländische Investmentbörse in Großbritannien, der derselbe Status wie bereits existierenden Börsen eingeräumt wurde.

OMLX Exchange London, → OM London Ltd.

OM Stockholm AB, *Stockholm Optionsmarknad*; schwedische, vollelektronische → Terminbörse, die Teil der → OM Gruppen AB ist. Sie wurde 1985 für den Handel und die Abwicklung von → Optionen und → Futures gegründet und 1987 als erste Börse der Welt selbst an der Börse notiert. Die Börsen- und Clearingaktivitäten der OM S. AB und der Stockholmer Börse werden inzwischen von der Gesellschaft Stockholm Exchanges betrieben, die ebenfalls zur OM Gruppe gehört. Für Aufsehen sorgte OM S. im Sommer 2000 mit dem (gescheiterten) Versuch, die → London Stock Exchange feindlich zu übernehmen (→ hostile takeover).

OMX-Index, schwedischer → Aktienindex, der die 30 umsatzstärksten Werte der → Stockholm Exchange beinhaltet.

On-Balance-Sheet-Geschäfte, *bilanzwirksame Geschäfte.* Bezeichnung für die Geschäfte eines → Kreditinstituts, die entweder als Posten auf der Aktivseite oder auf der Passivseite der → Bilanz ausgewiesen werden müssen. – Gegensatz: → Off-Balance-Sheet-Geschäfte.

On-Balance-Volume. → Indikator aus der → Technischen Analyse, der den → Umsatz gestiegener und den Umsatz gefallener Kurse (Titel) an einer Börse oder aus einem → Index für einen bestimmten Handelstag getrennt berücksichtigt. Bei einem gestiegenen (gefallenen) Indexwert wird der Tagesumsatz kumulativ addiert (subtrahiert). – Im Gegensatz zu Kursindizes, welche die Höhe der Kursänderungen berücksichtigen und der

→ Advance-Decline-Zahl (AD-Zahl), welche Kursänderungen und den Umsatz unberücksichtigt lässt, hängt das O. von der Richtung der Kursänderung und vom jeweiligen Umsatz ab. Unveränderte Kurse bleiben unberücksichtigt. Die Interpretation des O. ist, dass bei gestiegenen Kursen die Nachfrage (Käufer) für die Kursentwicklung ausschlaggebend ist, bei gefallenen jedoch die Verkäufer die Initiative ergriffen haben. Das O. versucht indirekt, das Budget der jeweiligen Marktseite zu messen.

One-off Hedging. O.H. ist die Absicherung einer einzelnen Kassaposition auf den letzten → Fälligkeitstag durch eine oder mehrere → Terminkontrakte.

One-on-One Meeting. Bezeichnung für Einzelgespräche zwischen Repräsentanten → institutioneller Anleger und dem Management börsennotierter Unternehmen. Ziel des Vorganges ist eine detailliertere und präzisere Informationsgewinnung als Grundlage möglicher Anlageentscheidungen.

Online Banking, *Online Bankgeschäfte.* Im Rahmen des O.B. können Kunden über ihren PC eine Vielzahl von → Bankgeschäften erledigen. Dazu zählen unter anderem die Abfrage des Kontostands und die Ausführung von Überweisungsaufträgen.

Online-Börse, → Computerbörse.

Online-Dienste, *online-services.* Bezeichnung für elektronische Kommunikationsplattformen, durch die dem Nutzer neben dem reinen Zugang zum Internet auch eine Vielzahl weiterer Informationen und Dienste aus den unterschiedlichsten Bereichen (aktuelle Nachrichten, Finanzdienstleistungen, usw.) zur Verfügung gestellt wird. Ihre finanzspezifische Relevanz erhalten O.-D. durch ihre Nutzung als kostengünstige Vertriebswege für → Kreditinstitute, → Kapitalanlagegesellschaften und andere Finanzinstitutionen zur Abwicklung von → Wertpapiergeschäften und anderen Bank- oder Börsengeschäften. Allerdings zeigen sich bei der Nutzung von O.-D. z.T. eklatante Sicherheitsprobleme, denen lediglich durch ausgereiftere Sicherheitssysteme begegnet werden kann.

Online Trading, *Online Handel.* Im Rahmen des O.T. bieten → Direktbanken ihren Kunden die Möglichkeit an, über ihren PC → Wertpapiere, → Optionsscheine usw. zu kaufen oder zu verkaufen.

Onshore-Geschäft. Geschäfte im nationalen wie internationalen Rahmen, die aufsichtsrechtlichen Regelungen und Gesetzen unterliegen. – Gegensatz: → Offshore-Geschäft.

On stop Order, → Stop loss Order.

o.O. – 1. Abk. für → ohne Obligo. – 2. *ohne Optionsschein, ex*; bezeichnet den Zusatz bei der → Börsennotierung von → Optionsanleihen, der signalisiert, dass der → Optionsschein im Kurs nicht berücksichtigt ist. – Gegensatz: → m.O.

Opals, Abk. f. → Optimised Portfolios as Listed Securities.

Open Account, englische Bezeichnung für ein Anlagekonto im Investmentgeschäft.

Open-end Fund, → offene Fonds.

Opening Auction Only. Beschränkung der Geltungsdauer einer → Order nur auf die nächste Eröffnungsauktion (→ Auktionsprinzip). – Vgl. → Gültigkeitsdauer von Effektenaufträgen.

Opening-Period, Eröffnungsperiode. Eröffnungsphase am → Kassa- oder → Terminmarkt, die sich dem → Pre-Trading-Period anschließt. Die ersten Kurse werden durch eine Auktion nach dem → Meistausführungsprinzip ermittelt.

Open Interest, *ausstehende Kontrakte.* Anzahl der zu einem gegebenen Zeitpunkt offenen, d.h. noch nicht glattgestellten oder durch Ausübung erloschenen Positionen in einem bestimmten → Terminkontrakt. O.I. kann als Orientierungshilfe bei der Analyse der Marktliquidität herangezogen werden, wobei ein hohes O.I. tendenziell auf eine hohe Liquidität hindeutet.

Open Order, *unerledigter/offener Auftrag.* Bezeichnung für einen zumeist limitierten → Börsenauftrag, der wegen seines Auftragszusatzes oder des noch nicht erreichten Kurslimits

Open Outcry

mits bisher nicht ausgeführt werden konnte. Ist der Börsenauftrag bis zum Widerruf gültig, handelt es sich um eine → GTC-Order.

Open Outcry, bezeichnet Handel, bei dem die Marktteilnehmer ihr Angebot und ihre Nachfrage durch Zuruf austauschen. Dadurch entsteht lebhafter Handel mit zahlreichen Handbewegungen. Im Zuge der Einführung → elektronischer Handelssysteme verliert oder O.O. allerdings an Bedeutung.

Operating Cash Flow, *betrieblicher Cash-Flow*; bezeichnet jenen Teil des → Cash-Flows, der infolge betrieblicher Leistungserstellung entstanden ist. – Der O.C.F. kann auf zwei Arten berechnet werden. Dies kann einmal im Rahmen des → Cash Flow Statements via Absetzung betriebsfremder bzw. außerordentlicher Aufwendungen und Erträge vom gesamten Cash-Flow erfolgen, oder aber ausgehend vom ordentlichen Betriebsergebnis (→ Operating Profit). Ziel der Berechnung ist die Ermittlung jener Zahlungsmittelüberschüsse, die das Unternehmen im Kerngeschäft erwirtschaftet hat und somit ohne sonstige Mittelaufnahme für Investitionen, Dividenden und/oder Schuldendienste in der Zukunft verwenden könnte.

Operating Cash Flow

Ordentliches Betriebsergebnis
+ Abschr./- Zuschr. auf Intangible Assets/Sachanlagen
+ Erhöhung/Verminderung langfr. Rückstellungen
= betrieblicher Vorsteuer-Cash Flow

Operating Costs, *betrieblicher Aufwand*; bezeichnet jenen Teil des Aufwands, der infolge der betrieblichen Leistungserstellung entstanden ist. Hierunter fallen ordentliche – infolge der regelmäßigen Erfüllung des Betriebszwecks entstandene – sowie außerordentliche betriebliche Aufwendungen, die in Erfüllung des Betriebszwecks entstehen, aber zeitlich bzw. sachlich aus dem Rahmen fallen.

Operating Income, *betrieblicher Ertrag, operating revenue*; bezeichnet jene Erträge, die infolge der betrieblichen Leistungserstellung entstanden sind. Sie sind die Summe bzw. der Saldo der Umsatzerlöse und der Bestandsveränderungen. Für kalkulatorische Zwecke ist hiervon der neutrale Ertrag abzusetzen, der infolge außerordentlicher bzw. betriebsfremder Zwecke entstanden ist. – Gegensatz: → Operating Costs.

Operating Leverage, *Umsatz-Leverage*. Kennzahl, die eine prozentuale Veränderung des operativen Gewinnes im Verhältnis zu einer prozentualen Veränderung des Umsatzes (oder der verkauften Einheiten) ausdrückt. Der O.L. misst die Sensitivität von Unternehmensgewinnen in Abhängigkeit von einer gegebenen prozentualen Veränderung des Umsatzes, z.B. einer Umsatzsteigerung um ein Prozent. Unternehmen mit hohem Fixkostenanteil und niedrigen variablen Kosten weisen einen höheren O.L. auf als Unternehmen mit umgekehrter Kostenstruktur.

Operating Profit, *Betriebsergebnis*; bezeichnet jenen Teil des Ergebnisses, der infolge der regelmäßigen betrieblichen Leistungserstellung entstanden ist, also der Differenz von → Operating Income und → Operating Costs entspricht. Nach → HGB, → IAS und → US-GAAP ist die grundsätzliche Erfolgsspaltung des Gesamtergebnisses in (ordentliches) Betriebsergebnis (→ Operating Profit), → Finanzergebnis sowie außerordentliches Ergebnis sinnvoll, wobei die Abgrenzungen bei den verschiedenen → Rechnungslegungen en detail differieren. – Der O.P. soll zeigen, in wie weit der Unternehmenserfolg auf einer nachhaltigen Basis im Kerngeschäft steht, oder aber dem finanziellen (nicht-operativen) bzw. volatilen außerordentlichen Bereich zuzuordnen ist.

Operational Risk, → Operationelles Risiko.

Opération Blanche, bezeichnet eine mögliche Strategie bei → Kapitalerhöhungen, bei der die eigenen Bezugsrechte verkauft werden und vom Veräußerungserlös neue Aktien gekauft werden, es wird keine weiteres Kapital investiert. Dadurch steigt zwar die Anzahl an Aktien, der prozentuale Anteil sinkt jedoch. Die absolute Höhe der Kapitalanlage des Aktionärs in Aktien der betreffenden AG bleibt unverändert.

operationelles Risiko, *operational risk*; bezeichnet Verlustgefahren infolge unvollkommener interner Verfahren, menschlicher Fehler oder externer Ereignisse. Ursachen können demnach etwa doloses Handeln, unzureichende Qualitätskontrollen, der Ausfall von IT-Systemen oder Beschädigungen von Betriebspotenzialen durch Katastrophen sein. O.R. sind durch interne Kontrollsysteme und Notfallpläne zu minimieren.

Opportunitätskosten, *Alternativkosten, opportunity/alternative costs.* O. sind die entgangenen potentiellen Erträge, die bei der nächstbesten Verwendung von Ressourcen zu erzielen wären. Die entgangenen Erträge sind im Einzelfall zu konkretisieren. Im Gegensatz zu den Buchwerten aus dem Rechnungswesen stellen sie ökonomische Werte dar. Bei der Investitionsplanung sollen sie Aufschluss über den Totalerfolg geben. – O. sind zudem die Kosten, die kalkulatorisch für die Verzinsung des Eigenkapitals angesetzt werden. – Vgl. auch → Eigenkapitalzinsen.

Opportunitätszins, *Opportunity interest.* Das Opportunitätsprinzip besagt, dass immer das Geschäft zu wählen ist, bei dem mehr als mit einem vergleichbaren Alternativgeschäft erwirtschaftet werden kann. Als Entscheidungskriterium dafür dient am Geld- und → Kapitalmarkt der → Zinssatz. Es wird demnach jenes Geschäft gewählt, welches einen höheren Opportunitätszinssatz erwirtschaftet.

Opportunity Cost, → Opportunitätskosten.

optimale Kapitalstruktur, *optimum capital structure.* Bezeichnung für diejenige Zusammensetzung von → Eigen- und → Fremdkapital, bei der die Kapitalkosten des Unternehmens minimiert werden und zugleich der Wert des Gesamtvermögens der Anteilseigner ein Maximum erreicht. Hierbei spielen v.a. die Kriterien der steuerlichen Behandlung und des Konkursrisikos eine zentrale Rolle. – Vgl. auch → Kapitalstruktur.

optimale Rentabilität, *optimum profitablity.* Bezeichnung für die → Rentabilität des → Eigenkapitals eines Unternehmens, die nicht durch Umschichtungen, Minderungen oder Erhöhungen innerhalb der Vermögensstruktur erhöht werden kann. Die o.R. ist dabei immer vor dem Hintergrund der individuellen → Kapitalanlegerziele zu sehen.

optimale Selbstfinanzierung, *optimum self-financing ratio.* Der Grad der o.S. wird von Investitionsmöglichkeiten im Unternehmen bestimmt. Unter dem Ziel der → Marktwertmaximierung (→ Shareholder Value) ist es für die Eigentümer der Gesellschaft sinnvoll, auf eine → Ausschüttung zu verzichten, wenn im Unternehmen noch profitable Investitionsprojekte realisiert werden können. Gefordert wird, dass die Grenzrendite aus den thesaurierten Gewinnen über der alternativen Gewinnverwendung außerhalb des Unternehmens liegt. Werden hingegen die thesaurierten Gewinne in Projekte investiert, die nicht die Rendite der alternativen Geldverwendung erreichen, wird die Maximierung des Marktwerts des Eigenkapitals verfehlt.

Optimierungsmodelle, *models of optimization.* Verfahren zur Ermittlung der besten Lösung aus möglichen Alternativen. Zu den wichtigsten O. im Rahmen der Finanzplanung zählen die Differentialrechnung, die lineare, die nichtlineare und die dynamische Optimierung. Spieltheoretische Modelle finden Anwendung bei Vertragsverhandlungen im Rahmen von → Unternehmensübernahmen.

Optimised Portfolios as Listed Securities (Opals). Von Morgan Stanley Dean Witter emittierte spezielle Forderungspapiere für institutionelle Anleger, die spezifische → Aktienindizes z.B. den MSCI Europe nachbilden. Opals weisen mehrere Vorteile auf. Sie ermöglichen eine umfassende und kostengünstige → Diversifikation und weisen eine enge → Korrelation mit den nachgebildeten Indizes auf. Zudem besitzen sie eine hohe Fungibilität, da die jederzeitige Möglichkeit zum Verkauf oder Umtausch in die zugrundeliegenden Aktienportfolios besteht, und vereinfachen den administrativen und Überwachungsaufwand im Vergleich zu einer Anlage in einzelne Aktien. Opals besitzen eine feste Laufzeit und es findet eine halbjährliche Ausschüttung statt.

Option, verbrieft das Recht des Inhabers, ein vorab bestimmtes → Underlying zu einem in der Zukunft liegenden Zeitpunkt (→ europäische Option) bzw. innerhalb eines

Option-Exercise-Price

in der Zukunft liegenden Zeitraums (→ amerikanische Option) und zu einem bei Vertragsabschluss festgelegten → Basispreis zu kaufen (→ Call) oder zu verkaufen (→ Put). Der Aussteller der O. heißt → Stillhalter und der Preis einer O. wird als → Optionsprämie bezeichnet. – O. zählen aufgrund der Tatsache, dass der Inhaber ein Recht, jedoch keine Pflicht zur → Optionsausübung hat, zu den → bedingten Termingeschäften.

Option-Exercise-Price, *Basispreis, Ausübungskurs*; bezeichnet den → Basispreis einer → Option, zu dem das dem Geschäft zugrundeliegende Basisobjekt gekauft oder verkauft werden kann.

Option Expiration Date, *Verfalltag einer Option*; bezeichnet den Tag, an dem die → Optionsausübung letztmalig möglich ist.

Option Exposure, bezeichnet das maximale → Risiko, das aus → offenen Positionen in → Optionen und → Options on Futures entstehen kann.

Option on Spot, → Kassaoption.

Option Premium, → Optionsprämie.

Option Straddle, → Straddle.

Option Taker, → Optionsinhaber.

Option to Double. Bezeichnung für das Recht des → Emittenten, die Anzahl der zurückzukaufenden → Anleihen je Periode zu verdoppeln. Die ist bei Anleihen der Fall, deren → Tilgung durch Bildung eines → Tilgungsfonds erfolgt.

Option Writer, *Stillhalter*. Bezeichnung für den Verkäufer einer → Option.

Optional Dividend. Dividendenzahlung, bei welcher der Aktionär das Wahlrecht hat, ob sie in Form zusätzlicher Aktien oder in bar ausgeschüttet wird.

Optional Redemption, *freiwillige Anleihetilgung*; freiwillige und vorfristige → Rückzahlung von Anleihen durch den → Emittenten, die in Form eines → freihändigen Rückkaufs am Kapitalmarkt vollzogen wird. – Vgl. auch → Anleihekündigung und → Tilgungsarten.

Optionen auf DAX-Futures, *options on the DAX-Future*; bezeichnet → Optionen, die → DAX-Futures als → Underlying besitzen. Der Käufer der Option erhält somit das Recht, den DAX-Future zum → Basispreis zu kaufen (→ Call) bzw. zu verkaufen (→ Put). Bei Ausübung der Option geht der Optionsinhaber der Call- (Put-) Option damit eine → Long- (→ Short-) Position im DAX-Future ein. Der → Stillhalter der Option muss die Gegenposition im DAX-Future einnehmen. Eine Besonderheit ergibt sich bei der → Optionsprämie, die nicht bereits beim Kauf fällig wird, denn nach dem sog. → Future-Style-Verfahren werden für → Futures die Gewinne und Verluste börsentäglich auf einem → Margin Account saldiert. Erst am → Verfalltag ist dieser Betrag dann als Optionsprämie zu zahlen. Für den Optionsinhaber ergibt sich daraus der Vorteil, dass bis zu diesem Zeitpunkt weniger Kapital gebunden ist. Aufgrund der Tick-Größe ist der Kontraktwert von O.a.D.-F. zehnmal so hoch wie der von DAX-Optionen. Damit eignen sie sich v.a. zur Absicherung großer Aktienbestände. – Vgl. auch → Hedging.

Optionen auf Terminkontrakte, → Options on Futures.

Optionsanleihe, *Optionsobligation, Optionsschuldverschreibung, bond cum/with warrant, warrant bond*. → Anleihe, die mit einem → Optionsschein auf Aktien des emittierenden Unternehmens ausgestattet ist. Dieser Optionsschein kann von der Anleihe abgetrennt und separat gehandelt werden. Demnach werden am Markt O. mit Optionsschein (Optionsanleihe cum), ohne Optionsschein (Optionsanleihe ex) und der abgetrennte Optionsschein gehandelt. Die O. bleibt im Gegensatz zur → Wandelanleihe von der Ausübung des → Optionsrechtes unberührt, d.h. sie wird weiterhin gemäß der → Anleiheausstattung bedient. – Der Optionsschein verbrieft das Recht, Aktien der emittierenden Gesellschaft innerhalb der bestimmten → Optionsfrist zu festgelegten Konditionen zu beziehen. Der Kursverlauf von O. cum wird vom Kursverlauf der Aktie maßgeblich beeinflusst: Steigt der Kurs der Aktie, steigt auch der Kurs der O. Sinkt der Wert der Aktie, so ist der maximale Kursverfall bis zu dem Wert der O ex, d.h. der reinen Anleihe ohne Optionsschein, begrenzt. – Die Ausgabe von O. muss durch eine → Drei-

Optionsausübung von an der Eurex gehandelten Optionen

viertelmehrheit der Hauptversammlung beschlossen werden. Den → Altaktionären wird oftmals ein → Bezugsrecht eingeräumt. – Vgl. auch → Bezugsrecht auf Optionsanleihen.

Optionsart, *type of an option.* – 1. → Optionen lassen sich in zwei Kategorien aufteilen: Es gibt einerseits standardisierte und damit börsenfähige Optionen, die an → Termin- oder → Optionsbörsen gehandelt werden können, und andererseits → OTC-Optionen. Börsengehandelte Optionen lassen sich in → Kassaoptionen und Optionen auf → Terminkontrakte unterteilen. OTC-Optionen werden den individuellen Bedürfnissen der Marktteilnehmer zugeschnitten. – 2. Optionen lassen sich in Abhängigkeit der zeitlichen Ausübungsmöglichkeiten in → amerikanische und → europäische Optionen unterscheiden.

Optionsausübung, *exercise of an option.* Bei der O. macht der → Optionsinhaber gegenüber dem → Stillhalter von seinem Recht Gebrauch, innerhalb der → Ausübungsfrist (→ amerikanische Option) oder am → Verfalltag (→ europäische Option) das → Underlying zum → Basispreis zu kaufen (→ Call) oder verkaufen (→ Put). Eine Option sollte nur ausgeübt werden, wenn sie zum → Ausübungszeitpunkt → im Geld ist, wenn also beim Call der Basispreis unter bzw. beim Put über dem aktuellen → Kurs des Underlying liegt. Erfolgt bei der O. nicht die tatsächliche Lieferung des Underlying, sondern nur die Verrechnung des Differenzbetrages, so spricht man von → Cash Settlement.

Optionsausübung von an der Eurex gehandelten Aktienoptionen, *to exercise stock options traded on the Eurex.* Der Inhaber einer → Option auf deutsche Aktien kann diese während der gesamten Laufzeit börsentäglich ausüben (→ amerikanische Option); ausgenommen ist lediglich der Tag eines Dividendenbeschlusses. Bei Optionen und Low Exercise Price Options auf schweizerische Aktien besteht die Ausübungsmöglichkeit an jedem Börsentag der gesamten Laufzeit bis zum Ende der → Post-Trading-Periode (amerikanische Art). Nach der Optionsausübung ist die Lieferverpflichtung (→ Call-Option) bzw. Abnahmeverpflichtung (→ Put-Option) bei Optionen auf deutsche Aktien binnen zwei Tagen und bei den Optionen auf schweizerische Aktien innerhalb von drei Tagen zu erfüllen. – Zuteilung und Lieferung: sofern dem → Stillhalter von der → Eurex eine Optionsausübung nach dem Zufallsverfahren zugeteilt wird, besteht für ihn die Verpflichtung zur physischen Lieferung (Call-Option) bzw. Abnahme (Put-Option) der jeweils kontraktabhängigen Zahl von Aktien. – Vgl. auch → Optionserklärung.

Optionsausübung von an der Eurex gehandelten Optionen auf den Dax-Future. Der zugrunde liegende → Basiswert der Option ist nicht der → Deutsche Aktienindex (DAX) selbst, sondern der → Future auf den DAX. Im Falle der Ausübung der Option eröffnet der Optionsinhaber bei einem → Call eine → Long-Position bzw. bei einem → Put eine → Short-Position. Das Recht des Optionsinhabers wird somit auf Wunsch des Optionsinhabers in eine Pflicht umgewandelt, welche aus dem Future resultiert. Der → Stillhalter der Option wird seinerseits durch die Ausübung des Optionsinhabers gezwungen, eine DAX-Future-Position zu eröffnen. Fallen Ausübungstag der Option und Schlussabrechnungstag für den DAX-Future zusammen, so erfolgt ein → Barausgleich auf Basis des Schlussabrechnungspreises des DAX-Futures.

Optionsausübung von an der Eurex gehandelten Optionen auf den Deutschen Aktienindex, *to exercise Dax options traded on the Eurex.* Der Inhaber einer Option auf den → Deutschen Aktienindex (DAX) kann diese grundsätzlich nur am letzten Handelstag der Optionsserie bis zum Ende der → Post-Trading-Periode ausüben (→ europäische Option). Der letzte Handelstag ist der dritte Freitag des jeweiligen Verfallmonats. Ist dies kein Börsentag, so gilt der vorhergehende Börsentag als letzter Handelstag. – Zuteilung und Barausgleich: eine Optionsausübung kann dem → Stillhalter nur am Ende der Laufzeit des Optionskontraktes von der → Eurex nach einem Zufallsverfahren zugeteilt werden. Die aus der zugeteilten Optionsausübung resultierende Verpflichtung ist durch Barausgleich zu erfüllen. Der danach zu zahlende Geldbetrag ist am Börsentag nach dem letzten Handelstag fällig. – Vgl. auch → Optionserklärung.

Optionsausübung von an der Eurex gehandelten Optionen

Optionsausübung von an der Eurex gehandelten Optionen auf den langfristigen Euro-BUND-Future und den mittelfristigen Euro-BOBL-Future. Der Inhaber der → Optionen kann diese während der gesamten Laufzeit börsentäglich bis zum Ende der Post-Trading-Periode ausüben (→ amerikanische Option). – Zuteilung und Positionseröffnung: Dem Stillhalter können während der gesamten Kontraktlaufzeit Optionsausübungen von der → Eurex mittels eines Zufallsverfahrens verbindlich zugeteilt werden. Die aus der Optionsausübung resultierenden Verpflichtungen werden durch entsprechende Eröffnungen einer Euro-BUND-Future-Position bzw. Euro-BOBL-Future-Position im Anschluss an die Post-Trading-Periode des Ausübungstages erfüllt. – Vgl. auch → Optionserklärung.

Optionsempfänger, *grantee of an option*; bezeichnet den Bezugsberechtigten bei einem → Aktienoptionsprogramm.

Options Clearing Corporation (OCC), Die OCC ist ein Abwickler/Clearer für → derivative Finanzinstrumente. Die Gesellschaft gehört zu gleichen Anteilen der American Stock Exchange, der Chicago Board Option Exchange, der Pacific Exchange und der Philadelphia Stock Exchange.

Optionserklärung, *declaration of the exercise of an option*. Erklärung des Käufers einer Option, dass er sein Optionsrecht - etwa auf Bezug (call) oder Lieferung (put) einer festgelegten Zahl von Aktien - ausüben möchte. Die Erklärung hat innerhalb der Optionslaufzeit gegenüber dem Kreditinstitut zu erfolgen, das die → Optionsgeschäft für den Optionsinhaber abgeschlossen hat. Das Institut leitet die Optionsausübung an die → Eurex weiter. An der Eurex wird der Optionsausübung nach einem Zufallsverfahren verbindlich ein Stillhalter der ausgeübten Optionsserie zugeteilt.

Optionsfrist, *term of an option, Optionslaufzeit*; bezeichnet die Zeitperiode bis → Verfalltag einer → Option. Während bei amerikanischen Optionen die → Optionsausübung jederzeit möglich ist, können → europäische Optionen nur am Verfalltag ausgeübt werden. Handelbar sind beide → Optionsarten während ihrer Laufzeit. Mit Ablauf der O. verliert der → Optionsinhaber die mit der Option verbundenen Rechte und der → Optionsstillhalter ist von seinen potentiellen Verpflichtungen befreit. – Vgl. auch → Theta-Faktor.

Optionsgenüsse. Sind → Genussscheine mit einer Option auf Aktien. Die Option kann als → Optionsschein verbrieft sein.

Optionsgeschäft, *options trading*. Der Wesensgehalt eines O. liegt im Erwerb des Rechtes, ein vorab nach Art und Menge festgelegtes → Underlying zu einem vorab fixierten → Basispreis innerhalb der vereinbarten → Optionsfrist (→ amerikanische Option) oder zum vereinbarten → Verfalltag (→ europäische Option) zu kaufen (→ Call-Option) oder zu verkaufen (→ Put-Option). – Daraus ergeben sich vier Grundpositionen des Optionshandels: der Kauf einer → Kaufoption (→ Long Call), den Kauf einer → Verkaufsoption (→ Long Put), den Verkauf einer Kaufoption (→ Short Call) und den Verkauf einer Verkaufsoption (→ Short Put). Der Käufer einer Kaufoption spekuliert auf steigende Kurse und übt seine Option aus, wenn der → Kurs des Underlying den aus Basispreis, anteilsmäßiger → Optionsprämie und angefallenem Provisionsaufwand resultierenden Betrag übersteigt. Der Käufer einer Verkaufsoption dagegen spekuliert auf fallende Kurse und übt seine Option aus, wenn der Kurs den Basispreis mindestens um die anteilsmäßige Optionsprämie zuzüglich des entstandenen Provisionsaufwandes unterschreitet. Die Verkäufer von Kauf- bzw. Verkaufsoption, die über jeweils umgekehrte Kurserwartungen verfügen, fungieren bei der → Optionsausübung als → Stillhalter, so dass sie das betreffende Underlying an den → Optionsinhaber zu liefern haben bzw. dieses von ihm abnehmen müssen, sollte er seine Option ausüben. – Für den Käufer einer Option bestehen verschiedene Handlungsmöglichkeiten, die in Abhängigkeit von der jeweiligen Kursentwicklung des Underlying bzw. der Option gewählt werden können: 1. Die Option wird ausgeübt, so dass das betreffende Underlying zum Basispreis gekauft oder verkauft wird. 2. Die Option kann noch während der Laufzeit weiterverkauft werden. 3. Das → Optionsrecht kann verfallen gelassen werden, wodurch ein Verlust in Höhe der gezahlten Optionsprämie realisiert wird. – Voraussetzung für die Durchführung von O. ist die → Termingeschäftsfähigkeit, die bei

Privatpersonen durch eine von einem → Kreditinstitut vorzunehmende ausführliche Aufklärung über die → Risiken der → Börsentermingeschäfte erworben werden kann. Zur Gewährleistung der reibungslosen Abwicklung und der jederzeitigen Erfüllung der O. tritt bei börsengehandelten Optionen stets das → Clearing House als Kontraktpartner beider Vertragspartner auf. Es übernimmt die Haftung bezüglich der Erfüllung und minimiert so die → Ausfallrisiken im O. – Vgl. auch → Optionsstrategien.

Optionsgeschäfte, Überwachung, → Termingeschäfte, Überwachung.

Optionsgeschäftsabschluss, *options trading contract.* Ein Auftrag über den Kauf oder Verkauf einer an der → Eurex gehandelten → Option ist einem Kreditinstitut zu erteilen, das als Börsenteilnehmer an der Eurex zugelassen ist. Die von den Kreditinstituten sowie weiteren Börsenteilnehmern in das Eurex-System eingestellten Aufträge und → Quotes werden dort nach der Preis-Zeit-Priorität geordnet. Sobald sich während der Handelsphase Aufträge sowie Quotes ausführbar gegenüberstehen, werden diese automatisch zu Geschäftsabschlüssen zusammengeführt (→ Matching).

Optionshandel, *option trading.* Bezeichnung für den Handel mit → Optionen, z.B. auf Aktien, Aktienindizes oder auf Futures, an einer Börse oder direkt zwischen den Marktteilnehmern (→ Over the Counter Markt). In Deutschland sind diese Geschäfte seit 1970 wieder zugelassen, erfuhren aber erst mit der Gründung der Deutschen Terminbörse (DTB) 1988, und der Novelle des Börsengesetzes 1989, welches u.a. die → Termingeschäftsfähigkeit von Nicht-Kaufleuten vorsah, eine deutliche Belebung. Die DTB schloss sich 1998 mit der → Swiss Options and Financial Futures Exchange (SOFFEX) zur → EUREX zusammen. Die EUREX ist neben dem → Chicago Board of Trade (CBOT) und der → London International Financial Futures and Options Exchange (LIFFE) eine der größten → Terminbörsen der Welt.

Optionshandel der Wertpapierbörsen. Nach einer fast vierzigjährigen Unterbrechung wurde der Optionshandel an den deutschen Wertpapierbörsen am 01.07.1970 wieder zugelassen. Neben die zunächst gehandelten Optionen auf deutsche Standardaktien traten ab dem 01.04.1986 Optionen auf deutsche Renten. Ein Teil dieser Optionen wurde auf die am 26.10.1990 gestartete → Deutsche Terminbörse (DTB) überführt und der übrige Teil im → Präsenzhandel weiterhin gehandelt. Im Jahr 1997 wurde dieser O.d.W. offiziell eingestellt.

Optionshandelsbestimmungen, *trading rules for stock options.* Die für den Optionshandel an der Eurex Deutschland geltenden Bestimmungen finden sich in den Eurex-Handelsbedingungen und der Eurex-Börsenordnung, für deren Erlass der Eurex-Börsenrat (Eurex Deutschland) bzw. der Verwaltungsrat (Eurex Zürich) zuständig ist. Die Eurex-Börsenordnung enthält vor allem Vorschriften über die Zulassung der Handelsteilnehmer, das Market-Making, die Handelsphasen sowie die Preisermittlung. In den Eurex-Handelsbedingungen finden sich u.a. Regelungen über den Ablauf des Terminhandels, das Zustandekommen von Geschäften, die Kontraktspezifikationen sowie die Auftragsarten nebst deren Ausführung.

Optionshebel, → Hebelwirkung.

Options-Hedging. Bezeichnung für die Absicherung von Wertpapieren durch → Optionen.

Optionsinhaber, *Optionskäufer, option holder;* bezeichnet einen → Investor, der eine → Long Position in → Optionen besitzt. Er hat damit das Recht, das → Underlying zum → Basispreis zu kaufen (→ Call) oder zu verkaufen (→ Put).

Optionsklasse, *option class;* bezeichnet alle → Optionen desselben Typs mit identischem → Basiswert.

Optionskonsortium, bezeichnet ein → Konsortium, das nur einen Teil des → Emissionsvolumens übernimmt. Für den verbleibenden Rest hält dieses Konsortium eine → Option, bei entsprechendem Emissionsergebnis auch diesen zu übernehmen.

Optionsmarkt, *options market;* → im weitesten Sinne Bezeichnung für den Handel mit → Optionen und → Optionsscheinen. – Im engeren Sinne sind der Handel mit stan-

Options on Futures

dardisierten Optionen (→ Optionsbörse) und der Handel mit nicht standardisierten Optionen (→ Over the Counter Market) zu unterscheiden.

Options on Futures, *Optionen auf Terminkontrakte*; bezeichnet → Optionen, die → Futures als → Underlying besitzen. Sie gewähren somit dem → Optionsinhaber das Recht, bestimmte Futures innerhalb eines festgelegten Zeitraums (→ amerikanische Option) oder zu einem festgelegten → Verfalltag (→ europäische Option) zum vereinbarten → Basispreis zu kaufen (→ Call) oder zu verkaufen (→ Put). Als Underlying dienen z.B. Futures auf → Indizes oder Futures auf → Zinsen. Bei O.o.F. handelt es sich um zweistufige → Termingeschäfte, da sowohl die Option als auch der Future ein Termingeschäft darstellen. Dadurch ergibt sich ein entsprechendes Risikoprofil mit hoher → Hebelwirkung. Wird die O.o.F. ausgeübt, so geht der Käufer einer Call- (Put-) Option eine → Long- (→ Short-) Position im Future ein, wobei i.d.R. erfolgt → Cash-Settlement. – Gegensatz: → Kassa-Option.

Optionspapiere, bezeichnen verbriefte Vermögensgegenstände, die als → Underlying für → Optionen fungieren. Dazu zählen u.a. → Aktien, der → Deutsche Aktienindex (DAX), → Bundfutures, → Boblfutures und → Schatzfutures.

Optionsperiode, *Optionsfrist, option period*; bezeichnet die → Laufzeit einer → Option, also den Zeitraum vom Kauf bis zur → Fälligkeit.

Optionsprämie, *Optionspreis, option premium, option price*; bezeichnet den Betrag, den der Käufer einer → Option dem → Stillhalter für das → Optionsrecht zahlen muss. Die O. vergütet somit die Risikoübernahme des Stillhalters, bis zum → Verfalltag erfüllen können zu müssen. Bewertungskriterien sind u.a. der Kurs des → Underlying, seine → Volatilität und → Liquidität, die Wahl des → Basispreises sowie die → Laufzeit der Option. Eine faire Bewertung kann mit Hilfe der → Black/Scholes-Formel vorgenommen werden.

Optionspreis. 1. → Basispreis. – 2. *option price/value, warrant price*; Preis einer Option (z.B. → Kauf- oder → Verkaufsoption),

der vom Käufer der Option für das → Optionsrecht zu entrichten ist. Der O. ergibt sich durch Angebot und Nachfrage an der Terminbörse (z.B. → EUREX) oder durch Festlegung des Emittenten bei der Emission von → Optionsscheinen, bzw. anschließend durch Angebot und Nachfrage. Wesentlichen Einfluss auf den O. haben der aktuelle Preis des veroptionierten Gutes bzw. Basispapiers (→ Underlyings), der vereinbarte → Basispreis sowie die erwartete → Volatilität; außerdem die Länge der Ausübungsfrist (→ American Option) bzw. die Laufzeit der Option bis zum Ausübungszeitpunkt (→ European Option) und der Zinssatz für diese Laufzeit. Die positive Differenz aus dem aktuellen Kurs und dem Ausübungspreis (bzw. bei Verkaufsoptionen aus dem Ausübungspreis und dem Kurs), der sog. → innere Wert, bildet üblicherweise eine Preisuntergrenze. Hinzu kommt der → Zeitwert der Option. Dieser ist um so höher, je länger die Option läuft. Außerdem werden Optionen um so höher bewertet, je höher die → Volatilität des Underlyings ist. Die Grundlagen für die präferenzfreie Ermittlung von theoretischen O. lieferten Myron Scholes, Fischer Black (→ Black/Scholes-Formel) und Robert Merton. Die wesentliche Basis hierfür bildet die zeitstetige → arbitragefreie Bewertung.

Optionspreisbewertung, *valuation of the exercise price*. Der → faire Werte einer → Option kann mit Hilfe verschiedener Modelle, wie dem → Black/Scholes-Modell, dem → Cox-Ross-Rubinstein-Modell oder dem → Binomialmodell ermittelt werden. Am → Verfallstag hängt dieser Wert ausschließlich vom aktuellen → Kurs des → Underlying und vom → Basispreis ab. Die Differenz beider Werte ist der sog. → innere Wert. Die Bewertung vor → Fälligkeit ist komplexer, da Unsicherheit herrscht. Neben dem inneren Wert muss der → Zeitwert berücksichtigt werden, der vom → Zinsniveau, der Restlaufzeit und der → impliziten Volatilität abhängt. Um die → Optionsprämie zu berechnen, müssen nun Einflussfaktoren des inneren Wertes als auch des Zeitwertes miteinander verknüpft werden. Damit zählen der Aktienkurs, der Basispreis, die Restlaufzeit, die implizite Volatilität und das herrschende Zinsniveau zu den wichtigsten Parametern der O. In der Praxis hat sich das Black/Scholes-Modell zur Bewertung europäischer Kaufoptionen auf Aktien etabliert.

Das Ergebnis ist der „theoretische Optionspreis". – Vgl. auch → Delta-Faktor, → Theta-Faktor, → Kappa-Faktor, → Gamma-Faktor, → Rho-Faktor.

Optionspreise im Aktienoptionshandel, *exercise prices in the trading of stock options*. Der während der Börsenhandelszeit kontinuierlich berechnete Preis einer Aktienoption orientiert sich am Kursverlauf der als Basistitel zugrundegelegten Aktie. Bei der Preisermittlung der Option sind grundsätzlich Preisabstufungen von 0,01 Euro möglich, wobei die Eurex-Börsengeschäftsführung je nach Basistitel auch größere Abstufungen zulassen kann.

Optionspreistheorie, *option price theory*; befasst sich mit der Bestimmung des theoretisch fairen Preises einer → Option. Insbesondere vor dem Verfalltag der Option ist dies nicht trivial. Erste theoretische Konzepte entstanden um 1900 (Bachelier). Um 1960 entwickelte sich eine zweite Modellgeneration (Sprenkle, Boness, Samuelson, Samuelson/Merton). Alle Modelle besaßen aber noch konzeptionelle Mängel, die erst die Arbeiten von Black, Scholes und Merton 1973 beseitigten. Ihr Ansatz basiert auf einem Arbitragekalkül (→ Arbitrage) bzw. dem → Duplizierungsprinzip. In neuster Zeit werden auch wieder Gleichgewichtsmodelle zur Bewertung von Optionen vorgeschlagen (Rubinstein, Cox, Ingesoll, Ross).

Optionsrecht, *option right*. Recht des Inhabers bzw. Käufers einer → Option, sich für Ausübung oder Verfall der Option zu entscheiden. Bei Ausübung besteht die Möglichkeit, ein bestimmtes → Underlying innerhalb (→ amerikanische Option) oder am Ende (→ europäische Option) der Laufzeit der Option zu einem bestimmten → Basispreis vom → Stillhalter zu kaufen (→ Call) oder an diesen zu verkaufen (→ Put), bzw. eventuell Differenzbeträge zu fordern. Entscheidet sich der Inhaber dafür, die Option verfallen zu lassen, so erlöschen die mit der Option verbundenen Rechte. – Vgl. auch → Laufzeit bei Optionsgeschäften, → bedingte Termingeschäfte.

Optionsschein, *warrant*; bezeichnet verbriefte → Optionen, die das Recht beinhalten, einen bestimmten Basiswert (→ Underlying) zu einem vorab bestimmten → Basispreis während einer bestimmten → Optionsfrist (→ amerikanische Option) bzw. zu einem bestimmten Termin (→ europäische Option) vom → Stillhalter zu kaufen (→ Call-Option) bzw. an den Stillhalter zu verkaufen (→ Put-Option).

Optionsscheine, Börsentermingeschäftscharakter. Banken und andere Anlageinstitute müssen vor Durchführung von → Börsentermingeschäften ihrer Kunden deren → Termingeschäftsfähigkeit feststellen und sie über diesbezügliche → Risiken schriftlich informieren.

Optionsscheine, gedeckte, *unterlegte Optionsscheine, covered warrants*. → Optionsschein, dessen → Emittent den → Basiswert im eigenen Bestand hat (→ Stillhalter). Fungieren Aktien als Basiswert, sind dies frei gehandelte, d.h. es findet keine Kapitalerhöhung der AG statt. Die Laufzeiten erstrecken sich vorwiegend auf ein bis zwei Jahre. Durch den Verkauf der Scheine erhält der Emittent eine → Optionsprämie. Sind die Optionsscheine bei Fälligkeit → im Geld, kann die Erfüllung durch Lieferung der → effektiven Stücke oder durch → Cash Settlement erfolgen. Optionsscheine, die durch → Futures oder → Options abgesichert sind, zählen nicht zu den g.O. – Vgl. auch → Optionsscheine, nackte.

Optionsscheine, gekappte, *capped warrants*. → Optionsschein, bei der der potentielle Gewinn beschränkt ist. So besteht z.B. bei einem "normalen" → Call-Optionsschein eine unbegrenzte Gewinnmöglichkeit in Höhe der Differenz zwischen Aktienkurs und → Basispreis. Bei einem gekappten Call hingegen profitiert der Käufer nur bis zu einem zuvor festgelegten Wert von Kurssteigerungen des Basiswerts. – Vgl. auch → Cap und → Floor.

Optionsscheine, nackte, *naked warrants*. → Optionsscheine, die nicht als Teil einer → Optionsanleihe oder eines → Genussscheines, sondern eigenständig emittiert werden. Der Emittent von n.O. geht eine Stillhalterposition ein. Bei Ausübung von n.O. auf Aktien wird im Gegensatz zur Ausübung von Optionsscheinen, die in Verbindung mit einer Anleihe begeben werden, kein neues Aktienkapital geschaffen. N.O. können nach Art des → Basiswertes (Aktien, Währungen, Zinsen

Optionsschuldverschreibungen

und Waren) unterschieden werden. Sind die Optionsscheine bei Fälligkeit → im Geld, kann die Erfüllung durch Lieferung von → effektiven Stücken oder durch → Cash Settlement erfolgen. – Vgl. auch → Call-Optionsschein, → Put-Optionsschein und → Optionsscheine, gedeckte.

Optionsschuldverschreibungen (-anleihe, -obligation), *bonds with warrants attaches*. → Schuldverschreibung, die dem Inhaber ein in den → Emissionsbedingungen festgelegtes Recht (→ Option) einräumt, das über die regulären Gläubigerrechte wie Zinszahlung und → Tilgung am Ende der → Laufzeit, hinausgeht. Die → Anleihe wird, unabhängig von der Ausübung des → Optionsrechts und im Unterschied zur → Wandelanleihe, am Ende der Laufzeit zum → Nennwert zurückgezahlt. Das Optionsrecht kann z.B. in einer zeitlich befristeten Erwerbsmöglichkeit für → Aktien mit einem festgelegten → Bezugsverhältnis zum Nennwert der Schuldverschreibung, zu einem im Vorfeld festgelegtem Kurs, liegen. Dieses Recht ist in → Optionsscheinen, die zum Zeitpunkt der → Emission Bestandteil der Schuldverschreibung sind, verbrieft. Die Optionsscheine können dabei losgelöst von der Schuldverschreibung gehandelt werden. Daraus resultieren die drei verschiedene Börsennotierungen: Kurs für Anleihe mit Optionsschein („cum"), für die Anleihe ohne Optionsschein („ex") und für den Optionsschein allein.

Options-Spread. Bezeichnung für eine Handelsstrategie, die den gleichzeitigen Kauf und Verkauf einer → Option auf denselben → Basiswert vorsieht. Man unterscheidet je nach unterschiedlicher Kombination von Laufzeiten oder Ausübungspreisen zwischen → Horizont-, → Vertikal- und → Diagonal-Spreads.

Optionsstillhalter, bezeichnet den Verkäufer von → Optionen. Er schreibt Optionen, erhält dafür vom → Optionsinhaber die → Optionsprämie und ist bei → Optionsausübung zum Kauf oder zur Lieferung des → Underlying verpflichtet.

Optionsstrategien, *option strategies*. Neben den einfachen → Basisstrategien, die den Kauf oder Verkauf jeweils einer → Option beinhalten, um Gewinne durch den erwarteten Verlauf des jeweiligen → Underlying realisieren zu können, sind → Versicherungsstrategien, → Kombinationsstrategien und → Spread-Strategien von zentraler Bedeutung. – Mit Versicherungsstrategien wird das Ziel verfolgt, das Underlying gegen unerwartete Entwicklungen abzusichern. Beispielsweise ist der Verlust bei der Kombination eines → Long Put mit der zugrundeliegenden → Aktie, auch 1:1 Hedge genannt, auf den Kaufpreis des → Puts beschränkt, während der Gewinn unbegrenzt ist. – Bei Kombinationsstrategien sind sowohl → Calls als auch Puts notwendig, um eine Position aufzubauen. Beispiele hierfür sind der → Straddle, → Strangle, → Strip und → Strap. – Bei Spread-Strategien wird gleichzeitig eine Option desselben Typs gekauft und verkauft. Die Optionen unterscheiden sich dabei in ihren Basispreisen (→ Vertical Spread), in ihren Fälligkeitsterminen (→ Time Spread) oder in beiden Charakteristika (→ Diagonal Spread). Weitere Systematisierungen können nach der erwarteten Kursentwicklung (Haussier-Strategie, Neutrale Strategie und Baissier-Strategie) oder anhand der → Risikoeinstellung vorgenommen werden.

Option-Strike-Price, → Option Exercise-Price.

Option-Swap, → Swaption.

ordentliche Hauptversammlung der AG, *ordinary shareholders' meeting, annual general meeting*. Als ordentliche Hauptversammlung wird die → Hauptversammlung der AG bezeichnet, die jedes Jahr turnusmäßig in den ersten acht Monaten des Geschäftsjahres stattfinden muss. Mindestens einmal im Jahr ist eine ordentliche Hauptversammlung einzuberufen, die zumindest über die Verwendung des Gewinns und über die Entlastung von Vorstand und Aufsichtsrat (→ Entlastung des Vorstands und des Aufsichtsrats der AG) zu entscheiden hat. Die Hauptversammlung ist mit einer Frist von einem Monat einzuberufen, gerechnet ab dem Zeitpunkt der Bekanntmachung der Einberufung in den Gesellschaftsblättern.

ordentliche Kapitalerhöhung, → Kapitalerhöhung gegen Einlagen.

ordentliche Kapitalherabsetzung, *ordinary capital reduction.* Form der → Kapitalherabsetzung bei → Aktiengesellschaften (AG), die sowohl dem Zweck der Beseitigung von Verlusten als auch der Rückzahlung von Kapital an die → Aktionäre dient und in den §§ 222–228 AktG geregelt ist. In dem von der Hauptversammlung zu fassenden Beschluss zur Herabsetzung des Kapitals muss der Zweck der o.K. angegeben werden. Die o.K. ist darüber hinaus beim Handelsregister anzumelden, sie tritt mit der Eintragung des Herabsetzungsbeschlusses in das Handelsregister in Kraft. Die Herabsetzung des Kapitals erfolgt entweder durch Verminderung des → Nennwertes je Aktie oder durch → Zusammenlegung von Aktien, falls sonst der → Mindestnennbetrag für eine Aktie unterschritten würde. Aus Gründen des Gläubigerschutzes darf eine Kapitalrückzahlung an die Aktionäre frühestens sechs Monate nach Bekanntmachung des Herabsetzungsbeschlusses erfolgen. Berechtigte Gläubiger können in dieser Zeit ihre Ansprüche geltend machen. – Gegensatz: → ordentliche Kapitalerhöhung.

Order, *Börsenauftrag, Auftrag, stock exchange order.* Bezeichnung für einen Auftrag eines Kunden an ein → Kreditinstitut oder Wertpapierdienstleistungsinstitut, durch den er dieses zum Kauf oder Verkauf einer bestimmten Menge von Wertpapieren usw. an einer → Wertpapierbörse beauftragt. Der Auftrag, der sowohl schriftlich als auch mündlich gegeben werden kann, muss neben der Bezeichnung des Wertpapiers die betreffende Stückzahl, die → Gültigkeitsdauer des Auftrags und ein eventuell gestelltes Limit enthalten. Bei Aufträgen, die ohne die Angabe eines Kurslimits abgegeben werden, erfolgt die Ausführung entweder → bestens (Verkauf) oder → billigst (Kauf).

Orderaktie. → Aktie, die durch Order übertragen wird. Es handelt sich um eine → Namensaktie, die als geborenes Orderpapier ohne Order durch → Indossament übertragen wird.

Order Driven Market, → Auktionsbörse.

Orderbuch, → Maklerskontro.

Orderklausel, *pay-to-order clause.* Eine O. ist ein schriftlicher Vermerk auf → Namenspapieren, durch den diese wie → Orderpapiere übertragen werden können. Diese Möglichkeit der Übertragung mit → Indossament besteht bei den gewillkürten Orderpapieren meist durch den Vermerk „oder Order" hinter dem Namen des Begünstigten. – → Wechsel, → Scheck oder → Namensaktie als Orderpapiere von Gesetzes wegen (geborene Orderpapiere) bedürfen der Klausel nicht, obwohl sie zuweilen noch in der Wertpapierurkunde erwähnt wird. Geborene Orderpapiere können durch die sog. negative O. oder → Rektaklausel „nicht an Order" zu → Rektapapieren konvertiert werden. – Vgl. auch → Orderpapier.

Orderpapier, *order paper, instrument to order.* → Wertpapier, bei dem ein bestimmter Berechtigter schriftlich benannt wird und das sich durch einen Vermerk (→ Indossament) auf einen neuen Eigentümer übertragen lässt. – Man unterscheidet gesetzliche und gewillkürte O. Gewillkürte O., auch als gekorene O. bezeichnet, sind → Namenspapiere, die erst durch Hinzufügen der → Orderklausel „oder Order" zum O. werden und damit per Indossament übertragbar sind. Gekorene O. ohne eine → Orderklausel sind → Rektapapiere und können nur durch eine → Abtretung von Forderungen übertragen werden. Beispiele für gekorene Wertpapiere sind zum einen bestimmte Warenwertpapiere, zum anderen aber auch öffentliche Orderschuldverschreibungen. – Im Gegensatz dazu können gesetzliche O., sog. geborene O., auch ohne Hinzufügen einer Orderklausel mit → Indossament übertragen werden, falls diese unkomplizierte Übertragungsmöglichkeit auf der Wertpapierurkunde nicht durch den Vermerk der sog. negativen Orderklausel („nicht an Order") ausgeschlossen wurde.

Orderschuldverschreibung, *order bond.* → Wertpapier, bei dem der Aussteller (→ Aussteller von Wertpapieren) die Zahlung an eine bestimmte Person oder jede andere Person, die als → Gläubiger bezeichnet wird bzw. das Papier besitzt, verspricht. → Orderpapiere sind durch → Indossament übertragbar. Man unterscheidet → geborene und → gekorene Orderpapiere. Bei geborenen Orderpapieren ist eine → Orderklausel nicht erforderlich, das Papier ist von Entstehung an ein Orderpapier, z.B. Scheck, → Wechsel, →

Organe der AG

Namensaktie, außer sie werden durch eine besondere Klausel (→ negative Orderklausel) ausgeschlossen. Gekorene Orderpapiere werden erst durch Hinzufügen einer positiven Orderklausel zu einem Orderpapier, z.B. Konnossement, Ladeschein.

Organe der AG, *agents of a corporation*. Die AG hat drei notwendige Organe. Dies sind der → Vorstand, der → Aufsichtsrat und die Hauptversammlung (→ Hauptversammlung der AG).

Organhaftung, *liability of a legal person for its executive organs*. Die O. ist die Haftung einer → juristischen Person für Handlungen ihrer Organe. § 31 BGB rechnet eine schadenersatzpflichtige Handlung eines Organs dem Verein zu. Die Vorschrift wird auch analog auf die gesamthänderisch strukturierten Handelsgesellschaften angewandt.

Organisation für wirtschaftliche Zusammenarbeit und Entwicklung, → Organization for Economic Cooperation and Development (OECD).

Organisationspflichten, → Compliance.

organisierter Kapitalmarkt, *organized capital market*. Der o.K. ist i.w.S. ein Markt für mittel- und langfristige Kredite und Beteiligungen, auf dem die Abwicklung der Transaktionen unter Zuhilfenahme von Finanzintermediären zu Stande kommt. Hierzu gehören in erster Linie Banken und Börsen, aber auch Versicherungs- oder Kapitalanlagegesellschaften. Häufig wird einschränkend die Fungibilität der Kapitalanlage bei der Begriffsdefinition vorausgesetzt. Die auf Verbriefung und Standardisierung basierende Handelbarkeit reduziert den Terminus auf Börsen als einzige o.K. Dem ist nicht zu folgen, da die Funktionen eines Marktes nicht auf Handelsplätze mit staatlich festgelegten Rahmenbedingungen und Überwachung beschränkt sind. Unzweifelhaft führt die Involvierung von Finanzintermediären als solche und das damit verbundene höhere Organisationsniveau zu vermehrten staatlichen Eingriffen. – Gegensatz → nicht organisierter Kapitalmarkt.

organisierter Markt, *regular market*. Nach → Wertpapierhandelsgesetz ist ein o.M. durch staatliche Anerkennung und Überwachung, durch mittelbaren und unmittelbaren Zugang des Publikums und durch regelmäßiges und organisiertes Stattfinden gekennzeichnet.

Organization for Economic Cooperation and Development, (OECD), *Organisation für wirtschaftliche Zusammenarbeit und Entwicklung*; am 30.09.1961 geschaffene Nachfolgeorganisation der Organisation für Europäische Wirtschaftliche Zusammenarbeit (OEEC) mit Sitz in Paris. Der OECD, die die Organisationsstruktur der OEEC unverändert übernommen hat, gehören Anfang 2002 insgesamt 30 Mitgliedsstaaten an, darunter seit Beginn an auch die Bundesrepublik Deutschland. Zu den Aufgaben der OECD zählen neben der Förderung einer optimalen Wirtschaftsentwicklung bei Vollbeschäftigung und Währungsstabilität in den Mitgliedsstaaten durch die Zusammenarbeit in der allgemeinen Wirtschafts- und Währungspolitik auch die Koordination der Entwicklungshilfe. Darüber hinaus befasst sie sich mit der Erörterung allgemeiner handelspolitischer Fragen und Fragen der Liberalisierung des internationalen Dienstleistungs- und Kapitalverkehrs. Eine der wichtigsten Aufgaben der OECD ist aber die Bereitstellung eines Diskussionsforums der westlichen Industrieländer mit dem Ziel der Untersuchung und informellen Vorabklärung zahlreicher internationaler Fragestellungen.

Originaleinschuss, → Initial Margin.

Original-exposure-Methode, → Laufzeitmethode.

Original Margin, → Initial Margin.

Orginärer Goodwill, *originated goodwill*. Bezeichnung für einen selbst geschaffenen → Goodwill. Der Goodwill bzw. Geschäfts- oder Firmenwert ist ein immaterieller Vermögenswert des Anlagevermögens, der sich aus der Differenz zwischen dem Wert des gesamten Unternehmens und dem Wert der bilanzierungsfähigen Einzelgüter berechnet. Es wird in o.G. und → derivativen Goodwill unterschieden. Während der o.G. im Zeitablauf selbst geschaffen wird, wird der derivative Goodwill entgeltlich erworben. Für den originären Goodwill besteht gemäß § 248 II HGB ein handels- und steuerrechtliches Bilanzierungsverbot.

Osloer Börse, *Oslo Børs.* 1819 als Christiania Børs gegründete norwegische → Börse mit Sitz in Oslo. Sie gilt als einer der führenden Standorte für Werte aus den Bereichen Schiffahrt, küstennahe Industrien, Öl, Gas, Informations- und Kommunikationstechnologie. Gehandelt werden neben → Aktien von über 220 Unternehmen auch → Bonds und → Derivate. Die O.B. ist Mitglied der → NOREX, einer Kooperation der Börsen in Oslo, Stockholm, Kopenhagen und Reykjavik.

Österreichische Termin- und Optionenbörse, (ÖTOB). Marktsegment der → Wiener Börse AG, an dem → Optionen und → Futures auf verschiedene österreichische → Aktien und den → Austrian Traded Index (ATX) gehandelt werden.

Österreichische Vereinigung für Finanzanalyse und Anlageberatung (ÖVFA). Bezeichnet eine Institution, die als Mitglied der → Fédération Européenne des Associations d'Analystes Financiers diverse Methoden zur neutralen und objektiven Bewertung von Unternehmen und deren Beteiligungswerten mittels einer Berechnung von Kennzahlen ausgearbeitet hat. Um die Vergleichbarkeit der Unternehmenswerte sicherzustellen, wird die Gewinnschätzung des Unternehmens als die zentrale Kennzahl dieser Methodik anhand gegebener Richtlinien um außerordentliche Ergebnisse, sowie handelsrechtliche und bilanzielle Spielräume bereinigt.

Oszillation, *Schwankung, oscillation.* Für die Kursentwicklung von → Wertpapieren verwendeter Ausdruck, durch den sich im Zeitablauf wechselnd nach oben oder unten entwickelnden → Börsenkurse um einen Fixpunkt dargestellt werden sollen.

Oszillatoren, *oscillators.* Indikatoren der → technischen Aktienanalyse, die Aussagen über Marktungleichgewichte, also Zustände des Überkaufens bzw. Überverkaufens, liefern sollen. I.a. sind Oszillatoren so konstruiert, dass sie um eine Null-Linie bzw. einen „Eichstrich" (= Zustand des Marktgleichgewichts) schwanken. Als einfacher Oszillator kann z.B. ein prozentuales Abweichungsmaß (deviation) von einem → gleitenden Durchschnitt gelten. Die Stärke der positiven bzw. negativen prozentualen Abweichung vom gleitenden Durchschnitt wird dabei als Maß des Überkaufens/-verkaufens (→ überkauft; → überverkauft) interpretiert. O. werden regelmäßig mit guten Ergebnissen in zyklischen Börsenphasen eingesetzt, bei Märkten mit etablierten Trends ist ihr Aussagegehalt hingegen meist stark eingeschränkt.

OTC, Abk. für → Over the Counter. – Vgl. auch → Over the Counter Market.

OTC Calls, *over the counter calls*; Typ einer → OTC Option, der aus nicht standardisierten → Calls besteht.

OTC Market, Abk. für → Over the Counter Market.

OTC Option, *over the counter option*; nicht standardisiertes → Optionsgeschäft, dessen Inhalt von den Vertragspartnern individuell ausgehandelt wird und das aufgrund der fehlenden Standardisierung nicht börsennotiert ist. Individuell zu vereinbaren sind dabei insbesondere → Underlying, → Basispreis, → Laufzeit sowie Kontraktgröße, d.h. Anzahl der bei Ausübung der Option zu handelnden Einheiten des Underlying. Der Handel von OTC O. zeichnet sich, verglichen mit dem Handel börsennotierter Optionen, neben der fehlenden Standardisierung v.a. durch geringere Erfüllungssicherheit, niedrigere Marktliquidität und folglich höhere Transaktionskosten aus.

OTC Puts, *over the counter puts.* Typ einer → OTC Option, der aus nicht standardisierten → Puts besteht.

OTC-Terminkontrakte. → Terminkontrakte, die am → Over the Counter Market, d.h. außerbörslich, gehandelt werden. Gegenüber standardisierten Teminkontrakten besitzen sie den Vorteil, dass individuelle, auf Kundenwünsche zugeschnitte Varianten vereinbart werden. Nachteilig ist, dass eine höhere Prämie üblich ist und dass eine vorzeitige → Glattstellung des Kontrakts nicht möglich ist. O. können nur mit Zustimmung des Vertragspartners vorzeitig aufgelöst werden.

ÖTOB, → Österreichische Termin- und Optionsbörse.

out of the Money, → aus dem Geld.

out of the Money Option, → Aus-dem-Geld-Option.

Out of Town Market, *regional exchange, Provinzbörse*; v.a. in den USA gebräuchliche Bezeichnung für → Provinzbörsen.

Outperformance, *Überrendite*; bezeichnet die → Rendite einer → Investition, die die am → Markt erzielbare → Rendite (→ Performance) übersteigt.

Outperformance Warrant, → Optionsschein, dessen Wert an die relative Entwicklung des Kurses des → Basiswerts gekoppelt ist. Der O.W. ist im → Geld, wenn die relative Wertentwicklung des Basiswerts im Vergleich zu einem vorgegebenen → Index höher ist.

Outperformer. → Wertpapiere oder Anteilscheine, die sich durch eine Kursentwicklung auszeichnen, die über dem Markt- oder Branchendurchschnitt liegt. – Vgl. auch → High Flyers, Marketperformer. – Gegensatz: → Underperformer.

Outright-Devisengeschäft, *outright currency transaction*; Hauptform des → Outright-Geschäftes. Bei der eine Position am Devisenkassa- oder Devisenterminmarkt zu einem bestimmten Erfüllungstag eingegangen wird, ohne dass eine entsprechende Gegenposition aufgebaut wird. Falls eine → offene Position eröffnet wird, ist der Käufer aus diesem Grunde direkt einem Preisänderungsrisiko ausgesetzt (vgl. auch → Uncovered Exposure). Dies kann gewünscht sein, um Fremdwährungsforderungen und -Verbindlichkeiten aus Waren- und Dienstleistungsgeschäften oder auf Fremdwährung lautende Vermögenstitel (Guthaben, Sortenbestände, Wechsel, kurz- und mittelfristige Wertpapiere) abzusichern.

Outright-Geschäft, *Solo-Geschäft, outright transaction*. Bezeichnung für → Kassageschäfte oder → Termingeschäfte, denen kein entgegengesetztes Geschäft gegenübersteht. Anwendung findet der Begriff O. vor allem im → Devisenhandel, sofern ein → Terminmarkt besteht, auch bei Aktien, festverzinslichen Wertpapieren oder Commodities.

Outright Purchase. Als O.P. wird das Eröffnen einer Position am Kassa- oder Terminmarkt bezeichnet, ohne dass ein entgegengesetztes Geschäft eingegangen wird.

Outstanding Stock, der Teil des in der Satzung einer US-Corporation bestimmten Eigenkapitals (authorized capital oder → Common Stock), der ausgegeben ist („issued and outstanding").

Over Spot, *über Kassakurs*. Bezeichnung für Kurse am Devisenterminmarkt, die mit einem → Aufschlag festgestellt werden. – Gegensatz: → Under Spot.

Over the Counter, → außerbörslicher Wertpapierhandel, → Over the Counter Market.

Over the Counter Market (OTC Market), *Freiverkehr, dritter Markt*. 1. Außerbörslicher Handel mit börsennotierten Wertpapieren. – 2. Freiverkehrsmarkt der USA für nicht zum offiziellen Börsenverkehr zugelassene Aktien und Anleihen im Interbankenhandel, der außerhalb der Verantwortung der Börse stattfindet aber dennoch den geltenden gesetzlichen Bestimmungen für den Wertpapierhandel unterliegt. – 3. Im Optionshandel zeichnen sich OTC-Optionen durch eine geringe Standardisierung (individuelle Laufzeit, fehlende Börsennotierung), wenig Transparenz und eine geringe Zugangsmöglichkeit für den privaten Investor aus.

Overbought, *überkauft*. Einen überkauften Markt erkennt man an sehr großer Nachfrage und sehr geringem Angebot. Auch mit Hilfe der → technischen Analyse kann ein überkaufter Markt erkannt werden. Hilfreiche → Indikatoren dafür sind bspw. → Stochastics, RSI (→ Relative Strength Index) oder → Williams R %. Allgemein muß bei einem überkauften Markt mit → Kurskorrekturen nach unten gerechnet werden (→ Konsolidierung). Die Ursache hierfür wird häufig darin gesehen, dass → Wertpapiere in zu kurzer Zeit zu stark nachgefragt werden, was hohe Kurssteigerungen und meist starke Abweichungen von den → fundamentalen Werten zur Folge hat. – Gegensatz: → Oversold.

Oversold, *überverkauft*. Ein überverkaufter Markt kennzeichnet sich durch großes Angebot und wenig Nachfrage. Ein überverkaufter

Markt kann mit Hilfe der → technischen Analyse entdeckt werden. Hilfreiche → Indikatoren sind bspw. → Stochastics, RSI (→ Relative Strength Index) oder → Williams % R. Allgemein muß bei einem überverkauften Markt mit → Kurskorrekturen nach oben gerechnet werden, da die → Kurse allgemein als zu niedrig eingeschätzt werden. – Gegensatz: → Overbought.

ÖVFA, Abk. für → Österreichische Vereinigung für Finanzanalyse und Anlageberatung.

P

P, → Papier.

PACE-System, *Philadelphia Automated Communication and Execution*; war eines der weltweit ersten → elektronischen Handelssysteme. – Vgl. auch → Philadelphia Stock Exchange.

Pacific Stock Exchange, *Pacific Exchange, PCX*. Durch den Zusammenschluss der San Francisco Stock and Bond Exchange und der Los Angeles Oil Exchange 1956 entstandene regionale → Wertpapierbörse, die als einzige → Börse weltweit aufgrund ihrer Historie über zwei → Börsenparketts verfügt. Gehandelt werden über 2.500 → Aktien und → Bonds und mehr als 800 → Optionen. Damit ist die PCX die drittgrößte → Optionsbörse der Welt.

Packager. → Arranger, der Maßnahmen des → Packaging ergreift. Dabei muss es sich nicht unbedingt um ein Mitglied des → Emissionskonsortiums handeln.

Packaging, *Bundling, Bündelung*. P. ist das Zusammenführen mehrerer Einzelelemente zu einem neuen Produkt, um z.B. eine umfassende oder maßgeschneiderte Problemlösung anzubieten. Hierbei werden vor allem komplementäre Produkte miteinander verbunden (z.B. im Immobilien- und Hypothekargeschäft). P. wird ferner eingesetzt um bspw. Anleihen stärker den aktuellen Marktgegebenheiten und spezifischen Bedürfnissen einzelner Anlegerkreise anzupassen. Umgestaltungen können bei Anleihen z.B. durch Änderung der Laufzeit, des Zinssatzes, der Währung oder die Zerlegung in mehrere Tranchen erfolgen, um Emissionen, die in der ursprünglichen Ausstattung vom Markt nicht aufgenommen wurden, attraktiver zu machen. – Vgl. auch → Corporate Finance.

Pac Man Strategie, bezeichnet eine Strategie zur Abwehr → feindlicher Übernahmen, bei der das angegriffene Unternehmen seinerseits ein → Übernahmeangebot für den Angreifer abgibt. Vorbild für die Namensgebung war ein Computerspiel.

Paket, → Aktienpaket.

Paketabschlag, *share block/blockage discount*. Preisnachlass vom Marktpreis, den der Verkäufer eines → Aktienpaketes dem Käufer im → Pakethandel gewährt. – Gegensatz: → Paketzuschlag.

Pakethandel, *block trading, large-lot dealing*; Bezeichnung für den Austausch großer Mengen an Wertpapieren, z.B. Aktienpakete. Der P. kann im Rahmen des üblichen Börsenhandels oder außerbörslich vollzogen worden. Beim börslichen P. kann es zu erheblichen Preisveränderungen kommen, bei außerbörslichem Vollzug wird ein fixer Preis, meist unter Berücksichtigung eines → Paketzuschlages oder → Paketabschlages, zwischen den Akteuren direkt ausgehandelt.

Paketzuschlag, *share block/blockage premium*. Preisaufschlag auf den Marktpreis, den der Verkäufer eines → Aktienpaketes im → Pakethandel vom Käufer fordert. – Gegensatz: → Paketabschlag.

Palestine Securities Exchange, **(PSE)**. Seit 1997 existierende, privatwirtschaftlich organisierte → Börse mit Sitz in Nablus, Palästina. Derzeit sind an der PSE 28 Unternehmen gelistet. Weitere 40 Unternehmen mit einer → Marktkapitalisierung von über einer Milliarde US-Dollar kommen für ein → Listing an der PSE in Frage.

Panikkäufe

Panikkäufe, *panic buying.* Bezeichnung für emotional bedingte Käufe an einer Börse, die nicht anhand z.B. der → Fundamentalanalyse oder → Technischen Analyse getroffen wurden. – Vgl. auch → Börsenpsychologie.

Panikverkäufe, *panic selling.* Bezeichnung für emotional bedingte Verkäufe an einer Börse, die nicht anhand z.B. der → Fundamentalanalyse oder → Technischen Analyse getroffen wurden. – Vgl. auch → Börsenpsychologie.

Paper Bid, *Tauschangebot.* Im Zusammenhang mit einer → Unternehmensübernahme Bezeichnung für das Angebot des kaufwilligen Unternehmens an die Anteilseigner der Zielgesellschaft, ihre Aktien in Anleihen oder Aktien des übernehmenden Unternehmens zu tauschen. – Vgl. auch → Cash Bid.

Papier, ist eine oft verwendete Abkürzung für → Wertpapiere, insbesondere für → Aktien.

Parabolic Time/Price System. Das Parabolic Time/Price System ist ein von Welles Wilder aufgestelltes Trendfolgesystem, das helfen soll, einen möglichst großen Teil von Kursgewinnen in trendstarken Märkten zu realisieren. Empirisch erweist es sich in ausgeprägten Trends als durchaus erfolgreich, in Marktsituationen ohne klare Trends führt es hingegen erfahrungsgemäß zu Verlusten. Zentraler Baustein des Systems ist die Konstruktion einer Trendlinie, der sog. Stop-and-Reversal (SAR)-Linie. Die parabelförmige SAR-Linie besteht aus einer Reihe von Stops, die unter rechnerischer Einbeziehung der Faktoren „Zeit" und „Kurs" stets näher an den Trend herangeführt werden. Wenn der Kurs die SAR-Linie nach unten (oben) durchbricht, sollten eine Long-Position geschlossen (aufgebaut) und eine Short-Position aufgebaut (geschlossen) werden.

Parallelanleihe, *parallel loans.* Als Parallelanleihen werden → Emissionen bezeichnet, die mit identischer Ausstattung hinsichtlich → Nominalzins, → Laufzeit und Zinszahlungsterminen in unterschiedlichen → Währungen begeben werden. Zur Angleichung an die verschiedenen → Zinsniveaus in den unterschiedlichen Währungen werden diese zu unterschiedlichen Kursen emittiert. Letztlich können Parallelanleihen als Sonderform von → internationalen Anleihen aufgefasst werden.

Parallelfonds, → Dachfonds.

Parallel-Listing, → Parallel-Notierung.

Parallel-Notierung, *parallel-listing*; Bezeichnet die gleichzeitige → Notierung eines Wertpapiers an zwei verschiedenen → Börsen.

Par Bonds, → festverzinsliche Wertpapiere, bei denen die → Nenn- und → Kurswerte gleich sind. Das Papier hat einen Kurs von 100% bezogen auf den Nennwert (→ Parikurs).

pari, *at par.* Bezeichnung für den → Kurs oder → Emissionspreis eines Wertpapiers, der wertmäßig mit seinem → Nennwert genau übereinstimmt.

Pari-Emission, *issue at par*; Bezeichnung für eine → Emission, bei der der → Emissionskurs des → Wertpapiers dessen → Nennwert entspricht. Bei → Anleihen ist zudem eine → Überpari-Emission oder eine → Unterpari-Emission möglich, bei Aktien ist letztere verboten.

Pari Forward, *par forward.* Bezeichnung für die zukünftige Rückumwandlung ausstehender Finanzmittel zu ihrem jeweiligen. Vgl. auch → Emissions- bzw. → Nennwert.

Parikurs, → Paritätskurs.

Pari-passu-Klausel, → Gleichbesicherungsklausel.

Parität, *parity.* 1. Austauschverhältnis zweier Währungen. – Vgl. auch → Dollarparität. – 2. Austauschverhältnis einer Währung zu anderen Vermögenstitel, wie Gold, → Sonderziehungsrechte o.ä. – Vgl. auch → Goldparität.

paritätische Beteiligung, *participation on equal terms.* Beteiligung von zwei oder mehreren Anteilsinhabern, die alle den gleichen Einfluss haben. Bei einer p.B. kann sich im Gegensatz zur → Mehrheitsbeteiligung eine Partei nicht gegen den Willen der anderen durchsetzen. Maßnahmen können somit von Einzelnen blockiert werden.

paritätische Mitbestimmung, *parity.* Unter p.M. versteht man die anteilsmäßig gleich große Zusammensetzung des Aufsichtsrats aus Arbeitnehmer- und Anteilseignervertretern (→ Aufsichtsrat der AG, Zusammensetzung), wie sie durch das Mitbestimmungsgesetz und das Montanmitbestimmungsgesetz (→ Montanmitbestimmung) vorgeschrieben sind.

Paritätskurs, *Parikurs, pari/parity price.* 1. Kurs eines Wertpapiers, der dem → Nennwert entspricht. – 2. Bei Devisenkursen in Systemen → fester Wechselkurse bezeichnet der P. das Austauschverhältnis zwischen zwei Währungen. – Vgl. auch → Dollarparität, → Goldparität und → Zinsparität.

Parkett, *floor, trading floor.* Ort, an dem physisch der → Börsenhandel an einer → Präsenzbörse stattfindet. Das P. befindet sich im Börsensaal, zu dem nur zugelassene Personen Zutritt haben. Diese Börsenmitglieder können gelegentlich auch Gäste mit in den Börsensaal nehmen. Nicht zugelassene Besucher können sich über die Galerie einen Überblick über den Börsenhandel verschaffen. – Vgl. auch → Zulassung zum Börsenbesuch.

Parking, bezeichnet die Eingabe von → Aufträgen bei gleichzeitiger und vorsätzlicher Sperrung entgegengesetzter Aufträge. Dadurch werden → Kurse künstlich beeinflusst, und entsprechen damit nicht mehr dem tatsächlichen Marktergebnis.

Partiarisches Darlehen, bezeichnet verzinsliche Darlehen, deren → Zinssätze teilweise vom Erfolg des → Kreditnehmers abhängt. Der Zinssatz kann an unterschiedliche Erfolgsgrößen gekoppelt werden. Mögliche Erfolgsgrößen sind der Gewinn oder die Umsatzrendite des Unternehmens. P.D. bestehen aus einer festen und einer gewinnabhängigen Verzinsung, so dass dem → Kreditgeber im Falle von Verlusten eine Mindestverzinsung verbleibt.

Participating Bonds, Bezeichnung für amerikanische → Schuldverschreibungen mit → Gewinnbeteiligung.

Participation Cap. Portfolio bestehend aus einem gekauften → Cap und einem verkauften → Floor, wobei sich die beiden Kontrakte lediglich in den Nominalbeträgen unterscheiden. Der Inhaber des Cap profitiert somit nur begrenzt von Zinsänderungen.

Participation Fee. ist die Summe aller Prämien/Gebühren, die im Rahmen einer → Kreditsyndizierung oder einer → Wertpapieremission an die teilnehmenden Banken gezahlt wurden.

Partizipationsgeschäft, *Joint Transaction*; bezeichnet ein von zwei oder mehreren natürlichen oder juristischen Personen durchgeführtes → Konsortialgeschäft mit vereinbarter Verteilung der Haftung und des Erfolgs.

Partizipationsschein. Ein P. ist ein v.a. in der Schweiz und Österreich als Finanzierungsinstrument gebräuchliches → Wertpapier, das in rechtlicher Hinsicht mit dem in Deutschland gebräuchlichen → Genussschein vergleichbar ist. – P. sind meist ausschließlich mit Vermögensrechten ausgestattete → Inhaberpapiere, d.h. sie verbriefen ihrem Inhaber einen Zahlungsanspruch auf einen Ertragsanteil, einen Anspruch auf einen Teil des Gesellschaftsvermögen und ein → Bezugsrecht bei Kapitalerhöhungen. Im Gegensatz zu gewöhnlichen Aktien verkörpern P. jedoch keine Stimmrechte und auch sonst keine Mitgliedschaftsrechte, die ein steuerndes Einwirken auf die Geschäftspolitik der emittierenden Unternehmen erlauben. Aufgrund der fehlenden Rechte dieser Wertpapiere kann sich eine Kapitalgesellschaft gegen eine unerwünschte Veränderung der Eigenkapitalgeberstruktur schützen, indem sie risikotragende Mittel über die Emission von P. aufnimmt, anstatt neue stimmberechtigte Aktien auszugeben. Der P., wie auch der deutsche Genussschein, wird meist als ein Mittel angesehen, Schwächen des bestehenden Aktienrechts auszunutzen.

Partly Assisted Trading System (PATS), wurde als computergestütztes Handelssystem im Frühjahr 1991 an der → Wiener Börse eingeführt. Neben dem amtlichen Handel umfasste es auch den geregelten Freiverkehr und den sonstigen Wertpapierhandel. Zugleich diente es als Informationssystem. Im Sommer 1996 wurde der Handel in den umsatzstärksten Aktien und den in → fortlaufender Notierung gehandelten Werten auf das Handelssystem → EQOS (Electronic

Partnerinvestmentgesellschaft

Quote and Order Driven System) umgestellt. Seit November 1999 ist die Wiener Börse an das deutsche Handelssystem → Xetra angebunden, um bei den Marktteilnehmern an Attraktivität zu gewinnen.

Partnerinvestmentgesellschaft. Bezeichnung für eine → Investmentgesellschaft, die bei ihr eingelegte Kundengelder in → Beteiligungen an Einzelunternehmen und → Personengesellschaften anlegt. Nach den Vorschriften des → Gesetzes über Kapitalanlagegesellschaften (KAGG) sind P. nicht zulässig und werden deshalb als → Unternehmensbeteiligungsgesellschaften geführt.

Partnership, Unternehmensform in angelsächsischen Ländern, die der deutschen → Personengesellschaft ähnelt. Bei Limited P. hingegen haften die Gesellschafter (partner) nur mit ihrer Einlage, ähnlich den → Kommanditisten bei der deutschen → Kommanditgesellschaft.

Part-paid Floating Rate Note, bezeichnet eine teileingezahlte, → variabel verzinsliche Anleihe, die auf Anforderung des → Emittenten voll einzuzahlen ist.

Par Value, → Nennbetrag von Wertpapieren.

Passiva, *liabilities, liabilities and shareholders' equity*. 1. Bezeichnung für die Passivposten der → Bilanz, die in → Eigen- und → Fremdkapital untergliedert werden und somit Aufschluss über die Mittelherkunft eines Unternehmens geben – 2. Bezeichnung für Kapitalmittel, v.a. für → Verbindlichkeiten. – Gegensatz: → Aktiva.

Passives Management, bezeichnet eine Anlagestrategie, bei der ein bestimmter → Aktienindex nachgebildet wird (→ Trakking). Das P.M. soll das nicht vom Markt vergütete → unsystematische Risiko durch → Diversifikation ausschließen. Die Marktrendite entspricht der Rendite dieser Anlagestrategie. Allerdings sind zur Renditebestimmung auch die → Transaktionskosten einzubeziehen, die aber i.d.R. niedriger als beim → Active Management sind, da kostenintensive Researchtätigkeit überflüssig ist. P.M. legitimiert sich über die Annahme hinreichend effizienter → Aktienmärkte, da nur dort keine systematischen Überrenditen erzielt werden können. Durch Active Management bedingte Portfolioumschichtungen würden dabei zu unnötigen Transaktionskosten führen.

passivisches Zinsänderungsrisiko. Unter einem → Zinsänderungsrisiko wird im allgemeinen die Gefahr einer negativen Abweichung des geplanten Erfolges verstanden, der durch Veränderungen der → Marktzinssätze begründet wird. Das p.Z. resultiert aus der Gefahr steigender Marktzinssätze, die die eigenen Zinsprognosen übertreffen. Dadurch erhöht sich der → Spread zwischen den Zinsaufwendungen (→ Passiva) und den Zinserträgen einer Bank (→ Aktiva). – Gegensatz: → aktivisches Zinsänderungsrisiko.

Passivzins, *deposit interest rates*. Aus der Passivseite der Bilanz abgeleitete Bezeichnung für die von der Bank für dort bilanzierte Geschäfte (Passivgeschäfte) zu zahlenden Zinsen. Dabei handelt es sich vor allem um Zinsen für → Einlagen, aber auch für von der Bank begebene → eigene Schuldverschreibungen.

Pass-through-Zertifikat. Mögliche Form des Zahlungsstrommanagements bei → Wertpapieren, denen eine bestimmte Forderung zu Grunde liegt (z.B. bei → Asset-Backed Securities). Beim P.-t.-Z. werden eingehende Zins- und Tilgungsleistungen direkt an die → Investoren weitergeleitet. Als Nachteil für den Investor kann die Ungewissheit über die Höhe der Zins- und Tilgungszahlungen angesehen werden.

Passwort, *pass word*; geheimes, meist individuell vom Benutzer festzulegendes Kennwort, das Zugang zu einem elektronischen Medium mit dort gespeicherten Informationen verschafft. Es wird sehr oft in Zusammenhang mit einem Benutzerkennwort gebraucht. Im Falle des → Online Banking sind neben Benutzerkennwort (oft Kontonummer) und Passwort auch noch sogenannte TAN (Transaktionsnummern) notwendig, um einen Auftrag ausführen zu können.

Patizipationskapital, *participation capital*; bezeichnet das hinter den → Partizipationsscheinen einer Unternehmung stehende bilanzielle Kapital.

Patronatserklärung, *letter of comfort/intent/responsibility.* Erklärung einer → Muttergesellschaft gegenüber den Kreditgebern der → Tochtergesellschaft zum Zwecke der Kreditsicherung. Eine einheitliche P. existiert nicht, sie kann von „good will" Erklärungen bis zu Gewährleistungen reichen. Eine gesetzliche Regelung existiert ebenso nicht, die spezifischen Bedingungen einer P. sind dem jeweiligem Wortlaut einer P. zu entnehmen. Häufigste Formen der P. sind die Verpflichtung zur finanziellen Ausstattung der Tochtergesellschaft, die Verlustübernahmeverpflichtung, oder die Vereinbarung über das Zurücktreten der Muttergesellschaft von eigenen Forderungen gegenüber der Tochtergesellschaft.

PATS, Abk. für → Partly Assisted Trading System.

Pauschbeträge bei Kapitalerträgen, *blanket deductions for capital yields.* Aus Vereinfachungsgründen gelten für → Einkünfte aus Kapitalvermögen für den Werbungskostenabzug Pauschbeträge. Sie werden angesetzt, sofern der Steuerpflichtige keine höheren → Werbungskosten nachweist.

Payback, → Amortisationsrechnung, → Rendite.

Payback Period, → Amortisationszeit.

Pay Day, → Settlement Day.

Paying Agent, *Einlösungsstelle*; ist ein Intermediär, im Normalfall eine Bank, der hauptsächlich für die Zinszahlungen, aber auch für die Umwandlung oder den Wiederankauf der im Rahmen einer → Emission begebenen Anleihen zuständig ist. – Vgl. auch → Zahlstelle.

pcKISS, Abk. für → Personalcomputer-Kurs-Informations-Service-System.

PCX, → Pacific Stock Exchange.

P/E, Abk. für price earnings (ratio). – Vgl. → Kurs-Gewinn-Verhältnis (KGV).

Pecking Order, *Hackordnung, Aufnahmereihenfolge*; bezeichnet in der Kapitalstrukturtheorie von Myers/Majluf ein bestimmtes Kapitalaufnahmeverhalten des Managements einer Unternehmung. Im Modell von Myers/Majluf wird das Verhältnis zwischen Kapitalgebern (→ Eigen- und → Fremdkapital) und dem Management als abgestuftes Principal-Agent-Verhältnis (→ Principal-Agent-Theory) mit differenzierten asymmetrischen Informationslagen zugunsten des Managements als Agenten modelliert. Aufgrund seines Eigeninteresses (z.B. Einwirkungsschutz, kein unnötiges Aussenden von Informationssignalen (→ Signaling) bevorzugt das Management interne (= „stille") Finanzierungsquellen. Reichen diese für die Investitionszwecke nicht aus, so wird aufgrund der abgestuften Einwirkungs- und Informationsrechte extern zuerst Fremd- und zuletzt Eigenkapital aufgenommen. Ausgehend von bestimmten Annahmen über den Informations- und Rezeptionsstand der Kapitalgebergruppen lassen sich auf Basis dieser Theorie verschiedene Hypothesen für die Reaktion auf Emissionsangebote ableiten (z.B. könnte eine Eigenkapitalerhöhung ein schlechtes Signal sein, weil es unter oben angeführten Annahmen für das Management nur rational bei sonst ausgeschöpften Finanzierungsquellen oder bei deutlich überhöhten Kursen (was ein Vereinnahmen eines deutlichen → Emissionsgios bedeutet) begründet werden kann.

Peer Group. Bezeichnung für eine Gruppe von Unternehmen, Aktien usw., die als Vergleichsgruppe für Analysen herangezogen wird. Relevanz erfahren P.G. besonders bei der Bewertung von Neuemissionen, bei Vergleichen von Renditeentwicklung und bei der Bewertung von Aktien.

PEG, Abk. für → Price-Earnings/Growth Rate Ratio.

PEG-Ratio, → Price-Earnings/Growth Rate Ratio.

Penny Shares (USA), *penny stocks (UK)*; → leichte Aktien mit einem Wert unter $ 5 bzw. 50 Pence. Sie sind populär für private Anleger.

Penny Stocks, ist eine US-amerikanische Bezeichnung für hochspekulative → Aktien, deren → Kurs unter fünf US-Dollar notiert. Geringe Handelsvolumina und mangelnde Informationsversorgung führen bei diesen Aktien zu sehr hohen → Risiken. P.S. bieten

Pension Fund

aber auch häufig eine Chance zu überdurchschnittlichen → Renditen. – Vor dem Verkauf an private Investoren müssen diese über die spezifischen Risiken aufgeklärt werden. – Gegensatz: → Blue Chips.

Pension Fund, → Pensionsfonds.

Pensions- und Sterbekasse, → Pensionskasse.

Pensionsfonds, betriebliche
Prof. Dr. Matthias Bank, CFA

1. Einleitung

Pensionsfonds können als ein Medium zur Durchführung der Altersversorgung verstanden werden. Sie spielen je nach Land im jeweiligen System der Altersversorgung eine mehr oder weniger bedeutende Rolle. In Ländern mit starker Kapitalmarktorientierung wie bspw. den USA, Großbritannien oder den Niederlanden sind sie der relativ wichtigste Durchführungsweg (vgl. Passow, 1998). In Deutschland waren bis vor kurzem aufgrund restriktiver gesetzlicher Rahmenbedingungen keine – weder private noch betriebliche – Pensionsfonds anzutreffen. Im Bereich der privaten Altersvorsorge dominieren bisher Kapitallebensversicherungen oder Sparverträge. Die aktuelle Reform der Altersvorsorge („Riester-Rente") leitet diesbezüglich jedoch entscheidende Veränderungen ein. Mit der Realisation des neuen Altersvermögensgesetzes (AVmG) vom 26.06.2001 stellen seit kurzem auch betriebliche Pensionsfonds in Deutschland eine weitere Möglichkeit der betrieblichen Altersversorgung – neben den traditionellen Durchführungswegen gemäß § 1 BetrAVG (Gesetz zur Verbesserung der betrieblichen Altersversorgung) mit Direktzusage, → Unterstützungskasse, → Direktversicherung und → Pensionskasse – dar.

Die zunehmende Kapitalmarktorientierung in Deutschland hatte zuletzt die Nachteile der betrieblichen Altersversorgung insbesondere im internationalen Kontext stärker heraustreten lassen (vgl. Spengel/Schmidt, 1997 und BMF, 1998). Die langfristig erzielbaren Renditen einer direkten Anlage am Aktienmarkt sind im Durchschnitt signifikant höher, als sie über die oben genannten traditionellen Durchführungswege erzielbar sind. Nachteilig ist insbesondere, dass bisher die Diversifikationsmöglichkeiten des Kapitalmarktes nur suboptimal genutzt wurden. Entweder stand die Vermeidung von Kapitalmarktrisiken und damit niedrigere erzielbare Renditen im Vordergrund (Direktversicherung und Pensionskasse) oder der Kapitalmarkt wurde gar nicht bei der Mittelanlage in Anspruch genommen (Direktzusage und Unterstützungskasse).

Diese traditionellen Durchführungswege der betrieblichen Altersversorgung haben aufgrund dieser Beschränkungen gesamtwirtschaftlich zunehmend an Gewicht verloren (vgl. BMF, 1998). Nach langen wirtschafts- und finanzpolitischen Diskussionen (vgl. Deutsche Bank Research, 1995, BMF, 1998, Weber, 1998, ABA, 1998 und GDV, 1998), kann die Schaffung gesetzlicher Rahmenbedingungen zur Einführung und Förderung betrieblicher Pensionsfonds im Kontext der aktuellen Rentenreform als Erfolg gewertet werden. Einschränkend muss allerdings angemerkt werden, dass die neuen beitragsbezogenen Pensionsfonds eine Mindestleistung garantieren müssen und sie somit nicht als wirklich „echte" Pensionsfonds im angelsächsischen Sinne angesehen werden können.

2. Systematik und Charakteristika betrieblicher Pensionsfonds

Bei betrieblichen Pensionsfonds handelt es sich um zweckgebundene → Sondervermögen, die unter einer eigenständigen Verwaltung stehen. Das Sondervermögen kann als eigenständig rechtsfähig (externes Sondervermögen) oder als nicht eigenständig rechtsfähig (internes Sondervermögen) ausgestaltet sein. Betriebliche Pensionsfonds sind dadurch gekennzeichnet, dass die Trägerschaft von einem oder mehreren Sponsoren – den initiierenden Unternehmen – übernommen wird (vgl. Bank, 1999).

Betriebliche Pensionsfonds verfolgen das Hauptziel der langfristig angelegten Vermögensansammlung und -mehrung. Die Anlage der Mittel am Kapitalmarkt erfolgt nach den Regeln der modernen Portfoliotheorie (vgl. Bodie, 1993 und Elton/Gruber, 1995).

Betriebliche Pensionsfonds werden benutzt, um betriebliche Pensionspläne umzusetzen. Ein betrieblicher Pensionsplan umfasst die vertraglichen Vereinbarungen zwischen Arbeitgeber und -nehmer über Rechte und Verpflichtungen der angestrebten betrieblichen Altersversorgung, einschließlich der Abwicklung der Versorgungsleistungen. Betriebliche Pensionsfonds können als → Finanzintermediäre interpretiert werden, die Portfoliomanagement-Leistungen, aber auch → Fristen- und → Risikotransformationsleistungen erbringen (vgl. Gerke/Bank, 1998).

Betriebliche Pensionsfonds werden international in aller Regel nachgelagert besteuert. Der Aufwand zur Dotierung des Pensionsfonds ist steuerlich abzugsfähig. Die im Zeitablauf angefallenen Erträge werden steuerfrei reinvestiert. Eine Besteuerung der Erträge und der Kapitalgewinne erfolgt erst mit Auszahlung der Rente oder des Kapitals an den jeweiligen Anspruchsberechtigten (vgl. Bode/Grabner 1997).

Man unterscheidet nach den Trägern des Anlagerisikos zwischen leistungsbezogenen und beitragsbezogenen Systemen (vgl. Bodie, 1993 oder Davis, 1993). Unter einem leistungsbezogenen System (defined benefit-System) versteht man die Vereinbarung einer festen Leistungszusage für den Versorgungsfall durch den Arbeitgeber. Der Arbeitgeber bemisst seine laufenden Einzahlungen in Abhängigkeit von der Wertentwicklung des Pensionsfondsvermögens so, dass er den zukünftigen Pensionsverpflichtungen auf Basis versicherungsmathematischer Kalkulationen nachkommen kann. Eine überdurchschnittliche → Performance senkt die notwendigen laufenden Einzahlungen, eine unterdurchschnittliche Performance erhöht sie. Somit sind grundsätzlich die laufenden Einzahlungen variabel und die Auszahlungen im Versorgungsfall fest. Das Leistungsrisiko der Abweichung der tatsächlichen Auszahlung von der erwarteten Auszahlung trägt der Arbeitgeber. Ein Pensionsfonds nimmt immer eine Mindeststreuung des Risikos (→ Diversifikation) vor, die entweder explizit durch gesetzliche Vorschriften bzw. durch Vereinbarung zwischen Arbeitgeber und Arbeitnehmer oder implizit aufgrund von „Best-Practice"-Überlegungen beruht. Eine Anlage der angesammelten Mittel im Unternehmen des Sponsors ist regelmäßig ausgeschlossen bzw. nur bis zu einer vordefinierten Obergrenze (bspw. < 5% der verfügbaren Mittel oder < 1% des Eigenkapitals) möglich (vgl. Bodie, 1993).

Ein beitragsbezogenes System (defined contribution-System) stellt im Gegensatz dazu eine Vereinbarung über laufende Einzahlungen in fester Höhe durch den Arbeitgeber/Sponsor dar. Hier ist die Auszahlungshöhe im Versorgungsfall variabel und wird hauptsächlich durch die Wertentwicklung des Pensionsfondsvermögens, abzüglich – soweit im Pensionsplan vorgesehen - der Aufwendungen für die Abdeckung biometrischer Risiken wie Berufsunfähigkeit, determiniert. Das Risiko der Abweichung der tatsächlichen Auszahlung von der erwarteten Auszahlung trägt bei defined contribution-Systemen der Pensionsberechtigte. Somit schlägt sich hier die Performance des Pensionsfonds unmittelbar auf die Höhe der Auszahlungsansprüche der Versorgungsberechtigten nieder. Ein Leistungsrisiko für den Arbeitgeber/Sponsor existiert nicht, solange die versprochenen Beiträge in voller Höhe und fristgerecht gezahlt werden (vgl. Bodie, 1993).

Pensionsfonds, betriebliche

Betriebliche Pensionsfonds arbeiten grundsätzlich nach dem Kapitaldeckungsverfahren. Beim Kapitaldeckungsverfahren werden im Zeitablauf für die pensionsberechtigten Arbeitnehmer Mittel angesammelt (vgl. Rürup, 1998). Pensionsfonds weisen aufgrund der laufenden Einzahlungen durch den Arbeitgeber einen relativ stabilen → Cash Flow auf. Dem im Zeitablauf angesammelten Vermögen stehen Verpflichtungen gegenüber, die erst nach einer relativ langen Zeitdauer (bis zu 40 Jahre) fällig werden. Betrachtet man den typischen Lebenszyklus eines betrieblichen Pensionsfonds, dann fallen bei Neugründung nur Einzahlungen an. Die Anspruchsberechtigten werden im Zeitablauf älter und damit die Fristigkeit der Verbindlichkeiten kürzer. Schließlich werden die verfügbaren Mittel sukzessive ausgezahlt. Da Pensionsfonds aber in der Regel junge Arbeitnehmer revolvierend aufnehmen, findet ein Ausgleich zwischen Ein- und Auszahlungen statt. Im Normalfall erfolgt die Auszahlung von Ansprüchen als regelmäßige lebenslange Rente, die das Langlebigkeitsrisiko abdeckt. Im Fall eines beitragsbezogenen Systems kann das angesammelte Kapital nach versicherungsmathematischen Prinzipien verrentet werden.

3. Betriebliche Pensionsfonds als Kapitalmarktteilnehmer

Betriebliche Pensionsfonds gehören zu der Gruppe institutioneller Investoren, die die internationalen Kapitalmärkte in zunehmendem Maße dominieren. Aufgrund stark angestiegener Kursniveaus an den Aktienbörsen und der stetig wachsenden Mittelzuflüsse verfügen einzelne Pensionsfonds (allerdings aus dem öffentlichen Sektor) über Milliardenvermögen, die sie zu extrem einflussreichen Marktteilnehmern machen. Die zunehmende Dominanz institutioneller Investoren wird dabei unter dem Begriff Institutionalisierung diskutiert (vgl. Gerke/Bank/Steiger, 1999).

Betriebliche Pensionsfonds agieren an den Kapitalmärkten auf der Basis von Investmentstrategien. Im Gegensatz zu anderen institutionellen Investoren, insbesondere Versicherungen und → offene Investmentfonds, haben betriebliche Pensionsfonds eine geringere Notwendigkeit zur Vorhaltung von → Liquidität für ungeplante Mittelabflüsse. Aufgrund der Langfristigkeit des Investmenthorizontes und der Planbarkeit der Cash Flows, kann ein relativ großer Teil des Portfoliovermögens in relativ illiquide Assets wie bspw. Aktien kleiner und mittlerer Unternehmen (Nebenwerte) investiert werden. Ziel ist es, durch das Eingehen eines höheren Risikos auch einen höheren Ertrag zu erzielen (vgl. Stehle, 1998).

Betriebliche Pensionsfonds können das → Asset Management selbst ausführen oder aber ganz bzw. teilweise an professionelle Investoren (bspw. über → Spezialfonds) delegieren (vgl. Gerke/Bank, 2000). Die → Asset Allokation erfolgt regelmäßig nach den Prinzipien der modernen Portfoliotheorie (vgl. Markowitz, 1952). Neben der erwarteten Rendite und dem Risiko einer Einzelanlage spielt hier die → Korrelation der Renditen der Einzelanlagen untereinander eine entscheidende Rolle. Das Ziel besteht darin, eine vorgegebene Zielrendite bei einem das verwaltete Portfolio mit dem niedrigsten Portfoliorisiko, gemessen über die Standardabweichung der zufälligen Portfoliorenditen, zu erreichen. Im Prozess der Asset Allokation wird über die Ausnutzung des Diversifikationseffektes das sogenannte → unsystematische Risiko fast vollständig vernichtet. Bereits eine Aufteilung des Gesamtvermögens auf mehr als zehn unterschiedliche Vermögenstitel senkt das unsystematische Risiko signifikant ab (vgl. Elton/Gruber, 1995 oder Gerke/Bank, 1998).

Das Management kann auf aktiver oder passiver Basis erfolgen. Über aktives Management wird insbesondere durch Selektion und Timing versucht, unterbewertete Assets ins Portfolio aufzunehmen und überbewertete zu verkaufen. Ziel ist es, die in der Regel vorgegebene Benchmark-Rendite (bspw. die Rendite eines breiten Börsenindex) zu übertreffen. Der Erfolg dieser Strategie hängt allerdings vom Grad der → Informationseffizienz des Kapitalmarktes sowie den Selektions- und Timingfähigkeiten der Portfoliomanager ab (vgl. Elton/Gruber, 1995).

Pensionsfonds, betriebliche

Aktives Management kann sich aber auch über den direkten Einfluss des Pensionsfonds auf die von ihm finanzierten Unternehmen, bspw. über die Ausübung von Stimmrechten oder persönlichen Gesprächen mit dem Topmanagement, vollziehen (vgl. Steiger, 2000).

Umgekehrt werden beim passiven Management nach einem vorab festgelegten Plan Liquiditätsungleichgewichte, die sich aus asynchron verlaufenden Ein- und Auszahlungen ergeben, durch Kauf oder Verkauf bestimmter Assets ausgeglichen. Oftmals wird als externer Maßstab ein Börsenindex (bspw. der EuroStoxx 50, der S&P 500 oder der MSCI-World) nachgebildet, wodurch zugleich ein Höchstmaß an Transparenz erreicht wird (vgl. Elton/Gruber, 1995).

Empirische Studien haben gezeigt, dass die Performance aktiv gemanagter Vermögen in der Regel schlechter ausfällt, als die vergleichbarer marktbreiter Indices (vgl. Jensen, 1969 und Gruber, 1996).

4. Betriebliche Pensionsfonds im Kontext der „Riester-Rente"

Im Zuge der Reform der Altersvorsorge („Riester-Rente") ist das neue Altersvermögensgesetz (AVmG) vom 26.06.2001 in Kraft getreten. Ziel dieses Gesetzes ist es, verbesserte gesetzliche Rahmenbedingungen für den Aufbau einer kapitalgedeckten privaten oder betrieblichen Altersversorgung als Ergänzung zur umlagefinanzierten gesetzlichen Rentenversicherung zu schaffen. Pflichtversicherten der gesetzlichen Rentenversicherung soll die Möglichkeit eröffnet werden, auf freiwilliger Basis eine staatlich geförderte, private oder betriebliche Eigenvorsorge zu treffen. Anreize werden hierfür in Form von Steuervergünstigungen und staatlichen Zulagen gegeben, sofern bestimmte Förderkriterien erfüllt werden.

In diesem Zusammenhang sind auch Modifikationen am Gesetz zur Verbesserung der betrieblichen Altersversorgung (BetrAVG) vorgenommen worden. Neben den traditionellen Durchführungswegen der betrieblichen Altersvorsorge wird nun zusätzlich die Möglichkeit zur Errichtung betrieblicher Pensionsfonds eingeräumt.

Betriebliche Pensionsfonds sind im Versicherungsaufsichtsgesetz (VAG) rechtlich verankert. In § 112 Abs. 1 VAG findet sich die Definition. Hiernach handelt es sich bei betrieblichen Pensionsfonds um rechtsfähige Versorgungseinrichtungen in der Rechtsform einer Aktiengesellschaft oder eines Versicherungsvereins auf Gegenseitigkeit, die für einen oder mehrere Arbeitgeber zugunsten von Arbeitnehmern im Wege des Kapitaldeckungsverfahrens entweder beitragsbezogen mit der Zusage einer Mindestleistung oder leistungsbezogen ausschließlich Altersversorgungsleistungen erbringen. Die konkrete Form der Leistungserbringung richtet sich nach der Art der Ausgestaltung der zugrundeliegenden Pensionspläne. Die Höhe der Altersversorgungsleistungen oder die Höhe der für diese Leistungen künftig zu entrichtenden Beiträge werden nicht für alle im Pensionsplan vorgesehenen Leistungsfälle zugesagt. Den Arbeitnehmern muss ferner ein eigener Anspruch auf Leistung gegenüber dem Pensionsfonds eingeräumt werden. Überdies sind Pensionsfonds verpflichtet, die Altersversorgungsleistung generell in Form einer lebenslangen Leibrente zu erbringen.

Pensionspläne regeln die konkrete planmäßige Leistungserbringung im Versorgungsfall. Nach dem VAG können sie wiederum entweder leistungs- oder beitragsbezogen sein. Sie sind leistungsbezogen im Sinne des Gesetzes, wenn im Versorgungsfall dem Arbeitnehmer die ihm vom Arbeitgeber zugesagte Leistung zur Verfügung steht. Pensionspläne sind beitragsbezogen, wenn dem Arbeitnehmer im Versorgungsfall mindestens die Summe der von ihm eingezahlten Beiträge abzüglich dessen, was zur Absicherung biometrischer Risiken verwendet wurde, zur Verfügung gestellt wird. Hinzuweisen ist in diesem Zusammenhang insbesondere auf die sogenannte Nominalwerterhaltungsgarantie, die dem Versorgungsempfänger im Versorgungsfall sowohl bei Beitrag- wie auch Leistungszusagen mindestens die geleisteten Beiträge bzw. die umgewandelten Entgeltbestandteile garantiert. Unabhängig von diesen grundlegenden Aus-

Pensionsfonds, betriebliche

stattungsvarianten können betriebliche Pensionsfonds optional eine Invaliditäts- oder Hinterbliebenenversorgung beinhalten.

In Bezug auf die Übertragbarkeit von Anwartschaften eines Arbeitnehmers ist der Arbeitgeber bei Beendigung des Arbeitsverhältnisses verpflichtet, auf Verlangen des Arbeitnehmers den → Barwert der unverfallbaren Anwartschaft auf den neuen Arbeitgeber des ausgeschiedenen Arbeitnehmers oder einen Versorgungsträger des neuen Arbeitgebers zu übertragen. Gesetzlich ist somit der Wechsel des Pensionsfonds nur im Zusammenhang mit einem Wechsel des Arbeitsplatzes vorgesehen.

Hinsichtlich der Anlagepolitik besteht für betriebliche Pensionsfonds die gesetzliche Auflage, das gebundene Vermögen so anzulegen, dass möglichst große Sicherheit und Rentabilität bei ausreichender Liquidität des Pensionsfonds und unter Wahrung einer angemessenen Mischung und Streuung erreicht wird. Spezifische Vorgaben der Kapitalanlage macht die sogenannte Pensionsfondskapitalanlageverordnung. Die vorgesehenen Beschränkungen sind im Vergleich zu den anderen Durchführungswegen (bspw. Pensionskasse: Aktienanteil < 35%) jedoch als weit weniger bindend einzuschätzen, so dass die Regelungen weitestgehend mit der angelsächsischen „Prudent Man Rule" vergleichbar sind. Allerdings müssen Pensionsfonds ein qualifiziertes Risikomanagement-System etablieren.

Aufsichtsrechtlich werden betriebliche Pensionsfonds mit geringen Einschränkungen wie Lebensversicherungsunternehmen behandelt und unterliegen zur Zeit der Aufsicht des Bundesaufsichtsamts für das Versicherungswesen. Mit Umsetzung der geplanten zentralen Finanzmarktaufsichtsbehörde wird die Aufsicht auf diese übergehen.

Informationspflichten bestehen sowohl gegenüber der Aufsichtsbehörde als auch gegenüber den Versorgungsberechtigten. Pensionsfonds sind insbesondere verpflichtet, der Aufsichtbehörde jährlich ihre Anlagepolitik sowie wesentliche Änderungen mitzuteilen. Inhaltlich müssen diese Mitteilungen Angaben zur Anlagestrategie, zum Verfahren der Risikobewertung und zum → Risikomanagement enthalten. Darüber hinaus sind die Versorgungsberechtigten über die Verwendung ihrer Beiträge im Hinblick auf soziale, ethische und ökologische Belange zu informieren.

Steuerlich wird mit Beiträgen zu betrieblichen Pensionsfonds so verfahren, dass eine Besteuerung erst bei Auszahlung im Versorgungsfall anfällt (nachgelagerte Besteuerung).

Zusammenfassend lässt sich feststellen, dass bis auf die verpflichtende Zusage einer Mindestleistung bei beitragsbezogenen Pensionsfonds die neuen deutschen Pensionsfonds weitgehend internationalen Standards entsprechen.

5. Fazit

Betriebliche Pensionsfonds stellen generell eine attraktive Alternative zur Abwicklung der betrieblichen Altersversorgung dar. Ihre Einführung in Deutschland flexibilisiert das bestehende System und erhöht so die Bereitschaft zur Nutzung der betrieblichen Altersversorgung durch die Arbeitgeber, insbesondere auch zum Vorteil der Arbeitnehmer. Sind betriebliche Pensionsfonds als defined contribution-Systeme ausgelegt, können Arbeitnehmer stärker an den Renditechancen der Aktien- oder Immobilienmärkte partizipieren. Das damit verbundene erhöhte Risiko ist aufgrund der Langfristigkeit der Mittelanlage begrenzt. Die Einbindung betrieblicher Pensionsfonds in das Gesetz zur Verbesserung der betrieblichen Altersversorgung (BetrAVG) und das Versicherungsaufsichtsgesetz (VAG) schafft dabei einen verlässlichen Rahmen. Obwohl sich der Gesetzgeber nicht zur Zulassung von wirklich „echten" Pensionsfonds angelsächsischen Typs im Bereich beitragsbezogener Pensionsfonds hat durchringen können, könnte die jetzige Ausgestaltung der betrieblichen Altersversorgung einen Schub verleihen und zudem helfen, die Probleme bei der gesetzlichen Rentenversicherung zu mildern.

Pensionsgeschäfte

Literatur

ABA (Arbeitsgemeinschaft für betriebliche Altersversorgung e.V.) (1998), Modell „Zweite Säule" Vorschläge der aba zur Einführung international wettbewerbsfähiger Finanzierungsformen der betrieblichen Altersversorgung, Heidelberg.

BANK, M. (1999), Betriebliche Pensionsfonds, in: Wirtschaftswissenschaftliches Studium (WiSt), 28 Jg. Heft 7, S. 367-369.

BMF (Bundesministerium der Finanzen) (Hrsg.) (1998), Bericht des Arbeitskreises "Betriebliche Pensionsfonds" im Auftrag des "Forums Finanzplatz beim Bundesministerium der Finanzen", Schriftenreihe Heft 64, Bonn.

BODE, J./GRABNER, E.R. (1997), Pensionsfonds für Deutschland?, in: Der Betrieb, Heft 18, S. 928-935.

BODIE, Z. (1993), Pensions, in: P. Newman, M. Milgate und J. Eatwell (Hrsg.), The New Palgrave Dictionary of Money & Finance, Bd. 3, London - New York 1993, S. 130-133.

DAVIS, E.P. (1993), Pension Funds, in: P. Newman, M. Milgate und J. Eatwell (Hrsg.), The New Palgrave Dictionary of Money & Finance, Bd. 3, London - New York 1993, S. 127-130.

DEUTSCHE BANK RESEARCH (1995), Von der Pensionsrückstellung zum Pensionsfonds; Eine Chance für den deutschen Finanzmarkt, Frankfurt am Main.

ELTON, E./GRUBER, M. (1995), Modern Portfolio Theory and Investment Analysis, 5.Aufl., New York et al.

GDV (Gesamtverband der Deutschen Versicherungswirtschaft e.V.) (1998), Zukunftsmodell Pensionskasse, Berlin.

GERKE, W./BANK, M. (1998), Finanzierung, Stuttgart 1998.

GERKE, W./BANK, M. (2000), Spezialfonds als Instrument im Rahmen der betrieblichen Altersversorgung, in: Handbuch Spezialfonds, hrsg. v. J.M. Kleeberg und C. Schlenger, Bad Soden, S. 213-230.

GERKE, W./BANK, M./STEIGER, M. (1999), The Changing Role of Institutional Investors – a German Perspective, Working Paper (im Erscheinen).

GRUBER, M.(1996), Another puzzle: The growth in actively managed mutual funds, in: Journal of Finance, Vol. 51, S. 783-810.

JENSEN, M.C. (1968),The Performance of Mutual Funds in the Period 1945-1964, in: Journal of Finance, Vol. 23, S. 389-416.

MARKOWITZ, H. (1952), Portfolio Selection, in: Journal of Finance, Vol. 7, S. 77-91.

PASSOW, R. (1998), Altersvorsorge-Sondervermögen, in: Handbuch zur Altersversorgung, Gesetzliche, betriebliche und private Vorsorge in Deutschland, hrsg. v. J.-E. Cramer, W. Förster und F. Ruland, Frankfurt am Main, S. 261-272.

RÜRUP, B. (1998), Umlageverfahren versus Kapitaldeckung, unter Mitarbeit von P.M. Liedtke, in: Handbuch zur Altersversorgung, Gesetzliche, betriebliche und private Vorsorge in Deutschland, hrsg. v. J.-E. Cramer, W. Förster und F. Ruland, Frankfurt am Main, S. 779-798.

SPENGEL, C./SCHMIDT, F. (1997), Betriebliche Altersversorgung, Besteuerung und Kapitalmarkt, Baden-Baden.

STEHLE, R. (1998), Aktien versus Renten, in: Handbuch zur Altersversorgung, Gesetzliche, betriebliche und private Vorsorge in Deutschland, hrsg. v. J.-E. Cramer, W. Förster und F. Ruland, Frankfurt am Main, S. 815- 831.

STEIGER, M. (2000), Institutionelle Investoren im Spannungsfeld zwischen Aktienmarktliquidität und Corporate Governance, Baden-Baden.

WEBER, M. (1998), Betriebs-Pensions-Fonds - eine attraktive Alternative, in: Die Bank, Heft 6, 1998, S. 339-343.

Pensionsgeschäfte, *sell-and-buy-back Geschäfte, security pension transactions, sale and repurchase agreement.* Verträge, durch die ein Kreditinstitut oder der Kunde eines Kreditinstitutes (Pensionsgeber) ihm gehörende Vermögensgegenstände (Wertpapiere, Wechsel, Forderungen) einem anderen Kreditinstitut oder Kunden (Pensionsnehmer) gegen Zahlung eines Betrages überträgt, um kurzfristig liquide Mittel zu erhalten. Im Vertrag wird gleichzeitig vereinbart, dass die Vermögensgegenstände zu einem bestimmten späteren Zeitpunkt gegen Entrichtung des empfangenen oder eines anderen vereinbarten Betrages zurückübertragen werden müsen

Pensionsgeschäfte der Deutschen Bundesbank

(→ Pensionsgeschäft, echtes) oder können (→ Pensionsgeschäft, unechtes).

Pensionsgeschäfte der Deutschen Bundesbank, *security pension transactions of the German Central Bank.* Bis zum Inkrafttreten der dritten Stufe der → EWWU am 1.1.1999 waren die P.d.D.B. die wichtigste Refinanzierungsmöglichkeit der Kreditinstitute. Der Zinssatz für die → Wertpapierpensionsgeschäfte stellte das Hauptsteuerungsinstrument im Rahmen der Geldpolitik der Deutschen Bundesbank dar. Die Kreditinstitute als Pensionsgeber konnten wöchentlich im → Tenderverfahren Gelder mit vierzehntägiger Laufzeit aufnehmen. Als → Offenmarktgeschäfte mit Rückkaufvereinbarung waren die Geschäfte immer echte Pensionsgeschäfte. – Die EZB benutzt zur Erfüllung ihrer geldpolitischen Ziele die Hauptrefinanzierungsoperationen, die in ihrer Ausgestaltung den Wertpapierpensionsgeschäften sehr ähnlich sind. Allerdings werden die Wertpapiere nicht in Pension gegeben, sondern als Pfand behandelt.

Pensionsgeschäfte, echte, *(genuine) security pension transactions.* Bei diesem → Pensionsgeschäft steht von vornherein fest, dass es zu einem bestimmten oder vom Pensionsgeber zu bestimmenden Zeitpunkt, eine Rückgabe des in Pension gegebenen Vermögensgegenstandes gegen Rückzahlung des überlassenen Betrages geben wird. Ein echtes Pensionsgeschäft ist ein Kauf mit Rückkaufvereinbarung.

Pensionsgeschäfte in Devisen der Deutschen Bundesbank, *Devisenpensionsgeschäfte der Deutschen Bundesbank, currency repurchase agreements of the German Central Bank.* Zur Absorbierung von → Liquidität hat die Deutsche Bundesbank von 1979 bis 1998 → Devisenpensionsgeschäfte mit Kreditinstituten abgeschlossen. Dabei wurde den Banken für befristete Zeit der Herausgabeanspruch auf Auslandsaktiva der Bundesbank übertragen, wobei diese selbst im Eigentum der Bundesbank verbleiben. Folglich verringerten sich für diesen Zeitraum die Zentralbankguthaben der Banken bei der Bundesbank und somit auch die Liquidität der Banken.

Pensionsgeschäfte in Effekten, *security repos.* Als P.i.E. bezeichnet man Vereinbarungen, bei denen vom Pensionsgeber → Effekten gegen eine Geldzahlung an einen Pensionsnehmer verkauft werden, wobei schon bei Vertragsabschluss eine Vereinbarung getroffen wird, dass die Effekten zu einem festen Datum gegen Entrichtung eines im voraus vereinbarten Betrages vom Pensionsnehmer zurückübertragen werden (→ Pensionsgeschäfte, echte) bzw. zurückübertragen werden können (→ Pensionsgeschäfte, unechte). Die Vereinbarung ist ökonomisch betrachtet ein mit Effekten besicherter Kredit, rechtlich handelt es sich um einen Verkauf mit Rücknahmeverpflichtung zu einem im voraus bestimmten Termin. Bis zur Rückübertragung stehen dem Käufer die zwischenzeitlich angefallenen Erträgnisse der Effekten, also z.B. Zinsen oder Dividenden zu, wobei er diese dann entweder an den Pensionsgeber weiterleitet oder mit dem Rückkaufbetrag kompensiert. Außerdem wird der Pensionsnehmer für die Dauer des P.i.E. mit einer vorab ausgehandelten Verzinsung für seine Kreditvergabe entlohnt.

Pensionsgeschäfte, unechte, *(not genuine) security pension transactions.* Diese → Pensionsgeschäfte beinhalten die Option für den Pensionsnehmer zum Ablauf der vereinbarten Laufzeit zu entscheiden, ob er den Vermögensgegenstand endgültig kaufen will, und diesen, gegen Verbleib des Geldbetrages beim Pensionsgeber, behält.

Pensionskasse, bezeichnet die bedeutendste Form der → betrieblichen Altersvorsorge in outgesourcter Form. Die Verwaltung der vom Unternehmen für seine Arbeitnehmer eingezahlten Beträge wird vom Kapital des Arbeitgebers getrennt. Darin unterscheiden sich die P. von der traditionellen Praxis in Deutschland, in der die betriebliche Altersvorsorge über die bilanzielle Bildung von Pensionsrückstellungen im Unternehmen erfolgte. P. sind rechtlich selbständige Versorgungseinrichtungen, zumeist in der Rechtsform des → Versicherungsvereins auf Gegenseitigkeit (VVaG), und ähneln den im Ausland dominierenden → Pensionsfonds.

Pensionsplan, *Pension Plan, Retirement Plan*; bezeichnet eine Form der Altersvorsorge bei der ein Arbeitnehmer auf einen bestimmten Anteil seines Bruttogehalts heute verzichtet, dafür eine wertgleiche Pensionszusage des Arbeitgebers erhält. Der Pensionsplan kann flexibel gestaltet sein, so dass zwischen einer einmaligen, einer befristeten oder einer fortlaufenden Auszahlung gewählt werden kann. Der vereinbarte Bruttogehaltsanteil fließt als Prämie in eine → Rückdeckungsversicherung. Zu seiner Sicherheit erhält der Pensionsnehmer ein Pfandrecht an der Rückdeckungsversicherung.

Pensionsrückstellungen, *pension accruals, company pension reserves*. Bezeichnung für die von einem Unternehmen für die individuellen betrieblichen Altersvorsorgeansprüche der einzelnen Arbeitnehmer angesparten Kapitalbeträge, die während der Dauer des Beschäftigungsverhältnisses kontinuierlich angesammelt werden. Durch diese Kontinuität bei der Zuführung zu den P. ist für das gewährende Unternehmen bilanztechnisch eine periodengerechte Abgrenzung der geleisteten Aufwendungen möglich. – Vgl. auch → Rückstellungen.

Pensionsrückstellungen, steuerlich, *company pension reserves, taxation*. Grundsätzlich besteht für unmittelbare Pensionszusagen handelsbilanzielle Passivierungspflicht als Rückstellung für ungewisse Verbindlichkeiten. Steuerrechtlich werden → Pensionsrückstellungen dem Grunde und der Höhe nach nur nach den Vorschriften des § 6a EStG anerkannt. Steuerlich besteht zwar ein ausdrückliches Passivierungswahlrecht für unmittelbare Pensionszusagen, seine Ausübung ist jedoch nach dem Prinzip umgekehrter Maßgeblichkeit an die handelsbilanzielle Behandlung geknüpft. Damit besteht für Neuzusagen (nach dem 31.12.1986) ebenfalls Passivierungspflicht, bei Verpflichtungen aus Altzusagen (vor dem 31.12.1986) bestimmen hingegen die handelsbilanzielle Wahlrechtsausübung den steuerbilanziellen Ansatz. In beiden Fällen gehört nach § 6a EStG jedoch zu den besonderen steuerlichen Passivierungsvoraussetzungen, dass im Rahmen eines Dienstverhältnisses ein Rechtsanspruch auf Pensionsleistungen ohne schädlichen Widerrufsvorbehalt schriftlich eingeräumt wird. Weitere Beschränkungen ergeben sich aus der Rechtsprechung zur steuerlichen Anerkennung von Pensionszusagen an Gesellschafter-Geschäftsführer und nahe Angehörige, insbes. Ehegatten. Für mittelbare Pensionsverpflichtungen folgt aus dem handelsrechtlichen Passivierungswahlrecht des Art. 28 EGHGB ein steuerbilanzielles Passivierungsverbot. – Steuerbilanziell darf für die Pensionsrückstellung höchstens der Teilwert angesetzt werden (§ 6a III EStG). Bei laufenden Pensionen (eine Gegenleistung ist nicht mehr zu erwarten) entspricht der Teilwert dem versicherungsmathematischen → Barwert der künftigen Versorgungsleistungen. Das ist die Summe der nach versicherungsmathematischen Grundsätzen (→ Zinseszins, Sterbenswahrscheinlichkeiten) auf den Bilanzstichtag abgezinsten künftigen Erfüllungsbeträge der Rentenverpflichtung (sog. Barwertverfahren). – Bei Pensionsanwartschaften (vor Eintritt des Versorgungsfalles) kommt ein besonderes Teilwertverfahren zur Anwendung: Als Teilwert gilt hier die Differenz zwischen dem Barwert der künftigen Pensionsleistungen am Bilanzstichtag und dem Barwert betragsmäßig gleicher Jahresbeträge auf den gleichen Stichtag. Diese Jahresbeträge sind so zu bemessen, dass ihr Barwert auf den Beginn des Geschäftsjahres des Diensteintritts gleich dem Barwert der künftigen Pensionsleistungen auf diesen Zeitpunkt ist. Dabei ist allerdings ein Diensteintritt vor dem 30. Lebensjahr rechnerisch unbeachtlich. Bei der Teilwertberechnung ist steuerrechtlich stets ein Rechnungszinsfuß von sechs Prozent zugrundezulegen. Für die Auflösung lässt die Finanzverwaltung nur die versicherungsmathematische Methode zu.

Pensionssicherungsverein, *Mutual Benefit Association for Pension Security*. Der P. gewährleistet die betriebliche Altersvorsorge, falls eines seiner Mitglieder in Insolvenz gerät. Zur Trägerschaft des P. gehören der Verband der Lebensversicherungsgesellschaften, der Bundesverband der deutschen Arbeitgeber und der Bundesverband der Deutschen Industrie.

Pensions-Sondervermögen, → Altersvorsorge-Sondervermögen.

PER, P.E.R., Abk. für price earnings ratio. – Vgl. → Kurs-Gewinn-Verhältnis (KGV).

per annum, *p.a., pro anno, per year*; v.a. beim Ausweis von Verzinsungsraten verwendeter Begriff, um die auf das Jahr gerechnete → Verzinsung anzugeben.

per Arrangement

per Arrangement. Spezialform zur Erfüllung der am Kassamarkt abgeschlossenen Geschäfte am Börsenplatz Wien. Das Arrangement wird vom Arrangementbüro der Österreichischen Kontrollbank AG, unter Aufsicht der → Wiener Börse durchgeführt.

Perfect Hedge, *perfekter Hedge.* Bezeichnung für die vollständige Absicherung (→ Hedge) eines Kursrisikos durch exakt gegenläufige → Optionen oder → Futures. Gewinne bzw. Verluste aus → offenen Positionen werden durch Verluste bzw. Gewinne der entsprechenden Gegengeschäfte vollständig ausgeglichen. Deckt das Gegengeschäft nicht vollständig die Risiken, besteht weiterhin ein → Uncovered Exposure. Der P.H. schützt nicht nur gegen alle Verlustrisiken, er verhindert auch alle potentiellen Gewinnmöglichkeiten der ursprünglich offenen Position.

perfekter Hedge, → Perfect Hedge.

Performance, *Leistung, Ergebnis, Wertentwicklung, Erfolg.* Die P. gibt die Wertveränderung eines Investments, bzw. Portefeuilles wieder. Sie zeigt den Anlageerfolg einer einzelnen Aktie, eines Fondsanteils, bzw. einer Investition auf. Zumeist wird die P. auf eine bestimmte Referenzperiode bezogen. – Anhand der P. lassen sich Rückschlüsse auf die Leistungen eines → Portfolio-Managers schließen. Zur Überprüfung der Leistungen können als Zielgrößen die maximale Gesamtrendite, eine dem → Risiko angemessene Rendite, oder die Rendite im Vergleich zu einem → Benchmark herangezogen werden. – Vgl. auch → Jensen Maß, → Sharpe Maß und → Treynor Maß.

Performance Bond, *Vertragserfüllungsgarantie*; wird von einem vertraglich zur Leistung Verpflichteten an die andere Vertragspartei gegeben, um diese gegen finanzielle Schäden zu schützen, falls der Vertrag nicht erfüllt wird. I.d.R. stellen Kreditinstitute die P.B. gegen Entgelt für ihre Kunden aus.

Performance Fee, *Leistungsprämie, erfolgsabhängige Vergütung*; Bezeichnung für die variable Fondsverwaltungsgebühr, die im Gegensatz zur fixen → Managementgebühr von der → Performance des → Investmentfonds abhängig ist, jedoch wie die fixe Verwaltungsgebühr dem → Fondsvermögen belastet wird und im veröffentlichten → Inventarwert des Investmentfonds bereits berücksichtigt ist.

Performance Fund, *auf hohe Wertzuwächse gerichteter Investmentfonds.* Bezeichnung für einen → Investmentfonds, der möglichst hohe Wertzuwächse des Vermögens anstrebt und aus diesem Grund auf hohe → Ausschüttungen aus dem → Fondsvermögen verzichtet.

Performance-Index, *total-return-index*; Maßstab für die Entwicklung von Wertpapieren. Im Gegensatz zum → Kursindex werden bei Aktien beim P. Auszahlungen, d.h. → Dividenden, Erlöse aus der Veräußerung von → Bezugsrechten und bei Rententiteln Zinszahlungen, sowie deren Wiederanlage mitberücksichtigt. – Beispiele für P. in Deutschland sind der → Deutsche Aktienindex (DAX), der → NEMAX All Share, der → REX-Performance Index (REXP), der → JEX-Performance-Index (JEXP) und → PEX-Performance-Index (PEXP). Alle genannten Indizes werden dabei aber auch als Kursindizes berechnet.

Perpetual Bonds, → ewige Anleihen.

Perpetual Floating Rate Note, *perpetual floater, ewiger Floater*; variabel verzinsliche → Anleihe (→ Floating Rate Note), deren Emissionsbedingungen keine Laufzeitbegrenzung vorsehen. Meistens wird jedoch ein Kündigungsrecht für Gläubiger und/oder Schuldner vorgesehen. Dies kann jedoch i.d.R. erst nach Ablauf einer bestimmten Frist ausgeübt werden. – Vgl. auch → ewige Anleihe.

Perpetual Floating Rate Notes Swaps. Bei diesem → Swap handelt es sich um die Vereinbarung eines Tauschs von Forderungen gegenüber hochverschuldeten Ländern gegen von Banken emittierte variabel verzinsliche Wertpapiere mit unbegrenzter Laufzeit (→ Perpetual Floating Rate Notes).

Perpetuals, → ewige Anleihen.

Perpetuity, → ewige Anleihe.

Personalcomputer-Kurs-Informations-Service-System (pcKISS), bezeichnet das elektronische Erfassungs- und Übermitt-

Pfandbriefdeckung

lungssystem für alle an der → Frankfurter Wertpapierbörse gehandelten → Aktien, → Anleihen und → Optionen. Die Übertragung der Kurse erfolgt für die angeschlossenen Banken und Makler in Echtzeit. Neben Informationen über Kursmerkmale (z.B. Ankündigungen, stärkere Kursabweichungen) liefert das P. auch den Verlauf des → DAX, Kurse der → Pariser Börse sowie Meldungen von Wirtschaftsinformationsdiensten.

Personendepot, → Depotbuch.

Personengesellschaft. P. oder (aussagekräftiger) Personalgesellschaften sind Gesellschaftsformen, nach deren gesetzlichem Leitbild personale Elemente im Vordergrund stehen. Die mitgliedschaftlichen Rechte und Pflichten richten sich nicht nach dem Ausmaß einer Kapitalbeteiligung. Jeder → Gesellschafter hat grundsätzlich eine Stimme und die gleichen Beiträge zu leisten; der Anteil am Gewinn oder Verlust ist ebenfalls gleich. Die Organfunktionen werden von den Gesellschaftern wahrgenommen. Ob eine P. rechtsfähig ist, hängt davon ab, ob sie mit der Fähigkeit ausgestattet ist, Rechte zu erwerben und Verbindlichkeiten einzugehen (§ 14 Abs. 2 BGB), was bei der Außengesellschaft regelmäßig der Fall ist. Zu den P. zählen insbesondere die → Gesellschaft bürgerlichen Rechts (GbR), die → offene Handelsgesellschaft (OHG), die → Kommanditgesellschaft (KG), die Partnerschaftsgesellschaft (PartG), die → Stille Gesellschaft.

Personenhandelsgesellschaft. Als P. bzw. als handelsrechtliche Personalgesellschaften werden die → offene Handelsgesellschaft (OHG) und die → Kommanditgesellschaft (KG) verstanden. (vgl. § 3 Abs. 1 Nr. 1 UmwG).

Persönliche Geheimzahl, → Persönliche Identifikationsnummer (PIN).

Persönliche Identifikationsnummer (PIN), *persönliche Geheimzahl, personal identification number*; Bezeichnung für die nur dem Kontoinhaber oder einem anderen Kontoberechtigten bekannte persönliche Geheimzahl für die jeweilige → eurocheque-Karte, → Kreditkarte, etc., durch die es allein diesem möglich ist, an Geldausgabeautomaten Verfügungen zu tätigen oder im Rahmen des POS-Banking über das Kontoguthaben zu verfügen. Teilweise kann die P.I. frei gewählt werden, bzw. abgeändert werden.

persönliches Depotbuch, → Depotbuch.

per ultimo, *end-of-month*. Bezeichnung für die Gültigkeitsdauer einer → Order, deren Geltungsdauer bis zum letzten → Handelstag des laufenden Monats beschränkt ist.

PEX, Abk. für → Pfandbrief-Index der → Deutschen Börse AG.

PEXP, Abk. für → Pex-Performance-Index.

PEX-Performance-Index (PEXP). → Performance-Index, der die Wertentwicklung des Pfandbriefportfolios des → PEX unter Einbeziehung der Zinszahlungen und deren Wiederanlage misst. Der PEXP wird einmal täglich ermittelt. Basis ist ein Indexstand von 100 zum 30.12.1987.

Pfand, *collateral, pledge*. Unter P. versteht man den zur Sicherung eines → Pfandrechts bestellten Gegenstand, aus dessen Verwertung sich der Pfandgläubiger bei Vorliegen der gesetzlichen Voraussetzungen befriedigen darf. – Vgl. auch → Pfandverwertung.

Pfandbriefanstalten, *special mortgage banks*. Bezeichnung für → Kreditinstitute, die das Hypothekar- und Kommunalkreditgeschäft betreiben und sich dafür durch die Ausgabe von → Pfandbriefen und → Kommunalschuldverschreibungen refinanzieren.

Pfandbriefausgabe, → Pfandbriefemission.

Pfandbriefbanken, *Pfandbriefinstitute, mortgage banks*; übergreifende Bezeichnung für verschiedene Arten von → Hypothekenbanken, die neben den → Pfandbriefanstalten auch die → Schiffspfandbriefbanken, die → öffentlich-rechtlichen Grundkreditanstalten und die privaten Hypothekenbanken umfasst.

Pfandbriefdeckung, *mortgage bonds coverage*. Bezeichnung für die gesetzlich geforderte Mindeststellung von Sicherheiten für im Umlauf befindliche → Pfandbriefe. Zu differenzieren ist zwischen ordentlicher Deckung und Ersatzdeckung. – 1. Ordentliche Deckung: Gemäß § 6 I HypBankG bzw. § 2 I Pfandbriefgesetz muss

619

Pfandbriefe

der Gesamtbetrag der im Umlauf befindlichen Pfandbriefe in Höhe des Nennwertes jederzeit durch Hypotheken oder Grundschulden von mindestens gleicher Höhe und gleichem Zinsertrag gedeckt sein. Analoges gilt für Kommunalobligationen durch Kommunaldarlehen und für Schiffspfandbriefe durch Schiffshypotheken. – 2. Ersatzdeckung: Gemäß § 6 IV HypBankG bzw. § 2 III Pfandbriefgesetz kann die ordentliche Deckung durch z.B. Schuldverschreibungen, Schatzwechsel und Schatzanweisungen des Bundes oder durch Guthaben bei der Deutschen Bundesbank ersetzt werden, jedoch nur bis 10 % des Pfandbriefumlaufs bzw. bei öffentlich-rechtlichen Kreditanstalten bis 20 %.

Pfandbriefe, *mortgage bonds*. Schuldverschreibungen, die vor allem der Refinanzierung von grundpfandrechtlich gesicherten Darlehen und Staatskrediten dienen. Dabei unterscheidet man zwischen → Hypothekenpfandbriefen, → öffentlichen Pfandbriefen und → Schiffspfandbriefen. P. dürfen nur von privaten → Hypothekenbanken, → öffentlich-rechtlichen Grundkreditanstalten, → Landesbanken, → Girozentralen und → Schiffspfandbriefbanken emittiert werden. P. werden in einzelnen Serien durch → freihändigen Verkauf platziert. Die Mehrheit der im Umlauf befindlichen P. ist mit einem festen → Kupon ausgestattet. Die Laufzeit bewegt sich zwischen einem und zehn Jahren, früher waren Laufzeiten von mehr als 15 Jahren üblich. Ein Kündigungsrecht durch den Gläubiger ist grundsätzlich unzulässig. P. werden i.d.R. an inländischen Börsen notiert, der → außerbörsliche Wertpapierhandel ist jedoch mit ca. 90 % des Umsatzes deutlich liquider. P. werden in Volumen ab fünf Mio Euro und mit Stückelungen von 1.000, 5.000 oder 10.000 Euro ausgegeben. Sie unterliegen strengen gesetzlichen Sicherheitsstandards. So müssen die im Umlauf befindlichen Papiere jederzeit durch → Hypotheken und → Grundschulden mit mindestens gleichem Zinsertrag bzw. bei öffentlichen P. durch Darlehen an die öffentliche Hand gedeckt sein. Eine Ersatzdeckung von bis zu 10 % des Pfandbriefumlaufs durch gesetzlich fixierte Papiere ist möglich. Die entsprechenden Sicherheiten müssen in das → Deckungsregister eingetragen werden. Das → Bundesaufsichtsamt für das Kreditwesen (BAKred) bestellt einen Treuhänder, der die Ordnungsmäßigkeit der Eintragungen überprüft. – Das Pfandbriefvolumen wird bei privaten Hypothekenbanken auf das 60-fache des → haftenden Eigenkapitals begrenzt. Die Grundpfandrechte dürfen mit höchstens 60 % des → Beleihungswertes angesetzt werden. – Als Investoren in P. kommen vor allem → institutionelle Anleger wie Versicherungen, Banken und Investmentfonds in Frage. – Grundsätzlich dürfen privatrechtliche Kreditinstitute, die keine Hypothekenbanken sind, weder → Schuldverschreibungen unter dem Namen P., noch andere dieses Wort beinhaltenden Bezeichnungen emittieren (§ 5a HypBankG). – Vgl. auch → Jumbo-Pfandbrief.

Pfandbriefemission, *Pfandbriefausgabe, mortgage bond issue*. Die → Emission von → Pfandbriefen, → Kommunalobligationen und → Schiffspfandbriefen ist nur → Kreditinstituten mit → Pfandbriefprivileg gestattet. Hierzu zählen private → Hypothekenbanken, → öffentlich-rechtliche Grundkreditanstalten, → Landesbanken, → Girozentralen und → Schiffspfandbriefbanken. – Gemäß § 7 HypBankG darf der Gesamtbetrag der im Umlauf befindlichen Hypothekenpfandbriefe und Kommunalobligationen einer Hypothekenbank den 60fachen Betrag des haftenden Eigenkapitals nicht übersteigen; bei gemischten Hypothekenbanken gemäß § 46 II HypBankG das 48fache. – Die P. unterliegt dem Wertpapier-Verkaufsprospektgesetz, demnach hat das emittierende Institut ein → Verkaufsprospekt herauszugeben.

Pfandbriefgesetz (PfG, PfGes), *bonds act*, i.d.F. vom 09.09.1998. Das PfG enthält Regelungen über → Schuldverschreibungen, die von einer öffentlich-rechtlichen Kreditanstalt unter der Bezeichnung → Pfandbrief ausgegeben werden. Der Gesamtbetrag dieser Pfandbriefe muss, soweit sie sich im Umlauf befinden, in Höhe des Nennwertes jederzeit durch → Hypotheken von mindestens gleicher Höhe und mindestens gleichem Zinsertrag gedeckt sein.

Pfandbriefhandel, *trading in mortgage bonds*; Bestandteil des → Rentenhandels. Der P. findet zumeist außerbörslich statt. – Vgl. auch → Pfandbrief.

Pfandrechte an beweglichen Sachen oder Rechten

Pfandbrief-Index (PEX). Bei dem PEX handelt es sich um einen synthetischen Index, der die Kursentwicklung eines Pfandbriefportfolios, bestehend aus 30 → Pfandbriefen mit ganzzahligen Laufzeiten von einem bis zu zehn Jahren und Coupons von 6%, 7,5% und 9%, rückwirkend bis zum 30.12.1987 beschreibt. Die Berechnung des PEX ist dabei sehr eng an die des → Deutschen Rentenindex geknüpft. – Vgl. auch → Pex-Performance-Index, → Jumbo-Pfandbrief-Index und → Kursindex.

Pfandbrief-Indizes, zu den bekanntesten Rentenmarkt-Indikatoren in Deutschland zählen u.a. der → Pfandbrief-Index der Deutschen Börse AG, der → PEX-Performance-Index, der → Jumbo-Pfandbrief-Index (JEX) und der → JEX-Performance-Index.

Pfandbriefinstitute, → Pfandbriefbanken.

Pfandbriefmarkt, *mortgage bond market*; Teilsegment der → Wertpapierbörse für den Handel mit → Pfandbriefen.

Pfandbriefprivileg, *mortgage bond privilege*; Recht zur Herausgabe von → Pfandbriefen. Dieses gesetzlich festgeschriebene Recht steht nur bestimmten Kreditinstituten zu. Dazu gehören vor allem die → öffentlich-rechtlichen Grundkreditanstalten sowie die → Landesbanken und → Girozentralen (gemäß Pfandbriefgesetz), die privaten → Hypothekenbanken (gemäß Hypothekenbankgesetz) und die → Schiffspfandbriefbanken (gemäß Schiffsbankgesetz).

Pfandbriefumlauf, *mortgage bonds outstanding*. Bezeichnung für das Gesamtvolumen der im Umlauf befindlichen → Pfandbriefe einer privaten Hypothekenbank, einer Schiffspfandbriefbank, einer öffentlich-rechtlichen Grundkreditanstalt oder einer Landesbank bzw. Girozentrale. – Vgl. auch → Umlaufgrenze.

Pfanddepot, → Depot.

Pfandeffekten, *Lombardeffekten, pledged securities*; bezeichnet → Wertpapiere, die der Eigentümer zur Sicherheit für einen Kredit verpfändet.

Pfandrecht, *right of lien*. Das P. ist ein zur Sicherung einer Forderung bestelltes dingliches Recht, welches dem Pfandgläubiger die Befugnis einräumt, unter bestimmten Voraussetzungen Befriedigung aus dem verpfändeten Gegenstand zu suchen. Das P. ist akzessorisch, d.h. seine Entstehung und sein Bestand sind von dem Vorhandensein der gesicherten Forderung abhängig. – Das Gesetz unterscheidet → Grundpfandrechte (→ Hypothek und → Grundschuld, §§ 1113 ff. BGB) und → P. an beweglichen Sachen (→ Fahrnispfand, §§ 1204 ff. BGB) oder Rechten (§§ 1273 ff. BGB), begründet entweder durch Vertrag (sog. Faustpfandrecht) oder durch Gesetz, etwa beim Werkvertrag (§ 647 BGB), beim Mietvertrag (§ 559 BGB) oder beim Pachtvertrag (§ 585 BGB). Bei einer → Zwangsvollstreckung entsteht ein sog. Pfändungspfandrecht (§ 804 ZPO). – Vgl. auch → Pfandverwertung.

Pfandrechte an beweglichen Sachen oder Rechten. → Pfandrechte sind dingliche Verwertungsrechte an Mobilien (Sachen oder Rechte), die der Sicherung der Erfüllung von → Forderungen der Pfandgläubigers dienen und die an die Forderung akzessorisch gebunden sind. Sei können auch für eine künftige oder eine bedingte Forderung bestellt werden. Die entsprechenden Verwertungsrechte an Grundstücken sind die → Grundpfandrechte (→ Hypothek, → Grundschuld, → Rentenschuld). Ein Pfandrecht, das vertraglich oder kraft Gesetzes entstehen kann, ist an die Forderung, zu deren Sicherung es begründet wird, gebunden (akzessorisch); es erlischt also, wenn die gesicherte Forderung erlischt, und es geht mit der Übertragung der gesicherten Forderung auf den neuen Gläubiger über. Es berechtigt den Gläubiger, Befriedigung aus dem Pfandgegenstand zu suchen. Das vertragliche Pfandrecht an einer beweglichen Sache entsteht mit der Einigung und der Einräumung unmittelbaren Besitzes (oder wenigstens des Mitbesitzes durch Mitverschluss) zugunsten des Pfandgläubiger oder, wenn der Eigentümer als Verpfänder mittelbarer Besitzer ist, mit der Übertragung dieses mittelbaren Besitzes auf den Pfandgläubiger und mit der Anzeige der → Verpfändung an den unmittelbaren Besitzer (§§ 1205, 1206 BGB). Ein Pfandrecht an einer Forderungen wird durch Einigung und Anzeige an den → Schuldner begründet (§ 1280 BGB). Wegen des un-

PfG

praktikablen Erfordernisses der Besitzeinräumung an den Pfandgläubiger ist das Pfandrecht an Sachen durch die Sicherungsübereignung verdrängt worden und wegen der häufig unerwünschten Verpfändungsanzeige das Pfandrecht an Sachen durch die Sicherungsabtretung. Kraft Gesetzes entsteht ein Pfandrecht bei Verträgen, die sich auf Rechte oder Sachen beziehen, z.B. Miet- und Werkverträge, Kommissions-, Fracht-, Speditions- und Lagerverträge. – An → Wertpapieren wird das Pfandrecht vertragliche wie an beweglichen Sachen begründet (§ 1293 BGB), an → Inhaberpapieren also durch Einigung über die Entstehung des Pfandrechts und Übergabe der Urkunde an den Pfandgläubiger oder Einräumung des Mitbesitzes oder unter Anzeige erfolgende Übertragung des mittelbaren Besitzes, wenn das Papier sich im unmittelbaren Besitz eines Dritten befindet; bei Orderpapiere ist die Einigung des Gläubigers des verbrieften Rechts und des Pfandgläubigers und die Übergabe des indossierten Papiers erforderlich, nicht aber eine Verpfändungsanzeige an den Schuldner (§ 1292 BGB) – Bei Fälligwerden der Forderung ist der Pfandgläubiger zur Pfandverwertung durch Verkauf berechtigt (§ 1228 BGB), der grundsätzlich im Wege öffentliche Versteigerung durchgeführt wird (§§ 1235, 1277 BGB); nur Sachen, die einen → Börsen- oder → Marktpreis haben, darf der Pfandgläubiger den Verkauf freihändig durch einen zu solchen Verkäufen öffentlich ermächtigten → Handelsmakler (§§ 93 ff. BGB) oder durch eine zur öffentlichen Versteigerung befugte Person freihändig zum laufenden Preis bewirken (§§ 1235, 1221 BGB). – Die → Kreditinstitute haben mit ihren Allgemeinen Geschäftsbedingungen ein Pfandrecht an allen Gegenständen ihrer Kunden vereinbart, an denen sie Besitz erlangen.

PfG (PfGes), Abk. für → Pfandbriefgesetz.

Pflichtbekanntmachungen, → Publizitätspflicht, *disclosure requirement*.

Pflichtblatt der Börse, Publikationsorgan der Zulassungsstelle, → *Börsenpflichtblatt, official stock exchange gazette*.

Pflichtprüfung, *compulsory audit*. Seit 1934 gilt in Deutschland die P. für alle AGs und KGaA unabhängig von ihrer jeweiligen Größe. Sie umfasst die Prüfung des → Jahresabschlusses bzw. Konzernabschlusses, des → Lageberichts bzw. Konzernlageberichts sowie des Abhängigkeitsberichtes bei → verbundenen Unternehmen. Die gesetzlichen Normen hierfür sind § 316 HGB (Abschluss und Lagebericht) sowie § 313 AktG (→ Abhängigkeitsbericht). – Vgl. auch → Jahresabschlussprüfung und → Prüfung des Jahresabschlusses der AG.

Pfund Sterling, *pound sterling, £, GBP*. Bezeichnung für das gesetzliche Zahlungsmittel im britischen Staatsgebiet. Ein Pfund wird in 100 Pence unterteilt.

Pfundwährung, *pound currency*. Bezeichnung für Währungen, die zumeist im politischen und ökonomischen Einflussgebiet des Vereinigten Königreichs liegen oder lagen.

Phantom Share, → Stock Appreciation Rights.

Phantom Stock, *fiktive Anteilsrechte*. Bezeichnet die innerhalb eines Begünstigungsprogramms für ausgewählte Mitarbeiter eines Unternehmens ausgegebenen, nicht gehandelten, fiktiven Anteilsrechte, durch die die Mitarbeiter in Abhängigkeit vom realisierten Unternehmenserfolg an der Entwicklung der → Aktienkurse des Unternehmens beteiligt werden, ohne selbst diese Aktien zu besitzen.

Phantom Stock Plan, → Stock Appreciation Rights.

Philadelphia Stock Exchange, (PHLX). Wurde 1790 gegründet und ist der älteste organisierte Börsenplatz der USA. Wichtige Indizes der P.S.E. sind der Oil Service Sector (OSX), der Gold/Silver Sector (XAU), der Semiconductor Sector (SOX) und der TheStreet.com Internet Sector (DOT). Das dortige Handelssystem wird → PACE-System genannt.

Philippine Stock Exchange (PSE), seit 1994 die einzige Börse für den Aktienhandel auf den Philippinen. Die PSE ging aus dem Zusammenschluss der Manila Stock Exchange und der Makati Stock Exchange hervor und verfügt bis heute über zwei → Börsenparketts.

PHLX, → Philadelphia Stock Exchange.

PIN, Abk. für → Persönliche Identifikationsnummer.

Pinay-Anleihe, *Pinay bond*; eine an die Goldmünze Napoléon gebundene und steuerfreie → Anleihe Frankreichs. Sie lief von 1973 bis 1999 und besaß einen → Coupon von 4,5 %. – Vgl. auch → Goldanleihe.

Pink Sheets. Bezeichnung für die, ursprünglich auf rosafarbenem Papier börsentäglich von der Pink Sheets LLC, veröffentlichten → Kurse für US-amerikanische, → OTC gehandelte → Wertpapiere. Viele der dort genannten Unternehmen erfüllen nicht die Mindestkriterien zur Aufnahme an der → New York Stock Exchange bzw. der → Nasdaq.

PIP, Abk. für Periodic Investment Plan (Sparplan), der durch die regelmäßige Einzahlung fest fixierter → Sparbeiträge charakterisiert wird.

PIPE, Abk. für → Price Informations Project Europe.

Pit, *Maklerstand*; bestimmter Platz an der → Börse, an dem commodities, individuelle → Futures und → Optionen gehandelt werden. – Vgl. auch → Floor.

Placierung, → Platzierung.

Placing Agent, *placement agent, Platzierungsinstitut*. Bank, die eigenständig (→ Sole Placing Agent) oder als Mitglied eines → Konsortiums (→ Multiple Placing Agent) die → Platzierung von → Wertpapieren durchführt.

Placing Memorandum, vertrauliches Dokument, in dem die Inhalte einer → Platzierung vom → Emittent an die Bank und die potentiellen Zeichner weitergegeben werden.

Placing Power, → Platzierungskraft.

Plain-Vanilla, *gewöhnlich*. Bezeichnung für klassisch strukturierte Effekten ohne besondere Ausstattungsmerkmale. Hierzu gehören z.B. normale festverzinsliche Wertpapiere (→ Plain-Vanilla-Fixed Coupon Bonds), → Optionen ohne besondere Eigenschaften (→

Platzierungsländer

Plain-Vanilla-Options), ebenso wie zinsvariable Anleihen ohne Besonderheiten in der Gestaltung der Konditionen (→ Plain-Vanilla-Floating Rate Note).

Plain Vanilla Fixed Coupon Bond. → Wertpapier mit einer während der gesamten → Laufzeit festen (unveränderlichen) Zinszahlung und einer → Kapitalrückzahlung am Ende der Laufzeit.

Plain Vanilla Floating Rate Note. → Wertpapier mit variablen Zinszahlungen und einer → Kapitalrückzahlung am Ende der → Laufzeit. Die variablen Zinszahlungen beziehen sich auf einen → Referenzzinssatz (z.B. 6-Monats-EURIBOR), der in den → Emissionsbedingungen festgelegt wird. Die Zinszahlung wird am Anfang der → Zinsperiode festgelegt (→ Fixing) und am Ende dieser Periode gezahlt.

Plain-Vanilla-Emission, *Vanilla Issue, Plain-Vanilla-Issue*. Bezeichnung für eine → Emission klassisch strukturierter Effekten, d.h. ohne besondere Ausstattungsmerkmale, z.B. → Plain-Vanilla-Floating Rate Note.

Plain-Vanilla-Issue, → Plain-Vanilla-Emission.

Plain-Vanilla-Options, bezeichnet klassische, einfach strukturierte und in ihrem Aufbau leicht verständliche → Put- oder → Call-Optionen ohne zusätzliche Eigenschaften. – Gegensatz: → Exotische Option.

Platzierung, *Placierung, placing, placement*. Verkauf neu ausgegebener Wertpapiere an institutionelle oder private Anleger. Eine P. kann vom → Emittenten selbst (→ Selbstemission) oder von Banken bzw. einem → Konsortium (→ Fremdemission) durchgeführt werden. Zu unterscheiden ist die → öffentliche Platzierung und die → Privatplatzierung. – Vgl. auch → Emissionsarten.

Platzierungskraft, *Platzierungspotential, placing/placement power*. Fähigkeit einer Bank oder eines → Konsortiums, eine Platzierung am Markt schnell und vollständig durchzuführen.

Platzierungsländer, *placement countries*. Länder, in denen die → Platzierung eines

623

Platzierungsprovision

ausländischen → Wertpapieres durchgeführt wird.

Platzierungsprovision, *selling concession*. Entlohnung einer Bank für die Durchführung oder Mitwirkung (i.d.R. in der → Selling Group) an einer → Fremdemission. Die P. wird im → Selling Group Agreement festgeschrieben.

Platzierungsrisiko, *risk of placement*. Ein Platzierungsrisiko tritt dann ein, wenn eine Bank als → Konsortialgeschäftsführer sich zum Vertrieb eines →Wertpapiers verpflichtet hat und dieses nicht absetzten kann. Die Gründe dafür können vielseitiger Natur sein. Zum einen kann es der Bank am nötigen Zugang zum spezifischen → Kapitalmarkt fehlen. Zum anderen kann es möglich sein, dass für das Wertpapier kein attraktiver Markt und damit kein → Anleger existiert. Eine weitere Ursache kann in einer sich schnell ändernden Marktsituation liegen. Aufgrund neuer Marktdaten kann es zu einer unzureichenden Nachfrage kommen. Auch ein Liquiditätsmangel am Markt kann zu einer mangelhaften Platzierungsmöglichkeit führen. Diese Art von Risiko lässt sich eine Bank meistens durch eine → Risikoprämie bezahlen. Das Unternehmen, welches durch das Konsortium seine Wertpapiere vertreiben lässt, kann damit sein Plazierungsrisiko minimieren.

Plusankündigung, *Pluszeichen, share price markup*. → Kurszusatz im vorbörslichen, börslichen oder nachbörslichen Handel, der eine positive Veränderung des Wertpapierkurses um mindestens 5% bei → Aktien, um 2,5% bei → Wandelanleihen, → Optionsanleihen sowie → Optionsscheinen und um 1% bei festverzinslichen Anleihen signalisiert (+), bei Doppelplusankündigung (++) um mindestens 10% bzw. 5% und 2%. – Gegensatz: → Minusankündigung.

Plusposition. Bezeichnung für eine → Währungsposition bei der die Forderungen überwiegen. – Gegensatz: → Minusposition.

Plussparen, *Ausgleichs-, Abschöpfungs-, Ultimo- oder Überschusssparen, surplus saving*. Sparform, bei der das zu einem bestimmten Stichtag auf einem Girokonto befindliche Restguthaben auf ein Sparkonto übertragen wird. Hierbei ist es i.d.R. möglich, Höchstgrenzen für die flexible Sparrate sowie für die Höhe eines Sockelbetrages auf dem Girokonto festzulegen. Die Flexibilität im Hinblick auf die letztendliche Sparhöhe wird oftmals kombiniert mit der Option, bei Überziehungen des Girokontos automatisch auf das Sparvermögen zuzugreifen und somit Sollsalden auszugleichen.

Plus-Stückzinsen, *positive Stückzinsen*. Vom Käufer an den Verkäufer zu zahlende → Zinsen, die vom letzten → Kupontermin bis zum Erwerbszeitpunkt des → Wertpapiers anfallen, da der Käufer den Zinsanspruch aus dem gesamten → Kupon erwirbt.

Plus- und Minusankündigungen, *share price markup and markdown*. Bei größeren Kursveränderungen kündigt der Börsenmakler vor der → Kursfeststellung die Tendenz durch Plus- oder Minuszeichen an. Änderungen gegenüber dem Vortageskurs von mehr als 1-2% vom Kurswert bei festverzinslichen Anleihen und von mehr als 5-10% vom Kurswert bei Aktien werden durch + bzw. - (einfache → Plusankündigung bzw. einfache → Minusankündigung) bekanntgegeben. Bei stärkeren Abweichungen vom Vortageskurs, d.h. bei festverzinslichen Anleihen um mehr als 2% und bei Aktien um mehr als 10%, erfolgt eine → Doppelplus (++) bzw. eine → Doppelminus (--).

Pluszeichen, → Plusankündigung.

Pm, Abkürzung für Premium (Prämie).

p.m., 1. Abkürzung für pro memoria. Bedeutet soviel wie „zur Erinnerung". Zu sehen ist die Abkürzung u.a. bei Banknoten als Vermerk bei bestimmten Posten. – 2. Abkürzung für pro mille (pro tausend), ‰.

Point, *pip, Punkt*. Bezeichnung für eine Kursveränderung von Wertpapieren. – 1. Am Rentenmarkt ist ein P. ein Hundertstel des Nominalwertes eines gehandelten Wertpapiers. Im Gegensatz hierzu wird die Veränderung der Rendite von Anleihen in → Basis Points, demnach in Hundertsteln eines Prozentpunktes angegeben. – 2. Der Begriff P. wird zudem für die kleinstmögliche Preisänderung eines Titels, in erster Linie im → Termin- und → Devisenhandel verwendet.

Point & Figure Chart, *P&F chart*; aus den USA stammende Darstellungsweise von Kursen (→ Chart), bei der vor allem auf Kursbewegungen abgestellt wird und der zeitliche Aspekt fast unerheblich ist. Demzufolge fehlt eine Zeitangabe auf der Abszisse. Eine Aufzeichnung im Diagramm findet nur statt, wenn sich der Kurs um einen festgelegten Betrag bewegt, der von der Kurshöhe abhängig ist (z.B. 0,5 Punkte für Kurse bis 50 Euro, 1 Punkt bis 100 Euro, 3 Punkte bis 500 Euro und 5 Punkte über 500 Euro). Bei geringeren Kursschwankungen erfolgt im Chart kein Eintrag. Unterschieden wird zwischen Aufwärts- und Abwärtsbewegung. Mehrere Symbole x und o werden über- bzw. untereinander angeordnet, was zur Bildung von „Säulen" aus diesen Symbolen führt. Bewegt sich der Kurs um ein Vielfaches des festgelegten Betrages (üblich: das drei- oder fünffache) in die andere Richtung, so wird eine neue Säule aus dem jeweils anderen Symbol gebildet (aus zunächst drei bzw. fünf Symbolen). – Die P.&F.C. lassen sich mit einfachen Hilfsmitteln konstruieren und numerisch erfassen. Es gibt für sie auch eine angepasste → Analyse von Formationen. Eine spezifische → Trendanalyse ist ebenfalls möglich. Die direkte Übertragung von Erkenntnissen aus anderen Chart-Formen ist jedoch nicht sinnvoll, da die Zeitdimension fehlt. Zusätzlich erlauben diese Charts eine Auswertung mit numerischen Hilfsmitteln und eine computergestützte Analyse von → Kaufsignalen und → Verkaufsignalen. Auch die → Kursprognose auf Basis von durchlaufenen Formationen ist Teil der Theorie. – Vgl. auch → Technische Aktienanalyse und → Chart-Analyse.

Poison Pill. Unter P.P. versteht man präventive Maßnahmen, die helfen sollen, → feindliche Übernahmen zu vermeiden. Die Gestaltungen bestehen meistens aus unter Bedingungen abgeschlossenen Rechtsgeschäfte, deren Rechtsfolgen bei einem feindlichen Übernahmeversuch wirksam werden. In den USA sind → Optionen sehr verbreitet, die den → Aktionären das Recht einräumen, bei einem Übernahmeversuch weitere → Aktien erheblich unter dem → Marktpreis zu erwerben. In Deutschland können sich → stimmrechtslose Vorzugsaktien im Bedarfsfall unmittelbar in stimmberechtigte → Stammaktien umwandeln. Nicht zulässig ist es, den Aktionären der Zielgesellschaft das Recht zuzusichern, im Fall der Übernahme ihre Aktien zu einem deutlich zu günstigen Umtauschverhältnis gegen solche des Erwerbers zu tauschen. Wegen Verstoßes gegen das Gleichbehandlungsgebot (§ 53a AktG) sind Abreden bei → Kapitalerhöhungen rechtswidrig, dass für den Fall, dass ein Aktionär eine festgelegte Beteiligungsgrenze überschreitet, die Aktien zu sehr günstigen Bedingungen ausschließlich allen anderen Aktionären zugeteilt werden. Als zulässig wird wohl eine von der → Hauptversammlung zu beschließende „Kapitalerhöhung unter Ausschluss des → Bezugsrechts im Rahmen eines genehmigten Kapitals" angesehen. Bei dieser Kapitalerhöhung, die dann ohne weitere Zustimmung der Aktionäre durchgeführt wird, liegt die Verteilung der neuen Aktien in der Hand des → Vorstandes, der die neuen Anteile im Fall eines aktuellen feindlichen Übernahmeversuchs nutzen kann.

Politik des billigen Geldes, *Politik des leichten Geldes, cheap/easy money policy.* Kreditpolitik, im Rahmen derer die → Zentalnotenbank oder andere Banken Kredite zu niedrigen Zinssätzen anbieten, um das Kreditvolumen zu steigern und somit Investitionen anzuregen. – Vgl. auch → Niedrigzinspolitik und → Notenbankpolitik.

politisches Risiko, *political/country risk.* 1. Im weiteren Sinne alle Gefahren, die aus politischen, sozialen, ökonomischen und religiösen Spannungen in einem Land resultieren und zu Krieg, Bürgerkrieg, inneren Unruhen, Streiks, Aussperrung etc. führen können. Diese Gefahren können die Beschlagnahmung von Vermögen, das Einfrieren von Zahlungsmitteln, Moratorien (→ Moratorium) und andere Beschränkungen über die Eigentumsverfügung zur Folge haben. Insbesondere bei Krediten an ausländische Schuldner kommt zum Bonitätsrisiko (→ Ausfallrisiko) das p.R. hinzu, jedoch auch bei Kapitalanlagen im Ausland und Direktinvestitionen. – 2. P.R. ist im engeren Sinne die Gefahr, dass ein ausländischer Schuldner auf Grund politischer Eingriffe der jeweiligen Regierung seine Zins- und Tilgungsleistungen nicht fristgerecht oder überhaupt nicht erbringen kann (→ Transferrisiko). Unter Eingriffen versteht man alle Arten von politischen Interventionen in den Zahlungsverkehr, sowie Zahlungs- und Transferunwilligkeit aus politischen Gründen (z.B.

Pool

internationale Streitigkeiten, Boykott, Regierungsumstürze). – Vgl. auch → Länderrisiko.

Pool, → Anteilsbindungskonsortium.

Pooling, *Zusammenschluss, Zusammenführung*. 1. Dienstleistung von Kreditinstituten für den → Zahlungsverkehr. Beim P. werden die Salden mehrerer Zahlungsverkehrskonten automatisch gegen ein Zielkonto konsolidiert. – 2. Zusammenschluss mehrerer Unternehmen mit gleichen Interessen zu einer Gewinngemeinschaft (→ Pool). – 3. Zentralisierung des Liquiditätsmanagements in einem → Konzern. – 4. Zusammenschluss von → Aktionären zur Verfolgung gemeinsamer Interessen. – 5. Bildung eines → Portefeuilles aus unkorrelierten Basisaktivitäten zur Risikoeliminierung.

Portefeuille, *Wertpapierbestand, portfolio*; Gesamtbestand an Anlagen einer Person oder Gesellschaft. Ein Wertpapier-P. ist folglich der Gesamtbestand der Wertpapieranlagen einer Privatperson oder eines institutionellen Anlegers, z.B. einer Kapitalanlagegesellschaft. Aus unterschiedlichen organisatorischen, kundenbezogenen und rechtlichen Gründen wird v.a. bei institutionellen Investoren das gesamte Wertpapier-P. in kleinere Unter-P. aufgeteilt. – Vgl. auch → effizientes Portefeuille, → Diversifikation.

Portefeuilleplanung. Die P. hat als primäres Ziel die optimale Zusammensetzung eines → Portefeuilles anhand des Zielsystems des Kapitalanlegers. Erster Schritt der P. ist die Festlegung des Zielsystems des Anlegers. Als weitere Schritte folgen die Bestimmung des Gesamtanlagevolumens, die Auswahl der Anlagen und deren Anteil am Gesamtvolumen sowie die dynamische Bestimmung der Zeitpunkte, zu denen die Anlagen ge- oder verkauft werden sollen. Im Rahmen der P. ist eine Mischung der Einzelanlagen so zu gestalten, dass der höchstmögliche Ertrag unter Berücksichtigung der Einzelwahrscheinlichkeiten und der Interdependenz der Anlagen untereinander (→ Diversifikation) erreicht wird. Somit berücksichtigt die P. nicht nur eine → Risikostreuung, sondern auch Diversifikationseffekte. Zur Unterstützung der Entscheidungsfindung wurden zahlreiche Modellansätze entwickelt (z.B. die → Portfolio-Selection-Theorie und → Portfolio Insurance). Die Anwendung dieser Modelle wird allerdings durch einen sehr umfangreichen Datenbedarf und komplexe Berechnungen erschwert. Daher wird die P. insbesondere von Banken im Rahmen der Vermögensverwaltung (→ Vermögensverwaltung durch Banken) und der → Anlageberatung angeboten. Inzwischen gibt es aber auch Anwendungssoftware für den PC-Anwender.

Portefeuillestruktur, *Portefeuillezusammensetzung, portfolio make up*. Die Struktur eines → Portefeuilles hat einen maßgeblichen Einfluss auf die → Rendite und das → Risiko eines Portefeuilles. Deshalb muss im Rahmen der → Portefeuilleplanung eine P. angestrebt werden, die dem Zielsystem des Anlegers entspricht. – Vgl. auch → Portfolio-Selection-Theorie.

Portefeuilletheorie, *Portfolio-Selection-Theory*; ist eine universell einsetzbare Konzeption, deren Ursprünge auf Markowitz (1952) zurückgehen. Sie dient als Grundlage der modernen Kapitalmarkttheorie. – Unter einem → Portefeuille versteht man mindestens zwei Vermögenspositionen, die zu einer Gesamtposition zusammengefaßt sind. Folglich versteht man unter dem Begriff P. die quantitativ ausgerichtete Methode zur Zusammenstellung von Wertpapieranlagen. Konzeptionell verfolgen Modelle der P. das Ziel, mit Hilfe statistischer Methoden ein Portefeuille so zusammenzustellen, dass die individuellen Präferenzen der Investoren bezüglich → Rendite und → Risiko bestmöglich befriedigt werden. Dies erfolgt durch Quantifizierung von Renditen, Risiken und → Korrelationen sowie den daraus resultierenden Diversifikationseffekten (→ Diversifikation).

Portefeuille-Versicherungsstrategien. Als P. werden passive, automatisierte Strategien bezeichnet, die die Partizipation an Kurssteigerungen gewährleisten sollen (→ Portfolio Insurance). Grundsätzliche Möglichkeiten zur Absicherung erfolgen über statische und dynamische P. Statische P. stellen auf einen festen Termin ab, der dem des → Derivates entspricht (→ Buy and Hold Strategie). Dynamische P. verfolgen Umschichtungen zwischen einer risikolosen Anlage und riskanten Wertpapiergruppen nach einer festen Umschichtungsregel. Damit ist eine Sicherung des Portefeuillewertes für einen bestimmten Zeitraum möglich. Die bekanntesten Strategien dafür sind die synthetische Erzeugung eines → Puts und die Stop-Loss-Strategie.

Portefeuillezusammensetzung, → Portefeuillestruktur.

Portfolio, → Portefeuille.

Portfolio Insurance, *Portefeuille Versicherung.* Bezeichnung für unterschiedliche Formen von Hedging-Strategien (→ Hedging), um ein → Portefeuille gegen ungünstige Kursentwicklungen abzusichern und gleichzeitig an den Kurschancen teilzunehmen. Instrumente sind insbesondere → Optionen und → Futures. Bei einem Portefeuille aus Aktienpositionen wird beispielsweise eine → Long Position in Put-Optionen (→ Put) eingegangen. Falls die Kurse fallen wird die Option ausgeübt und die Aktienposition kann zum → Basispreis verkauft werden. Wenn das Recht nicht ausgeübt wird, wird der Kursverlust der Aktie durch den Kursgewinn der Option ausgeglichen. – Vgl. auch → Portfolio-Versicherungsstrategien.

Portfolio-Investitionen, *portfolio investment.* 1. Investition von Kapital in ein → Portefeuille. – 2. Form des langfristigen internationalen → Kapitalverkehrs. Hierzu zählen der Erwerb von ausländischen Wertpapieren sowie von Beteiligungstiteln an Unternehmungen, jedoch nur dann, sofern nicht das Ziel verfolgt wird, Einfluss auf das kapitalnehmende ausländische Unternehmen auszuüben.

Portfolio-Management, *Vermögensverwaltung.* Managementbereich von Banken, Versicherungen und → Investmentgesellschaften, der zur Aufgabe hat, die Wettbewerbsposition des Unternehmens unter Beachtung von Chancen und Risiken zu sichern. Zentraler Aspekt dabei ist, das Leistungspotential durch distributionspolitische Maßnahmen möglichst ertragsorientiert zu steuern. Wichtigstes Hilfsmittel des P.M. ist die → Portefeuilleplanung.

Portfolio-Manager, bezeichnet jene Person oder Institution, die für eine risikogerechte Überwachung und Steuerung eines → Portefeuilles verantwortlich ist und diesbezüglich Dispsitionsentscheidungen trifft.

Portfolio-Selection-Theorie, → Portefeuilletheorie.

Portfoliotheorie, → Portefeuilletheorie.

Portfolio Turnover, Umschichtung von Portefeuilles.

Posit, *Portfolio System for Institutional Trading.* 1987 vom Anbieter ITG für institutionelle Anleger gegründete Aktienhandelsplattform. P. gehört zu den sog. → Crossing-Systemen, d.h. es wird keine eigene Preisfindung durchgeführt. Statt dessen werden Referenzpreise von anderen Börsen übernommen, aus deren höchstem Kauf- und niedrigstem Verkaufsgebot ein Mittelwert gebildet wird, zu dem die Kauf- und Verkaufsaufträge, die sich bei P. in einem geschlossenen → Orderbuch befinden, sieben Mal täglich ausgeglichen werden. Nicht ausführbare Aufträge können an Börsen oder andere → ECN's weitergeleitet werden. – P. hat mit dem ECN → Tradebook eine strategische Allianz geschlossen. – ITG Europe, ein → Joint Venture von ITG und der Bank Société Générale, gründete 1999 PositUK und Anfang 2000 weitere sieben europäische Außenstellen, darunter auch in Deutschland.

Position Close-Out. Bezeichnung für die Schließung (→ Glattstellung) einer → offenen Position bei → Optionen oder → Futures.

Position halten, *maintain/hold a position.* Beibehaltung eines bestimmten Engagements an der Börse.

Position lösen, *Position aufgeben, give up a position.* Aufgabe eines bestimmten Engagements an der Börse, etwa indem Wertpapiere verkauft oder → offene Positionen geschlossen werden.

Positionslösung, → Glattstellung.

Positionsstärkung, *position buildup*; Bezeichnung für die Verstärkung bzw. Erhöhung eines bestimmten Engagements in Wertpapieren, Edelmetallen oder Devisen durch zusätzliche Käufe.

Position Trader, → Händler, der über einen längeren Zeitraum eine große Anzahl

Position Trading von → Terminkontrakten hält. P.T. unterscheiden sich durch ihren längeren Anlagehorizont von → Day Tradern und von → Scalpern, die in jeweils kürzeren Zeiträumen operieren. – Vgl. auch → Spekulant.

Position Trading, bezeichnet eine Handelsstrategie, bei der eine Position mehrere Tage gehalten wird. – Gegensatz: → Intra-Day Trading.

Positive Basis, bezeichnet einen positiven Differenzbetrag zwischen Preis des → Futures und → Kassakurs des → Underlying. Die → Carrybasis ist positiv, denn die während der Laufzeit des Futures fälligen Erträge des Underlying übersteigen die anfallenden Finanzierungskosten. – Gegensatz: → Negative Basis.

Positive Carry. Bezeichnung für den Nettogewinn aus dem Halten einer → Kassaposition im Handel mit Terminkontrakten, d.h. die laufenden Erträge aus dem → Underlying übersteigen die Kosten der Aufrechterhaltung. – Vgl. → Cost of Carry und → Carry.

Positive Feedback Trading, bezeichnet eine → Handelsstrategie, bei der künftiges Handeln mit vergangenem Handeln eine positive → Korrelation aufweist. Charakteristisch für → Feedback Trader ist eine starke Berücksichtigung vergangener Kursentwicklungen, die sich häufig in einem zeitweiligen Herdentrieb äußert. – Es wird davon ausgegangen, dass der Crash im Jahr 1987 maßgeblich durch P.F.T. ausgelöst wurde, weil fallende → Aktienkurse die Entscheidungsgrundlage für weitere Aktienverkäufe bildete.

positive Publizität, → Handelsregister.

Postanleihen. Bezeichnung für → Anleihen, deren → Emittent die Deutsche Post AG (früher: Deutsche Bundespost) ist.

Posthedging Transaction, Bezeichnung für ein Sicherungsgeschäft auf eine bereits eröffnete Grundposition.

Post-Trading-Period, nachbörsliche Phase an einer → Terminbörse. Z.B. steht an der → Eurex den Börsenteilnehmern nach Beendigung der → Trading-Periode weiterhin das System der EUREX zur Dateneingabe zur Verfügung. Ein Handel ist in dieser Phase allerdings nicht mehr möglich.

Power Optionsschein, *power warrant*. Bezeichnung für eine exotische Optionsscheinform. Liegt der Kurs des → Underlyings bei Fälligkeit des P.O. über dem vereinbarten Basispreis, so wird die positive Differenz dieser beiden Werte potenziert (i.d.R. quadriert). Beispielsweise führt eine Differenz von 3 Cent zu einer → Auszahlung von 9 Cent. Die maximale Höhe der Auszahlung ist begrenzt. Läge die Grenze bei 5 Cents, so würden auch bei einer Differenz von 7 Cents nur 25 Cent ausgezahlt. I.d.R. tritt in diesem Fall eine automatische Ausübung ein, d.h. erreicht der Differenzbetrag den Wert von 5 Cent, so wird der maximale Betrag von 25 Cent ausgezahlt und der Schein verfällt. Ist die Differenz negativ, so verfällt der Schein am Ende der → Laufzeit wertlos. Es werden Power-Calls und Power-Puts angeboten.

Power Warrant. → Optionsschein, bei dem der Inhaber bei Fälligkeit des Optionsscheines nicht den → inneren Wert der Option sondern den quadrierten inneren Wert erhält. Voraussetzung hierfür ist, dass der P.W. → im Geld ist.

PR, Abk. für → Public Relations.

Prädikatsmarkt. 1998 eingeführtes → Börsensegment im → Freiverkehr der → Bayerischen Börse zu München. Gehandelt werden primär → Aktien von jungen, mittelständischen Unternehmen, die bereit sind, Publizitätsverpflichtungen zu erfüllen, die über die gesetzlichen Mindestvorschriften hinausgehen. Die gelisteten Werte erhalten ein Gütesiegel in Form des Buchstabenzusatzes „P". – Zum 31.01.2001 waren 13 Unternehmen am Prädikatsmarkt gelistet. Die → Marktkapitalisierung dieser Werte erreichte im Januar 2001 die DEM-Milliardengrenze. – Im Jahr 2000 wurde ein ähnliches Segment für den → Geregelten Markt eingeführt (Prädikatsmarkt Select).

Prager Wertpapierbörse, bezeichnet die 1992 gegründete tschechische → Wertpapierbörse, deren Aktienindex der PX 50 Index ist.

Prägestempel, *raised seal*. Wird jeweils auf dem → Mantel, dem → Zins-, → Erträgnis- respektive → Gewinnanteilschein und dem → Talon spürbar angebracht, um eine → Fälschung von Wertpapieren zu verhindern. Gemäß den → Richtlinien für den Druck von Wertpapieren darf der P. die Mittellinien weder senk- noch waagerecht berühren. Ferner wird der P. auf Zins-, Ertragnis- und Gewinnanteilscheinen in gebührendem Abstand zum Rand angebracht, um eine Beschädigung beim Schneiden oder Trennen zu verhindern. Der P. darf hierbei ein nur mit unverhältnismäßig hohem mechanischen Aufwand nachzuahmendes Gebilde darstellen, dessen Fälschungssicherheit ggf. durch den Einsatz von → Guillochen erhöht werden kann.

Prämienerklärungstag, bezeichnet den Tag, zu dem der Inhaber des Rechts aus einem → Prämiengeschäft erklären muss, ob er das Geschäft abschließt oder durch Zahlung der im voraus vereinbarten Prämie von dem Geschäft zurücktritt.

Prämiengeschäft, *option dealing, stock exchange options*. → Bedingtes Termingeschäft, bei dem eine Vertragsseite (Wähler) gegen die Zahlung einer Prämie das Recht erhält, vom Terminvertrag zurückzutreten, wodurch das eingegangene Risiko begrenzt wird. Im P. wird der Prämienerklärungstag (einige Tage vor dem → Fälligkeitstag) festgelegt, an dem der Wähler mitzuteilen hat, ob er das P. ausübt oder auf → Erfüllung verzichtet (→ abandonnieren). Man unterscheidet → Vorprämiengeschäft, → Rückprämiengeschäft und → Stellagegeschäft. P. sind als eine Form des → Optionsgeschäfts zu verstehen. P. sind in Deutschland nicht zulässig.

Prämienkurs, *option price/rate*; Preis im → Prämiengeschäft. – Vgl. auch → Optionspreis.

Präsentationsklausel, *presentation clause*; Vereinbarung in einem Schuldverhältnis, wonach der Schuldner nur bei Vorlage bzw. Rückgabe eines → Schuldscheins leisten muss. Er darf jedoch auch ohne Vorlage der Urkunde die Leistung erbringen. Die P. ist z.B. bei → Legitimationspapieren wie → Teil-Inhaberschuldverschreibungen von Bedeutung. Hier werden Kreditteilbeträge in Urkunden verbrieft, in denen sich der Schuldner verpflichtet Zins und Tilgung an den jeweiligen Inhaber der Schuldverschreibung zu leisten.

Präsentationspapier, *certificate of presentation*; bezeichnet → Wertpapiere, die dem → Schuldner bei Einforderung der Schuld vorzulegen sind. Die Initiative liegt deswegen beim Gläubiger der versprochenen Leistung.

Präsenzbörse, *Präsenzhandel*; bezeichnet die klassische Form der → Börse, bei der der Handel auf dem Börsenparkett abgewickelt wird. Hauptmerkmal ist die körperliche Anwesendheit der → Börsenhändler, so dass durch Zuruf Handelsabschlüsse getätigt werden. Präsenzbörsen können dennoch durch einen hohen Automationsgrad geprägt sein, ohne dass von einer Computerbörse gesprochen wird.

Präsenzhandel, → Präsenzbörse.

Präsenz in der Hauptversammlung der AG, → Hauptversammlungspräsenz.

Präsenzliste, *Verzeichnis der Teilnehmer an der Hauptversammlung der AG, attendance list of the general meeting of shareholders*. Die P. ist ein Verzeichnis aller in der Hauptversammlung erschienen oder vertretenen → Aktionäre und der Vertreter von Aktionären mit Angabe ihres Namens und Wohnorts sowie des Betrags der vertretenen Aktien. Sie ist in der Hauptversammlung zu erstellen und vor der ersten Abstimmung zur Einsicht für alle Teilnehmer auszulegen. Der Leiter der Hauptversammlung hat die P. zu unterschreiben. Besondere Formvorschriften gibt es nicht.

Präzipuum. Prämie, die der → Konsortialführer als Vergütung für die Organisation des → Konsortiums erhält. Bei der → Kreditsyndizierung ist das P. beispielsweise ein bestimmter Prozentsatz des Kreditvolumens.

Precious Metal Futures. Bezeichnung für → Terminkontrakte auf Edelmetalle, die in standardisierter Form v.a. an → Warenterminbörsen gehandelt werden.

Prefered-Habitat Theorie, bezeichnet den klassischen Erklärungsansatz der Zinsstruktur. Sie sieht keinen Zusammenhang zwischen Risiko und längerer Bindungsdauer,

Preference Share

sondern identifiziert als Risikoursache jede Abweichung der angebotenen Bindungsdauer von der gewünschten Bindungsdauer. Mit der P-H. T. sind sowohl steigende als auch fallende Abschnitte der Zinsstruktur vereinbar.

Preference Share, vgl. → Preferred Stock, → Prioritätsaktie und → Vorzugsaktie.

Preferred Debt, *vorrangige/bevorrechtigte Forderung*. Schuldtitel, der bei einer → Liquidation bevorrechtigt bedient wird. – Vgl. auch → Absolute Priority Rule.

Preferred Stock, *preference share*. Die Dividende von P.S. kann nicht-kumulativ, fix oder indexabhängig sein (floating rate preferred stock). Mit P.S. werden auch verschiedene Wahlrechte verbunden. Meist sind P.S. stimmrechtslos und werden als → Nonvoting P.S. bezeichnet. – Vgl. auch → Vorzugsaktie und → Prioritätsaktie.

Preisbildung an der Börse, → Kursbildung an der Börse.

Preisbildung für Devisen, → Kursbildung am Devisenmarkt.

Preisbildung für Investmentanteile, *pricing of investment fund shares, setting of prices of investment fund shares*. Der Preis eines → Investmentanteils ergibt sich aus dem Gesamtwert des → Fondsvermögens dividiert durch die Anzahl aller im Umlauf befindlichen Investmentanteile. Der auf diese Weise ermittelte Wert eines einzelnen Investmentanteils entspricht dem → Rücknahmepreis. Zur Ermittlung des → Ausgabepreises kann der ermittelte Anteilswert je nach Ausgestaltung des betreffenden → Investmentfonds um einen Ausgabeaufschlag erhöht werden. Der Wert eines Investmentanteils verändert sich börsentäglich durch die Wertschwankungen der einzelnen Vermögensgegenstände des Investmentfonds, wohingegen der Kauf oder Verkauf von Investmentanteilen keinerlei Einfluss auf den Wert der einzelnen Anteile hat.

Preiselastizität, *price elasticity*; misst die relative Änderung der nachgefragten bzw. angebotenen Menge auf Güter- und Dienstleistungsmärkten in Relation zu Änderungen des Preises. Hierfür wird zumeist eine Preisänderung von einem Prozent als Basis genommen. Während die P. des Angebots in der Praxis von eher untergeordneter Bedeutung ist, wird die P. der Nachfrage vielfach für die Analyse der Kapitalmarktsituation verwendet. Im Normalfall ist die P. der Nachfrage negativ, während zwischen Angebot und Preissteigerung ein positiver Zusammenhang zu beobachten ist. Im Falle einer vollkommen starren (unelastischen) Angebots- bzw. Nachfragesituation führen Preisbewegungen zu keinen Schwankungen des jeweiligen Verhaltens.

Preisindex, *Kursindex, preisgewichteter Index, price index*. Bezeichnung für einen Index, der als statistische Messgröße die Preisentwicklung gegenüber der Vorperiode widerspiegelt. Zur Ermittlung des Indexstands werden die → Kurse der im → Index enthaltenen Werte gleich gewichtet. Ein Beispiel für einen P. ist der → Dow Jones Industrial Average-Index. In Deutschland werden für verschiedene Warengruppen, z.B. für die Ermittlung der Entwicklung der Lebenshaltungskosten, P. vom Statistischen Bundesamt ermittelt. – Vgl. auch → Inflation, → Kursindex.

Preisindex für die Lebenshaltung, *average cost of living index*; zeigt die zeitliche Veränderung der → Kaufkraft an. Hierbei wird auf repräsentativen Erhebungen aufbauend ein Warenkorb zu Grunde gelegt, der dem Durchschnittsverbrauch der privaten Haushalte entspricht und die Preise der darin enthaltenen Güter und Dienstleistungen summiert. Das Preisniveau des Basisjahres bildet die Bezugsgröße für Vergleiche der Preisentwicklung in darauffolgenden Perioden. Der P.f.d.L. wird in Deutschland vom Statistischen Bundesamt monatlich errechnet und publiziert. Aufgrund qualitativer Veränderungen und Wandel im Verbraucherverhalten sind wiederkehrende repräsentative Erhebungen und Festlegungen neuer Basisjahre unabdingbar, um eine Vergleichbarkeit zu gewährleisten.

Preisnotierung, *price quotation (direct quotation)*; bezeichnet die Methode mit deren Hilfe die → Devisenkurse an Börsen ermittelt werden. Die P. gibt an, welcher Betrag in inländischer Währung für z.B. 100 Geldeinheiten der Auslandswährung zu zahlen ist. – Während die P. in Deutschland ein gängiges Verfahren zur Ermittlung der

Devisenkurse ist, werden im angelsächsischen Raum die Devisenkurse i.d.R. in Form der → Mengennotierung angegeben. – Vgl. auch → Kursbildung am Devisenmarkt.

Preisrisiko, Price Risk. Das Preisrisiko wird dem → Marktrisiko zugeordnet, da sich auf einem solchen die Preise durch veränderte Angebots- Nachfragerelationen verschieben können. Preisrisiken können somit durch Zinsänderungen, Wechselkursschwankungen, Aktienkursänderungen etc. verursacht werden.

Preisschwankungen, *price fluctuations, fluctuations in prices*. 1. Bei börsennotierten Gütern und Wertpapieren: → Kursschwankungen. – 2. Zukünftige positive oder negative Preis- und Wertänderung, die bei Wertpapieren aufgrund veränderter Risiken oder Ertragsaussichten eintreten kann. P. bilden für den Anleger eine Ertragsquelle und ein → Risiko (→ Risiken des Kapitalanlegers), wobei die Art und Höhe des Risikos von der Art der Kapitalanlage abhängt. Die → Rendite einer Aktienanlage setzt sich für einen Anleger z.B. aus der → Dividendenrendite und aus der P. zum Einstandskurs zusammen. Zu einem beliebigen zukünftigen Zeitpunkt kann die Rendite der Aktienanlage deshalb auch negativ sein (→ Aktienbewertung). Bei der Anlage in → festverzinslichen Wertpapieren ist die Rendite bis zur Fälligkeit stets positiv (Ausnahme: → Insolvenz des Emittenten). Jedoch unterliegen sie während der Laufzeit einem → Kursrisiko, bedingt durch mögliche Zinsänderungen (→ Zinsänderungsrisiko). Bei Gütern (z.B. Edelmetallen) ergibt sich die Anlagerendite allein aus P., weshalb sie von Anlegern zur → Risikostreuung oder zur → Spekulation gehalten werden. – Vgl. → Kursrisiko und → Marktpreisrisiken.

Preisstopp, *price freeze, price stop*; bezeichnet eine institutionelle bzw. staatliche Festlegung von Höchst- bzw. Mindestpreisen. Folglich stimmen in diesem Fall die Preise und damit auch die gehandelten Gütermengen nicht mit einer Gleichgewichtssituation überein.

Preis-Zeit-Priorität, *price-time-priority*; bezeichnet eine Ausführungsregel für Wertpapieraufträge, bei der als Entscheidungskriterium für die Reihenfolge der Orderausführung zunächst das → Limit, und im Falle identischer Limitkurse der Zeitpunkt der Orderaufgabe verwendet wird. Dies bedeutet, dass Kaufaufträge mit höheren Kurslimit Vorrang vor Kaufaufträgen mit einem niedrigeren Limit haben. Umgekehrt gilt für Verkaufsaufträge, dass diese bei einem niedrigeren Kurslimit Vorrang haben vor höher limitierten Verkaufsaufträgen. Sollten Kauf- bzw. Verkaufaufträge gleiche Limitkurse aufweisen, so hat der ältere Auftrag Vorrang. – Vgl. auch → Meistausführungsprinzip.

Preliminary Prospectus, *red herring, vorläufiger Prospekt*. Der P.P. ist das erste Dokument über eine → Neuemission, das von einem → Underwriter an potentielle Investoren gegeben wird. Der → Prospekt beinhaltet vorläufige Informationen, die in der endgültigen Fassung jedoch nicht erscheinen müssen bzw. noch ergänzt werden. Aufgrund der in den USA auf dem Deckblatt verwendeten roten Farbe, wird der P.P. auch als red herring bezeichnet.

Premium, → Optionsprämie.

Premium Bond, bezeichnet eine → Anleihe, die am Markt über → pari gehandelt wird.

Premium Margin, bezeichnet die bei → Optionsgeschäften fälligen → Margins, die je nach erzielten Gewinnen oder Verlusten variieren. Sie entsprechen den Variation Margins bei Futures.

Premiumnotierung, → Agio bei Wertpapieren.

Present Value, → Barwert.

Pre-Trading-Period, *Vorhandelsperiode*. Die P. ist die erste Handelsphase an einer → Terminbörse. Während der P. können die Marktteilnehmer Abfragen durchführen oder Orders und Quotes eingeben, ändern oder löschen. In der P. können noch keine Geschäfte abgeschlossen werden. – Vgl. → Opening-Period und → Post-Trading-Period.

Price-Book-Value Ratio (P/BV ratio), → Kurs-Buchwert-Verhältnis.

Price-Earnings/Growth Rate Ratio (PEG), *PEG-Ratio*; Quotient aus dem →

Price Informations Project Europe

Kurs-Gewinn-Verhältnis (KGV) und der erwarteten Wachstumsrate des Unternehmensgewinns. Die PEG eignet sich speziell für Wachstumsunternehmen, deren KGV weit über dem Durchschnitt liegt. Einer strittigen Hypothese zufolge besteht ein inverser Zusammenhang zwischen der PEG und der künftigen Rendite, d.h. eine kleine PEG (unter eins) weist auf künftige überdurchschnittliche Renditen hin, eine große (über drei oder vier) auf unterdurchschnittliche.

Price Informations Project Europe (PIPE). Ehemaliges europäisches Kursinformationssystem, welches heute als → Euroquote bezeichnet wird.

Price Step, bezeichnet teilweise von → Börsen vorgegebene potenzielle Kursänderungen eines → Wertpapiers. So kann die kleinste zulässige Veränderung beispielsweise in einer bestimmten → Anleihe 0,01% betragen, nicht jedoch 0,005%, wie dies bei anderen Anleihen möglich ist.

Price-Time-Priority, → Preis-Zeit-Priorität.

Price-to-Cash Flow-Ratio. Die P.t.C.F.R. setzt den Kurs einer Aktie in Relation zu einem normalisierten oder Ist-Cash Flow (= Einzahlungsüberschuss) pro Aktie. Diese Kennzahl erlaubt damit den Schluss, mit welchem Vielfachen der zugrundegelegten Cash-Flow-Größe eine Aktie an der Börse bewertet wird. Dabei deutet ein geringer Kennzahlenwert auf eine vergleichsweise „preiswerte", ein hoher auf eine vergleichsweise „teure" Aktie. Besonderen Aussagegehalt für die Anlageentscheidung erlangt diese Kennzahl durch einen Branchen- und/oder Zeitvergleich.

Price Value of a Basis Point (PVBP), gibt den absoluten Geldbetrag an, um den sich der Preis eines → festverzinslichen Wertpapieres theoretisch ändern würde, wenn das → Marktzinsniveau um einen → Basispunkt (0,01 Prozentpunkte) steigt oder fällt. Die PVBP-Kennzahl ermöglicht eine Erfassung und Quantifizierung des → Zinsänderungsrisikos. Da die PVBP-Kennzahl anhand einer numerischen Rechenmethode ermittelt wird, werden im Vergleich zum Basis Point Value (→ BPV) Schätzfehler vermieden.

Pricing. Ist der Überbegriff für Verfahren zur Bestimmung des → Emissionskurses.

Primärinsider, → Insider, → EG-Insiderrichtlinie, Insider, → Insiderrecht.

Primärinsider, Straftatbestände, → Insidervergehen, Strafvorschriften, → Insiderrecht.

primärliquide Mittel, *Primärliquidität, primary liquidity.* Als p.M. gelten Vermögenswerte, die ohne zeitliche Verzögerung und ohne Kosten zur Begleichung von Zahlungsverpflichtungen verwendet werden können (z.B. Bargeld oder → Sichteinlagen). – Vgl. auch → sekundärliquide Mittel.

Primärliquidität, → primärliquide Mittel.

Primärmarkt, *Emissionsmarkt, primary market.* Der Markt für → Neuemissionen wird als P. bezeichnet und der Markt bereits emittierter Wertpapiere als → Sekundärmarkt. Auf dem P. treffen Unternehmen, die Geld durch die Ausgabe von Wertpapieren (→ Emission) beschaffen wollen und Investoren, die ihr Geld anlegen wollen, aufeinander. Zwischen kapitalsuchenden Unternehmen und den Anlegern ist i.d.R. eine Bank geschaltet, die die Emission abwickelt.

Primärtrend, *major/primary trend.* Bezeichnung aus der → Dow-Theorie für eine längerfristige zyklische Kursschwankung (→ Trendanalyse) um einen → Basistrend. Es wird eine mehrjährige Zyklusdauer, z.B. ein Konjunkturzyklus unterstellt. Kürzere Trends, um den P. oszillieren, sind → Sekundärtrends und Tertiärtrends. – Vgl. auch → Technische Analyse.

Primary Dealers, bezeichnet spezielle → Börsenmakler in Großbritannien, die ausschließlich für die Platzierung und den Handel staatlicher → Schuldverschreibungen sowie deren Abwicklung zuständig sind. Der Kompetenzbereich der P.D. erlaubt ihnen direkt mit der Bank of England, den britischen Kapitalmarkt mit staatlichen Schuldverschreibungen versorgt, Geschäfte zu tätigen. Zum anderen fungieren sie zusätzlich als → Market-Maker, d.h. sie sind in den von ihnen betreuten Titeln verpflichtet verbindliche An- und Verkaufskurse zu nennen.

Primary Market, → Primärmarkt.

Primary Research, *Primärresearch*. Research über Unternehmen auf Grund von Informationen aus erster Hand, also z.B. Geschäftsberichten, Gesprächen mit Unternehmensrepräsentanten und dergl. → Secondary Research.

Primary Underwriters, → Konsortialführer.

Prime Rate, *Kreditzins für erste Adressen*. In den USA ist der P.R. der Zinssatz, den große Banken für kurzfristige Kredite an → erste Adressen in Rechnung stellen. Dieser Zinssatz gilt auch als Referenzzinssatz für andere Zinsen.

Prime Segment, geplantes Marktsegment der → Deutschen Börse AG, das Anfang 2003 eröffnet werden soll. Das P. S. setzt besonders hohe → Zulassungsvoraussetzungen voraus. Regelmäßige Quartalsbericht, Bilanzierung nach internationaler Rechnungslegung, mindestens eine Analystenkonferenz und Ad-Hoc-Meldungen werden verpflichtend vorgeschrieben. Bei Verstößen sollen Bußgelder bis zu 250.000 Euro verhängt werden. Das P. S. richtet sich vor allem an international orientierte Unternehmen, während das → Domestic Segment mit weniger strengen Zulassungsvoraussetzungen eher auf national ausgerichtete Unternehmen zielt.

Principal-Agent-Theory, untersucht die Beziehungen zwischen Inhabern eines Unternehmens (Prinzipal) und den für die Geschäftsführung beauftragten Managern (Agent). Mit Hilfe der P-A-T werden Interessenkonflikte zwischen den Eigentümern und Managern des Unternehmens aufgezeigt. Die P-A-T untersucht wie durch eine anreizkompatible Gestaltung von Kontrakten die Manager motiviert werden können, im Interesse der Unternehmensinhaber zu handeln. Im Gegensatz zu den Annahmen der klassischen Finanzierungstheorien, die von Informationseffizienz ausgehen, berücksichtigt die P-A-T, dass sämtliche agierende Gruppen im Unternehmen eigene Interessen verfolgen, die durch → Informationsasymmetrien nicht sofort wahrnehmbar sind. Zur Aufdeckung dieser Informationsasymmetrien müssen Informations- und Suchkosten aufgewandt werden. Ziel der Vertragsgestaltung zwischen Prinzipal und Agent muss es also sein, ein für alle Beteiligten nutzenmaximales Ergebnis zu erzielen.

Principal Amount, zu tilgender Darlehensbetrag oder → Nennwert einer Anleihe.

Principal Issue, *stripped bonds*. → Anleihen, die durch die Trennung der → Zinskupons von der Hauptforderung (→ Mantel) entstehen. Der durch diese Methode (→ Stripping) verbleibende Bond entspricht einem → Zerobonds. Die → Rückzahlung erfolgt bei → Endfälligkeit zu 100 Prozent.

Principal Strips, → p*rincipal issue*. Seit Mitte 1997 ist das → Stripping von bestimmten → Bundesanleihen, d.h. die Trennung und der separate Handel von Kapital- und Zinsansprüchen möglich. Die Kapital-Strips werden dabei als Principal Strips gelegentlich auch als → Principal Issue bezeichnet Die einzeln handelbaren Zinsansprüche werden als Kupon-Strips (Coupon-Strips) bezeichnet.

prioritätische Dividende, → Vorzugsdividende.

Prioritätsaktien, besondere Form der → Vorzugsaktien. Sie haben Vorrechte gegenüber anderen Vorzugsaktien bezüglich Dividende und/oder Anteil am Liquidationserlös. – Vgl. auch → Preference Shares, → Preferred Stocks und → Vorzugsaufhebung.

Privatbanken, *private banks*; im weiteren Sinne Bezeichnung für alle privatrechtlich organisierten → Kreditinstitute. Im engeren Sinne die Bezeichnung für → Privatbankiers, die als offene Handelsgesellschaft oder als Kommanditgesellschaft geführt werden.

Privatbankier, *private banker*. Im Gegensatz zu → Groß- und → Regionalbanken charakterisiert den P. seine Eigenschaft als Unternehmer und damit seine kapitalmäßige Beteiligung und persönliche Haftung. In der Statistik der Deutschen Bundesbank werden die P. aber gemeinsam mit den Regionalbanken als Untergruppe der Kreditbanken ge-

Privatbörse

führt. Die vorherrschenden Rechtsformen sind die → offene Handelsgesellschaft (OHG), die → Kommanditgesellschaft und die → Kommanditgesellschaft auf Aktien. Seit 1976 dürfen Privatbanken nicht mehr in der Rechtsform des Einzelkaufmanns gegründet werden. P. sind v.a. in großen Städten vertreten und richten ihr Angebot auf die vermögende Privatkundschaft und Firmenkunden aus. Ihre Dienstleistungen und Produkte können das ganze Spektrum der → Bankgeschäfte umfassen. Oft sind P. aber auf bestimmte Produktbereiche spezialisiert, wie z.B. die → Vermögensverwaltung. – Seit den 50'er Jahren findet unter den P. ein Konzentrations- und Übernahmeprozess statt, so dass eine Vielzahl ehemaliger Privatbanken heute Tochtergesellschaften von Großbanken sind.

Privatbörse, *private exchange*; lokal stattfindender Markt für fungible Güter (z.B. Briefmarken, antike Münzen, Wertpapiere), der staatlich weder genehmigt noch überwacht wird.

Private Banking, bezeichnet Bankdienstleistungen für vermögende Privatkunden.

Private Placement, → Privatplatzierung.

private Veräußerungsgeschäfte, *private sales*; vgl. → Aktien als Kapitalanlage, steuerliche Aspekte und → Spekulationsfrist, einkommensteuerlich.

Private Vermögensverwaltung, *asset management*; bezeichnet unabhängige Personen oder Unternehmen, die auf die Verwaltung von → Vermögen privater Kunden spezialisiert sind.

Privatisierung, *privatization*. Bezeichnung für die Umwandlung vormals in öffentlicher Hand befindlichen Eigentums in Privateigentum durch einen Verkauf an private → Investoren. Ziel der P. ist es, marktwirtschaftliche Elemente innerhalb einer Volkswirtschaft zu stärken und die z.T. stark belasteten öffentlichen Haushalte zu konsolidieren.

Privatisierungsfonds, *privatization fund*. 1. Bezeichnung für einen → Fonds, der der → Privatisierung ehemals staatlicher oder kommunaler Unternehmen dient und den Privatisierungsprozess durch Kreditvergaben oder die Übernahme von → Beteiligungen finanziert. – 2. bezeichnet Fonds zur Verwaltung von Privatisierungserlösen. – 3. v.a. in den USA gebräuchliche Form des → Investmentfonds, der hauptsächlich in Unternehmen investiert, auf die der Staat einen wesentlichen Einfluss hat oder hatte und die in ihrem unternehmerischen Handeln vom Privatisierungsprozess profitieren.

Privatplatzierung, *private placement*. → Platzierung von → Wertpapieren ohne öffentliche Ankündigung und Zeichnungsaufforderung, die sich nur an wenige ausgewählte, meist institutionelle Investoren richtet. Die P. wird bei der → Selbstemission angewandt, kann aber auch bei der → Fremdemission praktiziert werden. Vorteilhaft ist die Verringerung der → Emissionskosten und die Vereinfachung von Zinszahlungen. Unter Umständen existiert kein → Sekundärmarkt, da → Investoren bei einer P. i.d.R. an einem langfristigen Investment interessiert sind. – Gegensatz: → öffentliche Platzierung.

Privatrecht, *private law*; Oberbegriff für das materielle und prozessuale bürgerliche Recht. Gemeinsam mit dem → Handelsrecht bildet es das Zivilrecht.

Privileged Stock, → Vorzugsaktien.

pro rata Zinsen, → Stückzinsen.

Product Spread, → Intermarket Spread.

Produktenbörse, *Warenbörse, Rohstoffbörse, commodity/mercantile exchange*. → Börsen, an denen → Kassageschäfte, → Optionsgeschäfte und → Futures auf → Commodities gehandelt werden. – Vgl. hierzu → Warenterminbörse Hannover (WTB).

Produktionskennzahlen, *production ratios, productivity ratios*. Bezeichnung für die v.a. in Produktionsunternehmen verwendeten Kennzahlen bzw. Kennzahlensysteme, durch die eine Kontrolle der Effektivität und Effizienz der ablaufenden Tätigkeiten erreicht werden soll und die damit auch für die börsenmäßige Analyse der Unternehmen von Bedeutung sind. Die Arbeitsproduktivität als Quotient aus erwirtschaftetem Umsatz und dafür eingesetzter Anzahl an Beschäftigten ist eine der am häufigsten ausgewiesenen P.

Produktivität, *productivity*; güterwirtschaftliche Ergiebigkeitskennzahl, die durch das Verhältnis des Ertrags einer Faktoreinsatzmenge (Output) zur Faktoreinsatzmenge (Input) in einer abgelaufenen Rechnungsperiode bestimmt wird. Im Gegensatz zur → Wirtschaftlichkeit wird die P. nicht wertmäßig erfasst, sondern mengenmäßig. Wegen der fehlenden wertmäßigen Erfassung kann keine Gesamtproduktivität ermittelt werden, sondern immer nur auf bestimmte Teilproduktivitäten (Materialeinsatz, Arbeitseinsatz) abgestellt werden.

Produktivitätskennzahlen, → Produktionskennzahlen.

Produktivkapital, → Produktivvermögen.

Produktivkredit, *Produktionskredit, production credit/loan*; nach dem Verwendungszweck bezeichneter Kredit. Im Gegensatz zum Konsumkredit wird der P. für Produktions- oder Investitionszwecke gewährt. Er kann kurzfristig als Betriebsmittelkredit oder langfristig als Investitionskredit fungieren.

Produktivvermögen, *Produktivkapital, productive wealth*; ist die Bezeichnung für das Kapital einer Volkswirtschaft, das im Produktionsprozess der Leistungserstellung zur Verfügung steht. Zum P. wird neben dem Anlage- und Vorratsvermögen und dem Grund und Boden auch das Arbeitsvermögen der Bevölkerung und alle weiteren natürlichen Hilfsmittel zugerechnet, soweit sie produktiven Zielen dienen.

Produktivvermögensbildung, *formation of productive wealth*; nennt man den Vorgang der Erzeugung von → Produktivvermögen. Entgegen dem Wortlaut wird hier explizit auf die Aktivitäten von Arbeitnehmern abgestellt, die Situation von Eigentümern also nicht betrachtet. Auf Basis dieser Begriffseinschränkung sind auch die staatlichen Bemühungen der Produktivvermögenspolitik erklärbar, die eine weitgehende Zielkongruenz zwischen Unternehmenseignern und Arbeitnehmern herzustellen versuchen.

professionelle Anleger, *professional investors*. → Kapitalanleger, die hauptberuflich in großen Volumina → Kapitalanlagen vornehmen. – Vgl. → institutionelle Anleger.

Profit, *pure profit*; Bezeichnung für den aus der unternehmerischen Tätigkeit eines Wirtschaftssubjekts erzielten → Gewinn, der sich aus sämtlichen Erträgen zusammensetzt, die aus dem zur Verfügung stehenden → Eigenkapital, dem Unternehmerlohn und dem Unternehmergewinn erwirtschaftet werden.

Profit and Loss Statement, → Gewinn- und Verlustrechnung.

Profit Center, *Ergebniseinheit, Erfolgsbereich*. Ein P.C. ist ein eigenständiger Unternehmensbereich, der für die Erzielung von Erträgen zuständig ist. Der Erfolgsbeitrag eines P.C. kann unabhängig von anderen Unternehmensbereichen festgestellt und kontrolliert werden. Die Filiale einer Bank ist ein klassisches Beispiel für ein P.C. in einem Bankbetrieb.

Profit Taking, → Gewinnmitnahme.

Prognose, *forecast*. Vorhersage einer künftigen Entwicklung oder eines in der Zukunft liegenden Ereignisses. Die P. versucht diese aus Ereignissen und Entwicklungen der Vergangenheit abzuleiten. Gängige Anwendungsgebiete der P. sind die Konjunktur oder Aktienkurse. Zur Prognose von Aktienkursen werden i.d.R. die → Fundamentalanalyse und → Technische Analyse verwendet. – Ist allgemein die direkte Abhängigkeit einer Größe von anderen bekannt, kann die kausale P. angewendet werden. Diese beinhaltet die deterministische P., bei der ein eindeutiger Ursache-Wirkungs-Zusammenhang besteht, so dass die P. unter sicherer Erwartung eindeutig möglich ist. Häufiges Instrument der kausalen P. ist die → Regressionsanalyse. Bei der stochastischen P. sind die Zusammenhänge zwischen den Größen nicht eindeutig determiniert, sondern unterliegen einer Wahrscheinlichkeitsverteilung, so dass eine Vorhersage nur unter Unsicherheit möglich ist.

Prognoseverfahren, *Prognosemethoden, forecasting methods/procedures*; grafische, quantitative (mathematisch-statistische) und qualitative Verfahren zur Vorhersage künftiger Ereignisse und Entwicklungen, z.B. → Kursprognose, Zinsprognose. In der →

Programmgesellschaft

Technischen Analyse wird mittels → Trendanalyse die Vorhersage der künftigen Kursentwicklung versucht. Statistische Verfahren der Regressionsanalyse und der Faktorenanalyse prognostizieren die Kurse durch Kombination verschiedener Einflussfaktoren (→ kursbestimmende Faktoren am Aktienmarkt), während die univariate Zeitreihenanalyse vergangene Werte verwendet, um künftige vorherzusagen (z.B. → gleitende Durchschnitte, exponentielle Glättung und → Trendrechnung). Qualitative Verfahren umfassen Expertenbefragungen, Meinungsumfragen und spezielle Expertenrunden wie die Delphi-Methode.

Programmgesellschaft, ist eine Unternehmung, die → Investmentprogramme auflegt und vertreibt.

Programmhandel, *program trading;* bezeichnet die Verwendung von Analyseprogrammen zur Vorgabe von Kauf- bzw. Verkaufsentscheidungen auf der Basis quantitativer Modelle. Der Einsatz elektronischer Medien ermöglicht eine schnelle, zielgerichtete, umfassende und effiziente Datenverarbeitung. Dies bietet Investoren die Chance Kursentwicklungen auf unterschiedlichen Märkten zu überwachen, auszuwerten und somit kurzfristig zu reagieren. Typisches Einsatzgebiet ist das → Arbitragegeschäft zwischen Kassa- und Terminmarkt, → dynamische Hedgingstrategien sowie der Handel auf Basis charttechnischer Analysen.

Programm Trading, → Programmhandel.

Programmzertifikat, *certificate of an investment fund savings plan*; wird als Urkunde definiert, die schuldrechtliche Ansprüche des Inhabers eines → Investmentprogramms gegenüber der → Programmgesellschaft verbrieft.

Prolongation, *extension, carryover.* P. bezeichnet die Verlängerung bzw. Stundung einer Frist, insbesondere einer Kreditfrist. Eine P. wird auch bei → Termingeschäften vorgenommen, wenn ihre Abwicklung statt zum vereinbarten zu einem späteren Termin erfolgen soll (→ Prolongationsgeschäft).

Prolongationsgeschäfte, Man unterscheidet zwischen folgenden P. – 1. Kreditprolongation, *renewal of a loan;* beinhaltet die Verlängerung eines Kredites oder einer Kreditlinie durch das Kreditinstitut. – 2. Wechselprolongation, *renewal of a bill*; bezeichnet die Verlängerung der Fälligkeit eines Wechsels. Dies geschieht durch die Akzeptierung (→ Akzept) eines neuen vom Wechselaussteller oder letzten Inhabers ausgestellten Wechsel seitens des Wechselschuldners gegen Rückgabe des fälligen Wechsels. – 3. Bei → Termingeschäften kann gegen Zahlung des → Prolongationssatz der Fälligkeitstermin des Kontraktes verschoben werden. – Man unterscheidet direkte P. durch eine vertragliche Vereinbarung zwischen den beiden ursprünglichen Vertragsparteien und indirekte P. durch Einschalten eines → Finanzintermediärs. – Vgl. auch → Prolongation von Effektentermingeschäften.

Prolongationssatz, *carryover rate*; Prämie, die bei einem → Prolongationsgeschäft fällig wird.

Prolongation von Effektentermingeschäften (Report- und Deportgeschäfte), *Extension of forward Transaction in Securities*; bezeichnet die Verlängerung der → Laufzeit bei → Termingeschäften.

Prolongieren, *to extend/carry over*; eine Frist verlängern bzw. stunden. – Vgl. auch → Prolongation.

Promesse, *promissory note*; bezeichnet einen → Solawechsel bzw. eine Finanzierungsform von Exportgeschäften, bei denen mit Hilfe der Haftung eines ausländischen → Kreditinstitutes eine kostengünstigen Refinanzierung im Inland erzielt wird. Das ausländische Kreditinstitut stellt eine P. auf ein inländisches Kreditinstitut aus. Diese indossiert diesen und übergibt den → Wechsel dann an den Kunden, den Exporteur weiter. Dieser reicht nun den Wechsel zur Rediskontierung ein und erhält so die erforderlichen Finanzierungsmittel.

Propergeschäft, → Eigengeschäft.

Properhandel, → Eigenhandel.

Property Dividend, *Sachwertdividende.* Dividendenausschüttung in Sachwerten, z. B. in den USA Verteilung von Wertpapieren aus dem Portefeuille des Unternehmens (meist von Tochtergesellschaften).

Prospektbefreiung

proprietäre Handelssysteme, *proprietary trading systems.* 1. Teilweise Verwendung als Synonym für → Alternative Handelssysteme. – 2. In Deutschland gebräuchlicher Ausdruck für → Electronic Communication Networks (ECN). Das → Bundesaufsichtsamt für den Wertpapierhandel (BAWe) bezeichnet so → alternative Handelssysteme, die den anonymen → Wertpapierhandel einer Vielzahl von v.a. professionellen Beteiligten nach festgelegten Regeln ermöglichen. Dabei werden die klassischen → Börsen umgangen. Da P.H. als Anlage- und Abschlussvermittler tätig sind, sind sie → Wertpapierdienstleistungsunternehmen nach dem Wertpapierhandelsgesetz und unterliegen der Aufsicht durch das BAWe und das → BAKred. Sie sind im formellen Sinne keine Börsen, obwohl sie deren materielle Merkmale erfüllen. P.H. können jedoch auch eine Zulassung als Börse beantragen.

Proprietary Trading Systems, → Proprietäre Handelssysteme.

Pro-Rata-Matching-Prinzip, bezeichnet ein an der → Eurex teilweise eingeführtes Ausführungsprinzip, für das einzig der Preis bzw. der → Limitkurs der Aufträge im → Orderbuch maßgebend sind. Sobald neue Aufträge in das → elektronische Handelssystem eingegeben werden, durchsucht das System das Orderbuch und führt automatisch zusammenpassende Aufträge anteilig zum Bestand im Orderbuch aus. Das P.-R.-M.-P. wird von der Eurex beim → Einmonats- und → Dreimonats- Euribor Futures angewandt. – Vgl. auch → Preis-Zeit-Priorität.

pro rata temporis. Dieses Kürzel wird bei der Berechnung von → Zinssätzen angegeben, wenn die → Laufzeit von einer Zinsperiode abweicht. Dies ist beispielsweise bei unterjährlichen Zinsterminen der Fall.

Prospekt, → *Börsenprospekt, listing particulars*; → Verkaufsprospekt für Wertpapiere, → Verkaufsprospekte der Kapitalanlagegesellschaften, → Prospekthaftung.

prospektähnliche Bekanntmachung, bezeichnet jene Information über → Wertpapier und → Emittenten, die bei einer Emission an die Stelle des prinzipiell vorgeschriebenen Verkaufsprospekts tritt. Ausnahmeregelungen werden von den für die Prospektpflicht einschlägigen Normensammlungen im Hinblick auf (alternativ) bestimmte Papiere, Emittenten, Anleger oder Angaben formuliert (§§ 45ff. BörsZulV, § 73 III BörsG i.V.m. Börsenordnungen, §§ 2ff. VerkProspG). Informiert wird dann i.d.R. über institutionalisierte Publikationsorgane; so verlangt § 51 BörsZulV für den amtlichen Handel eine Publikation der Zulassung via Bundesanzeiger und Börsenpflichtblatt sowie eine Börsenbekanntmachung.

Prospektbefreiung, *exemption from prospectus.* Die Börsenzulassungsverordnung, das → Börsengesetz und das Verkaufsprospektgesetz sehen mehrere Fälle vor, bei denen eine Befreiung - entweder ganz oder teilweise - von der Veröffentlichung eines → Börsenzulassungsprospektes, → Unternehmensberichts oder eines Verkaufsprospektes gestattet ist. Die Befreiungsbestimmungen unterscheiden sich dabei hinsichtlich der Wertpapiere, Emittenten, Anleger oder einzelner Angaben. Wertpapierbezogene Befreiungen gibt es, wenn die Wertpapiere bereits an einer anderen inländischen Börse zum → amtlichen Handel zugelassen sind. Gleiches gilt für Aktien, die aus einer → Kapitalerhöhung aus Gesellschaftsmittel stammen oder für → Belegschaftsaktien. Auch beim Wechsel von Wertpapieren, die z.B. im → Geregelten Markt bereits seit zwei Jahren notiert sind, in den → amtlichen Handel, kann ein Befreiung erfolgen, sofern dem Publikum bereits die Informationen bekannt sind, die ihm normalerweise der Prospekt zur Verfügung stellt. Eine Befreiung im Hinblick auf → Emittenten gibt es z.B. bei Wertpapieren, die der Staat oder eine seiner Gebietskörperschaften emittiert. Ebenso können Wertpapiere von solchen Emittenten befreit werden, deren Aktien bereits mindestens drei Jahre an einer Börse eines anderen EU-Mitgliedsstaates notiert sind. Bei ausländischen Emittenten kann davon abgesehen werden, dass der → Börsenprospekt in deutscher Sprache veröffentlicht werden muss. Anlegerbezogene P. gelten für den Fall, dass es sich bei den zu emittierenden Wertpapieren nicht um Aktien handelt und diese Wertpapiere nur einem Anlegerkreis zugänglich sind, die mit einer solchen Anlage vertraut sind und diese Wertpapiere auch nur unter sich handeln. Bestimmte Angaben sind von einer Veröffentlichung befreit, wenn sie von geringer Bedeutung sind, öffentlichen Inter-

Prospekt bei der Börseneinführung von Wertpapieren

essen zuwiderlaufen oder dem Emittenten erheblichen Schaden zufügen.

Prospekt bei der Börseneinführung von Wertpapieren, → Börsenprospekt.

Prospektbetrug, *prospectus fraud*; wissentliche und willentliche Falschangaben im → Börsenprospekt oder anderen öffentlichen Bekanntmachungen, um die → Zeichnung oder den Handel mit den eigenen Wertpapieren zu beeinflussen. – Vgl. auch → Prospekthaftung.

Prospekterleichterungen, → verkürzter Prospekt.

Prospekthaftung, *liability extending to statements made in issuing prospectus*; Oberbegriff für die zivilrechtliche Verantwortlichkeit derjenigen, die Prospekte, in denen für Kapitalanlagen auf dem organisierten und nicht organisierten sog. → grauen Kapitalmarkt geworben wird, erstellen oder in Verkehr bringen, gegenüber den Anlegern. Die P. greift bei unrichtigen oder unvollständigen Prospekten ein. Zu unterscheiden ist zwischen der spezialgesetzlichen, den organisierten Kapitalmarkt betreffenden P. für → Börsenprospekte, → Verkaufsprospekte für Wertpapiere, → Verkaufsprospekte der Kapitalanlagegesellschaften sowie für Verkaufsprospekte ausländischer Investmentgesellschaften und der daraus entwickelten allgemeinen zivilrechtlichen P. für Prospekte, die Kapitalanlagen am grauen Kapitalmarkt zum Gegenstand haben. – 1. Börsenprospekte: Die P. für Börsenprospekte folgt für die zum Handel mit amtlicher Notierung zugelassenen Wertpapiere aus §§ 45 ff. BörsG. Aufgrund gesetzlicher Verweisung in § 77 BörsG gelten diese Vorschriften entsprechend für die Börsenprospekte in Form eines Unternehmensberichts, die Voraussetzung für die Zulassung von Wertpapieren zum Börsenhandel mit nicht-amtlicher Notierung (→ Geregelter Markt) sind. §§ 45 ff. BörsG sind darüber hinaus auf die Börsenprospekte der an der Frankfurter Wertpapierbörse zum Handel am → Neuen Markt zugelassen Wertpapiere gemäß § 66a der → Börsenordnung für die Frankfurter Wertpapierbörse zum Geregelten Markt zugelassen sein müssen. Die P. ist nicht dadurch ausgeschlossen, dass der Prospekt von der → Zulassungsstelle (→ amtlicher Handel) bzw. vom → Zulassungsausschuss (Geregelter Markt) gebilligt wurde. – Haftungsbegründender Tatbestand ist gemäß § 45 I BörsG die Unrichtigkeit oder Unvollständigkeit der wesentlichen Prospektangaben in dem Prospekt. Wesentlich sind solche Angaben, die die Anlageentscheidung eines vernünftigen, durchschnittlichen Anlegers beeinflussen würden. Dies können neben einzelnen unternehmensbezogenen Tatsachen auch wertende Aussagen über die wirtschaftliche Lage des → Emittenten und deren voraussichtliche Entwicklung sein. Liegt danach ein Prospektmangel vor, so kann der Erwerber der Wertpapiere von denjenigen, die für die Veröffentlichung des Prospekts die Verantwortung übernommen haben und von denjenigen, von denen die Veröffentlichung des Prospekts ausgeht, als Gesamtschuldner die Übernahme der Wertpapiere gegen Erstattung des Erwerbspreises und der mit dem Erwerb verbundenen üblichen Kosten verlangen, sofern das Erwerbsgeschäft nach Veröffentlichung des Prospekts und innerhalb von sechs Monaten nach der erstmaligen Einführung der Wertpapiere abgeschlossen wurde (§ 45 I BörsG). Ist der Erwerber nicht mehr Inhaber der Wertpapiere, so kann er die Zahlung des Unterschiedsbetrages zwischen dem Erwerbspreis und dem Veräußerungspreis sowie der mit Erwerb und Veräußerung verbundenen Kosten verlangen (§ 45 II BörsG). War der Erwerbspreis höher als der erste Ausgabepreis, so ist nur letzterer zu erstatten oder bei der Schadensberechnung heranzuziehen (§§ 45 I, II BörsG). Diese Begrenzung der P. auf den Ausgabepreis soll die Haftungsrisiken für die Prospektverantwortlichen und die Emittenten überschaubarer machen. Nach § 46 I BörsG haftet nicht, wer nachweist, dass er die Unrichtigkeit oder Unvollständigkeit der Angaben des Prospekts nicht gekannt hat und diese Unkenntnis nicht auf grober Fahrlässigkeit beruht. Darüber hinaus sind gemäß § 46 II BörsG Ansprüche aus P. dann ausgeschlossen, wenn die Wertpapiere nicht aufgrund des Prospektes erworben wurden, der unrichtig oder unvollständig dargestellte Sachverhalt nicht zu einer Minderung des Börsenpreises beigetragen hat, der Erwerber die Unrichtigkeit oder Unvollständigkeit des Prospekts kannte oder der Prospekt vor Abschluss des Erwerbsgeschäfts berichtigt wurde. Sind Wertpapiere eines Emittenten mit Sitz im Ausland

Prospekthaftung

auch im Ausland zum Börsenhandel zugelassen, so besteht ein Anspruch aus P. nur, wenn die Wertpapiere aufgrund eines im Inland abgeschlossenen Geschäfts oder einer im Inland erbrachten Wertpapierdienstleistung erworben wurden (§ 45 III BörsG). Der Anspruch aus P. verjährt gemäß § 47 BörsG in sechs Monaten ab Kenntnis des Erwerbers vom Prospektmangel, spätestens jedoch in drei Jahren seit der Veröffentlichung des Prospekts. Zuständig für die Entscheidung über Ansprüche aus § 45 BörsG ist das Landgericht am Sitz der Börse deren Zulassungsstelle bzw. Zulassungsausschuss den Prospekt gebilligt hat (§§ 49, 77 BörsG). – 2. Verkaufsprospekte für Wertpapiere: Die P. für Verkaufsprospekte ist in § 13 I Wertpapier-Verkaufsprospektgesetz (VerkProspG) geregelt, der auf die Vorschriften über die P. für Börsenprospekte gemäß §§ 45 ff. BörsG verweist. Sie greift ein, wenn die betreffenden Wertpapiere nach der Veröffentlichung des Prospekts und innerhalb von sechs Monaten seit ihrem ersten öffentlichen Angebot im Inland erworben wurden (§ 13 I Nr. 1 VerkProspG). Werden Wertpapiere eines Emittenten mit Sitz im Ausland auch im Ausland öffentlich angeboten, so besteht ein Anspruch aus P. nur, wenn die Wertpapiere aufgrund eines im Inland abgeschlossenen Geschäfts oder einer im Inland erbrachten Wertpapierdienstleistung erworben wurden (§ 13 I Nr. 2 VerkProspG). Der Anspruch aus P. verjährt gemäß § 13 I VerkProspG und § 47 BörsG in sechs Monaten ab Kenntnis des Erwerbers vom Prospektmangel, spätestens jedoch in drei Jahren seit der Veröffentlichung des Prospekts. Fehlt ein Verkaufsprospekt vollständig, so kommt eine deliktsrechtliche Haftung nach § 823 II BGB i.V.m. §§ 1, 9 VerkProspG in Betracht. Ist für Wertpapiere bereits ein Antrag auf Zulassung zum Börsenhandel gestellt, so ist für die Entscheidung über die Ansprüche aus P. sowie über die deliktsrechtlichen Ansprüche das Landgericht zuständig, in dessen Bezirk die Börse, bei deren Zulassungsstelle bzw. Zulassungsausschuss die Billigung des Verkaufsprospekts beantragt worden ist, ihren Sitz hat (§ 13 II Nr. 1 VerkProspG). Liegt kein Antrag auf Börsenzulassung vor, so entscheidet das Landgericht am Sitz des → Bundesaufsichtsamtes für den Wertpapierhandel (BAWe), d.h. das Landgericht Frankfurt am Main (§ 13 II Nr. 2 VerkProspG). – 3. Verkaufsprospekte der Kapitalanlagegesellschaften: Grundlage der P. für das Verkaufsprospekt einer Kapitalanlagegesellschaft ist § 20 KAGG. Zwar bezieht sich die Vorschrift auf Verkaufsprospekte für → Wertpapier-Sondervermögen, sie ist jedoch entsprechend anwendbar auf Verkaufsprospekte für → Geldmarkt-Sondervermögen (§ 7a KAGG), → Beteiligungs-Sondervermögen (§ 25a KAGG), → Investmentfonds-Sondervermögen (§ 25k KAGG), → Grundstücks-Sondervermögen (§ 26 KAGG), → gemischte Wertpapier- und Grundstücks-Sondervermögen (§ 37a KAGG) und → Altersvorsorge-Sondervermögen (§ 37h KAGG). Sind in einem solchem Prospekt Angaben, die für die Beurteilung der Anteilsscheine von wesentlicher Bedeutung sind, unrichtig oder unvollständig, so kann derjenige, der aufgrund des Prospekts Anteilsscheine gekauft hat, von der Kapitalanlagegesellschaft und von demjenigen, der die Anteilsscheine gewerbsmäßig im eigenen Namen verkauft hat, als Gesamtschuldner die Übernahme der Anteilsscheine gegen Erstattung des Kaufpreises verlangen (§ 20 KAGG). Ist der Käufer nicht mehr Inhaber der Anteilsscheine, so kann er die Zahlung des Betrages verlangen, um den der von ihm gezahlte Preis den Rücknahmepreis übersteigt (§ 20 I KAGG). Die Kapitalanlagegesellschaft oder der Verkäufer können nicht in Anspruch genommen werden, wenn sie nachweisen, dass sie die Unrichtigkeit oder Unvollständigkeit des Prospekts nicht gekannt haben und diese Unkenntnis nicht auf grober Fahrlässigkeit beruht (§ 20 III KAAG). Eine P. ist darüber hinaus für solche Personen vorgesehen, die gewerbsmäßig den Verkauf von Anteilsscheinen vermitteln oder die Anteilsscheine in fremdem Namen verkaufen (§ 20 IV KAGG). Damit sind insbesondere Vertriebsgesellschaften, Anlageberater und Versicherungsgesellschaften, die Kapitalanlagen vermitteln, erfasst. Sie sind im Fall eines Prospektmangels zur Übernahme der Anteilsscheine verpflichtet, wenn sie die Unrichtigkeit oder Unvollständigkeit des Prospekts kannten. Fahrlässige Unkenntnis löst dagegen keine P. dieser Personen aus. Ein Anspruch aus P. besteht nicht, wenn der Erwerber den Prospektmangel beim Kauf der Anteilsscheine gekannt hat. Der Anspruch verjährt in sechs Monaten ab Kenntnis des Erwerbers vom Prospektmangel, spätestens jedoch in drei Jahren seit dem Abschluss des Kaufvertrages. – 4. Verkaufsprospekte aus-

Prospektpflicht

ländischer Investmentgesellschaften: Die P. für Verkaufsprospekte ausländischer Investmentgesellschaften ist in § 9 des Gesetzes über den Vertrieb ausländischer Investmentanteile und über die Besteuerung der Erträge aus ausländischen Investmentanteilen (AuslInvestmG) geregelt. Sind wesentliche Angaben in dem Verkaufsprospekt unrichtig oder unvollständig, so kann derjenige, der auf Grund des Prospekts Investmentanteile gekauft hat, von der ausländischen Investmentgesellschaft, von der Verwaltungsgesellschaft und von der Vertriebsgesellschaft die Übernahme der Investmentanteile gegen Erstattung des von ihm gezahlten Betrages verlangen oder die Zahlung des Unterschiedsbetrages zwischen dem Kaufpreis und dem von ihm später erzielten Rücknahmepreis verlangen. Die Regelung entspricht in ihren Einzelheiten der P. für Verkaufsprospekte der Kapitalanlagegesellschaften. – 5. Allgemeine zivilrechtliche P.: Zum Schutz der Anleger, die sich an → Publikumsgesellschaften (GmbH & Co. KG), an → Bauherrenmodellen (in der Form der GbR oder KG) oder an Immobilienanlagen (z. B. Immobilienleasing, geschlossene Immobilienfonds in Form der GbR oder KG) beteiligen, hat die Rechtsprechung eine allgemeine zivilrechtliche P. entwickelt. Rechtsgrund der Haftung ist die Enttäuschung des Vertrauens in den die jeweilige Anlageform beschreibenden Prospekt, der regelmäßig die einzige Informationsquelle für den Anleger ist. Sie setzt daher nicht voraus, dass der Anleger die für den Prospekt Verantwortlichen oder ihre Mitwirkung kannte. Die P. knüpft an die tatsächliche Veröffentlichung des Prospekts an und greift ein, wenn der Prospekt den Anleger nicht über alle Umstände, die für die Anlageentscheidung von Bedeutung sein können, vollständig und richtig informiert. Der Kreis der Haftenden umfasst die Initiatoren der Anlagemodelle, die Gründer der Gesellschaften und u.U. auch diejenigen, die als Referenz im Prospekt benannt sind. Dem Anleger ist der Schaden zu ersetzen, den er dadurch erlitten hat, dass er auf die Angaben im Prospekt vertraut hat. Regelmäßig wird der Schaden in dem Verlust des eingezahlten Kapitals bestehen. Die Ansprüche verjähren in sechs Monaten ab Kenntnis vom Prospektmangel, spätestens jedoch in drei Jahren seit der Beteiligung an einer Publikumsgesellschaft bzw. in 30 Jahren seit der Beteiligung an einem Bauherrenmodell oder an einem Immobilienfonds. – Die bisherige Entwicklung in der Rechtsprechung lässt den Schluss zu, dass die Grundsätze der allgemeinen zivilrechtlichen P. auch auf andere als die hier genannten Formen von Kapitalanlagen anwendbar sind.

Prospektpflicht, *duty of publishing a placement prospect*; bezeichnet die Verpflichtung zur Erstellung und Veröffentlichung eines → Emissionsprospektes im Rahmen von → Emissionen. Dadurch soll potenziellen Anlegern ermöglicht werden, ein den tatsächlichen Verhältnissen entsprechendes Bild der Finanz-, Vermögens- und Ertragslage sowie der Geschäftsaussichten zu erhalten.

Prospektprüfung. Überwachung der Einhaltung der vorgeschriebenen Mindestqualitäten eines Emissionsprospekts im Rahmen des Zulassungsverfahrens einer Börseneinführung. Vor Veröffentlichung muss der Prospekt von der für das jeweilige Börsensegment zuständigen Prüfungsinstanz gebilligt werden. Als solche fungieren die Zulassungsstelle für den amtlichen Handel (§ 43 II BörsZulV, § 6 I VerkProspG) und der personenidentische Zulassungsausschuss für den → Geregelten Markt (§ 6 I, IV VerkProspG). Aufgrund der privatrechtlichen Organisationsform des → Neuen Marktes obliegt die Prüfung hier der → Deutschen Börse AG; da diese Zulassung zum Geregelten Markt voraussetzt, wird indes auch hier der Zulassungsausschuss eingebunden (Regelwerk Neuer Markt i.V.m. VerkProspVO). Bei Wertpapieren, deren Zulassung für keines der vorgenannten Segmente beantragt ist, nimmt das Bundesaufsichtsamt für den Wertpapierhandel eine Prüfung der gesetzlich vorgeschriebenen Prospektinhalte vor (§§ 8a ff. VerkProspG). Die Prüfung richtet sich auf Mindestqualitäten im Sinne der Vollständigkeit und Übersichtlichkeit des Prospekts (Publizitätsprüfung), nicht auf die in den Wertpapieren verkörperte Chance-/Risiko-Position (keine Bonitätsprüfung). Die Zulassung begründet keine Richtigkeits / Vollständigkeitsvermutung und entbindet Geber der → Prospektunterschriften auch nicht von ihrer Haftung.

Prospektunterschriften. Zeichnung des → Emittenten und mindestens einer emissionsbegleitenden → Bank unter dem Börsenzulassungsprospekt, der Interessenten helfen soll, sich ein fundiertes Urteil über den Emittenten und das Wertpapier zu bilden. Emittent und Bank „erlassen" den Prospekt im Sinne von § 36 II BörsG, § 13 BörsZulV. In der Folge haften sie (gesamtschuldnerisch) nach den speziellen Prospekthaftungsnormen in §§ 45f. BörsG insbes. für Schäden aus unrichtigen oder unvollständigen Prospekten.

Prospektveröffentlichung, *prospectus publication.* Generelle Verpflichtung, bei einer → Wertpapieremission einen → Emissionsprospekt zu veröffentlichen. Dies kann in einem → Pflichtblatt der jeweiligen → Börse oder im Rahmen der → Schalterpublizität durch Bereithalten kostenloser Prospekte an den → Zulassungs-, → Zahl- und Hinterlegungsstellen erfolgen. Es muss im → Bundesanzeiger ein Hinweis auf Art und Ort der Veröffentlichung erfolgen. Unter gewissen Umständen kann eine → Prospektbefreiung erfolgen. – Vgl. auch → Verkaufsprospekt für Wertpapiere und → Publizitätspflichten der börsennotierten Aktiengesellschaften.

Protection Position, bezeichnet eine Vereinbarung, die in Form einer Zuteilungsgarantie bei → Tenderverfahren bzw. als Ausschlussrecht bei → Emissionskonsortien getroffen werden kann. Die Zuteilung eines Mindestvolumens zu einem fixierten Preis gibt den → Konsortialmitgliedern die Möglichkeit, eine stabile Investorenbasis aufzubauen.

Protokoll der Hauptversammlung der AG, Verhandlungsniederschrift der Hauptversammlung der AG

Provinzbörse, *regional exchange, out of town market.* Bezeichnung für eine kleine, regional und damit abseits der wichtigen Börsenplätze angesiedelte → Börse.

Provision, *commission.* Vorwiegend im → Handel und im Bankgeschäft übliche Form der Vergütung, die i.d.R. in Prozent vom Umsatz berechnet wird, jedoch auch pauschal entrichtet werden kann. Grundlage der Entlohnung ist eine Vermittlungsleistung. – Vgl. auch → franco Provision, → Bankprovision, → Provision bei Börsengeschäften, → Provision im Wertpapiergeschäft, → Courtage und → Effektenprovision.

Provision bei Börsengeschäften, *commission on exchange transactions.* Bei Börsengeschäften fällt neben der Gebühr, die an die ausführende Bank abzuführen ist, zusätzlich die → Maklergebühr oder auch → Maklercourtage an. Diese ist in der → Wertpapierabrechnung gesondert aufgeführt und beträgt i.d.R. 0,08% des Umsatzes. Entrichtet wird sie an die depotführende Bank, diese an den Makler weiterleitet. – Vgl. auch → Provision, → Courtage, → Spesen und → Effektenprovision.

Provision im Wertpapiergeschäft, *commission on security transactions;* Bezeichnung für Gebühren, die ein Investor seiner Bank für den Kauf oder Verkauf von Wertpapieren zu zahlen hat. Sie setzen sich zusammen aus Kosten der Orderübermittlung, Orderbearbeitung und Abwicklung. – Vgl. auch → Provision, → Courtage, → Spesen und → Effektenprovision.

Proxy, → Vollmacht.

Proxy Cards, Vollmachtstimmkarten im Rahmen des proxy-Verfahrens.

Proxy Fight. Ein proxy-Stimmrecht ist zur Stellvertretung in der Hauptversammlungen einer amerikanischen Aktiengesellschaft erforderlich. Mit P. F. oder Proxy Contest sind ursprünglich Versuche insbesondere von Kleinaktionären unternommen worden, ihre Vertreter in das Board of Directors zu entsenden. Zu diesem Zweck erwarben sie gegen eine Prämie Stimmrechtsvollmachten. Ein derartiger Proxy Contests kann in der Absicht unternommen werden sicherzustellen, dass eine bevorstehende Übernahme freundlich verläuft. Der Erwerber sucht zunächst, die Zielgesellschaft zu beeinflussen, indem er eigene Vertreter in den Aufsichtsrat wählt, ohne jedoch selbst einen großen Aktienanteil zu erwerben. Für einen P. F. benötigt er umfangreiche Stimmrechtsvollmachten. Vertritt er über 20 Prozent des stimmberechtigten → Grundkapitals, kann er nach § 122 AktG eine → außerordentliche Hauptversammlung einberufen lassen. Um den → Aufsichtsrat vor Ende der Amtszeit auszutauschen, benötigt er jedoch bereits über 75 Prozent der Stimmrechte (§ 103 AktG). Der → Vorstand kann vor Ablauf der eigentlichen Amtszeit nur abberufen werden, wenn ein wichtiger Grund vorlieg (§ 84 Abs.

Prozentkurs

3 AktG), der eine grobe Pflichtverletzung, die Unfähigkeit zur ordnungsgemäße Geschäftsführung oder den Vertrauensentzug durch die Hauptversammlung voraussetzt. Ein P. F. als Vorbereitung einer Übernahme wird daher in der Regel nur dann als sinnvoll angesehen, wenn die regelmäßigen Wahlen der Organe der Zielgesellschaft anstehen.

Prozentkurs, → Prozentnotierung.

Prozentnotierung, *percentage quotation*. → Börsenkurs für → festverzinsliche Wertpapiere, der den aktuellen Kurs als Prozentzahl im Vergleich zum → Nennwert ausdrückt. Aktien werden in Deutschland seit 1969 i.d.R. in Stück notiert. – Gegensatz: → Stückkurs.

Prozentpunkte, *Punkte, Kurspunkte, percentage points*; dient der Beschreibung von Kursveränderungen gehandelter Wertpapiere. Die P. geben dabei die prozentuale Veränderung der Kurse im Vergleich zum Ausgangswert an. – Vgl. auch → tick.

Prudent Man Rule. US-amerikanische Vorschrift über die Sorgfaltspflicht des Treuhänders in Vermögensfragen, wonach diese mit der gleichen Sorgfalt und Gewissenhaftigkeit im Umgang mit dem ihnen anvertrauten Geld vorzugehen haben, wie eine umsichtige Person mit dem eigenen Vermögen vorgehen würde.

Prüfung des Jahresabschlusses der AG, *annual audit*. Die Rechnungslegung einer AG, die nicht eine → kleine Aktiengesellschaft nach § 267 I HGB ist, muss von einem Abschlussprüfer (→ Abschlussprüfer bei der AG) geprüft werden, damit der → Jahresabschluss festgestellt werden kann. – Vgl. auch → Jahresabschlussprüfung.

Prüfung des Konzernabschlusses, *consolidated accounts audit*. Der → Konzernabschluss muss nach § 316 II HGB von einem Abschlussprüfer (→ Abschlussprüfer bei der AG) geprüft werden. Gegenstand und Umfang der Prüfung entsprechen denen der → Jahresabschlussprüfung. Ergänzend ist lediglich zu prüfen, ob die einbezogenen Einzelabschlüsse den Grundsätzen ordnungsmäßiger Buchführung entsprechen und ob die Vorschriften zur Einbeziehung in den Konzernabschluss beachtet wurden.

Prüfung des Zulassungsprospektes, → Prospektprüfung.

Prüfungsauftrag, *auditing order*. Der P. dient zur Einleitung einer → Pflichtprüfung oder einer freiwilligen Prüfung. Während der Umfang einer Pflichtprüfung gesetzlich vorgeschrieben ist, kann der Auftraggeber den Umfang einer freiwilligen Prüfung selbst bestimmen. Der Auftrag zur → Jahresabschlussprüfung wird bei Kapitalgesellschaften nach § 318 HGB vom → Aufsichtsrat erteilt. Um den P. annehmen zu können, muss der → Wirtschaftsprüfer unabhängig und unbefangen sein, auf die Solidität des Geschäftsgebarens des Auftraggebers vertrauen können sowie die entsprechende Qualifikation besitzen.

Prüfungsbericht, *audit report*; ist der i.d.R. schriftliche Bericht, den der → Wirtschaftsprüfer über die von ihm vorgenommene → Jahresabschlussprüfung erstellt. Dieser ist dem → Aufsichtsrat vorzulegen, falls dieser den → Prüfungsauftrag erteilt hat, ansonsten ist der P. den gesetzlichen Vertretern vorzulegen (§ 321 V HGB). Bei der Prüfung von Kreditinstituten ist der Bericht nach § 26 KWG auch dem Bundesaufsichtsamt und der → Deutschen Bundesbank einzureichen (für → Kreditgenossenschaften und → Sparkassen gelten abweichende Regelungen). Mit dem P., der den Bestätigungsvermerk enthalten muss, beendet der Abschlussprüfer (→ Abschlussprüfer bei der AG) die Prüfung. Der Bericht wird nach den Grundsätzen der Vollständigkeit, Klarheit, Wahrheit und Unparteilichkeit erstellt. Er ist, neben der Jahresabschlussprüfung, auch bei Sonderprüfungen (→ Sonderprüfung bei der AG) und der Gründungsprüfung (→ Gründungsprüfung bei der AG) anzufertigen. – Inhaltlich muss der Bericht über folgende Komponenten verfügen: 1. Vorab ist eine Stellungnahme über die vom gesetzlichen Vertreter beurteilte Lage des Unternehmens abzugeben. – 2. Etwaige im Rahmen der Prüfung festgestellte Unrichtigkeiten oder Verstöße sind zu nennen. – 3. Im Hauptteil wird festgestellt, ob die Buchführung, der Jahresabschluss und der → Lagebericht den gesetzlichen Vorschriften entsprechen und ob die gesetzlichen Vertreter die verlangten Auskünfte erbracht haben. Zudem erfolgt eine Aufgliederung und Erläuterung der Posten des Jahresabschlusses. – 4. Der

Gegenstand, sowie Art und Umfang der Prüfung müssen erläutert werden. – 5. Wurde ein Überwachungssystem (→ Überwachungssystem bei der AG) nach § 317 IV HGB geprüft, so ist auch darüber zu berichten. In der insgesamt problemorientierten Darstellung ist bei der gebotenen Klarheit darauf zu achten, dass der Hauptzweck des P. darin liegt, den Aufsichtsrat bei der Überwachung des Vorstandes zu unterstützen.

Prüfungsbericht über die Gründung einer AG, *audit report about the foundation of a stock corporation*. Bericht, der bei → Gründung einer AG durch die Gründer oder Gründungsprüfer erstellt wird. Der Prüfungsbericht muss beim → Registergericht, beim Vorstand und bei der Industrie- und Handelskammer eingereicht werden. Falls die Eintragung in das → Handelsregister weniger als zwei Jahre zurückliegt, ist der Prüfungsbericht dem Zulassungsantrag beizufügen. – Vgl. auch → Gründungsprüfung bei der AG.

Prüfungsergebnis, *audit result*. Unter dem P. versteht man das abschließende Urteil eines Prüfungssubjekts über ein Prüfungsobjekt. Dieses Urteil wird in komprimierter Form den entsprechenden Adressaten zur Verfügung gestellt. Die Mitteilung des P. erfolgt entweder über den → Prüfungsbericht, die Schlussbesprechung oder über den → Bestätigungsvermerk. Welche Methode dabei angewandt wird, ist vor allem von den jeweiligen Adressaten, als auch von der Art der Prüfung abhängig.

Prüfungspflicht, *statutory audit, audit requirements*. Die P. trifft nach § 316 HGB → große und → mittelgroße Kapitalgesellschaften und Unternehmen, die unter das Publizitätsgesetz fallen. Zu prüfen sind der → Jahresabschluss und der Lagebericht (→ Lagebericht der AG). Gegenstand der Prüfung im → Konzern sind der → Konzernabschluss und der → Konzernlagebericht. Dabei ist darauf zu achten, dass die Vorschriften aus Gesetz und Gesellschaftsvertrag bzw. Satzung beachtet wurden. Die Prüfung erstreckt sich danach grundsätzlich auf die Einhaltung aller für die → Rechnungslegung der Gesellschaft geltenden Regeln. Nicht erfasst sind alle steuerrechtlichen Vorschriften, es sei denn, aus ihrer Nichtbeachtung ergeben sich Risiken, denen auch unter kaufmännischem Aspekt Rechnung zu tragen ist. – Der → Abschlussprüfer darf Hilfspersonen heranziehen, prüft aber in eigener Verantwortung. Er darf sich nicht einfach auf Prüfungsergebnisse und Untersuchungen Dritter verlassen, darf sie aber verwerten. Über das Ergebnis der Prüfung ist schriftlich zu berichten. Sind keine Einwendungen zu erheben, so hat der Prüfer dies mit einem Vermerk zu bestätigen. Der Bestätigungsvermerk ist ein Gesamturteil aufgrund der Prüfung. Auf Risiken, die den Fortbestand des Unternehmens gefährden, ist jedoch seit der Novellierung der §§ 317 II, 322 II HGB durch das → KonTraG besonders einzugehen. – Den Abschlussprüfer treffen Verhaltenspflichten, insbesondere die Pflicht zur gewissenhaften und unparteiischen Prüfung und zur Verschwiegenheit. Handelt er fahrlässig, macht er sich schadenersatzpflichtig bis zur Höhe von 2 Mio. Euro, bei der börsennotierten → Aktiengesellschaft (AG) bis zu 4 Mio. Euro.

Prüfungstestat, → Bestätigungsvermerk.

Prüfungsumfang, *audit extent*. Dieser ist so zu bemessen, dass beurteilt werden kann, ob am Prüfungsobjekt gesetzliche Bestimmungen und ergänzende Bestimmungen des Gesellschaftsvertrages oder der Satzung beachtet worden sind. Ebenso muss der → Lagebericht im Einklang mit dem → Jahresabschluss stehen und darf keine falsche Vorstellung von der Lage des Unternehmens vermitteln. Seit Einführung des → KonTraG ist der Prüfungsumfang dahingehend zu erweitern, dass festgestellt wird, ob ein Überwachungssystem (→ Überwachungssystem bei der AG) nach § 91 II AktG eingerichtet wurde und ob dieses für seine Aufgabe geeignet ist.

Prüfungsvermerk, → Bestätigungsvermerk.

Prüfungsvorschriften für die AG, *audit standards*. Die P.f.d.A. sind geregelt in den §§ 316-324 HGB. – Vgl. hierzu → Jahresabschlussprüfung.

PSE, → Palestine Securities Exchange.

PublG, Abk. für → Publizitätsgesetz.

Public-Issue

Public-Issue, *Öffentliches Platzierungsverfahren, public offering*. Im Rahmen der öffentlichen Platzierung werden Effekten an ein weitgestreutes Publikum vergeben, um eine Konzentration auf wenige Großinvestoren zu verhindern. Man unterscheidet zwischen Verfahren mit und ohne Preisfixierung. Von Verfahren mit Preisfixierung spricht man bei der Auflegung zur → öffentlichen Zeichnung, dem → freihändigen Verkauf, sowie der → Platzierung über die Börse. Finden das → Tender- und das → Bookbuilding Verfahren Verwendung, spricht man von Verfahren ohne Preisfixierung. Konträr zu P.-I. steht die → Privatplatzierung.

Public Relations, *Öffentlichkeitsarbeit*. P.R. ist das bewusste, geplante und dauerhafte Bemühen von Unternehmen, Institutionen oder Personen, ein Vertrauensverhältnis zu ihrer Umwelt durch Information und Kommunikation herzustellen. P.R.-Aktivitäten dienen der Selbstdarstellung und sollen in der Öffentlichkeit ein bestimmtes Bild erzeugen. Insoweit unterscheiden sie sich vom Journalismus, dessen Wesen die Fremddarstellung von Ereignissen, Handlungen und Institutionen ist, und dem auf den Absatz einer Ware oder dem Angebot einer Dienstleistung ausgerichteten Marketing. Instrumente der P.R. sind die Presse- und Medienarbeit und der direkte Dialog auf Veranstaltungen, Messen oder mittels elektronischer Informationssysteme, insbesondere des Internets. Ein Teilbereich der P.R. sind die → Investor Relations.

Publikationen der Wertpapieraussteller. Zu den P.d.W. gehören die vom Emittenten eines Wertpapiers erstellten → Börsenprospekte bzw. die → Verkaufsprospekte für Wertpapiere sowie die Veröffentlichungen im Rahmen der → Börsenpublizität.

Publikationspflicht, → *Publizitätspflicht, compulsory disclosure*.

Publikum, *private sector*; ist eine Bezeichnung für breite Anlegerkreise, in erster Linie aber für Kleinanleger.

Publikumsaktien. Bezeichnung für → Aktien, die breit gestreut sind. Es sind meist Aktien großer Gesellschaften.

Publikumsfonds, *investment fund open to the general public*. → Investmentfonds, deren → Anteilscheine von jedermann erworben werden können. – Gegensatz: → Spezialfonds.

Publikumsgesellschaft, *public corporation, publicly held corporation, public company*; Aktiengesellschaft, deren Aktien breit gestreut sind, so dass kein → Aktionär beherrschenden Einfluss in der Hauptversammlung hat.

Publizität der Börse, → *Börsenpublizität, disclosure of the stock exchange*.

Publizität, *disclosure*. Unterrichtung der Öffentlichkeit durch Bekanntgabe einer Tatsache durch eine natürliche oder → juristische Person. Die P. wird im Rechtsverkehr dadurch hergestellt, dass die betreffende Tatsache im → Handelsregister, im → Bundesanzeiger, in den → Börsenpflichtblättern, in den → Gesellschaftsblättern, in der → Finanzpresse oder über ein → elektronisches Informationssystem veröffentlicht wird. – Vgl. auch → Börsenpublizität, → Börsenprospekt, → Publizitätspflichten der börsennotierten Aktiengesellschaften, → Publizitätspflichten der Kapitalgesellschaften, → Verkaufsprospekte für Wertpapiere und → Verkaufsprospekte der Kapitalanlagegesellschaften.

Publizitätserleichterungen. Einschränkung der aufgrund gesetzlicher Regelung bestehenden → Publizitätspflichten, wenn bestimmte, in den jeweiligen Vorschriften näher beschriebene Voraussetzungen (Ausnahme- oder Befreiungstatbestände) vorliegen.

Publizitätsgesetz (PublG). *Disclosure Law, Publicity Law*; Gesetz über die Rechnungslegung von bestimmten Unternehmen und Konzernen vom 15.8.1969. § 9 PublG verpflichtet Unternehmen, die in der Rechtsform einer Personenhandelsgesellschaft, des Einzelkaufmanns, eines wirtschaftlichen Vereins oder einer rechtsfähigen Stiftung des bürgerlichen Rechts betrieben werden, zur Aufstellung und Offenlegung eines Jahresabschlusses (§ 242 HGB), wenn mindestens zwei von drei nachstehenden Merkmale für den Tag des Ablaufs eines Geschäftsjahres (Abschlussstichtag) und für die zwei darauf

Publizitätspflichten der Kapitalgesellschaften

folgenden Abschlussstichtage zutreffen: Bilanzsumme, Umsatzerlöse und Arbeitnehmer. Die Offenlegung erfolgt nach § 325 HGB, indem der von einem Abschlussprüfer geprüfte Jahresabschluss → im Bundesanzeiger bekannt gemacht und die Bekanntmachung nebst Jahresabschluss zum → Handelsregister eingereicht wird. – Für ein in den o.g. Rechtsformen betriebenes Mutterunternehmen eines Konzerns, das seinen Sitz in der BRD hat, sieht § 11 PublG die Pflicht zur Aufstellung und Offenlegung des Konzernabschlusses und des Konzernlageberichts (§§ 290 ff. HGB) vor, wenn mindestens zwei der drei darin genannten Merkmale an drei aufeinander folgenden Konzernabschlussstichtagen zutreffen. – Vgl. auch → Publizität, → Publizitätspflichten der Kapitalgesellschaften und → Publizitätspflichten der börsennotierten Aktiengesellschaften.

Publizitätspflicht, *Publikationspflicht, Publizitätszwang, compulsory disclosure.* Verpflichtung zur → Publizität aufgrund einer gesetzlichen Regelung im Handels-, Gesellschafts- oder Kapitalmarktrecht. – Vgl. auch → Börsenpublizität, → Ad-hoc-Publizität, → Publizitätspflichten der Kapitalgesellschaften, → Publizitätspflichten der börsennotierten Aktiengesellschaften, → Publizitätsgesetz, → Börsenprospekt, → Verkaufsprospekte für Wertpapiere und → Verkaufsprospekte der Kapitalanlagegesellschaften.

Publizitätspflichten der börsennotierten Aktiengesellschaften, *compulsory disclosure of listed companies.* Neben den allgemeinen, alle Kapitalgesellschaften betreffenden → Publizitätspflichten bestehen für börsennotierte Aktiengesellschaften (und Kommanditgesellschaften auf Aktien) besondere Publizitätspflichten. Bevor ihre Aktien oder sie vertretende Wertpapiere (z.B. → Zwischenscheine) zum Handel an einer Börse zugelassen werden, haben sie einen → Börsenprospekt zu erstellen (§§ 36 III Nr. 2, 73 I Nr. 2 BörsG). Aktiengesellschaften, deren Aktien zum → amtlichen Handel oder zum Handel im → Geregelten Markt zugelassen sind oder für deren Aktien eine Zulassung beantragt worden ist, sind weiterhin gemäß § 325 II, I i.V.m. § 267 III HGB verpflichtet, den Jahres- bzw. Konzernabschluss sowie den Lagebericht (→ Lagebericht der AG) innerhalb von zwölf Monaten seit dem Abschlussstichtag im → Bundesanzeiger bekanntzumachen und die Bekanntmachung zum → Handelsregister einzureichen. Darüber hinaus besteht für Aktiengesellschaften, deren Aktien zum amtlichen Handel zugelassen sind, gemäß § 44b BörsG die Pflicht, innerhalb des Geschäftsjahres regelmäßig mindestens einen → Zwischenbericht zu veröffentlichen. Die Veröffentlichung muss innerhalb von acht Monaten seit Beginn des Geschäftsjahres erfolgen (§§ 53, 61 der Verordnung über die Zulassung von Wertpapieren zur amtlichen Notierung an einer Wertpapierbörse – BörsZulV). Diese regelmäßig zu erfüllenden Publizitätspflichten, die auch als → Regelpublizität bezeichnet werden, unterscheiden sich durch den Kreis der Adressaten und ihren daraus folgenden Umfang. Adressat des Zwischenberichts sind die Anleger, die über die aktuelle Lage des Unternehmens und deren wahrscheinliche Entwicklung im laufenden Geschäftsjahr zusammenfassend informiert werden sollen. Der → Jahresabschluss (§§ 242, 284 HGB) nebst Lagebericht (§ 289 HGB) richtet sich demgegenüber gleichermaßen an die Aktionäre, die Gläubiger, die Arbeitnehmer, die Finanzverwaltung und an die Öffentlichkeit. Der Jahresabschluss enthält daher wesentlich umfangreichere Angaben als der Zwischenbericht. Auch der Geschäftsverlauf und die Lage des Unternehmens sind im Lagebericht ausführlicher als im Zwischenbericht zu erörtern. Im Lagebericht ist zudem die künftige Entwicklung der Gesellschaft für einen über das folgende Geschäftsjahr hinausgehenden Zeitraum zu beurteilen. Die Pflicht zur Regelpublizität wird durch die aus § 15 I WpHG folgende → Ad-hoc-Publizitätspflicht ergänzt. Aktiengesellschaften, deren Aktien zum amtlichen Handel oder zum Handel im Geregelten Markt zugelassen sind, haben danach potentiell kursrelevante, neue Tatsachen bereits unverzüglich nach ihrem Eintritt zu veröffentlichen. Dies gilt auch für Tatsachen, die im Rahmen der Regelpublizität erst zu einem späteren Zeitpunkt hätten veröffentlicht werden müssen. – Vgl. auch → Quartalsbericht und → freiwillige Publizität.

Publizitätspflichten der Kapitalgesellschaften, *compulsory disclosure of corporations.* Aus dem Handels-, Gesellschafts- und Kapitalmarktrecht ergeben sich für Kapitalgesellschaften eine Reihe von →

Publizitätspolitik

Publizitätspflichten. Die Pflicht, eine Tatsache offen zu legen, besteht zum einen, wenn Rechtssicherheit in bezug auf einen Lebenssachverhalt geschaffen werden soll. Dies wird dadurch erreicht, dass die Tatsache in das → Handelsregister einzutragen ist und die Eintragung rechtsbegründende (konstitutive) oder rechtsbezeugende (deklaratorische) Wirkungen entfaltet. So entsteht eine Aktiengesellschaft oder eine Gesellschaft mit beschränkter Haftung (GmbH) als solche erst mit der Eintragung in das Handelsregister (§§ 36, 41 I AktG bzw. §§ 7, 11 GmbHG und §§ 8 ff. HGB). Demgegenüber wird die Änderung des → Vorstandes einer Aktiengesellschaft (Bestellung, Abberufung) bereits mit dem entsprechenden Beschluss des → Aufsichtsrates (§ 84 AktG) und nicht erst mit der vorgeschriebenen Eintragung in das Handelsregister (§ 81 AktG) wirksam. Das AktG, das GmbHG sowie das HGB enthalten zahlreiche weitere Regelungen über Tatsachen, die in das Handelsregister einzutragen sind. Welche Wirkung die Eintragung im Einzelfall hat, ist der jeweiligen Vorschrift zu entnehmen. – Die den Gesellschaften obliegenden Publizitätspflichten haben zum anderen den Zweck sicherzustellen, dass sich eine Vielzahl von Personen (Gesellschafter, Gläubiger, Anleger, usw.) über Tatsachen, die eine Gesellschaft betreffen, unterrichten kann. Die Pflicht, die Tatsache zu veröffentlichen, folgt aus dem Informationsbedürfnis dieser Personen und dessen Anerkennung durch den Gesetzgeber. Die → Publizität ist in diesen Fällen regelmäßig dadurch herzustellen, dass die zu veröffentlichende Tatsache im → Bundesanzeiger, in anderen → Gesellschaftsblättern oder durch Einreichung zum → Handelsregister bekanntzumachen ist. Publizitätspflichten dieser Art enthalten z.B. § 20 AktG: Mitteilungspflichten bei Beteiligungsveränderungen (→ Mitteilungspflicht von Beteiligungen), § 121 AktG: → Einberufung der Hauptversammlung, § 246 AktG: → Anfechtung von Hauptversammlungsbeschlüssen und § 52 I GmbHG: Aufsichtsrat. – Hervorzuheben sind in diesem Zusammenhang die §§ 325 ff HGB. Danach sind die gesetzlichen Vertreter von Kapitalgesellschaften verpflichtet, den Jahresabschluss (§ 264 HGB) und den Lagebericht (§ 289 HGB) unverzüglich zum Handelsregister ihres Sitzes einzureichen. Im Anschluss daran haben sie im Bundesanzeiger bekanntzumachen, bei welchem Handelsregister die Unterlagen eingereicht worden sind. Davon abweichend sind → kleine Kapitalgesellschaften, d.h. solche, die nach § 267 I HGB bestimmte Größenmerkmale nicht überschreiten, nur verpflichtet, die Bilanz und den Lagebericht beim Handelsregister einzureichen. Demgegenüber haben → große Kapitalgesellschaften, d.h. solche, die bestimmte, in § 267 III HGB näher definierte Größenmerkmale überschreiten, die offenzulegenden Unterlagen zunächst im Bundesanzeiger bekanntzumachen und sodann die Bekanntmachung zum Handelsregister einzureichen. Zu den großen Kapitalgesellschaften gehören auch die börsennotierten Aktiengesellschaften, für die darüber hinaus weitere besondere Publizitätspflichten bestehen (→ Publizitätspflichten der börsenotierten Aktiengesellschaften). – Die §§ 325 ff. HGB sind gemäß § 264a HGB auch auf Personenhandelsgesellschaften anzuwenden, bei denen nicht wenigstens ein persönlich haftender Gesellschafter eine natürliche Person ist. Mit dieser Vorschrift wurde die sogenannte GmbH & Co.-Richtlinie des Rates der Europäischen Gemeinschaften vom 8.11.1990 in deutsches Recht umgesetzt. – Vgl. auch → Publizitätsgesetz.

Publizitätspolitik, *disclosure policy*. P. ist das zielgerichtete Gestalten der Informationen über Tatsachen, die im Rahmen bestehender → Publizitätspflichten öffentlich bekannt gegeben werden müssen. Ziel der P. ist es, die Erwartungen und Handlungen derjenigen zu beeinflussen, deren gesetzlich anerkanntes Informationsbedürfnis oder -interesse mit der Pflicht zur → Publizität befriedigt werden soll. Die Grenzen der P. ergeben sich aus der jeweiligen gesetzlichen Regelung. Soweit diese dem zur Publizität Verpflichteten Wahl- oder Gestaltungsrechte bei der Bewertung der zu veröffentlichenden Tatsache einräumt, muss die P. entscheiden, ob und wie diese Rechte in Anspruch genommen werden. – Der wichtigste Bereich der P. ist die Bilanzpolitik. Zu ihr gehören alle Maßnahmen die von einem Unternehmen ergriffen werden können, um die Handelsbilanz (§§ 242 ff HGB) und die Steuerbilanz (§ 60 II Einkommensteuer-Durchführungsverordnung - EStDV) in formaler und materieller Hinsicht so zu gestalten, dass die Adressaten in ihrem Urteil und ihrem Verhalten in eine von dem Bilanzierenden gewünschte Richtung beeinflusst werden. Gestaltungsmöglichkeiten ergeben sich dadurch, dass die gesetzlich zulässigen Bilanzierungswahlrechte, Bewertungswahlrechte und Ansatzwahlrechte ausgeschöpft werden.

Publizitätszwang, → *Publizitätspflicht, Publikationspflicht, compulsory disclosure.*

Purchase Commitment, *Kaufverpflichtung, Abnahmeverpflichtung.* Unter dem P.C. versteht man die Verpflichtung im Rahmen von → Futures- oder → Forward-Geschäften, die ausstehenden Positionen zu erfüllen, d.h. glattzustellen und zwar entweder über die tatsächliche Lieferung des → Underlying oder via Netting der Positionen.

Purchase Fund. Verpflichtung des → Emittenten, innerhalb eines bestimmten Zeitraumes Teile der → Emission zurückzukaufen. Die Verpflichtung tritt ein, falls der Kurs unter einen fixierten Preis (z.B. den → Emissionskurs) fällt.

Purchasing Syndicate, → Übernahmekonsortium.

Pure Hedge, *Sicherung*; bezeichnet eine → Hedging Strategie mit → Futures, der kongruenten, aber gegenläufig konzipiert ist. Dabei besteht das Ziel, die Gewinne der einen Position durch Verluste der anderen Position direkt zu kompensieren.

Put, *Verkaufsoption, Put-Option*; → Option, die für den Käufer bzw. Inhaber das Recht beinhaltet, ein bestimmtes → Underlying zum → Basispreis zu verkaufen. Der Aussteller des P. heißt → Stillhalter in Geld. Der Inhaber eines P. erwartet Kursrückgänge des Underlying, da mit sinkendem Kurs der Wert des P. steigt. Der Verkäufer des P. erwartet stagnierende oder leicht steigende Kurse, da er dann den Gewinn in Höhe der erzielten → Optionsprämie erhält. Je nach Vertragsseite werden die Positionen → Long Put (Käufer) und → Short Put (Verkäufer) unterschieden.

Put-Bear Spread, *Bearish Put Spread.* Optionsstrategie, die eingesetzt wird, wenn leicht fallende Kurse erwartet werden. Dabei werden zwei → Puts mit unterschiedlichen Basispreisen aber gleicher Fälligkeit gekauft, wobei in dem Put mit dem niedrigeren Basispreis eine → Short Position und in dem Put mit dem höheren Basispreis eine → Long Position eingegangen wird. Diese Strategie zeichnet aus, dass sowohl Gewinn- als auch Verlustpotential begrenzt sind.

Put Bonds, → Bonds, bei denen die Inhaber (→ Gläubiger) ein Kündigungsrecht zu einem in den → Emissionsbedingungen festgelegten Preis haben. Das Kündigungsrecht kann für einen oder mehrere Termine vereinbart werden. Der → Emittent fungiert als → Stillhalter dieser → Option. Aus Sicht der → Anleger bieten Put Bonds die Möglichkeit, das → Risiko aus einer Änderung der langfristigen → Zinsen zu reduzieren. Als Ausgleich dafür stattet der Emittent den Bond mit einem vergleichsweise geringeren → Nominalzins aus.

Put-Bull-Spread, *Bullish Put Spread.* Optionsstrategie, die eingesetzt wird, wenn leicht steigende Kurse erwartet werden. Dabei werden zwei → Puts mit unterschiedlichen → Basispreisen aber gleicher Fälligkeit gekauft, wobei in dem Put mit dem niedrigeren Basispreis eine → Long Position und in dem Put mit dem höheren Basispreis eine → Short Position eingegangen wird. Diese Strategie zeichnet aus, dass sowohl Gewinn- als auch Verlustpotential begrenzt sind.

Put-Call-Parität, → Put-Call-Parity.

Put-Call-Parity, *Put-Call-Parität*. Die P. ist die Preisrelation zwischen einer europäischen → Call-Option C_0 (→ European Option) und einer europäischen → Put-Option P_0 auf ein gemeinsames → Underlying mit dem aktuellen Kurs U_0, derselben Restlaufzeit Δt und demselben Ausübungspreis X. Der P. liegt die Überlegung zugrunde, auf einem friktionslosen → Kapitalmarkt ohne Arbitragemöglichkeiten (→ Arbitrage) ein risikoloses Hedge-Portefeuille (→ Hedge) aus Underlying, Put-Option und Call-Option zu bilden, das mit dem risikolosen Zins r verzinst wird. – Ist der Wert einer Call-Option bekannt, kann über die P. der Wert der entsprechenden Put-Option berechnet werden. Im Binomialmodell lautet die Formel für eine Put-Option:

$$P_0 = C_0 - U_0 + \frac{X}{(1+r)^t}$$

Put-Call-Ratio, *Put-Call-Verhältnis*; bezeichnet eine Verhältniszahl, die das Volu-

Put Exercise

men der gehandelten → Puts zu den gehandelten → Calls in Beziehung setzt. Eine hohe bzw. steigende P.C.R. drückt eine pessimistische Markteinschätzung aus; eine niedrige bzw. sinkende P.C.R. steht dagegen für eine optimistische Markteinschätzung. Da die P.C.R. als Kontra-Indikator anzusehen ist, kann eine hohe (niedrige) P.C.R. jedoch als Kaufsignal (Verkaufssignal) gedeutet werden. Verzerrungen können dabei jedoch durch → Optionsgeschäfte entstehen, die dem Hedging dienen.

Put Exercise, *Ausübung einer Put-Option*. Der → Optionsinhaber macht gegenüber dem → Stillhalter von seinem Recht Gebrauch, das → Underlying an ihn zum vereinbarten → Basispreis zu verkaufen.

Put-Option, → Put.

Put-Optionsschein, *put warrant*. → Optionsschein, der das Recht verbrieft, den → Basiswert zum → Basispreis zu verkaufen. Die → Optionsausübung kann zu einem festgelegten Termin (→ europäische Option) oder innerhalb einer bestimmten Zeitspanne (→ amerikanische Option) stattfinden. – Gegensatz: → Call-Optionsschein. – Vgl. auch → Put-Option.

Put Warrant, → Put-Optionsschein.

Put Writer, → Stillhalter in Geld.

PX 50 Index, bezeichnet den Aktienindex der → Prager Wertpapierbörse.

Q

qualifizierte Gründung, *Illationsgründung, qualified foundation*. Eine q.G. liegt vor, wenn entweder Aktien gegen Hingabe von Sacheinlagen (z.B. Patente, Maschinen, Grundstücke u.a.) erworben werden (Sachgründung), oder wenn Aktionäre Vorteile, wie z.B. Gründerlöhne oder Warenbezugsverträge erhalten. Für die q.G. bestehen verschärfte Prüfungsvorschriften (→ Gründungsprüfung bei der AG), da bei Einbringung von Sachwerten durch Bewertungsmanipulationen für einzelne Aktionäre Vorteile entstehen können. Zudem wäre bei einer Überbewertung von Vermögenswerten keine volle Deckung des → Grundkapitals gewährleistet, wodurch sich das Risiko für die Gläubiger erhöhen würde.

qualifizierte Mehrheit, *qualified majority*. Eine q.M. liegt vor, wenn mindestens drei Viertel der Stimmen bei einer Aktionärsgruppe vereinigt sind. Eine q.M. wird zur Beschlussfassung über Kapitalveränderungen, Unternehmensverträgen und Satzungsänderungen benötigt. – Gegensatz: qualifizierte Minderheit (→ Sperrminorität).

qualifizierte Minderheit, → Sperrminorität.

Quantitätsnotierung, → Mengennotierung.

Quartalsbericht, *quarterly report*. → Emittenten, deren Aktien von der Frankfurter Wertpapierbörse (FWB) zum Handel am → Neuen Markt zugelassen sind, müssen Q. erstellen, die es ermöglichen, die Entwicklung der Geschäftstätigkeit des Emittenten in dem jeweiligen Quartal des Geschäftsjahres zu beurteilen. Die Anleger können sich auf diese Weise fortlaufend über die Situation des Unternehmens informieren. Dies ist erforderlich, da es sich bei den Unternehmen des Neuen Marktes um Werte handelt, bei denen Änderungen der wirtschaftlichen Faktoren einen starken Einfluss auf die Entwicklung des Kurses haben können. Die Anforderungen an die Gestaltung und den Umfang des Q. sind in Abschnitt 2 Nr. 7.1 des Regelwerks Neuer Markt der FWB geregelt. Der Q. muss Zahlenangaben über die Tätigkeit und die Ergebnisse des Emittenten im Berichtszeitraum sowie Erläuterungen hierzu enthalten und in deutscher und englischer Sprache abgefasst sein. Für das vierte Quartal eines Geschäftsjahres ersetzt der → Jahresabschluss den Q. Jahresabschluss und Q. müssen nach denselben Rechnungslegungsgrundsätzen erstellt werden. Die Zahlenangaben müssen für den Berichtszeitraum eine → Gewinn- und Verlustrechnung, den Jahresüberschuss oder –fehlbetrag pro Aktie und die Anzahl der Mitarbeiter enthalten. Daneben ist eine Kapitalflussrechnung zu erstellen. Ausgeschüttete oder geplante → Zwischendividenden sind auszuweisen. Zu jeder Zahlenangabe ist die Vergleichszahl für den entsprechenden Vorjahreszeitraum anzugeben. In den Erläuterungen sind die Umsatzerlöse aufzugliedern und Ausführungen zu machen über die Auftragslage, die Entwicklung der Kosten und Preise, die Forschungs- und Entwicklungsaktivitäten, über Investitionen sowie über personelle Veränderungen in den Geschäftsführungs- und Aufsichtsorganen. Die Erläuterungen müssen ebenfalls einen Vergleich mit dem Vorjahr ermöglichen und soweit möglich die Aussichten des Emittenten im laufenden Geschäftsjahr beschreiben. Veröffentlicht der Emittent einen → Konzernabschluss, so ist der Q. für den Konzern aufzustellen. Der Emittent hat den Q. unverzüglich nach Fertigstellung, spätestens jedoch innerhalb von zwei Monaten nach Ende des Berichtszeitraums der →

Quartalsdividende

Deutschen Börse AG in elektronischer Form zu übermitteln. Diese stellt den Q. dem Publikum elektronisch oder auf andere Weise zur Verfügung. – Vgl. auch → Publizitätspflichten der börsennotierten Aktiengesellschaften.

Quartalsdividende, *Vierteljahresdividende, quarterly dividend*; → Dividende, die vierteljährlich festgesetzt und ausgezahlt wird (in den USA üblich). – Vgl. auch → Interimsdividende.

Quartalsgewinn, *quarter profits*; bezeichnet den während eines Quartals erwirtschafteten Unternehmenserfolg, der insbesondere im anglo-amerikanischen Kapitalmarkt von großer Bedeutung ist.

Quarterly Report, → Quartalsbericht.

Quasi-Geldmarktfonds, *Quasigeldmarktfonds, quasi money market funds*. Bezeichnung für → Investmentfonds, die, als Alternative zu den vor Erlass des → Zweiten Finanzmarktförderungsgesetzes in Deutschland nicht zulässigen reinen → Geldmarktfonds, das → Fondsvermögen in kurzläufigen → Geldmarktpapieren und → festverzinslichen Wertpapieren anlegen. Ziel dabei ist es, durch Ausnutzung der bestehenden Anlagebestimmungen dem reinen Geldmarktfonds hinsichtlich → Liquidität und → Rendite möglichst nahe zu kommen. – Vgl. auch → geldmarktnaher Fonds.

Quellensteuer, *source tax*. Bei dieser auf eine effektivere Durchsetzung abzielenden Form der Steuererhebung wird die Steuer bei einer Betragsauszahlung an den Steuerschuldner bereits durch die Verpflichtung des auszahlenden Schuldners zur Einbehaltung und Abführung abgeschöpft. Es kann differenziert werden zwischen der Q. mit Anrechnung und der definitiven Q. (→ Zinsbesteuerung, Modelle). Beispiele für Q. in Deutschland sind: die Lohnsteuer bei Arbeitnehmern, die → Kapitalertragsteuer und der Steuerabzug bei beschränkt Steuerpflichtigen.

Quorum, → Aktienquorum.

Quote Driven Market, *notierungsgesteuerter Markt*. An einem Q.D.M. sind → Market-Maker während der gesamten Handelszeit verpflichtet, → Quotes für die von ihnen betreuten Handelsobjekte zu stellen und eingehende Aufträge zu diesen Kursen auszuführen. Dementsprechend sind Market-Maker bei jedem abgeschlossenen Geschäft entweder als Käufer oder Verkäufer beteiligt. – Gegensatz: auftragsgesteuerter Markt. – Vgl. auch → Auktionsbörse, → Auktionsprinzip.

Quotenaktie, *no-par-value share, no-par stock, nonpar share, echte nennwertlose Aktie*. Die Q. ist eine nennwertlose → Aktie, die einen festen Anteil am Grundkapital einer → Aktiengesellschaft (AG) verbrieft. Während Q. in anglo-amerikanischen Ländern eine übliche Aktienart darstellen, sind sie in Deutschland gemäß § 8 Aktiengesetz verboten. – Gegensatz: → Nennwertaktie. – Vgl. auch → Stückaktie.

Quotenkonsolidierung, *anteilmäßige Konsolidierung, pro rata consolidation*. Die Q. stellt ein in § 310 HGB geregeltes Wahlrecht dar, um ein Gemeinschaftsunternehmen in den → Konzernabschluss einzubeziehen. Daneben müssen die Vorschriften des § 290 II HGB über die gemeinsame Führung eines Unternehmens beachtet werden. Die Besonderheit dieser Methode besteht darin, dass alle in den Abschluss einzubeziehenden Posten nur entsprechend den Anteilen angerechnet werden, die auf die Mutter- oder Tochtergesellschaft des Konzerns entfallen. Bei Anwendung dieser Methode ist die spezielle Berichtspflicht im Anhang nach § 313 II Nr. 3 und § 314 I Nr. 4 HGB zu berücksichtigen. – Vgl. auch → Konsolidierung und → Vollkonsolidierung.

Quote Request, *Antrag für eine Notierung*; Aufforderung eines Handelsteilnehmers gegenüber → Market-Makern, → Quotes für bestimmte Handelsobjekte zu stellen. Bei Eingang eines Q.R. sind die Market-Maker verpflichtet, innerhalb einer festgelegten Frist → Quotes für die vom Handelsteilnehmer genannte Menge zu stellen.

Quotes, *Notierungen*. Q. stellen verbindliche → Geld- und → Briefkurse für ein Handelsobjekt dar. → Market-Maker sind während der gesamten Handelszeit verpflichtet, gleichzeitig Geld- und Briefkurse etwa für Aktien oder Optionskontrakte innerhalb einer festgelegten Höchstspanne (→ maximum spread) zu stellen und eingehende Aufträge zu diesen Kursen auch auszuführen.

Quotierung, *Quotation, Kotierung, quotieren, kotieren, listing of a new security*; Zulassung eines Wertpapiers zum → amtlichen Handel durch die → Börsenzulassungstelle. – Vgl. auch → Börsenkursnotierung.

Quotrix, bezeichnet ein → elektronisches Handelssystem am Börsenplatz Düsseldorf dessen Preisbildung über → Market-Maker erfolgt.

R

r, → rationiert.

Raid. Besondere Form einer feindlichen Übernahme (→ Hostile Takeover). Der feindliche Investor (→ Raider) versucht, die → Aktienmehrheit an einer börsennotierten Gesellschaft ohne die Zustimmung des betroffenen Managements zu erlangen, das nach Erreichen der notwendigen Mehrheit i.d.R. sofort ausgetauscht wird. Jedoch verfolgt ein Raider mit der Akquisition keine leistungswirtschaftliche Zwecke, wie z.B. die Erzielung von Synergieeffekten durch die Zusammenarbeit seines eigenen und des übernommenen Unternehmens. Stattdessen plant der Raider, aus der Übernahme, der anschliessenden Restrukturierung und des abschliessenden Weiterverkaufes des Unternehmens einen Gewinn zu realisieren. Im Rahmen der Restrukturierung werden Maßnahmen wie die Unternehmenszerschlagung (→ Asset Stripping) oder der Verkauf des nicht betriebsnotwendigen Vermögens vollzogen. – Ziel eines R. sind unterbewertete Unternehmen, deren → Marktkapitalisierung unter dem fundamental gerechtfertigten Wert der Einzelteile (→ innerer Wert) liegt. Dies gilt vor allem für Konglomerate, also Unternehmen, die mehrere Geschäftsfelder besitzen, die sich hinsichtlich der Leistungserstellung, der Produkte und der Märkte deutlich voneinander unterscheiden. Der Kapitalmarkt reagiert darauf häufig mit einem sog. Konglomeratsabschlag. – R. werden überwiegend durch → Fremdkapital finanziert (→ Leveraged-Buyout, → Junk-Bonds), das anschliessend aus dem übernommenen Unternehmen selbst zurückgezahlt wird.

Raider, *Corporate Raider*. Bezeichnung für einen privaten oder institutionellen Investor, der einen → Raid betreibt. Damit wird die feindliche Übernahme (→ Hostile Takeover) eines (unterbewerteten) Unternehmens bezeichnet, wobei der R. allein die Realisierung von Zerschlagungs- und Weiterverkaufsgewinnen zum Ziel hat.

Rand. Bezeichnung der südafrikanischen Währung. – Vgl. auch → Krügerrand.

Random-Walk-Theory, *Zufallsschwankungen*; bezeichnet die Aussage der Theorie, dass künftige Kursänderungen von → Wertpapieren aus einer Analyse der vergangenen Kursverläufe nicht prognostizierbar seien. Begründet wird diese Theorie dadurch, dass die Kurse der Wertpapiere aufgrund unterschiedlicher Prognosen der → Investoren bezüglich des → inneren bzw. → fairen Wertes variieren. Er liegt damit teils oberhalb, teils unterhalb des inneren Wertes. Die beobachtbaren Kurse einer Aktie ergeben sich somit, als ob sie durch eine Art Zufallsmechanismus ausgelöst wurden. Resümierend kann demnach vereinfachend angenommen werden, dass der beste Schätzer für den künftigen Kurs K_{t+1} der aktuelle Kurs K_t sei. Die R.W.T. steht damit in klarem Gegensatz zur technischen Kursanalyse.

Range Forward, *flexible forward*. Kombination von Kauf und Verkauf von einer → Call-Option und → Put-Option, die den gleichen → Fälligkeitstermin, aber unterschiedliche → Basispreise haben, mit dem Ziel, das Verlustpotential einer → offenen Währungsposition abzusichern. Durch das Eingehen eines R.F. kann eine Bandbreite XY abgesichert werden. Notiert der Kurs des → Underlying am Fälligkeitstag außerhalb dieser Bandbreite, erhält der Absichernde den Kurs X (Y), wenn der tatsächliche Kurs darunter (darüber) notiert. Liegt der aktuelle Kurs innerhalb der Bandbreite, verfallen

Range Warrants

beide → Optionen und der Absichernde kann sich zum → Kassakurs eindecken.

Range Warrants, → Bandbreiten-Optionsscheine.

Rangrücktritt, *waiver of priority*. Durch Vereinbarung eines R. bei Grundstücken wird das im Grundbuch festgelegte → Rangverhältnis der Rechte an Grundstücken, z.B. → Grundpfandrechte, dahingehend unterbrochen, dass sich ein Gläubiger verpflichtet, sein Recht gegenüber dem entsprechenden Schuldner erst geltend zu machen, wenn ein bestimmter anderer Gläubiger seine Rechte gegenüber dem selben Schuldner geltend gemacht hat.

Rangverhältnis, *order of preference*. Das R. bestimmt bei Rechten an Grundstücken die Rangordnung dieser Rechte (z.B. → Grundpfandrechte). Der Rang des Rechts ist entscheidend für den Wert des selben, da z.B. im Fall einer → Zwangsversteigerung das Recht mit höherem Rang vor dem mit niedrigerem voll befriedigt wird. Die Rangordnung wird durch die Reihenfolge der Eintragungen bzw. durch das Datum der Eintragungen im Grundbuch festgelegt und kann durch eine → Rangvormerkung, einen → Rangvorbehalt oder einen → Rangrücktritt geändert werden.

Rangvorbehalt, *reservation of priority*. Bei Rechten an Grundstücken ist es mittels Vereinbarung eines R. möglich, das im Normalfall vorzufindende → Rangverhältnis zu durchbrechen. So kann der Grundstückseigentümer sich das Recht vorbehalten, nachträglich ein vorrangiges Recht ins Grundbuch eintragen zu lassen. Ein R. muss ins Grundbuch eingetragen werden.

Rangvormerkung, *provisional entry*. Bei Grundstücken ist es mittels Vereinbarung einer R. möglich, einen Anspruch auf Einräumung oder Aufhebung eines Rechts durch die Eintragung der R. im Grundbuch zu sichern. Somit wird einem Recht ein bestimmter Rang gesichert und damit die gesetzlich bestimmte Rangordnung geändert. – Vgl. auch → Rangverhältnis.

rat., → repartiert.

ratB, bzB rep., bezB rep., Abk. für → Brief rationiert, bezahlt Brief repartiert.

Rate, *part payment*; sind Teilzahlungen, die ein Kreditnehmer z.B. zur → Tilgung eines Darlehens leistet.

Rateably-secured-Klausel, *rateably-secured clause*. Vereinbarung, die eine rangmäßige Gleichstellung von Gläubigern gewährleistet.

Ratenanleihe, *installment loan*. → Anleihe, die vom Anleiheschuldner durch → Ratentilgung zurückgezahlt wird.

Ratensparvertrag, *installment savings plan*. Bezeichnung für die Vermögensbildung und -anlage in → Sparverträgen, bei denen periodische Einzahlungen (Sparraten) durch den Sparer erfolgen. Häufig werden bei R. Sonderzinszahlungen vereinbart, die als Prämie, oder Zuschlag bezeichnet werden. – Vgl. auch → Bonussparen, → Prämiensparen und → Vermögensbildungsgesetz.

Ratentilgung, *repayment/redemption by installment*. Form der Rückzahlung von Verbindlichkeiten in mehreren, gleich hohen Beträgen. Da sich mit dem abnehmenden Schuldbetrag die darauf zu zahlenden Zinsen stetig reduzieren, sinkt die Gesamtrate aus Zins und Tilgung (→ Kapitaldienst) kontinuierlich. Die Festlegung der Höhe und Zeitpunkte der Tilgungsraten erfolgt zwischen dem Gläubiger und Schuldner und wird im → Tilgungsplan festgehalten. – Vgl. auch → Annuitätentilgung.

Rate of Change, *Veränderungsrate*. Die R.o.C. wird bei der Aktienanalyse auf Kurs- oder Volumenbasis berechnet. Absolut entspricht sie jeweils der Differenz zwischen dem aktuellen Wert und dem Referenzwert vor n Perioden. Zur Ermittlung eines relativen Werts muss diese absolute Differenz noch durch den Referenzwert vor n Perioden dividiert werden. Übliche Erhebungszeiträume sind 12 oder 25 Tage. Bei der → technischen Aktienanalyse bietet sich ein Branchen- und/oder Zeitvergleich an.

Rate of Interest, → Zinssatz.

ratG, bzG rep., bG rep., Abk. für rationiert Geld, bezahlt Geld repartiert.

Rating

Dr. Oliver Everling

Rating ist eine Methode zur Einstufung von Sachverhalten, Gegenständen oder Personen. Die Einstufung erfolgt dabei mit Hilfe einer Skala, d.h. einer in regelmäßige Intervalle aufgeteilten Strecke, auf der der Ausprägungsgrad (z.B. gut, mittel, schlecht) des zu klassifizierenden Objektes hinterlegt ist. Meist wird unter Rating das Ergebnis des Beurteilungsverfahrens verstanden. Dies ist eine entsprechend der zugrundeliegenden Ratingskala als Symbol, Zeichen oder Zeichenfolge ausgedrückte „Zensur".

1. Begriffsabgrenzung

Ranking stellt ebenso wie Rating eine Methode zur Einstufung von Objekten dar. Im Gegensatz zum Rating ist hier die Zielsetzung jedoch die Einordnung der betrachteten Objekte in eine Rangfolge. Ein Ranking kann gegebenenfalls zu einem Rating verdichtet werden, indem bestimmte Untersuchungsobjekte zu einer Notenklasse zusammengefasst werden. Ein Rating kann dagegen nur in Ausnahmefällen in ein Ranking transformiert werden. Rankings dienen z.B. der Einstufung von Aktien oder Investmentfonds.

2. Anwendungsbereich

Ratings werden u.a. im Bereich des Finanz- und Bankwesens, der Soziologie und Psychologie sowie im Marketing eingesetzt. Im Bereich des Finanz- und Bankwesens dienen Ratings der Beurteilung von Finanzierungstiteln oder Wirtschaftssubjekten. Das Rating eines Finanzierungstitels bzw. Wirtschaftssubjektes ist das in Form eines Symbols, eines Zeichens oder einer Zeichenfolge ausgedrückte Urteil über die Gesamtheit der betrachteten Merkmale des Finanzierungstitels bzw. Wirtschaftssubjektes. Ratings von Finanzierungstiteln können sich sowohl auf Beteiligungs- als auch Forderungstitel beziehen. Bei Beteiligungstiteln wie z.B. Aktien gibt das Rating Auskunft über die Ertragskraft oder andere Merkmale des Emittenten; oft wird auch von „Rating" gesprochen, wenn es um bloße Kauf-, Halte- oder Verkaufsempfehlungen bei Aktien geht. Bei Forderungstiteln stellt das Rating eine Meinung hinsichtlich der wirtschaftlichen Fähigkeit und rechtlichen Bindung eines Emittenten dar, die mit dem betrachteten Forderungstitel verbundenen Zahlungsverpflichtungen vollständig und rechtzeitig zu erfüllen. Ratings von Wirtschaftssubjekten stellen eine Meinung über deren allgemeine Zahlungsfähigkeit dar. Im Zusammenhang mit der Beurteilung von Wirtschaftssubjekten können von **Ratingagenturen**, d.h. auf Bonitätsanalysen spezialisierten Unternehmen, erstellte Ratings sowie von Banken erstellte sogenannte **„interne Ratings"** unterschieden werden. Die internen Ratings der Banken stellen nicht standardisierte, gegenüber Dritten nicht offengelegte Urteile über die Kreditwürdigkeit des betrachteten Wirtschaftssubjektes vom individuellen Risikostandpunkt der jeweiligen Bank im Hinblick auf mögliche Kreditlinien und Geschäftsarten dar. Sicherheiten sind in der Regel nicht Bestandteil des Urteilsfindungsprozesses. Die Ratings von Rating- agenturen dagegen sind an einen breiten Adressatenkreis gerichtet und rücken die Gläubigerposition eines Investors am Finanzmarkt sowie Risikoaspekte eines Emittenten in den Vordergrund. Neben der originären Zahlungsfähigkeit des Emittenten ist zusätzlich die Qualität der Besicherung des Forderungstitels für das Rating beeinflussend. Gegenstand der folgenden Betrachtungen sind Ratings von Ratingagenturen. Sie umfassen im Wesentlichen Ratings von Wirtschaftssubjekten, auch als **Emittentenrating** bezeichnet, sowie von Forderungstiteln, auch **Emissionsrating** genannt, und werden deshalb zusammenfassend auch als **Credit Rating** oder Kreditrating bezeichnet.

Rating

3. Ziele und Funktionen

Voraussetzung für ein Rating von Ratingagenturen ist das Vorliegen eines Forderungstitels oder einer ähnlichen Anwartschaft auf zukünftige, im Voraus in ihrer Höhe fixierte Zahlungen eines Emittenten. Aktien werden von Ratingagenturen nicht eingestuft, da sie nur das Anwartschaftsrecht auf ein in seiner Höhe noch nicht bestimmtes Residualeinkommen verbriefen. Ausgenommen hiervon sind Vorzugsaktien aufgrund ihres Forderungstiteln ähnlichen Charakters. Ratingagenturen erstellen u.a. Ratings für kurz- und langfristige Schuldverschreibungen, Anleihen, Obligationen, Commercial Paper, Certificates of Deposit, Bankeinlagen, Forderungen aus Versicherungspolicen, Geldmarkt- und Rentenfonds, Emittentenratings sowie **Länderratings**. Länderratings stellen Bonitätseinstufungen von (in ausländischer Währung denominierten) Forderungen gegen einen Staat dar. In wachsendem Maße werden Ratings von Agenturen auch eingesetzt, um konsortialiter vergebene Bankdarlehen zu klassifizieren. Ratings werden in der Regel veröffentlicht und nehmen für eine Reihe von Adressaten, insbesondere Anleger, Emittenten und Institutionen der Marktaufsicht, vielfältige Funktionen wahr.

3.1 Funktionen für Anleger

Ratings sind Meinungen über die Kreditwürdigkeit eines Emittenten und dienen Kapitalanlegern damit als wichtiges Instrument für die Unterstützung von Investitionsentscheidungen bzw. Anlagestrategien. Ratings stellen jedoch keine Empfehlung hinsichtlich des Kaufs, Verkaufs oder Haltens eines Forderungstitels dar. Zwischen Rating und Zinsstruktur von Forderungstiteln besteht ein statistisch nachweisbarer Zusammenhang in der Form, dass ein durch ein niedrigeres Rating ausgedrücktes höheres Insolvenzrisiko eines Emittenten mit einer höheren Verzinsung des Forderungstitels einher geht. Da im Rating zum Teil auch nicht öffentlich verfügbare Daten berücksichtigt werden, trägt seine Publizierung zu einer höheren Informationseffizienz der Geld- und Kapitalmärkte bei.

3.2 Funktionen für Emittenten

Da zahlreiche Marktteilnehmer ihre Investition am Rating ausrichten und insbesondere institutionelle Investoren von Anlagen ohne Rating gänzlich absehen, erschließen sich Emittenten durch das Rating einen breiteren Anlegerkreis. Ein Rating stellt für Emittenten einen wesentlichen Bestandteil des Finanzmarketings dar und kann zu einer Reduzierung der Kapitalkosten für die Emission von Forderungstiteln, zur Verstetigung zu gewährender Risikoprämien und damit zu einer Erhöhung der finanziellen Flexibilität führen. Darüber hinaus kann Rating zur Verbesserung des Unternehmensimages beitragen. Dies wird nicht zuletzt durch die Bereitschaft der Emittenten dokumentiert, die mit der Erstellung des Ratings verbundenen Kosten auch dann zu tragen, wenn als Ergebnis kein erstklassiges Rating zu erwarten ist.

3.3 Funktionen für Aufsichtsinstitutionen

International setzen zahlreiche Aufsichtsinstitutionen im Bank-, Börsen- und Versicherungswesen Ratings als unterstützendes Instrument zur Wahrnehmung ihrer Aufgaben ein. So wird z.B. das zulässige Anlagespektrum mit Hilfe von Ratings anerkannter Ratingagenturen definiert. Darüber hinaus besteht für Emittenten teilweise als Voraussetzung für eine Börsennotierung oder die Begebung von Forderungstiteln die Verpflichtung, ein Rating beizubringen.

4 Geschichtlicher Hintergrund

Die ersten Ratingagenturen wurden um 1900 in den USA gegründet. Sie erstellten Ratings von Anleihen US-amerikanischer Eisenbahnunternehmen, wenig später kamen auch Ratings von Anleihen von Industrie- und Versorgungsunternehmen sowie Obligationen der öffentlichen Hand hinzu. Zu den weltweit führenden Ratingagenturen gehören die amerikanischen Unternehmen **Moody's Investor Service** und **Standard & Poor's Corporation**. Viele Agenturen

Rating

sind in Medienkonzerne integriert. Größte rein europäische Ratingagentur war bis zu Beginn der 1990er Jahre das englische Unternehmen IBCA Ltd.. Seit der Fusion mit der amerikanischen Ratingagentur Fitch Investors hat Fitch IBCA eine internationale Ausrichtung. Ratingagenturen werden in der Regel als erwerbswirtschaftliche Unternehmen geführt, wobei die erhobenen **Ratinggebühren** als Mechanismus zur Sicherung der Unabhängigkeit der Ratingagenturen dienen. Typisch ist eine Gliederung der Unternehmen in Abteilungen, die jeweils für spezifische Branchen und Länder zuständig sind. Aufgrund der hohen Verantwortung, die den Ratingagenturen im Rahmen ihrer Funktion auf den nationalen und internationalen Finanzmärkten zukommt, müssen bestimmte Mindestanforderungen an die Arbeitsweise, Zuverlässigkeit und Unabhängigkeit der Agenturen gestellt werden. In Japan und den USA wird die Akzeptanz staatlich überprüft und durch eine offizielle Anerkennung als „nationally recognized statistical rating organization" bestätigt. Diese Mindestanforderungen umfassen u.a. Hygienefaktoren wie Objektivität im Sinne von Unabhängigkeit, Verfahrenstransparenz im Sinne von Plausibilität, Qualität, d.h. Fehlerlosigkeit, und Aktualität der verwendeten Informationen, Qualität der **Ratinganalysten** bezüglich Ausbildung, Sorgfalt, Sachlichkeit und Verschwiegenheit sowie Kontinuität und Komparabilität der Ratings, d.h. Vergleichbarkeit in zeitlicher und sachlicher Hinsicht. Erfolgsfaktoren für Ratings sind ein klarer Zielgruppenfokus, eine eindeutige Risikodefinition, hohe Publizität, Wirtschaftlichkeit der Analyse sowie Zukunftsorientierung.

5 Darstellung des zugrundeliegenden Modells

5.1 Ratingskalen, -symbole und -definitionen

Das Rating wird mit Hilfe von **Ratingsymbolen** einer ordinalen Skala ausgedrückt, wobei jedes Ratingsymbol durch eine spezifische Definition des Bonitätsgrades des betrachteten Emittenten bzw. des betrachteten Forderungstitels bestimmt ist. Für die Einstufung von kurz- und langfristigen Forderungstiteln werden unterschiedliche Skalen verwendet. Die Unterscheidung von **kurzfristigen und langfristigen Ratings** erfolgt anhand der Ursprungslaufzeit des Forderungstitels. Kurzfristige Ratings werden für Forderungstitel vergeben, die zum Begebungszeitpunkt eine Laufzeit von weniger als einem Jahr haben, langfristige Ratings für Forderungstitel mit einer Laufzeit von mindestens einem Jahr. Die Skalen für kurzfristige Ratings beinhalten weniger Symbolstufen. Beim langfristigen Rating erfolgen innerhalb der Ratingsymbole Feinabstufungen durch Plus- und Minussymbole bzw. die Ziffern 1, 2 und 3. Sie geben die relative Stellung eines Emittenten innerhalb seiner Ratingkategorie an. Sowohl bei kurzfristigen als auch bei langfristigen Ratings werden „**investment grade**" und „**speculative grade**" unterschieden. Diese Terminologie wurde in erster Linie von den Aufsichtsbehörden geprägt. Unter die Kategorie „investment grade" fallen Forderungstitel und Emittenten, bei denen das Bonitätsrisiko als relativ gering anzusehen ist. Spekulative Ratings sind Ausdruck eines besonders hohen Maßes der Gefährdung des Kapitaldienstes und der Tilgung. Aufsichtsbehörden schließen zum Teil insbesondere für institutionelle Anleger Anlagewürdigkeit für Forderungstitel der spekulativen Kategorie aus. In den USA ist ein „investment grade" Rating im kurzfristigen Anlagebereich faktisch Voraussetzung für den Eintritt in den Geldmarkt. Das Herabsetzen eines Ratings in den spekulativen Bereich führt in der Regel zum Ausscheiden des Emittenten aus dem Markt. Die Unterscheidung von kurz- und langfristigen Ratings ergibt sich neben Unterschieden in den Bonitätsrisiken aus den unterschiedlichen Informationsbedürfnissen von kurz- und langfristigen Investoren. Der analytische Ansatz für die Beurteilung von kurz- und langfristigen Forderungstiteln ist sehr ähnlich. Beim kurzfristigen Rating werden jedoch zusätzlich Liquiditätsaspekte und die finanzielle Flexibilität des Emittenten im betrachteten Zeitraum betont. Das langfristige Rating kann entscheidend von gewährten Sicherheiten und Schutzbestimmungen in Anleiheverträgen bestimmt sein. Das kurzfristige Rating bezieht sich dagegen meist auf eine unbesicherte, nicht nachrangige Verbindlichkeit des Emittenten. Während das langfristige Rating mehr der Beurteilung des relativen Bonitätsrisikos und der Angemessenheit des im Zins gewährten Risikoentgelts dient, zielt das kurzfristige Rating auf die Einstufung des absoluten Bonitätsrisikos. Damit liefern kurzfristige Ratings die informatorische Basis für eine risikoaverse Anlagepolitik. Die von kurzfristigen Anlegern angelegten

Rating

Mittel müssen meist nach einem vorgegebenen Zeitraum für bestimmte Zwecke wie z.B. Zins- und Tilgungszahlungen für Verbindlichkeiten zur Verfügung stehen. Damit sind diese Anleger in erster Linie an der vollständigen und rechtzeitigen Verfügbarkeit des Anlagebetrages interessiert. Während dieser Aspekt auch von langfristigen Investoren ins Kalkül gezogen wird, sind diese jedoch in der Regel bereit, einen gewissen Grad an Bonitätsrisiken zu tolerieren, wenn dieser entsprechend in einer Risikoprämie zum Ausdruck kommt. Zwischen kurz- und langfristigem Rating eines Emittenten besteht in der Regel eine enge Korrelation.

L	AAA	Aaa	Prime-1	A-1+	**K**
A	AA	Aa		A-1	**U**
N	A	A	Prime-2	A-2	**R**
G	BBB	Baa	Prime-3	A-3	**Z**
F	BB	Ba	Not Prime	B	**Z**
R	B	B		C	**F**
	CCC	Caa		D	**R**
	CC	Ca			
	C	C			
	CI				
	D				

INVESTMENT GRADE / SPECULATIVE GRADE

5.2 Ratingverfahren

Das **Ratingverfahren** umfasst den Prozess bis zum Vorliegen eines Ratings. Die Dauer kann je nach Dringlichkeit zwischen drei Monaten und wenigen Tagen betragen. Die Auslösung des Ratingverfahrens ist mit und ohne Auftrag des beurteilten Emittenten möglich. Ratingagenturen fordern häufig auf eigene Initiative Emittenten auf, mit ihnen ein Ratingverfahren durchzuführen. Ratings, die ohne Auftrag und informatorische Unterstützung des Emittenten erstellt werden, basieren in der Regel lediglich auf öffentlich zugänglichen Informationen, so dass die Agenturen eine Reihe von Kriterien nur unter vorsichtigen Annahmen beurteilen können. Dies wirkt sich tendenziell negativ auf das Rating des Emittenten aus. Da das Rating die Konditionen beeinflusst, zu denen sich der Emittent am Markt Kapital verschaffen kann, hat der Emittent u.U. spürbare Kostennachteile in Kauf zu nehmen, wenn er den Ratingagenturen seine Kooperation verweigert. Die meisten Emittenten entschließen sich daher freiwillig dazu, mit den Agenturen zusammenzuarbeiten. Teilweise werden von den Ratingagenturen Ratings auf Basis öffentlich vorliegender Informationen durchgeführt, ohne dass der Emittent hinsichtlich einer Zusammenarbeit aufgefordert wurde. Emittenten, die ein Rating in Auftrag geben wollen, können die Unterstützung sogenannter **Rating Advisors** in Anspruch nehmen. Diese Dienstleistung wird neben den großen Investmentbanken auch von auf das Rating Advisory spezialisierten Beratungsunternehmen angeboten. Diese beraten bei der Auswahl der zu kontaktierenden Ratingagentur, leisten Unterstützung bei der Erstellung der Dokumentation für die Ratingagentur und geben Anleitung zur effizienten Durchführung des Ratingverfahrens für das Management. Wesentliche Schritte im Rahmen eines beauftragten Ratingverfahrens sind die Erteilung eines Ratingauftrages durch den Emittenten, die Durchführung des Managementgespräches, die Entscheidungsfindung durch das **Risikokomitee** der Ratingagentur sowie die Veröffentlichung des Ratings. – *(1) Ratingauftrag*: Im Vorfeld der Auftragserteilung wird der Emittent im Rahmen eines Informationsgespräches über die Vorgehensweise des Ratingverfahrens unterrichtet. Ebenso überprüft die Ratingagentur, ob der Emittent die formalen Voraussetzungen für ein Rating wie z.B. eine hinreichend spezifizierte Emission erfüllt. Mit dem Auftrag verpflichtet sich der Emittent alle für die Beurteilung erforderlichen Informationen bereitzustellen und die für das Ratingverfahren zu entrichtende Gebühr zu bezahlen, unabhängig davon, wie das Ergebnis des Ratings aussieht. Im Gegenzug verpflichtet sich die Ratingagentur, vertrauli-

Rating

che Informationen nicht ohne Zustimmung des Emittenten zu veröffentlichen. Sollte der Emittent im Verlauf des Ratingverfahrens seiner Verpflichtung zur Beibringung der von der Ratingagentur angeforderten Unterlagen nicht nachkommen , wird der Ratingauftrag von der Ratingagentur zurückgewiesen. In diesem Fall und auch bei Nichtveröffentlichung eines bereits erstellten Ratings hat der Emittent die Ratinggebühr zu bezahlen. Nach Annahme des Ratingauftrages durch die Ratingagentur werden Analysten für die Beurteilung des Emittenten eingesetzt. Diese führen zunächst eine agenturinterne Recherche sowie eine Auswertung von öffentlich zugänglichen Informationen durch, um zu einer vorläufigen Einschätzung des Kontrahenten zu gelangen. Diese Informationen bilden die Grundlage für den im Managementgespräch zu bearbeitenden Fragenkatalog. – *(2) Managementgespräch*: Das Managementgespräch findet zwischen den Analysten der Ratingagentur sowie den Vertretern des Emittenten, d.h. den Mitgliedern des Vorstands oder der Geschäftsführung statt. Ziel des Gespräches aus der Sicht der Analysten ist es, möglichst viele Detailinformationen über das Unternehmen zu sammeln, sowie sich einen Eindruck über die Qualifikation des Managements zu machen. Es umfasst meist eine Präsentation der Vertreter des Emittenten, die Abarbeitung des im Vorfeld erstellten Fragenkataloges sowie i.d.R. eine Betriebsbesichtigung. – *(3) Ratingkomitee*: Im Anschluss an das Managementgespräch werden die beurteilungsrelevanten Daten aufbereitet und in einem Bericht zusammengestellt. Dieser wird einem Ratingkomitee vorgelegt, das sich aus besonders erfahrenen Analysten der Ratingagentur zusammensetzt. Das Ratingkomitee stimmt nach Diskussion der Beurteilungsfaktoren über das festzusetzende Rating ab. – *(4) Veröffentlichung des Ratings*: Nach der Festsetzung des Ratings durch das Ratingkomitee wird dieses zunächst dem Emittenten mitgeteilt. Der Emittent hat die Möglichkeit, zum Rating Stellung zu nehmen und ggf. durch Bereitstellung von noch nicht bei der Beurteilung berücksichtigten Datenmaterials auf eine erneute Entscheidung durch das Ratingkomitee herbeizuführen. Widerspricht der Emittent der Publizierung des Ratings nicht, so wird dieses veröffentlicht. Werden Ratingagenturen ohne Auftrag des Emittenten aktiv, so hat dieser keine Möglichkeit durch ein Veto die Veröffentlichung zu verhindern. Das veröffentlichte Rating wird von der Ratingagentur auf Basis von Jahresabschlüssen und Presseinformationen laufend überwacht. Mindestens einmal im Jahr nehmen die Analysten der Agentur erneut das Gespräch mit dem Management des Emittenten auf, um neue Entwicklungstendenzen zu diskutieren und einen Bericht zu schreiben. Bei Auftreten von Faktoren, die auf eine Bonitätsveränderung des Emittenten hindeuten, wird dieser auf eine sogenannte **Watchlist** gesetzt. Nach einem gesonderten Überprüfungsverfahren wird das Rating vom Risikokomitee herauf- (**Upgrading**) oder herabgestuft (**Downgrading**) oder unverändert bestätigt. Der Emittent bleibt im Rahmen des Überwachungsverfahrens an sein einmal gegebenes Einverständnis der Publizierung des Ratings gebunden.

5.3 Ratingsysteme

Das **Ratingsystem** im Sinne der von der Ratingagentur für die Bonitätsbeurteilung definierten Methodik setzt sich aus den für das Bonitätsrisiko als ursächlich oder relevant angesehenen Indikatoren und Faktoren zusammen. Diese Ratingkriterien können quantitativer oder qualitativer Natur sein. Während die quantitativen Ratingkriterien in erster Linie Kennzahlen z.B. aus dem Finanzbereich umfassen, fließen mit qualitativen Ratingkriterien Informationen in die Beurteilung ein, die nicht oder nur mit unverhältnismäßigem Aufwand objektivierbar und quantifizierbar sind. Sie beziehen sich insbesondere auf die Zukunftsperspektiven und die Qualität des Managements. Obwohl die Ratingagenturen ihre Urteile in großem Umfang auch auf quantitative Kriterien abstellen, spielen bei den angewandten Ratingsystemen qualitative Kriterien eine bedeutende Rolle. Charakteristisch hierfür ist die letztlich subjektive Urteilsbildung durch den Analysten bzw. das Ratingkomitee. Da die Bonität von Emittenten auch von Ereignissen beeinflusst wird, die den Ratingagenturen im voraus nicht bekannt sind, bleibt eine geringe Fehlerquote der Einstufung unvermeidbar. Mit dem Ziel der Nachbildung der komplexen Urteilsfindungsmechanismen wurden in jüngster Zeit von verschiedenen Seiten mathematisch-statistische Ratingsysteme entwickelt, die eine automatisierte Schätzung der Kreditwürdigkeit auf der Basis anhand einiger Kennzahlen ermöglichen sollen. Diese Systeme unterliegen jedoch hinsichtlich ihrer Aussagefähigkeit gewissen Beschränkungen und stellen keinen vollwertigen Ersatz für ein Ratingverfahren im herkömmlichen Sinn dar. Sie können jedoch für

Rating

Emittenten im Vorfeld des Ratingverfahrens eine gewissen Unterstützungsfunktion hinsichtlich der Abschätzung der Spannbreite des zu erwartenden Ratings wahrnehmen. Da die für das Bonitätsrisiko relevanten Kriterien in Abhängigkeit des betrachteten Emittenten unterschiedlich ausfallen, werden unterschiedliche Ratingsysteme für die Beurteilung von Banken, Versicherungen, Industrieunternehmen und öffentlichen Körperschaften, von öffentlichen und privaten Pfandbriefen, Bankschuldverschreibungen und Industrieobligationen oder von kurz- und langfristigen Finanztiteln angewandt. Die Ratings werden auf der Basis mehrerer Analysestufen ermittelt.

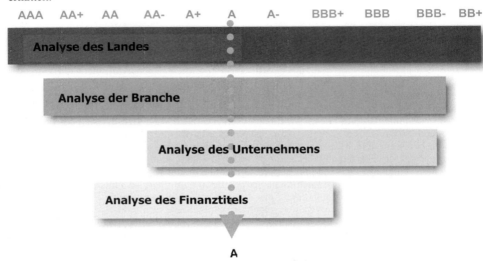

A

Im Rahmen der Länderrisikoanalyse wird zunächst die Obergrenze der möglichen Ratings des betrachteten Objektes bestimmt. Ziel der Länderrisikoanalyse ist es, ein Urteil über die Fähigkeit und Bereitschaft eines Staates zu finden, Zahlungsverpflichtungen uneingeschränkt und rechtzeitig nachzukommen. Hierbei wird besonders das Transferrisiko untersucht, also die Wahrscheinlichkeit, dass ein Emittent aufgrund von vorübergehender oder anhaltender Illiquidität des Devisenmarktes nicht in der Lage sein wird, die von ihm übernommenen Zahlungsverpflichtungen nach Umtausch der nationalen und fremde Währung zu erfüllen. In einem zweiten Schritt erfolgt die Branchenanalyse, die eine weitere, wenn auch weniger strikte Obergrenze für das Rating des betrachteten Objektes darstellt. Ratingkriterien sind hier u.a. die Zukunftsperspektiven des Industriezweiges, sowie Substitutionsbeziehungen, Markteintrittsbarrieren und mögliche Sonderfaktoren des Branchenrisikos. Da sich aus der gegebenen Wettbewerbssituation in der betrachteten Branche gravierende Auswirkungen für den betrachteten Emittenten ergeben können, stellt die Konkurrenzsituation einen wesentlichen Gegenstand der Branchenanalyse dar. Beim Emittentenrating stellt die Emittentenanalyse die letzte Analysestufe dar. Gegenstand der Analyse ist das Geschäftsrisiko wie z.B. die Wettbewerbsposition, Marketing und Technologie sowie das finanzielle Risiko, welches insbesondere auf Basis der Jahresabschlusses beurteilt wird. Hohen Stellenwert besitzt die Beurteilung der Unternehmensführung wie auch die branchenbezogene Kennzahlenanalyse. Diese kann sehr spezifische, nur für die Branche des Emittenten zutreffende Kennzahlen (wie z.B. Schiffstonnage) oder allgemeine bonitätsrelevante Kriterien umfassen, wobei letztere je nach Branche unterschiedlich zu interpretieren sind. Beim Emissionsrating erfolgt als letzte Analysestufe die Emissionsanalyse. Sie hat die Analyse der spezifischen Ausstattungsmerkmale einer Emission zum Inhalt. Hypothekarische Besicherung, Negativklauseln, Positiverklärungen und spezielle Schutzbestimmungen beeinflussen den Risikogehalt eines spezifischen Forderungstitels erheblich und sind damit für das Emissionsrating mit bestimmend. Aufgrund abweichender Ausstattungsmerkmale können unterschiedliche Emissionen desselben Emittenten unterschiedliche Ratings haben.

6. Aktuelle Entwicklungen

Nachdem Ratings in den vergangenen Jahrzehnten vor allem in den USA und Japan eine wichtige Rolle auf den Geld- und Kapitalmärkten gespielt haben, gewinnt das Thema auch in Europa und vor allem in Deutschland zunehmend an Interesse. Bereits zu Beginn der 1990er Jahre lagen mit Initiativen zur Gründung von Ratingagenturen Ansätze für die stärkere Etablierung von Ratings in Europa vor. Anders als damals führen seit dem Ende der 1990er Jahre zahlreiche neue Fundamentalfaktoren zu einem stark wachsenden Bedarf an bonitätsbezogenen Informationen. Aufgrund der Einführung des Euro und des damit verbundenen Wegfalls des Währungsrisikos wird das Bonitätsrisiko zunehmend das ausschlaggebende Differenzierungskriterium von Kapitalanlagen. Finanzinnovationen wie Kreditderivate und Kreditverbriefungen führen ebenso wie die wachsende Zahl von Mittelstands- und Innovationsfinanzierungen zu einem verstärkten Bedarf an Ratings. Darüber hinaus bilden sich abzeichnende Regulierungsvorschriften im Rahmen der Kapitaladäquanzvorschriften für Banken die Grundlage für eine zunehmende Nachfrage nach Ratings von Seiten der Banken. Im Zuge der Neuordnung der Eigenkapitalunterlegung von Bankkrediten soll diese zukünftig verstärkt in Abhängigkeit von dem Risikogehalt des Kreditnehmers gestaltet sein, wobei als ein Maßstab für den Risikogehalt die Ratings. von Ratingagenturen in Betracht gezogen werden. In den vergangenen Jahren haben sich bereits neue Objekte, Agenturen und Systeme für Ratings herausgebildet haben. Als neue Rating-Produkte sind u.a. Structured Finance Ratings für die Finanzinstrumente Asset und Mortgage Backed Securities oder Market Risk Ratings für Investmentfonds zu nennen. Informationsbedarf hinsichtlich des Bonitätsrisikos von technologie-orientierten Investitionen wie z.B. über Venture Capital-Firmen oder Anlagen am Neuen Markt werden durch **Technology Ratings** unterstützt. Diese verhindern eine informationsbedingte Kapitalrationierung indem sie die technische Komplexität des betrachteten Investitionsobjektes reduzieren und auch für Investoren ohne ausgedehnte Recherchemöglichkeiten verständlich machen. Mit dem Ziel, den wachsenden Ratingbedarf insbesondere für den klein- und mittelständischen Sektor nicht nur der deutschen Wirtschaft sondern europaweit zu bedienen, wurden Ende der 1990er Jahre in Deutschland und Österreich verschiedene Ratingagenturen für das Rating von klein- und mittelständischen Unternehmen gegründet. Deren Fokus reicht von reinen investor-orientierten Ansätzen bis hin zu Systemen, mit denen der mittelständischen Unternehmensleitung ein Informationsmedium hinsichtlich der Chancen und Risiken ihres Unternehmens angeboten werden soll.

7. Beurteilung und Ausblick

Ratings nehmen elementare Informations- und Instrumentalfunktionen für Investoren, Emittenten und Aufsichtsbehörden wahr und stellen damit eine wesentliche informatorische Grundlage für die Aktivitäten an den Finanzmärkten dar. Während in den USA bereits mehrere tausend Unternehmen über ein Rating verfügen, gilt dies in der EU Anfang 2000 gerade für knapp 1000 Schuldner, in Deutschland jedoch nur für wenige Adressen. Damit erschließt sich den Ratingagenturen auf dem europäischen und insbesondere dem deutschen Markt ein großes Wachstumspotential.

Literatur:

BÜSCHGEN, H. E. / EVERLING, O. (1996), (Hrsg.): Handbuch Rating, Wiesbaden.

HEINKE, V. G. (1998): Bonitätsrisiko und Credit Rating festverzinslicher Wertpapiere: Eine empirische Untersuchung am Euromarkt, Bad Soden/Ts.

EVERLING, O. (1991): Credit Rating durch internationale Agenturen: Eine Untersuchung zu den Komponenten und instrumentalen Funktionen des Rating, Wiesbaden.

EVERLING, O. / RIEDEL, S.-M. / WEIMERSKIRCH, P. (2000), (Hrsg.): Technology Rating, Wiesbaden

ratingabhängige Verzinsung

Ratingsymbole		
S&P	Moody´s	Bedeutung der Symbole
AAA	Aaa	Höchstes Rating. Außergewöhnlich große Fähigkeit zur Zinszahlung und Kapitalrückzahlung. – Höchste Qualität. Außergewöhnlich große Fähigkeit zur Zinszahlung und Kapitalrückzahlung.
AA	Aa	Sehr große Fähigkeit zur Zinszahlung und Kapitalrückzahlung. – Hohe Qualität.
A	A	Starke Fähigkeit zur Zinszahlung und Kapitalrückzahlung. – Viele günstige Anlageeigenschaften, aber Anfälligkeit für Verschlechterungen in der Zukunft.
BBB	Baa	Ausreichende Fähigkeiten zur Zinszahlung und Kapitalrückzahlung. Nachteilige wirtschaftliche Bedingungen können relativ schnell zu verminderter Zahlungsfähigkeit führen. – Mittlere Qualität, mit geringen spekulativen Elementen.
BB	Ba	Geringe kurzfristige Anfälligkeit der Zahlungsfähigkeit. Die Schulden sind jedoch aktuellen Risiken ausgeliefert, die eine fristgerechte Bedienung verhindern können. – Untere Qualität mit spekulativen Elementen. Bedienung ist nicht gut gesichert.
B	B	Relativ hohe Anfälligkeit gegenüber Zahlungsverzug. Gegenwärtig besteht jedoch die Fähigkeit zur Zinszahlung und Kapitalrückzahlung. – Aufgrund der geringen Qualität keine erstrebenswerte Kapitalanlage.
CCC	Caa	Aktuell nachweisbare Anfälligkeit gegenüber Zahlungsverzug. Zur fristgerechten Zinszahlung und Kapitalrückzahlung sind günstige Geschäfts-, Finanz- und Wirtschaftsbedingungen erforderlich. – Schuldner hat geringes Standing, wobei die Bedienung bereits gefährdet sein kann.
CC	Ca	Rating für nachrangige Schuldtitel, wobei die vorrangigen Schuldtiteln selbst ein CCC-Rating besitzen. – Hochspekulative Anlagetitel, bei denen der Schuldner in der Regel bereits im Zahlungsverzug ist.
C	C	Zeigt bevorstehenden Zahlungsverzug an. – Niedrigste Kategorie, wobei die Voraussetzungen für eine Qualitätsverbesserung extrem schlecht sind.
D		Es besteht Zahlungsverzug oder Schuldner hat das Konkursverfahren angemeldet.
+/-		Mit Hinzufügen des Plus- oder Minuszeichens kann die Bewertung innerhalb der Hauptkategorie angepasst werden.
	1,2,3	Zusätze der Kategorien Aa bis B, um innerhalb eine Unterscheidung zu ermöglichen. Zusatz 1 ist relativ am besten.

ratingabhängige Verzinsung, *step up bonds, step down bonds*. Bei Über- bzw. Unterschreiten eines definierten → Ratings vermindert bzw. erhöht sich der → Nominalzins der → Anleihe um einen, in den → Emissionsbedingungen festgelegten, Betrag.

Rating-Agentur, *rating agency*; bezeichnet private Unternehmen, die sich auf die Beurteilung der → Bonität von → Schuldnern spezialisiert haben. Das Ergebnis dieser Beurteilungen bzw. des → Rating wird in definierte → Ratingsymbole gefasst. – Nutzenaspekte ergeben sich insbesondere für →

Anleger und → Emittenten. Anleger erhalten Informationen über die Bonität eines Emittenten. Da auch nicht öffentlich verfügbare Daten berücksichtigt werden, trägt die Publizierung des Rating zu erhöhter → Informationseffizienz der → Kapitalmärkte bei. Die durchschnittlichen → Kapitalkosten des Emittenten sinken. Die finanzielle Flexibilität erhöht sich. – Die drei ältesten und weltweit führenden R.-A. sind → Moody's Investors Service, → Standard & Poor's und → Fitch IBCA.

Rating-Klasse, bezeichnet die Zusammenfassung mehrerer möglicher Bonitätsergebnisse zu einem Urteil. Eine quantitative → Kreditwürdigkeitsprüfung führt zu einem Ergebnis, das dann zu einer R. zugeordnet werden kann. Eine R. hat eine Ober- und Untergrenze.

rationieren, → rationiert Geld.

rationiert Geld, *rat G, rG, bid scaling down/rationed*; → Kurszusatz. Der signalisiert, dass die zum Kurs und darüber limitierten sowie die unlimitierten Kaufaufträge nur beschränkt ausgeführt werden konnten. Gegensatz: → Rationiert Brief. – Vgl. auch → bezahlt Brief repartiert (bBr), → bezahlt Geld repartiert (bGr), → limitierter Auftrag und → unlimitierter Auftrag.

Rationierung, → Repartierung.

RE, Abk. für → Rechnungseinheit.

real, *real*. Wird bei der Bewertung monetärer Größen die Entwicklung des → Geldwertes einbezogen, handelt es sich um reale Betrachtungen. Den Gegensatz hierzu bilden nominale Analysen. – Vgl. auch → Realeinkommen, → Realkapital, → Reallohn, → Realzins.

Realeinkommen, *real income*; ist das Einkommen eines einzelnen Wirtschaftssubjektes oder einer Volkswirtschaft unter Berücksichtigung der → Kaufkraft. – Die rechnerische Bestimmung des R. erfolgt, indem das → Nominaleinkommen durch Berücksichtigung des → Preisindex für die Lebenshaltung bereinigt wird. Das R. drückt somit die mit dem Nominaleinkommen erwerbbare Menge an Gütern und Dienstleistungen aus. – Vgl. auch → Kaufkraft.

Real Estate, engl. Bezeichnung für Grund(-vermögen), → Immobilien(-vermögen), Grund und Boden.

Real Estate Fund, → Immobilienfonds.

Real Estate Investment Trusts (REITS), *Immobilienfonds*. Bezeichnung für → Aktiengesellschaften, die große Immobilienportfolios verwalten und meist an der → Börse notiert sind. Diese Gesellschaften wurden unter gewissen Bedingungen von der Körperschaftssteuer befreit, so dass ihre Anzahl seit ihrer Entstehungsphase in den 60er Jahren bis heute stark anwuchs. Als wichtigste Voraussetzung zur Begründung eines REITS gelten eine Mindestinvestitionsquote von 75% im Immobilienbereich und eine Mindestausschüttungsquote von 90% des Überschusses vor Steuern. Diese Form der → Investment-Trusts bildet in den Vereinigten Staaten eine wesentliche Säule der → Altersvorsorge.

Realisationsprinzip, *realization principle*; fundamentaler Grundsatz der Gewinnermittlung. Das R. bestimmt den Zeitpunkt zu dem ein Gewinn entstanden ist. Der Zeitpunkt, der Realisation ist nach allgemeiner Konvention der Zeitpunkt der Lieferung und der Leistung. – Aus dem R. folgt das Anschaffungswertprinzip, nach dem Wertänderungen am ruhenden Vermögen keinen Ertrag darstellen. Erst bei der Bestätigung durch den Absatzmarkt bei Lieferung und Leistung wird der Vermögensgegenstand ausgebucht und eine Forderung in der Höhe des Verkaufspreises eingebucht. – Da mit dem R. eine umsatzbezogene Gewinnermittlung verfolgt wird, müssen alle Aufwendungen, die die realisierten Erträge alimentiert haben, dieser Periode zugeordnet werden (Abgrenzung der Sache und der Zeit nach). – Das R. wird durch das → Imparitätsprinzip eingeschränkt, da zwar erwartete Gewinne nicht antizipiert werden dürfen, drohende Verluste jedoch antizipiert werden müssen. Bei der Anwendung der → Marktbewertungsmethode für Finanzinstrumente wird gegen das R. verstoßen.

realisierte Kursgewinne, *realized stock price gains*; vgl. → Kursgewinne.

realisierte Kursverluste, *realized stock price losses*; vgl. → Kursverluste.

Realkapital, *Sachkapital, real capital*. In der Volkswirtschaftslehre Bezeichnung für die Gesamtheit der Güter, die einem Unternehmen für die Leistungserstellung zur Verfügung stehen und nicht für den Konsum verwendet werden. Darunter fallen Anlagen, Maschinen, Gebäude, aber auch Infrastruktur, Lizenzen und Patente sowie Güter, die bei der Leistungserstellung verbraucht werden. → Kapital in Form von R. zählt neben Arbeit und Boden zu den drei Produktionsfaktoren in der Volkswirtschaftslehre. – Gegensatz: → Geldkapital.

Realkapitalerhaltung, *general price-level accounting*. Der Grundsatz der R. verlangt, dass die allgemeine Kaufkraft des → Eigenkapitals erhalten bleibt. Gewinn entsteht nach der R. erst dann, wenn es gelungen ist, die Kaufkraft des zu Beginn der Periode vorhandenen Eigenkapitals zu erhalten. R. verlangt, das Eigenkapital an die Entwicklung des Geldwertes anzupassen. – Vgl. auch → Nominalkapitalerhaltung, → Substanzerhaltung.

Realkreditgesetze. Sind das Hypothekenbankgesetz, Gesetz über die Pfandbriefe und verwandten Schuldverschreibungen öffentlich-rechtlicher Kreditanstalten, Gesetz über Schiffspfandbriefbanken (Schiffsbankgesetz) und auch das Bausparkassengesetz.

Realkreditinstitute, *mortgage banks*. Bezeichnung für → Spezialbanken, die das Hypothekenbankgeschäft betreiben. Zu den R. zählen neben den privaten → Hypothekenbanken und den → öffentlich-rechtlichen Grundkreditanstalten auch die → Schiffspfandbriefbanken. Ihre Hauptaufgabe liegt in der Gewährung langfristiger Kredite gegen Kommunaldeckung (Kommunaldarlehen) oder gegen Grundpfandrechte (Hypothekarkredite). Die Refinanzierung der R. erfolgt durch die → Emission von → Kommunalobligationen und → Pfandbriefen.

Reallast, *real property charge*; sind Belastungen eines Grundstücks, die durch Ansprüche auf Rentenleistungen aus dem Grundstück bedingt sind. Diese wiederkehrenden Leistungen erfolgen in monetärer Form respektive in Naturalien, Diensten, Verpflichtungen wie Instandhaltungsarbeiten u.ä., wobei zumeist regelmäßige Geldleistungen (→ Grundrente) gewählt werden. Der Eigentümer haftet persönlich für die während der Dauer seines Eigentums fällig werdenden Rentenleistungen. Die Begründung von R. erfolgt durch Einigung und Eintragung im Grundbuch.

Reallohn, *real wage*. R. drückt die mit dem Nominallohn käufliche Menge an Gütern und Dienstleistungen aus. Die rechnerische Bestimmung des R. erfolgt, indem der Nominallohn mit dem → Preisindex für die Lebenshaltung bereinigt wird. – Vgl. auch → Kaufkraft.

Reallowance. 1. *Weiterverkauf*; bezeichnet den Weiterverkauf eines bisher nicht platzierten Teils der → Emission an einer nicht dem → Emissionskonsortium angehörigen Bank oder einen Broker. – 2. *Wiederverkäufer-Bonifikation*; Im allgemeinen Sprachgebrauch ist mit R. auch die Prämie gemeint, die dem Weiterverkäufer gezahlt wird.

Realoptionen. R. sind Handlungsspielräume im Rahmen von realwirtschaftlichen Entscheidungen. Mit Hilfe von R. kann die Flexibilität des Managements im Rahmen der Unternehmensführung oder bei der Investitionsplanung bewertet werden. Dabei wird berücksichtigt, dass im Zeitablauf zusätzliche Informationen gewonnen werden, die Unsicherheit reduzieren. R. erhöhen das Gewinnpotenzial und begrenzen das Verlustpotenzial. Aufgrund der Ähnlichkeit zu Finanzoptionen können R. mit Hilfe von Optionspreismodellen (→ Black/Scholes-Formel) bewertet werden. Der Wert der R. erhöht den statischen → Kapitalwert einer Investition oder eines Unternehmens, was zum erweiterten Kapitalwert führt. Während Verzögerungs-, Ausstiegs- und Wachstumsoptionen von strategischer Bedeutung sind, entstehen Flexibilitätsoptionen im operativen Geschäft. Ein Beispiel für eine strategische Wachstumsoption ist die Investition in ein Forschungsprojekt, das bei Erfolg die Umsetzung der Ergebnisse ermöglicht. Sind die Forschungsergebnisse unbrauchbar, wird das Projekt abgebrochen. Ein Wandlungsrecht im Rahmen eines Kaufvertrages ist ein Beispiel für eine Ausstiegsoption. R. spielen vor allem in Rohstoffindustrien, bei strategischen Unter-

Rechnungslegung

nehmenskäufen und bei der Bewertung von Vertragsklauseln eine wichtige Rolle.

Real Time Gross Settlement-System (RTGS-System). Das RTGS-System ist ein Echtzeit-Abwicklungssystem für eilige Geldzahlungen im Interbankenbereich. Die Zahlungen werden per Transaktion nach dem Bruttoprinzip abgewickelt. Sie erfolgen erst nach Deckung und werden innerhalb von Sekunden oder Minuten ausgeführt. Zahlungen, für die keine Deckung vorhanden ist, kommen in eine Warteschlange. Erfolgt bis zum Tagesende keine Deckung, so werden die Aufträge gelöscht und an die auftraggebende Bank zurückgegeben.

Realtime-Kurse, englischer Börsenausdruck für Echtzeitkurse. Als „realtime" bezeichnet man die Art der Kursübertragung, bei der mit der Eingabe von Daten zeitgleich deren Verarbeitung und Ausgabe stattfindet. Bei der Kursübertragung von R. findet daher keine merkliche Verzögerung statt.

Real Time Settlement, *Echtzeitabwicklung/abrechnung.* R.T.S. bezeichnet eine Dienstleistung der Clearing-Stelle, mittels deren die unverzügliche Erfüllung von abgeschlossenen Börsengeschäften ermöglicht wird. Auf diese Weise kann ein Wertpapier noch am Tag des Geschäftsabschlusses auf das Konto eines anderen Clearing-Kunden unter gleichzeitiger Geldverrechnung übertragen werden.

Real-Time Trade. *Echtzeithandel.* Bezeichnung für eine Art der Handelsabwicklung, bei der die Ausführung eines → Kauf- oder → Verkaufsauftrags zum Zeitpunkt der Erteilung des → Auftrags sofort erfolgt.

Realzins, *Realsatz, real rate of interest;* bezeichnet den → Zinssatz, der sich aus dem nominalen Zinssatz unter rechnerischer Berücksichtigung der → Inflation ergibt.

Rechenschaftsbericht. Bericht der Verwaltung einer → AG in der → Hauptversammlung über den Ablauf des vergangenen → Geschäftsjahres, verbunden mit der Vorlage des → Jahresabschlusses.

Rechenschaftsbericht der Kapitalanlagegesellschaften. Deutsche → Investmentgesellschaften sind gesetzlich verpflichtet, jährlich einmal einen R. und nach sechs Monaten einen Zwischenbericht zur Information ihrer Anleger herauszugeben. Der R. umfasst die Vermögensaufstellung, die Aufwands- und Ertragsrechnung, die Höhe der eventuellen Ausschüttung und Informationen zur Geschäfts- und Fondsentwicklung.

Rechenschaftslegung der Investmentgesellschaften, → Rechnungslegung der KAG.

rechnerische Rendite. *Accounting Rate of Return.* Kennziffer zum Vergleich der → Rentabilität von Investitionsalternativen. Sie wird als Verhältnis zwischen dem durchschnittlichen jährlichen Ertrag nach Steuern und den Anschaffungsausgaben der Investition ermittelt. Als Verfahren der statischen Investitionsrechnung berücksichtigt sie allerdings nicht die Zeitpunkte der Rückflüsse aus der Investition. Dynamische Investitionsrechenverfahren (z.B. → Kapitalwertmethode, → interne Zinsfußmethode) sind der r.R. daher vorzuziehen.

rechnerische Restlaufzeit, *computed remaining maturity;* bezeichnet die → Laufzeit nach der eine → Tilgungsanleihe auf einmal getilgt werden muss, um sie einer → gesamtfälligen Anleihe mit gleichem → Nominalzins, gleichem → Kurs und gleicher → Rendite vergleichbar zu machen.

Rechnungseinheit (RE), *unit of account, accounting unit;* zur Abwicklung bzw. zum Ausgleich von Forderungen und Verbindlichkeiten in unterschiedlichen Währungen verwendete Kursbasis, mit der diese verrechnet werden. Im Rahmen der Europäischen Zahlungsunion wurde eine solche RE vereinbart, die die Basis für die Verrechnung in der Europäischen Atomgemeinschaft und der → Europäischen Wirtschaftsgemeinschaft war, und auch als European Unit of Account bezeichnet wurde. Diese wurde 1975 von der → Europäischen Rechnungseinheit abgelöst und einhergehend mit der Errichtung der Europäischen Wirtschaftsgemeinschaft durch die → Europäische Währungseinheit ergänzt.

Rechnungslegung, *reporting/rendering of accounts.* Unter der R. ist die Rechenschaftspflicht von Unternehmen zu verstehen. Meist versteht man unter der R. den → Jahresab-

Rechnungslegung der AG

schluss, der aus der Bilanz und der Gewinn- und Verlustrechnung besteht. Je nach Rechtsform und Größe ist der Jahresabschluss durch einen → Anhang und einen → Lagebericht zu ergänzen. Die R. dient dem Gläubigerschutz, der Gewinnermittlung, der Besteuerung sowie Kontroll- bzw. Informationszwecken. Für Kreditinstitute sind zusätzlich die Regelungen der §§ 340 ff. HGB und § 26 KWG zu beachten.

Rechnungslegung der AG, → Rechnungslegung.

Rechnungslegung der KAG, *accounting of the capital investment company*. Gemäß der Vorschriften des → Gesetzes über Kapitalanlagegesellschaften (KAGG) hat jede → Kapitalanlagegesellschaft (KAG) für jedes seiner → Sondervermögen zum Schluss eines jeden Geschäftsjahres einen → Rechenschaftsbericht und ggf. einen Halb- oder Vierteljahresbericht anzufertigen, in dem Rechenschaft über die aktuelle Anlagestruktur und das Anlagevolumen des betreffenden → Investmentfonds, sowie über die im abgelaufenen Geschäftsjahr angefallenen Fondsveränderungen abgelegt werden muss. Ergänzend zu den Vorschriften des KAGG sind bei der R.d.KAG auch die Vorschriften des → Handelsgesetzbuches (HGB) entsprechend der Rechtsform der KAG anzuwenden. – Vgl. auch → Rechnungslegung, → Rechnungslegung der AG.

Rechnungslegung im Konzern, *Konzernrechnungslegung, group accounting*. Konzerne in der Rechtsform einer → Kapitalgesellschaft sind nach § 290 HGB dazu verpflichtet, einen → Konzernabschluss und einen → Konzernlagebericht aufzustellen. Für Kreditinstitute ist dies in § 340i HGB, für Versicherungen in § 341i HGB und für alle sonstigen Konzerne in § 11 PublG geregelt. Börsennotierte Unternehmen haben nach § 292a HGB die Möglichkeit, für ihre Konzernrechnungslegung die auf ausländischen Kapitalmärkten angewandten und anerkannten Vorschriften (→ IAS, → US-GAAP) zu verwenden. Der Konzernabschluss ersetzt nicht den → Einzelabschluss, sondern dient als zusätzliches Informationsinstrument. Anders als der → Jahresabschluss bedarf er keiner Feststellung durch Vorstand und Aufsichtsrat oder der Hauptversammlung. – Siehe auch → Rechnungslegung

Rechnungszinsfuß, *assumed rate of interest*. → Versicherungsunternehmen legen den Teil der vereinnahmten → Versicherungsprämien von → kapitalbildenden Versicherungen, der nicht zur sofortigen Schadensregulierung und zur Betriebskostendeckung benötigt wird, am → Kapitalmarkt an (→ Vermögensanlage der Versicherungsunternehmen). Die zu erzielenden Erträge werden bereits bei der Prämienermittlung in Höhe des R. berücksichtigt, indem die → Versicherungssumme bei Vertragsabschluss als → Rentenendwert der mit dem R. aufgezinsten und addierten laufenden → Sparbeiträge des Versicherungsnehmers kalkuliert wird. Der R. stellt demnach eine garantierte Mindestverzinsung dar; i.d.R. übersteigen die tatsächlich erzielten Erträge diesen Wert. Der Versicherungsnehmer partizipiert an diesen zusätzlichen Erträgen durch die → Überschussbeteiligung. Obwohl die Versicherungen den R. seit 1994 frei wählen können, wird zumeist ein Zinssatz von vier Prozent bestimmt. Bei zwischen 1987 und 1994 abgeschlossenen Verträgen betrug der R. obligatorisch 3,5 Prozent.

Rechteck, *rectangle*; Trendbestätigungsformation (→ Analyse von Formationen) der → Chart-Analyse. Das R. kommt in Aufwärts- oder Abwärtstrends vor. Es entsteht als seitwärts gerichtetes Ausschwingen des Kurses in kleineren wellenförmigen Bewegungen. Diese liegen in einem waagrechten → Trendkanal. Die → Umsätze sind dabei rückläufig. Ein Ausbrechen aus dem Trendkanal bei ansteigenden Umsätzen setzt nach Meinung der → Chartisten die ursprüngliche Kursbewegung fort. – Vgl. auch → Technische Aktienanalyse.

Rechte der Hauptversammlung der AG, *rights of the shareholders' meeting*. Zu den Rechten der Hauptversammlung gehören die Bestellung der Aufsichtsratsmitglieder der Kapitalseite, die Entscheidung über die Verwendung des Bilanzgewinns, die → Entlastung des Vorstands und des Aufsichtsrats der AG, die Bestellung des Abschlussprüfers und von Sonderprüfern, die Vornahme von Satzungsänderungen sowie der Beschluss über Kapitalmaßnahmen u.a. – Vgl. auch → Hauptversammlungsbeschlüsse.

Rechtsaufsicht über die Börsen, *legal supervision of the stock exchanges*; Bestandteil der → Börsenaufsicht (§ 1 II BörsG). Sie obliegt den → Börsenaufsichtsbehörden der Länder und soll gewährleisten, dass die → Börsenorgane gesetz- und rechtmäßig ihre Funktionen ausüben. Eine Kontrolle der Zweckmäßigkeit der Handlungen der Börsenorgane findet demgegenüber nicht statt. Maßnahmen der R.ü.d.B. sind Hinweise, Beanstandungen, die Aufhebung beanstandeter Handlungen und die Ersatzvornahme nicht vorgenommener Handlungen.

Rechtsformen. Die → R. bringt die besondere rechtliche Struktur des Unternehmensträger zum Ausdruck. Man unterscheidet als privatrechtliche Rechtsträger (1) Einzelkaufmann; (2) Personalgesellschaften: (a) Gesellschaft des bürgerlichen rechts (GbR), (b) → offene Handelsgesellschaft (OHG); (c) → Kommanditgesellschaft (KG); (d) → Stille Gesellschaft; (3) → Kapitalgesellschaften: (a) → Aktiengesellschaft (AG); (b) → Kommanditgesellschaft auf Aktien (KGaA); (c) → Gesellschaft mit beschränkter Haftung (GmbH); (d) → bergrechtliche Gewerkschaft; (e) Sonderformen (Reederei, Bohrgesellschaft); (4) Mischformen (Kombinationen von Personen- und Kapitalgesellschaften): (a) AG & Co. KG; (b) → GmbH & Co. KG; (5) → Genossenschaften; (6) → Versicherungsvereine auf Gegenseitigkeit (VVaG). Zu den Öffentliche Unternehmen zählen: (a) ohne eigene Rechtspersönlichkeit: Regiebetriebe, Eigenbetriebe, Sondervermögen; (b) mit eigener Rechtspersönlichkeit: öffentlich-rechtliche Körperschaften, Anstalten und Stiftungen.

Rechtsformenwahl. Die Rechtsordnung stellt verschiedene → Rechtsformen für Unternehmensträger zu Verfügung, deren zutreffende Auswahl eine langfristig wirksame unternehmerische Entscheidungen ist. Welche Rechtsform die günstigste ist, ist nicht nur bei der Gründung eines Unternehmens zu beantworten. Erweist sich die ursprünglich gewählte Rechtsform nicht mehr als zweckmäßig, wird ein Rechtsformwechsel (Umwandlung) notwendig. Als Entscheidungskriterien sind bei der Wahl oder Änderung der Rechtsform zu berücksichtigen die rechtliche Ausgestaltung insbesondere hinsichtlich der → Haftung, Leitungsbefugnis, Gewinn- und Verlustbeteiligung, Finanzierungsmöglichkeiten, Steuerbelastung, Aufwendungen der Rechtsform (Gründungs- und Kapitalerhöhungskosten; besondere Kosten der → Rechnungslegung, z.B. Pflichtprüfung und Veröffentlichung des → Jahresabschlusses), Zwang zur → Publizität.

Rechtsgemeinschaft an einer Aktie. Ist nach § 69 AktG gegeben, wenn mehreren Berechtigten wie z.B. aus einer Erbschaft die Rechte aus einer Aktie zustehen. Die Rechte können nur von einem gemeinschaftlichen Vertreter ausgeübt werden, für die Verpflichtungen aus der Aktie haften alle Berechtigten als Gesamtschuldner.

Red Chip, an der Hongkong Stock Exchange (HSE) aber auch in London und New York gehandelte Aktie eines Unternehmens in Hongkong, das mehrheitlich von chinesischen Staatsunternehmen beherrscht wird.

Redeemable Bond, → Tilgungsanleihe.

Redeemable Preferred Stock, *tilgbare* → *Vorzugsaktie*. Die Tilgung kann verschieden gestaltet werden. Alternativen sind die Kündigung des Emittenten oder des Aktionärs, die Kündigung beider Parteien, die datierte Tilgung oder die laufende Tilgung.

Redeemable Shares, rückerwerbbar emittierte → Aktien, die insbesondere in den USA und Großbritannien verbreitet sind. Sie sind mit europäischem Recht vereinbar, in Deutschland jedoch nicht zugelassen. Sinn von R.S. ist es, nicht der (in Deutschland bei 10% des Stammkapitals liegenden) Höchstquote beim → Rückkauf eigener Aktien zu unterliegen und so in größerem Maße bestehende Unterbewertungen beseitigen zu können.

Redemption Price, → Rücknahmepreis.

Redemption, *Rückkauf von Wertpapieren*; bezeichnet den durch den → Emittenten getätigten Rückkauf, insbesondere von Anleihen, vor dem oder am → Fälligkeitstermin, Rücknahme von → Investmentanteilen durch die → Kapitalanlagegesellschaft, sowie Rückkauf von in den USA gebräuchlichen rückzahlbaren → Vorzugsaktien.

Redi-Book, 1997 gegründetes → ECN. Gehandelt wird vollständig anonym. R.

Rediskontierung

erfüllt die von der amerikanischen Börsenaufsicht → SEC an ECN's gestellten Anforderungen, um Zugang zur → NASDAQ zu erhalten. Im Oktober 2000 wurden 3,8 Prozent des gesamten Dollar-Transaktionsvolumens dieser Börse über R. abgewickelt, dies entspricht dem dritten Platz unter acht registrierten ECN's. Von R. ins NASDAQ-System eingestellte Quotes werden mit dem Kürzel REDI versehen.

Rediskontierung, *rediscount*. Refinanzierungsinstrument der Geschäftsbanken, das aus dem Weiterverkauf diskontfähiger → Wechsel an die → Deutsche Bundesbank bestand. Bis zur Gründung der → Europäischen Zentralbank konnten Wechsel, die verschiedene Gütekriterien erfüllten, an die Bundesbank verkauft werden. Diese schrieb den Banken den Wechselbetrag abzüglich dem → Diskont gut und zog die Wechsel am → Verfalltag selbständig ein. Banken hatten hierfür eine maximale Obergrenze, den → Rediskontkontingent. Seit Gründung der EZB besteht diese Möglichkeit nicht mehr. Banken können nun notenbankfähige Wechsel als Sicherheit für Geschäfte an die EZB verpfänden.

Rediskontkontingent, *rediscount quota*; maximale Obergrenze, bis zu dem ein Kreditinstitut → Wechsel zum Rediskont bei der → Deutschen Bundesbank einreichen konnte. Im Rahmen des Übergangs der Geldpolitik auf die → Europäische Zentralbank wurde der → Diskont und das damit verbundene R. abgeschafft. – Vgl. auch → Rediskontierung.

Red Herring, → Preliminary Prospectus.

Red Warrants, → Korb-Optionsscheine, deren Schwerpunkt Unternehmen sind, die sich hauptsächlich in Osteuropa engagieren und von einem Aufschwung osteuropäischer Länder überdurchschnittlich profitieren könnten.

Referenzpreis, *reference price*; bezeichnet jenen → Kurs eines → Titels oder → Indizes, der als Grundlage zur Entscheidung bezüglich der Gültigkeit des letzten Handelsgeschäfts bzw. einer etwaigen Handelsunterbrechung dient. Sollte der neue Kurs zu stark vom R. abweichen, kommt es zu oben genannten Konsequenzen. Meistens entspricht der zu letzt bezahlte Kurs (→ last paid Preis), der R. Abweichungen hiervon sind fast nur in Auktiuonsszenarien denkbar.

Referenzzinssatz, *reference rate*. 1. Zinssatz, der als → Benchmark dient. – 2. Bei Kreditverträgen bzw. Anleihen, denen ein variabler Zinssatz, der regelmäßig angepasst wird (z.B. alle drei Monate), zugrunde liegt, einigen sich der Gläubiger und der Schuldner auf einen R. Dieser ist der Basiszins für den zu zahlenden Kreditzins, der sich errechnet, indem auf den R. ein vorab zwischen Gläubiger und Schuldner vereinbarter Aufschlag von x Prozentpunkten hinzu addiert wird. Damit ist der Abstand zwischen Kreditzins und R. über die gesamte Laufzeit des Vertrages konstant, der Kreditzins schwankt jedoch entsprechend der Entwicklung des R. Als R. werden üblicherweise Interbank Offered Rates wie der → Libor oder der → Euribor etc. herangezogen.

Regelpublizität, *standard disclosure*. Als R. wird die den börsennotierten Aktiengesellschaften obliegende Pflicht, regelmäßig den → Jahres- bzw. Konzernabschluss sowie einen → Zwischenbericht zu veröffentlichen, bezeichnet. – Vgl. auch → Publizitätspflichten der börsennotierten Aktiengesellschaften.

Regionalbank, *regional bank*. Ursprünglich waren R. privatwirtschaftlich organisierte → Kreditinstitute, deren Wirkungskreis regional begrenzt war. Diese Einschränkung gilt heutzutage kaum mehr. Von den → Großbanken unterscheiden sich die R. jedoch auf Grund ihres geringeren → Geschäftsvolumens, der geringeren Filialanzahl und der geringeren internationalen Tätigkeit. R. werden in der Statistik der Deutschen Bundesbank gemeinsam mit den → Privatbankiers in der Bankengruppe der Kreditbanken als „Regionalbanken und sonstige Kreditbanken" geführt. Als Rechtsformen kommen für R. die → Aktiengesellschaft, die → Kommanditgesellschaft auf Aktien und die → Gesellschaft mit begrenzter Haftung in Betracht.

Regionalbörsen, *regional exchanges*; deutsche Börsen, die vom Umsatz-, Handelsvolumen und Marktanteilsranking hinter der → Frankfurter Wertpapierbörse stehen. In Deutschland gibt es derzeit sieben regionale Wertpapierbörsen in: Berlin, Bremen, Düsseldorf, Hannover und Hamburg (→ BÖAG Börsen Aktiengesellschaft), München und Stuttgart.

Regionalfonds, → Regionenfonds.

Regionalwerte, *Regionalaktien, regional stocks*. Aktien von Unternehmen, die vorwiegend an → Regionalbörsen gehandelt werden. Sie sind oft wenig liquide.

Regionenfonds, *Regionalfonds*. → Investmentfonds, der seine Investitionen in einer bestimmten geografischen Region oder einem besonderen Wirtschaftsraum tätigt.

Register, *index*. Unter R. versteht man ein öffentliches Verzeichnis. Im → Handelsregister etwa, welches von den Gerichten (→ Registergericht) geführt wird, werden Kaufleute und bestimmte, auf sie bezogene Rechtsverhältnisse eingetragen (§§ 8 ff. HGB). Zweck des Handelsregisters ist es, jedermann Auskunft zu geben, wer Kaufmann ist und wie dessen Rechtsverhältnisse gestaltet sind. – Vgl. auch → Registerpfandrecht.

Registergericht, *registration court*. Das R. führt das → Handelsregister. Zuständig sind die Amtsgerichte als Organ der freiwilligen Gerichtsbarkeit gemäß §§ 8 HGB, 125 FGG. – Vgl. auch → Register.

Registerpfandrecht, *registered pledge*. Ein R. ist ein → Pfandrecht an einer beweglichen Sache, welches jedoch in seiner Ausgestaltung einer → Sicherungshypothek ähnelt, also durch Einigung und Eintragung in ein besonderes Pfandrechtsregister bestellt wird. Es findet im deutschen Recht keine allgemeine Anwendung, kann aber etwa für Schiffe und Luftfahrzeuge bestellt werden.

Regress, → Rückgriff.

Regressionshedge, Hedgingstrategie, bei der mittels statistischer Regressionsanalyse historische Preisänderungsdaten von Anleihen untersucht werden. Es wird angenommen, dass die beobachteten Zusammenhänge auch künftig gelten.

Regularien. Die feststehende Tagesordnungspunkte der → ordentlichen Hauptversammlung einer AG. Es sind (1) Vorlage und Erläuterung des → Jahresabschlusses mit dem Bericht des → Vorstandes und → Aufsichtsrates; (2) Beschlussfassung über die Gewinnverwendung (dazu der Vorschlag der Verwaltung); (3) Beschlussfassung über die Entlastung des Vorstandes und Aufsichtsrates; (4) Wahl des Abschlussprüfers (vgl. § 119 Abs. 1 AktG).

Reifeaktien. Aktien von Unternehmen, deren Produkte sich in der Reifephase des Produkt-Lebens-Zyklus befinden. Dementsprechend sind die Erträge relativ stabil, ihre weitere Zukunft aber offen, solange keine Produktinnovationen erfolgen.

Reihe, verschiedene → Emissionen des selben → Emittenten werden zur Unterscheidung in Reihen eingeteilt. Häufig wird hier auch von verschiedenen Serien gesprochen.

rein Brief, *only ask*; nachdrücklicher Hinweis des → Börsenmaklers, dass für ein Wertpapier absolut nur auf der Angebotsseite Orders vorliegen. – Gegensatz: → rein Geld. – Vgl. auch → Bid Price, → Asked Price, → Kurshinweise und → Kurszusätze.

rein Geld, *only bid*; nachdrücklicher Hinweis des → Börsenmaklers, dass für ein Wertpapier absolut nur auf der Nachfrageseite → Orders vorliegen. – Gegensatz: → rein Brief. – Vgl. auch → Bid Price, → Asked Price, → Kurshinweise und → Kurszusätze.

Reingewinn, → Bilanzgewinn.

Reinsurance, → Rückversicherung.

Reinverlust. Negatives → Ergebnis eines → Geschäftsjahres, das sich aus der Summe der → Aufwendungen abzüglich der Summe der → Erträge ergibt (Gegensatz: → Reingewinn).

Reinvermögen, *net assets*. Überschuss des Bilanzvermögens oder → Rohvermögens (→ Aktiva) über die Schulden (→ Passiva). Das R. entspricht dem auf der Passivseite ausgewiesenen → Eigenkapital.

Reinvestition, *reinvestment*; erneute Investition freigewordener Mittel in Sach- oder Finanzanlagen.

Reinvestment Warrant

Reinvestment Warrant, *Optionsschein mit Reinvestitionsmöglichkeit*. Ein R.W. verbrieft das Recht des Anlegers, gezahlte Zinsen aus einer → Anleihe in die gleiche Anleihe zu reinvestieren.

REIT, Abk. für → Real Estate Investment Trust.

Rektaindossament, *Rektaklausel, negative Orderklausel, restrictive indorsement, not-to-order indorsement*. R. ist die Bezeichnung für den normalerweise auf der Rückseite einer Wertpapierurkunde angebrachten Vermerk „nicht an Order", mit dem bei → Orderpapieren eine zukünftige Übertragung per → Indossament generell ausgeschlossen werden kann. Dadurch werden diese Orderpapiere zu → Rektapapieren konvertiert, deren Übertragung nach schuldrechtlichen Grundsätzen der §§ 398 ff. BGB erfolgt, d.h. durch Einigung und Abtretung des verbrieften Rechts. – Gegensatz: → Orderklausel.

Rektaklausel, → Rektaindossament. – Gegensatz: → Orderklausel.

Rektapapier, *nonnegotiable instrument, security not to order*. Ein R. ist ein → Wertpapier, das auf eine namentlich in der Wertpapierurkunde bezeichnete Person ausgestellt ist. Der Emittent des R. ist grundsätzlich verpflichtet, die verbrieften Ansprüche aus dem Wertpapier direkt an diese Gläubigerperson oder ihren Rechtsnachfolger zu leisten, es sei denn, die Rechte wurden nach schuldrechtlichen Grundsätzen der §§ 398 ff. BGB per Forderungszession auf eine andere Person übertragen. Kraft Gesetzes ist ein R. kein gewöhnliches → Orderpapier, d.h. es kann weder formlos noch per → Indossament übertragen werden. Zu den R. zählen zum einen die gewillkürten Orderpapiere (gekorene Orderpapiere) ohne hinzugefügte positive → Orderklausel, zum anderen die gesetzlichen Orderpapiere (geborene Orderpapiere) mit hinzugefügter → Rektaklausel sowie Hypothekenbriefe und bestimmte → Namenspapiere.

Relative-Stärke-Index, *RSI, relative strength index*; Instrument der → technischen Aktienanalyse, das eine Aussage über den → überkauften oder → überverkauften Zustand eines → Marktes oder eines → Wertpapiers trifft. Der R.S.I. kann Werte zwischen null und 100 annehmen, wobei Werte unter 30 auf eine überverkaufte und Werte über 70 auf eine überkaufte Situation hindeuten. Diese Grenzen sind nicht starr, sondern in Abhängigkeit von der → Volatilität des betrachteten Marktes oder Wertpapiers zu setzen. Je höher diese Volatilität ist, desto weiter liegen diese Grenzwerte auseinander. Steigt der R.S.I. in den überkauften Bereich, ist dies als ein Verkaufssignal zu interpretieren, fällt er hingegen in den überverkauften Bereich ist dies ein Kaufsignal für → Long Positionen. Ermittelt wird der R.S.I. durch die Differenz der durchschnittlich gestiegenen bzw. gefallenen → Schlusskurse für einen bestimmten Zeitraum. Berechnung des R.S.I.: R.S.I. = $100 - 100/(1+RS(t))$. $RS(t)$ ermittelt sich aus dem Durchschnitt der gestiegenen Schlusskurse, dividiert durch den Durchschnitt der gefallenen Schlusskurse.

Relative-Stärke-Methode, *relative strength method*; Methode der → Technischen Aktienanalyse. Man ermittelt zunächst die im Vergleich zum Gesamtindex am stärksten gestiegenen Branchenindizes. Aus diesen Branchen ermittelt man anschließend die „relativ stärksten", d.h. in der Vergangenheit am meisten gestiegenen Einzelwerte. Die Methode unterstellt, dass für diese Werte auch in Zukunft die beste Kursentwicklung zu erwarten ist (→ Kursprognose, → Trendanalyse). Kritisch anzumerken ist, dass ein Anleger, der die R. anwendet, den stärksten Kursanstieg möglicherweise bereits verpasst hat und gerade dann kauft, wenn eine → technische Korrektur bevorsteht. Empfehlungen der → Fundamentalanalyse, z.B. in Aktien zu investieren, die gegenüber ihrem → inneren Wert zu stark gefallen sind, stehen zur R. im Widerspruch.

Relative Strength Index, → Relative-Stärke-Index.

Relative Strength, *relative Stärke*; vgl. → Relative-Stärke-Methode.

Remisier. Bezeichnung für eine Person, die auf Provisionsbasis Wertpapierhandelsaufträge an Banken vermittelt.

Remote Access, bezeichnet den Börsenzugang eines im Ausland ansässigen Börsenteilnehmers an einer inländischen Börse, dem über ein Handels- und Abwicklungssystem eine Anbindung ermöglicht wird. Dadurch ist es dem im Ausland befindlichen Börsenteilnehmer direkt möglich, am Börsenhandel der jeweiligen Börse Handelsabschlüsse zu tätigen. Derzeit ermöglichen die Handels- und Abwicklungssysteme → EUREX und → XETRA einen R.A. Die Kommunikation des sich im Ausland befindenden Terminals mit dem Handels- und Abwicklungssystem der Zielbörse kann entweder über eine elektronische Direktverbindung oder einen sogenannten Access Point erfolgen. Voraussetzung für die Erteilung eines R.A. ist ein → Remote Membership.

Remote Membership, → Finanzintermediären. Insbesondere → Banken und → Wertpapierhandelshäusern, wird die Möglichkeit eröffnet, vom Ausland aus direkt am Handel einer inländischen → Börse über eine Handelsplattform, wie → XETRA teilzunehmen. Aufgrund der Ortsunabhängigkeit des Börsenteilnehmers wird unter R.M. auch der Begriff „Fernmitgliedschaft" verwendet. Neben den allgemeinen Zulassungsvoraussetzungen, um an einer Börse partizipieren zu können, sind meist weitere Kriterien zu erfüllen. Dazu gehören bspw. bei XETRA die Stellung unter eine Börsen- oder Wertpapieraufsicht im jeweiligen Herkunftsland, die Duldung von Überprüfungsaktivitäten durch die Deutsche Börse AG, der Nachweis, dass Börsenaktivitäten im Heimatland des Börsenmitglieds zulässig sind, sowie dass es einen in Deutschland ansässigen Bevollmächtigten hat, dem eine Zulassungsvollmacht erteilt wurde. In Europa wurde durch die Wertpapierdienstleistungsrichtlinien eine R.M. erleichtert. Die frühere → DTB, heutige → EUREX, war die erste Börse, die Handelsbildschirme in den USA aufstellen durfte.

Rendite, *yield*. Die R. gibt den Gesamterfolg einer Geld- oder Kapitalanlage an, gemessen an der Effektivverzinsung (→ Effektivzins). Sie ist Maßstab für die Beurteilung der Rentabilität einer Anlage. Die Renditebzw. Effektivzinsberechnung von → Anleihen (z.B. → Straight Bonds) kann nicht exakt über eine direkte Lösungsformel bestimmt werden, da mehrere Zahlungen (Zinskupons, Tilgung) in der Zukunft anfallen. Man greift deshalb oft zu Näherungslösungen. – Die R. einer Anleihe kann unter-

Rendite festverzinslicher Wertpapiere

schiedlich interpretiert werden. 1. R. als Diskontierungszinssatz. Ausgangspunkt der Renditeberechnung ist die Kursermittlung als → Barwert der künftigen Zahlungen aus der Anleihe. Dabei dient die R. als Diskontierungssatz (→ Abzinsung) für die zukünftigen Zahlungen. Die R. wird deshalb auch als jener Zinssatz definiert, mit dem alle Zins- und Tilgungszahlungen auf den Kauftag diskontiert werden, damit die Summe der Barwerte dem Kurs zuzüglich → Stückzinsen entspricht (Auszahlung = Barwert der Einzahlungen). Der Kurs eines festverzinslichen Wertpapiers ist dann der Kaufpreis für das Anrecht auf die zukünftigen Zins- und Tilgungszahlungen. – 2. R. als Verzinsung des gebundenen Kapitals. Die R. einer Investition ist der Zinssatz, mit dem das jeweils gebundene Kapital auf einem Konto verzinst werden muss, so dass die vereinbarten Zins- und Tilgungszahlungen bezahlt werden können und bei Fälligkeit das Konto ausgeglichen ist. – 3. R. als Wiederanlagesatz. Während mit den beiden obigen Interpretationen der R. keine Aussage über die Wiederanlage der zwischenzeitlichen → Cash-Flows getroffen wurde, wird bei der R. als Wiederanlagesatz explizit die Wiederanlage der Cash-Flows berücksichtigt. Im Gegensatz zu den beiden anderen Definitionen werden mit der R. als Wiederanlagesatz Aussagen über den zukünftigen Wert eines festverzinslichen Papiers getroffen. Die R. eines Wertpapiers ist demnach jener Zinssatz, mit dem man die Zins- und Tilgungszahlungen bis zur Fälligkeit des Papiers anlegen muss, um den gleichen Effekt zu erzielen, als wenn man am Kauftag das eingesetzte Kapital mit der R. endfällig anlegen würde.

Rendite bei vorzeitiger Rückzahlung, *bond return with redemption prior to maturity*; bezeichnet eine Möglichkeit zur Renditeberechnung von → Anleihen, bei der alle künftigen Zins- und Tilgungszahlungen mit der V. → diskontiert werden, so dass der → Barwert dem → Marktpreis entspricht, jedoch unter Berücksichtigung einer vorzeitigen Tilgung durch den → Schuldner.

Rendite festverzinslicher Wertpapiere. Gesamtertrag eines → festverzinslichen Wertpapiers (effektive Verzinsung). Die R.f.W. hängt vom Erwerbs- und Rückzahlungskurs, der Laufzeit und der Höhe des → Kupons ab. – Vgl. hierzu → Rendite.

Renditenübersicht

Renditenübersicht, → *Renditetabelle, basic book.*

Renditepapier, *high yield instrument*; bezeichnet ein → Wertpapier, das im Vergleich mit anderen Zins- oder Dividendenpapieren eine überdurchschnittlich hohe jährliche Rendite bzw. Verzinsung auf das eingesetzte Kapital erwirtschaftet.

Renditestruktur, *pattern of yield return*. Bezeichnung für die Abhängigkeit der → Rendite festverzinslicher → Anleihen von ihrer jeweiligen Restlaufzeit. Nicht zu verwechseln mit der → Zinsstruktur.

Renditestrukturkurve, zweidimensionale Darstellung der Renditestruktur. Je nach Erwartungshaltung der Marktteilnehmer kann die R. abschnittsweise monoton steigend (sog. normale R.) oder monoton fallend (sog. inverse R.) sein. Die Informationen aus der R. sollten bei der Abzinsung von Zahlungsströmen berücksichtigt werden, um realitätsnahe Ergebnisse zu erhalten.

Renditetabelle, *Renditeübersicht, basic book*. R. dienen dazu, die Höhe der → Rendite von festverzinslichen Wertpapieren (→ Anleihen) unter Berücksichtigung des Normalzinses, der Laufzeit und des Kurses zu ermitteln. Mit ihrer Hilfe kann darüber hinaus bestimmt werden, welchen Kurs ein Wertpapier mindestens haben muss, um eine bestimmte Rendite zu erzielen. Die jeweils anzuwendende R. hängt davon ab, wie die Anleihebedingungen ausgestaltet sind (jährliche oder halbjährliche Zinszahlung mit/ohne Stückzinsverrechnung). R. ermöglichen es privaten und institutionellen Anlegern die Risiken und Chancen ihrer Anlageentscheidungen besser zu beurteilen. Sie werden von Wertpapierdienstleistungsunternehmen, Analysten und → Rating-Agenturen erstellt und veröffentlicht.

Rentabilitätsindex, → benefit-cost ratio.

Rentabilitätsmaximierung, *profitability maximization*; erwerbs- und finanzwirtschaftliches Prinzip, nach dem Anlageentscheidungen ausschließlich an der Erfolgsgröße Rentabilität (Gewinn, Ertrag) ausgerichtet werden. – Vgl. auch → Rentabilitätsoptimierung.

Rentabilitätsoptimierung, *profitability optimization*; erwerbs- und finanzwirtschaftliches Prinzip, welches anders als die → Rentabilitätsmaximierung, nicht nur die Rentabilität, sondern auch weitere Aspekte z.B. Liquidität, als Erfolgsgröße berücksichtigt.

Rentenanleihe, *annuity bond*; → Anleihe ohne vorgesehene Tilgungsleistungen. – Vgl. auch → ewige Anleihe.

Rentenbarwert, *present value of annuity*; mit Hilfe der → Rentenrechnung ermittelter Gegenwartswert zukünftiger regelmäßiger Zahlungen (→ Annuitäten). Der nachschüssige Rentenbarwertfaktor bestimmt aus einer konstanten, jährlichen Rate bei gegebener Laufzeit und gegebenem Kalkulationszinssatz den R. Die formelhafte Darstellung des Rentenbarwertfaktors a_n lautet:

$$a_n = \frac{q^n - 1}{q^n(q-1)} = \frac{(1+i)^n - 1}{(1+i)^n \cdot i},$$

wobei

$q = 1 + \frac{p}{100} = 1 + i$ der → Aufzinsungsfaktor,

p = Zinssatz in Prozent p.a.,

i = Zinssatz p.a. und

n = Laufzeit in Jahren ist.

Für eine gegebene Rente mit konstanter Höhe r und endlicher Laufzeit n ergibt sich der R. als:

$$R_0 = r \cdot a_n,$$

für eine unendlich konstante Rente ergibt sich der R. aus:

$$R_0^\infty = \frac{r}{i}.$$

Falls die Rente jeweils am Anfang der Rentenperiode bezahlt wird (vorschüssige Rente), muss zur Ermittlung des R. der obige nachschüssige → Barwert mit dem Aufzinsungsfaktor q multipliziert werden.

Rentenbriefe, *Rentenschuldverschreibungen*; von der → Deutschen Siedlungs- und Landesrentenbank (DSL Bank) ausgegebene → Schuldverschreibung zur Finanzierung ländlicher Siedlungen und der Eingliederung vertriebener oder geflüchteter Landwirte.

Rentenendwert, *(accumulated) amount of annuity, final value of annuity*; mit Hilfe der → Rentenrechnung finanzmathematisch ermittelter Wert von zukünftigen regelmäßigen Zahlungen (→ Annuitäten), der auf das Ende der Rentenlaufzeit bezogen ist. Der R. enthält alle Zahlungen aus der Rente zuzüglich aller Zinsen und Zinseszinsen (→ Aufzinsung). – Der nachschüssige Rentenendwertfaktor s_n, der sich durch Multiplikation des Rentenbarwertfaktors (→ Rentenbarwert) mit dem Aufzinsungsfaktor q^n ergibt, bestimmt aus einer konstanten, jährlichen Zahlung bei gegebener Laufzeit und bei gegebenem Kalkulationszinssatz den R. Die Formeldarstellung des Rentenendwertfaktors lautet:

$$s_n = a_n \cdot q^n = \frac{q^n - 1}{q - 1} = \frac{(1+i)^n - 1}{i},$$

wobei

a_n = Rentenbarwertfaktor,

q = → Aufzinsungsfaktor,

i = Zinssatz p.a.,

n = Laufzeit in Jahren ist.

Für eine gegebene Rente mit konstanter Höhe r und endlicher Laufzeit n ergibt sich schließlich der R. als:

$$R_n = r \cdot s_n.$$

Falls die Rente jeweils am Anfang der Rentenperiode bezahlt wird (vorschüssige Rente), muss zur Ermittlung des vorschüssigen R. der nachschüssige Endwert mit dem Aufzinsungsfaktor q multipliziert werden.

Rentenfonds, *annuity fund, bond(-based) fund*. → Investmentfonds, der ausschließlich oder überwiegend festverzinsliche Wertpapiere wie z.B. → Pfandbriefe, → Kommunalobligationen, → DM-Anleihen ausländischer Aussteller und → Fremdwährungsanleihen enthält. Sein Anlegerkreis sind Sparer mit dem Anlageziel stetiger, möglichst hoher Erträge. R. weisen im Vergleich zur → Direktanlage ein wesentlich eingeschränktes Kursrisiko auf. Außerdem muss der Anleger sich nicht um die Kupontermine und Tilgungsmodalitäten einzelner Papiere oder um die Wiederanlage von Erträgen und bei Rückzahlung von Wertpapieren anfallender Beträge kümmern. – Es kann grob unterschieden werden zwischen national und international anlegenden R. Eine weitere Differenzierung ergibt sich aus der Verwendung der Erträge, hiernach lassen sich ausschüttende von den thesaurierenden R. unterscheiden (→ Ausschüttungsfonds, → Thesaurierungsfonds). – Anlageziel eines R. ist nicht die Erreichung des maximalen Zinsertrages, sondern des größtmöglichen Gesamtertrages (jährlicher Zinsertrag und Kursgewinne).

Rentenhandel, *bond trading*. Handel mit festverzinslichen Wertpapieren (→ Rentenpapier). Wird auch als Bezeichnung für die entsprechende Abteilung in einem Finanzinstitut verwendet, die sich mit R. beschäftigt.

Rentenhändler, *bond dealer*; Händler an der Börse oder bei institutionellen Marktteilnehmern, die mit → festverzinslichen Wertpapieren handeln.

Rentenindex, → Rentenmarktindex.

Rentenmarkt, *bond market*. Stellt den Teilbereich des organisierten Kapitalmarktes dar, auf dem Schuldverschreibungen durch Intermediation einer Börse gehandelt werden. Der R. wird in der Regel nach folgenden Instrumenten differenziert: Anleihen öffentlicher Emittenten (Bund, Bundesländer, Kommunen, ausländische Emittenten etc.), Anleihen privatrechtlicher Emittenten (Industrieobligationen usw.), ungedeckte und gedeckte Schuldverschreibungen (Pfandbriefe, Kommunalobligationen etc.) und Sonderformen (Wandelanleihen, Genussscheine).

Rentenoptionshandel, *bond option trading*; bezeichnet den Handel mit → Optionen, deren → Underlying → festverzinsliche Wertpapiere sind. Er orientiert sich hinsichtlich Struktur und Abwicklung am → Aktienoptionshandel. Der R. ist seit 1986 in Deutschland zugelassen, beschränkt sich jedoch auf → Anleihen des Bundes, der Post und der Bahn. Als Underlying werden Anleihen mit einer Mindestlaufzeit von vier Jahren verwendet. Der Mindestabschluss beträgt

Rentenpapier

51.129,19 Euro. Fälligkeit eines Rentenoptionsgeschäfts ist jeweils der 25. Kalendertag der Monate Januar, April, Juli oder Oktober.

Rentenpapier, → festverzinsliches Wertpapier.

Rentenrechnung, *mathematics of annuity, annuity computation*; Teilgebiet der Finanzmathematik, neben → Zins- und Zinseszinsrechnung, → Tilgungsrechnung und Kursrechnung. Als eine → Rente bezeichnet man eine Reihe gleich hoher oder nach einer festen Regel veränderlicher Zahlungen mit einer bestimmten Laufzeit (→ Annuität). Diese werden entweder zu Beginn oder am Ende einer Rentenperiode gezahlt. Nach dem Äquivalenzprinzip der Finanzmathematik kann eine einzelne Zahlung zu Beginn (→ Abzinsung, → Rentenbarwert) oder am Ende (→ Aufzinsung, → Rentenendwert) der Rentenlaufzeit bestimmt werden, die mit der Rente gleichwertig ist. Zahlungen zu einem gleichen Zeitpunkt, etwa zu Beginn der Rente (→ Barwert) können addiert werden. Entsprechend kann aus einer festen Zahlung bei gegebener Laufzeit die gleichwertige Annuität berechnet werden. Der → Effektivzins einer Rente ist derjenige Zins, mit dem eine Rente abgezinst werden muss, um eine beliebige Zahlung zu Beginn der Rente mit der Rente gleichwertig zu machen.

Rentenrendite, *bond yield*. Bezeichnung für die Effektivverzinsung einer Anleihe (→ Effektivzins). Diese setzt sich zusammen aus der laufenden Verzinsung p durch die regelmäßigen Kuponzahlungen, bezogen auf den Erwerbskurs C,

$$\tilde{p} = \frac{p}{C}$$

und aus der auf den Erwerbskurs bezogenen Differenz Δp zwischen Tilgungsbetrag und Erwerbskurs. Zur Ermittlung der R. existieren verschiedene Näherungsverfahren wie z.B. die Börsenformel (→ Effektivzins, → Rendite). – Als → Emissionsrendite bezeichnet man die R., die sich aus dem Emissionspreis der Anleihe ergibt. Sie wird üblicherweise marktnah gestaltet und entspricht der R. anderer Anleihen mit gleicher Laufzeit, angepasst um evtl. Liquiditäts- und → Risikoprämien. – Während der Laufzeit einer Anleihe wird die R. in Abhängigkeit von Zinsänderungen und Risikoeinschätzungen der Anleger schwanken. Üblicherweise nimmt sie bei einem normalen bzw. steigenden Verlauf der → Zinsstruktur mit der Restlaufzeit der Anleihe ab. Außer den Einflussfaktoren, welche sich auf die individuellen → Emittenten und die Liquidität der Anleihe beziehen, wird die R. lediglich von Marktfaktoren, insbesondere der Zinsstruktur, bestimmt. → Arbitrage sorgt dafür, dass sich die R. vergleichbarer Anleihen anpassen (→ arbitragefreie Bewertung).

Rentenschuld, *annuity land charge*. Spezialform einer → Grundschuld, wobei an Stelle eines Kapitalbetrags eine wiederkehrende → Rente aus dem Grundstück geleistet wird.

Rentenschuldverschreibungen, → Rentenbriefe.

Rentenverpflichtung, *liability for annuity payments*; Verpflichtung des Schuldners einer Forderung, diese in Form von → Renten zu tilgen.

Rentenwerte, → festverzinsliche Wertpapiere. Der Begriff R. resultiert aus der regelmäßigen Zahlungsweise der festgelegten → Kupons, die mit regelmäßigen Rentenzahlungen vergleichbar sind.

Reoffer Price, bezeichnet den → Ausgabepreis für institutionelle Anleger bei Anleiheemissionen (vgl. → Anleihen, Platzierung) im Rahmen des → Fixed-Price-Reoffer-Verfahrens. Dieser Preis ist dabei niedriger als der für andere Anleger.

rep., → repartiert.

Repackaging, → Repackaged Securities.

Repackaging, → Repackaged Securities.

Repackaged Securities, → Anleihen, die durch Umwandlung von Komponenten anderer Anleihen entstehen.

Repackaging Bond, → Collateralized Bond Obligation.

repartieren, *rationieren, zuteilen, to scale down, to apportion*. 1. Kommt es im → Emissionsgeschäft zu einer → Überzeichnung, d.h. es werden mehr Wertpapiere von den Anlegern nachgefragt, als bei der → Emission ausgegeben werden sollen, dann kann die → Zuteilung anteilsmäßig erfolgen. – 2. Im Börsenhandel kann der → Händler Aufträge nur in beschränktem Umfang ausführen, da zu den festgestellten Kursen Angebot und Nachfrage nicht vollständig übereinstimmten. – Vgl. auch → Emission, → Zuteilungsverfahren.

repartiert, *r, rep., scaling down, apportionment*. → Kurszusatz, der besagt, dass die vorgeliegenen → Orders nur in beschränktem Umfang ausgeführt werden konnten, da die Angebots- bzw. Nachfrageseite die jeweils andere zum festgestellten Kurs überwiegt. – Vgl. auch → repartieren, → rationiert Geld und → rationiert Brief.

Repartierung, *Rationierung, scaling down, apportionment*. 1. Eine R. wird im Börsenhandel vorgenommen, wenn die Angebotsoder Nachfrageseite zum festgestellten Kurs nur beschränkt befriedigt werden kann. Der → Kursmakler versieht die Kurse in diesem Fall im → Kursblatt mit entsprechenden → Kurszusätzen, wie z.B. → bezahlt Brief repartiert (bBr) oder → bezahlt Geld repartiert (bGr). – 2. Eine R. erfolgt bei → Emissionen im Falle einer → Überzeichnung. Die auszugebenden Wertpapiere können in diesem Fall mit Hilfe eines Zuteilungsschlüssels auf die Zeichner verteilt werden. – Vgl. auch → repartiert, → Emission, Zuteilungsverfahren.

Repatriierung, *repatriation*. Verlagerung von angelegtem Kapital bzw. der hierauf begründeten Gewinne vom Aus- ins Inland.

Repo, Abk. für → Repurchase Agreement.

Repo Rate, *Reposatz;* vgl. → Repurchase Agreement.

Report, *Aufschlag, positiver Swap-Satz, premium*. Bezeichnung im → Devisenterminhandel für die Differenz aus → Kassakurs und höherem → Terminkurs. Da die → Basis bei einem Terminkontrakt als die Differenz zwischen Terminpreis und Kassapreis definiert ist, entspricht ein R. einer positiven Basis. Liegt der Terminpreis unter dem Kassapreis, spricht man von → Deport oder negativer Basis. – Vgl. auch → Swap-Satz.

Reporteffekten, *carryover business securities*. R. sind die aus der Erfüllung eines → Termingeschäfts gelieferten Wertpapiere, die eine Bank im Rahmen eines → Reportgeschäfts, d.h. bei der → Prolongation eines Termingeschäftes, hereinnimmt. Wirtschaftlich betrachtet handelt es sich bei einem Reportgeschäft um einen mit Wertpapieren besicherten Kredit (→ Lombardkredit), rechtlich gesehen werden im Rahmen des Reportgeschäftes Verträge über einen Kauf und einen Terminverkauf abgeschlossen, wodurch die R. für die Dauer des Geschäfts in das Eigentum der Bank übergehen.

Reportgeschäft, *Reportieren, carryover*. R. ist die Verlängerung einer auf Termin abgeschlossenen Haussetransaktion von einem → Verfalltag auf den darauf folgenden Stichtag. Für diese Verlängerung ist der Käufer verpflichtet, einen Zuschlag, den sog. → Report, zu entrichten. Die beteiligte Bank gewährt dem Käufer hierbei eine Art Lombardkredit, da die zugrundeliegenden → Titel bevorschusst werden. Der Käufer ist verpflichtet, die Titel zum nächsten → Ultimo wieder von der Bank zurückzukaufen.

Reportieren, → Reportgeschäft.

Reposatz, *repo rate;* vgl. → Repurchase Agreement.

Repräsentant, Representative. Ein R. verkörpert die Vertretung einer → Bank im Ausland, der sowohl ein inländisches → Kreditinstitut als auch eine zuverlässige, fachlich geeignete Person mit Wohnsitz im Inland sein kann. Ein R. übt keine betrieblichen Banktätigkeiten aus, sondern hat vielmehr die Aufgabe, Kontakte zum Ausland herzustellen sowie bereits bestehende Beziehungen zu pflegen. Daneben fungiert er als Verbindungsstelle bei der Vermittlung von Geschäften mit dem Ausland. Das → Auslandinvestment-Gesetz macht die Installation eines R. für den öffentlichen Vertrieb ausländischer Investmentanteile zur Voraussetzung, da dieser die Vertretung der Auslandsinvestmentgesellschaft vor Gericht übernimmt. Gemäß § 53a KWG sind die Errichtung, Verlegung und Schließung von Repräsentanzen ausländischer Kreditinstitute dem → Bundesaufsichtsamt für das Kreditwesen unmittelbar anzuzeigen.

Representations and Warranties

Representations and Warranties, am → internationalen Kapitalmarkt die Zusicherung eines Kreditnehmers oder Garanten darüber, dass bestimmte das Kreditverhältnis bzw. den Garantievertrag betreffende Bedingungen erfüllt sind.

Reproduktionswert, → Substanzwert.

Repurchase, *Rückkauf, Rücknahme*; bezeichnet den Rückkauf von im Umlauf befindlichen → Schuldverschreibungen, → Investmentanteilen oder anderen von Unternehmen oder → Kreditinstituten ausgegebenen → Wertpapieren durch den Anleiheschuldner. Der R. wird durch ein Rückkaufsangebot an die Anleihengläubiger publik gemacht und ist häufig mit einem Umtauschangebot verbunden.

Repurchase Agreement (Repo), *Repo-Geschäft, (Wertpapier-)Pensionsgeschäft*. Ein Marktteilnehmer verkauft Wertpapiere in der Kasse und verpflichtet sich gleichzeitig, diese auf Termin wieder zurückzukaufen. Der Zinssatz, den er dafür erhält, wird als Reposatz (repo rate) bezeichnet. Bei einem R.A. wird zwischen der europäischen Version (European style) und der amerikanischen (US style) unterschieden. Die europäische Version sieht, im Gegensatz zur amerikanischen, die Verrechnung von → Stückzinsen vor. In Deutschland bildet seit 1996 der Rahmenvertrag für → echte Pensionsgeschäfte vom Bundesverband Deutscher Banken e.V. die Grundlage für R.A. Dieser berücksichtigt ebenfalls die Berechnung von Stückzinsen.

Repurchase Company, → Rückkaufgesellschaft.

Reputation, steht für das einer Institution entgegengebrachte Vertrauen. Der Aufbau der R. ist ein langwieriger Prozess, sie kann aber sehr schnell verloren gehen. Insbesondere im Bankbereich spielt R. eine zentrale Rolle, da die Aussagen der Institute glaubwürdig sein müssen, um weiterhin existieren zu können. Ein Reputationsverlust kann im Extremfall zum Untergang der betroffenen Gesellschaft führen.

Reputational Risk, → Reputationsrisiko.

Reputationsrisiko, *reputational risk*; bezeichnet die Gefahr der negativen Veränderung des Unternehmenswerts infolge der Beschädigung des Rufs der Unternehmung, bspw. aufgrund des öffentlich als Fehlverhalten eingestuften Auftretens des Managements. Das R. ist keine eigenständige Risikoklasse, wie das → Kreditrisiko, → Marktrisiko oder → operationelles Risiko, da sich das R. regelmäßig derivativ aus den Verlusten ergibt, die auf andere Risikoquellen der Unternehmung zurückzuführen sind.

Re-Regulation, *Re-Regulierung, re-regulation*; R.-R. bedeutet die Wiedereinführung staatlicher Beschränkungen der Wirtschaftsaktivität. Beispiele sind hierfür die Einführung von Kapitalverkehrskontrollen im Zuge von Finanzkrisen.

Research, *Wertpapierresearch, Analyse*; Analyse von Märkten, Wertpapieren und Unternehmen. Die Aufgaben des R. sind im Wesentlichen die Beschaffung, Aufbereitung und Analyse von Informationen mit dem Ziel, verlässliche Aussagen über die betrachteten Untersuchungsgegenstände bzw. mögliche Veränderungen zu gewinnen. Institutionelle Investoren wie etwa → Investmentgesellschaften, → Banken, → Broker oder → Versicherungen unterhalten i.d.R. eigene R.-Abteilungen, um die Entwicklung einzelner → Aktien bzw. der dahinterstehenden Unternehmen, von Branchen oder Märkten insgesamt zu analysieren. Zum Einsatz kommen dabei die → Fundamentalanalyse und die → Technische Analyse. – Aufgrund der von R.-Abteilungen ausgesprochenen Einschätzungen von Wertpapieren, wie etwa → Kauf- oder → Verkaufsempfehlungen, kann das R. auch die allgemeine Stimmung über einzelne Aktien oder Branchen an den Märkten beeinflussen. – Vgl. auch → Rating und → Anleihebewertung.

Reservenauflösung, → Rücklagenauflösung.

Reserve Requirement, → Mindestreserve.

Reservewährung, *reserve currency*. → Währung, die aus historischen, politischen, zumeist aber ökonomischen Gründen von den → Zentralnotenbanken anderer Volkswirtschaften als Mittel → internationaler Liquidität in Form von Währungsreserven gehalten wird. Im Regelfall ist eine R. gleichzeitig die führende Transaktionswährung im internationalen Handel, sowie aufgrund ihrer Wertbeständigkeit auch Anlagewährung für private und institutionelle Investoren. Diese Rolle hat der US-amerikanische Dollar spätestens nach dem Zweiten Weltkrieg im Rahmen des Systems von Bretton-Woods übernommen. Eine R. ist meist auch gleichzeitig eine → internationale Leitwährung.

Residualgewinn, *residual profit*. Als R. wird der Überschuss der Erträge über die Aufwendungen einer Periode bezeichnet, der den Eigenkapitalgebern als Unternehmergewinn zusteht.

Residual Profit, → Residualgewinn.

Restanten, *securities called back for redemption but not yet presented*. R. sind vorab gekündigte oder ausgeloste → Wertpapiere einer Anleihenemission, die am Tilgungstermin nicht zur Rückzahlung vorgelegt wurden. Bei Bekanntgabe der Ergebnisse jeweils neuer → Auslosungen von Wertpapieren oder vorzeitiger Kündigungen müssen die Nummern der R. immer angegeben werden. Auf diese Art wissen sämtliche interessierte Kapitalmarktteilnehmer, dass noch geloste bzw. gekündigte Wertpapiere umlaufen. – Vgl. auch → Restantenliste.

Restantenliste, *list of securities called back for redemption but not yet presented*; veröffentlichte Liste der Nummern aller ausgelosten oder vorab gekündigten → Schuldverschreibungen einer Emission, die am Tilgungstermin von den Inhabern nicht zur Rückzahlung vorgelegt wurden. – Vgl. auch → Restanten, → Auslosung von Wertpapieren.

Restbuchwert, *Nettobuchwert, fortgeführter Anschaffungswert, net book value*; Anschaffungs- oder Herstellungskosten eines Wirtschaftsgutes abzüglich planmäßiger und außerplanmäßiger → Abschreibungen zuzüglich Zuschreibungen.

Restemission, letzte → Tranche einer Emission im Rahmen einer → Teilemission.

Restlaufzeit, *maturity*. Verbleibende Laufzeit von Forderungen und Verbindlichkeiten bis zur → Endfälligkeit.

Restlaufzeit von Anleihen. Verbleibende Zeit zwischen aktuellem Datum und Tilgungszeitpunkt. – Vgl. auch → Tilgung und → Anleihen, Tilgung.

Restposten. Nicht abgesetzter Teil einer Emission. – Vgl. auch → überhängige Emission.

Restquote, Schlusszahlung bei Durchführung der → Abwicklung einer AG.

Restricted List, *Sperrliste*. Maßnahme, die zur Erfüllung der → Compliance-Verpflichtung ergriffen werden kann. Es handelt sich um eine von der Compliance-Stelle stets zu aktualisierende Liste, die Mitarbeiter und Abteilungen von Wertpapierdienstleistungsunternehmen über Beschränkungen für Eigenhandels- und Mitarbeitergeschäfte sowie für Kundengeschäfte in Wertpapieren und Derivaten informiert. Damit soll verhindert werden, dass vertrauliche Informationen zu → Insiderhandelsgeschäften ausgenutzt werden oder Interessenkonflikte entstehen.

Restwert, *residual value*. Der R. eines Gutes entspricht dem erwarteten Restverkaufserlös am Ende der Nutzungsdauer abzüglich der Aufwendungen für Abbau und Entsorgung. – Der R. wird von den Anschaffungs- und Herstellungskosten abgezogen, um die planmäßigen → Abschreibungen zu ermitteln. Wird kein R. bei der Bemessung der planmäßigen Abschreibungen berücksichtigt, korrigiert ein sonstiger betrieblicher Ertrag am Ende der Nutzungsdauer die zu hohen Abschreibungen während der Nutzungsdauer.

Retail Banking, *Privatkundengeschäft*. Bezeichnung für das von → Kreditinstituten betriebene Privatkunden- bzw. Mengengeschäft. – Gegensatz: → Wholesale Banking.

Retention. Anzahl von Effekten, die ein Mitglied eines → Emissionskonsortiums erhält, um diese am Markt zu → platzieren.

Retractable Maturity Bond. Bezeichnung für einen vorzeitig kündbaren → Bond.

Retraction Option

Retraction Option. Bezeichnung für ein Kündigungsrecht.

Return, → Rendite.

Return on Assets (ROA), → Gesamtkapitalrentabilität.

Return on Equity (ROE), *Eigenkapitalrentabilität*; bezeichnet eine → Rentabilitätskennzahl, die ein Ergebnis in Beziehung zum eingesetzten → Eigenkapital (EK) setzt und so dessen → Verzinsung ermittelt:

$$ROE = \frac{Gewinn}{EK}$$

Generell die Eigentümersicht betonend, kann der ROE je nach Analysezweck differenzierte Ergebnisgrößen enthalten. Während das Eigenkapital meist bilanziell gefaßt wird, kann der Zähler sowohl pagatorisch (→ Jahresüberschuss, → Bilanzgewinn) als auch zahlungsstromorientiert (→ Cash-Flow) abgegrenzt sein. Im Sinne einer den → Eigenkapitalkosten gegenüberzustellenden Renditeforderung der → Eigenkapitalgeber ist der ROE wichtiger Bestandteil von → Shareholder-Value Konzepten.

Return on Investment (ROI), spezifische Methode zur Ermittlung der → Gesamtkapitalrentabilität. Dabei wird über das klassische Schema, den Gewinn durch den Kapitaleinsatz zu dividieren, hinausgegangen und zusätzlich der Umsatz als Rendite beeinflussender Faktor berücksichtigt. Der ROI ergibt sich aus der Multiplikation von → Umsatzrentabilität und → Kapitalumschlag. Durch diese Aufspaltung wird die Identifikation der Ursachen für Abweichungen vom Branchendurchschnitt erleichtert. – Formel:

$$ROI = \frac{Gewinn}{Umsatz} \times \frac{Umsatz}{Gesamtkapital}.$$

Als Gewinngröße wird die Summe aus Jahresüberschuss, Zinsaufwand und Steuervorteil aus Fremdkapitalfinanzierung (→ tax shield) angenommen. Der tax shield berechnet sich als Produkt aus Zinsaufwand und Ertragsteuersatz. Um Problemen bei der Ermittlung des tax shields aus dem Weg zu gehen, wird als Gewinngröße oft vereinfacht das Ergebnis vor Zinsen und Steuern (→ EBIT) verwendet. – Das Gesamtkapital ist die Summe aus Anlage- und Umlaufvermögen. Da es sich hierbei um eine stichtagsbezogene Bestandsgröße handelt, der im Zähler stehende Gewinn aber eine Stromgröße ist, wird für das Gesamtkapital i.d.R. ein Durchschnittswert für die Periode gewählt. – Eine noch detailliertere Aufgliederung der Einflussgrößen auf den ROI erfolgt im Rahmen der Analyse mit → Kennzahlen. Das bekannteste ROI-Kennzahlensystem wurde von der Firma Du Pont entwickelt.

Reuegeld, *Dont, forfeit money*; zu bezahlende Prämie für den Rücktritt (→ abandonnieren) von einem Vertrag, z.B. einem → Prämiengeschäft, (§ 359 BGB).

Revaluation, → Aufwertung.

Reverse-Cash-and-Carry-Arbitrage. → Arbitrage, bei der die Unterbewertung eines → Terminkontraktes ausgenutzt wird, die sich ergibt, wenn die tatsächliche am Markt zu beobachtende → Basis geringer als ihr theoretisch richtiger Wert ist. Der Arbitrageur kauft → Futures (→ Long Position) und verkauft gleichzeitig den Kontraktwert dieser Futureskontrakte am Kassamarkt (→ Short Position). – Gegensatz: → Cash-and-Carry-Arbitrage.

Reverse Convertibles. → Anleihen, die mit einem Rückzahlungswahlrecht des → Emittenten ausgestattet sind. Das Wahlrecht sieht eine → Rückzahlung entweder zum → Nominalbetrag oder über eine festgelegte Anzahl von → Aktien einer bestimmten Gesellschaft vor. Im Gegenzug erhält der → Anleger einen weit über Marktkonditionen liegenden → Kupon. Ein R.C. lässt sich aus Sicht des Emittenten synthetisch über einen → Floater, einen Receiver Swap und eine verkaufte Aktienput-Option (→ Put) darstellen.

Reverse Dual Currency Bonds. → Doppelwährungsanleihe, bei der Erwerb bzw. → Rückzahlung in einer anderen → Währung erfolgen als die Zinszahlungen. Der → Wechselkurs für die Zahlungen in fremder Währung werden bei der → Emission fixiert.

Reverse Floater, → Reverse Floating Rate Note.

Richtlinie des Rates der Europäischen Gemeinschaften zum Börsenwesen

Reverse Floating Rate Note, *reverse floater, bull floater, inverser/umgedrehter Floater*; variabel verzinsliche → Schuldverschreibung mit Laufzeiten bis zu zehn Jahren. Im Unterschied zu herkömmlichen → Floating Rate Notes profitiert der Anleger von fallenden Zinssätzen, da bei R.F.R.N. der → Referenzzinssatz von einem festen Basiszinssatz abgezogen wird. Als Referenzzinssatz für den Geldmarkt dienen i.d.R. → Euribor oder → Libor. R.F.R.N. unterliegen deutlich höheren Kursschwankungen als normale → Floater.

Reverse Repurchase Agreement, *(vom Geldgeber initiiertes) Wertpapierpensionsgeschäft*. Bezeichnung für ein umgekehrtes → Repurchase Agreement. Bei einem R.R.A. kauft ein Marktteilnehmer Wertpapiere in der Kasse und verpflichtet sich gleichzeitig, diese auf Termin wieder zurück zu verkaufen.

Reverse Split, bezeichnet einen → Aktiensplit, bei dem die Zahl der im Umlauf befindlichen → Aktien reduziert wird. Er stellt somit das Gegenteil zu einem Split dar. Bei mit → Nennwert ausgestatteten Aktien erhöht sich deren Nennwert gemäß dem Reverse-Split-Verhältnis. Bei nennwertlosen Aktien steigt der auf eine Aktie entfallende Teil des Vermögens und Ertrages des Unternehmens. Ebenso wie bei Splits gehen Reverse Splits nicht mit einer Veränderung des → Grundkapitals einher.

Reverse Transaction, → Closing Out.

REX, → Deutscher Rentenindex.

REX-Optionsschein, *REX-Warrant*; bezeichnet → Optionsscheine, deren → Underlying der → REX ist.

REXP, REX-P, → REX-Performanceindex.

Rezession, *recession*; stellt im Rahmen der Konjunkturtheorie die Phase einer schlechten Wirtschaftsentwicklung dar. R. kann die Vorstufe zur → Depression sein. Auf den Kapitalmärkten spiegeln sich rezessive Entwicklungen einer Volkswirtschaft meist in Kursverlusten wider.

Rheinisch-Westfälische Börse zu Düsseldorf (RWB), *Börse Düsseldorf*. Die RWB ist eine der sieben → Regionalbörsen. Börsenzeit: 9.00 Uhr – 20:00 Uhr. Von der → Kuxenbörse über die → Montanbörse entwickelte sich die RWB zum heutigen Full-Service-Börsenplatz.

Rho-Faktor, *rho factor*. Sensitivitätskennzahl im Rahmen der Optionsbewertung, die angibt, um wie viel Prozent sich der Preis einer → Option ändert, wenn der risikolose Zinssatz um eine Einheit variiert wird. Formal ergibt sich der R. als Quotient aus der Veränderung des Optionspreises und der Veränderung des risikolosen Zinssatzes. – Vgl. auch → Black/Scholes-Formel, → Greeks.

Richtlinie des Rates der Europäischen Gemeinschaften zum Börsenwesen. Zur Erleichterung des Kapitalverkehr hat sich die EG zur Aufgabe gemacht, die Vorschriften auf dem Gebiet des Wertpapier- und Börsenwesens zu harmonisieren. Deshalb hat der EG-Rat folgende Richtlinien verabschiedet: (1) Die Richtlinie des Rates vom 5.3.1979 zur Koordinierung der Bedingungen für die → Zulassung von Wertpapieren zur amtlichen Notierung an einer → Wertpapierbörse; (2) die Richtlinie des Rates vom 17.3.1980 zur Koordinierung der Bedingungen für die Erstellung, die Kontrolle und die Verbreitung des Prospekts, der für die Zulassung von Wertpapieren zur amtlichen Notierung an einer Wertpapierbörse zu veröffentlichen ist; (3) die Richtlinie des Rates vom 15.2.1982 über regelmäßige Informationen, die von Gesellschaften zu veröffentlichen sind, deren Aktien zur amtlichen Notierung an einer Wertpapierbörse zugelassen sind; (4) die Richtlinie des Rates vom 12.12.1988 über die bei Erwerb und Veräußerung einer bedeutenden Beteiligung an einer börsennotierten Gesellschaft zu veröffentlichenden Informationen; (5) Richtlinie des Rates vom 17.4.1989 zur Koordinierung der Bedingungen für die Erstellung, Kontrolle und Verbreitung des Prospekts, der im Falle öffentlichen ist. Durch diese Rechtsvorschriften der EG, die nach ihrer Verabschiedung durch den Rat der EG in nationales Recht umzusetzen sind, soll sichergestellt werden, dass die Kapitalanleger in allen Mitgliedstaaten der Gemeinschaft möglichst gleichwertige Informationen erhalten.

Richtlinien für den Druck von Wertpapieren

Richtlinien für den Druck von Wertpapieren, *Druckvorschriften für Effekten*; von den Gremien der deutschen Effektenbörsen herausgegebene, für alle Emittenten verbindliche Richtlinien, die dem Schutz vor Fälschung von Effekten dienen. Die Richtlinien bestimmen, welche Anforderungen → Wertpapierdruckereien erfüllen müssen, um Druckaufträge übernehmen zu dürfen und mit welchem Druckverfahren sowie mit welchen Merkmalen verschiedene Wertpapieremissionen gefertigt werden müssen. – Vgl. auch → Ausstattung von Wertpapieren.

Right of Accumulation, → Akkumulationsrecht.

Ring, vgl. → Aktienring und → Obligationenring.

Ringbeteiligung. Eine R. liegt vor, wenn eine Enkelgesellschaft wiederum an der Muttergesellschaft beteiligt ist.

Risiken des Kapitalanlegers, *investment risks*. Bei der Kapitalanlage sind insbesondere die drei Kategorien → Marktrisiko, → Ausfallrisiko (Bonitätsrisiko) und operationales Risiko zu trennen. Daneben trifft einen an der realen Wertentwicklung interessierten Anleger das Kaufkraftrisiko bzw. Inflationsrisiko (→ Inflation). Bei der Auswahlentscheidung muss der Anleger die erwartete → Rendite dem → Risiko einer Anlage gegenüberstellen und entscheiden, welches Risiko er gerade noch einzugehen bereit ist. Das Marktrisiko gliedert sich in die aus → Preisschwankungen entstehenden Preisrisiken (→ Marktpreisrisiken), insbesondere das → Kursrisiko von Aktien, das → Zinsänderungsrisiko und das → Währungsrisiko bzw. → Wechselkursrisiko. Die → Risikomessung versucht, diese R.d.K. über Risikomaße quantifizierbar zu machen (z.B. → Value-at-Risk). Bei Krediten und Anleihen trifft den Anleger das Risiko einer Verschlechterung der → Bonität des Kreditnehmers bzw. Emittenten. Am → Anleihemarkt führt dies zu fallenden Kursen, da die geforderte Rendite wegen der höheren → Risikoprämie steigt. Die Gefahr eines Zahlungsausfalls wird durch das → Ausfallrisiko (→ Default Risk) bezeichnet. Personelle und organisatorische Risiken (etwa mangelnde Kontrolle, fehlender Schutz gegen Betrug durch Mitarbeiter etc.) sind im operationalen Risiko enthalten. – Vgl. → systematisches Risiko und → unsystematisches Risiko.

Risiko, *risk*. 1. Umgangssprachlich: Gefahr einer schlechten Entwicklung. Im Zusammenhang mit Investitionen z.B. Betrugs-, Verlust-, Insolvenz-R. – 2. Entscheidungstheoretisch: Spezialfall von Entscheidungen unter Unsicherheit, bei dem Wahrscheinlichkeiten der für möglich gehaltenen Umweltzustände (Szenarien) bekannt sind (→ objektives Risiko). – 3. Abweichung der tatsächlich realisierten → Rendite einer Anlage von einem Referenzwert wie z.B. dem → Erwartungswert. – In den beiden letztgenannten Fällen enthält R. auch den umgangssprachlichen Begriff Chance und umfasst damit sowohl positive als auch negative Abweichungen des eingetretenen Wertes von einem erwarteten Wert oder Referenzwert. Kennzahlen zur Messung des R. wurden von Stone auf eine verallgemeinerte Basis gestellt, die Stone'schen Risikomaße (→ Risikomessung, Risikokennzahlen). – Vgl. auch → Risikopolitik und → Risiken des Kapitalanlegers.

Risikoabwälzung, *risk transfer*. Strategie im Rahmen der → Risikopolitik, Einzelrisiken vertraglich auf Dritte zu übertragen, entweder entgeltlich (Versicherungen, Stillhalter von Optionen) oder unentgeltlich durch Vertragsklauseln (→ Risikoüberwälzung). – Vgl. auch → Risiko.

Risikoanalyse, *risk analysis*; vgl. hierzu → Risikomessung.

Risikoanleihen, *junk bonds*; aus dem engl.: Ramsch-, Schrott- oder Abfallanleihen, hochverzinsliche → Schuldverschreibungen mit niedrigem oder fehlendem → Rating. Die Bonitätsklassifizierung lautet BBB oder weniger. In den USA wurden R. häufig als Finanzierungsinstrument für Mantelgesellschaften zur Übernahme von Unternehmen genutzt. Aus Anlegerschutzgründen und zur Eindämmung der resultierenden Fusionswelle in den USA sind Beschränkungen dieser vollständig fremdfinanzierten Unternehmensübernahmen beschlossen worden. So unterliegen Junk Bonds seit 1934 der geltenden Regelung, dass ein Aktienkauf nur 50% fremdfinanziert sein darf. Abweichungen hiervon werden bei hohen Erfolgschancen der Unternehmensübernahme und sich

Risikokompensation

der damit ergebenen zusätzlichen Deckung der → Anleihe durch das Vermögen der Gesellschaft zugelassen. Aufgrund der hohen → Risiken eignen sich Junk Bonds primär für sehr risikofreudige → Kapitalanleger.

Risikoaversion, *Risikoscheue, risk aversion*. Grundeinstellung von Entscheidungsträgern, Risiken entweder nicht oder nur gegen eine vergleichsweise hohe Vergütung (→ Risikoprämie) zu übernehmen. In theoretischen Kapitalmarktmodellen wird Investoren und Kapitalanlegern eine moderate R. unterstellt. – Gegensatz: → Risikofreude. – Vgl. auch → Risikoneutralität.

Risikobegrenzung, *risk limitation*; vgl. hierzu → Risikopolitik.

Risikobeitrag, *Risikoprämie, net/risk premium*; der zur Abdeckung des erwarteten Schadens herangezogene Prämienanteil einer Versicherung. Dieser entspricht kalkulatorisch dem statistischen → Erwartungswert des Schadens.

Risikobereitschaft, *risk willingness/readiness*; Umfang der Bereitschaft von Entscheidungsträgern (Anlegern, Investoren), → Risiken in Abhängigkeit von einem erwarteten Ertrag einzugehen. Man unterscheidet zwischen → Risikoaversion, → Risikofreude und → Risikoneutralität. – Vgl. auch → Risikoeinstellung.

Risikoeinstellung, *risk perception*. Verhalten eines Entscheidungsträgers gegenüber Entscheidungsalternativen, bei denen die Handlungsalternativen mit → Risiko behaftet sind. Grundsätzlich ist zwischen → Risikoaversion, → Risikofreude und → Risikoneutralität zu unterscheiden. Bei der letztgenannten R. bezieht der Entscheidungsträger Risiken nicht in seine Entscheidung ein und orientiert sich am → Erwartungswert der Handlungskonsequenz. Bei Risikoaversion hingegen verlangt er eine positive → Risikoprämie, d.h. das Ergebnis der sicheren Alternative liegt über dem Erwartungswert. Bei Risikofreude ist der Entscheidungsträger sogar bereit, Risiko zu tragen, wenn der Erwartungswert unter dem Sicherheitsäquivalent liegt.

Risikofreude. Die R. eines Wirtschaftssubjektes wird durch eine konvexe Nutzenfunktion des Geldes veranschaulicht: Das Individuum misst Geld einen stetig steigenden positiven Grenznutzen zu. Dies bedeutet, dass bei einer Erhöhung des Einkommens der Nutzen stärker zunimmt, als er bei einer betragsgleichen Einkommensverringerung abnimmt. Das Wirtschaftssubjekt schätzt dementsprechend den Nutzen eines sicher erwarteten Einkommens weniger hoch ein als den Nutzen einer Verteilung unsicherer Einkommen, deren Erwartungswert dem sicheren Einkommen entspricht. – Gegenteil: → Risikoaversion, → Risikoneutralität.

Risikohäufung, *Risikoballung, risk clustering*; Kumulation verschiedener Einzelrisiken zu einem Gesamtrisiko. So beinhaltet eine Kreditvergabe verschiedene Einzelrisiken wie z.B. das → Zinsänderungs-, → Bonitäts-, und Liquiditätsrisiko sowie ggf. ein Währungs- und Länderrisiko, welche zusammengefasst das Gesamtrisiko des Kredits bilden. – Vgl. auch → Risiko.

Risikokapital. 1. *risikotragendes Kapital, risk capital*; derjenige Teil der Kapitalausstattung eines Unternehmens, das das unternehmerische → Risiko trägt und erfolgsabhängig entlohnt wird, also von einem Erfolg besonders bzw. ausschließlich profitiert (z.B. → Eigenkapital, → Aktienkapital, → Gesellschaftsanteile etc.). Den Inhabern des R. gehört das gesamte Unternehmen abzüglich der Schulden (z.B. → Fremdkapital). Sie erhalten den gesamten Gewinn nach Steuer- und Zinszahlungen, sofern er vollständig ausgeschüttet wird (→ Ausschüttung). Ein gewisser Sockel an R. ist bei risikobehafteter unternehmerischer Tätigkeit erforderlich und gesetzlich vorgeschrieben, da sonst im Fall eines geschäftlichen Misserfolgs die Gläubiger des Unternehmens das unternehmerische Risiko alleine tragen würden (→ Agency-Theorie). – 2. → Venture-Capital.

Risikokennzahlen, *risk ratios/measures*. Maß- und Verhältniszahlen, die aus verschiedenen Risikofaktoren ermittelt und in der → Risikomessung oder der → Wertpapieranalyse eingesetzt werden. – Vgl. auch → Rating.

Risikokompensation, *risk compensation*. Strategie der → Risikopolitik, bei Übernahme von → Risiken gegen → Risikoprämien gleichzeitig einen Risikoausgleich durch die Übernahme gegenläufiger Risiken zu suchen

Risikokonzentration

und so das → Uncovered Exposure zu verringern. Eine Standardmaßnahme zur Verringerung des → Ausfallrisikos eines Geschäftspartners ist das → Netting. – Vgl. → Hedge.

Risikokonzentration, *Risikoballung, risk clustering*; bezeichnet die Strategie, anstelle der Verteilung des Anlagebetrages auf viele Einzelwerte, das Kapital auf wenige Anlageobjekte oder Assetklassen zu konzentrieren. Die R. ist der Versuch insbesondere risikofreudiger Anleger bzw. gut informierter Anleger, die Marktperformance zu übertreffen. Diese Strategie enthält einen erheblichen Teil → unsystematisches Risiko, das vom Markt nicht mit einer → Risikoprämie belohnt wird. – Gegensatz: → Risikostreuung. – Vgl. auch → Risikokumulation.

Risikokumulation, *risk accumulation*. R. ist die Strategie, den Anlagebetrag auf mehrere Einzelwerte oder Assetklassen zu verteilen, jedoch dabei nur hoch miteinander korrelierte Anlagen zu wählen (→ Korrelation). Eine ähnliche Strategie ist die → Risikokonzentration, die aber einen höheren Teil → unsystematisches Risiko enthält. Durch die höhere Zahl von Einzelanlagen ist diese Risikoart bei der R. niedriger. Dennoch besteht das → Risiko in der Möglichkeit einer Fehleinschätzung der Entwicklung bezüglich der ausgewählten Branche, Region oder Assetklasse.

Risikomanagement, *risk management*; bezeichnet Handeln zur Minimierung der Eintrittswahrscheinlichkeiten künftiger Gefahren. Prozessual gliedert sich das R. meist in die Phasen der Risikoidentifikation und -analyse, in der die Risikoart bestimmt und ein Versuch zur Quantifizierung unternommen wird, der Risikosteuerung, in der gemäß der entworfenen Strategie für den Umgang mit bestimmten Risikoausprägungen ein konkretes Handeln erfolgt und der Risikokontrolle, in der der Handlungserfolg anhand der verfolgten Ziele überprüft wird. – In → Kreditinstituten werden auf diese Weise laufend die zentralen Risikoquellen (→ Kreditrisiken, → Marktrisiken oder → operationelle Risiken) auf ihre auslösenden Faktoren hin untersucht, ihre möglichen Volumina prognostiziert und Steuerungsstrategien entwickelt. Hierzu zählen vor allem die Risikovermeidung, bspw. durch eine verbesserte → Bonitätsprüfung, die Risikobeschränkung, die Risikodiversifikation, die → Risikoüberwälzung, bspw. mittels → Kreditderivaten, und die Risikoübernahme.

Risikomessung, *risk measurement*; Bestimmung der möglichen Streuung der Ergebnisse einer Anlage, insbesonders von Verlustpotential, Verlustwahrscheinlichkeit, → Volatilität und → Value-at-Risk (VaR) eines Projekts oder Bestandes an Kapitalanlagen. Es wird dabei versucht, das → Risiko mittels → Risikokennzahlen und quantitativen Risikomaßen transparent zu machen. Das Risiko ist stets eine zukunftsgerichtete Größe. In die R. gehen Vergangenheitsdaten ein, um eine bedingte Prognose (→ Erwartungswert) und Schätzung des Risikos (→ Standardabweichung) mittels statistischer Verfahren zu erhalten.

Risikoneutralität. Die Risikoneutralität eines Wirtschaftssubjektes wird durch eine lineare Nutzenfunktion des Geldes veranschaulicht: Das Individuum misst Geld stets einen unveränderten positiven Grenznutzen zu. Dies bedeutet, dass sich der Nutzenzuwachs und die Nutzenabnahme bei betragsgleichen Einkommenserhöhungen bzw. -verringerungen entsprechen. Das Risiko hat somit keinen Einfluss auf den Nutzen: Das Wirtschaftssubjekt wird einem sicheren Einkommen den gleichen Nutzen zumessen wie einer Verteilung unsicherer Einkommen mit gleich hohem Erwartungswert. – Anders: → Risikoaversion, → Risikofreude.

Risikopapier, *speculative instrument, risk paper*. Bezeichnung für ein → Wertpapier, dessen Marktwert starken Schwankungen unterliegt und im schlimmsten Fall sogar dauerhaft auf Null fallen kann. Dies ist bei → Aktien und ähnlichen Anteilsrechte verbriefenden Papieren sowohl im → Business Risk als auch im → Financial Risk ursächlich, bei verzinslichen → Forderungspapieren v.a. im Bonitätsrisiko des Emittenten begründet. – Vgl. auch → spekulative Wertpapiere.

Risikopolitik

Prof. Dr. Hermann Locarek-Junge

Abgestimmter Einsatz aller Einzelmaßnahmen, um im Unternehmen Verlustgefahren transparent zu machen (→ Risikomessung), den Eintritt möglicher Verluste zu verhindern oder die Folgen möglichst gering zu halten. Die ursachenbezogene R. zielt auf Vermeidung von → Risiken; wirkungsbezogene R. will die Folgen eingetretener Risiken abfedern oder begrenzen. Die Maßnahmen der R. umfassen neben der → Risikobegrenzung (Limitierung), die → Risikokompensation (Hedging), die → Risikoverteilung (zeitliche, personelle, sachliche Streuung), die → Risikoabwälzung und → Risikoüberwälzung (Verträge, Garantien, Versicherungen) sowie einschlägige personelle und organisatorische Maßnahmen. Mit der R. kann sich das Unternehmen gegen die Gefahr einer negativen Abweichung des zukünftig realisierten Erfolgs vom erwarteten Erfolg schützen, entweder durch risikobegrenzende oder -ausschließende Strategien oder durch risikoabgeltende Strategien. Besonders bedeutend ist die R. bei Banken und Finanzinstitutionen. In den → Kreditinstituten ist insbes. die Kreditrisikopolitik Bestandteil der Kreditpolitik und damit des Risikomanagements. Die R. sollte jedoch Bestandteil der allgemeinen Geschäftspolitik sein. Sie sollte sich beschäftigen mit neuen Produkten, Fragen der erfolgsbezogenen Entlohnung, Förderung und Sicherstellung des Fachwissens, Autorisierung von Personen für die Risikoübernahme und der Festlegung von Limiten für alle wesentlichen Risiken.

Diese gliedern sich in das → Marktpreisrisiko, insbes. das → Zinsänderungsrisiko, → Kursrisiko, das Kreditrisiko und die operativen Risiken. Die wohl bekannteste Kennzahl zur Beschreibung des Marktpreisrisikos eines Handelsbestandes aus → Wertpapieren oder allgemein eines → Portfolios risikobehafteter Anlagen ist der → Value-at-Risk. Sie dient zur Quantifizierung des Risikos im Bereich der Kreditinstitute mit bankinternen Risikomess- und Steuerungsmodellen (Risikomessung). Durch die in der 6. KWG-Novelle (→ KWG) geschaffene Möglichkeit, die Kennziffer als Grundlage zur Ermittlung der erforderlichen Eigenkapitalunterlegung zu verwenden, hat die Ermittlung des VaR für das Risikomanagement in Kreditinstituten mittels Risikomodellen zentrale Bedeutung erlangt. Risikomodelle sind zeitbezogene stochastische Darstellungen der Veränderungen von Marktpreisen oder → Zinssätzen und ihrer Auswirkungen auf den → Marktwert einzelner → Finanzinstrumente oder Gruppen von Finanzinstrumenten.

Der Value-at-Risk ist die Bezeichnung für ein in Geldeinheiten ausgedrücktes Verlustpotential, das durch Marktpreisrisiken der im Portfolio enthaltenen Anlagen gegeben ist und mit einer vorgegebenen Wahrscheinlichkeit nicht überschritten wird. Der VaR muss also stets von der Angabe einer Restwahrscheinlichkeit begleitet werden, mit der ein höherer Verlust eintreten kann. Ziel ist, das Verlustpotential möglichst genau zu ermitteln, um es (a) zur Grundlage der Risikoeinschätzung einzelner Portfolios, etwa des Handelsbestandes einzelner → Händler, Gruppen oder Abteilungen und entsprechender Handelslimite zu machen; (b) als Steuerungsinstrument und Basis für die Risk-Return-Kalkulation in Kreditinstituten zu verwenden; (c) im Rahmen interner Risikomodelle zur Erfüllung der aufsichtsrechtlichen Meldepflichten und zur Ermittlung der erforderlichen Eigenkapitalunterlegung zu verwenden.

Die in der Praxis eingesetzten Methoden zur Bestimmung des gesuchten Quantils der Verteilung des Portfoliowertes unterscheiden sich nach der Bestimmung des Positionswertes einzelner im Portfolio enthaltenen Positionen (Instrumentenmapping), Art und Anzahl der verwendeten Risikofaktoren, die für die Veränderung der Risikofaktoren (Risikofaktorrenditen) unterstellte Verteilung und deren Einfluss auf den Portfoliowert (Risikofaktormapping), Zuordnung einzelner Instrumente zum Portfolio (Positionsmapping), Parametrisierung der Verteilung, Prognosehorizont, sowie Annahmen für die Renditeverteilungen (Data Generating Process, DGP).

Risikopolitik

Die Grundannahme vieler in der Praxis eingesetzter Modelle (vgl. z.B. → RiskMetrics) lautet: Die Wertänderung des Portfolios am Ende einer gegebenen Periode hängt linear von den Renditen einer festen Anzahl von Risikofaktoren ab. Diese Annahme (lineare Faktorsensitivität) macht die Schätzung der Abhängigkeiten z.B. durch ökonometrische Modelle einfacher und ist in theoretischen Modellen wie z.B. dem → CAPM für manche Instrumente (z.B. Aktien-Beta als Abhängigkeit zwischen → Aktien und Marktindex), ebenfalls zu finden. Annahme 2 lautet: Die Risikofaktoränderungen sind multivariat normalverteilt. Diese Annahme hat zur Konsequenz, dass auch die Portfoliorenditen bei linearer Abhängigkeit von den Risikofaktoren normalverteilt sind. Eine weitere für kurze Prognosezeiträume tolerierbare Vereinfachung ist: Der Erwartungswert der Portfoliorenditen wird gleich 0 gesetzt. Damit wird eine Normalverteilung mit Erwartungswert 0 unterstellt, so dass als einziger Parameter noch die Standardabweichung der Portfolioverluste geschätzt werden muss.

Strategien zur Verringerung des Marktpreisrisikos sind neben der Absicherung durch → Derivate die Strategien, die auf der Korrelation verschiedener Wertpapierrenditen beruhen. Besondere Bedeutung bei der Sicherung gegen spezielle Kurswertrisiken (→ unsystematisches Risiko, z.B. → Aktienkursrisiko) erlangt darüber hinaus die → Diversifikation.

Risikopolitische Strategien gegen Zinsänderungsrisiken zielen auf die Begrenzung des Gesamtrisikos aus zinstragenden Aktiv- und Passivpositionen. Bei Banken muss die Risikosteuerung im Rahmen der Planung des gesamten monetären Leistungsprogramms und der Abstimmung der Strukturen von Aktiva und Passiva (Bilanzstrukturmanagement) erfolgen. Auch die liquiditätspolitische Sichtweise ist wegen der Gefahr von Liquiditätsstörungen (Liquiditätsrisiko) mit einzubeziehen. Festzinsrisiken (z.B. aus dem → aktivischen Zinsänderungsrisiko) können z.B. mit Hilfe der Zinsbindungsbilanz oder (bei gleichzeitiger Einbeziehung des variablen → Zinsänderungsrisikos) mit der Zinselastizitätenbilanz gemessen werden. Risikobegrenzende Strategien zielen dann auf die Limitierung offener Zinspositionen (→ Uncovered Exposure) ab. Eine große Vielfalt entsprechender Finanzinnovationen kann zur Veränderung von Zinspositionsblöcken bzw. zur Risikokompensation durch Gegengeschäfte (→ Hedging) eingesetzt werden. Beispiele dafür sind neben den Zins-Swaps Zinstermingeschäfte in außerbörslichen (Zins-Forwards, → FRA's) und börsenmäßig gehandelten Formen (→ Zins-Futures), sowie Zins-Optionsgeschäfte.

Strategien zum Schutz gegen Risiken für das Kreditausfallrisiko (→ default risk), die beim einzelnen Kredit ansetzen, bestehen in geschäftspolitischen Regelungen zur → Kreditwürdigkeitsprüfung, zur laufenden → Kreditüberwachung und zur Besicherung von Krediten durch Sach- oder Personensicherheiten. Ferner erfolgt die Festlegung von Kreditobergrenzen für den einzelnen Kreditkunden, von absoluten Kreditobergrenzen für Großkredite und die Risikoteilung mit anderen Kreditgebern bei → Konsortialkrediten. Die Einrechnung von an Bonitätsmerkmalen gestaffelten Risikokosten in den Kreditkonditionen wird als risikoabgeltende Maßnahme zwar beim Einzelkredit ansetzt, zielt aber auf Gesamtrisiken aus dem Kreditgeschäft. Eine Strategie gegen Kreditausfallrisiken auf Basis von Gesamtrisiken ist die Diversifikation des Kreditportefeuilles anhand verschiedener Kriterien, Streuung nach Kreditarten, Branchen und Regionen bzw. (mit Blick auf das → Länderrisiko) nach Ländern. Außerdem kann die Höhe der Kreditbeträge in den so abgegrenzten Gruppen zudem limitiert werden (Branchen- oder Länderlimite).

Operative Risiken bestehen im Fehlverhalten von Mitarbeitern und dem Versagen technischer Systeme. Vorbeugend im personellen Bereich können die Schulung regelmäßige intensive Kontrollen, die Aufgabenverteilung, das Vier-Augen-Prinzip sowie eine strikte Trennung des Handelsgeschäftes von den Kontrollaufgaben wirken. Die Sicherheit technischer Systeme, insbes. in der Datenverarbeitung kann durch verschiedenste Konzepte verbessert werden.

Eine besondere Komponente der R. ist die Haftungsreservepolitik. Diese bezieht sich bezieht sich auf Situationen, in denen die positiven Erfolgserwartungen nicht realisiert werden können, sondern aus Risiken Verluste entstehen. Der Aufbau von monetären Haftungsreserven ist mit quantitativen und qualitativen Fragestellungen verbunden. In quantitativer Hinsicht muss entschieden werden, welche Höhe des Haftungspotentials für erkannte, aber im Rahmen der Risikopolitik nicht abgesicherte, sowie für nicht erkannte Risiken absolut gesehen als ausreichend

Risikopolitik

erscheint. Qualitative Überlegungen zielen darauf ab, in welchen Formen Haftungsreserven gehalten werden sollen. Gliedert man die nicht durch Maßnahmen der R. abgesicherten Risiken nach der Eintrittswahrscheinlichkeit in Risikokategorien, so sollten bei Einbeziehung aller Risiken, d.h. auch solcher mit sehr geringer Eintrittswahrscheinlichkeit, diese nicht höher sein als das Haftungspotential. Bei Kreditinstituten ist dies nach Mindesteigenkapitalanforderungen des KWG bzw. der Bankenaufsicht gemäß den Eigenkapitalgrundsätzen gewährleistet.

Allerdings können auch bei Banken die aufsichtsrechtlichen Bestimmungen zur Risikobeschränkung wegen der ihnen fehlenden Spezifizierung nach der individuellen Risikosituation des jeweiligen Instituts sicherheitspolitische Strategien nicht ersetzen, da sie primär auf die äußersten Grenzen der Risikoübernahme und das für diese extremen Risiken als noch angemessen angesehene haftende Kapital abzielen. Das R. hat sie aber als aus übergeordneten gesamtwirtschaftlichen Interessen notwendige Rahmenbedingungen uneingeschränkt zu beachten. Die Integration der aufsichtsrechtlichen Regelungen und der Risikosteuerung wurde im Bereich des Marktrisikos durch die Verwendung des → Value at Risk als Grundlage für die Eigenkapitalunterlegung erleichtert.

Für den Fall, dass Verluste drohen oder sogar eintreten, werden Strategien zum Einsatz der Haftungsreserve benötigt. Festzulegen ist, welche Teile der Reserve in der konkreten Situation zum Verlustausgleich verwendet werden (Verlustausgleichspolitik). Der Einsatz vorhandener stiller Reserven kann aber bereits zur Glättung des Gewinnausweises geboten sein, um z.B. aus Gründen der Erhaltung des Standings einen Mindestgewinn ausweisen zu können.

Als geschäftspolitischer Rahmen, den die Haftungsreservepolitik (Sicherheitspolitik) sowie Verlustausgleichspolitik für die konkrete Durchführung der Risikosteuerung und -kontrolle darstellt, ist sie für Entscheidungen auf allen Ebenen relevant. Andererseits muss die R. aber auch zentral koordiniert und kontrolliert werden. Das strategische Controlling und das operative Controlling bilden hierfür den Ausgangspunkt. Die Verantwortung für die R. liegt jedoch unteilbar bei der Geschäftsleitung.

Mit der Beurteilung von Konzepten bzw. der konkreten Quantifizierung von Risiken verbinden sich vielfältige ökonomische und mathematisch-statistische Überlegungen: Zu entscheiden ist z.B. über Konzepte wie dem Kreditscoring oder der Diskriminanzanalyse bis hin zu Prognosemethoden für Ausfallrisiken auf Basis wahrscheinlichkeitstheoretischer Konzepte (Kreditportfoliomodelle) . Mit Blick auf Preisrisiken sind Ansätze zur Prognose der Entwicklung von Marktpreisen z.B. Zinssätze, Devisen- und Aktienkurse, zu beurteilen. Auch die unterschiedliche Genauigkeit verschiedener Mess- und Schätzverfahren stellt sich als Problem dar. Zu befinden ist weiterhin über einzubeziehende Umweltsituationen i.S. von Szenarios oder Extremfällen (worst cases). Risikobegrenzende bzw. -ausschließende Strategien sollen Einzel- und Gesamtrisiken im liquiditätsmäßig-finanziellen und technisch-organisatorischen Leistungsprozess begrenzen (Limite) oder ganz ausschließen (vollständiger Verzicht auf einzelne Geschäfte mit hohem Risiko).

Vor der Risikosteuerung und -kontrolle muss die systematische Analyse der Risiken und die Gewinnung und Auswertung von Informationen zum Schutz gegen Risiken und zur Vorsorge für Risikofolgen stehen. Die mit den risikopolitischen Maßnahmen verbundenen Kosten und Aufwendungen (z.B. Versicherungen, Revision, Schulung) sowie verminderten Ertragschancen (z.B. Verzicht auf riskante Geschäfte, Limitierung, Absicherungskosten, häufige Schließung → offener Positionen) sind gegenüber dem Zuwachs an Sicherheit abzuwägen. Auf Basis dieser Informationen zu den Risiken und den möglichen Maßnahmen erfolgt dann die Steuerung und Kontrolle der Risiken. Das angestrebte Sicherheitsniveau und damit die konkrete Sicherheitspolitik ist eine strategische Entscheidung im Rahmen der Geschäftspolitik.

Die Wahl von Strategien zur Risikokompensation (Hedging) ist neben der → Risikomessung ein wesentlicher Teil der Risikopolitik. Neben dem Einsatz von Forward- und Futureskontrakten spielt das Hedging mit Optionen eine bedeutende Rolle.

Im Sprachgebrauch der R. bei Finanzgeschäften versteht man unter dem Hedging die Risikoreduktion oder vollständige Risikoeliminierung einer offenen Position (Grundgeschäft), z.B. einer Kassaposition in Wertpapieren (Risikokompensation). Das Risiko wird dabei als Höhe des

Risikopolitik

Verlustes aufgrund von Preisänderungen aufgefasst. Es lassen sich drei Zielsetzungen des Hedging unterscheiden: (a) Risikoreduktion bzw. Risikoeliminierung; (b) Erzielen von Basisgewinnen; (c) Portfolio Hedging. Die gewünschte Risikoreduzierung bzw. Risikoeliminierung könnte am einfachsten dadurch erfolgen, dass die betroffene Position zum aktuellen Marktpreis P verkauft und der Erlös risikolos investiert wird. Beim Hedging geht man jedoch davon aus, dass das Grundgeschäft aufrechterhalten bleiben soll und durch ein geeignetes Gegengeschäft F (Sicherungsgeschäft) eine negative Preisentwicklung der Gesamtposition aus beiden Geschäften vermieden oder verringert werden soll. Hedging zum Erzielen von Basisgewinnen wird hingegen durchgeführt, wenn der Hedger damit rechnet, dass sich die Basis B als Differenz aus Terminkurs F und Kassapreis P des zu hedgenden Instruments ändert. Dies ist möglich, wenn die Größen F und P zwar korreliert, aber nicht identisch sind. In Anlehnung an die Portfolio Selection spricht man von Portfolio Hedging, wenn das Risiko eines Portfolios durch optimale Kombination von Kassa- und Terminpositionen minimiert werden soll. Dabei wird unterstellt, dass die Marktteilnehmer für ihre Hedgingentscheidungen die erwartete Rendite und das erwartete Risiko in Form der Varianz bzw. Standardabweichung der Renditen verwenden. Eine risikominimale Kombination von Kassa- und Terminposition ist als optimale → Hedge Ratio h^* gegeben, wenn das gewählte Verhältnis von zu verkaufenden Terminkontrakten zu Kassainstrumenten die Varianz der Portfoliorendite minimiert. Die Hedge Ratio h wird entweder analytisch oder über lineare Einfachregression aus den historischen Renditen des Kassa- und Termininstruments bestimmt. In diesem Fall entspricht die risikominimale Hedge Ratio dem negativen Regressionskoeffizienten.

Das Grundgeschäft ist üblicherweise eine Kassaposition, während als Gegengeschäft ein Termingeschäft oder ein Optionskontrakt angenommen wird. Dieser Fall wird als Cash Hedge bezeichnet. Allerdings können durch Hedging auch Risiken reduziert werden, indem Terminkontrakte als temporärer Ersatz für später ohnehin fällige Verträge abgeschlossen werden. Damit werden die Risiken aus zukünftig erforderlichen Kassageschäften ebenfalls reduziert oder eliminiert; Beispiele sind etwa die Unsicherheit über künftige Erzeugungspreise oder Verkaufspreise, die Wechselkursschwankungen bei Exportgeschäften oder Zinsschwankungen bei der → Emission festverzinslicher Titel. Man spricht in diesem Fall von einem → Anticipatory Hedge. In beiden vorgenannten Fällen kann danach unterschieden werden, ob das Grundgeschäft eine Bestandsposition (→ long position) oder eine Verpflichtung (→ short position) darstellt. Üblicherweise handelt es sich beim Cash Hedge um die Absicherung einer Bestandsposition, der eine short position, also ein Verkauf von Terminkontrakten gegenübergestellt werden muss. Man bezeichnet dies als einen → Short Hedge. Ist das Grundgeschäft jedoch eine Verpflichtung, z.B. zur Zahlung eines gegebenen Betrages in Fremdwährung, so kann dieses durch einen → Long Hedge, z.B. den Kauf einer entsprechenden Anzahl (long position) von Forward-Kontrakten (→ Währungsrisiko, Kursssicherung) abgesichert werden. Ein Mikro Hedge liegt vor, wenn für jede Position aus Grundgeschäften (z.B. Bestandspositionen eines → Handelsbuches) eine gegenläufige Hedge Position aufgebaut wird. Die Aufrechnung von bereits bestehenden long und short Positionen in den Grundgeschäften unterbleibt hierbei. Beim Makro Hedge werden zunächst die einander in Art und Laufzeit entsprechenden long und short Positionen gegeneinander gestellt (→ Netting) und lediglich der jeweilige Überhang abgesichert. Damit sich die Preisentwicklung des Grund- und Absicherungsgeschäfts möglichst ausgleichen, ist eine hohe → Korrelation beider Geschäfte vorteilhaft. Das benötigte negative Vorzeichen der Korrelation kann durch Gestaltung der Absicherungsposition (long oder short) erzeugt werden. Ein → Pure Hedge ist gegeben, wenn das Grundgeschäft und das → Underlying des Termingeschäfts in der Art übereinstimmen (z.B. DAX-Portfolio und → DAX-Futures Kontrakt) oder Kassa - und Terminpositionen im → Devisenhandel und somit eine hohe Korrelation zwischen Kassapreis P und Forward-/Futurespreis F vorliegt. Die Basis $B = F - P$ verläuft damit nahezu deterministisch, d.h. ein → Basisrisiko existiert kaum.

Da häufig das Grundgeschäft nicht mit einem identischen Termingeschäft abgesichert werden kann (z.B. Portfolios in einer Zusammensetzung, die nicht dem DAX entspricht), muss auf Gegengeschäfte ausgewichen werden, die in wesentlichen Merkmalen abweichen, deren Preise sich aber dennoch möglichst gleichlaufend entwickeln (→ Cross Hedge). Das Risiko einer negativen Preisentwicklung P wird somit durch ein nicht mehr geringes Basisrisiko $B = F - P$

Risikoprämie

eingetauscht. Bei positiver Korrelation zwischen F und P wird das Gesamtrisiko jedoch auf jeden Fall verringert. Bezüglich des Zeitpunkts zu dem das Grundgeschäft abgesichert werden soll, unterscheidet man danach, ob dieser Zeitpunkt fest gegeben ist (Statischer Hedge, Starker Hedge), oder ob während einer vorgegebenen Haltedauer eine Risikoabsicherung gegeben sein soll (Dynamischer Hedge, Schwacher Hedge). Im zuerst genannten Fall wird die Laufzeit des Gegengeschäfts möglichst exakt an den gewünschten Absicherungszeitpunkt T angepasst. Beim theoretischen Fall des dynamischen Hedges wird zu jedem denkbaren Zeitpunkt während einer Haltedauer der Hedge risikooptimal angepasst. Beim in der Praxis anzutreffenden Schwachen Hedge wird eine Reihe kürzerer Hedges (z.B. täglich, wöchentlich) nacheinander gebildet. Die Situation, in der ein Hedge als Risikoabsicherung benötigt wird, sei nun wie folgt beschrieben: Zu einem gegebenen Zeitpunkt t sollen die Preisrisiken, die aus dem Verkauf (der Beschaffung) einer Position zu einem künftigen Zeitpunkt T zum dann gültigen Marktpreis P_T entstehen, verringert werden. Dabei scheidet ein sofortiger Verkauf (ein Kauf) zum bekannten Marktpreis P_t aus. Vielmehr steht in t ein Terminkontrakt F zur Verfügung, der auf dem Terminmarkt zum bekannten Preis k gehandelt wird und in T zur Lieferung des jeweiligen Objekts (Underlying) führt. Beim Pure Hedge wird bei Kauf (Verkauf) einer bestimmten Anzahl des Kontraktes F das Underlying in einer definierten Menge geliefert (abgenommen), so dass $P_T = F_T$ gilt. Vor dem Zeitpunkt T ($t < s < T$) und beim Cross Hedge generell sind Terminkurs F_s und Kassapreis P_s lediglich korreliert.

Beim Hedging mit Optionen unterscheidet man die statische Strategie als Absicherung durch Kauf von Verkaufsoptionen ($\to$ long put) und dynamische Strategien ($\to$ long put und $\to$ short call) zum $\to$ Delta Hedging im Rahmen der $\to$ Portfolio Insurance. Die in der Praxis verwendeten Strategien bauen auf Annahmen wie die korrekte Bewertung von Optionen ($\to$ Optionspreis) und die Vollständigkeit der Märkte auf.

Literatur

Basle Committee on Banking Supervision, (1997), Core Principles of Effective Banking Supervision, Basle.

Basle Committee on Banking Supervision, (1998), Framework for Internal Control Systems in Banking Organisations, Basle.

Basle Committee on Banking Supervision, (1998), Operational Risk Management, Basle.

Coopers & Lybrand, (1996), GARP, generally accepted risk principles, o. O.

GEIGER, H. (1999), Die Risikopolitik der Banken, in: Der Schweizer Treuhänder 6-7, 1999, S. 555-560.

o.V., (1996), Risikopolitik in Banken, CD Gabler Bank-Lexikon – Version 1.0. Wiesbaden: Betriebswirtschaftlicher Verlag Dr. Th. Gabler GmbH 1996.

SCHIERENBECK, H., (1997), Ertragsorientiertes Bankmanagement, Band 2: Risiko-Controlling und Bilanzstruktur-Management, 5. Auflage, Wiesbaden.

Risikopräferenz, *risk preference*; Grad der $\to$ Risikobereitschaft eines Entscheidungsträgers. Zu unterscheiden sind $\to$ Risikoaversion, $\to$ Risikofreude und $\to$ Risikoneutralität. – Vgl. auch $\to$ Risikoeinstellung.

Risikoprämie. 1. *risk premium*; Betrag, der von risikoscheuen Entscheidungsträgern ($\to$ Risikoaversion) für die Übernahme von $\to$ Risiken gefordert wird. Die R. ergibt sich aus der Differenz zwischen der geforderten $\to$ Rendite und der sicheren Verzinsung, bezogen auf den Anlagebetrag. Teilweise wird die R. direkt als Prozentaufschlag angegeben. Im Marktgleichgewicht ergibt sich die aggregierte R. als „Marktpreis des Risikos". – Vgl. auch $\to$ Risikoeinstellung. – 2. $\to$ Risikobeitrag.

Risikostreuung

Risikostreuung, *Risikoverteilung, Risikodiversifikation, distribution / diversification / pooling of risk, risk spreading.* Strategie, den Anlagebetrag auf zahlreiche Einzelwerte und Assetklassen zu verteilen; im Extremfall den gesamten Markt anteilmäßig in das Anlageportfolio aufzunehmen (z.B. → Index-Zertifikate). Werden weniger Einzelwerte gewählt, bezeichnet eine optimale R. (optimale → Diversifikation) die Strategie, das Portfolio mit einer optimalen Risiko-Rendite-Relation auszuwählen (→ Portfolio-Selection-Theorie). Eine ähnliche Strategie ist die naive R. (naive Diversifikation), bei der zahlreiche breit gestreute Einzelanlagen mit jeweils etwa gleichem Anlagebetrag zu wählen sind. Dabei besteht allerdings ein gewisses Restrisiko in der Möglichkeit einer Fehleinschätzung bezüglich der Entwicklung der ausgewählten Branchen, Regionen oder Assetklassen. – Vgl. auch → systematisches Risiko und → unsystematisches Risiko. – Gegensatz: → Risikokonzentration.

Risikostreuung bei Investmentfonds, Diversifikation, diversification of risk; Grundidee der Vermögensanlage in → Investmentfonds. Jedes → Asset im Portefeuille birgt neben der Chance auf → Kursgewinne auch → Risiken, die sich in → unsystematische Risiken und → Marktrisiken unterscheiden. Durch Aufnahme weiterer nicht perfekt korrelierter Assets (→ Korrelation) in das Portefeuille, lassen sich die unsystematischen Risiken minimieren. Das Marktrisiko läßt sich durch Risikostreuung nicht reduzieren. – Ein Portefeuille kann beispielsweise bezüglich verschiedener → Emittenten, Branchen, Länder und/oder Währungen diversifiziert werden. Bei Aktienfonds wird meist der → Beta-Faktor als Kriterium verwendet.

Risikotransformation, *shift in risk spreading;* bezeichnet eine von → Finanzintermediären erbrachte → Transformationsleistung. Oftmals sind Investitionsprojekte mit sehr hohen → Risiken verbunden, so dass eine Finanzierung auf Grund der → Risikoaversion der potentiellen Kapitalgeber und des → unvollkommenen Kapitalmarktes erheblich erschwert wird. Durch die Vergabe vieler unkorrelierter (→ Korrelation) Kredite (Investition) können die Finanzintermediäre Kontrakte (z.B. → Anleihen, → Spareinlagen) anbieten, die von den risikoaversen Kapitalgebern (Einlegern) zu reduzierten Kosten angenommen werden, da sie fast keine → Bonitätsrisiken mehr beinhalten. Die R. bezeichnet also die Fähigkeit von Finanzintermediären, durch Bildung von → Portefeuilles eine → Risikostreuung zu erreichen.

Risikoüberwälzung, *risk shifting/transfer;* meist unentgeltliche → Risikoabwälzung durch Vertragsgestaltung im Rahmen von Einzelmaßnahmen der → Risikopolitik.

Risikoverteilung, → Risikostreuung.

Risikozerfällung, *unbundling of risks.* 1. Prinzip, eine größere Anzahl von Investoren an einem Gesamtrisiko zu beteiligen, um ihnen eine → Risikostreuung zu ermöglichen. Beispiele für die R. sind die quotenanteilige Rückversicherung und die Bildung eines → Bankenkonsortiums für die Vergabe eines Großkredites. – 2. Finanzierung eines Unternehmens mit verschiedenen Finanzierungsinstrumenten.

Risk Management, → Risikomanagement.

Risk Metrics. Bezeichnet das von der Investmentbank J.P. Morgan erstmals 1995 vorgelegte Kompendium, in dem verschiedene Methoden zur Berechnung des → Value-at-Risk von Marktrisikopositionen ausführlich erläutert und mit Hilfe statistischen Materials veranschaulicht werden. Dabei werden historische Simulationen, analytische Varianz-Kovarianz-Ansätze sowie Monte-Carlo-Simulation verwendet.

ROA, Abk. für Return on Assets. – Vgl. → Gesamtkapitalrentabilität.

Road Show, bezeichnet Unternehmenspräsentationen von Führungskräften vor potentiellen → Investoren. Sie finden in kurzer Zeit an verschiedenen Orten, oft weltweit, statt. Häufig steht ein → Initial Public Offering kurz bevor, so dass R.S. oft während des → Bookbuilding Verfahrens veranstaltet werden. Sie gehören den Instrumenten des → Investor-Relations Managements an.

ROE, → Return on Equity.

Rohstoffbörsen, → Produktenbörse.

Rohstoff-Fonds, *commodity fund*. Der R. ist eine Variante des → Branchenfonds. Seine Anlagepolitik (→ Anlagepolitik von Investmentgesellschaften) beschränkt sich auf verschiedene Rohstoffmärkte, die i.d.R. in die Gruppen Nicht-Edelmetalle, Edelmetalle sowie Holz- und Papier unterteilt werden. – Vgl. auch → Spezialitätenfonds.

Rohstoffterminhandel, → Warenterminhandel.

Rohvermögen, *gross assets*. Das R. umfasst alle Vermögensgegenstände (Aktiva) eines Unternehmens ohne den Abzug der Schulden.

ROI, Abk. für → Return on Investment.

Roll up. Amerikanische Bezeichnung für die Zusammenlegung von Limited Partnerships, vergleichbar → Kommanditgesellschaften, zu Aktiengesellschaften, bei der für die Initiatoren i.d.R. hohe Gewinne in Form von Gebühren anfallen, die von den Anlegern zu tragen sind.

Rolling Hedge. Bei der Absicherung (→ Hedging) einer Kassaposition ist regelmäßig die Laufzeit der → Termingeschäfte kürzer als der Planungshorizont des → Hedgers. Deshalb rollt der Hedger bei Verfall des → Terminkontraktes oder des → Optionskontraktes in einen neuen Kontrakt mit längerer Laufzeit über (→ Roll-over).

Rolling Strip Hedge. Variation eines → Rolling Hedges, bei der Veränderungen der Höhe der abzusichernden Position berücksichtigt werden. Wenn sich die Höhe der abzusichernden Kassaposition (→ Hedging) während der Laufzeit verringert, wird der → Terminkontrakt → glattgestellt. Gleichzeitig wird sofort ein neuer Terminkontrakt abgeschlossen, der dem verminderten Bedarf entspricht.

Roll-Over-Kredit, bezeichnet einen mittel- bis langfristigen Kredit, der insbesondere am → Eurogeldmarkt gewährt wird und eine revolvierende Finanzierung darstellt. Das heißt, dass der → Zinssatz nicht für die gesamte → Laufzeit festgelegt wird, sondern periodisch an einen → Referenzzinssatz angepasst (sog. → Roll-Over-Perioden).

Roll-Over Strategie, bezeichnet eine Strategie auf Terminmärkten, bei der der Investor aus Liquiditätsgründen stets bis kurz vor Verfall im → Front Month engagiert ist. Der Handel im Front Month verfügt i.d.R. über die höchste Liquidität.

Rotation, *Gruppenrotation, rotation*; Begriff aus der → Technischen Aktienanalyse für eine Situation, in der abwechselnd bestimmte Branchen aus einem → Aktienindex stärker steigen als andere, diese anschließend zurückfallen (→ technische Korrektur) und dafür wieder andere Branchen stärkere positive Kursentwicklungen haben. Die R. ist im Gesamtindex nicht erkennbar. Häufig wirken wirtschaftliche → Fundamentals (z.B. Zinsen, Wechselkurse, Konsumneigung) verschieden auf die einzelnen Branchen (z.B. Banken, Chemie, Einzelhandel), so dass die R. als Ausdruck der verzögerten Wirkung der gesamtwirtschaftlichen Entwicklung interpretiert werden kann (→ kursbestimmende Faktoren am Aktienmarkt).

roter Effektencheck, *roter Wertpapierscheck, red security transfer order*. Ein r. E. ermöglicht eine Übertragung der Eigentumsrechte an Effekten ohne eine Auslieferung → effektiver Stücke. Die → Wertpapiersammelbank bucht hier im Rahmen der → Girosammelverwahrung Effekten in Höhe eines bestimmten → Nominalbetrags vom Wertpapierdepot des Auftraggebers auf das Wertpapierkonto des Effektenerwerbers um. – Vgl. auch → Effektencheck.

roter Wertpapierscheck, → roter Effektencheck.

rote Zahlen. In wirtschaftlicher Umgangssprache Ausdruck für → Verluste: Schließt ein Geschäft mit roten Zahlen ab, ist ein Verlust entstanden; eine → Bilanz mit roten Zahlen weist einen Verlust aus.

Round Lot, *voller Börsenschluss*; an einer → Wertpapierbörse allgemein anerkannte Handelsvolumen, das z.B. bei Aktien i.d.R. 100 Stück oder ein ganzzahliges Vielfaches davon beträgt. – Gegensatz: → Odd Lot.

Round lot plus, → Aufträge deren Volumen keinem ganzzahligen → Round Lot entsprechen, so dass sie auch → Odd Lots aufweisen. Würde ein Auftrag über 350 →

Round Trip

Aktien eingegeben und ein Round lot entspräche 100 Aktien, so handelte es sich um einen R.l.p. Auftrag, mit drei Round Lots und einer Odd Lot Größe von 50.

Round Trip. Bezeichnung für den Kauf und Verkauf eines → Terminkontraktes oder einer → Option, meist innerhalb kurzer Zeit.

Round Turn, *round trip trade*; abgeschlossene Transaktion (Eingehen und → Glattstellen) in → Termingeschäften, häufig Grundlage für die Vergütung von Vermittlertätigkeiten (→ Broker), z.B. 100 Euro pro R.T.

RSI, → Relative-Stärke-Index.

RSSQ, → Aggregationsverfahren des Value at Risk. Es wird unterstellt, dass die Risikofaktoren unkorreliert sind.

$$VaR = \sqrt{VaR_1^2 + VaR_2^2 + ... VaR_n^2}$$

RTGS-System, Abk. für → Real Time Gross Settlement-System.

Rückflussstücke, Wertpapiere, die nach einer → Neuemission zwecks einer notwendigen → Kurspflege von Emittenten oder → Konsortialbanken zurückgekauft werden. Die Papiere werden zu einem späteren Zeitpunkt wieder auf den Markt gebracht.

Rückgriff, *Regress, recourse*. Bezeichnung für die Inanspruchnahme von Dritten bzgl. einer Forderung. Der R. ist vor allem bei → Schecks und → Wechseln von Bedeutung. Der Inhaber eines Schecks hat bei Nichteinlösung oder Einlösungsverweigerung ein Recht auf R. gegenüber dem → Schuldner und ggf. den → Indossanten. Voraussetzung für den R. bei notleidenden Wechseln ist der Wechselprotest. Der Wechselgläubiger kann R. nehmen auf alle, die den Wechsel ausgestellt, angenommen, indossiert oder mit einer Bürgschaftserklärung versehen haben. Dabei ist er an keine feste Reihenfolge gebunden.

Rückkaufdisagio, *redemption loss*. Ein R. entsteht beim vorzeitigen Rückkauf von → Anleihen → unter pari, weil der eingebuchte Rückzahlungsbetrag bei → Endfälligkeit den → Kurswert übersteigt.

Rückkauf eigener Aktien, self tender. Die Gründe für den Erwerb eigener → Aktien sind in § 71 Abs. 1 Nr. 1 bis 8 AktG aufgezählt: die Abwendung von Schäden von der → AG, das Anbieten von → Belegschaftsaktien an die Arbeitnehmer, die Abfindung außenstehender → Minderheitsaktionäre eines → Konzerns oder ausscheidender → Aktionäre bei Eingliederung einer AG, die Durchführung eines → Kommissionsgeschäftes eines → Kreditinstitutes für Kunden, die Gesamtrechtsnachfolge, die → Kapitalherabsetzung durch Einziehung von Aktien und der Erwerb eines Handelsbestandes von maximal fünf Prozent des → Grundkapitals am jeweiligen Ende des Handelstages. Durch das 1998 inkraftgetretene → KonTraG wurde § 71 Abs. 1 Nr. 8 AktG eingeführt. Dies soll den Erwerb eigener Aktien erleichtern. Eine Aktiengesellschaft kann demnach maximal zehn Prozent des Grundkapitals aufgrund einer 18 Monate geltenden Ermächtigung der → Hauptversammlung zurückkaufen. Die Ermächtigung muss dabei das maximale und das minimale Rückkaufsvolumen enthalten. Der R.e.A. darf nicht dem Handel in eigenen Aktien dienen. Der Erwerb eigener Aktien ist grundsätzlich nur zulässig wenn die Gesellschaft die nach § 272 Abs. 4 HGB vorgeschriebene → Rücklage für eigene Aktien bilden kann, ohne das Grundkapital oder eine nach Gesetz bzw. → Satzung zu bildende Rücklage zu mindern, die nicht zu Zahlungen an die Aktionäre verwendet werden darf. – Die Handlungsoptionen einer → Aktiengesellschaft werden durch die Möglichkeit zum R.e.A. erhöht. → Mitarbeiterbeteiligungen können leichter durchgeführt werden. I.S.d. → Shareholder-Value Gedankens kann dies genutzt werden, um Kapital an die Eigentümer auszuschütten, die im Vergleich zum Kapitalmarkt als zu niedrig verzinst angesehen wird. Der R.e.A. wird häufig als Signal einer → Unterbewertung verstanden, da unterstellt wird, dass die beteiligten Entscheidungsträger bessere Informationen über den wahren Wert der → Aktie besitzen. – Allerdings besteht im R.e.A. auch die Gefahr der → Kursmanipulation, da Führungskräfte bestmöglich von ihren → Aktienoptionsplänen profitieren möchten.

Rückkauf, freihändiger, *repurchase in the open market*; vorzeitige Tilgung von Anleihen durch den → Anleiheschuldner über den Rückkauf der ausgegebenen Papiere an der

Börse. Wird v.a. dann praktiziert, wenn der Börsenkurs erheblich unter dem Rückzahlungskurs notiert und/oder dies in der → Anleiheausstattung vereinbart ist. – Vgl. auch → Tilgungsanleihen und → Sinking Fund.

Rückkaufgesellschaft, *repurchase company*; bezeichnet die Tochtergesellschaft eines → Closed-end Funds, die den Anteilsinhabern des → Fonds ein bedingtes Recht zur Rücknahme der Anteile gewährt.

Rückkaufkurs, *Rückkaufpreis, Rücknahmepreis, redemption price*; bezeichnet denjenigen Preis, den ein Unternehmen für den Rückkauf der von ihm am Markt begebenen → Anleihen oder → eigenen Aktien zu zahlen hat.

Rückkauf von Schuldverschreibungen, → Rückkauf, freihändiger.

Rückkauf von Tilgungsanleihen, Form der → Rückzahlung von börslich gehandelten → Anleihen. Häufig sehen die → Emissionsbedingungen den Rückkauf der Anleihen durch den → Schuldner (→ Emittenten) an der → Börse vor. Die Rückzahlung durch freiwilligen Rückkauf wird i.d.R. nur bei für den Schuldner günstigen Börsenkursen durchgeführt (→ Sinking Fund).

Rücklagen, *reserves*. R. sind die variablen Eigenkapitalkonten eines Unternehmens, die als Kapitalfonds zum Ausgleich von Verlusten oder für Sonderzwecke dienen. Da die R. nur unter ganz bestimmten Bedingungen wieder aufgelöst werden können, tragen sie zur Erweiterung der Haftungsbasis eines Unternehmens und damit indirekt auch zu seiner Liquiditätsverbesserung bei, da → Gläubiger bei Vorhandensein hoher R. i.d.R. eher bereit sind, ihren Kreditrahmen für das betreffende Unternehmen auszuweiten. Nach ihrer Erkennbarkeit aus der → Bilanz eines Unternehmens werden → offene R. und stille R., auch → stille Reserven genannt, unterschieden. Letztere sind aus der Bilanz kaum zu erkennen, da sie durch die Unterbewertung von → Aktiva oder die Überbewertung von → Passiva entstehen und nicht offen ausgewiesen werden. Ihre Höhe ergibt sich demnach aus der Differenz zwischen den → Buchwerten und den tatsächlichen Werten der Aktiv- und Passivpositionen. Offene R. werden demgegenüber direkt in der Bilanz ausgewiesen und in → Kapital- und → Gewinnrücklagen unterschieden, so dass unmittelbar ersichtlich wird, ob dem Unternehmen die Beträge von außen durch die → Gesellschafter zugeflossen sind (Außenfinanzierung) oder ob sie aus erwirtschafteten Gewinnen des Unternehmens gebildet wurden (→ Innenfinanzierung). Als Kapitalrücklage ist das → Aufgeld auszuweisen, das einem Unternehmen von außen über den Gegenwert der emittierten Anteile hinaus zufließt. Nach §§ 266 III, 272 III, IV HGB werden Gewinnrücklagen in die → gesetzliche R., die R. für eigene Anteile, die satzungsmäßige R. und andere zweckfreie R. untergliedert. Unter der gesetzlichen R. wird der Teil der Gewinnrücklagen verstanden, der aufgrund gesetzlicher Vorschriften gebildet wird, so dass diese Bilanzposition lediglich bei → Aktiengesellschaften (AG) oder → Kommanditgesellschaften auf Aktien (KGaA) auftreten kann, da nur das → Aktiengesetz in § 150 I AktG die Bildung derartiger R. vorsieht. Für → Gesellschaften mit beschränkter Haftung (GmbH) existiert dagegen keine vergleichbare Vorschrift. Die R. für eigene Anteile ist für solche → eigene Anteile zu bilden, die nicht zur Einziehung erworben wurden und deren spätere Veräußerung nicht von einem Hauptversammlungsbeschluss abhängig ist. Auch für → Aktien, die das Unternehmen an einer herrschenden oder mit Mehrheit beteiligten Gesellschaft hält, ist sie zu bilden. Satzungsmäßige R. beinhalten sämtliche Gewinnrücklagen, die die Gesellschaft aufgrund des → Gesellschaftsvertrages oder der Satzung zu bilden hat. Die anderen zweckfreien Gewinnrücklagen stellen eine Sammelposition dar, die alle R. beinhaltet, die aus dem Jahresüberschuss gebildet werden und nach § 266 III HGB nicht gesondert auszuweisen sind. Neben den offenen und den stillen R. wird auch der Sonderposten mit Rücklageanteil nach den Vorschriften des → Handelsgesetzbuches (HGB) zu den Elementen der bilanziellen R. gerechnet.

Rücklagenauflösung, *release of reserves*. Bezüglich der Auflösung von → Rücklagen ist zwischen der Auflösung stiller Rücklagen, auch → stille Reserven genannt, und der Auflösung offener Rücklagen zu unterscheiden. Erstere lösen sich automatisch bei der Veräußerung der unterbewerteten → Aktiva

Rücklagenbildung

auf. Innerhalb des abnutzbaren → Anlagevermögens erfolgt die Auflösung ab dem Zeitpunkt, in dem der tatsächliche Werteverzehr die bilanziellen → Abschreibungen übersteigt. Für die Auflösung offener Rücklagen gelten demgegenüber andere, detaillierte Vorschriften. Hinsichtlich der Auflösung von → Kapitalrücklagen unterliegen → Gesellschaften mit beschränkter Haftung (GmbH) keinen rechtlichen Bestimmungen. Abgesehen von dem durch Nachschüsse angesammelten Kapital mit dem Zweck der Rückzahlung an die → Gesellschafter, der Tilgung eines → Bilanzverlustes bzw. zur → Kapitalerhöhung aus Gesellschaftsmitteln dürfen die Gesellschafter frei über die Verwendung der Kapitalrücklagen bestimmen. Dagegen haben → Aktiengesellschaften (AG) und → Kommanditgesellschaften auf Aktien (KGaA) bei der Auflösung der Kapitalrücklagen und der → gesetzlichen Rücklagen die Bestimmungen der §§ 150 III, IV AktG, 272 II Nr. 1-3 HGB zu beachten. Übersteigen die gesetzliche Rücklage und die Kapitalrücklage zusammen nicht 10 % oder einen durch Satzung bestimmten höheren Teil des Grundkapitals, so darf die Kapitalrücklage nur zum Ausgleich eines → Jahresfehlbetrags oder eines → Verlustvortrags verwendet werden, soweit diese nicht durch einen → Gewinnvortrag oder einen → Jahresüberschuss gedeckt sind und nicht durch Auflösung anderer Gewinnrücklagen ausgeglichen werden können. Übersteigt die Summe aus Kapitalrücklagen und gesetzlicher Rücklage den gesetzlich oder satzungsmäßig geforderten Anteil am Grundkapital, kann der darüber liegende Betrag zum Ausgleich eines Jahresfehlbetrages bzw. Verlustvortrages benutzt werden. Dies ist jedoch nicht zulässig, wenn der Jahresfehlbetrag durch einen Gewinnvortrag bzw. der Verlustvortrag durch einen Jahresüberschuss gedeckt ist und soweit gleichzeitig Gewinnrücklagen zur Ausschüttung verwendet werden. Auch kann der übersteigende Betrag zur Kapitalerhöhung aus Gesellschaftsmitteln herangezogen werden. Eine Auflösung der Rücklage für eigene Anteile ist nur möglich, wenn die → Aktien veräußert, ausgegeben oder eingezogen werden. Eine teilweise Auflösung ist dann nötig, wenn die eigenen Aktien nach § 253 III HGB aufgrund des → Niederstwertprinzips mit einem niedrigeren Betrag anzusetzen sind. Die Auflösung satzungsmäßiger Rücklagen richtet sich allein nach den in der Satzung bzw. im → Gesellschaftsvertrag enthaltenen Vorschriften, wobei weder für die AG noch die GmbH gesetzliche Regelungen bestehen. Über die anderen Gewinnrücklagen kann, soweit die Satzung nichts anderes bestimmt, frei verfügt werden. Generell ist über sämtliche Beträge, die den einzelnen Gewinnrücklagen entnommen wurden, in der → Bilanz oder im → Anhang zu berichten.

Rücklagenbildung, *creation of reserves.* Rücklagen werden von Unternehmen gebildet, um in wirtschaftlich schlechten Zeiten den Fortbestand des Unternehmens zu sichern. Es lassen sich stille und offene Rücklagen bilden. Stille Rücklagen sind in Jahresabschlüssen kaum ersichtlich, offene Rücklagen dagegen werden offen ausgewiesen. Stille Rücklagen (→ Stille Reserven) entstehen durch Unterbewertung von Aktiva oder durch Überbewertung von Passiva. Offene Rücklagen setzen sich aus → Kapialrücklagen und → Gewinnrücklagen zusammen (§ 272 HGB). Zu den offenen Rücklagen zählen die → gesetzliche Rücklage, die → Rücklage für eigene Anteile, satzungsmäßige Rücklagen und andere Gewinnrücklagen. Die Bildung von Rücklagen ist gesetzlich verpflichtend. Darauf aufbauend können auf freiwilliger Basis weitere Rücklagen gebildet werden. Für → Aktiengesellschaften ist der § 150 Abs. 1 und 2 AktG einschlägig, der eine R. solange vorschreibt, bis die gesetzliche Rücklage und die Kapitalrücklage zusammen mindestens zehn Prozent oder einen in der Satzung bestimmten höheren Anteil des Grundkapitals erreichen. Bis diese Grenze erreicht ist, sind der gesetzlichen Rücklage jährlich fünf Prozent des um einen eventuell vorhandenen → Verlustvortrag geminderten Jahresüberschusses zuzuführen.

Rücklagenpolitik, *reserve policy.* R. ist die Wahrnehmung von Gestaltungsmöglichkeiten im Rahmen der → Rücklagenbildung. Dabei müssen Regeln bzgl. der Berichterstattung des → Jahresabschlusses und der → Auflösung von Rücklagen bedacht werden.

Rücklagenzuführung, → Rücklagenbildung.

Rücknahmepreis, *redemption price.* Der R. ist der Preis, den der Anleger bei der Veräußerung seiner Fondsanteile erhält. Er

Rückstellungsauflösung

entspricht dem → Anteilwert. Berechnung und Veröffentlichung des R. erfolgt i.d.R. börsentäglich.

Rücknahmesatz, *buying rate*. Als R. wird der Kurs bezeichnet, zu dem die → Deutsche Bundesbank im Auftrag der → Europäischen Zentralbank die im Rahmen ihrer → Offenmarktpolitik ausgegebenen → Geldmarktpapiere zurückkauft. – Gegensatz: → Abgabesatz.

Rücknahmeverpflichtung, *repurchase commitment*. 1. Für zum öffentlichen Vertrieb zugelassene → Investmentfonds gilt i.d.R. die R. für die ausgegebenen Anteile. Somit ist eine → Fungibilität der → Anteilscheine sichergestellt. Die R. kann nur in besonderen Fällen durch die Kapitalanlagegesellschaft eingeschränkt werden (z.B. → geschlossener Immobilienfonds). – Vgl. auch → Rücknahmepreis. – 2. Bei → Wertpapierpensionsgeschäften wird gleichzeitig mit dem Kauf von Vermögensgegenständen eine verpflichtende Vereinbarung über deren Rückkauf an einem festen Termin geschlossen. Dem Pensionsgeber, der z.B. → Wertpapiere oder → Wechsel gegen Zahlung eines Geldbetrages auf einen Pensionsnehmer überträgt, kommt somit eine R. zu.

Rückprämie. 1. *put premium*. Die Verkäuferseite eines → Rückprämiengeschäftes kann dem Käufer an einem vorab fixierten Termin die dem Geschäft zugrunde liegenden Güter (z.B. Wertpapiere, Devisen) zu einem vereinbarten Preis liefern oder sich von seiner Lieferverpflichtung gegen Zahlung der R. befreien (→ abandonnieren). Geschäfte mit R. finden sich z.B. im US-amerikanischen Wertpapierhandel, in Deutschland sind derartige Verträge untersagt. – 2. *return premium*; Prämie, die ein Versicherungsnehmer aus unterschiedlichen Gründen von seinem Versicherungsunternehmen zurückerhält. – Vgl. → Überschussbeteiligung.

Rückprämiengeschäft. Form eines in der Praxis seltenen, in Deutschland unzulässigen → bedingten Termingeschäftes, das dem Verkäufer die Möglichkeit eröffnet, zwischen Erfüllung einerseits und Aufgabe des Geschäfts gegen Zahlung eines → Reuegeldes andererseits zu wählen. Am → Fälligkeitstag eines R. ist der → Stillhalter zur Abnahme und Bezahlung der dem Geschäft zugrunde liegenden Güter (Wertpapiere) zu dem vorab fixierten Preis verpflichtet. Die andere Vertragspartei hat jedoch das Recht, auf Abwicklung des Geschäftes gegen Zahlung einer → Rückprämie zu verzichten (→ abandonnieren). Wird das Geschäft abgewickelt, fliesst die Rückprämie dem Stillhalter dennoch zu, da diese im Rücknahmekurs berücksichtigt wird. – Vgl. auch → Vorprämiengeschäft und → Prämiengeschäft.

Rückstellungen, *accruals, reserves for uncertain liabilities and anticipated losses*; bezeichnet die auf der Passivseite der → Bilanz ausgewiesene Position für bestimmte, konkret umschriebene → Verbindlichkeiten, Aufwendungen oder Verlustrisiken, die am → Bilanzstichtag feststehen oder erkennbar sind, deren Höhe und/oder Fälligkeit jedoch noch ungewiss ist. Ziel der Bildung von R. ist es, den anfallenden Aufwand unabhängig von den Zahlungszeitpunkten demjenigen Wirtschaftsjahr zuzuordnen, zu dem er wirtschaftlich gehört. R. werden u.a. für Prozess-, Pensions-, Lohnnachzahlungs- und Steuerverpflichtungen gebildet.

Rückstellungsauflösung, *release of provisions, reversal of accruals*. Die Auflösung von → Rückstellungen, die nach § 249 III HGB erst nach dem Wegfall des Grundes für ihre Existenz möglich ist, kann aus unterschiedlichen Gründen geboten sein. Tritt die durch die gebildete Rückstellung berücksichtigte → Verbindlichkeit oder der durch sie antizipierte → Verlust tatsächlich ein, so wird die dafür gebildete Rückstellung in Anspruch genommen. Entspricht der Rückstellungsbetrag in seiner Höhe dem zu leistenden Betrag, ist sie bei Eintritt des Ereignisses erfolgsneutral aufzulösen. Dies entspricht genau der Zielsetzung bei der Bildung von Rückstellungen, da durch sie die eintretende Erfolgsminderung zeitlich vorverlagert werden soll. Wurde die Rückstellung betragsmäßig zu hoch gebildet oder fällt der Grund für die Rückstellungsbildung weg, so werden die nicht mehr benötigten Rückstellungswerte durch eine Gegenbuchung über die GuV-Rechnung als „sonstige betriebliche Erträge" erfolgswirksam ausgebucht. Wurde sie dagegen betragsmäßig zu niedrig gebildet, so ist eine entsprechende Aufwandsbuchung in der Höhe des fehlenden Betrags zu tätigen. Auch wenn die zu-

693

Rückstellungsbildung

grunde liegende Verbindlichkeit der Höhe oder dem Grunde nach sicher geworden ist, ist eine Rückstellung durch die Umwandlung in eine Verbindlichkeit aufzulösen.

Rückstellungsbildung, *creation of provisions*. Für bestimmte Verpflichtungen eines Unternehmens, die am → Bilanzstichtag dem Grunde nach oder in ihrer Höhe noch ungewiß sind, sind in der → Bilanz → Rückstellungen in einer Höhe anzusetzen, die nach vernünftiger kaufmännischer Beurteilung angemessen scheint. Dabei erfolgt zugleich eine Gegenbuchung auf einem sachlich zugehörigen Aufwandskonto der → Gewinn- und Verlustrechnung (GuV-Rechnung). Nach §§ 249 I, 274 I HGB besteht eine Pflicht zur Bildung von Rückstellungen für ungewisse Verbindlichkeiten, für drohende Verluste aus schwebenden Geschäften, für unterlassene Instandhaltungsaufwendungen, die innerhalb der ersten drei Monate des folgenden Geschäftsjahres nachgeholt werden, für unterlassene Abraumbeseitigungen, die im folgenden Geschäftsjahr nachgeholt werden, für Gewährleistungen ohne rechtliche Verpflichtung und für die Abgrenzung der latenten Steuern. Für unterlassene Instandhaltungsaufwendungen, die im folgenden Geschäftsjahr erst nach Ablauf der ersten drei Monate nachgeholt werden und für dem laufenden oder einem früheren Geschäftsjahr zuzuordnende wahrscheinliche oder sichere Aufwendungen, die in Bezug auf ihre Höhe oder ihren Eintrittszeitpunkt unbestimmt sind, räumt der Gesetzgeber nach § 249 I, II HGB ein Passivierungswahlrecht ein. Für andere als die in § 249 I, II HGB aufgeführten Zwecke dürfen dagegen keine Rückstellungen gebildet werden.

Rückstellungspolitik, *provisions policy*. Bezeichnung für einen Teilbereich der → Bilanzpolitik, der durch die Nutzung bestimmter Ansatz- und Bewertungswahlrechte im Rahmen der Bildung von → Rückstellungen Einfluss auf die Höhe des → Jahresüberschusses eines Unternehmens hat. Ob eine Passivierungspflicht oder ein -wahlrecht besteht, ist von der jeweiligen Art der Rückstellung abhängig und in § 249 I, II HGB durch den Gesetzgeber geregelt. Eine vermehrte Bildung von Rückstellungen durch die Nutzung der Passivierungswahlrechte führt zu einem sinkenden Jahresüberschuss und einer geringeren Steuerzahllast für das laufende → Geschäftsjahr, und umgekehrt. Bei der Bewertung der Höhe der Rückstellungen ergeben sich zudem Gestaltungsspielräume, da die anzusetzenden Rückstellungsbeträge oft nur durch Schätzungen im Rahmen einer vernünftigen kaufmännischen Beurteilung ermittelt werden und nicht objektiv überprüfbar sind.

Rücktritt, → Rücktrittsrecht.

Rücktrittsrecht, *right to claim rescission of contract, right to rescind a contract*. Das vertragliche R., geregelt in den §§ 346 ff. BGB, ist ein einseitiges Gestaltungsrecht, welches den ursprünglichen Vertrag in ein sog. Rückgewährschuldverhältnis umwandelt. Als Folge eines wirksam erklärten Rücktritts sind beide Seiten verpflichtet, die bereits empfangenen Leistungen Zug um Zug zurückzugewähren; ist dies nicht möglich, etwa bei geleisteten Diensten, so ist deren Wert zu vergüten. – Der Rücktritt wird ausgeübt durch eine einseitige Willenserklärung und beruht entweder auf vertraglicher Vereinbarung (sog. Rücktrittsvorbehalt) oder auf gesetzlichen Vorschriften. So gewährt § 325 I BGB dem Gläubiger einer unmöglich gewordenen Leistung ein R., wenn der Schuldner die Unmöglichkeit zu vertreten hat. Gleiches gilt für den Fall des Verzugs (→ Schuldnerverzug) unter den Voraussetzungen des § 326 I BGB. Auch dem Käufer einer mangelhaften Sache steht gemäß §§ 449, 462, 467 BGB ein R. zu.

Rückzahlung, → Tilgung.

Rücktrittsrecht bei Termingeschäften, das Recht zur einseitigen Vertragsauflösung, die bei einem → Termingeschäft in der Regel beschränkt oder nur gegen Entrichten einer besonderen Prämie möglich ist.

Rückzahlungsagio, *redemption premium*; Rückzahlung einer → Anleihe über dem → Nennwert mit einem → Agio. Der exakte → Rückzahlungskurs steht in der → Anleiheausstattung. Die Mehrzahl der ausgegebenen Anleihen wird zum Nennwert getilgt.

Rückzahlungskurs, *rate of redemption, repayment price*. In der → Anleiheausstattung festgelegter Preis, zu dem die → Anleihe zum Tilgungszeitpunkt zurückgezahlt wird. – Vgl. auch → Anleihe, Tilgung.

Rückzahlungstermin von Anleihen, *repayment date of loans/bonds.* In der → Anleiheausstattung festgelegter Zeitpunkt, zu dem eine → Anleihe durch den → Anleiheschuldner getilgt wird. – Vgl. auch → Rückzahlung von Anleihen.

Rückzahlung von Anleihen, *repayment/retirement of a loan.* Die R.v.A. kann in der → Anleiheausstattung unterschiedlich vereinbart werden. – 1. Anleihen mit einem festen Rückzahlungszeitpunkt (→ gesamtfällige Anleihe): Das Gesamtvolumen der ausgegebenen Anleihen wird in einem Betrag zurückgezahlt. Dabei wird weder dem → Anleihegläubiger noch dem → Anleiheschuldner ein Kündigungsrecht eingeräumt. – 2. Anleihen mit variablem Tilgungszeitpunkt: a) Anleihen mit Kündigungsrecht des Schuldners: Der Schuldner hat das Recht, die Anleihen unter Einhaltung einer Kündigungsfrist zu tilgen. b) Anleihen mit Kündigungs- oder Wandlungsrecht des Gläubigers: Der Anleihegläubiger hat das Recht, seine Anleihen zu einem bestimmten Zeitpunkt und zu einem bestimmten Preis zurückzugeben oder in eine andere Anleihe zu wandeln. c) Anleihen mit besonderen Tilgungsvereinbarungen: Die Tilgung der Anleihen kann in der Anleiheausstattung durch besondere Modalitäten festgelegt sein. Dabei werden beispielsweise zu einem bestimmten Zeitpunkt nur einzelne Serien getilgt. Die Festsetzung, welche Serien zurückgezahlt werden, geschieht häufig durch Auslosung der entsprechenden Seriennummern (→ Auslosungsanleihen). – → Annuitätenanleihen werden in gleichbleibenden Jahresraten nach einigen zins- und tilgungsfreien Jahren zurückgezahlt. – Bei einigen Anleihen ist die Rückzahlung an die Entwicklung eines bestimmten Indexes gekoppelt (→ Indexanleihe).

Rückzahlung von Spareinlagen, *repayment of savings deposits.* → Spareinlagen nach der Definition des § 21 IV RechKredV haben eine Kündigungsfrist von mindestens drei Monaten, d.h. dass der Sparer erst nach Ablauf dieser Kündigungsfrist über seine gesamte Spareinlage verfügen kann. Lediglich ein Betrag im Wert von ca. 1.500 Euro steht ihm jeden Monat ohne vorherige Kündigung zur Verfügung. Eine Kündigung kann frühestens einen Tag nach der Einzahlung der Einlage ausgesprochen werden. Ist zusätzlich eine → Kündigungssperrfrist vereinbart, so muss für die Kündigung das Ende der Sperrfrist abgewartet werden. – Vgl. auch → Spareinlagen mit dreimonatiger Kündigungsfrist und → Spareinlagen, vorzeitige Rückzahlung.

Run. 1. → Bank Run. – 2. Bezeichnung für eine plötzlich auftretende, übermäßig große Nachfrage nach einem bestimmten → Wertpapier, die i.d.R. zu einem starken Kursanstieg führt.

Runner, *floor messenger.* Bote einer Maklerfirma, der im Börsensaal die → Börsenaufträge der Kunden zum jeweiligen → Händler bringt.

RWB, Abk. für → Rheinisch-Westfälische Börse zu Düsseldorf.

rz, *repayable*; → Kurszusatz für rückzahlbar. – Vgl. auch → Rückzahlung.

S

S & P 500, → Standard & Poor's 500-Index.

S&P Future, → Terminkontrakt auf den → S&P 500 Index, einen anerkannten US-amerikanischen → Börsenindex, dem ein → Portefeuille aus 500 Aktien zu Grunde liegt. Der S&P Future wird rund um die Uhr gehandelt und gilt als → Indikator für die (kurzfristige) zukünftige Entwicklung des US-Marktes.

Sachanlagevermögen, *tangible fixed assets*. Bezeichnung für die in § 266 II HGB aufgeführten Bestandteile des → Anlagevermögens eines Unternehmens. Der Posten „Grundstücke, grundstücksgleiche Rechte und Bauten einschließlich der Bauten auf fremden Grundstücken" umfasst das gesamte Grundvermögen eines Unternehmens. In der Position „technische Anlagen und Maschinen" ist das Vermögen auszuweisen, das unmittelbar für die Durchführung und Aufrechterhaltung der Produktion erforderlich ist. Unter dem Sammelposten „andere Anlagen, Betriebs- und Geschäftsausstattung" werden sämtliche Anlagen ausgewiesen, die keinem anderen Posten eindeutig zuzuordnen sind. Anzahlungen auf das Sachanlagevermögen und im Bau befindliche Anlagen und Gebäude sind in der Position „geleistete Anzahlungen und Anlagen im Bau" zu bilanzieren.

Sachdepot, → Depotbuch.

Sacheinlage, *contribution in kind*. Neben einer → Bareinlage können Einzelkaufleute, Gesellschafter einer → Offenen Handelsgesellschaft (OHG), → Kommanditgesellschaft (KG), einer → Gesellschaft mit beschränkter Haftung (GmbH) und → Aktionäre auch eine S. leisten. Die Höhe und der Wert der S. sind im → Gesellschaftsvertrag oder dem Kapitalerhöhungsbeschluss festzulegen. – Vgl. auch → Kapitalerhöhung gegen Sacheinlagen.

Sachenrecht. Regelungsgegenstand des dritten Buchs des BGB (§§ 854-1296), das die rechtliche Zuordnung beweglicher und unbeweglicher körperliche Gegenstände (Sachen) an bestimmten Rechtssubjekten durch absolute, d.h. gegenüber jedermann wirkende subjektive Ausschlussrechte ordnet und Vorschriften über den Erwerb und den Verlust dieser dinglichen Recht (= Sachenrechte) enthält. Die wichtigsten dinglichen Rechte sind das Eigentum, der Besitz, die Dienstbarkeiten (Grunddienstbarkeit, Nießbrauch an Sachen und Rechten), die → Grundpfandrecht (→ Hypothek, → Grundschuld, → Rentenschuld), Pfandrechte an beweglichen Sachen und Rechten sowie das dingliche Vorkaufsrecht. Er gilt ein numerus clausus der Sachenrecht, d.h. durch Parteivereinbarungen können keine zusätzlichen Sachenrechtstypen bebildet werden. Wichtigste Eigenschaft der dinglichen Rechte ist, dass sie gegenüber allen wirken (inter omnes), also unabhängig davon, ob der einzelne Teilnehmer am Rechtsverkehr von der Existenz des Rechtes weiß. In der Bankpraxis spielen Sachenrechte insbesondere in Gestalt der Sicherungsrechte eine große Rolle.

sachenrechtliche Wertpapiere, *securities evidencing property rights*; juristische Bezeichnung für → Effekten, die ein Sachenrecht verbriefen. Hierzu zählen → Grundschuldbriefe und → Hypothekenbriefe. Den Gegensatz stellen Mitgliedschaftspapiere (→ Teilhaberpapiere) wie Aktien und → Forderungspapiere wie Anleihen oder Wechsel dar.

Sachgründung

Sachgründung. → Gründung einer AG, bei der Gründer anstelle einer → Bareinlage Sacheinlagen (z.B. Maschinen, Grundstücke u.a.) für ihre Anteile einbringen. – Vgl. → Bargründung.

Sachkapital, → Realkapital.

Sachkapitalerhöhung, bezeichnet die Einbringung von → Sacheinlagen, in Form von Fabrikanlagen, Maschinen, Grundstücken und Patenten etc., in eine → Personen- bzw. → Kapitalgesellschaft.

Sachübernahme, *acquisition of assets upon formation.* Die Übernahme von Vermögensgegenständen bei → Gründung der AG wird als S. bezeichnet. Gegenstand der Sachübernahme, Verkäufer des Gegenstandes und die zu zahlende Vergütung müssen in der Satzung festgesetzt werden. Bei S. handelt es sich ausschließlich um Vermögensgegenstände, deren wirtschaftlicher Wert ermittelt werden kann. Verpflichtungen zu Dienstleistungen sind keine S.

Sachwertanleihen, *commodity-based loans;* → Schuldverschreibungen, die nicht auf einen Geldbetrag einer → Währung, sondern auf eine bestimmte Ware lauten. Diese Waren können unter Angabe der Menge (Gewicht) beispielsweise Feingold, Holz, Kohle, Papier oder Zucker sein. → Anleihen, deren Geldforderung an eine bestimmte Ware gebunden ist (→ Indexierung), werden ebenfalls als Sachwertanleihen bezeichnet.

Sachwertdividende, → Property Dividend.

Sachwerte, *Substanzwerte, real assets, resource-based assets.* Bezeichnung für Vermögensgegenstände, die im Unterschied zu nominalen Geldansprüchen entweder direkt durch ihre körperliche Existenz (z.B. Grundstücke, Gebäude) oder indirekt (bei Aktien) einen Vermögenswert repräsentieren. Ihr Vorteil liegt in ihrer überwiegend wertbeständigen Substanz und führt dadurch zu einem verbesserten Schutz gegen → Inflation. – Gegensatz: → Nominalwerte.

Sachwerthausse, *boom in resource-based assets.* Bezeichnung für eine starke Kurssteigerung bei Substanzwerten in Zeiten hoher → Inflation. Bei einer starken Geldentwertung werden Aktiengesellschaften mit hohem Sachvermögen von den Anlegern bevorzugt, es kommt zu erheblichen Kurssteigerungen in diesen Werten (→ Hausse). Gleichzeitig erhöht sich die direkte Nachfrage nach Sachwerten.

Sachwertpapier. Im allgemeinen Sprachgebrauch sind S. → Wertpapiere, die einen Anspruch auf → Sachwerte (z.B. Unternehmen, Immobilien, Edelmetalle, Rohstoffe) verbriefen. Eine Kapitalanlage in S. bietet oftmals im Vergleich zu einer Investition in → Nominalwerte, die Geldwertrisiken beinhalten, einen langfristig besseren Schutz vor Inflation und Währungskursverlusten. – Die gängigsten S. sind → Aktien, die eine Beteiligung an einem Unternehmen mitsamt sämtlicher zukünftiger Erträge verkörpern. S. können aber auch → Sachwertanleihen sein. Dabei handelt es sich um werthaltige Schuldverschreibungen, die entweder einen direkten Anspruch auf bestimmte Waren (Gold, Zucker, Getreide, usw.) verbriefen, oder eine an die Preisentwicklung eines Warenindex gebundene Geldforderung (→ Indexierung). – Vgl. auch → Sachwert-Investmentfonds.

Sachwertverfahren, *asset value method.* Beim S. handelt es sich wie beim → Ertragswertverfahren um eine pauschalierende Bewertungsmethode für Grundstücke, wobei die Pauschalierungen im Vergleich zum Ertragswertverfahren geringer ausfallen. Wenn die Jahresrohmiete eines Grundstücks nicht ermittelt werden kann, dann wird der Grundstückswert aus seinem → Sachwert abgeleitet, dies ist i.d.R. bei betrieblich genutzten Grundstücken (bewertungsrechtlich: Geschäftsgrundstücke) der Fall. Im S. werden die einzelnen wertbestimmenden Faktoren zunächst getrennt ermittelt und anschließend zu einem Gesamtwert zusammengefasst. Dieser wird an den → gemeinen Wert angeglichen. – Vgl. → Grundstücksbewertung.

SAEF, Abk. für → SEAQ Auto Execution Facility.

Saitori. Bezeichnung für den Kursmakler an der → Tokyo Stock Exchange (TSE).

säkulare Entwicklungen, *secular trends;* langfristige wirtschaftliche, gesellschaftliche und kulturelle Entwicklungen, die bei der langfristig orientierten → Fundamentalanalyse berücksichtigt werden müssen.

Saldierung, *balancing out*; Bestimmung des → Saldos.

Saldo, *Unterschiedsbetrag, balance, account balance*. Bezeichnung für den sich durch eine gegenseitige Aufrechnung der beiden Seiten eines → Kontos oder der bestehenden → Forderungen und → Verbindlichkeiten zweier Handelspartner ergebenden Differenzbetrag.

Sales Charge, → Ausgabeaufschlag bei Fonds.

Sales-to-Assets Ratio, → Kapitalumschlag.

Sallie Mae, → Anleihen der Student Loan Marketing Association (SLMA). Die SLMA ist eine Aktiengesellschaft, deren Aktien an der → NYSE gehandelt werden. Sie wurde 1972 eingerichtet, um die Vergabemöglichkeit von Studentendarlehen zu verbessern. – Vgl. auch → Ginnie Mae und → Fannie Mae.

Same Day Settlement (SDS), *Tag-gleiche Abrechnung*. Beim SDS werden Wertpapiergeschäfte noch am Handelstag abgewickelt.

Sammelanleihe, *Gemeinschaftsemission, joint loan issue*; Anleihe, die von mehreren Anleiheschuldnern gemeinsam aufgelegt und über einen Emittenten ausgegeben wird.

Sammelauftrag, *collective order*; kumulierter → Kauf- oder Verkaufsauftrag eines von seinen Kunden bevollmächtigten → Vermögensverwalters, der sich auf einen einzigen → Titel bezieht. – Vgl. auch: → Einzelauftrag.

Sammeldepot, *collective custody account*. Depot, das zum Zweck der → Sammelverwahrung eingerichtet wurde. – Vgl. auch → Sammeldepotfähigkeit.

Sammeldepotfähigkeit. Sammeldepotfähig sind ausschließlich → vertretbare Wertpapiere (§ 5 I S. 1 DepotG). Diese Voraussetzung ist erfüllt, wenn das Wertpapier im Verkehr nach Stückzahl oder Nennbetrag bestimmt werden kann (§ 91 BGB). Dies führt dazu, dass Wertpapiere der selben Art (d.h. Verbriefung des gleichen Rechts) untereinander austauschbar sind und somit zu einem Sammelbestand zusammengefasst werden können. Auch (voll eingezahlte) Namensaktien und vinkulierte Namensaktien sind sammeldepotfähig, wenn sie mit einem Blankoindossament versehen sind oder ein Blankoumschreibungsantrag vorliegt. Die Verwahrung von Wertpapieren in einem → Sammeldepot führt dazu, dass der Hinterleger sein Eigentum an den eingelieferten Stücken verliert und er statt dessen einen Miteigentumsanteil in entsprechender Höhe an dem Sammelbestand erwirbt.

Sammelschuldbuchforderung, *collective debt register claim*. Bei der Emission einer → Schuldverschreibung des Bundes, seiner Sondervermögen, der Länder oder der sonstigen öffentlichen Körperschaften (→ öffentliche Anleihen) wird zunächst eine Sammelschuldbuchforderung zu Gunsten der → Clearstream International im → Bundesschuldbuch oder in einem der Landesschuldbücher eingetragen, die später in → Einzelschuldbuchforderungen umgewandelt werden kann. – Vgl. auch → Schuldbuchforderungen.

Sammelschuldverschreibung. → Schuldverschreibung, die bei der → Emission in einer → Sammelurkunde verbrieft wurde. Die Sammelurkunde, an der die Wertpapierkäufer Anteile erwerben, ist bei einer → Wertpapiersammelbank hinterlegt. Die Ausgabe von Einzelurkunden ist ausgeschlossen.

Sammelurkunde, *Globalurkunde, Globalstücke, global certificate*. S. dienen der Vereinfachung der Aufbewahrung von → Wertpapieren. Da bei Existenz einer zentralverwahrenden → Wertpapiersammelbank der größte Anteil der emittierten Wertpapierurkunden auf Grund der sehr geringen Anzahl effektiver → Auslieferungen von Wertpapierstücken nicht die → Girosammelverwahrung dieses Zentralverwahrers verlässt, können statt einzelner Wertpapierurkunden S. verwendet werden. S. sind Urkunden über eine ganze oder über einen großen Teil einer → Wertpapieremission, die bei einer Wertpapiersammelbank hinterlegt sind. Eigentumsübertragungen erfolgen durch die Wert-

Sammelverwahrung

papiersammelbank nur noch als EDV-Umbuchung auf den im System geführten Wertpapierkonten. Eine effektive Lieferung einzelner Stücke ist dabei nur möglich, wenn Emissionen nicht vollständig als S. verbrieft wurden, sondern zusätzlich ein Teil in einzelnen → effektiven Stücken

Sammelverwahrung, *collective safekeeping*. Im Rahmen der S. verwahren → Kreditinstitute → vertretbare Wertpapiere nicht für jeden Eigentümer getrennt von den Wertpapieren anderer Kunden, sondern lediglich getrennt nach → Wertpapiergattungen. Dies bedeutet, dass dem Kunden ab dem Zeitpunkt der Einlieferung der Wertpapiere in den Sammelbestand nicht mehr gewährleistet werden kann, dass er genau die → effektiven Stücke zurückerhält, die von ihm ursprünglich übergeben wurden. Ihm wird lediglich ein Miteigentum am Sammelbestand der Wertpapiere der betreffenden Gattung eingeräumt. – Im Rahmen der S. kann in → Eigenverwahrung und in → Drittverwahrung unterschieden werden, je nachdem, ob die Banken die Wertpapiere selbst im eigenen Haus aufbewahren (→ Haussammelverwahrung) oder diese an einen → Drittverwahrer übergeben, der diese Aufgabe für mehrere verschiedene Banken übernimmt. Der Drittverwahrer gewährt dabei den Banken gemäß den eingelieferten Mengen ein anteilsmäßiges Eigentum am hinterlegten Sammelbestand. Bei der Bank selbst wird lediglich festgehalten, in welchem Umfang jeder einzelne Kunde an eben diesem Miteigentum anteilsmäßig beteiligt ist. In der Praxis stellt die → Girosammelverwahrung die wichtigste Form der Verwahrung sammelverwahrfähiger Wertpapiere dar.

Sammelzertifikate, *multiple share certificate*. S. dienen wie → Sammelurkunden der Vereinfachung der Aufbewahrung von → Wertpapieren. In der Praxis der → Wertpapierverwahrung werden S. in verschiedenfacher Weise angewendet: 1. Ein S. kann zur Verbriefung einer → Emission bestimmter Zertifikate anstatt der Ausgabe einer sehr hohen Anzahl einzelner → effektiver Stücke hinterlegt werden. – 2. Ein S. wird auch oftmals bei → Wertpapiersammelbanken eingesetzt, als eine Art Hinterlegungsurkunde für eine hohe Anzahl ausländischer, börsengehandelter Effekten einer Wertpapiergattung, welche in ihren Depots oder den Depots einer Niederlassung lagern. – 3. V.a. in den USA geben auch große Geschäftsbanken die → American Depositary Receipts und die → International Depositary Receipts als S. aus. Erstere bestätigen, dass bei der US-amerikanischen Bank eine große Anzahl von Wertpapieren nichtamerikanischer Emittenten depotverwahrt werden. Letztere garantieren, dass eine bestimmte Stückzahl hinterlegter Aktienurkunden in einer Art → Sammelverwahrung an einem offiziellen Verwahrort im Land des Emittenten hinterlegt wird. – 4. S. können ebenso als Garantiescheine für die spätere → Auslieferung einer bestimmten Anzahl von Wertpapieren einer Emission dienen, z.B. im Falle von Verzögerungen beim → Wertpapierdruck.

Sampling Approach, Methode des → passiven Managements, in der eine weitgehende Kopie des vom → Investor ausgewählten → Benchmark erstellt wird. Der S.A. grenzt sich vom → Census Approach ab, da nur ein Teil der in der → Benchmark vertretenen → Aktien in das → Portfolio aufgenommen wird.

Samurai Bond, → Anleihe, die auf japanische Yen lautet und von einem nichtjapanischen → Emittenten im japanischen Markt öffentlich angeboten wird.

San Franciscoer Börse, → Pacific Stock Exchange.

Sanierung, *(capital) reorganization*. Organisatorische und finanztechnische Maßnahmen zur Wiederherstellung der Leistungsfähigkeit insolventer Unternehmen. Vor jeder S. müssen die Ursachen für die schlechte Geschäftslage ermittelt werden, anschließend wird ein Sanierungsplan aufgestellt und geprüft, ob durch eine durchgreifende Reorganisation eine Gesundung des Betriebes überhaupt möglich ist. Bei der S. selber werden die in der Bilanz ausgewiesenen Verluste mit dem → Eigenkapital verrechnet, dadurch kommt es zu einer → Kapitalherabsetzung in Höhe des Verlustes. Ein Teil der Einlagen geht somit verloren, entstandene Verluste werden jedoch buchtechnisch beseitigt. Oftmals werden dem Unternehmen auch neue finanzielle Mittel zugeführt, um die → Liquidität zu verbessern.

Sanktionsausschuss, *sanctions committee.* Börsenorgan, welches die Ordnungsmäßigkeit des Handels unter den Handelsteilnehmern überprüft und gegebenenfalls mit Strafen einschreitet. Der S. wird gem. § 9 BörsG aufgrund einer Rechtsverordnung der Landesregierung eingerichtet, in dem auch Zusammensetzung, Verfahren einschl. Beweisaufnahme und Kosten sowie Mitwirkung der zuständigen obersten Landesbehörde geregelt werden. Der S. kann Handelsteilnehmer mit einem Verweis, Ordnungsgeldern oder mit einem Ausschluss von der Börse von bis zu 30 Tagen belegen, wenn diese gegen börsenrechtliche Vorschriften oder Anordnungen verstoßen haben, oder diese vertrauens- oder ehrverletzende Handlungen – im Zusammenhang mit der Tätigkeit – begangen haben. Handelt es sich bei dem Handelsteilnehmer um einen → Kursmakler, tritt an die Stelle des S. die → Börsenaufsichtsbehörde. Der S. ist das Nachfolgeorgan des Ehrengerichts.

SAR, → Stock Appreciation Rights.

Saturday Night Special. Bezeichnung für eine Strategie im Rahmen einer feindlichen Übernahme (→ Hostile Takeover). Sie beinhaltet die Veröffentlichung eines Übernahmeangebotes (→ Tender Offer) zu einem Zeitpunkt, zu dem das Management des Zielunternehmens in seiner Handlungsfähigkeit eingeschränkt ist.

Satzung der AG, *charter, articles of incorporation, corporate articles, charter and bylaws, statutes, memorandum and articles of association.* Die S.d.A. ist der individuell ausgestaltete Vertrag zwischen den → Aktionären, welcher über die gesetzlichen Rahmenbedingungen hinausgeht. Die S.d.A. kann von den Vorschriften des → AktG nur abweichen, wenn es ausdrücklich zugelassen ist. Sie kann außerdem das Gesetz ergänzen, es sei denn das Gesetz enthält eine abschließende Regelung. Sie bedarf einer notariellen Beurkundung. Neben Firma und Sitz der Gesellschaft muss die S.d.A. den Gegenstand des Unternehmens, die Höhe des Grundkapitals, dessen Zerlegung entweder in Nennbetrags- oder Stückaktien, sowie die Aktiengattung (→ Stammaktien oder → Vorzugsaktien) und die Anzahl der Mitglieder des Vorstands bestimmen.

Satzung der Investmentgesellschaft, *investment company statute;* regelt in der Bundesrepublik in Verbindung mit dem Aktienrecht die Rechtsbeziehungen zwischen der → Kapitalanlagegesellschaft und ihren Aktionären oder Gesellschaftern. Der Umfang und die Ausprägung der im Ausland gültigen Satzungen hängt wesentlich vom Rechtssystem ab, das am Sitz der Investmentgesellschaft Gültigkeit besitzt.

Satzungsänderungen der AG, *alteration of the charter, changes to the statutes, amendment to the articles of incorporation.* Jede S.d.A. bedarf eines Beschlusses der Hauptversammlung (→ Hauptversammlungsbeschlüsse). Der Beschluss muss mit einer Mehrheit gefasst werden, die mindestens drei Viertel des zur Beschlussfassung vertretenen Grundkapitals umfasst (→ Dreiviertelmehrheit). Dieses Mehrheitserfordernis kann durch die → Satzung der AG verändert werden. Für die Änderung des Unternehmensgegenstandes darf allerdings nur eine größere Mehrheit verlangt werden. Auf der Hauptversammlung beabsichtigte S. sind unter Angabe des neuen Wortlautes des betroffenen Teils der Satzung bekanntzumachen. S.d.A., die für eine Aktiengattung nachteilig sind, bedürfen eines Sonderbeschlusses der betroffenen Aktiengattung. Die S.d.A. wird erst wirksam, wenn sie in das Handelsregister des Sitzes der Gesellschaft eingetragen ist.

Savings Bank, *Sparinstitut;* angloamerikanische Bezeichnung für → Sparkassen bzw. Sparinstitute.

SAX, Abk. für → Stuttgarter Aktienindex.

SBF 120, französischer → Aktienindex, der neben den 40 Aktien des CAC 40 noch 80 weitere französische Unternehmen beinhaltet. Der SBF 120 wird seit 1993 berechnet.

SBF 250, französischer → Aktienindex, der 250 Werte des → Première Marché beinhaltet und seit 1993 zweimal täglich berechnet wird.

SBI, → Swiss Bond Index.

Scalper, *Spekulant in Terminkontrakten.* Unter dem Terminus S. versteht man Marktteilnehmer, welche das Halten von Positio-

Scalping

nen über Nacht vermeiden, indem die Positionen abends stets glattgestellt werden. Tagsüber werden bereits kleinste Kursunterschiede zum Realisieren von Gewinnen genutzt. Die Handelstechnik dieser Marktteilnehmer wird mit → Scalping bezeichnet.

Scalping, → *Churning,* → *Front Running..* Beim „Skalpieren" des → Anlegers manipuliert der Finanzdienstleister den Markt. Er verschafft sich Gewinne mit eigenen Wertpapiertransaktionen, indem er dem Kunden genau das Gegenteil empfohlen hat. Bei → Blue Chip Werten macht sich dieses Verhalten nicht so deutlich bemerkbar, aber bei kleinen, unbekannten Werten (z.B. → Penny-Stocks) genügt eine geringe Anzahl → Orders, um den Kurs deutlich zu beeinflussen. Über eigene → Börsenbriefe, Presseinfos oder Anlageempfehlungen über Telefon und im Internet werden die Informationen lanciert. Eine andere Methode, den Markt zu stören, sind Scheinorders über Strohmänner oder Kauf und Verkauf von Wertpapierbeständen, um die Aufmerksamkeit auf die explodierenden beziehungsweise fallenden Kurse zu lenken. In Deutschland sind solche Manipulationen nach §§ 31 ff. WpHG (→ Wertpapierhandelsgesetz) verboten.

SCFOA, Abk. für → Swiss Commodities, Futures and Options Association.

Schachtelbeteiligung, *intercorporate stockholding, equity stake in an affiliated company.* Von einer Sch. spricht man, wenn eine Personen- oder Kapitalgesellschaft an einer inländischen, nicht steuerbefreiten Kapitalgesellschaft zu mindestens 10 Prozent (UN-Modell), 25 Prozent (OECD-Modell) bzw. 25 Prozent (deutsche → Doppelbesteuerungsabkommen) beteiligt ist. Eine Sch. kann von jedem inländischen gewerblichen Betrieb i.S.d. § 2 GewStG gehalten werden, wobei nach herrschender Meinung auch eine mittelbare Beteiligung ausreichend ist. Bei Vorliegen einer Sch. können die steuerlichen Vorzüge des Schachtelprivilegs (→ Schachtelprivileg, gewerbeertragsteuerliches sowie → Schachtelprivileg, internationales) in Anspruch genommen werden.

Schachtelprivileg, gewerbeertragsteuerliches, *national affiliation privilege.* 1. Nach dem g.Sch. bleiben Gewinnanteile einer in- oder ausländischen Personengesellschaft, bei der die Gesellschafter im steuerlichen Sinne als Unternehmer (→ Mitunternehmerschaft) des Gewerbebetriebs anzusehen sind, außer Ansatz, wenn die Gewinnanteile zunächst in den Gewinn des empfangenden Gewerbebetriebs eingegangen sind (§ 9 Nr. 2 GewStG). – 2. Das Gleiche gilt für Gewinnanteile aus Anteilen an einer nicht steuerbefreiten inländischen Kapitalgesellschaft, wenn zu Beginn des Erhebungszeitraumes eine Mindestbeteiligung von 10% des Grund- oder Stammkapitals (Schachtelgesellschaft) vorliegt und die Gewinnanteile bei der Ermittlung des Gewinns ebenfalls angesetzt worden sind (§ 9 Nr. 2a GewStG). – 3. Eine → Schachtelbeteiligung kann somit von jedem inländischen gewerblichen Betrieb i.S.d. § 2 GewStG gehalten werden, wobei nach herrschender Meinung auch eine mittelbare Beteiligung ausreichend ist. Mit diesen Kürzungsvorschriften werden die Gewinnanteile nur bei der ausschüttenden Tochtergesellschaft gewerbeertragsteuerlich erfasst und gehen bei der Muttergesellschaft nicht in die Bemessungsgrundlage für die Gewerbeertragsteuer ein. Dadurch wird sichergestellt, dass eine Mehrfacherfassung von offenen und verdeckten Gewinnausschüttungen von Tochter- an Mutterunternehmen bei der Ermittlung von Gewerbeerträgen im Konzernverbund weitgehend unterbleibt. – Vgl. auch → Schachtelprivileg, internationales.

Schachtelprivileg, internationales, *international affiliation privilege.* Für Erträge aus → Schachtelbeteiligungen, die von Muttergesellschaften in der Rechtsform der Kapitalgesellschaft bezogen werden, gewähren die → Doppelbesteuerungsabkommen - von wenigen Ausnahmen abgesehen- das i.Sch. Dies bedeutet, dass die → Freistellungsmethode angewendet werden darf. Damit wird sowohl in Bezug auf offene als auch in Bezug auf verdeckte → Gewinnausschüttungen eine → Doppelbesteuerung vermieden und die Kapitalimportneutralität hergestellt. Sind also bei Dividendenzahlungen an eine Muttergesellschaft die Voraussetzungen des Schachtelprivilegs (Bestehen eines Doppelbesteuerungsabkommens, Mindestbeteiligung 10%, ggf. Aktivitätsklausel) erfüllt, so werden diese im Inland von der Besteuerung freigestellt. Die Gesamtsteuerbelastung stimmt dann mit den im Ausland gezahlten Steuern überein und umfasst die

Körperschaftsteuer der Tochterkapitalgesellschaft sowie ggf. die Kapitalertragsteuer auf die Ausschüttungen. – Kann der Gesellschafter das i.Sch. nicht beanspruchen (z.B. natürliche Personen als Gesellschafter oder Portfoliobeteiligungen von Kapitalgesellschaften), unterliegt der Ausschüttungsbetrag im Inland der Einkommen- bzw. der Körperschaftsteuer zuzüglich der Gewerbesteuer vom Ertrag. Die Steuerbelastung wird lediglich durch die Anrechnung der Kapitalertragsteuer reduziert (→ Anrechnungsmethode).

Schatzanweisungen, *Schatzscheine, Treasury paper*; kurz- bis mittelfristige → Anleihen, die von Bund, Ländern oder anderen öffentlichen Einrichtungen begeben werden. Es werden zwei Arten von Sch. unterschieden. Verzinsliche Sch. sind mit einem festen → Kupon ausgestattet und haben Laufzeiten von drei Monaten bis mehreren Jahren. Bei → unverzinslichen Sch. (U-Schätze) handelt es sich um diskontierte Schuldverschreibungen (→ Abzinsungspapiere). Dabei erfolgt die Ausgabe zum → Barwert und die Tilgung zum → Nennwert am Laufzeitende. Die Laufzeit beträgt zwischen sechs Monaten und zwei Jahren. – Vgl. auch → Bundesschatzanweisung und → Bubills.

Schatzbrief, → Bundesschatzbrief.

Schätze. Bezeichnung für → Bundesschatzbriefe und → Schatzanweisungen.

Schatzscheine, 1. → Schatzwechsel. – 2. → Schatzanweisung.

Schatzwechsel, → Solawechsel mit einer → Laufzeit bis zu 90 Tagen, der vom Bund, den Ländern oder den → Sondervermögen des Bundes begeben wird. Beim Erwerb werden die für die gesamte Laufzeit zu entrichtenden → Zinsen von dem zu zahlenden Preis abgezogen.

Scheck, bezeichnet eine unbedingte Anweisung an den Bezogenen, aus dem Guthaben des Ausstellers oder auf Grund einer Kreditzusage eine bestimmte Geldsumme zu zahlen. Der Sch. ist ein geborenes Order- und ein streng förmliches → Wertpapier. Rechtsgrundlage bildet das Scheckgesetz.

Scheingewinn, *paper profit*. Gewinn, der bei Beachtung der → Nominalkapitalerhaltung durch Preissteigerung entsteht, obwohl die Substanz im Unternehmen gleichbleibt oder sogar sinkt. – Handels- und steuerrechtliche Gewinnermittlungsregeln verhindern keinen Sch., weil sie auf den Regeln der Nominalkapitalerhaltung basieren und keine → Substanz- oder → Realkapitalerhaltung verfolgen. Preissteigerungsrücklagen sind nach geltendem Recht nicht zulässig.

Scheingewinnausschüttung. Jede über den Umfang der echten Gewinne hinausgehende → Ausschüttung an die Gesellschafter und/oder an den Fiskus führt zu einer substanzverzehrenden S.

Scheingewinnbesteuerung. Steuerliche Bewertungsvorschriften tragen im Prinzip der Substanzerhaltung grundsätzlich nicht Rechnung, sondern basieren auf dem Prinzip nomineller Kapitalerhaltung. Die Besteuerung von Scheingewinnen muss als unzweckmäßig angesehen werden, da sie die betriebliche Stabilität der Unternehmung gefährdet und volkswirtschaftlich negative Implikationen nach sich ziehen kann. Trotzdem wird durch die steuerlichen Bestimmungen die Besteuerung der Scheingewinne nicht ausgeschlossen, da die Möglichkeiten der Bildung von Preissteigerungsrücklagen und eisernen Beständen begrenzt sind. Demgegenüber wird angeführt, dass ein Verzicht auf die Scheinbesteuerung gegen die Gleichmäßigkeit der Besteuerung verstoßen würde, da bei allen anderen Einkunftsarten die Nominaleinkünfte besteuert werden. Würde ein Abgehen vom Nominal(wert)prinzip auf alle steuerpflichtigen Einkünfte übertragen, würde dies voraussetzen, dass das gesamte Verrechnungs- und Wertsystem der Wirtschaft in einheitlicher Weise dem Geldentwertungsprozess laufend angepasst würde.

Scheingründung, *fictitious formation of a corporation*; vgl. → Mantelgründung.

Scheinkurs, *Ausweichkurs, fictitious security price*. Bezeichnung für einen an der → Börse festgestellten → Kurs eines → Wertpapiers, in dem aktuell kein Handel stattgefunden hat.

Schenkungsteuer

Schenkungsteuer, *gift tax, capital transfer tax*. Die Sch. erfasst den sich ohne Gegenleistung vollziehenden Übergang von Vermögen in andere Hände. Während die → Erbschaftsteuer beim unentgeltlichen Vermögenszuwachs von Todes wegen eingreift, gilt die Sch.-Pflicht, wenn die Schenkung unter Lebenden erfolgt.

Schiedsgericht, *Schiedskommission, arbitration court*. Sch. sind für die Klärung von Streitigkeiten aus Börsengeschäften/Schiedsverträgen zuständig. Die Anrufung erfolgt an Stelle eines ordentlichen Gerichts. Die Vorteile von Sch. liegen in der Flexibilität und Schnelligkeit des Verfahrens, in der Besetzung mit fachkundigen Schiedsrichtern und in der Anerkennung der Schiedssprüche. In Deutschland besteht ein Sch. aus drei vom Börsenrat gewählten Mitgliedern. – Vgl. auch → Börsenschiedsgericht und → Schiedswesen an der Börse.

Schiedswesen an der Börse, *Arbitration, arbitrational settlement at an exchange*. Bezeichnung für den Ausgleich von Streitigkeiten, die sich auf die Lieferbarkeit von Wertpapieren und Waren oder die Auslegung oder Anwendung von Geschäftsbedingungen beziehen.

Schieflage, *awkward position*; Situation an der Börse, in der die tatsächlichen Entwicklungen den Erwartungen, auf Grund derer Engagements eingegangen wurden, nicht entsprechen bzw. gegenteilig verlaufen.

Schlussauktion, *closing auction*; bezeichnet die → Auktion, die den → laufenden Handel terminiert. Dabei wird der → Schlusskurs bestimmt.

Schlussdividende, → Interimsdividende.

Schlusseinheit, *Schluss, minimum trading lot*. Bezeichnung für die Menge an → Wertpapieren, über die ein → Börsenauftrag lauten muss, um im → variablen Handel gehandelt werden zu können. – Vgl. auch → Round Lot.

Schlusskurs, *closing price, last quotation*. Bezeichnung für den letzten Kurs eines → Wertpapiers, der am Ende des offiziellen Börsentages oder gegen → Börsenschluss im → variablen Handel ermittelt wird.

Schlussnote, *Schlussschein, contract note*. Die Sch. stellt eine schriftliche Bestätigung eines Geschäftsabschlusses dar und bildet die Grundlage für die Abrechnung. Jeder → Handelsmakler hat grundsätzlich unverzüglich nach dem Abschluss eines von ihm vermittelten Geschäfts jeder Vertragspartei eine von ihm unterzeichnete Sch. zuzustellen. Sie hat Angaben über die Parteien, den Handelsgegenstand und die Bedingungen des Geschäfts, insbesondere bei Verkäufen von Waren oder Wertpapieren deren Gattung, Menge, Preis sowie den Zeitpunkt der Lieferung zu enthalten. An der Wertpapierbörse hat der den Geschäftsabschluss vermittelnde Makler das getätigte Geschäft in die Börsen-EDV einzugeben, damit jeder Vertragspartei der Abschluss am gleichen Tag durch eine maschinell erstellte Sch. bestätigt werden kann. Unterbleibt die Erteilung einer Sch. und wird diese nicht bis zum Beginn der nächsten Börsenversammlung angemahnt, so gilt der Geschäftsabschluss als nicht zustandegekommen. Eine handschriftliche Sch. darf nur über ein Geschäft ausgestellt werden, das nicht über die Börsen-EDV abgewickelt werden kann.

Schlusstag, *closing date*; Tag des Börsengeschäftsabschlusses.

Schlusszeit, *closing time*. Bis zu dieser von der → Börsengeschäftsführung festgelegten Uhrzeit werden Wertpapieraufträge börsentäglich für die Ermittlung der gerechneten Kurse (→ Eröffnungs-, → Einheits- und → Schlusskurse) entgegengenommen.

Schnelltender, *quick tender*; vgl. → Tender.

schneppern, an der → Börse gebrauchter Ausdruck für den Versuch eines → Händlers oder → Maklers, sich von einem gestellten → Kurs zu distanzieren.

Schranke. Bezeichnung für den erhöhten Stand des → Kursmaklers auf dem Börsenparkett.

Schrottanleihen, → Junk Bonds.

Schufa-Klausel, *Schufa-clause*; bezeichnet eine Erklärung, die jeder Bankkunde bei der Eröffnung von Konten und bei der Beantragung von Krediten und Bankbürgschaften abgeben muss. Der Kunde willigt damit ein, dass die Bank den gesetzlichen Regelungen entsprechend Positivdaten (Aufnahme und vertragsgemäße Abwicklung der Geschäftsbeziehung) und Negativdaten (nicht vertragsgemäßes Verhalten) zu seiner Person an die Schufa (Schutzgemeinschaft für allgemeine Kreditsicherung) weiterleitet. Die der Schufa angeschlossenen Vertragspartner leiten daraus Erkenntnisse über die Kreditwürdigkeit des Kunden ab. Durch die Sch. wird demnach das → Bankgeheimnis mit Zustimmung des Kunden durchbrochen.

Schuldbrief, *borrower's note*; verbrieftes Versprechen eines → Schuldners gegenüber seinen → Gläubigern seinen Leistungsversprechen zzgl. Zinsen nachzukommen.

Schuldbuch, *debt register*; öffentliches Register für nicht verbriefte Forderungen gegen den Bund (→ Bundesschuldbuch), seine Sondervermögen und die Länder (Landesschuldbücher). Das Bundesschuldbuch wird von der → Bundesschuldenverwaltung in Bad Homburg geführt. Da bei → Bundeswertpapieren keine → effektiven Stücke begeben werden, kann sich der Gläubiger seine Forderungen u.a. namentlich im Bundesschuldbuch gebührenfrei eintragen lassen. Dabei wird die Überwachung der → Bedienung der Wertpapiere von der Bundesschuldenverwaltung übernommen. – Bei Emission der entsprechenden Bundeswertpapiere wird zunächst eine → Sammelschuldbuchforderung für die → Clearstream International zugunsten der → Deutschen Bundesbank eingetragen. Der einzelne Gläubiger kann jedoch bei Erwerb einer entsprechenden Schuldverschreibung die Umwandlung seiner Rechte in eine → Einzelschuldbuchforderung beantragen.

Schuldbuchforderungen, *debt register claims*; nicht als → effektive Stücke verbriefte Forderungen gegen den Bund, seine Sondervermögen oder Gemeinden, die in das → Bundesschuldbuch bzw. ein Landesschuldbuch eingetragen werden. Wertpapiere des Bundes und seiner Sondervermögen werden seit einigen Jahren aus Kostengründen nur noch als stückelose → Anleihen begeben. Zu unterscheiden sind → Sammelschuldbuchforderungen und → Einzelschuldbuchforderungen.

Schuldenkrise, internationale

Schulden, → Fremdkapital.

Schuldendienst, → Kapitaldienst.

Schuldenerlass, *debt relief/forgiveness*. Ein Sch. bezeichnet eine Vereinbarung zwischen Schuldner und Gläubiger, in der sich letztgenannter verpflichtet, unwiderruflich auf seine Forderung gegenüber dem Schuldner zu verzichten. Der Sch. ist z.B. im Kontext der Überwindung von Unternehmenskrisen oder der Verschuldung von Entwicklungsländern von Bedeutung.

Schuldenkennzahlen, *debt ratio*; bezeichnen → Kennzahlen, die je nach Fristigkeit oder Art der → Verbindlichkeiten verschiedene Größen zueinander ins Verhältnis setzen. Die Sch. können zur Beurteilung der Struktur des → Fremdkapitals herangezogen werden.

Schuldenkonsolidierung, *consolidation of debt*. 1. Im Rahmen des → Konzernabschlusses bezeichnet die Sch. die Aufrechnung der Forderungen und → Verbindlichkeiten der Unternehmen im → Konsolidierungskreis. – 2. Im Kontext der Finanzierung öffentlicher Haushalte wird unter Sch. die Umwandlung schwebender Schulden in langfristige Verbindlichkeiten, i.d.R. → Anleihen, verstanden. – 3. Sch. bezeichnet auch die → Konsolidierung mehrerer älterer Anleihen zu einer neuen.

Schuldenkrise, internationale, *international debt crisis*; fand zu Beginn der 80er Jahre ihren Ursprung, als eine zunehmende Anzahl an Entwicklungs- und Schwellenländern ihre → Zahlungsunfähigkeit oder zumindest Schwierigkeiten in der Begleichung ihrer Auslandsschulden eingestehen mussten. Im Allgemeinen wird das Jahr 1982 als Ausgangspunkt betrachtet, als mit Mexiko der erste Staat seine Zahlungsunfähigkeit erklärte, wobei eine Reihe weiterer Volkswirtschaften unmittelbar folgte. – Bestimmend für den Ausbruch der Schuldenkrise war neben einer exzessiven Verschuldungsstrategie, v.a. die ineffiziente Verwendung der aufgenommenen Mittel, der Anstieg des Ölpreises während der zweiten OPEC-Krise, während parallel ein Verfall zahlreicher Rohstoffpreise eintrat. Folge davon war eine zunehmende Verschlechterung der terms of trade dieser Länder. Darüber hinaus wurde

Schuldentilgung

eine Reihe protektionistischer Maßnahmen von den Industrieländern ergriffen, während die expansive amerikanische Fiskalpolitik zu einem Anstieg des Zinsniveaus auf den internationalen Finanzmärkten führte. – Das Schuldenmanagement beschränkte sich zuerst auf die Überbrückung von Liquiditätsengpässen mittels kurzfristiger Kredite. Die Einleitung geordneter schuldenpolitischer Maßnahmen fand v.a. unter der Regie des → Internationalen Währungsfonds (IWF) statt. Hierzu gehörten Umschuldungen unter wirtschaftspolitischen Auflagen, Schuldenerlasse und weitere Maßnahmen aus dem Katalog des → Menu Approach.

Schuldentilgung, → Tilgung.

Schuldentilgungsfähigkeit, *debt redemption capability, debt repayment capability*. Fähigkeit eines → Schuldners, die eingegangenen Verbindlichkeiten (z.B. durch Aufnahme eines → Kredits, Emission einer → Anleihe) gemäß den mit den Gläubigern getroffenen vertraglichen Vereinbarungen (z.B. bezüglich Zeitpunkt und Volumen) zurückzuzahlen. Die S. wird z.B. von Kreditinstituten im Rahmen der → Kreditwürdigkeitsprüfung und von → Rating-Agenturen überprüft.

Schuldner, *Debitor, debtor*. Rechtssubjekt, das Kraft eines → Schuldverhältnisses verpflichtet ist, dem → Gläubiger eine Leistung zu erbringen. Diese Leistung kann eine Dienstleistung (z.B. Arbeitsleistung), Zahlungsleistung (z.B. Zins- und Tilgungszahlungen auf Grund eines Kreditvertrages) oder eine Rechtsübertragung (z.B. → Forderungsabtretung) sein. – Gegensatz: → Kreditor.

Schuldnerkündigungsrecht, bezeichnet ein → Optionsrecht auf die vorzeitige Kündigung einer → Anleihe durch den → Emittenten.

Schuldnerverzug, *debtor's delay*. Der Schuldner einer Leistung gerät in Verzug, wenn er seiner einredefreien Verpflichtung aus dem Schuldverhältnis nicht rechtzeitig nachkommt. Wurde für die Leistung keine Zeit nach dem Kalender bestimmt, so ist regelmäßig eine formlose Mahnung des Gläubigers weitere Verzugsvoraussetzung (§ 284 BGB). Folge des Verzuges ist ein Anspruch des Gläubigers auf Ersatz des dadurch entstandenen Verzögerungsschadens (§ 286 I BGB). Geldschulden sind während des Verzugs für das Jahr mit fünf Prozentpunkten über dem Basiszinssatz zu verzinsen (§ 288 BGB). Hat die Leistung aufgrund des Verzuges für den Gläubiger kein Interesse mehr, so kann dieser unter Ablehnung der Leistung Schadensersatz wegen Nichterfüllung verlangen (§§ 286 II, 326 II BGB). Befindet sich bei einem gegenseitigen Vertrag der Schuldner mit der Hauptleistungspflicht in Verzug, so steht dem Gläubiger dieses Recht auch dann zu, wenn eine von ihm gesetzte angemessene Frist mit Ablehnungsandrohung fruchtlos verstrichen ist. – Kann der Schuldner seine Leistungspflicht gar nicht erbringen, so liegt kein Verzug sondern sog. Unmöglichkeit vor. Tritt diese während des Verzuges ein, so ist der Schuldner auch für die unverschuldete Unmöglichkeit nach § 325 BGB haftbar.

Schuldschein, *Schuldurkunde, memorandum of debt, promissory note*. Bezeichnung für eine vom Schuldner ausgestellte Urkunde, die eine Zahlungsverpflichtung über einen bestimmten Geldbetrag begründet oder bestätigt. Sch. sind keine → Wertpapiere, sondern lediglich Beweisurkunden über eine bestimmte Darlehensforderung.

Schuldscheindarlehen, *loan against borrowers' note*; → Darlehen, das gegen einen → Schuldschein (→ Schuldurkunde), in dem die → Rückzahlung und die → Verzinsung geregelt werden, begeben wird. Der Schuldschein ist kein → Wertpapier und besitzt den Charakter einer Beweisurkunde. Zur Geltendmachung des Rechts aus dem Darlehen ist die Urkunde nicht notwendig. Sch. werden grundsätzlich ohne → Stückzinsen abgerechnet. Die Bilanzierung erfolgt zum → Nominalwert. Die Sch. werden von Banken an → Kreditinstitute, Industrieunternehmen oder die öffentliche Hand vergeben.

Schuldtitel, → Urkunde, in der sich jemand zu einer Leistung verpflichtet und aus der eine → Zwangsvollstreckung möglich ist.

Schuldurkunde, → Schuldschein.

Schuldverhältnis, *obligation, obligatory relation*; schuldrechtliches Anspruchsverhältnis zwischen zwei oder mehreren Personen, das i.d.R. vertraglich begründet ist, z.B.

ein Kreditvertrag zwischen Bank und Bankkunde.

Schuldverschreibung, → Anleihe.

Schütt-aus-hol-zurück(-Verfahren), *distribute-recapture-method*; hat durch die Unternehmenssteuerreform im Jahr 2000 stark an Bedeutung verloren. Die Einführung des → Halbeinkünfteverfahrens löste eine Tendenz zur → Gewinnthesaurierung aus, die nach dem Halbeinkünfteverfahren einer definitiven → Körperschaftsteuer von 25 Prozent unterliegt. Werden Gewinne ausgeschüttet, bleibt die Körperschaftsteuerbelastung bestehen und die ausgeschüttete → Bruttobardividende wird zusätzlich zur Hälfte mit der persönlichen → Einkommensteuer des → Anteilseigners besteuert. Damit ist die Ausschüttung von Gewinnen gegenüber der → Thesaurierung generell mit einer Mehrbelastung verbunden. – Beim körperschaftsteuerlichen → Anrechnungsverfahren (1977-2000) trat dieser Effekt nicht auf, da die Körperschaftsteuerbelastung auf Ebene der Gesellschaft im Falle der → Ausschüttung durch die persönliche Einkommensteuer des Anteilseigners ersetzt wurde. Somit war eine Minderung der Gesamtsteuerbelastung möglich. Dazu wurden die Gewinne zunächst an die Anteilseigner ausgeschüttet, um anschließend, nach Abzug der persönlichen Einkommensteuer, den verbleibenden Betrag der → Kapitalgesellschaft im Wege einer → Kapitalerhöhung wieder zuzuführen. Lag dabei der durchschnittliche Einkommensteuersatz der Anteilseigner unter dem Körperschaftsteuersatz der Kapitalgesellschaft, war die Kapitalzufuhr höher als der Betrag, der bei unmittelbarer Thesaurierung nach Abzug der Körperschaftsteuer verblieb. Dieses Verfahren stärkte die Allokationsfunktion des → Kapitalmarktes, da die Anteilseigner die finanziellen Mittel der Kapitalgesellschaft nur dann wieder zur Verfügung stellten, wenn sie davon überzeugt waren, dass das Unternehmen eine höhere → Rendite als eine vergleichbare Investition erwirtschaftet.

Schutzaktien, zum Schutz gegen Überfremdung ausgegebene Aktien. Sie wurden oft als → Mehrstimmrechtsaktien ausgestaltet und nur teileingezahlt. Heute als Mehrstimmrechtsaktie nicht zulässig (§ 12 II AktG).

Schwebendes Engagement

Schutzgemeinschaften, *Schutzvereinigungen, association for the protection of interest*. Sch. sind Vereinigungen, die sich zum Ziel gesetzt haben, die Rechte der → Kleinaktionäre effektiver zu vertreten. Sie bieten den Kleinaktionären an, deren Aktien auf der Hauptversammlung zu vertreten. Nutzen dies viele Aktionäre, haben Sch. durch die Kumulation der Stimmen die Möglichkeit, den Anliegen der Kleinaktionäre Nachdruck zu verleihen. Bedeutende Sch. in Deutschland sind die DSW (Deutsche Sch. für Wertpapierbesitz), die SdK (Sch. der Kleinaktionäre) und der VFA (Verein zur Förderung der Aktionärsdemokratie).

Schutzklausel, Auskunftsverweigerung, → Auskunftsverweigerungsrecht bei der AG.

schwankende Wechselkurse, → flexible Wechselkurse.

Schwankungsbreite, *range*; Spanne zwischen dem höchsten und dem tiefsten beobachteten Wert eines Merkmales in einem gegebenen Zeitintervall, z.B. des Kurses eines Wertpapieres innerhalb des letzten Jahres (→ 52-week High, → 52-week Low).

Schwarzer Freitag, *black friday*; bezeichnet den 25.10.1929, an dem die bis dahin größten Kurseinbrüche an der → Wall Street zu beobachten waren. Tatsächlich erfolgten die Einbrüche bereits am Donnerstag, doch wurden diese Ereignisse in Europa erst am darauffolgenden Tag bekannt. Der Sch.F. von 1929 kennzeichnete das Ende des langjährigen Konjunkturaufschwunges in den USA und leitete die Weltwirtschaftskrise der 30er Jahre ein.

Schwarzer Montag, *black monday*. Unter der Bezeichnung Sch.M. versteht man die starken Kursrückgänge an den Weltbörsen, welche am 19.10.1987 ausgelöst wurden. Ursache für diese Situation waren die enormen Kursrückgänge an den → Leitbörsen und hier in erster Linie jene, welche an der → New York Stock Exchange stattfanden.

Schwarzer Ritter, → Black Knight.

Schwebendes Engagement, *pending engagement*; beschreibt Verpflichtungen aus Wertpapier- und → Arbitragegeschäften, bei

707

Schweizer Bankgeheimnis

denen die Erfüllung des Gegengeschäftes noch aussteht.

Schweizer Bankgeheimnis, *Swiss bankers' discretion*; bezieht sich auf Personen in der Schweiz mit besonderen Beziehungen zu Banken, die ihnen anvertraute Informationen fahrlässig oder vorsätzlich verletzen und Personen dies dazu verleiten wollen.

Schweizer Berufsgeheimnis, *Swiss employment discretion*; wurde in Ergänzung des → schweizerischen Bankgeheimnisses erlassen und bezieht sich auf all jene Personen in der Schweiz, die vertrauliche Informationen durch ihre besondere Stellung zur Börse oder zu Effektenhändlern, während oder nach Beendigung ihrer Tätigkeiten, erhalten und offenbaren und Personen, die dazu verleiten wollen.

Schweizer Börse, *SWX Swiss Exchange*; bezeichnet die schweizer → Leitbörse mit einem integrierten elektronischen Handels-, Clearings- und Settlement-System. Sie ging 1995 aus dem Zusammenschluss der → Basler, der → Genfer und der Züricher Börse hervor. Gehandelt werden → Aktien, → Investmentfonds, → Exchange Traded Funds (ETF), → Bonds und → Optionen. Darüber hinaus gibt es mit dem SWX New Market ein Segment für Wachstumsunternehmen.

Schweizer Nationalbank, bezeichnet die → Zentralbank der Schweiz.

Schweizerische Effekten-Giro AG, → SegaInterSettle (SIS).

Screening, bezeichnet die Informationsbeschaffung durch den Agenten mit Informationsnachteil. Ziel ist die Auflösung von Qualitätsunsicherheiten bzw. → Informationsasymmetrien.

Scrip, *Interimsschein*; ist in den USA und in GB ein Zwischenschein, der anlässlich einer s. dividend oder einer s. issue ausgegeben wird. S. dividend ist eine → Dividendenausschüttung in Form zusätzlicher Aktien (→ Stock Dividend). Die s. issue ist vergleichbar mit der Ausgabe von → Gratisaktien. – Vgl. auch → Zwischenschein.

SDAX, bezeichnet einen → Index der Deutschen Börse AG mit über 100 deutschen Small Caps, die anhand von Börsenumsatz und Marktkapitalisierung ausgewählt werden. Er wurde am 21.06.1999 eingeführt und dabei bis Ultimo 1987 auf Basis 1000 Punkte zurückberechnet. Seine Berechnung erfolgt für den Performance-Index auf minütlicher Basis, zusätzlich wird einmal täglich ein Kursindex berechnet.

SDBI, → Swiss Domestic Bond Index.

SDR, Abk. für → Special Drawing Rights bzw. → Sonderziehungsrechte.

SDS, Abk. für → Same Day Settlement.

SEAQ Auto Execution Facility (SAEF). Elektronisches Wertpapierhandelssystem für private Kleinanleger, das in das Kursinformations- und Wertpapierhandelssystem (→ SEAQ) der → London Stock Exchange integriert ist. Makler geben Aufträge (→ Order), die nicht mehr als 5000 Aktien umfassen, in das Computersystem ein. Sie werden an den → Market-Maker weitergeleitet, der den besten Kurs gestellt hat; das Geschäft wird automatisch abgeschlossen.

SEAQ, Abk. für → Stock Exchange Automated Quotation System.

SEC, Abk. für → Securities and Exchange Commission.

Secondary Market, → Sekundärmarkt.

Secondary Offering, *secondary distribution/placement, Zweitplatzierung*. Bezeichnung für die öffentliche Platzierung von → Altaktien bereits existenter, sowohl börsennotierter wie auch nicht börsennotierter Aktiengesellschaften durch Börseneinführung an ein breites Publikum (→ Sekundärmarkt). Die Alteigentümer geben dabei ihre Anteile ab, erhalten im Gegenzug den Liquidationserlös. Da keine Gesamtkapitalveränderung stattfindet, bleibt ein S.O. für das Unternehmen bilanzneutral.

Secondary Placement, → Zweitplatzierung.

Secondary Research, *Sekundärmarktanalysen*; bezeichnet Analysen, Prognosen und Empfehlungen, die sich auf den → Sekundärmarkt, also auf bereits börsennotierte Unternehmen, beziehen. In der Praxis verschwimmen die Grenzen hin zum → Primary Research. Das S.R. eines Analysten bzw. eines Analystenteams bezieht sich i.d.R. auf einzelne Branchen und/oder Teilmärkte.

Second Marché, → Börsensegment der → Pariser Börse (heute: → Euronext), das 1983 geschaffen wurde, um kleinen und mittleren Unternehmen den Zugang zu den → Kapitalmärkten zu erleichtern. Im November 2001 waren 348 Unternehmen gelistet, die eine → Marktkapitalisierung von ca. Euro 44 Mrd. besassen.

Second Stage Financing, zweite Phase des → Expansion Stage Financing im Rahmen der Venture-Capital-Finanzierung. Das → Venture-Capital dient in dieser Phase der Wachstumsfinanzierung, um eine höhere Marktdurchdringung der Produkte / Dienstleistungen des finanzierten Unternehmens zu erreichen. – Vgl. → Early Stage Financing.

Secured Bonds. Bezeichnung für → Industrieobligationen, die durch → Verpfändung von entsprechenden → Aktiva des → Emittenten gesichert sind.

Securities and Exchange Commission (SEC). US-amerikanische Wertpapieraufsichtsbehörde, gegründet 1934 durch den Securities Exchange Act. Sie ist verantwortlich für die Durchsetzung der den Wertpapierhandel in den USA betreffenden Gesetze.

Securities and Futures Authority (SFA), Organisation in Großbritannien, die 1991 aus der Fusion der Association of Futures Brokers and Dealers mit The Securities Association entstand. Die SFA reguliert das Verhalten der in ihr zusammengeschlossenen → Makler bei ihrer Berufsausübung durch die von der SFA erlassenen Regeln im SFA Rulebook. Das Rulebook enthält Vorschriften über die Zulassung zur Tätigkeit als → Börsenmakler in GB, Anforderungen an die finanzielle Ausstattung, die Rechtsbeziehung zwischen SFA-Mitglied und Anleger, Pflichten bei der Berufsausübung und über Überwachung der Tätigkeit sowie über Sanktionen bei Regelverstößen. In den Zuständigkeitsbereich der SFA fallen etwa 1.400 Unternehmen, die Handel und Beratung im Bereich von Wertpapieren und Derivaten in GB betreiben.

Securities and Investments Board (SIB), → Financial Services Authority.

Securities Exchange of Thailand, → Stock Exchange of Thailand.

Securities Investment Protection Corporation (SIPC), *securities investor protection corporation*. Bedeutende Institution für den Aktionärsschutz in den USA, die einerseits → Anleger vor Gericht gegenüber zahlungsunfähigen bzw. finanziell angeschlagenen → Brokern vertritt und andererseits einen → Fonds verwaltet, der geschädigten Anlegern eine begrenzte finanzielle Absicherung ermöglicht.

Securities Investor Protection Corporation (SIPC), → Securities Investment Protection Corporation.

Securities Lending, → Wertpapierleihe.

Securities. 1. → Sicherheiten. – 2. Speziell im Wertpapierbereich ist S. die engl. Bezeichnung für → Wertpapiere bzw. → Effekten.

Securitisation

Prof. Dr. Bernd Rudolph

1. Begriff

Als Securiation wird der Trend zur Verbriefung von Finanzierungstiteln bezeichnet. Securiation beschreibt also die Beobachtung, dass an den Finanzmärkten immer häufiger in Buchform gekleidete Finanzierungen durch Finanzierungen in Form von → Wertpapieren substituiert werden.

2. Securiation an den Primär- und Sekundärmärkten

Dieser Substitutionsprozess ist an den → Primärmärkten zu beobachten, wenn nämlich früher in Buchform gekleidete Kreditverträge oder Beteiligungstitel nun zunehmend auf die Ausgabe von handelbaren Forderungen oder Eigenkapitalanteilen gerichtet werden. Das ist etwa bei der Emission von → Commercial Papers oder → Corporate Bonds statt dem Abschluss von Kreditverträgen der Fall oder kommt beispielsweise im Trend zum → Going Public bei der Eigenkapitalfinanzierung über ein → Initial Public Offering (IPO) zum Ausdruck, wo früher eher der privat gehaltene Komplementär- oder GmbH-Anteil angestrebt worden wäre. Der Substitutionsprozess wird aber insbesondere auch an den → Sekundärmärkten beobachtet, wenn zunächst in Buchform vorliegende Kredit- oder Beteiligungsbeziehungen in eine handelbare Form transformiert werden, so dass nach der Ausgabe sog. → Asset-Backed Securities vorliegen, in Wertpapierform gekleidete Kredit- oder Beteiligungsbeziehungen. In gewissem Umfang kann auch eine Securiation über handelbare Finanztitel erfolgen, die auf den Transfer ganz bestimmter Bestandteile buchmäßiger Kreditforderungen gerichtet ist, nämlich deren Risikogehalt. So ist beispielsweise der Markt für → Kreditderivate darauf ausgerichtet, spezifische mit einer Forderung verbundene Risiken ohne den Transfer der zu Grunde liegenden Forderung weiterreichen zu können. Der Zahlungsstrom von Kreditderivaten in Form von Credit Default Linked Notes (auch → Credit Linked Notes) oder → Credit Default Swaps hängt davon ab, ob während der Laufzeit der Anleihe bei der Buchforderung als Underlying ein sog. Default Event, ein Ausfallereignis, eintritt. In zunehmendem Maße werden auch Strategien der sog. synthetischen Securiation eingesetzt, die sich aus der Kombination von Kreditderivaten und traditioneller Securiation durch Asset Backed Securities verwirklichen lassen. Die Weitergabe von → Kreditrisiken mit diesen flexibel gestaltbaren synthetischen Konstruktionen kann überwiegend abwicklungstechnische und rechtliche Vorteile gegenüber den herkömmlichen Verfahren bieten.

3. Disintermediation und Securiation

Der im Zuge der Securiation erfolgende Substitutionsprozess kann hinsichtlich der Art und des Umfangs der Einschaltung von → Finanzintermediären gekennzeichnet werden. Im allgemeinen ist eine Securiation mit einer Disintermediation verbunden, weil die aufgrund der Zwischenschaltung einer Bank indirekte Beziehung zwischen Geldgeber und Geldnehmer auf eine direkte Beziehung von Geldgeber und Geldnehmer verkürzt wird, wobei die Bank ihre Funktion als Institution zur → Risikentransformation aufgibt. Die Begriffe Securiation und Disintermediation sind aber nicht gleichzusetzen, weil beispielsweise Finanzintermediäre auch Asset Backed Securities als die typischen Produkte einer Securiation in ihren eigenen Bestand an handelbaren Assets aufnehmen können, so dass sich nur die Form der Finanztitel in den Büchern der Finanzintermediäre verändert hat. Aus unbeweglichen, illiquiden Finanztiteln sind über verschiedene Mittel der Securiation fungible und möglichst liquide Wertpapiere geworden.

4. Securiation und Finanzsystem

Die Zusammenführung von Kapitalangebot und Kapitalnachfrage erfolgt in entwickelten Volkswirtschaften im Wesentlichen über zwei konzeptionell unterschiedliche Formen von Finanzsystemen.

4.1 Bankorientierte Finanzsysteme

Bankorientierte Finanzsysteme, wie sie beispielsweise in Deutschland oder Italien vorherrschen, präferieren bilaterale Bankfinanzierungen in der überwiegenden Form von Kreditfinanzierungen. Bankorientierte Systeme neigen zu unterentwickelten Kapitalmärkten, gelten gelegentlich aber als längerfristig orientiert als die stark performancebetonten marktorientierten Systeme.

4.2 Marktorientierte Finanzsysteme

In marktorientierten Finanzsystemen wie z.B. in England oder den USA spielen dagegen Kapitalmarktfinanzierungen eine wichtigere Rolle, während Bankfinanzierungen weniger bedeutsam sind. Die Funktion der Investmentbanken in marktorientierten Systemen ist stärker transaktionsbezogen, während die Funktion der Universalbanken im bankorientierten System mehr am Aufbau und der mittel- bis langfristigen Pflege einer Kreditbeziehung (Relationship-Banking) orientiert ist.

4.3 Unterschied und weitere Entwicklung

Der Unterschied zwischen bank- und marktorientierten Finanzsystemen liegt weniger in den zum Einsatz kommenden Finanzierungsformen (Eigen- und Fremdkapitaltitel) als vielmehr in den typischen Vertragsbedingungen. Während bei Bankfinanzierungen Kapitalnehmer und Kapitalgeber die Vertragsbedingungen individuell aushandeln, werden bei Kapitalmarktfinanzierungen die von den kapitalsuchenden Emittenten vorformulierten Vertragsbedingungen und Konditionen von einer Vielzahl von Kapitalgebern (Anlegern) als gegeben angesehen. Vergleichbare Unterschiede ergeben sich auch während der Vertragslaufzeit, weil Kreditverträge auch während ihrer Laufzeit an wechselnde Umfeldbedingungen angepasst werden können, wenn beispielsweise ein zusätzlicher Kapitalbedarf entsteht oder eine Krisensituation die Verzögerung der Rückzahlung des Kredits erforderlich macht. Umschuldungsmaßnahmen bei Kapitalmarktfinanzierungen müssen dagegen in der Regel auf Neuverhandlungen verzichten, das Hinauszögern fälliger Zins- oder Tilgungsverpflichtungen ist mit einem erheblichen Reputationsverlust verbunden. Seit den achtziger Jahren hat in Ländern mit bankorientierten Systemen die Finanzierung über organisierte Märkte gegenüber der Finanzierung über Kreditinstitute an Bedeutung gewonnen, so dass mit dem Trend zur Securiation auch eine gewisse Systemtransformation einhergeht. In einigen Ländern mit bankorientiertem System hat so auch die zentrale Stellung der Banken als Finanzintermediäre an Bedeutung verloren. Andere Finanzdienstleister haben diese Stellung eingenommen, indem sie den Wertschöpfungsprozess aufgebrochen und sich auf einzelne Teile dieses Prozesses, z. B. das Rating von Kapitalmarktteilnehmern spezialisiert haben. Das Zusammenspiel bank- und marktorientierter Systeme ist im übrigen durch mehrstufige Intermediationsprozesse gekennzeichnet, da beispielsweise Banken selbst herausragende Kapitalmarktteilnehmer auf der Anleger- wie auf der Emittentenseite sind und auch andere Finanzintermediäre wie Kapitalanlagegesellschaften, → Pensionskassen oder Versicherungsgesellschaften auf den Finanz- und Kapitalmärkten agieren. Das führt dazu, dass sich bank- und marktorientierte Systeme in entwickelten Volkswirtschaften einander annähern und Statistiken über die Bedeutung der Finanzintermediäre zu vergleichbaren Ergebnissen führen. Der Trend zur Securiation ist teilweise durch strenge Regulierungen der Finanzinterme-

Securitisation

diäre angeregt und gefördert worden. Wenn beispielsweise die Kreditvergabe und das Halten der Kredite als Assets der Kreditinstitute durch staatliche Eigenkapitalunterlegungsvorschriften verteuert wird, so wird man als Reaktion versuchen, diese Assets außerhalb des Bankenapparates zu platzieren, um die Einwerbung teuren regulatorischen Kapitals zu vermeiden. Das Motiv für die Securiation ist in diesem Fall das Ziel einer Regulierungsarbitrage. Ob mit der Auslagerung von Kreditforderungen auf Wirtschaftssubjekte, die keinen gesetzlichen Eigenkapitalanforderungen unterliegen, die Stabilität des Finanzsystems letztlich gefördert wird, ist sehr fraglich. Die Bankenaufsicht tut sich daher schwer, Securiation an den Sekundärmärkten in vollem Umfang als Eigenkapitalanforderungen mindernde Transaktionen anzuerkennen.

5. Formen der Finanztransaktion zur Securiation

Finanztransaktionen sind finanzwirtschaftliche Vorgänge, die den Bestand oder die Zusammensetzung von Finanzierungsmitteln verändern. Ihre rechtlichen Voraussetzungen, ihre Abwicklung, die dabei anfallenden Transaktionskosten und die typischen Vertragspartner weisen erhebliche Unterschiede im Detail auf. Asset Backed Securities als augenfälligster Ausdruck der Securiation sind das Ergebnis von Finanztransaktionen, bei denen ein Kreditinstitut oder ein anderes Unternehmen Teile seines Forderungsbestandes an eine eigens für diese Transaktion gegründete Zweckgesellschaft (SPV, → Special Purpose Vehicle) veräußert. Die Zweckgesellschaft refinanziert sich ihrerseits durch die Emission von Wertpapieren, die als Asset-Backed Securities (ABS) bezeichnet werden. Asset-Backes Securities können je nach den verwendeten Aktiva unterschieden werden in → Mortgage-Backed Securities (MBS), d. h. durch Hypothekenforderungen besicherte Wertpapiere, und in sonstige Asset-Backed SecuritieSecurization Sonstige ABS werden durch Kreditkartenforderungen, Leasingforderungen oder andere Handelskredite unterlegt. Mortgage-Backed Securities stellen sozusagen die Urform der Asset-Backed Securities dar, da 1970 in den USA in dieser Form die erste Emission erfolgte. Zum Aufbau eines Sekundärmarktes für Hypothekenforderungen hatte die Government National Mortgage Association (Ginnie Mae) Forderungen aus Hypothekendarlehen aufgekauft und auf deren Grundlage Wertpapiere emittiert. Andere öffentlich rechtliche Institutionen wie die Federal Home Loan Mortgage Corporation (Freddie Mac) oder die Federal National Mortgage Association (Fannie Mae) folgten. 1983 entwickelte Freddie Mac erstmals mit den → Collateralized Mortgage Obligations (CMOs) eine Konstruktion, bei der die von den Kreditnehmern zurückfließenden Zahlungsströme nicht direkt an die Inhaber der Mortgage-Backed Securities durchgeleitet (Pass-Through Struktur) sondern einem Management unterworfen werden (Pay-Through Struktur). Damit war es möglich, die unterschiedlichen Risiko- und Liquiditätsvorstellungen der Anleger zu berücksichtigen. Eine neue Gruppe der Asset-Backed Securities stellen die Collateral Debt Obligations dar, welche die Collateral Bond Obligations und die Collateral Loan Obligations umfassen. Eigentlich sind nur die Collateral Loan Obligations dem Begriff der Securitisation zuzurechnen, weil nur in diesem Fall ein Pool von Buchforderungen in Wertpapiere transformiert wird. Gemeinsam haben die Collateral Loan Obligations allerdings mit den Collateral Bond Obligations, dass gegenüber der ursprünglichen Kreditbeziehung eine Neuverteilung der Risiken erfolgt. Collateral Loan Obligations sind strukturierte Finanztransaktionen, bei denen Bankkreditforderungen treuhänderisch verwahrt werden und als Besicherung für geratete Schuldtitel dienen. Typisch ist die Verbriefung in Tranchen unterschiedlichen Risikogehalts, d. h. die Realisierung einer Pay-Through Struktur. Dabei wird die ranghöchste Tranche zuerst bedient, danach die rangniedrigeren sog. Mezzanine-Tranchen und letztlich die Equity-Tranche. Diese letzte Equity-Tranche fängt im Falle von Zahlungsschwierigkeiten zunächst alle Verluste auf, da sie als erste nicht bedient wird und somit auch ein niedrigeres Rating erhält als die übrigen qualitativ höherwertigen Tranchen. Vielfach wird daher bei der Equity-Tranche sogar auf ein Rating verzichtet. In diesem Fall kann es sich als zweckmäßig erweisen, dass das veräußernde Kreditinstitut diese Tranche in ihren eigenen Bestand nimmt.

6. Ausblick

Aus dieser Praxis lässt sich ableiten, dass der Trend zur Securiation nicht auf eine hundertprozentige Ablösung der Buchforderungen abzielt, sondern zum Ziel hat, jene Forderungen, die von ihrer Struktur her einer Vermarktung besonders zugänglich sind, auch möglichst effizient an den Finanzmärkten zu platzieren und zu handeln. Securization ist also nicht nur auf die Vermeidung regulierungsbedingter Eigenkapitalunterlegungen sondern insbesondere auf das aktive Management sonst festliegender Asset Bestände gerichtet. Für die Kapitalmarktteilnehmer können sich daraus neuartige Investitionsmöglichkeiten ergeben, deren Chancen-Risiko-Strukturen den Anlagebedürfnissen u. U. besser entsprechen als jene herkömmlicher Wertpapiere.

Literatur

BURGHOF, H. P. / HENKE S. (2000), Perspektiven des Einsatzes von Produkten des Kreditrisikomanagements auf Bankkredite, in: Johanning, L. / Rudolph, B. (Hrsg.), Handbuch Risikomanagement, Bad Soden.

PAUL, S. (1994), Bankenintermediation und Verbriefung - Neue Chancen und Risiken für Kreditinstitute durch Asset Backed Securities, Wiesbaden.

SCHMIDT, R. H. / HACKETHAL, A. / TYRELLI, M., Disintermediation and the Role of Banks in Europe: An international Comparison, in: Journal of Financial Intermediation, Vol. 8, S. 36-67.

WATZINGER, H. (2000), Synthetic Securitization - Cheap and Easy, in: Risk Magazine – Credit Risk Special Report, März 2000, S. 10-13.

Security Market Line, → Wertpapiermarktlinie.

SEDOL (Stock Exchange Daily Official List). Liste der International Stock Exchange of London, in der alle ausländischen Aktien mit einer Identifizierungsnummer (dem sog. Sedol-Code) versehen werden. Durch diesen Sedol-Code können Aktien, die nicht in den USA gehandelt werden und keine → CUSIP number besitzen, identifiziert werden.

Seed Capital, *Gründungskapital, Startkapital*; vgl. → Seed Financing.

Seed Financing, *Gründungsfinanzierung*; erste Reifephase einer Unternehmung bei der Venture-Capital-Bereitstellung (→ Venture-Capital). In der Seed-Phase (Gründungsphase) werden Forschungsinvestitionen und Produktentwicklungen finanziert. Früher mussten die Unternehmer in dieser Phase meistens auf Eigenmittel zurückgreifen, da die Venture-Capital-Gesellschaften aufgrund des hohen Risikos nur sehr selten Kapital zur Verfügung gestellt haben. Heute finanzieren die Venture-Capital-Gesellschaften immer häufiger die Gründungsphase. Oftmals wird die Finanzierung auch von sog. → Business Angels (private Geldgeber) übernommen. Der Kapitalbedarf ist in der Seed-Phase relativ niedrig und wächst mit zunehmender Unternehmensreife. Ziel dieser Phase ist die Entwicklung eines → Business Plans und der Aufbau eines Teams, aber noch nicht die eigentliche Gründung, weswegen es angebrachter ist, von der Vorgründungsfinanzierung zu sprechen. Die Gründung erfolgt erst in der Start-up-Phase (→ Start Up Financing). – Vgl. → Early Stage Financing.

SEGA, Abk. für → Schweizerische Effekten-Giro AG.

SegaInterSettle (SIS). Die SIS ist Zentralverwahrer des Schweizer Finanzmarktes und internationaler Zentralverwahrer von Wertschriften. Aufgaben dieser Institution sind die Wertpapierabwicklung, sowie Clearing und Settlement von Wertschriften. Die SIS ist aus dem Zusammenschluss von → SEGA und Intersettle hervorgegangen. 1999 hat die SIS ihr Real-Time-Abwicklungssystem mit dem der → CrestCo verbunden.

Segmint

Segmint, bezeichnet die Zusammenfassung von → Titeln nach Preisbereichen, bspw. zur Bestimmung von → Branchenindices oder zur Festlegung von → Round Lots und Price Steps.

SEHK, → Hongkong Stock Exchange.

Sekundärinsider, → Insider, → EG-Insiderrichtlinie, Insider, → Insiderrecht.

Sekundärinsider, Straftatbestände, → Insidervergehen, Strafvorschriften, → Insiderrecht.

sekundärliquide Mittel, *Sekundärliquidität, secondary liquidity*. S.M. können jederzeit, aber nicht unbedingt ohne Kosten oder Verluste, in Bargeld und → Sichteinlagen umgewandelt werden. Zu den s.m. zählen → Wechsel, → Schatzwechsel und unverzinsliche → Schatzanweisungen. Der Verkauf erfolgt im allgemeinen an die Bundesbank oder über geregelte Märkte. – Vgl. auch → primärliquide Mittel, → Shiftability.

Sekundärliquidität, *secondary liquidity*; bezeichnet Mittel, die jederzeit ohne Verlust in Zentralbankgeld umgewandelt werden können. – Vgl. auch → sekundärliquide Mittel.

Sekundärmarkt, *Umlaufmarkt, Zirkulationsmarkt, secondary market*. Als S. wird der sich über die → Börse vollziehende An- und Verkauf umlaufender Wertpapiere, der sog. → Börsenhandel, bezeichnet. Im Gegensatz zum → Primärmarkt nehmen die Wertpapiere im S. vollständig die Eigenschaft eines Anlageinstruments an.

Sekundärtrend, *secondary trend*. Bezeichnung aus der → Technischen Analyse für eine mittelfristige zyklische Kursschwankung (→ Trendanalyse) um einen längerfristigen → Primärtrend. Es wird eine mehrmonatige Zyklusdauer unterstellt. Um den S. oszillieren kurzfristige, irreguläre Schwankungen, sog. Tertiärtrends. – Vgl. auch → Dow-Theorie.

Selbsteintritt, *self-dealing, dealing for own account* S. ist ein von → Kreditinstituten wahrgenommenes Recht, bei einem → Kommissionsgeschäft dem Kunden die betreffenden → Wertpapiere zum aktuellen amtlich notierten Kurs (→ amtliche Kursfestsetzung) aus dem eigenen Bestand zu liefern oder in den eigenen Bestand zu übernehmen, ohne dem Kunden Rechenschaft über das zugrundeliegende → Deckungsgeschäft machen zu müssen. Die Möglichkeit zum S. wurde aber im Rahmen der Neufassung der → Allgemeinen Geschäftsbedingungen für Wertpapiergeschäfte im Jahr 1995 abgeschafft, so dass jetzt nur noch reine Kommissionsgeschäfte bei der Abwicklung von Kundenaufträgen zulässig sind.

Selbstemission, *Eigenemission*. Im Gegensatz zur → Fremdemission wird bei der S. kein Intermediär – wie z.B. → Emissionskonsortien – von dem → Emittent in Anspruch genommen. Der Emittent platziert die Aktien oder Anleihen selbst am → Kapitalmarkt. Dadurch ist die S. im Vergleich zur Fremdemission billiger, aber meist auch risikoreicher, da der Emittent das gesamte Emissionsrisiko alleine trägt. – Von Banken emittierte Anleihen werden meist als S. durchgeführt. Unternehmen dagegen nehmen die S. i.d.R. nur dann in Anspruch, wenn ihnen der organisierte Kapitalmarkt verschlossen ist oder im Rahmen von → Privatplatzierungen mit eng begrenztem Aktionärskreis.

Selbstfinanzierung, *Gewinnthesaurierung, self-financing*; bezeichnet eine rechtsformunabhängige Art der → Innen- und → Eigenfinanzierung von Unternehmen. Die benötigten Mittel werden hier ohne Kapitalzufluss von außen finanziert. Dies erfolgt durch Verwendung der innerhalb einer Unternehmung generierten → Cash-Flows oder durch Einbehaltung von Teilen des, den Eigenkapitalgebern zurechenbaren, Periodenerfolgs. – Man unterscheidet → offene und → stille (verdeckte) S. Offene S. sind aus der → Bilanz ersichtlich, da sie durch Zuführung von Teilen des nicht ausgeschütteten → Jahresüberschusses in die → offenen Rücklagen entstehen. Stille S. werden beim → Gewinnausweis nicht berücksichtigt, da stille Reserven gebildet werden. Der Finanzierungseffekt entsteht hier aufgrund des geringeren Abflusses liquider Mittel und nicht durch Mittelzufluss. Ein auszahlungsmindernder → Steuerstundungseffekt tritt ein. – Des Weiteren wird in S. i.e.S. und i.w.S. unterschieden. S. i.e.S. ist auf die Einbehaltung von Gewinnen begrenzt. S.

i.w.S. beinhaltet auch → Abschreibungen, → Rückstellungszuweisen, → Kapitalfreisetzungen und gegebenenfalls resultierende Salden aus Vermögensumschichtungen. – S. reduziert die → Kapitalbeschaffungskosten, beeinflusst aber nicht die → Haftungsverhältnisse der Unternehmung. Da selbstfinanzierte Mittel der Kontrolle des → Kapitalmarktes entzogen sind, besteht die Gefahr, dass jene Mittel nicht im Sinne der Kapitalgeber verwendet werden (→ Principal-Agency-Theory).

Selbstfinanzierungsgrad, *self-financing ratio.* → Kapitalstrukturkennzahl, für deren Ermittlung die → Gewinnrücklagen eines Unternehmens durch das bilanzielle → Eigenkapital geteilt werden. Der S. gibt Auskunft darüber, wie hoch der Anteil des durch → Gewinnthesaurierung vom Unternehmen selbst geschaffenen Eigenkapitals ist und welcher Teil von außen zugeführt wurde.

Selbstfinanzierungsgrenzen, *limits of self-financing*; resultieren hauptsächlich aus den Nachteilen, die sich aus der → Selbstfinanzierung ergeben. Selbstfinanzierte Mittel sind der Kontrolle des → Kapitalmarktes entzogen, somit besteht die Gefahr, dass sie für → Investitionen verwendet werden, deren → Rendite unter dem → Kapitalmarktzins liegt. Diese Mittel könnten beispielsweise für prestigeträchtige Projekte verwendet werden, die nicht i.S.d. Kapitalmarktes sind (→ Principal-Agent-Theory). Ein weiterer Nachteil ist die mit der Bildung von → stillen Rücklagen verbundene Bilanzverschleierung. Diese führt zu einer geringeren Aussagekraft der → Bilanz. Nachteilig kann auch eine niedrigere → Dividende als Folge niedriger ausgewiesener Gewinne sein, da dies zur Abwanderung dividendenorientierter → Investoren führen kann.

Selbstfinanzierungskennzahlen, *self financing ratio,* geben an, inwieweit → Gewinne, über einen Zeitraum betrachtet, thesauriert wurden und damit zur → Selbstfinanzierung dienen. Eine dieser Kennzahlen ist bspw. der → Selbstfinanzierungsgrad der sich wie folgt berechnet:

$$\frac{Gewinnrücklagen}{bilanzielles Eigenkapital} \times 100 \, .$$

Selbstkontraktion, *Insichgeschäft, self-contracting*; bezeichnet ein Rechtsgeschäft, bei dem beide Vertragsparteien identisch sind. Nach § 181 BGB ist ein solches Geschäft nur ausnahmsweise dann zulässig, wenn es entweder der Erfüllung einer Verbindlichkeit dient, es durch die Satzung genehmigt ist oder dem Vertreter eine Vollmacht vorliegt. Es kann auch durch eine nachträgliche Genehmigung wirksam werden.

Self-fulfilling Prophecy, *Sich selbst erfüllende Voraussage.* Der Glaube von Wirtschaftssubjekten an bestimmte Datenlagen (oder auch theoretische Zusammenhänge) und dementsprechendes Handeln können dazu führen, dass sich diese Lage auch tatsächlich einstellt. Agiert etwa eine zunehmende Zahl von Investoren auf der Basis der Modelle der Kapitalmarkttheorie (z.B. CAPM), so können sich nach einer gewissen Zeit Marktpreise einstellen, die durch das CAPM erklärbar sind – auch wenn die Prämissen dieses Modells in der Realität nicht erfüllt sind. – Ähnlich kann der Glaube an die Krise einer Bank – auch wenn es hierfür keine fundamentale Basis gibt – dazu führen, dass Einleger ihre Gelder retten wollen und auf diese Weise erst zu Liquiditäts- und nachfolgend Solvenzschwierigkeiten des Instituts beitragen.

Self Selection, *Selbsteinordnung*; bezeichnet einen Mechanismus zur Auflösung von → Informationsasymmetrien, bei dem der besser Informierte die Wahl zwischen verschiedenen Alternativen besitzt. Durch die Wahl der für ihn günstigsten Alternative, signalisiert er sein Risiko, das bislang dem Informationsbenachteiligten unbekannt war.

Self Tender, → Rückkauf eigener Aktien.

Sell Out, Ausverkauf; panikartiges Verkaufen. Bezeichnung für panikartige Aktienverkäufe, die i.d.R. zu starken Kursstürzen führen, zugleich aber bei Erreichen des Tiefstandes gute Chance für antizyklische Aktienkäufe bieten.

Sell, *Verkaufen* (eines Gutes); Gegensatz „Buy" (engl.) für Kaufen eines Gutes.

Sell-and-Buy-Back Geschäfte, → Pensionsgeschäfte.

Seller's Option

Seller's Option, bezeichnet → Optionen, deren → Stillhalter nach vorheriger Ankündigung das Recht haben, zu einem anderen als dem ursprünglich vereinbarten → Verfalltag zu liefern. – Vgl. auch → Buyer`s Option.

Selling Concession, → Platzierungsprovision.

Selling Group, *selling/issuing syndicate, Verkaufsgruppe*; Gruppe von → Kreditinstituten oder Händlern, die als Agenten eine → Emission unmittelbar an Anleger oder an weitere → Banken und → Wertpapierhändler verkaufen, wobei sie dem → Selling Group Agreement unterliegen. Hierzu werden sie vom → Konsortialführer eingeladen. Üblicherweise beinhaltet die S.G. Mitglieder der → Underwriting Group. Nach Ablauf der → Zeichnungsfrist teilt die S.G. ihren Bedarf dem Konsortialführer mit, der dann je nach Ergebnis, Stellung und Ruf der S.G. die → Zuteilung vornimmt.

Selling Group Agreement, *selected dealer agreement*; vertragliche Vereinbarung in der die Rechte und Pflichten der Mitglieder einer → Selling Group (→ Selling Group Members) spezifiziert werden. Insbesondere wird darin auch die Selling Concession (→ Platzierungsprovision) festgeschrieben.

Selling Group Members, *Mitglieder der Verkaufsgruppe*; Banken, die als Mitglied eines → Konsortiums für den Verkauf einer → Emission sorgen. Sie können gleichzeitig in der → Underwriting Group teilnehmen oder aber aufgrund rechtlicher Beschränkungen, steuerlicher Aspekte, spezieller Unternehmenspolitik oder wegen zu geringer Reputation im internationalen Emissionsgeschäft lediglich in der → Selling Group mitwirken. Als Entlohnung erhalten sie die Selling Concession (→ Platzierungsprovision).

Selling Syndicate, → Selling Group.

Semi-annual Report, *Halbjahresbericht*; → Zwischenbericht des Emittenten.

Semi-Discount Bond. Bezeichnung für niedrigverzinsliche → Anleihen, d.h. Anleihen mit einer geringen → Nominalverzinsung und einem entsprechend niedrigem (Verkaufs-) Kurs. Die Differenz zwischen dem Kupon und der Marktrendite wird wie bei den → Zero-Bonds abgezinst und mit einer höheren → Rückzahlung abgegolten.

Senior Creditor. Bezeichnung für einen bevorrechtigten → Kreditor.

Senior Debt, Oberbegriff für vorrangige Verbindlichkeiten bzw. Bankfinanzierungen.

Separate Trading of Registered Interest and Principal Securities (Strips), Trennung, → Abzinsung und separater Handel von → Zinsscheinen (→ Bogen) und Stammrecht (→ Mantel) einer → Schuldverschreibung (→ Bond Stripping). Es entsteht eine der Anzahl an Stammrechten und Zinsscheinen entsprechende Stückzahl an → Zerobonds (→ Nullkuponanleihen). Dem Stripping liegt die Überlegung zugrunde, dass ein Bond nichts anderes als ein → Portfolio von Zerobonds mit unterschiedlichen → Fälligkeiten und → Nennwerten ist.

Serie, *series*. Eine S. bzw. eine S.-Nummer kennzeichnet eindeutig die Gesamtausgabe von → Wertpapieren einer → Wertpapiergattung, die zu einem bestimmten Zeitpunkt emittiert wurden und grenzt diese damit von Wertpapieren der gleichen Gattung ab, die zu einem anderen Zeitpunkt begeben wurden.

Service Level Agreement. Bezeichnung für eine Vereinbarung, die den von einem → Kreditinstitut seinen Kunden angebotenen Dienstleistungs- und Serviceumfang regelt und im beiderseitigen Einvernehmen abgeschlossen wird.

SETS, *Stock Exchange Electronic Trading Service*; wurde im Oktober 1997 von der → London Stock Exchange als → elektronisches Handelssystem eingeführt und vollzog die Umstellung vom rein preisgetriebenen Marktsystem (→ Quote Driven Market) zum auftragsgetriebenen Marktsystem (→ Order Driven Market); → Market-Makers stehen jedoch weiterhin optional zur Verfügung (→ hybrides Handelssystem). Kernstück ist das elektronische → Orderbuch, in das die (limitierten oder unlimitierten) → Kauf- und → Verkaufsaufträge eingestellt werden Das → Matching erfolgt automatisch. Seit Januar 1999 haben auch die Mitglieder der →

Frankfurter Wertpapierbörse Zugang zum Orderbuch.

Settlement, *Abrechnung, Abwicklung.* Bezeichnung für den Abschluss einer → Transaktion, bei dem der Handelsgegenstand und der entsprechende Geldgegenwert ausgetauscht werden. – Vgl. auch → Börsengeschäfte, Abwicklung und → Börsengeschäfte, Erfüllungsarten.

Settlement Day, *pay day, Abrechnungstag.* Bezeichnung für den Tag, an dem der Abschluss einer → Order formell und wertstellungsmäßig erfüllt wird. – Vgl. → Börsengeschäfte, Abwicklung und → Börsengeschäfte, Erfüllungsarten.

Settlement Price, *Abrechnungspreis, Schlusswert, Settlement-Preis.* Bezeichnung für den börsentäglich im → Optionshandel und → Futures Trading vom → Clearing House der → Terminbörse festgesetzten Abrechnungspreis, zu dem die sich aus offenen Geschäften ergebenden Gewinne und Verluste ermittelt und den Beteiligten auf dem → Margin Account gutgeschrieben oder belastet werden. – Vgl. auch → Margin.

SFA, Abk. für → Securities and Futures Authority.

SFE, → Sydney Futures Exchange.

SFOA, Abk. für → Swiss Futures and Options Association.

Share, → *Aktie.*

Share Capital, → Grundkapital der AG.

Share Repurchase, → Rückkauf eigener → Aktien

Share Shops. Bezeichnung für Kreditinstitute, Bausparkassen, oder sonstige → Finanzintermediäre in Großbritannien, die von der Regierung beauftragt werden, die Privatisierung von Staatsunternehmen zu fördern und → Zeichnungen entgegenzunehmen. Es sollen dabei Privatanleger motiviert werden in Aktien anzulegen, die ansonsten nicht die Möglichkeit haben ohne Schwierigkeiten Aktien zu kaufen. Durch Bereitstellung fundierter Informationen, reduzierten → Transaktionskosten und kleinen Marketingaktionen werden hierfür Anreize für den Privatanleger geschaffen. Die S.S. erhalten für die erfolgreiche Vermittlung Kommissionserträge von der Regierung und bestehen nur für die Zeitdauer der Privatisierung.

Shareholder, → Aktionär.

Shareholder Value

Prof. Dr. Ekkehard Wenger und Dr. Leonhard Knoll

1. Einführung

Trotz seiner mittlerweile weit über die Grenzen der Wirtschaft hinausgehenden Bedeutung lässt sich für "Shareholder Value" bis heute keine einheitliche Definition finden. Der Begriff wird teils normativ, teils positiv verwendet; manchmal geht es um ein Konzept und manchmal um dessen Operationalisierung beziehungsweise Umsetzung. Die gemeinsame Tendenz aller bekannten Definitionen ist dennoch klar: Die Geschäftspolitik einer Aktiengesellschaft soll an der Steigerung des Aktionärsvermögens ausgerichtet sein. Manchem mag dieses Desideratum innerhalb einer zumindest dem Namen nach marktwirtschaftlich verfaßten Wirtschaftsordnung mit Recht als nichtssagende, weil tautologische Platitüde oder als publikumswirksame Wiederbelebung theoretischer Grundlagen erscheinen, die bereits vor Jahrzehnten entwickelt wurden. In der Tat zeigt sich, dass die normative Rechtfertigung des Shareholder Value auf dem empirisch beobachtbaren Erfolg der Markt- über die Planwirtschaft beruht.

Shareholder Value

2. Shareholder Value als normatives Konzept

Da in einer Welt ohne Informationsprobleme beide Ordnungsprinzipien dieselben Allokationsleistungen aufweisen, dürfte die entscheidende Ursache für diesen Erfolg marktwirtschaftlich ausgestalteter Wirtschaftsordnungen in der besseren Verarbeitung von asymmetrisch verteilten Informationen liegen. Sind Informationen auf die einzelnen Marktteilnehmer asymmetrisch verteilt, so kann die Verfolgung von Effizienzkriterien nicht mehr problemlos von Verteilungsaspekten getrennt werden, weil Individuen eigennützig ihre Informationsvorteile ausnutzen und sich nicht so verhalten werden, dass ein gesellschaftliches Optimum zustande kommt, das bei symmetrischer Informationsverteilung theoretisch erreichbar wäre. Wie nahe man dem unerreichbaren Optimum kommt, hängt nunmehr davon ab, inwieweit es trotz asymmetrischer Informationsverteilung gelingt, die gesellschaftlichen Folgen individuellen Handelns auf das handelnde Individuum zurückzuverlagern. Eine ökonomisch richtig verstandene Ausgestaltung von Verfügungsrechten muß sich also an ihrer Stellung innerhalb eines Anreizsystems orientieren, das eine weitestmögliche Zurechnung von Entscheidungsfolgen zum Ziel hat.

In der Marktwirtschaft wird der Forderung nach individueller Zurechnung von Entscheidungsfolgen dadurch Rechnung getragen, dass man von privatautonomen Entscheidungsträgern die Beachtung der abstrakten Regeln des Marktes verlangt, aber an niemanden darüber hinausgehende Forderungen stellt. Über den Ausgleich von Angebot und Nachfrage finden die Individuen über Marktpreise zu einem auch gesellschaftlich effizienten Interessenausgleich. Obwohl Anbieter und Nachfrager im Eigeninteresse handeln und möglichst hohe beziehungsweise niedrige Preise erzielen wollen, wird durch den Marktprozess bewirkt, dass die tatsächlich erzielten Preise die Knappheitsrelationen der Ressourcen widerspiegeln und damit auch zu einem gesellschaftlich gewünschten Ergebnis führen. Die dabei am Markt aufgrund freiwilliger Vereinbarungen erzielten "Kontrakteinkommen" dienen zunächst der Finanzierung von Vorleistungen, die von anderen Marktteilnehmern bezogen werden; was dem einzelnen danach als persönliche Dispositionsmasse verbleibt, wird als "residuales Einkommen" bezeichnet. Aus dieser Sicht ist jeder Marktteilnehmer ein "residual claimant", der von der Unsicherheit der in Zukunft am Markt herrschenden Austauschbedingungen betroffen ist.

Wichtig erscheint nun, dass ein marktwirtschaftliches System zwar ex post die Zahlung vereinbarter Kontrakteinkommen, nicht aber ex ante ein gewünschtes Niveau von Residualeinkommen gewährleisten soll. Damit korrespondiert jedoch gleichzeitig, dass derjenige, der das Risiko des Residuums trägt, in seinen Entscheidungen über den Einsatz seiner Ressourcen keinen weiteren Beschränkungen unterliegen sollte als jenen, die durch die realisierbaren Marktpreise und die allgemein herrschende Rechtsordnung gesetzt werden. Nur so wird sein Anreiz erhalten, durch ein Streben nach der Maximierung des Residuums zur bestmöglichen Ressourcenallokation in der Volkswirtschaft beizutragen. Bezogen auf Aktiengesellschaften heißt dies, dass ihre Führung unter der Maxime des Shareholder Value deshalb gesellschaftlich wünschenswert ist, weil die Aktionäre die Residual claimants der durch das Unternehmen produzierten Wirtschaftsleistung sind.

Diese Verbindung von Einkommensansprüchen und Entscheidungs- beziehungsweise Zielvorgaberechten gilt zumindest im Bereich der Unternehmensfinanzierung weithin als selbstverständlich. Wollte man versuchen, diesen Zusammenhang zu lockern oder gar aufzulösen, so würden die Vorzüge des marktwirtschaftlichen Systems bei der Internalisierung von Entscheidungsfolgen aufs Spiel gesetzt. Diesem Umstand bei der Kompetenzverteilung auf Unternehmensebene Rechnung zu tragen heißt nicht, dass die Interessen der Eigentümer aus gesamtwirtschaftlicher Sicht Vorrang hätten vor den Belangen anderer "Stakeholder"; Arbeitnehmer, Lieferanten und sonstige von der Unternehmenstätigkeit „betroffene" Personen werden in einer Marktwirtschaft nämlich durch die herrschende Rechtsordnung und das Funktionieren des Preissystems geschützt: Ihre in Marktkontrakten fest fixierten Ansprüche gegen das Unternehmen sind zu erfüllen, bevor die Aktionäre sich aus dem Residuum befriedigen können. Die Maximierung des Shareholder Value findet also unter gewichtigen Nebenbedingungen statt,

Shareholder Value

was bezeichnenderweise nur in wenigen einschlägigen Beiträgen thematisiert wird. Eine Berücksichtigung von Stakeholder-Interessen über diese Restriktionen hinaus führt dann zu der Gefahr, dass residuale Ansprüche ausgehöhlt und knappe Güter nicht mehr derjenigen Verwendung zugeführt werden, die gemessen an den Preissignalen des Marktes, des höchsten gesellschaftlichen Nutzen erwarten lassen. Die Verpflichtung der Unternehmensleitung auf die Interessen der Residualanspruchsberechtigten dient also indirekt der Verfolgung des Gemeinwohls; auf einem fundamentalen Irrtum hingegen beruht die weit verbreitete Vorstellung, die Belange der Allgemeinheit würden dann am meisten gefördert, wenn das Management direkt auf das Gemeinwohl statt auf die Interessen der Aktionäre verpflichtet wird. Mit der praktischen Umsetzung solcher Vorstellungen würde in letzter Konsequenz die Funktionsfähigkeit marktwirtschaftlicher Allokationsmechanismen unterminiert. Die Steigerung des Shareholder Value als einzelwirtschaftliches Entscheidungskriterium und die Einrichtung entsprechender Anreiz- und Kontrollmechanismen zur Steuerung von Unternehmensleitung und Belegschaft sind aus gesamtwirtschaftlicher Sicht also nicht darauf angelegt, die Eigentümer möglichst reich zu machen; vielmehr dienen diese institutionellen Arrangements einer optimalen Versorgung der Märkte mit Gütern und Dienstleistungen, von der alle profitieren. Dieser „allgemeine Profit" wird letztlich nur dann zustande kommen, wenn die Anreize der Entscheidungsträger hinreichend konzentriert sind; eine diffuse Interessenbindung, die sich aus einer allgemeinen Betroffenheit ableitet, wird hingegen dazu führen, dass es sich für niemanden lohnt, sich in einer gesellschaftlich wünschenswerten Weise wirtschaftlich zu engagieren.

3. Operative Umsetzung

Als Unternehmenseigner sind die Aktionäre primär an der Maximierung des Werts der Eigenkapitaltitel interessiert, der in diesem Sinne eine operationale Entsprechung des Begriffs Shareholder Value bietet. Für die Bestimmung dieses Werts existieren zwei grundsätzliche Zugänge. Bei börsennotierten Gesellschaften lässt sich der Wert des Eigenkapitals vergleichsweise einfach am Aktienkurs ablesen. Unabhängig davon kann eine eigenständige Bewertung durchgeführt werden, die am aktuellen Verkehrswert der Aktiva und Passiva oder/und am Gegenwartswert zukünftiger Zahlungsströme aus der Unternehmenstätigkeit ausgerichtet ist. Ein in diesem Sinne ermittelter „innerer" Wert des Unternehmens ist langfristig auch für die Börse die entscheidende Vorgabe für den Aktienkurs, weil finanzielle Ansprüche der Aktionäre nur durch die bestehende Substanz oder die dauerhafte Ertragskraft des Unternehmens befriedigt werden können. Da gut geführte Unternehmen ökonomisch einen höheren Wert aufweisen müssen als den um die Verbindlichkeiten bereinigten Wert der aufsummierten Vermögensgegenstände, kommt bei der Bestimmung des inneren Werts regelmäßig die Diskontierung zukünftiger Zahlungsströme zum Tragen. Ausgehend von dieser Überlegung wurde einer Reihe verschiedener alternativer Berechnungsverfahren für den Shareholder Value entwickelt, die sich vor allem hinsichtlich der folgenden Kriterien unterscheiden:

Entweder wird direkt der Wert des Eigenkapitals ermittelt („equity approach") oder es kommt zu einer Bewertung des gesamten Unternehmens mit anschließender Bereinigung um den Wert des Fremdkapitals („entity approach").

Die Bewertung setzt direkt an den erwarteten Zahlungsströmen an („Discounted Cash Flow-Verfahren") oder benutzt Erfolgsgrößen, die sich aus dem betrieblichen Rechnungswesen und einer barwertäquivalenten Umperiodisierung einzelner Cash-Werte ergeben.

Steuerliche Effekte sowie die Unsicherheit der geschätzten Größen werden dadurch berücksichtigt, dass im Zähler der durch die Diskontierung erzeugten Brüche Korrekturgrößen eingefügt werden oder im Nenner der Kalkulationszinsfuß korrigiert wird.

Der Einsatz dieser Berechnungsverfahren stößt in der Praxis auf Schwierigkeiten. Hauptgrund hierfür sind die durch Fremdfinanzierung hervorgerufenen Steuervorteile, die sinnvollerweise

Shareholder Value

in eine Unternehmensbewertung integriert sein sollten. Da diese Vorteile jedoch zwangsläufig an die Höhe des Fremdkapitals gebunden sind, die wiederum auch vom Finanzierungsbedarf für künftige Steuerzahlungen abhängt, ergeben sich hier Probleme, die bei manchen Verfahren zu einem logischen Zirkel führen. Die Wahl des Bewertungsverfahrens wird sich deshalb nicht zuletzt nach der für die Zukunft absehbaren Kapitalstruktur des Unternehmens richten.

Noch wichtiger erscheint es in diesem Zusammenhang jedoch, inwiefern über das gewählte Verfahren ein Bezug zu den Erfolgsquellen der operativen Unternehmenstätigkeit hergestellt und darauf aufbauend eine sinnvolle Bemessungsgrundlage für die variable Entlohnung des Managements gefunden werden kann. Eine der zentralen Botschaften Alfred Rappaports, der heute gemeinhin als der (Wieder-)Entdecker des Shareholder Value in den achtziger Jahren gilt, besagt, dass über eine geeignete Umformulierung des Cash Flow die Erwartungswerte für vier Rechengrößen als zentrale „Werttreiber" des operativen Geschäfts identifiziert werden können: Das Umsatzwachstum, die Umsatzrentabilität vor Unternehmenssteuern, die Steuersätze sowie die Neuinvestitionen. Die Antwort auf die Frage, inwiefern sich dadurch eine entsprechende Komplexitätsreduktion für Vorgaben der Unternehmenspolitik verwirklichen lässt, hängt vor allem davon ab, wie gut sich diese Parameter in der Praxis schätzen lassen. Angesichts der hohen Dynamik der globalisierten Wirtschaft erscheint es durchaus fraglich, ob die Konzentration auf diese Werttreiber eine hinreichende Grundlage für erfolgreiches Management bildet. Nicht nur aus diesem Grunde sind weder die Werttreiber noch betriebliche Cash Flows als (alleinige) Bemessungsgrundlage für eine anreizorientierte Managemententlohnung geeignet. Sowohl theoretische Erwägungen als auch die Entwicklung in der Unternehmenspraxis deuten eher darauf hin, dass sich um kalkulatorische Zinsen bereinigte Gewinne und aktienkursabhängige Größen oft besser als Bemessungsgrundlagen für die Managemententlohnung eignen. Eine methodische „Wunderwaffe" gegen alle mit der Operationalisierung des Shareholder-Value-Ansatzes verbundenen Probleme ist momentan jedenfalls nicht in Sicht.

4. Ausblick

Neben diesen Umsetzungsproblemen bleibt das Kernproblem des Shareholder Value, dass die Mehrzahl der Aktionäre in den für die Volkswirtschaft bedeutenden Publikumsgesellschaften nicht imstande ist, das Top-Management zu disziplinieren. Neben einem deformierten Gesellschafts- und Kapitalmarktrecht liegt dies vor allem daran, dass ein wesentlicher Teil der Aktien regelmäßig von anderen Unternehmen und institutionellen Anlegern gehalten wird. Da in beiden Fällen nicht eigenes Geld verwaltet wird, ergibt sich für die Entscheidungsträger eine Reihe von Anreizen, die der Maximierung des Werts der Eigenkapitaltitel abträglich sind. Solange mediatisierter Aktienbesitz steuerlich begünstigt wird und die Durchsetzung individueller Aktionärsrechte auf prohibitive Hindernisse stößt, wird das Shareholder-Value-Prinzip nicht die Bedeutung erlangen, die ihm heute bereits von vielen Befürwortern und Gegnern nachgesagt wird.

Literatur

BALLWIESER, W. (1998), Unternehmensbewertung mit Discounted Cash Flow-Verfahren, in: WPg, 51. Jg., H. 3, 1998, S. 81-92.

DRUKARCZYK, J. (1997), Wertorientierte Unternehmenssteuerung, in: ZBB, 9. Jg., H. 3, 1997, S. 217-226.

LAUX, H. (2000), Risikoteilung, Anreiz und Kapitalmarkt, 2. Aufl., Berlin u.a.

RAPPAPORT, A. (1995), Shareholder Value. Wertsteigerung als Maßstab für die Unternehmensführung, Stuttgart.

STEINER, M. / WALLMEIER, M. (1999), Unternehmensbewertung mit Discounted Cash Flow-Methoden und dem Economic Value Added-Konzept, in: FB, 1. Jg., H. 5, 1999, S. 1-10.

WENGER, E. / KNOLL, L. (1999), Shareholder Value, in: Korff, W. et al. (Hrsg.), Handbuch der Wirtschaftsethik, Bd. 4, Gütersloh, S. 433-454.

WENGER, E. (1996), Kapitalmarktrecht als Resultat deformierter Anreizstrukturen, in: Sadowski, D. u.a. (Hrsg.), Regulierung und Unternehmenspolitik, Wiesbaden, S. 419-458..

Sharpe Maß, *Sharpe Index, Sharpe Ratio, reward-to-variability-ratio.* Das S.M. setzt in Analogie zum bekannten → Variationskoeffizienten der Statistik (Verhältnis von → Erwartungswert zu → Standardabweichung) zur ex post Beurteilung der Vorteilhaftigkeit einer Anlage die erzielte Überschussrendite (r_p–r_f) zum Gesamtrisiko des → Portefeuilles, gemessen durch die Standardabweichung σ_p, in Beziehung:

$$SMp = \frac{rp-rf}{\sigma p},$$

wobei *SMp* das S.M. des Portefeuilles, r_p die erzielte Rendite des Portefeuilles, r_f den risikolosen Zinssatz und σ_p die Standardabweichung der Rendite des Portefeuilles bezeichnet. – Da das S.M. die erzielte Rendite pro Risikoeinheit angibt, werden die Risikoprämien der mit dem S.M. gemessenen Portefeuilles vergleichbar. Anhand des S.M. kann beim Vergleich verschiedener Portefeuilles, inklusive eines Benchmarkportefeuilles, ein risikoadjustiertes Ranking der Performance ermittelt werden. Allerdings beeinträchtigt die Verwendung des Gesamtrisikos die Vergleichbarkeit. Durch die → Portefeuillezusammensetzung sollte zwar das → unsystematische Risiko beseitigt werden, gleichwohl können solche Risikobestandteile in der Praxis vorhanden sein. Ex ante bietet der Vergleich der erwarteten S.M. verschiedener Portefeuilles eine Hilfestellung bei der Anlageentscheidung. – Vgl. → Jensen Maß und → Treynor Maß.

Shiftability, *Abtretbarkeit.* S. beschreibt die generelle Möglichkeit, → Aktiva, insbesondere → sekundärliquide Mittel, zur Beschaffung von Zahlungsmitteln (Bargeld und Sichteinlagen) zu liquidisieren, um Zahlungsverpflichtungen nachzukommen. – Vgl. auch → Liquidisierung, → primärliquide Mittel.

Shiftability-Ansatz. Von Moulton (1918) entwickelte → Liquiditätstheorie, die der → Bodensatztheorie folgt. M. erkannte, dass es zur Erhaltung der → Liquidität nicht nur auf die Einzahlungen ankommt, sondern dass im Bedarfsfall auch die Möglichkeit der vorzeitigen Liquidierung von Vermögensgegenständen in Erwägung zu ziehen ist: „Liquidity is a tantamount to shiftability." Sollten Vermögensgegenstände vor → Fälligkeit liquidiert werden müssen, hängt der erzielbare Preis entscheidend von der Liquidität an den → Sekundärmärkten und den → Transaktionskosten ab. Folglich sind börsennotierte Wertpapiere leicht veräußerbar, während → Forderungen des Kreditgeschäfts und kundenindividuelle → Sicherheiten, wie etwa ein Maschinenpark, schwer veräußerbar sind. Preisabschläge sind in diesen Fällen einzukalkulieren.

Shogun Bonds. Bezeichnung für in Japan begebene → Auslandsanleihen in Fremdwährung.

Short, *Verkaufsposition*; bezeichnet Short- bzw. Verkaufspositionen, die sich entweder auf Leerpositionen in → Kassainstrumenten, wie beispielsweise → Aktien oder → Anleihen, oder auf → Termingeschäfte beziehen. Durch eine Short-Position wird ein Finanzkontrakt in der Erwartung sinkender Kurse verkauft. – Gegensatz: → Long.

Short Call, Position im Optionshandel, die durch den Verkauf von → Calls entsteht. Der Verkäufer (→ Stillhalter in Wertpapieren) erhält hierfür die → Optionsprämie. Bei dieser Position steht ein begrenztes Gewinnpotential einem unbegrenzten Verlustrisiko gegenüber. Der maximal erzielbare Gewinn in Höhe der erhaltenen Optionsprämie stellt sich ein, sobald der Kurs des → Underlying den → Basispreis unterschreitet. Die Verlustzone wird erreicht, wenn der Kurs des Underlying die Summe aus Basispreis und Optionsprämie übersteigt. Der Verlust nimmt

Short-Futures-Kontrakt

dann mit dem Kurs des Underlying zu. – Gegensatz: → Long Call.

Short-Futures-Kontrakt, verkaufter → Terminkontrakt. Gegenposition: → Long-Futures-Kontrakt. – Vgl. auch → Futures.

Short gehen, *verkaufen, short, short position*; bezeichnet umgangssprachlich den Verkauf von → Positionen, insbesondere auf → Terminmärkten.

Short Hand. → Aggregationsverfahren des Value at Risk, bei dem das Gesamtrisiko als das größte → Risiko einer Richtung definiert wird. Es wird als größerer Wert der Summe der positiven oder der negativen einzelnen → Value at Risk definiert. Diese Methode wird z.B. im Grundsatz I (Abschnitt 3 FX,-Risiken) angewendet.

$$VaR = \max \left\{ \begin{matrix} \sum pos.VaR \\ |\sum neg.VaR| \end{matrix} \right\}$$

Short Hedge, bezeichnet den Verkauf eines oder mehrerer → Futures zur Absicherung (→ Hedging) gegen fallende Preise im → Underlying. – Gegensatz: → Long Hedge.

Short Position, *Short, Baisseposition*; bezeichnet eine → offene Position nach einem Leerverkauf (meist auf → Terminmärkten) in → Anleihen, → Aktien, → Devisen. – Gegensatz: → Long Position.

Short Put. Position im Optionshandel, die durch den Verkauf von → Puts entsteht. Der Verkäufer (→ Stillhalter in Geld) erhält hierfür die → Optionsprämie. Der maximal erzielbare Gewinn in Höhe der erhaltenen Optionsprämie stellt sich ein, sobald der Kurs des → Underlying den → Basispreis übersteigt. Die Verlustzone wird erreicht, wenn der Kurs des Underlying die Differenz aus Basispreis und Optionsprämie unterschreitet. Der Verlust nimmt dann mit sinkendem Kurs des Basiswertes zu und wird maximal, wenn der Kurs des Underlying auf null Geldeinheiten fällt. – Gegensatz: → Long Put.

Short Sale, → Leerverkauf.

Short Selling, → Leerverkauf.

Short-Squeeze. Bezeichnung für eine Situation, in der die Kurse der → Underlyings von → Optionen und/oder → Futures signifikant ansteigen und viele Marktteilnehmer, die → Short Positionen auf diese Basiswerte halten, gezwungen werden sich → einzudecken, um ihre → offenen Positionen zu schliessen und ihre Verluste zu minimieren. Diese zusätzlichen Käufe verursachen weitere Kurssteigerungen, wodurch die Verluste derer, die ihre Positionen nicht geschlossen haben, zusätzlich erhöht werden. – Vgl. auch → Squeezing.

Short Straddle. Variante des → Straddle, die durch gleichzeitigen Verkauf derselben Anzahl an → Calls und → Puts generiert wird. Die Anwendung des S.S. erfolgt in Erwartung sinkender → Volatilität des → Underlying. – Der maximale Gewinn stellt sich ein, wenn das Underlying genau am → Basispreis steht und ergibt sich aus der Summe der erhaltenen → Optionsprämien. Dagegen ist das Verlustpotential unbegrenzt, wobei der Verlust mit zunehmender Volatilität steigt. – Gegensatz: → Long Straddle.

Short Strangle. Variante des → Strangle aus dem gleichzeitigen Verkauf eines → Call mit hohem → Basispreis und eines → Put mit niedrigem Basispreis. Der S.S. findet in Erwartung sinkender → Volatilität des → Underlying Anwendung. Das Verlustpotential ist unbegrenzt, wobei die Wahrscheinlichkeit des Verlustes mit zunehmender Volatilität steigt. Dagegen ergibt sich ein auf die Differenz der erhaltenen → Optionsprämien begrenzter maximaler Gewinn, falls der Kurs des Underlying zwischen den beiden Basispreisen liegt. – Gegensatz: → Long Strangle.

Short Strap. Variante des → Strap aus dem gleichzeitigen Verkauf zweier → Calls und eines → Put mit identischen → Basispreisen. Der S.S. wird in Erwartung einer stark sinkenden → Volatilität des → Underlying bei tendenziell unverändertem Kurs angewandt. Kommt es dennoch zu stärkeren Kursänderungen als erwartet, so werden eher sinkende Kurse präferiert, da die beiden → Short Calls überwiegen. Das Gewinnpotential ist auf die Summe der erhaltenen → Optionsprämien begrenzt, das Verlustrisiko ist hingegen bei steigenden Kursen unbeschränkt. – Gegensatz: → Long Strap.

Short Strip. Variante des → Strip aus dem gleichzeitigen Verkauf zweier → Puts und eines → Call mit identischen → Basispreisen. Der S.S. wird in Erwartung einer stark sinkenden → Volatilität des → Basiswertes bei tendenziell unverändertem Kurs angewandt. Treten dennoch stärkere Kursänderungen ein als erwartet, so werden steigende Kurse wegen der Dominanz der beiden → Short Puts präferiert. Das Gewinnpotential ist auf die Summe der erhaltenen → Optionsprämien begrenzt, das Verlustrisiko ist hingegen bei steigenden Kursen unbeschränkt. – Gegensatz: → Long Strip.

Short-Term Debt Rating, *Rating für kurzfristige Schuldverschreibungen, commercial paper-rating*; bezeichnet die Beurteilung der → Schuldner, ob bzw. inwieweit diese den vertraglichen Verpflichtungen zeitgerechter und vollständiger Bezahlung von Zins- und Tilgungsverpflichtungen nachkommen, die das kurzfristige → Fremdkapital betreffen. Betrachtet werden → Geldmarktinstrumente mit einer → Restlaufzeit von unter einem Jahr, wie beispielsweise → Commercial Papers. Differierende → Bonitätsrisiken im kurzfristigen Bereich und die daraus resultierenden Informationsbedürfnisse von → Investoren sind für ein, neben dem → Long-Term Debt Rating, separates → Rating verantwortlich.

SIB, Abk. für Securities and Investments Board. – Vgl. hierzu → Financial Services Authority.

SICAF, → Société d'investissement à capital fixe.

SICAV, → Société d'investissement à capital variable.

Sicherheiten, *collateral, securities*; dienen zur Absicherung der Rückzahlung der von Banken ausgegebenen Kredite zum Zweck der Reduzierung des Verlustrisikos. – Vgl. hierzu → Kreditsicherheiten und → Adressenausfallrisiko.

Sicherheitenstellung, *Sicherheitenbestellung, furnishing of collateral.* Bezeichnung für die Bereitstellung von Sicherheiten, v.a. von → Kreditsicherheiten.

Sicherheitsbestellung, *collateral furnishing*; bei → Termingeschäften die Hinterlegung von Geld oder börsennotierten Wertpapieren zum Zwecke der Sicherung der späteren Abwicklung. Beispielsweise haben Käufer und Verkäufer von → Financial Futures sowie der → Stillhalter eines → Optionskontraktes adäquate Sicherheitsleistungen, sog. → Margins, bei einem → Clearing-Member zu hinterlegen, der die Sicherheitsleistungen auf gesonderten → Margin Accounts verwaltet. Von Seiten des Clearing-Members ergeht ein sog. → Margin Call, falls aufgrund der Marktentwicklung eine Aufstockung des Bestandes an Sicherheiten erforderlich wird. Unzureichende Margin-Leistungen, insbesondere auch die Nichterfüllung der Nachschusspflicht, berechtigen Banken zur Zwangsliquidation von Terminpositionen ihrer Kunden.

Sicherheitsprämie, *safety premium.* Anteil an der erwarteten → Rendite einer Anlage (p.a.), auf die ein Anleger verzichtet, wenn er auf Grund seiner → Risikoaversion eine sichere, niedriger verzinsliche Anlage wählt anstelle einer mit einer höheren Renditeerwartung ausgestatteten riskanteren Anlage. Die S. ist eine erwartete Größe, da die ex post realisierte Rendite einer riskanteren Anlage unter der Rendite der sicheren Anlage liegen kann. – Gegensatz: → Risikoprämie.

Sichteinlagen, *Sichtdepositen, sight / demand deposits*; täglich fällige Guthaben auf → Girokonten. Über die Einlagen kann ohne vorherige Kündigung, d.h. bei „Sicht" verfügt werden. S. ermöglichen dem Inhaber die Teilnahme am bargeldlosen → Giroverkehr. Sie werden in der Regel nur niedrig oder gar nicht verzinst. Für die Kreditinstitute findet zumindest ein Teil der S. (→ Bodensatztheorie) Verwendung im Kreditgeschäft.

Signaling. Um bei → Informationsasymmetrie Qualitätsunsicherheit zu beseitigen, kann der besser Informierte die Initiative ergreifen und den Weg der Offenbarung bzw. Selbstdeklaration wählen. So können Anbieter „guter" Qualitäten umfangreiche Datensets zur Erhöhung des Informationsstands der Marktgegenseite zur Verfügung stellen aus denen für die vergleichsweise schlechter informierten Marktpartner glaubhaft ein

SIMA

Qualitätsvorsprung hervorgeht, wie beispielsweise durch eine weitreichende Garantie des Produktanbieters. – Die S.-Theorie wurde von Spence für den Arbeits-, später für den Versicherungsmarkt entwickelt und von Ross auf Finanzmärkte übertragen. In letzterem Zusammenhang wird etwa diskutiert, inwiefern Kapitalnachfrager durch die Einschaltung von Intermediären (z.B. Investment Banken mit hoher Reputation, die bei einer Wertpapierplatzierung bestimmte Tranchen der → Emission in die eigenen Bücher nehmen) ihre positive Qualität unterstreichende Signale an den Finanzmarkt aussenden können.

SIMA, Abk. für → System zur integrierten Marktüberwachung.

Simple Sum. Bei diesem → Aggregationsverfahren des → Value at Risk werden die Absolutbeträge der laufzeitspezifischen VaR's addiert. Dargestellt wird ein Worst-Case-Szenario in dem Sinne, dass eine Veränderung der Risikofaktoren in die jeweils „schlechte" Richtung unterstellt wird.

$$VaR = \sum_{i=1}^{n} |VaR_i|$$

Simultangründung, → Einheitsgründung.

Singapore Commodity Exchange (SICOM), 1994 aus der Rubber Association of Singapore Commodity Exchange (RASCE) entstandene → Warenterminbörse. An der SICOM werden → Futures auf Kaffee und Kautschuk gehandelt.

Single Dated Gilts. Bezeichnung für fest- oder variabel verzinsliche britische Staatstitel (→ Gilts), bei denen der Tilgungszeitpunkt fest bestimmt ist. Gegenteil: Undated Gilts.

SIPC, Abk. für → Securities Investment Protection Corporation.

SIS, Abk. für → SegaInterSettle.

Skontration, *Bestandsermittlung, Saldierung von Zu- und Abgängen.* – 1. bezeichnet den Ausgleich von Forderungen und Verbindlichkeiten zwischen Kontraktpartnern. – 2. bezeichnet die Bestandsermittlung durch Fortschreibung der Zu- und Abgänge. – Vgl. auch → Clearing.

Skontri-Kommission. Die S. ist zuständig für die Verteilung der Wertpapiere an die Kursmakler zur Kursfeststellung.

Skontro, → Maklerskontro.

skontroführender Makler, *Skontroführer*. Als s.M. wird im → Präsenzhandel derjenige → Börsenmakler bezeichnet, der für den Kursausruf und die Kursfestsetzung eines oder mehrerer bestimmter Wertpapiere zuständig ist. Zu diesem Zweck weist die → Börsengeschäftsführung im → Handel mit amtlicher Notierung → Kursmaklern und im → Geregelten Markt → Freimaklern (→ Börsenhandelsteilnehmer) einzelne Wertpapiere zu. Im → Freiverkehr ordnet der Freiverkehrsträger im Einvernehmen mit der Börsengeschäftsführung die Wertpapiere einzelnen Freimakler zu.

Skontroführer, → skontroführender Makler.

Slip, bezeichnet Abrechnungsstreifen für Börsenaufträge an der New Yorker Börse.

Small Business Investment Company, ist eine Sonderform einer → Non-Diversified Investment Company, die in erster Linie in Aktien kleiner und mittelständischer Betriebe investiert.

Small-Cap-Effekt. Bezeichnung für das Phänomen, dass die Kursentwicklung der Aktien von kleineren Gesellschaften (→ Small Caps) überdurchschnittlich positiv ist im Vergleich zu der von größeren Unternehmen, z.B. → Blue Chips. Als Gründe hierfür werden angeführt, dass aus fundamentaler Sicht z.B. größere Wachstumsperspektiven bestehen, aber auch markttechnische Aspekte wie z.B. → Marktenge.

Small Cap Exchange (SMAX). In das im April 1999 von der → Deutsche Börse AG eingeführte Qualitätssegment SMAX, bei dem es sich nicht um ein → Marktsegment handelt, können in- und ausländische → small caps auf deren Antrag aufgenommen werden. Voraussetzung hierfür ist zunächst, dass die Aktien an der → Frankfurter Wertpapierbörse zum Handel mit amtlicher Notierung oder im → Geregelten Markt zugelassen sind, wobei die Aufnahme in den SMAX diese Zulassung unberührt lässt. Außerdem hat sich der Emittent gegenüber der Deutsche Börse AG zur Einhaltung der privatrechtlichen SMAX-Teilnahmebedingungen zu verpflichten. Die darin geregelten Emittentenpflichten betreffen die Veröffentlichung von Quartalsberichten, die Benennung mindestens eines → Designated Sponsors (→ Market-Maker) für das elektronische Handelssystem → Xetra, die Gewährleistung eines Streubesitzes von mindestens 20 Prozent sowie die Anerkennung des → Übernahmekodex. Zudem muss einmal jährlich der Anteilsbesitz des Vorstands und des Aufsichtsrats veröffentlicht werden.

Small Caps, *small capitalization*. Bezeichnung für Aktien mit geringer → Marktkapitalisierung. Dies bedeutet i.d.R. zugleich geringe Liquidität im Börsenhandel.

Small-Capitalization-Style, small capitalization stock, bezeichnet → Aktie mit niedriger → Börsenkapitalisierung.

SMAX, Abk. für → Small Cap Exchange.

SMI, Abk. für → Swiss Market Index.

SMI-Futures, an der → Eurex gehandelte → Terminkontrakte auf den → Swiss Market Index (SMI).

SNB, → Schweizer Nationalbank.

SNMI, Abk. für → SWX New Market Index.

Société d'investissement à capital fixe (SICAF), bezeichnet → geschlossene Fonds mit eigener Rechtspersönlichkeit, deren Anteile in Aktien verbrieft und ausgegeben werden.

Société d'investissement à capital variable (SICAV), bezeichnet → offene Fonds mit eigener Rechtspersönlichkeit, deren Anteile in Aktien verbrieft und ausgegeben werden.

Society for Worldwide Interbank Financial Telecommunication (S.W.I.F.T.). Diese Gesellschaft wurde 1973 von Banken aus 15 Ländern gegründet, um ein internationales Datenfernübertragungsnetz zur Übermittlung von Nachrichten und Informationen zwischen international tätigen Kreditinstituten zu installieren. Das Netz wird von drei miteinander verbundenen Schaltzentralen in den USA, Belgien und den Niederlanden gesteuert. In den Teilnehmerländern – mehr als 130 – gibt es darüber hinaus jeweils regionale Konzentratoren, die die Informationen zwischen den nationalen Kreditinstituten und den Schaltzentralen weiterleiten. Die von S.W.I.F.T. übermittelten Informationen unterliegen einer weitestgehenden Normierung, die sich auch in anderen Organisationen bewährt hat - so z.B. das System der internationalen Bankkennzahlen. S.W.I.F.T. wird vor allem im internationalen Zahlungsverkehr eingesetzt, allerdings nicht für → Clearing Zwecke.

Sofortigkeitsservice (Immediacy), *supply of immediacy*; bezeichnet eine zentrale Funktion von → Market Makern, die dem → Investor die Möglichkeit zu jederzeitigem Handel gibt. Als Entgelt für diesen Service erhalten sie den → Spread. Der Investor muss mit erhöhten → impliziten Handelskosten rechnen, erhält dafür jedoch die Garantie jederzeitigen Handels.

Solawechsel, *eigener Wechsel, Promissory Note*; Sonderform des → Wechsel, bei dem sich der Aussteller in einem abstrakten Schuldversprechen verpflichtet, zu einem bestimmten Zeitpunkt den Wechselbetrag an den Inhaber des Wechsels (Wechselnehmer) zu zahlen.

Sole Placing Agent (SPA), *allein tätiges Platzierungsinstitut*; Kreditinstitut, i.d.R. eine große → Investmentbank, das im Rahmen einer → Revolving Underwriting Facility alleine die vom Kreditnehmer emittierten → Geldmarktpapiere (→ Euro Notes oder → Commercial Papers) übernimmt und diese am → Primärmarkt platziert. Entscheidend ist dabei die → Platzierungskraft des S.P.A., wie auch seine Reputation, die für den Schuldner und potentiellen → Investor die Sicherheit bietet, dass der S.P.A. während der gesamten Laufzeit eine aktive Marktpflege betreibt und ein hohes Engagement aufweist. Nachteilig für den → Emittenten ist bei dieser Methode, dass er nicht von den am Markt erzielbaren Konditionen profitieren kann, sondern unabhängig hiervon dem S.P.A. den vereinbarten Zinssatz zahlen muss. – Gegensatz: → Multiple Placing Agent. – Vgl. auch → Tender Panel Agent.

Sollzinsen, *deptor interest, interest rate charged*; an das Kreditinstitut zu zahlende Zinsen für beanspruchte Kredite. Für den Kreditnehmer stellen sie den größten Teil der Kreditkosten dar, für das Kreditinstitut Erträge im Aktivgeschäft.

Sologeschäft, *Outright-Geschäft*. Bezeichnung für das Eingehen eines → Devisentermingeschäftes, welches ohne den entsprechenden Abschluss eines → Kassageschäftes getätigt wird.

Solvenz, → Zahlungsfähigkeit.

Sonderabschreibungen, *special depreciation allowances*. S. schaffen steuerliche Abschreibungsvergünstigungen und damit Steuerspareffekte, um bestimmte außerfiskalische Ziele zu erreichen (z.B. Förderung bestimmter Regionen oder Wirtschaftszweige). Sie sollen demnach nicht den gewöhnlichen oder außergewöhnlichen Werteverzehr erfassen. Bei S. besteht ein Kumulationsverbot, d.h. auch wenn für ein Wirtschaftsgut gleichzeitig die Voraussetzungen für mehrere S. vorliegen, darf nur eine genutzt werden. Wird eine S. in Anspruch genommen, kann grundsätzlich nur linear abgeschrieben werden (Ausnahme § 7g EStG). – Vgl. auch → Abschreibungen, → Abschreibungsmethoden.

Sonderausschüttung. Gewinnausschüttung, deren Höhe aufgrund der Erzielung eines außergewöhnlichen Reingewinns das Niveau normaler Geschäftsjahre überschreitet. Sonderausschüttungen werden u.a. in Form von Zusatz- oder Superdividenden gewährt, wenn die in der Satzung der AG festgelegten Voraussetzungen vorliegen.

Sonderdepot, *special securities deposit*; bezeichnet ein Depot, welches für bestimmte Zwecke eingerichtet worden ist, z.B. → Aberdepot und → Treuhänderdepot.

Sonderpfanddepot, → Depot.

Sonderprüfer, *special auditor*. S. dürfen nur Personen sein, die in der Buchführung ausreichend vorgebildet und erfahren sind. Fungieren Prüfungsgesellschaften als S. so muss mindestens ein gesetzlicher Vertreter der Gesellschaft in der Buchführung ausreichend vorgebildet und erfahren sein. Ebenso darf ein S. die Prüfung nicht vornehmen, wenn auf ihn, oder die beauftragte Prüfungsgesellschaft, die Vorschriften des § 319 II HGB zutreffen. Das ist z.B. dann der Fall, wenn der S. Anteile an der zu prüfenden Gesellschaft hält oder dort selbst als → Vorstand, → Aufsichtsrat oder Arbeitnehmer tätig ist bzw. in den letzten drei Jahren vor der Prüfung tätig war. – Siehe auch → Sonderprüfung bei der AG.

Sonderprüfung bei der AG, *special audit*. Bei Sonderprüfungen handelt es sich um Prüfungen, die nur bei besonderen Anlässen angeordnet werden und von externen Prüfungsträgern (→ Sonderprüfer), wie z.B. → Wirtschaftsprüfern, durchgeführt werden. Man unterscheidet dabei zwischen Sonderprüfungen, die bei Vorliegen bestimmter Umstände gesetzlich vorgeschrieben sind und daher unvermeidbar sind, und Prüfungen, vom Gesetz her lediglich vorgesehen sind. Zur Gruppe der gesetzlich vorgeschriebenen Sonderprüfungen zählt die Gründungsprüfung (→ Gründungsprüfung bei der AG). Zu den vom Gesetz her lediglich vorgesehenen Sonderprüfungen kommt es nur nach vorherigem Antrag (z.B. durch → Aktionäre der AG). Hierzu zählen: → Sonderprüfung wegen unzulässiger Unterbewertung bei der AG, → Sonderprüfung der Geschäftsbeziehungen der AG zu herrschenden Unternehmen, Sonderprüfung von Vorgängen bei der Gründung oder der Geschäftsführung, Sonderprüfung bei Kapitalerhöhung bzw. -herabsetzung und Sonderprüfung des Liquidationsjahresabschlusses und der Liquidationseröffnungsbilanz.

Sonderprüfung der Geschäftsbeziehungen der AG zu herrschenden Unternehmen. Diese → Sonderprüfung bei der AG kann auf Antrag eines einzelnen → Aktionärs zu Stande kommen. Sie ist dann begründet, wenn die Ausgewogenheit der geschäftlichen Beziehungen → verbundener Unternehmen nicht gewährleistet ist. Dies kann vermutet werden, wenn der → Abschlussprüfer den → Bestätigungsvermerk zum Bericht über die Beziehungen zu verbundenen Unternehmen eingeschränkt oder versagt hat. Erklärt der → Aufsichtsrat, dass Einwendungen gegen die Erklärung des → Vorstands am Schluss des Berichts über die Beziehungen zu verbundenen Unternehmen vorliegen, kann dies ebenfalls zum Anlass genommen werden, eine Sonderprüfung nach § 315 AktG zu beantragen. Ein weiterer Grund ist gegeben, wenn der Vorstand selbst erklärt, dass die Gesellschaft durch bestimmte Rechtsgeschäfte oder Maßnahmen benachteiligt worden ist, ohne dass die Nachteile ausgeglichen worden sind.

Sonderprüfung wegen unzulässiger Unterbewertung bei der AG. Das Gericht hat auf Antrag einen → Sonderprüfer zu bestellen, wenn Anlass für die Annahme besteht, dass bestimmte Posten eines festgestellten → Jahresabschlusses nicht unwesentlich unterbewertet sind oder Angaben im → Anhang nicht oder nicht vollständig erteilt wurden und der → Vorstand in der Hauptversammlung die fehlenden Angaben, obwohl nach ihnen gefragt worden ist, nicht gemacht hat und die Aufnahme der Frage in die Niederschrift verlangt worden ist. Dementsprechend hat der Sonderprüfer entweder die bemängelten Posten oder den Anhang zu prüfen. Eine unzulässige Unterbewertung liegt in der Regel vor, wenn die Abweichung eine Höhe von zehn Prozent des ausgewiesenen Jahresüberschusses aufweist und die Höhe der Abweichung gleichzeitig mindestens 0,5% des Grundkapitals beträgt.

Sonderprüfungsbericht bei der AG, *special audit report*. Über das Ergebnis einer → Sonderprüfung bei der AG hat der → Sonderprüfer schriftlich zu berichten. Dabei sind die allgemeinen Anforderungen an einen → Prüfungsbericht hinsichtlich Wahrheit, Klarheit, Vollständigkeit und Unparteilichkeit zu beachten. Der Bericht ist unverzüglich dem → Vorstand und zum → Handelsregister einzureichen. Im Gegensatz zum normalen → Prüfungsbericht ist jedem → Aktionär auf Antrag eine Abschrift zu erteilen. Des weiteren muss der Bericht dem → Aufsichtsrat vorgelegt werden und ist bei der Einberufung der nächsten Hauptversammlung als Gegenstand der Tagesordnung bekanntzumachen. Der Sonderprüfungsbericht darf auch Tatsachen enthalten, die der Gesellschaft schaden können, soweit sie die Hauptversammlung kennen muss, um den geprüften Sachverhalt zu beurteilen. Damit werden in diesem Fall eindeutig die Interessen der Aktionäre über die der Gesellschaft gestellt. Der Sonderprüfungsbericht enthält keinen → Bestätigungsvermerk.

Sondersparformen, *special forms of saving*; Varianten von → Sparverträgen. Zumeist basieren die S. auf → Ratensparverträgen, bei denen regelmäßige Einzahlungen (Sparraten) seitens der Sparenden erfolgen. Als Ausgangspunkt wird häufig die Mittelverwendung der angesparten Beträge, wie beim → Ausbildungssparen, Heirats- oder Wohnungsbausparen, gesetzt. Ebenso können die Intermediationsform, wie beim Versicherungssparen, oder die zu Grunde liegenden Sonderbedingungen, wie beim → Gewinnsparen, → Plussparen oder → Prämiensparen herangezogen werden.

Sondervermögen, *Wertpapier-Sondervermögen, separate property*. Bezeichnung für das von einer → Investmentgesellschaft verwaltete Vermögen eines bestimmten Fonds. Das S. wird von den Vermögenswerten der Fondsgesellschaft getrennt gehalten. – Vgl. auch → Investmentfonds.

Sonderverwahrung, *Streifbandverwahrung, individual safe custody of securities*. Neben der → Sammelverwahrung weitere Form der Verwahrung von Wertpapieren. – Gemäß § 2 DepotG ist der Verwahrer verpflichtet, Wertpapiere unter erkennbarer Bezeichnung jedes Hinterlegers getrennt von seinen eigenen Beständen und denen Dritter aufzubewahren (i.d.R. äußerlich gekennzeichnet mit einem Streifband), falls diese Wertpapiere nicht zur Sammelverwahrung bei einer Wertpapiersammelbank zugelassen sind bzw. der Hinterleger der Wertpapiere die gesonderte Verwahrung ausdrücklich verlangt. Dem Depotkunden bleibt das Eigentumsrecht und das Herausgaberecht an der hinterlegten Wertpapierurkunde erhalten. Er bekommt genau dasselbe Wertpapier mit seiner spezifischen Buchstaben- und Nummernkennzeichnung zurück. Beim Konkurs des Verwahrers hat der Hinterleger ein Aussonderungsrecht. – Die S. erfolgt entweder als → Eigenverwahrung oder als → Drittverwahrung.

Sonderzinsen, *special interest rate charged*. Die → Geldpolitik der EZB sieht bei Nichterfüllung der Mindestreservepflicht der Kreditinstitute S. vor. Sie werden für den Zeitraum der Nichterfüllung berechnet. Die Höhe der S. kann bis zu fünf Prozentpunkten über dem Satz für die → Spitzenrefinanzierungsfazilität betragen. Berechnet werden sie

Sorgfaltspflicht der Aufsichtsratsmitglieder der AG

nur für den Mindestreservefehlbetrag des Kreditinstitutes.

Sorgfaltspflicht der Aufsichtsratsmitglieder der AG, *supervisory board members' duty of care*. Die sich für Vorstandsmitglieder ergebenden Sorgfaltspflichten gelten analog auch für die Aufsichtsratsmitglieder (→ Sorgfaltspflicht der Vorstandsmitglieder der AG).

Sorgfaltspflicht der Vorstandsmitglieder der AG, *managing board members' duty of care*. Die Vorstandsmitglieder haben bei ihrer Geschäftsführung die Sorgfalt eines ordentlichen und gewissenhaften Geschäftsleiters anzuwenden. Sie haben über vertrauliche Angaben und Geheimnisse Stillschweigen zu bewahren. Bei Verletzung dieser Pflichten sind sie gegenüber der Gesellschaft schadensersatzpflichtig.

Sovereign Debt. Bezeichnung für Staatsschulden (staatliche Verbindlichkeiten).

Sozialprodukt, *national product*; ist die Summe aller monetär bewertbaren Wertschöpfungen in einer Volkswirtschaft innerhalb eines Zeitraumes, zumeist innerhalb eines Jahres. Das S. wird im Rahmen der Volkswirtschaftlichen Gesamtrechnung nach seiner Entstehung (Produktion), Verteilung (Einkommen) und Verwendung (Verbrauch und Investition) erfasst. Demzufolge existieren auch drei verschiedene Berechnungsmethoden, also nach der Wertschöpfung der Betriebe, nach den Einkommensempfängern und nach den Arten und Akteuren der Verwendung.

Spaltung. Die S. ist im UmwG als Umwandlungsform geregelt (§§ 123 ff. UmwG). Es sind drei Formen zu unterscheiden: Ein Rechtsträger kann unter Auflösung ohne Abwicklung sein Vermögen auf mehrere übernehmende (auch neue) Rechtsträger übertragen (Aufspaltung). Als Gegenleistung werden Anteilen (Mitgliedschaften) dieser Rechtsträger an die Anteilsinhaber des übertragenden Rechtsträgers gewährt. Voraussetzung ist ein (notariell beurkundeter) Aufspaltungsvertrag, dem die Anteilsinhaber der beteiligten Rechtsträger zustimmen müssen (Aufspaltungsbeschluss) und die Eintragung der Aufspaltung in das Handelsregister. Mit der Eintragung der Aufspaltung erlischt der bisherige Rechtsträger. Bei der andere Form der Abspaltung bleibt der sich spaltende übertragende Rechtsträger bestehen; es geht nur ein Teil (oder Teile) des Vermögens auf den anderen (neuen) Rechtsträger über. Als dritte Form kann ein Rechtsträger aus seinem Vermögen einen Teil (oder mehrere Teile) ausgliedern; der Gegenwert für die ausgegliederten Vermögenswerte gelangt hier in Form von Beteiligungen an dem übernehmenden (oder neuen) Rechtsträger in das Vermögen des übertragenden Rechtsträgers selbst (Ausgliederung).

Spannung der Stellage, → Stellagegeschäft.

Spannungskurs, *gespannte Kurse*, *spread quotation*. Bezeichnung für Geld- und Briefkurs bei Wertpapieren im vor- und nachbörslichen Handel, im → Freiverkehr sowie im → Devisenhandel. – Gegensatz: → Börsenkurs. – Vgl. auch → Asked Price, → Bid Price und → doppelt gespannte Kurse.

Sparaktie, Sonderform der Aktie in Italien mit steuerlichen Vorteilen.

Sparbriefe, *Sparkassenbriefe*, *savings (bank) certificates*; auf den Namen des Erwerbers lautende → Wertpapiere zur mittel- bis langfristigen Fremdfinanzierung, die von Banken und Sparkassen begeben werden. Käufer von S. sind in erster Linie Privatkunden. Die Laufzeit von S. beträgt vier bis sechs Jahre. Sie werden mit einem festen Zinssatz ausgestattet, die Zinszahlungen erfolgen entweder jährlich oder am Ende der Laufzeit. Bei letzteren differenziert man zwischen abgezinsten (→ Abzinsungspapiere) und aufgezinsten (→ Aufzinsungspapiere) Papieren. S. sind seitens des Schuldners während der Laufzeit unkündbar, in seltenen Fällen wird Gläubigern ein vorzeitiges Rückgaberecht eingeräumt. – S. sind nicht börsenfähig. Die dadurch fehlende Liquidität ist die Ursache für die meist höhere Verzinsung als bei Spareinlagen. S. sind → mündelsichere und → deckungsstockfähige Wertpapiere.

Sparen, *to save*, *saving*. Der Teil des verfügbaren Einkommens eines Haushaltes in einer Periode, der nicht für den Konsum ausgegeben wird. Sind die Konsumausgaben der Periode höher als das verfügbare Einkommen, wird → entspart. Die Messung der → Sparwilligkeit erfolgt durch die Anwendung des volkswirtschaftlichen Konzepts der → Sparquote auf einzelne Wirtschaftssubjekte.

Sparerfreibetrag, *savers' tax-free amount.* Für → Einkünfte aus Kapitalvermögen steht jedem privaten Kapitalanleger ein S. in Höhe von ca. 1.500 Euro, bzw. gemeinsam veranlagten Ehegatten ca. 1.500 Euro zu. Der → S. und der Werbungskosten-Pauschbetrag (→ Werbungskosten) in Höhe von ca. 50 Euro bzw. ca. 100 Euro können vom Anleger bereits vorab beansprucht werden, indem er einen → Freistellungsauftrag an sein Kreditinstitut erteilt. Dadurch werden auf einfache Weise Kapitalerträge vom KapESt-Abzug verschont. Durch den Freistellungsauftrag werden alle Arten von Kapitaleinnahmen, die von Kreditinstituten gutgeschrieben werden, von der KapESt freigestellt. Er kann auch für Kapitalerträge aus einer typisch stillen Beteiligung, einem partiarischen Darlehen und einer nicht steuerbegünstigten Lebensversicherung erteilt werden. Empfänger des Freistellungsauftrags ist in diesen Fällen der jeweilige Schuldner der Kapitalerträge. Wer einen Freistellungsauftrag falsch oder mehrere Aufträge mit insgesamt zu hohen Beträgen erteilt, macht sich strafbar.

Spererschutz. Der Schutz insbesondere kleiner und mittlerer Sparer als Gläubiger von → Kreditinstituten vor Vermögensverlusten, ist ein wesentliches Anliegen der → Bankenaufsicht nach dem → KWG. Die Bundesanstalt für Finanzdienstleistungsaufsicht hat nämlich die Aufgabe, „Mißständen im Kredit- und Finanzdienstleistungswesen entgegenzuwirken, welche die Sicherheit der den Instituten anvertrauten Vermögenswerten gefährden" (§ 6 Abs. 2 KWG). Die Zulassungs- und Prüfungserfordernisse, Kreditbegrenzungen und Anzeigen, das Kontroll- und Eingriffssystem des KWG dient dem vorbeugenden → Sparer- oder Einleger-, aber auch Institutsschutz. Da die Bankenaufsicht nicht in jeden Fall unsolide Geschäftspolitik erkennen und verhindern kann, geschieht im Falle eines Institutsinsolvenz die Einlagensicherung einmal auf Grund des Einlagensicherungs- und Anlegerentschädigungsgesetzes von 1998 in betragsmäßigen Grenzen und weitergehend durch besonders für diese Zwecke bereitgestellte liquider Mittel („Feuerwehrfonds") seitens der Mitgliedsinstitute der verschiedenen Bankenverbände.

Sparfunktion, *savings function;* ermöglicht die mathematische und grafische Darstellung des Zusammenhangs zwischen dem Sparen privater Haushalte einerseits und der Höhe des verfügbaren Einkommens, des Zinses und weiterer Variablen andererseits.

Sparkapitalbildung, → Sparen.

Sparkassen-Inhaberschuldverschreibung, *Sparschuldverschreibung, savings banks bearer bonds.* Die S. verbrieft eine erbrachte Geldleistung, die den → Spareinlagen angenähert ist, nach § 21 RechKredV jedoch nicht zu den Spareinlagen gezählt wird. Die Laufzeit liegt zwischen vier und zehn Jahren. Die Rückgabe vor Fälligkeit ist im Gegensatz zu den → Sparbriefen jederzeit möglich. In einigen Bundesländern ist die Zulassung zum Börsenhandel erlaubt. Der Zinssatz ist für die gesamte Laufzeit im vorhinein festgelegt. S. kommen in normaler, aufgezinster und abgezinster Form vor. – Vgl. auch → Inhaberpapiere.

Sparkassenobligation, *savings banks bond;* → Schuldverschreibung der → Sparkassen zur mittel- bis langfristigen Fremdfinanzierung. Bei S. handelt es sich um nicht börsenfähige Wertpapiere, deren Laufzeit i.a. zwischen vier und zehn Jahren beträgt. Der Zinssatz bleibt für die gesamte Laufzeit konstant und wird jährlich nachträglich gezahlt. Als Käufer von S. treten vor allem Privatkunden, aber auch Firmenkunden auf. Der Erwerb unterliegt keiner Verkaufsbeschränkung für Gebietsfremde. Der Investor hat kein Recht auf vorzeitige Rückgabe der Papiere. Nach Ablauf einer Mindestlaufzeit ist jedoch der Rückkauf der S. durch die Sparkasse möglich. Der Erwerb und die Rückzahlung von S. erfolgen gebührenfrei. Die Verwaltung und Verwahrung ist bei den meisten Sparkassen ebenfalls gebührenfrei. Aufgrund des fehlenden Kursrisikos kann der Gläubiger die S. relativ hoch panden. Nachteilig ist die i.d.R. fehlende Liquidierbarkeit. – Als → Emittenten treten sowohl einzelne als auch mehrere Sparkassen gemeinsam auf. Durch die Festlaufzeit und den Festzinssatz können die durch Ausgabe der S. zugeflossenen Gelder im mittel- und

Sparkassenzertifikat

langfristigen Kreditgeschäft eingesetzt werden.

Sparkassenzertifikat, *Sparzertifikat, savings banks certificate*; ist eine der seit Ende der 70er Jahre entwickelten → Sondersparformen. Der Sparer leistet hier eine einmalige Einzahlung. Zudem wird eine → Kündigungssperrfrist (z.B. drei, neun oder 21 Monate) mit anschliessender dreimonatiger Kündigungsfrist vereinbart, was einer Anlagedauer von einem halben, einem oder zwei Jahren entspricht. Der Zinssatz wird über die Anlagedauer als → Festzinssatz festgelegt und liegt über dem Zins normaler Spareinlagen. Mit dem Zertifikat soll der Umschichtung von Spar- in Termineinlagen begegnet werden.

Sparplan bei Investmentfonds, *Sparprogramm, Anlageplan, Ansparprogramm, Aufbauplan, Aufbaukonto, Wachstumsplan, Zuwachsplan, investment fund savings plan*. Bei dieser Anlagemöglichkeit handelt es sich um die regelmäßige Zahlung eines bestimmten Betrages (Mindestbetrag meist 50 Euro pro Zahlung) zur Ansammlung von Investmentanteilen. Ein besonderer Vorteil für den Anleger liegt in der Flexibilität des Sparplanes, der nahezu alle Varianten hinsichtlich Höhe, Zahlungsweise, Anlagedauer u.ä. zulässt. Der Anleger nutzt die Möglichkeit günstiger Einstandspreise, des Zinseszinseffekts durch Wiederanlage der Ausschüttungen und des → Cost-Averaging.

Sparquote, *propensity to save, savings-income ratio*; ist der nicht ausgegebene Teil des (verfügbaren) Einkommens in Relation zum gesamten Einkommen eines Wirtschaftssubjektes oder einer Volkswirtschaft. Die Messung der Sparneigung erfolgt anhand der durchschnittlichen und der marginalen S., wobei letztere die Sparneigung bei einer zusätzlichen Geldeinheit an Einkommen darstellt.

Sparschuldverschreibung, → Sparkassen-Inhaberschuldverschreibung.

Special Brackets, bezeichnet die optische Hervorhebung des Bankennamens im oberen Teil der Emissionsanzeigen in → Emissionsprospekten und Zeitungen. Banken, die nach der erfolgreichen Durchführung von Transaktionen häufig an dieser Stelle vermerkt sind, werden als → Bulge Bracket bezeichnet.

Special Drawing Rights, Abk. SDR, → Sonderziehungsrechte.

Special Fund, → Spezialfonds.

Special Purpose Vehicle (SPV). Ein SpV ist eine Zweckgesellschaft, die als ein zentrales Element im Rahmen einer → Asset Backed Security (ABS) dient. Das SPV kauft Forderungen, die zu einem Pool zusammengefasst wurden, von einem Kreditinstitut auf und ermöglicht auf diese Weise die rechtliche Verselbständigung der Forderungen. Der Forderungserwerb wird durch die → Emission der ABS am Kapitalmarkt refinanziert, für die der Forderungspool als Haftungsgrundlage dient. Die Zins- und Tilgungszahlungen der ABS werden aus den → Cash-flows des Forderungspools geleistet. Dem Kreditinstitut fließt durch den Verkauf des Forderungspools noch vor der Fälligkeit der einzelnen Forderungen Liquidität zu.

Specialist, bezeichnet Mitglieder der → Wertpapierbörse, die einen fairen und regelkonformen Handel gewährleisten. Seine Zuständigkeit erstreckt sich hierbei auf mindestens ein Wertpapier. Als Hauptfunktionen des S. werden die Überprüfung auf Ausführbarkeit der limitierten Aufträge und seine Eigengeschäfte genannt. Letztere tragen dazu bei, dass kurzfristige Angebots- bzw. Nachfrageüberhänge ausgeglichen werden und dem Markt Liquidität zugeführt wird. Ferner unterliegt der S. sehr strengen Mindestkapitalanforderungen. Die Funktion des S. an der → New York Stock Exchange ist in Deutschland vergleichbar mit der Funktion des → Skontroführers.

Speculative Grade, bezeichnet bestimmte → Ratingklassen, deren zugehörige Kapitalanlagen als spekulativ, d.h. als (sehr) riskant, eingestuft werden Bei → Standard&Poor`s werden Schuldtitel aus den Klassen mit → Ratingsymbolen von schlechter als BBB- und bei → Moody`s Investors Service ab Baa3 als S.G. bezeichnet. Im Gegensatz hierzu existiert das → Investment Grade, zu dem alle als relativ sicher geltenden Kapitalanlagen zählen.

Spekulation, *speculation.* Bezeichnung für Geschäfte, bei denen eine höhere Risikoübernahme im Vergleich zum durchschnittlichen Risiko (→ Kapitalanlage) eingegangen wird, in der Erwartung, höhere Gewinne zu erzielen unter Berücksichtigung von möglichen höheren Verlusten. Durch den Einsatz verschiedener Finanzinstrumente (z.B. → Futures, → Derivate) kann das dabei eingegangene Risiko eingeschränkt werden. – Vgl. auch → Spekulationsgeschäft.

Spekulationsfrist, einkommensteuerlich, *speculation period, income tax;* Zwölfmonatsfrist, die maßgeblich ist für die Besteuerung von privaten Veräußerungsgeschäften. Gemäß § 23 I S. 1 Nr. 2 EStG sind private Veräußerungsgewinne, bei denen der Zeitraum zwischen Anschaffung und Verkauf nicht mehr als ein Jahr beträgt oder wenn der Verkauf früher erfolgt als der Erwerb, einkommensteuerpflichtig. Verluste aus privaten Veräußerungsgeschäften dürfen nicht mit Einkünften aus anderen Einkunftsarten verrechnet werden, aber es besteht die Möglichkeit, Verluste mit Spekulationsgewinnen des unmittelbar vorangegangenen Veranlagungszeitraumes oder folgender Jahre auszugleichen. Wenn die Veräußerungsgewinne im Kalenderjahr insgesamt weniger als 500 Euro betragen, dann bleiben sie steuerfrei, liegen sie darüber sind sie einkommensteuerpflichtig. – Vgl. → Spekulationsteuer und → Aktien als Kapitalanlage, steuerliche Aspekte.

Spekulationsgeschäft, *Spekulationshandel, speculative transaction.* Gemäss § 23 I S. 1 Nr. 2 EStG sind S. in Wertpapieren private Veräußerungsgewinne, bei denen der Zeitraum zwischen Anschaffung und Verkauf nicht mehr als ein Jahr beträgt oder wenn der Verkauf früher erfolgt als der Erwerb (→ Leerverkauf). S. umfassen diejenigen Geschäfte, die Börsenteilnehmer abschließen, um durch die sich zwischen An- und Verkauf ergebenden Kursunterschiede Gewinne realisieren zu können. – Vgl. auch → Spekulationsfrist, einkommensteuerlich.

Spekulationsgeschäfte, steuerlich, *speculative transactions, taxation;* vgl. → Spekulationsteuer und → Spekulationsfrist, einkommensteuerlich.

Spekulationsgewinn. Als Spekulationsgewinne unterliegen der Einkommensteuer die Gewinne aus Anschaffung und Veräußerung von Grundstücken und grundstücksgleichen Rechten innerhalb von zehn Jahren und von allen übrigen Gegenständen (z.B. Gemälden, Wertpapieren) innerhalb von einem Jahr (§ 23 EStG). Maßgebend ist der Zeitpunkt der Verpflichtungsgeschäfte. Für das Entstehen der Steuerpflicht ist es unerheblich, ob der Steuerpflichtige in spekulativer Absicht gehandelt hat. Es ist i.d.R. für das Vorliegen eines Spekulationsgeschäftes auch ohne Bedeutung, ob die Veräußerung unter Zwang geschehen ist (vgl. Abschn. 169 Abs. 3 EStR). Der Gewinn oder Verlust aus Spekulationsgeschäften ist der Unterschied zwischen dem Veräußerungspreis einerseits und den Anschaffungs- oder Herstellungskosten und den Werbungskosten andererseits (vgl. § 23 Abs. 3 Satz 1 EStG). Gewinne aus Spekulationsgeschäften bleiben gemäß § 23 Abs. 3 Satz 6 EStG steuerfrei, wenn der aus Spekulationsgeschäften erzielte Gesamtgewinn im Kalenderjahr unter der Freigrenze von ca. 500 Euro liegt. Verluste aus Spekulationsgeschäften dürfen nur bis zur Höhe des Spekulationsgewinns aus dem gleichen Kalenderjahr ausgeglichen werden (§ 23 Abs. 3 Satz 8 Halbsatz 1 EStG). Ein nicht ausgeglichene Spekulationsverluste entfalten keinerlei steuerliche Wirkung.

Spekulationskasse, *speculative cash;* von einem → Spekulanten gehaltene Menge an Zahlungsmitteln, um jederzeit, durch einen geeigneten Einsatz dieser Zahlungsmittel, die Möglichkeit zu haben, aus einem für die Zukunft erwarteten kurzfristigen Preisunterschied, etwa durch Kursveränderungen, Nutzen ziehen zu können. – Vgl. → Spekulation.

Spekulationspapier, *speculative securities;* Wertpapier, dessen Kurswert hohen Schwankungen ausgesetzt ist. Gründe für das Vorliegen eines S. können etwa → Marktenge oder die riskante Geschäftstätigkeit des Unternehmens sein.

Spekulationsteuer, *tax on speculative profits.* Die S. ist keine eigene Steuer, sondern bezeichnet den Tatbestand, dass kurzfristige, spekulative Gewinne aus der Veräußerung bestimmter Vermögensgegenstände der → Einkommensteuer unterliegen. Bei

Spekulationsverluste

Grundstücken beträgt die → Spekulationsfrist 10 Jahre, bei Wertpapieren 1 Jahr (§ 23 I Nr. 1/2 EStG). – Vgl. auch → Aktien als Kapitalanlage, steuerliche Aspekte.

Spekulationsverluste, *speculative loss*; sind Verluste aus → privaten Veräußerungsgeschäften gem. § 23 Abs. 1 EStG. Sie entstehen, wenn der → Veräußerungserlös geringer als die → Anschaffungskosten ist. Steuerlich dürfen sie nur mit Gewinnen aus → privaten Veräußerungsgeschäften verrechnet werden. – Gegensatz: → Spekulationsgewinne.

spekulative Blase, *bubble*. Bezeichnung einer Marktsituation, in der die → Kurse von den fundamentalen Werten sehr stark abweichen. Ursache ist irrationales Verhalten der Marktteilnehmer, das mit dem Platzen der Blase endet.

spekulative Börse, *speculative exchange*. Eine S.B. ist dann anzutreffen, wenn der Handel an einer Börse insbesondere durch → Spekulanten geprägt ist. Gründe hierfür können z.B. Gerüchte über Zinsänderungen oder Zusammenschlüsse bzw. Übernahmen von Unternehmen sein.

spekulative Wertpapiere, *speculative securities*. Als S.W. bezeichnet man gängigerweise → Aktien, deren Marktpreise im Gegensatz zu → Sicherheitspapieren regelmäßig eine deutlich überdurchschnittliche → Volatilität aufweisen, da typischerweise die Einschätzung der Ertragsaussichten durch die Investoren und Analysten selbst kurzfristigen Schwankungen unterliegt. Neben Aktien können auch spezielle Investmentzertifikate oder von Schuldnern mit sehr unsicherer → Bonität emittierte Anleihen als spekulativ angesehen werden. S.W. werden größtenteils von eher risikofreundlichen Investoren bevorzugt, die neben hohen Risiken auch hohe Chancen zu erkennen glauben und letztere für ihre individuelle Anlageentscheidung übergewichten. Das Ziel dieser Anleger ist es meist, diese Wertpapiere zu kaufen und nach einem dynamischen Kursanstieg kurzfristig wieder zu verkaufen. Im → Portefeuille lassen sich Investitionen in S.W. jedoch grundsätzlich auch bei Investoren mit ausgeprägter → Risikoaversion beobachten.

Sperraktie, *blocked stocks*; Aktie, deren Verkauf für eine bestimmte Zeit vertraglich ausgeschlossen wird. So verpflichten sich die Emittenten am → Neuen Markt, ihre Aktien nicht zu verkaufen. Eine Sperrung ist z.B. möglich, wenn → junge Aktien unter Ausschluss des → Bezugsrechts an bestimmte Interessenten gegeben werden, wie z.B. bei → Belegschaftsaktien.

Sperrdepot, → gesperrtes Depot.

Sperrfrist, *blocking period, blocked period*. Im Wertpapierbereich bezeichnet die S. einen Zeitraum, innerhalb dessen der Eigentümer nicht frei über bestimmte → Wertpapiere verfügen darf. Beispiele für S. sind die üblicherweise aus steuerlichen Gründen bis zu einem bestimmten Datum gesperrten Mitarbeiteraktien, als Kreditsicherheit oder Kaution hinterlegte Wertpapiere und v.a. die bei einer Erstplatzierung übliche Vereinbarung über die Nichtveräußerung der Wertpapiere bis zum Ablauf der vertraglich vereinbarten S. – Vgl. auch → Lock-Up-Periode, → gesperrte Stücke.

Sperrjahr, *one-year waiting period*. Das S. umfasst den Zeitraum, für den sich Altaktionäre bei Börsengängen verpflichten, keine Aktien aus dem Altbestand zu verkaufen.

Sperrminorität, *blocking minority/stake*; Minderheitsanteil von mehr als 25%, durch den Beschlüsse, die eine → Dreiviertelmehrheit erfordern, blockiert werden können. Zu diesen Entscheidungen zählen Beschlussfassungen über Kapitalveränderungen, Unternehmensverträge und Satzungsänderungen. – Gegensatz: → qualifizierte Mehrheit.

Sperrstücke, → gesperrte Stücke.

Sperrung, *Sperren, blockage*. Die S. (z.B. von Konten und Depots) kann rechtsgeschäftlich vereinbart oder gesetzlich vorgeschrieben sein und führt in der Regel zu einer Einschränkung der Verfügungsbefugnis zu Gunsten des Sperrbegünstigten. – Schecks können (z.B. wegen Verlust) gesperrt werden, was zu einer Zahlungssperre bei Vorlage führt. EC-/Kreditkarten können bei Verlust oder mangelnder Bonität gesperrt werden.

Spesen, *bank charges, expenses*. Werden evtl. von Banken bei Wertpapieraufträgen wegen erhöhter Aufwendungen neben der → Provision erhoben. Sie sind heute in Zusammenhang mit Wertpapieraufträgen eher unüblich. – Vgl. auch → Provision, → Courtage und → Bankspesen.

Spesenrechnung, *note of expenses*. Für den Kunden der Bank zusammengestellte Auflistung der Gebühren (→ Provisionen, → Courtage, → Spesen), die der Bank in Zusammenhang mit der Ausführung eines Auftrags des Kunden entstanden und so vom Kunden zu begleichen sind.

Spezialfonds, *special funds, specialized funds*; → Investmentfonds, die nur einem begrenzten Anlegerkreis vorbehalten sind. Meist handelt es sich um institutionelle Anleger, wie z.B. Versicherungsunternehmen, Pensionskassen, kirchliche Verbände, Stiftungen etc. S. dürfen nicht mehr als zehn Anteilinhabern zugänglich sein. Gelder des breiten Publikums können sie also im Gegensatz zu anderen Kapitalsammelstellen nicht entgegennehmen. Der S. unterliegt ebenso wie ein → Publikumsfonds dem → Gesetz über Kapitalanlagegesellschaften (KAGG) sowie der besonderen Aufsicht des → Bundesaufsichtsamtes für das Kreditwesen (BAKred). Als S. können nach dem KAGG also grundsätzlich alle die Fondstypen aufgelegt werden, die als Publikumsfonds dem breiten Anlegerpublikum angeboten werden (→ Fondsarten). Beschränkungen bezüglich des Fondstyps können sich aus Spezialgesetzen ergeben, wie z.B. aus dem Gesetz über die Beaufsichtigung privater Versicherungsunternehmen. – Durch die Beteiligung an einem S. erwirbt ein institutioneller Anleger das Recht auf dauernde Überwachung seiner in diesem Fonds enthaltenen Wertpapiere und Bankguthaben. Durch die Einrichtung eines → Anlageausschusses kann er an der Betreuung seines Wertpapiervermögens mitwirken.

Spezialitätenfonds, unterscheiden sich von den meisten bestehenden → Publikumsfonds durch die Ausrichtung ihrer Anlagepolitik (→ Anlagepolitik von Investmentgesellschaften) auf bestimmte Industriezweige oder Wirtschaftssektoren wie Rohstoffe, Energie, Technologie oder besonders dynamisch geprägte Wertpapiere wie → Wandel- und → Optionsanleihen sowie auch durch bestimmte Laufzeitstrukturen. – Trotz dieser eindeutigen Fixierung unterliegen S. ebenfalls dem → KAGG und müssen daher den Grundsatz der Risikomischung durch Streuung der Anlage beachten. Dies geschieht in der Praxis bei den speziellen → Aktienfonds durch eine ländermäßige sowie sektorale Streuung. So legt z.B. ein spezieller → Rohstoff-Fonds nicht nur notwendigerweise international, sondern auch in den Bereichen Eisenmetalle, Nicht-Eisenmetalle, Edelmetalle (Gold, Silber, Platin), Mineralprodukte (Diamanten), Holz/Papier, Naturprodukte (Baumwolle, Zucker) und anderen an. – Die Konzeption des S. setzt ein bestimmtes Maß an Risikobereitschaft und vor allem Flexibilität beim Anleger voraus. Daher wenden sich S. in erster Linie nicht an längerfristig orientierte Sparer, sondern idealtypisch an wertpapiererfahrene Kunden, die kurzfristige Chancen an internationalen Aktienmärkten nutzen wollen. Den vermehrten Chancen stehen, durch die teilweise starken Kursausschläge, auch verstärkte Risiken gegenüber.

Spezialwerte, *special stocks*; Aktien von Unternehmen kleinerer und mittlerer Größe, die meist nur an einer oder wenigen → Regionalbörsen gehandelt werden.

SPI, Abk. für → Swiss Performance Index.

Spillover-Effect, Effekt des Übergreifens bzw. –springens, gewollte oder ungewollte, gegenseitige Beeinflussung zweier Objekte in positiver oder negativer Weise. Auf Finanzmärkten z.B. regelmäßig bei der Ausbreitung von Krisenerscheinungen anzutreffen. Aufgrund von → Informationsasymmetrie können Wirtschaftssubjekte die Bonitäten von Kreditinstituten oftmals nur unzureichend differenzieren und wähnen sich daher in dem Glauben, eine Bank sei "so gut wie die andere" (Homogenitätsannahme). Gerätgerechtfertigt oder nicht – die Bonität eines einzelnen Kreditinstituts in Zweifel, so folgt daraus die Gefahr, dass Finanzmarktteilnehmer auch die Zahlungsfähigkeit anderer Banken als gefährdet ansehen und sich die Einzelbank- zu einer Systemkrise auswächst (→ Domino-Effekt).

Spinoff, *Abspaltung, Ausgliederung*. Bezeichnung für die Abspaltung und Ausgliederung eines Unternehmensteiles in eine rechtlich selbständige Einheit. Nach dem S. kann diese Einheit auch, zumindest teilweise,

Spitze

veräußert werden. Der Verkauf kann z.B. in Form eines → Buyout erfolgen, indem Führungskräfte (→ Management-Buyout, → Management-Buyin) oder die Belegschaft (Employee-Buyout) den Unternehmensteil erwerben. Andererseits besteht auch die Möglichkeit, Aktien der neugeschaffenen, selbständigen Unternehmenseinheit zu emittieren. Diese werden entweder an die Altaktionäre verteilt oder im Rahmen eines Börsenganges (→ Inital Public Offering) der Öffentlichkeit zur → Zeichnung angeboten.

Spitze, → Spitzenbeträge

Spitzenausgleich, *Spitzenregulierung, peak shaving, settlement of fractions.* Der S. findet bei einzelnen Aktionären im Rahmen einer → Kapitalerhöhung statt, wenn der Aktionär nicht über genügend oder zu viele → Bezugsrechte (→ Spitze) verfügt, um die von ihm gewünschte nächstmögliche Anzahl → junger Aktien zu beziehen. Der Aktionär hat die Möglichkeit, die entsprechenden Bezugsrechte an der Börse im → Bezugsrechtshandel zu kaufen oder zu verkaufen.

Spitzenbeträge, *Spitze,* bezeichnet das Bestehen von Differenzen bei Wert und Gegenwert sowie bei → Angebot und → Nachfrage nach einem Wertpapier. S. treten insbesondere auf bei einer → Kapitalerhöhung, wenn das zusätzliche Kapital nicht vollständig auf die → ausstehenden Aktien verteilt werden kann. Über die Verwendung der S. entscheidet die → Hauptversammlung, es kann ein → Bezugsrechtsausschluss auf die S. erfolgen. Bei einem Aktionär entstehen S., wenn er bei einer Kapitalerhöhung zu wenig oder zu viele Bezugsrechte besitzt. Zum Ausgleich kann er die benötigte Anzahl Bezugsrechte zu- oder verkaufen. S. können auch in wenig liquiden Märkten vorkommen, wenn ein Angebots- oder Nachfrageüberhang besteht. Hier kann der → Kursmakler zum → Spitzenausgleich eingreifen, indem er die entsprechenden Wertpapiere ins eigene Buch nimmt.

Spitzenrefinanzierungsfazilität, *marginal lending facility of the European Central Bank.* Geldpolitisches Instrument der Europäischen Zentralbank (EZB), dessen Zinssatz i.d.R. die Obergrenze des Tagesgeldsatzes bildet. Nationale Zentralbanken können sich durch die S. über Nacht Liquidität gegen die Stellung von Sicherheiten beschaffen. Für die Inanspruchnahme gelten in ganz Euroland einheitliche Konditionen. Die als Sicherheit zur Verfügung stehenden Wertpapiere werden entweder mit gleichzeitiger Rückübereignungsvereinbarung an den Gläubiger verkauft (→ Pensionsgeschäfte, echte) oder aber verpfändet. Die EZB unterscheidet zwischen Kategorie-1- und Kategorie-2-Sicherheiten. Zur ersten Kategorie gehören vor allem von der EZB und den nationalen Zentralbanken emittierte → Anleihen. Die Anforderungen der Kategorie-2-Sicherheiten können von den nationalen Zentralbanken in Absprache mit der EZB selbst festgelegt werden. Die S. ist an die Stelle der → Lombardkredite der Deutschen Bundesbank getreten.

Spitzenregulierung, → Spitzenausgleich

Split (Splitting), *Teilung von Aktien.* Durch einen S. erhöht oder erniedrigt (→ Reverse Split) sich die Anzahl der → Aktien eines Unternehmens. Das Splitverhältnis (z.B. 1:1) gibt an, wie viele neue Aktien die Aktionäre je alter Aktie bekommen. Es handelt sich um eine rein kosmetische Maßnahme, d.h. es handelt sich nicht um eine → Kapitalveränderung. Durch eine erhöhte Anzahl an Aktien erniedrigt sich der → Kurs gemäß dem Splitverhältnis. Dadurch wird ein optisch günstiger Preis erreicht, wodurch die → Handelbarkeit und damit bestenfalls auch die Liquidität der Aktie erhöht werden.

Splitaktie, aus einem → Stock Split bzw. einer Aktienteilung hervorgehende Aktie.

Split Investment Company, → Investmentgesellschaften, die auf einen → geschlossenen Fond verschiedene Arten von → Anteilscheinen ausgeben. I.d.R. sind dies → Income Shares, → Zero Dividend Preference Shares und → Capital Shares. Income Shares erhalten als einzige → Dividenden. Zero Dividend Preference Shares erhalten einen festgelegten Anteil zum Fälligkeitstermin, Capital Shares werden aus dem verbleibenden Rest bedient. Die Anteile können vor Fälligkeit auch gehandelt werden.

Split Issue, *aufgeteilte Emission.* 1. → Schuldverschreibung, die in zwei → Anleihen gespalten ist (→ Parallelanleihe). Dabei sind die Anleihen unterschiedlich ausgestattet, wie z.B. mit kurzen und langfristige

Laufzeiten oder unterschiedlichen Zinssätzen. – 2. Die Emission von Wertpapieren wird innerhalb des → Konsortiums aufgeteilt.

Sponsor, ist im anglo-amerikanischen Wirtschaftsraum die Bezeichnung für die Gründungsfirma eines → Investmentfonds, der in der Regel auch als → Distributor oder → Underwriter auftritt.

Spot Market, → Kassamarkt.

Spot-Geschäft, *spot transaction*. 1. An internationalen Warenbörsen Geschäfte auf → Spot Basis. – 2. Im Devisenhandel verwendete Bezeichnung für → Kassageschäfte.

Spot-Kurs, → Kassakurs.

Spotmarkt, → Kassamarkt.

Spread. 1. *Spanne*. Bezeichnung für die → Geld-Brief-Spanne, d.h. die Differenz zwischen → Geld- und → Briefkurs. – 2. Form einer Strategie im → Optionshandel durch den gleichzeitigen Kauf und Verkauf einer → Call- und → Put-Option auf dasselbe → Basisobjekt, wobei Laufzeit und → Basispreis unterschiedlich sein können. Mögliche Ausprägungen sind z.B. → Bull-Spreads, → Bear-Spreads und → Calendar Spreads. – Vgl. → Spreading. – 3. *Spanne*. Bezeichnung für die Differenz zwischen zwei Zinssätzen. – 4. *Aufschlag*. Bezeichnung für den Aufschlag auf einen → Referenzzinssatz (z.B. → Euribor + 1 %) im Kreditgeschäft oder bei → Floating Rate Notes. – 5. → Provision bzw. Gebühr im → Konsortialgeschäft.

Spread-Handel, *spread trading*; → Termingeschäft, bei dem der Spread Trader gleichzeitig eine → Long Position und eine → Short Position in unterschiedlichen Futures-Kontrakten (→ Futures, → Kontrakt) einnimmt. Die Futures-Kontrakte können entweder ein identisches → Underlying und unterschiedliche → Laufzeiten haben, oder es liegen verschiedene Underlyings mit gleichen Laufzeiten der Kontrakte vor. Der Akteur erwartet eine Änderung in der Kursdifferenz zwischen seinen Positionen – in welche Richtung sich die absoluten Kurse dabei entwickeln, ist weniger von Bedeutung. Der Gewinn oder Verlust ist somit begrenzt auf die relative Kursveränderung.

Spread Hedge, bezeichnet eine Handelsstrategie, bei der → Terminkontrakte mit gleichem → Underlying aber z.B. unterschiedlicher → Fälligkeit gleichzeitig ge- und verkauft werden. Der Marktteilnehmer versucht dabei von der Bewegung des Spreads zwischen den beiden Kontrakten zu profitieren (→ Spread-Handel). Das Risiko eines S.H. ist dabei geringer als bei einer → offenen Position, der maximal mögliche Gewinn dafür aber auch begrenzt. – Vgl. → Optionsstrategien.

Spreading. Strategie im → Terminhandel mit → Futures oder → Optionskontrakten, bei der identische oder sehr ähnliche Kontrakte gleichzeitig ge- und verkauft werden. Es unterscheiden sich im Wesentlichen nur die Kontraktlaufzeiten (z.B. → Calendar Spread) und/oder deren → Basispreis. – Eine wichtige Form ist der → Bull-Spread, bei dem → Call-Optionen ge- und verkauft werden, wobei die verkaufte Position im Vergleich zur gekauften Position einen höheren Basispreis aufweist. Somit wird ein Steigen des Kurses des → Basisobjektes erwartet. Ein → Bull-Spread kann auch über → Put-Optionen generiert werden. Analog verwendet man → Bear-Spreads bei Erwartung fallender Kurse. Komplexere Formen von Spreads erhält man z.B. durch unterschiedliche Laufzeiten oder den Einsatz von mehr als zwei Instrumenten (→ Butterfly Spreads). – Vgl. auch → Straddle und → Strangle.

Spreadstrategien, → Optionsstrategie bestehend aus mindestens zwei → Optionen mit unterschiedlichen → Basispreisen und/oder unterschiedlichen → Restlaufzeiten. Dabei unterscheidet man in → Vertical Spread (unterschiedliche Basispreise), → Horizontal Spread (unterschiedliche Restlaufzeiten) und → Diagonal Spread (unterschiedliche Basispreise und unterschiedliche Restlaufzeiten).

Spruchstellenverfahren, → außenstehende Aktionäre, Spruchstellenverfahren.

Squeezing. Bezeichnung für eine Situation, in der die Kurse der → Underlyings von → Optionen und/oder → Futures signifikant ansteigen und Marktteilnehmer, die → Short

Squeeze Out

Positionen auf diese Basiswerte halten, gezwungen werden, sich einzudecken, um ihre → offenen Positionen zu schliessen und ihre Verluste zu minimieren. Müssen sich viele Marktteilnehmer → eindecken, wird dies als → Short-Squeeze bezeichnet. Das S. kann absichtlich von Marktteilnehmern durch eine Erhöhung ihrer Kaufkurse herbeigeführt werden, mit der Absicht, später zu noch höheren Kursen an die Eindeckenden zurück zu verkaufen.

Squeeze Out. 1. Bezeichnung im Finanzwesen für eine Situation der Geld-/Kreditknappheit. Geldmittel sind nur schwer erhältlich und dementsprechend die Zinsen sehr hoch. – 2. Zu einem S.O. kann es am → Terminmarkt gegen Ende des Fälligkeitsmonats kommen, wenn → Leerverkäufe → glattgestellt werden müssen. Die Kurse der → Underlyings von → Optionen und/oder → Futures steigen signifikant an. Marktteilnehmer, die → Short Positionen auf diese Basiswerte halten, werden gezwungen sich einzudecken, um ihre → offenen Positionen zu schliessen und ihre Verluste zu minimieren. Durch die zusätzliche Nachfrage steigen die Preise der Underlyings. – 3. Bei → Unternehmensübernahmen wird mit einem S.O. ein Vorgehen beschrieben, bei dem der Hauptaktionär mit großer Mehrheit (in Deutschland 95%) den/die Minderheitsaktionär/e durch Hauptversammlungsbeschluss aus der AG ausschließen kann.

staatliche Emissionsgenehmigung, *governmental authorization to issue securities*; ist inzwischen für die → Emission privater → Inhaber- und → Orderschuldverschreibungen weggefallen. Davor mussten private Schuldner ein gesetzliches Genehmigungsverfahren vor der Emission durchlaufen. Öffentliche → Anleihen hingegen unterlagen dieser Genehmigungspflicht nie.

Staatsanleihen, *Staatspapiere, government bond issue*; von nationalen Regierungen zur Kapitalbeschaffung emittierte → Anleihen, meist von hoher → Bonität. Zu Ihnen gehören in Deutschland vor allem → Bundesanleihen, → Bundesobligationen, → Bundesschatzbriefe und → Bundesschatzanweisungen.

Staatsgarantie, *government guaranty*; bezeichnet die Garantie einer Regierung bzw. eines Staates für → Verbindlichkeiten eines Unternehmens. Sie erfolgt i.d.R. in Form einer → Bürgschaft für von Kapitalknappheit betroffenen, aber förderungswürdigen Sektoren.

Staatskommissar an der Börse, *Börsenkommissar, State Commissioner*. Ein St. kann von der → Börsenaufsichtsbehörde für die Durchführung der ihr obliegenden → Börsenaufsicht bestellt werden (§ 1 III BörsG). Er ist nicht selbständiges Aufsichtsorgan des Landes, sondern lediglich Teil der Börsenaufsichtsbehörde.

Staatspapiere, → Staatsanleihen.

Staatsschuldbuch, *government debt register*; für einen Staat geführtes → Schuldbuch, in Deutschland ist dies das → Bundesschuldbuch.

stabile Wechselkurse, → feste Wechselkurse.

Staffelanleihe, *graduated-interest loan*; → Anleihen, deren → Verzinsung zu im Vorfeld in den → Anleihebedingungen vereinbarten Terminen angepasst wird. Diese Anpassung erfolgt nicht regelmäßig, wie bei variabel verzinslichen Anleihen, sondern nur zu bestimmten Terminen. St. verfügen über eine gestaffelte feste Verzinsung. Als typische Erscheinungsformen dieses Anleihetyps gelten die Bundesschatzbriefe Typ A und Typ B.

Stag, → Konzertzeichner.

Stagflation, *stagflation*. Bezeichnung für die Existenz von → Inflation in einer Phase der wirtschaftlichen Stagnation.

Stammaktie, *StA, Stämme,* → *Common Stock, ordinary share*; bezeichnet die Normalform der → Aktie. Sie vebrieft die Mitgliedschaftsrechte und -pflichten des → Aktionärs. – Gegensatz: → Vorzugsaktie.

Stammaktionär, *common/ordinary shareholder*. St. sind → Aktionäre, die ihren Gesellschaftsanteil durch → Stammaktien halten. Stammaktien verbriefen im Gegensatz zu → stimmrechtslosen Vorzugsaktien insbesondere das Stimmrecht in der Hauptversammlung.

Stämme, *shares of common stocks, ordinary shares*; Abkürzung für → Stammaktien, die im Aktienhandel zur Unterscheidung von → Vorzugsaktien üblich ist.

Stammeinlage, Einlage eines Gesellschafters einer GmbH. Sie muß mindestens 250 Euro betragen.

Stammkapital, *share/nominal capital of a GmbH*. Das St. bei der GmbH entspricht dem → Grundkapital bei der AG. Es ist ein ziffernmäßig fixierter Betrag von mindestens 25.000 Euro, der im Gesellschaftsvertrag festzulegen ist und nur durch → Satzungsänderung verändert werden kann. Es ist mangels persönlicher Haftung der Gesellschafter für die Verbindlichkeiten der Gesellschaft eine Art Garantiesumme für die Gläubiger, aber nicht identisch mit dem Gesellschaftsvermögen, das höher oder niedriger sein kann.

Standard & Poor's, amerikanische → Rating-Agentur. – Vgl. → Rating.

**Standard & Poor`s 500-Index (S&P 500)**, bezeichnet einen US-amerikanischen → Aktienindex, der von Standard & Poor`s herausgegeben wird und in dem die 500 größten US-amerikanischen Unternehmen aus zehn verschiedenen Branchen enthalten sind. Aus diesem Grund gilt dieser Aktienindex als eine wichtige → Benchmark. Von den 500 Unternehmen waren im August 2001 84,4% an der → New York Stock Exchange, 14,8% an der → NASDAQ und 0,4% an der → American Stock Exchange gelistet.

Standardabweichung, *standard deviation*; positive Quadratwurzel aus der → Varianz. Die Varianz beschreibt die (erwartete) mittlere quadratische Abweichung der Realisationen einer → Zufallsvariablen von deren → Erwartungswert. Die St. wird u.a. zur Messung des → Risikos von Investitionen herangezogen. Von zwei Investitionsalternativen weist diejenige die höhere Risiko auf, die bei gleichem Erwartungswert die höhere St. besitzt. Die Volatilität eines Wertpapiers wird durch die St. gemessen.

Standardtender, *standard tender*; vgl. → Tender.

Standing, *Bonität, Reputation*; bezeichnet den Bekanntheitsgrad und die → Reputation eines Unternehmens am → Kapitalmarkt. Eine vergleichsweise hohe relative Bewertung, eine kontinuierliche → Performance und eine vertrauensvolle → Dividendenpolitik deuten auf ein positives St. hin.

Standstill Agreement, *Stillhalteabkommen*; Abkommen im Rahmen feindlicher → Unternehmensübernahmen, wobei der → Raider von einem weiteren Aktienaufkauf der zu übernehmenden Unternehmung für einen gewissen Zeitraum abläßt. Das S.A. endet häufig damit, dass dem Raider für seine bereits erworbenen Anteile ein deutlich über dem Marktwert liegender Preis angeboten wird, um so die Aktien in den Besitz des Unternehmens zu bringen. – Vgl. auch → Greenmail-Transaktion.

Start up Financing, zweite Reifephase des → Early Stage Financing eines Unternehmens bei der Venture-Capital-Bereitstellung. Nach der Entwicklung eines → Business Plans und dem Zusammenstellen eines Mitarbeiterstabes während des → Seed Financing, befindet sich das Unternehmen nun im Aufbau oder hat seit kurzem mit dem Geschäft begonnen, seine Produkte sind aber noch nicht oder nur in geringem Umfang vermarktet. Ziel des S.u.F. ist die Gründung und der erfolgreiche Markteintritt des Unternehmens.

Start-up-Market, 1999 gegründetes → Börsensegment der → Hamburger Börse, (heutige → BÖAG Börsen Aktiengesellschaft), für innovative Wachstumsunternehmen.

Statement of source and application of funds, ist eine Bewegungsbilanz, die sämtliche Veränderungen der Bilanzpositionen während einer Periode in der Form der Gegenüberstellung von Mittelverwendung und Mittelherkunft aufzeigt. Eine weitere Form zur Darstellung von Mittelherkunft und Mittelverwendung sind die → Kapitalflussrechnungen.

Status, *statement of assets and liabilities*. Der St. ist eine Gegenüberstellung von Vermögen und Schulden. Bei dieser Aufstellung werden im Gegensatz zum → Jahresabschluss keine Bewertungsvorschriften, also

Stellagegeschäft

auch keine Abschreibungen oder ähnliches berücksichtigt. Zur Anwendung kommt ein St. z.B. bei der Kreditgewährung, bei Vermögensauseinandersetzungen zwischen Gesellschaftern oder bei der Eröffnung eines → Konkurs- oder → Vergleichsverfahrens.

Stellagegeschäft, *Stellgeschäft, put and call premium business, straddle*; Form eines → Termingeschäftes in Wertpapieren, mit gleichzeitigem Abschluss eines → Vor- und → Rückprämiengeschäftes in einem Wertpapier. Geeignet ist ein St. bei Erwartung volatiler Kursentwicklungen (→ Volatilität). Nach Festlegung der Liefermenge eines bestimmten Wertpapiers sowie je eines oberen und unteren Preises für das Geschäft kann die Käuferseite am vereinbarten Fälligkeitstermin vom Verkäufer die Lieferung der Wertpapiere zum oberen Preis oder alternativ die Abnahme der gleichen Anzahl zum unteren Preis verlangen. Im Falle eines St. gibt es für den Käufer kein Rücktrittsrecht, da er eine der beiden Alternativen wählen muss. Die Wahl der Ausübung Kauf- vs. Verkaufsrecht hängt vom Kurs der zugrunde liegenden Wertpapiere am → Prämienerklärungstag ab. Je volatiler der Wertpapiermarkt, desto höher ist im Allgemeinen der Stellagebetrag. Ceteris paribus ist die Stellage zudem umso höher, je weiter der Prämienerklärungstag in der Zukunft liegt. Daneben haben u.a. die Art des Wertpapiers und die Kurshöhe Einfluss auf die Spannweite der Stellage. Der maximale Verlust tritt für den Stellagekäufer ein, wenn der Abrechnungskurs am Stichtag genau zwischen Forderungs- und Lieferkurs notiert. Erst bei einer Kursbewegung über einen der beiden Kurse hinaus entsteht auf Käuferseite ein Gewinn. Analog tritt für den Stillhalter erst in diesem Fall ein - theoretisch unbegrenzter - Verlust ein, im günstigsten Fall beträgt sein Gewinn die halbe Stellagespannung.

Step Down Issue, variabel verzinsliche Anleihe (→ Floating Rate Note) mit im Zeitablauf sinkenden Margen, die auf den → Referenzzinssatz aufgeschlagen werden. – Gegensatz: → Step Up Issue.

Step-Up Anleihe, → Step-Up Bond; vgl. auch → Stufenzinsanleihe.

Step-up bond, Anleihe, bei der der → Kupon abhängig von einem bestimmten Ereignis oder in zeitlich wiederkehrenden Abständen steigt oder fällt. Im ersten Fall wird die Höhe des Anleihezinses häufig an ein bestimmtes → Rating des → Emittenten geknüpft. Sinkt es unter einen bestimmten Schwellenwert steigt der Kupon, steigt es wieder über den Schwellenwert verringert sich auch die Höhe des Zinses. Bei einem zeitlichen Ansteigen des Kupons - im Regelfall jährlich - handelt es sich um eine → Stufenzinsanleihe.

Step-Up Callable Bond, *step-up callable*; → Step-Up Bond, der zu den → Couponterminen mit einem Kündigungsrecht für den → Anleiheschuldner ausgestattet ist. Dieses Kündigungsrecht wird dem → Anleihegläubiger durch eine höhere Verzinsung der Anleihe entlohnt. Für den Gläubiger ist dieses Produkt mit einer Wiederanlageproblematik verbunden, da der Schuldner die Anleihe in erster Linie in Phasen niedriger Zinsen kündigen wird.

Step Up Issue, variabel verzinsliche Anleihe (→ Floating Rate Note) mit im Zeitablauf steigenden Margen, die auf den → Referenzzinssatz aufgeschlagen werden. – Gegensatz: → Step Down Issue.

Steueranrechnungsverfahren, *tax credit procedure*; vgl. → Körperschaftsteueranrechnungsverfahren und → Doppelbesteuerungsabkommen.

steuerbegünstigte Kapitalanlagen, *tax-favored investments*; sämtliche Formen der Kapitalanlage, die eine Steuerbegünstigung mit sich bringen. Die Steuervorteile können als staatliche Zulage (→ Vermögensbildung), steuerbegünstige Wertpapiere, → steuerfreie Wertpapierzinsen oder als Verlustzuweisung (→ geschlossene Immobilienfonds) gewährt werden.

steuerbegünstigtes Sparen, *tax favoured saving*; vgl. → Vermögensbildungsgesetz.

Steuerbescheinigung, *tax certificate*. Zu den St. zählen die Körperschaftsteuerbescheinigung (→ Körperschaftsteueranrechnungsverfahren) und die Kapitalertragsteuerbescheinigung. Beide Bescheinigungen beurkunden das Recht des Anlegers auf Anrechnung der KSt bzw. der KapESt. Die

Steuergutscheine

Erteilung der Bescheinigungen erfolgt nach amtlich vorgeschriebenem Muster.

Steuerbescheinigung bei thesaurierenden Fonds. Anleger in deutschen → Investmentfonds erhalten von ihrer depotführenden Stelle i.d.R. einmal jährlich eine → Steuerbescheinigung, aus der der zinsabschlagsteuerpflichtige Anteil der Erträge, der inländische Dividendenanteil sowie gegebenenfalls einbehaltene → Zinsabschlagsteuern, Solidaritätszuschläge, und ausländische → Quellensteuern hervorgehen.

Steuerbilanzwert, *fiscal book value*. Bezeichnung für den Wert, mit dem Bilanzpositionen in der Steuerbilanz ausgewiesen werden müssen.

Steuerfahndung, *tax search*. Die St. ist wie die Zollfahndung Teil der staatlichen Steueraufsicht. Sie hat vor allem die Aufgabe, Steuerhinterziehungen aufzudecken. Beamte der St. haben im Steuerstrafverfahren dieselben Rechte und Pflichten wie Behörden des Polizeidienstes als Hilfsbeamte der Staatsanwaltschaft. Sie können z.B. Beschlagnahmungen, Notveräußerungen, Durchsuchungen und Untersuchungen anordnen und haben die Befugnis, die Papiere des von der Durchsuchung Betroffenen einzusehen.

Steuerflucht, *tax evasion by absconding*. Die St. besteht in einem Verhalten, das bewirkt, dass das Steuerfluchtland den Zugriff auf das Steuergut verliert, das Zufluchtsland (i.d.R. ein Niedrigsteuerland) ihn erhält. St. kann Steuervermeidung, Steuerumgehung oder Steuerhinterziehung sein. Die St. ist ein Problem der Hochsteuerländer. Das deutsche Außensteuergesetz vom 08.09.1972 (zuletzt geändert am 20.12.1996) ist ein Maßnahmengesetz gegen den Wohnsitzwechsel und Einkünfteverlagerungen in niedrigbesteuernde Gebiete.

steuerfreie Reserven, *tax-free reserves*. Bezeichnung für diejenigen → Rücklagen eines Unternehmens, die im → Geschäftsjahr nicht der Besteuerung unterliegen und dadurch eine Steuerstundung bis zu ihrer gewinnwirksamen Auflösung bewirken. Sie umfassen die → stillen Reserven, die als nicht realisierte Vermögenszuwächse nicht oder noch nicht besteuert werden sowie die →offenen Rücklagen, die erst in einer späteren Periode besteuert werden.

steuerfreie Rücklagen, *tax-free reserves*; bezeichnet eine Position in der Steuerbilanz, die schon vor der Ermittlung des steuerpflichtigen Ergebnisses abgesetzt wird und Bestandteil des Sonderpostens mit Rücklageanteil in der → Handelsbilanz ist. Die Bezeichnung „steuerfrei" ist dabei jedoch nicht korrekt, da die gebildeten Rücklagen keine Steuerbefreiung, sondern lediglich eine Steuerstundung bewirken und in den Perioden, in denen sie aufgelöst werden, dennoch der Besteuerung unterliegen.

steuerfreie Wertpapiere, *tax exempt securities*; Vgl. → steuerfreie Wertpapierzinsen.

steuerfreie Wertpapierzinsen, *tax exempt interest on securities*. Zinsen aus bestimmten → festverzinslichen Wertpapieren, die von allen Ertragsteuern befreit sind. Steuerfrei sind unter bestimmten Voraussetzungen Zinsen aus Kapitallebensversicherungen (§ 20 I Nr. 6 EStG). Weitere Steuerbefreiungen ergeben sich aus dem KapErhStG, dem LAG und dem Reparationsschädengesetz (RepG), sowie aufgrund zwischenstaatlicher Vereinbarungen (→ Doppelbesteuerungsabkommen).

Steuergeheimnis, *tax secrecy*. Das St. ist eine verschärfte Form des Amtsgeheimnisses in Steuersachen. Damit soll das Steueraufkommen gesichert werden. Der Steuerpflichtige soll nicht gehindert werden, alle für die Besteuerung bedeutsamen Angaben gegenüber der Finanzbehörde zu machen. Deshalb soll er nicht befürchten müssen, seine persönlichen oder wirtschaftlichen Verhältnisse könnten Unbefugten bekannt werden. – Die Verletzung des St. ist nach § 335 → Abgabenordnung strafbewehrt. Möglich ist eine Geldstrafe oder eine Freiheitsstrafe bis zu zwei Jahren.

Steuergutscheine. Bezeichnung für unverzinsliche → Inhaberschuldverschreibungen, die zu einem über dem → Ausgabekurs liegenden Preis zur Bezahlung von Steuern verwendet werden können (→ Aufzinsung).

Steuern des Aktionärs

Steuern des Aktionärs, *taxes of the shareholder*. Der → Aktionär muss erhaltene → Dividenden als → Einkünfte aus Kapitalvermögen versteuern und er ist in bestimmten Fällen verpflichtet, Kursgewinne aus der Veräußerung von Anteilen zu versteuern (→ Aktien als Kapitalanlage, steuerliche Aspekte). Die Besteuerung der Dividenden erfolgt ab 2001 nach dem → Halbeinkünfteverfahren, d.h. Ausschüttungen werden nur zur Hälfte in die Bemessungsgrundlage der ESt des Aktionärs einbezogen. – Vgl. auch → Besteuerung der Erträge aus Wertpapieren.

Steueroasen, *tax havens*. St. sind Länder, die durch gezielte Steuervergünstigungen speziell ausländisches Kapital anlocken. Aufgrund der Steuervergünstigungen kommt es zu einer Verlagerung der Steuersubstanz in die Steueroasenländer.

steuertechnisch bedingte Wertpapierverkäufe, *security selling due to tax reasons*; → Realisation von Kursverlusten, um steuerliche Gewinne zu verringern und somit Steuern zu sparen. – Vgl. auch → Aktien als Kapitalanlage, steuerliche Aspekte und → Verluste bei Wertpapiergeschäften, steuerlich.

Stichcoupon, *renewal coupon*; seltene Bezeichnung für einen → Talon.

Stichkurs, → Stellkurs.

Stichtagskursmethode, → Währungsumrechnung bei Aufstellung eines Weltabschlusses.

Stichtagsprinzip, *cut-off date principle*. Das St. regelt die Frage, welcher Zeitpunkt für die bilanzielle Abbildung der Realität maßgeblich ist. Nach dem St. sind die objektiven Verhältnisse und subjektiven Einschätzungen am → Bilanzstichtag für die Bilanzierung und Bewertung maßgeblich. Steuerrechtlich wird auf das handelsrechtliche St. zwar nicht ausdrücklich Bezug genommen, doch entsprechen die dortigen Regelungen weitgehend denen des → Handelsrechts.

stille Abwicklung. Nach der Auflösung einer Handelsgesellschaft erfolgt die → Abwicklung. Bei der s.A. werden im Gegensatz zur üblichen Abwicklung die Abwicklungsgeschäfte wie bei einer lebenden Gesellschaft getätigt. Die besonderen Abwicklungsvorschriften werden nicht angewendet.

stille Beteiligung, → stille Gesellschaft.

stille Gesellschaft, *stille Beteiligung, dormant partnership, undisclosed participation*. Bei einer st.G. beteiligen sich eine oder mehrere natürliche oder juristische Personen (stille Gesellschafter) am Handelsgewerbe eines anderen (Geschäftsinhaber) mit einer Vermögenseinlage, die in dessen Vermögen übergeht (§§ 230 I, 231 II HGB). Das Geschäftsverhältnis tritt nach außen nicht in Erscheinung, deswegen spricht man bei der st.G. auch von einer Innengesellschaft. Nur der Geschäftsinhaber tritt nach außen auf. – Die wirtschaftliche Bedeutung der st.G. besteht darin, dass sie die Beteiligung an einem Handelsgewerbe mit begrenztem Kapitaleinsatz, ohne Mitarbeit, ohne unmittelbare Haftung und ohne Offenlegung im → Handelsregister ermöglicht. – Der stille Gesellschafter hat zwingend einen Gewinnbeteiligungsanspruch. Dessen Umfang bestimmt sich nach dem zwischen ihm und dem Geschäftsinhaber geschlossenen Vertrag, hilfsweise nach Angemessenheit. Eine Beteiligung am Verlust kann vertraglich ausgeschlossen werden (§ 231 HGB). – Von einer atypischen st.G. (vgl.→ Mitunternehmerschaft) wird gesprochen, wenn vertraglich vereinbart wurde, dass sich der stille Gesellschafter auch an der Geschäftsführung oder am Geschäftsvermögen des Geschäftsinhabers beteiligt oder statt einer variablen Verzinsung seiner Einlage eine Festverzinsung erhält.

Stille Reserven, *stille Rücklagen, hidden reserves, secret reserves*; bezeichnen diejenigen → Rücklagen eines Unternehmens, die nicht in der → Bilanz ausgewiesen werden und durch die Unter- oder Nichtbewertung der → Aktiva oder die Überbewertung der → Passiva entstehen. – Gegensatz: → offene Rücklagen.

Stille Reserve Politik, bezeichnet die im Zusammenhang mit → stillen Reserven stehenden Gestaltungsmöglichkeiten, deren Bildung bzw. Auflösung Auswirkungen auf den Unternehmenserfolg und auf das → Eigenkapital hat. Stille Reserven sind Teil des ökonomischen, nicht aber des bilanziellen Eigenkapitals. Sie sind in der → Bilanz nicht ersichtlich und entstehen durch → Unterbewertung der → Aktiva bzw. → Überbewertung der → Passiva. Kommt es zur Auflösung stiller Reserven, müssen steuerrechtliche Bestimmungen bedacht werden.

Stille Rücklagen, → stille Reserven.

stille Selbstfinanzierung, *hidden self-financing*; erfolgt durch die Kürzung des Gewinnausweises, indem → stille Reserven gebildet werden. Dies kann durch tendenzielle Unterbewertung der → Aktiva oder durch tendenzielle Überbewertung der → Passiva erfolgen. Der Finanzierungseffekt entsteht nicht durch Mittelzufluss, sondern durch einen geringeren Abfluss liquider Mittel, da durch Steuerstundungseffekte der → Gewinnausweis reduziert wird. – Gegensatz: → offene Selbstfinanzierung.

stiller Gesellschafter, → stille Gesellschaft.

Stillhaltekonsortium, *standby agreement*; bezeichnet ein → Konsortium, das der wirtschaftlichen Gesundung eines in Schwierigkeiten geratenen Kreditnehmers dient. Als Instrument kann beispielsweise eine Stundung des fälligen → Kredits dienen. Meistens geht dem St. ein → Kreditkonsortium voraus.

Stillhalter, *Schreiber, writer*; Verkäufer einer → Option. Der St. ist verpflichtet, das → Underlying zum → Basispreis vom Optionsinhaber zu kaufen (→ Stillhalter in Geld) oder an den Optionsinhaber zu verkaufen (→ Stillhalter in Wertpapieren), falls dieser zum Ausübungszeitpunkt von seinem → Optionsrecht Gebrauch macht.

Stillhalter in Geld, *put writer*; Verkäufer eines → Put. Der S.i.G. ist dem Optionsinhaber gegenüber verpflichtet, von diesem das → Underlying zu kaufen, falls der Optionsinhaber zum Ausübungszeitpunkt von seinem → Optionsrecht Gebrauch macht.

Stillhalter in Wertpapieren, *call writer*; Verkäufer eines → Call. Der S.i.W. ist dem Optionsinhaber gegenüber verpflichtet, an diesen das → Underlying zu liefern, falls der Optionsinhaber zum Ausübungszeitpunkt

Stimmenthaltung

von seinem → Optionsrecht Gebrauch macht.

Stillhaltevereinbarung, *Stillhalteabkommen, standstill/standby agreement*; Abkommen zwischen Schuldner und Gläubiger, dass bei finanziellen Schwierigkeiten des Schuldners eine → Stundung seiner Zahlungsverpflichtungen erfolgt. – Vgl. auch → Moratorium.

stimmen, → Stimmrechtsausübung.

Stimmenfang, Absprachen zwischen → Aktionären oder Dritten über die Vorgehensweise bei der Stimmenausübung auf der → Hauptversammlung der AG. Sie sind nur zulässig, wenn dadurch kein → Stimmenkauf vorliegt.

Stimmenkauf, *vote buying*; Kauf des → Aktienstimmrechts. Macht der → Aktionär sein Abstimmungsverhalten von einer Gegenleistung abhängig, so ist dies unzulässig. Diese Ordnungswidrigkeit kann mit einer Geldbuße geahndet werden.

Stimmenmehrheit, *majority of votes*. Eine St. liegt vor, wenn einem Unternehmen oder einer natürlichen Person die Mehrheit der Stimmrechte zusteht (→ Aktienstimmrecht). I.d.R. fallen → Kapital- und Stimmenmehrheit zusammen, dies ist aber nicht zwingend. Abweichungen sind bei der AG denkbar, wenn z.B. → stimmrechtslose Vorzugsaktien ausgegeben wurden oder wenn durch die → Satzung der AG Stimmrechtsbeschränkungen eingeführt worden sind. Eine St. kann, wegen der häufig niedrigen Hauptversammlungspräsenz, auch schon bei weniger als 50% der Stimmrechte vorliegen. – Vgl. auch → Stimmrechtsmehrheit.

Stimmenthaltung. Nichtabgabe der Stimme eines an sich stimmberechtigten Mitglieds bei Beschlussfassung in einer Versammlung. Eine Stimmenthaltung lässt sich in ihrer Bedeutung nicht einheitlich bewerten. Kommt es für die Mehrheit auf die Zahl der erschienen oder dem Beschlussgremium angehörenden Mitglieder an, wird der sich der Stimme enthaltende Anwesende grundsätzlich als erschienen angesehen; seine Enthaltung hat dann die Wirkung einer Nein-Stimme. Kommt es für die Mehrheit nur auf die Zahl der abgegebenen Stimmen an, wer-

Stimmenvertretung

den die nicht mit abstimmenden Personen nicht berücksichtigt; ihre Enthaltung wird weder als Ja- noch Nein-Stimme gewertet.

Stimmenvertretung, *Stimmenvollmacht, voting by proxy.* Bezeichnung für die Ausübung des → Aktienstimmrechts auf der Hauptversammlung durch einen Bevollmächtigten. Die Vollmachtsausübung erfolgt meist durch Interessensgruppen (z.B. Aktionärsvereinigungen) oder durch die depotführende Bank (→ Depotstimmrecht).

Stimmkarte, *Stimmschein, certificate of proxy*; Legitimationspapier zur Stimmabgabe auf der → Hauptversammlung der AG. Jeder → Aktionär erhält zu Beginn der Hauptversammlung mit Abgabe seiner Eintrittskarte die St. Diese berechtigt ihn zur Stimmabgabe (→ Stimmrechtsausübung). Maschinenlesbare Karten ersetzen dabei immer häufiger die traditionellen St. Dies soll eine schnellere Bearbeitung der Stimmabgabe ermöglichen.

Stimmrecht, → Aktienstimmrecht.

Stimmrechtsaktie, → Mehrstimmrechtsaktie.

Stimmrechtsanteilsveränderungen, *change of stock voting rights percentages.* Besitzt ein Unternehmen mehr als 25 Prozent der Aktien an einer AG mit Sitz im Inland, so hat es dies gemäß § 20 AktG dem betroffenen Unternehmen unverzüglich schriftlich anzuzeigen. Wird der Anteil wieder veräußert, so ist dies ebenfalls zu melden. Davon unabhängig besteht eine weitere Mitteilungspflicht nach dem WpHG. Gemäß § 21 WpHG hat ein Unternehmen, das durch Erwerb, Veräußerung oder auf sonstige Weise 5, 10, 25, 50 oder 75 Prozent der → Stimmrechte an einer börsennotierten Gesellschaft erreicht, über- oder unterschreitet, dies der betroffenen Gesellschaft und zusätzlich dem → BAWe innerhalb von sieben Tagen schriftlich mitzuteilen. Mit diesen Informationen erstellt das BAWe dann eine Übersicht, die zweimal monatlich veröffentlicht wird (http://www.bawe.de). Ein Verstoß gegen die Mitteilungspflicht nach dem WpHG ist eine Ordnungswidrigkeit und kann mit Bussgeld geahndet werden. – Vgl. auch → Mitteilungspflicht von Beteiligungen.

Stimmrechtsausschluss, *exclusion of right to vote*; Verbot der Stimmrechtsausübung in der Hauptversammlung (→ Hauptversammlung, Stimmrechtsausübung). Grundsätzlich steht das Stimmrecht jedem → Aktionär zu. Ausnahmen bestehen, wenn der Aktionär → Vorzugsaktien ohne Stimmrecht besitzt oder es zu einer Interessenkolision zwischen dem Aktionär und der zu beschließenden Maßnahme kommt. Der Aktionär darf z.B. nicht über seine eigene Entlastung oder die Befreiung von Verbindlichkeiten gegenüber der Gesellschaft abstimmen.

Stimmrechtsausübung, *stimmen, voting.* Die St. auf der Hauptversammlung erfolgt, indem die → Aktionäre einem Antrag zustimmen, ihn ablehnen oder sich der Stimme enthalten. Jede Aktie besitzt grundsätzlich eine Stimme, Ausnahmen sind allerdings möglich (z.B. → Vorzugsaktie). Um das → Aktienstimmrecht ausüben zu können, müssen die Aktien zuvor hinterlegt werden (→ Hinterlegung von Aktien) Die Erteilung einer → Vollmacht zur St. ist grundsätzlich möglich (→ Stimmrechtsvollmacht).

Stimmrechtsausübung durch Banken, → Depotstimmrecht.

Stimmrechtsbeginn, *beginning of the stock voting right.* Der St. erfolgt grundsätzlich mit vollständiger Leistung der Einlage. Die Satzung kann hiervon Abweichungen beschließen, insoweit sie die gesetzlichen Mindestanforderungen nicht unterschreiten.

Stimmrechtsbegrenzung, *limitation of stock voting rights*; satzungsmäßige Begrenzung der Stimmrechte durch Festlegung einer Maximalzahl von Stimmrechten. Um sich vor einer → feindlichen Übernahme zu schützen, machten in der Vergangenheit zahlreiche Publikumsgesellschaften davon Gebrauch. Heute ist die St. nur noch bei nicht börsennotierten Gesellschaften zulässig.

Stimmrechtsermächtigung, *stock votimg right authorization*; Bevollmächtigung einer Person zur Ausübung des Stimmrechts auf der → Hauptversammlung der AG. Die St. wird durch die → Stimmrechtsvollmacht ausgelöst.

Stimmrechtskonsortium, *pooling of voting rights*; bezeichnet ein → Konsortium, das zur Bündelung von → Stimmrechten gebildet wird, um gemeinsame unternehmenspolitische Ziele zu verfolgen bzw. um in den → Organen der AG Mehrheiten zu erzielen. Häufig werden St. zur Abwehr gegen → Unternehmensübernahmen konstituiert.

stimmrechtslose Vorzugsaktie, → Vorzugsaktie ohne Stimmrecht.

Stimmrechtsmehrheit, *stock voting rights majority*. Befinden sich mehr als die Hälfte der → Stimmrechte im Besitz eines → Großaktionärs, so besitzt dieser die St. an der Unternehmung. Dies impliziert eine → Mehrheitsbeteiligung an dem betroffenen Unternehmen, wodurch zwischen Großaktionär und Unternehmen regelmäßig ein Abhängigkeitsverhältnis entsteht (→ Abhängigkeitsvermutung). Dies bringt besondere Rechte und Pflichten für den beherrschenden Anleger mit sich.

Stimmrechtsmissbrauch, → Stimmrechtsverletzung.

Stimmrechtsverletzung, *Stimmrechtsmissbrauch, abuse of voting rights*. Ausnutzung des → Stimmrechts auf der Hauptversammlung für eigene Interessen unter Hintenansetzung des Wohls der Gesellschaft. Der → Aktionär ist gemäß dem Grundsatz → Treu und Glauben zur Gesellschaftstreue verpflichtet (→ Treuepflicht des Aktionärs), d.h. die Entscheidungen sind im Gesamtinteresse zu fällen, wobei im Rahmen dessen auch die berechtigten Belange von Minderheiten zu berücksichtigen sind. Die Rechtsfolge mißbräuchlicher → Stimmrechtsausübung ist die → Nichtigkeit der Stimmabgabe. Außerdem können Beschlüsse, die auf der nichtigen Stimmabgabe beruhen, wegen Sondervorteilserstrebung angefochten werden (→ Anfechtung von Hauptversammlungsbeschlüssen).

Stimmrechtsvertretung, *voting by proxy*. Das → Stimmrecht muss nicht persönlich ausgeübt werden. St. liegt vor, wenn ein Bevollmächtigter oder ein Vertreter des Stimmberechtigten das Stimmrecht auf der Hauptversammlung ausübt. – Vgl. auch → Depotstimmrecht.

Stimmrechtsvollmacht, *voting proxy*. Das Stimmrecht auf der Hauptversammlung kann grundsätzlich durch einen Bevollmächtigten ausgeübt werden (→ Stimmrechtsausübung), den der Aktionär frei wählen kann. – Vgl. auch → Banken als Aktionärsvertreter in der Hauptversammlung der AG und → Depotstimmrecht.

Stimmschein, → Stimmkarte.

Stimmung, → Börsenstimmung.

Stimmungsindikator, *Sentimentindikator*; Rückschlüsse auf die Gefühlslage und damit das Verhalten von wesentlichen Marktteilnehmergruppen sollen mit Hilfe von St. ermöglicht werden. Dabei erlauben solche Indikatoren – je nach Hintergrundbild über die Aussagekraft von Marktstimmungen für später eintretende Kursbewegungen – sowohl die Empfehlung von mit- als auch entgegenlaufendem Markthandeln. Häufig wird von einem empirisch fundierten Gegenlauf ausgegangen, so dass ein „übertriebener" Pessimismus zukünftig eher positive, ein „übertriebener" Optimismus eher negative Marktentwicklungen „verspricht". Ein gängiger Stimmungsindikator ist z.B. die → Put-Call-Ratio.

Stochastics. Das Konzept der Stochastics geht auf eine technische Studie von George Lanes zurück und dient der Identifikation überkaufter bzw. -verkaufter Märkte. Ausgangspunkt ist Lanes empirischer Befund, dass sich in Aufwärtstrends die Schlusskurse näher am Höchstkurs einer Betrachtungsperiode, in Abwärtstrends hingegen näher am Tiefstkurs einer Betrachtungsperiode befinden. Eine Trendumkehr (damit ggf. ein Kauf- oder Verkaufsignal) könnte demzufolge durch Entfernung der Schluss- von den jeweiligen Referenzkursen impliziert werden. Als Betrachtungsperiode definiert Lanes ursprünglich 5 Handelstage. Die benötigten Relationen zwischen Schluss- und Höchst-/Tiefstkursen werden im Konzept der Stochastics durch die sog. K%-, D%- und slowD%-Linie abgebildet.

Stock Appreciation Rights, *virtuelles Aktienoptionsprogramm, SARs, phantom stock plan*; orientieren sich als Vergütungsform für Führungskräfte und Mitarbeiter an → Aktienoptionsprogrammen, gewähren

Stock Broker

jedoch im Gegensatz zu den „echten" → Aktienoptionen nicht das Recht zum Bezug von → Aktien, sondern erstatten lediglich die Differenz zwischen → Ausübungspreis und → Marktpreis. Das Recht kann nach Ablauf einer festgelegten Frist und bei Erreichen bestimmter Erfolgsziele ausgeübt werden. Im Gegensatz zu echten Aktienoptionsprogrammen ist somit keine → Kapitalerhöhung erforderlich und eine → Kapitalverwässerung wird vermieden. Derartige Programme sind dadurch schneller und kostengünstiger durchführbar. Nachteilig ist der zumeist hohe Liquiditätsbedarf zu bewerten. Mittlerweile werden SARs daher nur noch selten als Vergütungsform verwendet. Eine größere Rolle spielten sie vor Inkrafttreten des → KonTraG. Durch dessen Inkrafttreten wurden jedoch echte Aktienoptionsprogramme gefördert. In der Praxis werden mittlerweile Programme entwickelt, die die Vorteile aus echten Aktienoptionen und SARs kombinieren.

Stock Broker, englische Bezeichnung für → Wertpapierspezialinstitute, die sich als Effektenhandelsbanken und → Effektenkommissionäre betätigen und dazu einer staatlichen Lizenz bedürfen. Ihre Hauptaufgabe liegt in der Abwicklung des → Wertpapierhandels für Dritte.

Stock Certificate, → Aktienurkunde.

Stock Corporation, US-Gesellschaftsform, die ungefähr der deutschen → AG entspricht.

Stock Dividend, → Stock-Dividende.

Stock-Dividende, *Wertpapierdividende, stock dividend*. Die St. wird nicht in bar, sondern in Form von Aktien an die Aktionäre ausgeschüttet. Häufig wird zusätzlich zur St auch eine → Gelddividende gezahlt. In Deutschland ist dieses Verfahren nur zulässig, wenn Bonusaktien ausgegeben werden.

Stock-Dividenden-Politik, *stock dividend politics*. Die → Stock-Dividende wird bei beteiligungsfinanzierungsrelevanten Entscheidungen einer AG eingesetzt. In Deutschland entspricht die Erhöhung des Grundkapitals aus den in den Rücklagen gesammelten Gewinnen der → Kapitalerhöhung aus Gesellschaftsmitteln. Diese Form der Kapitalerhöhung ist besonders dann empfehlenswert, wenn eine Aktie wegen ihres hohen Kurses nur schwer handelbar ist. Die Stock-Dividende dient auch als Mittel der Aktionärspflege.

Stock Exchange, → Wertpapierbörse.

Stock Exchange Automated Quotation System (SEAQ). Kursinformations- und Wertpapierhandelssystem der → London Stock Exchange (LSE), das die von den → Market-Makern gestellten Kauf- und Verkaufskurse (→ Quotes) anzeigt und bei wichtigen Aktien die Identität des Market-Makers offenlegt. Zudem zeigt es alle abgeschlossenen Aktiengeschäfte im Wert von über 1.000 Pfund an. – SEAQ International bezeichnet das Marktinformationssystem der LSE für internationale Wertpapiere. Kurse werden dabei in den jeweiligen Währungen der Heimatländer angezeigt. Das → Settlement erfolgt durch die Systeme vor Ort.

Stockholder, → Aktionär.

Stockholder Relations, → *Investor Relations, Aktionärspflege*.

Stock Index Futures, → Aktienindex-Future.

Stock Market, → Börse.

Stock Option, → Aktienoption.

Stock Option Plan, → Aktienoptionsprogramm.

Stock-Picking, *Aktienauswahl, Aktienselektion*; bezeichnet eine Anlagestrategie, bei der → Aktien präferiert werden, die nach eigener Einschätzung den Gesamtmarkt outperformen. Dabei unterscheidet man zwei Methoden: → Stock-Screening und → Tilted-Funds-Strategie. Eine notwendige Bedingung für eine erfolgreiche Aktienselektion stellt die überdurchschnittliche Prognosefähigkeit künftiger Aktienentwicklungen dar. Diese wiederum erfordert ihrerseits Informationsvorsprünge gegenüber anderen → Investoren.

Stock Right, *stock purchase warrant, Aktienbezugsrecht*; → Bezugsrecht von Aktionären auf → junge Aktien aus einer Kapitalerhöhung. Etwas irreführend werden die → Bezugsscheine auf junge Aktien auch als →

Warrants bezeichnet, die in den USA Optionsscheine sind.

Stock-Screening, bezeichnet eine Methode des → Active Managements, bei der ein Punktbewertungsverfahren angewandt wird. Die → Wertpapiere werden anhand wichtiger Kriterien (z.B. → KGV, → Dividendenrendite, → PEG) bewertet. Durch die anschließende Gewichtung aller auf dem sog. „Screen" zusammengestellten Daten erhält jede Aktie eine Gesamtpunktzahl. Liegt diese über einer vom Investor vorher festgelegten Mindestpunktzahl, wird diese gekauft.

Stock Split, → Aktiensplit.

Stock Warrants, *Aktienbezugsrecht, Optionsanleihen mit Aktienbezugsrecht*; vgl. hierzu → Optionsanleihe und → Bezugsrecht auf Optionsanleihen.

Stop Buy Limit. Bezeichnung für das → Kurslimit, das der Anleger bei einer → Stop Buy Order festsetzt und bei dessen Erreichen oder Überschreiten der → Kaufauftrag zum dann aktuellen Kurs ausgeführt wird.

Stop Buy Order, *stop order to buy, Stop-buy-Auftrag*. Limitierter → Kaufauftrag, der automatisch zu dem Zeitpunkt billigst ausgeführt wird, zu dem der aktuelle Börsenkurs den vom Anleger angegebenen → Stop Buy Limit erreicht oder überschreitet. Eine S.B.O. ist meist nur bei Auftragsgrößen von 50 Aktien und einem Vielfachen davon möglich (→ Round Lot) und nur bei variablem Handel einsetzbar, da hier eine Reaktion auf die jeweilige Kursentwicklung sinnvoll und möglich ist. – Gegensatz: → Stop Loss Order.

Stop Limit Order, Limitierter → Börsenauftrag, der zu dem Zeitpunkt ausgeführt wird, zu dem der aktuelle Börsenkurs den vom Anleger angegebenen Stopkurs (Mindestkurs) erreicht. Im Gegensatz zu → Stop Buy Orders und → Stop Loss Orders wird die S.L.O. jedoch nicht anschließend → billigst bzw. → bestens ausgeführt, sondern es wird ein → Kurslimit beachtet.

Stop Loss Limit, → Kurslimit, das der Anleger bei einer → Stop Loss Order festsetzt und bei dessen Erreichen oder Unterschreiten der → Verkaufsauftrag zum dann aktuellen Kurs ausgeführt wird.

Stop Loss Order, *Stop-loss-Auftrag, Verlustbegrenzungsauftrag*. Limitierter → Verkaufsauftrag, der zu dem Zeitpunkt → bestens ausgeführt wird, zu dem der aktuelle Börsenkurs den vom Anleger angegebenen → Stop Loss Limit bzw. Mindestkurs erreicht oder unterschreitet. Dadurch können Anleger einen bereits erzielten Gewinn absichern oder das Risiko eines möglichen Verlusts beschränken, da bei Erreichen oder Unterschreiten des Limitkurses der Verkaufsauftrag automatisch zum nächsten festgestellten Börsenkurs ausgeführt wird. Eine S.L.O. ist meist nur bei Auftragsgrößen von 50 Aktien und einem Vielfachen davon möglich (→ Round Lot) und nur bei → variablem Handel einsetzbar, da hier eine Reaktion auf die jeweilige Kursentwicklung sinnvoll und möglich ist. – Gegensatz: → Stop Buy Order.

Stop Order to Buy, → Stop Buy Order.

Stoppkurs, *Kurslimit*; ein im Rahmen einer Stop-Order (→ Stop Loss Order, → Stop Buy Order) festgelegter Kurs, bei dessen Erreichen aus der Order ein unlimitierter Auftrag (Verkauf „bestens" oder Kauf „billigst") wird.

Stop Trading, → Handelsstopp.

Storno, *Stornierung, reversal, cancellation*; eine durch die Bank bereits ausgeführte Buchung wird durch eine entsprechende kompensatorische Gegenbuchung wieder rückgängig gemacht. Dadurch wird die bereits vorgenommene Buchung aufgehoben.

STOXX, → Dow Jones STOXX.

Straddle. Kombinierte Optionsstrategie aus gleichzeitigem Kauf oder Verkauf einer gleichen Anzahl von → Calls und → Puts mit gleichem → Underlying, gleicher Restlaufzeit und gleichem → Basispreis. – Die Anwendung eines St. erfolgt in Erwartung einer bestimmten Entwicklung der Volatilität des Underlying, wobei die Richtung der Wertentwicklung des Underlying unerheblich ist. Je nach Erwartungshaltung ist dabei der → Long Straddle (steigende Volatilität) oder der → Short Straddle (sinkende Volatilität)

Straf- und Bussgeldvorschriften des AktG

vorteilhaft. – Im Vergleich zum → Strangle sind die erwarteten Kursschwankungen des Underlying jedoch eher moderat.

Straf- und Bussgeldvorschriften des AktG, *criminal and monetary fine rules of the German Stock Corporation Law*. S.u.B.d.AktG wurden erstmals 1870 eingeführt, als der Gesetzgeber die → Aktiengesellschaften (AG) vom Konzessionszwang und staatlicher Oberaufsicht befreite. In der Folgezeit wurden die Strafbestimmungen aufgrund von Missbräuchen immer wieder verschärft. Erst im → Aktiengesetz von 1965 kam eine Tendenz zur Entkriminalisierung zum Ausdruck, indem Straftatbestände zu Ordnungswidrigkeiten herabgestuft wurden. Die Straf- und Bussgeldvorschriften, die im Zusammenhang mit der Aufstellung des → Jahresabschlusses stehen, wurden mit dem → Bilanzrichtliniengesetz (BiRiLiG) 1985 in das → HGB übernommen. – Die Straf- und Ordnungswidrigkeitentatbestände sind in den §§ 399-405 AktG geregelt. § 407 AktG ermöglicht Zwangsgeld festzusetzen. § 408 AktG bestimmt, dass die Vorschriften auch auf die → Kommanditgesellschaft auf Aktien (KGaA) anzuwenden sind. Dabei stehen die persönlich haftenden Gesellschafter den Vorstandsmitgliedern gleich. – Wichtige Tatbestände sind der Gründungsschwindel, die unrichtige Darstellung und die Pflichtverletzung bei Verlust, Überschuldung oder Zahlungsunfähigkeit. Hinzu kommt noch die Verletzung der Berichts- und der Geheimhaltungspflicht.

Strafzinsen, *penalty rate, penalty interest*. 1. *Negativzins*. In Sonderfällen von Banken auf → Einlagen erhobener Zins auf nicht erwünschte Mittelzuflüsse. 2. Von Banken zu zahlender Sonderzins bei Unterschreitung der notwendigen → Mindestreserve.

Straight Bond, *straight debt, straight debt security, Festzinsanleihe*; klassische festverzinsliche → Anleihe ohne jegliche Sonderausstattung (z.B. im Vergleich zu → Optionsanleihen). Der Zinssatz entspricht den gängigen Marktkonditionen, wobei oftmals ein runder Zinssatz gewählt wird, der durch eine Emission über oder unter → pari ausgeglichen wird. Des weiteren haben S.B. üblicherweise eine → Laufzeit von fünf bis zehn Jahren und sind endfällig (→ Endfälligkeit).

Straight Debt, → Straight Bond.

Straight Debt Security, → Straight Bond.

Straight through Processing, *vollautomatische Auftragsabwicklung*; bezeichnet eine vollautomatische und ohne jegliche Intervention ablaufende → Ausführung von Kundenaufträgen. Dies ist für die Marktteilnehmer v.a. aus Gründen der Kostenersparnis attraktiv.

Strangle, kombinierte Optionsstrategie, die durch gleichzeitigen Kauf oder Verkauf derselben Anzahl an → Calls und → Puts mit gleichem → Underlying und gleicher Restlaufzeit, aber unterschiedlichen → Basispreisen erzeugt wird. Die Anwendung eines St. erfolgt in Erwartung einer bestimmten Entwicklung der → Volatilität des Underlying. Je nach Erwartungshaltung empfiehlt sich dabei der → Long Strangle (steigende Volatilität) oder der Short Strangle (sinkende Volatilität). – Diese Strategie ähnelt dem → Straddle, beim St. sind die erwarteten Kursschwankungen des Underlying jedoch höher.

Strap, kombinierte Optionsstrategie, die konzeptionell dem → Straddle ähnelt. Der ST. wird allerdings durch gleichzeitigen Kauf (→ Long Strap) oder Verkauf (→ Short Strap) einer unterschiedlichen Anzahl an → Calls und → Puts mit gleichem → Basispreis generiert, wobei die Calls stets in der Überzahl sind. Das Call/Put-Verhältnis beträgt dabei üblicherweise 2:1. – Vgl. auch → Strip.

Strategien mit Optionen, → Optionsstrategien.

Streichung des Kurses, → Kurs gestrichen.

Streifbandverwahrung, → Sonderverwahrung.

Streubesitz von Aktien, *portfolio investment of stocks*. Als St. gilt derjenige Teil des Kapitals, der von einer großen Anzahl von → Kleinaktionären gehalten wird. Im Gegensatz dazu steht der Paketbesitz (→ Paket). Seit für Beteiligungen ab 5% eine Meldepflicht nach dem → Gesetz über den Wertpapierhandel gilt, werden die meldepflichtigen Anteilspositionen nicht mehr als St. betrachtet.

strukturierte Finanzprodukte

Strike. 1. → Strike Price. – 2. Alternatives Handelssystem (→ ECN), das von Investmentbanken unter der Führung von Bear Stearns und Salomon Smith Barney gegründet wurde. Ein Merger mit dem ECN → Brut ist geplant.

Strike Price, → Basispreis.

Striking Price, → Basispreis.

Strip. Kombinierte Optionsstrategie, die durch gleichzeitigen Kauf (→ Long Strip) oder Verkauf (→ Short Strip) einer unterschiedlichen Anzahl an → Puts und → Calls mit gleichem → Basispreis generiert wird, wobei die Puts stets in der Überzahl sind. Das Put/Call-Verhältnis beträgt dabei üblicherweise 2:1. – Vgl. auch → Strap.

Strip Hedge, bezeichnet eine Hedging-Strategie (→ Hedging), bei der → Terminkontrakte mit unterschiedlichen → Laufzeiten zu Beginn so zusammengestellt werden, dass sie einen bestimmten Vorgang am → Kassamarkt abbilden. – Vgl. auch → Optionsstrategien.

Strip of Futures Contract. Bezeichnung für mehrere aufeinander folgende → Futureskontrakte mit unterschiedlichen → Fälligkeiten.

Strippability. Möglichkeit zur Trennung des → Mantels und → Bogens von Wertpapieren für den separaten Handel (→ Bond Stripping).

Stripped Bonds, *stripped securities, gestrippte/leere Anleihen*. Synthetisch kreierte → Anleihen, die durch Trennung des Rückzahlungsanspruchs (→ Mantel) von den → Zinskupons (→ Bogen) entstehen. Dadurch werden klassische Anleihen (→ Straight Bonds) in Null-Kupon-Anleihen (→ Zero-Bonds) umgewandelt. Der → Emittent erwirbt Anleihen oder Schuldscheindarlehen der öffentlichen Hand und trennt Mantel und Bogen. Nach der Trennung werden der Rückzahlungsanspruch und die Kupons auf den jeweiligen → Barwert abgezinst. Der Anleger erhält demnach keine laufenden Zinszahlungen. Sein Ertrag ergibt sich aus der Differenz zwischen Erwerbskurs (der mit den Zinsen und Zinseszinsen entsprechend der Laufzeit abgezinst wurde) und Rückzahlungskurs des Papiers. Der Emittent nimmt das → Bond Stripping nur vor, wenn die Summe der Preise der getrennten Papiere über dem Preis der Anleihe vor der Umwandlung liegt und ein Markt für die gestrippten Papiere vorhanden ist. In den USA sind S.B. v.a. unter den Begriffen CATS (→ Certificates of Accrual on Treasury Securities), → TIGRs (Treasury Investment Growth Receipt) und → LIONs (Lehman Investment Opportunity Notes) bekannt geworden. – Für den Anleger ist der Erwerb vor allem aufgrund der erstklassigen Schuldnerbonität gegenüber den klassischen → Zero-Bonds von Vorteil.

Stripped Coupons, *gestrippte Kupons*; bei → Anleihen durch Trennung von Rückzahlungs- und Zinszahlungsanspruch individualisierte Kupons. Diese werden als → Zero-Bonds getrennt gehandelt. – Vgl. → Stripped Bonds und → Bond Stripping.

Stripped Securities, → Stripped Bonds.

Stripping, Trennung der → Zinsscheine (Kupons) und des Rückzahlungsanspruchs von → Anleihen. – Vgl. → Bond Stripping und → Stripped Bonds.

Strong Buy, *sehr empfehlenswerter Kauf*; nachdrückliche Kaufempfehlung für ein Wertpapier, meist durch einen → Analysten gegeben. S.B. ist die Steigerung der Kaufempfehlung → Buy.

Structured Finance, *financial engineering*; bezeichnet Beratungs-, Betreuungs- und Finanzierungsleistungen, die sich auf kundenindividuelle Spezifika, insbesondere die → Cash-Flows sowie die rechtlichen, steuerlichen und finanzwirtschaftlichen Verhältnisse beziehen.

strukturierte Anleihen, → Schuldverschreibungen bei denen die → Rückzahlung oder die Verzinsung oder ein Teil davon von bestimmten Ereignissen abhängig gemacht ist. Der Begriff dient vornehmlich zur Abgrenzung von traditionellen Schuldverschreibungen (sog. → Straight Bonds).

strukturierte Finanzprodukte, *structured products*. Bezeichnung für einen Anlagegegenstand, bei dem ein → Kassainstrument mit einem oder mehreren → derivativen

strukturierte Kapitalmarktprodukte

Finanzinstrumenten fest zu einer rechtlichen und wirtschaftlichen Einheit verbunden ist. Die Bedeutung dieser innovativen, kombinierten Produkte ist ständig wachsend. Im Rahmen von → Financial Engineering werden immer neue Produkte entwickelt. Bekannte Produkttypen sind dabei beispielsweise: → Discountzertifikate, Barrier- Discountzertifikate, → Reverse Convertibles.

strukturierte Kapitalmarktprodukte, → strukturierte Finanzprodukte.

Strukturvertrieb für Finanzdienstleistungen. Form des Direktvertriebes von Finanzdienstleistungen verschiedener Anbieter durch rechtlich selbständige Unternehmen. Diese nutzen meist eine Organisation selbständiger Handelsvertreter, die direkt mit dem Unternehmen vertraglich verbunden sind. Die Handelsvertreter sollen selbst neue Mitarbeiter rekrutieren, an deren Umsätze sie dann selber mitpartizipieren (→ Schneeballsystem). Durch die breite Angebotspalette vieler Strukturvertriebe wird dem → Allfinanzkonzept im Finanzdienstleistungsbereich entsprochen.

Stückaktie, *individual share certificate*; beinhaltet einen Anteil am Grundkapital der AG. Die Satzung der AG gibt an, in wie viele St. das Grundkapital zerlegt ist. Nach § 8 III AktG sind alle St. einer Gesellschaft am Grundkapital im gleichen Umfang beteiligt. Daher ergibt sich der Anteil einer Aktie als Quotient aus Grundkapital und Anzahl der Stückaktien einer AG. Dies ist ein geldmäßiger Anteil pro Aktie, aber kein quotaler (→ Quotenaktie). Daher ist die St. faktisch eine → Nennwertaktie ohne Angabe des Nennwerts auf dem → Aktienmantel. Sie wird daher als unechte Quotenaktie bezeichnet. Der Mindestanteil pro Stückaktie am Grundkapital ist 1 Euro (§ 8 III AktG).

Stücke, *pieces, units*. Man verwendet den Begriff St. im Zusammenhang mit Börsen häufig als Synonym für → Wertpapiere.

stückelose Anleihe, *no-certificate loan*; → Wertrechtsanleihe.

stückelose Wertpapiere. Der Begriff st.W. bezeichnet Wertpapiere, die nicht als ausgedruckte → effektive Stücke verbrieft sind, sondern als → Globalstücke oder als → Wertrechte (d.h. als Schuldbuchforderung) begeben werden. Die Verwahrung von Wertrechten, wie auch Globalurkunden, erfolgt über eine → Wertpapiersammelbank in → Girosammelverwahrung. Mittels EDV-Umbuchung der Eigentumsrechte an den girosammelverwahrten Effekten werden st.W. im Anschluss an Wertpapiertransaktionen auf die neuen Eigentümer übertragen. Die große Mehrheit der inländischen → Schuldverschreibungen wird inzwischen nicht mehr in effektiven Wertpapierurkunden emittiert, und auch → Bundespapiere werden mittlerweile nur noch als → Wertrechtsanleihe ausgegeben.

Stückelung, *denomination, standard of value*; gibt die Unterteilung von Aktien, Anleihen (→ Nennwerte) und Banknoten in verschiedene Nennbeträge an. In § 8 II AktG wird ein Mindestnennwert pro Aktie von einem Euro verlangt, mögliche weitere St. sind ein Vielfaches davon. Bei Anleihen kann die St. z.B. 100, 500 oder 1.000 Euro betragen. Euro-Noten werden mit einer St. von 5, 10, 20, 50, 100, 200 und 500 Euro am Markt ausgegeben.

Stückemangel, *shortage of offerings*. Werden zu wenig Aktien am Markt angeboten, wird dies als ST. bezeichnet.

Stückeverzeichnis, *Depotschein, Nummernverzeichnis, list of securities deposited*. Aufstellung über die vom → Kommissionär für den Kunden angeschafften und verwahrten → Wertpapiere, in der diese nach → Wertpapiergattung, → Nennbetrag, Nummern oder sonstigen Bezeichnungsmerkmalen gekennzeichnet sind. Das St. muss gemäß § 18 DepotG binnen einer Woche angefertigt und dem Kunden übersandt werden. Zu diesem Zeitpunkt geht das Eigentum an den darin bezeichneten Wertpapieren, soweit der Kommissionär über sie zu verfügen berechtigt ist, auf den → Kommittenten über.

Stückkurse, → Stücknotierung, -notiz.

Stücknotierung, -notiz, *Stückkurse, unit quotation*; bezeichnet die an deutschen Börsen heutzutage übliche Methode, den Börsenkurs für Wertpapiere in Geldeinheiten pro Stück, z.B. Euro pro Aktie, auszudrücken. Bis 1969 war in Deutschland für Aktien die → Prozentnotierung üblich, die weiterhin bei → festverzinslichen Wertpapieren angewandt wird.

Stückzinsabsbschlag, Zinsabschlag, bei Stückzinsen.

Stückzinsen, *accrued interest*. Wird eine → Anleihe zwischen zwei Zinsterminen verkauft, wird dem Käufer der → Zinscoupon für die gesamte Zinsperiode überlassen, obwohl ihm nur ein Teil zusteht. Infolgedessen muss er dem Verkäufer denjenigen Teil des Zinsbetrages zusätzlich zum Kaufpreis zahlen, der auf den Teil der Zinsperiode fällt, die vor dem Kauftermin liegt. Dieser Betrag wird St. genannt und wird nach dem Konzept der einfachen → Zinsrechnung ermittelt. Die St. stehen dem Verkäufer bis einschließlich des Tages vor Erfüllung zu, wobei jeder Monat mit 30 Tagen gerechnet wird. Die St. können mit folgender Formel berechnet werden:

$$St. = \frac{Nominalbetrag \times Zinstage \times Nominalzins}{100 \times Jahrestage}$$

Nominalbetrag = Nominalbetrag der Anleihe

Zinstage = Tage vom letzten Zinstermin bis zum Kaufzeitpunkt

Nominalzins = auf den Nominalbetrag bezogener Zins.

Steuerlich gehören die St. beim Veräußerer zu den Einkünften aus Kapitalvermögen und unterliegen der → Zinsabschlagsteuer. Beim Erwerber stellen sie negative Einnahmen dar, mindern also seine Einkünfte aus Kapitalvermögen.

Stufengründung, *Sukzessivgründung, formation of an AG by incorporators and subscribers*. Im Gegensatz zur → Einheitsgründung übernehmen die Gründer einer AG bei der St. nur einen Teil der Aktien. Der Rest wird der Öffentlichkeit zur → Zeichnung angebracht. Diese Gründungsform kam früher relativ selten zur Anwendung. Heute ist sie unzulässig.

Stufenzinsanleihe, Form des → step-up bond. Anleihe, die mit einem in bestimmten zeitlichen Abständen -idR. jährlich - ansteigenden → Kupon ausgestattet ist.

Stufenzinsanleihen, → Anleihen, bei denen die Zinszahlungen bis zum Ende der Laufzeit gestaffelt sind. Zu unterscheiden sind St. mit steigendem Kupon (→ Step-up Bond) und mit fallendem Kupon (Step-down Bond). – Vgl. auch → Gleitzinsanleihe.

Stundung, *respite*. Aufschub des Fälligkeitstermins einer Zahlungsverpflichtung, der dem Schuldner vom Gläubiger gewährt wird. – Vgl. auch → Moratorium.

Stuttgarter Verfahren, *Stuttgart method*. Methode zur Ermittlung des → gemeinen Wertes nicht börsennotierter Anteile von → Kapitalgesellschaften. Vermögenswert und Ertrag der Kapitalgesellschaft sind bei Anwendung des S.V. die maßgeblichen Größen zur Bestimmung des gemeinen Wertes.

Stützungskäufe, *backing*. Bezeichnung für Käufe von → Anleihen oder → Aktien zum Zweck der Stützung ihrer → Kurse oder zur Stabilisierung des → Zinsniveaus im Rahmen der → Notenbankpolitik.

Stützungskonsortium, *backing syndicate*; bezeichnet ein → Konsortium, das zur → Kursstützung, meistens im Rahmen eines Übernahme- oder Begebungskonsortiums, gegründet wurde.

Stützungslinie. 1. *backup line*; von einer Bank gegebene Verfügbarkeitszusage über eine Kreditlinie. – 2. → Unterstützungslinie.

Subindex, bezeichnet einen → Index, der einen Teil eines Marktes abdeckt. Länderindizes können z.B. als S. eines Weltindex angesehen werden, Branchenindizes können S. eines Länder- oder Weltindex sein.

subjektive Wahrscheinlichkeit, *subjective/personal expectancy*. Im Gegensatz zur → objektiven W. wird die s.W. von Ereignissen durch die sachkundige Einschätzung des zu Grunde liegenden Zufallsvorganges ermittelt. Als Anhaltspunkt für die Ermittlung können z.B. langjährige Erfahrung, die Berücksichtigung korrelierter → Zeitreihen und Expertenmeinungen herangezogen werden.

Subordinated Creditor, → Kreditor, der eine nachrangige → Verbindlichkeit eines Schuldners besitzt. – Vgl. auch → Senior Creditor.

Subordinated Debentures

Subordinated Debentures, angelsächsische Bezeichnung für nachrangige → Schuldverschreibungen. Im Falle eines Ausfalls des → Emittenten werden diese Papiere erst nach den gewöhnlich begebenen Schuldverschreibungen bedient.

Subordination, → *Junior Debt*, bezeichnet die Aufteilung einer → Emission in mehrere unterschiedliche Tranchen, mindestens in eine Senior Class und eine Junior Class. S. ist eine der beliebtesten Besicherungsformen bei der Strukturierung von → Asset Backed Transactions. Dadurch können → Aktiva mit relativ schwacher → Kreditwürdigkeit so strukturiert werden, dass daraus ein Instrument entsteht, welches ein sehr hohes → Rating aufweist. Im Fall von Zahlungsverzögerungen oder Forderungsausfällen wird zunächst die Senior Class bedient und die Ansprüche der Junior Class dienen als Verlustpuffer.

Subscriber, → Zeichner.

Subscription, → Zeichnung.

Subscription Agreement, bezeichnet eine Vereinbarung bezüglich der Übernahme- und Platzierungskonditionen von → Wertpapieren, die bei → Emissionskonsortien nach dem Verfahren einer mehrschichtigen → Syndizierung zwischen den Mitgliedern der → Management Group und dem → Emittenten getroffen wird.

Subskription, → Zeichnung.

Substanzausschüttung. Ausschüttung von Beträgen, die nicht durch erwirtschaftete Gewinnen des Unternehmens gedeckt sind, sondern eine Schmälerung ihrer Substanz zur Folge hat.

Substanzerhaltung, *maintenance of real-asset values*. Form der → Kapitalerhaltung, die auf der Erhaltung eines gütermäßig definierten Kapitalbestandes beruht. Nach dem Verständnis der S. entsteht Gewinn nur durch Substanzmehrung, während Substanzminderung einen Verlust darstellt. Jener Teil der Erlöse aus dem Umsatzprozess, der aufgewendet werden muss, um die verbrauchten Vermögensgegenstände wiederzubeschaffen, kann nach dem Verständnis der S. kein Gewinn sein, weil er benötigt wird, um das Vermögen - verstanden als Güterkombination - zu Beginn der Periode zu erhalten. → Aufwendungen werden grundsätzlich zu Wiederbeschaffungskosten bewertet.

Substanzerhaltungstheorien, *maintenance of equity theories*. Bilanztheoretische Konzeptionen zur Ermittlung der Leistungsfähigkeit eines Unternehmens, ausgehend von der → Aktivseite der Bilanz. Nach den S. ergibt sich der Periodengewinn aus der Differenz zwischen den Umsatzerlösen und den Wiederbeschaffungskosten aller verbrauchten und umgesetzten Vermögenswerte. Absolute Substanzerhaltung ist dann erreicht, wenn alle Güter in gleicher Menge und Qualität wiederbeschafft werden können. Bei relativer Substanzerhaltung werden bei der Wiederbeschaffung ökonomische und technische Veränderungen berücksichtigt.

substanzstarke Titel, → Aktien von Unternehmen mit hohem Sachvermögen. Der Aktienwert ist vorwiegend durch die Substanz der AG begründet.

Substanzwertanlage, *intrinsic value investment*. Kriterium für eine Anlageentscheidung kann neben der → Ertragskraft auch der → Substanz-, Real- oder → Sachwert sein. Eine S. erfolgt in Vermögenswerte, deren → innerer Wert nicht direkt von Schwankungen des → Geldwertes und der Währung betroffen ist. Die S. kann damit, in gewissem Umfang, als Schutz vor → Inflation dienen. Typischerweise als S. angesehen werden → Grundbesitz als Kapitalanlage, → Immobilienfondsanteile als Kapitalanlage oder Edelmetalle (z.B. → Goldanlagen).

Substanzwertverfahren, *real/net asset/material value method*. Verfahren der → Unternehmensbewertung, bei dem der Wert eines gesamten Unternehmens als → Substanzwert bestimmt wird. Dieser ergibt sich als Gesamtwert der Vermögensgegenstände, der aus den Tageswerten der Vermögenspositionen auf den Beschaffungsmärkten ermittelt wird (Wiederbeschaffungskosten), zuzüglich des Wertes der nicht bilanzierungsfähigen Wirtschaftsgüter (z.B. Image, Knowhow, Markenwert, Marktposition, Kundenstamm), abzüglich des Marktwertes der Schulden. Der Substanzwert ist zu bestimmten Anlässen nach hierfür einschlägigen Grundsätzen und Vorschriften zu ermitteln, etwa bei Aufspaltung, → Verschmelzung oder Verkauf. Er gibt bei der Unternehmensbewertung eine zum → Ertragswert (→ Ertragswertberechnung) ergänzende und unterstützende Information bezüglich der Ableitung des Firmenwertes.

Substitut, *sub-representative, substitute good*; bezeichnet einen Ersatz, ein Ersatzmittel oder einen Stellvertreter.

Substitutionsfunktion, *substitution function*. Bezeichnung für die Möglichkeit, Wertpapiere im → Sekundärmarkt jederzeit zu verkaufen. – Vgl. auch → Börse, Funktionen.

Sukzessivgründung, → Stufengründung.

Summenaktie, *share certificate issued for a fixed amount*; → Nennwertaktie, die auf einen festen Geldbetrag lautet. – Gegensatz: → Quotenaktie.

Summendepot, *account for fungible securities*. Das S. bezeichnet ein → Depot, in dem die hinterlegten → Wertpapiere in Form der → Summenverwahrung verwaltet werden.

Summenverwahrung, *deposit of fungible securities*. Verwahrungsform, bei der → Wertpapiere gleicher Art verschiedener Hinterleger gemeinsam verwahrt und verwaltet werden. Der Hinterleger verliert damit sein Recht auf Herausgabe exakt der Stücke, die er eingeliefert hat. Er erwirbt stattdessen ein Miteigentum am Sammelbestand und hat nur Anspruch auf Auslieferung von Wertpapieren in Höhe des hinterlegten → Nennbetrages oder der hinterlegten Stückzahl.

Sunk Cost, *versunkene Kosten, Vergangenheitskosten*. S.C. sind Auszahlungen, die durch irreversible Investitionen hervorgerufen wurden. Sie können nicht zurückgeholt werden, weshalb sie bei der Finanzplanung nicht berücksichtigt werden.

SuperCAC, *Nouveau Système de Cotation (NSC)*; vgl. → Cotation Assistée en Continu (CAC).

SURF-Anleihe, Abk. für Step Up Recovery Floating Rate Note. Variabel verzinsliches → Wertpapier, bei dem sich die → variable Verzinsung nicht an einem → Referenzins des → Geldmarktes (z.B. EURIBOR), sondern an einer langfristigen Kapitalmarktrendite (z.B. REX 10J) orientiert. S.-A. sind insbesondere vor dem Hintergrund niedriger → Kapitalmarktzinsen und den damit verbundenen Kursverlusten bei steigenden Zinsen interessant.

Sushi Bond. Bezeichnung für nicht in Yen denominierten → Emissionen japanischer Unternehmen auf einem Auslandsmarkt.

Swap-Abkommen, *swap arrangement*; sind Kreditvereinbarungen der einzelstaatlichen Notenbanken und Währungsbehörden, mit Hilfe derer Interventionen am Devisenmarkt möglich werden. Ziel ist eine Feinsteuerung des Wechselkurses und der Liquidität.

Swap-driven Deal. Bezeichnet die Neuemission einer Schuldverschreibung, welche an einen Swap gekoppelt ist.

Swap Arrangeur, *swap arranger*. Bezeichnung für Kreditinstitute, die swapwillige Partner zusammenführen, ohne dabei selbst in das eigentliche → Swap-Geschäft eingebunden zu werden, bzw. Risiko aus dem Geschäft einzugehen. Für diese Vermittlungsfunktion erhält das Kreditinstitut eine Provision. – Vgl. auch → Swap Intermediary.

Swap Intermediary, *Swap Intermediär*. Kreditinstitute, die bei → Swap-Geschäften als zwischengeschalteter Vertragspartner auftreten und mit den beteiligten Parteien separate Verträge abschliessen, werden als S.I. bezeichnet. Die dabei eingegangen Risiken versucht das Kreditinstitut meist sofort durch entsprechende Gegengeschäfte glattzustellen. – Vgl. auch → Swap Arrangeur.

Swappen. S. bezeichnet das Durchführen einer Tauschoperation im → Devisenterminhandel.

Swap Rate, → Swapsatz.

Swap-Satz, *Swap-Kurs, swap rate*. 1. Der S. bezeichnet am → Devisenmarkt bei einem → Swap-Geschäft den Kursunterschied zwischen dem → Terminkurs und dem → Kassakurs einer Währung. Man unterscheidet dabei zwischen positivem (→ Report) und

SWIFT

negativem (→ Deport) S. – 2. Bezeichnung für den Festzinssatz, den der Festsatzzahler an den Vertragspartner bei einem → Coupon-Swap zahlen muss.

SWIFT, Abk. für → Society for Worldwide Interbank Financial Telecommunication.

Swiss Bond Index (SBI), bezeichnet einen → Index, der lediglich CHF-denominierte → Anleihen mit mindestens einjähriger → Restlaufzeit beinhaltet. Der SBI besteht aus zwei → Marktsegmenten, dem → Swiss Domestic Bond Index und dem → Swiss Foreign Bon Index. Die aufgenommenen Anleihen verfügen über hochwertige → Ratings.

Swiss Domestic Bond Index (SDBI). → Marktsegment des → Swiss Bond Index, der sämtliche → Anleihen schweizerischer → Emittenten beinhaltet.

Swiss Foreign Bond Index (SFBI). → Marktsegment des → Swiss Bond Index, der ausländische Emittenten beinhaltet. Der → Index wird in drei Subindices unterteilt: Government Bonds, Corporate Bonds und Supranational Bonds.

Swiss Futures and Options Association (SFOA). 1979 gegründete gemeinnützige schweizerische Vereinigung, in der sich mit dem → Terminhandel beschäftigte Unternehmen und Verbände zum Zweck des Erfahrungsaustausches zusammenschliessen. Die frühere Bezeichnung für die SFOA war Swiss Commodities, Futures and Options Association (SCFOA).

Swiss Market Feed (SMF), bezeichnet eine Informationsplattform an der → Swiss Exchange, die für externe Informationsmedien börseninterne Informationen konsolidiert und an diese weiterleitet. Dies sind Basisinformationen zu in den → Indices → SMI, → SPI und → Stoxx beinhalteten → Titeln. Ferner werden auch Informationen aus dem → Effektenhandel publiziert: → Börsenperiode, etwaige → Interventionen, das börsliche und außerbörsliche Handelsvolumen, der beste im befindliche → Orderbuch → Ask- und → Bid-Kurs mit Mengenangabe sowie der letztbezahlte börsliche Kurs mit Volumen und Zeit.

Swiss Market Index (SMI), kapitalgewichteter → Kursindex, der seit dem 30. Juni 1988 von der → Schweizer Börse berechnet wird. Als Basis wurde ein Indexstand von 1.500 Punkten gewählt. Der SMI ist ein Realtime-Index, d.h. sobald ein Handel mit SMI-Werten zustande kommt, erfolgt sofort eine Anpassung des Index. Er enthält 25 Schweizer → Blue Chips, die ca. 80 % der Gesamtkapitalisierung des Marktes repräsentieren. Der SMI dient als Underlying für eine Vielzahl von an der → Eurex gehandelten → Derivaten und ist somit in der Praxis von größerer Bedeutung als der → Swiss Performance Index.

Swiss Performance Index (SPI), dividendenkorrigierter Index der → Schweizer Börse. Er wird seit dem 1.06.1987 berechnet und enthält alle an der Börse notierten inländischen Werte, einschließlich die des Fürstentums Lichtenstein. Lediglich → Investmentgesellschaften sind ausgeschlossen. Als Basis wurde ein Indexstand von 1.000 Punkten gewählt. Der SPI dient als Grundlage für die Ermittlung verschiedener Branchen- und Subindizes. – Vgl. auch → Swiss Market Index und → Performance-Index.

Switch, *umsteigen*. Bezeichnung für den Vorgang der Vermögensumschichtung. Bei → Portefeuilles kommt ein S. durch ein Verkauf von z.B. Wertpapieren und einem gleichzeitigen Kauf von anderen Wertpapieren, die eine höhere erwartete Rendite versprechen, statt.

Switch Swap, *differential swap, cross currency basis swap*; dient zur Verringerung der Zinskosten bei kurzfristigen Laufzeiten. Dabei werden variable Zinssätze ausgetauscht. Die vermittelnde Bank übernimmt gegen eine Prämie das → Währungsrisiko. Bei genügend großer Zinsdifferenz resultiert trotz der Transaktionskosten ein niedriger Zins als ohne S. S.

SWOT-Analyse. Relativ zu den Markt- und Wettbewerbsbedingungen (positiv: Opportunities, negativ: Threats) vorgenommene Analyse der Stärken und Schwächen (Strengths bzw. Weaknesses) eines Unternehmens oder eines strategischen Geschäftsfelds. In der SWOT-Analyse werden Bestandsaufnahme und prospektive Untersuchungsperspektive verknüpft.

systematisches Risiko

SWX New Market Index (SNMI), Aktienindex der → Schweizer Börse für schweizerische und ausländische Wachstumswerte, die am SWX New Market gehandelt werden. Es handelt sich hierbei um einen → Performance-Index. Er wird seit dem 01.01.2000 mit einer Basis von 1.000 Punkten berechnet. – Des Weiteren wird für diese Werte auch ein → Kursindex, der SNMIX, ermittelt. – Vgl. auch → Swiss Market Index und → Swiss Performance Index.

SWX, → Swiss Exchange.

Syndicated Loan, *syndizierte Anleihe, Konsortialkredit*; englische Bezeichnung für einen syndizierten, d.h. durch ein Konsortium vergebenen Kredit oder für eine syndizierte Anleihe. – Vgl. auch → Syndizierung.

Syndikat, → Konsortium.

synthetische Position, *künstliche Position, synthetic position, artificial position*; Kombination mehrerer → Finanzinstrumente, die in ihrer neu geschaffenen → pay-off Struktur ein anderes Finanzinstrument nachbilden. So besteht etwa ein synthetic → Long Call aus dem Kauf eines → Puts und gleichzeitigem Kauf des zugehörigen → Underlying. – Vgl. auch → Duplizierungsprinzip.

Syndizierung, *syndication*. Eine S. ist die → Platzierung eines Kredites (→ Syndicated Loan) oder einer → Emission durch ein → Konsortium bei einem oder mehreren Dritten. S. werden insbesondere von Banken durchgeführt, um eine Risikostreuung des Kreditportfolios zu ermöglichen. – Vgl. auch → Kreditkonsortium.

Synthetic Instruments, → synthetische Finanzinstrumente.

synthetische Finanzinstrumente, *notional instruments, synthetic instruments*; nicht real existierende Finanzinstrumente, die in wesentlichen Komponenten aus anderen Finanztiteln abgeleitet werden und den Verlauf oder das Verhalten von existierenden Finanzinstrumenten nachbilden. S.F. sind von erheblicher Bedeutung als Referenzwert bzw. als → Underlying. Die vertragliche Erfüllung erfolgt durch Lieferung von ähnlichen, existierenden Finanzinstrumenten, wobei eine Umrechnung der Ausstattungsmerkmale erfolgen muss.

System zur integrierten Marktüberwachung (SIMA). Von der → Deutschen Börse Systems AG betreutes System der → Handelsüberwachungsstelle an der Frankfurter Wertpapierbörse zur Überwachung des → Präsenzhandels. SIMA ist an die elektronischen → Orderbücher der → Kursmakler und → Skontroführer angeschlossen und meldet der Handelsüberwachungsstelle Auffälligkeiten bei der Preisbildung (→ Preisbildung an der Börse).

systematisches Risiko, *Marktrisiko, systematic risk*. 1. Gesamtwirtschaftliches →Risiko, das alle Anlagen einer Assetklasse trifft und nicht nur einzelne Werte. Es kann im Gegensatz zum → unsystematischen Risiko nicht durch → Diversifikation innerhalb der Assetklasse verringert werden. Bei → Anleihen wird das s.R. vom → Zinsänderungsrisiko gebildet, das unsystematische Risiko vom Bonitäts- und → Ausfallrisiko. – 2. Bei Aktien und generell risikobehafteten Anlagen gibt der → Betafaktor als (marktbezogenes) s.R. das Risiko an, inwieweit der Kurs einer Aktie an einem für den Gesamtmarkt repräsentativen → Index (z.B. DAX, S&P 500, Nikkei 224) die gemessenen Marktbewegungen mitmacht. Ein hohes marktbezogenes Risiko bewirkt, dass eine Aktie überproportional auf die Veränderung des Aktien- bzw. Marktindex reagiert. Das Marktrisiko wird durch die globale Wirtschaftsentwicklung, den Konjunkturzyklus, die Zinsentwicklung und das politische Umfeld beeinflusst. Es betrifft den gesamten Markt und nicht einen einzelnen Wert (z.B. → Crash). Das → Capital-Asset-Pricing-Modell (CAPM) als wichtigste Kapitalmarkttheorie geht davon aus, dass nicht die → Volatilität, sondern nur der systematische Anteil des Risikos vergütet wird. – Vgl. auch → Risikoprämie.

T

T, → Taxe.

TAAS, Abk. für → Treasury Automated Auction System.

T.Q., *t.q.*; Abk. für telquel. – Vgl. hierzu → Telquel-Kurs.

Tafelgeschäft, *over-the-counter selling*; Wertpapiergeschäft, bei dem die Abwicklung zwischen Kreditinstitut und Kunden durch Übergabe → effektiver Stücke (Aktien, Anleihen, Dividenden- oder Zinsscheine) gegen Barzahlung vollzogen wird.

Tagesauftrag, *Tagesorder, order valid today*. Bezeichnung für einen → Kaufauftrag oder → Verkaufsauftrag, dessen Gültigkeit auf einen Tag beschränkt ist. Wird der Börsenauftrag bis zum Handelsschluss des Tages nicht ausgeführt, erlischt er automatisch. – Vgl. auch → ultimogültig.

Tagesgeldmarkt, *overnight money market*; bezeichnet einen wichtigen Teilmarkt des → Interbankenhandels, auf dem → Tagesgeld gehandelt wird.

Tageskurs, *daily quotation*; bezeichnet den → Kurs eines Wertpapiers für den Tag, an dem der Auftrag ausgeführt wird.

Tagesorder, → Tagesauftrag.

Tagesordnung der Hauptversammlung der AG. Die Tagesordnung über den Ablauf der Hauptversammlung der AG und Auflistung der zu beschließenden Vorschläge des → Vorstands muss den → Aktionären in der Einberufung mindestens 1 Monat vor der Versammlung bekannt gemacht werden (124 AktG).

Tagesspekulation, *day-trading*. → Spekulationsgeschäft, welches auf die Gewinnerzielung unter Ausnutzung von Kursschwankungen innerhalb eines Tages ausgerichtet ist. – Vgl. auch → Day Trader.

Tageswert, *daily price*. Preis oder Wert, zu dem ein Wertpapier am Markt zu einem bestimmten Zeitpunkt bewertet ist; entspricht an der Börse dem → Tageskurs.

Takeover, → Unternehmensübernahme.

Takeover Code, → Übernahmekodex.

T-Aktie, Aktie der Deutschen Telekom AG. Die T. wurde im Rahmen der Privatisierung des rechtlich verselbständigten Teils der Telekommunikationsaktivitäten der Deutschen Bundespost im Jahr 1996 weltweit plaziert. Im Rahmen einer Kapitalerhöhung der Telekom wurden weltweit 690 Mio. Aktien mit einem Gesamterlös von rund 19,7 Mrd. DM verkauft. Die T. wird in Deutschland als → Stückaktie amtlich gehandelt und als → ADR an der New York Stock Exchange. Sie ist größter Einzelwert im → Deutschen Aktienindex (DAX).

Talon, *Leiste, Leistenschein, certificate of renewal, renewal coupon*; ein in England, Frankreich und der Bundesrepublik Deutschland gebräuchlicher Begriff für → Erneuerungsschein.

Tangible Asset, *materieller Vermögensgegenstand, Sachanlage*; bezeichnet einen körperlichen Vermögenswert des → Anlagevermögens, worunter bspw. Immobilien, Maschinen oder Betriebs- und Geschäftsausstattung fallen. – Gegensatz: → Intangible Asset.

Tantieme

Tantieme, *management/profit-sharing bonus*; Gewinnbeteiligung für Mitglieder des → Vorstands oder → Aufsichtsrats. – Die T. soll in einem angemessenen Verhältnis zur Aufgabe dieser Personen und zur Lage der Gesellschaft (§§ 87 I, 113 I AktG) stehen. – Die T. der Vorstandsmitglieder soll an den Gewinn der Gesellschaft, nicht einzelner Teile oder einzelner Geschäfte gebunden werden. Die Bemessungsgrundlage ist in § 86 AktG normiert. – Die T. für Aufsichtsratsmitglieder berechnet sich nach dem → Bilanzgewinn, gemindert um eine Mindestverzinsung von vier Prozent der auf den → Nennbetrag der Aktien geleisteten → Einlagen.

Tap Issue, *Daueremission*; bezeichnet eine Methode der → Wertpapieremission, die in mehreren → Tranchen erfolgt. Das → Emissionsvolumen hängt vom Finanzierungsbedarf des → Emittenten sowie von der Marktsituation ab.

TARGET, Abk. für → Trans-European Automated Real Time Gross Settlement Express Transfer-System.

Targeted Issue, → Emission von → Anleihen, die absichtlich nur bei bestimmten (regionalen) Anlegergruppen platziert werden.

Targeted Note, festverzinsliche → Anleihe, die von dem US-Schatzamt gezielt außerhalb der USA bei Nicht-Amerikanern platziert wird. – Vgl. → Targeted Issue.

Tausch, *exchange.* Der T. ist ein gegenseitiger → Vertrag, durch den sich beide Seiten verpflichten, die jeweilige Tauschsache an die andere Partei zu übergeben und ihr Eigentum an ihr zu verschaffen.

Tauschbörse, → Barter Börse.

Tauschdepot, *Tauschverwahrung, exchangeable securities deposit*; bezeichnet ein → Depot, für das der Eigentümer den → Verwahrer im Sinne des → Depotgesetzes (DepotG) zur → Tauschverwahrung ermächtigt. – Vgl. auch → Sonderverwahrung.

Tauschindikator, *switch factor.* Der T. ist eine Kennzahl, die Aufschluss darüber gibt, ob der Erwerb einer Aktie über den Kauf von → Optionsscheinen und einer festverzinslichen Anlage günstiger ist als der direkte Kauf der Aktie.

Tauschverwahrung, *exchangable securities deposit.* Gemäß § 10 DepotG kann dem Hinterleger der Wertpapiere anstelle seiner hinterlegten Wertpapiere andere Wertpapiere derselben Art zurückgegeben werden, wenn der Hinterleger den Verwahrer ausdrücklich und schriftlich dazu ermächtigt. Die T. kommt nur bei der → Sonderverwahrung vor, da sie bei der → Sammelverwahrung überflüssig ist.

Tauschwert, *asset swap value, exchange value.* Realer Wert eines Objektes bzw. Wirtschaftsgutes in Gütereinheiten, d.h. ohne Angabe eines Währungsbetrages (Kaufkraft). Der künftige T. ergibt sich als reale Preisänderung, d.h. bereinigt um Preisschwankungen einzelner Wirtschaftsgüter oder des gesamtwirtschaftlichen Preisniveaus. Bei → Währungen wird der T. als → Wechselkurs bezeichnet. Der künftige Wechselkurs ergibt sich langfristig aus der relativen Preisentwicklung in den jeweiligen Volkswirtschaften.

taxiert, *appraised, estimated.* Liegen dem Makler keine → Kauf- und → Verkaufsaufträge vor, so gibt er entsprechend der Marktlage einen Schätzkurs an. – Vgl. auch → Taxkurs, → Kurszusätze und → Kurshinweise.

Taxierung, Taxation, *appraisal, evaluation*; bezeichnet die Bewertung von beweglichen und unbeweglichen Sachen durch einen vereidigten und zugelassenen Sachverständigen. – Vgl. auch → Taxkurs.

Taxkurs, Taxe, *T, fiktiver Kurs, estimated quotation/price.* Der → Kurszusatz T. signalisiert, dass im entsprechenden Wertpapier keine Umsätze stattfanden, da keine Börsenaufträge vorlagen oder die vorliegenden Aufträge nach der gegebenen Marktsituation dem → Makler unvertretbar erschienen. Der Makler schätzt in einem solchen Fall den Kurs für das Wertpapier.

Taxpreise, *appraised value.* Bezeichnung für feste Preise, die durch gesetzliche Regelungen oder durch Behörden festgesetzt wurden.

Tax Shield, 1. *Steuerwirkung der Fremdkapitalzinsen.* Bezeichnung für die steuerlichen Auswirkungen der Abzugsfähigkeit von Fremdkapitalzinsen bei der Bemessungsgrundlage der Einkommensteuer bzw. Körperschaftsteuer sowie aus der effektiv hälftigen Abzugsfähigkeit der Dauerschuldzinsen bei der Bemessungsgrundlage der Gewerbesteuer. Im Rahmen der → Unternehmensbewertung kann das T.S. entweder in den gewichteten Kapitalkosten als Kapitalisierungszins oder in der Kapitalisierungsgröße berücksichtigt werden. Somit kann die Art der Finanzierung und ihre Auswirkungen auf den Unternehmenswert teilweise berücksichtigt werden. – 2. In den USA wird der Begriff auch im Zusammenhang mit der Abzugsmöglichkeit von bestimmten Ausgaben, wie z.B. Spenden für wohltätige Zwecke, Arztkosten, usw., für Privatpersonen bei der Ermittlung des zu versteuernden Einkommens verwendet.

T-Bill, Abk. für → Treasury Bill.

Techniker, *technical analyst*; Analyst, der die → Technische Analyse betreibt.

Technische Analyse

Von Dr. Hans-Dieter Schulz

Der Begriff Technical Analysis kommt aus dem amerikanischen und wurde zuerst von Edwards und Maggee in "Technical analysis of Stock trends" 1948 verwendet. Der Ökonometriker Jan Tinbergen hat einmal gesagt: wenn sich die Verhaltensweisen der Menschen als solche auch nicht messen lassen, so "kann sich ihr Einfluss doch nur in der Form messbarer Phänomene" niederschlagen. Mit Hilfe der technischen Aktienanalyse versucht man, solche messbaren Phänomene zu erfassen. Man analysiert das Geschehen am Markt selbst durch Beobachtung von Kurs- und Indexverläufen, sowie den Vergleich der Veränderung und Entwicklung von Kursen und Börsenumsätzen, vor allem auch charakteristischer "Formationen" mit dem Ziel, Trendverläufe und deren Umkehrpunkte frühzeitig zu erkennen.

Da aus Erfahrung bekannt ist, dass sich Aktienkurse in Trends bewegen und diese sich solange fortsetzen, bis in der Angebots- und Nachfragekonstellation eine grundsätzliche Änderung eintritt, die den Trend unterbricht, hofft man durch dauernde Beobachtung der Trendverläufe und der sich ergebenden Formationen derartige Unterbrechungen frühzeitig feststellen zu können. Nach ihren Arbeitsintrumenten, den sogenannten "Charts", das sind grafische Darstellungen von Aktienkursen und Börsenumsätzen, werden die technischen Analytiker oft auch als "Chartisten" bezeichnet.

Wird ein Aktienkurs oder ein Index nur einmal täglich notiert, so fertigt man einen "Linien-Chart" davon an. Häufig werden solchen "Linien-Charts" allerdings auch die Schlusskurse zugrunde gelegt. Aussagefähiger sind allerdings "Bar-Charts", in denen der tägliche Höchst- und Tiefstkurs grafisch festgehalten wird. Bewährt hat sich ein halblogarithmischer Maßstab, der den Vorteil hat, dass verschiedene Aktien und Indicés direkt miteinander verglichen werden können, da gleichen Längeneinheiten gleiche prozentuale Veränderungen entsprechen.Die Börsenumsätze werden als "Balken-Chart" dargestellt. Elemente der Chartanalyse sind Linien und Formationen.

Technische Analyse

1. Linien
1.1 Trendlinien und -kanäle
Werden in einer aufsteigenden Kursbewegung zwei untere Extrempunkte sichtbar, so kann man eine Trendlinie einzeichnen. Wird zu dieser Linie eine Parallele durch einen oberen Extrempunkt der aufsteigenden Bewegung im Chart gezeichnet, so spricht man von einem Trendkanal. Trendlinien sind umso bedeutender, je häufiger sie getestet, das heißt vom Chart berührt werden. Die Ermittlung solcher Trendkanäle sind das wichtigste Hilfsmittel der technischen Aktienanalyse. Im amerikanischen sagt man: "The trend is your friend". Ein wichtiger Grundsatz der technischen Aktienanalyse lautet folglich: "Gewinne laufen lassen, Verluste begrenzen".

Mittelfristiger und langfristiger Aufwärtskanaltrend, Linienchart, halblogarithmische Skala

Wird die obere Begrenzung des Trendkanals nicht mehr berührt, so ist der Trend gefährdet. Wird die untere, aufwärts gerichtete Trendlinie nach unten durchbrochen, so spricht man von einem Trendbruch. Der Aufwärtstrend ist beendet. Die klassische Chartanalyse verlangt, dass ein Trendbruch erst dann signifikant ist, wenn die Trendlinie um mehr als drei Prozent unterschritten wird.

Mit zunehmender Verbreitung computergestützter Handels- und Entscheidungssysteme, in denen diese Regel programmiert ist, kommt es immer häufiger zu einer „Self-fullfilling-prophecy", also dazu, dass ein Kurs kurzfristig aus einem Trend ausbricht und bald darauf in diesen zurückkehrt. Bei einem signifikanten Trendbruch hingegen ist insbesondere bei marktengen Aktien zu beobachten, dass die Entwicklung anschließend extrem stark gegen den Trend verläuft.

Ein Ausbruch aus einem abwärts gerichteten Trendkanal kann meist als Kaufsignal gewertet werden.

1.2 Unterstützungs- und Widerstandslinien
Werden bestimmte Kurshöhen über längere Zeiträume nicht nach oben durchbrochen, so spricht man von Widerstandslinien. Sie sind häufig durch runde Kursmarken gekennzeichnet, wie 100, 120 etc. Häufig orientieren sich Marktteilnehmer an Hochpunkten der Vergangenheit, an denen es zuletzt zu Käufen kam. Sie sind dann meist froh, ihre alten Einstandskurse wieder zu sehen und verkaufen an diesen Marken. Solche Marken werden selten dann durchbrochen, wenn ein Markt "überkauft" ist, das heißt, an solchen Punkten eine erhöhte Umsatztätigkeit stattfindet. Werden bestimmte Marken über einen längeren Zeitraum nicht nach unten unterschritten, so spricht man analog von Unterstützungslinien. Käufer sind nicht bereit, höhere Preise zuzubilligen.

Unterstützungs- und Widerstandszonen
Liegen zwei Widerstands- bzw. Unterstützungslinien sehr eng beieinander, so spricht man von Widerstands- bzw. Unterstützungszonen. Das ist häufig der Fall, wenn es zu sogenannten "Bullen- oder Bärenfallen" kommt, das heißt, kurzfristige Ausbrüche über Widerstands- und Unterstützungmarken, die allerdings nicht von langer Dauer sind.

Technische Analyse

Unterstützung bei 28 Euro, die nach dem Unterschreiten einen Widerstand bildete.

Fächer
Wird ein Aufwärtstrend nach unten durchbrochen und ein neues markantes Zwischentief zeichnet sich ab, so kann eine neue flachere Trendlinie eingezeichnet werden. Häufen sich solche Tiefpunkte und diese Trendlinien werden immer flacher, so spricht man von einem Fächer. Daraus kann man ableiten, dass die aufwärts gerichteten Kräfte des Marktes zunehmend schwächer werden. Meist kehrt sich dann die Entwicklung in einen Abwärtstrend um.
Das Analoge gilt für einen Aufwärtsfächer, wenn die abwärts gerichteten Trendlinien vom gleichen Punkt ausgehend immer steiler werden.

2. Formationen
2.1 Trendbestätigende Formationen
Innerhalb von Trends stoppt ein Kursverlauf häufig und bewegt sich dann kurzfristig seitwärts. Solche Kursbewegungen können meist durch Linien begrenzt werden, sie bestätigen die zugrunde liegende Trendrichtung, wenn der Ausbruch aus einer der folgenden Formationen in Trendrichtung erfolgt.

Rechteck
Der Kurs konsolidiert einige Tage in einer engen Bandbreite zwischen einer Unterstützungs- und Widerstandslinie.

Dreieck
Werden die Ausschläge im Rahmen einer solchen Konsolidierung immer enger, so können sie meist durch ein gleichschenkliges Dreieck beschrieben werden.

Wimpel
Handelt es sich um eine sehr kurzfristige Dreiecksformation in denen der Kurs konsolidiert, so spricht man von einem Wimpel, vorausgesetzt, vor der Konsolidierung ist ein deutlicher Kurssprung erfolgt.

Flagge
Ist nach einem Kurssprung eine kurzfristige Parallelbewegung gegen die zugrunde liegende mittelfristige Trendrichtung zu erkennen, so spricht man von einer Flagge.

Technische Analyse

Trendbestätigende Formationen: Flagge und Wimpel

2.2 Trendumkehr-Formationen
Mit Hilfe der technischen Analyse können keine Prognosen gemacht werden, schon gar keine Punktprognosen. Es kann immer nur die Richtung und die Intensität einer Bewegung verdeutlicht, und Trendlinien, bzw. Widerstände und Unterstützungen als mögliche Haltepunkte diagnostiziert werden. Um Trendbrüche frühzeitig erkennen zu können, stützt man sich auf Trendumkehr-Formationen.

Doppeltop/Doppel-Bottom
Am Doppeltop erkennt man, dass die Käufer nicht mehr bereit sind, höhere Kurse zu bewilligen, so dass der Aufwärtstrend nicht fortgesetzt werden kann. Bisweilen wird zwischen Doppeltop und M-Formation unterschieden, dadurch, dass bei der M-Formation der Zeitraum zwischen den beiden Spitzen mehrere Monate beträgt, der bei einem Doppeltop nur einige Tage.
Die Doppel-Bottom-Formation ist das Spiegelbild der M-Formation. Im Idealfall geht der erste Abschwung mit hohen Umsätzen einher, der zweite hingegen mit deutlich kleineren, während beim anschließenden Aufschwung die Umsätze wieder steigen.

Kopf-Schulter-Formation
Die obere Kopf-Schulter-Formation besteht aus drei Kursspitzen, wobei die mittlere über die beiden anderen hinausragt. Die beiden Tiefpunkte zwischen den drei Spitzen werden durch eine Nackenlinie verbunden, die normalerweise waagerecht verlaufen sollte, in manchen Fällen allerdings auch einen schrägen Verlauf aufweist. Erst bei Durchbrechen dieser Nackenlinie ist die Formation vollendet. Auch bei dieser Formation sollten die Umsätze bei der linken Schulter noch relativ hoch sein, unterhalb des Kopfes können sie gleich, niedriger oder höher sein. Jedoch sollten sie unterhalb der rechten Schulter niedriger sein als unter der linken Schulter. Das erleichtert die Diagnose dieser Formation.
Die untere Schulter-Kopf-Schulter-Formation entspricht einer Spiegelung der oberen. Allerdings sollten die unteren Spitzen auch mit rückläufigen Umsätzen verbunden sein, während der Kursanstieg nach dem Ausbruch aus der Nackenlinie mit steigenden Umsätzen einhergehen sollte.

Technische Analyse

Trendbrechende Formationen: Doppelbottom un Schulter-Kopf-Schulter-Formation mit schräg verlaufender Nackenlinie

V-Formation
Eine obere V-Formation entsteht durch einen sehr steilen Kursanstieg, verbunden mit starker Umsatzzunahme und einem anschließenden raschen Kursverfall mit deutlich sinkenden Umsätzen.
Bei der unteren V-Formation sollten dagegen die Umsätze unter der Spitze sehr niedrig sein.
Die V-Formation ist besonders schwierig zu identifizieren und auch schwer für Käufe oder Verkäufe zu nutzen.

Saucers
Bei der Saucer-Formation bildet sich über einen längeren Zeitraum eine untere oder obere gebogene Form des Kursverlaufs aus, die die jeweilige Trendwende anzeigt. Die Umsatzkurve sollte bei dem Bogen etwa die gleiche Form wie die Kurse selbst aufweisen.

Rechtecke und Dreiecke
Die Rechtecke und Dreiecke sind ambivalente Kursformationen, das heißt, sie können sowohl als trendbestätigende Formationen auftreten, als auch als Umkehrformationen. Die Richtung des Ausbruchs einer solchen Formation gibt die Richtung des weiteren Kursverlaufs an.

2.3 Glättungslinien
Die moving averages werden häufig als gleitende Durchschnitte bezeichnet, was allerdings irreführend ist, da der Begriff gleitende Durchschnitte von der Statistik besetzt ist und es sich bei der Chartanalyse um verschobene gleitende Durchschnitte handelt. Hier wird der Durchschnittskurs der letzten 100, 200, 50 oder beliebig vieler Börsentage berechnet und mit dem jeweils aktuellen Kurs in den Chart eingezeichnet. Dadurch wird der Kursverlauf geglättet und verschoben so dass man die länger- und mittelfristigen Tendenzen mit Hilfe dieser Glättungslinien besser identifizieren kann. Wie ein Tennisball entfernen sich die Kurse von der Glättungslinie und kehren immer wieder zu ihr zurück. Solange sie nicht durchbrochen wird, ist ein Trend intakt.
Es gibt noch eine ganze Reihe anderer Formationen, die allerdings weniger bedeutend sind. Außerdem werden in der technischen Aktienanalyse noch diverse Indikatoren verwendet, um die Markttendenz zu erfassen, wie zum Beispiel die Advance-Decline-Linie, die das Verhältnis der gestiegenen zu den gefallenen Kursen mißt und zeigt, ob der Anstieg eines Indexes nur von wenigen überproportional gestiegenen Aktien oder der gesamten Breite des Marktes getragen wird. Darüberhinaus gibt es zahlreiche Indikatoren und Oszillatoren, die Anzeigen, ob der Markt kurz- oder mittelfristig überkauft oder überverkauft ist.

Alle Hilfsmittel der technischen Analyse können allerdings immer nur subjektive Wahrscheinlichkeiten bei der Diagnose der Kursbewegung liefern. Häufig kommt es zu Fehlsignalen.

technische Korrektur

In Kombination mit der fundamentalen Analyse kann die technische Analyse allerdings in der Funktion eines Auslösers oder einer Bremse genutzt werden. Zeigt zum Beispiel die technische Analyse eines Gesamtmarktes oder einer einzelnen Aktie einen Bruch aus dem Abwärtstrend und einen beginnenden Aufwärtstrend, ohne dass die fundamentalen Daten dafür eine Begründung liefern, so ist zu untersuchen, ob sich Fundamentaldaten geändert haben könnten (Auslöserfunktion). Besagt die fundamentale Analyse, dass ein Gesamtmarkt oder eine einzelne Aktie unterbewertet ist, so sollte die technische Analyse solange als Bremse wirken, bis diese Information marktwirksam wird. Die Erfahrung zeigt, dass die Marktentwicklung über längere Zeiträume von der fundamentalen Entwicklung abweichen kann (Bremsfunktion).

Literatur:

EDEARDS, R./MAGEE, J. (1975), Technische Analyse von Aktientrends, deutsche Ausgabe, Darmstadt.

FRÜHLING, W. (1998), Börsenerfolge mit Charts, 3., überarb. und erw. Aufl., Darmstadt u.a.

PASTRE, V., Technische Analyse zum Nachschlagen, Essen.

technische Korrektur, *technische Reaktion, technical reaction*: Gegenläufige Kursentwicklung, die einem starken Kursanstieg oder Kursverfall folgt, ohne jedoch den bisherigen → Trend (→ Trendanalyse) der Kursentwicklung zu verändern.

Technologiefonds, *technology fund*; stellen → Sondervermögen dar, die den überwiegenden Teil der ihnen zur Verfügung stehenden Mittel in Unternehmen investieren, die in erster Linie die Entwicklung, Erstellung oder den Vertrieb neuer Technologien zum Geschäftsziel haben.

Teilausführung, *partial execution*. Bezeichnung für → Börsenaufträge, die nicht vollständig, sondern nur zu einem Teil ausgeführt worden sind. T. werden mit einem entsprechenden → Kurszusatz versehen und im → Kursblatt mit dem Zusatz → repartiert (beschränkt zugeteilt bzw. teilweise abgenommen) oder → rationiert (nur beschränkt zugeteilt) angegeben.

Teilbeherrschungsvertrag, *partial control/subordination agreement*. Vertrag, durch den eine abhängige Gesellschaft (→ abhängiges und herrschendes Unternehmen) die Leitungsfunktionen nur hinsichtlich einzelner Teilbereiche, wie z.B. Finanzwesen, Einkauf oder Personalpolitik, nicht aber insgesamt auf ein anderes Unternehmen überträgt. – Vgl. auch → Beherrschungs- und Gewinnabführungsvertrag.

teileingezahlte Aktien, *partly paid shares*; bezeichnet → Aktien, bei denen der → Nennbetrag nicht voll eingezahlt ist. Sie sind immer → Namensaktien, da die → Aktionäre bei erforderlicher Volleinzahlung dem Unternehmen bekannt sein müssen. Die Mindesteinzahlung beträgt 25% des → Nominalwertes.

Teileinzahlung, *partly paid up capital*. T. entstehen, weil Bareinzahlungen auf das → Grundkapital einer AG bzw. das → Stammkapital einer → Gesellschaft mit beschränkter Haftung (GmbH) nur mindestens ein Viertel des → Nennbetrags der ausgegebenen → Aktien bzw. des Stammkapitals umfassen müssen (→ Bareinlage). → Sacheinlagen müssen vollständig geleistet werden (§ 36a AktG, § 7 GmbHG). – In der → Bilanz werden die ausstehenden Einlagen auf das → gezeichnete Kapital auf der Aktivseite vor dem → Anlagevermögen ausgewiesen. Nicht eingeforderte ausstehende Einlagen dürfen auch vom gezeichneten Kapital offen abgesetzt werden (§ 272 HGB).

Teilemission, *partial issue*; ist eine → Emission, die beabsichtigterweise oder aufgrund einer ungünstiger Marktlage in mehreren → Tranchen am Markt untergebracht wird.

Teilgewinnabführungsvertrag, *partial profit transfer agreement*. Ein T. liegt vor, wenn sich eine AG oder KGaA verpflichtet, einen Teil ihres Gewinnes oder den Gewinn einzelner Betriebe ganz oder teilweise an einen anderen abzuführen. Die Spannweite von T. ist groß, da es weder eine Ober- noch eine Untergrenze für den erfassten Gewinnanteil gibt. Ein T. liegt auch dann vor, wenn der Vertrag fast den ganzen Gewinn der Gesellschaft, aber eben nicht den vollständigen Gewinn erfasst. – Vgl. auch → Beherrschungs- und Gewinnabführungsvertrag.

Teilhaberpapiere, *variable-income securities*. T. verbriefen Mitgliedschaftsrechte (→ Mitgliedschaftsrechte des Aktionärs) an einer Unternehmung. I.d.R. repräsentieren T. einen Anteil am → Stammkapital der Unternehmung (z.B. → GmbH-Anteil oder → Aktie).

Teilhaber-Sparen, *investment fund savings plan*; seltene Bezeichnung für → Investmentsparplan.

Teilhafter, *limited partner*. → Aktionäre sind T., da sie für die Schulden der Gesellschaft nur mit ihrem gezeichneten Kapital haften. → Kommanditisten sind ebenfalls T., da sie nur auf den Betrag einer bestimmten Vermögenseinlage beschränkt haften. – Gegensatz: → Vollhafter.

Teilkonzernabschluss, → Teilkonzern- und befreiende Konzernabschlüsse.

Teilkonzern- und befreiende Konzernabschlüsse, *partially consolidated financial statements/subgroup accounts and exempting consolidated financial statements*. Das → Handelsgesetzbuch (HGB) unterscheidet zwischen einem befreienden Konzernabschluss nach §§ 291, 292 HGB einerseits und § 292a HGB andererseits. – Teilkonzernabschlüsse: Mit der Befreiungsvorschrift nach §§ 291, 292 HGB werden für mehrstufige Konzernbeziehungen spezielle Vorschriften für die Aufstellung von Konzernabschlüssen getroffen. Mutterunternehmen, die gleichzeitig Tochterunternehmen eines anderen Mutterunternehmens mit Sitz in der EU oder bestimmten anderen Ländern sind, können auf die Aufstellung eines eigenen (Teil-) Konzernabschlusses verzichten, wenn der Konzernabschluss des obersten Mutterunternehmens der 7. EG-Richtlinie entspricht. Die Befreiung kann nicht in Anspruch genommen werden, wenn → Minderheitsaktionäre an dem zu befreienden Mutterunternehmen die Aufstellung beantragt

haben oder der Befreiung nicht zugestimmt haben. – Internationale Abschlüsse: Die Befreiungsvorschrift nach § 292a HGB erlaubt es Mutterunternehmen, die einen organisierten Markt durch von ihnen oder ihren Tochterunternehmen ausgegebene → Wertpapiere in Anspruch nehmen, auf die Aufstellung eines Konzernabschlusses nach HGB zu verzichten, wenn sie einen Konzernabschluss nach international anerkannten Rechnungslegungsvorschriften (→ IAS oder → US-GAAP) aufstellen, der der 7. EG-Richtlinie entspricht. – Vgl. auch → Konzernrechnungslegung.

Teilliberierung, die Bezahlung der bei einer → Emission zugeteilten Stücke erfolgt im Gegensatz zur → Vollliberierung nicht auf einmal, sondern in Raten.

Teilnahme am Börsenhandel. Die T.a.B. erfordert die Zulassung durch die Geschäftsführung der Börse (§ 16 BörsG). Sie geht über die → Zulassung zum Börsenbesuch hinaus, die auch Hilfspersonal oder Witschaftsjournalisten erteilt werden kann. Zugelassen werden darf nur, wer gewerbsmäßig und in kaufmännischem Umfang bei börsenmäßig handelbaren Gegenständen (1) die Anschaffung und Veräußerung für eigene Rechnung betreibt oder (2) die Anschaffung und Veräußerung im eigenen Namen für fremde Rechnung betreibt oder (3) die Vermittlung von Verträgen über die Anschaffung und Veräußerung übernimmt (§ 16 Abs. 2 BörsG). Zugelassen wird nur, wer zuverlässig ist und über die notenwendige berufliche Erfahrung verfügt, eine ordnungsgemäße Geschäftsabwicklung sicherstellt, ausreichendes Eigenkapital hat und die erforderliche wirtschaftliche Leitungsfähigkeit vorhanden ist (§ 16 Abs. 4 BörsG).

Teilnahme am Börsenterminhandel der Eurex, *participation in the forward trading on the Eurex*. Zur T.a.B.d.E. bedarf ein Unternehmen sowie dessen Börsenhändler einer Zulassung durch die → Börsengeschäftsführung der → Eurex. Für ein Unternehmen setzt dies voraus, dass es gewerbsmäßig → Termingeschäfte in Form von Eigen- bzw. Kundengeschäften abschließt und grundsätzlich über eine Mindesteigenkapitalausstattung in Höhe von 50.000 Euro verfügt. Ferner wird vorausgesetzt, dass die ordnungsgemäße Abwicklung der Termingeschäfte

Teilnehmerverzeichnis der Hauptversammlung der AG

insbesondere durch Teilnahme am Clearing-Verfahren der Eurex Clearing AG sichergestellt ist und die technischen Anforderungen an das Eurex-System erfüllt sind. Die für die zugelassenen Unternehmen tätigen Börsenhändler werden zugelassen, wenn sie zuverlässig sind und die erforderliche berufliche Eignung aufweisen. Ein als Börsenteilnehmer zugelassenes Unternehmen kann zudem von der Börsengeschäftsführung der Eurex als → Market-Maker zugelassen werden, sofern dessen Börsenhändler über die nötigen Handelskenntnisse zur Erfüllung der Market-Maker-Funktion verfügen.

Teilnehmerverzeichnis der Hauptversammlung der AG, Verzeichnis der Teilnehmer an der → Hauptversammlung der AG.

Teilrechte an einer Aktie. Bei einer AG kann im Rahmen einer Kapitalerhöhung mittels Gesellschaftsmitteln eine Situation eintreten, dass auf einen Anteil des bisherigen Grundkapitals nur ein Teil einer neuen Aktie entfällt. Diese Teilrechte werden meistens als → Gewinnanteilscheine ausgegeben, die getrennt von der Aktie handelbar sind. Der Eigentümer kann diese veräußern oder weitere erwerben. Im zweiten Fall besteht dann das Recht eine neue Aktie zu erwerben.

Teilschuldverschreibung, *bond, debenture*; Teilbetrag, in die das Gesamtvolumen einer → Anleiheemission gestückelt ist. Die gängigsten Stückelungen sind 100, 500, 1.000, 5.000 bzw. 10.000 Währungseinheiten oder ein Mehrfaches hiervon. Der Anleger erwirbt ein Recht auf ein dem → Nominalbetrag entsprechenden Teil des Gesamtvolumens der Emission.

Teilwandelschuldverschreibung, *convertible bond*; Teilbetrag einer Wandelanleiheemission. – Vgl. hierzu → Teilschuldverschreibung.

Teilwert, *going-concern value*. Nach dem → Einkommensteuergesetz ist der T. der Betrag, den ein Erwerber des ganzen Betriebs im Rahmen des Gesamtkaufpreises für das einzelne Wirtschaftsgut ansetzen würde, wenn er den Betrieb fortführte. – Im Zeitpunkt der Anschaffung oder Herstellung und bei nicht abnutzbaren Wirtschaftsgütern des Anlagevermögens wird davon ausgegangen, dass der T. den Anschaffungs- oder Herstellungskosten entspricht. – Bei abnutzbaren Wirtschaftsgütern des Anlagevermögens werden die Anschaffungs- oder Herstellungskosten um die lineare → AfA vermindert. Bei Wirtschaftsgütern des Vorratsvermögens wird der T. grundsätzlich mit den Wiederbeschaffungskosten gleichgesetzt. Zahlungsmittel und Forderungen werden mit dem Nennwert bewertet. Bei Wertpapieren gilt der Börsen- oder Marktpreis als T. – Vgl. → Teilwertabschreibung.

Teilwertabschreibung, *write-off to the lower going-concern value*. Als T. wird die Wertdifferenz bezeichnet, die sich durch eine Wertherabsetzung auf den niedrigeren → Teilwert ergibt. Seit der Unternehmenssteuerreform 2001 gibt es aufgrund des umfassenden → Schachtelprivilegs keine ausschüttungsbedingten T. mehr.

Teilzertifikat. Wertpapier, das einen Anspruch auf einen Anteil der Vermögensrechte der zu Grunde liegenden Aktie verbrieft. T. sind in erster Linie in der Schweiz üblich und werden dort gesondert an der Börse gehandelt.

Telefonhandel, *Telefonverkehr, interoffice trading*; bezeichnet den außerbörslichen Handel (→ Over the Counter Market) zwischen → Kreditinstituten und → Kursmaklern oder der Banken untereinander. Im T. werden vor allem → Wertpapiere ausländischer → Emittenten aber auch bestimmte inländische Werte wie z.B. → Optionsscheine, → Investmentzertifikate usw. gehandelt. Der T. unterliegt dabei nicht dem → Börsengesetz, sondern nur den Regelungen über Effektengeschäfte.

Telefonpapiere, *Telefonwerte, securities traded by telephone*. Bezeichnung für Effekten, die im Rahmen des → Telefonhandels am → Interbankenmarkt gehandelt werden. Hierbei kann es sich um Wertpapiere, für die gleichzeitig ein Börsenhandel besteht, ebenso wie um nicht börsennotierte Werte handeln. Der Telefonhandel stellt einen Teilbereich des → außerbörslichen Wertpapierhandels dar. – Im allgemeinen Sprachgebrauch werden oftmals auch nicht börsennotierte Effekten, die von außerbörslichen Maklern an

Privatanleger verkauft werden, als T. bezeichnet.

Telefonverkehr, → Telefonhandel.

Telefonwerte, → Telefonpapiere.

Telekurs Finanzinformationen AG. Schweizer Unternehmen, dass weltweit Finanzinformationen anbietet. Die T.F.A unterhält dazu eine Datenbank, in der Informationen über mehr als 1,2 Mio Finanzinstrumente gespeichert sind. Die T.F.A. ist eine 100 %ige Tochter der Telekurs Holding AG, deren Aktien von den Schweizer Banken gehalten wird. – Vgl. auch → Telekurs SIC AG.

Telekurs SIC AG. Unternehmen, dass im Auftrag der Schweizer Banken das Swiss Interbank Clearing System, das Clearing-System für Zahlungen in Schweizer Franken, und euroSIC, das Clearing-System für Zahlungen in Euro in der Schweiz und über ihre Grenzen hinaus, betreibt. Die T.S.A. ist eine 100 %ige Tochter der Telekurs Holding AG. – Vgl. auch → Telekurs Finanzinformationen AG.

Telquel-Kurs, *tel quel exchange rate.* Bezeichnung für den → Devisenkurs ohne Berücksichtigung von → Spesen und Zinsen.

Temporal-priniciple-Methode, → Währungsumrechnung bei Aufstellung eines Weltabschlusses.

Tendenz, tendieren, *Tendenzbezeichnung*; bezeichnet eine aktuelle Neigung bzw. Entwicklung, die sich vom allgemeinen Zustand unterscheidet.

Tendenzbezeichnungen, → Tendenz.

Tender, *Tenderverfahren, tender procedure.* Ausschreibungsverfahren, das die → Europäische Zentralbank nutzt, um ihre → Offenmarktgeschäfte anzubieten. Grundsätzlich lassen sich Tenderarten nach der Abwicklungsgeschwindigkeit (Standard- vs. Schnelltender) und nach dem Zuteilungsverfahren (Zins- vs. Mengentender) unterscheiden. – Der Schnelltender kennzeichnet sich durch eine schnellere Ausführung und eine begrenzte Anzahl von Teilnehmern. Standardtender benötigen von der Ankündigung bis zur Ausführung ca. zwei Tage, während Schnelltender in ungefähr einer Stunde abgewickelt werden. Der Ablauf ist in beiden Fällen identisch. Einer Ankündigung der EZB folgen Angebote der einzelnen Kreditinstitute, die durch die angeschlossenen Zentralbanken gesammelt und an die EZB weitergeleitet werden. Diese entscheidet dann über die → Zuteilung und bestätigt den teilnehmenden Banken die Ergebnisse. Die Ausschreibung kann in beiden Fällen als Mengen- oder Zinstender erfolgen. Beim Mengentender setzt die EZB zuvor den Zinssatz fest, zu dem sie Geschäfte abschließen wird. Übersteigt die Nachfrage das Angebot, so erfolgt die Zuteilung im Verhältnis der Einzelnachfrage zur Gesamtnachfrage (vgl. hierzu → Repartierung). Beim Zinstender ist das Angebot der EZB in der Menge fix und die nachfragenden Kreditinstitute müssen neben der Betragshöhe auch den Zinssatz nennen, zu dem sie das Geschäft tätigen möchten. Die Zuteilung kann nach zwei Methoden erfolgen: bei der holländischen Methode erhalten alle Bieter ihre Gelder zum niedrigsten, noch akzeptierten Zinssatz, bei dem das gesamte Volumen abgesetzt wird. Das amerikanische Verfahren hingegen kennzeichnet sich durch die individuelle Zinsfestschreibung an die gebotenen Sätzen der Marktteilnehmer. Da dies von den Bietern eine höhere Marktkenntnis erfordert, führte die EZB in der Einführungsphase die T. nach dem holländischen Verfahren durch. Mitte 2000 stellte sie dann ihre Offenmarktgeschäfte auf das amerikanische Verfahren um.

Tender Issue, *Emission im Tenderverfahren*; → Tender.

Tender Offer, *Übernahmeangebot*; Angebot zur Übernahme von Aktien einer Gesellschaft zu einem festen Preis. Das Angebot kann entweder durch die Gesellschaft selbst in Form eines Rückkaufprogramms (→ Rückkauf eigener Aktien) oder durch ein anderes Unternehmen erfolgen. Letzteres findet sich häufig bei feindlichen Übernahmen (→ Hostile Takeover) oder wenn Muttergesellschaften ihre börsennotierten Töchter vom Markt nehmen möchten (→ Going Private).

Tender Panel, *Tender Gruppe*; → Konsortium aus mehreren Banken, das über ein

Tender Panel Agent

Bietungsverfahren → Commercial Papers oder → Euro Notes vom Emittenten erwirbt, um sie im Markt unterzubringen. Nach Aufforderung durch die Führungsbank, dem → Tender Panel Agent, geben die Konsortialbanken Zinsgebote ab. Der Zuschlag erfolgt an die Institute mit den niedrigsten Zinsforderungen. Können die Papiere anschließend von den Banken nicht am Markt plaziert werden, sind die → Underwriter dazu verpflichtet, die Papiere zum maximalen Zinssatz des Emittenten von den Banken zu übernehmen.

Tender Panel Agent (TPA), führende Bank eines → Konsortiums, die in einem → Tender Panel den Bietungsprozess koordiniert. Im Gegensatz zu den bei der Emission von → Commercial Papers oder → Euro Notes ebenfalls möglichen Verfahren mit einem → Sole Placing Agent oder → Multiple Placing Agents, muss hier der → Emittent keinen fest vereinbarten Zinssatz zahlen, sondern profitiert von am Markt erzielbaren Konditionen.

Tenderverfahren, → Tender.

Terminbörse, *futures exchange*. T. lassen sich anhand ihrer Produkte unterscheiden. Die wesentlichen Gattungen sind Waren- und Finanzterminmärkte. An Warenterminmärkten werden hauptsächlich Termingeschäfte auf landwirtschaftliche Erzeugnisse, industrielle Produkte oder Energie abgeschlossen. Die an Finanzterminmärkten gehandelten Produkte lassen sich in → Zinsterminkontrakte auf kurzfristige Zinsen oder langfristige Zinsen, in Aktieninstrumente oder Devisenterminkontrakte einteilen. – Gegensatz: → Kassamarkt. – Vgl. auch → Warenterminbörsen, → Finanzterminkontrakte und → Börsentermingeschäfte.

Termindevisen, *forward exchange*. Bezeichnung für → Devisen, die Grundlage von → Devisentermingeschäften sind und erst später verfügbar sind.

Termineinlagen, *befristete Einlagen, Termingeld, time deposits*; werden den Banken in größeren Beträgen für einen bestimmten Zeitraum (meist drei bis 12 Monate) zur Verfügung gestellt. Die Buchungen werden auf separaten, extra angelegten Termingeldkonten vorgenommen. Entsprechend der Vereinbarung kann entweder eine bestimmte Laufzeit oder eine bestimmte Kündigungsfrist mit der anlegenden Bank ausgehandelt werden. Im ersten Fall ist dann von → Festgeld, im zweiten von → Kündigungsgeld zu sprechen. In der Praxis sind Festgelder häufiger anzutreffen. T. dienen dem Anleger, wenn ihm vorübergehend → liquide Mittel zur Verfügung stehen, für die sich keine andere Anlagealternative findet, da in absehbarer Zeit eine feste Zahlung (Steuerzahlung; Rechnung bei Baufirmen) auf ihn zukommt. Aus Sicht der Kreditinstitute stellen die T. eine wichtige und kostengünstige Finanzierungsquelle dar. Nicht zu unterschätzen ist die Bedeutung der T. am → Interbankenmarkt. Termingeld wird unter den → guten Adressen am Geldmarkt telefonisch bzw. per Telefax in sehr hohen runden Beträgen gehandelt. – Vgl. auch → Depositen, → Einlagen, → Sichteinlagen und → Spareinlagen.

Termingeld, → Termineinlagen.

Termingeschäfte, *Zeitgeschäfte, forward exchange transactions/deals*. Verträge über Abnahme und Lieferung von Waren, Wertpapieren, Finanzinstrumente oder Devisen zu einem zukünftigen Zeitpunkt zu einem bei Vertragsabschluss vereinbarten Preis oder an der Börse am Stichtag festgestellten Kurs. T. können als standardisierte Kontrakte oder als individuell vereinbarte Kontrakte abgeschlossen werden (→ Termingeschäftsarten). – Die nicht notwendigerweise an einer → Börse getätigten T. sind in Deutschland im Anschluss an die Weltwirtschaftskrise zu Beginn der dreißiger Jahre zunächst eingestellt worden. Seit 1970 wurden in Deutschland wieder Optionsgeschäfte auf Aktien getätigt, so dass Investoren für den → Terminhandel mit deutschen Wertpapieren nicht mehr ausschließlich auf ausländischen Börsen angewiesen waren. Mit der Einführung der vollcomputerisierten → DTB 1990 und der aus dieser und der schweizerischen → SOFFEX 1998 hervorgegangenen Derivatebörse → Eurex hat die Bedeutung von T. in Deutschland stark zugenommen. – Zu den T. zählen insbesondere → Forwards und → Futures (→ Financial Futures) sowie → Optionen. An der → Eurex werden Optionen auf deutsche, schweizerische, skandinavische, niederländische und italienische Aktien, ergänzt um Futures und Optionen auf → DAX, → SMI, → FOX, → DJ Stoxx 50, →

Termingeschäftsfähigkeit

DJ Euro Stoxx 50, angeboten. Des Weiteren werden Futures und Optionen auf verschiedene Geldmarktprodukte (z.B. → Dreimonats-Euribor-Future) und Kapitalmarktprodukte (z.B. → Euro-Bund-Future) angeboten. – → Warentermingeschäfte, z.B. auf Schlachtschweine, Kartoffeln, Weizen usw., werden in Deutschland an der → Warenterminbörse Hannover gehandelt. – Aufgrund der mit T. verbundenen Risiken, die z.T. weit über das eingesetzte Kapital hinausgehen können (→ Margin Call), ist in Deutschland zur Teilnahme am Eurex-Handel die → Termingeschäftsfähigkeit erforderlich. – Gegensatz: → Kassageschäft.

Termingeschäfte, Überwachung, *dealing in futures, control*. Die Abwicklung von börslichen und außerbörslichen → Termingeschäften durch ein Wertpapierdienstleistungsunternehmen gehört zu den Wertpapierdienstleistungen i.S.v. § 2 III WpHG. Unabhängig davon, ob sie als Festgeschäft (→ Festgeschäfte, Überwachung) oder als → Optionsgeschäft ausgestaltet sind (§ 2 II Nr. 1 WpHG), unterliegt ihre ordnungsgemäße Durchführung gemäß § 4 I 2 WpHG der Aufsicht durch das → Bundesaufsichtsamt für den Wertpapierhandel (BAWe). Geschäfte in Derivaten sind dem BAWe grundsätzlich zu melden (§ 9 WpHG). Von der Meldepflicht ausgenommen sind solche Derivate, die keinen Bezug zu einem Wertpapier haben (§ 9 Ia WpHG) sowie → Devisentermingeschäfte (§ 9 III Nr. 4 WpHG i.V.m. § 17 I der Verordnung über die Meldepflichten beim Handel mit Wertpapieren und Derivaten). Ebenfalls nicht meldepflichtig sind Geschäfte in OTC-Derivaten, insbesondere → Swaps.

Termingeschäftsarten, *kinds of forward exchange transactions/dealings*. Formen börslicher oder außerbörslicher Geschäfte, bei welchen der Abwicklungspreis zum Abschlusszeitpunkt festgelegt wird, die Erfüllung jedoch erst an einem bestimmten zukünftigen Termin erfolgt. Zu den wichtigsten T. zählen → Devisen-, → Effekten- und → Warentermingeschäfte, die wie folgt klassifiziert werden können: a) → Unbedingtes Termingeschäft, das immer von Seiten der → Long- bzw. → Short-Partei zu erfüllen ist (z.B. → Financial Futures), u.U. ist eine Verlängerung des Geschäftes - aufgrund vertraglicher Vereinbarungen oder in gegenseitigem Einvernehmen - möglich. – b) Bedingtes Termingeschäft in Form eines → Optionsgeschäftes: Gegen Zahlung einer → Optionsprämie erwirbt der Optionskäufer das Recht, ein bestimmtes → Underlying innerhalb eines bestimmten Zeitraumes (→ American Option) bzw. zu einem bestimmten Zeitpunkt (→ European Option) vom → Stillhalter zu einem vorab festgelegten Basispreis zu erwerben (→ Call) bzw. dieses an ihn zu verkaufen (→ Put). – c) Bedingtes Termingeschäft in Form eines → Prämiengeschäftes mit Rücktrittsmöglichkeit am Fälligkeitstag (→ Stellagegeschäfte, → Nochgeschäfte). – d) Daneben wird zwischen Lieferungsgeschäften, (Erfüllung durch effektive Güterlieferung), → Börsentermingeschäften (Erfüllung z.B. durch → Cash Settlement) und → Differenzgeschäften (Saldenverrechnung auf Seiten der Vertragspartner) unterschieden. – Nicht standardisierte bzw. → Over the Counter Termingeschäfte werden als → Forward-Kontrakte bezeichnet.

Termingeschäftsfähigkeit, Voraussetzung an die Vertragspartner für den rechtlich wirksamen Abschluss eines → Termingeschäftes. Die T. regelt § 53 BörsG. Grundlegend für die Regelung der Börsentermingeschäftsfähigkeit ist die Unterscheidung zwischen Kaufleuten und Nicht-Kaufleuten. Sofern beide Vertragsparteien im Handels- oder Genossenschaftsregister eingetragen sind, ist ein zwischen ihnen geschlossenes Börsentermingeschäft verbindlich. Als Kaufleute bezogen auf die T. gelten auch Personen, die zur Zeit des Geschäftsabschlusses oder früher gewerbsmäßig oder berufsmäßig → Börsentermingeschäfte betrieben haben oder zur Teilnahme am Börsenhandel dauernd zugelassen waren (§53 I BörsG). – Ist nur eine der beiden Vertragsseiten Kaufmann i.S. des BörsG, so ist das Börsentermingeschäft verbindlich, wenn der Kaufmann einer gesetzlichen Banken- oder Börsenaufsicht untersteht und den anderen Teil vor Geschäftsabschluss gem. § 53 II BörsG schriftlich darüber informiert, dass die aus Börsentermingeschäften erworbenen befristeten Rechte verfallen oder eine Wertminderung erleiden können, das Verlustrisiko nicht bestimmbar sei und auch über etwa geleistete Sicherheiten hinausgehen kann; Geschäfte, mit denen die Risiken aus eingegangenen Börsentermingeschäften ausgeschlossen oder eingeschränkt werden sollen, möglicherweise nicht oder zu einem

Terminhandel

verlustbringenden Marktpreis getätigt werden können; das Verlustrisiko sich erhöht, wenn zur Erfüllung von Verpflichtungen aus Börsentermingeschäften Kredit in Anspruch genommen wird oder die Verpflichtung aus Börsentermingeschäften oder die hieraus zu beanspruchende Gegenleistung auf ausländische Währung oder eine Rechnungseinheit lautet. – Bei → Warentermingeschäften muss der Kaufmann den anderen Teil vor Geschäftsabschluss schriftlich über die speziellen Risiken von Warentermingeschäften informieren. – Da Börsentermingeschäfte mit nicht-termingeschäftsfähigen Bankkunden unwirksam sind (vgl. § 52 BörsG), werden Kunden von Kreditinstituten in Deutschland i.d.R. mit standardisierten Formularen über die beschriebenen Risiken aufgeklärt (Informationsmodell). Diese Information ist ein Jahr nach der ersten Unterrichtung zu wiederholen und muss darauf im Rhythmus von drei Jahren erfolgen. Für Nichtkaufleute ergibt sich damit eine sog. Börsentermingeschäftsfähigkeit per Information.

Terminhandel, *Zeithandel, futures trading*; im Gegensatz zum → Kassahandel das Eingehen von → Termingeschäften. – Vgl. auch → Termingeschäftsarten.

Terminhandel an ausländischen Börsen, Zu den wichtigsten → Terminbörsen zählen neben der → Eurex insbesondere die → CBoT, daneben sind im europäischen Raum z.B. die → Liffe und die → Euronext von Bedeutung. Weiterhin haben sich viele kleinere, z.B. auf → Warentermingeschäfte spezialisierte Terminbörsen etablieren können.

Terminierung, *setting a time limit, setting a deadline*; Einschränkung des Gültigkeitszeitraums einer → Order im → Wertpapierhandel, z.B. → ultimogültig.

Terminkontrakt. Bezeichnung für Verträge über standardisierte → Termingeschäfte (→ Futures) oder nicht standardisierte Termingeschäfte (→ Forward-Kontrakte). Futures können desweiteren in → Financial Futures und → Commodity Futures unterteilt werden. – T. beinhalten die Spezifika jeden Vertrages. Hierzu zählen das → Underlying, der → Liefertag, der → Kontraktwert, der Erfüllungsort und der Preis. Bei Futures sind dies standardisierte Attribute wodurch Futures börsenmäßig gehandelt werden können. Mit der Standardisierung der T. wird eine einfache Handhabung und Übertragung bei Termingeschäften gewährleistet. – Oftmals werden nur Futures als T. bezeichnet.

Terminkontrakt auf den Deutschen Aktienindex (DAX), an der → Eurex notierter → Index-Terminkontrakt auf den → DAX. Der → Kontraktwert beträgt 25 Euro pro Indexpunkt, die Erfüllung erfolgt durch → Barausgleich basierend auf dem Schlussabrechnungspreis. Der Kontrakt ist am ersten Börsentag nach dem letzten Handelstag fällig, die Preisermittlung erfolgt in Punkten mit einer Genauigkeit von einer Dezimalstelle. Die minimale Preisveränderung beträgt 0,5 Punkte, d.h. 12,50 Euro. Verfallmonate sind jeweils die nächsten drei Quartalsmonate des Zyklus März, Juni, September und Dezember. Der letzte Handelstag ist jeweils der dritte Freitag eines Verfallmonats bzw. der davor liegende Börsentag, falls der Freitag kein Börsentag ist. Der tägliche Abrechnungspreis entspricht dem letztbezahlten Kontraktpreis oder wird - z.B. bei geringen Umsätzen in der Handelsphase vor der Preisfestsetzung - von der Eurex festgelegt. Der Schlussabrechnungspreis, d.h. der Wert des DAX, wird am letzten Handelstag im → elektronischen Handelssystem an der → Frankfurter Wertpapierbörse festgestellt.

Terminkontrakte auf den Midcap DAX (MDAX), 1996 eingeführter und seit Ende 1999 an der → Eurex nicht mehr notierter → Index-Terminkontrakt auf den → Midcap DAX. Der → Kontraktwert betrug 5 Euro pro Indexpunkt, die Erfüllung erfolgte durch → Barausgleich basierend auf dem Schlussabrechnungspreis. Der Kontrakt war am ersten Börsentag nach dem letzten Handelstag fällig, die Preisermittlung erfolgte in Punkten mit einer Genauigkeit von einer Dezimalstelle. Die minimale Preisveränderung betrug 0,5 Punkte, d.h. 2,50 Euro. Verfallmonate waren jeweils die nächsten drei Quartalsmonate des Zyklus März, Juni, September und Dezember. Der letzte Handelstag war jeweils der dritte Freitag eines Verfallmonats bzw. der davor liegende Börsentag, falls der Freitag kein Börsentag war. Der tägliche Abrechnungspreis entsprach dem letztbezahlten Kontraktpreis oder wurde - z.B. bei geringen Umsätzen in der Handelsphase vor der Preisfestsetzung - von

Terminkontrakte auf eine Schuldverschreibung

der Eurex festgelegt. Der → Schlussabrechnungspreis, d.h. der Wert des MDAX, wurde am letzten Handelstag im elektronischen Handelssystem an der → Frankfurter Wertpapierbörse festgestellt. – Vgl. auch → Terminkontrakt auf den Deutschen Aktienindex (DAX).

Terminkontrakte auf den Zinssatz für Dreimonats-Eurotermingelder, *Dreimonats-Euribor-Future*; an der → Eurex gehandelter Future auf den → Euribor für Dreimonats-Euro-Termingelder. Der → Kontraktwert beträgt 1.000.000 Euro, die Erfüllung erfolgt durch → Cash Settlement, die → Fälligkeit ist am ersten Börsentag nach dem letzten Handelstag. Die Preisermittlung wird in Prozent mit einer Genauigkeit von drei Dezimalstellen auf der Basis 100 abzüglich gehandeltem Zinssatz vorgenommen. Die minimale Preisveränderung beträgt 0,005 %, d.h. 12,50 Euro. Verfallmonate sind die nächsten zwölf Quartalsmonate aus dem Zyklus März, Juni, September und Dezember. Die maximale Kontraktlaufzeit beträgt damit drei Jahre. Der letzte Handelstag und → Schlussabrechnungstag liegt jeweils zwei Tage vor dem dritten Mittwoch des Erfüllungsmonats, sofern für den Dreimonats-Euribor an diesem Tag ein Referenzzinssatz festgestellt wird, ansonsten ist der davor liegende Börsentag zu wählen. Der Schlussabrechnungspreis wird von der Eurex auf Grundlage des Dreimonats-Euribor am letzten Handelstag festgelegt. Das Zustandekommen von Geschäften (Aufträge und → Quotes) erfolgt nach dem → Pro-Rata-Matching-Prinzip.

Terminkontrakte auf den Zinssatz für Einmonats-Eurotermingelder, an der → Eurex gehandelter → Future auf den → Euribor für Einmonats-Euro-Termingelder. Der Kontraktwert beträgt 3.000.000 Euro, die Erfüllung erfolgt durch → Cash Settlement, die Fälligkeit ist am ersten Börsentag nach dem letzten Handelstag. Die Preisermittlung wird in Prozent auf drei Dezimalstellen auf der Basis 100 abzüglich gehandeltem Zinssatz vorgenommen. Die minimale Preisveränderung beträgt 0,005 %, d.h. 12,50 Euro. Verfallmonate sind die sechs aufeinander folgenden Kalendermonate. Die maximale Laufzeit beträgt damit sechs Monate. Der letzte Handelstag und → Schlussabrechnungstag liegt jeweils zwei Tage vor dem dritten Mittwoch des Erfüllungsmonats, sofern für den Einmonats-Euribor an diesem Tag ein Referenzzinssatz festgestellt wird; ansonsten ist der davor liegende Börsentag zu wählen. Der Schlussabrechnungspreis wird von der Eurex auf Grundlage des Einmonat-Euribor am letzten Handelstag festgelegt. Das Zustandekommen von Geschäften (Aufträge und → Quotes) erfolgt nach dem → Pro-Rata-Matching-Prinzip.

Terminkontrakte auf die implizite Drei-Monats-Volatilität von DAX-Optionen, *VOLAX-Future*; zu Jahresbeginn 1998 eingeführter und bereits seit Ende 1998 nicht mehr notierter → Terminkontrakt auf die implizite → Volatilität von → am-Geld notierenden Optionen auf den → DAX mit einer Restlaufzeit von drei Monaten. Diese implizite Volatilität wurde durch den Subindex des → DAX-Volatilitätsindexes (VDAX) berechnet, der bei Verfall des VOLAX-Futures eine Restlaufzeit von drei Monaten aufwies. Der → Kontraktwert betrug 100 DM pro Indexpunkt, die Erfüllung erfolgte durch → Cash Settlement basierend auf dem Schlussabrechnungspreis. Der Kontrakt war am ersten Börsentag nach dem letzten Handelstag fällig, die Preisermittlung erfolgte in Punkten mit einer Genauigkeit von zwei Dezimalstellen. Die minimale Preisveränderung betrug 0,01 Punkte, d.h. 1 DM. Verfallmonate waren jeweils die nächsten drei Quartalsmonate des Zyklus März, Juni, September und Dezember. Die längste Laufzeit eines Kontraktes betrug somit neun Monate. Der letzte Handelstag war jeweils der dritte Freitag eines Verfallmonats bzw. der davor liegende Börsentag, falls der Freitag kein Börsentag war. Der tägliche Abrechnungspreis entsprach dem letztbezahlten Kontraktpreis oder wurde - z.B. bei geringen Umsätzen in der Handelsphase vor der Preisfestsetzung - von der Börsenverwaltung festgelegt. Der Schlussabrechnungspreis, d.h. der Wert des VDAX-Subindexes, wurde am letzten Handelstag im elektronischen Handelssystem an der → Frankfurter Wertpapierbörse festgestellt. – Vgl. auch → Terminkontrakt auf den Deutschen Aktienindex (DAX).

Terminkontrakte auf eine Schuldverschreibung des Bundes oder der ehemaligen Treuhandanstalt, an der → Eurex gehandelte → Futures auf fiktive Schuldver-

Terminkurs

schreibungen des Bundes oder der Treuhandanstalt mit einem → Kupon von sechs Prozent. Die zu liefernden Anleihen müssen Restlaufzeiten von 1 ¾ bis 2 ¼ Jahren (→ Euro-Schatz-Future), 4 ½ bis 5 ½ Jahren (→ Euro-Bobl-Future), 8 ½ bis 10 ½ Jahren (→ Euro-Bund-Future) bzw. 20 bis 30 ½ Jahren (→ Euro-Buxl-Future) aufweisen. Der Kontraktwert beträgt jeweils 100.000 Euro. Die Lieferverpflichtung aus einer → Short Position ist nur durch bestimmte Schuldverschreibungen - nämlich → Bundesschatzanweisungen, → Bundesobligationen, → Bundesanleihen oder börsennotierte, von der Bundesrepublik Deutschland uneingeschränkt und unmittelbar garantierte → Schuldverschreibungen der → Treuhandanstalt - erfüllbar. Die Schuldverschreibungen müssen ein Emissionsvolumen von mindestens 2 Mrd. Euro bzw. für Euro-Buxl-Futures 5 Mrd. Euro aufweisen. Die Preisermittlung erfolgt in Prozent vom Nominalwert mit einer Genauigkeit von zwei Dezimalstellen, die minimale Preisveränderung beträgt 0,01 %, d.h. 10 Euro. Liefermonate sind jeweils die nächsten drei Quartalsmonate des Zyklus März, Juni, September und Dezember. Liefertag ist der zehnte Kalendertag des Liefermonats, falls dieser ein Börsentag ist, ansonsten der darauf folgende Börsentag. Der letzte Handelstag liegt jeweils zwei Börsentage vor dem Liefertag. – Vgl. auch → Cheapest-to-Deliver-Anleihe.

Terminkurs, *futures price/rate*; Kurs für ein → Termingeschäft, v.a. bei → Devisentermingeschäften. – Gegensatz: → Kassakurs. – Vgl. auch → Swap-Satz.

Terminmarkt, *forward/futures markt*. Im Gegensatz zum → Kassamarkt der mit dem → Terminhandel befasste Teil einer → Börse. Im weitesten Sinne umfasst der T. auch den Handel mit nicht standardisierten Termingeschäften (→ Forwards). – Vgl. auch → Terminbörse.

Terminmarktfonds, *forward fund, future fund*. Bezeichnung für einen i.d.R. hoch spekulativen → Investmentfonds, der seine Mittel am → Terminmarkt in → Waren- und Finanztermingeschäften investiert.

Terminoptionen, → Options on Futures.

Terms of Payment. 1. Allgemein: engl. Bezeichnung für Zahlungsgewohnheiten und -ziele. – 2. Außenhandelstheorie: hiermit wird die Relation der eingeräumten resp. genutzten Zahlungsfristen im internationalen Handel ausgedrückt. Eine Verbesserung der einheimischen T.o.P. tritt ein, wenn ausländische Importeure inländischer Ausfuhrgüter schneller und/oder deutsche Importeure ausländischer Waren langsamer zahlen. Ceteris paribus wird somit die Nachfrage nach der Inlandswährung erhöht.

Testat, → Bestätigungsvermerk.

Testateinschränkung, → Einschränkung des Jahresabschluss-Testats.

Testaterteilung, *audit opinion*. Die T. stellt die Zusammenfassung der Ergebnisse der → Jahresabschlussprüfung durch den Abschlussprüfer dar. Sie erfolgt in der Form des → Bestätigungsvermerks.

Testatverweigerung, *refusal of audit certificate*. Eine T. erfolgt, wenn aufgrund der → Jahresabschlussprüfung wesentliche Beanstandungen zu erheben sind und kein positives Gesamturteil mehr möglich ist. Die Verweigerung führt dazu, dass der → Bestätigungsvermerk, in welchem der Versagung aufzunehmen ist, nicht mehr als solcher bezeichnet werden darf. Die Verweigerung ist zu begründen. Eine T. erfolgt z.B., wenn keine Inventur durchgeführt wurde oder wesentliche Geschäftsvorfälle nicht erfasst wurden.

testierte Bilanz. Bilanz, die mit dem → Bestätigungsvermerk nach § 322 HGB versehen wurde. Die Feststellung des → Jahresabschlusses, sei es durch den → Aufsichtsrat oder die Hauptversammlung ist erst nach der Erteilung des Testats möglich.

The Royal Exchange. Bezeichnung für die 1564 gegründete Londoner → Produktenbörse, die als erste Warenterminbörse der Welt gegründet wurde; ihr wird daher der Ursprung des Terminhandels zugerechnet. Ihren Namen erhielt die Börse im Jahre 1571 durch Elizabeth I. – Vgl. auch → London Stock Exchange.

Theoretical Basis, → Carry Basis.

Thesaurieren. Thesaurierung von Gewinnen bedeutet die Nichtausschüttung der Gewinne einer Unternehmung. Bei → Investmentfonds gibt es → Thesaurierungsfonds, die anfallende Erträge einbehalten.

Thesaurierung, → Gewinnthesaurierung.

Thesaurierungsfonds, *Wachstumsfonds, cumulative/growth/non-dividend funds.* Bei T. verbleiben die im Geschäftsjahr erwirtschafteten Erträge dauerhaft im Fondsvermögen und erhöhen so permanent den Anteilwert. Eine → Ausschüttung an den Anleger findet nicht statt. – Gegensatz: → Ausschüttungsofnds.

Theta-Faktor, *time-delta, theta*; Begriff aus der Optionspreistheorie. Der T. drückt die Veränderung des Wertes einer → Option in Abhängigkeit von Veränderungen der Restlaufzeit aus. Formal ist der T. die partielle Ableitung des Wertes der Option nach der Restlaufzeit. – Vgl. → Greeks.

Theta-Hedge, bezeichnet eine → Hedging-Strategie, bei der sich der Inhaber einer → Position auf dem → Terminmarkt gegen deren Zeitverlust absichern möchte. Dies ist insbesondere bei → Futures von Bedeutung, da hier Positionen mit → positiver und → negativer Basis existieren. Durch Portefeuillebildung lassen sich Positionen mit neutralem → Theta aufbauen.

Third Stage Financing, dritte Phase des → Expansion Stage Financing im Rahmen der Venture-Capital-Finanzierung. Das → Venture-Capital dient in dieser Phase der Finanzierung der Erweiterung des Vertriebs innovativer Produkte oder Produktionsmethoden des sich entwickelnden Unternehmens. – Vgl. → Early Stage Financing.

Tick, *minimum price fluctuation,*; kleinstmögliche Einheit, um die sich der Kurs eines Wertpapiers (→ Aktie, → Anleihe, → Option, → Futures etc.) verändern kann. – In den Kontraktspezifikationen des jeweiligen Finanzinstruments gibt der T. die Preisabstufungen an, in denen die Marktteilnehmer ihre Orders abgeben können und in denen das Finanzinstrument notiert wird, z.B. 0,01% bei Euro-Bund-Futures oder 0,5 Dax-Punkte beim Dax-Future.

Ticket Day

Ticker, *Börsenticker.* Elektronische Anzeige im → Präsenzhandel an den Börsen, die die Veränderung der Kurse und Umsätze im Vergleich zu den Notierungen des Vortages fortlaufend wiedergibt. Die → Makler übertragen die von ihnen festgestellten Kurse über ein EDV-System an eine Meldestelle, die die Kursinformationen auf einer Anzeigetafel bekannt macht. Der erste T. wurde 1867 an der New York Stock Exchange installiert. Ende des ersten Weltkriegs wurden die ersten T. an den europäischen Börsen eingeführt. Angezeigt wird ein T.-Symbol für das jeweilige Wertpapier und/oder dessen Bezeichnung und/oder die → Wertpapierkennnummer. Für die Wertpapiere, die in die → fortlaufende Notierung einbezogen sind, folgen der Vortageskurs, der → Eröffnungskurs, die fortlaufende Notierung sowie der Einheits- und der Schlusspreis. Für die Wertpapiere, die nicht in die fortlaufende Notierung einbezogen sind, folgt nach dem Vortageskurs der zu einem bestimmten Zeitpunkt festgestellte Einheitspreis. Neben den Kursinformationen werden teilweise auch die Umsätze angezeigt. Die einzelnen Börsen bestimmen selbst die Gestaltung und den Umfang der Angaben sowie den Zeitpunkt ihrer Veröffentlichung. Die ausgewählten Informationen werden regelmäßig etwa 15 bis 20 Minuten nach ihrer Feststellung über den T. angezeigt. Darüber hinaus werden sie über Spezialleitungen zu den → Handelsteilnehmern übertragen. Viele Börsen veröffentlichen sie zudem im Internet.

Ticker Plant Frankfurt (TPF). System, das alle Kursinformationen der Frankfurter Wertpapierbörse, der anderen deutschen Wertpapierbörsen sowie von → Xetra und → Eurex fortlaufend unter den → Handelsteilnehmern verbreitet. Es wird von der Deutsche Börse Systems AG betreut.

Ticket. Bezeichnung für einen Annahmeschein, der an der Londoner Börse bei der Liquidation von → Termingeschäften benutzt wird. Das T. wird an den jeweiligen Verkäufer übergeben, der dann seiner Lieferverpflichtung nachzukommen hat.

Ticket Day, *name day, Aufgabetag*; Skontrierungstag bei der Abwicklung von Termingeschäften an der → London Stock Exchange.

Tiefstkurs, *lowest price, all-time low*; bezeichnet den niedrigsten → Kurs, den ein → Wertpapier oder ein → Index jemals erreicht hat. – Gegensatz: → Höchstkurs.

Tigerstaaten. Unter den klassischen T. versteht man die aufstrebenden Volkswirtschaften Asiens, zu denen u.a. die Philippinen, Südkorea, Taiwan, Hongkong und Singapur zählen. In den letzten Jahren wurden auch die sog. Tiger-Babies, wie z.B. Indonesien, Thailand und Malaysia, unter dem Begriff T. subsumiert.

TIGRs, Abk. für → Treasury Investment Growth Receipts.

Tilgung, *Schuldentilgung, Rückzahlung, amortization, repayment, redemption*. Bezeichnung für die Rückzahlung von Geldkapital jeglicher Art, das einem Schuldner von einem Gläubiger für eine gewisse Zeit überlassen wurde, z.B. durch die Einräumung eines → Kredits oder die Übernahme einer → Tilgungsanleihe. Die T. erfolgt gemäß den vorab zwischen beiden Parteien getroffenen Vereinbarungen (→ Tilgungsplan), wobei die Rückzahlung entweder in Teilbeträgen (→ Annuitätenanleihe, → Ratenanleihe) oder in einem Betrag (→ gesamtfällige Anleihe) erfolgen kann. Über diese planmäßige T. hinaus ist eine außerplanmäßige T. möglich, wenn Schuldner oder Gläubiger von vertraglich eingeräumten Kündigungsrechten Gebrauch machen. Bei Anleihen sind außerplanmäßige T. auch durch einen → freihändigen Rückkauf am Kapitalmarkt möglich. – Vgl. auch → Rückzahlung von Anleihen, → Tilgungsarten.

Tilgungsanleihe, *redemption bond*; → Anleihe, bei der im Gegensatz zur → ewigen Anleihe eine → Tilgung vorgesehen ist. Die → Rückzahlung von Anleihen kann auf unterschiedliche Weise erfolgen, wobei die Tilgungsmodalitäten in der → Anleiheausstattung festgelegt sind.

Tilgungsarten, *repayment/redemption methods*; beschreiben die verschiedenen Möglichkeiten der Rückzahlung (→ Tilgung) eines Kredits durch den Kreditnehmer oder der → Rückzahlung von Anleihen durch den → Emittenten. – 1. Anleihen: Die für eine Anleihe gewählte Tilgungsart wird in der → Anleiheausstattung festgeschrieben. Wenn die Tilgung am Ende der Laufzeit in einer Summe erfolgt, spricht man von → gesamtfälligen Anleihen. Werden jährlich gleich hohe Beträge getilgt, so bezeichnet man die Anleihe als → Ratenanleihe. Bleibt die jährliche Gesamtbelastung (→ Anleihedienst) gleich, so liegt eine → Annuitätenanleihe vor. Anleihen ohne festen → Tilgungsplan werden während ihrer Laufzeit nach den vertraglichen Möglichkeiten des Emittenten zurückgezahlt. Die Tilgungsdurchführung kann auch planmäßig über die Auslosung von Serien, Reihen, Gruppen oder Endziffern erfolgen (→ Auslosungsanleihen), wodurch für die Anleihegläubiger eine Unsicherheit über die Dauer ihrer Mittelanlage besteht. Außerplanmäßige Tilgungen können durch vorzeitige → Anleihekündigung, durch Auslosung zusätzlicher Tranchen oder durch → freihändigen Rückkauf am Kapitalmarkt erfolgen (Optional Redemption). Eine Kündigung von Anleihen durch den Anleihegläubiger ist zumeist ausgeschlossen. – 2. Kredite: Als T. kommen die → Annuitätentilgung, die → Ratentilgung, die variable Tilgung und die gesamtfällige Tilgung am Laufzeitende in Betracht.

Tilgungsbedingungen, *terms of repayment/redemption*. Die T. regeln Zeit, Umfang und Form der Rückzahlung von Verbindlichkeiten (→ Tilgung) durch den Schuldner. Die T. werden bei → Krediten im Kreditvertrag und bei Anleihen in der → Anleiheausstattung festgehalten. – Vgl. auch → Rückzahlung von Anleihen, → Tilgungsarten, → Tilgungsplan.

Tilgungsdienst, *repayment/redemption service*. Leistungen, i.d.R. Geldzahlungen, die der → Emittent einer Anleihe oder ein Kreditschuldner im Rahmen des mit dem Gläubiger vereinbarten → Tilgungsplans an diesen für die Rückzahlung des überlassenen Kapitals zu erbringen hat. – Vgl. → Kapitaldienst.

Tilgungsfonds, *redemption/sinking fund*. Vom → Emittenten einer → Anleihe gebildeter und dotierter Fonds, der bei einer Treuhandbank geführt wird und mit dessen Mitteln ein → freihändiger Rückkauf der begebenen Anleihen am Kapitalmarkt durchgeführt wird. Dadurch besteht eine kontinuierliche Marktnachfrage nach den Anleihen, womit die Wahrscheinlichkeit eines Absinkens des Anleihekurses verringert ist (→ Kurspflege). – Vgl. auch → Kursbildung am Rentenmarkt.

Tilgungsfondshypothek, → Tilgungshypothek.

Tilgungsgewinn, *repayment/redemption profit.* Gewinn, den der → Emittent einer → Anleihe dadurch erzielt, dass er, soweit dies die Tilgungsbedingungen zulassen, die von ihm begebenen Anleihe dann am Markt zurückkauft (→ freihändiger Rückkauf), wenn deren Kurs unterhalb des → Nennwertes notiert (unter pari).

Tilgungshypothek, *Amortisationshypothek, redemption mortgage.* Wird als → Hypothek definiert, bei der nach einem zuvor festgelegten Tilgungsplan in regelmäßigen Abständen Tilgungsleistungen erfolgen. Den Regelfall stellen konstante Annuitäten mit wachsenden Tilgungsraten dar, womit der relative Tilgungsanteil zunimmt (Annuitätenhypothek). Daneben gibt es auch T. mit einer konstanten Tilgungsrate und somit fallenden Jahresleistungen (Abzahlungs- oder Ratenhypothek).

Tilgungsplan, *Rückzahlungsplan, amortization/redemption schedule.* Bei der → → Anleiheemission oder der Gewährung von → Krediten vereinbarter fester Terminplan, nach dem die Rückzahlung erfolgt. Der T. enthält Vereinbarungen zu den Tilgungszeitpunkten und → Tilgungsraten. Bei Anleihen sind diese Vereinbarungen Teil der → Anleiheausstattung und zumeist auf dem → Mantel abgedruckt. – Vgl. → Tilgungsarten.

Tilgungsrate, *Rückzahlungsrate, repayment/redemption rate*; Betrag, den ein → Schuldner periodisch an einen → Gläubiger leistet, um sukzessive eine Verbindlichkeit (z.B. → Anleihe, → Kredit) zu verringern. Vereinbarungen über Zeitpunkt, Form und Umfang der T. werden zwischen beiden Parteien in den → Tilgungsbedingungen getroffen. Kommt der Schuldner dieser Verpflichtung nicht nach, so treten → Tilgungsrückstände auf. – Vgl. auch → Tilgung und → Tilgungsarten.

Tilgungsrechnung, *Rückzahlungsrechnung, repayment/redemption calculation.* Im Rahmen der T. erfolgt die Ermittlung von Tilgungsdauer, → Tilgungsrate, Restschuld, → Zinsen und → Annuität für eine in Raten zu tilgende Schuld mit Hilfe finanzmathematischer Rechenmethoden. – Vgl. auch → Tilgung.

Tilgungsrückstände, *rückständige Tilgungszahlungen, redemption arrears*; diejenigen Kapitalbeträge, die ein Darlehensschuldner zu einem bestimmten Zeitpunkt noch nicht an den Gläubiger zurückgezahlt hat (→ Tilgung), obwohl er dazu gemäß des vereinbarten → Tilgungsplanes verpflichtet gewesen wäre. T. stellen eine bedeutende Kennzahl in den Jahresabschlüssen der → Kreditinstitute dar, um die Qualität des Kreditportfolios zu bewerten.

Tilted-Funds-Strategy, bezeichnet eine Methode des → Active Management, mit dem Ziel, den → Benchmark outzuperformen (→ Outperformance). Zunächst wird die → Benchmark, meist ein → Index, genau nachgebildet. Anschließend wird eine Über- bzw. Untergewichtung von bestimmten → Wertpapieren im → Portfolio vorgenommen. Die Übergewichtung basiert auf der Tatsache, dass für die übergewichteten Werte eine bessere → Performance erwartet wird als für die → Benchmark. Übergewichtungen lassen sich sowohl in einzelnen → Aktien, wie auch Branchen, Wachstumswerten usw. bilden.

Time Lag, zeitliche (Wirkungs-) Verzögerung zwischen einer getroffenen Maßnahme und dem Eintritt der beabsichtigten Wirkung.

Time Option, Wahlmöglichkeit des → Valutatages innerhalb einer vorher festgelegten Zeitspanne.

Time Spread Strategie. Optionsstrategie, bei der gleichzeitig eine → Long und → Short Position in → Calls oder → Puts mit gleichem → Basispreis auf den gleichen Basiswert aber mit unterschiedlicher Laufzeit eingegangen wird. Die T.S.S. zählt damit zu den horizontalen Optionsstrategien.

Time to Maturity, → Restlaufzeit.

Time Value, → Zeitwert.

Timing. Bezeichnung für die Wahl des richtigen Zeitpunktes für den Kauf oder

Timing-Indikator

Verkauf von Wertpapieren. Ziel ist es, die → Transaktion zu einem möglichst günstigen Kurs abzuschließen bzw. die Wertpapiere bei einer → Emission zu einem möglichst günstigen bzw. ertragreichen Termin zu platzieren, an dem ein höherer Emissionskurs erzielt werden kann.

Timing-Indikator. Indikator, der – bezogen auf die in der technischen Analyse erarbeitete Aktienentwicklung – zeitlich angemessene Kauf- oder Verkaufssignale liefern soll. – Vgl. auch → MACD-Indikator, → Stochastics.

Tipp, *tip.* Information über die zukünftige Entwicklung von Kursen, die auf Tatsachen oder Gerüchten beruht. Trotz des Umstandes, dass die Akteure oft nicht wissen wie fundiert ein T. ist, können T. einen großen Einfluss auf die Entwicklung der betroffenen Aktienkurse haben. – Vgl. auch → spekulative Börse.

Titel. 1. *security, paper*; im Finanzwesen verwendete Bezeichnung für einzelne Wertpapiere. – 2. *writ of execution*; juristische Kurzbezeichnung für einen Vollstreckungstitel.

TLC, Abk. für → Transferable Loan Certificate.

TLF, Abk. für → Transferable Loan Facility.

TLI, Abk. für → Transferable Loan Instrument.

Tochtergesellschaft, *majority-owned subsidiary, daughter company.* Als T. werden Gesellschaften bezeichnet, an denen eine andere Gesellschaft (→ Muttergesellschaft) beteiligt ist. Die Beteiligung ist derart ausgestaltet, dass die Muttergesellschaft einen mittelbaren oder unmittelbaren wesentlichen Einfluss auf die T. ausüben kann.

Todesfallversicherung, *straight-life/whole-life insurance.* 1. I.w.S. → Versicherungen, die leisten, wenn der Versicherter während der Versicherungslaufzeit verstirbt. Im Erlebensfall erfolgt keine Versicherungsleistung. Zu den T. zählen u.a. die befristet abgeschlossenen → Risikolebensversicherungen. – 2. I.e.S. nur Versicherungen auf den Todesfall mit unbefristeter Laufzeit. Da hier in jedem Fall eine Versicherungsleistung erfolgt, zählen sie, im Gegensatz zur Risikolebensversicherung, zu den → kapitalbildenden Versicherungen.

Tokio, *Tokyo*; ist der wichtigste Finanzplatz Asiens und neben New York und London eines der Hauptzentren der internationalen Finanzwelt. Seine Bedeutung erlangte T. insbesondere durch die wirtschaftliche Stärke der japanischen Ökonomie und deren Führungsrolle im asiatischen Raum. Die am Finanzplatz T. vertretenen Finanzintermediäre sehen neben dem nationalen Absatzgebiet in erster Linie Ost- und Südasien als Hauptmärkte. Die Liberalisierung Ende der 80-er Jahre verfolgte mit der Aufhebung der Zinsreglementierungen, der Einrichtung der Tokio International Banking Facility (TIBF) 1982 und einer weitergehenden Marktöffnung (v.a. gegenüber ausländischen Instituten) eine Erhöhung der Wettbewerbsintensität und damit der Markteffizienz. Allerdings wurden die Deregulierungsmaßnahmen nicht von einer Optimierung der Bankenaufsicht, ebenso wie Erhöhung der Transparenz (Publizitätspflichten, Risikomanagement u.ä.) begleitet. Folge hiervon ist eine andauernde Schwäche des japanischen Bankensektors und damit des Finanzplatzes Tokio.

Tombstone. Veröffentlichung nach der Platzierung der → Emission, bei der die Emittenten und die → Konsortialmitglieder mit ihren wahrgenommenen Funktionen, sowie Anzahl, Name und Preis der Emission aufgelistet werden.

Tom/Next (T/N). Am → Geldmarkt verwendete Abk. für „tomorrow against next day". Die Bezeichnung wird für → Tagesgelder verwendet, die erst am nächsten Geschäftstag angelegt werden und am darauf folgenden Geschäftstag fällig werden.

Tomorrow Next (tom next), → Swap-Geschäft, bei dem das → Kassageschäft und das → Termingeschäft unterschiedliche → Fälligkeiten besitzen. Die Kassaposition ist an dem auf den Abschluss folgenden Geschäftstag fällig, die Terminposition am darauf folgenden Geschäftstag.

Top, *Höchststand*; Ende einer Periode steigender Kurse (→ Hausse). Die → Chart-Analyse versucht u.a., die T. und → Bottoms von Kursentwicklungen vorherzusagen. Die Ausbildung eines T. gibt ein → Verkaufssignal, z.B. → Kopf-Schulter-Formation. – Vgl. auch → Technische Analyse.

Top Down Approach, *Top-Down-Ansatz*. Im Allgemeinen die Bezeichnung für eine Vorgehensweise, bei der Problemlösungen oder Zielsetzungen gebildet werden, indem mit einer globalen Betrachtung begonnen, und mit zunehmender Konkretisierung die Gesamtheit in Einzelteile zerlegt wird. – 1. Anwendung findet der T.D.A. im Rahmen der → Fundamentalanalyse zur Bestimmung eines Unternehmenswertes. Hierbei wird mit der Betrachtung einer aggregierten Untersuchungseinheit begonnen und unter Berücksichtigung von branchenspezifischen Besonderheiten zur Analyse immer kleinerer Einheiten übergegangen. – 2. Zudem verwendet man den T.D.A. im Rahmen der Unternehmensführung als Managementmethode. Hierbei werden von der obersten Führungsebene die Zielsetzungen für die nächsten Jahren festgelegt. Diese werden in weitere Subziele untergliedert, die als Grundlage für die Erarbeitung von Strategien für die unteren, insbesondere Ausführungsebenen dienen.

Topix-Index, *Tokyo Stock Price Index*. Der T.-I. ist ein gewichteter → Index, der als Gewichtungsfaktoren auf die → Marktkapitalisierung der Unternehmen zurückgreift. Er wurde zum 01.07.1969 gegründet und bildet sämtliche Unternehmen der First Section der → Tokyo Stock Exchange ab. Darin waren im August 2001 1.500 japanische Großunternehmen enthalten. Durch diese breite Abdeckung gelingt es dem T.-I besser als dem → Nikkei-225-Index, den Gesamtmarkt abzubilden.

Topix-Index, *Tokyo Stock Price Index*. Der T.-I. ist ein gewichteter → Index, der als Gewichtungsfaktoren auf die → Marktkapitalisierung der Unternehmen zurückgreift. Er wurde zum 01.07.1969 gegründet und bildet sämtliche Unternehmen der First Section der → Tokyo Stock Exchange ab. Darin waren im August 2001 1.500 japanische Großunternehmen enthalten. Durch diese breite Abdeckung gelingt es dem T.-I besser als dem → Nikkei-225-Index, den Gesamtmarkt abzubilden.

Total Loss Probability, *Totalverlustwahrscheinlichkeit*; bezeichnet die Wahrscheinlichkeit, einen Totalausfall bei Fälligkeit einer → Option zu erleiden. – Vgl. auch → Ausfallrisiko.

Total-Return-Index, → Performance-Index.

totes Depot, → Sachdepot.

TPA, Abk. für → Tender Panel Agent.

TPF, Abk. für → Ticker Plant Frankfurt.

Tracking Error. Bei einer passiven → Anlagepolitik ist die relative → Performance eines → Portefeuilles im Vergleich zu dem entsprechenden → Benchmark von Bedeutung, nicht die absolute Performance. Das verwendete Maß zur Beurteilung dieser relativen Performance ist der T.E., der die Wahrscheinlichkeit einer Performanceabweichung in einer bestimmten Höhe im Vergleich zu einem → Benchmark angibt. Die Minimierung des T.E. erfolgt mit Hilfe mathematischer Verfahren, welche historische Kursverläufe und aktuelle Indexgewichte verarbeiten. Der T.E. ist umso geringer, je stärker die Portefeuillezusammensetzung dem des Benchmarks entspricht. – Ursachen für einen T.E. liegen u.a. darin, dass die Indexgewichtungen in Indizes in der Regel prozentual erfolgt, im Benchmarkportefeuille keine → Transaktionskosten anfallen und ein Portefeuille nicht immer dem exakten Abbild des Benchmarks entspricht.

Track Record, *Erfolgsbilanz, Erfolgs- und Leistungsbilanz*. Unter T.R. versteht man den Ruf bzw. die Performance von → Emissionsbanken in der Vergangenheit. Insbesondere zählen hierzu die bereits gewonnenen Erfahrungen mit → Emissionen im Allgemeinen und mit vergleichbaren Transaktionen im Besonderen, speziell in der betreffenden Branche und dem entsprechenden Land.

Tracking Stocks, *tracking shares, Geschäftsbereichaktien*; in den USA von Corporations begebene → Geschäftsbereichsaktien. In einer diversifizierten Unternehmung ist der Gewinn ein Durchschnitt der Gewinne der Geschäftsbereiche. Der → Aktionär erhält also Dividende aus den Erträgen eines Portfolios von Geschäftsberei-

Trade Balance

chen unterschiedlicher Profitabilität. Die Idee hinter T.S. ist, die Aktionäre an den Gewinnen einzelner Geschäftsbereiche zu beteiligen. Daher begibt die Corporation zusätzlich zu → Common Stocks T.S., deren Dividende vom Gewinn eines Geschäftsbereiches abhängt. Die → Common Stocks verbriefen weiterhin Stimmrecht und Anteil am Vermögen, die T.S. den Dividendenanspruch. Die Verwendung von T.S. setzt eine getrennte Rechnungslegung der Geschäftsbereiche voraus. Die Schaffung von T.S. vermeidet die Auflösung der Gesellschaft und erhält Synergien aus der Bündelung der Geschäftsbereiche. Sie ermöglicht die Definition geschäftsbereichsbezogener Managementanreize im Rahmen des → Shareholder Value Konzeptes.

Trade Balance, *Handelsbilanz*; bezeichnet eine Teilbilanz der → Zahlungsbilanz, die Warenexporte und -importe eines Landes erfasst. Ein Handelsbilanzüberschuss (aktive Handelsbilanz) liegt vor, wenn die Exporte die Importe übersteigen. Im umgekehrten Fall weist die Handelsbilanz ein Defizit auf (passive Handelsbilanz). Durch Verrechnung bzw. Zusammenfassung der Salden der T.B. und der Dienstleistungsbilanz, in der Dienstleistungsimporte und -exporte aufgeführt werden, wird der → Außenbeitrag eines Landes ermittelt.

Tradebook, → ECN, das einen 24-Stunden-Zugang und ein → Settlement an weltweit 65 Kapitalmärkten bietet. Das von → Bloomberg und CLSA gegründete T. unterhält eine strategische Allianz mit der Handelsplattform → Posit. - T. erfüllt die von der amerikanischen Börsenaufsicht → SEC an ECN's gestellten Anforderungen, um Zugang zur → NASDAQ zu erhalten. Im Oktober 2000 wurden 1,5 Prozent des Transaktionsvolumens dieser Börse über T. abgewickelt, dies entspricht dem vierten Platz unter acht registrierten ECN's. Von T. ins NASDAQ-System eingestellte Quotes werden mit dem Kürzel BTRD versehen.

Trade Confirmation and Risk Management (TRAX), von der → International Securities Market Association (ISMA) seit 1989 betriebenes Echtzeit-System zur grenzüberschreitenden Abstimmung, Durchführung und Bestätigung von Wertpapiertransaktionen. Alle Transaktionen, die von den rund 200 angeschlossenen Teilnehmern getätigt werden, werden automatisch an TRAX weitergeleitet. Zudem dient das System als Reporting- und Risikomanagementsystem.

Traded Option, *handelbare Option*; bezeichnet eine standardisierte, börsengehandelte → Option. Die Standardisierung bezieht sich dabei u.a. auf die → Laufzeit, die Kontraktgröße oder den → Basispreis. Gegensatz: → Non-Traded Option.

Tradepoint, britisches, ordergetriebenes → ECN, das → Brokern, → Market-Markern und → Fondsmanagern den vollständig anonymen Handel in mehr als 2.000 im Vereinigten Königreich gelisteten Werten bietet. T. ist in Großbritannien seit 1995 als Investmentbörse (Regulated Investment Exchange) registriert. - Gemeinsam mit der → SWX plant T. unter dem Namen virt-x den Aufbau eines paneuropäischen Marktplatzes für → Blue-Chips. Virt-x wird einen Exklusivzugang zur → Elektronischen Börse Schweiz erhalten, die SWX-Mitglieder werden die schweizerischen Blue-Chips auf virt-x handeln.

Trader, *Börsenhändler*. - 1. bezeichnet einen → Händler an einer → Wertpapierbörse. - 2. bezeichnet Marktteilnehmer, die bewußt → Risiken eingehen, um eine bestimmte Strategie zu verfolgen.

Trader´s Equity, bezeichnet Einzahlungen in das sog. → Margin-Konto, die auf offene Kontraktpositionen geleistet werden müssen.

Trade-Sale, bezeichnet den Verkauf eines Unternehmens an ein anderes Unternehmen, in der Regel an einen Konkurrenten oder zwecks vertikaler Integration an einen Lieferanten oder Kunden. Für den Konkurrenten kann der Kauf des Unternehmens die Möglichkeit bieten, ohne großen Zeitaufwand technologisches Know-how zu akquirieren, sich durch Nutzung bestehender Vertriebswege in neuen Märkten schnell zu etablieren oder andere Synergieeffekte zu nutzen. Diese Faktoren werden bei der Bewertung des Unternehmens Berücksichtigung finden und den Kaufpreis positiv beeinflussen. Im Gegensatz zu einer Börseneinführung, bei welcher der Aktienbesitz in der Regel gestreut wird, führt der T.-S. zu einer Konzentration des Anteilsbesitzes in den Händen des Käufers. Die damit verbundene Möglichkeit der Einflussnahme auf das Unternehmen kann ebenfalls preissteigernd wirken (Kontrollprämie). Ist von vornherein ein T.-S. als ein → Exit geplant, kann schon früh ein potenzieller Käufer identifiziert und das Unternehmen gemäß seiner Bedürfnisse geformt werden."

Trading, → Wertpapierhandel.

Trading book, → Handelsbuch.

Trading Funds, → No-Load-Funds.

Trading on the Equity, → Financial Leverage.

Trading Position, *Handelsposition.* Bezeichnung für eingegangene spekulative → Termingeschäfte. Der → Trader spekuliert mit diesen offenen Position auf für ihn günstige Kursentwicklungen.

Trading Unit, 1. → Round Lot. – 2. *Kontraktgröße*; bei → Termingeschäften die Bezeichnung für die Menge des zugrunde liegenden → Underlyings pro Kontrakt.

Trading-Periode, *trading period.* Bezeichnung für die Eröffnungs- und Handelsphase einer → Terminbörse. Abzugrenzen von der T. sind die → Pre-Trading-Periode und die → Post-Trading-Periode, in denen es zu keinen Geschäftsabschlüssen kommt.

Traditionspapiere, *Dispositionspapiere, documents of title*; Wertpapier, welches den Anspruch auf Herausgabe einer Sache schriftlich verbrieft. Die Übergabe geschieht implizit und der Eigentümer des Wertpapiers kann frei über die Ware verfügen. Man unterscheidet zwischen drei verschieden Arten der T.: Konnossement, Ladeschein und Lagerschein. Die Übertragung von T. geschieht durch → Indossament.

Träger der Börsen, *supporting organization of exchange.* Juristische Person, die aufgrund fehlender Rechtsfähigkeit der Börsengremien im privaten Rechtsverkehr für die Börse steht. Die T.d.B. sind insbesondere für das Personal (Schließung von Dienstverträgen) und für die Bereitstellung der Börsenräume zuständig. Die T.d.B. können als privatrechtlicher Verein, als Kapitalgesellschaft oder als öffentlich rechtliche Kammer in Erscheinung treten. In Deutschland wurde beispielsweise die → Deutsche Börse AG als Träger der → Frankfurter Wertpapierbörse und der ehemaligen → DTB gegründet.

Transferable Loan Certificate

Tranche. Bezeichnung für den Teilbetrag einer → Wertpapieremission (→ Split Issue), wobei die Emission zu verschiedenen Zeitpunkten erfolgen kann und/oder die Ausgestaltung in unterschiedliche Zins-, Tilgungs- oder Emissionsmodalitäten eingeteilt werden kann.

Transaction Costs, → Transaktionskosten.

Transaktion, *transaction.* Bezeichnung für die Ausführung eines Wertpapiergeschäfts.

Transaktionskosten, *transaction costs*; sämtliche anfallenden Kosten bei der Abwicklung einer → Transaktion. Hierzu zählen die → Maklercourtage, → Provisionen, Spesen usw. – Vgl. auch → implizite Transaktionskosten und → explizite Transaktionskosten.

Transaktionskosten, explizite, → explizite Transaktionskosten.

Transaktionskosten, implizite, → implizite Transaktionskosten.

Transfer Agent, *Übertragungsstelle.* Bezeichnung für die von einem US-amerikanischen Emittenten beauftragte Stelle (→ Kreditinstitut oder → Trust Company), die die Übertragung von Wertpapieren technisch abwickelt. Der T.A. vernichtet die Urkunden des Veräußerers bzw. veranlasst dessen Depotausbuchung. Für den Erwerber stellt er eine neue Urkunde aus bzw. veranlasst eine Depotgutschrift. Zudem meldet er den Rechtsübergang bei der Gesellschaft an.

Transferable Loan Certificate (TLC). Variante einer → Transferable Loan Facility, bei der im Gegensatz zum → Transferable Loan Instrument ein Gläubigerwechsel eine Umwandlung des → Schuldverhältnisses impliziert. Somit ergibt sich eine Modifikation des ursprünglichen Darlehensvertrages.

Transferable Loan Facility

Transferable Loan Facility (TLF), Innovation im Bereich des Eurokonsortialkredits. Sie ist dadurch gekennzeichnet, dass Kredite in Unterbeteiligungen aufgespalten werden, um diese Anteile dann an weitere Investoren außerhalb des → Konsortiums verkaufen zu können. Aus dem → Konsortialkredit entstehen somit letztlich Kreditanteile als übertragbare Kreditfazilitäten, die handelbar sind. Die rechtliche Ausgestaltung von einem TLF kann sehr unterschiedlich sein. Grundsätzlich werden als Varianten → Transferable Loan Certificates und → Transferable Loan Instruments genannt. Für die beteiligten Banken ergibt sich der Vorteil, dass durch → Verbriefung und Weitergabe von Kreditanteilen die Bilanz von Risiken entlastet und Liquidität realisiert wird.

Transferable Loan Instrument (TLI), Variante einer → Transferable Loan Facility, die einen durch → Abtretung übertragbaren Anteil an einem Eurokonsortialkredit verbrieft und an spezifischen → Sekundärmärkten gehandelt werden kann.

Transfergarantie, *transfer guaranty*. 1. Im internationalen → Zahlungsverkehr von Seiten des Staates des Schuldners bzw. des Schuldnerstaats gegebene → Garantie, dass die Zahlungsverpflichtungen in heimischer Währung in die Währung des Empfängerlandes konvertiert wird. Somit wird ein mögliches → Transferrisiko ausgeschlossen. – 2. Abschluss einer Exportkreditversicherung zum Zwecke der Deckung des → Transfer- und Konvertierungsrisikos.

Transferierung, *Transfer*. Elementare Funktion eines → Kreditinstitutes, → liquide Mittel unterschiedlicher Formen (Bar-, Brief-, Buch-, Sachliquidität) und/oder Qualitäten (Banken-, Zentralbankgeld, internationale → Ziehungsrechte) umzutauschen bzw. liquide Mittel im räumlichen Sinne zu bewegen.

Transfermoratorium, *suspension of transfers*. Abbruch der → Konvertierung von Zins- und Tilgungsverpflichtungen eines Schuldnerlandes, die entweder einseitig durch staatliche Regelungen oder aufgrund gegenseitiger Vereinbarung mit dem Gläubigerland erfolgt.

Transferrisiko, *transfer risk*. Bezeichnung für das Risiko im internationalen → Zahlungsverkehr, dass die aus Zahlungsverpflichtungen eines zahlungswilligen und in heimischer Währung zahlungsfähigen Schuldners resultierende Devisenzahlung wegen staatlichen Maßnahmen z.B. → Devisenbewirtschaftung, verspätet oder gar nicht beglichen werden kann.

Transformationsleistungen, *qualitative asset transformation*. → Finanzintermediäre reduzieren die Friktionen, die sich auf den unvollkommenen → Kapitalmärkten ergeben. Sie sorgen für einen Ausgleich der unterschiedlichen Interessen und Möglichkeiten von Kapitalanbietern und -nachfragern in Bezug auf die betragliche Größe, die Fristigkeit und das Risiko der Kapitalüberlassung. Des weiteren gleichen sie Informationsnachteile der Kapitalgeber aus. Zu den T. zählen demnach die → Losgrößentransformation, die → Fristentransformation, die → Risikotransformation und die → Informationstransformation. – Die T. werden erbracht, indem die Finanzintermediäre entweder den direkten Kontraktabschluss zwischen Kapitalgeber und -nehmern erleichtern oder indem sie zwischen Kapitalgeber und -nehmer treten und mit beiden Parteien separate Kontrakte schließen (Finanzintermediäre mit Selbsteintritt).

TRAX, Abk. für → Trade Confirmation and Risk Management.

Treasury Automated Auction System (TASS), elektronisches Auktionssystem (→ Auktionsverfahren) für US-Staatsobligationen (→ Treasury Bonds). Durch die Einführung des Systems 1991 konnte die Bearbeitungszeit der Gebote beschleunigt und die Marktaufsicht erleichtert werden. Außerdem erhalten dadurch kleine Bieter mit ihrem Computer Zugang, ohne dass sie dafür einen Händler beauftragen müssen.

Treasury Bill (T-Bill), → Schatzwechsel des US-Schatzamtes oder des britischen Schatzamtes zur kurzfristigen Kreditaufnahme. T.B. sind zinslose → Obligationen, die mit einem → Diskont ausgegeben werden, so dass die Verzinsung im Differenzbetrag zwischen Kaufpreis und Rückzahlungsbetrag besteht. Die Laufzeit beträgt bei amerikanischen T.B. drei, sechs, neun oder zwölf Monate, bei britischen lediglich bis zu drei

Monaten. Die → Emission erfolgt in Form einer Auktion, die wöchentlich oder monatlich stattfindet.

Treasury Bonds. US-Staatsanleihen mit Laufzeiten von mindestens zehn Jahren. Die Stückelungen liegen zwischen 1.000 und 1 Mio US-Dollar. Die Zinsen werden halbjährlich gezahlt und sind von einzelstaatlichen sowie von örtlichen Steuern befreit.

Treasury Investment Growth Receipts (TIGRs), Variante eines → Stripped Bonds, die von Merrill Lynch geschaffen wurde. TIGRs sind → Zero-Bonds, die aus US-Staatsanleihen durch → Bond Stripping synthetisch kreiert werden.

Treasury Notes, *Schatzanweisungen*; US-Staatstitel mit Laufzeiten zwischen einem und sieben Jahren und Stückelungen zwischen 5.000 und 10.000 US-Dollar. Die Zinszahlungen erfolgen alle zwei Jahre und sind wie bei → Treasury Bonds steuerbefreit.

Treasury Stock, → eigene Aktien.

Trend, *trend*; langfristige systematische Veränderung des mittleren Niveaus einer → Zeitreihe. Die Berechnung eines T. erfolgt über verschiedene statistische Verfahren, wobei kurz-, mittel- und langfristige T. ermittelt werden können. Der T. ist ein Hilfsmittel der → Technischen Analyse, wobei insbesondere das auf der Berechnung von Mittelwerten basierende Verfahren der → gleitenden Durchschnitte Anwendung findet.

Trendanalyse, *trend analysis*. Bezeichnung für die Gesamtheit der Verfahren der → Technischen Analyse, die aufgrund der Analyse von Darstellungen vergangener Kursverläufe (→ Charts) und → Trendrechnung mittels Trendextrapolation, auf die künftige Kursentwicklung schließen wollen. – Vgl. hierzu → Chart-Analyse, → Technische Aktienanalyse und → Analyse von Formationen.

trendbestätigende Formation, → Konsolidierungsformation.

Trendextrapolation, *extrapolating the trend line*; Prognose zukünftiger Werte einer beobachteten Größe. Dabei werden in eine aus Vergangenheitswerten berechnete Trendfunktion Zahlenwerte für die Zeit eingesetzt und so die Prognosewerte errechnet.

Trendformationen, *trend formations*; typische Kursverläufe, die sich als Trend (→ Trendanalyse) und damit als Fortsetzung einer positiven oder negativen Kursentwicklung deuten lassen. Zu den T. gehören u.a. → Dreiecke, → Flaggen, → Wimpel und → Rechtecke. Die → Technische Analyse bezeichnet diese Kursentwicklungen als T., im Gegensatz zu den → Umkehrformationen, z.B. der → M-Formation und der → W-Formation. – Vgl. auch → Chart-Analyse und → Analyse von Formationen.

Trend Fund, bezeichnet eine Form von → Wachstumsfonds. Der T.F. fokussiert sein Engagement auf eine kleine Zahl zukunftsträchtiger Branchen, und verfolgt damit eine aggressive Strategie. Diese Fonds sind sehr riskant.

Trendkanal, *trend channel*. Bezeichnung aus der → Chart-Analyse für parallele → Trendlinien, innerhalb derer sich ein Trend fortsetzt. Wird eine der Trendlinien durchbrochen, so ist dies ein → Kauf- bzw. → Verkaufssignal. – Vgl. auch → Technische Analyse und → Trendanalyse.

Trendlinien, *trend lines*; alle Linien, die bei der → Chart-Analyse in die Darstellung eines → Charts (z.B. → Linienchart, → Point & Figure Chart) eingezeichnet werden und als Hilfslinien aus den vergangenen Kursen einen Schluss auf zukünftige Kurse zulassen. Üblicherweise werden markante Punkte des bisherigen Kursverlaufs verbunden. Typische T. sind die waagerechten → Unterstützungs- (entlang mehrerer → Bottoms) und → Widerstandslinien (entlang mehrerer → Tops), sowie die parallelen Begrenzungslinien eines → Trendkanals. Außerdem lassen sich nach der → Technischen Analyse weitere Linien einzeichnen, welche Schwankungsbereiche von Kursen eingrenzen und entlang der Spitzen (→ Top) oder Täler (→ Bottom) parallel zueinander eingezeichnet werden.

Trendlinienmethode

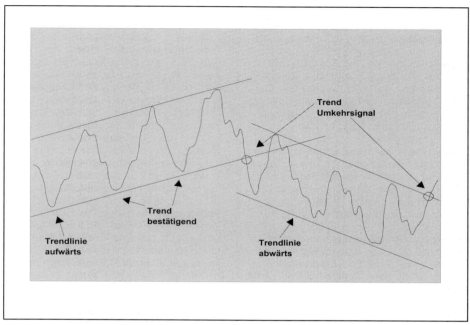

Trendlinien

Trendlinienmethode, *trend line method*. In der → Chart-Analyse ermittelt man → Trendlinien, insbes. → Unterstützungslinien und → Widerstandslinien, von denen man annimmt, dass sie mit höherer Wahrscheinlichkeit nicht überschritten werden, als bei einem zufälligen Kursverlauf zu erwarten wäre. Die Begründung hierfür ist u.a., dass sich der Kurs in dieser Region bereits mehrfach gedreht hat, und sich entweder (bei der Widerstandslinie) zu höheren Kursen kein weiterer Käufer fand oder (bei der Unterstützungslinie) niemand bereit war, zu tieferen Preisen zu verkaufen. Man nimmt deshalb an, dass eine Fortsetzung des Kursverlaufs innerhalb der Trendlinien wahrscheinlich ist. Eine (deutliche) Überschreitung der Trendlinien bei steigenden Umsätzen deutet man hingegen als → Kaufsignal oder → Verkaufssignal.

Trendrechnung, *trend calculation*; mathematisch-statistisches Verfahren zur Ermittlung von → Trendlinien aus historischen Kursen, z.B. die lineare Einfachregression (Methode der kleinsten Quadrate) zur Anpassung einer Geraden an einen Kursverlauf. Über die ermittelte Trendlinie kann nach Auffassung der → Chartisten auf künftige Kurse geschlossen werden (→ Trendanalyse).

Trennbankensystem, bezeichnet ein im anglo-amerikanisch dominierten Wirtschaftsraum traditionell anzutreffende Prägung der Kreditwirtschaft, die durch die Beschränkung der Tätigkeitserlaubnis auf bestimmte Produktspektren gekennzeichnet ist: Als Folge der Weltwirtschaftskrise wurde es den im → Einlagen- und → Kreditgeschäft verhafteten Geschäftsbanken in den USA (→ Commercial Bank) durch den → Glass-Steagall-Act von 1933 aus Gründen der Risikoseparation („narrow banking") untersagt, auch → Wertpapiergeschäft zu betreiben, das seither von den → Investment Banks verfolgt wird. In Großbritannien ist das T. historisch gewachsen. Dort koexistieren Deposit Banks und Merchant Banks. Nach dem II. Weltkrieg übernahm insbesondere Japan diesen Ansatz. – Auch wenn sich aus einer solchen Konzentration auf Ausschnitte aus dem Banksortiment Spezialisierungsvorteile ergeben haben, so hat sich international doch das → Universalbankensystem, durchgesetzt. Vor allem die durch eine Vielzahl von Insolvenzen gekennzeichnete Krise des US-Commercial Banking in den 1980er Jahren wies auf mangelnde Diversifikationspotenziale hin und führte 1999 zur Beseitigung der Trennbankvorschriften. Insbesondere Japan hatte ähnliche Schritte bereits in den Jahren zuvor vorweggenommen.

Trennung und Einlösung von Zins- und Dividendenschein, *separation and redeem of interest and dividend coupon*. Bei Selbstverwahrung und –verwaltung von Wertpapieren müssen die Zins- und Dividendenscheine von den Wertpapierbögen abgetrennt und bei den Zahlstellen eingelöst werden. Bei einer stücklosen → Emission und → Sammelverwahrung muss die Wertpapiersammelbank die termingerechte Gutschrift der Dividenden- und Zinserträge überwachen und deren Aufteilung auf die Depotkunden veranlassen. Meist sind Banken als Zahlstellen beauftragt, die Dividenden- und Zinsscheine einzulösen. Bei festverzinslichen Wertpapieren liegen feste Zinstermine vor. Die Auszahlung der → Dividende bei Aktien erfolgt erst, nachdem die Hauptversammlung über die Verwendung des Reingewinns Beschluss gefasst hat. Die Dividende ist i.d.R. einen Tag danach fällig.

Treppenzins, *graduated interest*; über die Laufzeit ansteigender Zinssatz für einen Kredit oder eine Anleihe, der im Vertrag so vereinbart wurde.

Treuepflicht des Aktionärs, *Gesellschaftstreue, stockholders' loyalty obligation*. Der Aktionär hat in der Hauptversammlung im Rahmen des Gesamtinteresses der Gesellschaft zu entscheiden. Hierunter wird auch die Pflicht verstanden, die berechtigten Belange von Minderheiten zu berücksichtigen, was besonders auf das Verhältnis zwischen institutionellen und privaten Anlegern abzielt. Anleger können im Rahmen des Gesellschaftsinteresses auch ihre eigenen Interessen verfolgen, stehen sie aber im Widerspruch zum Wohl der Gesellschaft, so muss letzterem der Vorzug gegeben werden. Ihre Verletzung kann eine Anfechtung der Entscheidung zur Folge haben. – Vgl. auch → Stimmrechtsverletzung.

Treugeber, → Treuhandverhältnis, → Treuhandvermögen, → Treuhandgeschäft.

Treugiroverkehr, *Treuhandgiroverkehr, accounts receivable clearing transactions*. Der T. stellt eine besondere Form im → Effektengiroverkehr dar, welcher als Gegenstand nicht Wertpapiere sondern schuldrechtliche Ansprüche zugrunde legt. Teilbereiche des T. bilden der → Schuldbuch- und der → Jungscheingiroverkehr. Der Schuldbuchgiroverkehr stellt den Giroverkehr bzgl. → Schuldbuchforderungen dar, während der Jungscheingiroverkehr den Giroverkehr in emittierten, aber noch nicht effektiv ausgegebenen → jungen Aktien darstellt.

Treuhandanstalt, *privatization agency*. Die T. wurde durch den Beschluss des Ministerrates und durch ein Gesetz der Volkskammer der DDR errichtet und ist eine rechtsfähige Anstalt des öffentlichen Rechts mit Sitz in Berlin, die in ihrer Tätigkeit direkt der Fach- und Rechtsaufsicht des Bundesfinanzministeriums unterstand. Ihre Aufgabe lag in der Verwaltung, Abwicklung und anschließende Privatisierung der Betriebe und des Volkseigentums der ehemaligen DDR. Zu diesem Zweck wurden zum 01.07.1990 durch den Erlass des Treuhandgesetzes sämtliche erfassten Wirtschaftseinheiten in → Kapitalgesellschaften umgewandelt, deren alleinige Amtsinhaberin zunächst die T. wurde. Da die T. im Gegensatz zur ursprünglichen Planung jedoch nicht in der Lage war, ihre Tätigkeit weitgehend durch die zu erwartenden Privatisierungserlöse zu finanzieren, mussten zunehmend → Kredite aufgenommen und → Anleihen am → Kapitalmarkt platziert werden. Für die darüber hinaus entstandenen → Verbindlichkeiten haftete der Bund in voller Höhe. Nach Erfüllung ihrer Tätigkeit wurde die T. Ende 1994 aufgelöst. Die verbleibenden Aufgaben werden seither von der Bundesanstalt für vereinigungsbedingte Sonderaufgaben (BvS) und vier weiteren Nachfolgegesellschaften, der Treuhandliegenschaftsgesellschaft (TLG), der Beteiligungs-Management-Gesellschaft (BMGB), der BV-Informationssysteme Organisation und Service GmbH (BISOS) und der Bodenverwertungs- und -verwaltungs GmbH (BVVG), fortgeführt.

Treuhänder, → Treuhandverhältnis, → Treuhandvermögen, → Treuhandgeschäft.

Treuhänderdepot, *Treuhanddepot, third-party security deposit*. → Depot, auf dem Wertpapiere gutgeschrieben sind, die sich nicht im Eigentum des Kontoinhabers befin-

Treuhandgeschäft

den. Der Kontoinhaber führt zwar das Depot im eigenen Namen, aber für Rechnung eines Dritten. Zu unterscheiden sind verdeckte T., aus denen das → Treuhandverhältnis nicht erkennbar ist, und offene T., die das Treuhandverhältnis durch einen Zusatz anzeigen. Offene T. werden als → Anderdepots von z.B. Notaren, als T. gesetzlicher Treuhänder von z.B. Testamentsvollstreckern oder als T. privater Treuhänder von z.B. Wohnungseigentümergemeinschaften unterhalten.

Treuhandgeschäft, *fiduziarisches Rechtsgeschäft, trust transaction*. Durch ein T. wird dem Erwerber (Treuhänder) nach außen die volle Rechtsstellung eines Eigentümers oder Forderungsinhabers eingeräumt. Diese ist im Innenverhältnis zum Treugeber jedoch durch vertragliche Vereinbarungen beschränkt, die u.a. schuldrechtliche Rückübertragungs- und im Falle vertragswidrigen Verhaltens, Schadensersatzansprüche begründen können. – Vgl. auch → Treuhandverhältnis.

Treuhandgesellschaft, *trust company*. Unter einer T. versteht man ein Unternehmen, welches z.B. die Vermögensverwaltung, die Buchhaltung, oder die Organisation des Rechnungswesens in der Form eines → Treuhandverhältnisses als Dienstleistung anbietet.

Treuhandkonstruktion, → Investmentgesellschaft, Konstruktion.

Treuhandverhältnis, *trust relationship*. Von einem T. spricht man, wenn ein Treuhänder die Interessen eines Treugebers wahrnimmt, indem er die Übernahme und Verwaltung eines Rechtsguts, das wirtschaftlich dem Treugeber zusteht, in eigenem Namen übernimmt. Die Treuhand ist im deutschen Recht nicht eigenständig geregelt und kann daher in unterschiedlichen Formen auftreten. Zu unterscheiden ist die eigennützige (→ Verwaltungstreuhand) und die fremdnützige (→ Sicherungstreuhand) sowie die → offene und die → verdeckte Treuhand. Vor allem die → Effektenkommission und die vielfältigen Formen der Sicherungsübereignung und -abtretung begründen T. Besonders umstritten sind derzeit die Rechtsfolgen fehlgeschlagener Immobilientreuhandmodelle.

Treuhandvermögen, *trust fund, trust property*. Unter dem T. versteht man die geldwerten Rechtsgüter des Treugebers, welche durch das → Treuhandverhältnis nach außen hin der Verfügungsgewalt des Treuhänders unterliegen. Nur im Innenverhältnis sind die Rechte des Treuhänders den vertraglichen Vereinbarungen zwischen ihm und dem Treugeber unterworfen – Vgl. auch → Treuhandgeschäft.

Treu und Glauben, *good faith*. Der Begriff findet sich in zahlreichen Vorschriften und verschafft den in der Gemeinschaft herrschenden sozialethischen Wertvorstellungen Eingang in das Recht. Der Grundsatz von T.u.G. verpflichtet zur billigen Rücksichtnahme auf die schutzwürdigen Interessen Anderer sowie allgemein zu redlichem Verhalten im Geschäftsverkehr. Er findet bei der Auslegung von Willenserklärungen ebenso Anwendung wie in der Bestimmung konkreter Leistungspflichten. Außerdem untersagt er mißbräuchliche Rechtsausübung und führt zur Begründung verschiedenster vertraglicher Nebenpflichten.

Treynor Maß, *Treynor Index, Treynor Ratio, reward-to-volatility-ratio*. Das T.M. setzt zur ex post Beurteilung der Vorteilhaftigkeit einer Anlage die erzielte Überschußrendite $(r_p - r_f)$ zum Beta des → Portefeuilles in Beziehung:

$$TM_p = \frac{r_p - r_f}{\beta_{pm}},$$

wobei TM_p das T.M. des Portefeuilles, r_p die erzielte Rendite des Portefeuilles, r_f den risikolosen Zinssatz und β_{pm} den → Betafaktor des Portefeuilles (bezogen auf das Marktportefeuille) beschreibt. – Da dieses Maß am → systematischen Risiko ansetzt, ist ein breit diversifiziertes Portefeuille Voraussetzung. Der Informationsgehalt dieses Maßes hängt von der Gültigkeit des → Capital-Asset-Pricing-Model ab. Ex ante bietet der Vergleich des erwarteten T.M. verschiedener Portefeuilles eine Hilfestellung bei der Anlageentscheidung. – Vgl. → Jensen Maß und → Sharpe Maß.

Trigger-Satz. Begriff aus dem angelsächsischen Sprachgebrauch, der insbesondere im Bereich der exotischen → Optionen und sonstigen → Derivate Anwendung findet. Das Über- oder Unterschreiten eines T.-S. führt zu einem bestimmten Ereignis – z.B.

die Option verliert ihre Gültigkeit bei Verlassen der vorab definierten Grenze.

Triggerpreis, bezeichnet jenen → Kurs, zu dem ein → bedingter Auftrag zu einem → Stop Limit oder Stop Loss Auftrag wird.

Triple A, → Ratingsymbole.

Triple Witching Day, *dreifacher Hexensabbat*. Bezeichnung für den letzten möglichen Handelstag, an dem gleichzeitig → Aktien- und → Indexoptionen, sowie → Futures auf Indices fällig werden. Der Handel wird an diesem Termin i.d.R. von hohen Umsätzen begleitet. Es ist dies jeweils der dritte Freitag im März, Juni, September und Dezember. – Vgl. auch → Geisterstunde und → Hexensabbat.

Triple Witching Hour, → Geisterstunde.

Trittbrettfahrer, → Mitläufer.

Trust Banking. Bezeichnung für die Tätigkeit eines Finanzdienstleisters als → Treuhänder (trustee) für seine Kunden (Treugeber, trustor) im Rahmen eines → Treuhandverhältnisses. Der Treuhänder nimmt die Interessen des Treugebers wahr, indem er die Übernahme und Verwaltung eines Rechtsguts, das wirtschaftlich dem Treugeber zusteht, in eigenem Namen vollzieht (→ Treuhandvermögen). Beispiele für T.B. sind das → Portfoliomanagement, die Vermögensfortführung oder -liquidation im Todesfall, die Immobilienverwaltung sowie Verwaltung von Vermögen im Rahmen von Pensionsplänen. Um seine Entscheidungen nicht durch eigene Interessen zu beeinflussen, muss der Treuhänder das treuhänderische und das nicht-treuhänderische Geschäft durch → Chinese Walls trennen. – Vgl. → Treuhandgesellschaft.

Trust Company, → Treuhandgesellschaft.

Trust. Bezeichnung für Holdinggesellschaft in den USA.

Trust Deed, Treuhandurkunde, vor allem als Vertragsbedingung des common law trust.

Trustee, *fiduciary trustee*, → Treuhänder. Vgl. auch → Treuhandverhältnis.

Trustee bei Investmentgesellschaften, *Treuhänder bei Investmentgesellschaften*; Treuhänder, der in den USA das Eigentumsrecht am Fondsvermögen treuhänderisch für die Anteilinhaber verwaltet.

TSE 35. Seit 1987 von der → Toronto Stock Exchange (TSE) in Zusammenarbeit mit der Ratingagentur Standard & Poor's berechneter → Aktienindex, der die 35 größten Unternehmen Kanadas enthält. Um in den Index aufgenommen zu werden, müssen die Werte zum einen im → TSE 100 enthalten sein und zum anderen bestimmte Kriterien bezüglich der → Marktkapitalisierung und der → Performance in den letzten 12 Monaten erfüllen. – Vgl. auch → TSE 300 Composite Index.

TSE 100. Seit 1993 von der → Toronto Stock Exchange (TSE) veröffentlichter Index, der die Wertentwicklung der 100 größten und liquidesten Unternehmen Kanadas wiedergibt. Er repräsentiert annähernd zwei Drittel der gesamten Kapitalisierung des Aktienmarktes. Der TSE 100 ist unterteilt in vier wirtschaftliche Sektoren: Konsum, Industrie, Rohstoffe und zinsreagible Wirtschaftsbereiche.

TSE 300 Composite Index. Seit 1977 von der → Toronto Stock Exchange (TSE) berechneter Index, der die Wertentwicklung des kanadischen Marktes widerspiegelt. Er enthält 300 Unternehmen aus den Sektoren Kosumprodukte, Indutrieprodukte, Öl und Gas, Kommunikation und Medien, Finanzdienstleistungen, Versorger, Merchandising, Metalle und Mineralien, Immobilien, Papier und Waldprodukte, Transport und Umweltdienstleistungen, Pipelines sowie Gold und Edelmetalle.

Turnaround Situation, *Trendwende, Umschwung*. Börsensituation, in der sich nach einer längeren Abwärtsbewegung eines Kurses oder → Index eine positive Entwicklung abzuzeichnen scheint.

Turn-over-ratio, → Umschlagshäufigkeit.

Two-Tranche-Deal, *zweiteilige Emission*; bezeichnet eine → Emission, die in zwei → Tranchen am Markt platziert wird. – Vgl. auch → Teilemission.

U

Überbewertung, *overpricing, overvaluation*. Bezeichnung dafür, dass der Börsenkurs den → inneren Wert übersteigt. Nach Ansicht der → Fundamentalisten ist Ü. ein Verkaufsgrund, da sich diese im Laufe der Zeit dadurch abbaut, dass der Kurs sich dem niedrigeren inneren Wert annähert. – Gegensatz: → Unterbewertung.

Überdividende, *Zusatzdividende*; vgl. → Bonus und → Superdividende.

Übereignung, *transfer of ownership, conveyance*. Übertragung des Eigentums an einer Sache. Bei einer beweglichen Sache ist regelmäßig erforderlich, dass sie übergeben wird, d.h. der → Besitz übertragen wird, und dass sich Veräußerer und Erwerber einig sind, dass das Eigentum übergehen soll (§§ 929 ff. BGB). Bei Immobilien tritt an die Stelle der Übergabe die Eintragung in das Grundbuch (§§ 873 ff. BGB).

Überfinanzierung, → Überkapitalisierung.

Überfremdungsabwehr. Maßnahmen einer AG, um sich vor einer unerwünschten inländischen und ausländischen Einfluss auf bestehende Mehrheitsverhältnisse zu schützen. Als Instrumente der Überfremdungsabwehr kommt insbesondere die Ausgabe → stimmrechtsloser Vorzugsaktien und → vinkulierte Namensaktien in Betracht.

überhängige Emission, nicht vollständig am Markt untergebrachte → Emission. Häufig wird der Begriff bei → Unterzeichnungen von → Pfandbriefen und → Kommunalobligationen verwendet.

Überkapitalisierung, *Überfinanzierung, overcapitalization*. Ü. liegt vor, wenn die Ausstattung eines Unternehmens mit → Eigenkapital größer ist als der tatsächliche Bedarf. Ü. kann z.B. entstehen, wenn die → Gewinnthesaurierung zu hoch ist und die Gewinne nicht an die Eigentümer der Unternehmung ausgeschüttet werden. Damit reduziert sich für die Eigentümer die Rentabilität ihrer Investition in die Unternehmung, da Eigenkapital i.d.R. teurer ist als → Fremdkapital. – Gegensatz: → Unterkapitalisierung.

überkauft, *overbought*; bezeichnet einen Begriff der → technischen Analyse zur Beschreibung des Marktzustandes. Ein Markt ist ü., wenn massive Käufe stattgefunden haben und nur noch wenig Verkaufsinteresse besteht. Instrumente zur Messung eines solchen Tatbestandes sind z.B. die → Williams R % oder der → Relative Strength Index. – Gegensatz: → überverkauft.

Überkreuzverflechtung, 1. *cross shareholdings*. Bezeichnung für komplexe gegenseitige → Kapitalbeteiligungen mehrerer Unternehmen. – Vgl. auch → Aktientausch. – 2. *interlocking directorate*. Bezeichnung für personelle Verflechtungen zwischen zwei oder mehreren → Kapitalgesellschaften. Beispiel hierfür ist die Wahl von Vorstandsmitglieder einer AG in den Aufsichtsrat einer anderen AG. Sie sind oftmals Ausdruck der unter (1) genannten gegenseitigen Kapitalbeteiligung.

Übernahme von Wertpapieren. Bei einer → Emission übernimmt das → Übernahmekonsortium die zu emittierenden Wertpapiere im Rahmen ihrer Übernahmefunktion vom Emittenten, damit die Wertpapiere am Markt platziert werden können. Die Ü. kann vollständig, also einschließlich des Absatzrisikos, von dem Konsortium vollzogen werden (→ Firm Commitment) oder das Konsortium verpflichtet sich lediglich, Zeichner für die

Übernahmegründung

Wertpapiere zu suchen (→ Best Effort). – Vgl. auch → Emissionsarten und → Underwriting.

Übernahmegründung, → Einheitsgründung.

Übernahmekodex, *Takeover Code.* Empfehlung von Verhaltensnormen für die an öffentlichen Übernahmeangeboten beteiligten Parteien. Der Ü. wurde von der → Börsensachverständigenkommission nach dem Vorbild des Londoner → City Code entwickelt und ist zum 1.10.1995 in Kraft getreten. Er soll als Instrument der freiwilligen Selbstregulierung dazu beitragen, dass öffentliche Übernahmeangebote dem Grundsatz der Gleichbehandlung aller Aktionäre und dem Transparenzgebot folgen. Die Angebote sollen alle Informationen enthalten, die für eine sachgerechte Entscheidung der Wertpapierinhaber und der Organe der Zielgesellschaft relevant sind. Durch den Ü. soll sichergestellt werden, dass es nicht zu Marktmanipulationen kommt und dass alle Beteiligten die Grundsätze von Treu und Glauben beachten. Zu diesen Zwecken enthält der Ü. zahlreiche Verhaltens- und Veröffentlichungspflichten des Bieters und der Zielgesellschaft sowie Vorschriften über Form und Inhalt des Angebotes. – Leitgedanke des Kodex ist das Gleichbehandlungsgebot, nach dem allen Inhabern von Wertpapieren der gleichen Gattung (→ Stammaktien, → Vorzugsaktien usw.) das gleiche Angebot zu unterbreiten ist. Sollte es im Laufe des Angebotes zu Nachbesserungen kommen, sind diese nachträglich auch den Aktionären zu gewähren, die bereits auf vorhergehende Angebote eingegangen sind. Wird vom Bieter nur eine begrenzte Anzahl an angebotenen Aktien akzeptiert, muss eine Pro-rata-Zuteilung unter den andienenden Aktionären der Zielgesellschaft erfolgen. – Von den freiwilligen Übernahmeangeboten sind die Pflichtangebote zu unterscheiden. Gemäß Ü. muss ein Aktionär den anderen Aktionären unverzüglich ein Pflichtangebot unterbreiten, wenn er die Kontrolle über die Zielgesellschaft erreicht hat. – Das öffentliche Angebot soll mindestens 28 und höchstens 60 Tage bestehen und in einem überregionalen → Börsenpflichtblatt veröffentlicht werden. Der gebotene Preis soll dabei mindestens dem höchsten Preis entsprechen, der in den drei Monaten vor Erreichen der Kontrolle erzielt wurde. – Das Management des Zielunternehmens muss zum Angebot innerhalb von zwei Wochen nach dessen Veröffentlichung Stellung nehmen. Das Management unterliegt dabei einer Stillhalteverpflichtung. Abwehrmaßnahmen, die den Interessen der Aktionäre entgegenstehen, sind zu unterlassen. – Akzeptanz und Befolgung des Ü. sind jedoch freiwillig, da er nur eine Empfehlung darstellt. Die → Übernahmekommission, die zur Überwachung der Regelbefolgung geschaffen wurde, hat außer der öffentlichen Rüge keine Sanktionsmöglichkeiten, wenn gegen den Kodex verstoßen wird. Um dem Ü. mehr Verbindlichkeit zu verschaffen, hat die → Deutsche Börse AG die Anerkennung des Ü. zur Bedingung für eine Neuaufnahme in den → DAX, den → MDAX, den → SMAX und an den → Neuen Markt gemacht. Allerdings haben einige große deutsche Unternehmen den Kodex noch nicht anerkannt. Daraus resultiert die Forderung nach einer gesetzlichen Fixierung des Ü., die durch eine Kommission aus Vertretern der Bundesregierung, der Wissenschaft, von Investmentbanken und Industrievertretern vorbereitet wird (→ Übernahmegesetz).

Übernahmekommission, 1. *Übernahmeprovision, underwriting commission;* Provision, die vom → Emittenten an die Mitglieder des → Übernahmekonsortiums gezahlt wird. – 2. *takeover panel.* Die Ü. erfüllt die Aufgabe der verbindlichen Interpretation des → Übernahmekodex und übernimmt dabei vor allem eine Schiedsfunktion. Da der freiwillige Übernahmekodex aus dem Jahre 1995 wenig Akzeptanz fand, wurde die Ü. auch mit der Erstellung eines neuen Übernahmekodex beauftragt. – Die Mitglieder der Ü. werden von der Börsensachverständigenkommission des Bundesministeriums für Finanzen berufen. Dabei handelt es sich um Vertreter der Bundesregierung, Professoren, Investmentbanker und Industrievertreter.

Übernahmekonsortium, *underwriting syndicate/group, underwriters, purchase group, purchasing syndicate.* Zusammenschluss verschiedener Kreditinstitute mit dem Ziel, eine → Emission ganz oder teilweise vom → Emittenten zu einem festen Kurs in den eigenen Bestand zu übernehmen (→ Underwriting). Sie erwerben somit das Eigentum an den Wertpapieren. Das Ü. steht unter der Führung einer oder mehrerer Banken, wobei im Falle mehrerer → Konsortialführer wiederum ein federführendes Institut gewählt wird. Dem Emittenten wird der entsprechende Gegenwert in Abhängigkeit von Ausgabekurs, Provision und Gebühren sofort vergütet (→ Underwriting Agreement). Anschließend werden die übernommenen Effekten im eigenen Namen und auf eigene Rechnung am → Kapitalmarkt platziert. Die Konsorten tragen hierbei das volle Absatz- und Liquiditätsrisiko. Reine Ü. treten in der heutigen Zeit nur noch sehr selten auf. Meist werden Wertpapieremissionen durch Ü. in Verbindung mit → Begebungskonsortien durchgeführt.

Übernahmekurs (-preis), *underwriting price*; Kurs, zu dem Wertpapiere durch ein → Emissionskonsortium vom → Emittenten übernommen werden. Die übernehmenden Banken tragen damit das Begebungsrisiko, das aus der möglichen Veränderung der Marktkonditionen zwischen dem Zeitpunkt der Übernahme und der Platzierung der Emission entsteht. – Vgl. auch → Übernahmekonsortium und → Begebungskonsortium.

Übernahmerichtlinie. Bei der (bisher) gescheiterten Übernahmerichtlinie handelt es sich um 13. Richtlinie des Europäischen Parlaments und des Rats auf dem Gebiet des Gesellschaftsrechts über Übernahmeangebote. Die Richtlinie bezieht sich auf öffentliche Übernahmeangebote für Wertpapiere eines in einem Mitgliedstaat ansässigen Unternehmens, die an der Börse gehandelt werden, wobei den Mitgliedstaaten freigestellt werden soll, den Anwendungsbereich auf den Freienverkehr auszudehnen oder gänzlich auf die Anforderungen der Börsennotierung zu verzichten. Leitgedanke der Richtlinie ist der Schutz des Aktionärs der Zielgesellschaft; geschützt werden soll allerdings auch die Zielgesellschaft selber bei einem Aktionärswechsel. Wesentliche Regelungsinhalte sind insbesondere Verpflichtungen des Bieter hinsichtlich (1) einer ausführlichen Publizität über das Angebot durch Informationsübermittlung an Aktionäre und Zielgesellschaft, (2) Inhalt, Abgabe, Änderungen und Rücknahme des Angebots und eines nicht marktverzerrenden Angebotsverfahrens, (3) Gleichbehandlung aller Aktionäre sowie (4) des Pflichtangebots zum Schutz der Minderheitsaktionäre. Die Richtlinie verpflichtet den Vorstands der Zielgesellschaft zur Neutralität bei Eingang eines Angebots.

Überpari-Emission, *issue above par*. Bezeichnung für eine Emission, bei der der → Emissionskurs des Wertpapiers über deren → Nennwert liegt. – Gegensatz: → Unterpari-Emission.

Überschuldung, *excessive debt, debt overload*. Ü. liegt vor, wenn das Vermögen einer Gesellschaft deren Schulden nicht mehr deckt. Die Ü. ist Eröffnungsgrund für das Insolvenzverfahren. Durch den Tatbestand der Ü. soll verhindert werden, dass die → Insolvenz nicht überlebensfähiger Unternehmen bis zur endgültigen → Zahlungsunfähigkeit hinausgezögert wird. – Der Tatbestand der Ü. wird heute überwiegend dynamisch verstanden, so dass eine alleinige Bestimmung von → Liquidationswerten nicht ausreichend ist, sondern im Rahmen der Überschuldungsprüfung eine gesonderte Fortbestehensprognose zu erstellen ist. Aufgrund der Fortbestehensprognose wird dann entschieden, ob → Liquidations- oder Fortführungswerte anzusetzen sind. Bei einem negativen → Reinvermögen ist Ü. gegeben.

Überschuldungsstatus, *Überschuldungsbilanz, status of over-indebtedness*. Bilanzieller Vermögens-Verbindlichkeiten-Vergleich, der im Rahmen der Fortbestehungsprognose bei drohender → Insolvenz zu erstellen ist. In einem ersten Schritt wird dabei von Fortführungs- oder → Liquidationswerten ausgegangen. Je nach Ausgang der Prüfung, ob das Unternehmen eine Chance auf Fortbestehen hat, erfolgt die endgültige → Unternehmensbewertung auf der Basis von Fortführungs- oder Liquidationswerten.

Überschussbeteiligung, *Gewinnbeteiligung, surplus sharing, capital bonus*; bezeichnet bei → Lebensversicherungen die Rückerstattung von zuviel erhobenen → Versicherungsprämien an die Versicherungsnehmer auf Grundlage gesetzlicher, aufsichtsrechtlicher, vertraglicher oder satzungsmäßiger Vorschriften. Überschüsse entstehen, wenn a) die Erträge aus der → Vermögensanlage des Versicherungsunternehmens höher als die Zinsen ausfallen, die den Versicherten gutgeschrieben werden (→ Rechnungszinsfuß); b) der Risikoaufwand geringer als erwartet ausfällt; c) bei den

Überschussvolatilität

Verwaltungskosten eingespart wurde oder d) überdurchschnittliche sonstige Ergebnisse erzielt werden. Die → Versicherungsunternehmen sind verpflichtet, mindestens 90 % der Überschüsse an die Versicherungsnehmer weiterzugeben. – Ein Teil der Überschüsse wird den Versicherungsnehmern in Form der Direktgutschrift ausgeschüttet, deren Höhe fünf Prozent minus Rechnungszinsfuß (i.d.R. vier Prozent, zwischen 1987 und 1994 3,5 Prozent, davor drei Prozent) beträgt. Überschüsse, die die Direktgutschrift übersteigen, werden zunächst in die Rückstellung für Beitragsrückerstattung eingestellt und später auf die Versicherungsnehmer verursachungsgerecht verteilt. Damit können entweder bei gleichbleibender → Versicherungssumme die Prämien gesenkt bzw. die Laufzeit der Prämienzahlungen verkürzt werden oder aber bei gleichbleibenden Prämien die → Versicherungssumme erhöht werden.

Überschussvolatilität, *surplus volatility*; bezeichnet jenen Teil der → Volatilität, der nicht auf Fundamentalinformationen basiert. Dieser ergibt sich aus dem Handeln der → Liquidity-Trader und der → Noise-Trader, die ihre Entscheidungen nicht auf → kursrelevante Informationen stützen. Insbesondere in Phasen der Übertreibung geht die Volatilität am → Wertpapiermarkt deutlich über das normale Maß hinaus.

überverkauft, *oversold*; bezeichnet einen Marktzustand, in dem nach einer starken allgemeinen Verkaufstendenz wieder mit steigenden Kursen aufgrund der durch die → Deckungskäufe angeregten Nachfrage zu rechnen ist. – Gegensatz: → überkauft.

Überverzinslichkeit, *subbearing interest*; liegt vor, wenn → Kapital höher als zum aktuellen → Kapitalmarktzins verzinst wird. – Gegensatz: → Unterverzinslichkeit.

Überwachungssystem bei der AG. Der → Vorstand der AG verpflichtet, ein effektives Überwachungssystem zur Früherkennung von Entwicklungen einzurichten, die den Fortbestand der Gesellschaft gefährden könnten (§ 91 Abs. 2 AktG).

Überzeichnung, *oversubscription, overbooked*. → Emission, bei der die Summe der gezeichneten Beträge den angebotenen Gesamtbetrag einer → Emission übersteigt. Es besteht die Möglichkeit, den Emissionsbetrag zu erhöhen (→ Greenshoe) oder die Wertpapiere im Rahmen des geplanten Betrages beschränkt zuzuteilen (→ Repartierung). Hierbei können → Zeichner kleiner Beträge bevorzugt werden oder eine gleichmäßige prozentuale → Zuteilung erfolgen; bei extremer Ü. kann auch eine → Verlosung erfolgen. Kommt die Ü. aufgrund von spekulativen Zeichnungen in Erwartung einer Repartierung zustande, spricht man von → Konzertzeichnung. – Gegensatz: → Unterzeichnung.

UBGG, Abk. für das → Gesetz über Unternehmensbeteiligungsgesellschaften.

Ultimo. 1. *last trading day of a month*. Bezeichnung für den letzten Börsenhandelstag eines Monats. – 2. *end-of-month, end-of-year*. Bezeichnung für den letzten Tag eines Monats oder den letzten Tag des Jahres.

Ultimogeld, *end-of-month settlement loan*. Aufgenommenes Geld im → Interbankenhandel mit Fälligkeit zum letzten Handelstag im Monat.

Ultimogeschäft. 1. → Termingeschäft, das zur → Erfüllung am Monatsende eingegangen wird. – 2. *last-day business*. Bezeichnung für das Geschäftsvolumen am letzten Handelstag eines Monats.

ultimogültig, *endegültig, end-of-month validity*; zeitliche Beschränkung von → Börsenaufträgen; die Gültigkeitsdauer endet am letzten Börsenhandelstag des Monats. – Vgl. auch → Tagesauftrag.

Ultimohandel, *Ultimoverkehr*. Bezeichnung für das Eingehen von → Ultimogeschäften.

Ultimoliquidation, *end-of-month settlement*; das Erfüllen von → Termingeschäften am Monatsende (ggf. am Jahresende) zur → Glattstellung offener Positionen. – Vgl. → Medioliquidation.

Umbrella-Fonds, *umbrella funds*. U.-F. stellen ein übergeordnetes Fondskonzept dar, unter dessen Dach sich mehrere Subfonds befinden. Alle Fonds werden unter der Regie einer → Investmentgesellschaft verwaltet, weisen aber unterschiedliche Anlageschwerpunkte auf. Der Anleger kann im Gegensatz zum → Dachfonds je nach Markteinschätzung und Risikoneigung ohne zusätzlichen Spesenaufwand oder zu minimalen Gebühren zwischen den Unterfonds wechseln. Der → Ausgabeaufschlag fällt einmalig nur beim Einstieg in den U. an.

Umgründung. Überführung eines Unternehmungsträgers aus einer → Rechtsform in eine andere, meistens aus der Einzelfirma oder Personengesellschaft in eine → Kapitalgesellschaft oder umgekehrt. Als Formwechsel im → UmwG ausführlich geregelt (§ 190 ff.).

Umkehrformation, *reversal formation.* Begriff aus der → Chart-Analyse, der einen typischen Kursverlauf beschreibt, welcher am oberen (→ Top) oder unteren (→ Bottom) Umkehrpunkt zu einem Wechsel von einem generell steigenden bzw. fallenden Trend zu einem fallenden bzw. steigenden Trend führt (→ Trendanalyse). U. sind zusammengehörige spezielle Kurs- und Umsatzentwicklungen (→ Analyse von Formationen), d.h. die reine Kursentwicklung ist ohne ein zeitlich zugeordnetes Bild des Umsatzes grundsätzlich nicht interpretierbar. Zu den U. gehören die → M-Formation, die → W-Formation, die V-Formation, die → Untertasse und die → Kopf-Schulter-Formation. – Entscheidend für eine auf der → Technischen Analyse basierende Handelstaktik ist das rechtzeitige Erkennen dieser Formationen als → Kaufsignal oder → Verkaufssignal. Es muss davor gewarnt werden, hinter jedem Kursbild eine Umkehrformation im Anfangsstadium zu vermuten und danach zu handeln. Andererseits ist die günstigste Kauf- oder Verkaufsgelegenheit (bottom oder top) vertan, wenn die Formation komplettiert ist.

umlaufende Wertpapiere, *floating securities, circulating securities*; werden im allgemeinen Sprachgebrauch meist mit den → flottanten Wertpapieren gleichgesetzt. I.e.S. werden darunter jedoch sämtliche emittierte Wertpapiere einer Gattung verstanden, unabhängig davon, ob sie aktiv am → Sekundärmarkt gehandelt werden oder sich im Dauerbesitz befinden.

Umlaufgrenze, *issuing limit.* Die U. bezieht sich i.d.R. auf die Wertpapieremissionen von → Hypothekenbanken. Nach den Vorschriften des Hypothekenbankgesetzes und des Schiffsbankgesetzes dürfen bankeigene Wertpapiere, und zwar v.a. → Hypothekenpfandbriefe und Kommunalobligationen nur in begrenzter Höhe emittiert werden. Die U. bestimmt sich hierbei v.a. durch die Höhe des → Deckungsstocks und dient der Verminderung des → Ausfallrisikos für Gläubiger bereits emittierter Wertpapiere.

Umlaufkapital, *floating capital*; bezeichnet den Wert des → Umlaufvermögens abzüglich den Verbindlichkeiten aus Lieferungen und Leistungen.

Umlaufmarkt, → Sekundärmarkt. – Gegensatz: → Primärmarkt.

Underperformer. Bezeichnung für → Wertpapiere oder Anteilscheine, die sich durch eine Kursentwicklung auszeichnen, die unter dem Markt- oder Branchendurchschnitt liegt. – Vgl. auch → Marketperformer. – Gegensatz: → Outperformer.

Umlaufrendite, *yield on bonds outstanding, running/flat yield*; durchschnittliche → Rendite der in Umlauf befindlichen → Anleihen. Die Deutsche Bundesbank veröffentlicht die U. getrennt nach Anleihearten in der Wirtschaftsstatistik. U. werden auch von Kreditinstituten und Zeitungen veröffentlicht.

Umlaufvermögen, *current assets.* Das U. umfasst jene Vermögensgegenstände eines Unternehmens, die nur vorübergehend dem Betrieb dienen und regelmäßig verbraucht und veräußert werden. Zum U. zählen insbesondere Handelswaren, fertige und unfertige Erzeugnisse, Roh-, Hilfs- und Betriebsstoffe, → Wertpapiere, die zu Zwecken der Spekulation gehalten werden sowie Forderungen aus Lieferung und Leistungen. – Vgl. auch → Anlagevermögen.

Umrechnungskurs. 1. → Wechselkurs. – 2. *conversion rate.* Bezeichnung für den → Wechselkurs, zu dem der Börsenkurs auf Fremdwährung lautender → Wertpapiere umgerechnet wird.

Umrechnungskursdifferenzen, → Währungsumrechnung bei Aufstellung eines Weltabschlusses.

Umsatz

Umsatz, *sales volume/revenue*; in Geld bewerteter mengenmäßiger Absatz von Erzeugnissen und Leistungen in einer Periode, dessen Wertmaßstab der Veräußerungspreis ist.

Umsatzerfolg, bezeichnet den aus dem Umsatzprozess resultierenden Erfolg.

Umsatzerlöse, *turnover*. U. sind die Erlöse aus dem Verkauf, der Vermietung oder der Verpachtung von für die gewöhnliche Geschäftstätigkeit typischen Erzeugnissen, Waren und Leistungen nach Abzug von Erlösschmälerungen wie z.B. Skonti, Boni, Rabatte, und der → Umsatzsteuer.

Umsatzgewinnmarge, → Umsatzgewinnrate.

Umsatzgewinnrate, *Umsatzrentabilität, Umsatzrendite, Umsatzgewinnmarge, percentage return on sales*. Zur Ermittlung der U. wird der → Jahresüberschuss durch den → Umsatz dividiert.

Umsatzkennzahlen, *sales ratio*; bezeichnen → Kennziffern, die absolute Größen, z.B. → Jahresüberschuss ins Verhältnis zum → Umsatz setzen. Sie werden im Rahmen der Bilanzanalyse zur Informationsgewinnung eingesetzt, dabei sind vor allem die → Gewinnrate und die → Vermögensumschlagskennzahlen zu nennen.

Umsatzrentabilität, *sales profitabilaty*, bezeichnet eine → Umsatzkennzahl zur Analyse der Rentabilität, die sich wie folgt berechnet:

$$\frac{Gewinn}{Umsatz} \times 100.$$

Umschlagskennzahlen, *turnover ratios*; geben an wie häufig ein Vermögensposten in der Periode umgeschlagen, bzw. ersetzt wurde (→ Umschlagshäufigkeit), oder als reziproker Wert in welcher Zeit der betrachtete Bestand einmal umgeschlagen wurde (→ Umschlagsdauer). Diese → Kennzahlen zeigen im Zeitvergleich die Bindungsdauer des → Vermögens an und geben so auch Hinweise zur Beurteilung der finanziellen Stabilität eines Unternehmens.

Umsatzkostenverfahren, *cost-of-sales accounting format*. Verfahren zur Ermittlung des → Jahresüberschusses von Unternehmen, das den Umsatzerlösen der Periode den Umsatzaufwand (Produktionsaufwand zuzüglich Bestandsabnahme abzüglich Bestandserhöhung) gegenüberstellt. Beim U. werden die betrieblichen Aufwandsarten nach Kostenstellen erfasst. Jene → Aufwendungen, die nicht zuzuordnen sind, werden als sonstige betriebliche Aufwendungen erfasst. Die handelsrechtliche → Gewinn- und Verlustrechnung nach § 275 HGB kann nach dem U. aufgestellt werden. International ist das U. die übliche Form der Gewinn- und Verlustrechnung. – Vgl. auch → Gesamtkostenverfahren.

Umsatzrentabilität, *sales profitabilaty*, ist eine → Umsatzkennzahl zur Analyse der Rentabilität, die sich wie folgt berechnet:

$$\frac{Gewinn}{Umsatz} \times 100.$$

Umsatzsteuer (USt), *Mehrwertsteuer, turnover tax*. Die U. soll den privaten Endverbraucher mit einem bestimmten Prozentsatz des Warenpreises belasten. Dies geschieht durch die Anwendung der Steuersätze von zurzeit 16% auf das Entgelt. Steuerschuldner ist nicht der Endverbraucher sondern der jeweilige Veräußerer.

Umschlagsgeschwindigkeit, → Umschlagshäufigkeit.

Umschlagshäufigkeit, *Umsatzhäufigkeit, Umschlagsgeschwindigkeit, rate of turn-over, turn-over-ratio*. Rechnerisches Verhältnis von → Umsatz oder Absatz einer Periode zu einer Bestandsgröße wie dem Gesamt- bzw. → Eigenkapital oder dem durchschnittlichen Lagerbestand dieser Periode. Der Umsatz kann sich auf das gesamte Unternehmen, einen einzelnen Betrieb oder ein einziges Produkt beziehen. – Wird die U. auf der Beschaffungsseite gemessen, wird der Verbrauch bei einem bestimmten Roh-, Hilfs- und Betriebsstoff in das Verhältnis zum durchschnittlichen Lagerbestand gesetzt. Die U. ist eine Kennzahl für die → Kapitalbindung im Unternehmen.

Umschreibung von Wertpapieren, → Wertpapierumschreibung.

Umschuldung, *debt rescheduling*, bezeichnet die Neustrukturierung der Verbindlichkeiten eines → Schuldners in rechtlicher und/oder zeitlicher Hinsicht, die im Rahmen einer Kreditsanierung nötig werden kann. Dies kann insbesondere durch eine Umwandlung von Fremd- in Eigenkapital bzw. durch Ersatz kurzfristiger durch langfristige Kredite erfolgen.

Umtausch von Aktien, → Aktienumtausch.

Umtauschangebot, *exchange/conversion offer*. Wird als Offerte zum Umtausch von Wertpapieren desselben Unternehmens (→ Aktienumtausch) ebenso wie zum Tausch in Wertpapiere eines neuen Unternehmens definiert. In der Regel sind U. verbunden mit Akquisitionen und Fusionen mit anderen Gesellschaften, wobei die Effekte des übernommenen Unternehmens in solche der übernehmenden oder der neu zu gründenden Gesellschaft getauscht werden (→ Paper Bid). Ferner kann es in seltenen Fällen zu U. im Zuge einer → Kapitalherabsetzung und der damit notwendigen → Zusammenlegung von Aktien kommen. Bei börsennotierten Wertpapieren muss das U. in mindestens einem → Pflichtblatt der Börse veröffentlicht werden. – Depotführende Kreditinstitute haben ihre Kunden über vorliegende U. zu informieren. Erhält das Kreditinstitut keine oder nur verspätet eine Weisung vom Kunden, handelt es im eigenen Ermessen.

Umtauschemission, *exchange offering*. Bezeichnung für eine → Emission, welche zwecks eines → Aktienumtausches durchgeführt wird. – Vgl. auch → Konversion.

Umtauschmöglichkeit, *conversion possibility*. Einige → Investmentgesellschaften bieten dem Anleger die Möglichkeit, Anteile eines Fonds spesenfrei in Anteile eines anderen Fonds der gleichen Gesellschaft einzutauschen. Variationen dieser Tauschmöglichkeit sind je nach Gesellschaft: Der anzahlmäßig und zeitlich begrenzte Tausch (z.B. zweimal im Jahr), der Tausch von Aktienfondsanteilen in Rentenfondsanteile (der höhere → Ausgabeaufschlag bei Aktienfonds wurde bereits entrichtet) sowie der Tausch in beide Richtungen (mit evtl. Zahlung der Differenz). – Da der Anleger sich für seine Tauschentscheidung oftmals an Vergangenheitswerten orientiert, die nicht unbedingt auch gute Ergebnisse in der Zukunft nach sich ziehen, ist eine gewisse Skepsis bei derartigen Umtauschaktionen angebracht.

Umtauschrecht bei Investmentfonds, → Umtauschmöglichkeit.

Umtauschrecht bei Wandelanleihen, *conversion right of convertible loans*. → Wandelanleihen verbriefen u.a. das Recht, die → Anleihe gegen das zugrunde liegende → Basisinstrument innerhalb einer bestimmten Frist zu vorher festgelegten Konditionen zu tauschen.

Umwandlung, *transformation, conversion*. U. i.S.d. Umwandlungsgesetzes bezeichnen zum einen den Formwechsel von Rechtsträgern ohne Vermögensübertragung und zum anderen Unternehmensumstrukturierungen, bei denen Vermögen im Wege der Gesamtrechtsnachfolge gegen Gewährung von Anteilen an der aufnehmenden Gesellschaft übertragen wird. Umgewandelt werden können Kapitalgesellschaften, Personengesellschaften, eingetragene Genossenschaften, rechtsfähige Vereine, Versicherungsvereine auf Gegenseitigkeit sowie Körperschaften und Anstalten des öffentlichen Rechts. Arten der Umwandlung sind dabei die → Verschmelzung, die → Spaltung (Aufspaltung, Abspaltung, Ausgliederung), die → Vermögensübertragung und der → Formwechsel. Durch das UmwG vom 1.1.1995 sind die früher 44 denkbaren Fälle an Umwandlungsmöglichkeiten auf 119 erweitert worden, die das UmwG abschließend zulässt.

Umwandlungsarten. Das → Umwandlungsgesetz von 1994 unterscheiden folgen Umwandlungsarten: (1) → Verschmelzung, (2) → Spaltung, (3) → Vermögensübertragung, und (4) den → Formwechsel (§ 1 UmwG). Beim Formwechsel ändert die Gesellschaft nur ihre Rechtsform bei Wahrung ihrer Identität (§§ 190 ff. UmwG); es findet keine Vermögensübertragung statt, und die Gesellschaft haftet in ihrer neuen Rechtsform für die bisherigen Schulden. Bei einer Verschmelzung wird unter Auflösung ohne Abwicklung (1) das Vermögen eines oder mehrerer Gesellschaften als Ganzes auf eine andere Gesellschaft im Wege der Aufnahe übertragen oder (2) das Vermögen zweier

Umwandlungsbeschluss

oder mehrerer Gesellschaften jeweils als Ganzes auf eine neu gegründete Gesellschaft übertragen.

Umwandlungsbeschluss. – (1) Der Beschluss des zuständigen Organs über die Umwandlung eines Rechtsträgers nach Maßgabe des UmwG. – (2) Beschluss der Hauptversammlung über die Umwandlung der → Kapitalrücklage und von → Gewinnrücklagen in → Grundkapital (§ 207 AktG; → Kapitalerhöhung aus Gesellschaftsmitteln). Der Umwandlungsbeschluss bedarf einer Mehrheit von mindestens 75 % des bei der Beschlussfassung vertretenden Grundkapitals gefaßt werden.

Umwandlungsgesetz (UmwG), *Conversion Law*. Die Rechtsmaterie der Umwandlung von → Kapitalgesellschaften in Einzelunternehmen oder → Personengesellschaften und umgekehrt war nur bruchstückhaft und zersplittert in verschieden Gesetzen geregelt. Mit dem UmwG vom 28.10.1994 hat der Gesetzgeber die Tatbestände neu geordnet und in einem Gesetz zusammengefasst. Es eröffnet Rechtsträgern, insbesondere den Gesellschaften, verschiedene Möglichkeiten, ihre rechtliche Organisation zu verändern, ohne einzelne Vermögensgegenstände auf die neue Rechtsform übertragen zu müssen. Im einzelnen wird der → Formwechsel, die → Verschmelzung, die → Spaltung und die → Vermögensübertragung unterschieden.

UmwG, Abk. für → Umwandlungsgesetz.

Uncapped Floating Rate Note, → Floating Rate Note ohne einen vereinbarten Höchstzinssatz (→ Cap).

Uncovered Exposure, *ungedecktes Risiko, Blankoanteil, Netto-Risiko*. Bezeichnung für denjenigen Anteil an einem Kredit oder einem anderen Aktivgeschäft, der nicht mit → Sicherheiten unterlegt oder durch ein Gegengeschäft abgesichert ist. – Vgl. auch → Risiko und → Risikokompensation.

Undated Floating Rate Note, *perpetual floating rate note*; zinsvariable → Schuldtitel mit ewiger → Laufzeit. Diese → Anleihen sind für → Emittenten vor allem im Falle der Anerkennung der Emissionserlöse als → Eigenkapital interessant. Üblicherweise hat der → Gläubiger das Recht, die Anleihen zu festgelegten Terminen in kurz- oder mittelfristige Titel des gleichen Emittenten umzutauschen.

Und-Depot, *joint account*. Bei einem U. (auch → Gemeinschaftsdepot genannt) können die Inhaber nur gemeinsam über das Depot verfügen. – Vgl. auch → Oder-Depot.

Under Spot, *unter Kassakurs*. Bezeichnung für unter dem → Kassakurs liegende Notierungen von Devisenterminkursen. – Vgl. auch → Deport. – Gegensatz: → Over Spot.

Underlying, *underlying instrument, Basisobjekt, Basiswert, Kontraktgegenstand*. Bezeichnung für das einem → Terminkontrakt zugrunde liegende Gut (z.B. Aktien, Indizes, Rohstoffe), das bei Erfüllung des Geschäftes von den Vertragspartnern geliefert oder abgenommen wird bzw. wofür ein → Cash Settlement stattfindet.

Underlying Instrument, → Underlying.

Underpricing, *Unterbewertung*. Formal betrachtet ist U. die Differenz zwischen der Erstnotiz einer neu emittierten Aktie am → Sekundärmarkt und dem Ausgabepreis. Ein positiver Wert deutet auf einen zu niedrigen → Ausgabepreis bzw. auf einen Preisabschlag hin. Der Anleger, der bei der Emission eine Zuteilung erhielt, erzielt somit einen → Zeichnungsgewinn (Zeichnungsrendite). Für die Emittenten stellt das U. dagegen einen Vermögensverlust dar. Dieser ist dadurch zu erklären, dass das Unternehmen theoretisch auch einen höheren Preis pro Aktie hätte verlangen können, da die Anleger am Sekundärmarkt bereit waren, den Preis der Erstnotiz zu zahlen. – U. wird oft als → Risikoprämie für das Informationsdefizit der Anleger dargestellt, ebenso als Folge von Unterstützungskäufen der begleitenden Emissionsbanken nach der Emission. Auch kann ein vorsichtig geschätzter Emissionspreis zwecks einer Verminderung des Absatzrisikos zu U. führen. – Gegensatz: → Overpricing.

Underwriter. 1. *Emissionsbank, Konsorte, Konsortialmitglied*; Banken oder → Makler, die sich alleine oder als Mitglied einer → Underwriting Group verpflichten, bei einer → Emission eine bestimmte Quote daran fest zu übernehmen und zu platzieren (→ Underwriting). Als Entlohnung für das damit verbundene Platzierungsrisiko erhalten die U. den → Underwriting Spread. Oftmals sind U. auch Mitglieder der → Selling Group. – 2. Englische Bezeichnung für ein Versicherungsunternehmen.

Underwriting, zur → Platzierung einer → Emission angewandte Methode, bei der i.d.R. mehrere → Underwriter eine → Underwriting Group bilden und sich jeweils zur Festübernahme und Platzierung einer bestimmten Quote an der Emission bei Investoren verpflichten. Als Erlös erhalten die Underwriter die Differenz zwischen dem Übernahmepreis und späterem Emissionspreis (→ Underwriting Spread). Zwischen dem → Emittenten und der Underwriting Group wird ein → Underwriting Agreement geschlossen, das die getroffenen Vereinbarungen vertraglich regelt. Zur Unterstützung beim Verkauf der Emission wird oftmals auch eine → Selling Group eingesetzt.

Underwriting Agreement, *Emissionsvertrag, Übernahmevertrag*. Bei einer → Emission zwischen dem Emittenten bzw. der → Management Group und der → Underwriting Group getroffene Vereinbarung über Rechte und Pflichten der → Underwriter. Insbesondere wird darin die Verpflichtung zur Übernahme der Emission geregelt, die genaue Durchführung des → Public Offering und der → Underwriting Spread festgelegt.

Underwriting Spread, *Emissionsmarge, -spanne*. Differenz zwischen dem Betrag, den ein → Underwriter zum Erwerb der Wertpapiere vom → Emittenten zahlen muss und dem späteren → Emissionspreis. Der U.S. wird im → Underwriting Agreement festgeschrieben und hängt u.a. von der Art des Wertpapiers, von der Größe der → Emission und dem finanziellen Hintergrund des Emittenten ab.

Underwriting Syndicate, → Übernahmekonsortium.

uneigentliche Verwahrung, → unregelmäßige Verwahrung.

Unemployment Rate, *Arbeitslosenquote*; bezeichnet die Anzahl registrierter Arbeitsloser in Relation zur Zahl der Erwerbspersonen.

unfreundliche Übernahme, → Hostile Takeover.

Unfriendly Takeover, → Hostile Takeover.

unfundierte Schulden, *schwebende Schulden, unconsolidated/floating debt*; kurzfristig zu tilgende bzw. schwebende Verbindlichkeiten. – Gegensatz: → fundierte Schulden. – Vgl. auch → Fundieren.

ungedeckte Option, → Naked Option. – Gegensatz: → Covered Warrant.

ungeregelter Freiverkehr, *außerbörslicher Wertpapierhandel, unofficial dealing/market*. Ehemalige Bezeichnung für den Handel in Effekten, die vor dem 1.5.1987 in keinem der Börsensegmente → Amtlicher Handel, → Geregelter Markt und → Freiverkehr gehandelt wurden. Der u.F. wurde zum 1.5.1987 mit dem → geregelter Freiverkehr zum neuen Börsensegment Freiverkehr zusammengeschlossen. Die ursprünglich im u.F. gehandelten Titel werden jetzt weitestgehend im Freiverkehr gehandelt.

Ungewissheit, bezeichnet einen möglichen Informationsstand der potentiellen Entscheidungsträger bezüglich der Konsequenzen. Bei diesem Informationsstand liegen keine Informationen über die Wahrscheinlichkeitsverteilung der möglichen Konsequenzen vor.

Unhedged Currency Exposure, *ungesichertes Währungsrisiko*; vgl. → Währungsrisiko.

Unit Trust, *open end fund*; englische Bezeichnung für → offene Investmentfonds.

Universalbanken, *universal banks, all-purpose banks*. Banken, die ein umfassendes und uneingeschränktes Angebot an Bankdienstleistungen aufweisen und neben dem Einlagen- und Kreditgeschäft auch das Wertpapiergeschäft betreiben. Für U. besteht keinerlei Beschränkung der Geschäftstätigkeit, da weder kundengruppenbezogene, noch qualitative, quantitative oder branchenmäßige Restriktionen vorliegen. Zu den U. zählen in Deutschland u.a. die privaten Geschäftsbanken, → Landesbanken, → Sparkassen, → Kreditgenossenschaften und die → genossenschaftlichen Zentralbanken. – Gegensatz: → Spezialbanken.

Universalbankensystem

Universalbankensystem, bezeichnet eine in Kontinentaleuropa traditionell anzutreffende Prägung der Kreditwirtschaft, die durch die Möglichkeit zum Angebot eines breiten Spektrums von Bankleistungen gekennzeichnet ist. Dazu zählen das im angloamerikanischen → Trennbankensystem voneinander separierte → Einlagen- und → Kreditgeschäft (→ Commercial Bank) einerseits, sowie das Geschäft rund um verbriefte Finanzierungen in der Form von → Emissions-, → Kommissions-, → Eigen- und → Depotgeschäft (→ Investment-Banking) andererseits. – Die Vorteile des U. werden vor allem in den Chancen der Kundenbindung durch das umfassendere Leistungsangebot, sowie den Möglichkeiten einer effizienteren Kapazitätsauslastung und breiteren Risikodiversifikation gesehen. Demgegenüber entzündet sich die öffentliche Diskussion in Deutschland („Macht der Banken") regelmäßig an den Einflussmöglichkeiten gerade großer Banken aus einer Kumulation von Kreditvergabe, oft führender Rolle in → Emissionskonsortien, Beteiligungsbesitz, und damit nicht selten verbundenem Aufsichtsratsmandat, sowie Wahrnehmung des → Vollmachtstimmrechts.

unkotierte Wertpapiere, *nichtkotierte Wertpapiere, not officially listed securities*; schweizerische Bezeichnung für nicht börsennotierte Wertpapiere. Dabei handelt es sich zumeist um Aktien, die nicht zum Börsenhandel zugelassen sind oder für die eine Börsennotierung nicht beantragt wurde, da sie z.B. Anteile von in Familienbesitz befindlichen Unternehmen darstellen oder sich aufgrund ihrer geringen → Liquidität nicht zum Börsenhandel eignen. – Vgl. → Kotierung und → börsennotierte Aktien.

unlimitierter Auftrag, *market order, order at best*. Bezeichnung für → Börsenaufträge, die kein → Limit enthalten und aus diesem Grund bei → Kaufaufträgen → billigst bzw. bei → Verkaufsaufträgen → bestens ausgeführt werden.

Unlimit Order, → unlimitierter Auftrag.

Unlock, *unlock to a fixed rate debt*. Bezeichnung für die Umwandlung einer festverzinslichen Verbindlichkeit in eine variabel verzinsliche.

unnotierte Aktien, *non-listed securities*; sind nicht an Börsen gehandelte Werte. – Gegensatz: → börsennotierte Aktien.

unrealisierte Kursdifferenzen, *unrealisierter Kursgewinn/Kursverlust, unrealized capital gains and losses*. Unterschied zwischen dem aktuellen → Börsenkurs zum Bewertungsstichtag und dem historischen Kurs bei Anschaffung, der jedoch nicht durch einen Verkauf realisiert wird. – Wegen des Anschaffungswertprinzip (→ Realisationsprinzip) bei der handels- und steuerrechtlichen Bilanzierung werden u.K. nicht als Gewinne ausgewiesen, sondern stellen → stille Reserven dar. – Vgl. auch → Marktbewertungsmethode.

unrealisierter Gewinn, *unrealized gain*. Grundsätzlich liegt ein u.G. dann vor, wenn ein Gut nicht verkauft wird, obgleich der erzielbare Preis, unter Berücksichtigung von Spesen, Zinsen, etc., über den Anschaffungsbzw. Herstellungskosten liegt. Sowohl das Steuerrecht, als auch das Handelsrecht verbieten, dass u.G. als Gewinn ausgewiesen werden. Im Kontext der Börse ist insbesondere der nicht realisierte → Kursgewinn von Interesse. – Gegensatz: → unrealisierter Verlust.

unrealisierter Verlust, *unrealized loss*. Grundsätzlich liegt ein u.V. dann vor, wenn ein Gut nicht verkauft wird, aber der erzielbare Preis, unter Berücksichtigung von Spesen, Zinsen, etc., unterhalb der fortgeführten Anschaffungs- bzw. Herstellungskosten liegt. Der u.V. unterscheidet sich vom → unrealisierten Gewinn hinsichtlich der Pflicht bilanziell ausgewiesen zu werden. Liegt ein u.V. im Zusammenhang mit Gütern des → Umlaufvermögens vor, so muss er ausgewiesen werden, handelt es sich hingegen um → Anlagevermögen, so besteht weitgehend ein Wahlrecht hinsichtlich einer Anwendung des → Niederstwertprinzips.

unregelmäßige Verwahrung, *uneigentliche Verwahrung, unreal custody*. Bezeichnung für ein → Verwahrungsgeschäft, bei dem das Eigentum der zu verwahrenden → Wertpapiere unverzüglich auf den Verwahrer übergeht und dieser sich zur Rückgabe von → Wertpapieren derselben Art verpflichtet (§15 DepotG). – Vgl. auch → Verwahrung.

unrichtige oder unvollständige Angaben im Börsenprospekt, → Prospekthaftung.

Unsicherheit, *uncertainty*; mögliches Abweichen eines tatsächlichen Zustandes vom geplanten Zustand. Dabei kann sowohl eine positive als auch eine negative Abweichung auftreten. Bei Entscheidungen unter U. werden Informationen über die subjektive → Wahrscheinlichkeitsverteilung für das Eintreten eines Zustandes herangezogen.

unsystematisches Risiko, *unsystematic risk*; spezifisches, wertpapierbezogenes einzelwirtschaftliches bzw. titelspezifisches → Risiko. Das u.R. steht nicht im Zusammenhang mit Ereignissen, die alle Aktien oder Anleihen betreffen (→ systematisches Risiko). Das u.R. tritt nur bei bestimmten Einzelwerten (z.B. → Aktien, → Anleihen) und nicht bei den meisten oder allen Einzelwerten gleichzeitig auf. Es kann durch → Diversifikation deutlich verringert oder gänzlich vermieden werden. Das u.R. von Anleihen ist z.B. das → Ausfallrisiko, d.h. die nur teilweise Erfüllung oder Nichterfüllung von Zahlungsverpflichtungen (Zins, Tilgung) durch den → Emittenten. Bei Aktien besteht das u.R. aus bestimmten unternehmensindividuellen Ereignissen wie z.B. personelle Veränderungen im Management, technische Entwicklungen, Fusionen, Markterfolg oder Versagen von Produkten oder negative Pressemeldungen.

unter Briefausschluss, → Buchhypothek.

Unterbeteiligung, *sub-participation*. 1. Bei einer → Emission durch ein Mitglied des → Emissionskonsortiums zum Verkauf weitergegebene Wertpapiere an ein Nichtmitglied. Das Nichtmitglied übernimmt dann, ähnlich wie beim → Underwriting, das volle Absatzrisiko. – 2. Beteiligung an einer Gesellschafterstellung eines anderen, die als BGB-Innengesellschaft bezeichnet wird. Der Unterbeteiligte tritt dabei nach außen hin nicht in Erscheinung, sondern hat lediglich schuldrechtliche Ansprüche gegenüber dem Gesellschafter, an dessen Beteiligung er partizipiert. Diese Form der Partizipation kann aus steuer- oder gesellschaftsrechtlichen Gründen, wie z.B. im Erbfall oder zur Vermeidung von Splitterbeteiligungen gewählt werden.

Unterbewertung, *underpricing*. 1. Bezeichnung dafür, dass der Börsenkurs unter dem → inneren Wert eines Unternehmens liegt. Nach Ansicht der → Fundamentalisten ist eine U. ein Kaufgrund, da sich die U. im Laufe der Zeit dadurch abbaut, dass der Kurs in Richtung des höheren inneren Wertes steigt. – 2. Der Vorgang der U. von → aktiven Positionen führt zur Bildung von → stillen Reserven, die in der Bilanz eines Unternehmens nicht ausgewiesen werden. Ermöglicht wird die U. durch das Ausnutzen der Spielräume der → Bewertungswahlrechte (→ Bewertungsvorschriften in der Bilanz). – Gegensatz: → Überbewertung.

Unterfinanzierung, → Unterkapitalisierung.

Unterkapitalisierung, *Unterfinanzierung, undercapitalization*. U. liegt vor, wenn die Ausstattung eines Unternehmens mit → Eigenkapital geringer ist als der tatsächliche Bedarf. Dadurch wird das Unternehmenswachstum behindert. U. kann entstehen, wenn ein Unternehmen bei seiner Gründung mit zu geringen Kapitalressourcen ausgestattet wurde, der Kapitalbedarf stärker wächst als das Potential zur → Eigenfinanzierung oder wenn → Eigenkapitalentzug in Folge zu hoher Gewinnausschüttungen bzw. fortlaufender Verluste auftritt. Eine U. kann z.B. durch → Kapitalerhöhungen oder durch eine Verringerung der Anlagenkapazität behoben werden. – Gegensatz: → Überkapitalisierung.

Unterkonsortium, *sub-syndicate*; entsteht, wenn ein → Konsortialmitglied eine weitere Bank am eigenen Anteil des → Konsortiums beteiligt. Damit besteht keine direkte Rechtsbeziehung zwischen jenem Konsortialmitglied, der nur im U. in Erscheinung tritt und dem Auftraggeber.

Unternehmensanleihe, → Industrieobligation.

Grundzüge der Unternehmensfinanzierung

Grundzüge der Unternehmensfinanzierung

Dipl.-Kfm. Marcus Wimmer

Unter Unternehmensfinanzierung wird im Folgenden der Kapitalbeschaffungsprozess, aber auch das Ergebnis dieses Prozesses, die Ausstattung des Unternehmens mit Kapital verstanden. Ursächlich für die Unternehmensfinanzierung ist der Bedarf der Unternehmung an Kapital zur Erfüllung ihrer güterwirtschaftlichen Aufgaben. Vor der Entscheidung wie der Kapitalbedarf gedeckt und finanziert werden soll, steht zunächst die Frage nach der Höhe des Kapitalbedarfs.

1. Kapitalbedarfsplanung

Aufgabe der Kapitalbedarfsplanung ist die Beantwortung der Fragen in welcher Höhe und für welchen Zeitraum Kapital zur Verfügung zu stehen hat.

Rein formal ergibt sich die Höhe des Kapitalbedarfs (KB) zum Zeitpunkt T als Differenz zwischen den kumulierten Auszahlungen (A) und den kumulierten Einzahlungen (E):

$$KB = \sum_{t=0}^{T} A_t - \sum_{t=0}^{T} E_t \ .$$

Die Höhe des Kapitalbedarfs ist ceteris paribus umso größer, je weiter der Zeitpunkt der Leistungserstellung, mit den damit in Verbindung stehenden Auszahlungen für die benötigten Produktionsfaktoren, und der Zeitpunkt der Leistungsverwertung und die hierfür eingehenden Umsatzerlöse auseinander liegen.

Die Höhe der Auszahlungen hängt maßgeblich vom monetären Umfang der für die Leistungserstellung benötigten Produktionsfaktoren ab. Zur Ermittlung des Volumens der Auszahlungen wird auf der güterwirtschaftlichen Ebene der Prozess der Leistungserstellung in Teilprozesse (im einfachsten Fall: Beschaffung, Produktion, Absatz) zerlegt. Für die Teilprozesse erfolgt jeweils die Feststellung des Umfangs der benötigten Produktionsmittel und der damit einhergehenden Auszahlungen. Neben den Auszahlungen, die auf der leistungswirtschaftlichen Ebene anfallen, müssen auch die erwarteten Auszahlungen auf der finanzwirtschaftlichen Ebene (Steuer-, Dividenden-, Zins- und Tilgungszahlungen) kalkuliert werden. Bei der Aggregation der Ergebnisse sind Interdependenzen zwischen den Ebenen, z.B. aufgrund steuerlicher Besonderheiten die Möglichkeiten zur Verringerung der Steuerlast durch getätigte Investitionen bieten, zu berücksichtigen.

Die Ermittlung der Summe der erwarteten Einzahlungen basiert primär auf der Absatzplanung und den damit verbundenen Umsatzerlösen. Allerdings sind auch Einzahlungen, die aus dem planmäßigen Abgang von Anlage- bzw. Umlaufvermögen oder Steuerrückerstattungen resultieren, zu erfassen.

Eine Berechnung des Kapitalbedarfs mittels prognostizierter Ein- und Auszahlungen ist bei kurz- und mittelfristigen Planungszeiträumen mit ausreichender Genauigkeit möglich, bei einem Planungszeitraum von mehreren Jahren stößt sie naturgemäß auf erhebliche Unsicherheiten und ist damit nicht mehr hinreichend aussagefähig. In der Praxis wird deshalb im Rahmen der Finanzplanung bei einem mehrjährigen Planungszeitraum oftmals auf die bilanzielle Kapitalbedarfsermittlung zurückgegriffen. Hierbei wird zunächst versucht, den in der Vergangenheit beobachteten Zusammenhang zwischen Umsatzerlösen und Bilanzveränderungen zu ermitteln. Mit Hilfe der prognostizierten Umsatzerlöse werden dann Rückschlüsse auf die zu erwartende Bilanz und ihre Struktur getroffen. Hieraus lassen sich Art und Umfang des langfristigen Kapitalbedarfs ableiten.

Grundzüge der Unternehmensfinanzierung

Ist der Kapitalbedarf ermittelt, stellt sich die Frage nach den Finanzierungsinstrumenten. In der Literatur existieren eine Reihe von Ordnungskriterien. Häufig wird dabei nach der Herkunft des zur Verfügung gestellten Kapitals systematisiert, dieser Vorgehensweise soll auch hier gefolgt werden.

2. Außenfinanzierung

Bei der Außenfinanzierung erhält das Unternehmen eine externe Kapitalzufuhr. Die Außenfinanzierung selbst lässt sich weiterhin nach der Rechtsstellung der Kapitalgeber unterteilen. Zu unterscheiden sind hierbei Finanzierungsformen, die dem Kapitalgeber ein unmittelbares Anteilsrecht an der Unternehmung gewähren und solche, die dem Kapitalgeber lediglich ein Forderungsrecht gegenüber der Unternehmung einräumen.

2.1 Eigenfinanzierung

Bei der Eigen- oder Beteiligungsfinanzierung wird dem Unternehmen Eigenkapital ohne zeitliche Befristung überlassen. Die Eigenkapitalgeber haben dabei keinen Zinsanspruch, allerdings steht ihnen die volle Teilhabe am Gewinn und am Liquidationserlös der Unternehmung zu. Dem steht im Insolvenzfall die Partizipation am Verlust gegenüber. Diese lässt sich durch die Wahl der Unternehmensrechtsform jedoch beschränken. Im Falle der AG und der GmbH ist die Haftung auf das eingebrachte Vermögen beschränkt. Komplementäre einer KG bzw. KGaA, Einzelunternehmer und Gesellschafter einer OHG oder GbR tragen im Insolvenzfall nicht nur das Risiko des Verlustes der Einlage, sondern haften darüber hinaus mit ihrem Privatvermögen.

Die Möglichkeit zur Nutzung der Eigenfinanzierung hängt in entscheidendem Maße von der Rechtsform der Unternehmung ab. Emissionsfähige Unternehmen, d.h. Aktiengesellschaften können durch die Zulassung ihrer Aktien zum Handel an einer Börse (Zulassung von Wertpapieren) im Zuge eines so genannten → Initial Public Offering (IPO) direkten Zugang zu den Eigenkapitalmärkten erlangen. Voraussetzung für eine Zulassung sind dabei die Einhaltung bestimmter qualitativer (z.B. Publizitätspflichten) und quantitativer (Mindestkurswert, Streuung, etc.) Faktoren, die durch das Aktiengesetz und die Zulassungsbedingungen der jeweiligen Börsen determiniert sind. Unterschiede in den Zulassungsvoraussetzungen ergeben sich dabei vor allem durch die Wahl des Marktsegmentes. Entscheidende Bedeutung für ein erfolgreiches IPO hat neben der Wahl des Marktsegmentes die Bestimmung eines angemessenen Emissionspreises und des geeigneten Emissionszeitpunktes. Börsennotierte Aktiengesellschaften haben durch Kapitalerhöhungen die Chance theoretisch beliebig oft und in beliebiger Höhe Eigenkapital am Kapitalmarkt aufzunehmen. Nicht börsennotierte Aktiengesellschaften haben dagegen, wie sämtliche anderen nicht emissionsfähigen Unternehmen, keinen Zugang zur Börse so dass für sie kein organisierter Markt zur Beschaffung von Eigenkapital verfügbar ist. Der damit ohnehin beschränkte Investorenkreis ist zusätzlich mit den Problemen einer mangelnden Fungibilität des Eigenkapitals und einer fehlenden Marktpreisermittlung für die Beteiligungstitel konfrontiert. Diese Nachteile werden als ein Hauptgrund für die geringe Eigenkapitalausstattung von vielen kleinen und mittleren Unternehmen angeführt.

2.2 Fremdfinanzierung

Bei der Fremdfinanzierung erwerben die Kapitalgeber im Gegensatz zur Eigenfinanzierung keinerlei Recht auf Teilhabe am Gewinn oder Liquidationserlös. Neben dem Anspruch auf Rückzahlung der vereinbarten Kreditsumme steht ihnen ein vorher festgelegter Zinsanspruch zu. Dieser ist unabhängig von der Erfolgslage des Unternehmens zu befriedigen. Damit wird deutlich, dass das unternehmerische Risiko zunächst rein auf das Eigenkapital beschränkt ist. Lediglich wenn die vorhandenen Vermögenswerte und Sicherheiten nicht ausreichen um sämt-

Grundzüge der Unternehmensfinanzierung

liche Forderungen zu befriedigen, tragen auch die Fremdkapitalgeber ein Verlustrisiko. Häufig werden Kreditverträge deshalb mit Vertragsklauseln (Covenants) ausgestattet, die die Einhaltung bestimmter Eigenkapitalquoten, Sicherheiten oder sonstiger Kennzahlen garantieren sollen.

Zur Systematisierung der Fremdfinanzierung wird üblicherweise die Dauer der Kapitalüberlassung verwendet.

2.2.1 Kurzfristige Fremdfinanzierung

Eine allgemein gültige Definition des Begriffs kurzfristig existiert in der Literatur nicht. Jedoch hat sich in der Praxis die Klassifikation der Deutschen Bundesbank durchgesetzt, die Kredite deren Laufzeit oder Kündigungsfrist maximal ein Jahr beträgt, als kurzfristig definiert. Die Deckung des kurzfristigen Kapitalbedarfs kann dabei über eine Kredit- oder eine Geldmarktfinanzierung geschehen. Im Kreditbereich ist die häufigste Form der Gewährung die Einräumung von Kreditlinien bei den Hausbanken, die eine flexible Nutzung erlauben. Aber auch Wechselkredite, Akzept-Kredite oder das Einräumen von Zahlungszielen durch Lieferanten fallen unter die kurzfristige Kreditfinanzierung.

Insbesondere Großunternehmen nutzen in den letzten Jahren häufig den → Geldmarkt zur Deckung ihres kurzfristigen Finanzbedarfs. Die Spezifika des Geldmarktes erlauben jedoch nur Unternehmen erster Bonität die Nutzung dieser Quelle. Eine der gebräuchlichsten Formen sind hierbei → Commercial Papers, deren Laufzeit von einer Woche bis zu einem Jahr reicht. Zu beachten ist jedoch, dass Commercial Papers in der Regel revolvierend begeben werden um den Investoren eine kontinuierliche Anlagebasis zu bieten. Unternehmen, die nur einen vorübergehenden und einmaligen kurzfristigen Finanzierungsbedarf haben, werden deshalb im allgemeinen keine Commercial Papers emittieren.

2.2.2 Langfristige Fremdfinanzierung

Wie auch bei der kurzfristigen Fremdfinanzierung bietet sich für Unternehmen prinzipiell die Möglichkeit die Mittel über den Markt oder eine Bank zu beschaffen. Insbesondere für kleine und mittlere Unternehmen ist die Hausbankfinanzierung noch immer die dominierende Form der langfristigen Fremdfinanzierung. Dabei ist nicht notwendigerweise die Hausbank selbst Kapitalgeber. Kreditprogramme staatlicher Förderinstitute wie der Kreditanstalt für Wiederaufbau (KfW) bieten oftmals besonders günstige Bedingungen zur Förderung bestimmter wirtschafts- oder regionalpolitischer Ziele. Die Hausbanken fungieren hier zum Teil lediglich als durchleitende Bank. Ziel der staatliche Förderinstitute ist es, kleinen und mittleren Unternehmen den ihnen fehlenden Zugang zum Kapitalmarkt auf diese Weise auszugleichen. Für eine Finanzierung über den Kapitalmarkt ist in der Regel ein → Rating durch eine anerkannte Ratingagentur nötig. Die Kosten hierfür und für die Emissionsbankvergütung machen eine Anleihefinanzierung somit für Unternehmen mit geringerem Finanzierungsbedarf uninteressant. Für die Ausgestaltung der Anleihe gibt es viele Varianten. Die konkrete Art hängt dabei von den Bedürfnissen des Emittenten und den Erfordernissen des Marktes ab.

2.3 Sonderformen der Außenfinanzierung

Während bei den bisher behandelten Finanzierungsformen eine Zuordnung zu Beteiligungskapital oder Fremdkapital eindeutig erfolgen konnte, enthält so genanntes Hybrid-Kapital sowohl Ausprägungen, die eine Zurechnung zum Eigenkapital rechtfertigen würden, aber auch Komponenten, die eine Einordnung in das Fremdkapital zulässig erscheinen lassen. Rechtlich gesehen ist es im allgemeinen unstritten, dass Hybrid- oder Mezzanin-Kapital als Fremdkapital

Grundzüge der Unternehmensfinanzierung

klassifiziert wird. Hybrid-Kapital zeichnet sich dadurch aus, dass der Kreditnehmer keinerlei Sicherheiten stellt, bzw. lediglich nachrangige Sicherheiten für den Kreditgeber zur Verfügung stehen. Zum Ausgleich hierfür erhält der Kreditgeber häufig Eigenkapitaloptionen (Equity-Kicker). Diese gewähren ihm im Falle eines positiven Geschäftsverlaufs eine Teilhabe am Unternehmenserfolg. Aus betriebswirtschaftlicher Sicht enthält Hybrid-Kapital deshalb zumindest eigenkapitalähnliche Eigenschaften.

Eine Sonderform der Finanzierung ist das → Leasing, das einige kreditähnliche Merkmale aufweist. Allerdings nimmt der Leasingnehmer im Gegensatz zur Kreditfinanzierung selbst kein Kapital auf. Die Finanzierung der Investitionen erfolgt durch den Leasinggeber, der Leasingnehmer leistet lediglich betragsmäßig vorher definierte Leasingraten.

3. Innenfinanzierung

Bei der Innenfinanzierung fließen dem Unternehmen Mittel aus dem Umsatzprozess zu. Voraussetzung hierfür ist jedoch, dass der Mittelzufluss aus dem Umsatzprozess höher ist, als der Abfluss liquider Mittel bei der Leistungserstellung. Die Innenfinanzierung wird zum Teil als die optimale Form der Finanzierung betrachtet, da das Unternehmen relativ unabhängig von den Kapitalmärkten und Kapitalgebern investieren und agieren kann. Die Tatsache, dass bei der Innenfinanzierung keinerlei definierte Zins- und Tilgungszahlungen anfallen sowie die Beteiligungs- und Mitspracherechte am Unternehmen unangetastet bleiben, gilt als ein weiterer zentraler Vorteil der Innenfinanzierung. Dem ist jedoch zu entgegnen, dass gerade das Fehlen einer externen Prüfung von Investitionen durch Kapitalgeber unter Umständen zur suboptimalen Kapitalallokation führen kann. So ist vorstellbar, dass Manager des Unternehmens zur Steigerung der persönlichen Machtfülle Erweiterungsinvestitionen vornehmen, die aus Sicht der Kapitalgeber nicht lohnend sind, weil unternehmensextern Anlagemöglichkeiten existieren, die eine günstigere Rendite-Risiko-Struktur aufweisen.

Die verschiedenen Arten der Innenfinanzierung sollen im Folgenden systematisiert werden.

3.1 Selbstfinanzierung

Die Selbstfinanzierung wird als die wichtigste, weil zahlenmäßig bedeutendste Form der Innenfinanzierung betrachtet. Aus Sicht der Rechtsstellung ist die Selbstfinanzierung der Eigenfinanzierung zuzurechnen, weil es sich um die Einbehaltung von Gewinnen handelt. Bilanziell kann die Art der Selbstfinanzierung in zwei Arten unterschieden werden: die offene Selbstfinanzierung und die stille Selbstfinanzierung.

3.1.1 Offene Selbstfinanzierung

Die offene Selbstfinanzierung drückt sich in einer bilanziellen Erhöhung des Eigenkapitals aus. Die erwirtschafteten Gewinne des Unternehmens werden dabei nicht ausgeschüttet, sondern in die Rücklagen eingestellt. Bei einer Aktiengesellschaft dürfen Vorstand und Aufsichtsrat bis zu 50% des Jahresüberschusses in die Gewinnrücklagen einstellen, höhere Quoten bedürfen der Zustimmung der Hauptversammlung. Die offene Selbstfinanzierung ist eine Form der Gewinnthesaurierung. Der Grad der offenen Selbstfinanzierung ist vor allem von den Interessen der Anteilseigner abhängig. Dabei prägen auch steuerliche Überlegungen den Umfang der offenen Selbstfinanzierung. Bis zur Steuerreform 2001 war es zum Teil sinnvoller Gewinne auszuschütten, da auf Ebene der Anteilseigner häufig die Besteuerung geringer war als auf Unternehmensebene. (→ Schütt-aus-hol-zurück-Verfahren). In Form einer Kapitalerhöhung erfolgte anschließend die Rückübertragung der Gewinne in das Unternehmen.

Grundzüge der Unternehmensfinanzierung

3.1.2 Stille Selbstfinanzierung

Bei der stillen Selbstfinanzierung erfolgt im Gegensatz zur offenen Form kein Bilanzausweis. Die stille Selbstfinanzierung entsteht durch die Bildung stiller Reserven, die den bilanziellen Gewinn des Unternehmens mindern. Der Ausweis eines geringeren Gewinns führt dazu, dass die nicht ausgewiesenen Gewinne erst zum Zeitpunkt der Auflösung der stillen Reserven der Besteuerung unterliegen. Dieser so genannte Steuerstundungseffekt führt so zu einer temporär erhöhten Liquidität durch die zeitliche Verschiebung der Steuerzahllast. Möglichkeiten zur Schaffung von stillen Reserven bestehen bei

1) bewusster Unterbewertung von Aktiva z.B. durch erhöhte Abschreibungen,
2) Überbewertung von Passiva, wie überhöhten Rückstellungen für Gewährleistungen oder höheren Pensionsrückstellungen als gesetzlich vorgeschrieben,
3) Nichtaktivierung von Wertsteigerungen über die Anschaffungskosten hinaus oder vollständiges Abschreiben geringwertiger Wirtschaftsgüter statt einer teilweisen Aktivierung.

Für externe Bilanzleser ist der Grad und Umfang der stillen Selbstfinanzierung nicht nachvollziehbar. Die stille Selbstfinanzierung ist damit Teil der Bilanzpolitik des Unternehmens.

3.2 Finanzierung aus Rückstellungen

Während der Umfang der Selbstfinanzierung vom Unternehmen frei wählbar ist, ist die Finanzierung aus Rückstellungen zumindest teilweise gesetzlich determiniert. Die Verpflichtung der Unternehmen für zukünftige Verbindlichkeiten Rückstellungen zu bilden ergibt sich dabei aus § 249 HGB. Demnach sind mit bekannt werden von zukünftig eintretenden Verpflichtungen Rückstellungen für diese Ereignisse zu bilden. Die im Unternehmen so gebundenen finanziellen Mittel können bis zum Abruf für die eigentliche Zweckbestimmung im Unternehmen investiert werden. Der exakte Zeitpunkt des Eintritts der Zahlungsverpflichtung ist in der Regel nicht bekannt. Um bei Fälligkeit der Rückstellung auch die liquiden Mittel zur Erfüllung der Zahlungsverpflichtung verfügbar zu haben, sind kurzfristige Rückstellungen, z.B. für erwartete Steuernachzahlungen, nur in schnell liquidierbare Vermögensgegenstände zu investieren. Langfristige Rückstellungen, wie sie z.B. für Pensionen gebildet werden, finden jedoch häufig zur Finanzierung des Anlagevermögens Verwendung.

Die erforderliche Höhe der Rückstellungen ist gesetzlich nicht geregelt und obliegt somit einem gewissen Ermessensspielraum der Unternehmung. Die mögliche Bildung überhöhter Rückstellungen wird im betriebswirtschaftlichen Sinn der stillen Selbstfinanzierung und nicht der Finanzierung aus Rückstellungen zugerechnet, da sie nicht der Deckung zukünftiger Verpflichtungen, sondern der Vermeidung eines hohen auszuweisenden Gewinns dienen. Für externe Bilanzleser ist im allgemeinen jedoch nicht erkennbar ob und in welchem Maße Rückstellungen überhöht sind.

3.3 Finanzierung aus Abschreibungen

Planmäßige Abschreibungen dienen der Verteilung der Anschaffungs- oder Herstellkosten auf die Nutzungsdauer des Gutes. Bei der Preiskalkulation der Produkte wird der anteilige Betrag der Abnutzung in die Herstellkosten einberechnet. Voraussetzung für das Wirksamwerden eines Finanzierungseffektes ist allerdings, dass die kalkulatorischen Abschreibungen auch mindestens dem tatsächlichen Wertverzehr entsprechen und dass die so kalkulierten Preise am Markt auch durchgesetzt werden können. Gelingt dies, so wird das in den Anlagen investierte Kapital über den Umsatzprozess wieder freigesetzt und steht der Unternehmung erneut zur Verfügung.

Grundzüge der Unternehmensfinanzierung

3.4 Finanzierung durch Vermögensumschichtung

Während bei den bisher besprochenen Formen der Innenfinanzierung der Unternehmung neues Kapital zufließt, handelt es sich bei der Finanzierung aus Vermögensumschichtung lediglich um eine Liquidierung bestehender Assets. Die Finanzierung aus Vermögensumschichtung hat vor allem die Verringerung der Kapitalbindung und damit letztendlich eine Verringerung des Kapitalbedarfs im Unternehmen zum Ziel. Dies kann zum einen durch eine effizientere Nutzung der bestehenden Vermögensgegenstände geschehen (Rationalisierung), aber auch durch den Verkauf von Gegenständen des Anlage- und Umlaufvermögens. Möglichkeiten der Rationalisierung können z.b. die Steigerung der Lagerumschlagshäufigkeit oder eine Verringerung der Durchlaufzeiten sein. Veräußerungen von Teilen des Anlagevermögens können aus Gründen der Erhöhung der Rentabilität geschehen, weil evtl. dieses Anlagevermögen nicht mehr betriebsnotwendig ist und die freiwerdenden Mittel rentierlicher angelegt werden können, oder auf Grund eines Liquiditätsengpasses. Der Verkauf von benötigten Produktionsmitteln an Leasinggesellschaften und das anschließende mieten dieser Produktionsmittel (Sale & Lease Back) verschafft den Unternehmen einen Liquiditätszugang. Zu beachten ist hier allerdings, dass damit in der Zukunft die Liquidität durch die Leasingraten beeinträchtigt wird. Für das Umlaufvermögen kann beispielsweise durch den Verkauf von Forderungen (→ Factoring) der Zufluss liquider Mittel zeitlich nach vorne verlegt werden.

4. Kapitalstruktur

Aus Sicht des betriebswirtschaftlichen Oberziels der Gewinnmaximierung wäre die Finanzierungsquelle zu wählen, die mit den geringsten Finanzierungskosten verbunden ist. Neben dem Ziel der Gewinnmaximierung müssen jedoch auch Ziele wie die Sicherung der finanziellen Unabhängigkeit oder die Einhaltung bestimmter, als optimal angesehener Kapitalstrukturen berücksichtigt werden (→ optimale Kapitalstruktur, → Goldene Bilanzregel). In Abhängigkeit von der Rechtsstellung des Kapitalgebers ergeben sich dabei unterschiedliche Präferenzen. So bevorzugen Fremdkapitalgeber ceteris paribus einen hohen Eigenkapitalanteil, während aus Sicht der Eigenkapitalgeber oftmals ein höherer Fremdkapitalanteil erstrebenswert erscheint. Ein hoher Fremdkapitalanteil ist aus Sicht der Eigenkapitalgeber wegen des → Leverage-Effektes wünschenswert, aber auch agency-theoretische (→ Agency-Theorie) Gründe sprechen dafür. Bestehende Informationsasymmetrien lassen die Fremdkapitalgeber das Risiko von zu finanzierenden Investitionen nicht exakt abschätzen. Eigenkapitalgeber können deshalb Fremdkapitalgebern gegenüber das Risiko neuer Projekte niedriger darstellen als es in Wirklichkeit ist oder die geplanten Investitionsprojekte nach Erhalt des Fremdkapitals durch riskantere ersetzen. Für die Eigenkapitalgeber bietet sich im Falle eines Erfolges die Chance auf hohen Wertzuwachs. Das Fremdkapital partizipiert demgegenüber nicht an möglichen Wertsteigerungen, trägt aber in gleichem Maße das Risiko bei Scheitern des Projektes. Die Fremdkapitalgeber werden deshalb ceteris paribus Unternehmen mit hoher Eigenkapitalausstattung präferieren, da in diesem Fall das verzerrte Darstellen von Risiken bei Investitionsprojekten unwahrscheinlicher erscheint. In der Praxis hängt die Zusammensetzung der Bilanz letztlich von den Möglichkeiten und Machtverhältnissen der Unternehmung Eigen- oder Fremdkapital aufzunehmen ab.

Literatur:

BÜSCHGEN, H.: (2001), Ermittlung des Kapitalbedarfs der Unternehmung, in: Handbuch Finanzierung; hrsg. von Breuer, R. E.; Wiesbaden.

EILENBERGER, G. (2001), Finanzierungsarten, in: Handwörterbuch des Bank- und Finanzwesens; hrsg. von Gerke, W. / Steiner, M.; Stuttgart.

Unternehmensbericht

GERKE, W: / BANK, M. (1998), Finanzierung: Grundlagen für die Investitions- und Finanzierungsentscheidungen in Unternehmen; Stuttgart.

WÖHE, G, (2000), Einführung in die Allgemeine Betriebswirtschaftslehre; München.

Unternehmensbericht, *company report.* Sollen Wertpapiere zum → Geregelten Markt zugelassen werden, so ist ein U. zu erstellen. Dieser ist nicht ganz so umfangreich wie der → Börsenzulassungsprospekt, muss aber mindestens die vom Verkaufsprospektgesetz geforderten Angaben enthalten. Wichtig ist, dass die Angaben über den → Emittenten und die Wertpapiere dazu ausreichen, dass sich das Publikum ein zutreffendes Urteil bilden kann. Zu den Mindestangaben gehören: Art, Nennbetrag und Eigenschaften der Wertpapiere, Gegenstand der Geschäftstätigkeit, Entwicklung des Unternehmens, gegenwärtige Geschäftslage, zukünftige Geschäftsaussichten, Kapitalausstattung, Vermögens-, Finanz- und Ertragslage, Geschäftsführungs- und Aufsichtsorgane sowie Prüfung des → Jahresabschlusses. Der U. ist im Gegensatz zum Börsenzulassungsprospekt nur vom Emittenten zu unterzeichnen. Nach Einreichung des U. muss der → Zulassungsausschuss binnen 15 Börsentagen über die Billigung entscheiden. Erst nach der Billigung darf der U. veröffentlicht werden. Wird die Zulassung zu mehreren inländischen Börsen beantragt (→ Mehrfachzulassung), bestimmt der Emittent einen Zulassungsausschuss, der über die Zulassung zu entscheiden hat. Für Wertpapiere, die bereits im → amtlichen Handel oder im Geregelten Markt einer anderen inländischen Börse gehandelt werden, gelten Vereinfachungen, die in der Regel dazu führen, dass kein erneuter U. zu erstellen ist (→ Prospekterleichterungen, → Prospektbefreiung).

Unternehmensbeteiligungsgesellschaft. Der durch das → Gesetz über Unternehmensbeteiligungsgesellschaften (UBGG) 1986 neu geschaffenen Gesellschaftstyp soll die Eigenkapitalausstattung nicht börsennotierter mittelständischer und junger Unternehmen stärken und ihnen den indirekten Zugangs zu den organisierten Märkten für → Eigenkapital eröffnen sowie für ein breites Anlegerpublikum eine mittelbaren Beteiligungsmöglichkeit an mittelständischen Unternehmen schaffen. Um die gesetzlich geschützte Bezeichnung → Unternehmensbeteiligungsgesellschaft führen zu dürfen, muss die Gesellschaft die gesetzlichen Anforderungen erfüllen und durch die zuständige Landesbehörde anerkannt sein. Die Anerkennung wird auf Antrag erteilt und kann von der zuständigen Landesbehörde widerrufen werden. Der satzungsmäßig festzustellende Unternehmenszweck darf nur auf den Erwerb, die Verwaltung und die Veräußerung von Anteilen oder Beteiligungen als → stiller Gesellschafter an insbesondere kleineren Unternehmen zielen, die ihren Sitz und ihre Geschäftsleitung in einem EU-Mitgliedsstaat oder einem EWR- Vertragsstaat haben und deren Anteile im Erwerbszeitpunkt weder zum → amtlichen Markt Handel noch zum Geregelten Markt an der Börse zugelassen sind noch im Freiverkehr gehandelt werden. Das → Grundkapital muss mindestens 1 Mio. Euro betragen, und die Einlagen müssen voll geleistet werden. Zusätzliche Beschaffung von Kapital ist grundsätzlich durch Kreditaufnahme und → Emission von → Schuldverschreibungen zulässig; → Darlehen dürfen nur insoweit vergeben werden, als sie im Falle des Insolvenzverfahrens oder der Unternehmensliquidation erst nach Befriedigung aller nicht nachrangigen Gläubiger zurückgezahlt werden. Die Gewährung von → Genussrechten oder Beteiligungen als stiller Gesellschafter ist nicht zulässig. Seit dem Dritten Finanzmarktförderungsgesetzes unterscheidet man 2 Typen von UBG, die sog. offenen UBG, bei denen nach 5 Jahren keine maßgeblichen Beteiligungen an der UBG selbst mehr bestehen dürfen, und die sog. integrierten UBG, die dauerhaft einhundertprozentige Tochtergesellschaften anderer Unternehmen sein können und dafür aber strengere Anlagegrenzen als die offenen UBG einhalten müssen. Beide Formen werden steuerlich gleichbehandelt. Neben der → AG sind als → Rechtsform zulässig: die → Kommanditgesellschaft, die → Kommanditgesellschaft auf Aktien sowie die → Gesellschaft mit beschränkter Haftung. Um im weiteren sicherzustellen, dass unter steuerlichen Gesichtspunkten kein Gestaltungsmißbrauch der für UBG geltenden Erleichterungen durch Holdingkonstruktionen betrieben wird, ist eine grundsätzliche Beschränkung auf Minderheitsbeschränkungen innerhalb eines Zeitraums von 8 Jahren, integrierte innerhalb eines Jahres zurückzuführen. Im weiteren werden Wagnisbeteiligungen, die über einen Zeitraum von mehr als 12 Jahren bestehen, auf 30% der Bilanzsumme beschränkt. Weiterhin dürfen offene UBG spätestens nach 5 Jahren nach der Anerkennung keine Tochterunternehmen mehr sein und es darf kein Anteilsinhaber mittelbar oder unmittelbar maßgeblich (> 40%) an der UBG beteiligt sein. Untersagt ist überdies der Erwerb von Wagnisbeteiligungen an Unternehmen, die Mutterunternehmen oder Schwesterunternehmen sind. Die gesetzlichen Anlage- und Refinanzierungsmöglichkeiten der UBG erlauben generell die Beteiligung an börsennotierten Unternehmen erlaubt, soweit zum Zeitpunkt des Erwerbs die Anschaffungskosten zusammen mit dem Buchwert bereits an solchen Unternehmen gehaltener Anteile 30% nicht übersteigen. Der Zeitraum, in dem Mehrheitsbeteiligungen gehalten werden dürfen, beträgt für offene UBGs 8 Jahre. Eine UBG kann eine Beteiligung an einem Drittstaatenunternehmen erwerben, ohne dass hierfür eines ihrer Beteiligungsunternehmen an diesem Drittstaatenunternehmen beteiligt sein muss. Die maximal zulässige Summe der Beteiligungen an Drittstaatenunternehmen macht 30% aus. UBGs können Genußrechte erwerben, halten, verwalten und veräußern und sich durch die Emission von Genussrechten refinanzieren. Darlehen können den Beteiligungsunternehmen mit einer Grenze von 30% gewährt werden.

Unternehmensbewertung, *valuation of an enterprise as a whole, appraisal of a business*. Der Wert eines Unternehmens bzw. einer Unternehmung als Ganzes wird bei besonderen Anlässen, insbesonders Veräußerungen, Ein- und Austritt von Gesellschaftern, → Umwandlungen, → Fusionen, → Going-Public, Erbauseinandersetzungen u.a. ermittelt. Die Ziele und Inhalte der U. werden mittlerweile nach der funktionalen Betrachtungsweise der ihr zugrunde liegenden Funktion definiert. Man unterscheidet die Beratungsfunktion, die Vermittlungsfunktion und die Argumentationsfunktion der U. – 1. Der Unternehmenswert i.S. der Beratungsfunktion ist derjenige Wert, der für einen Kauf- oder Verkaufsinteressenten die Grenze der Konzessionsbereitschaft angibt. Unter der Prämisse, dass zwischen den Parteien (Käufer/Verkäufer) nur noch der Kaufpreis strittig ist, ist der Unternehmenswert gleich die Preisobergrenze aus der Sicht des Käufers oder die Preisuntergrenze aus der Sicht des Verkäufers (Entscheidungswert). Üblich ist, den künftigen Beitrag des Unternehmens zum Gewinnziel des Käufers oder Verkäufers zugrunde zu legen (→ Ertragswert). Zur Vorhersage (→ Prognoseverfahren) der künftigen → Cash-Flows und Gewinne werden → fundamentalanalytische Verfahren und vom Käufer Methoden der → externen Gewinnschätzung eingesetzt. Die Ermittlung des bei einer → Ertragswertberechnung zu bestimmenden → Barwertes erfolgt durch → Abzinsung mit einem risikobereinigten Zinssatz, um das Unternehmensrisiko einzubeziehen. Dabei geht der verwendete Diskontierungszins aus dem → Effektivzins derjenigen Ausweichinvestition hervor, die der Käufer bei einem Scheitern der Verhandlungen anstelle des Kaufs des zu bewertenden Unternehmens realisieren würde. – 2. Bei der Vermittlungsfunktion wird von der Aufgabe eines Schiedsrichters ausgegangen, der einen Interessenausgleich zwischen verschiedenen Parteien mit divergierenden Interessen an der U. herbeizuführen oder zu erleichtern hat. Er ist ein vom unparteiischen Gutachter vorgeschlagener angemessener Wert (Einigungswert, Kompromisswert), der Arbitriumwert oder Schiedsspruchwert genannt wird. – 3. Die Argumentationsfunktion verwendet den Argumentationswert innerhalb eines Verhandlungsprozesses zur Unterstützung der Verhandlungsposition einer Partei. Für den Käufer (Verkäufer) liegt der Argumentationswert unter (über) seinem Entscheidungswert. Er stellt eine Argumentationshilfe im Verhandlungsprozess dar und sollte deshalb auf allgemein anerkannten und bewährten Verfahren beruhen. – Die bekannten Verfahren der U. gehen oft direkt von den Ertrags- und Cash-Flow-Werten aus. Beim → Stuttgarter Verfahren, das ein steuerliches Verfahren zur Schätzung des Unternehmenswertes ist, wird dieser als → Verkehrswert unter Berücksichtigung des → Substanzwertes (→ Substanzwertverfahren) und der erwarteten Ertragsaussichten ermittelt. Bei börseno-

Unternehmenspublizität

tierten Gesellschaften liefert der → Börsenwert eine Ausgangsposition für die U. Entsprechend kann für nicht börsennotierte Unternehmen als Vergleichswert die → Börsenkapitalisierung eines ähnlichen börsennotierten Unternehmens herangezogen werden.

Unternehmenspublizität, → Publizitätspflichten der Kapitalgesellschaften, → Publizitätspflichten der börsennotierten Aktiengesellschaften, → Publizitätsgesetz.

Unternehmensübernahme, *takeover, acquisition.* Bezeichnung für den Wechsel des → Mehrheitsaktionärs eines Unternehmens. Eine U. wird dann erreicht, wenn ein Investor oder eine Investorengruppe die → Stimmenmehrheit innehat. Es wird zwischen freundlichen Übernahmen (→ Friendly Takeover) und feindlichen Übernahmen (→ Hostile Takeover) unterschieden. Bei U. sind die verschiedenen nationalen Übernahmeregeln zu beachten, so z.B. in Deutschland der → Übernahmekodex bzw. das → Übernahmegesetz oder der in Großbritannien geltende → City Code. – Vgl. auch → Mergers & Acquisitions.

Unternehmensverträge, *affiliation agreement, agreement between enterprises, inter-company agreement.* U. sind Verträge, durch die eine Kapitalgesellschaft ihre Leitung einer anderen Gesellschaft unterstellt (Beherrschungsvertrag) oder sich verpflichtet, ihren Gewinn an ein anderes Unternehmen abzuführen (Gewinnabführungsvertrag) (→ Beherrschungs- und Gewinnabführungsvertrag). Dabei ist es unerheblich, ob der gesamte oder lediglich ein bestimmter Anteil des Gewinns abzuführen ist. Auch Verträge, durch die eine Gesellschaft die Führung eines Unternehmens auf Rechnung eines anderen Unternehmens übernimmt (Geschäftsführungsvertrag), gelten als U. im Sinne des Aktiengesetzes. Zu ihnen zählen darüber hinaus auch Verträge, die die Betriebsverpachtung oder die Betriebsüberlassung zum Inhalt haben.

Unternehmensverträge der AG, Abschluss, *affiliation agreements, conclusion.* → Unternehmensverträge bei Aktiengesellschaften werden zwischen den Vorständen der beteiligten Gesellschaften geschlossen, jedoch erst mit Zustimmung der Hauptversammlung und Eintragung ins Handelsregister wirksam. Der Beschluss muss mindestens mit einer Mehrheit von drei Vierteln des vertretenen Grundkapitals gefasst werden. Theoretisch kann die Hauptversammlung den Vorstand auch zum Abschluss eines Unternehmensvertrags anweisen. Um den Aktionären eine sachkundige Entscheidung zu ermöglichen, haben die Vorstände der an dem Vertrag beteiligten Gesellschaften einen ausführlichen Bericht über den Unternehmensvertrag zu verfassen und in der Hauptversammlung zu erläutern und zu begründen. Dabei ist insbesondere auf Bewertungsprobleme und deren Folgen für die Aktionäre hinzuweisen. Darüber hinaus haben sachverständige Prüfer den Unternehmensvertrag zu prüfen und das Ergebnis der Prüfung in einem Prüfungsbericht darzulegen. Wie der Unternehmensvertrag sind auch diese Berichte den Aktionären fristgerecht zugänglich zu machen.

Unternehmensverträge der AG, Beendigung, *affiliation agreements, termination.* → Unternehmensverträge können durch Aufhebung oder Kündigung beendet werden. Die Aufhebung im gegenseitigen Einvernehmen kann von den Vorständen der betroffenen Gesellschaften zum Ende des Geschäftsjahres oder des vertraglich bestimmten Abrechnungszeitraums vereinbart werden. Aus wichtigem Grund kann eine Kündigung dagegen ohne Einhaltung einer bestimmten Frist vorgenommen werden. Ein wichtiger Grund ist dabei z.B. die Annahme, dass der andere Vertragsteil seine aufgrund des Vertrags bestehenden Verpflichtungen voraussichtlich nicht erfüllen kann. Darüber hinaus können Unternehmensverträge auch durch Zeitablauf, die Auflösung der begünstigten Gesellschaft, den Konkurs eines der beteiligten Unternehmen oder die → Verschmelzung der Gesellschaften beendet werden. Unternehmensverträge, die zu Leistungen gegenüber → außenstehenden Aktionären der Gesellschaft oder zum Erwerb ihrer Aktien verpflichten, können ohne wichtigen Grund nur gekündigt werden, wenn die außenstehenden Aktionäre durch Sonderbeschluss zustimmen oder die vertraglichen Umwandlungsfristen eingehalten werden.

Unternehmenswert, *enterprise value.* Bezeichnung für den nach den Grundsätzen der → Unternehmensbewertung ermittelten

Unterstützungslinie

Wert eines gesamten Unternehmens. Ein U. ist zu bestimmten Anlässen nach hierfür einschlägigen Vorschriften anzusetzen. Für börsennotierte → Aktiengesellschaften kann der U. z.B. marktorientiert aus dem → Börsenkurs multipliziert mit der Anzahl ausstehender Aktien ermittelt werden (→ Börsenkapitalisierung).

Unternehmenszusammenschluss, *business combination.* Verbindung von bisher rechtlich und wirtschaftlich unabhängigen Unternehmen. In Abhängigkeit von der gewählten Form des U. muss es nicht zwingend zu einer Aufhebung der rechtlichen Selbständigkeit der Unternehmen kommen. – 1. *Kooperation, cooperation.* Bei der sog. Kooperation erfolgt der Zusammenschluss auf freiwilliger Basis, z.B. durch die Bildung von Gelegenheitsgesellschaften. Ziel ist die gemeinsame Durchführung eines bestimmten Projektes oder einer vertraglich begrenzten Zahl von Projekten. Charakteristisch für die Kooperation ist die rechtliche Selbständigkeit sowie -in den nicht der vertraglichen Zusammenarbeit unterworfenen Bereichen- auch die wirtschaftliche Selbständigkeit der beteiligten Unternehmen. – 2. *Konzentration, concentration.* Das Gegenteil der Kooperation ist die sog. Konzentration. Bei dieser Form des U. geht die wirtschaftliche Selbständigkeit der Unternehmen verloren, die rechtliche Selbständigkeit bleibt dagegen erhalten. Die Unternehmen unterstellen sich einer einheitlichen Leitung. Dabei kann es sich entweder um eine faktische Beherrschung handeln, in diesem Fall läge eine → Mehrheitsbeteiligung vor, oder um einen Vertragskonzern, d.h. es würde ein Beherrschungsvertrag (→ Beherrschungs- und Gewinnabführungsvertrag) abgeschlossen. – 3. *Fusion, Merger.* Wird neben der wirtschaftlichen auch die rechtliche Selbständigkeit der Unternehmen aufgegeben, so handelt es sich um eine → Fusion. – Durch einen U. kann es zu einer marktbeherrschenden Stellung kommen. Deswegen wurden gesetzliche Regelungen (→ Gesetz gegen Wettbewerbsbeschränkungen) geschaffen, die U. einschränken, wenn sie den freien Wettbewerb gefährden. Außerdem unterliegt die Bildung von Unternehmenskonzentrationen einer strengen Kontrolle (Fusionskontrolle). – Die Zielsetzungen von U. sind zahlreich: Oberziel ist i.d.R. die Gewinnmaximierung. Dies soll z.B. durch Rationalisierungseffekte, Stärkung der Wettbewerbsfähigkeit oder Minderung von → Risiken erreicht werden. Synergieeffekte können auch im Beschaffungs-, Produktions-, Finanzierungs-, oder Absatzbereich angestrebt werden. Daneben werden auch steuerliche Ziele verfolgt.

unter pari, *below par, at a discount;* ist eine v.a. bei der → Emission von → Aktien und anderen → Wertpapieren verwendete Bezeichnung für eine Ausgabe unterhalb des aufgedruckten → Nominalbetrags bzw. → Nennwerts.

Unterpari-Emission, *issue below par.* → Emission, bei der der → Emissionskurs eines → Wertpapiers unter dessen → Nennwert liegt. Bei → Aktien ist in Deutschland eine U. verboten, bei → Anleihen jedoch häufig vorzufinden, da die → Effektivverzinsung steigt, wenn die → Rückzahlung zum oder über dem Nennwert erfolgt. Durch die Spanne zwischen Emissionspreis und Rückzahlungsbetrag können bei Anleihen noch kurz vor der tatsächlichen Ausgabe etwaige Marktzinsänderungen berücksichtigt werden, indem die Spanne angepasst wird. – Gegensatz: → Überpari-Emission.

Unterstützungskasse, *relief fund.* Rechtlich selbständige Versorgungseinrichtung eines oder mehrerer Betriebe, die Leistungen im Rahmen der → betrieblichen Altersvorsorge gewährt. U. unterliegen nicht der Versicherungsaufsicht, da der Arbeitnehmer gegenüber der U. keinen Rechtsanspruch auf Versorgungsleistungen hat. Eine Kürzung oder Beendigung ist jedoch nur erlaubt, wenn sachliche Gründe sie zwingend notwendig machen. Arbeitsrechtlich ist jedoch der Arbeitgeber auf Grund der gegebenen Versorgungszusage zur Leistung verpflichtet. Im Fall einer → Insolvenz der U. sind die Leistungen durch den → Pensionssicherungsverein auf Gegenseitigkeit gesichert. – U. werden durch die sie tragenden Unternehmen finanziert. Vorteilhaft für die Unternehmen ist, dass das Innenfinanzierungspotential gesteigert und ein Liquiditätsabfluss vermieden wird, da die Mittel z.B. als Darlehen zurückgewährt werden können.

Unterstützungslinie, *Stützungslinie, (technical) support line.* Bezeichnung für eine spezielle → Trendlinie der → Chart-Analyse. Die U. ist die horizontale Tangente

Untertasse

an bisherigen Tiefstwerten des Kursverlaufs (→ Bottoms). Sie ist für den künftigen Kursverlauf insofern von Bedeutung, dass nach Auffassung der → Chartisten mit höherer Wahrscheinlichkeit damit gerechnet werden kann, dass die U. hält, als dass sie von den Kursen nach unten durchbrochen wird. Der Grund hierfür ist u.a., dass sich der Kurs in dieser Region bereits mehrfach gedreht hat, und niemand bereit war, zu tieferen Preisen zu verkaufen. Sollte die U. dennoch bei steigenden Umsätzen nach unten durchbrochen werden, deutet dies neues Verkaufspotential an, z.B. auf Grund neuer negativer Informationen, und stellt somit ein → Verkaufssignal dar. – Gegensatz: → Widerstandslinie.

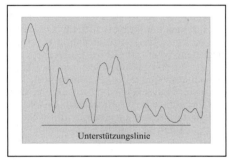

Unterstützungslinien

Untertasse, *saucer*; Begriff aus der → Technischen Analyse, der einen typischen Kursverlauf in Form einer → Umkehrformation beschreibt. U. sind zusammengehörige spezielle Kurs- und Umsatzentwicklungen (→ Analyse von Formationen) in Form einer seitlich betrachteten U. mit Rändern und Boden. Die U. beginnt mit einem leicht fallenden „runden" Kursverlauf bei ähnlich verlaufenden, leicht fallenden Umsätzen. Ohne heftige Kursbewegungen gehen die fallenden Kurse allmählich bei leicht ansteigenden Umsätzen in steigende Kurse über (untere Umkehr). Am Tiefpunkt der Kursentwicklung (→ Bottom) liegen auch die geringsten Umsätze. Bei der umgekehrten U. ist der Umsatzverlauf entsprechend, lediglich der Kurs ist zunächst bei fallenden Umsätzen leicht ansteigend und geht gemächlich in einen fallenden Trend über (obere Umkehr). Die niedrigsten Umsätze liegen am → Top.

Unterverzinslichkeit, *overbearing interest*. Liegt vor, wenn → Kapital niedriger als zum aktuellen → Kapitalmarktzins verzinst wird. – Gegensatz: → Überverzinslichkeit.

Unterzeichnung, *undersubscription*; → Emission, bei der die Summe der gezeichneten Beträge geringer als der angebotene Gesamtbetrag einer → Emission ist. – Gegensatz: → Überzeichnung.

Unterzeichnung von Wertpapieren, Wertpapiere und Zwischenscheine mit teilweise vervielfältigter Unterschrift. Bei Aktien muss als gesetzlicher Vertreter der → AG der Vorstand unterzeichnen. In den meisten Fällen unterzeichnet auch der Vorsitzende des → Aufsichtsrats, was viele Satzungen vorsehen. → Schuldverschreibungen tragen die Unterschriften der gesetzlichen Vertreter des → Emittenten.

Untreue, *breach of public trust*. U. liegt vor, wenn ein über fremdes Vermögen Verfügungsberechtigter durch ein im Innenverhältnis treuewidriges Verhalten einen nach außen hin wirksamen Vermögensschaden herbeiführt (§ 266 I 1. Alt. StGB, sog. Missbrauchstatbestand) oder wenn jemand, der zur Wahrnehmung fremder Vermögensinteressen verpflichtet ist, diese Pflicht verletzt und dem Berechtigten einen Nachteil zufügt (§ 266 I 2. Alt. StGB, sog. Treuebruchstatbestand). U. wird mit Freiheitsstrafe bis zu fünf Jahren oder Geldstrafe bestraft.

unverzinsliche Schatzanweisung, → U-Schätze.

unvollkommener Kapitalmarkt, *imperfect capital market*; stellt eine Relativierung des kapitalmarkttheoretischen Konzepts eines vollkommenen Kapitalmarktes dar. Hierbei werden die Prämissen der modernen Kapitalmarkttheorie eingeengt, insbesondere im Hinblick auf die Teilbarkeit der Vermögensgegenstände, die Transaktionskosten, die Existenz von Steuern und die Freiheit des Marktzutrittes. – Gegensatz: → vollkommener Kapitalmarkt.

Up/out-Option, Form der → Knockout-Option, die mit Hilfe von → Puts generiert wird, wobei das → Optionsrecht aus den Puts erlischt, wenn der Kurs des → Underlying einen bestimmten Schwellenwert überschreitet. – Vgl. auch → Down/out-Option.

Upgrade, *Aufwertung*; bezeichnet eine Verbesserung des → Ratingsymbols. Ursachen dafür sind Verbesserungen der Umweltbedingungen und/oder der Unternehmenssituation. – Gegensatz: → Downgrade.

Upside-Downside-Volume. Differenz aus den Handelsumsätzen der an einem Tag gestiegenen und gefallenen Kurse. Der kumulierte Wert gibt die Veränderung der → Börsenkapitalisierung des Gesamtmarktes an. Die Vertreter der → Technischen Aktienanalyse sehen in einem steigenden (fallenden) U. die Bestätigung eines Aufwärtstrends (Abwärtstrends).

Uptick, *plus tick*; Geschäft zu einem Kurs, der höher als bei dem vorhergehenden Geschäft ist. – Gegensatz: → Downtick. – Vgl. auch → Uptick Rule.

Uptick Rule, bezeichnet ein von der amerikanischen → SEC eingeführtes Verbot für den Verkauf von geliehenen Wertpapieren im Falle eines → Downtick. Die geliehenen Wertpapiere dürfen nur im Fall steigender (→ Uptick) oder gleichbleibender Kurse verkauft werden. – Investoren sollen durch dieses Verbot daran gehindert werden, die Preise von Wertpapieren zu manipulieren, indem sie die geliehenen Wertpapiere verkaufen und dann zum günstigeren Kurs wieder einkaufen. – Vgl. auch → Downtick Rule.

Urkunde, *document*. Im Zivilrecht versteht man unter einer U. eine durch Schriftzeichen verkörperte Gedankenäußerung. Ist Schriftform gesetzlich vorgeschrieben, so muss die Urkunde persönlich unterschrieben werden. Das übermittelte Fax ist zwar eine Urkunde, aber es fehlt die persönliche Unterschrift. - Der strafrechtliche Urkundenbegriff (Urkundenfälschung etc., §§ 267 ff. StGB) ist erheblich weiter gefasst. Ausreichend ist danach jeder körperliche Gegenstand, der eine Gedankenerklärung enthält, der zum Beweis im Rechtsverkehr gedacht und geeignet ist und der seinen Aussteller erkennen lässt. Keine U. mangels Körperlichkeit sind in elektronischer Form gespeicherte Daten.

US-$, → Dollar.

Usance-Geschäft, → Usancenhandel.

Usance-Kurse, → Cross-Rate.

US-GAAP

Usancen, *Handelsbräuche, Handelssitten, market customs/usage*. Bezeichnung für die an → Börsen geltenden Handelsregeln und -bräuche, die sich aus dem täglichen Börsengeschäft der → Börsenhändler untereinander im Laufe der Zeit entwickelt haben. Im Zweifelsfall haben die gesetzlichen Bestimmungen Vorrang.

Usancenhandel, *Usancengeschäft, cross dealings*. Werden zwei Fremdwährungen direkt miteinander, d.h. ohne Zwischenschaltung der heimischen Währung, getauscht, wird dies als U. bezeichnet.

U-Schätze, *discountable treasury bonds*. → Schuldverschreibungen des Bundes, der Bundesländer und der → Sondervermögen des Bundes, die mit einer → Laufzeit von 3 bis 24 Monaten emittiert werden. Sie werden im Rahmen eines Ausschreibungsverfahrens begeben, an dem sich direkt nur → Kreditinstitute, die Mitglied der "Bietergruppe Bundesemissionen" sind, beteiligen können. Die U-S. werden ohne → Zinsscheine begeben, d.h. sie weisen keine → laufende Verzinsung auf. Die Verzinsung resultiert aus dem → Ausgabepreis, der unter dem → Nennwert liegt. (→ Abzinsungspapier)

US-GAAP. Bezeichnung für die → Generally Accepted Accounting Principles (GAAP) in den USA. Die US-amerikanischen Vorschriften zur Rechnungslegung sind nicht kodifiziert, sondern basieren auf GAAP, die weitgehend auf den Verlautbarungen des → Financial Accounting Standards Board (FASB) und seiner Vorgängerorganisationen beruhen. Durch GAAP wird ein System von Grundsätzen und Einzelvorschriften zur Gestaltung von → Jahresabschlüssen geschaffen. – Das FASB als private Institution entwickelt im Auftrag der → Securities and Exchange Commission (SEC) Rechnungslegungsnormen, während die SEC sich weitgehend auf die formale Gestaltung von Jahresabschlüssen beschränkt. – Eine Durchsetzung der GAAP ist zunächst nur für Unternehmen gesichert, die der → Börsenaufsicht durch die SEC unterliegen (Accounting Series Release No. 150). Eine Zulassung an einer amerikanischen Börse ist bisher nur möglich, wenn der SEC Jahresabschlüsse nach GAAP oder zumindest eine Überleitungsrechnung auf die GAAP vorgelegt werden. Ihre Verpflichtung

USt

erfahren die GAAP darüber hinaus durch die Grundsätze des Berufsstands der → Wirtschaftsprüfer (AICPA), die einen uneingeschränkten → Bestätigungsvermerk nur erteilen, wenn der Abschluss den GAAP entspricht (Regel 203 des Code of Professional Ethics). Bindungswirkung erfahren die GAAP somit nur für Unternehmen, die aufgrund börsenrechtlicher Vorschriften oder privatwirtschaftlicher Vereinbarungen das → Testat eines Wirtschaftsprüfers benötigen. – Während die handelsrechtlichen Bilanzierungsvorschriften in Deutschland den → Gläubigerschutz durch eine vorsichtige Gewinnermittlung in den Vordergrund stellen, sollen die GAAP entscheidungsrelevante Informationen für Kapitalgeber liefern. Sie sollen eine Abschätzung zukünftiger → Cash-Flows ermöglichen und eine realistische Abbildung der Vermögens-, → Finanz- und → Ertragslage erreichen (Fair Presentation).

USt, Abk. für → Umsatzsteuer.

VA, Abk. für → Vorzugsaktie.

Valor, *security*; schweizerische Bezeichnung für → Wertpapier.

Valorennummer, → Wertpapier-Kenn-Nummer.

Value Basis. Bezeichnung für die Differenz zwischen dem Marktpreis eines → Terminkontraktes (→ Future) und dessen → Fair Value. Diese Abweichung entsteht durch die unterschiedlichen Erwartungen der Marktteilnehmer hinsichtlich der den Terminkontrakt beeinflussenden Faktoren. Die Existenz einer V.B. eröffnet die Möglichkeit zur → Ausgleichsarbitrage zwischen Terminkontrakt und Basisinstrument (z.B. → Cash-and-Carry-Arbitrage), um die Bewertungsunterschiede auszunutzen. Die V.B. bildet gemeinsam mit der → Carry Basis die Gesamtdifferenz (→ Basis) zwischen dem Marktpreis des Futures und dem Marktpreis des zu Grunde liegenden Basisinstrumentes. – Vgl. auch → Carry Basis.

Value-at-Risk
Prof. Dr. Henner Schierenbeck

1. Einleitung

Die immer stärker werdende und zu höheren Volatilitäten führende Verflechtung der internationalen Finanzmärkte sowie die extreme Zunahme der Handelsvolumina für Finanzderivate hat in Banken zu einer intensiven Auseinandersetzung mit den damit einhergehenden Risiken geführt. Seit Anfang der neunziger Jahre sind unterschiedliche Konzepte zur Abbildung und Steuerung der Risiken entwickelt und erweitert worden. In diesem Zusammenhang sind Begriffe wie Value at Risk (VaR), Money at Risk, EVM, RORAC, RAROC^{TM} (Bankers Trust 1995) oder RiskMetrics^{TM} (J.P.Morgan 1995) zu nennen. Gemeinsame Basis dieser Konzepte ist der Versuch, mit Hilfe finanzmathematischer Erkenntnisse und statistischer Verfahren eine möglichst exakte Messung unterschiedlicher Risiken zu erreichen. Risiko wird dabei grundsätzlich definiert als die in einem unzureichenden Informationsstand begründete Gefahr einer negativen Abweichung des tatsächlichen Ergebniswertes vom erwarteten Ergebniswert.

2. Varianten des Value at Risk-Konzeptes

Das mit Abstand populärste Konzept zur bankinternen Risikomessung, insbesondere zur Quantifizierung der Marktrisiken, ist der Value at Risk-Ansatz (VaR-Ansatz). Der VaR gibt dabei den

Value-at-Risk

geschätzten, maximalen erwarteten Wertverlust einer Einzelposition oder eines Portefeuilles an, der unter üblichen Marktbedingungen innerhalb eines festgelegten Zeitraumes (z. B. Halteperiode) mit einer bestimmten Wahrscheinlichkeit nicht überschritten wird (vgl. Lister 1997). Der VaR kann entweder auf der Basis von Barwerten oder auf der Basis von Periodenerfolgsgrössen quantifiziert werden.

Im barwertorientierten VaR-Ansatz werden die Marktwertschwankungen des Eigenkapitals, die durch die Marktwertveränderungen der Assets und Liabilities verursacht werden, erfasst. Im erfolgsorientierte VaR-Ansatz wird durch die Messung der Schwankungen der Erträge und Aufwendungen das Ausmaß der Schwankungen des Jahresüberschusses quantifiziert.

Nachfolgend soll ein VaR-Modell in Anlehnung an den von Lister (1997) konzipierten RiskMaster® vorgestellt werden. Dieses Risikomodell setzt sich zusammen

- aus einem Grundmodell, das ein standardisiertes Verfahren zur Messung des VaR einzelner Risikokategorien beinhaltet sowie einer Risikomatrix, mit deren Hilfe die einzelnen Risikokategorien zum Gesamtbankrisiko zusammengefasst werden.

- und aus Modellerweiterungen in Form alternativer Szenarien, die zur Verbesserung der Meßergebnisse herangezogen werden können.

3. Bestimmung des Value at Risk im Grundmodell

Die Risikoquantifizierung im Grundmodell des RiskMaster erfolgt nach einem standardisierten, sechsstufigen Verfahren (vgl. hierzu sowie zum folgenden Lister 1997).

In der ersten Stufe sind die für die jeweiligen Risikokategorien (z.B. Aktien- oder Zinspositionen) relevanten Risikoparameter (RP) und Risikovolumina (RV) zu definieren. Im Rahmen des Grundmodells werden die Risikoparameter als (annähernd) normalverteilt unterstellt. Dabei werden beispielsweise die stetigen Aktienkursrenditen oder stetigen Zinssatzänderungen als Risikoparameter definiert, um damit den für die Anwendung statistischer Instrumentarien erforderlichen Normalverteilungsannahmen (zumindest approximativ) gerecht zu werden. Die Ermittlung der stetigen Veränderungsraten erfolgt nach der folgenden Formel:

$$\text{Veränderungsrate}_{(T-t)} = \ln\left(\frac{\text{Marktwert}_T}{\text{Marktwert}_t}\right)$$

(mit: T - t = Haltedauer).

Das Risikovolumen wird definiert als das finanzielle Volumen, das einem Risiko ausgesetzt ist. Grundsätzlich kann für sämtliche Ist- und Plangrößen einer Unternehmung, die bestimmten Schwankungen unterliegen, das mit einer bestimmten Wahrscheinlichkeit schlagend werdende Abweichungsrisiko bestimmt werden. Im RiskMaster stehen dabei die Marktwerte des liquiditätsmässig-finanziellen Bereichs im Vordergrund der Analyse. Allerdings können grundsätzlich auch Periodengrößen Gegenstand der Analyse sein.

In der zweiten Stufe wird die Standardabweichung des jeweiligen Risikoparameters berechnet. Dazu ist für diesen Risikoparameter eine Reihe historischer Beobachtungsdaten aufzustellen, wobei zu entscheiden ist, welcher Beobachtungszeitraum den Berechnungen zugrunde gelegt werden. Aus statistischer Sicht sind längere Beobachtungszeiträume zu befürworten, da mit der Zahl der Beobachtungsdaten die Annäherung an eine für die weitere Vorgehensweise erforderliche Normalverteilung automatisch größer wird.

Value-at-Risk

In der dritten Stufe erfolgt die Fixierung einer Risikomesszahl. Diese Risikomesszahl stellt einen mathematischen Ausdruck zur Bestimmung der mit einer bestimmten Wahrscheinlichkeit eintretenden Entwicklung des Risikoparameters dar. Zum Verständnis dieser Risikomesszahl ist der Rückgriff auf einige statistische Grundlagen erforderlich. Durch eine Transformationsregel lässt sich jede normalverteilte Zufallsvariable X (z.B. Risikoparameter) in eine standardnormalverteilte Zufallsvariable Z überführen:

$$Z = \frac{X - EW}{STD}$$

(mit: EW = Erwartungswert; STD = Standardabweichung; Z = standardnormalverteilte Zufallsvariable; X = normalverteilte Zufallsvariable)

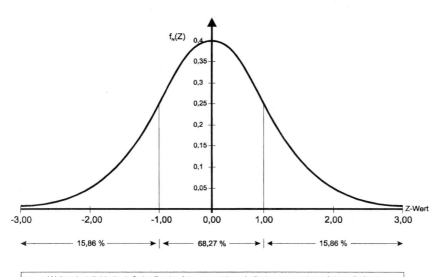

Abb. 1: Dichtefunktion der Standardnormalverteilung [mit: $f_N(Z)$ = Wert der Dichtefunktion]

Diese Transformationsregel lässt sich in einem weiteren Schritt dazu nutzen, eine Aussage über die Wahrscheinlichkeit einer bestimmten zukünftigen Entwicklung zu treffen. Beispielsweise sei angenommen, dass der Manager eines Aktienportefeuilles, der eine Long-Position eines beliebigen Aktienwertes eingegangen ist, wissen möchte, welcher maximale Verlust mit einer Wahrscheinlichkeit von 84,14 % nicht überschritten bzw. mit einer Wahrscheinlichkeit von 15,86 % (= 100 % - 84,14 %) überschritten wird.

Aus dem Verlauf der Dichtefunktion der Standardnormalverteilung (vgl. Abb. 1) ist abzulesen, dass bei einem Z-Wert von ±1 insgesamt 68,27 % der Beobachtungswerte innerhalb des Intervalls von $-1 \leq Z \leq 1$ liegen. Aus dem symmetrischen Verlauf der Dichtefunktion der Standardnormalverteilung folgt, dass 15,86 % der Daten unter einem Z-Wert von -1 und 15,86 % über einem Z-Wert von +1 liegen. Demzufolge stellt der Z-Wert von -1 diejenige maximale Abwei-

Value-at-Risk

chung vom Erwartungswert dar, die mit einer Wahrscheinlichkeit von 84,14 % nicht überschritten, bzw. mit einer Wahrscheinlichkeit von 15,86 % überschritten wird. Ist für die Wahrscheinlichkeitsaussagen ein höheres Konfidenzniveau erforderlich, muss dementsprechend auch ein höherer Z-Wert gewählt werden. Abbildung 2 zeigt einige ausgewählte Z-Werte und die dazugehörigen kumulierten Wahrscheinlichkeitswerte:

Z-Wert	zugehörige Wahrscheinlichkeitsverteilung
Z = 1	84,14 %
Z = 2	97,72 %
Z = 3	99,87 %
Z = 4	99,9968 %

Abb. 2: Z-Werte mit den zugehörigen Wahrscheinlichkeitsverteilungen

Mit Hilfe dieses Z-Wertes und der oben genannten Transformationsregel lässt sich anschließend der maximale Verlust des Portefeuillemanagers quantifizieren. Aus einem Erwartungswert der Portefeuillerendite von 5% bei einer Standardabweichung von 10% folgt nach der Transformationsregel:

$$Z = \frac{X - EW}{STD} \Leftrightarrow$$

$$X = STD \cdot Z + EW = 10\ \% \cdot (-1) + 5\ \% = -5\ \%$$

Mit einer Wahrscheinlichkeit von 84,14 % wird somit das Ergebnis nicht schlechter als −5 %, bzw. mit einer Wahrscheinlichkeit von 15,86 % schlechter als −5 % ausfallen.

Üblicherweise basiert das Grundmodell des RiskMaster auf der Prämisse eines Erwartungswertes von Null (vgl. Schierenbeck 1999). Dies führt dazu, dass die negative Abweichung vom Erwartungswert mit der Risikomesszahl

$$RMZ(RP) = \pm STD(RP) \cdot Z$$

(mit: RMZ = Risikomesszahl; RP = Risikoparameter)

ausgedrückt werden kann, die sich aus der Multiplikation von Standardabweichung und Z-Wert ergibt. Im Beispiel beträgt die Risikomesszahl −10%. Diese Zahl entspricht der Differenz zwischen der erwarteten Rendite von 5% und der Rendite von −5%, die mit einer Wahrscheinlichkeit von 84,14% der maximalen negativen Entwicklung entspricht.

Im Gegensatz zu der dem Beispiel zugrundegelegten Long-Position wäre bei einer Short-Position ein positiver Z-Wert auszuwählen, der dementsprechend zu einer positiven Risikomesszahl führt, da das Risiko hier in einer Steigerung des Marktwertes begründet ist.

In der vierten Stufe wird der Risikofaktor ermittelt, in dessen Berechnung die Risikomesszahl eingeht. Zur Erklärung des Risikofaktors ist auf das oben aufgeführte Beispiel zurückzugreifen. Die in der dritten Stufe ermittelte Risikomesszahl entspricht der mit einer bestimmten Wahr-

Value-at-Risk

scheinlichkeit zu erwartenden, maximalen negativen Entwicklung des Risikoparameters. Annahmegemäß handelt es sich bei Risikomesszahl um eine stetige Veränderungsrate des Aktienwertes. Damit lässt sich der mit einer bestimmten Wahrscheinlichkeit zu erwartende Aktienwert am Ende der geplanten Haltedauer folgendermaßen ermitteln:

$$Aktienwert_T = Aktienwert_t \cdot e^{RMZ(RP)}$$

(mit: e = Eulersche Zahl = 2,718281828; T - t = geplante Haltedauer der Aktie; Aktienwert$_T$ = geschätzter Aktienwert am Ende der Haltedauer; Aktienwert$_t$ = Aktienwert am Anfang der Haltedauer;).

Dabei beträgt die absolute Größe der geschätzten maximalen negativen Entwicklung des Aktienwertes:

$$Aktienwert_T - Aktienwert_t = Aktienwert_t \cdot e^{RMZ(RP)} - Aktienwert_t = Aktienwert_t \cdot \left(e^{RMZ(RP)} - 1\right)$$

Aus der oben stehenden Gleichung lässt sich auch die prozentuale Veränderung in Form einer diskreten Größe ermitteln:

$$\frac{Aktienwert_T - Aktienwert_t}{Aktienwert_t} = e^{RMZ(RP)} - 1.$$

Der letzte Term der obigen Gleichung drückt die mit einer bestimmter Wahrscheinlichkeit zu erwartende prozentuale negative Entwicklung des Aktienwertes aus. Im Rahmen des Grundmodells wird dieser Term als Risikofaktor definiert:

$$RF(RP) = e^{RMZ(RP)} - 1$$

(mit: e = Eulersche Zahl = 2,718281828; RF = Risikofaktor).

In der fünften Stufe wird schließlich der VaR einzelner Risikoparameter quantifiziert. Der VaR als das mit einer vorgegebenen Wahrscheinlichkeit schlagend werdende Risiko ergibt sich für einzelne Risikoparameter grundsätzlich aus der Multiplikation des Risikovolumens mit dem Risikofaktor:

$$VaR_{RP} = RV \cdot RF.$$

In dem Beispiel ist der Aktienwert$_t$. Sofern jedoch nicht nur ein, sondern mehrere Risikoparameter bei der Risikoanalyse auftreten, sind in der sechsten und letzten Stufe des Grundmodells die zwischen diesen Risikoparametern bestehenden Risikoverbundeffekte zu berücksichtigen. Die Risikoverbundeffekte verdienen deshalb besondere Beachtung, weil sich zwei Risikoparameter üblicherweise nicht gleich entwickeln. Vielmehr ist anzunehmen, dass durch teilweise oder vollständig gegenläufige Entwicklungen risikomindernde Wirkungen eintreten. Das Ausmaß der Gleich- bzw. Gegenläufigkeit der Entwicklung zweier Risikoparameter wird mit Hilfe der Korrelationen erfasst.

Value-at-Risk

Insofern ist das Risikomodell nicht nur dazu geeignet, die Verlustgefahr einzelner Risikokategorien oder Geschäftsbereiche zu quantifizieren. Vielmehr lassen sich auch verschiedene Risiken über eine entsprechend formulierte Risikomatrix zusammenführen. Im Rahmen der Risikomatrix resultiert das mehrere Risikoparameter umfassende Gesamtrisiko aus der Quadratwurzel der multiplikativen Verknüpfung eines Risikovektors, der Korrelationskoeffizientenmatrix sowie der Transponenten des Risikovektors. Dabei bilden die jeweiligen VaR einzelner Risikoparameter die Elemente des Risikovektors, der zunächst als Zeilenvektor zu definieren ist. Aus den gleichen, in Spaltenschreibweise zusammengefassten Elementen wird die Transponente des Risikovektors gebildet. Die Korrelationskoeffizietenmatrix enthält die zwischen den Risikoparametern bestehenden Korrelationen. In speziellen Fällen muss dem sich aus der Vektorrechnung ergebenden Gesamtrisiko noch ein Standardrisiko hinzugerechnet werden. Diese Ergänzung wird grundsätzlich immer dann erforderlich, wenn bei der Quantifizierung von Gegenparteienrisiken deren durchschnittliches Verlustpotential mit dem Standardrisiko und deren Schwankungen um den Durchschnittswert mit Hilfe einer VaR-Komponente zu erfassen sind, wie dies beispielsweise bei den Gegenparteienrisiken aus Finanzderivaten möglich ist. Die nachfolgende Gleichung beschreibt diese allgemeine Vorgehensweise:

$$\text{VAR Gesamt} = \sqrt{\begin{bmatrix} \text{Var}_{RP1} & \text{Var}_{RP2} & \cdots & \text{Var}_{RPn} \end{bmatrix} \begin{bmatrix} 1 & \text{KOR}(r_{RP1}, r_{RP2}) & \cdots & \text{KOR}(r_{RP1}, r_{RPn}) \\ \text{KOR}(r_{RP2}, r_{RP1}) & 1 & \cdots & \text{KOR}(r_{RP2}, r_{RPn}) \\ \cdots & \cdots & 1 & \cdots \\ \text{KOR}(r_{RPn}, r_{RP1}) & \text{KOR}(r_{RPn}, r_{RP2}) & \cdots & 1 \end{bmatrix} \begin{bmatrix} \text{Var}_{RP1} \\ \text{Var}_{RP2} \\ \cdots \\ \text{Var}_{RPn} \end{bmatrix}} \; (+ \text{VaR}_{Standard})$$

4. Die Variationen des Grundmodells

Neben dem vorgestellten Grundmodell ist auch eine Reihe von Verfahren entwickelt worden, mit denen die Erkenntnisse des Grundmodells erweitert oder aber sich exaktere Risikoaussagen treffen lassen. Abbildung 3 zeigt eine Übersicht über die verschiedenen Instrumentarien, die das Grundmodell ergänzen können. Dabei sind insbesondere Benchmark-Szenarien, Simulationen und Indikatormodelle voneinander abzugrenzen.

Abb.3: Übersicht über die Varianten des Grundmodells (vgl. Lister 1997)

Variationen des Grundmodells			
Benchmark-Szenarien	**Simulationen**		**Indikatormodelle**
fixierte Risikofaktoren	direkte Simulation der Portefeuillewertschwankungen		Extraktion maßgeblicher Faktoren zur Beschreibung der Wertänderung
Standard-Szenario / **Crash-Szenario**	**historische Simulationen**	**Monte-Carlo-Simulationen**	
Durchschnittliche Risikofaktoren / außerordentliche Risikofaktoren	Vorgabe historischer Zeitreihen	Vorgabe der Verteilung von Marktpreisen (bzw. Renditen, Veränderungs-/Abweichungsraten)	

Value-at-Risk

4.1 Benchmark-Szenarien

Anders als im Grundmodell bleiben im Rahmen von Benchmark-Szenarien die Risikofaktoren über einen längeren Zeitraum unverändert. Während im Grundmodell aufgrund der zu befürchtenden Veränderungen eine permanente Überprüfung und Korrektur dieser Kennziffern vorgenommen wird, führen Benchmarkszenarien zu einer dauerhaften Fixierung. Für Benchmark-Szenarien müssen demnach größere Konfidenzintervalle und Analysezeiträume bei der Festlegung der Risikofaktoren gewählt werden, um den möglichen aktuellen Schwankungen, die bei diesem Konzept unberücksichtigt bleiben, gerecht zu werden. Es lassen sich grundsätzlich zwei Varianten von Benchmark-Szenarien unterscheiden. Den Standard-Szenarien liegen durchschnittliche Veränderungsraten zugrunde. Die vorsichtige Auswahl der Risikomesszahlen im Standard-Szenario drückt sich dabei zum einen in einem möglichst langen Analysezeitraum und zum anderen in einem möglichst großen Konfidenzintervall aus. Gleichzeitig sind die Standard-Szenarien durch Crash-Szenarien zu ergänzen. Mit Hilfe derartiger Crash-Szenarien werden die in der Vergangenheit beobachteten Extremwerte bei der Risikomessung berücksichtigt (vgl. Groß/Knippschild 1995, S. 85 ff.).

4.2 Simulationsmodelle

Dem Grundmodell liegen bekanntlich die Annahmen zugrunde, dass

- die zukünftigen Veränderungen der Risikoparameter den innerhalb des Analysezeitraumes beobachteten Veränderungen entsprechen,
- die Renditen, Veränderungs- oder Abweichungsraten normalverteilt sind und dass
- die Bewertungsfunktionen linear sind.

Um sich von diesen Prämissen zu lösen, wurden Simulationsverfahren entwickelt, wobei sich historische Simulationen von den Monte-Carlo-simulationen abgrenzen lassen (vgl. hierzu sowie zum folgenden Lister 1997).

Bei den historischen Simulationen werden aus den Daten der Vergangenheit Portefeuilleveränderung ohne Verwendung statistischer Parameter generiert. Aus der Beobachtung der Vergangenheitsdaten wird für die Gesamtmenge der festgestellten Gewinne bzw. Verluste des Portefeuilles eine Rangfolge festgelegt, die schließlich zur Risikobestimmung herangezogen werden kann. Wenn beispielsweise an 950. Stelle ein Verlust von 100 Euro registriert wurde, so bedeutet dies bei insgesamt 1000 beobachteten Fällen, dass mit einer Wahrscheinlichkeit von 95% der zukünftige Verlust nicht höher, bzw. dass mit einer Wahrscheinlichkeit von 5% der Verlust größer sein wird als 100 Euro. Das Modell historischer Simulationen berücksichtigt indirekt die zwischen den Positionen bestehenden Korrelationen, und die mathematischen Schwierigkeiten bezüglich der Risikoverknüpfung sind bei diesem Modell nicht relevant. Das Modell ist zudem besonderes geeignet, nicht lineare Risiken zu erfassen.

Im Gegensatz zu den historischen Simulationen wird bei der Monte-Carlo-Simulation versucht, ein von den Daten der Vergangenheit weniger stark beeinflußtes Risikobild zu erzeugen. Monte-Carlo-Simulationen basieren auf der Überlegung, dass die in der Vergangenheit beobachteten Risikoparameter normalverteilt sind. Der Verlauf einer Normalverteilung kann mit statistischen Formeln unter Kenntnis der Standardabweichung und des Erwartungswertes des Risikoparameters exakt beschrieben werden. Für eine progressive Risikomessung wird wiederum durch Zufallszahlen ein zukünftiges Risikobild erzeugt, indem Daten generiert werden, die zwar dem Verlauf der Normalverteilung, nicht jedoch tatsächlich in der Vergangenheit beobachteten Veränderungsraten entsprechen.

Valuta

4.3 Indikatormodelle

Im Rahmen der Indikator-Modelle werden aus einer Grundgesamtheit wertbestimmender Faktoren diejenigen Größen extrahiert, die das Risiko wesentlich beeinflussen. Mit diesen Indikatoren soll anschließend das Risiko eines Portfeuilles erklärt werden. Insbesondere für den Bereich der Aktiengeschäfte existieren mit den Ein- und Mehrfaktor-Modellen zahlreiche Konzepte, mit denen die zukünftige Wertentwicklung prognostiziert wird. Zu den bekanntesten dieser Modelle zählt das Marktmodell von Sharpe, welches ein Ein-Faktor-Modell darstellt. Hierbei wird die Wertentwicklung eines Aktienportefeuilles aus der Schwankung des BETA-Faktors abgeleitet. Mit Hilfe der Aussagen der Capital Asset Pricing Model (CAPM)-Theorie wird die Höhe der absoluten Renditeveränderung einer Aktienrendite als Vielfaches der erwarteten Rendite des Marktportefeuilles erklärt. Somit lässt sich über den BETA-Faktor aus den Bewegungen eines Index heraus auf die Bewegung einer Aktie schließen und somit auf unterstellten Indexbewegungen aufbauend das Risiko einer Aktie bestimmen. Allerdings sind die Indexveränderungen nicht mit dem BETA-Faktor erklärbar. Deshalb bleibt der BETA-Faktor für die Risikomessung nur ein ergänzendes, aber kein ersetzendes Instrumentarium.

Literatur:

BANKERS TRUST, (1995), A Comprehensive Risk Measurement Service.

J.P. MORGAN, (1995), RiskMetrics^{TM} – Technical Document, 3rd. Edition, New York.

LISTER, M. (1997), Risikoadjustierte Ergebnismessung und Risikokapitalallokation, in: Schriftreihe des Zentrums für Ertragsorientiertes Bankmanagement, Münster, Frankfurt a. M.

GROß, H./KNIPPSCHILD, M. (1995), Risikocontrolling in der Deutsche Bank AG, in: Risikomanagement in Kreditinstituten, hrsg. von: Rolfes, B./Schierenbeck, H./Schüller, S., Frankfurt a. M.

SCHIERENBECK, H. (1999), Ertragsorientiertes Bankmanagement, Band 2: Risiko-Controlling und Bilanzstruktur-Management, 6. Auflage.

Valuta. 1. *currency*. Bezeichnung für Gelder in einer bestimmten Währung (z.B. $-Valuta). Der Begriff V. wird oft als Sammelbezeichnung für ausländische → Währungen verwendet (→ Valuten). – 2. *value date*. Bezeichnung für die → Wertstellung eines Buchungspostens auf einem Konto.

Valuta-Anleihen, *foreign currency loan*. Bezeichnung für → Anleihen, die von deutschen Emittenten in fremder → Währung begeben werden.

Valutacoupon, *Foreign Currency Coupon*; bezeichnet den → Zinsschein einer → Valuta-Anleihe.

Valutageschäft, *foreign currency transaction*; Geldwechselgeschäft, welches den Umtausch von inländischem Geld in ausländisches und umgekehrt zum Inhalt hat.

Valutaguthaben, → Währungsguthaben.

Valutaklausel, *foreign currency clause*. Devisenklausel. welche zur Sicherung gegen Währungsverfall dient, indem die Höhe der Forderung nicht in DM, sondern durch Bezugnahme auf eine ausländische Währung ausgedrückt wird. In der BRD bedarf es der Genehmigung der → Deutschen Bundesbank (§ 3 WährG), soweit es sich nicht um Rechtsgeschäfte zwischen Gebietsansässigen und Gebietsfremden handelt (§ 49 AWG).

Valuta kompensiert, → Usance im → Devisenhandel. Die Abrechnung von Devisentransaktionen erfolgt V.k., wenn der Tag der Lieferung der → Devisen und deren Bezahlung übereinstimmen. – Vgl. auch → Wertstellung.

Valutakonto, → Fremdwährungskonto.

Valutapapiere, *foreign currency securities*. Ausländische bzw. auf ausländische → Währung lautende Wertpapiere, deren Zinsen- und Tilgungsdienst oder deren → Dividendenzahlung in ausländischer Währung erfolgt. – Vgl. auch → Valuten (2) und → Fremdwährungsanleihen..

Valutapolitik, → Währungspolitik.

Valutaposition, → Währungsposition.

Valutarisiko, → Währungsrisiko.

Valutatag, *value date*; Erfüllungstag bei Wertpapierkäufen oder -verkäufen, an dem der Kunde zahlen muss oder den Erlös erhält. – Vgl. auch → Wertstellung.

Valuten 1. *foreign currencies*; Sammelbegriff für ausländische → Währungen und → Devisen. – 2. Als V. werden ferner die → Zins- und → Dividendenscheine der → Valutapapiere bezeichnet.

Valutierung, → Wertstellung.

Vancouver Stock Exchange, (*VSE*). Im Zuge einer Neuordnung des kanadischen → Kapitalmarkts verschmolz die VSE mit der Alberta Exchange zur → Canadian Venture Exchange.

Vanilla Issue, → Plain-Vanilla-Emission.

variabel verzinsliche Anleihe, *floating rate note (FRN)*. Bezeichnung für → Anleihen mit keinem festen, sondern einem variablen → Zinssatz. Je nach gewählter Bezugsgröße (→ Referenzzinssatz, z.B. → Euribor) wird der Zinssatz, zumeist in Abständen von drei oder sechs Monaten, den neuen Gegebenheiten auf dem → Kapitalmarkt angepasst, so dass die → Kurse solcher Anleihen vergleichsweise geringen Schwankungen unterworfen sind. Wegen dieses geringeren → Kursrisikos rentieren solche Anleihen aber im allgemeinen unter vergleichbaren Anleihen mit festem Zinssatz. In Abhängigkeit von der → Bonität des → Emit-

variabler Markt

tenten wird auf den jeweiligen Referenzzinssatz ein Abschlag bzw. Aufschlag gezahlt.

Variable Annuity, *variable Annuität*. Im angelsächsischen Raum Bezeichnung für eine Rentenzahlung im Rahmen von → Auszahlplänen, die von → Kapitalanlagegesellschaften angeboten werden. Oftmals findet eine Kombination mit einer Lebensversicherung statt. Die Höhe der jeweiligen Zahlung wird als Prozentsatz des vor allem in → Investmentzertifikaten angelegten → Deckungsstockes vereinbart. Die Preisentwicklung an den Wertpapiermärkten beeinflusst somit das Niveau der jährlichen Rentenzahlung (Annuität).

Variable Margin, → Variation Margin.

variable Notierung, → fortlaufende Notierung.

variable Verzinsung, → variabler Zinssatz.

variable Werte, *variable-price securities*; Wertpapiere, für die eine → fortlaufende Notierung stattfindet. – Vgl. auch → variabler Handel.

variabler Handel, → fortlaufende Notierung.

variabler Kurs, → fortlaufende Notierung.

variabler Markt, *variabler Handel, variabler Verkehr, variable-price market*. Der v.M. ist der Teil des → Kassahandels, an dem - anders als am → Einheitsmarkt - während der gesamten Börsenhandelszeit mehrfach Börsenkurse festgestellt werden können. Im → Präsenzhandel errechnet der → skontroführende Makler nach dem → Meistausführungsprinzip zu Beginn der Handelszeit den → Eröffnungskurs und am Ende den → Schlusskurs. Während der Handelszeit ermittelt er immer dann einen neuen Börsenkurs, wenn sich einzelne Kauf- und Verkaufsaufträge ausführbar gegenüberstehen. Für Wertpapieraufträge unterhalb des Mindestschlusses (→ Mindestbetrag für die Kursfestsetzung) sowie „Spitzen" (→ Spitzen bei Wertpapieren) errechnet er einmal börsentäglich einen →

variabler Verkehr

Einheitskurs nach dem Meistausführungsprinzip. Im elektronischen Handelssystem → Xetra müssen die Wertpapieraufträge zur Teilnahme am variablen Handel - genau wie im Präsenzhandel - auf den wertpapierspezifischen Mindestschluss bzw. ein ganzzahliges Vielfaches davon (sog. → Round Lot) lauten. Die eingegebenen Aufträge sowie → Quotes, die sich ausführbar gegenüberstehen, werden von Xetra unverzüglich einander zugeordnet und zu Geschäftsabschlüssen zusammengeführt (→ Matching). Zu Beginn und zum Ende des variablen Handels finden zudem eine Eröffnungs- bzw. eine Schlussauktion statt, bei denen der Börsenpreis auf Grundlage aller vorliegenden Aufträge nach dem Meistausführungsprinzip elektronisch ermittelt wird. – Vgl. auch → fortlaufende Notierung.

variabler Verkehr, → fortlaufende Notierung.

variabler Zinssatz, *floating rate.* → Zinssatz, der nicht für die gesamte → Laufzeit festgelegt ist (→ Festzinssatz), sondern in regelmäßigen Abständen (z.B. 3 Monate) überprüft und an die Entwicklung eines vereinbarten → Referenzzinssatzes (z.B. 3-Monats-EURIBOR) angepasst wird.

Varianz, *variance.* Statistische Maßzahl zur Charakterisierung der → Wahrscheinlichkeitsverteilung einer → Zufallsvariablen X. Als Streuungsparameter beschreibt die V. die (erwartete) mittlere quadratische Abweichung der Realisationen der Zufallsvariablen von deren → Erwartungswert. Sie errechnet sich als Summe der mit den → Wahrscheinlichkeiten gewichteten quadrierten Abweichungen der einzelnen Realisationen vom Erwartungswert. – Formal:

$$Var(X) = \sigma^2 = \sum_{i=1}^{n} [x_i - E(X)]^2 \cdot f(x_i),$$

falls X diskret.

$$Var(X) = \sigma^2 = \int_{-\infty}^{\infty} [x - E(X)]^2 \cdot f(x)\,dx,$$

falls X stetig.

Dabei bezeichnet *Var(X)* bzw. σ^2 die V. der Zufallsvariablen X, x_i die Realisationen von X, $E(X)$ den Erwartungswert der Zufallsvariablen, $f(x_i)$ die Wahrscheinlichkeitsfunktion von x_i und $f(x)$ die Dichtefunktion von x_i. – Vgl. auch → Standardabweichung.

Variation Margin, *Nachschuss, variable margin.* Die V.M. ist der börsentägliche Ausgleich von Gewinnen und Verlusten aus Futures- oder Options-Positionen. Ist ein Verlust angefallen, so ist der Positionsinhaber zu einem Nachschuss (V.M.) in Höhe des Verlustes verpflichtet. Liegt dagegen ein Gewinn vor, so erhält der Positionsinhaber eine Gutschrift, über die er frei verfügen kann. Die Nachschusspflicht wird allerdings erst bei Unterschreiten der → Maintenance Margin ausgelöst. Die Höhe des dann erforderlichen Nachschusses bemisst sich immer nach der ursprünglichen → Initial Margin. I.d.R. muss der Nachschuss innerhalb eines Tages geleistet werden. Wird der vorgesehene Zeitraum zur Erfüllung der Nachschussverpflichtungen nicht eingehalten, so kann die betreffende Position durch das Clearing House zwangsweise ganz oder teilweise glattgestellt werden.

Variationskoeffizient, *coefficient of variation.* Quotient aus → Standardabweichung und → Erwartungswert einer → Zufallsvariablen. Auf Grund dieser Normierung können durch den V. die Streuungen mehrerer → Verteilungen mit unterschiedlichen Erwartungswerten vergleichbar gemacht werden. Der V. wird zumeist in Prozent angegeben.

VCV, bezeichnet ein → Aggregationsverfahren des VaR, welches die Korrelationen zwischen den einzelnen Risikofaktoren berücksichtigt. Dabei beschreibt C die Korrelationsmatrix der Risikofaktoren und $\vec{x}$ den Vektor der VaR der Risikofaktoren.

$$VaR = \sqrt{\vec{x}^T \times C \times \vec{x}}$$

VDAX, Abk. für → Volatility DAX.

Vega, Options-Vega, Options-Eta, Options-Epsilon; bezeichnet die Sensitivität des → Optionspreises bezüglich Änderungen der → impliziten Volatilität. Im → Black/Scholes-Modell ergibt sich das V. aus der partiellen Ableitung nach der →

Volatilität. Die höchsten Werte nimmt V. bei → at the Money liegenden Optionen ein. Das V. wirkt sich auf den Wert von → Puts und → Calls gleichermaßen aus, da in beiden Fällen eine steigende Volatilität den Wert der → Option erhöht.

Vega-Faktor, *Kappa-Faktor, vega*; Begriff aus der Optionspreistheorie. Der V. ist eine Kennzahl zur Messung der Sensitivität des Optionspreises hinsichtlich einer Veränderung der → Volatilität. Der V. gibt die Veränderungen des Optionspreises in Abhängigkeit infinitesimal kleiner Volatilitätsänderungen an. Formal ist der V. die Ableitung der Optionsprämie nach der Volatilität des zugrundeliegenden Vermögensgegenstandes, gemessen durch die Standardabweichung. – Vgl. → Greeks.

vendre, *verkaufen, to sell*. Bezeichnung für den Verkauf von Wertpapieren. Besonders in der Schweiz zur Fehlervermeidung beim Telefonhandel gebräuchlich. – Gegensatz: → acheter.

Venture-Capital, *VC-Kapital, Risikokapital, Wagniskapital, Wagnisfinanzierung, venture capital*. Unter V. versteht man Kapital, das v.a. jungen, innovativen Unternehmen von Venture-Capital-Gesellschaften (VC-Gesellschaften) bereitgestellt wird. Oftmals sind die jungen Unternehmen nicht in der Lage, ihr Wachstum aus eigener Kraft zu finanzieren und erhalten mangels → Kreditsicherheiten kaum ausreichendes Fremdkapital. Sie sind daher, neben der Unterstützung durch den sog. Friends-and-Family-Kreis, auf die Kapitalbereitstellung durch VC-Gesellschaften angewiesen. Zudem können diese Hilfestellung in Managementfragen geben, um die zumeist technisch versierten, aber betriebswirtschaftlich unerfahrenen Unternehmensgründer zu unterstützen. – Obwohl die → Beteiligungsfinanzierung prinzipiell eine unbegrenzte Laufzeit besitzt, verfolgen VC-Gesellschaften befristete Beteiligungsabsichten. Ihr Interesse ist darauf ausgerichtet, nach einer möglichst kurzen Beteiligungszeit von ca. fünf bis acht Jahren ihre Beteiligung gewinnbringend am Kapitalmarkt zu platzieren oder an einen Einzelerwerber zu veräußern (Exit). – VC-Gesellschaften investieren in mehrere Unternehmen, um ihr Geschäftsrisiko besser zu verteilen (→ Risikostreuung). Dies ist insbesondere deshalb wichtig, da nur die Minderheit der eingegangenen Beteiligungen gewinnbringend veräußert werden kann; die überwiegende Mehrzahl muss, dem hohen Risiko von Geschäftsneugründungen geschuldet, abgeschrieben werden. Die erfolgreichen Beteiligungen müssen deren Kapitalverbrauch überkompensieren, um für die Anteilseigner der VC-Gesellschaft eine positive Kapitalrendite zu erzielen. – Die VC-Finanzierung lässt sich grob in folgende drei Phasen unterteilen: → Early-Stage-Financing, → Expansion-Stage-Financing und → Later-Stage-Financing.

Verankerungsprinzip, beruhte auf dem Grundsatz, dass in Deutscher Mark denominierte Wertpapiere in erster Linie im Inland begeben werden sollten. Die Konsortialführung bei der Emission von DM-Wertpapieren ausländischer Emittenten sollte bei einer deutschen Bank verbleiben. Lag die Konsortialführung bei der deutschen Tochter einer Bank mit Sitz im Ausland, so sollten im Heimatland für Töchter deutscher Banken die gleichen Möglichkeiten bestehen. Zum 1.1.1999 wurde das V. aufgrund der Einführung der gemeinsamen europäischen Währung gegenstandslos.

Veräußerungserlös, *proceeds of disposal*; bei der Veräußerung von Vermögensgegenständen zufließende Entgelt. Beim Verkauf von → Wertpapieren entspricht der V. dem → Kurswert abzüglich angefallener → Spesen und Gebühren.

Veräußerungsgewinn, gain on disposal, capital gain; entsteht in der Höhe, in der der → Veräußerungserlös abzüglich der → Veräußerungskosten den → Buchwert der → Wirtschaftsgüter übersteigt. – Werden V. im Rahmen einer privaten → Vermögensverwaltung erzielt, so werden sie i.d.R. nicht besteuert. Eine Ausnahme gilt für → Spekulationsgewinne aus → privaten Veräußerungsgeschäften nach § 22 Nr. 2 EStG i.V.m. § 23 Abs. 1 EStG, sofern die → Spekulationsfrist von zwölf Monaten noch nicht abgelaufen ist. Sind Spekulationsgewinne innerhalb der Spekulati-

Veräußerungskosten

onsfrist realisiert worden, aber die Freigrenze von 512 Euro nicht überschritten, sind sie steuerfrei. Sobald sie diese Freigrenze aber überschreiten, unterliegen sie dem → Halbeinkünfteverfahren. – Betrieblich veranlasste V. sind grundsätzlich steuerpflichtig. Dazu zählt der Verkauf eines Gewerbebetriebes oder eines Teilbetriebes nach § 16 Abs. 1 EStG, die Aufgabe eines Gewerbebetriebes nach § 16 Abs. 3 Satz 1 EStG sowie die Veräußerung von Anteilen an → Kapitalgesellschaften nach § 17 Abs. 1 EStG. Zur Ermittlung des V. sind unterschiedliche Freibeträge zu berücksichtigen. – Gegensatz: → Veräußerungsverluste.

Veräußerungskosten, *selling costs*; umfassen jene Kosten, die mittelbar oder unmittelbar bei der Veräußerung anfallen. Bei dem Verkauf von → Wertpapieren fallen beispielsweise → Bankspesen oder → Maklergebühren an.

Veräußerungssperre, *realization/sale block*. Bezeichnung für eine Sperrfrist innerhalb derer Kapitalanlagen nicht veräußert werden dürfen. Eine zeitlich befristete V. wird z.B. auferlegt, um sicherzustellen, dass die im Rahmen des → Vermögensbildungsgesetzes, durch die gewährten Steuerbegünstigungen, verfolgten Zielsetzungen auch tatsächlich erreicht werden.

Veräußerungsverluste, *loss of disposal, capital loss*; entstehen, wenn der Verkaufserlös unter den → Anschaffungskosten zuzüglich den → Veräußerungskosten liegt. Verluste aus privaten Veräußerungsgeschäften dürfen gem. § 23 Abs. 3 EStG steuerlich nur mit Gewinnen aus → privaten Veräußerungsgeschäften verrechnet werden. – Gegensatz: → Veräußerungsgewinne.

Veräußerungswert, *residual, value on realization*; bezeichnet den Preis eines Vermögensgegenstandes bei seiner Veräußerung. Zieht man die → Veräußerungskosten ab, so erhält man den → Veräußerungserlös.

verbilligen, *reduce in price, cheapen*. Fällt der Kurs eines Wertpapiers, so führt der Kauf (→ nachkaufen) zusätzlicher

Einheiten dieses Papiers dazu, dass der Durchschnittswert des Einkaufspreises fällt; entsprechend wird der Nachkauf bei fallenden Kursen als v. bezeichnet.

Verbindlichkeiten, *liabilities, debts*; im handelsrechtlichen Sprachgebrauch Bezeichnung für Schulden, die i.d.R. dem Grunde und der Höhe nach bekannt sind. – Vgl. auch → Fremdkapital. – Gegensatz: → Rückstellungen.

verbotene Aktienausgabe, → Aktienausgabe, verbotene.

verbotene Börsentermingeschäfte, *forbidden forward exchange transactions*; aufgrund gesetzlichen Verbotes rechtlich unwirksame → Börsentermingeschäfte.

Verbriefung, → Securitization.

verbundene Unternehmen, sind rechtlich selbständige Unternehmen, die (1) im Verhältnis zueinander im Mehrheitsbesitz stehen oder Mehrheitsbeteiligungen halten, (2) abhängige und herrschende Unternehmen, Konzernunternehmen, wechselseitig beteiligte Unternehmen, die Vertragsteile eines Unternehmensvertrags sind (§ 15 AktG).

verdeckte Einlage, *hidden contribution*; i.S.d. § 36a KStR Bezeichnung für die Zuwendung eines einlagefähigen Vermögensvorteiles durch einen Gesellschafter an seine → Kapitalgesellschaft, sofern diese Zuwendung durch das Gesellschaftsverhältnis veranlasst ist. Davon ist auszugehen, wenn ein Nichtgesellschafter bei Anwendung der Sorgfalt eines ordentlichen Kaufmanns diesen Vermögensvorteil nicht eingeräumt hätte. Beispiele für v.E. sind u.a. der Forderungsverzicht der Gesellschafter gegenüber der Gesellschaft, die Zahlung erhöhter Preise oder die Überlassung von Vermögensgegenständen (Sachen und Rechte) unter Wert.

verdeckte Treuhand, bezeichnet ein → Treuhandverhältnis, bei dem die treuhänderisch beschränkte Rechtsinhaberschaft gegenüber Dritten nicht offengelegt ist. Vgl. → offene Treuhand.

Verhaltensregeln für Wertpapierdienstleistungsunternehmen

vereinbarte Kündigungsfrist, *agreed notice*. Kündigung bezeichnet die Möglichkeit, sich aus einem Dauerschuldverhältnis (z.B. einem Darlehens-, Arbeits- oder Mietvertrag, einer → Bürgschaft oder einer Gesellschaft) zu lösen. Wenn sie nicht aus einem wichtigen Grund heraus erfolgt (außerordentliche Kündigung, §§ 542 ff., 553 ff., 626 BGB) gelten gesetzliche Kündigungsfristen (§§ 565, 622 ff. BGB). Diese sind häufig nicht dispositiv, vielmehr hat der Gesetzgeber aufgrund von Schutzwürdigkeitserwägungen etwa zugunsten der Mieter von Wohnraum oder der Arbeitnehmer eine vertragliche Änderung der gesetzlich vorgesehenen Fristen zu deren Lasten ausgeschlossen (§§ 565 II, 622 V, VI BGB).

vereinfachte Kapitalherabsetzung, *simplified capital reduction*. Form der → Kapitalherabsetzung, die dem Ausgleich von Wertminderungen, der Deckung von Verlusten oder der Einstellung von Beträgen in die Kapitalrücklage dient und in den §§ 229-236 AktG geregelt ist. Eine Kapitalrückzahlung an die → Aktionäre darf im Rahmen der v.K. nicht erfolgen, es kommt vielmehr zu einer Verringerung des → Nennwertes oder zu einer → Aktienzusammenlegung. Voraussetzung für die v.K. ist, dass die → Gewinnrücklage bereits aufgebraucht ist, die → gesetzliche Rücklage sowie die → Kapitalrücklage zusammen 10 % des nach der Herabsetzung verbleibenden Betrages des → Grundkapitals nicht übersteigen und kein → Gewinnvortrag besteht. Dem → Gläubigerschutz wird durch eine Ausschüttungssperre Rechnung getragen, solange die Kapitalrücklage kleiner als 10 % ist. Außerdem wird bei Beschlussfassung über die v.K. die zukünftige Dividendenausschüttung begrenzt.

Verfall, → Verfalltag.

Verfallrendite, *return to maturity*; bezeichnet eine Möglichkeit zur Renditeberechnung von → Anleihen, bei der alle künftigen Zins- und Tilgungszahlungen mit der V. → diskontiert werden, so dass der → Barwert dem → Marktpreis entspricht.

Verfalltag, *Verfalltermin, Verfall, expiry date, maturity*. Tag bzw. Termin der Rückzahlung einer → Anleihe, einer Forderung oder einer sonstigen Verbindlichkeit.

Verflüssigungsfinanzierung, *depreciation financing*; bezeichnet eine Form der Finanzierung, bei der ein Kapitalbedarf aus Abschreibungsrückflüssen gedeckt wird. Die V. zählt zur Innenfinanzierung.

Verfügung von Wertpapieren, eine V. v. W. kann auf unterschiedlichen Art und Weise erfolgen. Bei → Wertrechten kann über die Papiere mittels Wertpapierübertrag oder Verkauf verfügt werden. Sofern die Wertpapiere als → effektive Stücke vorliegen, ist darüber hinaus die → Auslieferung der Stücke denkbar.

Verfügungsberechtigung, *Verfügungsbefugnis, Verfügungsrecht, authorization to draw*. Fähigkeit, über einen bestimmten Gegenstand eine wirksame Verfügung (die unmittelbare Einwirkung auf den Bestand eines Rechts durch Übertragung, Aufhebung, Belastung oder inhaltliche Änderung hat) zu treffen. Sie steht regelmäßig dem Inhaber des betreffenden Rechts zu, kann aber auch ohne das Vollrecht übertragen werden (z.B. beim verlängerten Eigentumsvorbehalt kann der Käufer das Eigentum gemäß § 185 BGB weiterveräußern, tritt dafür aber seine Kaufpreisforderung ab).

Verfügungsverbot, *restraint on disposition*. Durch ein V. wird die → Verfügungsberechtigung eingeschränkt oder aufgehoben. Ein V. kann sich aus verschiedenen rechtlichen Gesichtspunkten ergeben, etwa aus einem eröffneten Insolvenzverfahren (§§ 80 f. InsO) oder der Beschlagnahme im Wege der → Zwangsvollstreckung (→ Pfändung).

Verhaltensregeln für Wertpapierdienstleistungsunternehmen, *business rules for securities related service companies*. Die in §§ 31, 32 WpHG normierten V. enthalten die den → Wertpapierdienstleistungsunternehmen gegenüber ihren Kunden obliegenden Pflichten. Sie sind verpflichtet, ihre Leistungen mit der erforderlichen Sachkenntnis, Sorgfalt und

Verjährung

Gewissenhaftigkeit im Interesse des Kunden zu erbringen, sich um die Vermeidung von Interessenkonflikten zu bemühen und - sofern dies nicht möglich ist - einen Auftrag des Kunden unter der gebotenen Wahrung des Kundeninteresses auszuführen (§ 31 I WpHG). Ferner trifft sie die Pflicht zur anleger- und objektgerechten Beratung, die es erfordert, dass sich das Unternehmen Kenntnisse über die Erfahrungen und die finanziellen Verhältnisse des Kunden sowie seine Anlageziele verschafft und ihm alle zweckdienlichen Informationen mitteilt (§ 31 II WpHG). Verzichtet der Kunde auf Beratung, so sollte dies dokumentiert werden. Einem Wertpapierdienstleistungsunternehmen, seinen geschäftsführungs- oder vertretungsberechtigten Organen sowie denjenigen Angestellten, die mit der Anlageberatung oder mit der Durchführung von Geschäften in Wertpapieren und Derivaten betraut sind, ist es verboten, derartige Geschäfte gegen die Interessen des Kunden oder zum Zweck von Eigengeschäften zu empfehlen oder Eigengeschäfte in Kenntnis von Kundenaufträgen anzuschließen (sog. → Frontrunning), wenn dies für den Kunden Nachteile zur Folge haben könnte (§ 32 I WpHG). Die V. gelten auch für Unternehmen mit Sitz im Ausland, die ihre Leistungen gegenüber Kunden erbringen, die ihren gewöhnlichen Aufenthalt oder ihre Geschäftsleitung im Inland haben, es sei denn die Leistungen werden ausschließlich im Ausland erbracht (§§ 31 III, 32 III WpHG). Die V. gehören zum Aufsichtsrecht und begründen keine zivilrechtlichen Verpflichtungen der Wertpapierdienstleistungsunternehmen gegenüber ihren Kunden. Ihre Verletzung kann jedoch Ansprüche auf Schadensersatz aus § 823 II BGB begründen, da sie primär dem Schutz der Interessen des einzelnen Kunden dienen. – Die Einhaltung der V. wird durch das → Bundesaufsichtsamt für den Wertpapierhandel (BAWe) überwacht (§ 35 WpHG). In seiner Richtlinie zur Konkretisierung der §§ 31 f WpHG für das Kommissions-, Festpreis- und Vermittlungsgeschäft der Kreditinstitute vom 26.5.1997 hat das BAWe Grundsätze aufgestellt, nach denen es für den Regelfall beurteilt, ob die gesetzlichen Anforderungen durch die Wertpapierdienstleistungsunternehmen erfüllt werden. Das BAWe kann von den Unternehmen Auskünfte und die Vorlage von Urkunden verlangen sowie Prüfungen vornehmen (§ 35 I – III WpHG). Darüber hinaus sind die Wertpapierdienstleistungsunternehmen verpflichtet, einmal jährlich eine Prüfung der zur Einhaltung der V. getroffenen Maßnahmen durch einen geeigneten Prüfer zu veranlassen (§ 36 I 1 WpHG). Der Prüfbericht ist beim BAWe einzureichen (§ 36 I WpHG). Kommen die Unternehmen den ihn obliegenden V. nicht oder nicht im ausreichendem Maße nach, so kann das BAWe die geeigneten und erforderlichen Anordnungen treffen, um den ordnungsgemäßen Zustand herzustellen (§ 4 WpHG). Entsprechende Verfügungen des BAWe können mit Zwangsmitteln durchgesetzt werden (§ 10 WpHG). Sanktionen kann es jedoch nicht verhängen. – Vgl. auch → Compliance.

Verjährung, *statutory limitation*. § 194 BGB bestimmt, dass Ansprüche grundsätzlich der V. unterliegen. Diese führt nicht zum Wegfall des Anspruchs, jedoch steht dem Schuldner nach Ablauf der → Verjährungsfrist ein Leistungsverweigerungsrecht zu, mit dem er durch Erheben der Verjährungseinrede die Durchsetzbarkeit des Anspruchs verhindern kann. Das Gesetz nennt einige wenige Ansprüche, bei denen die V. ausgeschlossen ist. Dazu gehören z.B. der Anspruch auf Berichtigung des Grundbuchs (§ 898 BGB) oder auch verschiedene nachbarschaftliche Ansprüche (§ 924 BGB). Die V. kann auch nach § 242 BGB ausgeschlossen sein, wenn der Gläubiger etwa das Verstreichen der Frist treuwidrig herbeigeführt hat.

Verjährung der Prospekthaftung, *liability extending to statements made in issuing prospectus, statutory limitation/limitation of liability in time/prescription*. – Vgl. hierzu → Prospekthaftung.

Verjährungsfristen, *limitation periods*. Die sog. regelmäßige V. von 30 Jahren ist eher die Ausnahme. §§ 196 f. BGB bestimmen für zahlreiche Ansprüche eine zwei- bzw. vierjährige Frist. Die kürzeste V. dauert sechs Wochen gemäß § 490 I S. 1 BGB. – Vgl. auch → Verjährung.

Verkaufsprospekte der Kapitalanlagegesellschaften

Verkäufermarkt, *seller´s market, bull market*. Bezeichnung für eine von beträchtlichen Nachfrageüberhängen und schnell ansteigenden Nachfragevolumina geprägte Marktsituation, die sich i.d.R. durch nachhaltige Kurssteigerungen und die Dominanz der Verkäufer über die Käufer auszeichnet. – Gegensatz: → Käufermarkt.

Verkaufsangebot, *offer for sale*. Im Rahmen einer → Emission beinhaltet das V. als Teil des → Emissionsprospektes bzw. → Verkaufsprospektes für Wertpapiere Informationen über die Art, Stückzahl, Übertragbarkeit und den Gesamtnennbetrag zu emittierenden Anteile. – 2. Entschließt sich ein → Aktionär zum Verkauf von Wertpapieren, so gibt er ein V. ab.

Verkaufsauftrag, *sell order, order to sell*. Bezeichnung für eine → Order, durch die ein Kunde ein → Kreditinstitut oder Wertpapierdienstleistungsinstitut damit beauftragt, eine bestimmte Menge von Wertpapieren, Devisen, Derivaten usw. → bestens oder zu einem von ihm angegebenen → Limit zu verkaufen. Die Bedingungen des Verkaufs sind dabei genau festzuhalten, so dass zwischen den Vertragspartnern Klarheit über die Art und den Umfang des Auftrags herrscht (z.B. → Good for Day, → Immediate or Cancel). Das Kreditinstitut führt den K. als → Kommissionsgeschäft oder als → Festpreisgeschäft aus. – Gegensatz: → Kaufauftrag.

Verkaufskommission, → Kommissionsgeschäft.

Verkaufsoption, → Put.

Verkaufspreis, *Veräußerungspreis, sales price*. Der dem Käufer in Rechnung gestellte und auch tatsächlich bezahlte Preis.

Verkaufsprospekte der Kapitalanlagegesellschaften, *prospectus of investment trusts*. Kapitalanlagegesellschaften sind gemäß § 19 II KAGG verpflichtet, für die von ihnen verwalteten → Wertpapier-Sondervermögen (§ 8 ff KAGG) einen V. zu erstellen und der Öffentlichkeit zugänglich zu machen. Die Art und Weise der Veröffentlichung ist nicht vorgeschrieben, so dass es ausreicht, wenn für jedermann die Möglichkeit besteht, den Prospekt einzusehen. Dem Erwerber eines Anteilsscheines an einem Sondervermögen ist der V. kostenlos bei Vertragsschluss zur Verfügung zu stellen (§ 19 I KGG). Ihm sind die Vertragsbedingungen, der zuletzt veröffentlichte Rechenschaftsbericht und der anschließende Halbjahresbericht beizufügen. Der V. muss alle Angaben enthalten, die im Zeitpunkt des Erwerbs für die Beurteilung der Anteilsscheine von wesentlicher Bedeutung sind. Enthalten sein müssen mindestens Angaben über die Gesellschaft selbst, die → Depotbank, das Sondervermögen und die Anteilsscheine, die Anlageziele und – politik, die Ausgabe- und Rücknahmebedingungen, die Verwendung der Erträge, deren Ausschüttung und die Besteuerung sowie Angaben über Art und Weise der Verwaltung des Sondervermögens (§ 19 II 3 KAGG). Der V. muss für den durchschnittlichen Anleger verständlich verfasst sein. Er darf aber auch werbende Angaben enthalten, die nur dann von den wesentlichen Angaben zu trennen sind, wenn deren Verständnis dadurch beeinträchtigt wird. Der V. ist auf dem neusten Stand zu halten (§ 19 IV KAGG). Die Kapitalanlagegesellschaft hat dem → Bundesaufsichtsamt für das Kreditwesen (BAKred) und der → Deutschen Bundesbank den V. und seine Änderungen unverzüglich einzureichen (§ 19 V KAGG). Das BAKred kann verlangen, dass in den V. weitere Angaben aufgenommen werden, wenn es Grund zu der Annahme hat, dass dies für den Erwerber von Anteilsscheinen erforderlich ist (§ 19 III KAGG). Jede Werbung für den Erwerb von Anteilsscheinen muss auf den V. und die Stellen, wo dieser erhältlich ist, hinweisen (§ 19 VI KAGG). – Die Anforderungen an den Verkaufsprospekt und die dem Erwerber auszuhändigenden Verkaufsunterlagen gelten in gleicher Weise für → Geldmarkt-Sondervermögen (§ 7a KAGG), → Beteiligungs-Sondervermögen (§ 25a KAGG), → Investmentfonds-Sondervermögen (§ 25k KAGG), → Grundstücks-Sondervermögen (§ 26 KAGG), → gemischte Wertpapier- und Grundstücks-Sondervermögen (§ 37a KAGG) und → Altersvorsorge-Sondervermögen (§ 37h KAGG). Dabei sind von der Gesellschaft die Besonder-

Verkaufsprospekt für Wertpapiere

heiten der jeweiligen Anlageform zu berücksichtigen. – Vgl. auch → Prospekthaftung.

Verkaufsprospekt für Wertpapiere, *prospectus of securities*. Ein V. ist gemäß § 1 Wertpapier-Verkaufsprospektgesetz (VerkProspG) vom Anbieter für solche Wertpapiere zu erstellen, die erstmals im Inland öffentlich angeboten werden und nicht zum Handel an einer inländischen Börse zugelassen sind. Ein öffentliches Angebot liegt dann vor, wenn nach dem Willen des → Emittenten oder des Besitzers der Wertpapiere ein unbestimmter Kreis von Anlegern Maßnahmen ergreifen kann, die zum späteren Erwerb der Wertpapiere führen. Kein V. ist daher bei der → Privatplatzierung von Wertpapieren zu erstellen. Darüber hinaus sieht § 4 VerkProspG für bestimmte Wertpapiere Ausnahmen von der Pflicht, einen V. zu veröffentlichen vor, so u.a. für Aktien, die den Aktionären nach einer → Kapitalerhöhung aus Gesellschaftsmitteln zugeteilt werden (§ 4 I Nr. 4 VerkProspG), für Aktien die bei der → Verschmelzung von Unternehmen angeboten werden (§ 4 I Nr. 7 VerkProspG) und für → Schuldverschreibungen mit einer vereinbarten Laufzeit von weniger als einem Jahr (§ 4 I Nr. 7 VerkProspG). Sollen Wertpapiere angeboten werden, für die eine Zulassung zur → amtlichen Notierung oder zum Handel mit nicht-amtlicher Notierung (→ Geregelter Markt) beantragt ist, so bestimmt sich der Inhalt des V. nach den Vorschriften über die Erstellung des → Börsenprospekts (§ 5 VerkProspG). V. und Börsenprospekt haben somit einen identischen Inhalt. Ist ein Antrag auf Zulassung zum Börsenhandel nicht gestellt, so muss der Prospekt die Angaben enthalten, die notwendig sind, um dem Publikum ein zutreffendes Urteil über den Emittenten und die Wertpapiere zu ermöglichen (§ 7 VerkProspG). Der erforderliche Prospektinhalt ist in der Verordnung über Wertpapier-Verkaufsprospekte (VerkProspVO) geregelt. Enthalten sein müssen Angaben über die Person oder Gesellschaften, die für den Inhalt des Verkaufsprospekts die Verantwortung übernehmen, die angebotenen Wertpapiere, den Emittenten der Wertpapiere sowie Angaben über die Prüfung des Jahresabschlusses des Emittenten. Außerdem muss der V. auf die Angebotsbedingungen hinweisen (§ 10 VerkProspG). In gesetzlich näher bestimmten Einzelfällen kann auf einzelne Angaben in den V. verzichtet werden (§ 14 VerkProspVO). Der V. muss mindestens einen Werktag vor dem ersten öffentlichen Angebot der Wertpapiere publiziert werden (§ 9 I VerkProspG). Ist die Zulassung zur amtlichen Notierung oder zum Geregelten Markt beantragt, so ist der V. in den → Börsenpflichtblättern oder durch Herstellung der sog. → Schalterpublizität mit einem Hinweis darauf in den Börsenpflichtblättern zu veröffentlichen (§ 9 II VerkProspG). Im übrigen hat die Veröffentlichung des V. entweder in einem überregionalen → Börsenpflichtblatt oder durch Herstellung der Schalterpublizität und deren Bekanntmachung in einem überregionalen Börsenpflichtblatt zu erfolgen (§ 9 III VerkProspG). Vor der Veröffentlichung sind V. für Wertpapiere, für die die Zulassung zum Handel mit amtlicher Notierung beantragt worden ist, von der → Zulassungsstelle zu billigen (§ 6 I VerkProspG). Ist die Zulassung zum Geregelten Markt beantragt, so hat der V. der → Zulassungsausschuss den V. zu billigen (§ 6 III VerkProspG). In allen anderen Fällen darf der V. erst veröffentlicht werden, wenn das → Bundesamt für den Wertpapierhandel (BAWe) dies nach dessen Prüfung auf Vollständigkeit gestattet hat (§ 8a VerkProspG). Das BAWe ist zugleich Hinterlegungsstelle für die V. (§ 8 VerkProspG). Einzelne Angebotsbedingungen, die erst kurz vor dem öffentlichen Angebot festgesetzt werden, sind spätestens am Tag des öffentlichen Angebots noch vor diesem zu veröffentlichen (§ 10 VerkProspG). Veränderungen, die für die Beurteilung des Emittenten oder der Wertpapiere von wesentlicher Bedeutung sind, sind während der Dauer des öffentlichen Angebots unverzüglich in einem Nachtrag zum V. zu veröffentlichen (§ 11 VerkProspG). – Wer vorsätzlich oder fahrlässig entgegen § 1 VerkProspG einen V. nicht veröffentlicht oder gegen sonstige Vorschriften des VerkProspG verstößt, kann abhängig vom Einzelfall mit einer Geldbuße bis zu 500.000 Euro belegt werden. – Vgl. auch → Emissionsprospekt, → Börsenprospekt, → Prospekthaftung, → verkürzter Prospekt und → Information Memorandum.

Verkauf von Anteilscheinen an Investmentfonds, *selling of investment fund shares*. Nach dem → Gesetz über Kapitalanlagegesellschaften (KAGG) bestehen für → Kreditinstitute beim Verkauf von → Investmentanteilen zahlreiche Verpflichtungen gegenüber dem Erwerber der Anteile. So sind diesem bei Abschluss eines Kaufvertrags ein datierter Verkaufsprospekt des betreffenden → Investmentfonds, die dem Kauf zugrundeliegenden Vertragsbedingungen und der zuletzt veröffentlichte → Rechenschafts- oder → Halbjahresbericht der → Kapitalanlagegesellschaft (KAG) kostenlos auszuhändigen. Darüber hinaus hat der Erwerber Anspruch auf eine Durchschrift des Kaufantrags bzw. eine Kaufabrechnung, aus der neben den Daten des Anteilskaufs auch die Höhe des Ausgabeaufschlags und der → Managementgebühr hervorgehen muss.

Verkaufssignal, *sell signal*; Begriff aus der → Chart-Analyse. Bestimmte Kursverläufe, z.B. die → Kopf-Schulter-Formation und die → M-Formation deuten darauf hin, dass nach Durchlaufen dieser → Umkehrformationen aus bisher steigenden Kursen künftig fallende Kurse werden (vgl. → Analyse von Formationen). Auch das Durchbrechen von → Trendlinien (vgl. → Trendanalyse) oder → gleitenden Durchschnitten von oben nach unten liefert V. – Gegensatz: → Kaufsignal. – Vgl. auch → Technische Analyse.

Verkehrshypothek, *ordinary mortgage*. Die V. ist die normale Variante der → Hypothek. Der Hypothekengläubiger kann sich hierbei ohne Nachweis seiner Forderung auf die Eintragung im Grundbuch berufen, wenn er die Hypothek übertragen oder in Anspruch nehmen will. Sie kann als → Buch- oder → Briefhypothek ausgestellt werden. – Vgl. auch → Sicherungshypothek.

Verkehrswert, *current/fair market value*. Der V. entspricht dem im üblichen Geschäftsbetrieb jederzeit erzielbaren Verkaufserlös zum Bewertungsstichtag. Er wird z.B. zur Bewertung von Grundstücken im Rahmen der Besicherung von → Darlehen verwendet. – Vgl. auch → Beleihungswert.

verkürzter Prospekt. → Börsenprospekt oder → Verkaufsprospekt für Wertpapiere, in dem auf bestimmte, grundsätzlich erforderliche Angaben verzichtet werden kann. Die Fälle, in denen dies zulässig ist, sind im Börsengesetz, in der Verordnung über die Zulassung von Wertpapieren zur amtlichen Notierung an einer Wertpapierbörse bzw. in der Verordnung über Wertpapier-Verkaufsprospekte geregelt.

Verletzung der Berichtspflicht durch Prüfer oder Gehilfen eines Prüfers, *injury of the liability of reporting by the auditor or his assistants*. Mit Freiheitsstrafe bis zu drei Jahren oder mit Geldstrafe wird bestraft, wer als Prüfer oder als Gehilfe eines Prüfers über das Ergebnis der Prüfung falsch berichtet oder erhebliche Umstände im Bericht verschweigt. Erfolgt die Tat gegen Entgelt oder in der Absicht, sich oder einen anderen zu bereichern oder zu schädigen, erhöht sich die Freiheitsstrafe auf bis zu fünf Jahre.

Verlosung. 1) Verfahren zur → Rückzahlung von → Anleihen, wenn diese in Teilbeträgen zurückgezahlt werden. Bei einer Auslosung (→ Auslosung von Anleihen) muss der → Aussteller der Papiere die → Börse spätestens 14 Tage vorher über Ziehungstag, Auslosungsbetrag, Rückzahlungstermin und → Rückzahlungskurs informieren. Zeitnah nach der V. ist ein Pflichtblatt (→ Pflichtblatt der Börse) der bereits ausgelosten, aber noch nicht zur Einlösung vorgelegten Nummern an die Börse zu geben. Von der mittleren Laufzeit ist die rechnerisch exakte, welche Tilgungsbeträge und Zeitpunkte berücksichtigt, im Sinne der → Duration zu unterscheiden.

Verlust, Überschuss der Aufwendungen über die Erträge in der → Gewinn- und Verlust- (GuV) Rechnung. In der → Bilanz Überschussbetrag der Passiv- über die Aktivposten nach Berücksichtigung von → Abschreibungen, → Wertberichtigungen, → Rückstellungen und → Rücklagen. Bei Einzelunternehmen und Personenge-

Verlustabschluss der AG

sellschaften mindert der Verlust das Kapitalkonto unmittelbar; bei → Kapitalgesellschaften wird er gesondert ausgewiesen.

Verlustabschluss der AG. Wenn die → Passivseite der Jahresbilanz der AG höher ist als die → Aktivseite, ergibt sich ein → Bilanzverlust. Bei einem → Verlustabschluss fällt die → Dividende, sofern keine Dividendengarantie vereinbart ist.

Verlustanteil, → Gewinn- und Verlustverteilung.

Verlustanzeige durch den Vorstand der AG. Ergibt sich bei Aufstellung der Jahresbilanz der AG oder einer → Zwischenbilanz oder ist bei pflichtgemäßem Ermessen anzunehmen, dass ein Verlust in Höhe der Hälfte des → Grundkapitals besteht, hat der Vorstand unverzüglich die Hautversammlung einzuberufen und ihr dies anzuzeigen § 92 Abs. 1 AktG). Wird die AG zahlungsunfähig, hat der Vorstand ohne schuldhaftes Verzögern die Eröffnung des Insolvenzverfahren zu beantragen (§ 92 Abs. 2 AktG). Mit Freiheitsstrafe bis zu 3 Jahren und mit Geldstrafe wird bestraft, wer es als Mitglied des → Vorstands unterlässt, bei einem Verlust in Höhe der Hälfte des Grundkapitals die Hauptversammlung einzuberufen und ihr dies anzuzeigen (§ 401 AktG).

Verlustausweis. Ein Überschuss der Passivposten über die Aktivposten ist als Bilanzverlust am Schluss der → Bilanz ungeteilt und vom vorjährigen → Gewinn- und → Verlustvortrag gesondert auszuweisen. Nur bei → Kapitalgesellschaften wird ein entstandener Verlust gesondert in der Bilanz ausgewiesen; bei anderen Unternehmensrechtsformen wird ein Verlustes mit dem Kapitalkonto direkt verrechnet.

Verlustbegrenzungsauftrag, → Stop Loss Order.

Verluste bei Wertpapiergeschäften, steuerlich, *losses in security transactions, taxation*; vgl. → Besteuerung der Erträge aus Wertpapieren und → Spekulationsfrist, einkommensteuerlich.

Verlusterklärung, *loss declaration*. Juristische Bezeichnung für die → Krafterklärung von Aktien im Zuge des Aufgebotsverfahrens für abhanden gekommene Effekten. Hierbei werden verlustig gegangene Wertpapiere im Rahmen des sog. Aufgebots im → Bundesanzeiger veröffentlicht. Der Inhaber eines entsprechenden Wertpapiers muss seine Rechte an dem Papier während der hierin publizierten Aufgebotsfrist melden.

Verlustübernahme, *transfer of losses*. Eine Verpflichtung zur V. entsteht automatisch bei Abschluss eines → Beherrschungs- und Gewinnabführungsvertrags oder eines → Teilgewinnabführungsvertrags sowie bei einer → Gewinngemeinschaft oder der → Eingliederung. Während der Laufzeit des Vertrags hat das → herrschende Unternehmen jeden Jahresfehlbetrag auszugleichen, soweit dieser nicht auch während der Vertragslaufzeit entstandene → freie Rücklagen gedeckt ist. Die steuerliche Anerkennung eines Gewinnabführungsvertrags ist an die Verpflichtung zur V. gebunden.

Verlustverteilung, → Gewinn- und Verlustverteilung.

Verlustvortrag, *accumulated losses brought forward*. Der V. ist bei → Kapitalgesellschaften ein Korrekturposten zum → Eigenkapital. – Ein V. entsteht, weil bei Kapitalgesellschaften ein → Jahresfehlbetrag nicht auf die Gesellschafter verteilt werden kann, sondern gesondert vorgetragen werden muss, wenn der → Gewinnvortrag oder die freien → Gewinnrücklagen nicht zur Deckung ausreichen oder die freien Gewinnrücklagen nicht zur Deckung verwendet werden. – Steuerlich mindert ein V. das steuerpflichtige Einkommen der Folgejahre (§ 10 d EStG).

VermBG, Abk. für → Vermögensbildungsgesetz.

Vermittlung von Bezugsrechten, Tätigkeit der Bank bei Ausübung des → Bezugsrechts auf Aktien durch die Aktionäre. Fehlen dem Aktionär zur Ausübung des Bezugsrechts aus seinem Bestand Rechte oder will er mehr → neue Aktien kaufen als seinem Anteil entspricht, so tritt die Bank als Vermittler auf. Auf der anderen Seite vermittelt sie ebenso Verkäufe von Bezugsrechten über die Börse.

Vermögen, *assets, net worth*. Gesamtheit aller wirtschaftlichen Güter einer Person oder eines Unternehmens. Erfasst werden neben Sachgütern auch Rechte und wirtschaftliche Vorteile. – Handelsrechtlich wird unter dem V. die Gesamtheit der Vermögensgegenstände auf der → Aktivseite der → Bilanz verstanden. Dort werden jedoch keine wirtschaftlichen Vorteile erfasst.

Vermögensanlage, *investment, assets invested*. Die V. umfaßt die verschiedenen Möglichkeiten der Kapitalanlage, die → Geldanlage und die → Kapitalanlage. – Vgl. auch → Kapitalanlagearten und → Kapitalanlegerziele.

Vermögensanlagevorschriften, → Anlagevorschriften.

Vermögensaufstellung, *statement of affairs*; bietet bezogen auf einen Stichtag eine Übersicht über die Struktur und Aufteilung des → Fondsvermögens. Vielfach sind V. Teil der → Rechenschaftsberichte und der → Halbjahresberichte, die über das abgelaufene Geschäftsjahr, respektive Halbjahr Bericht erstatten.

Vermögensberater, *asset consultant*; Mitarbeiter einer Bank oder Selbständiger, der sich mit Fragen der → Vermögensberatung befasst. Dabei erstreckt sich das Tätigkeitsfeld in alle Bereiche des Vermögens- und Anlagemanagements.

Vermögensberatung, *asset counseling*. Die V. befasst sich mit der Ermittlung der optimalen → Vermögensstruktur, vor allem hinsichtlich rechtlicher und steuerrechtlicher Natur. Hinzu kommt die Anlageberatung als Vorbereitung der Anlageleistung, wobei nicht nur Wertpapiere sondern auch Mobilien und Immobilien Gegenstand der Anlage sein können. Im Regelfall ist die V. mit der Verwaltung des Vermögens untrennbar verbunden.

Vermögensbildung, *capital formation, formation of wealth*. 1. Langfristige Schaffung von Kapital, insbesondere im Rahmen der → Vermögensverwaltung. – 2.

Vermögensbildungspolitik

Betriebliche Bildung von Vermögen durch Leistungen des Arbeitgebers bei Personen, die sich in einem Dienst- oder Arbeitsverhältnis befinden (→ Vermögensbildungsgesetz). Dabei werden bestimmte Leistungen teilweise steuerlich oder durch staatliche Prämien begünstigt.

Vermögensbildungsgesetz (VermBG), *Law Promoting Capital Formation by Employees*; i.d. Neufassung vom 04.03.1994 (zuletzt geändert am 07.09.1998). Das 5. VermBG dient neben § 19a EStG der Förderung der → Vermögensbildung der Arbeitnehmer, indem es die staatliche Unterstützung im Wege der → Sparzulage bei → vermögenswirksamen Leistungen regelt. Erfasste Anlageformen sind neben den Aufwendungen des Arbeitnehmers nach dem → Wohnungsbauprämiengesetz (WoPG) bestimmte Kapitalbeteiligungen (darunter Erwerb von eigenen Aktien des Arbeitgebers, GmbH- oder Genossenschaftsanteilen sowie stille Beteiligung am Arbeitgeberunternehmen) sowie Formen des Arbeitnehmerdarlehens. Schwerpunkt des 5. VermBG ist neben der Erweiterung des Anlagenkatalogs v.a. die Neuregelung der Vertragsformen. Mit Neufassung des Gesetzes von 1994 wurden die außerbetrieblichen Anlageformen aus Schutzgründen eingeschränkt. Durch das 3. Vermögensbeteiligungsgesetz von 1998 wurde das 5. VermBG zum 01.01.1999 erneut erheblich geändert. Während die Einkommensgrenze für Ledige auf 17.900 Euro bzw. für Verheiratete auf 35.800 Euro angehoben und die Zulage für Beteiligungen am Produktivkapital von 10% auf 20% angehoben wird, hat der Gesetzgeber den zulagebegünstigten Betrag von 936 DM (deswegen wurde das V. häufig auch als 936-DM-Gesetz bezeichnet) auf 408 Euro gesenkt. Für Bausparanlagen wurde daneben die bisherige Regelung beibehalten.

Vermögensbildungspolitik, *capital formation/accumulation policy*. Maßnahmen der Politik, um bestimmten Teilen der Bevölkerung, insbesondere den Beziehern niedriger Einkommen, den Aufbau eines eigenen Vermögens zu erleichtern. Zur Durchführung der V. wurde das → Vermögensbildungsgesetz eingeführt. – Begründet wird die V. mit der durch sie

Vermögensrechte

gegebenen Möglichkeit zu gleichmäßigerer Partizipation am Aufbau von Vermögen innerhalb einer Volkswirtschaft und zur Förderung der privaten → Altersversorgung. Im Kontext der Börse sind dabei insbesondere → steuerbegünstigte Kapitalanlagen von Interesse. – Vgl. auch → vermögenswirksame Leistungen.

Vermögensrechte, → Aktionärsrechte.

Vermögensstruktur, *assets and liabilities structure*. Die V. ist wesentlicher Faktor des Anlageerfolges und ergibt sich durch Umsetzung der optimalen → Diversifikation. Zunächst werden in Frage kommende Anlagen ausgewählt, dann zukünftige Erträge und Risiken geschätzt sowie die → Korrelationen zwischen den Anlagealternativen berechnet. Ziel ist eine individuelle rendite-risikooptimierte Anlagestrategie. Dieses Verfahren kann noch weiter unterteilt werden (z.B. Aktien nach Ländern, Anleihen nach Währungen, Immobilien nach Standorten). Die Vorteile liegen in einem reduzierten Risiko ohne Inkaufnahme entsprechender Renditeeinbußen und kommen besonders bei einem breiten Anlagespektrum zum Tragen. Dies gilt sowohl für den Wertpapierbereich als auch insbesondere für das Gesamtvermögen. Die V. ist bei Unternehmen u.a. Kriterium für die bankmäßige → Kreditwürdigkeitsprüfung.

Vermögensstrukturkennzahlen, *assets and liabilities structure ratio*; bezeichnen Kennzahlen der Bilanzanalyse, die Art und Zusammensetzung des Vermögens sowie die Dauer der Vermögensbindung analysieren.

Vermögensteuer, *net worth tax, capital tax*. Die V. war als Ergänzung zur → Einkommensteuer konzipiert und sollte aus den Erträgen des Vermögens aufgebracht werden, aber unabhängig davon, ob dieses Erträge abwirft. Das Bundesverfassungsgericht (BVerfG) hat die V. für verfassungswidrig erklärt, weil für ihre Bestimmung das Grundvermögen im Gegensatz zum → Kapitalvermögen zu niedrig bewertet wurde. Der Gesetzgeber ist seiner Vorgabe bis 31.12.1996 die V. verfassungskonform zu regeln nicht nachgekommen, so dass das Vermögensteuergesetz zu diesem Zeitpunkt außer Kraft getreten ist.

Vermögensübernahme, → Vermögensübertragung.

Vermögensübertragung, *asset transfer, assignment of property*. Verpflichtet sich jemand, sein gegenwärtiges Vermögen oder einen Bruchteil desselben zu übertragen oder mit einem Nießbrauch zu belasten, bedarf dieser Vertrag der notariellen Beurkundung (§ 311 BGB). – Kam es zur Übertragung des gesamten Vermögens, sah der frühere § 419 BGB vor, dass der Übernehmer neben dem Veräußerer gesamtschuldnerisch für dessen Verbindlichkeiten haftet. Den Gläubigern des bisherigen Vermögensinhabers sollte so die Haftungsgrundlage erhalten bleiben. Die dogmatisch bedenkliche Vorschrift hat der Gesetzgeber im Rahmen der Insolvenzrechtsreform mit Wirkung vom 01.01.1999 gestrichen. – Weiterhin in Kraft ist aber die Sondervorschrift des § 25 HGB, die gleichfalls für einen gesetzlichen Schuldbeitritt sorgt, wenn ein Handelsgeschäft übertragen wird. Danach haftet der Übernehmer, sofern er die Firma fortführt, grundsätzlich für die im Geschäftsbetrieb des früheren Inhabers begründeten Verbindlichkeiten, während die Verpflichtung des ausgeschiedene Inhaber nach fünf Jahren verjährt. – Abweichende Vereinbarungen sind möglich, aber nur dann wirksam, wenn sie im → Handelsregister eingetragen und bekanntgemacht oder dem betreffenden Gläubiger mitgeteilt werden (§ 25 II HGB).

Vermögensumschlag, *asset turnover*; bezeichnet eine Kennzahl der Bilanzanalyse, die verdeutlicht in welcher Zeit das gebundene Vermögen in einer Unternehmung durch den → Umsatz wiedergewonnen wird. Da die einzelnen Vermögenswerte → Kapital binden, erlaubt die → Umschlagshäufigkeit Rückschlüsse auf die Dauer der → Kapitalbindung und damit auf den Kapitalbedarf der Unternehmung. Es ist zwischen → Umschlagshäufigkeit des → Anlagevermögens und der → Umschlagsdauer des → Umlaufvermögens zu unterscheiden. Im Zeitvergleich lassen sich hieraus Rückschlüsse auf Potenziale des Unternehmens schließen. Ein höherer

V. ist im allgemeinen einem niedrigerem V. vorzuziehen.

Vermögensumschlagskennzahlen, *asset turnover ratio*; sind Kennzahlen zur Beurteilung der Vermögenslage einer Unternehmung. Es ist zwischen → Umschlagshäufigkeit des → Anlagevermögens, die sich aus dem Quotienten der Abgänge einer Periode und den → Umsatzerlösen ergibt, und der Umschlagsdauer des → Umlaufvermögens, das sich aus dem Quotienten des durchschnittlichen Bestands des Umlaufvermögens und den Umsatzerlösen ergibt, zu unterscheiden. Anhand der Umschlagsdauer des Umlaufvermögens lässt sich die Rationalität der Lagerhaltung ermitteln. Die → Umschlagsdauer des Umlaufvermögens gibt auch Aufschluß über die Potenziale der → Innenfinanzierung.

Vermögensumverteilung, *redistribution of wealth*. Versuch, die in einer Volkswirtschaft bestehende → Vermögensverteilung zu verändern. Zumeist erfolgt V. durch bewusste staatliche Einflussnahme, um eine gesellschaftlich höher zu wertende Vermögensverteilung zu erreichen. Die Möglichkeiten zur direkten V. sind auf die Erhebung von Substanzsteuern beschränkt. Darüber hinaus erfolgt V. über eine indirekte, verteilungspolitisch motivierte Förderung der Vermögensbildung (z.B. → vermögenswirksame Leistungen).

Vermögensverlust, *assets value loss*; Wertverlust bei Teilen der Vermögenswerte eines privaten Haushalts bzw. einer Unternehmung. V. können eintreten bei Wertpapieren, bei Mobilien bzw. Immobilien aber auch bei Vorräten.

Vermögensvernichtung, *destruction of assets*. Endgültige Vernichtung vom Gesamt- oder Teilvermögen eines privaten Haushalts oder einer Unternehmung.

Vermögensverteilung, *distribution of wealth*. Verteilung des Vermögens einer Volkswirtschaft nach unterschiedlichen Wirtschaftssubjektgruppen oder nach ähnlichen Untergliederungskriterien. Die V. hängt eng mit der Einkommensverteilung zusammen, da Vermögen in Industrieländern eine bedeutende Einkommensquelle darstellt.

Vermögensverwalter, *investment/portfolio manager, custodian*; im Normalfall eine Bank, kann aber auch ein banknahes Institut oder ein Selbständiger sein. Der V. ist zuständig für die Verwaltung von Vermögen, was i.d.R. mit der Verwahrung und auch Beratung eng verknüpft ist.

Vermögensverwaltung, → Asset Management.

Vermögensverwaltung durch Banken, *investment/portfolio management by banks*. Bankdienstleistungen im Rahmen der Verwaltung von Immobilien und Mobilien, sowie im → Investment Banking (Financial Engineering, M&A) und im Trust Banking (Finanzanalyse, Anlageberatung, Portfoliomanagement) werden auch als Vermögensverwaltung bezeichnet. Die Leistungen werden unter Beachtung vorgegebener Ziele für private Haushalte oder Unternehmen gegen Entgelt erbracht. – Neben der Vermögensverwaltung im engeren Sinne zählen auch Testamentsvollstreckungen oder die Führung von → Anderkonten für Notare und Anwälte zu den Verwaltungsleistungen. Die Banken haben über die Verwaltung Rechenschaft abzulegen. Haftung für Richtigkeit und Zweckmässigkeit der getroffenen Entscheidung sind aber üblicherweise ausgeschlossen.

vermögenswirksame Leistungen, *employment benefits to encourage capital formation*. Geldleistungen, die der Arbeitgeber für Arbeitnehmer in eine der im → Vermögensbildungsgesetz genannten Anlagemöglichkeiten anlegt. Zum begünstigten Personenkreis zählen alle Arbeitnehmer im Sinne des Arbeitsrechts. Zu den Anlageformen, auf welche eine Übertragung erfolgen darf, zählen Spar-, Wertpapierspar- und Bausparverträge, Lebensversicherungen und Vermögensbeteiligungen. – Der Staat unterstützt diese Bildung finanzieller Rücklagen indem er im Rahmen bestimmter Einkommensgrenzen eine Arbeitnehmer-Sparzulage, die je nach Anlageform zehn oder zwanzig Prozent beträgt, und/oder eine → Wohnungsbau-

Veröffentlichungspflicht

prämie in Höhe von zehn Prozent auf die v.L. zahlt. Die maximale Höhe der geförderten v.L. beträgt zur Zeit 408 Euro, bei Bausparverträgen 480 Euro. – Die v.L. sind grundsätzlich freiwillig oder im Tarifvertrag geregelt. Werden v.L. nicht vom Arbeitgeber geleistet, ist jeder Arbeitnehmer berechtigt vom Arbeitgeber zu verlangen, dass dieser die v.L. vom Gehalt des Arbeitnehmers überweist. – Vgl. auch → Vermögensbildungspolitik.

Veröffentlichungspflicht, *publishing duty*. – 1. → Wertpapiere, die erstmals im Inland öffentlich angeboten werden und noch nicht zum Börsenhandel zugelassen sind, müssen i.d.R. einen Verkaufsprospekt veröffentlichen. Je nach → Börsensegment unterscheiden sich die Anforderungen an diesen. – 2. → Kapitalgesellschaften sind zur Offenlegung und damit zur Veröffentlichung ihrer → Jahresabschlüsse bzw. von Teilen ihrer Jahresabschlüsse verpflichtet. Art und Umfang der diesbezüglichen Pflichten hängt gem. § 325 HGB von der Größe der Kapitalgesellschaft ab. – 3. Entschließen sich Aktiengesellschaften zum → Rückkauf eigener Aktien, so verpflichtet das Wertpapierhandelsgesetz zur Veröffentlichung dieser Maßnahmen.

Verordnung über die Rechnungslegung der Kreditinstitute, *Ordinance Regulating the Financial Reporting of Banks*. Neben den Vorschriften für alle Kaufleute (§§ 238 ff. HGB), → Kapitalgesellschaften (§ 264 ff. HGB) und den Vorschriften für Banken (§§ 340ff. HGB) müssen → Kreditinstitute noch die V.ü.d.R.d.K. beachten. Diese regelt besondere Ausweis- und Gliederungsvorschriften sowie Inhalte einzelner Posten in → Bilanz und → Gewinn- und Verlustrechnung sowie Zusatzangaben im → Anhang.

Verpfändung, → Pfandrecht.

Verpfändung von Wertpapieren. An → Wertpapieren eines Kunden, die in den Besitz der → Bank gelangen, entsteht aufgrund der AGB der Banken (Nr. 14) ein → Pfandrecht, das die Erfüllung grundsätzlich alle → Forderungen sicher, die sie gegenüber dem Kunde hat. Sie kann die Wertpapiere des Kunden deshalb verwerten, wenn er einen ihm eingeräumte Kredite nicht vertragsgemäß zurückzahlt. Von ihr verwahrten Wertpapiere des Kunden kann das → Kreditinstitut auf Grund ausdrücklich Ermächtigung auch als → Sicherheit für eigene → Verbindlichkeiten verpfänden (§ 12a DepotG).

Verrechnungssteuer, *withholding tax*; Steuerart, die in der Schweiz erhoben wird. Die V. wird als → Quellensteuer auf den Ertrag des beweglichen Kapitalvermögens (insbesondere auf → Zinsen und → Dividenden), von Lotteriegewinnen und Versicherungsleistungen erhoben. Steuerpflichtig ist der Schuldner der Leistung, der aber die Steuer auf den Empfänger überwälzen muss. Hat dieser den Wohnsitz im Inland, so hat er Anrecht auf Rückerstattung bzw. Anrechnung, sofern er die mit der V. belasteten Einkünfte und dazugehörigen Vermögensbestandteile deklariert. Damit soll die Steuerhinterziehung für den inländischen Steuerpflichtigen unattraktiv gemacht werden. – Für im Ausland wohnhafte Steuerpflichtige stellt die V. grundsätzlich eine endgültige Belastung dar. Solche Personen können aber eine teilweise oder vollständige Rückerstattung der V. beanspruchen, wenn ein → Doppelbesteuerungsabkommen zwischen der Schweiz und dem betreffenden Wohnsitzstaat abgeschlossen worden ist. Der Steuersatz beträgt 35% auf Kapitalerträge und Lottogewinne, 15% auf Leibrenten und Pensionen und acht Prozent auf sonstige Versicherungsleistungen. Auf Steuerbeträge, die nach Ablauf der Fälligkeitstermine ausstehen, ist ohne Mahnung ein Verzugszins geschuldet. Der Zinssatz beträgt zur Zeit fünf Prozent.

Verrechnungstage, *clearing days*. Anzahl der Tage vor → Fälligkeit von → Termingeschäften, an denen Unterlagen zur → Skontration vorzulegen sind.

Verschmelzung, → Fusion.

Verschmelzung durch Aufnahme, *Merger*; vgl. → Fusion.

Verschmelzung durch Neubildung, *consolidation*; vgl. → Fusion.

Verschmelzung von Aktiengesellschaften, → Fusion.

Verschuldung, *indebtedness, level of debt*; beschreibt den Umfang der Verbindlichkeiten bzw. aufgenommenem → Fremdkapitals einer privaten oder → juristischen Person. Sie spielt eine bedeutende Rolle bei der Kreditbeurteilung und wird im Rahmen der → Bilanzanalyse anhand verschiedener → Kennzahlen (z.B. → Verschuldungsgrad) beurteilt. – Vgl. auch → Finanzstrukturkennzahlen und → Finanzierungskennzahlen.

Verschuldungsgrad, *debt-equity ratio*; ist eine → Kennziffer zur Analyse der Kapitalstruktur bzw. der Finanzierung. Es ist zu unterscheiden zwischen dem statischen V.:

$$\frac{Fremdkapital}{Eigenkapital} \times 100$$

und dem dynamischen V.:

$$\frac{Fremdkapital}{CashFlow} \times 100.$$

Versorgungsfreibetrag, 1. *personal exemption by way of statutory pensions or social security benefits*. Der V. wird im Rahmen der Zahlung von Versorgungsbezügen gewährt. Im privaten Dienst wird der V. für Versorgungsbezüge gewährt, die wegen Erreichens einer Altersgrenze gezahlt werden, die wegen Berufs- oder Erwerbsunfähigkeit oder als Hinterbliebenenbezüge gezahlt werden. Der V. beträgt seit 1996 40 % der begünstigten Versorgungsbezüge, maximal jedoch 2045 Euro. – 2. Nach § 17 ErbStG werden dem überlebenden Ehegatten und Kindern im Sinne der Steuerklasse I Nr. 2 (§15 I) V. gewährt. Für Ehegatten beträgt der V. 256.000 Euro, Kindern wird je nach Alter ein V. in unterschiedlicher Höhe gewährt.

Versorgungslücke, *supply gap*. Bezeichnung für die nach Eintritt des Ruhestandes, der Berufs- oder Erwerbsunfähigkeit entstehende finanzielle Lücke. Sie ergibt sich durch die Minderung des monatlichen Einkommens, da die Zahlungen der gesetzlichen Rentenversicherung (→ Altersversorgung), die nach dem Ausscheiden aus dem Berufsleben erfolgen, nicht deckungsgleich mit dem zuvor bezogenen Gehalt sind. Bei großen Unterschieden zwischen letztem Gehalt und Rentenzahlung entsteht die sog. V., die etwa durch die private und/oder betriebliche → Altersvorsorge geschlossen werden kann.

Verstaatlichung, *nationalization*; bezeichnet die Überführung privater Unternehmen in eine staatliche Gemeinwirtschaft, der zumeist wirtschaftspolitische oder ideologische Motive zugrunde liegen.

versteckte Rücklagen, → stille Reserven.

Versteigerung (Auktion). Man unterscheidet folgende Typen: Die V. nach bürgerlichen Recht, die Zwangsversteigerung von Grundstücken und die öffentliche V. von im Zwangsverfahren gepfändeten beweglichen Sachen. Bei einer V. erhält das beste Gebot den Zuschlag. – V. sind wesentlicher Bestandteil der Bildung von → Börsenkursen und auch bei der → Emission von → Geldmarktinstumenten. Letztere können mittels → Mengen- oder → Zinstendern im → holländischen oder im → amerikanischen Verfahren emittiert werden.

Vertagung der Hauptversammlung der AG, *adjournment of the shareholders' meeting*. Eine V.d.H.d.A. ist notwendig, wenn der angesetzte Zeitraum für die Hauptversammlung nicht ausreicht, um sämtliche Tagesordnungspunkte ordnungsgemäß abzuhandeln. Dazu kann es insbesondere dann kommen, wenn durch strittige Tagesordnungspunkte sich der Zeitablauf verzögert, weil Aktionäre einen erhöhten Informationsbedarf besitzen. Die Vertagung hat im Regelfall zur Folge, dass die Hauptversammlung am Folgetag fortgesetzt wird; eine erneute Einberufung ist erforderlich, wenn die Möglichkeit einer Fortsetzung am Folgetag bei der ursprünglichen Einberufung nicht angekündigt worden ist.

Verteilung, → Wahrscheinlichkeitsverteilung.

Vertical Spread, *price spread*. Kombinationsstrategie für → Optionen, bei der

Vertrag

eine jeweils gleiche Anzahl an Optionen desselben Optionstyps, d. h. → Calls oder → Puts, gleichzeitig ge- und verkauft werden, wobei sich die Optionen einzig in der Höhe der → Basispreise unterscheiden. Die Spanne zwischen den Basispreisen wird dabei als → Spread bezeichnet.

Vertrag, *agreement, contract*. Der V. ist die wichtigste Form der Begründung eines Schuldverhältnisses durch Rechtsgeschäft. Er kommt zustande durch zwei übereinstimmende Willenserklärungen (Angebot/Antrag und Annahme). Ein Angebot muss hinreichend bestimmt und von rechtsgeschäftlichem Bindungswillen getragen sein. Es wird wirksam, sobald es dem Empfänger zugeht (§ 130 BGB), und ist für den Erklärenden grundsätzlich bindend (§ 145 BGB). Die Annahme muss vorbehaltlos erfolgen, mit dem Angebot deckungsgleich sein (sonst liegt wiederum ein neuer Antrag vor) und rechtzeitig geschehen (§§ 147 ff. BGB). Schweigen ist nur im Falle des § 362 HGB und beim kaufmännischen Bestätigungsschreiben ausreichend.

Vertragskonzern, *contract-based group (of affiliated companies)*. Ein V. entsteht im Gegensatz zum faktischen Konzern und zum Eingliederungskonzern durch den Abschluss eines Vertrages zwischen Ober- und Untergesellschaft (→ abhängiges und herrschendes Unternehmen). Dabei handelt es sich entweder um einen Beherrschungsvertrag oder um einen Gewinnabführungsvertrag (vgl. → Beherrschungs- und Gewinnabführungsvertrag). I.d.R. werden beide Verträge zusammen abgeschlossen. Für den Abschluss der Verträge ist die Zustimmung von drei Viertel des vertretenen Grundkapitals auf der Hauptversammlung der Untergesellschaft erforderlich. – Vgl. auch → Konzern.

Vertragstypus, → Investmentgesellschaft, Konstruktion.

vertretbare Wertpapiere, *fungible Wertpapiere, fungible securities*. Gehören nach § 91 BGB zu den beweglichen Sachen, die im Verkehr nur nach Zahl, Maß oder Gewicht bestimmt werden. Sie sind untereinander austauschbar. So sind die Stammaktien einer Gesellschaft untereinander völlig gleich und daher austauschbar. Die Fungibilität der → Aktie ist Voraussetzung für den Börsenhandel.

Vertretung der AG, *representation of the corporation*. Die V.d.A. obliegt dem → Vorstand. Besteht der Vorstand aus mehreren Personen, gilt der Grundsatz der Gesamtvertretung. Dies verlangt nicht das gleichzeitige Handeln aller Vorstandsmitglieder, jedoch müssen die anderen Vorstandsmitglieder der Handlung des Einzelnen zustimmen, was auch stillschweigend geschehen kann. Auch ist eine Übertragung einzelner Geschäfte oder einzelner Arten von Geschäften auf ein einzelnes Vorstandsmitglied denkbar. Des weiteren kann die → Satzung der AG eine andere Regelung bestimmen. Die jeweilige Vertretungsbefugnis der Vorstandsmitglieder ist zur Eintragung im Handelsregister anzumelden.

Verwahrer, → Verwahrstelle.

Verwahrerkonkurs, *depositary bankruptcy*. Ein V. ist der → Konkurs über das Vermögen eines Wertpapierverwahrers (→ Verwahrstelle), eines Pfandgläubigers oder eines → Kommissionärs. Folgende Gläubiger sind beim V. bevorrechtigt: → Kommittenten, die im Zeitpunkt der Konkurseröffnung ihre Verpflichtung gegenüber dem Kommissionär bereits vollständig erfüllt haben (bzw. der nicht erfüllte Teil ihrer Verpflichtungen darf 10% des Wertes ihres Wertpapierlieferungsanspruchs nicht überschreiten; die Restschuld muss innerhalb einer Woche nach Aufforderung des Konkursverwalters beglichen werden), aber noch nicht Eigentümer oder Miteigentümer der Wertpapiere sind. Des weiteren sind bevorrechtigt: Hinterleger, Verpfänder und Kommittenten, die bei Eröffnung des Konkursverfahrens ihre Verpflichtungen gegenüber dem Gemeinschuldner ebenfalls vollständig erfüllt haben und bei denen eine Verletzung des Eigentums oder Miteigentums an Wertpapieren durch eine rechtswidrige Verfügung des Verwahrers, Pfandgläubigers oder Kommissionärs vorliegt.

Verwahrgeschäft, → Verwahrungsgeschäft.

Verwaltung von Wertpapieren

Verwahrstelle, *custodian bank*. Verwahrer im Sinne des Depotgesetzes sind Kaufleute, denen Wertpapiere unverschlossen zur Verwahrung anvertraut werden. Dies trifft vor allem für Kreditinstitute und Wertpapiersammelbanken zu. Bei Hausverwahrung ist die V. die Hausbank, während bei einer → Drittverwahrung in der Regel eine Wertpapiersammelbank oder ein Zentralinstitut mit Sitz am Börsenplatz beauftragt wird. Bei V. für Wertpapiere (Depot) ist zu unterscheiden zwischen einem Wertpapierdepot bei einer Bank in dem Wertpapiere aller Art, auch Fondsanteile, aufbewahrt werden können und einem Depot bei einer Kapitalanlagegesellschaft, das nur beim Kauf von Fondsanteilen eingerichtet wird und in dem die Fondsanteile gebucht werden.

Verwahrstücke, *custody items*. V. sind verschlossene, versiegelte oder verplombte Pakete, deren Inhalt nicht erkennbar ist. Die verwahrten Gegenstände bleiben der Bank unbekannt. Sie werden i.d.R. in einem Tresor oder Stahlschrank aufbewahrt. Name und Anschrift des Hinterlegers werden auf dem V. deutlich vermerkt.

Verwahrung, *custody, safekeeping, safe custody, storage*. Durch einen Verwahrungsvertrag wird der Verwahrer verpflichtet, eine ihm vom Hinterleger übergebene bewegliche Sache aufzubewahren (§§ 688 ff. BGB). Zwischen den Parteien entsteht insoweit ein Besitzmittlungsverhältnis. Für die wichtigsten Fälle existieren Sondervorschriften, so für das Lagergeschäft (§§ 467 ff. HGB) oder für die → Verwahrung von Wertpapieren durch Banken (§§ 2 ff. DepotG). – Vgl. auch → Besitz.

Verwahrungsbuch, *Verwahrbuch, Personendepotbuch, custody ledger*. Das Depotgesetz verpflichtet in § 14 jeden Verwahrer von Effekten zu einer Buchhaltung der ihm anvertrauten Wertpapiere, die den Grundsätzen einer ordnungsgemäßen Buchführung entsprechen muss. Teil dieser Buchhaltung ist das V. – Vgl. auch → Depotbuch.

Verwahrungsgeschäft, *Verwahrgeschäft, custody transactions*. Im Rahmen des V. vermieten → Kreditinstitute → Schließfächer an Kunden oder nehmen verschlossene und dem Inhalt nach nicht erkennbare → Verwahrstücke zur → Verwahrung an. – Vgl. auch → Depotverwahrung.

Verwahrungskosten, *custody fees*. Die V. richten sich nach der Art der Verwahrung. Die günstigste Form ist aufgrund der einfachen und schnellen Abwicklung der Effektenhandelsgeschäfte die → Girosammelverwahrung. Die → Sonderverwahrung ist wegen ihrem hohen Arbeitsaufwand erheblich teurer.

Verwahrungsvertrag, → Verwahrung.

Verwahrung von Wertpapieren, *custody of securities*. Die Wertpapierverwahrung wird von → Kreditinstituten für Kunden entweder im → geschlossenen oder im → offenen Depot vorgenommen. Bei einer Verwahrung im geschlossenen Depot, für das die Bestimmungen des → Depotgesetzes (DepotG) keine Anwendung finden, kennt der → Verwahrer den Inhalt des Depots nicht. Dagegen werden die Wertpapiere bei der Verwahrung im offenen Depot dem Verwahrer unverschlossen übergeben. Der → Deponent beauftragt den Verwahrer neben der reinen Aufbewahrung auch mit der Verwaltung seiner Wertpapiere. Bei offenen Depots, die die Regelform der V.v.W. darstellen, lassen sich als Formen der Verwahrung die → Sonderverwahrung und die → Sammelverwahrung unterscheiden.

Verwaltung der AG, bezeichnet zusammenfassend den → Vorstand und den → Aufsichtsrat.

Verwaltung von Wertpapieren, *portfolio management*. Bei der Wertpapierverwaltung handelt es sich um einen Geschäftsbesorgungsvertrag nach § 675 BGB (BGBl. I S. 1642). Die → Kreditinstitute nehmen ohne besondere vorherige Weisung der → Deponenten deren Interessen selbst oder über → Drittverwahrer wahr. Art und Umfang dieser Verwaltung ist zur beiderseitigen Risikominderung in den → Allgemeinen Geschäftsbedingungen der Banken geregelt. Die Verwaltungsaufgaben umfassen neben Inkasso- auch Indivi-

Verwaltungsaktien

dualtätigkeiten. Zu den Inkassotätigkeiten, die ohne besondere Weisung der Deponenten auszuführen sind, zählen die Trennung, der Einzug und die Gutschrift von Zins- und → Gewinnanteilscheinen, die Besorgung neuer Zins- und Gewinnanteilscheinbogen und das Einziehen fälliger, verloster und gekündigter → Wertpapiere. Die Individualtätigkeiten hingegen erfolgen nur in Absprache mit dem Deponenten. Dabei handelt es sich im Wesentlichen um die Weiterleitung von Gesellschaftsmitteilungen, die Ausübung von → Stimmrechten sowie die Besorgung von Stimmkarten für → Hauptversammlungen. Bei den Pflichten der Wertpapierverwaltung sind zudem Prüfungs- und Benachrichtigungspflichten zu nennen. Prüfungspflichten ergeben sich bei der Einlieferung oder dem Kauf von Wertpapieren, sowie bei ruhenden Depotbeständen. Geprüft wird neben der Lieferbarkeit und Fälligkeit jener Wertpapiere auch deren Belegung mit Aufgeboten, wie beispielsweise Zahlungssperren oder → Oppositionen, da aus Mängeln dieser Art Rechtsnachteile resultieren. Informationen über → Umtausch-, Abfindungs- und Übernahmeangebote, sowie Kündigungen, Verlosungen, → Konvertierungen, Kapitalveränderungen, Hauptversammlungen und Depotauszüge und -abstimmungen sind den Benachrichtigungspflichten des Verwalters zuzurechnen. Die Weiterleitung öffentlich zugänglicher Informationen an den Deponenten zählt ebenfalls zu den Pflichten des Verwalters.

Verwaltungsaktien, *Management Shares*. → Vorratsaktien aus einer → Emission, deren Verwertung der Verwaltung der Gesellschaft zusteht.

Verwaltungsgebühr, *Verwaltungsvergütung, Managementgebühr, management fee, administrative fee*. Die Kapitalanlagegesellschaft erhält für ihre Portfoliomanagement- und Verwaltungsleistungen einen festgelegten Prozentsatz des Fondsvermögens als V.

Verwaltungsgesellschaft, *management company*. Bezeichnung für das Unternehmen, das über die Investition der in einem → Investmentfonds angelegten liquiden Mittel entscheidet.

Verwaltungsrat, schweizerische Bezeichnung für → Aufsichtsrat.

Verwaltungsrechte, → Aktionärsrechte.

Verwaltungstreuhand, → Treuhandverhältnis.

Verwaltungsvergütung, → Verwaltungsgebühr.

Verwässerung, *equity dilution* → Kapitalverwässerung

Verwässerungsschutz, *protection against equity dilution;* dient dem Schutz der Aktionäre bei einer → Kapitalverwässerung, die zum Beispiel im Rahmen einer → Kapitalerhöhung eintreten kann. Als V. wird den Aktionären ein gesetzlich verbrieftes → Bezugsrecht eingeräumt. Es berechtigt sie zum Bezug einer ihrem bisherigen Anteil am → gezeichneten Kapital entsprechenden Anzahl von neuen → Aktien. Es kann jedoch ganz oder teilweise durch die → Hauptversammlung ausgeschlossen werden.

Verwässerungsschutz bei Wandelanleihen, *protection against equity dilution with convertible bonds*. Zum Schutz der Vermögensposition der → Obligationäre sehen die → Anleihebedingungen meist einen → Verwässerungsschutz vor. Zu einer Verwässerung kommt es im Rahmen einer während der Laufzeit der W. erfolgten weiteren → Kapitalerhöhung. Als Instrument kommt etwa eine Anpassung des Wandelungsverhältnisses in Betracht.

verwendbares Eigenkapital. Körperschaftsteuerlich ist → Eigenkapital der Unterschiedsbetrag zwischen dem auf der → Aktiv- und dem auf der → Passivseite der Steuerbilanz ausgewiesenen Betriebsvermögen, das sich ohne Änderung der KSt ergeben würde. Zum Schluss jedes Wirtschaftsjahres ist das → Eigenkapital in das für Ausschüttungen verwendbare und das übrige Eigenkapital aufzuteilen. Das verwendbare Eigenkapital ist der Teil des Eigenkapitals, der das → Nennkapital übersteigt und der sich zum Schluss des letzten vor dem Gewinnverteilungsbeschluss abgelaufenen Wirtschaftsjahrs ergibt. Ist ein Gewinnverteilungsbeschluss nicht gefasst, tritt an seine Stelle die Gewinnausschüttung. Reicht für eine Kapitalausschüttung das verwendbare Eigenkapital nicht aus, erhöht sich die KSt (seit 01.01.1994) um $^3/_7$ des Unterschiedsbetrags.

verwendetes Eigenkapital. Mit der KSt belastete Teilbeträge des → Eigenkapitals gelten in der Reihenfolge als für die Ausschüttung verwendet, in der die Belastung abnimmt. In welcher Höhe ein Teilbetrag als verwendet gilt, ist aus seiner Tarifbelastung abzuleiten. Als für die Ausschüttung verwendet gilt auch der Betrag, um den sich die KSt mindert. Erhöht sie sich, gilt ein Teilbetrag des Eigenkapitals höchstens als verwendet, soweit er den von ihm abzuziehenden Erhöhungsbetrag übersteigt.

Verwertungsaktien, → Vorratsaktien.

Verzeichnis der Teilnehmer an der Hauptversammlung der AG, → Präsenzliste.

Verzinsung, *rate of interest*; stellt einerseits die Zahlung von → Zinsen, die ein → Schuldner für die befristete Überlassung von → Kapital zahlen muss dar. Andererseits bezeichnet es die → Rendite, die aus einem → Wertpapier erzielt wird. Man unterscheidet zwischen → Nominalverzinsung, die sich auf den → Nennwert und → Effektivverzinsung, die sich auf den → Kurswert bezieht. Weitere Arten sind die Realverzinsung, die inflationsbereinigt ist und die → laufende Verzinsung, die die jährlichen Zinszahlungen für das überlassene Kapital beschreibt. Weiter wird differenziert zwischen fester Verzinsung (→ festverzinsliche Anleihen) und variabler Verzinsung (→ Floating-Rate-Note).

Verzinsungsverbot, *ban on interest payments*; Verbot von Guthabenverzinsung für von Devisenausländern im Inland gehaltene Guthaben.

Verzugszinsen, *(penalty) interest on arrears, penal interest*; über den normalen Zins hinaus, zusätzlich zu zahlende Zinsen bei Verzug des Schuldners. Die Höhe ist grundsätzlich geregelt in § 288 BGB mit vier vom Hundert der Geldschuld, kann aber in Verträgen davon abweichend festgelegt werden. V. auf verspätete Zinszahlungen dürfen jedoch nach § 289 BGB nicht verlangt werden (→ Zinseszinsverbot).

Vierteljahresbericht von Investmentgesellschaften, *quarterly report of investment companies*. Erfasst die im abgelaufenen Quartal getätigten Umschichtungen des → Fondsvermögens, und beinhaltet ebenso eine → Vermögensaufstellung zum Quartalsstichtag. Die aufgeführten Daten erreichen nicht den Umfang der → Rechenschaftsberichte.

Vierteljahresdividende, → Quartalsdividende.

vinkulierte Aktie, *gebundene Aktie, registered share not freely transferable*. → Namensaktie, deren Übertragung von der Zustimmung der Gesellschaft abhängt (§ 68 II AktG).

Vinkulierung, *restriction of transferability*. Die V. ist die Bindung der Übertragung von → Wertpapieren auf einen Dritten an die Einwilligung bzw. Billigung der emittierenden Gesellschaft. – Vgl. auch → Namenspapiere, → vinkulierte Aktien.

Virgin Bond, → Back Bond.

virtuelle Börse, → Computerbörse.

virtuelles Aktienoptionsprogramm, → Stock Appreciation Rights.

Virt-x, vgl. → Tradepoint.

VIX Index, → CBOE Market Volatility Index.

VOBAX, Abk. für → Volksbank-Aktienindex.

Volatilität, *volatility*. Man unterscheidet zwischen historischer V. und impliziter V. – 1. Die historische V. beschreibt die Schwankungsintensität von Kursen (Kursvolatilität) oder → Renditen (Renditevolatilität) eines Finanzinstrumentes im Zeitablauf. Sie wird durch die → Standardabweichung der Kurse oder vergangener

Volatilitäts-Futures

Renditen gemessen. Die historische V. wird oft als Schätzwert für die zukünftige Schwankung von Kursen oder Renditen und des → Betafaktors von Aktien (z.B. bei der → Asset-Allocation) benutzt. Die Standardabweichung misst nur die Schwankungsbreite der Bewegungen, macht aber keine Aussagen über die Richtung der Bewegungen. Die Formel für die Stichprobenstandardabweichung ist:

$$s = \sqrt{\frac{1}{n-1} \sum_{i=1}^{n} (x_i - \bar{x})^2} ,$$

wobei

n die Anzahl der Werte,

$\bar{x}$ das arithmetische Mittel und

x_i die Merkmalswerte bezeichnen.

Große Schwankungen fließen überproportional stark in die Berechnung der V. ein. Das mit einem Finanzinstrument verbundene Risiko gilt als um so höher, je höher die V. der Anlage ist. – 2. Die V. hat einen großen Einfluss auf den rechnerischen → Optionspreis. Die implizite V. bezeichnet die V., die sich ergibt, wenn man den → Optionspreis in ein Optionsbewertungsmodell (z.B. → Black/Scholes-Formel) einsetzt und dann die V. ermittelt. Die → implizite V. basiert im Gegensatz zur historischen V. auf den Erwartungen der Marktteilnehmer an dem Optionshandel.

Volatilitäts-Futures, → Futures auf die → implizite Volatilität von → Optionen. – Vgl. auch → Terminkontrakte auf die implizite Drei-Monats-Volatilität von DAX-Optionen.

Volatilitätsindex, bezeichnet einen → Index, der die → Volatilität eines bestimmten Marktes widerspiegelt. Dabei muss zwischen V. unterschieden werden, die die → historische Volatilität berechnen und solchen, die die in den → Optionspreisen enthaltene, → implizite Volatilität ermitteln und damit die in der Zukunft erwartete Volatilität der → Kassamärkte aufzeigen. Zur letzteren Gruppe gehört der → VDAX, der V. auf den Deutschen Aktienindex → DAX sowie der → Chicago Board of Options Exchange Volatility Index VIX.

Volatility DAX (VDAX), *DAX Volatilitätsindex*. Index der → Deutschen Börse AG, der die vom → Terminmarkt erwartete Schwankungsbreite (→ implizite Volatilität) des → Deutschen Aktienindex (DAX) ausdrückt. Anhand des VDAX wird versucht, die Erwartungen über die zukünftigen Schwankungsbreiten des DAX darzustellen. – Die Berechnung des VDAX erfolgt anhand der linearen Interpolation von zwei Subindizes, die die Restlaufzeit von 45 Tagen umschließen. Die Subindizes werden aus → Optionen auf den DAX mit Laufzeiten von ein bis 24 Monaten gebildet. Die auf Grundlage der → Black/Scholes-Formel errechnete Prozentzahl (% p.a.) gibt die erwartete Schwankungsbreite des DAX auf Jahresbasis an. Der VDAX wurde 1994 eingeführt und wird seit Juli 1997 minütlich berechnet. – Vgl. auch → historische Volatilität.

VOLAX-Futures, → Terminkontrakte auf die implizite Drei-Monats-Volatilität von DAX-Optionen.

Volksaktien. Historische Bezeichnung für Aktien, die zum Zweck der Vermögensbildung und Förderung des Aktienbesitzes an untere Einkommensgruppen zu Vorzugspreisen ausgegeben wurden. Die Ausgabe erfolgte bei Privatisierung von Bundesvermögen.

Volksaktionär, Inhaber einer → Volksaktie. – Vgl. auch → Aktionär.

Volksbank-Aktienindex (VOBAX). → Aktienindex der umsatzstärksten Werte der → Baden-Württembergische Börse zu Stuttgart enthält. Die Gewichtung der Einzelwerte in diesem → Kursindex erfolgt anhand des zugelassenen → Grundkapitals dieser Unternehmen.

Volksbanken, *people's banks*. Bezeichnung für die gewerblichen → Kreditgenossenschaften auf lokaler Ebene.

Volkseinkommen, *national income*; ist in der Volkswirtschaftlichen Gesamtrechnung das monetär bewertete Nettosozialprodukt zu Faktorkosten. Die Berechnung erfolgt im Rahmen der Verteilungsrechnung des → Sozialprodukts durch Abzug der indirekten Steuern (vermindert um die

Subventionen) vom Nettosozialprodukt zu Marktpreisen. Ein identisches Ergebnis wird durch Addition der Bruttoeinkommen sowohl aus unselbständiger Arbeit als auch aus Unternehmertätigkeit und Vermögen erzielt.

Volksvermögen, *national wealth*; nennt man den zu einem Zeitpunkt monetär erfassten Reinbestand aller Wirtschaftssubjekte an Sachvermögen, immateriellem Vermögen und Nettoforderungen gegenüber dem Ausland. Der mit hohen Quantifizierungsproblemen behaftete Begriff des V. wird durch Aggregation der einzelwirtschaftlichen Vermögensbilanzen zu einem bestimmten Stichtag errechnet. Hierzu wird das Vermögen der einzelnen Wirtschaftssubjekte, vom Bürger über Unternehmen bis hin zum Staat, addiert und um die Differenz der Forderungen und Verpflichtungen gegenüber dem Ausland bereinigt.

Vollausschüttung, *full profit distribution*; Verteilung des gesamten → Jahresüberschusses an die Gesellschafter ohne die → Gewinnrücklagen zu erhöhen. – Vgl. auch → Ausschüttung.

Vollgeschäftsjahr, *full business year*. Das V. umfasst zwölf Monate. – Gegensatz: → Rumpfgeschäftsjahr.

Vollgiro, *Vollindossament*. Ein → Indossament, das → Indossatar und → Indossanten nennt. Gegensatz: → Blankoindossament.

Vollhafter, *general partner*. Ein V., wie z.B. der → Komplementär, haftet im Gegensatz zu einem → Teilhafter für Schulden der Gesellschaft auch mit seinem Privatvermögen.

vollkommener Kapitalmarkt, *perfect capital market*. Bezeichnung für einen theoretischen → Kapitalmarkt, auf dem ein einheitlicher Zinssatz für die Kapitalanlage und Kreditaufnahme existiert. Auf einem v.K. sind folgende Bedingungen erfüllt: – 1. Es bestehen keine Friktionen, d.h. es fallen keine Transaktionskosten oder Steuern an und alle Vermögensgegenstände sind perfekt teilbar und jederzeit fungibel. – 2. Es bestehen keine Handelsbeschränkungen in Bezug auf → Leerverkäufe oder Besitzgrenzen. – 3. Es herrscht vollständiger Wettbewerb, so dass alle Marktteilnehmer gleiche Marktzugangsmöglichkeiten haben (keine Markteintrittsbarrieren) und Preisnehmer sind. – 4. Der Kapitalmarkt ist informationseffizient (→ Effizienzmarkttheorie), da Informationen kostenlos sind und alle Marktteilnehmer gleichzeitig erreichen. – 5. Alle Marktteilnehmer streben nach Nutzenmaximierung.

Vollliberierung, ist die Komplettbezahlung der im Rahmen einer → Emission zugeteilten Titel (Liberierung) auf einmal.

Vollmacht, *power of attorney*. durch einseitiges Rechtsgeschäft erteilte Vertretungsmacht (§ 167 BGB). Sie berechtigt zur Abgabe eigener Willenserklärungen im fremden Namen, die unmittelbar für und gegen den Vertretenen wirken. Das → Handelsgesetzbuch (HGB) regelt spezielle Formen, wie die der Handlungsvollmacht (§§ 54 ff. HGB) und der Prokura (§ 48 ff. HGB). – Neben der rechtsgeschäftlichen V. kennt das Gesetz auch die organschaftliche und die gesetzliche Vertretungsmacht, wie die des Geschäftsführers einer → Offenen Handelsgesellschaft (OHG), → Gesellschaft mit beschränkter Haftung (GmbH) oder des Vorstands einer → Aktiengesellschaft (AG) oder der Erziehungsberechtigten gegenüber minderjährigen Kindern.

Vollmachtsindossament, *Prokuraindossament, collection indorsement*. → Indossament, welches durch rechtsgeschäftliche Erklärung des → Indossanten dem → Indossatar zwar nicht die Rechte (Eigentum) aus dem → Wechsel, dem → Scheck oder der → Namensaktie einräumt, ihn aber zur Einziehung bevollmächtigt – Vgl. auch → Vollmacht.

Vollmachtstimmrecht, → Depotstimmrecht.

Vollregistrierung für ADR-Werte. Für die Zulassung zum Handel an einer US-amerikanischen Börse muss ein ausländisches Unternehmen die Aktien bei einem inländischen Institut hinterlegen. An der Börse werden dann sog. → ADR emittiert.

Vollzahlung der Aktien

Ferner müssen die den ADRs zugrunde liegenden Aktien registriert werden und die jeweiligen Berichts- und Offenlegungspflichten durch den Emittenten erfüllt werden. Bei der Registrierung werden dabei umfangreiche Angaben über den Emittenten sowie über wesentliche Anteilseigner, verlangt. Des weiteren sind die Jahresabschlüsse nach US-GAAP vorzulegen

Vollzahlung der Aktien. → Die Zulassung von Wertpapieren zum amtlichen Handel setzt grundsätzlich ihre Volleinzahlung voraus. Hiervon kann nach § 5 II Nr. 1 BörsZulV abgewichen werden, wenn keine Beeinträchtigung des → Börsenhandels zu erwarten ist und die Investoren über die fehlende Volleinzahlung sinnvoll unterrichtet werden.

Volume Weighted Average Price (VWAP), *volumengewichteter Durchschnittspreis*; Durchschnittskurs von Aktien mit → fortlaufender Notierung innerhalb eines bestimmten Zeitraumes. Der VWAP wird berechnet, indem die einzelnen Notierungen mit der jeweils gehandelten Aktienzahl gewichtet werden. – Vgl. → gewichtete Durchschnitte.

Voluntary Accumulation Plan, *regelmäßiger Ansparplan*. Bezeichnung für einen individuellen Ansparplan, der es dem Anleger eines → Investmentfonds ermöglicht, über eine gewisse Zeit hinweg regelmäßig Anteile zu erwerben, um damit ein angestrebtes Anteilsvolumen anzusammeln. – Gegensatz: → Contractual Accumulation Program.

von Aufgabe, → an Aufgabe.

von Dir, → von Ihnen.

von Ihnen, Durch diesen Ausdruck in der → Börsensprache erklärt ein Handelsteilnehmer auf dem Börsenparkett seinen Willen, Wertpapiere zu dem vom Verkäufer ausgerufenen Preis erwerben zu wollen. Die entsprechende Erklärung des Verkäufers lautet → „an Sie".

Vontobel Swiss Small Companies Index, von der Schweizer Bank Vontobel AG veröffentlichter → Index über Schweizer Small Caps.

Vor-AG, ist die Vorgesellschaft zur → AG, die im Zuge der Gründung der AG vor ihrer Eintragung in das → Handelsregister als besondere → Gesellschaftsform auf der Grundlage der notariell beurkundeten Feststellung der → Satzung durch die Gründer entsteht und bis zur Eintragung der AG im Handelsregister fortdauert (vgl. § 41 Abs. 1 AktG). Die durch die Eintragung entstehende AG ist mit die Vorgesellschaft als Rechtsäger identisch, weshalb die Rechte und Pflichten, die bei der Vorgesellschaft entstanden sind, ohne Rechtsgeschäft auf die eingetragene AG übergehen. Die Gesellschafter der Vorgesellschaft haften unbeschränkt, aber grundsätzlich nur gegenüber der Vorgesellschaft selbst und nicht unmittelbar gegenüber ihren Gläubigers. Im übrigen finden auf die Vorgesellschaft bereits die gesetzlichen Vorschriften über die AG Anwendung, es sei denn, die Vorschrift geht von der Eintragung der AG aus. Die Vorgesellschaft ist zu unterscheiden von der Vorgründungsgesellschaft, die als Gesellschaft bürgerlichen Rechts den Zweck verfolgt, eine AG durch Abschluss des notariellen Gesellschaftsvertrags zu errichten. Sie ist mit der Vorgesellschaft nicht identisch, sondern mit der Errichtung der AG wegen Erreichung ihre Zweckes zu liquidieren.

Vorankündigung. Bei Aktiengesellschaften werden wichtige Mitteilung meist vor der tatsächlichen Mitteilung angekündigt. Bei Anleihen wird i.d.R. der Anleihebetrag, Zinssatz, Zinstermin, Laufzeit und die Tilgungsbedingungen im voraus bekanntgegeben. Der Beginn des Verkaufs erfolgt dann kurze Zeit danach.

vorbörslicher Handel, *pre-market trading*. Bezeichnung für den telefonischen oder elektronischen Handel von börsennotierten Wertpapieren vor der offiziellen Börsensitzung. Die erzielten Preise werden nicht offiziell notiert und festgehalten. Sie weisen jedoch einen Trend für die Kursentwicklung während der sich anschließenden Börsensitzung auf. Daneben versteht man unter v.H. auch den Handel eines Wertpapiers vor der

Börsenzulassung. → Handel per Erscheinen.

Voreröffnung, *pre-opening*; bezeichnet die → Börsenperiode, die nach → Handelsschluss beginnt und alle potenziell ausführbaren → Aufträge für den nächsten Handelstag kumuliert. Aber auch die Voreröffnung kann nur während der → Börsenzeit stattfinden.

Vorjahreszahlen. In einer → Bilanz ist zu jedem Posten die V. anzugeben. Damit soll die Vergleichbarkeit der → Jahresabschlüsse gewährleistet werden. Es sind immer dann Angaben im → Anhang zu machen, wenn die Zahlen aus dem betreffenden und dem vorherigen Geschäftsjahr nicht vergleichbar sind oder die V. angepasst wurde.

Vorkäufe, *forward purchase*. Wertpapierkäufe vor einem bestimmten Termin, von dem vermutet wird, dass er positive Auswirkungen auf die Kursentwicklung haben könnte, z.B. neue Indexzusammensetzung, anstehende → Hauptversammlung, etc.

Vorlegungsfrist für den Jahresabschluss, *time allowed for presentation of the annual financial statement*. Der → Jahresabschluss ist in den ersten drei Monaten des Geschäftsjahres für das vergangene Geschäftsjahr aufzustellen und dem → Jahresabschlussprüfer unverzüglich vorzulegen.

Vorlegungsfrist für Zinsscheine und Gewinnanteilsscheine, *time of presentment for interest and dividend coupons*. Frist in der → Zinskupons und → Gewinnanteilsscheine beim → Emittenten geltend gemacht werden können. Die Frist ist gesetzlich geregelt und beträgt vier Jahre.

Vormundschaft, *guardianship*. V. (§§ 1773 ff. BGB) bezeichnet die durch Gesetz geregelte allgemeine Fürsorge für die Person (→ Mündel) und das Vermögen (→ Mündelgeld) eines nicht voll Geschäftsfähigen und begründet die → Vollmacht, soweit nicht eine Genehmigung des Vormundschaftsgerichtes erforderlich ist (Aufnahme von Geld auf den Kredit des Mündels, § 1822 Nr. 8 BGB).

Vorprämie, *call premium*; bei Rücktritt von einem → Termingeschäft zu entrichtende Prämie. Bei einem → Vorprämiengeschäft ist der Erwerber zur Abnahme von Wertpapieren verpflichtet, wovon er sich durch die Zahlung einer V. befreien kann. – Vgl. → Reuegeld.

Vorprämiengeschäft. Form eines in Deutschland unzulässigen, vorwiegend im US-amerikanischen Raum zu findenden bedingten → Termingeschäftes, das dem Käufer die Möglichkeit eröffnet, zwischen Erfüllung einerseits und Aufgabe des Geschäfts gegen Zahlung eines → Reuegeldes andererseits zu wählen. Am → Fälligkeitstag eines V. ist der Käufer zur Abnahme und Bezahlung der dem Geschäft zugrunde liegenden Güter (Wertpapiere) zu dem vorab fixierten Preis verpflichtet. Gegen Zahlung einer vereinbarten → Vorprämie kann diese Verpflichtung umgangen werden (→ abandonnieren). Der Verkäufer, der die vereinbarten Waren bei Inanspruchnahme des Lieferrechtes durch den Käufer in jedem Fall liefern muss, erhält als Ausgleich für sein Risiko die Prämie, die - falls nicht bereits im voraus beim Geschäftsabschluss gezahlt - am Fälligkeitstag in der Regel im Abnahmekurs für die Wertpapiere eingerechnet wird. – Vgl. auch → Rückprämiengeschäft und → Prämiengeschäft.

Vorratsaktien, *Verwaltungsaktien, Verwertungsaktien, company's own shares*. Bezeichnung für Aktien, die ein Dritter anlässlich der Gründung, Kapitalerhöhung oder bei Ausübung des Umtausch- bzw. → Bezugsrechts aus einer bedingten Kapitalerhöhung (vgl. § 56 III AktG) übernimmt. V. werden nur teileingezahlt (§ 36a AktG). Die emittierende Unternehmung stellt dem Dritten die Mittel zur Leistung der Einlagen als Kredit zur Verfügung. Ihr steht vertraglich das Recht zur Verwendung der Aktien zu. Erst dann erfolgt die volle Einlage gegen Geld- oder Vermögenswerte. Zweck von V. ist die spätere Verfügbarkeit → junger Aktien z.B. für eine Beteiligung an oder die Fusion mit einer anderen Unternehmung. Da der AG und einer abhängigen oder beherrschenden Unternehmung die → Zeichnung der jungen Aktien verboten ist, werden sie von einem Dritten (Treuhänder, Bank) über-

Vorratsbeschluss

nommen, der allerdings zur Leistung der vollen Einlage verpflichtet ist. Die Aufgabe der V. wird auch durch → genehmigtes Kapital (§ 202 AktG) erfüllt. V. sind zu unterscheiden von eigenen Aktien nach § 71 AktG.

Vorratsbeschluss, bezeichnet ein Abwehrinstrument für → Vorstände deutscher Unternehmen gegen → feindliche Übernahmen. Dieser ist im Wertpapiererwerbs- und Übernahmegesetzes (WpÜG) geregelt, das ab Januar 2002 Vorständen das Ergreifen sofortiger Abwehrmaßnahmen bei feindlichen Übernahmen erlaubt. Diese Möglichkeit wird jedoch nur eingeräumt, wenn die → Hauptversammlung mit einer drei Viertel Mehrheit des vertretenen → Grundkapitals zustimmt. Die Ermächtigung kann höchstens für 18 Monate erteilt werden. Konkrete Handlungen aufgrund dieser Ermächtigung bedürfen zusätzlich der Zustimmung des → Aufsichtsrates.

Vorratsemission, *inventory issue*; erfolgt unter Ausnutzung günstiger Rahmenbedingungen am Kapitalmarkt. Dabei wird die Emission insbesondere von Pfandbriefen und Kommunalobligationen durch Daueremittenten zeitlich vorgezogen, obwohl der eigentliche Kapitalbedarf später entsteht.

Vorschusszinsen, *interest on outpayment of unmatured savings account*. Wenn über → Spareinlagen vor Ablauf der Kündigungsfrist oder über den Freibetrag hinaus verfügt werden soll, berechnet die Bank hierfür V. Die Höhe des Zinssatzes für V. hängt in den jeweiligen Bankräumlichkeiten aus. Das BAKred hat besondere Gründe bekanntgegeben, bei deren Vorliegen die Berechnung von V. unterbleiben kann, so z.B. im Fall einer wirtschaftlichen Notlage des Sparers. – Vgl. auch → Spareinlagen, vorzeitige Rückzahlung.

Vorsichtsprinzip, *principle of conservatism, prudence concept*; bezeichnet das alles überragende Prinzip der deutschen → Rechnungslegung. Es ist in § 252 Abs. 1 Nr. 4 HGB geregelt und sieht eine Ungleichbehandlung von → Gewinnen und → Verlusten vor (→ Imparitätsprinzip). Die vorsichtige Darstellung der Lage des Unternehmens durch tendenzielle Unter-

bewertung des → Vermögens (→ Niederstwertprinzip) und durch tendenzielle Überbewertung der → Schulden (→ Höchstwertprinzip) wird hier ebenfalls eingeordnet. Gewinne dürfen erst ausgewiesen werden, wenn sie durch den Umsatzprozess realisiert wurden (→ Realisationsprinzip). Verluste dagegen müssen bereits ausgewiesen werden wenn sie sich abzeichnen. Dies soll vor allem dem → Gläubigerschutz und dem Schutz der → Gesellschafter und → Minderheitsaktionären dienen.

Vorsitzender der Hauptversammlung der AG, *chairman of shareholders' meeting*. Den Vorsitz der Hauptversammlung übernimmt regelmäßig der Vorsitzende des → Aufsichtsrats. Ist dieser verhindert, wird ein anderes Aufsichtsratsmitglied mit dieser Aufgabe betraut. Sind nicht alle Aufsichtsmitglieder anwesend, leitet der älteste anwesende Aktionär die Wahl zum Vorsitzenden der Hauptversammlung aus den Reihen der Aktionäre, soweit die → Satzung keine andere Regelung bestimmt.

Vorsitz im Aufsichtsrat der AG, *chair/chairmanship/presidency of the supervisory board*. Der Vorsitzende des → Aufsichtsrats und sein Stellvertreter werden durch die Mitglieder des Aufsichtsrats gewählt. Zu den Aufgaben des Vorsitzenden gehört u.a. die Einberufung des Aufsichtsrats und in der Regel die Leitung der Hauptversammlung.

Vorsorgefonds, *Pensionsfonds, pension fund*. Bezeichnung für einen → Investmentfonds, der als Instrument der betrieblichen Altersvorsorge der → Finanzierung der dem Arbeitnehmer zustehenden Leistungen dient. – Vgl. auch → Altersvorsorge-Sondervermögen, → Pensionsfonds.

Vorstand, *managing board, board of management, executive board*. Der V. ist ein Organ der AG. Er vertritt die Gesellschaft nach außen (→ Vertretung der AG) und ist mit der alleinigen Geschäftsführung betraut (→ Geschäftsführung der AG).

Vorstand der AG, Amtszeit, → Amtszeit der Vorstandsmitglieder der AG.

vorzeitige Rückzahlung von Spareinlagen, *advance redemption/repayment of savings deposits*; → Spareinlagen, vorzeitige Rückzahlung.

Vorzinsen, *Minusstückzinsen*; besondere Berechnungsform von → Stückzinsen, wenn → festverzinsliche Wertpapiere unmittelbar vor dem → Zinstermin verkauft werden und der Zinsertrag bereits dem Verkäufer gutgeschrieben wurde. Der Ausgleich für den Zinsanteil des Käufers wird als Minuszinsen vom gekauften Kurswert abgezogen.

Vorzüge, Abkürzung für → Vorzugsaktien, die im Aktienhandel zur Unterscheidung von → Stämmen bzw. → Stammaktien üblich ist. – Vgl. auch → Preferred Stocks und → Preference Shares.

Vorzugsaktien, *Vorzüge, VA*; sie unterscheiden sich von → Stammaktien bezüglich der verbrieften Rechte, d.h. dem Stimmrecht, der Dividendenzahlung oder dem Anteil am Liquiditätserlös bei Auflösung der AG. Stimmrechtslose Vorzugsaktien sind nach § 139 I AktG mit einem nachzuzahlenden Dividendenanspruch auszustatten (kumulative V.). Sofern die Vorzugsdividende in einem Jahr nicht oder nur teilweise ausgezahlt wird und im folgenden Jahr neben dem vollen Vorzug des Jahres nicht nachgeholt wird, erhalten die Vorzugsaktionäre das Stimmrecht, bis alle Rückstände nachgezahlt sind. → Mehrstimmrechtsaktien sind nach § 12 II AktG nicht zulässig. Von Prioritätsaktien spricht man, wenn die Vorzugsaktionäre zuerst, d.h. vor den anderen Aktionären eine Dividende erhalten. Dieses Dividendenvorrecht kann nach oben begrenzt sein. – Vgl. auch → Preferred Stocks und → Preference Shares.

Vorzugsaktien ohne Stimmrecht, *nonvoting preferred stock/preference share*; sind zum Ausgleich für das fehlende Stimmrecht mit Dividendenvorrechten ausgestattet. – Vgl. auch → Vorzugsaktien.

Vorzugsaktionär, *preferred stockholder, preference shareholder*. Der V. verfügt im Gegensatz zum → Stammaktionär normalerweise nicht über ein → Stimmrecht aus der Aktie. Dafür hat er einen nachzuzahlenden Vorzug bei der Verteilung des Gewinns. Ansonsten stehen ihm alle anderen → Aktionärsrechte zu. Ist die Gesellschaft nicht in der Lage, den Vorzugsbetrag zu bedienen, und kann dieser Rückstand im Folgejahr nicht nachgezahlt werden, so steht den V. bis zur Zahlung aller Rückstände das Stimmrecht zu.

Vorzugsaufhebung oder –beschränkung, betrifft → Vorzugsaktien ohne Stimmrecht. Sie setzt die Zustimmung der Vorzugsaktionäre voraus. Die Ausgabe weiterer Vorzugsaktien, die gegenüber den Vorzugsaktien ohne Stimmrecht bevorrechtigt oder ihnen gleichgestellt werden, erfordert ebenso die gesonderte Zustimmung der Vorzugsaktionäre sowie ein → Bezugsrecht auf die neuen Vorzugsaktien (§ 141 AktG).

Vorzugsdividende, *preference dividend*; → Dividende auf → Vorzugsaktien. Dabei sind verschiedene Formen möglich: Vorabdividende, festgelegter Dividendenvorteil gegenüber den Stammaktionären, bestimmter Höchstbetrag, usw.

VSC-Index, → Vontobel Swiss Small Companies Index.

VSt, Abk. für → Vermögensteuer.

Vulture fund, → Geierfonds.

VWAP, Abk. für → Volume Weighted Average Price.

WACC, Abk. für → Weighted Average Cost of Capital.

Wachstumsaktien, *Wuchsaktien, growth stocks*. Aktien von Unternehmen, deren Erträge in den letzten Jahren überdurchschnittlich gewachsen sind. Es wird erwartet, dass das Wachstum fortdauert. W. sind meist risikoreich, da die Wachstumsprognosen unsicher sind. Außerdem lockt hohes Ertragswachstum Konkurrenten an.

Wachstumsanleihe, *premium-carrying loan*. Bezeichnung für → Anleihen die über → pari zurückbezahlt werden und deshalb i.d.R. eine geringere → Nominalverzinsung aufweisen.

Wachstumsfonds, *growth/cumulative/no-dividend fund*. → Thesaurierungsfonds, dessen Anlageziel in erster Linie auf Wertzuwachs der Anteile ausgerichtet ist. – Gegensatz: → Ausschüttungsfonds.

Wagnisfinanzierung, → Venture-Capital.

Wagnisfonds, → Venture Fund.

Wahl des Abschlussprüfers, *election of the auditor*. Gemäß § 124 III AktG darf der → Aufsichtsrat Vorschläge zur Wahl des Abschlussprüfers (→ Abschlussprüfer bei der AG) erteilen. Auch → Aktionäre haben die Möglichkeit einen Vorschlag zu unterbreiten. Die Wahl selbst erfolgt jedes Jahr erneut durch die Gesellschafter, wobei dies möglichst jeweils vor Ablauf des Geschäftsjahres geschieht. Dabei dürfen Kapitalgesellschaften nur von → Wirtschaftsprüfern oder → Wirtschaftsprüfungsgesellschaften geprüft werden. Mittelgroße GmbHs dürfen auch von vereidigten Buchprüfern geprüft werden. Ein Abschlussprüfer darf dann nicht gewählt werden, wenn seine Unabhängigkeit und Unbefangenheit gegenüber der zu prüfenden Kapitalgesellschaft in Frage steht. Dies ist z.B. dann der Fall, wenn er Anteile an der zu prüfenden Kapitalgesellschaft besitzt. Nach der Wahl haben der Aufsichtsrat bzw. die gesetzlichen Vertreter den Auftrag zu erteilen.

Wahl des Aufsichtsrats der AG, *election of the supervisory board*. Die Wahl des → Aufsichtsrats erfolgt durch die → Hauptversammlung der AG, soweit seine Mitglieder nicht als Aufsichtsratsmitglieder der Arbeitnehmer zu wählen sind. Die Vertreter der Arbeitnehmer werden durch die Arbeitnehmer der Unternehmung oder ihre Delegierten gewählt.

Wahlen in der Hauptversammlung der AG, *elections in the shareholders' meeting*. In der Hauptversammlung werden zum einen die Mitglieder des → Aufsichtsrats und zum anderen der Abschlussprüfer (→ Abschlussprüfer bei der AG) gewählt.

Wahlvorschläge von Aktionären für die Hauptversammlung. Aktionäre können zur Wahl von Mitgliedern des → Aufsichtsrats oder von Abschlussprüfern eigene Kandidaten zur Abstimmung stellen. Dafür gelten die gleichen formalen Vorschriften wie für die Stellung von → Gegenanträgen zu Tagesordnungspunkten der Hauptversammlung.

Wahrscheinlichkeit, *probability*; Maß zur Quantifizierung der Sicherheit bzw. → Unsicherheit des Eintretens eines Ereignisses. Bei einer hinreichend großen Anzahl n von Versuchen, in denen das Ereignis E m-mal eingetreten ist, kann die relative Häufigkeit m/n als Zahlenwert für die W. des Auftretens des

Wahrscheinlichkeitsfunktion einer diskreten Zufallsvariablen

Ereignisses gewählt werden. Die W. kann Werte aus dem Intervall [0,1] annehmen. Das Eintreten von Ereignissen, denen eine W. kleiner eins zugeordnet ist, ist mit Unsicherheit behaftet. Der Wert eins kennzeichnet hingegen ein Ereignis, das mit Sicherheit eintritt. Die Ermittlung von W. kann mit Hilfe mathematisch-statistischer Verfahren (→ objektive W.) oder auf Grund subjektiver Einschätzungen (→ subjektive W.) erfolgen.

Wahrscheinlichkeitsfunktion einer diskreten Zufallsvariablen, *probability function of a discontinuous variable*; gibt an, mit welcher → Wahrscheinlichkeit ein bestimmter Wert x, d.h. eine bestimmte Realisation x der diskreten → Zufallsvariablen X, eintritt. Eine Zufallsvariable ist erst dann vollständig charakterisiert, wenn nicht nur alle Werte, die die Zufallsvariable annehmen kann, bekannt sind, sondern auch die Wahrscheinlichkeit für jede dieser Realisationen. Aus der W.e.d.Z. kann die → Wahrscheinlichkeitsverteilung ermittelt werden. Grafisch lässt sich die W.e.d.Z. als Stab- oder Säulendiagramm darstellen. – Gegensatz: → Dichtefunktion einer stetigen Zufallsvariablen.

Wahrscheinlichkeitsverteilung, *Verteilung*, *probability distribution*; gibt an, wie die → Wahrscheinlichkeiten des Eintritts einer bestimmten Ereignisses (einer Realisation der → Zufallsvariablen) auf die gesamte Menge der möglichen Ereignisse verteilt sind. Dazu wird eine Verteilungsfunktion $F(x)$ der Zufallsvariablen X mit der Form

$$F(x) = P(X \leq x)$$

ermittelt. Der Wert der Verteilungsfunktion $F(x)$ an der Stelle x ist gleich der Wahrscheinlichkeit dafür, dass die Zufallsvariable X einen Wert annimmt, der kleiner oder gleich x ist. – Bei einer diskreten Zufallsvariablen ergibt sich die Verteilungsfunktion aus der Summe der Einzelwahrscheinlichkeiten, die über die → Wahrscheinlichkeitsfunktion einer diskreten Zufallsvariablen bestimmt werden. Die W. wird mittels einer Treppenfunktion grafisch dargestellt. – Bei einer stetigen Zufallsvariablen ergibt sich die Verteilungsfunktion aus dem Integral über die → Dichtefunktion einer stetigen Zufallsvariablen. Ihre W. wird grafisch durch eine kontinuierliche Kurve dargestellt. – Weiterhin ist zu unterscheiden zwischen eindimensionalen (Verteilung einer Zufallsvariablen) und mehrdimensionalen (gemeinsame Verteilung mehrerer Zufallsvariabler) W. – Die Gestalt der W. einer Zufallsvariablen kann durch verschiedene Parameter charakterisiert werden, insbesondere durch → Erwartungswert, → Varianz, → Standardabweichung, Schiefe und Wölbung. – Im Rahmen finanzwirtschaftlicher Fragestellungen finden insbesondere die → Binomialverteilung als diskrete und die → Normalverteilung als stetige W. Anwendung.

Währung, *currency*. 1. Zahlungsmittel: Bezeichnung für das gesetzliche Zahlungsmittel einer Volkswirtschaft oder eines Währungsraumes. Von W. in einem engeren Sinne wird gesprochen, wenn das Verhältnis zu Zahlungsmitteln anderer Volkswirtschaften betont werden soll. – 2. Ordnungspolitik: Synonym für die Währungsordnung (Geldordnung, Geldverfassung) einer Volkswirtschaft oder eines Währungsraumes, im Rahmen derer - als Teil der institutionellen → Währungspolitik - die monetären Rahmenbedingungen für die binnen- und außenwirtschaftlichen Beziehungen festgelegt werden. Im Zuge der → Europäischen Wirtschafts- und Währungsunion wird diese nunmehr vom EU-Rat gestaltet. – 3. Internationales Finanzsystem: W. können im internationalen Kapitalverkehr besondere Spezialfunktionen annehmen. Hierzu gehört die Rolle der → Reservewährung, wonach bestimmte W. aus historischen, politischen und v.a. ökonomischen Gründen von Zentralnotenbanken anderer Länder als Mittel → internationaler Liquidität gehalten werden. Ferner wird nach Anlagewährungen differenziert, also W., die aufgrund ihrer Liquidität und Wertbeständigkeit von internationalen Investoren bevorzugt werden (vgl. auch → harte Währungen). → Leitwährungen sind W., die in einem regional begrenzten oder weltweiten Rahmen eine besondere Beachtung durch Wirtschaftssubjekte und – einheiten finden. Transaktionswährungen sind W., die im internationalen Güter-, Dienstleistungs- und Devisenhandel bevorzugt werden.

Währungsabwertung, → Abwertung.

Währungsanleihen, *foreign currency bonds*. → Anleihen, die aus Sicht des Anlegers in ausländischen Währungen begeben

Währungsoptionsschein

werden. Für den Anleger in W. kommt neben den normalen Risiken einer Rentenanlage ein → Währungsrisiko hinzu. Erwirbt der Investor z.B. eine US-Dollar-Anleihe, so profitiert er von einer Aufwertung des US-Dollars (Währungsgewinn). Dagegen führt eine Abwertung des US-Dollars zu einer Minderung seiner Rendite (Währungsverlust). Für den Anleger besteht die Gefahr, dass er bei einem extremen Währungsverlust zum Zeitpunkt der → Tilgung eine negative Gesamtrendite verbuchen muss. – Vgl. auch → Auslandsanleihe.

Währungsaufwertung, → Aufwertung.

Währungseinheit, *currency unit.* Bezeichnung für die Rechnungsgröße einer → Währung. Geld wird seiner Funktion als Wertaufbewahrungs- und Transaktionsmittel nur gerecht, wenn eine Vergleichbarkeit mit anderen Gegenständen erreicht wird. Hierzu erfolgt eine Einteilung des jeweiligen gesetzlichen Zahlungsmittels in Einheiten wie z.B. → Euro und → Cent.

Währungs-Future, → Devisen-Future, Devisenterminkontrakt, currency future, currency contract.

Währungsgewinn/-verlust, *foreign exchange profit/loss.* Bezeichnung für den Gewinn respektive Verlust, der aus einer Fremdwährungsposition resultiert, wenn zwischen deren Aufbau und Auflösung eine Auf- bzw. Abwertung der Fremdwährung (Ab- bzw. Aufwertung der inländischen Währung) erfolgte.

Währungsguthaben, *Fremdwährungsguthaben, Valutaguthaben, foreign exchange balances, foreign currency holdings;* Guthaben in ausländischer Währung auf einem → Fremdwährungskonto.

Währungsklausel, *currency clause.* Diese Klausel legt bei grenzüberschreitenden Geldschulden den monetären Wertmesser für die Forderung und damit letztlich deren Betrag fest. Während bei der einfachen Klausel die Geldschuld in einer einzigen Währung bestimmt wird, verteilen kombinierte Klauseln durch Aufspalten der Forderungssumme in Teilbeträge das → Valutarisiko auf die Parteien. Bei alternativer Klausel ist der Gläubiger berechtigt, für eine von mehreren in feste Beziehung gebrachten Währungen zu optieren. W. konnten früher als Fremdwährungsschuld oder als kursabhängige DM-Verbindlichkeit nach § 3 WährG i.V.m. § 49 II AWG der Genehmigung bedürfen. Mit Wirkung ab 01.01.1999 wurde dieser Genehmigungsvorbehalt aufgehoben.

Währungskonvertibilität, → Konvertibilität.

Währungskorb, *currency basket.* Zusammenfassung mehrerer Währungen zu einer gemeinsamen Währungseinheit. Die beteiligten Länder legen für die Korbwährungen fest, welchen Mengenanteil jede der einzelnen Korbwährungen an der Währungseinheit haben soll. Über die Devisenkurse der einzelnen Währungen lassen sich dann die Gewichte der einzelnen Währungen im W. berechnen. Bei Leitkursänderungen ändert sich nicht die mengenmäßige, sondern die wertmäßige Zusammensetzung des W.: der wertmäßige Anteil der aufwertenden Währungen nimmt zu, der der abwertenden Währungen nimmt ab. – Der → ECU war ein Beispiel für einen W.

Währungskredite, *Devisenkredit, Valutakredit, foreign currency loan.* Kredite, die in einer ausländischen Währung aufgenommen oder gewährt werden. So weit keine anders lautende Vereinbarung getroffen wurde, sind diese Kredite in der aufgenommenen Währung zurückzuzahlen.

Währungsoption, → Devisenoption.

Währungsoptionsanleihe, → Anleihe mit Währungsoption.

Währungsoptionsschein, *Devisenoptionsschein, currency warrant.* 1. → Optionsschein mit einer Währung als → Basiswert. Ein W. berechtigt den Inhaber eine bestimmte Währung zu einem ex ante bestimmten → Basispreis zu kaufen (→ Call-Optionsschein) oder zu verkaufen (→ Put-Optionsschein). W. besitzen meist eine Laufzeit von ein bis zwei Jahre. – 2. Das verbriefte Recht, die Zinszahlungen einer → Währungsoptionsanleihe in der Anleihenwährung oder einer anderen festgelegten Währung zu einem ex ante festgelegten → Wechselkurs zu verlangen.

Währungspolitik

Währungspolitik, *exchange rate policy.* Sind alle politischen Maßnahmen der öffentlichen Hand, die in Verbindung mit der → Geldpolitik (Stabilität des Binnenwertes), darauf abzielen, die Versorgung einer Volkswirtschaft mit den notwendigen Zahlungsmitteln zu sichern. Hierbei setzt sie die monetären Rahmenbedingungen für die außenwirtschaftlichen Beziehungen fest (Konvertibilität, Wechselkursregime, Stabilität des Außenwertes, Währungsreserven etc.). Trotz einer notwendigen Koordination mit den übrigen Politikfeldern, v.a. der Wirtschafts- und Finanzpolitik, liegt die Kompetenz für die funktionelle W. im Regelfall bei den Notenbanken oder anderweitigen Währungsbehörden. Im Rahmen der → Europäischen Wirtschafts- und Währungsunion (EWWU) wurde die Verantwortung für die institutionelle, also rahmensetzende, europäische W. dem EU-Rat übertragen, während die → Europäische Zentralbank (EZB) die funktionelle W. übernommen hat.

Währungsposition, *Valutaposition, foreign currency position.* Eine W. ergibt sich als → Saldo von Forderungen und Verbindlichkeiten in einer bestimmten ausländischen Währung. Überwiegen die Forderungen, ergibt sich eine → aktive Position, überwiegen die Verbindlichkeiten, eine → passive Position. Diese → offenen Positionen tragen ein Währungsrisiko und müssen einem Risikomanagement unterworfen werden. Deutsche Banken unterliegen dem → Grundsatz I über die Eigenmittel der Institute und kontrollieren nach diesen Vorschriften täglich ihre Währungsgesamtposition, die sich aus den offenen Einzelwährungspositionen sowie der offenen Goldposition ergibt. Die den Einzelwährungspositionen zugrundeliegenden aktiv und passiv Positionen werden nicht nur als Bilanzposten definiert, sondern beinhalten im weitesten Sinne Fremdwährungsbeträge mit aktivischer und passivischer Ausrichtung. Dazu gehören z.B. auch Eventualansprüche oder -verpflichtungen aus → Pensionsgeschäften oder auch Ansprüche oder Verpflichtungen aus Optionsrechten. Offene Positionen führen auch bei diesen, noch nicht zu Forderungen und Verbindlichkeiten gewordenen Fremdwährungsbeträgen, zu einer Unterlegung mit → Eigenkapital.

Währungsreform, *currency reform.* Unter einer W. versteht man die Neuordnung des Geldwesens durch die Einführung einer neuen Währung. Dabei wird die Geldmenge reduziert, um durch eine Erhöhung der Geldwertstabilität die Voraussetzungen für die Geldfunktionen einer Volkswirtschaft zu schaffen (Recheneinheit, allgemeines Zahlungsmittel, Wertaufbewahrungsmittel). Festgelegte Bestände der alten Währung werden nach einem bestimmten Verhältnis in die neue Währung umgetauscht. – In Deutschland gab es nach den beiden Weltkriegen eine W. Eine dritte W. fand am 01.07.1990 in der ehemaligen DDR statt aufgrund des Vertrages über die Schaffung einer Währungs-, Wirtschafts-, und Sozialunion vom 18.05.1990. – Bei der Einführung des → Euro handelt es sich nicht um eine W., sondern um eine → Währungsumstellung.

Währungsrisiko, *Fremdwährungsrisiko, Valutarisiko, currency exposure, currency risk, foreign exchange risk.* Gefahr der negativen Abweichung zwischen tatsächlichem und erwartetem Erfolg aus Geschäften, die auf fremde Währung lauten. Das W. ist der Teil des → Risikos, der speziell aus dem Fremdwährungscharakter der Geschäfte folgt. Es ist insbesondere ein → Preisrisiko, das mit der Preisrelation zwischen inländischer und ausländischer Währung in Verbindung steht. Dieses Risiko setzt sich zusammen aus dem → Wechselkursrisiko und dem → Zinsänderungsrisiko in der speziellen Form des Swapsatzrisikos, d.h. der Gefahr, dass sich die Zinsdifferenzen zwischen zwei Währungen ändern. – 1. Das W. als Wechselkursrisiko resultiert aus einer für Anleger negativen Entwicklung des → Wechselkurses. Die Gefahr für einen Inhaber von → Fremdwährungsanleihen liegt in der Abwertung der Auslandswährung und entsprechend der relativen Aufwertung der Inlandswährung. Durch den sinkenden Devisenkurs erfolgt eine rechnerische Wertminderung der in Fremdwährung denominierten Aktiva, wenn deren Wert in Einheiten der Inlandswährung ausgedrückt wird (aktivisches Wechselkursrisiko). Die Risiken bei Verschuldung in Fremdwährung sind genau gegenläufig. Das W. besteht hier in der Aufwertung der Auslandswährung bzw. der Abwertung der Inlandswährung (passivisches Devisenkursrisiko). Das W. trifft als Netto-Risiko lediglich die Nettoposition (→ Netting). Wenn den Fremdwährungsaktiva entsprechende Fremdwährungspassiva gegenüberstehen (kein → Uncovered Exposure) besteht kein Wechselkursrisiko. Das Ausmaß des W. hängt von der Höhe des Exposure und von der → Volatilität der betreffenden Fremdwährung gegen die Inlandswährung ab. – 2. Das W. von geschlossenen Fremdwährungspositionen zeigt sich somit ausschließlich als Zinsänderungsrisiko. Dieser Fall tritt ein, wenn sich Aktiva und Passiva in Fremdwährung entsprechen, die → Fälligkeiten aber nicht übereinstimmen. Die zunächst geschlossene Devisenposition ist bei Fälligkeit des ersten Geschäfts wieder offen. Durch ein entsprechendes → Deckungsgeschäft können die Fälligkeitsunterschiede jedoch überbrückt werden: Dabei werden Beträge aus fällig gewordenen Anlagen (Kredite) zwischenzeitlich, d.h. bis zur Fälligkeit entsprechender Passiva (Aktiva) in Fremdwährung angelegt (refinanziert). Das hierbei auftretende Zinsänderungsrisiko ergibt sich aus der Gefahr, dass die zwischenzeitliche Anlage (Finanzierung) in Fremdwährung zukünftig nur zu niedrigeren (höheren) Zinssätzen möglich ist. – 3. Alternativ tritt das W. als Swapsatzrisiko auf: Zur Überbrückung der unterschiedlichen Fälligkeiten ist bei Existenz eines funktionierenden → Terminmarktes in der Fremdwährung z.B. auch der Abschluss von Devisenswapgeschäften (→ Swap-Geschäft) möglich (d.h. Kauf von Devisen und gleichzeitiger Terminverkauf bzw. bei Passiva Kassaverkauf und Terminrückkauf). Das Risiko liegt dann in der negativen Entwicklung des → Swap-Satzes, d.h. der Differenz zwischen Kassakurs und Terminkurs einer Währung. Normalerweise sollte aus Arbitragegründen (→ Arbitrage, → arbitragefreie Bewertung) der Swapsatz recht genau der Zinsdifferenz zwischen zwei Währungen entsprechen, somit ist das Swapsatzrisiko ebenfalls eine Form des Zinsänderungsrisikos. – 4. Aus dem → Länderrisiko entstehen zusätzlich Konvertierungsrisiken oder → Transferrisiken. Das Konvertierungsrisiko tritt in Staaten mit → Devisenbewirtschaftung (Verbot des Umtauschs in Devisen) auf; das Transferrisiko als Zahlungsverbot für ausländische Importeure. Ein → Erfüllungsrisiko in Fremdwährung kann entstehen, wenn eine Zahlung in Fremdwährung z.B. durch → Insolvenz ausbleibt (→ Ausfallrisiko) und der entsprechende Devisenbetrag nun zu einem höheren Kurs als erwartet beschafft werden muss.

Währungsrisiko, Kurssicherung, *exchange (rate) risk hedging*. Im Rahmen der → Risikopolitik bietet sich zur Begrenzung bzw. zum Ausschluss von → Währungsrisiken die Aufrechnung der Aktiv- und Passivpositionen in einer Fremdwährung (→ Netting) und die anschließende Neutralisierung der offenen Restposition (→ Uncovered Exposure) mit speziellen Sicherungsinstrumenten an. Je nach Art der Währungsrisikoposition können diese im Sinne von Covering- oder Hedging-Transaktionen (→ Risikokompensation) eingesetzt werden. Als Instrumente kommen speziell in Frage: Kreditaufnahme bzw. Finanzanlage in Fremdwährung, → Devisentermingeschäfte und börsenmäßig gehandelte → Devisen-Futures, → Devisenoptionen als an der Börse gehandelte Optionen oder als außerbörsliche OTC-Optionen, sowie → Währungsswaps. – Die Kurssicherungskosten für das Währungsrisiko ergeben sich aus den Kosten bzw. Erträgen der Transaktionen in der Fremdwährung abzüglich der Erträge bzw. Kosten für die gegenläufigen Transaktionen in heimatlicher Währung. Direkte Kosten entstehen aus der Differenz der Soll- und Habenzinsen in der jeweils anderen Währung. Setzt man vereinfachend Soll- und Habenzinssatz gleich, so entstehen bei Kreditaufnahme und Anlage Kosten bzw. Erträge in der Zinsdifferenz der Währungen, also näherungsweise in Höhe des → Swap-Satzes. Dieser entspricht sogleich den direkten Kosten bei Einsatz eines → Swaps als Sicherungsinstrument. Langfristig sollten sich Wechselkurse um die Zinsdifferenzen verändern (internationaler Fisher Effekt), so dass bis auf die recht geringen direkten Transaktionskosten für Swaps im langjährigen Mittel keine zusätzlichen Kosten entstehen.

Währungsswap, *currency swap, cross currency swap*. Bei einem W. handelt es sich um ein → Swap-Geschäft, das den Tausch eines Geldbetrages samt zukünftiger Zinszahlungen in einer Währung gegen einen Geldbetrag samt zukünftigen Zinszahlungen in einer anderen Währung beinhaltet. Voraussetzung hierfür ist, dass die Vertragspartner, meist aus verschiedenen Ländern, bezüglich Volumina, Laufzeiten und Zinsberechnungs-

Währungsumrechnung

basis identische Bedürfnisse haben. Zinsdifferenzen zwischen den Währungen werden dabei über Ausgleichszahlungen kompensiert. W. werden eingesetzt um Kostenvorteile auszunutzen oder um Wechselkursrisiken aus den zukünftigen Zinszahlungen zu minimieren. Ein Kostenvorteil ergibt sich, wenn die Vertragspartner Zinsvorteile aufgrund besserem Rating auf dem jeweiligen nationalen Kapitalmarkt haben und diese ausgetauscht werden. – Vgl. auch → Swap, → Zinsswaps, → Zins- und Währungsswaps, → Asset Swaps und → Liability Swaps.

Währungsumrechnung. Umrechnung zwischen den → Nominalwerten verschiedener → Währungen über einen → Wechselkurs. Dieses Preisverhältnis für den Tausch verschiedener Währungen kann entweder flexibel oder fest sein.

Währungsumrechnung bei Aufstellung eines Weltabschlusses, *foreign currency translation when drawing up worldwide financial statements.* Die Aufstellung eines → Weltabschlusses erfordert die Umrechnung von Abschlüssen in fremder Währung in → Euro. Da sich → Wechselkurse im Zeitablauf ändern, ist offen, wie Bestandsposten früherer Perioden umgerechnet werden sollen: zu historischen Kursen bei Zugang oder zu aktuellen Kursen am Bewertungsstichtag. Die Konzepte der Währungsumrechnung beantworten diese Frage unterschiedlich. – Das → Handelsgesetzbuch (HGB) enthält keine Vorschrift, lediglich die Grundlagen für die Währungsumrechnung sind nach § 313 I Nr. 2 HGB anzugeben. – 1. Stichtagskursmethode: Bei dieser Form der Währungsumrechnung werden Vermögensgegenstände und Schulden mit dem Kurs am Abschlussstichtag umgerechnet, so dass eine lineare Transformation aller Abschlussposten erfolgt. Um zu verhindern, dass die Wertänderungen von Vermögensgegenständen und Schulden implizit mit dem → Eigenkapital verrechnet werden, wird dieses mit historischen Kursen umgerechnet und die Umrechnungsdifferenz in einen Sonderposten im Eigenkapital eingestellt. – 2. Fristigkeitsmethode: Bei dieser Methode der Währungsumrechnung erfolgt eine differenzierte Umrechnung in Abhängigkeit von der Verweildauer im Unternehmen. → Umlaufvermögen und kurzfristige Schulden werden zum Stichtagskurs umgerechnet, während → Anlagevermögen und langfristige Schulden zu historischen Kursen umgerechnet werden. Dahinter steht die Vermutung, dass sich Wechselkursänderungen über die Zeit ausgleichen und den Wert der langfristig gebundenen Posten nicht beeinflussen. – 3. Nominal-Sachwert-Methode: Hier erfolgt eine Differenzierung nach dem Geldcharakter. Posten des → Geldvermögens und Schulden, auf die sich Währungsschwankungen unmittelbar auswirken, werden zum Stichtagskurs umgerechnet, während → Nominalwerte mit den historischen Kursen umgerechnet werden. – 4. Zeitbezugsmethode: Bei dieser Form der W. erfolgt die Zuordnung der Umrechnungskurse bei den Nominalwerten nach dem Zeitpunkt der Bewertung des Bilanzpostens. Ist ein Vermögensgegenstand in Landeswährung auf den niedrigeren → beizulegenden Wert abgeschrieben, ist der Kurs zum Zeitpunkt der Neubewertung relevant. Im Übrigen gelten die Vorschriften der Nominal-Sachwert-Methode. – 5. Funktionale Methode: In den USA ist mit der funktionalen Währungsumrechnung eine Kombination von Stichtagskurs- und Zeitbezugsmethode vorgeschrieben. Während Abschlüsse von → Konzernunternehmen, die selbständig im eigenen Währungsraum operieren, mit Stichtagskursen umgerechnet werden, werden die Abschlüsse von Konzernunternehmen, die in die Tätigkeit des Mutterunternehmens integriert sind, nach der Zeitbezugsmethode umgerechnet. – Ein → Währungsrisiko aus der Umrechnung entsteht, wenn die Umrechnung zum Stichtagskurs erfolgt. Da die Methoden in unterschiedlichem Umfang Stichtagskurse verwenden, unterscheiden sie sich in dem Umfang, in dem Währungsrisiken aus der Umrechnung entstehen. Zudem werden die entstehenden Währungsgewinne und -verluste unterschiedlich behandelt. Während sie nach der Stichtagskursmethode erfolgsneutral mit dem Eigenkapital verrechnet werden, werden sie bei den anderen Methoden ergebniswirksam ausgewiesen. Die Art der Währungsumrechnung beeinflußt somit die Interpretation bilanzanalytischer Kennzahlen in hohem Maße.

Währungsumstellung. Mit Wirkung vom 1.7.1990 wurde auf Grund des Vertrags über die Schaffung einer Währungs- Wirtschafts- und Sozialunion vom 18.5.1990 die Währung der DDR auf DM umgestellt. Der allgemeine

Wandelanleihe

Umstellungssatz für Guthaben betrug 1 DM für 2 Mark der DDR. Ein bevorzugter Umstellungssatz von 1:1 galt (1) für Personen, die nach dem 1.7.1976 geboren wurden, für Kontoguthaben im Betrag von bis zu 2000 Mark der DDR, (2) für Personen, die zwischen dem 2.7.1931 und dem 1.7.1976 geboren wurden, für Kontoguthaben im Betrag von bis zu 4000 Mark der DDR, (3) für Personen, die vor dem 2.7.1931 geboren wurden, für Kontoguthaben im Betrag von bis zu 6000 Mark der DDR. Guthaben, welche die bevorzugt umzustellenden Beträge überstiegen, wurden im Verhältnis 2:1 umgestellt. Die Umstellung von Kontoguthaben juristischer Personen und sonstiger Stellen erfolgte ausnahmslos im Verhältnis 2:1. Zur Währungsumstellung auf den Euro ist es im Rahmen der Europäischen Wirtschafts- und Währungsunion gekommen. Zunächst erfolgte mit Beginn der dritten Stufe ab 1.1.1999 die Buchgeldumstellung von DM auf Euro. Die DM-Münzen und DM-Scheine blieben zunächst alleiniges gesetzliches Zahlungsmittel (als Denomination des Euro). Allgemeine Eigenschaft als Zahlungsmittel hat der Euro mit der Bargeldumstellung und der Ausgabe der Euro-Banknoten und Euro-Münzen am 1.1.2002 erlangt.

Währungsverlust, *currency loss*. 1. Verlust, der aus einer ungünstigen Veränderung des maßgeblichen → Wechselkurses resultiert, beispielsweise bei bestehenden Fremdwährungsforderungen. – 2. Verlust, der im Rahmen der → Konsolidierung von → Einzelabschlüssen in → Konzernabschlüsse aufgrund der Anwendung verschiedener Umrechnungsmethoden in der → Bilanz entsteht. Hierbei handelt es sich nicht um einen tatsächlichen, sondern nur einen buchmäßigen Vermögensverlust. – Vgl. auch → Währungsumrechnung bei Aufstellung eines Weltabschlusses.

Wall Street. Fachjargon für die größte und bekannteste Börse der Welt, die New York Stock Exchange, gleichzeitig auch Bezeichnung für das Bankenviertel in Manhattan, Ort der Geschäftsleitung der größten Brokerhäusern und Investmentunternehmen sowie der großen Wertpapierbörsen.

Wandelanleihe als Kapitalanlage, *convertible bonds as an investment*. Die W.a.K. ist zwischen Aktie und Anleihe einzuordnen, da sie einerseits ein Recht auf feste → Verzinsung und Kapitalrückzahlung garantiert, andererseits dem Anleger die Möglichkeit bietet, sie zu einem bestimmten, vertraglich vereinbartem Zeitpunkt in Aktien einzutauschen. Da der Inhaber einer Wandelanleihe nicht zur Wandlung verpflichtet ist, kann er diese auch bis zum Ende der Laufzeit halten, um die Rückzahlung zum → Nennwert zu erhalten. Der Inhaber erhält während der Laufzeit eine Verzinsung, die meist etwas unterhalb des marktüblichen Satzes liegt, die Differenz ist der Ausgleich für das mit W. verbundene Recht zur → Wandlung. – Für den Kapitalanleger bieten → Wandelanleihen die Möglichkeit, an steigenden Kursen der Aktien des emittierenden Unternehmens teilzunehmen bei gleichzeitiger Verlustbegrenzung. Übersteigt der Kurs der Aktie den → Wandlungspreis, kann der Kapitalanleger durch Wandlung und anschließender Veräußerung der Aktien diese Kursgewinne realisieren.

Wandelanleihe, *Wandelschuldverschreibung, Wandelobligation, convertible bond*. → Anleihe, die dem → Anleihegläubiger das Recht verbrieft, die W. innerhalb einer bestimmten Frist zu vorher festgelegten → Wandlungsbedingungen in → Aktien der emittierenden Gesellschaft zu tauschen. Macht er von seinem → Wandlungsrecht keinen Gebrauch, wird die Anleihe zu den in der → Anleiheausstattung festgelegten Konditionen verzinst und getilgt. Im Gegensatz zur → Optionsanleihe kann das Optionsrecht nicht von der W. getrennt werden. Der Investor wird durch die Wandlung vom Gläubiger zum Teilhaber der Unternehmung. Gemäß § 221 AktG muss die Emission von W. und die damit verbundene → bedingte Kapitalerhöhung von mindestens 75 % des anwesenden Kapitals auf der Hauptversammlung genehmigt werden (→ Dreiviertelmehrheit). Dabei steht den Altaktionären grundsätzlich ein → Bezugsrecht zu. – Für den Anleger in W. ist mit dem Erwerb der Anleihe die Möglichkeit verbunden, durch den Tausch der W. in Aktien der Unternehmung Kursgewinne zu erzielen und somit an einer positiven Entwicklung des Aktienkurses zu partizipieren. – Während der Laufzeit ist der Kurs der W. in starkem Maße abhängig vom Kursverlauf der zugrunde liegenden Aktie. Der Investor muss berücksichtigen, dass W. aufgrund des eingeräumten Optionsrechtes i.d.R. unter

Wandelfrist

den Marktsätzen verzinst werden. – Vgl. auch → → Wandelanleihe als Kapitalanlage und → Wandelanleihe, Verwässerungsschutz.

Wandelfrist, *exchange periode*; bezeichnet jenen Zeitraum, in dem eine → Wandelanleihe in → Beteiligungspapiere gewandelt werden kann.

Wandelgeschäft, *callable forward transaction*. Form eines in der Praxis seltenen → Börsentermingeschäftes, bei dem einer Vertragsseite das Recht auf eine vorzeitige Erfüllung des Geschäftes gewährt wird.

Wandelobligation, → Wandelanleihe.

Wandelprämie, *exchange premium*; beschreibt den prozentualen Zuschlag beim Erwerb der → Beteiligungspapiere bei Einlösung einer → Wandelanleihe im Vergleich zum direkten Erwerb der Beteiligungspapiere.

Wandelpreis, *exchange price*; bezeichnet den gemäß → Wandelverhältnis zu bezahlenden Preis, um eine → Wandelanleihe in → Beteiligungspapiere wandeln zu können. Dabei kann es zu Zuzahlungen oder Rückzahlungen kommen.

Wandelschuldverschreibung, → Wandelanleihe.

Wandelverhältnis, *exchange relation*; bezeichnet das bei → Wandelanleihen bestehende Umtauschverhältnis in → Beteiligungspapiere, also die Anzahl der pro Nennwert einer → Teilschuldverschreibung zu beziehenden Beteiligungspapiere, in der Regel → Aktien.

Wandlung, *conversion*; Umtausch einer → Wandelanleihe in den entsprechenden → Basiswert. Die → Wandlungsbedingungen für die W. sind in der → Anleiheausstattung bestimmt.

Wandlungsbedingungen, *conversion terms*. In der → Anleiheausstattung festgelegte Bedingungen zur → Wandlung der → Anleihe in Aktien der Unternehmung. – 1. → Wandlungsverhältnis: Gibt an, welcher Nominalbetrag der Anleihe zum Bezug einer bestimmten Anzahl von Aktien gewandelt werden muss. – 2. Wandlungstermin: Zeitraum oder Termine, in denen die Wandlung möglich ist. – 3. → Wandlungspreis: Geldbetrag, der bei Wandlung in Aktien zusätzlich erbracht werden muss. – 4. Basiswert: → Stammaktien, → Vorzugsaktien usw. – Die W. sind für den Kurs einer → Wandelanleihe von großer Bedeutung.

Wandlungsprämie, *Wandlungsaufgeld, conversion premium*. Die W. einer → Wandelanleihe gibt Auskunft darüber, um wieviel Prozent der Erwerb der Aktie über die Ausübung des → Wandlungsrechtes teurer oder günstiger ist als über den Direkterwerb der Aktie. Die W. ist mit dem → Aufgeld bei → Optionsscheinen vergleichbar. Eine W. von 10% gibt an, dass der Erwerb einer Aktie durch Wandlung um 10% teurer ist als bei direktem Kauf der Aktie.

Wandlungspreis, *conversion price*; für die → Wandlung einer → Wandelanleihe in den entsprechenden → Basiswert benötigte Zuzahlung, die fest oder variable vereinbart werden kann. Der W. fliesst dem → Emittenten zu.

Wandlungsrecht, *conversion privilege, right of conversion*; in einer → Wandelanleihe verbrieftes Recht, die → Anleihe unter bestimmten Bedingungen in Aktien des → Emittenten zu tauschen.

Wandlungstermin, *conversion date/period*. Zeitpunkt bzw. Frist, in der die → Wandlung einer → Wandelanleihe stattfinden kann.

Wandlungsverhältnis, *conversion ratio*. Gibt explizit das Verhältnis an, zu dem → Wandelanleihen in Aktien getauscht werden können, z.B. drei Aktien pro 100 Euro Nominalwert. Je nach → Wandlungsbedingungen kann auch eine Zuzahlung (→ Wandlungspreis) vereinbart werden.

War Loan, *Kriegsanleihen*. Bezeichnung für → Anleihen die von Staaten zur → Refinanzierung von Kriegskosten ausgegeben werden. So nahm beispielsweise die deutsche Reichsbank zwischen 1914 und 1918 insgesamt ca. 98 Milliarden Mark durch neun Kriegsanleihen auf, mit denen 60% der Kriegskosten finanziert wurden.

Warenbörse, → Produktenbörse.

Warenterminhandel

Warenfonds. → Investmentfonds, der sein Vermögen vorwiegend in Warenpapieren oder Waren anlegt. Diese sind in Deutschland nach dem → KAGG verboten.

Warenterminbörse Hannover (WTB). Im Juli 1996 als → Terminbörse für landwirtschaftliche Erzeugnisse (→ Commodities) in Hannover gegründet. Der effektive Handel wurde Mitte 1997 aufgenommen. An der → Warenterminbörse werden standardisierte → Commodity Futures gehandelt. Die WTB ist die erste vollcomputerisierte → Warenterminbörse Deutschlands, mit deren Einführung dem europaweit stark wachsenden Bedarf an Warenterminkontrakten aufgrund sich stetig verändernder Marktbedingungen und zunehmender Konkurrenz und damit verbundener Preisschwankungen bei einer Vielzahl von Rohstoffen Rechnung getragen wird. – Die Börsenteilnehmer sind durch ein elektronisches Netzwerk an die Börse in Hannover angeschlossen und können - unabhängig von ihrem Standpunkt - am Handel teilnehmen. An der WTB werden → Futures auf Schlachtschweine, Kartoffeln, Weizen, Rapsprodukte (Saat, Schrot und Öl), Heizöl und Altpapier angeboten. Die Produktpalette soll zukünftig in Abhängigkeit von der Nachfrage weiter ausgebaut werden. – Die WTB unterliegt der Marktaufsicht, die zum Schutz der Börsenteilnehmer für Transparenz und Marktfairness sorgt und sicherstellt, dass der Warenterminhandel ordnungsgemäß durchgeführt wird. Besondere Bedeutung haben dabei der Schutz der Anleger sowie ein transparenter und für alle Beteiligten fairer Preisfindungsprozess. Der WTB Hannover Aktiengesellschaft obliegt als Trägergesellschaft die Organisation und Sicherstellung des geregelten Börsenbetriebes. Die Eigentümer der Gesellschaft sind die Europäische Warenterminbörse Beteiligungs-AG, die → Niedersächsische Wertpapierbörse zu Hannover, die → Hanseatische Wertpapierbörse Hamburg, der Deutsche Terminhandel Verband und die VGH Versicherungsgruppe Hannover. Oberstes Organ der WTB ist der Börsenrat, dem neben den Vertretern von Kreditinstituten und Anlegern Repräsentanten der unterschiedlichen Warenmärkte angehören. Dem Börsenrat obliegen z.B. grundsätzliche Entscheidungen wie der Erlass von Börsen- und Gebührenordnungen.

Warenterminbörse, *commodity futures exchange, mercantile exchange*; auf → Warentermingeschäfte spezialisierte Börsen. Wichtige W. sind z.B. die → Chicago Mercantile Exchange (CME) und die → New York Mercantile Exchange (NYMEX). In Deutschland existiert seit 1996 die → Warenterminbörse Hannover (WTB). Neben der Absicherung gegen → Preisrisiken, z.B. bei Rohstoffen oder landwirtschaftlichen Erzeugnissen, bieten W. spekulativen Anlegern auf Grund der z.T. erheblichen Warenpreisvolatilitäten attraktive, allerdings auch sehr risikoreiche Investitionsmöglichkeiten. – Vgl. auch → Termingeschäfte.

Warentermingeschäfte, *commodity future (transactions)*; → Termingeschäfte mit → Handelswaren (z.B. Rohstoffen, landwirtschaftlichen Erzeugnisse) als → Underlying. Aufgrund einer vergleichsweise hohen Preisvolatilität bei vielen Waren besteht von Seiten der am Produktionsprozess beteiligten Marktteilnehmer eine wachsende Nachfrage nach W. In Deutschland werden an der → Warenterminbörse Hannover (WTB) Warenterminkontrakte gehandelt. – Vgl. auch → Warentermingeschäfte in Deutschland und → Warenterminbörsen.

Warentermingeschäfte in Deutschland, *commodity futures in Germany*. Zur Absicherung von → Preisrisiken wächst europaweit der Bedarf an → Warentermingeschäften, da durch sich stetig verändernde Marktbedingungen und zunehmende Konkurrenz bei einer Vielzahl von Rohstoffen verstärkt Preisschwankungen auftreten. Trotz zunehmender Wichtigkeit sind W.i.D. eine wenig entwickelte Termingeschäftsart, die erst seit Eröffnung der → Warenterminbörse Hannover (WTB) 1997 an Bedeutung gewonnen hat. Über die WTB werden → Futures auf Schlachtschweine, Kartoffeln, Weizen, Rapsprodukte (Saat, Schrot und Öl), Heizöl und Altpapier angeboten. Der Handel an ausländischen → Warenterminbörsen von Deutschland aus wird in der Regel von Vermittlern gegen entsprechend hohe Provisionen angeboten.

Warenterminhandel, *Rohstoffterminhandel, commodity forward dealings/tradings*. Bezeichnung für das Eingehen von → Warentermingeschäften. – Vgl. auch → Warenterminbörse Hannover (WTB).

Warenterminoptionen

Warenterminoptionen, *commodity options*. Bezeichnung für überwiegend in den USA vorkommenden → Optionen auf → Warenterminkontrakte. – Vgl. auch → Warenterminbörsen und → Warentermingeschäfte.

Warrant, *Optionsschein*. Bezeichnung für den → Optionsschein bei Begebung einer → Optionsanleihe. Der W. wird meist von der Anleihe getrennt und eigens an der Börse gehandelt. Der Optionsschein ist vergleichbar mit einer → Kaufoption auf die Aktien des Emittenten. Unabhängig von einer Finanzierung begeben v.a. Banken W. auf Aktien dritter Unternehmen. Sie werden als naked warrants (→ Optionsscheine, nackte) bezeichnet.

Warrant Bond, *Optionsanleihe, Optionsobligation, Optionsschuldverschreibung*; bezeichnet besondere → Anleihen, die von einer → Aktiengesellschaft emittiert werden und im klassischen Sinne dem Inhaber unter bestimmten Bedingungen das Recht (→ Optionsrecht) auf den Bezug von → Aktien des → Emittenten verbriefen.

Warrant Market Line. Hilfsmittel der → Technischen Analyse von → Optionsscheinen. Sie wird durch eine lineare Einfachregression zwischen dem → Hebel des Optionsscheins und seiner Break-Even-Rendite erzeugt. Diese bezeichnet diejenige Wertänderung der Aktie (bzw. des → Underlyings), die erforderlich ist, um den Kauf des Optionsscheins vorteilhafter zu machen als den direkten Kauf der Aktie. Optionsscheine, die unter der W.M.L. liegen, gelten als relativ preiswert; darüber liegende als relativ teuer.

Warrant Offering Price, → Ausgabekurs eines → Optionsscheins.

Warrant Strike Price, → Basispreis, zu welchem der Inhaber eines → Call- oder → Put-Optionsscheines die Option ausüben kann.

Warrants into Negotiable Government Securities (Wings), *Optionsscheine auf US-Staatsanleihen*; vgl. auch → Euro-Warrants auf US Treasury-Bonds.

Watch List, *Beobachtungsliste*. – 1. bezeichnet eine von → Rating-Agenturen geführte Liste, auf der → Schuldner verzeichnet sind, deren → Bonität der aktuellen Situation angepasst wird. Ausgelöst wird eine Aufnahme durch Veränderungen im Umfeld des Unternehmens oder im Unternehmen selbst. Ein → Upgrade oder → Downgrade des → Rating kann daraus resultieren. – 2. bezeichnet eine von → Investoren individuell geführte Liste, auf der → Finanzinstrumente verzeichnet sind, die in deren besonderen Interesse stehen. – 3. bezeichnet eine von → Wertpapierdienstleistungsunternehmen und → Kreditinstituten zu führende, streng vertrauliche und laufend zu aktualisierende Liste, die als Überwachungsinstrument bei Wertpapier- und Derivatgeschäften (→ Derivate) eingesetzt wird, um der → Compliance Richtlinie des → Bundesaufsichtsamtes für Wertpapierhandel vom 25. Oktober 1999 folge zu leisten.

Wechsel, *bill of exchange*. Bezeichnung für ein → Wertpapier, das in der gesetzlich vorgeschriebenen Form die Verpflichtung verbrieft, einen festgelegten Betrag zu einem bestimmten Zeitpunkt an einen ordermäßig Berechtigten zu zahlen (→ Orderpapier). – 1. Beim gezogenen W. (Tratte) weist der Aussteller dem Schuldner (Bezogener, Akzeptant) die Zahlung an, wozu sich dieser durch sein → Akzept verpflichtet. – 2. Beim eigenen Wechsel (Solawechsel) verspricht der Aussteller selbst als Schuldner (Bezogener), eine bestimmte Geldsumme an den Wechselnehmer zu zahlen. – Ein W. kann durch das → Indossament von dem Wechselnehmer (Indossant, Girant) an einen Dritten (Indossatar, Giratar) übertragen werden (Zahlungsmittelfunktion des W.). Der W. kann auch vor Fälligkeit an eine Bank verkauft werden, die von dem festgelegten Betrag einen Wechselzins abzieht (→ Diskontierung).

Wechselkurs, *Devisenkurs, Währungsumrechnungskurs, Exchange Rate*; drückt das Preisverhältnis zweier Währungen aus. Bei einer → Preisnotierung wird die Menge an inländischen Währungseinheiten pro ausländische Geldeinheit gemessen, während bei einer → Mengennotierung die Menge an ausländischen Geldeinheiten pro inländische Währungseinheit betrachtet wird. Nach Einführung der → Europäischen Wirtschafts- und Währungsunion wurde die bis dahin in Deutschland üblichere Preisnotierung weitest gehend durch die Mengennotierung ersetzt. – Die → Währungspolitik entscheidet sich für ein Wechselkurssystem mit festen, demnach administrativ festgelegten, oder flexiblen, also die Marktlage widerspiegelnden, Wechselkursen. – Vgl. auch → Devisenkurs, → feste Wechselkurse und → flexible Wechselkurse.

Wechselkursrisiko, *Devisenkursrisiko, currency risk, exchange (rate) risk.* W. ist die Gefahr, während des Zeitraums einer Anlage oder Kreditaufnahme in Fremdwährung einen Verlust durch Änderung des Wechselkurses zwischen zwei Währungen zu erleiden. – Vgl. hierzu → Währungsrisiko.

Wechselkurssicherung, *Kurssicherung, currency hedge, exchange rate hedging.* Einzelmaßnahme im Rahmen der → Risikopolitik, insbesondere → Devisentermingeschäfte, um ein → Wechselkursrisiko, das aus Forderungen oder Verbindlichkeiten in einer fremden Währung entstanden ist oder entstehen wird, zu verringern oder auszuschalten. Bestehende Fremdwährungspositionen werden durch Hedging-Transaktionen (→ Hedge), zukünftige Positionen durch → Covering gesichert. – Vgl. auch → Währungsrisiko, Kurssicherung.

wechselseitige Beteiligung, *cross holdings;* Erscheinungsform der → verbundenen Unternehmen. Darunter sind Kapitalgesellschaften mit Sitz im Inland zu verstehen, die aneinander mit jeweils mehr als 25% beteiligt sind. Man kann zwei Formen w.B. unterscheiden: Eine qualifizierte w.B. liegt vor, wenn wenigstens ein Unternehmen an dem anderen mehrheitlich beteiligt ist oder wenn zwischen den verbundenen Unternehmen Abhängigkeitsbeziehungen (vgl. hierzu → abhängiges und herrschendes Unternehmen) bestehen. Fehlen diese zusätzlichen Voraussetzungen, so handelt es sich um eine einfache w.B. – Vgl. auch → Aktientausch.

weiche Währungen, *Weichwährungen, soft currencies.* W. W. sind durch einen Verfall ihres Binnenwertes und damit auch des Außenwertes aufgrund von hohen Preissteigerungsraten gekennzeichnet, dieser ist meist durch eine inadäquate → Geldpolitik bedingt. W.W. können nicht jederzeit frei konvertiert (→ Konvertibilität) oder transferiert (→ transfreriert) werden. – Gegensatz: → harte Währungen.

Weichwährungsländer, *soft currency economies.* Bezeichnung für Volkswirtschaften mit einem Verfall des Außenwertes ihrer Währung. Der Grund hierfür liegt zumeist in einer expansiven → Geldpolitik, die zu hohen Inflationsraten und somit einem Verlust des Binnenwertes der jeweiligen Währung führt. Während eine restriktive Geldpolitik die bevorzugte theoretische Alternative darstellt, wurden in der Vergangenheit oftmals Konzepte der → Devisenbewirtschaftung eingeführt, um den Anpassungsdruck zu mildern.

Weighted Average Cost of Capital (WACC), *gewichtete Kapitalkosten.* Bezeichnung für die Gesamtkapitalkosten eines Unternehmens, wobei neben den Zinsen für die Fremdkapitalgeber auch eine risikoangemessene Vergütung der Eigenkapitalgeber erfolgt. Wird der Fremdkapitalzinssatz mit r_{FK} und die von den Eigentümern geforderte Rendite als r_{EK} bezeichnet, so ermittelt sich der WACC grundsätzlich als:

$$WACC = r_{EK} \times \frac{EK}{EK+FK} + r_{FK} \times \frac{FK}{EK+FK}$$

Der Eigenkapitalzinssatz wird i.d.R. mit Hilfe des → Capital Asset Pricing Model (CAPM) ermittelt, um das → systematische Risiko und das → unsystematische Risiko der Eigenkapitalanlage im Unternehmen zu berücksichtigen.

Weighted Close. Durchschnittsbildung der am Handelstag ermittelten Kurse mit besonderer Gewichtung des Schlusskurses. Rechnerisch wird der Weighted Close als → gewichteter Durchschnitt von Höchst-, Tiefst- und Schlusskurs ermittelt, wobei dem Höchst- und Tiefstkurs jeweils ein Gewicht von ¼, dem Schlusskurs hingegen von ½ zugewiesen wird.

weißer Effektenscheck, *weißer Wertpapierscheck, white security transfer order.* Mit einem w.E. beauftragt ein Effektengirokunde oder die von einem Kunden zur Durchführung der Effektentransaktion eingesetzte Bank, seine → Wertpapiersammelbank mit einer → Effektenlieferung aus seinem → Girosammelbestand, wobei die Höhe des → Nennbetrages und der Empfänger der Wert-

weißer Ritter papiere im w.E. bezeichnet werden. – Vgl. auch → Effektenscheck.

weißer Ritter, → White Knight.

weißer Wertpapierscheck, → weißer Effektenscheck.

Weisung zur Stimmrechtsausübung, *voting instructions*; Anweisung des → Aktionärs an seine → Depotbank bei → Stimmrechtsausübung nach seinen Wünschen abzustimmen. – Vgl. auch → Banken als Aktionärsvertreter in der Hauptversammlung der AG und → Depotstimmrecht.

Weltbank, *International Bank for Reconstruction and Development (IBRD)*; bezeichnet die 1945 nach dem → Bretton-Woods-Abkommen als rechtlich selbständige Sonderorganisation der Vereinten Nationen gegründete internationale Institution mit Sitz in Washington, D.C., der über 180 Staaten angehören. Bestand die Hauptaufgabe zunächst in der Unterstützung des Wiederaufbaus Europas, so rückte später die Förderung des wirtschaftlichen Fortschritts der Entwicklungsländer und seit den 1990er Jahren auch die wirtschaftliche Entwicklung in Osteuropa stärker in den Fokus.

Weltbankanleihen, *World Bank bonds*; von der → Weltbank emittierte → Anleihen. Die Laufzeiten liegen zwischen einem und 50 Jahren. W. werden mit Emissionsvolumen zwischen zehn Mio. und vier Mrd. US-Dollar begeben. Die Weltbank emittiert u.a. auch Anleihen, die auf Währungen von → Emerging Markets lauten.

Weltbankgruppe, Sammelbezeichnung für eng verbundene internationale Finanzinstitutionen. Der W. gehören folgende Institutionen an: die International Bank for Reconstruction and Development (IBRD) (→ Weltbank), die → International Finance Corporation (IFC), die → International Development Association (IDA), das → International Center for the Settlement of Investment Disputes (ICSID) und die → Multilateral Investment Guarantee Agency (MIGA). Ziel der W. ist die Förderung von Investitionen in Entwicklungsländern durch Bereitstellung von Finanzmitteln und technischer Hilfe. Anteilseigner der W. sind die jeweiligen Mitgliedsstaaten, die zugleich eine Mitgliedschaft am → Internationalen Währungsfond (IWF) nachweisen müssen.

Weltspartag, *World Savings Day*; wurde 1924 von der internationalen Sparkassenorganisation ins Leben gerufen, um breite Bevölkerungsschichten zum → Sparen zu motivieren. In der Zwischenzeit haben sich auch andere Kreditinstitute dieser Idee angeschlossen. Der 30. Oktober eines jeden Jahres wird als W. begangen.

Weltwährungsfonds, → Internationaler Währungsfonds (IWF).

Weltwirtschaftskrise, *the Great Depression*;. Die W war ein weltweiter schwerer wirtschaftlicher Zusammenbruch Anfang der 30er Jahre (1929-1932). Seinen symbolischen Ursprung fand die W. am 24.10.1929, dem sog. → schwarzen Freitag, mit einem Kurseinbruch an der New Yorker Börse. Die Krise konnte unmittelbar – aufgrund der Nichtverlängerung kurzfristiger Kredite amerikanischer Finanzinstitute an ihre europäischen Pendants – nach Europa überspringen. Die Ursachen stehen in einem komplexen Wirkungszusammenhang: Überproduktion, fundamental nicht gerechtfertigte Kursentwicklungen an den Wertpapiermärkten, eine die Krise verschlimmernder Protektionismus etc. Die Folge war eine Depression bis dahin unbekannten Ausmaßes mit tiefgreifenden Auswirkungen auch auf die soziale und politische Situation.

Werbungskosten, *income-related expenses*. Nach der gesetzlichen Definition sind W. Aufwendungen zur Erwerbung, Sicherung und Erhaltung der Einnahmen. Aufwendungen, die sich als erfolglos erweisen, Ausgaben bei gesicherten Einnahmen, vorweggenommene Ausgaben und Ausgaben nach Beendigung der wirtschaftlichen Betätigung sind auch W. – W. können im Rahmen der → Einkommensteuer von der Einkunftsart abgezogen werden, bei der sie entstanden sind. Für → Einkünfte aus Kapitalvermögen besteht eine Werbungskosten-Pauschale in Höhe von 50 Euro bzw. für gemeinsam veranlagte Ehegatten 100 Euro. – Vgl. hierzu → Sparerfreibetrag.

Werksaktionär. Bezeichnung für Mitarbeiter einer AG, die → Belegschaftsaktien halten.

Werksparkasse, *company savings banks*; Spareinrichtung größerer Unternehmen, bei der Betriebsangehörige Teile ihres Arbeitslohnes als → Einlagen leisten und die dann für Investitionszwecke des Unternehmens verwendet werden können. Diese Einlagen unterliegen demnach auch dem wirtschaftlichen Risiko des Unternehmens. Nach §3 Nr.1 KWG sind W. in Deutschland verboten, da die Einleger im Falle eines Unternehmenszusammenbruchs nicht nur ihren Arbeitsplatz, sondern auch ihre Ersparnisse verlieren würden.

Wert, *value, intrinsic value*. 1. An einem Markt, z.B. an der Börse (→ Börsenwert, → Marktwert) festgestellter Preis eines Gutes. – 2. Theoretischer Preis, der entweder unmittelbar aus anderen Preisen durch → arbitragefreie Bewertung (z.B. → innerer Wert) oder durch Bewertung des mit einem Gut zusammenhängenden Nutzens (→ Aktienbewertung, → Anleihebewertung) ermittelt wird. – Bei der Aktienbewertung unterscheidet man den → Ertragswert als → Barwert der künftigen Erträge und den → Substanzwert (→ Unternehmenswert). Wenn der Marktwert nicht dem inneren Wert entspricht, so bezeichnet man dies als → Unterbewertung oder → Überbewertung. Diese Bezeichnungen wählt man auch, wenn die gleichen künftigen Zahlungen (→ Cash-Flows) aus einer Vermögensanlage mit einem anderen Anlageobjekt günstiger oder teurer gehandelt werden. Dies kann zu Arbitragegelegenheiten (→ Arbitrage) führen. – Den W. einer → Option ermittelt man als rechnerischen → Optionspreis ebenfalls über die arbitragefreie Bewertung oder über Optionspreismodelle, z.B. → Black/Scholes-Formel.

Wertaufholungsgebot, *requirement to reinstate original values*; Gebot der Rückgängigmachung von außerplanmäßigen → Abschreibungen bei Wegfall der Gründe. – → Kapitalgesellschaften unterliegen einem handelsrechtlichen W., durch das Zuschreibungen bis zur Höhe der fortgeführten Anschaffungs- oder Herstellungskosten unter Beachtung planmäßiger Abschreibungen zu erfolgen haben. Nicht-Kapitalgesellschaften können den ehemals niedrigeren → beizulegenden Wert beibehalten (§ 253 V HGB).

Wertberichtigung, *valuation adjustment*; → Abschreibung von → Aktiva auf den niedrigeren → beizulegenden Wert, wobei nicht Aktiva direkt abgeschrieben werden, sondern ein Korrekturposten auf der Passivseite eingebucht wird. Diese Form der → indirekten Abschreibung ist für → Kapitalgesellschaften nicht zulässig.

Wertberichtigungsaktien, *bonus shares*; → Berichtigungsaktien

Werte, *securities*; allgemeine Bezeichnung für → Wertpapiere.

Wertfortschreibung, *adjustment of assessed value*. Steuerliche Vorschrift, die im § 22 Bewertungsgesetz (BewG) geregelt ist. Um dem jährlichen Aufwand der Neufeststellung des → Einheitswertes von Grundbesitz und Betriebsvermögen zu entgehen, wird dabei der Einheitswert bei Überschreiten von bestimmten Wertgrenzen mittels Fortschreibung angepasst.

Wertpapier, *security, negotiable instrument*. Ein W. ist eine Urkunde über privatrechtliche Besitzverhältnisse, die ein Recht derart verbrieft (→ Securitization), dass das Recht ohne die Urkunde weder ausgeübt noch weitergegeben werden kann. Erst durch die Vorlage des W. kann ein Berechtigter sein Recht nachweisen. Diese Verknüpfung zwischen Urkunde und verbrieftem Recht unterscheidet ein W. von einer einfachen Beweisurkunde oder einer Legitimationsurkunde. Abhanden gekommene W. müssen daher für kraftlos (→ Kraftloserklärung von Wertpapieren) erklärt werden. – W. dienen wirtschaftlich dem Zahlungsverkehr (z.B. → Scheck), dem Kreditverkehr (z.B. → Wechsel), dem Kapitalverkehr (z.B. → Aktie, → Anleihe) oder dem Warenverkehr (z.B. Ladeschein). Sie sind ferner in verschiedene → Wertpapierarten unterteilt.

Wertpapierabrechnung, *Effektenabrechnung, bought/sold note, clearing of securities*. Im Anschluss an eine Wertpapiertransaktion muss die ausführende Bank dem auftraggebenden Bankkunden eine detaillierte Abrechnung über die für ihn durchgeführten Wertpapierkäufe bzw. -verkäufe vorweisen. Auf der W. müssen ausgewiesen sein: die eindeutige Bezeichnung des Wertpapiers, der realisierte Transaktionskurs und der Handelstag, der Handelsort, die Gebühren und Provisionen der Bank und der zur

Wertpapierabteilung

Abwicklung eingesetzten Dritten Parteien (z.B. → Maklercourtagen), die aufgelaufenen → Stückzinsen beim Kauf von Rentenpapieren und der Gesamtbetrag der Transaktion.

Wertpapierabteilung, *Effektenabteilung, securities department, investment department*. Abteilung eines → Kreditinstituts, die die → Verwahrung der → Wertpapiere und → Effekten für die Kunden übernimmt. Zu den Aufgaben zählen des Weiteren die Ausführung der → Kauf- und → Verkaufsaufträge, die → Wertpapierberatung sowie die Übernahme aller im Zusammenhang mit der Verwaltung der Wertpapiere anfallenden Tätigkeiten, z.B. die Prüfung der eingelieferten Wertpapiere oder die Benachrichtigung der Hinterleger über → Bezugsrechte, →Konvertierungen usw.

Wertpapieranalyse, *Wertpapierresearch, Effektenanalyse, security analysis*. Systematische Untersuchung von → Aktien, → Anleihen, → Investmentzertifikaten und anderen Wertpapieren zur Bewertung von und zur Entscheidung über Anlagemöglichkeiten. Je nach theoretischer Fundierung teilt sich die W. von Aktien in die → Fundamentalanalyse, → Technische Aktienanalyse sowie die Marktanalyse verbunden mit der Analyse psychologischer Einflussfaktoren. Relevante Größen für die Fundamentalanalyse sind die sog. → Fundamentals, d.h. gesamtwirtschaftliche und unternehmensspezifische Größen wie z.B. Wachstum, Stabilität und Rentabilität, → Dividende, → Gewinn, → Cash-Flow; außerdem: Branche, Produktpalette, Größe des Unternehmens und qualitative Faktoren wie Management, Humankapital und Wettbewerbsposition. Die → Technische Analyse teilt sich in die klassische Technische Analyse (insbes. → Chart-Analyse) und die → Moderne Technische Analyse, bei der → Indikatoren zur Suche nach → Kauf- und → Verkaufssignalen zumindest unterstützend verwendet werden. Psychologische Analysen dienen der kurzfristigen Beurteilung des Gesamtmarktes und liefern unterstützende Argumente (→ Börsenpsychologie).

Wertpapieranalyst, *Wertpapieranalytiker, security analyst*; Person, die sich mit der → Wertpapieranalyse befasst, z.B. als → Chartist oder → Fundamentalist. In Deutschland ist die Standesvereinigung der W. die → DVFA (e.V.). – Vgl. auch → Finanzanalyse.

Wertpapieranlage, *Effektenanlage, investment in securities. Bezeichnung* für die → Geld- oder → Kapitalanlage in Wertpapieren. Zu unterscheiden sind verschiedene Kapitalanlagearten; verbriefte Anteile (z.B. → Aktien), Forderungspapiere (z.B. → Anleihen), Derivate (z.B. → Optionen und → Futures) und → Investmentanteile.

Wertpapieranlage der Banken, *bank's investments in securities*. Ebenso wie private Kapitalanleger investieren auch → Kreditinstitute Teile der ihnen zur Verfügung stehenden → liquiden Mittel in → Wertpapiere. Das Spektrum der möglichen Anlagealternativen ist dabei sehr breit und erstreckt sich von → festverzinslichen Wertpapieren, über → Aktien, → Beteiligungen an anderen Unternehmen bis hin zu → Derivaten zur Sicherung von Positionen oder Spekulation, soweit dies für die betreffende Bank zulässig ist. Die Auswahl aus der Vielzahl der zur Verfügung stehenden Anlagemöglichkeiten erfolgt in Abhängigkeit von den Zielsetzungen des Kreditinstituts bei der Verwendung der Mittel. Dabei kann es sich um Rendite- oder Risikostreuungsmotive, um wettbewerbs- oder geschäftspolitische Zielsetzungen oder auch um Aspekte der Kurspflege handeln. Generell ist jedoch zu beachten, dass Kreditinstitute bei der Anlage liquider Mittel in Wertpapiere teilweise sehr strikten gesetzlichen Bestimmungen Rechnung zu tragen haben.

Wertpapierarbitrage, → Effektenarbitrage.

Wertpapierarten, *categories of securities, security types*. Abhängig von den gewählten Einteilungskriterien lassen sich → Wertpapiere in unterschiedliche W. einteilen: – 1. Nach der Art des verbrieften Rechts: sachenrechtliche Wertpapiere (→ Hypotheken-, Grundschuld-, → Rentenbrief), schuldrechtliche Wertpapiere (→ Wechsel, → Scheck, → Inhaberschuldverschreibung) Mitgliedschaftsrechte (→ Aktien) und Mischformen (z.B. → Wandelschuldverschreibungen, → Optionsanleihen). – 2. Nach der Übertragungsart: → Inhaberpapiere, → Namenspapiere oder → Orderpapiere. – 3. Nach Art der verbrieften Forderung: Geldwertpapiere (z.B. Banknote, → Zinsschein, Scheck, Wechsel), Warenwertpapiere (z.B. Lagerschein, Ladeschein, Konnossement) und Kapitalwertpapiere (z.B. Aktie, Obligation). – 4. Nach der → Fungibilität: Für den Wertpapierhandel kommen nur vertretbare Wertpapiere, also → Effekten in Frage. Demnach scheiden für den Handel am → Sekundärmarkt Sparbücher, Depotscheine, Schuldscheine, Hypotheken- und Grundschuldbriefe, Wechsel, Schecks, Lagerscheine, usw. aus. – Vgl. auch → Wertpapiergattung.

Wertpapieraufsicht. Bezeichnung für die staatliche Überwachung von börsenmäßigen und außerbörslichen Wertpapiergeschäften, die seit dem 1.5.2002 in den Händen der Bundesanstalt für Finanzdienstleistungsaufsicht (BAFin) als Nachfolgering des → Bundesaufsichtsamts für den Wertpapierhandel (BaWe).

Wertpapieraussteller, → Aussteller von Wertpapieren.

Wertpapierberatung, *Effektenberatung, investment counseling.* Die W. ist eine von einem im → Effektengeschäft tätigen → Kreditinstitut aufgrund der Anlegerschutzbestimmungen des → Wertpapierhandelsgesetzes (WpHG) zu erbringende Beratungsleistung, durch die der Kunde auf die Chancen, Risiken und Kosten einer Kapitalanlage in → Wertpapieren hinzuweisen ist. – Vgl. auch → Verhaltensregeln für Wertpapierdienstleistungsunternehmen.

Wertpapierbewertung, *valuation of securities.* – Vgl. → Aktienbewertung und → Anleihebewertung.

Wertpapierbörse, *Effektenbörse, stock exchange, securities exchange;* in Deutschland nach § 1 V BörsG definierter Begriff für Handelsplätze, an denen → Wertpapiere oder → Derivate i.S.d. § 2 I, II WpHG sowie Devisen gehandelt werden. – Grundlage für den Börsenhandel ist das → Börsengesetz, konkretisiert durch die jeweilige → Börsenordnung, die durch den → Börsenrat der W. verabschiedet wird.

Wertpapierbörse nach dem Börsengesetz, *Effektenbörse;* bezeichnet Börsen i.S.d. § 1 Abs. 5 BörsG, an denen → Wertpapiere oder → Derivate im Sinne des §2 Abs. 1 und Abs. 2 WpHG gehandelt werden.

Wertpapierclearing, → Clearing.

Wertpapierdienstleistungsrichtlinie

Wertpapierdarlehen, → Wertpapierkredit.

Wertpapierdienstleistungen nach Wertpapierhandelsgesetz, *securities-related services.* Bei dem auf die → Wertpapierdienstleistungsrichtlinie der EG zurückgehenden Begriff handelt es sich um eine Sammelbezeichnung für bestimmte Dienstleistungen, die gewerbsmäßig im Zusammenhang mit → Wertpapieren erbracht werden. Eine Definition für das deutsche Recht enthält die Aufzählung in § 2 III des → Gesetzes über den Wertpapierhandel (WpHG). Danach sind Wertpapierdienstleistungen die Anschaffung und Veräußerung von Wertpapieren (§ 2 I WpHG), → Geldmarktinstrumenten (§ 2 I a) oder → Derivaten (§ 2 II) im eigenen Namen für fremde Rechnung (Nr. 1), im Wege des → Eigenhandels für andere (Nr. 2) sowie im fremden Namen für fremde Rechnung (Nr. 3) oder die Vermittlung bzw. der Nachweis von Geschäften hierüber (Nr. 4), die Übernahme der genannten Instrumente bzw. gleichwertiger Garantien (Nr. 5) oder die Verwaltung einzelner in diesen Instrumenten angelegter Vermögen für andere mit Entscheidungsspielraum (Nr. 6).

Wertpapierdienstleistungsrichtlinie. Die Richtlinie des Rates der Europäischen Union über Wertpapierdienstleistungen von 1993 bezieht sich auf solche Unternehmen, die nur das Wertpapiergeschäft betreiben und deshalb nicht von der 2. Bankrechtskoordinierungsrichtlinie erfaßt werden (sog. → Wertpapierfirmen). Deutsche → Kreditinstitute, die → Wertpapierdienstleistungen erbringen, fallen folglich nicht unter den Anwendungsbereich der Wertpapierdienstleistungsrechtlinie. In Entsprechung zur 2. Bankrechtskoordinierungsrichtlinie gelten folgende Grundsätze: gegenseitige Anerkennung der Aufsichtssysteme auf der Grundlage einer Mindestharmonisierung, Herkunftslandkontrolle und einmalige Zulassung (→ Europäischer Pass). Wertpapierdienstleistungsrichtlinie ist anwendbar auf Wertpapierfirmen, bei denen es sich um Unternehmen handelt, die im Rahmen ihrer üblichen beruflichen oder gewerblichen Tätigkeit gewerbsmäßig Wertpapierdienstleistungen für Dritte erbringen. Wertpapierdienstleistungen sind der → Eigenhandel, die Finanzportfolioverwaltung, das → Emissionsgeschäft, das → Finanzkommissionsgeschäft

Wertpapierdienstleistungsunternehmen

sowie im Anhang der Richtlinie angeführte Nebendienstleistungen wie z.B. Schließfachvermietung, Verwahrung und Verwaltung von Wertpapieren. Die Aufnahme der Geschäftstätigkeit einer Wertpapierfirma setzt die Zulassung durch die zuständige Aufsichtsbehörde des Herkunftslandes voraus. Zulassungsbedingungen sind ein ausreichendes, nach Art der Tätigkeit unterschiedliches Anfangskapital, eine qualifizierte Geschäftsleitung, die Gewährleistung des Vier-Augen-Prinzips und ein Geschäftsplan, der die Art der vorgesehenen Geschäfte sowie der organisatorische Aufbau ausweist. Die Vorschriften über die laufende Beaufsichtigung der geschäftlichen Aktivitäten beziehen sich im wesentlichen auf Anforderungen an die Organisation, Anzeige- und → Meldepflichten sowie Wohlverhaltensregeln zum Schutz des Kunden. Für → Kreditinstitute gelten nur die Vorschriften der Richtlinie über interne Aufsichtsregeln, die Einhaltung von Wohlverhaltensregeln und die Erfüllung von Berichts- und Meldepflichten. Die Zulassung eröffnet den Wertpapierfirmen den direkten oder indirekten Zugangs zu den → Börsen und geregelten Märkten einschließlich der Clearing- und Abwicklungssysteme in den Staaten der Europäischen Union sowie zur Mitgliedschaft und Erbringung von Dienstleistungen an diesen Märkten eröffnet. Ergänzt wird die Wertpapierdienstleistungsrichtlinie durch die zeitgleich verabschiedete Kapitaladäquanzrichtlinie, die eine Eigenkapitalunterlegung bestimmter Risikopositionen sowohl von Wertpapierfirmen als auch Kreditinstituten verlangt. Mit der Verabschiedung der beiden Richtlinien sollen vergleichbarer Rahmenbedingungen für Wertpapierfirmen und Banken geschaffen werden. Die Umsetzung hat in Deutschland erstmals bestimmte Wertpapierdienstleistungen erbringende Unternehmen wie Anlage- und Abschlussvermittler der staatlichen Aufsicht unterstellt.

Wertpapierdienstleistungsunternehmen nach dem Wertpapierhandelsgesetz. Wertpapierdienstleistungsunternehmen sind nach dem Wertpapierhandelsgesetz (WpHG) → Kreditinstitute, → Finanzdienstleistungsinstitute und nach § 53 Abs. 1 S. 1 KWG tätige Unternehmen, die → Wertpapierdienstleistungen allein oder zusammen mit Wertpapiernebendienstleistungen gewerbsmäßig oder in einem Umfang erbringen, der einen in kaufmännischer Weise eingerichteten Geschäftsbetrieb erfordert (§ 2 Abs. 4 WpHG). 1998 wurde die Anzahl der dem Wertpapierdienstleistungsbegriff unterliegenden Geschäftstätigkeiten vergrößert, womit sich der Kreis der Wertpapierdienstleistungsunternehmen erweiterte. Sie sind nur jene Unternehmen, die Wertpapierdienstleistungen allein oder zusammen mit Nebendienstleistungen erbringen. Keine W. sind hingegen Unternehmen, die ausschließlich Wertpapiernebendienstleistungen erbringen. Sie sind von der Aufsicht durch die Bundesanstalt für Finanzdienstleistungsaufsicht ausgenommen und können keine Dienstleistungs- und Niederlassungsfreiheit beanspruchen (europäischer Pass). Nicht unter die Wertpapierdienstleistungsunternehmen fallen (1) Unternehmen, die Wertpapierdienstleistungen innerhalb eines Konzerns erbringen, (2) Unternehmen, die Beteiligungen von Arbeitnehmern an eigenen oder verbundenen Unternehmen verwalten, (3) → Zentralbanken sowie die öffentlichen Einrichtungen, die für die Verwaltung der staatlichen Schulden zuständig sind, (4) private und öffentliche Versicherungsunternehmen. Weiterhin ausgenommen sind (5) Angehörige freier Berufe, die Wertpapierdienstleistungen im Rahmen ihres Berufsstandes grundsätzlich erbringen dürfen, diese aber nur gelegentlich erbringen, (6) Unternehmen, die im Rahmen ihrer Tätigkeit ausschließlich Aufträge zum Erwerb oder zur Veräußerung von → Anteilscheinen von → Kapitalanlagegesellschaften oder ausländischen → Investmentanteilen lediglich entgegennehmen und an bestimmte Gegenparteien weiterleiten, ohne Geld oder Wertpapiere der Kunden zu halten, (7) Unternehmen, die Wertpapierdienstleistungen ausschließlich an einem organisierten Derivatemarkt und ausschließlich für andere Mitglieder dieses Marktes erbringen und in ein Margin-System einbezogen sind, sowie (8) Unternehmen, die Rohstoffgeschäfte untereinander oder mit Erzeugern oder gewerblichen Kunden tätigen und die Wertpapierdienstleistungen nur insoweit erbringen, als dies für ihre Haupttätigkeit erforderlich ist (§ 2a Abs. 1 WpHG). Ausgenommen sind ferner Unternehmen, die Wertpapierdienstleistungen ausschließlich für Rechnung und unter Haftung eines Kreditinstituts, Finanzdienstleistungsinstituts oder eines nach § 53 Abs. 1 KWG tätigen Unternehmens erbringen (§ 2a Abs. 2 WpHG), was z.B. für Handelsvertreter zutrifft.

Wertpapierdividende, → Stock-Dividende.

Wertpapierdruck, *printing of securities.* Der Druck der → effektiven Stücke erfolgt in → Wertpapierdruckereien streng nach den → Richtlinien für den Druck von → Wertpapieren.

Wertpapierdruckerei, *print shop for securities.* Zur Gewährleistung der Fälschungssicherheit von Wertpapierurkunden werden → Wertpapiere in speziellen W. gedruckt. Die W. müssen dabei den strengen Anforderungen der → Richtlinien für den Druck von Wertpapieren genügen.

Wertpapiere nach Kreditwesengesetz. → Wertpapiere nach → Kreditwesengesetz sind Wertpapiere, auch wenn über sie keine Urkunden ausgestellt sind, (1) → Aktien, → Zertifikate, die Aktien vertreten, → Schuldverschreibungen, → Genussscheine, → Optionsscheine und (2) andere Wertpapiere, die mit Aktien oder Schuldverschreibungen vergleichbar sind und die an einem Markt gehandelt werden können. Wertpapiere im Sinne des Kreditwesengesetzes sind auch → Anteilscheine, die von einer → Kapitalanlagegesellschaft oder einer ausländischen Investmentgesellschaft ausgegeben wurden (§ 2 Abs. 11 Satz 2 KWG).

Wertpapiere nach Wertpapierhandelsgesetz, sind, auch wenn für sie keine Urkunden ausgestellt, (1) → Aktien, → Zertifikate, die Aktien vertreten, → Schuldverschreibungen, → Genussscheine, → Optionsscheine sowie (2) andere Wertpapiere, die mit Aktien und Schuldverschreibungen vergleichbar sind, wenn sie auf einem Markt gehandelt werden können (§ 2 Abs. 1 WpHG). Zugrunde liegt der Marktbegriff der Wertpapierdienstleistungsrichtlinie, nach der es gegenüber der ursprünglichen Begriffsfassung nicht mehr darauf ankommt, dass die Wertpapiere an einem organisierten Markt gehandelt werden. Als Wertpapiere werden weiter die → Anteilscheine definiert, die von → Kapitalanlagegesellschaften oder ausländischen Investmentgesellschaften begeben werden.

Wertpapierfälschung

Wertpapieremission, *security issue.* Bezeichnung für die → Emission von Wertpapieren.

Wertpapiererwerbs- und Übernahmegesetz (WpÜG), *Gesetz zur Regelung von öffentlichen Angeboten zum Erwerb von Wertpapieren und von Unternehmensübernahmen.* Wurde im Dezember 2001 vom Deutschen Bundestag verabschiedet und findet Anwendung bei Übernahmen und Angeboten, deren Zielgesellschaften → Aktiengesellschaften (AG) oder → Kommanditgesellschaften auf Aktien (KGaA) mit Sitz in Deutschland sind und deren → Aktien in einem der Vertragsstaaten des Europäischen Wirtschaftsraums (EWR) zum organisierten Handel zugelassen sind. Gemäß Ü. sind sämtliche öffentliche Angebote zu erfassen, die auf den Aktienerwerb (auch über → Wandel- und → Optionsanleihen) der vorgenannten Gesellschaften gerichtet sind, unabhängig von der Erreichung einer bestimmten Beteiligungshöhe. Wesentliche Regelungen dieses Gesetzes sind die Gewährleistung umfassender Transparenz durch entsprechende Informationspflichten des Bieters, die Sicherstellung eines raschen Verfahrens und die Schaffung von Standards, die bei jeder Angebotsart einzuhalten sind. Des Weiteren finden sich im Ü. Regelungen zur Gegenleistung des Bieters, zur Ergreifung von Maßnahmen zur Abwehr einer Übernahme durch den → Vorstand auf Basis eines → Vorratsbeschlusses der → Hauptversammlung bzw. einer Aufsichtsratsentscheidung. Die Überwachung der im Rahmen des Ü. geltenden Regelungen erfolgt durch das → Bundesanstalt den Wertpapierhandel (BaFin), unterstützt von einem Beirat bestehend aus Vertretern der Wirtschaft, der Anleger und der Arbeitnehmer. Aufgrund der Ablehnung des gemeinsamen Entwurfs einer Übernahmerichtlinie im Juli 2001 durch das Europäische Parlament, bestehen auf diesem Rechtsgebiet derzeit keine europäischen Vorgaben, die der deutsche Gesetzgeber zu beachten hat.

Wertpapierfälschung, Nach § 151 StGB stehen bestimmte → Wertpapiere hinsichtlich des strafrechtlichen Schutzes ausdrücklich dem Geld gleich, wenn sie durch Druck und Papierart gegen Nachahmung besonders gesichert sind. Ihre Fälschung und das Inverkehrbringen entsprechender Fälschungen sind strafbar.

Wertpapierfinanzierung

Wertpapierfinanzierung, → Effektenfinanzierung.

Wertpapierfirma. Sind in EU-rechtlicher Terminologie ein Unternehmen, das Wertpapierdienstleistungen erbringt. Im Gegensatz zu dem deutschen → Universalbankensystem gehen die EU-Richtlinien von einem → Trennbankensystem aus, das zwischen → Kreditinstituten und W. unterscheidet. Ebenso wie die Bankrechtskoordinierungsrichtlinie für → Kreditinstitute soll die Wertpapierdienstleistungsrichtlinie für W. einheitliche Regelungen hinsichtlich Herkunftslandkontrolle, Bestimmungen für die gegenseitige Anerkennung der Zulassung der Aufsichtssysteme für die Mitgliedstaaten der EU sowie die Niederlassungs- und Dienstleistungsfreiheit schaffen. Die Wertpapierdienstleistungsrichtlinie wird ergänzt durch die Kapitaladäquanzrichtlinie, die Eigenmittelrichtlinie und die Solvabilitätsrichtlinie, die Mindestanforderungen für eine angemessene Eigenkapitalausstattung von Wertpapierfirmen festlegen. Das zweite Finanzmarktförderungsgesetz 1994 und das Gesetz zur Umsetzung von EG-Richtlinien zur Harmonisierung bank- und wertpapieraufsichtsrechtlicher Vorschriften von 1998 haben die Wertpapierdienstleistungsrichtlinie und die Kapitaladäquanzrichtlinie in deutsches Recht umgesetzt. Das KWG spricht nicht von Wertpapierfirma, sondern von Wertpapierhandelsunternehmen.

Wertpapierfonds, *security-based investment fund*. → Investmentfonds, dessen Vermögen weitgehend in Wertpapieren angelegt ist.

Wertpapiergattung, *class of securities*. W. ist im allgemeinen ein Sammelbegriff für die Gesamtheit der → Wertpapiere, die sich nach gewissen, eindeutigen Kriterien von anderen Wertpapieren abgrenzen lassen. – Alle Wertpapiere einer Gattung sind gewöhnlich durch die gleiche → Wertpapier-Kennnummer markiert, sofern eine solche vergeben wurde. Typische Gattungsdaten sind dabei die Kuponhöhe, die Kupon- bzw. Dividendentermine, die Rückzahlungstermine usw. – Vgl. auch → Wertpapierarten.

Wertpapiergeschäft, Effektengeschäft. Das W. der → Kreditinstitute mit ihren Kunden wird auf der Grundlage der Sonderbedingungen für W. abgewickelt, das zwei Ausführungsarten kennen: (1) den kommissionsweisen An- und Verkauf von → Wertpapieren im eigenen Namen für Rechnung des Kunden (→ Effektenkommissionsgeschäft); (2) das Festpreisgeschäft als Kaufvertrag, der das → Kreditinstitut entweder als Käufer oder Verkäufer verpflichtet. Im Rahmen der depotmäßigen Verwahrung der angeschafften Wertpapiere kommen Dienstleistungen hinzu, wie z.B. Einziehung von Kupons und Dividendenscheinen, Durchführung des Wertpapierumtauschs bei Konversionen und Fusionen, Durchführung von Aufgaben bei Kapitalerhöhung, Anmeldung zu Hauptversammlung (Depotgeschäft). → Kreditinstitut übernehmen auch Wertpapiere für eigenes Risiko zur Platzierung (→ Emissionsgeschäft) und beraten ihre Kunden in allen Wertpapiergeschäften.

Wertpapiergeschäfte, Besteuerung, *securities transactions, taxation*; vgl. → Besteuerung von Wertpapiergeschäften.

Wertpapiergeschäfte und Derivativgeschäfte, Meldepflichten. → Kreditinstitute, → Finanzdienstleistungsinstitute mit der Erlaubnis zum Betreiben des → Eigenhandels, Unternehmen mit Sitz außerhalb der EU oder des EWR, aber mit inländischer Zweigstelle, die Bankgeschäfte betreibt oder → Finanzdienstleistungen erbringt, sowie andere Unternehmen mit Sitz im Inland, die einer inländischen → Börse zum Handel zugelassen sind, sind nach § 9 → Wertpapierhandelsgesetz (WpHG) verpflichtet, der Bundesanstalt für Finanzdienstleitungsaufsicht jedes Geschäft in Wertpapieren oder → Derivaten, das zum Handel an einem organisierten Markt in einem Mitgliedstaat der Europäischen Union oder in einem anderen Vertragsstaat des Abkommens über den Europäischen Wirtschaftsraum zugelassen sind oder in den → Freiverkehr einer inländischen Börse einbezogen sind, unverzüglich mitzuteilen, wenn sie das Geschäft in Zusammenhang mit einer Wertpapierdienstleistung oder als Eigengeschäft abschließen. Die Meldepflicht gilt auch für den Erwerb oder die Veräußerung von Zeichnungsrechten auf Wertpapiere, sofern diese Wertpapiere an einem organisierten Markt gehandelt werden sollen, sowie für → Aktien und → Optionsscheine, bei denen eine → Zulassung zum Handel an einem organisierten Markt oder die Einbe-

Wertpapierhandelsunternehmen

ziehung in den Freiverkehr beantragt ist. Die Mitteilung hat auf Datenträgern oder im Wege der elektronischen Datenübertragung zu erfolgen. Sie muss die Bezeichnung des Wertpapiers oder Derivats und seine → Wertpapierkennnummer, Datum und Uhrzeit des Abschlusses, → Kurs, Stückzahl und → Nennbetrag, die am Geschäft beteiligten Unternehmen, die Börse oder das → elektronische Handelssystem sowie Kennzeichen zur Identifikation des Geschäfts angeben. Aufgrund der Einschränkung des Kreises der meldepflichtigen Kredit- und Finanzinstitute mit der Erlaubnis zum Betreiben des → Eigenhandels trifft die → Meldepflicht reine Anlagenvermittler oder Portfolioverwalter nicht. Ausdrücklich von der Meldepflicht befreit sind Bausparkassen, weitgehend von den KWG-Vorschriften befreite Unternehmen wie Versicherungsunternehmen und gewerbliche Pfandleiher, soweit sie nicht an einer inländischen Börse zum Handel zugelassen sind, sowie Wohnungsgenossenschaften mit Spareinrichtungen. Weiterhin gelten die Meldepflichten nicht für Geschäfte mit Anteilscheinen einer Kapitalanlagegesellschaft oder ausländischen Investmentgesellschaft, für die eine Rücknahmeverpflichtung der Gesellschaft besteht, sowie für Geschäft in Derivaten, die Geldmarktinstrumente oder Waren und Edelmetalle zum Gegenstand haben. Das Dritte Finanzmarktförderungsgesetzes von 1998 hat in den Kreis der Meldepflichtigen auch Stellen, die ein System zur Sicherung der Erfüllung von Geschäften an einem organisierten Markt betreiben (Clearingstellen), einbezogen. Da die Bundesanstalt für Finanzdienstleistungsaufsicht im Rahmen ihrer Überwachungstätigkeit untersucht, ob von beiden Kontraktpartnern eines Geschäfts deckungsgleiche Meldungen vorliegen, war bislang eine Überwachung von mit diesen Stellen abgeschlossenen Geschäften nicht möglich.

Wertpapiergiroverkehr, *securities clearing transactions*. Der W. umfasst den stükkelosen Überweisungsverkehr in Effekten zwischen den beteiligten Kreditinstituten über die Wertpapiersammelbanken, die als Abrechnungsstelle tätig sind. Anders als im bargeldlosen Zahlungsverkehr, bei dem nur schuldrechtliche Ansprüche übertragen werden, wird beim Effektengiroverkehr das Miteigentum an einem Sammelbestand weitergegeben. Die technische Abwicklung des Effektengiroverkehrs erfolgt fast ausschließlich im Verbund mit der Börsen-EDV.

Wertpapierhandel, *Effektenhandel, securities trading*; bezeichnet den → Eigenhandel von Finanzinstrumenten, die von einem Institut zum Zweck des Wiederverkaufs gehalten werden oder von diesem übernommen wurden, um bestehende oder erwartete Unterschiede zwischen dem Kauf und Verkaufspreis oder andere Preis- oder Zinsschwankungen kurzfristig zu nutzen. Man versteht darunter auch Positionen in Finanzinstrumenten, die im eigenen Namen für Rechnung Dritter zur Zusammenführung sich deckender Kauf- und Verkaufsaufträge gehalten werden, oder mit denen andere Teile des W. abgesichert werden. Unter W. versteht man auch den börslichen und außerbörslichen Handel mit Wertpapieren und das Erbringen von Wertpapierdienstleistungen, die sich auch auf → Geldmarktinstrumente und → Derivate beziehen.

Wertpapierhandelsbanken, sind → Kreditinstitute, die keine → Einlagenkreditinstitute sind, also weder → Einlagen oder andere rückzahlbare Gelder des → Publikums entgegennehmen noch das Kreditgeschäft betreiben, wohl aber das Finanzkommissionsgeschäft, das → Emissionsgeschäft, die Anlagenvermittlung, die Abschlussvermittlung, die Finanzportfolioverwaltung oder den → Eigenhandel im Kundenauftrag (§ 1 Abs. 3d Satz 3 KWG). Eine entsprechende Bankerlaubnis setzt ein Anfangskapital von mindestens 730.000 Euro voraus (§ 33 Abs. 1 Nr. 1c KWG).

Wertpapierhandelsgesetz, *Securities Trading Law*; Kurzbezeichnung für das → Gesetz über den Wertpapierhandel.

Wertpapierhandelsunternehmen, *stock exchange enterprise*. Nach der Definition in § 1 III d 2 KWG sind dies Institute, die ohne → Einlagenkreditinstitute zu sein, Bankgeschäfte in Form des → Finanzkommissionsgeschäfts oder des → Emissionsgeschäfts betreiben oder Finanzdienstleistungen in Gestalt von Anlagevermittlung (→ Anlagevermittler), Abschlussvermittlung (→ Abschlussvermittler), Finanzportfolioverwaltung oder Eigenhandel (→ Eigenhändler) erbringen, sofern sich diese Geschäfte oder Dienstleistungen nicht auf → Devisen, →

Wertpapierhändler

Rechnungseinheiten oder → Derivate i.S.d. § 1 XI 4 Nr. 5 KWG beschränken.

Wertpapierhändler, → Effektenhändler.

Wertpapier-Kennnummer (WKN), *Effektenkennnummer, security code / identification number*. Das in Deutschland zur besseren Unterscheidung und Verwaltung von → Wertpapieren geltende Systematisierungsschema baut auf sechsstelligen Identifikationsnummern, den WKN, auf. Sie dienen der Erleichterung des Wertpapierverkehrs und werden von den → Wertpapiermitteilungen Frankfurt a.M. vergeben. Die WKN sind systematisch geordnet. Der Nummernkreis von 000000 bis 499999 ist für verzinsliche Wertpapiere vorgesehen, während der Nummernbereich 500000 bis 979999 Aktien und aktienähnlichen → Effekten vorbehalten ist. Des Weiteren steht der Nummernbereich 980000-989999 für → Immobilienfondsanteile. – Die tiefere Untergliederung der Wertpapiernummerierung erfolgt nach der Branche des Emittenten sowie den Produktarten, wie z.B. Aktien, Bezugsrechte, junge Aktien, ausländische Aktien, Investmentanteile, usw. – Sowohl für zinstragende Papiere (490000-499999), als auch für Aktien und aktienähnliche Wertpapiere (990000-999999) gibt es jeweils einen Nummernbereich, der frei zur bankinternen Verfügung steht. – In den USA ist für die WKN die Bezeichnung CUSIP numbers gebräuchlich.

Wertpapierkommission, → Effektenkommission.

Wertpapierkommissionär, → Effektenkommissionär.

Wertpapierkonsignation, *Effektenkonsignation*. Ein im Kundenauftrag handelndes → Kreditinstitut hat grundsätzlich die Rechtsstellung eines → Kommissionärs, d.h. es handelt im eigenen Namen für fremde Rechnung. Die von dem Kreditinstitut zu erstellende Abrechnung an den Kunden beinhaltet den → Kurswert (ggf. inkl. → Stückzinsen), → Maklergebühr und → Provision.

Wertpapierkonto, → Effektenkonto.

Wertpapierkredit, *Wertpapierdarlehen, credit based on purchase of securities*. Kredit im Sinne eines → Effektenkredits, der von einer Bank unter → Verpfändung von dafür zugelassenen Effekten gewährt wird. Im Normalfall wird die gewährte Summe erneut zum Kauf von Wertpapieren verwendet. Er kann sowohl als Wertpapierlinie (Inanspruchnahme ist dem Kreditnehmer wie beim → Kontokorrentkredit freigestellt), als auch als Wertpapierdarlehen (einmalige Zahlung einer Kreditsumme, die in Raten oder endfällig zu tilgen ist) vergeben werden. Wegen der Unterlegungspflicht mit Wertpapieren kann er in die Kategorie der → Lombardkredite eingeordnet werden. – Vgl. auch → Beleihung.

Wertpapierkurs, *Börsenkurs, Börsenpreis, Kurs, security price, security quotation*. Bezeichnung für den sich durch Angebot und Nachfrage für ein → Wertpapier an einer Wertpapierbörse ergebenden Preis.

Wertpapierleihe, *securities lending*. Im weitesten Sinne bezeichnet die W. die zeitlich befristete Überlassung von Wertpapieren, zumeist gegen Entgelt. Hierzu zählen auch → Pensionsgeschäfte und → Sell-and-Buy-Back Geschäfte. – Im engeren Sinne ist die W. ein Sachdarlehen gemäß § 607 ff. BGB. Der Verleiher überlässt Anleihen oder Aktien darlehensweise. Falls erforderlich kann der Verleiher für die zeitweilige Überlassung zusätzlich auch geeignete Sicherheiten verlangen. Der Entleiher ist verpflichtet nach Ablauf der Leihfrist, Wertpapiere der gleichen Art und Menge zurück zu übereignen. Für die Überlassung erhält der Verleiher ein Entgelt. – Der Bundesverband deutscher Banken hat 1993 einen Rahmenvetrag für Wertpapierleihgeschäfte herausgegeben um die Rechtsbeziehungen zu regeln. Dieser wird unter Banken für W. eingesetzt und enthält Auflagen über Vertragsgegenstand, Entgelte, Rückgabe usw.

Wertpapiermantel, *share certificate*; Mantel und → Bogen sind die zwei Bestandteile einer Wertpapierurkunde. Der Mantel ist das → Hauptpapier und bezeichnet die gefaltete Doppelseite der Wertpapierurkunde, welche die eigentlichen Rechte aus dem Wertpapier verbrieft: Mitgliedschaftsrechte bei → Aktien und → Kuxen, Forderungsrechte bei → Anleihen und Miteigentumsrechte bei Anteilscheinen von Kapitalanlagegesellschaften (KAG). Der W.

Wertpapier-Mitteilungen

enthält neben den Unterschriften des rechtlichen Vertreters des Emittenten auch die wertpapierbezogenen Stammdaten (→ Emittent, → Wertpapier-Kennnummer, → Nominalwert, Coupontermine, Nominalverzinsung bzw. Zinsreferenz für die variable Verzinsung, usw.). Da ein gewöhnliches Wertpapier nur mit Mantel und Bogen zusammen verkäuflich ist, werden in der Depotabteilung eines Kreditinstitutes normalerweise beide aus Sicherheitsgründen getrennt voneinander aufbewahrt. Ausnahme davon sind beispielsweise die gestrippten festverzinslichen Anleihen (→ Coupon Stripping) des Bundes oder anderer staatlicher Emittenten. Als → Null-Coupon-Anleihe emittierte Wertpapiere bestehen nur aus einem Mantel.

Wertpapiermarktlinie, *security market line*; Bestandteil des → Capital-Asset-Pricing-Models. Die W. stellt die Beziehung zwischen der erwarteten → Rendite einer Anlage und dem → Marktrisiko dar. Mit ihrer Hilfe ist es möglich, die Rendite einer beliebigen Anlage μ_i in Relation zur Rendite des Marktportefeuilles μ_m zu bestimmen. Grafisch ergeben sich aus:

$$\mu_i = r_f + (\mu_m - r_f)\beta_i \text{ mit } \beta_i = \frac{\text{cov}(\tilde{r}_i, \tilde{r}_m)}{\sigma^2_m}$$

die Rendite-Risiko-Kombinationen, die die steigende W. bilden. Dabei ist r_f der risikolose Zins und β_i ein Maß für das → systematische Risiko der Anlage i in Relation zum Risiko des Marktportefeuilles. Das β_i ist der Quotient aus der Kovarianz der Anlage r_i mit dem Marktportefeuille r_m und der → Varianz σ^2_m des Marktportefeuilles.

Wertpapier-Mitteilungen, ist ein offizielles Veröffentlichungsorgan der → Kreditinstitute zur Abwicklung und Verwaltung von in → offenen Depots verwahrten → Wertpapieren. Es lassen sich elf W.-M. unterscheiden: – 1. WM-Wertpapierberatung, die Analysen über in- und ausländische Gesellschaften beinhaltet und damit die Basis der → Anlageberatung bei → Depotbanken darstellt. – 2. Sammelliste mit → Oppositionen belegte Wertpapiere zuzüglich aktueller Ergänzungen, die gerichtlich aufgeboten, kraftlos erklärte oder gar abhanden gekommene Wertpapiere beinhaltet. Die Depotbank muss in diesen Fällen die Depotbestände und die Umlauffähigkeit bei Wertpapierlieferungen überprüfen und gegebenenfalls den → Deponenten informieren. Wurden entsprechende Informationen über ein Wertpapier veröffentlicht, schließt dies gutgläubigen Erwerb gem. § 367 Abs. 1 HGB aus. – 3. Nachrichten über → festverzinsliche Wertpapiere, informieren über Daten zur → Verwahrung und zur → Verwaltung dieser Wertpapiere. Die Leistung des → Kapitaldienstes, die Veranlassung zur → Bogenerneuerung und die Benachrichtigung der Deponenten zählen zu den Aufgaben der Depotbank. – 4. Neuemissionen-Schnelldienst benachrichtigt über sämtliche → Neuemissionen festverzinslicher Wertpapiere mit deutschen → Emittenten. Folglich sind → Sachdepots bei den Banken zu erweitern und Kunden gegebenenfalls zu informieren. – 5. Sammelliste gekündigter und verloster Wertpapiere, die alle börsennotierten Emissionen beinhaltet, deren Kündigung, Verlosung oder Resteinlösung in der → Allgemeinen Verlosungstabelle publiziert werden. Die Depotbank muss in diesem Fall die bei ihr geführten → Depots auf die aufgeführten Wertpapiere hin überprüfen und gegebenenfalls die Inkassotätigkeit für Deponenten übernehmen. – 6. Nachrichten über deutsche → Aktien, → Anteile, → Genussscheine und → Optionsscheine, die → Dividenden, → Hauptversammlungen Kapitalveränderungen, → Börsenzulassungen sowie Mitteilungen der Börsen und der → Clearing Houses beinhalten, sofern sie diese Wertpapiere betreffen. Die Depotbank muss hier ihren vertraglichen Pflichten zur → Wertpapierverwaltung nachkommen. – 7. Zeitschrift für Wirtschafts- und Bankrecht informiert über die aktuelle Rechtsprechung des Bank-, Wirtschafts- und Wertpapierrechts und über aktuelle juristische Fragestellungen. Die Depotbank ist zur Umsetzung geltenden Rechts verpflichtet. – 8. Nachrichten über ausländische Aktien, Optionsscheine und aktienrechtliche Werte teilen Dividendenergebnisse und Neuigkeiten über Bogenerneuerungen, Generalversammlungen und Kapitalveränderungen mit, die ausländische Gesellschaften betreffen. Die Depotbank muss auch hier ihren vertraglichen Pflichten zur Wertpapierverwaltung nachkommen. – 9. Nachrichten über ausländische festverzinsliche Wertpapiere beinhalten Informationen über Kapitalveränderungen, → Zinszahlungen und sonstige Informationen. Die Depotbank muss auch hier ihren vertraglichen Pflichten zur Wertpapier-

Wertpapiernebendienstleistungen nach Wertpapierhandelsgesetz

verwaltung nachkommen. – 10. Nachrichten über Optionen und → Futures informieren über → Terminbörsen und andere elektronische Märkte. Depotbanken verwenden dies als Basis für → Finanzinnovationen und → Termingeschäfte. – 11. Allgemeine Verlosungstabelle teilen Details über → Fälligkeiten, Kündigungen und Verlosungen in- und ausländischer festverzinslicher Wertpapiere mit, die über → Wertpapierkennnummern verfügen. Diese Allgemeinen Versorgungstabellen ermöglichen den Depotbanken die Kontrolle der Depotbestände.

Wertpapiernebendienstleistungen nach Wertpapierhandelsgesetz. Wie die Bezeichnung Wertpapierdienstleistungen geht der ebenfalls im → Wertpapierhandelsgesetz (WpHG) verwendete Begriff Wertpapiernebendienstleistungen auf die → Wertpapierdienstleistungsrichtlinie der EG zurück und ist nach § 2 IV WpHG für Wertpapierdienstleistungsunternehmen typisch. Erfasst werden nach § 2 III a WpHG die Verwahrung und Verwaltung von → Wertpapieren für andere, sofern nicht das → Depotgesetz Anwendung findet, die Gewährung von Krediten oder Darlehen an andere für die Durchführung von Wertpapierdienstleistungen durch das Unternehmen, das den Kredit oder das Darlehen gewährt hat, die Beratung bei der Anlage in Wertpapieren, → Geldmarktinstrumenten oder → Derivaten sowie bestimmte Geschäfte im Zusammenhang mit Devisen- oder → Devisentermingeschäften. Die Verhaltensregeln der §§ 31 ff. WpHG sind im Wesentlichen auch bei Wertpapiernebendienstleistungen zu beachten. – Vgl. auch → Wertpapierdienstleistungen nach Wertpapierhandelsgesetz.

Wertpapierpensionsgeschäfte, *repurchase agreement*; vgl. → Pensionsgeschäfte in Effekten und → Pensionsgeschäfte.

Wertpapierrat, wird bei der Bundesanstalt für Finanzdienstleitungsaufsicht (BAFin) nach § 15 → Wertpapierhandelsgesetzes (WpHG) gebildet und besteht als föderales Gremium aus Vertretern der Bundesländer. Er wirkt bei der Aufsicht mit und berät die BAFin insbesondere (1) bei dem Erlass von Rechtsverordnungen und der Aufstellung von aufsichtsrechtlichen Richtlinien (z.B. Verhaltensregeln für Wertpapierdienstleistungsunternehmen), (2) hinsichtlich der Auswirkungen von Aufsichtsfragen auf die Börsen- und Marktstrukturen sowie den Wettbewerb im Wertpapierhandel, (3) bei der Abgrenzung von Zuständigkeiten der BAFin und der Börsenaufsichtsbehörden. Der Wertpapierrat kann der BAFin ferner Vorschläge zur allgemeinen Weiterentwicklung der Aufsichtspraxis unterbreiten. Die BAFin berichtet ihm mindestens einmal jährlich über ihre Aufsichtstätigkeit, die Weiterentwicklung der Aufsichtspraxis und über die internationale Zusammenarbeit. Er wird mindestens einmal jährlich einberufen, ferner auf Verlangen von einem Drittel seiner Mitglieder. Der Wertpapierrat kann Sachverständige anhören. An seinen Sitzungen können Vertreter der Bundesministerien der Finanzen, der Justiz und der Wirtschaft sowie der Deutschen Bundesbank als Gäste teilnehmen.

Wertpapierrechnung (WR), *Effektenrechnung*; spezielle Form der → Wertpapierverwahrung für Wertpapiere die im Ausland gelagert werden. Der Depotkunde erhält von seiner Inlandsbank unter Angabe des Lagerortes eine Gutschrift in WR für seine im Ausland erworbenen und dort verwahrten Wertpapiere. Als Lagerort gilt dabei jeweils der ausländische Staat. Der inländische Käufer hat nur einen schuldrechtlichen Anspruch auf Rückgabe gleichartiger → Wertpapiere.

Wertpapierrecht, *law of negotiable instruments*. Der Begriff W. umfasst in der deutschen Rechtssprache verschiedene Teilbereiche des Privatrechts. Hierzu zählen neben den im Mittelpunkt stehenden Materien von Wechsel- und Scheckgesetz auch einzelne Bestimmungen des Bürgerlichen Gesetzbuches (z.B. §§ 793 ff. betreffend → Inhaberschuldverschreibungen).

Wertpapierresearch, → Wertpapieranalyse; vgl. auch → Research.

Wertpapiersammelbanken, *Kassenvereine, securities clearing and depositing banks, financial institutions operating collective security deposits and giro transfer systems*; → Spezialbanken, die die technische Abwicklung der Sammelverwahrung und Verwaltung girosammelverwahrfähiger Wertpapiere und des Effektengiroverkehrs gewährleisten. W. sind → Kreditinstitute im Sinne des §1 I S.1 KWG und unterliegen damit der → Bankenaufsicht. Die Funktion der W. in Deutschland übt seit dem 19.1.2000 die → Clearstream AG (Clearstream Banking Frankfurt) aus. Die Hauptaufgabe der W. besteht darin, den angeschlossenen Kreditinstituten die Möglichkeit der Girosammelverwahrung und des Effektengiroverkehrs zu eröffnen. Zudem führen W. sämtliche Verwaltungstätigkeiten, wie z.b. den Einzug von Zins- und Dividendenscheinen und die Besorgung neuer Bögen aus.

Wertpapierscheck, → Effektenscheck.

Wertpapier Service Bank AG (WPS Bank). Institut im Verbund des Sparkassensektors, das auf die Erbringung von Wertpapierdienstleistungen spezialisiert ist. Sie verrichtet für die verbundenen → Sparkassen und → Landesbanken die Abwicklung von Wertpapierkäufen und -verkäufen und übernimmt anfallende Verwaltungs- und Verwahrungstätigkeiten.

Wertpapier-Service-System, (WSS). Bezeichnet eine Datenbank zur Verwaltung von Wertpapierinformationen. Dabei wird in Stammdaten und variable Daten unterteilt. Zu den Stammdaten zählen beispielsweise → Wertpapier-Kenn-Nummern (WKN), Handelsplätze, → skontroführender Makler, → Nominalwert und handelbare → Mindeststückzahlen. Die variablen Daten dagegen beinhalten → Börsenpreise, Umsätze und Anzahl der Preisfeststellungen des jeweiligen Wertpapiers. Genutzt wird WSS sowohl von → Banken, → Maklern und Wertpapierdienstleistern.

Wertpapierskontro, bezeichnet ein Hilfsbuch der Bankbuchhaltung, das dem Bestandsnachweis und der Erfassung von Bestandsveränderungen von → Wertpapieren dient.

Wertpapier-Sondervermögen, → Sondervermögen.

Wertpapiersparen, *Effektensparen, securities saving*; im Gegensatz zum → Kontensparen, → Bausparen oder → Versicherungssparen die Anlage von Geldern in Effekten (Wertpapieren). In das W. können → vermögenswirksame Leistungen des Arbeitgebers und die staatliche → Sparzulage einbezogen werden. Vgl. auch → Aktiensparen, → Investmentsparen und → Vermögensbildungsgesetz.

Wertpapiersparvertrag, *securities savings plan*; stellt eine Vereinbarung zwischen Sparer und Kreditinstituten oder → Kapitalanlagegesellschaften dar, auf deren Basis die Sparsummen in Effekten angelegt werden. In W. können → vermögenswirksame Leistungen des Arbeitgebers einbezogen werden. – Vgl. auch → Aktiensparen und → Investmentsparplan.

Wertpapierspezialbank, *securities clearing and depositing bank*; ein zumeist von einer → Universalbank gegründetes Tochterinstitut, das für seine Kunden, die Muttergesellschaft und andere Institutionen Dienstleistungen im Bereich der → Wertpapierverwaltung und → Wertpapierabwicklung erbringt.

Wertpapiertermingeschäfte, *Effektentermingeschäfte, forward deals in securities. Bezeichnung* für → Termingeschäfte in Wertpapieren. In Deutschland werden W. an der → Eurex abgeschlossen. – Vgl. auch → Termingeschäftsarten.

Wertpapierterminmarkt, *Effektenterminmarkt, forward market in securities. Bezeichnung* für den → Terminmarkt in Wertpapieren. In Deutschland stellt die → Eurex den W.

Wertpapierveräußerung, steuerlich, *security sales, taxation*; vgl. → Besteuerung der Erträge aus Wertpapieren und → Aktien als Kapitalanlage, steuerliche Aspekte.

Wertpapierverkaufsprospekt, *securities prospectus*; vgl. → Verkaufsprospekte für Wertpapiere.

Wertpapierverwahrung, → Verwahrung von Wertpapieren.

Wertpapierverwaltung, → Verwaltung von Wertpapieren.

Wertrechte, *loan stock rights*. Unter W. versteht man → Effekten, bei denen im Gegensatz zum → Wertpapier das Recht nicht in einer → Urkunde verbrieft ist. Dadurch ist eine Übertragung nach sachen-

Wertrechtsanleihe

rechtlichen Grundsätzen nicht möglich. Populärstes Beispiel für W. sind die → Bundesschatzbriefe in der Form der → Sammelschuldbuchforderung.

Wertrechtsanleihe, *government-inscribed bond*. → Anleihe, für die keine → effektiven Stücke ausgegeben werden. Die → Gläubiger werden in → Schuldbüchern der → Emittenten erfasst. → Wertrechte sind sammelverwahrfähig (→ Sammelverwahrung) und werden im → Effektengiroverkehr übertragen. Als treuhändischer Gläubiger der Anleihe wird im Schuldbuch ein → Kassenverein eingetragen. Bundeswertpapiere werden ausschließlich als Wertrechte emittiert.

Wertrechtshandel, *loan stock rights trading;* Handel mit unverbrieften Vermögensrechten, wie z.B. Bezugsrechte oder Schuldbuchforderungen. – Vgl. auch → Wertrechte.

Wertschöpfung, *value added, real net output*. Der Begriff der W. wird in Abhängigkeit der jeweiligen wirtschaftlichen Betrachtungsweise unterschiedlich definiert. In gesamtwirtschaftlicher Sicht beschreibt sie das im Inland durch die Nutzung der Produktionsfaktoren entstandene Einkommen, das nach dem Inlandskonzept ermittelt wird und in die Bruttowertschöpfung (Produktionswerte abzüglich Vorleistungen) und die Nettowertschöpfung (Inlandsprodukt zu Faktorkosten) differenziert werden kann. In einzelwirtschaftlicher Sicht ist sie der Beitrag zum → Volkseinkommen, wobei sich das erzeugte Gütereinkommen der Betriebe aus dem Überschuß der Gesamterlöse über die von vorgelagerten Produktionsstufen bezogenen Vorleistungen ergibt. Im Bankensektor berechnet sich die W. gemäß dem Verfahren der volkswirtschaftlichen Gesamtrechnung wie folgt:

	Einnahmen, u.a. aus Gebühren und Provisionen
+	Unterstellte Entgelte für Bankdienstleistungen (Saldo aus Ertragszinsen, Kreditprovisionen, usw. und Aufwandszinsen, usw.)
–	Vorleistungen (verbrauchte externe Güter und Dienste)
=	Bruttowertschöpfung

Wertsicherungsklausel, *stable value clause*. Die W. ist eine vertragliche Vereinbarung zum Zwecke der Absicherung gegen Geldentwertung bzw. → Inflation. Der Geldwert einer geschuldeten Geldeinheit verändert sich bei Abrede einer W. mit dem Preis bzw. der Höhe eines anderen Gegenstands, wie z.B. Gold. Das Risiko zwischenzeitlicher Entwertung trägt der Schuldner. Bis zum 31.12.1998 bedurften W. in der BRD der Genehmigung der Deutschen Bundesbank. Im Zuge des Übergangs der Währungshoheit auf die → Europäische Zentralbank wurden diese Regelungen durch das → Euro-Einführungsgesetz aufgehoben. Das neu eingeführte Preisangaben- und Preisklauselgesetz (PaPkG) enthält das grundsätzliche Verbot von W., es sind jedoch Ausnahmen hierzu möglich, z.B. alle → Finanzdienstleistungen bis auf Verbraucherkreditverträge.

Wertstellung, *Valutierung, value date*; Tag, an dem bei Gutschriften der Betrag von der Bank gutgeschrieben und dem Kontoinhaber zur Verfügung gestellt wird, bzw. bei Lastschriften dem Konto belastet wird. An diesem Tag beginnt die Berechnung von Zinsen. Der Tag der W. kann vom Buchungstag der Zahlung abweichen.

wesentliche Beteiligung, *substantial investment*; Rechtsbegriff für eine Beteiligung von mindestens 25% an einem anderen Unternehmen. Bei der Ermittlung der Beteiligungshöhe werden mittelbare und unmittelbare Beteiligungen berücksichtigt.

Wetterderivate, sind → Optionen und → Futures, deren → Basiswert oder → Underlying die Entwicklung des Wetters ist. Die Wetterentwicklung wird hierbei mit Hilfe sog. → Wetterindizes gemessen. In Europa ist der Markt für W. erst im Entstehen, während er in den USA bereits etabliert ist. Insbesondere für wettersensitive Branchen bieten sich W. zur Absicherung an.

Wetterindizes, *weather indices*; von der → Deutschen Börse AG entwickelte Indizes für das Wetter von 30 ausgewählten europäischen Großstädten, die die Basis für den Handel mit sog. → Wetterderivaten bilden. Grundlage für die Berechnung der W. sind die täglich vor Ort gemessenen Höchst- und Tiefsttemperaturen. – Vgl. auch → Xelsius.

W-Formation, *W formation*; Begriff aus der → Chart-Analyse, der einen typischen Kursverlauf in Form einer → Umkehrformation beschreibt. W. sind zusammengehörige spezielle Kurs- und Umsatzentwicklungen (→ Analyse von Formationen) in Form des Buchstabens W. Die W. beginnt mit einem stark fallenden Kursverlauf mit steigenden Umsätzen, die ihren höchsten Wert bei Ausbildung eines → Bottoms annehmen. Einem zwischenzeitlichen Anstieg um mindestens 20 Prozent folgt bei fallenden Umsätzen ein erneuter Rückgang, dessen Tiefpunkt das bisherige Bottom idealerweise nicht unterschreitet. Zwischen den beiden Tiefpunkten liegen mindestens vier Wochen. Bei ansteigenden Umsätzen bilden sich erneut steigende Kurse. Ein → Kaufsignal ist gegeben, wenn bei höheren Umsätzen das zwischenzeitliche Hoch überschritten wird. – Gegensatz: → M-Formation. – Vgl. auch → Technische Analyse.

WGBI, Abk. für → World Government Bond Index.

When Issued, angelsächs. Bezeichnung für per Erscheinen. – Vgl. → Handel per Erscheinen.

White Knight, *Weißer Ritter*. Investor, der den Anteilseignern eines börsennotierten Zielunternehmens mit Zustimmung dessen Managements ein Übernahmeangebot (→ Abfindungsangebot) unterbreitet. Als W.K. wird meist derjenige Bieter bezeichnet, den das Management eines Zielunternehmens, das durch einen feindlichen Übernahmeversuch (→ Hostile Takeover) bedroht ist, zur Abgabe eine besseren Abfindungsangebotes bewegen kann, um den feindlichen Übernehmer (→ Black Knight) abzuwehren.

Wholesale Banking, *Firmenkundengeschäft*. Bezeichnung für das von → Kreditinstituten betriebene Groß- bzw. Firmenkundengeschäft. – Gegensatz: → Retail Banking.

Widerruf gültig, *valid cancellation*; Zusatz bei Daueraufträgen im → Wertpapierhandel, der es dem Kunden ermöglicht, den → Auftrag zu widerrufen, so lange dieser noch nicht ausgeführt wurde.

Widerrufsrecht im Investmentwesen. Bei einem Verkauf von Anteilen aufgrund mündlicher Verhandlungen außerhalb der ständigen Geschäftsräume des Verkäufers oder Vermittlers, ist der Erwerber an seine Erklärung nur gebunden, wenn er diese gegenüber der → Kapitalanlagegesellschaft innerhalb von zwei Wochen widerruft. Dieses Widerrufsrecht besteht nicht, wenn die Anteile für einen Gewerbebetrieb erworben wurden oder die Verhandlungen nach vorhergehender Bestellung geführt wurden.

Widerspruch in der Hauptversammlung der AG, *objection in the shareholders' meeting*. Die → Anfechtung von Hauptversammlungsbeschlüssen, ist von Sonderfällen abgesehen, nur dann möglich, wenn der → Aktionär in der Hauptversammlung Widerspruch beim anwesenden Notar zu Protokoll gegeben hat (→ Anfechtungsbefugte bei der AG). Dabei genügt es, wenn aus dem Verhalten des Aktionärs deutlich wird, dass er die Protokollierung seiner rechtlichen Bedenken gegen den Beschluss wünscht. Bestimmte Formulierungen sind nicht erforderlich.

Widerstandslinie, *resistance line*. Bezeichnung für eine spezielle → Trendlinie der → Chart-Analyse. Die W. ist die horizontale Tangente an bisherigen Höchstwerten des Kursverlaufs (→ Tops). Sie ist für den künftigen Kursverlauf insofern von Bedeutung, als nach Auffassung der → Chartisten mit höherer Wahrscheinlichkeit damit gerechnet werden kann, dass die Kurse unterhalb der W. bleiben, als sie zu überschreiten. Der Grund hierfür ist u.a., dass sich der Kurs in dieser Region bereits mehrfach gedreht hat, und sich zu höheren Kursen kein weiterer Käufer fand. Sollte die W. dennoch bei steigenden Umsätzen überwunden werden, deutet dies auf neues Käuferpotential und positive Informationen hin und stellt somit ein → Kaufsignal dar. – Gegensatz: → Unterstützungslinie.

Wiederanlage, *reinvestment*. Sofern ein Anleger auf die jährliche → Ausschüttung nicht angewiesen ist, empfiehlt sich die W. der Erträge z.B. im Rahmen von Investment-Sparprogrammen (→ Sparplan bei Investmentfonds), für die diese Gesellschaften → Wiederanlagerabatte bis hin zum Nulltarif gewähren. Für die jährlichen Erträge werden dann immer neue Anteile oder Bruchteile von Anteilen erworben, die ihrerseits Erträge

Wiederanlagerabatt

abwerfen, die erneut angelegt werden. Dieser Kumulativeffekt verstärkt sich mit der Dauer der Anlage. Bei Inhabern eines Anlagekontos, das direkt bei der Investmentgesellschaft geführt wird, erfolgt die Wiederanlage automatisch und kostenfrei in neuen Anteilen bzw. Anteilbruchteilen.

Wiederanlagerabatt, *reinvestment discount*. Nachlass, der den Anlegern auf den → Ausgabepreis bei der → Wiederanlage der Ausschüttung innerhalb einer bestimmten Frist gewährt wird. Die Höhe des W. wird mit der Ausschüttungsbekanntmachung veröffentlicht.

Wiederbeschaffungskosten, *Wiederbeschaffungspreise, replacement costs*; bestimmen sich nach den Ausgaben, um einen Vermögensgegenstand zu ersetzen und entsprechen damit dem Einkaufspreis am Beschaffungsmarkt. W. werden zum Teil bei einer Bewertung nach dem → Niederstwertprinzip zur Ermittlung niedrigerer → beizulegender Werte herangezogen. Von dieser Ausnahme abgesehen, sind sie bei der Bilanzierung irrelevant, da sie gegen das Anschaffungswertprinzip (→ Realisationsprinzip) verstoßen.

Wiedergewinnungsfaktor, → Kapitalwiedergewinnungsfaktor.

WIG-Index, Abk. für den → Aktenindex der Warschauer Börse. In dem seit dem 16. April 1991 existierenden Index (Basis = 1.000) sind, Stand April 2001, 99 → Aktien enthalten. Die Gewichtung der einzelnen Titel erfolgt anhand ihrer → Kapitalisierung; eine Anteilsbegrenzung für einzelne Unternehmen liegt bei 10%, die eines Sektors bei 30%.

Williams %R, Williams %R dient – vergleichbar dem Konzept der → Stochastics – der Identifikation überkaufter bzw. -verkaufter Märkte. Die Berechnungsformel lautet:

$$\%R = (H_n - S_a)/(H_n - T_n) \cdot (-100)$$

wobei: H_n: Höchstkurs in n-Perioden, S_a: aktueller Schlusskurs, T_n: Tiefstkurs in n-Perioden. Normalerweise wird Williams %R über 14 Perioden (z.B. Tage, Wochen, Monate) berechnet. Bei der Interpretation wird i.a. das negative Vorzeichen vernachlässigt: Werte zwischen 0 und 20% deuten in diesem Konzept auf überkaufte, Werte zwischen 80 und 100% auf überverkaufte Märkte hin.

Wimpel, *pennant*; Trendbestätigungsformation (→ Analyse von Formationen) der → Chart-Analyse. Nach einer starken Aufwärts- oder Abwärtsbewegung erfolgt ein Ausschwingen des Kurses in enger werdenden wellenförmigen Bewegungen. Die → Umsätze sind dabei rückläufig. Ein Ausbrechen aus der Formation bei ansteigenden Umsätzen setzt die ursprüngliche Kursbewegung fort. – Vgl. auch → Flagge.

Windfall Profits, *Sondergewinn, unerwarteter Gewinn, Marktlagengewinn*. Unternehmensgewinn, der sich nicht durch betriebliche Tätigkeit sondern durch → Preisschwankungen von Gegenständen des Anlagevermögens oder auf Absatzmärkten ergibt. So entstehen bei Bergbau- und anderen Rohstoff erzeugenden Unternehmen W.P. durch einen zwischenzeitlichen Anstieg der jeweiligen Marktpreise, ohne dass diese sofort durch eine Produktionssteigerung ausgenutzt werden können. Entsprechend reduzieren sich die W.P. wieder bei einer Normalisierung der Marktlage. Zum Zwecke der langfristigen → Aktienanalyse müssen W.P. gesondert betrachtet und aus dem nachhaltig erzielbaren Gewinn heraus gerechnet werden. – Siehe auch → Kurs-Gewinn-Verhältnis.

Window Warrant, *European warrant*. → Optionsschein, der nur zu bestimmten Terminen oder innerhalb bestimmter Perioden ausgeübt werden kann. – Vgl. auch → europäische Option.

Wings, Abk. für → Warrants into Negotiable Government Securities.

Wirtschaftlichkeit, *economic efficiency*. W. wird bestimmt vom Verhältnis der Leistungen zu den Kosten in einer abgelaufenen Rechnungsperiode. Im Gegensatz zur → Produktivität wird die W. wertmäßig erfasst.

Wirtschaftlichkeitsprinzip, → ökonomisches Prinzip.

Wirtschaftskrise, *economic crisis*; Phänomen einer ausgesprochen schlechten ökonomischen Situation. Kennzeichnend für diese phasenartige Konjunkturentwicklung sind hohe Arbeitslosigkeit, sinkende Steuereinnahmen, eine deflatorische Preisentwicklung usw. An den Finanzmärkten manifestieren sich W. in Kursverlusten. – Vgl. → Depression. Siehe auch → Weltwirtschaftskrise.

Wirtschaftsprüfer (WP), *auditor, certified public accountant*; führen als Hauptaufgabe betriebswirtschaftliche Prüfungen durch und erteilen → Bestätigungsvermerke über die Vornahme und das Ergebnis der Prüfung. Es handelt sich dabei hauptsächlich um → Jahresabschlussprüfungen oder um → Sonderprüfungen. Weitere Tätigkeitsfelder sind: 1. Sonstige Prüfungen, wie z.B. Gründungsprüfungen. – 2. Steuerliche oder betriebswirtschaftliche Beratungen. – 3. Gutachtertätigkeiten auf dem Gebiet der wirtschaftlichen Betriebsführung. – 4. Treuhänderische Verwaltungen.

Wirtschaftsprüfertestat, → Bestätigungsvermerk.

Wirtschaftsprüfungsgesellschaft, *WP-Gesellschaft, auditing firm*. Die W. ist eine Gesellschaft, die von → Wirtschaftsprüfern verantwortlich geführt wird. Die Aufgaben, die von ihr wahrgenommen werden, sind daher identisch mit denen des einzelnen Wirtschaftsprüfers.

WKN, Abk. für → Wertpapier-Kennnummer.

Wochenausweis der Deutschen Bundesbank, *weekly return of the German Bundesbank*; Informationsmedium der → Deutschen Bundesbank, das die wöchentliche monetäre Entwicklung in verkürzter Form wiedergab. Der entsprechende W.d.D.B. wird seit dem 01.01.1999 von der → Europäischen Zentralbank veröffentlicht. – Vgl. auch → Wochenausweis der Europäischen Zentralbank.

World Government Bond Index (WGBI). Der WGBI ist ein von der Investmentbank Salomon Smith Barney ermittelter → Performance-Index, der ca. 900 verschiedene → Staatsanleihen aus Australien, Dänemark, Deutschland, Frankreich, Großbritannien, Japan, Kanada, den Niederlanden, der Schweiz und den USA umfasst. Zur Ermittlung des Index werden die Größen Kursveränderungen, der → Nominalzins, reinvestierte Kuponzahlungen und aufgelaufene → Stückzinsen berücksichtigt. Das eingesetzte Kapital, die reinvestierten Kuponzahlungen und die aufgelaufenen Stückzinsen werden dabei durch → Devisentermingeschäfte abgesichert, mögliche Kursveränderungen hingegen nicht.

WP, → Wirtschaftsprüfer.

WP-Gesellschaft, → Wirtschaftsprüfungsgesellschaft.

WpHG, Abk. für das → Gesetz über den Wertpapierhandel.

Writer, → Stillhalter.

WTO, *Welthandelsorganisation, World Trade Organization*. Internationale Organisation mit Sitz in Genf, die sich mit Streitfragen des Welthandels beschäftigt. Ziel ist die Sicherung und Vereinfachung des grenzüberschreitenden Handels mit Waren und Dienstleistungen. Die WTO ist 1995 aus der Uruguay-Runde (→ GATT) entstanden und zählte im Juli 2001 142 Mitgliedsländer. Ungewöhnlich ist die Befugnis der WTO zur Verhängung von Strafzölle an Länder, die den internationalen Warenaustausch behindern.

Wünsch Dir was Option, *as-you-like warrant, switchback warrant, you choose warrant*; benennt ein durch Modifikation entstandenes → Finanzinstrument, bei dem der → Optionsinhaber der → Long-Position das Recht erhält, innerhalb eines bestimmten Zeitraums zu entscheiden, ob die Option eine → Call- oder eine → Put-Option werden soll.

X

Xelsius. Unter diesem Namen werden von der → Deutschen Börse AG → Wetterindizes für europäische Städte berechnet. Grundlage dieser → Indizes sind die täglichen Höchst- und Tiefsttemperaturen vor Ort. Mittelfristig ist die Einführung von → Derivaten auf diese Indizes geplant. – Vgl. auch → Wetterderivate.

Xeos, privat organisiertes, → elektronisches Handelssystem über das → Aktien, → Anleihen und → Optionsscheine gehandelt werden können. Die Kursbildung erfolgt durch → Market-Maker. – Vgl. auch → ECN.

Xetra, *Exchange Electronic Trading*; löste mit dem Start des Release 2 am 28.11.1997 → IBIS als → elektronisches Handelssystem der → Deutschen Börse AG ab. Nach der Aufnahme des → Rentenhandels im Oktober 1998 (Xetra Bond Trading), die zur Ablösung von → IBIS-R führte und mit dem Start des Handels in → Optionsscheinen im April 2000 (Release 4) erlangte X. seine volle Funktionalität. – X. ist ein zentral organisiertes, vollelektronisches, ordergetriebenes (→ Auktionsprinzip) Handelssystem, an dem alle zugelassenen Händler anonym und vom Standort unabhängig, gleichberechtigt teilnehmen können. Nach der Eingabe der → Order am Handelscomputer erfolgt die Zusammenführung und Abwicklung der Geschäfte elektronisch, wobei die Teilnehmer in Echtzeit auf relevante Marktinformationen zugreifen können. In das → Orderbuch, das generell für alle offen einsehbar ist, können → Market Orders und → Limit Orders eingestellt werden. Es können → Round Lots und während → Auktionen auch → Odd Lots gehandelt werden. – Der Handel gliedert sich in eine Vor-, Haupt- und Nachhandelsphase. In der Vor- und Nachhandelsphase können → Quotes in das (dann geschlossene) Orderbuch gestellt und verändert werden. In der Haupthandelsphase werden wenig liquide Werte ausschließlich in Auktionen gehandelt. Liquide Werte werden im fortlaufenden Handel gehandelt, der von einer Eröffnungsauktion eingeleitet, durch eine oder mehrere untertägige Auktionen unterbrochen wird und mit einer Schlussauktion endet. Für die Preisbildung gilt das Prinzip der → Preis-Zeit-Priorität, während der Auktionen das → Meistausführungsprinzip. Handelszeit ist von 9 bis 20 Uhr. – Alle im → Neuen Markt gelisteten Aktien müssen von mindestens zwei, die Aktien im → SMAX und im → MDAX von mindestens einem → Designated Sponsor betreut werden. Diese sind verpflichtet, gleichzeitig Geld- und Briefkurse (Quotes) zu stellen oder können dazu von den Marktteilnehmern mittels eines → Quote Request aufgefordert werden. Durch dieses → Market-Maker-Prinzip (→ Quote Driven Market) wird X. mit seinem ursprünglich ordergetriebene Handel zu einem → hybriden Handelssystem erweitert, um den Nachteilen des Auktionsprinzips bei umsatzschwachen Titeln zu begegnen.

Xetra Observer. Von der → Deutschen Börse Systems AG betreutes System der → Handelsüberwachungsstelle der Frankfurter Wertpapierbörse für die Überwachung des Xetra-Handels (→ Xetra). Es ermöglicht eine Echtzeit-Überwachung aller Transaktionen und Preise.

Xetra XXL, → elektronisches Handelssystem, das von der → Deutschen Börse AG entwickelt für den Handel großer Stückzahlen entwickelt wurde und durch das → Aktien aus den → Börsensegmenten → DAX, → MDAX und → NEMAX 50 gehandelt werden können. – Vgl. auch → Blockhandel.

871

Xontro

Xontro, ist Synonym für die → Abwicklungssysteme → BOSS-CUBE und → BÖGA am → Kassamarkt. Im Zuge der Ausgliederung aus der → Deutschen Börse AG und der Beteiligung aller deutschen Börsen wurden diese Systeme in X. umbenannt.

Y

Yankee Bonds, -Anleihen, *Bulldog Bonds, Kiwi Bonds.* Bezeichnung für USD-Anleihen, die von ausländischen → Emittenten in den Vereinigten Staaten von Amerika emittiert werden.

Yellow Book, Börsenzulassungsvorschriften für Wertpapiere an der → Londoner Wertpapierbörse.

Yen, *JPY, ¥;* Bezeichnung für das gesetzliche Zahlungsmittel im japanischen Staatsgebiet. Ein Y. wird in 100 Sen unterteilt.

Yield, → Rendite.

Yield Curve, → Zinsstrukturkurve.

Yield Curve Option, *Yield Spread Option;* bezeichnet eine → Option auf die Differenz zwischen zwei → Zinsinstrumenten unterschiedlicher → Laufzeit innerhalb einer → Währung oder zwischen zwei Währungen, die eingegangen wird, wenn mit einer Änderung der → Renditestrukturkurve gerechnet wird. Eine Y.C.O. ist billiger als der separate Kauf von → Calls und → Puts auf die entsprechenden Zinsinstrumente, da sie nur eine Veränderung des → Spreads berücksichtigt.

Yield Curve Swap, bezeichnet einen → Zinsswap, bei dem der feste → Zinssatz nach jeder Zinsperiode den Marktkonditionen angepasst wird.

Yield Spread Option, → Yield Curve Option.

Yield to Maturity, *Rückzahlungsrendite einer festverzinslichen Investition, kapitalmarktbezogen: eines Rentenpapiers/Bonds;* Die Y.t.M. entspricht der jährlichen Rendite einer Investition (zum aktuellen Marktpreis) in einen bis zur Fälligkeit gehaltenen zinstragenden Bond. Bei der Berechnung sind sowohl die Couponzinszahlungen als auch ein eventuelles Disagio (ggf. Agio) zu berücksichtigen. Investitionstheoretisch entspricht die Y.t.M. dem → Internen Zinsfuß der Bondinvestition (bei Zugrundelegung einer Anschaffungsauszahlung in Höhe des aktuellen Marktpreises). Implizit unterstellt sie damit eine Wiederanlage zwischenzeitlicher Couponzinszahlungen zur kalkulierten Y.t.M.

You Choose Warrant. → Wünsch Dir Was Option.

Z

ZA, Abk. für → Zusatzaktien.

Zahlstelle. Bezeichnung für eine Zweigstelle im Kreditwesen, bei der eine Person ein Konto unterhält, die letzte Inkassostelle im Einzugsverkehr, die ein Einzugspapier zur Einlösung erhält oder eine Bank, die fällige → Zins- und → Dividendenscheine, ausgeloster oder gekündigter → Schuldverschreibungen usw. im Auftrag der Aussteller der betreffenden → Wertpapiere einlöst bzw. neue → Kupon- und → Dividendenbögen ausgibt. An jedem → Börsenplatz, an dem die betroffenen Wertpapiere gehandelt werden, muss eine Z. existieren und vom Aussteller im → Emissionsprospekt angegeben werden. Gegenüber dem Aussteller erhebt die Bank eine geringe Provision für ihre Funktion als Z. Die → Zins- und → Dividendenauszahlung an das → Publikum erfolgt entgeltlos.

Zahlstellendienst. Bei der Übernahme einer → Anleihe durch ein → Bankenkonsortium zur → Emission wird vertraglich festgelegt, dass neben der Gesellschaftskasse die Mitglieder des Konsortiums bis zur Tilgung der Anleihe als → Zahlstelle für → Rückzahlungen und → Zinsen fungieren. Sie haben beispielsweise bei der Erneuerung von → Zinsscheinbögen und der → Konvertierung der Anleihe mitzuwirken.

Zahl- und Hinterlegungsstelle, *paying bank.* Bei der → Zulassung von Wertpapieren ist, unabhängig vom gewählten Börsensegment, eine Z.u.H. am → Börsenplatz zu benennen. Zur Zulassung an mehreren inländischen Börsen genügt inzwischen ebenfalls die Benennung lediglich einer Z.u.H. Die Benennung der Zahlstelle erfolgt im → Börsenzulassungsprospekt. Zu den Aufgaben einer Z.u.H. gehören die Einlösung fälliger Zins- bzw. Gewinnanteilsscheine, endfälliger, ausgeloster oder gekündigter Stücke, die Ausgabe neuer Zins- bzw. Gewinnanteilsscheine, die Hinterlegung von Aktien und die Durchführung sonstiger von der Gesellschaft beschlossenen Maßnahmen.

Zahlungsbilanz, *balance of payments*; ist die Bezeichnung für die Gegenüberstellung aller monetär bewertbaren Transaktionen zwischen Inländern und Ausländern innerhalb einer bestimmten Zeitperiode in einer Volkswirtschaft. – Die Z. setzt sich aus folgenden Unterbilanzen zusammen: – 1. Leistungsbilanz mit den Unterkonten Handelsbilanz, Dienstleistungsbilanz, Saldo der Erwerbs- und Vermögenseinkommen und Saldo der laufenden Übertragungen, – 2. → Kapitalbilanz, – 3. Saldo der Vermögensübertragungen und – 4. Saldo der Währungsreserven des Eurosystems (ehem. Devisenbilanz). – Eine Z. ist aufgrund des Prinzips der doppelten Buchführung stets ausgeglichen. Im allgemeinen Sprachgebrauch jedoch findet die Rede von Zahlungsbilanzungleichgewichten i.w.S. häufig Anwendung, wenn explizit auf das Unterkonto Leistungsbilanz abgestellt wird, die Veränderungen der Nettoauslandsposition einer Volkswirtschaft aufzeigt.

Zahlungseinstellung, *stoppage of payments.* Nichtbezahlung einer fälligen Schuld oder eines großen Teils einer Schuld aufgrund der → Zahlungsunfähigkeit bzw. → Illiquidität des Schuldners. Der Begriff Z. wird i.d.R. verwendet, wenn die Zahlungsunfähigkeit dauerhaft ist oder dauerhaft erscheint. Kurzfristige Illiquidität wird als → Zahlungsschwierigkeit bezeichnet.

Zahlungsfähigkeit

Zahlungsfähigkeit, *Bonität, ability to pay, solvency.* Der Zustand eines Unternehmens, das seine fälligen → Verbindlichkeiten fristgerecht erfüllen kann. Die Beurteilung der Z. kann unternehmensintern durch die Liquiditätsplanung erfolgen. Extern bewerten → Rating-Agenturen. – Gegensatz: → Zahlungsunfähigkeit.

Zahlungsort, *place of payment*; derjenige Ort, an dem die (Rück-)Zahlung einer Forderung erfolgt.

Zedent, *assignor.* Gläubiger, der eine Forderung vertraglich z.B. durch → Abtretung (Zession) auf eine dritte Partei, dem Zessionar, überträgt.

Zahlungsschwierigkeit, *temporary shortage of liquid funds.* Vorübergehender Mangel an → liquiden Mitteln, um den Zahlungsverpflichtungen nachzukommen.

Zahlungsunfähigkeit, → Illiquidität.

Zahlungsunfähigkeit der AG, *inability to pay, insolvency;* liegt vor, wenn die → Aktiengesellschaft aus Mangel an → Zahlungsmitteln fällige ↳ Verbindlichkeiten nicht bedienen kann. Dies ist ein allgemeiner Insolvenzgrund. Bei → Aktiengesellschaften muss wegen der begrenzten Haftung schon bei ↳ Überschuldung → Insolvenz beantragt werden. Nach Eintritt der Z.d.AG. dürfen i.d.R. keine Zahlungen mehr geleistet werden. Bei Verstößen drohen dem → Vorstand Geld- oder Freiheitsstrafen. – Gegensatz: → Zahlungsfähigkeit.

Zahlungsverkehr, *monetary transactions.* 1. Der Z. umfasst alle Zahlungsvorgänge eines Betrachtungsobjektes, also einer Person, einer Bank, innerhalb eines Staates oder zwischen Staaten. Der Z. kann sich bar (durch Banknoten und Münzen), halbbar (durch Barscheck oder Bareinzahlung auf ein Konto) oder unbar (bargeldloser Z. durch Übertragung von Buchgeld oder Übergabe von Geldsurrogaten wie → Wechseln oder Schuldscheinen) vollziehen. 2. Abwicklung des bargeldlosen Z.: Buchgeldbewegungen innerhalb eines Kreditinstitutes werden im bankeigenen Verrechnungsnetz verarbeitet. Die von der Sparkassenorganisation, der Genossenschaftsorganisation und der Deutsche Postbank AG unterhaltenen Gironetze für Buchungen innerhalb der eigenen Gruppe verfügen zudem über zentrale Clearingstellen, über die auch untereinander Buchungen ausgetauscht werden. Dagegen werden Zahlungen vom und zum gemeinsamen Gironetz der Großbanken sowie von und zu Kreditinstituten ohne eigenes Gironetz über das nationale Gironetz der Deutschen Bundesbank und ihrer Landeszentralbanken geleitet, das als zentrale Schnittstelle dient. – Vgl. auch → Clearing.

ZASt, Abk. für → Zinsabschlagsteuer.

zedieren, *to assign/cede.* Bezeichnung für den Vorgang, eine Forderung oder ein sonstiges Recht abzutreten. – Vgl. auch → Zession.

Zeichnung, *Zeichnen, subskription, subscription.* Abgabe eines Angebots zum Kauf von → Wertpapieren bei deren → Emission (→ Zeichnungsschein). Der → Zeichner verpflichtet sich durch diese Erklärung zur Abnahme einer bestimmten Zahl zu einem festgelegten Höchstpreis. Eine → Zuteilung der gezeichneten Menge wird jedoch nicht garantiert. Eine Z. kann gegenüber einer → Bank (→ Zeichnungsstelle) schriftlich, telefonisch oder elektronisch (Internet) erfolgen.

Zeichnungsbedingungen, → Emissionsbedingungen.

Zeichnungseinladung, *invitation to prospective subscribers, invitation to subscribe;* erfolgt durch den → Emittenten oder das → Konsortium an potentielle Investoren und beinhaltet ein Angebot zur Zeichnung der → Emission.

Zeichnungsfrist, *subscription period, intial offering period;* Zeitraum, während dessen die → Zeichnung von → Emissionen erfolgen kann.

Zeichnungsgewinn, *subscription earnings.* → Spekulationsgewinn, der dadurch entsteht, dass ein → Investor die ihm zugeteilten → Wertpapiere meist bald nach der → Emission verkauft, wenn der → Kurs der Aktie gegenüber dem → Emissionskurs gestiegen ist. Hohe Kurssteigerungen nach der → Emission sind u.a. durch hohe → Überzeichnung bedingt. – Vgl. auch → Konzertzeichner und → Emissionsrendite.

Zeichnungspreis, → Emissionspreis.

Zeichnungsprospekt, → Emissionsprospekt.

Zeichnungsschein, *subscription slip*. Urkunde durch die sich ein → Zeichner zur Übernahme einer bestimmten Anzahl neuemittierter → Wertpapiere verpflichtet. Der Z. beinhaltet den Namen und die Adresse des Zeichners, sowie Art und Menge des gezeichneten Wertpapiers und evtl. Details zu Zahlung oder Übergabe bei → Zuteilung. – Vgl. → Zeichnung.

Zeichnungsstelle, *subscription agent, bank accepting subscriptions for newly issued securities*. Bezeichnung für eine Bank oder Bankniederlassung, welche mit der Entgegennahme sowie der Bearbeitung von → Zeichnungen gemäß den → Emissionsbedingungen für neu ausgegebene Wertpapiere beauftragt ist.

Zeitbezugsmethode, → Währungsumrechnung bei Aufstellung eines Weltabschlusses.

Zeitgeschäft, → Termingeschäft.

Zeithandel, → Terminhandel.

Zeitreihe, *time series*. Bezeichnung für eine zeitlich geordnete Folge von beobachteten Werten eines Untersuchungsobjektes. – Vgl. auch

Zeitwert, *time value*. Vergütung für die Möglichkeit, dass das einer → Option zugrundeliegende → Underlying sich innerhalb der bestehenden Restlaufzeit in die gewünschte Richtung entwickelt. Eine Option besitzt einen Z., sobald ihr Preis ihren → inneren Wert übersteigt. Der Z. kann aus Sicht des → Stillhalters als Versicherungsprämie interpretiert werden und verringert sich mit abnehmender Restlaufzeit. Am Verfalltag der Option hat der Z. den Wert null.

Zentralbank, *central bank*. 1. Die → Zentralnotenbank eines Staates als nationale Z. – 2. Spitzeninstitut einer Bankengruppe, z.B. → genossenschaftliche Zentralbank im Genossenschaftssektor. – 3. Eine überstaatliche Währungsbank, z.B. → Europäische Zentralbank.

Zentralbankgeldmenge, *central bank money supply*; ist das Bargeld in Händen der Nichtbanken zuzüglich der Mindestreserve der Banken für ihre inländischen Verbindlichkeiten. Die Höhe der Z. ist eine wichtige Größe für die → Geldpolitik, v.a. für eine monetaristisch bedingte geldpolitische Steuerung der Geldmenge einer Volkswirtschaft, da sie den unmittelbaren Anteil einer Notenbank zur Geldschöpfung erfasst. Von → Monetaristen wird ebenfalls ein direkter Zusammenhang mit der Kursentwicklung an den Wertpapiermärkten behauptet.

Zentralbörse, *leading stock exchange*. Bezeichnung für die Hauptbörse eines Landes. Für Deutschland übt die → Frankfurter Wertpapierbörse diese Funktion sowohl gemessen am Umsatz- als auch am Transaktionsvolumen aus. – Vgl. auch → Leitbörse.

Zentraler Kapitalmarktausschuss (ZKMA), *Elferausschuss, Central Capital Market Committee*. Der ZKMA ist ein nichtstaatliches Gremium, zusammengesetzt aus Vertretern von Emissionsinstituten, dem es obliegt, auf Grundlage der Freiwilligkeit die Inanspruchnahme des → Kapitalmarktes im Hinblick auf die Höhe und die zeitliche Durchführung von → Emissionen von → Anleihen abzustimmen, um vermeidbare Folgen einer Überforderung zu vermeiden.

Zentralnotenbank, *central bank*. Bank eines Staates oder Währungsgebietes, die für die Funktionsfähigkeit des Geld- und Kreditwesens Sorge zu tragen hat und eine an den gesamtwirtschaftlichen Zielen ausgerichtete Geldpolitik betreibt. Ihre Hauptaufgaben liegen in der Refinanzierung von → Kreditinstituten, der Ausgabe von Banknoten, der Abwicklung des Zahlungsverkehrs und der Kreditversorgung der öffentlichen Hand.

Zentralverwahrer, *Wertpapiersammelbank, Kassenverein*; bezeichnet Spezialinstitute, die mit der technischen Abwicklung des → Effektengiroverkehrs, also → Clearing und → Settlement, und der → Wertpapier- bzw. → Girosammelverwahrung befasst sind. Ihre Gesellschafter sind i.d.R. Banken oder → Börsen. Da Z. länderübergreifend im gegen-

Zerobond

seitigen Geschäftsverkehr Transaktionen in → depotverwahrfähigen Wertpapieren und damit verbundene Zahlungsströme abwickeln, können sie die Dienstleistungen sowohl für inländische als auch für ausländische Wertpapiere erbringen. Für die beteiligten Banken entfällt somit bei einem Kauf oder Verkauf das körperliche Verschicken der Wertpapiere. Sie werden vom Z. verwaltet und dem jeweiligen Besitzer bis zum Weiterverkauf gutgeschrieben. Beispiele für Z. sind → Deutsche Börse Clearing AG, → CEDEL, → Euroclear und → Marché à Terme International de France.

Zerobond, → Null-Kupon-Anleihe.

Zero-Bonds, *zeros, zero-coupon bonds, Null-Kupon-Anleihen.* Abgezinste → Anleihen, die am Ende der Laufzeit zum → Nominalwert zurückgezahlt werden und keine laufenden Zinszahlungen beinhalten. Z. werden bei Ausgabe mit der Emissionsrendite auf den → Barwert diskontiert (abgezinst) und nach Laufzeitende zum Nominalwert (pari) getilgt. Die aufgelaufenen Erträge werden imaginär zu den Emissionskonditionen wieder in der Anleihe angelegt (thesauriert), wodurch ein Zinseszinseffekt zustande kommt. Die Laufzeiten von Z. bewegen sich zwischen drei und 35 Jahren. Grundsätzlich ist kein Kündigungsrecht für Anleger und Emittent vorgesehen. Der Gläubiger hat jedoch die Möglichkeit, die Anleihe über die Börse zu veräußern. – Durch die → Thesaurierung der Zinsen ergeben sich für den Anleger Steuerstundungseffekte, da die steuerliche Veranlagung erst mit Zahlung der Erträge, also am Ende der Laufzeit erfolgt. Dies ist vor allem für Anleger interessant, die zum Zeitpunkt der Besteuerung einen niedrigeren Grenzsteuersatz (z.B. wegen Pensionierung) erwarten als zum Anlagezeitpunkt. Für den Emittenten ist von Vorteil, dass er während der Laufzeit keine Zinszahlungen zu leisten hat und sich bei Z. i.d.R. längere Laufzeiten durchsetzen lassen. – Kurzfristig sind Z. jedoch eher für spekulative Anleger geeignet, da sich durch den niedrigen Einstandskurs und den Zinseszinseffekt eine hohe Hebelwirkung bei Zinsänderungen ergibt. Darüber hinaus muss der Anleger beachten, dass sich aufgrund der langen Laufzeit und der Ertragsthesaurierung höhere Anforderungen an die Bonität des Emit-

tenten ergeben. Z. können auch synthetisch durch → Bond Stripping kreiert werden.

Zerobond Swap, erlaubt den Tausch einer variablen Finanzierung in einen synthetischen Zerobond.

Zero-Coupon Bonds, → Zero-Bonds.

Zeros, → Zero-Bonds.

Zertifikat, *certificate.* 1. Ein Z. ist eine → Urkunde, welche den Ursprung und die Qualität einer bestimmten Ware oder des Produktionsverfahrens von Waren bezeugt. – 2. Z. bezeichnet außerdem einen Anteilschein an dem Fondsvermögen einer Investmentgesellschaft (→ Anteilschein bei der Kapitalanlagegesellschaft) nach dem → KAGG. – 3. → Aktienzertifikat.

Zession, *Abtretung, assignment, cession.* Z. ist die Abtretung von Forderungen oder sonstigen Rechten durch einen Gläubiger, den → Zedenten, an einen Dritten, den → Zessionar. Der Zessionar tritt an die Stelle des Zedenten und wird neuer Inhaber der Forderungen oder der Rechte. Wird der Schuldner über die Abtretung informiert, so spricht man von einer offenen Z. ansonsten von einer stillen Z. Die Z. stellt eine häufig verwendete Form der Besicherung von Bankkrediten dar. – Vgl. auch → Kreditsicherheiten.

Zessionar, *assignee*; neuer Gläubiger einer Forderung, die deren ehemaliger Inhaber (→ Zedent) an ihn abgetreten hat (→ Abtretung von Forderungen).

Ziehung, → Auslosung von Wertpapieren.

Ziehungsliste, *Verlosungsliste, list of drawings.* Stellt eine Aufstellung der ausgelosten → Serien bzw. Reihen einer → Anleihe dar, die zur → Tilgung vorgesehen sind. Dabei erfolgt die Auslosung an Hand von Serienbuchstaben oder Endziffern der Anleihen, die somit als Loskennzeichen dienen. – Vgl. auch → Auslosung von Wertpapieren.

Zins- und Währungsswaps, *cross currency interest rate swap.* Kombination aus einem → Zinsswap und einem → Währungsswap. Es werden fixe und variable Zinssätze in zwei verschiedenen Währungen ausgetauscht. Vertragspartner können durch Eingehen eines Z.u.W. ihre differierenden → Ratings in verschiedenen Ländern zum beidseitigem Vorteil ausnutzen. – Vgl. auch → Swap.

zinsabhängige Aktien, *zinsreagible Aktien, interest-based shares*; der Aktienkurs ist prinzipiell zinsabhängig. Steigende Zinsen führen zu fallenden, sinkende Zinsen zu steigenden Kursen. Dieser Wirkungszusammenhang (→ Aktien-bewertung) tritt sowohl in Erwartung einer Zinsänderung aber auch verzögert ein. Besonders zinsabhängig sind Aktien von Unternehmen, deren Erträge wie z.B. bei Banken von der Zinsentwicklung bestimmt werden.

Zinsabschlag, *Zinsabschlagsteuer, interest discount tax*. Der Z. ist eine besondere Erhebungsform der Einkommen- oder Körperschaftsteuer im Rahmen der Kapitalertragsteuer. Er wird als Zahlstellensteuer erhoben und stellt bei unbeschränkter Steuerpflicht im Inland eine voll anrechenbare Vorauszahlung auf die individuelle Steuerschuld dar. Die Zahlstellen, insbesondere Banken, behalten den Z. (gemäß § 43a EStG beträgt der Regelsteuersatz 30%, bei Tafelgeschäften 35%) ein, um ihn an das Finanzamt abzuführen. Bei Vorliegen eines → Freistellungsauftrages oder einer → Nichtveranlagungsbescheinigung wird kein Z. erhoben. Generell erfasst der Z. alle im Inland anfallenden Zinserträge, unabhängig vom Sitz des Emittenten. Die Zinsabschlagsteuer wird seit dem 01.01.1993 von Kapitalerträgen erhoben, die ab diesem Tag fällig werden, die Zinsabschlagsteuer auf Stückzinsen bei festverzinslichen Wertpapieren seit dem 01.01.1994. – Siehe auch → Kapitalertragsteuer bei festverzinslichen Wertpapieren und Einlagen, und → Kapitalertragsteuersätze.

Zinsabschlag bei Stückzinsen, *interest discount tax on accrued interest*. Auf die bei einem Verkauf von Wertpapieren zwischen den Zinszahlungsterminen beim Verkäufer anfallenden → Stückzinsen wird eine Zinsabschlagsteuer erhoben. Dabei soll nur die Differenz zwischen eingenommenen und mit dem Kaufpreis gezahlten Stückzinsen besteuert werden, um eine Mehrfachbesteuerung derselben Kapitalerträge zu vermeiden. Dafür wird beim Kreditinstitut für den Kunden insgesamt der Zufluss von Stückzinsen

Zinsänderungsrisiko

von verschiedenen Wertpapieren gegen anteilige gezahlte Stückzinsen verrechnet und nur auf den verbleibenden Überschuss werden Zinsabschlagssteuern erhoben.

Zinsabschlagsteuer (ZASt), *interest discount tax*. Form der → Kapitalertragsteuer, die auf Zinsen und zinsähnliche Erträge erhoben wird. Der → Zinsabschlag kann u.U. bei Stellung eines → Freistellungsauftrages entfallen. – Vgl. auch → Besteuerung der Erträge aus Wertpapieren.

Zinsänderungsanleihe, *interest rate switching bond*; → Anleihe, die nach vorher festgelegten Bedingungen entweder von einem → festverzinslichen Wertpapier (→ Straight Bond) in eine variabel verzinsliche Anleihe (→ Floating Rate Note) umgewandelt werden muss oder umgekehrt. Bei der ersten Variante erhält der Anleger zunächst über einen bestimmten Zeitraum eine festen → Kupon. Nach Ablauf dieser Frist orientiert sich die weitere Verzinsung an einem → Referenzzinssatz (z.B. → Euribor).

Zinsänderungsrisiko, *interest rate (exposure) risk*. Das Z. besteht in einer aus Marktzinsänderungen resultierenden Verminderung des Erfolgs. Das → aktivische Z. geht von den Zinserträgen (niedrigere Aktivzinssätze als erwartet) aus, das → passivische Z. von den Zinsaufwendungen (höhere Passivzinssätze als erwartet) aus. Zur vollständigen Erfassung des Z. sind auch die nicht bilanzwirksamen zinsrisikobehafteten Geschäfte zu betrachten. – Bei → festverzinslichen Wertpapieren gilt, dass bei steigenden Zinssätzen die Kurswerte der mit festem Zinscoupon versehenen Anleihen fallen (→ Marktpreisrisiken, → Bewertung von Anleihen) und sich somit nach dem → Marking to Market-Prinzip für den Halter ein Verlust ergibt. Bilanziell ergibt sich bei börsennotierten Schuldverschreibungen ein Abschreibungsrisiko als Form des Z. (Festzinsrisiko). Marktzinsänderungen haben insofern zugleich negative und positive Wirkungen. Das Z. wird deshalb häufig als ein Nettorisiko betrachtet. Negative Auswirkungen auf den Erfolg ergeben sich insoweit, als bei steigendem Zinsniveau den steigenden Zinsaufwendungen nicht gleichzeitig steigende Erträge aus zinstragenden Positionen gegenüberstehen bzw. bei sinkendem Zinsniveau die sinkenden Zinserträge nicht

879

Zinsanleihen

durch gleichzeitig sinkende Zinsaufwendungen kompensiert werden. Derartige Gegenpositionen sind insbesonders bei Banken gegeben. – Das Z. besteht als → Marktpreisrisiko von Zinsinstrumenten, bei dem das Festzinsrisiko und das variable Z. zu unterscheiden sind. Ein Festzinsrisiko ergibt sich potentiell, wenn Positionen mit Festzins nicht in gleicher Höhe vorhanden sind, d.h. festverzinsliche Aktiva und Passiva haben unterschiedliches Volumina. Das durch eine Marktzinsänderung gegebene Festzinsrisiko kann sowohl ein aktivisches als auch ein passivisches Festzinsrisiko sein. Das aktivische Festzinsrisiko folgt bei sinkendem Marktzins aus einem Passivüberhang festverzinslicher Positionen. Entsprechend resultiert das passivische Festzinsrisiko bei steigendem Marktzinsniveau aus einem Aktivüberhang festverzinslicher Positionen. – Das variable Z. bezieht sich auf die Blöcke der variabel verzinslichen Aktiva und Passiva. Die Gefahr einer sinkenden Brutto-Zinsspanne resultiert aus unterschiedlichen Zinselastizitäten bei den einzelnen Aktiv- und Passivzinssätzen. Das variable Z. besteht in der Gefahr, dass sich eine Marktzinsänderung negativ auf die Differenz aus Zinserträgen und Zinsaufwendungen auswirkt, und zwar alleine wegen der unterschiedlich starken Reaktionen bei den einzelnen variabel verzinslichen Positionen auf der Aktiv- und Passivseite.

Zinsanleihen. Anleihen, die bis zum Laufzeitende regelmäßige Zinszahlungen haben. – Gegensatz: → Zero-Bonds.

Zinsanpassung, *interest rate adjustment.* Eine Z. bedeutet die Angleichung der ursprünglich für bestimmte Bankgeschäfte berechneten Zinsen an die aktuellen Marktzinssätze. – Vgl. auch → Zinsgleitklausel und → Zinsanpassungsklausel.

Zinsanpassungsklausel. Z. sind in Darlehensverträgen der Kreditwirtschaft anzutreffen und berechtigen das darlehensgebende → Kreditinstitut, den ursprünglich fest vereinbarten → Zinssatz an kapitalmarktbedingte Änderungen seiner Refinanzierungsbedingungen nach billigen Ermessen einseitige anzupassen. Mit einer Z. versuchen die Kreditinstitute, das → Zinsänderungsrisiko auszuschalten. Von der Z. zu unterscheiden ist ein sog. Zinsvorbehalt, der einem Darlehensgeber von vornherein die Befugnis eingeräumt, die Zinshöhe einseitig festzulegen (veränderlicher Zinssatz), und eine Zinsgleitklausel, die den Zinssatz vereinbarungsgemäß an eine veränderliche Bezugsgröße bindet. In einer Z. im Darlehensvertrag wird beispielsweise vereinbart, dass der vereinbarte Darlehenszins nach einer bestimmten Laufzeit und/oder bei bestimmten (vorher festzulegenden) Änderungen des Zinsniveaus den (veränderten) Marktbedingungen angepaßt wird. Auf Grund der Klausel ist das Kreditinstitut nicht nur berechtigt, den Zins zu erhöhen, sondern es ist auch verpflichtet, den Zins bei fallendem Zinsniveau zu senken. Z.n müssen transparent, also so gefaßt sein, dass der Darlehennehmer die Voraussetzungen und den möglichen Umfang höheren Zinsen vorhersehen kann. Die Wahrnehmung von Z.n unterliegt der gerichtlichen Billigkeitskontrolle (§ 315 BGB). Z.n spielen auch im Rahmen der Refinanzierung der Kreditinstitute eine beachtliche Rolle: So wird z.B. der Zinssatz der den Kreditinstitute Banken überlassenen Spareinlagen nicht vor vornherein für eine bestimmte Periode festgelegt, sondern unter dem Vorbehalt einer Änderung des Spareckzinses vereinbart.

Zinsarbitrage, *interest rate arbitrage.* Ausnutzen von Zinsunterschieden bei Geldmarkttiteln (→ Geldmarkt) mit unterschiedlicher → Laufzeit zur Erzielung eines Differenzgewinns. – Vgl. auch → Arbitrage.

Zinsausgleichszertifikate, *Zinsdifferenzzertifikat, cap/floor certificate.* Ein Z. ist eine als Wertpapier verbriefte Serie von → Zinsoptionen. Dabei werden dem Käufer des Z. vom Verkäufer gegen Zahlung einer einmaligen Optionsprämie für mehrere Perioden Zinsobergrenzen (→ cap) oder Zinsuntergrenzen (→ floor) garantiert. Ein Z. besteht aus einer Serie unabhängiger europäischer → Calls oder → Puts auf einen bestimmten → Referenzzinssatz. Jede einzelne Option bezieht sich auf einen bestimmten zukünftigen Zinstermin aus einer Serie nahtlos aneinandergereihter Zinsperioden. – I.d.R. zwei Tage vor Beginn einer neuen Zinsperiode wird im Z. vereinbarte Referenzzins für die entsprechende Option der kommenden Zinsperiode fixiert und mit dem vereinbarten Ausübungspreis verglichen. Falls die Option → im Geld ist, wird sie automatisch ausgeübt und es erfolgt eine Ausgleichszahlung der

Differenz zwischen dem fixierten Referenzzinssatz und der vereinbarten Zinsober- bzw. Zinsuntergrenze, multipliziert mit dem im Z. vereinbarten → Nominalbetrag.

Zinsbegrenzungs-Zertifikate, → Cap (2).

Zinsbesteuerung in den USA, *taxation of interest income in the USA*; vgl. → Zinsbesteuerung, Modelle.

Zinsbesteuerung in Europa, *taxation of interest income in Europe*. In Belgien wird eine definitive → Quellensteuer in Höhe von 10% erhoben (→ Zinsbesteuerung, Modelle). Dies gilt für Inländer und Gebietsfremde, sofern nicht für eine Veranlagung optiert wird. Kontrollmitteilungen der Banken an die Finanzverwaltung gibt es nicht. – In Dänemark gibt es keine → KapESt auf Zinsen. Die Finanzverwaltung erhält Informationen über die von Inländern bezogenen Zinszahlungen und sichert somit die Besteuerung der Zinsen. – In Frankreich wird für Inländer das Modell der Kontrollmitteilungen angewendet. Zusätzlich haben Inländer die Möglichkeit für eine definitive Quellensteuer zu optieren. Wertpapier- und Einlagezinsen von Gebietsfremden unterliegen in jedem Fall einer 15%igen Quellensteuer. – In Griechenland kommt eine definitive Quellensteuer in Höhe von 10% zur Anwendung. Zusätzlich kann für die Einkommensteuerveranlagung optiert werden. – In Großbritannien wird für Inländer durchgängig eine Quellensteuer von 25% erhoben. Gebietsfremde unterliegen nicht der Quellensteuer. – In Irland wird eine Quellensteuer von 29% erhoben, ausgenommen sind Einlagezinsen von Gebietsfremden. – In Italien werden Wertpapierzinsen und Einlagezinsen steuerlich unterschiedlich behandelt. Für Wertpapierzinsen bei Inländern gilt eine definitive Quellensteuer von 12,5%, für Ausländer 30%. Für Einlagezinsen beträgt der Quellensteuersatz für In- und Ausländer 30% (definitiv). Inländer können für eine Einkommensbesteuerung optieren. – Luxemburg: → Zinsbesteuerung, Modelle. – In den Niederlanden kommt das Modell der Kontrollmitteilungen zur Anwendung. – In Österreich wird auf Zinsen eine definitive Quellensteuer von 22% erhoben. Ausländer sind von dieser Steuer befreit. Es gibt keine Freibeträge, allerdings besteht die Möglichkeit der Rückvergütung der Abgeltungsteuer. – In Portugal unterliegen die Zinsen ebenfalls einer Definitivsteuer. Für Wertpapierzinsen beträgt der Steuersatz 25% mit Option, für Einlagenzinsen 20%. – Die Schweiz richtet sich nach dem Modell der Quellenbesteuerung mit Anrechnung. Der Steuersatz beträgt 35% für alle Zinsen und gilt für In- und Ausländer. – In Spanien wird ein einheitlicher Steuersatz von 25% angewendet und das Modell der Kontrollmitteilungen verfolgt. – Im Rahmen der EU-Steuerharmonisierung wird schon seit Jahren versucht, die Unterschiede bezüglich der Zinsbesteuerung abzuschaffen. Der Ruding-Bericht von 1992 enthält bereits einen Vorschlag zur Harmonisierung der Zinsbesteuerung. Danach sollte auf Dividenden von in der EU ansässigen Unternehmen eine einheitliche Quellensteuer von 30% eingeführt werden. Dieser Vorschlag wurde von den Experten der EU-Kommission wieder aufgenommen und hat im Rahmen der EU-Steuerharmonisierung oberste Priorität. Der vorgeschlagene Steuersatz in Höhe von 30% soll allerdings nicht aufgegriffen werden. Bis Anfang 2010 sollen die dann noch existierenden Quellensteuern in den Staaten der Europäischen Union durch einen grenzüberschreitenden Informationsaustausch ersetzt werden, um die Steuerflucht zu begrenzen. Zwischen 2003 und 2010 können die Staaten zwischen einer Besteuerung der Zinseinnahmen nicht ansässiger EU-Anleger oder dem Informationsaustausch wählen. Die Höhe der Quellenbesteuerung in der Übergangszeit soll zwischen 20 und 25% liegen.

Zinsbesteuerung, Modelle. Für die Besteuerung der → Einkünfte aus Kapitalvermögen können unterschiedliche Modelle herangezogen werden. – 1. Die → Quellensteuer mit Anrechnung wird in Deutschland bei der Z. angewendet (→ Aktie als Kapitalanlage, steuerliche Aspekte). – 2. Als zweites Modell kann die Quellensteuer mit Abgeltung (definitive Quellensteuer) genannt werden. In diesem Fall wird wie bei der Quellensteuer mit Anrechnung von den Banken oder Schuldner ein Zinsabschlag erhoben und an die Finanzverwaltung weitergeleitet. Allerdings wird diese Zahlung nicht auf die Einkommensteuerschuld des Anteilseigners angerechnet, weil mit dem Zinsabschlag die Einkünfte aus Kapitalvermögen als versteuert gelten. Es erfolgt somit keine individuelle Besteuerung auf Anteilseignerebene. Freibeträge bzw. Freistellungen

Zinsbindung

sind möglich. Dieses Modell kommt in Österreich zur Anwendung. – 3. Neben den erwähnten Modellen besteht auch die Möglichkeit der Steuerfreiheit für Kapitaleinkünfte. Gegenüber anderen Einkunftsarten wäre diese Vorgehensweise unter dem Gesichtspunkt der Steuergerechtigkeit allerdings bedenklich. – 4. Im vierten Modell wird auf eine Quellenbesteuerung verzichtet, dafür aber Kontrollmitteilungen eingeführt. Die Finanzverwaltung erhält detaillierte Auskünfte vom Schuldner bzw. der Bank über die Zinseinkünfte eines jeden Kunden unter Namensnennung. Der Anteilseigner muss seine Einkünfte aus Kapitalvermögen im Rahmen seiner individuellen Steuererklärung versteuern. Der administrative Aufwand dieses Verfahrens ist sehr hoch. Die Zinsbesteuerung in den USA erfolgt nach diesem Modell. – 5. Im fünften Modell hat die Finanzverwaltung das Recht Kostrollmitteilungen bei den Banken stichprobenartig anzufordern. – 6. Eine andere Form der Zinsbesteuerung verzichtet sowohl auf die Quellenbesteuerung, als auch auf Kontrollmitteilungen und Stichproben. In diesem Modell vertraut die Finanzverwaltung auf die Steuerehrlichkeit der Anteilseigner. Vor Einführung der Zinsabschlagsteuer wurde in Deutschland dieses Modell angewendet. In Luxemburg wird heute noch so verfahren. – Vgl. auch → Zinsscheinveräußerung in Europa.

Zinsbindung, *Festzinsbindung*, *fixed-interest rate period*; bezeichnet einen Zeitraum, in dem die Höhe des Zinssatzes für einen Kredit bzw. eine Anlage von keiner Partei verändert werden darf. Aus Bankensicht bedeutet dies, dass verzinsliche aktivische und passivische Positionen in diesem Zeitraum unveränderbare Zinssätze aufweisen.

Zinsbindungsfrist. Zeitraum, in dem der Zinssatz eines Kredits festgeschrieben ist. Dabei kann es sich um die Gesamtlaufzeit oder nur ein Teil derselben handeln.

Zins-Caps, → Cap.

Zinscoupon, → Zinsschein.

Zinsdeckung, *interest coverage ratio*. Kennzahl aus der Ergebnisanalyse, zu deren Ermittlung der Jahresüberschuss vor Zinsen und Ertragssteuern (→ EBIT) durch den Zinsaufwand der Periode geteilt wird. Je höher die Z., desto größer ist das Potential eines Unternehmens zur Erfüllung der Zinsforderungen seiner Gläubiger. Allerdings kann eine hohe Z. auch als Hinweis für eine zu hohe Eigenkapitalausstattung gelten, was für die Eigenkapitalgeber aufgrund des geringeren → Leverage unvorteilhaft sein kann.

Zinsdifferenz-Zertifikate, → Cap (2), → floor (2).

Zinsempfindlichkeit, *interest rate sensitivity*. Die Z. zeigt an, wie schnell und wie stark sich die Kapitalnachfrage bei einer relativen Veränderung des → Zinsniveaus verändert. In aller Regel wird unterstellt, dass die Kapitalnachfrage bei steigenden → Zinsen fällt und umgekehrt, so dass durch diese negative → Korrelation von → Zinssatz und Kapitalnachfrage die Z. Werte zwischen –1 und 0 annimmt. Liegt eine inverse Z. (→ inverse Zinsstruktur) vor, so sind die Kapitalnachfrage und der Zinssatz positiv korreliert. – Der Zusammenhang zwischen einer Zinsänderung und der Kapitalnachfrage eines Unternehmens wird dadurch deutlich, dass eine Zinsänderung über die Zinsaufwendungen eines Unternehmens Einfluss auf die Gewinnerwartung und somit auch auf die Bereitschaft zu Investitionen und auf die Kapitalnachfrage hat.

Zinsen, *interest*. Preis, den ein Schuldner dem Gläubiger für die leihweise und befristete Überlassung von → Geld- oder → Realkapital i.d.R. in Geld zu bezahlen hat. Neben der Zahlung in Geld besteht auch die Möglichkeit zur Vereinbarung eines → Naturalzinses. Die Höhe der Z. hängt von der Höhe des Kapitalbetrags, der Laufzeit und der Höhe des → Zinssatzes ab und wird in Prozent des überlassenen Geldbetrages pro Periode (z.B. Monat, Jahr) ausgedrückt. Nach der einfachen Zinsformel berechnen sich die Z. wie folgt:

$$\text{Zinsen} = \frac{\text{Kapital} \times \text{Zinssatz} \times \text{Zinstage}}{100 \times 360}.$$

Aus volkswirtschaftlicher Sicht soll der Zins das Kapital in diejenige Verwendungsrichtung lenken, in der der höchste Ertrag zu erwirtschaften ist. – In der Praxis unterscheidet man zwischen der → Nominalverzinsung eines Krediten oder Wertpapiers, die sich aus dem Nominalwert und dem Nominalzins ergibt, und der → Effektivverzinsung, bei der zusätzlich noch der Erwerbskurs des Wertpapiers bzw. Gebühren bei Krediten und die Laufzeit Berücksichtigung finden. – Seitens der Banken wird zwischen → Sollzinsen für ausgegebene Kredite und → Habenzinsen für von Kunden hereingenommene Gelder unterschieden. – Werden Z. für nicht ausbezahlte Z. berechnet, spricht man von → Zinseszinsen. – Vgl. auch → Zinsrechnung.

Zinsendienst, *interest service/expenditures*; Umfang der Zinszahlungen, die der → Emittent einer → Anleihe zum → Zinstermin an die Gläubiger zu entrichten hat. Die Abwicklung der Zahlungen erfolgt über die Zwischenschaltung von → Zahlstellen.

Zinsertragskurve, → Zinsstrukturkurve.

Zinseszins, *compound interest*. → Zinsen, die für aufgelaufene Zinsen berechnet und erst nach Ablauf einer längeren Frist ausgezahlt werden. Der Z. wird, sofern er nicht abgehoben wird, dem → Kapital hinzugefügt („kapitalisiert") und zusammen mit dem Anfangskapital verzinst, so dass aus den kapitalisierten Zinsen wiederum Zinsen entstehen. Die Formeldarstellung zur Berechnung von Z. bei mehrjähriger Laufzeit und jährlicher Verzinsung lautet:

$$K_t = K \times \left(1 + \frac{p}{100}\right)^t,$$

mit K_t = Endkapital, K = Anfangskapital, p = Zinssatz p.a. und t = Anlagedauer in Jahren. – In Deutschland ist die Berechnung von Z. nach § 241 BGB verboten, wenn es sich um eine im voraus vereinbarte Vertragsklausel handelt. Allgemein ausgenommen hiervon sind Kreditinstitute (§ 248 II BGB), ausdrücklich → Kontokorrentkredite nach §355 I HGB.

Zinseszinsverbot, *compound interest interdiction*. Die Berechnung von Zinsen, die für aufgelaufene Zinsen berechnet werden (→ Zinseszinsen), ist nach § 248 I BGB verboten, soweit dies im voraus vereinbart wurde. Dieses Verbot betrifft sowohl vertraglich vereinbarte als auch gesetzliche Zinsen. Für → Kreditinstitute gilt dieses Z. jedoch nicht (§ 248 II BGB) ebenso für das Kontokorrent (§ 355 I HGB).

Zinsfestschreibung, *fixed-interest rate agreement*. Bezeichnung für eine Vereinbarung, die für einen bestimmten Kredit bzw. für eine bestimmte Einlage den Zins über die gesamte Laufzeit bzw. eine im vorhinein festgelegte Teillaufzeit fixiert.

Zinsfuß, → Zinssatz.

Zins-Futures, *Zinsterminkontrakte, interest-rate futures*. Börsengehandelte → Terminkontrakte auf → Zinsinstrumente. Ein Z. beinhaltet die Verpflichtung, (entsprechend der Kontraktspezifikation) Zinsinstrumente zu einem festgelegten Preis zu einem zukünftigen Zeitpunkt zu kaufen bzw. zu verkaufen. Z. sind standardisierte Kontrakte bezüglich → Underlying, Menge und Laufzeit. Durch die Zwischenschaltung eines → Clearing House ist die jederzeitige → Glattstellung gewährleistet. Wird keine Glattstellung vorgenommen, findet bei Fälligkeit entweder → Cash Settlement oder die Lieferung von effektiven Stücken des → Underlyings statt. – Z. werden weltweit an zahlreichen Börsen gehandelt, so z.B. an der → Eurex, der → London International Financial Futures and Options Exchange (LIFFE) und der → Chicago Board of Trade (CBOT). Zu den wichtigsten Z. weltweit gehören die → T-bond futures (treasury-bond futures) und die → Euro-Bund-Futures. Z. werden überwiegend von Kreditinstituten, institutionellen Anlegern und Fonds Managern gegen Zinsänderungsrisiken eingesetzt (→ Hedge) oder um eine sichere Kalkulationsbasis für Finanzplanungen zu schaffen. Zusätzlich können Z. als Arbitrage- oder Spekulationsinstrumente verwendet werden. – Vgl. auch → Euro-Bobl-Futures, → Euro-Buxl-Futures und → Euribor-Futures.

Zinsgarantie, *interest payment guaranty*. Bezeichnung für die Gewährleistung der Zinszahlungen aus einer → Anleihe durch einen Dritten, zumeist in Form einer selbstschuldnerischen → Bürgschaft. V.a. Gebietskörperschaften oder private Unternehmen, die organisatorisch oder kapitalmäßig mit dem die Anleihe emittierenden Unternehmen (→ Emittent) verbunden sind, übernehmen dabei neben der Zinszahlung auch häufig die Garantie für die → Kapitalrückzahlung.

Zinsgefälle, *interest rate differential/gap*; stellt den Unterschied zwischen den → Zins-

Zinsgleitklausel

sätzen am Geld- und dem → Kapitalmarkt oder zwischen mehreren Ländern oder → Finanzplätzen dar. Das Vorhandensein eines Z. ermöglicht unter Umständen die Durchführung einer → Zinsarbitrage.

Zinsgleitklausel, *interest escalation clause*. Klausel in → Kreditverträgen der Banken, die den Kreditinstituten die Möglichkeit gibt, sich gegen eventuelle Zinsänderungen abzusichern und so das → Zinsänderungsrisiko auf den Kreditnehmer zu übertragen. Dabei wird vereinbart, dass die Banken bei Änderung der Marktzinsen einseitig → Zinsanpassungen vornehmen dürfen, ohne den Vertrag zu kündigen. Ebenso kann der Kreditvertrag auch direkt an einen Referenzzinssatz (→ Libor, → Euribor) gekoppelt werden, demnach ändern sich Marktzins und Vertragszins immer in die gleiche Richtung. Z. werden insbesondere in längerfristigen Kreditverträgen eingesetzt.

Zinsindikation, *interest rate indication*. Am → Euromarkt gegebene unverbindliche Aussage, zu welchen Konditionen ein Kredit gewährt werden kann.

Zinsindizierung, *indexing of interest rates*. Ähnlich der Indizierung an den Aktienmärkten kann auch die Zinsentwicklung an den Kapitalmärkten in einem Index widergespiegelt werden. Der in Deutschland gebräuchlichste → Index für die Zinsentwicklung ist der → Deutsche Rentenindex (REX). Er wird für verschiedene Laufzeiten stetig ermittelt.

Zinsinstrument. Wertpapier, dessen Wert im wesentlichen von der Entwicklung der Zinsen abhängig ist. Man unterscheidet Z. am → Kassa- und am → Terminmarkt. Zu den Z. am Kassamarkt zählen z.B. → Anleihen oder Kredite, zu den Z. am Terminmarkt zählen z.B. → Swaps.

Zinskonversion, *interest rate conversion*. Stellt sich bei einer festverzinslichen → Anleihe nach ihrer → Emission heraus, dass die ihr zugrundeliegende → Verzinsung nicht mehr der Marktlage gerecht wird, kann durch eine → Konversion der → Nominalzinssatz nachträglich geändert werden. Der → Anleiheschuldner muss hierzu, bzw. zu einer → Anleihekündigung, ausdrücklich in der → Anleiheausstattung berechtigt sein. – Eine Herabsetzung der Nominalverzinsung durch

Konversion (Herunterkonvertierung) ist heute nur noch durch Kündigung der Anleihe und Ausgabe einer neuen Anleihe (→ Konversionsanleihe) zulässig. Per Gesetz kann zudem eine staatliche Zwangskonversion vorgeschrieben werden.

Zinskupon, → Zinsschein.

Zinsmarge, *interest rate margin*. Die Z. von Bankgeschäften ist die Differenz zwischen Ertrags- und Aufwandszins (Bruttomarge). – Vgl. auch → Zinsspanne.

Zinsniveau, *level of interest rates*. Der innerhalb einer Volkswirtschaft herrschende → Zins bewegt sich nicht konstant auf der gleichen Höhe, da er u.a. durch die Aktivitäten der → Zentralnotenbank und der Politik (→ Wirtschaftspolitik) und durch die jeweilige Konjunkturlage beeinflusst wird. Im Rahmen des sich aus dem Zusammenwirken dieser Faktoren ergebenden Z. richtet sich der → Zinssatz im Einzelfall nach der → Laufzeit und dem → Risiko, das der betrachteten Geldanlage zugrundeliegt.

Zinsobergrenze, → Interest Rate Cap.

Zinsoption, *interest rate option*; bezeichnet eine → Option auf einen zinstragenden Gegenstand, z.B. auf ein → festverzinsliches Wertpapier. Der Käufer der Option hat gegenüber dem → Stillhalter der Option das Recht, innerhalb des vereinbarten Zeitraums (→ amerikanische Option) oder zum vereinbarten Fälligkeitstermin (→ europäische Option) einen bestimmten Zinstitel zum vorab festgelegten Preis zu kaufen. Der Stillhalter erhält unabhängig von der Ausübung dieses Rechts eine → Optionsprämie. Eine Z. kann als → Call oder → Put gestaltet sein und ist während ihrer → Laufzeit an der → Börse oder → OTC handelbar. Die kassageschäftsbezogene Z. ist von der termingeschäftsbezogenen Z. zu unterscheiden. Bei einer kassageschäftsbezogenen Z. ist als wichtigstes Unterscheidungskriterium das zugrundeliegende Geschäft mit dem Zinstitel sofort durchzuführen, wohingegen bei einer termingeschäftsbezogenen Z. die Erfüllungsfrist 14 Kalendertage übersteigt. Als → Underlying kommen individuell zwischen Käufer und Stillhalter zu vereinbarende → Zinstermingeschäfte oder börsenmäßig gehandelte Titel, wie etwa → Obligationen, →

Anleihen, → Zinssätze, → Rentenindizes oder → Zins-Futures in Betracht. Neben der Spekulation eignet sich die Z. auch zum → Hedging gegen steigende Zinsen. Für die Verwendung von → Derivaten als Underlying spricht insbesondere deren gegenüber → Kassainstrumenten höhere → Liquidität, die eine stetige und angemessene Bewertung der Z. begünstigt.

Zinsoptionsscheine, *debt warrant.* Nackte → Optionsscheine auf festverzinsliche Wertpapiere, d.h. der → Basiswert ist ein festverzinsliches Wertpapier. Ein Call-Z. verbrieft das Recht zum Kauf eines bestimmten festverzinslichen Wertpapiers zu dem vereinbarten → Basispreis. Ein Put-Z. verbrieft das Recht zum Verkauf eines bestimmten festverzinslichen Wertpapiers. Bei Fälligkeit erfolgt keine Lieferung → effektiver Stücke sondern → Cash Settlement. Die Laufzeit von Z. beträgt meist ein bis zwei Jahre. – Vgl. auch → Optionsscheine, nackte.

Zinsparität, *interest rate parity.* Setzt die Zinsen zweier Länder unter Berücksichtigung der → Wechselkurse zueinander in Beziehung. Der → Zinssatz im Inland errechnet sich aus dem ausländischen Zinssatz multipliziert mit dem Verhältnis aus erwartetem, zukünftigem Wechselkurs und aktuellem Wechselkurs.

Zinsparitätentheorie, bezeichnet einen Ansatz zur Erklärung von kurzfristig zu erwartenden Wechselkursen, der auf unterschiedlichen Zinsniveaus zwischen zwei Währungen basiert. Angenommen wird eine Tendenz zum Finanzmarktgleichgewicht. Kapitalanleger (-nehmer) werden ihre Mittel in einer höher (niedriger) verzinslichen Fremdwährung anlegen, wenn sie das zum Kassakurs erworbene Kapital per Termin zu einem Kurs verkaufen (zurückzahlen) können, der den Zinsvorteil der Fremdwährung nicht vollständig aufzehrt. – Vgl. auch → Kaufkraftparitätentheorie.

Zinsrechnung, computation of interest; bezeichnet ein Verfahren der Finanzmathematik, durch das die → Zinsen berechnet werden. Sie ergeben sich aus einem einmalig eingezahlten Kapitalbetrag oder aus regelmäßigen Einzahlungen. Die Zinsfestsetzung kann dabei am Ende (nachschüssige Z.) oder am Anfang (vorschüssige Z.) einer Periode

Zinspolitik

erfolgen. Werden die Zinsen am Ende einer Periode dem zu verzinsenden → Kapital zugerechnet, liegt eine Zinseszinsrechnung vor. Werden die Zinsen am Ende einer Periode ausbezahlt, so spricht man von einer linearen → Verzinsung. Man unterscheidet weiter zwischen jährlicher Verzinsung, bei der die Zinsperiode ein Jahr beträgt, und unterjähriger Verzinsung, bei der eine Zinsperiode nur ein Bruchteil eines Jahres ist, wie beispielsweise ein Quartal. Die unterjährige Verzinsungsformel lautet:

$$Z = \frac{K_0 \times p \times t}{100 \times 360}$$

Und für das Endkapital gilt:

$$K_t = K_0 + Z = K_0 \times (1 + \frac{p \times t}{100 \times 360}),$$

$K_0 = Anfangskapital$

$t = Tage$

$p = Zinsfuß$

$Z = Zinsen\ für\ die\ Zeit\ t$

$K_t = Endkapital\ nach\ der\ Zeit\ t$

Dabei werden für einen Monat 30 Tage und für ein Jahr 360 Tage angesetzt. Diese Zeitintervalle gelten in der Finanzmathematik als standardisiert. – Vgl. auch → Zinstage.

Zinsperiode, *interest period*; Zeitraum zwischen zwei Zinszahlungsterminen. Dieser beträgt bei → festverzinslichen Wertpapieren in Deutschland üblicherweise ein Jahr. Es besteht aber auch die Möglichkeit halb- oder vierteljährlicher Zinszahlungen.

Zinspolitik, *interest rate policy.* Z. sind diejenigen geldpolitischen Maßnahmen (→ Geldpolitik), durch die die → Zentralbank direkt Einfluss auf die Höhe der → Zinsen am Markt bzw. auf das → Zinsniveau nimmt. Dazu zählten bei der → Deutschen Bundesbank die Maßnahmen zur Änderung des Diskont- und → Lombardsatzes, zur Änderung des Zinssatzes für → Wertpapierpensionsgeschäfte und des Ausgabesatzes für → Geldmarktpapiere. – Zum 1.1.1999 ging die geldpolitische Souveränität der Deutschen Bundesbank und aller anderen nationalen Zentralbanken, deren Länder zum → Europäischen System der Zentralbanken (ESZB) gehören, auf die → Europäische Zentralbank

zinsreagible Aktien

(EZB) über. Damit wurden sämtliche nationalen Zentralbanken zum integralen Bestandteil des ESZB, die in der Folge die Erfüllung der ihnen durch die EZB zugewiesenen Aufgaben innerhalb ihres Hoheitsgebietes sicherzustellen haben. Somit ist die Deutsche Bundesbank in geldpolitischen Angelegenheiten weisungsgebunden. – Zu den geldpolitischen Maßnahmen der Europäischen Zentralbank zählen neben der → Spitzenrefinanzierungsfazilität und der → Einlagenfazilität als ständige Fazilitäten auch die → Hauptrefinanzierungsgeschäfte, die das wichtigste zinspolitische Element der Europäischen Zentralbank darstellt.

zinsreagible Aktien, → zinsabhängige Aktien.

Zinsreduktion, *reduction of nominal interest rate*; beschreibt den Vorgang, dass die → Verzinsung von → Anleihen herabgesetzt wird. Eine Z. kann i.d.R. nur in Form einer → Konversion zu den Kündigungsterminen erfolgen. Bei variabel verzinslichen Anleihen (→ Floating Rate Note) legen die Vertragsbedingungen die Regelungen zu einer Z. fest. – Vgl. auch → Zinskonversion.

Zinsrisiken, *interest rate risk* → Zinsänderungsrisiko

Zinssatz, *Zinsfuß, interest rate*. Der Z. stellt den jährlichen Vomhundertsatz (% p.a.) dar, mit dem eingesetztes Geld oder → Kapital verzinst wird. Er bezieht sich auf den geliehenen Geld- oder Kapitalbetrag oder wird in Prozent des → Nennwertes einer festverzinslichen Schuld ausgedrückt. Der Z. kann ein → Festzinssatz oder ein → variabler Zinssatz sein. Zu unterscheiden sind ferner → Nominalzins und → Effektivzins.

Zinsschein, *Zinskupon, Zinscoupon, interest coupon*. Nebenpapier zu einem → festverzinslichen Wertpapier, das den Zinsanspruch des Gläubigers verbrieft. Der Z. ist Bestandteil des → Zinsscheinbogens und ist ein selbständiges Wertpapier (→ Inhaberpapier). Z. lauten auf feste Geldbeträge und bestimmte Fälligkeitstermine (Zinstermine). Werden festverzinsliche Wertpapiere zwischen den Zinsterminen verkauft, so sind → Stückzinsen aus noch nicht bzw. schon abgetrennten Z. zu verrechnen. Hat eine → Anleihe mehr als 20 Zinstermine, so enthält der → Zinsscheinbogen einen Erneuerungsschein (→ Talon), der zum Bezug eines weiteren Zinsscheinbogens berechtigt. Die Vorlegungsfrist beträgt vier Jahre. Der Zinsanspruch verjährt zwei Jahre nach Ablauf der Vorlegungsfrist, sofern der Z. innerhalb der Vorlegungsfrist vorgelegt wurde (§ 801 BGB).

Zinsscheinbogen, *interest coupon sheet*. Dem Anleihemantel beigefügte Urkunde, die das Recht auf Zinszahlungen verbrieft. Die einzelnen → Zinsscheine sind durch fortlaufende Nummern gekennzeichnet. Am unteren Ende ist ein Erneuerungsschein (→ Talon) beigefügt, durch den der Anleger einen neuen Z. beziehen kann. Z. und Mantel bilden zusammen ein → lieferbares Wertpapier. Heute werden die Rechte meist in einer → Globalurkunde verbrieft. Die Ausgabe → effektiver Stücke unterbleibt.

Zinsscheinveräußerung, *steuerlich, interest coupon sale, taxation*. → Zinsscheine können zusammen mit der → Anleihe oder getrennt davon veräußert werden. Einnahmen aus der Veräußerung von Zinsscheinen ohne die dazugehörige Schuldverschreibung (isolierte Veräußerung) sind beim Veräußerer Einnahmen aus Kapitalvermögen (§ 20 II Nr. 2b EStG). Hinter dieser Regelung steht der Gedanke, dass der Veräußerer von Kapitalerträgen durch den Veräußerungserlös wirtschaftlich einen Ertrag seines angelegten Kapitals erzielt, gleich demjenigen, der die Erträge seiner Anlage unmittelbar vom Schuldner vereinnahmt. Löst der Erwerber die Zinsscheine später beim Schuldner ein, fließen ihm keine steuerpflichtigen Einnahmen aus Kapitalvermögen zu. Werden die Zinsscheine dagegen zusammen mit ihrem Stammrecht veräußert, stellt der Veräußerungserlös keine steuerpflichtige Einnahme aus Kapitalvermögen dar, soweit der Verkauf nicht in die Zwölfmonatsfrist des § 23 EStG fällt. Der Verkauf von Zinsscheinen bei einem Kreditinstitut ist seit 1.1.1993 kapitalertragsteuerpflichtig.

Zinsscheinverjährung. Für die Verjährung fälliger Ansprüche aus Zins- und → Gewinnanteil- bzw. → Dividendenscheinen gilt ein Frist von 2 Jahren, die sich an die Vorlegungsfrist von vier Jahren anschließt, vorausgesetzt, die Urkunden werden vor Ablauf der Vorlegungsfrist zur Einlösung vorgelegt. Die vierjährige Vorlegungsfrist beginnt nicht mit dem bestimmten Fälligkeitszeitpunkt, sondern mit dem Schluss des Jahres, in welchem die für die Leistung bestimmte Zeit, im Zweifel die Begebung des Scheins, eingetreten ist.

Zinsschwankung, *interest rate volatility*; bezeichnet die → Volatilität bei → Zinsen. Sie entspricht dem → Zinsänderungsrisiko, das beispielsweise bei → Anleihen formal durch die → Duration ermittelt werden kann.

Zinssicherungs-Zertifikate, → Floor (2).

Zinsspanne, *Zinsmarge, interest spread/margin*. Die Z. resultiert aus dem Zinsgeschäft und stellt den Unterschied zwischen dem Soll- und Habenzins im Bankbetrieb dar. Zinserlöse und Zinsaufwendungen werden bei der Berechnung zum Durchschnittsbestand der verzinslichen Aktiva bzw. Passiva in Beziehung gesetzt. So lässt sich ein durchschnittlicher Soll- bzw. Habenzinssatz bilden. Die Differenz ergibt die Bruttozinsspanne. Die Z. war lange Zeit wichtigste Ertragsquelle der Banken, wegen anhaltenden Preisdrucks verliert sie aber an Bedeutung. – Vgl. auch → Zinsüberschuss.

Zinsstruktur, *interest rate structure/regime*. Die Z. beschreibt das Verhältnis der verschiedenen → Zinssätze zueinander, die zu einem Zeitpunkt in einer Volkswirtschaft herrschen. Unterschieden werden dabei zum einen die von der → Zentralnotenbank festgelegten Refinanzierungszinssätze und andererseits die sich an den → Finanzmärkten aus Angebot und Nachfrage bildenden Zinssätze. Die Ursachen für das Vorhandensein verschieden hoher Zinsen für die einzelnen Finanzaktiva liegen beispielsweise in den Unterschieden bezüglich der → Risiken der Kreditarten, Kreditnehmer und Kreditgeber, in der unterschiedlichen → Laufzeit der Titel, in der international unterschiedlichen → Geld- und Kreditpolitik oder in der unterschiedlichen steuerlichen Belastung von Zinserträgen (→ Zinsbesteuerung, Modelle). – Durch die große Anzahl an unterschiedlichen Kapitalanlagemöglichkeiten und sich daraus ergebenden Z., konzentriert sich die Theorie im Regelfall auf die Z. von → festverzinslichen Wertpapiere gleicher → Bonität, die sich nur bezüglich ihrer → Restlaufzeit unterscheiden (zeitliche Z.). – Vgl. auch → Zinsstrukturkurve.

Zinsstrukturkurve. Grafische Darstellung der → effektiven Zinssätze von → Wertpapieren an Geld-, Kredit- und Kapitalmärkten. Die Ursache für unterschiedliche Zinssätze liegt in der Differenzierung der Bonität, Fristigkeit und Denomination der Kapitalanlagen durch Investoren. Von einer normalen bzw. Z. wird gesprochen, wenn die Zinssätze für langfristige Gelder über den Zinssätzen für kurzfristige Gelder liegen. Von einer inversen Z. wird gesprochen, wenn kurzfristige Gelder höher verzinst werden als langfristige. Die Z. ist flach, wenn ein Zinssatz für alle Laufzeiten gilt. Von der Deutschen Bundesbank werden die Renditen umlaufender Bundesanleihen mit gleicher Restlaufzeit und Denomination laufend veröffentlicht. Die Darstellung der Entwicklung der Z. im Zeitablauf wird als → Zinsstrukturgebirge bezeichnet. – Erklärungsansätze für die Entwicklung der Zinsstruktur liefern bspw. die → Erwartungstheorie, die → Liquiditätspräferenztheorie, die → Marktsegmentierungstheorie oder die → Preferred-Habitat Theorie. – Die im allgemeinen Sprachgebrauch synonym gebrauchten Begriffe Z. und → Renditestrukturkurve werden teilweise auch mit unterschiedlichen Bedeutungen belegt. Dabei wird die Z. lediglich auf die Fristigkeitsstruktur von → Nullkuponanleihen und die → Renditestrukturkurve auf Kuponanleihen bezogen.

Zinsswap, *interest rate swap*. Bei einem Z. handelt es sich um eine vertragliche Vereinbarung über den Tausch der Zahlung von festen Zinsen gegen die Zahlung von variablen Zinsen an mehreren zukünftigen Zeitpunkten. Beide Zinszahlungsströme besitzen dabei die selbe Laufzeit, lauten auf die selbe Währung und haben den selben Nennwert. Erhält ein Investor beispielsweise auf seine Forderungen eine variable Verzinsung, so kann er diese mit einem Z. gegen eine feste Verzinsung tauschen. Diese Vereinbarung betrifft nur den Investor und seinen Swap-Partner, der die Gegenseite im Tauschgeschäft einnimmt. Die eigentliche Forderung, die der Investor gegenüber einer dritten Partei hat, bleibt hiervon unberührt. Es handelt sich somit lediglich um den Tausch von Zinszahlungen. Üblicherweise werden Z. unter Beteiligung einer Bank durchgeführt, entweder als → Swap Arrangeur oder als → Swap Intermediary. Man unterscheidet → Asset Swaps und Liability Swaps. Bei Asset Swaps handelt es sich um den Tausch von Zinszahlungen aus Forderungen; beim Liability Swap um den Tausch von Zinszahlungen aus Verbindlichkeiten. Z. werden verwendet um die relativen Zinsvorteile des Vertragspartners auszunutzen. Vom Marktvolumen her stehen Z. weit an der Spitze aller Swaps. – Vgl. auch → Swap, → Währungsswap und → Zins- und Währungsswaps.

Zinstage, *interest days*. Die Anzahl der Z. variiert in Abhängigkeit von der dem → Finanzkontrakt zugrunde liegenden → Zinsmethode. Bei der → Zinsrechnung gemäß Deutsche Zinsmethode werden pro Monat 30 Tage und pro Jahr 360 Tage zugrunde gelegt. Nach der Euro-Zinsmethode wird jeder Monat mit der tatsächlichen Anzahl an Tagen berücksichtigt. Das Jahr wird ebenfalls mit 360 Tagen angenommen. Die ISMA-Rule 25 dagegen verwendet nicht nur bei den Monaten, sondern auch bei Jahren die tatsächlichen Anzahl an Tagen. Folglich wird ein Jahr mit 365 Tage bzw. ein Schaltjahren 366 Tagen berücksichtigt.

Zinstender, *variable rate tender*; vgl. → Tender.

Zinstermine, *due dates for interest payments*. Die bei der → Emission einer → Anleihe festgelegte Daten, an denen die Zinszahlungen erfolgen. In Deutschland werden die → Zinsen dabei i.d.R jährlich nachträglich gezahlt. In anderen Märkten sind aber auch halbjährliche Zinszahlungen üblich. Die Z. werden dann durch Angabe der Anfangsbuchstaben der Fälligkeitsmonate spezifiziert (z.B. M/N Zinstermine Mai und November).

Zinstermingeschäfte, *interest rate forward dealings*. → Termingeschäfte (→ Futures, → Financial Futures), deren → Underlyings festverzinsliche Wertpapiere sowie sonstige Papiere → erster Adressen und → Referenzzinssätze sind (→ Zins-Futures). Z. liegen in der Regel standardisierte Verträge über Kauf (→ Long-Position) bzw. Verkauf/Lieferung (→ Short-Position) einer bestimmten Menge des Underlyings zu einem vorab festgelegten Preis zu einem festen zukünftigen Zeitpunkt zugrunde. In Deutschland werden an der → Eurex Z. z.B. als → Euro-Bund-Future oder → Euro-Bobl-Future angeboten. – Vgl. → Terminkontrakte auf eine Schuldverschreibung des Bundes oder der ehemaligen Treuhandanstalt und → Forward Rate Agreement.

Zinsterminhandel, *interest rate futures trading*. Bezeichnung für den Handel von zumeist standardisierten → Zinsterminkontrakten. Der Z. in Deutschland findet an der → Eurex statt. – Vgl. → Zinstermingeschäfte und Financial Futures.

Zinsterminkontrakte, → Zins-Futures.

Zinsüberschuss, *net interest revenue, surplus on interest earnings*. Position in der → Gewinn- und Verlustrechnung der Kreditinstitute, die die Differenz aus Zinserträgen und Zinsaufwendungen in einer Absolutzahl ausdrückt.

Zinsunsicherheit, *interest rate uncertainty*. Unsicherheiten am Markt über die weitere Zinsentwicklung können mehr oder weniger starke Schwankungen der Marktzinsen auslösen. Eine Z. am Markt tritt v.a. dann auf, wenn schwierig einzuschätzende makroökonomische Entwicklungen eintreten oder auch geldpolitische Maßnahmen (→ Geldpolitik) der → Zentralbank erwartet werden.

Zinsuntergrenze, → Interest Rate Floor.

zinsvariable Anleihe, *floating rate note (FRN)*. → Wertpapier, dessen → Verzinsung an einen kurzfristigen → Geldmarktsatz (z.B. 6-Monats-EURIBOR) gekoppelt ist. Die Verzinsung wird jeweils am Anfang einer Zinsperiode (z.B. 6 Monate) festgelegt (→ Fixing) und am Ende der Periode ausgezahlt. In Abhängigkeit von der → Bonität des → Schuldners wird i.d.R. ein Auf- bzw. Abschlag auf den Referenzzins (→ Referenzzinssatz) festgelegt.

Zinsverbot, *interest prohibition*. Ein generelles Z. für Christen hatte die Kirche im Mittelalter durchgesetzt, was zur Folge hatte, dass das verzinsliche Darlehensgeschäft ausschließlich von Nicht-Christen, insbes. von Juden, betrieben wurde.

Zinsverjährung, *interest limitation.* Die Ansprüche auf Rückstände von Zinsen verjähren mangels abweichender Vereinbarung in vier Jahren (§ 197 BGB). Eine Rangrücktrittsvereinbarung (pactum de non petendo) kann zur Hemmung der → Verjährungsfrist führen (§ 202 BGB). – Vgl. auch → Verjährung.

Zinsverordnung, *interest regulation.* Die Z. legte für Banken und Sparkassen die Höhe der Guthabenzinsen fest. Sie wurde am 01.04.1967 aufgehoben.

Zinswucher, *Wucherzins, usurious interest, loan shark rates.* Vertrag, durch den wucherische Zinsen für einen Kredit erhoben werden. Die Vereinbarung ist nach § 138 II BGB nichtig, wenn die Zinsen objektiv unangemessen hoch sind und der → Gläubiger die Zinszusage unter Ausnutzung der Notlage, der Unwissenheit oder des Leichtsinns des Schuldners erhält. Ein auffälliges Mißverhältnis sollte durch Einzelfallprüfung festgestellt werden, i.d.R. liegt Z. bei einem vereinbarten Zins, der das Doppelte des Marktzinses überschreitet, vor.

Zinszahl, *interest number, interest calculation numerator.* Unter der Z. versteht man folgenden, innerhalb der → Zinsrechnung gebräuchlichen Ausdruck:

$$\text{Zinszahl} = \frac{\text{Kapital} \cdot \text{Tage}}{100}$$

Zinszuschuss, *interest rate subsidy.* Öffentlich gewährte Zuschüsse zu den tatsächlich zu zahlenden Zinsen, die der Kreditnehmer auf einen Kredit zum Erwerb bzw. zur Errichtung eigengenutzter Wohnfläche (in einem im Inland befindlichen Gebäude) entrichten muss.

Zirka-Auftrag, → Circa-Auftrag.

Zirka-Kurs, *approximate price*; bezeichnet den vorgegebenen Kurs, zu dem eine Wertpapierorder ausgeführt werden soll. Dabei ist eine geringfügige Abweichung des tatsächlichen Ausführungskurses vom → Limit erlaubt, um zu verhindern, dass die → Order aufgrund nur geringfügiger Abweichungen nicht ausgeführt wird.

Zirkulationsmarkt, → Sekundärmarkt.

Zitrus-Termingeschäfte, *citrus futures*; → Termingeschäfte mit Zitrusfrüchten und deren Folgeprodukten (z.B. Orangensaft) als → Underlying. Handelsplatz für Termingeschäfte auf Zitrusfrüchte ist z.B. die → New York Cotton Exchange. – Vgl. auch → Warenterminbörsen und → Warentermingeschäfte.

ZKA, *Zentraler Kreditausschuss.* Seit 1936 existierendes Gremium der Spitzenverbände des Kreditgewerbes, dem ein sog. zentraler Wettbewerbsausschuß angeschlossen ist. In diesem Ausschuß werden Probleme von gemeinsamem Interesse behandelt sowie Stellungnahmen und Vorschläge für politische Instanzen erarbeitet. Aus wettbewerbsrechtlichen Gründen ist das Gremium auf beratende Tätigkeiten beschränkt.

ZKMA, Abk. für → Zentraler Kapitalmarktausschuss.

Zuckerbörse, *sugar exchange.* Speziell auf den Handel mit Zucker ausgerichtete → Produktbörsen, insbesondere in New York, Chicago, Paris und London.

Zufallsschwankungen (von Kursen), *Random-Walk-Theory, Theorie des Zufallsverlaufs von Aktienkursänderungen.* Unter dem Begriff Z. versteht man die Behauptung, dass künftige Kursänderungen von Wertpapieren nicht aus einer Analyse der vergangenen Kursverläufe prognostizierbar sind. Die Ursache liegt darin, dass die jeweiligen Kurse der Wertpapiere sich aus der Schätzung des inneren Wertes der Aktie ergeben. Begründet wird die Schwankung des Aktienkurs mit den unterschiedlichen Einschätzungen der Investoren. Er liegt damit ober- oder unterhalb des inneren Wertes. Die Kurse einer Aktie ergeben sich somit, als ob sie durch eine Art Zufallsmechanismus ausgelöst werden. Vereinfachend wird angenommen, dass der beste Schätzer für den künftigen Kurs K_{t+1} der aktuelle Kurs K_t ist. Die Random-Walk Theorie schließt damit aus, mit Hilfe der technischen Analyse Überrenditen erzielen zu können.

Zufallsvariable, *random/stochastic/chance variable.* Bezeichnung für eine Größe, die bei verschiedenen, unter gleichen Bedingungen durchgeführten Versuchen verschiedene Werte annehmen kann, von denen jeder Wert

Zug-um-Zug-Geschäft

ein zufälliges Ereignis ist. Z. bezeichnet man mit großen Buchstaben, z.B. *X*. Der Wert, der sich tatsächlich bei der Durchführung des Experiments ergibt, heisst Realisation der Z. und wird mit kleinen Buchstaben, z.B. *x* gekennzeichnet. – Eine Z., die nur endlich oder abzählbar unendlich viele Realisationen annehmen kann, wird als diskrete Z. bezeichnet. Im Gegensatz dazu kann eine stetige Z. in einem bestimmten Zahlenintervall jeden beliebigen Zahlenwert annehmen. – Vgl. auch → Wahrscheinlichkeitsverteilung.

Zug-um-Zug-Geschäft, *transaction requiring simultaneous performance*. Bezeichnung für ein Geschäft, bei dem die Vertragspartner gleichzeitig ihre Leistungen zu erbringen haben. Im → Wertpapiergeschäft handelt es sich dabei zum einen um die Lieferung bzw. Abnahme der Wertpapiere und zum anderen um die Zahlung des entsprechenden Geldbetrages.

Zukunftserfolgswert, *Zukunftserfolg, present value of future profits*. → Barwert der künftigen Gewinne eines Unternehmens, der im Rahmen der → Unternehmensbewertung (speziell → Ertragswertberechnung) ermittelt wird.

Zukunftswerte. → Aktien von Unternehmen, deren Kurs von hohen Zukunftserwartungen bestimmt ist.

Zulassung von Wertpapieren in den Freiverkehr. Für Wertpapiere, die weder zum amtlichen Handel noch zum geregelten Markt zugelassen sind, erlaubt § 78 I BörsG die Einbeziehung ins Marktsegment Freiverkehr. Die Freiverkehrsrichtlinien für Zulassung und Handel sind privatrechtliche Börsenordnungen, die die acht deutschen Börsen weitgehend kongruent formuliert haben. Die Zulassung wird hierbei praktisch auf einen schriftlichen Antrag an den Freiverkehrsausschuß reduziert, ein Prospekt o.ä. ist hierbei nicht erforderlich.

Zulassung von Wertpapieren zum amtlichen Handel. → Wertpapiere, die mit amtlicher Notierung gehandelt werden sollen, erfordern prinzipiell eine Zulassung (§ 36 I BörsG). Es handelt sich um das Marktsegment mit den strengsten Zulassungsvoraussetzungen. Die grundlegendsten finden sich in §§ 1–12 BörsZulV, die Mindestanforderungen für den Kurswert sowie die Streuung, Handelbarkeit und Stückelung der Papiere, das Bestandsalter des → Emittenten sowie eine Reihe weiterer Kriterien formulieren. Sind diese Voraussetzungen erfüllt, stellt der Emittent gemeinsam mit einem Finanzdienstleister den Zulassungsantrag für Wertpapiere, § 36 II BörsG. Dieser enthält vor allem den Prospektentwurf, der die → Prospektunterschriften der Einreicher tragen und auch darüber hinaus den Vorschriften gem. §§ 13–42 BörsZulV entsprechen, insbes. also über Kapitalstruktur, die Vermögens-, Finanz- und Ertragslage des Emittenten sowie verschiedene wertpapierbezogene → Kennzahlen informieren muss. Hinzuzufügen ist eine Reihe weiterer zulassungsnotwendiger Nachweise. Hierunter fallen gem. § 48 II BörsZulV u.a. ein Handelsregisterauszug, die → Jahresabschlüsse der letzten drei Geschäftsjahre (mit Bestätigungsvermerk) und weitere Urkunden. Auch ist nachzuweisen, dass die Voraussetzungen gem. §§ 1–12 BörsZulV erfüllt sind. Über den Antrag auf Zulassung entscheidet die Zulassungsstelle als Börsenorgan, § 37 I BörsG. Nach ihrer Billigung werden sowohl der Prospekt - samt Zulassung - als auch der Zulassungsantrag veröffentlicht (§§ 43, 49, 51 BörsZulV). Als den Emittenten begünstigender Verwaltungsakt ist die Zulassung grundsätzlich irreversibel, es sei denn, der Emittent verletzt wesentliche ihm obliegende Pflichten, die sich nach der Zulassung insbes. auf die Zwischenberichterstattung sowie die Ad-hoc-Publizität erstrecken.

Zulassung von Wertpapieren zum Geregelten Markt. An diesem 1987 eröffneten Marktsegment findet der Börsenhandel in den nicht zum amtlichen Handel zugelassenen Wertpapieren statt, § 71 I BörsG. An die Stelle der amtlichen tritt eine nicht amtliche, gleichwohl börsengesetzlich geregelte Notierung. Es gelten für die Zulassung von Wertpapieren prinzipiell die Vorschriften für den amtlichen Handel analog, indes sind die Zulassungsvoraussetzungen weniger streng, die Publizitätsanforderungen wie auch die Zulassungsgebühren geringer. Der Emittent stellt seinen Zulassungsantrag gemeinsam mit einem Finanzdienstleister, (§§ 71 II, 36 II BörsG). Antragskern ist auch hier die Sicherung einer Mindestpublizität. Jedoch tritt an die Stelle eines ausführlichen Börsenprospekts gem. BörsZulV ein Unternehmensbericht gem. § 73 II BörsG, der zwar auch aus Investorensicht relevante Informationen über Emittenten und Wertpapier liefern soll, dies allerdings auf einem geringeren Anspruchsniveau. Einzufügen ist etwa nur der letzte Jahresabschluss, während ein Prospekt deren letzte drei enthalten muss. Abgeschwächt sind daneben die analog anzuwendenden §§ 1 bis 12, 48 BörsZulV: So ist etwa ein geringeres Mindestemissionsvolumen vorgeschrieben, während an die Unternehmenshistorie oder die Streuung der Papiere keinerlei Bedingungen geknüpft werden. Auch die Anschlusspflichten sind folgerichtig geringer, so ist der Emittent zur Zwischenberichterstattung nicht verpflichtet. Über die Zulassung entscheidet dann der Zulassungsausschuss (§ 71 II BörsG) als ein von der Zulassungsstelle formal zu differierendes, faktisch aber regelmäßig personenidentisch besetztes Börsenorgan. Erfüllt der Antragsteller die Zulassungsvoraussetzungen gem. § 73 BörsG, hat er einen nicht rückweisbaren, einklagbaren Anspruch auf Zulassung.

Zulassung von Wertpapieren zum Neuen Markt. Als im Marktsegment Freiverkehr eigenständig und privatrechtlich organisiertes Handelssegment der Frankfurter Wertpapierbörse basiert der (1997 eröffnete) Neue Markt auf dem „Regelwerk Neuer Markt". Dieses definiert neben einem Katalog ökonomischer Zulassungsbedingungen (u.a. Mindesteigenkapital, -streubesitz oder -emissionsvolumen), dass jede Aktie neben dem dort verankerten, privatrechtlichen Zulassungsverfahren der Deutschen Börse auch ein öffentlich-rechtliches durchlaufen muss: Die Zulassung einer Aktie zum Neuen Markt setzt voraus, dass sie auch der → Zulassung von Wertpapieren zum Geregelten Markt genügt. Im Zentrum des zweigleisigen Verfahrens steht daher ein kombinierter Unternehmensbericht/Emissionsprospekt

Zulassung zum Börsenbesuch, *admission to access an exchange*. Der Besuch einer Börse ist nach § 7 I in Verbindung mit § 3c BörsG von der Zustimmung der Geschäftsführung abhängig. Die Zulassung erfolgt durch einen Verwaltungsakt. Zur Teilnahme am Börsenhandel können nur Personen zugelassen werden, welche die Anschaffung und Veräußerung von börsenmäßig handelbaren Gegenständen für eigene Rechnung oder im eigenen Namen auf fremde Rechnung betreiben oder die Vermittlung von Verträgen über die Anschaffung und Veräußerung übernehmen. Weiterhin muss der Gewerbebetrieb des Zugelassenen nach Art und Umfang einem in kaufmännischer Weise eingerichteten Geschäftsbetrieb gleichen (§ 7 II BörsenG). Ein Rechtsanspruch auf Zulassung haben ferner Unternehmen, wenn die ordnungsgemäße Abwicklung der Geschäfte am Börsenplatz sichergestellt ist, der Antragsteller ein Eigenkapital von mindestens 50.000 Euro nachweist (§ 7 IV BörsG) und die für das zugelassene Unternehmen handelnde natürliche Person (Börsenhändler) zuverlässig und beruflich geeignet ist (§ 7 IV b, V BörsG). Für die Teilnahme eines Unternehmens in einem elektronischen Handelssystem (→ XETRA) genügt die Zulassung an einer Wertpapierbörse, wenn die Börsenordnung der Wertpapierbörse dies vorsieht und das Unternehmen das Regelwerk für das elektronische Handelssystem anerkennt (§ 7 a BörsG). Die Zulassung zum Börsenbesuch ohne das Recht auf Teilnahme am Handel wird von der Börsenordnung geregelt (§ 7 III BörsG). Falls keine Ausschlussgründe oder Bedenken über die Anforderungen eines Börsenbesuches vorliegen, können somit auch Angestellte von Bank-/Börseninstituten, Privatpersonen und Pressevertreter zugelassen werden. – Vgl. auch → Börsenbesucher.

Zulassungsantrag für Wertpapiere, Antrag auf Erhalt der Erlaubnis zur Börseneinführung eines Wertpapiers. Die Antragsregularien richten sich nach dem Marktsegment, zu welchem der Zugang gesucht wird. Hierdurch bestimmen sich zunächst die anzuwendenden Rechtsnormen – das initiierte Zulassungsverfahren ist regelmäßig öffentlich-rechtlichen Charakters – sowie die zuständige Zulassungsinstanz der Börse. Das Marktsegment entscheidet ferner über die Quantität und Qualität der zu erfüllenden Antragsvoraussetzungen. Diese erstrecken sich insbesondere auf die Antragsteller – i.d.R. der → Emittent i.V.m. einem Finanzdienstleister – und das einzureichende Informationsmaterial. Für die → Zulassung von Wertpapieren zum amtlichen Handel sind die Antragsbedingungen deutlich am strengsten (bes. §§ 36 BörsG, 48 BörsZulV), für die → Zulassung von Wertpapieren zum Geregelten Markt – wo sich der Antrag z.B. auf Emissionsteile beschränken kann – sowie die →

Zulassungsausschuss

Zulassung von Wertpapieren zum Neuen Markt etwas abgemildert und für die „Einbeziehungsanträge" auf → Zulassung von Wertpapieren in den Freiverkehr auf das für nötig angesehene Mindestmaß reduziert.

Zulassungsausschuss, *listing committee*. Zulassungsgremium, welches die Entscheidungen über die Zulassung von Wertpapieren zum → Geregelten Markt trifft. Die Mitglieder des Z. werden vom Börsenrat auf drei Jahre gewählt. Dabei muss mindestens die Hälfte der Mitglieder aus nicht berufsmäßig am Börsenhandel Beteiligten bestehen. In weiten Teilen besteht zwischen dem Z. und der → Zulassungsstelle, welche für die Zulassung zum → amtlichen Handel zuständig ist, Übereinstimmung. – Vgl. auch → Börsenzulassung und → Zulassungsstelle.

Zulassungsfrist. Zeitraum, für den die Zulassung eines Wertpapiers zur Börseneinführung im Regelfall gilt. Die von Zulassungsstelle (amtlicher Handel) bzw. -ausschuss (Geregelter Markt, Neuer Markt) nach Absolvieren des Zulassungsverfahrens erteilte Zulassung muss innerhalb von drei Monaten ab der Veröffentlichung wahrgenommen werden. Andernfalls erlischt sie, kann auf begründeten Antrag des Emittenten aber prolongiert werden (§ 42 IV BörsG).

Zulassungsgebühr, *admittance fee*. Die Z. ist vom Wertpapieremittenten wahlweise einmalig oder laufend für die Tätigkeit der → Börsenorgane und die Inanspruchnahme der Börseneinrichtungen, z.B. Technik, Aufsicht oder Personal, zu entrichten. Die Höhe der Z. ist abhängig vom Marktsegment, in welchem die Wertpapiere zugelassen werden sollen.

Zulassungsgebühren für den amtlichen Handel, Aktien. Einmalaufwand, der dem Emittenten mit der Einführung einer Aktie in den amtlichen Handel – neben Kommunikationsaufwand, Banken- und Beraterprovisionen u.a. – entsteht. Die konkrete Gebührenhöhe hängt dabei ab vom Emissionsvolumen. Die Gebührenordnung der → Frankfurter Wertpapierbörse legt darüber hinaus Einzelheiten für die Ermittlung des relevanten Emissionsvolumens (z.B. für bedingtes Kapital) fest.

Zulassungsgebühren für den amtlichen Handel, Genußscheine und nicht auf einen Nennbetrag lautende Wertpapiere, bezeichnet Einmalaufwendungen, die einem → Emittenten mit der Einführung eines → Wertpapiers dieser Gattungen in den → amtlichen Handel entstehen. Für → Genußscheine mit → Nennbetrag sind grundsätzlich die → Zulassungsgebühren für den amtlichen Handel von Aktien relevant, allerdings gilt für → Emissionen in diesen hybriden Finanztiteln eine Gebührenobergrenze von 10.000 Euro. Als nicht auf einen Nennbetrag lautende Wertpapiere führt die Gebührenordnung der Frankfurter Wertpapierbörse lediglich Investmentanteile an, für die ausnahmslos die Zulassungsgebühren von Aktien für den amtlichen Handel gelten. Die Position stellt keine Auffanglinie für nicht explizit geregelte Wertpapiere dar. Vielmehr wird bei anderen Emissionen die Gebühr für die Wertpapiere angesetzt, die in ihrer Ausgestaltung dem betrachteten Wertpapier bzw. der dadurch verbrieften Finanzierungskonstruktion am nächsten kommen.

Zulassungsgebühren für den amtlichen Handel, Schuldverschreibungen, Einmalaufwand, der dem → Emittenten mit Einführung einer → Schuldverschreibung in den amtlichen Handel entsteht. Die Gebührenordnung der Frankfurter Börse subsumiert unter diese Wertpapierkategorie fest ebenso wie variabel verzinsliche Anleihen, Annuitäten-, Nullkupon- und ähnliche Obligationen und auch Medium Term Notes. Die konkrete Gebührenhöhe hängt ab vom Emissionsvolumen.

Zulassungsgebühren für den Geregelten Markt, Einmalaufwand, der dem Emittenten mit Einführung eines Wertpapiers am Geregelten Markt entsteht. Die Gebührenhöhe wird dabei anteilig auf Basis der Tabellen berechnet, die für die jeweiligen Papiere bei Zulassung für den amtlichen Handel gelten: Für Aktien und Investmentanteile fallen 50%, für andere Wertpapiere 75% der Gebühren an, die für die Emission bei einer Einführung in den amtlichen Handel zu zahlen wären. Die Prospektgebühr i.H.v. 2.500 Euro wird auf die Zulassungsgebühr angerechnet.

Zulassungsprospekt, → Börsenzulassungsprospekt.

Zulassungsstelle, *listing board.* Zulassungsgremium, welches an jeder Börse besteht und die Entscheidung über die Zulassung zum → amtlichen Handel trifft. Die Aufgaben der Z. sind in § 37 I BörsG geregelt und umfassen Maßnahmen zum Schutz des Publikums und eines ordnungsgemäßen Handels. Ferner werden die Pflichten eines Emittenten und des antragstellenden Instituts überwacht. Die Z. besteht aus 20 bis 24 Mitgliedern, die vom → Börsenrat bestimmt werden. Dabei müssen mindestens die Hälfte der Mitglieder Personen sein, welche nicht berufsmäßig am Börsenhandel mit Wertpapieren beteiligt sind (§ 37 II BörsG). Die Entscheidung über die Zulassung kann auch in kleineren Ausschüssen getroffen werden, die aus mindestens fünf Mitgliedern bestehen (§ 37 III BörsG). Von der Entscheidung über die Zulassung sind aus Gründen der Neutralität diejenigen Mitglieder ausgeschlossen, die auf seiten des Emittenten an der Antragstellung auf Zulassung beteiligt sind. Die Geschäftsordnung der Z. regelt die Einzelheiten des Zulassungsverfahrens. Diese betreffen insbesondere Verfahrensfragen der mündlichen und schriftlichen Abstimmung. – Vgl. auch → Börsenzulassung.

Zulassungsverfahren, *admittance process.* Das Z. beginnt mit der schriftlichen Einreichung des Zulassungsantrages (→ Zulassungsantrag für Wertpapiere) bei der → Zulassungsstelle bzw. beim → Zulassungsausschuss des betreffenden → Börsenplatzes. Bei der Zulassung an mehreren inländischen Börsenplätzen kann die Zulassungsstelle bzw. der Zulassungsausschuss vom → Emittenten bestimmt werden. Im Antrag ist folgendes anzugeben: Firma und Sitz des Antragstellers, Art und Betrag der zuzulassenden Wertpapiere sowie ein überregionales → Börsenpflichtblatt (→ amtliches Organ der Zulassung), in dem der Antrag zu veröffentlichen ist. Die Zulassungsstelle bzw. der Zulassungsausschuss prüft den Antrag, den → Börsenzulassungsprospekt bzw. → Unternehmensbericht, Nachweise, die die Erfüllung der erforderlichen Zulassungsvoraussetzungen bestätigen, sowie weitere, aber nur auf verlangen der prüfenden Stelle vorzulegenden Unterlagen. Bei der Prüfung muss darauf geachtet werden, dass das Publikum richtig und umfassend über die zuzulassenden Wertpapiere informiert wird. Dabei kann aber lediglich eine Prüfung auf Vollständigkeit der Unterlagen und der gemachten Angaben erfolgen. Für die Richtigkeit ist der Emittent bzw. die die Zulassung mitbeantragende Bank verantwortlich und unterliegt dabei den Regelungen der → Prospekthaftung. Sind alle Voraussetzungen erfüllt, ist das Wertpapier zum Börsenhandel zuzulassen, wobei das Z. mit der ersten Notierung des Wertpapiers abgeschlossen ist. Sind die Voraussetzungen dagegen nicht erfüllt, wird die Zulassung abgelehnt (→ Ablehnung eines Zulassungsantrags). Bereits zugelassene Wertpapiere können von der Zulassungsstelle auch wieder vom Handel ausgeschlossen werden.

Zurückbehaltungsrecht, *right of retention/lien.* 1. Nach § 273 BGB steht dem Schuldner, der aus demselben rechtlichen Verhältnis oder gemäß Rechtsprechung aus einem innerlich zusammengehörenden Verhältnis gegen den Gläubiger einen fälligen Anspruch hat, ein Z. zu. D.h. sofern aus dem Schuldverhältnis nichts anderes hervorgeht, kann der Schuldner seine fällige Leistung verweigern, bis ihm die entsprechende Leistung erbracht worden ist. Der Schuldner muss das Z. ausdrücklich als Einrede geltend machen. Dieses Recht besteht nicht an unpfändbaren Forderungen und kann lediglich der Sicherung, nicht jedoch der Befriedigung dienen. – 2. Beim kaufmännischen Z. gemäß §§ 369-372 HGB steht dem Schuldner hingegen eine Befriedigung aus dem zurückbehaltenen Gegenstand für seine Forderung zu. Voraussetzung hierfür ist, dass es sich bei den aus einem beiderseitigen Handelsgeschäft resultierenden fälligen Forderungen um bewegliche Sachen, → Wertpapiere oder Waren, handelt. – Das Z. findet v.a. bei Ansprüchen aus Konnossementen, Lager- oder Ladescheinen Anwendung. Die Ausübung des Z. kann durch die Leistung von → Sicherheiten verhindert werden. – 3. Kreditinstituten steht nach den AGBs ein vertragliches Z. in Form eines vorläufigen Rechts der Leistungsverweigerung zu. Dies ermöglicht Kreditinstituten grundsätzlich bei Zahlungsansprüchen gegenüber Kunden, die Herausgabe von verwahrten Gegenständen, z.B. Sparbüchern, Hypotheken- und Grundschuldbriefen sowie sonstigen Legitimationspapieren zu verweigern.

zurückgebliebene Wertpapiere, *underperforming securities*; Effekten, deren Kurse

Zusammenlegung von Aktien

sich schlechter als die → Benchmark entwikkeln.

Zusammenlegung von Aktien, → Aktienzusammenlegung.

Zusatzaktien, vgl. → Berichtigungs- und → Gratisaktien.

Zusatzaktienverfahren, → Rücklagenumwandlungsverfahren.

Zusatzdividende, vgl. → Bonus und → Superdividende.

Zuschlag, *Vergabe, award of a contract, obtain a contract.* 1. Vertragsabschluss, indem die annehmende Vertragsseite dem Angebot zustimmt. – 2. Verkauf an den Meistbietenden bei einer → Auktion. – 3. Vergabe eines öffentlich ausgeschriebenen Auftrags an den günstigsten Anbieter.

Zuteilung. 1. *allotment.* Bezeichnet die Aufteilung der → Wertpapiere einer → Emission auf die einzelnen → Zeichner. Bei einer überzeichneten Emission (→ Überzeichnung) erfolgt die Z. der Wertpapiere anteilsmäßig (→ Kürzung). Privatanleger erhalten ihre Z. meist im Rahmen eines Losverfahrens oder über eine quotale Z. Bei institutionellen Investoren spielen bestimmten Qualitätskriterien wie z.B. Anlagedauer oder verwaltetes Volumen eine wichtige Rolle. – 2. Im Rahmen eines Bausparvertrages erfolgt die Z. nach Erreichen einer bestimmten Ansparsumme oder einer Mindestbewertungszahl. Damit beginnt die Darlehensphase des Bausparvertrages. – Vgl. auch → Bausparen.

Zuteilungsquote, *allotment quota.* Werden im Börsenhandel die Kauf- bzw. Verkaufsaufträge nur beschränkt ausgeführt, so erfolgt die → beschränkte Abnahme bzw. die → beschränkte Zuteilung auf Basis der Z. Bei einer Überzeichnung in einem Emissionsverfahren können die Zeichnungen im Verhältnis der Z. gekürzt werden (→ Festpreisverfahren).

Zuteilungsrecht. Es handelt sich um das Recht der Eigentümer oder Miteigentümer eines Sammelbestandes, deren → Wertpapiere in der Kriegs- und Nachkriegszeit abhanden gekommen und die nach dem Wertpapierbereinigungsgesetz vom 19.9.1949 kraftlos geworden sind, auf Zuteilung eines Miteigentumsanteils an der neuen Sammelurkunde, die an sie Stelle der kraftlos gewordenen Wertpapiere getreten ist.

Zuwachssparen, *growth saving.* Sparform, bei der eine zumeist jährliche Erhöhung des Zinssatzes vereinbart wird. Besondere Bedeutung erlangte das Z. im Rahmen von → Ratensparverträgen, da hier oftmals mit der Laufzeit zunehmende Sonderzinsvergütungen vereinbart werden, die meist unter der Bezeichnung Prämie, Bonus oder Zuschlag gewährt werden. – Vgl. auch → Bonussparen und → Prämiensparen.

Zwangsanleihe, bezeichnet eine → Anleihe, deren → Zeichnung vom Staat erzwungen wird. Der zu übernehmende Betrag richtet sich nach → Vermögen und Einkommen des zur Zeichnung Verpflichteten.

Zwangseinziehung, *Zwangsamortisation, forced retirement of shares.* Die Z. ist vorgesehen bei der → Kapitalherabsetzung einer → Aktiengesellschaft (AG) durch die Einziehung von → Aktien nach §§ 237 ff. BGB sowie unter bestimmten Voraussetzungen für die Einziehung von Geschäftsanteilen einer → Gesellschaft mit beschränkter Haftung (GmbH) nach § 34 GmbHG.

Zwangshypothek, *forced registration of a mortgage;* ist eine Sonderform der → Sicherungshypothek, die sich die Gläubiger gegen den Willen des Eigentümers verschaffen. Die Z. wird im Zuge einer Zwangsvollstreckung vom Grundbuchamt auf Antrag der Gläubiger in das Grundbuch auf ein dem Schuldner gehörendes Grundstück eingetragen.

Zwangskurs, *forced/compulsory exchange rate;* im Rahmen einer → Devisenbewirtschaftung administrativ festgelegter → Wechselkurs, zu dem alle Wirtschaftssubjekte ihre Fremdwährungen tauschen müssen.

Zwangsregulierung, → Nichterfüllung von Börsengeschäften.

Zwangsversteigerung, *forced sale.* Form der → Zwangsvollstreckung in das bewegliche und unbewegliche Vermögen. Voraussetzung für die Z. ist ein Vollstreckungstitel. Es muss mindestens die Hälfte des gewöhnlichen Verkaufswertes der Sache geboten werden. Wertpapiere mit Börsen- oder Marktpreis werden zum Tageskurs verkauft.

Zwangsverwaltung, *forced administration of property*. Es gibt drei Arten der → Zwangsvollstreckung in das unbewegliche Vermögen eines Schuldners: → Zwangsversteigerung, → Zwangshypothek und Z. Bei der Z. wird mittels eines Zwangsverwalters versucht, aus dem unbeweglichen Vermögen (z.B. Grundstücke) Erträge zu erwirtschaften. Der Zwangsverwalter wird vom Gericht bestellt. Wenn die Erträge zur Befriedigung der Gläubiger nicht ausreichen, dann kommt es zu einer Überleitung der Z. in die Zwangsversteigerung.

Zwangsvollstreckung, *compulsory execution, levy on property*. Zwangsweise Durchführung einer gerichtlichen Entscheidung. Voraussetzungen für die Durchführung einer Z. sind ein vollstreckbarer Titel und das Vorliegen der Vollstreckungsklausel, die Bestehen und Vollstreckbarkeit des Titels und seine Zustellung zum Schuldner bescheinigt. Die Z. in das bewegliche Vermögen des Schuldners erfolgt durch den Gerichtsvollzieher. Die Sachen werden gepfändet und öffentlich versteigert. Grundstücke werden zwangsversteigert (→ Zwangsversteigerung) oder kommen zur → Zwangsverwaltung. Für Forderungen und sonstige Rechte ist das Vollstreckungsgericht zuständig, sie werden gepfändet und an den Gläubiger zur Einziehung überwiesen.

zweifelhafte Forderungen, *doubtful accounts receivable*; dubiose bzw. unsichere Forderungen, deren Zahlungseingang ungewiss ist. – Vgl. auch → Dubiosen.

zweite Hypothek, *secondary mortgage*; ist die im Grundbuch an zweiter Rangstelle eingetragene Hypothek. Vgl. auch → erste Hypothek.

Zweitmarkt, *Umlaufmarkt, Zirkulationsmarkt, secondary market*; → Sekundärmarkt.

Zweitplatzierung, *secondary offering*. Möglichkeit für bereits notierte Unternehmen, sich Kapital an der Börse zu beschaffen. Dabei unterscheidet man zwischen der → Platzierung bereits herausgegebener

Zwischenbericht des Emittenten

Aktien oder Anleihen und der Emission → neuer Aktien oder Anleihen. Bereits herausgegebene Wertpapiere, die sich z.B. bisher im Besitz von Großaktionären oder Familien befanden, können im Rahmen einer Z. am Kapitalmarkt untergebracht werden. Bei der Herausgabe neuer Aktien können diese entweder nur den bisherigen Aktionären angeboten werden oder allen interessierten Investoren. Die Angebotsarten unterscheiden sich diesbezüglich in Bezugs- (right offers) und Barangebote (cash offers). – Vgl. auch → Kapitalerhöhung und → Bezugsrecht.

Zwischenbericht der Investment-Gesellschaften, → Rechenschaftsbericht der Kapitalanlagegesellschaften.

Zwischenbericht des Emittenten, *interim report*. Aktiengesellschaften und Kommanditgesellschaften auf Aktien, deren Aktien zum → amtlichen Handel an einer Börse zugelassen sind, sind gemäß § 44 b BörsG verpflichtet, innerhalb des Geschäftsjahres mindestens einen Z. zu veröffentlichen, der anhand von Zahlenangaben und Erläuterungen ein den tatsächlichen Verhältnissen entsprechendes Bild der Finanzlage und des allgemeinen Geschäftsgangs des → Emittenten im Berichtszeitraum vermittelt. Die Vorschrift geht auf die vom Rat der Europäischen Gemeinschaften beschlossene Zwischenberichtsrichtlinie vom 15.2.1982 zurück. Der Z. soll gewährleisten, dass sich die Anleger regelmäßig über den Emittenten informieren können und so zu deren Schutz beitragen. Daneben soll die Allokationseffizienz des Kapitalmarktes durch möglichst vollständige Offenlegung der die Emittenten betreffenden Informationen gesteigert werden. Die Pflicht, einen Z. zu erstellen, gilt auch, wenn nicht Aktien, sondern sie vertretende Zertifikate zur amtlichen Notierung zugelassen sind. Dazu gehören → Zwischenscheine, aber auch → Wandelschuldverschreibungen (Wandel- und Optionsanleihen) und → Optionsscheine. Diese sind zwar keine Zertifikate, die Aktien unmittelbar vertreten. Ihr wirtschaftlicher Wert wird aber von Aktien bestimmt. Der beschriebene Normzweck gebietet es daher durch eine erweiternde Auslegung die Pflicht, einen Z. zu veröffentlichen, auch auf diese Wertpapiere zu erstrecken. §§ 53 ff. der Verordnung über die Zulassung von Wertpapieren zur amtlichen Notierung an einer Wertpapierbör-

Zwischenbericht des Emittenten, Veröffentlichung

se (BörsZulV) konkretisieren den Inhalt des Z. Danach muss er die Beurteilung der Geschäftstätigkeit des Emittenten in den ersten sechs Monaten des Geschäftsjahres ermöglichen (§ 53 BörsZulV). Die Zahlenangaben müssen mindestens den Betrag der Umsatzerlöse und das Ergebnis vor oder nach Steuern im Sinne der geltenden handelsrechtlichen Vorschriften ausweisen und eine Vergleichszahl für den Vorjahreszeitraum enthalten (§ 54 BörsZulV). Werden → Zwischendividenden ausgeschüttet oder ist dies geplant, so ist dies ebenfalls auszuweisen. In den Erläuterungen sind die Umsatzerlöse so aufzugliedern, dass erkennbar wird, wie sie sich auf die Teilbereiche des Unternehmens verteilen (§ 55 BörsZulV). Die Erläuterungen haben darüber hinaus Ausführungen über die Auftragslage, die Entwicklung der Kosten und Preise, die Zahl der Arbeitnehmer, die Investitionen sowie über Vorgänge von besonderer Bedeutung, die sich auf das Ergebnis auswirken können, zu enthalten. Sie müssen einen Vergleich mit den Vorjahresangaben ermöglichen und soweit möglich die Aussichten der Gesellschaft im laufenden Geschäftsjahr beschreiben. Emittenten, die einen → Konzernabschluss veröffentlichen, können wählen, ob sie den Zwischenbericht nur für die Einzelgesellschaft oder den Konzern aufstellen (§ 56 BörsZulV). – Vgl. auch → Zwischenbericht des Emittenten, Veröffentlichung und → Publizitätspflichten der börsennotierten Aktiengesellschaften.

Zwischenbericht des Emittenten, Veröffentlichung, *interim report, disclosure requirement*. Der → Z. ist gemäß § 61 der Verordnung über die Zulassung von Wertpapieren zur amtlichen Notierung an einer Wertpapierbörse (BörsZulV) innerhalb von zwei Monaten nach dem Ende des Berichtszeitraums und damit innerhalb von acht Monaten seit Beginn des Geschäftsjahres zu veröffentlichen. Er kann durch Abdruck in mindestens einem überregionalen → Börsenpflichtblatt oder im → Bundesanzeiger oder als Druckschrift, die dem Publikum bei den vom → Emittenten benannten Zahlstellen kostenlos zur Verfügung gestellt wird, veröffentlicht werden. Spätestens mit seiner Veröffentlichung ist der Z. den → Zulassungsstellen der Börsen, an denen die Aktien zur amtlichen Notierung zugelassen sind, zu übermitteln (§ 62 BörsZulV). Sind die Aktien eines inländischen Emittenten in einem Mitgliedstaat der Europäischen Union oder in einem Vertragsstaat des Europäischen Wirtschaftsraums zum → amtlichen Handel zugelassen, so ist der Z. auch den entsprechenden ausländischen Stellen zu übermitteln.

Zwischendividende, vgl. → Abschlagsdividende und → Interimsdividende.

Zwischengesellschaft, bezeichnet eine Körperschaft, Personenvereinigung oder Vermögensmasse, die im Inland weder ihren Sitz hat noch eine Geschäftsführung unterhält und auch nicht von der KSt-Pflicht ausgenommen ist. Die Einkünfte dieser Z. unterliegen der Besteuerung beim inländischen Gesellschafter, und zwar unabhängig davon, ob sie ausgeschüttet werden oder nicht.

Zwischengewinn bei Investmentfonds, *mid-way profit of investment funds*; → Zinsabschlag bei Investmentfonds.

Zwischenkommissionär, *intermediate commission agent*. Bezeichnung für einen → Kommissionär, der ein → Kommissionsgeschäft an einen anderen Kommissionär zur Ausführung weitergibt.

Zwischenschein, *Interimsschein, Aktienpromesse, interim stock certificate*, → *Scrip, letter of allotment*; wird von der AG bei Gründung oder Kapitalerhöhung vor Ausgabe der Aktien ausgestellt. Der Z. ist ein Orderpapier und muss auf den Namen lauten (§ 10 III AktG). Er gewährt Aktionärsrechte.

Zwischenverwahrer. → Kreditinstitut, das die → Verwahrung von Wertpapieren von Kunden ausführt, diese aber nicht selber im Hause behält sondern an einen → Drittverwahrer zur Verwahrung weitergibt. – Als Z. gelten z.B. auch Bankfilialen, die Wertpapiere entgegen nehmen und diese an ihre Zentrale weitergeben oder auch Kreditinstitute, die Wertpapiere an eine → Wertpapiersammelbank übergeben. – Vgl. → Zwischenverwahrung und → Depot.

Zwischenverwahrung, *custody (of securites) by third party*; bezeichnet die Form der Weitergabe von → Wertpapieren, die von einem Kreditinstitut hereingenommen worden sind, an einen → Drittverwahrer (z.B. →

Wertpapiersammelbank). Hierzu bedarf es keiner besonderen Ermächtigung des Depotkunden. Übergibt ein Kreditinstitut Wertpapiere, die eigenes Eigentum sind, an einen Drittverwahrer, handelt es sich auch um eine Form der Z. – Vgl. auch → Girosammelverwahrung.

zyklische Aktien, *cyclical stocks.* → Aktien von Unternehmen, deren Erträge besonders konjunkturabhängig sind, wie z.B. der Kaufhäuser, aber auch der Investitionsgüterindustrie.

Zyklus, *cycle*; ist eine sich vergleichsweise regelmäßig wiederholende Schwankung einzelner Variablen mit aufeinanderfolgenden Phasen einer Auf- und Abbewegung. Die Untersuchung zyklischer Bewegungen findet v.a. in der Konjunkturanalyse und der → Technischen Analyse Verwendung.